2018 年
全国高校社科统计
资料汇编

2018 Nian
Quanguo Gaoxiao Sheke Tongji
Ziliao Huibian

教育部社会科学司　编

高等教育出版社·北京

图书在版编目（CIP）数据

2018年全国高校社科统计资料汇编 / 教育部社会科学司编. -- 北京：高等教育出版社，2020.6
ISBN 978-7-04-053723-9

Ⅰ. ①2… Ⅱ. ①教… Ⅲ. ①高等学校-社会科学-统计资料-汇编-中国-2018 Ⅳ. ①G649.28-66

中国版本图书馆CIP数据核字(2020)第028440号

策划编辑 王建强 责任编辑 王建强 封面设计 李卫青 版式设计 张 杰
责任校对 刘娟娟 责任印制 赵义民

出版发行	高等教育出版社	网　　址	http://www.hep.edu.cn
社　　址	北京市西城区德外大街4号		http://www.hep.com.cn
邮政编码	100120	网上订购	http://www.hepmall.com.cn
印　　刷	固安县铭成印刷有限公司		http://www.hepmall.com
开　　本	787 mm×1092 mm 1/16		http://www.hepmall.cn
印　　张	81.75		
字　　数	2030千字	版　　次	2020年6月第1版
购书热线	010-58581118	印　　次	2020年6月第1次印刷
咨询电话	400-810-0598	定　　价	112.00元

物 料 号 53723-00

出 版 说 明

本资料汇编的统计范围是:截止到 2018 年 12 月 31 日按国家规定审批程序批准的全日制普通高校学校中的社会科学、综合、师范、体育类院校(包括大学、专门学院和高等专科学校),以及工、农、林、医、本科院校的数据。其中,学校的名称和分类是以教育部 2018 年 12 月底公布的数据为依据。

教育部社会科学司

2019 年 10 月

目　录

一、2018年全国高等学校人文、社会科学学校分布表

省市自治区名称	合计	按规格划分		按隶属关系划分			按类型划分								
		本科院校	专科院校	教育部直属院校	部委院校	地方院校	综合大学	理工农医院校	师范院校	语言院校	财经院校	政法院校	艺术院校	民族院校	体育院校
合计	2 343	1 187	1 156	73	42	2 228	573	1 061	221	51	239	65	87	17	29
北京市	90	65	25	23	14	53	5	37	2	10	16	8	8	1	3
天津市	53	30	23	2	1	50	15	21	2	2	5	1	5	0	2
河北省	120	61	59	0	4	116	22	63	14	4	7	5	4	0	1
山西省	66	26	40	0	0	66	15	24	9	4	10	1	2	0	1
内蒙古自治区	45	17	28	0	0	45	18	17	3	1	2	1	2	0	1
辽宁省	102	59	43	2	3	97	13	61	10	2	7	3	4	1	1
吉林省	53	37	16	2	0	51	5	29	7	2	5	2	2	0	1
黑龙江省	78	39	39	1	2	75	21	34	7	1	7	2	3	1	2
上海市	60	39	21	8	2	50	4	26	2	2	17	3	5	0	1
江苏省	164	77	87	7	3	154	22	105	15	0	14	2	5	0	1
浙江省	101	57	44	1	0	100	39	33	7	3	13	1	4	0	1
安徽省	109	44	65	1	1	107	10	60	18	2	14	2	2	0	1
福建省	87	38	49	1	1	85	26	38	8	2	8	1	3	0	1
江西省	89	42	47	0	0	89	28	41	10	0	6	2	2	0	0
山东省	125	66	59	2	0	123	57	48	5	1	8	2	3	0	1
河南省	107	53	54	0	1	106	10	62	14	0	14	4	2	0	1
湖北省	100	63	37	7	1	92	8	64	6	1	10	3	4	2	2
湖南省	93	37	56	2	1	90	40	30	6	2	8	2	2	2	1
广东省	150	63	87	2	3	145	70	46	7	2	13	3	6	0	3
广西壮族自治区	70	35	35	0	0	70	20	29	7	1	7	1	3	1	1
海南省	17	7	10	0	0	17	4	4	2	1	5	1	0	0	0
重庆市	65	25	40	2	0	63	16	29	4	2	9	2	3	0	0
四川省	104	51	53	4	2	98	36	40	11	2	6	1	5	2	1
贵州省	51	21	30	0	0	51	16	18	12	0	3	1	0	1	0
云南省	66	32	34	0	0	66	11	26	10	1	10	2	4	1	1
西藏自治区	7	4	3	0	0	7	2	2	1	0	0	1	0	1	0
陕西省	76	52	24	5	1	70	20	31	8	2	9	2	3	0	1
甘肃省	40	22	18	1	1	38	7	20	6	1	3	2	0	1	0
青海省	11	3	8	0	0	11	4	4	1	0	0	1	0	1	0
宁夏回族自治区	14	8	6	0	1	13	3	4	2	0	2	1	0	2	0
新疆维吾尔自治区	30	14	16	0	0	30	6	15	5	0	1	2	1	0	0

1. 各省、市、自治区高等学校人文、社会科学研究与发展概况表(一)

省市自治区名称	社科活动人员(人)																	
	合计		按职称划分								其他人员		合计		按职称划分			
			小计		高级		中级		初级						高级		中级	
合计	764 235		762 255		276 969		352 804		132 482		1 980		539 023		224 340		208 669	
北京市	37 580	5	37 548	5	18 614	2	15 838	8	3 096	21	32	9	42 826	1	18 717	1	10 603	7
天津市	15 486	23	15 482	23	5 915	22	7 224	23	2 343	23	4	19	13 156	20	5 317	19	4 946	20
河北省	34 509	8	34 482	8	13 006	7	16 452	6	5 024	11	27	10	23 059	9	9 839	9	10 128	8
山西省	18 370	22	18 370	22	4 959	25	8 513	21	4 898	13	0	26	8 368	24	3 084	25	3 549	23
内蒙古自治区	12 055	25	12 055	25	4 672	26	5 354	25	2 029	26	0	26	5 161	27	2 362	26	2 125	27
辽宁省	31 627	11	30 627	11	12 671	9	14 693	9	3 263	19	1 000	1	18 442	12	8 535	11	6 836	13
吉林省	19 772	20	19 771	20	8 074	17	8 261	22	3 436	18	1	23	15 519	16	6 498	16	6 028	15
黑龙江省	21 425	18	21 425	18	9 726	14	9 596	19	2 103	25	0	26	9 652	21	4 836	20	4 194	21
上海市	23 892	16	23 892	16	10 016	13	10 901	15	2 975	22	0	26	17 548	15	8 038	12	5 271	18
江苏省	48 138	3	48 117	3	19 668	1	23 521	2	4 928	12	21	14	39 805	2	17 701	2	16 344	2
浙江省	35 867	6	35 862	6	12 871	8	17 310	5	5 681	8	5	18	39 082	3	15 086	4	16 437	1
安徽省	27 772	12	27 768	12	8 459	15	12 815	13	6 494	5	4	19	14 280	18	5 547	18	5 969	16
福建省	24 871	14	24 869	14	8 253	16	11 315	14	5 301	10	2	22	21 491	11	8 828	10	9 557	9
江西省	24 455	15	24 454	15	7 780	18	10 804	16	5 870	7	1	23	9 278	23	3 951	23	4 189	22
山东省	48 333	2	48 332	2	16 669	3	22 975	3	8 688	3	1	23	26 394	6	10 878	6	11 596	5
河南省	43 479	4	43 464	4	13 021	6	21 065	4	9 378	2	15	16	21 748	10	7 205	14	10 884	6
湖北省	33 200	9	33 041	9	14 349	5	14 483	10	4 209	15	159	3	23 722	8	10 860	7	7 158	12
湖南省	31 949	10	31 884	10	11 179	11	14 238	11	6 467	6	65	6	24 132	7	10 244	8	9 115	10
广东省	54 708	1	54 708	1	16 578	4	27 812	1	10 318	1	0	26	37 526	4	15 103	3	15 854	3
广西壮族自治区	23 309	17	23 159	17	6 797	20	10 724	17	5 638	9	150	4	17 920	13	6 892	15	7 674	11
海南省	6 157	28	6 131	28	1 883	28	2 697	28	1 551	27	26	11	3 318	28	1 265	28	1 370	28
重庆市	21 088	19	21 034	19	7 247	19	9 964	18	3 823	16	54	7	17 593	14	7 361	13	6 716	14
四川省	35 803	7	35 779	7	11 471	10	15 884	7	8 424	4	24	12	34 916	5	13 758	5	12 528	4
贵州省	14 881	24	14 682	24	5 555	23	6 022	24	3 105	20	199	2	9 472	22	4 566	22	3 106	24
云南省	19 266	21	19 243	21	6 780	21	8 719	20	3 744	17	23	13	13 226	19	4 746	21	5 073	19
西藏自治区	1 645	31	1 627	31	608	31	729	30	290	31	18	15	1 013	31	428	31	414	30
陕西省	27 721	13	27 686	13	10 054	12	13 321	12	4 311	14	35	8	15 364	17	5 705	17	5 592	17
甘肃省	11 033	26	11 033	26	5 059	24	4 796	27	1 178	29	0	26	7 148	25	3 536	24	2 319	25
青海省	2 074	30	2 063	30	996	30	553	31	514	30	11	17	1 061	30	675	29	279	31
宁夏回族自治区	4 101	29	4 002	29	1 339	29	1 386	29	1 277	28	99	5	1 566	29	604	30	577	29
新疆维吾尔自治区	9 669	27	9 665	27	2 700	27	4 839	26	2 126	24	4	19	5 237	26	2 175	27	2 238	26

研究发展人员(人)														R&D经费情况(千元)					
		按学历学位划分								其他人员		折合全时人员(人年)		当年经费收入合计		其中:科研事业费		当年经费支出合计	
初级		博士毕业		硕士毕业		本科毕业		其他学历											
47 618		141 113		260 006		129 051		8 853		5 139		114 181.10		21 298 704.71		8 621 426.27		19 211 825.97	
1 670	14	16 865	1	14 679	5	10 569	1	713	5	228	6	7 864.1	3	2 841 128.01	1	1 443 814.74	1	2 367 607.9	1
1 135	18	4 260	13	6 100	20	2 775	20	21	25	116	13	3 097.1	19	380 785.15	20	146 278.65	18	343 939.14	20
1 689	13	3 512	17	13 391	7	5 966	7	190	12	62	19	4 913.4	9	442 087.34	17	89 942.48	25	427 528.29	16
888	22	2 244	21	4 352	24	1 722	25	50	22	103	15	1 651.4	25	237 557.99	24	91 984.37	24	186 053.13	26
405	27	999	26	2 697	26	1 447	26	18	26	16	29	1 129.6	26	205 514.85	26	124 792.12	20	191 455.25	25
872	23	5 128	11	8 319	14	4 851	11	144	13	462	3	3 786.8	14	499 303.63	15	235 174.73	11	415 759.53	17
1 708	11	3 806	15	8 481	13	3 221	18	11	28	41	22	3 228.5	18	491 769.9	16	249 885.47	9	461 923.16	15
453	26	2 104	23	5 591	21	1 952	23	5	30	0	31	3 481.1	15	207 262.68	25	67 907.97	26	193 617.12	24
987	21	7 992	7	6 440	19	3 010	19	106	19	182	7	4 758.9	10	2 004 124.04	3	1 185 548.53	2	1 776 776.1	3
2 025	9	11 127	3	19 557	2	9 002	3	119	16	20	25	8 230.8	2	1 211 195.01	5	444 696.59	5	1 162 669.88	5
4 121	1	9 303	4	20 143	1	8 736	4	900	3	372	4	8 270	1	1 797 702.59	4	511 415.81	4	1 601 435.38	4
1 892	10	2 376	20	8 016	15	3 776	17	112	17	33	23	3 439.5	16	524 655.05	14	233 276.56	12	494 077.08	14
2 575	6	5 505	10	11 168	10	4 619	12	199	11	137	11	4 089.7	11	665 466.04	11	240 310.14	10	627 040.09	11
1 037	20	2 494	19	4 975	22	1 747	24	62	21	42	21	1 705.7	24	308 085.88	23	101 777.06	23	275 959.28	22
2 699	5	6 283	8	14 606	6	5 301	9	204	10	176	8	5 967.5	6	786 513.28	10	225 094.77	13	690 054.49	10
3 271	4	4 056	14	11 547	8	4 939	10	1 206	2	88	16	3 880.8	12	555 638.54	13	138 057.05	19	533 551.33	13
1 391	17	8 239	6	9 680	12	5 711	8	92	20	171	10	5 448.1	8	888 526.88	7	404 011.03	6	870 533.78	6
2 330	7	6 149	9	11 275	9	6 394	6	314	9	361	5	5 530.9	7	797 698.24	9	321 527.28	7	692 716.24	9
3 412	2	11 143	2	17 866	3	7 927	5	590	7	173	9	7 640.6	4	2 223 705.59	2	950 473.26	3	2 052 424.98	2
2 190	8	3 085	18	10 095	11	4 607	13	133	14	1 001	1	3 275.2	17	429 766.16	18	202 248.2	14	394 303.07	18
465	24	707	28	1 689	28	889	28	33	23	50	20	649.9	28	98 051.21	27	27 968.06	29	92 938.12	27
1 451	16	4 314	12	7 931	16	4 533	14	815	4	86	17	3 791.2	13	839 566.93	8	198 238.26	15	811 615.66	8
3 319	3	9 185	5	15 107	4	9 340	2	1 284	1	790	2	6 978.3	5	911 430.09	6	287 558.19	8	858 653.75	7
1 524	15	1 716	24	4 417	23	2 643	21	696	6	85	18	1 785.3	22	371 386.21	21	105 203.05	22	350 273.29	19
1 707	12	2 238	22	6 505	18	4 355	15	128	15	133	12	2 942.8	21	388 020.68	19	124 710.83	21	306 532.37	21
123	30	155	31	595	30	254	30	9	29	19	26	191.4	31	34 557.4	30	18 186.9	30	29 124.3	30
1 118	19	3 707	16	7 267	17	4 278	16	112	17	14	30	3 059.2	20	650 356.43	12	197 756.39	16	574 455	12
296	29	1 063	25	3 525	25	2 538	22	22	24	18	27	1 719.6	23	310 386.54	22	150 138.63	17	252 336.95	23
89	31	244	30	582	31	234	31	1	31	17	28	284.2	30	21 058.8	31	13 660	31	20 549.22	31
320	28	258	29	845	29	447	29	16	27	33	23	397	29	92 473.82	28	53 598.65	27	69 109.47	29
456	25	856	27	2 565	27	1 268	27	548	8	110	14	992.5	27	82 929.75	29	36 190.5	28	86 812.62	28

2. 各省、市、自治区高等学校人文、社会科学研究与发展概况表(二)

省市自治区名称	研究与发展课题											
	课题总数(项)		当年新开课题数(项)		当年完成课题数(项)		当年新开课题批准经费(千元)		当年投入人数(人年)		当年拨入经费(千元)	
合计	500 643		153 474		111 687		13 068 703.26		114 033.6		11 328 730.96	
北京市	44 623	1	11 735	3	8 009	3	2 734 872.17	1	7 857.4	3	2 030 925.5	1
天津市	11 214	20	2 647	20	1 925	20	245 011.45	16	3 085.9	19	214 244.83	17
河北省	15 677	14	5 810	13	4 498	12	154 955.67	22	4 897.3	9	137 607.97	22
山西省	5 949	23	2 152	23	1 053	24	103 214.97	25	1 650.6	25	93 282.06	25
内蒙古自治区	4 660	26	1 418	26	829	26	171 490.87	21	1 129.1	26	167 310.69	21
辽宁省	16 551	13	4 706	15	3 609	15	347 989.16	13	3 782.5	13	283 087.98	13
吉林省	12 389	18	3 647	17	2 255	17	251 722.31	15	3 225.2	18	241 029.53	15
黑龙江省	5 608	25	2 046	24	1 345	22	100 393.8	26	3 481.1	15	77 563.11	26
上海市	25 098	6	7 397	8	4 694	11	1 228 028.7	2	4 751.5	10	956 651.49	3
江苏省	35 791	4	13 117	1	10 194	1	901 361.52	5	8 226.7	2	801 118.54	5
浙江省	39 918	2	11 967	2	9 244	2	1 065 505.47	4	8 265.2	1	879 081.05	4
安徽省	14 127	16	3 954	16	3 407	16	172 238.22	20	3 434.3	16	168 622.33	20
福建省	20 290	11	6 374	10	4 844	10	363 960.76	12	4 084.4	11	350 385.46	11
江西省	13 582	17	3 236	18	1 930	19	204 275.49	18	1 707.5	24	184 973.43	19
山东省	24 236	7	8 770	5	5 101	9	389 345.51	9	5 966	6	354 948.96	10
河南省	19 850	12	8 233	6	7 557	5	224 372.46	17	3 880.3	12	219 124	16
湖北省	23 556	9	7 246	9	6 743	6	641 027.47	6	5 444.1	8	603 200.67	6
湖南省	23 558	8	5 942	12	4 255	13	364 447.31	11	5 518.2	7	346 206.25	12
广东省	37 952	3	10 812	4	7 587	4	1 192 686.27	3	7 620.1	4	1 076 806.26	2
广西壮族自治区	11 760	19	3 144	19	2 221	18	276 265.72	14	3 275	17	267 504.69	14
海南省	2 430	28	1 045	27	703	27	43 899.79	28	649.8	28	48 041.84	27
重庆市	14 733	15	5 058	14	4 045	14	366 742.32	10	3 776.9	14	361 110.06	9
四川省	28 443	5	8 229	7	5 363	7	446 465.92	8	6 967.4	5	446 804.27	7
贵州省	7 180	22	2 347	22	1 493	21	142 605.92	24	1 784.9	22	128 342.41	24
云南省	8 016	21	2 527	21	1 309	23	191 435.5	19	2 934.3	21	209 870.38	18
西藏自治区	882	30	176	31	140	30	23 944	30	189.2	31	24 513.9	30
陕西省	20 341	10	6 277	11	5 133	8	470 304.62	7	3 057.2	20	426 643.6	8
甘肃省	5 694	24	1 960	25	1 034	25	142 892.73	23	1 719.3	23	129 739.3	23
青海省	585	31	203	30	108	31	16 005	31	283.8	30	14 563	31
宁夏回族自治区	2 127	29	670	28	506	29	50 388.9	27	396.6	29	43 812.52	28
新疆维吾尔自治区	3 823	27	629	29	553	28	40 853.26	29	991.8	27	41 614.88	29

				研究与发展成果										获奖成果数(项)			
其中:当年新开课题拨入经费(千元)		当年支出经费(千元)		著作(部)		学术论文(篇)				研究与咨询报告(篇)				合计		其中:国家级和部级	
						合计		其中:国外学术刊物发表数		提交有关部门数		其中:被采纳数					
9 189 417.32		9 442 839.68		30 109		363 712		14 757		22 086		9 474		4 935		338	
1 488 754.28	1	1 517 303.44	1	3 591	1	31 563	1	2 130	1	979	10	361	11	117	19	111	1
167 946.12	18	187 404.02	17	584	21	8 079	20	773	8	280	18	97	16	148	16	4	17
117 808.42	23	121 495.06	22	958	14	10 343	16	165	19	290	17	129	13	235	9	0	26
88 119.48	25	65 292.11	25	585	20	6 694	24	91	22	54	25	27	25	235	9	0	26
159 207.16	20	153 267.75	19	529	23	4 517	26	111	21	65	24	55	22	183	14	0	26
249 218.28	13	214 044.94	15	1 189	11	14 183	11	287	16	500	13	149	12	131	18	4	17
204 283.57	15	221 944.15	14	688	16	10 272	17	324	14	471	14	399	10	288	5	6	13
70 396.1	26	65 288.23	26	625	19	6 962	23	68	23	41	27	10	27	379	3	0	26
767 401.86	3	745 250.61	3	2 042	2	17 792	6	1 923	2	1 624	6	1 132	2	561	1	30	3
674 945.68	5	718 839.27	5	1 768	4	30 288	2	1 074	4	2 814	1	1 507	1	394	2	16	7
704 785.38	4	735 349.29	4	1 634	6	16 999	7	920	7	2 096	3	1 016	3	21	22	20	4
135 347.37	21	149 818.95	20	652	17	10 632	15	228	17	409	16	122	14	2	30	2	23
283 879.58	11	327 744.9	10	519	24	11 469	14	407	12	973	11	724	6	218	12	7	11
170 274.91	17	159 455.57	18	641	18	8 403	19	199	18	152	20	96	17	0	31	0	26
308 041.76	9	302 698.89	11	1 582	7	14 015	12	503	10	1 414	7	418	9	223	11	4	17
202 926.27	16	211 447.5	16	1 496	8	16 706	8	320	15	924	12	6	29	204	13	5	16
488 102.03	6	538 664.56	6	1 899	3	20 174	4	1 007	5	984	9	793	5	304	4	31	2
257 279.27	12	255 871.8	12	1 272	9	17 924	5	436	11	122	21	80	20	11	25	4	17
848 140.06	2	928 274.03	2	1 707	5	25 752	3	1 514	3	2 125	2	909	4	17	24	17	6
240 108.5	14	230 623.62	13	495	25	8 046	21	66	25	117	22	51	23	282	6	9	9
40 438.16	27	42 323.49	28	245	27	2 590	28	38	26	48	26	30	24	95	20	1	25
292 121.57	10	330 446.62	9	998	13	11 528	13	364	13	1 771	5	506	7	259	8	7	11
334 710.14	8	425 270.53	7	1 158	12	16 405	9	943	6	1 013	8	474	8	25	21	18	5
123 101.03	22	109 851.84	23	561	22	7 407	22	68	23	470	15	83	19	156	15	9	9
165 382.13	19	136 329.06	21	762	15	8 724	18	126	20	185	19	74	21	143	17	13	8
19 150	30	20 355.2	30	27	31	652	30	11	29	26	29	14	26	7	26	6	13
384 895.8	7	343 479.51	8	1 223	10	15 874	10	599	9	1 986	4	112	15	264	7	3	21
116 768.03	24	88 187.89	24	401	26	5 327	25	27	27	96	23	85	18	6	27	6	13
14 280	31	12 437.62	31	60	30	348	31	8	30	5	31	0	31	21	22	0	26
39 001.82	28	36 571.75	29	103	29	1 324	29	3	31	24	30	10	27	3	28	3	21
32 602.56	29	47 507.48	27	115	28	2 720	27	24	28	28	28	5	30	3	28	2	23

3. 本科学校人文、社会科学研究与发展概况表(一)

学校名称	社科活动人员(人)																	
	合计		按职称划分								其他人员		合计		按职称划分			
			小计		高级		中级		初级						高级		中级	
北京大学	1 463	17	1 463	17	1 128	2	301	310	34	789	0	139	1 475	48	549	81	69	711
中国人民大学	1 651	8	1 651	8	1 315	1	310	295	26	879	0	139	2 304	13	1 468	4	329	118
清华大学	1 338	32	1 338	31	825	18	505	69	8	1 074	0	139	1 774	28	687	42	263	181
北京交通大学	1 002	103	1 001	102	530	65	415	146	56	570	1	100	1 301	74	554	80	290	149
北京工业大学	715	240	715	237	291	235	382	183	42	706	0	139	1 454	52	538	84	437	62
北京航空航天大学	500	490	500	489	270	266	198	581	32	801	0	139	340	444	188	345	80	660
北京理工大学	311	765	311	765	164	529	128	826	19	954	0	139	533	268	178	366	106	554
北京科技大学	446	558	446	556	245	323	201	568	0	1 173	0	139	346	436	216	288	99	574
北方工业大学	378	670	378	667	179	483	194	600	5	1 120	0	139	196	645	128	476	65	725
北京化工大学	392	640	392	635	166	524	208	548	18	961	0	139	301	493	112	516	98	577
北京工商大学	671	274	671	273	305	220	292	327	74	437	0	139	548	257	263	234	165	370
北京服装学院	421	593	421	591	167	520	206	554	48	638	0	139	474	312	169	385	151	419
北京邮电大学	411	604	411	601	241	332	141	778	29	844	0	139	697	181	357	146	223	248
北京印刷学院	360	701	360	700	169	516	157	725	34	789	0	139	219	615	124	492	64	732
北京建筑大学	241	876	241	876	111	690	116	862	14	1 001	0	139	196	645	68	666	49	806
北京石油化工学院	225	903	225	901	100	731	115	865	10	1 048	0	139	91	842	49	752	34	907
北京电子科技学院	75	1 135	71	1 138	28	999	40	1 126	3	1 140	4	51	45	994	18	915	25	975
中国农业大学	383	652	383	649	270	266	92	952	21	938	0	139	1 555	43	510	92	94	598
北京农学院	217	916	217	915	107	705	88	972	22	927	0	139	121	780	74	644	21	1 001
北京林业大学	517	460	517	460	333	185	183	630	1	1 158	0	139	842	134	279	214	88	626
北京协和医学院	28	1 179	28	1 179	16	1 061	11	1 181	1	1 158	0	139	23	1 077	6	1 050	16	1 041
首都医科大学	237	883	237	883	105	716	104	893	28	857	0	139	160	704	75	640	33	914
北京中医药大学	197	945	197	943	111	690	81	991	5	1 120	0	139	305	485	132	462	76	679
北京师范大学	1 223	52	1 223	52	832	17	391	170	0	1 173	0	139	3 885	2	1 565	3	825	12
首都师范大学	1 093	78	1 093	77	615	43	435	125	43	693	0	139	3 123	4	1 372	5	589	23
首都体育学院	283	808	283	805	169	516	101	908	13	1 022	0	139	156	715	93	580	40	869
北京外国语大学	853	167	853	166	413	129	417	142	23	914	0	139	724	167	420	114	201	288
北京第二外国语学院	552	404	552	402	307	215	218	524	27	868	0	139	1 101	94	518	90	386	80
北京语言大学	838	175	838	175	351	172	412	150	75	433	0	139	715	171	399	126	184	332
中国传媒大学	1 484	14	1 479	15	719	28	678	19	82	394	5	45	442	330	284	208	144	436
中央财经大学	1 208	56	1 208	55	716	29	404	157	88	362	0	139	1 560	42	800	25	279	161
对外经济贸易大学	1 093	78	1 093	77	551	60	471	89	71	457	0	139	1 798	27	601	64	480	52
北京物资学院	347	720	347	719	209	403	137	797	1	1 158	0	139	367	406	153	415	61	753
首都经济贸易大学	830	183	830	183	455	107	343	238	32	801	0	139	549	256	222	275	129	470
外交学院	263	840	263	839	143	587	103	899	17	974	0	139	386	381	198	324	128	475

研究发展人员(人)														R&D 经费情况(千元)					
		按学历学位划分								其他人员		折合全时人员(人年)		当年经费收入合计		其中:科研事业费		当年经费支出合计	
初级		博士毕业		硕士毕业		本科毕业		其他学历											
5	846	531	66	536	63	408	47	0	448	1	228	286.3	70	394 942.67	1	198 594.39	3	334 735.78	2
37	320	767	29	1 031	4	506	29	0	448	0	309	512.9	11	246 988.1	8	168 338.5	5	253 887.14	5
4	899	793	24	847	16	134	219	0	448	1	228	323.2	52	344 458.08	3	144 235.16	6	221 192.58	7
25	448	500	73	360	145	440	39	1	323	1	228	257.7	87	80 332.68	49	40 368.31	45	84 139.62	39
51	226	545	62	430	100	470	36	9	78	0	309	265.2	81	29 340.44	174	13 989.87	144	26 871.09	171
6	813	218	189	56	853	66	465	0	448	0	309	86.5	374	27 675.3	198	23 219.5	85	24 559.87	190
4	899	219	186	92	700	222	107	0	448	0	309	180.4	144	19 667.98	275	12 321.48	166	19 717.61	244
5	846	222	183	91	704	32	672	1	323	0	309	52.3	561	24 660.33	216	15 851.53	125	13 443.76	343
2	976	139	270	50	899	6	958	1	323	0	309	60.7	502	24 986.29	214	9 704	203	27 162.68	169
4	899	144	267	58	843	99	322	0	448	0	309	78.2	409	7 385.9	523	3 768	372	8 383.5	470
10	713	304	131	114	623	130	225	0	448	0	309	113.8	278	48 306	93	31 032	66	50 193.05	83
35	336	62	432	221	339	181	147	10	72	1	228	83.5	380	26 613.33	206	10 195.2	194	24 159.03	193
98	66	348	112	263	258	84	371	2	251	0	309	89.6	358	11 749.6	398	4 010.25	360	14 920.69	318
9	733	99	338	91	704	29	696	0	448	5	124	40.1	647	11 770.02	397	3 444.5	388	9 681.21	430
7	777	57	455	61	828	78	398	0	448	0	309	88.4	365	7 683	515	3 246	401	7 379.8	499
2	976	40	533	38	966	13	846	0	448	0	309	25.4	774	6 491.12	565	2 336.02	467	6 680.93	532
1	1 031	12	744	29	1 004	4	1 010	0	448	1	228	13.3	926	1 324.26	881	763.76	698	600.79	990
47	253	471	79	589	47	492	32	3	200	0	309	276.7	77	48 390.8	91	22 686.41	90	48 762.48	87
0	1 095	56	458	33	985	29	696	3	200	0	309	26.2	764	11 428.1	405	6 453.6	270	13 982.56	333
0	1 095	262	155	163	480	415	45	2	251	11	74	119.2	264	29 181.24	176	15 443.89	130	28 042.68	161
1	1 031	11	766	12	1 095	0	1 121	0	448	0	309	8.8	1 001	1 188	893	880	668	941.32	910
2	976	66	419	45	926	49	554	0	448	0	309	46.4	606	7 348.79	526	4 755.22	331	7 555.97	491
4	899	124	298	98	669	83	373	0	448	0	309	51.1	577	5 169.71	618	3 463.17	387	4 480.87	624
138	29	1 624	3	1 005	5	868	6	388	8	1	228	485.6	15	319 151	4	109 516	10	166 772.33	12
51	226	582	55	1 222	3	1 193	2	126	13	33	28	469.5	16	56 783.98	81	34 923.05	57	49 739.84	84
2	976	75	399	57	846	24	735	0	448	0	309	37	663	17 262.48	310	10 321.88	192	17 456.46	269
9	733	460	83	168	466	96	331	0	448	0	309	114.5	276	23 166.83	232	15 692.26	126	19 720.43	243
56	194	470	80	388	124	224	106	19	39	0	309	340.2	44	33 098.43	151	11 069.98	177	21 849.31	212
30	394	451	85	143	535	121	248	0	448	0	309	113.3	280	42 019.38	107	29 146.74	71	43 684.63	96
13	643	330	117	90	710	17	801	5	144	1	228	61.6	493	45 942.92	98	18 006.2	110	13 559.69	340
53	212	840	15	634	31	86	366	0	448	0	309	325.1	50	91 729.43	34	48 466.35	32	90 191.1	35
61	174	910	11	500	71	381	52	7	105	3	163	295.9	64	82 634.48	46	44 644.6	39	73 888.38	48
2	976	160	243	55	860	150	192	2	251	23	41	50	583	18 404.33	293	14 034.08	143	21 355.57	221
5	846	270	148	122	593	157	178	0	448	6	118	102.2	310	37 823.94	125	22 090.04	91	40 116.16	105
10	713	279	145	76	761	30	689	1	323	4	140	53.9	544	7 426	522	5 216	307	7 747	486

学校名称	社科活动人员(人)																	
	合计		按职称划分								其他人员		合计		按职称划分			
			小计		高级		中级		初级						高级		中级	
中国人民公安大学	505	479	505	478	251	305	238	456	16	979	0	139	1 250	79	525	88	365	92
国际关系学院	264	838	264	838	112	688	125	831	27	868	0	139	422	348	202	312	178	344
北京体育大学	634	302	634	301	249	314	257	405	128	176	0	139	622	219	215	290	192	306
中央音乐学院	412	602	410	603	213	394	156	727	41	717	2	78	127	770	95	573	20	1 010
中国音乐学院	302	774	302	774	156	549	131	818	15	989	0	139	135	753	82	619	37	888
中央美术学院	439	566	439	566	243	329	142	772	54	584	0	139	128	768	70	658	28	954
中央戏剧学院	353	705	353	704	165	526	139	784	49	634	0	139	238	583	105	536	59	761
中国戏曲学院	295	791	295	790	113	686	146	759	36	766	0	139	19	1 091	14	955	5	1 130
北京电影学院	434	573	434	573	170	512	234	473	30	828	0	139	199	641	73	646	60	757
北京舞蹈学院	621	315	621	314	234	346	330	259	57	561	0	139	64	943	33	825	22	995
中央民族大学	1 148	68	1 148	67	515	72	535	55	98	309	0	139	1 375	65	623	57	298	143
中国政法大学	903	138	903	138	677	32	211	544	15	989	0	139	1 260	76	802	24	148	426
华北电力大学	565	385	565	385	254	293	268	378	43	693	0	139	1 012	108	323	177	215	268
南开大学	1 316	37	1 316	37	945	12	366	205	5	1 120	0	139	1 876	24	1 020	12	259	186
天津大学	562	388	562	387	295	231	267	380	0	1 173	0	139	495	297	260	238	155	406
天津科技大学	508	473	508	472	247	319	251	425	10	1 048	0	139	347	432	175	370	164	376
天津工业大学	630	307	630	306	310	208	320	279	0	1 173	0	139	588	233	288	202	237	216
中国民航大学	538	434	538	433	136	612	268	378	134	163	0	139	664	196	151	418	241	208
天津理工大学	507	475	507	474	209	403	259	401	39	738	0	139	240	578	117	499	81	654
天津农学院	345	723	344	722	122	658	192	608	30	828	1	100	332	456	125	487	190	314
天津医科大学	191	953	189	954	60	874	121	844	8	1 074	2	78	123	776	49	752	66	722
天津中医药大学	177	972	177	970	55	889	84	984	38	749	0	139	75	893	33	825	35	905
天津师范大学	955	118	955	117	396	142	472	87	87	365	0	139	1 436	53	531	85	634	19
天津职业技术师范大学	338	730	338	729	141	592	170	681	27	868	0	139	235	589	111	522	112	528
天津外国语大学	902	139	902	139	310	208	445	114	147	128	0	139	401	370	205	308	161	386
天津商业大学	712	242	711	239	284	245	381	185	46	659	1	100	1 087	96	499	97	533	31
天津财经大学	952	120	952	119	305	220	458	106	189	57	0	139	1 015	107	265	229	358	96
天津体育学院	403	617	403	616	177	489	178	650	48	638	0	139	679	193	223	273	134	455
天津音乐学院	324	749	324	747	97	742	141	778	86	370	0	139	76	890	30	850	28	954
天津美术学院	342	728	342	727	122	658	140	782	80	402	0	139	272	530	113	512	105	557
河北大学	1 485	13	1 485	13	761	24	606	32	118	220	0	139	1 669	34	757	32	487	48
河北工程大学	586	356	586	353	282	251	281	342	23	914	0	139	757	151	390	130	309	134
河北地质大学	647	285	647	284	305	220	303	305	39	738	0	139	566	243	297	193	236	217
华北水利水电大学	245	870	245	870	59	876	114	868	72	447	0	139	207	629	58	707	101	571

续表

研究发展人员（人）														R&D 经费情况（千元）					
		按学历学位划分								其他人员		折合全时人员（人年）		当年经费收入合计		其中：科研事业费		当年经费支出合计	
初级		博士毕业		硕士毕业		本科毕业		其他学历											
65	153	326	119	493	74	430	42	1	323	0	309	212.1	121	21 944.03	247	10 880.75	181	21 177.6	223
32	371	191	209	188	407	40	617	3	200	1	228	72.2	440	19 231.14	283	14 113.92	139	15 752.39	297
41	289	204	199	244	295	172	154	2	251	13	63	208.7	123	39 527.57	117	13 880.69	147	29 962.72	145
5	846	56	458	47	911	24	735	0	448	0	309	45.3	613	5 232	615	2 520	450	7 298.79	507
2	976	41	525	62	823	32	672	0	448	0	309	17.1	874	9 912.35	450	8 802.35	220	5 460.07	589
8	750	29	603	64	809	11	874	24	32	0	309	28.5	734	16 212.19	322	10 354.13	191	14 308.59	329
33	363	49	489	130	565	55	515	4	171	0	309	42.9	629	10 763.7	423	9 360.7	210	10 933.18	390
0	1 095	7	822	8	1 128	4	1 010	0	448	0	309	2.8	1 116	2 761	746	2 351	465	4 440	630
18	547	54	466	84	735	61	483	0	448	0	309	30.3	717	37 430.81	128	36 655	53	56 189.25	72
6	813	10	780	39	958	13	846	2	251	0	309	26.8	753	4 775	632	3 837	366	5 022.04	607
29	406	720	35	335	170	303	67	17	47	46	18	168.6	164	46 389.58	95	32 618.92	62	33 540.73	130
3	933	702	38	237	307	264	80	57	20	10	83	253.7	88	153 036.04	15	76 608.29	16	134 010.55	18
18	547	310	125	302	210	393	50	7	105	3	163	163.6	174	39 101.39	119	6 393.85	273	34 467.26	127
2	976	1 103	7	593	46	180	148	0	448	0	309	524.5	10	109 908.2	26	57 141.51	22	83 115.87	40
2	976	275	146	119	608	94	340	7	105	0	309	184.6	141	40 183	115	16 815	119	36 343	115
7	777	94	351	186	409	62	481	5	144	1	228	71.9	442	8 972.1	483	2 395.9	459	9 569.97	432
0	1 095	229	178	231	322	128	230	0	448	0	309	150.1	190	12 298.9	384	4 254.2	345	12 134.17	368
86	94	82	378	314	192	267	77	1	323	0	309	179.9	146	19 629.13	276	794.49	688	20 388.54	232
12	671	84	373	115	618	41	605	0	448	0	309	102.6	307	15 794.73	331	5 754.8	288	15 881.3	294
10	713	58	416	203	368	71	429	0	448	0	309	89.2	360	5 858.2	587	1 187.7	605	6 133.07	556
5	846	40	533	67	802	15	825	1	323	0	309	30.4	716	2 297	795	1 009.1	641	2 244.16	783
7	777	35	561	34	978	5	981	1	323	0	309	18.8	850	3 944.6	678	2 944.6	414	4 190.64	644
181	9	603	49	631	33	202	122	0	448	0	309	297.9	62	39 589.6	116	14 396.4	137	37 736.7	109
12	671	83	377	107	641	45	577	0	448	0	309	40.8	643	3 500.5	701	705	713	3 271.73	702
35	336	238	169	128	570	35	655	0	448	0	309	71.4	444	9 594.75	463	4 563.75	334	9 183.21	443
55	199	399	97	558	60	130	225	0	448	0	309	223	114	22 581.9	236	3 753.5	373	20 991.47	225
102	55	572	57	278	236	165	164	0	448	100	8	148.9	193	19 766.94	272	10 724.41	184	15 547.7	302
72	133	128	289	222	337	329	57	0	448	11	74	141	210	17 420.38	306	10 279.5	193	18 430.58	258
18	547	8	812	45	926	21	762	2	251	0	309	13.1	932	2 410.1	782	307.5	828	3 189.82	706
52	219	16	700	169	462	87	359	0	448	0	309	127.8	240	9 754	460	4 407	339	8 755	458
57	190	537	65	618	38	514	27	0	448	0	309	410.4	23	90 593.68	37	17 925.3	112	91 031.9	34
16	577	80	389	357	149	313	63	7	105	0	309	201.7	128	11 601.08	400	5 520.08	296	12 317.75	365
24	461	108	323	320	184	138	212	0	448	0	309	118.8	266	10 312.8	438	2 516.2	451	10 261.8	408
48	243	59	442	127	572	20	769	1	323	0	309	83.1	383	6 171	579	3 249	400	6 479	540

学校名称	社科活动人员（人）																	
	合计		按职称划分								其他人员		合计		按职称划分			
			小计		高级		中级		初级						高级		中级	
河北工业大学	728	232	728	230	314	203	388	175	26	879	0	139	1 052	103	442	109	360	95
华北理工大学	563	387	560	395	232	350	272	365	56	570	3	60	621	220	225	264	306	138
河北科技大学	695	255	695	251	364	167	325	273	6	1 102	0	139	476	309	285	206	160	390
河北建筑工程学院	229	898	229	898	99	735	96	932	34	789	0	139	67	923	42	783	23	988
河北水利电力学院	176	975	176	973	62	866	56	1 068	58	553	0	139	63	948	33	825	25	975
河北农业大学	578	369	578	368	235	343	256	407	87	365	0	139	380	388	187	346	130	466
河北医科大学	233	891	233	889	69	842	131	818	33	797	0	139	41	1 009	8	1 021	18	1 022
河北北方学院	477	524	477	523	200	426	208	548	69	475	0	139	246	564	101	551	103	561
承德医学院	220	911	220	910	71	835	79	999	70	465	0	139	105	816	27	874	58	768
河北师范大学	1 463	17	1 463	17	839	15	606	32	18	961	0	139	1 395	62	678	45	337	110
保定学院	628	310	628	309	210	402	279	347	139	149	0	139	567	242	242	253	267	177
河北民族师范学院	384	647	384	645	161	540	208	548	15	989	0	139	347	432	140	444	186	322
唐山师范学院	594	342	594	340	253	302	313	292	28	857	0	139	383	384	177	367	186	322
廊坊师范学院	883	152	883	151	366	165	437	123	80	402	0	139	610	226	274	217	304	140
衡水学院	626	312	626	311	212	398	343	238	71	457	0	139	643	206	198	324	381	82
石家庄学院	540	429	540	427	298	229	228	497	14	1 001	0	139	129	767	59	697	65	725
邯郸学院	543	420	543	418	190	453	262	387	91	340	0	139	637	208	268	226	311	132
邢台学院	828	185	828	185	309	211	461	101	58	553	0	139	718	170	290	201	381	82
沧州师范学院	545	417	545	416	196	435	183	630	166	91	0	139	591	232	240	254	236	217
石家庄铁道大学	316	758	316	756	163	534	153	736	0	1 173	0	139	395	377	166	393	165	370
山西大学	1 094	77	1 094	76	420	123	532	57	142	140	0	139	1 858	25	614	60	637	18
太原科技大学	457	544	457	543	135	615	226	506	96	316	0	139	308	482	86	607	97	581
中北大学	565	385	565	385	173	507	328	266	64	514	0	139	499	293	225	264	236	217
太原理工大学	776	215	776	214	242	331	445	114	89	357	0	139	712	174	292	199	348	103
山西农业大学	325	748	325	746	110	694	122	842	93	329	0	139	116	795	49	752	51	794
山西医科大学	297	787	297	786	73	830	139	784	85	376	0	139	238	583	60	694	92	611
长治医学院	174	978	174	975	31	990	87	975	56	570	0	139	10	1 138	6	1 050	3	1 145
山西师范大学	846	171	846	171	267	272	388	175	191	53	0	139	1 143	90	488	101	433	65
太原师范学院	757	221	757	219	265	275	337	251	155	115	0	139	156	715	61	690	62	745
山西大同大学	911	135	911	135	269	268	382	183	260	16	0	139	516	281	237	256	186	322
晋中学院	540	429	540	427	143	587	349	227	48	638	0	139	143	740	56	716	79	662
长治学院	406	615	406	613	111	690	160	715	135	159	0	139	110	806	53	732	32	922
运城学院	514	464	514	464	122	658	233	475	159	107	0	139	145	736	69	663	59	761
忻州师范学院	673	272	673	270	209	403	275	360	189	57	0	139	271	533	123	494	126	482
山西财经大学	1 258	43	1 258	43	480	92	696	15	82	394	0	139	254	548	132	462	117	509

续表

研究发展人员(人)														R&D经费情况(千元)					
		按学历学位划分								其他人员		折合全时人员(人年)		当年经费收入合计		其中:科研事业费		当年经费支出合计	
初级		博士毕业		硕士毕业		本科毕业		其他学历											
35	336	378	104	394	116	180	148	100	14	28	33	251.1	89	13 218.9	370	4 978.9	316	11 328	382
46	262	91	356	419	105	102	312	9	78	1	228	100.3	320	6 786.6	553	1 411.2	574	5 420.23	590
2	976	87	367	225	335	160	171	4	171	0	309	81.9	389	8 988	482	1 561	551	8 672.03	459
2	976	2	947	39	958	26	723	0	448	0	309	22.1	807	2 337.9	791	1 059	631	2 341.2	768
5	846	3	919	42	941	16	813	2	251	0	309	13	934	611.5	995	54	1 025	639.38	980
33	363	45	507	258	265	77	403	0	448	0	309	107.3	292	6 285	574	2 730	435	5 884	568
15	600	2	947	32	986	6	958	1	323	0	309	20.2	831	1 829.6	828	949.6	653	1 730.6	824
42	281	17	693	200	377	25	730	4	171	0	309	75.4	425	3 018	725	786	691	3 002.7	715
19	523	2	947	88	719	15	825	0	448	1	228	14.9	896	525.2	1 017	68	1 001	538.25	1 003
12	671	406	96	564	58	425	44	0	448	0	309	282.3	73	35 650.55	139	10 188	195	50 486.64	81
58	185	28	610	343	166	196	127	0	448	0	309	90.7	353	9 829.53	457	2 350.33	466	10 173.36	412
21	501	54	466	222	337	71	429	0	448	0	309	55.4	534	5 017	625	512	764	4 825	614
20	510	49	489	223	336	106	294	5	144	0	309	134.6	225	13 961.1	360	3 836	367	13 715.6	339
32	371	82	378	392	120	135	217	1	323	0	309	177	151	10 902	419	836	676	10 907.2	392
64	158	36	556	501	70	104	306	2	251	0	309	116.4	273	5 689	596	141	947	5 578	584
5	846	33	575	79	750	17	801	0	448	0	309	24.7	778	1 511.5	865	879	669	1 361.7	865
58	185	68	413	440	93	129	228	0	448	0	309	123.8	248	12 289	385	785	692	8 096.27	480
47	253	51	482	360	145	306	65	1	323	0	309	181.1	143	8 780.68	490	426.45	793	8 056.62	481
115	45	17	693	354	152	212	115	8	90	0	309	121.7	252	5 674.6	597	258	856	5 558.57	586
0	1 095	84	373	200	377	111	275	0	448	0	309	64.4	476	2 369	786	473	781	2 290.2	776
37	320	826	18	491	76	531	25	10	72	8	92	324.3	51	68 794.96	65	35 025	56	63 184.36	61
36	326	29	603	159	492	120	251	0	448	0	309	61.4	495	4 994.48	626	1 361	577	4 465.36	627
38	314	109	322	320	184	70	436	0	448	0	309	77.3	414	9 138.2	481	4 039.6	359	4 846.38	613
69	140	234	172	320	184	150	192	8	90	3	163	168.6	164	12 070.94	387	2 372	461	8 240.63	476
16	577	23	639	91	704	2	1 064	0	448	0	309	29.3	726	10 001.37	449	625.67	735	2 763.48	730
65	153	44	512	155	500	39	620	0	448	1	228	57.1	522	3 023.2	724	923.5	662	2 824.48	729
1	1 031	5	867	4	1 149	1	1 097	0	448	0	309	1.4	1 147	128	1 136	80	989	62.5	1 156
87	91	544	63	409	111	178	150	12	64	65	13	234.3	102	32 056.43	158	17 949.13	111	18 068.44	262
33	363	31	589	93	697	30	689	2	251	0	309	26.9	751	6 670.75	560	1 739	533	5 250.05	598
93	74	77	396	358	147	81	383	0	448	0	309	120.2	260	7 670	516	3 292	397	7 368.7	501
8	750	26	619	108	635	9	906	0	448	0	309	16.5	880	4 252.8	661	512.8	763	4 301.21	636
22	487	12	744	66	803	32	672	0	448	0	309	32.6	701	1 158.8	900	366	810	889.04	922
17	561	34	569	73	778	38	629	0	448	0	309	24.4	780	1 711.5	842	1 261.5	591	940.56	911
22	487	22	647	226	334	23	744	0	448	0	309	43.2	626	2 530	766	585	748	2 734.1	733
5	846	152	260	85	732	17	801	0	448	0	309	122.9	250	22 304.32	243	10 670.14	186	19 798.52	242

学校名称	社科活动人员(人)																	
	合计		按职称划分								其他人员		合计		按职称划分			
			小计		高级		中级		初级						高级		中级	
内蒙古大学	759	218	759	216	378	157	354	220	27	868	0	139	593	231	262	235	171	357
内蒙古科技大学	501	486	501	485	207	410	227	502	67	485	0	139	487	302	194	334	196	298
内蒙古工业大学	501	486	501	485	232	350	241	444	28	857	0	139	366	409	190	341	129	470
内蒙古农业大学	638	296	638	295	214	390	346	229	78	410	0	139	246	564	117	499	112	528
内蒙古医科大学	260	845	260	844	82	788	125	831	53	595	0	139	159	708	48	760	75	683
内蒙古师范大学	987	110	987	108	408	133	449	111	130	170	0	139	477	308	283	209	158	397
内蒙古民族大学	494	499	494	499	258	285	196	589	40	729	0	139	301	493	166	393	116	511
赤峰学院	732	229	732	227	324	196	350	224	58	553	0	139	237	586	168	388	62	745
内蒙古财经大学	1 041	90	1 041	90	417	127	451	110	173	81	0	139	499	293	234	257	223	248
辽宁大学	1 353	26	1 322	35	617	41	604	34	101	301	31	10	1 968	21	836	22	559	24
大连理工大学	720	236	708	242	287	240	389	174	32	801	12	22	737	161	293	198	280	160
沈阳工业大学	374	680	374	678	186	462	167	690	21	938	0	139	119	785	66	676	51	794
沈阳航空航天大学	350	711	348	714	143	587	191	613	14	1 001	2	78	208	627	90	590	113	525
沈阳理工大学	481	521	477	523	177	489	273	363	27	868	4	51	246	564	129	472	102	568
东北大学	939	123	939	123	419	124	430	131	90	347	0	139	587	234	308	183	243	204
辽宁科技大学	430	580	424	586	169	516	219	522	36	766	6	37	251	554	115	507	108	544
辽宁工程技术大学	596	338	595	339	268	270	298	316	29	844	1	100	90	850	42	783	47	826
辽宁石油化工大学	393	638	373	679	130	639	231	486	12	1 032	20	15	58	958	29	859	29	950
沈阳化工大学	259	848	259	847	88	771	149	748	22	927	0	139	162	699	67	671	86	631
大连交通大学	331	740	328	742	80	796	183	630	65	504	3	60	55	963	16	931	36	897
大连海事大学	543	420	540	427	306	217	220	520	14	1 001	3	60	726	165	342	159	173	353
大连工业大学	581	364	580	365	195	438	301	310	84	379	1	100	441	332	196	330	213	270
沈阳建筑大学	501	486	501	485	148	576	239	453	114	245	0	139	104	818	49	752	48	816
辽宁工业大学	298	783	298	782	164	529	120	845	14	1 001	0	139	96	833	62	687	32	922
沈阳农业大学	282	809	277	814	99	735	146	759	32	801	5	45	120	782	46	768	48	816
大连海洋大学	285	803	280	809	116	671	141	778	23	914	5	45	223	610	79	627	94	598
中国医科大学	236	886	230	893	82	788	124	838	24	905	6	37	167	688	36	811	86	631
锦州医科大学	253	858	253	858	76	819	176	653	1	1 158	0	139	34	1 031	5	1 066	14	1 051
大连医科大学	194	950	194	948	95	749	99	918	0	1 173	0	139	121	780	49	752	53	787
辽宁中医药大学	121	1 064	121	1 062	66	854	46	1 107	9	1 065	0	139	30	1 043	22	895	7	1 114
沈阳药科大学	202	939	202	938	85	777	112	872	5	1 120	0	139	18	1 096	13	960	5	1 130
沈阳医学院	119	1 070	119	1 070	53	898	58	1 065	8	1 074	0	139	0	1 168	0	1 155	0	1 164
辽宁师范大学	1 007	102	947	120	432	117	455	107	60	542	60	6	1 252	78	632	56	525	35
沈阳师范大学	1 207	59	1 057	87	522	68	489	80	46	659	150	2	1 641	37	599	65	486	49
渤海大学	796	201	780	210	364	167	364	209	52	605	16	17	853	132	365	141	323	122
鞍山师范学院	454	548	454	548	222	374	222	515	10	1 048	0	139	169	684	81	623	82	650

续表

研究发展人员(人)														R&D 经费情况(千元)					
		按学历学位划分								其他人员		折合全时人员(人年)		当年经费收入合计				当年经费支出合计	
初级		博士毕业		硕士毕业		本科毕业		其他学历								其中:科研事业费			
1	1 031	288	140	114	623	191	133	0	448	0	309	167.9	168	28 437.79	186	9 679.32	205	21 408.28	218
54	207	45	507	285	225	148	198	9	78	0	309	88.9	362	5 135.4	619	2 061	492	4 863.31	612
18	547	103	331	184	414	78	398	1	323	0	309	104.3	300	7 217.3	529	2 258	476	5 981.16	566
17	561	52	476	121	598	73	417	0	448	0	309	56.1	526	6 419.8	567	4 760	329	5 783.78	574
36	326	6	841	119	608	34	662	0	448	0	309	38	657	1 240	888	150	936	1 332	867
23	471	148	263	264	255	61	483	4	171	2	192	67.7	463	9 909	452	6 551	267	7 704.9	487
14	618	107	325	153	505	41	605	0	448	0	309	65	474	5 830.5	588	2 992.5	409	5 219.5	599
7	777	30	592	137	547	70	436	0	448	0	309	88.7	363	27 679.2	196	3 675	377	27 846.8	162
36	326	94	351	330	178	75	407	0	448	0	309	117.8	270	9 416	469	5 094	313	8 284.5	474
79	113	637	43	595	45	721	12	15	51	8	92	403.6	25	30 614.37	166	13 183.6	159	30 548.06	144
11	697	356	109	215	347	110	278	56	21	12	65	128.6	239	16 719.7	315	11 095.7	176	17 169.7	275
2	976	42	521	64	809	13	846	0	448	0	309	35.2	676	4 178	664	2 012	496	3 635	677
5	846	64	424	121	598	23	744	0	448	0	309	45.5	610	2 887.8	735	949	654	3 520.62	690
15	600	30	592	107	641	104	306	5	144	0	309	32.7	699	2 991.63	728	578.5	750	2 825.54	727
36	326	300	136	235	310	49	554	3	200	0	309	97.4	334	58 013.31	78	24 100.21	82	58 613.44	68
17	561	31	589	147	524	73	417	0	448	0	309	43.4	625	5 027.65	623	216	879	5 132.64	603
0	1 095	38	549	49	905	3	1 036	0	448	1	228	19.3	842	1 427.2	874	710.2	710	1 435.54	858
0	1 095	30	592	27	1 017	1	1 097	0	448	0	309	25.3	775	1 620.6	854	300	832	1 138.4	890
9	733	15	714	51	893	91	352	5	144	0	309	23.9	789	927	934	210	882	1 058.3	893
3	933	15	714	31	991	9	906	0	448	0	309	8.8	1 001	1 476.08	870	20	1 070	1 307.54	874
4	899	353	110	205	363	168	156	0	448	25	38	219.9	116	16 842.74	312	7 550.5	241	15 327.95	307
31	382	40	533	346	161	55	515	0	448	1	228	91.8	349	3 229.3	714	630.3	733	4 019.9	656
7	777	38	549	50	899	16	813	0	448	0	309	34.9	681	1 534.5	862	594	745	1 534.5	842
2	976	26	619	57	846	13	846	0	448	0	309	21.6	813	1 460.6	872	533	759	1 682.6	830
3	933	40	533	52	881	28	707	0	448	1	228	23.7	790	6 327	571	4 115	357	5 717.3	578
13	643	96	345	90	710	36	647	1	323	7	108	42.3	633	4 154.39	667	1 411.55	573	4 326.72	634
15	600	34	569	88	719	45	577	0	448	5	124	56.5	524	4 967.56	627	289	837	6 208.88	554
1	1 031	0	1 039	11	1 106	23	744	0	448	0	309	11.1	965	350	1 073	120	958	430	1 042
2	976	26	619	68	800	27	717	0	448	0	309	28.1	738	1 561.4	860	412.5	796	1 609.68	838
1	1 031	2	947	25	1 026	3	1 036	0	448	0	309	6.1	1 048	192	1 121	42	1 034	224.9	1 098
0	1 095	11	766	5	1 144	2	1 064	0	448	0	309	8.1	1 015	661.38	981	60	1 012	1 756.31	820
0	1 095	0	1 039	0	1 163	0	1 121	0	448	0	309	0	1 168	0	1 170	0	1 117	0	1 171
55	199	484	77	497	73	263	81	8	90	40	23	243.9	93	20 296.5	265	11 802	169	19 712.95	245
35	336	490	75	566	55	571	23	14	55	145	4	297.3	63	32 901.7	153	23 013	86	16 923.14	279
43	273	266	151	325	182	247	92	15	51	45	19	121.5	254	18 335.56	295	1 299	585	20 847.66	227
6	813	21	655	94	689	54	523	0	448	0	309	24.1	785	2 383.2	785	235	872	2 152.8	792

学校名称	社科活动人员(人)																	
	合计		按职称划分								其他人员		合计		按职称划分			
			小计		高级		中级		初级						高级		中级	
大连外国语大学	587	355	586	353	286	242	272	365	28	857	1	100	215	619	131	469	82	650
东北财经大学	974	113	958	115	522	68	401	162	35	778	16	17	803	140	484	102	268	175
中国刑事警察学院	444	560	441	563	220	379	195	594	26	879	3	60	165	694	91	584	72	695
沈阳体育学院	537	435	537	434	251	305	236	465	50	627	0	139	758	150	301	190	199	291
沈阳音乐学院	1 346	29	1 345	29	399	139	717	9	229	25	1	100	80	876	40	795	36	897
鲁迅美术学院	541	428	534	437	260	281	240	450	34	789	7	32	312	478	114	508	99	574
吉林大学	1 951	2	1 951	2	1 127	3	710	10	114	245	0	139	2 047	18	745	34	399	75
延边大学	616	321	616	319	370	162	232	480	14	1 001	0	139	314	474	211	299	97	581
长春理工大学	577	371	577	370	286	242	215	535	76	422	0	139	715	171	359	145	259	186
东北电力大学	382	656	382	652	143	587	200	575	39	738	0	139	123	776	50	744	57	773
长春工业大学	640	293	640	292	216	384	310	295	114	245	0	139	400	372	181	357	134	455
吉林建筑大学	357	702	357	701	185	466	161	710	11	1 039	0	139	223	610	104	539	108	544
吉林化工学院	275	818	275	817	74	825	106	890	95	323	0	139	340	444	110	524	142	439
吉林农业大学	384	647	384	645	202	423	126	829	56	570	0	139	148	730	103	544	25	975
长春中医药大学	335	733	335	732	109	698	142	772	84	379	0	139	213	623	74	644	89	621
东北师范大学	1 307	38	1 307	38	753	25	511	65	43	693	0	139	2 093	17	1 073	11	802	13
北华大学	895	145	895	145	495	82	341	244	59	547	0	139	1 088	95	417	115	479	53
通化师范学院	504	481	504	480	190	453	199	578	115	242	0	139	702	180	294	196	268	175
吉林师范大学	1 058	87	1 058	86	436	115	497	72	125	196	0	139	1 066	100	405	121	529	33
吉林工程技术师范学院	408	610	408	607	185	466	194	600	29	844	0	139	532	269	270	221	227	238
长春师范大学	946	121	946	121	230	358	431	128	285	10	0	139	977	111	297	193	495	46
白城师范学院	409	607	409	605	150	565	168	686	91	340	0	139	119	785	52	737	51	794
吉林财经大学	409	607	409	605	180	478	186	623	43	693	0	139	743	156	281	212	274	167
吉林体育学院	203	935	203	934	79	800	95	935	29	844	0	139	69	914	32	836	32	922
吉林艺术学院	611	324	611	322	236	339	201	568	174	80	0	139	194	649	73	646	62	745
黑龙江大学	1 447	19	1 447	19	692	30	612	28	143	139	0	139	1 391	63	771	29	525	35
哈尔滨工业大学	550	406	550	405	371	160	179	640	0	1 173	0	139	367	406	264	232	103	561
哈尔滨理工大学	485	511	485	511	290	238	195	594	0	1 173	0	139	228	604	129	472	92	611
燕山大学	810	192	810	191	347	177	380	188	83	388	0	139	709	175	329	173	284	155
哈尔滨工程大学	562	388	562	387	256	289	303	305	3	1 140	0	139	311	479	142	440	157	402
黑龙江科技大学	469	531	469	531	241	332	216	531	12	1 032	0	139	279	519	124	492	118	506
东北石油大学	447	555	447	555	254	293	164	700	29	844	0	139	144	738	70	658	68	714
佳木斯大学	990	109	990	107	396	142	539	52	55	580	0	139	658	199	270	221	366	91
黑龙江八一农垦大学	305	773	305	773	132	629	168	686	5	1 120	0	139	186	661	88	596	95	593

续表

研究发展人员（人）																R&D 经费情况（千元）			
		按学历学位划分										其他人员		折合全时人员（人年）		当年经费收入合计		其中：科研事业费		当年经费支出合计	
初级		博士毕业		硕士毕业		本科毕业		其他学历											
2	976	98	343	106	648	11	874	0	448	0	309	105.4	297	24 134.11	219	11 680	170	12 856.02	354
18	547	602	50	166	475	33	666	2	251	33	28	240.6	95	42 356.02	105	19 518.4	105	33 537.38	131
2	976	55	462	85	732	25	730	0	448	0	309	35.2	676	55 431.11	84	53 786.61	27	23 829.94	196
25	448	128	289	332	175	295	71	3	200	0	309	181.4	142	15 118.56	344	10 084.16	197	8 940	451
4	899	5	867	46	917	29	696	0	448	0	309	25.6	769	3 752	689	2 466	454	2 353	767
6	813	24	635	161	486	126	233	1	323	3	163	51.2	575	7 257.5	527	1 577.5	548	7 273	509
58	185	837	16	725	22	484	34	1	323	0	309	353.2	40	134 599.74	21	78 530.79	15	125 262.28	22
2	976	234	172	71	786	9	906	0	448	0	309	50.9	579	7 551	518	5 917	284	5 389.39	592
56	194	210	197	423	104	82	378	0	448	9	84	158.8	183	8 323.4	496	1 407	575	8 312.81	472
5	846	26	619	52	881	41	605	4	171	0	309	45.8	608	3 842	685	1 781	526	4 284	638
85	97	81	384	273	243	46	572	0	448	0	309	69.1	456	7 120.45	534	4 832.98	323	6 561.36	537
5	846	35	561	123	587	65	469	0	448	0	309	53.2	549	6 800.06	552	1 950.9	504	6 409.8	543
88	88	12	744	253	275	75	407	0	448	0	309	62.3	489	1 659.24	846	159	926	1 686.16	828
18	547	32	584	85	732	31	680	0	448	1	228	33.3	690	3 374	710	1 654	541	3 569.36	687
46	262	17	693	146	530	50	544	0	448	0	309	26.3	759	597	1 000	255	858	637.4	981
93	74	959	8	944	10	189	136	1	323	8	92	428.6	20	134 736.39	20	91 354.6	12	139 829.71	16
157	16	5	867	430	100	653	17	0	448	0	309	145.6	199	9 254.8	476	2 320.2	470	8 856.8	453
140	28	82	378	425	103	193	130	2	251	0	309	143.1	206	12 868.4	377	6 568	265	13 216.8	346
126	36	353	110	654	29	59	499	0	448	1	228	279.9	75	23 603.97	227	2 938	416	22 757.74	207
35	336	58	446	379	132	95	336	0	448	0	309	132.3	232	21 180.62	259	7 084.6	256	18 210.42	260
146	23	179	220	627	36	168	156	3	200	14	57	292.8	65	18 886	285	14 076	141	18 568	255
16	577	11	766	90	710	18	786	0	448	0	309	32.3	703	1 356	878	356	814	1 395.5	860
29	406	339	114	199	382	205	119	0	448	0	309	163.1	175	17 612.5	304	3 792	370	15 349.4	305
5	846	18	685	51	893	0	1 121	0	448	0	309	14.6	905	1 135.2	905	930.2	658	662.06	974
59	183	10	780	151	510	33	666	0	448	0	309	53.9	544	2 866.36	737	264	853	1 232.95	882
86	94	594	53	575	53	222	107	0	448	0	309	566.6	8	38 180	123	14 287	138	35 776.72	122
0	1 095	213	195	132	558	22	756	0	448	0	309	123.6	249	14 460.5	352	7 238.5	250	14 345.8	328
0	1 095	43	517	126	575	59	499	0	448	0	309	77.3	414	3 384.1	709	1 149	615	3 025.87	713
26	434	268	150	370	139	64	475	7	105	0	309	113.6	279	14 747.3	350	3 513.8	384	14 107.04	331
3	933	115	311	146	530	50	544	0	448	0	309	145.7	198	15 910	329	9 154	212	16 212	290
5	846	33	575	166	475	80	386	0	448	0	309	139.1	213	5 930.6	584	870	670	5 864.6	573
6	813	22	647	94	689	28	707	0	448	0	309	45.2	616	2 635.56	754	1 121.16	622	2 406.56	759
22	487	25	628	318	187	315	62	0	448	0	309	212.7	120	6 981.5	537	1 614	547	6 625.6	536
3	933	38	549	131	561	17	801	0	448	0	309	58	514	4 541	643	1 181	607	4 620.8	620

学校名称	社科活动人员(人)																			
	合计		按职称划分								其他人员		合计		按职称划分			
			小计		高级		中级		初级						高级		中级	
东北农业大学	848	169	848	169	524	66	279	347	45	670	0	139	513	283	308	183	165	370
东北林业大学	522	448	522	448	223	369	263	385	36	766	0	139	249	561	103	544	108	544
哈尔滨医科大学	371	684	371	683	144	583	137	797	90	347	0	139	233	593	87	601	72	695
黑龙江中医药大学	154	1 015	154	1 013	92	755	40	1 126	22	927	0	139	21	1 084	16	931	3	1 145
牡丹江医学院	171	983	171	980	80	796	69	1 029	22	927	0	139	29	1 053	13	960	13	1 065
哈尔滨师范大学	1 617	9	1 617	9	808	19	809	5	0	1 173	0	139	1 169	88	623	57	543	30
齐齐哈尔大学	935	126	935	126	436	115	394	167	105	277	0	139	855	131	422	113	340	108
牡丹江师范学院	638	296	638	295	287	240	298	316	53	595	0	139	340	444	183	353	144	436
哈尔滨学院	546	414	546	413	265	275	256	407	25	891	0	139	159	708	86	607	73	692
大庆师范学院	429	583	429	580	149	567	233	475	47	649	0	139	64	943	32	836	31	935
绥化学院	456	546	456	546	163	534	251	425	42	706	0	139	314	474	125	487	173	353
哈尔滨商业大学	833	179	833	178	509	79	311	293	13	1 022	0	139	535	266	310	181	192	306
哈尔滨体育学院	512	467	512	467	156	549	251	425	105	277	0	139	231	598	82	619	117	509
哈尔滨金融学院	392	640	392	635	170	512	201	568	21	938	0	139	275	527	108	528	152	414
复旦大学	1 346	29	1 346	28	974	9	366	205	6	1 102	0	139	2 523	9	1 298	7	917	5
同济大学	1 015	99	1 015	99	486	89	494	76	35	778	0	139	931	118	566	74	316	130
上海交通大学	936	125	936	125	602	46	315	287	19	954	0	139	1 064	101	611	61	253	194
华东理工大学	569	380	569	380	325	195	239	453	5	1 120	0	139	497	295	314	180	133	459
上海理工大学	831	181	831	181	254	293	459	103	118	220	0	139	210	626	103	544	87	629
上海海事大学	520	454	520	453	193	444	255	411	72	447	0	139	581	238	244	251	233	222
东华大学	690	259	690	256	326	192	269	374	95	323	0	139	292	510	162	400	97	581
上海电力学院	380	663	380	661	100	731	235	468	45	670	0	139	83	865	47	765	31	935
上海应用技术大学	492	500	492	500	139	598	231	486	122	203	0	139	332	456	138	451	131	463
上海健康医学院	91	1 104	91	1 103	16	1 061	61	1 052	14	1 001	0	139	17	1 100	4	1 078	9	1 100
上海海洋大学	327	746	327	744	135	615	173	667	19	954	0	139	229	601	120	496	103	561
上海中医药大学	334	736	334	735	91	762	202	566	41	717	0	139	337	451	117	499	161	386
华东师范大学	1 435	20	1 435	20	953	11	476	84	6	1 102	0	139	1 592	40	560	77	196	298
上海师范大学	1 125	72	1 125	71	612	45	418	140	95	323	0	139	1 502	45	608	62	296	144
上海外国语大学	777	214	777	213	418	125	299	314	60	542	0	139	726	165	414	117	190	314
上海财经大学	1 013	100	1 013	100	491	86	519	61	3	1 140	0	139	1 306	72	438	111	170	362
上海对外经贸大学	874	155	874	155	400	138	417	142	57	561	0	139	651	201	372	136	192	306
上海海关学院	193	952	193	950	58	879	99	918	36	766	0	139	94	839	45	773	41	863
华东政法大学	703	249	703	245	333	185	369	200	1	1 158	0	139	329	460	198	324	128	475
上海体育学院	373	681	373	679	207	410	139	784	27	868	0	139	547	258	196	330	86	631
上海音乐学院	366	690	366	689	180	478	137	797	49	634	0	139	72	906	36	811	24	981

续表

研究发展人员(人)														R&D 经费情况(千元)					
		按学历学位划分								其他人员		折合全时人员(人年)		当年经费收入合计		其中:科研事业费		当年经费支出合计	
初级		博士毕业		硕士毕业		本科毕业		其他学历											
25	448	148	263	259	263	106	294	0	448	0	309	206.9	126	10 616	431	2 460	456	9 928.19	419
12	671	81	384	119	608	49	554	0	448	0	309	81.1	391	4 631.3	635	2 164.3	486	4 474	625
41	289	46	502	151	510	36	647	0	448	0	309	69.5	455	4 016.38	675	2 129.21	487	3 727.34	671
2	976	4	890	12	1 095	5	981	0	448	0	309	5.6	1 058	272	1 094	109	969	240.55	1 095
3	933	0	1 039	15	1 079	14	834	0	448	0	309	5.7	1 056	202	1 117	29	1 056	187.25	1 116
0	1 095	269	149	736	20	164	167	0	448	0	309	387.7	29	18 042	299	5 791	287	16 407.22	286
91	81	75	399	640	30	140	209	0	448	0	309	283.4	71	14 349.38	354	3 625	380	12 906.78	353
13	643	58	446	176	439	105	299	1	323	0	309	119.8	261	7 461.6	520	1 894	514	7 185.75	512
0	1 095	39	542	76	761	44	587	0	448	0	309	36.4	668	2 423	781	491	772	2 291.45	775
1	1 031	7	822	48	907	9	906	0	448	0	309	22.7	801	935.5	932	268	852	952.5	906
16	577	6	841	213	350	95	336	0	448	0	309	117.8	270	7 897	509	2 828	425	7 221.82	511
3	933	192	208	307	205	36	647	0	448	0	309	232.9	104	10 109.31	444	2 738.8	433	10 363.56	405
29	406	16	700	123	587	92	349	0	448	0	309	79.6	402	4 489	646	1 329	581	3 466.89	691
15	600	12	744	250	283	13	846	0	448	0	309	91.7	350	5 354	609	1 660	540	4 229.96	641
25	448	830	17	987	7	706	13	0	448	9	84	932.4	2	380 881.36	2	264 379.36	1	348 319.78	1
14	618	599	52	256	270	73	417	3	200	0	309	249	91	91 281.92	35	38 203.1	49	87 692.29	37
26	434	723	34	236	308	98	326	7	105	37	26	282.4	72	233 238.73	9	133 744.8	7	135 592.36	17
5	846	302	134	141	539	52	533	2	251	5	124	148.7	195	37 850.22	124	21 623.23	93	31 243.25	139
7	777	124	298	63	815	23	744	0	448	0	309	62.6	487	22 283.64	245	10 533.36	187	19 800.08	241
52	219	305	129	205	363	63	477	8	90	26	37	164.2	173	16 168.41	324	3 890	363	15 515.91	303
19	523	115	311	115	618	54	523	8	90	0	309	168.5	166	36 295.73	136	8 521.1	224	33 019.6	133
5	846	52	476	26	1 024	5	981	0	448	0	309	14.9	896	5 510.32	602	1 780.72	527	3 593.15	684
63	163	102	333	177	435	52	533	1	323	0	309	83	384	13 382.21	369	5 661.9	291	13 039.45	350
4	899	4	890	13	1 089	0	1 121	0	448	0	309	2.4	1 125	345	1 075	150	936	715.08	960
6	813	162	238	62	823	5	981	0	448	0	309	36.2	670	11 534.5	402	5 007.5	314	9 914.65	420
22	487	90	358	172	451	75	407	0	448	17	50	61.6	493	10 656.26	426	8 633.36	223	12 962.44	352
8	750	601	51	733	21	255	85	3	200	0	309	339.5	45	305 587.4	5	200 025.93	2	287 615.03	4
23	471	697	39	252	278	541	24	12	64	49	16	218.9	117	90 581.26	38	52 670.74	28	92 798.9	32
41	289	461	82	186	409	79	392	0	448	2	192	166.8	169	51 635.7	87	22 757.59	88	49 217.16	85
0	1 095	570	58	667	26	69	443	0	448	0	309	385.2	30	167 305	14	112 418	9	167 936.52	11
14	618	379	103	156	497	108	287	8	90	5	124	176.4	153	48 340.34	92	24 686.44	81	44 694.65	92
8	750	41	525	44	933	9	906	0	448	0	309	15.1	895	6 824.48	550	4 808.68	326	5 394.4	591
3	933	289	139	30	994	9	906	1	323	0	309	45.9	607	29 649.18	169	25 422.68	79	29 909.46	148
13	643	183	215	163	480	201	125	0	448	0	309	138.4	216	50 886.52	88	39 209.42	47	42 209.66	100
12	671	34	569	30	994	8	928	0	448	0	309	29.1	727	59 664	75	58 040	21	49 191	86

学校名称	社科活动人员(人)																	
	合计		按职称划分								其他人员		合计		按职称划分			
			小计		高级		中级		初级						高级		中级	
上海戏剧学院	352	708	352	707	113	686	173	667	66	500	0	139	75	893	31	846	30	943
上海大学	1 337	33	1 337	32	598	47	667	21	72	447	0	139	776	145	439	110	286	152
上海公安学院	230	894	230	893	34	975	100	914	96	316	0	139	233	593	46	768	90	617
南京大学	1 109	75	1 109	74	751	26	343	238	15	989	0	139	948	114	608	62	224	246
苏州大学	1 208	56	1 208	55	690	31	449	111	69	475	0	139	649	202	390	130	141	441
东南大学	860	161	860	161	454	108	384	180	22	927	0	139	1 329	71	703	40	396	77
南京航空航天大学	491	506	491	506	248	317	223	513	20	947	0	139	250	557	161	401	81	654
南京理工大学	468	533	468	533	233	347	216	531	19	954	0	139	400	372	218	284	138	446
江苏科技大学	674	270	674	268	231	353	425	136	18	961	0	139	392	379	163	397	191	309
中国矿业大学	510	469	510	468	291	235	208	548	11	1 039	0	139	1 166	89	563	75	438	61
南京工业大学	423	589	423	587	196	435	210	545	17	974	0	139	449	327	179	364	177	346
常州大学	518	458	518	458	171	510	295	324	52	605	0	139	557	251	201	314	318	128
南京邮电大学	497	492	497	492	295	231	193	602	9	1 065	0	139	794	142	348	154	254	193
河海大学	573	376	573	376	342	180	230	490	1	1 158	0	139	1 339	69	361	143	197	295
江南大学	790	204	790	202	404	136	364	209	22	927	0	139	611	224	271	218	124	491
南京林业大学	417	597	417	594	146	581	258	404	13	1 022	0	139	319	468	135	458	182	339
江苏大学	797	200	797	198	392	145	373	197	32	801	0	139	1 079	98	270	221	186	322
南京信息工程大学	742	224	742	222	327	190	390	172	25	891	0	139	1 142	91	519	89	546	27
南通大学	1 020	98	1 020	98	623	40	390	172	7	1 092	0	139	736	163	457	105	257	189
盐城工学院	586	356	586	353	301	225	250	431	35	778	0	139	229	601	131	469	88	626
南京农业大学	639	294	639	293	301	225	296	321	42	706	0	139	1 389	64	560	77	337	110
南京医科大学	209	928	209	926	62	866	133	815	14	1 001	0	139	109	809	33	825	70	705
徐州医科大学	270	829	270	829	69	842	173	667	28	857	0	139	124	774	31	846	81	654
南京中医药大学	352	708	352	707	120	666	232	480	0	1 173	0	139	423	346	190	341	225	245
中国药科大学	255	856	255	856	77	809	153	736	25	891	0	139	228	604	78	631	119	503
南京师范大学	1 351	27	1 351	26	855	14	439	121	57	561	0	139	1 585	41	935	15	379	85
江苏师范大学	908	136	908	136	523	67	383	182	2	1 150	0	139	1 335	70	853	20	371	89
淮阴师范学院	837	177	837	176	371	160	436	124	30	828	0	139	522	277	287	203	230	230
盐城师范学院	682	261	682	260	349	174	262	387	71	457	0	139	596	230	287	203	279	161
南京财经大学	1 042	89	1 042	89	475	95	561	48	6	1 102	0	139	523	276	163	397	173	353
江苏警官学院	386	645	386	643	156	549	175	655	55	580	0	139	340	444	187	346	115	515
南京体育学院	353	705	353	704	116	671	173	667	64	514	0	139	64	943	30	850	18	1 022
南京艺术学院	581	364	581	363	335	183	227	502	19	954	0	139	428	343	219	281	177	346
苏州科技大学	586	356	586	353	245	323	315	287	26	879	0	139	874	129	388	132	285	153
常熟理工学院	401	621	401	620	204	420	172	673	25	891	0	139	429	341	215	290	195	300

研究发展人员(人)														R&D经费情况(千元)					
		按学历学位划分								其他人员		折合全时人员(人年)		当年经费收入合计		其中:科研事业费		当年经费支出合计	
初级		博士毕业		硕士毕业		本科毕业		其他学历											
14	618	33	575	36	970	5	981	1	323	0	309	41.8	636	35 416.8	141	32 524.91	63	36 880.22	114
15	600	628	45	104	654	43	592	1	323	9	84	198.3	132	75 038.88	55	31 068.12	65	73 085.83	49
97	69	10	780	88	719	127	232	8	90	0	309	41.1	640	3 512.06	699	122.55	957	3 596.76	683
1	1 031	708	36	180	425	57	508	3	200	0	309	168	167	107 603.4	27	45 495.25	36	106 002.79	26
21	501	305	129	205	363	139	210	0	448	0	309	193.2	137	38 560.3	120	17 652.5	113	33 632.1	128
13	643	741	31	449	89	137	214	2	251	1	228	300.9	58	34 154.6	146	22 870.8	87	33 621.53	129
6	813	155	256	72	781	23	744	0	448	0	309	70.4	447	15 874.4	330	9 050.4	215	15 734.85	299
5	846	256	158	104	654	40	617	0	448	0	309	79.2	403	16 074.85	326	8 685.09	222	14 881.09	320
1	1 031	118	306	196	389	78	398	0	448	0	309	106.4	295	9 743.85	461	3 420.26	389	10 056.07	414
39	304	577	56	398	115	191	133	0	448	0	309	230.6	107	33 086.46	152	16 848.3	118	23 412.54	199
8	750	157	250	197	385	95	336	0	448	0	309	80.4	398	12 088.2	386	5 230.2	305	11 730.7	374
36	326	191	209	273	243	93	345	0	448	0	309	129.4	236	17 323.3	309	8 306.2	230	13 871.45	338
5	846	265	153	271	249	258	83	0	448	0	309	184.7	140	18 811.03	287	6 563.65	266	18 815.53	251
3	933	443	91	660	27	236	95	0	448	0	309	326.4	49	65 202.15	70	27 964.3	74	64 260.5	58
3	933	161	241	190	403	260	82	0	448	0	309	342.8	43	34 334.64	142	13 864	149	43 747.33	95
1	1 031	116	309	174	446	29	696	0	448	1	228	42.7	631	4 940.8	629	3 010.8	408	4 674.81	617
11	697	181	217	242	299	656	15	0	448	0	309	145.2	202	14 949.7	347	6 316	274	15 039.7	314
14	618	521	67	428	102	193	130	0	448	0	309	308	56	27 469.6	199	6 775.6	262	23 194.11	203
1	1 031	232	175	408	112	96	331	0	448	0	309	118.8	266	16 361.9	321	6 432	271	15 425.5	304
10	713	39	542	177	435	13	846	0	448	0	309	30.3	717	6 099	581	1 546	552	6 497.4	539
51	226	548	60	385	127	456	37	0	448	0	309	258.9	86	48 734.59	90	35 421.66	55	50 221.59	82
6	813	46	502	55	860	8	928	0	448	0	309	26.7	755	5 460.08	605	1 576	549	5 191.89	601
12	671	16	700	83	739	18	786	7	105	0	309	26.3	759	991.9	926	63	1 009	747.3	951
0	1 095	177	223	211	352	35	655	0	448	0	309	93.4	344	9 156.6	480	2 325.2	469	9 302.65	439
13	643	58	446	127	572	43	592	0	448	0	309	61.1	499	16 170	323	4 184.5	351	14 587	324
43	273	936	9	448	90	196	127	5	144	0	309	207.5	125	43 020.62	103	14 762.75	134	36 018.84	119
30	394	621	46	470	82	236	95	8	90	12	65	431	19	87 637.16	40	36 939	51	75 791.28	46
5	846	156	253	235	310	113	269	18	41	0	309	87.9	368	22 684.06	235	4 914	319	23 483.49	198
30	394	163	237	334	171	99	322	0	448	0	309	180.4	144	41 512.46	110	3 717	375	39 404.05	106
7	777	230	177	69	796	221	109	3	200	2	192	62.7	486	33 625.98	148	14 397.04	136	31 514.11	137
38	314	96	345	174	446	70	436	0	448	0	309	70	451	6 728.2	557	4 466.2	337	12 849.6	355
16	577	15	714	37	968	12	862	0	448	0	309	10.7	972	3 504	700	1 834	522	3 104.05	709
18	547	121	304	251	281	52	533	4	171	0	309	101.3	313	28 167.3	193	20 023.3	100	28 044.44	160
92	79	304	131	367	141	202	122	1	323	0	309	128.9	237	17 790	302	5 959.5	283	17 707	266
19	523	144	267	231	322	52	533	2	251	0	309	102.7	306	28 979.19	178	7 728.6	239	26 956.4	170

学校名称	社科活动人员(人)																	
	合计		按职称划分								其他人员		合计		按职称划分			
			小计		高级		中级		初级						高级		中级	
浙江大学	1 040	91	1 040	91	788	22	252	421	0	1 173	0	139	1 408	59	723	37	193	304
杭州电子科技大学	588	350	588	347	228	363	352	222	8	1 074	0	139	1 021	106	330	171	483	50
浙江工业大学	1 196	62	1 196	60	479	93	591	37	126	189	0	139	1 501	46	569	72	521	40
浙江理工大学	831	181	831	181	326	192	444	117	61	538	0	139	1 501	46	508	94	472	56
浙江海洋大学	322	751	322	749	141	592	138	793	43	693	0	139	396	376	220	278	126	482
浙江农林大学	513	466	513	466	193	444	253	417	67	485	0	139	323	466	101	551	155	406
温州医科大学	292	795	292	794	93	754	164	700	35	778	0	139	282	517	132	462	131	463
浙江中医药大学	157	1 010	153	1 017	55	889	73	1 017	25	891	4	51	379	392	114	508	130	466
浙江师范大学	1 176	65	1 176	63	590	49	511	65	75	433	0	139	2 159	15	870	18	701	15
杭州师范大学	778	213	778	211	423	122	324	276	31	818	0	139	927	120	543	82	341	107
湖州师范学院	621	315	621	314	189	457	281	342	151	119	0	139	550	255	218	284	226	240
绍兴文理学院	679	265	679	264	283	246	325	273	71	457	0	139	562	245	258	241	219	260
台州学院	526	443	526	443	179	483	315	287	32	801	0	139	525	274	224	269	279	161
温州大学	806	194	806	192	348	175	391	170	67	485	0	139	1 455	51	685	43	628	20
丽水学院	571	379	571	379	196	435	263	385	112	254	0	139	1 197	85	504	96	533	31
浙江工商大学	1 068	83	1 068	82	574	55	469	91	25	891	0	139	1 600	39	560	77	321	124
嘉兴学院	562	388	562	387	223	369	302	308	37	756	0	139	412	358	217	286	191	309
中国美术学院	788	208	788	205	295	231	329	264	164	96	0	139	559	249	183	353	247	199
中国计量大学	520	454	520	453	177	489	225	510	118	220	0	139	524	275	222	275	197	295
安徽大学	1 037	92	1 037	92	428	119	519	61	90	347	0	139	629	217	332	166	233	222
中国科学技术大学	217	916	217	915	116	671	101	908	0	1 173	0	139	293	508	68	666	31	935
合肥工业大学	621	315	621	314	309	211	305	301	7	1 092	0	139	634	211	229	261	148	426
安徽工业大学	644	288	644	287	209	403	334	254	101	301	0	139	803	140	246	249	350	101
安徽理工大学	363	694	363	693	124	652	197	582	42	706	0	139	368	403	107	530	179	342
安徽工程大学	485	511	485	511	117	669	279	347	89	357	0	139	302	490	103	544	128	475
安徽农业大学	427	585	427	582	132	629	161	710	134	163	0	139	301	493	128	476	94	598
安徽医科大学	335	733	335	732	110	694	145	763	80	402	0	139	278	521	59	697	70	705
蚌埠医学院	256	853	256	853	58	879	130	822	68	482	0	139	160	704	34	824	78	669
皖南医学院	324	749	323	748	50	906	153	736	120	211	1	100	113	802	28	869	62	745
安徽中医药大学	213	924	213	922	84	778	116	862	13	1 022	0	139	133	760	64	681	63	738
安徽师范大学	1 185	64	1 185	62	572	56	536	54	77	414	0	139	682	192	391	129	252	195
阜阳师范学院	575	374	575	373	205	418	232	480	138	151	0	139	380	388	167	390	152	414
安庆师范大学	804	196	804	194	330	187	400	163	74	437	0	139	493	298	249	245	232	225
淮北师范大学	792	202	792	200	315	202	359	214	118	220	0	139	239	581	148	423	86	631

续表

研究发展人员(人)														R&D 经费情况(千元)					
		按学历学位划分								其他人员		折合全时人员(人年)		当年经费收入合计		其中:科研事业费		当年经费支出合计	
初级		博士毕业		硕士毕业		本科毕业		其他学历											
2	976	821	19	356	150	226	104	5	144	2	192	310.4	54	289 805.88	7	75 925.85	17	296 409.14	3
59	183	341	113	388	124	249	90	43	25	8	92	280.5	74	25 386.5	210	10 927	180	21 128.36	224
130	33	518	68	584	49	381	52	18	41	15	56	417.5	22	78 022.01	51	14 109.8	140	62 469.67	62
29	406	442	92	437	94	615	19	7	105	18	49	329.5	48	70 895.71	60	19 212.44	106	56 865.07	70
32	371	78	393	160	491	151	190	7	105	0	309	102.4	308	16 692.3	316	2 719.5	439	15 056.68	313
53	212	62	432	162	482	91	352	8	90	0	309	68.5	457	18 570.8	291	7 171.7	252	16 648.27	283
12	671	103	331	161	486	18	786	0	448	0	309	48.3	596	12 014.2	388	4 758	330	9 816.31	424
74	125	69	411	228	327	80	386	2	251	40	23	83.4	381	9 420	468	5 153	309	6 250.95	552
95	72	757	30	743	19	656	15	3	200	4	140	598.9	7	124 352.72	23	68 635.18	18	129 272.06	19
30	394	426	94	338	167	160	171	3	200	0	309	165	170	70 885.83	61	11 040.16	178	35 228.36	126
106	54	168	232	245	293	123	241	14	55	0	309	86.4	375	19 963.24	267	3 266.6	398	16 307.39	288
62	172	102	333	265	253	184	143	11	67	3	163	94	342	15 976.87	327	1 756.67	531	14 371.63	327
18	547	136	274	300	212	87	359	2	251	4	140	142	209	29 624.28	170	13 010.94	161	28 888.26	155
49	239	470	80	676	25	266	79	43	25	7	108	248.1	92	62 106.98	72	3 677.9	376	60 478.88	64
146	23	197	206	685	24	147	199	168	11	14	57	234	103	37 344.92	131	9 789.6	201	31 846.08	135
39	304	515	71	379	132	701	14	5	144	80	10	288	67	101 156.67	28	54 175.5	26	107 620.91	24
2	976	172	227	190	403	48	563	2	251	2	192	80.5	397	29 115.33	177	4 640.1	333	27 679.36	164
107	53	58	446	334	171	164	167	3	200	2	192	119.5	262	72 869.14	59	44 918.24	38	59 638.23	65
34	352	155	256	229	326	72	421	68	16	5	124	127	243	43 135.44	102	10 476.28	189	25 934.84	176
21	501	304	131	203	368	118	258	4	171	0	309	169	163	87 590.76	41	34 311.2	59	77 489.07	44
0	1 095	61	437	79	750	142	204	11	67	0	309	87.3	371	11 034.23	414	4 823.86	324	8 402.67	468
2	976	200	203	232	318	201	125	1	323	0	309	161.3	176	13 447.15	368	8 308.33	229	7 123.49	516
96	71	100	337	371	138	322	59	10	72	0	309	316.2	53	21 028.42	260	6 486.7	269	22 825.76	206
49	239	55	462	195	391	109	282	9	78	0	309	70.1	448	13 767.5	363	7 513	243	13 548.9	341
32	371	19	673	149	516	134	219	0	448	0	309	49.1	590	6 332	570	2 698.6	441	6 298.7	549
79	113	89	363	140	542	72	421	0	448	0	309	55.4	534	10 850	422	4 197	350	9 507.5	433
45	267	34	569	137	547	107	290	0	448	0	309	45	618	1 901	821	1 054	632	1 492.25	846
48	243	7	822	131	561	18	786	4	171	0	309	51.6	570	4 627	636	1 235	595	4 876	611
23	471	12	744	87	727	14	834	0	448	0	309	12.5	941	1 072	914	525	760	931.62	913
6	813	23	639	97	673	13	846	0	448	0	309	26.2	764	1 948	815	795	686	2 123.5	796
38	314	286	141	312	196	84	371	0	448	0	309	172.9	157	45 169.31	100	25 604.75	78	38 755.85	107
60	179	79	392	247	287	54	523	0	448	0	309	82.8	386	28 786.06	180	5 569	295	26 026.06	175
12	671	122	302	243	297	128	230	0	448	0	309	110.3	284	9 691	462	4 771	328	8 844.55	454
5	846	69	411	116	617	52	533	2	251	0	309	70.1	448	25 111.1	212	21 302.1	96	24 912.35	184

学校名称	社科活动人员(人)																	
	合计		按职称划分								其他人员		合计		按职称划分			
			小计		高级		中级		初级						高级		中级	
黄山学院	567	382	567	382	168	519	227	502	172	85	0	139	379	392	155	411	160	390
皖西学院	501	486	501	485	170	512	189	622	142	140	0	139	243	573	98	564	84	639
滁州学院	532	438	532	438	132	629	179	640	221	29	0	139	232	597	79	627	60	757
安徽财经大学	1 044	88	1 044	88	432	117	455	107	157	110	0	139	1 003	110	470	104	380	84
宿州学院	555	399	555	398	135	615	260	394	160	104	0	139	207	629	77	633	103	561
巢湖学院	596	338	596	336	182	471	253	417	161	101	0	139	234	590	97	569	107	549
淮南师范学院	539	431	539	430	157	548	231	486	151	119	0	139	274	528	101	551	106	554
铜陵学院	729	231	729	229	207	410	340	246	182	67	0	139	378	395	159	402	176	348
厦门大学	1 274	41	1 272	41	807	20	445	114	20	947	2	78	1 976	20	1 133	9	545	28
华侨大学	1 342	31	1 342	30	473	97	777	6	92	335	0	139	1 353	66	648	51	682	16
福州大学	896	144	896	143	425	121	423	137	48	638	0	139	819	139	405	121	333	115
福建工程学院	502	482	502	481	213	394	230	490	59	547	0	139	724	167	327	174	334	113
福建农林大学	840	173	840	173	259	284	444	117	137	155	0	139	512	284	187	346	260	183
集美大学	863	158	863	158	387	154	366	205	110	257	0	139	648	203	353	149	209	274
福建医科大学	216	919	216	918	66	854	106	890	44	684	0	139	162	699	40	795	72	695
福建中医药大学	300	780	300	779	82	788	156	727	62	532	0	139	535	266	153	415	281	158
福建师范大学	1 327	35	1 327	34	616	42	590	38	121	208	0	139	1 429	55	779	28	507	45
闽江学院	655	281	655	280	273	259	264	384	118	220	0	139	351	429	198	324	128	475
武夷学院	412	602	412	600	126	647	226	506	60	542	0	139	437	335	155	411	242	205
宁德师范学院	300	780	300	779	89	768	179	640	32	801	0	139	304	488	91	584	194	302
泉州师范学院	677	266	677	265	239	336	240	450	198	42	0	139	581	238	230	259	226	240
福建师范大学福清分校	291	797	291	796	123	654	139	784	29	844	0	139	478	307	220	278	217	263
闽南师范大学	969	115	969	113	231	353	398	164	340	5	0	139	634	211	170	382	283	157
南昌大学	1 219	53	1 219	53	453	109	526	58	240	23	0	139	529	271	253	243	228	235
华东交通大学	562	388	562	387	216	384	277	355	69	475	0	139	79	878	29	859	37	888
东华理工大学	532	438	532	438	217	382	269	374	46	659	0	139	335	453	156	410	153	410
南昌航空大学	548	409	548	408	189	457	282	339	77	414	0	139	381	385	145	430	191	309
江西理工大学	599	333	599	332	177	489	297	319	125	196	0	139	234	590	129	472	94	598
景德镇陶瓷大学	510	469	510	468	192	450	183	630	135	159	0	139	359	421	172	376	134	455
江西农业大学	382	656	382	652	162	538	216	531	4	1 132	0	139	212	625	89	593	121	500
江西中医药大学	197	945	197	943	46	924	81	991	70	465	0	139	65	937	26	876	31	935
赣南医学院	170	984	170	981	40	949	59	1 061	71	457	0	139	73	901	16	931	29	950
江西师范大学	901	140	901	140	381	156	434	127	86	370	0	139	661	197	281	212	274	167
上饶师范学院	557	398	557	397	167	520	249	433	141	142	0	139	373	399	173	375	144	436
宜春学院	586	356	586	353	231	353	301	310	54	584	0	139	348	430	175	370	161	386

续表

研究发展人员(人)														R&D 经费情况(千元)					
		按学历学位划分								其他人员		折合全时人员(人年)		当年经费收入合计		其中:科研事业费		当年经费支出合计	
初级		博士毕业		硕士毕业		本科毕业		其他学历											
64	158	50	486	285	225	31	680	13	61	0	309	76	422	6 034.51	583	1 510	559	6 304.48	547
61	174	33	575	137	547	67	459	6	123	0	309	85.4	376	10 543.95	434	2 764.8	430	9 728.51	428
93	74	16	700	128	570	86	366	2	251	0	309	51.2	575	6 144.94	580	930	659	5 996.34	564
87	91	418	95	442	91	137	214	6	123	21	44	235.2	100	70 111.1	64	46 371.1	33	69 218.53	52
27	422	21	655	143	535	43	592	0	448	0	309	45.4	612	9 534.46	465	1 514	558	9 478.46	436
30	394	20	666	198	383	16	813	0	448	0	309	80.6	395	5 603	600	680	720	5 275.7	596
67	147	15	714	167	473	91	352	1	323	0	309	130.9	235	4 601	638	1 044	633	4 643.2	618
43	273	43	517	244	295	73	417	18	41	0	309	90.6	354	11 034	415	3 848	365	10 572	398
54	207	1 441	5	393	117	139	210	3	200	63	14	502.2	13	148 011	17	67 699.63	19	153 918.28	13
17	561	801	22	442	91	109	282	1	323	0	309	260.1	85	29 589.96	171	10 872	182	29 495.48	152
26	434	328	118	317	188	167	158	7	105	0	309	124	247	28 574.43	184	15 615.43	127	22 868.6	205
63	163	180	218	385	127	158	175	1	323	0	309	151.8	189	7 865.6	510	1 780	528	5 864.68	572
47	253	219	186	221	339	69	443	3	200	0	309	109.7	286	24 026.5	220	17 000.8	116	25 132.5	180
50	234	168	232	279	232	195	129	6	123	0	309	109	289	19 565.5	278	2 939.63	415	12 976.31	351
25	448	19	673	109	634	34	662	0	448	0	309	51.7	566	4 414.7	650	1 859	518	3 569.1	688
99	62	26	619	298	214	205	119	6	123	0	309	71.6	443	3 837.3	686	825.6	680	3 293.91	700
76	121	730	33	479	80	217	113	3	200	0	309	348.2	41	100 753.18	29	61 969.18	20	113 694.56	23
22	487	105	328	191	398	53	528	2	251	3	163	61.3	497	19 214	284	13 746.5	153	12 373.2	363
40	297	43	517	326	181	68	454	0	448	0	309	96.9	335	9 587.6	464	1 887	516	10 334.6	406
19	523	28	610	181	423	94	340	1	323	0	309	50.3	582	4 118	668	1 000	642	2 987.83	716
116	44	134	279	313	194	130	225	4	171	8	92	100.3	320	19 123.98	280	6 551	267	18 742.26	252
41	289	44	512	344	164	89	357	1	323	0	309	98.6	330	10 134.37	443	812.99	682	8 199.76	478
181	9	136	274	347	160	151	190	0	448	0	309	94.7	340	58 365.75	76	5 197.9	308	56 533.9	71
48	243	283	142	166	475	79	392	1	323	0	309	80.2	399	35 639	140	13 720	155	35 599	124
10	713	0	1 039	9	1 119	47	564	23	34	3	163	12.8	935	11 590.65	401	1 646.96	543	10 421.19	402
26	434	106	326	169	462	60	493	0	448	0	309	69.6	454	6 823.75	551	2 111.25	489	6 826	530
37	320	155	256	186	409	35	655	5	144	7	108	57.7	517	4 810.3	631	2 659.8	444	4 715.53	616
11	697	72	405	149	516	13	846	0	448	0	309	39.6	649	11 498.7	404	5 964.1	282	8 843.52	455
53	212	72	405	208	357	79	392	0	448	0	309	65.7	472	8 492.96	493	1 931.24	507	7 624.6	489
2	976	81	384	115	618	16	813	0	448	0	309	32.4	702	8 138.5	499	3 122	405	6 560	538
8	750	20	666	40	952	5	981	0	448	0	309	25.8	768	1 917	818	651	730	1 772.5	818
28	413	6	841	45	926	21	762	1	323	0	309	12	947	481	1 027	115	961	621.6	986
51	226	391	99	170	459	100	319	0	448	1	228	137.7	218	22 759.84	234	12 141	167	20 821.64	228
55	199	68	413	195	391	102	312	8	90	1	228	63.9	479	21 319.61	257	1 114	623	20 080.46	238
12	671	117	307	179	431	52	533	0	448	0	309	51.7	566	8 171.3	498	2 681	443	10 557.14	399

学校名称	社科活动人员(人)																	
	合计		按职称划分								其他人员		合计		按职称划分			
			小计		高级		中级		初级						高级		中级	
赣南师范大学	922	133	922	133	359	170	406	156	157	110	0	139	135	753	78	631	50	802
井冈山大学	580	367	580	365	247	319	270	371	63	522	0	139	278	521	129	472	133	459
江西财经大学	1 065	85	1 065	84	511	77	491	78	63	522	0	139	656	200	382	134	266	178
山东大学	1 914	3	1 914	3	1 044	5	742	8	128	176	0	139	1 198	84	667	47	352	99
中国海洋大学	569	380	569	380	313	205	218	524	38	749	0	139	490	300	202	312	184	332
山东科技大学	891	148	891	148	254	293	465	97	172	85	0	139	473	313	181	357	223	248
中国石油大学(华东)	580	367	580	365	258	285	271	368	51	617	0	139	442	330	217	286	184	332
青岛科技大学	657	280	657	279	262	279	387	177	8	1 074	0	139	488	301	259	239	208	276
济南大学	1 229	51	1 229	51	571	57	582	41	76	422	0	139	556	252	271	218	245	201
青岛理工大学	596	338	596	336	236	339	305	301	55	580	0	139	183	663	71	655	90	617
山东建筑大学	629	308	629	307	268	270	345	232	16	979	0	139	665	195	265	229	308	135
齐鲁工业大学	520	454	520	453	258	285	249	433	13	1 022	0	139	247	563	143	437	99	574
山东理工大学	863	158	863	158	390	150	404	157	69	475	0	139	708	177	339	161	276	166
山东农业大学	543	420	543	418	197	432	299	314	47	649	0	139	229	601	72	651	115	515
青岛农业大学	543	420	543	418	174	503	339	248	30	828	0	139	173	680	100	559	70	705
潍坊医学院	350	711	350	710	106	710	171	677	73	445	0	139	302	490	141	441	122	495
泰山医学院	378	670	378	667	135	615	216	531	27	868	0	139	337	451	112	516	210	272
滨州医学院	321	752	321	750	94	752	134	809	93	329	0	139	91	842	21	899	44	851
山东中医药大学	180	967	180	964	53	898	91	958	36	766	0	139	36	1 028	17	923	14	1 051
济宁医学院	218	913	218	912	96	746	115	865	7	1 092	0	139	154	719	61	690	91	615
山东师范大学	1 145	69	1 145	68	495	82	607	31	43	693	0	139	639	207	286	205	238	214
曲阜师范大学	1 287	40	1 287	40	544	62	613	27	130	170	0	139	637	208	338	162	206	280
聊城大学	995	105	995	104	415	128	449	111	131	169	0	139	696	182	332	166	299	142
德州学院	628	310	628	309	249	314	320	279	59	547	0	139	709	175	372	136	315	131
滨州学院	629	308	629	307	180	478	316	285	133	166	0	139	340	444	139	448	145	434
鲁东大学	1 012	101	1 012	101	347	177	600	35	65	504	0	139	342	443	132	462	132	461
临沂大学	1 386	25	1 386	25	522	68	645	24	219	34	0	139	686	190	297	193	277	164
泰山学院	733	227	733	225	254	293	351	223	128	176	0	139	919	121	426	112	410	72
济宁学院	539	431	539	430	215	387	298	316	26	879	0	139	330	459	152	417	165	370
菏泽学院	721	235	721	233	211	401	478	82	32	801	0	139	379	392	140	444	238	214
山东财经大学	2 087	1	2 087	1	1 120	4	897	1	70	465	0	139	1 660	35	938	14	418	67
山东体育学院	344	724	344	722	128	644	158	720	58	553	0	139	155	718	72	651	53	787
山东艺术学院	459	540	459	540	226	367	212	542	21	938	0	139	174	677	88	596	61	753
郑州大学	1 687	7	1 687	7	835	16	852	2	0	1 173	0	139	1 835	26	749	33	830	11

续表

研究发展人员(人)														R&D经费情况(千元)					
		按学历学位划分								其他人员		折合全时人员(人年)		当年经费收入合计		其中:科研事业费		当年经费支出合计	
初级		博士毕业		硕士毕业		本科毕业		其他学历											
5	846	51	482	51	893	32	672	1	323	0	309	57.7	517	22 065.28	246	3 777	371	22 065.28	210
14	618	86	369	125	579	67	459	0	448	1	228	51.7	566	12 623.83	381	1 897	513	12 349.63	364
8	750	557	59	78	754	21	762	0	448	0	309	125.1	246	28 325.92	188	10 074.56	198	27 558.98	166
48	243	854	13	232	318	112	272	0	448	0	309	300.4	60	85 623.58	44	51 066.38	30	79 370.45	43
20	510	290	138	118	612	82	378	0	448	0	309	140.3	212	17 142.1	311	7 435.5	246	18 465.34	257
43	273	146	265	246	289	75	407	6	123	2	192	101.3	313	6 655	561	2 287	473	6 129.23	557
20	510	160	243	201	374	80	386	1	323	0	309	77.6	410	15 718.15	334	5 638	292	15 225.93	309
1	1 031	178	222	256	270	53	528	1	323	0	309	100.8	317	11 775.2	396	2 052.5	494	12 764.8	357
27	422	219	186	216	346	103	310	18	41	0	309	197.4	134	28 279.4	190	10 710.7	185	27 620.37	165
13	643	72	405	82	742	29	696	0	448	0	309	70	451	3 618	696	1 068	629	3 795	665
15	600	183	215	270	251	206	118	6	123	0	309	138.1	217	6 912.67	542	1 205.6	603	6 251.64	551
1	1 031	47	496	148	521	52	533	0	448	0	309	55.6	530	4 272.7	660	838.6	675	4 464.45	628
23	471	264	154	257	268	186	139	1	323	4	140	132.5	231	28 215.87	192	6 414	272	31 549.01	136
19	523	80	389	121	598	28	707	0	448	1	228	43.1	627	2 917.37	732	1 347.37	578	2 649.89	740
3	933	67	416	76	761	29	696	1	323	0	309	40.3	644	10 160	441	2 181	484	7 518.3	494
13	643	59	442	183	418	58	502	2	251	0	309	63.3	483	4 508	644	1 472.5	565	4 220.5	642
15	600	16	700	207	359	107	290	7	105	0	309	103.7	302	1 490.5	867	333	820	1 464.5	852
26	434	10	780	51	893	24	735	6	123	0	309	24	786	2 727.2	748	1 000	642	2 639.2	742
5	846	10	780	24	1 033	2	1 064	0	448	0	309	9.8	982	453	1 039	255	858	278	1 078
2	976	10	780	95	683	49	554	0	448	0	309	42.8	630	2 530.6	765	97	977	1 475	850
14	618	318	122	201	374	120	251	0	448	1	228	174.2	156	42 248.67	106	13 740.69	154	29 662.48	151
33	363	301	135	177	435	157	178	2	251	0	309	199	129	15 184.66	343	9 670.66	206	12 149.39	367
58	185	253	161	333	173	107	290	3	200	2	192	278.6	76	24 818.5	215	8 025	235	24 818.5	186
22	487	175	224	372	137	156	182	6	123	0	309	164.9	171	41 786.82	109	758.18	699	26 077.97	174
56	194	52	476	215	347	66	465	7	105	0	309	88.1	366	17 385.24	308	1 837.75	521	13 979.48	334
1	1 031	141	269	90	710	110	278	1	323	0	309	52.1	564	10 868.68	421	5 636	293	10 085.75	413
112	49	172	227	432	97	82	378	0	448	0	309	87.6	369	21 287.61	258	4 198.13	349	11 711.75	375
76	121	206	198	557	61	150	192	6	123	5	124	158.6	185	13 199.18	371	1 147	617	9 033.06	447
13	643	18	685	198	383	113	269	1	323	0	309	64.2	478	3 227.6	715	359	812	3 449.34	693
1	1 031	42	521	232	318	105	299	0	448	0	309	66.7	467	5 212	616	997	644	5 731.8	577
23	471	616	47	754	18	236	95	54	22	117	5	299.4	61	37 780.4	126	13 774.2	151	40 481.16	104
16	577	33	575	91	704	31	680	0	448	0	309	70.9	446	2 708	749	808	684	3 008.2	714
5	846	35	561	63	815	72	421	4	171	0	309	28.5	734	29 502.5	172	12 850	163	19 055.68	250
62	172	674	40	365	143	404	48	392	6	19	47	287.7	69	75 035.34	56	17 577	114	66 628.03	54

学校名称	社科活动人员（人）																	
	合计		按职称划分								其他人员		合计		按职称划分			
			小计		高级		中级		初级						高级		中级	
河南理工大学	790	204	790	202	254	293	497	72	39	738	0	139	381	385	158	406	216	267
郑州轻工业学院	588	350	588	347	181	476	393	168	14	1 001	0	139	601	229	224	269	365	92
河南工业大学	717	238	717	235	326	192	328	266	63	522	0	139	297	502	171	379	116	511
河南科技大学	673	272	673	270	200	426	367	203	106	273	0	139	400	372	148	423	218	261
中原工学院	759	218	759	216	285	244	407	154	67	485	0	139	790	144	279	214	407	73
河南农业大学	327	746	327	744	125	650	192	608	10	1 048	0	139	127	770	36	811	79	662
河南科技学院	585	361	585	360	205	418	318	282	62	532	0	139	146	735	59	697	69	711
河南牧业经济学院	555	399	555	398	167	520	269	374	119	215	0	139	67	923	38	805	23	988
河南中医药大学	298	783	298	782	112	688	149	748	37	756	0	139	164	696	70	658	79	662
新乡医学院	279	813	279	810	100	731	173	667	6	1 102	0	139	66	931	36	811	30	943
河南大学	1 614	10	1 614	10	774	23	681	18	159	107	0	139	1 078	99	491	99	467	57
河南师范大学	1 319	36	1 319	36	547	61	700	14	72	447	0	139	704	179	330	171	346	105
信阳师范学院	942	122	942	122	307	215	476	84	159	107	0	139	340	444	141	441	138	446
周口师范学院	838	175	837	176	240	334	404	157	193	52	1	100	136	748	64	681	59	761
安阳师范学院	799	199	799	197	265	275	426	135	108	263	0	139	746	155	285	206	398	76
许昌学院	719	237	718	234	212	398	380	188	126	189	1	100	380	388	110	524	201	288
南阳师范学院	739	225	739	223	131	634	428	133	180	71	0	139	291	512	46	768	198	292
洛阳师范学院	924	131	924	131	320	198	466	96	138	151	0	139	917	122	317	178	466	58
商丘师范学院	869	156	869	156	272	261	408	153	189	57	0	139	249	561	126	485	86	631
河南财经政法大学	1 306	39	1 306	39	662	34	590	38	54	584	0	139	751	153	307	185	348	103
郑州航空工业管理学院	1 076	81	1 076	80	264	278	592	36	220	32	0	139	731	164	180	360	369	90
武汉大学	1 482	15	1 480	14	961	10	505	69	14	1 001	2	78	2 493	10	1 297	8	519	41
华中科技大学	897	141	896	143	589	52	293	326	14	1 001	1	100	1 057	102	737	36	123	494
武汉科技大学	648	284	648	283	339	181	255	411	54	584	0	139	278	521	200	316	65	725
长江大学	671	274	671	273	316	201	288	332	67	485	0	139	362	415	191	338	118	506
武汉工程大学	543	420	543	418	280	253	228	497	35	778	0	139	252	550	136	454	84	639
中国地质大学（武汉）	635	300	635	299	301	225	282	339	52	605	0	139	367	406	180	360	100	573
武汉纺织大学	464	536	461	539	254	293	190	618	17	974	3	60	504	289	244	251	220	256
武汉轻工大学	384	647	384	645	174	503	184	628	26	879	0	139	360	419	170	382	171	357
武汉理工大学	931	127	929	128	569	58	342	242	18	961	2	78	631	215	269	225	113	525
湖北工业大学	510	469	510	468	280	253	196	589	34	789	0	139	933	117	325	175	218	261
华中农业大学	510	469	500	489	283	246	203	563	14	1 001	10	25	944	115	496	98	226	240
湖北中医药大学	149	1 028	149	1 026	48	916	100	914	1	1 158	0	139	153	721	61	690	88	626
华中师范大学	1 231	48	1 231	48	799	21	414	148	18	961	0	139	2 117	16	745	34	220	256
湖北大学	835	178	833	178	440	111	326	272	67	485	2	78	696	182	342	159	202	287

续表

研究发展人员(人)														R&D经费情况(千元)					
		按学历学位划分								其他人员		折合全时人员(人年)		当年经费收入合计		其中:科研事业费		当年经费支出合计	
初级		博士毕业		硕士毕业		本科毕业		其他学历											
7	777	161	241	175	441	45	577	0	448	0	309	55.4	534	11 834.5	392	2 728	437	11 426.2	379
12	671	191	209	246	289	162	170	2	251	0	309	127.3	242	19 626.26	277	3 226	403	16 500.26	285
10	713	136	274	125	579	36	647	0	448	0	309	76.4	420	9 378.9	472	2 978	410	9 008.9	449
34	352	168	232	169	462	61	483	2	251	0	309	66.7	467	7 156	531	2 728	437	9 579.57	431
92	79	190	212	414	109	163	169	23	34	12	65	101.3	313	8 886	486	4 128.5	355	8 807.8	456
4	899	53	471	61	828	13	846	0	448	0	309	34.9	681	2 450	778	870	670	2 315.5	771
16	577	30	592	96	680	20	769	0	448	0	309	17.6	866	2 938	731	1 505	561	2 840	726
6	813	14	728	42	941	11	874	0	448	0	309	19.1	846	2 460.4	775	702	715	2 465.4	752
15	600	23	639	107	641	32	672	2	251	0	309	19.7	838	1 622	853	1 072	628	1 460.9	854
0	1 095	21	655	34	978	10	891	1	323	0	309	7.9	1 024	1 012	923	727	705	940.2	912
69	140	518	68	376	135	170	155	14	55	4	140	160.2	177	56 162.4	83	27 300	77	64 842.81	57
27	422	0	1 039	0	1 163	0	1 121	704	2	1	228	113.9	277	39 406.1	118	15 252	131	42 550.06	99
61	174	123	300	182	420	35	655	0	448	0	309	108	291	13 639	366	5 429	299	20 522	231
13	643	33	575	94	689	9	906	0	448	0	309	28.3	737	3 473.6	704	1 670	539	3 107.4	708
63	163	203	201	384	129	158	175	1	323	0	309	159.5	180	19 693.5	274	2 306	471	17 398.4	271
69	140	86	369	233	315	61	483	0	448	0	309	92.4	347	8 029.19	503	1 569	550	8 917.49	452
47	253	81	384	141	539	69	443	0	448	0	309	49.5	585	3 289	711	1 531	556	2 279	780
130	33	222	183	565	56	122	244	8	90	0	309	135.1	224	34 313.56	143	8 759.44	221	26 402.45	173
37	320	70	410	92	700	87	359	0	448	0	309	55.5	532	20 710	262	795	686	18 008	263
34	352	331	116	263	258	150	192	7	105	0	309	80.8	394	74 512.6	58	7 157	253	65 712.6	56
180	11	145	266	486	78	100	319	0	448	0	309	228.8	110	10 633.4	429	1 950	505	11 109.3	386
56	194	1 553	4	562	59	374	54	4	171	69	12	839.4	3	189 390.23	11	120 062.63	8	202 600.35	8
24	461	770	28	104	654	183	144	0	448	0	309	232.1	106	46 050.01	97	18 919.96	108	31 411.2	138
4	899	128	289	126	575	24	735	0	448	1	228	76.8	418	9 399.11	470	4 163	352	9 390.2	437
14	618	135	278	167	473	60	493	0	448	0	309	75.8	424	7 476.5	519	3 232.6	402	5 875.25	569
3	933	7	822	111	628	118	258	16	49	0	309	55.2	537	6 921	541	4 429	338	6 648.52	534
20	510	180	218	118	612	66	465	3	200	8	92	78.8	405	33 885.14	147	21 070.95	98	15 753.72	296
19	523	169	230	253	275	77	403	5	144	2	192	68.3	458	11 924	390	964	649	11 627	377
19	523	113	315	200	377	44	587	3	200	0	309	48.9	592	5 804	591	1 975	501	5 987	565
3	933	215	192	168	466	248	91	0	448	0	309	177.5	150	31 933.4	160	14 781.41	133	35 777.38	121
18	547	229	178	310	198	394	49	0	448	0	309	234.5	101	17 868.02	300	7 193	251	20 899.71	226
51	226	429	93	362	144	153	185	0	448	0	309	152.1	188	42 444.68	104	28 251.76	73	37 181.62	113
2	976	30	592	113	625	10	891	0	448	2	192	57.6	519	3 098	718	212	881	3 270	703
9	733	796	23	579	51	742	11	0	448	1	228	699.3	4	93 038.15	32	44 597.45	40	94 432.2	29
23	471	238	169	294	216	159	174	5	144	0	309	158.7	184	37 755.75	127	15 517.1	129	37 216.3	112

学校名称	社科活动人员(人)																	
	合计		按职称划分								其他人员		合计		按职称划分			
			小计		高级		中级		初级						高级		中级	
湖北师范大学	677	266	676	267	250	309	308	298	118	220	1	100	98	831	42	783	43	856
黄冈师范学院	654	282	654	281	250	309	339	248	65	504	0	139	272	530	147	426	119	503
湖北民族学院	430	580	430	578	199	430	201	568	30	828	0	139	306	484	93	580	159	395
汉江师范学院	443	561	443	560	176	498	193	602	74	437	0	139	73	901	28	869	36	897
湖北文理学院	653	283	649	282	249	314	324	276	76	422	4	51	68	917	37	808	30	943
中南财经政法大学	1 730	5	1 730	5	977	8	708	11	45	670	0	139	2 003	19	792	26	417	68
武汉体育学院	597	337	575	373	280	253	256	407	39	738	22	12	153	721	56	716	51	794
湖北美术学院	398	628	396	631	144	583	179	640	73	445	2	78	167	688	69	663	74	687
中南民族大学	861	160	861	160	477	94	340	246	44	684	0	139	1 680	32	853	20	547	26
湖北汽车工业学院	285	803	283	805	97	742	135	805	51	617	2	78	233	593	104	539	96	586
湖北工程学院	547	411	547	410	174	503	280	346	93	329	0	139	449	327	197	328	198	292
湘潭大学	927	129	927	129	458	104	423	137	46	659	0	139	1 697	31	654	50	354	98
吉首大学	701	250	701	247	328	189	270	371	103	289	0	139	502	292	271	218	183	336
湖南大学	1 208	56	1 208	55	658	35	475	86	75	433	0	139	1 085	97	638	54	271	171
中南大学	1 072	82	1 070	81	465	100	508	67	97	313	2	78	903	125	541	83	248	198
湖南科技大学	1 028	95	1 028	95	403	137	563	47	62	532	0	139	1 352	67	662	48	624	21
长沙理工大学	748	223	745	221	327	190	327	269	91	340	3	60	630	216	336	164	222	251
湖南农业大学	578	369	578	368	236	339	278	352	64	514	0	139	519	280	207	307	239	212
中南林业科技大学	843	172	843	172	306	217	360	213	177	76	0	139	1 176	87	384	133	416	69
湖南中医药大学	189	957	189	954	55	889	106	890	28	857	0	139	81	872	33	825	32	922
湖南师范大学	1 116	73	1 116	72	591	48	463	98	62	532	0	139	2 531	8	869	19	556	25
湖南理工学院	599	333	591	344	163	534	271	368	157	110	8	29	206	631	72	651	84	639
湘南学院	539	431	539	430	200	426	222	515	117	230	0	139	300	496	97	569	125	485
衡阳师范学院	642	291	642	290	250	309	273	363	119	215	0	139	475	310	200	316	191	309
邵阳学院	602	332	599	332	207	410	253	417	139	149	3	60	307	483	127	483	138	446
怀化学院	708	245	702	246	217	382	345	232	140	145	6	37	377	396	132	462	195	300
湖南文理学院	599	333	599	332	194	442	286	335	119	215	0	139	530	270	180	360	265	179
湖南科技学院	705	246	705	243	223	369	309	297	173	81	0	139	562	245	230	259	217	263
湖南人文科技学院	517	460	517	460	178	487	207	553	132	167	0	139	244	571	112	516	97	581
湖南商学院	808	193	803	196	330	187	344	234	129	172	5	45	1 403	61	641	53	527	34
南华大学	502	482	502	481	254	293	220	520	28	857	0	139	405	368	200	316	170	362
中山大学	1 693	6	1 693	6	1 003	6	688	17	2	1 150	0	139	3 663	3	1 650	2	837	10
暨南大学	1 542	11	1 542	11	636	38	821	4	85	376	0	139	1 208	82	636	55	479	53
汕头大学	546	414	546	413	190	453	175	655	181	69	0	139	621	220	334	165	159	395
华南理工大学	782	212	782	209	399	139	377	193	6	1 102	0	139	1 419	58	510	92	376	86

研究发展人员(人)														R&D 经费情况(千元)					
		按学历学位划分								其他人员		折合全时人员(人年)		当年经费收入合计		其中:科研事业费		当年经费支出合计	
初级		博士毕业		硕士毕业		本科毕业		其他学历											
10	713	24	635	57	846	17	801	0	448	0	309	16.6	879	2 900.2	733	178	908	3 294.4	699
6	813	60	440	182	420	30	689	0	448	0	309	52.2	562	17 615.75	303	6 095	278	23 190.13	204
39	304	90	358	120	603	93	345	3	200	0	309	48.3	596	8 200.09	497	2 364	463	7 349.34	503
9	733	0	1 039	39	958	34	662	0	448	0	309	23.5	792	706.8	974	152	934	709.8	962
0	1 095	21	655	41	948	6	958	0	448	1	228	18.6	853	6 972	538	1 167	610	6 224.5	553
10	713	927	10	582	50	494	31	0	448	0	309	489	14	81 601.87	47	52 220.83	29	94 444.03	28
34	352	33	575	94	689	26	723	0	448	3	163	37.1	662	10 649.3	427	3 385	394	9 814.58	425
19	523	16	700	131	561	20	769	0	448	0	309	32.8	697	3 633.58	695	1 434	570	4 105.88	650
123	38	778	26	614	39	271	76	17	47	41	22	287.9	68	24 342.97	218	16 255.33	120	24 987.97	182
33	363	14	728	153	505	59	499	7	105	0	309	60.9	500	5 763	592	1 186	606	5 780	575
54	207	65	422	253	275	131	223	0	448	0	309	80.9	392	7 130.4	532	542.5	758	9 263.9	442
4	899	661	42	417	106	619	18	0	448	0	309	360.8	38	70 872	62	45 623.7	35	55 229.35	73
47	253	158	248	239	303	104	306	1	323	1	228	103.3	304	16 157.5	325	7 262	249	12 717.32	360
35	336	673	41	140	542	221	109	51	23	23	41	366.3	36	84 607.63	45	32 138.01	64	80 281.1	42
32	371	387	100	264	255	119	256	133	12	0	309	365.5	37	76 757.07	53	34 591.02	58	59 018.56	67
34	352	498	74	630	35	218	112	6	123	2	192	437.6	17	28 236.44	191	10 453.03	190	29 121.68	154
67	147	189	213	254	274	182	145	5	144	4	140	178.8	149	21 581.45	252	8 443	226	20 577.44	230
61	174	154	259	283	227	79	392	3	200	9	84	171.5	160	15 332.03	339	5 404.5	300	14 902.09	319
158	15	232	175	530	65	409	46	5	144	0	309	174.9	155	22 561.11	238	8 299	231	19 394.67	247
16	577	19	673	54	868	8	928	0	448	0	309	15.5	891	1 110	908	810	683	911.1	918
99	62	1 137	6	604	41	787	9	3	200	225	3	405.5	24	74 660.81	57	39 131	48	53 636.11	76
48	243	46	502	97	673	62	481	1	323	1	228	77.2	416	23 844.77	222	5 700.6	290	19 818.01	240
78	117	32	584	210	354	58	502	0	448	0	309	45.7	609	6 927.84	540	1 907	512	4 387.69	633
84	101	169	230	246	289	60	493	0	448	0	309	148.3	196	31 955.67	159	5 707.58	289	30 653.61	143
42	281	49	489	180	425	76	405	2	251	0	309	79.8	400	12 598.11	382	2 369	462	10 986.46	388
50	234	65	422	258	265	53	528	1	323	0	309	145.5	201	27 213.98	202	2 869.6	419	17 532.73	267
82	105	132	282	286	223	108	287	4	171	3	163	176.9	152	14 953	346	7 104	254	15 255.88	308
114	46	58	446	414	109	87	359	3	200	0	309	82.7	387	21 381.5	256	2 965.6	411	17 298.95	274
35	336	27	617	153	505	60	493	4	171	0	309	72.2	440	8 097.1	500	2 057	493	7 141.06	515
125	37	447	87	565	56	385	51	6	123	21	44	267.4	79	26 854.84	205	13 385.41	156	22 206.5	209
16	577	96	345	192	395	114	267	3	200	3	163	145.6	199	7 991	504	2 851	423	6 627.23	535
0	1 095	2 229	2	470	82	896	4	68	16	0	309	641.1	5	290 185.77	6	169 059.47	4	243 619.6	6
81	107	813	20	358	147	33	666	4	171	12	65	372.2	35	208 699.3	10	45 670.15	34	192 480.29	9
111	51	315	123	183	418	120	251	3	200	7	108	179.3	148	32 334.3	156	9 558.23	207	30 889.24	141
77	119	548	60	416	107	454	38	1	323	8	92	250.7	90	132 468.12	22	50 672.98	31	107 188.89	25

学校名称	社科活动人员(人)																	
	合计		按职称划分								其他人员		合计		按职称划分			
			小计		高级		中级		初级						高级		中级	
华南农业大学	1 207	59	1 207	58	445	110	611	29	151	119	0	139	1 716	30	710	38	728	14
广东海洋大学	633	304	633	303	183	469	373	197	77	414	0	139	637	208	215	290	358	96
广州医科大学	203	935	203	934	83	783	103	899	17	974	0	139	115	797	59	697	45	842
广东医科大学	334	736	334	735	82	788	193	602	59	547	0	139	259	545	94	579	134	455
广州中医药大学	400	627	400	626	136	612	199	578	65	504	0	139	418	353	172	376	186	322
广东药科大学	331	740	331	738	104	720	219	522	8	1 074	0	139	276	526	101	551	152	414
华南师范大学	1 806	4	1 806	4	992	7	674	20	140	145	0	139	975	113	507	95	187	318
韶关学院	575	374	575	373	193	444	359	214	23	914	0	139	694	186	332	166	334	113
惠州学院	449	552	449	552	153	557	235	468	61	538	0	139	695	185	291	200	342	106
韩山师范学院	724	233	724	231	221	375	381	185	122	203	0	139	242	575	105	536	107	549
岭南师范学院	804	196	804	194	283	246	356	218	165	93	0	139	737	161	349	152	242	205
肇庆学院	784	211	784	208	309	211	431	128	44	684	0	139	724	167	298	192	394	79
嘉应学院	613	322	613	320	228	363	277	355	108	263	0	139	407	364	169	385	162	382
广州体育学院	583	362	583	361	198	431	302	308	83	388	0	139	696	182	283	209	236	217
广州美术学院	588	350	588	347	237	337	233	475	118	220	0	139	739	159	302	188	271	171
星海音乐学院	545	417	545	416	186	462	179	640	180	71	0	139	215	619	86	607	79	662
广东技术师范学院	792	202	792	200	272	261	357	217	163	99	0	139	338	450	158	406	147	429
海南大学	1 175	66	1 175	64	391	148	463	98	321	7	0	139	1 030	105	366	140	317	129
深圳大学	1 112	74	1 112	73	483	90	572	42	57	561	0	139	772	147	189	344	308	135
广东财经大学	1 203	61	1 203	59	555	59	572	42	76	422	0	139	1 647	36	682	44	491	47
广西大学	1 210	55	1 167	65	515	72	499	71	153	117	43	7	583	237	405	121	136	451
广西科技大学	560	397	560	395	221	375	262	387	77	414	0	139	374	398	177	367	150	424
桂林电子科技大学	483	514	480	520	214	390	201	568	65	504	3	60	241	577	151	418	79	662
桂林理工大学	693	256	693	253	256	289	353	221	84	379	0	139	421	349	209	303	167	366
广西医科大学	239	878	239	878	66	854	148	754	25	891	0	139	144	738	33	825	65	725
右江民族医学院	228	900	228	900	91	762	100	914	37	756	0	139	50	978	16	931	28	954
广西中医药大学	237	883	237	883	76	819	94	941	67	485	0	139	119	785	43	780	45	842
桂林医学院	152	1 021	150	1 025	56	884	52	1 083	42	706	2	78	49	979	18	915	21	1 001
广西师范大学	1 399	23	1 399	23	590	49	707	12	102	297	0	139	2 651	6	1 131	10	880	8
广西师范学院	674	270	672	272	288	239	314	290	70	465	2	78	1 201	83	563	75	481	51
广西民族师范学院	457	544	457	543	148	576	182	635	127	185	0	139	481	305	197	328	193	304
河池学院	449	552	449	552	116	671	193	602	140	145	0	139	300	496	100	559	125	485
玉林师范学院	753	222	752	220	201	425	387	177	164	96	1	100	661	197	264	232	324	121
广西艺术学院	930	128	930	127	322	197	438	122	170	87	0	139	527	273	196	330	227	238

续表

研究发展人员(人)														R&D经费情况(千元)					
		按学历学位划分								其他人员		折合全时人员(人年)		当年经费收入合计		其中:科研事业费		当年经费支出合计	
初级		博士毕业		硕士毕业		本科毕业		其他学历											
175	12	444	89	980	8	287	73	5	144	0	309	395.9	27	41 918.99	108	21 489.67	95	42 016.71	101
53	212	157	250	325	182	146	200	9	78	11	74	98.9	328	21 564.91	253	5 983.07	281	20 769.05	229
10	713	56	458	55	860	4	1 010	0	448	0	309	18.9	848	3 093.46	720	2 229.42	478	2 456.99	755
30	394	62	432	151	510	46	572	0	448	0	309	58.6	512	2 784	745	1 245	592	3 062.34	711
60	179	90	358	247	287	81	383	0	448	0	309	53	552	5 110	621	2 865	421	7 109.82	517
9	733	45	507	172	451	55	515	4	171	6	118	45.5	610	2 602	760	927	661	2 361.5	763
31	382	250	165	262	261	105	299	358	9	2	192	229.7	108	175 116	12	106 204	11	184 494.24	10
19	523	149	262	390	122	153	185	2	251	9	84	137.7	218	40 364.7	114	30 020.97	70	40 639.52	103
54	207	221	185	308	203	157	178	9	78	8	92	134.1	227	37 376.04	129	24 764.5	80	33 167.56	132
30	394	39	542	162	482	39	620	2	251	0	309	31.8	708	17 394	307	1 924.8	509	15 608.69	301
143	25	215	192	391	121	122	244	9	78	3	163	104.9	299	37 172.9	133	21 595.1	94	45 058.16	91
32	371	226	181	331	176	160	171	7	105	0	309	108.2	290	23 734.64	226	12 014.94	168	25 792.46	177
76	121	74	402	239	303	91	352	3	200	0	309	84.6	378	15 486.55	337	7 930	236	16 758.01	280
100	60	99	338	315	190	280	74	2	251	0	309	159.5	180	27 246.02	201	16 165	121	15 734.93	298
98	66	92	354	468	84	165	164	14	55	14	57	172.8	158	111 442.24	24	42 694.99	43	89 906.72	36
38	314	28	610	120	603	65	469	2	251	0	309	37.9	658	5 504.93	603	2 267.68	475	3 852.33	661
30	394	122	302	175	441	41	605	0	448	3	163	128.9	237	19 999.5	266	4 224	348	20 179.21	236
155	18	319	121	370	139	322	59	19	39	29	32	156.5	186	38 273.64	122	15 095.06	132	37 351.92	111
66	152	306	128	206	360	251	88	9	78	2	192	238.9	97	92 856.7	33	28 346.8	72	97 354.6	27
63	163	792	25	344	164	510	28	1	323	0	309	437	18	77 680.71	52	30 232.33	68	74 296.06	47
31	382	240	168	241	302	101	316	1	323	11	74	98.3	331	29 331.43	175	14 508.94	135	29 937.06	146
40	297	57	455	245	293	71	429	1	323	2	192	62.1	490	8 672.69	492	4 241.5	346	7 937.61	483
11	697	66	419	106	648	67	459	2	251	0	309	66	469	13 033.89	375	3 026.8	407	10 612.73	396
28	413	237	171	144	534	39	620	1	323	8	92	82.2	388	11 851.8	391	5 604.3	294	8 795.7	457
7	777	17	693	90	710	37	638	0	448	4	140	35.7	673	1 960	813	510	765	1 405.53	859
6	813	0	1 039	40	952	10	891	0	448	0	309	12.6	938	1 645	850	600	742	1 238.48	881
8	750	25	628	74	771	18	786	2	251	23	41	28.6	731	2 624	756	1 972	502	1 899.14	806
7	777	10	780	34	978	5	981	0	448	3	163	8.9	998	546	1 013	150	936	448	1 034
138	29	869	12	1 485	2	273	75	24	32	467	2	309.4	55	55 069.13	85	45 211.4	37	53 256.06	77
71	135	311	124	624	37	233	101	33	29	30	30	208	124	29 394.35	173	4 160	353	27 172.57	168
89	85	40	533	349	155	92	349	0	448	2	192	91	351	10 879	420	1 141	618	11 110.6	385
69	140	9	799	155	500	136	216	0	448	6	118	100.4	319	8 918.9	485	4 935	317	7 492.43	495
70	137	138	271	345	163	177	152	1	323	3	163	115.1	275	24 566.97	217	13 760.9	152	24 494.87	191
39	304	52	476	349	155	124	237	2	251	60	15	92.9	346	31 528.65	162	21 301	97	30 832.98	142

学校名称	社科活动人员(人)																	
	合计		按职称划分								其他人员		合计		按职称划分			
			小计		高级		中级		初级						高级		中级	
广西民族大学	964	116	958	115	388	151	469	91	101	301	6	37	1 305	73	661	49	437	62
百色学院	483	514	483	514	114	682	228	497	141	142	0	139	167	688	42	783	81	654
四川大学	1 097	76	1 097	75	673	33	402	160	22	927	0	139	9 313	1	4 105	1	2 597	1
重庆大学	887	151	880	153	533	64	338	250	9	1 065	7	32	1 405	60	449	108	228	235
西南交通大学	732	229	732	227	320	198	372	199	40	729	0	139	624	218	355	148	256	190
电子科技大学	492	500	492	500	236	339	241	444	15	989	0	139	366	409	208	306	153	410
西南石油大学	446	558	446	556	172	508	238	456	36	766	0	139	686	190	195	333	293	147
成都理工大学	788	208	788	205	283	246	429	132	76	422	0	139	881	127	248	247	244	203
重庆邮电大学	660	279	660	278	214	390	328	266	118	220	0	139	845	133	349	152	373	88
重庆交通大学	535	437	535	436	177	489	241	444	117	230	0	139	425	344	191	338	162	382
西南科技大学	826	187	826	187	274	257	507	68	45	670	0	139	1 877	23	511	91	859	9
成都信息工程大学	483	514	483	514	188	461	249	433	46	659	0	139	408	362	205	308	172	356
四川理工学院	883	152	883	151	348	175	410	152	125	196	0	139	753	152	348	154	287	151
西华大学	908	136	908	136	392	145	435	125	81	398	0	139	620	222	310	181	221	254
中国民用航空飞行学院	256	853	256	853	70	837	139	784	47	649	0	139	17	1 100	2	1 117	10	1 092
四川农业大学	447	555	446	556	212	398	231	486	3	1 140	1	100	536	263	203	310	285	153
西昌学院	419	596	419	593	128	644	166	697	125	196	0	139	168	687	106	533	42	860
重庆医科大学	206	933	206	932	77	809	124	838	5	1 120	0	139	101	827	44	776	48	816
西南医科大学	482	518	482	517	108	700	318	282	56	570	0	139	407	364	98	564	251	196
成都中医药大学	375	677	375	675	105	716	175	655	95	323	0	139	260	544	76	637	96	586
川北医学院	491	506	491	506	104	720	225	510	162	100	0	139	305	485	98	564	95	593
西南大学	1 513	12	1 513	12	917	13	564	45	32	801	0	139	2 810	5	1 314	6	1 230	2
四川师范大学	1 347	28	1 347	27	492	85	631	25	224	26	0	139	360	419	219	281	122	495
重庆师范大学	1 025	97	1 025	97	467	99	524	59	34	789	0	139	1 351	68	770	30	510	43
西华师范大学	1 030	93	1 030	93	463	102	423	137	144	136	0	139	1 739	29	701	41	545	28
绵阳师范学院	675	269	674	268	252	303	330	259	92	335	1	100	385	382	179	364	165	370
内江师范学院	644	288	643	288	269	268	276	358	98	309	1	100	356	426	172	376	141	441
宜宾学院	576	373	576	372	213	394	222	515	141	142	0	139	364	414	201	314	107	549
重庆文理学院	667	277	667	276	267	272	282	339	118	220	0	139	572	240	249	245	232	225
重庆三峡学院	588	350	588	347	206	415	262	387	120	211	0	139	536	263	262	235	187	318
四川文理学院	588	350	588	347	148	576	244	440	196	46	0	139	876	128	302	188	363	94
阿坝师范学院	384	647	382	652	137	608	137	797	108	263	2	78	361	416	146	427	142	439
长江师范学院	716	239	716	236	311	206	279	347	126	189	0	139	820	138	406	120	295	145
乐山师范学院	577	371	577	370	232	350	226	506	119	215	0	139	457	325	216	288	160	390
四川外国语大学	856	164	856	164	398	141	427	134	31	818	0	139	646	204	397	127	186	322

续表

研究发展人员(人)														R&D经费情况(千元)					
		按学历学位划分								其他人员		折合全时人员(人年)		当年经费收入合计		其中:科研事业费		当年经费支出合计	
初级		博士毕业		硕士毕业		本科毕业		其他学历											
80	110	449	86	600	42	242	93	14	55	109	6	243.4	94	57 277	80	39 528.5	46	43 421.8	97
42	281	12	744	125	579	30	689	0	448	2	192	61.4	495	4 047.6	674	1 911	511	4 133.5	647
348	2	4 867	1	2 583	1	1 471	1	392	6	520	1	1 325.6	1	173 292.09	13	54 925.81	24	128 652.48	20
15	600	444	89	459	86	502	30	0	448	0	309	396.9	26	145 431.98	18	36 840.84	52	144 126.56	15
10	713	370	105	209	356	41	605	4	171	3	163	137.1	221	33 339.98	150	19 766.48	102	52 207.53	79
5	846	216	191	98	669	50	544	2	251	0	309	94.9	339	14 226.4	355	9 079	214	14 612.4	323
72	133	99	338	349	155	235	98	3	200	0	309	147.5	197	13 942	361	3 339	395	13 982.78	332
40	297	129	287	276	241	474	35	2	251	6	118	142.5	208	19 242.82	281	6 696.22	263	16 724.3	282
88	88	282	143	435	96	91	352	37	28	0	309	136.2	222	22 500.57	239	5 450	298	18 642.91	254
32	371	132	282	189	405	103	310	1	323	11	74	145	203	16 759	313	4 892	320	15 922	292
85	97	167	235	919	12	791	8	0	448	2	192	344.5	42	15 628.7	336	4 838.75	322	15 030.7	315
28	413	81	384	203	368	119	256	5	144	0	309	99	327	31 901.07	161	11 365.19	173	24 721.09	187
40	297	127	292	309	200	303	67	14	55	5	124	120.6	259	27 036.62	204	5 290	302	27 243.72	167
32	371	156	253	277	240	186	139	1	323	0	309	213.9	119	22 317.84	242	4 376.62	341	24 613.49	189
5	846	0	1 039	11	1 106	6	958	0	448	0	309	8	1 019	470	1 030	240	867	610.5	988
35	336	113	315	228	327	153	185	42	27	3	163	101.8	311	30 895.59	165	18 243.55	109	35 570.32	125
19	523	10	780	83	739	75	407	0	448	0	309	45.3	613	9 212.8	478	1 445.6	569	6 369.21	544
5	846	12	744	70	791	18	786	1	323	1	228	33.3	690	6 856	545	1 205	604	7 429.7	498
58	185	12	744	208	357	186	139	1	323	0	309	51.7	566	6 226	577	3 935.5	362	4 612.5	621
82	105	48	493	172	451	38	629	2	251	0	309	56.4	525	4 612	637	2 192.5	483	5 023.65	606
112	49	24	635	184	414	92	349	5	144	0	309	101.1	316	2 425.3	780	744	701	2 279.5	779
55	199	223	182	955	9	895	5	737	1	0	309	616.4	6	111 226.82	25	42 990.76	42	92 429.45	33
14	618	162	238	131	561	65	469	2	251	1	228	137.4	220	35 658	138	10 140	196	37 632.99	110
53	212	608	48	542	62	188	138	13	61	2	192	385	31	65 569.42	69	6 908.5	258	67 006.46	53
142	27	300	136	860	15	579	21	0	448	0	309	373.3	34	75 972.9	54	7 653	240	76 603.9	45
41	289	52	476	197	385	135	217	1	323	0	309	107.3	292	15 285.25	341	4 526.46	335	13 042.2	349
43	273	35	561	220	342	94	340	7	105	0	309	100.6	318	34 290.13	144	1 158.5	613	17 956.58	264
56	194	39	542	169	462	156	182	0	448	0	309	94.2	341	10 989.5	417	626.5	734	10 737.5	393
91	81	86	369	406	113	78	398	2	251	0	309	110.6	282	28 321	189	1 957	503	29 809.6	149
79	113	82	378	259	263	189	136	6	123	0	309	134.3	226	30 147.14	167	3 207	404	31 119.7	140
211	5	22	647	599	43	234	100	21	36	0	309	198.5	131	10 022.4	448	1 950	505	9 901.96	421
73	131	6	841	213	350	121	248	21	36	0	309	58.3	513	10 455	435	467.5	783	10 327.95	407
114	46	252	163	416	107	150	192	2	251	5	124	144.3	205	60 024.6	74	6 838	260	59 248.24	66
69	140	57	455	282	229	110	278	8	90	1	228	131.5	233	18 853.67	286	653.8	727	19 146.03	249
9	733	307	127	264	255	75	407	0	448	0	309	149.8	191	37 160.34	134	11 335	174	36 239.69	117

学校名称	社科活动人员(人)																	
	合计		按职称划分								其他人员		合计		按职称划分			
			小计		高级		中级		初级						高级		中级	
西南财经大学	1 059	86	1 059	85	651	37	378	191	30	828	0	139	2 360	12	761	31	330	116
西南政法大学	1 030	93	1 030	93	475	95	483	81	72	447	0	139	937	116	404	124	292	148
成都体育学院	524	445	524	445	172	508	230	490	122	203	0	139	300	496	95	573	101	571
四川音乐学院	847	170	847	170	305	220	376	194	166	91	0	139	571	241	212	298	249	197
四川美术学院	589	348	586	353	227	366	261	392	98	309	3	60	429	341	136	454	110	537
西南民族大学	1 191	63	1 191	61	511	77	648	23	32	801	0	139	2 296	14	1 009	13	901	6
贵州大学	1 250	44	1 250	44	653	36	586	40	11	1 039	0	139	1 126	93	708	39	327	120
贵州医科大学	170	984	170	981	33	981	92	952	45	670	0	139	76	890	15	944	47	826
遵义医学院	362	697	362	696	153	557	109	882	100	306	0	139	242	575	116	503	53	787
贵阳中医学院	235	888	232	891	79	800	108	888	45	670	3	60	137	745	44	776	68	714
贵州师范大学	1 231	48	1 231	48	418	125	703	13	110	257	0	139	1 179	86	526	87	513	42
遵义师范学院	763	217	609	323	369	163	206	554	34	789	154	1	244	571	149	422	58	768
铜仁学院	553	402	552	402	250	309	213	539	89	357	1	100	324	465	199	321	102	568
兴义民族师范学院	383	652	382	652	107	705	201	568	74	437	1	100	73	901	23	886	39	879
安顺学院	482	518	482	517	215	387	213	539	54	584	0	139	264	538	148	423	111	533
贵州工程应用技术学院	335	733	335	732	152	560	153	736	30	828	0	139	204	636	103	544	89	621
凯里学院	505	479	505	478	214	390	277	355	14	1 001	0	139	252	550	109	527	130	466
黔南民族师范学院	521	450	521	449	273	259	228	497	20	947	0	139	365	412	234	257	115	515
贵州财经大学	977	112	977	111	437	113	303	305	237	24	0	139	1 424	57	826	23	153	410
贵州民族大学	827	186	827	186	465	100	241	444	121	208	0	139	348	430	192	336	86	631
云南大学	995	105	995	104	497	80	459	103	39	738	0	139	1 467	50	490	100	328	119
昆明理工大学	923	132	923	132	388	151	493	77	42	706	0	139	467	320	215	290	147	429
云南农业大学	705	246	704	244	301	225	333	255	70	465	1	100	213	623	104	539	94	598
西南林业大学	463	537	463	536	170	512	249	433	44	684	0	139	58	958	31	846	24	981
昆明医科大学	126	1 055	126	1 053	49	912	56	1 068	21	938	0	139	16	1 107	11	982	4	1 140
大理大学	582	363	582	362	195	438	251	425	136	156	0	139	467	320	200	316	185	329
云南中医学院	159	1 006	159	1 005	73	830	85	981	1	1 158	0	139	84	863	32	836	45	842
云南师范大学	1 390	24	1 390	24	512	76	773	7	105	277	0	139	2 574	7	675	46	881	7
昭通学院	382	656	382	652	138	605	153	736	91	340	0	139	152	724	62	687	39	879
曲靖师范学院	677	266	677	265	257	288	292	327	128	176	0	139	609	227	259	239	264	180
普洱学院	310	766	310	766	101	728	96	932	113	250	0	139	134	756	54	726	49	806
保山学院	286	801	286	799	137	608	118	854	31	818	0	139	160	704	91	584	55	783
红河学院	522	448	520	453	182	471	262	387	76	422	2	78	238	583	100	559	111	533
云南财经大学	1 028	95	1 028	95	470	98	462	100	96	316	0	139	834	136	378	135	263	181

研究发展人员(人)														R&D 经费情况(千元)					
		按学历学位划分								其他人员		折合全时人员(人年)		当年经费收入合计		其中:科研事业费		当年经费支出合计	
初级		博士毕业		硕士毕业		本科毕业		其他学历											
24	461	778	26	527	67	434	41	621	4	83	9	504.6	12	96 410.06	30	56 502.36	23	93 174.64	31
45	267	540	64	231	322	166	163	0	448	0	309	304.1	57	66 557	67	19 981	101	66 132.07	55
63	163	38	549	175	441	87	359	0	448	0	309	68.1	459	18 292	296	9 234	211	16 313.43	287
110	52	25	628	351	154	192	132	3	200	0	309	206.8	127	11 819.5	394	3 063.5	406	12 799.52	356
43	273	84	373	129	568	214	114	2	251	0	309	111.7	281	27 678.8	197	4 366.7	343	24 658.46	188
119	40	810	21	996	6	428	43	62	18	105	7	380.8	32	50 420	89	30 045	69	53 990.66	75
28	413	366	106	468	84	292	72	0	448	0	309	418.3	21	45 348.23	99	8 310	228	44 558.23	93
14	618	3	919	27	1 017	38	629	8	90	0	309	21.4	816	837	947	137	950	827	935
57	190	38	549	136	551	68	454	0	448	0	309	30.2	719	2 253.61	797	669	722	2 744.95	732
21	501	44	512	64	809	28	707	1	323	4	140	15.3	893	1 530.25	864	677	721	1 695.08	827
79	113	266	151	611	40	301	69	1	323	4	140	208.8	122	28 915.84	179	9 464.5	208	27 765.02	163
26	434	59	442	102	661	83	373	0	448	11	74	33.1	694	29 793.4	168	8 390	227	10 944.3	389
22	487	53	471	157	496	113	269	1	323	1	228	53	552	40 604.43	113	15 923	123	40 663.23	102
11	697	12	744	52	881	9	906	0	448	0	309	21.1	819	2 693.8	751	661.8	723	2 969.24	718
5	846	21	655	168	466	75	407	0	448	0	309	52.5	560	6 697.9	559	1 645	544	6 893.7	526
12	671	19	673	123	587	58	502	4	171	0	309	59.4	510	4 250.5	662	706	712	3 647.5	675
13	643	44	512	139	544	69	443	0	448	0	309	32.2	705	4 587.8	639	704	714	3 973.71	658
7	777	58	446	206	360	100	319	1	323	0	309	49.5	585	20 996.8	261	1 322	583	17 514	268
402	1	392	98	275	242	105	299	652	3	0	309	185.4	139	68 506.6	66	21 883.33	92	72 647.62	50
67	147	106	326	172	451	65	469	5	144	0	309	35.2	676	63 424.5	71	19 556	104	63 195	60
69	140	592	54	493	74	323	58	59	19	79	11	232.8	105	47 238.71	94	22 731.01	89	21 974.91	211
11	697	136	274	211	352	120	251	0	448	0	309	120.7	257	14 847.61	349	7 506.81	244	11 203.62	384
14	618	39	542	113	625	56	512	5	144	1	228	35.4	675	7 349.96	525	2 272.9	474	7 313.33	506
3	933	11	766	39	958	8	928	0	448	0	309	44.5	623	4 960.63	628	1 215.5	600	5 923.48	567
1	1 031	5	867	9	1 119	2	1 064	0	448	0	309	5.2	1 065	620.4	990	190	895	703.4	964
73	131	105	328	203	368	141	207	18	41	0	309	132.8	230	10 615.5	432	4 375	342	9 836.49	423
7	777	11	766	53	872	19	777	1	323	0	309	20.6	828	3 740	692	2 700	440	1 916.81	805
196	6	486	76	935	11	1 153	3	0	448	0	309	553	9	38 556.74	121	13 334.2	157	35 831.49	120
51	226	0	1 039	122	593	29	696	1	323	0	309	34.3	687	1 957.34	814	205	888	2 226.09	784
86	94	82	378	384	129	142	204	1	323	0	309	264.1	82	27 457.2	200	8 961.5	219	26 456.8	172
31	382	5	867	78	754	50	544	1	323	0	309	29.4	725	3 477	702	480	776	2 541.19	749
14	618	3	919	81	744	71	429	5	144	0	309	28.4	736	5 187.6	617	600	742	6 005.8	563
27	422	20	666	115	618	101	316	2	251	0	309	47.2	603	23 899.97	221	3 652.5	378	17 816.04	265
84	101	310	125	305	207	210	117	9	78	0	309	160	179	90 988.75	36	16 961.64	117	55 032.41	74

学校名称	社科活动人员(人)																	
	合计		按职称划分								其他人员		合计		按职称划分			
			小计		高级		中级		初级						高级		中级	
云南艺术学院	453	549	453	549	197	432	235	468	21	938	0	139	163	698	62	687	82	650
云南民族大学	922	133	922	133	411	130	407	154	104	281	0	139	564	244	266	228	221	254
西藏农牧学院	76	1 131	76	1 131	28	999	43	1 116	5	1 120	0	139	77	883	40	795	34	907
西藏大学	665	278	665	277	260	281	265	382	140	145	0	139	469	318	194	334	176	348
西藏民族大学	617	320	605	326	229	361	307	300	69	475	12	22	369	402	159	402	156	403
西藏藏医学院	26	1 180	24	1 182	13	1 093	10	1 183	1	1 158	2	78	15	1 114	8	1 021	6	1 120
西北大学	1 139	70	1 139	69	613	44	477	83	49	634	0	139	1 672	33	583	69	462	59
西安交通大学	991	108	991	106	578	53	387	177	26	879	0	139	1 605	38	453	107	233	222
西北工业大学	448	554	448	554	252	303	181	636	15	989	0	139	295	504	168	388	72	695
西安理工大学	507	475	507	474	192	450	237	460	78	410	0	139	347	432	128	476	82	650
西安电子科技大学	463	537	463	536	240	334	191	613	32	801	0	139	289	513	104	539	78	669
西安工业大学	484	513	484	513	191	452	242	441	51	617	0	139	300	496	113	512	115	515
西安建筑科技大学	635	300	635	299	243	329	288	332	104	281	0	139	334	454	145	430	121	500
西安科技大学	458	542	458	542	171	510	265	382	22	927	0	139	346	436	103	544	94	598
西安石油大学	453	549	450	551	144	583	250	431	56	570	3	60	252	550	112	516	95	593
陕西科技大学	379	666	379	663	129	643	115	865	135	159	0	139	162	699	63	685	46	834
西安工程大学	687	260	687	258	230	358	331	257	126	189	0	139	705	178	187	346	269	173
长安大学	590	346	589	346	246	322	311	293	32	801	1	100	346	436	127	483	98	577
西北农林科技大学	561	394	546	413	233	347	290	330	23	914	15	19	201	639	101	551	77	674
陕西中医药大学	260	845	257	849	98	740	151	744	8	1 074	3	60	77	883	33	825	33	914
陕西师范大学	1 216	54	1 216	54	576	54	570	44	70	465	0	139	894	126	409	118	339	109
延安大学	682	261	682	260	251	305	319	281	112	254	0	139	460	322	155	411	151	419
陕西理工大学	506	478	506	477	213	394	267	380	26	879	0	139	309	481	145	430	150	424
宝鸡文理学院	613	322	612	321	250	309	330	259	32	801	1	100	222	612	128	476	84	639
咸阳师范学院	548	409	548	408	133	624	271	368	144	136	0	139	343	442	61	690	171	357
渭南师范学院	594	342	594	340	314	203	232	480	48	638	0	139	395	377	210	301	160	390
西安外国语大学	1 001	104	999	103	405	134	467	95	127	185	2	78	539	262	225	264	209	274
西北政法大学	1 130	71	1 130	70	494	84	513	64	123	201	0	139	456	326	303	187	137	450
西安体育学院	572	378	572	378	283	246	206	554	83	388	0	139	409	359	219	281	75	683
西安音乐学院	372	683	372	682	105	716	159	718	108	263	0	139	62	951	15	944	18	1 022
西安美术学院	562	388	562	387	245	323	260	394	57	561	0	139	298	501	136	454	103	561
兰州大学	860	161	860	161	437	113	415	146	8	1 074	0	139	1 134	92	265	229	136	451
兰州理工大学	361	699	361	698	149	567	205	557	7	1 092	0	139	189	653	92	583	95	593
兰州交通大学	514	464	514	464	195	438	281	342	38	749	0	139	433	339	132	462	183	336
甘肃农业大学	284	806	284	803	136	612	140	782	8	1 074	0	139	157	712	87	601	65	725
甘肃中医药大学	86	1 115	86	1 113	42	943	43	1 116	1	1 158	0	139	29	1 053	13	960	15	1 048
西北师范大学	897	141	897	141	514	74	365	208	18	961	0	139	715	171	407	119	190	314

续表

研究发展人员(人)														R&D 经费情况(千元)					
		按学历学位划分								其他人员		折合全时人员(人年)		当年经费收入合计		其中:科研事业费		当年经费支出合计	
初级		博士毕业		硕士毕业		本科毕业		其他学历											
2	976	12	744	101	662	50	544	0	448	0	309	36.5	667	3 848.27	684	953	652	4 462.51	629
74	125	213	195	273	243	74	414	4	171	3	163	240.4	96	19 738.1	273	7 920.1	237	16 735.7	281
1	1 031	6	841	50	899	21	762	0	448	0	309	24.6	779	1 811.9	830	1 323.1	582	1 778.59	817
83	104	50	486	292	217	126	233	1	323	5	124	62.8	485	9 853.6	456	7 730	238	8 235.84	477
24	461	89	363	193	393	79	392	8	90	14	57	64.4	476	20 380.9	264	7 513.8	242	17 104.9	276
1	1 031	6	841	7	1 131	2	1 064	0	448	0	309	4.2	1 085	923	935	683	719	568.37	995
31	382	731	32	484	79	439	40	18	41	0	309	191.9	138	36 263.8	137	12 700	164	21 797.6	213
8	750	387	100	687	23	530	26	1	323	0	309	238.7	98	81 070.95	48	36 115	54	63 238.29	59
4	899	156	253	90	710	49	554	0	448	0	309	41.8	636	34 256.35	145	23 328.98	84	37 831.74	108
18	547	116	309	135	553	96	331	0	448	0	309	65	474	15 048.85	345	7 422.32	247	15 704.64	300
6	813	102	333	72	781	114	267	1	323	0	309	99.6	323	8 761.9	491	2 520.6	449	8 642.34	460
8	750	63	431	168	466	69	443	0	448	0	309	58.7	511	6 827.66	548	2 061.58	491	7 178.33	514
40	297	64	424	180	425	86	366	4	171	0	309	96.9	335	21 819.11	248	6 266.06	277	20 220.75	235
5	846	80	389	97	673	167	158	2	251	0	309	55.1	538	6 319.42	572	1 212	601	6 082.53	562
2	976	54	466	93	697	105	299	0	448	0	309	44.8	620	5 692.8	595	1 332.25	580	5 758.39	576
43	273	19	673	60	834	82	378	1	323	0	309	26.7	755	4 448.23	647	1 494.33	562	3 214	705
85	97	101	336	349	155	255	85	0	448	0	309	195.4	135	44 770.2	101	3 879	364	43 057.9	98
5	846	134	279	101	662	111	275	0	448	1	228	84	379	23 813.47	224	6 837.65	261	23 823.94	197
1	1 031	95	348	65	807	41	605	0	448	0	309	76.2	421	11 041.16	413	5 502.16	297	13 383.7	345
2	976	9	799	52	881	16	813	0	448	0	309	28	741	1 532	863	400	798	1 615.67	835
28	413	459	84	273	243	153	185	9	78	0	309	265.3	80	58 337.08	77	27 802	75	48 698.91	88
47	253	29	603	186	409	235	98	10	72	0	309	73.5	431	18 575.8	290	4 503.2	336	18 654.1	253
14	618	60	440	191	398	55	515	3	200	0	309	39.2	652	6 962.9	539	1 447.22	568	7 682.24	488
5	846	56	458	97	673	69	443	0	448	0	309	74.9	427	21 809.9	250	7 361.6	248	23 266	201
57	190	47	496	107	641	186	139	3	200	0	309	55.6	530	23 202.4	231	2 461	455	25 117.74	181
25	448	40	533	286	223	69	443	0	448	0	309	88.5	364	7 941.62	505	1 035.4	636	10 520.22	401
57	190	198	205	235	310	105	299	1	323	1	228	99.3	324	23 762.12	225	2 834.24	424	14 255.01	330
16	577	255	160	133	557	66	465	2	251	0	309	138.9	214	37 224.7	132	8 977.5	217	36 281.05	116
16	577	61	437	200	377	145	202	3	200	9	84	100.2	322	6 571.38	564	2 113	488	7 341.54	504
7	777	6	841	25	1 026	31	680	0	448	0	309	20.2	831	9 299.8	473	4 227	347	4 787	615
19	523	20	666	181	423	97	330	0	448	0	309	61.3	497	4 558.3	642	2 247.3	477	5 869.82	570
10	713	218	189	164	479	751	10	1	323	1	228	276.6	78	79 901.36	50	54 231.73	25	48 212.46	89
2	976	39	542	108	635	41	605	1	323	0	309	27.5	746	11 264.38	407	2 950.75	413	10 239.5	410
14	618	37	554	205	363	191	133	0	448	0	309	65.8	470	6 175	578	2 477	453	5 476.86	588
3	933	11	766	108	635	38	629	0	448	0	309	45.2	616	6 309.15	573	2 441.55	457	5 307.03	595
0	1 095	5	867	20	1 050	4	1 010	0	448	0	309	9	997	642	985	368	809	751	948
2	976	187	214	288	221	237	94	3	200	7	108	262.7	84	56 362.75	82	33 031	61	52 415.6	78

学校名称	社科活动人员(人)																	
	合计		按职称划分								其他人员		合计		按职称划分			
			小计		高级		中级		初级						高级		中级	
兰州城市学院	492	500	492	500	237	337	208	548	47	649	0	139	317	470	184	352	106	554
陇东学院	397	632	397	630	177	489	179	640	41	717	0	139	358	424	203	310	140	444
天水师范学院	531	441	531	441	334	184	179	640	18	961	0	139	553	253	352	150	162	382
河西学院	483	514	483	514	197	432	214	536	72	447	0	139	437	335	187	346	211	271
兰州财经大学	840	173	840	173	520	71	275	360	45	670	0	139	558	250	400	125	128	475
西北民族大学	891	148	891	148	513	75	325	273	53	595	0	139	906	124	579	71	284	155
青海大学	427	585	427	582	244	327	120	845	63	522	0	139	164	696	111	522	48	816
青海师范大学	704	248	700	250	409	132	172	673	119	215	4	51	484	303	331	170	111	533
青海民族大学	458	542	457	543	216	384	154	730	87	365	1	100	372	400	220	278	109	541
宁夏大学	994	107	979	110	428	119	350	224	201	39	15	19	193	650	83	618	58	768
宁夏医科大学	226	902	225	901	107	705	83	987	35	778	1	100	182	666	89	593	72	695
宁夏师范学院	274	820	274	819	128	644	92	952	54	584	0	139	166	691	41	791	84	639
新疆大学	1 267	42	1 267	42	391	148	535	55	341	4	0	139	794	142	347	156	260	183
塔里木大学	387	644	387	641	67	851	230	490	90	347	0	139	90	850	24	882	46	834
新疆农业大学	332	739	332	737	100	731	154	730	78	410	0	139	115	797	55	720	42	860
石河子大学	823	188	823	188	310	208	497	72	16	979	0	139	741	157	300	191	319	127
新疆医科大学	238	882	238	882	91	762	122	842	25	891	0	139	91	842	51	739	34	907
新疆师范大学	1 231	48	1 231	48	351	172	623	26	257	17	0	139	838	135	324	176	411	71
喀什大学	497	492	497	492	137	608	195	594	165	93	0	139	409	359	175	370	155	406
伊犁师范学院	469	531	469	531	123	654	229	495	117	230	0	139	361	416	145	430	166	368
新疆财经大学	833	179	833	178	359	170	346	229	128	176	0	139	611	224	344	158	215	268
新疆艺术学院	361	699	361	698	70	837	192	608	99	308	0	139	131	763	41	791	56	778
天津城建大学	352	708	352	707	131	634	184	628	37	756	0	139	493	298	146	427	164	376
河北科技师范学院	691	258	691	255	244	327	378	191	69	475	0	139	404	369	128	476	222	251
吕梁学院	295	791	295	790	79	800	114	868	102	297	0	139	42	1 008	16	931	14	1 051
呼伦贝尔学院	492	500	492	500	193	444	252	421	47	649	0	139	156	715	73	646	77	674
广东白云学院	377	673	377	671	56	884	170	681	151	119	0	139	217	618	40	795	126	482
长沙医学院	223	907	223	906	30	993	111	875	82	394	0	139	316	471	68	666	184	332
齐鲁医药学院	202	939	202	938	69	842	94	941	39	738	0	139	136	748	55	720	67	720
辽宁对外经贸学院	520	454	520	453	291	235	167	690	62	532	0	139	1 011	109	589	66	306	138
江西科技学院	875	154	875	154	261	280	369	200	245	21	0	139	359	421	107	530	174	351
上海工程技术大学	581	364	581	363	164	529	327	269	90	347	0	139	152	724	41	791	84	639
天津天狮学院	210	926	210	924	36	965	117	859	57	561	0	139	87	855	24	882	56	778
青岛滨海学院	894	147	894	147	255	291	452	109	187	63	0	139	510	285	225	264	220	256
浙江万里学院	953	119	953	118	362	169	469	91	122	203	0	139	528	272	261	237	239	212
安徽建筑大学	549	408	549	407	176	498	270	371	103	289	0	139	431	340	175	370	207	279

续表

研究发展人员(人)														R&D 经费情况(千元)					
		按学历学位划分								其他人员		折合全时人员(人年)		当年经费收入合计		其中:科研事业费		当年经费支出合计	
初级		博士毕业		硕士毕业		本科毕业		其他学历											
27	422	58	446	202	373	55	515	2	251	0	309	73	433	11 375	406	2 796	428	11 855.9	373
14	618	11	766	231	322	115	263	1	323	1	228	118.1	269	10 406.65	436	765	695	7 542.59	493
20	510	26	619	314	192	212	115	1	323	0	309	164.6	172	20 701	263	6 974	257	17 048.6	277
39	304	16	700	279	232	138	212	4	171	0	309	89.6	358	22 297.11	244	1 930	508	15 095.26	311
19	523	129	287	315	190	108	287	6	123	7	108	142.9	207	18 593.5	289	4 935	317	15 929.74	291
26	434	228	180	529	66	146	200	3	200	0	309	198.6	130	46 303.9	96	30 389.4	67	44 271.71	94
5	846	32	584	98	669	33	666	1	323	0	309	51.4	572	5 069	622	3 582	383	4 979.62	609
31	382	86	369	283	227	115	263	0	448	11	74	133.4	229	6 607	563	3 799	368	8 011.8	482
37	320	126	294	174	446	72	421	0	448	5	124	87.3	371	8 847.6	489	6 001	280	7 184	513
21	501	64	424	80	747	46	572	3	200	0	309	74.4	428	17 849.94	301	9 701.5	204	15 332.44	306
20	510	20	666	108	635	43	592	11	67	0	309	59.8	507	2 475.5	774	1 223.5	597	2 608	746
41	289	6	841	89	717	71	429	0	448	0	309	19.5	839	11 092	412	6 602	264	8 433.2	464
20	510	257	157	312	196	220	111	5	144	37	26	119.4	263	15 242.31	342	9 028.6	216	17 350.11	273
12	671	5	867	53	872	31	680	1	323	0	309	22.4	803	2 804	742	1 508	560	2 705.8	736
13	643	41	525	57	846	17	801	0	448	0	309	14.7	902	2 613.97	758	1 615.97	546	3 586.47	685
10	713	132	282	354	152	255	85	0	448	5	124	193.9	136	11 115	410	5 106	312	13 175.46	347
5	846	16	700	52	881	22	756	1	323	0	309	14.9	896	1 187	895	656	726	2 327.42	769
77	119	204	199	499	72	131	223	4	171	19	47	121.5	254	14 368.8	353	5 118.8	311	9 092.93	446
55	199	51	482	227	331	129	228	2	251	24	39	77.5	412	5 829	589	1 711	535	7 443.9	497
48	243	48	493	233	315	80	386	0	448	2	192	49.2	589	3 742	691	1 267	589	4 040.74	655
50	234	25	628	29	1 004	23	744	534	5	2	192	170	162	13 904	362	6 304	276	15 874.68	295
34	352	6	841	82	742	42	603	1	323	0	309	20.7	827	2 323.5	793	944	656	2 205	787
26	434	71	408	161	486	257	84	4	171	0	309	97.8	332	6 750	555	1 998	498	7 018	521
46	262	41	525	289	220	74	414	0	448	0	309	121.6	253	5 350	610	823.5	681	5 273.7	597
12	671	0	1 039	38	966	4	1 010	0	448	0	309	4.9	1 071	407.8	1 059	145	944	438.8	1 037
6	813	30	592	75	770	51	541	0	448	0	309	53.2	549	86 452	42	82 886	14	85 445.5	38
50	234	18	685	147	524	51	541	1	323	1	228	38.8	654	2 643	753	1 129	619	1 319.6	871
64	158	23	639	232	318	61	483	0	448	0	309	90.9	352	4 336.2	655	311.8	827	3 842.2	662
14	618	0	1 039	88	719	47	564	1	323	0	309	35.8	672	1 105.6	910	5	1 104	1 151.8	888
71	135	125	297	570	54	307	64	9	78	45	19	197.5	133	18 694.85	288	405	797	17 366.31	272
74	125	16	700	278	236	61	483	4	171	4	140	56.6	523	19 840.45	270	3 319.9	396	19 919.45	239
10	713	59	442	59	841	34	662	0	448	0	309	63.2	484	32 695.66	154	8 221.5	232	13 968.55	335
7	777	4	890	71	786	12	862	0	448	0	309	13.9	919	736.1	967	27.1	1 057	728.87	956
65	153	35	561	393	117	82	378	0	448	0	309	72.8	434	7 017.79	536	262	854	7 469.09	496
27	422	84	373	252	278	167	158	25	31	0	309	131.1	234	33 409.84	149	13 876	148	21 515.33	217
49	239	108	323	249	286	72	421	2	251	0	309	105.7	296	8 857	488	3 793.7	369	8 266.2	475

学校名称	社科活动人员(人)																	
	合计		按职称划分								其他人员		合计		按职称划分			
			小计		高级		中级		初级						高级		中级	
安徽科技学院	379	666	379	663	106	710	177	652	96	316	0	139	151	728	50	744	56	778
景德镇学院	273	826	273	824	122	658	125	831	26	879	0	139	48	983	21	899	20	1 010
萍乡学院	416	598	416	595	130	639	180	637	106	273	0	139	234	590	90	590	119	503
枣庄学院	621	315	621	314	141	592	233	475	247	20	0	139	295	504	73	646	122	495
山东工艺美术学院	407	611	407	608	229	361	142	772	36	766	0	139	159	708	84	615	67	720
黄淮学院	645	286	645	285	203	422	314	290	128	176	0	139	522	277	151	418	272	169
平顶山学院	758	220	758	218	230	358	346	229	182	67	0	139	484	303	192	336	229	232
湖北理工学院	363	694	363	693	159	545	186	623	18	961	0	139	250	557	113	512	122	495
湖北科技学院	546	414	541	426	223	369	260	394	58	553	5	45	421	349	223	273	163	381
湖北医药学院	205	934	205	933	42	943	85	981	78	410	0	139	86	859	28	869	33	914
安徽三联学院	561	394	561	393	77	809	412	150	72	447	0	139	277	525	46	768	178	344
吉林华桥外国语学院	521	450	521	449	189	457	186	623	146	130	0	139	408	362	169	385	158	397
贵阳学院	420	594	407	608	138	605	255	411	14	1 001	13	21	365	412	136	454	198	292
六盘水师范学院	338	730	338	729	121	663	147	756	70	465	0	139	180	668	54	726	93	609
新疆工程学院	157	1 010	157	1 008	37	961	104	895	16	979	0	139	66	931	26	876	38	882
唐山学院	573	376	573	376	207	410	356	218	10	1 048	0	139	166	691	59	697	104	560
沈阳大学	790	204	778	211	393	144	305	301	80	402	12	22	267	536	143	437	103	561
上海立信会计金融学院	1 233	47	1 233	47	456	106	657	22	120	211	0	139	203	637	121	495	71	703
淮阴工学院	491	506	491	506	228	363	254	415	9	1 065	0	139	449	327	221	277	224	246
常州工学院	479	522	479	521	165	526	276	358	38	749	0	139	473	313	171	379	255	191
浙江科技学院	553	402	553	401	177	489	343	238	33	797	0	139	472	315	167	390	277	164
宁波工程学院	402	620	402	619	132	629	217	527	53	595	0	139	750	154	305	186	395	78
合肥学院	537	435	537	434	182	471	269	374	86	370	0	139	496	296	225	264	231	228
厦门理工学院	637	298	637	297	260	281	344	234	33	797	0	139	692	187	346	157	310	133
青岛大学	1 247	45	1 247	45	457	105	696	15	94	327	0	139	540	260	185	351	258	188
烟台大学	938	124	938	124	292	234	559	49	87	365	0	139	401	370	215	290	164	376
潍坊学院	865	157	865	157	306	217	471	89	88	362	0	139	198	643	89	593	96	586
郑州工程技术学院	567	382	567	382	155	553	296	321	116	240	0	139	88	854	35	821	37	888
洛阳理工学院	641	292	641	291	190	453	322	278	129	172	0	139	110	806	54	726	44	851
新乡学院	818	189	818	189	248	317	349	227	221	29	0	139	327	464	112	516	152	414
江汉大学	830	183	830	183	388	151	384	180	58	553	0	139	645	205	350	151	229	232
三峡大学	709	244	709	241	392	145	251	425	66	500	0	139	620	222	315	179	161	386
长沙学院	422	592	422	590	149	567	197	582	76	422	0	139	134	756	58	707	70	705
广州大学	1 329	34	1 329	33	636	38	559	49	134	163	0	139	929	119	480	103	386	80
成都学院	1 083	80	1 083	79	272	261	523	60	288	9	0	139	1 052	103	371	138	525	35
西安文理学院	524	445	524	445	209	403	279	347	36	766	0	139	252	550	128	476	105	557
海南热带海洋学院	625	313	623	312	223	369	253	417	147	128	2	78	206	631	106	533	83	647

研究发展人员(人)														R&D经费情况(千元)					
		按学历学位划分								其他人员		折合全时人员(人年)		当年经费收入合计		其中:科研事业费		当年经费支出合计	
初级		博士毕业		硕士毕业		本科毕业		其他学历											
35	336	14	728	98	669	39	620	0	448	0	309	37.6	659	11 785	395	8 156	234	12 406	362
7	777	2	947	29	1 004	16	813	1	323	0	309	17.8	863	857.3	941	384	805	853	927
25	448	18	685	130	565	85	370	1	323	0	309	34.9	681	1 745	838	238	871	1 745	822
100	60	15	714	173	449	106	294	1	323	0	309	52.9	555	9 758.1	459	888	666	9 000.1	450
3	933	19	673	83	739	56	512	1	323	0	309	37	663	13 111.2	372	1 177.2	608	13 123.2	348
99	62	30	592	310	198	182	145	0	448	0	309	72.4	437	5 637	599	1 845	520	5 566	585
63	163	64	424	366	142	53	528	1	323	0	309	87.5	370	6 283	575	1 163	611	8 432.91	465
12	671	39	542	161	486	50	544	0	448	3	163	57.2	521	8 389.53	495	1 493	563	8 428.13	467
26	434	95	348	217	345	106	294	3	200	8	92	101.6	312	6 388.8	568	1 726.5	534	6 124.1	558
25	448	22	647	56	853	8	928	0	448	0	309	13.4	925	943	931	275	843	915.1	917
53	212	3	919	175	441	94	340	5	144	0	309	42.2	634	2 357.5	788	324.3	824	2 357.5	765
80	110	35	561	336	169	37	638	0	448	1	228	77.4	413	32 288	157	13 126	160	21 404.35	219
7	777	64	424	201	374	96	331	4	171	24	39	52.8	556	8 921.66	484	4 347.66	344	6 859.33	528
31	382	6	841	121	598	47	564	6	123	2	192	30.5	714	2 352	790	220	876	2 606.6	747
2	976	5	867	42	941	19	777	0	448	0	309	9.5	989	380	1 064	44	1 032	451.45	1 032
3	933	10	780	92	700	63	477	1	323	0	309	30.5	714	5 640.7	598	57.7	1 020	4 180.48	645
16	577	53	471	147	524	67	459	0	448	5	124	39	653	4 084.7	673	2 329.7	468	2 690.7	737
8	750	40	533	149	516	11	874	3	200	3	163	67.5	464	36 856.59	135	13 895.82	146	32 397.71	134
4	899	127	292	278	236	43	592	1	323	0	309	83.4	381	28 499.49	185	4 388	340	29 929.7	147
47	253	119	305	238	306	115	263	1	323	0	309	95.4	338	10 400.8	437	946	655	7 371.4	500
22	487	99	338	261	262	109	282	3	200	6	118	88	367	11 018.2	416	2 652	445	11 937.05	372
49	239	252	163	380	131	117	260	1	323	1	228	144.6	204	16 485.94	320	1 044	633	14 731.07	321
40	297	75	399	288	221	132	221	1	323	0	309	99.1	326	15 945.94	328	8 180.8	233	15 093.63	312
31	382	256	158	331	176	99	322	6	123	3	163	160.2	177	31 077.15	163	3 404.5	391	23 932.95	195
13	643	253	161	171	457	116	262	0	448	12	65	217.8	118	19 941	268	15 603.5	128	20 109.97	237
4	899	117	307	184	414	98	326	2	251	0	309	127.7	241	13 045	374	2 868	420	11 993	370
13	643	47	496	111	628	40	617	0	448	0	309	133.8	228	21 530.3	254	724	707	21 379.3	220
16	577	6	841	70	791	11	874	1	323	0	309	25.5	771	2 139.2	800	1 114	623	2 103	799
12	671	40	533	55	860	15	825	0	448	0	309	17.2	873	2 359	787	1 629	545	2 283.49	778
63	163	36	556	250	283	41	605	0	448	0	309	49.5	585	6 842	546	987	646	4 983.43	608
28	413	173	226	239	303	230	103	3	200	6	118	135.9	223	26 198.5	207	3 466	386	24 865.95	185
19	523	261	156	179	431	178	150	2	251	2	192	109.5	287	18 196.38	297	5 122.51	310	18 563.9	256
6	813	45	507	76	761	13	846	0	448	0	309	20.4	830	4 305.8	657	3 392	392	5 111.35	605
26	434	516	70	290	219	112	272	11	67	0	309	155.2	187	151 845.56	16	89 415	13	150 169.09	14
156	17	202	202	516	68	322	59	12	64	0	309	235.7	99	22 427.31	240	2 964.9	412	23 398.88	200
19	523	36	556	147	524	69	443	0	448	0	309	48.8	593	25 895.47	208	4 886	321	16 624.4	284
17	561	49	489	95	683	61	483	1	323	0	309	39.5	650	3 796.8	688	1 812	524	3 601.6	682

学校名称	社科活动人员(人)																			
	合计		按职称划分								其他人员		合计		按职称划分					
			小计		高级		中级		初级						高级		中级			
华北科技学院	367	689	367	688	180	478	135	805	52	605	0	139	122	779	73	646	45	842		
中国人民警察大学	411	604	411	601	186	462	209	547	16	979	0	139	368	403	170	382	171	357		
广州航海学院	308	768	308	768	99	735	186	623	23	914	0	139	202	638	88	596	105	557		
广东警官学院	259	848	259	847	106	710	89	969	64	514	0	139	183	663	100	559	63	738		
成都工业学院	292	795	292	794	82	788	147	756	63	522	0	139	250	557	84	615	124	491		
扬州大学	961	117	961	114	497	80	443	119	21	938	0	139	773	146	395	128	321	124		
三江学院	329	743	329	740	118	667	176	653	35	778	0	139	230	599	114	508	108	544		
中华女子学院	276	815	276	815	108	700	167	690	1	1 158	0	139	295	504	112	516	160	390		
齐齐哈尔医学院	284	806	284	803	114	682	116	862	54	584	0	139	219	615	90	590	94	598		
北京信息科技大学	395	634	395	632	77	809	214	536	104	281	0	139	632	214	214	296	294	146		
河北体育学院	313	763	313	761	123	654	166	697	24	905	0	139	68	917	29	859	32	922		
太原学院	566	384	566	384	139	598	260	394	167	89	0	139	35	1 029	10	998	19	1 016		
大连大学	589	348	588	347	311	206	274	362	3	1 140	1	100	608	228	367	139	197	295		
吉林工商学院	502	482	502	481	233	347	227	502	42	706	0	139	100	828	54	726	43	856		
南京工程学院	634	302	634	301	193	444	402	160	39	738	0	139	255	547	86	607	156	403		
南京审计大学	897	141	897	141	411	130	416	145	70	465	0	139	561	247	338	162	200	290		
蚌埠学院	427	585	427	582	115	679	204	562	108	263	0	139	214	621	75	640	84	639		
池州学院	477	524	477	523	130	639	257	405	90	347	0	139	282	517	80	625	156	403		
三明学院	502	482	502	481	162	538	224	512	116	240	0	139	510	285	191	338	230	230		
龙岩学院	492	500	492	500	154	554	251	425	87	365	0	139	515	282	229	261	203	284		
福建商学院	466	534	466	534	177	489	205	557	84	379	0	139	218	617	77	633	116	511		
江西科技师范大学	895	145	895	145	318	200	392	169	185	64	0	139	507	288	176	369	210	272		
南昌工程学院	598	336	598	335	175	501	344	234	79	408	0	139	418	353	180	360	226	240		
山东警察学院	375	677	375	675	149	567	172	673	54	584	0	139	89	852	39	802	45	842		
信阳农林学院	362	697	362	696	76	819	142	772	144	136	0	139	406	367	69	663	185	329		
河南工学院	344	724	344	722	106	710	134	809	104	281	0	139	120	782	36	811	62	745		
安阳工学院	403	617	403	616	125	650	178	650	100	306	0	139	174	677	59	697	94	598		
湖北警官学院	153	1 019	151	1 023	74	825	69	1 029	8	1 074	2	78	81	872	38	805	41	863		
荆楚理工学院	545	417	543	418	194	442	297	319	52	605	2	78	147	731	77	633	62	745		
湖南工程学院	306	771	306	771	107	705	158	720	41	717	0	139	82	866	32	836	47	826		
仲恺农业工程学院	495	496	495	496	175	501	217	527	103	289	0	139	177	671	87	601	70	705		
五邑大学	441	564	441	563	134	622	190	618	117	230	0	139	441	332	171	379	203	284		
梧州学院	370	686	370	685	126	647	174	662	70	465	0	139	118	789	54	726	49	806		
攀枝花学院	526	443	525	444	193	444	288	332	44	684	1	100	503	291	247	248	189	317		
玉溪师范学院	401	621	401	620	165	526	164	700	72	447	0	139	251	554	119	497	109	541		

续表

研究发展人员(人)																R&D 经费情况(千元)					
		按学历学位划分								其他人员		折合全时人员(人年)		当年经费收入合计		其中:科研事业费		当年经费支出合计	
初级		博士毕业		硕士毕业		本科毕业		其他学历											
3	933	45	507	70	791	7	946	0	448	1	228	38.4	655	2 491.7	769	453	788	2 292.8	773
5	846	71	408	228	327	69	443	0	448	0	309	80.6	395	9 910	451	460	785	9 807	426
9	733	46	502	120	603	36	647	0	448	0	309	32.9	696	3 413.07	707	1 299.46	584	3 091.52	710
16	577	41	525	99	665	43	592	0	448	4	140	32.7	699	5 495	604	2 568.8	448	6 418.15	542
42	281	15	714	184	414	49	554	2	251	0	309	56.1	526	2 456.5	776	443	790	2 202.17	788
16	577	386	102	263	258	124	237	0	448	0	309	148.8	194	32 628.7	155	9 377	209	28 618.43	156
8	750	21	655	170	459	39	620	0	448	0	309	39.3	651	5 294.26	612	1 820.5	523	4 084.87	653
20	510	137	272	126	575	32	672	0	448	0	309	58	514	13 655.34	365	9 095.15	213	9 507.35	434
35	336	12	744	149	516	54	523	4	171	0	309	89.8	356	3 000.5	727	185	904	2 871.1	722
102	55	215	192	292	217	122	244	3	200	14	57	96.3	337	13 061.45	373	6 862.45	259	12 718.77	359
7	777	6	841	45	926	17	801	0	448	0	309	13.7	923	631.1	988	30	1 050	700.8	965
6	813	2	947	25	1 026	8	928	0	448	0	309	6.5	1 042	202.5	1 116	112	963	154	1 127
9	733	247	167	250	283	111	275	0	448	2	192	102.4	308	5 123	620	1 076	627	5 161	602
3	933	15	714	63	815	22	756	0	448	0	309	10.9	970	1 140	903	495	770	752.23	947
13	643	67	416	156	497	32	672	0	448	0	309	33.2	692	10 025.47	447	4 116.5	356	9 952.64	418
7	777	361	108	168	466	32	672	0	448	0	309	172.2	159	28 586.1	183	10 936.8	179	23 201.55	202
55	199	7	822	156	497	49	554	2	251	0	309	63.4	482	4 011.9	676	1 219	599	4 465.5	626
46	262	5	867	251	281	25	730	1	323	0	309	59.6	508	3 837	687	1 128	620	3 677.46	674
89	85	64	424	356	150	89	357	1	323	0	309	125.3	245	16 728.73	314	1 161	612	14 693.28	322
81	107	78	393	282	229	150	192	5	144	2	192	80.9	392	19 236.17	282	1 536.5	553	10 549.68	400
21	501	20	666	172	451	26	723	0	448	3	163	49.7	584	4 441	648	1 370.5	576	3 749.12	670
121	39	130	286	302	210	74	414	1	323	0	309	110.6	282	19 833.8	271	8 965	218	10 688.17	394
11	697	113	315	267	252	38	629	0	448	1	228	52.8	556	6 706.42	558	3 387	393	6 996.42	522
5	846	7	822	43	936	39	620	0	448	0	309	19.9	835	999	925	364	811	945.92	908
152	20	1	992	299	213	105	299	1	323	0	309	53	552	2 058	808	168	918	2 058	801
22	487	14	728	96	680	10	891	0	448	0	309	21.7	812	1 050.5	916	276	842	1 008.9	898
21	501	5	867	117	616	52	533	0	448	0	309	39.9	648	2 513.3	768	686	718	2 389.6	760
2	976	15	714	55	860	11	874	0	448	0	309	14.4	909	1 715.3	841	352.5	815	1 801.97	816
8	750	10	780	92	700	45	577	0	448	0	309	19.9	835	2 850.8	738	518	762	2 422.6	756
3	933	21	655	56	853	5	981	0	448	0	309	32.3	703	5 262	613	725	706	4 091.4	652
19	523	47	496	111	628	18	786	1	323	1	228	24.4	780	4 368.15	651	2 193	482	4 200.51	643
67	147	90	358	279	232	71	429	1	323	0	309	60.9	500	28 761.6	181	2 915	418	29 734.85	150
15	600	14	728	76	761	28	707	0	448	0	309	20.2	831	6 613.9	562	5 216.8	306	6 876.08	527
67	147	23	639	246	289	231	102	3	200	0	309	140.8	211	14 624.5	351	553	757	12 658.87	361
23	471	30	592	178	434	43	592	0	448	0	309	62	491	12 815.56	378	9 906.06	200	12 224.51	366

学校名称	社科活动人员(人)																	
	合计		按职称划分								其他人员		合计		按职称划分			
			小计		高级		中级		初级						高级		中级	
楚雄师范学院	474	527	474	527	179	483	218	524	77	414	0	139	172	681	91	584	54	786
云南警官学院	365	692	365	691	166	524	134	809	65	504	0	139	136	748	76	637	47	826
昆明学院	631	306	631	305	279	256	305	301	47	649	0	139	509	287	270	221	186	322
榆林学院	476	526	476	526	180	478	200	575	96	316	0	139	190	652	91	584	75	683
商洛学院	377	673	377	671	104	720	210	545	63	522	0	139	152	724	67	671	77	674
安康学院	463	537	463	536	121	663	241	444	101	301	0	139	179	669	70	658	85	638
西安培华学院	711	243	711	239	164	529	497	72	50	627	0	139	333	455	50	744	220	256
甘肃政法学院	594	342	594	340	372	159	138	793	84	379	0	139	347	432	199	321	112	528
北方民族大学	733	227	733	225	304	224	252	421	177	76	0	139	359	421	215	290	112	528
中国矿业大学(北京)	300	780	300	779	86	776	174	662	40	729	0	139	71	910	26	876	40	869
中国石油大学(北京)	221	909	221	908	97	742	106	890	18	961	0	139	189	653	68	666	77	674
中国地质大学(北京)	247	867	247	867	102	725	110	878	35	778	0	139	199	641	71	655	64	732
北京联合大学	1 478	16	1 478	16	490	87	828	3	160	104	0	139	1 472	49	585	67	678	17
北京城市学院	543	420	543	418	121	663	255	411	167	89	0	139	136	748	51	739	49	806
河北金融学院	561	394	561	393	208	409	205	557	148	125	0	139	196	645	86	607	62	745
集宁师范学院	465	535	465	535	149	567	193	602	123	201	0	139	358	424	146	427	165	370
辽宁科技学院	401	621	401	620	145	582	205	557	51	617	0	139	414	356	182	355	169	365
辽宁警察学院	328	745	328	742	134	622	174	662	20	947	0	139	109	809	63	685	46	834
长春工程学院	370	686	370	685	133	624	197	582	40	729	0	139	585	235	228	263	323	122
吉林农业科技学院	242	875	242	875	83	783	118	854	41	717	0	139	206	631	85	614	94	598
吉林警察学院	349	715	349	713	123	654	128	826	98	309	0	139	221	613	97	569	76	679
黑龙江工业学院	214	921	214	920	78	805	109	882	27	868	0	139	0	1 168	0	1 155	0	1 164
黑龙江东方学院	194	950	194	948	84	778	102	904	8	1 074	0	139	82	866	40	795	40	869
上海电机学院	379	666	379	663	110	694	213	539	56	570	0	139	263	539	88	596	139	445
南京晓庄学院	609	325	609	323	267	272	331	257	11	1 039	0	139	302	490	144	435	148	426
江苏理工学院	521	450	521	449	247	319	230	490	44	684	0	139	692	187	356	147	272	169
浙江水利水电学院	196	949	196	947	75	824	91	958	30	828	0	139	165	694	64	681	76	679
浙江财经大学	1 067	84	1 067	83	438	112	468	94	161	101	0	139	1 293	75	648	51	477	55
浙江警察学院	321	752	321	750	97	742	143	767	81	398	0	139	344	440	133	460	185	329
衢州学院	197	945	197	943	56	884	111	875	30	828	0	139	201	639	57	712	110	537
福建警察学院	244	871	244	871	95	749	93	946	56	570	0	139	124	774	47	765	52	792
莆田学院	594	342	594	340	272	261	245	439	77	414	0	139	764	149	360	144	289	150
江西警察学院	348	716	348	714	154	554	163	706	31	818	0	139	236	587	95	573	110	537
新余学院	423	589	423	587	104	720	173	667	146	130	0	139	46	992	14	955	18	1 022
山东交通学院	375	677	375	675	149	567	183	630	43	693	0	139	468	319	182	355	234	221

续表

研究发展人员(人)														R&D 经费情况(千元)					
		按学历学位划分								其他人员		折合全时人员(人年)		当年经费收入合计		其中:科研事业费		当年经费支出合计	
初级		博士毕业		硕士毕业		本科毕业		其他学历											
27	422	12	744	104	654	56	512	0	448	0	309	35.5	674	3 887.5	682	1 426	572	3 724.5	672
13	643	5	867	86	728	44	587	1	323	0	309	31.2	710	2 114.6	803	764	697	2 257.1	782
36	326	93	353	272	247	141	207	3	200	17	50	107	294	16 651.44	319	9 971	199	15 918.06	293
24	461	6	841	104	654	35	655	45	24	0	309	27.2	748	6 830	547	3 636	379	3 762.65	668
8	750	13	737	84	735	55	515	0	448	0	309	29.9	722	4 362.51	653	585	748	3 279.71	701
24	461	9	799	108	635	61	483	1	323	0	309	24.4	780	7 922.6	506	722	708	6 899.4	525
63	163	10	780	279	232	44	587	0	448	0	309	41.1	640	13 700.95	364	555	754	9 493.15	435
35	336	76	397	235	310	36	647	0	448	0	309	43	628	6 049	582	2 434	458	5 375.9	594
32	371	160	243	149	516	49	554	1	323	0	309	97.7	333	54 281.33	86	33 724.25	60	36 201.11	118
5	846	42	521	29	1 004	0	1 121	0	448	0	309	28.1	738	4 204.92	663	1 741.32	532	3 461.14	692
3	933	104	330	56	853	29	696	0	448	0	309	29.8	723	11 207.46	409	4 822.92	325	8 599.64	461
23	471	82	378	80	747	37	638	0	448	0	309	34.2	688	4 164.45	666	1 691.41	537	4 439.43	631
150	21	447	87	657	28	368	55	0	448	0	309	227.3	111	86 131.63	43	27 702.88	76	62 009.65	63
28	413	47	496	72	781	17	801	0	448	0	309	23.6	791	15 319.03	340	7 087.94	255	14 973.72	316
48	243	33	575	148	521	15	825	0	448	0	309	33.2	692	7 725.6	514	1 038.5	635	8 430.3	466
35	336	30	592	196	389	132	221	0	448	12	65	52.7	558	1 818.5	829	153	932	1 636.05	834
61	174	18	685	271	249	125	236	0	448	2	192	103.6	303	4 276.6	659	163	924	4 249.6	640
0	1 095	12	744	88	719	9	906	0	448	0	309	17.6	866	8 035	502	7 485	245	3 615.5	678
34	352	62	432	451	88	72	421	0	448	0	309	109.3	288	4 309.11	656	2 228	479	3 773.19	666
27	422	0	1 039	126	575	80	386	0	448	0	309	32	707	2 540	764	208	886	2 458	754
48	243	40	533	134	556	47	564	0	448	0	309	72.6	435	6 747	556	1 077	626	4 103.4	651
0	1 095	0	1 039	0	1 163	0	1 121	0	448	0	309	0	1 168	0	1 170	0	1 117	0	1 171
2	976	6	841	72	781	4	1 010	0	448	0	309	9.6	985	514.5	1 021	82	987	483.9	1 021
28	413	78	393	147	524	38	629	0	448	0	309	78.5	406	11 520.18	403	2 626.7	447	10 259.59	409
10	713	110	321	145	532	46	572	1	323	0	309	60.2	504	7 774.75	512	1 998	498	8 355.21	471
64	158	132	282	333	173	225	105	2	251	0	309	122.6	251	28 434.85	187	2 359.4	464	28 454.48	158
25	448	28	610	93	697	43	592	1	323	0	309	25.3	775	4 720.61	633	601	741	4 634.54	619
70	137	708	36	278	236	57	508	250	10	0	309	225.4	113	65 629.05	68	19 602.37	103	47 822.86	90
26	434	112	319	191	398	41	605	0	448	0	309	51.3	573	3 097.6	719	1 274	587	2 900.6	719
34	352	36	556	142	537	23	744	0	448	0	309	45	618	4 569.72	640	357	813	4 082.65	654
25	448	4	890	97	673	23	744	0	448	0	309	14.7	902	789.32	957	191.5	894	665.57	973
85	97	160	243	431	99	167	158	6	123	30	30	119	265	18 399.86	294	5 287	303	13 924	337
23	471	14	728	124	585	98	326	0	448	8	92	41.9	635	2 398	784	930	659	1 869	808
14	618	3	919	26	1 024	17	801	0	448	0	309	6.9	1 036	1 037	919	729	704	1 039	895
52	219	73	403	308	203	87	359	0	448	0	309	79.8	400	9 386.68	471	1 031	638	7 093.26	518

学校名称	社科活动人员（人）																	
	合计		按职称划分								其他人员		合计		按职称划分			
			小计		高级		中级		初级						高级		中级	
河南工程学院	456	546	456	546	135	615	192	608	129	172	0	139	246	564	86	607	124	491
武汉音乐学院	409	607	405	614	131	634	160	715	114	245	4	51	96	833	42	783	37	888
湖南城市学院	639	294	639	293	184	468	272	365	183	66	0	139	536	263	158	406	242	205
湖南工学院	495	496	495	496	114	682	259	401	122	203	0	139	504	289	140	444	269	173
湖南财政经济学院	552	404	552	402	209	403	217	527	126	189	0	139	316	471	167	390	114	521
湖南警察学院	287	799	287	798	149	567	123	841	15	989	0	139	175	674	95	573	71	703
湖南工业大学	889	150	889	150	369	163	418	140	102	297	0	139	1 239	81	584	68	525	35
湖南女子学院	508	473	508	472	231	353	229	495	48	638	0	139	293	508	159	402	118	506
广东金融学院	857	163	857	163	344	179	431	128	82	394	0	139	866	130	455	106	350	101
电子科技大学中山学院	265	835	265	835	79	800	164	700	22	927	0	139	236	587	102	550	121	500
广西科技师范学院	482	518	482	517	117	669	171	677	194	51	0	139	346	436	138	451	122	495
广西财经学院	1 424	21	1 424	21	462	103	559	49	403	2	0	139	1 435	54	569	72	523	39
南宁学院	182	964	182	961	37	961	99	918	46	659	0	139	166	691	24	882	114	521
重庆科技学院	423	589	423	587	178	487	237	460	8	1 074	0	139	296	503	141	441	146	433
四川旅游学院	315	761	315	759	140	595	110	878	65	504	0	139	250	557	145	430	79	662
文山学院	301	779	301	778	102	725	109	882	90	347	0	139	318	469	119	497	125	485
西安财经学院	806	194	806	192	282	251	417	142	107	270	0	139	398	375	159	402	180	340
甘肃民族师范学院	415	600	415	597	156	549	179	640	80	402	0	139	102	823	59	697	36	897
兰州文理学院	433	576	433	574	151	564	217	527	65	504	0	139	47	987	30	850	13	1 065
湖北经济学院	970	114	970	112	488	88	379	190	103	289	0	139	739	159	332	166	255	191
钦州学院	512	467	509	471	204	420	237	460	68	482	3	60	740	158	282	211	321	124
中国青年政治学院	91	1 104	91	1 103	46	924	43	1 116	2	1 150	0	139	176	673	66	676	63	738
北华航天工业学院	320	756	319	754	130	639	158	720	31	818	1	100	459	323	164	396	260	183
河套学院	348	716	348	714	139	598	151	744	58	553	0	139	243	573	87	601	132	461
沈阳工程学院	302	774	302	774	116	671	143	767	43	693	0	139	384	383	137	453	187	318
哈尔滨信息工程学院	52	1 156	52	1 156	10	1 114	33	1 142	9	1 065	0	139	0	1 168	0	1 155	0	1 164
淮海工学院	492	500	492	500	202	423	284	337	6	1 102	0	139	328	462	157	409	170	362
宁波大学	987	110	987	108	483	90	460	102	44	684	0	139	1 255	77	580	70	416	69
浙江传媒学院	790	204	790	202	337	182	361	212	92	335	0	139	977	111	364	142	429	66
河南财政金融学院	670	276	670	275	235	343	327	269	108	263	0	139	634	211	190	341	351	100
南阳理工学院	643	290	643	288	221	375	332	256	90	347	0	139	361	416	150	421	164	376
武汉商学院	396	633	390	638	106	710	120	845	164	96	6	37	380	388	105	536	116	511
广东石油化工学院	318	757	318	755	118	667	170	681	30	828	0	139	294	507	110	524	151	419
海南师范大学	854	166	851	168	405	134	294	325	152	118	3	60	391	380	278	216	86	631

续表

研究发展人员（人）														R&D 经费情况（千元）					
		按学历学位划分								其他人员		折合全时人员（人年）		当年经费收入 合计		其中:科研事业费		当年经费支出 合计	
初级		博士毕业		硕士毕业		本科毕业		其他学历											
36	326	52	476	122	593	70	436	2	251	0	309	72.5	436	3 743.89	690	962.6	650	3 323.55	697
10	713	10	780	66	803	19	777	1	323	0	309	26.5	758	4 101.5	670	2 827.5	426	5 683.5	582
136	31	89	363	379	132	58	502	10	72	0	309	65.4	473	21 440	255	11 573	171	21 354	222
93	74	47	496	346	161	101	316	10	72	2	192	72.3	438	8 879.5	487	4 647.5	332	8 387.11	469
35	336	76	397	193	393	43	592	4	171	0	309	77.6	410	14 897.31	348	6 306.56	275	13 485.81	342
9	733	11	766	113	625	50	544	1	323	0	309	34.5	685	2 454.85	777	346.2	817	2 418.17	757
75	124	233	174	507	69	492	32	7	105	1	228	227.1	112	25 177.09	211	10 828	183	25 267.74	179
15	600	41	525	177	435	70	436	5	144	1	228	67	465	4 562.3	641	903	663	3 614.88	679
34	352	366	106	405	114	93	345	2	251	8	92	222.7	115	60 761.6	73	40 436	44	51 311.6	80
13	643	62	432	158	494	16	813	0	448	0	309	53.5	546	10 140.67	442	1 010.82	640	6 292.39	550
78	117	9	799	182	420	153	185	2	251	8	92	73.7	430	2 787	744	480	776	2 358.96	764
296	4	281	144	837	17	304	66	13	61	47	17	335.8	46	41 303.92	111	13 851.92	150	35 748.73	123
25	448	2	947	99	665	63	477	2	251	3	163	25.9	767	2 089	807	370	808	2 291.63	774
9	733	55	462	161	486	80	386	0	448	0	309	63.7	480	9 163.6	479	2 919	417	8 587.98	463
25	448	13	737	180	425	57	508	0	448	1	228	49	591	4 167.37	665	490.62	773	3 361.7	696
70	137	13	737	162	482	142	204	1	323	4	140	73.1	432	3 007.4	726	269	851	5 112	604
33	363	112	319	159	492	123	241	4	171	0	309	105.3	298	13 982.26	359	3 264.6	399	14 517.67	325
7	777	2	947	55	860	45	577	0	448	0	309	21.8	811	1 916	819	790	689	1 728	825
4	899	9	799	29	1 004	9	906	0	448	0	309	14.3	912	2 964.1	730	1 274	587	1 613.34	837
45	267	325	120	258	265	154	184	2	251	0	309	120.7	257	40 865.31	112	11 404	172	24 182.18	192
136	31	66	419	472	81	202	122	0	448	1	228	176	154	6 896.22	513	2 170	485	6 103.57	561
3	933	87	367	39	958	50	544	0	448	0	309	35	680	7 385.55	524	2 862.56	422	6 656.36	533
32	371	27	617	329	179	98	326	5	144	3	163	93.6	343	7 800.94	511	988.5	645	7 334.7	505
24	461	13	737	147	524	83	373	0	448	0	309	36.3	669	1 489.5	868	257.5	857	2 026.09	803
60	179	54	466	234	314	96	331	0	448	0	309	47.9	600	5 400.82	607	148	943	5 385.82	593
0	1 095	0	1 039	0	1 163	0	1 121	0	448	0	309	0	1 168	0	1 170	0	1 117	0	1 171
1	1 031	54	466	172	451	102	312	0	448	0	309	57.8	516	14 206.8	356	3 467.3	385	11 711.55	376
81	107	481	78	432	97	335	56	7	105	1	228	300.5	59	70 375.73	63	15 896.5	124	70 693.58	51
117	42	273	147	534	64	167	158	3	200	1	228	355.1	39	89 492.47	39	12 869.6	162	81 710	41
91	81	91	356	436	95	104	306	3	200	2	192	90.5	355	2 815.5	739	396	799	2 860.2	723
46	262	19	673	215	347	121	248	6	123	1	228	48.8	593	1 918	817	506	766	2 225	785
155	18	29	603	191	398	158	175	2	251	4	140	71.4	444	6 467.1	566	790	689	6 351.79	545
33	363	36	556	158	494	94	340	6	123	0	309	41.3	639	7 240.26	528	3 744.66	374	5 864.87	571
17	561	199	204	122	593	68	454	2	251	5	124	72.3	438	12 431	383	5 001	315	10 579.73	397

学校名称	社科活动人员（人）																	
	合计		按职称划分								其他人员		合计		按职称划分			
			小计		高级		中级		初级						高级		中级	
重庆理工大学	682	261	682	260	274	257	364	209	44	684	0	139	584	236	253	243	158	397
四川民族学院	401	621	401	620	131	634	161	710	109	261	0	139	254	548	101	551	113	525
西安邮电大学	394	637	390	638	182	471	160	715	48	638	4	51	151	728	70	658	25	975
山东工商学院	773	216	773	215	366	165	398	164	9	1 065	0	139	521	279	268	226	241	208
呼和浩特民族学院	343	726	343	725	139	598	149	748	55	580	0	139	82	866	53	732	28	954
长春大学	619	319	619	318	235	343	301	310	83	388	0	139	246	564	116	503	107	549
贵州商学院	543	420	543	418	161	540	185	627	197	43	0	139	314	474	139	448	84	639
西安航空学院	208	929	208	928	34	975	133	815	41	717	0	139	66	931	13	960	48	816
河南城建学院	386	645	386	643	110	694	161	710	115	242	0	139	356	426	76	637	152	414
防灾科技学院	198	944	198	942	76	819	97	926	25	891	0	139	71	910	29	859	38	882
辽东学院	696	253	686	259	308	214	358	216	20	947	10	25	421	349	224	269	187	318
仰恩大学	274	820	274	819	55	889	143	767	76	422	0	139	95	838	21	899	51	794
河南警察学院	398	628	398	627	139	598	192	608	67	485	0	139	107	812	50	744	46	834
武汉东湖学院	420	594	420	592	63	863	242	441	115	242	0	139	104	818	23	886	64	732
重庆工商大学	1 241	46	1 241	46	542	63	609	30	90	347	0	139	2 362	11	885	17	934	4
汉口学院	201	941	201	940	105	716	72	1 021	24	905	0	139	55	963	39	802	14	1 051
黑龙江工程学院	350	711	350	710	179	483	165	699	6	1 102	0	139	251	554	113	512	136	451
甘肃医学院	69	1 140	69	1 139	16	1 061	43	1 116	10	1 048	0	139	47	987	15	944	30	943
兰州工业学院	149	1 028	149	1 026	72	832	64	1 042	13	1 022	0	139	26	1 063	14	955	12	1 073
海南医学院	154	1 015	154	1 013	70	837	74	1 014	10	1 048	0	139	91	842	37	808	45	842
东莞理工学院	432	578	432	576	135	615	246	438	51	617	0	139	305	485	144	435	138	446
桂林航天工业学院	281	811	278	812	77	809	130	822	71	457	3	60	96	833	39	802	41	863
首钢工学院	61	1 151	59	1 152	15	1 073	23	1 162	21	938	2	78	3	1 161	0	1 155	2	1 153
河北经贸大学	1 160	67	1 160	66	590	49	517	63	53	595	0	139	1 426	56	783	27	510	43
上海杉达学院	383	652	383	649	76	819	197	582	110	257	0	139	188	656	58	707	83	647
黄河科技学院	855	165	855	165	245	323	368	202	242	22	0	139	409	359	135	458	217	263
上海政法学院	436	568	436	568	221	375	197	582	18	961	0	139	381	385	224	269	129	470
桂林旅游学院	696	253	695	251	218	380	286	335	191	53	1	100	551	254	211	299	222	251
贺州学院	632	305	632	304	152	560	259	401	221	29	0	139	479	306	209	303	179	342
西安医学院	175	977	175	974	61	871	101	908	13	1 022	0	139	54	967	24	882	26	969
浙江树人学院	495	496	495	496	153	557	236	465	106	273	0	139	206	631	95	573	98	577
九江学院	925	130	925	130	373	158	459	103	93	329	0	139	437	335	200	316	203	284
广东工业大学	852	168	852	167	251	305	491	78	110	257	0	139	688	189	245	250	330	116
广东外语外贸大学	1 412	22	1 412	22	744	27	564	45	104	281	0	139	1 535	44	891	16	405	74
佛山科学技术学院	371	684	371	683	133	624	190	618	48	638	0	139	413	357	175	370	205	282
中央司法警官学院	307	770	307	770	206	415	93	946	8	1 074	0	139	320	467	209	303	103	561

续表

研究发展人员(人)														R&D经费情况(千元)					
		按学历学位划分								其他人员		折合全时人员(人年)		当年经费收入合计		其中:科研事业费		当年经费支出合计	
初级		博士毕业		硕士毕业		本科毕业		其他学历											
3	933	179	220	155	500	250	89	0	448	0	309	179.7	147	27 839.66	195	3 606	381	28 195.66	159
39	304	4	890	111	628	123	241	16	49	1	228	66.9	466	3 473.69	703	248	865	2 576.95	748
7	777	46	502	35	976	70	436	0	448	0	309	20.8	825	15 787	332	2 639	446	9 118	444
3	933	162	238	242	299	109	282	8	90	1	228	116.2	274	11 113	411	3 941	361	11 337	381
1	1 031	16	700	47	911	19	777	0	448	0	309	21.1	819	5 822	590	1 238	594	5 712	579
18	547	64	424	168	466	14	834	0	448	5	124	35.2	676	4 700.61	634	2 006.2	497	3 771.33	667
91	81	20	666	170	459	124	237	0	448	0	309	51.1	577	4 903	630	2 775	429	5 633	583
5	846	8	812	48	907	10	891	0	448	0	309	14.5	907	1 138	904	288	838	1 017.92	897
128	35	8	812	233	315	115	263	0	448	0	309	55.5	532	15 774.62	333	4 140	354	11 091.93	387
4	899	22	647	46	917	3	1 036	0	448	0	309	24	786	2 237.05	798	453.25	787	2 184.46	789
6	813	29	603	309	200	83	373	0	448	4	140	73.8	429	12 724.5	380	1 280	586	10 412.1	403
23	471	4	890	74	771	17	801	0	448	0	309	11.6	955	1 638.9	852	67	1 002	836.38	932
10	713	12	744	78	754	17	801	0	448	1	228	18	861	1 649	847	330	821	1 552	841
17	561	12	744	78	754	14	834	0	448	0	309	18.1	858	6 827	549	557	753	6 299.07	548
113	48	841	14	908	13	607	20	6	123	27	36	332.2	47	95 091.11	31	37 656.97	50	94 223.03	30
2	976	5	867	46	917	4	1 010	0	448	0	309	16.7	878	1 416.5	875	220	876	1 374.5	861
2	976	30	592	180	425	41	605	0	448	0	309	87	373	4 297.5	658	1 060	630	4 437.73	632
2	976	4	890	24	1 033	19	777	0	448	0	309	8	1 019	412.4	1 056	95	980	470.6	1 028
0	1 095	0	1 039	20	1 050	6	958	0	448	0	309	7.7	1 028	424	1 050	100	974	719	958
9	733	10	780	69	796	12	862	0	448	0	309	13.2	929	2 117.98	802	1 480	564	839.63	931
16	577	126	294	119	608	60	493	0	448	7	108	49.5	585	23 536.71	228	5 351	301	19 388.01	248
16	577	7	822	69	796	18	786	2	251	0	309	14.8	901	1 805.8	832	485	775	1 820.04	814
1	1 031	0	1 039	2	1 157	1	1 097	0	448	0	309	0.5	1 162	124.5	1 138	0	1 117	117.6	1 137
51	226	513	72	631	33	267	77	15	51	14	57	292.1	66	37 359.75	130	17 309.4	115	20 310.01	233
47	253	28	610	141	539	19	777	0	448	0	309	60.4	503	6 753.5	554	808	684	8 104.47	479
55	199	15	714	298	214	95	336	1	323	2	192	63.7	480	10 668.42	425	660	724	7 359.72	502
11	697	248	166	107	641	26	723	0	448	9	84	98.7	329	23 837.98	223	10 503.71	188	24 031.27	194
117	42	35	561	337	168	175	153	4	171	1	228	126.6	244	19 859.81	269	1 206	602	18 076.61	261
63	163	68	413	243	297	165	164	3	200	28	33	85.1	377	18 134.01	298	5 256	304	18 359.13	259
4	899	7	822	39	958	8	928	0	448	0	309	17.5	868	688	977	250	862	691.77	969
13	643	61	437	123	587	22	756	0	448	0	309	47.4	601	10 633.1	430	4 050	358	10 926.5	391
34	352	67	416	309	200	61	483	0	448	0	309	78.3	407	18 529.5	292	12 584.5	165	6 123.65	559
93	74	334	115	305	207	47	564	2	251	16	54	149	192	57 916.91	79	23 770.77	83	57 627.86	69
88	88	633	44	588	48	299	70	15	51	0	309	393.7	28	137 332.28	19	44 482.2	41	128 360.08	21
31	382	133	281	204	367	72	421	4	171	2	192	70.1	448	9 893.85	453	5 841.85	286	11 406.57	380
4	899	73	403	218	344	29	696	0	448	0	309	54.7	540	4 100.31	671	1 426.7	571	3 947.09	660

学校名称	社科活动人员(人)																	
	合计		按职称划分								其他人员		合计		按职称划分			
			小计		高级		中级		初级						高级		中级	
徐州工程学院	814	190	795	199	383	155	367	203	45	670	19	16	1 247	80	618	59	599	22
大连民族大学	434	573	413	599	150	565	222	515	41	717	21	14	221	613	82	619	127	481
湖南第一师范学院	785	210	785	207	297	230	375	196	113	250	0	139	425	344	239	255	166	368
上海第二工业大学	496	494	496	494	135	615	290	330	71	457	0	139	154	719	71	655	74	687
南京特殊教育师范学院	265	835	265	835	126	647	109	882	30	828	0	139	115	797	60	694	52	792
上海商学院	353	705	353	704	132	629	200	575	21	938	0	139	41	1 009	18	915	23	988
南通理工学院	154	1 015	154	1 013	42	943	70	1 025	42	706	0	139	91	842	27	874	48	816
广东培正学院	590	346	590	345	87	775	472	87	31	818	0	139	245	570	48	760	194	302
天津中德应用技术大学	262	843	262	842	69	842	135	805	58	553	0	139	278	521	107	530	129	470
贵州警察学院	173	980	173	977	88	771	59	1 061	26	879	0	139	188	656	98	564	48	816
南方医科大学	276	815	276	815	104	720	120	845	52	605	0	139	263	539	139	448	89	621
四川警察学院	298	783	298	782	108	700	151	744	39	738	0	139	159	708	75	640	68	714
南京森林警察学院	191	953	191	951	83	783	98	923	10	1 048	0	139	104	818	55	720	32	922
湖南医药学院	120	1 065	120	1 064	18	1 050	55	1 076	47	649	0	139	37	1 022	17	923	11	1 082
安徽新华学院	645	286	645	285	138	605	296	321	211	35	0	139	332	456	88	596	164	376
湖南涉外经济学院	701	250	701	247	218	380	260	394	223	28	0	139	179	669	79	627	73	692
海口经济学院	603	331	602	330	160	544	281	342	161	101	1	100	263	539	87	601	151	419
武昌首义学院	233	891	233	889	50	906	175	655	8	1 074	0	139	78	880	32	836	43	856
武昌理工学院	395	634	387	641	177	489	99	918	111	256	8	29	67	923	44	776	18	1 022
山东女子学院	596	338	596	336	226	367	242	441	128	176	0	139	366	409	108	528	167	366
烟台南山学院	521	450	521	449	101	728	212	542	208	36	0	139	315	473	116	503	158	397
武汉生物工程学院	278	814	278	812	71	835	93	946	114	245	0	139	13	1 122	7	1 039	5	1 130
中国劳动关系学院	382	656	382	652	115	679	235	468	32	801	0	139	329	460	140	444	147	429
宁夏理工学院	96	1 095	94	1 098	4	1 159	41	1 123	49	634	2	78	48	983	2	1 117	25	975
云南经济管理学院	608	326	608	325	74	825	261	392	273	13	0	139	205	635	45	773	108	544
广东东软学院	274	820	274	819	33	981	167	690	74	437	0	139	17	1 100	2	1 117	14	1 051
上海立达学院	152	1 021	152	1 019	25	1 010	53	1 080	74	437	0	139	28	1 057	6	1 050	7	1 114
重庆工程学院	75	1 135	75	1 134	16	1 061	56	1 068	3	1 140	0	139	19	1 091	7	1 039	11	1 082
重庆大学城市科技学院	246	868	246	868	20	1 034	175	655	51	617	0	139	81	872	11	982	50	802
华南理工大学广州学院	244	871	244	871	20	1 034	195	594	29	844	0	139	6	1 154	1	1 134	4	1 140
广州大学华软软件学院	407	611	407	608	47	919	316	285	44	684	0	139	82	866	11	982	69	711
中山大学南方学院	532	438	532	438	116	671	239	453	177	76	0	139	77	883	23	886	32	922
广东外语外贸大学南国商学院	302	774	302	774	80	796	96	932	126	189	0	139	226	607	93	580	73	692
广东财经大学华商学院	547	411	547	410	49	912	341	244	157	110	0	139	116	795	32	836	81	654
广东海洋大学寸金学院	528	442	528	442	152	560	284	337	92	335	0	139	130	765	23	886	79	662
华南农业大学珠江学院	314	762	314	760	43	935	197	582	74	437	0	139	33	1 033	0	1 155	32	922
厦门医学院	110	1 077	110	1 077	21	1 028	52	1 083	37	756	0	139	53	969	16	931	24	981

续表

研究发展人员(人)														R&D 经费情况(千元)					
		按学历学位划分								其他人员		折合全时人员(人年)		当年经费收入合计		其中:科研事业费		当年经费支出合计	
初级		博士毕业		硕士毕业		本科毕业		其他学历											
30	394	92	354	577	52	578	22	0	448	0	309	263.5	83	9 229.6	477	1 766.6	530	9 093.28	445
11	697	126	294	77	758	18	786	0	448	1	228	60.2	504	23 047.59	233	16 096.8	122	21 610.58	216
20	510	123	300	256	270	41	605	5	144	0	309	121.1	256	28 628.64	182	13 957.58	145	28 553.2	157
8	750	53	471	89	717	12	862	0	448	1	228	53.5	546	10 562.07	433	1 449.5	567	10 399.44	404
3	933	21	655	72	781	22	756	0	448	0	309	20.1	834	2 632	755	1 532	555	2 301.82	772
0	1 095	31	589	9	1 119	1	1 097	0	448	0	309	7.9	1 024	16 679	317	14 068	142	16 218.79	289
16	577	4	890	60	834	27	717	0	448	0	309	12.8	935	688	977	214	880	572.4	994
3	933	10	780	197	385	38	629	0	448	0	309	27.9	742	2 331.1	792	32.5	1 048	2 655.06	739
42	281	29	603	200	377	49	554	0	448	0	309	60.2	504	5 027.08	624	1 123.5	621	4 271.06	639
42	281	15	714	106	648	65	469	2	251	0	309	27.2	748	2 122.5	801	200	889	1 815.65	815
19	523	114	314	136	551	13	846	0	448	0	309	76.7	419	6 364.97	569	2 746.42	432	5 202.54	600
16	577	14	728	107	641	37	638	1	323	0	309	44.3	624	5 751	593	458	786	5 708.04	580
17	561	22	647	52	881	30	689	0	448	0	309	15.8	887	1 126.35	907	189.95	897	1 699.7	826
8	750	2	947	27	1 017	8	928	0	448	1	228	9.1	995	128	1 136	20	1 070	259	1 085
80	110	8	812	197	385	124	237	3	200	0	309	104.1	301	4 086.8	672	562	752	4 525.23	622
26	434	16	700	132	558	31	680	0	448	1	228	23.2	798	3 562	698	1 452	566	4 132	648
23	471	9	799	176	439	78	398	0	448	2	192	42.4	632	5 884.8	586	751	700	5 690.2	581
3	933	6	841	63	815	9	906	0	448	0	309	14.1	914	636	986	270	847	996	899
5	846	6	841	52	881	9	906	0	448	0	309	26.6	757	14 117	358	25	1 064	13 930.27	336
87	91	48	493	257	268	58	502	3	200	4	140	55	539	9 856.4	455	2 068.4	490	6 784.2	531
41	289	18	685	228	327	68	454	1	323	0	309	67.8	460	5 571.5	601	111	967	6 142.25	555
1	1 031	2	947	10	1 113	1	1 097	0	448	0	309	5.3	1 063	311	1 082	55	1 022	383	1 058
39	304	160	243	139	544	24	735	6	123	1	228	79.2	403	21 740.8	251	11 231	175	21 697.8	215
21	501	3	919	30	994	15	825	0	448	0	309	9.6	985	1 039.2	918	764.2	696	970.7	903
51	226	3	919	132	558	69	443	1	323	1	228	34.6	684	5 750	594	935	657	3 760.8	669
1	1 031	0	1 039	12	1 095	5	981	0	448	0	309	2.4	1 125	1 280	883	230	874	905.64	919
15	600	2	947	23	1 037	3	1 036	0	448	0	309	9.3	992	608.5	996	251	861	387.95	1 055
1	1 031	0	1 039	16	1 073	2	1 064	1	323	0	309	2.2	1 131	577	1 006	387	803	486	1 020
3	933	2	947	74	771	5	981	0	448	17	50	21.1	819	7 205	530	145	944	7 237.18	510
0	1 095	1	992	5	1 144	0	1 121	0	448	1	228	1.2	1 151	457	1 037	200	889	394.02	1 052
2	976	5	867	56	853	21	762	0	448	0	309	10.4	976	4 500	645	2 697	442	2 724.5	734
22	487	22	647	50	899	5	981	0	448	0	309	15.3	893	2 744.5	747	730.5	703	3 571.94	686
60	179	37	554	151	510	38	629	0	448	0	309	27.1	750	3 433.3	706	555	754	3 958.13	659
3	933	9	799	66	803	41	605	0	448	0	309	19.4	841	3 919.43	679	2 507.3	452	1 832.42	813
27	422	4	890	88	719	38	629	0	448	1	228	28.6	731	1 913.8	820	606	740	1 497.45	844
1	1 031	2	947	25	1 026	6	958	0	448	0	309	3.8	1 095	1 030	921	850	674	385.84	1 056
13	643	9	799	30	994	14	834	0	448	0	309	12.1	945	614.5	992	32.6	1 047	567.65	996

学校名称	社科活动人员(人)																	
	合计		按职称划分								其他人员		合计		按职称划分			
			小计		高级		中级		初级						高级		中级	
成都东软学院	30	1 177	30	1 177	19	1 045	11	1 181	0	1 173	0	139	23	1 077	13	960	10	1 092
湖南农业大学东方科技学院	95	1 098	95	1 096	15	1 073	73	1 017	7	1 092	0	139	47	987	9	1 014	37	888
广东技术师范学院天河学院	239	878	239	878	35	967	197	582	7	1 092	0	139	46	992	9	1 014	36	897
东南大学成贤学院	49	1 162	49	1 162	9	1 123	33	1 142	7	1 092	0	139	47	987	5	1 066	38	882
厦门华厦学院	167	990	167	987	45	926	91	958	31	818	0	139	82	866	32	836	47	826
闽南理工学院	426	588	426	585	55	889	180	637	191	53	0	139	137	745	3	1 093	60	757
西安欧亚学院	321	752	321	750	63	863	205	557	53	595	0	139	84	863	29	859	49	806
西安外事学院	478	523	478	522	148	576	223	513	107	270	0	139	72	906	30	850	34	907
西安翻译学院	459	540	459	540	78	805	330	259	51	617	0	139	183	663	53	732	112	528
西京学院	254	857	254	857	77	809	167	690	10	1 048	0	139	133	760	32	836	98	577
齐齐哈尔工程学院	99	1 092	99	1 092	33	981	60	1 057	6	1 102	0	139	23	1 077	13	960	10	1 092
新疆警察学院	274	820	274	819	78	805	171	677	25	891	0	139	147	731	66	676	68	714
铁道警察学院	297	787	297	786	139	598	146	759	12	1 032	0	139	292	510	131	469	131	463
郑州科技学院	517	460	517	460	48	916	191	613	278	12	0	139	560	248	59	697	303	141
郑州工业应用技术学院	370	686	370	685	68	847	174	662	128	176	0	139	35	1 029	6	1 050	20	1 010
重庆警察学院	212	925	212	923	66	854	139	784	7	1 092	0	139	91	842	32	836	58	768
江西工程学院	183	963	183	960	29	998	102	904	52	605	0	139	30	1 043	16	931	14	1 051
山西应用科技学院	384	647	384	645	21	1 028	40	1 126	323	6	0	139	32	1 036	4	1 078	16	1 041
河北传媒学院	302	774	302	774	51	902	162	708	89	357	0	139	313	477	81	623	176	348
浙江越秀外国语学院	714	241	714	238	255	291	350	224	109	261	0	139	769	148	294	196	376	86
南昌理工学院	436	568	436	568	72	832	278	352	86	370	0	139	74	899	13	960	57	773
河北工程技术学院	164	997	164	995	30	993	91	958	43	693	0	139	103	822	21	899	61	753
上海建桥学院	436	568	436	568	80	796	228	497	128	176	0	139	91	842	12	977	29	950
北京吉利学院	167	990	167	987	32	986	61	1 052	74	437	0	139	0	1 168	0	1 155	0	1 164
安徽文达信息工程学院	153	1 019	153	1 017	5	1 153	52	1 083	96	316	0	139	26	1 063	1	1 134	12	1 073
潍坊科技学院	435	572	435	572	74	825	232	480	129	172	0	139	417	355	67	671	232	225
上海兴伟学院	14	1 188	14	1 188	6	1 149	4	1 188	4	1 132	0	139	0	1 168	0	1 155	0	1 164
泰州学院	380	663	380	661	154	554	179	640	47	649	0	139	240	578	126	485	97	581
亳州学院	312	764	312	762	94	752	124	838	94	327	0	139	138	744	58	707	42	860
江西应用科技学院	140	1 036	140	1 034	17	1 055	56	1 068	67	485	0	139	7	1 150	2	1 117	4	1 140
郑州师范学院	604	328	604	327	176	498	249	433	179	74	0	139	86	859	48	760	30	943
福建师范大学闽南科技学院	185	960	185	957	19	1 045	94	941	72	447	0	139	75	893	20	906	43	856
福建农林大学东方学院	139	1 039	139	1 037	10	1 114	77	1 006	52	605	0	139	62	951	3	1 093	35	905
宁波大红鹰学院	604	328	604	327	161	540	342	242	101	301	0	139	1 907	22	527	86	1 025	3

研究发展人员(人)														R&D经费情况(千元)					
		按学历学位划分								其他人员		折合全时人员(人年)		当年经费收入合计		其中:科研事业费		当年经费支出合计	
初级		博士毕业		硕士毕业		本科毕业		其他学历											
0	1 095	2	947	16	1 073	5	981	0	448	0	309	6.2	1 045	435	1 046	64	1 008	435	1 038
1	1 031	0	1 039	45	926	2	1 064	0	448	0	309	9.2	994	439.3	1 045	100	974	425.5	1 044
1	1 031	3	919	36	970	7	946	0	448	0	309	6	1 051	3 248	713	96	979	3 259	704
4	899	1	992	31	991	15	825	0	448	0	309	5.6	1 058	458.2	1 036	188.3	900	514.04	1 009
3	933	9	799	52	881	21	762	0	448	0	309	10	980	1 882.05	824	168	918	1 469.94	851
74	125	0	1 039	50	899	87	359	0	448	0	309	21.6	813	3 900.75	681	111.75	966	3 795.96	664
6	813	3	919	76	761	5	981	0	448	0	309	16.5	880	982	927	140	948	737.2	954
8	750	4	890	63	815	5	981	0	448	0	309	8.5	1 008	2 650.71	752	180	906	2 639.62	741
18	547	7	822	165	478	11	874	0	448	0	309	37.3	661	3 915.9	680	504.4	767	3 607.1	681
3	933	19	673	94	689	20	769	0	448	0	309	25.5	771	11 926.8	389	273	844	9 284.1	440
0	1 095	0	1 039	19	1 058	4	1 010	0	448	0	309	3.3	1 105	216	1 110	16	1 080	202.8	1 108
5	846	19	673	84	735	44	587	0	448	8	92	23.4	793	1 235	889	489	774	1 260	878
29	406	29	603	206	360	57	508	0	448	1	228	48.6	595	2 623	757	479	780	2 408.1	758
187	8	5	867	393	117	157	178	5	144	11	74	81.7	390	3 574	697	300	832	3 639.55	676
8	750	0	1 039	23	1 037	12	862	0	448	1	228	5.7	1 056	2 357	789	0	1 117	2 357	766
1	1 031	23	639	48	907	20	769	0	448	0	309	11.4	959	1 167	898	379	807	1 505.25	843
0	1 095	1	992	23	1 037	6	958	0	448	0	309	4.1	1 086	613	993	380	806	317	1 070
12	671	1	992	19	1 058	12	862	0	448	0	309	3.5	1 100	345	1 075	240	867	106.8	1 141
54	207	8	812	236	308	67	459	2	251	0	309	69.9	453	12 742.16	379	10	1 085	12 742.16	358
98	66	158	248	488	77	120	251	3	200	1	228	118.6	268	15 698.85	335	1 032.14	637	14 398.56	326
4	899	2	947	57	846	15	825	0	448	0	309	24.9	777	2 289.4	796	653.6	728	2 289.4	777
14	618	0	1 039	76	761	27	717	0	448	7	108	12	947	369	1 068	9	1 093	371	1 061
50	234	11	766	74	771	6	958	0	448	0	309	11.7	952	9 508.5	466	8 448	225	3 684.93	673
0	1 095	0	1 039	0	1 163	0	1 121	0	448	0	309	0	1 168	204.48	1 115	0	1 117	92.98	1 146
13	643	1	992	12	1 095	13	846	0	448	0	309	15.7	888	729	968	60	1 012	634.68	982
118	41	11	766	386	126	20	769	0	448	0	309	76	422	22 572.63	237	177	910	10 215.48	411
0	1 095	0	1 039	0	1 163	0	1 121	0	448	0	309	0	1 168	66.33	1 156	0	1 117	66.34	1 155
17	561	50	486	123	587	67	459	0	448	0	309	52.1	564	2 430	779	232	873	2 845.67	725
38	314	7	822	95	683	36	647	0	448	0	309	19.3	842	1 322	882	774	693	1 682.94	829
1	1 031	0	1 039	5	1 144	2	1 064	0	448	0	309	1.1	1 155	30	1 164	0	1 117	37	1 164
7	777	33	575	45	926	8	928	0	448	1	228	23.1	799	2 483.87	771	706.87	711	2 115.72	798
12	671	2	947	42	941	31	680	0	448	0	309	11.7	952	705.63	975	186	902	565.05	1 000
24	461	0	1 039	34	978	28	707	0	448	0	309	8.8	1 001	461	1 035	193	893	431.29	1 041
327	3	195	207	881	14	804	7	27	30	28	33	378.6	33	30 911.95	164	2 819	427	29 378.13	153

学校名称	社科活动人员(人)																	
	合计		按职称划分								其他人员		合计		按职称划分			
			小计		高级		中级		初级						高级		中级	
山东英才学院	681	264	681	263	254	293	381	185	46	659	0	139	407	364	163	397	231	228
青岛恒星科技学院	272	827	272	826	12	1 100	64	1 042	196	46	0	139	82	866	6	1 050	31	935
浙江大学城市学院	263	840	263	839	109	698	139	784	15	989	0	139	434	338	155	411	246	200
浙江大学宁波理工学院	269	831	269	831	92	755	154	730	23	914	0	139	230	599	84	615	129	470
杭州医学院	54	1 155	54	1 155	20	1 034	28	1 154	6	1 102	0	139	68	917	23	886	37	888
安徽外国语学院	429	583	429	580	15	1 073	241	444	173	81	0	139	69	914	2	1 117	48	816
河北美术学院	604	328	604	327	181	476	330	259	93	329	0	139	224	608	125	487	90	617
厦门工学院	239	878	239	878	28	999	94	941	117	230	0	139	99	829	30	850	57	773
西安思源学院	398	628	398	627	64	860	196	589	138	151	0	139	170	683	37	808	114	521
陕西国际商贸学院	297	787	297	786	42	943	172	673	83	388	0	139	175	674	31	846	114	521
陕西服装工程学院	65	1 147	65	1 147	16	1 061	48	1 101	1	1 158	0	139	26	1 063	3	1 093	23	988
北京师范大学珠海分校	518	458	518	458	167	520	317	284	34	789	0	139	475	310	214	296	241	208
武汉晴川学院	69	1 140	69	1 139	19	1 045	36	1 138	14	1 001	0	139	32	1 036	15	944	10	1 092
大连理工大学城市学院	141	1 035	138	1 038	92	755	41	1 123	5	1 120	3	60	78	880	57	712	21	1 001
沈阳工学院	289	798	289	797	101	728	153	736	35	778	0	139	12	1 126	9	1 014	3	1 145
大连工业大学艺术与信息工程学院	127	1 054	120	1 064	9	1 123	69	1 029	42	706	7	32	0	1 168	0	1 155	0	1 164
大连科技学院	334	736	312	762	96	746	131	818	85	376	22	12	52	973	29	859	20	1 010
沈阳城市建设学院	168	989	162	999	7	1 142	64	1 042	91	340	6	37	30	1 043	3	1 093	21	1 001
大连医科大学中山学院	78	1 125	78	1 125	14	1 083	46	1 107	18	961	0	139	0	1 168	0	1 155	0	1 164
锦州医科大学医疗学院	22	1 185	18	1 186	0	1 188	8	1 185	10	1 048	4	51	0	1 168	0	1 155	0	1 164
辽宁师范大学海华学院	104	1 085	104	1 085	10	1 114	52	1 083	42	706	0	139	87	855	13	960	39	879
辽宁理工学院	96	1 095	86	1 113	33	981	39	1 131	14	1 001	10	25	37	1 022	16	931	13	1 065
大连财经学院	267	833	266	834	79	800	84	984	103	289	1	100	48	983	23	886	17	1 033
沈阳城市学院	302	774	279	810	58	879	145	763	76	422	23	11	19	1 091	3	1 093	6	1 120
湖北大学知行学院	126	1 055	126	1 053	26	1 005	64	1 042	36	766	0	139	6	1 154	5	1 066	1	1 159
武汉科技大学城市学院	164	997	155	1 011	35	967	79	999	41	717	9	28	12	1 126	2	1 117	9	1 100
三峡大学科技学院	70	1 139	69	1 139	17	1 055	44	1 112	8	1 074	1	100	10	1 138	8	1 021	2	1 153
江汉大学文理学院	101	1 088	101	1 088	14	1 083	70	1 025	17	974	0	139	12	1 126	4	1 078	8	1 109
湖北工业大学工程技术学院	60	1 152	60	1 151	15	1 073	43	1 116	2	1 150	0	139	45	994	13	960	30	943
武昌工学院	265	835	265	835	89	768	131	818	45	670	0	139	75	893	33	825	40	869
武汉工商学院	414	601	414	598	66	854	203	563	145	134	0	139	174	677	36	811	77	674
长江大学工程技术学院	89	1 107	83	1 118	14	1 083	66	1 037	3	1 140	6	37	15	1 114	3	1 093	12	1 073
长江大学文理学院	109	1 078	109	1 078	23	1 017	71	1 023	15	989	0	139	0	1 168	0	1 155	0	1 164
湖北商贸学院	176	975	169	985	47	919	92	952	30	828	7	32	97	832	29	859	59	761
湖北民族学院科技学院	50	1 159	50	1 159	5	1 153	21	1 165	24	905	0	139	26	1 063	4	1 078	6	1 120
湖北经济学院法商学院	122	1 061	122	1 059	40	949	68	1 033	14	1 001	0	139	65	937	7	1 039	45	842
武汉体育学院体育科技学院	43	1 169	43	1 168	4	1 159	38	1 132	1	1 158	0	139	12	1 126	3	1 093	9	1 100
湖北文理学院理工学院	76	1 131	75	1 134	1	1 182	44	1 112	30	828	1	100	5	1 156	1	1 134	2	1 153
湖北工程学院新技术学院	85	1 116	85	1 115	7	1 142	66	1 037	12	1 032	0	139	14	1 118	3	1 093	6	1 120
文华学院	203	935	203	934	77	809	98	923	28	857	0	139	78	880	43	780	33	914
浙江工业大学之江学院	316	758	316	756	83	783	144	766	89	357	0	139	188	656	65	680	78	669
浙江师范大学行知学院	122	1 061	122	1 059	45	926	61	1 052	16	979	0	139	123	776	56	716	46	834

研究发展人员（人）														R&D 经费情况（千元）					
		按学历学位划分								其他人员		折合全时人员（人年）		当年经费收入合计		其中：科研事业费		当年经费支出合计	
初级		博士毕业		硕士毕业		本科毕业		其他学历											
13	643	26	619	327	180	51	541	3	200	0	309	78.3	407	21 816.06	249	1 777.2	529	15 187.64	310
45	267	0	1 039	46	917	35	655	1	323	0	309	9.6	985	227	1 108	10	1 085	196	1 111
31	382	157	250	168	466	37	638	72	15	2	192	93.3	345	25 092.74	213	2 213.5	480	24 916.24	183
17	561	137	272	86	728	7	946	0	448	0	309	54.1	543	27 885.95	194	13 217.1	158	11 267.63	383
8	750	6	841	52	881	10	891	0	448	0	309	15.6	889	1 336.58	879	273	844	567.44	997
19	523	1	992	53	872	15	825	0	448	0	309	7.6	1 030	547	1 012	72	996	496	1 015
9	733	4	890	155	500	63	477	2	251	0	309	32.8	697	2 475.96	773	107	971	2 388.16	761
12	671	7	822	74	771	18	786	0	448	0	309	16	886	1 018.5	922	65	1 005	903.39	920
19	523	0	1 039	118	612	50	544	2	251	0	309	50.7	581	2 550.7	762	120	958	2 761.3	731
30	394	6	841	151	510	18	786	0	448	0	309	21.9	809	1 619	855	224	875	491.35	1 018
0	1 095	0	1 039	15	1 079	11	874	0	448	0	309	3.8	1 095	368.8	1 069	70	997	368.8	1 062
20	510	175	224	256	270	43	592	1	323	0	309	99.2	325	22 426.22	241	1 232.5	596	19 594.05	246
7	777	2	947	27	1 017	3	1 036	0	448	0	309	11	968	817.46	950	26	1 060	967.45	904
0	1 095	5	867	69	796	4	1 010	0	448	0	309	13.6	924	468	1 032	60	1 012	483	1 023
0	1 095	3	919	9	1 119	0	1 121	0	448	0	309	3.3	1 105	172	1 129	40	1 037	222	1 100
0	1 095	0	1 039	0	1 163	0	1 121	0	448	0	309	0	1 168	0	1 170	0	1 117	0	1 171
3	933	4	890	42	941	6	958	0	448	0	309	14.9	896	896.6	937	75	993	750.64	949
6	813	2	947	25	1 026	3	1 036	0	448	0	309	9.5	989	263	1 097	20	1 070	253	1 089
0	1 095	0	1 039	0	1 163	0	1 121	0	448	0	309	0	1 168	0	1 170	0	1 117	0	1 171
0	1 095	0	1 039	0	1 163	0	1 121	0	448	0	309	0	1 168	0	1 170	0	1 117	0	1 171
19	523	2	947	62	823	23	744	0	448	16	54	19.3	842	726	969	26	1 060	741	953
7	777	2	947	21	1 046	14	834	0	448	1	228	11	968	745	964	0	1 117	778.2	941
8	750	6	841	40	952	2	1 064	0	448	0	309	7.3	1 034	503	1 023	60	1 012	528	1 007
9	733	0	1 039	15	1 079	4	1 010	0	448	1	228	7.5	1 031	1 734.31	840	2	1 114	1 671.41	832
0	1 095	0	1 039	6	1 137	0	1 121	0	448	0	309	0.7	1 161	66	1 157	8	1 096	61	1 157
1	1 031	0	1 039	12	1 095	0	1 121	0	448	0	309	1.9	1 139	119	1 131	5	1 104	123	1 134
0	1 095	0	1 039	10	1 113	0	1 121	0	448	0	309	1.8	1 140	94	1 144	0	1 117	71.8	1 153
0	1 095	3	919	9	1 119	0	1 121	0	448	0	309	3.4	1 102	398.78	1 060	0	1 117	390.78	1 054
2	976	2	947	41	948	2	1 064	0	448	0	309	8.7	1 005	418	1 053	0	1 117	409	1 047
2	976	9	799	53	872	13	846	0	448	0	309	14.2	913	888.52	939	57	1 021	822.89	936
52	219	25	628	124	585	25	730	0	448	9	84	27.6	744	5 370.3	608	186	902	5 544.17	587
0	1 095	1	992	13	1 089	1	1 097	0	448	0	309	2.4	1 125	230	1 107	81	988	228	1 097
0	1 095	0	1 039	0	1 163	0	1 121	0	448	0	309	0	1 168	0	1 170	0	1 117	0	1 171
8	750	7	822	86	728	4	1 010	0	448	1	228	23.3	796	1 058	915	0	1 117	982	902
16	577	0	1 039	24	1 033	2	1 064	0	448	0	309	3.2	1 109	71	1 155	0	1 117	82	1 150
13	643	2	947	63	815	0	1 121	0	448	0	309	10.4	976	592.5	1 002	0	1 117	592.5	991
0	1 095	2	947	10	1 113	0	1 121	0	448	0	309	1.7	1 142	100.9	1 143	0	1 117	122.07	1 135
2	976	0	1 039	2	1 157	3	1 036	0	448	0	309	1.2	1 151	60	1 158	0	1 117	60	1 158
5	846	0	1 039	9	1 119	5	981	0	448	0	309	7.7	1 028	321.5	1 080	0	1 117	281.5	1 077
2	976	21	655	54	868	3	1 036	0	448	0	309	15.6	889	1 995.1	812	555	754	2 101.3	800
44	272	21	655	148	521	18	786	1	323	1	228	28.6	731	9 811.4	458	573	751	6 315.15	546
19	523	15	714	86	728	22	756	0	448	2	192	34.4	686	2 221.76	799	262	854	2 135.29	793

学校名称	社科活动人员(人)																	
	合计		按职称划分								其他人员		合计		按职称划分			
			小计		高级		中级		初级						高级		中级	
宁波大学科学技术学院	225	903	225	901	43	935	134	809	48	638	0	139	160	704	59	697	90	617
杭州电子科技大学信息工程学院	88	1 109	88	1 107	23	1 017	49	1 099	16	979	0	139	8	1 147	6	1 050	2	1 153
浙江理工大学科技与艺术学院	251	861	251	861	60	874	148	754	43	693	0	139	239	581	49	752	155	406
浙江海洋大学东海科学技术学院	99	1 092	99	1 092	20	1 034	50	1 093	29	844	0	139	51	974	17	923	22	995
浙江农林大学暨阳学院	165	995	165	992	44	930	80	995	41	717	0	139	169	684	55	720	87	629
温州医科大学仁济学院	83	1 119	83	1 118	3	1 169	29	1 150	51	617	0	139	14	1 118	3	1 093	10	1 092
杭州师范大学钱江学院	191	953	191	951	48	916	120	845	23	914	0	139	66	931	16	931	49	806
绍兴文理学院元培学院	149	1 028	149	1 026	31	990	83	987	35	778	0	139	86	859	13	960	50	802
温州大学瓯江学院	162	1 002	162	999	35	967	95	935	32	801	0	139	117	793	22	895	74	687
浙江工商大学杭州商学院	285	803	285	802	77	809	91	958	117	230	0	139	79	878	15	944	28	954
嘉兴学院南湖学院	162	1 002	162	999	25	1 010	74	1 014	63	522	0	139	47	987	11	982	21	1 001
中国计量大学现代科技学院	92	1 102	92	1 101	21	1 028	65	1 041	6	1 102	0	139	27	1 059	11	982	16	1 041
浙江财经大学东方学院	363	694	363	693	95	749	191	613	77	414	0	139	152	724	30	850	74	687
黑龙江外国语学院	244	871	244	871	92	755	139	784	13	1 022	0	139	111	804	50	744	55	783
黑龙江财经学院	185	960	185	957	81	795	79	999	25	891	0	139	11	1 136	6	1 050	5	1 130
哈尔滨石油学院	67	1 144	67	1 144	21	1 028	43	1 116	3	1 140	0	139	2	1 164	1	1 134	1	1 159
黑龙江工商学院	321	752	321	750	90	766	167	690	64	514	0	139	10	1 138	2	1 117	8	1 109
哈尔滨远东理工学院	272	827	272	826	115	679	120	845	37	756	0	139	0	1 168	0	1 155	0	1 164
哈尔滨剑桥学院	154	1 015	154	1 013	37	961	103	899	14	1 001	0	139	19	1 091	7	1 039	12	1 073
黑龙江工程学院昆仑旅游学院	88	1 109	88	1 107	26	1 005	29	1 150	33	797	0	139	0	1 168	0	1 155	0	1 164
哈尔滨广厦学院	92	1 102	92	1 101	13	1 093	53	1 080	26	879	0	139	0	1 168	0	1 155	0	1 164
哈尔滨华德学院	122	1 061	122	1 059	30	993	54	1 079	38	749	0	139	0	1 168	0	1 155	0	1 164
青岛黄海学院	392	640	392	635	77	809	159	718	156	114	0	139	44	999	15	944	22	995
山东现代学院	78	1 125	78	1 125	18	1 050	36	1 138	24	905	0	139	104	818	18	915	60	757
山东协和学院	524	445	524	445	102	725	156	727	266	15	0	139	246	564	79	627	65	725
宁夏大学新华学院	159	1 006	121	1 062	1	1 182	36	1 138	84	379	38	8	64	943	1	1 134	20	1 010
云南大学滇池学院	377	673	377	671	30	993	174	662	173	81	0	139	227	606	33	825	153	410
云南大学旅游文化学院	472	529	472	529	56	884	235	468	181	69	0	139	353	428	86	607	183	336
昆明理工大学津桥学院	111	1 075	111	1 075	43	935	60	1 057	8	1 074	0	139	44	999	17	923	26	969
云南师范大学商学院	274	820	273	824	59	876	161	710	53	595	1	100	14	1 118	2	1 117	11	1 082
云南师范大学文理学院	236	886	236	886	42	943	110	878	84	379	0	139	303	489	55	720	151	419
昆明医科大学海源学院	107	1 081	107	1 081	16	1 061	61	1 052	30	828	0	139	81	872	8	1 021	50	802
云南艺术学院文华学院	243	874	243	874	43	935	97	926	103	289	0	139	107	812	29	859	49	806
烟台大学文经学院	281	811	281	808	43	935	154	730	84	379	0	139	136	748	53	732	72	695

续表

研究发展人员(人)														R&D经费情况(千元)					
		按学历学位划分								其他人员		折合全时人员(人年)		当年经费收入合计				当年经费支出合计	
初级		博士毕业		硕士毕业		本科毕业		其他学历								其中:科研事业费			
11	697	23	639	127	572	10	891	0	448	0	309	27.6	744	11 238.64	408	2 728.5	436	10 014.2	416
0	1 095	2	947	6	1 137	0	1 121	0	448	0	309	2.1	1 133	1 563.5	859	0	1 117	528.84	1 006
35	336	12	744	180	425	45	577	2	251	0	309	35.9	671	5 886.24	585	618.2	738	3 814	663
12	671	2	947	42	941	7	946	0	448	0	309	21	822	1 878.8	825	128.5	955	1 486.34	847
27	422	17	693	129	568	23	744	0	448	0	309	23.4	793	7 123.22	533	176.4	911	7 085.36	519
1	1 031	1	992	12	1 095	1	1 097	0	448	0	309	2.2	1 131	74	1 152	4	1 106	110.35	1 140
1	1 031	12	744	49	905	5	981	0	448	0	309	24.4	780	1 095.73	911	157.71	928	886.97	923
23	471	1	992	79	750	6	958	0	448	0	309	11.9	950	1 791.6	836	304.3	830	1 284.92	876
21	501	7	822	94	689	16	813	0	448	0	309	31	711	7 071.3	535	421	794	6 944.8	524
36	326	14	728	60	834	5	981	0	448	0	309	17.4	869	2 514.3	767	864.5	672	1 848.75	809
15	600	4	890	36	970	7	946	0	448	0	309	8	1 019	812.76	952	0	1 117	889.47	921
0	1 095	5	867	18	1 061	4	1 010	0	448	0	309	3.3	1 105	630.1	989	250	862	762.3	945
48	243	17	693	122	593	13	846	0	448	0	309	22.2	806	5 454.35	606	741.5	702	4 127.86	649
6	813	1	992	80	747	30	689	0	448	0	309	62.6	487	1 871.8	826	37	1 045	2 168.79	791
0	1 095	0	1 039	10	1 113	1	1 097	0	448	0	309	3.6	1 099	74	1 152	24	1 066	79.7	1 151
0	1 095	0	1 039	2	1 157	0	1 121	0	448	0	309	1	1 157	29	1 165	0	1 117	33	1 165
0	1 095	0	1 039	7	1 131	3	1 036	0	448	0	309	1.1	1 155	76	1 151	6	1 100	50.05	1 161
0	1 095	0	1 039	0	1 163	0	1 121	0	448	0	309	0	1 168	0	1 170	0	1 117	0	1 171
0	1 095	0	1 039	17	1 066	2	1 064	0	448	0	309	3.1	1 112	135.1	1 133	4	1 106	133.8	1 132
0	1 095	0	1 039	0	1 163	0	1 121	0	448	0	309	0	1 168	0	1 170	0	1 117	0	1 171
0	1 095	0	1 039	0	1 163	0	1 121	0	448	0	309	0	1 168	0	1 170	0	1 117	0	1 171
0	1 095	0	1 039	0	1 163	0	1 121	0	448	0	309	0	1 168	0	1 170	0	1 117	0	1 171
7	777	3	919	39	958	2	1 064	0	448	0	309	4.4	1 079	418	1 053	173	913	410.6	1 046
22	487	0	1 039	77	758	27	717	0	448	4	140	16.9	876	838.48	944	0	1 117	550.23	1 001
102	55	15	714	192	395	37	638	2	251	0	309	27.5	746	14 204.5	357	1 524	557	13 429.54	344
32	371	0	1 039	46	917	18	786	0	448	11	74	17.8	863	592.8	1 001	133.8	952	450.7	1 033
41	289	7	822	138	546	81	383	1	323	0	309	55.8	529	2 096.49	806	660	724	2 009.49	804
84	101	4	890	227	331	122	244	0	448	0	309	52.7	558	3 639.42	694	390	802	3 422.33	694
1	1 031	0	1 039	40	952	4	1 010	0	448	0	309	6.6	1 040	651.2	984	240	867	565.3	999
1	1 031	0	1 039	13	1 089	1	1 097	0	448	0	309	3	1 114	812	953	330	821	412.06	1 045
97	69	0	1 039	272	247	31	680	0	448	0	309	45.3	613	2 808.7	741	470	782	2 504.4	750
23	471	0	1 039	43	936	37	638	1	323	0	309	14.6	905	724.6	970	97.5	976	704.6	963
29	406	0	1 039	71	786	36	647	0	448	0	309	21	822	1 250	886	200	889	1 293.3	875
10	713	7	822	115	618	14	834	0	448	1	228	17.3	870	745.6	963	350	816	744.5	952

学校名称	社科活动人员(人)																	
	合计		按职称划分								其他人员		合计		按职称划分			
			小计		高级		中级		初级						高级		中级	
聊城大学东昌学院	210	926	210	924	50	906	103	899	57	561	0	139	118	789	42	783	63	738
青岛理工大学琴岛学院	376	676	376	674	83	783	143	767	150	123	0	139	86	859	41	791	32	922
山东师范大学历山学院	286	801	286	799	36	965	50	1 093	200	41	0	139	76	890	8	1 021	20	1 010
山东财经大学燕山学院	31	1 176	31	1 176	10	1 114	5	1 186	16	979	0	139	32	1 036	19	910	12	1 073
中国石油大学胜利学院	249	863	249	863	78	805	105	894	66	500	0	139	96	833	17	923	51	794
河北科技学院	164	997	164	995	10	1 114	61	1 052	93	329	0	139	22	1 082	10	998	12	1 073
河北外国语学院	366	690	366	689	49	912	109	882	208	36	0	139	273	529	32	836	92	611
河北大学工商学院	134	1 045	134	1 044	21	1 028	102	904	11	1 039	0	139	93	840	30	850	34	907
华北理工大学轻工学院	126	1 055	126	1 053	16	1 061	62	1 050	48	638	0	139	43	1 004	7	1 039	30	943
河北科技大学理工学院	72	1 138	72	1 137	14	1 083	48	1 101	10	1 048	0	139	7	1 150	0	1 155	7	1 114
河北师范大学汇华学院	156	1 012	156	1 009	11	1 110	88	972	57	561	0	139	75	893	8	1 021	51	794
河北经贸大学经济管理学院	58	1 153	58	1 153	23	1 017	31	1 147	4	1 132	0	139	12	1 126	6	1 050	6	1 120
河北医科大学临床学院	24	1 183	24	1 182	5	1 153	16	1 174	3	1 140	0	139	4	1 159	1	1 134	3	1 145
华北电力大学科技学院	131	1 049	131	1 048	8	1 133	104	895	19	954	0	139	12	1 126	3	1 093	9	1 100
江西服装学院	378	670	378	667	61	871	111	875	206	38	0	139	108	811	36	811	49	806
南昌工学院	723	234	723	232	62	866	237	460	424	1	0	139	72	906	18	915	40	869
南昌大学共青学院	105	1 083	105	1 083	9	1 123	76	1 008	20	947	0	139	21	1 084	5	1 066	13	1 065
华东交通大学理工学院	132	1 048	132	1 047	9	1 123	76	1 008	47	649	0	139	39	1 017	5	1 066	32	922
东华理工大学长江学院	76	1 131	76	1 131	12	1 100	12	1 180	52	605	0	139	24	1 072	5	1 066	2	1 153
南昌航空大学科技学院	26	1 180	26	1 180	3	1 169	19	1 169	4	1 132	0	139	8	1 147	3	1 093	4	1 140
江西理工大学应用科学学院	133	1 047	133	1 046	22	1 023	101	908	10	1 048	0	139	63	948	13	960	46	834
景德镇陶瓷大学科技艺术学院	165	995	165	992	25	1 010	73	1 017	67	485	0	139	0	1 168	0	1 155	0	1 164
江西农业大学南昌商学院	161	1 004	161	1 002	9	1 123	90	965	62	532	0	139	65	937	11	982	38	882
江西中医药大学科技学院	26	1 180	26	1 180	1	1 182	15	1 175	10	1 048	0	139	9	1 144	2	1 117	7	1 114
江西师范大学科学技术学院	77	1 127	77	1 127	9	1 123	40	1 126	28	857	0	139	27	1 059	6	1 050	17	1 033
赣南师范大学科技学院	111	1 075	111	1 075	14	1 083	87	975	10	1 048	0	139	55	963	9	1 014	40	869
江西科技师范大学理工学院	20	1 186	20	1 185	5	1 153	13	1 178	2	1 150	0	139	18	1 096	4	1 078	11	1 082
江西财经大学现代经济管理学院	107	1 081	107	1 081	12	1 100	68	1 033	27	868	0	139	0	1 168	0	1 155	0	1 164
阳光学院	241	876	241	876	68	847	135	805	38	749	0	139	195	648	58	707	125	485
厦门大学嘉庚学院	500	490	500	489	159	545	214	536	127	185	0	139	671	194	257	242	307	137
福州大学至诚学院	262	843	262	842	13	1 093	129	824	120	211	0	139	171	682	10	998	141	441
集美大学诚毅学院	330	742	330	739	88	771	175	655	67	485	0	139	130	765	66	676	63	738
福建师范大学协和学院	218	913	218	912	44	930	147	756	27	868	0	139	147	731	50	744	93	609
郑州财经学院	263	840	263	839	15	1 073	112	872	136	156	0	139	423	346	35	821	208	276
黄河交通学院	115	1 072	115	1 072	19	1 045	90	965	6	1 102	0	139	102	823	19	910	76	679
商丘工学院	257	850	257	849	17	1 055	104	895	136	156	0	139	23	1 077	6	1 050	15	1 048
河南大学民生学院	76	1 131	76	1 131	2	1 177	34	1 141	40	729	0	139	19	1 091	1	1 134	13	1 065
河南师范大学新联学院	235	888	235	887	15	1 073	136	802	84	379	0	139	131	763	15	944	96	586

续表

研究发展人员(人)														R&D 经费情况(千元)					
		按学历学位划分								其他人员		折合全时人员(人年)		当年经费收入合计		其中:科研事业费		当年经费支出合计	
初级		博士毕业		硕士毕业		本科毕业		其他学历											
13	643	1	992	105	651	12	862	0	448	0	309	23.4	793	779.39	958	54.99	1 024	770.93	942
13	643	3	919	73	778	10	891	0	448	0	309	13.2	929	1 543	861	40	1 037	1 587	839
48	243	0	1 039	60	834	16	813	0	448	0	309	14	915	1 581.9	858	58	1 018	768.94	943
1	1 031	21	655	11	1 106	0	1 121	0	448	0	309	17	875	590	1 003	90	985	500	1 013
25	448	1	992	81	744	14	834	0	448	0	309	12.5	941	1 188	893	150.5	935	852.2	928
0	1 095	0	1 039	16	1 073	6	958	0	448	0	309	5.2	1 065	307	1 084	1	1 116	307	1 071
149	22	4	890	162	482	106	294	1	323	0	309	75.1	426	9 270	475	0	1 117	9 270	441
5	846	8	812	52	881	33	666	0	448	0	309	10.3	978	519	1 020	30	1 050	672	972
6	813	0	1 039	40	952	3	1 036	0	448	0	309	11.2	962	386	1 062	20	1 070	385	1 057
0	1 095	0	1 039	7	1 131	0	1 121	0	448	0	309	1.2	1 151	39	1 163	0	1 117	39	1 163
16	577	0	1 039	73	778	2	1 064	0	448	0	309	11.4	959	236.5	1 103	11	1 084	250.1	1 090
0	1 095	4	890	8	1 128	0	1 121	0	448	0	309	2.8	1 116	91	1 147	7	1 097	86	1 147
0	1 095	0	1 039	4	1 149	0	1 121	0	448	0	309	0.5	1 162	17	1 168	0	1 117	17	1 167
0	1 095	0	1 039	9	1 119	3	1 036	0	448	0	309	2.5	1 124	255	1 098	0	1 117	215	1 103
23	471	2	947	94	689	12	862	0	448	0	309	13.9	919	2 791.72	743	291.5	835	2 825.01	728
14	618	3	919	52	881	16	813	1	323	0	309	12	947	1 196	892	444	789	856.5	926
3	933	0	1 039	15	1 079	6	958	0	448	0	309	2.1	1 133	118.5	1 140	37.5	1 043	142.35	1 129
2	976	0	1 039	25	1 026	14	834	0	448	0	309	8.3	1 011	250	1 099	0	1 117	299	1 074
17	561	0	1 039	21	1 046	3	1 036	0	448	0	309	3.7	1 098	226	1 109	41	1 035	199.3	1 110
1	1 031	0	1 039	6	1 137	2	1 064	0	448	0	309	0.8	1 159	47	1 161	6	1 100	47	1 162
4	899	0	1 039	56	853	7	946	0	448	0	309	19.9	835	1 159.05	899	299.05	834	1 143	889
0	1 095	0	1 039	0	1 163	0	1 121	0	448	0	309	0	1 168	0	1 170	0	1 117	0	1 171
16	577	0	1 039	60	834	5	981	0	448	0	309	8.3	1 011	540	1 016	85	986	531.96	1 005
0	1 095	1	992	7	1 131	1	1 097	0	448	0	309	0.9	1 158	2 608.4	759	8.2	1 095	2 608.4	745
4	899	1	992	19	1 058	7	946	0	448	0	309	5	1 068	265.5	1 096	47	1 029	182.5	1 120
6	813	0	1 039	52	881	3	1 036	0	448	0	309	8.7	1 005	211	1 112	7	1 097	211	1 105
3	933	0	1 039	15	1 079	3	1 036	0	448	0	309	4.3	1 081	177	1 127	67	1 002	185	1 117
0	1 095	0	1 039	0	1 163	0	1 121	0	448	0	309	0	1 168	0	1 170	0	1 117	0	1 171
12	671	16	700	171	457	8	928	0	448	0	309	37.5	660	5 346.18	611	901	664	2 133.81	795
95	72	152	260	459	86	60	493	0	448	12	65	117.5	272	11 833.09	393	2 305.9	472	11 507.28	378
20	510	2	947	145	532	24	735	0	448	0	309	28.8	729	1 215	891	639	731	694.55	967
1	1 031	15	714	103	659	12	862	0	448	0	309	16.1	885	1 183.3	896	252.5	860	755.66	946
4	899	22	647	105	651	20	769	0	448	0	309	17.3	870	1 995.47	811	619.5	737	1 492.59	845
168	13	0	1 039	305	207	117	260	1	323	12	65	89.7	357	3 044.5	722	4	1 106	3 056.5	712
7	777	0	1 039	47	911	55	515	0	448	0	309	14	915	300	1 087	20	1 070	300	1 073
2	976	0	1 039	13	1 089	9	906	1	323	0	309	5.8	1 054	174	1 128	0	1 117	211.1	1 104
5	846	0	1 039	18	1 061	1	1 097	0	448	0	309	7.4	1 032	1 092	912	0	1 117	951	907
20	510	1	992	125	579	5	981	0	448	0	309	21.9	809	1 508	866	60	1 012	1 364.5	864

学校名称	社科活动人员(人)																	
	合计		按职称划分								其他人员		合计		按职称划分			
			小计		高级		中级		初级						高级		中级	
信阳学院	488	510	488	510	16	1 061	171	677	301	8	0	139	105	816	10	998	59	761
安阳学院	237	883	237	883	34	975	136	802	67	485	0	139	53	969	16	931	34	907
新乡医学院三全学院	163	1 001	163	998	8	1 133	72	1 021	83	388	0	139	44	999	6	1 050	25	975
郑州工商学院	249	863	249	863	14	1 083	132	817	103	289	0	139	44	999	1	1 134	32	922
中原工学院信息商务学院	231	893	231	892	37	961	97	926	97	313	0	139	53	969	8	1 021	31	935
西北师范大学知行学院	85	1 116	85	1 115	20	1 034	59	1 061	6	1 102	0	139	65	937	15	944	49	806
兰州财经大学陇桥学院	197	945	197	943	44	930	89	969	64	514	0	139	51	974	30	850	17	1 033
兰州财经大学长青学院	131	1 049	131	1 048	30	993	64	1 042	37	756	0	139	26	1 063	13	960	11	1 082
兰州交通大学博文学院	81	1 122	81	1 122	8	1 133	50	1 093	23	914	0	139	30	1 043	3	1 093	19	1 016
兰州理工大学技术工程学院	50	1 159	50	1 159	2	1 177	38	1 132	10	1 048	0	139	3	1 161	1	1 134	2	1 153
广西警察学院	257	850	257	849	84	778	97	926	76	422	0	139	141	743	56	716	59	761
北海艺术设计学院	395	634	395	632	51	902	149	748	195	49	0	139	117	793	21	899	62	745
山西大学商务学院	637	298	637	297	111	690	329	264	197	43	0	139	472	315	80	625	281	158
山西农业大学信息学院	433	576	433	574	17	1 055	236	465	180	71	0	139	80	876	10	998	55	783
山西师范大学现代文理学院	442	563	442	562	140	595	238	456	64	514	0	139	17	1 100	4	1 078	12	1 073
重庆人文科技学院	373	681	373	679	35	967	292	327	46	659	0	139	16	1 107	6	1 050	10	1 092
新疆大学科学技术学院	123	1 060	123	1 058	10	1 114	73	1 017	40	729	0	139	11	1 136	0	1 155	6	1 120
新疆农业大学科学技术学院	42	1 171	42	1 170	2	1 177	15	1 175	25	891	0	139	20	1 090	6	1 050	6	1 120
无锡太湖学院	381	660	381	658	61	871	170	681	150	123	0	139	368	403	87	601	229	232
金陵科技学院	443	561	443	560	206	415	196	589	41	717	0	139	175	674	106	533	63	738
河北工程大学科信学院	33	1 175	33	1 175	7	1 142	20	1 167	6	1 102	0	139	12	1 126	4	1 078	6	1 120
中国矿业大学徐海学院	81	1 122	81	1 122	7	1 142	58	1 065	16	979	0	139	26	1 063	3	1 093	23	988
河北工业大学城市学院	23	1 184	23	1 184	6	1 149	13	1 178	4	1 132	0	139	0	1 168	0	1 155	0	1 164
四川外国语大学重庆南方翻译学院	516	463	516	463	68	847	344	234	104	281	0	139	142	742	40	795	92	611
重庆师范大学涉外商贸学院	623	314	623	312	90	766	337	251	196	46	0	139	181	667	28	869	125	485
重庆工商大学融智学院	346	721	346	720	35	967	142	772	169	88	0	139	157	712	50	744	64	732
重庆工商大学派斯学院	224	906	224	905	3	1 169	97	926	124	200	0	139	15	1 114	5	1 066	8	1 109
燕山大学里仁学院	109	1 078	109	1 078	12	1 100	97	926	0	1 173	0	139	77	883	11	982	66	722
石家庄铁道大学四方学院	94	1 100	94	1 098	9	1 123	80	995	5	1 120	0	139	12	1 126	2	1 117	9	1 100
河北地质大学华信学院	108	1 080	108	1 080	13	1 093	52	1 083	43	693	0	139	48	983	3	1 093	33	914
河北农业大学现代科技学院	52	1 156	52	1 156	7	1 142	41	1 123	4	1 132	0	139	62	951	8	1 021	48	816

续表

研究发展人员（人）														R&D 经费情况（千元）					
		按学历学位划分								其他人员		折合全时人员（人年）		当年经费收入合计		其中：科研事业费		当年经费支出合计	
初级		博士毕业		硕士毕业		本科毕业		其他学历											
36	326	1	992	97	673	7	946	0	448	0	309	13.2	929	947.2	929	239.2	870	945.6	909
3	933	0	1 039	44	933	8	928	1	323	0	309	13.1	932	410	1 057	80	989	429.2	1 043
13	643	2	947	32	986	9	906	1	323	0	309	13.3	926	911.7	936	110	968	862.7	924
11	697	1	992	41	948	2	1 064	0	448	0	309	5.3	1 063	190	1 122	130	953	190	1 115
14	618	2	947	51	893	0	1 121	0	448	0	309	6.1	1 048	310	1 083	140	948	259	1 085
1	1 031	0	1 039	47	911	18	786	0	448	0	309	18.4	857	525	1 018	165	923	466.5	1 030
4	899	1	992	46	917	4	1 010	0	448	0	309	12.6	938	1 175.7	897	288	838	994.2	900
2	976	2	947	22	1 042	2	1 064	0	448	0	309	3.2	1 109	426.44	1 049	242	866	466.94	1 029
8	750	0	1 039	22	1 042	8	928	0	448	0	309	6.2	1 045	159	1 130	32	1 049	209.2	1 106
0	1 095	0	1 039	3	1 153	0	1 121	0	448	0	309	0.3	1 164	41	1 162	26	1 060	15	1 168
9	733	8	812	96	680	37	638	0	448	17	50	18.8	850	1 810.5	831	440	791	1 754.45	821
13	643	0	1 039	70	791	45	577	2	251	21	44	25.6	769	1 672	845	172	915	1 671.8	831
99	62	6	841	390	122	70	436	6	123	12	65	67.8	460	8 480.26	494	1 648	542	8 292.26	473
12	671	3	919	70	791	7	946	0	448	3	163	10.5	974	468.5	1 031	38.5	1 042	432.62	1 039
1	1 031	10	780	6	1 137	1	1 097	0	448	0	309	1.7	1 142	490	1 024	270	847	579	993
0	1 095	1	992	10	1 113	5	981	0	448	0	309	3	1 114	2 541.72	763	196.89	892	2 318.28	770
5	846	0	1 039	11	1 106	0	1 121	0	448	0	309	1.2	1 151	144	1 132	65	1 005	114	1 138
8	750	3	919	14	1 086	3	1 036	0	448	0	309	2.1	1 133	83.3	1 150	12	1 083	96.35	1 144
52	219	15	714	281	231	72	421	0	448	0	309	65.8	470	3 188.4	717	830	679	3 539.35	689
6	813	58	446	90	710	27	717	0	448	0	309	31.7	709	6 888.45	544	1 172	609	8 597.51	462
2	976	1	992	11	1 106	0	1 121	0	448	0	309	1.8	1 140	54	1 160	0	1 117	68	1 154
0	1 095	2	947	22	1 042	2	1 064	0	448	0	309	4.7	1 077	241	1 102	0	1 117	201.14	1 109
0	1 095	0	1 039	0	1 163	0	1 121	0	448	0	309	0	1 168	0	1 170	0	1 117	0	1 171
10	713	2	947	95	683	45	577	0	448	0	309	18.6	853	1 249.5	887	150	936	983.87	901
28	413	1	992	152	509	28	707	0	448	0	309	22.4	803	1 645.6	848	619.6	736	1 191.4	885
39	304	23	639	123	587	11	874	0	448	3	163	29.5	724	7 574.2	517	480	776	7 077.2	520
2	976	0	1 039	10	1 113	5	981	0	448	0	309	1.7	1 142	365	1 070	30	1 050	431.8	1 040
0	1 095	0	1 039	66	803	11	874	0	448	0	309	14.4	909	351.1	1 072	0	1 117	351.1	1 065
1	1 031	0	1 039	12	1 095	0	1 121	0	448	0	309	1.6	1 145	72.5	1 154	6	1 100	72.5	1 152
12	671	0	1 039	43	936	5	981	0	448	0	309	8	1 019	282	1 090	4	1 106	272	1 081
6	813	0	1 039	57	846	5	981	0	448	0	309	8.2	1 013	246	1 100	0	1 117	246	1 092

学校名称	社科活动人员(人)																	
	合计		按职称划分								其他人员		合计		按职称划分			
			小计		高级		中级		初级						高级		中级	
华北理工大学冀唐学院	87	1 113	87	1 111	1	1 182	25	1 159	61	538	0	139	13	1 122	1	1 134	5	1 130
大连艺术学院	803	198	688	257	186	462	252	421	250	18	115	4	271	533	166	393	80	660
长春光华学院	276	815	275	817	41	948	163	706	71	457	1	100	30	1 043	10	998	18	1 022
长春工业大学人文信息学院	173	980	173	977	55	889	80	995	38	749	0	139	41	1 009	16	931	19	1 016
长春理工大学光电信息学院	124	1 059	124	1 057	23	1 017	62	1 050	39	738	0	139	5	1 156	3	1 093	1	1 159
长春财经学院	393	638	393	634	108	700	164	700	121	208	0	139	145	736	53	732	57	773
吉林建筑大学城建学院	221	909	221	908	54	896	76	1 008	91	340	0	139	135	753	54	726	51	794
长春建筑学院	350	711	350	710	82	788	151	744	117	230	0	139	51	974	11	982	36	897
长春科技学院	217	916	217	915	67	851	83	987	67	485	0	139	65	937	22	895	26	969
吉林动画学院	230	894	230	893	34	975	120	845	76	422	0	139	37	1 022	12	977	17	1 033
辽宁何氏医学院	103	1 086	102	1 086	5	1 153	51	1 090	46	659	1	100	0	1 168	0	1 155	0	1 164
安徽财经大学商学院	79	1 124	79	1 124	20	1 034	47	1 104	12	1 032	0	139	45	994	17	923	24	981
安徽大学江淮学院	90	1 106	90	1 105	12	1 100	51	1 090	27	868	0	139	16	1 107	4	1 078	12	1 073
安徽信息工程学院	293	793	293	792	98	740	109	882	86	370	0	139	67	923	8	1 021	41	863
安徽工业大学工商学院	174	978	174	975	4	1 159	64	1 042	106	273	0	139	75	893	10	998	46	834
安徽建筑大学城市建设学院	38	1 173	38	1 173	3	1 169	20	1 167	15	989	0	139	10	1 138	0	1 155	4	1 140
安徽农业大学经济技术学院	140	1 036	140	1 034	10	1 114	90	965	40	729	0	139	43	1 004	7	1 039	28	954
安徽师范大学皖江学院	208	929	208	928	16	1 061	126	829	66	500	0	139	7	1 150	1	1 134	5	1 130
阜阳师范学院信息工程学院	118	1 071	118	1 071	38	957	44	1 112	36	766	0	139	65	937	20	906	26	969
淮北师范大学信息学院	159	1 006	159	1 005	56	884	100	914	3	1 140	0	139	67	923	19	910	47	826
沈阳科技学院	51	1 158	51	1 158	8	1 133	25	1 159	18	961	0	139	13	1 122	4	1 078	7	1 114
吉林师范大学博达学院	134	1 045	134	1 044	1	1 182	29	1 150	104	281	0	139	107	812	15	944	27	965
长春大学旅游学院	203	935	203	934	50	906	93	946	60	542	0	139	128	768	36	811	61	753
山东科技大学泰山科技学院	15	1 187	15	1 187	10	1 114	5	1 186	0	1 173	0	139	0	1 168	0	1 155	0	1 164
重庆邮电大学移通学院	164	997	164	995	15	1 073	118	854	31	818	0	139	21	1 084	7	1 039	14	1 051
首都师范大学科德学院	120	1 065	120	1 064	16	1 061	67	1 035	37	756	0	139	12	1 126	3	1 093	6	1 120
北京工商大学嘉华学院	149	1 028	149	1 026	15	1 073	53	1 080	81	398	0	139	13	1 122	8	1 021	5	1 130
大连东软信息学院	200	942	165	992	47	919	113	870	5	1 120	35	9	28	1 057	11	982	13	1 065
上海视觉艺术学院	182	964	182	961	35	967	93	946	54	584	0	139	119	785	33	825	57	773
武汉学院	275	818	272	826	107	705	142	772	23	914	3	60	198	643	97	569	94	598
上海外国语大学贤达经济人文学院	293	793	293	792	23	1 017	85	981	185	64	0	139	66	931	20	906	19	1 016
温州商学院	218	913	218	912	43	935	129	824	46	659	0	139	111	804	26	876	66	722
广西大学行健文理学院	151	1 026	148	1 030	8	1 133	118	854	22	927	3	60	57	961	5	1 066	46	834

研究发展人员(人)														R&D 经费情况(千元)							
		按学历学位划分								其他人员		折合全时人员(人年)		当年经费收入合计				当年经费支出合计	
初级		博士毕业		硕士毕业		本科毕业		其他学历								其中:科研事业费			
7	777	0	1 039	9	1 119	4	1 010	0	448	0	309	4.3	1 081	178.5	1 126	25	1 064	162.5	1 126
20	510	4	890	153	505	112	272	2	251	5	124	41.7	638	7 452.92	521	340	818	6 107.84	560
2	976	1	992	28	1 014	1	1 097	0	448	0	309	4	1 088	1 467	871	107	971	1 333	866
6	813	0	1 039	29	1 004	12	862	0	448	0	309	12.3	943	325.2	1 079	30	1 050	303.29	1 072
1	1 031	0	1 039	3	1 153	2	1 064	0	448	0	309	0.8	1 159	15	1 169	0	1 117	179	1 121
35	336	13	737	108	635	24	735	0	448	0	309	53.4	548	3 852.6	683	273	844	2 892.38	721
30	394	6	841	105	651	24	735	0	448	0	309	30	720	758	960	181	905	700.15	966
4	899	0	1 039	43	936	8	928	0	448	0	309	18.1	858	1 804	833	50	1 027	4 314	635
17	561	3	919	36	970	26	723	0	448	0	309	19.5	839	612	994	97	977	603	989
8	750	0	1 039	27	1 017	10	891	0	448	0	309	13.8	921	2 114.03	804	831.4	677	2 689.65	738
0	1 095	0	1 039	0	1 163	0	1 121	0	448	0	309	0	1 168	0	1 170	0	1 117	0	1 171
4	899	12	744	27	1 017	6	958	0	448	0	309	6.2	1 045	380	1 064	70	997	401	1 050
0	1 095	0	1 039	12	1 095	4	1 010	0	448	0	309	3.2	1 109	212	1 111	0	1 117	242	1 093
18	547	0	1 039	65	807	2	1 064	0	448	0	309	11.5	957	1 360	877	316	826	1 308.7	873
19	523	1	992	57	846	17	801	0	448	0	309	13.8	921	678.8	980	145	944	644.97	979
6	813	1	992	9	1 119	0	1 121	0	448	0	309	2.1	1 133	276	1 091	190	895	276	1 079
8	750	0	1 039	29	1 004	14	834	0	448	0	309	4.9	1 071	103	1 142	0	1 117	103	1 143
1	1 031	0	1 039	7	1 131	0	1 121	0	448	0	309	2.8	1 116	562	1 007	210	882	612.15	987
16	577	1	992	53	872	11	874	0	448	0	309	9.3	992	410	1 057	40	1 037	380.7	1 059
1	1 031	10	780	54	868	3	1 036	0	448	0	309	9.9	981	636	986	210	882	717.1	959
2	976	0	1 039	13	1 089	0	1 121	0	448	0	309	2.3	1 129	92.8	1 146	10	1 085	82.8	1 149
64	158	12	744	74	771	21	762	0	448	1	228	14	915	600	998	10	1 085	479	1 026
31	382	4	890	95	683	29	696	0	448	0	309	18.5	855	748.5	962	115	961	634.3	983
0	1 095	0	1 039	0	1 163	0	1 121	0	448	0	309	0	1 168	0	1 170	0	1 117	0	1 171
0	1 095	4	890	17	1 066	0	1 121	0	448	0	309	2.3	1 129	454	1 038	70	997	401.1	1 049
2	976	3	919	6	1 137	3	1 036	0	448	1	228	2	1 137	1 414	876	0	1 117	1 445.82	857
0	1 095	4	890	7	1 131	2	1 064	0	448	0	309	8.1	1 015	945	930	0	1 117	1 745	822
0	1 095	1	992	17	1 066	10	891	0	448	4	140	5	1 068	385	1 063	220	876	192	1 114
27	422	17	693	74	771	26	723	2	251	2	192	56.1	526	10 066.14	445	1 869	517	9 029.15	448
7	777	53	471	135	553	10	891	0	448	0	309	46.9	604	1 706	843	0	1 117	1 460.1	855
27	422	11	766	53	872	2	1 064	0	448	0	309	22	808	13 604.52	367	1 149.8	614	12 062.76	369
19	523	26	619	76	761	9	906	0	448	0	309	26	766	10 982.54	418	2 387	460	7 830.15	484
6	813	1	992	50	899	6	958	0	448	0	309	36.8	666	893.19	938	150	936	815.49	937

学校名称	社科活动人员(人)																	
	合计		按职称划分								其他人员		合计		按职称划分			
			小计		高级		中级		初级						高级		中级	
广西科技大学鹿山学院	156	1 012	156	1 009	8	1 133	81	991	67	485	0	139	137	745	14	955	81	654
广西民族大学相思湖学院	187	959	180	964	32	986	117	859	31	818	7	32	153	721	33	825	111	533
广西师范大学漓江学院	309	767	309	767	26	1 005	195	594	88	362	0	139	311	479	47	765	217	263
广西师范学院师园学院	125	1 058	125	1 056	14	1 083	66	1 037	45	670	0	139	30	1 043	9	1 014	14	1 051
广西中医药大学赛恩斯新医药学院	65	1 147	65	1 147	4	1 159	31	1 147	30	828	0	139	30	1 043	1	1 134	21	1 001
桂林电子科技大学信息科技学院	100	1 091	100	1 091	12	1 100	63	1 049	25	891	0	139	45	994	12	977	28	954
桂林理工大学博文管理学院	173	980	173	977	13	1 093	107	889	53	595	0	139	300	496	44	776	191	309
南京大学金陵学院	220	911	220	910	22	1 023	180	637	18	961	0	139	60	956	10	998	48	816
南京理工大学紫金学院	89	1 107	89	1 106	20	1 034	67	1 035	2	1 150	0	139	38	1 019	10	998	28	954
南京航空航天大学金城学院	208	929	208	928	14	1 083	134	809	60	542	0	139	58	958	13	960	40	869
广东工业大学华立学院	229	898	229	898	34	975	149	748	46	659	0	139	26	1 063	0	1 155	23	988
广州大学松田学院	260	845	260	844	28	999	190	618	42	706	0	139	45	994	11	982	33	914
天津外国语大学滨海外事学院	152	1 021	152	1 019	18	1 050	99	918	35	778	0	139	67	923	11	982	45	842
天津体育学院运动与文化艺术学院	274	820	274	819	27	1 003	50	1 093	197	43	0	139	53	969	3	1 093	13	1 065
天津商业大学宝德学院	93	1 101	93	1 100	18	1 050	66	1 037	9	1 065	0	139	17	1 100	1	1 134	14	1 051
天津医科大学临床医学院	44	1 168	44	1 167	0	1 188	21	1 165	23	914	0	139	0	1 168	0	1 155	0	1 164
东北师范大学人文学院	354	704	354	703	77	809	226	506	51	617	0	139	208	627	72	651	125	485
南开大学滨海学院	177	972	177	970	39	955	98	923	40	729	0	139	21	1 084	8	1 021	10	1 092
武汉工程科技学院	306	771	306	771	69	842	168	686	69	475	0	139	74	899	23	886	47	826
电子科技大学成都学院	250	862	250	862	16	1 061	89	969	145	134	0	139	29	1 053	10	998	18	1 022
武汉华夏理工学院	214	921	209	926	58	879	127	828	24	905	5	45	77	883	30	850	44	851
广州商学院	562	388	562	387	122	658	376	194	64	514	0	139	267	536	77	633	180	340
成都理工大学工程技术学院	270	829	270	829	50	906	170	681	50	627	0	139	60	956	18	915	37	888
四川传媒学院	170	984	170	981	44	930	78	1 003	48	638	0	139	77	883	17	923	53	787
成都信息工程大学银杏酒店管理学院	225	903	225	901	22	1 023	86	979	117	230	0	139	99	829	12	977	70	705
成都文理学院	380	663	378	667	45	926	145	763	188	61	2	78	256	546	46	768	130	466
四川工商学院	401	621	401	620	58	879	195	594	148	125	0	139	169	684	49	752	96	586
四川外国语大学成都学院	586	356	586	353	84	778	234	473	268	14	0	139	92	841	18	915	64	732
北京理工大学珠海学院	405	616	405	614	82	788	260	394	63	522	0	139	279	519	82	619	171	357
西安交通大学城市学院	151	1 026	151	1 023	35	967	102	904	14	1 001	0	139	33	1 033	7	1 039	24	981
西北大学现代学院	355	703	355	702	40	949	95	935	220	32	0	139	27	1 059	2	1 117	21	1 001
西安建筑科技大学华清学院	98	1 094	98	1 094	2	1 177	64	1 042	32	801	0	139	25	1 070	2	1 117	19	1 016

研究发展人员(人)														R&D经费情况(千元)					
		按学历学位划分								其他人员		折合全时人员(人年)		当年经费收入合计		其中:科研事业费		当年经费支出合计	
初级		博士毕业		硕士毕业		本科毕业		其他学历											
38	314	3	919	91	704	43	592	0	448	4	140	25.5	771	718	971	188	901	833.1	933
6	813	0	1 039	99	665	53	528	1	323	3	163	22.4	803	1 926	816	439	792	1 772.34	819
47	253	11	766	221	339	79	392	0	448	0	309	48.2	598	2 321	794	500	768	2 174.93	790
7	777	0	1 039	24	1 033	6	958	0	448	0	309	4.3	1 081	523.2	1 019	322	825	223.74	1 099
7	777	0	1 039	16	1 073	14	834	0	448	1	228	4.9	1 071	120	1 139	60	1 012	105.56	1 142
5	846	0	1 039	32	986	13	846	0	448	0	309	9.1	995	478.8	1 028	170	916	504.5	1 011
65	153	0	1 039	192	395	107	290	1	323	0	309	51.6	570	1 798	834	250	862	1 845.78	810
2	976	5	867	53	872	2	1 064	0	448	0	309	18.9	848	1 039.8	917	25.4	1 063	811.11	940
0	1 095	1	992	36	970	1	1 097	0	448	0	309	8.1	1 015	423	1 051	78	991	405	1 048
5	846	2	947	53	872	3	1 036	0	448	0	309	12.7	937	373.6	1 067	9	1 093	397	1 051
3	933	0	1 039	20	1 050	6	958	0	448	0	309	3.3	1 105	607	997	127	956	830.1	934
1	1 031	0	1 039	37	968	8	928	0	448	0	309	4.8	1 075	2 988.71	729	52.5	1 026	2 983.37	717
11	697	4	890	59	841	4	1 010	0	448	0	309	21.4	816	708.5	973	0	1 117	736.6	955
37	320	0	1 039	30	994	23	744	0	448	0	309	10.9	970	465.1	1 033	0	1 117	465.1	1 031
2	976	0	1 039	17	1 066	0	1 121	0	448	0	309	10.7	972	541.6	1 015	41	1 035	534.38	1 004
0	1 095	0	1 039	0	1 163	0	1 121	0	448	0	309	0	1 168	0	1 170	0	1 117	0	1 171
11	697	24	635	173	449	11	874	0	448	0	309	40.3	644	3 256.9	712	1 080	625	2 612.71	744
3	933	10	780	11	1 106	0	1 121	0	448	0	309	3.9	1 091	183	1 124	27	1 058	194.14	1 112
4	899	1	992	53	872	19	777	1	323	0	309	14.1	909	552.5	1 011	0	1 117	645.9	978
1	1 031	0	1 039	29	1 004	0	1 121	0	448	0	309	19.2	845	428	1 048	7	1 097	255	1 088
2	976	2	947	68	800	7	946	0	448	1	228	20.8	825	1 793.76	835	15	1 082	1 583.85	840
10	713	10	780	210	354	47	564	0	448	0	309	41	642	3 397.5	708	590.5	747	2 276.98	781
5	846	0	1 039	55	860	5	981	0	448	0	309	11.5	957	795	954	112	963	656.36	977
7	777	2	947	64	809	11	874	0	448	0	309	12.3	943	1 108	909	173	913	1 162.82	887
17	561	5	867	71	786	23	744	0	448	0	309	22.9	800	1 081.3	913	165.3	922	1 088.6	892
69	140	16	700	187	408	50	544	3	200	7	108	44.8	620	2 478.79	772	104.78	973	2 464.99	753
24	461	1	992	120	603	47	564	1	323	0	309	30.6	713	742.73	965	91.2	983	811.27	939
10	713	3	919	61	828	28	707	0	448	0	309	17.3	870	1 901	821	6	1 100	1 463.01	853
26	434	51	482	189	405	39	620	0	448	0	309	50.9	579	9 461.44	467	594.3	744	9 704.29	429
2	976	4	890	25	1 026	4	1 010	0	448	0	309	3.8	1 095	1 771.23	837	636	732	1 262.6	877
4	899	1	992	22	1 042	4	1 010	0	448	0	309	5.2	1 065	464	1 034	178	908	490.53	1 019
4	899	1	992	23	1 037	1	1 097	0	448	0	309	4.9	1 071	194.5	1 119	10	1 085	221.8	1 101

学校名称	社科活动人员（人）																	
	合计		按职称划分								其他人员		合计		按职称划分			
			小计		高级		中级		初级						高级		中级	
西安财经学院行知学院	249	863	249	863	19	1 045	134	809	96	316	0	139	43	1 004	8	1 021	28	954
陕西科技大学镐京学院	34	1 174	34	1 174	2	1 177	28	1 154	4	1 132	0	139	1	1 165	0	1 155	1	1 159
西安工业大学北方信息工程学院	155	1 014	155	1 011	20	1 034	88	972	47	649	0	139	64	943	7	1 039	44	851
延安大学西安创新学院	120	1 065	120	1 064	25	1 010	75	1 012	20	947	0	139	41	1 009	15	944	22	995
吉林大学珠海学院	701	250	701	247	114	682	537	53	50	627	0	139	284	516	43	780	226	240
武汉传媒学院	256	853	256	853	47	919	92	952	117	230	0	139	40	1 015	10	998	22	995
中国传媒大学南广学院	298	783	298	782	74	825	179	640	45	670	0	139	71	910	29	859	41	863
山西工商学院	348	716	348	714	40	949	201	568	107	270	0	139	224	608	10	998	162	382
成都医学院	230	894	230	893	89	768	80	995	61	538	0	139	240	578	95	573	89	621
吉林医药学院	101	1 088	101	1 088	40	949	50	1 093	11	1 039	0	139	32	1 036	15	944	16	1 041
广州工商学院	739	225	739	223	200	426	413	149	126	189	0	139	472	315	91	584	337	110
广东科技学院	543	420	543	418	59	876	443	119	41	717	0	139	37	1 022	8	1 021	29	950
广东理工学院	365	692	365	691	33	981	153	736	179	74	0	139	54	967	8	1 021	24	981
黑河学院	550	406	550	405	195	438	278	352	77	414	0	139	286	515	104	539	158	397
福州外语外贸学院	403	617	403	616	99	735	158	720	146	130	0	139	438	334	143	437	206	280
福建江夏学院	555	399	555	398	272	261	254	415	29	844	0	139	911	123	416	116	448	60
泉州信息工程学院	223	907	223	906	62	866	70	1 025	91	340	0	139	96	833	11	982	56	778
福州理工学院	166	993	166	990	45	926	56	1 068	65	504	0	139	37	1 022	8	1 021	23	988
豫章师范学院	184	962	184	959	38	957	103	899	43	693	0	139	77	883	25	881	47	826
长沙师范学院	496	494	496	494	116	671	191	613	189	57	0	139	272	530	101	551	128	475
湖南应用技术学院	246	868	246	868	26	1 005	45	1 110	175	79	0	139	72	906	13	960	26	969
琼台师范学院	440	565	440	565	161	540	238	456	41	717	0	139	73	901	40	795	28	954
四川工业科技学院	142	1 034	142	1 033	15	1 073	52	1 083	75	433	0	139	118	789	23	886	56	778
银川能源学院	129	1 052	129	1 051	12	1 100	49	1 099	68	482	0	139	21	1 084	3	1 093	15	1 048
广西外国语学院	390	643	390	638	22	1 023	233	475	135	159	0	139	371	401	50	744	208	276
湖南信息学院	447	555	446	556	124	652	162	708	160	104	1	100	62	951	21	899	36	897
南京理工大学泰州科技学院	137	1 041	137	1 040	17	1 055	101	908	19	954	0	139	71	910	18	915	53	787
南京师范大学泰州学院	215	920	215	919	54	896	154	730	7	1 092	0	139	63	948	23	886	40	869
东莞理工学院城市学院	398	628	398	627	68	847	240	450	90	347	0	139	189	653	28	869	147	429
山东华宇工学院	346	721	346	720	43	935	79	999	224	26	0	139	110	806	6	1 050	65	725
中国地质大学长城学院	410	606	410	603	142	591	203	563	65	504	0	139	37	1 022	13	960	22	995
三亚学院	608	326	602	330	133	624	337	251	132	167	6	37	832	137	199	321	435	64
上海师范大学天华学院	268	832	268	832	35	967	125	831	108	263	0	139	41	1 009	8	1 021	11	1 082
西北工业大学明德学院	88	1 109	88	1 107	22	1 023	60	1 057	6	1 102	0	139	16	1 107	8	1 021	8	1 109

续表

研究发展人员(人)														R&D 经费情况(千元)					
		按学历学位划分								其他人员		折合全时人员(人年)		当年经费收入合计		其中:科研事业费		当年经费支出合计	
初级		博士毕业		硕士毕业		本科毕业		其他学历											
7	777	2	947	34	978	7	946	0	448	0	309	9.5	989	828	949	40	1 037	813.25	938
0	1 095	0	1 039	1	1 160	0	1 121	0	448	0	309	0.2	1 165	29	1 165	10	1 085	26	1 166
13	643	0	1 039	61	828	3	1 036	0	448	0	309	7	1 035	350	1 073	0	1 117	351	1 066
4	899	0	1 039	39	958	2	1 064	0	448	0	309	8.2	1 013	558	1 010	135	951	480.3	1 024
15	600	34	569	185	413	65	469	0	448	0	309	40.3	644	9 297.93	474	957.1	651	7 570.82	490
8	750	1	992	28	1 014	11	874	0	448	0	309	4.3	1 081	560.52	1 008	20	1 070	566.6	998
1	1 031	2	947	63	815	6	958	0	448	0	309	15.5	891	506.6	1 022	189.4	899	472.9	1 027
52	219	0	1 039	179	431	45	577	0	448	0	309	51.3	573	2 894	734	968	648	2 631.6	743
55	199	42	521	137	547	61	483	0	448	0	309	59.6	508	3 647	693	691.7	717	3 379.02	695
1	1 031	9	799	18	1 061	5	981	0	448	0	309	11.6	955	476.82	1 029	155	930	497.34	1 014
42	281	3	919	265	253	204	121	0	448	2	192	82.9	385	10 270.1	439	895	665	10 625.49	395
0	1 095	0	1 039	34	978	3	1 036	0	448	0	309	3.9	1 091	1 645.4	849	43	1 033	1 650.72	833
22	487	0	1 039	48	907	6	958	0	448	0	309	6.8	1 037	1 128.1	906	160	925	1 052.1	894
24	461	12	744	191	398	83	373	0	448	0	309	89	361	12 919.75	376	2 038	495	9 791.74	427
89	85	43	517	307	205	86	366	2	251	0	309	102.8	305	10 176.75	440	2 732.29	434	9 886.91	422
42	281	115	311	633	32	143	203	20	38	5	124	170.1	161	10 707.56	424	3 585.25	382	7 552.54	492
29	406	3	919	58	843	35	655	0	448	0	309	29	728	1 329	880	479.8	779	1 327.8	868
6	813	0	1 039	27	1 017	8	928	2	251	0	309	5	1 068	242.6	1 101	170	916	173.93	1 122
5	846	7	822	60	834	10	891	0	448	0	309	11.1	965	1 155.3	901	831	678	1 456.6	856
43	273	26	619	175	441	71	429	0	448	0	309	38.4	655	5 235.9	614	1 689.6	538	4 495.34	623
33	363	3	919	36	970	33	666	0	448	0	309	18.1	858	792.5	956	189.5	898	627.23	984
5	846	7	822	46	917	20	769	0	448	0	309	16.8	877	3 030	723	290	836	2 721	735
39	304	1	992	62	823	55	515	0	448	0	309	21.5	815	484.4	1 026	37.2	1 044	483.4	1 022
3	933	0	1 039	14	1 086	7	946	0	448	0	309	6.5	1 042	305	1 086	18	1 078	267.5	1 084
74	125	12	744	252	278	102	312	5	144	39	25	48.2	598	1 263	885	768	694	846.14	929
5	846	4	890	47	911	11	874	0	448	0	309	18.5	855	560	1 009	174	912	516.75	1 008
0	1 095	0	1 039	60	834	11	874	0	448	0	309	24	786	1 267	884	338	819	1 105.85	891
0	1 095	6	841	55	860	2	1 064	0	448	0	309	9.8	982	1 007.15	924	306	829	955.2	905
14	618	12	744	150	515	27	717	0	448	0	309	28.8	729	3 087.71	721	460.9	784	2 205.41	786
39	304	0	1 039	64	809	46	572	0	448	0	309	19.1	846	682	979	24	1 066	724.42	957
2	976	1	992	30	994	6	958	0	448	0	309	11.4	959	710.3	972	3	1 111	710.3	961
191	7	98	343	599	43	126	233	9	78	7	108	229.3	109	25 837.7	209	1 917	510	25 581.4	178
22	487	8	812	32	986	1	1 097	0	448	0	309	8.4	1 010	878	940	652	729	1 028.19	896
0	1 095	1	992	12	1 095	3	1 036	0	448	0	309	4.5	1 078	180	1 125	0	1 117	136.6	1 131

学校名称	社科活动人员(人)																	
	合计		按职称划分								其他人员		合计		按职称划分			
			小计		高级		中级		初级						高级		中级	
燕京理工学院	199	943	199	941	25	1 010	146	759	28	857	0	139	67	923	13	960	40	869
天津师范大学津沽学院	102	1 087	102	1 086	10	1 114	84	984	8	1 074	0	139	55	963	4	1 078	38	882
天津理工大学中环信息学院	57	1 154	57	1 154	15	1 073	29	1 150	13	1 022	0	139	29	1 053	6	1 050	18	1 022
北京科技大学天津学院	131	1 049	131	1 048	12	1 100	56	1 068	63	522	0	139	9	1 144	1	1 134	7	1 114
北京中医药大学东方学院	74	1 137	74	1 136	8	1 133	26	1 157	40	729	0	139	14	1 118	3	1 093	9	1 100
辽宁财贸学院	434	573	312	762	158	547	125	831	29	844	122	3	191	651	36	811	94	598
北京邮电大学世纪学院	120	1 065	120	1 064	32	986	59	1 061	29	844	0	139	3	1 161	1	1 134	1	1 159
中山大学新华学院	430	580	430	578	70	837	222	515	138	151	0	139	271	533	51	739	174	351
四川大学锦城学院	491	506	491	506	40	949	398	164	53	595	0	139	69	914	4	1 078	58	768
北京工业大学耿丹学院	129	1 052	129	1 051	32	986	52	1 083	45	670	0	139	18	1 096	5	1 066	9	1 100
南京工业大学浦江学院	136	1 043	136	1 042	25	1 010	44	1 112	67	485	0	139	68	917	14	955	37	888
南京师范大学中北学院	68	1 143	68	1 143	6	1 149	51	1 090	11	1 039	0	139	16	1 107	4	1 078	11	1 082
云南工商学院	169	988	169	985	51	902	110	878	8	1 074	0	139	161	703	48	760	110	537
湖南交通工程学院	77	1 127	77	1 127	9	1 123	32	1 144	36	766	0	139	44	999	10	998	27	965
辽宁传媒学院	227	901	161	1 002	51	902	94	941	16	979	66	5	30	1 043	16	931	14	1 051
南京医科大学康达学院	67	1 144	67	1 144	3	1 169	40	1 126	24	905	0	139	32	1 036	3	1 093	24	981
南京中医药大学翰林学院	87	1 113	87	1 111	3	1 169	78	1 003	6	1 102	0	139	49	979	4	1 078	44	851
南京信息工程大学滨江学院	50	1 159	50	1 159	17	1 055	23	1 162	10	1 048	0	139	38	1 019	11	982	26	969
苏州大学文正学院	180	967	180	964	39	955	82	990	59	547	0	139	22	1 082	2	1 117	16	1 041
苏州大学应用技术学院	66	1 146	66	1 146	13	1 093	31	1 147	22	927	0	139	30	1 043	11	982	17	1 033
苏州科技大学天平学院	83	1 119	83	1 118	4	1 159	55	1 076	24	905	0	139	49	979	1	1 134	31	935
江苏大学京江学院	29	1 178	29	1 178	0	1 188	14	1 177	15	989	0	139	0	1 168	0	1 155	0	1 164
扬州大学广陵学院	120	1 065	120	1 064	11	1 110	57	1 067	52	605	0	139	49	979	2	1 117	32	922
江苏师范大学科文学院	69	1 140	69	1 139	9	1 123	47	1 104	13	1 022	0	139	41	1 009	3	1 093	32	922
南京邮电大学通达学院	43	1 169	43	1 168	14	1 083	19	1 169	10	1 048	0	139	1	1 165	1	1 134	0	1 164
南京财经大学红山学院	138	1 040	138	1 038	3	1 169	43	1 116	92	335	0	139	40	1 015	1	1 134	9	1 100
江苏科技大学苏州理工学院	64	1 149	64	1 149	11	1 110	47	1 104	6	1 102	0	139	16	1 107	1	1 134	14	1 051
常州大学怀德学院	95	1 098	95	1 096	20	1 034	38	1 132	37	756	0	139	51	974	17	923	27	965
南通大学杏林学院	137	1 041	137	1 040	8	1 133	117	859	12	1 032	0	139	102	823	2	1 117	96	586
南京审计大学金审学院	114	1 073	114	1 073	38	957	37	1 136	39	738	0	139	68	917	35	821	18	1 022
青岛工学院	143	1 032	143	1 031	21	1 028	91	958	31	818	0	139	57	961	20	906	37	888
青岛农业大学海都学院	77	1 127	77	1 127	4	1 159	37	1 136	36	766	0	139	24	1 072	5	1 066	13	1 065
齐鲁理工学院	438	567	438	567	152	560	138	793	148	125	0	139	420	352	132	462	145	434
山东财经大学东方学院	166	993	166	990	34	975	95	935	37	756	0	139	134	756	29	859	91	615
济南大学泉城学院	179	969	179	967	6	1 149	60	1 057	113	250	0	139	32	1 036	0	1 155	21	1 001
商丘学院	470	530	470	530	116	671	71	1 023	283	11	0	139	188	656	64	681	59	761

续表

研究发展人员（人）														R&D 经费情况（千元）					
		按学历学位划分								其他人员		折合全时人员（人年）		当年经费收入合计				当年经费支出合计	
初级		博士毕业		硕士毕业		本科毕业		其他学历								其中：科研事业费			
14	618	4	890	51	893	12	862	0	448	0	309	16.4	882	659	982	0	1 117	659	976
9	733	2	947	47	911	6	958	0	448	4	140	6.1	1 048	316	1 081	0	1 117	329.37	1 069
5	846	0	1 039	20	1 050	9	906	0	448	0	309	6.3	1 044	275	1 092	0	1 117	273.1	1 080
1	1 031	1	992	6	1 137	2	1 064	0	448	0	309	1.5	1 146	60	1 158	0	1 117	60	1 158
2	976	0	1 039	12	1 095	2	1 064	0	448	0	309	5.4	1 061	194	1 120	2	1 114	194	1 113
19	523	6	841	76	761	109	282	0	448	42	21	22.7	801	4 108.9	669	45	1 030	4 153.9	646
1	1 031	0	1 039	3	1 153	0	1 121	0	448	0	309	1.4	1 147	233.8	1 106	50	1 027	183.6	1 119
45	267	32	584	220	342	18	786	1	323	1	228	46.8	605	10 034.24	446	2 764.33	431	6 977.43	523
7	777	2	947	64	809	3	1 036	0	448	0	309	10.5	974	844	943	394	800	860	925
3	933	1	992	17	1 066	0	1 121	0	448	1	228	3.9	1 091	930	933	0	1 117	930	914
17	561	4	890	58	843	6	958	0	448	0	309	8.6	1 007	444	1 043	153	932	379.55	1 060
1	1 031	0	1 039	15	1 079	1	1 097	0	448	0	309	6.7	1 039	838	945	150	936	495	1 017
3	933	4	890	99	665	58	502	0	448	0	309	32.2	705	2 706.7	750	75	993	2 897.8	720
7	777	0	1 039	35	976	9	906	0	448	0	309	14	915	1 223	890	496	769	1 213	884
0	1 095	0	1 039	20	1 050	10	891	0	448	0	309	7.8	1 027	234	1 105	0	1 117	258.1	1 087
5	846	0	1 039	30	994	2	1 064	0	448	0	309	4	1 088	205	1 114	91	984	185	1 117
1	1 031	2	947	41	948	6	958	0	448	0	309	14.7	902	740	966	270	847	480.18	1 025
1	1 031	5	867	28	1 014	5	981	0	448	0	309	8.9	998	373.8	1 066	167.8	920	504	1 012
4	899	4	890	17	1 066	1	1 097	0	448	0	309	2.4	1 125	206	1 113	154	931	52	1 160
2	976	7	822	21	1 046	2	1 064	0	448	0	309	3.4	1 102	598.8	999	33.3	1 046	495.6	1 016
17	561	0	1 039	46	917	3	1 036	0	448	0	309	8.9	998	421	1 052	95	980	271.5	1 082
0	1 095	0	1 039	0	1 163	0	1 121	0	448	0	309	0	1 168	0	1 170	0	1 117	0	1 171
15	600	3	919	44	933	2	1 064	0	448	0	309	14.9	896	846	942	180	906	674.27	970
6	813	0	1 039	32	986	9	906	0	448	0	309	4.1	1 086	236	1 104	150	936	140.79	1 130
0	1 095	0	1 039	1	1 160	0	1 121	0	448	0	309	0.1	1 167	19	1 167	0	1 117	5	1 170
30	394	0	1 039	40	952	0	1 121	0	448	0	309	11.7	952	658.05	983	16	1 080	918.1	916
1	1 031	2	947	13	1 089	1	1 097	0	448	0	309	2.7	1 119	183.5	1 123	73.5	995	153	1 128
7	777	5	867	42	941	4	1 010	0	448	0	309	8	1 019	300	1 087	70	997	296.81	1 075
4	899	0	1 039	101	662	1	1 097	0	448	0	309	12.1	945	579.6	1 005	210	882	622	985
15	600	2	947	61	828	5	981	0	448	0	309	14.5	907	544	1 014	109	969	545.8	1 002
0	1 095	0	1 039	56	853	1	1 097	0	448	0	309	8.8	1 001	439.4	1 044	10	1 085	445.4	1 036
6	813	0	1 039	16	1 073	8	928	0	448	0	309	6.6	1 040	362.4	1 071	3	1 111	359.4	1 064
143	25	28	610	316	189	76	405	0	448	0	309	109.8	285	17 561.6	305	65	1 005	17 422.62	270
14	618	9	799	88	719	37	638	0	448	0	309	26.3	759	1 613.53	856	20	1 070	1 613.53	836
11	697	0	1 039	30	994	2	1 064	0	448	0	309	8.1	1 015	448	1 042	58	1 018	448	1 034
65	153	0	1 039	120	603	68	454	0	448	0	309	47.4	601	2 553.58	761	270	847	2 493.58	751

学校名称	社科活动人员(人)																	
	合计		按职称划分								其他人员		合计		按职称划分			
			小计		高级		中级		初级						高级		中级	
北京警察学院	179	969	178	969	62	866	101	908	15	989	1	100	162	699	48	760	89	621
长安大学兴华学院	8	1 190	7	1 190	3	1 169	2	1 189	2	1 150	1	100	0	1 168	0	1 155	0	1 164
武汉设计工程学院	239	878	239	878	50	906	137	797	52	605	0	139	127	770	51	739	72	695
西南财经大学天府学院	267	833	267	833	67	851	157	725	43	693	0	139	118	789	38	805	68	714
天津大学仁爱学院	188	958	188	956	18	1 050	125	831	45	670	0	139	114	800	19	910	78	669
四川大学锦江学院	340	729	340	728	27	1 003	125	831	188	61	0	139	89	852	9	1 014	45	842
西安科技大学高新学院	143	1 032	143	1 031	11	1 110	46	1 107	86	370	0	139	9	1 144	3	1 093	6	1 120
四川文化艺术学院	401	621	401	620	53	898	193	602	155	115	0	139	32	1 036	7	1 039	18	1 022
西南科技大学城市学院	177	972	177	970	49	912	77	1 006	51	617	0	139	10	1 138	1	1 134	5	1 130
福建农林大学金山学院	170	984	170	981	23	1 017	91	958	56	570	0	139	107	812	21	899	75	683
天津财经大学珠江学院	207	932	207	931	12	1 100	92	952	103	289	0	139	157	712	36	811	68	714
滇西科技师范学院	287	799	286	799	108	700	119	852	59	547	1	100	87	855	57	712	27	965
合肥师范学院	436	568	436	568	133	624	138	793	165	93	0	139	126	773	52	737	34	907
湖北第二师范学院	381	660	381	658	163	534	168	686	50	627	0	139	102	823	59	697	36	897
山东政法学院	416	598	416	595	183	469	232	480	1	1 158	0	139	262	542	125	487	135	454
太原工业学院	230	894	230	893	64	860	143	767	23	914	0	139	34	1 031	13	960	16	1 041
宿迁学院	252	860	252	860	91	762	149	748	12	1 032	0	139	147	731	51	739	95	593
内蒙古大学创业学院	82	1 121	82	1 121	7	1 142	45	1 110	30	828	0	139	18	1 096	0	1 155	17	1 033
中国矿业大学银川学院	190	956	190	953	4	1 159	81	991	105	277	0	139	17	1 100	0	1 155	16	1 041
北京第二外国语学院中瑞酒店管理学院	96	1 095	96	1 095	7	1 142	32	1 144	57	561	0	139	43	1 004	3	1 093	17	1 033
北京交通大学海滨学院	329	743	329	740	88	771	95	935	146	130	0	139	24	1 072	1	1 134	14	1 051
河海大学文天学院	105	1 083	105	1 083	4	1 159	56	1 068	45	670	0	139	16	1 107	0	1 155	11	1 082
内蒙古师范大学鸿德学院	379	666	379	663	70	837	118	854	191	53	0	139	30	1 043	16	931	9	1 100
同济大学浙江学院	160	1 005	160	1 004	26	1 005	78	1 003	56	570	0	139	132	762	42	783	64	732
上海财经大学浙江学院	214	921	214	920	47	919	87	975	80	402	0	139	73	901	10	998	49	806
贵州师范学院	473	528	473	528	139	598	237	460	97	313	0	139	542	259	210	301	228	235
河北东方学院	152	1 021	152	1 019	14	1 083	86	979	52	605	0	139	7	1 150	4	1 078	3	1 145
西南交通大学希望学院	264	838	260	844	4	1 159	55	1 076	201	39	4	51	33	1 033	2	1 117	14	1 051
浙江外国语学院	507	475	507	474	149	567	256	407	102	297	0	139	458	324	116	503	240	211
齐鲁师范学院	343	726	343	725	106	710	167	690	70	465	0	139	143	740	68	666	72	695

续表

研究发展人员(人)														R&D 经费情况(千元)					
		按学历学位划分								其他人员		折合全时人员(人年)		当年经费收入合计		其中:科研事业费		当年经费支出合计	
初级		博士毕业		硕士毕业		本科毕业		其他学历											
12	671	18	685	111	628	30	689	3	200	13	63	37	663	2 489.29	770	1 221.59	598	1 887.78	807
0	1 095	0	1 039	0	1 163	0	1 121	0	448	0	309	0	1 168	0	1 170	0	1 117	9.9	1 169
4	899	2	947	94	689	31	680	0	448	0	309	18.8	850	1 142	902	0	1 117	1 238.77	880
8	750	5	867	103	659	10	891	0	448	4	140	27.7	743	2 103.19	805	166.5	921	2 026.69	802
15	600	13	737	88	719	13	846	0	448	0	309	54.7	540	2 401.38	783	116	960	2 370.38	762
35	336	3	919	77	758	9	906	0	448	0	309	12.6	938	620	991	63	1 009	585.5	992
0	1 095	1	992	5	1 144	3	1 036	0	448	0	309	2.6	1 122	337	1 078	10	1 085	337	1 068
7	777	1	992	15	1 079	15	825	1	323	0	309	11.8	951	286	1 089	20	1 070	506.6	1 010
4	899	0	1 039	6	1 137	4	1 010	0	448	0	309	3.1	1 112	273	1 093	23	1 068	218	1 102
11	697	11	766	91	704	5	981	0	448	0	309	13.3	926	833.67	948	303.5	831	840.53	930
53	212	34	569	118	612	5	981	0	448	0	309	26.8	753	2 034.69	809	390.2	801	2 120.02	797
3	933	6	841	71	786	10	891	0	448	0	309	28.1	738	3 973.5	677	1 709	536	3 985	657
40	297	13	737	97	673	16	813	0	448	0	309	16.3	883	19 485	279	9 736.2	202	16 948	278
7	777	35	561	43	936	24	735	0	448	0	309	33	695	7 913.85	507	1 854	519	6 446.63	541
2	976	99	338	155	500	8	928	0	448	0	309	44.8	620	7 909	508	1 892	515	6 838	529
5	846	1	992	29	1 004	4	1 010	0	448	0	309	4.4	1 079	418	1 053	208	886	270.53	1 083
1	1 031	3	919	135	553	9	906	0	448	0	309	24.2	784	1 592	857	416	795	1 252.97	879
1	1 031	0	1 039	18	1 061	0	1 121	0	448	0	309	5.4	1 061	199.36	1 118	30	1 050	169.36	1 123
1	1 031	0	1 039	14	1 086	3	1 036	0	448	0	309	2.6	1 122	85	1 148	55	1 022	111.89	1 139
23	471	2	947	29	1 004	9	906	3	200	0	309	6	1 051	762.96	959	0	1 117	762.96	944
9	733	0	1 039	23	1 037	1	1 097	0	448	0	309	3.4	1 102	111	1 141	3	1 111	117.92	1 136
5	846	0	1 039	16	1 073	0	1 121	0	448	0	309	9.6	985	434	1 047	0	1 117	394	1 053
5	846	1	992	18	1 061	11	874	0	448	0	309	8.5	1 008	794.5	955	616	739	749.5	950
26	434	44	512	79	750	9	906	0	448	0	309	17.7	865	1 485.08	869	76	992	1 325.01	870
14	618	7	822	62	823	4	1 010	0	448	0	309	30	720	1 694.04	844	60.5	1 011	1 484.65	848
101	59	95	348	348	159	99	322	0	448	3	163	138.5	215	16 676.91	318	3 406.8	390	20 243.46	234
0	1 095	0	1 039	5	1 144	2	1 064	0	448	0	309	2.7	1 119	93	1 145	0	1 117	93	1 145
17	561	0	1 039	30	994	3	1 036	0	448	0	309	7.4	1 032	339	1 077	45	1 030	342	1 067
102	55	165	236	227	331	64	475	2	251	0	309	159.2	182	10 648.8	428	2 213.3	481	9 387.5	438
3	933	19	673	95	683	29	696	0	448	0	309	21.4	816	580.2	1 004	30	1 050	1 215.2	883

学校名称	社科活动人员(人)																	
	合计		按职称划分								其他人员		合计		按职称划分			
			小计		高级		中级		初级						高级		中级	
山东青年政治学院	431	579	431	577	174	503	139	784	118	220	0	139	120	782	67	671	31	935
广东第二师范学院	383	652	383	649	137	608	196	589	50	627	0	139	262	542	128	476	115	515
南方科技大学	77	1 127	77	1 127	31	990	32	1 144	14	1 001	0	139	23	1 077	11	982	8	1 109
北京电影学院现代创意媒体学院	152	1 021	152	1 019	44	930	76	1 008	32	801	0	139	5	1 156	2	1 117	3	1 145
郑州升达经贸管理学院	812	191	812	190	148	576	308	298	356	3	0	139	177	671	60	694	83	647
重庆第二师范学院	547	411	547	410	231	353	199	578	117	230	0	139	328	462	181	357	115	515
成都师范学院	453	549	453	549	215	387	175	655	63	522	0	139	114	800	67	671	33	914
陕西学前师范学院	692	257	692	254	182	471	260	394	250	18	0	139	540	260	133	460	245	201
四川电影电视学院	167	990	167	987	16	1 061	38	1 132	113	250	0	139	66	931	7	1 039	28	954
上海科技大学	46	1 165	46	1 164	20	1 034	17	1 173	9	1 065	0	139	0	1 168	0	1 155	0	1 164
浙江科贸职业技术学院(筹)	49	1 162	49	1 162	1	1 182	19	1 169	29	844	0	139	15	1 114	0	1 155	10	1 092
中国科学院大学	159	1 006	159	1 005	92	755	56	1 068	11	1 039	0	139	68	917	26	876	17	1 033
河北中医学院	248	866	248	866	72	832	95	935	81	398	0	139	288	514	101	551	109	541
山西传媒学院	381	660	381	658	144	583	158	720	79	408	0	139	187	660	98	564	63	738
营口理工学院	63	1 150	62	1 150	13	1 093	48	1 101	1	1 158	1	100	17	1 100	5	1 066	11	1 082
江苏第二师范学院	407	611	407	608	189	457	164	700	54	584	0	139	233	593	114	508	107	549
南昌师范学院	407	611	407	608	149	567	154	730	104	281	0	139	214	621	100	559	74	687
山东管理学院	297	787	297	786	84	778	141	778	72	447	0	139	377	396	117	499	205	282
山东农业工程学院	282	809	282	807	92	755	136	802	54	584	0	139	91	842	49	752	41	863
贵州理工学院	140	1 036	140	1 034	66	854	69	1 029	5	1 120	0	139	67	923	45	773	19	1 016
张家口学院	235	888	235	887	92	755	119	852	24	905	0	139	184	662	75	640	96	586
山西工程技术学院	136	1 043	136	1 042	43	935	70	1 025	23	914	0	139	39	1 017	22	895	14	1 051
内蒙古艺术学院	308	768	308	768	131	634	152	743	25	891	0	139	27	1 059	12	977	12	1 073
鄂尔多斯应用技术学院	45	1 167	45	1 166	9	1 123	27	1 156	9	1 065	0	139	25	1 070	6	1 050	18	1 022
浙江音乐学院	348	716	348	714	96	746	202	566	50	627	0	139	61	955	9	1 014	38	882
哈尔滨音乐学院	112	1 074	112	1 074	64	860	19	1 169	29	844	0	139	24	1 072	19	910	5	1 130
中国社会科学院大学	253	858	253	858	140	595	113	870	0	1 173	0	139	344	440	125	487	102	568
滇西应用技术大学	49	1 162	41	1 171	4	1 159	9	1 184	28	857	8	29	24	1 072	3	1 093	5	1 130
茅台学院	46	1 165	46	1 164	12	1 100	23	1 162	11	1 039	0	139	38	1 019	11	982	21	1 001
宁波诺丁汉大学	316	758	316	756	99	735	90	965	127	185	0	139	113	802	57	712	40	869
北京师范大学-香港浸会大学联合国际学院	257	850	257	849	164	529	93	946	0	1 173	0	139	4	1 159	4	1 078	0	1 164
西交利物浦大学	337	732	337	731	55	889	87	975	195	49	0	139	21	1 084	10	998	11	1 082
上海纽约大学	179	969	179	967	52	901	74	1 014	53	595	0	139	10	1 138	10	998	0	1 164
温州肯恩大学	84	1 118	84	1 117	20	1 034	50	1 093	14	1 001	0	139	12	1 126	8	1 021	3	1 145
昆山杜克大学	40	1 172	40	1 172	8	1 133	26	1 157	6	1 102	0	139	1	1 165	0	1 155	0	1 164
香港中文大学(深圳)	101	1 088	101	1 088	24	1 016	75	1 012	2	1 150	0	139	8	1 147	5	1 066	3	1 145
深圳北理莫斯科大学	11	1 189	11	1 189	5	1 153	2	1 189	4	1 132	0	139	0	1 168	0	1 155	0	1 164
山西能源学院	88	1 109	88	1 107	38	957	24	1 161	26	879	0	139	87	855	42	783	33	914
河北环境工程学院	182	964	182	961	63	863	112	872	7	1 092	0	139	134	756	55	720	78	669

续表

研究发展人员(人)														R&D 经费情况(千元)					
		按学历学位划分								其他人员		折合全时人员(人年)		当年经费收入合计		其中:科研事业费		当年经费支出合计	
初级		博士毕业		硕士毕业		本科毕业		其他学历											
22	487	32	584	84	735	4	1 010	0	448	0	309	21	822	2 809.28	740	1 340.72	579	1 479.31	849
19	523	113	315	121	598	28	707	0	448	0	309	52.2	562	23 258	230	20 037.8	99	22 399.16	208
4	899	19	673	4	1 149	0	1 121	0	448	0	309	9.7	984	4 432.57	649	1 027.7	639	2 134.93	794
0	1 095	1	992	4	1 149	0	1 121	0	448	0	309	1.4	1 147	129.5	1 134	27	1 058	129.5	1 133
34	352	5	867	130	565	42	603	0	448	0	309	33.6	689	4 347.8	654	592	746	4 942.67	610
31	382	41	525	242	299	45	577	0	448	1	228	57.4	520	9 871.69	454	1 533	554	11 978.53	371
14	618	28	610	61	828	25	730	0	448	0	309	54.3	542	7 741.57	513	1 245	592	7 755.97	485
162	14	55	462	375	136	110	278	0	448	0	309	92	348	4 365	652	1 148	616	4 288.45	637
23	471	0	1 039	54	868	12	862	0	448	8	92	23.3	796	306.3	1 085	39.8	1 041	288.8	1 076
0	1 095	0	1 039	0	1 163	0	1 121	0	448	0	309	0	1 168	0	1 170	0	1 117	0	1 171
5	846	0	1 039	11	1 106	4	1 010	0	448	0	309	2	1 137	85	1 148	3.5	1 110	85	1 148
0	1 095	41	525	8	1 128	19	777	0	448	0	309	17.9	862	1 740.2	839	1 264.2	590	3 313.18	698
74	125	16	700	203	368	69	443	0	448	4	140	67.8	460	2 874.2	736	159	926	2 845.82	724
18	547	30	592	107	641	39	620	11	67	8	92	26.3	759	27 124.2	203	5 880.3	285	21 713.42	214
0	1 095	3	919	12	1 095	2	1 064	0	448	1	228	2.7	1 119	129.5	1 134	20.5	1 069	165.19	1 124
12	671	89	363	125	579	19	777	0	448	0	309	76.9	417	8 040.66	501	1 998	498	7 290.48	508
36	326	25	628	142	537	47	564	0	448	4	140	26.3	759	1 642	851	699	716	1 370.11	862
52	219	25	628	313	194	39	620	0	448	3	163	53.2	549	3 436	705	969	647	3 184	707
1	1 031	2	947	63	815	26	723	0	448	0	309	16.3	883	700	976	283	840	673.33	971
1	1 031	19	673	34	978	14	834	0	448	2	192	11.1	965	3 206.5	716	1 806	525	1 311.46	872
13	643	5	867	125	579	54	523	0	448	0	309	26.9	751	1 037	919	112	963	1 170	886
3	933	1	992	30	994	8	928	0	448	0	309	11.2	962	485	1 025	330	821	165	1 125
1	1 031	6	841	21	1 046	0	1 121	0	448	2	192	4	1 088	965	928	885	667	925	915
1	1 031	4	890	20	1 050	1	1 097	0	448	0	309	4.8	1 075	269.2	1 095	66	1 004	248.2	1 091
11	697	9	799	46	917	6	958	0	448	3	163	6.8	1 037	2 017.42	810	495	770	3 613.52	680
0	1 095	6	841	17	1 066	1	1 097	0	448	0	309	5.8	1 054	452	1 041	278	841	207.3	1 107
6	813	170	229	81	744	93	345	0	448	0	309	61.7	492	23 523.87	229	19 173.48	107	9 990.37	417
12	671	1	992	20	1 050	3	1 036	0	448	4	140	5.9	1 053	750	961	130	953	240.58	1 094
6	813	3	919	31	991	4	1 010	0	448	0	309	11.2	962	814	951	18	1 078	660	975
15	600	90	358	20	1 050	3	1 036	0	448	0	309	31	711	11 739.6	399	4 800.7	327	10 050.84	415
0	1 095	4	890	0	1 163	0	1 121	0	448	0	309	1.3	1 150	1 887.5	823	720	709	1 842.06	811
0	1 095	18	685	3	1 153	0	1 121	0	448	0	309	5.6	1 058	837.83	946	385.63	804	1 327.27	869
0	1 095	10	780	0	1 163	0	1 121	0	448	0	309	7.9	1 024	15 437.7	338	851.94	673	14 940.57	317
1	1 031	11	766	1	1 160	0	1 121	0	448	0	309	3.5	1 100	1 867.66	827	95	980	1 839.36	812
1	1 031	1	992	0	1 163	0	1 121	0	448	0	309	0.2	1 165	394	1 061	0	1 117	240	1 096
0	1 095	8	812	0	1 163	0	1 121	0	448	0	309	3.9	1 091	6 269	576	6 036	279	692.91	968
0	1 095	0	1 039	0	1 163	0	1 121	0	448	0	309	0	1 168	0	1 170	0	1 117	0	1 171
12	671	14	728	45	926	28	707	0	448	0	309	10.2	979	452.62	1 040	157	929	361.49	1 063
1	1 031	8	812	110	633	16	813	0	448	0	309	20.6	828	1 450	873	525	760	1 367.29	863

4. 本科学校人文、社会科学研究与发展概况表(二)

学校名称	研究与发展课题											
	课题总数(项)		当年新开课题数(项)		当年完成课题数(项)		当年新开课题批准经费(千元)		当年投入人数(人年)		当年拨入经费(千元)	
北京大学	1 346	57	942	6	202	109	380 652.8	2	286.1	70	255 250.97	3
中国人民大学	5 418	1	985	3	1 499	1	251 573.03	5	508.8	11	180 538.1	5
清华大学	1 796	32	812	8	743	7	695 408.06	1	322.1	52	322 223.96	1
北京交通大学	1 428	48	378	54	345	39	80 325.42	26	257.5	87	61 332.78	30
北京工业大学	622	203	151	281	138	205	23 336.41	120	265.2	81	20 067.24	136
北京航空航天大学	407	341	91	476	48	530	27 421.5	98	86.4	374	25 302.5	105
北京理工大学	294	455	127	353	47	533	11 095.6	256	180.4	144	14 403.98	190
北京科技大学	739	154	181	229	49	520	18 756.57	162	52.2	561	18 071.72	153
北方工业大学	276	475	120	370	160	161	18 163.5	166	60.7	502	22 505.79	123
北京化工大学	233	532	80	522	84	361	6 498.12	375	78.2	409	5 250.9	399
北京工商大学	713	161	201	191	161	159	22 499.5	126	113.8	278	28 616	89
北京服装学院	353	401	109	399	46	539	21 673.45	129	83.5	380	21 418.13	130
北京邮电大学	361	389	57	644	67	434	5 584.14	404	89.8	356	6 880.68	350
北京印刷学院	202	580	82	513	49	520	11 334.51	254	39.8	648	9 500.52	278
北京建筑大学	209	571	88	487	51	506	7 487.23	336	88.4	364	4 866	416
北京石油化工学院	67	890	27	855	9	922	2 951.94	530	25.4	774	3 107.02	507
北京电子科技学院	16	1 090	6	1 080	11	902	928.76	743	13.3	926	858.76	749
中国农业大学	864	117	148	289	160	161	32 890.73	85	276.7	78	36 100.8	65
北京农学院	154	668	70	573	108	277	8 604.19	313	26.3	758	8 670	298
北京林业大学	562	226	149	284	195	119	23 985.98	115	119	264	24 066.24	111
北京协和医学院	11	1 118	2	1 145	0	1 106	400	868	8.8	1 001	380	868
首都医科大学	190	604	53	663	66	439	4 773.9	439	46.4	607	5 552.52	386
北京中医药大学	139	698	50	683	36	626	4 420.54	461	50.8	579	2 984.2	511
北京师范大学	3 957	5	899	7	489	15	300 730.87	3	485.9	15	290 791	2
首都师范大学	1 103	84	219	163	184	128	36 213.88	70	469.6	16	31 625.45	80
首都体育学院	218	561	54	657	49	520	15 483.09	187	37	663	9 746.48	266
北京外国语大学	584	218	102	426	70	423	14 547.12	206	114.5	276	13 371.44	200
北京第二外国语学院	827	132	183	224	129	225	21 800.56	128	340.2	44	21 438.43	129
北京语言大学	557	232	177	236	117	247	22 852.68	124	113.5	279	24 984.38	107
中国传媒大学	2 503	17	708	13	85	352	48 132.5	52	61.9	491	45 942.92	50
中央财经大学	2 184	21	379	53	205	103	66 622.11	34	325.1	50	52 451.43	39
对外经济贸易大学	1 034	93	382	52	84	361	67 448.26	33	296.4	64	49 796.48	40
北京物资学院	282	468	113	390	153	172	7 879.03	328	49.1	589	7 288.82	333
首都经济贸易大学	1 681	40	213	174	178	134	36 328.05	69	102.2	309	34 127.94	70
外交学院	159	659	43	733	37	620	4 182.5	471	53	550	2 826	523

				研究与发展成果										获奖成果数(项)			
其中:当年新开课题拨入经费(千元)		当年支出经费(千元)		著作(部)		学术论文(篇)				研究与咨询报告(篇)				合计		其中:国家级和部级	
						合计		其中:国外学术刊物发表数		提交有关部门数		其中:被采纳数					
242 364.7	1	245 570.86	1	401	2	3 000	3	86	34	60	82	7	196	1	352	1	62
139 478.1	6	187 437.14	3	345	4	3 654	1	99	27	44	124	31	71	34	35	33	1
183 247.81	3	158 958.46	4	198	8	1 933	10	243	13	154	20	37	57	11	120	10	5
49 952.02	33	65 139.72	24	37	186	420	177	72	40	6	371	6	207	0	444	0	91
16 779.88	133	16 913.86	131	39	173	395	197	54	61	5	395	0	400	0	444	0	91
12 926.5	179	22 005.57	99	20	397	265	352	39	90	4	421	0	400	0	444	0	91
8 866.43	251	13 777.61	165	39	173	272	342	51	65	18	231	11	152	0	444	0	91
10 188.01	222	6 931.45	297	23	336	272	342	46	77	6	371	0	400	0	444	0	91
14 021.85	160	22 291.06	95	32	225	279	326	22	134	0	590	0	400	2	304	1	62
2 891.9	488	6 268.5	317	9	644	116	727	0	605	13	266	0	400	0	444	0	91
18 775	117	25 866.31	81	33	211	566	103	18	160	29	166	0	400	0	444	0	91
16 866.73	131	19 827.13	113	30	247	289	311	16	171	11	294	10	158	0	444	0	91
4 230.99	417	10 419.86	219	15	491	169	566	3	422	4	421	0	400	0	444	0	91
8 487.6	265	7 411.71	282	85	46	210	463	4	388	0	590	0	400	0	444	0	91
3 516	451	3 984.1	421	32	225	184	526	7	307	0	590	0	400	0	444	0	91
2 555.94	514	2 826.05	504	11	588	66	899	4	388	0	590	0	400	0	444	0	91
858.76	711	135.29	948	3	872	31	1 041	0	605	0	590	0	400	0	444	0	91
27 550.05	69	32 633.4	63	24	321	767	63	21	142	62	79	2	298	2	304	2	45
7 971.5	279	7 724.57	269	17	447	45	984	0	605	1	533	1	345	1	352	0	91
19 999.05	107	22 846.68	92	28	277	415	182	0	605	8	338	0	400	0	444	0	91
380	836	391.1	817	1	970	17	1 098	4	388	0	590	0	400	0	444	0	91
2 705.3	505	5 759.7	333	23	336	117	723	4	388	11	294	7	196	1	352	0	91
2 282.63	532	2 397.09	521	8	676	50	968	0	605	1	533	1	345	0	444	0	91
200 401	2	155 972.33	5	449	1	2 912	4	379	2	126	29	60	33	11	120	11	4
20 940.82	100	23 588.91	91	82	51	661	81	0	605	1	533	1	345	0	444	0	91
8 809.6	255	10 497.99	217	23	336	333	259	12	217	2	490	2	298	0	444	0	91
9 175.3	242	13 788.15	164	91	40	862	46	52	64	13	266	11	152	0	444	0	91
18 410.3	119	12 405.31	189	61	91	287	317	0	605	13	266	13	138	5	190	5	19
13 909.16	161	14 772.84	152	84	49	467	150	38	92	31	159	31	71	0	444	0	91
45 942.92	38	13 559.69	167	115	25	1 017	32	20	147	54	94	3	264	0	444	0	91
39 467.94	44	40 487.66	49	116	24	1 067	29	133	24	6	371	6	207	5	190	5	19
36 975.29	50	41 050.38	48	101	33	1 276	19	192	14	81	63	49	40	17	77	17	2
4 264.53	413	5 693.29	337	41	166	254	377	0	605	0	590	0	400	3	264	3	35
25 523.92	76	21 196.16	103	89	42	574	100	57	55	5	395	0	400	1	352	1	62
2 506	519	3 447	462	45	151	216	452	11	226	6	371	4	240	0	444	0	91

学校名称	研究与发展课题											
	课题总数（项）		当年新开课题数（项）		当年完成课题数（项）		当年新开课题批准经费（千元）		当年投入人数（人年）		当年拨入经费（千元）	
中国人民公安大学	587	215	191	211	204	106	27 701.16	96	212.1	121	12 457.03	221
国际关系学院	267	494	90	482	37	620	6 655	371	72.2	439	8 116.76	319
北京体育大学	736	155	177	236	65	443	22 917.97	123	208.7	122	18 847.09	146
中央音乐学院	52	941	24	886	17	821	1 480	660	45.3	613	1 550	640
中国音乐学院	138	704	34	793	9	922	1 555	652	17.1	874	927	730
中央美术学院	214	564	65	596	57	479	23 167.83	121	28.5	734	12 832.19	215
中央戏剧学院	120	744	35	787	18	806	3 764	491	42.9	629	105.7	1 000
中国戏曲学院	31	1 033	8	1 063	3	1 039	1 580	650	2.8	1 116	596	802
北京电影学院	195	595	38	766	31	665	2 780	549	30.3	717	1 355	663
北京舞蹈学院	133	716	64	603	36	626	13 890	214	26.7	754	637	792
中央民族大学	822	134	190	213	64	452	33 790.3	82	168.6	163	39 905.58	57
中国政法大学	3 038	10	516	22	172	139	88 626.32	22	253.8	88	88 946.54	16
华北电力大学	1 154	78	156	270	170	143	44 723.72	58	164	174	33 721.39	72
南开大学	2 297	18	504	24	513	13	92 360.9	21	521	10	82 507.85	21
天津大学	632	198	141	310	85	352	25 533	108	183.9	141	25 893	102
天津科技大学	409	339	104	420	46	539	5 597.1	403	71.7	442	5 718	381
天津工业大学	412	336	145	297	107	282	9 263.7	295	150.1	190	7 897.5	323
中国民航大学	311	437	87	493	69	426	13 722.89	219	179.9	146	10 874.22	241
天津理工大学	547	241	137	324	76	398	12 656.53	235	102.6	307	11 676.33	233
天津农学院	194	599	47	707	23	754	1 604.4	646	89.2	360	1 956.2	600
天津医科大学	84	845	30	822	18	806	1 503	658	30.3	717	1 091.6	698
天津中医药大学	56	930	26	865	6	978	2 946	532	18.8	850	2 944.6	514
天津师范大学	1 304	59	260	111	240	73	25 400.54	109	297.9	62	21 639.6	128
天津职业技术师范大学	176	627	41	738	34	646	2 147.7	597	40.8	643	1 655.3	632
天津外国语大学	432	311	95	451	49	520	5 077	427	68.2	458	3 378.75	492
天津商业大学	773	144	173	242	65	443	13 743.6	218	222.3	115	8 264.8	312
天津财经大学	1 186	72	135	329	80	384	10 593.62	263	145.8	198	10 271.67	255
天津体育学院	473	283	53	663	33	654	6 343.8	379	141.3	210	6 754.38	354
天津音乐学院	71	880	12	1 017	9	922	2 360	576	13.1	932	1 992.5	598
天津美术学院	135	711	53	663	40	588	2 431	569	127.8	240	2 034	593
河北大学	1 141	81	488	26	437	23	51 992.48	44	407.4	23	30 443.88	84
河北工程大学	277	474	73	561	75	404	536	825	201.7	128	414.6	853
河北地质大学	570	222	151	281	111	264	3 772.6	490	118.7	266	3 578.3	484
华北水利水电大学	110	774	56	647	65	443	2 520	563	83.1	383	1 769	617

续表

其中：当年新开课题拨入经费（千元）		当年支出经费（千元）		研究与发展成果										获奖成果数（项）			
				著作（部）		学术论文（篇）				研究与咨询报告（篇）				合计		其中：国家级和部级	
						合计		其中：国外学术刊物发表数		提交有关部门数		其中：被采纳数					
7 356.78	297	12 216.2	191	75	65	633	85	8	288	16	240	4	240	0	444	0	91
5 984.7	349	3 742.91	438	9	644	125	702	0	605	1	533	1	345	0	444	0	91
15 484.4	143	18 767.09	119	72	68	873	44	29	115	0	590	0	400	0	444	0	91
1 250	641	3 657.03	441	2	920	68	894	0	605	0	590	0	400	0	444	0	91
895	701	455.69	796	2	920	130	690	0	605	0	590	0	400	0	444	0	91
12 586.91	186	7 809.13	268	49	134	246	392	11	226	0	590	0	400	0	444	0	91
90	994	275.18	866	9	644	110	750	0	605	0	590	0	400	0	444	0	91
576	779	640	747	7	704	43	993	0	605	0	590	0	400	0	444	0	91
884	705	520.54	772	21	376	212	460	2	472	0	590	0	400	0	444	0	91
637	760	267.13	868	22	357	127	696	0	605	0	590	0	400	0	444	0	91
22 970.04	89	28 049.73	74	104	31	979	34	53	63	33	151	28	80	12	112	12	3
66 692.34	18	69 921.05	19	104	31	768	62	22	134	26	190	24	93	4	227	4	25
22 792.76	90	20 341.3	109	25	305	487	141	176	16	2	490	0	400	2	304	2	45
60 766.58	22	69 357.47	21	112	27	1 638	14	74	38	75	66	68	30	54	16	2	45
23 963	82	22 053	97	61	91	739	67	293	7	40	132	0	400	25	54	2	45
4 802.6	382	5 624.07	342	11	588	175	548	1	529	32	154	10	158	4	227	0	91
6 781.9	318	7 701.8	270	22	357	130	690	0	605	0	590	0	400	3	264	0	91
7 307.54	301	11 160.13	208	12	561	288	315	0	605	5	395	5	223	3	264	0	91
10 159.83	224	11 294.9	203	10	616	279	326	1	529	0	590	0	400	2	304	0	91
1 464.4	618	2 231.07	532	7	704	228	433	7	307	0	590	0	400	1	352	0	91
502.4	795	1 007.81	669	9	644	78	836	10	242	0	590	0	400	0	444	0	91
2 048	558	2 642.58	511	1	970	79	853	0	605	0	590	0	400	0	444	0	91
16 153	138	20 691.9	107	62	88	618	88	35	105	5	395	5	223	24	56	0	91
1 194.8	646	1 396.53	613	4	825	115	729	3	422	0	590	0	400	3	264	0	91
2 993	482	2 897.21	497	35	196	334	258	5	358	5	395	0	400	1	352	0	91
6 986.3	309	6 599.88	307	50	127	417	180	18	160	0	590	0	400	9	136	0	91
6 847.54	315	6 052.43	325	56	104	496	136	313	5	0	590	0	400	16	82	0	91
5 514.8	360	6 912.65	299	4	825	89	822	1	529	12	282	0	400	3	264	0	91
1 992.5	563	2 019.22	557	0	1 024	44	989	0	605	0	590	0	400	0	444	0	91
1 824	589	863.3	694	16	473	154	610	0	605	0	590	0	400	0	444	0	91
30 443.88	64	30 907.9	68	108	29	836	53	10	242	29	166	24	93	60	12	0	91
328	857	445.6	801	23	336	187	516	1	529	13	266	2	298	9	136	0	91
2 974.1	483	3 527.3	453	34	203	166	573	13	203	2	490	2	298	7	153	0	91
1 615	606	1 729	585	57	99	170	562	0	605	0	590	0	400	15	91	0	91

学校名称	研究与发展课题											
	课题总数（项）		当年新开课题数（项）		当年完成课题数（项）		当年新开课题批准经费（千元）		当年投入人数（人年）		当年拨入经费(千元)	
河北工业大学	628	200	116	384	51	506	4 245	467	250	90	3 858.9	466
华北理工大学	312	436	128	350	163	154	3 204.9	516	100.3	320	3 446.6	491
河北科技大学	330	422	123	361	121	238	4 812.5	438	81.9	389	5 006	410
河北建筑工程学院	67	890	29	835	36	626	334	892	22.1	807	364	873
河北水利电力学院	63	907	17	942	15	850	50	1 062	13	934	54	1 045
河北农业大学	409	339	206	184	117	247	3 382	505	106.7	294	3 372	493
河北医科大学	39	993	39	756	7	962	473.8	845	20.2	831	473.8	839
河北北方学院	97	812	45	722	41	581	416	864	75.3	425	393	860
承德医学院	103	791	52	671	49	520	97.4	1 026	14.9	896	108	995
河北师范大学	1 027	95	192	208	375	36	19 585.23	154	281.5	72	27 276.55	94
保定学院	330	422	70	573	108	277	948	740	90.7	353	848	753
河北民族师范学院	245	515	77	543	47	533	862	757	55.4	534	862	747
唐山师范学院	230	537	108	403	83	365	1 525	655	134.6	225	1 435	651
廊坊师范学院	328	425	88	487	65	443	1 166	696	177	151	1 240	673
衡水学院	376	371	162	262	120	240	142	983	116.3	273	126	985
石家庄学院	89	832	25	873	11	902	550	823	24.6	778	879	740
邯郸学院	322	429	122	365	41	581	5 798	396	123.5	249	5 816.5	378
邢台学院	428	316	207	180	107	282	909.1	747	181.1	143	1 058.55	704
沧州师范学院	294	455	141	310	57	479	490.5	839	121.7	252	393.5	859
石家庄铁道大学	180	616	29	835	46	539	503	836	64.4	476	473	840
山西大学	1 240	68	384	51	419	27	44 443.36	59	323.5	51	38 740.06	60
太原科技大学	182	611	74	558	42	570	2 303.88	581	61.4	495	2 198.88	580
中北大学	428	316	139	317	64	452	5 674.6	399	77.3	413	5 202.9	403
太原理工大学	369	380	77	543	29	684	2 540	561	168.6	163	2 372	557
山西农业大学	254	508	64	603	34	646	9 190.87	297	29.3	727	8 665.67	299
山西医科大学	103	791	52	671	10	914	1 128	702	57.1	522	921.2	731
长治医学院	6	1 146	4	1 106	0	1 106	40	1 071	1.4	1 147	40	1 062
山西师范大学	500	265	100	430	26	716	6 503	374	234.3	101	7 379.81	331
太原师范学院	104	787	93	460	42	570	4 027.64	481	26.9	751	3 859.65	465
山西大同大学	400	347	95	451	1	1 089	3 424	502	120.2	259	3 292	500
晋中学院	100	799	31	817	42	570	476.4	844	16.5	880	232.4	921
长治学院	114	763	27	855	0	1 106	250.5	925	32.6	700	175.5	956
运城学院	76	867	38	766	8	947	850	760	24.4	780	866	745
忻州师范学院	99	804	38	766	35	635	470	846	43.2	626	405	854
山西财经大学	766	148	340	67	89	337	13 564.82	222	122.9	250	12 999.32	212

续表

				研究与发展成果										获奖成果数(项)			
其中:当年新开课题拨入经费(千元)		当年支出经费(千元)		著作(部)		学术论文(篇)				研究与咨询报告(篇)				合计		其中:国家级和部级	
						合计		其中:国外学术刊物发表数		提交有关部门数		其中:被采纳数					
3 478	453	2 149.3	541	16	473	263	355	14	190	10	311	5	223	13	106	0	91
2 775.9	497	2 080.23	549	32	225	276	334	5	358	13	266	2	298	6	165	0	91
4 522.5	402	4 690.03	388	25	305	252	380	2	472	16	240	0	400	11	120	0	91
314	864	381.4	822	12	561	120	716	0	605	0	590	0	400	0	444	0	91
50	1 026	50.36	1 031	10	616	64	906	0	605	0	590	0	400	0	444	0	91
3 372	461	2 971	491	20	397	171	560	13	203	4	421	3	264	19	72	0	91
473.8	803	473.8	788	0	1 024	16	1 104	0	605	0	590	0	400	0	444	0	91
393	832	385.35	820	5	779	42	1 000	0	605	0	590	0	400	0	444	0	91
97.4	988	121.05	955	2	920	92	811	0	605	0	590	0	400	1	352	0	91
17 116.85	129	30 519.64	69	51	120	456	155	13	203	8	338	4	240	29	45	0	91
776	730	1 191.83	646	14	514	94	808	8	288	0	590	0	400	1	352	0	91
832	719	782	707	5	779	107	763	1	529	5	395	4	240	0	444	0	91
1 395	623	1 189.5	647	18	431	120	716	1	529	7	358	4	240	5	190	0	91
997	677	1 245.2	641	12	561	158	596	0	605	27	183	14	127	2	304	0	91
126	966	27	1 073	0	1 024	305	289	0	605	0	590	0	400	0	444	0	91
409	823	709.2	729	17	447	46	978	2	472	2	490	0	400	5	190	0	91
5 716.5	358	653.46	744	7	704	95	804	6	329	1	533	1	345	1	352	0	91
814.1	722	334.49	843	34	203	250	388	8	288	2	490	0	400	1	352	0	91
218	904	291.77	858	17	447	191	503	2	472	0	590	0	400	1	352	0	91
473	805	394.2	816	11	588	82	842	0	605	2	490	1	345	10	129	0	91
37 081.06	49	33 476.06	61	80	58	831	54	49	67	27	183	27	84	78	5	0	91
2 168.88	548	1 269.76	634	7	704	103	775	0	605	0	590	0	400	9	136	0	91
4 813.6	381	1 193.19	645	13	537	60	924	1	529	0	590	0	400	6	165	0	91
2 240	538	2 696.63	508	9	644	168	570	1	529	14	259	0	400	15	91	0	91
8 658.87	260	1 533.62	603	0	1 024	105	769	0	605	0	590	0	400	4	227	0	91
921.2	690	465.45	792	7	704	76	864	1	529	0	590	0	400	4	227	0	91
40	1 038	4.5	1 122	7	704	18	1 090	0	605	0	590	0	400	0	444	0	91
5 164	369	3 805.44	434	44	158	374	217	5	358	0	590	0	400	27	47	0	91
3 859.65	435	2 924.65	494	23	336	361	232	0	605	0	590	0	400	20	66	0	91
3 292	466	1 993.7	561	36	191	544	110	0	605	0	590	0	400	15	91	0	91
232.4	901	421.21	806	11	588	251	384	0	605	0	590	0	400	3	264	0	91
175.5	937	153.12	934	14	514	146	635	0	605	0	590	0	400	2	304	0	91
540	787	173.5	920	29	260	241	399	4	388	0	590	0	400	25	54	0	91
405	824	617.1	753	15	491	101	781	0	605	0	590	0	400	4	227	0	91
12 999.32	177	10 493.52	218	38	177	388	203	24	128	0	590	0	400	15	91	0	91

学校名称	研究与发展课题											
	课题总数（项）		当年新开课题数（项）		当年完成课题数（项）		当年新开课题批准经费（千元）		当年投入人数（人年）		当年拨入经费（千元）	
内蒙古大学	790	140	104	420	83	365	20 270.37	146	167.9	166	14 973.79	180
内蒙古科技大学	231	535	104	420	78	391	3 388	504	88.9	362	3 316	498
内蒙古工业大学	259	502	91	476	42	570	5 239.8	417	104.3	300	4 919.8	414
内蒙古农业大学	153	670	44	728	42	570	3 720	494	56.1	526	5 410	392
内蒙古医科大学	54	934	11	1 030	9	922	480	842	38	658	480	837
内蒙古师范大学	800	138	170	246	99	300	8 972	303	67.7	463	6 989	345
内蒙古民族大学	248	513	93	460	38	609	4 038	479	65	474	3 910.5	462
赤峰学院	207	574	87	493	29	684	26 320	104	88.4	364	26 260	100
内蒙古财经大学	420	328	107	408	100	299	7 285	343	117.8	270	6 834	353
辽宁大学	1 452	46	249	129	118	245	14 820.35	197	403.2	25	18 554.37	150
大连理工大学	557	232	129	346	422	25	15 683	184	129.7	236	12 861.7	214
沈阳工业大学	224	550	62	617	77	396	2 357.3	577	35	678	3 026	509
沈阳航空航天大学	148	678	64	603	76	398	1 674	640	45.5	610	1 189.5	678
沈阳理工大学	128	726	75	553	54	493	1 903	622	32.7	698	1 903	608
东北大学	918	109	228	150	44	557	49 421.41	49	97.1	334	47 518.31	47
辽宁科技大学	229	540	111	395	128	229	2 501.25	564	43.4	625	3 550.65	485
辽宁工程技术大学	102	794	30	822	45	549	974.2	732	19.3	842	848.2	752
辽宁石油化工大学	71	880	26	865	21	777	330	895	25.3	775	558	813
沈阳化工大学	80	852	10	1 041	47	533	340	889	23.9	789	210	928
大连交通大学	37	999	11	1 030	6	978	1 184.08	692	8.8	1 001	1 124.08	687
大连海事大学	457	290	95	451	38	609	8 919.13	304	219.2	116	6 989.54	344
大连工业大学	144	686	59	635	28	698	560	820	91.6	350	655.3	786
沈阳建筑大学	165	654	114	388	97	311	614	806	34.9	680	594	804
辽宁工业大学	135	711	37	773	51	506	593	812	21.6	813	683	778
沈阳农业大学	126	731	48	701	54	493	6 265	381	23.7	790	5 379	393
大连海洋大学	422	324	75	553	15	850	2 781.5	548	42.3	633	2 885.39	519
中国医科大学	197	592	38	766	18	806	3 719.6	495	56.5	524	389.06	865
锦州医科大学	17	1 084	6	1 080	9	922	60	1 049	11.1	965	60	1 038
大连医科大学	123	737	34	793	26	716	443	852	28.1	738	811.4	760
辽宁中医药大学	33	1 020	12	1 017	4	1 017	47	1 065	6.1	1 048	42	1 060
沈阳药科大学	22	1 064	12	1 017	1	1 089	529.23	828	8.1	1 014	471.38	841
沈阳医学院	0	1 170	0	1 164	0	1 106	0	1 141	0	1 168	0	1 136
辽宁师范大学	530	251	154	276	129	225	12 331	239	243.9	93	11 802	230
沈阳师范大学	707	165	250	128	247	71	9 851.5	283	296.7	63	9 900	263
渤海大学	1 271	63	98	439	43	563	2 591.3	558	119.3	262	4 385.3	439
鞍山师范学院	238	524	48	701	85	352	1 540	654	24.1	785	551.5	817

续表

其中:当年新开课题拨入经费(千元)		当年支出经费(千元)		研究与发展成果										获奖成果数(项)			
				著作(部)		学术论文(篇)				研究与咨询报告(篇)				合计		其中:国家级和部级	
						合计		其中:国外学术刊物发表数		提交有关部门数		其中:被采纳数					
13 166.36	174	7 944.28	264	57	99	329	264	49	67	55	92	47	44	39	30	0	91
3 098	476	2 926.62	493	13	537	274	335	0	605	0	590	0	400	12	112	0	91
4 919.8	376	3 683.66	440	10	616	139	658	4	388	1	533	1	345	13	106	0	91
3 530	449	4 773.98	382	9	644	121	711	4	388	0	590	0	400	8	148	0	91
480	801	572	761	0	1 024	71	885	0	605	0	590	0	400	0	444	0	91
6 138.5	341	4 784.9	379	97	37	658	82	31	111	8	338	6	207	47	23	0	91
3 910.5	432	3 299.5	467	57	99	262	358	5	358	0	590	0	400	24	56	0	91
26 260	71	26 427.6	79	23	336	473	147	0	605	0	590	0	400	4	227	0	91
6 625	324	5 702.5	336	72	68	378	209	0	605	0	590	0	400	27	47	0	91
12 423.35	188	18 488.06	122	50	127	522	120	7	307	42	130	24	93	56	14	0	91
12 861.7	180	12 311.7	190	30	247	444	160	16	171	61	81	0	400	33	37	0	91
2 159	550	2 113	547	15	491	121	711	16	171	0	590	0	400	0	444	0	91
1 008	674	1 265.99	635	0	1 024	198	487	0	605	0	590	0	400	0	444	0	91
1 903	581	1 571.54	596	11	588	280	324	2	472	0	590	0	400	1	352	0	91
43 044.14	41	46 749.69	39	51	120	526	117	65	46	62	79	14	127	0	444	0	91
1 882.25	582	3 602.81	443	3	872	174	554	47	71	0	590	0	400	0	444	0	91
726.2	739	856.54	696	11	588	163	586	5	358	0	590	0	400	0	444	0	91
320	860	75.8	997	24	321	52	957	0	605	0	590	0	400	3	264	0	91
200	912	341.3	840	1	970	232	423	7	307	0	590	0	400	0	444	0	91
1 124.08	659	915.34	685	38	177	54	947	0	605	0	590	0	400	1	352	0	91
6 494.14	330	5 474.75	352	55	110	362	231	1	529	46	118	3	264	9	136	0	91
431	817	1 445.9	612	0	1 024	115	729	0	605	0	590	0	400	1	352	0	91
594	773	594	756	69	74	274	335	9	265	0	590	0	400	0	444	0	91
593	774	905	687	3	872	199	483	4	388	1	533	0	400	3	264	0	91
4 336	411	4 769.3	383	5	779	60	924	0	605	0	590	0	400	0	444	0	91
2 322.81	527	2 078.92	550	14	514	190	507	3	422	0	590	0	400	1	352	0	91
167	943	1 876.91	573	20	397	333	259	11	226	1	533	0	400	0	444	0	91
60	1 015	80	989	0	1 024	12	1 121	0	605	0	590	0	400	0	444	0	91
360	843	859.68	695	0	1 024	89	822	0	605	1	533	0	400	0	444	0	91
42	1 035	74.9	1 001	3	872	42	1 000	0	605	0	590	0	400	0	444	0	91
291.38	874	900.41	689	10	616	71	885	0	605	0	590	0	400	0	444	0	91
0	1 121	0	1 136	0	1 024	41	1 007	0	605	0	590	0	400	0	444	0	91
10 911	207	11 218.45	205	47	144	672	76	0	605	0	590	0	400	0	444	0	91
9 608.8	232	8 301.44	254	81	53	929	38	3	422	4	421	3	264	0	444	0	91
2 211.3	541	6 897.4	300	12	561	373	218	9	265	0	590	0	400	0	444	0	91
180	931	490.9	781	40	170	259	366	0	605	1	533	0	400	1	352	0	91

学校名称	研究与发展课题											
	课题总数（项）		当年新开课题数（项）		当年完成课题数（项）		当年新开课题批准经费（千元）		当年投入人数（人年）		当年拨入经费（千元）	
大连外国语大学	472	284	97	444	22	766	5 634	401	105.4	297	5 155	405
东北财经大学	2 225	20	224	155	185	126	27 837.26	95	240.4	95	23 551.92	114
中国刑事警察学院	303	447	65	596	39	600	93 762.5	20	35.2	676	53 069.11	38
沈阳体育学院	447	299	193	207	66	439	15 370	190	181.4	142	10 084.16	259
沈阳音乐学院	457	290	91	476	80	384	2 335.5	580	25.5	770	2 472	548
鲁迅美术学院	86	840	20	919	27	705	6 902.5	360	51.2	575	6 177.5	368
吉林大学	3 613	7	657	15	500	14	97 813.7	19	351.7	40	90 174.74	15
延边大学	221	553	51	678	53	500	6 402	376	50.9	578	6 024	372
长春理工大学	281	470	65	596	27	705	2 244.3	585	158.5	184	2 041.2	591
东北电力大学	74	869	19	930	28	698	970	733	46.7	606	1 781	614
长春工业大学	201	585	84	504	29	684	3 201.1	517	69.1	455	2 843.17	521
吉林建筑大学	181	613	61	625	8	947	2 184.61	590	53.2	547	1 941	603
吉林化工学院	213	567	55	651	92	327	638.44	802	62.3	488	598.44	801
吉林农业大学	139	698	58	641	41	581	2 831	544	33.3	690	2 334	560
长春中医药大学	56	930	13	1 004	23	754	155	974	26.3	758	155	968
东北师范大学	1 085	86	283	90	302	51	45 185.37	56	429	20	44 694.39	52
北华大学	662	186	218	166	39	600	4 766.4	441	145.9	197	5 231.2	401
通化师范学院	322	429	118	376	50	513	8 544.4	314	142.8	206	7 962.4	320
吉林师范大学	438	305	201	191	85	352	7 563	335	279.2	75	7 123	340
吉林工程技术师范学院	553	236	229	148	140	202	15 702.1	183	131.9	232	14 920.1	181
长春师范大学	553	236	125	359	101	296	10 588.88	264	292.6	65	8 486	302
白城师范学院	113	766	33	801	39	600	326.5	898	32.2	703	356	875
吉林财经大学	613	205	270	102	184	128	10 968.5	261	162.7	175	10 667.5	245
吉林体育学院	50	947	10	1 041	21	777	485	840	14.5	906	930.2	729
吉林艺术学院	338	412	95	451	0	1 106	1 919	621	53.9	543	1 739	623
黑龙江大学	1 040	91	298	80	303	50	14 584	205	566.6	8	15 392	172
哈尔滨工业大学	335	417	87	493	40	588	32 024.5	88	123.6	248	9 471.5	280
哈尔滨理工大学	140	696	54	657	30	672	1 377	668	77.3	413	1 407	656
燕山大学	588	213	195	200	144	197	8 454.7	316	107	292	9 035.8	289
哈尔滨工程大学	143	690	39	756	40	588	5 745	397	145.7	199	4 777	421
黑龙江科技大学	110	774	35	787	21	777	776	774	139.1	213	1 016	710
东北石油大学	91	825	55	651	30	672	1 254	681	45.2	615	1 144	685
佳木斯大学	330	422	80	522	90	333	1 742	634	212.7	120	1 614	636
黑龙江八一农垦大学	112	769	78	533	30	672	2 149	596	58	515	2 191	581

续表

其中：当年新开课题拨入经费（千元）		当年支出经费（千元）		研究与发展成果										获奖成果数（项）			
				著作（部）		学术论文（篇）				研究与咨询报告（篇）				合计		其中：国家级和部级	
						合计		其中：国外学术刊物发表数		提交有关部门数		其中：被采纳数					
4 895	378	836.67	698	21	376	236	411	0	605	0	590	0	400	0	444	0	91
16 509.22	134	14 733.28	155	64	86	531	115	47	71	82	60	28	80	0	444	0	91
51 432.3	31	20 932.94	104	7	704	175	548	0	605	0	590	0	400	2	304	2	45
8 647.21	261	4 201.26	410	21	376	235	414	2	472	32	154	7	196	0	444	0	91
1 806	590	1 073	660	38	177	331	262	0	605	3	456	2	298	0	444	0	91
6 077.5	344	6 193	321	27	290	183	528	0	605	0	590	0	400	0	444	0	91
79 002.4	13	87 497.28	12	154	16	1 775	13	68	44	310	8	310	2	92	3	1	62
5 982	350	3 862.39	428	28	277	382	206	69	43	0	590	0	400	16	82	0	91
1 488.8	616	2 020.61	556	17	447	189	512	10	242	1	533	1	345	10	129	0	91
895	701	1 670	590	14	514	190	507	2	472	0	590	0	400	0	444	0	91
2 840.67	493	1 836.75	577	8	676	28	1 048	1	529	0	590	0	400	2	304	0	91
1 941	571	1 312.4	627	6	742	197	490	3	422	0	590	0	400	0	444	0	91
598.44	769	625.36	750	4	825	256	373	25	126	0	590	0	400	0	444	0	91
2 314	528	2 529.36	518	22	357	64	906	6	329	3	456	3	264	7	153	0	91
155	950	295.4	856	8	676	51	961	0	605	0	590	0	400	0	444	0	91
26 083.31	74	49 787.71	34	128	20	1 488	15	33	109	27	183	27	84	65	10	0	91
4 549.2	400	4 833.2	374	23	336	138	663	0	605	39	134	0	400	14	99	0	91
7 932.4	281	8 310.8	253	16	473	226	438	0	605	0	590	0	400	4	227	0	91
7 013	308	6 276.77	316	36	191	382	206	0	605	0	590	0	400	17	77	0	91
14 504.1	155	12 211.2	192	16	473	233	417	17	165	51	102	45	47	3	264	0	91
8 001	278	6 668	303	15	491	714	70	11	226	3	456	3	264	19	72	0	91
312.5	865	395.5	813	0	1 024	88	827	0	605	0	590	0	400	0	444	0	91
10 658.5	213	8 404.4	250	37	186	297	299	38	92	8	338	8	187	16	82	0	91
430	818	366.16	828	5	779	26	1 058	0	605	0	590	0	400	0	444	0	91
1 739	592	105.59	967	18	431	533	114	0	605	0	590	0	400	5	190	5	19
13 819	165	12 988.72	179	88	43	857	48	0	605	4	421	2	298	92	3	0	91
9 139.5	243	9 356.8	237	17	447	117	723	24	128	0	590	0	400	20	66	0	91
1 207	644	1 048.77	664	10	616	81	845	6	329	5	395	2	298	14	99	0	91
6 508	329	8 335.54	252	22	357	412	185	6	329	24	197	21	103	13	106	0	91
3 993	425	5 616	343	18	431	184	526	15	184	3	456	3	264	12	112	0	91
687	747	950	676	6	742	147	633	10	242	0	590	0	400	15	91	0	91
1 124	660	993.16	673	4	825	43	993	0	605	2	490	0	400	0	444	0	91
1 571	611	1 258.1	637	48	138	361	232	0	605	0	590	0	400	7	153	0	91
2 149	551	2 270.8	528	6	742	143	646	1	529	0	590	0	400	5	190	0	91

学校名称	研究与发展课题											
	课题总数（项）		当年新开课题数（项）		当年完成课题数（项）		当年新开课题批准经费（千元）		当年投入人数（人年）		当年拨入经费(千元)	
东北农业大学	255	507	104	420	74	409	4 261	465	206.9	125	4 246	445
东北林业大学	173	632	63	610	46	539	2 167	592	81.1	391	2 374.3	556
哈尔滨医科大学	105	784	27	855	30	672	2 449	567	69.5	453	2 129.21	586
黑龙江中医药大学	19	1 076	15	970	1	1 089	105	1 017	5.6	1 058	109	993
牡丹江医学院	9	1 129	3	1 122	1	1 089	29	1 093	5.7	1 056	29	1 080
哈尔滨师范大学	555	235	129	346	46	539	5 831	394	387.7	28	5 791	379
齐齐哈尔大学	496	269	239	136	170	143	4 497.5	456	283.4	71	4 298.5	444
牡丹江师范学院	170	641	68	583	34	646	2 103	603	119.8	260	1 954	601
哈尔滨学院	124	732	51	678	26	716	801	769	36.4	668	701	774
大庆师范学院	30	1 038	11	1 030	10	914	344	886	22.7	801	268	904
绥化学院	235	529	107	408	39	600	2 606	557	117.8	270	2 238	575
哈尔滨商业大学	288	463	134	333	116	250	3 432	501	232.9	104	3 208.8	504
哈尔滨体育学院	122	742	61	625	18	806	1 929	620	79.6	402	1 929	605
哈尔滨金融学院	158	660	80	522	26	716	1 684	638	91.7	349	1 676	629
复旦大学	3 741	6	758	10	201	111	146 014.25	10	928.6	2	144 508.76	8
同济大学	1 559	44	405	41	261	65	101 693.1	16	247.7	91	72 962.92	25
上海交通大学	1 423	51	672	14	252	68	149 615.46	9	281	73	134 462.09	10
华东理工大学	843	124	259	114	241	72	34 156.5	78	147.8	194	29 627.42	88
上海理工大学	648	192	194	203	85	352	19 183.26	158	62.8	484	16 414.24	163
上海海事大学	378	369	60	629	112	259	6 742.8	366	164.2	173	9 500.81	277
东华大学	338	412	220	161	135	214	27 267.03	99	166.9	168	26 461.53	99
上海电力学院	167	649	46	718	33	654	6 355.19	378	14.9	896	4 939.95	413
上海应用技术大学	430	314	206	184	85	352	10 248.61	275	83	384	9 196.81	284
上海健康医学院	15	1 098	13	1 004	0	1 106	140	985	2.4	1 125	140	976
上海海洋大学	230	537	92	470	99	300	9 403.5	289	36.2	670	9 079.5	287
上海中医药大学	231	535	71	568	46	539	4 498	455	61.6	494	3 491.76	489
华东师范大学	3 113	9	1 020	2	1 175	3	185 879.75	6	338.7	45	169 779.5	6
上海师范大学	1 979	26	385	50	218	92	35 680.04	72	218.7	117	39 341.95	58
上海外国语大学	1 032	94	181	229	81	380	15 375.89	189	166.6	169	10 569.03	249
上海财经大学	1 176	74	431	38	233	79	101 225.98	18	385.2	30	84 845	19
上海对外经贸大学	613	205	157	268	71	415	13 198.29	226	176.3	153	12 015.95	224
上海海关学院	115	759	22	905	16	836	1 858	624	15.6	889	1 729.48	624
华东政法大学	1 246	66	77	543	63	458	11 900.6	246	45.9	608	6 967.18	347
上海体育学院	151	675	93	460	86	348	13 260	224	138.1	216	10 151	257
上海音乐学院	99	804	26	865	19	795	2 740	551	30.8	713	2 136	584

续表

				研究与发展成果										获奖成果数(项)			
其中:当年新开课题拨入经费(千元)		当年支出经费(千元)		著作(部)		学术论文(篇)				研究与咨询报告(篇)				合计		其中:国家级和部级	
						合计		其中:国外学术刊物发表数		提交有关部门数		其中:被采纳数					
3 891	434	3 558.19	450	11	588	132	682	0	605	0	590	0	400	26	50	0	91
1 717	595	2 217	534	11	588	154	610	0	605	0	590	0	400	26	50	0	91
1 288	636	1 840.17	575	5	779	112	744	0	605	1	533	0	400	0	444	0	91
99	987	77.55	991	3	872	36	1 027	0	605	1	533	0	400	5	190	0	91
29	1 059	14.25	1 097	1	970	22	1 073	0	605	0	590	0	400	0	444	0	91
5 511	361	4 156.22	412	25	305	393	200	0	605	0	590	0	400	59	13	0	91
4 242.5	416	2 855.9	500	30	247	522	120	0	605	0	590	0	400	22	61	0	91
1 863	585	1 678.15	589	56	104	476	143	4	388	2	490	1	345	3	264	0	91
701	744	569.45	763	40	170	149	626	0	605	0	590	0	400	22	61	0	91
246	893	285	861	34	203	192	501	1	529	0	590	0	400	0	444	0	91
2 186	545	1 562.82	598	14	514	320	273	3	422	5	395	0	400	11	120	0	91
3 124.8	475	3 463.05	460	32	225	584	98	0	605	0	590	0	400	16	82	0	91
1 919	576	906.89	686	0	1 024	180	536	0	605	0	590	0	400	1	352	0	91
1 656	603	551.96	765	28	277	148	632	0	605	0	590	0	400	0	444	0	91
100 926.26	11	81 421.78	16	337	5	2 544	6	303	6	247	13	232	4	156	1	8	7
68 245.09	17	69 373.29	20	85	46	558	106	0	605	64	77	32	68	16	82	0	91
103 566.16	10	62 267.58	27	129	19	962	36	191	15	261	12	227	6	51	19	0	91
22 082.39	93	24 706.34	86	43	161	525	118	82	36	4	421	1	345	4	227	0	91
12 994.33	178	15 923.88	145	64	86	883	43	95	29	0	590	0	400	3	264	0	91
2 969	484	8 848.31	243	31	235	274	335	37	101	10	311	3	264	4	227	0	91
20 681.59	103	24 390.4	88	38	177	346	248	38	92	0	590	0	400	4	227	0	91
3 382.03	460	2 901.7	496	7	704	121	711	10	242	0	590	0	400	1	352	0	91
6 713.66	321	8 854.05	242	2	920	128	693	0	605	3	456	1	345	1	352	0	91
140	956	290	859	0	1 024	18	1 090	2	472	0	590	0	400	1	352	0	91
8 895.5	250	8 364.65	251	9	644	140	656	23	133	12	282	8	187	0	444	0	91
2 675.86	509	3 220.44	473	29	260	84	838	1	529	0	590	0	400	1	352	0	91
157 467.17	5	151 807.13	6	361	3	2 859	5	273	10	294	9	137	12	102	2	7	8
29 478.71	65	41 472.31	47	182	10	1 089	24	48	70	73	69	67	31	30	44	1	62
7 653.39	286	8 051.16	262	70	73	672	76	95	29	92	51	92	18	13	106	1	62
59 585	23	85 476.52	13	81	53	1 078	26	252	11	222	15	79	28	62	11	3	35
7 581	288	10 318.7	222	31	235	404	192	63	49	14	259	14	127	6	165	2	45
1 198.93	645	1 387.98	615	7	704	58	935	1	529	6	371	3	264	1	352	0	91
4 655.5	393	5 614.11	344	81	53	746	66	60	52	0	590	0	400	39	30	5	19
9 791	230	9 449.6	235	25	305	237	407	24	128	5	395	5	223	5	190	1	62
1 926	573	473	789	50	127	102	778	0	605	0	590	0	400	4	227	0	91

学校名称	研究与发展课题											
	课题总数（项）		当年新开课题数（项）		当年完成课题数（项）		当年新开课题批准经费（千元）		当年投入人数（人年）		当年拨入经费（千元）	
上海戏剧学院	127	729	62	617	51	506	4 236	468	41.7	636	3 547.07	486
上海大学	1 764	35	537	20	272	60	104 304.01	15	198.3	131	69 024.88	27
上海公安学院	129	725	51	678	43	563	1 401.4	666	41.1	640	1 517.68	643
南京大学	1 412	53	326	71	239	74	80 814	25	167.7	167	87 659.65	17
苏州大学	836	129	288	85	216	93	34 408.24	77	192.7	137	33 595.3	73
东南大学	1 062	89	291	84	109	269	28 943.5	94	300.4	58	22 755.6	121
南京航空航天大学	297	453	82	513	16	836	14 837.6	196	70.4	446	10 764.8	243
南京理工大学	535	247	146	296	132	219	20 082.2	148	79.2	403	13 611.65	198
江苏科技大学	406	342	207	180	47	533	5 422.86	412	106.4	295	3 888.26	463
中国矿业大学	977	102	216	168	238	76	45 018.8	57	230.6	107	19 087.56	144
南京工业大学	536	246	207	180	143	198	7 990	326	80.4	398	6 166.2	369
常州大学	421	327	145	297	155	169	9 680.7	285	129.4	237	9 653.4	269
南京邮电大学	682	181	203	190	142	200	13 803.13	216	184.7	140	13 157.73	209
河海大学	854	120	395	48	266	63	66 380.6	35	326.2	49	56 249.75	33
江南大学	455	292	296	82	138	205	26 787	101	342.8	43	24 164	110
南京林业大学	393	352	102	426	140	202	3 983	485	42.7	631	3 232.8	503
江苏大学	593	212	137	324	106	286	10 334.7	273	145.2	200	9 564.7	274
南京信息工程大学	675	183	195	200	121	238	11 154	255	308	56	10 575.6	248
南通大学	657	189	215	171	266	63	13 913.5	213	118.8	265	13 794.5	195
盐城工学院	292	460	149	284	65	443	4 577	451	30.3	717	4 306	443
南京农业大学	1 804	31	402	45	321	46	39 187.7	66	258.7	86	34 395.59	69
南京医科大学	155	665	54	657	17	821	2 353.08	578	26.6	756	1 931.08	604
徐州医科大学	124	732	50	683	21	777	146	981	26.3	758	66	1 030
南京中医药大学	269	490	82	513	70	423	5 844	393	93.1	345	4 990.6	411
中国药科大学	308	445	134	333	109	269	21 138.5	135	61.1	499	14 250	192
南京师范大学	903	112	260	111	171	142	50 857.4	45	204.8	127	36 620.62	64
江苏师范大学	814	135	259	114	278	56	71 115.6	31	432.5	19	68 301.78	28
淮阴师范学院	567	224	194	203	304	49	11 413.06	253	87.4	370	18 176.06	152
盐城师范学院	629	199	297	81	230	84	37 314.46	67	180.4	144	35 900.46	66
南京财经大学	707	165	262	109	196	117	33 466.82	83	62.7	486	31 543.98	82
江苏警官学院	364	387	78	533	25	729	2 100	604	70	449	2 610	542
南京体育学院	78	860	39	756	17	821	2 935	533	10.7	972	2 599	544
南京艺术学院	357	396	75	553	75	404	4 979	431	101.3	313	4 020.3	458
苏州科技大学	492	271	166	253	148	190	9 888	282	128.9	238	12 347.4	223
常熟理工学院	356	397	197	194	149	185	19 210.59	157	102.7	306	18 710.19	148

续表

				研究与发展成果										获奖成果数(项)			
其中:当年新开课题拨入经费(千元)		当年支出经费(千元)		著作(部)		学术论文(篇)				研究与咨询报告(篇)				合计			
						合计		其中:国外学术刊物发表数		提交有关部门数		其中:被采纳数				其中:国家级和部级	
2 948.91	486	2 836.24	501	17	447	121	711	0	605	3	456	0	400	6	165	0	91
58 472.55	24	62 577.96	26	77	62	1 061	30	157	21	100	44	96	16	37	33	0	91
910.27	695	1 517.68	606	3	872	90	815	1	529	0	590	0	400	0	444	0	91
66 094	19	66 879.15	23	168	13	1 863	11	57	55	71	72	61	32	70	9	1	62
31 148.8	62	27 394.8	75	113	26	853	49	38	92	37	140	30	73	21	65	0	91
13 883.3	164	22 162.53	96	60	95	360	234	0	605	26	190	15	121	24	56	1	62
10 233.8	220	11 267.25	204	35	196	230	426	65	46	19	223	19	111	4	227	4	25
11 257.2	198	12 417.89	187	14	514	237	407	12	217	11	294	9	173	2	304	0	91
2 870.76	489	4 625.48	392	9	644	290	308	5	358	6	371	6	207	2	304	0	91
10 786.26	210	9 602	233	40	170	566	103	93	31	47	114	34	65	11	120	0	91
5 254.2	365	5 808.7	332	25	305	422	172	4	388	5	395	4	240	4	227	0	91
8 493.2	264	8 094.1	261	24	321	293	305	9	265	13	266	10	158	8	148	0	91
8 847.88	252	13 524.53	168	13	537	278	330	0	605	37	140	33	67	6	165	0	91
47 912.01	36	53 938.1	32	86	45	1 190	20	165	17	265	11	222	7	10	129	0	91
23 937	83	20 147.48	110	62	88	512	130	44	81	53	97	20	106	14	99	0	91
2 863	491	2 966.81	492	26	296	314	283	0	605	0	590	0	400	2	304	0	91
9 564.7	233	9 654.7	231	6	742	170	562	29	115	51	102	17	115	4	227	0	91
7 032	307	6 665.11	304	17	447	352	243	56	58	67	73	48	42	4	227	4	25
13 160.5	175	12 686.1	183	31	235	370	221	9	265	72	70	43	50	9	136	0	91
4 246	414	4 704.4	387	14	514	295	303	5	358	19	223	19	111	0	444	0	91
21 369.39	96	35 275.59	56	15	491	568	102	29	115	47	114	41	53	11	120	0	91
1 914.08	577	1 552.69	600	5	779	132	682	0	605	4	421	4	240	0	444	0	91
66	1 010	206.6	902	0	1 024	39	1 019	0	605	11	294	0	400	0	444	0	91
4 651.4	394	4 716.65	386	8	676	284	321	0	605	5	395	5	223	3	264	3	35
13 897	163	12 667	184	3	872	183	528	6	329	16	240	16	117	0	444	0	91
27 563.6	68	29 518.84	71	101	33	896	40	106	26	10	311	5	223	52	18	0	91
65 844.96	20	56 129.28	31	50	127	896	40	44	81	94	48	94	17	19	72	0	91
11 070.06	201	18 730.03	121	33	211	355	237	9	265	3	456	0	400	4	227	0	91
35 542.46	54	33 792.05	58	47	144	505	133	19	154	125	31	102	15	3	264	0	91
26 117.49	73	28 659.11	72	51	120	479	142	57	55	2	490	0	400	16	82	0	91
1 106	663	4 334.04	407	17	447	252	380	0	605	0	590	0	400	0	444	0	91
2 378	524	2 150.05	540	2	920	62	915	2	472	0	590	0	400	2	304	0	91
3 197.5	471	4 036.44	420	27	290	617	90	0	605	5	395	4	240	6	165	0	91
9 266.5	240	12 414.4	188	22	357	413	184	3	422	15	247	13	138	6	165	0	91
18 369.59	120	18 408.15	123	9	644	257	371	5	358	87	55	87	20	2	304	0	91

学校名称	研究与发展课题											
	课题总数（项）		当年新开课题数（项）		当年完成课题数（项）		当年新开课题批准经费（千元）		当年投入人数（人年）		当年拨入经费(千元)	
浙江大学	4 328	3	746	12	455	19	292 367.1	4	308.1	55	235 824.88	4
杭州电子科技大学	1 004	100	220	161	134	215	19 096.79	159	280.4	74	13 887.9	193
浙江工业大学	1 424	50	405	41	221	90	77 083.56	29	417.3	22	47 860.71	45
浙江理工大学	1 916	27	403	44	212	95	42 453.49	62	328.1	48	40 371.31	56
浙江海洋大学	365	386	97	444	109	269	5 092.3	426	102.4	308	5 224.8	402
浙江农林大学	332	420	140	314	92	327	6 665.1	369	68.5	456	7 119.1	341
温州医科大学	273	483	96	448	90	333	5 167	423	48.3	596	5 936	374
浙江中医药大学	274	480	128	350	39	600	1 934	619	83.4	381	1 749	619
浙江师范大学	1 600	41	347	64	418	28	41 630.1	63	598.4	7	35 786.41	67
杭州师范大学	1 556	45	299	78	410	31	30 831.27	89	166.2	170	23 404.83	116
湖州师范学院	500	265	276	96	148	190	8 731.89	311	86.4	374	8 622.99	300
绍兴文理学院	481	280	168	251	180	132	12 058.6	243	94	342	11 912.27	229
台州学院	309	442	108	403	84	361	4 032.5	480	142	209	4 071.83	455
温州大学	914	110	263	107	169	145	21 127.32	136	247.7	91	15 642.18	168
丽水学院	834	130	192	208	274	59	14 771.17	199	234	102	11 993.92	227
浙江工商大学	1 088	85	459	33	466	17	53 625.76	42	287.6	68	41 982.67	55
嘉兴学院	560	229	256	119	158	164	14 697.07	202	80.5	397	13 201.13	208
中国美术学院	465	286	107	408	56	487	25 581.81	107	119.2	263	23 443.77	115
中国计量大学	1 703	39	281	92	219	91	32 042.45	87	127	243	26 749.44	97
安徽大学	1 434	47	302	76	278	56	32 130.07	86	168.4	165	28 199.76	90
中国科学技术大学	174	630	63	610	40	588	7 072.77	355	86.6	373	9 202.23	282
合肥工业大学	732	156	164	259	199	114	11 091.5	257	161.3	176	10 319.57	253
安徽工业大学	762	150	177	236	205	103	13 990.85	211	314.2	53	12 508.42	220
安徽理工大学	130	723	68	583	82	374	4 592	450	70.1	447	3 770	472
安徽工程大学	275	477	71	568	29	684	5 211.5	421	49.1	589	3 523.4	487
安徽农业大学	440	302	106	412	40	588	6 008	389	55.4	534	5 838	376
安徽医科大学	145	685	78	533	1	1 089	1 365	669	45	617	1 121	690
蚌埠医学院	167	649	51	678	46	539	879	755	51.5	570	827	758
皖南医学院	116	755	47	707	34	646	706	785	12.5	941	591	805
安徽中医药大学	144	686	50	683	43	563	913	745	26.2	765	958	726
安徽师范大学	1 274	62	238	138	337	41	20 707.96	142	172.7	157	24 002.81	112
阜阳师范学院	567	224	218	166	103	291	8 877.56	305	82.8	386	8 716.06	296
安庆师范大学	436	310	72	563	7	962	4 680	444	110.3	283	3 991	459
淮北师范大学	315	435	113	390	34	646	4 320	464	70.1	447	4 139	449

续表

其中:当年新开课题拨入经费(千元)		当年支出经费(千元)		研究与发展成果 著作(部)		学术论文(篇) 合计		学术论文(篇) 其中:国外学术刊物发表数		研究与咨询报告(篇) 提交有关部门数		研究与咨询报告(篇) 其中:被采纳数		获奖成果数(项) 合计		获奖成果数(项) 其中:国家级和部级	
172 662.59	4	229 907.32	2	162	15	1 479	16	324	4	397	3	158	9	6	165	6	15
10 880.3	209	9 195.86	241	42	164	389	202	11	226	57	91	42	51	0	444	0	91
38 207.76	46	43 548.37	42	54	112	262	358	28	119	293	10	230	5	0	444	0	91
31 868.63	60	30 051.35	70	44	158	510	131	45	79	20	218	6	207	0	444	0	91
4 069.8	422	3 589.18	446	28	277	100	787	11	226	43	127	11	152	0	444	0	91
6 611.1	325	6 658.42	305	22	357	152	617	0	605	0	590	0	400	0	444	0	91
4 628	395	3 738.11	439	4	825	101	781	0	605	2	490	2	298	0	444	0	91
1 518	614	1 022.14	667	26	296	251	384	0	605	35	144	0	400	0	444	0	91
31 079.41	63	39 053.82	51	82	51	837	52	39	90	43	127	42	51	0	444	0	91
22 018.03	94	8 048.33	263	79	59	539	112	9	265	31	159	23	99	0	444	0	91
7 434.89	294	7 183.49	289	13	537	329	264	8	288	10	311	10	158	0	444	0	91
11 215.6	199	9 711.19	230	23	336	233	417	4	388	28	174	7	196	0	444	0	91
2 449.35	521	3 047.18	484	20	397	90	815	1	529	32	154	24	93	0	444	0	91
13 622.68	169	14 716.72	156	22	357	256	373	10	242	11	294	3	264	1	352	1	62
8 179.62	273	8 437.48	249	21	376	289	311	10	242	30	164	13	138	0	444	0	91
36 788.72	52	46 269.78	41	48	138	465	151	14	190	60	82	37	57	4	227	4	25
10 281.83	219	9 951.24	227	20	397	170	562	16	171	5	395	2	298	0	444	0	91
19 586.35	109	20 855.07	106	135	18	614	91	4	388	0	590	0	400	0	444	0	91
23 512.67	85	10 264.84	223	21	376	105	769	2	472	28	174	28	80	0	444	0	91
23 054.68	88	20 107.07	112	61	91	965	35	0	605	11	294	10	158	2	304	2	45
5 236.77	366	6 570.67	310	10	616	100	787	15	184	0	590	0	400	0	444	0	91
7 773.35	284	4 053.49	419	7	704	376	210	60	52	13	266	12	144	0	444	0	91
8 667.95	259	16 583.16	134	13	537	251	384	0	605	126	29	2	298	0	444	0	91
2 812	496	3 551.4	451	15	491	196	492	9	265	4	421	1	345	0	444	0	91
3 523.4	450	2 660.4	510	30	247	150	625	3	422	6	371	3	264	0	444	0	91
5 723	357	5 573.4	347	11	588	272	342	0	605	10	311	10	158	0	444	0	91
1 081	665	743.25	721	7	704	134	677	0	605	0	590	0	400	0	444	0	91
827	720	1 147	652	0	1 024	154	610	0	605	0	590	0	400	0	444	0	91
396	828	398.62	811	0	1 024	115	729	4	388	0	590	0	400	0	444	0	91
873	708	1 133.5	654	4	825	63	911	0	605	0	590	0	400	0	444	0	91
17 976.96	122	25 785.35	82	54	112	594	95	15	184	49	109	10	158	0	444	0	91
8 628.06	262	5 866.06	329	33	211	237	407	10	242	2	490	2	298	0	444	0	91
3 406	459	3 366.55	465	19	417	369	222	8	288	0	590	0	400	0	444	0	91
3 809	436	3 426.5	464	21	376	119	718	13	203	4	421	4	240	0	444	0	91

学校名称	研究与发展课题											
	课题总数（项）		当年新开课题数（项）		当年完成课题数（项）		当年新开课题批准经费（千元）		当年投入人数（人年）		当年拨入经费（千元）	
黄山学院	486	276	127	353	76	398	1 957.3	615	76	422	2 322.51	564
皖西学院	284	465	74	558	79	389	2 076.4	608	85.3	376	2 208.84	579
滁州学院	211	569	63	610	119	243	4 727.94	442	51.2	575	4 657.94	427
安徽财经大学	768	146	215	171	156	167	8 838	307	234.6	100	8 133	318
宿州学院	260	500	49	693	95	319	865.36	756	45.4	612	1 878.46	609
巢湖学院	283	467	55	651	56	487	983	728	80.6	395	973	721
淮南师范学院	238	524	92	470	110	267	967	734	130.8	235	1 121	690
铜陵学院	369	380	120	370	190	123	2 085	606	90.2	355	2 034	593
厦门大学	2 735	13	611	18	633	10	119 699.36	13	500.1	13	116 942.57	12
华侨大学	1 586	42	392	49	455	19	23 964.26	117	260	85	19 691.26	140
福州大学	932	105	270	102	386	34	21 071	138	124	247	18 709.43	149
福建工程学院	551	238	127	353	113	257	5 678.98	398	151.8	189	4 755.2	422
福建农林大学	613	205	230	145	126	231	20 712.8	141	109.6	285	20 253.5	135
集美大学	1 009	99	326	71	231	83	17 115.68	172	109	287	14 563.99	188
福建医科大学	177	626	62	617	60	471	1 295	673	51.3	571	1 295	668
福建中医药大学	253	510	75	553	92	327	981	729	71.6	443	1 013.6	711
福建师范大学	1 323	58	451	35	268	62	40 874.28	64	346.5	41	45 609.95	51
闽江学院	532	249	165	256	83	365	4 719.5	443	61.3	497	5 357.5	394
武夷学院	273	483	88	487	36	626	2 203	589	96.9	335	2 130	585
宁德师范学院	450	296	154	276	123	236	3 343	507	50.2	582	3 348	495
泉州师范学院	503	262	165	256	153	172	7 602.83	334	99.4	322	6 842.53	352
福建师范大学福清分校	437	308	153	280	24	745	6 820.13	365	98.6	330	6 288.97	366
闽南师范大学	660	187	178	234	117	247	5 485.25	409	94.6	340	5 643.25	383
南昌大学	2 229	19	258	116	450	21	35 868.5	71	80.2	399	33 233	74
华东交通大学	371	379	162	262	150	182	12 312.78	240	12.8	935	8 225.95	313
东华理工大学	449	298	139	317	105	287	4 557.3	452	69.5	453	3 696.25	476
南昌航空大学	326	427	109	399	28	698	3 949.8	487	58.5	513	2 659.8	538
江西理工大学	286	464	135	329	9	922	4 832.5	437	39.6	649	4 847.5	417
景德镇陶瓷大学	325	428	106	412	26	716	7 167.92	353	65.7	472	6 850.36	351
江西农业大学	271	487	83	507	82	374	4 002	483	32.4	701	4 022	457
江西中医药大学	71	880	35	787	0	1 106	827	766	25.8	768	1 167	683
赣南医学院	75	868	17	942	56	487	181	962	12	947	181	948
江西师范大学	2 615	14	254	122	30	672	16 896.34	175	137.7	218	15 049.84	177
上饶师范学院	384	366	140	314	133	217	13 663.12	221	63.9	478	13 098.61	210
宜春学院	489	274	118	376	71	415	4 966	432	51.7	566	4 548	433

续表

				研究与发展成果										获奖成果数(项)			
其中:当年新开课题拨入经费(千元)		当年支出经费(千元)		著作(部)		学术论文(篇)				研究与咨询报告(篇)				合计		其中:国家级和部级	
						合计		其中:国外学术刊物发表数		提交有关部门数		其中:被采纳数					
1 668.65	600	2 542.48	517	7	704	304	292	4	388	8	338	0	400	0	444	0	91
1 912.04	578	2 127.3	544	9	644	160	594	0	605	3	456	3	264	0	444	0	91
4 657.94	392	4 469.94	400	9	644	212	460	0	605	0	590	0	400	0	444	0	91
7 658	285	10 746.85	214	57	99	697	73	21	142	60	82	7	196	0	444	0	91
805.36	724	1 912.46	569	21	376	229	431	9	265	4	421	0	400	0	444	0	91
973	680	650.7	745	13	537	155	605	0	605	0	590	0	400	0	444	0	91
837	717	1 147.2	651	5	779	315	280	0	605	0	590	0	400	0	444	0	91
2 034	560	2 572	515	21	376	241	399	0	605	39	134	39	54	0	444	0	91
77 932.92	14	121 424.12	8	125	21	1 798	12	244	12	151	22	144	11	78	5	7	8
18 274.26	121	19 625.88	114	32	225	516	127	5	358	83	59	47	44	28	46	0	91
13 907.5	162	16 168.6	140	13	537	475	145	43	83	132	28	81	27	15	91	0	91
3 733.2	439	2 612.04	513	13	537	287	317	9	265	5	395	5	223	2	304	0	91
19 873.5	108	21 359.5	102	13	537	488	139	0	605	58	89	52	38	7	153	0	91
10 378.68	218	7 890.72	265	10	616	163	586	2	472	102	42	84	22	6	165	0	91
1 295	635	795.4	704	1	970	115	729	0	605	9	325	0	400	0	444	0	91
908.6	697	520.21	773	3	872	107	763	0	605	24	197	18	113	0	444	0	91
36 671.69	53	61 131.24	29	85	46	577	99	10	242	55	92	38	56	53	17	0	91
4 321.5	412	4 744.7	384	11	588	545	109	16	171	27	183	27	84	3	264	0	91
2 130	554	2 394	522	2	920	151	622	0	605	6	371	0	400	1	352	0	91
3 333	464	1 887.83	571	6	742	143	646	0	605	0	590	0	400	1	352	0	91
6 630.53	322	6 960.05	295	20	397	253	378	17	165	29	166	29	76	5	190	0	91
5 422.33	363	4 354.36	405	2	920	104	772	0	605	9	325	9	173	1	352	0	91
4 904.25	377	4 064.9	418	12	561	177	544	0	605	4	421	0	400	6	165	0	91
32 533	58	33 173	62	29	260	537	113	9	265	29	166	29	76	0	444	0	91
8 225.95	270	7 096.19	290	38	177	371	220	6	329	15	247	15	121	0	444	0	91
2 665.3	510	3 598.5	444	18	431	233	417	3	422	8	338	0	400	0	444	0	91
2 598.8	512	2 600.33	514	14	514	207	469	5	358	5	395	5	223	0	444	0	91
4 732.5	387	3 832.56	430	10	616	114	736	4	388	5	395	1	345	0	444	0	91
6 629.03	323	5 982	327	22	357	252	380	0	605	2	490	2	298	0	444	0	91
3 982	428	2 115	546	12	561	234	416	9	265	8	338	6	207	0	444	0	91
656	754	1 022.5	666	3	872	34	1 032	0	605	0	590	0	400	0	444	0	91
181	930	321.6	849	0	1 024	25	1 063	0	605	0	590	0	400	0	444	0	91
14 449.84	156	13 111.64	172	61	91	471	148	45	79	0	590	0	400	0	444	0	91
12 783.12	184	11 212.46	206	7	704	146	635	3	422	0	590	0	400	0	444	0	91
4 213	418	3 932.72	425	10	616	215	456	0	605	0	590	0	400	0	444	0	91

学校名称	研究与发展课题											
	课题总数（项）		当年新开课题数（项）		当年完成课题数（项）		当年新开课题批准经费（千元）		当年投入人数（人年）		当年拨入经费（千元）	
赣南师范大学	858	119	166	253	72	411	21 455.28	131	57.6	518	20 911.28	131
井冈山大学	234	530	112	392	15	850	19 634.12	153	51.6	568	11 023.83	238
江西财经大学	846	122	200	193	114	254	20 990.76	139	126.7	244	23 100.96	117
山东大学	2 608	15	640	16	447	22	81 428.78	24	299.9	60	76 223.58	23
中国海洋大学	415	332	112	392	86	348	12 858	232	140.3	211	12 763.3	217
山东科技大学	223	551	98	439	45	549	3 036	523	101.3	313	2 303	568
中国石油大学（华东）	760	151	156	270	167	150	10 487	266	77.6	410	10 812.35	242
青岛科技大学	623	202	148	289	173	138	4 246.3	466	100.8	317	3 818.8	469
济南大学	721	159	240	135	172	139	15 845.95	182	197.3	134	15 337.4	173
青岛理工大学	228	544	81	519	92	327	1 993	613	70	449	1 808	613
山东建筑大学	361	389	100	430	68	427	4 145.37	475	138.1	216	4 112.67	452
齐鲁工业大学	339	411	93	460	109	269	2 822.3	546	55.6	530	2 947.9	513
山东理工大学	469	285	196	197	60	471	11 797	247	132.5	231	11 684.75	232
山东农业大学	252	511	105	416	90	333	1 714	636	43.1	627	1 417.37	654
青岛农业大学	202	580	122	365	76	398	7 338	340	40.3	644	7 564	328
潍坊医学院	127	729	49	693	25	729	2 757	550	63.3	482	2 142.5	583
泰山医学院	452	293	129	346	36	626	505	833	103.7	302	350.5	876
滨州医学院	99	804	83	507	8	947	1 084	708	24	786	1 020	709
山东中医药大学	43	976	17	942	8	947	335	891	9.8	982	325	886
济宁医学院	133	716	81	519	4	1 017	1 120	703	42.8	630	987	717
山东师范大学	854	120	304	75	229	85	26 375.67	103	174	156	25 346.67	104
曲阜师范大学	547	241	134	333	65	443	11 051	260	199	129	9 531	275
聊城大学	411	337	105	416	59	475	7 073	354	278.6	76	6 280.5	367
德州学院	265	495	105	416	10	914	2 524.44	562	164.9	171	2 533.79	546
滨州学院	361	389	99	437	49	520	2 446	568	88.1	366	2 660.24	537
鲁东大学	356	397	133	339	136	212	9 323.2	292	52	565	8 328.18	309
临沂大学	1 183	73	425	40	294	54	13 474.13	223	87.6	368	13 358.61	201
泰山学院	668	185	378	54	146	194	11 707.62	248	158.6	182	8 271.18	311
济宁学院	169	645	49	693	21	777	751	777	64.2	477	687	776
菏泽学院	132	721	22	905	31	665	570	818	66.7	467	467	843
山东财经大学	648	192	230	145	225	88	23 104.4	122	299.4	61	19 993.9	137
山东体育学院	78	860	24	886	15	850	957	736	70.9	445	958	726
山东艺术学院	451	294	90	482	25	729	2 410	572	28.5	734	2 390	555
郑州大学	1 724	37	405	41	390	33	53 683.34	41	287.3	69	54 711.34	34

续表

				研究与发展成果										获奖成果数(项)			
其中:当年新开课题拨入经费(千元)		当年支出经费(千元)		著作(部)		学术论文(篇)				研究与咨询报告(篇)				合计		其中:国家级和部级	
						合计		其中:国外学术刊物发表数		提交有关部门数		其中:被采纳数					
20 911.28	101	20 911.28	105	71	71	444	160	0	605	3	456	0	400	0	444	0	91
11 020.83	203	10 749.63	213	10	616	212	460	6	329	0	590	0	400	0	444	0	91
17 549.86	124	22 334.02	94	98	36	525	118	74	38	59	87	32	68	0	444	0	91
55 729.72	26	69 970.45	18	174	11	864	45	67	45	43	127	36	62	44	25	0	91
11 053	202	14 458.24	158	16	473	238	406	26	123	3	456	0	400	3	264	0	91
1 879	583	1 777.23	583	24	321	289	311	17	165	0	590	0	400	2	304	0	91
7 221.4	304	10 320.13	221	20	397	257	371	28	119	19	223	12	144	5	190	0	91
3 462.3	454	4 998.4	368	25	305	191	503	8	288	16	240	10	158	1	352	0	91
14 278	158	16 112.32	143	33	211	410	186	20	147	13	266	9	173	18	76	0	91
1 698	597	1 985	563	9	644	121	711	2	472	27	183	21	103	0	444	0	91
3 970.17	429	3 451.64	461	34	203	164	580	3	422	32	154	22	101	2	304	0	91
2 727.9	502	2 983.65	489	26	296	109	755	5	358	4	421	4	240	0	444	0	91
9 631.75	231	14 032.84	162	35	196	504	134	10	242	11	294	10	158	9	136	0	91
1 347.37	627	1 149.89	650	17	447	423	170	3	422	6	371	4	240	1	352	0	91
7 338	300	4 922.3	370	9	644	149	626	0	605	6	371	3	264	1	352	0	91
1 987.5	564	1 998.75	560	18	431	84	838	0	605	0	590	0	400	1	352	0	91
298	873	314.5	851	20	397	6	1 154	0	605	20	218	4	240	0	444	0	91
914	692	932	680	12	561	158	596	0	605	0	590	0	400	1	352	0	91
325	858	153	935	4	825	21	1 079	0	605	0	590	0	400	0	444	0	91
987	678	78	990	1	970	63	911	7	307	0	590	0	400	1	352	0	91
24 376.67	80	17 759.48	127	106	30	699	72	55	59	13	266	9	173	36	34	1	62
9 381	237	7 617.39	274	34	203	380	208	20	147	11	294	0	400	23	60	0	91
6 255.5	337	6 280.5	315	67	79	407	188	0	605	2	490	0	400	10	129	0	91
2 313.79	529	802.33	700	21	376	98	794	3	422	1	533	0	400	1	352	0	91
2 301	531	802.18	702	25	305	180	536	9	265	0	590	0	400	2	304	0	91
7 305.18	302	7 545.25	277	48	138	278	330	9	265	6	371	0	400	14	99	1	62
11 675.71	193	7 617.75	273	31	235	194	497	11	226	119	35	15	121	6	165	0	91
8 006.18	277	3 955.71	423	36	191	196	492	14	190	5	395	2	298	1	352	0	91
681	748	621.84	752	0	1 024	73	877	0	605	1	533	0	400	0	444	0	91
357	847	615.8	754	8	676	134	677	0	605	0	590	0	400	0	444	0	91
15 294.7	146	22 694.66	93	16	473	488	139	43	83	45	122	20	106	20	66	1	62
927	687	1 053.4	663	9	644	49	970	0	605	26	190	0	400	0	444	0	91
2 390	522	4 150.48	414	84	49	369	222	27	122	0	590	0	400	0	444	0	91
51 799.34	30	46 304.03	40	101	33	799	57	16	171	67	73	0	400	19	72	0	91

学校名称	研究与发展课题											
	课题总数（项）		当年新开课题数（项）		当年完成课题数（项）		当年新开课题批准经费（千元）		当年投入人数（人年）		当年拨入经费（千元）	
河南理工大学	519	256	210	177	224	89	5 160	424	55.4	534	5 278	398
郑州轻工业学院	337	414	139	317	67	434	15 862.25	180	127.3	242	15 066.26	176
河南工业大学	461	287	183	224	259	66	5 818.39	395	76.4	421	5 923.9	375
河南科技大学	241	521	82	513	109	269	4 383.86	462	66.7	467	3 488	490
中原工学院	387	360	147	294	94	321	7 768.9	330	101.3	313	7 278.5	334
河南农业大学	155	665	72	563	75	404	1 310	672	34.9	680	1 110	693
河南科技学院	198	589	75	553	95	319	1 344	670	17.6	866	1 425	653
河南牧业经济学院	65	899	28	844	25	729	880	754	19.1	846	702	773
河南中医药大学	102	794	50	683	40	588	1 180	693	19.7	838	1 072	701
新乡医学院	78	860	32	812	39	600	600	808	7.9	1 024	727	770
河南大学	789	141	241	134	163	154	11 080	258	160.2	177	10 655	246
河南师范大学	1 175	75	396	47	686	9	12 202.4	241	113.9	277	11 555.4	235
信阳师范学院	360	394	148	289	71	415	9 008	302	108	290	9 259	281
周口师范学院	58	923	40	749	38	609	2 160	594	28.3	737	2 120	587
安阳师范学院	502	264	355	61	204	106	2 223	588	159.5	180	2 289	569
许昌学院	720	160	273	98	328	44	2 109.9	600	92.4	347	2 444.19	552
南阳师范学院	386	361	208	179	151	178	2 063	610	49.5	584	2 002	596
洛阳师范学院	560	229	251	127	183	131	15 478.99	188	135.1	224	13 357.26	202
商丘师范学院	101	797	39	756	32	661	19 240	156	55.5	532	19 195	143
河南财经政法大学	1 246	66	368	59	377	35	12 373	238	80.8	394	12 738.6	218
郑州航空工业管理学院	526	254	247	130	164	153	4 179	473	228.8	109	3 785.4	471
武汉大学	3 298	8	963	4	1 251	2	183 629.61	7	840.4	3	147 440.23	7
华中科技大学	1 206	69	189	216	152	175	35 264.94	74	231.4	106	31 619.48	81
武汉科技大学	561	227	92	470	99	300	4 442.98	458	76.8	419	5 149.68	406
长江大学	290	461	118	376	77	396	5 056	429	75.8	424	4 666.6	426
武汉工程大学	404	344	127	353	127	230	6 657	370	55.2	537	5 331	395
中国地质大学（武汉）	588	213	213	174	64	452	35 482.7	73	78.7	405	30 093.14	86
武汉纺织大学	280	471	126	358	35	635	11 074	259	68.3	457	10 604	247
武汉轻工大学	115	759	73	561	58	477	3 318	508	48.9	592	3 348	495
武汉理工大学	1 264	64	207	180	151	178	24 495.3	113	176.9	152	22 946.4	118
湖北工业大学	451	294	253	124	169	145	12 922.02	230	233.7	103	12 012.42	225
华中农业大学	345	407	128	350	162	157	21 112.87	137	152.1	188	33 135.68	75
湖北中医药大学	55	932	16	953	9	922	480	842	57.6	518	212	927
华中师范大学	1 865	29	524	21	691	8	62 380.17	36	696.3	4	62 075.6	29
湖北大学	842	125	288	85	226	87	30 010.48	92	158.6	182	29 711.75	87

续表

				研究与发展成果										获奖成果数(项)			
其中:当年新开课题拨入经费(千元)		当年支出经费(千元)		著作(部)		学术论文(篇)				研究与咨询报告(篇)				合计		其中:国家级和部级	
						合计		其中:国外学术刊物发表数		提交有关部门数		其中:被采纳数					
4 742	386	4 869.7	372	32	225	494	137	14	190	0	590	0	400	9	136	0	91
14 526.26	154	11 940.26	199	20	397	87	831	0	605	21	212	0	400	5	190	0	91
4 415.9	406	5 553.9	349	15	491	401	194	10	242	24	197	1	345	14	99	0	91
3 027	479	4 911.57	371	28	277	207	469	3	422	0	590	0	400	12	112	0	91
7 278.5	303	7 200.3	288	35	196	282	323	0	605	0	590	0	400	6	165	0	91
1 070	668	975.5	675	8	676	89	822	2	472	9	325	0	400	2	304	0	91
1 178	649	1 808	579	25	305	199	483	7	307	0	590	0	400	5	190	0	91
702	743	707	731	0	1 024	42	1 000	0	605	21	212	0	400	1	352	0	91
978	679	888.9	692	9	644	110	750	3	422	0	590	0	400	3	264	0	91
479	802	655.2	743	15	491	56	942	2	472	0	590	0	400	1	352	0	91
10 080	227	16 425.81	139	117	23	1 187	21	32	110	0	590	0	400	31	42	0	91
10 949.4	206	14 754.56	154	45	151	417	180	0	605	0	590	0	400	14	99	0	91
8 899	249	16 142	141	10	616	662	80	10	242	0	590	0	400	12	112	0	91
2 050	557	2 240	531	13	537	97	800	1	529	1	533	1	345	3	264	0	91
2 183	547	1 974.6	564	21	376	240	402	16	171	0	590	0	400	3	264	0	91
1 907.53	580	2 989.59	488	47	144	364	227	6	329	31	159	0	400	4	227	0	91
1 956	568	922	682	9	644	233	417	1	529	0	590	0	400	2	304	0	91
11 826.26	191	7 617.96	272	27	290	367	225	13	203	15	247	2	298	7	153	0	91
19 175	114	16 493	137	15	491	175	548	13	203	0	590	0	400	5	190	0	91
11 614	194	16 038.6	144	59	97	355	237	15	184	0	590	0	400	9	136	0	91
3 435.4	458	3 466.3	459	26	296	239	405	0	605	29	166	0	400	2	304	0	91
128 488.65	7	131 811.74	7	296	6	3 189	2	274	9	335	6	327	1	78	5	7	8
20 114.35	106	16 980.67	130	66	80	791	60	161	19	51	102	30	73	38	32	0	91
3 643.98	440	5 516.1	351	29	260	420	177	14	190	46	118	39	54	7	153	0	91
3 935.6	430	3 065.35	481	23	336	299	296	36	102	17	234	11	152	4	227	0	91
4 373	407	5 058.52	366	7	704	230	426	0	605	3	456	0	400	1	352	0	91
16 836.98	132	11 961.72	197	32	225	226	438	41	86	3	456	1	345	10	129	0	91
10 604	214	10 207	224	22	357	285	319	0	605	4	421	0	400	6	165	0	91
3 188	472	3 531	452	21	376	208	467	0	605	0	590	0	400	0	444	0	91
19 163.2	115	21 771.65	101	45	151	508	132	34	108	11	294	8	187	8	148	7	8
10 210.02	221	14 540.91	157	42	164	547	108	10	242	40	132	35	63	5	190	0	91
16 382.22	136	27 167.8	76	25	305	363	229	47	71	23	202	11	152	9	136	0	91
182	929	384	821	6	742	17	1 098	0	605	0	590	0	400	0	444	0	91
48 229.7	34	62 629.65	25	171	12	928	39	22	134	90	54	89	19	40	29	1	62
28 376.09	66	25 466.21	85	81	53	602	93	6	329	17	234	16	117	16	82	0	91

学校名称	研究与发展课题											
	课题总数（项）		当年新开课题数（项）		当年完成课题数（项）		当年新开课题批准经费（千元）		当年投入人数（人年）		当年拨入经费(千元)	
湖北师范大学	415	332	18	934	68	427	1 550.8	653	16.6	879	2 390.2	554
黄冈师范学院	1 190	71	372	57	149	185	13 710.55	220	52.2	561	13 303.55	203
湖北民族学院	234	530	68	583	82	374	4 354.4	463	48.3	596	3 279.97	501
汉江师范学院	79	856	25	873	43	563	154	976	23.5	792	154	970
湖北文理学院	243	519	47	707	108	277	5 470	410	18.6	853	5 492	388
中南财经政法大学	1 790	33	307	74	514	12	43 601.55	61	488	14	49 596.09	41
武汉体育学院	505	261	116	384	109	269	8 824.2	308	38.1	657	8 763.3	294
湖北美术学院	192	600	87	493	56	487	3 684.14	499	32.8	696	1 908.08	606
中南民族大学	1 040	91	224	155	237	78	17 380.62	171	287.8	67	13 648.97	196
湖北汽车工业学院	100	799	55	651	49	520	4 460	457	60.9	500	3 746	475
湖北工程学院	355	399	118	376	202	109	4 919.6	433	80.9	392	4 719.6	423
湘潭大学	1 581	43	280	94	392	32	23 855.8	118	360.2	38	26 151	101
吉首大学	876	115	93	460	57	479	5 555.3	406	103.2	304	3 747.5	474
湖南大学	1 376	55	362	60	152	175	79 373.83	28	363.2	37	42 115.93	54
中南大学	1 426	49	196	197	85	352	43 672.65	60	364.4	36	53 975.93	35
湖南科技大学	611	208	173	242	150	182	11 440.59	252	435.6	17	11 016.17	239
长沙理工大学	742	153	129	346	423	24	9 902.2	281	178.8	148	17 781.45	156
湖南农业大学	782	142	141	310	67	434	7 759.19	331	169.6	161	9 032.03	290
中南林业科技大学	702	170	149	284	39	600	10 276.39	274	174.9	155	9 581.11	273
湖南中医药大学	103	791	36	779	22	766	1 279	675	15.5	892	910	734
湖南师范大学	1 413	52	448	37	252	68	34 887.29	75	404.9	24	34 560.81	68
湖南理工学院	572	221	271	100	23	754	21 161.57	134	77	416	20 861.77	132
湘南学院	390	355	56	647	71	415	1 460	662	45.7	609	1 347	664
衡阳师范学院	827	132	212	176	211	97	9 559.6	288	147.3	196	8 707.11	297
邵阳学院	403	345	96	448	109	269	3 391.71	503	79.8	400	4 820.11	418
怀化学院	774	143	133	339	105	287	7 238.48	347	144.2	205	6 937.98	349
湖南文理学院	396	350	182	226	38	609	7 255	345	177.2	150	9 746	267
湖南科技学院	689	176	253	124	113	257	16 080.9	177	82.7	387	16 029.5	166
湖南人文科技学院	301	449	92	470	9	922	5 864.76	392	72.1	441	5 234.48	400
湖南商学院	863	118	197	194	162	157	10 040.49	279	268.3	79	12 645.52	219
南华大学	763	149	131	343	169	145	4 770	440	144.5	204	4 581	431
中山大学	4 199	4	943	5	779	6	167 562.5	8	637.7	5	137 004.56	9
暨南大学	1 851	30	623	17	457	18	129 687.47	12	370.9	35	128 069.3	11
汕头大学	707	165	165	256	85	352	18 876.29	160	178.6	149	16 073.96	165
华南理工大学	2 739	12	749	11	917	5	133 330.64	11	250.2	89	101 788.17	14

续表

其中：当年新开课题拨入经费（千元）		当年支出经费（千元）		研究与发展成果										获奖成果数（项）			
				著作（部）		学术论文（篇）				研究与咨询报告（篇）				合计		其中：国家级和部级	
						合计		其中：国外学术刊物发表数		提交有关部门数		其中：被采纳数					
1 540.8	613	2 562.4	516	18	431	260	365	2	472	0	590	0	400	0	444	0	91
13 183.55	173	12 731.55	182	17	447	447	158	11	226	2	490	2	298	3	264	0	91
3 007.97	481	3 047.62	483	22	357	122	707	0	605	10	311	4	240	5	190	4	25
154	951	157	931	3	872	101	781	0	605	0	590	0	400	0	444	0	91
5 315	364	4 744.5	385	27	290	127	696	3	422	7	358	2	298	2	304	0	91
37 713.55	47	60 778.89	30	111	28	1 118	23	160	20	51	102	48	42	32	39	3	35
8 763.3	257	7 252.58	285	30	247	122	707	10	242	0	590	0	400	4	227	0	91
1 908.08	579	2 380.38	524	23	336	233	417	8	288	0	590	0	400	2	304	0	91
10 954.64	205	14 293.97	159	53	117	517	124	9	265	15	247	9	173	16	82	6	15
3 240	469	3 763	437	9	644	170	562	21	142	6	371	0	400	1	352	0	91
4 485.6	404	4 533.9	397	19	417	153	614	6	329	51	102	50	39	0	444	0	91
16 224	137	12 738.99	181	60	95	764	64	13	203	11	294	11	152	2	304	0	91
3 590.5	444	1 464.32	610	29	260	299	296	6	329	4	421	1	345	5	190	4	25
36 877.81	51	39 352.7	50	68	77	1 070	28	147	23	20	218	16	117	1	352	0	91
26 866	70	36 237.42	55	69	74	707	71	8	288	15	247	5	223	0	444	0	91
10 173.17	223	10 147	225	38	177	443	162	0	605	8	338	0	400	0	444	0	91
8 327.2	268	16 477.44	138	14	514	315	280	0	605	0	590	0	400	0	444	0	91
5 932.44	351	7 052.09	292	48	138	376	210	3	422	2	490	0	400	0	444	0	91
8 109.51	275	6 414.67	314	16	473	219	450	54	61	3	456	0	400	0	444	0	91
910	696	730.1	724	7	704	77	862	5	358	3	456	3	264	0	444	0	91
24 805.81	78	12 018.74	193	94	38	961	37	47	71	10	311	8	187	1	352	0	91
20 663.17	104	16 722.01	133	28	277	270	346	0	605	6	371	6	207	0	444	0	91
1 130	656	430.34	803	5	779	175	548	5	358	0	590	0	400	0	444	0	91
6 809.91	316	7 616.69	276	33	211	277	333	6	329	1	533	0	400	1	352	0	91
3 021.71	480	3 155.26	478	29	260	395	197	3	422	0	590	0	400	0	444	0	91
6 935.98	312	5 588.53	345	25	305	355	237	0	605	0	590	0	400	0	444	0	91
6 016	347	9 651.77	232	59	97	337	257	14	190	0	590	0	400	0	444	0	91
15 717.9	140	11 946.95	198	41	166	442	163	1	529	0	590	0	400	0	444	0	91
4 682.48	391	4 783.06	380	22	357	350	246	0	605	0	590	0	400	0	444	0	91
5 859.49	355	7 873.37	266	46	148	363	229	28	119	23	202	20	106	0	444	0	91
4 571	398	3 217.23	474	13	537	213	459	2	472	0	590	0	400	0	444	0	91
105 748.07	9	95 986.05	11	202	7	2 182	7	277	8	441	2	150	10	7	153	7	8
112 186.15	8	111 850.29	9	66	80	840	51	82	36	194	18	53	37	0	444	0	91
13 735.6	167	11 532.92	201	13	537	135	673	24	128	7	358	2	298	0	444	0	91
71 748.47	16	76 472.11	17	54	112	822	55	98	28	559	1	165	8	0	444	0	91

学校名称	研究与发展课题											
	课题总数（项）		当年新开课题数（项）		当年完成课题数（项）		当年新开课题批准经费（千元）		当年投入人数（人年）		当年拨入经费（千元）	
华南农业大学	1 175	75	170	246	194	120	21 445.7	132	397.2	26	26 846.91	95
广东海洋大学	419	330	143	307	110	267	9 318.72	293	98.9	327	8 457.51	303
广州医科大学	142	692	26	865	24	745	1 658	643	18.9	848	1 283	669
广东医科大学	136	709	43	733	36	626	1 489	659	58.6	512	1 342	666
广州中医药大学	282	468	123	361	27	705	2 622	556	53	550	2 289	569
广东药科大学	99	804	40	749	17	821	1 005	720	45.5	610	1 022	708
华南师范大学	1 155	77	346	65	213	94	52 030.59	43	231.5	105	48 118	43
韶关学院	386	361	160	266	97	311	7 033.4	356	137.7	218	7 816.8	324
惠州学院	388	357	95	451	45	549	5 960.91	390	134.2	226	4 131.02	450
韩山师范学院	309	442	60	629	42	570	3 215	514	31.8	707	3 874	464
岭南师范学院	696	174	243	132	146	194	9 994	280	104.8	299	9 899.1	264
肇庆学院	558	231	219	163	163	154	13 829.92	215	108.2	289	10 707.88	244
嘉应学院	333	419	121	367	82	374	3 727.55	493	84.3	378	4 622.55	430
广州体育学院	839	126	139	317	19	795	17 098.3	173	157.8	185	10 316.9	254
广州美术学院	709	163	234	141	159	163	62 277.18	37	172.2	158	53 811.44	36
星海音乐学院	152	672	51	678	51	506	2 555	559	37.9	659	3 292.68	499
广东技术师范学院	516	258	205	186	98	306	22 260	127	128.8	239	13 265.5	206
海南大学	705	169	342	66	327	45	20 949.29	140	156.5	186	25 551.64	103
深圳大学	1 149	79	400	46	187	125	74 035.5	30	236.7	98	72 826.7	26
广东财经大学	1 074	88	273	98	196	117	37 278.97	68	434.5	18	30 348.79	85
广西大学	975	103	171	244	112	259	25 899.78	106	98.3	331	26 775.63	96
广西科技大学	246	514	78	533	86	348	2 889.3	539	62.1	490	2 779.3	527
桂林电子科技大学	889	113	148	289	115	253	8 215.35	322	66	469	8 620.89	301
桂林理工大学	485	277	102	426	72	411	9 352	290	82	388	7 271.8	335
广西医科大学	133	716	23	896	44	557	1 230	683	35.7	673	1 220	675
右江民族医学院	80	852	40	749	26	716	1 200	688	12.6	938	600	799
广西中医药大学	119	748	31	817	25	729	696	786	28.6	731	621	796
桂林医学院	27	1 044	7	1 071	1	1 089	150	977	8.9	998	30	1 073
广西师范大学	1 127	82	155	272	112	259	49 764.02	47	309.4	54	49 270.57	42
广西师范学院	634	197	121	367	120	240	18 253.85	165	208	124	17 960.82	155
广西民族师范学院	201	585	61	625	53	500	1 585	649	91	351	1 451	649
河池学院	136	709	53	663	27	705	2 472.7	565	100.4	319	1 468.7	646
玉林师范学院	422	324	118	376	150	182	15 531.47	186	115.1	275	15 451.97	170
广西艺术学院	628	200	123	361	134	215	24 612.65	111	92.9	346	26 558.65	98

续表

				研究与发展成果										获奖成果数（项）			
其中：当年新开课题拨入经费（千元）		当年支出经费（千元）		著作（部）		学术论文（篇）				研究与咨询报告（篇）				合计			
						合计		其中：国外学术刊物发表数		提交有关部门数		其中：被采纳数				其中：国家级和部级	
12 421.29	189	31 461.8	66	17	447	375	215	19	154	17	234	13	138	0	444	0	91
7 355.04	298	8 200.65	258	12	561	376	210	0	605	23	202	14	127	0	444	0	91
765	732	728.12	725	4	825	66	899	0	605	2	490	2	298	0	444	0	91
1 342	629	1 093.17	657	11	588	69	890	5	358	10	311	10	158	0	444	0	91
2 163	549	3 812.32	432	0	1 024	84	838	0	605	1	533	0	400	0	444	0	91
954	684	791.5	705	6	742	44	989	0	605	1	533	1	345	0	444	0	91
48 118	35	50 957.5	33	79	59	644	84	38	92	8	338	7	196	1	352	1	62
6 424.4	333	6 992.92	294	8	676	270	346	2	472	46	118	27	84	0	444	0	91
4 031.02	423	3 295.56	468	22	357	255	375	38	92	12	282	9	173	0	444	0	91
3 085	478	2 733.89	506	13	537	196	492	1	529	12	282	2	298	0	444	0	91
9 054	245	11 149.6	209	55	110	409	187	19	154	12	282	0	400	0	444	0	91
10 414.68	217	9 898.08	228	33	211	345	250	5	358	12	282	9	173	0	444	0	91
3 532.55	448	5 685.91	338	24	321	297	299	8	288	21	212	0	400	0	444	0	91
9 390.4	236	4 659.48	390	23	336	283	322	10	242	7	358	7	196	0	444	0	91
33 715.4	57	49 438.63	35	33	211	231	425	8	288	1	533	1	345	0	444	0	91
1 586	609	2 414.86	520	29	260	152	617	0	605	0	590	0	400	0	444	0	91
12 793.5	182	12 924.21	180	0	1 024	181	532	6	329	0	590	0	400	0	444	0	91
18 723.96	118	24 629.92	87	46	148	263	355	14	190	13	266	6	207	41	28	1	62
53 957.4	28	69 128.6	22	54	112	725	69	63	49	152	21	124	13	0	444	0	91
23 347.19	87	24 178.98	89	34	203	592	96	72	40	82	60	79	28	0	444	0	91
20 620.59	105	26 042.08	80	57	99	421	174	10	242	8	338	1	345	49	21	0	91
2 679.3	508	2 029.47	554	6	742	313	284	11	226	15	247	0	400	6	165	0	91
6 872.09	313	6 199.73	320	23	336	230	426	0	605	2	490	0	400	15	91	0	91
4 755.1	385	3 095.7	480	10	616	325	268	0	605	0	590	0	400	12	112	3	35
1 220	642	715.63	728	0	1 024	45	984	0	605	0	590	0	400	0	444	0	91
498	797	193.48	910	2	920	36	1 027	0	605	0	590	0	400	1	352	0	91
611	766	90.14	977	2	920	35	1 030	0	605	0	590	0	400	4	227	0	91
30	1 052	38	1 059	1	970	40	1 013	0	605	0	590	0	400	0	444	0	91
47 626.67	37	47 509.5	37	29	260	664	79	0	605	19	223	15	121	48	22	0	91
15 716.75	141	15 851.59	146	30	247	423	170	4	388	0	590	0	400	20	66	0	91
1 451	619	1 844.6	574	10	616	290	308	0	605	2	490	1	345	1	352	0	91
1 208.7	643	1 134.23	653	9	644	185	522	0	605	0	590	0	400	1	352	0	91
13 440.47	171	15 668.47	147	17	447	222	444	0	605	1	533	0	400	11	120	0	91
23 480.65	86	26 762.98	78	50	127	500	135	0	605	5	395	0	400	13	106	0	91

学校名称	研究与发展课题											
	课题总数（项）		当年新开课题数（项）		当年完成课题数（项）		当年新开课题批准经费（千元）		当年投入人数（人年）		当年拨入经费（千元）	
广西民族大学	681	182	229	148	191	121	45 386.8	55	243.4	94	46 171	49
百色学院	183	610	23	896	37	620	980	730	61.4	495	991	715
四川大学	4 730	2	1 267	1	1 051	4	118 837.26	14	1 324.8	1	116 526.91	13
重庆大学	1 014	98	465	31	329	43	60 867.3	39	392.3	27	73 809.78	24
西南交通大学	2 067	23	355	61	179	133	30 165.48	91	137	220	24 627.48	108
电子科技大学	293	457	80	522	98	306	10 386.4	271	94.7	339	11 366.4	236
西南石油大学	535	247	270	102	151	178	8 398.9	318	147.4	195	6 162.9	370
成都理工大学	391	354	210	177	203	108	14 110.17	208	142.2	208	13 629.82	197
重庆邮电大学	1 026	96	230	145	256	67	9 252.57	296	136.1	222	9 709.57	268
重庆交通大学	311	437	108	403	82	374	8 616.8	312	145	201	8 439	304
西南科技大学	1 082	87	429	39	209	99	6 846.95	363	344.2	42	7 949.7	321
成都信息工程大学	397	348	258	116	112	259	26 596.07	102	98.9	327	22 790.87	120
四川理工学院	729	157	245	131	155	169	23 394.18	119	120.6	257	24 425.62	109
西华大学	910	111	190	213	57	479	10 447.48	268	213.6	119	8 217.28	314
中国民用航空飞行学院	17	1 084	6	1 080	3	1 039	250	926	8	1 019	240	916
四川农业大学	374	374	225	154	228	86	19 967.26	149	101.8	311	21 979.69	126
西昌学院	208	573	64	603	14	869	2 848	542	45.2	615	2 835.6	522
重庆医科大学	79	856	41	738	25	729	2 395	574	33.3	690	2 226	576
西南医科大学	416	331	167	252	149	185	2 288	582	51.7	566	2 226	576
成都中医药大学	274	480	120	370	71	415	2 897	538	56.4	525	2 767	530
川北医学院	171	637	41	738	20	791	676	794	101	316	744	768
西南大学	2 868	11	786	9	633	10	59 661.04	40	608.9	6	53 302.47	37
四川师范大学	368	383	80	522	89	337	13 960	212	136.8	221	14 578	187
重庆师范大学	870	116	255	120	296	53	14 593.53	204	385	31	15 435.03	171
西华师范大学	1 789	34	271	100	129	225	8 461	315	373.1	34	25 096.5	106
绵阳师范学院	428	316	181	229	15	850	2 886	541	107.2	291	2 706.75	534
内江师范学院	475	282	195	200	49	520	9 561.91	287	100.6	318	8 191.63	316
宜宾学院	413	335	160	266	96	316	4 182.5	471	94.2	341	4 154.5	448
重庆文理学院	450	296	139	317	118	245	7 346	339	110.5	281	7 234	337
重庆三峡学院	349	405	149	284	169	145	9 154.34	298	134.2	226	8 885.34	293
四川文理学院	428	316	91	476	78	391	1 752	633	198.2	132	1 906	607
阿坝师范学院	461	287	136	328	22	766	1 693.5	637	58.3	514	1 689.5	627
长江师范学院	727	158	471	29	412	30	47 710	53	144.8	202	47 620	46
乐山师范学院	503	262	162	262	47	533	6 596.03	373	131.5	233	3 831.79	468
四川外国语大学	711	162	194	203	124	233	9 587	286	149.6	191	9 187	285

续表

				研究与发展成果										获奖成果数(项)			
其中:当年新开课题拨入经费(千元)		当年支出经费(千元)		著作(部)		学术论文(篇)				研究与咨询报告(篇)				合计		其中:国家级和部级	
						合计		其中:国外学术刊物发表数		提交有关部门数		其中:被采纳数					
40 950.5	42	33 551.8	60	51	120	398	195	7	307	2	490	2	298	55	15	4	25
906	699	998.5	671	5	779	346	248	1	529	0	590	0	400	5	190	0	91
76 068.58	15	104 652.48	10	164	14	2 167	8	344	3	97	46	87	20	7	153	7	8
40 870.88	43	61 229.02	28	76	64	988	33	163	18	239	14	26	89	43	26	1	62
24 257.48	81	28 264.78	73	56	104	618	88	60	52	17	234	3	264	0	444	0	91
8 796.4	256	11 752.4	200	17	447	262	358	51	65	15	247	14	127	0	444	0	91
6 162.9	339	6 583	308	45	151	237	407	16	171	67	73	58	35	0	444	0	91
12 743.92	185	12 011.3	194	31	235	187	516	15	184	8	338	3	264	0	444	0	91
8 832.57	253	10 679.91	215	20	397	375	215	9	265	15	247	13	138	17	77	0	91
8 384	267	6 175	323	28	277	203	474	14	190	14	259	5	223	11	120	0	91
4 525.3	401	7 351.7	284	12	561	318	275	8	288	54	94	18	113	0	444	0	91
20 968.27	99	15 610.34	149	21	376	263	355	7	307	12	282	12	144	0	444	0	91
22 113.62	92	22 003.12	100	20	397	112	744	38	92	95	47	83	24	0	444	0	91
6 866.29	314	10 512.93	216	29	260	154	610	0	605	13	266	4	240	0	444	0	91
240	895	170.5	923	0	1 024	40	1 013	0	605	3	456	0	400	0	444	0	91
19 439.74	110	26 997.62	77	28	277	124	704	55	59	125	31	9	173	0	444	0	91
2 816.5	495	726.29	726	6	742	163	586	0	605	0	590	0	400	0	444	0	91
2 145	552	3 202.7	475	23	336	145	638	0	605	7	358	0	400	0	444	0	91
2 204	542	2 062.5	552	16	473	113	741	4	388	0	590	0	400	0	444	0	91
2 699	506	3 193.65	476	4	825	125	702	0	605	1	533	0	400	0	444	0	91
654	755	450.2	799	4	825	185	522	0	605	0	590	0	400	0	444	0	91
52 123.97	29	42 541.45	44	154	16	888	42	46	77	327	7	268	3	73	8	0	91
11 768	192	16 552.99	135	56	104	318	275	0	605	14	259	14	127	0	444	0	91
13 734.53	168	16 857.46	132	33	211	586	97	0	605	86	58	23	99	15	91	0	91
7 630.5	287	25 727.5	83	41	166	1 431	17	20	147	6	371	5	223	0	444	0	91
1 976.17	565	1 304.2	630	21	376	218	451	0	605	6	371	6	207	0	444	0	91
8 103.75	276	5 714.63	335	21	376	192	501	6	329	0	590	0	400	0	444	0	91
4 083.5	421	3 902.5	427	19	417	193	499	9	265	54	94	27	84	0	444	0	91
6 965	311	8 722.6	245	28	277	344	251	13	203	18	231	7	196	6	165	0	91
8 474.34	266	9 867.4	229	29	260	369	222	14	190	75	66	9	173	1	352	0	91
1 692	598	1 306.75	629	11	588	265	352	26	123	1	533	1	345	1	352	1	62
1 685.5	599	1 562.45	599	0	1 024	246	392	0	605	0	590	0	400	0	444	0	91
45 717	39	47 830.82	36	46	148	441	165	15	184	363	4	2	298	5	190	2	45
3 798.79	438	4 124.15	415	25	305	358	236	41	86	27	183	20	106	0	444	0	91
8 828	254	8 166.66	259	34	203	338	255	22	134	64	77	34	65	5	190	0	91

学校名称	研究与发展课题											
	课题总数（项）		当年新开课题数（项）		当年完成课题数（项）		当年新开课题批准经费（千元）		当年投入人数（人年）		当年拨入经费（千元）	
西南财经大学	1 709	38	467	30	415	29	49 763.47	48	503.3	12	38 367.08	62
西南政法大学	1 205	70	328	70	288	55	25 948.87	105	302.9	57	32 851	76
成都体育学院	491	272	96	448	71	415	12 405.1	237	68	459	9 146	286
四川音乐学院	683	178	100	430	137	209	5 546.5	408	206.5	126	3 495.5	488
四川美术学院	432	311	150	283	81	380	19 522.12	155	111.5	280	13 850.8	194
西南民族大学	1 412	53	286	88	167	150	10 042.4	278	377.5	33	31 810	79
贵州大学	707	165	234	141	248	70	14 721.48	200	418.1	21	11 997.23	226
贵州医科大学	45	965	11	1 030	26	716	137	991	21.4	816	137	979
遵义医学院	251	512	54	657	63	458	1 007	719	30.2	720	959	725
贵阳中医学院	121	743	69	580	33	654	1 051	714	15.3	894	1 001	713
贵州师范大学	1 120	83	194	203	80	384	18 766.99	161	208.6	123	16 508.39	161
遵义师范学院	316	434	110	398	80	384	15 091.4	193	33.1	693	14 983.4	179
铜仁学院	390	355	222	157	158	164	23 969.43	116	53	550	23 919.43	113
兴义民族师范学院	87	839	49	693	24	745	996.8	724	21.1	819	661.8	784
安顺学院	123	737	37	773	0	1 106	685.4	789	52.5	560	622.9	794
贵州工程应用技术学院	167	649	26	865	17	821	1 005	720	59.4	510	1 255.5	672
凯里学院	189	606	47	707	35	635	2 104	602	32.2	703	2 324	562
黔南民族师范学院	476	281	169	248	60	471	7 666	333	49.5	584	7 620	326
贵州财经大学	1 052	90	197	194	156	167	21 489.4	130	185.4	139	18 064.58	154
贵州民族大学	289	462	154	276	101	296	17 625.39	169	35.2	676	13 237.19	207
云南大学	837	128	166	253	88	342	27 603.98	97	226.6	112	37 265.71	63
昆明理工大学	539	243	190	213	62	464	10 452.7	267	120.3	258	9 906.71	262
云南农业大学	254	508	112	392	88	342	4 051	477	35.3	675	4 669.21	425
西南林业大学	172	634	59	635	0	1 106	2 819.13	547	44.5	623	2 810.13	525
昆明医科大学	22	1 064	4	1 106	0	1 106	190	956	5.2	1 065	190	943
大理大学	271	487	78	533	51	506	7 250	346	132.8	230	6 427.5	362
云南中医学院	105	784	16	953	21	777	2 835	543	20.6	828	2 750	532
云南师范大学	839	126	275	97	44	557	20 664.08	143	553.4	9	18 352.54	151
昭通学院	37	999	26	865	2	1 062	325	899	34.3	687	325	886
曲靖师范学院	373	376	81	519	138	205	4 105	476	263	84	4 118.8	451
普洱学院	116	755	36	779	23	754	1 061	713	29.4	726	1 013.5	712
保山学院	198	589	44	728	41	581	551	822	28.4	736	554	816
红河学院	345	407	147	294	83	365	7 179.75	352	47.1	603	6 736.07	355
云南财经大学	683	178	233	143	40	588	62 207.38	38	159.8	179	78 167.25	22

续表

				研究与发展成果										获奖成果数（项）			
其中：当年新开课题拨入经费（千元）		当年支出经费（千元）		著作（部）		学术论文（篇）				研究与咨询报告（篇）				合计		其中：国家级和部级	
						合计		其中：国外学术刊物发表数		提交有关部门数		其中：被采纳数					
34 810.7	56	36 852.64	54	52	118	518	122	152	22	75	66	47	44	4	227	4	25
17 246.77	127	32 530.67	64	65	84	822	55	42	85	147	24	45	47	24	56	3	35
9 116	244	7 693.95	271	15	491	92	811	7	307	72	70	7	196	0	444	0	91
3 202.5	470	4 513.7	399	14	514	186	520	0	605	22	207	0	400	0	444	0	91
8 956.6	246	13 095.26	173	32	225	249	390	2	472	16	240	0	400	1	352	0	91
8 561	263	31 780	65	51	120	518	122	19	154	36	143	9	173	12	112	6	15
11 167.73	200	11 207.23	207	87	44	655	83	3	422	94	48	24	93	32	39	0	91
137	960	127	952	0	1 024	21	1 079	0	605	0	590	0	400	0	444	0	91
811	723	1 004.95	670	3	872	164	580	5	358	1	533	0	400	0	444	0	91
1 001	676	1 165.83	648	12	561	74	873	0	605	0	590	0	400	0	444	0	91
15 169.35	147	15 357.57	150	33	211	515	129	9	265	21	212	2	298	31	42	0	91
14 983.4	150	5 194.65	361	21	376	571	101	2	472	0	590	0	400	6	165	0	91
23 919.43	84	23 978.23	90	48	138	468	149	0	605	93	50	0	400	5	190	0	91
661.8	752	937.24	677	21	376	293	305	0	605	1	533	0	400	2	304	0	91
622.9	763	622.9	751	19	417	215	456	0	605	0	590	0	400	5	190	0	91
950	685	627.5	749	15	491	129	692	0	605	5	395	0	400	4	227	0	91
2 030	561	1 719.85	587	37	186	349	247	0	605	6	371	0	400	8	148	0	91
7 510	291	5 723.8	334	23	336	421	174	1	529	3	456	3	264	3	264	0	91
16 956.5	130	14 900.18	151	45	151	792	59	40	88	82	60	5	223	27	47	3	35
12 790.19	183	14 106.19	161	35	196	326	267	3	422	28	174	15	121	20	66	6	15
25 334.58	77	12 001.91	195	69	74	78	856	1	529	0	590	0	400	43	26	9	6
8 192.31	272	6 262.72	319	33	211	290	308	13	203	0	590	0	400	5	190	0	91
3 491	452	5 416.98	353	8	676	181	532	0	605	1	533	1	345	3	264	0	91
2 360.13	525	3 772.98	435	16	473	220	447	0	605	0	590	0	400	6	165	0	91
190	924	273	867	0	1 024	12	1 121	0	605	0	590	0	400	0	444	0	91
6 111.5	343	5 648.49	339	20	397	232	423	6	329	31	159	0	400	5	190	0	91
2 740	499	926.81	681	5	779	53	952	0	605	0	590	0	400	0	444	0	91
15 316.09	144	15 627.29	148	51	120	862	46	16	171	11	294	7	196	26	50	4	25
325	858	199	907	7	704	268	349	0	605	0	590	0	400	0	444	0	91
2 530	516	3 832.8	429	25	305	405	189	18	160	35	144	0	400	6	165	0	91
908.5	698	611.19	755	15	491	135	673	1	529	0	590	0	400	0	444	0	91
551	785	579.4	760	31	235	279	326	2	472	0	590	0	400	0	444	0	91
6 726.07	320	5 148.04	365	29	260	306	288	0	605	58	89	58	35	3	264	0	91
57 952.64	25	42 210.91	45	66	80	563	105	36	102	0	590	0	400	9	136	0	91

学校名称	研究与发展课题											
	课题总数（项）		当年新开课题数（项）		当年完成课题数（项）		当年新开课题批准经费（千元）		当年投入人数（人年）		当年拨入经费(千元)	
云南艺术学院	152	672	64	603	27	705	3 050	522	36.5	667	953	728
云南民族大学	396	350	109	399	31	665	10 577.88	265	239.7	96	7 920.1	322
西藏农牧学院	31	1 033	9	1 052	2	1 062	710	784	24.6	778	767	765
西藏大学	311	437	64	603	18	806	6 879	362	62.8	484	6 059	371
西藏民族大学	440	302	56	647	89	337	14 695	203	62.2	489	15 940.9	167
西藏藏医学院	14	1 105	6	1 080	1	1 089	750	778	4.2	1 085	683	778
西北大学	1 020	97	319	73	238	76	34 038.2	79	191.9	138	27 437.4	93
西安交通大学	2 182	22	556	19	483	16	69 664.48	32	238.4	97	56 492.75	32
西北工业大学	649	190	243	132	130	221	27 051.4	100	41.7	636	27 483.76	91
西安理工大学	834	130	216	168	190	123	16 049	178	65	474	13 299.22	204
西安电子科技大学	293	457	77	543	62	464	6 128	387	99.2	323	4 677	424
西安工业大学	347	406	139	317	70	423	7 227.45	349	58.7	511	5 292.66	397
西安建筑科技大学	660	187	216	168	153	172	14 091.06	209	96.9	335	17 714.01	157
西安科技大学	423	323	119	373	116	250	6 996.52	358	55.1	538	4 342.52	441
西安石油大学	397	348	53	663	114	254	3 253.5	510	44.8	620	3 583.3	481
陕西科技大学	219	558	50	683	83	365	2 954	529	26.7	754	2 754.33	531
西安工程大学	490	273	370	58	201	111	40 356	65	195.4	135	39 127.2	59
长安大学	773	144	145	297	176	136	8 207.4	324	83.6	379	16 509.87	160
西北农林科技大学	368	383	144	302	78	391	19 726.4	152	77	416	8 353.66	306
陕西中医药大学	73	872	11	1 030	26	716	570	818	28	740	500	834
陕西师范大学	1 758	36	292	83	308	47	34 619.56	76	265.3	80	32 252.58	77
延安大学	368	383	155	272	109	269	12 040.5	244	73.5	431	10 876.7	240
陕西理工大学	386	361	135	329	205	103	6 208.68	383	39.1	652	5 786.9	380
宝鸡文理学院	351	403	108	403	87	344	7 796.1	329	74.6	427	8 296.1	310
咸阳师范学院	538	244	182	226	108	277	16 714.3	176	55.6	530	16 523	159
渭南师范学院	616	204	76	550	149	185	1 588.4	648	88.5	363	2 100.4	589
西安外国语大学	887	114	253	124	132	219	13 116.26	229	99.2	323	11 311.9	237
西北政法大学	550	239	177	236	158	164	14 704.5	201	138.5	214	14 380.5	191
西安体育学院	232	533	44	728	101	296	1 948.96	616	100.2	321	2 251.96	573
西安音乐学院	139	698	50	683	33	654	8 447	317	20	834	4 500.8	436
西安美术学院	214	564	63	610	57	479	4 051	477	61.3	497	2 418.3	553
兰州大学	744	152	301	77	93	324	33 128.22	84	276.8	77	33 820.1	71
兰州理工大学	327	426	98	439	23	754	24 290.5	114	27.5	746	10 549.38	250
兰州交通大学	244	517	80	522	51	506	3 234	512	65.8	470	2 889	518
甘肃农业大学	176	627	53	663	3	1 039	4 511.15	453	45	617	4 427.15	437
甘肃中医药大学	15	1 098	2	1 145	1	1 089	110	1 010	9	997	184	946
西北师范大学	527	253	164	259	107	282	22 797.96	125	263.2	83	22 008.96	125

续表

其中:当年新开课题拨入经费(千元)		当年支出经费(千元)		研究与发展成果										获奖成果数(项)			
				著作(部)		学术论文(篇)				研究与咨询报告(篇)				合计		其中:国家级和部级	
						合计		其中:国外学术刊物发表数		提交有关部门数		其中:被采纳数					
910.5	694	1 567.24	597	19	417	202	478	0	605	0	590	0	400	4	227	0	91
7 920.1	282	4 435.7	402	72	68	430	168	6	329	0	590	0	400	26	50	0	91
360	843	482.79	786	1	970	7	1 147	0	605	0	590	0	400	0	444	0	91
6 059	346	5 574.54	346	12	561	313	284	10	242	0	590	0	400	1	352	1	62
11 579	195	13 004.9	178	12	561	228	433	1	529	0	590	0	400	6	165	5	19
546	786	328.37	845	0	1 024	3	1 164	0	605	0	590	0	400	0	444	0	91
25 723.4	75	10 894.6	212	81	53	624	87	35	105	38	138	29	76	32	39	0	91
50 875.73	32	42 585.09	43	73	67	1 037	31	122	25	344	5	37	57	45	24	1	62
21 140.06	97	31 059.15	67	20	397	259	366	29	115	38	138	0	400	12	112	0	91
11 560.55	196	11 978.01	196	36	191	310	286	38	92	35	144	0	400	10	129	0	91
4 095.4	420	4 557.44	396	20	397	169	566	0	605	11	294	0	400	2	304	0	91
4 018.64	424	5 643.33	340	8	676	267	350	0	605	20	218	0	400	7	153	0	91
13 766.07	166	16 115.65	142	33	211	278	330	0	605	48	112	0	400	4	227	0	91
4 342.52	410	4 105.63	417	18	431	186	520	25	126	19	223	0	400	2	304	0	91
1 942.75	570	3 648.89	442	24	321	447	158	49	67	47	114	0	400	4	227	0	91
2 534	515	1 520.1	605	45	151	159	595	0	605	14	259	0	400	5	190	0	91
38 910.2	45	37 414.9	53	30	247	421	174	0	605	112	37	0	400	2	304	0	91
6 352.82	335	16 520.07	136	14	514	165	576	35	105	65	76	0	400	6	165	0	91
7 189	306	7 039.64	293	19	417	190	507	17	165	11	294	0	400	13	106	0	91
500	796	583.67	758	17	447	297	299	9	265	0	590	0	400	0	444	0	91
32 252.58	59	25 651.91	84	118	22	1 078	26	0	605	92	51	12	144	50	20	0	91
9 982.7	228	10 955	211	66	80	397	196	0	605	16	240	0	400	5	190	0	91
5 595.68	359	6 477.9	312	24	321	191	503	0	605	140	26	0	400	3	264	0	91
7 368.1	296	6 035.6	326	29	260	332	261	0	605	8	338	0	400	5	190	0	91
16 406	135	13 256.56	170	51	120	739	67	0	605	28	174	0	400	1	352	0	91
1 588.4	608	4 679	389	56	104	601	94	0	605	52	98	0	400	3	264	0	91
10 436.66	216	4 806.85	376	23	336	516	127	36	102	52	98	0	400	10	129	1	62
14 380.5	157	13 078.05	174	74	66	845	50	31	111	77	65	0	400	22	61	1	62
1 924.96	575	3 338.96	466	9	644	161	593	6	329	50	108	16	117	0	444	0	91
4 500.8	403	0	1 136	7	704	252	380	0	605	0	590	0	400	2	304	0	91
2 220	540	3 509.82	457	12	561	341	253	21	142	12	282	12	144	3	264	0	91
27 961.14	67	11 102.11	210	43	161	1 082	25	0	605	44	124	44	49	0	444	0	91
9 242.23	241	9 294.5	238	22	357	60	924	0	605	0	590	0	400	0	444	0	91
2 834	494	2 694.86	509	19	417	132	682	8	288	5	395	1	345	0	444	0	91
4 351.15	409	3 525.03	455	14	514	132	682	4	388	0	590	0	400	0	444	0	91
110	976	217.5	895	2	920	3	1 164	0	605	0	590	0	400	0	444	0	91
21 657.96	95	18 863.11	117	78	61	629	86	6	329	12	282	9	173	2	304	2	45

学校名称	研究与发展课题											
	课题总数（项）		当年新开课题数（项）		当年完成课题数（项）		当年新开课题批准经费（千元）		当年投入人数（人年）		当年拨入经费（千元）	
兰州城市学院	311	437	134	333	65	443	6 638	372	73	433	6 575	359
陇东学院	240	522	118	376	55	492	2 969.35	526	118.1	269	2 918.35	515
天水师范学院	429	315	226	152	103	291	10 393	270	164.6	172	10 487	251
河西学院	275	477	89	485	29	684	5 064.75	428	89.4	359	4 324.26	442
兰州财经大学	597	211	180	233	137	209	7 010	357	142.7	207	7 773	325
西北民族大学	644	194	123	361	104	290	12 034.8	245	198.4	130	13 465.2	199
青海大学	180	616	47	707	27	705	4 006	482	51.3	571	3 582	482
青海师范大学	186	608	46	718	32	661	4 146	474	133.3	229	3 799	470
青海民族大学	191	601	87	493	42	570	7 370	338	87.1	371	6 971	346
宁夏大学	670	184	100	430	62	464	14 044.8	210	74	428	15 017.94	178
宁夏医科大学	88	837	24	886	5	997	771	775	59.8	507	737.75	769
宁夏师范学院	178	621	116	384	44	557	2 969	527	19.5	839	2 519	547
新疆大学	587	215	79	531	38	609	12 757.71	234	119.4	261	11 922.31	228
塔里木大学	102	794	20	919	31	665	1 660	642	22.4	803	1 758	618
新疆农业大学	80	852	9	1 052	6	978	1 280	674	14.7	902	1 811.97	612
石河子大学	699	171	70	573	97	311	5 958	391	193.6	136	5 529	387
新疆医科大学	64	902	10	1 041	14	869	680	791	14.9	896	656	785
新疆师范大学	382	367	62	617	64	452	5 470	410	121.5	254	5 418.8	391
喀什大学	202	580	28	844	18	806	2 116	599	77.5	411	1 779	615
伊犁师范学院	174	630	40	749	36	626	1 630	644	49.2	587	1 542	642
新疆财经大学	604	210	45	722	37	620	4 641	447	169.6	161	6 304	365
新疆艺术学院	190	604	93	460	35	635	1 190	689	20.7	827	1 644	634
天津城建大学	181	613	69	580	19	795	5 275	415	97.8	332	2 768	529
河北科技师范学院	372	377	191	211	105	287	1 771.5	630	121.6	253	1 146.5	684
吕梁学院	45	965	12	1 017	10	914	72	1 040	4.9	1 071	52	1 048
呼伦贝尔学院	206	577	131	343	17	821	82 888	23	53.2	547	84 856	18
广东白云学院	187	607	55	651	28	698	576	816	38.7	654	471	842
长沙医学院	375	373	133	339	9	922	1 030	717	90.9	352	1 063.8	702
齐鲁医药学院	45	965	15	970	19	795	33.6	1 084	35.8	672	21.8	1 088
辽宁对外经贸学院	802	137	498	25	354	38	6 898.34	361	197.5	133	6 960.5	348
江西科技学院	240	522	33	801	50	513	587.5	814	56.6	523	621.95	795
上海工程技术大学	687	177	186	219	21	777	20 341.61	144	63.1	483	20 819.42	133
天津天狮学院	60	917	17	942	6	978	26	1 098	13.9	918	28.1	1 081
青岛滨海学院	227	546	85	502	54	493	320.8	901	72.8	434	301.8	894

续表

其中:当年新开课题拨入经费(千元)		当年支出经费(千元)		研究与发展成果										获奖成果数(项)			
				著作(部)		学术论文(篇)				研究与咨询报告(篇)				合计		其中:国家级和部级	
						合计		其中:国外学术刊物发表数		提交有关部门数		其中:被采纳数					
6 529	328	7 055.9	291	37	186	393	200	0	605	3	456	3	264	0	444	0	91
2 918.35	487	2 350.09	527	19	417	164	580	2	472	0	590	0	400	0	444	0	91
10 148	225	6 929.1	298	9	644	261	362	1	529	1	533	0	400	0	444	0	91
3 984.4	427	1 535.26	602	14	514	197	490	1	529	1	533	1	345	0	444	0	91
6 790	317	4 779.08	381	12	561	216	452	5	358	24	197	24	93	0	444	0	91
10 902.8	208	11 433.01	202	31	235	405	189	0	605	4	421	2	298	4	227	4	25
3 539	446	3 492.62	458	0	1 024	60	924	3	422	0	590	0	400	4	227	0	91
3 799	437	3 816.4	431	25	305	149	626	1	529	0	590	0	400	0	444	0	91
6 771	319	5 051.5	367	32	225	77	862	4	388	5	395	0	400	17	77	0	91
12 517.94	187	12 500.44	185	29	260	354	241	0	605	9	325	8	187	0	444	0	91
637.75	759	904	688	8	676	90	815	1	529	0	590	0	400	0	444	0	91
2 519	518	2 451.7	519	11	588	144	642	0	605	0	590	0	400	0	444	0	91
10 699.31	212	13 030.11	176	12	561	376	210	12	217	3	456	3	264	1	352	0	91
1 578	610	1 653.8	593	3	872	40	1 013	0	605	0	590	0	400	0	444	0	91
1 174	652	2 784.47	505	1	970	57	938	0	605	0	590	0	400	0	444	0	91
4 960	374	7 442.46	280	35	196	404	192	2	472	0	590	0	400	0	444	0	91
586	776	1 779.42	582	0	1 024	144	642	0	605	0	590	0	400	0	444	0	91
4 777	384	4 592.93	393	26	296	274	335	1	529	21	212	1	345	2	304	2	45
1 554	612	2 371.9	526	4	825	64	906	0	605	0	590	0	400	0	444	0	91
1 278	639	1 540.74	601	7	704	199	483	2	472	0	590	0	400	0	444	0	91
2 730	501	8 124.68	260	10	616	305	289	4	388	0	590	0	400	0	444	0	91
1 156	654	1 525.5	604	3	872	92	811	0	605	0	590	0	400	0	444	0	91
2 259	534	3 036	485	5	779	95	804	2	472	4	421	4	240	0	444	0	91
1 128.5	658	1 070.2	661	21	376	165	576	0	605	9	325	9	173	5	190	0	91
52	1 022	72.8	1 002	7	704	43	993	0	605	0	590	0	400	0	444	0	91
82 788	12	83 849.5	14	17	447	169	566	3	422	0	590	0	400	1	352	0	91
451	811	244.42	881	11	588	180	536	0	605	0	590	0	400	0	444	0	91
265	880	569.8	762	5	779	68	894	0	605	0	590	0	400	0	444	0	91
16.8	1 080	53.1	1 027	0	1 024	46	978	0	605	19	223	0	400	0	444	0	91
6 541.99	327	5 631.96	341	19	417	756	65	4	388	17	234	17	115	0	444	0	91
577.5	778	1 152.95	649	3	872	102	778	6	329	2	490	2	298	0	444	0	91
17 236.64	128	5 188.65	362	33	211	240	402	1	529	47	114	6	207	2	304	0	91
26	1 061	20.87	1 082	7	704	114	736	0	605	0	590	0	400	0	444	0	91
198.8	915	245.85	879	6	742	96	802	0	605	0	590	0	400	0	444	0	91

学校名称	研究与发展课题											
	课题总数（项）		当年新开课题数（项）		当年完成课题数（项）		当年新开课题批准经费（千元）		当年投入人数（人年）		当年拨入经费（千元）	
浙江万里学院	768	146	185	221	98	306	10 648.18	262	131.1	234	11 720.69	231
安徽建筑大学	260	500	105	416	86	348	3 230.7	513	105.7	296	2 696.3	536
安徽科技学院	198	589	58	641	6	978	2 456	566	37.6	660	3 580	483
景德镇学院	90	828	26	865	26	716	344	886	17.8	863	392	863
萍乡学院	92	823	37	773	0	1 106	421	861	34.9	680	349	879
枣庄学院	298	451	287	87	4	1 017	8 209.2	323	52.9	554	8 192.1	315
山东工艺美术学院	197	592	50	683	41	581	9 325	291	37	663	9 199.2	283
黄淮学院	170	641	88	487	62	464	1 463	661	72.4	436	1 465	647
平顶山学院	568	223	239	136	209	99	2 410	572	87.5	369	2 913	517
湖北理工学院	276	475	149	284	198	115	5 410.42	413	57.2	521	6 489.53	361
湖北科技学院	238	524	145	297	130	221	2 070	609	101.6	312	2 146	582
湖北医药学院	113	766	30	822	35	635	530	826	13.4	925	415	852
安徽三联学院	165	654	65	596	63	458	926	744	42.2	634	768.9	764
吉林华桥外国语学院	422	324	161	265	17	821	13 195.1	227	77.4	412	13 015	211
贵阳学院	293	457	79	531	30	672	2 917.33	535	52.8	555	2 777.33	528
六盘水师范学院	133	716	93	460	26	716	837.5	763	30.5	715	837.5	755
新疆工程学院	33	1 020	8	1 063	15	850	52	1 059	9.5	989	76	1 018
唐山学院	161	656	78	533	98	306	3 176	518	30.5	715	3 205.7	505
沈阳大学	112	769	101	429	35	635	2 085.2	605	39	653	2 329.7	561
上海立信会计金融学院	609	209	111	395	119	243	11 593.72	250	67.5	464	9 475.49	279
淮阴工学院	458	289	269	105	276	58	13 128.3	228	83.4	381	12 975.1	213
常州工学院	498	268	222	157	111	264	7 461.4	337	95.4	338	6 314.2	364
浙江科技学院	388	357	114	388	49	520	7 233.2	348	88	367	6 638.2	357
宁波工程学院	420	328	222	157	233	79	17 063.46	174	144.6	203	9 970.34	261
合肥学院	355	399	118	376	114	254	5 212.41	420	99	326	4 781.21	419
厦门理工学院	795	139	286	88	145	196	19 878.86	151	160.2	177	19 052.15	145
青岛大学	814	135	182	226	79	389	9 780	284	217.7	118	9 613	271
烟台大学	273	483	78	533	67	434	4 896	434	127.7	241	5 142	408
潍坊学院	257	504	103	424	67	434	2 900	537	133.8	228	3 024	510
郑州工程技术学院	363	388	135	329	130	221	300	909	25.5	770	336	883
洛阳理工学院	120	744	45	722	16	836	956	738	17.2	873	990	716
新乡学院	171	637	72	563	50	513	936	742	49.4	586	987	717
江汉大学	523	255	154	276	168	149	15 677.51	185	135.9	223	16 103.5	164
三峡大学	443	301	205	186	212	95	12 796.88	233	109.3	286	12 794.98	216

续表

其中:当年新开课题拨入经费(千元)		当年支出经费(千元)		研究与发展成果										获奖成果数(项)			
				著作(部)		学术论文(篇)				研究与咨询报告(篇)				合计		其中:国家级和部级	
						合计		其中:国外学术刊物发表数		提交有关部门数		其中:被采纳数					
7 342.23	299	6 640.48	306	14	514	246	392	16	171	42	130	37	57	0	444	0	91
2 696.3	507	2 251.8	530	4	825	118	721	13	203	11	294	4	240	0	444	0	91
2 450	520	4 201	411	31	235	162	591	7	307	0	590	0	400	0	444	0	91
342	854	373	825	8	676	220	447	4	388	0	590	0	400	0	444	0	91
259	882	349	835	10	616	96	802	0	605	0	590	0	400	0	444	0	91
8 134.1	274	7 433.1	281	22	357	200	480	0	605	0	590	0	400	1	352	1	62
8 941.2	248	9 199.2	240	18	431	165	576	0	605	0	590	0	400	0	444	0	91
1 315	631	1 394	614	15	491	220	447	0	605	0	590	0	400	2	304	0	91
2 340	526	4 152	413	15	491	531	115	21	142	0	590	0	400	4	227	0	91
4 857.99	379	6 528.13	311	8	676	244	396	13	203	3	456	3	264	0	444	0	91
1 855	586	1 881.3	572	27	290	210	463	3	422	7	358	4	240	1	352	0	91
350	850	387.1	819	3	872	46	978	0	605	0	590	0	400	0	444	0	91
428.2	819	768.9	714	6	742	157	599	19	154	0	590	0	400	0	444	0	91
13 015	176	8 244.35	255	0	1 024	223	441	0	605	1	533	1	345	1	352	0	91
2 767.33	498	2 036.53	553	24	321	188	514	0	605	0	590	0	400	7	153	0	91
837.5	716	1 092.1	658	5	779	244	396	2	472	8	338	0	400	1	352	0	91
52	1 022	117.45	958	2	920	13	1 114	0	605	0	590	0	400	0	444	0	91
3 176	473	2 979.48	490	17	447	304	292	7	307	13	266	0	400	0	444	0	91
2 075.2	556	935.7	679	24	321	139	658	1	529	0	590	0	400	0	444	0	91
7 512.67	290	4 800.65	377	49	134	320	273	70	42	107	39	84	22	4	227	1	62
12 815.1	181	13 636.85	166	12	561	316	279	26	123	22	207	2	298	2	304	0	91
5 908.2	352	3 771.4	436	11	588	321	271	1	529	79	64	2	298	3	264	0	91
6 128.2	342	4 998.05	369	24	321	190	507	13	203	2	490	2	298	2	304	2	45
7 909.84	283	8 215.47	257	20	397	201	479	7	307	4	421	3	264	0	444	0	91
4 444.41	405	1 662.68	591	10	616	153	614	2	472	46	118	10	158	0	444	0	91
17 508.15	125	14 010.57	163	31	235	241	399	30	114	29	166	25	92	5	190	0	91
9 420	235	10 347.5	220	25	305	155	605	10	242	0	590	0	400	5	190	0	91
4 684	390	4 312	408	14	514	87	831	0	605	2	490	0	400	5	190	0	91
2 740	499	2 194	538	44	158	315	280	14	190	8	338	3	264	1	352	0	91
258	883	356	833	31	235	222	444	20	147	0	590	0	400	0	444	0	91
835	718	922	682	12	561	179	541	5	358	4	421	0	400	3	264	0	91
742	737	338.43	842	48	138	395	197	6	329	0	590	0	400	1	352	0	91
15 125.5	148	14 770.95	153	56	104	695	74	16	171	39	134	12	144	2	304	0	91
10 977.29	204	13 007.5	177	28	277	517	124	7	307	31	159	29	76	8	148	2	45

学校名称	研究与发展课题											
	课题总数（项）		当年新开课题数（项）		当年完成课题数（项）		当年新开课题批准经费（千元）		当年投入人数（人年）		当年拨入经费(千元)	
长沙学院	202	580	80	522	0	1 106	2 973.8	525	20.3	830	2 851.8	520
广州大学	1 142	80	374	56	239	74	101 355.31	17	156.3	187	84 118.56	20
成都学院	1 247	65	235	140	148	190	18 575.45	163	234.8	99	17 067.68	158
西安文理学院	439	304	226	152	103	291	24 521.34	112	48.8	593	22 518.27	122
海南热带海洋学院	156	664	52	671	28	698	2 716.3	552	39.5	650	2 254	572
华北科技学院	115	759	28	844	18	806	2 023.8	612	38.4	655	758.3	766
中国人民警察大学	445	300	87	493	80	384	860	758	80.6	395	880	739
广州航海学院	229	540	35	787	15	850	1 574.2	651	32.9	695	1 554.25	639
广东警官学院	232	533	23	896	29	684	670	796	31.8	707	507	831
成都工业学院	106	781	43	733	38	609	598	810	56.1	526	532.5	821
扬州大学	926	106	299	78	272	60	21 247.26	133	148.8	192	19 963.86	138
三江学院	169	645	78	533	48	530	2 028.5	611	39.3	651	2 913.16	516
中华女子学院	537	245	98	439	54	493	6 919.17	359	58	515	6 004.06	373
齐齐哈尔医学院	92	823	27	855	28	698	185	958	89.8	356	185	945
北京信息科技大学	561	227	66	595	46	539	8 073.11	325	96.3	337	9 865.45	265
河北体育学院	60	917	15	970	14	869	30	1 088	13.7	923	30	1 073
太原学院	54	934	13	1 004	6	978	117	1 005	6.5	1 042	117	989
大连大学	437	308	83	507	116	250	1 977	614	102.2	309	2 033	595
吉林工商学院	72	874	30	822	25	729	595	811	10.9	970	595	803
南京工程学院	309	442	155	272	108	277	7 313.8	342	33.2	692	7 459.8	330
南京审计大学	499	267	144	302	96	316	10 401.1	269	172.2	158	9 627.3	270
蚌埠学院	112	769	41	738	49	520	955	739	63.4	481	1 122.5	689
池州学院	302	448	68	583	94	321	1 207	685	59.6	508	1 185	681
三明学院	372	377	164	259	97	311	8 397.44	319	125.3	246	8 339.44	308
龙岩学院	683	178	144	302	97	311	15 142.02	192	80.9	392	15 120.02	175
福建商学院	237	527	95	451	64	452	1 444.5	663	49.7	583	1 441	650
江西科技师范大学	556	234	142	309	19	795	6 137.17	386	110.4	282	4 521.8	434
南昌工程学院	374	374	145	297	43	563	3 097	520	52.8	555	3 591	480
山东警察学院	178	621	33	801	21	777	1 143	699	19.9	835	499	835
信阳农林学院	220	555	70	573	103	291	168	969	53	550	168	962
河南工学院	154	668	94	458	59	475	328	897	21.7	812	276	901
安阳工学院	97	812	48	701	29	684	298	911	39.9	647	328	885
湖北警官学院	104	787	70	573	42	570	957	736	14.4	909	864.5	746
荆楚理工学院	151	675	71	568	63	458	1 778.4	627	19.9	835	1 748.4	621
湖南工程学院	124	732	44	728	34	646	2 151	595	32.3	702	2 306	567
仲恺农业工程学院	139	698	62	617	26	716	3 692.05	498	24.4	780	3 611.05	478

续表

其中:当年新开课题拨入经费(千元)		当年支出经费(千元)		研究与发展成果 著作(部)		学术论文(篇) 合计		学术论文(篇) 其中:国外学术刊物发表数		研究与咨询报告(篇) 提交有关部门数		研究与咨询报告(篇) 其中:被采纳数		获奖成果数(项) 合计		获奖成果数(项) 其中:国家级和部级	
2 841.8	492	2 913.05	495	3	872	76	864	0	605	0	590	0	400	0	444	0	91
62 138.93	21	82 442.09	15	196	9	1 956	9	406	1	37	140	21	103	2	304	2	45
10 782.58	211	18 039.25	126	90	41	612	92	13	203	59	87	0	400	0	444	0	91
22 518.27	91	13 247.2	171	43	161	462	152	0	605	109	38	0	400	5	190	0	91
2 124	555	2 028.8	555	30	247	198	487	7	307	7	358	0	400	4	227	0	91
484.8	800	480.6	787	15	491	78	856	0	605	0	590	0	400	0	444	0	91
790	727	1 237	643	14	514	180	536	5	358	28	174	5	223	3	264	0	91
1 020.2	673	1 250.94	640	7	704	88	827	0	605	0	590	0	400	0	444	0	91
487	799	40.7	1 051	7	704	152	617	12	217	3	456	3	264	0	444	0	91
471.5	806	376.17	823	0	1 024	151	622	4	388	0	590	0	400	0	444	0	91
19 322.86	112	18 125.65	125	50	127	795	58	13	203	92	51	82	25	20	66	0	91
1 878	584	2 701.87	507	3	872	155	605	0	605	22	207	0	400	0	444	0	91
4 726.61	388	2 877.84	498	13	537	164	580	0	605	2	490	0	400	0	444	0	91
185	927	102.6	969	16	473	179	541	0	605	0	590	0	400	3	264	0	91
6 151.95	340	9 522.77	234	11	588	174	554	8	288	0	590	0	400	0	444	0	91
25	1 063	42.5	1 045	1	970	25	1 063	0	605	0	590	0	400	1	352	0	91
117	972	68.5	1 011	14	514	117	723	0	605	0	590	0	400	3	264	0	91
1 832	587	2 071	551	26	296	296	302	0	605	9	325	9	173	7	153	1	62
595	772	207.23	901	0	1 024	163	586	12	217	0	590	0	400	1	352	0	91
6 230.3	338	7 466.37	279	11	588	221	446	6	329	10	311	10	158	0	444	0	91
5 907	353	4 577.15	394	17	447	434	166	4	388	44	124	6	207	17	77	3	35
661.5	753	1 015.5	668	2	920	146	635	3	422	0	590	0	400	0	444	0	91
1 165	653	885.46	693	2	920	155	605	0	605	4	421	1	345	0	444	0	91
8 215.44	271	6 266.48	318	6	742	153	614	3	422	39	134	8	187	1	352	0	91
15 042.02	149	6 433.53	313	13	537	267	350	0	605	28	174	26	89	0	444	0	91
1 409	621	649.12	746	4	825	137	668	1	529	3	456	0	400	0	444	0	91
2 952.3	485	4 416.67	403	19	417	307	287	0	605	0	590	0	400	0	444	0	91
2 250	536	3 915.87	426	11	588	235	414	4	388	2	490	0	400	0	444	0	91
400	826	445.92	800	5	779	34	1 032	2	472	0	590	0	400	1	352	0	91
168	942	168	926	5	779	172	557	3	422	7	358	0	400	0	444	0	91
276	877	234.4	886	6	742	152	617	4	388	0	590	0	400	0	444	0	91
238	897	221.5	893	4	825	76	864	1	529	29	166	0	400	0	444	0	91
864.5	709	937.17	678	6	742	180	536	3	422	0	590	0	400	0	444	0	91
1 638.4	605	1 340.6	622	17	447	157	599	3	422	7	358	6	207	0	444	0	91
2 136	553	2 125	545	4	825	196	492	10	242	0	590	0	400	0	444	0	91
3 537.05	447	3 443.41	463	7	704	98	794	0	605	4	421	4	240	0	444	0	91

学校名称	研究与发展课题											
	课题总数（项）		当年新开课题数（项）		当年完成课题数（项）		当年新开课题批准经费（千元）		当年投入人数（人年）		当年拨入经费（千元）	
五邑大学	274	480	144	302	78	391	19 890.6	150	60.9	500	20 336.6	134
梧州学院	214	564	21	914	4	1 017	1 242.9	682	20.2	831	878.2	741
攀枝花学院	361	389	97	444	123	236	2 826.5	545	140.3	211	2 964.5	512
玉溪师范学院	186	608	41	738	46	539	1 680.7	639	61.9	491	1 720.9	625
楚雄师范学院	147	683	24	886	33	654	1 042	715	35.5	674	1 950.5	602
云南警官学院	94	818	28	844	23	754	1 214	684	31.2	710	1 109	695
昆明学院	152	672	43	733	37	620	10 174	276	107	292	10 032	260
榆林学院	280	471	83	507	30	672	5 134	425	27.2	748	5 034	409
商洛学院	243	519	88	487	99	300	2 228.81	587	29.9	723	2 631.81	540
安康学院	311	437	169	248	92	327	7 219.4	350	24.4	780	7 209.4	338
西安培华学院	425	321	277	95	151	178	10 095	277	41.1	640	10 095	258
甘肃政法学院	271	487	85	502	71	415	4 615	448	43	628	4 199	446
北方民族大学	531	250	178	234	209	99	29 527.1	93	97.7	333	22 928.33	119
中国矿业大学(北京)	120	744	15	970	27	705	1 005	720	28	740	2 471.4	549
中国石油大学(北京)	220	555	30	822	89	337	6 198	384	29.8	724	8 398.53	305
中国地质大学(北京)	179	619	25	873	29	684	2 685	553	34.2	688	2 807.75	526
北京联合大学	983	101	510	23	133	217	79 431.4	27	227.3	110	58 652.93	31
北京城市学院	111	772	82	513	83	365	14 858.03	195	23.6	791	14 635.03	184
河北金融学院	256	506	111	395	149	185	1 201.5	687	32.7	698	1 123.5	688
集宁师范学院	296	454	93	460	40	588	504	835	52.6	558	501	833
辽宁科技学院	144	686	38	766	17	821	444	851	103.6	303	547	818
辽宁警察学院	100	799	25	873	4	1 017	14 354.4	207	17.6	866	7 485	329
长春工程学院	308	445	41	738	14	869	2 182.27	591	109	287	2 341.71	559
吉林农业科技学院	117	752	49	693	73	410	1 114	704	32	706	1 110	693
吉林警察学院	218	561	71	568	21	777	3 285	509	72.3	437	3 937	461
黑龙江工业学院	0	1 170	0	1 164	0	1 106	0	1 141	0	1 168	0	1 136
黑龙江东方学院	44	970	17	942	12	894	182	961	9.6	985	157	966
上海电机学院	229	540	134	333	138	205	8 750.02	310	78.5	406	8 737.38	295
南京晓庄学院	345	407	137	324	36	626	4 429	460	60.2	504	4 076	454
江苏理工学院	587	215	221	160	111	264	20 104.65	147	122.3	251	19 534.25	141
浙江水利水电学院	157	663	53	663	45	549	2 915	536	25.3	775	2 725.61	533
浙江财经大学	2 060	24	350	63	208	102	33 826.64	81	225.3	113	31 888.95	78
浙江警察学院	148	678	36	779	41	581	883	753	51.3	571	1 456	648
衢州学院	124	732	54	657	40	588	2 107.02	601	45	617	2 043.02	590
福建警察学院	90	828	16	953	20	791	437.5	854	14.7	902	421.5	850

续表

				研究与发展成果										获奖成果数(项)			
其中:当年新开课题拨入经费(千元)		当年支出经费(千元)		著作(部)		学术论文(篇)				研究与咨询报告(篇)				合计		其中:国家级和部级	
						合计		其中:国外学术刊物发表数		提交有关部门数		其中:被采纳数					
19 105.6	116	20 605.85	108	5	779	190	507	0	605	11	294	2	298	0	444	0	91
878.2	706	486.87	783	4	825	90	815	1	529	0	590	0	400	2	304	0	91
2 720.5	504	773.86	713	16	473	475	145	3	422	0	590	0	400	0	444	0	91
1 180.7	648	1 839.32	576	31	235	274	335	1	529	1	533	0	400	2	304	0	91
1 004.5	675	1 787.5	581	18	431	367	225	0	605	8	338	0	400	0	444	0	91
914	692	1 251.5	639	9	644	111	746	0	605	4	421	0	400	2	304	0	91
9 875	229	9 384.11	236	15	491	145	638	0	605	4	421	3	264	2	304	0	91
5 034	371	1 966.65	567	3	872	149	626	0	605	10	311	0	400	1	352	0	91
2 183.81	546	1 690.95	588	31	235	240	402	0	605	49	109	1	345	1	352	0	91
7 209.4	305	6 186.2	322	23	336	147	633	0	605	33	151	0	400	0	444	0	91
10 095	226	5 887.2	328	8	676	453	156	0	605	149	23	0	400	0	444	0	91
4 199	419	3 525.9	454	12	561	300	295	0	605	1	533	0	400	0	444	0	91
21 079.33	98	18 348.11	124	13	537	253	378	0	605	15	247	2	298	3	264	3	35
693.4	745	2 219.14	533	16	473	144	642	0	605	0	590	0	400	0	444	0	91
3 447.76	456	6 071.7	324	5	779	188	514	62	51	15	247	2	298	1	352	1	62
1 971.67	566	699.51	735	10	616	51	961	19	154	0	590	0	400	0	444	0	91
54 142.89	27	34 959.86	57	50	127	676	75	22	134	8	338	8	187	3	264	3	35
14 165.03	159	14 289.72	160	8	676	118	721	0	605	0	590	0	400	0	444	0	91
1 123.5	661	2 211.9	535	15	491	151	622	0	605	0	590	0	400	0	444	0	91
449	812	318.55	850	8	676	131	687	0	605	0	590	0	400	1	352	0	91
438	814	520	774	7	704	133	681	0	605	2	490	2	298	0	444	0	91
7 485	293	3 023	486	13	537	168	570	0	605	2	490	2	298	0	444	0	91
1 998.71	562	1 805.79	580	2	920	85	834	0	605	1	533	1	345	1	352	0	91
1 110	662	1 059	662	30	247	62	915	17	165	0	590	0	400	0	444	0	91
3 285	467	1 904	570	4	825	149	626	0	605	0	590	0	400	5	190	0	91
0	1 121	0	1 136	0	1 024	0	1 176	0	605	0	590	0	400	0	444	0	91
157	948	126.4	954	5	779	51	961	0	605	0	590	0	400	0	444	0	91
7 538.03	289	7 476.79	278	21	376	292	307	2	472	0	590	0	400	0	444	0	91
3 900	433	4 656.46	391	26	296	405	189	14	190	1	533	0	400	4	227	0	91
19 204.37	113	20 122.86	111	22	357	414	183	0	605	168	19	82	25	6	165	0	91
2 226.61	539	3 182.54	477	0	1 024	76	864	0	605	13	266	10	158	0	444	0	91
20 708.18	102	19 260.36	116	65	84	457	154	88	33	107	39	107	14	3	264	2	45
307	867	1 259	636	12	561	134	677	2	472	6	371	5	223	0	444	0	91
1 797.02	591	1 742.65	584	5	779	75	869	7	307	1	533	1	345	0	444	0	91
394.5	831	325.75	848	4	825	114	736	0	605	0	590	0	400	0	444	0	91

学校名称	研究与发展课题											
	课题总数（项）		当年新开课题数（项）		当年完成课题数（项）		当年新开课题批准经费（千元）		当年投入人数（人年）		当年拨入经费（千元）	
莆田学院	512	259	186	219	152	175	11 682.18	249	118.7	266	11 598.2	234
江西警察学院	207	574	64	603	53	500	653	800	41.9	635	1 428	652
新余学院	113	766	16	953	6	978	215	938	6.9	1 036	90	1 010
山东交通学院	388	357	258	116	53	500	9 145.78	299	79.8	400	7 601.98	327
河南工程学院	334	418	61	625	61	469	1 760	631	72.5	435	1 182.6	682
武汉音乐学院	94	818	30	822	15	850	714	783	26.3	758	647	788
湖南城市学院	583	219	157	268	81	380	2 671	555	65.4	473	2 630	541
湖南工学院	229	540	78	533	120	240	3 707	496	72.3	437	3 837	467
湖南财政经济学院	427	320	49	693	94	321	2 548.8	560	77.1	415	2 322.56	563
湖南警察学院	227	546	25	873	83	365	259	922	34.5	685	266.2	905
湖南工业大学	944	104	204	189	174	137	8 290.06	321	227.1	111	7 265.09	336
湖南女子学院	415	332	52	671	31	665	743	779	66.8	466	1 188	679
广东金融学院	358	395	106	412	112	259	12 869	231	222.4	114	15 610	169
电子科技大学中山学院	264	496	115	387	92	327	8 336.86	320	53.5	545	9 070.67	288
广西科技师范学院	108	779	39	756	4	1 017	720	781	73.7	429	576	810
广西财经学院	696	174	455	34	139	204	20 274.92	145	335.8	46	19 533.92	142
南宁学院	169	645	48	701	58	477	1 315	671	25.9	767	1 315	667
重庆科技学院	168	648	76	550	85	352	5 598.6	402	63.7	479	4 778.6	420
四川旅游学院	299	450	89	485	37	620	1 274	677	49.2	587	860.62	748
文山学院	119	748	28	844	24	745	859.4	759	73.1	432	814.4	759
西安财经学院	923	107	171	244	184	128	6 702.6	367	105.4	297	5 300	396
甘肃民族师范学院	130	723	24	886	28	698	1 510	657	21.8	811	1 480	645
兰州文理学院	178	621	52	671	11	902	2 386	575	14.2	912	2 110.1	588
湖北经济学院	698	172	261	110	90	333	30 606.56	90	121.5	254	30 770.31	83
钦州学院	331	421	69	580	54	493	4 233.92	469	176	154	4 366.92	440
中国青年政治学院	402	346	59	635	50	513	4 844.81	435	35	678	6 374.93	363
北华航天工业学院	262	499	141	310	83	365	3 994.43	484	93.6	343	3 615.94	477
河套学院	167	649	59	635	48	530	398	869	36.3	669	583.5	808
沈阳工程学院	100	799	100	430	11	902	3 241.82	511	47.9	600	3 241.82	502
哈尔滨信息工程学院	0	1 170	0	1 164	0	1 106	0	1 141	0	1 168	0	1 136
淮海工学院	573	220	254	122	191	121	12 070.8	242	57.8	517	12 439.6	222
宁波大学	1 903	28	449	36	341	40	48 155.87	51	300.4	58	43 713.53	53
浙江传媒学院	845	123	237	139	232	82	33 847.61	80	355.1	39	27 477.41	92
河南财政金融学院	483	278	130	345	200	113	266	918	90.5	354	398	858
南阳理工学院	179	619	59	635	60	471	431	856	48.8	593	506	832

续表

				研究与发展成果										获奖成果数(项)			
其中:当年新开课题拨入经费(千元)		当年支出经费(千元)		著作(部)		学术论文(篇)				研究与咨询报告(篇)				合计		其中:国家级和部级	
						合计		其中:国外学术刊物发表数		提交有关部门数		其中:被采纳数					
11 528.2	197	7 245	286	9	644	204	473	2	472	32	154	32	68	1	352	0	91
598	770	899	691	16	473	200	480	0	605	0	590	0	400	0	444	0	91
90	994	90	978	0	1 024	80	850	0	605	0	590	0	400	0	444	0	91
7 486.58	292	5 308.56	357	10	616	138	663	3	422	23	202	3	264	1	352	0	91
926	689	762.26	716	30	247	273	341	9	265	0	590	0	400	0	444	0	91
636	761	327.5	847	7	704	100	787	2	472	0	590	0	400	0	444	0	91
2 525	517	2 394	522	35	196	288	315	24	128	1	533	1	345	0	444	0	91
3 627	441	3 016.57	487	1	970	158	596	6	329	0	590	0	400	0	444	0	91
1 925.8	574	2 148.81	542	15	491	117	723	5	358	2	490	2	298	0	444	0	91
251	886	248.52	877	5	779	216	452	0	605	0	590	0	400	0	444	0	91
6 568.09	326	7 616.74	275	39	173	272	342	2	472	7	358	4	240	0	444	0	91
512	792	483.98	785	8	676	63	911	0	605	0	590	0	400	0	444	0	91
9 539	234	13 482	169	4	825	233	417	7	307	16	240	14	127	0	444	0	91
8 282.86	269	5 181.92	363	0	1 024	101	781	12	217	20	218	0	400	0	444	0	91
576	779	147.96	939	20	397	176	546	0	605	0	590	0	400	1	352	0	91
19 408.92	111	17 378.73	128	26	296	330	263	0	605	3	456	0	400	16	82	0	91
1 315	631	1 491.56	608	2	920	9	1 137	1	529	1	533	0	400	1	352	0	91
4 778.6	383	4 282.98	409	7	704	111	746	4	388	28	174	14	127	6	165	0	91
749.3	736	679.04	740	3	872	176	546	6	329	0	590	0	400	0	444	0	91
804.4	725	1 919	568	4	825	209	465	3	422	0	590	0	400	0	444	0	91
4 726	389	5 833.41	331	30	247	305	289	5	358	52	98	2	298	9	136	0	91
1 480	617	1 292	632	6	742	104	772	0	605	0	590	0	400	0	444	0	91
1 662	602	774.34	712	23	336	115	729	0	605	0	590	0	400	0	444	0	91
24 601.66	79	19 600.15	115	52	118	460	153	47	71	8	338	7	196	5	190	0	91
3 147.92	474	3 574.27	448	18	431	355	237	11	226	28	174	28	80	6	165	0	91
4 245.37	415	4 814.11	375	2	920	22	1 073	1	529	11	294	0	400	0	444	0	91
3 554.44	445	3 149.7	479	10	616	128	693	0	605	11	294	0	400	1	352	0	91
233.5	899	1 073.04	659	17	447	198	487	0	605	0	590	0	400	0	444	0	91
3 241.82	468	3 226.82	472	2	920	79	853	0	605	24	197	0	400	1	352	0	91
0	1 121	0	1 136	0	1 024	0	1 176	0	605	0	590	0	400	0	444	0	91
10 472.3	215	9 960.4	226	14	514	261	362	4	388	49	109	12	144	3	264	0	91
35 068.44	55	42 031.38	46	62	88	373	218	38	92	124	33	37	57	1	352	1	62
26 171.41	72	18 787.18	118	38	177	442	163	0	605	15	247	15	121	0	444	0	91
90	994	442.7	802	23	336	174	554	3	422	9	325	0	400	0	444	0	91
419	820	458	795	37	186	324	269	3	422	0	590	0	400	2	304	0	91

学校名称	研究与发展课题											
	课题总数（项）		当年新开课题数（项）		当年完成课题数（项）		当年新开课题批准经费（千元）		当年投入人数（人年）		当年拨入经费（千元）	
武汉商学院	215	563	109	399	84	361	2 888.32	540	71.4	444	2 607.7	543
广东石油化工学院	318	432	82	513	130	221	3 736.06	492	41.3	639	3 609.46	479
海南师范大学	244	517	97	444	34	646	6 245	382	72.2	439	5 831	377
重庆理工大学	496	269	188	218	136	212	15 204.17	191	179.4	147	14 804.76	183
四川民族学院	195	595	70	573	35	635	758	776	66.9	465	758	767
西安邮电大学	141	694	86	501	46	539	17 720	168	20.8	825	15 325	174
山东工商学院	225	549	29	835	15	850	2 674.33	554	116.2	274	1 742	622
呼和浩特民族学院	107	780	25	873	42	570	5 232	418	21	821	5 420	390
长春大学	269	490	68	583	27	705	2 265	584	34.9	680	2 652.61	539
贵州商学院	181	613	83	507	81	380	1 775	629	51.1	577	1 583	638
西安航空学院	62	914	30	822	7	962	384	874	14.5	906	381.5	867
河南城建学院	424	322	260	111	197	116	13 251.24	225	55.5	532	13 269.24	205
防灾科技学院	88	837	37	773	15	850	1 943.88	618	24	786	1 379.05	658
辽东学院	438	305	185	221	155	169	9 080	301	73.7	429	8 945	292
仰恩大学	116	755	59	635	47	533	976.9	731	11.6	955	964.9	722
河南警察学院	180	616	68	583	124	233	630	804	18	861	620	797
武汉东湖学院	199	588	93	460	68	427	3 671	500	18.1	858	3 764	473
重庆工商大学	1 348	56	473	28	420	26	49 412.19	50	331.8	47	38 457.61	61
汉口学院	80	852	30	822	14	869	778.5	773	16.7	878	718.5	772
黑龙江工程学院	109	777	28	844	25	729	1 184.8	691	87	372	1 235.8	674
甘肃医学院	14	1 105	5	1 091	5	997	49	1 064	8	1 019	47.5	1 052
兰州工业学院	13	1 110	5	1 091	0	1 106	100	1 021	7.7	1 028	100	1 003
海南医学院	60	917	15	970	25	729	410	865	13.2	929	590	806
东莞理工学院	298	451	100	430	143	198	17 736.71	167	49	591	21 856.71	127
桂林航天工业学院	106	781	25	873	35	635	905.8	748	14.8	901	805.8	762
首钢工学院	3	1 160	1	1 159	0	1 106	10	1 117	0.5	1 162	10	1 105
河北经贸大学	1 285	61	336	69	185	126	14 983.7	194	289.3	66	14 547.75	189
上海杉达学院	158	660	78	533	66	439	2 238	586	60.4	503	2 270	571
黄河科技学院	649	190	233	143	302	51	518.84	831	63.7	479	436.84	848
上海政法学院	336	416	137	324	126	231	7 333.65	341	98.7	329	7 180.36	339
桂林旅游学院	337	414	99	437	42	570	17 463.09	170	126.6	245	14 859.81	182
贺州学院	410	338	192	208	167	150	12 642.75	236	85.1	377	9 503.01	276
西安医学院	67	890	13	1 004	15	850	263	920	17.5	868	250	911
浙江树人学院	228	544	119	373	50	513	7 735.2	332	47.4	601	4 515.7	435
九江学院	227	546	70	573	38	609	14 804.5	198	78.3	407	14 614.5	185
广东工业大学	2 608	15	340	67	54	493	50 610.64	46	148.6	193	47 936.91	44
广东外语外贸大学	2 055	25	461	32	306	48	47 659.6	54	385.6	29	47 133.48	48

其中:当年新开课题拨入经费(千元)		当年支出经费(千元)		研究与发展成果										获奖成果数(项)			
				著作(部)		学术论文(篇)				研究与咨询报告(篇)				合计		其中:国家级和部级	
						合计		其中:国外学术刊物发表数		提交有关部门数		其中:被采纳数					
2 250.5	535	2 008.79	558	5	779	304	292	0	605	10	311	10	158	0	444	0	91
3 609.06	442	3 231.47	471	0	1 024	259	366	6	329	0	590	0	400	0	444	0	91
5 759	356	3 979.73	422	45	151	274	335	0	605	2	490	2	298	34	35	0	91
13 587.76	170	12 493.26	186	26	296	434	166	0	605	119	35	8	187	6	165	0	91
758	735	467.24	791	8	676	177	544	6	329	0	590	0	400	0	444	0	91
15 305	145	8 656	246	7	704	114	736	0	605	8	338	0	400	0	444	0	91
1 722	594	2 146	543	47	144	156	604	0	605	0	590	0	400	4	227	0	91
5 182	367	5 310	356	17	447	163	586	0	605	0	590	0	400	1	352	0	91
1 969	567	1 323.33	624	14	514	203	474	0	605	0	590	0	400	6	165	0	91
1 314	633	1 833	578	10	616	262	358	0	605	34	148	4	240	1	352	0	91
381.5	834	261.42	869	16	473	181	532	4	388	0	590	0	400	0	444	0	91
13 251.24	172	8 586.55	247	29	260	119	718	0	605	9	325	0	400	0	444	0	91
1 279	638	1 326.46	623	4	825	35	1 030	0	605	0	590	0	400	1	352	0	91
8 945	247	5 411.1	354	36	191	324	269	5	358	0	590	0	400	1	352	0	91
964.9	681	314.38	852	0	1 024	100	787	0	605	0	590	0	400	0	444	0	91
620	764	634	748	17	447	318	275	3	422	123	34	0	400	0	444	0	91
3 349	462	3 246.07	470	27	290	230	426	0	605	22	207	8	187	0	444	0	91
31 448.75	61	33 686.17	59	94	38	773	61	0	605	141	25	35	63	33	37	0	91
718.5	742	676.5	741	24	321	200	480	0	605	1	533	1	345	0	444	0	91
1 024.8	671	1 376.03	618	13	537	122	707	0	605	8	338	2	298	14	99	0	91
47.5	1 029	76.6	994	0	1 024	34	1 032	0	605	0	590	0	400	0	444	0	91
100	985	395	814	0	1 024	37	1 024	0	605	0	590	0	400	0	444	0	91
400	826	184.57	912	0	1 024	23	1 070	0	605	0	590	0	400	4	227	0	91
17 360.71	126	17 058.01	129	22	357	164	580	7	307	60	82	14	127	0	444	0	91
725.8	740	740.04	722	2	920	110	750	0	605	0	590	0	400	3	264	0	91
10	1 091	6.3	1 116	0	1 024	5	1 155	0	605	0	590	0	400	0	444	0	91
12 219.7	190	6 581.31	309	30	247	321	271	6	329	19	223	14	127	22	61	0	91
2 196	543	2 620.97	512	16	473	127	696	3	422	6	371	0	400	0	444	0	91
236.84	898	150.78	937	77	62	376	210	7	307	0	590	0	400	2	304	0	91
6 467.65	331	6 954.67	296	38	177	354	241	16	171	12	282	5	223	5	190	0	91
14 859.81	151	13 076.61	175	13	537	338	255	3	422	0	590	0	400	1	352	0	91
9 365.95	238	5 290.23	358	20	397	191	503	2	472	26	190	0	400	2	304	0	91
250	888	253.77	873	3	872	142	651	0	605	0	590	0	400	0	444	0	91
4 367.7	408	4 352.2	406	9	644	248	391	0	605	45	122	1	345	0	444	0	91
14 614.5	152	2 208.65	537	19	417	137	668	0	605	0	590	0	400	0	444	0	91
37 408.14	48	47 297.86	38	23	336	228	433	22	134	25	195	6	207	0	444	0	91
43 134.28	40	38 056.08	52	71	71	1 411	18	0	605	87	55	59	34	7	153	7	8

学校名称	研究与发展课题											
	课题总数（项）		当年新开课题数（项）		当年完成课题数（项）		当年新开课题批准经费（千元）		当年投入人数（人年）		当年拨入经费（千元）	
佛山科学技术学院	275	477	108	403	137	209	7 180.64	351	70	449	7 062.65	342
中央司法警官学院	178	621	53	663	35	635	665.5	797	54.7	540	498.2	836
徐州工程学院	697	173	281	92	371	37	3 143.5	519	263.5	82	3 029.6	508
大连民族大学	369	380	255	120	99	300	5 550.8	407	60.2	504	5 436.8	389
湖南第一师范学院	550	239	144	302	107	282	5 654	400	120.8	256	5 573.9	384
上海第二工业大学	151	675	71	568	19	795	4 506.21	454	53.5	545	3 986.77	460
南京特殊教育师范学院	135	711	50	683	18	806	1 130	700	20.1	833	872	743
上海商学院	60	917	20	919	17	821	1 203	686	7.9	1 024	1 121	690
南通理工学院	119	748	47	707	19	795	343	888	12.8	935	343	882
广东培正学院	279	473	87	493	24	745	83	1 032	27.9	742	67.1	1 028
天津中德应用技术大学	173	632	72	563	30	672	3 067.2	521	60.2	504	1 990.88	599
贵州警察学院	63	907	46	718	18	806	530	826	27.2	748	570	811
南方医科大学	171	637	60	629	33	654	2 422	571	76.6	420	2 369.92	558
四川警察学院	144	686	67	591	38	609	458	848	44.3	624	458	844
南京森林警察学院	128	726	44	728	30	672	792	772	15.8	887	810.35	761
湖南医药学院	25	1 054	6	1 080	2	1 062	20	1 104	9.1	995	20	1 091
安徽新华学院	138	704	49	693	40	588	693	787	104.1	301	833.8	756
湖南涉外经济学院	195	595	14	990	22	766	456	849	23.2	798	662	782
海口经济学院	350	404	148	289	75	404	1 399	667	42.4	632	1 371	659
武昌首义学院	68	886	23	896	38	609	420	862	14.1	914	347	880
武昌理工学院	40	989	23	896	0	1 106	374	878	26.6	756	419	851
山东女子学院	709	163	263	107	66	439	3 955.4	486	55	539	2 584.4	545
烟台南山学院	158	660	76	550	39	600	355	883	67.8	460	370	870
武汉生物工程学院	14	1 105	6	1 080	1	1 089	125	996	5.3	1 063	100	1 003
中国劳动关系学院	361	389	48	701	16	836	5 232	418	79.2	403	18 804.8	147
宁夏理工学院	28	1 041	16	953	5	997	992	726	9.6	985	614.2	798
云南经济管理学院	263	498	67	591	39	600	1 173	694	34.6	684	1 063	703
广东东软学院	43	976	20	919	10	914	690	788	2.4	1 125	640	791
上海立达学院	63	907	33	801	9	922	441	853	9.3	992	400	857
重庆工程学院	36	1 006	28	844	7	962	186	957	2.2	1 131	186	944
重庆大学城市科技学院	32	1 026	14	990	5	997	155	974	21.1	819	125	986
华南理工大学广州学院	11	1 118	8	1 063	3	1 039	315	903	1.2	1 151	315	889
广州大学华软软件学院	93	820	29	835	45	549	1 081	709	10.4	976	1 101	697
中山大学南方学院	95	815	20	919	8	947	1 615	645	15.3	894	1 844.5	611
广东外语外贸大学南国商学院	223	551	54	657	22	766	1 150	698	27.1	750	1 102.4	696
广东财经大学华商学院	115	759	36	779	3	1 039	664.3	798	19.4	841	555.8	814
广东海洋大学寸金学院	44	970	24	886	8	947	365	881	28.6	731	386	866
华南农业大学珠江学院	35	1 011	10	1 041	6	978	200	946	3.8	1 094	850	751

续表

其中：当年新开课题拨入经费（千元）		当年支出经费（千元）		研究与发展成果										获奖成果数（项）			
				著作（部）		学术论文（篇）				研究与咨询报告（篇）				合计		其中：国家级和部级	
						合计		其中：国外学术刊物发表数		提交有关部门数		其中：被采纳数					
6 067.65	345	8 575.37	248	17	447	166	573	2	472	0	590	0	400	0	444	0	91
381.2	835	344.98	837	5	779	73	877	7	307	0	590	0	400	5	190	0	91
2 867.1	490	2 832.7	502	49	134	448	157	3	422	220	16	22	101	4	227	0	91
5 436.8	362	3 806.59	433	18	431	131	687	8	288	0	590	0	400	11	120	1	62
5 176	368	5 233.02	360	23	336	364	227	0	605	1	533	1	345	1	352	0	91
3 086.58	477	2 870.76	499	18	431	142	651	8	288	0	590	0	400	2	304	0	91
689	746	921.82	684	8	676	59	930	0	605	0	590	0	400	4	227	0	91
943	686	660.79	742	9	644	104	772	20	147	0	590	0	400	0	444	0	91
343	853	247.4	878	0	1 024	90	815	0	605	0	590	0	400	0	444	0	91
31.5	1 051	488.76	782	6	742	122	707	0	605	3	456	3	264	0	444	0	91
1 949.38	569	1 352.56	621	6	742	209	465	3	422	0	590	0	400	0	444	0	91
530	788	260.4	871	3	872	78	856	0	605	13	266	0	400	0	444	0	91
1 825	588	2 376.1	525	2	920	76	864	4	388	2	490	2	298	0	444	0	91
458	809	415.04	807	17	447	115	729	0	605	6	371	1	345	0	444	0	91
597.29	771	1 383.7	617	0	1 024	168	570	12	217	3	456	2	298	1	352	0	91
20	1 071	151	936	1	970	27	1 052	0	605	0	590	0	400	0	444	0	91
385	833	774.86	711	2	920	132	682	2	472	5	395	4	240	0	444	0	91
319	861	731.8	723	5	779	280	324	0	605	0	590	0	400	0	444	0	91
1 371	625	1 205	644	10	616	419	179	9	265	0	590	0	400	0	444	0	91
246	893	531.2	768	12	561	66	899	2	472	4	421	0	400	0	444	0	91
369	838	213.3	898	21	376	108	760	0	605	0	590	0	400	0	444	0	91
2 584.4	513	801.1	703	54	112	317	278	31	111	1	533	0	400	0	444	0	91
355	848	83.95	985	18	431	264	354	3	422	2	490	2	298	0	444	0	91
100	985	138	944	3	872	56	942	2	472	0	590	0	400	0	444	0	91
2 724	503	18 761.8	120	15	491	243	398	5	358	1	533	1	345	0	444	0	91
601.2	767	545.7	766	10	616	25	1 063	0	605	0	590	0	400	0	444	0	91
1 063	669	1 385	616	22	357	540	111	0	605	0	590	0	400	0	444	0	91
640	758	472.89	790	4	825	123	706	0	605	0	590	0	400	0	444	0	91
336	855	179.45	913	3	872	26	1 058	0	605	0	590	0	400	0	444	0	91
186	926	110	962	0	1 024	109	755	0	605	0	590	0	400	0	444	0	91
125	967	72.18	1 004	6	742	106	767	0	605	0	590	0	400	0	444	0	91
315	863	260.78	870	4	825	116	727	5	358	0	590	0	400	0	444	0	91
1 081	665	1 503	607	5	779	127	696	10	242	0	590	0	400	0	444	0	91
1 515	615	1 971.94	565	14	514	195	496	40	88	9	325	6	207	0	444	0	91
955	683	815.73	699	3	872	81	845	64	48	0	590	0	400	0	444	0	91
555.8	783	702.85	733	5	779	85	834	1	529	0	590	0	400	0	444	0	91
365	841	243.45	882	2	920	169	566	0	605	0	590	0	400	0	444	0	91
200	912	205.84	904	1	970	5	1 155	0	605	0	590	0	400	0	444	0	91

学校名称	研究与发展课题											
	课题总数（项）		当年新开课题数（项）		当年完成课题数（项）		当年新开课题批准经费（千元）		当年投入人数（人年）		当年拨入经费(千元)	
厦门医学院	59	922	15	970	22	766	38	1 074	12.1	945	32.6	1 072
成都东软学院	12	1 113	12	1 017	12	894	132.5	992	6.2	1 045	127	983
湖南农业大学东方科技学院	66	893	3	1 122	20	791	15	1 112	9.2	994	126.5	984
广东技术师范学院天河学院	45	965	16	953	18	806	208	942	6	1 051	255	910
东南大学成贤学院	47	958	16	953	4	1 017	185	958	5.6	1 058	190.4	942
厦门华厦学院	96	814	45	722	17	821	909.5	746	10	980	909.5	735
闽南理工学院	140	696	49	693	50	513	839	762	21.6	813	1 036.75	705
西安欧亚学院	111	772	67	591	25	729	390	872	16.4	881	360	874
西安外事学院	209	571	72	563	75	404	1 670	641	8.5	1 008	1 650	633
西安翻译学院	203	578	100	430	93	324	1 601.5	647	37.3	662	1 662.5	631
西京学院	143	690	65	596	76	398	9 283.3	294	25.5	770	10 464.3	252
齐齐哈尔工程学院	8	1 135	2	1 145	6	978	16	1 110	3.3	1 105	16	1 098
新疆警察学院	55	932	8	1 063	6	978	417	863	23.4	793	533	820
铁道警察学院	134	715	50	683	68	427	300	909	48.6	595	479	838
郑州科技学院	376	371	185	221	178	134	380	875	81.7	390	300	895
郑州工业应用技术学院	40	989	40	749	4	1 017	192	954	5.7	1 056	0	1 136
重庆警察学院	124	732	30	822	45	549	542	824	11.4	959	391	864
江西工程学院	18	1 080	6	1 080	2	1 062	380	875	4.1	1 086	350	877
山西应用科技学院	24	1 059	14	990	8	947	141	984	3.5	1 100	141	975
河北传媒学院	245	515	119	373	64	452	15.2	1 111	69.9	452	10	1 105
浙江越秀外国语学院	406	342	169	248	103	291	4 437.64	459	118.6	268	4 105.75	453
南昌理工学院	123	737	20	919	5	997	117.2	1 004	24.9	777	217.2	926
河北工程技术学院	72	874	39	756	16	836	19.4	1 107	12	947	9	1 114
上海建桥学院	128	726	33	801	13	886	2 080	607	11.7	952	2 213.5	578
北京吉利学院	12	1 113	0	1 164	0	1 106	0	1 141	0	1 168	0	1 136
安徽文达信息工程学院	42	980	25	873	3	1 039	144	982	15.7	888	144	974
潍坊科技学院	638	196	480	27	210	98	15 857.88	181	76	422	14 587.48	186
上海兴伟学院	0	1 170	0	1 164	0	1 106	0	1 141	0	1 168	0	1 136
泰州学院	175	629	33	801	63	458	1 025	718	52.1	563	870	744
亳州学院	141	694	57	644	27	705	829	765	19.3	842	684	777
江西应用科技学院	6	1 146	5	1 091	0	1 106	25	1 100	1.1	1 155	0	1 136
郑州师范学院	137	708	40	749	24	745	997	723	23.1	799	1 126.87	686
福建师范大学闽南科技学院	85	843	33	801	16	836	338	890	11.7	952	296	899

续表

其中:当年新开课题拨入经费(千元)		当年支出经费(千元)		研究与发展成果 著作(部)		学术论文(篇) 合计		学术论文(篇) 其中:国外学术刊物发表数		研究与咨询报告(篇) 提交有关部门数		研究与咨询报告(篇) 其中:被采纳数		获奖成果数(项) 合计		获奖成果数(项) 其中:国家级和部级	
22.6	1 067	40.75	1 050	0	1 024	69	890	0	605	0	590	0	400	0	444	0	91
127	964	127	952	0	1 024	14	1 112	0	605	0	590	0	400	0	444	0	91
15	1 082	112.7	959	8	676	62	915	0	605	0	590	0	400	0	444	0	91
195	917	287	860	7	704	109	755	7	307	2	490	0	400	0	444	0	91
162.5	945	188.34	911	0	1 024	70	888	0	605	0	590	0	400	0	444	0	91
864.5	709	497.39	778	1	970	58	935	1	529	1	533	1	345	0	444	0	91
839	715	774.89	710	2	920	225	440	0	605	0	590	0	400	0	444	0	91
360	843	280.8	863	0	1 024	157	599	16	171	2	490	0	400	0	444	0	91
1 650	604	1 251.55	638	1	970	258	369	1	529	7	358	1	345	0	444	0	91
1 591.5	607	1 353.7	620	12	561	299	296	84	35	134	27	0	400	0	444	0	91
9 271.3	239	7 821.6	267	4	825	52	957	11	226	60	82	0	400	0	444	0	91
16	1 081	19.8	1 090	3	872	15	1 107	0	605	0	590	0	400	0	444	0	91
369	838	462	793	0	1 024	54	947	2	472	0	590	0	400	0	444	0	91
290	875	278.1	865	6	742	140	656	5	358	26	190	1	345	0	444	0	91
300	870	310	854	34	203	245	395	22	134	102	42	0	400	0	444	0	91
0	1 121	0	1 136	13	537	165	576	5	358	0	590	0	400	0	444	0	91
365	841	719.25	727	6	742	74	873	1	529	2	490	2	298	0	444	0	91
350	850	54	1 023	6	742	52	957	2	472	0	590	0	400	0	444	0	91
141	955	19.8	1 090	4	825	138	663	0	605	0	590	0	400	0	444	0	91
10	1 091	10	1 103	49	134	258	369	2	472	5	395	0	400	1	352	0	91
3 595.14	443	3 574.66	447	30	247	250	388	17	165	104	41	1	345	0	444	0	91
117.2	971	217.2	897	7	704	143	646	2	472	0	590	0	400	0	444	0	91
9	1 100	9	1 107	8	676	55	946	0	605	0	590	0	400	0	444	0	91
1 428	620	373.55	824	1	970	80	850	2	472	0	590	0	400	0	444	0	91
0	1 121	0	1 136	0	1 024	0	1 176	0	605	0	590	0	400	0	444	0	91
144	953	92.23	975	0	1 024	80	850	0	605	0	590	0	400	0	444	0	91
14 587.48	153	5 346.42	355	68	77	185	522	0	605	195	17	0	400	0	444	0	91
0	1 121	0.01	1 135	0	1 024	0	1 176	0	605	0	590	0	400	0	444	0	91
850	713	1 243.87	642	5	779	141	653	0	605	0	590	0	400	1	352	0	91
650	756	1 044.94	665	12	561	110	750	4	388	0	590	0	400	0	444	0	91
0	1 121	2	1 127	0	1 024	1	1 173	0	605	0	590	0	400	0	444	0	91
620	764	707.63	730	33	211	517	124	7	307	9	325	0	400	5	190	5	19
274	878	155.42	933	0	1 024	73	877	1	529	3	456	0	400	0	444	0	91

学校名称	研究与发展课题											
	课题总数（项）		当年新开课题数（项）		当年完成课题数（项）		当年新开课题批准经费（千元）		当年投入人数（人年）		当年拨入经费(千元)	
福建农林大学东方学院	46	962	32	812	0	1 106	116	1 007	8.8	1 001	116	991
宁波大红鹰学院	1 300	60	266	106	337	41	11 468.3	251	378.6	32	8 153.92	317
山东英才学院	353	401	143	307	87	344	15 904.68	179	78.3	407	16 462.17	162
青岛恒星科技学院	105	784	29	835	12	894	51	1 060	9.6	985	61	1 036
浙江大学城市学院	519	256	219	163	96	316	25 229.2	110	93.3	344	22 200.44	124
浙江大学宁波理工学院	509	260	196	197	83	365	18 466.61	164	54.1	542	19 828.45	139
杭州医学院	42	980	9	1 052	6	978	650	801	15.6	889	528.78	823
安徽外国语学院	74	869	23	896	21	777	124	999	7.6	1 030	107	996
河北美术学院	79	856	32	812	29	684	116.5	1 006	32.8	696	40.5	1 061
厦门工学院	43	976	16	953	15	850	117.5	1 003	16	886	65	1 031
西安思源学院	138	704	68	583	43	563	272	914	50.3	581	227	923
陕西国际商贸学院	210	570	77	543	53	500	1 187	690	21.9	809	1 187	680
陕西服装工程学院	15	1 098	8	1 063	2	1 062	80	1 035	3.8	1 094	70	1 021
北京师范大学珠海分校	380	368	98	439	172	139	10 363.31	272	99.2	323	10 234.32	256
武汉晴川学院	35	1 011	14	990	16	836	252	924	11	968	250	911
大连理工大学城市学院	20	1 073	8	1 063	1	1 089	30	1 088	13.6	924	30	1 073
沈阳工学院	12	1 113	3	1 122	4	1 017	40	1 071	3.3	1 105	40	1 062
大连工业大学艺术与信息工程学院	0	1 170	0	1 164	0	1 106	0	1 141	0	1 168	0	1 136
大连科技学院	64	902	14	990	23	754	360.4	882	14.9	896	438.6	847
沈阳城市建设学院	33	1 020	27	855	6	978	27	1 095	9.5	989	10	1 105
大连医科大学中山学院	0	1 170	0	1 164	0	1 106	0	1 141	0	1 168	0	1 136
锦州医科大学医疗学院	0	1 170	0	1 164	0	1 106	0	1 141	0	1 168	0	1 136
辽宁师范大学海华学院	74	869	29	835	40	588	33	1 085	19.3	842	13	1 101
辽宁理工学院	7	1 141	4	1 106	1	1 089	35	1 077	11	968	240	916
大连财经学院	69	885	47	707	4	1 017	123	1 000	7.3	1 033	63	1 034
沈阳城市学院	23	1 063	16	953	11	902	1 777.51	628	7.3	1 033	1 359.31	661
湖北大学知行学院	3	1 160	3	1 122	0	1 106	43	1 067	0.7	1 161	8	1 118
武汉科技大学城市学院	13	1 110	7	1 071	0	1 106	27	1 095	1.9	1 139	27	1 084
三峡大学科技学院	10	1 126	4	1 106	0	1 106	20	1 104	1.8	1 140	20	1 091
江汉大学文理学院	15	1 098	2	1 145	2	1 062	0	1 141	3.4	1 102	5	1 126
湖北工业大学工程技术学院	47	958	6	1 080	0	1 106	0	1 141	8.7	1 005	0	1 136
武昌工学院	53	938	28	844	3	1 039	80	1 035	14.2	912	61	1 036
武汉工商学院	221	553	48	701	22	766	3 703.5	497	27.6	744	4 166.3	447
长江大学工程技术学院	18	1 080	12	1 017	16	836	41	1 069	2.4	1 125	81	1 014
长江大学文理学院	4	1 155	3	1 122	0	1 106	10	1 117	0	1 168	0	1 136
湖北商贸学院	84	845	37	773	4	1 017	150	977	23.3	796	120	987
湖北民族学院科技学院	34	1 016	3	1 122	25	729	0	1 141	3.2	1 109	2	1 133
湖北经济学院法商学院	52	941	24	886	17	821	0	1 141	10.4	976	0	1 136
武汉体育学院体育科技学院	16	1 090	4	1 106	0	1 106	10	1 117	1.7	1 142	0	1 136
湖北文理学院理工学院	4	1 155	2	1 145	0	1 106	0	1 141	1.2	1 151	0	1 136
湖北工程学院新技术学院	15	1 098	15	970	0	1 106	19	1 108	7.7	1 028	9.5	1 113
文华学院	98	809	27	855	22	766	1 097	705	15.6	889	1 204.5	676
浙江工业大学之江学院	220	555	118	376	99	300	7 284.87	344	28.6	731	6 691.3	356

其中:当年新开课题拨入经费(千元)		当年支出经费(千元)		研究与发展成果										获奖成果数(项)			
				著作(部)		学术论文(篇)				研究与咨询报告(篇)				合计		其中:国家级和部级	
						合计		其中:国外学术刊物发表数		提交有关部门数		其中:被采纳数					
116	973	88.27	980	3	872	39	1 019	0	605	0	590	0	400	0	444	0	91
6 354.85	334	7 406.31	283	28	277	327	266	6	329	35	144	14	127	2	304	2	45
15 505.37	142	8 728.55	244	14	514	164	580	0	605	28	174	12	144	0	444	0	91
51	1 025	30	1 065	0	1 024	25	1 063	0	605	0	590	0	400	0	444	0	91
17 686.18	123	22 023.94	98	5	779	206	471	0	605	1	533	1	345	0	444	0	91
15 929.65	139	9 275.63	239	12	561	87	831	11	226	3	456	3	264	0	444	0	91
395	830	219.04	894	2	920	25	1 063	1	529	0	590	0	400	0	444	0	91
62	1 013	136	946	3	872	51	961	0	605	0	590	0	400	0	444	0	91
36	1 044	23.7	1 078	25	305	208	467	0	605	0	590	0	400	0	444	0	91
15	1 082	83.39	986	4	825	53	952	0	605	0	590	0	400	0	444	0	91
202	911	178.2	914	3	872	229	431	11	226	0	590	0	400	0	444	0	91
1 187	647	59.35	1 019	21	376	101	781	0	605	12	282	0	400	0	444	0	91
40	1 038	70	1 008	0	1 024	81	845	0	605	0	590	0	400	0	444	0	91
6 983.84	310	8 229.05	256	9	644	179	541	11	226	87	55	49	40	0	444	0	91
250	888	161.5	927	11	588	48	972	0	605	0	590	0	400	0	444	0	91
30	1 052	45	1 040	14	514	68	894	2	472	0	590	0	400	0	444	0	91
40	1 038	90	978	16	473	383	205	0	605	0	590	0	400	0	444	0	91
0	1 121	0	1 136	8	676	66	899	0	605	0	590	0	400	0	444	0	91
250.4	887	292.64	857	5	779	141	653	5	358	0	590	0	400	0	444	0	91
10	1 091	10	1 103	5	779	64	906	0	605	0	590	0	400	0	444	0	91
0	1 121	0	1 136	2	920	31	1 041	0	605	0	590	0	400	0	444	0	91
0	1 121	0	1 136	0	1 024	4	1 158	0	605	0	590	0	400	0	444	0	91
13	1 085	21.53	1 080	10	616	107	763	0	605	0	590	0	400	0	444	0	91
35	1 045	20	1 086	2	920	42	1 000	0	605	0	590	0	400	0	444	0	91
63	1 012	43	1 044	1	970	73	877	0	605	0	590	0	400	0	444	0	91
1 271.51	640	1 296.41	631	0	1 024	54	947	0	605	0	590	0	400	0	444	0	91
8	1 102	3	1 125	1	970	97	800	0	605	0	590	0	400	0	444	0	91
27	1 060	1	1 131	0	1 024	54	947	0	605	0	590	0	400	0	444	0	91
20	1 071	8.9	1 109	0	1 024	27	1 052	0	605	0	590	0	400	0	444	0	91
0	1 121	5	1 118	13	537	75	869	0	605	0	590	0	400	0	444	0	91
0	1 121	0	1 136	5	779	15	1 107	0	605	0	590	0	400	0	444	0	91
5	1 110	61.97	1 015	11	588	139	658	0	605	0	590	0	400	0	444	0	91
3 437.5	457	4 364.8	404	24	321	206	471	0	605	3	456	3	264	0	444	0	91
41	1 037	81	987	5	779	43	993	0	605	0	590	0	400	0	444	0	91
0	1 121	0	1 136	0	1 024	57	938	0	605	0	590	0	400	0	444	0	91
120	968	38	1 059	21	376	114	736	0	605	0	590	0	400	0	444	0	91
0	1 121	13	1 100	1	970	27	1 052	0	605	0	590	0	400	0	444	0	91
0	1 121	0.5	1 134	4	825	51	961	0	605	0	590	0	400	0	444	0	91
0	1 121	21.17	1 081	8	676	39	1 019	0	605	0	590	0	400	0	444	0	91
0	1 121	0	1 136	0	1 024	72	882	0	605	0	590	0	400	0	444	0	91
9.5	1 099	9.5	1 106	1	970	30	1 043	8	288	0	590	0	400	0	444	0	91
927	687	1 312.95	626	12	561	90	815	0	605	13	266	13	138	0	444	0	91
6 000.3	348	4 123.71	416	7	704	82	842	0	605	27	183	26	89	0	444	0	91

学校名称	研究与发展课题											
	课题总数（项）		当年新开课题数（项）		当年完成课题数（项）		当年新开课题批准经费（千元）		当年投入人数（人年）		当年拨入经费(千元)	
浙江师范大学行知学院	68	886	39	756	23	754	898	750	34.4	686	987	717
宁波大学科学技术学院	191	601	88	487	57	479	6 177.6	385	27.6	744	5 659.8	382
杭州电子科技大学信息工程学院	11	1 118	3	1 122	1	1 089	1 130	700	2.1	1 133	1 194	677
浙江理工大学科技与艺术学院	89	832	41	738	27	705	4 646	445	35.9	671	3 346.8	497
浙江海洋大学东海科学技术学院	26	1 049	13	1 004	11	902	620	805	21	821	540	819
浙江农林大学暨阳学院	98	809	50	683	44	557	6 309.02	380	23.4	793	5 184.62	404
温州医科大学仁济学院	26	1 049	4	1 106	5	997	4	1 135	2.2	1 131	4	1 128
杭州师范大学钱江学院	90	828	34	793	13	886	658.07	799	24.4	780	509.73	829
绍兴文理学院元培学院	91	825	39	756	21	777	937.5	741	11.9	950	991.8	714
温州大学瓯江学院	64	902	33	801	20	791	984	727	31	711	911	732
浙江工商大学杭州商学院	64	902	35	787	1	1 089	2 160.5	593	17.4	869	1 357.5	662
嘉兴学院南湖学院	42	980	27	855	7	962	423	859	8	1 019	299.8	896
中国计量大学现代科技学院	27	1 044	15	970	3	1 039	899.6	749	3.3	1 105	451.6	845
浙江财经大学东方学院	203	578	125	359	68	427	2 926.2	534	22.2	806	2 453.4	550
黑龙江外国语学院	37	999	19	930	11	902	59	1 053	62.6	487	59	1 041
黑龙江财经学院	8	1 135	4	1 106	1	1 089	24	1 102	3.6	1 099	24	1 087
哈尔滨石油学院	1	1 167	0	1 164	0	1 106	0	1 141	1	1 157	0	1 136
黑龙江工商学院	5	1 150	3	1 122	0	1 106	6	1 130	1.1	1 155	6	1 122
哈尔滨远东理工学院	0	1 170	0	1 164	0	1 106	0	1 141	0	1 168	0	1 136
哈尔滨剑桥学院	5	1 150	3	1 122	0	1 106	4	1 135	3.1	1 112	4	1 128
黑龙江工程学院昆仑旅游学院	0	1 170	0	1 164	0	1 106	0	1 141	0	1 168	0	1 136
哈尔滨广厦学院	0	1 170	0	1 164	0	1 106	0	1 141	0	1 168	0	1 136
哈尔滨华德学院	0	1 170	0	1 164	0	1 106	0	1 141	0	1 168	0	1 136
青岛黄海学院	44	970	23	896	5	997	206	944	4.4	1 079	206	932
山东现代学院	58	923	41	738	15	850	114	1 009	16.9	876	4	1 128
山东协和学院	438	305	155	272	148	190	1 270	678	27.5	746	1 674.5	630
宁夏大学新华学院	66	893	27	855	13	886	204	945	17.8	863	192.8	941
云南大学滇池学院	70	884	47	707	13	886	444.5	850	55.8	529	844.5	754
云南大学旅游文化学院	155	665	36	779	35	635	590	813	52.7	557	590	806
昆明理工大学津桥学院	27	1 044	5	1 091	3	1 039	120	1 001	6.6	1 040	120	987
云南师范大学商学院	104	787	55	651	2	1 062	720	781	3	1 114	680	780
云南师范大学文理学院	116	755	41	738	62	464	807	768	45.3	613	600	799

续表

				研究与发展成果										获奖成果数(项)			
其中:当年新开课题拨入经费(千元)		当年支出经费(千元)		著作(部)		学术论文(篇)				研究与咨询报告(篇)				合计		其中:国家级和部级	
						合计		其中:国外学术刊物发表数		提交有关部门数		其中:被采纳数					
798	726	780.04	708	0	1 024	66	899	0	605	4	421	1	345	0	444	0	91
5 029.8	372	4 561.42	395	2	920	59	930	0	605	29	166	0	400	0	444	0	91
1 130	656	425.24	805	1	970	12	1 121	0	605	0	590	0	400	0	444	0	91
3 310.6	465	1 363.56	619	3	872	41	1 007	0	605	3	456	0	400	0	444	0	91
530	788	141.79	941	2	920	18	1 090	0	605	2	490	0	400	0	444	0	91
5 116.42	370	5 563.46	348	7	704	68	894	1	529	14	259	0	400	0	444	0	91
4	1 114	39.35	1 054	0	1 024	3	1 164	0	605	0	590	0	400	0	444	0	91
490.02	798	344.92	838	4	825	74	873	1	529	1	533	1	345	0	444	0	91
727.5	738	701.17	734	2	920	75	869	0	605	4	421	0	400	0	444	0	91
761	733	784.5	706	0	1 024	26	1 058	0	605	4	421	3	264	0	444	0	91
1 357.5	626	691.95	739	3	872	10	1 132	3	422	3	456	3	264	0	444	0	91
247.4	892	387.81	818	5	779	15	1 107	0	605	0	590	0	400	0	444	0	91
451.6	810	592.4	757	1	970	4	1 158	1	529	2	490	0	400	0	444	0	91
1 929.4	572	1 633.62	594	6	742	199	483	14	190	23	202	0	400	0	444	0	91
59	1 018	355.99	834	7	704	95	804	4	388	0	590	0	400	0	444	0	91
24	1 065	29.7	1 067	5	779	94	808	0	605	0	590	0	400	0	444	0	91
0	1 121	4	1 123	0	1 024	2	1 170	0	605	0	590	0	400	0	444	0	91
6	1 106	4.6	1 121	0	1 024	90	815	0	605	0	590	0	400	0	444	0	91
0	1 121	0	1 136	2	920	54	947	0	605	0	590	0	400	0	444	0	91
4	1 114	2.7	1 126	4	825	95	804	0	605	0	590	0	400	0	444	0	91
0	1 121	0	1 136	0	1 024	7	1 147	0	605	0	590	0	400	0	444	0	91
0	1 121	0	1 136	6	742	57	938	0	605	0	590	0	400	0	444	0	91
0	1 121	0	1 136	0	1 024	0	1 176	0	605	0	590	0	400	0	444	0	91
206	909	198.6	908	3	872	136	672	0	605	0	590	0	400	0	444	0	91
4	1 114	75.75	998	18	431	84	838	0	605	9	325	0	400	0	444	0	91
900	700	899.54	690	1	970	339	254	0	605	33	151	0	400	0	444	0	91
192.8	921	50.7	1 029	1	970	40	1 013	0	605	0	590	0	400	0	444	0	91
444.5	813	757.5	718	28	277	187	516	0	605	0	590	0	400	0	444	0	91
590	775	356.91	832	2	920	135	673	1	529	0	590	0	400	0	444	0	91
120	968	33.1	1 063	7	704	85	834	0	605	0	590	0	400	0	444	0	91
680	749	280.06	864	10	616	110	750	0	605	1	533	0	400	0	444	0	91
600	768	539.1	767	4	825	172	557	2	472	0	590	0	400	0	444	0	91

学校名称	研究与发展课题											
	课题总数（项）		当年新开课题数（项）		当年完成课题数（项）		当年新开课题批准经费（千元）		当年投入人数（人年）		当年拨入经费（千元）	
昆明医科大学海源学院	33	1 020	5	1 091	0	1 106	100	1 021	14.6	905	130.6	981
云南艺术学院文华学院	36	1 006	10	1 041	17	821	200	946	21	821	200	935
烟台大学文经学院	99	804	34	793	15	850	350	885	17.3	870	350	877
聊城大学东昌学院	52	941	11	1 030	7	962	105	1 017	23.4	793	61.79	1 035
青岛理工大学琴岛学院	50	947	22	905	9	922	104.5	1 020	13.2	929	40	1 062
山东师范大学历山学院	27	1 044	17	942	4	1 017	52.7	1 058	14	915	68.4	1 027
山东财经大学燕山学院	15	1 098	9	1 052	0	1 106	55	1 054	17	875	45	1 055
中国石油大学胜利学院	196	594	52	671	24	745	395.2	871	12.5	941	400.7	856
河北科技学院	27	1 044	12	1 017	9	922	0	1 141	5.2	1 065	1	1 135
河北外国语学院	170	641	106	412	36	626	246	929	75.1	426	210	928
河北大学工商学院	24	1 059	11	1 030	4	1 017	210	939	10.3	978	210	928
华北理工大学轻工学院	20	1 073	5	1 091	2	1 062	1	1 140	11.2	962	10	1 105
河北科技大学理工学院	8	1 135	2	1 145	3	1 039	0	1 141	1.2	1 151	0	1 136
河北师范大学汇华学院	48	953	17	942	16	836	25	1 100	11.4	959	27.5	1 083
河北经贸大学经济管理学院	11	1 118	2	1 145	0	1 106	7	1 126	2.8	1 116	7	1 120
河北医科大学临床学院	3	1 160	2	1 145	0	1 106	0	1 141	0.5	1 162	0	1 136
华北电力大学科技学院	11	1 118	3	1 122	5	997	180	963	2.5	1 124	180	949
江西服装学院	139	698	52	671	23	754	395.5	870	13.9	918	299.5	897
南昌工学院	133	716	25	873	57	479	334	892	12	947	304	893
南昌大学共青学院	19	1 076	4	1 106	5	997	12	1 113	2.1	1 133	37.5	1 068
华东交通大学理工学院	42	980	9	1 052	5	997	100	1 021	8.3	1 011	0	1 136
东华理工大学长江学院	25	1 054	12	1 017	0	1 106	20.5	1 103	3.7	1 098	20.5	1 090
南昌航空大学科技学院	2	1 165	2	1 145	0	1 106	6	1 130	0.8	1 159	6	1 122
江西理工大学应用科学学院	39	993	15	970	9	922	192.5	953	19.9	835	182.5	947
景德镇陶瓷大学科技艺术学院	0	1 170	0	1 164	0	1 106	0	1 141	0	1 168	0	1 136
江西农业大学南昌商学院	39	993	13	1 004	14	869	105	1 017	8.3	1 011	105	1 002
江西中医药大学科技学院	12	1 113	3	1 122	3	1 039	12	1 113	0.9	1 158	8.2	1 117
江西师范大学科学技术学院	35	1 011	11	1 030	2	1 062	115.5	1 008	5	1 068	115.5	992
赣南师范大学科技学院	57	927	31	817	7	962	51	1 060	8.7	1 005	9	1 114
江西科技师范大学理工学院	17	1 084	4	1 106	0	1 106	35.8	1 076	4.3	1 081	67	1 029
江西财经大学现代经济管理学院	0	1 170	0	1 164	0	1 106	0	1 141	0	1 168	0	1 136
阳光学院	100	799	43	733	13	886	1 433.5	664	37.5	661	1 394	657
厦门大学嘉庚学院	236	528	91	476	68	427	2 951.5	531	117.5	272	1 632.9	635

续表

其中:当年新开课题拨入经费(千元)		当年支出经费(千元)		研究与发展成果										获奖成果数(项)			
				著作(部)		学术论文(篇)				研究与咨询报告(篇)				合计		其中:国家级和部级	
						合计		其中:国外学术刊物发表数		提交有关部门数		其中:被采纳数					
42	1 035	110.6	961	0	1 024	48	972	0	605	0	590	0	400	0	444	0	91
200	912	240.3	883	6	742	61	921	0	605	0	590	0	400	0	444	0	91
350	850	363.5	830	5	779	41	1 007	0	605	0	590	0	400	0	444	0	91
35	1 045	53.33	1 025	6	742	50	968	5	358	0	590	0	400	0	444	0	91
5	1 110	40	1 052	28	277	137	668	0	605	0	590	0	400	0	444	0	91
47.4	1 030	26.94	1 074	0	1 024	36	1 027	0	605	0	590	0	400	0	444	0	91
45	1 032	0	1 136	0	1 024	0	1 176	0	605	0	590	0	400	0	444	0	91
395.2	829	64.9	1 014	8	676	166	573	0	605	4	421	3	264	0	444	0	91
0	1 121	1	1 131	5	779	43	993	3	422	0	590	0	400	0	444	0	91
210	906	210	900	3	872	139	658	1	529	0	590	0	400	0	444	0	91
210	906	363	831	2	920	13	1 114	0	605	0	590	0	400	0	444	0	91
0	1 121	7	1 115	3	872	17	1 098	2	472	0	590	0	400	0	444	0	91
0	1 121	0	1 136	0	1 024	9	1 137	0	605	0	590	0	400	0	444	0	91
17.5	1 079	41.1	1 048	1	970	17	1 098	0	605	0	590	0	400	0	444	0	91
7	1 104	2	1 127	0	1 024	11	1 128	0	605	0	590	0	400	0	444	0	91
0	1 121	0	1 136	1	970	1	1 173	0	605	0	590	0	400	0	444	0	91
180	931	140	943	4	825	9	1 137	3	422	0	590	0	400	0	444	0	91
126.5	965	332.79	844	2	920	360	234	0	605	0	590	0	400	0	444	0	91
304	869	340.5	841	0	1 024	135	673	1	529	0	590	0	400	0	444	0	91
12	1 087	27.5	1 071	1	970	46	978	0	605	0	590	0	400	0	444	0	91
0	1 121	39	1 056	1	970	0	1 176	0	605	0	590	0	400	0	444	0	91
20.5	1 070	7.15	1 113	0	1 024	15	1 107	0	605	0	590	0	400	0	444	0	91
6	1 106	6	1 117	0	1 024	0	1 176	0	605	0	590	0	400	0	444	0	91
182.5	928	228.2	889	3	872	45	984	0	605	0	590	0	400	0	444	0	91
0	1 121	0	1 136	0	1 024	17	1 098	0	605	0	590	0	400	0	444	0	91
105	983	96.96	973	4	825	45	984	0	605	0	590	0	400	0	444	0	91
0	1 121	8.2	1 110	0	1 024	4	1 158	0	605	0	590	0	400	0	444	0	91
115.5	974	32.5	1 064	2	920	56	942	9	265	0	590	0	400	0	444	0	91
4	1 114	9	1 107	6	742	105	769	0	605	4	421	0	400	0	444	0	91
18	1 076	75	999	0	1 024	0	1 176	0	605	0	590	0	400	0	444	0	91
0	1 121	0	1 136	0	1 024	7	1 147	1	529	0	590	0	400	0	444	0	91
1 334.5	630	344.52	839	1	970	78	856	14	190	0	590	0	400	0	444	0	91
1 177.5	650	1 307.09	628	17	447	476	143	0	605	6	371	6	207	3	264	0	91

学校名称	研究与发展课题											
	课题总数（项）		当年新开课题数（项）		当年完成课题数（项）		当年新开课题批准经费（千元）		当年投入人数（人年）		当年拨入经费(千元)	
福州大学至诚学院	85	843	21	914	25	729	180	963	28.8	729	179	951
集美大学诚毅学院	161	656	39	756	30	672	525.5	829	16.1	885	531.5	822
福建师范大学协和学院	138	704	41	738	19	795	967	734	17.3	870	959.5	724
郑州财经学院	317	433	175	241	142	200	80	1 035	89.7	358	4	1 128
黄河交通学院	147	683	60	629	89	337	20	1 104	14	915	20	1 091
商丘工学院	20	1 073	8	1 063	9	922	0	1 141	5.8	1 054	0	1 136
河南大学民生学院	26	1 049	15	970	7	962	0	1 141	7.4	1 031	0	1 136
河南师范大学新联学院	142	692	80	522	44	557	200	946	21.9	809	60	1 038
信阳学院	120	744	77	543	43	563	403.2	866	13.2	929	403.2	855
安阳学院	45	965	21	914	12	894	210	939	13.1	932	80	1 015
新乡医学院三全学院	78	860	13	1 004	65	443	555	821	13.3	926	555	815
郑州工商学院	53	938	39	756	14	869	130	994	5.3	1 063	130	982
中原工学院信息商务学院	61	915	28	844	18	806	140	985	6.1	1 048	140	976
西北师范大学知行学院	82	848	19	930	14	869	165	971	18.4	857	165	964
兰州财经大学陇桥学院	64	902	34	793	14	869	388	873	12.6	938	310.5	891
兰州财经大学长青学院	36	1 006	14	990	4	1 017	232	932	3.2	1 109	242	915
兰州交通大学博文学院	36	1 006	21	914	7	962	32	1 087	6.2	1 045	35	1 069
兰州理工大学技术工程学院	3	1 160	3	1 122	0	1 106	26	1 098	0.3	1 164	26	1 086
广西警察学院	170	641	30	822	16	836	892	752	18.8	850	892	736
北海艺术设计学院	32	1 026	14	990	3	1 039	140	985	25.6	769	172	958
山西大学商务学院	139	698	139	317	31	665	2 147.7	597	67.8	460	2 039.7	592
山西农业大学信息学院	44	970	21	914	3	1 039	35	1 077	10.5	974	35	1 069
山西师范大学现代文理学院	104	787	58	641	7	962	600	808	1.7	1 142	270	902
重庆人文科技学院	25	1 054	5	1 091	2	1 062	55	1 054	3	1 114	55	1 043
新疆大学科学技术学院	10	1 126	5	1 091	5	997	430	857	1.2	1 151	80	1 015
新疆农业大学科学技术学院	7	1 141	2	1 145	3	1 039	70	1 041	2.1	1 133	18	1 096
无锡太湖学院	202	580	83	507	45	549	1 163	697	65.8	470	877	742
金陵科技学院	207	574	62	617	82	374	5 246.29	416	31.7	709	5 148.45	407
河北工程大学科信学院	9	1 129	0	1 164	2	1 062	0	1 141	1.8	1 140	0	1 136
中国矿业大学徐海学院	26	1 049	9	1 052	4	1 017	0	1 141	4.7	1 077	0	1 136
河北工业大学城市学院	0	1 170	0	1 164	0	1 106	0	1 141	0	1 168	0	1 136
四川外国语大学重庆南方翻译学院	82	848	36	779	17	821	323	900	18.6	853	233	920
重庆师范大学涉外商贸学院	73	872	34	793	25	729	680.6	790	22.4	803	689.6	775
重庆工商大学融智学院	78	860	36	779	22	766	4 601.7	449	29.5	725	4 551.7	432

				研究与发展成果										获奖成果数（项）			
其中：当年新开课题拨入经费（千元）		当年支出经费（千元）		著作（部）		学术论文（篇）				研究与咨询报告（篇）				合计		其中：国家级和部级	
						合计		其中：国外学术刊物发表数		提交有关部门数		其中：被采纳数					
169	941	65.35	1 013	0	1 024	62	915	1	529	0	590	0	400	0	444	0	91
473.5	804	174.53	919	4	825	88	827	2	472	0	590	0	400	0	444	0	91
856	712	428.59	804	0	1 024	99	793	0	605	0	590	0	400	0	444	0	91
0	1 121	16	1 093	2	920	351	244	2	472	0	590	0	400	0	444	0	91
20	1 071	20	1 086	0	1 024	42	1 000	0	605	48	112	0	400	0	444	0	91
0	1 121	26.1	1 075	0	1 024	92	811	0	605	4	421	0	400	0	444	0	91
0	1 121	0	1 136	29	260	109	755	0	605	0	590	0	400	0	444	0	91
60	1 015	76.5	995	6	742	66	899	0	605	3	456	0	400	0	444	0	91
403.2	825	401.6	809	7	704	74	873	0	605	0	590	0	400	0	444	0	91
0	1 121	99.2	971	6	742	21	1 079	1	529	0	590	0	400	0	444	0	91
555	784	506	777	1	970	29	1 046	1	529	0	590	0	400	0	444	0	91
130	961	130	950	4	825	18	1 090	0	605	51	102	0	400	0	444	0	91
140	956	77	993	0	1 024	101	781	0	605	0	590	0	400	0	444	0	91
165	944	106.5	965	0	1 024	27	1 052	0	605	0	590	0	400	0	444	0	91
305.5	868	259	872	1	970	88	827	0	605	0	590	0	400	0	444	0	91
232	902	282.5	862	0	1 024	100	787	0	605	0	590	0	400	0	444	0	91
32	1 050	85.2	982	1	970	72	882	0	605	0	590	0	400	0	444	0	91
26	1 061	0	1 136	0	1 024	0	1 176	0	605	0	590	0	400	0	444	0	91
892	703	94.25	974	4	825	59	930	0	605	0	590	0	400	3	264	2	45
49	1 028	175.1	916	0	1 024	33	1 038	0	605	0	590	0	400	0	444	0	91
2 039.7	559	1 969.7	566	38	177	558	106	3	422	0	590	0	400	3	264	0	91
35	1 045	12.97	1 101	6	742	189	512	0	605	0	590	0	400	0	444	0	91
70	1 003	239	884	0	1 024	28	1 048	0	605	0	590	0	400	0	444	0	91
55	1 019	110.67	960	0	1 024	3	1 164	0	605	0	590	0	400	0	444	0	91
80	1 001	50	1 033	0	1 024	13	1 114	0	605	0	590	0	400	0	444	0	91
2	1 119	29.05	1 068	0	1 024	12	1 121	0	605	0	590	0	400	0	444	0	91
760	734	1 284.15	633	12	561	230	426	0	605	0	590	0	400	0	444	0	91
4 934.95	375	6 857.51	302	11	588	111	746	2	472	21	212	2	298	1	352	0	91
0	1 121	14	1 098	1	970	4	1 158	1	529	0	590	0	400	0	444	0	91
0	1 121	1.51	1 130	5	779	24	1 069	0	605	0	590	0	400	0	444	0	91
0	1 121	0	1 136	0	1 024	0	1 176	0	605	0	590	0	400	0	444	0	91
233	900	141.45	942	13	537	236	411	0	605	0	590	0	400	0	444	0	91
670.6	751	217.4	896	39	173	269	348	0	605	1	533	0	400	0	444	0	91
4 551.7	399	4 469.4	401	22	357	175	548	0	605	19	223	6	207	0	444	0	91

学校名称	研究与发展课题											
	课题总数（项）		当年新开课题数（项）		当年完成课题数（项）		当年新开课题批准经费（千元）		当年投入人数（人年）		当年拨入经费(千元)	
重庆工商大学派斯学院	7	1 141	3	1 122	0	1 106	30	1 088	1.7	1 142	30	1 073
燕山大学里仁学院	31	1 033	5	1 091	8	947	0	1 141	14.4	909	0	1 136
石家庄铁道大学四方学院	16	1 090	6	1 080	6	978	6	1 130	1.6	1 145	6	1 122
河北地质大学华信学院	22	1 064	16	953	2	1 062	4	1 135	8	1 019	0	1 136
河北农业大学现代科技学院	17	1 084	4	1 106	8	947	0	1 141	8.2	1 013	0	1 136
华北理工大学冀唐学院	9	1 129	3	1 122	0	1 106	18	1 109	4.3	1 081	28	1 082
大连艺术学院	171	637	77	543	57	479	4 834.08	436	41.7	636	4 909.08	415
长春光华学院	86	840	35	787	1	1 089	107	1 013	4	1 088	107	996
长春工业大学人文信息学院	7	1 141	3	1 122	2	1 062	30	1 088	12.3	943	30	1 073
长春理工大学光电信息学院	46	962	16	953	0	1 106	0	1 141	0.8	1 159	0	1 136
长春财经学院	106	781	62	617	25	729	1 518.2	656	52.6	558	1 367.6	660
吉林建筑大学城建学院	68	886	16	953	21	777	497	838	30	721	218	925
长春建筑学院	65	899	22	905	14	869	1 080	710	18.1	858	1 080	700
长春科技学院	16	1 090	7	1 071	7	962	95	1 027	19.5	839	117	989
吉林动画学院	42	980	8	1 063	18	806	826.84	767	13.8	921	1 686.17	628
辽宁何氏医学院	0	1 170	0	1 164	0	1 106	0	1 141	0	1 168	0	1 136
安徽财经大学商学院	35	1 011	10	1 041	0	1 106	78	1 038	6.2	1 045	70	1 021
安徽大学江淮学院	19	1 076	5	1 091	4	1 017	0	1 141	3.2	1 109	0	1 136
安徽信息工程学院	32	1 026	23	896	1	1 089	801	769	11.5	957	772	763
安徽工业大学工商学院	25	1 054	15	970	3	1 039	109	1 011	13.8	921	99	1 005
安徽建筑大学城市建设学院	9	1 129	3	1 122	0	1 106	60	1 049	2.1	1 133	60	1 038
安徽农业大学经济技术学院	9	1 129	3	1 122	0	1 106	0	1 141	4.9	1 071	0	1 136
安徽师范大学皖江学院	22	1 064	7	1 071	2	1 062	140	985	2.8	1 116	70	1 021
阜阳师范学院信息工程学院	66	893	9	1 052	5	997	315	903	9.3	992	40	1 062
淮北师范大学信息学院	28	1 041	10	1 041	9	922	240	930	9.9	981	240	916
沈阳科技学院	6	1 146	2	1 145	2	1 062	10	1 117	2.3	1 129	10	1 105
吉林师范大学博达学院	66	893	45	722	5	997	10	1 117	14	915	10	1 105
长春大学旅游学院	44	970	40	749	3	1 039	216	937	18.5	855	193.5	940
山东科技大学泰山科技学院	0	1 170	0	1 164	0	1 106	0	1 141	0	1 168	0	1 136

续表

其中:当年新开课题拨入经费(千元)		当年支出经费(千元)		研究与发展成果										获奖成果数(项)			
				著作(部)		学术论文(篇)				研究与咨询报告(篇)				合计		其中:国家级和部级	
						合计		其中:国外学术刊物发表数		提交有关部门数		其中:被采纳数					
30	1 052	21.75	1 079	0	1 024	34	1 032	0	605	0	590	0	400	0	444	0	91
0	1 121	0	1 136	0	1 024	37	1 024	0	605	0	590	0	400	0	444	0	91
6	1 106	5	1 118	0	1 024	3	1 164	0	605	3	456	1	345	0	444	0	91
0	1 121	0	1 136	1	970	9	1 137	0	605	0	590	0	400	0	444	0	91
0	1 121	0	1 136	0	1 024	10	1 132	0	605	1	533	0	400	0	444	0	91
18	1 076	12	1 102	1	970	89	822	0	605	0	590	0	400	0	444	0	91
4 834.08	380	3 564	449	17	447	183	528	1	529	0	590	0	400	0	444	0	91
107	978	69	1 010	6	742	215	456	0	605	0	590	0	400	0	444	0	91
30	1 052	8.09	1 111	1	970	60	924	0	605	0	590	0	400	0	444	0	91
0	1 121	0	1 136	0	1 024	19	1 087	0	605	0	590	0	400	0	444	0	91
1 305.6	634	394.38	815	11	588	251	384	11	226	15	247	0	400	0	444	0	91
217	905	160.15	928	2	920	203	474	0	605	0	590	0	400	0	444	0	91
1 080	667	3 590	445	0	1 024	131	687	0	605	0	590	0	400	0	444	0	91
95	990	98	972	13	537	107	763	0	605	0	590	0	400	0	444	0	91
826.84	721	2 261.79	529	4	825	75	869	0	605	12	282	0	400	0	444	0	91
0	1 121	0	1 136	1	970	18	1 090	0	605	0	590	0	400	0	444	0	91
70	1 003	70	1 008	0	1 024	48	972	0	605	0	590	0	400	0	444	0	91
0	1 121	0	1 136	0	1 024	13	1 114	0	605	0	590	0	400	0	444	0	91
772	731	698	736	3	872	56	942	0	605	0	590	0	400	0	444	0	91
69	1 008	44.97	1 042	1	970	14	1 112	0	605	0	590	0	400	0	444	0	91
60	1 015	60	1 018	0	1 024	22	1 073	1	529	0	590	0	400	0	444	0	91
0	1 121	0	1 136	0	1 024	23	1 070	0	605	0	590	0	400	0	444	0	91
70	1 003	58.6	1 020	0	1 024	7	1 147	0	605	0	590	0	400	0	444	0	91
30	1 052	30	1 065	4	825	22	1 073	0	605	0	590	0	400	0	444	0	91
240	895	225.1	891	2	920	33	1 038	0	605	0	590	0	400	0	444	0	91
10	1 091	0	1 136	3	872	53	952	0	605	0	590	0	400	0	444	0	91
10	1 091	10	1 103	1	970	64	906	0	605	0	590	0	400	0	444	0	91
189.5	925	54.3	1 022	8	676	171	560	0	605	0	590	0	400	0	444	0	91
0	1 121	0	1 136	0	1 024	0	1 176	0	605	0	590	0	400	0	444	0	91

学校名称	研究与发展课题											
	课题总数（项）		当年新开课题数（项）		当年完成课题数（项）		当年新开课题批准经费（千元）		当年投入人数（人年）		当年拨入经费(千元)	
重庆邮电大学移通学院	12	1 113	3	1 122	3	1 039	70	1 041	2.3	1 129	70	1 021
首都师范大学科德学院	4	1 155	1	1 159	2	1 062	10	1 117	2	1 137	10	1 105
北京工商大学嘉华学院	7	1 141	2	1 145	0	1 106	85	1 031	8.1	1 014	85	1 012
大连东软信息学院	31	1 033	11	1 030	6	978	235	931	5	1 068	235	919
上海视觉艺术学院	172	634	103	424	14	869	7 981.07	327	55.9	528	8 344.08	307
武汉学院	66	893	65	596	2	1 062	223	935	46.9	604	80	1 015
上海外国语大学贤达经济人文学院	89	832	34	793	14	869	605	807	22.1	807	911	732
温州商学院	148	678	80	522	54	493	4 189	470	26	766	4 399.54	438
广西大学行健文理学院	60	917	18	934	6	978	140	985	36.8	666	150	972
广西科技大学鹿山学院	63	907	9	1 052	11	902	93	1 029	25.5	770	95	1 008
广西民族大学相思湖学院	95	815	46	718	25	729	574	817	22.4	803	566	812
广西师范大学漓江学院	117	752	18	934	9	922	250	926	48.2	598	250	911
广西师范学院师园学院	32	1 026	18	934	5	997	200	946	4.3	1 081	202	934
广西中医药大学赛恩斯新医药学院	11	1 118	3	1 122	5	997	30	1 088	4.9	1 071	30	1 073
桂林电子科技大学信息科技学院	19	1 076	9	1 052	5	997	107	1 013	9.1	995	107	996
桂林理工大学博文管理学院	123	737	15	970	76	398	265	919	51.6	568	265	907
南京大学金陵学院	47	958	14	990	14	869	422	860	18.9	848	425.4	849
南京理工大学紫金学院	47	958	27	855	9	922	801	769	8.1	1 014	53	1 046
南京航空航天大学金城学院	53	938	18	934	17	821	9	1 124	12.7	937	12	1 102
广东工业大学华立学院	101	797	38	766	15	850	269	916	3.3	1 105	269	903
广州大学松田学院	48	953	10	1 041	6	978	46	1 066	4.8	1 075	63.5	1 033
天津外国语大学滨海外事学院	24	1 059	11	1 030	3	1 039	33	1 085	21.4	816	14.5	1 099
天津体育学院运动与文化艺术学院	52	941	32	812	22	766	83	1 032	10.9	970	40	1 062
天津商业大学宝德学院	24	1 059	4	1 106	16	836	34	1 081	10.7	972	45	1 055
天津医科大学临床医学院	0	1 170	0	1 164	0	1 106	0	1 141	0	1 168	0	1 136
东北师范大学人文学院	63	907	29	835	12	894	525	830	40.3	644	515	827
南开大学滨海学院	10	1 126	3	1 122	3	1 039	70	1 041	3.9	1 091	27	1 084
武汉工程科技学院	21	1 072	3	1 122	6	978	0	1 141	14.4	909	0	1 136
电子科技大学成都学院	11	1 118	10	1 041	2	1 062	66	1 045	19.2	845	14	1 100
武汉华夏理工学院	98	809	45	722	41	581	1 067.8	712	20.8	825	961.76	723
广州商学院	172	634	29	835	16	836	1 040	716	41	642	645.5	789
成都理工大学工程技术学院	77	866	47	707	30	672	180	963	11.5	957	180	949
四川传媒学院	79	856	13	1 004	16	836	301.5	908	12.3	943	324	888

续表

其中：当年新开课题拨入经费（千元）		当年支出经费（千元）		著作（部）		研究与发展成果								获奖成果数（项）			
						学术论文（篇）				研究与咨询报告（篇）				合计			
						合计		其中：国外学术刊物发表数		提交有关部门数		其中：被采纳数				其中：国家级和部级	
70	1 003	46.6	1 037	4	825	61	921	3	422	0	590	0	400	0	444	0	91
10	1 091	41.82	1 047	3	872	18	1 090	0	605	0	590	0	400	0	444	0	91
5	1 110	85	983	2	920	17	1 098	0	605	0	590	0	400	0	444	0	91
205	910	42	1 046	0	1 024	216	452	0	605	0	590	0	400	0	444	0	91
7 961.07	280	6 889.95	301	11	588	128	693	0	605	0	590	0	400	0	444	0	91
80	1 001	45.7	1 039	11	588	41	1 007	2	472	0	590	0	400	0	444	0	91
510	793	1 313.12	625	24	321	124	704	8	288	5	395	5	223	0	444	0	91
3 915.54	431	2 187.15	539	3	872	79	853	0	605	4	421	1	345	0	444	0	91
140	956	77.29	992	1	970	71	885	0	605	0	590	0	400	0	444	0	91
89	998	156.55	932	1	970	103	775	0	605	0	590	0	400	0	444	0	91
566	782	554.16	764	7	704	138	663	9	265	0	590	0	400	0	444	0	91
250	888	144.93	940	0	1 024	93	810	0	605	0	590	0	400	0	444	0	91
192	922	20.04	1 085	0	1 024	18	1 090	0	605	0	590	0	400	0	444	0	91
30	1 052	20.28	1 084	0	1 024	7	1 147	0	605	0	590	0	400	0	444	0	91
107	978	170.5	923	8	676	30	1 043	2	472	0	590	0	400	0	444	0	91
265	880	363.78	829	2	920	62	915	0	605	0	590	0	400	0	444	0	91
417	821	231.14	888	3	872	72	882	1	529	0	590	0	400	0	444	0	91
10	1 091	75	999	0	1 024	46	978	0	605	0	590	0	400	0	444	0	91
9	1 100	104	968	3	872	85	834	2	472	2	490	2	298	0	444	0	91
269	879	452.1	798	0	1 024	61	921	0	605	0	590	0	400	0	444	0	91
46	1 031	58.16	1 021	2	920	81	845	0	605	0	590	0	400	0	444	0	91
12	1 087	40.8	1 049	1	970	23	1 070	1	529	0	590	0	400	0	444	0	91
0	1 121	40	1 052	0	1 024	47	976	0	605	0	590	0	400	0	444	0	91
25	1 063	44.08	1 043	0	1 024	13	1 114	0	605	0	590	0	400	0	444	0	91
0	1 121	0	1 136	0	1 024	3	1 164	0	605	0	590	0	400	0	444	0	91
515	791	202.81	905	15	491	143	646	1	529	0	590	0	400	1	352	0	91
21	1 068	38.14	1 058	4	825	47	976	1	529	0	590	0	400	0	444	0	91
0	1 121	0	1 136	11	588	43	993	3	422	0	590	0	400	0	444	0	91
14	1 084	20	1 086	8	676	81	845	0	605	0	590	0	400	0	444	0	91
961.76	682	751.85	720	18	431	63	911	12	217	6	371	0	400	0	444	0	91
520	790	224.98	892	0	1 024	187	516	11	226	0	590	0	400	0	444	0	91
180	931	131.36	949	0	1 024	113	741	0	605	0	590	0	400	0	444	0	91
253	885	396.82	812	5	779	119	718	0	605	0	590	0	400	0	444	0	91

学校名称	研究与发展课题											
	课题总数（项）		当年新开课题数（项）		当年完成课题数（项）		当年新开课题批准经费（千元）		当年投入人数（人年）		当年拨入经费（千元）	
成都信息工程大学银杏酒店管理学院	135	711	38	766	22	766	132	993	22.9	800	43.9	1 059
成都文理学院	114	763	14	990	32	661	208.5	941	44.8	620	266.2	905
四川工商学院	153	670	67	591	29	684	176.31	967	30.6	714	156.01	967
四川外国语大学成都学院	82	848	4	1 106	14	869	6	1 130	17.3	870	6	1 122
北京理工大学珠海学院	123	737	22	905	12	894	5 556.8	405	50.5	580	3 110.29	506
西安交通大学城市学院	72	874	36	779	7	962	309	906	3.8	1 094	299	898
西北大学现代学院	28	1 041	18	934	19	795	130	994	5.2	1 065	178	953
西安建筑科技大学华清学院	17	1 084	6	1 080	3	1 039	35	1 077	4.9	1 071	35	1 069
西安财经学院行知学院	54	934	25	873	24	745	161	972	9.5	989	136	980
陕西科技大学镐京学院	1	1 167	1	1 159	0	1 106	10	1 117	0.2	1 165	10	1 105
西安工业大学北方信息工程学院	66	893	20	919	10	914	35	1 077	7	1 035	44	1 058
延安大学西安创新学院	43	976	14	990	15	850	192	954	8.1	1 014	312	890
吉林大学珠海学院	264	496	107	408	98	306	6 682.51	368	40.3	644	7 057.93	343
武汉传媒学院	42	980	24	886	26	716	156.8	973	4.3	1 081	176.8	954
中国传媒大学南广学院	82	848	18	934	23	754	249	928	15.5	892	196.6	937
山西工商学院	109	777	56	647	38	609	634	803	51.3	571	631	793
成都医学院	191	601	63	610	38	609	1 091	706	59.6	508	1 023	707
吉林医药学院	33	1 020	16	953	5	997	185	958	11.6	955	155	968
广州工商学院	230	537	60	629	11	902	1 269.5	679	82.9	385	1 414.5	655
广东科技学院	16	1 090	5	1 091	3	1 039	50	1 062	3.9	1 091	53	1 046
广东理工学院	63	907	28	844	29	684	257.1	923	6.8	1 037	257.1	909
黑河学院	195	595	91	476	29	684	6 380	377	89	361	7 317	332
福州外语外贸学院	529	252	205	186	161	159	3 343.74	506	102.8	305	3 349.74	494
福建江夏学院	644	194	283	90	72	411	4 642.7	446	169.9	160	2 814.84	524
泉州信息工程学院	61	915	12	1 017	3	1 039	270	915	29.1	728	170	960
福州理工学院	37	999	15	970	8	947	170	968	5	1 068	170	960
豫章师范学院	86	840	33	801	2	1 062	505	833	11.1	965	829	757
长沙师范学院	393	352	93	460	40	588	2 427	570	38.4	655	1 258	671
湖南应用技术学院	44	970	17	942	8	947	100	1 021	18.1	858	45.5	1 054
琼台师范学院	89	832	47	707	25	729	1 085	707	16.8	877	1 085	699
四川工业科技学院	57	927	16	953	15	850	34	1 081	21.5	815	46.2	1 053
银川能源学院	26	1 049	7	1 071	9	922	64	1 046	6.5	1 042	52	1 048
广西外国语学院	78	860	13	1 004	18	806	380	875	48.2	598	393	860
湖南信息学院	39	993	12	1 017	8	947	179	966	18.5	855	179	951

续表

				研究与发展成果										获奖成果数（项）			
其中：当年新开课题拨入经费（千元）		当年支出经费（千元）		著作（部）		学术论文（篇）				研究与咨询报告（篇）				合计		其中：国家级和部级	
						合计		其中：国外学术刊物发表数		提交有关部门数		其中：被采纳数					
43.9	1 034	36.3	1 061	0	1 024	98	794	0	605	1	533	1	345	0	444	0	91
119.7	970	250.4	874	10	616	138	663	0	605	0	590	0	400	0	444	0	91
141.51	954	238.74	885	4	825	183	528	0	605	0	590	0	400	0	444	0	91
6	1 106	20.53	1 083	4	825	193	499	0	605	0	590	0	400	0	444	0	91
2 194.5	544	3 524.34	456	3	872	157	599	18	160	2	490	1	345	0	444	0	91
299	872	176	915	1	970	26	1 058	0	605	0	590	0	400	0	444	0	91
130	961	174.56	918	0	1 024	98	794	0	605	0	590	0	400	0	444	0	91
35	1 045	24.8	1 077	2	920	41	1 007	0	605	6	371	0	400	0	444	0	91
95	990	136	946	0	1 024	223	441	0	605	2	490	0	400	0	444	0	91
10	1 091	5	1 118	0	1 024	2	1 170	0	605	0	590	0	400	0	444	0	91
35	1 045	26	1 076	0	1 024	26	1 058	0	605	0	590	0	400	0	444	0	91
177	936	213.3	898	0	1 024	42	1 000	0	605	1	533	0	400	0	444	0	91
5 007.06	373	5 160.82	364	4	825	223	441	22	134	3	456	3	264	0	444	0	91
156.8	949	172.3	921	11	588	7	1 147	0	605	18	231	0	400	0	444	0	91
128.6	963	157.9	930	6	742	137	668	4	388	0	590	0	400	0	444	0	91
631	762	486.6	784	9	644	351	244	0	605	2	490	0	400	0	444	0	91
1 023	672	755.02	719	7	704	89	822	4	388	0	590	0	400	0	444	0	91
115	975	127.09	951	0	1 024	28	1 048	0	605	0	590	0	400	0	444	0	91
1 174.5	651	1 611.39	595	22	357	160	22	0	605	0	590	0	400	0	444	0	91
50	1 026	53.52	1 024	4	825	388	203	0	605	0	590	0	400	0	444	0	91
257.1	884	328.1	846	2	920	295	303	0	605	0	590	0	400	0	444	0	91
6 312.5	336	4 855.96	373	15	491	228	433	0	605	0	590	0	400	5	190	0	91
3 343.74	463	3 059.9	482	6	742	494	137	0	605	25	195	9	173	0	444	0	91
2 639.44	511	1 659.82	592	19	417	342	252	0	605	52	98	30	73	1	352	0	91
170	939	170	925	0	1 024	15	1 107	0	605	0	590	0	400	0	444	0	91
170	939	101.33	970	1	970	29	1 046	0	605	0	590	0	400	0	444	0	91
462	808	234.3	887	0	1 024	175	548	0	605	0	590	0	400	0	444	0	91
1 136	655	366.64	827	33	211	289	311	0	605	0	590	0	400	0	444	0	91
0	1 121	28.23	1 069	3	872	40	1 013	0	605	0	590	0	400	0	444	0	91
1 085	664	760	717	20	397	141	653	0	605	3	456	0	400	0	444	0	91
24	1 065	46.2	1 038	4	825	82	842	0	605	13	266	3	264	0	444	0	91
52	1 022	14.5	1 095	0	1 024	13	1 114	0	605	0	590	0	400	0	444	0	91
300	870	174.87	917	0	1 024	100	787	0	605	0	590	0	400	0	444	0	91
179	935	136.25	945	16	473	285	319	3	422	0	590	0	400	0	444	0	91

学校名称	研究与发展课题											
	课题总数（项）		当年新开课题数（项）		当年完成课题数（项）		当年新开课题批准经费（千元）		当年投入人数（人年）		当年拨入经费（千元）	
南京理工大学泰州科技学院	48	953	26	865	13	886	368	880	24	786	368	872
南京师范大学泰州学院	72	874	37	773	29	684	497.15	837	9.8	982	577.15	809
东莞理工学院城市学院	161	656	84	504	61	469	1 755.25	632	28.8	729	1 856.15	610
山东华宇工学院	40	989	25	873	4	1 017	55	1 054	19.1	846	69	1 026
中国地质大学长城学院	39	993	20	919	13	886	0	1 141	11.4	959	0	1 136
三亚学院	319	431	189	216	78	391	8 754.2	309	229.3	108	8 972.2	291
上海师范大学天华学院	37	999	15	970	14	869	580	815	8.4	1 010	652	787
西北工业大学明德学院	8	1 135	5	1 091	0	1 106	95	1 027	4.5	1 078	85	1 012
燕京理工学院	48	953	14	990	23	754	34	1 081	16.4	881	0	1 136
天津师范大学津沽学院	49	950	12	1 017	11	902	12	1 113	6.1	1 048	11	1 104
天津理工大学中环信息学院	8	1 135	3	1 122	3	1 039	9	1 124	6.3	1 044	9	1 114
北京科技大学天津学院	3	1 160	3	1 122	0	1 106	60	1 049	1.5	1 146	0	1 136
北京中医药大学东方学院	5	1 150	5	1 091	5	997	2	1 139	5.4	1 061	2	1 133
辽宁财贸学院	114	763	95	451	12	894	1 425	665	22.7	801	205	933
北京邮电大学世纪学院	5	1 150	4	1 106	2	1 062	97.5	1 025	1.4	1 147	95.9	1 007
中山大学新华学院	84	845	17	942	7	962	833	764	46.8	605	1 997.21	597
四川大学锦城学院	71	880	22	905	9	922	222	936	10.5	974	172	958
北京工业大学耿丹学院	32	1 026	16	953	2	1 062	330.5	894	3.8	1 094	528	824
南京工业大学浦江学院	63	907	25	873	18	806	194	952	8.6	1 007	194	939
南京师范大学中北学院	18	1 080	16	953	0	1 106	139	990	6.7	1 039	139	978
云南工商学院	93	820	23	896	34	646	125	996	32.2	703	890.25	737
湖南交通工程学院	58	923	11	1 030	26	716	7	1 126	13.9	918	0	1 136
辽宁传媒学院	37	999	16	953	0	1 106	40	1 071	7.8	1 026	0	1 136
南京医科大学康达学院	33	1 020	13	1 004	4	1 017	91	1 030	4	1 088	91	1 009
南京中医药大学翰林学院	54	934	29	835	4	1 017	320	902	14.7	902	310	892
南京信息工程大学滨江学院	49	950	5	1 091	14	869	125	996	8.9	998	173.8	957
苏州大学文正学院	22	1 064	12	1 017	0	1 106	120	1 001	2.4	1 125	154	970
苏州大学应用技术学院	34	1 016	17	942	8	947	196.5	950	3.4	1 102	105.5	1 001
苏州科技大学天平学院	57	927	32	812	9	922	275	913	8.9	998	195	938
江苏大学京江学院	0	1 170	0	1 164	0	1 106	0	1 141	0	1 168	0	1 136
扬州大学广陵学院	51	945	24	886	8	947	310	905	14.9	896	250	911
江苏师范大学科文学院	41	987	15	970	9	922	150	977	4.1	1 086	150	972
南京邮电大学通达学院	1	1 167	1	1 159	0	1 106	7	1 126	0.1	1 167	7	1 120
南京财经大学红山学院	40	989	22	905	2	1 062	195	951	11.7	952	21	1 089

续表

其中：当年新开课题拨入经费（千元）		当年支出经费（千元）		研究与发展成果										获奖成果数（项）			
				著作（部）		学术论文（篇）				研究与咨询报告（篇）				合计		其中：国家级和部级	
						合计		其中：国外学术刊物发表数		提交有关部门数		其中：被采纳数					
368	840	249.25	876	2	920	41	1 007	0	605	2	490	1	345	0	444	0	91
357.15	846	453.6	797	9	644	143	646	8	288	9	325	1	345	0	444	0	91
1 735.25	593	997.31	672	0	1 024	139	658	0	605	34	148	0	400	0	444	0	91
55	1 019	27.42	1 072	0	1 024	134	677	0	605	0	590	0	400	0	444	0	91
0	1 121	0	1 136	7	704	73	877	1	529	0	590	0	400	0	444	0	91
8 707.2	258	7 227.4	287	23	336	669	78	0	605	2	490	2	298	9	136	0	91
572	781	802.19	701	2	920	53	952	0	605	0	590	0	400	0	444	0	91
85	999	39.3	1 055	0	1 024	57	938	10	242	0	590	0	400	0	444	0	91
0	1 121	0	1 136	10	616	59	930	2	472	0	590	0	400	0	444	0	91
11	1 090	16.17	1 092	1	970	40	1 013	0	605	0	590	0	400	0	444	0	91
0	1 121	7.1	1 114	0	1 024	18	1 090	0	605	0	590	0	400	0	444	0	91
0	1 121	0	1 136	2	920	48	972	5	358	0	590	0	400	0	444	0	91
2	1 119	2	1 127	1	970	12	1 121	0	605	0	590	0	400	0	444	0	91
45	1 032	245	880	5	779	103	775	0	605	0	590	0	400	0	444	0	91
95.9	989	70.8	1 006	0	1 024	5	1 155	0	605	0	590	0	400	0	444	0	91
788	729	1 449.67	611	8	676	236	411	0	605	0	590	0	400	0	444	0	91
172	938	172	922	0	1 024	108	760	0	605	0	590	0	400	0	444	0	91
190.5	923	528	769	0	1 024	10	1 132	1	529	0	590	0	400	0	444	0	91
194	920	107.55	964	1	970	27	1 052	0	605	1	533	1	345	0	444	0	91
139	959	16	1 093	0	1 024	78	856	2	472	0	590	0	400	0	444	0	91
93	992	1 093.95	656	5	779	194	497	1	529	0	590	0	400	0	444	0	91
0	1 121	0	1 136	0	1 024	70	888	1	529	0	590	0	400	0	444	0	91
0	1 121	0	1 136	0	1 024	51	961	0	605	0	590	0	400	0	444	0	91
91	993	68	1 012	0	1 024	7	1 147	0	605	0	590	0	400	0	444	0	91
310	866	50.18	1 032	0	1 024	9	1 137	0	605	2	490	0	400	0	444	0	91
37	1 043	304	855	2	920	20	1 083	0	605	0	590	0	400	0	444	0	91
84	1 000	0	1 136	9	644	30	1 043	0	605	0	590	0	400	0	444	0	91
101.5	984	72.6	1 003	0	1 024	22	1 073	1	529	0	590	0	400	0	444	0	91
195	917	60.5	1 017	0	1 024	27	1 052	0	605	0	590	0	400	0	444	0	91
0	1 121	0	1 136	0	1 024	0	1 176	0	605	0	590	0	400	0	444	0	91
250	888	53.27	1 026	1	970	66	899	0	605	0	590	0	400	0	444	0	91
150	952	50.49	1 030	0	1 024	32	1 040	0	605	0	590	0	400	0	444	0	91
7	1 104	0	1 136	0	1 024	0	1 176	0	605	0	590	0	400	0	444	0	91
21	1 068	108.05	963	0	1 024	51	961	0	605	0	590	0	400	0	444	0	91

学校名称	研究与发展课题											
	课题总数（项）		当年新开课题数（项）		当年完成课题数（项）		当年新开课题批准经费（千元）		当年投入人数（人年）		当年拨入经费（千元）	
江苏科技大学苏州理工学院	16	1 090	7	1 071	0	1 106	0	1 141	2.7	1 119	73.5	1 020
常州大学怀德学院	22	1 064	7	1 071	0	1 106	70	1 041	8	1 019	70	1 021
南通大学杏林学院	119	748	15	970	32	661	150	977	12.1	945	219.6	924
南京审计大学金审学院	32	1 026	13	1 004	7	962	109	1 011	14.5	906	109	993
青岛工学院	22	1 064	9	1 052	1	1 089	5	1 134	8.8	1 001	5	1 126
青岛农业大学海都学院	8	1 135	7	1 071	0	1 106	3	1 138	6.6	1 040	3	1 132
齐鲁理工学院	201	585	181	229	0	1 106	9 135	300	109.8	284	986	720
山东财经大学东方学院	65	899	20	919	15	850	60	1 049	26.3	758	20	1 091
济南大学泉城学院	39	993	15	970	9	922	38	1 074	8.1	1 014	8	1 118
商丘学院	219	558	127	353	68	427	230	933	47.4	601	260	908
北京警察学院	219	558	84	504	87	344	1 863	623	36.9	665	1 025	706
长安大学兴华学院	0	1 170	0	1 164	0	1 106	0	1 141	0	1 168	0	1 136
武汉设计工程学院	95	815	22	905	9	922	671	795	18.8	850	671	781
西南财经大学天府学院	213	567	94	458	63	458	167.5	970	27.7	743	166.5	963
天津大学仁爱学院	42	980	34	793	30	672	726.9	780	54.7	540	726.9	771
四川大学锦江学院	50	947	19	930	19	795	62	1 048	12.6	938	96	1 006
西安科技大学高新学院	6	1 146	6	1 080	0	1 106	0	1 141	2.6	1 122	0	1 136
四川文化艺术学院	72	874	30	822	10	914	12	1 113	11.8	951	12	1 102
西南科技大学城市学院	11	1 118	9	1 052	2	1 062	83	1 032	3.1	1 112	76	1 018
福建农林大学金山学院	93	820	20	919	21	777	228	934	13.3	926	343.5	881
天津财经大学珠江学院	46	962	30	822	17	821	677	793	26.8	753	515.8	826
滇西科技师范学院	110	774	31	817	16	836	1 806	626	28.1	738	1 709	626
合肥师范学院	148	678	25	873	42	570	1 275	676	16.3	883	645	790
湖北第二师范学院	117	752	90	482	33	654	6 822.85	364	33	694	6 581.85	358
山东政法学院	284	465	134	333	124	233	2 281	583	44.8	620	2 450	551
太原工业学院	41	987	14	990	19	795	208	942	4.4	1 079	208	931
宿迁学院	166	653	57	644	56	487	353	884	24.2	784	393	860
内蒙古大学创业学院	18	1 080	0	1 164	8	947	0	1 141	5.4	1 061	45	1 055
中国矿业大学银川学院	14	1 105	4	1 106	4	1 017	55	1 054	2.6	1 122	55	1 043
北京第二外国语学院中瑞酒店管理学院	31	1 033	27	855	14	869	427.38	858	6	1 051	85.48	1 011
北京交通大学海滨学院	16	1 090	2	1 145	12	894	0	1 141	3.4	1 102	0	1 136
河海大学文天学院	29	1 040	18	934	11	902	64	1 046	9.6	985	64	1 032
内蒙古师范大学鸿德学院	13	1 110	10	1 041	2	1 062	75	1 039	8.5	1 008	0	1 136
同济大学浙江学院	48	953	30	822	13	886	402.5	867	17.7	865	368.8	871
上海财经大学浙江学院	89	832	28	844	31	665	459.5	847	30	721	445.5	846
贵州师范学院	341	410	121	367	50	513	5 178.5	422	138.5	214	4 634.3	428

续表

其中：当年新开课题拨入经费（千元）		当年支出经费（千元）		研究与发展成果 著作（部）		学术论文（篇） 合计		学术论文（篇） 其中：国外学术刊物发表数		研究与咨询报告（篇） 提交有关部门数		研究与咨询报告（篇） 其中：被采纳数		获奖成果数（项） 合计		获奖成果数（项） 其中：国家级和部级	
0	1 121	14.5	1 095	0	1 024	20	1 083	2	472	0	590	0	400	0	444	0	91
70	1 003	76.01	996	0	1 024	11	1 128	0	605	1	533	1	345	0	444	0	91
90	994	250	875	0	1 024	43	993	0	605	0	590	0	400	0	444	0	91
109	977	105.8	966	2	920	37	1 024	0	605	0	590	0	400	0	444	0	91
5	1 110	0	1 136	2	920	58	935	0	605	0	590	0	400	0	444	0	91
3	1 118	0	1 136	0	1 024	45	984	0	605	0	590	0	400	0	444	0	91
20	1 071	986	674	5	779	162	591	0	605	6	371	0	400	0	444	0	91
20	1 071	20	1 086	0	1 024	42	1 000	18	160	1	533	0	400	0	444	0	91
8	1 102	8	1 112	0	1 024	28	1 048	2	472	0	590	0	400	0	444	0	91
180	931	160	929	13	537	149	626	0	605	0	590	0	400	0	444	0	91
790	727	511.23	776	9	644	69	890	0	605	14	259	0	400	0	444	0	91
0	1 121	0	1 136	0	1 024	2	1 170	0	605	0	590	0	400	0	444	0	91
671	750	767.77	715	19	417	115	729	1	529	4	421	4	240	0	444	0	91
160.5	947	50	1 033	20	397	157	599	0	605	10	311	1	345	0	444	0	91
722.4	741	695.9	738	6	742	69	890	0	605	30	164	0	400	0	444	0	91
40	1 038	61.5	1 016	9	644	68	894	1	529	9	325	2	298	0	444	0	91
0	1 121	0	1 136	5	779	19	1 087	0	605	0	590	0	400	0	444	0	91
12	1 087	3.2	1 124	5	779	108	760	0	605	0	590	0	400	0	444	0	91
69	1 008	49	1 036	0	1 024	8	1 143	0	605	0	590	0	400	0	444	0	91
106.5	981	368.63	826	2	920	44	989	0	605	0	590	0	400	0	444	0	91
432.8	816	402.65	808	0	1 024	126	700	0	605	17	234	0	400	0	444	0	91
1 666	601	1 720.5	586	6	742	181	532	0	605	4	421	0	400	0	444	0	91
645	757	704	732	12	561	126	700	0	605	0	590	0	400	0	444	0	91
6 466.85	332	5 288.63	359	24	321	203	474	0	605	0	590	0	400	1	352	1	62
2 281	533	2 210	536	19	417	98	794	0	605	99	45	20	106	1	352	0	91
208	908	150.53	938	7	704	20	1 083	0	605	0	590	0	400	0	444	0	91
353	849	494.97	779	6	742	172	557	0	605	0	590	0	400	1	352	0	91
0	1 121	45	1 040	0	1 024	8	1 143	0	605	0	590	0	400	0	444	0	91
55	1 019	80.22	988	0	1 024	9	1 137	0	605	0	590	0	400	0	444	0	91
61.48	1 014	85.48	981	9	644	1	1 173	0	605	1	533	0	400	0	444	0	91
0	1 121	0	1 136	1	970	11	1 128	0	605	0	590	0	400	0	444	0	91
64	1 011	39	1 056	3	872	16	1 104	1	529	0	590	0	400	0	444	0	91
0	1 121	0	1 136	15	491	39	1 019	2	472	0	590	0	400	0	444	0	91
318.8	862	310.2	853	1	970	111	746	0	605	4	421	4	240	0	444	0	91
413.25	822	195.01	909	8	676	49	970	0	605	22	207	0	400	0	444	0	91
4 593	397	5 848.95	330	15	491	279	326	0	605	4	421	2	298	3	264	0	91

学校名称	研究与发展课题											
	课题总数（项）		当年新开课题数（项）		当年完成课题数（项）		当年新开课题批准经费（千元）		当年投入人数（人年）		当年拨入经费(千元)	
河北东方学院	4	1 155	1	1 159	2	1 062	0	1 141	2.7	1 119	0	1 136
西南交通大学希望学院	36	1 006	17	942	4	1 017	27	1 095	7.4	1 031	19	1 095
浙江外国语学院	489	274	87	493	71	415	6 084	388	159.2	181	5 554.4	385
齐鲁师范学院	178	621	63	610	11	902	1 173	694	21.4	816	30	1 073
山东青年政治学院	431	313	74	558	29	684	3 023.92	524	21	821	1 770.28	616
广东第二师范学院	386	361	60	629	45	549	3 926.2	488	52.1	563	4 026.2	456
南方科技大学	25	1 054	14	990	2	1 062	3 810	489	9.7	984	2 697.7	535
北京电影学院现代创意媒体学院	5	1 150	0	1 164	5	997	0	1 141	1.4	1 147	49.5	1 050
郑州升达经贸管理学院	378	369	214	173	129	225	1 071.95	711	33.6	689	662	782
重庆第二师范学院	483	278	140	314	87	344	5 029.19	430	57.3	520	4 630.19	429
成都师范学院	385	365	33	801	7	962	5 378.9	414	53.8	544	2 248.9	574
陕西学前师范学院	921	108	177	236	233	79	1 810.5	625	92	348	1 605	637
四川电影电视学院	68	886	13	1 004	4	1 017	42.8	1 068	23.3	796	39.8	1 067
上海科技大学	0	1 170	0	1 164	0	1 106	0	1 141	0	1 168	0	1 136
浙江科贸职业技术学院（筹）	16	1 090	7	1 071	7	962	0	1 141	2	1 137	0	1 136
中国科学院大学	49	950	4	1 106	0	1 106	680	791	17.9	862	1 264.2	670
河北中医学院	91	825	47	707	18	806	262	921	67.8	460	230	922
山西传媒学院	132	721	63	610	5	997	3 214.2	515	26.3	758	1 343.2	665
营口理工学院	30	1 038	12	1 017	2	1 062	41	1 069	2.7	1 119	48.5	1 051
江苏第二师范学院	257	504	92	470	27	705	1 946	617	76.9	418	2 307.88	566
南昌师范学院	258	503	92	470	35	635	842	761	26.3	758	856	750
山东管理学院	268	493	132	342	72	411	1 723	635	53.2	547	1 749	619
山东农业工程学院	90	828	41	738	21	777	373	879	16.3	883	373	869
贵州理工学院	51	945	31	817	10	914	2 958.9	528	11.1	965	2 312.5	565
张家口学院	269	490	62	617	93	324	7	1 126	26.9	751	56	1 042
山西工程技术学院	37	999	15	970	0	1 106	330	895	11.2	962	330	884
内蒙古艺术学院	58	923	20	919	9	922	895	751	4	1 088	885	738
鄂尔多斯应用技术学院	32	1 026	15	970	15	850	106	1 016	4.8	1 075	106	999
浙江音乐学院	182	611	65	596	53	500	1 258	680	6.8	1 037	1 542.21	641
哈尔滨音乐学院	34	1 016	22	905	0	1 106	296	912	5.8	1 054	278	900
中国社会科学院大学	273	483	228	150	23	754	13 786.12	217	61.7	493	9 607.97	272
滇西应用技术大学	35	1 011	24	886	0	1 106	510	832	5.9	1 053	510	828
茅台学院	14	1 105	14	990	6	978	28	1 094	11.2	962	18	1 096
宁波诺丁汉大学	148	678	68	583	65	443	8 849.4	306	31	711	6 513.1	360
北京师范大学-香港浸会大学联合国际学院	4	1 155	0	1 164	0	1 106	0	1 141	1.3	1 150	0	1 136
西交利物浦大学	22	1 064	4	1 106	9	922	266.98	917	5.6	1 058	507.48	830
上海纽约大学	17	1 084	10	1 041	0	1 106	2 343.68	579	7.8	1 026	1 501.5	644
温州肯恩大学	15	1 098	15	970	0	1 106	308.77	907	3.5	1 100	162.16	965
昆山杜克大学	2	1 165	2	1 145	0	1 106	482	841	0.2	1 165	197	936
香港中文大学(深圳)	9	1 129	5	1 091	0	1 106	995	725	3.9	1 091	4 958	412
深圳北理莫斯科大学	0	1 170	0	1 164	0	1 106	0	1 141	0	1 168	0	1 136
山西能源学院	34	1 016	13	1 004	6	978	107	1 013	10.2	979	176	955
河北环境工程学院	72	874	33	801	24	745	435	855	20.6	828	525	825

续表

其中：当年新开课题拨入经费（千元）		当年支出经费（千元）		研究与发展成果										获奖成果数（项）			
				著作（部）		学术论文（篇）				研究与咨询报告（篇）				合计		其中：国家级和部级	
						合计		其中：国外学术刊物发表数		提交有关部门数		其中：被采纳数					
0	1 121	0	1 136	0	1 024	4	1 158	0	605	0	590	0	400	0	444	0	91
13	1 085	14	1 098	3	872	44	989	0	605	0	590	0	400	0	444	0	91
3 986.5	426	3 940.7	424	29	260	152	617	7	307	5	395	5	223	2	304	2	45
0	1 121	697.8	737	5	779	13	1 114	0	605	10	311	10	158	0	444	0	91
1 055.5	670	525.31	771	14	514	155	605	8	288	7	358	0	400	2	304	0	91
3 450.2	455	4 525.36	398	29	260	227	437	0	605	4	421	3	264	0	444	0	91
2 390	522	400.06	810	12	561	60	924	12	217	0	590	0	400	0	444	0	91
0	1 121	49.5	1 035	1	970	12	1 121	0	605	0	590	0	400	0	444	0	91
469	807	512	775	24	321	424	169	6	329	0	590	0	400	0	444	0	91
4 600.19	396	5 552.1	350	25	305	261	362	5	358	34	148	0	400	1	352	0	91
2 248.9	537	2 006.3	559	3	872	53	952	0	605	0	590	0	400	0	444	0	91
1 282	637	1 128.45	655	41	166	422	172	3	422	1	533	0	400	0	444	0	91
39.8	1 042	27.6	1 070	6	742	106	767	0	605	0	590	0	400	0	444	0	91
0	1 121	0	1 136	0	1 024	8	1 143	6	329	0	590	0	400	0	444	0	91
0	1 121	0	1 136	0	1 024	11	1 128	0	605	0	590	0	400	0	444	0	91
586	776	2 827.18	503	1	970	16	1 104	1	529	1	533	0	400	0	444	0	91
230	903	201.62	906	3	872	46	978	0	605	2	490	0	400	0	444	0	91
1 343.2	628	492.9	780	32	225	185	522	0	605	1	533	0	400	1	352	0	91
30	1 052	51.83	1 028	4	825	34	1 032	1	529	0	590	0	400	0	444	0	91
1 405	622	1 988.85	562	10	616	145	638	0	605	1	533	1	345	3	264	0	91
842	714	583.11	759	20	397	255	375	0	605	8	338	2	298	0	444	0	91
1 703	596	2 084	548	18	431	102	778	3	422	0	590	0	400	0	444	0	91
373	837	225.83	890	11	588	98	794	0	605	0	590	0	400	0	444	0	91
2 312.5	530	526.86	770	5	779	34	1 032	2	472	0	590	0	400	0	444	0	91
0	1 121	121	956	6	742	113	741	0	605	1	533	0	400	0	444	0	91
330	856	0	1 136	10	616	62	915	1	529	0	590	0	400	0	444	0	91
885	704	845	697	4	825	144	642	0	605	0	590	0	400	4	227	0	91
106	982	85	983	5	779	25	1 063	1	529	0	590	0	400	1	352	0	91
917.21	691	3 253.52	469	17	447	109	755	0	605	0	590	0	400	0	444	0	91
278	876	33.3	1 062	0	1 024	21	1 079	0	605	0	590	0	400	0	444	0	91
7 400.66	295	1 491.19	609	16	473	39	1 019	3	422	3	456	0	400	0	444	0	91
510	793	0.58	1 133	0	1 024	20	1 083	0	605	0	590	0	400	0	444	0	91
18	1 076	0	1 136	1	970	4	1 158	0	605	6	371	0	400	0	444	0	91
5 876.9	354	4 797.54	378	5	779	145	638	90	32	7	358	4	240	0	444	0	91
0	1 121	70.85	1 005	4	825	8	1 143	3	422	0	590	0	400	0	444	0	91
194.01	919	775.02	709	11	588	59	930	47	71	5	395	0	400	0	444	0	91
1 387.5	624	345.45	836	2	920	22	1 073	20	147	0	590	0	400	0	444	0	91
162.16	946	70.66	1 007	1	970	10	1 132	10	242	0	590	0	400	0	444	0	91
197	916	120	957	3	872	10	1 132	10	242	0	590	0	400	0	444	0	91
878	707	206.31	903	3	872	12	1 121	9	265	0	590	0	400	0	444	0	91
0	1 121	0	1 136	0	1 024	0	1 176	0	605	0	590	0	400	0	444	0	91
107	978	90.51	976	2	920	19	1 087	0	605	0	590	0	400	0	444	0	91
435	815	459.29	794	9	644	52	957	1	529	10	311	1	345	0	444	0	91

5. 专科学校人文、社会科学研究与发展概况表(一)

学校名称	社科活动人员(人)																	
	合计		按职称划分								其他人员		合计		按职称划分			
			小计		高级		中级		初级						高级		中级	
阿坝职业学院	45	1 010	45	1 007	15	882	21	974	9	965	0	115	0	1 005	0	957	0	978
阿克苏职业技术学院	233	250	233	249	21	769	94	314	118	64	0	115	17	751	4	768	8	745
阿拉善职业技术学院	105	733	105	731	31	621	31	880	43	422	0	115	23	693	4	768	11	677
安徽财贸职业学院	206	315	206	312	81	174	85	370	40	453	0	115	196	89	103	47	76	124
安徽城市管理职业学院	144	535	144	534	33	594	70	472	41	445	0	115	31	615	9	630	14	617
安徽电气工程职业技术学院	40	1 041	40	1 038	18	830	18	1 009	4	1 068	0	115	1	992	1	901	0	978
安徽电子信息职业技术学院	142	548	142	548	42	478	70	472	30	605	0	115	80	302	30	270	38	308
安徽工贸职业技术学院	131	608	131	606	31	621	61	556	39	467	0	115	16	766	3	808	13	638
安徽工商职业学院	253	219	253	217	83	167	118	204	52	328	0	115	35	572	19	397	13	638
安徽工业经济职业技术学院	174	409	174	408	45	441	100	275	29	617	0	115	59	406	25	328	32	366
安徽工业职业技术学院	58	950	58	950	12	933	34	851	12	906	0	115	9	877	4	768	5	823
安徽公安职业学院	132	600	132	597	37	545	59	571	36	516	0	115	52	453	14	485	22	494
安徽广播影视职业技术学院	142	548	142	548	37	545	59	571	46	399	0	115	34	586	15	467	18	559
安徽国防科技职业学院	97	766	97	763	32	608	59	571	6	1 022	0	115	35	572	20	381	15	606
安徽国际商务职业学院	207	313	207	310	71	238	89	338	47	386	0	115	223	69	105	46	94	88
安徽黄梅戏艺术职业学院	121	652	121	652	24	711	48	689	49	364	0	115	40	536	12	537	19	544
安徽机电职业技术学院	152	500	152	498	41	485	87	355	24	684	0	115	81	300	38	216	40	295
安徽交通职业技术学院	86	827	86	822	21	769	46	714	19	790	0	115	17	751	10	599	7	773
安徽警官职业学院	232	252	232	251	78	201	98	285	56	297	0	115	80	302	39	209	32	366
安徽矿业职业技术学院	58	950	58	950	7	1 023	39	788	12	906	0	115	12	829	1	901	10	701
安徽粮食工程职业学院	80	857	80	854	23	734	18	1 009	39	467	0	115	14	801	7	673	5	823
安徽林业职业技术学院	26	1 112	26	1 111	8	1 006	9	1 097	9	965	0	115	2	974	1	901	1	937
安徽绿海商务职业学院	41	1 035	41	1 032	0	1 133	33	862	8	982	0	115	37	561	6	696	27	425
安徽商贸职业技术学院	251	224	251	221	74	221	105	255	72	194	0	115	82	297	20	381	43	276
安徽涉外经济职业学院	125	639	125	638	6	1 038	74	431	45	403	0	115	73	337	14	485	37	316
安徽审计职业学院	66	921	66	919	34	583	25	925	7	1 007	0	115	19	733	13	511	6	798
安徽水利水电职业技术学院	110	702	110	701	25	696	47	706	38	485	0	115	34	586	12	537	17	580
安徽体育运动职业技术学院	73	887	73	884	32	608	33	862	8	982	0	115	16	766	5	727	10	701
安徽卫生健康职业学院	124	642	124	642	32	608	54	618	38	485	0	115	34	586	11	566	18	559
安徽新闻出版职业技术学院	63	931	63	931	19	804	26	917	18	802	0	115	18	744	8	649	8	745

研究发展人员(人)														R&D 经费情况(千元)					
		按学历学位划分								其他人员		折合全时人员(人年)		当年经费收入合计				当年经费支出合计	
初级		博士毕业		硕士毕业		本科毕业		其他学历								其中:科研事业费			
0	856	0	464	0	987	0	954	0	164	0	164	0	1 005	0	1 028	0	863	0	1 027
5	503	0	464	8	774	9	631	0	164	0	164	2.1	839	218.2	726	15	734	38.2	973
8	384	0	464	1	956	22	360	0	164	0	164	2.9	774	144	806	40	591	144	795
17	218	2	239	144	74	50	130	0	164	0	164	50.8	45	3 812	58	660.5	76	3 955.5	49
8	384	1	318	18	597	12	558	0	164	0	164	3.7	724	1 850.9	156	500	100	1 937.7	145
0	856	0	464	1	956	0	954	0	164	0	164	0.8	949	49	966	20	686	49	955
12	286	0	464	40	366	39	184	1	76	0	164	12.5	350	970	293	260	195	970	277
0	856	0	464	15	646	1	911	0	164	0	164	2.2	829	177.8	766	30	642	187.4	737
3	607	0	464	25	510	10	608	0	164	0	164	3.9	709	292	646	210	237	338.2	585
2	675	0	464	25	510	34	228	0	164	0	164	6	580	636	407	170	287	636.88	394
0	856	0	464	6	825	3	830	0	164	0	164	2.7	795	150	794	45	571	150	787
16	234	0	464	45	329	6	717	1	76	0	164	34.6	102	3 090	82	460	111	2 896.1	82
1	753	0	464	21	556	13	535	0	164	0	164	5.1	628	485	489	205	244	378.45	557
0	856	0	464	16	628	19	408	0	164	0	164	9.3	448	1 380	198	140	330	1 380	194
24	149	1	318	96	141	126	18	0	164	0	164	44.3	62	3 312	73	0	863	8 346.82	8
9	354	0	464	26	490	12	558	2	47	0	164	4	700	190	757	70	485	163.1	770
3	607	3	200	55	281	23	346	0	164	0	164	17.3	260	1 100	255	488.9	103	1 051.8	253
0	856	0	464	10	737	7	686	0	164	0	164	3.9	709	110	851	40	591	87.27	890
9	354	4	165	62	247	14	509	0	164	0	164	9.5	441	612.9	418	170.5	286	612.9	403
1	753	0	464	7	799	5	757	0	164	0	164	4.8	645	262.8	672	45.4	570	262.8	656
2	675	0	464	11	713	3	830	0	164	0	164	4.6	659	287	649	85	451	303	620
0	856	1	318	0	987	1	911	0	164	0	164	0.2	999	60	938	20	686	60	934
2	675	1	318	23	530	13	535	0	164	2	60	10.5	409	564	443	109	392	564	425
19	195	1	318	57	269	24	327	0	164	0	164	9.3	448	594.5	423	182	270	542.5	445
17	218	3	200	48	315	22	360	0	164	5	33	7.8	513	106	861	0	863	106	849
0	856	1	318	17	612	1	911	0	164	0	164	3.5	738	295	643	110	386	247.86	668
5	503	0	464	21	556	12	558	1	76	0	164	4	700	210	732	60	507	247.64	669
1	753	0	464	7	799	9	631	0	164	0	164	6.6	551	280	657	130	348	280	642
5	503	0	464	14	665	20	385	0	164	0	164	4	700	214	729	60	507	157.43	778
2	675	0	464	10	737	8	661	0	164	0	164	1.8	857	160	781	70	485	160	773

学校名称	社科活动人员(人)																	
	合计		按职称划分								其他人员		合计		按职称划分			
			小计		高级		中级		初级						高级		中级	
安徽冶金科技职业学院	105	733	105	731	19	804	58	583	28	636	0	115	8	888	2	857	4	848
安徽医学高等专科学校	79	860	79	858	20	793	26	917	33	566	0	115	21	713	13	511	4	848
安徽艺术职业学院	177	398	177	397	30	633	59	571	88	134	0	115	7	905	2	857	3	878
安徽邮电职业技术学院	79	860	79	858	13	914	46	714	20	765	0	115	15	781	3	808	12	651
安徽职业技术学院	188	363	188	363	70	246	82	385	36	516	0	115	58	411	27	305	29	397
安徽中澳科技职业学院	104	738	104	736	28	654	48	689	28	636	0	115	33	598	13	511	18	559
安徽中医药高等专科学校	162	461	162	459	23	734	67	510	72	194	0	115	9	877	1	901	8	745
安康职业技术学院	164	455	164	453	41	485	89	338	34	549	0	115	12	829	4	768	4	848
安庆医药高等专科学校	57	959	57	958	15	882	33	862	9	965	0	115	2	974	2	857	0	978
安庆职业技术学院	172	416	172	415	63	302	68	493	41	445	0	115	15	781	13	511	2	902
安顺职业技术学院	131	608	130	610	27	672	54	618	49	364	1	69	17	751	7	673	9	724
安阳幼儿师范高等专科学校	87	823	87	818	15	882	57	593	15	849	0	115	6	916	1	901	1	937
安阳职业技术学院	89	810	89	806	21	769	48	689	20	765	0	115	17	751	3	808	13	638
巴音郭楞职业技术学院	135	583	135	581	39	518	77	411	19	790	0	115	87	285	27	305	57	200
巴中职业技术学院	165	451	165	449	21	769	11	1 078	133	40	0	115	4	945	0	957	3	878
白城医学高等专科学校	43	1 026	43	1 023	19	804	15	1 040	9	965	0	115	0	1 005	0	957	0	978
白城职业技术学院	138	567	138	566	56	348	62	546	20	765	0	115	21	713	8	649	11	677
百色职业学院	81	851	81	847	12	933	31	880	38	485	0	115	28	640	6	696	15	606
包头钢铁职业技术学院	45	1 010	45	1 007	11	953	25	925	9	965	0	115	16	766	4	768	7	773
包头轻工职业技术学院	187	366	187	365	44	457	96	300	47	386	0	115	50	465	19	397	28	410
包头铁道职业技术学院	84	837	84	832	35	573	32	875	17	812	0	115	57	419	26	315	20	525
包头职业技术学院	168	441	168	439	63	302	78	408	27	647	0	115	33	598	13	511	20	525
宝鸡职业技术学院	307	122	307	122	103	93	153	110	51	340	0	115	43	518	12	537	28	410
保定电力职业技术学院	86	827	86	822	19	804	41	770	26	659	0	115	64	375	27	305	30	387
保定幼儿师范高等专科学校	227	261	212	302	62	308	60	567	90	126	15	6	0	1 005	0	957	0	978
保定职业技术学院	298	136	298	136	79	188	182	56	37	504	0	115	86	286	29	285	51	229
保山中医药高等专科学校	43	1 026	43	1 023	14	896	23	947	6	1 022	0	115	10	862	1	901	9	724
保险职业学院	130	613	130	610	30	633	68	493	32	588	0	115	31	615	4	768	20	525
北海职业学院	321	103	321	101	40	501	123	177	158	20	0	115	30	627	8	649	21	515
北京北大方正软件职业技术学院	67	915	64	926	17	843	20	988	27	647	3	42	0	1 005	0	957	0	978
北京财贸职业学院	299	134	299	134	89	145	174	69	36	516	0	115	95	255	32	256	54	216
北京电子科技职业学院	274	182	274	180	79	188	142	129	53	323	0	115	593	5	223	8	293	5
北京工业职业技术学院	221	282	221	278	80	181	106	248	35	534	0	115	70	347	39	209	23	476
北京汇佳职业学院	66	921	66	919	25	696	29	896	12	906	0	115	0	1 005	0	957	0	978

研究发展人员(人)														R&D经费情况(千元)					
		按学历学位划分								其他人员		折合全时人员(人年)		当年经费收入合计		其中:科研事业费		当年经费支出合计	
初级		博士毕业		硕士毕业		本科毕业		其他学历											
2	675	0	464	5	850	3	830	0	164	0	164	1	930	100	872	0	863	100	861
4	551	4	165	14	665	3	830	0	164	0	164	3.2	760	311	631	173	283	311	615
2	675	0	464	4	874	3	830	0	164	0	164	1.9	852	177	767	120	363	191	732
0	856	0	464	13	679	2	869	0	164	0	164	1.7	867	126	826	64	499	126	821
2	675	0	464	34	425	24	327	0	164	0	164	14.4	309	3 682	61	302	170	3 650.2	55
2	675	0	464	24	514	9	631	0	164	0	164	4.4	670	774	349	640	79	432	521
0	856	0	464	9	758	0	954	0	164	0	164	5.3	618	438.8	526	236.2	213	439.03	512
2	675	0	464	6	825	5	757	1	76	2	60	2.2	829	101	870	30	642	92	876
0	856	0	464	0	987	2	869	0	164	0	164	0.4	984	271.5	671	251.5	199	248.8	667
0	856	0	464	8	774	7	686	0	164	0	164	3.3	753	652	398	520	97	289.54	633
1	753	0	464	4	874	13	535	0	164	0	164	2.2	829	223	719	5	826	65.48	920
4	551	0	464	5	850	1	911	0	164	0	164	4.4	670	60	938	0	863	60	934
1	753	0	464	16	628	1	911	0	164	0	164	1.8	857	64	926	0	863	64	923
3	607	0	464	56	275	31	260	0	164	0	164	19.6	231	817.52	336	81	460	814.12	322
1	753	0	464	0	987	4	796	0	164	0	164	1.9	852	120	834	20	686	122	826
0	856	0	464	0	987	0	954	0	164	0	164	0	1 005	0	1 028	0	863	0	1 027
2	675	0	464	9	758	12	558	0	164	0	164	2.1	839	21.1	1 003	0	863	21.1	1 001
7	421	0	464	6	825	22	360	0	164	0	164	3.5	738	52.4	955	2	851	54.4	945
5	503	0	464	5	850	11	586	0	164	0	164	2.1	839	82	902	40	591	62	929
3	607	0	464	22	543	28	287	0	164	0	164	8.4	484	282	655	30	642	282	639
11	306	1	318	32	433	24	327	0	164	0	164	6.3	570	450	517	150	320	450	503
0	856	0	464	23	530	10	608	0	164	0	164	9.8	432	444.9	520	52.8	543	444.9	505
3	607	0	464	23	530	20	385	0	164	0	164	13.2	336	403.2	549	110	386	337.6	587
7	421	3	200	22	543	38	200	1	76	0	164	9.8	432	380.8	568	0	863	380.8	555
0	856	0	464	0	987	0	954	0	164	0	164	0	1 005	220	725	0	863	220	704
6	461	0	464	55	281	31	260	0	164	0	164	22.5	190	855	320	0	863	868.9	307
0	856	0	464	2	932	8	661	0	164	0	164	2	848	206	739	0	863	108.8	846
7	421	0	464	20	567	11	586	0	164	0	164	4.9	641	402	550	108	395	402	542
1	753	1	318	13	679	16	461	0	164	0	164	5.6	597	317	624	0	863	321	601
0	856	0	464	0	987	0	954	0	164	0	164	0	1 005	0	1 028	0	863	0	1 027
9	354	16	45	70	216	9	631	0	164	0	164	21.7	201	7 686.33	11	6 926.4	3	8 588.4	7
77	15	23	25	215	29	355	1	0	164	0	164	96.6	9	4 222.2	46	1 650	26	3 898.01	50
8	384	6	111	51	299	13	535	0	164	0	164	13.9	318	1 059.3	261	90	434	1 181.7	230
0	856	0	464	0	987	0	954	0	164	0	164	0	1 005	0	1 028	0	863	0	1 027

学校名称	社科活动人员(人)																	
	合计		按职称划分								其他人员		合计		按职称划分			
			小计		高级		中级		初级						高级		中级	
北京交通运输职业学院	139	562	134	587	29	641	72	449	33	566	5	32	7	905	3	808	4	848
北京交通职业技术学院	24	1 118	24	1 117	5	1 054	15	1 040	4	1 068	0	115	0	1 005	0	957	0	978
北京京北职业技术学院	41	1 035	41	1 032	10	977	23	947	8	982	0	115	0	1 005	0	957	0	978
北京经济管理职业学院	301	131	301	131	105	88	162	92	34	549	0	115	350	29	116	38	169	24
北京经济技术职业学院	64	927	64	926	17	843	42	758	5	1 039	0	115	16	766	3	808	11	677
北京经贸职业学院	49	992	49	990	12	933	25	925	12	906	0	115	0	1 005	0	957	0	978
北京科技经营管理学院	15	1 142	15	1 141	3	1 088	8	1 108	4	1 068	0	115	0	1 005	0	957	0	978
北京科技职业学院	49	992	41	1 032	20	793	19	997	2	1 102	8	21	0	1 005	0	957	0	978
北京劳动保障职业学院	100	753	100	749	36	557	52	638	12	906	0	115	42	525	15	467	24	460
北京农业职业学院	251	224	251	221	99	107	138	140	14	863	0	115	145	149	72	91	72	144
北京培黎职业学院	72	897	72	894	14	896	20	988	38	485	0	115	2	974	0	957	1	937
北京青年政治学院	238	247	238	246	77	208	120	196	41	445	0	115	143	150	60	126	66	169
北京社会管理职业学院	198	339	198	335	43	467	87	355	68	220	0	115	151	140	39	209	69	152
北京体育职业学院	58	950	57	958	16	865	35	837	6	1 022	1	69	4	945	2	857	2	902
北京网络职业学院	6	1 151	6	1 151	3	1 088	2	1 147	1	1 120	0	115	7	905	4	768	2	902
北京卫生职业学院	79	860	79	858	17	843	40	779	22	718	0	115	0	1 005	0	957	0	978
北京戏曲艺术职业学院	171	423	171	421	30	633	71	459	70	210	0	115	20	722	7	673	8	745
北京信息职业技术学院	137	572	137	571	40	501	88	348	9	965	0	115	27	657	10	599	17	580
北京艺术传媒职业学院	0	1 155	0	1 155	0	1 133	0	1 152	0	1 135	0	115	0	1 005	0	957	0	978
北京政法职业学院	174	409	174	408	55	358	109	240	10	949	0	115	32	605	11	566	20	525
毕节医学高等专科学校	57	959	57	958	10	977	42	758	5	1 039	0	115	45	499	5	727	28	410
毕节幼儿师范高等专科学校	127	625	127	624	23	734	44	740	60	268	0	115	13	820	2	857	8	745
毕节职业技术学院	126	631	125	638	28	654	35	837	62	251	1	69	9	877	2	857	4	848
滨州职业学院	171	423	171	421	60	324	73	443	38	485	0	115	24	680	10	599	10	701
泊头职业学院	214	300	214	296	44	457	56	603	114	70	0	115	154	133	48	163	76	124
亳州职业技术学院	139	562	139	562	20	793	48	689	71	200	0	115	95	255	10	599	28	410
渤海船舶职业学院	69	911	69	911	39	518	25	925	5	1 039	0	115	0	1 005	0	957	0	978
渤海理工职业学院	50	984	50	983	1	1 119	7	1 115	42	437	0	115	30	627	0	957	7	773
渤海石油职业学院	148	515	148	512	46	436	91	332	11	928	0	115	0	1 005	0	957	0	978
沧州医学高等专科学校	95	774	95	774	30	633	55	612	10	949	0	115	26	668	14	485	9	724
沧州职业技术学院	146	526	146	521	72	232	69	481	5	1 039	0	115	185	95	78	76	104	74
曹妃甸职业技术学院	33	1 083	33	1 081	5	1 054	5	1 128	23	704	0	115	0	1 005	0	957	0	978
昌吉职业技术学院	129	618	129	616	22	752	87	355	20	765	0	115	19	733	10	599	9	724
长春金融高等专科学校	291	144	291	143	92	132	94	314	105	84	0	115	135	167	53	148	46	255
长春信息技术职业学院	126	631	126	630	17	843	32	875	77	167	0	115	11	846	1	901	7	773

研究发展人员（人）														R&D 经费情况（千元）					
		按学历学位划分								其他人员		折合全时人员（人年）		当年经费收入合计		其中:科研事业费		当年经费支出合计	
初级		博士毕业		硕士毕业		本科毕业		其他学历											
0	856	0	464	7	799	0	954	0	164	0	164	0.7	955	968	294	940	45	872.4	304
0	856	0	464	0	987	0	954	0	164	0	164	0	1 005	0	1 028	0	863	0	1 027
0	856	0	464	0	987	0	954	0	164	0	164	0	1 005	0	1 028	0	863	0	1 027
42	66	33	10	224	28	93	41	0	164	23	3	45.5	59	2 462.5	111	850	56	2 743.42	86
2	675	0	464	9	758	7	686	0	164	0	164	1.7	867	61	936	10	771	61	932
0	856	0	464	0	987	0	954	0	164	0	164	0	1 005	0	1 028	0	863	0	1 027
0	856	0	464	0	987	0	954	0	164	0	164	0	1 005	0	1 028	0	863	0	1 027
0	856	0	464	0	987	0	954	0	164	0	164	0	1 005	0	1 028	0	863	0	1 027
3	607	8	82	28	469	6	717	0	164	0	164	11.5	380	795	348	0	863	795	327
1	753	18	40	81	183	46	147	0	164	0	164	22.9	185	1 612.4	177	50	547	1 499.86	180
1	753	0	464	2	932	0	954	0	164	0	164	1.2	910	99.18	877	0	863	100.68	860
14	252	24	22	86	164	33	237	0	164	3	51	55.5	37	6 621.5	19	4 580	7	6 519.75	20
36	78	27	18	96	141	27	301	1	76	7	25	19.7	229	3 935.61	51	649.1	77	3 373.31	65
0	856	0	464	2	932	2	869	0	164	0	164	1.9	852	81	905	0	863	81	897
1	753	0	464	2	932	5	757	0	164	0	164	1.1	922	4.6	1 025	0	863	4.6	1 022
0	856	0	464	0	987	0	954	0	164	0	164	0	1 005	0	1 028	0	863	0	1 027
5	503	3	200	13	679	4	796	0	164	0	164	4.6	659	2 651.7	100	2 472.8	18	2 403.72	109
0	856	0	464	19	577	8	661	0	164	0	164	4.7	652	452.22	515	0	863	403.22	541
0	856	0	464	0	987	0	954	0	164	0	164	0	1 005	0	1 028	0	863	0	1 027
1	753	7	92	19	577	6	717	0	164	0	164	3.6	732	335	604	185	267	429.6	524
12	286	0	464	22	543	23	346	0	164	0	164	7.5	525	248.5	690	0	863	266.38	654
3	607	0	464	10	737	3	830	0	164	0	164	2.2	829	109	855	32	633	98.82	865
3	607	0	464	1	956	8	661	0	164	0	164	2.5	810	78	910	20	686	76	902
4	551	1	318	17	612	6	717	0	164	0	164	2.6	800	176	769	85	451	176	752
30	115	0	464	57	269	97	32	0	164	0	164	25.7	158	2 005.5	146	0	863	2 012.5	139
57	37	0	464	39	376	55	109	1	76	0	164	23	183	744	361	176	279	742	346
0	856	0	464	0	987	0	954	0	164	0	164	0	1 005	0	1 028	0	863	0	1 027
23	155	0	464	10	737	20	385	0	164	0	164	5.6	597	146	801	0	863	146	790
0	856	0	464	0	987	0	954	0	164	0	164	0	1 005	0	1 028	0	863	0	1 027
3	607	0	464	22	543	4	796	0	164	0	164	3.8	715	155.3	786	0	863	155.8	784
3	607	2	239	118	100	65	87	0	164	0	164	45.3	60	1 652.88	172	103	406	1 413.75	189
0	856	0	464	0	987	0	954	0	164	0	164	0	1 005	18	1 009	0	863	18	1 005
0	856	0	464	8	774	11	586	0	164	0	164	4.3	682	95	883	7	814	107.1	847
36	78	14	49	116	101	5	757	0	164	0	164	21.3	202	3 441	68	1 239	32	2 973.4	78
3	607	0	464	3	901	8	661	0	164	0	164	4	700	50	962	0	863	50	952

学校名称	社科活动人员(人)																	
	合计		按职称划分								其他人员		合计		按职称划分			
			小计		高级		中级		初级						高级		中级	
长春医学高等专科学校	44	1 022	44	1 019	15	882	26	917	3	1 083	0	115	10	862	6	696	3	878
长春职业技术学院	365	60	365	59	131	42	105	255	129	44	0	115	195	90	89	59	63	177
长江工程职业技术学院	74	885	73	884	24	711	34	851	15	849	1	69	28	640	9	630	14	617
长江职业学院	181	384	181	384	80	181	71	459	30	605	0	115	159	123	83	67	67	166
长沙电力职业技术学院	20	1 128	20	1 128	9	994	11	1 078	0	1 135	0	115	4	945	2	857	2	902
长沙航空职业技术学院	195	348	195	345	57	339	87	355	51	340	0	115	160	122	66	107	62	183
长沙民政职业技术学院	524	12	524	12	142	27	259	11	123	51	0	115	123	189	53	148	66	169
长沙南方职业学院	67	915	66	919	4	1 073	58	583	4	1 068	1	69	34	586	3	808	31	380
长沙商贸旅游职业技术学院	356	71	356	71	101	98	179	64	76	174	0	115	185	95	71	95	92	93
长沙职业技术学院	382	51	382	51	67	271	171	75	144	28	0	115	348	30	138	26	155	31
长治职业技术学院	134	589	134	587	26	680	62	546	46	399	0	115	0	1 005	0	957	0	978
常德职业技术学院	49	992	49	990	11	953	36	826	2	1 102	0	115	53	444	13	511	28	410
常州纺织服装职业技术学院	359	69	359	69	123	55	201	40	35	534	0	115	163	116	55	141	90	95
常州工程职业技术学院	139	562	139	562	38	535	92	327	9	965	0	115	161	120	66	107	88	97
常州机电职业技术学院	286	153	286	151	122	58	159	99	5	1 039	0	115	159	123	65	109	90	95
常州轻工职业技术学院	185	373	185	373	51	391	112	227	22	718	0	115	348	30	120	34	194	18
常州信息职业技术学院	259	207	259	206	79	188	143	128	37	504	0	115	182	99	69	100	100	83
朝阳师范高等专科学校	614	5	613	5	253	2	339	3	21	742	1	69	252	53	111	42	122	57
潮汕职业技术学院	75	882	75	880	6	1 038	5	1 128	64	240	0	115	6	916	4	768	1	937
郴州职业技术学院	159	473	159	471	52	379	68	493	39	467	0	115	36	567	6	696	16	595
成都纺织高等专科学校	284	156	284	154	81	174	156	104	47	386	0	115	72	340	34	238	34	350
成都工贸职业技术学院	16	1 139	15	1 141	3	1 088	7	1 115	5	1 039	1	69	43	518	14	485	18	559
成都工业职业技术学院	268	190	268	189	105	88	87	355	76	174	0	115	95	255	36	226	32	366
成都航空职业技术学院	248	231	248	230	61	317	94	314	93	115	0	115	152	135	44	178	60	190
成都农业科技职业学院	61	943	61	943	23	734	38	802	0	1 135	0	115	19	733	7	673	12	651
成都职业技术学院	147	517	147	514	41	485	76	418	30	605	0	115	63	383	19	397	32	366
承德护理职业学院	93	788	93	785	29	641	56	603	8	982	0	115	83	293	27	305	48	245
承德石油高等专科学校	134	589	134	587	56	348	57	593	21	742	0	115	54	435	33	244	19	544
池州职业技术学院	137	572	137	571	40	501	51	653	46	399	0	115	11	846	5	727	3	878
赤峰工业职业技术学院	126	631	126	630	71	238	42	758	13	889	0	115	61	397	24	336	26	436
滁州城市职业学院	125	639	125	638	38	535	70	472	17	812	0	115	41	531	19	397	19	544
滁州职业技术学院	210	308	210	306	67	271	86	366	57	288	0	115	75	324	30	270	35	336
楚雄医药高等专科学校	38	1 053	38	1 050	11	953	17	1 022	10	949	0	115	0	1 005	0	957	0	978
川北幼儿师范高等专科学校	242	244	242	243	45	441	70	472	127	46	0	115	61	397	17	434	26	436
川南幼儿师范高等专科学校	165	451	165	449	29	641	91	332	45	403	0	115	127	184	30	270	62	183
达州职业技术学院	149	508	149	506	50	399	59	571	40	453	0	115	46	488	19	397	16	595
大理护理职业学院	44	1 022	43	1 023	16	865	22	962	5	1 039	1	69	27	657	15	467	11	677
大连枫叶职业技术学院	117	670	96	769	7	1 023	45	726	44	416	21	3	0	1 005	0	957	0	978
大连航运职业技术学院	45	1 010	34	1 072	2	1 108	24	939	8	982	11	15	0	1 005	0	957	0	978

研究发展人员(人)														R&D 经费情况(千元)					
		按学历学位划分								其他人员		折合全时人员(人年)		当年经费收入合计		其中:科研事业费		当年经费支出合计	
初级		博士毕业		硕士毕业		本科毕业		其他学历											
1	753	0	464	6	825	4	796	0	164	0	164	1.4	897	52.1	956	0	863	52.1	948
43	61	2	239	77	193	116	21	0	164	0	164	33.8	113	977.6	290	57.6	532	984.5	271
4	551	0	464	5	850	18	428	5	24	0	164	7.9	509	129	822	25	670	100	861
9	354	1	318	126	89	32	246	0	164	0	164	22.8	188	1 251.37	229	240	208	1 183.8	228
0	856	0	464	4	874	0	954	0	164	0	164	0.5	974	305	635	225	224	305	619
31	108	9	76	66	230	85	49	0	164	1	91	55.4	38	3 963.9	50	1 272.2	31	4 002.7	48
3	607	1	318	106	113	16	461	0	164	0	164	15.4	288	2 332.3	117	562.2	91	2 435.6	108
0	856	0	464	21	556	13	535	0	164	0	164	7.9	509	3 789.6	59	2 420	19	1 129	241
21	180	8	82	131	84	41	171	5	24	1	91	22.4	194	1 864.8	154	786	60	1 748.8	157
55	40	6	111	185	45	149	11	8	12	0	164	49.8	48	1 210.7	240	333	153	1 451.44	186
0	856	0	464	0	987	0	954	0	164	0	164	0	1 005	0	1 028	0	863	0	1 027
3	607	0	464	25	510	24	327	4	27	9	17	9.5	441	637	405	161	307	622.97	396
18	206	7	92	100	124	54	113	2	47	0	164	30.8	126	2 144.3	131	340.8	149	2 023.01	137
7	421	10	69	83	178	67	82	1	76	0	164	19.2	234	3 110.5	79	162	305	3 028.5	76
4	551	3	200	124	92	32	246	0	164	0	164	34	107	1 394	197	326	157	1 403.22	192
34	92	8	82	200	35	140	13	0	164	0	164	78	15	4 593.6	40	152	316	4 234.6	45
13	267	19	37	123	94	40	179	0	164	0	164	28.6	138	2 220.18	121	250.5	201	2 210.18	121
18	206	0	464	155	64	95	35	2	47	1	91	38.8	82	1 699	166	45	571	1 667	162
1	753	0	464	1	956	5	757	0	164	0	164	1.8	857	305	635	5	826	334	589
14	252	0	464	17	612	19	408	0	164	0	164	4.8	645	586	428	49	558	581.6	417
4	551	2	239	49	309	19	408	2	47	0	164	16.8	266	1 639.65	174	28	660	1 482.04	181
5	503	1	318	22	543	20	385	0	164	6	30	5.5	603	147.12	800	74.8	479	114.52	837
26	134	1	318	65	233	29	277	0	164	1	91	26.2	153	2 077	139	943	43	3 416.5	62
43	61	5	140	99	130	47	143	1	76	5	33	33.9	110	802.18	342	97.9	419	1 970.4	143
0	856	1	318	14	665	4	796	0	164	0	164	9.1	455	105	865	13	755	203.27	720
12	286	2	239	37	394	24	327	0	164	0	164	7.6	523	807	340	342	148	715.55	352
8	384	0	464	55	281	28	287	0	164	0	164	11.4	384	365.7	579	6.3	820	365.7	564
2	675	2	239	44	335	8	661	0	164	0	164	10	426	454.1	513	31.1	638	461.8	493
3	607	0	464	5	850	6	717	0	164	0	164	1.7	867	161	779	99	417	156.2	782
11	306	0	464	15	646	46	147	0	164	0	164	7.4	530	323.2	612	15	734	365.7	564
3	607	0	464	27	482	14	509	0	164	0	164	14.5	308	1 419.42	192	108.22	394	1 349.42	198
10	328	1	318	42	352	32	246	0	164	0	164	12	358	1 190.2	244	193.2	259	990.98	268
0	856	0	464	0	987	0	954	0	164	0	164	0	1 005	0	1 028	0	863	0	1 027
18	206	0	464	36	406	25	314	0	164	0	164	23.6	180	1 044.4	264	43	582	1 080.95	248
35	88	0	464	45	329	82	52	0	164	0	164	20.2	217	472	500	114	380	523.4	455
11	306	0	464	24	514	22	360	0	164	0	164	8.7	472	478	493	152	316	500	469
1	753	0	464	9	758	18	428	0	164	0	164	3.4	749	156.7	783	0	863	157.13	779
0	856	0	464	0	987	0	954	0	164	0	164	0	1 005	0	1 028	0	863	0	1 027
0	856	0	464	0	987	0	954	0	164	0	164	0	1 005	0	1 028	0	863	0	1 027

学校名称	社科活动人员(人)																	
	合计		按职称划分								其他人员		合计		按职称划分			
			小计		高级		中级		初级						高级		中级	
大连汽车职业技术学院	29	1 098	28	1 102	6	1 038	12	1 067	10	949	1	69	0	1 005	0	957	0	978
大连软件职业学院	34	1 075	34	1 072	5	1 054	18	1 009	11	928	0	115	4	945	1	901	3	878
大连职业技术学院	332	95	319	107	139	31	169	77	11	928	13	11	61	397	35	229	23	476
大连装备制造职业技术学院	8	1 148	8	1 148	0	1 133	5	1 128	3	1 083	0	115	0	1 005	0	957	0	978
大庆医学高等专科学校	28	1 104	28	1 102	5	1 054	15	1 040	8	982	0	115	0	1 005	0	957	0	978
大庆职业学院	90	805	90	801	43	467	44	740	3	1 083	0	115	0	1 005	0	957	0	978
大同煤炭职业技术学院	70	905	70	905	8	1 006	24	939	38	485	0	115	0	1 005	0	957	0	978
大兴安岭职业学院	121	652	121	652	41	485	66	517	14	863	0	115	0	1 005	0	957	0	978
德宏师范高等专科学校	257	211	257	210	78	201	94	314	85	140	0	115	102	242	33	244	36	323
德宏职业学院	141	553	141	552	37	545	47	706	57	288	0	115	28	640	3	808	17	580
德州职业技术学院	284	156	284	154	98	113	135	147	51	340	0	115	62	387	17	434	37	316
定西师范高等专科学校	169	434	169	433	67	271	98	285	4	1 068	0	115	44	506	22	357	22	494
东莞职业技术学院	391	44	391	44	69	257	247	18	75	183	0	115	94	260	25	328	60	190
东营科技职业学院	87	823	87	818	2	1 108	40	779	45	403	0	115	15	781	3	808	11	677
东营职业学院	275	181	275	179	77	208	158	101	40	453	0	115	103	238	42	192	59	194
鄂尔多斯生态环境职业学院	29	1 098	29	1 097	9	994	12	1 067	8	982	0	115	4	945	1	901	0	978
鄂尔多斯职业学院	80	857	80	854	40	501	18	1 009	22	718	0	115	5	930	3	808	2	902
鄂州职业大学	334	91	334	91	91	137	164	88	79	160	0	115	213	73	64	113	105	73
佛山职业技术学院	189	362	189	362	47	419	82	385	60	268	0	115	202	84	69	100	82	113
福建船政交通职业学院	134	589	134	587	43	467	75	423	16	837	0	115	46	488	17	434	29	397
福建电力职业技术学院	44	1 022	44	1 019	12	933	23	947	9	965	0	115	30	627	12	537	15	606
福建华南女子职业学院	138	567	138	566	24	711	75	423	39	467	0	115	50	465	11	566	28	410
福建林业职业技术学院	107	723	107	721	28	654	31	880	48	376	0	115	46	488	13	511	12	651
福建农业职业技术学院	105	733	105	731	41	485	50	664	14	863	0	115	35	572	11	566	19	544
福建生物工程职业技术学院	92	793	92	791	23	734	33	862	36	516	0	115	66	359	16	451	21	515
福建水利电力职业技术学院	109	707	109	706	24	711	49	675	36	516	0	115	313	32	92	58	145	37
福建体育职业技术学院	94	781	94	781	28	654	36	826	30	605	0	115	36	567	10	599	18	559
福建卫生职业技术学院	172	416	172	415	39	518	64	532	69	216	0	115	129	180	45	176	41	289
福建信息职业技术学院	199	335	199	330	71	238	74	431	54	316	0	115	88	282	41	199	38	308
福建艺术职业学院	172	416	172	415	22	752	74	431	76	174	0	115	44	506	6	696	21	515
福建幼儿师范高等专科学校	232	252	232	251	79	188	87	355	66	233	0	115	253	52	83	67	102	79
福州科技职业技术学院	11	1 144	11	1 144	5	1 054	4	1 134	2	1 102	0	115	10	862	4	768	4	848
福州黎明职业技术学院	66	921	66	919	6	1 038	21	974	39	467	0	115	16	766	1	901	8	745
福州墨尔本理工职业学院	108	716	108	715	24	711	48	689	36	516	0	115	4	945	2	857	2	902
福州软件职业技术学院	84	837	84	832	16	865	26	917	42	437	0	115	8	888	2	857	4	848
福州英华职业学院	50	984	50	983	3	1 088	26	917	21	742	0	115	15	781	0	957	12	651

续表

研究发展人员(人)														R&D 经费情况(千元)					
		按学历学位划分								其他人员		折合全时人员(人年)		当年经费收入合计				当年经费支出合计	
初级		博士毕业		硕士毕业		本科毕业		其他学历								其中:科研事业费			
0	856	0	464	0	987	0	954	0	164	0	164	0	1 005	0	1 028	0	863	0	1 027
0	856	0	464	1	956	3	830	0	164	0	164	0.9	943	27	993	0	863	33.8	980
3	607	1	318	52	295	8	661	0	164	0	164	9.3	448	516.5	472	10.5	768	516.5	459
0	856	0	464	0	987	0	954	0	164	0	164	0	1 005	0	1 028	0	863	0	1 027
0	856	0	464	0	987	0	954	0	164	0	164	0	1 005	0	1 028	0	863	0	1 027
0	856	0	464	0	987	0	954	0	164	0	164	0	1 005	0	1 028	0	863	0	1 027
0	856	0	464	0	987	0	954	0	164	0	164	0	1 005	4 360	44	0	863	480	484
0	856	0	464	0	987	0	954	0	164	0	164	0	1 005	0	1 028	0	863	0	1 027
33	99	1	318	76	199	24	327	1	76	0	164	13.4	332	1 291	219	401	122	1 045.64	255
8	384	0	464	18	597	10	608	0	164	0	164	3.5	738	175	772	32	633	170.7	760
8	384	0	464	44	335	18	428	0	164	0	164	38.8	82	2 150.54	130	461.27	110	2 138.04	125
0	856	1	318	16	628	27	301	0	164	0	164	5.8	588	178.2	765	39	613	240.2	681
9	354	3	200	74	204	17	447	0	164	0	164	10.9	398	4 967.59	34	2 531.19	16	5 443.19	27
1	753	0	464	1	956	14	509	0	164	0	164	4.8	645	249	688	14	750	249	666
2	675	4	165	85	170	14	509	0	164	0	164	24.8	165	1 288	220	80	463	1 318	203
3	607	0	464	2	932	2	869	0	164	0	164	0.4	984	21.2	1 002	10	771	31.2	984
0	856	0	464	4	874	1	911	0	164	0	164	1.4	897	62	933	20	686	82	895
44	58	2	239	65	233	144	12	2	47	0	164	34	107	1 746.7	164	64	499	1 636.27	165
51	51	3	200	171	52	28	287	0	164	0	164	52.9	40	5 286.57	29	368	138	4 673.49	40
0	856	0	464	33	430	13	535	0	164	0	164	6.7	546	343.7	598	29	659	99.4	864
3	607	2	239	11	713	16	461	1	76	0	164	6	580	251.56	686	16	727	241.56	679
11	306	0	464	40	366	10	608	0	164	0	164	9	462	213.1	730	0	863	396.9	546
21	180	0	464	15	646	31	260	0	164	0	164	7.7	520	414	538	96	420	351.84	574
5	503	0	464	30	447	5	757	0	164	0	164	7.5	525	322.8	613	0	863	392.9	548
29	122	2	239	43	344	21	372	0	164	0	164	8.6	478	827	332	290	177	563.88	426
76	16	0	464	85	170	133	15	95	1	0	164	49.1	49	1 830.7	160	369.4	137	1 391.36	193
8	384	0	464	28	469	8	661	0	164	0	164	3.9	709	55.9	948	13.9	754	120.4	828
43	61	3	200	82	180	42	164	2	47	0	164	20	220	1 001.89	278	300.89	171	740.77	347
9	354	2	239	66	230	20	385	0	164	0	164	12.3	354	631.6	408	318	164	550.73	437
17	218	2	239	22	543	20	385	0	164	0	164	9.3	448	476.16	497	0	863	483.3	480
68	26	6	111	180	49	67	82	0	164	0	164	46.4	56	2 018.6	145	14	750	2 219.7	119
2	675	0	464	4	874	6	717	0	164	0	164	2.5	810	55.8	949	0	863	67.8	916
7	421	0	464	6	825	10	608	0	164	0	164	5.4	609	209	736	9	804	209	716
0	856	0	464	3	901	1	911	0	164	0	164	1.1	922	133.1	819	55	537	23.1	1 000
2	675	0	464	6	825	2	869	0	164	0	164	1	930	40	974	0	863	40	969
3	607	0	464	4	874	11	586	0	164	0	164	1.5	882	71	919	6	822	93.84	874

学校名称	社科活动人员(人)																	
	合计		按职称划分								其他人员		合计		按职称划分			
			小计		高级		中级		初级						高级		中级	
福州职业技术学院	211	306	211	304	65	284	89	338	57	288	0	115	131	173	39	209	70	147
抚顺师范高等专科学校	37	1 059	37	1 057	33	594	4	1 134	0	1 135	0	115	0	1 005	0	957	0	978
抚顺职业技术学院	45	1 010	45	1 007	24	711	21	974	0	1 135	0	115	0	1 005	0	957	0	978
抚州幼儿师范高等专科学校	147	517	147	514	28	654	59	571	60	268	0	115	0	1 005	0	957	0	978
抚州职业技术学院	132	600	132	597	28	654	43	747	61	258	0	115	46	488	17	434	19	544
阜新高等专科学校	291	144	273	182	132	38	130	157	11	928	18	5	0	1 005	0	957	0	978
阜阳科技职业学院	6	1 151	6	1 151	2	1 108	4	1 134	0	1 135	0	115	0	1 005	0	957	0	978
阜阳幼儿师范高等专科学校	165	451	165	449	35	573	63	540	67	229	0	115	79	308	25	328	43	276
阜阳职业技术学院	157	481	157	480	51	391	46	714	60	268	0	115	26	668	11	566	9	724
甘肃钢铁职业技术学院	58	950	58	950	17	843	27	911	14	863	0	115	14	801	3	808	9	724
甘肃工业职业技术学院	126	631	126	630	45	441	55	612	26	659	0	115	28	640	16	451	10	701
甘肃机电职业技术学院	73	887	73	884	18	830	35	837	20	765	0	115	24	680	5	727	15	606
甘肃建筑职业技术学院	69	911	69	911	18	830	34	851	17	812	0	115	49	475	20	381	22	494
甘肃警察职业学院	114	684	114	682	57	339	27	911	30	605	0	115	37	561	29	285	5	823
甘肃林业职业技术学院	27	1 108	27	1 107	19	804	7	1 115	1	1 120	0	115	14	801	7	673	6	798
甘肃农业职业技术学院	19	1 130	19	1 130	7	1 023	10	1 087	2	1 102	0	115	14	801	5	727	7	773
甘肃卫生职业学院	58	950	58	950	19	804	31	880	8	982	0	115	2	974	1	901	1	937
甘肃畜牧工程职业技术学院	38	1 053	38	1 050	20	793	16	1 033	2	1 102	0	115	0	1 005	0	957	0	978
甘肃有色冶金职业技术学院	30	1 091	30	1 090	5	1 054	17	1 022	8	982	0	115	4	945	3	808	1	937
赣南卫生健康职业学院	101	750	101	747	36	557	52	638	13	889	0	115	58	411	23	345	32	366
赣州师范高等专科学校	156	486	156	484	56	348	67	510	33	566	0	115	60	401	29	285	24	460
公安边防部队高等专科学校	156	486	156	484	33	594	87	355	36	516	0	115	62	387	15	467	33	353
共青科技职业学院	78	868	78	866	10	977	35	837	33	566	0	115	12	829	3	808	3	878
广安职业技术学院	243	240	243	239	87	156	103	264	53	323	0	115	78	314	37	221	29	397
广东碧桂园职业学院	59	948	59	947	11	953	22	962	26	659	0	115	23	693	6	696	11	677
广东创新科技职业学院	206	315	206	312	15	882	75	423	116	68	0	115	17	751	2	857	9	724
广东工程职业技术学院	216	292	216	288	63	302	140	132	13	889	0	115	90	273	29	285	61	187
广东工贸职业技术学院	355	73	355	72	79	188	205	34	71	200	0	115	116	200	50	159	54	216
广东工商职业学院	283	161	283	159	77	208	113	223	93	115	0	115	36	567	9	630	22	494
广东环境保护工程职业学院	124	642	124	642	11	953	65	524	48	376	0	115	19	733	5	727	13	638
广东机电职业技术学院	149	508	149	506	70	246	76	418	3	1 083	0	115	107	226	57	133	49	239
广东建设职业技术学院	173	414	173	413	37	545	89	338	47	386	0	115	42	525	15	467	21	515
广东江门中医药职业学院	35	1 072	35	1 070	15	882	15	1 040	5	1 039	0	115	2	974	1	901	1	937
广东交通职业技术学院	73	887	73	884	18	830	50	664	5	1 039	0	115	53	444	13	511	35	336
广东酒店管理职业技术学院	75	882	75	880	6	1 038	24	939	45	403	0	115	3	960	0	957	2	902

续表

研究发展人员(人)														R&D 经费情况(千元)					
		按学历学位划分								其他人员		折合全时人员(人年)		当年经费收入合计				当年经费支出合计	
初级		博士毕业		硕士毕业		本科毕业		其他学历								其中:科研事业费			
22	170	6	111	93	150	32	246	0	164	0	164	15.3	291	3 298.5	74	1 142	35	5 833.34	26
0	856	0	464	0	987	0	954	0	164	0	164	0	1 005	0	1 028	0	863	0	1 027
0	856	0	464	0	987	0	954	0	164	0	164	0	1 005	0	1 028	0	863	0	1 027
0	856	0	464	0	987	0	954	0	164	0	164	0	1 005	0	1 028	0	863	0	1 027
10	328	0	464	29	456	17	447	0	164	0	164	8.3	488	4 081.1	48	42.5	585	4 065.2	47
0	856	0	464	0	987	0	954	0	164	0	164	0	1 005	0	1 028	0	863	0	1 027
0	856	0	464	0	987	0	954	0	164	0	164	0	1 005	0	1 028	0	863	0	1 027
11	306	0	464	38	384	41	171	0	164	0	164	10	426	442.4	524	48.7	562	442.4	511
6	461	0	464	10	737	16	461	0	164	0	164	3.8	715	222	722	80	463	226	696
2	675	0	464	5	850	9	631	0	164	0	164	2.1	839	141	810	10	771	180	746
2	675	0	464	15	646	13	535	0	164	0	164	4.3	682	434	529	130	348	461	495
4	551	0	464	10	737	14	509	0	164	0	164	3.7	724	139.5	812	10	771	145.25	792
7	421	0	464	17	612	32	246	0	164	0	164	6.1	577	212	731	90	434	212	711
3	607	1	318	13	679	23	346	0	164	0	164	8.2	493	518.7	470	40	591	599.7	409
1	753	0	464	0	987	14	509	0	164	0	164	6.4	561	331	608	15	734	342.8	581
2	675	0	464	8	774	6	717	0	164	0	164	2.3	820	52	957	3	840	71.9	910
0	856	0	464	2	932	0	954	0	164	0	164	0.4	984	16	1 011	0	863	16	1 007
0	856	0	464	0	987	0	954	0	164	0	164	0	1 005	285	651	0	863	285	636
0	856	0	464	2	932	2	869	0	164	0	164	1.5	882	153.7	788	117.7	374	64.6	922
3	607	1	318	38	384	19	408	0	164	0	164	11.6	374	678.9	391	228.3	221	569	422
7	421	0	464	38	384	21	372	1	76	0	164	12.8	346	741	362	296	173	509.43	464
13	267	6	111	32	433	24	327	0	164	1	91	10.5	409	357.5	584	40	591	416.57	527
6	461	0	464	3	901	9	631	0	164	0	164	3.2	760	555	448	20	686	555	432
12	286	0	464	27	482	51	125	0	164	0	164	17	263	912	306	12	759	912	292
6	461	1	318	13	679	9	631	0	164	0	164	2.9	774	2 088.3	137	538.7	94	1 790.6	155
6	461	0	464	13	679	4	796	0	164	0	164	12.5	350	1 135.6	250	170	287	1 056.5	251
0	856	0	464	79	190	11	586	0	164	0	164	21.1	204	1 032	270	600	82	1 055.8	252
12	286	5	140	96	141	15	481	0	164	0	164	18.1	247	870	314	110	386	589	413
5	503	1	318	18	597	17	447	0	164	0	164	6.5	554	714	375	122	360	714	353
1	753	3	200	13	679	3	830	0	164	0	164	7.6	523	368.8	576	114.8	378	432	521
1	753	19	37	83	178	5	757	0	164	0	164	52.1	43	3 889	54	879	52	3 859	51
6	461	5	140	29	456	8	661	0	164	0	164	6.1	577	1 549.07	182	758.87	63	1 270.93	213
0	856	0	464	1	956	1	911	0	164	0	164	0.6	962	242.6	697	0	863	242.6	676
5	503	5	140	43	344	5	757	0	164	0	164	6.8	543	281.4	656	50	547	261.44	658
1	753	0	464	3	901	0	954	0	164	0	164	0.6	962	355.65	586	10	771	356	570

学校名称	社科活动人员(人)																	
	合计		按职称划分								其他人员		合计		按职称划分			
			小计		高级		中级		初级						高级		中级	
广东科贸职业学院	135	583	135	581	38	535	92	327	5	1 039	0	115	38	553	17	434	19	544
广东科学技术职业学院	521	13	521	13	144	23	268	8	109	77	0	115	206	81	70	96	122	57
广东理工职业学院	215	296	215	292	71	238	122	187	22	718	0	115	84	289	31	262	39	299
广东岭南职业技术学院	293	142	293	141	36	557	169	77	88	134	0	115	104	233	21	368	69	152
广东茂名健康职业学院	29	1 098	29	1 097	9	994	11	1 078	9	965	0	115	3	960	0	957	3	878
广东茂名幼儿师范专科学校	297	138	297	138	22	752	144	125	131	41	0	115	195	90	39	209	115	63
广东南方职业学院	228	257	228	256	28	654	94	314	106	83	0	115	37	561	4	768	24	460
广东南华工商职业学院	225	270	225	266	34	583	151	113	40	453	0	115	166	111	29	285	109	67
广东农工商职业技术学院	412	35	412	35	130	45	214	31	68	220	0	115	239	60	110	43	112	65
广东女子职业技术学院	351	75	351	74	96	116	147	118	108	78	0	115	391	22	175	15	162	25
广东青年职业学院	95	774	95	774	21	769	49	675	25	671	0	115	50	465	14	485	23	476
广东轻工职业技术学院	343	84	343	84	90	139	176	68	77	167	0	115	169	109	63	120	93	90
广东生态工程职业学院	109	707	109	706	36	557	34	851	39	467	0	115	73	337	33	244	25	448
广东省外语艺术职业学院	422	32	422	32	123	55	228	25	71	200	0	115	137	163	68	104	49	239
广东食品药品职业学院	56	965	56	965	12	933	27	911	17	812	0	115	39	543	12	537	24	460
广东水利电力职业技术学院	173	414	173	413	35	573	80	398	58	280	0	115	125	187	33	244	68	160
广东司法警官职业学院	146	526	146	521	58	335	75	423	13	889	0	115	11	846	8	649	3	878
广东松山职业技术学院	164	455	164	453	7	1 023	86	366	71	200	0	115	65	366	3	808	39	299
广东体育职业技术学院	157	481	157	480	32	608	89	338	36	516	0	115	23	693	10	599	11	677
广东文理职业学院	91	800	91	796	11	953	22	962	58	280	0	115	15	781	2	857	6	798
广东文艺职业学院	131	608	131	606	26	680	72	449	33	566	0	115	181	100	34	238	104	74
广东舞蹈戏剧职业学院	132	600	132	597	32	608	28	902	72	194	0	115	6	916	3	808	1	937
广东新安职业技术学院	136	578	136	577	22	752	47	706	67	229	0	115	1	992	0	957	1	937
广东信息工程职业学院	81	851	81	847	15	882	15	1 040	51	340	0	115	0	1 005	0	957	0	978
广东行政职业学院	157	481	157	480	20	793	109	240	28	636	0	115	201	87	52	154	130	48
广东亚视演艺职业学院	85	831	85	827	11	953	24	939	50	351	0	115	4	945	1	901	2	902
广东邮电职业技术学院	136	578	136	577	19	804	37	814	80	155	0	115	1	992	1	901	0	978
广东职业技术学院	251	224	251	221	45	441	104	262	102	92	0	115	229	67	58	131	98	85
广西安全工程职业技术学院	26	1 112	26	1 111	6	1 038	10	1 087	10	949	0	115	13	820	4	768	6	798
广西城市职业学院	656	3	656	3	157	14	113	223	386	1	0	115	71	344	14	485	30	387
广西电力职业技术学院	130	613	130	610	43	467	62	546	25	671	0	115	66	359	23	345	38	308
广西工程职业学院	104	738	104	736	21	769	7	1 115	76	174	0	115	1	992	0	957	1	937
广西工商职业技术学院	201	330	198	335	39	518	105	255	54	316	3	42	25	673	4	768	17	580
广西工业职业技术学院	214	300	214	296	54	367	115	217	45	403	0	115	69	352	26	315	32	366
广西国际商务职业技术学院	361	66	361	66	81	174	259	11	21	742	0	115	72	340	20	381	52	224
广西机电职业技术学院	294	140	281	162	79	188	145	122	57	288	13	11	80	302	33	244	35	336

研究发展人员(人)														R&D经费情况(千元)					
		按学历学位划分								其他人员		折合全时人员(人年)		当年经费收入合计		其中:科研事业费		当年经费支出合计	
初级		博士毕业		硕士毕业		本科毕业		其他学历											
2	675	2	239	27	482	9	631	0	164	0	164	4.2	689	413	539	9	804	425	525
13	267	29	14	138	79	39	184	0	164	1	91	66.8	24	7 640.42	12	706	70	6 684.28	18
14	252	12	58	69	220	3	830	0	164	0	164	10.5	409	1 012	275	289	179	939	284
14	252	3	200	61	253	40	179	0	164	0	164	23.8	177	582.8	432	30	642	621	397
0	856	0	464	0	987	0	954	3	39	0	164	0.7	955	14	1 014	0	863	14	1 012
41	68	1	318	100	124	94	37	0	164	0	164	57.1	34	1 308	214	375	132	1 301	205
9	354	0	464	12	702	25	314	0	164	0	164	4.9	641	322.74	614	24	676	326.24	597
28	128	4	165	119	95	41	171	2	47	0	164	37.1	94	2 396.92	115	922.57	46	2 481.75	102
16	234	25	20	191	41	21	372	2	47	1	91	56.8	36	4 569.6	41	493.5	101	5 256.98	29
54	42	15	48	265	22	111	22	0	164	0	164	78	15	3 844.17	56	200	247	4 801.16	36
12	286	4	165	43	344	2	869	1	76	1	91	6.2	573	1 301	216	125	355	919.51	290
13	267	24	22	125	91	20	385	0	164	0	164	39.4	81	2 926	88	1 824	25	2 441.45	107
15	243	0	464	37	394	36	215	0	164	0	164	12.9	342	525.83	463	254.44	197	514.8	460
20	190	12	58	93	150	32	246	0	164	0	164	17.7	255	1 545.5	183	74	480	1 834.55	152
3	607	3	200	29	456	7	686	0	164	0	164	8.1	496	1 937.9	148	1 078.9	37	1 528.7	177
24	149	9	76	82	180	34	228	0	164	0	164	23.9	174	1 180	247	130	348	924.61	288
0	856	2	239	6	825	3	830	0	164	0	164	1.1	922	1 040.85	268	5	826	1 028.9	257
23	155	0	464	40	366	24	327	1	76	0	164	16.6	269	576.72	439	134	345	532.24	449
2	675	3	200	14	665	6	717	0	164	0	164	6.9	540	161	779	52	544	169.67	761
7	421	0	464	7	799	8	661	0	164	0	164	2.6	800	2 150.6	129	0	863	2 239.6	118
36	78	6	111	86	164	86	44	3	39	7	25	36.4	99	4 446.68	43	2 933.68	13	2 197.58	122
2	675	1	318	4	874	1	911	0	164	0	164	1.6	877	764.74	352	744.34	66	602.74	408
0	856	0	464	1	956	0	954	0	164	0	164	0.5	974	25.36	997	0	863	25.36	996
0	856	0	464	0	987	0	954	0	164	0	164	0	1 005	140	811	0	863	140	800
18	206	4	165	165	54	32	246	0	164	1	91	43.8	64	1 951	147	186	265	1 890.99	147
1	753	0	464	3	901	1	911	0	164	0	164	0.7	955	149.9	798	10	771	195.8	730
0	856	0	464	0	987	1	911	0	164	0	164	0.1	1 002	22.53	1 001	0	863	23.73	998
73	19	4	165	129	86	96	33	0	164	0	164	34.2	106	1 315.45	211	49	558	1 199.91	225
3	607	0	464	4	874	9	631	0	164	0	164	1.5	882	60	938	20	686	60	934
21	180	0	464	16	628	54	113	1	76	6	30	12.4	353	374.5	573	65.84	496	793.66	328
5	503	1	318	50	304	15	481	0	164	0	164	8.8	470	581	435	440	116	525	452
0	856	0	464	1	956	0	954	0	164	0	164	0.4	984	50	962	20	686	50	952
2	675	0	464	19	577	6	717	0	164	2	60	7	537	765.5	351	580	88	513.19	461
8	384	0	464	17	612	52	122	0	164	3	51	9.5	441	231	707	36	619	243.9	674
0	856	1	318	37	394	34	228	0	164	0	164	13.2	336	1 279.88	224	303	169	1 209.48	222
1	753	0	464	44	335	36	215	0	164	11	12	9.4	446	531.9	461	220	228	414.36	529

学校名称	社科活动人员(人)																	
	合计		按职称划分								其他人员		合计		按职称划分			
			小计		高级		中级		初级						高级		中级	
广西建设职业技术学院	198	339	192	352	26	680	83	382	83	147	6	27	131	173	30	270	74	133
广西交通职业技术学院	147	517	146	521	32	608	85	370	29	617	1	69	75	324	18	416	44	265
广西金融职业技术学院	156	486	155	490	34	583	74	431	47	386	1	69	62	387	12	537	35	336
广西经济职业学院	41	1 035	33	1 081	0	1 133	11	1 078	22	718	8	21	6	916	4	768	2	902
广西经贸职业技术学院	203	325	203	320	43	467	132	152	28	636	0	115	358	27	96	52	218	12
广西科技职业学院	45	1 010	45	1 007	0	1 133	9	1 097	36	516	0	115	36	567	0	957	10	701
广西理工职业技术学院	284	156	284	154	83	167	83	382	118	64	0	115	23	693	6	696	11	677
广西农业职业技术学院	130	613	130	610	22	752	71	459	37	504	0	115	39	543	5	727	27	425
广西培贤国际职业学院	19	1 130	17	1 137	3	1 088	3	1 142	11	928	2	53	0	1 005	0	957	0	978
广西生态工程职业技术学院	188	363	187	365	42	478	87	355	58	280	1	69	99	246	34	238	56	205
广西水利电力职业技术学院	191	358	191	356	31	621	109	240	51	340	0	115	80	302	24	336	39	299
广西体育高等专科学校	128	622	128	621	34	583	61	556	33	566	0	115	152	135	51	156	58	196
广西卫生职业技术学院	91	800	77	870	19	804	47	706	11	928	14	9	47	486	10	599	29	397
广西现代职业技术学院	85	831	83	837	19	804	46	714	18	802	2	53	20	722	5	727	13	638
广西演艺职业学院	35	1 072	28	1 102	4	1 073	14	1 057	10	949	7	23	7	905	1	901	3	878
广西英华国际职业学院	97	766	97	763	7	1 023	42	758	48	376	0	115	38	553	5	727	27	425
广西幼儿师范高等专科学校	283	161	278	170	65	284	106	248	107	80	5	32	165	112	44	178	88	97
广西职业技术学院	356	71	349	76	70	246	211	32	68	220	7	23	519	8	158	18	290	6
广州城建职业学院	312	115	312	115	35	573	161	95	116	68	0	115	60	401	8	649	47	250
广州城市职业学院	330	96	330	95	99	107	182	56	49	364	0	115	434	18	135	28	206	14
广州东华职业学院	98	762	98	759	4	1 073	31	880	63	246	0	115	31	615	3	808	14	617
广州番禺职业技术学院	469	20	469	20	102	96	244	20	123	51	0	115	484	11	155	19	272	8
广州工程技术职业学院	141	553	141	552	28	654	97	296	16	837	0	115	114	206	31	262	75	128
广州华立科技职业学院	146	526	146	521	8	1 006	71	459	67	229	0	115	4	945	2	857	1	937
广州华南商贸职业学院	223	277	223	272	31	621	115	217	77	167	0	115	8	888	3	808	5	823
广州华商职业学院	315	110	315	110	70	246	82	385	163	18	0	115	54	435	5	727	29	397
广州华夏职业学院	399	39	399	39	60	324	106	248	233	3	0	115	43	518	11	566	12	651
广州康大职业技术学院	5	1 154	5	1 154	0	1 133	3	1 142	2	1 102	0	115	0	1 005	0	957	0	978
广州科技贸易职业学院	214	300	214	296	50	399	118	204	46	399	0	115	27	657	14	485	13	638
广州科技职业技术学院	202	327	202	323	16	865	125	171	61	258	0	115	9	877	3	808	6	798
广州民航职业技术学院	301	131	301	131	73	227	157	102	71	200	0	115	263	50	77	77	156	30
广州南洋理工职业学院	226	266	226	263	34	583	112	227	80	155	0	115	54	435	11	566	41	289
广州涉外经济职业技术学院	152	500	152	498	11	953	111	231	30	605	0	115	16	766	0	957	14	617

研究发展人员(人)														R&D 经费情况(千元)					
		按学历学位划分								其他人员		折合全时人员(人年)		当年经费收入合计		其中:科研事业费		当年经费支出合计	
初级		博士毕业		硕士毕业		本科毕业		其他学历											
26	134	0	464	86	164	44	155	1	76	1	91	24	171	836.4	327	192.8	260	814.14	321
13	267	0	464	35	415	39	184	1	76	0	164	10.3	419	484	490	275	185	472	487
15	243	2	239	47	318	13	535	0	164	0	164	15.1	295	702	382	0	863	321.8	600
0	856	1	318	3	901	2	869	0	164	0	164	2.6	800	100	872	0	863	159.6	774
30	115	0	464	181	48	177	7	0	164	14	6	63.6	27	2 444.82	112	96	420	3 388.5	64
17	218	0	464	3	901	32	246	1	76	9	17	4.4	670	410	542	210	237	410	535
6	461	0	464	8	774	15	481	0	164	0	164	2.8	785	172.5	773	100	409	180.8	745
5	503	0	464	21	556	18	428	0	164	2	60	5	632	310	632	0	863	331.7	591
0	856	0	464	0	987	0	954	0	164	0	164	0	1 005	0	1 028	0	863	0	1 027
5	503	5	140	61	253	33	237	0	164	4	40	17	263	3 511	65	2 530	17	3 063.53	73
7	421	0	464	35	415	43	157	2	47	10	14	10.5	409	334	606	139	333	367.87	563
36	78	5	140	73	207	74	68	0	164	7	25	21.9	198	425	534	130	348	352.01	571
5	503	0	464	18	597	23	346	6	18	3	51	8	504	352.2	587	84.2	453	315.08	607
2	675	0	464	8	774	12	558	0	164	0	164	2.6	800	250	687	105	399	211.9	712
2	675	0	464	2	932	5	757	0	164	1	91	1.4	897	135	816	0	863	164.5	767
4	551	0	464	3	901	35	221	0	164	2	60	5.7	593	240	699	100	409	270.84	651
31	108	9	76	119	95	37	207	0	164	2	60	48.9	50	1 182	246	377	131	1 682.58	159
62	32	4	165	280	20	234	2	1	76	9	17	83.3	13	4 851	36	455	114	4 896.2	34
5	503	1	318	44	335	15	481	0	164	0	164	18	249	1 397.15	196	230	217	1 374.22	195
92	8	49	7	304	16	80	57	1	76	1	91	68.4	21	3 278.81	75	433	118	2 873.9	84
14	252	0	464	19	577	11	586	1	76	0	164	3.8	715	913.12	305	0	863	901.72	296
57	37	31	12	344	13	108	25	1	76	0	164	69.4	20	7 451.56	14	1 495	28	6 930.87	17
8	384	6	111	93	150	15	481	0	164	0	164	14.6	306	1 600.28	178	1 196	33	944.01	283
0	856	1	318	1	956	1	911	1	76	1	91	0.5	974	627	410	41	587	542	446
0	856	0	464	7	799	1	911	0	164	0	164	1.2	910	62	933	0	863	103.5	856
19	195	1	318	30	447	22	360	1	76	1	91	7.8	513	1 930.58	150	602.85	81	1 596.66	170
20	190	1	318	23	530	19	408	0	164	0	164	6.3	570	1 574	180	213	235	1 452.3	185
0	856	0	464	0	987	0	954	0	164	0	164	0	1 005	5	1 023	0	863	5	1 019
0	856	1	318	24	514	2	869	0	164	0	164	3.7	724	981	287	755	64	870.78	305
0	856	0	464	7	799	2	869	0	164	0	164	2.5	810	431	531	381	129	488	477
30	115	28	15	179	51	55	109	1	76	0	164	43.8	64	1 616.6	176	584.5	87	1 606.86	167
2	675	1	318	37	394	16	461	0	164	0	164	6.7	546	1 088.6	257	200.8	246	1 160.6	234
2	675	0	464	11	713	5	757	0	164	0	164	10.3	419	546.62	455	0	863	546.62	441

学校名称	社科活动人员(人)																	
	合计		按职称划分								其他人员		合计		按职称划分			
			小计		高级		中级		初级						高级		中级	
广州松田职业学院	87	823	87	818	5	1 054	72	449	10	949	0	115	11	846	1	901	10	701
广州体育职业技术学院	83	841	83	837	27	672	42	758	14	863	0	115	17	751	7	673	10	701
广州铁路职业技术学院	139	562	139	562	40	501	71	459	28	636	0	115	106	229	64	113	33	353
广州卫生职业技术学院	42	1 032	42	1 030	7	1 023	15	1 040	20	765	0	115	2	974	1	901	1	937
广州现代信息工程职业技术学院	251	224	251	221	13	914	72	449	166	16	0	115	0	1 005	0	957	0	978
广州珠江职业技术学院	134	589	134	587	9	994	48	689	77	167	0	115	0	1 005	0	957	0	978
硅湖职业技术学院	160	469	160	466	41	485	48	689	71	200	0	115	76	318	24	336	37	316
贵阳护理职业学院	108	716	108	715	37	545	51	653	20	765	0	115	50	465	29	285	20	525
贵阳幼儿师范高等专科学校	280	169	280	166	41	485	52	638	187	12	0	115	289	38	57	133	52	224
贵阳职业技术学院	224	273	224	269	74	221	125	171	25	671	0	115	33	598	13	511	10	701
贵州城市职业学院	109	707	109	706	6	1 038	37	814	66	233	0	115	34	586	2	857	19	544
贵州电子科技职业学院	116	676	116	675	19	804	17	1 022	80	155	0	115	29	633	5	727	1	937
贵州电子商务职业技术学院	179	388	176	403	25	696	22	962	129	44	3	42	5	930	0	957	0	978
贵州电子信息职业技术学院	132	600	132	597	30	633	64	532	38	485	0	115	7	905	4	768	1	937
贵州工程职业学院	54	971	44	1 019	3	1 088	2	1 147	39	467	10	17	38	553	8	649	8	745
贵州工贸职业学院	32	1 086	32	1 085	3	1 088	22	962	7	1 007	0	115	39	543	7	673	25	448
贵州工业职业技术学院	126	631	126	630	23	734	45	726	58	280	0	115	34	586	11	566	9	724
贵州航天职业技术学院	156	486	156	484	16	865	61	556	79	160	0	115	8	888	2	857	6	798
贵州健康职业学院	42	1 032	41	1 032	0	1 133	9	1 097	32	588	1	69	15	781	1	901	2	902
贵州交通职业技术学院	99	758	99	755	28	654	38	802	33	566	0	115	32	605	11	566	16	595
贵州农业职业学院	39	1 047	39	1 045	10	977	17	1 022	12	906	0	115	5	930	1	901	4	848
贵州轻工职业技术学院	161	463	159	471	71	238	37	814	51	340	2	53	37	561	19	397	11	677
贵州水利水电职业技术学院	83	841	83	837	14	896	13	1 062	56	297	0	115	13	820	4	768	2	902
贵州职业技术学院	192	354	192	352	87	156	62	546	43	422	0	115	138	162	51	156	54	216
桂林山水职业学院	34	1 075	34	1 072	0	1 133	12	1 067	22	718	0	115	10	862	0	957	6	798
桂林师范高等专科学校	304	127	304	127	110	80	157	102	37	504	0	115	75	324	26	315	36	323
哈尔滨城市职业学院	14	1 143	14	1 143	0	1 133	14	1 057	0	1 135	0	115	0	1 005	0	957	0	978
哈尔滨传媒职业学院	85	831	85	827	21	769	41	770	23	704	0	115	0	1 005	0	957	0	978
哈尔滨电力职业技术学院	20	1 128	20	1 128	10	977	10	1 087	0	1 135	0	115	0	1 005	0	957	0	978
哈尔滨科学技术职业学院	120	657	120	657	51	391	62	546	7	1 007	0	115	0	1 005	0	957	0	978
哈尔滨铁道职业技术学院	33	1 083	33	1 081	12	933	20	988	1	1 120	0	115	0	1 005	0	957	0	978
哈尔滨应用职业技术学院	23	1 121	23	1 121	3	1 088	12	1 067	8	982	0	115	0	1 005	0	957	0	978
哈尔滨幼儿师范高等专科学校	148	515	148	512	65	284	70	472	13	889	0	115	0	1 005	0	957	0	978
哈尔滨职业技术学院	208	312	208	309	118	63	61	556	29	617	0	115	16	766	12	537	4	848

续表

研究发展人员(人)														R&D 经费情况(千元)					
		按学历学位划分								其他人员		折合全时人员(人年)		当年经费收入合计		其中:科研事业费		当年经费支出合计	
初级		博士毕业		硕士毕业		本科毕业		其他学历											
0	856	0	464	9	758	2	869	0	164	0	164	1.4	897	2 213.94	123	15	734	2 186.54	123
0	856	1	318	13	679	3	830	0	164	0	164	2.8	785	30	991	0	863	30	988
9	354	18	40	67	225	21	372	0	164	0	164	18.3	245	2 216.5	122	917.5	47	2 317.07	113
0	856	0	464	2	932	0	954	0	164	0	164	0.9	943	25.8	996	4.8	833	25.8	994
0	856	0	464	0	987	0	954	0	164	0	164	0	1 005	40	974	0	863	40	969
0	856	0	464	0	987	0	954	0	164	0	164	0	1 005	0	1 028	0	863	0	1 027
15	243	2	239	44	335	30	270	0	164	0	164	19.9	223	797.2	347	274	187	786.6	331
1	753	0	464	38	384	12	558	0	164	0	164	8.2	493	388.9	560	117	375	431	523
180	2	0	464	150	67	139	14	0	164	0	164	48.6	51	1 904.36	151	320.36	160	1 815.26	154
10	328	0	464	17	612	16	461	0	164	0	164	3.3	753	351	588	41	587	330	595
12	286	1	318	12	702	21	372	0	164	1	91	3.5	738	88	895	24	676	88	887
23	155	0	464	15	646	14	509	0	164	0	164	3.2	760	220.6	723	10	771	185.6	739
4	551	0	464	2	932	3	830	0	164	1	91	2.8	785	94.13	884	11	763	89.13	886
2	675	0	464	0	987	7	686	0	164	0	164	1.5	882	130.6	820	12	759	138.6	803
17	218	1	318	8	774	29	277	0	164	5	33	5.4	609	336.36	602	60	507	221.36	700
7	421	0	464	4	874	34	228	1	76	0	164	4.4	670	706.7	378	0	863	683.9	369
14	252	0	464	16	628	18	428	0	164	0	164	7.8	513	545	456	176	279	496	472
0	856	0	464	4	874	4	796	0	164	0	164	2.6	800	252	685	5	826	167	764
10	328	2	239	11	713	2	869	0	164	2	60	1.9	852	156	784	40	591	130.8	815
5	503	0	464	19	577	12	558	1	76	0	164	8.1	496	348.4	593	36	619	330.6	593
0	856	1	318	4	874	0	954	0	164	0	164	1.1	922	89	894	45	571	58	940
7	421	1	318	20	567	16	461	0	164	0	164	3.7	724	326.6	611	50.6	546	312.3	610
7	421	0	464	3	901	10	608	0	164	0	164	1.3	905	207.53	738	160	308	131.06	814
26	134	3	200	88	160	47	143	0	164	7	25	16.8	266	652	398	100	409	625.67	395
0	856	0	464	0	987	10	608	0	164	4	40	1	930	39.1	979	26.1	668	34.4	978
11	306	2	239	61	253	12	558	0	164	2	60	8.1	496	825	333	320	161	405	540
0	856	0	464	0	987	0	954	0	164	0	164	0	1 005	0	1 028	0	863	0	1 027
0	856	0	464	0	987	0	954	0	164	0	164	0	1 005	0	1 028	0	863	0	1 027
0	856	0	464	0	987	0	954	0	164	0	164	0	1 005	0	1 028	0	863	0	1 027
0	856	0	464	0	987	0	954	0	164	0	164	0	1 005	0	1 028	0	863	0	1 027
0	856	0	464	0	987	0	954	0	164	0	164	0	1 005	0	1 028	0	863	0	1 027
0	856	0	464	0	987	0	954	0	164	0	164	0	1 005	0	1 028	0	863	0	1 027
0	856	0	464	0	987	0	954	0	164	0	164	0	1 005	0	1 028	0	863	0	1 027
0	856	1	318	11	713	4	796	0	164	0	164	1.6	877	46.2	967	17	723	46.2	959

学校名称	社科活动人员(人)																	
	合计		按职称划分								其他人员		合计		按职称划分			
			小计		高级		中级		初级						高级		中级	
海南工商职业学院	121	652	121	652	8	1 006	54	618	59	275	0	115	3	960	0	957	2	902
海南经贸职业技术学院	427	29	423	30	122	58	201	40	100	99	4	38	98	249	41	199	53	222
海南科技职业学院	137	572	137	571	40	501	59	571	38	485	0	115	62	387	23	345	33	353
海南外国语职业学院	286	153	286	151	42	478	148	116	96	107	0	115	32	605	4	768	23	476
海南政法职业学院	178	394	178	393	60	324	82	385	36	516	0	115	82	297	40	205	33	353
海南职业技术学院	187	366	187	365	29	641	79	403	79	160	0	115	42	525	15	467	20	525
邯郸职业技术学院	198	339	198	335	95	122	96	300	7	1 007	0	115	50	465	30	270	18	559
汉中职业技术学院	78	868	78	866	29	641	33	862	16	837	0	115	0	1 005	0	957	0	978
杭州科技职业技术学院	256	212	256	211	70	246	148	116	38	485	0	115	302	36	120	34	144	38
杭州万向职业技术学院	119	661	119	661	41	485	71	459	7	1 007	0	115	74	332	25	328	44	265
杭州职业技术学院	170	428	170	427	39	518	95	310	36	516	0	115	45	499	19	397	22	494
合肥共达职业技术学院	11	1 144	11	1 144	3	1 088	4	1 134	4	1 068	0	115	8	888	2	857	6	798
合肥科技职业学院	26	1 112	26	1 111	0	1 133	12	1 067	14	863	0	115	6	916	0	957	5	823
合肥通用职业技术学院	77	876	77	870	3	1 088	43	747	31	595	0	115	28	640	2	857	20	525
合肥幼儿师范高等专科学校	192	354	192	352	58	335	58	583	76	174	0	115	53	444	32	256	18	559
合肥职业技术学院	171	423	171	421	49	411	72	449	50	351	0	115	71	344	21	368	28	410
和田师范专科学校	255	214	251	221	70	246	120	196	61	258	4	38	64	375	24	336	27	425
河北对外经贸职业学院	361	66	361	66	146	21	202	38	13	889	0	115	134	168	46	172	85	103
河北工业职业技术学院	224	273	224	269	88	147	113	223	23	704	0	115	75	324	37	221	36	323
河北工艺美术职业学院	100	753	100	749	52	379	18	1 009	30	605	0	115	2	974	2	857	0	978
河北公安警察职业学院	133	596	132	597	61	317	48	689	23	704	1	69	27	657	12	537	9	724
河北轨道运输职业技术学院	117	670	117	669	60	324	47	706	10	949	0	115	39	543	16	451	22	494
河北化工医药职业技术学院	128	622	128	621	24	711	74	431	30	605	0	115	134	168	53	148	75	128
河北机电职业技术学院	163	457	163	455	45	441	73	443	45	403	0	115	98	249	34	238	57	200
河北建材职业技术学院	200	332	200	328	87	156	92	327	21	742	0	115	140	156	75	84	57	200
河北交通职业技术学院	151	504	151	502	78	201	60	567	13	889	0	115	99	246	47	166	50	235
河北劳动关系职业学院	36	1 065	36	1 063	17	843	15	1 040	4	1 068	0	115	6	916	2	857	4	848
河北旅游职业学院	268	190	268	189	106	86	140	132	22	718	0	115	108	222	33	244	71	145
河北能源职业技术学院	124	642	124	642	47	419	62	546	15	849	0	115	54	435	26	315	26	436
河北女子职业技术学院	231	254	231	253	61	317	87	355	83	147	0	115	103	238	38	216	46	255
河北软件职业技术学院	96	771	96	769	45	441	43	747	8	982	0	115	74	332	38	216	33	353
河北省艺术职业学院	251	224	251	221	68	266	110	234	73	190	0	115	37	561	14	485	21	515
河北司法警官职业学院	172	416	172	415	74	221	72	449	26	659	0	115	19	733	11	566	8	745
河北政法职业学院	397	40	397	40	172	9	168	82	57	288	0	115	78	314	41	199	33	353

续表

研究发展人员(人)														R&D 经费情况(千元)					
		按学历学位划分								其他人员		折合全时人员(人年)		当年经费收入合计				当年经费支出合计	
初级		博士毕业		硕士毕业		本科毕业		其他学历								其中:科研事业费			
1	753	0	464	2	932	1	911	0	164	0	164	1.5	882	125	828	55	537	145	793
4	551	2	239	59	261	37	207	0	164	0	164	20.6	214	2 649	101	347	146	2 552	98
6	461	7	92	24	514	31	260	0	164	0	164	10.9	398	499.89	483	90	434	466.92	489
5	503	1	318	11	713	19	408	1	76	0	164	4.7	652	343	599	120	363	368.5	562
9	354	3	200	51	299	28	287	0	164	0	164	17.5	257	1 300	217	355	142	1 529.4	176
6	461	2	239	18	597	21	372	1	76	1	91	5.8	588	763.3	353	265	192	574.1	420
2	675	1	318	24	514	25	314	0	164	0	164	5.5	603	274	666	147.5	325	294.83	626
0	856	0	464	0	987	0	954	0	164	0	164	0	1 005	35	983	0	863	35	976
37	75	22	27	213	30	66	86	1	76	1	91	48.4	52	4 030.16	49	481	107	3 761.41	53
4	551	5	140	54	288	14	509	1	76	1	91	8.4	484	991.2	283	256.3	196	998.42	264
4	551	4	165	38	384	3	830	0	164	0	164	19.2	234	2 023.09	143	70	485	1 572	173
0	856	2	239	6	825	0	954	0	164	0	164	1.5	882	35	983	0	863	35	976
1	753	0	464	4	874	2	869	0	164	0	164	2.9	774	177	767	91	432	177	749
6	461	0	464	14	665	14	509	0	164	0	164	2.9	774	228	713	62	503	228	695
3	607	4	165	26	490	23	346	0	164	0	164	19.8	226	848	323	210	237	825.6	316
18	206	1	318	43	344	26	307	1	76	4	40	25.3	161	811	339	340	150	637.78	392
13	267	0	464	44	335	20	385	0	164	0	164	9.9	429	508	476	170	287	494.7	473
3	607	5	140	101	123	28	287	0	164	0	164	41.4	72	1 754.82	162	7.5	813	1 737.08	158
2	675	5	140	55	281	14	509	1	76	0	164	8.7	472	3 317.8	72	138	334	2 502.8	100
0	856	0	464	1	956	1	911	0	164	0	164	0.5	974	26.9	994	0	863	26.9	993
6	461	0	464	20	567	7	686	0	164	0	164	4.7	652	208.5	737	20	686	190.14	734
1	753	0	464	26	490	13	535	0	164	0	164	4.7	652	198	751	0	863	200	725
6	461	2	239	94	147	38	200	0	164	0	164	23.3	181	930.08	301	54	542	967.85	278
7	421	0	464	81	183	17	447	0	164	0	164	17.5	257	683.83	389	79.5	472	661.57	377
8	384	3	200	94	147	43	157	0	164	0	164	29.9	132	1 277.5	225	111	384	1 274.8	211
2	675	2	239	69	220	26	307	2	47	0	164	17.5	257	847.99	324	124	359	847.99	313
0	856	0	464	5	850	1	911	0	164	0	164	1.9	852	128.68	823	0	863	128.68	817
4	551	0	464	47	318	61	94	0	164	0	164	16.2	274	330.3	609	19.3	719	320.5	602
2	675	0	464	18	597	36	215	0	164	0	164	7.3	533	295	643	26	669	294	627
19	195	1	318	75	201	21	372	6	18	0	164	24.5	168	480.5	491	1	858	490.2	475
3	607	1	318	49	309	23	346	1	76	0	164	14.1	312	585	430	28	660	585	414
2	675	3	200	22	543	12	558	0	164	0	164	5.6	597	346	595	172	285	184	740
0	856	0	464	16	628	3	830	0	164	0	164	2.8	785	136.5	814	15	734	141.5	798
4	551	3	200	67	225	8	661	0	164	0	164	27.3	149	1 934	149	4.5	834	1 936.6	146

学校名称	社科活动人员(人)																	
	合计		按职称划分								其他人员		合计		按职称划分			
			小计		高级		中级		初级						高级		中级	
河南工业和信息化职业学院	70	905	70	905	12	933	33	862	25	671	0	115	11	846	0	957	5	823
河南工业贸易职业学院	210	308	210	306	54	367	91	332	65	238	0	115	188	94	44	178	70	147
河南工业职业技术学院	186	372	186	372	58	335	88	348	40	453	0	115	22	702	8	649	13	638
河南检察职业学院	62	934	62	933	15	882	41	770	6	1 022	0	115	43	518	12	537	30	387
河南建筑职业技术学院	71	901	71	901	15	882	42	758	14	863	0	115	26	668	4	768	20	525
河南交通职业技术学院	114	684	114	682	28	654	48	689	38	485	0	115	22	702	5	727	9	724
河南经贸职业学院	258	209	258	208	99	107	98	285	61	258	0	115	84	289	35	229	39	299
河南林业职业学院	71	901	71	901	21	769	36	826	14	863	0	115	14	801	6	696	8	745
河南农业职业学院	312	115	312	115	52	379	123	177	137	34	0	115	35	572	4	768	19	544
河南水利与环境职业学院	45	1 010	45	1 007	9	994	25	925	11	928	0	115	3	960	1	901	2	902
河南司法警官职业学院	207	313	207	310	61	317	98	285	48	376	0	115	32	605	16	451	14	617
河南信息统计职业学院	109	707	109	706	27	672	51	653	31	595	0	115	1	992	1	901	0	978
河南艺术职业学院	384	49	384	49	96	116	169	77	119	62	0	115	122	194	30	270	58	196
河南职业技术学院	277	175	277	173	80	181	192	49	5	1 039	0	115	65	366	13	511	52	224
河南质量工程职业学院	329	97	329	96	64	293	179	64	86	138	0	115	50	465	9	630	36	323
河源职业技术学院	203	325	203	320	36	557	145	122	22	718	0	115	40	536	12	537	27	425
菏泽医学专科学校	77	876	77	870	24	711	33	862	20	765	0	115	37	561	18	416	11	677
鹤壁职业技术学院	281	167	281	162	88	147	169	77	24	684	0	115	65	366	18	416	35	336
鹤岗师范高等专科学校	118	666	118	666	80	181	34	851	4	1 068	0	115	0	1 005	0	957	0	978
黑龙江冰雪体育职业学院	50	984	50	983	11	953	25	925	14	863	0	115	10	862	2	857	4	848
黑龙江公安警官职业学院	141	553	141	552	37	545	48	689	56	297	0	115	0	1 005	0	957	0	978
黑龙江护理高等专科学校	143	542	143	540	40	501	61	556	42	437	0	115	0	1 005	0	957	0	978
黑龙江建筑职业技术学院	215	296	215	292	82	171	97	296	36	516	0	115	0	1 005	0	957	0	978
黑龙江交通职业技术学院	56	965	56	965	22	752	18	1 009	16	837	0	115	0	1 005	0	957	0	978
黑龙江林业职业技术学院	159	473	159	471	87	156	52	638	20	765	0	115	0	1 005	0	957	0	978
黑龙江民族职业学院	138	567	138	566	69	257	52	638	17	812	0	115	14	801	13	511	1	937
黑龙江能源职业学院	55	969	55	969	21	769	13	1 062	21	742	0	115	0	1 005	0	957	0	978
黑龙江农垦科技职业学院	93	788	93	785	50	399	35	837	8	982	0	115	0	1 005	0	957	0	978
黑龙江农垦职业学院	115	680	115	679	68	266	46	714	1	1 120	0	115	0	1 005	0	957	0	978
黑龙江农业工程职业学院	70	905	70	905	25	696	32	875	13	889	0	115	0	1 005	0	957	0	978
黑龙江农业经济职业学院	187	366	187	365	56	348	102	267	29	617	0	115	0	1 005	0	957	0	978

续表

研究发展人员(人)														R&D 经费情况(千元)					
		按学历学位划分								其他人员		折合全时人员(人年)		当年经费收入合计		其中:科研事业费		当年经费支出合计	
初级		博士毕业		硕士毕业		本科毕业		其他学历											
6	461	0	464	8	774	3	830	0	164	0	164	1.2	910	36	981	20	686	36	974
74	17	0	464	132	81	56	106	0	164	0	164	25.6	160	1 407	195	352	145	1 301	205
1	753	0	464	9	758	13	535	0	164	0	164	3.5	738	461.5	506	94	424	461.5	494
1	753	4	165	36	406	3	830	0	164	0	164	8.1	496	272	669	0	863	272	649
2	675	0	464	20	567	6	717	0	164	0	164	6.9	540	223	719	40	591	223	697
8	384	0	464	18	597	4	796	0	164	0	164	2.2	829	210	732	55	537	210	714
10	328	1	318	64	238	19	408	0	164	0	164	9.1	455	524.4	464	90	434	524.4	453
0	856	0	464	11	713	3	830	0	164	0	164	2.8	785	40.24	973	40.24	590	40.24	968
12	286	0	464	18	597	17	447	0	164	0	164	5	632	292.5	645	44	578	292.5	629
0	856	0	464	3	901	0	954	0	164	0	164	0.3	992	6.5	1 021	0	863	6.5	1 017
2	675	2	239	19	577	11	586	0	164	0	164	3.6	732	170	774	40	591	176.8	750
0	856	1	318	0	987	0	954	0	164	0	164	0.2	999	6.5	1 021	0	863	6.5	1 017
34	92	6	111	72	211	40	179	4	27	0	164	24.5	168	704.4	381	88	446	704.4	359
0	856	1	318	46	322	18	428	0	164	0	164	8.7	472	581.6	434	94	424	546.6	442
5	503	0	464	32	433	18	428	0	164	0	164	5	632	202	748	20	686	184	740
1	753	1	318	27	482	12	558	0	164	0	164	6.3	570	993.5	281	440.5	115	991	267
8	384	0	464	28	469	7	686	2	47	0	164	5.4	609	262	673	61	506	252.81	665
12	286	0	464	32	433	33	237	0	164	0	164	12.7	347	681	390	65	497	681	370
0	856	0	464	0	987	0	954	0	164	0	164	0	1 005	0	1 028	0	863	0	1 027
4	551	0	464	2	932	8	661	0	164	0	164	4.9	641	370	575	0	863	290	630
0	856	0	464	0	987	0	954	0	164	0	164	0	1 005	0	1 028	0	863	0	1 027
0	856	0	464	0	987	0	954	0	164	0	164	0	1 005	0	1 028	0	863	0	1 027
0	856	0	464	0	987	0	954	0	164	0	164	0	1 005	0	1 028	0	863	0	1 027
0	856	0	464	0	987	0	954	0	164	0	164	0	1 005	0	1 028	0	863	0	1 027
0	856	0	464	0	987	0	954	0	164	0	164	0	1 005	0	1 028	0	863	0	1 027
0	856	0	464	8	774	6	717	0	164	0	164	2.2	829	217.6	727	7	814	146.8	789
0	856	0	464	0	987	0	954	0	164	0	164	0	1 005	0	1 028	0	863	0	1 027
0	856	0	464	0	987	0	954	0	164	0	164	0	1 005	0	1 028	0	863	0	1 027
0	856	0	464	0	987	0	954	0	164	0	164	0	1 005	0	1 028	0	863	0	1 027
0	856	0	464	0	987	0	954	0	164	0	164	0	1 005	0	1 028	0	863	0	1 027
0	856	0	464	0	987	0	954	0	164	0	164	0	1 005	0	1 028	0	863	0	1 027

学校名称	社科活动人员(人)																	
	合计		按职称划分								其他人员		合计		按职称划分			
			小计		高级		中级		初级						高级		中级	
黑龙江农业职业技术学院	77	876	77	870	24	711	31	880	22	718	0	115	0	1 005	0	957	0	978
黑龙江三江美术职业学院	40	1 041	40	1 038	8	1 006	20	988	12	906	0	115	0	1 005	0	957	0	978
黑龙江商业职业学院	152	500	152	498	50	399	61	556	41	445	0	115	0	1 005	0	957	0	978
黑龙江生态工程职业学院	132	600	132	597	47	419	58	583	27	647	0	115	0	1 005	0	957	0	978
黑龙江生物科技职业学院	34	1 075	34	1 072	17	843	16	1 033	1	1 120	0	115	0	1 005	0	957	0	978
黑龙江司法警官职业学院	120	657	120	657	84	165	28	902	8	982	0	115	0	1 005	0	957	0	978
黑龙江信息技术职业学院	40	1 041	40	1 038	17	843	20	988	3	1 083	0	115	0	1 005	0	957	0	978
黑龙江艺术职业学院	169	434	169	433	76	213	43	747	50	351	0	115	8	888	3	808	4	848
黑龙江幼儿师范高等专科学校	251	224	251	221	129	48	95	310	27	647	0	115	0	1 005	0	957	0	978
黑龙江职业学院	306	124	306	123	96	116	116	213	94	112	0	115	15	781	5	727	7	773
衡水职业技术学院	147	517	147	514	47	419	72	449	28	636	0	115	108	222	37	221	60	190
红河卫生职业学院	74	885	74	883	22	752	23	947	29	617	0	115	7	905	4	768	2	902
呼和浩特职业学院	321	103	321	101	103	93	156	104	62	251	0	115	11	846	6	696	5	823
呼伦贝尔职业技术学院	222	280	222	276	85	162	64	532	73	190	0	115	48	480	17	434	24	460
湖北财税职业学院	185	373	185	373	51	391	71	459	63	246	0	115	115	204	35	229	50	235
湖北城市建设职业技术学院	282	163	277	173	114	70	134	151	29	617	5	32	14	801	12	537	2	902
湖北工程职业学院	93	788	93	785	22	752	50	664	21	742	0	115	34	586	10	599	20	525
湖北交通职业技术学院	101	750	96	769	40	501	37	814	19	790	5	32	62	387	26	315	21	515
湖北科技职业学院	177	398	177	397	52	379	96	300	29	617	0	115	105	232	38	216	54	216
湖北青年职业学院	43	1 026	43	1 023	13	914	16	1 033	14	863	0	115	0	1 005	0	957	0	978
湖北三峡职业技术学院	347	78	347	78	143	25	155	106	49	364	0	115	140	156	53	148	70	147
湖北生态工程职业技术学院	116	676	116	675	28	654	51	653	37	504	0	115	11	846	7	673	4	848
湖北生物科技职业学院	37	1 059	37	1 057	11	953	21	974	5	1 039	0	115	0	1 005	0	957	0	978
湖北艺术职业学院	190	359	190	359	47	419	62	546	81	151	0	115	19	733	2	857	9	724
湖北职业技术学院	448	22	436	26	168	10	168	82	100	99	12	14	49	475	27	305	14	617
湖北中医药高等专科学校	39	1 047	39	1 045	25	696	9	1 097	5	1 039	0	115	0	1 005	0	957	0	978
湖南安全技术职业学院	117	670	117	669	27	672	68	493	22	718	0	115	44	506	24	336	19	544
湖南财经工业职业技术学院	304	127	304	127	88	147	123	177	93	115	0	115	44	506	7	673	20	525
湖南大众传媒职业技术学院	444	23	442	22	138	32	259	11	45	403	2	53	148	144	75	84	62	183
湖南电气职业技术学院	31	1 090	31	1 089	19	804	11	1 078	1	1 120	0	115	20	722	13	511	7	773
湖南电子科技职业学院	161	463	161	461	12	933	55	612	94	112	0	115	8	888	0	957	6	798
湖南都市职业学院	192	354	192	352	7	1 023	39	788	146	25	0	115	12	829	2	857	3	878
湖南高尔夫旅游职业学院	73	887	73	884	8	1 006	30	890	35	534	0	115	0	1 005	0	957	0	978

续表

研究发展人员(人)														R&D经费情况(千元)					
		按学历学位划分								其他人员		折合全时人员(人年)		当年经费收入合计				当年经费支出合计	
初级		博士毕业		硕士毕业		本科毕业		其他学历								其中:科研事业费			
0	856	0	464	0	987	0	954	0	164	0	164	0	1 005	0	1 028	0	863	0	1 027
0	856	0	464	0	987	0	954	0	164	0	164	0	1 005	0	1 028	0	863	0	1 027
0	856	0	464	0	987	0	954	0	164	0	164	0	1 005	0	1 028	0	863	0	1 027
0	856	0	464	0	987	0	954	0	164	0	164	0	1 005	0	1 028	0	863	0	1 027
0	856	0	464	0	987	0	954	0	164	0	164	0	1 005	0	1 028	0	863	0	1 027
0	856	0	464	0	987	0	954	0	164	0	164	0	1 005	0	1 028	0	863	0	1 027
0	856	0	464	0	987	0	954	0	164	0	164	0	1 005	0	1 028	0	863	0	1 027
1	753	0	464	3	901	5	757	0	164	0	164	3.8	715	117	841	3	840	115.5	835
0	856	0	464	0	987	0	954	0	164	0	164	0	1 005	0	1 028	0	863	0	1 027
3	607	0	464	10	737	5	757	0	164	0	164	3.7	724	104	867	20	686	97.5	867
11	306	0	464	28	469	80	57	0	164	0	164	13	341	583.48	431	11	763	583.48	415
1	753	0	464	3	901	4	796	0	164	0	164	3.8	715	237.6	703	14	750	237.6	686
0	856	2	239	7	799	2	869	0	164	0	164	1.5	882	186	760	135	338	141.25	799
7	421	1	318	29	456	17	447	1	76	0	164	9.1	455	313	627	40	591	314	608
30	115	2	239	70	216	43	157	0	164	0	164	24	171	1 313	212	37	618	1 270.6	214
0	856	1	318	8	774	5	757	0	164	0	164	2.9	774	153.5	790	12.5	758	150.5	785
4	551	0	464	20	567	14	509	0	164	0	164	7	537	319.8	619	25	670	319.8	604
13	267	6	111	41	358	15	481	0	164	2	60	8.3	488	502.34	481	93	428	454.32	501
12	286	6	111	84	173	15	481	0	164	1	91	19.8	226	756	356	170	287	811.78	323
0	856	0	464	0	987	0	954	0	164	0	164	0	1 005	0	1 028	0	863	0	1 027
17	218	1	318	69	220	70	78	0	164	0	164	15.8	280	1 147.7	249	237	211	1 193.19	226
0	856	0	464	11	713	0	954	0	164	0	164	2.4	817	176	769	0	863	135	806
0	856	0	464	0	987	0	954	0	164	0	164	0	1 005	0	1 028	0	863	0	1 027
8	384	0	464	11	713	8	661	0	164	0	164	8.4	484	434	529	15	734	419	526
7	421	0	464	27	482	21	372	1	76	1	91	7.8	513	1 227.2	234	165	299	1 227.2	220
0	856	0	464	0	987	0	954	0	164	0	164	0	1 005	0	1 028	0	863	0	1 027
1	753	0	464	27	482	17	447	0	164	0	164	7.1	535	387	565	150	320	555.7	431
17	218	0	464	26	490	18	428	0	164	0	164	4.6	659	430	532	288	181	333	590
11	306	5	140	84	173	58	98	1	76	0	164	40.2	77	2 444.8	113	397	125	2 613.66	92
0	856	1	318	17	612	2	869	0	164	0	164	2.9	774	372	574	80	463	340	583
2	675	0	464	6	825	2	869	0	164	0	164	1	930	41	971	0	863	42	964
7	421	1	318	4	874	7	686	0	164	0	164	3.1	770	494	486	208	241	533	448
0	856	0	464	0	987	0	954	0	164	0	164	0	1 005	193	755	48	563	140	800

学校名称	社科活动人员(人)																	
	合计		按职称划分								其他人员		合计		按职称划分			
			小计		高级		中级		初级						高级		中级	
湖南高速铁路职业技术学院	195	348	195	345	34	583	88	348	73	190	0	115	68	355	14	485	46	255
湖南工程职业技术学院	92	793	92	791	62	308	29	896	1	1 120	0	115	74	332	48	163	24	460
湖南工业职业技术学院	421	33	421	33	103	93	244	20	74	186	0	115	178	104	54	144	102	79
湖南工艺美术职业学院	337	88	337	88	82	171	128	162	127	46	0	115	233	65	107	45	77	123
湖南国防工业职业技术学院	76	880	76	877	13	914	34	851	29	617	0	115	83	293	29	285	28	410
湖南化工职业技术学院	182	381	182	381	64	293	116	213	2	1 102	0	115	30	627	19	397	11	677
湖南环境生物职业技术学院	243	240	243	239	66	279	123	177	54	316	0	115	99	246	37	221	44	265
湖南机电职业技术学院	155	492	146	521	70	246	57	593	19	790	9	19	107	226	70	96	23	476
湖南交通职业技术学院	32	1 086	32	1 085	11	953	18	1 009	3	1 083	0	115	35	572	6	696	26	436
湖南九嶷职业技术学院	102	748	102	745	17	843	23	947	62	251	0	115	8	888	5	727	2	902
湖南科技职业学院	225	270	225	266	73	227	110	234	42	437	0	115	58	411	31	262	17	580
湖南劳动人事职业学院	39	1 047	39	1 045	8	1 006	11	1 078	20	765	0	115	27	657	7	673	12	651
湖南理工职业技术学院	61	943	61	943	28	654	23	947	10	949	0	115	64	375	36	226	28	410
湖南民族职业学院	245	237	245	235	51	391	105	255	89	129	0	115	21	713	10	599	11	677
湖南汽车工程职业学院	156	486	156	484	57	339	77	411	22	718	0	115	90	273	43	185	40	295
湖南商务职业技术学院	314	111	314	111	114	70	138	140	62	251	0	115	167	110	85	63	63	177
湖南生物机电职业技术学院	227	261	227	259	71	238	125	171	31	595	0	115	109	218	47	166	51	229
湖南石油化工职业技术学院	30	1 091	30	1 090	8	1 006	17	1 022	5	1 039	0	115	4	945	0	957	4	848
湖南司法警官职业学院	174	409	174	408	56	348	96	300	22	718	0	115	110	214	49	162	55	211
湖南体育职业学院	111	696	111	695	17	843	45	726	49	364	0	115	33	598	11	566	14	617
湖南铁道职业技术学院	117	670	117	669	47	419	68	493	2	1 102	0	115	48	480	19	397	28	410
湖南铁路科技职业技术学院	108	716	108	715	42	478	53	630	13	889	0	115	39	543	15	467	14	617
湖南外贸职业学院	294	140	294	140	66	279	126	166	102	92	0	115	131	173	42	192	44	265
湖南网络工程职业学院	297	138	297	138	120	61	85	370	92	120	0	115	228	68	115	40	84	107
湖南现代物流职业技术学院	193	353	191	356	67	271	91	332	33	566	2	53	149	142	76	81	65	174
湖南信息职业技术学院	272	188	272	186	88	147	116	213	68	220	0	115	81	300	28	296	44	265
湖南艺术职业学院	437	25	437	24	95	122	145	122	197	9	0	115	55	427	30	270	22	494
湖南有色金属职业技术学院	53	975	53	974	12	933	22	962	19	790	0	115	14	801	2	857	9	724
湖南幼儿师范高等专科学校	226	266	205	314	62	308	93	325	50	351	21	3	137	163	43	185	68	160

续表

研究发展人员(人)														R&D 经费情况(千元)					
		按学历学位划分								其他人员		折合全时人员(人年)		当年经费收入合计				当年经费支出合计	
初级		博士毕业		硕士毕业		本科毕业		其他学历								其中:科研事业费			
8	384	0	464	36	406	32	246	0	164	0	164	15.7	283	762.2	354	340	150	762.2	339
0	856	0	464	45	329	29	277	0	164	2	60	9.6	436	391.6	554	164	302	391.6	549
22	170	8	82	149	69	18	428	3	39	0	164	42	69	2 646	102	1 120	36	1 854.7	150
49	54	0	464	139	78	92	43	2	47	0	164	42.4	67	4 811.6	37	1 502	27	4 772.3	37
14	252	4	165	29	456	50	130	0	164	12	10	17.8	252	991	284	202	245	910.6	293
0	856	1	318	17	612	12	558	0	164	0	164	3.9	709	1 660	169	320	161	1 597	169
17	218	0	464	56	275	42	164	1	76	1	91	19.6	231	754	357	266	190	551.35	436
6	461	3	200	41	358	63	91	0	164	8	22	23.7	178	1 192.6	243	691	73	953.67	280
3	607	0	464	26	490	9	631	0	164	0	164	8.6	478	7 362.4	15	5 630	5	7 113.1	16
1	753	1	318	7	799	0	954	0	164	0	164	3	772	278.8	660	118.6	372	246.8	670
9	354	8	82	46	322	4	796	0	164	1	91	15.7	283	731.5	369	220	228	561.1	427
7	421	0	464	15	646	12	558	0	164	1	91	3.5	738	116	843	0	863	128.05	818
0	856	0	464	44	335	20	385	0	164	0	164	12.6	348	749	360	206	243	811	324
0	856	0	464	16	628	5	757	0	164	0	164	3.9	709	202	748	81	460	204	719
5	503	1	318	62	247	26	307	1	76	2	60	11.6	374	802	343	194	256	693.4	362
16	234	7	92	105	116	55	109	0	164	3	51	23.9	174	1 681	167	152	316	1 765.15	156
10	328	4	165	64	238	39	184	2	47	1	91	13.5	325	1 492.2	188	16	727	1 404.42	191
0	856	0	464	3	901	1	911	0	164	0	164	0.6	962	60	938	15	734	49	955
5	503	0	464	60	258	50	130	0	164	1	91	20.2	217	1 013.6	274	200	247	887.32	300
8	384	1	318	26	490	6	717	0	164	0	164	6.4	561	517	471	60	507	609.02	406
1	753	0	464	41	358	7	686	0	164	0	164	5.4	609	416	537	374	133	274	648
10	328	2	239	30	447	7	686	0	164	0	164	5.7	593	598	421	390	128	640	388
44	58	1	318	35	415	86	44	9	10	1	91	19.7	229	1 326.24	208	947.59	42	1 348.65	199
26	134	14	49	140	76	70	78	4	27	3	51	41.3	73	1 342	206	328	156	1 532.6	175
8	384	68	4	77	193	4	796	0	164	0	164	19.4	233	886	309	106	396	819.5	319
9	354	0	464	23	530	58	98	0	164	0	164	12	358	340	600	60	507	311.9	613
3	607	1	318	42	352	12	558	0	164	0	164	16.1	276	5 806	27	1 890	23	5 859.7	25
3	607	0	464	12	702	2	869	0	164	0	164	1.5	882	511	473	157	311	511.7	463
10	328	1	318	67	225	69	80	0	164	16	5	24.7	166	1 316	210	295	174	1 287.07	210

学校名称	社科活动人员（人）																	
	合计		按职称划分								其他人员		合计		按职称划分			
			小计		高级		中级		初级						高级		中级	
湖州职业技术学院	333	93	333	93	85	162	137	142	111	74	0	115	254	51	86	62	99	84
怀化职业技术学院	119	661	119	661	25	696	52	638	42	437	0	115	52	453	25	328	17	580
淮安信息职业技术学院	248	231	248	230	78	201	139	137	31	595	0	115	152	135	72	91	67	166
淮北职业技术学院	169	434	169	433	86	160	68	493	15	849	0	115	40	536	14	485	24	460
淮南联合大学	177	398	177	397	43	467	68	493	66	233	0	115	34	586	11	566	17	580
淮南职业技术学院	106	729	106	727	38	535	48	689	20	765	0	115	28	640	13	511	8	745
黄冈科技职业学院	54	971	54	971	5	1 054	16	1 033	33	566	0	115	0	1 005	0	957	0	978
黄冈职业技术学院	107	723	107	721	56	348	46	714	5	1 039	0	115	18	744	11	566	6	798
黄河水利职业技术学院	227	261	227	259	69	257	120	196	38	485	0	115	73	337	13	511	48	245
黄山职业技术学院	102	748	102	745	47	419	39	788	16	837	0	115	41	531	29	285	12	651
徽商职业学院	135	583	135	581	27	672	33	862	75	183	0	115	10	862	3	808	4	848
惠州城市职业学院	344	81	344	81	80	181	152	112	112	72	0	115	28	640	7	673	18	559
惠州工程职业学院	149	508	149	506	44	457	65	524	40	453	0	115	5	930	3	808	2	902
惠州经济职业技术学院	359	69	359	69	56	348	167	85	136	37	0	115	11	846	2	857	9	724
惠州卫生职业技术学院	49	992	49	990	11	953	21	974	17	812	0	115	2	974	1	901	1	937
吉安职业技术学院	228	257	228	256	31	621	67	510	130	43	0	115	14	801	3	808	9	724
吉林电子信息职业技术学院	50	984	50	983	8	1 006	31	880	11	928	0	115	0	1 005	0	957	0	978
吉林工程职业学院	100	753	100	749	31	621	40	779	29	617	0	115	40	536	15	467	22	494
吉林工业职业技术学院	93	788	93	785	35	573	37	814	21	742	0	115	24	680	11	566	12	651
吉林交通职业技术学院	143	542	143	540	62	308	61	556	20	765	0	115	48	480	22	357	23	476
吉林科技职业技术学院	32	1 086	32	1 085	0	1 133	11	1 078	21	742	0	115	0	1 005	0	957	0	978
吉林司法警官职业学院	108	716	108	715	62	308	35	837	11	928	0	115	51	459	27	305	11	677
吉林铁道职业技术学院	216	292	216	288	100	102	96	300	20	765	0	115	71	344	32	256	30	387
济南工程职业技术学院	263	198	263	197	100	102	68	493	95	110	0	115	39	543	21	368	14	617
济南护理职业学院	49	992	49	990	23	734	21	974	5	1 039	0	115	0	1 005	0	957	0	978
济南幼儿师范高等专科学校	215	296	215	292	66	279	88	348	61	258	0	115	31	615	14	485	13	638
济源职业技术学院	311	119	311	119	55	358	137	142	119	62	0	115	136	165	31	262	62	183
冀中职业学院	82	848	82	845	36	557	39	788	7	1 007	0	115	10	862	5	727	5	823
佳木斯职业学院	48	999	48	996	26	680	19	997	3	1 083	0	115	0	1 005	0	957	0	978
嘉兴南洋职业技术学院	114	684	114	682	18	830	68	493	28	636	0	115	35	572	1	901	32	366
嘉兴职业技术学院	224	273	224	269	55	358	140	132	29	617	0	115	66	359	28	296	27	425
建东职业技术学院	57	959	57	958	13	914	26	917	18	802	0	115	15	781	2	857	12	651
江海职业技术学院	111	696	111	695	36	557	68	493	7	1 007	0	115	143	150	69	100	69	152
江汉艺术职业学院	222	280	222	276	47	419	117	209	58	280	0	115	17	751	8	649	8	745
江门职业技术学院	406	36	406	36	72	232	197	46	137	34	0	115	235	63	70	96	116	60

研究发展人员(人)														R&D 经费情况(千元)					
		按学历学位划分								其他人员		折合全时人员(人年)		当年经费收入合计		其中:科研事业费		当年经费支出合计	
初级		博士毕业		硕士毕业		本科毕业		其他学历											
69	23	11	64	187	43	56	106	0	164	0	164	43.7	66	3 088.5	83	391	127	3 079.25	71
10	328	0	464	43	344	9	631	0	164	0	164	9.9	429	368.5	577	168.5	296	378.5	556
13	267	5	140	97	136	50	130	0	164	0	164	32.6	117	1 838.1	158	481	107	2 342.11	111
2	675	0	464	23	530	15	481	2	47	0	164	4.1	696	102	868	58	530	98	866
6	461	1	318	15	646	18	428	0	164	0	164	5.1	628	243	694	70	485	244	671
7	421	0	464	18	597	8	661	2	47	0	164	3.3	753	109	855	0	863	131.2	813
0	856	0	464	0	987	0	954	0	164	0	164	0	1 005	0	1 028	0	863	0	1 027
1	753	0	464	11	713	7	686	0	164	0	164	2.3	820	127	825	15	734	66	919
12	286	1	318	55	281	17	447	0	164	0	164	22.5	190	3 075	84	900	50	3 075	72
0	856	0	464	19	577	22	360	0	164	0	164	6.5	554	226	715	82	458	150.49	786
3	607	0	464	4	874	6	717	0	164	0	164	2.2	829	615	415	60	507	666.9	376
3	607	0	464	7	799	21	372	0	164	0	164	3.9	709	226	715	60	507	183	742
0	856	0	464	2	932	3	830	0	164	0	164	0.5	974	109	855	0	863	179	747
0	856	0	464	9	758	2	869	0	164	0	164	2.6	800	220.6	723	2	851	220.6	702
0	856	0	464	2	932	0	954	0	164	0	164	0.3	992	135	816	60	507	31.4	983
2	675	1	318	11	713	2	869	0	164	0	164	3.6	732	184.4	762	78	473	130.6	816
0	856	0	464	0	987	0	954	0	164	0	164	0	1 005	0	1 028	0	863	0	1 027
3	607	0	464	21	556	19	408	0	164	0	164	11.4	384	565	442	210	237	508	466
1	753	0	464	15	646	9	631	0	164	0	164	8.8	470	305	635	40	591	322.4	599
2	675	1	318	34	425	13	535	0	164	1	91	8.7	472	276.5	662	10	771	277.28	644
0	856	0	464	0	987	0	954	0	164	0	164	0	1 005	5	1 023	5	826	5	1 019
13	267	0	464	16	628	35	221	0	164	0	164	6.7	546	469.7	501	70	485	462.52	492
9	354	1	318	50	304	20	385	0	164	0	164	7.4	530	184	763	13	755	258.4	662
4	551	1	318	26	490	12	558	0	164	0	164	6.6	551	350	589	41	587	314	608
0	856	0	464	0	987	0	954	0	164	0	164	0	1 005	0	1 028	0	863	0	1 027
4	551	2	239	17	612	12	558	0	164	0	164	9.5	441	426	533	46	567	388.6	552
43	61	0	464	34	425	102	28	0	164	0	164	14.7	303	548	453	90	434	597	410
0	856	0	464	5	850	5	757	0	164	0	164	2.9	774	113.1	846	0	863	113.1	841
0	856	0	464	0	987	0	954	0	164	0	164	0	1 005	0	1 028	0	863	0	1 027
2	675	0	464	30	447	5	757	0	164	0	164	4.5	665	230	709	6	822	161.8	771
11	306	0	464	52	295	13	535	1	76	0	164	13.2	336	729	371	321	158	890.42	298
1	753	0	464	3	901	12	558	0	164	0	164	1.7	867	101	870	16	727	101	859
5	503	0	464	77	193	65	87	1	76	0	164	20.7	212	800	344	224.5	225	774	333
1	753	0	464	4	874	13	535	0	164	0	164	2.1	839	334.1	605	28	660	327.7	596
39	72	6	111	148	70	76	67	5	24	10	14	52.6	41	2 939.49	87	237	211	2 482.84	101

学校名称	社科活动人员(人)																	
	合计		按职称划分								其他人员		合计		按职称划分			
			小计		高级		中级		初级						高级		中级	
江南影视艺术职业学院	266	197	266	196	13	914	51	653	202	7	0	115	88	282	10	599	26	436
江苏安全技术职业学院	53	975	53	974	4	1 073	25	925	24	684	0	115	9	877	0	957	5	823
江苏财会职业学院	190	359	190	359	58	335	80	398	52	328	0	115	140	156	35	229	71	145
江苏财经职业技术学院	254	218	254	216	92	132	129	160	33	566	0	115	163	116	65	109	86	102
江苏城市职业学院	281	167	281	162	102	96	139	137	40	453	0	115	465	14	182	13	228	10
江苏城乡建设职业学院	175	405	175	405	52	379	89	338	34	549	0	115	164	115	62	124	79	118
江苏工程职业技术学院	273	184	272	186	118	63	154	107	0	1 135	1	69	128	183	59	130	69	152
江苏海事职业技术学院	205	318	205	314	65	284	129	160	11	928	0	115	192	92	77	77	107	70
江苏航空职业技术学院	41	1 035	40	1 038	2	1 108	20	988	18	802	1	69	10	862	0	957	7	773
江苏护理职业学院	161	463	161	461	40	501	69	481	52	328	0	115	31	615	9	630	10	701
江苏建筑职业技术学院	226	266	226	263	90	139	116	213	20	765	0	115	216	71	103	47	101	81
江苏经贸职业技术学院	348	77	348	77	134	36	179	64	35	534	0	115	266	49	120	34	126	50
江苏旅游职业学院	234	248	234	247	76	213	122	187	36	516	0	115	69	352	30	270	38	308
江苏农林职业技术学院	85	831	85	827	14	896	50	664	21	742	0	115	35	572	9	630	23	476
江苏农牧科技职业学院	81	851	81	847	29	641	48	689	4	1 068	0	115	45	499	14	485	29	397
江苏商贸职业学院	279	172	279	169	84	165	118	204	77	167	0	115	218	70	102	49	95	87
江苏食品药品职业技术学院	213	303	213	299	64	293	146	121	3	1 083	0	115	96	253	20	381	76	124
江苏卫生健康职业学院	91	800	91	796	24	711	43	747	24	684	0	115	102	242	19	397	47	250
江苏信息职业技术学院	223	277	223	272	70	246	128	162	25	671	0	115	133	171	47	166	69	152
江苏医药职业学院	113	690	113	687	23	734	61	556	29	617	0	115	163	116	33	244	104	74
江西财经职业学院	334	91	334	91	136	34	118	204	80	155	0	115	111	213	58	131	36	323
江西电力职业技术学院	17	1 138	17	1 137	13	914	3	1 142	1	1 120	0	115	7	905	5	727	1	937
江西工程职业学院	58	950	58	950	24	711	28	902	6	1 022	0	115	0	1 005	0	957	0	978
江西工业工程职业技术学院	53	975	53	974	32	608	18	1 009	3	1 083	0	115	10	862	8	649	2	902
江西工业贸易职业技术学院	174	409	174	408	44	457	63	540	67	229	0	115	49	475	21	368	18	559
江西工业职业技术学院	64	927	64	926	40	501	17	1 022	7	1 007	0	115	18	744	17	434	1	937
江西航空职业技术学院	30	1 091	30	1 090	13	914	10	1 087	7	1 007	0	115	0	1 005	0	957	0	978
江西洪州职业学院	48	999	48	996	1	1 119	0	1 152	47	386	0	115	0	1 005	0	957	0	978
江西环境工程职业学院	140	561	140	561	52	379	82	385	6	1 022	0	115	23	693	8	649	14	617
江西机电职业技术学院	116	676	116	675	39	518	39	788	38	485	0	115	27	657	10	599	6	798
江西建设职业技术学院	106	729	106	727	23	734	38	802	45	403	0	115	28	640	10	599	14	617
江西交通职业技术学院	382	51	382	51	131	42	130	157	121	56	0	115	139	159	64	113	56	205
江西科技职业学院	58	950	58	950	1	1 119	12	1 067	45	403	0	115	0	1 005	0	957	0	978
江西旅游商贸职业学院	293	142	293	141	95	122	112	227	86	138	0	115	40	536	20	381	12	651
江西农业工程职业学院	62	934	62	933	23	734	15	1 040	24	684	0	115	9	877	5	727	1	937

续表

研究发展人员(人)														R&D 经费情况(千元)					
		按学历学位划分								其他人员		折合全时人员(人年)		当年经费收入合计		其中:科研事业费		当年经费支出合计	
初级		博士毕业		硕士毕业		本科毕业		其他学历											
52	47	6	111	50	304	32	246	0	164	0	164	18.6	242	1 035	269	114.3	379	977.9	276
4	551	0	464	8	774	1	911	0	164	0	164	2.7	795	137	813	59	529	137	804
34	92	1	318	93	150	46	147	0	164	0	164	15	297	902.18	308	76	476	903.98	295
12	286	10	69	108	110	45	153	0	164	0	164	19.9	223	2 468	110	364.8	139	2 088.23	134
55	40	49	7	362	11	54	113	0	164	0	164	99.6	7	4 763.1	38	700	71	4 664.39	41
23	155	1	318	106	113	57	103	0	164	0	164	37.3	90	1 748	163	48	563	1 673.47	160
0	856	5	140	105	116	18	428	0	164	0	164	21.1	204	850	322	242	205	848.5	312
8	384	10	69	114	103	68	81	0	164	0	164	31.4	121	4 461.84	42	941.64	44	4 329.17	44
3	607	0	464	4	874	6	717	0	164	0	164	3.6	732	107	860	45	571	107	848
12	286	2	239	20	567	9	631	0	164	0	164	3.8	715	275.2	664	99.2	416	279.9	643
12	286	12	58	163	57	41	171	0	164	0	164	53.3	39	2 508	108	84	454	2 565.25	97
19	195	20	34	195	39	51	125	0	164	1	91	34.3	105	5 282	30	284	182	8 643.13	6
1	753	1	318	40	366	12	558	16	5	0	164	12	358	1 112	252	742	67	1 110	246
3	607	1	318	28	469	6	717	0	164	0	164	5.4	609	320	617	200	247	331	592
2	675	4	165	34	425	7	686	0	164	0	164	4.6	659	366.8	578	198	253	242.45	677
21	180	3	200	119	95	96	33	0	164	0	164	34.5	103	1 892.5	152	95.5	423	1 878.12	148
0	856	3	200	64	238	29	277	0	164	0	164	21.9	198	1 221	235	690	74	1 159.2	235
36	78	6	111	76	199	20	385	0	164	0	164	25.7	158	999.5	279	153	315	1 125.35	242
17	218	3	200	84	173	46	147	0	164	0	164	28	141	1 416.57	193	185.32	266	1 296.25	208
25	145	4	165	105	116	54	113	0	164	1	91	46.1	57	2 629.6	103	188.5	264	2 584.75	96
17	218	2	239	81	183	28	287	0	164	0	164	36.6	96	1 498	187	298	172	1 407	190
1	753	0	464	6	825	1	911	0	164	0	164	1.5	882	100	872	25	670	113	842
0	856	0	464	0	987	0	954	0	164	0	164	0	1 005	25	998	25	670	4	1 023
0	856	0	464	8	774	2	869	0	164	0	164	4	700	285	651	105	399	285	636
10	328	0	464	29	456	20	385	0	164	0	164	9	462	544	457	10	771	614	402
0	856	0	464	8	774	10	608	0	164	0	164	3.2	760	202.6	747	102.6	407	126.6	819
0	856	0	464	0	987	0	954	0	164	0	164	0	1 005	0	1 028	0	863	0	1 027
0	856	0	464	0	987	0	954	0	164	0	164	0	1 005	0	1 028	0	863	0	1 027
1	753	0	464	14	665	9	631	0	164	0	164	4.5	665	334	606	60	507	205.5	717
11	306	0	464	22	543	5	757	0	164	0	164	4.3	682	255	682	40	591	215	708
4	551	0	464	11	713	17	447	0	164	0	164	4.8	645	170	774	20	686	164	768
19	195	0	464	104	120	34	228	1	76	0	164	19.9	223	685	388	165	299	619.75	400
0	856	0	464	0	987	0	954	0	164	0	164	0	1 005	0	1 028	0	863	0	1 027
4	551	0	464	0	987	31	260	9	10	4	40	8.6	478	478	493	164	302	311.33	614
3	607	0	464	5	850	4	796	0	164	0	164	1.2	910	54	951	22	683	49	955

学校名称	社科活动人员(人)																			
	合计		按职称划分								其他人员		合计		按职称划分					
			小计		高级		中级		初级						高级		中级			
江西青年职业学院	170	428	170	427	45	441	62	546	63	246	0	115	2	974	2	857	0	978		
江西生物科技职业学院	37	1 059	37	1 057	17	843	15	1 040	5	1 039	0	115	4	945	4	768	0	978		
江西师范高等专科学校	45	1 010	45	1 007	10	977	23	947	12	906	0	115	22	702	9	630	12	651		
江西水利职业学院	34	1 075	34	1 072	11	953	18	1 009	5	1 039	0	115	6	916	1	901	5	823		
江西司法警官职业学院	185	373	185	373	112	76	52	638	21	742	0	115	0	1 005	0	957	0	978		
江西泰豪动漫职业学院	252	221	252	219	23	734	58	583	171	15	0	115	0	1 005	0	957	0	978		
江西陶瓷工艺美术职业技术学院	166	447	166	445	79	188	71	459	16	837	0	115	0	1 005	0	957	0	978		
江西外语外贸职业学院	376	54	376	54	68	266	182	56	126	49	0	115	121	195	30	270	61	187		
江西卫生职业学院	37	1 059	37	1 057	18	830	19	997	0	1 135	0	115	17	751	8	649	9	724		
江西现代职业技术学院	278	173	278	170	81	174	96	300	101	95	0	115	19	733	10	599	8	745		
江西新能源科技职业学院	59	948	59	947	9	994	31	880	19	790	0	115	8	888	0	957	7	773		
江西信息应用职业技术学院	107	723	107	721	24	711	49	675	34	549	0	115	22	702	9	630	11	677		
江西冶金职业技术学院	36	1 065	36	1 063	13	914	11	1 078	12	906	0	115	0	1 005	0	957	0	978		
江西医学高等专科学校	36	1 065	36	1 063	11	953	14	1 057	11	928	0	115	0	1 005	0	957	0	978		
江西艺术职业学院	180	385	180	385	69	257	73	443	38	485	0	115	5	930	1	901	4	848		
江西应用工程职业学院	49	992	49	990	3	1 088	39	788	7	1 007	0	115	28	640	17	434	11	677		
江西应用技术职业学院	141	553	141	552	53	374	72	449	16	837	0	115	30	627	10	599	20	525		
江西制造职业技术学院	114	684	114	682	39	518	32	875	43	422	0	115	44	506	24	336	12	651		
江西中医药高等专科学校	104	738	104	736	22	752	40	779	42	437	0	115	49	475	12	537	12	651		
江阳城建职业学院	26	1 112	24	1 117	0	1 133	1	1 150	23	704	2	53	1	992	0	957	1	937		
江阴职业技术学院	177	398	177	397	88	147	75	423	14	863	0	115	46	488	26	315	18	559		
焦作大学	327	99	327	98	95	122	184	53	48	376	0	115	76	318	15	467	56	205		
焦作工贸职业学院	166	447	166	445	37	545	48	689	81	151	0	115	0	1 005	0	957	0	978		
焦作师范高等专科学校	491	16	491	15	130	45	257	14	104	86	0	115	209	77	73	88	106	72		
揭阳职业技术学院	220	284	220	280	47	419	140	132	33	566	0	115	97	252	35	229	53	222		
金华职业技术学院	799	2	798	2	200	6	370	1	228	4	1	69	411	20	135	28	190	21		
金肯职业技术学院	45	1 010	45	1 007	3	1 088	38	802	4	1 068	0	115	38	553	2	857	32	366		
金山职业技术学院	29	1 098	29	1 097	4	1 073	10	1 087	15	849	0	115	10	862	4	768	5	823		
锦州师范高等专科学校	312	115	312	115	141	29	159	99	12	906	0	115	64	375	28	296	35	336		
晋城职业技术学院	244	239	244	236	76	213	110	234	58	280	0	115	65	366	23	345	31	380		
晋中师范高等专科学校	240	245	240	244	63	302	103	264	74	186	0	115	32	605	12	537	16	595		
晋中职业技术学院	187	366	187	365	31	621	101	271	55	306	0	115	26	668	11	566	11	677		
荆门职业学院	33	1 083	33	1 081	17	843	4	1 134	12	906	0	115	0	1 005	0	957	0	978		
景德镇陶瓷职业技术学院	53	975	53	974	14	896	19	997	20	765	0	115	25	673	9	630	10	701		
九江职业大学	388	46	388	46	132	38	180	61	76	174	0	115	53	444	22	357	24	460		
九江职业技术学院	215	296	215	292	100	102	81	396	34	549	0	115	74	332	44	178	25	448		
九州职业技术学院	86	827	86	822	14	896	48	689	24	684	0	115	107	226	43	185	55	211		
酒泉职业技术学院	179	388	179	388	53	374	98	285	28	636	0	115	55	427	20	381	27	425		
开封大学	363	63	363	63	96	116	166	86	101	95	0	115	114	206	30	270	55	211		

续表

研究发展人员(人)														R&D经费情况(千元)					
		按学历学位划分								其他人员		折合全时人员(人年)		当年经费收入合计				当年经费支出合计	
初级		博士毕业		硕士毕业		本科毕业		其他学历								其中:科研事业费			
0	856	0	464	1	956	1	911	0	164	0	164	0.4	984	125	828	111	384	97.5	867
0	856	0	464	2	932	2	869	0	164	0	164	1.2	910	51	960	15	734	96	870
1	753	7	92	11	713	4	796	0	164	0	164	4.4	670	473.5	499	373.5	135	215	708
0	856	0	464	6	825	0	954	0	164	0	164	0.6	962	36	981	9	804	36	974
0	856	0	464	0	987	0	954	0	164	0	164	0	1 005	10	1 016	10	771	10	1 014
0	856	0	464	0	987	0	954	0	164	0	164	0	1 005	0	1 028	0	863	0	1 027
0	856	0	464	0	987	0	954	0	164	0	164	0	1 005	0	1 028	0	863	0	1 027
30	115	3	200	98	132	19	408	1	76	0	164	14	314	340	600	60	507	465	490
0	856	0	464	13	679	3	830	1	76	0	164	2.7	795	81	905	0	863	106	849
1	753	0	464	13	679	6	717	0	164	0	164	3.1	770	155	787	98	418	97.4	869
1	753	0	464	4	874	2	869	2	47	0	164	1	930	156	784	92	430	156	783
2	675	0	464	18	597	4	796	0	164	0	164	2.8	785	42	970	0	863	49	955
0	856	0	464	0	987	0	954	0	164	0	164	0	1 005	0	1 028	0	863	0	1 027
0	856	0	464	0	987	0	954	0	164	0	164	0	1 005	0	1 028	0	863	0	1 027
0	856	0	464	4	874	1	911	0	164	0	164	0.7	955	85	900	45	571	65	921
0	856	0	464	21	556	7	686	0	164	0	164	4.2	689	437	527	269	189	437	514
0	856	1	318	28	469	1	911	0	164	0	164	7.5	525	391	555	131	347	359.46	568
8	384	0	464	37	394	7	686	0	164	0	164	8.7	472	350	589	89	445	297	623
24	149	5	140	28	469	16	461	0	164	0	164	14.2	310	461	507	35	621	444.3	506
0	856	0	464	0	987	1	911	0	164	0	164	0.3	992	8	1 018	0	863	8	1 016
2	675	0	464	24	514	22	360	0	164	0	164	6.8	543	418	536	90	434	384	554
5	503	1	318	57	269	18	428	0	164	0	164	10.4	414	1 245.47	230	56	535	1 163.2	233
0	856	0	464	0	987	0	954	0	164	0	164	0	1 005	0	1 028	0	863	0	1 027
29	122	6	111	141	75	52	122	10	9	1	91	28.8	136	1 839	157	94	424	1 815.9	153
9	354	0	464	32	433	65	87	0	164	0	164	11.6	374	942.5	297	587	85	936.5	285
85	11	5	140	311	14	95	35	0	164	1	91	88.9	10	6 440.14	21	484	104	4 630.06	42
4	551	0	464	27	482	11	586	0	164	0	164	8.9	467	411	541	100	409	529	450
1	753	1	318	1	956	8	661	0	164	0	164	1.8	857	80	908	44	578	67	918
1	753	0	464	16	628	48	139	0	164	0	164	9.9	429	523.5	465	29.5	658	523.5	454
10	328	1	318	58	263	6	717	0	164	1	91	7.8	513	505.86	478	303.06	168	345.2	579
4	551	0	464	23	530	9	631	0	164	0	164	4	700	80.5	907	11.5	762	89.7	883
4	551	0	464	15	646	11	586	0	164	0	164	4.1	696	145.17	802	3.67	838	157.92	777
0	856	0	464	0	987	0	954	0	164	0	164	0	1 005	0	1 028	0	863	0	1 027
6	461	0	464	11	713	14	509	0	164	0	164	13.5	325	493	487	0	863	493	474
7	421	0	464	32	433	21	372	0	164	0	164	16.3	271	594	424	194	256	412	532
5	503	4	165	62	247	8	661	0	164	0	164	9	462	537.4	459	180	272	449.17	504
9	354	0	464	64	238	43	157	0	164	0	164	15	297	622.5	412	179	277	552.3	434
6	461	0	464	17	612	38	200	0	164	2	60	8.5	481	302	639	30	642	319.35	605
29	122	1	318	84	173	29	277	0	164	0	164	27.8	144	1 019	271	175	281	984	272

学校名称	社科活动人员(人)																	
	合计		按职称划分								其他人员		合计		按职称划分			
			小计		高级		中级		初级						高级		中级	
开封文化艺术职业学院	248	231	248	230	59	331	121	192	68	220	0	115	103	238	22	357	49	239
科尔沁艺术职业学院	158	478	158	477	43	467	63	540	52	328	0	115	17	751	3	808	9	724
克拉玛依职业技术学院	145	530	145	528	12	933	77	411	56	297	0	115	35	572	5	727	23	476
昆明卫生职业学院	57	959	57	958	0	1 133	20	988	37	504	0	115	14	801	0	957	8	745
昆明冶金高等专科学校	558	7	557	7	241	3	281	7	35	534	1	69	426	19	180	14	190	21
昆明艺术职业学院	172	416	171	421	18	830	36	826	117	66	1	69	0	1 005	0	957	0	978
昆山登云科技职业学院	115	680	115	679	10	977	53	630	52	328	0	115	27	657	6	696	18	559
拉萨师范高等专科学校	67	915	67	915	29	641	29	896	9	965	0	115	62	387	22	357	30	387
莱芜职业技术学院	165	451	165	449	39	518	102	267	24	684	0	115	41	531	10	599	30	387
兰州石化职业技术学院	106	729	106	727	55	358	38	802	13	889	0	115	41	531	20	381	18	559
兰州外语职业学院	256	212	256	211	53	374	57	593	146	25	0	115	12	829	2	857	2	902
兰州职业技术学院	345	79	345	79	124	52	189	50	32	588	0	115	22	702	11	566	11	677
兰州资源环境职业技术学院	145	530	145	528	57	339	48	689	40	453	0	115	11	846	5	727	5	823
廊坊卫生职业学院	82	848	81	847	45	441	34	851	2	1 102	1	69	31	615	17	434	13	638
廊坊燕京职业技术学院	66	921	66	919	7	1 023	51	653	8	982	0	115	14	801	2	857	12	651
廊坊职业技术学院	304	127	303	130	107	85	161	95	35	534	1	69	62	387	15	467	43	276
乐山职业技术学院	151	504	151	502	61	317	56	603	34	549	0	115	54	435	21	368	23	476
黎明职业大学	314	111	314	111	128	49	97	296	89	129	0	115	471	12	236	4	162	25
丽江师范高等专科学校	280	169	280	166	110	80	122	187	48	376	0	115	287	39	108	44	138	41
丽水职业技术学院	220	284	220	280	72	232	105	255	43	422	0	115	181	100	57	133	93	90
连云港师范高等专科学校	333	93	333	93	228	4	84	377	21	742	0	115	156	129	96	52	51	229
连云港职业技术学院	267	194	267	193	118	63	125	171	24	684	0	115	152	135	72	91	74	133
辽宁城市建设职业技术学院	133	596	133	595	50	399	69	481	14	863	0	115	46	488	26	315	18	559
辽宁地质工程职业学院	131	608	129	616	48	413	66	517	15	849	2	53	62	387	27	305	29	397
辽宁工程职业学院	54	971	54	971	14	896	20	988	20	765	0	115	0	1 005	0	957	0	978
辽宁广告职业学院	277	175	195	345	72	232	70	472	53	323	82	1	0	1 005	0	957	0	978
辽宁轨道交通职业学院	65	925	65	924	21	769	28	902	16	837	0	115	0	1 005	0	957	0	978
辽宁机电职业技术学院	78	868	72	894	33	594	38	802	1	1 120	6	27	0	1 005	0	957	0	978
辽宁建筑职业学院	282	163	281	162	162	12	117	209	2	1 102	1	69	124	188	77	77	44	265
辽宁金融职业学院	118	666	118	666	50	399	68	493	0	1 135	0	115	20	722	11	566	8	745
辽宁经济职业技术学院	252	221	251	221	91	137	109	240	51	340	1	69	46	488	26	315	15	606
辽宁理工职业学院	88	816	88	811	24	711	34	851	30	605	0	115	51	459	17	434	25	448
辽宁林业职业技术学院	92	793	92	791	42	478	42	758	8	982	0	115	53	444	29	285	22	494
辽宁民族师范高等专科学校	179	388	179	388	93	130	52	638	34	549	0	115	0	1 005	0	957	0	978
辽宁农业职业技术学院	108	716	103	741	32	608	30	890	41	445	5	32	0	1 005	0	957	0	978
辽宁轻工职业学院	104	738	97	763	34	583	60	567	3	1 083	7	23	1	992	0	957	1	937

续表

研究发展人员(人)														R&D 经费情况(千元)					
		按学历学位划分								其他人员		折合全时人员(人年)		当年经费收入合计				当年经费支出合计	
初级		博士毕业		硕士毕业		本科毕业		其他学历								其中:科研事业费			
32	101	1	318	68	223	34	228	0	164	0	164	11.9	365	503	480	23	681	547	440
5	503	0	464	7	799	9	631	1	76	0	164	4.5	665	179	764	30	642	161	772
7	421	0	464	24	514	11	586	0	164	0	164	5.6	597	249	688	57	533	240	682
6	461	0	464	6	825	8	661	0	164	0	164	1.5	882	52	957	0	863	61.5	931
54	42	4	165	206	33	216	5	0	164	2	60	52.5	42	2 221	120	125	355	2 100.5	132
0	856	0	464	0	987	0	954	0	164	0	164	0	1 005	7	1 020	7	814	0	1 027
3	607	0	464	22	543	5	757	0	164	0	164	9.6	436	503.5	479	52	544	459.65	496
10	328	4	165	41	358	17	447	0	164	0	164	27.9	143	1 010	277	694	72	1 010	261
1	753	0	464	31	444	10	608	0	164	0	164	21	206	1 656	171	340	150	1 600	168
3	607	0	464	29	456	12	558	0	164	0	164	11.2	389	613.4	416	140	330	559.15	428
8	384	0	464	3	901	9	631	0	164	0	164	6.4	561	379	570	8	807	362.41	566
0	856	0	464	7	799	15	481	0	164	0	164	2.3	820	148.9	799	50	547	267.4	653
1	753	0	464	5	850	6	717	0	164	0	164	1.8	857	160	781	110	386	91.66	878
1	753	0	464	6	825	25	314	0	164	0	164	3.3	753	260.1	677	2	851	260.1	660
0	856	2	239	12	702	0	954	0	164	0	164	4.8	645	243	694	55	537	243	675
4	551	2	239	23	530	37	207	0	164	0	164	11.5	380	479.4	492	3.4	839	479.4	485
10	328	3	200	35	415	16	461	0	164	0	164	9.3	448	262	673	90	434	351.9	573
73	19	18	40	345	12	108	25	0	164	0	164	70.6	19	6 175.76	23	728	68	6 277.62	22
41	68	9	76	200	35	78	63	0	164	0	164	46.8	55	3 858.36	55	586.5	86	4 761.42	38
31	108	1	318	100	124	79	60	1	76	0	164	31.1	123	2 758.45	94	420	119	2 712.57	88
9	354	3	200	128	87	25	314	0	164	0	164	17.8	252	1 235.6	232	232	215	1 146.2	239
6	461	13	52	92	155	47	143	0	164	0	164	35.5	101	955.45	295	47.5	565	952.55	281
2	675	2	239	24	514	20	385	0	164	0	164	11.7	372	365	580	0	863	1 000.49	262
5	503	0	464	36	406	26	307	0	164	1	91	10.6	405	232.8	706	15	734	232.8	690
0	856	0	464	0	987	0	954	0	164	0	164	0	1 005	0	1 028	0	863	0	1 027
0	856	0	464	0	987	0	954	0	164	0	164	0	1 005	0	1 028	0	863	0	1 027
0	856	0	464	0	987	0	954	0	164	0	164	0	1 005	0	1 028	0	863	0	1 027
0	856	0	464	0	987	0	954	0	164	0	164	0	1 005	0	1 028	0	863	0	1 027
0	856	0	464	85	170	39	184	0	164	3	51	18.1	247	996.5	280	0	863	992.5	266
1	753	4	165	15	646	1	911	0	164	0	164	2.8	785	196	753	116	376	186	738
5	503	0	464	39	376	7	686	0	164	0	164	9.6	436	284	653	60	507	244	671
9	354	0	464	13	679	37	207	1	76	0	164	11.6	374	388.5	561	17	723	377.5	558
2	675	4	165	32	433	17	447	0	164	0	164	14.1	312	579	437	45	571	517.96	457
0	856	0	464	0	987	0	954	0	164	0	164	0	1 005	0	1 028	0	863	0	1 027
0	856	0	464	0	987	0	954	0	164	0	164	0	1 005	0	1 028	0	863	0	1 027
0	856	0	464	1	956	0	954	0	164	0	164	0.6	962	276	663	200	247	276	646

学校名称	社科活动人员(人)																	
	合计		按职称划分								其他人员		合计		按职称划分			
			小计		高级		中级		初级						高级		中级	
辽宁省交通高等专科学校	100	753	100	749	41	485	51	653	8	982	0	115	0	1 005	0	957	0	978
辽宁石化职业技术学院	64	927	64	926	30	633	26	917	8	982	0	115	0	1 005	0	957	0	978
辽宁水利职业学院	78	868	76	877	27	672	41	770	8	982	2	53	0	1 005	0	957	0	978
辽宁特殊教育师范高等专科学校	132	600	132	597	21	769	75	423	36	516	0	115	0	1 005	0	957	0	978
辽宁铁道职业技术学院	51	982	51	981	16	865	23	947	12	906	0	115	0	1 005	0	957	0	978
辽宁现代服务职业技术学院	204	323	204	319	70	246	102	267	32	588	0	115	65	366	8	649	35	336
辽宁冶金职业技术学院	34	1 075	34	1 072	17	843	17	1 022	0	1 135	0	115	0	1 005	0	957	0	978
辽宁医药职业学院	50	984	45	1 007	11	953	33	862	1	1 120	5	32	0	1 005	0	957	0	978
辽宁政法职业学院	177	398	177	397	94	127	69	481	14	863	0	115	246	56	147	22	83	112
辽宁职业学院	37	1 059	37	1 057	16	865	21	974	0	1 135	0	115	15	781	3	808	12	651
辽宁装备制造职业技术学院	39	1 047	39	1 045	16	865	21	974	2	1 102	0	115	0	1 005	0	957	0	978
辽阳职业技术学院	198	339	198	335	55	358	88	348	55	306	0	115	17	751	3	808	8	745
聊城职业技术学院	440	24	440	23	74	221	173	71	193	11	0	115	104	233	18	416	36	323
临汾职业技术学院	133	596	133	595	20	793	50	664	63	246	0	115	21	713	11	566	5	823
临沂职业学院	65	925	65	924	26	680	22	962	17	812	0	115	0	1 005	0	957	0	978
柳州城市职业学院	200	332	199	330	51	391	109	240	39	467	1	69	95	255	25	328	60	190
柳州铁道职业技术学院	194	351	194	349	42	478	90	336	62	251	0	115	70	347	14	485	34	350
柳州职业技术学院	224	273	223	272	95	122	96	300	32	588	1	69	152	135	84	66	56	205
六安职业技术学院	127	625	127	624	57	339	56	603	14	863	0	115	15	781	10	599	5	823
六盘水职业技术学院	118	666	117	669	25	696	54	618	38	485	1	69	22	702	6	696	13	638
陇南师范高等专科学校	305	125	305	124	77	208	194	47	34	549	0	115	231	66	79	73	135	44
娄底职业技术学院	43	1 026	43	1 023	28	654	13	1 062	2	1 102	0	115	18	744	16	451	1	937
泸州职业技术学院	187	366	187	365	69	257	96	300	22	718	0	115	83	293	40	205	37	316
潞安职业技术学院	60	946	60	945	10	977	25	925	25	671	0	115	0	1 005	0	957	0	978
罗定职业技术学院	161	463	161	461	25	696	119	202	17	812	0	115	88	282	13	511	68	160
洛阳职业技术学院	168	441	168	439	19	804	58	583	91	124	0	115	123	189	12	537	31	380
漯河医学高等专科学校	136	578	136	577	24	711	58	583	54	316	0	115	23	693	8	649	9	724
漯河职业技术学院	339	86	339	86	124	52	164	88	51	340	0	115	54	435	16	451	32	366
马鞍山师范高等专科学校	217	288	217	284	70	246	99	277	48	376	0	115	47	486	26	315	18	559
马鞍山职业技术学院	62	934	62	933	34	583	23	947	5	1 039	0	115	45	499	25	328	18	559
满洲里俄语职业学院	118	666	118	666	11	953	85	370	22	718	0	115	89	278	16	451	65	174
茂名职业技术学院	103	745	103	741	15	882	54	618	34	549	0	115	52	453	12	537	35	336
眉山药科职业学院	9	1 146	9	1 146	0	1 133	1	1 150	8	982	0	115	0	1 005	0	957	0	978
眉山职业技术学院	252	221	252	219	51	391	75	423	126	49	0	115	91	267	33	244	35	336
湄洲湾职业技术学院	199	335	199	330	39	518	98	285	62	251	0	115	35	572	11	566	18	559

研究发展人员(人)														R&D 经费情况(千元)					
		按学历学位划分								其他人员		折合全时人员(人年)		当年经费收入合计				当年经费支出合计	
初级		博士毕业		硕士毕业		本科毕业		其他学历								其中:科研事业费			
0	856	0	464	0	987	0	954	0	164	0	164	0	1 005	0	1 028	0	863	0	1 027
0	856	0	464	0	987	0	954	0	164	0	164	0	1 005	0	1 028	0	863	0	1 027
0	856	0	464	0	987	0	954	0	164	0	164	0	1 005	0	1 028	0	863	0	1 027
0	856	0	464	0	987	0	954	0	164	0	164	0	1 005	0	1 028	0	863	0	1 027
0	856	0	464	0	987	0	954	0	164	0	164	0	1 005	0	1 028	0	863	0	1 027
22	170	2	239	43	344	19	408	1	76	0	164	29.4	135	1 287.7	221	30	642	1 248.35	217
0	856	0	464	0	987	0	954	0	164	0	164	0	1 005	0	1 028	0	863	0	1 027
0	856	0	464	0	987	0	954	0	164	0	164	0	1 005	0	1 028	0	863	0	1 027
16	234	10	69	157	62	79	60	0	164	0	164	38.7	84	2 208.97	124	80	463	2 129.33	126
0	856	0	464	2	932	13	535	0	164	0	164	4.5	665	210	732	0	863	201.1	723
0	856	0	464	0	987	0	954	0	164	0	164	0	1 005	0	1 028	0	863	0	1 027
6	461	0	464	6	825	11	586	0	164	0	164	4.6	659	96	881	0	863	96	870
50	52	0	464	81	183	23	346	0	164	0	164	22	197	991.68	282	215	233	1 205.38	223
5	503	0	464	9	758	12	558	0	164	0	164	3.6	732	175.2	771	0	863	175.2	753
0	856	0	464	0	987	0	954	0	164	0	164	0	1 005	0	1 028	0	863	0	1 027
10	328	0	464	54	288	41	171	0	164	0	164	13.3	333	520	467	137	335	481.62	481
19	195	0	464	41	358	29	277	0	164	3	51	9.2	454	390	558	46	567	436.58	516
11	306	4	165	109	107	39	184	0	164	1	91	27.5	145	573.2	441	89.2	444	684.08	368
0	856	1	318	9	758	5	757	0	164	0	164	3.4	749	530	462	60	507	673.5	372
3	607	0	464	5	850	16	461	1	76	0	164	2.7	795	118.8	839	35	621	118.8	833
17	218	2	239	100	124	129	16	0	164	0	164	37.2	91	1 837	159	590.5	83	1 839.5	151
1	753	0	464	13	679	5	757	0	164	0	164	5.4	609	361.4	582	100	409	236.4	687
6	461	1	318	48	315	31	260	3	39	0	164	12.9	342	906	307	162	305	760.45	340
0	856	0	464	0	987	0	954	0	164	0	164	0	1 005	0	1 028	0	863	0	1 027
7	421	0	464	75	201	13	535	0	164	0	164	13.8	320	942	298	27	664	852	311
80	13	2	239	87	162	34	228	0	164	0	164	21.9	198	694.9	384	148	323	659.1	378
6	461	0	464	13	679	10	608	0	164	0	164	2.7	795	288	648	80	463	232	691
6	461	0	464	15	646	37	207	2	47	0	164	10	426	444	521	20	686	444	507
3	607	0	464	38	384	9	631	0	164	0	164	6.6	551	509.4	474	240	208	509.4	465
2	675	0	464	40	366	5	757	0	164	0	164	15.1	295	723	373	170	287	728	349
8	384	13	52	65	233	11	586	0	164	0	164	16.3	271	379.5	569	135	338	340.29	582
5	503	0	464	33	430	19	408	0	164	0	164	7.3	533	254.5	683	45	571	220.14	703
0	856	0	464	0	987	0	954	0	164	0	164	0	1 005	0	1 028	0	863	0	1 027
23	155	5	140	49	309	37	207	0	164	0	164	10.4	414	476	498	23	681	675.2	371
6	461	1	318	24	514	10	608	0	164	0	164	4	700	52	957	0	863	123.24	825

学校名称	社科活动人员(人)																	
	合计		按职称划分								其他人员		合计		按职称划分			
			小计		高级		中级		初级						高级		中级	
绵阳职业技术学院	144	535	143	540	48	413	58	583	37	504	1	69	66	359	12	537	30	387
民办合肥滨湖职业技术学院	115	680	112	689	12	933	36	826	64	240	3	42	12	829	1	901	8	745
民办四川天一学院	217	288	217	284	21	769	59	571	137	34	0	115	64	375	9	630	35	336
民办万博科技职业学院	158	478	158	477	22	752	74	431	62	251	0	115	25	673	9	630	14	617
闽北职业技术学院	79	860	79	858	21	769	36	826	22	718	0	115	65	366	22	357	35	336
闽江师范高等专科学校	114	684	114	682	31	621	54	618	29	617	0	115	143	150	37	221	80	116
闽西职业技术学院	255	214	255	213	78	201	123	177	54	316	0	115	46	488	15	467	28	410
明达职业技术学院	7	1 149	7	1 149	1	1 119	5	1 128	1	1 120	0	115	0	1 005	0	957	0	978
牡丹江大学	147	517	147	514	57	339	66	517	24	684	0	115	0	1 005	0	957	0	978
内江职业技术学院	192	354	191	356	66	279	56	603	69	216	1	69	64	375	20	381	22	494
内蒙古电子信息职业技术学院	84	837	84	832	26	680	42	758	16	837	0	115	18	744	9	630	8	745
内蒙古化工职业学院	135	583	135	581	39	518	82	385	14	863	0	115	12	829	0	957	12	651
内蒙古机电职业技术学院	128	622	128	621	46	436	65	524	17	812	0	115	91	267	30	270	47	250
内蒙古建筑职业技术学院	117	670	117	669	36	557	64	532	17	812	0	115	40	536	21	368	18	559
内蒙古交通职业技术学院	35	1 072	35	1 070	12	933	18	1 009	5	1 039	0	115	0	1 005	0	957	0	978
内蒙古警察职业学院	96	771	96	769	52	379	27	911	17	812	0	115	5	930	3	808	0	978
内蒙古民族幼儿师范高等专科学校	120	657	120	657	13	914	36	826	71	200	0	115	28	640	2	857	15	606
内蒙古商贸职业学院	288	150	288	147	123	55	144	125	21	742	0	115	10	862	7	673	3	878
内蒙古体育职业学院	23	1 121	23	1 121	8	1 006	10	1 087	5	1 039	0	115	3	960	3	808	0	978
南昌职业学院	327	99	327	98	13	914	67	510	247	2	0	115	35	572	8	649	13	638
南充职业技术学院	228	257	228	256	48	413	84	377	96	107	0	115	75	324	34	238	21	515
南京城市职业学院	213	303	213	299	69	257	84	377	60	268	0	115	114	206	39	209	54	216
南京工业职业技术学院	360	68	360	68	113	74	198	44	49	364	0	115	591	6	183	12	342	3
南京机电职业技术学院	107	723	107	721	5	1 054	41	770	61	258	0	115	165	112	15	467	85	103
南京交通职业技术学院	156	486	156	484	53	374	89	338	14	863	0	115	136	165	63	120	70	147
南京科技职业学院	217	288	217	284	73	227	141	131	3	1 083	0	115	120	197	45	176	68	160
南京旅游职业学院	170	428	170	427	38	535	99	277	33	566	0	115	66	359	20	381	44	265
南京视觉艺术职业学院	89	810	89	806	13	914	43	747	33	566	0	115	60	401	7	673	39	299
南京铁道职业技术学院	230	255	230	254	56	348	139	137	35	534	0	115	202	84	44	178	124	55
南京信息职业技术学院	171	423	171	421	63	302	81	396	27	647	0	115	176	105	75	84	85	103
南宁职业技术学院	368	57	364	61	94	127	180	61	90	126	4	38	275	45	73	88	139	40

研究发展人员(人)														R&D经费情况(千元)					
		按学历学位划分								其他人员		折合全时人员(人年)		当年经费收入				当年经费支出合计	
初级		博士毕业		硕士毕业		本科毕业		其他学历						合计		其中:科研事业费			
23	155	0	464	46	322	19	408	1	76	1	91	10.6	405	595.2	422	34	629	827	315
3	607	0	464	3	901	9	631	0	164	0	164	1.5	882	60	938	0	863	60	934
20	190	0	464	40	366	24	327	0	164	0	164	11	397	230	709	7	814	230	693
2	675	0	464	18	597	7	686	0	164	0	164	5.1	628	237	704	80	463	244	671
8	384	0	464	28	469	36	215	1	76	0	164	7.7	520	231	707	0	863	323.63	598
26	134	6	111	111	105	26	307	0	164	0	164	24	171	983.72	286	148	323	1 023.86	258
2	675	0	464	31	444	15	481	0	164	1	91	8	504	394	553	31	639	408.08	537
0	856	0	464	0	987	0	954	0	164	0	164	0	1 005	0	1 028	0	863	0	1 027
0	856	0	464	0	987	0	954	0	164	0	164	0	1 005	0	1 028	0	863	0	1 027
21	180	0	464	30	447	33	237	1	76	1	91	10.1	423	319	621	0	863	312	611
1	753	0	464	11	713	7	686	0	164	0	164	2.8	785	107.4	859	15	734	119.4	831
0	856	2	239	5	850	5	757	0	164	0	164	1.8	857	86	897	40	591	169	762
14	252	0	464	59	261	32	246	0	164	0	164	19.1	239	645.9	400	17	723	654.11	383
1	753	0	464	32	433	8	661	0	164	0	164	5.7	593	246	693	30	642	270	652
0	856	0	464	0	987	0	954	0	164	0	164	0	1 005	0	1 028	0	863	0	1 027
2	675	0	464	5	850	0	954	0	164	0	164	1	930	44	969	0	863	44	962
11	306	0	464	12	702	15	481	1	76	0	164	3.5	738	110	851	40	591	86	892
0	856	1	318	7	799	2	869	0	164	0	164	1	930	60	938	30	642	41	966
0	856	2	239	1	956	0	954	0	164	0	164	0.6	962	238	701	220	228	136.27	805
6	461	0	464	27	182	8	661	0	164	8	22	3.7	724	498	484	77	474	498	471
20	190	0	464	36	406	39	184	0	164	0	164	14	314	620	414	185	267	620.8	398
21	180	2	239	74	204	15	481	23	4	0	164	13.9	318	477.65	496	112.4	382	547.75	439
66	29	52	5	430	6	109	23	0	164	0	164	149.3	3	8 507.45	6	881	51	8 171.67	9
65	30	0	464	79	190	86	44	0	164	0	164	24.7	166	827.2	331	199	251	615.3	401
3	607	7	92	100	124	29	277	0	164	0	164	17.3	260	1 234	233	75	477	869.4	306
7	421	4	165	87	162	29	277	0	164	0	164	18.8	241	1 106	253	861	54	1 011	260
2	675	7	92	52	295	7	686	0	164	0	164	12.9	342	558	447	263	193	595.73	411
14	252	1	318	37	394	22	360	0	164	0	164	17.7	255	310	632	0	863	351.2	575
34	92	12	58	160	59	30	270	0	164	0	164	25	163	1 860.8	155	500.3	99	1 999.7	141
16	234	7	92	134	80	35	221	0	164	0	164	20.8	210	1 172	248	135	338	1 242	218
62	32	1	318	164	55	106	27	4	27	1	91	40.2	77	1 882	153	82	458	2 060	135

学校名称	社科活动人员（人）																	
	合计		按职称划分								其他人员		合计		按职称划分			
			小计		高级		中级		初级						高级		中级	
南通航运职业技术学院	351	75	351	74	111	77	220	29	20	765	0	115	202	84	65	109	133	47
南通科技职业学院	143	542	143	540	44	457	78	408	21	742	0	115	139	159	60	126	78	122
南通师范高等专科学校	321	103	321	101	121	60	187	51	13	889	0	115	28	640	16	451	12	651
南通职业大学	205	318	205	314	79	188	112	227	14	863	0	115	184	97	95	54	81	114
南阳医学高等专科学校	182	381	182	381	67	271	94	314	21	742	0	115	44	506	14	485	28	410
宁波城市职业技术学院	363	63	363	63	106	86	184	53	73	190	0	115	95	255	42	192	42	283
宁波卫生职业技术学院	177	398	177	397	35	573	71	459	71	200	0	115	847	1	233	5	359	2
宁波职业技术学院	258	209	258	208	80	181	123	177	55	306	0	115	353	28	134	30	162	25
宁德职业技术学院	123	649	123	648	32	608	46	714	45	403	0	115	141	154	40	205	66	169
宁夏财经职业技术学院	228	257	213	299	76	213	82	385	55	306	15	6	93	263	30	270	32	366
宁夏工商职业技术学院	217	288	217	284	68	266	77	411	72	194	0	115	159	123	69	100	66	169
宁夏警官职业学院	169	434	147	514	38	535	53	630	56	297	22	2	123	189	32	256	24	460
宁夏民族职业技术学院	247	235	244	236	40	501	43	747	161	19	3	42	44	506	11	566	14	617
宁夏幼儿师范高等专科学校	206	315	203	320	36	557	59	571	108	78	3	42	44	506	12	537	19	544
宁夏职业技术学院	233	250	233	249	93	130	88	348	52	328	0	115	53	444	16	451	20	525
盘锦职业技术学院	133	596	131	606	47	419	67	510	17	812	2	53	0	1 005	0	957	0	978
平顶山工业职业技术学院	305	125	305	124	60	324	173	71	72	194	0	115	70	347	11	566	49	239
濮阳职业技术学院	316	109	316	109	109	82	131	153	76	174	0	115	277	43	93	56	112	65
七台河职业学院	43	1 026	43	1 023	24	711	15	1 040	4	1 068	0	115	0	1 005	0	957	0	978
齐齐哈尔高等师范专科学校	212	305	212	302	100	102	69	481	43	422	0	115	0	1 005	0	957	0	978
黔东南民族职业技术学院	205	318	198	335	70	246	71	459	57	288	7	23	24	680	18	416	4	848
黔南民族医学高等专科学校	127	625	127	624	47	419	77	411	3	1 083	0	115	63	383	32	256	31	380
黔南民族幼儿师范高等专科学校	284	156	284	154	67	271	74	431	143	29	0	115	129	180	54	144	33	353
黔南民族职业技术学院	131	608	131	606	54	367	34	851	43	422	0	115	54	435	34	238	11	677
黔西南民族职业技术学院	124	642	123	648	42	478	43	747	38	485	1	69	33	598	12	537	6	798
秦皇岛职业技术学院	354	74	354	73	146	21	202	38	6	1 022	0	115	130	178	51	156	79	118
青岛港湾职业技术学院	40	1 041	40	1 038	18	830	22	962	0	1 135	0	115	22	702	10	599	12	651
青岛酒店管理职业技术学院	248	231	248	230	74	221	140	132	34	549	0	115	68	355	17	434	43	276
青岛求实职业技术学院	34	1 075	34	1 072	6	1 038	19	997	9	965	0	115	11	846	3	808	6	798
青岛远洋船员职业学院	94	781	94	781	47	419	40	779	7	1 007	0	115	29	633	12	537	16	595
青岛职业技术学院	313	114	313	114	89	145	174	69	50	351	0	115	70	347	35	229	27	425

续表

研究发展人员(人)														R&D经费情况(千元)					
		按学历学位划分								其他人员		折合全时人员(人年)		当年经费收入合计				当年经费支出合计	
初级		博士毕业		硕士毕业		本科毕业		其他学历								其中:科研事业费			
4	551	5	140	158	60	39	184	0	164	0	164	41.1	74	1 347.5	205	482.5	105	1 458.28	183
1	753	2	239	97	136	40	179	0	164	0	164	30.3	129	1 769	161	790	59	2 019.7	138
0	856	1	318	15	646	12	558	0	164	0	164	5	632	187	759	88	446	175.09	754
8	384	13	52	108	110	62	93	1	76	0	164	23.9	174	1 338	207	399	124	1 338	200
2	675	1	318	13	679	29	277	1	76	0	164	14.7	303	561	446	30	642	573.9	421
11	306	2	239	73	207	20	385	0	164	0	164	24.9	164	1 218.8	237	354	144	1 036.15	256
199	1	50	6	521	1	232	3	44	2	56	1	148.3	5	8 053.1	7	1 300.25	30	7 197.34	15
43	61	26	19	274	21	53	118	0	164	14	6	57.1	34	6 746.8	18	900.5	49	6 600.44	19
31	108	1	318	68	223	71	76	1	76	4	40	20.2	217	345.5	596	0	863	457.8	499
30	115	1	318	65	233	27	301	0	164	1	91	28.4	139	705	379	262	194	690	366
18	206	1	318	93	150	64	90	1	76	6	30	31.5	120	1 106	253	247	202	1 076	249
58	36	1	318	89	158	33	237	0	164	9	17	19.2	234	1 219.05	236	289	179	1 452.7	184
19	195	0	464	12	702	32	246	0	164	0	164	13.5	325	562.6	444	121	361	537.6	447
8	384	0	464	21	556	23	346	0	164	5	33	8.1	496	506.4	477	206.4	242	339.99	584
16	234	2	239	35	415	16	461	0	164	1	91	8.4	484	654	397	251	200	637.64	393
0	856	0	464	0	987	0	954	0	164	0	164	0	1 005	0	1 028	0	863	0	1 027
10	328	0	464	37	394	33	237	0	164	0	164	27.4	146	798	346	130	348	752	342
69	23	1	318	97	136	175	8	4	27	3	51	31.4	121	592	427	20	686	556	430
0	856	0	464	0	987	0	954	0	164	0	164	0	1 005	0	1 028	0	863	0	1 027
0	856	0	464	0	987	0	954	0	164	0	164	0	1 005	0	1 028	0	863	0	1 027
2	675	1	318	16	628	7	686	0	164	0	164	4.3	682	273.5	667	62	503	265	655
0	856	0	464	22	543	41	171	0	164	0	164	13.5	325	330	610	30	642	307.6	618
29	122	1	318	46	322	78	63	4	27	13	8	18.5	243	664	393	14	750	707.7	357
9	354	0	464	19	577	35	221	0	164	0	164	11.9	365	686.6	387	510	98	656.85	380
14	252	0	464	20	567	13	535	0	164	1	91	11.1	396	385	567	49	558	384.4	553
0	856	6	111	86	164	38	200	0	164	0	164	23.2	182	1 213.7	238	93	428	1 147.14	238
0	856	0	464	15	646	7	686	0	164	0	164	2.3	820	91.73	888	10.39	769	91.73	877
8	384	7	92	58	263	3	830	0	164	0	164	11.9	365	937.6	300	50	547	777.6	332
1	753	0	464	5	850	6	717	0	164	1	91	2.5	810	41	971	10	771	41	966
1	753	0	464	21	556	8	661	0	164	0	164	4.1	696	144.3	805	0	863	197.7	729
8	384	2	239	53	290	15	481	0	164	0	164	9.1	455	239	700	121	361	239	683

学校名称	社科活动人员(人)																	
	合计		按职称划分								其他人员		合计		按职称划分			
			小计		高级		中级		初级						高级		中级	
青海柴达木职业技术学院	30	1 091	30	1 090	0	1 133	9	1 097	21	742	0	115	0	1 005	0	957	0	978
青海高等职业技术学院	90	805	90	801	0	1 133	6	1 125	84	142	0	115	6	916	0	957	1	937
青海建筑职业技术学院	36	1 065	36	1 063	11	953	8	1 108	17	812	0	115	0	1 005	0	957	0	978
青海交通职业技术学院	69	911	69	911	25	696	22	962	22	718	0	115	13	820	5	727	5	823
青海警官职业学院	149	508	143	540	57	339	39	788	47	386	6	27	4	945	3	808	1	937
青海卫生职业技术学院	24	1 118	24	1 117	12	933	9	1 097	3	1 083	0	115	5	930	2	857	2	902
青海畜牧兽医职业技术学院	46	1 007	46	1 002	20	793	9	1 097	17	812	0	115	5	930	2	857	0	978
清远职业技术学院	196	344	196	340	38	535	121	192	37	504	0	115	53	444	14	485	30	387
曲靖医学高等专科学校	50	984	50	983	14	896	24	939	12	906	0	115	90	273	21	368	46	255
衢州职业技术学院	127	625	127	624	36	557	52	638	39	467	0	115	149	142	48	163	61	187
泉州纺织服装职业学院	45	1 010	45	1 007	2	1 108	16	1 033	27	647	0	115	20	722	2	857	6	798
泉州工艺美术职业学院	126	631	126	630	25	696	45	726	56	297	0	115	64	375	17	434	26	436
泉州海洋职业学院	72	897	72	894	13	914	24	939	35	534	0	115	57	419	14	485	24	460
泉州华光职业学院	178	394	178	393	15	882	56	603	107	80	0	115	58	411	11	566	38	308
泉州经贸职业技术学院	170	428	170	427	60	324	89	338	21	742	0	115	76	318	20	381	46	255
泉州理工职业学院	179	388	179	388	17	843	51	653	111	74	0	115	110	214	18	416	63	177
泉州轻工职业学院	81	851	81	847	14	896	29	896	38	485	0	115	45	499	17	434	17	580
泉州医学高等专科学校	109	707	109	706	18	830	39	788	52	328	0	115	82	297	15	467	22	494
泉州幼儿师范高等专科学校	200	332	200	328	66	279	84	377	50	351	0	115	204	83	57	133	84	107
日照航海工程职业学院	6	1 151	6	1 151	0	1 133	6	1 125	0	1 135	0	115	0	1 005	0	957	0	978
日照职业技术学院	617	4	617	4	128	49	353	2	136	37	0	115	717	3	138	26	419	1
三门峡职业技术学院	389	45	389	45	105	88	234	23	50	351	0	115	161	120	43	185	107	70
三明医学科技职业学院	137	572	137	571	45	441	66	517	26	659	0	115	127	184	33	244	68	160
三峡电力职业学院	22	1 125	21	1 126	10	977	8	1 108	3	1 083	1	69	0	1 005	0	957	0	978
三峡旅游职业技术学院	123	649	123	648	50	399	49	675	24	684	0	115	91	267	29	285	48	245
三亚城市职业学院	56	965	56	965	8	1 006	19	997	29	617	0	115	20	722	3	808	10	701
三亚航空旅游职业学院	124	642	124	642	19	804	82	385	23	704	0	115	61	397	19	397	38	308
三亚理工职业学院	88	816	88	811	8	1 006	23	947	57	288	0	115	20	722	6	696	10	701
三亚中瑞酒店管理职业学院	94	781	84	832	4	1 073	10	1 087	70	210	10	17	12	829	1	901	3	878
沙洲职业工学院	98	762	98	759	44	457	48	689	6	1 022	0	115	45	499	21	368	21	515
山东城市建设职业学院	71	901	71	901	26	680	21	974	24	684	0	115	65	366	23	345	26	436
山东传媒职业学院	92	793	92	791	15	882	38	802	39	467	0	115	3	960	0	957	2	902
山东电子职业技术学院	154	494	154	492	45	441	66	517	43	422	0	115	76	318	21	368	37	316
山东服装职业学院	163	457	163	455	44	457	74	431	45	403	0	115	74	332	30	270	35	336
山东工业职业学院	62	934	62	933	18	830	30	890	14	863	0	115	15	781	4	768	10	701
山东海事职业学院	40	1 041	40	1 038	0	1 133	9	1 097	31	595	0	115	0	1 005	0	957	0	978
山东化工职业学院	58	950	58	950	20	793	7	1 115	31	595	0	115	15	781	5	727	1	937
山东交通职业学院	125	639	125	638	17	843	94	314	14	863	0	115	58	411	6	696	45	261
山东经贸职业学院	364	62	364	61	61	317	201	40	102	92	0	115	248	55	50	159	159	28

续表

研究发展人员(人)														R&D 经费情况(千元)					
		按学历学位划分								其他人员		折合全时人员(人年)		当年经费收入合计		其中:科研事业费		当年经费支出合计	
初级		博士毕业		硕士毕业		本科毕业		其他学历											
0	856	0	464	0	987	0	954	0	164	0	164	0	1 005	0	1 028	0	863	0	1 027
4	551	0	464	6	825	0	954	0	164	1	91	1.7	867	62.4	931	20	686	62	929
0	856	0	464	0	987	0	954	0	164	0	164	0	1 005	0	1 028	0	863	0	1 027
3	607	0	464	10	737	3	830	0	164	0	164	4.6	659	188	758	104	404	126	821
0	856	0	464	1	956	3	830	0	164	0	164	1.2	910	62.4	931	32	633	62.4	928
1	753	0	464	3	901	2	869	0	164	0	164	2.2	829	142.4	809	94	424	60.4	933
3	607	0	464	1	956	4	796	0	164	0	164	0.7	955	26	995	8	807	29	991
9	354	7	92	30	447	16	461	0	164	0	164	7.8	513	749.5	359	231	216	753.68	341
23	155	1	318	47	318	42	164	0	164	0	164	18.5	243	1 015	273	220	228	885.8	301
40	71	5	140	109	107	35	221	0	164	0	164	23.7	178	1 436.14	190	180.2	271	1 118.87	243
12	286	0	464	7	799	13	535	0	164	0	164	2.5	810	72	916	6	822	73.5	908
21	180	0	464	40	366	24	327	0	164	0	164	10.4	414	403.5	548	24	676	433.2	520
19	195	0	464	18	597	37	207	2	47	0	164	11.2	389	150	794	0	863	158	776
9	354	0	464	19	577	39	184	0	164	0	164	7.4	530	128	824	27	664	133.7	808
10	328	3	200	46	322	27	301	0	164	0	164	12.3	354	520.1	466	136	337	485.14	478
29	122	4	165	58	263	48	139	0	164	0	164	15.8	280	688	386	19.5	718	727.75	350
11	306	4	165	21	556	20	385	0	164	0	164	9.3	448	143.8	807	30.5	641	176.3	751
45	57	1	318	53	290	28	287	0	164	0	164	10.1	423	594	424	64	499	528.25	451
63	31	2	239	140	76	59	96	3	39	0	164	34.5	103	1 198.9	242	43	582	1 273.28	212
0	856	0	464	0	987	0	954	0	164	0	164	0	1 005	0	1 028	0	863	0	1 027
160	3	21	29	497	3	191	6	8	12	0	164	158	2	7 972.65	9	164.85	301	7 277.8	13
11	306	2	239	96	141	63	91	0	164	0	164	20	220	1 202.4	241	60	507	1 239.4	219
26	134	0	464	33	430	94	37	0	164	0	164	27.4	146	860	318	316	166	751.85	343
0	856	0	464	0	987	0	954	0	164	0	164	0	1 005	0	1 028	0	863	0	1 027
14	252	0	464	36	406	55	109	0	164	0	164	14.6	306	446	519	190	261	464	491
7	421	0	464	6	825	14	509	0	164	0	164	4.2	689	163	777	38	614	181.48	743
3	607	1	318	23	530	37	207	0	164	1	91	11.2	389	551	450	317	165	484	479
4	551	0	464	10	737	10	608	0	164	0	164	2.3	820	162	778	35	621	165.97	765
3	607	0	464	8	774	4	796	0	164	5	33	1.2	910	123.1	833	0	863	105.27	853
3	607	2	239	23	530	20	385	0	164	0	164	6.4	561	759	355	244	204	692.4	363
15	243	0	464	51	299	14	509	0	164	1	91	19.8	226	540	458	32	633	512	462
1	753	0	464	3	901	0	954	0	164	0	164	1.2	910	96	881	60	507	41.54	965
18	206	0	464	66	230	10	608	0	164	0	164	12.9	342	284	653	125	355	201.5	722
9	354	0	464	60	258	14	509	0	164	0	164	9.8	432	126	826	20	686	119.2	832
1	753	0	464	15	646	0	954	0	164	0	164	5.2	624	863	317	157	311	863	310
0	856	0	464	0	987	0	954	0	164	0	164	0	1 005	0	1 028	0	863	0	1 027
0	856	1	318	11	713	3	830	0	164	9	17	1.8	857	124	831	20	686	52	949
7	421	0	464	49	309	9	631	0	164	0	164	6.4	561	243	694	112	383	221.5	699
35	88	0	464	207	31	39	184	2	47	4	40	36.8	95	2 748.31	96	346.44	147	2 464.14	105

学校名称	社科活动人员（人）																	
	合计		按职称划分								其他人员		合计		按职称划分			
			小计		高级		中级		初级						高级		中级	
山东凯文科技职业学院	19	1 130	19	1 130	4	1 073	13	1 062	2	1 102	0	115	0	1 005	0	957	0	978
山东科技职业学院	243	240	243	239	29	641	93	325	121	56	0	115	89	278	31	262	44	265
山东劳动职业技术学院	147	517	147	514	25	696	66	517	56	297	0	115	23	693	13	511	7	773
山东理工职业学院	221	282	221	278	71	238	99	277	51	340	0	115	139	159	46	172	73	136
山东力明科技职业学院	106	729	106	727	22	752	41	770	43	422	0	115	2	974	1	901	0	978
山东轻工职业学院	175	405	175	405	33	594	78	408	64	240	0	115	22	702	8	649	12	651
山东商务职业学院	400	37	400	37	64	293	183	55	153	21	0	115	205	82	28	296	103	78
山东商业职业技术学院	309	121	309	121	97	115	135	147	77	167	0	115	48	480	14	485	25	448
山东水利职业学院	109	707	109	706	22	752	67	510	20	765	0	115	28	640	5	727	19	544
山东特殊教育职业学院	94	781	94	781	17	843	28	902	49	364	0	115	25	673	12	537	2	902
山东外国语职业学院	290	146	290	144	45	441	142	129	103	87	0	115	200	88	54	144	94	88
山东外贸职业学院	473	18	473	18	111	77	240	22	122	53	0	115	613	4	216	9	295	4
山东外事翻译职业学院	260	205	260	204	41	485	99	277	120	60	0	115	0	1 005	0	957	0	978
山东信息职业技术学院	72	897	72	894	16	865	22	962	34	549	0	115	0	1 005	0	957	0	978
山东畜牧兽医职业学院	121	652	121	652	19	804	44	740	58	280	0	115	20	722	9	630	10	701
山东药品食品职业学院	79	860	79	858	7	1 023	17	1 022	55	306	0	115	10	862	0	957	8	745
山东医学高等专科学校	95	774	95	774	24	711	43	747	28	636	0	115	14	801	6	696	7	773
山东职业学院	196	344	196	340	32	608	120	196	44	416	0	115	13	820	3	808	7	773
山东中医药高等专科学校	107	723	107	721	19	804	37	814	51	340	0	115	91	267	20	381	38	308
山西财贸职业技术学院	138	567	138	566	44	457	61	556	33	566	0	115	27	657	14	485	12	651
山西电力职业技术学院	30	1 091	30	1 090	6	1 038	19	997	5	1 039	0	115	3	960	1	901	2	902
山西工程职业技术学院	95	774	95	774	18	830	50	664	27	647	0	115	16	766	7	673	7	773
山西管理职业学院	98	762	98	759	17	843	46	714	35	534	0	115	30	627	11	566	14	617
山西华澳商贸职业学院	178	394	178	393	10	977	21	974	147	24	0	115	0	1 005	0	957	0	978
山西机电职业技术学院	62	934	62	933	14	896	39	788	9	965	0	115	12	829	7	673	5	823
山西交通职业技术学院	78	868	78	866	21	769	43	747	14	863	0	115	0	1 005	0	957	0	978
山西金融职业学院	144	535	144	534	40	501	74	431	30	605	0	115	27	657	11	566	16	595
山西经贸职业学院	178	394	178	393	41	485	90	336	47	386	0	115	5	930	3	808	2	902
山西警官职业学院	44	1 022	44	1 019	19	804	12	1 067	13	889	0	115	6	916	4	768	1	937
山西老区职业技术学院	34	1 075	34	1 072	1	1 119	0	1 152	33	566	0	115	2	974	0	957	0	978
山西林业职业技术学院	60	946	60	945	12	933	25	925	23	704	0	115	8	888	4	768	2	902
山西旅游职业学院	183	379	183	379	44	457	82	385	57	288	0	115	11	846	3	808	5	823
山西煤炭职业技术学院	39	1 047	39	1 045	14	896	23	947	2	1 102	0	115	0	1 005	0	957	0	978
山西青年职业学院	81	851	81	847	21	769	37	814	23	704	0	115	21	713	8	649	5	823
山西轻工职业技术学院	84	837	84	832	17	843	50	664	17	812	0	115	3	960	3	808	0	978
山西省财政税务专科学校	253	219	253	217	99	107	110	234	44	416	0	115	0	1 005	0	957	0	978

研究发展人员(人)														R&D 经费情况(千元)					
		按学历学位划分								其他人员		折合全时人员(人年)		当年经费收入合计		其中:科研事业费		当年经费支出合计	
初级		博士毕业		硕士毕业		本科毕业		其他学历											
0	856	0	464	0	987	0	954	0	164	0	164	0	1 005	0	1 028	0	863	0	1 027
11	306	0	464	58	263	30	270	1	76	3	51	17.1	262	828.5	330	404	120	765.94	337
3	607	1	318	18	597	4	796	0	164	0	164	5.5	603	468.2	502	154	314	334.14	588
20	190	1	318	72	211	50	130	16	5	0	164	34	107	498	484	63	502	472.19	486
1	753	0	464	2	932	0	954	0	164	0	164	0.3	992	8	1 018	5	826	5	1 019
2	675	0	464	19	577	3	830	0	164	0	164	5.9	584	296	641	70	485	286	635
74	17	6	111	150	67	48	139	1	76	0	164	30.7	127	1 415	194	135	338	1 085.39	247
9	354	2	239	28	469	4	796	14	7	0	164	8.5	481	1 089.7	256	530.7	96	605	407
4	551	0	464	21	556	7	686	0	164	0	164	11.5	380	454	514	11	763	443	509
11	306	0	464	16	628	9	631	0	164	0	164	4.2	689	297.3	640	20	686	289.88	631
52	47	0	464	158	60	42	164	0	164	0	164	33.9	110	1 285.5	222	31	639	1 217.1	221
102	7	70	3	460	5	82	52	1	76	0	164	148.7	4	7 917.1	10	60	507	7 923.1	11
0	856	0	464	0	987	0	954	0	164	0	164	0	1 005	550	452	0	863	520	456
0	856	0	464	0	987	0	954	0	164	0	164	0	1 005	0	1 028	0	863	0	1 027
1	753	0	464	8	774	12	558	0	164	0	164	6.5	554	320	617	40	591	362	567
2	675	0	464	10	737	0	954	0	164	0	164	1.5	882	66	923	0	863	59.1	939
1	753	0	464	11	713	3	830	0	164	0	164	4.3	682	112	848	16	727	109.63	845
3	607	0	464	7	799	6	717	0	164	0	164	6.4	561	336	603	109	392	272	649
33	99	1	318	74	204	16	461	0	164	0	164	15.8	280	629	409	105	399	567	424
1	753	0	464	11	713	16	461	0	164	0	164	3.8	715	84	901	24	676	60	934
0	856	0	464	2	932	1	911	0	164	0	164	1.8	857	25	998	0	863	25	997
2	675	0	464	12	702	4	796	0	164	0	164	2.8	785	91	890	35	621	56	943
5	503	1	318	14	665	15	481	0	164	0	164	4.7	652	285.5	650	12	759	276.5	645
0	856	0	464	0	987	0	954	0	164	0	164	0	1 005	8.1	1 017	0	863	8.1	1 015
0	856	0	464	8	774	4	796	0	164	0	164	2.6	800	72	916	22	683	87.22	891
0	856	0	464	0	987	0	954	0	164	0	164	0	1 005	102	868	0	863	102	857
0	856	1	318	15	646	11	586	0	164	0	164	3.4	749	113	847	2	851	113	842
0	856	0	464	5	850	0	954	0	164	0	164	0.9	943	109.6	854	10	771	69.36	914
1	753	0	464	4	874	2	869	0	164	0	164	1.5	882	113.42	845	0	863	101.92	858
1	753	0	464	0	987	2	869	0	164	1	91	0.4	984	70	920	40	591	55	944
2	675	1	318	4	874	3	830	0	164	0	164	1.1	922	66.49	922	0	863	56.32	942
3	607	0	464	10	737	1	911	0	164	0	164	1.5	882	38.12	980	0	863	156.42	781
0	856	0	464	0	987	0	954	0	164	0	164	0	1 005	0	1 028	0	863	0	1 027
8	384	0	464	16	628	5	757	0	164	0	164	3.3	753	96.8	880	30	642	79.8	899
0	856	0	464	3	901	0	954	0	164	0	164	0.5	974	17	1 010	1	858	17	1 006
0	856	0	464	0	987	0	954	0	164	0	164	0	1 005	151	792	151	319	1	1 026

学校名称	社科活动人员(人)																	
	合计		按职称划分								其他人员		合计		按职称划分			
			小计		高级		中级		初级						高级		中级	
山西体育职业学院	62	934	62	933	12	933	35	837	15	849	0	115	0	1 005	0	957	0	978
山西同文职业技术学院	26	1 112	26	1 111	1	1 119	15	1 040	10	949	0	115	0	1 005	0	957	0	978
山西戏剧职业学院	157	481	157	480	46	436	64	532	47	386	0	115	24	680	12	537	11	677
山西艺术职业学院	139	562	139	562	40	501	48	689	51	340	0	115	6	916	4	768	1	937
山西运城农业职业技术学院	70	905	70	905	10	977	34	851	26	659	0	115	3	960	1	901	2	902
山西职业技术学院	188	363	188	363	47	419	57	593	84	142	0	115	0	1 005	0	957	0	978
陕西财经职业技术学院	255	214	255	213	114	70	105	255	36	516	0	115	16	766	11	566	3	878
陕西电子科技职业学院	112	693	112	689	26	680	39	788	47	386	0	115	2	974	0	957	1	937
陕西工商职业学院	100	753	100	749	37	545	43	747	20	765	0	115	51	459	13	511	23	476
陕西国防工业职业技术学院	129	618	129	616	48	413	60	567	21	742	0	115	19	733	8	649	10	701
陕西航空职业技术学院	98	762	98	759	36	557	54	618	8	982	0	115	0	1 005	0	957	0	978
陕西机电职业技术学院	38	1 053	38	1 050	19	804	4	1 134	15	849	0	115	13	820	5	727	3	878
陕西经济管理职业技术学院	37	1 059	37	1 057	25	696	9	1 097	3	1 083	0	115	1	992	1	901	0	978
陕西警官职业学院	149	508	149	506	62	308	64	532	23	704	0	115	91	267	47	166	38	308
陕西能源职业技术学院	135	583	132	597	35	573	52	638	45	403	3	42	9	877	3	808	4	848
陕西青年职业学院	144	535	144	534	29	641	63	540	52	328	0	115	14	801	5	727	8	745
陕西艺术职业学院	227	261	227	259	55	358	69	481	103	87	0	115	68	355	20	381	22	494
陕西职业技术学院	345	79	345	79	67	271	180	61	98	102	0	115	116	200	24	336	75	128
汕头职业技术学院	413	34	413	34	90	139	206	33	117	66	0	115	60	401	25	328	28	410
汕尾职业技术学院	169	434	169	433	16	865	122	187	31	595	0	115	33	598	1	901	29	397
商洛职业技术学院	99	758	99	755	25	696	35	837	39	467	0	115	14	801	12	537	2	902
商丘医学高等专科学校	142	548	142	548	23	734	92	327	27	647	0	115	91	267	13	511	63	177
商丘职业技术学院	396	41	396	41	144	23	203	37	49	364	0	115	215	72	65	109	134	46
上海邦德职业技术学院	67	915	67	915	8	1 006	26	917	33	566	0	115	5	930	0	957	4	848
上海城建职业学院	344	81	344	81	76	213	179	64	89	129	0	115	94	260	30	270	42	283
上海出版印刷高等专科学校	179	388	179	388	40	501	100	275	39	467	0	115	59	406	17	434	20	525
上海电影艺术职业学院	46	1 007	46	1 002	2	1 108	21	974	23	704	0	115	14	801	1	901	3	878
上海电子信息职业技术学院	110	702	110	701	21	769	58	583	31	595	0	115	79	308	17	434	36	323
上海东海职业技术学院	158	478	158	477	10	977	59	571	89	129	0	115	18	744	2	857	4	848
上海工商外国语职业学院	234	248	234	247	21	769	110	234	103	87	0	115	45	499	6	696	21	515
上海工商职业技术学院	138	567	138	566	4	1 073	33	862	101	95	0	115	24	680	1	901	4	848
上海工艺美术职业学院	202	327	202	323	59	331	106	248	37	504	0	115	208	79	70	96	84	107
上海海事职业技术学院	23	1 121	23	1 121	8	1 006	15	1 040	0	1 135	0	115	3	960	2	857	1	937
上海济光职业技术学院	54	971	54	971	11	953	37	814	6	1 022	0	115	19	733	7	673	8	745

研究发展人员(人)														R&D 经费情况(千元)					
		按学历学位划分								其他人员		折合全时人员(人年)		当年经费收入合计		其中:科研事业费		当年经费支出合计	
初级		博士毕业		硕士毕业		本科毕业		其他学历											
0	856	0	464	0	987	0	954	0	164	0	164	0	1 005	0	1 028	0	863	0	1 027
0	856	0	464	0	987	0	954	0	164	0	164	0	1 005	1.5	1 027	0	863	1.5	1 025
1	753	0	464	14	665	10	608	0	164	0	164	6.1	577	256	681	16	727	164	768
1	753	0	464	3	901	2	869	1	76	0	164	2	848	105	865	17	723	105	855
0	856	2	239	1	956	0	954	0	164	0	164	0.7	955	20	1 004	0	863	20	1 002
0	856	0	464	0	987	0	954	0	164	0	164	0	1 005	0	1 028	0	863	0	1 027
2	675	0	464	12	702	4	796	0	164	0	164	5.3	618	168.4	776	20	686	168.9	763
1	753	0	464	2	932	0	954	0	164	0	164	0.6	962	313	627	0	863	293	628
15	243	2	239	43	344	6	717	0	164	0	164	5.3	618	409	544	40	591	414.4	528
1	753	0	464	13	679	6	717	0	164	0	164	2.1	839	118.9	838	20	686	89.4	884
0	856	0	464	0	987	0	954	0	164	0	164	0	1 005	0	1 028	0	863	0	1 027
5	503	0	464	10	737	3	830	0	164	0	164	1.3	905	56	947	30	642	27.5	992
0	856	0	464	1	956	0	954	0	164	0	164	0.1	1 002	14	1 014	10	771	14	1 012
6	461	8	82	67	225	16	461	0	164	0	164	22.6	189	2 188.3	125	102	408	2 128	127
2	675	0	464	4	874	5	757	0	164	0	164	1	930	34	986	10	771	30	988
1	753	0	464	13	679	1	911	0	164	0	164	1.7	867	58.8	945	0	863	68.8	915
26	134	0	464	41	358	26	307	1	76	0	164	10.3	419	1 061.9	260	560	92	1 050.75	254
17	218	0	464	88	160	28	287	0	164	0	164	15.6	286	548	453	13	755	612.35	404
7	421	5	140	38	384	17	447	0	164	0	164	7.8	513	886	309	230	217	888.7	299
3	607	0	464	20	567	13	535	0	164	0	164	6.5	554	314	626	0	863	347	578
0	856	0	464	9	758	5	757	0	164	0	164	3.3	753	226	715	20	686	177.8	748
15	243	0	464	13	679	78	63	0	164	0	164	9.5	441	275	665	35	621	280.84	641
16	234	2	239	119	95	94	37	0	164	0	164	24.5	168	582.6	433	35	621	583.4	416
1	753	0	464	5	850	0	954	0	164	0	164	0.6	962	31	989	0	863	31	985
22	170	7	92	62	247	25	314	0	164	0	164	30.3	129	3 514.15	64	226.95	222	3 035.09	75
22	170	13	52	39	376	7	686	0	164	0	164	12	358	5 104	31	3 212	10	5 024	32
10	328	0	464	9	758	5	757	0	164	0	164	5	632	350	589	190	261	330.41	594
24	149	7	92	63	244	9	631	0	164	2	60	32.5	118	1 741.6	165	440	116	1 370.6	196
12	286	0	464	11	713	7	686	0	164	0	164	4.5	665	254	684	77	474	413.07	531
18	206	0	464	37	394	8	661	0	164	0	164	5.3	618	305	635	90	434	413.1	530
19	195	0	464	23	530	1	911	0	164	0	164	5.5	603	385.76	566	193.26	258	556.86	429
50	52	10	69	86	164	74	68	38	3	4	40	37.9	88	2 892.5	89	0	863	2 456.42	106
0	856	0	464	3	901	0	954	0	164	0	164	0.8	949	58.4	946	0	863	84.62	894
4	551	1	318	14	665	4	796	0	164	0	164	3.2	760	3 242.93	77	2 881.93	14	2 967.57	79

学校名称	社科活动人员(人)																	
	合计		按职称划分								其他人员		合计		按职称划分			
			小计		高级		中级		初级						高级		中级	
上海交通职业技术学院	36	1 065	36	1 063	12	933	12	1 067	12	906	0	115	22	702	5	727	10	701
上海科学技术职业学院	29	1 098	29	1 097	12	933	17	1 022	0	1 135	0	115	3	960	2	857	1	937
上海旅游高等专科学校	126	631	126	630	39	518	70	472	17	812	0	115	117	199	43	185	55	211
上海民航职业技术学院	110	702	110	701	23	734	44	740	43	422	0	115	24	680	5	727	9	724
上海民远职业技术学院	27	1 108	27	1 107	1	1 119	15	1 040	11	928	0	115	12	829	0	957	8	745
上海农林职业技术学院	57	959	57	958	7	1 023	37	814	13	889	0	115	14	801	4	768	6	798
上海思博职业技术学院	88	816	88	811	18	830	30	890	40	453	0	115	15	781	3	808	7	773
上海行健职业学院	89	810	89	806	28	654	46	714	15	849	0	115	20	722	3	808	15	606
上海震旦职业学院	16	1 139	16	1 139	3	1 088	7	1 115	6	1 022	0	115	17	751	3	808	7	773
上海中侨职业技术学院	19	1 130	19	1 130	5	1 054	7	1 115	7	1 007	0	115	0	1 005	0	957	0	978
上饶职业技术学院	137	572	137	571	33	594	49	675	55	306	0	115	41	531	18	416	22	494
邵阳职业技术学院	92	793	91	796	22	752	52	638	17	812	1	69	23	693	6	696	15	606
绍兴职业技术学院	187	366	187	365	52	379	106	248	29	617	0	115	273	47	125	32	125	52
深圳信息职业技术学院	262	200	262	199	62	308	109	240	91	124	0	115	207	80	57	133	85	103
深圳职业技术学院	841	1	841	1	342	1	334	4	165	17	0	115	785	2	391	1	278	7
沈阳职业技术学院	500	15	491	15	148	19	264	9	79	160	9	19	158	127	80	72	73	136
石家庄财经职业学院	179	388	179	388	13	914	98	285	68	220	0	115	114	206	16	451	73	136
石家庄城市经济职业学院	21	1 127	21	1 126	1	1 119	12	1 067	8	982	0	115	15	781	0	957	6	798
石家庄工程职业学院	97	766	97	763	3	1 088	80	398	14	863	0	115	2	974	0	957	2	902
石家庄工商职业学院	145	530	145	528	14	896	106	248	25	671	0	115	12	829	8	649	4	848
石家庄经济职业学院	202	327	202	323	13	914	68	493	121	56	0	115	1	992	0	957	0	978
石家庄科技工程职业学院	157	481	156	484	50	399	74	431	32	588	1	69	34	586	11	566	17	580
石家庄科技信息职业学院	38	1 053	38	1 050	0	1 133	19	997	19	790	0	115	1	992	0	957	1	937
石家庄科技职业学院	30	1 091	30	1 090	1	1 119	17	1 022	12	906	0	115	0	1 005	0	957	0	978
石家庄理工职业学院	166	447	166	445	13	914	111	231	42	437	0	115	15	781	3	808	12	651
石家庄人民医学高等专科学校	36	1 065	36	1 063	1	1 119	25	925	10	949	0	115	0	1 005	0	957	0	978
石家庄铁路职业技术学院	62	934	62	933	33	594	23	947	6	1 022	0	115	11	846	6	696	3	878
石家庄信息工程职业学院	556	8	555	9	160	13	247	18	148	23	1	69	366	25	154	20	159	28
石家庄医学高等专科学校	71	901	71	901	11	953	36	826	24	684	0	115	80	302	28	296	48	245
石家庄邮电职业技术学院	227	261	227	259	76	213	120	196	31	595	0	115	75	324	31	262	42	283
石家庄幼儿师范高等专科学校	328	98	328	97	88	147	137	142	103	87	0	115	249	54	102	49	125	52
石家庄职业技术学院	365	60	365	59	99	107	173	71	93	115	0	115	209	77	82	70	109	67
顺德职业技术学院	437	25	437	24	147	20	198	44	92	120	0	115	361	26	170	16	149	34
朔州师范高等专科学校	155	492	155	490	16	865	63	540	76	174	0	115	11	846	1	901	5	823
朔州职业技术学院	36	1 065	36	1 063	5	1 054	9	1 097	22	718	0	115	0	1 005	0	957	0	978

续表

研究发展人员(人)														R&D 经费情况(千元)					
		按学历学位划分								其他人员		折合全时人员(人年)		当年经费收入合计		其中:科研事业费		当年经费支出合计	
初级		博士毕业		硕士毕业		本科毕业		其他学历											
7	421	1	318	16	628	5	757	0	164	0	164	3.5	738	153.65	789	0	863	171.22	759
0	856	0	464	2	932	1	911	0	164	0	164	1.4	897	850.3	321	799.7	58	790.3	329
19	195	18	40	86	164	13	535	0	164	0	164	37.5	89	3 055.5	85	266	190	2 671.06	89
10	328	0	464	19	577	5	757	0	164	0	164	12.5	350	319	621	4	835	319	606
4	551	1	318	10	737	1	911	0	164	0	164	5.2	624	981	287	710	69	289.68	632
4	551	1	318	11	713	2	869	0	164	0	164	2.3	820	1 055.16	262	851.93	55	1 015.19	259
3	607	1	318	10	737	4	796	0	164	2	60	2.2	829	2 173.2	127	460	111	1 314.54	204
2	675	1	318	19	577	0	954	0	164	0	164	4.3	682	637	405	492	102	552.74	433
7	421	1	318	16	628	0	954	0	164	0	164	4.9	641	3 524	63	3 424	9	2 263.18	117
0	856	0	464	0	987	0	954	0	164	0	164	0	1 005	551.3	449	551.3	93	189.11	736
1	753	0	464	26	490	15	481	0	164	0	164	5.3	618	241	698	81	460	241	680
2	675	0	464	11	713	12	558	0	164	0	164	2.9	774	224	718	144	327	140	800
23	155	2	239	196	37	73	72	2	47	0	164	61.9	28	3 115	78	320	161	2 878	83
46	56	78	2	94	147	35	221	0	164	19	4	28.4	139	7 182.95	17	4 362.26	8	5 206.08	30
116	4	158	1	501	2	122	19	4	27	0	164	130.6	6	29 992.75	1	5 642.58	4	26 774.3	1
3	607	6	111	105	116	46	147	1	76	2	60	27	150	988.6	285	30	642	988.6	269
23	155	0	464	71	215	43	157	0	164	1	91	17.8	252	711.4	376	0	863	711.4	355
9	354	0	464	8	774	7	686	0	164	0	164	4.4	670	112	848	0	863	112	844
0	856	0	464	2	932	0	954	0	164	0	164	0.6	962	296	641	0	863	297	623
0	856	0	464	7	799	5	757	0	164	0	164	3.2	760	145	803	1	858	144	795
1	753	0	464	0	987	1	911	0	164	0	164	0.3	992	15.8	1 013	0	863	15.8	1 009
6	461	0	464	24	514	10	608	0	164	0	164	5.5	603	200	750	3	840	200	725
0	856	0	464	1	956	0	954	0	164	0	164	0.5	974	105.4	864	0	863	105.4	852
0	856	0	464	0	987	0	954	0	164	0	164	0	1 005	108	858	0	863	115	836
0	856	0	464	11	713	4	796	0	164	0	164	2.6	800	72	916	0	863	72	909
0	856	0	464	0	987	0	954	0	164	0	164	0	1 005	0	1 028	0	863	0	1 027
2	675	1	318	10	737	0	954	0	164	0	164	2.1	839	119	837	56	535	124.12	823
53	44	0	464	294	19	72	74	0	164	0	164	51	44	2 078.87	138	196.97	255	2 139.57	124
4	551	5	140	36	406	39	184	0	164	0	164	16.1	276	605	420	8	807	580	418
2	675	6	111	56	275	13	535	0	164	0	164	16.3	271	1 587.3	179	19.1	720	1 521.23	178
22	170	0	464	163	57	86	44	0	164	0	164	42	69	2 119.72	133	9.1	803	2 116.72	129
14	252	13	52	156	63	40	179	0	164	2	60	42.2	68	1 326	209	482	106	1 155.01	236
42	66	28	15	241	25	86	44	6	18	0	164	60.9	29	7 973.92	8	2 054.34	22	7 228.1	14
5	503	0	464	10	737	1	911	0	164	0	164	6.2	573	120	834	0	863	120	830
0	856	0	464	0	987	0	954	0	164	0	164	0	1 005	0	1 028	0	863	0	1 027

学校名称	社科活动人员(人)																	
	合计		按职称划分								其他人员		合计		按职称划分			
			小计		高级		中级		初级						高级		中级	
私立华联学院	284	156	284	154	36	557	126	166	122	53	0	115	51	459	10	599	31	380
四川长江职业学院	174	409	174	408	18	830	64	532	92	120	0	115	50	465	10	599	31	380
四川城市职业学院	240	245	240	244	65	284	99	277	76	174	0	115	123	189	55	141	42	283
四川工程职业技术学院	290	146	290	144	127	51	92	327	71	200	0	115	49	475	21	368	20	525
四川工商职业技术学院	229	256	229	255	73	227	86	366	70	210	0	115	153	134	67	106	65	174
四川管理职业学院	85	831	85	827	22	752	13	1 062	50	351	0	115	23	693	3	808	6	798
四川国际标榜职业学院	216	292	216	288	30	633	85	370	101	95	0	115	114	206	33	244	45	261
四川航天职业技术学院	53	975	53	974	10	977	35	837	8	982	0	115	8	888	1	901	5	823
四川护理职业学院	30	1 091	30	1 090	3	1 088	19	997	8	982	0	115	15	781	0	957	12	651
四川华新现代职业学院	79	860	79	858	17	843	38	802	24	684	0	115	35	572	4	768	24	460
四川化工职业技术学院	83	841	83	837	19	804	46	714	18	802	0	115	16	766	12	537	3	878
四川机电职业技术学院	114	684	112	689	63	302	45	726	4	1 068	2	53	10	862	6	696	4	848
四川建筑职业技术学院	78	868	78	866	11	953	45	726	22	718	0	115	29	633	4	768	20	525
四川交通职业技术学院	104	738	104	736	33	594	37	814	34	549	0	115	43	518	15	467	16	595
四川科技职业学院	393	43	393	43	85	162	123	177	185	13	0	115	16	766	1	901	12	651
四川汽车职业技术学院	73	887	73	884	16	865	8	1 108	49	364	0	115	3	960	0	957	0	978
四川三河职业学院	85	831	85	827	3	1 088	23	947	59	275	0	115	72	340	7	673	25	448
四川商务职业学院	145	530	145	528	60	324	79	403	6	1 022	0	115	106	229	56	139	46	255
四川水利职业技术学院	112	693	112	689	24	711	72	449	16	837	0	115	55	427	13	511	33	353
四川托普信息技术职业学院	277	175	277	173	45	441	82	385	150	22	0	115	57	419	12	537	22	494
四川卫生康复职业学院	94	781	93	785	14	896	35	837	44	416	1	69	65	366	6	696	19	544
四川文化产业职业学院	153	497	153	495	39	518	58	583	56	297	0	115	39	543	12	537	23	476
四川文化传媒职业学院	282	163	282	160	15	882	44	740	223	5	0	115	17	751	2	857	6	798
四川文轩职业学院	159	473	159	471	9	994	87	355	63	246	0	115	62	387	20	381	39	299
四川西南航空职业学院	170	428	170	427	16	865	11	1 078	143	29	0	115	6	916	1	901	0	978
四川现代职业学院	197	343	194	349	21	769	120	196	53	323	3	42	58	411	11	566	37	316
四川信息职业技术学院	134	589	134	587	35	573	50	664	49	364	0	115	31	615	11	566	17	580
四川艺术职业学院	426	30	426	29	82	171	147	118	197	9	0	115	33	598	11	566	14	617
四川应用技术职业学院	152	500	152	498	21	769	34	851	97	106	0	115	20	722	8	649	3	878
四川邮电职业技术学院	78	868	77	870	9	994	47	706	21	742	1	69	63	383	10	599	22	494
四川幼儿师范高等专科学校	298	136	298	136	90	139	123	177	85	140	0	115	190	93	64	113	73	136
四川职业技术学院	430	28	430	28	143	25	216	30	71	200	0	115	179	102	85	63	73	136
四平职业大学	142	548	142	548	45	441	54	618	43	422	0	115	15	781	10	599	1	937
松原职业技术学院	81	851	81	847	39	518	28	902	14	863	0	115	13	820	10	599	3	878
嵩山少林武术职业学院	127	625	127	624	6	1 038	49	675	72	194	0	115	38	553	1	901	24	460

续表

研究发展人员(人)														R&D经费情况(千元)					
		按学历学位划分								其他人员		折合全时人员(人年)		当年经费收入合计				当年经费支出合计	
初级		博士毕业		硕士毕业		本科毕业		其他学历								其中:科研事业费			
9	354	0	464	18	597	33	237	0	164	0	164	14.2	310	435.71	528	60	507	435.71	517
9	354	0	464	32	433	18	428	0	164	0	164	9.1	455	1 296.8	218	0	863	1 296.8	207
26	134	0	464	96	141	26	307	1	76	0	164	38.3	86	1 041	267	42.5	585	1 201.5	224
8	384	1	318	37	394	11	586	0	164	0	164	10.8	400	664	393	211	236	641.7	386
17	218	6	111	91	156	56	106	0	164	2	60	40	79	3 406.79	70	244.75	203	3 414.8	63
12	286	0	464	14	665	9	631	0	164	2	60	3.8	715	357.26	585	0	863	357.26	569
36	78	1	318	49	309	57	103	7	16	0	164	14.9	299	820	335	170	287	713.27	354
2	675	0	464	3	901	5	757	0	164	0	164	2.1	839	390	558	0	863	390	551
3	607	0	464	13	679	2	869	0	164	0	164	1.7	867	150	794	10	771	135	806
7	421	1	318	26	490	8	661	0	164	0	164	4.8	645	509	475	0	863	549.6	438
1	753	0	464	4	874	12	558	0	164	0	164	2.4	817	806	341	10	771	806.4	325
0	856	1	318	3	901	6	717	0	164	0	164	3.7	724	93.46	885	25	670	93.46	875
5	503	3	200	24	514	2	869	0	164	0	164	5	632	444	521	125	355	435.5	518
8	384	0	464	29	456	14	509	0	164	4	40	6.4	561	837	326	70	485	773.25	334
3	607	0	464	7	799	9	631	0	164	0	164	7.1	535	2 098	136	83	456	2 098	133
1	753	0	464	0	987	3	830	0	164	2	60	0.4	984	19	1 008	3	840	19	1 004
39	72	0	464	9	758	59	96	4	27	1	91	11.4	384	3 540	62	0	863	3 540	58
2	675	0	464	57	269	49	136	0	164	1	91	20	220	320.2	615	18	721	233.5	689
9	354	0	464	30	447	25	314	0	164	0	164	13.1	340	1 117.13	251	241.7	206	1 117.13	245
23	155	0	464	35	415	22	360	0	164	0	164	12	358	216.91	728	2.9	849	216.91	706
32	101	0	464	24	514	39	184	2	47	8	22	26.3	152	874.8	313	38	614	762.55	338
4	551	6	111	26	490	7	686	0	164	0	164	13.7	322	290.5	647	32.5	632	258.9	661
9	354	0	464	6	825	11	586	0	164	0	164	2.8	785	64	926	2	851	63	924
3	607	8	82	50	304	4	796	0	164	0	164	11.8	369	573.74	440	0	863	594.94	412
1	753	0	464	3	901	3	830	0	164	4	40	1.1	922	63	928	0	863	70	912
10	328	1	318	26	490	31	260	0	164	0	164	7.9	509	410	542	15	734	410	535
3	607	0	464	16	628	15	481	0	164	0	164	4.2	689	449.2	518	119.7	369	254	664
8	384	0	464	24	514	8	661	1	76	0	164	5.4	609	260.14	676	74	480	189.42	735
9	354	0	464	1	956	19	408	0	164	0	164	6.2	573	33.64	987	0	863	25.64	995
30	115	1	318	47	318	15	481	0	164	1	91	8.9	467	313	627	3	840	301.6	622
52	47	2	239	115	102	73	72	0	164	1	91	33.5	114	1 375	199	119	370	1 000.07	263
21	180	5	140	70	216	102	28	2	47	0	164	37.2	91	3 843	57	2 413	20	2 305.1	114
4	551	0	464	6	825	9	631	0	164	0	164	3.2	760	99	878	0	863	114.2	839
0	856	0	464	3	901	10	608	0	164	0	164	2.6	800	78	910	0	863	78	901
13	267	0	464	19	577	19	408	0	164	0	164	6.7	546	257.5	680	3	840	260.2	659

学校名称	社科活动人员(人)																	
	合计		按职称划分								其他人员		合计		按职称划分			
			小计		高级		中级		初级						高级		中级	
苏州百年职业学院	55	969	55	969	2	1 108	35	837	18	802	0	115	8	888	1	901	6	798
苏州高博软件技术职业学院	105	733	105	731	19	804	70	472	16	837	0	115	52	453	12	537	30	387
苏州工业园区服务外包职业学院	161	463	161	461	33	594	107	247	21	742	0	115	172	108	38	216	116	60
苏州工业园区职业技术学院	121	652	121	652	32	608	52	638	37	504	0	115	28	640	13	511	10	701
苏州工业职业技术学院	161	463	161	461	45	441	105	255	11	928	0	115	83	293	35	229	45	261
苏州工艺美术职业技术学院	344	81	344	81	142	27	162	92	40	453	0	115	102	242	64	113	32	366
苏州健雄职业技术学院	149	508	149	506	50	399	82	385	17	812	0	115	150	141	68	104	73	136
苏州经贸职业技术学院	247	235	247	234	88	147	135	147	24	684	0	115	246	56	94	55	149	34
苏州农业职业技术学院	167	444	167	442	72	232	84	377	11	928	0	115	52	453	22	357	25	448
苏州托普信息职业技术学院	111	696	111	695	6	1 038	52	638	53	323	0	115	10	862	1	901	7	773
苏州卫生职业技术学院	135	583	135	581	33	594	67	510	35	534	0	115	79	308	30	270	42	283
苏州信息职业技术学院	97	766	97	763	37	545	55	612	5	1 039	0	115	43	518	16	451	26	436
苏州幼儿师范高等专科学校	141	553	141	552	59	331	65	524	17	812	0	115	56	423	28	296	28	410
苏州职业大学	534	11	534	11	179	7	307	5	48	376	0	115	283	40	140	24	136	42
宿迁泽达职业技术学院	0	1 155	0	1 155	0	1 133	0	1 152	0	1 135	0	115	0	1 005	0	957	0	978
宿迁职业技术学院	48	999	48	996	0	1 133	9	1 097	39	467	0	115	1	992	0	957	0	978
宿州职业技术学院	73	887	73	884	25	696	36	826	12	906	0	115	12	829	3	808	8	745
随州职业技术学院	19	1 130	19	1 130	5	1 054	12	1 067	2	1 102	0	115	0	1 005	0	957	0	978
台州科技职业学院	95	774	95	774	26	680	49	675	20	765	0	115	116	200	23	345	58	196
台州职业技术学院	196	344	196	340	59	331	117	209	20	765	0	115	146	146	62	124	69	152
太湖创意职业技术学院	25	1 117	25	1 115	6	1 038	8	1 108	11	928	0	115	0	1 005	0	957	0	978
太原旅游职业学院	172	416	172	415	36	557	98	285	38	485	0	115	173	106	43	185	104	74
泰山护理职业学院	46	1 007	46	1 002	5	1 054	25	925	16	837	0	115	24	680	8	649	11	677
泰山职业技术学院	169	434	169	433	53	374	83	382	33	566	0	115	54	435	18	416	23	476
泰州职业技术学院	111	696	111	695	45	441	63	540	3	1 083	0	115	101	245	42	192	59	194
唐山工业职业技术学院	321	103	321	101	113	74	149	114	59	275	0	115	129	180	76	81	48	245
唐山科技职业技术学院	39	1 047	38	1 050	13	914	24	939	1	1 120	1	69	5	930	2	857	3	878
唐山幼儿师范高等专科学校	159	473	159	471	54	367	65	524	40	453	0	115	17	751	10	599	5	823
唐山职业技术学院	335	89	335	89	165	11	160	97	10	949	0	115	134	168	55	141	79	118
天津滨海职业学院	183	379	183	379	75	220	79	403	29	617	0	115	146	146	41	199	69	152
天津渤海职业技术学院	73	887	73	884	36	557	27	911	10	949	0	115	56	423	28	296	23	476

续表

研究发展人员(人)														R&D 经费情况(千元)					
		按学历学位划分								其他人员		折合全时人员(人年)		当年经费收入合计				当年经费支出合计	
初级		博士毕业		硕士毕业		本科毕业		其他学历								其中:科研事业费			
0	856	0	464	8	774	0	954	0	164	1	91	1.7	867	205.6	742	40	591	143.6	797
10	328	0	464	38	384	14	509	0	164	0	164	8	504	420	535	38	614	398.6	545
17	218	21	29	145	72	6	717	0	164	1	91	26	155	5 344.5	28	254	198	5 423.64	28
5	503	0	464	20	567	8	661	0	164	0	164	3.7	724	637.6	404	91	432	692.35	364
3	607	9	76	41	358	33	237	0	164	0	164	12.2	357	2 574	104	1 305	29	3 215.02	68
6	461	2	239	80	189	20	385	0	164	0	164	23	183	2 366	116	294	176	2 469.1	104
9	354	7	92	98	132	45	153	0	164	0	164	20.4	215	882	312	173	283	983.5	273
3	607	11	64	153	66	74	68	8	12	0	164	33.9	110	3 243.3	76	664	75	2 606.48	93
5	503	2	239	36	406	14	509	0	164	0	164	8	504	396.7	551	198	253	372.1	560
2	675	1	318	8	774	1	911	0	164	0	164	1.4	897	60	938	15	734	54	946
7	421	3	200	61	253	15	481	0	164	0	164	13.2	336	1 269	227	1 001	40	817.45	320
1	753	0	464	29	456	14	509	0	164	0	164	5.7	593	260.5	675	88	446	213.6	710
0	856	2	239	53	290	1	911	0	164	0	164	9	462	1 273.6	226	578	89	962.8	279
7	421	32	11	192	40	58	98	1	76	0	164	73.9	18	4 257.6	45	776	61	4 180.42	46
0	856	0	464	0	987	0	954	0	164	0	164	0	1 005	0	1 028	0	863	0	1 027
1	753	0	464	1	956	0	954	0	164	0	164	0.2	999	23.5	1 000	3	840	23.5	999
1	753	0	464	4	874	8	661	0	164	0	164	1.3	905	136	815	96	420	147.1	788
0	856	0	464	0	987	0	954	0	164	0	164	0	1 005	0	1 028	0	863	0	1 027
35	88	2	239	107	112	7	686	0	164	0	164	19.2	234	816.6	337	11	763	930.93	287
15	243	9	76	106	113	31	260	0	164	0	164	26	155	2 486.46	109	116	376	1 964.38	144
0	856	0	464	0	987	0	954	0	164	0	164	0	1 005	62.42	930	0	863	62.42	927
26	134	2	239	147	71	24	327	0	164	0	164	32.8	115	733.1	365	106	396	656.1	381
5	503	0	464	17	612	7	686	0	164	0	164	4	700	117	841	0	863	158.5	775
12	286	1	318	44	335	9	631	0	164	1	91	13.8	320	1 368	201	392	126	1 436	187
0	856	1	318	58	263	42	164	0	164	0	164	14.9	299	976.85	291	170	287	719.53	351
5	503	4	165	102	122	23	346	0	164	0	164	18	249	1 190	245	50	547	1 181	231
0	856	0	464	1	956	4	796	0	164	0	164	1	930	30	991	0	863	30	988
2	675	0	464	6	825	10	608	1	76	0	164	3.5	738	129.5	821	0	863	132.5	810
0	856	2	239	100	124	32	246	0	164	0	164	20.7	212	734.5	363	0	863	766.5	336
36	78	1	318	98	132	47	143	0	164	0	164	16.8	266	708	377	0	863	708	356
5	503	1	318	42	352	13	535	0	164	0	164	11.4	384	456	511	0	863	472	487

学校名称	社科活动人员(人)																	
	合计		按职称划分								其他人员		合计		按职称划分			
			小计		高级		中级		初级						高级		中级	
天津城市建设管理职业技术学院	88	816	88	811	21	769	42	758	25	671	0	115	14	801	4	768	7	773
天津城市职业学院	144	535	144	534	55	358	69	481	20	765	0	115	75	324	32	256	36	323
天津电子信息职业技术学院	153	497	153	495	64	293	54	618	35	534	0	115	146	146	76	81	51	229
天津工程职业技术学院	89	810	89	806	44	457	45	726	0	1 135	0	115	9	877	5	727	4	848
天津工业职业学院	129	618	129	616	47	419	65	524	17	812	0	115	38	553	14	485	23	476
天津工艺美术职业学院	90	805	90	801	27	672	41	770	22	718	0	115	0	1 005	0	957	0	978
天津公安警官职业学院	166	447	166	445	65	284	94	314	7	1 007	0	115	24	680	7	673	16	595
天津广播影视职业学院	50	984	50	983	6	1 038	22	962	22	718	0	115	8	888	4	768	4	848
天津国土资源和房屋职业学院	176	404	176	403	65	284	55	612	56	297	0	115	19	733	9	630	10	701
天津海运职业学院	153	497	153	495	49	411	71	459	33	566	0	115	212	75	83	67	93	90
天津机电职业技术学院	62	934	62	933	32	608	27	911	3	1 083	0	115	17	751	15	467	2	902
天津交通职业学院	300	133	300	133	108	83	123	177	69	216	0	115	141	154	60	126	63	177
天津轻工职业技术学院	120	657	120	657	57	339	54	618	9	965	0	115	24	680	12	537	8	745
天津商务职业学院	261	203	261	202	132	38	115	217	14	863	0	115	236	62	116	38	109	67
天津生物工程职业技术学院	34	1 075	34	1 072	13	914	20	988	1	1 120	0	115	0	1 005	0	957	0	978
天津石油职业技术学院	45	1 010	45	1 007	12	933	33	862	0	1 135	0	115	1	992	1	901	0	978
天津市职业大学	602	6	602	6	157	14	227	26	218	6	0	115	378	24	144	23	150	33
天津铁道职业技术学院	73	887	73	884	29	641	32	875	12	906	0	115	68	355	22	357	36	323
天津现代职业技术学院	115	680	115	679	43	467	54	618	18	802	0	115	116	200	47	166	47	250
天津医学高等专科学校	267	194	267	193	108	83	121	192	38	485	0	115	52	453	18	416	29	397
天津艺术职业学院	162	461	162	459	54	367	85	370	23	704	0	115	55	427	18	416	33	353
铁岭师范高等专科学校	116	676	116	675	62	308	49	675	5	1 039	0	115	0	1 005	0	957	0	978
铁岭卫生职业学院	42	1 032	42	1 030	21	769	17	1 022	4	1 068	0	115	0	1 005	0	957	0	978
通辽职业学院	304	127	304	127	101	98	104	262	99	101	0	115	173	106	57	133	84	107
桐城师范高等专科学校	143	542	143	540	41	485	45	726	57	288	0	115	78	314	24	336	35	336
铜川职业技术学院	89	810	89	806	17	843	45	726	27	647	0	115	18	744	8	649	7	773
铜陵职业技术学院	160	469	160	466	36	557	85	370	39	467	0	115	39	543	12	537	22	494
铜仁幼儿师范高等专科学校	369	56	369	56	73	227	154	107	142	31	0	115	274	46	79	73	123	56
皖北卫生职业学院	88	816	88	811	29	641	46	714	13	889	0	115	40	536	15	467	22	494
皖西卫生职业学院	47	1 002	47	999	16	865	21	974	10	949	0	115	9	877	2	857	5	823
威海海洋职业学院	72	897	72	894	4	1 073	25	925	43	422	0	115	72	340	5	727	35	336
威海职业学院	268	190	268	189	64	293	123	177	81	151	0	115	51	459	19	397	25	448
潍坊工商职业学院	144	535	144	534	28	654	80	398	36	516	0	115	34	586	10	599	14	617

研究发展人员(人)														R&D 经费情况(千元)					
		按学历学位划分								其他人员		折合全时人员(人年)		当年经费收入合计		其中:科研事业费		当年经费支出合计	
初级		博士毕业		硕士毕业		本科毕业		其他学历											
3	607	0	464	9	758	5	757	0	164	0	164	11.2	389	722.48	374	84	454	638.48	391
7	421	0	464	55	281	20	385	0	164	0	164	11.9	365	456.6	510	1.8	857	456.6	500
19	195	6	111	119	95	21	372	0	164	0	164	30.6	128	1 310.09	213	48.73	561	1 367.57	197
0	856	0	464	4	874	5	757	0	164	0	164	3.2	760	204	744	22	683	216.1	707
1	753	0	464	28	469	10	608	0	164	0	164	6.5	554	313	627	0	863	312	611
0	856	0	464	0	987	0	954	0	164	0	164	0	1 005	0	1 028	0	863	0	1 027
1	753	0	464	17	612	7	686	0	164	0	164	8.2	493	491.5	488	31.5	637	489	476
0	856	0	464	3	901	5	757	0	164	0	164	0.8	949	54	951	0	863	52	949
0	856	0	464	15	646	4	796	0	164	0	164	4.4	670	223	719	35	621	223	697
36	78	2	239	131	84	79	60	0	164	0	164	44.3	62	1 419.54	191	0	863	1 433.46	188
0	856	0	464	16	628	1	911	0	164	0	164	4.4	670	260	678	27	664	255	663
18	206	0	464	90	157	51	125	0	164	0	164	48.2	53	2 518	107	80	463	2 471	103
4	551	0	464	24	514	0	954	0	164	0	164	2.9	774	198	751	27	664	175	755
11	306	10	69	180	49	46	147	0	164	0	164	39.5	80	2 023	144	118	373	1 988.41	142
0	856	0	464	0	987	0	954	0	164	0	164	0	1 005	0	1 028	0	863	0	1 027
0	856	0	464	1	956	0	954	0	164	0	164	0.1	1 002	4	1 026	0	863	4	1 023
84	12	20	34	259	23	99	30	0	164	0	164	59.3	32	2 753.35	95	222.5	227	2 734.58	87
10	328	0	464	44	335	24	327	0	164	0	164	11.2	389	550.8	451	0	863	551.88	435
22	170	3	200	65	233	48	139	0	164	0	164	29.5	134	1 512.35	186	3	840	1 516.35	179
5	503	0	464	40	366	12	558	0	164	0	164	13.5	325	1 086	258	316	166	1 149.06	237
4	551	2	239	32	433	21	372	0	164	0	164	9.1	455	518.96	469	104.96	403	517.7	458
0	856	0	464	0	987	0	954	0	164	0	164	0	1 005	0	1 028	0	863	0	1 027
0	856	0	464	0	987	0	954	0	164	0	164	0	1 005	0	1 028	0	863	0	1 027
32	101	1	318	73	207	98	31	1	76	0	164	31	124	1 350	204	110	386	1 331	202
18	206	0	464	39	376	39	184	0	164	1	91	10.6	405	457	509	105	399	437.5	513
3	607	0	464	13	679	5	757	0	164	0	164	3.6	732	73.7	915	10	771	75.7	903
5	503	1	318	24	514	14	509	0	164	0	164	9	462	460	508	100	409	480.3	483
70	22	1	318	112	104	157	10	4	27	2	60	41.5	71	1 651	173	372	136	1 651	164
3	607	0	464	29	456	11	586	0	164	0	164	6.4	561	350	589	60	507	350	577
2	675	0	464	7	799	2	869	0	164	0	164	1.4	897	106	861	20	686	106	849
32	101	1	318	52	295	19	408	0	164	0	164	13.3	333	865.4	315	80	463	863.4	309
7	421	1	318	39	376	11	586	0	164	0	164	8.1	496	2 161.7	128	8	807	2 053.64	136
10	328	2	239	15	646	16	461	1	76	0	164	13.5	325	238	701	0	863	231	692

学校名称	社科活动人员(人)																	
	合计		按职称划分								其他人员		合计		按职称划分			
			小计		高级		中级		初级						高级		中级	
潍坊职业学院	318	108	318	108	101	98	147	118	70	210	0	115	79	308	20	381	44	265
渭南职业技术学院	83	841	83	837	33	594	45	726	5	1 039	0	115	31	615	7	673	23	476
温州科技职业学院	86	827	86	822	24	711	53	630	9	965	0	115	93	263	26	315	56	205
温州职业技术学院	274	182	274	180	88	147	122	187	64	240	0	115	388	23	139	25	196	17
乌海职业技术学院	57	959	57	958	21	769	19	997	17	812	0	115	0	1 005	0	957	0	978
乌兰察布医学高等专科学校	9	1 146	9	1 146	3	1 088	4	1 134	2	1 102	0	115	2	974	2	857	0	978
乌兰察布职业学院	141	553	141	552	64	293	59	571	18	802	0	115	12	829	6	696	6	798
乌鲁木齐职业大学	461	21	461	21	96	116	255	15	110	76	0	115	64	375	27	305	29	397
无锡城市职业技术学院	196	344	196	340	69	257	114	220	13	889	0	115	84	289	41	199	43	276
无锡工艺职业技术学院	273	184	273	182	65	284	121	192	87	137	0	115	184	97	63	120	84	107
无锡科技职业学院	184	378	184	378	48	413	99	277	37	504	0	115	93	263	42	192	44	265
无锡南洋职业技术学院	91	800	91	796	5	1 054	51	653	35	534	0	115	58	411	16	451	36	323
无锡商业职业技术学院	314	111	314	111	118	63	181	59	15	849	0	115	244	58	122	33	121	59
无锡职业技术学院	280	169	280	166	92	132	162	92	26	659	0	115	179	102	73	88	98	85
芜湖职业技术学院	261	203	261	202	80	181	131	153	50	351	0	115	79	308	35	229	36	323
梧州职业学院	122	651	122	651	10	977	37	814	75	183	0	115	34	586	5	727	24	460
武昌职业学院	110	702	110	701	30	633	61	556	19	790	0	115	7	905	6	696	1	937
武汉电力职业技术学院	19	1 130	19	1 130	9	994	10	1 087	0	1 135	0	115	0	1 005	0	957	0	978
武汉工程职业技术学院	136	578	135	581	50	399	74	431	11	928	1	69	7	905	2	857	4	848
武汉光谷职业学院	28	1 104	25	1 115	4	1 073	10	1 087	11	928	3	42	0	1 005	0	957	0	978
武汉海事职业学院	27	1 108	27	1 107	0	1 133	0	1 152	27	647	0	115	0	1 005	0	957	0	978
武汉交通职业学院	180	385	180	385	57	339	73	443	50	351	0	115	112	212	26	315	45	261
武汉民政职业学院	92	793	90	801	20	793	44	740	26	659	2	53	12	829	4	768	7	773
武汉商贸职业学院	218	287	218	283	47	419	124	176	47	386	0	115	50	465	19	397	29	397
武汉铁路职业技术学院	199	335	199	330	52	379	99	277	48	376	0	115	133	171	43	185	69	152
武汉外语外事职业学院	94	781	83	837	19	804	30	890	34	549	11	15	6	916	4	768	2	902
武汉信息传播职业技术学院	83	841	83	837	22	752	38	802	23	704	0	115	32	605	9	630	22	494
武汉职业技术学院	489	17	489	17	157	14	248	17	84	142	0	115	511	9	249	2	200	15
武威职业学院	76	880	76	877	26	680	45	726	5	1 039	0	115	16	766	8	649	7	773
武夷山职业学院	40	1 041	40	1 038	7	1 023	14	1 057	19	790	0	115	7	905	3	808	3	878
西安海棠职业学院	29	1 098	29	1 097	2	1 108	16	1 033	11	928	0	115	9	877	1	901	6	798
西安职业技术学院	112	693	112	689	37	545	51	653	24	684	0	115	14	801	5	727	8	745
西藏警官高等专科学校	104	738	100	749	23	734	33	862	44	416	4	38	21	713	5	727	12	651
西藏职业技术学院	90	805	90	801	26	680	42	758	22	718	0	115	0	1 005	0	957	0	978
西宁城市职业技术学院	41	1 035	41	1 032	2	1 108	5	1 128	34	549	0	115	8	888	1	901	2	902
西双版纳职业技术学院	180	385	180	385	45	441	94	314	41	445	0	115	123	189	42	192	56	205
锡林郭勒职业学院	143	542	143	540	64	293	57	593	22	718	0	115	34	586	18	416	14	617
厦门安防科技职业学院	45	1 010	45	1 007	6	1 038	12	1 067	27	647	0	115	13	820	4	768	4	848
厦门城市职业学院	225	270	225	266	96	116	119	202	10	949	0	115	210	76	85	63	116	60

续表

研究发展人员（人）														R&D经费情况（千元）					
		按学历学位划分								其他人员		折合全时人员（人年）		当年经费收入合计		其中：科研事业费		当年经费支出合计	
初级		博士毕业		硕士毕业		本科毕业		其他学历											
15	243	1	318	48	315	30	270	0	164	0	164	13.6	323	1 045.2	263	185	267	1 289.2	209
1	753	3	200	21	556	7	686	0	164	0	164	3.2	760	124.1	830	0	863	121.43	827
11	306	6	111	84	173	3	830	0	164	0	164	17	263	1 515	185	647.8	78	1 263.25	216
53	44	7	92	303	17	74	68	4	27	0	164	47.7	54	6 048.51	24	1 063.8	39	6 120.21	23
0	856	0	464	0	987	0	954	0	164	0	164	0	1 005	0	1 028	0	863	0	1 027
0	856	0	464	0	987	2	869	0	164	0	164	1.2	910	50	962	10	771	58	940
0	856	0	464	8	774	4	796	0	164	0	164	3.5	738	87.5	896	0	863	87.5	889
7	421	7	92	34	425	23	346	0	164	1	91	10.8	400	798.8	345	180	272	789.74	330
0	856	11	64	56	275	17	447	0	164	0	164	14.9	299	639.4	402	198.4	252	640	388
37	75	3	200	110	106	71	76	0	164	0	164	31.6	119	4 975.8	33	1 067.95	38	4 809.55	35
7	421	2	239	55	281	36	215	0	164	0	164	30.1	131	1 244.4	231	180	272	1 136.6	240
6	461	2	239	28	469	28	287	0	164	0	164	13.5	325	626	411	104	404	546.45	443
1	753	6	111	171	52	67	82	0	164	0	164	31	124	2 744.94	97	1 176	34	2 946.79	81
8	384	38	9	127	88	14	509	0	164	0	164	32.8	115	3 419	69	760	62	3 557.24	57
8	384	0	464	45	329	34	228	0	164	0	164	11.8	369	1 361	203	750	65	981.14	275
4	551	0	464	12	702	22	360	0	164	1	91	8	504	194	754	10	771	241.71	678
0	856	0	464	6	825	1	911	0	164	0	164	0.8	949	120	834	20	686	74	905
0	856	0	464	0	987	0	954	0	164	0	164	0	1 005	0	1 028	0	863	0	1 027
1	753	0	464	1	956	6	717	0	164	0	164	0.8	949	51	960	10	771	44.6	961
0	856	0	464	0	987	0	954	0	164	0	164	0	1 005	0	1 028	0	863	0	1 027
0	856	0	464	0	987	0	954	0	164	0	164	0	1 005	0	1 028	0	863	0	1 027
41	68	2	239	82	180	28	287	0	164	0	164	15.9	278	1 211	239	18	721	1 173.95	232
1	753	1	318	5	850	6	717	0	164	0	164	5.5	603	210	732	140	330	210	714
2	675	0	464	23	530	27	301	0	164	0	164	15.2	293	732.28	368	0	863	732.28	348
21	180	5	140	97	136	30	270	1	76	0	164	20.3	216	946.8	296	15	734	845.1	314
0	856	0	464	6	825	0	954	0	164	0	164	0.8	949	74	913	0	863	54	946
1	753	0	464	22	543	10	608	0	164	0	164	5.9	584	202.63	746	10	771	211	713
57	37	13	52	365	10	127	17	6	18	5	33	68.2	22	2 074.1	140	160	308	2 503.34	99
1	753	0	464	10	737	6	717	0	164	0	164	2.3	820	60.7	937	20	686	74.1	904
0	856	0	464	5	850	1	911	1	76	1	91	1	930	19.6	1 007	0	863	19.6	1 003
2	675	0	464	7	799	2	869	0	164	0	164	1	930	20	1 004	0	863	31	985
1	753	0	464	11	713	3	830	0	164	0	164	1.8	857	133.4	818	60	507	90.4	880
4	551	0	464	12	702	9	631	0	164	0	164	7.5	525	478	493	143	328	411.6	533
0	856	0	464	0	987	0	954	0	164	0	164	0	1 005	100	872	100	409	15	1 011
5	503	0	464	6	825	2	869	0	164	0	164	1.7	867	54	951	20	686	34	979
23	155	2	239	61	253	58	98	2	47	2	60	29.9	132	1 260.5	228	75	477	1 264.4	215
2	675	3	200	13	679	18	428	0	164	0	164	5.4	609	388	562	180	272	174.5	756
5	503	0	464	7	799	6	717	0	164	0	164	1.3	905	40	974	10	771	90	881
9	354	22	27	145	72	42	164	1	76	0	164	40.7	76	1 668	168	282	183	1 673.1	161

学校名称	社科活动人员(人)																			
	合计		按职称划分								其他人员		合计		按职称划分					
			小计		高级		中级		初级						高级		中级			
厦门东海职业技术学院	79	860	79	858	5	1 054	41	770	33	566	0	115	32	605	5	727	19	544		
厦门海洋职业技术学院	111	696	111	695	34	583	57	593	20	765	0	115	53	444	18	416	32	366		
厦门华天涉外职业技术学院	127	625	127	624	19	804	54	618	54	316	0	115	86	286	31	262	41	289		
厦门南洋职业学院	110	702	110	701	29	641	69	481	12	906	0	115	109	218	21	368	75	128		
厦门软件职业技术学院	97	766	97	763	11	953	50	664	36	516	0	115	36	567	5	727	25	448		
厦门兴才职业技术学院	124	642	124	642	16	865	87	355	21	742	0	115	31	615	6	696	19	544		
厦门演艺职业学院	68	914	68	914	7	1 023	28	902	33	566	0	115	4	945	1	901	2	902		
仙桃职业学院	204	323	202	323	64	293	98	285	40	453	2	53	25	673	10	599	15	606		
咸阳职业技术学院	245	237	244	236	61	317	95	310	88	134	1	69	32	605	8	649	17	580		
湘南幼儿师范高等专科学校	262	200	262	199	52	379	69	481	141	32	0	115	75	324	23	345	23	476		
湘潭医卫职业技术学院	111	696	111	695	38	535	61	556	12	906	0	115	70	347	26	315	39	299		
湘西民族职业技术学院	278	173	278	170	69	257	131	153	78	166	0	115	22	702	5	727	12	651		
湘中幼儿师范高等专科学校	53	975	53	974	26	680	21	974	6	1 022	0	115	28	640	19	397	9	724		
襄阳汽车职业技术学院	132	600	126	630	52	379	57	593	17	812	6	27	0	1 005	0	957	0	978		
襄阳职业技术学院	251	224	251	221	105	88	117	209	29	617	0	115	25	673	16	451	8	745		
忻州职业技术学院	154	494	154	492	41	485	47	706	66	233	0	115	0	1 005	0	957	0	978		
新疆兵团警官高等专科学校	80	857	80	854	23	734	31	880	26	659	0	115	80	302	36	226	22	494		
新疆工业职业技术学院	19	1 130	19	1 130	5	1 054	8	1 108	6	1 022	0	115	0	1 005	0	957	0	978		
新疆交通职业技术学院	92	793	92	791	20	793	49	675	23	704	0	115	62	387	16	451	40	295		
新疆农业职业技术学院	134	589	134	587	39	518	52	638	43	422	0	115	63	383	27	305	31	380		
新疆轻工职业技术学院	109	707	109	706	23	734	52	638	34	549	0	115	13	820	5	727	4	848		
新疆师范高等专科学校	384	49	384	49	94	127	225	27	65	238	0	115	237	61	64	113	135	44		
新疆铁道职业技术学院	45	1 010	45	1 007	14	896	16	1 033	15	849	0	115	28	640	13	511	10	701		
新疆应用职业技术学院	172	416	172	415	36	557	97	296	39	467	0	115	29	633	10	599	14	617		
新疆职业大学	167	444	167	442	50	399	73	443	44	416	0	115	4	945	3	808	1	937		
新乡职业技术学院	387	47	387	47	92	132	173	71	122	53	0	115	108	222	18	416	51	229		
信阳职业技术学院	423	31	423	30	130	45	225	27	68	220	0	115	59	406	10	599	43	276		
兴安职业技术学院	194	351	194	349	71	238	53	630	70	210	0	115	8	888	6	696	1	937		
邢台医学高等专科学校	94	781	94	781	34	583	49	675	11	928	0	115	76	318	18	416	52	224		
邢台职业技术学院	307	122	305	124	77	208	149	114	79	160	2	53	104	233	41	199	57	200		
徐州工业职业技术学院	101	750	101	747	43	467	49	675	9	965	0	115	109	218	54	144	49	239		
徐州生物工程职业技术学院	70	905	70	905	26	680	29	896	15	849	0	115	42	525	19	397	20	525		
徐州幼儿师范高等专科学校	195	348	195	345	92	132	79	403	24	684	0	115	156	129	79	73	67	166		
许昌职业技术学院	285	155	285	153	81	174	154	107	50	351	0	115	48	480	5	727	37	316		

续表

研究发展人员(人)														R&D 经费情况(千元)					
		按学历学位划分								其他人员		折合全时人员(人年)		当年经费收入合计		其中:科研事业费		当年经费支出合计	
初级		博士毕业		硕士毕业		本科毕业		其他学历											
8	384	0	464	8	774	23	346	1	76	0	164	5.8	588	118.4	840	5	826	126.4	820
3	607	2	239	39	376	11	586	1	76	0	164	10.5	409	394.5	552	6	822	410.5	534
14	252	0	464	57	269	28	287	1	76	0	164	10.4	414	258.9	679	35	621	310.11	616
13	267	0	464	51	299	58	98	0	164	0	164	14.8	302	594	424	135	338	574.6	419
6	461	0	464	26	490	10	608	0	164	0	164	4.1	696	190.2	756	28	660	190.68	733
6	461	0	464	11	713	20	385	0	164	0	164	3.3	753	66	923	0	863	132.6	809
1	753	0	464	2	932	2	869	0	164	0	164	0.9	943	40	974	0	863	40	969
0	856	0	464	6	825	19	408	0	164	0	164	5	632	378	571	3	840	352	572
7	421	1	318	19	577	12	558	0	164	0	164	6.8	543	450.4	516	0	863	395.5	547
29	122	2	239	42	352	31	260	0	164	0	164	18.9	240	923	303	170	287	874	303
5	503	0	464	45	329	24	327	1	76	0	164	16.2	274	3 406.7	71	846.7	57	2 961.64	80
4	551	0	464	8	774	14	509	0	164	0	164	5.6	597	70	920	10	771	63	924
0	856	0	464	13	679	15	481	0	164	0	164	13.6	323	2 867.25	90	83	456	2 980.3	77
0	856	0	464	0	987	0	954	0	164	0	164	0	1 005	0	1 028	0	863	0	1 027
1	753	1	318	19	577	5	757	0	164	0	164	2.5	810	236	705	60	507	236	688
0	856	0	464	0	987	0	954	0	164	0	164	0	1 005	0	1 028	0	863	0	1 027
11	306	5	140	39	376	36	215	0	164	11	12	11.2	389	921.3	304	401.3	121	748.93	344
0	856	0	464	0	987	0	954	0	164	0	164	0	1 005	0	1 028	0	863	0	1 027
6	461	3	200	49	309	10	608	0	164	0	164	8.3	488	228.5	712	0	863	238.5	684
5	503	6	111	29	456	28	287	0	164	0	164	8.7	472	976.55	292	633.83	80	450.02	502
4	551	0	464	8	774	5	757	0	164	0	164	1.7	867	54	951	8	807	79	900
37	75	23	25	182	47	32	246	0	164	1	91	58.2	33	2 400.4	114	538	95	2 591.5	95
5	503	0	464	10	737	18	428	0	164	0	164	6	580	206	739	0	863	195.1	731
5	503	0	464	19	577	10	608	0	164	0	164	4.2	689	315.6	625	190	261	172.16	758
0	856	0	464	2	932	2	869	0	164	0	164	0.5	974	55	950	40	591	15.24	1 010
39	72	0	464	77	193	31	260	0	164	0	164	18.2	246	825	333	24	676	825	317
6	461	1	318	43	344	15	481	0	164	0	164	11.4	384	388	562	120	363	406	539
1	753	0	464	5	850	3	830	0	164	0	164	0.9	943	63	928	40	591	63	924
6	461	1	318	56	275	19	408	0	164	0	164	12.3	354	455.1	512	0	863	458.1	498
6	461	4	165	72	211	28	287	0	164	0	164	28	141	3 917	52	32.8	631	3 708.4	54
6	461	4	165	89	158	16	461	0	164	0	164	14	314	834	328	274	187	772.1	335
3	607	1	318	31	444	10	608	0	164	0	164	5.3	618	226.6	714	4	835	238.3	685
10	328	7	92	95	146	54	113	0	164	0	164	26.7	151	941.7	299	379	130	921.55	289
6	461	1	318	22	543	25	314	0	164	0	164	11.7	372	441.3	525	274.1	186	434.6	519

学校名称	社科活动人员(人)																	
	合计		按职称划分								其他人员		合计		按职称划分			
			小计		高级		中级		初级						高级		中级	
宣城职业技术学院	109	707	109	706	29	641	51	653	29	617	0	115	24	680	10	599	9	724
宣化科技职业学院	255	214	255	213	99	107	131	153	25	671	0	115	142	153	44	178	88	97
雅安职业技术学院	205	318	205	314	31	621	126	166	48	376	0	115	110	214	31	262	66	169
烟台工程职业技术学院	134	589	134	587	17	843	65	524	52	328	0	115	56	423	8	649	33	353
烟台黄金职业学院	47	1 002	46	1 002	3	1 088	15	1 040	28	636	1	69	0	1 005	0	957	0	978
烟台汽车工程职业学院	18	1 137	18	1 136	10	977	7	1 115	1	1 120	0	115	0	1 005	0	957	0	978
烟台职业学院	168	441	168	439	83	167	76	418	9	965	0	115	0	1 005	0	957	0	978
延安职业技术学院	201	330	201	327	65	284	103	264	33	566	0	115	24	680	3	808	20	525
延边职业技术学院	154	494	154	492	88	147	55	612	11	928	0	115	29	633	15	467	12	651
炎黄职业技术学院	62	934	62	933	5	1 054	33	862	24	684	0	115	0	1 005	0	957	0	978
盐城工业职业技术学院	185	373	185	373	83	167	68	493	34	549	0	115	148	144	60	126	63	177
盐城幼儿师范高等专科学校	341	85	341	85	133	37	126	166	82	149	0	115	57	419	23	345	21	515
扬州工业职业技术学院	182	381	182	381	54	367	79	403	49	364	0	115	156	129	53	148	68	160
扬州市职业大学	520	14	520	14	204	5	232	24	84	142	0	115	495	10	249	2	210	13
阳江职业技术学院	226	266	226	263	39	518	128	162	59	275	0	115	84	289	19	397	52	224
阳泉师范高等专科学校	170	428	170	427	55	358	66	517	49	364	0	115	4	945	1	901	2	902
阳泉职业技术学院	67	915	67	915	10	977	36	826	21	742	0	115	6	916	1	901	5	823
杨凌职业技术学院	132	600	132	597	69	257	53	630	10	949	0	115	21	713	10	599	7	773
伊春职业学院	145	530	145	528	54	367	72	449	19	790	0	115	0	1 005	0	957	0	978
伊犁职业技术学院	75	882	75	880	10	977	40	779	25	671	0	115	10	862	0	957	6	798
宜春幼儿师范高等专科学校	190	359	190	359	27	672	68	493	95	110	0	115	108	222	23	345	54	216
宜春职业技术学院	289	149	288	147	115	68	118	204	55	306	1	69	0	1 005	0	957	0	978
义乌工商职业技术学院	339	86	339	86	116	67	187	51	36	516	0	115	463	15	166	17	225	11
益阳医学高等专科学校	47	1 002	47	999	15	882	29	896	3	1 083	0	115	44	506	22	357	22	494
应天职业技术学院	32	1 086	32	1 085	4	1 073	25	925	3	1 083	0	115	32	605	5	727	23	476
营口职业技术学院	175	405	175	405	90	139	80	398	5	1 039	0	115	0	1 005	0	957	0	978
永城职业学院	103	745	103	741	26	680	69	481	8	982	0	115	76	318	14	485	55	211
永州职业技术学院	267	194	267	193	78	201	128	162	61	258	0	115	19	733	5	727	14	617
榆林职业技术学院	63	931	62	933	4	1 073	18	1 009	40	453	1	69	11	846	0	957	8	745
玉溪农业职业技术学院	41	1 035	41	1 032	8	1 006	19	997	14	863	0	115	16	766	3	808	10	701
岳阳职业技术学院	67	915	67	915	31	621	35	837	1	1 120	0	115	5	930	2	857	3	878
云南财经职业学院	137	572	137	571	56	348	46	714	35	534	0	115	94	260	42	192	25	448

续表

研究发展人员（人）														R&D 经费情况（千元）					
		按学历学位划分								其他人员		折合全时人员（人年）		当年经费收入合计		其中：科研事业费		当年经费支出合计	
初级		博士毕业		硕士毕业		本科毕业		其他学历											
5	503	0	464	13	679	11	586	0	164	0	164	6.4	561	391	555	226	223	391	550
10	328	0	464	60	258	81	54	1	76	0	164	59.9	30	2 102	134	0	863	2 102	131
13	267	3	200	53	290	53	118	1	76	0	164	22.5	190	980.7	289	39.6	612	988.3	270
15	243	0	464	41	358	15	481	0	164	0	164	10.8	400	562	445	50	547	500.75	468
0	856	0	464	0	987	0	954	0	164	0	164	0	1 005	0	1 028	0	863	0	1 027
0	856	0	464	0	987	0	954	0	164	0	164	0	1 005	0	1 028	0	863	0	1 027
0	856	0	464	0	987	0	954	0	164	0	164	0	1 005	0	1 028	0	863	0	1 027
1	753	0	464	9	758	15	481	0	164	0	164	2.9	774	363	581	120	363	308	617
2	675	2	239	7	799	20	385	0	164	0	164	4.3	682	124	831	0	863	124	824
0	856	0	464	0	987	0	954	0	164	0	164	0	1 005	0	1 028	0	863	0	1 027
25	145	0	464	81	183	67	82	0	164	0	164	26	155	2 990.7	86	321	158	3 505.45	60
13	267	3	200	38	384	16	461	0	164	0	164	9.7	435	725	372	235	214	1 872	149
35	88	10	69	97	136	49	136	0	164	0	164	19.2	234	2 049.1	141	361	140	2 123.7	128
36	78	16	45	300	18	171	9	8	12	0	164	68.2	22	3 485.85	66	330	154	3 499.45	61
13	267	1	318	45	329	38	200	0	164	0	164	11.6	374	2 796.5	93	1 885.13	24	2 627.06	90
1	753	0	464	3	901	1	911	0	164	0	164	1.1	922	35	983	2	851	33	981
0	856	0	464	2	932	4	796	0	164	0	164	1.2	910	40	974	20	686	70	912
4	551	0	464	19	577	2	869	0	164	0	164	2.6	800	65	925	0	863	70.65	911
0	856	0	464	0	987	0	954	0	164	0	164	0	1 005	0	1 028	0	863	0	1 027
4	551	0	464	4	874	6	717	0	164	0	164	1	930	114	844	0	863	114	840
31	108	0	464	67	225	41	171	0	164	0	164	16.5	270	733	366	166	297	640.15	387
0	856	0	464	0	987	0	954	0	164	0	164	0	1 005	0	1 028	0	863	0	1 027
48	55	21	29	379	8	51	125	12	8	24	2	97.4	8	16 309.45	4	9 484.48	2	7 988.96	10
0	856	2	239	26	490	16	461	0	164	0	164	9.4	446	586	428	147	326	643	385
4	551	0	464	26	490	6	717	0	164	0	164	5.8	588	206	739	86	450	164.8	766
0	856	0	464	0	987	0	954	0	164	0	164	0	1 005	0	1 028	0	863	0	1 027
7	421	0	464	18	597	57	103	1	76	0	164	18	249	689	385	120	363	688	367
0	856	0	464	6	825	13	535	0	164	0	164	10.7	404	2 304	118	38	614	2 110.5	130
2	675	0	464	7	799	4	796	0	164	1	91	1.4	897	82	902	16	727	87.8	888
3	607	0	464	14	665	2	869	0	164	0	164	2.2	829	99.92	876	6.12	821	99.92	863
0	856	0	464	4	874	1	911	0	164	0	164	0.5	974	50	962	30	642	50	952
26	134	0	464	50	304	44	155	0	164	1	91	22.9	185	673	392	71	484	672	373

学校名称	社科活动人员(人)																	
	合计		按职称划分								其他人员		合计		按职称划分			
			小计		高级		中级		初级						高级		中级	
云南工贸职业技术学院	27	1 108	27	1 107	6	1 038	14	1 057	7	1 007	0	115	15	781	0	957	0	978
云南国防工业职业技术学院	216	292	216	288	79	188	98	285	39	467	0	115	46	488	14	485	24	460
云南国土资源职业学院	185	373	185	373	78	201	57	593	50	351	0	115	56	423	7	673	27	425
云南机电职业技术学院	89	810	86	822	31	621	38	802	17	812	3	42	48	480	18	416	27	425
云南交通运输职业学院	43	1 026	43	1 023	19	804	15	1 040	9	965	0	115	25	673	6	696	10	701
云南交通职业技术学院	260	205	260	204	56	348	110	234	94	112	0	115	93	263	40	205	32	366
云南经贸外事职业学院	149	508	149	506	7	1 023	35	837	107	80	0	115	55	427	0	957	27	425
云南林业职业技术学院	88	816	88	811	14	896	39	788	35	534	0	115	39	543	6	696	15	606
云南旅游职业学院	141	553	141	552	51	391	49	675	41	445	0	115	46	488	13	511	22	494
云南能源职业技术学院	73	887	73	884	24	711	37	814	12	906	0	115	114	206	33	244	51	229
云南商务职业学院	24	1 118	24	1 117	1	1 119	3	1 142	20	765	0	115	0	1 005	0	957	0	978
云南水利水电职业学院	28	1 104	28	1 102	14	896	7	1 115	7	1 007	0	115	5	930	4	768	1	937
云南司法警官职业学院	147	517	145	528	43	467	76	418	26	659	2	53	65	366	13	511	34	350
云南特殊教育职业学院	64	927	64	926	16	865	22	962	26	659	0	115	2	974	1	901	1	937
云南体育运动职业技术学院	147	517	147	514	46	436	56	603	45	403	0	115	16	766	2	857	11	677
云南外事外语职业学院	93	788	93	785	4	1 073	15	1 040	74	186	0	115	38	553	4	768	11	677
云南文化艺术职业学院	210	308	210	306	81	174	86	366	43	422	0	115	66	359	23	345	29	397
云南锡业职业技术学院	83	841	83	837	23	734	25	925	35	534	0	115	29	633	6	696	10	701
云南新兴职业学院	38	1 053	38	1 050	0	1 133	10	1 087	28	636	0	115	6	916	0	957	1	937
运城护理职业学院	7	1 149	7	1 149	0	1 133	3	1 142	4	1 068	0	115	0	1 005	0	957	0	978
运城师范高等专科学校	160	469	160	466	33	594	77	411	50	351	0	115	44	506	14	485	17	580
运城幼儿师范高等专科学校	320	107	320	106	47	419	71	459	202	7	0	115	39	543	14	485	18	559
运城职业技术学院	107	723	107	721	2	1 108	21	974	84	142	0	115	15	781	0	957	7	773
枣庄职业学院	104	738	104	736	26	680	41	770	37	504	0	115	5	930	2	857	2	902
扎兰屯职业学院	163	457	163	455	90	139	42	758	31	595	0	115	7	905	7	673	0	978
湛江幼儿师范专科学校	288	150	288	147	37	545	153	110	98	102	0	115	54	435	7	673	29	397
张家界航空工业职业技术学院	73	887	72	894	11	953	39	788	22	718	1	69	28	640	4	768	17	580
张家口职业技术学院	96	771	96	769	52	379	39	788	5	1 039	0	115	27	657	11	566	14	617
漳州城市职业学院	273	184	273	182	67	271	114	220	92	120	0	115	115	204	35	229	58	196
漳州科技职业学院	70	905	70	905	6	1 038	56	603	8	982	0	115	42	525	1	901	33	353
漳州理工职业学院	143	542	143	540	38	535	53	630	52	328	0	115	53	444	13	511	17	580
漳州卫生职业学院	108	716	108	715	34	583	50	664	24	684	0	115	130	178	26	315	73	136
漳州职业技术学院	335	89	335	89	86	160	168	82	81	151	0	115	234	64	100	51	101	81
昭通卫生职业学院	61	943	59	947	22	752	8	1 108	29	617	2	53	46	488	16	451	6	798
肇庆医学高等专科学校	129	618	129	616	9	994	68	493	52	328	0	115	55	427	6	696	39	299
浙江安防职业技术学院	47	1 002	47	999	14	896	18	1 009	15	849	0	115	29	633	7	673	17	580
浙江东方职业技术学院	219	286	219	282	40	501	102	267	77	167	0	115	165	112	56	139	80	116

续表

研究发展人员(人)														R&D 经费情况(千元)					
		按学历学位划分								其他人员		折合全时人员(人年)		当年经费收入合计		其中:科研事业费		当年经费支出合计	
初级		博士毕业		硕士毕业		本科毕业		其他学历											
0	856	0	464	0	987	15	481	0	164	0	164	1.5	882	91.5	889	60	507	32.15	982
8	384	5	140	37	394	4	796	0	164	0	164	8.1	496	863.5	316	215	233	863.5	308
22	170	1	318	40	366	15	481	0	164	0	164	10.4	414	467	504	57	533	933.55	286
3	607	1	318	35	415	12	558	0	164	0	164	11.2	389	519.6	468	120	363	481.18	482
7	421	0	464	14	665	11	586	0	164	2	60	4.7	652	280	657	80	463	200	725
21	180	6	111	35	415	52	122	0	164	0	164	12	358	403.7	547	2.9	849	406.8	538
27	131	0	464	16	628	39	184	0	164	1	91	15.4	288	929	302	290	177	691	365
18	206	0	464	19	577	20	385	0	164	0	164	5.6	597	248	691	50	547	181.2	744
11	306	0	464	25	510	21	372	0	164	0	164	10.2	422	769	350	0	863	668.17	374
23	155	0	464	35	415	72	74	7	16	7	25	27.4	146	1 282.4	223	70	485	1 182	229
0	856	0	464	0	987	0	954	0	164	0	164	0	1 005	0	1 028	0	863	0	1 027
0	856	0	464	0	987	5	757	0	164	0	164	0.9	943	89.2	893	50	547	89.2	885
13	267	0	464	26	490	39	184	0	164	5	33	12.6	348	829	329	88	446	707	358
0	856	0	464	1	956	1	911	0	164	0	164	0.6	962	74	913	0	863	74	905
3	607	0	464	10	737	5	757	1	76	0	164	1.8	857	82	902	0	863	201	724
23	155	0	464	15	646	23	346	0	164	0	164	4	700	408	545	60	507	276	646
13	267	0	464	30	447	33	237	3	39	1	91	10.1	423	732.4	367	295	174	502.4	467
13	267	0	464	7	799	22	360	0	164	0	164	5.2	624	105.62	863	20	686	131.74	812
4	551	0	464	3	901	3	830	0	164	1	91	2	848	151.59	791	43.59	581	114.3	838
0	856	0	464	0	987	0	954	0	164	0	164	0	1 005	621	413	374	133	900	297
13	267	0	464	30	447	14	509	0	164	0	164	7.5	525	278	661	1	858	221.04	701
6	461	0	464	28	469	11	586	0	164	1	91	4.4	670	86	897	4	835	85.5	893
8	384	0	464	9	758	6	717	0	164	0	164	2.9	774	279	659	0	863	281	640
1	733	0	464	5	850	0	954	0	164	0	164	0.6	962	31	989	7	814	31	985
0	856	0	464	5	850	2	869	0	164	0	164	1.6	877	77.2	912	10	771	67.2	917
18	206	0	464	42	352	12	558	0	164	0	164	15.3	291	698	383	150	320	375.58	559
7	421	0	464	24	514	4	796	0	164	0	164	4.2	689	750.31	358	473.7	109	699.31	360
2	675	1	318	17	612	9	631	0	164	0	164	6.2	573	229.4	711	0	863	229.4	694
22	170	1	318	70	216	43	157	1	76	0	164	36.6	96	1 466	189	0	863	1 480.9	182
8	384	0	464	7	799	35	221	0	164	0	164	5.1	628	90.8	892	0	863	95.45	872
23	155	0	464	26	490	25	314	2	47	0	164	6	580	272	669	1	858	262.8	656
31	108	2	239	46	322	78	63	4	27	0	164	22.4	194	1 062.8	259	46	567	1 117.9	244
31	108	21	29	126	89	85	49	2	47	2	60	28.7	137	812.1	338	10.2	770	905.6	294
22	170	0	464	22	543	24	327	0	164	2	60	4.8	645	319.2	620	40	591	219.87	705
10	328	0	464	26	490	29	277	0	164	0	164	9.1	455	535	460	155	313	655.9	382
5	503	1	318	28	469	0	954	0	164	0	164	3.5	738	142.5	808	58	530	81.55	896
27	131	5	140	124	92	30	270	6	18	2	60	20.8	210	1 371.87	200	68	493	1 190.51	227

学校名称	社科活动人员(人)																
	合计		按职称划分								其他人员		合计		按职称划分		
			小计		高级		中级		初级						高级		中级
浙江纺织服装职业技术学院	377	53	377	53	114	70	250	16	13	889	0	115	131	173	53	148	76	124
浙江工贸职业技术学院	262	200	262	199	81	174	126	166	55	306	0	115	283	40	115	40	136	42
浙江工商职业技术学院	312	115	312	115	100	102	144	125	68	220	0	115	437	17	184	11	194	18
浙江工业职业技术学院	117	670	117	669	23	734	74	431	20	765	0	115	110	214	15	467	79	118
浙江广厦建设职业技术学院	299	134	299	134	115	68	125	171	59	275	0	115	109	218	19	397	74	133
浙江国际海运职业技术学院	151	504	151	502	33	594	94	314	24	684	0	115	106	229	46	172	50	235
浙江横店影视职业学院	171	423	171	421	19	804	70	472	82	149	0	115	311	33	50	159	154	32
浙江机电职业技术学院	211	306	211	304	39	518	111	231	61	258	0	115	159	123	63	120	81	114
浙江建设职业技术学院	136	578	136	577	28	654	96	300	12	906	0	115	162	119	72	91	88	97
浙江交通职业技术学院	141	553	141	552	46	436	56	603	39	467	0	115	58	411	22	357	23	476
浙江金融职业学院	435	27	435	27	178	8	193	48	64	240	0	115	457	16	232	6	191	20
浙江经济职业技术学院	472	19	472	19	156	17	204	36	112	72	0	115	283	40	82	70	130	48
浙江经贸职业技术学院	372	55	372	55	101	98	181	59	90	126	0	115	470	13	201	10	197	16
浙江旅游职业学院	387	47	387	47	136	34	171	75	80	155	0	115	584	7	230	7	239	9
浙江农业商贸职业学院	259	207	259	206	47	419	114	220	98	102	0	115	306	35	77	77	142	39
浙江商业职业技术学院	366	59	366	58	131	42	165	87	70	210	0	115	213	73	88	60	91	94
浙江特殊教育职业学院	124	642	124	642	35	573	42	758	47	386	0	115	120	197	47	166	39	299
浙江体育职业技术学院	223	277	223	272	111	77	101	271	11	928	0	115	50	465	22	357	25	448
浙江同济科技职业学院	103	745	103	741	24	711	38	802	41	445	0	115	90	273	23	345	41	289
浙江医药高等专科学校	119	661	119	661	35	573	62	546	22	718	0	115	270	48	119	37	125	52
浙江艺术职业学院	310	120	310	120	119	62	130	157	61	258	0	115	277	43	88	60	126	50
浙江邮电职业技术学院	119	661	119	661	21	769	69	481	29	617	0	115	85	288	12	537	49	239
浙江育英职业技术学院	163	457	163	455	38	535	101	271	24	684	0	115	66	359	27	305	33	353
浙江舟山群岛新区旅游与健康职业学院	87	823	87	818	24	711	36	826	27	647	0	115	79	308	33	244	32	366
镇江市高等专科学校	322	102	322	100	140	30	163	90	19	790	0	115	104	233	64	113	36	323
正德职业技术学院	88	816	88	811	11	953	59	571	18	802	0	115	21	713	1	901	14	617
郑州财税金融职业学院	273	184	273	182	37	545	62	546	174	14	0	115	59	406	14	485	18	559
郑州城市职业学院	151	504	151	502	7	1 023	65	524	79	160	0	115	59	406	9	630	24	460
郑州电力高等专科学校	58	950	58	950	17	843	39	788	2	1 102	0	115	44	506	14	485	26	436
郑州电力职业技术学院	52	981	52	980	1	1 119	19	997	32	588	0	115	15	781	0	957	11	677
郑州工业安全职业学院	16	1 139	16	1 139	4	1 073	6	1 125	6	1 022	0	115	1	992	1	901	0	978

研究发展人员(人)														R&D 经费情况(千元)					
		按学历学位划分								其他人员		折合全时人员(人年)		当年经费收入合计		其中:科研事业费		当年经费支出合计	
初级		博士毕业		硕士毕业		本科毕业		其他学历											
2	675	4	165	103	121	24	327	0	164	0	164	36.6	96	10 129	5	3 206	11	9 996.49	4
32	101	19	37	232	26	28	287	4	27	0	164	64.5	25	7 314.2	16	2 683	15	8 763.33	5
59	35	18	40	310	15	109	23	0	164	0	164	76	17	5 991.32	25	904.2	48	5 897.56	24
16	234	6	111	98	132	6	717	0	164	0	164	15.4	288	2 026.03	142	179	277	1 664.73	163
12	286	1	318	56	275	50	130	2	47	4	40	13.3	333	2 133.5	132	61.5	505	2 214.21	120
10	328	0	464	63	244	42	164	1	76	0	164	15.2	293	1 041.5	266	60	507	875.1	302
107	6	2	239	186	44	121	20	2	47	0	164	64.1	26	3 110.31	80	136.5	336	3 060.91	74
14	252	12	58	132	81	15	481	0	164	1	91	21	206	1 362.5	202	126.5	354	1 067.21	250
2	675	28	15	109	107	25	314	0	164	0	164	26.2	153	1 560	181	166	297	1 625.29	166
13	267	8	82	38	384	12	558	0	164	0	164	8.3	488	704.5	380	130	348	647.51	384
34	92	30	13	393	7	34	228	0	164	0	164	84.8	11	7 504.97	13	867.82	53	7 279.33	12
71	21	20	34	225	27	38	200	0	164	0	164	40.9	75	2 525.75	106	224	226	2 395.25	110
68	26	14	49	369	9	81	54	6	18	4	40	83	14	4 125.77	47	174	282	3 853.22	52
115	5	24	22	477	4	80	57	3	39	0	164	179.4	1	18 449.84	2	4 637.88	6	18 901.9	2
87	9	3	200	243	24	60	95	0	164	0	164	50	46	2 675.2	99	8	807	2 341.41	112
34	92	8	82	164	55	41	171	0	164	0	164	38.1	87	5 845.4	26	949.3	41	4 534.97	43
34	92	4	165	73	207	43	157	0	164	0	164	21.3	202	1 044	265	92	430	918.7	291
1	753	4	165	32	433	14	509	0	164	2	60	9.6	436	3 443	67	3 049	12	3 357.91	66
24	149	3	200	81	183	6	717	0	164	2	60	12	358	639.5	401	15	734	568.7	423
26	134	21	29	196	37	53	118	0	164	0	164	59.9	30	4 686.9	39	2 129.5	21	3 536.24	59
53	44	6	111	189	42	81	54	1	76	10	14	44.9	61	2 525.8	105	50	547	2 596.73	94
24	149	0	464	62	247	23	346	0	164	0	164	10.8	400	581	435	10	771	611.86	405
6	461	0	464	39	376	27	301	0	164	0	164	7.7	520	612.93	417	11	763	667.73	375
14	252	2	239	53	290	24	327	0	164	0	164	14.7	303	733.91	364	110	386	639.31	390
4	551	4	165	62	247	38	200	0	164	0	164	37.2	91	2 186.6	126	460	111	2 284.2	116
6	461	0	464	14	665	7	686	0	164	0	164	7	537	205	743	15	734	205	718
27	131	0	464	40	366	19	408	0	164	0	164	11.8	369	500	482	0	863	500	469
25	145	0	464	37	394	22	360	0	164	1	91	6.7	546	145	803	0	863	145	793
4	551	0	464	26	490	18	428	0	164	0	164	5.8	588	348	594	20	686	338	586
3	607	0	464	10	737	5	757	0	164	1	91	6.5	554	345	597	0	863	345	580
0	856	0	464	1	956	0	954	0	164	0	164	0.5	974	16	1 011	0	863	16	1 007

学校名称	社科活动人员(人)																	
	合计		按职称划分								其他人员		合计		按职称划分			
			小计		高级		中级		初级						高级		中级	
郑州旅游职业学院	368	57	368	57	79	188	169	77	120	60	0	115	43	518	21	368	18	559
郑州澍青医学高等专科学校	90	805	77	870	22	752	49	675	6	1 022	13	11	22	702	13	511	8	745
郑州铁路职业技术学院	263	198	263	197	62	308	135	147	66	233	0	115	51	459	19	397	28	410
郑州信息科技职业学院	108	716	108	715	28	654	40	779	40	453	0	115	42	525	9	630	16	595
郑州幼儿师范高等专科学校	276	180	276	178	72	232	101	271	103	87	0	115	127	184	44	178	47	250
郑州职业技术学院	243	240	243	239	39	518	73	443	131	41	0	115	157	128	17	434	75	128
中山火炬职业技术学院	159	473	159	471	41	485	99	277	19	790	0	115	35	572	13	511	18	559
中山职业技术学院	277	175	277	173	79	188	160	97	38	485	0	115	55	427	28	296	26	436
钟山职业技术学院	49	992	49	990	25	696	24	939	0	1 135	0	115	12	829	5	727	7	773
重庆安全技术职业学院	95	774	95	774	28	654	53	630	14	863	0	115	17	751	6	696	8	745
重庆财经职业学院	282	163	282	160	48	413	95	310	139	33	0	115	131	173	23	345	41	289
重庆城市管理职业学院	277	175	277	173	124	52	106	248	47	386	0	115	90	273	52	154	33	353
重庆城市职业学院	175	405	160	466	24	711	68	493	68	220	15	6	103	238	21	368	42	283
重庆传媒职业学院	63	931	63	931	9	994	15	1 040	39	467	0	115	3	960	1	901	1	937
重庆电力高等专科学校	119	661	119	661	41	485	76	418	2	1 102	0	115	8	888	4	768	4	848
重庆电信职业学院	99	758	99	755	14	896	30	890	55	306	0	115	12	829	3	808	5	823
重庆电讯职业学院	109	707	109	706	7	1 023	89	338	13	889	0	115	35	572	2	857	26	436
重庆电子工程职业学院	556	8	556	8	153	18	282	6	121	56	0	115	104	233	46	172	50	235
重庆房地产职业学院	210	308	196	340	9	994	94	314	93	115	14	9	32	605	3	808	20	525
重庆工程职业技术学院	400	37	400	37	105	88	199	43	96	107	0	115	69	352	11	566	30	387
重庆工贸职业技术学院	167	444	167	442	76	213	57	593	34	549	0	115	31	615	16	451	15	606
重庆工商职业学院	395	42	395	42	132	38	205	34	58	280	0	115	308	34	128	31	147	36
重庆工业职业技术学院	288	150	288	147	79	188	96	300	113	71	0	115	292	37	93	56	113	64
重庆公共运输职业学院	78	868	72	894	8	1 006	31	880	33	566	6	27	20	722	9	630	7	773
重庆海联职业技术学院	83	841	80	854	3	1 088	47	706	30	605	3	42	27	657	4	768	19	544
重庆航天职业技术学院	146	526	146	521	32	608	45	726	69	216	0	115	11	846	6	696	5	823
重庆护理职业学院	23	1 121	23	1 121	4	1 073	5	1 128	14	863	0	115	14	801	4	768	4	848
重庆化工职业学院	95	774	95	774	20	793	50	664	25	671	0	115	35	572	18	416	16	595
重庆机电职业技术学院	77	876	77	870	16	865	49	675	12	906	0	115	11	846	3	808	6	798

研究发展人员(人)														R&D 经费情况(千元)					
		按学历学位划分								其他人员		折合全时人员(人年)		当年经费收入合计				当年经费支出合计	
初级		博士毕业		硕士毕业		本科毕业		其他学历								其中:科研事业费			
4	551	0	464	29	456	14	509	0	164	0	164	8.5	481	413	539	143	328	436.8	515
0	856	0	464	19	577	3	830	0	164	1	91	2.3	820	80	908	0	863	80	898
4	551	0	464	26	490	25	314	0	164	0	164	5.9	584	404.8	546	180	272	401.8	543
17	218	2	239	37	394	3	830	0	164	0	164	7.9	509	577	438	240	208	444	507
36	78	11	64	77	193	39	184	0	164	0	164	21	206	1 658	170	158	310	1 580.43	171
52	47	0	464	132	81	24	327	1	76	13	8	50	46	3 097	81	588	84	3 149	70
4	551	3	200	26	490	6	717	0	164	0	164	4.4	670	729.36	370	113	381	747.89	345
1	753	7	92	42	352	6	717	0	164	0	164	6.5	554	884.5	311	282	183	949.91	282
0	856	2	239	10	737	0	954	0	164	0	164	2.3	820	20	1 004	0	863	39.6	972
1	753	1	318	9	758	7	686	0	164	2	60	2.5	810	358	583	65	497	303	620
67	28	1	318	79	190	51	125	0	164	0	164	22.5	190	6 588.33	20	220	228	6 447.85	21
5	503	7	92	58	263	24	327	1	76	0	164	15.9	278	3 897.5	53	356	141	3 623.05	56
28	128	2	239	51	299	49	136	1	76	12	10	22.9	185	3 705	60	135	338	3 334.23	67
1	753	0	464	1	956	2	869	0	164	0	164	0.7	955	62	933	10	771	52	949
0	856	0	464	5	850	3	830	0	164	0	164	1.2	910	1 012	275	10	771	995	265
4	551	0	464	3	901	9	631	0	164	0	164	1.6	877	93	886	25	670	91	879
7	421	0	464	19	577	16	461	0	164	0	164	5.2	624	844	325	74	480	821.5	318
8	384	7	92	77	193	20	385	0	164	0	164	15.5	287	4 944	35	229	220	4 744.44	39
9	354	0	464	17	612	15	481	0	164	0	164	5.9	584	247.3	692	10	771	288.8	634
28	128	3	200	46	322	20	385	0	164	0	164	6.9	540	2 732	98	106	396	3 157.3	69
0	856	0	464	7	799	24	327	0	164	0	164	3.8	715	376	572	30	642	369	561
32	101	11	64	203	34	94	37	0	164	1	91	38.4	85	5 039.6	32	355	142	5 041.25	31
86	10	16	45	183	46	93	41	0	164	0	164	46	58	6 336.49	22	230	217	5 002.84	33
4	551	1	318	16	628	3	830	0	164	0	164	3.4	749	308	634	50	547	283.5	638
4	551	0	464	13	679	14	509	0	164	0	164	3	772	110	851	10	771	120.2	829
0	856	0	464	8	774	3	830	0	164	0	164	1.3	905	86	897	10	771	105.2	854
6	461	0	464	8	774	6	717	0	164	0	164	2.4	817	150.4	793	20	686	156.9	780
1	753	4	165	17	612	13	535	1	76	0	164	5	632	391	555	90	434	295.52	625
2	675	0	464	5	850	6	717	0	164	0	164	1.6	877	317.2	623	55	537	351	576

学校名称	社科活动人员(人)																	
	合计		按职称划分								其他人员		合计		按职称划分			
			小计		高级		中级		初级						高级		中级	
重庆建筑工程职业学院	126	631	126	630	33	594	68	493	25	671	0	115	55	427	18	416	26	436
重庆交通职业学院	91	800	91	796	13	914	35	837	43	422	0	115	24	680	4	768	16	595
重庆经贸职业学院	28	1 104	28	1 102	3	1 088	4	1 134	21	742	0	115	3	960	3	808	0	978
重庆科创职业学院	105	733	105	731	31	621	69	481	5	1 039	0	115	44	506	18	416	25	448
重庆科技职业学院	38	1 053	38	1 050	11	953	23	947	4	1 068	0	115	2	974	1	901	1	937
重庆旅游职业学院	142	548	141	552	12	933	40	779	89	129	1	69	121	195	11	566	40	295
重庆能源职业学院	47	1 002	46	1 002	12	933	28	902	6	1 022	1	69	21	713	10	599	9	724
重庆青年职业技术学院	147	517	146	521	21	769	71	459	54	316	1	69	31	615	14	485	13	638
重庆轻工职业学院	51	982	51	981	1	1 119	7	1 115	43	422	0	115	9	877	0	957	2	902
重庆三峡医药高等专科学校	199	335	199	330	40	501	98	285	61	258	0	115	89	278	29	285	44	265
重庆三峡职业学院	130	613	130	610	41	485	64	532	25	671	0	115	16	766	9	630	6	798
重庆商务职业学院	323	101	321	101	68	266	108	246	145	27	2	53	242	59	74	87	87	101
重庆水利电力职业技术学院	82	848	82	845	26	680	38	802	18	802	0	115	38	553	19	397	13	638
重庆文化艺术职业学院	113	690	113	687	19	804	77	411	17	812	0	115	98	249	24	336	70	147
重庆信息技术职业学院	99	758	99	755	2	1 108	45	726	52	328	0	115	28	640	1	901	10	701
重庆医药高等专科学校	205	318	205	314	43	467	88	348	74	186	0	115	77	317	11	566	43	276
重庆艺术工程职业学院	113	690	112	689	8	1 006	44	740	60	268	1	69	2	974	0	957	1	937
重庆应用技术职业学院	56	965	56	965	5	1 054	28	902	23	704	0	115	12	829	5	727	7	773
重庆幼儿师范高等专科学校	290	146	290	144	79	188	113	223	98	102	0	115	156	129	39	209	73	136
重庆资源与环境保护职业学院	22	1 125	22	1 125	5	1 054	2	1 147	15	849	0	115	2	974	1	901	0	978
周口科技职业学院	50	984	50	983	1	1 119	23	947	26	659	0	115	50	465	1	901	24	460
周口职业技术学院	130	613	130	610	24	711	89	338	17	812	0	115	31	615	6	696	20	525
珠海城市职业技术学院	268	190	268	189	50	399	163	90	55	306	0	115	89	278	20	381	57	200
珠海艺术职业学院	169	434	169	433	19	804	45	726	105	84	0	115	8	888	3	808	3	878
驻马店幼儿师范高等专科学校	160	469	160	466	55	358	75	423	30	605	0	115	0	1 005	0	957	0	978
驻马店职业技术学院	270	189	270	188	74	221	136	146	60	268	0	115	60	401	17	434	41	289
淄博师范高等专科学校	362	65	362	65	98	113	137	142	127	46	0	115	96	253	28	296	36	323
淄博职业学院	535	10	535	10	137	33	262	10	136	37	0	115	399	21	149	21	189	23
遵义医药高等专科学校	79	860	79	858	19	804	18	1 009	42	437	0	115	5	930	0	957	3	878
遵义职业技术学院	144	535	144	534	40	501	40	779	64	240	0	115	26	668	5	727	11	677

研究发展人员(人)														R&D 经费情况(千元)					
		按学历学位划分								其他人员		折合全时人员(人年)		当年经费收入合计		其中:科研事业费		当年经费支出合计	
初级		博士毕业		硕士毕业		本科毕业		其他学历											
11	306	0	464	36	406	19	408	0	164	0	164	8.1	496	860	318	330	154	799	326
4	551	1	318	23	530	0	954	0	164	0	164	3.2	760	461.9	505	44	578	458.6	497
0	856	0	464	1	956	2	869	0	164	0	164	0.3	992	97	879	16	727	118.6	834
1	753	2	239	17	612	25	314	0	164	0	164	5.4	609	442.5	523	90	434	442.75	510
0	856	0	464	1	956	1	911	0	164	0	164	0.4	984	32	988	0	863	42.2	963
69	23	4	165	99	130	18	428	0	164	1	91	22.3	196	2 102	134	132	346	2 288.8	115
1	753	2	239	15	646	4	796	0	164	1	91	2.1	839	185	761	50	547	173.7	757
4	551	2	239	29	456	0	954	0	164	0	164	10.6	405	1 520.7	184	67	494	1 573.9	172
7	421	0	464	3	901	6	717	0	164	0	164	1.1	922	150	794	10	771	146	790
16	234	2	239	64	238	23	346	0	164	0	164	11.6	374	1 017	272	67	494	983.07	274
1	753	0	464	7	799	9	631	0	164	0	164	5	632	639	403	40	591	696.9	361
79	14	4	165	207	31	30	270	1	76	2	60	35.6	100	2 844	91	572	90	2 619.62	91
6	461	12	58	20	567	6	717	0	164	0	164	4.4	670	1 635.55	175	72	483	1 566.25	174
4	551	5	140	75	201	18	428	0	164	0	164	20.9	209	2 259	119	170	287	2 009	140
17	218	0	464	7	799	18	428	3	39	0	164	4.7	652	388	562	43	582	401.8	543
23	155	3	200	57	269	17	447	0	164	0	164	8.9	467	1 305.91	215	135	338	1 333.07	201
1	753	0	464	1	956	1	911	0	164	0	164	0.3	992	92	887	20	686	94.4	873
0	856	0	464	6	825	6	717	0	164	0	164	2	848	91	890	20	686	90	881
44	58	0	464	72	211	84	51	0	164	0	164	25.2	162	2 824.6	92	119	370	2 766.7	85
1	753	0	464	0	987	2	869	0	164	0	164	0.6	962	44.2	968	7	814	45.6	960
25	145	0	464	35	415	15	481	0	164	0	164	11.5	380	610	419	0	863	620	399
5	503	4	165	12	702	15	481	0	164	0	164	9.6	436	203	745	0	863	203	721
12	286	6	111	64	238	19	408	0	164	0	164	14	314	662	395	241	207	545.59	444
2	675	2	239	3	901	3	830	0	164	0	164	1.2	910	467.5	503	400	123	132.5	810
0	856	0	464	0	987	0	954	0	164	0	164	0	1 005	0	1 028	0	863	0	1 027
2	675	0	464	5	850	53	118	2	47	0	164	8.3	488	320.1	616	46.1	566	320.1	603
32	101	8	82	63	244	25	314	0	164	0	164	15.7	283	657	396	163	304	657	379
61	34	25	20	154	65	218	4	2	47	0	164	84.8	11	17 077.63	3	12 510.85	1	15 374.96	3
2	675	0	464	4	874	1	911	0	164	0	164	1	930	111	850	34	629	74	905
8	384	1	318	14	665	11	586	0	164	2	60	4.4	670	273.4	668	10	771	198.9	728

6. 专科学校人文、社会科学研究与发展概况表(二)

学校名称	研究与发展课题											
	课题总数（项）		当年新开课题数（项）		当年完成课题数（项）		当年新开课题批准经费（千元）		当年投入人数（人年）		当年拨入经费（千元）	
阿坝职业学院	0	1 017	0	969	0	823	0	903	0	1 005	0	883
阿克苏职业技术学院	49	373	34	213	4	604	180	322	2.1	839	180	302
阿拉善职业技术学院	10	787	0	969	2	701	0	903	2.9	774	40	610
安徽财贸职业学院	221	35	6	670	117	14	130	393	50.7	45	1 005	64
安徽城市管理职业学院	36	459	20	362	14	335	100	453	3.7	724	54.8	557
安徽电气工程职业技术学院	1	979	1	912	0	823	20	733	0.8	949	20	726
安徽电子信息职业技术学院	35	473	10	544	14	335	350	183	12.5	350	360	178
安徽工贸职业技术学院	8	828	3	782	2	701	30	666	2.2	829	30	670
安徽工商职业学院	36	459	9	575	14	335	210	282	3.9	709	210	257
安徽工业经济职业技术学院	60	306	16	420	13	353	206	288	6	580	206	264
安徽工业职业技术学院	9	805	3	782	3	643	60	549	2.7	795	45	594
安徽公安职业学院	54	339	48	136	3	643	655	100	34.6	102	730	87
安徽广播影视职业技术学院	33	488	8	605	4	604	160	345	5.1	626	205	265
安徽国防科技职业学院	39	438	31	241	6	524	410	152	9.3	448	290	207
安徽国际商务职业学院	87	210	10	544	21	229	20	733	44.3	62	20	726
安徽黄梅戏艺术职业学院	9	805	3	782	0	823	60	549	4	700	60	531
安徽机电职业技术学院	34	479	12	502	6	524	280	226	17.3	260	322	188
安徽交通职业技术学院	11	757	4	739	2	701	40	626	3.9	709	40	610
安徽警官职业学院	93	191	18	394	22	218	210	282	9.5	441	213.9	254
安徽矿业职业技术学院	14	710	4	739	5	568	4	876	4.8	645	49.4	584
安徽粮食工程职业学院	6	868	3	782	0	823	45	608	4.6	659	50	573
安徽林业职业技术学院	2	961	2	842	0	823	20	733	0.2	999	20	726
安徽绿海商务职业学院	6	868	3	782	0	823	59.5	570	10.5	409	54.5	558
安徽商贸职业技术学院	196	49	61	90	32	141	556	113	9.3	448	548	116
安徽涉外经济职业学院	16	670	10	544	3	643	0	903	7.8	513	0	883
安徽审计职业学院	19	635	4	739	2	701	80	499	3.5	738	80	485
安徽水利水电职业技术学院	17	661	3	782	7	491	30	666	4	700	60	531
安徽体育运动职业技术学院	11	757	3	782	3	643	30	666	6.6	551	15	772
安徽卫生健康职业学院	6	868	3	782	0	823	60	549	4	700	60	531
安徽新闻出版职业技术学院	17	661	6	670	4	604	30	666	1.8	857	30	670
安徽冶金科技职业学院	7	844	3	782	0	823	60	549	1	930	0	883
安徽医学高等专科学校	12	739	7	630	4	604	245	251	3.2	760	86.5	477
安徽艺术职业学院	46	389	6	670	0	823	120	409	1.9	852	120	384
安徽邮电职业技术学院	9	805	3	782	3	643	60	549	1.7	867	64	522
安徽职业技术学院	42	417	15	441	6	524	302	210	14.4	309	302	197
安徽中澳科技职业学院	13	724	5	711	1	748	102	450	4.4	670	652	96
安徽中医药高等专科学校	11	757	8	605	3	643	111	429	5.1	626	90.6	460

				研究与发展成果										获奖成果数（项）			
其中：当年新开课题拨入经费（千元）		当年支出经费（千元）		著作（部）		学术论文（篇）				研究与咨询报告（篇）							
						合计		其中：国外学术刊物发表数		提交有关部门数		其中：被采纳数		合计		其中：国家级和省部级	
0	832	0	896	0	676	0	1 059	0	147	0	259	0	126	0	30	0	3
180	262	0	896	0	676	30	646	0	147	1	198	1	84	0	30	0	3
0	832	40	580	0	676	0	1 059	0	147	0	259	0	126	0	30	0	3
60	455	1 017.4	54	10	107	132	125	0	147	0	259	0	126	0	30	0	3
54.8	487	141.6	310	1	563	36	576	0	147	1	198	0	126	0	30	0	3
20	658	20	707	0	676	5	983	0	147	0	259	0	126	0	30	0	3
350	145	360	144	2	454	56	415	0	147	0	259	0	126	0	30	0	3
30	583	34.8	609	0	676	24	700	0	147	0	259	0	126	0	30	0	3
210	227	224.2	214	7	167	57	405	0	147	0	259	0	126	0	30	0	3
206	235	206.88	233	0	676	54	431	0	147	0	259	0	126	0	30	0	3
15	708	45	556	1	563	7	956	0	147	0	259	0	126	0	30	0	3
615	86	493.8	116	3	365	117	156	0	147	0	259	0	126	0	30	0	3
80	403	89.45	419	4	300	54	431	0	147	0	259	0	126	0	30	0	3
225	216	290	171	12	82	68	327	2	38	0	259	0	126	0	30	0	3
20	658	52.01	540	2	454	68	327	0	147	0	259	0	126	0	30	0	3
60	455	33.1	618	0	676	32	622	0	147	0	259	0	126	0	30	0	3
128	323	273.8	178	3	365	69	323	0	147	0	259	0	126	0	30	0	3
40	535	16.27	738	0	676	7	956	0	147	0	259	0	126	0	30	0	3
28.3	611	213.9	222	2	454	92	236	0	147	0	259	0	126	0	30	0	3
0	832	49.4	546	0	676	6	973	0	147	0	259	0	126	0	30	0	3
30	583	50	544	0	676	5	983	0	147	0	259	0	126	0	30	0	3
20	658	20	707	0	676	0	1 059	0	147	0	259	0	126	0	30	0	3
30	583	54.5	528	0	676	5	983	0	147	0	259	0	126	0	30	0	3
548	96	496	113	26	11	129	130	0	147	0	259	0	126	0	30	0	3
0	832	0	896	0	676	9	919	0	147	0	259	0	126	0	30	0	3
80	403	57.71	516	0	676	8	937	1	78	0	259	0	126	0	30	0	3
30	583	107.64	368	0	676	12	870	0	147	0	259	0	126	0	30	0	3
15	708	15	749	0	676	18	769	0	147	0	259	0	126	0	30	0	3
60	455	1.69	886	0	676	18	769	0	147	0	259	0	126	0	30	0	3
30	583	30	639	0	676	3	1 021	0	147	0	259	0	126	0	30	0	3
0	832	0	896	1	563	24	700	0	147	0	259	0	126	0	30	0	3
23.5	646	86.5	430	2	454	13	852	0	147	0	259	0	126	0	30	0	3
120	331	120	344	0	676	57	405	0	147	0	259	0	126	0	30	0	3
27	618	64	495	0	676	26	679	0	147	0	259	0	126	0	30	0	3
302	170	255.2	186	2	454	21	734	0	147	0	259	0	126	0	30	0	3
102	363	300	167	0	676	21	734	0	147	0	259	0	126	0	30	0	3
74.6	425	79.86	444	0	676	56	415	0	147	0	259	0	126	0	30	0	3

学校名称	研究与发展课题											
	课题总数（项）		当年新开课题数（项）		当年完成课题数（项）		当年新开课题批准经费（千元）		当年投入人数（人年）		当年拨入经费（千元）	
安康职业技术学院	5	898	4	739	1	748	30	666	2.2	829	30	670
安庆医药高等专科学校	5	898	0	969	0	823	0	903	0.4	984	71.5	505
安庆职业技术学院	15	690	4	739	1	748	80	499	3.3	753	520	119
安顺职业技术学院	19	635	14	458	4	604	172	337	2.2	829	172	315
安阳幼儿师范高等专科学校	6	868	2	842	6	524	0	903	4.4	670	0	883
安阳职业技术学院	11	757	9	575	10	413	0	903	1.8	857	0	883
巴音郭楞职业技术学院	117	140	35	209	44	106	179	329	19.6	232	186	294
巴中职业技术学院	10	787	3	782	5	568	10	818	1.9	852	10	805
白城医学高等专科学校	0	1 017	0	969	0	823	0	903	0	1 005	0	883
白城职业技术学院	3	943	3	782	0	823	0	903	2.1	839	0	883
百色职业学院	9	805	0	969	0	823	0	903	3.5	738	0	883
包头钢铁职业技术学院	7	844	6	670	1	748	40	626	2.1	839	40	610
包头轻工职业技术学院	31	503	19	380	12	375	30	666	8.4	484	30	670
包头铁道职业技术学院	39	438	39	181	6	524	318	199	6.3	569	318	192
包头职业技术学院	37	448	25	296	11	392	165.7	342	9.8	432	170.5	319
宝鸡职业技术学院	44	403	19	380	21	229	71	523	13.2	336	71	506
保定电力职业技术学院	17	661	8	605	11	392	10	818	9.8	432	10	805
保定幼儿师范高等专科学校	0	1 017	0	969	0	823	0	903	0	1 005	0	883
保定职业技术学院	45	396	8	605	15	315	0	903	22.5	190	0	883
保山中医药高等专科学校	17	661	10	544	1	748	126	402	2	848	0	883
保险职业学院	21	602	6	670	11	392	8	847	4.9	641	13	786
北海职业学院	43	408	15	441	8	465	221	272	5.6	597	0	883
北京北大方正软件职业技术学院	0	1 017	0	969	0	823	0	903	0	1 005	0	883
北京财贸职业学院	141	99	68	74	12	375	3 570	15	21.7	201	50	573
北京电子科技职业学院	601	1	92	36	85	31	1 593.72	52	96.6	9	557.2	112
北京工业职业技术学院	55	333	40	166	44	106	407	156	13.9	318	489.4	125
北京汇佳职业学院	0	1 017	0	969	0	823	0	903	0	1 005	0	883
北京交通运输职业学院	9	805	3	782	0	823	29.6	693	0.7	955	940	69
北京交通职业技术学院	0	1 017	0	969	0	823	0	903	0	1 005	0	883
北京京北职业技术学院	0	1 017	0	969	0	823	0	903	0	1 005	0	883
北京经济管理职业学院	121	132	40	166	47	99	800	84	45.5	59	20	726
北京经济技术职业学院	5	898	5	711	5	568	10	818	1.7	867	0	883
北京经贸职业学院	0	1 017	0	969	0	823	0	903	0	1 005	0	883
北京科技经营管理学院	0	1 017	0	969	0	823	0	903	0	1 005	0	883
北京科技职业学院	0	1 017	0	969	0	823	0	903	0	1 005	0	883

续表

其中：当年新开课题拨入经费（千元）		当年支出经费（千元）		研究与发展成果										获奖成果数（项）			
				著作（部）		学术论文（篇）合计		学术论文（篇）其中：国外学术刊物发表数		研究与咨询报告（篇）提交有关部门数		研究与咨询报告（篇）其中：被采纳数		合计		其中：国家级和省部级	
30	583	21	701	0	676	14	833	0	147	0	259	0	126	0	30	0	3
0	832	33.8	615	0	676	15	809	0	147	0	259	0	126	0	30	0	3
80	403	103.54	380	4	300	14	833	0	147	0	259	0	126	0	30	0	3
172	274	14.48	756	4	300	37	566	0	147	0	259	0	126	0	30	0	3
0	832	0	896	2	454	5	983	0	147	0	259	0	126	0	30	0	3
0	832	0	896	0	676	5	983	0	147	0	259	0	126	0	30	0	3
79.5	416	182.6	263	0	676	79	278	0	147	0	259	0	126	0	30	0	3
10	743	12	779	2	454	59	389	0	147	0	259	0	126	0	30	0	3
0	832	0	896	0	676	8	937	0	147	0	259	0	126	0	30	0	3
0	832	0	896	0	676	17	780	0	147	0	259	0	126	0	30	0	3
0	832	2	880	0	676	1	1 048	0	147	0	259	0	126	0	30	0	3
40	535	20	707	0	676	18	769	0	147	0	259	0	126	0	30	0	3
30	583	30	639	14	59	49	463	0	147	0	259	0	126	0	30	0	3
318	162	318	159	1	563	28	659	0	147	0	259	0	126	0	30	0	3
162.5	284	170.5	278	3	365	58	398	0	147	0	259	0	126	0	30	0	3
71	429	30.2	638	0	676	163	81	0	147	1	198	1	84	0	30	0	3
10	743	10	797	2	454	41	534	0	147	0	259	0	126	0	30	0	3
0	832	0	896	1	563	13	852	0	147	0	259	0	126	0	30	0	3
0	832	0	896	2	454	23	709	1	78	0	259	0	126	0	30	0	3
0	832	10.8	793	7	167	41	534	0	147	0	259	0	126	0	30	0	3
8	773	13	766	6	202	64	357	1	78	0	259	0	126	0	30	0	3
0	832	0	896	5	241	35	589	0	147	0	259	0	126	0	30	0	3
0	832	0	896	0	676	0	1 059	0	147	0	259	0	126	0	30	0	3
50	499	47.15	552	29	9	166	77	0	147	2	163	0	126	0	30	0	3
302.2	169	222.03	217	28	10	130	128	2	38	0	259	0	126	0	30	0	3
342.4	149	531.4	109	7	167	110	166	0	147	0	259	0	126	0	30	0	3
0	832	0	896	2	454	0	1 059	0	147	0	259	0	126	0	30	0	3
0	832	844.4	63	1	563	7	956	0	147	0	259	0	126	0	30	0	3
0	832	0	896	0	676	0	1 059	0	147	0	259	0	126	0	30	0	3
0	832	0	896	0	676	13	852	13	4	0	259	0	126	0	30	0	3
20	658	148.01	301	18	32	113	162	2	38	54	9	0	126	0	30	0	3
0	832	0	896	0	676	13	852	0	147	0	259	0	126	0	30	0	3
0	832	0	896	1	563	8	937	0	147	0	259	0	126	0	30	0	3
0	832	0	896	0	676	0	1 059	0	147	0	259	0	126	0	30	0	3
0	832	0	896	0	676	0	1 059	0	147	0	259	0	126	0	30	0	3

学校名称	研究与发展课题											
	课题总数（项）		当年新开课题数（项）		当年完成课题数（项）		当年新开课题批准经费（千元）		当年投入人数（人年）		当年拨入经费（千元）	
北京劳动保障职业学院	21	602	21	344	21	229	197	300	11.5	380	197	273
北京农业职业学院	55	333	13	482	29	159	310	204	22.9	185	310	195
北京培黎职业学院	1	979	0	969	1	748	0	903	1.2	910	0	883
北京青年政治学院	187	54	28	267	10	413	1 415	56	55.4	37	1 169	55
北京社会管理职业学院	292	17	128	14	154	6	2 324	31	19.7	230	1 847.61	35
北京体育职业学院	2	961	2	842	2	701	24	716	1.9	852	24	712
北京网络职业学院	2	961	2	842	0	823	0	903	1.1	922	0	883
北京卫生职业学院	0	1 017	0	969	0	823	0	903	0	1 005	0	883
北京戏曲艺术职业学院	15	690	6	670	4	604	1 873	45	4.6	659	2 013	29
北京信息职业技术学院	11	757	3	782	1	748	50	591	4.7	652	50	573
北京艺术传媒职业学院	0	1 017	0	969	0	823	0	903	0	1 005	0	883
北京政法职业学院	20	618	15	441	0	823	115	422	3.6	732	195	276
毕节医学高等专科学校	16	670	5	711	14	335	0	903	7.5	525	0	883
毕节幼儿师范高等专科学校	13	724	3	782	5	568	24	716	2.2	829	26	698
毕节职业技术学院	4	915	2	842	0	823	10	818	2.5	810	10	805
滨州职业学院	26	552	8	605	7	491	15	785	2.6	800	53	561
泊头职业学院	80	235	18	394	28	164	6	858	25.7	158	6	838
亳州职业技术学院	49	373	24	306	16	294	181	320	23	183	110	407
渤海船舶职业学院	0	1 017	0	969	0	823	0	903	0	1 005	0	883
渤海理工职业学院	22	598	3	782	8	465	0	903	5.6	597	0	883
渤海石油职业学院	0	1 017	0	969	0	823	0	903	0	1 005	0	883
沧州医学高等专科学校	10	787	4	739	2	701	1	895	3.8	715	0	883
沧州职业技术学院	112	151	38	187	60	67	200	294	45.3	60	103	425
曹妃甸职业技术学院	0	1 017	0	969	0	823	0	903	0	1 005	0	883
昌吉职业技术学院	8	828	2	842	0	823	18	770	4.3	682	10	805
长春金融高等专科学校	227	33	112	22	119	13	892	77	21.3	202	1 406	49
长春信息技术职业学院	4	915	4	739	0	823	0	903	4	700	0	883
长春医学高等专科学校	6	868	0	969	0	823	0	903	1.4	897	0	883
长春职业技术学院	191	53	74	63	55	80	177.6	333	34.6	102	57.6	548
长江工程职业技术学院	11	757	11	523	0	823	29	694	7.9	509	29	687
长江职业学院	180	62	53	114	37	124	135	382	22.8	188	135	362
长沙电力职业技术学院	4	915	2	842	0	823	0	903	0.5	974	0	883
长沙航空职业技术学院	106	165	59	92	7	491	2 179	36	55.1	38	1 712.7	41
长沙民政职业技术学院	170	72	53	114	52	85	1 172	64	15.4	288	1 295.1	50
长沙南方职业学院	40	431	4	739	8	465	70	527	7.9	509	120	384
长沙商贸旅游职业技术学院	99	180	38	187	67	54	520	122	22.4	194	400	153
长沙职业技术学院	209	40	56	100	46	101	582	111	49.8	48	449	135

续表

其中:当年新开课题拨入经费(千元)		当年支出经费(千元)		研究与发展成果										获奖成果数(项)			
				著作(部)		学术论文(篇)				研究与咨询报告(篇)				合计		其中:国家级和省部级	
						合计		其中:国外学术刊物发表数		提交有关部门数		其中:被采纳数					
197	244	197	245	9	125	41	534	0	147	14	55	0	126	0	30	0	3
310	166	197.46	244	19	27	280	22	0	147	0	259	0	126	0	30	0	3
0	832	1.5	888	1	563	4	1 007	0	147	0	259	0	126	1	8	0	3
1 169	48	734.44	75	37	6	180	72	2	38	0	259	0	126	0	30	0	3
1 660	40	1 827.67	30	8	145	115	160	1	78	0	259	0	126	0	30	0	3
24	640	24	681	0	676	8	937	0	147	0	259	0	126	0	30	0	3
0	832	0	896	0	676	0	1 059	0	147	0	259	0	126	0	30	0	3
0	832	0	896	0	676	17	780	0	147	0	259	0	126	0	30	0	3
1 693	39	1 765.02	33	4	300	20	745	0	147	0	259	0	126	0	30	0	3
50	499	21	701	2	454	83	266	0	147	0	259	0	126	0	30	0	3
0	832	0	896	0	676	0	1 059	0	147	0	259	0	126	0	30	0	3
95	378	239	194	4	300	36	576	0	147	0	259	0	126	0	30	0	3
0	832	22.88	689	0	676	17	780	0	147	9	77	9	27	0	30	0	3
24	640	15.91	743	2	454	47	473	0	147	0	259	0	126	0	30	0	3
10	743	10	797	2	454	35	589	0	147	0	259	0	126	0	30	0	3
0	832	53	537	0	676	13	852	0	147	4	117	0	126	0	30	0	3
6	784	13	766	15	54	197	60	0	147	0	259	0	126	0	30	0	3
56	479	110	363	0	676	101	197	0	147	0	259	0	126	0	30	0	3
0	832	0	896	0	676	8	937	0	147	0	259	0	126	0	30	0	3
0	832	0	896	3	365	15	809	0	147	0	259	0	126	0	30	0	3
0	832	0	896	0	676	0	1 059	0	147	0	259	0	126	0	30	0	3
0	832	0	896	0	676	12	870	0	147	0	259	0	126	0	30	0	3
100	366	29.87	645	1	563	76	294	0	147	0	259	0	126	0	30	0	3
0	832	0	896	0	676	0	1 059	0	147	0	259	0	126	0	30	0	3
10	743	21.1	699	0	676	29	655	0	147	0	259	0	126	0	30	0	3
892	60	920.2	59	14	59	257	30	0	147	0	259	0	126	3	2	0	3
0	832	0	896	0	676	14	833	0	147	0	259	0	126	0	30	0	3
0	832	0	896	0	676	18	769	0	147	0	259	0	126	0	30	0	3
55.6	482	64.4	494	0	676	118	153	0	147	0	259	0	126	0	30	0	3
29	607	0	896	0	676	73	306	1	78	0	259	0	126	0	30	0	3
135	310	22.84	690	10	107	201	58	0	147	0	259	0	126	0	30	0	3
0	832	0	896	0	676	2	1 041	0	147	0	259	0	126	0	30	0	3
1 626	41	1 727.5	34	11	97	75	297	0	147	0	259	0	126	0	30	0	3
868.3	63	1 456.4	41	12	82	376	10	0	147	0	259	0	126	0	30	0	3
70	433	209	229	0	676	19	760	0	147	0	259	0	126	0	30	0	3
400	128	213	223	14	59	501	2	2	38	0	259	0	126	0	30	0	3
126	324	627.54	92	16	48	222	45	0	147	0	259	0	126	0	30	0	3

学校名称	研究与发展课题											
	课题总数（项）		当年新开课题数（项）		当年完成课题数（项）		当年新开课题批准经费（千元）		当年投入人数（人年）		当年拨入经费（千元）	
长治职业技术学院	0	1 017	0	969	0	823	0	903	0	1 005	0	883
常德职业技术学院	25	562	8	605	9	437	93	473	9.5	441	68	511
常州纺织服装职业技术学院	179	63	54	111	42	112	490	131	30.8	126	413.3	143
常州工程职业技术学院	148	92	67	78	79	40	2 343.5	30	19.2	234	2 343.5	26
常州机电职业技术学院	205	42	71	68	85	31	487	132	34	108	487	126
常州轻工职业技术学院	216	37	102	30	86	30	3 305.6	22	78	15	2 923.1	21
常州信息职业技术学院	67	274	29	255	45	103	228.5	267	28.6	138	374.5	173
朝阳师范高等专科学校	81	231	24	306	32	141	24	716	38.8	83	49	587
潮汕职业技术学院	7	844	4	739	2	701	0	903	1.8	857	0	883
郴州职业技术学院	32	497	9	575	4	604	29	694	4.8	645	29	687
成都纺织高等专科学校	75	251	14	458	28	164	1 091	69	16.8	266	1 108	58
成都工贸职业技术学院	24	574	7	630	3	643	17	775	5.5	603	17	762
成都工业职业技术学院	107	160	36	195	0	823	295	216	26.1	154	2	871
成都航空职业技术学院	171	71	53	114	19	258	416	148	33.9	111	309.78	196
成都农业科技职业学院	21	602	4	739	1	748	16	780	9.1	455	13	786
成都职业技术学院	46	389	21	344	13	353	347	187	7.6	523	337	185
承德护理职业学院	31	503	18	394	13	353	1	895	11.4	384	1	876
承德石油高等专科学校	29	529	21	344	9	437	65	541	10	426	67.1	514
池州职业技术学院	11	757	6	670	0	823	99	461	1.7	867	99	436
赤峰工业职业技术学院	56	330	29	255	17	289	5	865	7.4	530	30.6	667
滁州城市职业学院	42	417	21	344	9	437	281	225	14.5	308	114.42	401
滁州职业技术学院	85	219	24	306	27	175	385	165	12	358	378.2	170
楚雄医药高等专科学校	0	1 017	0	969	0	823	0	903	0	1 005	0	883
川北幼儿师范高等专科学校	68	269	37	190	14	335	46	605	23.6	180	61	529
川南幼儿师范高等专科学校	51	358	14	458	7	491	116	419	20.2	217	114	403
达州职业技术学院	30	516	13	482	5	568	59	571	8.7	472	26	698
大理护理职业学院	11	757	6	670	5	568	0	903	3.4	749	0	883
大连枫叶职业技术学院	0	1 017	0	969	0	823	0	903	0	1 005	0	883
大连航运职业技术学院	0	1 017	0	969	0	823	0	903	0	1 005	0	883
大连汽车职业技术学院	0	1 017	0	969	0	823	0	903	0	1 005	0	883
大连软件职业学院	1	979	0	969	0	823	0	903	0.9	943	0	883
大连职业技术学院	143	96	39	181	50	90	415	149	9.3	448	116.5	396
大连装备制造职业技术学院	0	1 017	0	969	0	823	0	903	0	1 005	0	883
大庆医学高等专科学校	0	1 017	0	969	0	823	0	903	0	1 005	0	883
大庆职业学院	0	1 017	0	969	0	823	0	903	0	1 005	0	883
大同煤炭职业技术学院	3	943	0	969	0	823	0	903	0	1 005	0	883

续表

				研究与发展成果										获奖成果数(项)			
其中:当年新开课题拨入经费(千元)		当年支出经费(千元)		著作(部)		学术论文(篇)				研究与咨询报告(篇)				合计		其中:国家级和省部级	
						合计		其中:国外学术刊物发表数		提交有关部门数		其中:被采纳数					
0	832	0	896	0	676	5	983	0	147	0	259	0	126	0	30	0	3
63	451	65.47	490	1	563	50	458	0	147	0	259	0	126	0	30	0	3
410.3	120	308.96	162	7	167	279	23	0	147	2	163	2	68	0	30	0	3
2 343.5	22	2 127.5	26	4	300	187	68	0	147	22	31	0	126	0	30	0	3
487	107	404.22	128	0	676	132	125	0	147	22	31	1	84	0	30	0	3
2 923.1	18	1 534.6	39	14	59	124	143	0	147	13	60	7	34	0	30	0	3
228.5	215	364.5	143	6	202	118	153	0	147	3	134	0	126	0	30	0	3
24	640	17	730	6	202	93	229	0	147	2	163	0	126	0	30	0	3
0	832	34	613	0	676	18	769	0	147	0	259	0	126	0	30	0	3
29	607	19.6	717	2	454	60	383	0	147	0	259	0	126	0	30	0	3
1 091	53	785.74	70	7	167	45	491	1	78	0	259	0	126	0	30	0	3
17	698	0	896	0	676	25	691	0	147	0	259	0	126	0	30	0	3
0	832	1 341.5	44	2	454	29	655	0	147	39	17	0	126	0	30	0	3
278.78	185	343.8	155	5	241	66	343	2	38	0	259	0	126	0	30	0	3
13	728	96.61	398	2	454	10	904	1	78	0	259	0	126	0	30	0	3
337	152	240.7	192	8	145	55	424	0	147	0	259	0	126	1	8	0	3
1	825	1	891	2	454	41	534	0	147	0	259	0	126	0	30	0	3
65	445	74.8	458	0	676	105	180	0	147	3	134	3	59	0	30	0	3
99	370	89	422	0	676	0	1 059	0	147	0	259	0	126	0	30	0	3
5	792	73.1	461	9	125	32	622	0	147	0	259	0	126	0	30	0	3
75.9	421	44.42	561	1	563	15	809	0	147	0	259	0	126	0	30	0	3
335	153	196.98	246	4	300	140	110	0	147	0	259	0	126	0	30	0	3
0	832	0	896	1	563	3	1 021	0	147	0	259	0	126	0	30	0	3
46	515	66.63	484	6	202	105	180	0	147	0	259	0	126	0	30	0	3
114	344	95.9	402	0	676	36	576	0	147	0	259	0	126	0	30	0	3
26	621	26	663	0	676	72	310	0	147	0	259	0	126	0	30	0	3
0	832	0.43	895	2	454	15	809	0	147	1	198	0	126	0	30	0	3
0	832	0	896	6	202	17	780	0	147	7	91	0	126	0	30	0	3
0	832	0	896	2	454	12	870	0	147	0	259	0	126	0	30	0	3
0	832	0	896	0	676	28	659	0	147	0	259	0	126	0	30	0	3
0	832	6.8	836	0	676	11	887	0	147	1	198	1	84	0	30	0	3
58.5	471	116.5	352	6	202	59	389	3	24	0	259	0	126	0	30	0	3
0	832	0	896	0	676	3	1 021	0	147	0	259	0	126	0	30	0	3
0	832	0	896	0	676	0	1 059	0	147	0	259	0	126	0	30	0	3
0	832	0	896	1	563	0	1 059	0	147	0	259	0	126	1	8	0	3
0	832	0	896	0	676	14	833	0	147	0	259	0	126	0	30	0	3

学校名称	研究与发展课题											
	课题总数（项）		当年新开课题数（项）		当年完成课题数（项）		当年新开课题批准经费（千元）		当年投入人数（人年）		当年拨入经费（千元）	
大兴安岭职业学院	0	1 017	0	969	0	823	0	903	0	1 005	0	883
德宏师范高等专科学校	113	148	19	380	7	491	535	117	13.4	331	455	133
德宏职业学院	29	529	11	523	3	643	47	603	3.5	738	47	591
德州职业技术学院	16	670	13	482	11	392	25	706	38.8	83	25	703
定西师范高等专科学校	15	690	5	711	0	823	39	645	5.8	588	39	631
东莞职业技术学院	95	185	55	106	85	31	3 285	24	10.9	398	625	103
东营科技职业学院	20	618	10	544	9	437	20	733	4.8	645	20	726
东营职业学院	36	459	23	318	16	294	70	527	24.8	165	0	883
鄂尔多斯生态环境职业学院	6	868	1	912	0	823	10	818	0.4	984	10	805
鄂尔多斯职业学院	5	898	1	912	3	643	20	733	1.4	897	20	726
鄂州职业大学	104	169	54	111	40	118	275.5	231	34	108	275.5	217
佛山职业技术学院	170	72	62	87	65	58	1 943.39	44	52.9	40	1 942.39	33
福建船政交通职业学院	44	403	17	414	5	568	293.5	217	6.7	546	249	235
福建电力职业技术学院	31	503	19	380	25	194	132	390	6	580	42.12	602
福建华南女子职业学院	39	438	10	544	13	353	0	903	9	462	3.2	861
福建林业职业技术学院	46	389	18	394	9	437	96	466	7.7	520	96	443
福建农业职业技术学院	42	417	12	502	20	247	5	865	7.5	525	0	883
福建生物工程职业技术学院	65	283	23	318	20	247	259	243	8.6	478	383	168
福建水利电力职业技术学院	113	148	48	136	32	141	527	119	49.7	49	552.4	114
福建体育职业技术学院	42	417	6	670	10	413	0	903	3.9	709	13.9	785
福建卫生职业技术学院	143	96	29	255	27	175	325	194	20	221	383.89	165
福建信息职业技术学院	75	251	36	195	10	413	311	203	12.3	354	311	194
福建艺术职业学院	29	529	7	630	3	643	0	903	9.3	448	0	883
福建幼儿师范高等专科学校	163	79	42	154	37	124	27.9	699	46.4	56	27.4	692
福州科技职业技术学院	7	844	1	912	6	524	0	903	2.5	810	0	883
福州黎明职业技术学院	16	670	6	670	0	823	30	666	5.4	609	9	828
福州墨尔本理工职业学院	21	602	21	344	0	823	115	422	1.1	922	0	883
福州软件职业技术学院	9	805	0	969	0	823	0	903	1	930	0	883
福州英华职业学院	15	690	3	782	6	524	0	903	1.5	882	6	838
福州职业技术学院	147	93	40	166	41	116	111	429	15.3	291	208.5	260
抚顺师范高等专科学校	0	1 017	0	969	0	823	0	903	0	1 005	0	883
抚顺职业技术学院	0	1 017	0	969	0	823	0	903	0	1 005	0	883
抚州幼儿师范高等专科学校	0	1 017	0	969	0	823	0	903	0	1 005	0	883
抚州职业技术学院	15	690	6	670	0	823	42.5	620	8.3	488	42.5	601
阜新高等专科学校	0	1 017	0	969	0	823	0	903	0	1 005	0	883
阜阳科技职业学院	1	979	0	969	0	823	0	903	0	1 005	0	883
阜阳幼儿师范高等专科学校	37	448	20	362	2	701	156	353	10	426	132.4	372
阜阳职业技术学院	18	645	8	605	6	524	108	437	3.8	715	108	413

续表

				研究与发展成果										获奖成果数(项)			
其中:当年新开课题拨入经费(千元)		当年支出经费(千元)		著作(部)		学术论文(篇)				研究与咨询报告(篇)				合计		其中:国家级和省部级	
						合计		其中:国外学术刊物发表数		提交有关部门数		其中:被采纳数					
0	832	0	896	0	676	0	1 059	0	147	0	259	0	126	0	30	0	3
455	112	209.64	227	8	145	92	236	0	147	0	259	0	126	0	30	0	3
47	514	42.7	565	2	454	65	351	1	78	0	259	0	126	0	30	0	3
25	628	12.5	775	2	454	46	481	0	147	11	66	4	49	0	30	0	3
39	555	101	386	2	454	53	439	0	147	0	259	0	126	0	30	0	3
517	99	551	105	13	73	205	55	3	24	0	259	0	126	0	30	0	3
20	658	20	707	0	676	27	671	0	147	1	198	0	126	0	30	0	3
0	832	0	896	4	300	17	780	0	147	14	55	11	21	0	30	0	3
10	743	20	707	1	563	3	1 021	0	147	0	259	0	126	0	30	0	3
20	658	40	580	0	676	11	887	0	147	0	259	0	126	0	30	0	3
275.5	187	165.07	284	14	59	69	323	0	147	11	66	0	126	0	30	0	3
1 942.39	30	1 462.47	40	0	676	67	337	1	78	2	163	0	126	0	30	0	3
246	204	32.2	622	1	563	93	229	0	147	0	259	0	126	0	30	0	3
33.47	574	37.12	597	1	563	29	655	0	147	0	259	0	126	0	30	0	3
0	832	187	256	3	365	41	534	0	147	0	259	0	126	0	30	0	3
96	375	33.84	614	0	676	24	700	0	147	0	259	0	126	0	30	0	3
0	832	70.1	474	0	676	57	405	0	147	0	259	0	126	0	30	0	3
249	202	137.87	320	0	676	13	852	0	147	0	259	0	126	0	30	0	3
527	97	128.06	329	11	97	66	343	0	147	2	163	2	68	1	8	0	3
0	832	78.4	449	0	676	13	852	0	147	0	259	0	126	0	30	0	3
325	156	122.77	338	0	676	95	219	0	147	0	259	0	126	0	30	0	3
311	165	200.13	240	2	454	70	317	2	38	0	259	0	126	0	30	0	3
0	832	7.14	830	0	676	36	576	0	147	0	259	0	126	0	30	0	3
27.4	617	228.5	210	6	202	123	144	1	78	0	259	0	126	0	30	0	3
0	832	6	842	0	676	0	1 059	0	147	0	259	0	126	0	30	0	3
0	832	9	813	0	676	6	973	0	147	0	259	0	126	0	30	0	3
0	832	0	896	0	676	57	405	3	24	0	259	0	126	0	30	0	3
0	832	0	896	0	676	5	983	0	147	0	259	0	126	0	30	0	3
0	832	27.34	655	0	676	4	1 007	0	147	0	259	0	126	0	30	0	3
96	375	433.34	122	0	676	153	92	0	147	1	198	0	126	0	30	0	3
0	832	0	896	0	676	7	956	0	147	0	259	0	126	0	30	0	3
0	832	0	896	0	676	36	576	0	147	0	259	0	126	0	30	0	3
0	832	0	896	0	676	0	1 059	0	147	0	259	0	126	0	30	0	3
42.5	526	42.6	566	0	676	23	709	0	147	0	259	0	126	0	30	0	3
0	832	0	896	8	145	48	469	0	147	0	259	0	126	0	30	0	3
0	832	0	896	0	676	0	1 059	0	147	1	198	0	126	0	30	0	3
69.3	437	132.4	325	3	365	174	74	0	147	0	259	0	126	0	30	0	3
108	357	108	366	5	241	64	357	0	147	0	259	0	126	0	30	0	3

学校名称	研究与发展课题											
	课题总数（项）		当年新开课题数（项）		当年完成课题数（项）		当年新开课题批准经费（千元）		当年投入人数（人年）		当年拨入经费（千元）	
甘肃钢铁职业技术学院	6	868	2	842	4	604	10	818	2.1	839	10	805
甘肃工业职业技术学院	30	516	16	420	10	413	175	335	4.3	682	130	373
甘肃机电职业技术学院	11	757	1	912	10	413	10	818	3.7	724	10	805
甘肃建筑职业技术学院	9	805	4	739	5	568	90	478	6.1	577	90	461
甘肃警察职业学院	29	529	4	739	6	524	40	626	8.2	493	40	610
甘肃林业职业技术学院	6	868	2	842	0	823	15	785	6.3	569	15	772
甘肃农业职业技术学院	6	868	1	912	0	823	3	881	2.3	820	3	862
甘肃卫生职业学院	3	943	2	842	1	748	3	881	0.4	984	0	883
甘肃畜牧工程职业技术学院	0	1 017	0	969	0	823	0	903	0	1 005	0	883
甘肃有色冶金职业技术学院	4	915	3	782	0	823	70	527	1.5	882	90	461
赣南卫生健康职业学院	81	231	18	394	29	159	92.3	474	11.6	374	261.3	225
赣州师范高等专科学校	70	263	29	255	13	353	296	213	12.8	346	296	203
公安边防部队高等专科学校	20	618	1	912	17	289	20	733	10.5	409	40	610
共青科技职业学院	6	868	3	782	2	701	27	700	3.2	760	0	883
广安职业技术学院	45	396	21	344	18	271	6	858	16.9	265	6	838
广东碧桂园职业学院	38	444	18	394	9	437	60	549	2.9	774	79.1	494
广东创新科技职业学院	12	739	7	630	5	568	135	382	12.5	350	135	362
广东工程职业技术学院	31	503	12	502	2	701	440	138	21.1	204	610	105
广东工贸职业技术学院	179	63	43	150	66	55	244	253	18.1	247	200	268
广东工商职业学院	49	373	26	284	21	229	117	417	6.5	554	122	381
广东环境保护工程职业学院	23	584	11	523	8	465	110	431	7.6	523	114.8	400
广东机电职业技术学院	25	562	19	380	0	823	47	603	51.9	43	39	631
广东建设职业技术学院	34	479	11	523	0	823	61	547	6.1	577	77.87	495
广东江门中医药职业学院	1	979	1	912	1	748	230	266	0.6	962	230	243
广东交通职业技术学院	56	330	19	380	12	375	190	306	6.8	543	190	288
广东酒店管理职业技术学院	3	943	2	842	1	748	15	785	0.6	962	10	805
广东科贸职业学院	42	417	23	318	3	643	184	314	4.2	689	194	281
广东科学技术职业学院	257	25	138	10	56	77	4 066.29	12	66.8	24	2 780.92	23
广东理工职业学院	92	196	52	120	7	491	644	102	10.5	409	579	107
广东岭南职业技术学院	80	235	23	318	42	112	69	535	23.8	177	69	510
广东茂名健康职业学院	1	979	0	969	0	823	0	903	0.7	955	0	883
广东茂名幼儿师范专科学校	71	261	41	162	16	294	602	109	57.1	34	183	299
广东南方职业学院	11	757	3	782	4	604	16	780	4.9	641	16	767
广东南华工商职业学院	104	169	48	136	38	122	874.15	79	37.1	94	701.15	90
广东农工商职业技术学院	302	15	73	66	65	58	505	125	56.8	36	534.6	117
广东女子职业技术学院	202	45	76	58	52	85	216	278	78	15	266	223
广东青年职业学院	61	301	16	420	2	701	99	461	6.2	573	511	120

续表

其中:当年新开课题拨入经费(千元)		当年支出经费(千元)		研究与发展成果										获奖成果数(项)			
				著作(部)		学术论文(篇)				研究与咨询报告(篇)				合计		其中:国家级和省部级	
						合计		其中:国外学术刊物发表数		提交有关部门数		其中:被采纳数					
10	743	49	547	0	676	23	709	0	147	0	259	0	126	0	30	0	3
130	318	157	294	4	300	20	745	0	147	0	259	0	126	0	30	0	3
10	743	15.75	744	3	365	21	734	0	147	0	259	0	126	0	30	0	3
90	385	90	415	3	365	14	833	0	147	0	259	0	126	0	30	0	3
40	535	165	285	0	676	12	870	0	147	1	198	1	84	0	30	0	3
15	708	26.8	658	0	676	0	1 059	0	147	0	259	0	126	0	30	0	3
3	808	25.9	669	0	676	8	937	0	147	0	259	0	126	0	30	0	3
0	832	0	896	1	563	5	983	0	147	0	259	0	126	0	30	0	3
0	832	0	896	1	563	8	937	0	147	0	259	0	126	0	30	0	3
70	433	28.6	651	5	241	21	734	0	147	0	259	0	126	0	30	0	3
88.3	392	151.4	297	0	676	68	327	0	147	2	163	2	68	0	30	0	3
296	174	44.43	560	3	365	120	151	0	147	0	259	0	126	0	30	0	3
20	658	119.07	346	9	125	108	168	0	147	0	259	0	126	0	30	0	3
0	832	0	896	0	676	35	589	0	147	0	259	0	126	0	30	0	3
6	784	6	842	1	563	105	180	0	147	0	259	0	126	0	30	0	3
56	479	61.4	505	1	563	15	809	0	147	0	259	0	126	0	30	0	3
135	310	101.5	384	0	676	108	168	0	147	0	259	0	126	0	30	0	3
265	193	557.8	103	0	676	57	405	0	147	0	259	0	126	0	30	0	3
150	295	119	347	12	82	68	327	1	78	0	259	0	126	0	30	0	3
102	363	122	342	3	365	74	301	0	147	10	70	5	45	0	30	0	3
110	347	176	271	3	365	97	214	0	147	0	259	0	126	0	30	0	3
38	557	39	592	0	676	20	745	0	147	0	259	0	126	0	30	0	3
49	510	82.7	438	5	241	73	306	1	78	0	259	0	126	0	30	0	3
230	214	230	206	0	676	3	1 021	0	147	1	198	1	84	0	30	0	3
190	251	163.94	287	2	454	39	558	0	147	0	259	0	126	0	30	0	3
10	743	10.35	795	2	454	13	852	0	147	0	259	0	126	0	30	0	3
184	258	206	234	0	676	9	919	0	147	0	259	0	126	0	30	0	3
2 307.92	23	2 498.28	18	0	676	160	85	0	147	2	163	2	68	0	30	0	3
579	89	391	131	2	454	81	272	0	147	0	259	0	126	0	30	0	3
69	438	78.8	447	3	365	34	600	0	147	0	259	0	126	0	30	0	3
0	832	0	896	0	676	3	1 021	0	147	0	259	0	126	0	30	0	3
110	347	183	259	3	365	64	357	0	147	0	259	0	126	0	30	0	3
9	768	21.5	696	3	365	46	481	0	147	0	259	0	126	0	30	0	3
621.15	84	703.85	80	7	167	108	168	4	19	6	98	1	84	0	30	0	3
503.5	103	585.6	99	34	7	310	14	0	147	0	259	0	126	0	30	0	3
216	222	236.32	197	18	32	108	168	0	147	4	117	0	126	0	30	0	3
16	704	277.75	176	6	202	65	351	2	38	0	259	0	126	0	30	0	3

学校名称	研究与发展课题											
	课题总数（项）		当年新开课题数（项）		当年完成课题数（项）		当年新开课题批准经费（千元）		当年投入人数（人年）		当年拨入经费（千元）	
广东轻工职业技术学院	196	49	90	39	82	36	1 958	43	39.4	81	1 774	39
广东生态工程职业学院	33	488	11	523	0	823	110	431	12.9	342	110	407
广东省外语艺术职业学院	86	213	23	318	59	69	638.5	103	17.7	255	692.5	92
广东食品药品职业学院	45	396	15	441	0	823	290	219	8.1	496	623.9	104
广东水利电力职业技术学院	50	364	17	414	1	748	770	89	23.9	174	770	82
广东司法警官职业学院	4	915	1	912	0	823	5	865	1.1	922	5	848
广东松山职业技术学院	58	316	20	362	13	353	183	317	16.6	269	87	476
广东体育职业技术学院	27	544	2	842	0	823	23	721	6.9	540	66	518
广东文理职业学院	18	645	8	605	1	748	40.6	625	2.6	800	40.6	609
广东文艺职业学院	122	129	61	90	13	353	1 188	63	36.4	98	1 226.68	51
广东舞蹈戏剧职业学院	1	979	1	912	0	823	180	322	1.6	877	162	327
广东新安职业技术学院	1	979	1	912	1	748	10.36	816	0.5	974	10.36	803
广东信息工程职业学院	0	1 017	0	969	0	823	0	903	0	1 005	0	883
广东行政职业学院	92	196	28	267	5	568	70	527	43.8	64	118	392
广东亚视演艺职业学院	4	915	2	842	3	643	10	818	0.7	955	0	883
广东邮电职业技术学院	1	979	0	969	0	823	0	903	0.1	1 002	0.9	882
广东职业技术学院	86	213	53	114	25	194	427.4	141	34.2	107	393.45	159
广西安全工程职业技术学院	3	943	3	782	0	823	40	626	1.5	882	0	883
广西城市职业学院	55	333	40	166	6	524	372.02	175	12.4	353	93.8	451
广西电力职业技术学院	24	574	16	420	4	604	244	253	8.8	470	244	237
广西工程职业学院	1	979	0	969	0	823	0	903	0.4	984	0	883
广西工商职业技术学院	68	269	20	362	15	315	290	219	7	537	290	207
广西工业职业技术学院	20	618	12	502	1	748	76	515	9.5	441	72	502
广西国际商务职业技术学院	82	228	20	362	1	748	402	160	13.2	336	402	150
广西机电职业技术学院	82	228	32	229	16	294	305	207	9.4	446	301	199
广西建设职业技术学院	33	488	8	605	8	465	116.4	418	24	171	116.4	397
广西交通职业技术学院	30	516	11	523	2	701	90	478	10.3	419	90	461
广西金融职业技术学院	28	538	9	575	3	643	410	152	15.1	295	350	182
广西经济职业学院	1	979	1	912	1	748	40	626	2.6	800	40	610
广西经贸职业技术学院	129	116	10	544	22	218	96	466	63.6	27	96	443
广西科技职业学院	9	805	0	969	7	491	0	903	4.4	670	0	883
广西理工职业技术学院	10	787	2	842	0	823	20	733	2.8	785	100	432
广西农业职业技术学院	32	497	23	318	2	701	160	345	5	632	40	610
广西培贤国际职业学院	0	1 017	0	969	0	823	0	903	0	1 005	0	883
广西生态工程职业技术学院	83	226	33	221	8	465	773	88	17	263	803	80
广西水利电力职业技术学院	75	251	7	630	11	392	110	431	10.5	409	184	296

其中:当年新开课题拨入经费(千元)		当年支出经费(千元)		研究与发展成果										获奖成果数(项)			
				著作(部)		学术论文(篇)				研究与咨询报告(篇)				合计		其中:国家级和省部级	
						合计		其中:国外学术刊物发表数		提交有关部门数		其中:被采纳数					
1 694	38	1 268	45	12	82	243	38	3	24	0	259	0	126	0	30	0	3
110	347	113.3	357	4	300	26	679	0	147	0	259	0	126	0	30	0	3
638.5	81	948.55	57	11	97	122	146	5	14	2	163	0	126	0	30	0	3
199	242	207.54	230	0	676	45	491	0	147	0	259	0	126	0	30	0	3
770	71	494.61	114	1	563	34	600	0	147	0	259	0	126	0	30	0	3
5	792	3	869	1	563	42	521	0	147	3	134	0	126	0	30	0	3
87	394	12.95	771	1	563	58	398	0	147	0	259	0	126	0	30	0	3
20.5	657	81.95	439	2	454	40	543	0	147	0	259	0	126	0	30	0	3
40.6	533	189.6	252	0	676	9	919	0	147	0	259	0	126	0	30	0	3
1 174	47	538.89	108	1	563	61	374	2	38	1	198	0	126	0	30	0	3
162	285	0	896	0	676	13	852	0	147	0	259	0	126	0	30	0	3
10.36	741	10.36	794	1	563	1	1 048	0	147	0	259	0	126	0	30	0	3
0	832	0	896	2	454	10	904	0	147	0	259	0	126	0	30	0	3
60	455	33.49	617	1	563	65	351	0	147	7	91	0	126	0	30	0	3
0	832	0	896	2	454	11	887	0	147	1	198	0	126	0	30	0	3
0	832	2.1	879	0	676	8	937	0	147	0	259	0	126	0	30	0	3
382.05	132	229.71	208	4	300	66	343	1	78	0	259	0	126	0	30	0	3
0	832	0	896	0	676	1	1 048	0	147	0	259	0	126	0	30	0	3
75.68	422	232.67	202	7	167	61	374	0	147	0	259	0	126	0	30	0	3
244	206	195	250	0	676	20	745	0	147	0	259	0	126	0	30	0	3
0	832	0	896	0	676	0	1 059	0	147	0	259	0	126	0	30	0	3
290	178	60.69	506	0	676	51	452	0	147	0	259	0	126	0	30	0	3
72	426	72.8	464	0	676	34	600	0	147	0	259	0	126	0	30	0	3
402	124	325	158	7	167	138	117	0	147	0	259	0	126	3	2	0	3
261	197	202.46	238	2	454	136	119	3	24	0	259	0	126	0	30	0	3
116.4	338	94.14	407	1	563	30	646	0	147	1	198	0	126	0	30	0	3
90	385	78	450	0	676	68	327	0	147	0	259	0	126	0	30	0	3
350	145	26.8	658	0	676	20	745	0	147	0	259	0	126	0	30	0	3
40	535	79.8	445	0	676	18	769	0	147	0	259	0	126	0	30	0	3
96	375	807.95	68	0	676	53	439	0	147	0	259	0	126	0	30	0	3
0	832	0	896	0	676	0	1 059	0	147	0	259	0	126	0	30	0	3
20	658	57.3	519	8	145	82	268	0	147	0	259	0	126	0	30	0	3
33	575	64.7	492	3	365	10	904	0	147	0	259	0	126	0	30	0	3
0	832	0	896	0	676	0	1 059	0	147	0	259	0	126	0	30	0	3
773	70	340.53	156	13	73	52	445	0	147	3	134	3	59	0	30	0	3
110	347	217.87	220	0	676	16	797	1	78	0	259	0	126	0	30	0	3

学校名称	研究与发展课题											
	课题总数（项）		当年新开课题数（项）		当年完成课题数（项）		当年新开课题批准经费（千元）		当年投入人数（人年）		当年拨入经费（千元）	
广西体育高等专科学校	64	288	14	458	12	375	205	289	21.9	198	155	335
广西卫生职业技术学院	12	739	4	739	0	823	46	605	8	504	49.2	585
广西现代职业技术学院	11	757	7	630	0	823	125	403	2.6	800	120	384
广西演艺职业学院	8	828	0	969	3	643	0	903	1.4	897	0	883
广西英华国际职业学院	11	757	2	842	2	701	20	733	5.7	593	100	432
广西幼儿师范高等专科学校	123	128	20	362	11	392	377	168	48.9	50	377	171
广西职业技术学院	170	72	55	106	29	159	760	90	83.3	13	686	93
广州城建职业学院	114	146	63	85	19	258	463.8	135	18	249	253.8	230
广州城市职业学院	135	107	51	125	25	194	1 774.51	49	68.4	21	1 798.81	38
广州东华职业学院	20	618	16	420	3	643	498.11	127	3.8	715	433.12	138
广州番禺职业技术学院	355	9	116	18	76	45	3 334.4	21	69.4	20	4 350.06	7
广州工程技术职业学院	60	306	12	502	19	258	1 490	54	14.6	306	841	76
广州华立科技职业学院	4	915	4	739	0	823	120	409	0.5	974	120	384
广州华南商贸职业学院	27	544	4	739	16	294	1	895	1.2	910	1	876
广州华商职业学院	63	294	7	630	1	748	602.85	108	7.8	513	607.85	106
广州华夏职业学院	36	459	18	394	16	294	183	317	6.3	569	224	247
广州康大职业技术学院	0	1 017	0	969	0	823	0	903	0	1 005	0	883
广州科技贸易职业学院	26	552	4	739	4	604	0	903	3.7	724	140	354
广州科技职业技术学院	9	805	2	842	6	524	105	442	2.5	810	193	285
广州民航职业技术学院	75	251	40	166	14	335	851	81	43.8	64	686	93
广州南洋理工职业学院	67	274	40	166	13	353	296	213	6.7	546	250.3	232
广州涉外经济职业技术学院	18	645	10	544	2	701	32	663	10.3	419	11	799
广州松田职业学院	14	710	10	544	3	643	34	661	1.4	897	39	631
广州体育职业技术学院	6	868	2	842	0	823	70	527	2.8	785	0	883
广州铁路职业技术学院	103	172	9	575	5	568	495	129	18.3	245	867.5	74
广州卫生职业技术学院	1	979	1	912	0	823	0	903	0.9	943	0	883
广州现代信息工程职业技术学院	0	1 017	0	969	0	823	0	903	0	1 005	0	883
广州珠江职业技术学院	0	1 017	0	969	0	823	0	903	0	1 005	0	883
硅湖职业技术学院	124	125	67	78	62	63	373.5	174	19.9	223	367.2	176
贵阳护理职业学院	44	403	15	441	20	247	97	464	8.2	493	97	441
贵阳幼儿师范高等专科学校	172	70	28	267	4	604	143	366	48.6	51	383.36	167
贵阳职业技术学院	25	562	23	318	23	208	204	291	3.3	753	204	266
贵州城市职业学院	8	828	4	739	4	604	24	716	3.5	738	24	712
贵州电子科技职业学院	6	868	6	670	0	823	45	608	3.2	760	35	642
贵州电子商务职业技术学院	2	961	2	842	1	748	11	814	2.8	785	11	799
贵州电子信息职业技术学院	4	915	1	912	1	748	12	810	1.5	882	12	793

续表

其中:当年新开课题拨入经费(千元)		当年支出经费(千元)		研究与发展成果 著作(部)		学术论文(篇) 合计		学术论文(篇) 其中:国外学术刊物发表数		研究与咨询报告(篇) 提交有关部门数		研究与咨询报告(篇) 其中:被采纳数		获奖成果数(项) 合计		获奖成果数(项) 其中:国家级和省部级	
155	291	112.01	360	2	454	40	543	0	147	0	259	0	126	0	30	0	3
46	515	39.28	591	0	676	5	983	0	147	0	259	0	126	0	30	0	3
115	339	84.9	435	4	300	66	343	0	147	0	259	0	126	0	30	0	3
0	832	29.5	646	0	676	10	904	0	147	0	259	0	126	0	30	0	3
20	658	65.37	491	0	676	11	887	0	147	0	259	0	126	0	30	0	3
377	134	449.48	121	5	241	27	671	0	147	1	198	1	84	3	2	0	3
645	80	731.2	76	0	676	107	172	0	147	0	259	0	126	0	30	0	3
155.8	290	230.9	205	1	563	153	92	0	147	1	198	0	126	0	30	0	3
1 124.51	50	1 393.9	42	10	107	104	186	0	147	0	259	0	126	0	30	0	3
433.12	115	430.72	126	2	454	11	887	0	147	0	259	0	126	0	30	0	3
3 294.4	14	3 829.37	6	20	21	281	21	2	38	24	27	24	10	0	30	0	3
740	73	180.73	264	10	107	122	146	3	24	0	259	0	126	0	30	0	3
120	331	72	467	1	563	107	172	0	147	0	259	0	126	0	30	0	3
1	825	42.2	568	3	365	37	566	0	147	1	198	1	84	0	30	0	3
602.85	88	96.93	397	6	202	65	351	0	147	0	259	0	126	0	30	0	3
129	322	202.3	239	3	365	78	286	0	147	0	259	0	126	0	30	0	3
0	832	0	896	0	676	5	983	0	147	0	259	0	126	0	30	0	3
0	832	178.78	268	2	454	53	439	0	147	0	259	0	126	0	30	0	3
28	612	228	211	17	40	103	189	0	147	0	259	0	126	0	30	0	3
421	117	676.26	84	9	125	98	210	0	147	0	259	0	126	0	30	0	3
206	235	218.8	219	0	676	154	89	1	78	0	259	0	126	0	30	0	3
11	738	11	786	0	676	38	559	0	147	0	259	0	126	0	30	0	3
29	607	11.6	784	1	563	40	543	0	147	1	198	0	126	0	30	0	3
0	832	0	896	1	563	28	659	0	147	0	259	0	126	0	30	0	3
5	792	662.07	85	8	145	66	343	0	147	0	259	0	126	0	30	0	3
0	832	0	896	1	563	4	1 007	0	147	0	259	0	126	0	30	0	3
0	832	0	896	2	454	30	646	0	147	0	259	0	126	0	30	0	3
0	832	0	896	2	454	15	809	0	147	0	259	0	126	0	30	0	3
327.2	155	356.6	148	3	365	70	317	0	147	1	198	1	84	0	30	0	3
97	373	119	347	5	241	28	659	0	147	8	85	8	31	0	30	0	3
143	304	255.26	185	10	107	91	240	0	147	1	198	0	126	0	30	0	3
204	237	183	259	0	676	72	310	0	147	23	29	0	126	0	30	0	3
24	640	25	672	5	241	9	919	0	147	0	259	0	126	0	30	0	3
35	563	0	896	0	676	15	809	0	147	0	259	0	126	0	30	0	3
11	738	6	842	0	676	12	870	0	147	1	198	1	84	0	30	0	3
12	732	10	797	38	5	50	458	0	147	0	259	0	126	0	30	0	3

学校名称	研究与发展课题											
	课题总数（项）		当年新开课题数（项）		当年完成课题数（项）		当年新开课题批准经费（千元）		当年投入人数（人年）		当年拨入经费（千元）	
贵州工程职业学院	9	805	9	575	0	823	45	608	5.4	609	30	670
贵州工贸职业学院	5	898	2	842	1	748	0	903	4.4	670	0	883
贵州工业职业技术学院	33	488	11	523	6	524	115	422	7.8	513	115	398
贵州航天职业技术学院	8	828	6	670	2	701	114	426	2.6	800	114	403
贵州健康职业学院	11	757	9	575	1	748	40	626	1.9	852	40	610
贵州交通职业技术学院	13	724	6	670	4	604	60.4	548	8.1	496	60.4	530
贵州农业职业学院	3	943	3	782	0	823	45	608	1.1	922	45	594
贵州轻工职业技术学院	37	448	17	414	18	271	122	407	3.7	724	161.6	328
贵州水利水电职业技术学院	2	961	2	842	0	823	160	345	1.3	905	160	330
贵州职业技术学院	55	333	27	276	17	289	124	404	16.8	266	124	376
桂林山水职业学院	4	915	2	842	0	823	30	666	1	930	26.1	697
桂林师范高等专科学校	64	288	20	362	1	748	160	345	8.1	496	160	330
哈尔滨城市职业学院	0	1 017	0	969	0	823	0	903	0	1 005	0	883
哈尔滨传媒职业学院	0	1 017	0	969	0	823	0	903	0	1 005	0	883
哈尔滨电力职业技术学院	0	1 017	0	969	0	823	0	903	0	1 005	0	883
哈尔滨科学技术职业学院	0	1 017	0	969	0	823	0	903	0	1 005	0	883
哈尔滨铁道职业技术学院	0	1 017	0	969	0	823	0	903	0	1 005	0	883
哈尔滨应用职业技术学院	0	1 017	0	969	0	823	0	903	0	1 005	0	883
哈尔滨幼儿师范高等专科学校	0	1 017	0	969	0	823	0	903	0	1 005	0	883
哈尔滨职业技术学院	4	915	4	739	4	604	17	775	1.6	877	17	762
海南工商职业学院	9	805	3	782	2	701	55	578	1.5	882	55	553
海南经贸职业技术学院	140	102	62	87	30	154	936	75	20.6	214	922	70
海南科技职业学院	40	431	13	482	10	413	90	478	10.9	398	90	461
海南外国语职业学院	129	116	27	276	28	164	215	279	4.7	652	215	252
海南政法职业学院	81	231	21	344	12	375	375	171	17.5	257	410	145
海南职业技术学院	40	431	8	605	10	413	275	232	5.8	588	280	214
邯郸职业技术学院	54	339	9	575	14	335	180	322	5.5	603	147.5	343
汉中职业技术学院	0	1 017	0	969	0	823	0	903	0	1 005	0	883
杭州科技职业技术学院	152	87	75	61	34	136	912.06	76	48.4	52	1 006.54	63
杭州万向职业技术学院	129	116	65	82	31	148	384	166	8.4	484	356.1	180
杭州职业技术学院	51	358	29	255	6	524	1 212.99	61	19.2	234	1 172.59	54
合肥共达职业技术学院	2	961	1	912	0	823	30	666	1.5	882	0	883
合肥科技职业学院	6	868	3	782	0	823	26	701	2.9	774	26	698
合肥通用职业技术学院	7	844	3	782	0	823	60	549	2.9	774	62	524
合肥幼儿师范高等专科学校	11	757	3	782	3	643	120	409	19.8	227	105	419
合肥职业技术学院	42	417	19	380	1	748	211	281	25.3	161	235	241

续表

其中:当年新开课题拨入经费(千元)		当年支出经费(千元)		研究与发展成果										获奖成果数(项)			
				著作(部)		学术论文(篇)				研究与咨询报告(篇)				合计		其中:国家级和省部级	
						合计		其中:国外学术刊物发表数		提交有关部门数		其中:被采纳数					
30	583	4	861	1	563	4	1 007	0	147	0	259	0	126	0	30	0	3
0	832	0	896	0	676	25	691	0	147	1	198	0	126	0	30	0	3
115	339	62	500	1	563	43	508	0	147	0	259	0	126	0	30	0	3
114	344	29	648	0	676	34	600	0	147	0	259	0	126	0	30	0	3
40	535	23.3	686	1	563	6	973	0	147	0	259	0	126	0	30	0	3
60.4	454	39.6	590	2	454	29	655	0	147	0	259	0	126	0	30	0	3
45	518	14	758	0	676	5	983	0	147	0	259	0	126	0	30	0	3
104	359	146.3	305	3	365	47	473	0	147	0	259	0	126	0	30	0	3
160	286	83.53	436	0	676	9	919	0	147	0	259	0	126	0	30	0	3
124	326	97.67	394	7	167	154	89	1	78	11	66	0	126	0	30	0	3
20	658	21.4	698	0	676	0	1 059	0	147	0	259	0	126	0	30	0	3
160	286	0	896	1	563	34	600	0	147	0	259	0	126	0	30	0	3
0	832	0	896	0	676	0	1 059	0	147	0	259	0	126	0	30	0	3
0	832	0	896	0	676	0	1 059	0	147	0	259	0	126	0	30	0	3
0	832	0	896	0	676	0	1 059	0	147	0	259	0	126	0	30	0	3
0	832	0	896	0	676	0	1 059	0	147	0	259	0	126	0	30	0	3
0	832	0	896	0	676	0	1 059	0	147	0	259	0	126	0	30	0	3
0	832	0	896	0	676	0	1 059	0	147	0	259	0	126	0	30	0	3
0	832	0	896	3	365	45	491	0	147	0	259	0	126	0	30	0	3
17	698	17	730	5	241	92	236	0	147	4	117	0	126	0	30	0	3
55	483	55	527	4	300	25	691	0	147	0	259	0	126	0	30	0	3
873	62	825	66	17	40	135	121	1	78	0	259	0	126	1	8	0	3
90	385	68.03	479	18	32	65	351	0	147	0	259	0	126	0	30	0	3
215	223	236.5	196	10	107	93	229	0	147	0	259	0	126	1	8	0	3
375	137	680.4	82	9	125	91	240	0	147	1	198	0	126	1	8	0	3
265	193	110.6	362	5	241	66	343	5	14	10	70	10	23	0	30	0	3
130	318	114.33	356	1	563	31	632	0	147	0	259	0	126	0	30	0	3
0	832	0	896	6	202	14	833	0	147	0	259	0	126	0	30	0	3
711.59	76	727.79	77	8	145	107	172	0	147	30	21	18	14	0	30	0	3
236	208	307.49	163	0	676	85	260	0	147	1	198	1	84	0	30	0	3
1 107.59	52	679.4	83	1	563	76	294	0	147	2	163	0	126	0	30	0	3
0	832	0	896	0	676	0	1 059	0	147	0	259	0	126	0	30	0	3
26	621	26	663	2	454	7	956	0	147	0	259	0	126	0	30	0	3
28	612	62	500	0	676	10	904	0	147	0	259	0	126	0	30	0	3
30	583	82.8	437	6	202	87	253	0	147	2	163	0	126	0	30	0	3
211	225	137.48	321	8	145	60	383	0	147	0	259	0	126	0	30	0	3

学校名称	研究与发展课题											
	课题总数（项）		当年新开课题数（项）		当年完成课题数（项）		当年新开课题批准经费（千元）		当年投入人数（人年）		当年拨入经费（千元）	
和田师范专科学校	53	344	14	458	7	491	474	134	9.9	429	394	156
河北对外经贸职业学院	164	77	98	32	61	64	107.65	438	41.4	72	52.15	568
河北工业职业技术学院	83	226	58	95	16	294	3 022	26	8.7	472	3 022	19
河北工艺美术职业学院	2	961	0	969	0	823	0	903	0.5	974	0	883
河北公安警察职业学院	15	690	7	630	2	701	20	733	4.7	652	20	726
河北轨道运输职业技术学院	49	373	23	318	21	229	3	881	4.7	652	0	883
河北化工医药职业技术学院	64	288	22	333	24	203	37	648	23.3	181	54	559
河北机电职业技术学院	57	323	14	458	10	413	44	615	17.5	257	49	587
河北建材职业技术学院	93	191	42	154	22	218	80	499	29.9	132	73	500
河北交通职业技术学院	61	301	37	190	24	203	57	575	17.5	257	57	549
河北劳动关系职业学院	6	868	6	670	0	823	0	903	1.9	852	0	883
河北旅游职业学院	50	364	33	221	13	353	20	733	16.2	275	19.3	752
河北能源职业技术学院	28	538	12	502	11	392	10.6	815	7.3	533	0	883
河北女子职业技术学院	76	247	43	150	17	289	15	785	24.5	168	15	772
河北软件职业技术学院	50	364	20	362	23	208	81	498	14.1	312	88	472
河北省艺术职业学院	37	448	20	362	7	491	184	314	5.6	597	172	315
河北司法警官职业学院	24	574	8	605	4	604	10	818	2.8	785	0	883
河北政法职业学院	96	183	36	195	28	164	21	730	27.3	149	12	793
河南工业和信息化职业学院	4	915	2	842	1	748	0	903	1.2	910	20	726
河南工业贸易职业学院	58	316	32	229	32	141	140	374	25.6	160	176	310
河南工业职业技术学院	14	710	6	670	0	823	94	470	3.5	738	94	447
河南检察职业学院	47	385	34	213	18	271	0	903	8.1	496	0	883
河南建筑职业技术学院	15	690	13	482	5	568	0	903	6.9	540	20	726
河南交通职业技术学院	12	739	7	630	5	568	71	523	2.2	829	71	506
河南经贸职业学院	35	473	19	380	14	335	180	322	9.1	455	90	461
河南林业职业学院	9	805	4	739	2	701	10	818	2.8	785	10	805
河南农业职业学院	12	739	3	782	0	823	40	626	5	632	40	610
河南水利与环境职业学院	1	979	0	969	0	823	0	903	0.3	992	0	883
河南司法警官职业学院	36	459	13	482	16	294	10	818	3.6	732	40	610
河南信息统计职业学院	1	979	0	969	0	823	0	903	0.2	999	0	883
河南艺术职业学院	58	316	28	267	21	229	113	427	24.5	168	114.4	402
河南职业技术学院	30	516	11	523	15	315	40	626	8.7	472	94	447

				研究与发展成果										获奖成果数(项)			
其中:当年新开课题拨入经费(千元)		当年支出经费(千元)		著作(部)		学术论文(篇)				研究与咨询报告(篇)							
						合计		其中:国外学术刊物发表数		提交有关部门数		其中:被采纳数		合计		其中:国家级和省部级	
224	218	380.7	136	0	676	45	491	0	147	0	259	0	126	0	30	0	3
44.65	522	26	663	2	454	79	278	2	38	0	259	0	126	0	30	0	3
3 022	17	2 207	21	1	563	38	559	0	147	6	98	6	39	0	30	0	3
0	832	0	896	2	454	20	745	0	147	0	259	0	126	0	30	0	3
20	658	1.64	887	0	676	36	576	0	147	0	259	0	126	0	30	0	3
0	832	0	896	6	202	28	659	0	147	0	259	0	126	0	30	0	3
37	559	91.77	410	3	365	54	431	0	147	0	259	0	126	0	30	0	3
44	523	44.44	559	5	241	37	566	0	147	0	259	0	126	0	30	0	3
65	445	66.52	486	20	21	67	337	1	78	0	259	0	126	0	30	0	3
57	475	57	520	8	145	44	502	0	147	0	259	0	126	0	30	0	3
0	832	0	896	1	563	11	887	0	147	0	259	0	126	0	30	0	3
17.7	697	9.5	810	0	676	47	473	0	147	0	259	0	126	0	30	0	3
0	832	0	896	5	241	14	833	0	147	0	259	0	126	0	30	0	3
15	708	24.7	679	6	202	38	559	0	147	1	198	1	84	0	30	0	3
81	402	88	424	9	125	87	253	0	147	0	259	0	126	1	8	0	3
163	283	10	797	0	676	26	679	0	147	0	259	0	126	0	30	0	3
0	832	0	896	4	300	11	887	0	147	0	259	0	126	0	30	0	3
1	825	13.6	763	19	27	130	128	0	147	1	198	1	84	0	30	0	3
0	832	20	707	0	676	61	374	0	147	0	259	0	126	0	30	0	3
80	403	123	334	9	125	128	133	0	147	16	47	0	126	0	30	0	3
94	380	94	408	0	676	9	919	0	147	0	259	0	126	0	30	0	3
0	832	0	896	18	32	67	337	1	78	0	259	0	126	0	30	0	3
0	832	20	707	0	676	3	1 021	1	78	5	107	0	126	0	30	0	3
71	429	71	469	1	563	14	833	0	147	0	259	0	126	0	30	0	3
50	499	90	415	4	300	114	161	3	24	8	85	0	126	0	30	0	3
10	743	10	797	0	676	5	983	0	147	1	198	0	126	0	30	0	3
40	535	40	580	1	563	44	502	0	147	0	259	0	126	0	30	0	3
0	832	0	896	1	563	12	870	0	147	2	163	0	126	0	30	0	3
10	743	40	580	4	300	42	521	1	78	16	47	0	126	0	30	0	3
0	832	0	896	4	300	26	679	0	147	1	198	0	126	0	30	0	3
40.4	534	114.4	355	13	73	89	246	0	147	9	77	0	126	0	30	0	3
34	571	59	513	1	563	32	622	3	24	0	259	0	126	0	30	0	3

学校名称	研究与发展课题											
	课题总数（项）		当年新开课题数（项）		当年完成课题数（项）		当年新开课题批准经费（千元）		当年投入人数（人年）		当年拨入经费（千元）	
河南质量工程职业学院	50	364	29	255	21	229	36	650	5	632	36	640
河源职业技术学院	51	358	32	229	0	823	553.5	114	6.3	569	393.5	158
菏泽医学专科学校	41	426	11	523	9	437	77	514	5.4	609	88	472
鹤壁职业技术学院	67	274	52	120	15	315	110	431	12.7	347	183	299
鹤岗师范高等专科学校	0	1 017	0	969	0	823	0	903	0	1 005	0	883
黑龙江冰雪体育职业学院	6	868	1	912	5	568	120	409	4.9	641	170	321
黑龙江公安警官职业学院	0	1 017	0	969	0	823	0	903	0	1 005	0	883
黑龙江护理高等专科学校	0	1 017	0	969	0	823	0	903	0	1 005	0	883
黑龙江建筑职业技术学院	0	1 017	0	969	0	823	0	903	0	1 005	0	883
黑龙江交通职业技术学院	0	1 017	0	969	0	823	0	903	0	1 005	0	883
黑龙江林业职业技术学院	0	1 017	0	969	0	823	0	903	0	1 005	0	883
黑龙江民族职业学院	16	670	4	739	2	701	7	854	2.2	829	107	415
黑龙江能源职业学院	0	1 017	0	969	0	823	0	903	0	1 005	0	883
黑龙江农垦科技职业学院	0	1 017	0	969	0	823	0	903	0	1 005	0	883
黑龙江农垦职业学院	0	1 017	0	969	0	823	0	903	0	1 005	0	883
黑龙江农业工程职业学院	0	1 017	0	969	0	823	0	903	0	1 005	0	883
黑龙江农业经济职业学院	0	1 017	0	969	0	823	0	903	0	1 005	0	883
黑龙江农业职业技术学院	0	1 017	0	969	0	823	0	903	0	1 005	0	883
黑龙江三江美术职业学院	0	1 017	0	969	0	823	0	903	0	1 005	0	883
黑龙江商业职业学院	0	1 017	0	969	0	823	0	903	0	1 005	0	883
黑龙江生态工程职业学院	0	1 017	0	969	0	823	0	903	0	1 005	0	883
黑龙江生物科技职业学院	0	1 017	0	969	0	823	0	903	0	1 005	0	883
黑龙江司法警官职业学院	0	1 017	0	969	0	823	0	903	0	1 005	0	883
黑龙江信息技术职业学院	0	1 017	0	969	0	823	0	903	0	1 005	0	883
黑龙江艺术职业学院	2	961	2	842	0	823	3	881	3.8	715	3	862
黑龙江幼儿师范高等专科学校	0	1 017	0	969	0	823	0	903	0	1 005	0	883
黑龙江职业学院	2	961	1	912	1	748	20	733	3.7	724	20	726
衡水职业技术学院	86	213	30	245	12	375	26	701	13	341	77	496
红河卫生职业学院	7	844	0	969	0	823	0	903	3.8	715	25.6	702
呼和浩特职业学院	4	915	4	739	0	823	135	382	1.5	882	135	362
呼伦贝尔职业技术学院	45	396	4	739	18	271	4	876	9.1	455	40	610
湖北财税职业学院	79	240	33	221	15	315	160	345	24	171	51	570
湖北城市建设职业技术学院	7	844	2	842	4	604	15	785	2.9	774	37.5	637
湖北工程职业学院	17	661	9	575	8	465	12.5	808	7	537	12.5	790

续表

其中:当年新开课题拨入经费(千元)		当年支出经费(千元)		研究与发展成果										获奖成果数(项)			
				著作(部)		学术论文(篇)				研究与咨询报告(篇)				合计		其中:国家级和省部级	
						合计		其中:国外学术刊物发表数		提交有关部门数		其中:被采纳数					
36	560	18	726	1	563	164	79	0	147	2	163	0	126	0	30	0	3
393.5	129	391	131	7	167	95	219	4	19	0	259	0	126	0	30	0	3
77	417	55.81	525	0	676	12	870	0	147	1	198	0	126	0	30	0	3
110	347	183	259	3	365	62	369	1	78	0	259	0	126	0	30	0	3
0	832	0	896	0	676	7	956	0	147	0	259	0	126	0	30	0	3
120	331	90	415	0	676	0	1 059	0	147	5	107	0	126	0	30	0	3
0	832	0	896	2	454	7	956	0	147	0	259	0	126	0	30	0	3
0	832	0	896	0	676	0	1 059	0	147	0	259	0	126	0	30	0	3
0	832	0	896	0	676	21	734	0	147	0	259	0	126	0	30	0	3
0	832	0	896	0	676	0	1 059	0	147	0	259	0	126	0	30	0	3
0	832	0	896	0	676	0	1 059	0	147	0	259	0	126	0	30	0	3
7	779	36.2	603	3	365	49	463	0	147	1	198	0	126	0	30	0	3
0	832	0	896	0	676	0	1 059	0	147	0	259	0	126	0	30	0	3
0	832	0	896	0	676	0	1 059	0	147	0	259	0	126	0	30	0	3
0	832	0	896	0	676	0	1 059	0	147	0	259	0	126	0	30	0	3
0	832	0	896	0	676	0	1 059	0	147	0	259	0	126	0	30	0	3
0	832	0	896	2	454	5	983	0	147	0	259	0	126	0	30	0	3
0	832	0	896	0	676	0	1 059	0	147	0	259	0	126	0	30	0	3
0	832	0	896	0	676	0	1 059	0	147	0	259	0	126	0	30	0	3
0	832	0	896	18	32	102	194	0	147	0	259	0	126	0	30	0	3
0	832	0	896	3	365	13	852	0	147	0	259	0	126	0	30	0	3
0	832	0	896	0	676	0	1 059	0	147	0	259	0	126	0	30	0	3
0	832	0	896	0	676	3	1 021	0	147	0	259	0	126	0	30	0	3
0	832	0	896	0	676	0	1 059	0	147	0	259	0	126	0	30	0	3
3	808	1.5	888	4	300	19	760	0	147	0	259	0	126	0	30	0	3
0	832	0	896	0	676	0	1 059	0	147	0	259	0	126	0	30	0	3
20	658	13.5	764	13	73	86	257	0	147	0	259	0	126	0	30	0	3
26	621	77	452	0	676	42	521	0	147	0	259	0	126	0	30	0	3
0	832	25.6	671	1	563	28	659	0	147	0	259	0	126	0	30	0	3
135	310	90.25	414	10	107	106	175	0	147	0	259	0	126	0	30	0	3
0	832	41	576	1	563	33	609	0	147	0	259	0	126	0	30	0	3
10	743	45	556	23	16	127	136	0	147	0	259	0	126	0	30	0	3
15	708	34.5	610	14	59	40	543	0	147	0	259	0	126	0	30	0	3
12.5	731	12.5	775	4	300	70	317	0	147	0	259	0	126	0	30	0	3

学校名称	研究与发展课题											
	课题总数（项）		当年新开课题数（项）		当年完成课题数（项）		当年新开课题批准经费（千元）		当年投入人数（人年）		当年拨入经费（千元）	
湖北交通职业技术学院	89	203	21	344	27	175	236	259	8.3	488	255	227
湖北科技职业学院	58	316	9	575	16	294	52	588	19.8	227	80	485
湖北青年职业学院	0	1 017	0	969	0	823	0	903	0	1 005	0	883
湖北三峡职业技术学院	150	88	132	12	123	11	880	78	15.8	280	876	73
湖北生态工程职业技术学院	12	739	12	502	0	823	45	608	2.4	817	45	594
湖北生物科技职业学院	0	1 017	0	969	0	823	0	903	0	1 005	0	883
湖北艺术职业学院	37	448	18	394	6	524	64	542	8.4	484	0	883
湖北职业技术学院	43	408	9	575	10	413	122	407	7.8	513	173	314
湖北中医药高等专科学校	0	1 017	0	969	0	823	0	903	0	1 005	0	883
湖南安全技术职业学院	21	602	5	711	3	643	80	499	7.1	535	150	339
湖南财经工业职业技术学院	38	444	32	229	6	524	261	241	4.6	659	123	379
湖南大众传媒职业技术学院	181	60	23	318	100	20	368	176	40.2	77	397	154
湖南电气职业技术学院	4	915	4	739	0	823	80	499	2.9	774	80	485
湖南电子科技职业学院	9	805	6	670	1	748	13	803	1	930	6	838
湖南都市职业学院	12	739	3	782	0	823	0	903	3.1	770	0	883
湖南高尔夫旅游职业学院	27	544	3	782	10	413	5	865	0	1 005	0	883
湖南高速铁路职业技术学院	68	269	41	162	27	175	103.2	449	15.7	283	177	308
湖南工程职业技术学院	43	408	18	394	3	643	226	268	9.6	436	111	406
湖南工业职业技术学院	281	19	105	26	79	40	976	73	42	69	998	66
湖南工艺美术职业学院	162	80	52	120	42	112	1 141	67	42.4	67	1 198.5	53
湖南国防工业职业技术学院	27	544	13	482	4	604	116	419	17.8	252	71	506
湖南化工职业技术学院	36	459	19	380	30	154	330	191	3.9	709	320	190
湖南环境生物职业技术学院	121	132	33	221	35	134	202	292	19.6	232	184	296
湖南机电职业技术学院	44	403	15	441	5	568	376	170	23.7	178	196	274
湖南交通职业技术学院	63	294	34	213	0	823	68	536	8.6	478	68	511
湖南九嶷职业技术学院	6	868	1	912	0	823	5	865	3	772	31	661
湖南科技职业学院	26	552	14	458	2	701	88	485	15.7	283	248	236
湖南劳动人事职业学院	5	898	2	842	1	748	20	733	3.5	738	0	883
湖南理工职业技术学院	34	479	17	414	4	604	133	387	12.6	348	133	371
湖南民族职业学院	36	459	14	458	0	823	30	666	3.9	709	42	603
湖南汽车工程职业学院	108	156	79	53	38	122	194	303	11.6	374	194	281
湖南商务职业技术学院	57	323	14	458	20	247	354	181	23.9	174	386	162
湖南生物机电职业技术学院	68	269	19	380	20	247	327	193	13.5	324	193	285
湖南石油化工职业技术学院	6	868	2	842	0	823	10	818	0.6	962	15	772
湖南司法警官职业学院	46	389	9	575	7	491	180	322	20.2	217	165	323
湖南体育职业学院	35	473	23	318	2	701	141	372	6.4	561	141	353
湖南铁道职业技术学院	54	339	40	166	14	335	374	173	5.4	609	374	174
湖南铁路科技职业技术学院	34	479	31	241	0	823	242	255	5.7	593	196	274

续表

其中:当年新开课题拨入经费(千元)		当年支出经费(千元)		研究与发展成果										获奖成果数(项)			
				著作(部)		学术论文(篇)				研究与咨询报告(篇)				合计		其中:国家级和省部级	
						合计		其中:国外学术刊物发表数		提交有关部门数		其中:被采纳数					
236	208	199.94	243	7	167	49	463	1	78	0	259	0	126	0	30	0	3
30	583	104.96	376	0	676	57	405	0	147	0	259	0	126	0	30	0	3
0	832	0	896	0	676	13	852	0	147	0	259	0	126	0	30	0	3
876	61	921.49	58	20	21	295	17	0	147	0	259	0	126	0	30	0	3
45	518	19	721	0	676	3	1 021	0	147	0	259	0	126	0	30	0	3
0	832	0	896	1	563	5	983	0	147	0	259	0	126	0	30	0	3
0	832	24	681	5	241	50	458	0	147	0	259	0	126	0	30	0	3
34	571	173	275	3	365	205	55	0	147	0	259	0	126	0	30	0	3
0	832	0	896	0	676	33	609	0	147	0	259	0	126	0	30	0	3
40	535	227	212	3	365	95	219	0	147	0	259	0	126	0	30	0	3
123	329	163	290	5	241	192	63	0	147	0	259	0	126	0	30	0	3
368	140	565.86	102	21	19	244	37	1	78	0	259	0	126	0	30	0	3
80	403	70	475	5	241	3	1 021	0	147	0	259	0	126	0	30	0	3
6	784	12	779	0	676	22	724	0	147	0	259	0	126	0	30	0	3
0	832	0	896	0	676	19	760	0	147	0	259	0	126	0	30	0	3
0	832	0	896	0	676	22	724	0	147	0	259	0	126	0	30	0	3
31	581	177	269	12	82	98	210	0	147	0	259	0	126	0	30	0	3
111	346	107.8	367	2	454	45	491	0	147	0	259	0	126	0	30	0	3
967	59	432.35	123	3	365	93	229	0	147	1	198	0	126	0	30	0	3
1 045	55	1 179.5	48	15	54	1 285	1	1	78	4	117	2	68	0	30	0	3
71	429	30.8	634	11	97	42	521	0	147	0	259	0	126	0	30	0	3
320	159	257	183	4	300	127	136	0	147	0	259	0	126	0	30	0	3
182	260	122.85	337	0	676	166	77	0	147	0	259	0	126	0	30	0	3
186	256	130.49	327	3	365	109	167	1	78	0	259	0	126	0	30	0	3
68	439	220.1	218	0	676	143	107	0	147	0	259	0	126	0	30	0	3
2	818	32	623	3	365	33	609	0	147	0	259	0	126	0	30	0	3
88	393	162.8	292	22	17	100	200	0	147	0	259	0	126	0	30	0	3
0	832	2.45	878	0	676	8	937	0	147	0	259	0	126	0	30	0	3
133	316	104	377	0	676	31	632	0	147	0	259	0	126	0	30	0	3
16	704	54	530	5	241	59	389	0	147	0	259	0	126	0	30	0	3
194	248	85.4	432	9	125	96	216	0	147	0	259	0	126	0	30	0	3
354	143	376.15	138	7	167	146	103	2	38	0	259	0	126	0	30	0	3
177	271	16.42	737	5	241	32	622	0	147	0	259	0	126	0	30	0	3
10	743	10	797	0	676	12	870	0	147	0	259	0	126	0	30	0	3
165	279	129.12	328	2	454	72	310	0	147	0	259	0	126	0	30	0	3
141	306	61.52	504	3	365	24	700	0	147	0	259	0	126	0	30	0	3
374	138	232	203	3	365	71	315	0	147	0	259	0	126	0	30	0	3
196	245	238	195	4	300	17	780	2	38	0	259	0	126	0	30	0	3

学校名称	研究与发展课题											
	课题总数（项）		当年新开课题数（项）		当年完成课题数（项）		当年新开课题批准经费（千元）		当年投入人数（人年）		当年拨入经费（千元）	
湖南外贸职业学院	116	142	13	482	15	315	414	150	19.7	230	477	128
湖南网络工程职业学院	127	120	40	166	37	124	831	82	41.3	73	442	137
湖南现代物流职业技术学院	37	448	18	394	4	604	133	387	20.1	220	108	413
湖南信息职业技术学院	20	618	1	912	3	643	20	733	12	358	60	531
湖南艺术职业学院	65	283	32	229	8	465	2 483	28	16.3	271	2 030	28
湖南有色金属职业技术学院	15	690	5	711	7	491	18	770	1.5	882	18	755
湖南幼儿师范高等专科学校	49	373	15	441	3	643	105	442	24.7	166	60	531
湖州职业技术学院	150	88	92	36	93	24	986	72	43.7	66	1 000	65
怀化职业技术学院	24	574	16	420	7	491	55	578	9.9	429	28.5	690
淮安信息职业技术学院	199	46	62	87	75	46	631	105	32.6	117	561	111
淮北职业技术学院	41	426	4	739	17	289	80	499	4.1	696	53	561
淮南联合大学	16	670	4	739	7	491	80	499	5.1	626	90	461
淮南职业技术学院	11	757	2	842	4	604	9	845	3.3	753	9	828
黄冈科技职业学院	0	1 017	0	969	0	823	0	903	0	1 005	0	883
黄冈职业技术学院	12	739	12	502	0	823	36	650	2.3	820	36	640
黄河水利职业技术学院	84	224	68	74	65	58	200	294	22.5	190	200	268
黄山职业技术学院	12	739	3	782	0	823	60	549	6.5	554	91	455
徽商职业学院	10	787	3	782	0	823	60	549	2.2	829	60	531
惠州城市职业学院	26	552	11	523	7	491	140	374	3.9	709	40	610
惠州工程职业学院	7	844	1	912	3	643	0	903	0.5	974	0	883
惠州经济职业技术学院	12	739	5	711	8	465	83	495	2.6	800	0	883
惠州卫生职业技术学院	3	943	3	782	0	823	60	549	0.3	992	60	531
吉安职业技术学院	25	562	10	544	6	524	85	492	3.6	732	73	500
吉林电子信息职业技术学院	0	1 017	0	969	0	823	0	903	0	1 005	0	883
吉林工程职业学院	41	426	21	344	7	491	210	282	11.4	384	210	257
吉林工业职业技术学院	13	724	7	630	3	643	40	626	8.8	470	41	607
吉林交通职业技术学院	84	224	32	229	8	465	151	358	8.7	472	146	345
吉林科技职业技术学院	0	1 017	0	969	0	823	0	903	0	1 005	0	883
吉林司法警官职业学院	11	757	2	842	1	748	20	733	6.7	546	20	726
吉林铁道职业技术学院	19	635	10	544	7	491	13	803	7.4	530	13	786
济南工程职业技术学院	23	584	6	670	1	748	19	768	6.6	551	19	753
济南护理职业学院	0	1 017	0	969	0	823	0	903	0	1 005	0	883
济南幼儿师范高等专科学校	31	503	3	782	2	701	46	605	9.5	441	46	593
济源职业技术学院	53	344	42	154	11	392	179	329	14.7	303	118	392
冀中职业学院	11	757	3	782	5	568	0	903	2.9	774	0	883

续表

				研究与发展成果										获奖成果数(项)			
其中:当年新开课题拨入经费(千元)		当年支出经费(千元)		著作(部)		学术论文(篇)				研究与咨询报告(篇)				合计		其中:国家级和省部级	
						合计		其中:国外学术刊物发表数		提交有关部门数		其中:被采纳数					
324	157	499.41	112	24	15	270	25	1	78	0	259	0	126	0	30	0	3
314	164	632.6	89	15	54	160	85	0	147	0	259	0	126	0	30	0	3
20	658	55.5	526	19	27	405	8	31	1	0	259	0	126	0	30	0	3
20	658	56.9	521	7	167	96	216	0	147	0	259	0	126	0	30	0	3
2 000	28	2 033.7	28	12	82	217	48	0	147	0	259	0	126	0	30	0	3
18	691	25.7	670	0	676	11	887	0	147	0	259	0	126	0	30	0	3
60	455	31.99	629	5	241	95	219	0	147	0	259	0	126	0	30	0	3
986	56	872.95	61	7	167	120	151	0	147	14	55	8	31	0	30	0	3
28.5	610	30.5	636	5	241	33	609	0	147	0	259	0	126	0	30	0	3
561	91	603.5	94	1	563	97	214	0	147	0	259	0	126	0	30	0	3
53	490	53	537	4	300	94	225	1	78	0	259	0	126	0	30	0	3
40	535	90	415	5	241	53	439	0	147	0	259	0	126	0	30	0	3
9	768	31.2	631	0	676	25	691	0	147	0	259	0	126	0	30	0	3
0	832	0	896	0	676	0	1 059	0	147	0	259	0	126	0	30	0	3
36	560	8	821	1	563	98	210	0	147	0	259	0	126	0	30	0	3
180	262	200	241	17	40	73	306	0	147	9	77	0	126	0	30	0	3
30	583	15.49	746	0	676	25	691	0	147	0	259	0	126	0	30	0	3
60	455	18.1	725	3	365	16	797	0	147	0	259	0	126	0	30	0	3
0	832	54	530	6	202	33	609	0	147	0	259	0	126	0	30	0	3
0	832	70	475	4	300	31	632	0	147	3	134	1	84	0	30	0	3
0	832	0	896	2	454	26	679	0	147	0	259	0	126	0	30	0	3
60	455	7.95	824	1	563	15	809	0	147	0	259	0	126	0	30	0	3
53	490	34.2	611	5	241	30	646	0	147	0	259	0	126	0	30	0	3
0	832	0	896	0	676	0	1 059	0	147	0	259	0	126	0	30	0	3
210	227	153	296	0	676	46	481	0	147	0	259	0	126	0	30	0	3
40	535	13.4	765	0	676	43	508	0	147	0	259	0	126	0	30	0	3
146	298	146.78	303	4	300	52	445	0	147	0	259	0	126	0	30	0	3
0	832	0	896	0	676	0	1 059	0	147	0	259	0	126	0	30	0	3
20	658	26.78	660	1	563	34	600	0	147	0	259	0	126	0	30	0	3
13	728	87.4	427	3	365	26	679	0	147	0	259	0	126	0	30	0	3
19	689	0	896	2	454	16	797	6	11	0	259	0	126	0	30	0	3
0	832	0	896	2	454	0	1 059	0	147	0	259	0	126	0	30	0	3
46	515	8.6	819	0	676	0	1 059	0	147	3	134	3	59	0	30	0	3
118	336	142	309	4	300	250	33	1	78	0	259	0	126	0	30	0	3
0	832	0	896	0	676	19	760	0	147	0	259	0	126	0	30	0	3

学校名称	研究与发展课题											
	课题总数（项）		当年新开课题数（项）		当年完成课题数（项）		当年新开课题批准经费（千元）		当年投入人数（人年）		当年拨入经费（千元）	
佳木斯职业学院	0	1 017	0	969	0	823	0	903	0	1 005	0	883
嘉兴南洋职业技术学院	31	503	10	544	9	437	35	653	4.5	665	35	642
嘉兴职业技术学院	39	438	7	630	16	294	321	195	13.2	336	321	189
建东职业技术学院	16	670	10	544	6	524	37	648	1.7	867	16	767
江海职业技术学院	69	266	56	100	56	77	282.5	223	20.7	212	282.5	212
江汉艺术职业学院	14	710	2	842	8	465	25	706	2.1	839	30.3	669
江门职业技术学院	215	38	66	81	2	701	1 156.91	66	52.6	41	1 215.39	52
江南影视艺术职业学院	100	178	33	221	25	194	137	380	18.6	242	86	478
江苏安全技术职业学院	4	915	2	842	1	748	40	626	2.7	795	31	661
江苏财会职业学院	86	213	34	213	49	96	238.2	257	15	297	106	418
江苏财经职业技术学院	187	54	83	48	77	44	1 834.8	47	19.9	223	1 710.8	42
江苏城市职业学院	260	24	83	48	32	141	2 322.6	32	99.6	7	1 647.6	44
江苏城乡建设职业学院	131	109	59	92	42	112	353	182	37.3	89	395	155
江苏工程职业技术学院	138	104	57	98	50	90	292	218	21.1	204	135	362
江苏海事职业技术学院	111	154	50	129	46	101	3 365	20	31.4	121	3 211.44	16
江苏航空职业技术学院	10	787	10	544	8	465	38	647	3.6	732	33	655
江苏护理职业学院	31	503	31	241	6	524	530.3	118	3.8	715	89.2	470
江苏建筑职业技术学院	247	28	111	23	144	8	407	156	53.3	39	452	134
江苏经贸职业技术学院	198	47	81	50	37	124	4 536	9	34.3	106	4 376	6
江苏旅游职业学院	60	306	35	209	30	154	377	168	12	358	510	121
江苏农林职业技术学院	35	473	18	394	6	524	200	294	5.4	609	200	268
江苏农牧科技职业学院	46	389	22	333	16	294	218	275	4.6	659	218	251
江苏商贸职业学院	93	191	42	154	22	218	221.6	271	34.5	104	224.4	246
江苏食品药品职业技术学院	108	156	36	195	45	103	420.5	146	21.9	198	420.5	141
江苏卫生健康职业学院	112	151	37	190	26	187	349	185	25.7	158	357	179
江苏信息职业技术学院	113	148	65	82	20	247	691.79	97	28	141	716.57	88
江苏医药职业学院	203	44	80	52	31	148	262	238	46.1	57	262	224
江西财经职业学院	42	417	21	344	7	491	298	212	36.6	95	298	200
江西电力职业技术学院	5	898	2	842	0	823	25	706	1.5	882	0	883
江西工程职业学院	3	943	2	842	1	748	25	706	0	1 005	25	703
江西工业工程职业技术学院	4	915	1	912	0	823	20	733	4	700	20	726
江西工业贸易职业技术学院	13	724	1	912	3	643	5	865	9	462	5	848
江西工业职业技术学院	18	645	11	523	0	823	106.6	440	3.2	760	102.6	426
江西航空职业技术学院	0	1 017	0	969	0	823	0	903	0	1 005	0	883
江西洪州职业学院	1	979	1	912	0	823	8	847	0	1 005	0	883

				研究与发展成果												获奖成果数(项)			
其中:当年新开课题拨入经费(千元)		当年支出经费(千元)		著作(部)		学术论文(篇)				研究与咨询报告(篇)				合计		其中:国家级和省部级	
						合计		其中:国外学术刊物发表数		提交有关部门数		其中:被采纳数					
0	832	0	896	2	454	16	797	0	147	0	259	0	126	0	30	0	3
35	563	71.8	468	2	454	67	337	0	147	0	259	0	126	0	30	0	3
321	158	490.42	117	4	300	12	870	0	147	0	259	0	126	0	30	0	3
12	732	16	739	0	676	16	797	0	147	0	259	0	126	0	30	0	3
282.5	183	256.5	184	0	676	100	200	0	147	0	259	0	126	0	30	0	3
22	654	32	623	2	454	128	133	0	147	0	259	0	126	0	30	0	3
1 156.91	49	713.58	79	0	676	147	100	0	147	0	259	0	126	0	30	0	3
60.5	453	22	691	5	241	51	452	0	147	0	259	0	126	0	30	0	3
24	640	31	632	0	676	26	679	0	147	0	259	0	126	0	30	0	3
71	429	106	372	0	676	147	100	0	147	19	40	1	84	0	30	0	3
1 710.8	37	1 171.03	49	3	365	220	46	0	147	0	259	0	126	0	30	0	3
1 553.6	43	1 185.69	47	0	676	237	40	1	78	2	163	0	126	0	30	0	3
353	144	573.47	100	3	365	154	89	0	147	12	64	3	59	0	30	0	3
135	310	133.5	324	3	365	238	39	0	147	0	259	0	126	0	30	0	3
2 414.6	20	3 160.37	14	4	300	94	225	6	11	8	85	8	31	0	30	0	3
33	575	33	619	0	676	15	809	0	147	0	259	0	126	0	30	0	3
89.2	390	89.2	421	3	365	85	260	0	147	1	198	0	126	0	30	0	3
402	124	456.6	120	14	59	268	26	2	38	8	85	6	39	0	30	0	3
4 376	4	7 609.13	2	0	676	134	124	0	147	11	66	0	126	1	8	0	3
367	141	506	111	0	676	206	54	3	24	0	259	0	126	0	30	0	3
200	240	211	225	0	676	78	286	0	147	0	259	0	126	0	30	0	3
218	221	88.85	423	0	676	43	508	0	147	0	259	0	126	0	30	0	3
209.1	231	239.62	193	9	125	197	60	0	147	17	45	0	126	0	30	0	3
420.5	118	389.6	134	5	241	68	327	0	147	10	70	0	126	0	30	0	3
349	147	431.45	124	0	676	64	357	0	147	1	198	0	126	0	30	0	3
431.79	116	596.25	95	10	107	144	106	0	147	2	163	2	68	0	30	0	3
262	196	304.85	164	3	365	99	206	0	147	0	259	0	126	0	30	0	3
298	172	207	232	0	676	305	16	0	147	0	259	0	126	0	30	0	3
0	832	0	896	0	676	0	1 059	0	147	0	259	0	126	0	30	0	3
25	628	4	861	1	563	9	919	0	147	0	259	0	126	0	30	0	3
5	792	20	707	0	676	0	1 059	0	147	0	259	0	126	0	30	0	3
5	792	25	672	0	676	0	1 059	0	147	0	259	0	126	0	30	0	3
102.6	362	18.6	722	0	676	0	1 059	0	147	0	259	0	126	0	30	0	3
0	832	0	896	0	676	0	1 059	0	147	0	259	0	126	0	30	0	3
0	832	0	896	0	676	0	1 059	0	147	0	259	0	126	0	30	0	3

学校名称	研究与发展课题											
	课题总数（项）		当年新开课题数（项）		当年完成课题数（项）		当年新开课题批准经费（千元）		当年投入人数（人年）		当年拨入经费（千元）	
江西环境工程职业学院	33	488	22	333	10	413	199	299	4.5	665	199	272
江西机电职业技术学院	9	805	3	782	0	823	45	608	4.3	682	40	610
江西建设职业技术学院	6	868	2	842	0	823	20	733	4.8	645	20	726
江西交通职业技术学院	30	516	9	575	6	524	165	344	19.9	223	165	323
江西科技职业学院	0	1 017	0	969	0	823	0	903	0	1 005	0	883
江西旅游商贸职业学院	45	396	27	276	9	437	268	236	8.6	478	165	323
江西农业工程职业学院	3	943	0	969	0	823	0	903	1.2	910	22	721
江西青年职业学院	2	961	2	842	0	823	80	499	0.4	984	0	883
江西生物科技职业学院	9	805	1	912	0	823	15	785	1.2	910	0	883
江西师范高等专科学校	22	598	9	575	0	823	289.5	221	4.4	670	289.5	209
江西水利职业学院	6	868	2	842	0	823	26	701	0.6	962	18	755
江西司法警官职业学院	2	961	1	912	0	823	15	785	0	1 005	0	883
江西泰豪动漫职业学院	0	1 017	0	969	0	823	0	903	0	1 005	0	883
江西陶瓷工艺美术职业技术学院	0	1 017	0	969	0	823	0	903	0	1 005	0	883
江西外语外贸职业学院	32	497	5	711	11	392	60	549	14	314	60	531
江西卫生职业学院	21	602	3	782	3	643	30	666	2.7	795	0	883
江西现代职业技术学院	23	584	9	575	3	643	98	463	3.1	770	98	438
江西新能源科技职业学院	9	805	0	969	0	823	0	903	1	930	0	883
江西信息应用职业技术学院	5	898	0	969	0	823	0	903	2.8	785	0	883
江西冶金职业技术学院	0	1 017	0	969	0	823	0	903	0	1 005	0	883
江西医学高等专科学校	0	1 017	0	969	0	823	0	903	0	1 005	0	883
江西艺术职业学院	5	898	2	842	2	701	20	733	0.7	955	35	642
江西应用工程职业学院	10	787	2	842	1	748	26	701	4.2	689	98	438
江西应用技术职业学院	30	516	14	458	1	748	130	393	7.5	525	136	360
江西制造职业技术学院	16	670	4	739	1	748	135	382	8.7	472	89	471
江西中医药高等专科学校	27	544	14	458	10	413	35	653	14.2	310	35	642
江阳城建职业学院	1	979	1	912	0	823	2	891	0.3	992	2	871
江阴职业技术学院	52	352	26	284	15	315	268	236	6.8	543	268	221
焦作大学	93	191	79	53	13	353	20	733	10.4	414	20	726
焦作工贸职业学院	0	1 017	0	969	0	823	0	903	0	1 005	0	883
焦作师范高等专科学校	89	203	68	74	31	148	20	733	28.8	136	94	447
揭阳职业技术学院	108	156	24	306	40	118	269.5	234	11.6	374	269.5	220
金华职业技术学院	408	7	174	6	224	2	3 814.24	14	88.9	10	3 715.24	14
金肯职业技术学院	39	438	10	544	2	701	100	453	8.9	467	102	427
金山职业技术学院	6	868	3	782	0	823	88	485	1.8	857	22	721
锦州师范高等专科学校	19	635	7	630	5	568	16	780	9.9	429	29.5	686
晋城职业技术学院	76	247	24	306	13	353	50	591	7.8	513	50	573
晋中师范高等专科学校	20	618	5	711	4	604	20	733	4	700	12.5	790
晋中职业技术学院	36	459	21	344	12	375	0	903	4.1	696	11.17	798
荆门职业学院	0	1 017	0	969	0	823	0	903	0	1 005	0	883
景德镇陶瓷职业技术学院	10	787	7	630	3	643	91	476	13.4	331	91	455

其中:当年新开课题拨入经费(千元)		当年支出经费(千元)		研究与发展成果												获奖成果数(项)			
				著作(部)		学术论文(篇)				研究与咨询报告(篇)				合计		其中:国家级和省部级			
						合计		其中:国外学术刊物发表数		提交有关部门数		其中:被采纳数							
199	242	70.5	471	0	676	10	904	0	147	0	259	0	126	0	30	0	3		
0	832	0	896	2	454	18	769	0	147	0	259	0	126	0	30	0	3		
20	658	14	758	0	676	15	809	0	147	0	259	0	126	0	30	0	3		
165	279	99.75	391	16	48	86	257	4	19	0	259	0	126	0	30	0	3		
0	832	0	896	1	563	4	1 007	0	147	0	259	0	126	0	30	0	3		
165	279	53.33	536	9	125	83	266	0	147	0	259	0	126	0	30	0	3		
0	832	17	730	0	676	0	1 059	0	147	0	259	0	126	0	30	0	3		
0	832	0	896	17	40	36	576	0	147	0	259	0	126	0	30	0	3		
0	832	30	639	0	676	1	1 048	0	147	0	259	0	126	0	30	0	3		
289.5	179	23	687	0	676	146	103	0	147	0	259	0	126	0	30	0	3		
18	691	18	726	1	563	16	797	0	147	0	259	0	126	0	30	0	3		
0	832	0	896	0	676	19	760	0	147	0	259	0	126	0	30	0	3		
0	832	0	896	0	676	0	1 059	0	147	0	259	0	126	0	30	0	3		
0	832	0	896	0	676	0	1 059	0	147	0	259	0	126	0	30	0	3		
60	455	165	285	5	241	32	622	0	147	0	259	0	126	0	30	0	3		
0	832	25	672	0	676	3	1 021	0	147	0	259	0	126	0	30	0	3		
98	371	40.4	579	10	107	51	452	1	78	0	259	0	126	0	30	0	3		
0	832	0	896	0	676	2	1 041	0	147	0	259	0	126	0	30	0	3		
0	832	3	869	0	676	6	973	0	147	0	259	0	126	0	30	0	3		
0	832	0	896	0	676	12	870	0	147	0	259	0	126	0	30	0	3		
0	832	0	896	0	676	0	1 059	0	147	0	259	0	126	0	30	0	3		
20	658	15	749	0	676	27	671	0	147	0	259	0	126	0	30	0	3		
0	832	98	393	0	676	6	973	0	147	0	259	0	126	0	30	0	3		
52	494	116.46	353	7	167	52	445	0	147	0	259	0	126	0	30	0	3		
77	417	36	604	2	454	37	566	0	147	0	259	0	126	0	30	0	3		
35	563	5	854	7	167	35	589	0	147	0	259	0	126	0	30	0	3		
2	818	2	880	0	676	0	1 059	0	147	0	259	0	126	0	30	0	3		
268	191	234	200	1	563	87	253	0	147	6	98	6	39	0	30	0	3		
20	658	8	821	6	202	123	144	0	147	0	259	0	126	0	30	0	3		
0	832	0	896	0	676	0	1 059	0	147	0	259	0	126	0	30	0	3		
14	723	70.9	470	16	48	100	200	0	147	0	259	0	126	0	30	0	3		
269.5	190	372.5	140	0	676	49	463	0	147	0	259	0	126	0	30	0	3		
3 624.24	9	2 342.96	20	2	454	288	19	2	38	3	134	3	59	0	30	0	3		
100	366	75	456	0	676	16	797	0	147	0	259	0	126	0	30	0	3		
0	832	10.1	796	0	676	13	852	0	147	0	259	0	126	0	30	0	3		
15	708	29.5	646	14	59	68	327	0	147	0	259	0	126	0	30	0	3		
50	499	42.4	567	2	454	32	622	0	147	0	259	0	126	0	30	0	3		
2	818	18.5	723	17	40	98	210	0	147	0	259	0	126	1	8	0	3		
0	832	11.17	785	5	241	56	415	0	147	0	259	0	126	0	30	0	3		
0	832	0	896	0	676	4	1 007	0	147	0	259	0	126	0	30	0	3		
91	382	91	412	0	676	6	973	0	147	0	259	0	126	0	30	0	3		

学校名称	研究与发展课题											
	课题总数（项）		当年新开课题数（项）		当年完成课题数（项）		当年新开课题批准经费（千元）		当年投入人数（人年）		当年拨入经费（千元）	
九江职业大学	25	562	13	482	0	823	194	303	16.3	271	194	281
九江职业技术学院	31	503	13	482	11	392	180	322	9	462	180	302
九州职业技术学院	46	389	25	296	18	271	179	329	15	297	179	306
酒泉职业技术学院	18	645	9	575	1	748	30	666	8.5	481	30	670
开封大学	139	103	56	100	82	36	179	329	27.8	144	175	312
开封文化艺术职业学院	50	364	36	195	12	375	3	881	11.9	365	3	862
科尔沁艺术职业学院	24	574	14	458	6	524	14	798	4.5	665	44	598
克拉玛依职业技术学院	18	645	2	842	3	643	13	803	5.6	597	92	453
昆明卫生职业学院	4	915	0	969	0	823	0	903	1.5	882	0	883
昆明冶金高等专科学校	107	160	27	276	15	315	239.5	256	52.5	42	383.5	166
昆明艺术职业学院	0	1 017	0	969	0	823	0	903	0	1 005	0	883
昆山登云科技职业学院	29	529	6	670	3	643	35	653	9.6	436	77	496
拉萨师范高等专科学校	69	266	34	213	26	187	735	92	27.9	143	886	71
莱芜职业技术学院	13	724	2	842	0	823	20	733	21	206	20	726
兰州石化职业技术学院	49	373	40	166	0	823	188	311	11.2	389	188	290
兰州外语职业学院	7	844	0	969	7	491	0	903	6.4	561	11.8	797
兰州职业技术学院	10	787	3	782	7	491	50	591	2.3	820	50	573
兰州资源环境职业技术学院	11	757	6	670	0	823	110	431	1.8	857	110	407
廊坊卫生职业学院	20	618	9	575	3	643	12.5	808	3.3	753	0	883
廊坊燕京职业技术学院	14	710	11	523	3	643	0	903	4.8	645	0	883
廊坊职业技术学院	17	661	16	420	14	335	2	891	11.5	380	3.4	860
乐山职业技术学院	64	288	12	502	21	229	105	442	9.3	448	90	461
黎明职业大学	297	16	156	7	125	9	3 285.25	23	70.6	19	3 075.06	18
丽江师范高等专科学校	90	199	34	213	44	106	580	112	46.8	55	651.5	97
丽水职业技术学院	183	59	50	129	88	27	715.05	95	31.1	123	1 151.05	56
连云港师范高等专科学校	176	67	25	296	28	164	189	310	17.8	252	160	330
连云港职业技术学院	106	165	58	95	39	120	234.5	263	35.5	101	105	419
辽宁城市建设职业技术学院	28	538	10	544	6	524	14	798	11.7	372	14	783
辽宁地质工程职业学院	14	710	4	739	6	524	3	881	10.6	405	15	772
辽宁工程职业学院	0	1 017	0	969	0	823	0	903	0	1 005	0	883
辽宁广告职业学院	0	1 017	0	969	0	823	0	903	0	1 005	0	883
辽宁轨道交通职业学院	0	1 017	0	969	0	823	0	903	0	1 005	0	883
辽宁机电职业技术学院	0	1 017	0	969	0	823	0	903	0	1 005	0	883
辽宁建筑职业学院	149	91	53	114	80	39	25	706	18.1	247	25	703
辽宁金融职业学院	18	645	10	544	7	491	124	404	2.8	785	124	376
辽宁经济职业技术学院	52	352	13	482	37	124	219.4	274	9.6	436	30	670
辽宁理工职业学院	23	584	15	441	1	748	17	775	11.6	374	17	762

续表

				研究与发展成果										获奖成果数（项）			
其中：当年新开课题拨入经费（千元）		当年支出经费（千元）		著作（部）		学术论文（篇）				研究与咨询报告（篇）							
						合计		其中：国外学术刊物发表数		提交有关部门数		其中：被采纳数		合计		其中：国家级和省部级	
194	248	12	779	0	676	57	405	0	147	0	259	0	126	0	30	0	3
180	262	91.77	410	6	202	55	424	1	78	0	259	0	126	0	30	0	3
179	268	140.3	312	0	676	74	301	0	147	8	85	0	126	0	30	0	3
30	583	47.35	551	7	167	43	508	0	147	0	259	0	126	0	30	0	3
175	272	140	313	4	300	79	278	0	147	0	259	0	126	0	30	0	3
3	808	47	553	5	241	41	534	1	78	6	98	0	126	0	30	0	3
14	723	26	663	3	365	22	724	0	147	0	259	0	126	0	30	0	3
3	808	78	450	0	676	15	809	0	147	0	259	0	126	0	30	0	3
0	832	9.5	810	0	676	0	1 059	0	147	0	259	0	126	0	30	0	3
234.5	210	263	180	3	365	99	206	0	147	15	52	0	126	0	30	0	3
0	832	0	896	3	365	14	833	0	147	0	259	0	126	0	30	0	3
18	691	65.8	489	10	107	75	297	0	147	0	259	0	126	0	30	0	3
491	106	886	60	0	676	44	502	0	147	26	24	14	18	0	30	0	3
20	658	49	547	4	300	18	769	0	147	0	259	0	126	0	30	0	3
188	253	168.09	282	5	241	91	240	0	147	0	259	0	126	0	30	0	3
0	832	19.45	719	0	676	79	278	0	147	0	259	0	126	0	30	0	3
50	499	168.5	281	13	73	62	369	0	147	0	259	0	126	0	30	0	3
110	347	41.66	573	2	454	40	543	0	147	0	259	0	126	0	30	0	3
0	832	0	896	0	676	11	887	0	147	0	259	0	126	0	30	0	3
0	832	0	896	0	676	21	734	0	147	0	259	0	126	0	30	0	3
2	818	3.4	867	0	676	28	659	0	147	1	198	0	126	0	30	0	3
85	398	196.9	247	4	300	33	609	1	78	0	259	0	126	0	30	0	3
3 075.06	16	3 176.92	13	1	563	126	140	0	147	51	13	45	4	0	30	0	3
560	92	1 771.56	32	10	107	139	113	0	147	9	77	4	49	0	30	0	3
677.05	78	1 105.17	50	12	82	94	225	0	147	2	163	1	84	0	30	0	3
15	708	73	462	3	365	122	146	0	147	0	259	0	126	2	5	0	3
87	394	105.55	373	2	454	59	389	1	78	2	163	1	84	0	30	0	3
14	723	649.49	87	7	167	30	646	0	147	0	259	0	126	0	30	0	3
0	832	15	749	0	676	19	760	0	147	0	259	0	126	0	30	0	3
0	832	0	896	1	563	20	745	0	147	0	259	0	126	0	30	0	3
0	832	0	896	3	365	67	337	0	147	0	259	0	126	0	30	0	3
0	832	0	896	0	676	23	709	0	147	0	259	0	126	0	30	0	3
0	832	0	896	0	676	5	983	0	147	0	259	0	126	0	30	0	3
25	628	21	701	10	107	219	47	1	78	53	10	0	126	0	30	0	3
124	326	102	383	0	676	23	709	0	147	0	259	0	126	0	30	0	3
30	583	10	797	18	32	94	225	0	147	0	259	0	126	0	30	0	3
17	698	6	842	0	676	50	458	0	147	0	259	0	126	0	30	0	3

学校名称	研究与发展课题											
	课题总数（项）		当年新开课题数（项）		当年完成课题数（项）		当年新开课题批准经费（千元）		当年投入人数（人年）		当年拨入经费（千元）	
辽宁林业职业技术学院	26	552	14	458	4	604	115	422	14.1	312	115	398
辽宁民族师范高等专科学校	0	1 017	0	969	0	823	0	903	0	1 005	0	883
辽宁农业职业技术学院	0	1 017	0	969	0	823	0	903	0	1 005	0	883
辽宁轻工职业学院	1	979	1	912	1	748	200	294	0.6	962	200	268
辽宁省交通高等专科学校	0	1 017	0	969	0	823	0	903	0	1 005	0	883
辽宁石化职业技术学院	0	1 017	0	969	0	823	0	903	0	1 005	0	883
辽宁水利职业学院	0	1 017	0	969	0	823	0	903	0	1 005	0	883
辽宁特殊教育师范高等专科学校	0	1 017	0	969	0	823	0	903	0	1 005	0	883
辽宁铁道职业技术学院	0	1 017	0	969	0	823	0	903	0	1 005	0	883
辽宁现代服务职业技术学院	90	199	32	229	15	315	196	301	29.4	135	142.7	351
辽宁冶金职业技术学院	0	1 017	0	969	0	823	0	903	0	1 005	0	883
辽宁医药职业学院	0	1 017	0	969	0	823	0	903	0	1 005	0	883
辽宁政法职业学院	94	189	41	162	68	51	43	619	38.7	85	100	432
辽宁职业学院	15	690	6	670	9	437	12	810	4.5	665	30	670
辽宁装备制造职业技术学院	0	1 017	0	969	0	823	0	903	0	1 005	0	883
辽阳职业技术学院	5	898	2	842	3	643	4	876	4.6	659	4	857
聊城职业技术学院	103	172	41	162	58	71	262	238	22	197	211	255
临汾职业技术学院	6	868	5	711	0	823	0	903	3.6	732	0	883
临沂职业学院	0	1 017	0	969	0	823	0	903	0	1 005	0	883
柳州城市职业学院	53	344	27	276	9	437	320	196	13.3	333	195	276
柳州铁道职业技术学院	75	251	42	154	10	413	152	357	9.2	454	68	511
柳州职业技术学院	60	306	13	482	15	315	100	453	27.5	145	133.2	370
六安职业技术学院	16	670	3	782	3	643	60	549	3.4	749	60	531
六盘水职业技术学院	7	844	4	739	1	748	9	845	2.7	795	9	828
陇南师范高等专科学校	117	140	30	245	54	82	355	180	37.2	90	766	83
娄底职业技术学院	8	828	6	670	0	823	60	549	5.4	609	100	432
泸州职业技术学院	88	208	40	166	23	208	142	369	12.9	342	70	509
潞安职业技术学院	0	1 017	0	969	0	823	0	903	0	1 005	0	883
罗定职业技术学院	59	313	1	912	18	271	1	895	13.8	320	62	524
洛阳职业技术学院	92	196	54	111	24	203	35	653	21.9	198	35	642
漯河医学高等专科学校	25	562	18	394	7	491	80	499	2.7	795	80	485
漯河职业技术学院	23	584	14	458	9	437	20	733	10	426	20	726
马鞍山师范高等专科学校	43	408	17	414	20	247	141.4	371	6.6	551	266.4	222
马鞍山职业技术学院	13	724	7	630	5	568	170	339	15.1	295	170	321
满洲里俄语职业学院	53	344	11	523	7	491	75	517	16.3	271	135	362

续表

其中：当年新开课题拨入经费（千元）		当年支出经费（千元）		研究与发展成果										获奖成果数（项）			
				著作（部）		学术论文（篇）				研究与咨询报告（篇）				合计		其中：国家级和省部级	
						合计		其中：国外学术刊物发表数		提交有关部门数		其中：被采纳数					
115	339	53.96	535	0	676	18	769	0	147	0	259	0	126	0	30	0	3
0	832	0	896	4	300	55	424	0	147	0	259	0	126	0	30	0	3
0	832	0	896	8	145	18	769	0	147	0	259	0	126	0	30	0	3
200	240	200	241	2	454	51	452	0	147	0	259	0	126	0	30	0	3
0	832	0	896	12	82	55	424	0	147	0	259	0	126	0	30	0	3
0	832	0	896	0	676	30	646	0	147	0	259	0	126	0	30	0	3
0	832	0	896	14	59	53	439	0	147	0	259	0	126	0	30	0	3
0	832	0	896	8	145	140	110	2	38	3	134	2	68	0	30	0	3
0	832	0	896	4	300	15	809	0	147	0	259	0	126	0	30	0	3
42	527	103.35	382	12	82	99	206	0	147	0	259	0	126	0	30	0	3
0	832	0	896	0	676	2	1 041	0	147	0	259	0	126	0	30	0	3
0	832	0	896	2	454	12	870	0	147	0	259	0	126	0	30	0	3
40	535	68.18	478	9	125	88	250	0	147	0	259	0	126	0	30	0	3
12	732	21.1	699	2	454	11	887	0	147	0	259	0	126	0	30	0	3
0	832	0	896	4	300	61	374	0	147	0	259	0	126	0	30	0	3
4	804	4	861	2	454	62	369	0	147	0	259	0	126	0	30	0	3
211	225	223.38	216	0	676	28	659	0	147	60	8	50	3	0	30	0	3
0	832	0	896	0	676	3	1 021	0	147	0	259	0	126	0	30	0	3
0	832	0	896	5	241	12	870	0	147	0	259	0	126	0	30	0	3
195	246	149.52	299	0	676	26	679	0	147	0	259	0	126	0	30	0	3
68	439	64.58	493	3	365	15	809	0	147	0	259	0	126	0	30	0	3
100	366	97.04	395	0	676	40	543	0	147	0	259	0	126	0	30	0	3
60	455	203.5	236	0	676	31	632	0	147	0	259	0	126	0	30	0	3
9	768	9	813	0	676	9	919	0	147	0	259	0	126	0	30	0	3
285	181	494.5	115	7	167	259	29	0	147	0	259	0	126	0	30	0	3
60	455	42	569	0	676	102	194	0	147	0	259	0	126	0	30	0	3
70	433	70.45	472	0	676	100	200	0	147	0	259	0	126	0	30	0	3
0	832	0	896	0	676	7	956	0	147	0	259	0	126	0	30	0	3
0	832	62	500	2	454	89	246	0	147	0	259	0	126	0	30	0	3
35	563	0	896	2	454	77	291	0	147	18	42	0	126	0	30	0	3
80	403	24	681	6	202	90	244	0	147	0	259	0	126	0	30	0	3
20	658	20	707	3	365	40	543	0	147	0	259	0	126	0	30	0	3
81.4	401	266.4	179	2	454	60	383	0	147	0	259	0	126	0	30	0	3
170	276	175	272	2	454	45	491	1	78	0	259	0	126	0	30	0	3
45	518	95.79	403	6	202	42	521	10	6	0	259	0	126	1	8	0	3

学校名称	研究与发展课题											
	课题总数（项）		当年新开课题数（项）		当年完成课题数（项）		当年新开课题批准经费（千元）		当年投入人数（人年）		当年拨入经费（千元）	
茂名职业技术学院	27	544	14	458	3	643	59	571	7.3	533	65	521
眉山药科职业学院	0	1 017	0	969	0	823	0	903	0	1 005	0	883
眉山职业技术学院	70	263	20	362	26	187	91	476	10.4	414	91	455
湄洲湾职业技术学院	35	473	10	544	15	315	0	903	4	700	0	883
绵阳职业技术学院	48	382	19	380	27	175	76	515	10.6	405	58	544
民办合肥滨湖职业技术学院	4	915	0	969	0	823	0	903	1.5	882	0	883
民办四川天一学院	29	529	5	711	9	437	20	733	11	397	7	833
民办万博科技职业学院	12	739	4	739	4	604	80	499	5.1	626	80	485
闽北职业技术学院	32	497	3	782	15	315	0	903	7.7	520	0	883
闽江师范高等专科学校	66	278	21	344	21	229	148	360	24	171	148	342
闽西职业技术学院	47	385	7	630	15	315	28.5	698	8	504	31	661
明达职业技术学院	0	1 017	0	969	0	823	0	903	0	1 005	0	883
牡丹江大学	0	1 017	0	969	0	823	0	903	0	1 005	0	883
内江职业技术学院	69	266	22	333	22	218	48	602	10.1	423	31	661
内蒙古电子信息职业技术学院	11	757	4	739	0	823	30	666	2.8	785	15	772
内蒙古化工职业学院	30	516	3	782	7	491	41	623	1.8	857	41	607
内蒙古机电职业技术学院	43	408	12	502	15	315	40	626	19.1	239	92	453
内蒙古建筑职业技术学院	51	358	7	630	9	437	35	653	5.7	593	30	670
内蒙古交通职业技术学院	0	1 017	0	969	0	823	0	903	0	1 005	0	883
内蒙古警察职业学院	3	943	0	969	0	823	0	903	1	930	0	883
内蒙古民族幼儿师范高等专科学校	6	868	3	782	2	701	40	626	3.5	738	40	610
内蒙古商贸职业学院	2	961	2	842	0	823	30	666	1	930	30	670
内蒙古体育职业学院	5	898	5	711	1	748	280	226	0.6	962	220	249
南昌职业学院	16	670	6	670	0	823	104	447	3.7	724	113	405
南充职业技术学院	85	219	36	195	21	229	22	729	14	314	185	295
南京城市职业学院	125	123	52	120	14	335	423	145	13.9	318	52.45	567
南京工业职业技术学院	283	18	98	32	49	96	4 312.1	11	149.3	3	4 242.45	9
南京机电职业技术学院	118	139	49	132	50	90	286	222	24.7	166	421	140
南京交通职业技术学院	167	76	44	147	36	130	280	226	17.3	260	195	276
南京科技职业学院	127	120	56	100	11	392	553	115	18.8	241	463	132
南京旅游职业学院	115	144	28	267	21	229	308	206	12.9	342	347	183
南京视觉艺术职业学院	26	552	10	544	4	604	0	903	17.7	255	0	883
南京铁道职业技术学院	243	30	106	25	106	18	493	130	25	163	493	124
南京信息职业技术学院	198	47	70	72	60	67	258	244	20.8	210	193	285

续表

				研究与发展成果										获奖成果数(项)			
其中:当年新开课题拨入经费(千元)		当年支出经费(千元)		著作(部)		学术论文(篇)				研究与咨询报告(篇)				合计		其中:国家级和省部级	
						合计		其中:国外学术刊物发表数		提交有关部门数		其中:被采纳数					
59	470	20.49	706	0	676	28	659	0	147	0	259	0	126	0	30	0	3
0	832	0	896	0	676	0	1 059	0	147	0	259	0	126	0	30	0	3
91	382	168.9	280	3	365	136	119	1	78	1	198	1	84	0	30	0	3
0	832	35.62	606	0	676	54	431	0	147	0	259	0	126	0	30	0	3
58	472	173.9	274	0	676	58	398	0	147	3	134	0	126	0	30	0	3
0	832	0	896	0	676	0	1 059	0	147	0	259	0	126	0	30	0	3
7	779	7	831	6	202	22	724	0	147	0	259	0	126	0	30	0	3
80	403	87	429	0	676	10	904	0	147	0	259	0	126	0	30	0	3
0	832	92.63	409	0	676	46	481	0	147	0	259	0	126	0	30	0	3
148	297	188.14	255	0	676	56	415	0	147	0	259	0	126	0	30	0	3
26	621	55.98	523	0	676	24	700	0	147	0	259	0	126	0	30	0	3
0	832	0	896	0	676	0	1 059	0	147	0	259	0	126	0	30	0	3
0	832	0	896	0	676	4	1 007	0	147	0	259	0	126	0	30	0	3
31	581	22	691	3	365	90	244	0	147	0	259	0	126	0	30	0	3
15	708	27	656	4	300	5	983	0	147	0	259	0	126	0	30	0	3
41	532	124	330	6	202	23	709	1	78	0	259	0	126	0	30	0	3
0	832	100.21	390	4	300	25	691	0	147	0	259	0	126	0	30	0	3
30	583	54	530	3	365	65	351	0	147	0	259	0	126	0	30	0	3
0	832	0	896	0	676	0	1 059	0	147	0	259	0	126	0	30	0	3
0	832	0	896	6	202	5	983	0	147	0	259	0	126	0	30	0	3
40	535	16	739	5	241	43	508	0	147	0	259	0	126	0	30	0	3
30	583	11	786	11	97	51	452	0	147	0	259	0	126	0	30	0	3
220	220	118.27	350	0	676	0	1 059	0	147	1	198	1	84	0	30	0	3
52	494	113	359	0	676	56	415	0	147	0	259	0	126	0	30	0	3
9	768	185.8	258	12	82	311	13	0	147	0	259	0	126	0	30	0	3
14.65	722	122.55	340	3	365	84	263	2	38	3	134	0	126	0	30	0	3
3 878.1	8	3 741.31	8	0	676	282	20	1	78	64	7	64	1	0	30	0	3
286	180	209.1	228	2	454	84	263	0	147	0	259	0	126	0	30	0	3
25	628	350.4	150	0	676	127	136	0	147	3	134	0	126	0	30	0	3
463	109	368	142	0	676	106	175	1	78	0	259	0	126	0	30	0	3
308	167	231.6	204	1	563	100	200	0	147	0	259	0	126	0	30	0	3
0	832	51.2	541	3	365	31	632	0	147	0	259	0	126	0	30	0	3
493	105	354.7	149	1	563	135	121	4	19	3	134	3	59	0	30	0	3
153	292	283	175	12	82	188	67	0	147	1	198	0	126	0	30	0	3

学校名称	研究与发展课题											
	课题总数（项）		当年新开课题数（项）		当年完成课题数（项）		当年新开课题批准经费（千元）		当年投入人数（人年）		当年拨入经费（千元）	
南宁职业技术学院	141	99	51	125	25	194	107	439	40.2	77	0	883
南通航运职业技术学院	263	23	95	34	103	19	732.5	93	41.1	74	732.5	86
南通科技职业学院	131	109	28	267	73	48	217	277	30.3	129	220	249
南通师范高等专科学校	23	584	15	441	3	643	142	369	5	632	30	670
南通职业大学	121	132	59	92	61	64	634	104	23.9	174	628	100
南阳医学高等专科学校	54	339	29	255	29	159	30	666	14.7	303	30	670
宁波城市职业技术学院	115	144	51	125	13	353	526.5	121	24.9	164	123.5	378
宁波卫生职业技术学院	326	12	91	38	59	69	1 417.9	55	148.3	5	1 104.3	59
宁波职业技术学院	487	4	215	1	260	1	2 413.39	29	57.1	34	2 879.8	22
宁德职业技术学院	89	203	39	181	10	413	166	341	20.2	217	0	883
宁夏财经职业技术学院	112	151	50	129	31	148	236	259	28.4	139	275	218
宁夏工商职业技术学院	107	160	37	190	52	85	406	158	31.5	120	406	147
宁夏警官职业学院	150	88	36	195	31	148	365	177	19.2	234	361	177
宁夏民族职业技术学院	45	396	16	420	12	375	133	387	13.5	324	170.1	320
宁夏幼儿师范高等专科学校	45	396	33	221	1	748	318	199	8.1	496	206.4	263
宁夏职业技术学院	67	274	26	284	28	164	304	208	8.4	484	277	216
盘锦职业技术学院	0	1 017	0	969	0	823	0	903	0	1 005	0	883
平顶山工业职业技术学院	59	313	35	209	45	103	75	517	27.4	146	95	445
濮阳职业技术学院	85	219	45	145	36	130	104	447	31.4	121	104	423
七台河职业学院	0	1 017	0	969	0	823	0	903	0	1 005	0	883
齐齐哈尔高等师范专科学校	0	1 017	0	969	0	823	0	903	0	1 005	0	883
黔东南民族职业技术学院	23	584	7	630	6	524	62	545	4.3	682	62	524
黔南民族医学高等专科学校	37	448	15	441	13	353	80	499	13.5	324	80	485
黔南民族幼儿师范高等专科学校	19	635	7	630	1	748	7	854	18.5	243	7	833
黔南民族职业技术学院	52	352	36	195	12	375	58	573	11.9	365	55	553
黔西南民族职业技术学院	36	459	15	441	19	258	105	442	11.1	396	105	419
秦皇岛职业技术学院	120	137	88	40	28	164	90	478	23.2	182	93	452
青岛港湾职业技术学院	43	408	20	362	18	271	127	401	2.3	820	61.73	527
青岛酒店管理职业技术学院	65	283	27	276	21	229	412	151	11.9	365	404	149
青岛求实职业技术学院	11	757	2	842	1	748	2.5	890	2.5	810	12.5	790
青岛远洋船员职业学院	11	757	2	842	6	524	40	626	4.1	696	50	573
青岛职业技术学院	34	479	1	912	11	392	8	847	9.1	455	67	515
青海柴达木职业技术学院	0	1 017	0	969	0	823	0	903	0	1 005	0	883
青海高等职业技术学院	6	868	6	670	0	823	67	538	1.7	867	5	848

续表

其中:当年新开课题拨入经费(千元)		当年支出经费(千元)		研究与发展成果										获奖成果数(项)			
				著作(部)		学术论文(篇)				研究与咨询报告(篇)				合计		其中:国家级和省部级	
						合计		其中:国外学术刊物发表数		提交有关部门数		其中:被采纳数					
0	832	0	896	4	300	36	576	0	147	0	259	0	126	0	30	0	3
732.5	74	838.28	65	2	454	202	57	0	147	0	259	0	126	0	30	0	3
203	238	251.1	187	3	365	47	473	0	147	7	91	1	84	0	30	0	3
17	698	38.55	594	6	202	70	317	0	147	0	259	0	126	0	30	0	3
628	82	628	91	5	241	162	83	0	147	9	77	9	27	0	30	0	3
30	583	44.9	558	5	241	21	734	0	147	3	134	0	126	0	30	0	3
64	450	94.65	405	0	676	116	159	0	147	1	198	1	84	0	30	0	3
460.4	110	248.36	189	31	8	80	274	0	147	3	134	0	126	0	30	0	3
2 039.59	26	2 172.94	22	13	73	142	108	0	147	40	16	0	126	0	30	0	3
0	832	123.46	332	1	563	20	745	0	147	4	117	4	49	0	30	0	3
109	355	260	182	0	676	59	389	0	147	0	259	0	126	0	30	0	3
406	122	376	139	0	676	66	343	0	147	0	259	0	126	0	30	0	3
345	148	594.65	96	0	676	46	481	0	147	0	259	0	126	0	30	0	3
65.4	444	145.1	307	1	563	48	469	0	147	0	259	0	126	0	30	0	3
200.4	239	39.99	587	20	21	82	268	2	38	0	259	0	126	0	30	0	3
221	219	260.64	181	10	107	95	219	0	147	0	259	0	126	0	30	0	3
0	832	0	896	3	365	37	566	0	147	0	259	0	126	0	30	0	3
75	423	74	460	20	21	106	175	1	78	0	259	0	126	0	30	0	3
104	359	68	480	8	145	63	364	2	38	0	259	0	126	0	30	0	3
0	832	0	896	0	676	0	1 059	0	147	0	259	0	126	0	30	0	3
0	832	0	896	6	202	23	709	0	147	0	259	0	126	0	30	0	3
62	452	62.5	497	1	563	78	286	0	147	0	259	0	126	0	30	0	3
80	403	57.6	518	5	241	37	566	0	147	4	117	4	49	0	30	0	3
7	779	21.5	696	1	563	125	141	0	147	0	259	0	126	0	30	0	3
55	483	10.85	792	0	676	31	632	0	147	7	91	0	126	0	30	0	3
105	358	107.4	369	0	676	28	659	0	147	6	98	6	39	0	30	0	3
55	483	26.44	661	0	676	79	278	0	147	0	259	0	126	0	30	0	3
11.03	737	61.73	503	0	676	35	589	0	147	0	259	0	126	0	30	0	3
320	159	244	191	0	676	104	186	0	147	21	34	4	49	0	30	0	3
2.5	817	12.5	775	0	676	17	780	0	147	0	259	0	126	0	30	0	3
40	535	103.4	381	1	563	31	632	1	78	0	259	0	126	0	30	0	3
3	808	67	482	0	676	40	543	0	147	0	259	0	126	0	30	0	3
0	832	0	896	0	676	0	1 059	0	147	0	259	0	126	0	30	0	3
5	792	4.6	860	3	365	15	809	0	147	0	259	0	126	0	30	0	3

学校名称	研究与发展课题											
	课题总数（项）		当年新开课题数（项）		当年完成课题数（项）		当年新开课题批准经费（千元）		当年投入人数（人年）		当年拨入经费（千元）	
青海建筑职业技术学院	0	1 017	0	969	0	823	0	903	0	1 005	0	883
青海交通职业技术学院	6	868	6	670	2	701	92	475	4.6	659	52	569
青海警官职业学院	4	915	0	969	4	604	0	903	1.2	910	32	660
青海卫生职业技术学院	4	915	4	739	0	823	304	208	2.2	829	94	447
青海畜牧兽医职业技术学院	1	979	0	969	1	748	0	903	0.7	955	8	831
清远职业技术学院	63	294	24	306	21	229	184	314	7.8	513	201.5	267
曲靖医学高等专科学校	53	344	30	245	7	491	275	232	18.5	243	275	218
衢州职业技术学院	100	178	44	147	23	208	518	123	23.7	178	568.2	109
泉州纺织服装职业学院	20	618	7	630	5	568	6	858	2.5	810	6	838
泉州工艺美术职业学院	30	516	9	575	12	375	12	810	10.4	414	12	793
泉州海洋职业学院	35	473	18	394	19	258	13	803	11.2	389	0	883
泉州华光职业学院	30	516	25	296	4	604	53	585	7.4	530	53	561
泉州经贸职业技术学院	50	364	20	362	16	294	236	259	12.3	354	136	360
泉州理工职业学院	80	235	18	394	19	258	23	721	15.8	280	22.5	720
泉州轻工职业学院	48	382	21	344	13	353	15	785	9.3	448	30.5	668
泉州医学高等专科学校	95	185	32	229	6	524	153	355	10.1	423	153	336
泉州幼儿师范高等专科学校	161	82	53	114	34	136	113	427	34.5	104	107	415
日照航海工程职业学院	1	979	0	969	0	823	0	903	0	1 005	0	883
日照职业技术学院	324	13	94	35	120	12	410	152	158	2	408	146
三门峡职业技术学院	233	32	102	30	82	36	60	549	20	221	60	531
三明医学科技职业学院	78	243	40	166	27	175	181	320	27.4	146	184	296
三峡电力职业学院	0	1 017	0	969	0	823	0	903	0	1 005	0	883
三峡旅游职业技术学院	43	408	14	458	18	271	4	876	14.6	306	0	883
三亚城市职业学院	12	739	2	842	4	604	23	721	4.2	689	38	635
三亚航空旅游职业学院	34	479	10	544	6	524	317	201	11.2	389	317	193
三亚理工职业学院	15	690	2	842	9	437	30	666	2.3	820	35	642
三亚中瑞酒店管理职业学院	7	844	7	630	0	823	25	706	1.2	910	25	703
沙洲职业工学院	52	352	34	213	30	154	245	251	6.4	561	255	227
山东城市建设职业学院	24	574	3	782	2	701	8	847	19.8	227	15	772
山东传媒职业学院	3	943	1	912	0	823	20	733	1.2	910	30	670
山东电子职业技术学院	23	584	6	670	7	491	55	578	12.9	342	67	515
山东服装职业学院	80	235	16	420	18	271	15	785	9.8	432	20	726
山东工业职业学院	6	868	1	912	0	823	15	785	5.2	623	47	591
山东海事职业学院	0	1 017	0	969	0	823	0	903	0	1 005	0	883
山东化工职业学院	16	670	15	441	13	353	30	666	1.8	857	0	883
山东交通职业学院	30	516	14	458	10	413	143	366	6.4	561	122	381
山东经贸职业学院	125	123	81	50	71	49	610.75	107	36.3	99	646.06	98
山东凯文科技职业学院	12	739	12	502	0	823	68	536	0	1 005	0	883
山东科技职业学院	181	60	43	150	12	375	427.5	140	17.1	262	367.5	175
山东劳动职业技术学院	26	552	14	458	8	465	256.7	245	5.5	603	256.7	226

续表

其中:当年新开课题拨入经费(千元)		当年支出经费(千元)		研究与发展成果 著作(部)		研究与发展成果 学术论文(篇) 合计		研究与发展成果 学术论文(篇) 其中:国外学术刊物发表数		研究与发展成果 研究与咨询报告(篇) 提交有关部门数		研究与发展成果 研究与咨询报告(篇) 其中:被采纳数		获奖成果数(项) 合计		获奖成果数(项) 其中:国家级和省部级	
0	832	0	896	0	676	7	956	0	147	0	259	0	126	0	30	0	3
52	494	21	701	0	676	8	937	0	147	0	259	0	126	0	30	0	3
0	832	32	623	0	676	24	700	0	147	0	259	0	126	0	30	0	3
94	380	12	779	0	676	1	1 048	0	147	0	259	0	126	0	30	0	3
0	832	7.5	826	0	676	3	1 021	0	147	0	259	0	126	0	30	0	3
174	273	229.68	209	0	676	70	317	0	147	0	259	0	126	0	30	0	3
275	188	145.8	306	7	167	135	121	0	147	0	259	0	126	0	30	0	3
512	101	313.07	160	2	454	78	286	0	147	2	163	0	126	0	30	0	3
6	784	7.5	826	0	676	10	904	0	147	0	259	0	126	0	30	0	3
12	732	30.85	633	0	676	45	491	0	147	0	259	0	126	0	30	0	3
0	832	8	821	0	676	24	700	0	147	0	259	0	126	0	30	0	3
53	490	58.7	514	0	676	38	559	0	147	0	259	0	126	0	30	0	3
136	308	137.04	322	0	676	147	100	0	147	0	259	0	126	0	30	0	3
19.5	687	62.25	498	1	563	10	904	0	147	0	259	0	126	0	30	0	3
8	773	63	496	0	676	13	852	0	147	2	163	2	68	0	30	0	3
153	292	87.25	428	0	676	77	291	0	147	0	259	0	126	0	30	0	3
103.5	361	148.81	300	2	454	84	263	0	147	0	259	0	126	0	30	0	3
0	832	0	896	0	676	5	983	0	147	0	259	0	126	0	30	0	3
408	121	408	127	3	365	93	229	0	147	170	1	33	6	0	30	0	3
60	455	97	396	4	300	213	51	0	147	0	259	0	126	0	30	0	3
181	261	116.75	351	7	167	58	398	0	147	0	259	0	126	0	30	0	3
0	832	0	896	0	676	0	1 059	0	147	0	259	0	126	0	30	0	3
0	832	5	854	1	563	20	745	0	147	0	259	0	126	0	30	0	3
23	647	36.38	602	0	676	14	833	0	147	0	259	0	126	0	30	0	3
317	163	250	188	5	241	64	357	2	38	10	70	10	23	0	30	0	3
30	583	38.97	593	3	365	35	589	0	147	0	259	0	126	0	30	0	3
25	628	7.17	829	0	676	15	809	0	147	0	259	0	126	0	30	0	3
245	205	174.2	273	0	676	64	357	0	147	2	163	0	126	0	30	0	3
8	773	6	842	3	365	6	973	0	147	0	259	0	126	0	30	0	3
20	658	2.77	875	0	676	0	1 059	0	147	0	259	0	126	0	30	0	3
55	483	41.5	574	1	563	61	374	0	147	0	259	0	126	0	30	0	3
15	708	19.2	720	2	454	20	745	0	147	16	47	0	126	0	30	0	3
5	792	47	553	0	676	22	724	0	147	0	259	0	126	0	30	0	3
0	832	0	896	0	676	0	1 059	0	147	0	259	0	126	0	30	0	3
0	832	0	896	0	676	14	833	0	147	0	259	0	126	0	30	0	3
97	373	100.5	389	3	365	45	491	0	147	0	259	0	126	0	30	0	3
551.75	93	544.57	107	1	563	46	481	0	147	71	6	17	16	0	30	0	3
0	832	0	896	1	563	2	1 041	0	147	0	259	0	126	0	30	0	3
337.5	151	345.22	154	4	300	63	364	0	147	3	134	2	68	0	30	0	3
256.7	198	122.64	339	3	365	13	852	0	147	8	85	0	126	0	30	0	3

学校名称	研究与发展课题											
	课题总数（项）		当年新开课题数（项）		当年完成课题数（项）		当年新开课题批准经费（千元）		当年投入人数（人年）		当年拨入经费（千元）	
山东理工职业学院	101	176	68	74	13	353	116	419	34	108	152	337
山东力明科技职业学院	1	979	1	912	0	823	30	666	0.3	992	5	848
山东轻工职业学院	40	431	16	420	1	748	49	600	5.9	584	86	478
山东商务职业学院	57	323	28	267	13	353	426	143	30.7	127	376	172
山东商业职业技术学院	111	154	55	106	5	568	85	492	8.5	481	130	373
山东水利职业学院	4	915	2	842	2	701	7	854	11.5	380	5.5	847
山东特殊教育职业学院	15	690	2	842	11	392	0	903	4.2	689	20	726
山东外国语职业学院	65	283	30	245	11	392	67	538	33.9	111	31	661
山东外贸职业学院	211	39	57	98	92	25	119	415	148.7	4	117	395
山东外事翻译职业学院	108	156	18	394	0	823	29	694	0	1 005	0	883
山东信息职业技术学院	0	1 017	0	969	0	823	0	903	0	1 005	0	883
山东畜牧兽医职业学院	25	562	13	482	11	392	40	626	6.5	554	40	610
山东药品食品职业学院	11	757	6	670	1	748	5	865	1.5	882	0	883
山东医学高等专科学校	16	670	9	575	9	437	20	733	4.3	682	16	767
山东职业学院	13	724	10	544	0	823	94	470	6.4	561	101	429
山东中医药高等专科学校	27	544	14	458	3	643	130	393	15.8	280	130	373
山西财贸职业技术学院	31	503	12	502	3	643	12	810	3.8	715	12	793
山西电力职业技术学院	1	979	1	912	0	823	0	903	1.8	857	0	883
山西工程职业技术学院	15	690	6	670	1	748	41	623	2.8	785	35	642
山西管理职业学院	10	787	1	912	5	568	10	818	4.7	652	23.5	716
山西华澳商贸职业学院	0	1 017	0	969	0	823	0	903	0	1 005	0	883
山西机电职业技术学院	6	868	2	842	1	748	0	903	2.6	800	22	721
山西交通职业技术学院	0	1 017	0	969	0	823	0	903	0	1 005	0	883
山西金融职业学院	14	710	3	782	7	491	45	608	3.4	749	11	799
山西经贸职业学院	7	844	1	912	2	701	87	487	0.9	943	79.6	493
山西警官职业学院	3	943	1	912	1	748	0	903	1.5	882	0	883
山西老区职业技术学院	1	979	0	969	1	748	0	903	0.4	984	30	670
山西林业职业技术学院	4	915	2	842	0	823	23	721	1.1	922	23	717
山西旅游职业学院	11	757	1	912	6	524	10	818	1.5	882	0	883
山西煤炭职业技术学院	0	1 017	0	969	0	823	0	903	0	1 005	0	883
山西青年职业学院	10	787	3	782	2	701	23	721	3.3	753	33	655
山西轻工职业技术学院	1	979	1	912	0	823	1	895	0.5	974	1	876
山西省财政税务专科学校	8	828	8	605	0	823	131	391	0	1 005	0	883
山西体育职业学院	0	1 017	0	969	0	823	0	903	0	1 005	0	883
山西同文职业技术学院	0	1 017	0	969	0	823	0	903	0	1 005	0	883

续表

				研究与发展成果										获奖成果数(项)			
其中:当年新开课题拨入经费(千元)		当年支出经费(千元)		著作(部)		学术论文(篇)				研究与咨询报告(篇)				合计		其中:国家级和省部级	
						合计		其中:国外学术刊物发表数		提交有关部门数		其中:被采纳数					
115	339	122.19	341	18	32	59	389	0	147	25	25	0	126	0	30	0	3
5	792	0	896	0	676	0	1 059	0	147	0	259	0	126	0	30	0	3
33	575	76	454	1	563	15	809	1	78	0	259	0	126	0	30	0	3
376	135	139.19	317	2	454	43	508	0	147	0	259	0	126	0	30	0	3
65	445	75	456	14	59	129	130	0	147	0	259	0	126	0	30	0	3
3.5	806	5.5	853	3	365	16	797	0	147	2	163	2	68	0	30	0	3
0	832	12.58	774	1	563	19	760	0	147	5	107	4	49	0	30	0	3
25	628	10	797	6	202	111	164	5	14	27	22	27	9	0	30	0	3
50	499	123	334	0	676	172	76	0	147	0	259	0	126	0	30	0	3
0	832	0	896	0	676	101	197	0	147	0	259	0	126	0	30	0	3
0	832	0	896	0	676	0	1 059	0	147	0	259	0	126	0	30	0	3
40	535	32	623	1	563	6	973	0	147	4	117	0	126	0	30	0	3
0	832	0	896	0	676	4	1 007	0	147	0	259	0	126	0	30	0	3
16	704	13.63	762	2	454	21	734	0	147	0	259	0	126	0	30	0	3
86	396	37	599	5	241	63	364	0	147	0	259	0	126	0	30	0	3
130	318	68	480	0	676	21	734	0	147	2	163	2	68	0	30	0	3
12	732	0	896	7	167	56	415	0	147	0	259	0	126	0	30	0	3
0	832	0	896	0	676	9	919	0	147	0	259	0	126	0	30	0	3
30	583	0	896	3	365	30	646	0	147	0	259	0	126	0	30	0	3
10	743	14.5	755	3	365	55	424	0	147	0	259	0	126	0	30	0	3
0	832	0	896	6	202	17	780	0	147	0	259	0	126	0	30	0	3
0	832	23.61	685	6	202	36	576	0	147	0	259	0	126	0	30	0	3
0	832	0	896	7	167	25	691	0	147	0	259	0	126	0	30	0	3
9	768	11	786	5	241	82	268	0	147	0	259	0	126	0	30	0	3
69.6	436	14.36	757	4	300	40	543	1	78	0	259	0	126	0	30	0	3
0	832	0	896	0	676	7	956	0	147	0	259	0	126	0	30	0	3
0	832	25	672	0	676	0	1 059	0	147	0	259	0	126	0	30	0	3
23	647	31.32	630	0	676	8	937	0	147	0	259	0	126	0	30	0	3
0	832	118.3	349	3	365	41	534	0	147	0	259	0	126	0	30	0	3
0	832	0	896	0	676	2	1 041	0	147	0	259	0	126	0	30	0	3
23	647	10	797	0	676	14	833	0	147	0	259	0	126	0	30	0	3
1	825	1	891	6	202	17	780	0	147	0	259	0	126	0	30	0	3
0	832	0	896	19	27	42	521	0	147	6	98	0	126	0	30	0	3
0	832	0	896	2	454	93	229	1	78	4	117	0	126	0	30	0	3
0	832	0	896	0	676	0	1 059	0	147	0	259	0	126	0	30	0	3

学校名称	研究与发展课题											
	课题总数（项）		当年新开课题数（项）		当年完成课题数（项）		当年新开课题批准经费（千元）		当年投入人数（人年）		当年拨入经费（千元）	
山西戏剧职业学院	30	516	25	296	0	823	146	362	6.1	577	146	345
山西艺术职业学院	15	690	6	670	1	748	17	775	2	848	17	762
山西运城农业职业技术学院	4	915	3	782	1	748	0	903	0.7	955	0	883
山西职业技术学院	0	1 017	0	969	0	823	0	903	0	1 005	0	883
陕西财经职业技术学院	4	915	2	842	0	823	20	733	5.3	618	20	726
陕西电子科技职业学院	1	979	0	969	0	823	0	903	0.6	962	0	883
陕西工商职业学院	53	344	18	394	16	294	145	364	5.3	618	145	348
陕西国防工业职业技术学院	15	690	9	575	5	568	58	573	2.1	839	58	544
陕西航空职业技术学院	0	1 017	0	969	0	823	0	903	0	1 005	0	883
陕西机电职业技术学院	3	943	3	782	0	823	30	666	1.3	905	30	670
陕西经济管理职业技术学院	1	979	1	912	0	823	10	818	0.1	1 002	10	805
陕西警官职业学院	47	385	20	362	15	315	127.5	400	22.6	189	174.5	313
陕西能源职业技术学院	5	898	1	912	3	643	10	818	1	930	10	805
陕西青年职业学院	17	661	14	458	3	643	18	770	1.7	867	18	755
陕西艺术职业学院	46	389	20	362	18	271	97	464	10.3	419	99	436
陕西职业技术学院	57	323	16	420	36	130	80	499	15.6	286	80	485
汕头职业技术学院	79	240	26	284	22	218	171	338	7.8	513	171	318
汕尾职业技术学院	38	444	10	544	10	413	24	716	6.5	554	24	712
商洛职业技术学院	16	670	6	670	3	643	140	374	3.3	753	140	354
商丘医学高等专科学校	95	185	29	255	65	58	106	441	9.5	441	35	642
商丘职业技术学院	159	83	84	45	75	46	35	653	24.5	168	35	642
上海邦德职业技术学院	8	828	6	670	6	524	3	881	0.6	962	3	862
上海城建职业学院	107	160	51	125	18	271	135 385	1	30.3	129	2 576.33	25
上海出版印刷高等专科学校	29	529	24	306	23	208	3 890	13	12	358	3 890	10
上海电影艺术职业学院	14	710	5	711	3	643	190	306	5	632	190	288
上海电子信息职业技术学院	76	247	63	85	7	491	590	110	32.6	117	250	233
上海东海职业技术学院	18	645	3	782	5	568	90	478	4.5	665	77	496
上海工商外国语职业学院	53	344	22	333	27	175	235	262	5.3	618	225	245
上海工商职业技术学院	26	552	11	523	8	465	205	289	5.5	603	193.26	284
上海工艺美术职业学院	168	75	39	181	34	136	1 968.4	41	39.4	81	737.5	85
上海海事职业技术学院	3	943	0	969	2	701	0	903	0.8	949	26.4	696
上海济光职业技术学院	28	538	10	544	9	437	937.93	74	3.2	760	626.93	101
上海交通职业技术学院	15	690	11	523	9	437	141	372	3.5	738	4.9	856
上海科学技术职业学院	20	618	4	739	0	823	799.7	85	1.4	897	799.7	81
上海旅游高等专科学校	66	278	48	136	50	90	1 609.5	51	37.2	90	1 625.5	45
上海民航职业技术学院	25	562	25	296	22	218	159	351	12.5	350	109	412

续表

其中:当年新开课题拨入经费(千元)		当年支出经费(千元)		研究与发展成果										获奖成果数(项)			
				著作(部)		学术论文(篇)				研究与咨询报告(篇)				合计		其中:国家级和省部级	
						合计		其中:国外学术刊物发表数		提交有关部门数		其中:被采纳数					
146	298	54	530	1	563	32	622	0	147	0	259	0	126	0	30	0	3
17	698	17	730	0	676	35	589	0	147	0	259	0	126	0	30	0	3
0	832	0	896	1	563	16	797	0	147	0	259	0	126	0	30	0	3
0	832	0	896	5	241	54	431	0	147	0	259	0	126	0	30	0	3
20	658	20.5	705	7	167	249	35	0	147	0	259	0	126	0	30	0	3
0	832	0	896	0	676	0	1 059	0	147	0	259	0	126	0	30	0	3
145	301	123.7	331	0	676	40	543	0	147	0	259	0	126	0	30	0	3
58	472	28.5	652	3	365	138	117	0	147	0	259	0	126	0	30	0	3
0	832	0	896	0	676	6	973	0	147	0	259	0	126	0	30	0	3
30	583	1.5	888	0	676	7	956	0	147	0	259	0	126	0	30	0	3
10	743	10	797	0	676	0	1 059	0	147	0	259	0	126	0	30	0	3
124.5	325	179.5	266	6	202	140	110	0	147	0	259	0	126	0	30	0	3
10	743	6	842	4	300	33	609	1	78	0	259	0	126	0	30	0	3
18	691	28	654	5	241	106	175	0	147	4	117	0	126	0	30	0	3
40	535	87.85	426	4	300	79	278	0	147	3	134	0	126	0	30	0	3
80	403	144.35	308	5	241	139	113	0	147	6	98	0	126	0	30	0	3
171	275	223.87	215	2	454	60	383	0	147	0	259	0	126	0	30	0	3
24	640	42	569	1	563	49	463	0	147	0	259	0	126	0	30	0	3
140	307	103.8	378	4	300	23	709	0	147	0	259	0	126	0	30	0	3
35	563	40.84	578	4	300	43	508	0	147	18	42	0	126	0	30	0	3
35	563	35	608	5	241	102	194	0	147	73	5	0	126	0	30	0	3
3	808	3	869	0	676	5	983	0	147	0	259	0	126	0	30	0	3
1 862.28	32	2 097.27	27	1	563	80	274	0	147	6	98	6	39	0	30	0	3
3 890	7	3 810	7	7	167	131	127	0	147	0	259	0	126	0	30	0	3
190	251	170.41	279	1	563	3	1 021	0	147	0	259	0	126	0	30	0	3
210	227	23	687	2	454	31	632	0	147	1	198	1	84	0	30	0	3
77	417	236.07	199	1	563	22	724	1	78	0	259	0	126	0	30	0	3
225	216	333.1	157	4	300	35	589	0	147	0	259	0	126	0	30	0	3
180	262	172.98	276	1	563	27	671	0	147	0	259	0	126	0	30	0	3
364.5	142	301.42	165	17	40	129	130	6	11	2	163	1	84	0	30	0	3
0	832	50.62	543	0	676	0	1 059	0	147	1	198	1	84	0	30	0	3
626.93	83	853.72	62	0	676	34	600	0	147	0	259	0	126	0	30	0	3
2.65	816	7.47	828	0	676	4	1 007	0	147	7	91	7	34	0	30	0	3
799.7	68	739.7	74	0	676	17	780	0	147	0	259	0	126	0	30	0	3
1 605.5	42	1 241.06	46	9	125	42	521	2	38	20	39	19	13	1	8	1	1
109	355	109	364	0	676	50	458	1	78	0	259	0	126	0	30	0	3

学校名称	研究与发展课题											
	课题总数（项）		当年新开课题数（项）		当年完成课题数（项）		当年新开课题批准经费（千元）		当年投入人数（人年）		当年拨入经费（千元）	
上海民远职业技术学院	13	724	5	711	1	748	55	578	5.1	626	45	594
上海农林职业技术学院	15	690	9	575	3	643	138	378	2.3	820	146.66	344
上海思博职业技术学院	74	257	22	333	6	524	1 225	59	2.2	829	1 025	62
上海行健职业学院	33	488	12	502	11	392	57	575	4.3	682	102	427
上海震旦职业学院	18	645	18	394	1	748	3 424	19	4.9	641	3 424	15
上海中侨职业技术学院	6	868	6	670	1	748	551.3	116	0	1 005	551.3	115
上饶职业技术学院	10	787	3	782	0	823	30	666	5.3	618	0	883
邵阳职业技术学院	19	635	12	502	0	823	60	549	2.9	774	84	481
绍兴职业技术学院	159	83	85	43	68	51	234	264	61.9	28	394	156
深圳信息职业技术学院	121	132	42	154	5	568	3 504.29	17	28.4	139	4 586.41	5
深圳职业技术学院	576	2	215	1	99	22	28 990.06	2	130.4	6	26 077.75	1
沈阳职业技术学院	76	247	24	306	23	208	43.6	618	27	150	43.6	600
石家庄财经职业学院	59	313	23	318	19	258	4.5	875	17.8	252	0	883
石家庄城市经济职业学院	7	844	0	969	0	823	0	903	4.4	670	27	693
石家庄工程职业学院	2	961	2	842	2	701	0	903	0.6	962	0	883
石家庄工商职业学院	12	739	7	630	4	604	0	903	3.2	760	1	876
石家庄经济职业学院	1	979	1	912	1	748	5	865	0.3	992	5	848
石家庄科技工程职业学院	13	724	6	670	8	465	0	903	5.5	603	0	883
石家庄科技信息职业学院	1	979	0	969	1	748	0	903	0.5	974	0	883
石家庄科技职业学院	0	1 017	0	969	0	823	0	903	0	1 005	0	883
石家庄理工职业学院	16	670	8	605	4	604	0	903	2.6	800	0	883
石家庄人民医学高等专科学校	0	1 017	0	969	0	823	0	903	0	1 005	0	883
石家庄铁路职业技术学院	11	757	6	670	6	524	29	694	2.1	839	27	693
石家庄信息工程职业学院	136	106	71	68	94	23	193.9	305	51	44	186.4	293
石家庄医学高等专科学校	36	459	18	394	13	353	8	847	16.1	276	8	831
石家庄邮电职业技术学院	65	283	39	181	18	271	424	144	16.3	271	324.1	187
石家庄幼儿师范高等专科学校	124	125	87	41	24	203	71	523	42	69	9.1	827
石家庄职业技术学院	103	172	55	106	29	159	136.7	381	42.2	68	58	544
顺德职业技术学院	542	3	120	17	89	26	4 393.37	10	60.9	29	6 043.32	4
朔州师范高等专科学校	4	915	4	739	0	823	0	903	6.2	573	0	883
朔州职业技术学院	0	1 017	0	969	0	823	0	903	0	1 005	0	883
私立华联学院	72	260	25	296	9	437	129.5	399	14.2	310	6	838
四川长江职业学院	25	562	0	969	13	353	0	903	9.1	455	0	883
四川城市职业学院	142	98	42	154	50	90	406	158	38.3	87	406	147
四川工程职业技术学院	58	316	40	166	27	175	255	246	10.8	400	255	227
四川工商职业技术学院	85	219	36	195	8	465	674	99	39.7	79	337.53	184

续表

其中:当年新开课题拨入经费(千元)		当年支出经费(千元)		研究与发展成果										获奖成果数(项)			
				著作(部)		学术论文(篇)				研究与咨询报告(篇)							
						合计		其中:国外学术刊物发表数		提交有关部门数		其中:被采纳数		合计		其中:国家级和省部级	
45	518	13.82	761	1	563	2	1 041	0	147	0	259	0	126	0	30	0	3
88.56	391	84.96	434	0	676	12	870	0	147	0	259	0	126	0	30	0	3
975	57	573.17	101	5	241	20	745	1	78	0	259	0	126	0	30	0	3
57	475	75.74	455	5	241	6	973	0	147	0	259	0	126	0	30	0	3
3 424	12	2 143.18	25	0	676	1	1 048	0	147	0	259	0	126	0	30	0	3
551.3	94	189.11	254	2	454	21	734	0	147	0	259	0	126	0	30	0	3
0	832	0	896	2	454	33	609	0	147	0	259	0	126	0	30	0	3
58	472	60	507	1	563	26	679	0	147	0	259	0	126	0	30	0	3
234	211	183	259	1	563	73	306	0	147	0	259	0	126	0	30	0	3
2 159.49	24	2 609.54	17	13	73	159	87	2	38	3	134	2	68	0	30	0	3
23 122.75	1	22 283.3	1	52	2	478	4	9	7	0	259	0	126	0	30	0	3
43.6	525	43.6	563	5	241	101	197	0	147	0	259	0	126	0	30	0	3
0	832	0	896	1	563	139	113	2	38	2	163	0	126	0	30	0	3
0	832	27	656	0	676	0	1 059	0	147	0	259	0	126	0	30	0	3
0	832	0	896	0	676	8	937	0	147	0	259	0	126	0	30	0	3
0	832	2	880	0	676	23	709	0	147	0	259	0	126	0	30	0	3
5	792	5	854	0	676	1	1 048	0	147	0	259	0	126	0	30	0	3
0	832	0	896	0	676	22	724	0	147	0	259	0	126	0	30	0	3
0	832	0	896	3	365	9	919	0	147	0	259	0	126	0	30	0	3
0	832	0	896	0	676	0	1 059	0	147	0	259	0	126	0	30	0	3
0	832	0	896	3	365	12	870	0	147	0	259	0	126	0	30	0	3
0	832	0	896	0	676	9	919	0	147	0	259	0	126	0	30	0	3
27	618	34.12	612	0	676	12	870	0	147	0	259	0	126	0	30	0	3
177.9	270	245.1	190	12	82	214	49	0	147	3	134	0	126	0	30	0	3
8	773	9	813	4	300	40	543	0	147	0	259	0	126	0	30	0	3
306	168	300.13	166	4	300	89	246	2	38	1	198	1	84	0	30	0	3
2	818	6.1	840	11	97	180	72	0	147	0	259	0	126	0	30	0	3
56.5	478	26.21	662	3	365	87	253	8	8	1	198	0	126	0	30	0	3
4 132.87	6	5 089.76	4	5	241	142	108	1	78	0	259	0	126	0	30	0	3
0	832	0	896	2	454	31	632	0	147	0	259	0	126	0	30	0	3
0	832	0	896	0	676	11	887	0	147	0	259	0	126	0	30	0	3
0	832	6	842	6	202	16	797	1	78	3	134	2	68	0	30	0	3
0	832	0	896	2	454	34	600	0	147	0	259	0	126	0	30	0	3
406	122	385.5	135	20	21	196	62	7	9	24	27	24	10	0	30	0	3
255	199	224.65	213	4	300	100	200	0	147	4	117	4	49	0	30	0	3
290.06	177	345.54	152	1	563	44	502	0	147	1	198	1	84	0	30	0	3

学校名称	研究与发展课题											
	课题总数（项）		当年新开课题数（项）		当年完成课题数（项）		当年新开课题批准经费（千元）		当年投入人数（人年）		当年拨入经费（千元）	
四川管理职业学院	26	552	16	420	23	208	100	453	3.8	715	140	354
四川国际标榜职业学院	44	403	13	482	15	315	165.6	343	14.9	299	176.4	309
四川航天职业技术学院	3	943	3	782	3	643	5	865	2.1	839	5	848
四川护理职业学院	11	757	8	605	2	701	35	653	1.7	867	33.5	654
四川华新现代职业学院	38	444	11	523	12	375	20	733	4.8	645	20	726
四川化工职业技术学院	34	479	16	420	18	271	86	489	2.4	817	66	518
四川机电职业技术学院	10	787	8	605	8	465	25	706	3.7	724	25	703
四川建筑职业技术学院	21	602	10	544	6	524	72	520	5	632	72	502
四川交通职业技术学院	14	710	8	605	3	643	130	393	6.4	561	120	384
四川科技职业学院	16	670	9	575	8	465	18	770	7.1	535	101	429
四川汽车职业技术学院	7	844	2	842	0	823	6	858	0.4	984	6	838
四川三河职业学院	43	408	30	245	0	823	39.4	644	11.4	384	0	883
四川商务职业学院	37	448	16	420	1	748	41.2	622	19.9	223	49.2	585
四川水利职业技术学院	51	358	21	344	24	203	330	191	13.1	340	194.33	280
四川托普信息技术职业学院	43	408	13	482	14	335	36	650	12	358	32.3	659
四川卫生康复职业学院	60	306	21	344	5	568	157	352	26.3	152	164.8	326
四川文化产业职业学院	116	142	32	229	11	392	153	355	13.7	322	36.5	639
四川文化传媒职业学院	14	710	2	842	8	465	4	876	2.8	785	2	871
四川文轩职业学院	21	602	1	912	6	524	2	891	11.8	369	0	883
四川西南航空职业学院	6	868	6	670	0	823	16	780	1.1	922	0	883
四川现代职业学院	12	739	5	711	2	701	31	665	7.9	509	15	772
四川信息职业技术学院	42	417	36	195	4	604	261.6	240	4.2	689	250.6	231
四川艺术职业学院	13	724	7	630	0	823	44	615	5.4	609	44	598
四川应用技术职业学院	9	805	2	842	0	823	0	903	6.2	573	0	883
四川邮电职业技术学院	32	497	26	284	6	524	53	585	8.9	467	53	561
四川幼儿师范高等专科学校	177	65	71	68	19	258	505	125	33.5	114	473	130
四川职业技术学院	122	129	30	245	20	247	2 013	39	37.2	90	2 013	29
四平职业大学	11	757	3	782	1	748	3	881	3.2	760	3	862
松原职业技术学院	13	724	5	711	0	823	0	903	2.6	800	0	883
嵩山少林武术职业学院	51	358	34	213	21	229	30	666	6.7	546	13	786
苏州百年职业学院	9	805	9	575	0	823	57	575	1.7	867	57	549
苏州高博软件技术职业学院	55	333	22	333	18	271	86	489	8	504	88	472
苏州工业园区服务外包职业学院	176	67	113	20	83	34	5 094.41	6	26	155	4 320	8
苏州工业园区职业技术学院	33	488	26	284	8	465	456	136	3.7	724	484	127
苏州工业职业技术学院	90	199	56	100	56	77	1 860	46	12.2	357	1 830	36
苏州工艺美术职业技术学院	124	125	32	229	58	71	1 171	65	23	183	555	113
苏州健雄职业技术学院	97	182	32	229	54	82	302	210	20.4	215	302	197

续表

其中:当年新开课题拨入经费(千元)		当年支出经费(千元)		研究与发展成果										获奖成果数(项)			
				著作(部)		学术论文(篇)				研究与咨询报告(篇)				合计		其中:国家级和省部级	
						合计		其中:国外学术刊物发表数		提交有关部门数		其中:被采纳数					
100	366	140	313	0	676	5	983	0	147	0	259	0	126	0	30	0	3
165.6	278	74.27	459	3	365	54	431	0	147	0	259	0	126	0	30	0	3
5	792	5	854	2	454	15	809	0	147	0	259	0	126	0	30	0	3
33.5	573	18.5	723	0	676	33	609	0	147	0	259	0	126	0	30	0	3
20	658	54.1	529	1	563	43	508	0	147	0	259	0	126	0	30	0	3
66	442	66	488	0	676	13	852	0	147	10	70	0	126	0	30	0	3
25	628	25	672	1	563	11	887	0	147	7	91	7	34	0	30	0	3
72	426	99.5	392	0	676	9	919	0	147	0	259	0	126	0	30	0	3
90	385	56.25	522	0	676	37	566	0	147	3	134	0	126	0	30	0	3
18	691	101	386	6	202	27	671	0	147	2	163	1	84	0	30	0	3
6	784	2	880	0	676	3	1 021	0	147	0	259	0	126	0	30	0	3
0	832	0	896	9	125	59	389	0	147	0	259	0	126	0	30	0	3
41.2	531	6.5	837	0	676	61	374	0	147	0	259	0	126	0	30	0	3
144	302	194.33	251	0	676	28	659	0	147	0	259	0	126	0	30	0	3
10.8	740	32.3	621	0	676	40	543	0	147	0	259	0	126	0	30	0	3
150	295	37.55	596	1	563	68	327	0	147	0	259	0	126	0	30	0	3
32.5	580	5.9	852	4	300	105	180	0	147	0	259	0	126	0	30	0	3
2	818	0	896	0	676	48	469	0	147	1	198	1	84	0	30	0	3
0	832	0	896	0	676	58	398	1	78	0	259	0	126	0	30	0	3
0	832	0	896	0	676	46	481	0	147	0	259	0	126	0	30	0	3
15	708	15	749	4	300	81	272	0	147	0	259	0	126	0	30	0	3
250.6	200	81	441	0	676	48	469	0	147	0	259	0	126	0	30	0	3
44	523	3.28	868	5	241	63	364	0	147	0	259	0	126	0	30	0	3
0	832	0	896	0	676	7	956	0	147	0	259	0	126	0	30	0	3
53	490	36	604	0	676	27	671	0	147	0	259	0	126	0	30	0	3
473	108	96.29	399	12	82	105	180	1	78	0	259	0	126	0	30	0	3
2 013	27	740.1	73	21	19	449	5	13	4	0	259	0	126	0	30	0	3
3	808	4	861	0	676	11	887	0	147	0	259	0	126	0	30	0	3
0	832	0	896	0	676	15	809	0	147	0	259	0	126	0	30	0	3
6	784	15.7	745	0	676	31	632	0	147	0	259	0	126	0	30	0	3
57	475	26	663	0	676	4	1 007	0	147	0	259	0	126	0	30	0	3
80	403	59.6	510	0	676	61	374	0	147	0	259	0	126	0	30	0	3
4 195.73	5	4 378.64	5	7	167	151	95	2	38	53	10	53	2	0	30	0	3
456	111	548.75	106	4	300	35	589	0	147	3	134	3	59	0	30	0	3
1 830	33	2 166.02	24	4	300	128	133	1	78	38	18	33	6	0	30	0	3
549	95	771	71	10	107	267	27	3	24	9	77	9	27	0	30	0	3
302	170	403.5	130	0	676	117	156	0	147	25	25	11	21	0	30	0	3

学校名称	研究与发展课题											
	课题总数（项）		当年新开课题数（项）		当年完成课题数（项）		当年新开课题批准经费（千元）		当年投入人数（人年）		当年拨入经费（千元）	
苏州经贸职业技术学院	205	42	114	19	100	20	1 342.5	58	33.9	111	1 594.5	47
苏州农业职业技术学院	33	488	17	414	16	294	238	258	8	504	188	290
苏州托普信息职业技术学院	5	898	2	842	1	748	15	785	1.4	897	15	772
苏州卫生职业技术学院	90	199	43	150	16	294	692	96	13.2	336	626	102
苏州信息职业技术学院	20	618	8	605	3	643	146	362	5.7	593	98	438
苏州幼儿师范高等专科学校	85	219	25	296	5	568	342	188	9	462	392	160
苏州职业大学	186	56	113	20	66	55	1 830.2	48	73.9	18	1 815.6	37
宿迁泽达职业技术学院	0	1 017	0	969	0	823	0	903	0	1 005	0	883
宿迁职业技术学院	1	979	0	969	0	823	0	903	0.2	999	2.5	870
宿州职业技术学院	23	584	6	670	0	823	72	520	1.3	905	58	544
随州职业技术学院	0	1 017	0	969	0	823	0	903	0	1 005	0	883
台州科技职业学院	144	95	76	58	58	71	55	578	19.2	234	31	661
台州职业技术学院	126	122	69	73	43	109	1 005.46	71	26	155	881.46	72
太湖创意职业技术学院	0	1 017	0	969	0	823	0	903	0	1 005	0	883
太原旅游职业学院	77	246	22	333	16	294	96	466	32.8	115	56	551
泰山护理职业学院	24	574	14	458	6	524	0	903	4	700	0	883
泰山职业技术学院	57	323	26	284	18	271	51	589	13.8	320	51	570
泰州职业技术学院	63	294	23	318	14	335	282	224	14.9	299	476	129
唐山工业职业技术学院	105	167	36	195	58	71	100	453	18	249	50	573
唐山科技职业技术学院	5	898	5	711	0	823	0	903	1	930	0	883
唐山幼儿师范高等专科学校	7	844	2	842	0	823	0	903	3.5	738	0	883
唐山职业技术学院	56	330	29	255	39	120	0	903	20.7	212	0	883
天津滨海职业学院	41	426	11	523	28	164	6.8	857	16.8	266	0	883
天津渤海职业技术学院	23	584	4	739	2	701	0	903	11.4	384	0	883
天津城市建设管理职业技术学院	17	661	3	782	5	568	201	293	11.2	389	84	481
天津城市职业学院	58	316	27	276	12	375	3	881	11.9	365	1.8	875
天津电子信息职业技术学院	133	108	35	209	5	568	94	470	30.6	128	149.59	341
天津工程职业技术学院	10	787	1	912	9	437	8	847	3.2	760	50	573
天津工业职业学院	21	602	1	912	9	437	1	895	6.5	554	3	862
天津工艺美术职业学院	0	1 017	0	969	0	823	0	903	0	1 005	0	883
天津公安警官职业学院	18	645	11	523	7	491	64	542	8.2	493	41.5	606
天津广播影视职业学院	8	828	5	711	3	643	0	903	0.8	949	0	883
天津国土资源和房屋职业学院	21	602	8	605	13	353	70	527	4.4	670	37	638
天津海运职业学院	107	160	49	132	26	187	43.77	617	44.3	62	29	687
天津机电职业技术学院	19	635	2	842	5	568	30	666	4.4	670	27	693
天津交通职业学院	88	208	29	255	47	99	210	282	48.2	53	210	257
天津轻工职业技术学院	31	503	14	458	6	524	51	589	2.9	774	48	590
天津商务职业学院	93	191	23	318	23	208	78	513	39.5	80	121	383

续表

其中:当年新开课题拨入经费(千元)		当年支出经费(千元)		研究与发展成果										获奖成果数(项)			
				著作(部)		学术论文(篇)				研究与咨询报告(篇)				合计		其中:国家级和省部级	
						合计		其中:国外学术刊物发表数		提交有关部门数		其中:被采纳数					
1 342.5	45	1 850.68	29	22	17	308	15	0	147	75	4	31	8	0	30	0	3
188	253	163.4	289	0	676	38	559	0	147	0	259	0	126	0	30	0	3
15	708	9	813	3	365	13	852	0	147	0	259	0	126	0	30	0	3
619	85	360	144	0	676	111	164	3	24	0	259	0	126	0	30	0	3
98	371	51.1	542	2	454	23	709	0	147	0	259	0	126	0	30	0	3
342	150	236.3	198	5	241	62	369	0	147	1	198	0	126	0	30	0	3
1 732.2	35	1 694.5	35	15	54	189	66	3	24	33	20	21	12	1	8	0	3
0	832	0	896	0	676	0	1 059	0	147	0	259	0	126	0	30	0	3
0	832	2.5	877	0	676	4	1 007	0	147	0	259	0	126	0	30	0	3
36	560	59.1	512	0	676	10	904	0	147	0	259	0	126	0	30	0	3
0	832	0	896	0	676	0	1 059	0	147	0	259	0	126	0	30	0	3
28	612	81.22	440	1	563	47	473	0	147	12	64	12	19	0	30	0	3
846.46	64	554.65	104	4	300	43	508	0	147	21	34	2	68	0	30	0	3
0	832	0	896	0	676	0	1 059	0	147	0	259	0	126	0	30	0	3
56	479	29	648	2	454	69	323	0	147	0	259	0	126	0	30	0	3
0	832	13	766	0	676	3	1 021	0	147	3	134	0	126	0	30	0	3
51	498	141	311	0	676	23	709	0	147	0	259	0	126	0	30	0	3
276	186	214.58	221	4	300	88	250	1	78	5	107	5	45	0	30	0	3
50	499	41	576	9	125	150	98	0	147	0	259	0	126	0	30	0	3
0	832	0	896	1	563	10	904	0	147	0	259	0	126	0	30	0	3
0	832	3	869	5	241	15	809	0	147	0	259	0	126	0	30	0	3
0	832	32	623	9	125	68	327	0	147	4	117	0	126	0	30	0	3
0	832	0	896	8	145	91	240	0	147	0	259	0	126	0	30	0	3
0	832	16	739	1	563	56	415	0	147	0	259	0	126	0	30	0	3
80	403	0	896	1	563	43	508	0	147	0	259	0	126	0	30	0	3
1.8	824	1.8	885	6	202	36	576	0	147	0	259	0	126	0	30	0	3
54.05	488	207.07	231	0	676	58	398	0	147	0	259	0	126	0	30	0	3
8	773	62.1	499	8	145	10	904	0	147	0	259	0	126	0	30	0	3
1	825	6	842	5	241	21	734	0	147	0	259	0	126	0	30	0	3
0	832	0	896	3	365	5	983	0	147	0	259	0	126	0	30	0	3
41.5	529	0	896	1	563	15	809	0	147	21	34	0	126	0	30	0	3
0	832	0	896	0	676	8	937	0	147	0	259	0	126	0	30	0	3
35	563	37	599	8	145	80	274	0	147	4	117	4	49	0	30	0	3
19.5	687	32.92	620	10	107	164	79	0	147	2	163	0	126	0	30	0	3
27	618	20	707	0	676	31	632	0	147	0	259	0	126	0	30	0	3
210	227	163	290	13	73	80	274	0	147	0	259	0	126	0	30	0	3
48	512	25	672	0	676	22	724	0	147	2	163	0	126	0	30	0	3
52	494	86.41	431	6	202	199	59	0	147	0	259	0	126	0	30	0	3

学校名称	研究与发展课题											
	课题总数（项）		当年新开课题数（项）		当年完成课题数（项）		当年新开课题批准经费（千元）		当年投入人数（人年）		当年拨入经费（千元）	
天津生物工程职业技术学院	0	1 017	0	969	0	823	0	903	0	1 005	0	883
天津石油职业技术学院	1	979	1	912	0	823	0	903	0.1	1 002	0	883
天津市职业大学	145	94	26	284	21	229	365	177	59.3	32	222.5	248
天津铁道职业技术学院	70	263	33	221	6	524	2	891	11.2	389	0	883
天津现代职业技术学院	48	382	20	362	25	194	0	903	29.5	134	3	862
天津医学高等专科学校	80	235	9	575	20	247	386	163	13.5	324	386	162
天津艺术职业学院	18	645	2	842	0	823	40	626	9.1	455	104.96	422
铁岭师范高等专科学校	0	1 017	0	969	0	823	0	903	0	1 005	0	883
铁岭卫生职业学院	0	1 017	0	969	0	823	0	903	0	1 005	0	883
通辽职业学院	55	333	19	380	2	701	60	549	31	124	110	407
桐城师范高等专科学校	23	584	5	711	5	568	130	393	10.6	405	135	362
铜川职业技术学院	5	898	4	739	0	823	20	733	3.6	732	18	755
铜陵职业技术学院	10	787	5	711	0	823	100	453	9	462	0	883
铜仁幼儿师范高等专科学校	95	185	16	420	14	335	134	386	41.5	71	134	369
皖北卫生职业学院	22	598	10	544	6	524	95	469	6.4	561	95	445
皖西卫生职业学院	4	915	4	739	0	823	60	549	1.4	897	40	610
威海海洋职业学院	16	670	7	630	5	568	14	798	13.3	333	14	783
威海职业学院	19	635	6	670	8	465	1 521.9	53	8.1	496	1 685.7	43
潍坊工商职业学院	11	757	10	544	1	748	50	591	13.5	324	51	570
潍坊职业学院	89	203	48	136	52	85	416.8	147	13.6	323	416.8	142
渭南职业技术学院	31	503	7	630	10	413	14	798	3.2	760	24.5	711
温州科技职业学院	121	132	46	143	50	90	384	166	17	263	401	152
温州职业技术学院	273	21	104	29	107	17	2 876.2	27	47.7	54	2 684.2	24
乌海职业技术学院	0	1 017	0	969	0	823	0	903	0	1 005	0	883
乌兰察布医学高等专科学校	2	961	0	969	0	823	0	903	1.2	910	10	805
乌兰察布职业学院	22	598	12	502	0	823	5	865	3.5	738	0	883
乌鲁木齐职业大学	63	294	13	482	19	258	348	186	10.8	400	278	215
无锡城市职业技术学院	75	251	27	276	21	229	189.4	309	14.9	299	179.4	305
无锡工艺职业技术学院	227	33	152	8	125	9	3 441.95	18	31.6	119	3 804.8	11
无锡科技职业学院	61	301	23	318	20	247	375	171	30.1	131	285	211
无锡南洋职业技术学院	24	574	12	502	7	491	120	409	13.5	324	104	423
无锡商业职业技术学院	219	36	74	63	63	62	1 958.55	42	31	124	1 603.94	46
无锡职业技术学院	234	31	85	43	87	29	1 199	62	32.8	115	968	68
芜湖职业技术学院	82	228	26	284	15	315	319	198	11.8	369	319	191
梧州职业学院	10	787	1	912	2	701	10	818	8	504	10	805

其中:当年新开课题拨入经费(千元)		当年支出经费(千元)		研究与发展成果										获奖成果数(项)			
				著作(部)		学术论文(篇)				研究与咨询报告(篇)				合计		其中:国家级和省部级	
						合计		其中:国外学术刊物发表数		提交有关部门数		其中:被采纳数					
0	832	0	896	0	676	0	1 059	0	147	0	259	0	126	0	30	0	3
0	832	0	896	0	676	3	1 021	0	147	0	259	0	126	0	30	0	3
193.5	250	106.73	371	0	676	250	33	0	147	0	259	0	126	0	30	0	3
0	832	0	896	9	125	37	566	0	147	4	117	0	126	0	30	0	3
0	832	7	831	1	563	27	671	0	147	21	34	0	126	0	30	0	3
386	131	430.8	125	0	676	79	278	0	147	1	198	1	84	0	30	0	3
28	612	1.97	884	0	676	11	887	0	147	0	259	0	126	0	30	0	3
0	832	0	896	0	676	85	260	0	147	35	19	35	5	0	30	0	3
0	832	0	896	0	676	3	1 021	0	147	0	259	0	126	0	30	0	3
60	455	91	412	10	107	174	74	0	147	0	259	0	126	0	30	0	3
65	445	115.5	354	0	676	32	622	0	147	0	259	0	126	0	30	0	3
8	773	18	726	2	454	17	780	0	147	0	259	0	126	0	30	0	3
0	832	0	896	0	676	45	491	0	147	0	259	0	126	0	30	0	3
134	315	134	323	4	300	162	83	0	147	0	259	0	126	0	30	0	3
95	378	95	404	0	676	38	559	0	147	0	259	0	126	0	30	0	3
30	583	40	580	0	676	10	904	0	147	0	259	0	126	0	30	0	3
14	723	12	779	0	676	20	745	0	147	0	259	0	126	0	30	0	3
1 321.9	46	1 577.64	36	0	676	89	246	0	147	0	259	0	126	0	30	0	3
50	499	44	562	0	676	15	809	0	147	0	259	0	126	0	30	0	3
416.8	119	660.8	86	5	241	56	415	0	147	52	12	6	39	0	30	0	3
7	779	21.83	694	0	676	17	780	0	147	0	259	0	126	0	30	0	3
298	172	378.3	137	4	300	22	724	0	147	5	107	4	49	0	30	0	3
2 359.2	21	2 784.8	16	6	202	125	141	24	2	4	117	4	49	0	30	0	3
0	832	0	896	0	676	24	700	0	147	0	259	0	126	0	30	0	3
0	832	14	758	0	676	0	1 059	0	147	0	259	0	126	0	30	0	3
0	832	0	896	4	300	14	833	1	78	0	259	0	126	0	30	0	3
268	191	286.94	173	3	365	127	136	0	147	0	259	0	126	0	30	0	3
179.4	267	180	265	2	454	181	71	2	38	0	259	0	126	0	30	0	3
3 368.95	13	3 589.55	11	14	59	275	24	0	147	102	3	0	126	0	30	0	3
285	181	276.6	177	0	676	45	491	2	38	2	163	0	126	0	30	0	3
76	420	70.2	473	6	202	53	439	0	147	0	259	0	126	0	30	0	3
1 392.94	44	1 805.79	31	14	59	431	7	1	78	16	47	0	126	1	8	0	3
803	67	1 005.74	55	3	365	230	43	0	147	1	198	1	84	0	30	0	3
319	161	203.14	237	1	563	75	297	0	147	0	259	0	126	0	30	0	3
10	743	57.71	516	0	676	17	780	0	147	0	259	0	126	0	30	0	3

学校名称	研究与发展课题											
	课题总数（项）		当年新开课题数（项）		当年完成课题数（项）		当年新开课题批准经费（千元）		当年投入人数（人年）		当年拨入经费（千元）	
武昌职业学院	7	844	3	782	0	823	15	785	0.8	949	0	883
武汉电力职业技术学院	0	1 017	0	969	0	823	0	903	0	1 005	0	883
武汉工程职业技术学院	12	739	6	670	4	604	16	780	0.8	949	16	767
武汉光谷职业学院	0	1 017	0	969	0	823	0	903	0	1 005	0	883
武汉海事职业学院	0	1 017	0	969	0	823	0	903	0	1 005	0	883
武汉交通职业学院	62	299	39	181	26	187	497	128	15.9	278	497	123
武汉民政职业学院	9	805	0	969	5	568	0	903	5.5	603	140	354
武汉商贸职业学院	39	438	9	575	8	465	10	818	15.2	293	10	805
武汉铁路职业技术学院	99	180	46	143	8	465	147	361	20.3	216	142	352
武汉外语外事职业学院	6	868	5	711	0	823	21	730	0.8	949	21	724
武汉信息传播职业技术学院	21	602	2	842	1	748	10	818	5.9	584	10	805
武汉职业技术学院	276	20	78	55	83	34	507	124	68.2	22	562	110
武威职业学院	7	844	2	842	4	604	20	733	2.3	820	20	726
武夷山职业学院	1	979	0	969	0	823	0	903	1	930	0	883
西安海棠职业学院	7	844	0	969	5	568	0	903	1	930	0	883
西安职业技术学院	15	690	8	605	5	568	60	549	1.8	857	83	483
西藏警官高等专科学校	17	661	7	630	4	604	175	335	7.5	525	178	307
西藏职业技术学院	0	1 017	0	969	0	823	0	903	0	1 005	0	883
西宁城市职业技术学院	7	844	7	630	0	823	20	733	1.7	867	20	726
西双版纳职业技术学院	41	426	14	458	9	437	183	317	29.9	132	183	299
锡林郭勒职业学院	36	459	24	306	7	491	252	247	5.4	609	180	302
厦门安防科技职业学院	13	724	0	969	8	465	0	903	1.3	905	10	805
厦门城市职业学院	185	57	58	95	25	194	389	162	40.7	76	389	161
厦门东海职业技术学院	20	618	7	630	1	748	0	903	5.8	588	5	848
厦门海洋职业技术学院	20	618	3	782	7	491	6	858	10.5	409	6	838
厦门华天涉外职业技术学院	37	448	15	441	7	491	20	733	10.4	414	35	642
厦门南洋职业学院	40	431	23	318	8	465	138	378	14.8	302	150	339
厦门软件职业技术学院	21	602	3	782	10	413	13	803	4.1	696	28	691
厦门兴才职业技术学院	21	602	0	969	9	437	0	903	3.3	753	0	883
厦门演艺职业学院	4	915	0	969	0	823	0	903	0.9	943	0	883
仙桃职业学院	34	479	18	394	6	524	63	544	5	632	5	848
咸阳职业技术学院	25	562	9	575	10	413	160	345	6.8	543	160	330
湘南幼儿师范高等专科学校	25	562	5	711	3	643	50	591	18.9	240	90	461
湘潭医卫职业技术学院	81	231	40	166	0	823	526.7	120	16.1	276	526.7	118
湘西民族职业技术学院	14	710	8	605	2	701	10	818	5.6	597	10	805
湘中幼儿师范高等专科学校	36	459	12	502	0	823	83	495	13.5	324	83	483
襄阳汽车职业技术学院	0	1 017	0	969	0	823	0	903	0	1 005	0	883
襄阳职业技术学院	11	757	8	605	0	823	23	721	2.5	810	53	561
忻州职业技术学院	0	1 017	0	969	0	823	0	903	0	1 005	0	883
新疆兵团警官高等专科学校	16	670	1	912	3	643	222.55	270	11.2	389	106.75	417
新疆工业职业技术学院	0	1 017	0	969	0	823	0	903	0	1 005	0	883
新疆交通职业技术学院	19	635	7	630	3	643	21	730	8.3	488	21	724

续表

				研究与发展成果										获奖成果数(项)			
其中:当年新开课题拨入经费(千元)		当年支出经费(千元)		著作(部)		学术论文(篇) 合计		学术论文(篇) 其中:国外学术刊物发表数		研究与咨询报告(篇) 提交有关部门数		研究与咨询报告(篇) 其中:被采纳数		合计		其中:国家级和省部级	
0	832	0	896	7	167	38	559	0	147	0	259	0	126	0	30	0	3
0	832	0	896	0	676	0	1 059	0	147	0	259	0	126	0	30	0	3
16	704	9.6	809	3	365	42	521	0	147	2	163	0	126	0	30	0	3
0	832	0	896	0	676	0	1 059	0	147	0	259	0	126	0	30	0	3
0	832	0	896	0	676	5	983	0	147	0	259	0	126	0	30	0	3
497	104	485.51	118	5	241	117	156	2	38	2	163	0	126	0	30	0	3
0	832	140	313	0	676	118	153	0	147	1	198	1	84	0	30	0	3
10	743	10	797	0	676	47	473	0	147	0	259	0	126	0	30	0	3
142	305	123	334	19	27	151	95	2	38	0	259	0	126	0	30	0	3
21	655	1	891	0	676	60	383	0	147	0	259	0	126	0	30	0	3
10	743	0	896	0	676	11	887	0	147	0	259	0	126	0	30	0	3
507	102	1 028.24	53	46	3	444	6	2	38	10	70	10	23	0	30	0	3
20	658	12.7	772	5	241	17	780	0	147	0	259	0	126	0	30	0	3
0	832	0	896	1	563	1	1 048	0	147	0	259	0	126	0	30	0	3
0	832	11	786	0	676	8	937	0	147	3	134	1	84	0	30	0	3
48	512	40	580	0	676	1	1 048	0	147	5	107	0	126	0	30	0	3
115	339	78.6	448	2	454	43	508	0	147	0	259	0	126	0	30	0	3
0	832	0	896	0	676	14	833	0	147	0	259	0	126	0	30	0	3
20	658	0	896	0	676	4	1 007	0	147	0	259	0	126	0	30	0	3
183	259	186.9	257	1	563	31	632	2	38	0	259	0	126	0	30	0	3
180	262	66.5	487	0	676	5	983	0	147	0	259	0	126	0	30	0	3
0	832	60	507	0	676	16	797	0	147	0	259	0	126	0	30	0	3
389	130	404.1	129	0	676	9	919	0	147	0	259	0	126	0	30	0	3
0	832	13	766	2	454	9	919	0	147	0	259	0	126	0	30	0	3
6	784	22	691	0	676	28	659	0	147	0	259	0	126	0	30	0	3
20	658	96.21	400	0	676	26	679	0	147	0	259	0	126	0	30	0	3
135	310	130.6	326	3	365	33	609	0	147	1	198	0	126	0	30	0	3
13	728	28.48	653	0	676	16	797	0	147	0	259	0	126	0	30	0	3
0	832	66.6	485	0	676	11	887	0	147	0	259	0	126	0	30	0	3
0	832	0	896	0	676	1	1 048	0	147	0	259	0	126	0	30	0	3
5	792	6	842	5	241	139	113	0	147	0	259	0	126	0	30	0	3
160	286	105.1	375	8	145	46	481	0	147	0	259	0	126	0	30	0	3
10	743	38.4	595	8	145	54	431	1	78	0	259	0	126	0	30	0	3
526.7	98	389.64	133	0	676	148	99	0	147	0	259	0	126	0	30	0	3
10	743	3	869	3	365	30	646	0	147	0	259	0	126	0	30	0	3
83	400	196.05	248	9	125	47	473	0	147	0	259	0	126	0	30	0	3
0	832	0	896	4	300	42	521	0	147	0	259	0	126	0	30	0	3
23	647	53	537	0	676	208	52	0	147	0	259	0	126	0	30	0	3
0	832	0	896	0	676	14	833	0	147	0	259	0	126	0	30	0	3
22.75	653	105.35	374	1	563	3	1 021	0	147	3	134	0	126	0	30	0	3
0	832	0	896	0	676	8	937	0	147	0	259	0	126	0	30	0	3
21	655	29	648	0	676	13	852	0	147	0	259	0	126	0	30	0	3

学校名称	研究与发展课题											
	课题总数（项）		当年新开课题数（项）		当年完成课题数（项）		当年新开课题批准经费（千元）		当年投入人数（人年）		当年拨入经费（千元）	
新疆农业职业技术学院	64	288	13	482	28	164	440	138	8.7	472	643.05	99
新疆轻工职业技术学院	7	844	0	969	0	823	0	903	1.7	867	18	755
新疆师范高等专科学校	154	85	5	711	21	229	260	242	58.2	33	298	200
新疆铁道职业技术学院	14	710	7	630	3	643	26	701	6	580	26	698
新疆应用职业技术学院	24	574	4	739	4	604	218	275	4.2	689	208	261
新疆职业大学	18	645	3	782	0	823	60	549	0.5	974	40	610
新乡职业技术学院	78	243	30	245	55	80	6	858	18.2	246	24	712
信阳职业技术学院	103	172	44	147	54	82	100	453	11.4	384	120	384
兴安职业技术学院	10	787	3	782	2	701	40	626	0.9	943	40	610
邢台医学高等专科学校	15	690	4	739	1	748	0	903	12.3	354	0	883
邢台职业技术学院	130	113	87	41	22	218	3 189.2	25	28	141	3 077	17
徐州工业职业技术学院	137	105	47	142	27	175	10 391	5	14	314	411	144
徐州生物工程职业技术学院	53	344	16	420	13	353	14	798	5.3	618	18	755
徐州幼儿师范高等专科学校	131	109	64	84	58	71	427	142	26.7	151	379	169
许昌职业技术学院	54	339	21	344	33	139	54	584	11.7	372	54	559
宣城职业技术学院	19	635	14	458	3	643	225	269	6.4	561	42	603
宣化科技职业学院	61	301	21	344	22	218	0	903	59.9	30	0	883
雅安职业技术学院	86	213	36	195	23	208	84.6	494	22.5	190	55	553
烟台工程职业技术学院	30	516	16	420	14	335	208	287	10.8	400	208	261
烟台黄金职业学院	0	1 017	0	969	0	823	0	903	0	1 005	0	883
烟台汽车工程职业学院	0	1 017	0	969	0	823	0	903	0	1 005	0	883
烟台职业学院	0	1 017	0	969	0	823	0	903	0	1 005	0	883
延安职业技术学院	18	645	8	605	4	604	90	478	2.9	774	90	461
延边职业技术学院	12	739	10	544	2	701	0	903	4.3	682	0	883
炎黄职业技术学院	0	1 017	0	969	0	823	0	903	0	1 005	0	883
盐城工业职业技术学院	193	52	75	61	61	64	1 768.8	50	26	155	1 757.8	40
盐城幼儿师范高等专科学校	64	288	31	241	3	643	361	179	9.7	435	295.5	205
扬州工业职业技术学院	174	69	125	15	110	15	1 030	70	19.2	234	975	67
扬州市职业大学	264	22	196	4	182	4	1 217.95	60	68.2	22	1 077.95	61
阳江职业技术学院	101	176	38	187	19	258	738	91	11.6	374	241.5	239
阳泉师范高等专科学校	3	943	2	842	1	748	1	895	1.1	922	1	876
阳泉职业技术学院	2	961	0	969	0	823	0	903	1.2	910	20	726
杨凌职业技术学院	7	844	1	912	1	748	6	858	2.6	800	6	838
伊春职业学院	0	1 017	0	969	0	823	0	903	0	1 005	0	883
伊犁职业技术学院	10	787	10	544	9	437	42	621	1	930	42	603

续表

				研究与发展成果										获奖成果数（项）			
其中：当年新开课题拨入经费（千元）		当年支出经费（千元）		著作（部）		学术论文（篇）				研究与咨询报告（篇）				合计		其中：国家级和省部级	
						合计		其中：国外学术刊物发表数		提交有关部门数		其中：被采纳数					
275	188	72.52	465	8	145	59	389	0	147	0	259	0	126	0	30	0	3
0	832	43	564	0	676	14	833	0	147	0	259	0	126	0	30	0	3
208	232	687.1	81	0	676	103	189	1	78	0	259	0	126	0	30	0	3
26	621	15.1	748	0	676	32	622	0	147	0	259	0	126	0	30	0	3
208	232	59.56	511	0	676	55	424	0	147	0	259	0	126	0	30	0	3
40	535	0	896	0	676	36	576	0	147	0	259	0	126	0	30	0	3
0	832	24	681	3	365	86	257	4	19	50	14	0	126	0	30	0	3
80	403	138	318	2	454	20	745	0	147	0	259	0	126	0	30	0	3
40	535	40	580	2	454	57	405	0	147	0	259	0	126	0	30	0	3
0	832	3	869	3	365	7	956	2	38	0	259	0	126	0	30	0	3
3 077	15	2 868.4	15	4	300	105	180	1	78	0	259	0	126	1	8	0	3
401	127	345.4	153	7	167	77	291	0	147	6	98	0	126	0	30	0	3
14	723	35.6	607	1	563	46	481	0	147	13	60	0	126	0	30	0	3
379	133	359.85	146	7	167	121	150	0	147	22	31	5	45	0	30	0	3
54	489	54	530	5	241	66	343	0	147	0	259	0	126	0	30	0	3
26	621	42	569	0	676	15	809	0	147	0	259	0	126	0	30	0	3
0	832	0	896	0	676	42	521	0	147	0	259	0	126	0	30	0	3
25.5	627	48.3	550	0	676	60	383	0	147	0	259	0	126	0	30	0	3
208	232	146.75	304	7	167	15	809	0	147	3	134	0	126	0	30	0	3
0	832	0	896	1	563	7	956	0	147	0	259	0	126	0	30	0	3
0	832	0	896	0	676	0	1 059	0	147	0	259	0	126	0	30	0	3
0	832	0	896	0	676	34	600	0	147	0	259	0	126	0	30	0	3
90	385	58	515	0	676	18	769	0	147	0	259	0	126	0	30	0	3
0	832	0	896	0	676	4	1 007	0	147	0	259	0	126	0	30	0	3
0	832	0	896	0	676	26	679	0	147	0	259	0	126	0	30	0	3
1 757.8	34	2 169.45	23	6	202	72	310	0	147	13	60	2	68	0	30	0	3
135.5	309	295.5	170	3	365	163	81	0	147	0	259	0	126	0	30	0	3
972	58	1 050.2	51	6	202	187	68	0	147	15	52	9	27	0	30	0	3
1 047.95	54	1 049.35	52	9	125	186	70	0	147	130	2	12	19	0	30	0	3
178.5	269	72.06	466	1	563	95	219	0	147	0	259	0	126	0	30	0	3
1	825	0	896	1	563	25	691	0	147	0	259	0	126	0	30	0	3
0	832	30	639	0	676	5	983	0	147	0	259	0	126	0	30	0	3
6	784	17.65	729	8	145	12	870	0	147	0	259	0	126	0	30	0	3
0	832	0	896	0	676	7	956	0	147	0	259	0	126	0	30	0	3
42	527	42	569	0	676	25	691	0	147	0	259	0	126	0	30	0	3

学校名称	研究与发展课题											
	课题总数（项）		当年新开课题数（项）		当年完成课题数（项）		当年新开课题批准经费（千元）		当年投入人数（人年）		当年拨入经费（千元）	
宜春幼儿师范高等专科学校	66	278	36	195	35	134	177	334	16.5	270	172	315
宜春职业技术学院	18	645	18	394	18	271	0	903	0	1 005	0	883
义乌工商职业技术学院	422	6	205	3	158	5	17 444.12	3	97.4	8	10 673.45	2
益阳医学高等专科学校	18	645	13	482	0	823	87	487	9.4	446	60	531
应天职业技术学院	15	690	10	544	2	701	86	489	5.8	588	86	478
营口职业技术学院	0	1 017	0	969	0	823	0	903	0	1 005	0	883
永城职业学院	29	529	15	441	14	335	30	666	18	249	15	772
永州职业技术学院	25	562	20	362	1	748	53	585	10.7	404	56	551
榆林职业技术学院	16	670	6	670	5	568	40	626	1.4	897	40	610
玉溪农业职业技术学院	9	805	7	630	0	823	71	523	2.2	829	6.12	837
岳阳职业技术学院	5	898	2	842	0	823	30	666	0.5	974	30	670
云南财经职业学院	27	544	8	605	2	701	100	453	22.9	185	97	441
云南工贸职业技术学院	3	943	3	782	0	823	60	549	1.5	882	60	531
云南国防工业职业技术学院	58	316	20	362	10	413	341.5	189	8.1	496	297.5	202
云南国土资源职业学院	49	373	26	284	0	823	156	353	10.4	414	146	345
云南机电职业技术学院	18	645	13	482	2	701	180	322	11.2	389	120	384
云南交通运输职业学院	4	915	4	739	0	823	80	499	4.7	652	80	485
云南交通职业技术学院	23	584	7	630	3	643	150	359	12	358	2.9	869
云南经贸外事职业学院	28	538	12	502	16	294	335	190	15.4	288	695	91
云南林业职业技术学院	20	618	9	575	0	823	120	409	5.6	597	120	384
云南旅游职业学院	49	373	16	420	27	175	220	273	10.2	422	40	610
云南能源职业技术学院	71	261	42	154	18	271	296	213	27.4	146	296	203
云南商务职业学院	0	1 017	0	969	0	823	0	903	0	1 005	0	883
云南水利水电职业学院	1	979	1	912	1	748	50	591	0.9	943	50	573
云南司法警官职业学院	21	602	12	502	3	643	118	416	12.6	348	118	392
云南特殊教育职业学院	1	979	1	912	0	823	50	591	0.6	962	0	883
云南体育运动职业技术学院	6	868	2	842	0	823	60	549	1.8	857	60	531
云南外事外语职业学院	36	459	26	284	9	437	144	365	4	700	144	349
云南文化艺术职业学院	21	602	9	575	4	604	315	202	10.1	423	295	206
云南锡业职业技术学院	9	805	2	842	0	823	23	721	5.2	623	23	717
云南新兴职业学院	2	961	2	842	0	823	20	733	2	848	3.59	859
运城护理职业学院	0	1 017	0	969	0	823	0	903	0	1 005	0	883
运城师范高等专科学校	23	584	7	630	1	748	1	895	7.5	525	1	876
运城幼儿师范高等专科学校	16	670	8	605	0	823	8	847	4.4	670	4	857
运城职业技术学院	8	828	4	739	1	748	0	903	2.9	774	0	883
枣庄职业学院	2	961	0	969	1	748	0	903	0.6	962	7	833
扎兰屯职业学院	8	828	7	630	0	823	10	818	1.6	877	0	883
湛江幼儿师范专科学校	60	306	28	267	7	491	185	313	15.3	291	353	181
张家界航空工业职业技术学院	30	516	26	284	0	823	276	230	4.2	689	281	213
张家口职业技术学院	28	538	12	502	16	294	0	903	6.2	573	0	883
漳州城市职业学院	50	364	19	380	20	247	0	903	36.6	95	2	871
漳州科技职业学院	21	602	12	502	6	524	18	770	5.1	626	18	755

续表

				研究与发展成果										获奖成果数（项）			
其中：当年新开课题拨入经费（千元）		当年支出经费（千元）		著作（部）		学术论文（篇）				研究与咨询报告（篇）							
						合计		其中：国外学术刊物发表数		提交有关部门数		其中：被采纳数		合计		其中：国家级和省部级	
164	282	79.15	446	0	676	37	566	0	147	0	259	0	126	0	30	0	3
0	832	0	896	6	202	14	833	0	147	0	259	0	126	0	30	0	3
8 488.08	2	3 425.65	12	25	12	256	31	5	14	2	163	2	68	0	30	0	3
60	455	60	507	2	454	37	566	0	147	0	259	0	126	0	30	0	3
86	396	39.8	588	0	676	7	956	0	147	0	259	0	126	0	30	0	3
0	832	0	896	8	145	52	445	0	147	9	77	0	126	0	30	0	3
15	708	15	749	1	563	20	745	0	147	0	259	0	126	0	30	0	3
33	575	30.5	636	3	365	88	250	0	147	0	259	0	126	0	30	0	3
40	535	45.8	555	0	676	14	833	0	147	0	259	0	126	0	30	0	3
6.12	783	6.12	839	0	676	23	709	0	147	0	259	0	126	0	30	0	3
30	583	30	639	0	676	9	919	0	147	0	259	0	126	0	30	0	3
28	612	96	401	10	107	43	508	0	147	1	198	1	84	0	30	0	3
60	455	0.65	894	0	676	1	1 048	0	147	0	259	0	126	0	30	0	3
281.5	184	297.5	168	4	300	93	229	16	3	0	259	0	126	1	8	0	3
146	298	612.55	93	11	97	99	206	0	147	1	198	0	126	0	30	0	3
120	331	55.98	523	2	454	47	473	0	147	0	259	0	126	0	30	0	3
80	403	0	896	0	676	0	1 059	0	147	0	259	0	126	0	30	0	3
2.9	815	6	842	0	676	22	724	0	147	0	259	0	126	0	30	0	3
335	153	457	119	16	48	14	833	0	147	0	259	0	126	0	30	0	3
120	331	41.2	575	0	676	9	919	0	147	0	259	0	126	0	30	0	3
40	535	189.17	253	11	97	67	337	0	147	0	259	0	126	0	30	0	3
296	174	195.6	249	2	454	52	445	0	147	0	259	0	126	0	30	0	3
0	832	0	896	0	676	0	1 059	0	147	0	259	0	126	0	30	0	3
50	499	50	544	5	241	20	745	0	147	0	259	0	126	0	30	0	3
118	336	0	896	16	48	36	576	0	147	0	259	0	126	0	30	0	3
0	832	0	896	2	454	0	1 059	0	147	0	259	0	126	0	30	0	3
60	455	179	267	0	676	59	389	0	147	0	259	0	126	0	30	0	3
144	302	138	318	3	365	74	301	0	147	0	259	0	126	0	30	0	3
295	176	80	443	2	454	23	709	0	147	0	259	0	126	0	30	0	3
23	647	33.5	616	0	676	13	852	0	147	0	259	0	126	0	30	0	3
3.59	805	2.7	876	0	676	2	1 041	0	147	0	259	0	126	0	30	0	3
0	832	0	896	0	676	0	1 059	0	147	0	259	0	126	0	30	0	3
1	825	12.69	773	2	454	33	609	0	147	0	259	0	126	0	30	0	3
3.5	806	3.5	866	14	59	68	327	0	147	0	259	0	126	0	30	0	3
0	832	0	896	0	676	35	589	0	147	0	259	0	126	0	30	0	3
0	832	7	831	4	300	42	521	0	147	0	259	0	126	0	30	0	3
0	832	0	896	5	241	42	521	0	147	0	259	0	126	0	30	0	3
185	257	108.58	365	5	241	62	369	0	147	0	259	0	126	0	30	0	3
265	193	230	206	2	454	42	521	0	147	0	259	0	126	0	30	0	3
0	832	0	896	0	676	17	780	0	147	0	259	0	126	0	30	0	3
0	832	16.9	736	1	563	82	268	0	147	0	259	0	126	0	30	0	3
18	691	21.55	695	1	563	30	646	0	147	0	259	0	126	0	30	0	3

学校名称	研究与发展课题											
	课题总数（项）		当年新开课题数（项）		当年完成课题数（项）		当年新开课题批准经费（千元）		当年投入人数（人年）		当年拨入经费（千元）	
漳州理工职业学院	60	306	36	195	11	392	40	626	6	580	40	610
漳州卫生职业学院	78	243	15	441	28	164	66	540	22.4	194	66	518
漳州职业技术学院	87	210	9	575	22	218	10.2	817	28.7	137	10.2	804
昭通卫生职业学院	9	805	6	670	0	823	72	520	4.8	645	72	502
肇庆医学高等专科学校	87	210	20	362	0	823	110	431	9.1	455	110	407
浙江安防职业技术学院	31	503	15	441	13	353	200	294	3.5	738	33	655
浙江东方职业技术学院	130	113	76	58	43	109	784	87	20.8	210	473	130
浙江纺织服装职业技术学院	337	11	105	26	52	85	4 895	7	36.6	95	3 751	13
浙江工贸职业技术学院	310	14	145	9	109	16	3 512.5	16	64.5	25	2 953.7	20
浙江工商职业技术学院	348	10	105	26	79	40	2 291.62	33	76	17	1 992.13	31
浙江工业职业技术学院	185	57	56	100	68	51	268.1	235	15.4	288	507.2	122
浙江广厦建设职业技术学院	128	119	78	55	43	109	61.5	546	13.3	333	61.5	528
浙江国际海运职业技术学院	34	479	22	333	25	194	124	404	15.2	293	228.9	244
浙江横店影视职业学院	249	27	132	12	78	43	859.71	80	64.1	26	845.21	75
浙江机电职业技术学院	73	258	33	221	27	175	309	205	21	206	285.5	210
浙江建设职业技术学院	42	417	19	380	19	258	190	306	26.2	153	176	310
浙江交通职业技术学院	40	431	22	333	11	392	195	302	8.3	488	195	276
浙江金融职业学院	370	8	134	11	148	7	2 267.5	34	84.8	11	1 584.82	48
浙江经济职业技术学院	246	29	84	45	57	76	320	196	40.9	75	332	186
浙江经贸职业技术学院	206	41	73	66	18	271	2 013.69	38	83	14	1 097.37	60
浙江旅游职业学院	434	5	195	5	214	3	12 124.1	4	179.4	1	7 787	3
浙江农业商贸职业学院	195	51	84	45	71	49	386	163	50	46	384	164
浙江商业职业技术学院	257	25	121	16	88	27	4 847.6	8	38.1	88	3 768.3	12
浙江特殊教育职业学院	61	301	37	190	10	413	350	183	21.3	202	134.5	368
浙江体育职业技术学院	37	448	5	711	6	524	80	499	9.6	436	243	238
浙江同济科技职业学院	94	189	29	255	32	141	140	374	12	358	91	455
浙江医药高等专科学校	164	77	45	145	26	187	2 172.5	37	59.7	31	2 109.5	27
浙江艺术职业学院	162	80	71	68	19	258	410	152	44.9	61	140	354
浙江邮电职业技术学院	66	278	30	245	14	335	23	721	10.8	400	23	717
浙江育英职业技术学院	66	278	29	255	23	208	55	578	7.7	520	11	799
浙江舟山群岛新区旅游与健康职业学院	49	373	21	344	21	229	105	442	14.7	303	55	553
镇江市高等专科学校	105	167	48	136	66	55	655	100	37.2	90	745	84
正德职业技术学院	20	618	5	711	3	643	15	785	7	537	15	772
郑州财税金融职业学院	114	146	40	166	36	130	90	478	11.8	369	0	883
郑州城市职业学院	68	269	32	229	27	175	30	666	6.7	546	0	883

续表

				研究与发展成果										获奖成果数(项)			
						学术论文(篇)				研究与咨询报告(篇)							
其中:当年新开课题拨入经费(千元)		当年支出经费(千元)		著作(部)		合计		其中:国外学术刊物发表数		提交有关部门数		其中:被采纳数		合计		其中:国家级和省部级	
40	535	30.8	634	0	676	27	671	0	147	0	259	0	126	0	30	0	3
66	442	121	343	0	676	26	679	0	147	0	259	0	126	0	30	0	3
10.2	742	103.7	379	0	676	78	286	0	147	0	259	0	126	0	30	0	3
72	426	8.67	818	0	676	10	904	0	147	0	259	0	126	0	30	0	3
110	347	232.8	201	3	365	56	415	0	147	0	259	0	126	0	30	0	3
25	628	6.85	835	0	676	43	508	0	147	1	198	1	84	0	30	0	3
449	113	309.52	161	2	454	76	294	0	147	4	117	0	126	0	30	0	3
3 471	11	3 618.49	10	6	202	41	534	0	147	5	107	0	126	0	30	0	3
2 480	19	3 697.63	9	17	40	92	236	0	147	0	259	0	126	0	30	0	3
1 720.13	36	1 536.26	38	7	167	208	52	1	78	9	77	7	34	0	30	0	3
156.1	289	594.1	97	14	59	63	364	2	38	27	22	0	126	0	30	0	3
41.5	529	113.16	358	3	365	156	88	0	147	0	259	0	126	0	30	0	3
124	326	94.5	406	3	365	31	632	1	78	15	52	1	84	0	30	0	3
839.71	65	805.11	69	2	454	249	35	0	147	1	198	0	126	0	30	0	3
249	202	176.21	270	2	454	61	374	0	147	1	198	0	126	0	30	0	3
130	318	205.79	235	2	454	44	502	0	147	0	259	0	126	0	30	0	3
195	246	150.66	298	0	676	8	937	0	147	0	259	0	126	0	30	0	3
688	77	1 366.18	43	12	82	265	28	0	147	10	70	10	23	0	30	0	3
231.5	213	211.34	224	11	97	190	65	7	9	17	45	17	16	0	30	0	3
752.46	72	809.35	67	15	54	327	12	2	38	4	117	0	126	0	30	0	3
7 787	3	5 606.16	3	53	1	394	9	3	24	48	15	0	126	0	30	0	3
376	135	147.21	302	10	107	228	44	0	147	0	259	0	126	0	30	0	3
3 577.6	10	2 457.87	19	25	12	252	32	3	24	14	55	0	126	0	30	0	3
110	347	36.7	601	2	454	45	491	0	147	0	259	0	126	0	30	0	3
40	535	157.91	293	2	454	9	919	1	78	5	107	0	126	0	30	0	3
85	398	76.55	453	2	454	104	186	0	147	1	198	0	126	0	30	0	3
2 109.5	25	989.89	56	3	365	70	317	0	147	3	134	0	126	0	30	0	3
0	832	210.67	226	1	563	122	146	0	147	0	259	0	126	0	30	0	3
23	647	9.36	812	2	454	33	609	0	147	0	259	0	126	0	30	0	3
5	792	11	786	7	167	79	278	0	147	2	163	1	84	0	30	0	3
15	708	7.7	825	9	125	52	445	0	147	2	163	0	126	0	30	0	3
513.4	100	842.6	64	4	300	58	398	1	78	13	60	7	34	0	30	0	3
15	708	15	749	2	454	103	189	1	78	0	259	0	126	0	30	0	3
0	832	0	896	17	40	145	105	0	147	0	259	0	126	0	30	0	3
0	832	0	896	3	365	32	622	0	147	0	259	0	126	0	30	0	3

学校名称	研究与发展课题											
	课题总数（项）		当年新开课题数（项）		当年完成课题数（项）		当年新开课题批准经费（千元）		当年投入人数（人年）		当年拨入经费（千元）	
郑州电力高等专科学校	57	323	40	166	15	315	0	903	5.8	588	20	726
郑州电力职业技术学院	9	805	9	575	3	643	0	903	6.5	554	0	883
郑州工业安全职业学院	1	979	1	912	0	823	0	903	0.5	974	0	883
郑州旅游职业学院	31	503	11	523	10	413	0	903	8.5	481	143	350
郑州澍青医学高等专科学校	15	690	3	782	11	392	10	818	2.3	820	0	883
郑州铁路职业技术学院	33	488	16	420	15	315	143	366	5.9	584	123	379
郑州信息科技职业学院	12	739	2	842	8	465	250	248	7.9	509	240	240
郑州幼儿师范高等专科学校	50	364	16	420	16	294	280	226	21	206	158	334
郑州职业技术学院	50	364	25	296	25	194	25	706	50	46	49	587
中山火炬职业技术学院	26	552	7	630	16	294	188	311	4.4	670	38	635
中山职业技术学院	37	448	28	267	0	823	614.5	106	6.5	554	660.5	95
钟山职业技术学院	23	584	7	630	6	524	70	527	2.3	820	0	883
重庆安全技术职业学院	8	828	7	630	0	823	75	517	2.5	810	75	499
重庆财经职业学院	119	138	52	120	22	218	445.8	137	22.5	190	443.81	136
重庆城市管理职业学院	79	240	25	296	19	258	689.3	98	15.9	278	813.3	78
重庆城市职业学院	86	213	49	132	11	392	234	264	22.9	185	234	242
重庆传媒职业学院	1	979	1	912	0	823	10	818	0.7	955	10	805
重庆电力高等专科学校	7	844	5	711	6	524	30	666	1.2	910	34	653
重庆电信职业学院	8	828	2	842	2	701	25	706	1.6	877	25	703
重庆电讯职业学院	14	710	7	630	3	643	170	339	5.2	623	211	255
重庆电子工程职业学院	104	169	49	132	28	164	716	94	15.5	287	716	89
重庆房地产职业学院	24	574	2	842	16	294	30	666	5.9	584	62.3	523
重庆工程职业技术学院	130	113	24	306	12	375	1 123	68	6.9	540	1 123	57
重庆工贸职业技术学院	20	618	6	670	3	643	39	645	3.8	715	39	631
重庆工商职业学院	122	129	67	78	32	141	785	86	38.4	86	805	79
重庆工业职业技术学院	177	65	78	55	30	154	1 969.2	40	46	58	1 869.2	34
重庆公共运输职业学院	14	710	5	711	1	748	70	527	3.4	749	50	573
重庆海联职业技术学院	8	828	1	912	4	604	10	818	3	772	10	805
重庆航天职业技术学院	13	724	4	739	0	823	19	768	1.3	905	19	753
重庆护理职业学院	4	915	2	842	0	823	20	733	2.4	817	20	726
重庆化工职业学院	20	618	10	544	1	748	101	451	5	632	101	429

续表

其中:当年新开课题拨入经费(千元)		当年支出经费(千元)		研究与发展成果										获奖成果数(项)			
				著作(部)		学术论文(篇)				研究与咨询报告(篇)				合计		其中:国家级和省部级	
						合计		其中:国外学术刊物发表数		提交有关部门数		其中:被采纳数					
0	832	10	797	0	676	36	576	0	147	23	29	0	126	0	30	0	3
0	832	0	896	4	300	57	405	0	147	1	198	1	84	0	30	0	3
0	832	0	896	1	563	0	1 059	0	147	0	259	0	126	0	30	0	3
0	832	166.8	283	2	454	103	189	0	147	0	259	0	126	0	30	0	3
0	832	0	896	0	676	71	315	0	147	0	259	0	126	0	30	0	3
123	329	120	344	4	300	192	63	2	38	0	259	0	126	0	30	0	3
240	207	107	370	0	676	17	780	0	147	0	259	0	126	0	30	0	3
30	583	80.43	442	9	125	52	445	0	147	19	40	0	126	1	8	0	3
25	628	49	547	2	454	46	481	1	78	0	259	0	126	0	30	0	3
38	557	72.85	463	0	676	44	502	0	147	16	47	0	126	0	30	0	3
614.5	87	725.91	78	11	97	106	175	2	38	5	107	5	45	0	30	0	3
0	832	19.6	717	0	676	23	709	0	147	0	259	0	126	0	30	0	3
75	423	30	639	5	241	31	632	0	147	0	259	0	126	0	30	0	3
443.81	114	286.86	174	13	73	483	3	0	147	1	198	1	84	0	30	0	3
669.3	79	639.05	88	18	32	57	405	0	147	21	34	0	126	4	1	1	1
234	211	139.23	316	0	676	113	162	0	147	0	259	0	126	0	30	0	3
10	743	5	854	0	676	0	1 059	0	147	0	259	0	126	0	30	0	3
30	583	32	623	0	676	40	543	0	147	0	259	0	126	0	30	0	3
25	628	9	813	5	241	3	1 021	0	147	0	259	0	126	0	30	0	3
170	276	163.5	288	0	676	19	760	0	147	0	259	0	126	0	30	0	3
716	75	587.74	98	41	4	293	18	0	147	1	198	1	84	1	8	0	3
30	583	85.4	432	8	145	69	323	0	147	2	163	0	126	0	30	0	3
1 123	51	1 548.3	37	3	365	214	49	1	78	0	259	0	126	0	30	0	3
39	555	37.1	598	0	676	153	92	0	147	1	198	0	126	0	30	0	3
785	69	523.65	110	1	563	151	95	0	147	2	163	1	84	2	5	0	3
1 869.2	31	760.05	72	25	12	341	11	0	147	4	117	0	126	0	30	0	3
50	499	24.5	680	7	167	40	543	0	147	0	259	0	126	0	30	0	3
10	743	6.4	838	0	676	17	780	0	147	0	259	0	126	0	30	0	3
19	689	16	739	2	454	23	709	0	147	0	259	0	126	0	30	0	3
20	658	13	766	2	454	0	1 059	0	147	0	259	0	126	0	30	0	3
101	365	26	663	7	167	61	374	2	38	1	198	0	126	1	8	0	3

学校名称	研究与发展课题											
	课题总数（项）		当年新开课题数（项）		当年完成课题数（项）		当年新开课题批准经费（千元）		当年投入人数（人年）		当年拨入经费（千元）	
重庆机电职业技术学院	8	828	4	739	1	748	35	653	1.6	877	35	642
重庆建筑工程职业学院	29	529	11	523	4	604	215	279	8.1	496	215	252
重庆交通职业学院	7	844	2	842	2	701	20	733	3.2	760	20	726
重庆经贸职业学院	1	979	0	969	0	823	0	903	0.3	992	16	767
重庆科创职业学院	36	459	10	544	12	375	101	451	5.4	609	91	455
重庆科技职业学院	1	979	0	969	0	823	0	903	0.4	984	0	883
重庆旅游职业学院	89	203	30	245	41	116	247	250	22.3	196	187	292
重庆能源职业学院	7	844	3	782	0	823	50	591	2.1	839	50	573
重庆青年职业技术学院	52	352	7	630	9	437	82	497	10.6	405	67	515
重庆轻工职业学院	2	961	1	912	0	823	10	818	1.1	922	10	805
重庆三峡医药高等专科学校	57	323	24	306	5	568	210	282	11.6	374	161	329
重庆三峡职业学院	32	497	5	711	9	437	33	662	5	632	53	561
重庆商务职业学院	141	99	74	63	48	98	1 347	57	35.6	100	572	108
重庆水利电力职业技术学院	47	385	24	306	9	437	250	248	4.4	670	250	233
重庆文化艺术职业学院	131	109	55	106	26	187	819	83	20.9	209	819	77
重庆信息技术职业学院	11	757	1	912	0	823	20	733	4.7	652	33	655
重庆医药高等专科学校	73	258	16	420	10	413	131	391	8.9	467	151	338
重庆艺术工程职业学院	1	979	1	912	0	823	10	818	0.3	992	10	805
重庆应用技术职业学院	3	943	1	912	0	823	10	818	2	848	10	805
重庆幼儿师范高等专科学校	40	431	11	523	12	375	49	600	25.2	162	140	354
重庆资源与环境保护职业学院	1	979	0	969	0	823	0	903	0.6	962	7	833
周口科技职业学院	62	299	30	245	31	148	31.2	664	11.5	380	0	883
周口职业技术学院	13	724	7	630	6	524	0	903	9.6	436	0	883
珠海城市职业技术学院	96	183	22	333	14	335	476	133	14	314	426	139
珠海艺术职业学院	11	757	7	630	1	748	402	160	1.2	910	402	150
驻马店幼儿师范高等专科学校	0	1 017	0	969	0	823	0	903	0	1 005	0	883
驻马店职业技术学院	16	670	15	441	15	315	50	591	8.3	488	25	703
淄博师范高等专科学校	52	352	13	482	33	139	130	393	15.7	283	88	472
淄博职业学院	154	85	108	24	37	124	2 180.21	35	84.8	11	1 972.18	32
遵义医药高等专科学校	5	898	4	739	0	823	17	775	1	930	17	762
遵义职业技术学院	8	828	8	605	0	823	25	706	4.4	670	25	703

续表

				研究与发展成果										获奖成果数(项)			
其中:当年新开课题拨入经费(千元)		当年支出经费(千元)		著作(部)		学术论文(篇)				研究与咨询报告(篇)				合计		其中:国家级和省部级	
						合计		其中:国外学术刊物发表数		提交有关部门数		其中:被采纳数					
35	563	12.4	778	0	676	15	809	0	147	0	259	0	126	0	30	0	3
215	223	154	295	0	676	49	463	0	147	1	198	0	126	0	30	0	3
20	658	15.3	747	1	563	54	431	0	147	0	259	0	126	0	30	0	3
0	832	7	831	0	676	4	1 007	0	147	0	259	0	126	0	30	0	3
91	382	89.25	420	5	241	24	700	0	147	5	107	0	126	0	30	0	3
0	832	4.7	859	0	676	0	1 059	0	147	0	259	0	126	0	30	0	3
187	255	370.8	141	5	241	74	301	0	147	0	259	0	126	0	30	0	3
50	499	39.7	589	1	563	64	357	0	147	0	259	0	126	0	30	0	3
67	441	100.7	388	1	563	96	216	2	38	3	134	3	59	1	8	0	3
10	743	17	730	2	454	10	904	0	147	0	259	0	126	0	30	0	3
153	292	123.25	333	0	676	41	534	0	147	0	259	0	126	0	30	0	3
33	575	110.9	361	0	676	72	310	0	147	7	91	0	126	0	30	0	3
572	90	349.22	151	4	300	236	42	5	14	3	134	3	59	2	5	0	3
250	201	172	277	2	454	40	543	0	147	3	134	0	126	0	30	0	3
819	66	629	90	16	48	74	301	1	78	0	259	0	126	0	30	0	3
20	658	68.8	477	2	454	19	760	0	147	0	259	0	126	0	30	0	3
131	317	297.16	169	6	202	33	609	0	147	1	198	0	126	1	8	0	3
10	743	4	861	0	676	7	956	0	147	0	259	0	126	0	30	0	3
10	743	17	730	3	365	11	887	0	147	0	259	0	126	0	30	0	3
49	510	101.1	385	3	365	103	189	0	147	0	259	0	126	0	30	0	3
0	832	8.4	820	0	676	0	1 059	0	147	0	259	0	126	0	30	0	3
0	832	0	896	0	676	12	870	0	147	0	259	0	126	0	30	0	3
0	832	0	896	3	365	8	937	0	147	0	259	0	126	0	30	0	3
374	138	289.59	172	1	563	75	297	0	147	0	259	0	126	0	30	0	3
402	124	67	482	0	676	8	937	0	147	0	259	0	126	0	30	0	3
0	832	0	896	1	563	8	937	0	147	2	163	0	126	0	30	0	3
25	628	25	672	7	167	55	424	0	147	0	259	0	126	0	30	0	3
65	445	88	424	8	145	9	919	2	38	14	55	1	84	0	30	0	3
1 971.41	29	359.51	147	12	82	237	40	2	38	18	42	18	14	0	30	0	3
17	698	11	786	3	365	51	452	0	147	0	259	0	126	0	30	0	3
25	628	6.1	840	4	300	35	589	0	147	0	259	0	126	1	8	0	3

1. 全国高等学校人文、社会科学活动人员情况表

		总计		按职称划分					
			女性	小计	教授	副教授	讲师	助教	初级
	编号	L01	L02	L03	L04	L05	L06	L07	L08
合计	1	764 235	446 661	762 255	77 526	199 443	352 804	94 123	38 359
管理学	2	116 748	64 540	116 304	13 256	29 162	52 790	13 705	7 391
马克思主义	3	32 255	17 727	32 211	3 831	9 521	13 806	3 800	1 253
哲学	4	12 340	5 464	12 323	2 104	3 813	5 137	915	354
逻辑学	5	1 144	522	1 141	138	311	538	106	48
宗教学	6	642	239	641	134	194	269	31	13
语言学	7	112 384	87 084	112 177	6 456	27 888	60 165	13 639	4 029
中国文学	8	31 714	18 791	31 657	4 485	10 156	13 325	2 669	1 022
外国文学	9	17 287	13 241	17 281	1 457	4 103	9 111	2 038	572
艺术学	10	105 186	60 402	104 902	7 377	22 259	48 646	19 892	6 728
历史学	11	14 181	5 867	14 166	2 691	4 494	5 786	849	346
考古学	12	830	300	829	210	220	331	55	13
经济学	13	82 008	47 918	81 858	11 637	22 688	34 702	8 732	4 099
政治学	14	11 769	5 472	11 743	1 684	3 698	4 813	1 124	424
法学	15	36 243	18 241	36 142	4 865	10 508	16 068	3 391	1 310
社会学	16	11 239	6 238	11 223	1 401	2 922	5 122	1 225	553
民族学与文化学	17	2 960	1 522	2 952	579	818	1 169	266	120
新闻学与传播学	18	13 673	8 524	13 621	1 394	3 141	6 084	2 029	973
图书馆、情报与文献学	19	29 980	20 650	29 783	1 678	7 389	16 526	1 990	2 200
教育学	20	63 531	37 847	63 324	6 362	15 446	28 631	8 794	4 091
统计学	21	5 622	2 935	5 608	791	1 760	2 325	485	247
心理学	22	8 673	5 826	8 656	908	2 079	3 898	1 221	550
体育学	23	53 826	17 311	53 713	4 088	16 873	23 562	7 167	2 023
60 岁及以上	24	6 816	1 666	6 808	5 586	1 098	89	3	32
55 岁~59 岁	25	51 645	19 040	51 503	19 707	23 239	7 798	400	359
50 岁~54 岁	26	90 998	44 402	90 808	25 982	42 937	20 241	880	768
45 岁~49 岁	27	105 888	54 680	105 662	16 194	47 572	38 655	2 050	1 191
40 岁~44 岁	28	128 241	73 237	128 057	7 519	44 890	68 437	5 446	1 765
35 岁~39 岁	29	196 902	125 961	196 610	2 294	35 296	132 679	20 955	5 386
30 岁~34 岁	30	121 387	81 910	120 976	224	4 185	71 451	33 641	11 475
29 岁及以下	31	62 358	45 765	61 831	20	226	13 454	30 748	17 383

按最后学历划分			按最后学位划分		其他人员
研究生	本科生	其他	博士	硕士	
L09	L10	L11	L12	L13	L14
463 019	289 130	10 106	129 775	391 378	1 980
76 150	38 365	1 789	25 792	59 769	444
22 271	9 800	140	5 802	19 208	44
10 029	2 249	45	4 782	5 664	17
710	423	8	229	608	3
601	39	1	430	176	1
65 217	46 370	590	10 131	64 980	207
19 537	11 860	260	8 462	13 530	57
12 253	4 975	53	2 755	10 644	6
56 912	46 850	1 140	6 702	57 380	284
11 281	2 800	85	6 457	5 260	15
759	64	6	524	244	1
53 685	27 019	1 154	21 777	38 239	150
7 782	3 879	82	3 055	5 422	26
25 524	10 402	216	9 806	18 310	101
8 768	2 354	101	3 498	5 719	16
2 345	573	34	1 116	1 336	8
10 231	3 276	114	3 193	7 611	52
8 984	17 700	3 099	1 564	8 892	197
37 717	25 037	570	7 547	36 716	207
3 758	1 755	95	1 624	2 440	14
6 392	2 224	40	1 888	4 951	17
22 113	31 116	484	2 641	24 279	113
3 893	2 728	187	2 394	1 538	8
17 458	31 747	2 298	8 183	11 098	142
36 642	51 301	2 865	16 078	27 951	190
57 111	46 475	2 076	22 980	46 748	226
82 090	44 830	1 137	27 406	68 435	184
127 307	68 502	801	30 522	116 142	292
92 198	28 333	445	18 797	76 528	411
46 320	15 214	297	3 415	42 938	527

2. 本科学校人文、社会科学活动人员情况表

		总计		按职称划分					
			女性	小计	教授	副教授	讲师	助教	初级
	编号	L01	L02	L03	L04	L05	L06	L07	L08
合计	1	578 806	327 372	577 405	67 052	158 095	268 783	62 196	21 279
管理学	2	86 140	45 608	85 821	11 231	22 997	38 925	8 605	4 063
马克思主义	3	23 934	12 484	23 900	3 231	7 177	10 316	2 541	635
哲学	4	10 427	4 389	10 412	1 930	3 281	4 344	634	223
逻辑学	5	778	340	777	112	202	375	64	24
宗教学	6	609	225	608	130	187	253	27	11
语言学	7	86 267	65 834	86 114	5 619	21 865	46 449	9 756	2 425
中国文学	8	23 427	13 049	23 383	3 877	7 570	9 777	1 548	611
外国文学	9	14 767	11 203	14 762	1 388	3 577	7 775	1 586	436
艺术学	10	80 145	44 508	79 946	6 518	18 378	37 926	13 498	3 626
历史学	11	12 612	5 015	12 600	2 569	3 984	5 136	672	239
考古学	12	795	283	794	206	214	321	43	10
经济学	13	60 073	33 029	59 973	9 966	17 578	25 192	5 208	2 029
政治学	14	9 182	3 982	9 165	1 488	2 915	3 738	801	223
法学	15	29 362	14 066	29 297	4 477	8 874	12 931	2 244	771
社会学	16	9 331	5 029	9 318	1 307	2 567	4 292	845	307
民族学与文化学	17	2 621	1 305	2 613	547	747	1 026	213	80
新闻学与传播学	18	11 906	7 274	11 874	1 338	2 893	5 374	1 588	681
图书馆、情报与文献学	19	24 796	16 969	24 648	1 498	6 353	13 668	1 545	1 584
教育学	20	39 443	22 957	39 309	4 487	9 950	18 163	4 880	1 829
统计学	21	4 532	2 323	4 522	698	1 441	1 876	358	149
心理学	22	6 367	4 008	6 359	841	1 692	2 888	693	245
体育学	23	41 292	13 492	41 210	3 594	13 653	18 038	4 847	1 078
60 岁及以上	24	5 959	1 392	5 951	5 128	771	45	1	6
55 岁～59 岁	25	41 772	15 313	41 659	17 240	18 084	5 826	278	231
50 岁～54 岁	26	70 630	33 322	70 486	22 013	32 342	15 098	552	481
45 岁～49 岁	27	83 637	41 991	83 468	13 855	37 516	29 987	1 365	745
40 岁～44 岁	28	103 452	57 892	103 302	6 596	37 028	54 441	4 076	1 161
35 岁～39 岁	29	146 529	91 785	146 301	1 997	28 452	98 144	14 325	3 383
30 岁～34 岁	30	86 270	56 499	85 986	205	3 704	54 301	21 462	6 314
29 岁及以下	31	40 557	29 178	40 252	18	198	10 941	20 137	8 958

按最后学历划分			按最后学位划分		其他人员
研究生	本科生	其他	博士	硕士	
L09	L10	L11	L12	L13	L14
390 800	179 345	7 260	126 976	299 863	1 401
62 524	21 997	1 300	25 169	42 724	319
17 777	6 037	86	5 603	13 996	34
8 815	1 558	39	4 706	4 418	15
570	203	4	218	419	1
575	32	1	428	152	1
56 450	29 257	407	9 980	52 793	153
16 811	6 406	166	8 286	9 925	44
11 141	3 576	45	2 735	9 236	5
48 675	30 558	713	6 571	46 958	199
10 489	2 040	71	6 376	4 418	12
735	55	4	522	217	1
45 169	14 066	738	21 323	27 347	100
6 727	2 388	50	3 017	4 186	17
22 487	6 658	152	9 655	14 508	65
7 686	1 555	77	3 437	4 523	13
2 142	439	32	1 097	1 114	8
9 351	2 427	96	3 170	6 655	32
8 133	13 929	2 586	1 546	7 735	148
27 059	11 959	291	7 073	23 094	134
3 334	1 111	77	1 590	1 951	10
5 069	1 270	20	1 866	3 485	8
19 081	21 824	305	2 608	20 009	82
3 698	2 141	112	2 354	1 380	8
16 297	23 603	1 759	7 991	9 706	113
33 619	34 765	2 102	15 672	23 114	144
51 366	30 596	1 506	22 399	37 307	169
72 684	29 789	829	26 779	54 725	150
106 139	39 605	557	29 904	87 073	228
73 038	12 678	270	18 499	56 014	284
33 959	6 168	125	3 378	30 544	305

3. 专科学校人文、社会科学活动人员情况表

		总计		按职称划分					
			女性	小计	教授	副教授	讲师	助教	初级
	编号	L01	L02	L03	L04	L05	L06	L07	L08
合计	1	185 429	119 289	184 850	10 474	41 348	84 021	31 927	17 080
管理学	2	30 608	18 932	30 483	2 025	6 165	13 865	5 100	3 328
马克思主义	3	8 321	5 243	8 311	600	2 344	3 490	1 259	618
哲学	4	1 913	1 075	1 911	174	532	793	281	131
逻辑学	5	366	182	364	26	109	163	42	24
宗教学	6	33	14	33	4	7	16	4	2
语言学	7	26 117	21 250	26 063	837	6 023	13 716	3 883	1 604
中国文学	8	8 287	5 742	8 274	608	2 586	3 548	1 121	411
外国文学	9	2 520	2 038	2 519	69	526	1 336	452	136
艺术学	10	25 041	15 894	24 956	859	3 881	10 720	6 394	3 102
历史学	11	1 569	852	1 566	122	510	650	177	107
考古学	12	35	17	35	4	6	10	12	3
经济学	13	21 935	14 889	21 885	1 671	5 110	9 510	3 524	2 070
政治学	14	2 587	1 490	2 578	196	783	1 075	323	201
法学	15	6 881	4 175	6 845	388	1 634	3 137	1 147	539
社会学	16	1 908	1 209	1 905	94	355	830	380	246
民族学与文化学	17	339	217	339	32	71	143	53	40
新闻学与传播学	18	1 767	1 250	1 747	56	248	710	441	292
图书馆、情报与文献学	19	5 184	3 681	5 135	180	1 036	2 858	445	616
教育学	20	24 088	14 890	24 015	1 875	5 496	10 468	3 914	2 262
统计学	21	1 090	612	1 086	93	319	449	127	98
心理学	22	2 306	1 818	2 297	67	387	1 010	528	305
体育学	23	12 534	3 819	12 503	494	3 220	5 524	2 320	945
60 岁及以上	24	857	274	857	458	327	44	2	26
55 岁～59 岁	25	9 873	3 727	9 844	2 467	5 155	1 972	122	128
50 岁～54 岁	26	20 368	11 080	20 322	3 969	10 595	5 143	328	287
45 岁～49 岁	27	22 251	12 689	22 194	2 339	10 056	8 668	685	446
40 岁～44 岁	28	24 789	15 345	24 755	923	7 862	13 996	1 370	604
35 岁～39 岁	29	50 373	34 176	50 309	297	6 844	34 535	6 630	2 003
30 岁～34 岁	30	35 117	25 411	34 990	19	481	17 150	12 179	5 161
29 岁及以下	31	21 801	16 587	21 579	2	28	2 513	10 611	8 425

按最后学历划分			按最后学位划分		其他人员
研究生	本科生	其他	博士	硕士	
L09	L10	L11	L12	L13	L14
72 219	109 785	2 846	2 799	91 515	579
13 626	16 368	489	623	17 045	125
4 494	3 763	54	199	5 212	10
1 214	691	6	76	1 246	2
140	220	4	11	189	2
26	7	0	2	24	0
8 767	17 113	183	151	12 187	54
2 726	5 454	94	176	3 605	13
1 112	1 399	8	20	1 408	1
8 237	16 292	427	131	10 422	85
792	760	14	81	842	3
24	9	2	2	27	0
8 516	12 953	416	454	10 892	50
1 055	1 491	32	38	1 236	9
3 037	3 744	64	151	3 802	36
1 082	799	24	61	1 196	3
203	134	2	19	222	0
880	849	18	23	956	20
851	3 771	513	18	1 157	49
10 658	13 078	279	474	13 622	73
424	644	18	34	489	4
1 323	954	20	22	1 466	9
3 032	9 292	179	33	4 270	31
195	587	75	40	158	0
1 161	8 144	539	192	1 392	29
3 023	16 536	763	406	4 837	46
5 745	15 879	570	581	9 441	57
9 406	15 041	308	627	13 710	34
21 168	28 897	244	618	29 069	64
19 160	15 655	175	298	20 514	127
12 361	9 046	172	37	12 394	222

4. 教育部直属院校人文、社会科学活动人员情况表

		总计		按职称划分					
			女性	小计	教授	副教授	讲师	助教	初级
	编号	L01	L02	L03	L04	L05	L06	L07	L08
合计	1	66 667	32 390	66 605	14 537	23 565	26 019	1 969	515
管理学	2	10 964	4 610	10 938	2 631	3 981	3 954	265	107
马克思主义	3	2 431	1 131	2 428	519	827	987	85	10
哲学	4	1 903	593	1 902	602	640	619	35	6
逻辑学	5	122	31	122	38	46	32	3	3
宗教学	6	167	43	167	65	52	46	2	2
语言学	7	9 997	7 343	9 996	1 152	3 363	4 961	453	67
中国文学	8	2 134	979	2 134	662	712	723	32	5
外国文学	9	2 063	1 431	2 063	372	629	958	87	17
艺术学	10	5 336	2 530	5 333	996	1 679	2 284	293	81
历史学	11	2 078	648	2 078	693	723	632	25	5
考古学	12	302	93	302	112	95	92	3	0
经济学	13	8 662	3 615	8 660	2 386	3 237	2 874	95	68
政治学	14	1 671	589	1 670	463	629	543	24	11
法学	15	4 171	1 596	4 170	1 232	1 534	1 328	59	17
社会学	16	1 547	704	1 547	416	565	539	25	2
民族学与文化学	17	214	79	214	66	81	62	5	0
新闻学与传播学	18	1 912	989	1 912	456	688	705	50	13
图书馆、情报与文献学	19	3 187	2 115	3 173	342	1 002	1 681	80	68
教育学	20	2 760	1 385	2 758	631	959	1 065	91	12
统计学	21	621	248	621	136	226	238	18	3
心理学	22	735	384	735	177	280	267	8	3
体育学	23	3 690	1 254	3 682	390	1 617	1 429	231	15
60 岁及以上	24	2 326	461	2 325	2 205	92	25	1	2
55 岁～59 岁	25	7 140	2 591	7 133	3 426	2 957	721	19	10
50 岁～54 岁	26	10 493	4 798	10 486	4 139	4 604	1 691	28	24
45 岁～49 岁	27	11 421	5 732	11 405	2 597	5 225	3 514	40	29
40 岁～44 岁	28	12 810	6 831	12 799	1 545	5 372	5 656	189	37
35 岁～39 岁	29	12 858	6 880	12 850	533	4 071	7 534	590	122
30 岁～34 岁	30	7 590	3 922	7 582	84	1 172	5 562	625	139
29 岁及以下	31	2 029	1 175	2 025	8	72	1 316	477	152

按最后学历划分			按最后学位划分		其他人员
研究生	本科生	其他	博士	硕士	
L09	L10	L11	L12	L13	L14
57 400	8 796	409	37 311	20 831	62
9 942	927	69	7 420	2 610	26
2 188	238	2	1 520	703	3
1 808	93	1	1 470	351	1
116	6	0	78	40	0
164	3	0	143	22	0
8 406	1 574	16	3 185	5 370	1
1 991	135	8	1 610	378	0
1 898	162	3	1 054	860	0
4 277	1 013	43	1 612	2 730	3
2 014	63	1	1 788	223	0
286	15	1	242	43	0
8 154	494	12	6 706	1 496	2
1 580	88	2	1 218	382	1
3 905	257	8	2 968	952	1
1 455	81	11	1 200	261	0
200	14	0	160	40	0
1 736	171	5	1 224	528	0
1 695	1 272	206	629	1 160	14
2 517	233	8	1 650	889	2
561	60	0	453	113	0
706	29	0	560	149	0
1 801	1 868	13	421	1 531	8
1 847	460	18	1 314	529	1
4 720	2 269	144	3 034	1 752	7
8 134	2 221	131	5 207	3 058	7
9 815	1 530	60	6 239	3 794	16
11 602	1 171	26	7 302	4 490	11
11 951	881	18	7 723	4 367	8
7 413	160	9	5 416	2 000	8
1 918	104	3	1 076	841	4

5. 教育部直属综合大学人文、社会科学活动人员情况表

		总计		按职称划分					
			女性	小计	教授	副教授	讲师	助教	初级
	编号	L01	L02	L03	L04	L05	L06	L07	L08
合计	1	28 037	12 681	28 024	7 180	10 183	9 892	630	139
管理学	2	4 040	1 605	4 031	1 150	1 498	1 289	67	27
马克思主义	3	1 009	467	1 009	244	363	384	13	5
哲学	4	1 059	275	1 059	385	355	302	14	3
逻辑学	5	79	15	79	29	33	15	1	1
宗教学	6	129	33	129	49	44	33	2	1
语言学	7	3 755	2 696	3 755	506	1 300	1 755	182	12
中国文学	8	1 247	517	1 247	438	406	390	10	3
外国文学	9	1 041	701	1 041	214	306	472	38	11
艺术学	10	1 630	763	1 630	299	528	718	75	10
历史学	11	1 339	402	1 339	480	456	380	18	5
考古学	12	264	77	264	101	84	77	2	0
经济学	13	3 794	1 411	3 794	1 195	1 461	1 102	25	11
政治学	14	894	285	894	280	330	273	6	5
法学	15	1 845	638	1 845	607	673	539	20	6
社会学	16	758	337	758	235	304	212	7	0
民族学与文化学	17	128	37	128	47	54	27	0	0
新闻学与传播学	18	779	379	779	219	291	250	13	6
图书馆、情报与文献学	19	1 427	911	1 425	205	487	684	25	24
教育学	20	891	439	891	223	335	303	27	3
统计学	21	187	70	187	56	69	55	5	2
心理学	22	248	123	248	57	109	81	1	0
体育学	23	1 494	500	1 492	161	697	551	79	4
60 岁及以上	24	1 199	205	1 199	1 183	13	3	0	0
55 岁~59 岁	25	3 258	1 089	3 256	1 629	1 347	270	4	6
50 岁~54 岁	26	4 961	2 136	4 960	2 095	2 098	745	11	11
45 岁~49 岁	27	5 001	2 418	4 999	1 241	2 183	1 542	17	16
40 岁~44 岁	28	5 106	2 616	5 104	707	2 149	2 143	93	12
35 岁~39 岁	29	5 008	2 505	5 008	269	1 767	2 682	258	32
30 岁~34 岁	30	2 881	1 382	2 876	52	587	2 061	144	32
29 岁及以下	31	623	330	622	4	39	446	103	30

按最后学历划分			按最后学位划分		其他人员
研究生	本科生	其他	博士	硕士	
L09	L10	L11	L12	L13	L14
24 281	3 605	138	17 204	7 267	13
3 745	265	21	3 035	711	9
903	104	2	658	253	0
1 011	47	1	855	160	0
74	5	0	45	30	0
126	3	0	108	19	0
3 118	631	6	1 339	1 800	0
1 166	74	7	969	190	0
948	90	3	553	401	0
1 257	362	11	530	738	0
1 299	39	1	1 174	126	0
250	13	1	213	36	0
3 558	228	8	2 949	624	0
849	44	1	683	173	0
1 750	88	7	1 449	291	0
718	31	9	607	120	0
120	8	0	100	21	0
718	60	1	538	183	0
828	546	51	371	514	2
802	86	3	538	268	0
167	20	0	133	37	0
241	7	0	194	46	0
633	854	5	163	526	2
1 009	184	6	744	260	0
2 242	975	39	1 547	709	2
3 975	944	41	2 748	1 239	1
4 346	628	25	2 898	1 503	2
4 619	471	14	3 153	1 537	2
4 700	299	9	3 412	1 329	0
2 819	54	3	2 296	526	5
571	50	1	406	164	1

6. 教育部直属理工农医院校人文、社会科学活动人员情况表

		总计		按职称划分					
			女性	小计	教授	副教授	讲师	助教	初级
	编号	L01	L02	L03	L04	L05	L06	L07	L08
合计	1	19 792	10 330	19 750	3 197	6 932	8 706	691	224
管理学	2	4 726	2 027	4 711	1 065	1 700	1 769	119	58
马克思主义	3	958	447	955	177	313	413	49	3
哲学	4	513	207	512	113	172	210	16	1
逻辑学	5	29	11	29	6	6	13	2	2
宗教学	6	12	3	12	4	4	3	0	1
语言学	7	3 208	2 544	3 207	223	1 016	1 786	149	33
中国文学	8	285	178	285	43	103	122	16	1
外国文学	9	506	379	506	39	159	278	26	4
艺术学	10	1 424	674	1 424	204	491	642	71	16
历史学	11	227	88	227	59	90	77	1	0
考古学	12	19	9	19	6	5	8	0	0
经济学	13	2 017	964	2 016	451	733	781	20	31
政治学	14	309	142	308	51	134	119	4	0
法学	15	953	408	952	186	365	377	18	6
社会学	16	513	233	513	108	167	223	13	2
民族学与文化学	17	40	25	40	3	12	21	4	0
新闻学与传播学	18	402	205	402	78	150	162	8	4
图书馆、情报与文献学	19	1 179	809	1 167	92	386	628	21	40
教育学	20	682	320	681	116	207	318	32	8
统计学	21	150	67	150	25	47	75	2	1
心理学	22	158	90	158	25	52	74	5	2
体育学	23	1 482	500	1 476	123	620	607	115	11
60 岁及以上	24	420	82	419	393	26	0	0	0
55 岁～59 岁	25	1 988	775	1 983	865	877	231	7	3
50 岁～54 岁	26	2 966	1 460	2 961	938	1 455	554	8	6
45 岁～49 岁	27	3 451	1 833	3 438	548	1 686	1 185	9	10
40 岁～44 岁	28	4 092	2 307	4 084	326	1 603	2 082	54	19
35 岁～39 岁	29	4 062	2 331	4 055	107	1 018	2 696	164	70
30 岁～34 岁	30	2 164	1 171	2 162	17	248	1 564	272	61
29 岁及以下	31	649	371	648	3	19	394	177	55

按最后学历划分			按最后学位划分		其他人员
研究生	本科生	其他	博士	硕士	
L09	L10	L11	L12	L13	L14
16 235	3 367	148	8 626	8 019	42
4 250	430	31	2 934	1 372	15
860	95	0	565	313	3
488	24	0	353	143	1
28	1	0	21	8	0
12	0	0	9	3	0
2 547	656	4	460	2 183	1
253	32	0	160	94	0
450	56	0	156	300	0
1 130	285	9	406	751	0
215	12	0	174	41	0
18	1	0	14	4	0
1 853	161	2	1 351	529	1
277	30	1	161	126	1
854	98	0	539	336	1
470	42	1	362	110	0
34	6	0	17	16	0
358	44	0	224	140	0
560	517	90	159	430	12
599	79	3	293	318	1
127	23	0	77	52	0
143	15	0	80	68	0
709	760	7	111	682	6
321	96	2	215	107	1
1 191	737	55	672	548	5
2 055	852	54	1 063	1 074	5
2 762	652	24	1 401	1 484	13
3 569	508	7	1 769	1 883	8
3 620	430	5	1 868	1 829	7
2 095	66	1	1 360	748	2
622	26	0	278	346	1

7. 教育部直属师范院校人文、社会科学活动人员情况表

		总计		按职称划分					
			女性	小计	教授	副教授	讲师	助教	初级
	编号	L01	L02	L03	L04	L05	L06	L07	L08
合计	1	6 412	2 938	6 412	1 638	2 275	2 362	136	1
管理学	2	404	159	404	102	157	140	5	0
马克思主义	3	212	86	212	53	69	86	4	0
哲学	4	175	47	175	62	58	54	1	0
逻辑学	5	6	2	6	2	3	1	0	0
宗教学	6	20	4	20	10	3	7	0	0
语言学	7	856	557	856	136	303	390	27	0
中国文学	8	340	131	340	121	103	113	3	0
外国文学	9	123	78	123	43	39	38	3	0
艺术学	10	669	334	669	116	220	304	29	0
历史学	11	411	110	411	134	138	135	4	0
考古学	12	19	7	19	5	6	7	1	0
经济学	13	446	185	446	139	176	126	4	1
政治学	14	142	31	142	45	60	37	0	0
法学	15	225	88	225	75	82	67	1	0
社会学	16	152	69	152	47	56	49	0	0
民族学与文化学	17	34	10	34	11	11	11	1	0
新闻学与传播学	18	182	96	182	38	71	65	8	0
图书馆、情报与文献学	19	295	178	295	34	79	168	14	0
教育学	20	957	472	957	274	362	310	11	0
统计学	21	60	19	60	20	24	15	1	0
心理学	22	285	143	285	91	101	93	0	0
体育学	23	399	132	399	80	154	146	19	0
60 岁及以上	24	225	34	225	225	0	0	0	0
55 岁～59 岁	25	695	242	695	392	240	62	1	0
50 岁～54 岁	26	917	386	917	441	370	106	0	0
45 岁～49 岁	27	1 044	482	1 044	312	461	266	5	0
40 岁～44 岁	28	1 314	665	1 314	188	583	531	12	0
35 岁～39 岁	29	1 388	714	1 388	68	510	765	44	1
30 岁～34 岁	30	701	346	701	11	110	533	47	0
29 岁及以下	31	128	69	128	1	1	99	27	0

按最后学历划分			按最后学位划分		其他人员
研究生	本科生	其他	博士	硕士	
L09	L10	L11	L12	L13	L14
5 852	501	59	4 198	1 661	0
383	17	4	328	62	0
202	10	0	162	40	0
170	5	0	146	24	0
6	0	0	5	1	0
20	0	0	20	0	0
777	79	0	363	417	0
329	10	1	296	34	0
123	0	0	89	33	0
535	130	4	182	362	0
405	6	0	359	42	0
18	1	0	15	3	0
436	10	0	378	54	0
136	6	0	121	15	0
220	5	0	191	29	0
149	3	0	131	14	0
34	0	0	32	2	0
161	18	3	111	49	0
176	75	44	81	99	0
915	40	2	751	164	0
59	1	0	52	3	0
282	3	0	261	20	0
316	82	1	124	194	0
199	25	1	143	56	0
503	163	29	369	145	0
798	105	14	589	210	0
964	73	7	714	256	0
1 249	64	1	881	373	0
1 323	62	3	935	391	0
692	6	3	493	182	0
124	3	1	74	48	0

8. 教育部直属语言院校人文、社会科学活动人员情况表

		总计		按职称划分					
			女性	小计	教授	副教授	讲师	助教	初级
	编号	L01	L02	L03	L04	L05	L06	L07	L08
合计	1	3 952	2 443	3 947	673	1 228	1 806	192	48
管理学	2	389	211	387	41	120	191	26	9
马克思主义	3	53	35	53	10	18	19	5	1
哲学	4	29	14	29	5	10	13	0	1
逻辑学	5	1	0	1	0	0	1	0	0
宗教学	6	0	0	0	0	0	0	0	0
语言学	7	1 452	1 002	1 452	215	462	692	63	20
中国文学	8	164	99	164	39	64	61	0	0
外国文学	9	290	196	290	60	96	119	13	2
艺术学	10	461	243	460	94	125	210	27	4
历史学	11	32	18	32	8	11	13	0	0
考古学	12	0	0	0	0	0	0	0	0
经济学	13	132	93	131	21	46	54	9	1
政治学	14	134	57	134	39	37	47	6	5
法学	15	76	38	76	8	25	37	4	2
社会学	16	25	16	25	4	7	13	1	0
民族学与文化学	17	11	7	11	5	4	2	0	0
新闻学与传播学	18	433	243	433	107	131	176	16	3
图书馆、情报与文献学	19	77	48	77	2	23	45	7	0
教育学	20	111	82	110	7	28	68	7	0
统计学	21	12	7	12	3	1	5	3	0
心理学	22	12	8	12	2	3	7	0	0
体育学	23	58	26	58	3	17	33	5	0
60 岁及以上	24	222	81	222	150	48	21	1	2
55 岁~59 岁	25	300	131	300	123	119	51	6	1
50 岁~54 岁	26	531	302	531	182	220	122	3	4
45 岁~49 岁	27	671	424	670	135	304	223	6	2
40 岁~44 岁	28	835	541	835	71	321	425	13	5
35 岁~39 岁	29	812	559	811	12	184	562	48	5
30 岁~34 岁	30	433	298	432	0	29	340	51	12
29 岁及以下	31	148	107	146	0	3	62	64	17

按最后学历划分			按最后学位划分		其他人员
研究生	本科生	其他	博士	硕士	
L09	L10	L11	L12	L13	L14
3 414	504	29	2 036	1 439	5
241	137	9	125	132	2
41	12	0	22	23	0
23	6	0	18	6	0
1	0	0	1	0	0
0	0	0	0	0	0
1 328	120	4	733	609	0
150	14	0	113	38	0
278	12	0	186	96	0
404	53	3	207	202	1
27	5	0	24	3	0
0	0	0	0	0	0
116	15	0	95	21	1
131	3	0	103	30	0
71	5	0	41	32	0
22	2	1	15	7	0
11	0	0	10	1	0
389	43	1	282	116	0
33	33	11	8	26	0
96	14	0	38	59	1
10	2	0	6	4	0
11	1	0	8	3	0
31	27	0	1	31	0
117	97	8	77	37	0
185	109	6	124	60	0
401	119	11	253	170	0
589	79	2	405	203	1
784	49	2	483	319	0
777	34	0	424	362	1
422	10	0	225	194	1
139	7	0	45	94	2

9. 教育部直属财经院校人文、社会科学活动人员情况表

		总计		按职称划分					
			女性	小计	教授	副教授	讲师	助教	初级
	编号	L01	L02	L03	L04	L05	L06	L07	L08
合计	1	6 103	2 834	6 103	1 214	2 172	2 480	196	41
管理学	2	1 331	576	1 331	255	485	537	46	8
马克思主义	3	162	78	162	28	49	71	13	1
哲学	4	85	33	85	22	27	33	3	0
逻辑学	5	7	3	7	1	4	2	0	0
宗教学	6	1	1	1	0	1	0	0	0
语言学	7	533	391	533	49	196	263	24	1
中国文学	8	72	37	72	17	26	26	2	1
外国文学	9	84	63	84	13	23	43	5	0
艺术学	10	67	38	67	1	11	41	14	0
历史学	11	47	18	47	9	17	19	2	0
考古学	12	0	0	0	0	0	0	0	0
经济学	13	2 193	918	2 193	561	797	779	32	24
政治学	14	101	33	101	16	41	41	2	1
法学	15	599	227	599	151	206	227	12	3
社会学	16	75	35	75	18	21	32	4	0
民族学与文化学	17	1	0	1	0	0	1	0	0
新闻学与传播学	18	78	47	78	7	30	38	3	0
图书馆、情报与文献学	19	122	96	122	4	14	100	3	1
教育学	20	97	55	97	9	20	55	12	1
统计学	21	212	85	212	32	85	88	7	0
心理学	22	29	18	29	2	15	10	2	0
体育学	23	207	82	207	19	104	74	10	0
60 岁及以上	24	140	34	140	140	0	0	0	0
55 岁~59 岁	25	613	238	613	258	280	75	0	0
50 岁~54 岁	26	759	344	759	313	327	115	3	1
45 岁~49 岁	27	893	418	893	253	410	226	3	1
40 岁~44 岁	28	1 076	507	1 076	186	522	361	7	0
35 岁~39 岁	29	1 151	520	1 151	61	449	601	40	0
30 岁~34 岁	30	1 100	546	1 100	3	175	840	69	13
29 岁及以下	31	371	227	371	0	9	262	74	26

按最后学历划分			按最后学位划分		其他人员
研究生	本科生	其他	博士	硕士	
L09	L10	L11	L12	L13	L14
5 631	462	10	4 226	1 458	0
1 262	68	1	956	312	0
150	12	0	92	60	0
80	5	0	72	8	0
7	0	0	6	1	0
1	0	0	1	0	0
467	64	2	226	256	0
70	2	0	56	15	0
81	3	0	60	22	0
57	10	0	13	47	0
46	1	0	39	7	0
0	0	0	0	0	0
2 119	73	1	1 882	247	0
100	1	0	84	16	0
568	31	0	377	192	0
73	2	0	63	9	0
1	0	0	1	0	0
75	3	0	42	32	0
65	51	6	9	58	0
87	10	0	23	67	0
198	14	0	185	17	0
26	3	0	17	9	0
98	109	0	22	83	0
116	24	0	86	31	0
432	179	2	242	202	0
640	113	6	417	235	0
844	48	1	633	223	0
1 033	42	1	816	224	0
1 123	28	0	890	240	0
1 088	12	0	904	186	0
355	16	0	238	117	0

10. 教育部直属政法院校人文、社会科学活动人员情况表

		总计		按职称划分					
			女性	小计	教授	副教授	讲师	助教	初级
	编号	L01	L02	L03	L04	L05	L06	L07	L08
合计	1	1 167	603	1 167	346	443	336	41	1
管理学	2	56	23	56	18	17	19	2	0
马克思主义	3	27	13	27	5	12	10	0	0
哲学	4	40	16	40	15	18	6	1	0
逻辑学	5	0	0	0	0	0	0	0	0
宗教学	6	5	2	5	2	0	3	0	0
语言学	7	164	128	164	21	76	59	7	1
中国文学	8	22	14	22	3	7	11	1	0
外国文学	9	17	13	17	2	5	8	2	0
艺术学	10	7	5	7	3	3	1	0	0
历史学	11	22	12	22	3	11	8	0	0
考古学	12	0	0	0	0	0	0	0	0
经济学	13	77	41	77	17	24	31	5	0
政治学	14	89	40	89	32	27	25	5	0
法学	15	472	197	472	205	182	81	4	0
社会学	16	22	12	22	4	9	9	0	0
民族学与文化学	17	0	0	0	0	0	0	0	0
新闻学与传播学	18	37	19	37	7	15	13	2	0
图书馆、情报与文献学	19	55	46	55	4	10	32	9	0
教育学	20	17	13	17	1	7	8	1	0
统计学	21	0	0	0	0	0	0	0	0
心理学	22	0	0	0	0	0	0	0	0
体育学	23	38	9	38	4	20	12	2	0
60 岁及以上	24	51	14	51	51	0	0	0	0
55 岁～59 岁	25	150	72	150	81	61	7	1	0
50 岁～54 岁	26	193	105	193	86	79	25	3	0
45 岁～49 岁	27	189	91	189	68	90	31	0	0
40 岁～44 岁	28	193	106	193	48	105	37	3	0
35 岁～39 岁	29	200	111	200	11	93	86	10	0
30 岁～34 岁	30	145	79	145	1	14	121	9	0
29 岁及以下	31	46	25	46	0	1	29	15	1

按最后学历划分			按最后学位划分		其他人员
研究生	本科生	其他	博士	硕士	
L09	L10	L11	L12	L13	L14
1 025	140	2	742	293	0
50	6	0	42	10	0
24	3	0	19	7	0
34	6	0	25	9	0
0	0	0	0	0	0
5	0	0	5	0	0
149	15	0	64	86	0
21	1	0	16	5	0
17	0	0	10	7	0
5	2	0	3	2	0
22	0	0	18	4	0
0	0	0	0	0	0
70	6	1	50	20	0
85	4	0	65	21	0
441	30	1	371	71	0
22	0	0	21	1	0
0	0	0	0	0	0
34	3	0	27	7	0
21	34	0	1	21	0
13	4	0	5	10	0
0	0	0	0	0	0
0	0	0	0	0	0
12	26	0	0	12	0
46	5	0	33	13	0
101	48	1	63	39	0
155	37	1	101	55	0
172	17	0	133	41	0
180	13	0	142	42	0
185	15	0	134	53	0
142	3	0	109	33	0
44	2	0	27	17	0

11. 教育部直属艺术院校人文、社会科学活动人员情况表

		总计		按职称划分					
			女性	小计	教授	副教授	讲师	助教	初级
	编号	L01	L02	L03	L04	L05	L06	L07	L08
合计	1	1 204	561	1 202	289	332	437	83	61
管理学	2	18	9	18	0	4	9	0	5
马克思主义	3	10	5	10	2	3	4	1	0
哲学	4	2	1	2	0	0	1	0	1
逻辑学	5	0	0	0	0	0	0	0	0
宗教学	6	0	0	0	0	0	0	0	0
语言学	7	29	25	29	2	10	16	1	0
中国文学	8	4	3	4	1	3	0	0	0
外国文学	9	2	1	2	1	1	0	0	0
艺术学	10	1 078	473	1 076	279	301	368	77	51
历史学	11	0	0	0	0	0	0	0	0
考古学	12	0	0	0	0	0	0	0	0
经济学	13	3	3	3	2	0	1	0	0
政治学	14	2	1	2	0	0	1	1	0
法学	15	1	0	1	0	1	0	0	0
社会学	16	2	2	2	0	1	1	0	0
民族学与文化学	17	0	0	0	0	0	0	0	0
新闻学与传播学	18	1	0	1	0	0	1	0	0
图书馆、情报与文献学	19	32	27	32	1	3	24	1	3
教育学	20	5	4	5	1	0	3	1	0
统计学	21	0	0	0	0	0	0	0	0
心理学	22	3	2	3	0	0	2	0	1
体育学	23	12	5	12	0	5	6	1	0
60 岁及以上	24	69	11	69	63	5	1	0	0
55 岁～59 岁	25	136	44	136	78	33	25	0	0
50 岁～54 岁	26	166	65	165	84	55	24	0	2
45 岁～49 岁	27	172	66	172	40	91	41	0	0
40 岁～44 岁	28	194	89	193	19	89	77	7	1
35 岁～39 岁	29	237	140	237	5	50	142	26	14
30 岁～34 岁	30	166	100	166	0	9	103	33	21
29 岁及以下	31	64	46	64	0	0	24	17	23

按最后学历划分			按最后学位划分		其他人员
研究生	本科生	其他	博士	硕士	
L09	L10	L11	L12	L13	L14
962	217	23	279	694	2
11	4	3	0	11	0
8	2	0	2	7	0
2	0	0	1	1	0
0	0	0	0	0	0
0	0	0	0	0	0
20	9	0	0	19	0
2	2	0	0	2	0
1	1	0	0	1	0
889	171	16	271	628	2
0	0	0	0	0	0
0	0	0	0	0	0
2	1	0	1	1	0
2	0	0	1	1	0
1	0	0	0	1	0
1	1	0	1	0	0
0	0	0	0	0	0
1	0	0	0	1	0
12	16	4	0	12	0
5	0	0	2	3	0
0	0	0	0	0	0
3	0	0	0	3	0
2	10	0	0	3	0
39	29	1	16	25	0
66	58	12	17	49	0
110	51	4	36	75	1
138	33	1	55	84	0
168	24	1	58	112	1
223	13	1	60	163	0
155	9	2	29	131	0
63	0	1	8	55	0

12. 其他部委院校人文、社会科学活动人员情况表

		总计		按职称划分					
			女性	小计	教授	副教授	讲师	助教	初级
	编号	L01	L02	L03	L04	L05	L06	L07	L08
合计	1	19 060	10 107	19 029	2 794	5 772	8 873	1 273	317
管理学	2	3 134	1 520	3 124	531	931	1 407	198	57
马克思主义	3	758	374	758	124	253	306	49	26
哲学	4	376	154	376	77	97	186	14	2
逻辑学	5	10	5	10	2	3	4	1	0
宗教学	6	42	13	42	15	10	14	2	1
语言学	7	2 783	2 042	2 782	264	853	1 452	176	37
中国文学	8	774	440	769	157	218	340	47	7
外国文学	9	444	348	444	44	126	246	26	2
艺术学	10	1 325	713	1 320	138	327	687	144	24
历史学	11	394	160	394	88	131	157	17	1
考古学	12	58	20	58	16	18	21	3	0
经济学	13	1 645	874	1 643	329	534	685	77	18
政治学	14	308	106	308	56	102	132	13	5
法学	15	2 093	938	2 093	394	690	885	103	21
社会学	16	438	237	438	58	142	207	26	5
民族学与文化学	17	271	132	271	86	77	94	12	2
新闻学与传播学	18	457	260	457	59	137	231	26	4
图书馆、情报与文献学	19	946	638	942	47	265	551	30	49
教育学	20	969	486	966	97	247	494	104	24
统计学	21	105	50	105	16	37	46	3	3
心理学	22	163	100	163	14	43	87	12	7
体育学	23	1 567	497	1 566	182	531	641	190	22
60 岁及以上	24	225	48	225	215	10	0	0	0
55 岁~59 岁	25	1 728	716	1 723	755	714	233	10	11
50 岁~54 岁	26	2 559	1 291	2 555	915	1 107	505	15	13
45 岁~49 岁	27	3 130	1 576	3 125	577	1 485	1 022	29	12
40 岁~44 岁	28	3 598	2 048	3 594	256	1 402	1 825	88	23
35 岁~39 岁	29	4 421	2 522	4 417	68	932	3 056	319	42
30 岁~34 岁	30	2 550	1 397	2 542	8	114	1 860	484	76
29 岁及以下	31	849	509	848	0	8	372	328	140

按最后学历划分			按最后学位划分		其他人员
研究生	本科生	其他	博士	硕士	
L09	L10	L11	L12	L13	L14
14 487	4 360	182	6 696	8 711	31
2 498	599	27	1 433	1 233	10
658	97	3	331	358	0
339	36	1	210	133	0
8	2	0	3	6	0
39	3	0	30	9	0
2 122	656	4	561	1 704	1
645	124	0	403	261	5
368	76	0	126	257	0
899	402	19	195	777	5
348	46	0	245	108	0
55	3	0	38	17	0
1 384	250	9	890	568	2
265	39	4	161	112	0
1 657	427	9	775	986	0
395	42	1	230	174	0
227	39	5	167	59	0
384	70	3	207	195	0
401	472	69	106	359	4
729	223	14	247	545	3
91	12	2	58	36	0
136	24	3	58	82	0
839	718	9	222	732	1
170	50	5	114	53	0
886	777	60	446	452	5
1 541	957	57	800	866	4
2 264	824	37	1 174	1 330	5
2 911	669	14	1 411	1 704	4
3 637	777	3	1 591	2 338	4
2 294	245	3	974	1 365	8
784	61	3	186	603	1

13. 地方院校人文、社会科学活动人员情况表

		总计		按职称划分					
			女性	小计	教授	副教授	讲师	助教	初级
	编号	L01	L02	L03	L04	L05	L06	L07	L08
合计	1	678 508	404 164	676 621	60 195	170 106	317 912	90 881	37 527
管理学	2	102 650	58 410	102 242	10 094	24 250	47 429	13 242	7 227
马克思主义	3	29 066	16 222	29 025	3 188	8 441	12 513	3 666	1 217
哲学	4	10 061	4 717	10 045	1 425	3 076	4 332	866	346
逻辑学	5	1 012	486	1 009	98	262	502	102	45
宗教学	6	433	183	432	54	132	209	27	10
语言学	7	99 604	77 699	99 399	5 040	23 672	53 752	13 010	3 925
中国文学	8	28 806	17 372	28 754	3 666	9 226	12 262	2 590	1 010
外国文学	9	14 780	11 462	14 774	1 041	3 348	7 907	1 925	553
艺术学	10	98 525	57 159	98 249	6 243	20 253	45 675	19 455	6 623
历史学	11	11 709	5 059	11 694	1 910	3 640	4 997	807	340
考古学	12	470	187	469	82	107	218	49	13
经济学	13	71 701	43 429	71 555	8 922	18 917	31 143	8 560	4 013
政治学	14	9 790	4 777	9 765	1 165	2 967	4 138	1 087	408
法学	15	29 979	15 707	29 879	3 239	8 284	13 855	3 229	1 272
社会学	16	9 254	5 297	9 238	927	2 215	4 376	1 174	546
民族学与文化学	17	2 475	1 311	2 467	427	660	1 013	249	118
新闻学与传播学	18	11 304	7 275	11 252	879	2 316	5 148	1 953	956
图书馆、情报与文献学	19	25 847	17 897	25 668	1 289	6 122	14 294	1 880	2 083
教育学	20	59 802	35 976	59 600	5 634	14 240	27 072	8 599	4 055
统计学	21	4 896	2 637	4 882	639	1 497	2 041	464	241
心理学	22	7 775	5 342	7 758	717	1 756	3 544	1 201	540
体育学	23	48 569	15 560	48 465	3 516	14 725	21 492	6 746	1 986
60 岁及以上	24	4 265	1 157	4 258	3 166	996	64	2	30
55 岁~59 岁	25	42 777	15 733	42 647	15 526	19 568	6 844	371	338
50 岁~54 岁	26	77 946	38 313	77 767	20 928	37 226	18 045	837	731
45 岁~49 岁	27	91 337	47 372	91 132	13 020	40 862	34 119	1 981	1 150
40 岁~44 岁	28	111 833	64 358	111 664	5 718	38 116	60 956	5 169	1 705
35 岁~39 岁	29	179 623	116 559	179 343	1 693	30 293	122 089	20 046	5 222
30 岁~34 岁	30	111 247	76 591	110 852	132	2 899	64 029	32 532	11 260
29 岁及以下	31	59 480	44 081	58 958	12	146	11 766	29 943	17 091

按最后学历划分			按最后学位划分		其他人员
研究生	本科生	其他	博士	硕士	
L09	L10	L11	L12	L13	L14
391 132	275 974	9 515	85 768	361 836	1 887
63 710	36 839	1 693	16 939	55 926	408
19 425	9 465	135	3 951	18 147	41
7 882	2 120	43	3 102	5 180	16
586	415	8	148	562	3
398	33	1	257	145	1
54 689	44 140	570	6 385	57 906	205
16 901	11 601	252	6 449	12 891	52
9 987	4 737	50	1 575	9 527	6
51 736	45 435	1 078	4 895	53 873	276
8 919	2 691	84	4 424	4 929	15
418	46	5	244	184	1
44 147	26 275	1 133	14 181	36 175	146
5 937	3 752	76	1 676	4 928	25
19 962	9 718	199	6 063	16 372	100
6 918	2 231	89	2 068	5 284	16
1 918	520	29	789	1 237	8
8 111	3 035	106	1 762	6 888	52
6 888	15 956	2 824	829	7 373	179
34 471	24 581	548	5 650	35 282	202
3 106	1 683	93	1 113	2 291	14
5 550	2 171	37	1 270	4 720	17
19 473	28 530	462	1 998	22 016	104
1 876	2 218	164	966	956	7
11 852	28 701	2 094	4 703	8 894	130
26 967	48 123	2 677	10 071	24 027	179
45 032	44 121	1 979	15 567	41 624	205
67 577	42 990	1 097	18 693	62 241	169
111 719	66 844	780	21 208	109 437	280
82 491	27 928	433	12 407	73 163	395
43 618	15 049	291	2 153	41 494	522

14. 综合院校人文、社会科学活动人员情况表

		总计		按职称划分					
			女性	小计	教授	副教授	讲师	助教	初级
	编号	L01	L02	L03	L04	L05	L06	L07	L08
合计	1	223 322	128 592	222 926	24 330	58 217	100 740	26 528	13 111
管理学	2	32 340	17 625	32 254	3 715	7 681	14 378	3 787	2 693
马克思主义	3	8 458	4 543	8 449	1 143	2 518	3 535	892	361
哲学	4	4 081	1 611	4 073	874	1 256	1 576	250	117
逻辑学	5	301	115	300	52	92	117	24	15
宗教学	6	314	111	314	76	104	116	11	7
语言学	7	32 957	25 215	32 908	1 975	8 228	17 371	3 927	1 407
中国文学	8	11 254	6 379	11 243	1 779	3 525	4 610	938	391
外国文学	9	5 780	4 330	5 779	548	1 353	2 997	688	193
艺术学	10	28 474	16 488	28 445	1 690	5 681	13 323	5 535	2 216
历史学	11	5 643	2 220	5 637	1 242	1 836	2 169	263	127
考古学	12	554	188	553	166	152	200	29	6
经济学	13	25 248	14 470	25 208	3 661	6 806	10 658	2 593	1 490
政治学	14	4 033	1 766	4 025	707	1 352	1 537	307	122
法学	15	9 690	4 633	9 668	1 464	2 806	4 157	866	375
社会学	16	3 538	1 922	3 532	550	963	1 447	373	199
民族学与文化学	17	1 084	515	1 082	225	327	406	85	39
新闻学与传播学	18	4 817	2 899	4 798	574	1 137	1 999	630	458
图书馆、情报与文献学	19	8 897	6 122	8 857	618	2 470	4 599	523	647
教育学	20	17 943	10 812	17 904	1 746	4 323	7 880	2 570	1 385
统计学	21	1 201	632	1 197	175	351	509	99	63
心理学	22	2 326	1 530	2 324	255	592	987	345	145
体育学	23	14 389	4 466	14 376	1 095	4 664	6 169	1 793	655
60 岁及以上	24	2 623	582	2 622	2 245	333	23	0	21
55 岁 ~59 岁	25	16 204	5 801	16 174	6 126	7 394	2 417	107	130
50 岁 ~54 岁	26	28 783	13 659	28 741	8 181	13 469	6 549	283	259
45 岁 ~49 岁	27	31 836	16 393	31 792	4 827	13 816	12 096	628	425
40 岁 ~44 岁	28	36 193	20 557	36 161	2 162	12 106	19 687	1 572	634
35 岁 ~39 岁	29	54 112	34 345	54 062	701	9 612	36 150	5 855	1 744
30 岁 ~34 岁	30	34 932	23 480	34 846	79	1 399	20 067	9 392	3 909
29 岁及以下	31	18 639	13 775	18 528	9	88	3 751	8 691	5 989

按最后学历划分			按最后学位划分		其他人员
研究生	本科生	其他	博士	硕士	
L09	L10	L11	L12	L13	L14
133 917	86 001	3 008	43 064	108 958	396
20 646	11 075	533	7 223	16 140	86
5 691	2 724	34	1 700	4 774	9
3 405	656	12	1 975	1 564	8
196	102	2	81	144	1
296	18	0	221	79	0
18 647	14 063	198	3 523	18 385	49
7 055	4 083	105	3 404	4 526	11
4 134	1 630	15	1 078	3 448	1
14 605	13 530	310	1 667	15 170	29
4 557	1 056	24	2 915	1 818	6
504	45	4	381	128	1
16 413	8 492	303	6 907	11 507	40
2 587	1 405	33	1 294	1 572	8
6 984	2 612	72	3 221	4 430	22
2 762	739	31	1 281	1 632	6
860	213	9	448	448	2
3 631	1 129	38	1 300	2 530	19
2 695	5 208	954	685	2 490	40
10 390	7 350	164	2 227	10 166	39
722	448	27	320	493	4
1 655	659	10	539	1 245	2
5 482	8 764	130	674	6 269	13
1 732	845	45	1 152	589	1
6 072	9 474	628	3 264	3 376	30
12 247	15 597	897	6 122	8 454	42
17 126	13 972	694	7 606	13 537	44
22 714	13 125	322	8 453	18 683	32
34 362	19 492	208	9 443	30 753	50
26 222	8 511	113	5 998	21 173	86
13 442	4 985	101	1 026	12 393	111

15. 理工农医院校人文、社会科学活动人员情况表

		总计		按职称划分					
			女性	小计	教授	副教授	讲师	助教	初级
	编号	L01	L02	L03	L04	L05	L06	L07	L08
合计	1	246 200	147 583	245 674	21 006	63 032	119 982	29 594	12 060
管理学	2	46 850	25 798	46 735	5 562	12 203	21 512	5 012	2 446
马克思主义	3	13 396	7 394	13 379	1 419	3 969	5 940	1 614	437
哲学	4	4 099	2 030	4 096	553	1 263	1 810	338	132
逻辑学	5	301	142	300	27	68	161	35	9
宗教学	6	77	33	77	6	20	43	5	3
语言学	7	40 237	32 019	40 161	1 806	9 831	22 407	4 762	1 355
中国文学	8	6 616	4 397	6 607	583	2 072	3 037	642	273
外国文学	9	4 737	3 746	4 733	256	1 070	2 721	519	167
艺术学	10	25 745	14 908	25 702	1 468	5 153	12 914	4 693	1 474
历史学	11	2 468	1 167	2 465	314	738	1 125	198	90
考古学	12	72	27	72	12	21	29	9	1
经济学	13	25 424	15 317	25 389	3 212	6 941	11 299	2 601	1 336
政治学	14	3 438	1 779	3 430	364	1 037	1 514	369	146
法学	15	9 410	5 053	9 400	872	2 495	4 579	992	462
社会学	16	3 992	2 259	3 987	425	1 000	1 942	405	215
民族学与文化学	17	584	352	582	65	146	273	66	32
新闻学与传播学	18	3 113	2 005	3 107	248	656	1 527	476	200
图书馆、情报与文献学	19	12 097	8 351	12 005	611	2 760	6 902	786	946
教育学	20	20 679	12 149	20 619	1 840	4 852	9 746	2 846	1 335
统计学	21	1 635	900	1 629	199	491	705	134	100
心理学	22	2 859	2 037	2 853	187	584	1 398	467	217
体育学	23	18 371	5 720	18 346	977	5 662	8 398	2 625	684
60 岁及以上	24	1 333	323	1 331	1 071	239	18	1	2
55 岁～59 岁	25	15 153	5 768	15 117	5 458	6 947	2 479	125	108
50 岁～54 岁	26	28 237	14 547	28 182	7 263	13 733	6 659	259	268
45 岁～49 岁	27	33 776	18 110	33 720	4 473	15 557	12 712	618	360
40 岁～44 岁	28	42 135	24 514	42 084	2 050	14 241	23 526	1 734	533
35 岁～39 岁	29	67 884	44 033	67 824	627	11 147	47 460	6 833	1 757
30 岁～34 岁	30	38 256	26 194	38 148	57	1 112	22 798	10 560	3 621
29 岁及以下	31	19 426	14 094	19 268	7	56	4 330	9 464	5 411

按最后学历划分			按最后学位划分		其他人员
研究生	本科生	其他	博士	硕士	
L09	L10	L11	L12	L13	L14
143 785	98 846	3 043	32 719	130 965	526
30 925	15 279	531	10 469	24 080	115
9 342	3 984	53	2 233	8 246	17
3 266	822	8	1 256	2 176	3
151	144	5	46	155	1
73	4	0	48	24	0
22 076	17 905	180	1 987	23 756	76
3 610	2 937	60	1 130	3 099	9
3 233	1 484	16	526	3 018	4
14 555	10 991	156	1 766	14 809	43
1 920	519	26	913	1 081	3
68	3	1	39	30	0
15 207	9 835	347	5 043	12 280	35
2 129	1 279	22	525	1 836	8
6 602	2 755	43	1 988	5 226	10
3 032	918	37	1 029	2 178	5
418	159	5	129	324	2
2 243	840	24	555	1 831	6
3 766	7 075	1 164	512	3 831	92
11 532	8 919	168	1 455	12 447	60
1 003	604	22	318	789	6
2 062	777	14	354	1 867	6
6 572	11 613	161	398	7 882	25
713	586	32	393	334	2
4 717	9 679	721	1 903	3 452	36
10 160	17 076	946	3 611	9 039	55
17 175	15 908	637	5 530	15 866	56
26 170	15 595	319	7 149	23 455	51
42 114	25 498	212	8 119	41 058	60
28 235	9 805	108	5 049	24 224	108
14 501	4 699	68	965	13 537	158

16. 师范院校人文、社会科学活动人员情况表

		总计		按职称划分					
			女性	小计	教授	副教授	讲师	助教	初级
	编号	L01	L02	L03	L04	L05	L06	L07	L08
合计	1	117 792	65 912	117 357	13 459	33 051	52 475	13 803	4 569
管理学	2	8 449	4 426	8 359	875	2 016	3 892	1 083	493
马克思主义	3	4 606	2 309	4 595	694	1 470	1 808	451	172
哲学	4	2 042	835	2 040	380	672	797	132	59
逻辑学	5	161	68	161	28	59	60	9	5
宗教学	6	131	45	130	27	36	58	7	2
语言学	7	17 467	12 878	17 417	1 239	4 513	9 058	2 156	451
中国文学	8	8 622	4 614	8 603	1 482	2 923	3 461	536	201
外国文学	9	3 026	2 268	3 025	318	750	1 538	333	86
艺术学	10	20 199	11 541	20 137	1 419	4 843	9 117	3 715	1 043
历史学	11	4 592	1 773	4 586	925	1 472	1 839	270	80
考古学	12	134	48	134	20	35	65	9	5
经济学	13	6 416	3 366	6 398	1 011	1 820	2 683	683	201
政治学	14	2 316	1 017	2 308	354	792	908	192	62
法学	15	3 801	1 867	3 780	450	1 107	1 741	367	115
社会学	16	1 686	889	1 683	224	445	785	180	49
民族学与文化学	17	512	237	511	99	143	195	54	20
新闻学与传播学	18	2 209	1 353	2 201	203	512	1 010	380	96
图书馆、情报与文献学	19	4 286	2 893	4 252	267	1 153	2 330	254	248
教育学	20	15 298	8 966	15 224	2 097	4 350	6 268	1 731	778
统计学	21	457	221	457	62	136	191	51	17
心理学	22	2 343	1 415	2 337	391	677	963	210	96
体育学	23	9 039	2 883	9 019	894	3 127	3 708	1 000	290
60 岁及以上	24	685	130	685	653	28	2	0	2
55 岁~59 岁	25	8 344	2 927	8 298	3 327	3 764	1 135	47	25
50 岁~54 岁	26	15 340	7 065	15 288	4 744	7 202	3 140	124	78
45 岁~49 岁	27	17 743	8 679	17 671	2 992	8 077	6 132	316	154
40 岁~44 岁	28	21 300	11 717	21 261	1 339	7 805	11 010	905	202
35 岁~39 岁	29	29 169	18 207	29 089	379	5 526	19 089	3 422	673
30 岁~34 岁	30	17 135	11 318	17 078	23	622	10 208	4 778	1 447
29 岁及以下	31	8 076	5 869	7 987	2	27	1 759	4 211	1 988

按最后学历划分			按最后学位划分		其他人员
研究生	本科生	其他	博士	硕士	
L09	L10	L11	L12	L13	L14
73 569	42 430	1 358	21 548	59 548	435
5 633	2 568	158	1 764	4 398	90
3 176	1 405	14	944	2 642	11
1 678	356	6	880	874	2
108	53	0	35	83	0
124	5	1	88	38	1
10 114	7 202	101	1 929	9 622	50
5 536	3 011	56	2 668	3 449	19
2 114	897	14	474	1 853	1
10 593	9 368	176	1 056	10 752	62
3 612	945	29	2 080	1 683	6
122	11	1	77	47	0
4 699	1 638	61	1 886	3 150	18
1 535	757	16	537	1 129	8
2 839	919	22	978	2 102	21
1 392	280	11	549	897	3
396	109	6	182	241	1
1 663	520	18	395	1 341	8
1 191	2 563	498	225	1 133	34
10 319	4 800	105	3 198	8 280	74
323	126	8	128	214	0
1 859	471	7	839	1 123	6
4 543	4 426	50	636	4 497	20
469	203	13	323	145	0
2 631	5 380	287	1 307	1 566	46
6 019	8 872	397	2 756	4 410	52
9 608	7 736	327	4 077	7 438	72
13 741	7 347	173	4 774	10 949	39
20 175	8 819	95	5 152	17 025	80
14 307	2 725	46	2 770	11 784	57
6 619	1 348	20	389	6 231	89

17. 语言院校人文、社会科学活动人员情况表

		总计		按职称划分					
			女性	小计	教授	副教授	讲师	助教	初级
	编号	L01	L02	L03	L04	L05	L06	L07	L08
合计	1	21 513	14 348	21 439	2 296	5 293	10 167	2 712	971
管理学	2	2 333	1 446	2 327	244	568	1 054	302	159
马克思主义	3	664	429	664	39	141	317	138	29
哲学	4	219	125	219	29	68	91	21	10
逻辑学	5	24	14	24	2	5	11	5	1
宗教学	6	5	2	5	2	1	2	0	0
语言学	7	6 966	5 241	6 955	628	1 690	3 496	926	215
中国文学	8	848	556	848	149	287	351	46	15
外国文学	9	1 337	994	1 337	196	365	584	133	59
艺术学	10	2 344	1 394	2 316	191	477	1 114	387	147
历史学	11	167	87	167	24	58	68	14	3
考古学	12	4	3	4	0	1	3	0	0
经济学	13	1 560	1 028	1 556	216	388	692	175	85
政治学	14	349	158	349	66	96	139	30	18
法学	15	573	341	572	88	154	255	47	28
社会学	16	279	180	279	28	67	139	33	12
民族学与文化学	17	32	23	32	11	11	8	1	1
新闻学与传播学	18	1 036	630	1 033	185	272	449	89	38
图书馆、情报与文献学	19	460	317	456	14	90	258	42	52
教育学	20	1 453	997	1 439	129	326	709	205	70
统计学	21	104	51	104	11	39	39	11	4
心理学	22	124	87	124	12	30	58	16	8
体育学	23	632	245	629	32	159	330	91	17
60 岁及以上	24	483	166	483	356	103	21	1	2
55 岁~59 岁	25	968	418	967	450	396	110	9	2
50 岁~54 岁	26	1 928	1 036	1 928	646	896	357	14	15
45 岁~49 岁	27	2 456	1 482	2 454	490	1 132	793	23	16
40 岁~44 岁	28	3 498	2 287	3 496	293	1 357	1 720	98	28
35 岁~39 岁	29	5 786	4 098	5 769	59	1 237	3 924	428	121
30 岁~34 岁	30	4 038	2 981	3 995	2	166	2 643	894	290
29 岁及以下	31	2 356	1 880	2 347	0	6	599	1 245	497

按最后学历划分			按最后学位划分		其他人员
研究生	本科生	其他	博士	硕士	
L09	L10	L11	L12	L13	L14
15 753	5 500	186	4 973	11 754	74
1 588	700	39	485	1 229	6
496	166	2	92	445	0
180	38	1	83	104	0
12	12	0	2	14	0
5	0	0	2	3	0
5 426	1 514	15	1 486	4 121	11
681	164	3	359	344	0
1 151	185	1	434	755	0
1 468	833	15	327	1 295	28
139	28	0	64	82	0
3	1	0	1	3	0
1 191	343	22	442	794	4
321	27	1	200	126	0
468	97	7	207	283	1
237	37	5	82	154	0
28	4	0	20	11	0
853	173	7	439	465	3
149	274	33	15	160	4
906	501	32	165	908	14
80	24	0	33	50	0
95	29	0	24	74	0
276	350	3	11	334	3
252	222	9	135	110	0
499	435	33	263	258	1
1 166	720	42	581	739	0
1 810	625	19	927	1 067	2
2 789	685	22	1 153	1 880	2
4 271	1 483	15	1 118	3 531	17
3 235	743	17	685	2 567	43
1 731	587	29	111	1 602	9

18. 财经院校人文、社会科学活动人员情况表

		总计		按职称划分					
			女性	小计	教授	副教授	讲师	助教	初级
	编号	L01	L02	L03	L04	L05	L06	L07	L08
合计	1	91 246	55 503	91 031	8 973	22 831	41 804	12 809	4 614
管理学	2	21 999	12 643	21 949	2 414	5 587	9 795	2 888	1 265
马克思主义	3	3 165	1 959	3 161	291	788	1 396	506	180
哲学	4	1 146	522	1 143	126	323	549	121	24
逻辑学	5	272	146	271	19	62	148	25	17
宗教学	6	12	10	12	0	7	4	1	0
语言学	7	10 111	8 173	10 102	457	2 288	5 470	1 438	449
中国文学	8	2 357	1 593	2 351	211	715	1 054	294	77
外国文学	9	1 821	1 446	1 821	97	419	966	290	49
艺术学	10	6 111	3 874	6 084	206	922	2 968	1 554	434
历史学	11	666	304	666	73	183	326	57	27
考古学	12	7	5	7	0	2	3	2	0
经济学	13	21 296	12 491	21 254	3 235	6 202	8 486	2 453	878
政治学	14	880	441	879	72	221	393	148	45
法学	15	4 604	2 514	4 588	614	1 282	2 108	451	133
社会学	16	943	564	942	83	210	460	132	57
民族学与文化学	17	127	73	127	10	22	64	21	10
新闻学与传播学	18	1 276	868	1 276	88	262	580	248	98
图书馆、情报与文献学	19	2 489	1 730	2 478	90	486	1 435	245	222
教育学	20	5 380	3 333	5 369	333	942	2 709	1 021	364
统计学	21	1 982	993	1 979	327	682	756	161	53
心理学	22	559	435	557	21	96	270	115	55
体育学	23	4 043	1 386	4 015	206	1 130	1 864	638	177
60 岁及以上	24	1 023	317	1 023	673	330	15	0	5
55 岁 ~59 岁	25	5 751	2 291	5 746	2 204	2 613	835	51	43
50 岁 ~54 岁	26	9 586	4 854	9 573	2 870	4 508	2 014	102	79
45 岁 ~49 岁	27	11 307	5 919	11 286	1 908	4 980	4 044	227	127
40 岁 ~44 岁	28	14 590	8 383	14 561	994	5 349	7 403	593	222
35 岁 ~39 岁	29	23 646	15 513	23 627	303	4 473	15 718	2 503	630
30 岁 ~34 岁	30	16 502	11 471	16 456	20	556	9 819	4 739	1 322
29 岁及以下	31	8 841	6 755	8 759	1	22	1 956	4 594	2 186

按最后学历划分			按最后学位划分		其他人员
研究生	本科生	其他	博士	硕士	
L09	L10	L11	L12	L13	L14
58 654	30 968	1 409	17 968	48 599	215
14 636	6 900	413	5 102	11 606	50
2 244	890	27	479	2 015	4
894	233	16	339	583	3
187	84	0	54	163	1
11	1	0	7	4	0
6 207	3 828	67	713	6 502	9
1 416	921	14	427	1 240	6
1 214	600	7	177	1 205	0
3 390	2 652	42	165	3 763	27
562	100	4	244	329	0
6	1	0	0	6	0
14 844	6 043	367	6 874	9 718	42
627	246	6	208	457	1
3 426	1 135	27	1 301	2 452	16
734	197	11	274	499	1
116	11	0	39	77	0
961	300	15	249	783	0
660	1 557	261	68	766	11
3 015	2 292	62	280	3 353	11
1 497	454	28	797	783	3
403	150	4	54	382	2
1 604	2 373	38	117	1 913	28
436	548	39	232	227	0
2 142	3 319	285	950	1 430	5
4 344	4 925	304	1 971	3 234	13
6 884	4 192	210	3 111	5 212	21
10 092	4 261	208	3 802	8 071	29
15 519	7 901	207	4 239	14 228	19
12 527	3 815	114	2 982	10 124	46
6 710	2 007	42	681	6 073	82

19. 政法院校人文、社会科学活动人员情况表

		总计		按职称划分					
			女性	小计	教授	副教授	讲师	助教	初级
	编号	L01	L02	L03	L04	L05	L06	L07	L08
合计	1	17 985	9 004	17 942	2 307	5 532	7 866	1 733	504
管理学	2	2 060	1 019	2 055	189	547	976	232	111
马克思主义	3	781	395	781	104	280	328	55	14
哲学	4	372	160	372	68	131	152	17	4
逻辑学	5	38	15	38	5	14	16	2	1
宗教学	6	21	9	21	3	8	7	3	0
语言学	7	1 518	1 147	1 516	121	474	761	123	37
中国文学	8	443	282	441	55	150	177	44	15
外国文学	9	178	142	178	9	47	100	20	2
艺术学	10	210	137	210	11	40	92	56	11
历史学	11	147	71	147	24	53	66	4	0
考古学	12	1	1	1	0	0	1	0	0
经济学	13	759	453	758	93	226	334	83	22
政治学	14	435	164	435	74	111	203	37	10
法学	15	7 206	3 344	7 182	1 240	2 389	2 834	564	155
社会学	16	431	231	431	46	123	196	60	6
民族学与文化学	17	36	20	36	7	13	12	3	1
新闻学与传播学	18	304	162	303	29	81	148	36	9
图书馆、情报与文献学	19	572	402	568	22	157	312	67	10
教育学	20	922	454	922	82	247	431	119	43
统计学	21	99	49	99	6	20	53	15	5
心理学	22	207	132	207	21	48	99	31	8
体育学	23	1 245	215	1 241	98	373	568	162	40
60 岁及以上	24	92	24	92	91	1	0	0	0
55 岁～59 岁	25	1 591	565	1 585	585	705	246	26	23
50 岁～54 岁	26	2 650	1 258	2 644	809	1 217	555	37	26
45 岁～49 岁	27	2 990	1 300	2 985	528	1 345	998	80	34
40 岁～44 岁	28	3 253	1 682	3 249	245	1 267	1 573	124	40
35 岁～39 岁	29	4 084	2 260	4 079	47	912	2 655	395	70
30 岁～34 岁	30	2 346	1 308	2 335	1	72	1 545	583	134
29 岁及以下	31	979	607	973	1	13	294	488	177

按最后学历划分			按最后学位划分		其他人员
研究生	本科生	其他	博士	硕士	
L09	L10	L11	L12	L13	L14
10 834	6 916	192	3 854	8 442	43
1 163	845	47	358	1 012	5
493	288	0	176	376	0
303	69	0	140	171	0
25	13	0	6	21	0
17	4	0	14	3	0
928	586	2	165	909	2
254	184	3	94	194	2
108	70	0	15	108	0
129	81	0	17	125	0
114	33	0	65	54	0
1	0	0	0	1	0
556	188	14	297	296	1
373	61	1	220	162	0
4 542	2 606	34	1 877	3 329	24
325	103	3	139	204	0
28	8	0	14	15	0
241	60	2	120	130	1
184	327	57	21	167	4
510	405	7	68	553	0
52	41	6	9	44	0
132	74	1	29	114	0
356	870	15	10	454	4
71	21	0	46	27	0
456	1 059	70	161	339	6
1 049	1 542	53	394	863	6
1 503	1 446	36	632	1 348	5
2 122	1 108	19	838	1 668	4
2 970	1 100	9	1 041	2 228	5
1 945	387	3	619	1 368	11
718	253	2	123	601	6

20. 艺术院校人文、社会科学活动人员情况表

	编号	总计		按职称划分					
			女性	小计	教授	副教授	讲师	助教	初级
		L01	L02	L03	L04	L05	L06	L07	L08
合计	1	27 508	15 692	27 283	2 733	6 172	11 724	4 844	1 810
管理学	2	1 255	755	1 168	87	178	519	241	143
马克思主义	3	602	386	600	60	161	257	85	37
哲学	4	128	77	128	14	34	61	15	4
逻辑学	5	19	12	19	0	3	12	4	0
宗教学	6	5	2	5	1	1	3	0	0
语言学	7	1 105	914	1 097	47	264	569	146	71
中国文学	8	616	417	614	58	154	270	98	34
外国文学	9	118	104	118	6	23	64	20	5
艺术学	10	20 243	10 934	20 153	2 264	4 729	8 341	3 610	1 209
历史学	11	140	83	140	10	40	61	22	7
考古学	12	18	10	18	4	3	8	2	1
经济学	13	296	190	289	32	35	131	47	44
政治学	14	129	75	128	9	26	52	30	11
法学	15	178	99	174	8	34	73	42	17
社会学	16	65	28	64	3	12	29	15	5
民族学与文化学	17	40	27	40	11	5	18	4	2
新闻学与传播学	18	445	302	433	21	67	174	115	56
图书馆、情报与文献学	19	523	373	518	23	93	310	36	56
教育学	20	911	605	910	50	178	432	187	63
统计学	21	39	25	38	1	3	23	8	3
心理学	22	94	79	93	2	10	49	24	8
体育学	23	539	195	536	22	119	268	93	34
60 岁及以上	24	435	98	430	361	58	10	1	0
55 岁～59 岁	25	2 051	673	2 037	879	786	333	22	17
50 岁～54 岁	26	2 151	932	2 135	649	939	475	46	26
45 岁～49 岁	27	2 992	1 439	2 978	458	1 316	1 031	120	53
40 岁～44 岁	28	4 185	2 383	4 163	225	1 498	2 036	324	80
35 岁～39 岁	29	7 675	4 853	7 628	122	1 407	4 688	1 107	304
30 岁～34 岁	30	5 291	3 443	5 251	39	156	2 653	1 863	540
29 岁及以下	31	2 728	1 871	2 661	0	12	498	1 361	790

按最后学历划分			按最后学位划分		其他人员
研究生	本科生	其他	博士	硕士	
L09	L10	L11	L12	L13	L14
14 897	11 848	538	1 898	14 258	225
552	583	33	36	589	87
409	183	8	51	385	2
106	22	0	21	80	0
13	6	0	0	13	0
3	2	0	1	2	0
558	532	7	22	597	8
340	269	5	70	312	2
80	38	0	2	82	0
11 218	8 526	409	1 607	10 510	90
92	46	2	14	83	0
16	2	0	6	10	0
122	155	12	6	125	7
81	46	1	6	75	1
76	96	2	1	87	4
26	36	2	3	28	1
35	3	2	7	28	0
254	174	5	16	251	12
149	330	39	8	149	5
466	436	8	19	518	1
26	12	0	0	22	1
68	25	0	1	66	1
207	326	3	1	246	3
152	234	44	77	77	5
444	1 430	163	106	362	14
700	1 323	112	172	595	16
1 387	1 520	71	315	1 238	14
2 363	1 756	44	397	2 241	22
4 660	2 927	41	508	4 670	47
3 507	1 712	32	262	3 436	40
1 684	946	31	61	1 639	67

21. 民族院校人文、社会科学活动人员情况表

		总计		按职称划分					
			女性	小计	教授	副教授	讲师	助教	初级
	编号	L01	L02	L03	L04	L05	L06	L07	L08
合计	1	10 785	6 173	10 742	1 517	3 221	4 593	1 009	402
管理学	2	1 075	625	1 071	137	301	480	106	47
马克思主义	3	339	177	338	60	116	117	32	13
哲学	4	191	71	190	45	47	78	16	4
逻辑学	5	28	10	28	5	8	13	2	0
宗教学	6	77	27	77	19	17	36	4	1
语言学	7	1 621	1 184	1 620	163	502	787	134	34
中国文学	8	856	484	848	159	307	314	57	11
外国文学	9	233	165	233	27	68	106	24	8
艺术学	10	1 479	869	1 475	115	366	650	250	94
历史学	11	335	147	335	78	112	118	16	11
考古学	12	40	18	40	8	6	22	4	0
经济学	13	861	496	858	153	252	349	76	28
政治学	14	160	53	160	36	53	53	9	9
法学	15	721	355	718	121	229	289	56	23
社会学	16	272	146	272	37	93	112	20	10
民族学与文化学	17	541	274	538	151	149	192	31	15
新闻学与传播学	18	301	198	300	33	94	132	30	11
图书馆、情报与文献学	19	435	302	429	20	138	239	21	11
教育学	20	522	299	515	61	139	219	62	34
统计学	21	44	29	44	3	17	22	1	1
心理学	22	91	63	91	6	16	50	9	10
体育学	23	563	181	562	80	191	215	49	27
60 岁及以上	24	96	15	96	96	0	0	0	0
55 岁～59 岁	25	842	347	838	380	316	131	7	4
50 岁～54 岁	26	1 442	679	1 437	557	582	277	10	11
45 岁～49 岁	27	1 662	850	1 651	308	833	473	23	14
40 岁～44 岁	28	1 870	1 110	1 867	133	824	843	54	13
35 岁～39 岁	29	2 565	1 622	2 558	41	600	1 724	166	27
30 岁～34 岁	30	1 599	999	1 588	2	64	997	422	103
29 岁及以下	31	709	551	707	0	2	148	327	230

按最后学历划分			按最后学位划分		其他人员
研究生	本科生	其他	博士	硕士	
L09	L10	L11	L12	L13	L14
7 115	3 381	246	2 642	4 903	43
772	264	35	292	522	4
229	107	2	92	160	1
153	35	2	74	80	1
18	9	1	5	15	0
72	5	0	49	23	0
1 026	574	20	273	836	1
581	253	14	292	309	8
181	52	0	42	144	0
761	683	31	86	750	4
270	65	0	156	118	0
39	1	0	20	19	0
598	242	18	307	325	3
110	48	2	60	49	0
543	167	8	224	364	3
232	40	0	131	106	0
462	64	12	277	189	3
235	60	5	75	169	1
127	234	68	28	124	6
360	137	18	104	277	7
31	11	2	17	16	0
61	27	3	16	51	0
254	303	5	22	257	1
42	49	5	21	19	0
285	496	57	136	155	4
626	728	83	338	338	5
1 012	577	62	514	605	11
1 352	493	22	633	824	3
1 966	586	6	640	1 472	7
1 349	231	8	322	1 041	11
483	221	3	38	449	2

22. 体育院校人文、社会科学活动人员情况表

		总计		按职称划分					
			女性	小计	教授	副教授	讲师	助教	初级
	编号	L01	L02	L03	L04	L05	L06	L07	L08
合计	1	7 884	3 854	7 861	905	2 094	3 453	1 091	318
管理学	2	387	203	386	33	81	184	54	34
马克思主义	3	244	135	244	21	78	108	27	10
哲学	4	62	33	62	15	19	23	5	0
逻辑学	5	0	0	0	0	0	0	0	0
宗教学	6	0	0	0	0	0	0	0	0
语言学	7	402	313	401	20	98	246	27	10
中国文学	8	102	69	102	9	23	51	14	5
外国文学	9	57	46	57	0	8	35	11	3
艺术学	10	381	257	380	13	48	127	92	100
历史学	11	23	15	23	1	2	14	5	1
考古学	12	0	0	0	0	0	0	0	0
经济学	13	148	107	148	24	18	70	21	15
政治学	14	29	19	29	2	10	14	2	1
法学	15	60	35	60	8	12	32	6	2
社会学	16	33	19	33	5	9	12	7	0
民族学与文化学	17	4	1	4	0	2	1	1	0
新闻学与传播学	18	172	107	170	13	60	65	25	7
图书馆、情报与文献学	19	221	160	220	13	42	141	16	8
教育学	20	423	232	422	24	89	237	53	19
统计学	21	61	35	61	7	21	27	5	1
心理学	22	70	48	70	13	26	24	4	3
体育学	23	5 005	2 020	4 989	684	1 448	2 042	716	99
60 岁及以上	24	46	11	46	40	6	0	0	0
55 岁～59 岁	25	741	250	741	298	318	112	6	7
50 岁～54 岁	26	881	372	880	263	391	215	5	6
45 岁～49 岁	27	1 126	508	1 125	210	516	376	15	8
40 岁～44 岁	28	1 217	604	1 215	78	443	639	42	13
35 岁～39 岁	29	1 981	1 030	1 974	15	382	1 271	246	60
30 岁～34 岁	30	1 288	716	1 279	1	38	721	410	109
29 岁及以下	31	604	363	601	0	0	119	367	115

按最后学历划分			按最后学位划分		其他人员
研究生	本科生	其他	博士	硕士	
L09	L10	L11	L12	L13	L14
4 495	3 240	126	1 109	3 951	23
235	151	0	63	193	1
191	53	0	35	165	0
44	18	0	14	32	0
0	0	0	0	0	0
0	0	0	0	0	0
235	166	0	33	252	1
64	38	0	18	57	0
38	19	0	7	31	0
193	186	1	11	206	1
15	8	0	6	12	0
0	0	0	0	0	0
55	83	10	15	44	0
19	10	0	5	16	0
44	15	1	9	37	0
28	4	1	10	21	0
2	2	0	0	3	0
150	20	0	44	111	2
63	132	25	2	72	1
219	197	6	31	214	1
24	35	2	2	29	0
57	12	1	32	29	0
2 819	2 091	79	772	2 427	16
26	20	0	15	10	0
212	475	54	93	160	0
331	518	31	133	279	1
606	499	20	268	437	1
747	460	8	207	664	2
1 270	696	8	262	1 177	7
871	404	4	110	811	9
432	168	1	21	413	3

23. 全国高等学校人文、社会科学研究与发展人员情况表

			合计	其中				
				女性	研究人员	教授	副教授	讲师
		编号	L01	L02	L03	L04	L05	L06
合计	全时人数	1	3 795	1 359	3 688	1 521	1 196	938
	非全时人数	2	535 228	279 740	446 253	79 633	141 990	207 731
	非全时折合全时人数	3	110 386.1	56 819.5	95 248.8	18 685.7	31 386.7	42 394
管理学	全时人数	4	742	273	727	273	247	197
	非全时人数	5	97 476	49 010	79 372	15 066	25 024	35 026
	非全时折合全时人数	6	20 960.1	10 384.2	17 899.3	3 764.5	5 919	7 504.2
马克思主义	全时人数	7	223	78	220	89	59	70
	非全时人数	8	26 982	13 318	22 866	4 218	7 388	10 614
	非全时折合全时人数	9	5 543.5	2 717.6	4 846.1	999	1 611	2 121
哲学	全时人数	10	66	16	66	34	15	17
	非全时人数	11	8 150	3 308	7 169	1 785	2 274	2 729
	非全时折合全时人数	12	1 571.3	612.2	1 417	381.6	459.7	515.4
逻辑学	全时人数	13	1	0	0	0	0	0
	非全时人数	14	418	176	360	66	119	164
	非全时折合全时人数	15	74	32.8	65.4	12.5	21.1	30.5
宗教学	全时人数	16	6	4	6	2	2	2
	非全时人数	17	1 710	626	1 533	440	481	528
	非全时折合全时人数	18	292.6	105.7	266.2	77.3	88.3	89
语言学	全时人数	19	196	104	193	77	62	53
	非全时人数	20	33 296	22 708	29 072	4 093	9 162	15 256
	非全时折合全时人数	21	6 928.6	4 704.1	6 181.3	967.6	2 028	3 099.1
中国文学	全时人数	22	106	27	106	62	18	24
	非全时人数	23	17 805	9 278	15 662	3 526	5 250	6 413
	非全时折合全时人数	24	3 623	1 817.3	3 268.7	807.7	1 111.8	1 269.5
外国文学	全时人数	25	30	19	26	7	10	8
	非全时人数	26	8 765	5 933	7 776	1 178	2 406	3 963
	非全时折合全时人数	27	1 642.9	1 115.2	1 470.7	239.7	465.6	733.1
艺术学	全时人数	28	260	112	226	50	93	83
	非全时人数	29	43 581	23 501	35 181	4 818	10 878	18 877
	非全时折合全时人数	30	9 944	5 289.9	8 323	1 222.5	2 686.7	4 308.8
历史学	全时人数	31	136	30	135	64	34	37
	非全时人数	32	12 677	4 941	10 961	2 797	3 473	4 170
	非全时折合全时人数	33	2 662.1	977.3	2 371.3	657.8	765.4	858.5

按职称划分				按学历学位划分			
助教	初级	其他人员	研究生(学生)	博士毕业	硕士毕业	本科毕业	其他学历
L07	L08	L09	L10	L11	L12	L13	L14
91	28	8	13	2 303	1 039	350	103
35 141	12 358	5 131	53 244	138 810	258 967	128 701	8 750
6 599.2	2 181.2	712.4	8 426.9	32 798.9	52 637	23 589.6	1 360.6
14	4	2	5	494	174	47	27
5 303	2 186	856	14 015	29 015	43 606	23 380	1 475
1 020.3	389.2	128.7	2 234.2	7 358.6	9 144.6	4 220.6	236.3
4	1	0	0	119	54	46	4
1 760	577	235	2 190	7 552	13 505	5 468	457
316.5	94.3	34.2	367.5	1 770.9	2 724.3	983.4	64.9
0	0	0	0	43	16	4	3
278	108	90	886	3 842	2 808	1 317	183
48.3	19.2	12	135.1	832.3	496.9	216.3	25.8
1	0	0	0	0	1	0	0
34	6	8	21	135	200	75	8
5.6	0.7	0.9	2.7	25.8	36.1	11	1.1
0	0	0	0	4	2	0	0
75	25	39	122	844	582	254	30
12.4	4.4	4.3	16.9	150.7	96.7	41.4	3.8
4	0	0	0	103	71	17	5
2 200	500	157	1 928	7 369	18 178	7 404	345
414.2	86.6	20.9	312.2	1 693.2	3 771	1 410.6	53.8
0	1	0	1	70	30	4	2
813	262	181	1 360	6 880	7 181	3 463	281
149.9	45.5	21.8	216.8	1 567.9	1 378.4	636.3	40.4
2	2	1	0	13	12	3	2
537	177	45	459	2 422	4 680	1 555	108
92.8	26	5.6	80.1	477.8	871.5	278.6	15
29	4	0	1	70	140	47	3
4 336	1 249	375	3 048	5 372	24 502	13 098	609
910.9	255.4	55.8	503.9	1 312.2	5 698.3	2 822.1	111.4
0	0	0	1	101	21	12	2
450	158	114	1 515	5 677	4 236	2 478	286
83.1	26.2	16.2	254.9	1 330.7	836.7	452.5	42.2

			合计	其中				
				女性	研究人员	教授	副教授	讲师
		编号	L01	L02	L03	L04	L05	L06
考古学	全时人数	34	20	2	20	10	5	5
	非全时人数	35	2 200	695	1 588	441	391	541
	非全时折合全时人数	36	392.2	126.5	309.7	85	84.7	113.3
经济学	全时人数	37	584	199	572	247	195	125
	非全时人数	38	62 463	31 492	51 356	10 332	16 415	21 394
	非全时折合全时人数	39	13 470.7	6 617.1	11 632.6	2 628.8	3 877.6	4 605
政治学	全时人数	40	98	23	96	41	33	22
	非全时人数	41	13 625	5 917	11 712	2 663	3 805	4 720
	非全时折合全时人数	42	2 469.6	1 045.6	2 158.6	521.2	702.9	839.2
法学	全时人数	43	402	123	400	208	122	66
	非全时人数	44	24 643	10 792	20 563	4 475	6 921	7 802
	非全时折合全时人数	45	5 425	2 353.1	4 785.4	1 159.8	1 663.4	1 739.5
社会学	全时人数	46	190	72	190	58	78	51
	非全时人数	47	31 282	16 307	26 205	4 587	8 372	12 307
	非全时折合全时人数	48	5 815.5	3 013.6	4 972.1	937	1 608.6	2 263.2
民族学与文化学	全时人数	49	44	11	42	16	13	12
	非全时人数	50	11 865	6 280	10 258	2 052	3 318	4 641
	非全时折合全时人数	51	2 099.9	1 093.8	1 834.8	389.6	602	805.7
新闻学与传播学	全时人数	52	120	44	118	41	44	31
	非全时人数	53	11 849	6 378	9 904	1 807	3 131	4 615
	非全时折合全时人数	54	2 429.4	1 325	2 087.6	398.2	689	940.7
图书馆、情报与文献学	全时人数	55	57	26	54	22	15	17
	非全时人数	56	9 218	5 493	7 789	1 219	2 329	3 929
	非全时折合全时人数	57	1 758.8	1 057	1 529.7	254.1	489.3	735.2
教育学	全时人数	58	349	142	333	148	100	84
	非全时人数	59	87 517	50 729	72 735	10 170	22 718	38 645
	非全时折合全时人数	60	17 025.4	9 820.6	14 489.8	2 208.9	4 665.1	7 427.6
统计学	全时人数	61	17	6	17	8	5	3
	非全时人数	62	4 359	2 033	3 587	726	1 116	1 512
	非全时折合全时人数	63	803.1	370.2	689.2	148.8	220.9	282.3
心理学	全时人数	64	29	14	27	9	10	8
	非全时人数	65	6 495	3 982	5 257	799	1 529	2 721
	非全时折合全时人数	66	1 228.8	743.8	1 036.6	174.4	304.3	524.9
体育学	全时人数	67	119	34	114	55	36	23
	非全时人数	68	18 852	6 843	15 347	2 375	5 490	7 164
	非全时折合全时人数	69	4 225.6	1 496.9	3 613.7	649.7	1 322.3	1 588.3

续表

按职称划分				按学历学位划分			
助教	初级	其他人员	研究生(学生)	博士毕业	硕士毕业	本科毕业	其他学历
L07	L08	L09	L10	L11	L12	L13	L14
0 47 9.5	0 14 2	0 20 2.7	0 746 95	14 844 188.4	4 635 104.1	2 687 94.7	0 34 5
12 3 183 613.2	2 1 194 220.6	2 591 86.9	1 9 354 1 438.6	417 20 186 5 218.7	111 27 264 5 629.3	35 13 604 2 402.4	21 1 409 220.3
1 713 114.4	1 287 42.7	0 146 17.9	0 1 291 231.3	55 4 920 967.2	27 5 828 1 023.9	13 2 656 447.4	3 221 31.1
1 956 170.7	3 303 53.6	1 402 50.9	1 3 784 587.1	311 9 053 2 332.2	66 9 926 2 092.2	17 5 228 934	8 436 66.6
0 2 004 350.7	1 722 117.6	0 321 44.3	2 2 969 494.1	123 8 516 1 761.8	36 15 265 2 776.5	28 7 043 1 206.8	3 458 70.4
1 812 141.8	0 263 43	1 211 27.9	1 568 89.9	27 3 113 606.6	13 5 834 1 003.9	1 2 727 460	3 191 29.4
2 830 163.2	2 261 47.2	0 107 13.4	0 1 098 177.7	76 3 631 815.7	28 5 645 1 152.9	15 2 381 429.5	1 192 31.3
2 497 84.8	1 340 56.5	0 125 17.9	0 779 121	29 1 816 372.4	25 4 012 769.2	3 3 107 572	0 283 45.2
10 8 059 1 467.7	6 3 056 527	1 862 116.7	0 4 007 612.4	157 12 145 2 676.3	145 50 572 9 914.9	35 23 487 4 238.8	12 1 313 195.4
1 187 33.6	0 66 12.3	0 33 5.8	0 719 99.4	10 1 554 331.6	7 1 688 297.5	0 995 152.4	0 122 21.6
2 538 90.3	0 225 35.3	0 52 7.4	0 631 92.2	19 1 419 333.4	6 3 438 632.4	2 1 540 247.5	2 98 15.5
5 1 529 305.3	0 379 75.9	0 161 20.2	0 1 754 263.9	48 2 505 674.5	50 9 382 2 185.7	19 6 754 1 331.3	2 211 34.1

24. 本科学校人文、社会科学研究与发展人员情况表

			合计	其中				
				女性	研究人员	教授	副教授	讲师
		编号	L01	L02	L03	L04	L05	L06
合计	全时人数	1	3 699	1 309	3 599	1 509	1 160	897
	非全时人数	2	457 702	231 724	381 632	73 153	121 151	170 556
	非全时折合全时人数	3	96 098.4	47 994	83 132.5	17 426.5	27 398.1	35 547.4
管理学	全时人数	4	726	266	711	272	241	188
	非全时人数	5	85 423	41 784	69 217	13 924	21 782	29 284
	非全时折合全时人数	6	18 747.7	9 070.2	16 006.9	3 550.7	5 293.1	6 456.6
马克思主义	全时人数	7	218	75	215	88	57	68
	非全时人数	8	23 624	11 255	20 059	3 950	6 417	9 051
	非全时折合全时人数	9	4 909.2	2 326.1	4 307.6	947.8	1 420.7	1 824.5
哲学	全时人数	10	66	16	66	34	15	17
	非全时人数	11	7 758	3 100	6 838	1 745	2 155	2 557
	非全时折合全时人数	12	1 505.7	577.6	1 360.1	373.5	439.5	486.8
逻辑学	全时人数	13	1	0	0	0	0	0
	非全时人数	14	363	149	316	64	104	137
	非全时折合全时人数	15	63	27.4	56.3	11.9	18.5	24.6
宗教学	全时人数	16	6	4	6	2	2	2
	非全时人数	17	1 669	605	1 494	437	464	509
	非全时折合全时人数	18	286.5	102.7	260.3	77	85.2	86.5
语言学	全时人数	19	195	103	192	77	62	52
	非全时人数	20	30 019	20 129	26 232	3 927	8 278	13 469
	非全时折合全时人数	21	6 341.2	4 245	5 667.4	937.7	1 863.2	2 780.2
中国文学	全时人数	22	106	27	106	62	18	24
	非全时人数	23	16 632	8 505	14 626	3 416	4 856	5 885
	非全时折合全时人数	24	3 417.4	1 680.2	3 084.8	788.1	1 042.2	1 175.3
外国文学	全时人数	25	30	19	26	7	10	8
	非全时人数	26	8 389	5 644	7 452	1 159	2 294	3 770
	非全时折合全时人数	27	1 583.6	1 069.9	1 418	236.3	448.5	700.9
艺术学	全时人数	28	249	107	215	49	89	77
	非全时人数	29	38 686	20 512	31 338	4 518	9 754	16 463
	非全时折合全时人数	30	8 988.9	4 700.3	7 552.8	1 162.2	2 453.6	3 832.7
历史学	全时人数	31	134	30	133	64	32	37
	非全时人数	32	12 319	4 747	10 664	2 766	3 361	4 020
	非全时折合全时人数	33	2 600.2	944.7	2 319.2	652.1	744	834.1

按职称划分				按学历学位划分			
助教	初级	其他人员	研究生(学生)	博士毕业	硕士毕业	本科毕业	其他学历
L07	L08	L09	L10	L11	L12	L13	L14
89	24	7	13	2 298	972	328	101
26 717	8 406	4 501	53 218	135 880	209 849	103 822	8 151
5 160.6	1 519.3	623	8 423.5	32 211.5	43 362.3	19 249.2	1 275.4
14	4	2	5	492	162	45	27
4 119	1 553	755	14 006	28 394	35 811	19 825	1 393
822.9	276.1	115.2	2 233.1	7 231	7 667.8	3 622.5	226.4
4	1	0	0	119	51	44	4
1 385	426	206	2 189	7 396	11 242	4 543	443
249.8	69.8	29.4	367.2	1 734.8	2 285.3	826.1	63
0	0	0	0	43	16	4	3
244	84	87	886	3 801	2 560	1 220	177
44	15.4	11.4	135.1	824.8	455.6	200.3	25
1	0	0	0	0	1	0	0
25	4	8	21	132	158	66	7
4	0.4	0.9	2.7	24.6	27.9	9.5	1
0	0	0	0	4	2	0	0
73	25	39	122	840	558	241	30
12.2	4.4	4.3	16.9	149.8	93.8	39.1	3.8
4	0	0	0	103	70	17	5
1 892	379	146	1 928	7 280	16 096	6 326	317
362.7	65.9	19.3	312.2	1 674.1	3 392.4	1 225.2	49.5
0	1	0	1	70	30	4	2
709	228	178	1 360	6 793	6 488	3 078	273
132.8	40.7	21.5	216.8	1 550.6	1 259.7	568.5	38.6
2	2	1	0	13	12	3	2
499	163	45	459	2 412	4 422	1 450	105
88	24.2	5.6	80.1	476.5	829.6	262.8	14.7
29	4	0	1	70	134	42	3
3 612	952	339	3 048	5 287	21 672	11 181	546
780.9	204.5	51.1	503.9	1 293.4	5 131.1	2 463.4	101
0	0	0	1	101	20	11	2
413	131	113	1 515	5 644	4 015	2 377	283
77.2	22.1	15.8	254.9	1 324.7	798	435.7	41.8

		编号	合计	其中 女性	其中 研究人员	教授	副教授	讲师
			L01	L02	L03	L04	L05	L06
考古学	全时人数	34	20	2	20	10	5	5
	非全时人数	35	2 165	682	1 561	438	383	525
	非全时折合全时人数	36	387.4	124.8	305.8	84.7	83.3	111.1
经济学	全时人数	37	574	192	563	246	192	120
	非全时人数	38	55 322	26 987	45 253	9 659	14 409	17 984
	非全时折合全时人数	39	12 173.4	5 805	10 505.5	2 501.3	3 497.7	3 988.2
政治学	全时人数	40	98	23	96	41	33	22
	非全时人数	41	12 179	5 057	10 510	2 529	3 410	4 048
	非全时折合全时人数	42	2 247.9	914	1 971	499.6	640.1	736.1
法学	全时人数	43	395	120	393	208	118	63
	非全时人数	44	23 388	10 046	19 487	4 325	6 549	7 250
	非全时折合全时人数	45	5 185.1	2 214.2	4 576.8	1 131.4	1 587.4	1 635.5
社会学	全时人数	46	186	70	186	56	77	50
	非全时人数	47	26 838	13 614	22 513	4 184	7 201	10 193
	非全时折合全时人数	48	5 099.8	2 578.3	4 370.2	870.3	1 414	1 923
民族学与文化学	全时人数	49	44	11	42	16	13	12
	非全时人数	50	10 509	5 446	9 107	1 921	2 922	4 021
	非全时折合全时人数	51	1 891.5	966.7	1 655.8	369	540.2	710.2
新闻学与传播学	全时人数	52	120	44	118	41	44	31
	非全时人数	53	11 158	5 935	9 343	1 764	2 962	4 267
	非全时折合全时人数	54	2 314.3	1 249.6	1 991.7	391.2	660.8	880.1
图书馆、情报与文献学	全时人数	55	57	26	54	22	15	17
	非全时人数	56	8 335	4 887	7 062	1 167	2 128	3 458
	非全时折合全时人数	57	1 613.1	956	1 407	246.6	453	656.8
教育学	全时人数	58	311	121	301	142	86	72
	非全时人数	59	56 831	31 630	47 309	7 578	14 510	24 063
	非全时折合全时人数	60	11 115.8	6 153.3	9 495.5	1 659.8	3 024	4 630.9
统计学	全时人数	61	16	5	16	8	5	2
	非全时人数	62	4 048	1 869	3 314	698	1 027	1 357
	非全时折合全时人数	63	753.4	343.5	645.5	143.8	208.4	256.9
心理学	全时人数	64	29	14	27	9	10	8
	非全时人数	65	5 178	3 028	4 232	729	1 257	2 040
	非全时折合全时人数	66	1 008.2	580.4	864.4	162.7	262.3	406.8
体育学	全时人数	67	118	34	113	55	36	22
	非全时人数	68	16 869	6 113	13 705	2 255	4 928	6 205
	非全时折合全时人数	69	3 865.1	1 364.1	3 309.9	628.8	1 218.4	1 409.6

续表

按职称划分				按学历学位划分			
助教	初级	其他人员	研究生(学生)	博士毕业	硕士毕业	本科毕业	其他学历
L07	L08	L09	L10	L11	L12	L13	L14
0	0	0	0	14	4	2	0
43	10	20	746	844	610	678	33
9	1.6	2.7	95	188.4	100.4	93.7	4.9
12	2	1	1	416	104	33	21
2 508	848	561	9 353	19 837	22 505	11 604	1 376
504.9	160.3	82.5	1 438.5	5 145	4 744	2 068.8	215.6
1	1	0	0	55	27	13	3
565	194	142	1 291	4 871	4 893	2 206	209
93.5	29.8	17.5	231.3	959	877.8	381.6	29.5
1	3	1	1	311	61	16	7
838	257	385	3 784	8 977	9 114	4 871	426
149.4	45.9	48.4	587.1	2 318.5	1 929.2	872.3	65.1
0	1	0	2	122	34	27	3
1 521	496	275	2 968	8 319	12 405	5 719	395
277.6	83.5	37.4	494	1 728.3	2 310.3	999.9	61.3
1	0	1	1	27	13	1	3
677	201	199	568	3 060	4 989	2 280	180
121.8	34.1	26.3	89.9	597.2	872.9	393.6	27.8
2	2	0	0	76	28	15	1
736	229	102	1 098	3 604	5 161	2 204	189
148.7	43.4	12.4	177.7	810.6	1 072.4	400.5	30.8
2	1	0	0	29	25	3	0
435	250	118	779	1 798	3 551	2 719	267
74.9	43.9	16.9	121	369.1	695	506.4	42.6
8	2	1	0	156	117	27	11
4 644	1 480	558	3 998	11 172	31 268	13 302	1 089
856.2	258.5	75.1	611.3	2 483.9	6 089.5	2 378.1	164.3
1	0	0	0	10	6	0	0
166	50	31	719	1 532	1 486	910	120
29.8	9.6	5.5	99.4	326.5	265.7	139.8	21.4
2	0	0	0	19	6	2	2
347	135	43	627	1 411	2 561	1 113	93
59.1	20.2	5.3	91.8	332.2	482	179.1	14.9
5	0	0	0	48	49	19	2
1 266	311	151	1 753	2 476	8 284	5 909	200
261.2	65	18.5	263.6	668.5	1 981.9	1 182.3	32.4

25. 专科学校人文、社会科学研究与发展人员情况表

			合计	其中				
				女性	研究人员	教授	副教授	讲师
		编号	L01	L02	L03	L04	L05	L06
合计	全时人数	1	96	12	36	41	2	4
	非全时人数	2	77 526	6 480	20 839	37 175	8 424	3 952
	非全时折合全时人数	3	14 287.7	1 259.2	3 988.6	6 846.6	1 438.6	661.9
管理学	全时人数	4	16	1	6	9	0	0
	非全时人数	5	12 053	1 142	3 242	5 742	1 184	633
	非全时折合全时人数	6	2 212.4	213.8	625.9	1 047.6	197.4	113.1
马克思主义	全时人数	7	5	1	2	2	0	0
	非全时人数	8	3 358	268	971	1 563	375	151
	非全时折合全时人数	9	634.3	51.2	190.3	296.5	66.7	24.5
哲学	全时人数	10	0	0	0	0	0	0
	非全时人数	11	392	40	119	172	34	24
	非全时折合全时人数	12	65.6	8.1	20.2	28.6	4.3	3.8
逻辑学	全时人数	13	0	0	0	0	0	0
	非全时人数	14	55	2	15	27	9	2
	非全时折合全时人数	15	11	0.6	2.6	5.9	1.6	0.3
宗教学	全时人数	16	0	0	0	0	0	0
	非全时人数	17	41	3	17	19	2	0
	非全时折合全时人数	18	6.1	0.3	3.1	2.5	0.2	0
语言学	全时人数	19	1	0	0	1	0	0
	非全时人数	20	3 277	166	884	1 787	308	121
	非全时折合全时人数	21	587.4	29.9	164.8	318.9	51.5	20.7
中国文学	全时人数	22	0	0	0	0	0	0
	非全时人数	23	1 173	110	394	528	104	34
	非全时折合全时人数	24	205.6	19.6	69.6	94.2	17.1	4.8
外国文学	全时人数	25	0	0	0	0	0	0
	非全时人数	26	376	19	112	193	38	14
	非全时折合全时人数	27	59.3	3.4	17.1	32.2	4.8	1.8
艺术学	全时人数	28	11	1	4	6	0	0
	非全时人数	29	4 895	300	1 124	2 414	724	297
	非全时折合全时人数	30	955.1	60.3	233.1	476.1	130	50.9
历史学	全时人数	31	2	0	2	0	0	0
	非全时人数	32	358	31	112	150	37	27
	非全时折合全时人数	33	61.9	5.7	21.4	24.4	5.9	4.1

按职称划分				按学历学位划分			
助教	初级	其他人员	研究生(学生)	博士毕业	硕士毕业	本科毕业	其他学历
L07	L08	L09	L10	L11	L12	L13	L14
1	0	50	89	5	67	22	2
630	26	48 016	64 621	2 930	49 118	24 879	599
89.4	3.4	8 825.5	12 116.3	587.4	9 274.7	4 340.4	85.2
0	0	7	16	2	12	2	0
101	9	7 226	10 155	621	7 795	3 555	82
13.5	1.1	1 314	1 892.4	127.6	1 476.8	598.1	9.9
0	0	3	5	0	3	2	0
29	1	2 063	2 807	156	2 263	925	14
4.8	0.3	391.5	538.5	36.1	439	157.3	1.9
0	0	0	0	0	0	0	0
3	0	208	331	41	248	97	6
0.6	0	34.6	56.9	7.5	41.3	16	0.8
0	0	0	0	0	0	0	0
0	0	27	44	3	42	9	1
0	0	5.4	9.1	1.2	8.2	1.5	0.1
0	0	0	0	0	0	0	0
0	0	21	39	4	21	13	0
0	0	3	5.9	0.9	2.9	2.3	0
0	0	1	1	0	1	0	0
11	0	2 579	2 840	89	2 082	1 078	28
1.6	0	459.1	513.9	19.1	378.6	185.4	4.3
0	0	0	0	0	0	0	0
3	0	773	1 036	87	693	385	8
0.3	0	137.1	183.9	17.3	118.7	67.8	1.8
0	0	0	0	0	0	0	0
0	0	289	324	10	258	105	3
0	0	45.3	52.7	1.3	41.9	15.8	0.3
0	0	5	11	0	6	5	0
36	0	2 989	3 843	85	2 830	1 917	63
4.7	0	589.6	770.2	18.8	567.2	358.7	10.4
0	0	0	2	0	1	1	0
1	0	194	297	33	221	101	3
0.4	0	32.6	52.1	6	38.7	16.8	0.4

			合计	其中				
				女性	研究人员	教授	副教授	讲师
		编号	L01	L02	L03	L04	L05	L06
考古学	全时人数	34	0	0	0	0	0	0
	非全时人数	35	35	3	8	16	4	4
	非全时折合全时人数	36	4.8	0.3	1.4	2.2	0.5	0.4
经济学	全时人数	37	10	1	3	5	0	0
	非全时人数	38	7 141	673	2 006	3 410	675	346
	非全时折合全时人数	39	1 297.3	127.5	379.9	616.8	108.3	60.3
政治学	全时人数	40	0	0	0	0	0	0
	非全时人数	41	1 446	134	395	672	148	93
	非全时折合全时人数	42	221.7	21.6	62.8	103.1	20.9	12.9
法学	全时人数	43	7	0	4	3	0	0
	非全时人数	44	1 255	150	372	552	118	46
	非全时折合全时人数	45	239.9	28.4	76	104	21.3	7.7
社会学	全时人数	46	4	2	1	1	0	0
	非全时人数	47	4 444	403	1 171	2 114	483	226
	非全时折合全时人数	48	715.7	66.7	194.6	340.2	73.1	34.1
民族学与文化学	全时人数	49	0	0	0	0	0	0
	非全时人数	50	1 356	131	396	620	135	62
	非全时折合全时人数	51	208.4	20.6	61.8	95.5	20	8.9
新闻学与传播学	全时人数	52	0	0	0	0	0	0
	非全时人数	53	691	43	169	348	94	32
	非全时折合全时人数	54	115.1	7	28.2	60.6	14.5	3.8
图书馆、情报与文献学	全时人数	55	0	0	0	0	0	0
	非全时人数	56	883	52	201	471	62	90
	非全时折合全时人数	57	145.7	7.5	36.3	78.4	9.9	12.6
教育学	全时人数	58	38	6	14	12	2	4
	非全时人数	59	30 686	2 592	8 208	14 582	3 415	1 576
	非全时折合全时人数	60	5 909.6	549.1	1 641.1	2 796.7	611.5	268.5
统计学	全时人数	61	1	0	0	1	0	0
	非全时人数	62	311	28	89	155	21	16
	非全时折合全时人数	63	49.7	5	12.5	25.4	3.8	2.7
心理学	全时人数	64	0	0	0	0	0	0
	非全时人数	65	1 317	70	272	681	191	90
	非全时折合全时人数	66	220.6	11.7	42	118.1	31.2	15.1
体育学	全时人数	67	1	0	0	1	0	0
	非全时人数	68	1 983	120	562	959	263	68
	非全时折合全时人数	69	360.5	20.9	103.9	178.7	44.1	10.9

续表

按职称划分				按学历学位划分			
助教	初级	其他人员	研究生(学生)	博士毕业	硕士毕业	本科毕业	其他学历
L07	L08	L09	L10	L11	L12	L13	L14
0	0	0	0	0	0	0	0
0	0	13	27	0	25	9	1
0	0	1.7	3.9	0	3.7	1	0.1
1	0	7	9	1	7	2	0
30	1	4 505	6 103	349	4 759	2 000	33
4.4	0.1	812.1	1 127.1	73.7	885.3	333.6	4.7
0	0	0	0	0	0	0	0
4	0	860	1 202	49	935	450	12
0.4	0	131.6	187.6	8.2	146.1	65.8	1.6
0	0	3	7	0	5	1	1
17	0	746	1 076	76	812	357	10
2.5	0	138.9	208.6	13.7	163	61.7	1.5
0	0	2	4	1	2	1	0
46	1	2 693	3 692	197	2 860	1 324	63
6.9	0.1	435.3	601.9	33.5	466.2	206.9	9.1
0	0	0	0	0	0	0	0
12	0	834	1 151	53	845	447	11
1.6	0	127.1	179	9.4	131	66.4	1.6
0	0	0	0	0	0	0	0
5	0	443	561	27	484	177	3
1	0	75.4	95.9	5.1	80.5	29	0.5
0	0	0	0	0	0	0	0
7	0	606	727	18	461	388	16
1	0	101	122.7	3.3	74.2	65.6	2.6
0	0	21	32	1	28	8	1
304	9	19 099	25 426	973	19 304	10 185	224
41.6	1.1	3 667.3	4 994.3	192.4	3 825.4	1 860.7	31.1
0	0	1	1	0	1	0	0
2	0	164	273	22	202	85	2
0.3	0	26.7	43.7	5.1	31.8	12.6	0.2
0	0	0	0	0	0	0	0
9	4	954	1 025	8	877	427	5
2.1	0.4	163.4	172.2	1.2	150.4	68.4	0.6
0	0	0	1	0	1	0	0
10	1	730	1 642	29	1 098	845	11
1.7	0.3	132.8	303.8	6	203.8	149	1.7

26. 教育部直属院校人文、社会科学研究与发展人员情况表

			合计	其中				
				女性	研究人员	教授	副教授	讲师
		编号	L01	L02	L03	L04	L05	L06
合计	全时人数	1	1 830	580	1 806	836	552	405
	非全时人数	2	90 042	36 953	72 899	19 090	21 203	21 330
	非全时折合全时人数	3	18 370.6	7 425	15 815.6	4 656	4 964.1	4 349.1
管理学	全时人数	4	370	120	365	166	112	80
	非全时人数	5	22 310	9 199	17 373	4 505	4 946	4 804
	非全时折合全时人数	6	4 736.8	1 919.5	4 015.7	1 196.3	1 274.7	1 044.2
马克思主义	全时人数	7	130	42	128	51	29	47
	非全时人数	8	4 471	1 807	3 760	907	1 079	1 363
	非全时折合全时人数	9	922.7	374.1	804.5	220	239.9	269.5
哲学	全时人数	10	39	11	39	20	6	13
	非全时人数	11	2 255	718	2 010	699	571	526
	非全时折合全时人数	12	451.9	140.1	413.9	155.4	119.2	103.5
逻辑学	全时人数	13	0	0	0	0	0	0
	非全时人数	14	56	15	51	24	15	7
	非全时折合全时人数	15	8.2	2.4	7.6	3.9	1.9	1.2
宗教学	全时人数	16	4	3	4	1	2	1
	非全时人数	17	472	131	437	169	102	113
	非全时折合全时人数	18	72.8	18.2	69.3	27.3	17.6	17.5
语言学	全时人数	19	69	42	68	25	24	19
	非全时人数	20	4 816	2 827	4 211	903	1 326	1 692
	非全时折合全时人数	21	949.1	552.8	852.1	199.2	279.9	325.9
中国文学	全时人数	22	41	6	41	29	4	8
	非全时人数	23	2 353	918	2 087	675	586	645
	非全时折合全时人数	24	469.8	172.1	431	151.2	123.3	125
外国文学	全时人数	25	20	14	16	5	4	6
	非全时人数	26	1 649	933	1 463	304	391	604
	非全时折合全时人数	27	295.6	174	265.5	63	71.7	108.3
艺术学	全时人数	28	73	30	67	14	30	23
	非全时人数	29	3 986	1 639	3 222	732	1 034	1 137
	非全时折合全时人数	30	901.4	382.7	766.8	190.5	267.8	253.8
历史学	全时人数	31	71	13	71	30	18	23
	非全时人数	32	2 953	945	2 519	819	668	728
	非全时折合全时人数	33	611.7	177.9	540.5	196.7	143.7	142

按职称划分				按学历学位划分			
助教	初级	其他人员	研究生(学生)	博士毕业	硕士毕业	本科毕业	其他学历
L07	L08	L09	L10	L11	L12	L13	L14
19	6	3	9	1 238	394	166	32
1 552	539	886	25 442	41 218	27 465	18 753	2 606
263.4	80.7	121.2	3 936.1	9 718.4	5 187.7	3 106.3	358.2
4	2	1	5	271	65	20	14
266	120	213	7 456	9 983	6 584	5 370	373
46.5	15.9	29.9	1 129.3	2 532.8	1 256.2	891.7	56.1
2	1	0	0	66	23	40	1
132	25	61	904	2 075	1 493	732	171
22	4	7.9	159.4	476.7	288.7	133.3	24
0	0	0	0	24	11	4	0
25	11	17	406	1 332	524	317	82
3.5	1.9	2.6	65.8	289.8	98.2	54.1	9.8
0	0	0	0	0	0	0	0
0	0	0	10	38	8	10	0
0	0	0	1.2	5.9	1.1	1.2	0
0	0	0	0	3	1	0	0
8	0	12	68	310	119	38	5
1	0	1.2	8.2	51.4	15.9	5	0.5
1	0	0	0	38	24	7	0
153	23	6	713	2 208	1 734	805	69
23.9	4.1	1	115.1	460.4	338.4	139.4	10.9
0	0	0	0	20	19	2	0
28	10	30	379	1 340	610	320	83
4.2	1.7	3.2	61.2	287	119.1	54.1	9.6
2	2	1	0	11	7	1	1
70	62	15	203	890	548	192	19
10.2	6.4	1.7	34.3	161.9	97.7	33.6	2.4
5	1	0	0	35	28	10	0
123	32	23	905	1 244	1 633	977	132
25.9	7.2	2.6	153.6	316.2	366.1	199.6	19.5
0	0	0	0	48	14	9	0
42	20	37	639	1 637	710	471	135
8.2	3.5	4.7	112.9	375.5	131.1	86.8	18.3

		编号	合计 L01	其中 女性 L02	其中 研究人员 L03	教授 L04	副教授 L05	讲师 L06
考古学	全时人数	34	10	1	10	5	1	4
	非全时人数	35	1 044	267	721	230	165	159
	非全时折合全时人数	36	165.8	45.9	130.2	40.8	37.4	31.5
经济学	全时人数	37	253	64	252	131	83	37
	非全时人数	38	13 903	5 689	10 736	2 797	3 076	2 407
	非全时折合全时人数	39	2 957.4	1 148.1	2 491.1	750.5	797.4	559.1
政治学	全时人数	40	75	15	74	35	26	13
	非全时人数	41	3 283	1 102	2 791	913	781	770
	非全时折合全时人数	42	616.1	203.1	537.6	186.3	149.1	134.8
法学	全时人数	43	224	65	224	134	58	31
	非全时人数	44	6 270	2 236	4 990	1 420	1 491	1 182
	非全时折合全时人数	45	1 323.4	457.8	1 141	381.2	358.2	257.4
社会学	全时人数	46	137	51	137	38	58	39
	非全时人数	47	4 701	2 013	3 718	917	1 096	1 035
	非全时折合全时人数	48	927.1	394.1	780.5	215.5	241.2	201.2
民族学与文化学	全时人数	49	11	2	11	4	5	2
	非全时人数	50	736	292	628	194	181	199
	非全时折合全时人数	51	123.6	47.1	106.6	32.6	31	32.5
新闻学与传播学	全时人数	52	77	27	77	27	35	15
	非全时人数	53	2 597	1 103	2 179	603	696	646
	非全时折合全时人数	54	511	232.3	451.7	130	157.4	123.1
图书馆、情报与文献学	全时人数	55	42	18	41	19	12	10
	非全时人数	56	2 145	1 015	1 777	428	482	612
	非全时折合全时人数	57	402.9	187.1	347.6	93.7	108.6	102.5
教育学	全时人数	58	135	42	133	77	31	25
	非全时人数	59	6 366	2 705	5 180	1 164	1 541	1 737
	非全时折合全时人数	60	1 209.6	524.9	1 039.6	269.4	337.3	319.6
统计学	全时人数	61	4	0	4	1	2	1
	非全时人数	62	1 066	430	829	208	228	227
	非全时折合全时人数	63	200	76.9	169.4	43.4	51.5	47.1
心理学	全时人数	64	16	5	16	6	5	5
	非全时人数	65	946	442	809	186	275	213
	非全时折合全时人数	66	183	86.4	164.1	44.5	55.9	43.3
体育学	全时人数	67	29	9	28	18	7	3
	非全时人数	68	1 664	527	1 408	293	473	524
	非全时折合全时人数	69	330.7	107.5	289.3	64.6	99.4	106.1

按职称划分				按学历学位划分			
助教	初级	其他人员	研究生(学生)	博士毕业	硕士毕业	本科毕业	其他学历
L07	L08	L09	L10	L11	L12	L13	L14
0	0	0	0	7	2	1	0
10	4	15	461	438	260	328	18
2.1	0.6	2	51.4	88.8	37.4	37.8	1.8
1	0	0	1	200	32	15	6
127	30	118	5 348	6 430	3 941	2 932	600
24.1	5.8	18.2	802.3	1 682.6	728.3	468.8	77.7
1	0	0	0	44	21	10	0
34	24	49	712	1 857	811	535	80
4.7	3.4	6.3	131.5	363.6	151.8	90.5	10.2
0	0	0	1	183	32	6	3
87	24	127	1 939	3 072	1 737	1 312	149
13.4	3.4	16.5	293.3	781.1	315.4	207.5	19.4
0	0	0	2	97	17	22	1
54	34	38	1 527	2 162	1 380	1 036	123
8.8	5.9	5.7	248.8	479.2	265.5	165.7	16.7
0	0	0	0	9	2	0	0
15	6	7	134	423	148	142	23
3.2	0.7	0.8	22.8	73.5	23.9	23.1	3.1
0	0	0	0	54	15	8	0
45	19	40	548	1 349	706	475	67
9.2	3	5.5	82.8	293.8	135.3	72.7	9.2
1	0	0	0	26	15	1	0
51	14	26	532	775	824	493	53
8.5	2	4	83.6	167.6	148	80.5	6.8
1	0	1	0	70	54	5	6
210	67	35	1 612	2 300	2 363	1 386	317
31.6	9	4.8	237.9	526.6	419	218.7	45.3
0	0	0	0	2	2	0	0
11	1	5	386	447	326	266	27
2.3	0.1	0.8	54.8	103.1	56	37.4	3.5
0	0	0	0	12	3	1	0
10	3	2	257	409	329	174	34
1.6	0.5	0.4	36.8	95.5	57.1	25	5.4
1	0	0	0	18	7	4	0
51	10	10	303	499	677	442	46
8.5	1.6	1.4	49.1	105.4	137.5	79.8	8

27. 教育部直属综合大学人文、社会科学研究与发展人员情况表

			合计	其中				
				女性	研究人员	教授	副教授	讲师
		编号	L01	L02	L03	L04	L05	L06
合计	全时人数	1	1 830	580	1 806	836	552	405
	非全时人数	2	90 042	36 953	72 899	19 090	21 203	21 330
	非全时折合全时人数	3	18 370.6	7 425	15 815.6	4 656	4 964.1	4 349.1
管理学	全时人数	4	370	120	365	166	112	80
	非全时人数	5	22 310	9 199	17 373	4 505	4 946	4 804
	非全时折合全时人数	6	4 736.8	1 919.5	4 015.7	1 196.3	1 274.7	1 044.2
马克思主义	全时人数	7	130	42	128	51	29	47
	非全时人数	8	4 471	1 807	3 760	907	1 079	1 363
	非全时折合全时人数	9	922.7	374.1	804.5	220	239.9	269.5
哲学	全时人数	10	39	11	39	20	6	13
	非全时人数	11	2 255	718	2 010	699	571	526
	非全时折合全时人数	12	451.9	140.1	413.9	155.4	119.2	103.5
逻辑学	全时人数	13	0	0	0	0	0	0
	非全时人数	14	56	15	51	24	15	7
	非全时折合全时人数	15	8.2	2.4	7.6	3.9	1.9	1.2
宗教学	全时人数	16	4	3	4	1	2	1
	非全时人数	17	472	131	437	169	102	113
	非全时折合全时人数	18	72.8	18.2	69.3	27.3	17.6	17.5
语言学	全时人数	19	69	42	68	25	24	19
	非全时人数	20	4 816	2 827	4 211	903	1 326	1 692
	非全时折合全时人数	21	949.1	552.8	852.1	199.2	279.9	325.9
中国文学	全时人数	22	41	6	41	29	4	8
	非全时人数	23	2 353	918	2 087	675	586	645
	非全时折合全时人数	24	469.8	172.1	431	151.2	123.3	125
外国文学	全时人数	25	20	14	16	5	4	6
	非全时人数	26	1 649	933	1 463	304	391	604
	非全时折合全时人数	27	295.6	174	265.5	63	71.7	108.3
艺术学	全时人数	28	73	30	67	14	30	23
	非全时人数	29	3 986	1 639	3 222	732	1 034	1 137
	非全时折合全时人数	30	901.4	382.7	766.8	190.5	267.8	253.8
历史学	全时人数	31	71	13	71	30	18	23
	非全时人数	32	2 953	945	2 519	819	668	728
	非全时折合全时人数	33	611.7	177.9	540.5	196.7	143.7	142

按职称划分				按学历学位划分			
助教	初级	其他人员	研究生(学生)	博士毕业	硕士毕业	本科毕业	其他学历
L07	L08	L09	L10	L11	L12	L13	L14
19	6	3	9	1 238	394	166	32
1 552	539	886	25 442	41 218	27 465	18 753	2 606
263.4	80.7	121.2	3 936.1	9 718.4	5 187.7	3 106.3	358.2
4	2	1	5	271	65	20	14
266	120	213	7 456	9 983	6 584	5 370	373
46.5	15.9	29.9	1 129.3	2 532.8	1 256.2	891.7	56.1
2	1	0	0	66	23	40	1
132	25	61	904	2 075	1 493	732	171
22	4	7.9	159.4	476.7	288.7	133.3	24
0	0	0	0	24	11	4	0
25	11	17	406	1 332	524	317	82
3.5	1.9	2.6	65.8	289.8	98.2	54.1	9.8
0	0	0	0	0	0	0	0
0	0	0	10	38	8	10	0
0	0	0	1.2	5.9	1.1	1.2	0
0	0	0	0	3	1	0	0
8	0	12	68	310	119	38	5
1	0	1.2	8.2	51.4	15.9	5	0.5
1	0	0	0	38	24	7	0
153	23	6	713	2 208	1 734	805	69
23.9	4.1	1	115.1	460.4	338.4	139.4	10.9
0	0	0	0	20	19	2	0
28	10	30	379	1 340	610	320	83
4.2	1.7	3.2	61.2	287	119.1	54.1	9.6
2	2	1	0	11	7	1	1
70	62	15	203	890	548	192	19
10.2	6.4	1.7	34.3	161.9	97.7	33.6	2.4
5	1	0	0	35	28	10	0
123	32	23	905	1 244	1 633	977	132
25.9	7.2	2.6	153.6	316.2	366.1	199.6	19.5
0	0	0	0	48	14	9	0
42	20	37	639	1 637	710	471	135
8.2	3.5	4.7	112.9	375.5	131.1	86.8	18.3

			合计	其中				
				女性	研究人员	教授	副教授	讲师
		编号	L01	L02	L03	L04	L05	L06
考古学	全时人数	34	10	1	10	5	1	4
	非全时人数	35	1 044	267	721	230	165	159
	非全时折合全时人数	36	165.8	45.9	130.2	40.8	37.4	31.5
经济学	全时人数	37	253	64	252	131	83	37
	非全时人数	38	13 903	5 689	10 736	2 797	3 076	2 407
	非全时折合全时人数	39	2 957.4	1 148.1	2 491.1	750.5	797.4	559.1
政治学	全时人数	40	75	15	74	35	26	13
	非全时人数	41	3 283	1 102	2 791	913	781	770
	非全时折合全时人数	42	616.1	203.1	537.6	186.3	149.1	134.8
法学	全时人数	43	224	65	224	134	58	31
	非全时人数	44	6 270	2 236	4 990	1 420	1 491	1 182
	非全时折合全时人数	45	1 323.4	457.8	1 141	381.2	358.2	257.4
社会学	全时人数	46	137	51	137	38	58	39
	非全时人数	47	4 701	2 013	3 718	917	1 096	1 035
	非全时折合全时人数	48	927.1	394.1	780.5	215.5	241.2	201.2
民族学与文化学	全时人数	49	11	2	11	4	5	2
	非全时人数	50	736	292	628	194	181	199
	非全时折合全时人数	51	123.6	47.1	106.6	32.6	31	32.5
新闻学与传播学	全时人数	52	77	27	77	27	35	15
	非全时人数	53	2 597	1 103	2 179	603	696	646
	非全时折合全时人数	54	511	232.3	451.7	130	157.4	123.1
图书馆、情报与文献学	全时人数	55	42	18	41	19	12	10
	非全时人数	56	2 145	1 015	1 777	428	482	612
	非全时折合全时人数	57	402.9	187.1	347.6	93.7	108.6	102.5
教育学	全时人数	58	135	42	133	77	31	25
	非全时人数	59	6 366	2 705	5 180	1 164	1 541	1 737
	非全时折合全时人数	60	1 209.6	524.9	1 039.6	269.4	337.3	319.6
统计学	全时人数	61	4	0	4	1	2	1
	非全时人数	62	1 066	430	829	208	228	227
	非全时折合全时人数	63	200	76.9	169.4	43.4	51.5	47.1
心理学	全时人数	64	16	5	16	6	5	5
	非全时人数	65	946	442	809	186	275	213
	非全时折合全时人数	66	183	86.4	164.1	44.5	55.9	43.3
体育学	全时人数	67	29	9	28	18	7	3
	非全时人数	68	1 664	527	1 408	293	473	524
	非全时折合全时人数	69	330.7	107.5	289.3	64.6	99.4	106.1

续表

按职称划分				按学历学位划分			
助教	初级	其他人员	研究生(学生)	博士毕业	硕士毕业	本科毕业	其他学历
L07	L08	L09	L10	L11	L12	L13	L14
0	0	0	0	7	2	1	0
10	4	15	461	438	260	328	18
2.1	0.6	2	51.4	88.8	37.4	37.8	1.8
1	0	0	1	200	32	15	6
127	30	118	5 348	6 430	3 941	2 932	600
24.1	5.8	18.2	802.3	1 682.6	728.3	468.8	77.7
1	0	0	0	44	21	10	0
34	24	49	712	1 857	811	535	80
4.7	3.4	6.3	131.5	363.6	151.8	90.5	10.2
0	0	0	1	183	32	6	3
87	24	127	1 939	3 072	1 737	1 312	149
13.4	3.4	16.5	293.3	781.1	315.4	207.5	19.4
0	0	0	2	97	17	22	1
54	34	38	1 527	2 162	1 380	1 036	123
8.8	5.9	5.7	248.8	479.2	265.5	165.7	16.7
0	0	0	0	9	2	0	0
15	6	7	134	423	148	142	23
3.2	0.7	0.8	22.8	73.5	23.9	23.1	3.1
0	0	0	0	54	15	8	0
45	19	40	548	1 349	706	475	67
9.2	3	5.5	82.8	293.8	135.3	72.7	9.2
1	0	0	0	26	15	1	0
51	14	26	532	775	824	493	53
8.5	2	4	83.6	167.6	148	80.5	6.8
1	0	1	0	70	54	5	6
210	67	35	1 612	2 300	2 363	1 386	317
31.6	9	4.8	237.9	526.6	419	218.7	45.3
0	0	0	0	2	2	0	0
11	1	5	386	447	326	266	27
2.3	0.1	0.8	54.8	103.1	56	37.4	3.5
0	0	0	0	12	3	1	0
10	3	2	257	409	329	174	34
1.6	0.5	0.4	36.8	95.5	57.1	25	5.4
1	0	0	0	18	7	4	0
51	10	10	303	499	677	442	46
8.5	1.6	1.4	49.1	105.4	137.5	79.8	8

28. 教育部直属理工农医院校人文、社会科学研究与发展人员情况表

			合计	其中				
				女性	研究人员	教授	副教授	讲师
		编号	L01	L02	L03	L04	L05	L06
合计	全时人数	1	200	61	198	86	64	39
	非全时人数	2	22 691	10 087	17 964	4 032	5 688	5 627
	非全时折合全时人数	3	4 611.5	2 012.4	3 860.3	945.8	1 295.5	1 149
管理学	全时人数	4	73	17	73	38	15	15
	非全时人数	5	8 236	3 562	6 141	1 473	1 903	1 751
	非全时折合全时人数	6	1 756.3	732.2	1 428.6	385.8	486.4	384.2
马克思主义	全时人数	7	19	5	19	9	6	4
	非全时人数	8	1 352	585	1 110	241	379	421
	非全时折合全时人数	9	278.1	119.4	236.8	57.3	81.9	82.2
哲学	全时人数	10	2	0	2	0	1	1
	非全时人数	11	502	206	435	126	129	130
	非全时折合全时人数	12	89.2	37.7	79.4	23	25	22.7
逻辑学	全时人数	13	0	0	0	0	0	0
	非全时人数	14	10	3	9	4	1	3
	非全时折合全时人数	15	1.2	0.5	1	0.4	0.1	0.3
宗教学	全时人数	16	0	0	0	0	0	0
	非全时人数	17	32	7	32	5	12	5
	非全时折合全时人数	18	6.4	1.4	6.4	1	2.6	0.9
语言学	全时人数	19	2	1	2	1	1	0
	非全时人数	20	1 045	709	931	128	328	439
	非全时折合全时人数	21	210.6	141.1	190.5	27.3	66	91
中国文学	全时人数	22	0	0	0	0	0	0
	非全时人数	23	235	105	220	48	55	99
	非全时折合全时人数	24	43.5	19.4	39.5	7.6	10.3	18.4
外国文学	全时人数	25	0	0	0	0	0	0
	非全时人数	26	227	155	202	37	67	92
	非全时折合全时人数	27	47.5	33.2	39.4	5.8	13.7	18.8
艺术学	全时人数	28	30	16	28	4	19	5
	非全时人数	29	1 200	486	954	155	314	350
	非全时折合全时人数	30	271.9	113.1	230.7	40.1	82.9	81.6
历史学	全时人数	31	1	0	1	1	0	0
	非全时人数	32	377	153	323	85	66	104
	非全时折合全时人数	33	67.8	27	60.9	15	12.7	19.8

按职称划分				按学历学位划分			
助教	初级	其他人员	研究生(学生)	博士毕业	硕士毕业	本科毕业	其他学历
L07	L08	L09	L10	L11	L12	L13	L14
1	1	0	9	143	45	12	0
435	214	53	6 642	9 733	7 551	5 302	105
70.4	34.2	7.8	1 108.8	2 219.4	1 485.2	890.4	16.5
0	0	0	5	56	15	2	0
121	69	21	2 898	3 523	2 442	2 237	34
20.9	9.6	3.5	465.9	893.8	494.2	363.8	4.5
0	0	0	0	13	5	1	0
42	16	8	245	633	451	255	13
7.1	3.1	1	45.5	144.3	87.3	45.2	1.3
0	0	0	0	1	0	1	0
10	8	2	97	305	120	72	5
1.2	1.3	0.2	15.8	55.5	21.1	12.1	0.5
0	0	0	0	0	0	0	0
0	0	0	2	7	2	1	0
0	0	0	0.4	0.7	0.3	0.2	0
0	0	0	0	0	0	0	0
0	0	0	10	16	15	1	0
0	0	0	1.9	3.2	2.7	0.5	0
0	0	0	0	1	1	0	0
45	4	0	101	316	539	180	10
7	0.6	0	18.7	59.3	112.3	37.5	1.5
0	0	0	0	0	0	0	0
1	1	3	28	138	70	22	5
0.1	0.1	0.3	6.7	24.8	12.8	5.2	0.7
0	0	0	0	0	0	0	0
9	0	0	22	98	94	33	2
2.7	0	0	6.5	17.2	21	8.9	0.4
1	1	0	0	14	12	4	0
19	8	1	353	323	535	334	8
2.5	3.3	0.1	61.4	90	114.7	64.3	2.9
0	0	0	0	1	0	0	0
8	4	0	110	198	120	56	3
1.4	0.8	0	18.1	38.9	20.4	7.5	1

			合计	其中				
				女性	研究人员	教授	副教授	讲师
		编号	L01	L02	L03	L04	L05	L06
考古学	全时人数	34	0	0	0	0	0	0
	非全时人数	35	28	10	27	7	6	9
	非全时折合全时人数	36	6.3	2.4	6.2	1.5	2	1.6
经济学	全时人数	37	16	5	16	9	5	1
	非全时人数	38	3 332	1 446	2 538	607	756	685
	非全时折合全时人数	39	666.9	283.5	538.1	151	178.3	136
政治学	全时人数	40	3	0	3	1	1	1
	非全时人数	41	432	142	388	92	151	94
	非全时折合全时人数	42	83.1	27.1	75.8	17.9	29.5	17.4
法学	全时人数	43	16	4	16	9	3	3
	非全时人数	44	1 029	430	783	168	291	240
	非全时折合全时人数	45	217.6	87.7	181.1	43.6	71.6	49.8
社会学	全时人数	46	17	4	17	5	5	5
	非全时人数	47	1 282	577	1 057	248	316	259
	非全时折合全时人数	48	269	124	231	56.7	66.6	54.6
民族学与文化学	全时人数	49	0	0	0	0	0	0
	非全时人数	50	96	38	81	21	23	23
	非全时折合全时人数	51	13.1	5.5	10.9	2.3	3.1	3
新闻学与传播学	全时人数	52	3	2	3	2	1	0
	非全时人数	53	534	228	472	119	157	119
	非全时折合全时人数	54	102.3	45.6	92.9	22.7	31.4	24.2
图书馆、情报与文献学	全时人数	55	0	0	0	0	0	0
	非全时人数	56	429	226	358	76	112	115
	非全时折合全时人数	57	72	36.1	61.7	14.6	21	15.8
教育学	全时人数	58	15	6	15	6	5	4
	非全时人数	59	1 450	665	1 151	259	386	413
	非全时折合全时人数	60	246	111.9	205.3	47	68.1	73.2
统计学	全时人数	61	0	0	0	0	0	0
	非全时人数	62	227	101	187	35	51	57
	非全时折合全时人数	63	44.9	19.6	38.9	6.9	8.6	12.5
心理学	全时人数	64	0	0	0	0	0	0
	非全时人数	65	188	99	176	25	57	63
	非全时折合全时人数	66	33.9	17.3	31.8	3.4	9.3	13
体育学	全时人数	67	3	1	3	1	2	0
	非全时人数	68	448	154	389	73	128	156
	非全时折合全时人数	69	83.9	26.7	73.4	14.9	24.4	28

续表

按职称划分				按学历学位划分			
助教	初级	其他人员	研究生（学生）	博士毕业	硕士毕业	本科毕业	其他学历
L07	L08	L09	L10	L11	L12	L13	L14
0 0 0	0 1 0.3	0 0 0	0 5 0.9	0 17 4	0 9 1.8	0 2 0.5	0 0 0
0 35 7.5	0 14 3	0 3 0.5	1 1 232 190.6	12 1 499 344.5	3 995 184.7	1 833 136.8	0 5 0.9
0 6 1.1	0 8 1.1	0 0 0	0 81 16.1	3 248 47.2	0 131 26.3	0 52 9.5	0 1 0.1
0 19 2.6	0 3 0.3	0 2 0.2	1 306 49.5	12 464 113.2	2 297 60.4	2 267 43.9	0 1 0.1
0 11 2.1	0 16 2.2	0 1 0.6	2 431 86.2	13 609 131.1	3 418 92.5	1 254 45.1	0 1 0.3
0 0 0	0 3 0.3	0 1 0.1	0 25 4.3	0 48 6.2	0 29 4.2	0 19 2.7	0 0 0
0 11 1.7	0 8 1.1	0 0 0	0 120 21.2	2 273 54.2	1 182 35.5	0 79 12.6	0 0 0
0 9 1	0 7 0.9	0 1 0.1	0 109 18.6	0 158 27.9	0 162 27.7	0 107 16.2	0 2 0.2
0 71 8.8	0 38 4.9	0 7 0.7	0 276 43.3	13 584 108.5	2 558 91.8	0 293 43.6	0 15 2.1
0 1 0.1	0 0 0	0 1 0.1	0 82 16.7	0 84 16.2	0 87 18.4	0 56 10.3	0 0 0
0 2 0.3	0 2 0.3	0 0 0	0 39 7.6	0 87 15.5	0 82 15.3	0 19 3.1	0 0 0
0 15 2.3	0 4 1	0 2 0.4	0 70 12.9	2 105 23.2	1 213 39.8	0 130 20.9	0 0 0

29. 教育部直属师范院校人文、社会科学研究与发展人员情况表

			合计	其中				
				女性	研究人员	教授	副教授	讲师
		编号	L01	L02	L03	L04	L05	L06
合计	全时人数	1	158	45	156	88	49	19
	非全时人数	2	10 423	3 934	8 311	2 070	2 145	2 363
	非全时折合全时人数	3	2 060.3	803.8	1 746.6	505.7	495.5	474.1
管理学	全时人数	4	13	2	13	7	3	3
	非全时人数	5	762	326	622	141	173	142
	非全时折合全时人数	6	166.8	70	143	38.1	44.2	32.1
马克思主义	全时人数	7	5	1	5	3	2	0
	非全时人数	8	530	212	442	94	108	187
	非全时折合全时人数	9	108.3	44.7	94	23.5	24.1	37.2
哲学	全时人数	10	2	1	2	2	0	0
	非全时人数	11	297	72	267	116	65	56
	非全时折合全时人数	12	55	13.9	50.2	23.4	13.4	9.9
逻辑学	全时人数	13	0	0	0	0	0	0
	非全时人数	14	4	1	3	1	2	0
	非全时折合全时人数	15	0.6	0.1	0.5	0.2	0.3	0
宗教学	全时人数	16	0	0	0	0	0	0
	非全时人数	17	63	9	62	26	5	26
	非全时折合全时人数	18	10	1.4	9.9	4.2	1.4	3.4
语言学	全时人数	19	5	2	5	2	3	0
	非全时人数	20	699	373	616	147	142	247
	非全时折合全时人数	21	139.8	74.9	127.7	33.2	36.1	47.3
中国文学	全时人数	22	3	1	3	2	1	0
	非全时人数	23	469	180	401	123	104	127
	非全时折合全时人数	24	90.2	28.8	80.7	31.2	20.1	22.9
外国文学	全时人数	25	2	1	2	1	1	0
	非全时人数	26	328	91	302	47	40	129
	非全时折合全时人数	27	48.2	17.8	44.2	10.5	7	17.1
艺术学	全时人数	28	9	3	8	2	3	3
	非全时人数	29	670	288	519	98	152	189
	非全时折合全时人数	30	133.4	65.4	112.1	24.4	33.1	43.8
历史学	全时人数	31	9	0	9	8	1	0
	非全时人数	32	632	183	520	150	136	146
	非全时折合全时人数	33	137.6	37.1	120.7	42.2	32.1	28.1

按职称划分				按学历学位划分			
助教	初级	其他人员	研究生(学生)	博士毕业	硕士毕业	本科毕业	其他学历
L07	L08	L09	L10	L11	L12	L13	L14
2	0	0	0	138	18	1	1
201	73	10	3 561	4 301	3 516	2 206	400
32	8.3	1.3	543.4	1 018	651	349.1	42.2
0	0	0	0	12	1	0	0
10	0	0	296	325	271	145	21
1.9	0	0	50.5	87.5	52	25.2	2.1
0	0	0	0	5	0	0	0
19	0	1	121	210	201	84	35
3.5	0	0.1	19.9	50.5	40.6	13.7	3.5
0	0	0	0	2	0	0	0
3	0	0	57	144	85	32	36
0.5	0	0	7.8	31.9	14	5.3	3.8
0	0	0	0	0	0	0	0
0	0	0	1	2	1	1	0
0	0	0	0.1	0.4	0.1	0.1	0
0	0	0	0	0	0	0	0
0	0	0	6	35	26	2	0
0	0	0	1	6.5	3	0.5	0
0	0	0	0	5	0	0	0
28	0	0	135	353	247	92	7
3.5	0	0	19.7	71.4	52.9	14.5	1
0	0	0	0	3	0	0	0
10	1	2	102	255	131	62	21
1.7	0.3	0.2	13.8	58.4	20.8	8.8	2.2
0	0	0	0	2	0	0	0
11	60	0	41	226	77	25	0
1.1	6	0	6.5	30.1	14.2	3.9	0
1	0	0	0	4	5	0	0
16	0	1	214	165	300	180	25
4.2	0	0.1	27.8	36.3	64.4	29.9	2.8
0	0	0	0	7	2	0	0
6	0	0	194	300	186	115	31
1.7	0	0	33.5	80.4	35.9	18	3.3

			合计	其中				
				女性	研究人员	教授	副教授	讲师
		编号	L01	L02	L03	L04	L05	L06
考古学	全时人数	34	0	0	0	0	0	0
	非全时人数	35	88	25	42	2	10	4
	非全时折合全时人数	36	10.4	3	5.8	0.4	1.6	1.2
经济学	全时人数	37	10	3	10	4	4	2
	非全时人数	38	847	334	651	160	174	168
	非全时折合全时人数	39	168.5	61.8	139.2	36.9	42.8	35.3
政治学	全时人数	40	10	1	10	7	3	0
	非全时人数	41	400	133	295	88	54	55
	非全时折合全时人数	42	90.4	33.9	68.4	18	12.8	11.9
法学	全时人数	43	7	2	7	5	2	0
	非全时人数	44	476	154	395	96	145	72
	非全时折合全时人数	45	75.2	24.6	64.5	18.1	22.7	12.8
社会学	全时人数	46	15	6	15	8	6	1
	非全时人数	47	489	200	353	86	74	99
	非全时折合全时人数	48	108.3	42.7	83.3	22.7	22.9	19.7
民族学与文化学	全时人数	49	2	0	2	0	2	0
	非全时人数	50	64	29	44	15	11	10
	非全时折合全时人数	51	17.8	7.5	13.5	5.5	3.4	2.8
新闻学与传播学	全时人数	52	10	5	10	4	4	2
	非全时人数	53	250	107	183	37	56	54
	非全时折合全时人数	54	50.9	23.3	42.8	10.6	13.2	14.2
图书馆、情报与文献学	全时人数	55	1	0	1	1	0	0
	非全时人数	56	211	78	176	45	49	45
	非全时折合全时人数	57	40.2	12.2	34.4	10.5	9.5	8.9
教育学	全时人数	58	38	12	37	22	9	6
	非全时人数	59	2 151	804	1 640	389	426	415
	非全时折合全时人数	60	415.4	171.3	348.3	101.1	106.6	82
统计学	全时人数	61	0	0	0	0	0	0
	非全时人数	62	118	32	87	23	18	18
	非全时折合全时人数	63	15.7	4.1	12.3	4.3	2.8	2.4
心理学	全时人数	64	8	2	8	3	3	2
	非全时人数	65	405	175	310	93	93	51
	非全时折合全时人数	66	78.8	36	66.7	25.5	20.1	11.9
体育学	全时人数	67	9	3	9	7	2	0
	非全时人数	68	470	128	381	93	108	123
	非全时折合全时人数	69	98.8	29.3	84.4	21.2	25.3	29.2

续表

按职称划分				按学历学位划分			
助教	初级	其他人员	研究生(学生)	博士毕业	硕士毕业	本科毕业	其他学历
L07	L08	L09	L10	L11	L12	L13	L14
0	0	0	0	0	0	0	0
0	0	0	72	12	27	49	0
0	0	0	7.2	2.5	2.9	5	0
0	0	0	0	9	1	0	0
13	1	1	330	368	265	198	16
2	0.1	0.1	51.3	85.5	51.7	29.7	1.6
0	0	0	0	9	1	0	0
0	0	0	203	147	130	111	12
0	0	0	47.7	32.5	33.2	23.5	1.2
0	0	0	0	7	0	0	0
20	0	1	142	244	132	82	18
2	0	0.2	19.4	44.2	18.1	11.1	1.8
0	0	0	0	15	0	0	0
6	2	0	222	188	150	137	14
1.2	0.4	0	41.4	51.4	29.4	26.1	1.4
0	0	0	0	2	0	0	0
0	0	0	28	30	11	23	0
0	0	0	6.1	10.2	2.4	5.2	0
0	0	0	0	8	2	0	0
4	0	0	99	79	83	73	15
0.8	0	0	12.1	23.7	15	10.5	1.7
0	0	0	0	1	0	0	0
4	0	0	68	69	93	46	3
0.5	0	0	10.8	16.9	15.1	7.8	0.4
1	0	0	0	33	4	0	1
39	8	2	872	777	735	523	116
5.7	1.3	0.2	118.5	210	118.5	75.1	11.8
0	0	0	0	0	0	0	0
0	0	0	59	39	37	31	11
0	0	0	6.2	6.8	4.4	3.4	1.1
0	0	0	0	7	1	0	0
3	1	2	162	177	126	98	4
0.4	0.2	0.4	20.3	47.5	17.7	13	0.6
0	0	0	0	7	1	1	0
9	0	0	137	156	202	97	15
1.3	0	0	21.8	33.4	44.7	18.8	1.9

30. 教育部直属语言院校人文、社会科学研究与发展人员情况表

			合计	其中				
				女性	研究人员	教授	副教授	讲师
		编号	L01	L02	L03	L04	L05	L06
合计	全时人数	1	30	10	14	6	0	0
	非全时人数	2	2 577	720	773	713	56	37
	非全时折合全时人数	3	426.2	139.8	131.2	108.5	7.6	5.7
管理学	全时人数	4	1	1	0	0	0	0
	非全时人数	5	181	55	50	53	4	0
	非全时折合全时人数	6	32.6	11.3	10.7	8.1	0.5	0
马克思主义	全时人数	7	0	0	0	0	0	0
	非全时人数	8	72	10	20	28	5	2
	非全时折合全时人数	9	11.3	1.2	3.8	4.9	0.5	0.2
哲学	全时人数	10	0	0	0	0	0	0
	非全时人数	11	13	8	2	3	0	0
	非全时折合全时人数	12	2	1.2	0.3	0.5	0	0
逻辑学	全时人数	13	0	0	0	0	0	0
	非全时人数	14	0	0	0	0	0	0
	非全时折合全时人数	15	0	0	0	0	0	0
宗教学	全时人数	16	0	0	0	0	0	0
	非全时人数	17	2	2	0	0	0	0
	非全时折合全时人数	18	0.4	0.4	0	0	0	0
语言学	全时人数	19	7	3	2	2	0	0
	非全时人数	20	866	227	254	224	16	15
	非全时折合全时人数	21	141.8	43.7	42.6	34.1	2	2.3
中国文学	全时人数	22	0	0	0	0	0	0
	非全时人数	23	101	32	29	30	1	4
	非全时折合全时人数	24	19	6.4	5.3	5.6	0.1	0.8
外国文学	全时人数	25	2	1	1	0	0	0
	非全时人数	26	174	51	57	48	4	1
	非全时折合全时人数	27	32.3	12	9.9	8.4	0.4	0.1
艺术学	全时人数	28	0	0	0	0	0	0
	非全时人数	29	116	40	38	32	3	1
	非全时折合全时人数	30	16.3	6.2	5.5	3.8	0.4	0.2
历史学	全时人数	31	1	0	0	1	0	0
	非全时人数	32	36	11	12	12	1	0
	非全时折合全时人数	33	5.1	1.8	1.6	1.6	0.1	0

按职称划分				按学历学位划分			
助教	初级	其他人员	研究生(学生)	博士毕业	硕士毕业	本科毕业	其他学历
L07	L08	L09	L10	L11	L12	L13	L14
0	0	11	30	24	5	1	0
3	275	1 440	2 296	1 678	582	312	5
0.3	33.1	225.8	391.5	300.2	85.5	39.2	1.3
0	0	0	1	1	0	0	0
0	19	100	164	121	43	17	0
0	2	16.9	30.8	24.4	6.3	1.9	0
0	0	0	0	0	0	0	0
0	7	46	61	35	28	9	0
0	0.7	6.8	10.2	6.3	4	1	0
0	0	0	0	0	0	0	0
0	0	5	13	11	2	0	0
0	0	0.7	2	1.6	0.4	0	0
0	0	0	0	0	0	0	0
0	0	0	0	0	0	0	0
0	0	0	0	0	0	0	0
0	0	0	0	0	0	0	0
0	0	0	2	2	0	0	0
0	0	0	0.4	0.4	0	0	0
0	0	4	7	5	2	0	0
0	130	514	755	548	185	133	0
0	17.1	80.8	127.2	98	26.5	17.3	0
0	0	0	0	0	0	0	0
0	5	55	95	71	20	10	0
0	0.8	10.9	17.9	13.2	4.6	1.2	0
0	0	1	2	2	0	0	0
0	13	117	160	118	34	22	0
0	1.5	20.6	30.8	24.6	5.1	2.6	0
0	0	0	0	0	0	0	0
0	2	49	111	81	28	5	2
0	0.2	6.7	15.6	11.6	3.8	0.6	0.3
0	0	0	1	1	0	0	0
0	0	18	35	28	7	1	0
0	0	2.2	5	4.2	0.8	0.1	0

			合计	其中				
				女性	研究人员	教授	副教授	讲师
		编号	L01	L02	L03	L04	L05	L06
考古学	全时人数	34	0	0	0	0	0	0
	非全时人数	35	0	0	0	0	0	0
	非全时折合全时人数	36	0	0	0	0	0	0
经济学	全时人数	37	0	0	0	0	0	0
	非全时人数	38	129	38	34	43	2	0
	非全时折合全时人数	39	21.4	7.8	5.4	6.6	0.2	0
政治学	全时人数	40	12	4	7	1	0	0
	非全时人数	41	204	57	61	43	2	6
	非全时折合全时人数	42	41.6	16.2	12.9	7.4	0.4	1.1
法学	全时人数	43	0	0	0	0	0	0
	非全时人数	44	42	7	17	8	1	0
	非全时折合全时人数	45	8.1	1.5	3.5	2	0.2	0
社会学	全时人数	46	3	0	2	1	0	0
	非全时人数	47	74	9	27	21	2	1
	非全时折合全时人数	48	9.6	0.9	3.8	3.2	0.2	0.1
民族学与文化学	全时人数	49	1	0	0	1	0	0
	非全时人数	50	50	16	15	17	0	0
	非全时折合全时人数	51	7.3	2	2.3	2.8	0	0
新闻学与传播学	全时人数	52	3	1	2	0	0	0
	非全时人数	53	320	101	108	91	7	1
	非全时折合全时人数	54	50.1	19	17.1	11.5	1.1	0.1
图书馆、情报与文献学	全时人数	55	0	0	0	0	0	0
	非全时人数	56	16	5	3	7	0	1
	非全时折合全时人数	57	2.3	0.7	0.3	1.2	0	0.1
教育学	全时人数	58	0	0	0	0	0	0
	非全时人数	59	171	49	43	50	6	5
	非全时折合全时人数	60	22.9	7	5.8	6.3	0.8	0.7
统计学	全时人数	61	0	0	0	0	0	0
	非全时人数	62	2	1	0	1	0	0
	非全时折合全时人数	63	0.2	0.1	0	0.1	0	0
心理学	全时人数	64	0	0	0	0	0	0
	非全时人数	65	1	0	1	0	0	0
	非全时折合全时人数	66	0.1	0	0.1	0	0	0
体育学	全时人数	67	0	0	0	0	0	0
	非全时人数	68	7	1	2	2	2	0
	非全时折合全时人数	69	1.8	0.4	0.3	0.4	0.7	0

续表

按职称划分				按学历学位划分			
助教	初级	其他人员	研究生(学生)	博士毕业	硕士毕业	本科毕业	其他学历
L07	L08	L09	L10	L11	L12	L13	L14
0	0	0	0	0	0	0	0
0	0	0	0	0	0	0	0
0	0	0	0	0	0	0	0
0	0	0	0	0	0	0	0
0	12	77	117	93	25	11	0
0	1.4	12.4	20.2	16.3	4	1.1	0
0	0	1	12	9	2	1	0
0	35	89	167	129	40	35	0
0	3.6	14.9	37.3	30.4	6.9	4.3	0
0	0	0	0	0	0	0	0
0	9	22	33	24	9	9	0
0	0.9	3.4	7.1	5.5	1.7	0.9	0
0	0	1	3	3	0	0	0
0	14	44	59	41	18	14	1
0	1.4	5.5	8.1	5.6	2.4	1.5	0.1
0	0	1	1	1	0	0	0
0	2	28	48	39	9	2	0
0	0.2	3.7	7.1	6	1.1	0.2	0
0	0	3	3	2	1	0	0
1	11	164	305	239	57	22	2
0.1	1.2	25.2	48.2	39.1	7.1	3	0.9
0	0	0	0	0	0	0	0
0	0	8	15	8	6	2	0
0	0	1.1	2.2	0.9	0.8	0.6	0
0	0	0	0	0	0	0	0
2	16	96	148	88	63	20	0
0.2	2.1	12.5	20	11.9	8.1	2.9	0
0	0	0	0	0	0	0	0
0	0	2	2	2	0	0	0
0	0	0.2	0.2	0.2	0	0	0
0	0	0	0	0	0	0	0
0	0	1	1	0	1	0	0
0	0	0.1	0.1	0	0.1	0	0
0	0	0	0	0	0	0	0
0	0	5	5	0	7	0	0
0	0	1.2	1.1	0	1.8	0	0

31. 教育部直属财经院校人文、社会科学研究与发展人员情况表

			合计	其中				
				女性	研究人员	教授	副教授	讲师
		编号	L01	L02	L03	L04	L05	L06
合计	全时人数	1	25	11	6	8	0	0
	非全时人数	2	9 002	1 450	1 925	1 668	128	20
	非全时折合全时人数	3	1 974.8	427.2	518.8	436.7	20.1	2.3
管理学	全时人数	4	11	3	4	4	0	0
	非全时人数	5	2 723	417	596	471	19	9
	非全时折合全时人数	6	593.5	117.5	164.2	127.3	2.6	0.9
马克思主义	全时人数	7	0	0	0	0	0	0
	非全时人数	8	254	53	62	73	16	1
	非全时折合全时人数	9	49.3	11	12.9	14.6	2	0.1
哲学	全时人数	10	0	0	0	0	0	0
	非全时人数	11	144	33	26	40	2	0
	非全时折合全时人数	12	34.9	11.3	6.1	10.5	0.5	0
逻辑学	全时人数	13	0	0	0	0	0	0
	非全时人数	14	2	2	0	0	0	0
	非全时折合全时人数	15	0.2	0.2	0	0	0	0
宗教学	全时人数	16	0	0	0	0	0	0
	非全时人数	17	6	0	2	1	0	0
	非全时折合全时人数	18	1.1	0	0.2	0.6	0	0
语言学	全时人数	19	0	0	0	0	0	0
	非全时人数	20	201	21	52	66	3	1
	非全时折合全时人数	21	37.4	4.7	11.3	14.9	0.3	0.1
中国文学	全时人数	22	0	0	0	0	0	0
	非全时人数	23	81	11	28	18	2	0
	非全时折合全时人数	24	19.7	3.8	7.7	4.9	0.2	0
外国文学	全时人数	25	0	0	0	0	0	0
	非全时人数	26	55	5	17	18	1	0
	非全时折合全时人数	27	9.6	0.8	4.2	3	0.2	0
艺术学	全时人数	28	0	0	0	0	0	0
	非全时人数	29	21	5	3	7	1	0
	非全时折合全时人数	30	3.7	1.2	1	0.8	0.1	0
历史学	全时人数	31	0	0	0	0	0	0
	非全时人数	32	42	8	8	10	2	0
	非全时折合全时人数	33	11.3	2.1	2.9	3.7	0.2	0

按职称划分				按学历学位划分			
助教	初级	其他人员	研究生(学生)	博士毕业	硕士毕业	本科毕业	其他学历
L07	L08	L09	L10	L11	L12	L13	L14
0	0	3	25	25	0	0	0
86	3 725	4 337	7 028	4 000	2 910	1 464	628
17.2	552.5	852.8	1 682.8	1 177.4	476.7	245.3	75.4
0	0	1	11	11	0	0	0
24	1 187	1 307	2 134	1 199	902	502	120
5.1	175.9	264.9	506.4	353.4	146.4	79.1	14.6
0	0	0	0	0	0	0	0
7	42	108	217	119	105	13	17
0.7	8	17	44.8	28	17.5	2	1.8
0	0	0	0	0	0	0	0
1	42	69	126	85	39	12	8
0.3	6.2	14.2	31.7	25.4	6	2.4	1.1
0	0	0	0	0	0	0	0
0	0	0	2	0	0	2	0
0	0	0	0.2	0	0	0.2	0
0	0	0	0	0	0	0	0
0	3	2	6	3	3	0	0
0	0.3	0.2	1.1	0.8	0.3	0	0
0	0	0	0	0	0	0	0
1	57	122	165	105	60	31	5
0.1	6	22.5	33.5	26.4	7.1	3.4	0.5
0	0	0	0	0	0	0	0
0	22	47	77	52	24	5	0
0	3.1	11.4	18.5	14.3	3.6	1.8	0
0	0	0	0	0	0	0	0
0	14	38	54	37	17	1	0
0	1.4	6.4	9.5	7.8	1.7	0.1	0
0	0	0	0	0	0	0	0
0	5	8	19	10	8	3	0
0	0.6	1	3.5	2.2	1	0.5	0
0	0	0	0	0	0	0	0
1	13	20	32	26	6	6	4
0.1	2.3	4.1	9.5	8.6	0.8	1.5	0.4

			合计	其中				
				女性	研究人员	教授	副教授	讲师
		编号	L01	L02	L03	L04	L05	L06
考古学	全时人数	34	0	0	0	0	0	0
	非全时人数	35	0	0	0	0	0	0
	非全时折合全时人数	36	0	0	0	0	0	0
经济学	全时人数	37	9	4	1	4	0	0
	非全时人数	38	3 455	537	666	504	29	3
	非全时折合全时人数	39	789.4	174.6	199	153.9	5.6	0.3
政治学	全时人数	40	0	0	0	0	0	0
	非全时人数	41	81	18	22	23	0	0
	非全时折合全时人数	42	14.5	3.1	4.9	4	0	0
法学	全时人数	43	4	4	0	0	0	0
	非全时人数	44	825	167	172	162	15	3
	非全时折合全时人数	45	190.7	56.8	45.1	39	2.5	0.6
社会学	全时人数	46	1	0	1	0	0	0
	非全时人数	47	218	26	46	44	3	0
	非全时折合全时人数	48	43.4	6.6	8.1	10	0.7	0
民族学与文化学	全时人数	49	0	0	0	0	0	0
	非全时人数	50	2	0	1	1	0	0
	非全时折合全时人数	51	0.2	0	0.1	0.1	0	0
新闻学与传播学	全时人数	52	0	0	0	0	0	0
	非全时人数	53	109	23	25	39	1	0
	非全时折合全时人数	54	21.6	4	5.5	8.3	0.1	0
图书馆、情报与文献学	全时人数	55	0	0	0	0	0	0
	非全时人数	56	23	7	4	5	0	0
	非全时折合全时人数	57	3.9	1.4	0.5	1.1	0	0
教育学	全时人数	58	0	0	0	0	0	0
	非全时人数	59	312	55	77	92	25	3
	非全时折合全时人数	60	53.2	10.9	14.2	15.4	3.2	0.3
统计学	全时人数	61	0	0	0	0	0	0
	非全时人数	62	382	51	90	84	7	0
	非全时折合全时人数	63	82	13.6	24.6	21.9	1.6	0
心理学	全时人数	64	0	0	0	0	0	0
	非全时人数	65	22	3	11	1	2	0
	非全时折合全时人数	66	4.2	1	1.8	0.4	0.3	0
体育学	全时人数	67	0	0	0	0	0	0
	非全时人数	68	44	8	17	9	0	0
	非全时折合全时人数	69	11	2.6	4.5	2.3	0	0

续表

按职称划分				按学历学位划分			
助教	初级	其他人员	研究生(学生)	博士毕业	硕士毕业	本科毕业	其他学历
L07	L08	L09	L10	L11	L12	L13	L14
0	0	0	0	0	0	0	0
0	0	0	0	0	0	0	0
0	0	0	0	0	0	0	0
0	0	1	9	9	0	0	0
40	1 676	1 677	2 537	1 478	1 025	583	369
9.2	246.8	334.5	652.6	476.8	164.7	103.3	44.6
0	0	0	0	0	0	0	0
0	18	31	73	51	21	6	3
0	2.5	5.3	13.6	10.4	3.1	0.7	0.3
0	0	1	4	4	0	0	0
3	303	334	700	376	319	96	34
0.3	46.4	66.3	171.9	112.9	57.4	17	3.4
0	0	0	1	1	0	0	0
1	98	140	149	103	44	43	28
0.2	17.8	26.1	31.3	22.1	9.3	9.1	2.9
0	0	0	0	0	0	0	0
0	0	1	2	2	0	0	0
0	0	0.1	0.2	0.2	0	0	0
0	0	0	0	0	0	0	0
0	21	61	96	46	41	17	5
0	3.7	12	19.6	9.9	8.4	2.8	0.5
0	0	0	0	0	0	0	0
2	5	9	16	8	4	8	3
0.2	0.7	1.8	3	1.6	0.9	1.1	0.3
0	0	0	0	0	0	0	0
6	54	165	263	94	164	32	22
1	8.2	26.8	46.5	18.3	26.5	4.9	3.5
0	0	0	0	0	0	0	0
0	150	162	299	173	105	94	10
0	20.3	30.3	71	50.6	16.8	13.1	1.5
0	0	0	0	0	0	0	0
0	5	14	21	13	7	2	0
0	0.7	2.4	4.1	2.9	1.1	0.2	0
0	0	0	0	0	0	0	0
0	10	22	40	20	16	8	0
0	1.6	5.5	10.3	4.8	4.1	2.1	0

32. 教育部直属政法院校人文、社会科学研究与发展人员情况表

			合计	其中				
				女性	研究人员	教授	副教授	讲师
		编号	L01	L02	L03	L04	L05	L06
合计	全时人数	1	40	31	9	0	0	0
	非全时人数	2	1 642	496	468	326	35	0
	非全时折合全时人数	3	285.9	106.7	82.6	49.2	4.6	0
管理学	全时人数	4	0	0	0	0	0	0
	非全时人数	5	119	43	22	26	1	0
	非全时折合全时人数	6	20.8	7.8	3.6	5.1	0.4	0
马克思主义	全时人数	7	0	0	0	0	0	0
	非全时人数	8	64	9	22	22	5	0
	非全时折合全时人数	9	10.6	1.9	4.1	3.3	0.5	0
哲学	全时人数	10	0	0	0	0	0	0
	非全时人数	11	27	10	10	6	1	0
	非全时折合全时人数	12	3.5	1.5	1.1	0.8	0.1	0
逻辑学	全时人数	13	0	0	0	0	0	0
	非全时人数	14	0	0	0	0	0	0
	非全时折合全时人数	15	0	0	0	0	0	0
宗教学	全时人数	16	0	0	0	0	0	0
	非全时人数	17	9	5	3	1	0	0
	非全时折合全时人数	18	0.9	0.5	0.3	0.1	0	0
语言学	全时人数	19	0	0	0	0	0	0
	非全时人数	20	120	24	52	36	3	0
	非全时折合全时人数	21	18.2	2.9	9	5.3	0.5	0
中国文学	全时人数	22	0	0	0	0	0	0
	非全时人数	23	23	2	8	8	0	0
	非全时折合全时人数	24	3.2	0.4	1.1	0.9	0	0
外国文学	全时人数	25	0	0	0	0	0	0
	非全时人数	26	20	0	9	11	0	0
	非全时折合全时人数	27	2.9	0	1.4	1.5	0	0
艺术学	全时人数	28	0	0	0	0	0	0
	非全时人数	29	7	2	3	2	0	0
	非全时折合全时人数	30	1.2	0.4	0.6	0.2	0	0
历史学	全时人数	31	0	0	0	0	0	0
	非全时人数	32	36	9	15	9	0	0
	非全时折合全时人数	33	4.1	1	1.5	1.3	0	0

按职称划分				按学历学位划分			
助教	初级	其他人员	研究生(学生)	博士毕业	硕士毕业	本科毕业	其他学历
L07	L08	L09	L10	L11	L12	L13	L14
0	0	12	40	38	1	0	1
11	306	806	1 383	855	424	304	59
1.1	41.7	140.8	252.4	169.3	67.6	42.8	6.2
0	0	0	0	0	0	0	0
0	27	54	99	56	29	30	4
0	3.9	8.5	18.1	10.4	5.3	4.4	0.7
0	0	0	0	0	0	0	0
0	6	32	57	25	30	6	3
0	0.8	5.8	9.7	4.8	4.4	1.1	0.3
0	0	0	0	0	0	0	0
0	0	8	26	20	6	0	1
0	0	1	3.4	2.5	0.9	0	0.1
0	0	0	0	0	0	0	0
0	0	0	0	0	0	0	0
0	0	0	0	0	0	0	0
0	0	0	0	0	0	0	0
0	0	2	9	9	0	0	0
0	0	0.2	0.9	0.9	0	0	0
0	0	0	0	0	0	0	0
0	5	87	112	53	51	11	5
0	0.5	14.2	17.2	8.5	8.1	1.1	0.5
0	0	0	0	0	0	0	0
1	4	21	18	9	7	7	0
0.1	0.7	2.9	2.4	1.3	0.8	1.1	0
0	0	0	0	0	0	0	0
0	0	16	20	14	5	0	1
0	0	2.5	2.9	2.3	0.5	0	0.1
0	0	0	0	0	0	0	0
0	0	4	7	2	1	2	2
0	0	0.7	1.2	0.3	0.2	0.5	0.2
0	0	0	0	0	0	0	0
1	2	14	34	29	4	2	1
0.1	0.2	1.9	3.9	3.4	0.4	0.2	0.1

			合计	其中				
				女性	研究人员	教授	副教授	讲师
		编号	L01	L02	L03	L04	L05	L06
考古学	全时人数	34	0	0	0	0	0	0
	非全时人数	35	1	1	0	0	0	0
	非全时折合全时人数	36	0.1	0.1	0	0	0	0
经济学	全时人数	37	0	0	0	0	0	0
	非全时人数	38	115	34	26	19	4	0
	非全时折合全时人数	39	18.6	5.6	5	4.1	0.4	0
政治学	全时人数	40	0	0	0	0	0	0
	非全时人数	41	154	57	38	34	5	0
	非全时折合全时人数	42	32	14	7.6	5.6	0.7	0
法学	全时人数	43	39	30	9	0	0	0
	非全时人数	44	775	271	207	91	4	0
	非全时折合全时人数	45	143.7	66.4	37.6	13	0.4	0
社会学	全时人数	46	0	0	0	0	0	0
	非全时人数	47	37	6	11	11	0	0
	非全时折合全时人数	48	5.5	0.9	1.4	1.4	0	0
民族学与文化学	全时人数	49	0	0	0	0	0	0
	非全时人数	50	0	0	0	0	0	0
	非全时折合全时人数	51	0	0	0	0	0	0
新闻学与传播学	全时人数	52	1	1	0	0	0	0
	非全时人数	53	46	8	15	19	2	0
	非全时折合全时人数	54	8.8	1.6	4.5	2.3	0.2	0
图书馆、情报与文献学	全时人数	55	0	0	0	0	0	0
	非全时人数	56	8	0	3	4	1	0
	非全时折合全时人数	57	0.8	0	0.3	0.4	0.1	0
教育学	全时人数	58	0	0	0	0	0	0
	非全时人数	59	76	13	22	26	9	0
	非全时折合全时人数	60	10.3	1.4	3.2	3.8	1.3	0
统计学	全时人数	61	0	0	0	0	0	0
	非全时人数	62	1	1	0	0	0	0
	非全时折合全时人数	63	0.2	0.2	0	0	0	0
心理学	全时人数	64	0	0	0	0	0	0
	非全时人数	65	0	0	0	0	0	0
	非全时折合全时人数	66	0	0	0	0	0	0
体育学	全时人数	67	0	0	0	0	0	0
	非全时人数	68	4	1	2	1	0	0
	非全时折合全时人数	69	0.5	0.1	0.3	0.1	0	0

续表

按职称划分				按学历学位划分			
助教	初级	其他人员	研究生(学生)	博士毕业	硕士毕业	本科毕业	其他学历
L07	L08	L09	L10	L11	L12	L13	L14
0	0	0	0	0	0	0	0
0	0	1	1	1	0	0	0
0	0	0.1	0.1	0.1	0	0	0
0	0	0	0	0	0	0	0
0	32	66	84	57	29	29	0
0	3.5	11	15.5	11.1	4.5	3	0
0	0	0	0	0	0	0	0
1	19	71	142	92	47	11	4
0.1	4	12.7	30.3	20.6	8.8	2.2	0.4
0	0	11	39	37	1	0	1
8	194	331	629	409	157	174	35
0.8	25.5	63.6	124.5	89.3	25.9	25	3.5
0	0	0	0	0	0	0	0
0	9	21	29	26	2	9	0
0	1.8	3.1	4	3.5	0.4	1.6	0
0	0	0	0	0	0	0	0
0	0	0	0	0	0	0	0
0	0	0	0	0	0	0	0
0	0	1	1	1	0	0	0
0	2	26	43	25	12	6	3
0	0.2	5.6	8.5	6.5	1.4	0.6	0.3
0	0	0	0	0	0	0	0
0	0	4	7	1	5	2	0
0	0	0.4	0.7	0.1	0.5	0.2	0
0	0	0	0	0	0	0	0
0	6	47	61	26	37	13	0
0	0.6	6.4	8.4	3.5	5.3	1.5	0
0	0	0	0	0	0	0	0
0	0	1	1	1	0	0	0
0	0	0.2	0.2	0.2	0	0	0
0	0	0	0	0	0	0	0
0	0	0	0	0	0	0	0
0	0	0	0	0	0	0	0
0	0	0	0	0	0	0	0
0	0	0	4	0	2	2	0
0	0	0	0.5	0	0.2	0.3	0

33. 教育部直属艺术院校人文、社会科学研究与发展人员情况表

			合计	其中		教授	副教授	讲师
				女性	研究人员			
		编号	L01	L02	L03	L04	L05	L06
合计	全时人数	1	3	3	0	0	0	0
	非全时人数	2	490	154	113	107	22	24
	非全时折合全时人数	3	113.7	43.6	28.8	22.7	5.5	3.4
管理学	全时人数	4	0	0	0	0	0	0
	非全时人数	5	4	2	1	0	0	1
	非全时折合全时人数	6	0.6	0.4	0.1	0	0	0.1
马克思主义	全时人数	7	0	0	0	0	0	0
	非全时人数	8	2	0	0	1	0	1
	非全时折合全时人数	9	0.3	0	0	0.2	0	0.1
哲学	全时人数	10	0	0	0	0	0	0
	非全时人数	11	0	0	0	0	0	0
	非全时折合全时人数	12	0	0	0	0	0	0
逻辑学	全时人数	13	0	0	0	0	0	0
	非全时人数	14	0	0	0	0	0	0
	非全时折合全时人数	15	0	0	0	0	0	0
宗教学	全时人数	16	0	0	0	0	0	0
	非全时人数	17	0	0	0	0	0	0
	非全时折合全时人数	18	0	0	0	0	0	0
语言学	全时人数	19	0	0	0	0	0	0
	非全时人数	20	2	0	0	2	0	0
	非全时折合全时人数	21	0.4	0	0	0.4	0	0
中国文学	全时人数	22	0	0	0	0	0	0
	非全时人数	23	0	0	0	0	0	0
	非全时折合全时人数	24	0	0	0	0	0	0
外国文学	全时人数	25	0	0	0	0	0	0
	非全时人数	26	0	0	0	0	0	0
	非全时折合全时人数	27	0	0	0	0	0	0
艺术学	全时人数	28	3	3	0	0	0	0
	非全时人数	29	462	152	111	89	20	20
	非全时折合全时人数	30	109.1	43.2	28.6	19.7	4.9	3
历史学	全时人数	31	0	0	0	0	0	0
	非全时人数	32	1	0	0	0	1	0
	非全时折合全时人数	33	0.2	0	0	0	0.2	0

按职称划分				按学历学位划分			
助教	初级	其他人员	研究生(学生)	博士毕业	硕士毕业	本科毕业	其他学历
L07	L08	L09	L10	L11	L12	L13	L14
0	0	0	3	0	2	1	0
0	70	216	387	134	239	89	28
0	9.7	47.6	97.7	37.3	55.7	17.4	3.3
0	0	0	0	0	0	0	0
0	0	0	3	2	2	0	0
0	0	0	0.5	0.4	0.2	0	0
0	0	0	0	0	0	0	0
0	0	2	1	0	2	0	0
0	0	0.3	0.2	0	0.3	0	0
0	0	0	0	0	0	0	0
0	0	0	0	0	0	0	0
0	0	0	0	0	0	0	0
0	0	0	0	0	0	0	0
0	0	0	0	0	0	0	0
0	0	0	0	0	0	0	0
0	0	0	0	0	0	0	0
0	0	0	0	0	0	0	0
0	0	0	0	0	0	0	0
0	0	0	0	0	0	0	0
0	0	2	2	0	2	0	0
0	0	0.4	0.4	0	0.4	0	0
0	0	0	0	0	0	0	0
0	0	0	0	0	0	0	0
0	0	0	0	0	0	0	0
0	0	0	0	0	0	0	0
0	0	0	0	0	0	0	0
0	0	0	0	0	0	0	0
0	0	0	3	0	2	1	0
0	70	197	365	132	216	86	28
0	9.7	44.5	94.1	36.9	52.4	16.5	3.3
0	0	0	0	0	0	0	0
0	0	1	0	0	1	0	0
0	0	0.2	0	0	0.2	0	0

			合计	其中				
				女性	研究人员	教授	副教授	讲师
		编号	L01	L02	L03	L04	L05	L06
考古学	全时人数	34	0	0	0	0	0	0
	非全时人数	35	0	0	0	0	0	0
	非全时折合全时人数	36	0	0	0	0	0	0
经济学	全时人数	37	0	0	0	0	0	0
	非全时人数	38	0	0	0	0	0	0
	非全时折合全时人数	39	0	0	0	0	0	0
政治学	全时人数	40	0	0	0	0	0	0
	非全时人数	41	4	0	0	3	0	1
	非全时折合全时人数	42	0.6	0	0	0.5	0	0.1
法学	全时人数	43	0	0	0	0	0	0
	非全时人数	44	0	0	0	0	0	0
	非全时折合全时人数	45	0	0	0	0	0	0
社会学	全时人数	46	0	0	0	0	0	0
	非全时人数	47	0	0	0	0	0	0
	非全时折合全时人数	48	0	0	0	0	0	0
民族学与文化学	全时人数	49	0	0	0	0	0	0
	非全时人数	50	0	0	0	0	0	0
	非全时折合全时人数	51	0	0	0	0	0	0
新闻学与传播学	全时人数	52	0	0	0	0	0	0
	非全时人数	53	0	0	0	0	0	0
	非全时折合全时人数	54	0	0	0	0	0	0
图书馆、情报与文献学	全时人数	55	0	0	0	0	0	0
	非全时人数	56	8	0	1	5	1	1
	非全时折合全时人数	57	1.4	0	0.1	0.8	0.4	0.1
教育学	全时人数	58	0	0	0	0	0	0
	非全时人数	59	5	0	0	5	0	0
	非全时折合全时人数	60	0.7	0	0	0.7	0	0
统计学	全时人数	61	0	0	0	0	0	0
	非全时人数	62	0	0	0	0	0	0
	非全时折合全时人数	63	0	0	0	0	0	0
心理学	全时人数	64	0	0	0	0	0	0
	非全时人数	65	1	0	0	1	0	0
	非全时折合全时人数	66	0.2	0	0	0.2	0	0
体育学	全时人数	67	0	0	0	0	0	0
	非全时人数	68	1	0	0	1	0	0
	非全时折合全时人数	69	0.2	0	0	0.2	0	0

续表

按职称划分				按学历学位划分			
助教	初级	其他人员	研究生(学生)	博士毕业	硕士毕业	本科毕业	其他学历
L07	L08	L09	L10	L11	L12	L13	L14
0	0	0	0	0	0	0	0
0	0	0	0	0	0	0	0
0	0	0	0	0	0	0	0
0	0	0	0	0	0	0	0
0	0	0	0	0	0	0	0
0	0	0	0	0	0	0	0
0	0	0	0	0	0	0	0
0	0	3	3	0	4	0	0
0	0	0.4	0.5	0	0.6	0	0
0	0	0	0	0	0	0	0
0	0	0	0	0	0	0	0
0	0	0	0	0	0	0	0
0	0	0	0	0	0	0	0
0	0	0	0	0	0	0	0
0	0	0	0	0	0	0	0
0	0	0	0	0	0	0	0
0	0	0	0	0	0	0	0
0	0	0	0	0	0	0	0
0	0	0	0	0	0	0	0
0	0	0	0	0	0	0	0
0	0	0	0	0	0	0	0
0	0	0	0	0	0	0	0
0	0	6	6	0	6	2	0
0	0	1	0.9	0	0.7	0.7	0
0	0	0	0	0	0	0	0
0	0	4	5	0	5	0	0
0	0	0.6	0.7	0	0.7	0	0
0	0	0	0	0	0	0	0
0	0	0	0	0	0	0	0
0	0	0	0	0	0	0	0
0	0	0	0	0	0	0	0
0	0	1	1	0	1	0	0
0	0	0.2	0.2	0	0.2	0	0
0	0	0	0	0	0	0	0
0	0	0	1	0	0	1	0
0	0	0	0.2	0	0	0.2	0

34. 其他部委院校人文、社会科学研究与发展人员情况表

			合计	其中				
				女性	研究人员	教授	副教授	讲师
		编号	L01	L02	L03	L04	L05	L06
合计	全时人数	1	155	58	148	53	50	43
	非全时人数	2	19 173	8 863	16 322	3 561	5 299	6 756
	非全时折合全时人数	3	4 096.7	1 875.2	3 585	819.6	1 204.2	1 450.7
管理学	全时人数	4	20	5	20	7	6	7
	非全时人数	5	3 694	1 632	3 016	637	974	1 270
	非全时折合全时人数	6	890.3	379.1	757.8	181.1	246.3	305.2
马克思主义	全时人数	7	9	5	9	2	3	4
	非全时人数	8	982	452	827	158	265	369
	非全时折合全时人数	9	232.3	114.2	203.3	41.3	67.9	87.5
哲学	全时人数	10	1	1	1	0	1	0
	非全时人数	11	335	133	312	77	97	128
	非全时折合全时人数	12	62	23.2	59.2	15.7	17.5	23.9
逻辑学	全时人数	13	0	0	0	0	0	0
	非全时人数	14	2	1	2	0	0	2
	非全时折合全时人数	15	0.3	0.2	0.3	0	0	0.3
宗教学	全时人数	16	0	0	0	0	0	0
	非全时人数	17	256	73	233	94	68	59
	非全时折合全时人数	18	36.6	10.2	33.7	13.9	10.5	7.6
语言学	全时人数	19	22	12	22	8	5	8
	非全时人数	20	1 400	875	1 217	233	369	551
	非全时折合全时人数	21	286	180.9	257.5	47.9	82.4	120.8
中国文学	全时人数	22	3	0	3	1	1	1
	非全时人数	23	590	291	554	171	173	192
	非全时折合全时人数	24	111.7	52.9	106.7	34.6	32.1	37.7
外国文学	全时人数	25	0	0	0	0	0	0
	非全时人数	26	291	194	253	42	93	116
	非全时折合全时人数	27	58.9	37.5	49.9	9.2	17.8	22.5
艺术学	全时人数	28	1	0	1	0	1	0
	非全时人数	29	794	375	670	132	217	310
	非全时折合全时人数	30	168.8	81.6	146.7	29.6	51.2	64.8
历史学	全时人数	31	5	1	5	3	0	2
	非全时人数	32	434	155	386	117	122	129
	非全时折合全时人数	33	81.6	27.5	73.2	24.8	23.2	22.4

按职称划分				按学历学位划分			
助教	初级	其他人员	研究生(学生)	博士毕业	硕士毕业	本科毕业	其他学历
L07	L08	L09	L10	L11	L12	L13	L14
3 679 123.6	4 253 53.9	2 258 34.1	0 2 367 410.6	107 8 012 1 891.1	38 7 351 1 506	6 3 685 682.1	4 125 17.5
0 112 21.8	0 50 12.6	0 32 5.9	0 619 117.4	17 1 603 433.7	2 1 288 293.5	1 794 161.7	0 9 1.4
0 43 5.8	0 16 3.1	0 13 1.8	0 118 24.9	5 420 114	4 396 83.4	0 165 34.8	0 1 0.1
0 8 1.1	0 2 0.3	0 1 0.1	0 22 3.4	1 188 41.2	0 99 14.4	0 47 6.3	0 1 0.1
0 0 0	0 0 0	0 0 0	0 0 0	0 1 0.2	0 1 0.1	0 0 0	0 0 0
0 5 0.6	0 4 0.4	0 7 0.7	0 19 2.9	0 134 20.4	0 83 11.4	0 33 4.2	0 6 0.6
1 44 9.3	0 19 4.1	0 10 1	0 174 20.5	12 490 104.4	10 676 143.9	0 228 37.1	0 6 0.6
0 13 2.7	0 5 0.6	0 4 0.4	0 32 3.6	3 339 70.7	0 169 29.6	0 76 10.6	0 6 0.8
0 6 1.1	0 3 0.3	0 1 0.1	0 30 7.9	0 112 24	0 128 23.6	0 51 11.3	0 0 0
0 32 6.4	0 8 1.5	0 6 0.9	0 89 14.4	1 176 42	0 393 86.3	0 205 37.3	0 20 3.2
0 11 2.5	0 0 0	0 11 1.6	0 44 7.1	5 256 51.6	0 126 21.5	0 47 7.7	0 5 0.8

			合计	其中				
				女性	研究人员	教授	副教授	讲师
		编号	L01	L02	L03	L04	L05	L06
考古学	全时人数	34	4	1	4	1	3	0
	非全时人数	35	140	50	72	15	21	26
	非全时折合全时人数	36	29.3	9	18.5	4.1	6.5	6.3
经济学	全时人数	37	34	10	33	13	11	8
	非全时人数	38	1 626	691	1 390	341	486	510
	非全时折合全时人数	39	370.4	159.9	321.6	78.9	118.4	115
政治学	全时人数	40	7	3	6	3	0	3
	非全时人数	41	580	222	531	125	176	205
	非全时折合全时人数	42	101	36.1	93.7	21	31.2	38
法学	全时人数	43	20	10	19	7	11	1
	非全时人数	44	2 241	936	1 948	453	682	701
	非全时折合全时人数	45	484.5	205.5	439.9	104.3	162	155.2
社会学	全时人数	46	1	0	1	1	0	0
	非全时人数	47	1 056	543	908	166	310	402
	非全时折合全时人数	48	205.2	102.5	185	33.9	63.7	83.2
民族学与文化学	全时人数	49	4	2	4	1	2	1
	非全时人数	50	1 245	560	1 102	312	361	367
	非全时折合全时人数	51	207.4	88.3	191.5	58.4	65.9	60.6
新闻学与传播学	全时人数	52	12	2	12	4	2	6
	非全时人数	53	632	296	519	95	145	249
	非全时折合全时人数	54	140	65.7	119.7	22.7	37.7	54.4
图书馆、情报与文献学	全时人数	55	1	0	1	1	0	0
	非全时人数	56	370	205	318	59	101	140
	非全时折合全时人数	57	71.5	43.8	64	10.1	23.9	27.9
教育学	全时人数	58	9	6	5	1	3	1
	非全时人数	59	1 485	751	1 253	193	393	646
	非全时折合全时人数	60	285.9	143.9	238.8	39.2	78.9	117.7
统计学	全时人数	61	0	0	0	0	0	0
	非全时人数	62	98	50	83	15	24	41
	非全时折合全时人数	63	15.6	7.9	14.1	3.2	4.2	6.4
心理学	全时人数	64	0	0	0	0	0	0
	非全时人数	65	97	59	91	7	28	55
	非全时折合全时人数	66	23.2	14.1	21.9	2.2	6.2	13.3
体育学	全时人数	67	2	0	2	0	1	1
	非全时人数	68	825	319	637	119	194	288
	非全时折合全时人数	69	234.2	91.2	188	43.5	56.7	80

续表

按职称划分				按学历学位划分			
助教	初级	其他人员	研究生(学生)	博士毕业	硕士毕业	本科毕业	其他学历
L07	L08	L09	L10	L11	L12	L13	L14
0	0	0	0	3	1	0	0
2	0	1	75	40	29	71	0
0.2	0	0.1	12.1	11.3	6.2	11.8	0
1	0	1	0	26	6	1	1
44	14	40	191	874	502	243	7
9.8	1.8	5.7	40.8	216	106.5	47.2	0.7
0	1	0	0	3	2	1	1
13	9	9	43	328	188	64	0
2.1	1.2	1.1	6.4	56.1	34.4	10.5	0
0	0	1	0	16	3	0	1
58	32	32	283	881	869	485	6
11.1	5.5	4.3	42.1	218.9	180.2	84.4	1
0	0	0	0	1	0	0	0
53	9	8	108	492	383	178	3
8.7	1.3	0.8	13.6	110.7	67	27.2	0.3
0	0	0	0	3	0	0	1
33	11	42	119	563	432	225	25
4.8	1.2	4.5	12	109.2	66.3	28.5	3.4
0	0	0	0	9	2	1	0
21	12	7	103	253	242	129	8
3.4	2.8	0.7	18.3	60	56.3	22.4	1.3
0	0	0	0	1	0	0	0
19	10	2	39	117	168	80	5
2.3	2.4	0.2	4.7	23.2	33.7	13.8	0.8
1	3	0	0	1	6	2	0
107	38	19	89	447	736	290	12
16.8	11.2	2.6	19.5	91.4	129.9	63	1.6
0	0	0	0	0	0	0	0
3	1	1	13	68	13	17	0
0.3	0.1	0.1	1.3	11.8	2.1	1.7	0
0	0	0	0	0	0	0	0
3	1	0	3	28	51	17	1
0.4	0.4	0	0.7	5.8	12	5.2	0.2
0	0	0	0	0	2	0	0
49	9	12	154	202	379	240	4
12.4	3.1	1.5	37	74.5	103.7	55.4	0.6

35. 地方院校人文、社会科学研究与发展人员情况表

			合计	其中				
				女性	研究人员	教授	副教授	讲师
		编号	L01	L02	L03	L04	L05	L06
合计	全时人数	1	1 810	721	1 734	632	594	490
	非全时人数	2	426 013	233 924	357 032	56 982	115 488	179 645
	非全时折合全时人数	3	87 918.8	47 519.3	75 848.2	13 210.1	25 218.4	36 594.2
管理学	全时人数	4	352	148	342	100	129	110
	非全时人数	5	71 472	38 179	58 983	9 924	19 104	28 952
	非全时折合全时人数	6	15 333	8 085.6	13 125.8	2 387.1	4 398	6 154.8
马克思主义	全时人数	7	84	31	83	36	27	19
	非全时人数	8	21 529	11 059	18 279	3 153	6 044	8 882
	非全时折合全时人数	9	4 388.5	2 229.3	3 838.3	737.7	1 303.2	1 764
哲学	全时人数	10	26	4	26	14	8	4
	非全时人数	11	5 560	2 457	4 847	1 009	1 606	2 075
	非全时折合全时人数	12	1 057.4	448.9	943.9	210.5	323	388
逻辑学	全时人数	13	1	0	0	0	0	0
	非全时人数	14	360	160	307	42	104	155
	非全时折合全时人数	15	65.5	30.2	57.5	8.6	19.2	29
宗教学	全时人数	16	2	1	2	1	0	1
	非全时人数	17	982	422	863	177	311	356
	非全时折合全时人数	18	183.2	77.3	163.2	36.1	60.2	63.9
语言学	全时人数	19	105	50	103	44	33	26
	非全时人数	20	27 080	19 006	23 644	2 957	7 467	13 013
	非全时折合全时人数	21	5 693.5	3 970.4	5 071.7	720.5	1 665.7	2 652.4
中国文学	全时人数	22	62	21	62	32	13	15
	非全时人数	23	14 862	8 069	13 021	2 680	4 491	5 576
	非全时折合全时人数	24	3 041.5	1 592.3	2 731	621.9	956.4	1 106.8
外国文学	全时人数	25	10	5	10	2	6	2
	非全时人数	26	6 825	4 806	6 060	832	1 922	3 243
	非全时折合全时人数	27	1 288.4	903.7	1 155.3	167.5	376.1	602.3
艺术学	全时人数	28	186	82	158	36	62	60
	非全时人数	29	38 801	21 487	31 289	3 954	9 627	17 430
	非全时折合全时人数	30	8 873.8	4 825.6	7 409.5	1 002.4	2 367.7	3 990.2
历史学	全时人数	31	60	16	59	31	16	12
	非全时人数	32	9 290	3 841	8 056	1 861	2 683	3 313
	非全时折合全时人数	33	1 968.8	771.9	1 757.6	436.3	598.5	694.1

按职称划分				按学历学位划分			
助教	初级	其他人员	研究生（学生）	博士毕业	硕士毕业	本科毕业	其他学历
L07	L08	L09	L10	L11	L12	L13	L14
69	18	3	4	958	607	178	67
32 910	11 566	3 987	25 435	89 580	224 151	106 263	6 019
6 212.2	2 046.6	557.1	4 080.2	21 189.4	45 943.3	19 801.2	984.9
10	2	1	0	206	107	26	13
4 925	2 016	611	5 940	17 429	35 734	17 216	1 093
952	360.7	92.9	987.5	4 392.1	7 594.9	3 167.2	178.8
2	0	0	0	48	27	6	3
1 585	536	161	1 168	5 057	11 616	4 571	285
288.7	87.2	24.5	183.2	1 180.2	2 352.2	815.3	40.8
0	0	0	0	18	5	0	3
245	95	72	458	2 322	2 185	953	100
43.7	17	9.3	65.9	501.3	384.3	155.9	15.9
1	0	0	0	0	1	0	0
34	6	8	11	96	191	65	8
5.6	0.7	0.9	1.5	19.7	34.9	9.8	1.1
0	0	0	0	1	1	0	0
62	21	20	35	400	380	183	19
10.8	4	2.4	5.8	78.9	69.4	32.2	2.7
2	0	0	0	53	37	10	5
2 003	458	141	1 041	4 671	15 768	6 371	270
381	78.4	18.9	176.6	1 128.4	3 288.7	1 234.1	42.3
0	1	0	1	47	11	2	2
772	247	147	949	5 201	6 402	3 067	192
143	43.2	18.2	152	1 210.2	1 229.7	571.6	30
0	0	0	0	2	5	2	1
461	112	29	226	1 420	4 004	1 312	89
81.5	19.3	3.8	37.9	291.9	750.2	233.7	12.6
24	3	0	1	34	112	37	3
4 181	1 209	346	2 054	3 952	22 476	11 916	457
878.6	246.7	52.3	335.9	954	5 245.9	2 585.2	88.7
0	0	0	1	48	7	3	2
397	138	66	832	3 784	3 400	1 960	146
72.4	22.7	9.9	134.9	903.6	684.1	358	23.1

			合计	其中				
				女性	研究人员	教授	副教授	讲师
		编号	L01	L02	L03	L04	L05	L06
考古学	全时人数	34	6	0	6	4	1	1
	非全时人数	35	1 016	378	795	196	205	356
	非全时折合全时人数	36	197.1	71.6	161	40.1	40.8	75.5
经济学	全时人数	37	297	125	287	103	101	80
	非全时人数	38	46 934	25 112	39 230	7 194	12 853	18 477
	非全时折合全时人数	39	10 142.9	5 309.1	8 819.9	1 799.4	2 961.8	3 930.9
政治学	全时人数	40	16	5	16	3	7	6
	非全时人数	41	9 762	4 593	8 390	1 625	2 848	3 745
	非全时折合全时人数	42	1 752.5	806.4	1 527.3	313.9	522.6	666.4
法学	全时人数	43	158	48	157	67	53	34
	非全时人数	44	16 132	7 620	13 625	2 602	4 748	5 919
	非全时折合全时人数	45	3 617.1	1 689.8	3 204.5	674.3	1 143.2	1 326.9
社会学	全时人数	46	52	21	52	19	20	12
	非全时人数	47	25 525	13 751	21 579	3 504	6 966	10 870
	非全时折合全时人数	48	4 683.2	2 517	4 006.6	687.6	1 303.7	1 978.8
民族学与文化学	全时人数	49	29	7	27	11	6	9
	非全时人数	50	9 884	5 428	8 528	1 546	2 776	4 075
	非全时折合全时人数	51	1 768.9	958.4	1 536.7	298.6	505.1	712.6
新闻学与传播学	全时人数	52	31	15	29	10	7	10
	非全时人数	53	8 620	4 979	7 206	1 109	2 290	3 720
	非全时折合全时人数	54	1 778.4	1 027	1 516.2	245.5	493.9	763.2
图书馆、情报与文献学	全时人数	55	14	8	12	2	3	7
	非全时人数	56	6 703	4 273	5 694	732	1 746	3 177
	非全时折合全时人数	57	1 284.4	826.1	1 118.1	150.3	356.8	604.8
教育学	全时人数	58	205	94	195	70	66	58
	非全时人数	59	79 666	47 273	66 302	8 813	20 784	36 262
	非全时折合全时人数	60	15 529.9	9 151.8	13 211.4	1 900.3	4 248.9	6 990.3
统计学	全时人数	61	13	6	13	7	3	2
	非全时人数	62	3 195	1 553	2 675	503	864	1 244
	非全时折合全时人数	63	587.5	285.4	505.7	102.2	165.2	228.8
心理学	全时人数	64	13	9	11	3	5	3
	非全时人数	65	5 452	3 481	4 357	606	1 226	2 453
	非全时折合全时人数	66	1 022.6	643.3	850.6	127.7	242.2	468.3
体育学	全时人数	67	88	25	84	37	28	19
	非全时人数	68	16 363	5 997	13 302	1 963	4 823	6 352
	非全时折合全时人数	69	3 660.7	1 298.2	3 136.4	541.6	1 166.2	1 402.2

续表

按职称划分				按学历学位划分			
助教	初级	其他人员	研究生(学生)	博士毕业	硕士毕业	本科毕业	其他学历
L07	L08	L09	L10	L11	L12	L13	L14
0	0	0	0	4	1	1	0
35	10	4	210	366	346	288	16
7.2	1.4	0.6	31.5	88.3	60.5	45.1	3.2
10	2	1	0	191	73	19	14
3 012	1 150	433	3 815	12 882	22 821	10 429	802
579.3	213	63	595.5	3 320.1	4 794.5	1 886.4	141.9
0	0	0	0	8	4	2	2
666	254	88	536	2 735	4 829	2 057	141
107.6	38.1	10.5	93.4	547.5	837.7	346.4	20.9
1	3	0	0	112	31	11	4
811	247	243	1 562	5 100	7 320	3 431	281
146.2	44.7	30.1	251.7	1 332.2	1 596.6	642.1	46.2
0	1	0	0	25	19	6	2
1 897	679	275	1 334	5 862	13 502	5 829	332
333.2	110.4	37.8	231.7	1 171.9	2 444	1 013.9	53.4
1	0	1	1	15	11	1	2
764	246	162	315	2 127	5 254	2 360	143
133.8	41.1	22.6	55.1	423.9	913.7	408.4	22.9
2	2	0	0	13	11	6	1
764	230	60	447	2 029	4 697	1 777	117
150.6	41.4	7.2	76.6	461.9	961.3	334.4	20.8
1	1	0	0	2	10	2	0
427	316	97	208	924	3 020	2 534	225
74	52.1	13.7	32.7	181.6	587.5	477.7	37.6
8	3	0	0	86	85	28	6
7 742	2 951	808	2 306	9 398	47 473	21 811	984
1 419.3	506.8	109.3	355	2 058.3	9 366	3 957.1	148.5
1	0	0	0	8	5	0	0
173	64	27	320	1 039	1 349	712	95
31	12.1	4.9	43.3	216.7	239.4	113.3	18.1
2	0	0	0	7	3	1	2
525	221	50	371	982	3 058	1 349	63
88.3	34.4	7	54.7	232.1	563.3	217.3	9.9
4	0	0	0	30	41	15	2
1 429	360	139	1 297	1 804	8 326	6 072	161
284.4	71.2	17.3	177.8	494.6	1 944.5	1 196.1	25.5

36. 综合院校人文、社会科学研究与发展人员情况表

		编号	合计	其中 女性	其中 研究人员	教授	副教授	讲师
			L01	L02	L03	L04	L05	L06
合计	全时人数	1	1 910	624	1 874	810	562	490
	非全时人数	2	164 239	81 727	137 555	26 800	42 653	61 576
	非全时折合全时人数	3	33 648	16 417.2	29 308.6	6 337.5	9 492.6	12 444.8
管理学	全时人数	4	351	124	343	144	117	80
	非全时人数	5	28 882	13 637	23 737	5 006	7 105	10 062
	非全时折合全时人数	6	6 009.8	2 808.8	5 215.9	1 254.2	1 662.4	2 050.1
马克思主义	全时人数	7	139	46	137	56	28	51
	非全时人数	8	8 035	3 809	6 870	1 403	2 088	3 052
	非全时折合全时人数	9	1 693.8	793	1 490.4	343.8	467.6	624.7
哲学	全时人数	10	47	12	47	26	7	14
	非全时人数	11	3 337	1 217	2 948	822	890	1 022
	非全时折合全时人数	12	672.3	231.2	613.4	188.8	185.8	205.9
逻辑学	全时人数	13	0	0	0	0	0	0
	非全时人数	14	101	37	93	23	33	30
	非全时折合全时人数	15	17.5	6.7	16.5	4.3	6.1	5.4
宗教学	全时人数	16	5	4	5	1	2	2
	非全时人数	17	757	280	673	215	195	218
	非全时折合全时人数	18	122.5	44.7	110.9	36.6	33.9	35
语言学	全时人数	19	93	60	92	34	28	29
	非全时人数	20	10 144	6 742	8 867	1 294	2 806	4 596
	非全时折合全时人数	21	2 168	1 426	1 932.7	321.3	632.7	947.4
中国文学	全时人数	22	66	14	66	36	10	19
	非全时人数	23	6 510	3 144	5 758	1 439	1 876	2 229
	非全时折合全时人数	24	1 334.4	619.9	1 217.6	328	403.7	447.8
外国文学	全时人数	25	20	14	16	4	3	8
	非全时人数	26	2 843	1 905	2 500	410	741	1 274
	非全时折合全时人数	27	552.2	369.4	496.2	86.4	147.6	249.9
艺术学	全时人数	28	64	24	61	9	26	26
	非全时人数	29	11 445	6 158	9 344	1 239	2 787	5 162
	非全时折合全时人数	30	2 640.6	1 390.1	2 223	310.7	695.5	1 192.3
历史学	全时人数	31	79	17	79	31	19	29
	非全时人数	32	5 484	2 027	4 783	1 306	1 487	1 727
	非全时折合全时人数	33	1 180.6	408	1 064.1	324.2	336.7	362.4

按职称划分				按学历学位划分			
助教	初级	其他人员	研究生(学生)	博士毕业	硕士毕业	本科毕业	其他学历
L07	L08	L09	L10	L11	L12	L13	L14
29	12	5	2	1 167	486	209	48
9 681	3 598	1 687	18 244	47 339	75 407	38 891	2 602
1 825.7	641.6	223.3	2 682.5	11 036.8	15 168.2	7 046.5	396.5
6	2	2	0	238	73	22	18
1 432	621	315	4 341	9 048	12 647	6 818	369
269.2	107.8	43.3	622.8	2 189.7	2 577.7	1 181.2	61.2
3	1	0	0	65	30	42	2
459	121	81	831	2 451	3 780	1 643	161
89.1	20	11.9	136.7	575	780.1	312.9	25.8
0	0	0	0	30	13	3	1
99	37	66	401	1 704	1 026	542	65
16.4	6.9	8.5	60	384.1	187.6	92.6	8
0	0	0	0	0	0	0	0
1	2	0	12	45	36	19	1
0.2	0.3	0	1.2	8.5	6.4	2.5	0.1
0	0	0	0	3	2	0	0
35	3	23	68	425	202	120	10
6.1	0.4	2.5	8	73	31.2	17.1	1.2
2	0	0	0	49	34	9	1
674	127	38	609	2 428	5 277	2 346	93
136.7	25.9	4.4	99.6	593.8	1 097.4	461.9	14.9
0	0	0	1	39	25	2	0
258	91	55	562	2 756	2 413	1 222	119
47.9	17.6	6.6	82.8	613.8	482.2	222.5	15.9
2	2	1	0	7	10	2	1
182	36	21	179	820	1 501	492	30
30.2	6.7	2.3	29.1	167.9	287.7	93	3.6
3	0	0	0	23	25	15	1
1 191	366	75	625	1 486	6 368	3 425	166
249.4	74.2	10	108.5	364.3	1 476.5	773	26.8
0	0	0	0	56	13	9	1
156	58	65	685	2 668	1 614	1 063	139
28.9	10.5	8.6	109.3	622.4	334.3	204.4	19.5

			合计	其中				
				女性	研究人员	教授	副教授	讲师
		编号	L01	L02	L03	L04	L05	L06
考古学	全时人数	34	16	1	16	9	2	5
	非全时人数	35	1 491	429	1 062	321	250	317
	非全时折合全时人数	36	260.3	78.3	202.5	59.3	53.9	67.9
经济学	全时人数	37	327	86	320	157	105	57
	非全时人数	38	19 338	9 146	15 789	3 333	4 894	6 343
	非全时折合全时人数	39	4 128.4	1 892.8	3 575.2	855.6	1 177.9	1 345.8
政治学	全时人数	40	60	16	59	28	17	14
	非全时人数	41	5 219	2 055	4 490	1 162	1 402	1 675
	非全时折合全时人数	42	937.5	359.2	825.6	230.3	258.6	297.3
法学	全时人数	43	200	56	199	105	60	34
	非全时人数	44	7 680	3 012	6 207	1 452	1 944	2 210
	非全时折合全时人数	45	1 736.9	668.4	1 515.8	401.3	505.4	513.1
社会学	全时人数	46	115	46	115	29	50	35
	非全时人数	47	9 864	4 924	8 277	1 597	2 613	3 663
	非全时折合全时人数	48	1 802.6	880.8	1 560.3	336	503.2	663.7
民族学与文化学	全时人数	49	24	3	23	11	4	7
	非全时人数	50	4 261	2 263	3 675	808	1 174	1 601
	非全时折合全时人数	51	757.9	395.9	666.8	149.6	215	286.1
新闻学与传播学	全时人数	52	84	24	83	27	31	24
	非全时人数	53	4 223	2 133	3 490	699	1 115	1 541
	非全时折合全时人数	54	877.7	452.2	751.6	161.8	262.2	304
图书馆、情报与文献学	全时人数	55	45	19	44	21	12	11
	非全时人数	56	3 583	2 041	2 986	536	902	1 369
	非全时折合全时人数	57	690.7	399.1	598.4	118.4	196.5	253.8
教育学	全时人数	58	125	40	120	62	29	28
	非全时人数	59	23 740	13 750	19 855	2 747	6 239	10 562
	非全时折合全时人数	60	4 607.1	2 624.5	3 955	605.4	1 291.2	2 012.1
统计学	全时人数	61	5	1	5	1	2	2
	非全时人数	62	915	420	756	176	227	324
	非全时折合全时人数	63	145.3	65.7	123.9	31.3	40.6	48.2
心理学	全时人数	64	11	6	11	4	2	5
	非全时人数	65	1 643	957	1 347	206	422	673
	非全时折合全时人数	66	313.8	174.2	268.9	43.7	86.2	132.1
体育学	全时人数	67	34	11	33	15	8	10
	非全时人数	68	4 744	1 641	4 048	606	1 463	1 926
	非全时折合全时人数	69	998.1	328.3	883.9	146.5	329.9	399.8

续表

按职称划分				按学历学位划分			
助教	初级	其他人员	研究生(学生)	博士毕业	硕士毕业	本科毕业	其他学历
L07	L08	L09	L10	L11	L12	L13	L14
0 22 6	0 7 0.8	0 17 2.4	0 557 70	11 616 132.7	3 377 60.8	2 470 63.6	0 28 3.2
7 873 166.4	1 382 74.5	0 156 20.2	0 3 357 488	233 6 387 1 629.7	58 8 311 1 719.9	27 4 309 731.4	9 331 47.4
1 199 31.6	0 82 11.1	0 74 9.1	0 625 99.5	27 2 220 437.4	21 1 923 329.9	11 985 158.3	1 91 11.9
0 228 43.4	1 91 18.6	0 179 23.2	0 1 576 231.9	154 3 134 855.1	37 2 741 575.3	6 1 675 285.1	3 130 21.4
0 563 97.2	1 233 39.7	0 102 14.6	0 1 093 148.2	73 2 986 615.4	19 4 614 823.6	22 2 103 339.3	1 161 24.3
0 293 49.9	0 94 15	1 57 7.5	1 234 34.8	13 1 181 226.8	9 2 013 351.6	0 1 014 171	2 53 8.5
1 282 61.9	1 90 16.7	0 59 7.8	0 437 63.3	55 1 427 334.8	17 1 872 384.4	12 853 148.1	0 71 10.4
1 153 26.4	0 110 19.6	0 47 6.3	0 466 69.7	28 868 189.4	15 1 423 271.5	2 1 189 216	0 103 13.8
2 2 064 374.9	3 873 147.1	1 199 27.1	0 1 056 149.3	42 3 365 729.1	62 13 726 2 677.9	14 6 299 1 141.5	7 350 58.6
0 37 5.7	0 17 2.4	0 7 1.3	0 127 15.8	2 321 58.6	3 391 59.2	0 191 25.9	0 12 1.6
0 120 19.2	0 60 9.3	0 16 2	0 146 21.3	8 364 87.3	2 854 154.9	1 387 65.6	0 38 6
1 360 69	0 97 16.5	0 35 3.7	0 257 32.7	11 639 148	15 2 298 498.1	8 1 726 339.6	0 81 12.4

37. 理工农医院校人文、社会科学研究与发展人员情况表

			合计	其中				
				女性	研究人员	教授	副教授	讲师
		编号	L01	L02	L03	L04	L05	L06
合计	全时人数	1	652	281	612	192	217	189
	非全时人数	2	161 005	88 047	134 799	19 925	42 938	68 022
	非全时折合全时人数	3	33 298.3	17 980.5	28 574.7	4 614	9 402.2	13 818.5
管理学	全时人数	4	214	83	210	71	68	63
	非全时人数	5	38 605	19 762	31 137	5 573	10 016	14 050
	非全时折合全时人数	6	8 753.5	4 389	7 354.6	1 451.7	2 473.2	3 153.6
马克思主义	全时人数	7	49	22	48	15	18	15
	非全时人数	8	9 687	4 848	8 124	1 353	2 711	3 924
	非全时折合全时人数	9	2 039.1	1 025.1	1 762.5	321.3	607.7	802.6
哲学	全时人数	10	9	2	9	3	4	2
	非全时人数	11	2 096	974	1 849	335	630	813
	非全时折合全时人数	12	400.1	186.1	356.8	67.8	126.4	148.6
逻辑学	全时人数	13	1	0	0	0	0	0
	非全时人数	14	163	76	143	20	41	79
	非全时折合全时人数	15	27.6	13.4	25	3.6	6.3	14.6
宗教学	全时人数	16	0	0	0	0	0	0
	非全时人数	17	209	101	190	26	61	90
	非全时折合全时人数	18	35.7	16.5	32.8	5.6	11	13.6
语言学	全时人数	19	19	12	19	2	10	7
	非全时人数	20	9 283	6 868	8 208	800	2 580	4 763
	非全时折合全时人数	21	1 922.1	1 414.9	1 728.4	186.4	557.3	973.3
中国文学	全时人数	22	3	2	3	2	0	1
	非全时人数	23	2 838	1 730	2 565	343	868	1 307
	非全时折合全时人数	24	527.2	323.1	479.6	67.7	164.4	239.1
外国文学	全时人数	25	2	2	2	0	2	0
	非全时人数	26	2 159	1 540	1 919	217	618	1 057
	非全时折合全时人数	27	399.4	282.3	350.5	43	115.1	187.5
艺术学	全时人数	28	97	47	74	10	32	32
	非全时人数	29	12 224	6 721	9 779	1 091	2 914	5 563
	非全时折合全时人数	30	2 772.3	1 505.5	2 288.7	281.8	718.7	1 245
历史学	全时人数	31	7	3	7	4	1	2
	非全时人数	32	1 939	867	1 678	316	513	758
	非全时折合全时人数	33	371.9	154.9	328.7	63.3	102.2	145.8

按职称划分				按学历学位划分			
助教	初级	其他人员	研究生(学生)	博士毕业	硕士毕业	本科毕业	其他学历
L07	L08	L09	L10	L11	L12	L13	L14
32	12	0	10	330	241	71	10
10 935	3 728	815	14 642	35 440	82 069	42 281	1 215
2 019.3	667.8	128.2	2 648.3	8 374.1	16 843.9	7 875.4	204.9
5	2	0	5	133	59	20	2
2 044	781	184	5 957	11 024	17 154	10 127	300
411.6	148.8	33	1 081.6	2 931.6	3 811.8	1 960.5	49.6
1	0	0	0	29	17	3	0
663	242	49	745	2 523	5 023	2 080	61
120.5	42.3	7.5	137.2	606.2	1 044.3	380.1	8.5
0	0	0	0	5	2	1	1
100	38	6	174	935	830	315	16
19.1	6.9	0.9	30.4	189.1	155.7	53.1	2.2
1	0	0	0	0	1	0	0
12	3	0	8	42	89	32	0
1.4	0.3	0	1.4	7.1	14.9	5.6	0
0	0	0	0	0	0	0	0
10	6	0	16	75	97	35	2
1.4	1	0	3.1	13.8	15	6.1	0.8
0	0	0	0	5	11	2	1
646	147	16	331	1 252	5 670	2 310	51
116.1	23.9	3.4	61.7	273.7	1 191.3	447.9	9.2
0	0	0	0	1	2	0	0
155	41	12	112	872	1 348	598	20
25.5	5.9	1.5	23.1	176.1	241.3	106.1	3.7
0	0	0	0	0	1	0	1
128	38	1	100	457	1 230	458	14
23.3	7.1	0.2	23.2	87.9	226.6	82.1	2.8
19	3	0	1	21	62	14	0
1 140	282	43	1 191	1 458	6 774	3 884	108
237.1	59.4	6.2	224.1	363.5	1 566.6	822	20.2
0	0	0	0	4	2	1	0
99	33	2	218	761	769	393	16
17.8	5.5	0.5	36.8	162.1	140	65.8	4

			合计	其中				
				女性	研究人员	教授	副教授	讲师
		编号	L01	L02	L03	L04	L05	L06
考古学	全时人数	34	4	1	4	1	3	0
	非全时人数	35	198	79	139	22	37	68
	非全时折合全时人数	36	41.7	15.6	31.9	6	11.1	12.4
经济学	全时人数	37	71	34	70	31	21	17
	非全时人数	38	17 908	9 424	14 999	2 690	4 918	6 691
	非全时折合全时人数	39	3 712	1 925.3	3 198	633.1	1 078.7	1 368.3
政治学	全时人数	40	6	2	6	2	2	2
	非全时人数	41	3 042	1 498	2 644	434	917	1 225
	非全时折合全时人数	42	526.3	253.7	462.5	76.8	159.8	211.4
法学	全时人数	43	42	16	42	17	13	9
	非全时人数	44	5 293	2 597	4 352	745	1 528	1 950
	非全时折合全时人数	45	1 230.5	608.3	1 066.4	196.9	389	454.5
社会学	全时人数	46	31	12	31	7	10	12
	非全时人数	47	11 377	6 181	9 713	1 489	3 041	4 881
	非全时折合全时人数	48	2 168.9	1 192.5	1 880.3	304	591.4	918.2
民族学与文化学	全时人数	49	3	1	3	0	2	1
	非全时人数	50	2 596	1 509	2 259	285	701	1 240
	非全时折合全时人数	51	436.9	252.1	384.9	52.7	122.3	204
新闻学与传播学	全时人数	52	8	4	7	4	3	0
	非全时人数	53	2 606	1 437	2 230	364	701	1 053
	非全时折合全时人数	54	505.6	283.8	442.1	70	140.3	210.3
图书馆、情报与文献学	全时人数	55	5	3	5	0	2	3
	非全时人数	56	2 800	1 758	2 380	292	678	1 337
	非全时折合全时人数	57	537.8	334.7	464.9	55.9	141.5	254.4
教育学	全时人数	58	61	31	53	16	17	20
	非全时人数	59	28 606	16 711	24 195	2 797	7 400	13 805
	非全时折合全时人数	60	5 422	3 154.9	4 660	572.4	1 464.2	2 589.2
统计学	全时人数	61	3	2	3	2	1	0
	非全时人数	62	1 050	522	912	158	264	443
	非全时折合全时人数	63	197.5	100.6	173.2	31.1	45.6	85.1
心理学	全时人数	64	3	0	3	0	3	0
	非全时人数	65	2 152	1 414	1 801	201	488	1 067
	非全时折合全时人数	66	407	268.4	344.3	39.6	92	203.7
体育学	全时人数	67	14	2	13	5	5	3
	非全时人数	68	4 174	1 430	3 583	374	1 313	1 858
	非全时折合全时人数	69	863.2	279.8	758.6	83.3	284	383.3

续表

按职称划分				按学历学位划分			
助教	初级	其他人员	研究生(学生)	博士毕业	硕士毕业	本科毕业	其他学历
L07	L08	L09	L10	L11	L12	L13	L14
0	0	0	0	3	1	0	0
5	1	0	65	59	62	77	0
0.7	0.3	0	11.2	16.4	11.9	13.4	0
0	1	0	1	46	20	4	1
868	285	77	2 379	5 191	8 158	4 455	104
158.3	52.9	13.9	406.8	1 249.7	1 650.4	793.8	18.1
0	0	0	0	4	1	1	0
204	88	5	169	800	1 554	661	27
31.3	12.5	0.8	33.7	145.5	266	110.4	4.4
0	2	0	1	33	5	4	0
226	67	33	744	1 701	2 239	1 303	50
41.5	12.5	5.5	130.6	468.8	506.4	246	9.3
0	0	0	2	20	7	3	1
770	262	56	878	2 697	5 865	2 709	106
135.5	44.2	7.7	167.9	570.9	1 106.8	473.9	17.3
0	0	0	0	1	2	0	0
195	62	30	83	464	1 488	626	18
30.4	10	4.7	12.8	83.2	250.2	101.3	2.2
0	1	0	0	3	3	2	0
158	47	13	270	738	1 291	558	19
28.2	7	1.3	48.5	148.2	253.6	100.3	3.5
0	0	0	0	0	4	1	0
138	136	41	178	501	1 302	913	84
23.5	23.6	7	31.9	95.6	256.8	170.9	14.5
5	3	0	0	19	29	11	2
2 717	1 000	216	671	2 964	17 153	8 301	188
475.3	173.2	28.6	119.1	591.1	3 319.9	1 482.6	28.4
0	0	0	0	0	3	0	0
45	21	6	113	288	497	251	14
8	4.4	1.2	22.1	56	92.5	45.5	3.5
0	0	0	0	1	1	1	0
209	78	6	103	340	1 289	517	6
36.6	13.7	1.4	20	70.7	248.1	87	1.2
1	0	0	0	2	8	3	1
403	70	19	137	298	2 187	1 678	11
76.2	12.4	2.9	21.1	66.9	473.8	321	1.5

38. 师范院校人文、社会科学研究与发展人员情况表

			合计	其中				
				女性	研究人员	教授	副教授	讲师
		编号	L01	L02	L03	L04	L05	L06
合计	全时人数	1	557	200	546	250	183	111
	非全时人数	2	92 636	46 924	77 131	14 819	25 244	34 373
	非全时折合全时人数	3	19 310.6	9 669.6	16 611.4	3 442.1	5 619.8	7 125.5
管理学	全时人数	4	51	16	51	20	14	17
	非全时人数	5	8 022	3 979	6 637	1 171	2 149	3 073
	非全时折合全时人数	6	1 683.7	813.8	1 441	273.8	485.3	641.4
马克思主义	全时人数	7	25	7	25	15	8	2
	非全时人数	8	4 832	2 361	4 113	843	1 361	1 802
	非全时折合全时人数	9	975	468.4	858.1	200.8	283.8	356
哲学	全时人数	10	8	2	8	4	3	1
	非全时人数	11	1 655	631	1 406	401	440	508
	非全时折合全时人数	12	302.3	107.3	264.2	79.8	88.5	88.3
逻辑学	全时人数	13	0	0	0	0	0	0
	非全时人数	14	38	11	35	8	15	11
	非全时折合全时人数	15	5.5	1.4	5.1	1.2	2	1.8
宗教学	全时人数	16	0	0	0	0	0	0
	非全时人数	17	357	123	317	84	109	117
	非全时折合全时人数	18	68.7	23.7	62	17.7	23	20.2
语言学	全时人数	19	36	17	36	12	16	8
	非全时人数	20	6 569	4 203	5 657	937	1 769	2 799
	非全时折合全时人数	21	1 377.5	877.5	1 212.5	218.5	392.9	578.9
中国文学	全时人数	22	30	8	30	19	7	3
	非全时人数	23	6 019	2 974	5 144	1 272	1 757	1 956
	非全时折合全时人数	24	1 286.8	600.6	1 140.2	310.1	396.3	408.7
外国文学	全时人数	25	5	2	5	1	4	0
	非全时人数	26	2 190	1 333	1 956	324	580	953
	非全时折合全时人数	27	406.6	255.9	368.3	62.8	116.7	177.6
艺术学	全时人数	28	27	14	23	9	9	5
	非全时人数	29	8 716	4 649	7 167	1 030	2 363	3 635
	非全时折合全时人数	30	1 932	1 027.5	1 656	246	578.6	811.5
历史学	全时人数	31	43	8	42	28	10	4
	非全时人数	32	4 250	1 598	3 610	957	1 184	1 326
	非全时折合全时人数	33	929	336.1	814.5	229	276.8	280.5

按职称划分				按学历学位划分			
助教	初级	其他人员	研究生(学生)	博士毕业	硕士毕业	本科毕业	其他学历
L07	L08	L09	L10	L11	L12	L13	L14
11	1	0	1	353	140	45	19
6 099	1 933	1 109	9 059	23 704	44 936	21 893	2 103
1 156	321.6	145	1 500.6	5 570.2	9 234	4 183.2	323.2
0	0	0	0	28	21	1	1
536	191	62	840	2 170	3 948	1 729	175
107	28.1	8.3	139.8	517.5	818	321.3	26.9
0	0	0	0	19	3	1	2
281	88	44	413	1 378	2 366	960	128
49	12.5	7.1	65.8	324.4	465.9	166.5	18.2
0	0	0	0	6	1	0	1
45	20	12	229	708	559	308	80
7	3.6	1.6	33.5	152.1	90.3	46.9	13
0	0	0	0	0	0	0	0
2	0	1	1	17	10	8	3
0.3	0	0.1	0.1	2.5	1.6	0.9	0.5
0	0	0	0	0	0	0	0
17	3	6	21	145	150	59	3
2.4	0.5	0.8	4.1	28.3	28.4	11.7	0.3
0	0	0	0	22	9	4	1
424	81	66	493	1 616	3 441	1 427	85
79.5	15	8.4	84.3	365.6	725.9	274.3	11.7
0	1	0	0	25	3	1	1
271	83	94	586	2 295	2 345	1 268	111
50.1	14.3	11.5	95.8	572.3	454	244.5	16
0	0	0	0	3	1	1	0
131	81	15	106	645	1 116	370	59
22.1	8.9	1.8	16.7	117.3	214.1	67.9	7.3
4	0	0	0	6	12	7	2
817	208	106	557	1 023	4 872	2 646	175
159.8	35.5	15	85.6	224.8	1 109.1	561	37.1
0	0	0	1	35	5	2	1
143	46	28	566	1 770	1 480	895	105
28	7.3	4.5	102.9	450.2	300.1	162.8	15.9

			合计	其中				
				女性	研究人员	教授	副教授	讲师
		编号	L01	L02	L03	L04	L05	L06
考古学	全时人数	34	0	0	0	0	0	0
	非全时人数	35	419	141	314	85	84	117
	非全时折合全时人数	36	75	26.9	62.5	17.2	16.8	25.7
经济学	全时人数	37	43	15	43	11	16	15
	非全时人数	38	6 072	2 979	5 127	983	1 676	2 270
	非全时折合全时人数	39	1 382.3	668	1 201.9	248.3	412.1	509.4
政治学	全时人数	40	14	2	14	7	5	2
	非全时人数	41	2 914	1 263	2 481	604	806	940
	非全时折合全时人数	42	578.9	252.1	496.5	122.8	161	182.2
法学	全时人数	43	26	7	26	13	8	5
	非全时人数	44	2 734	1 184	2 252	434	816	896
	非全时折合全时人数	45	551.5	235.3	477	97.8	176.3	188.7
社会学	全时人数	46	33	12	33	18	12	3
	非全时人数	47	5 328	2 617	4 276	833	1 401	1 899
	非全时折合全时人数	48	1 011.1	488.3	820	167.6	279.4	348.4
民族学与文化学	全时人数	49	4	0	4	0	3	1
	非全时人数	50	2 401	1 202	2 085	422	694	920
	非全时折合全时人数	51	415	205.9	355.2	79.2	120.5	148.6
新闻学与传播学	全时人数	52	18	9	18	6	7	5
	非全时人数	53	2 218	1 185	1 844	312	561	907
	非全时折合全时人数	54	463.7	252.9	398.1	69.6	124.8	195.3
图书馆、情报与文献学	全时人数	55	5	4	4	1	1	2
	非全时人数	56	1 458	857	1 259	231	412	571
	非全时折合全时人数	57	291.2	172.4	258.5	51.6	86.4	113.7
教育学	全时人数	58	143	60	141	65	46	30
	非全时人数	59	19 909	11 011	16 079	2 891	5 212	7 376
	非全时折合全时人数	60	4 177.3	2 314.9	3 513.5	705.1	1 167.6	1 548.7
统计学	全时人数	61	1	0	1	0	1	0
	非全时人数	62	445	170	386	78	121	152
	非全时折合全时人数	63	71.2	27.9	63.1	13.8	19.7	25.5
心理学	全时人数	64	13	6	12	5	5	2
	非全时人数	65	1 924	1 092	1 489	321	444	617
	非全时折合全时人数	66	367.8	206.1	309	74.9	94.3	124.5
体育学	全时人数	67	32	11	30	16	8	6
	非全时人数	68	4 166	1 361	3 497	598	1 290	1 528
	非全时折合全时人数	69	958.5	306.7	834.2	154.5	317	349.9

按职称划分				按学历学位划分			
助教	初级	其他人员	研究生(学生)	博士毕业	硕士毕业	本科毕业	其他学历
L07	L08	L09	L10	L11	L12	L13	L14
0	0	0	0	0	0	0	0
14	6	0	113	138	152	124	5
1.7	0.9	0	12.7	33.1	24.2	16	1.7
1	0	0	0	28	11	2	2
367	93	52	631	1 801	2 975	1 195	101
73.1	17.5	5.8	116.1	458.1	658.3	250.5	15.4
0	0	0	0	11	2	0	1
147	44	30	343	937	1 338	581	58
25.6	6.9	3.6	76.8	200.3	257	112.9	8.7
0	0	0	0	19	2	4	1
140	29	43	376	914	1 187	530	103
21.2	4.3	5	58.2	204.1	232.2	100.1	15.1
0	0	0	0	21	8	3	1
318	92	115	670	1 479	2 492	1 272	85
58.1	13	14.7	129.9	312.8	447	237.1	14.2
0	0	0	0	4	0	0	0
154	55	47	109	577	1 178	599	47
25.4	8.2	5.7	27.4	108.4	191.7	108.7	6.2
0	0	0	0	12	4	1	1
211	33	13	181	502	1 240	444	32
38.8	6.7	1.5	27	117.3	258.4	84.1	3.9
1	0	0	0	1	4	0	0
96	44	15	89	240	619	533	66
17.3	6.9	1.8	13.5	49.5	122.7	106.4	12.6
2	0	0	0	89	42	10	2
1 523	607	285	2 015	3 987	10 254	5 134	534
299.6	110.7	38.3	307.3	1 012.3	2 137.4	953.1	74.5
0	0	0	0	1	0	0	0
29	3	1	61	159	177	96	13
5.1	0.5	0.2	6.4	27.1	28.8	13.9	1.4
1	0	0	0	9	2	0	2
112	47	19	364	597	823	465	39
18.2	6.2	2.2	47.5	148.2	146.5	66.8	6.3
2	0	0	0	14	10	8	0
321	79	55	295	606	2 214	1 250	96
66.7	14.1	7.1	49.2	144	522.4	275.8	16.3

39. 语言院校人文、社会科学研究与发展人员情况表

			合计	其中				
				女性	研究人员	教授	副教授	讲师
		编号	L01	L02	L03	L04	L05	L06
合计	全时人数	1	110	38	106	59	32	13
	非全时人数	2	14 313	8 654	12 213	2 406	3 919	5 644
	非全时折合全时人数	3	3 157.3	1 867.3	2 751.5	581.2	913.2	1 223.5
管理学	全时人数	4	12	3	12	8	3	1
	非全时人数	5	1 751	1 013	1 432	256	462	681
	非全时折合全时人数	6	372.6	214.3	313.3	59.9	104.8	144.5
马克思主义	全时人数	7	1	1	1	1	0	0
	非全时人数	8	506	294	430	62	137	219
	非全时折合全时人数	9	110.5	62.3	97.8	14.4	32.9	49.1
哲学	全时人数	10	0	0	0	0	0	0
	非全时人数	11	141	72	133	36	44	51
	非全时折合全时人数	12	28.6	14.4	27.3	6.4	9.6	11.1
逻辑学	全时人数	13	0	0	0	0	0	0
	非全时人数	14	7	4	7	0	1	6
	非全时折合全时人数	15	1	0.6	1	0	0.2	0.8
宗教学	全时人数	16	0	0	0	0	0	0
	非全时人数	17	10	4	9	3	2	4
	非全时折合全时人数	18	2.3	0.9	2	0.6	0.6	0.8
语言学	全时人数	19	36	10	35	24	6	5
	非全时人数	20	2 889	1 844	2 526	538	845	1 063
	非全时折合全时人数	21	636.9	401.4	578	136.7	209.1	220.5
中国文学	全时人数	22	3	1	3	2	1	0
	非全时人数	23	635	376	566	149	171	236
	非全时折合全时人数	24	144.1	84	129.3	36.9	39.9	51
外国文学	全时人数	25	3	1	3	2	1	0
	非全时人数	26	795	575	686	152	234	289
	非全时折合全时人数	27	151.7	108.7	134.4	34.9	46.5	51.1
艺术学	全时人数	28	0	0	0	0	0	0
	非全时人数	29	817	470	704	113	219	368
	非全时折合全时人数	30	214.5	117.9	185.8	26	55.4	103.7
历史学	全时人数	31	1	0	1	0	0	1
	非全时人数	32	132	73	120	32	37	50
	非全时折合全时人数	33	26.7	14.2	24.5	7.6	6	10.8

按职称划分				按学历学位划分			
助教	初级	其他人员	研究生(学生)	博士毕业	硕士毕业	本科毕业	其他学历
L07	L08	L09	L10	L11	L12	L13	L14
4	2	0	0	70	32	3	5
1 005	381	63	895	5 040	6 766	2 433	74
203.5	73.9	8.5	153.5	1 188.9	1 459.2	492	17.2
0	0	0	0	8	3	0	1
121	66	10	155	578	810	353	10
23.2	12.6	1.1	26.5	143.8	161.5	65.4	1.9
0	0	0	0	0	1	0	0
50	15	2	21	163	270	73	0
8.9	2.2	0.5	2.5	39.9	57	13.6	0
0	0	0	0	0	0	0	0
4	1	0	5	75	54	12	0
0.8	0.2	0	0.5	15.9	10.3	2.4	0
0	0	0	0	0	0	0	0
0	0	0	0	2	5	0	0
0	0	0	0	0.4	0.6	0	0
0	0	0	0	0	0	0	0
1	0	0	0	4	5	1	0
0.3	0	0	0	1	0.9	0.4	0
1	0	0	0	20	12	2	2
148	57	3	235	1 207	1 227	439	16
25.7	7.2	0.3	37.4	284.5	271.2	78.1	3.1
0	0	0	0	3	0	0	0
28	12	6	33	312	243	75	5
6.9	2.2	0.6	6.6	75.8	52.9	14.3	1.1
0	0	0	0	3	0	0	0
63	15	3	39	330	359	104	2
10.9	2.1	0.5	5.7	73	62.4	15.3	1
0	0	0	0	0	0	0	0
76	31	3	7	191	477	146	3
14.7	12.4	0.5	1.8	44	128.2	41.6	0.7
0	0	0	0	1	0	0	0
10	1	1	1	79	44	9	0
1.6	0.2	0.4	0.1	16.1	8.7	1.9	0

			合计	其中				
				女性	研究人员	教授	副教授	讲师
		编号	L01	L02	L03	L04	L05	L06
考古学	全时人数	34	0	0	0	0	0	0
	非全时人数	35	3	2	3	0	1	2
	非全时折合全时人数	36	0.5	0.2	0.5	0	0.3	0.2
经济学	全时人数	37	15	5	15	11	3	0
	非全时人数	38	1 308	759	1 071	228	333	489
	非全时折合全时人数	39	285.9	159.7	240.6	59.8	82.1	95.2
政治学	全时人数	40	13	2	12	4	7	1
	非全时人数	41	600	271	514	127	177	178
	非全时折合全时人数	42	114.8	47.2	102.7	29.5	39.3	30.3
法学	全时人数	43	5	3	5	2	2	1
	非全时人数	44	317	154	274	71	102	92
	非全时折合全时人数	45	77.8	38.1	71.1	22.4	26.4	21.4
社会学	全时人数	46	5	1	5	1	3	1
	非全时人数	47	547	330	471	90	162	214
	非全时折合全时人数	48	125	71.3	110.5	23.9	37.8	48.3
民族学与文化学	全时人数	49	1	1	1	0	0	1
	非全时人数	50	183	108	161	40	42	79
	非全时折合全时人数	51	34.4	19.5	30.8	7.1	7	16.7
新闻学与传播学	全时人数	52	5	4	5	2	2	0
	非全时人数	53	959	534	837	191	278	357
	非全时折合全时人数	54	236.1	126.5	202.2	48	65.6	87.4
图书馆、情报与文献学	全时人数	55	1	0	0	0	0	0
	非全时人数	56	139	96	118	16	33	69
	非全时折合全时人数	57	25.1	18.3	21.9	4.1	5.6	12.2
教育学	全时人数	58	6	5	5	0	3	2
	非全时人数	59	2 284	1 530	1 897	278	557	1 050
	非全时折合全时人数	60	505.7	339	421.9	56.6	125.5	237.6
统计学	全时人数	61	0	0	0	0	0	0
	非全时人数	62	41	21	36	6	9	20
	非全时折合全时人数	63	6.4	2.9	5.8	1.3	1.5	2.9
心理学	全时人数	64	0	0	0	0	0	0
	非全时人数	65	53	43	46	5	10	31
	非全时折合全时人数	66	9.3	7.2	7.4	1	1.6	4.8
体育学	全时人数	67	3	1	3	2	1	0
	非全时人数	68	196	81	172	13	63	96
	非全时折合全时人数	69	47.4	18.7	42.7	4.1	15.5	23.1

续表

按职称划分				按学历学位划分			
助教	初级	其他人员	研究生(学生)	博士毕业	硕士毕业	本科毕业	其他学历
L07	L08	L09	L10	L11	L12	L13	L14
0 0 0	0 0 0	0 0 0	0 0 0	0 1 0.3	0 2 0.2	0 0 0	0 0 0
1 84 16.7	0 33 6	0 11 1.4	0 130 24.7	11 464 116.1	3 585 117.8	0 248 49.2	1 11 2.8
0 14 2.9	1 14 2.3	0 9 0.9	0 81 9.6	9 331 70.3	2 169 29.7	1 99 14.6	1 1 0.2
0 6 1.4	0 6 1.5	0 1 0.1	0 39 4.6	3 158 45.8	2 102 22.3	0 57 9.7	0 0 0
0 23 4.4	0 14 2.8	0 3 0.7	0 41 7.1	5 181 42.5	0 265 60.8	0 96 20.3	0 5 1.4
0 17 2.9	0 2 0.4	0 1 0.1	0 2 0.2	1 71 14.1	0 96 17.9	0 16 2.4	0 0 0
1 43 10.7	0 20 5.3	0 1 0.1	0 69 19	4 454 108.2	1 357 88.9	0 138 36.6	0 10 2.4
0 11 1.9	1 9 1.1	0 0 0	0 1 0.2	0 25 4.9	1 63 11.2	0 50 8.9	0 1 0.1
1 276 63.2	0 81 14.9	0 7 1.1	0 35 6.8	2 383 85.8	4 1 455 320.3	0 437 97.5	0 9 2.1
0 4 0.4	0 1 0.1	0 0 0	0 1 0.2	0 17 3.1	0 20 2.6	0 4 0.7	0 0 0
0 7 1.9	0 0 0	0 0 0	0 0 0	0 5 1	0 35 6	0 12 1.9	0 1 0.4
0 19 4.1	0 3 0.4	0 2 0.2	0 0 0	0 9 2.4	3 123 27.8	0 64 17.2	0 0 0

40. 财经院校人文、社会科学研究与发展人员情况表

			合计	其中				
				女性	研究人员	教授	副教授	讲师
		编号	L01	L02	L03	L04	L05	L06
合计	全时人数	1	287	116	281	97	103	79
	非全时人数	2	64 535	35 357	52 904	9 254	16 689	24 368
	非全时折合全时人数	3	12 937.1	6 957.8	11 127.4	2 199.5	3 623.2	4 894.3
管理学	全时人数	4	104	40	102	30	38	34
	非全时人数	5	17 310	9 190	13 992	2 612	4 498	6 029
	非全时折合全时人数	6	3 564.8	1 878.3	3 068.2	627.3	1 024.9	1 283.3
马克思主义	全时人数	7	5	1	5	1	2	2
	非全时人数	8	2 550	1 334	2 163	362	688	1 075
	非全时折合全时人数	9	461.4	237.8	404.6	74.5	134.9	187
哲学	全时人数	10	2	0	2	1	1	0
	非全时人数	11	531	248	476	104	143	197
	非全时折合全时人数	12	100.8	44.7	92.6	23.4	27.5	37.1
逻辑学	全时人数	13	0	0	0	0	0	0
	非全时人数	14	93	43	71	14	23	34
	非全时折合全时人数	15	20.4	9.9	16.3	3.1	5.9	7.3
宗教学	全时人数	16	0	0	0	0	0	0
	非全时人数	17	61	31	53	3	23	23
	非全时折合全时人数	18	9.9	5	8.9	0.5	3.3	4.6
语言学	全时人数	19	1	0	1	0	0	1
	非全时人数	20	2 665	1 935	2 320	247	689	1 355
	非全时折合全时人数	21	502.9	376.6	445.2	51.8	139.4	250.8
中国文学	全时人数	22	0	0	0	0	0	0
	非全时人数	23	929	584	829	123	299	378
	非全时折合全时人数	24	166.3	104.2	150.4	26.8	54.2	64.3
外国文学	全时人数	25	0	0	0	0	0	0
	非全时人数	26	576	425	528	54	163	294
	非全时折合全时人数	27	101	74	91.7	9.8	28.9	51
艺术学	全时人数	28	4	2	3	1	1	1
	非全时人数	29	2 008	1 178	1 611	156	437	1 008
	非全时折合全时人数	30	397.9	234.4	330.9	30.3	96.6	202.7
历史学	全时人数	31	5	2	5	1	3	1
	非全时人数	32	400	183	343	61	112	161
	非全时折合全时人数	33	74.1	32.1	66.3	10.9	21.8	32.2

按职称划分				按学历学位划分			
助教	初级	其他人员	研究生(学生)	博士毕业	硕士毕业	本科毕业	其他学历
L07	L08	L09	L10	L11	L12	L13	L14
7	0	1	0	214	54	6	13
4 573	1 744	839	7 068	17 641	31 084	13 443	2 367
828.8	284.8	123.9	982.6	4 386.6	5 981.5	2 212.4	356.6
2	0	0	0	81	15	4	4
973	451	240	2 507	5 445	7 595	3 666	604
175.4	78.9	36.5	338.5	1 395.1	1 498.6	576.5	94.6
0	0	0	0	4	1	0	0
213	68	41	103	657	1 328	465	100
35	9.2	4.7	16.1	138.4	239.1	72.3	11.6
0	0	0	0	2	0	0	0
17	9	4	57	231	209	71	20
2.5	1.1	0.8	8.4	55.5	31.5	11.4	2.4
0	0	0	0	0	0	0	0
16	1	5	0	29	51	9	4
3.4	0.1	0.6	0	7.3	11.3	1.3	0.5
0	0	0	0	0	0	0	0
4	3	1	4	22	26	5	8
0.6	0.4	0.1	0.4	4.6	4	0.5	0.8
0	0	0	0	1	0	0	0
207	60	15	92	396	1 688	502	79
38.6	9	1.9	11.4	83.5	322.9	85.2	11.3
0	0	0	0	0	0	0	0
61	23	8	37	308	469	138	14
11.6	3.4	1	5	62.4	80.3	21.8	1.8
0	0	0	0	0	0	0	0
23	5	3	34	117	358	99	2
4.4	1	0.6	5.3	23.8	60.8	16.2	0.2
1	0	0	0	1	3	0	0
276	56	25	50	176	1 319	486	27
49.9	9.1	3.4	5.9	32.3	273	89.4	3.2
0	0	0	0	5	0	0	0
22	9	6	29	153	165	61	21
3.5	0.9	0.9	3.9	36.4	27.2	8.4	2.1

			合计	其中				
				女性	研究人员	教授	副教授	讲师
		编号	L01	L02	L03	L04	L05	L06
考古学	全时人数	34	0	0	0	0	0	0
	非全时人数	35	22	14	20	2	6	12
	非全时折合全时人数	36	2.4	1.5	2.2	0.2	0.8	1.2
经济学	全时人数	37	113	51	110	36	45	28
	非全时人数	38	16 380	8 460	13 114	2 824	4 161	5 093
	非全时折合全时人数	39	3 658.6	1 820.9	3 141.5	769.8	1 032.1	1 173.2
政治学	全时人数	40	0	0	0	0	0	0
	非全时人数	41	890	437	748	123	253	353
	非全时折合全时人数	42	142.9	67.3	121.9	20.7	39.3	59.3
法学	全时人数	43	26	10	26	13	7	6
	非全时人数	44	3 127	1 492	2 675	561	857	1 020
	非全时折合全时人数	45	680.5	315.9	617.5	161.3	199.3	220.2
社会学	全时人数	46	5	1	5	3	2	0
	非全时人数	47	2 527	1 429	2 067	329	664	1 022
	非全时折合全时人数	48	425.7	242.8	352.8	58.2	110.6	174.2
民族学与文化学	全时人数	49	0	0	0	0	0	0
	非全时人数	50	490	301	401	55	142	200
	非全时折合全时人数	51	77.5	50	61	7.8	23.5	29
新闻学与传播学	全时人数	52	1	1	1	0	0	1
	非全时人数	53	932	574	778	122	251	389
	非全时折合全时人数	54	161.6	102.3	139.8	22.9	44.7	69.1
图书馆、情报与文献学	全时人数	55	0	0	0	0	0	0
	非全时人数	56	697	421	578	67	161	349
	非全时折合全时人数	57	122.6	76.4	104.8	12.5	31	61.2
教育学	全时人数	58	8	3	8	4	2	2
	非全时人数	59	9 169	5 587	7 578	1 005	2 292	4 214
	非全时折合全时人数	60	1 630.6	998.1	1 371.6	187.7	423.1	750.3
统计学	全时人数	61	8	3	8	5	1	1
	非全时人数	62	1 801	840	1 411	300	466	526
	非全时折合全时人数	63	365.6	164.3	309.1	69.8	108.2	113.5
心理学	全时人数	64	1	1	1	0	0	1
	非全时人数	65	377	253	288	28	73	177
	非全时折合全时人数	66	63.4	43.5	49.9	6.5	11.9	29.7
体育学	全时人数	67	4	1	4	2	1	1
	非全时人数	68	1 000	398	860	102	288	459
	非全时折合全时人数	69	206.2	77.8	180.2	23.7	61.3	93.1

续表

按职称划分				按学历学位划分			
助教	初级	其他人员	研究生（学生）	博士毕业	硕士毕业	本科毕业	其他学历
L07	L08	L09	L10	L11	L12	L13	L14
0 2 0.2	0 0 0	0 0 0	0 0 0	0 4 0.6	0 14 1.4	0 3 0.3	0 1 0.1
3 911 183.6	0 383 67	1 248 40.2	0 2 760 392.7	86 5 706 1 611	18 6 681 1 375.7	2 3 139 537.2	7 854 134.7
0 76 11.3	0 31 4.4	0 11 1.5	0 43 6.4	0 253 43	0 454 74.4	0 146 20.4	0 37 5.1
0 114 19.3	0 31 5.2	0 54 6.5	0 490 68.7	18 1 173 308.8	7 1 335 272.9	0 516 84.5	1 103 14.3
0 205 36.2	0 85 11.8	0 24 3.9	0 198 30.8	3 672 118.5	2 1 233 210	0 529 85.4	0 93 11.8
0 58 12.2	0 22 3.3	0 7 1.1	0 6 0.6	0 73 12.3	0 282 44.1	0 96 14.5	0 39 6.6
0 52 9.7	0 43 5.9	0 6 0.7	0 69 8.6	1 283 52.9	0 429 76.1	0 169 23	0 51 9.6
0 64 10.1	0 28 3.7	0 13 1.5	0 15 2.6	0 96 17.9	0 336 62.3	0 247 40.1	0 18 2.3
0 1 058 180.3	0 363 56.4	0 95 12.7	0 142 20.1	3 951 167.5	4 5 741 1 046.9	0 2 290 391.1	1 187 25.1
1 65 13.4	0 23 4.3	0 17 2.8	0 404 53.6	7 733 180.2	1 559 106.6	0 426 63.7	0 83 15.1
0 60 9.1	0 23 3.8	0 5 1.1	0 11 1.3	1 54 12.3	0 243 39.6	0 68 10.1	0 12 1.4
0 96 18.5	0 27 5.9	0 11 1.4	0 17 2.3	1 109 22.3	3 569 122.8	0 312 59.1	0 10 2

41. 政法院校人文、社会科学研究与发展人员情况表

			合计	其中				
				女性	研究人员	教授	副教授	讲师
		编号	L01	L02	L03	L04	L05	L06
合计	全时人数	1	131	44	130	62	47	20
	非全时人数	2	12 077	5 596	10 553	2 181	3 659	4 315
	非全时折合全时人数	3	2 360.8	1 082.7	2 117	477.6	745.7	827
管理学	全时人数	4	7	4	7	0	6	1
	非全时人数	5	1 594	716	1 366	258	449	603
	非全时折合全时人数	6	311.3	143.3	276.8	55.4	93.7	120.3
马克思主义	全时人数	7	3	1	3	1	2	0
	非全时人数	8	436	194	382	73	144	147
	非全时折合全时人数	9	85	36.5	77.5	18	30.2	27.5
哲学	全时人数	10	0	0	0	0	0	0
	非全时人数	11	166	65	158	36	63	55
	非全时折合全时人数	12	32.7	13.5	31.7	7.2	12.1	11.5
逻辑学	全时人数	13	0	0	0	0	0	0
	非全时人数	14	6	2	6	0	6	0
	非全时折合全时人数	15	0.6	0.2	0.6	0	0.6	0
宗教学	全时人数	16	0	0	0	0	0	0
	非全时人数	17	42	14	37	12	14	9
	非全时折合全时人数	18	5.9	1.7	5.3	1.5	2.1	1.5
语言学	全时人数	19	2	1	2	1	1	0
	非全时人数	20	392	264	360	51	132	175
	非全时折合全时人数	21	66.4	46.2	62	9	22.7	30.1
中国文学	全时人数	22	0	0	0	0	0	0
	非全时人数	23	166	103	148	16	57	71
	非全时折合全时人数	24	26.2	15.7	23.5	2.8	10.1	10.1
外国文学	全时人数	25	0	0	0	0	0	0
	非全时人数	26	51	42	50	2	22	26
	非全时折合全时人数	27	8	6.6	7.9	0.2	3.2	4.5
艺术学	全时人数	28	0	0	0	0	0	0
	非全时人数	29	48	35	37	3	17	17
	非全时折合全时人数	30	11.3	8.4	8.4	0.9	4.4	3.1
历史学	全时人数	31	0	0	0	0	0	0
	非全时人数	32	85	29	81	17	31	32
	非全时折合全时人数	33	13.8	5.4	13.4	3.2	4.3	5.8

按职称划分				按学历学位划分			
助教	初级	其他人员	研究生（学生）	博士毕业	硕士毕业	本科毕业	其他学历
L07	L08	L09	L10	L11	L12	L13	L14
2	0	0	0	102	24	3	2
710	227	107	878	3 681	5 654	2 656	86
125.3	38.4	13.8	133	826.1	1 071.7	452.1	10.9
0	0	0	0	5	2	0	0
91	36	11	146	397	826	364	7
15.7	6.3	2	17.9	92.6	157.5	60.2	1
0	0	0	0	1	2	0	0
19	5	1	47	145	201	86	4
2.5	1.2	0.2	5.4	33.7	36.4	14.5	0.4
0	0	0	0	0	0	0	0
6	1	0	5	91	49	25	1
1.2	0.2	0	0.5	20.7	8.3	3.6	0.1
0	0	0	0	0	0	0	0
0	0	0	0	0	5	1	0
0	0	0	0	0	0.5	0.1	0
0	0	0	0	0	0	0	0
3	2	2	0	27	11	4	0
0.4	0.2	0.2	0	3.4	1.6	0.9	0
0	0	0	0	1	1	0	0
23	3	0	8	114	218	55	5
3.5	0.3	0	0.8	19.8	36.5	9.6	0.5
0	0	0	0	0	0	0	0
9	4	1	8	54	69	42	1
1.5	0.5	0.1	1.1	10	9.9	6.2	0.1
0	0	0	0	0	0	0	0
1	0	0	0	18	24	8	1
0.1	0	0	0	3.2	3.2	1.5	0.1
0	0	0	0	0	0	0	0
7	4	0	0	15	22	9	2
2	0.9	0	0	4.8	5	1.3	0.2
0	0	0	0	0	0	0	0
1	0	1	3	55	24	5	1
0.1	0	0.1	0.3	8.9	4.3	0.5	0.1

			合计	其中				
				女性	研究人员	教授	副教授	讲师
		编号	L01	L02	L03	L04	L05	L06
考古学	全时人数	34	0	0	0	0	0	0
	非全时人数	35	3	1	3	1	0	2
	非全时折合全时人数	36	0.3	0.1	0.3	0.1	0	0.2
经济学	全时人数	37	8	3	8	0	4	4
	非全时人数	38	450	237	394	88	143	156
	非全时折合全时人数	39	100.5	50.4	93.5	19.5	33.3	39.3
政治学	全时人数	40	3	0	3	0	2	1
	非全时人数	41	637	243	560	152	167	222
	非全时折合全时人数	42	114.9	40.8	104	31.2	31.3	37.3
法学	全时人数	43	101	30	101	58	31	11
	非全时人数	44	4 727	2 022	4 156	1 045	1 450	1 405
	非全时折合全时人数	45	1 008.4	426.6	913.4	249.1	320.8	297.3
社会学	全时人数	46	0	0	0	0	0	0
	非全时人数	47	899	454	778	128	278	365
	非全时折合全时人数	48	152.1	74.6	134.9	26	48.3	59.4
民族学与文化学	全时人数	49	0	0	0	0	0	0
	非全时人数	50	88	53	80	14	28	38
	非全时折合全时人数	51	12.4	7.6	11.5	2.1	4	5.4
新闻学与传播学	全时人数	52	3	2	3	2	0	1
	非全时人数	53	249	130	215	33	69	110
	非全时折合全时人数	54	54.9	28.2	50.3	8.8	18.7	22.5
图书馆、情报与文献学	全时人数	55	0	0	0	0	0	0
	非全时人数	56	200	113	166	30	50	77
	非全时折合全时人数	57	31	17.6	26.4	4.7	9	11.8
教育学	全时人数	58	3	2	3	0	1	2
	非全时人数	59	1 402	735	1 207	181	408	608
	非全时折合全时人数	60	245.6	134.9	209.5	30.8	72.2	105.1
统计学	全时人数	61	0	0	0	0	0	0
	非全时人数	62	29	16	24	1	7	16
	非全时折合全时人数	63	4.3	2.2	3.5	0.2	1.6	1.7
心理学	全时人数	64	1	1	0	0	0	0
	非全时人数	65	167	96	150	15	50	85
	非全时折合全时人数	66	29	16.4	26.2	2.6	8.6	15
体育学	全时人数	67	0	0	0	0	0	0
	非全时人数	68	240	32	195	25	74	96
	非全时折合全时人数	69	46.2	5.8	36.4	4.3	14.5	17.6

续表

按职称划分				按学历学位划分			
助教	初级	其他人员	研究生(学生)	博士毕业	硕士毕业	本科毕业	其他学历
L07	L08	L09	L10	L11	L12	L13	L14
0	0	0	0	0	0	0	0
0	0	0	0	1	2	0	0
0	0	0	0	0.1	0.2	0	0
0	0	0	0	8	0	0	0
17	4	0	42	231	144	75	0
3	0.9	0	4.5	59.9	30.1	10.5	0
0	0	0	0	3	0	0	0
51	18	2	25	281	239	111	6
7.2	3.1	0.2	4.6	56.8	40	17.4	0.7
1	0	0	0	83	13	3	2
209	58	52	508	1 671	1 999	1 013	44
38.3	8.5	6.5	87.9	394.3	420.8	187.7	5.6
0	0	0	0	0	0	0	0
68	22	10	28	227	475	192	5
10.5	2.7	1.1	4.1	46.7	74.8	29.7	0.9
0	0	0	0	0	0	0	0
4	0	4	0	19	56	13	0
0.4	0	0.5	0	2.8	7.7	1.9	0
0	0	0	0	1	2	0	0
17	5	0	15	91	111	44	3
2.4	1	0	1.5	26.2	21.3	7.1	0.3
0	0	0	0	0	0	0	0
14	3	2	24	32	112	56	0
2.4	0.3	0.3	2.5	6.1	16.6	8.3	0
0	0	0	0	0	3	0	0
127	43	18	17	164	844	391	3
25.4	8.1	2.3	1.7	27.8	154.8	62.5	0.5
0	0	0	0	0	0	0	0
5	0	0	0	7	18	4	0
0.8	0	0	0	1.2	2.7	0.4	0
1	0	0	0	0	1	0	0
10	6	1	0	28	92	47	0
1.9	0.8	0.1	0	4.6	17	7.4	0
0	0	0	0	0	0	0	0
28	13	2	2	13	113	111	3
6	3.4	0.2	0.2	2.5	22.5	20.8	0.4

42. 艺术院校人文、社会科学研究与发展人员情况表

			合计	其中				
				女性	研究人员	教授	副教授	讲师
		编号	L01	L02	L03	L04	L05	L06
合计	全时人数	1	70	25	67	21	26	20
	非全时人数	2	10 675	5 850	8 416	1 352	2 690	4 286
	非全时折合全时人数	3	2 399.6	1 281.6	1 972.7	359.3	640.7	956.8
管理学	全时人数	4	0	0	0	0	0	0
	非全时人数	5	402	239	316	40	86	188
	非全时折合全时人数	6	78.3	44.2	64.6	8.2	18	38.1
马克思主义	全时人数	7	0	0	0	0	0	0
	非全时人数	8	306	163	248	33	78	137
	非全时折合全时人数	9	53.8	28.7	44.2	6.1	13.2	24.9
哲学	全时人数	10	0	0	0	0	0	0
	非全时人数	11	31	20	25	4	5	16
	非全时折合全时人数	12	4.6	3.2	4	0.5	0.9	2.6
逻辑学	全时人数	13	0	0	0	0	0	0
	非全时人数	14	2	1	2	0	0	2
	非全时折合全时人数	15	0.4	0.2	0.4	0	0	0.4
宗教学	全时人数	16	0	0	0	0	0	0
	非全时人数	17	1	1	1	0	0	1
	非全时折合全时人数	18	0.3	0.3	0.3	0	0	0.3
语言学	全时人数	19	0	0	0	0	0	0
	非全时人数	20	203	165	181	14	50	117
	非全时折合全时人数	21	37.4	30.9	34.2	2.6	10.1	21.5
中国文学	全时人数	22	0	0	0	0	0	0
	非全时人数	23	77	47	63	6	23	34
	非全时折合全时人数	24	16.7	9.3	13.7	1.5	5.2	7
外国文学	全时人数	25	0	0	0	0	0	0
	非全时人数	26	41	34	38	4	15	19
	非全时折合全时人数	27	7.1	6.3	6.7	0.8	2.2	3.7
艺术学	全时人数	28	67	25	64	21	24	19
	非全时人数	29	7 551	3 880	5 916	1 077	1 944	2 815
	非全时折合全时人数	30	1 820.3	920.8	1 499.6	305.9	495.5	683.6
历史学	全时人数	31	1	0	1	0	1	0
	非全时人数	32	37	22	26	4	11	10
	非全时折合全时人数	33	6	3.2	4.3	0.7	1.9	1.5

按职称划分				按学历学位划分			
助教	初级	其他人员	研究生(学生)	博士毕业	硕士毕业	本科毕业	其他学历
L07	L08	L09	L10	L11	L12	L13	L14
2 1 214 260.9	1 400 81.8	0 143 24.2	0 590 75.9	19 1 059 284.6	40 6 270 1 431.8	11 3 198 657.6	0 148 25.6
0 54 9.3	0 23 3.3	0 9 1.1	0 2 0.3	0 20 4.7	0 235 45.1	0 141 27.9	0 6 0.6
0 35 5.6	0 15 2.9	0 0 0	0 8 1.1	0 28 5.2	0 211 39.2	0 66 9.3	0 1 0.1
0 0 0	0 0 0	0 0 0	0 6 0.6	0 4 0.7	0 16 2.5	0 11 1.4	0 0 0
0 0 0	0 0 0	0 0 0	0 0 0	0 0 0	0 2 0.4	0 0 0	0 0 0
0 0 0	0 0 0	0 0 0	0 0 0	0 0 0	0 1 0.3	0 0 0	0 0 0
0 17 2.2	0 5 1	0 0 0	0 0 0	0 4 0.4	0 130 24.4	0 67 12.2	0 2 0.4
0 11 2.3	0 3 0.7	0 0 0	0 0 0	0 12 3.1	0 48 10.8	0 14 2.3	0 3 0.5
0 2 0.3	0 1 0.1	0 0 0	0 0 0	0 0 0	0 33 6.2	0 8 0.9	0 0 0
2 772 186	1 267 57.5	0 115 19.6	0 561 72.2	19 922 257	37 4 277 1 057.1	11 2 247 486.6	0 105 19.6
0 7 1.1	0 4 0.7	0 0 0	0 1 0.1	0 3 0.5	1 22 3.3	0 12 2.2	0 0 0

			合计	其中				
				女性	研究人员	教授	副教授	讲师
		编号	L01	L02	L03	L04	L05	L06
考古学	全时人数	34	0	0	0	0	0	0
	非全时人数	35	1	0	1	0	0	1
	非全时折合全时人数	36	0.2	0	0.2	0	0	0.2
经济学	全时人数	37	0	0	0	0	0	0
	非全时人数	38	107	78	78	13	19	46
	非全时折合全时人数	39	21.6	15.7	17.2	3	3.7	10.5
政治学	全时人数	40	0	0	0	0	0	0
	非全时人数	41	90	57	72	7	20	45
	非全时折合全时人数	42	18.2	11	13.6	0.9	3.5	9.2
法学	全时人数	43	0	0	0	0	0	0
	非全时人数	44	43	28	39	5	10	24
	非全时折合全时人数	45	8.6	6	7.9	0.5	1.7	5.7
社会学	全时人数	46	0	0	0	0	0	0
	非全时人数	47	111	68	92	6	33	52
	非全时折合全时人数	48	16.6	10.8	13.6	0.8	5	7.7
民族学与文化学	全时人数	49	0	0	0	0	0	0
	非全时人数	50	99	57	84	19	29	36
	非全时折合全时人数	51	18	11	15.2	3.9	5.5	5.8
新闻学与传播学	全时人数	52	0	0	0	0	0	0
	非全时人数	53	180	113	137	12	38	84
	非全时折合全时人数	54	33.4	19.7	26.1	2.9	8	14.6
图书馆、情报与文献学	全时人数	55	1	0	1	0	0	1
	非全时人数	56	91	66	79	5	14	60
	非全时折合全时人数	57	17.2	13	15.1	0.8	3.1	11.2
教育学	全时人数	58	1	0	1	0	1	0
	非全时人数	59	1 150	730	901	91	297	512
	非全时折合全时人数	60	213.8	132.8	170.2	17.8	60.8	91.5
统计学	全时人数	61	0	0	0	0	0	0
	非全时人数	62	8	6	8	1	3	4
	非全时折合全时人数	63	1	0.6	1	0.1	0.3	0.6
心理学	全时人数	64	0	0	0	0	0	0
	非全时人数	65	52	41	29	3	4	22
	非全时折合全时人数	66	9	7.3	5.5	0.6	0.6	4.3
体育学	全时人数	67	0	0	0	0	0	0
	非全时人数	68	92	34	80	8	11	61
	非全时折合全时人数	69	17.1	6.6	15.1	1.7	1.5	11.9

续表

按职称划分				按学历学位划分			
助教	初级	其他人员	研究生(学生)	博士毕业	硕士毕业	本科毕业	其他学历
L07	L08	L09	L10	L11	L12	L13	L14
0	0	0	0	0	0	0	0
0	0	0	0	1	0	0	0
0	0	0	0	0.2	0	0	0
0	0	0	0	0	0	0	0
22	4	3	0	2	68	37	0
3.7	0.4	0.3	0	0.4	15.4	5.8	0
0	0	0	0	0	0	0	0
9	4	2	3	2	57	30	1
2.3	1.6	0.2	0.5	0.6	11.4	6.1	0.1
0	0	0	0	0	0	0	0
3	0	0	1	2	29	12	0
0.5	0	0	0.2	0.3	6.6	1.7	0
0	0	0	0	0	0	0	0
18	1	1	0	3	74	33	1
2.7	0.1	0.3	0	0.4	11.4	4.5	0.3
0	0	0	0	0	0	0	0
8	3	0	4	17	56	25	1
1.8	0.5	0	0.5	3.5	9.8	4.3	0.4
0	0	0	0	0	0	0	0
39	5	0	2	13	120	47	0
6.9	0.8	0	0.2	2	22.4	9	0
0	0	0	0	0	1	0	0
4	6	2	0	1	48	40	2
1	0.6	0.5	0	0.1	8.4	8.5	0.2
0	0	0	0	0	1	0	0
186	51	11	2	24	750	351	25
30.9	10.4	2.2	0.2	5.4	139.9	65.2	3.3
0	0	0	0	0	0	0	0
0	0	0	0	0	4	4	0
0	0	0	0	0	0.6	0.4	0
0	0	0	0	0	0	0	0
15	8	0	0	0	36	16	0
2.3	1.2	0	0	0	6.3	2.7	0
0	0	0	0	0	0	0	0
12	0	0	0	1	53	37	1
2	0	0	0	0.1	10.3	6.6	0.1

43. 民族院校人文、社会科学研究与发展人员情况表

			合计	其中				
				女性	研究人员	教授	副教授	讲师
		编号	L01	L02	L03	L04	L05	L06
合计	全时人数	1	45	22	39	14	12	13
	非全时人数	2	10 411	5 012	8 940	2 119	2 947	3 575
	非全时折合全时人数	3	1 959.9	935.2	1 742.9	416.5	590.5	701.6
管理学	全时人数	4	3	3	2	0	1	1
	非全时人数	5	825	426	689	139	234	310
	非全时折合全时人数	6	167.5	82.4	149.3	30.2	51	66.8
马克思主义	全时人数	7	1	0	1	0	1	0
	非全时人数	8	480	225	402	73	137	188
	非全时折合全时人数	9	83.9	40.3	73.4	15.7	26.9	30.3
哲学	全时人数	10	0	0	0	0	0	0
	非全时人数	11	167	63	151	43	52	55
	非全时折合全时人数	12	24	8.2	22	6.2	7.6	8.1
逻辑学	全时人数	13	0	0	0	0	0	0
	非全时人数	14	8	2	3	1	0	2
	非全时折合全时人数	15	1	0.4	0.5	0.3	0	0.2
宗教学	全时人数	16	1	0	1	1	0	0
	非全时人数	17	273	72	253	97	77	66
	非全时折合全时人数	18	47.3	12.9	44	14.8	14.4	13
语言学	全时人数	19	9	4	8	4	1	3
	非全时人数	20	1 087	642	897	207	271	358
	非全时折合全时人数	21	201.6	118.9	173.9	39.8	58.4	69.3
中国文学	全时人数	22	4	2	4	3	0	1
	非全时人数	23	619	313	578	176	196	196
	非全时折合全时人数	24	119.2	59.5	112.5	33.6	37.5	40.4
外国文学	全时人数	25	0	0	0	0	0	0
	非全时人数	26	102	75	94	15	33	46
	非全时折合全时人数	27	15.3	11.2	13.8	1.8	5.4	6.6
艺术学	全时人数	28	0	0	0	0	0	0
	非全时人数	29	660	340	554	100	179	267
	非全时折合全时人数	30	131.3	71	115.8	19.8	38.2	57
历史学	全时人数	31	0	0	0	0	0	0
	非全时人数	32	348	140	318	104	97	105
	非全时折合全时人数	33	59.6	23	55.1	18.9	15.6	19.2

按职称划分				按学历学位划分			
助教	初级	其他人员	研究生(学生)	博士毕业	硕士毕业	本科毕业	其他学历
L07	L08	L09	L10	L11	L12	L13	L14
4 534 100.2	0 185 36.3	2 323 38.9	0 728 75.9	26 3 873 788.7	12 4 375 819.6	2 2 018 327.6	5 145 24
1 43 7.4	0 15 3.2	0 23 2.7	0 61 6.2	1 311 77.6	1 352 66.5	0 158 22.9	1 4 0.5
0 36 5.1	0 14 2.1	0 17 2.3	0 15 1.5	1 172 34.6	0 231 38.6	0 75 10.4	0 2 0.3
0 4 0.4	0 2 0.3	0 2 0.2	0 9 1.2	0 89 13.1	0 51 7.3	0 26 3.5	0 1 0.1
0 3 0.3	0 0 0	0 2 0.2	0 0 0	0 0 0	0 2 0.4	0 6 0.6	0 0 0
0 5 1.2	0 8 1.9	0 7 0.7	0 13 1.3	1 146 26.6	0 90 15.3	0 30 4.7	0 7 0.7
1 58 11.5	0 18 4	0 19 2.5	0 156 16.1	5 348 70.8	4 484 89.9	0 241 38.2	0 14 2.7
0 19 3.9	0 5 0.9	0 5 0.5	0 22 2.4	2 268 53.7	0 238 45.7	1 105 18.5	1 8 1.3
0 4 1.1	0 1 0.1	0 2 0.2	0 1 0.1	0 35 4.7	0 51 8.9	0 16 1.7	0 0 0
0 40 7.6	0 13 2.2	0 8 1.1	0 53 5.4	0 93 19.6	0 337 70.5	0 208 37.7	0 22 3.5
0 12 2.1	0 7 1.1	0 11 1.2	0 12 1.5	0 186 33.7	0 118 18.8	0 40 6.5	0 4 0.6

		编号	合计 L01	其中 女性 L02	其中 研究人员 L03	教授 L04	副教授 L05	讲师 L06
考古学	全时人数	34	0	0	0	0	0	0
	非全时人数	35	63	29	46	10	13	22
	非全时折合全时人数	36	11.8	3.9	9.6	2.2	1.8	5.5
经济学	全时人数	37	7	5	6	1	1	4
	非全时人数	38	889	402	773	172	264	303
	非全时折合全时人数	39	179.6	83.2	162.9	39.4	56.7	62.8
政治学	全时人数	40	2	1	2	0	0	2
	非全时人数	41	220	86	192	51	57	80
	非全时折合全时人数	42	34.2	13.2	30.2	8.6	9.1	12
法学	全时人数	43	2	1	1	0	1	0
	非全时人数	44	712	294	598	160	209	202
	非全时折合全时人数	45	128.6	52.5	114.1	29.7	43.7	38
社会学	全时人数	46	1	0	1	0	1	0
	非全时人数	47	577	282	492	105	168	194
	非全时折合全时人数	48	104.8	48.2	92.6	18.8	31.1	39.7
民族学与文化学	全时人数	49	12	6	11	5	4	2
	非全时人数	50	1 732	780	1 504	409	506	520
	非全时折合全时人数	51	346.2	151.1	308.4	87.2	104	109.3
新闻学与传播学	全时人数	52	1	0	1	0	1	0
	非全时人数	53	308	167	259	52	74	127
	非全时折合全时人数	54	54.9	31.7	48.7	8.6	13.3	25.9
图书馆、情报与文献学	全时人数	55	0	0	0	0	0	0
	非全时人数	56	209	118	187	36	68	78
	非全时折合全时人数	57	35.8	20.8	33.2	5.1	14.2	13.4
教育学	全时人数	58	0	0	0	0	0	0
	非全时人数	59	760	402	631	113	203	305
	非全时折合全时人数	60	137.3	73	115.7	21.5	38.5	54.6
统计学	全时人数	61	0	0	0	0	0	0
	非全时人数	62	60	35	44	6	15	21
	非全时折合全时人数	63	10.3	5.4	8.1	1.2	2.7	4
心理学	全时人数	64	0	0	0	0	0	0
	非全时人数	65	46	31	38	6	13	19
	非全时折合全时人数	66	10.5	7.2	9.1	1.6	2.3	5.2
体育学	全时人数	67	2	0	1	0	1	0
	非全时人数	68	266	88	237	44	81	111
	非全时折合全时人数	69	55.2	17.2	50	11.5	18.1	20.3

按职称划分				按学历学位划分			
助教	初级	其他人员	研究生(学生)	博士毕业	硕士毕业	本科毕业	其他学历
L07	L08	L09	L10	L11	L12	L13	L14
0	0	0	0	0	0	0	0
4	0	3	11	24	26	13	0
0.9	0	0.3	1.1	5	5.4	1.4	0
0	0	1	0	5	1	0	1
41	10	44	55	401	336	144	8
8.4	1.4	5.1	5.8	93.4	60.6	23.7	1.9
0	0	0	0	1	1	0	0
11	6	13	2	92	90	38	0
1.9	0.8	1.6	0.2	12.8	14.9	6.5	0
0	0	1	0	1	0	0	1
30	21	40	50	295	289	122	6
5.1	3	4.1	5	53.9	54.6	19.2	0.9
0	0	0	0	1	0	0	0
29	10	10	61	259	216	100	2
5.1	2.7	1.3	6.1	51.7	37.8	15.1	0.2
1	0	0	0	8	2	1	1
78	25	64	130	711	655	333	33
18.3	5.6	8.2	13.6	155.5	129.9	55.3	5.5
0	0	0	0	0	1	0	0
16	8	13	18	87	151	64	6
2.7	1.3	1.3	1.8	16.1	28.8	8.8	1.2
0	0	0	0	0	0	0	0
13	3	5	6	52	95	54	8
1.4	0.6	0.5	0.6	8.8	16.9	8.5	1.6
0	0	0	0	0	0	0	0
65	14	27	33	229	373	143	15
11.9	3.4	4	3.4	43.7	66.1	25	2.5
0	0	0	0	0	0	0	0
2	1	2	13	28	14	18	0
0.2	0.6	0.3	1.3	5.3	3.2	1.8	0
0	0	0	0	0	0	0	0
1	1	4	2	9	27	8	2
0.3	0.1	0.4	0.6	2.4	6.3	1.6	0.2
1	0	0	0	0	2	0	0
20	3	2	5	38	149	76	3
3.4	1	0.2	0.7	5.7	33.2	16	0.3

44. 体育院校人文、社会科学研究与发展人员情况表

			合计	其中				
				女性	研究人员	教授	副教授	讲师
		编号	L01	L02	L03	L04	L05	L06
合计	全时人数	1	33	9	33	16	14	3
	非全时人数	2	5 337	2 573	3 742	777	1 251	1 572
	非全时折合全时人数	3	1 314.5	627.6	1 042.6	258	358.8	402
管理学	全时人数	4	0	0	0	0	0	0
	非全时人数	5	85	48	66	11	25	30
	非全时折合全时人数	6	18.6	10.1	15.6	3.8	5.7	6.1
马克思主义	全时人数	7	0	0	0	0	0	0
	非全时人数	8	150	90	134	16	44	70
	非全时折合全时人数	9	41	25.5	37.6	4.4	13.8	18.9
哲学	全时人数	10	0	0	0	0	0	0
	非全时人数	11	26	18	23	4	7	12
	非全时折合全时人数	12	5.9	3.6	5	1.5	1.3	2.2
逻辑学	全时人数	13	0	0	0	0	0	0
	非全时人数	14	0	0	0	0	0	0
	非全时折合全时人数	15	0	0	0	0	0	0
宗教学	全时人数	16	0	0	0	0	0	0
	非全时人数	17	0	0	0	0	0	0
	非全时折合全时人数	18	0	0	0	0	0	0
语言学	全时人数	19	0	0	0	0	0	0
	非全时人数	20	64	45	56	5	20	30
	非全时折合全时人数	21	15.8	11.7	14.4	1.5	5.4	7.3
中国文学	全时人数	22	0	0	0	0	0	0
	非全时人数	23	12	7	11	2	3	6
	非全时折合全时人数	24	2.1	1	1.9	0.3	0.5	1.1
外国文学	全时人数	25	0	0	0	0	0	0
	非全时人数	26	8	4	5	0	0	5
	非全时折合全时人数	27	1.6	0.8	1.2	0	0	1.2
艺术学	全时人数	28	1	0	1	0	1	0
	非全时人数	29	112	70	69	9	18	42
	非全时折合全时人数	30	23.8	14.3	14.8	1.1	3.8	9.9
历史学	全时人数	31	0	0	0	0	0	0
	非全时人数	32	2	2	2	0	1	1
	非全时折合全时人数	33	0.4	0.4	0.4	0	0.1	0.3

按职称划分				按学历学位划分			
助教	初级	其他人员	研究生(学生)	博士毕业	硕士毕业	本科毕业	其他学历
L07	L08	L09	L10	L11	L12	L13	L14
0	0	0	0	22	10	0	1
390	162	45	1 140	1 033	2 406	1 888	10
79.5	35	6.6	174.6	342.9	627.1	342.8	1.7
0	0	0	0	0	0	0	0
9	2	2	6	22	39	24	0
1.5	0.2	0.7	0.6	6	7.9	4.7	0
0	0	0	0	0	0	0	0
4	9	0	7	35	95	20	0
0.8	1.9	0	1.2	13.5	23.7	3.8	0
0	0	0	0	0	0	0	0
3	0	0	0	5	14	7	0
0.9	0	0	0	1.1	3.4	1.4	0
0	0	0	0	0	0	0	0
0	0	0	0	0	0	0	0
0	0	0	0	0	0	0	0
0	0	0	0	0	0	0	0
0	0	0	0	0	0	0	0
0	0	0	0	0	0	0	0
0	0	0	0	0	0	0	0
3	2	0	4	4	43	17	0
0.4	0.3	0	0.9	1.1	11.5	3.2	0
0	0	0	0	0	0	0	0
1	0	0	0	3	8	1	0
0.2	0	0	0	0.7	1.3	0.1	0
0	0	0	0	0	0	0	0
3	0	0	0	0	8	0	0
0.4	0	0	0	0	1.6	0	0
0	0	0	0	0	1	0	0
17	22	0	4	8	56	47	1
4.4	4.2	0	0.4	1.9	12.3	9.5	0.1
0	0	0	0	0	0	0	0
0	0	0	0	2	0	0	0
0	0	0	0	0.4	0	0	0

			合计	其中				
				女性	研究人员	教授	副教授	讲师
		编号	L01	L02	L03	L04	L05	L06
考古学	全时人数	34	0	0	0	0	0	0
	非全时人数	35	0	0	0	0	0	0
	非全时折合全时人数	36	0	0	0	0	0	0
经济学	全时人数	37	0	0	0	0	0	0
	非全时人数	38	11	7	11	1	7	3
	非全时折合全时人数	39	1.8	1.1	1.8	0.3	1	0.5
政治学	全时人数	40	0	0	0	0	0	0
	非全时人数	41	13	7	11	3	6	2
	非全时折合全时人数	42	1.9	1.1	1.6	0.4	1	0.2
法学	全时人数	43	0	0	0	0	0	0
	非全时人数	44	10	9	10	2	5	3
	非全时折合全时人数	45	2.2	2	2.2	0.8	0.8	0.6
社会学	全时人数	46	0	0	0	0	0	0
	非全时人数	47	52	22	39	10	12	17
	非全时折合全时人数	48	8.7	4.3	7.1	1.7	1.8	3.6
民族学与文化学	全时人数	49	0	0	0	0	0	0
	非全时人数	50	15	7	9	0	2	7
	非全时折合全时人数	51	1.6	0.7	1	0	0.2	0.8
新闻学与传播学	全时人数	52	0	0	0	0	0	0
	非全时人数	53	174	105	114	22	44	47
	非全时折合全时人数	54	41.5	27.7	28.7	5.6	11.4	11.6
图书馆、情报与文献学	全时人数	55	0	0	0	0	0	0
	非全时人数	56	41	23	36	6	11	19
	非全时折合全时人数	57	7.4	4.7	6.5	1	2	3.5
教育学	全时人数	58	2	1	2	1	1	0
	非全时人数	59	497	273	392	67	110	213
	非全时折合全时人数	60	86	48.5	72.4	11.6	22	38.5
统计学	全时人数	61	0	0	0	0	0	0
	非全时人数	62	10	3	10	0	4	6
	非全时折合全时人数	63	1.5	0.6	1.5	0	0.7	0.8
心理学	全时人数	64	0	0	0	0	0	0
	非全时人数	65	81	55	69	14	25	30
	非全时折合全时人数	66	19	13.5	16.3	3.9	6.8	5.6
体育学	全时人数	67	30	8	30	15	12	3
	非全时人数	68	3 974	1 778	2 675	605	907	1 029
	非全时折合全时人数	69	1 033.7	456	812.6	220.1	280.5	289.3

续表

按职称划分				按学历学位划分			
助教	初级	其他人员	研究生(学生)	博士毕业	硕士毕业	本科毕业	其他学历
L07	L08	L09	L10	L11	L12	L13	L14
0	0	0	0	0	0	0	0
0	0	0	0	0	0	0	0
0	0	0	0	0	0	0	0
0	0	0	0	0	0	0	0
0	0	0	0	3	6	2	0
0	0	0	0	0.4	1.1	0.3	0
0	0	0	0	0	0	0	0
2	0	0	0	4	4	5	0
0.3	0	0	0	0.5	0.6	0.8	0
0	0	0	0	0	0	0	0
0	0	0	0	5	5	0	0
0	0	0	0	1.1	1.1	0	0
0	0	0	0	0	0	0	0
10	3	0	0	12	31	9	0
1	0.6	0	0	2.9	4.3	1.5	0
0	0	0	0	0	0	0	0
5	0	1	0	0	10	5	0
0.5	0	0.1	0	0	1	0.6	0
0	0	0	0	0	0	0	0
12	10	2	37	36	74	64	0
1.9	2.5	0.7	7.8	10	19	12.5	0
0	0	0	0	0	0	0	0
1	1	0	0	1	14	25	1
0.8	0.1	0	0	0.1	2.8	4.4	0.1
0	0	0	0	2	0	0	0
43	24	4	36	78	276	141	2
6.2	2.8	0.4	4.5	13.6	51.7	20.3	0.4
0	0	0	0	0	0	0	0
0	0	0	0	1	8	1	0
0	0	0	0	0.1	1.3	0.1	0
0	0	0	0	0	0	0	0
4	2	1	5	22	39	20	0
0.8	0.2	0.2	1.5	6.9	7.7	4.4	0
0	0	0	0	20	9	0	1
270	87	35	1 041	792	1 676	1 500	6
59.4	22.2	4.5	157.7	282.6	474.8	275.2	1.1

45. 各类高等学校人文、社会科学活动人员职称(职务)情况表

单位:人

		学校数(所)	合计	按职称划分						其他人员
				小计	教授	副教授	讲师	助教	初级	
	合计	2 343	764 235	762 255	77 526	199 443	352 804	94 123	38 359	1 980
按学校隶属关系划分	教育部直属院校	73	66 667	66 605	14 537	23 565	26 019	1 969	515	62
	其他部委院校	42	19 060	19 029	2 794	5 772	8 873	1 273	317	31
	地方院校	2 228	678 508	676 621	60 195	170 106	317 912	90 881	37 527	1 887
按学校规格划分	本科院校	1 187	578 806	577 405	67 052	158 095	268 783	62 196	21 279	1 401
	专科院校	1 156	185 429	184 850	10 474	41 348	84 021	31 927	17 080	579
按学校类型划分	综合大学	573	223 322	222 926	24 330	58 217	100 740	26 528	13 111	396
	理工农医院校	1 061	246 200	245 674	21 006	63 032	119 982	29 594	12 060	526
	高等师范院校	221	117 792	117 357	13 459	33 051	52 475	13 803	4 569	435
	语言院校	51	21 513	21 439	2 296	5 293	10 167	2 712	971	74
	财经院校	239	91 246	91 031	8 973	22 831	41 804	12 809	4 614	215
	政法院校	65	17 985	17 942	2 307	5 532	7 866	1 733	504	43
	体育院校	29	7 884	7 861	905	2 094	3 453	1 091	318	23
	艺术院校	87	27 508	27 283	2 733	6 172	11 724	4 844	1 810	225
	民族院校	17	10 785	10 742	1 517	3 221	4 593	1 009	402	43

46. 各省、市、自治区高等学校人文、社会科学活动人员职称(职务)情况表

单位:人

	学校数(所)	合计	按职称划分						其他人员
			小计	教授	副教授	讲师	助教	初级	
合计	2 343	764 235	762 255	77 526	199 443	352 804	94 123	38 359	1 980
北京市	90	37 580	37 548	6 698	11 916	15 838	2 379	717	32
天津市	53	15 486	15 482	1 719	4 196	7 224	1 372	971	4
河北省	120	34 509	34 482	3 865	9 141	16 452	4 501	523	27
山西省	66	18 370	18 370	900	4 059	8 513	3 775	1 123	0
内蒙古自治区	45	12 055	12 055	1 156	3 516	5 354	1 798	231	0
辽宁省	102	31 627	30 627	3 715	8 956	14 693	2 599	664	1 000
吉林省	53	19 772	19 771	2 504	5 570	8 261	3 199	237	1
黑龙江省	78	21 425	21 425	2 908	6 818	9 596	2 006	97	0
上海市	60	23 892	23 892	3 332	6 684	10 901	1 926	1 049	0
江苏省	164	48 138	48 117	4 932	14 736	23 521	4 148	780	21
浙江省	101	35 867	35 862	3 805	9 066	17 310	2 760	2 921	5

续表

	学校数（所）	合计	按职称划分						其他人员
			小计	教授	副教授	讲师	助教	初级	
安徽省	109	27 772	27 768	1 992	6 467	12 815	4 886	1 608	4
福建省	87	24 871	24 869	2 070	6 183	11 315	3 436	1 865	2
江西省	89	24 455	24 454	2 110	5 670	10 804	4 090	1 780	1
山东省	125	48 333	48 332	4 172	12 497	22 975	6 810	1 878	1
河南省	107	43 479	43 464	2 764	10 257	21 065	8 210	1 168	15
湖北省	100	33 200	33 041	3 771	10 578	14 483	2 903	1 306	159
湖南省	93	31 949	31 884	3 144	8 035	14 238	3 785	2 682	65
广东省	150	54 708	54 708	5 522	11 056	27 812	4 387	5 931	0
广西壮族自治区	70	23 309	23 159	2 167	4 630	10 724	2 908	2 730	150
海南省	17	6 157	6 131	472	1 411	2 697	1 026	525	26
重庆市	65	21 088	21 034	2 189	5 058	9 964	2 909	914	54
四川省	104	35 803	35 779	3 081	8 390	15 884	6 068	2 356	24
贵州省	51	14 881	14 682	1 240	4 315	6 022	1 902	1 203	199
云南省	66	19 266	19 243	1 819	4 961	8 719	3 253	491	23
西藏自治区	7	1 645	1 627	132	476	729	203	87	18
陕西省	76	27 721	27 686	2 771	7 283	13 321	3 606	705	35
甘肃省	40	11 033	11 033	1 309	3 750	4 796	970	208	0
青海省	11	2 074	2 063	364	632	553	289	225	11
宁夏回族自治区	14	4 101	4 002	397	942	1 386	881	396	99
新疆维吾尔自治区	30	9 669	9 665	506	2 194	4 839	1 138	988	4

47. 各省、市、自治区所属高等学校人文、社会科学活动人员职称（职务）情况表

单位：人

	学校数（所）	合计	按职称划分						其他人员
			小计	教授	副教授	讲师	助教	初级	
合计	2 228	678 508	676 621	60 195	170 106	317 912	90 881	37 527	1 887
北京市	53	14 554	14 534	1 528	4 211	6 986	1 344	465	20
天津市	50	13 070	13 066	1 187	3 352	6 323	1 311	893	4
河北省	116	33 226	33 199	3 647	8 711	15 918	4 409	514	27
山西省	66	18 370	18 370	900	4 059	8 513	3 775	1 123	0
内蒙古自治区	45	12 055	12 055	1 156	3 516	5 354	1 798	231	0
辽宁省	97	28 547	27 586	3 232	8 057	13 237	2 419	641	961
吉林省	51	16 514	16 513	1 637	4 557	7 040	3 042	237	1
黑龙江省	75	19 791	19 791	2 662	6 214	8 851	1 967	97	0
上海市	50	15 808	15 808	1 485	3 875	7 781	1 771	896	0

续表

	学校数（所）	合计	按职称划分						其他人员
			小计	教授	副教授	讲师	助教	初级	
江苏省	154	42 252	42 231	3 850	12 634	21 006	3 970	771	21
浙江省	100	34 827	34 822	3 432	8 651	17 058	2 760	2 921	5
安徽省	107	26 934	26 930	1 896	6 138	12 409	4 879	1 608	4
福建省	85	22 255	22 255	1 574	5 399	10 093	3 343	1 846	0
江西省	89	24 455	24 454	2 110	5 670	10 804	4 090	1 780	1
山东省	123	45 270	45 269	3 598	11 456	21 744	6 620	1 851	1
河南省	106	43 182	43 167	2 736	10 146	20 919	8 198	1 168	15
湖北省	92	24 923	24 779	2 026	7 367	11 396	2 705	1 285	144
湖南省	90	29 474	29 411	2 698	7 301	13 168	3 670	2 574	63
广东省	145	50 234	50 234	4 711	9 723	25 682	4 214	5 904	0
广西壮族自治区	70	23 309	23 159	2 167	4 630	10 724	2 908	2 730	150
海南省	17	6 157	6 131	472	1 411	2 697	1 026	525	26
重庆市	63	18 688	18 641	1 713	4 084	9 062	2 868	914	47
四川省	98	30 976	30 952	2 269	6 741	13 704	5 905	2 333	24
贵州省	51	14 881	14 682	1 240	4 315	6 022	1 902	1 203	199
云南省	66	19 266	19 243	1 819	4 961	8 719	3 253	491	23
西藏自治区	7	1 645	1 627	132	476	729	203	87	18
陕西省	70	23 452	23 433	2 180	5 749	11 391	3 443	670	19
甘肃省	38	9 282	9 282	966	3 143	4 056	912	205	0
青海省	11	2 074	2 063	364	632	553	289	225	11
宁夏回族自治区	13	3 368	3 269	302	733	1 134	749	351	99
新疆维吾尔自治区	30	9 669	9 665	506	2 194	4 839	1 138	988	4

48. 国务院各部委所属高等学校人文、社会科学活动人员中教师职称(职务)情况表

单位:人

	学校数（所）	合计	按职称划分						其他人员
			小计	教授	副教授	讲师	助教	初级	
合计	42	19 060	19 029	2 794	5 772	8 873	1 273	317	31
民政部	1	198	198	10	33	87	68	0	0
中央办公厅	1	75	71	5	23	40	2	1	4
外交部	1	263	263	49	94	103	9	8	0
国防部	1	195	195	13	44	87	19	32	0
国家民族事务委员会	6	5 258	5 237	873	1 597	2 322	382	63	21
公安部	5	1 813	1 810	259	570	875	94	12	3
司法部	1	307	307	99	107	93	7	1	0

续表

	学校数（所）	合计	按职称划分						其他人员
			小计	教授	副教授	讲师	助教	初级	
工业和信息化部	7	3 330	3 330	518	1 276	1 428	64	44	0
交通部	1	543	540	100	206	220	11	3	3
国家卫生健康委员会	1	28	28	6	10	11	0	1	0
海关总署	1	193	193	17	41	99	33	3	0
中国民用航空局	4	1 205	1 205	77	225	608	175	120	0
中国地震局	1	198	198	23	53	97	22	3	0
国家林业和草原局	1	191	191	13	70	98	10	0	0
国务院侨务办公室	2	2 884	2 884	395	714	1 598	160	17	0
应急管理部	1	367	367	57	123	135	52	0	0
国家体育总局	1	634	634	93	156	257	128	0	0
中国科学院	2	376	376	65	143	157	11	0	0
中国社会科学院	1	253	253	44	96	113	0	0	0
中华全国总工会	1	382	382	31	84	235	23	9	0
共青团中央	1	91	91	16	30	43	2	0	0
中华全国妇女联合会	1	276	276	31	77	167	1	0	0

49. 各类高等学校人文、社会科学研究与发展全时人员职称（职务）情况表

单位：人年

		学校数（所）	合计	按职称划分						研究生（学生）
				教授	副教授	讲师	助教	初级	其他人员	
	合计	2 343	114 181	20 207	32 583	43 332	6 691	2 209	720	8 439
按学校隶属关系划分	教育部直属院校	73	20 201	5 492	5 516	4 754	282	87	124	3 945
	其他部委院校	42	4 252	873	1 254	1 494	127	58	36	411
	地方院校	2 228	89 729	13 842	25 812	37 084	6 281	2 065	560	4 084
按学校规格划分	本科院校	1 187	99 797	18 936	28 558	36 444	5 250	1 543	630	8 436
	专科院校	1 156	14 384	1 271	4 025	6 888	1 441	666	90	3
按学校类型划分	综合大学	573	35 558	7 148	10 055	12 935	1 855	654	228	2 685
	理工农医院校	1 061	33 950	4 806	9 619	14 008	2 051	680	128	2 658
	高等师范院校	221	19 868	3 692	5 803	7 237	1 167	323	145	1 502
	语言院校	51	3 267	640	945	1 237	208	76	9	154
	财经院校	239	13 224	2 297	3 726	4 973	836	285	125	983
	政法院校	65	2 492	540	793	847	127	38	14	133
	体育院校	29	1 348	274	373	405	80	35	7	175
	艺术院校	87	2 470	380	667	977	263	83	24	76
	民族院校	17	2 005	431	603	715	104	36	41	76

50. 各省、市、自治区高等学校人文、社会科学研究与发展全时人员职称（职务）情况表

单位：人年

	学校数（所）	合计	按职称划分						研究生（学生）
			教授	副教授	讲师	助教	初级	其他人员	
合计	2 343	114 181.1	20 206.7	32 582.7	43 332	6 690.2	2 209.2	720.4	8 439.9
北京市	90	7 864.1	1 909.3	2 173.5	1 934.2	182.5	73.4	27.8	1 563.4
天津市	53	3 097.1	591.6	798.6	1 132.2	165.1	74.1	12.1	323.4
河北省	120	4 913.4	788.4	1 445.3	2 159.8	291.2	32.9	7.6	188.2
山西省	66	1 651.4	206.5	471.2	711.9	134.6	28.2	14.2	84.8
内蒙古自治区	45	1 129.6	201	357.5	447.1	56.7	12.9	1.8	52.6
辽宁省	102	3 786.8	742.4	1 112	1 389.7	136.2	29.4	67.1	310
吉林省	53	3 228.5	521.1	954	1 274.3	278.8	37.9	6.2	156.2
黑龙江省	78	3 481.1	604.9	1 152.6	1 515.8	158.3	0	0	49.5
上海市	60	4 758.9	1 297.9	1 418.4	1 388.9	165.5	72.1	32.4	383.7
江苏省	164	8 230.8	1 381.4	2 574.8	3 191.5	320	36.4	4	722.7
浙江省	101	8 270	1 292.6	2 229.6	3 422.3	464.6	319.1	55.9	485.9
安徽省	109	3 439.5	451.5	989.8	1 358.5	352.7	81.3	4.1	201.6
福建省	87	4 089.7	665.5	1 174.7	1 720.9	298.9	108.1	14.7	106.9
江西省	89	1 705.7	268.3	503.7	745.6	136.6	37.3	5.4	8.8
山东省	125	5 967.5	881.3	1 705.1	2 609	448.4	69.6	29.1	225
河南省	107	3 880.8	365.6	955.2	1 918.7	513.8	67.2	13.6	46.7
湖北省	100	5 448.1	1 192.5	1 611.1	1 529.1	167.9	80.6	33.5	833.4
湖南省	93	5 530.9	1 087.8	1 573	2 096.6	316.2	148.8	47.8	260.7
广东省	150	7 640.6	1 508.7	2 032.1	3 110.7	298.2	298.6	26.4	365.9
广西壮族自治区	70	3 275.2	507.8	807	1 396.9	263.4	141.1	132.2	26.8
海南省	17	649.9	82	165.7	279.6	65.5	32.3	8	16.8
重庆市	65	3 791.2	758.7	1 121.4	1 360.6	201.3	37.5	11.9	299.8
四川省	104	6 978.3	1 084.8	1 849.5	2 665	504.9	173.6	101	599.5
贵州省	51	1 785.3	317.2	604.1	591.3	132	94.5	11.1	35.1
云南省	66	2 942.8	394.7	720.6	1 082.8	297.2	30.7	21	395.8
西藏自治区	7	191.4	21.5	62.1	80.7	14.3	6.3	2.4	4.1
陕西省	76	3 059.2	478.7	894.1	1 076	163	27.1	1.9	418.4
甘肃省	40	1 719.6	306	608.2	513.4	52.1	5.7	3.8	230.4
青海省	11	284.2	88.7	99	72.4	14.1	6.1	3.8	0.1
宁夏回族自治区	14	397	61.4	104.8	145.1	51.7	18.7	6.5	8.8
新疆维吾尔自治区	30	992.5	146.9	314	411.4	44.5	27.7	13.1	34.9

51. 各省、市、自治区所属高等学校人文、社会科学研究与发展全时人员职称(职务)情况表

单位:人年

	学校数(所)	合计	按职称划分						研究生(学生)
			教授	副教授	讲师	助教	初级	其他人员	
合计	2 228	89 728.8	13 842.1	25 812.4	37 084.2	6 281.2	2 064.6	560.1	4 084.2
北京市	53	2 518.8	449.6	764.5	810.6	94.9	26.3	15.7	357.2
天津市	50	2 208.1	361.6	574.3	939.3	149.7	63.6	12.1	107.5
河北省	116	4 715.7	748.5	1 377.4	2 077.5	287.5	32.3	7.3	185.2
山西省	66	1 651.4	206.5	471.2	711.9	134.6	28.2	14.2	84.8
内蒙古自治区	45	1 129.6	201	357.5	447.1	56.7	12.9	1.8	52.6
辽宁省	97	3 245.5	625.3	977.1	1 208.7	127	29	59.1	219.3
吉林省	51	2 446.7	326	744.3	1 028	254.8	37.2	5.2	51.2
黑龙江省	75	3 130.7	539.5	1 030.5	1 369.1	152	0	0	39.6
上海市	50	2 058.8	386.3	606.2	713.9	145.2	55	21.1	131.1
江苏省	154	6 376.7	983.8	2 042.3	2 744.9	290.7	35.8	3.9	275.3
浙江省	100	7 959.6	1 159.2	2 145.1	3 391.6	464.4	319.1	55.7	424.5
安徽省	107	3 190.9	417.7	922.6	1 304.4	352.3	81.3	4.1	108.5
福建省	85	3 327.4	444.2	959.8	1 487.3	287.6	107.5	8	33
江西省	89	1 705.7	268.3	503.7	745.6	136.6	37.3	5.4	8.8
山东省	123	5 449.2	743.7	1 549.9	2 432.9	437.7	64	29.1	191.9
河南省	106	3 832.2	362.2	936.8	1 896	509.8	67.2	13.5	46.7
湖北省	92	2 492	354.1	842.7	953.3	125	68.9	9.2	138.8
湖南省	90	4 743.7	841.4	1 341.5	1 873.6	295.9	131.5	44	215.8
广东省	145	6 322.3	1 153.6	1 651.5	2 732.8	279.7	283.8	21.4	199.5
广西壮族自治区	70	3 275.2	507.8	807	1 396.9	263.4	141.1	132.2	26.8
海南省	17	649.9	82	165.7	279.6	65.5	32.3	8	16.8
重庆市	63	2 777.9	522.1	806.3	1 039.2	186.7	37.4	11.9	174.3
四川省	98	4 527.3	601.3	1 233.1	1 867.7	437.6	159.4	14.1	214.1
贵州省	51	1 785.3	317.2	604.1	591.3	132	94.5	11.1	35.1
云南省	66	2 942.8	394.7	720.6	1 082.8	297.2	30.7	21	395.8
西藏自治区	7	191.4	21.5	62.1	80.7	14.3	6.3	2.4	4.1
陕西省	70	2 253.6	331.3	636.8	861.6	154.8	26.1	1.7	241.3
甘肃省	38	1 244.4	217.9	494.1	418.7	44.6	4.8	3.5	60.8
青海省	11	284.2	88.7	99	72.4	14.1	6.1	3.8	0.1
宁夏回族自治区	13	299.3	38.2	70.7	113.4	44.4	17.3	6.5	8.8
新疆维吾尔自治区	30	992.5	146.9	314	411.4	44.5	27.7	13.1	34.9

52. 国务院各部委所属高等学校人文、社会科学研究与发展全时人员职称(职务)情况表

单位:人年

	学校数(所)	合计	按职称划分						研究生(学生)
			教授	副教授	讲师	助教	初级	其他人员	
合计	42	4 251.7	872.6	1 254.2	1 493.7	126.6	57.9	36.1	410.6
民政部	1	19.7	2.5	4	8.3	4.2	0	0.7	0
中央办公厅	1	13.3	1.2	4.2	7.5	0.1	0	0.3	0
外交部	1	53.9	8.2	20	18.6	0.7	1.4	0.4	4.6
国防部	1	55.4	4.3	17.5	19.3	5.1	8.8	0.4	0
国家民族事务委员会	6	1 193.8	275	363.5	413.3	45.4	6.2	21.9	68.5
公安部	5	387	62.4	123.2	145	13.6	4	0.4	38.4
司法部	1	54.7	14.9	22.7	15.7	1	0	0	0.4
工业和信息化部	7	727.6	158.7	241.9	222.7	3.2	2.6	0	98.5
交通部	1	219.9	50	53.6	44.6	1.3	0	6.1	64.3
国家卫生健康委员会	1	8.8	2.1	1.7	4.8	0	0.2	0	0
海关总署	1	15.1	3.3	5.6	5.4	0.8	0	0	0
中国民用航空局	4	244.2	21.4	44.1	107.4	19.7	16.8	0	34.8
中国地震局	1	24	2.6	6.8	13.1	1.5	0	0	0
国家林业和草原局	1	15.8	1.7	7.2	4.2	2.5	0.2	0	0
国务院侨务办公室	2	632.3	159.3	187.6	261.5	11.9	7.1	3.4	1.5
应急管理部	1	38.4	9.3	11	16.9	0.9	0	0.3	0
国家体育总局	1	208.7	39.9	45.4	66.8	7.5	5.3	2.1	41.7
中国科学院	2	105.2	15.8	27.9	22.2	0	0	0	39.3
中国社会科学院	1	61.7	14.5	14	19.8	0.6	0	0	12.8
中华全国总工会	1	79.2	8.9	27.8	33.5	3.4	5.3	0.1	0.2
共青团中央	1	35	8.9	7.7	12.5	0.6	0	0	5.3
中华全国妇女联合会	1	58	7.7	16.8	30.6	2.6	0	0	0.3

53. 各类高等学校人文、社会科学研究与发展人员职称(职务)情况表

单位:人

		学校数(所)	合计	按职称划分						研究生(学生)
				教授	副教授	讲师	助教	初级	其他人员	
	合计	2 343	539 023	81 154	143 186	208 669	35 232	12 386	5 139	53 257
按学校隶属关系划分	教育部直属院校	73	91 872	19 926	21 755	21 735	1 571	545	889	25 451
按学校隶属关系划分	其他部委院校	42	19 328	3 614	5 349	6 799	682	257	260	2 367
按学校隶属关系划分	地方院校	2 228	427 823	57 614	116 082	180 135	32 979	11 584	3 990	25 439
按学校规格划分	本科院校	1 187	461 401	74 662	122 311	171 453	26 806	8 430	4 508	53 231
按学校规格划分	专科院校	1 156	77 622	6 492	20 875	37 216	8 426	3 956	631	26

续表

		学校数（所）	合计	按职称划分						研究生（学生）
				教授	副教授	讲师	助教	初级	其他人员	
按学校类型划分	综合大学	573	166 149	27 610	43 215	62 066	9 710	3 610	1 692	18 246
	理工农医院校	1 061	161 657	20 117	43 155	68 211	10 967	3 740	815	14 652
	高等师范院校	221	93 193	15 069	25 427	34 484	6 110	1 934	1 109	9 060
	语言院校	51	14 423	2 465	3 951	5 657	1 009	383	63	895
	财经院校	239	64 822	9 351	16 792	24 447	4 580	1 744	840	7 068
	政法院校	65	12 208	2 243	3 706	4 335	712	227	107	878
	体育院校	29	5 370	793	1 265	1 575	390	162	45	1 140
	艺术院校	87	10 745	1 373	2 716	4 306	1 216	401	143	590
	民族院校	17	10 456	2 133	2 959	3 588	538	185	325	728

54. 各省、市、自治区高等学校人文、社会科学研究与发展人员职称（职务）情况表

单位：人

	学校数（所）	合计	按职称划分						研究生（学生）
			教授	副教授	讲师	助教	初级	其他人员	
合计	2 343	539 023	81 154	143 186	208 669	35 232	12 386	5 139	53 257
北京市	90	42 826	8 213	10 504	10 603	1 195	475	228	11 608
天津市	53	13 156	2 085	3 232	4 946	780	355	116	1 642
河北省	120	23 059	3 278	6 561	10 128	1 483	206	62	1 341
山西省	66	8 368	892	2 192	3 549	720	168	103	744
内蒙古自治区	45	5 161	796	1 566	2 125	337	68	16	253
辽宁省	102	18 442	3 209	5 326	6 836	704	168	462	1 737
吉林省	53	15 519	2 257	4 241	6 028	1 509	199	41	1 244
黑龙江省	78	9 652	1 686	3 150	4 194	453	0	0	169
上海市	60	17 548	3 641	4 397	5 271	714	273	182	3 070
江苏省	164	39 805	5 738	11 963	16 344	1 824	201	20	3 715
浙江省	101	39 082	5 310	9 776	16 437	2 366	1 755	372	3 066
安徽省	109	14 280	1 645	3 902	5 969	1 501	391	33	839
福建省	87	21 491	2 923	5 905	9 557	1 832	743	137	394
江西省	89	9 278	1 338	2 613	4 189	835	202	42	59
山东省	125	26 394	3 588	7 290	11 596	2 327	372	176	1 045
河南省	107	21 748	1 959	5 246	10 884	2 855	416	88	300
湖北省	100	23 722	4 165	6 695	7 158	977	414	171	4 142
湖南省	93	24 132	3 947	6 297	9 115	1 640	690	361	2 082
广东省	150	37 526	5 997	9 106	15 854	1 613	1 799	173	2 984
广西壮族自治区	70	17 920	2 632	4 260	7 674	1 400	790	1 001	163

续表

	学校数（所）	合计	按职称划分						研究生（学生）
			教授	副教授	讲师	助教	初级	其他人员	
海南省	17	3 318	407	858	1 370	335	130	50	168
重庆市	65	17 593	2 712	4 649	6 716	1 176	275	86	1 979
四川省	104	34 916	5 387	8 371	12 528	2 469	850	790	4 521
贵州省	51	9 472	1 449	3 117	3 106	783	741	85	191
云南省	66	13 226	1 619	3 127	5 073	1 522	185	133	1 567
西藏自治区	7	1 013	110	318	414	86	37	19	29
陕西省	76	15 364	1 818	3 887	5 592	973	145	14	2 935
甘肃省	40	7 148	1 140	2 396	2 319	266	30	18	979
青海省	11	1 061	324	351	279	57	32	17	1
宁夏回族自治区	14	1 566	227	377	577	216	104	33	32
新疆维吾尔自治区	30	5 237	662	1 513	2 238	284	172	110	258

55. 各省、市、自治区所属高等学校人文、社会科学研究与发展人员职称(职务)情况表

单位:人

	学校数（所）	合计	按职称划分						研究生（学生）
			教授	副教授	讲师	助教	初级	其他人员	
合计	2 228	427 823	57 614	116 082	180 135	32 979	11 584	3 990	25 439
北京市	53	13 219	1 922	3 641	4 264	580	166	123	2 523
天津市	50	10 121	1 399	2 487	4 291	729	316	116	783
河北省	116	22 178	3 093	6 265	9 771	1 470	203	61	1 315
山西省	66	8 368	892	2 192	3 549	720	168	103	744
内蒙古自治区	45	5 161	796	1 566	2 125	337	68	16	253
辽宁省	97	16 006	2 722	4 697	5 941	644	164	424	1 414
吉林省	51	11 379	1 394	3 286	4 827	1 362	195	33	282
黑龙江省	75	8 725	1 506	2 821	3 826	438	0	0	134
上海市	50	8 499	1 374	2 251	2 949	614	217	129	965
江苏省	154	32 041	4 219	9 904	14 258	1 677	197	19	1 767
浙江省	100	37 674	4 895	9 468	16 244	2 364	1 755	370	2 578
安徽省	107	13 353	1 555	3 695	5 790	1 499	391	33	390
福建省	85	18 162	2 101	4 946	8 330	1 765	739	74	207
江西省	89	9 278	1 338	2 613	4 189	835	202	42	59
山东省	123	24 264	3 088	6 704	10 876	2 267	344	176	809
河南省	106	21 456	1 941	5 133	10 753	2 826	416	87	300
湖北省	92	12 430	1 532	3 959	4 893	754	341	52	899
湖南省	90	21 984	3 309	5 690	8 534	1 585	647	337	1 882
广东省	145	30 911	4 678	7 537	13 973	1 517	1 694	152	1 360
广西壮族自治区	70	17 920	2 632	4 260	7 674	1 400	790	1 001	163
海南省	17	3 318	407	858	1 370	335	130	50	168

续表

	学校数（所）	合计	按职称划分						研究生（学生）
			教授	副教授	讲师	助教	初级	其他人员	
重庆市	63	13 378	2 028	3 570	5 258	1 107	274	86	1 055
四川省	98	19 940	2 340	4 978	8 281	2 072	736	79	1 454
贵州省	51	9 472	1 449	3 117	3 106	783	741	85	191
云南省	66	13 226	1 619	3 127	5 073	1 522	185	133	1 567
西藏自治区	7	1 013	110	318	414	86	37	19	29
陕西省	70	11 734	1 354	2 989	4 695	928	138	13	1 617
甘肃省	38	5 108	793	1 899	1 899	233	27	17	240
青海省	11	1 061	324	351	279	57	32	17	1
宁夏回族自治区	13	1 207	142	247	465	189	99	33	32
新疆维吾尔自治区	30	5 237	662	1 513	2 238	284	172	110	258

56. 国务院各部委所属高等学校人文、社会科学研究与发展人员职称(职务)情况表

单位:人

	学校数（所）	合计	按职称划分						研究生（学生）
			教授	副教授	讲师	助教	初级	其他人员	
合计	42	19 328	3 614	5 349	6 799	682	257	260	2 367
民政部	1	151	13	26	69	36	0	7	0
中央办公厅	1	45	4	14	25	1	0	1	0
外交部	1	386	60	138	128	6	4	4	46
国防部	1	160	14	52	62	14	17	1	0
国家民族事务委员会	6	6 837	1 458	1 903	2 269	289	51	193	674
公安部	5	2 137	302	630	772	87	27	2	317
司法部	1	320	88	121	103	4	0	0	4
工业和信息化部	7	2 496	509	810	737	16	12	0	412
交通部	1	726	152	190	173	4	0	25	182
国家卫生健康委员会	1	23	3	3	16	0	1	0	0
海关总署	1	94	17	28	41	8	0	0	0
中国民用航空局	4	968	77	158	416	73	58	0	186
中国地震局	1	71	6	23	38	4	0	0	0
国家林业和草原局	1	104	7	48	32	15	2	0	0
国务院侨务办公室	2	2 561	578	706	1 161	52	46	12	6
应急管理部	1	122	33	40	45	3	0	1	0
国家体育总局	1	622	98	117	192	26	15	13	161
中国科学院	2	361	33	61	48	0	0	0	219
中国社会科学院	1	344	61	64	102	6	0	0	111
中华全国总工会	1	329	37	103	147	15	24	1	2
共青团中央	1	176	32	34	63	3	0	0	44
中华全国妇女联合会	1	295	32	80	160	20	0	0	3

57. 各类高等学校人文、社会科学人力情况表

		学校数（所）	社科活动人员（人）						
			合计	高级	中级	初级	其他人员	合计	高级
	合计	2 343	764 235	276 969	352 804	132 482	1 980	539 023	224 340
按学校隶属关系划分	教育部直属院校	73	66 667	38 102	26 019	2 484	62	91 872	41 681
	其他部委院校	42	19 060	8 566	8 873	1 590	31	19 328	8 963
	地方院校	2 228	678 508	230 301	317 912	128 408	1 887	427 823	173 696
按学校规格划分	本科院校	1 187	578 806	225 147	268 783	83 475	1 401	461 401	196 973
	专科院校	1 156	185 429	51 822	84 021	49 007	579	77 622	27 367
按学校类型划分	综合大学	573	223 322	82 547	100 740	39 639	396	166 149	70 825
	理工农医院校	1 061	246 200	84 038	119 982	41 654	526	161 657	63 272
	高等师范院校	221	117 792	46 510	52 475	18 372	435	93 193	40 496
	语言院校	51	21 513	7 589	10 167	3 683	74	14 423	6 416
	财经院校	239	91 246	31 804	41 804	17 423	215	64 822	26 143
	政法院校	65	17 985	7 839	7 866	2 237	43	12 208	5 949
	体育院校	29	7 884	2 999	3 453	1 409	23	5 370	2 058
	艺术院校	87	27 508	8 905	11 724	6 654	225	10 745	4 089
	民族院校	17	10 785	4 738	4 593	1 411	43	10 456	5 092

研究与发展人员(人)				研究与发展人员(人年)					
中级	初级	其他人员	研究生	合计	高级	中级	初级	其他人员	研究生
208 669	47 618	5 139	53 257	114 181.1	52 789.4	43 332	8 899.4	720.4	8 439.9
21 735	2 116	889	25 451	20 200.6	11 008.1	4 754.1	369.1	124.2	3 945.1
6 799	939	260	2 367	4 251.7	2 126.8	1 493.7	184.5	36.1	410.6
180 135	44 563	3 990	25 439	89 728.8	39 654.5	37 084.2	8 345.8	560.1	4 084.2
171 453	35 236	4 508	53 231	99 797.4	47 493.6	36 444.4	6 792.9	630	8 436.5
37 216	12 382	631	26	14 383.7	5 295.8	6 887.6	2 106.5	90.4	3.4
62 066	13 320	1 692	18 246	35 558	17 202.1	12 934.8	2 508.3	228.3	2 684.5
68 211	14 707	815	14 652	33 950.3	14 425.2	14 007.5	2 731.1	128.2	2 658.3
34 484	8 044	1 109	9 060	19 867.6	9 494.9	7 236.5	1 489.6	145	1 501.6
5 657	1 392	63	895	3 267.3	1 585.4	1 236.5	283.4	8.5	153.5
24 447	6 324	840	7 068	13 224.1	6 022.7	4 973.3	1 120.6	124.9	982.6
4 335	939	107	878	2 491.8	1 332.3	847	165.7	13.8	133
1 575	552	45	1 140	1 347.5	646.8	405	114.5	6.6	174.6
4 306	1 617	143	590	2 469.6	1 047	976.8	345.7	24.2	75.9
3 588	723	325	728	2 004.9	1 033	714.6	140.5	40.9	75.9

58. 各省、市、自治区高等学校人文、社会科学人力情况表

	学校数（所）	社科活动人员（人）						
		合计	高级	中级	初级	其他人员	合计	高级
合计	2 343	764 235	276 969	352 804	132 482	1 980	539 023	224 340
北京市	90	37 580	18 614	15 838	3 096	32	42 826	18 717
天津市	53	15 486	5 915	7 224	2 343	4	13 156	5 317
河北省	120	34 509	13 006	16 452	5 024	27	23 059	9 839
山西省	66	18 370	4 959	8 513	4 898	0	8 368	3 084
内蒙古自治区	45	12 055	4 672	5 354	2 029	0	5 161	2 362
辽宁省	102	31 627	12 671	14 693	3 263	1 000	18 442	8 535
吉林省	53	19 772	8 074	8 261	3 436	1	15 519	6 498
黑龙江省	78	21 425	9 726	9 596	2 103	0	9 652	4 836
上海市	60	23 892	10 016	10 901	2 975	0	17 548	8 038
江苏省	164	48 138	19 668	23 521	4 928	21	39 805	17 701
浙江省	101	35 867	12 871	17 310	5 681	5	39 082	15 086
安徽省	109	27 772	8 459	12 815	6 494	4	14 280	5 547
福建省	87	24 871	8 253	11 315	5 301	2	21 491	8 828
江西省	89	24 455	7 780	10 804	5 870	1	9 278	3 951
山东省	125	48 333	16 669	22 975	8 688	1	26 394	10 878
河南省	107	43 479	13 021	21 065	9 378	15	21 748	7 205
湖北省	100	33 200	14 349	14 483	4 209	159	23 722	10 860
湖南省	93	31 949	11 179	14 238	6 467	65	24 132	10 244
广东省	150	54 708	16 578	27 812	10 318	0	37 526	15 103
广西壮族自治区	70	23 309	6 797	10 724	5 638	150	17 920	6 892
海南省	17	6 157	1 883	2 697	1 551	26	3 318	1 265
重庆市	65	21 088	7 247	9 964	3 823	54	17 593	7 361
四川省	104	35 803	11 471	15 884	8 424	24	34 916	13 758
贵州省	51	14 881	5 555	6 022	3 105	199	9 472	4 566
云南省	66	19 266	6 780	8 719	3 744	23	13 226	4 746
西藏自治区	7	1 645	608	729	290	18	1 013	428
陕西省	76	27 721	10 054	13 321	4 311	35	15 364	5 705
甘肃省	40	11 033	5 059	4 796	1 178	0	7 148	3 536
青海省	11	2 074	996	553	514	11	1 061	675
宁夏回族自治区	14	4 101	1 339	1 386	1 277	99	1 566	604
新疆维吾尔自治区	30	9 669	2 700	4 839	2 126	4	5 237	2 175

研究与发展人员(人)				研究与发展人员(人年)					
中级	初级	其他人员	研究生	合计	高级	中级	初级	其他人员	研究生
208 669	47 618	5 139	53 257	114 181.1	52 789.4	43 332	8 899.4	720.4	8 439.9
10 603	1 670	228	11 608	7 864.1	4 082.8	1 934.2	255.9	27.8	1 563.4
4 946	1 135	116	1 642	3 097.1	1 390.2	1 132.2	239.2	12.1	323.4
10 128	1 689	62	1 341	4 913.4	2 233.7	2 159.8	324.1	7.6	188.2
3 549	888	103	744	1 651.4	677.7	711.9	162.8	14.2	84.8
2 125	405	16	253	1 129.6	558.5	447.1	69.6	1.8	52.6
6 836	872	462	1 737	3 786.8	1 854.4	1 389.7	165.6	67.1	310
6 028	1 708	41	1 244	3 228.5	1 475.1	1 274.3	316.7	6.2	156.2
4 194	453	0	169	3 481.1	1 757.5	1 515.8	158.3	0	49.5
5 271	987	182	3 070	4 758.9	2 716.3	1 388.9	237.6	32.4	383.7
16 344	2 025	20	3 715	8 230.8	3 956.2	3 191.5	356.4	4	722.7
16 437	4 121	372	3 066	8 270	3 522.2	3 422.3	783.7	55.9	485.9
5 969	1 892	33	839	3 439.5	1 441.3	1 358.5	434	4.1	201.6
9 557	2 575	137	394	4 089.7	1 840.2	1 720.9	407	14.7	106.9
4 189	1 037	42	59	1 705.7	772	745.6	173.9	5.4	8.8
11 596	2 699	176	1 045	5 967.5	2 586.4	2 609	518	29.1	225
10 884	3 271	88	300	3 880.8	1 320.8	1 918.7	581	13.6	46.7
7 158	1 391	171	4 142	5 448.1	2 803.6	1 529.1	248.5	33.5	833.4
9 115	2 330	361	2 082	5 530.9	2 660.8	2 096.6	465	47.8	260.7
15 854	3 412	173	2 984	7 640.6	3 540.8	3 110.7	596.8	26.4	365.9
7 674	2 190	1 001	163	3 275.2	1 314.8	1 396.9	404.5	132.2	26.8
1 370	465	50	168	649.9	247.7	279.6	97.8	8	16.8
6 716	1 451	86	1 979	3 791.2	1 880.1	1 360.6	238.8	11.9	299.8
12 528	3 319	790	4 521	6 978.3	2 934.3	2 665	678.5	101	599.5
3 106	1 524	85	191	1 785.3	921.3	591.3	226.5	11.1	35.1
5 073	1 707	133	1 567	2 942.8	1 115.3	1 082.8	327.9	21	395.8
414	123	19	29	191.4	83.6	80.7	20.6	2.4	4.1
5 592	1 118	14	2 935	3 059.2	1 372.8	1 076	190.1	1.9	418.4
2 319	296	18	979	1 719.6	914.2	513.4	57.8	3.8	230.4
279	89	17	1	284.2	187.7	72.4	20.2	3.8	0.1
577	320	33	32	397	166.2	145.1	70.4	6.5	8.8
2 238	456	110	258	992.5	460.9	411.4	72.2	13.1	34.9

59. 各省、市、自治区所属高等学校人文、社会科学人力情况表

	学校数（所）	社科活动人员（人）						
		合计	高级	中级	初级	其他人员	合计	高级
合计	2 228	678 508	230 301	317 912	128 408	1 887	427 823	173 696
北京市	53	14 554	5 739	6 986	1 809	20	13 219	5 563
天津市	50	13 070	4 539	6 323	2 204	4	10 121	3 886
河北省	116	33 226	12 358	15 918	4 923	27	22 178	9 358
山西省	66	18 370	4 959	8 513	4 898	0	8 368	3 084
内蒙古自治区	45	12 055	4 672	5 354	2 029	0	5 161	2 362
辽宁省	97	28 547	11 289	13 237	3 060	961	16 006	7 419
吉林省	51	16 514	6 194	7 040	3 279	1	11 379	4 680
黑龙江省	75	19 791	8 876	8 851	2 064	0	8 725	4 327
上海市	50	15 808	5 360	7 781	2 667	0	8 499	3 625
江苏省	154	42 252	16 484	21 006	4 741	21	32 041	14 123
浙江省	100	34 827	12 083	17 058	5 681	5	37 674	14 363
安徽省	107	26 934	8 034	12 409	6 487	4	13 353	5 250
福建省	85	22 255	6 973	10 093	5 189	0	18 162	7 047
江西省	89	24 455	7 780	10 804	5 870	1	9 278	3 951
山东省	123	45 270	15 054	21 744	8 471	1	24 264	9 792
河南省	106	43 182	12 882	20 919	9 366	15	21 456	7 074
湖北省	92	24 923	9 393	11 396	3 990	144	12 430	5 491
湖南省	90	29 474	9 999	13 168	6 244	63	21 984	8 999
广东省	145	50 234	14 434	25 682	10 118	0	30 911	12 215
广西壮族自治区	70	23 309	6 797	10 724	5 638	150	17 920	6 892
海南省	17	6 157	1 883	2 697	1 551	26	3 318	1 265
重庆市	63	18 688	5 797	9 062	3 782	47	13 378	5 598
四川省	98	30 976	9 010	13 704	8 238	24	19 940	7 318
贵州省	51	14 881	5 555	6 022	3 105	199	9 472	4 566
云南省	66	19 266	6 780	8 719	3 744	23	13 226	4 746
西藏自治区	7	1 645	608	729	290	18	1 013	428
陕西省	70	23 452	7 929	11 391	4 113	19	11 734	4 343
甘肃省	38	9 282	4 109	4 056	1 117	0	5 108	2 692
青海省	11	2 074	996	553	514	11	1 061	675
宁夏回族自治区	13	3 368	1 035	1 134	1 100	99	1 207	389
新疆维吾尔自治区	30	9 669	2 700	4 839	2 126	4	5 237	2 175

研究与发展人员(人)				研究与发展人员(人年)					
中级	初级	其他人员	研究生	合计	高级	中级	初级	其他人员	研究生
180 135	44 563	3 990	25 439	89 728.8	39 654.5	37 084.2	8 345.8	560.1	4 084.2
4 264	746	123	2 523	2 518.8	1 214.1	810.6	121.2	15.7	357.2
4 291	1 045	116	783	2 208.1	935.9	939.3	213.3	12.1	107.5
9 771	1 673	61	1 315	4 715.7	2 125.9	2 077.5	319.8	7.3	185.2
3 549	888	103	744	1 651.4	677.7	711.9	162.8	14.2	84.8
2 125	405	16	253	1 129.6	558.5	447.1	69.6	1.8	52.6
5 941	808	424	1 414	3 245.5	1 602.4	1 208.7	156	59.1	219.3
4 827	1 557	33	282	2 446.7	1 070.3	1 028	292	5.2	51.2
3 826	438	0	134	3 130.7	1 570	1 369.1	152	0	39.6
2 949	831	129	965	2 058.8	992.5	713.9	200.2	21.1	131.1
14 258	1 874	19	1 767	6 376.7	3 026.1	2 744.9	326.5	3.9	275.3
16 244	4 119	370	2 578	7 959.6	3 304.3	3 391.6	783.5	55.7	424.5
5 790	1 890	33	390	3 190.9	1 340.3	1 304.4	433.6	4.1	108.5
8 330	2 504	74	207	3 327.4	1 404	1 487.3	395.1	8	33
4 189	1 037	42	59	1 705.7	772	745.6	173.9	5.4	8.8
10 876	2 611	176	809	5 449.2	2 293.6	2 432.9	501.7	29.1	191.9
10 753	3 242	87	300	3 832.2	1 299	1 896	577	13.5	46.7
4 893	1 095	52	899	2 492	1 196.8	953.3	193.9	9.2	138.8
8 534	2 232	337	1 882	4 743.7	2 182.9	1 873.6	427.4	44	215.8
13 973	3 211	152	1 360	6 322.3	2 805.1	2 732.8	563.5	21.4	199.5
7 674	2 190	1 001	163	3 275.2	1 314.8	1 396.9	404.5	132.2	26.8
1 370	465	50	168	649.9	247.7	279.6	97.8	8	16.8
5 258	1 381	86	1 055	2 777.9	1 328.4	1 039.2	224.1	11.9	174.3
8 281	2 808	79	1 454	4 527.3	1 834.4	1 867.7	597	14.1	214.1
3 106	1 524	85	191	1 785.3	921.3	591.3	226.5	11.1	35.1
5 073	1 707	133	1 567	2 942.8	1 115.3	1 082.8	327.9	21	395.8
414	123	19	29	191.4	83.6	80.7	20.6	2.4	4.1
4 695	1 066	13	1 617	2 253.6	968.1	861.6	180.9	1.7	241.3
1 899	260	17	240	1 244.4	712	418.7	49.4	3.5	60.8
279	89	17	1	284.2	187.7	72.4	20.2	3.8	0.1
465	288	33	32	299.3	108.9	113.4	61.7	6.5	8.8
2 238	456	110	258	992.5	460.9	411.4	72.2	13.1	34.9

60. 国务院各部委所属高等学校人文、社会科学人力情况表

	学校数（所）	社科活动人员（人）						
		合计	高级	中级	初级	其他人员	合计	高级
合计	42	19 060	8 566	8 873	1 590	31	19 328	8 963
民政部	1	198	43	87	68	0	151	39
中央办公厅	1	75	28	40	3	4	45	18
外交部	1	263	143	103	17	0	386	198
国防部	1	195	57	87	51	0	160	66
国家民族事务委员会	6	5 258	2 470	2 322	445	21	6 837	3 361
公安部	5	1 813	829	875	106	3	2 137	932
司法部	1	307	206	93	8	0	320	209
工业和信息化部	7	3 330	1 794	1 428	108	0	2 496	1 319
交通部	1	543	306	220	14	3	726	342
国家卫生健康委员会	1	28	16	11	1	0	23	6
海关总署	1	193	58	99	36	0	94	45
中国民用航空局	4	1 205	302	608	295	0	968	235
中国地震局	1	198	76	97	25	0	71	29
国家林业和草原局	1	191	83	98	10	0	104	55
国务院侨务办公室	2	2 884	1 109	1 598	177	0	2 561	1 284
应急管理部	1	367	180	135	52	0	122	73
国家体育总局	1	634	249	257	128	0	622	215
中国科学院	2	376	208	157	11	0	361	94
中国社会科学院	1	253	140	113	0	0	344	125
中华全国总工会	1	382	115	235	32	0	329	140
共青团中央	1	91	46	43	2	0	176	66
中华全国妇女联合会	1	276	108	167	1	0	295	112

研究与发展人员(人)				研究与发展人员(人年)					
中级	初级	其他人员	研究生	合计	高级	中级	初级	其他人员	研究生
6 799	939	260	2 367	4 251.7	2 126.8	1 493.7	184.5	36.1	410.6
69	36	7	0	19.7	6.5	8.3	4.2	0.7	0
25	1	1	0	13.3	5.4	7.5	0.1	0.3	0
128	10	4	46	53.9	28.2	18.6	2.1	0.4	4.6
62	31	1	0	55.4	21.8	19.3	13.9	0.4	0
2 269	340	193	674	1 193.8	638.5	413.3	51.6	21.9	68.5
772	114	2	317	387	185.6	145	17.6	0.4	38.4
103	4	0	4	54.7	37.6	15.7	1	0	0.4
737	28	0	412	727.6	400.6	222.7	5.8	0	98.5
173	4	25	182	219.9	103.6	44.6	1.3	6.1	64.3
16	1	0	0	8.8	3.8	4.8	0.2	0	0
41	8	0	0	15.1	8.9	5.4	0.8	0	0
416	131	0	186	244.2	65.5	107.4	36.5	0	34.8
38	4	0	0	24	9.4	13.1	1.5	0	0
32	17	0	0	15.8	8.9	4.2	2.7	0	0
1 161	98	12	6	632.3	346.9	261.5	19	3.4	1.5
45	3	1	0	38.4	20.3	16.9	0.9	0.3	0
192	41	13	161	208.7	85.3	66.8	12.8	2.1	41.7
48	0	0	219	105.2	43.7	22.2	0	0	39.3
102	6	0	111	61.7	28.5	19.8	0.6	0	12.8
147	39	1	2	79.2	36.7	33.5	8.7	0.1	0.2
63	3	0	44	35	16.6	12.5	0.6	0	5.3
160	20	0	3	58	24.5	30.6	2.6	0	0.3

61. 教育部直属院校人文、社会科学活动人员及研究与发展人员概况表

	社科活动人员(人)						
	合计	高级	中级	初级	其他人员	合计	高级
合计	66 667	38 102	26 019	2 484	62	91 872	41 681
北京大学	1 463	1 128	301	34	0	1 475	549
中国人民大学	1 651	1 315	310	26	0	2 304	1 468
清华大学	1 338	825	505	8	0	1 774	687
北京交通大学	1 002	530	415	56	1	1 301	554
北京科技大学	446	245	201	0	0	346	216
北京化工大学	392	166	208	18	0	301	112
北京邮电大学	411	241	141	29	0	697	357
中国农业大学	383	270	92	21	0	1 555	510
北京林业大学	517	333	183	1	0	842	279
北京中医药大学	197	111	81	5	0	305	132
北京师范大学	1 223	832	391	0	0	3 885	1 565
北京外国语大学	853	413	417	23	0	724	420
北京语言大学	838	351	412	75	0	715	399
中国传媒大学	1 484	719	678	82	5	442	284
中央财经大学	1 208	716	404	88	0	1 560	800
对外经济贸易大学	1 093	551	471	71	0	1 798	601
国际关系学院	264	112	125	27	0	422	202
中央音乐学院	412	213	156	41	2	127	95
中央美术学院	439	243	142	54	0	128	70
中央戏剧学院	353	165	139	49	0	238	105
中国政法大学	903	677	211	15	0	1 260	802
华北电力大学	565	254	268	43	0	1 012	323
南开大学	1 316	945	366	5	0	1 876	1 020
天津大学	562	295	267	0	0	495	260
大连理工大学	720	287	389	32	12	737	293
东北大学	939	419	430	90	0	587	308
吉林大学	1 951	1 127	710	114	0	2 047	745
东北师范大学	1 307	753	511	43	0	2 093	1 073
东北林业大学	522	223	263	36	0	249	103
复旦大学	1 346	974	366	6	0	2 523	1 298
同济大学	1 015	486	494	35	0	931	566
上海交通大学	936	602	315	19	0	1 064	611
华东理工大学	569	325	239	5	0	497	314
东华大学	690	326	269	95	0	292	162
华东师范大学	1 435	953	476	6	0	1 592	560
上海外国语大学	777	418	299	60	0	726	414
上海财经大学	1 013	491	519	3	0	1 306	438

研究与发展人员(人)				研究与发展人员(人年)					
中级	初级	其他人员	研究生	合计	高级	中级	初级	其他人员	研究生
21 735	2 116	889	25 451	20 200.6	11 008.1	4 754.1	369.1	124.2	3 945.1
69	5	1	851	286.3	144.1	15.6	0.7	0.2	125.7
329	37	0	470	512.9	400.7	59.4	5.8	0	47
263	4	1	819	323.2	146.4	33.7	0.4	0.1	142.6
290	25	1	431	257.7	139	64.3	3.9	0.1	50.4
99	5	0	26	52.3	35.3	13.9	0.5	0	2.6
98	4	0	87	78.2	29.7	25.3	0.9	0	22.3
223	98	0	19	89.6	49.3	25.9	11.3	0	3.1
94	47	0	904	276.7	143.7	19.7	6.1	0	107.2
88	0	11	464	119.2	56	13.5	0	1.2	48.5
76	4	0	93	51.1	24.4	15.5	0.6	0	10.6
825	138	1	1 356	485.6	226.9	105.1	14.6	0.1	138.9
201	9	0	94	114.5	71.6	32.4	1.1	0	9.4
184	30	0	102	113.3	66.9	26.1	4.5	0	15.8
144	13	1	0	61.6	43.2	16.7	1.6	0.1	0
279	53	0	428	325.1	190.1	47.2	7.6	0	80.2
480	61	3	653	295.9	130.1	92.8	7.3	0.4	65.3
178	32	1	9	72.2	38	28.9	4.3	0.1	0.9
20	5	0	7	45.3	33.6	6.5	2.7	0	2.5
28	8	0	22	28.5	18.8	5.6	1.9	0	2.2
59	33	0	41	42.9	23	10.6	4.3	0	5
148	3	10	297	253.7	191.3	20.3	0.3	1	40.8
215	18	3	453	163.6	74.3	41.6	1.9	0.3	45.5
259	2	0	595	524.5	317.6	63.8	0.2	0	142.9
155	2	0	78	184.6	88.4	57.4	0.6	0	38.2
280	11	12	141	128.6	47.8	51.2	1.6	1.6	26.4
243	36	0	0	97.4	59.5	34	3.9	0	0
399	58	0	845	353.2	174.4	86.3	8	0	84.5
802	93	8	117	428.6	230.4	160	16.7	1	20.5
108	12	0	26	81.1	31.8	37.5	5.6	0	6.2
917	25	9	274	932.4	655.1	243.8	4.6	1.5	27.4
316	14	0	35	249	162.1	75.9	2.3	0	8.7
253	26	37	137	282.4	181.9	63.2	5.4	8.6	23.3
133	5	5	40	148.7	100.4	35.2	1.3	1	10.8
97	19	0	14	168.5	95.6	53.3	9.6	0	10
196	8	0	828	339.5	188.8	53.8	2.2	0	94.7
190	41	2	79	166.8	113.3	39.3	6.1	0.2	7.9
170	0	0	698	385.2	215.8	99.6	0	0	69.8

	社科活动人员(人)						
	合计	高级	中级	初级	其他人员	合计	高级
南京大学	1 109	751	343	15	0	948	608
东南大学	860	454	384	22	0	1 329	703
中国矿业大学	510	291	208	11	0	1 166	563
河海大学	573	342	230	1	0	1 339	361
江南大学	790	404	364	22	0	611	271
南京农业大学	639	301	296	42	0	1 389	560
中国药科大学	255	77	153	25	0	228	78
浙江大学	1 040	788	252	0	0	1 408	723
合肥工业大学	621	309	305	7	0	634	229
厦门大学	1 274	807	445	20	2	1 976	1 133
山东大学	1 914	1 044	742	128	0	1 198	667
中国海洋大学	569	313	218	38	0	490	202
中国石油大学(华东)	580	258	271	51	0	442	217
武汉大学	1 482	961	505	14	2	2 493	1 297
华中科技大学	897	589	293	14	1	1 057	737
中国地质大学(武汉)	635	301	282	52	0	367	180
武汉理工大学	931	569	342	18	2	631	269
华中农业大学	510	283	203	14	10	944	496
华中师范大学	1 231	799	414	18	0	2 117	745
中南财经政法大学	1 730	977	708	45	0	2 003	792
湖南大学	1 208	658	475	75	0	1 085	638
中南大学	1 072	465	508	97	2	903	541
中山大学	1 693	1 003	688	2	0	3 663	1 650
华南理工大学	782	399	377	6	0	1 419	510
四川大学	1 097	673	402	22	0	9 313	4 105
重庆大学	887	533	338	9	7	1 405	449
西南交通大学	732	320	372	40	0	624	355
电子科技大学	492	236	241	15	0	366	208
西南大学	1 513	917	564	32	0	2 810	1 314
西南财经大学	1 059	651	378	30	0	2 360	761
西安交通大学	991	578	387	26	0	1 605	453
西安电子科技大学	463	240	191	32	0	289	104
长安大学	590	246	311	32	1	346	127
西北农林科技大学	561	233	290	23	15	201	101
陕西师范大学	1 216	576	570	70	0	894	409
兰州大学	860	437	415	8	0	1 134	265
中国矿业大学(北京)	300	86	174	40	0	71	26
中国石油大学(北京)	221	97	106	18	0	189	68
中国地质大学(北京)	247	102	110	35	0	199	71

续表

研究与发展人员(人)				研究与发展人员(人年)					
中级	初级	其他人员	研究生	合计	高级	中级	初级	其他人员	研究生
224	1	0	115	168	106.1	27.3	0.1	0	34.5
396	13	1	216	300.9	183.2	89.3	3.5	0.1	24.8
438	39	0	126	230.6	114.6	75.5	5.7	0	34.8
197	3	0	778	326.4	92.1	40.9	0.4	0	193
124	3	0	213	342.8	172.8	76	2.1	0	91.9
337	51	0	441	258.9	133	59	10	0	56.9
119	13	0	18	61.1	25.8	26.1	3.1	0	6.1
193	2	2	488	310.4	217.9	30.7	0.2	0.2	61.4
148	2	0	255	161.3	64.7	37.2	0.4	0	59
545	54	63	181	502.2	294.9	118.3	9.9	6.7	72.4
352	48	0	131	300.4	195.6	82.9	8.8	0	13.1
184	20	0	84	140.3	54.9	62.2	5.3	0	17.9
184	20	0	21	77.6	42.3	31	2.2	0	2.1
519	56	69	552	839.4	489.2	168.3	16.5	18.5	146.9
123	24	0	173	232.1	165.3	27.6	4	0	35.2
100	20	8	59	78.8	46.4	20	4.2	1.5	6.7
113	3	0	246	177.5	94.1	35.3	0.6	0	47.5
226	51	0	171	152.1	80.2	34.6	7.5	0	29.8
220	9	1	1 142	699.3	331.5	89.2	3.9	0.2	274.5
417	10	0	784	489	233.2	111.5	1.9	0	142.4
271	35	23	118	366.3	249.7	87.6	8.1	3.4	17.5
248	32	0	82	365.5	206.4	116.1	15.6	0	27.4
837	0	0	1 176	641.1	384.2	135.5	0	0	121.4
376	77	8	448	250.7	129.1	65.2	10.1	1.3	45
2 597	348	520	1 743	1 325.6	589.2	449.1	55.9	57	174.4
228	15	0	713	396.9	216.6	79.5	4.3	0	96.5
256	10	3	0	137.1	79.9	55.2	1.5	0.5	0
153	5	0	0	94.9	54.5	39.2	1.2	0	0
1 230	55	0	211	616.4	335.1	241.9	10.4	0	29
330	24	83	1 162	504.6	193.8	93.6	5.6	16.8	194.8
233	8	0	911	238.7	107.8	38.2	1.2	0	91.5
78	6	0	101	99.6	39.5	33.8	1.8	0	24.5
98	5	1	115	84	36	20.1	0.8	0.2	26.9
77	1	0	22	76.2	35	27.4	0.1	0	13.7
339	28	0	118	265.3	160.6	85	4.9	0	14.8
136	10	1	722	276.6	76.4	31	2.1	0.3	166.8
40	5	0	0	28.1	11.3	15	1.8	0	0
77	3	0	41	29.8	11.8	11.6	0.3	0	6.1
64	23	0	41	34.2	14.1	11.3	2.7	0	6.1

62. 教育部直属院校人文、社会科学研究与发展人员职称(职务)情况表

单位:人

	合计	按职称划分						研究生(学生)
		教授	副教授	讲师	助教	初级	其他人员	
合计	91 872	19 926	21 755	21 735	1 571	545	889	25 451
北京大学	1 475	375	174	69	5	0	1	851
中国人民大学	2 304	774	694	329	37	0	0	470
清华大学	1 774	367	320	263	4	0	1	819
北京交通大学	1 301	230	324	290	12	13	1	431
北京科技大学	346	86	130	99	5	0	0	26
北京化工大学	301	37	75	98	3	1	0	87
北京邮电大学	697	150	207	223	71	27	0	19
中国农业大学	1 555	224	286	94	11	36	0	904
北京林业大学	842	104	175	88	0	0	11	464
北京中医药大学	305	53	79	76	4	0	0	93
北京师范大学	3 885	821	744	825	67	71	1	1 356
北京外国语大学	724	209	211	201	9	0	0	94
北京语言大学	715	208	191	184	13	17	0	102
中国传媒大学	442	127	157	144	12	1	1	0
中央财经大学	1 560	354	446	279	37	16	0	428
对外经济贸易大学	1 798	292	309	480	57	4	3	653
国际关系学院	422	79	123	178	32	0	1	9
中央音乐学院	127	64	31	20	5	0	0	7
中央美术学院	128	35	35	28	4	4	0	22
中央戏剧学院	238	58	47	59	13	20	0	41
中国政法大学	1 260	448	354	148	3	0	10	297
华北电力大学	1 012	123	200	215	18	0	3	453
南开大学	1 876	527	493	259	2	0	0	595
天津大学	495	102	158	155	2	0	0	78
大连理工大学	737	139	154	280	11	0	12	141
东北大学	587	120	188	243	33	3	0	0
吉林大学	2 047	403	342	399	56	2	0	845
东北师范大学	2 093	460	613	802	91	2	8	117
东北林业大学	249	36	67	108	12	0	0	26
复旦大学	2 523	823	475	917	23	2	9	274
同济大学	931	259	307	316	13	1	0	35
上海交通大学	1 064	306	305	253	13	13	37	137
华东理工大学	497	105	209	133	4	1	5	40
东华大学	292	55	107	97	6	13	0	14
华东师范大学	1 592	309	251	196	8	0	0	828
上海外国语大学	726	186	228	190	22	19	2	79
上海财经大学	1 306	206	232	170	0	0	0	698

续表

	合计	按职称划分						研究生（学生）
		教授	副教授	讲师	助教	初级	其他人员	
南京大学	948	378	230	224	1	0	0	115
东南大学	1 329	276	427	396	12	1	1	216
中国矿业大学	1 166	195	368	438	39	0	0	126
河海大学	1 339	153	208	197	3	0	0	778
江南大学	611	69	202	124	3	0	0	213
南京农业大学	1 389	268	292	337	51	0	0	441
中国药科大学	228	21	57	119	13	0	0	18
浙江大学	1 408	415	308	193	2	0	2	488
合肥工业大学	634	69	160	148	2	0	0	255
厦门大学	1 976	553	580	545	51	3	63	181
山东大学	1 198	346	321	352	27	21	0	131
中国海洋大学	490	83	119	184	18	2	0	84
中国石油大学(华东)	442	71	146	184	15	5	0	21
武汉大学	2 493	702	595	519	53	3	69	552
华中科技大学	1 057	466	271	123	5	19	0	173
中国地质大学(武汉)	367	57	123	100	7	13	8	59
武汉理工大学	631	85	184	113	1	2	0	246
华中农业大学	944	209	287	226	29	22	0	171
华中师范大学	2 117	430	315	220	9	0	1	1 142
中南财经政法大学	2 003	357	435	417	10	0	0	784
湖南大学	1 085	289	349	271	29	6	23	118
中南大学	903	335	206	248	12	20	0	82
中山大学	3 663	735	915	837	0	0	0	1 176
华南理工大学	1 419	256	254	376	27	50	8	448
四川大学	9 313	2 193	1 912	2 597	253	95	520	1 743
重庆大学	1 405	173	276	228	15	0	0	713
西南交通大学	624	107	248	256	10	0	3	0
电子科技大学	366	52	156	153	1	4	0	0
西南大学	2 810	511	803	1 230	54	1	0	211
西南财经大学	2 360	252	509	330	24	0	83	1 162
西安交通大学	1 605	143	310	233	4	4	0	911
西安电子科技大学	289	36	68	78	6	0	0	101
长安大学	346	43	84	98	5	0	1	115
西北农林科技大学	201	38	63	77	1	0	0	22
陕西师范大学	894	138	271	339	28	0	0	118
兰州大学	1 134	107	158	136	8	2	1	722
中国矿业大学(北京)	71	5	21	40	2	3	0	0
中国石油大学(北京)	189	26	42	77	2	1	0	41
中国地质大学(北京)	199	30	41	64	21	2	0	41

63. 教育部直属院校人文、社会科学研究与发展全时人员职称(职务)情况表

单位:人年

	合计	按职称划分						研究生（学生）
		教授	副教授	讲师	助教	初级	其他人员	
合计	20 204	5 499	5 516	4 757	287	87	124	3 950
北京大学	286	102	42	16	1	0	0	126
中国人民大学	513	231	170	59	6	0	0	47
清华大学	323	83	63	34	0	0	0	143
北京交通大学	258	64	75	64	2	2	0	50
北京科技大学	52	16	20	14	1	0	0	3
北京化工大学	78	8	22	25	1	0	0	22
北京邮电大学	90	22	28	26	8	3	0	3
中国农业大学	277	66	78	20	2	4	0	107
北京林业大学	119	21	35	14	0	0	1	49
北京中医药大学	51	9	16	16	1	0	0	11
北京师范大学	486	122	105	105	7	8	0	139
北京外国语大学	115	36	36	32	1	0	0	9
北京语言大学	113	38	29	26	2	3	0	16
中国传媒大学	62	21	22	17	2	0	0	0
中央财经大学	325	90	100	47	6	2	0	80
对外经济贸易大学	296	67	63	93	7	0	0	65
国际关系学院	72	16	22	29	4	0	0	1
中央音乐学院	45	21	12	7	3	0	0	3
中央美术学院	29	12	7	6	1	1	0	2
中央戏剧学院	43	14	9	11	2	3	0	5
中国政法大学	254	122	70	20	0	0	1	41
华北电力大学	164	29	45	42	2	0	0	46
南开大学	525	177	141	64	0	0	0	143
天津大学	185	36	52	57	1	0	0	38
大连理工大学	129	26	22	51	2	0	2	26
东北大学	97	25	34	34	4	0	0	0
吉林大学	353	97	78	86	8	0	0	85
东北师范大学	429	99	132	160	16	1	1	21
东北林业大学	81	10	22	38	6	0	0	6
复旦大学	932	396	259	244	4	1	2	27
同济大学	249	78	84	76	2	0	0	9
上海交通大学	282	100	82	63	3	3	9	23
华东理工大学	149	37	63	35	1	0	1	11
东华大学	169	32	64	53	3	7	0	10
华东师范大学	340	114	75	54	2	0	0	95
上海外国语大学	167	55	58	39	3	3	0	8
上海财经大学	385	96	120	100	0	0	0	70

续表

	合计	按职称划分						研究生（学生）
		教授	副教授	讲师	助教	初级	其他人员	
南京大学	168	74	32	27	0	0	0	35
东南大学	301	72	111	89	3	0	0	25
中国矿业大学	231	42	73	76	6	0	0	35
河海大学	326	44	48	41	0	0	0	193
江南大学	343	44	129	76	2	0	0	92
南京农业大学	259	72	61	59	10	0	0	57
中国药科大学	61	9	17	26	3	0	0	6
浙江大学	310	133	85	31	0	0	0	61
合肥工业大学	161	22	43	37	0	0	0	59
厦门大学	502	162	133	118	10	0	7	72
山东大学	300	104	92	83	5	4	0	13
中国海洋大学	140	21	34	62	4	1	0	18
中国石油大学(华东)	78	13	29	31	2	1	0	2
武汉大学	839	276	213	168	15	1	19	147
华中科技大学	232	104	61	28	1	3	0	35
中国地质大学(武汉)	79	19	27	20	2	3	2	7
武汉理工大学	178	34	60	35	0	0	0	48
华中农业大学	152	35	45	35	4	3	0	30
华中师范大学	699	192	140	89	4	0	0	275
中南财经政法大学	489	111	123	112	2	0	0	142
湖南大学	366	118	132	88	7	1	3	18
中南大学	366	124	83	116	8	8	0	27
中山大学	641	182	202	136	0	0	0	121
华南理工大学	251	70	60	65	4	6	1	45
四川大学	1 326	294	295	449	45	11	57	174
重庆大学	397	87	129	80	4	0	0	97
西南交通大学	137	25	55	55	2	0	1	0
电子科技大学	95	14	41	39	1	1	0	0
西南大学	616	149	186	242	10	0	0	29
西南财经大学	505	75	119	94	6	0	17	195
西安交通大学	239	38	70	38	1	1	0	92
西安电子科技大学	100	12	27	34	2	0	0	25
长安大学	84	13	23	20	1	0	0	27
西北农林科技大学	76	10	26	27	0	0	0	14
陕西师范大学	265	67	93	85	5	0	0	15
兰州大学	277	36	41	31	1	1	0	167
中国矿业大学(北京)	28	3	9	15	1	1	0	0
中国石油大学(北京)	30	4	7	12	0	0	0	6
中国地质大学(北京)	34	7	7	11	2	0	0	6

1. 全国高等学校人文、社会科学研究与发展经费情况表(一)

		合计	政府资金投入				
			科研活动经费	其中:教育部科研经费	其中:中央其他部门科研经费	其中:省、市、自治区科研经费	其中:其他各类地方政府经费
	合计	21 298 704.71	8 621 426.27	1 688 343.13	2 713 462.11	2 356 235.72	1 863 385.31
按学校隶属关系划分	教育部直属院校	6 712 173.16	3 414 916.88	1 244 986.67	1 227 581.05	331 515.56	610 833.6
	其他部委院校	909 362.34	461 933.23	115 526	236 705.59	45 121.02	64 580.62
	地方院校	13 677 169.21	4 744 576.16	327 830.46	1 249 175.47	1 979 599.14	1 187 971.09
按学校规格划分	本科院校	20 235 101.7	8 375 841.19	1 671 420.84	2 703 596.57	2 264 111.95	1 736 711.83
	专科院校	1 063 603.01	245 585.08	16 922.29	9 865.54	92 123.77	126 673.48
按学校类型划分	综合大学	7 688 494.69	3 130 698.89	733 048.55	1 030 688.28	548 884.17	818 077.89
	理工农医院校	4 790 396.2	1 703 526.18	231 319.03	592 841.79	409 140.41	470 224.95
	高等师范院校	3 874 844.64	1 550 208.75	303 433.88	433 403.55	569 411.01	243 960.31
	语言院校	700 152.69	250 898.03	74 099.53	74 715.73	66 725.9	35 356.87
	财经院校	2 390 921.68	995 056.98	178 067.53	280 575.8	360 875.16	175 538.49
	政法院校	552 236.21	268 279.91	75 777.57	133 730.5	29 801.28	28 970.56
	体育院校	221 947.91	123 261.75	17 067.19	28 253.84	49 981.22	27 959.5
	艺术院校	652 531.24	357 015.68	23 143.3	38 847.92	250 140.8	44 883.66
	民族院校	427 179.45	242 480.1	52 386.55	100 404.7	71 275.77	18 413.08

与发展经费

单位：千元

当年 R&D 经费收入							
		非政府资金投入					
科技活动人员工资	科研基建费	企事业单位委托项目经费	金融机构贷款	自筹经费	境外资金	其他收入	科技活动人员工资
3 426 946.25	24 888.6	4 976 182.5	393.19	3 608 129.4	107 710.64	232 985.05	300 042.81
570 011.77	0	2 031 045.89	0	498 605.65	93 493.85	101 823.12	2 276
136 194.8	150	108 558.2	0	193 673.55	2 853.97	5 998.59	0
2 720 739.68	24 738.6	2 836 578.41	393.19	2 915 850.2	11 362.82	125 163.34	297 766.81
3 017 066.24	23 906.1	4 852 143.48	393.19	3 373 016.05	106 928.64	219 342.65	266 464.16
409 880.01	982.5	124 039.02	0	235 113.35	782	13 642.4	33 578.65
1 065 787.6	66	1 923 897.76	0	1 336 485.91	44 581.24	88 477.51	98 499.78
953 976.86	4 469.1	1 412 077.1	66.33	551 165.48	41 099.97	38 374.14	85 641.04
646 728.63	0	882 908.98	0	756 187.26	7 600.07	25 772.45	5 438.5
99 492.54	16 178	82 194.44	0	199 587.66	2 277.85	27 555.78	21 968.39
404 102.5	3 220.5	409 127.08	326.86	453 698.73	5 775.36	45 043.09	74 570.58
90 704.9	10	75 940.4	0	109 132.97	4 381.36	3 716.67	70
34 397.64	500	37 340.77	0	21 984.78	1 179.37	2 529	754.6
71 553.98	445	111 129.29	0	97 948.46	40	1 298.91	13 099.92
60 201.6	0	41 566.68	0	81 938.15	775.42	217.5	0

2. 全国高等学校人文、社会科学研究与发展经费情况表(二)

单位:千元

		当年 R&D 经费支出									
		合计	内部支出								转拨给外单位经费
			小计	科研人员费	业务费	科研基建费	仪器设备费	图书资料费	间接费	其他	
	合计	19 211 825.97	19 054 433.39	5 270 757.42	9 054 838.43	33 304.14	1 098 704.21	1 656 480.13	1 380 862.16	559 486.9	157 392.58
按学校隶属关系划分	教育部直属院校	5 897 797.88	5 838 974.32	1 089 856.44	3 132 960.52	0	311 329.91	473 423.57	604 801.65	226 602.23	58 823.56
	其他部委院校	797 467.57	776 668.06	161 893.2	488 511.38	2 196.85	20 303.8	52 338.24	35 255.23	16 169.36	20 799.51
	地方院校	12 516 560.52	12 438 791.01	4 019 007.78	5 433 366.53	31 107.29	767 070.5	1 130 718.32	740 805.28	316 715.31	77 769.51
按学校规格划分	本科院校	18 195 655.04	18 045 523.06	4 735 204.47	8 744 292.94	30 304.09	1 068 293.45	1 587 758.42	1 355 138.36	524 531.33	150 131.98
	专科院校	1 016 170.93	1 008 910.33	535 552.95	310 545.49	3 000.05	30 410.76	68 721.71	25 723.8	34 955.57	7 260.6
按学校类型划分	综合大学	6 939 866.28	6 903 520.79	1 776 133.11	3 303 171.36	6 136.66	451 080.32	594 037.91	579 622.43	193 339	36 345.49
	理工农医院校	4 288 083.25	4 233 351	1 354 278.59	1 917 900.31	3 483.29	139 370.7	371 739.67	293 436.08	153 142.36	54 732.25
	高等师范院校	3 534 837.73	3 512 883.53	928 032.59	1 618 937.59	2 361.9	265 503.91	380 206.86	224 120.32	93 720.36	21 954.2
	语言院校	574 691.46	572 030.72	184 511.94	246 623.52	10 586.98	32 055.01	31 537.98	44 721.52	21 993.77	2 660.74
	财经院校	2 223 736.01	2 209 076.46	626 979.63	1 061 552.22	7 751.56	107 161.01	165 845.02	176 601.62	63 185.4	14 659.55
	政法院校	491 927.43	470 025.39	123 212.9	263 002.2	24	18 505.66	26 120.8	20 336.11	18 823.72	21 902.04
	体育院校	183 620.55	180 224.09	49 690.77	92 265.36	530	16 507.36	8 029.08	12 031.92	1 169.6	3 396.46
	艺术院校	601 941.41	600 502.56	150 890.98	340 484.6	333.3	50 785.65	36 882.37	11 181.12	9 944.54	1 438.85
	民族院校	373 121.85	372 818.85	77 026.91	210 901.27	2 096.45	17 734.59	42 080.44	18 811.04	4 168.15	303

3. 全国高等学校人文、社会科学研究与发展经费情况表(三)

单位:千元

		当年 R&D 经费内部支出							
		合计	基础研究支出	应用研究支出	实验与发展支出	政府资金	企业资金	境外资金	其他资金
	合计	19 054 433.39	8 459 525.19	10 549 475.23	45 432.97	11 870 187.26	5 730 011.59	107 266.91	1 346 967.63
按学校隶属关系划分	教育部直属院校	5 838 974.32	2 462 322.28	3 365 080.99	11 571.05	3 621 597.92	2 022 215.22	93 324.24	101 836.94
	其他部委院校	776 668.06	456 859.52	318 755.68	1 052.86	493 744.24	117 978.87	3 789.67	161 155.28
	地方院校	12 438 791.01	5 540 343.39	6 865 638.56	32 809.06	7 754 845.1	3 589 817.5	10 153	1 083 975.41
按学校规格划分	本科院校	18 045 523.06	8 176 803.86	9 826 045.06	42 674.14	11 147 883.15	5 580 690.08	107 166.89	1 209 782.94
	专科院校	1 008 910.33	232 721.33	723 430.17	2 758.83	722 304.11	149 321.51	100.02	137 184.69
按学校类型划分	综合大学	6 903 520.79	3 147 238.16	3 739 193.93	17 088.7	4 247 074.44	2 155 216.77	49 938.23	451 291.35
	理工农医院校	4 233 351	1 556 509.79	2 659 962.74	16 878.47	2 639 101.04	1 280 952.47	26 775.41	286 522.08
	高等师范院校	3 512 883.53	2 014 181.26	1 490 554.74	8 147.53	2 185 394.01	1 131 548.64	11 657.36	184 283.52
	语言院校	572 030.72	360 564.84	211 462.08	3.8	354 961.29	139 681.32	2 747.44	74 640.67
	财经院校	2 209 076.46	597 304.4	1 610 618.49	1 153.57	1 371 309.17	610 743	7 394.41	219 629.88
	政法院校	470 025.39	193 818.08	274 927.59	1 279.72	324 652.09	113 298.74	6 907.82	25 166.74
	体育院校	180 224.09	47 252.18	132 755.9	216.01	115 505.92	56 720.65	1 228.66	6 768.86
	艺术院校	600 502.56	330 318.46	269 592.88	591.22	364 091.95	183 070.4	0	53 340.21
	民族院校	372 818.85	212 338.02	160 406.88	73.95	268 097.35	58 779.6	617.58	45 324.32

4. 各省、市、自治区高等学校人文、社会科学研究与发展经费情况表(一)

		政府资金投入				
	合计	科研活动经费	其中:教育部科研经费	其中:中央其他部门科研经费	其中:省、市、自治区科研经费	其中:其他各类地方政府经费
合计	21 298 704.71	8 621 426.27	1 688 343.13	2 713 462.11	2 356 235.72	1 863 385.31
北京市	2 841 128.01	1 443 814.74	431 679.72	567 558.18	203 194.22	241 382.62
天津市	380 785.15	146 278.65	26 681.09	60 550.12	46 675.08	12 372.36
河北省	442 087.34	89 942.48	5 260.4	29 192.4	34 215.2	21 274.48
山西省	237 557.99	91 984.37	12 858.27	23 922.06	41 185.95	14 018.09
内蒙古自治区	205 514.85	124 792.12	1 755.8	26 029.07	12 785.89	84 221.36
辽宁省	499 303.63	235 174.73	33 804.04	144 075.97	34 849.85	22 444.87
吉林省	491 769.9	249 885.47	129 950.8	58 756.54	28 849.57	32 328.56
黑龙江省	207 262.68	67 907.97	10 504.8	29 870.51	21 524.66	6 008
上海市	2 004 124.04	1 185 548.53	336 747.98	213 645.42	394 571.32	240 583.81
江苏省	1 211 195.01	444 696.59	62 867.75	194 807.46	91 765.39	95 255.99
浙江省	1 797 702.59	511 415.81	38 363.19	142 366.84	168 556.33	162 129.45
安徽省	524 655.05	233 276.56	19 506.88	33 758.06	137 235.12	42 776.5
福建省	665 466.04	240 310.14	43 708.28	74 758.53	61 307.33	60 536
江西省	308 085.88	101 777.06	7 858.4	39 355.54	36 322.45	18 240.67
山东省	786 513.28	225 094.77	33 254.16	90 514.99	49 727.32	51 598.3
河南省	555 638.54	138 057.05	13 356.3	48 701	49 121.11	26 878.64
湖北省	888 526.88	404 011.03	101 417.35	169 778.84	48 005.05	84 809.79
湖南省	797 698.24	321 527.28	35 912.94	96 979.71	123 746.55	64 888.08
广东省	2 223 705.59	950 473.26	102 710.72	172 412.32	346 938.67	328 411.55
广西壮族自治区	429 766.16	202 248.2	5 856	32 624.8	145 964.94	17 802.46
海南省	98 051.21	27 968.06	585	14 479.61	7 232	5 671.45
重庆市	839 566.93	198 238.26	40 113.4	70 889.7	56 134.76	31 100.4
四川省	911 430.09	287 558.19	59 695.17	120 804.77	34 878.18	72 180.07
贵州省	371 386.21	105 203.05	2 669.6	26 531.16	50 764.64	25 237.65
云南省	388 020.68	124 710.83	10 913.4	62 073.49	21 100.85	30 623.09
西藏自治区	34 557.4	18 186.9	3 126	9 389.3	4 872.5	799.1
陕西省	650 356.43	197 756.39	43 192.93	80 529.07	32 798.35	41 236.04
甘肃省	310 386.54	150 138.63	58 460.36	30 733.93	38 768.31	22 176.03
青海省	21 058.8	13 660	222	12 444	974	20
宁夏回族自治区	92 473.82	53 598.65	10 860	10 894	27 298.3	4 546.35
新疆维吾尔自治区	82 929.75	36 190.5	4 450.4	25 034.72	4 871.83	1 833.55

单位:千元

当年 R&D 经费收入							
		非政府资金投入					
科技活动人员工资	科研基建费	企事业单位委托项目经费	金融机构贷款	自筹经费	境外资金	其他收入	科技活动人员工资
3 426 946.25	24 888.6	4 976 182.5	393.19	3 608 129.4	107 710.64	232 985.05	300 042.81
215 914.43	150	967 524	0	130 291.71	64 882.37	13 882.35	4 668.41
111 117.25	0	91 863.84	0	25 026.04	158.03	323.68	6 017.66
158 177.7	160	72 377.17	0	109 653.81	0	95	11 681.18
43 813.99	16 000	35 236.77	326.86	43 555.21	168	1 191.1	5 281.69
24 393.3	0	36 915.02	0	19 127.91	0	0	286.5
122 224.19	1 500	68 953.24	0	36 127.34	1 086	19 060.41	15 177.72
88 541.75	0	60 602.22	0	62 799.99	885.51	20 231	8 823.96
112 709.38	0	6 325.3	0	17 767.33	200	0	2 352.7
149 390.84	0	426 453.12	66.33	173 847.57	5 451.65	56 101.7	7 264.3
218 006	0	369 878.66	0	154 919.37	6 863.29	2 686.75	14 144.35
253 394.2	66	577 600.48	0	387 351.52	7 696.23	7 749.55	52 428.8
107 236.48	220.5	47 740.87	0	117 922.12	448.5	9 490.82	8 319.2
109 469.86	2 300	174 232.43	0	116 796.15	1 699.13	6 810.69	13 847.64
47 830	1 377.1	86 233.6	0	49 933.19	243.02	14 412.43	6 279.48
167 467.71	0	165 711.82	0	199 353.02	1 817.59	1 874.9	25 193.47
103 204.5	0	108 401.68	0	173 967.01	0	18 728	13 280.3
141 241.94	1 935	260 245.34	0	58 741.11	6 488.17	4 492.68	11 371.61
184 131.88	568	124 455.68	0	151 026.87	796.46	8 210.27	6 981.8
249 065.11	0	448 269.27	0	527 847.74	5 172.84	13 523.32	29 354.05
83 805.5	24	58 345.14	0	64 006.93	0	13 557.69	7 778.7
16 101.76	10	10 175.99	0	29 170	0	15	14 610.4
167 422.24	578	186 841.19	0	280 271.94	0	10	6 205.3
169 406.47	0	170 879.38	0	268 669.14	2 975.62	2 502	9 439.29
68 777.31	0	48 481.64	0	146 842.85	0	1 121.2	960.16
98 295.82	0	44 682.07	0	95 763.31	125.7	15 131.25	9 311.7
4 260.4	0	6 612	0	5 019.6	60	284.5	134
90 558.28	0	252 718.81	0	102 518.85	331	20	6 453.1
68 413.59	0	45 219.34	0	43 691.15	161.53	1 317.26	1 445.04
6 175.8	0	0	0	1 223	0	0	0
10 699.55	0	19 902.72	0	7 370.9	0	17	885
35 699.02	0	3 303.71	0	7 526.72	0	144.5	65.3

5. 各省、市、自治区高等学校人文、社会科学研究与发展经费情况表(二)

单位:千元

	当年 R&D 经费支出									
	合计	内部支出								转拨给外单位经费
		小计	科研人员费	业务费	科研基建费	仪器设备费	图书资料费	间接费	其他	
合计	19 211 825.97	19 054 433.39	5 270 757.42	9 054 838.43	33 304.14	1 098 704.21	1 656 480.13	1 380 862.16	559 486.9	157 392.58
北京市	2 367 607.9	2 332 520.26	405 169.46	1 382 728.11	636.4	78 344.4	126 734.2	272 702.66	66 205.03	35 087.64
天津市	343 939.14	343 215.91	132 436.38	151 777.8	0	11 820	15 901.48	25 274.87	6 005.38	723.23
河北省	427 528.29	427 312.79	193 891.56	136 185.9	32	35 322.09	51 576.65	10 028.49	276.1	215.5
山西省	186 053.13	185 849.74	64 999.87	54 064.97	10 000	24 996.09	22 164.59	7 472.37	2 151.85	203.39
内蒙古自治区	191 455.25	191 233.25	36 006.09	123 153.69	0	23 006.63	5 069.78	3 732	265.06	222
辽宁省	415 759.53	393 839.98	154 568.31	130 794.49	4 212.45	15 652.14	41 066.18	15 452.97	32 093.44	21 919.55
吉林省	461 923.16	460 802.71	122 692.07	131 175.59	143	33 904.63	76 227.06	21 221.55	75 438.81	1 120.45
黑龙江省	193 617.12	193 337.12	124 170.16	53 276.62	0	1 306.35	6 815.67	7 744.02	24.3	280
上海市	1 776 776.1	1 768 429.87	354 937.24	1 085 673.84	0	116 422.48	99 925.27	77 500.34	33 970.7	8 346.23
江苏省	1 162 669.88	1 151 457.52	279 342.9	498 864.52	0	73 304.93	135 655.78	95 173.86	69 115.53	11 212.36
浙江省	1 601 435.38	1 588 254.4	477 128.18	728 513.87	425.65	79 849.09	128 818.18	107 125.92	66 393.51	13 180.98
安徽省	494 077.08	486 373.16	143 799.25	172 805.76	2 326	38 770.28	53 157.43	40 660.42	34 854.02	7 703.92
福建省	627 040.09	625 576.84	158 955.14	305 926.94	1 850	30 992.78	49 660.46	63 349.67	14 841.85	1 463.25
江西省	275 959.28	274 228.46	78 010.79	106 284.68	553.89	27 339.9	24 221.25	18 304.97	19 512.98	1 730.82
山东省	690 054.49	685 656.91	259 071.91	293 980.02	0	25 847.72	63 706.54	42 982.85	67.87	4 397.58

续表

	当年 R&D 经费支出									
	合计	内部支出								转拨给外单位经费
		小计	科研人员费	业务费	科研基建费	仪器设备费	图书资料费	间接费	其他	
河南省	533 551.33	533 516.33	154 506.63	166 881.68	45	49 785.06	72 425.88	55 248.5	34 623.58	35
湖北省	870 533.78	867 608.62	207 230.63	465 802.64	1 675.9	39 720.21	55 228.63	80 685.11	17 265.5	2 925.16
湖南省	692 716.24	691 768.04	267 303.12	235 634.21	2 018.3	50 031.39	65 625.75	48 384.7	22 770.57	948.2
广东省	2 052 424.98	2 040 555.3	419 978.96	1 113 628.03	1 315.26	164 569.2	199 959.79	137 805.53	3 298.53	11 869.68
广西壮族自治区	394 303.07	390 805.67	103 329.53	181 968.87	55	27 013.4	31 597.03	23 369.95	23 471.89	3 497.4
海南省	92 938.12	92 896.12	42 493.28	34 787.7	9	2 918.24	4 096.46	4 977.11	3 614.33	42
重庆市	811 615.66	808 430.78	269 595.04	370 950.65	1 014.58	45 747.28	58 398.17	61 393.31	1 331.75	3 184.88
四川省	858 653.75	857 710.23	279 002.31	317 285.15	0	31 881.96	141 790.01	64 158.24	23 592.56	943.52
贵州省	350 273.29	341 876.59	118 725.12	159 345.5	0	8 607.9	24 858.01	30 161.55	178.51	8 396.7
云南省	306 532.37	302 241.33	131 356.03	143 634.98	219.32	3 897.65	12 710.98	6 412.6	3 999.77	4 291.04
西藏自治区	29 124.3	29 124.3	4 632.3	19 175.52	162	1 047.87	1 713.47	430.7	1 962.44	0
陕西省	574 455	569 955.1	143 575.55	285 926.98	0	45 511.78	64 787.15	29 953.53	200.11	4 499.9
甘肃省	252 336.95	251 586.95	83 232.13	128 370.65	6 510.39	8 365.49	11 180.23	13 655.36	272.7	750
青海省	20 549.22	20 549.22	6 539.7	7 370.77	0	597	3 322.59	2 311.6	407.56	0
宁夏回族自治区	69 109.47	60 953.27	15 120.22	40 270.28	100	180.6	1 364.17	3 254.44	663.56	8 156.2
新疆维吾尔自治区	86 812.62	86 766.62	38 947.56	28 598.02	0	1 949.67	6 721.29	9 932.97	617.11	46

6. 各省、市、自治区高等学校人文、社会科学研究与发展经费情况表(三)

单位:千元

	当年 R&D 经费内部支出							
	合计	基础研究支出	应用研究支出	实验与发展支出	政府资金	企业资金	境外资金	其他资金
合计	19 054 433.39	8 459 525.19	10 549 475.23	45 432.97	11 870 187.26	5 730 011.59	107 266.91	1 346 967.63
北京市	2 332 520.26	892 346.68	1 431 814.74	8 358.84	1 435 368.05	811 905.32	59 389.83	25 857.06
天津市	343 215.91	153 936.68	188 710.19	569.04	240 044.93	86 117.56	894.59	16 158.83
河北省	427 312.79	177 600.09	245 292.09	4 420.61	286 187.35	106 817.55	15	34 292.89
山西省	185 849.74	105 050.66	80 799.08	0	127 190.43	46 952.72	73.01	11 633.58
内蒙古自治区	191 233.25	57 076.4	134 156.85	0	150 042	35 387.89	0	5 803.36
辽宁省	393 839.98	175 641.2	216 768.47	1 430.31	271 628.03	62 816.36	1 032.56	58 363.03
吉林省	460 802.71	208 376.74	246 610.55	5 815.42	345 665.05	68 576.49	868.81	45 692.36
黑龙江省	193 337.12	162 163.73	31 173.39	0	177 045.65	6 043.45	133.5	10 114.52
上海市	1 768 429.87	1 036 688	731 741.87	0	1 077 439.53	610 925.78	7 209.62	72 854.94
江苏省	1 151 457.52	465 724.08	684 732.15	1 001.29	686 042.89	391 240.35	5 732.54	68 441.74
浙江省	1 588 254.4	668 972.2	919 282.2	0	789 646.8	700 407.56	8 500.45	89 699.59
安徽省	486 373.16	222 314.35	262 414.56	1 644.25	337 661.48	88 230.09	1 195.64	59 285.95
福建省	625 576.84	166 265.37	454 345.12	4 966.35	359 982.25	218 532.42	1 866.06	45 196.11
江西省	274 228.46	158 597.48	114 311.73	1 319.25	144 353.4	92 911.69	146.67	36 816.7
山东省	685 656.91	341 571.61	344 085.3	0	469 601.09	167 396.43	1 098.1	47 561.29
河南省	533 516.33	225 919.9	307 424.7	171.73	341 033.76	152 123.79	0	40 358.78

续表

	当年 R&D 经费内部支出							
	合计	基础研究支出	应用研究支出	实验与发展支出	政府资金	企业资金	境外资金	其他资金
湖北省	867 608.62	198 298.24	665 632.37	3 678.01	526 687.86	296 996.31	7 568.65	36 355.8
湖南省	691 768.04	364 896.96	325 700.87	1 170.21	534 239.98	126 582.4	776.76	30 168.9
广东省	2 040 555.3	928 072.4	1 112 482.9	0	1 120 015.59	662 330.88	5 563.42	252 645.41
广西壮族自治区	390 805.67	250 899.62	139 906.05	0	272 825.2	66 710.3	0	51 270.17
海南省	92 896.12	37 581.22	55 055.35	259.55	50 669.82	11 498.75	37.8	30 689.75
重庆市	808 430.78	185 567.49	622 813.86	49.43	480 852.65	264 597.48	0	62 980.65
四川省	857 710.23	270 602.34	587 090.58	17.31	579 115.53	211 056.69	1 863.31	65 674.7
贵州省	341 876.59	156 265.64	185 584.34	26.61	216 627.83	91 728.49	35.45	33 484.82
云南省	302 241.33	165 082.06	128 439.29	8 719.98	222 326.04	48 060.24	301.47	31 553.58
西藏自治区	29 124.3	17 459.74	11 537.5	127.06	19 134.09	7 153.31	0	2 836.9
陕西省	569 955.1	466 724.29	103 230.81	0	311 595.47	218 106.28	2 632.51	37 620.84
甘肃省	251 586.95	125 654.15	124 554.94	1 377.86	167 785.57	51 775.66	331.16	31 694.56
青海省	20 549.22	12 928.42	7 546.68	74.12	19 369.08	88.65	0	1 091.49
宁夏回族自治区	60 953.27	20 768.51	39 949.02	235.74	32 091.65	21 917.69	0	6 943.93
新疆维吾尔自治区	86 766.62	40 478.94	46 287.68	0	77 918.21	5 023.01	0	3 825.4

7. 各省、市、自治区所属高等学校人文、社会科学研究与发展经费情况表(一)

	合计	政府资金投入				
		科研活动经费	其中:教育部科研经费	其中:中央其他部门科研经费	其中:省、市、自治区科研经费	其中:其他各类地方政府经费
合计	11 315 115.8	4 082 256.11	239 076.7	1 131 646.99	1 814 188.55	897 343.87
北京市	555 059.76	361 155.77	8 986.79	57 663.88	247 422.23	47 082.87
天津市	187 888.86	66 557.57	7 279.46	22 775.56	31 392.95	5 109.6
河北省	355 522.73	72 843.46	7 872.1	18 118.4	22 709.24	24 143.72
山西省	180 002.81	69 276.48	10 062.51	18 739.64	29 876.35	10 597.98
内蒙古自治区	75 042.8	39 325.46	2 266	22 796.64	12 284.66	1 978.16
辽宁省	253 578.08	85 140.81	5 391.5	41 346.27	29 684.78	8 718.26
吉林省	157 984.91	55 960.36	2 982	29 533.5	13 428.99	10 015.87
黑龙江省	127 890.36	34 612.91	2 835	18 767.31	9 959.1	3 051.5
上海市	578 710.3	325 558.15	13 420.9	67 508.03	218 737.27	25 891.95
江苏省	737 108.89	255 468.3	21 282.7	97 803.53	64 598.54	71 783.53
浙江省	1 315 309.66	396 815.22	18 094.01	100 085.33	152 195.49	126 440.39
安徽省	448 655.82	185 241.82	15 298	33 116.9	104 145.02	32 681.9
福建省	367 238.72	126 041.43	7 841.3	21 744.99	52 415.4	44 039.74
江西省	241 431.27	76 404.05	5 541.1	42 673.7	22 399.55	5 789.7
山东省	473 748.76	132 640.87	13 122.86	57 042.56	28 416.13	34 059.32
河南省	481 518.69	149 678.41	15 640.8	52 603.9	59 475.79	21 957.92
湖北省	299 034.54	78 449.12	5 972.09	28 639.97	25 177	18 660.06
湖南省	490 541.4	201 431.93	15 421.15	63 499.59	92 176.72	30 334.47
广东省	1 401 896.75	535 579.6	19 646.15	55 516.7	267 332.69	193 084.06
广西壮族自治区	349 034.54	158 202.41	3 395.4	31 874.1	97 096.02	25 836.89
海南省	51 120.7	17 276.2	915	9 280	5 664	1 417.2
重庆市	475 404.58	124 616.94	8 556.87	36 564.58	39 587.47	39 908.02
四川省	445 245.53	78 810.96	3 265.21	29 398	24 406.29	21 741.46
贵州省	315 876.77	118 718.18	4 925	25 225	55 883.04	32 685.14
云南省	355 985.64	119 271.55	2 299.42	47 209.99	40 047.4	29 714.74
西藏自治区	18 787.68	8 681.78	925.8	5 898.98	1 707	150
陕西省	285 250.05	67 402.98	6 988	30 110.3	16 777.35	13 527.33
甘肃省	136 846.07	59 639.16	2 565.76	17 386.7	33 167	6 519.7
青海省	23 752.4	14 051.6	32	12 105	1 864.6	50
宁夏回族自治区	25 490.55	16 492.75	960	5 830	4 114.25	5 588.5
新疆维吾尔自治区	104 156.18	50 909.88	5 291.82	30 787.94	10 046.23	4 783.89

单位:千元

当年 R&D 经费收入							
		非政府资金投入					
科技活动人员工资	科研基建费	企事业单位委托项目经费	金融机构贷款	自筹经费	境外资金	其他收入	科技活动人员工资
2 349 080	28 267.49	2 253 949.7	19 423.59	2 243 942.6	15 052.4	85 135.17	238 008.74
64 262.22	0	116 921.8	0	10 493.5	668.85	0	1 557.62
76 882.28	0	25 529.27	0	14 289.15	259.89	88	4 282.7
135 194.89	0	37 562.44	0	96 865.64	1 348.72	281	11 426.58
42 352.98	12 050.28	14 280	0	31 345.57	0	8 248.5	2 449
23 300.5	0	6 575.14	0	5 441.3	327	0	73.4
87 236.9	0	31 582.2	0	26 886.94	1 384.13	8 522.6	12 824.5
56 697.48	0	20 329.7	0	13 329.95	90	1 937.5	9 639.92
74 035.94	0	1 599	0	16 187.47	20	0	1 435.04
56 443.62	0	108 553.4	85	76 344.35	122.66	1 557.02	10 046.1
161 894.02	119	212 909.13	0	93 600.45	530.01	1 858.64	10 729.34
213 904.56	0	329 462.79	1 137.59	319 249.67	2 550.52	9 475.36	42 713.95
97 441.52	3 100	42 898.3	0	95 934.24	1 931.14	14 937.1	7 171.7
78 180.48	0	84 013.56	0	60 354.7	722.14	5 818.26	12 108.15
42 412.48	2 432.3	60 223.54	0	45 049.4	0	8 124.3	6 785.2
130 792.43	0	83 239.84	0	109 541.22	775	3 509.98	13 249.42
80 136.72	500	108 343.9	0	131 698.26	0	1 937	9 224.4
59 807.92	1 080	112 774.43	0	37 009.89	637.02	822.3	8 453.86
126 114.68	938.2	55 490.06	0	93 291.59	747.3	6 156.68	6 370.96
171 163.46	0	345 487.63	200	325 018.07	725.8	75	23 647.19
65 147.84	26	55 678.75	18 000	38 626.24	0	6 458.7	6 894.6
11 491.4	0	5 178	0	12 556.2	49.5	435.5	4 133.9
102 759.06	396.75	83 325.01	0	159 854.82	0	2	4 450
100 249.97	141	69 547.35	0	186 032.97	100	440.56	9 922.72
48 878.94	1 100	44 128.57	0	100 642.16	263.42	2 116.7	28.8
97 677.56	1 883.96	77 858.9	0	45 178.02	1 384.3	1 781.15	10 950.2
3 275.9	0	1 845.2	0	4 967.3	0	17.5	0
59 265.83	0	91 908.16	0	60 169.82	315	2	6 186.26
34 628.4	0	16 454.38	0	25 040.1	0	15.3	1 068.73
7 642.9	0	907.9	0	1 150	0	0	0
6 532	0	1 243	0	1 216.8	0	6	0
33 275.12	4 500	8 098.35	1	6 576.81	100	510.52	184.5

8. 各省、市、自治区所属高等学校人文、社会科学研究与发展经费情况表(二)

单位:千元

	当年 R&D 经费支出									
	合计	内部支出								转拨给外单位经费
		小计	科研人员费	业务费	科研基建费	仪器设备费	图书资料费	间接费	其他	
合计	10 364 061.64	10 297 956.7	3 392 976.65	4 397 236.03	26 044.65	623 712.2	979 279.78	521 090.55	357 616.84	66 104.94
北京市	449 956.67	446 025.78	100 148.32	290 389.31	0	8 463.81	21 563.94	19 656.63	5 803.77	3 930.89
天津市	181 901.03	180 308.88	89 407.74	56 020.3	0	10 939.53	13 511.77	6 104.91	4 324.63	1 592.15
河北省	348 643.94	348 353.94	163 215.79	104 651.74	904.5	36 396.64	35 737.43	7 426.54	21.3	290
山西省	160 012.7	159 744.95	59 964.73	41 437.42	632.35	23 901.45	16 158.21	8 924.42	8 726.37	267.75
内蒙古自治区	68 728.82	68 699.82	23 463.9	36 820.71	0	591.33	3 889.97	3 928.51	5.4	29
辽宁省	225 248.95	217 467	108 818.12	55 623.35	759.79	6 998.27	20 121.19	13 430.71	11 715.57	7 781.95
吉林省	141 935.03	141 468.26	74 829.67	30 564.47	0	7 654.19	11 347.02	8 242.91	8 830	466.77
黑龙江省	113 055.9	112 921.7	78 940.55	26 969.79	0	923.72	2 248.74	3 818.9	20	134.2
上海市	551 538.18	549 203.51	86 194.87	343 944.74	0	38 930.52	49 724.07	15 937.28	14 472.03	2 334.67
江苏省	647 551.68	639 000.06	203 797.74	252 799.06	88.7	30 161.61	77 479.72	42 829.48	31 843.75	8 551.62
浙江省	1 121 627.07	1 118 357.89	405 174.33	444 329.85	0	78 884.69	84 904.81	59 546.23	45 517.98	3 269.18
安徽省	396 575.72	389 081.66	124 582.68	119 686.74	3 100.6	27 774.28	47 872.78	21 512.58	44 552	7 494.06
福建省	341 959.01	341 291.98	122 718.13	143 122.09	170	18 424.56	26 603.54	24 523.25	5 730.41	667.03
江西省	231 099.38	229 097.98	63 528.91	71 919.14	1 557.2	17 952.14	25 978.89	14 776.08	33 385.62	2 001.4
山东省	426 161.02	422 509.62	191 398.2	146 233.99	0	21 954.64	40 269.22	22 580.52	73.05	3 651.4

续表

	当年 R&D 经费支出									
	合计	内部支出								转拨给外单位经费
		小计	科研人员费	业务费	科研基建费	仪器设备费	图书资料费	间接费	其他	
河南省	450 476.38	450 176.58	124 266.14	148 456.75	500	51 298.14	61 706.33	30 869.92	33 079.3	299.8
湖北省	269 932.36	264 751.18	83 141.86	120 461.01	1 580	12 626.87	20 729.31	15 053.47	11 158.66	5 181.18
湖南省	443 661.38	442 715.61	173 291.97	137 681.37	17.4	31 001.07	50 970.75	24 496.51	25 256.54	945.77
广东省	1 392 481.94	1 383 605.14	276 253.31	759 015.59	1 558.5	99 033.44	167 820.1	69 517.51	10 406.69	8 876.8
广西壮族自治区	309 589.23	308 090.63	86 079.91	127 552	351.7	23 495.84	28 546.13	16 829.58	25 235.47	1 498.6
海南省	49 228.11	49 102.79	21 820.8	17 212.24	0	1 389.28	2 015.74	4 442.4	2 222.33	125.32
重庆市	460 671.78	460 367.78	142 422.43	248 827.93	396.75	16 823.19	28 194.95	21 325.32	2 377.21	304
四川省	426 693.65	425 921.65	186 490.73	162 714.95	50	16 520.03	38 186.39	13 527.95	8 431.6	772
贵州省	287 941.69	287 904.09	94 752.5	133 618.99	800	6 442.4	27 543.61	13 242.15	11 504.44	37.6
云南省	331 816.08	331 729.08	129 267.79	144 622.58	2 663.96	12 014.12	23 111.48	13 005.43	7 043.72	87
西藏自治区	18 073.63	18 073.63	3 528.83	9 840.73	0	927.06	2 159.97	795.14	821.9	0
陕西省	262 330.92	259 469.92	89 457.49	117 506.48	4 700	13 184.62	28 850.71	5 547.92	222.7	2 861
甘肃省	119 950.98	117 642.18	36 477.99	52 790.35	2 123.2	7 010.09	12 824.88	6 415.67	0	2 308.8
青海省	22 494.35	22 494.35	8 343.5	8 568.76	0	341.2	1 150.7	2 060.45	2 029.74	0
宁夏回族自治区	23 871.83	23 871.83	6 972	14 104.53	0	366.25	807.4	324.3	1 297.35	0
新疆维吾尔自治区	88 852.23	88 507.23	34 225.72	29 749.07	4 090	1 287.22	7 250.03	10 397.88	1 507.31	345

9. 各省、市、自治区所属高等学校人文、社会科学研究与发展经费情况表(三)

单位:千元

	当年 R&D 经费内部支出							
	合计	基础研究支出	应用研究支出	实验与发展支出	政府资金	企业资金	境外资金	其他资金
合计	10 297 956.7	4 764 478.86	5 472 614.48	60 863.36	5 440 232.95	3 782 601.27	26 029.46	1 049 093.02
北京市	446 025.78	120 570.45	325 446.07	9.26	269 540.12	169 059.32	264.9	7 161.44
天津市	180 308.88	64 715.43	114 191.68	1 401.77	104 647.92	53 255.21	564.92	21 840.83
河北省	348 353.94	175 893.52	170 562.49	1 897.93	172 630.1	108 717.19	5 569.45	61 437.2
山西省	159 744.95	93 323.92	66 421.03	0	110 535.23	36 335.09	0	12 874.63
内蒙古自治区	68 699.82	40 573.31	28 126.51	0	50 703.31	10 113.08	327	7 556.43
辽宁省	217 467	83 917	131 433.29	2 116.71	136 403.08	50 842.56	587.15	29 634.21
吉林省	141 468.26	61 922.96	77 939.64	1 605.66	102 711.84	26 798.81	429.34	11 528.27
黑龙江省	112 921.7	93 953.81	18 967.89	0	97 527.54	4 037.81	0.34	11 356.01
上海市	549 203.51	294 973.66	253 780.22	449.63	311 535.06	180 420	99.07	57 149.38
江苏省	639 000.06	246 432.82	391 864.63	702.61	331 323.11	270 465.97	247.7	36 963.28
浙江省	1 118 357.89	503 730.09	614 216.73	411.07	419 926.46	650 157.64	2 559.04	45 714.75
安徽省	389 081.66	185 142.91	202 595.54	1 343.21	248 250.93	86 017.66	5 049.85	49 763.22
福建省	341 291.98	112 951.27	219 844.93	8 495.78	164 521.93	154 075.49	1 493.26	21 201.3
江西省	229 097.98	127 467.75	96 298	5 332.23	124 606.44	76 548.59	0	27 942.95
山东省	422 509.62	232 116.4	190 393.22	0	252 002.43	135 512.03	1 750.3	33 244.86
河南省	450 176.58	198 069.95	251 118.02	988.61	257 582.43	159 782.94	0	32 811.21

续表

	当年 R&D 经费内部支出							
	合计	基础研究支出	应用研究支出	实验与发展支出	政府资金	企业资金	境外资金	其他资金
湖北省	264 751.18	94 274.18	168 225.98	2 251.02	106 401.59	140 642.51	234.83	17 472.25
湖南省	442 715.61	250 361.88	171 941.13	20 412.6	303 783.39	100 825.71	853.18	37 253.33
广东省	1 383 605.14	617 728.88	765 597.63	278.63	563 020.6	643 145.59	1 594.44	175 844.51
广西壮族自治区	308 090.63	172 775.5	132 904.37	2 410.76	190 194.91	89 636.83	11.3	28 247.59
海南省	49 102.79	21 947.06	26 904.22	251.51	32 616.67	10 926.67	108.18	5 451.27
重庆市	460 367.78	153 889.29	306 447.47	31.02	228 281.61	164 117.39	0	67 968.78
四川省	425 921.65	103 091.03	321 481.61	1 349.01	180 846.01	119 587.19	619.48	124 868.97
贵州省	287 904.09	157 974.47	123 663.22	6 266.4	146 641.84	112 198.97	685.85	28 377.43
云南省	331 729.08	202 263.33	127 694.15	1 771.6	227 983.43	59 078.51	2 303.09	42 364.05
西藏自治区	18 073.63	13 437.83	4 038.44	597.36	13 798.51	1 256	0	3 019.12
陕西省	259 469.92	216 947.88	42 522.04	0	117 593.06	113 622.83	641.77	27 612.26
甘肃省	117 642.18	58 313.08	59 063.46	265.64	63 932.66	42 092.74	14.57	11 602.21
青海省	22 494.35	13 173.61	9 282.76	37.98	20 461.34	1 409.39	0	623.62
宁夏回族自治区	23 871.83	13 173.64	10 512.83	185.36	20 393.37	1 203.05	2.9	2 272.51
新疆维吾尔自治区	88 507.23	39 371.95	49 135.28	0	69 836.03	10 718.5	17.55	7 935.15

10. 国务院各部委所属高等学校人文、社会科学研究与发展经费情况表(一)

	合计	政府资金投入				
		科研活动经费	其中:教育部科研经费	其中:中央其他部门科研经费	其中:省、市、自治区科研经费	其中:其他各类地方政府经费
合计	909 362.34	461 933.23	115 526	236 705.59	45 121.02	64 580.62
民政部	3 935.61	649.1	61.57	190	0	397.53
中央办公厅	1 324.26	763.76	10	56	697.76	0
外交部	7 426	5 216	2 406	2 190	620	0
国防部	3 963.9	1 272.2	380	0	360.2	532
国家民族事务委员会	244 785.37	159 129.7	50 720.55	72 811.4	23 600.27	11 997.48
公安部	90 265.64	65 646.36	5 262	59 170.36	949	265
司法部	4 100.31	1 426.7	1 020	330.7	76	0
工业和信息化部	143 919.38	92 997.95	17 428.1	49 634.44	7 417.12	18 518.29
交通部	16 842.74	7 550.5	3 137	3 120	371	922.5
国家卫生健康委员会	1 188	880	500	380	0	0
海关总署	6 824.48	4 808.68	4 168	0	20	620.68
中国民用航空局	22 034.73	1 622.99	344.49	735	453.5	90
中国地震局	2 237.05	453.25	30	200	7	216.25
国家林业和草原局	1 126.35	189.95	36	10	143.95	0
国务院侨务办公室	238 289.26	56 542.15	4 359	24 461.74	5 597.22	22 124.19
应急管理部	2 491.7	453	260	190	3	0
国家体育总局	39 527.57	13 880.69	5 671.69	3 524	1 217	3 468
中国科学院	12 774.43	6 088.06	384	3 119.86	1 156	1 428.2
中国社会科学院	23 523.87	19 173.48	11 729.1	5 829.88	112	1 502.5
中华全国总工会	21 740.8	11 231	1 801.5	7 402.5	1 257	770
共青团中央	7 385.55	2 862.56	172	594.56	393	1 703
中华全国妇女联合会	13 655.34	9 095.15	5 645	2 755.15	670	25

单位:千元

当年 R&D 经费收入							
		非政府资金投入					
科技活动人员工资	科研基建费	企事业单位委托项目经费	金融机构贷款	自筹经费	境外资金	其他收入	科技活动人员工资
136 194.8	150	108 558.2	0	193 673.55	2 853.97	5 998.59	0
788	0	238.51	0	1 130	0	1 130	0
465.5	0	0	0	95	0	0	0
1 440	0	0	0	770	0	0	0
1 551.2	0	1 140.5	0	0	0	0	0
35 586.59	0	23 708.22	0	25 585.44	775.42	0	0
12 260.5	0	5 578.78	0	6 780	0	0	0
2 314.34	0	70	0	287.77	0	1.5	0
24 453.39	0	21 719.94	0	4 733.1	15	0	0
7 313.2	0	1 724.04	0	30	0	225	0
308	0	0	0	0	0	0	0
800	0	1 015.8	0	200	0	0	0
8 401	0	8 994.12	0	3 016.62	0	0	0
840	0	130	0	813.8	0	0	0
316	0	183.4	0	437	0	0	0
23 463.6	0	18 018.3	0	138 636.62	0	1 628.59	0
1 152	0	525.3	0	361.4	0	0	0
5 758.6	0	9 983.03	0	8 725.88	1 179.37	0	0
2 128	0	1 544.87	0	0	0	3 013.5	0
1 665.9	150	1 979.93	0	400	154.56	0	0
2 528	0	7 981.8	0	0	0	0	0
549.7	0	2 302.37	0	1 670.92	0	0	0
2 111.28	0	1 719.29	0	0	729.62	0	0

11. 国务院各部委所属高等学校人文、社会科学研究与发展经费情况表(二)

单位:千元

	当年 R&D 经费支出									
	合计	内部支出								转拨给外单位经费
		小计	科研人员费	业务费	科研基建费	仪器设备费	图书资料费	间接费	其他	
合计	797 467.57	776 668.06	161 893.2	488 511.38	2 196.85	20 303.8	52 338.24	35 255.23	16 169.36	20 799.51
民政部	3 373.31	3 373.31	866.8	1 120.47	0	0	247.46	188	950.58	0
中央办公厅	600.79	600.79	465.5	131.41	0	0	3.88	0	0	0
外交部	7 747	7 242	1 500	3 658	0	125	1 038	921	0	505
国防部	4 002.7	4 002.7	2 105.2	676	0	257	521.7	231.5	211.3	0
国家民族事务委员会	214 602.76	214 419.76	41 659.59	123 623.92	2 096.45	9 915.35	28 668.13	7 977.72	478.6	183
公安部	57 639.21	39 539.21	14 170.5	18 436.17	0	2 777.14	3 428.28	683.99	43.13	18 100
司法部	3 947.09	3 947.09	2 602.11	1 252.17	0	13.15	33.91	45.75	0	0
工业和信息化部	143 282.96	142 922.96	30 681.94	81 095.33	0	4 038.33	12 010.92	6 549.04	8 547.4	360
交通部	15 327.95	15 227.95	7 343.2	4 067.54	0	80.1	87.14	1 404.98	2 244.99	100
国家卫生健康委员会	941.32	941.32	436	467.1	0	0	12.5	24	1.72	0
海关总署	5 394.4	5 394.4	1 000	3 492.31	0	525.98	318.86	57.25	0	0
中国民用航空局	22 924.9	22 843.7	9 952.9	11 601.22	0	203.99	334.84	475.33	275.42	81.2
中国地震局	2 184.46	2 184.46	840	1 085.47	0	145.04	100.95	13	0	0
国家林业和草原局	1 699.7	1 699.7	316	1 286.17	0	0	94.53	3	0	0
国务院侨务办公室	221 975.77	221 052.77	26 609.6	178 413.27	0	480.87	972.51	13 412.32	1 164.2	923
应急管理部	2 292.8	2 292.8	1 210	938.6	0	9.2	91	44	0	0
国家体育总局	29 962.72	29 962.72	10 411.32	17 191.9	0	621	344.26	1 251.24	143	0
中国科学院	11 715.85	11 475.85	2 318	7 361.44	0	60.88	133.28	1 249.61	352.64	240
中国社会科学院	9 990.37	9 850.06	1 665.9	4 210.1	100.4	25.4	2 005.1	342.28	1 500.88	140.31
中华全国总工会	21 697.8	21 530.8	2 936	16 941.3	0	894.5	653	106	0	167
共青团中央	6 656.36	6 656.36	604.12	4 567.74	0	73.87	958.73	235.2	216.7	0
中华全国妇女联合会	9 507.35	9 507.35	2 198.52	6 893.75	0	57	279.26	40.02	38.8	0

12. 国务院各部委所属高等学校人文、社会科学研究与发展经费情况表(三)

单位:千元

	当年 R&D 经费内部支出							
	合计	基础研究支出	应用研究支出	实验与发展支出	政府资金	企业资金	境外资金	其他资金
合计	776 668.06	456 859.52	318 755.68	1 052.86	493 744.24	117 978.87	3 789.67	161 155.28
民政部	3 373.31	791.97	2 581.34	0	1 435.07	482.99	0	1 455.25
中央办公厅	600.79	0	600.79	0	564.33	0	0	36.46
外交部	7 242	4 943.41	2 298.59	0	7 242	0	0	0
国防部	4 002.7	2 051.75	1 950.95	0	2 753.26	1 249.44	0	0
国家民族事务委员会	214 419.76	115 693.67	98 726.09	0	147 949.16	28 544.73	617.58	37 308.29
公安部	39 539.21	19 013.77	20 525.44	0	31 049.27	5 683.39	0	2 806.55
司法部	3 947.09	1 619.77	2 327.32	0	3 672.3	263.09	0	11.7
工业和信息化部	142 922.96	86 459.43	56 463.53	0	116 088.08	22 846.8	108.1	3 879.98
交通部	15 227.95	8 788.67	5 744.65	694.63	13 788.34	1 070.78	0	368.83
国家卫生健康委员会	941.32	106.62	834.7	0	941.32	0	0	0
海关总署	5 394.4	4 308.12	1 086.28	0	2 881.2	2 513.2	0	0
中国民用航空局	22 843.7	1 545.04	21 298.66	0	13 265.81	8 132.16	0	1 445.73
中国地震局	2 184.46	602.08	1 582.38	0	1 228.87	148.99	0	806.6
国家林业和草原局	1 699.7	817.89	871.32	10.49	1 058.46	284.24	0	357
国务院侨务办公室	221 052.77	170 277.57	50 674.37	100.83	88 944.64	20 851.7	0	111 256.43
应急管理部	2 292.8	1 320.53	962.73	9.54	1 695.07	597.73	0	0
国家体育总局	29 962.72	5 640.6	24 322.12	0	18 333.82	10 400.24	1 228.66	0
中国科学院	11 475.85	9 774.32	1 701.53	0	9 685.18	769.45	0	1 021.22
中国社会科学院	9 850.06	6 745.59	3 104.47	0	7 782.15	2 067.91	0	0
中华全国总工会	21 530.8	13 545.96	7 747.47	237.37	13 759	7 771.8	0	0
共青团中央	6 656.36	2 475.66	4 180.7	0	3 847.15	2 298.34	109.63	401.24
中华全国妇女联合会	9 507.35	337.1	9 170.25	0	5 779.76	2 001.89	1 725.7	0

13. 各类高等学校用于人文、社会科学基础研究、应用研究、实验与发展的经费情况表

单位：千元

		合计		基础研究		应用研究		实验与发展	
		当年拨入	当年支出	当年拨入	当年支出	当年拨入	当年支出	当年拨入	当年支出
	合计	11 328 730.96	9 442 839.68	4 965 045.92	4 136 819.47	6 338 848.23	5 282 400.74	24 836.81	23 619.47
按学校隶属关系划分	教育部直属院校	4 431 574.49	3 575 144.24	1 816 346.56	1 494 911.14	2 609 787.61	2 072 567.69	5 440.32	7 665.41
	其他部委院校	549 500.26	465 623.96	341 758.4	284 110.84	206 636.86	180 986.41	1 105	526.71
	地方院校	6 347 656.21	5 402 071.48	2 806 940.96	2 357 797.49	3 522 423.76	3 028 846.64	18 291.49	15 427.35
按学校规格划分	本科院校	11 014 547.03	9 177 438.06	4 892 211.41	4 077 057.45	6 099 176.81	5 077 925.63	23 158.81	22 454.98
	专科院校	314 183.93	265 401.62	72 834.51	59 762.02	239 671.42	204 475.11	1 678	1 164.49
按学校类型划分	综合大学	4 350 240.03	3 659 731.83	2 036 979.02	1 668 854.51	2 305 098.92	1 980 326.19	8 162.09	10 551.13
	理工农医院校	2 953 969.93	2 430 819.96	1 023 995.55	893 894.58	1 919 975.75	1 528 719.29	9 998.63	8 206.09
	高等师范院校	1 879 398.32	1 621 420.3	1 059 373.85	937 092.37	816 119.07	681 021.5	3 905.4	3 306.43
	语言院校	272 506.37	168 326.54	140 708.29	98 035.12	131 798.08	70 290.22	0	1.2
	财经院校	1 046 519.53	882 710.25	303 289.07	222 922.71	741 793.05	659 428.24	1 437.41	359.3
	政法院校	290 044.9	221 979.9	136 035.32	96 631.53	153 609.58	124 842.73	400	505.64
	体育院校	93 668.37	78 287.49	21 827.09	17 100.64	71 693.28	61 040.65	148	146.2
	艺术院校	220 581.37	197 948.75	108 887.92	90 934.18	110 968.17	106 523.09	725.28	491.48
	民族院校	221 802.14	181 614.66	133 949.81	111 353.83	87 792.33	70 208.83	60	52

14. 各省、市、自治区高等学校用于人文、社会科学基础研究、应用研究、实验与发展的经费情况表(一)

单位:千元

	合计		基础研究		应用研究		实验与发展	
	当年拨入	当年支出	当年拨入	当年支出	当年拨入	当年支出	当年拨入	当年支出
合计	11 328 730.96	9 442 839.68	4 965 045.92	4 136 819.47	6 338 848.23	5 282 400.74	24 836.81	23 619.47
北京市	2 030 925.5	1 517 303.44	751 310.95	582 723.42	1 276 452.38	929 033.67	3 162.17	5 546.35
天津市	214 244.83	187 404.02	98 571.6	92 395.85	115 451.23	94 727.47	222	280.7
河北省	137 607.97	121 495.06	52 862.77	52 528.13	82 256.56	66 733.96	2 488.64	2 232.97
山西省	93 282.06	65 292.11	46 194.7	32 995.19	47 087.36	32 296.92	0	0
内蒙古自治区	167 310.69	153 267.75	44 767.48	38 778.29	122 543.21	114 489.46	0	0
辽宁省	283 087.98	214 044.94	152 390.23	98 128.08	128 915.99	115 264.33	1 781.76	652.53
吉林省	241 029.53	221 944.15	105 440.92	96 409.28	133 049.33	123 490.55	2 539.28	2 044.32
黑龙江省	77 563.11	65 288.23	64 787.31	53 075.64	12 775.8	12 212.59	0	0
上海市	956 651.49	745 250.61	531 354.66	416 555.5	425 296.83	328 695.11	0	0
江苏省	801 118.54	718 839.27	336 807.56	286 686.79	463 494.99	431 483.45	815.99	669.03
浙江省	879 081.05	735 349.29	335 913.79	295 171.8	543 162.26	440 177.49	5	0
安徽省	168 622.33	149 818.95	73 834.78	61 907.74	94 322.55	87 586.2	465	325.01
福建省	350 385.46	327 744.9	67 281.47	85 740.21	281 508.38	239 771.86	1 595.61	2 232.83
江西省	184 973.43	159 455.57	113 020.56	93 624.81	71 116.87	65 264	836	566.76
山东省	354 948.96	302 698.89	174 326.92	159 918.61	180 622.04	142 780.28	0	0

续表

	合计		基础研究		应用研究		实验与发展	
	当年拨入	当年支出	当年拨入	当年支出	当年拨入	当年支出	当年拨入	当年支出
河南省	219 124	211 447.5	79 707.97	74 650.93	139 374.03	136 747.57	42	49
湖北省	603 200.67	538 664.56	140 846.42	120 284.7	460 016.59	415 949.61	2 337.66	2 430.25
湖南省	346 206.25	255 871.8	191 764.34	148 422.99	152 937.61	106 984.26	1 504.3	464.55
广东省	1 076 806.26	928 274.03	490 595.11	443 875.91	586 211.15	484 398.12	0	0
广西壮族自治区	267 504.69	230 623.62	192 648.97	168 524.86	74 855.72	62 098.76	0	0
海南省	48 041.84	42 323.49	21 058.13	18 515.91	26 858.71	23 642.08	125	165.5
重庆市	361 110.06	330 446.62	84 365.85	70 604.59	276 734.21	259 834.73	10	7.3
四川省	446 804.27	425 270.53	155 543.95	137 167.81	291 248.32	288 095.22	12	7.5
贵州省	128 342.41	109 851.84	67 425.86	53 094.39	60 908.15	56 749.05	8.4	8.4
云南省	209 870.38	136 329.06	116 347.03	71 397.99	88 203.35	59 810.67	5 320	5 120.4
西藏自治区	24 513.9	20 355.2	14 562.4	11 631.1	9 871.5	8 638.1	80	86
陕西省	426 643.6	343 479.51	350 440.65	281 614.07	76 202.95	61 865.44	0	0
甘肃省	129 739.3	88 187.89	59 065.49	44 616.58	69 352.81	42 977.86	1 321	593.45
青海省	14 563	12 437.62	10 628	7 665.29	3 875	4 720.21	60	52.12
宁夏回族自治区	43 812.52	36 571.75	17 857.19	15 306.23	25 850.33	21 181.02	105	84.5
新疆维吾尔自治区	41 614.88	47 507.48	23 322.86	22 806.78	18 292.02	24 700.7	0	0

15. 各省、市、自治区所属高等学校用于人文、社会科学基础研究、应用研究、实验与发展的经费情况表(二)

单位:千元

	合计		基础研究		应用研究		实验与发展	
	当年拨入	当年支出	当年拨入	当年支出	当年拨入	当年支出	当年拨入	当年支出
合计	6 347 656.21	5 402 071.48	2 806 940.96	2 357 797.49	3 522 423.76	3 028 846.64	18 291.49	15 427.35
北京市	323 052.73	252 942.9	83 880.24	57 517.45	238 867.49	195 104.65	305	320.8
天津市	94 969.76	84 833.42	38 327.49	36 606.41	56 420.27	48 012.91	222	214.1
河北省	134 092.42	118 106.02	52 010.77	51 615.16	79 643.01	64 259.89	2 438.64	2 230.97
山西省	93 282.06	65 292.11	46 194.7	32 995.19	47 087.36	32 296.92	0	0
内蒙古自治区	167 310.69	153 267.75	44 767.48	38 778.29	122 543.21	114 489.46	0	0
辽宁省	157 212.52	124 769.27	70 682.76	51 077.57	85 451	73 327.34	1 078.76	364.36
吉林省	106 160.4	84 659.16	53 091.6	42 416.74	51 009.52	40 405.2	2 059.28	1 837.22
黑龙江省	60 940.31	48 098.43	53 033.51	41 616.89	7 906.8	6 481.54	0	0
上海市	281 596.76	236 259.43	128 626.22	105 500.69	152 970.54	130 758.74	0	0
江苏省	517 369.59	473 098.58	225 730.96	190 671.72	291 478.63	282 309.36	160	117.5
浙江省	643 256.17	505 441.97	256 416.73	210 730.51	386 834.44	294 711.46	5	0
安徽省	149 100.53	139 194.79	62 507.15	54 930.63	86 128.38	83 939.15	465	325.01
福建省	213 751.63	186 694.9	22 781.37	43 845.41	189 834.65	140 883.54	1 135.61	1 965.95
江西省	184 973.43	159 455.57	113 020.56	93 624.81	71 116.87	65 264	836	566.76
山东省	255 149.73	207 950.07	115 243.72	102 463.57	139 906.01	105 486.5	0	0

续表

	合计		基础研究		应用研究		实验与发展	
	当年拨入	当年支出	当年拨入	当年支出	当年拨入	当年支出	当年拨入	当年支出
河南省	218 645	211 169.4	79 578.97	74 516.23	139 024.03	136 604.17	42	49
湖北省	212 645.08	191 268.47	41 111.74	42 484.83	170 534.84	147 937.68	998.5	845.96
湖南省	248 401.69	178 554.18	153 665.4	113 371.48	93 231.99	64 718.15	1 504.3	464.55
广东省	709 218.23	643 170.25	321 467.43	291 048.09	387 750.8	352 122.16	0	0
广西壮族自治区	267 504.69	230 623.62	192 648.97	168 524.86	74 855.72	62 098.76	0	0
海南省	48 041.84	42 323.49	21 058.13	18 515.91	26 858.71	23 642.08	125	165.5
重庆市	233 997.81	226 676.15	64 147.59	59 747.81	169 840.22	166 921.04	10	7.3
四川省	223 866.4	211 797.73	40 258.19	36 580.31	183 596.21	175 209.92	12	7.5
贵州省	128 342.41	109 851.84	67 425.86	53 094.39	60 908.15	56 749.05	8.4	8.4
云南省	209 870.38	136 329.06	116 347.03	71 397.99	88 203.35	59 810.67	5 320	5 120.4
西藏自治区	24 513.9	20 355.2	14 562.4	11 631.1	9 871.5	8 638.1	80	86
陕西省	280 873.98	216 066.21	238 050.3	185 165.08	42 823.68	30 901.13	0	0
甘肃省	82 454	65 652.77	43 244.54	35 468.73	37 888.46	29 590.59	1 321	593.45
青海省	14 563	12 437.62	10 628	7 665.29	3 875	4 720.21	60	52.12
宁夏回族自治区	20 884.19	18 223.64	13 108.29	11 387.57	7 670.9	6 751.57	105	84.5
新疆维吾尔自治区	41 614.88	47 507.48	23 322.86	22 806.78	18 292.02	24 700.7	0	0

16. 国务院各部委所属高等学校用于人文、社会科学基础研究、应用研究、实验与发展的经费情况表

单位：千元

	合计		基础研究		应用研究		实验与发展	
	当年拨入	当年支出	当年拨入	当年支出	当年拨入	当年支出	当年拨入	当年支出
合计	549 500.26	465 623.96	341 758.4	284 110.84	206 636.86	180 986.41	1 105	526.71
民政部	1 847.61	1 827.67	468	429.09	1 379.61	1 398.58	0	0
中央办公厅	858.76	135.29	0	0	858.76	135.29	0	0
外交部	2 826	3 447	1 706	2 318	1 120	1 129	0	0
国防部	1 712.7	1 727.5	824.7	885.5	888	842	0	0
国家民族事务委员会	127 194.88	107 711.41	64 101.99	57 975.13	63 092.89	49 736.28	0	0
公安部	66 925.14	34 783.31	59 357.63	27 681.82	7 567.51	7 101.49	0	0
司法部	498.2	344.98	62	141.57	436.2	203.41	0	0
工业和信息化部	105 815.19	105 500.27	70 440.57	62 068.5	35 374.62	43 431.77	0	0
交通部	6 989.54	5 474.75	4 225.5	3 201.99	2 104.04	2 027.59	660	245.17
国家卫生健康委员会	380	391.1	0	44.3	380	346.8	0	0
海关总署	1 729.48	1 387.98	1 340.69	1 108.48	388.79	279.5	0	0
中国民用航空局	11 909.22	12 115.89	566	789.71	11 343.22	11 326.18	0	0
中国地震局	1 379.05	1 326.46	372	365.6	1 007.05	960.86	0	0
国家林业和草原局	810.35	1 383.7	408.66	665.83	401.69	709.33	0	8.54
国务院侨务办公室	147 760.56	131 476.17	105 157.94	99 857.25	42 412.62	31 552.92	190	66
应急管理部	758.3	480.6	388	276.8	320.3	201.8	50	2
国家体育总局	18 847.09	18 767.09	3 612.98	3 532.98	15 234.11	15 234.11	0	0
中国科学院	10 466.43	9 397.85	8 837.83	8 053.59	1 628.6	1 344.26	0	0
中国社会科学院	9 607.97	1 491.19	6 468.55	956.38	3 139.42	534.81	0	0
中华全国总工会	18 804.8	18 761.8	11 908.8	11 865.8	6 691	6 691	205	205
共青团中央	6 374.93	4 814.11	1 502.56	1 790.48	4 872.37	3 023.63	0	0
中华全国妇女联合会	6 004.06	2 877.84	8	102.04	5 996.06	2 775.8	0	0

17. 全国高等学校人文、社会科学研究与发展经费情况表

经费名称	编号	经费(千元)
上年结转经费	1	10 731 747.1
当年经费收入合计	2	21 298 704.71
政府资金投入	3	12 073 261.12
科研活动经费	4	8 621 426.27
其中:教育部科研项目经费	5	450 433.48
教育部其他科研经费	6	1 237 909.65
其中:中央高校基本科研业务费	7	699 441.55
中央其他部门科研项目经费	8	2 713 462.11
省市自治区社科基金项目	9	576 344.69
省教育厅科研项目经费	10	490 549.96
省教育厅其他科研经费	11	1 289 341.07
其他各类地方政府经费	12	1 863 385.31
科技活动人员工资	13	3 426 946.25
科研基建费	14	24 888.6
非政府资金投入	15	9 225 443.59
企事业单位委托项目经费	16	4 976 182.5
金融机构贷款	17	393.19
自筹经费	18	3 608 129.4
境外资金	19	107 710.64
其中:港澳台地区合作项目经费	20	11 123.44
其他收入	21	232 985.05
科技活动人员工资	22	300 042.81
当年 R&D 经费支出合计	23	19 211 825.97
转拨给外单位经费	24	157 392.58
其中:对国内研究机构支出	25	34 319.05
对国内高等学校支出	26	25 178.02
对国内企业支出	27	16 948.46
对境外机构支出	28	896.47
R&D 内部支出经费	29	19 054 433.39
其中:基础研究支出	30	8 459 525.19
应用研究支出	31	10 549 475.23
实验与发展支出	32	45 432.97
其中:政府资金	33	11 870 187.26
企业资金	34	5 730 011.59
境外资金	35	107 266.91
其他资金	36	1 346 967.63
科研人员费	37	5 270 757.42
业务费	38	9 054 838.43
科研基建费	39	33 304.14
仪器设备费	40	1 098 704.21
其中:单价在万元以上的设备费	41	179 904.4
图书资料费	42	1 656 480.13
间接费	43	1 380 862.16
其中:管理费	44	433 743.83
其他支出	45	559 486.9
当年结余经费	46	12 818 625.84
银行存款	47	12 553 854.88
暂付款	48	264 770.96

18. 本科院校人文、社会科学研究与发展经费情况表

经费名称	编号	经费(千元)
上年结转经费	1	10 444 138.44
当年经费收入合计	2	20 235 101.7
政府资金投入	3	11 416 813.53
科研活动经费	4	8 375 841.19
其中:教育部科研项目经费	5	441 296.39
教育部其他科研经费	6	1 230 124.45
其中:中央高校基本科研业务费	7	699 430.55
中央其他部门科研项目经费	8	2 703 596.57
省市自治区社科基金项目	9	558 167.03
省教育厅科研项目经费	10	450 360.58
省教育厅其他科研经费	11	1 255 584.34
其他各类地方政府经费	12	1 736 711.83
科技活动人员工资	13	3 017 066.24
科研基建费	14	23 906.1
非政府资金投入	15	8 818 288.17
企事业单位委托项目经费	16	4 852 143.48
金融机构贷款	17	393.19
自筹经费	18	3 373 016.05
境外资金	19	106 928.64
其中:港澳台地区合作项目经费	20	11 118.44
其他收入	21	219 342.65
科技活动人员工资	22	266 464.16
当年 R&D 经费支出合计	23	18 195 655.04
转拨给外单位经费	24	150 131.98
其中:对国内研究机构支出	25	33 475.85
对国内高等学校支出	26	24 377.4
对国内企业支出	27	15 240.01
对境外机构支出	28	56.47
R&D 内部支出经费	29	18 045 523.06
其中:基础研究支出	30	8 176 803.86
应用研究支出	31	9 826 045.06
实验与发展支出	32	42 674.14
其中:政府资金	33	11 147 883.15
企业资金	34	5 580 690.08
境外资金	35	107 166.89
其他资金	36	1 209 782.94
科研人员费	37	4 735 204.47
业务费	38	8 744 292.94
科研基建费	39	30 304.09
仪器设备费	40	1 068 293.45
其中:单价在万元以上的设备费	41	176 423.23
图书资料费	42	1 587 758.42
间接费	43	1 355 138.36
其中:管理费	44	422 690.6
其他支出	45	524 531.33
当年结余经费	46	12 483 585.1
银行存款	47	12 225 516.58
暂付款	48	258 068.52

19. 专科院校人文、社会科学研究与发展经费情况表

经费名称	编号	经费(千元)
上年结转经费	1	287 608.66
当年经费收入合计	2	1 063 603.01
政府资金投入	3	656 447.59
科研活动经费	4	245 585.08
其中:教育部科研项目经费	5	9 137.09
教育部其他科研经费	6	7 785.2
其中:中央高校基本科研业务费	7	11
中央其他部门科研项目经费	8	9 865.54
省市自治区社科基金项目	9	18 177.66
省教育厅科研项目经费	10	40 189.38
省教育厅其他科研经费	11	33 756.73
其他各类地方政府经费	12	126 673.48
科技活动人员工资	13	409 880.01
科研基建费	14	982.5
非政府资金投入	15	407 155.42
企事业单位委托项目经费	16	124 039.02
金融机构贷款	17	0
自筹经费	18	235 113.35
境外资金	19	782
其中:港澳台地区合作项目经费	20	5
其他收入	21	13 642.4
科技活动人员工资	22	33 578.65
当年 R&D 经费支出合计	23	1 016 170.93
转拨给外单位经费	24	7 260.6
其中:对国内研究机构支出	25	843.2
对国内高等学校支出	26	800.62
对国内企业支出	27	1 708.45
对境外机构支出	28	840
R&D 内部支出经费	29	1 008 910.33
其中:基础研究支出	30	282 721.33
应用研究支出	31	723 430.17
实验与发展支出	32	2 758.83
其中:政府资金	33	722 304.11
企业资金	34	149 321.51
境外资金	35	100.02
其他资金	36	137 184.69
科研人员费	37	535 552.95
业务费	38	310 545.49
科研基建费	39	3 000.05
仪器设备费	40	30 410.76
其中:单价在万元以上的设备费	41	3 481.17
图书资料费	42	68 721.71
间接费	43	25 723.8
其中:管理费	44	11 053.23
其他支出	45	34 955.57
当年结余经费	46	335 040.74
银行存款	47	328 338.3
暂付款	48	6 702.44

20. 教育部直属院校人文、社会科学研究与发展经费情况表

经费名称	编号	经费(千元)
上年结转经费	1	5 327 109.27
当年经费收入合计	2	6 712 173.16
政府资金投入	3	3 984 928.65
科研活动经费	4	3 414 916.88
其中:教育部科研项目经费	5	230 755.95
教育部其他科研经费	6	1 014 230.72
其中:中央高校基本科研业务费	7	593 416.06
中央其他部门科研项目经费	8	1 227 581.05
省市自治区社科基金项目	9	138 680.48
省教育厅科研项目经费	10	89 843.25
省教育厅其他科研经费	11	102 991.83
其他各类地方政府经费	12	610 833.6
科技活动人员工资	13	570 011.77
科研基建费	14	0
非政府资金投入	15	2 727 244.51
企事业单位委托项目经费	16	2 031 045.89
金融机构贷款	17	0
自筹经费	18	498 605.65
境外资金	19	93 493.85
其中:港澳台地区合作项目经费	20	9 651.7
其他收入	21	101 823.12
科技活动人员工资	22	2 276
当年 R&D 经费支出合计	23	5 897 797.88
转拨给外单位经费	24	58 823.56
其中:对国内研究机构支出	25	23 947.83
对国内高等学校支出	26	12 920.75
对国内企业支出	27	5 213.55
对境外机构支出	28	28.87
R&D 内部支出经费	29	5 838 974.32
其中:基础研究支出	30	2 462 322.28
应用研究支出	31	3 365 080.99
实验与发展支出	32	11 571.05
其中:政府资金	33	3 621 597.92
企业资金	34	2 022 215.22
境外资金	35	93 324.24
其他资金	36	101 836.94
科研人员费	37	1 089 856.44
业务费	38	3 132 960.52
科研基建费	39	0
仪器设备费	40	311 329.91
其中:单价在万元以上的设备费	41	46 223.13
图书资料费	42	473 423.57
间接费	43	604 801.65
其中:管理费	44	214 673.38
其他支出	45	226 602.23
当年结余经费	46	6 141 484.55
银行存款	47	5 937 586.19
暂付款	48	203 898.36

21. 教育部直属综合大学人文、社会科学研究与发展经费情况表

经费名称	编号	经费(千元)
上年结转经费	1	3 180 699.39
当年经费收入合计	2	3 540 379.82
政府资金投入	3	2 107 008.88
科研活动经费	4	1 804 245.13
其中:教育部科研项目经费	5	137 126.41
教育部其他科研经费	6	515 935.92
其中:中央高校基本科研业务费	7	259 738.14
中央其他部门科研项目经费	8	631 862.5
省市自治区社科基金项目	9	77 030.77
省教育厅科研项目经费	10	54 604.17
省教育厅其他科研经费	11	27 290.73
其他各类地方政府经费	12	360 394.63
科技活动人员工资	13	302 763.75
科研基建费	14	0
非政府资金投入	15	1 433 370.94
企事业单位委托项目经费	16	1 008 246.13
金融机构贷款	17	0
自筹经费	18	310 556.88
境外资金	19	41 192.33
其中:港澳台地区合作项目经费	20	7 262.05
其他收入	21	73 375.6
科技活动人员工资	22	0
当年 R&D 经费支出合计	23	3 162 319.21
转拨给外单位经费	24	21 049.33
其中:对国内研究机构支出	25	2 995.52
对国内高等学校支出	26	6 705.61
对国内企业支出	27	3 685.83
对境外机构支出	28	0
R&D 内部支出经费	29	3 141 269.88
其中:基础研究支出	30	1 331 061.08
应用研究支出	31	1 804 920.72
实验与发展支出	32	5 288.08
其中:政府资金	33	1 995 057
企业资金	34	1 062 411.72
境外资金	35	45 879.38
其他资金	36	37 921.78
科研人员费	37	652 328.43
业务费	38	1 612 011.52
科研基建费	39	0
仪器设备费	40	174 461.67
其中:单价在万元以上的设备费	41	33 629.44
图书资料费	42	241 134.79
间接费	43	360 156.49
其中:管理费	44	112 286.05
其他支出	45	101 176.98
当年结余经费	46	3 558 760
银行存款	47	3 360 104.86
暂付款	48	198 655.14

22. 教育部直属理工农医院校人文、社会科学研究与发展经费情况表

经费名称	编号	经费(千元)
上年结转经费	1	1 260 172.13
当年经费收入合计	2	1 374 022.58
政府资金投入	3	763 469.81
科研活动经费	4	624 563.8
其中:教育部科研项目经费	5	33 113.81
教育部其他科研经费	6	103 496.98
其中:中央高校基本科研业务费	7	100 291.88
中央其他部门科研项目经费	8	300 993.57
省市自治区社科基金项目	9	36 663.65
省教育厅科研项目经费	10	10 270.68
省教育厅其他科研经费	11	9 551.1
其他各类地方政府经费	12	130 474.01
科技活动人员工资	13	138 906.01
科研基建费	14	0
非政府资金投入	15	610 552.77
企事业单位委托项目经费	16	524 482.73
金融机构贷款	17	0
自筹经费	18	34 623.68
境外资金	19	38 232.29
其中:港澳台地区合作项目经费	20	276.18
其他收入	21	13 214.07
科技活动人员工资	22	0
当年 R&D 经费支出合计	23	1 170 010.41
转拨给外单位经费	24	32 090.44
其中:对国内研究机构支出	25	20 918.31
对国内高等学校支出	26	4 145.99
对国内企业支出	27	1 222.16
对境外机构支出	28	28.87
R&D 内部支出经费	29	1 137 919.97
其中:基础研究支出	30	386 896.33
应用研究支出	31	745 414.63
实验与发展支出	32	5 609.01
其中:政府资金	33	683 264.87
企业资金	34	400 459.78
境外资金	35	24 615.5
其他资金	36	29 579.82
科研人员费	37	231 819.86
业务费	38	620 701.32
科研基建费	39	0
仪器设备费	40	40 112.26
其中:单价在万元以上的设备费	41	3 598.97
图书资料费	42	92 218.89
间接费	43	100 929.71
其中:管理费	44	53 602.69
其他支出	45	52 137.93
当年结余经费	46	1 464 184.3
银行存款	47	1 459 342.08
暂付款	48	4 842.22

23. 教育部直属师范院校人文、社会科学研究与发展经费情况表

经费名称	编号	经费(千元)
上年结转经费	1	364 964.1
当年经费收入合计	2	910 850.02
政府资金投入	3	530 819.38
科研活动经费	4	473 295.98
其中:教育部科研项目经费	5	37 503.3
教育部其他科研经费	6	183 257.55
其中:中央高校基本科研业务费	7	62 631.04
中央其他部门科研项目经费	8	129 489.28
省市自治区社科基金项目	9	11 793.1
省教育厅科研项目经费	10	23 662.6
省教育厅其他科研经费	11	21 571
其他各类地方政府经费	12	66 019.15
科技活动人员工资	13	57 523.4
科研基建费	14	0
非政府资金投入	15	380 030.64
企事业单位委托项目经费	16	324 320.35
金融机构贷款	17	0
自筹经费	18	46 561
境外资金	19	5 215.29
其中:港澳台地区合作项目经费	20	2 096.13
其他收入	21	3 934
科技活动人员工资	22	0
当年 R&D 经费支出合计	23	737 348.18
转拨给外单位经费	24	1 380
其中:对国内研究机构支出	25	0
对国内高等学校支出	26	1 380
对国内企业支出	27	0
对境外机构支出	28	0
R&D 内部支出经费	29	735 968.18
其中:基础研究支出	30	490 558.96
应用研究支出	31	244 966.88
实验与发展支出	32	442.34
其中:政府资金	33	420 669.48
企业资金	34	297 638.11
境外资金	35	9 372.61
其他资金	36	8 287.98
科研人员费	37	95 101.05
业务费	38	395 977.81
科研基建费	39	0
仪器设备费	40	71 466.34
其中:单价在万元以上的设备费	41	4 645.1
图书资料费	42	83 075.27
间接费	43	61 037.96
其中:管理费	44	26 691.78
其他支出	45	29 309.75
当年结余经费	46	538 465.94
银行存款	47	538 064.94
暂付款	48	401

24. 教育部直属语言院校人文、社会科学研究与发展经费情况表

经费名称	编号	经费(千元)
上年结转经费	1	173 192.49
当年经费收入合计	2	162 764.83
政府资金投入	3	98 026.95
科研活动经费	4	85 602.79
其中:教育部科研项目经费	5	5 621.81
教育部其他科研经费	6	33 122.29
其中:中央高校基本科研业务费	7	26 080
中央其他部门科研项目经费	8	25 630.47
省市自治区社科基金项目	9	2 859.05
省教育厅科研项目经费	10	699.8
省教育厅其他科研经费	11	1 819
其他各类地方政府经费	12	15 850.37
科技活动人员工资	13	12 424.16
科研基建费	14	0
非政府资金投入	15	64 737.88
企事业单位委托项目经费	16	16 646.19
金融机构贷款	17	0
自筹经费	18	38 508.71
境外资金	19	334.2
其中:港澳台地区合作项目经费	20	0
其他收入	21	9 248.78
科技活动人员工资	22	0
当年 R&D 经费支出合计	23	126 181.91
转拨给外单位经费	24	1 205.34
其中:对国内研究机构支出	25	0
对国内高等学校支出	26	649.26
对国内企业支出	27	0
对境外机构支出	28	0
R&D 内部支出经费	29	124 976.57
其中:基础研究支出	30	93 621.89
应用研究支出	31	31 354.68
实验与发展支出	32	0
其中:政府资金	33	93 890.27
企业资金	34	28 654.52
境外资金	35	558.79
其他资金	36	1 872.99
科研人员费	37	23 926.94
业务费	38	70 246.28
科研基建费	39	0
仪器设备费	40	5 068.13
其中:单价在万元以上的设备费	41	1 626.8
图书资料费	42	9 306.46
间接费	43	3 585.06
其中:管理费	44	1 438.41
其他支出	45	12 843.7
当年结余经费	46	209 775.41
银行存款	47	209 775.41
暂付款	48	0

25. 教育部直属财经院校人文、社会科学研究与发展经费情况表

经费名称	编号	经费(千元)
上年结转经费	1	277 816.96
当年经费收入合计	2	519 680.84
政府资金投入	3	358 556.54
科研活动经费	4	314 252.14
其中:教育部科研项目经费	5	8 041.62
教育部其他科研经费	6	129 772.98
其中:中央高校基本科研业务费	7	109 690
中央其他部门科研项目经费	8	104 052.44
省市自治区社科基金项目	9	8 129.08
省教育厅科研项目经费	10	566
省教育厅其他科研经费	11	42 760
其他各类地方政府经费	12	20 930.02
科技活动人员工资	13	44 304.4
科研基建费	14	0
非政府资金投入	15	161 124.3
企事业单位委托项目经费	16	114 445.54
金融机构贷款	17	0
自筹经费	18	40 187.38
境外资金	19	4 203.38
其中:港澳台地区合作项目经费	20	17.34
其他收入	21	12
科技活动人员工资	22	2 276
当年 R&D 经费支出合计	23	519 634.67
转拨给外单位经费	24	0
其中:对国内研究机构支出	25	0
对国内高等学校支出	26	0
对国内企业支出	27	0
对境外机构支出	28	0
R&D 内部支出经费	29	519 634.67
其中:基础研究支出	30	113 371.91
应用研究支出	31	406 172.17
实验与发展支出	32	90.59
其中:政府资金	33	322 093.62
企业资金	34	168 876.75
境外资金	35	6 100.77
其他资金	36	22 563.53
科研人员费	37	64 856.78
业务费	38	318 483.82
科研基建费	39	0
仪器设备费	40	14 484.02
其中:单价在万元以上的设备费	41	1 239.24
图书资料费	42	36 710.19
间接费	43	68 613.78
其中:管理费	44	15 490.52
其他支出	45	16 486.08
当年结余经费	46	277 863.13
银行存款	47	277 863.13
暂付款	48	0

26. 教育部直属政法院校人文、社会科学研究与发展经费情况表

经费名称	编号	经费(千元)
上年结转经费	1	51 978.28
当年经费收入合计	2	172 267.18
政府资金投入	3	100 757.26
科研活动经费	4	90 722.21
其中:教育部科研项目经费	5	9 049
教育部其他科研经费	6	34 980
其中:中央高校基本科研业务费	7	21 320
中央其他部门科研项目经费	8	32 197.09
省市自治区社科基金项目	9	2 204.83
省教育厅科研项目经费	10	40
省教育厅其他科研经费	11	0
其他各类地方政府经费	12	12 251.29
科技活动人员工资	13	10 035.05
科研基建费	14	0
非政府资金投入	15	71 509.92
企事业单位委托项目经费	16	37 886.89
金融机构贷款	17	0
自筹经费	18	27 268
境外资金	19	4 316.36
其中:港澳台地区合作项目经费	20	0
其他收入	21	2 038.67
科技活动人员工资	22	0
当年 R&D 经费支出合计	23	149 762.94
转拨给外单位经费	24	3 098.45
其中:对国内研究机构支出	25	34
对国内高等学校支出	26	39.89
对国内企业支出	27	305.56
对境外机构支出	28	0
R&D 内部支出经费	29	146 664.49
其中:基础研究支出	30	28 027.08
应用研究支出	31	118 496.38
实验与发展支出	32	141.03
其中:政府资金	33	81 242.08
企业资金	34	58 625.22
境外资金	35	6 797.19
其他资金	36	0
科研人员费	37	13 633.55
业务费	38	98 768.39
科研基建费	39	0
仪器设备费	40	3 424.76
其中:单价在万元以上的设备费	41	10.69
图书资料费	42	7 136.36
间接费	43	10 156.85
其中:管理费	44	5 133.93
其他支出	45	13 544.58
当年结余经费	46	74 482.52
银行存款	47	74 482.52
暂付款	48	0

27. 教育部直属艺术院校人文、社会科学研究与发展经费情况表

经费名称	编号	经费(千元)
上年结转经费	1	18 285.92
当年经费收入合计	2	32 207.89
政府资金投入	3	26 289.83
科研活动经费	4	22 234.83
其中:教育部科研项目经费	5	300
教育部其他科研经费	6	13 665
其中:中央高校基本科研业务费	7	13 665
中央其他部门科研项目经费	8	3 355.7
省市自治区社科基金项目	9	0
省教育厅科研项目经费	10	0
省教育厅其他科研经费	11	0
其他各类地方政府经费	12	4 914.13
科技活动人员工资	13	4 055
科研基建费	14	0
非政府资金投入	15	5 918.06
企事业单位委托项目经费	16	5 018.06
金融机构贷款	17	0
自筹经费	18	900
境外资金	19	0
其中:港澳台地区合作项目经费	20	0
其他收入	21	0
科技活动人员工资	22	0
当年 R&D 经费支出合计	23	32 540.56
转拨给外单位经费	24	0
其中:对国内研究机构支出	25	0
对国内高等学校支出	26	0
对国内企业支出	27	0
对境外机构支出	28	0
R&D 内部支出经费	29	32 540.56
其中:基础研究支出	30	18 785.03
应用研究支出	31	13 755.53
实验与发展支出	32	0
其中:政府资金	33	25 380.6
企业资金	34	5 549.12
境外资金	35	0
其他资金	36	1 610.84
科研人员费	37	8 189.83
业务费	38	16 771.38
科研基建费	39	0
仪器设备费	40	2 312.73
其中:单价在万元以上的设备费	41	1 472.89
图书资料费	42	3 841.61
间接费	43	321.8
其中:管理费	44	30
其他支出	45	1 103.21
当年结余经费	46	17 953.25
银行存款	47	17 953.25
暂付款	48	0

28. 其他部委院校人文、社会科学研究与发展经费情况表

经费名称	编号	经费(千元)
上年结转经费	1	383 376.16
当年经费收入合计	2	909 362.34
政府资金投入	3	598 278.03
科研活动经费	4	461 933.23
其中:教育部科研项目经费	5	18 730.51
教育部其他科研经费	6	96 795.49
其中:中央高校基本科研业务费	7	76 677.49
中央其他部门科研项目经费	8	236 705.59
省市自治区社科基金项目	9	23 082.71
省教育厅科研项目经费	10	3 610.71
省教育厅其他科研经费	11	18 427.6
其他各类地方政府经费	12	64 580.62
科技活动人员工资	13	136 194.8
科研基建费	14	150
非政府资金投入	15	311 084.31
企事业单位委托项目经费	16	108 558.2
金融机构贷款	17	0
自筹经费	18	193 673.55
境外资金	19	2 853.97
其中:港澳台地区合作项目经费	20	15
其他收入	21	5 998.59
科技活动人员工资	22	0
当年 R&D 经费支出合计	23	797 467.57
转拨给外单位经费	24	20 799.51
其中:对国内研究机构支出	25	244.33
对国内高等学校支出	26	480.28
对国内企业支出	27	542
对境外机构支出	28	17.6
R&D 内部支出经费	29	776 668.06
其中:基础研究支出	30	456 859.52
应用研究支出	31	318 755.68
实验与发展支出	32	1 052.86
其中:政府资金	33	493 744.24
企业资金	34	117 978.87
境外资金	35	3 789.67
其他资金	36	161 155.28
科研人员费	37	161 893.2
业务费	38	488 511.38
科研基建费	39	2 196.85
仪器设备费	40	20 303.8
其中:单价在万元以上的设备费	41	508.14
图书资料费	42	52 338.24
间接费	43	35 255.23
其中:管理费	44	11 718.31
其他支出	45	16 169.36
当年结余经费	46	495 270.93
银行存款	47	494 844.76
暂付款	48	426.17

29. 地方院校人文、社会科学研究与发展经费情况表

经费名称	编号	经费(千元)
上年结转经费	1	5 021 261.67
当年经费收入合计	2	13 677 169.21
政府资金投入	3	7 490 054.44
科研活动经费	4	4 744 576.16
其中:教育部科研项目经费	5	200 947.02
教育部其他科研经费	6	126 883.44
其中:中央高校基本科研业务费	7	29 348
中央其他部门科研项目经费	8	1 249 175.47
省市自治区社科基金项目	9	414 581.5
省教育厅科研项目经费	10	397 096
省教育厅其他科研经费	11	1 167 921.64
其他各类地方政府经费	12	1 187 971.09
科技活动人员工资	13	2 720 739.68
科研基建费	14	24 738.6
非政府资金投入	15	6 187 114.77
企事业单位委托项目经费	16	2 836 578.41
金融机构贷款	17	393.19
自筹经费	18	2 915 850.2
境外资金	19	11 362.82
其中:港澳台地区合作项目经费	20	1 456.74
其他收入	21	125 163.34
科技活动人员工资	22	297 766.81
当年 R&D 经费支出合计	23	12 516 560.52
转拨给外单位经费	24	77 769.51
其中:对国内研究机构支出	25	10 126.89
对国内高等学校支出	26	11 776.99
对国内企业支出	27	11 192.91
对境外机构支出	28	850
R&D 内部支出经费	29	12 438 791.01
其中:基础研究支出	30	5 540 343.39
应用研究支出	31	6 865 638.56
实验与发展支出	32	32 809.06
其中:政府资金	33	7 754 845.1
企业资金	34	3 589 817.5
境外资金	35	10 153
其他资金	36	1 083 975.41
科研人员费	37	4 019 007.78
业务费	38	5 433 366.53
科研基建费	39	31 107.29
仪器设备费	40	767 070.5
其中:单价在万元以上的设备费	41	133 173.13
图书资料费	42	1 130 718.32
间接费	43	740 805.28
其中:管理费	44	207 352.14
其他支出	45	316 715.31
当年结余经费	46	6 181 870.36
银行存款	47	6 121 423.93
暂付款	48	60 446.43

30. 综合院校人文、社会科学研究与发展经费情况表

经费名称	编号	经费(千元)
上年结转经费	1	4 503 187.22
当年经费收入合计	2	7 688 494.69
政府资金投入	3	4 196 552.49
科研活动经费	4	3 130 698.89
其中:教育部科研项目经费	5	201 904.43
教育部其他科研经费	6	531 144.12
其中:中央高校基本科研业务费	7	262 048.14
中央其他部门科研项目经费	8	1 030 688.28
省市自治区社科基金项目	9	195 369.22
省教育厅科研项目经费	10	131 281.1
省教育厅其他科研经费	11	222 233.85
其他各类地方政府经费	12	818 077.89
科技活动人员工资	13	1 065 787.6
科研基建费	14	66
非政府资金投入	15	3 491 942.2
企事业单位委托项目经费	16	1 923 897.76
金融机构贷款	17	0
自筹经费	18	1 336 485.91
境外资金	19	44 581.24
其中:港澳台地区合作项目经费	20	7 829.71
其他收入	21	88 477.51
科技活动人员工资	22	98 499.78
当年 R&D 经费支出合计	23	6 939 866.28
转拨给外单位经费	24	36 345.49
其中:对国内研究机构支出	25	3 829.42
对国内高等学校支出	26	8 891.18
对国内企业支出	27	5 118.3
对境外机构支出	28	10
R&D 内部支出经费	29	6 903 520.79
其中:基础研究支出	30	3 147 238.16
应用研究支出	31	3 739 193.93
实验与发展支出	32	17 088.7
其中:政府资金	33	4 247 074.44
企业资金	34	2 155 216.77
境外资金	35	49 938.23
其他资金	36	451 291.35
科研人员费	37	1 776 133.11
业务费	38	3 303 171.36
科研基建费	39	6 136.66
仪器设备费	40	451 080.32
其中:单价在万元以上的设备费	41	76 073.18
图书资料费	42	594 037.91
间接费	43	579 622.43
其中:管理费	44	174 290.65
其他支出	45	193 339
当年结余经费	46	5 251 815.63
银行存款	47	5 041 129.79
暂付款	48	210 685.84

31. 理工农医院校人文、社会科学研究与发展经费情况表

经费名称	编号	经费(千元)
上年结转经费	1	2 513 409.6
当年经费收入合计	2	4 790 396.2
政府资金投入	3	2 661 972.14
科研活动经费	4	1 703 526.18
其中:教育部科研项目经费	5	99 444.76
教育部其他科研经费	6	131 874.27
其中:中央高校基本科研业务费	7	116 428.37
中央其他部门科研项目经费	8	592 841.79
省市自治区社科基金项目	9	175 747.98
省教育厅科研项目经费	10	114 243.98
省教育厅其他科研经费	11	119 148.45
其他各类地方政府经费	12	470 224.95
科技活动人员工资	13	953 976.86
科研基建费	14	4 469.1
非政府资金投入	15	2 128 424.06
企事业单位委托项目经费	16	1 412 077.1
金融机构贷款	17	66.33
自筹经费	18	551 165.48
境外资金	19	41 099.97
其中:港澳台地区合作项目经费	20	314.18
其他收入	21	38 374.14
科技活动人员工资	22	85 641.04
当年 R&D 经费支出合计	23	4 288 083.25
转拨给外单位经费	24	54 732.25
其中:对国内研究机构支出	25	23 329.06
对国内高等学校支出	26	7 406.57
对国内企业支出	27	7 130.12
对境外机构支出	28	886.47
R&D 内部支出经费	29	4 233 351
其中:基础研究支出	30	1 556 509.79
应用研究支出	31	2 659 962.74
实验与发展支出	32	16 878.47
其中:政府资金	33	2 639 101.04
企业资金	34	1 280 952.47
境外资金	35	26 775.41
其他资金	36	286 522.08
科研人员费	37	1 354 278.59
业务费	38	1 917 900.31
科研基建费	39	3 483.29
仪器设备费	40	139 370.7
其中:单价在万元以上的设备费	41	15 959.14
图书资料费	42	371 739.67
间接费	43	293 436.08
其中:管理费	44	127 648.2
其他支出	45	153 142.36
当年结余经费	46	3 015 722.55
银行存款	47	2 992 152.66
暂付款	48	23 569.89

32. 师范院校人文、社会科学研究与发展经费情况表

经费名称	编号	经费(千元)
上年结转经费	1	1 551 167.03
当年经费收入合计	2	3 874 844.64
政府资金投入	3	2 196 937.38
科研活动经费	4	1 550 208.75
其中:教育部科研项目经费	5	79 543.79
教育部其他科研经费	6	223 890.09
其中:中央高校基本科研业务费	7	76 631.04
中央其他部门科研项目经费	8	433 403.55
省市自治区社科基金项目	9	86 559.4
省教育厅科研项目经费	10	127 049
省教育厅其他科研经费	11	355 802.61
其他各类地方政府经费	12	243 960.31
科技活动人员工资	13	646 728.63
科研基建费	14	0
非政府资金投入	15	1 677 907.26
企事业单位委托项目经费	16	882 908.98
金融机构贷款	17	0
自筹经费	18	756 187.26
境外资金	19	7 600.07
其中:港澳台地区合作项目经费	20	2 591.31
其他收入	21	25 772.45
科技活动人员工资	22	5 438.5
当年 R&D 经费支出合计	23	3 534 837.73
转拨给外单位经费	24	21 954.2
其中:对国内研究机构支出	25	5 938.8
对国内高等学校支出	26	5 144.7
对国内企业支出	27	2 438.53
对境外机构支出	28	0
R&D 内部支出经费	29	3 512 883.53
其中:基础研究支出	30	2 014 181.26
应用研究支出	31	1 490 554.74
实验与发展支出	32	8 147.53
其中:政府资金	33	2 185 394.01
企业资金	34	1 131 548.64
境外资金	35	11 657.36
其他资金	36	184 283.52
科研人员费	37	928 032.59
业务费	38	1 618 937.59
科研基建费	39	2 361.9
仪器设备费	40	265 503.91
其中:单价在万元以上的设备费	41	36 675.05
图书资料费	42	380 206.86
间接费	43	224 120.32
其中:管理费	44	65 796.32
其他支出	45	93 720.36
当年结余经费	46	1 891 173.94
银行存款	47	1 885 822.57
暂付款	48	5 351.37

33. 语言院校人文、社会科学研究与发展经费情况表

经费名称	编号	经费(千元)
上年结转经费	1	359 085.3
当年经费收入合计	2	700 152.69
政府资金投入	3	366 568.57
科研活动经费	4	250 898.03
其中:教育部科研项目经费	5	10 737.24
教育部其他科研经费	6	63 362.29
其中:中央高校基本科研业务费	7	50 680
中央其他部门科研项目经费	8	74 715.73
省市自治区社科基金项目	9	15 283
省教育厅科研项目经费	10	7 858.9
省教育厅其他科研经费	11	43 584
其他各类地方政府经费	12	35 356.87
科技活动人员工资	13	99 492.54
科研基建费	14	16 178
非政府资金投入	15	333 584.12
企事业单位委托项目经费	16	82 194.44
金融机构贷款	17	0
自筹经费	18	199 587.66
境外资金	19	2 277.85
其中:港澳台地区合作项目经费	20	77.7
其他收入	21	27 555.78
科技活动人员工资	22	21 968.39
当年 R&D 经费支出合计	23	574 691.46
转拨给外单位经费	24	2 660.74
其中:对国内研究机构支出	25	382.43
对国内高等学校支出	26	1 256.33
对国内企业支出	27	0
对境外机构支出	28	0
R&D 内部支出经费	29	572 030.72
其中:基础研究支出	30	360 564.84
应用研究支出	31	211 462.08
实验与发展支出	32	3.8
其中:政府资金	33	354 961.29
企业资金	34	139 681.32
境外资金	35	2 747.44
其他资金	36	74 640.67
科研人员费	37	184 511.94
业务费	38	246 623.52
科研基建费	39	10 586.98
仪器设备费	40	32 055.01
其中:单价在万元以上的设备费	41	7 924.04
图书资料费	42	31 537.98
间接费	43	44 721.52
其中:管理费	44	6 214.54
其他支出	45	21 993.77
当年结余经费	46	484 546.53
银行存款	47	480 365.7
暂付款	48	4 180.83

34. 财经院校人文、社会科学研究与发展经费情况表

经费名称	编号	经费(千元)
上年结转经费	1	1 118 265.21
当年经费收入合计	2	2 390 921.68
政府资金投入	3	1 402 379.98
科研活动经费	4	995 056.98
其中:教育部科研项目经费	5	34 708.95
教育部其他科研经费	6	143 358.58
其中:中央高校基本科研业务费	7	113 796
中央其他部门科研项目经费	8	280 575.8
省市自治区社科基金项目	9	67 070.03
省教育厅科研项目经费	10	37 805.93
省教育厅其他科研经费	11	255 999.2
其他各类地方政府经费	12	175 538.49
科技活动人员工资	13	404 102.5
科研基建费	14	3 220.5
非政府资金投入	15	988 541.7
企事业单位委托项目经费	16	409 127.08
金融机构贷款	17	326.86
自筹经费	18	453 698.73
境外资金	19	5 775.36
其中:港澳台地区合作项目经费	20	310.54
其他收入	21	45 043.09
科技活动人员工资	22	74 570.58
当年 R&D 经费支出合计	23	2 223 736.01
转拨给外单位经费	24	14 659.55
其中:对国内研究机构支出	25	626.6
对国内高等学校支出	26	1 262.75
对国内企业支出	27	688.4
对境外机构支出	28	0
R&D 内部支出经费	29	2 209 076.46
其中:基础研究支出	30	597 304.4
应用研究支出	31	1 610 618.49
实验与发展支出	32	1 153.57
其中:政府资金	33	1 371 309.17
企业资金	34	610 743
境外资金	35	7 394.41
其他资金	36	219 629.88
科研人员费	37	626 979.63
业务费	38	1 061 552.22
科研基建费	39	7 751.56
仪器设备费	40	107 161.01
其中:单价在万元以上的设备费	41	12 275.23
图书资料费	42	165 845.02
间接费	43	176 601.62
其中:管理费	44	41 419.2
其他支出	45	63 185.4
当年结余经费	46	1 285 450.88
银行存款	47	1 268 383.63
暂付款	48	17 067.25

35. 政法院校人文、社会科学研究与发展经费情况表

经费名称	编号	经费(千元)
上年结转经费	1	207 681.7
当年经费收入合计	2	552 236.21
政府资金投入	3	358 994.81
科研活动经费	4	268 279.91
其中:教育部科研项目经费	5	14 442.57
教育部其他科研经费	6	61 335
其中:中央高校基本科研业务费	7	27 090
中央其他部门科研项目经费	8	133 730.5
省市自治区社科基金项目	9	11 487.69
省教育厅科研项目经费	10	6 062.59
省教育厅其他科研经费	11	12 251
其他各类地方政府经费	12	28 970.56
科技活动人员工资	13	90 704.9
科研基建费	14	10
非政府资金投入	15	193 241.4
企事业单位委托项目经费	16	75 940.4
金融机构贷款	17	0
自筹经费	18	109 132.97
境外资金	19	4 381.36
其中:港澳台地区合作项目经费	20	0
其他收入	21	3 716.67
科技活动人员工资	22	70
当年 R&D 经费支出合计	23	491 927.43
转拨给外单位经费	24	21 902.04
其中:对国内研究机构支出	25	79.59
对国内高等学校支出	26	39.89
对国内企业支出	27	305.56
对境外机构支出	28	0
R&D 内部支出经费	29	470 025.39
其中:基础研究支出	30	193 818.08
应用研究支出	31	274 927.59
实验与发展支出	32	1 279.72
其中:政府资金	33	324 652.09
企业资金	34	113 298.74
境外资金	35	6 907.82
其他资金	36	25 166.74
科研人员费	37	123 212.9
业务费	38	263 002.2
科研基建费	39	24
仪器设备费	40	18 505.66
其中:单价在万元以上的设备费	41	2 825.91
图书资料费	42	26 120.8
间接费	43	20 336.11
其中:管理费	44	6 900.21
其他支出	45	18 823.72
当年结余经费	46	267 990.48
银行存款	47	267 138.68
暂付款	48	851.8

36. 艺术院校人文、社会科学研究与发展经费情况表

经费名称	编号	经费(千元)
上年结转经费	1	309 720.73
当年经费收入合计	2	652 531.24
政府资金投入	3	429 014.66
科研活动经费	4	357 015.68
其中:教育部科研项目经费	5	1 781
教育部其他科研经费	6	21 362.3
其中:中央高校基本科研业务费	7	16 265
中央其他部门科研项目经费	8	38 847.92
省市自治区社科基金项目	9	7 181.7
省教育厅科研项目经费	10	28 772.06
省教育厅其他科研经费	11	214 187.04
其他各类地方政府经费	12	44 883.66
科技活动人员工资	13	71 553.98
科研基建费	14	445
非政府资金投入	15	223 516.58
企事业单位委托项目经费	16	111 129.29
金融机构贷款	17	0
自筹经费	18	97 948.46
境外资金	19	40
其中:港澳台地区合作项目经费	20	0
其他收入	21	1 298.91
科技活动人员工资	22	13 099.92
当年 R&D 经费支出合计	23	601 941.41
转拨给外单位经费	24	1 438.85
其中:对国内研究机构支出	25	99.75
对国内高等学校支出	26	44
对国内企业支出	27	1 005.1
对境外机构支出	28	0
R&D 内部支出经费	29	600 502.56
其中:基础研究支出	30	330 318.46
应用研究支出	31	269 592.88
实验与发展支出	32	591.22
其中:政府资金	33	364 091.95
企业资金	34	183 070.4
境外资金	35	0
其他资金	36	53 340.21
科研人员费	37	150 890.98
业务费	38	340 484.6
科研基建费	39	333.3
仪器设备费	40	50 785.65
其中:单价在万元以上的设备费	41	17 290.76
图书资料费	42	36 882.37
间接费	43	11 181.12
其中:管理费	44	4 900.16
其他支出	45	9 944.54
当年结余经费	46	360 310.56
银行存款	47	359 892.92
暂付款	48	417.64

37. 民族院校人文、社会科学研究与发展经费情况表

经费名称	编号	经费(千元)
上年结转经费	1	96 937.83
当年经费收入合计	2	427 179.45
政府资金投入	3	302 681.7
科研活动经费	4	242 480.1
其中:教育部科研项目经费	5	5 603.55
教育部其他科研经费	6	46 783
其中:中央高校基本科研业务费	7	32 103
中央其他部门科研项目经费	8	100 404.7
省市自治区社科基金项目	9	13 778.27
省教育厅科研项目经费	10	31 087.5
省教育厅其他科研经费	11	26 410
其他各类地方政府经费	12	18 413.08
科技活动人员工资	13	60 201.6
科研基建费	14	0
非政府资金投入	15	124 497.75
企事业单位委托项目经费	16	41 566.68
金融机构贷款	17	0
自筹经费	18	81 938.15
境外资金	19	775.42
其中:港澳台地区合作项目经费	20	0
其他收入	21	217.5
科技活动人员工资	22	0
当年 R&D 经费支出合计	23	373 121.85
转拨给外单位经费	24	303
其中:对国内研究机构支出	25	0
对国内高等学校支出	26	0
对国内企业支出	27	120
对境外机构支出	28	0
R&D 内部支出经费	29	372 818.85
其中:基础研究支出	30	212 338.02
应用研究支出	31	160 406.88
实验与发展支出	32	73.95
其中:政府资金	33	268 097.35
企业资金	34	58 779.6
境外资金	35	617.58
其他资金	36	45 324.32
科研人员费	37	77 026.91
业务费	38	210 901.27
科研基建费	39	2 096.45
仪器设备费	40	17 734.59
其中:单价在万元以上的设备费	41	2 425
图书资料费	42	42 080.44
间接费	43	18 811.04
其中:管理费	44	4 340.81
其他支出	45	4 168.15
当年结余经费	46	150 995.43
银行存款	47	150 885.43
暂付款	48	110

38. 体育院校人文、社会科学研究与发展经费情况表

经费名称	编号	经费(千元)
上年结转经费	1	72 292.48
当年经费收入合计	2	221 947.91
政府资金投入	3	158 159.39
科研活动经费	4	123 261.75
其中:教育部科研项目经费	5	2 267.19
教育部其他科研经费	6	14 800
其中:中央高校基本科研业务费	7	4 400
中央其他部门科研项目经费	8	28 253.84
省市自治区社科基金项目	9	3 867.4
省教育厅科研项目经费	10	6 388.9
省教育厅其他科研经费	11	39 724.92
其他各类地方政府经费	12	27 959.5
科技活动人员工资	13	34 397.64
科研基建费	14	500
非政府资金投入	15	63 788.52
企事业单位委托项目经费	16	37 340.77
金融机构贷款	17	0
自筹经费	18	21 984.78
境外资金	19	1 179.37
其中:港澳台地区合作项目经费	20	0
其他收入	21	2 529
科技活动人员工资	22	754.6
当年 R&D 经费支出合计	23	183 620.55
转拨给外单位经费	24	3 396.46
其中:对国内研究机构支出	25	33.4
对国内高等学校支出	26	1 132.6
对国内企业支出	27	142.45
对境外机构支出	28	0
R&D 内部支出经费	29	180 224.09
其中:基础研究支出	30	47 252.18
应用研究支出	31	132 755.9
实验与发展支出	32	216.01
其中:政府资金	33	115 505.92
企业资金	34	56 720.65
境外资金	35	1 228.66
其他资金	36	6 768.86
科研人员费	37	49 690.77
业务费	38	92 265.36
科研基建费	39	530
仪器设备费	40	16 507.36
其中:单价在万元以上的设备费	41	8 456.09
图书资料费	42	8 029.08
间接费	43	12 031.92
其中:管理费	44	2 233.74
其他支出	45	1 169.6
当年结余经费	46	110 619.84
银行存款	47	108 083.5
暂付款	48	2 536.34

39. 教育部直属院校人文、社会科学研究与发展经费情况表(一)

	合计	科研活动经费	其中：教育部科研经费	中央其他部门科研经费	省、市、自治区科研经费	其他各类地方政府经费
合计	6 712 173.16	3 414 916.88	1 244 986.67	1 227 581.05	331 515.56	610 833.6
北京大学	394 942.67	198 594.39	107 262.57	64 177.4	1 433.6	25 720.82
中国人民大学	246 988.1	168 338.5	66 440.75	63 759.78	2 530.5	35 607.47
清华大学	344 458.08	144 235.16	18 727.32	106 601.78	1 408	17 498.06
北京交通大学	80 332.68	40 368.31	8 285.55	8 021.11	3 528.23	20 533.42
北京科技大学	24 660.33	15 851.53	5 393	7 045.53	1 633	1 780
北京化工大学	7 385.9	3 768	1 181	1 404	806	377
北京邮电大学	11 749.6	4 010.25	1 841.92	1 112.54	120.9	934.89
中国农业大学	48 390.8	22 686.41	7 885.13	12 609.68	350	1 841.6
北京林业大学	29 181.24	15 443.89	2 190	10 886.49	150	2 217.4
北京中医药大学	5 169.71	3 463.17	751.01	381.94	400	1 930.22
北京师范大学	319 151	109 516	30 208	51 101	5 857	22 350
北京外国语大学	23 166.83	15 692.26	7 804.39	6 389.27	1 498.6	0
北京语言大学	42 019.38	29 146.74	16 973.53	10 851.48	570.45	751.28
中国传媒大学	45 942.92	18 006.2	0	3 193.11	390	14 423.09
中央财经大学	91 729.43	48 466.35	32 501.88	13 925.75	1 726	312.72
对外经济贸易大学	82 634.48	44 644.6	11 933	24 559	1 549.68	6 602.92
国际关系学院	19 231.14	14 113.92	10 939	1 919.7	233.06	1 022.16
中央音乐学院	5 232	2 520	2 170	350	0	0
中央美术学院	16 212.19	10 354.13	2 500	2 940	0	4 914.13
中央戏剧学院	10 763.7	9 360.7	9 295	65.7	0	0
中国政法大学	153 036.04	76 608.29	33 090	30 277.39	2 011.77	11 229.13
华北电力大学	39 101.39	6 393.85	330	2 989.16	329.99	2 744.7
南开大学	109 908.2	57 141.51	13 331.1	27 668.51	14 252.9	1 889
天津大学	40 183	16 815	6 900	7 820	1 785	310
大连理工大学	16 719.7	11 095.7	1 208	6 645.9	264	2 977.8
东北大学	58 013.31	24 100.21	6 340	8 202.93	964.6	8 592.68
吉林大学	134 599.74	78 530.79	50 602	22 642.79	2 554	2 732
东北师范大学	134 736.39	91 354.6	67 424.8	13 540.35	1 026.1	9 363.35
东北林业大学	4 631.3	2 164.3	622.8	817.5	394	330
复旦大学	380 881.36	264 379.36	94 062.6	31 421.03	30 923.1	107 972.63
同济大学	91 281.92	38 203.1	9 762	6 345	9 472.5	12 623.6
上海交通大学	233 238.73	133 744.8	39 958.46	34 787.09	34 662.57	24 336.68
华东理工大学	37 850.22	21 623.23	2 611	8 845.13	5 460.1	4 707
东华大学	36 295.73	8 521.1	2 825	580	3 179.4	1 936.7
华东师范大学	305 587.4	200 025.93	93 153.4	28 133.93	47 202.6	31 536
上海外国语大学	51 635.7	22 757.59	13 966.18	5 196.61	2 918.8	676
上海财经大学	167 305	112 418	35 961	30 001	42 129	4 327

单位：千元

当年 R&D 经费收入合计						
科技活动人员工资	科研基建费	企事业单位委托项目经费	金融机构贷款	自筹经费	境外资金	其他收入
570 011.77	0	2 031 045.89	0	498 605.65	93 493.85	101 823.12
4 818	0	133 717.56	0	41 226.1	16 586.62	0
15 420	0	60 511.34	0	0	2 718.26	0
7 224	0	165 926.64	0	0	27 072.28	0
10 956.4	0	28 143.64	0	668.8	195.53	0
2 697.61	0	5 717.19	0	294	0	100
1 250	0	2 367.9	0	0	0	0
3 027	0	4 712.35	0	0	0	0
4 785	0	17 812.85	0	0	3 106.54	0
3 380	0	10 357.35	0	0	0	0
1 608	0	98.54	0	0	0	0
9 800	0	196 664	0	0	3 171	0
3 153	0	4 321.57	0	0	0	0
3 285	0	9 587.64	0	0	0	0
0	0	144.84	0	18 695.1	120	8 976.78
7 578	0	35 589.24	0	0	95.84	0
7 382	0	13 228.74	0	12 140	2 963.14	0
2 583.55	0	495	0	0	0	2 038.67
1 812	0	0	0	900	0	0
880	0	4 978.06	0	0	0	0
1 363	0	40	0	0	0	0
7 451.5	0	37 391.89	0	27 268	4 316.36	0
5 380	0	26 108	0	0	1 219.54	0
11 460	0	39 014.69	0	2 292	0	0
6 740	0	11 628	0	5 000	0	0
3 858	0	1 766	0	0	0	0
4 995	0	14 844.4	0	1 615	560	11 898.7
9 645	0	31 329.37	0	10 772.48	552.1	3 770
12 795	0	7 690.79	0	18 827	135	3 934
2 247	0	10	0	10	200	0
36 363.6	0	58 084	0	190	2 156.4	19 708
7 209	0	41 552.85	0	3 000	1 316.97	0
10 101	0	54 734.23	0	0	0	34 658.7
3 171.7	0	13 055.29	0	0	0	0
4 074.2	0	20 445.43	0	3 255	0	0
9 547	0	78 388.18	0	16 500	1 126.29	0
5 986.16	0	2 592.14	0	19 813.61	214.2	272
8 660	0	31 376	0	14 576	275	0

	合计	科研活动经费	其中：教育部科研经费	中央其他部门科研经费	省、市、自治区科研经费	其他各类地方政府经费
南京大学	107 603.4	45 495.25	10 992.25	31 603	2 480	420
东南大学	34 154.6	22 870.8	5 861	8 132.5	6 286.8	2 590.5
中国矿业大学	33 086.46	16 848.3	7 215.9	6 583.9	2 326	722.5
河海大学	65 202.15	27 964.3	4 272.5	12 779.8	2 668	8 244
江南大学	34 334.64	13 864	710	4 630	2 585	5 939
南京农业大学	48 734.59	35 421.66	5 720.6	15 697.4	6 470	7 533.66
中国药科大学	16 170	4 184.5	375	2 128	515	1 166.5
浙江大学	289 805.88	75 925.85	16 781	41 791.65	1 785.6	15 567.6
合肥工业大学	13 447.15	8 308.33	773.58	2 479	1 284.9	3 770.85
厦门大学	148 011	67 699.63	21 723.7	32 590	7 038.23	6 347.7
山东大学	85 623.58	51 066.38	16 218.77	25 741.24	7 576.5	1 529.87
中国海洋大学	17 142.1	7 435.5	1 572.5	4 897	926	40
中国石油大学(华东)	15 718.15	5 638	1 795	2 523	768	552
武汉大学	189 390.23	120 062.63	31 759	54 064.73	1 642	32 596.9
华中科技大学	46 050.01	18 919.96	4 384.6	11 112.56	925	2 497.8
中国地质大学(武汉)	33 885.14	21 070.95	1 605	6 095.09	726.38	12 644.48
武汉理工大学	31 933.4	14 781.41	4 525	3 632.2	885.3	5 738.91
华中农业大学	42 444.68	28 251.76	8 290.1	12 001.28	3 277.96	4 682.42
华中师范大学	93 038.15	44 597.45	17 500.65	23 134	1 353	2 609.8
中南财经政法大学	81 601.87	52 220.83	20 101	18 755.45	4 950	8 414.38
湖南大学	84 607.63	32 138.01	7 472	15 080	2 460	7 126.01
中南大学	76 757.07	34 591.02	4 949.14	18 356.15	5 476.6	5 809.13
中山大学	290 185.77	169 059.47	62 977.18	56 256.74	9 022.2	40 803.35
华南理工大学	132 468.12	50 672.98	12 220.48	20 576.25	10 778.19	7 098.06
四川大学	173 292.09	54 925.81	6 955.95	30 439.41	3 506	14 024.45
重庆大学	145 431.98	36 840.84	11 316	17 961.5	1 558.1	6 005.24
西南交通大学	33 339.98	19 766.48	7 150	7 115	2 347.48	3 154
电子科技大学	14 226.4	9 079	2 080	4 930	675	1 394
西南大学	111 226.82	42 990.76	20 388	15 161.4	7 147.86	293.5
西南财经大学	96 410.06	56 502.36	37 317.72	16 811.24	1 100.4	1 273
西安交通大学	81 070.95	36 115	12 672	16 398	2 615	4 430
西安电子科技大学	8 761.9	2 520.6	622	1 678.6	220	0
长安大学	23 813.47	6 837.65	4 540	1 222.65	355	720
西北农林科技大学	11 041.16	5 502.16	239	3 505.46	550	1 207.7
陕西师范大学	58 337.08	27 802	12 474	13 580	1 588	160
兰州大学	79 901.36	54 231.73	39 294.36	7 957.58	990.61	5 989.18
中国矿业大学(北京)	4 204.92	1 741.32	753.32	590	230	168
中国石油大学(北京)	11 207.46	4 822.92	2 206.23	2 006.69	610	0
中国地质大学(北京)	4 164.45	1 691.41	750.75	373	100	467.66

当年 R&D 经费收入合计

科技活动人员工资	科研基建费	企事业单位委托项目经费	金融机构贷款	自筹经费	境外资金	其他收入
4 217.5	0	38 090.65	0	19 800	0	0
6 004	0	4 364.8	0	570	0	345
7 850	0	8 388.16	0	0	0	0
4 050	0	27 143.26	0	30	5 425.59	589
7 020.65	0	10 020	0	3 429.99	0	0
5 250	0	8 032.2	0	0	30.73	0
1 700	0	10 135.5	0	150	0	0
11 952	0	166 111.41	0	30 054	5 762.62	0
3 060	0	227.5	0	1 400	0	451.32
12 894	0	66 945	0	0	472.37	0
4 500	0	29 613.88	0	0	443.32	0
3 875.3	0	5 526.3	0	305	0	0
1 826.8	0	6 557.35	0	1 696	0	0
21 200	0	41 226.1	0	100	5 034.1	1 767.4
11 517.6	0	14 759.48	0	632.93	44.99	175.05
2 992	0	9 445.1	0	0	377.09	0
5 167	0	11 984.99	0	0	0	0
3 669	0	7 393.82	0	3 130.1	0	0
17 114.9	0	28 182.8	0	2 360	783	0
11 784.4	0	17 041.46	0	471.38	83.8	0
17 948.7	0	13 988.37	0	20 493	39.55	0
19 965	0	20 509.35	0	1 563.2	0	128.5
26 504.7	0	18 548.38	0	59 124.33	3 950.89	12 998
8 860	0	59 027.39	0	13 907.75	0	0
22 000	0	50 051.75	0	44 647.93	1 666.6	0
14 869.2	0	47 018.94	0	46 703	0	0
3 712.5	0	9 211	0	650	0	0
1 550	0	3 597.4	0	0	0	0
18 001.5	0	28 291.41	0	21 943.15	0	0
8 900	0	17 210.1	0	13 000	785.6	12
6 771.2	0	35 551.75	0	2 302	331	0
3 604.8	0	1 683.9	0	952.6	0	0
2 626.6	0	13 744.22	0	605	0	0
2 687.5	0	2 225	0	626.5	0	0
8 266.5	0	13 394.58	0	8 874	0	0
10 023.4	0	13 444	0	2 040.7	161.53	0
1 242	0	1 221.6	0	0	0	0
1 161.3	0	5 223.24	0	0	0	0
985	0	1 488.04	0	0	0	0

40. 教育部直属院校人文、社会科学研究与发展经费情况表(二)

单位:千元

	当年 R&D 经费支出合计									
	合计	内部支出								转拨给外单位经费
		小计	科研人员费	业务费	科研基建费	仪器设备费	图书资料费	间接费	其他	
合计	5 897 797.88	5 838 974.32	1 089 856.44	3 132 960.52	0	311 329.91	473 423.57	604 801.65	226 602.23	58 823.56
北京大学	334 735.78	329 786.35	28 531	190 393.05	0	8 191.12	8 495.73	89 347.22	4 828.23	4 949.43
中国人民大学	253 887.14	253 887.14	35 832	144 994.73	0	1 818.68	9 557.48	61 684.25	0	0
清华大学	221 192.58	199 507.7	62 234.12	97 006.3	0	5 574.33	7 723.05	26 969.9	0	21 684.88
北京交通大学	84 139.62	84 139.62	11 625.2	48 714.39	0	1 568	6 436.56	2 363.7	13 431.77	0
北京科技大学	13 443.76	13 443.76	3 946.4	5 137.46	0	647.44	385.79	2 637.32	689.35	0
北京化工大学	8 383.5	8 383.5	1 515	5 746.16	0	102.47	187.93	618.39	213.55	0
北京邮电大学	14 920.69	14 920.69	3 277	3 697.49	0	2 705.96	647.69	709.39	3 883.16	0
中国农业大学	48 762.48	48 762.48	5 315	38 215.98	0	778.58	2 141.92	2 311	0	0
北京林业大学	28 042.68	28 042.68	3 380	22 636.25	0	1.07	1 662.96	362.4	0	0
北京中医药大学	4 480.87	4 293.37	1 608	2 186.98	0	23.2	201.22	272.98	0.99	187.5
北京师范大学	166 772.33	166 772.33	10 800	131 280.38	0	1 855.11	3 115.7	19 608.54	112.6	0
北京外国语大学	19 720.43	19 071.17	5 932.28	9 273.16	0	960.48	798.95	2 106.3	0	649.26
北京语言大学	43 684.63	43 684.63	4 015.8	29 960.19	0	1 754.06	7 215.92	738.66	0	0
中国传媒大学	13 559.69	13 113.11	0	136.99	0	128.11	0	194.24	12 653.77	446.58
中央财经大学	90 191.1	90 191.1	7 928	58 215.28	0	8 392.56	10 156.96	1 880.21	3 618.09	0
对外经济贸易大学	73 888.38	73 888.38	9 658	51 397.29	0	741.94	1 307.29	10 528.55	255.31	0
国际关系学院	15 752.39	13 033.39	2 583.55	5 477.37	0	116.75	1 536.04	133.81	3 185.87	2 719
中央音乐学院	7 298.79	7 298.79	1 812	3 034.31	0	1 087.18	1 187.9	64	113.4	0

续表

	当年 R&D 经费支出合计									
	合计	内部支出								转拨给外单位经费
		小计	科研人员费	业务费	科研基建费	仪器设备费	图书资料费	间接费	其他	
中央美术学院	14 308.59	14 308.59	4 999.46	6 993.9	0	544.39	534.23	246.8	989.81	0
中央戏剧学院	10 933.18	10 933.18	1 378.37	6 743.17	0	681.16	2 119.48	11	0	0
中国政法大学	134 010.55	133 631.1	11 050	93 291.02	0	3 308.01	5 600.32	10 023.04	10 358.71	379.45
华北电力大学	34 467.26	34 467.26	5 945	22 216.52	0	610.23	3 254.52	2 440.99	0	0
南开大学	83 115.87	83 115.87	13 752	53 754.37	0	2 291.9	1 634.32	10 316.2	1 367.08	0
天津大学	36 343	36 343	9 240	22 301	0	1 154	1 800	1 848	0	0
大连理工大学	17 169.7	17 169.7	4 858	973.9	0	0	3 338.2	1 560	6 439.6	0
东北大学	58 613.44	56 919.99	5 995	36 300.01	0	2 648.2	3 147.81	254.2	8 574.77	1 693.45
吉林大学	125 262.28	124 282.28	10 145	34 645.45	0	267	28 630.14	6 481.87	44 112.82	980
东北师范大学	139 829.71	139 829.71	27 789	36 753.86	0	25 005.17	28 825.4	6 076.12	15 380.16	0
东北林业大学	4 474	4 474	2 257	1 458.65	0	0	578.1	180.25	0	0
复旦大学	348 319.78	344 652.4	149 935.2	145 873.2	0	25 785.55	2 780.39	10 500.48	9 777.58	3 667.38
同济大学	87 692.29	87 692.29	10 209	66 815	0	7 576.89	2 658.4	433	0	0
上海交通大学	135 592.36	134 985.14	12 209	107 764.73	0	4 918.71	3 838.74	6 253.96	0	607.22
华东理工大学	31 243.25	31 243.25	3 971.7	20 847.52	0	1 140.78	1 855.52	2 511.21	916.52	0
东华大学	33 019.6	33 019.6	4 825.7	20 377.58	0	2 116.45	3 968.01	1 731.86	0	0
华东师范大学	287 615.03	286 235.03	26 047	179 535.05	0	24 395.73	29 501.34	13 101.92	13 653.99	1 380
上海外国语大学	49 217.16	49 107.66	13 978.86	30 875.94	0	2 225.48	1 291.59	545.86	189.93	109.5
上海财经大学	167 936.52	167 936.52	19 250	121 277.52	0	2 044	802	22 263	2 300	0
南京大学	106 002.79	106 002.79	12 217.5	47 296.24	0	12 642.4	14 016.91	14 683.05	5 146.69	0

续表

	当年R&D经费支出合计									
	合计	内部支出								转拨给外单位经费
		小计	科研人员费	业务费	科研基建费	仪器设备费	图书资料费	间接费	其他	
东南大学	33 621.53	33 621.53	6 064	20 977.58	0	654.1	1 076.84	4 682.63	166.38	0
中国矿业大学	23 412.54	23 412.54	8 150	8 717.5	0	577.21	1 628.37	2 843.32	1 496.14	0
河海大学	64 260.5	63 347.41	4 083.4	31 536.49	0	4 769.8	8 297	7 849.44	6 811.28	913.09
江南大学	43 747.33	42 862.44	8 755.52	19 079.17	0	7 143.6	2 549.9	5 308.75	25.5	884.89
南京农业大学	50 221.59	46 396.9	5 340	10 297.54	0	8 263.72	11 443.97	3 481.59	7 570.08	3 824.69
中国药科大学	14 587	14 587	1 700	7 687	0	0	4 282	490	428	0
浙江大学	296 409.14	293 989.74	66 501.82	125 024.45	0	20 750.34	42 501.15	21 789.16	17 422.82	2 419.4
合肥工业大学	7 123.49	7 123.49	3 070	3 135.88	0	18	83.57	767.09	48.95	0
厦门大学	153 918.28	153 918.28	12 963.7	84 017.35	0	5 024.84	11 915.72	31 143.4	8 853.27	0
山东大学	79 370.45	79 370.45	5 000	61 923.03	0	3 125.55	7 027.62	2 294.25	0	0
中国海洋大学	18 465.34	16 580.34	3 987.1	8 323.61	0	311.2	875.15	3 083.28	0	1 885
中国石油大学(华东)	15 225.93	15 225.93	1 862	5 798.3	0	699.76	5 568.5	1 297.37	0	0
武汉大学	202 600.35	202 600.35	36 620	130 672.73	0	6 279.85	13 022.54	15 452.82	552.41	0
华中科技大学	31 411.2	30 333.2	13 098.4	11 944.53	0	315.62	551.93	4 422.22	0.5	1 078
中国地质大学(武汉)	15 753.72	15 753.72	3 792	6 797.2	0	1 122.43	737.47	3 304.62	0	0
武汉理工大学	35 777.38	34 820.38	14 005.73	9 865.81	0	338.56	5 709.42	4 799.63	101.23	957
华中农业大学	37 181.62	37 181.62	5 938	28 081.14	0	103.11	755.43	1 549.97	753.97	0
华中师范大学	94 432.2	94 432.2	21 198.05	35 510.91	0	8 850.33	10 502.53	18 207.38	163	0
中南财经政法大学	94 444.03	94 444.03	12 875.78	63 435.74	0	1 907.91	1 953.88	12 802.26	1 468.46	0
湖南大学	80 281.1	80 281.1	40 928.4	22 900.95	0	4 681.18	3 537.12	2 654.73	5 578.72	0

	当年R&D经费支出合计									
	合计	内部支出								转拨给外单位经费
		小计	科研人员费	业务费	科研基建费	仪器设备费	图书资料费	间接费	其他	
中南大学	59 018.56	59 018.56	22 781.14	25 946.22	0	1 266.2	2 533.57	6 064.2	427.23	0
中山大学	243 619.6	240 556.47	54 017 39	155 397.13	0	12 664.23	3 900.28	14 577.44	0	3 063.13
华南理工大学	107 188.89	106 040.89	15 079.95	73 536.16	0	1 327.92	1 739.77	14 349.02	8.07	1 148
四川大学	128 652.48	128 652.48	24 000	25 182.74	0	15 345.55	49 532.02	11 673.92	2 918.25	0
重庆大学	144 126.56	144 126.56	25 047.26	58 395.74	0	20 324.72	20 735.56	19 623.28	0	0
西南交通大学	52 207.53	52 207.53	7 516.5	35 159.98	0	70	6 552.8	2 491.25	417	0
电子科技大学	14 612.4	14 612.4	2 860	10 206.5	0	260	233	699.9	353	0
西南大学	92 429.45	89 836.57	49 883	31 449.45	0	1 172.84	2 096.28	5 230	0	2 592.88
西南财经大学	93 174.64	93 174.64	15 145	24 157.99	0	1 397.61	22 490.06	21 139.76	8 844.22	0
西安交通大学	63 238.29	63 238.29	7 920	29 633.13	0	12 168	5 787.31	7 729.85	0	0
西安电子科技大学	8 642.34	8 642.34	4 084.9	1 863.3	0	366	1 915.27	412.87	0	0
长安大学	23 823.94	23 823.94	3 231.6	11 825.66	0	2 058.7	4 182.84	2 525.14	0	0
西北农林科技大学	13 383.7	13 294.1	3 656.56	8 099.13	0	29.9	37.68	1 470.83	0	89.6
陕西师范大学	48 698.91	48 698.91	9 257	12 897.61	0	11 360	11 130.3	4 044	0	0
兰州大学	48 212.46	48 212.46	15 023.4	21 551.47	0	57.22	2 431.62	9 148.75	0	0
中国矿业大学(北京)	3 461.14	3 461.14	1 242	1 465	0	0	521.74	232.4	0	0
中国石油大学(北京)	8 599.64	8 085.41	1 825.94	4 474.44	0	406.82	492.09	886.12	0	514.23
中国地质大学(北京)	4 439.43	4 439.43	1 289.76	2 393.57	0	314	156.76	285.34	0	0

41. 教育部直属院校人文、社会科学研究与发展经费情况表(三)

单位:千元

	R&D 经费内部支出							
	合计	基础研究支出	应用研究支出	实验与发展支出	政府资金	企业资金	境外资金	其他资金
合计	5 838 974.32	2 462 322.28	3 365 080.99	11 571.05	3 621 597.92	2 022 215.22	93 324.24	101 836.94
北京大学	329 786.35	154 227.61	175 558.74	0	175 603.61	134 243.93	19 938.81	0
中国人民大学	253 887.14	117 238.88	132 281.12	4 367.14	193 581.96	58 246.51	2 058.67	0
清华大学	199 507.7	57 799.19	141 371.16	337.35	128 629.16	58 608.44	12 270.1	0
北京交通大学	84 139.62	28 635.75	55 410.87	93	51 904.63	31 698.01	534.73	2.25
北京科技大学	13 443.76	8 102.95	2 692.05	2 648.76	12 231.31	1 119.26	0	93.19
北京化工大学	8 383.5	4 641.46	3 742.04	0	5 361.34	3 022.16	0	0
北京邮电大学	14 920.69	1 314.73	13 605.96	0	5 523.77	9 396.92	0	0
中国农业大学	48 762.48	8 411.48	40 351	0	26 484.93	17 968.3	4 309.25	0
北京林业大学	28 042.68	5 327.74	22 609.22	105.72	17 659.76	10 382.92	0	0
北京中医药大学	4 293.37	1 308.61	2 984.76	0	4 236.53	56.84	0	0
北京师范大学	166 772.33	100 816.45	65 955.88	0	65 235.33	98 547.82	2 989.18	0
北京外国语大学	19 071.17	18 044.74	1 026.43	0	17 287.63	1 780.14	3.4	0
北京语言大学	43 684.63	36 345.81	7 338.82	0	30 117.65	13 566.98	0	0
中国传媒大学	13 113.11	6 563.53	6 549.58	0	4 814.62	7 740.13	1.05	557.31
中央财经大学	90 191.1	12 382.74	77 808.36	0	41 985.88	47 769.34	435.88	0
对外经济贸易大学	73 888.38	11 447.95	62 440.43	0	55 858.49	11 003.46	4 593.96	2 432.47
国际关系学院	13 033.39	9 806.47	3 085.89	141.03	12 466.89	566.5	0	0
中央音乐学院	7 298.79	5 189.04	2 109.75	0	5 687.95	0	0	1 610.84

续表

	R&D 经费内部支出							
	合计	基础研究支出	应用研究支出	实验与发展支出	政府资金	企业资金	境外资金	其他资金
中央美术学院	14 308.59	5 353.79	8 954.8	0	9 900.78	4 407.81	0	0
中央戏剧学院	10 933.18	8 242.2	2 690.98	0	9 791.87	1 141.31	0	0
中国政法大学	133 631.1	18 220.61	115 410.49	0	68 775.19	58 058.72	6 797.19	0
华北电力大学	34 467.26	7 910.85	26 556.41	0	9 125.49	24 212.6	1 129.17	0
南开大学	83 115.87	64 229.88	18 806.18	79.81	47 484.27	33 850.51	803.67	977.42
天津大学	36 343	2 463.74	33 879.26	0	21 130.52	12 201.45	0	3 011.03
大连理工大学	17 169.7	6 275.63	10 894.07	0	15 403.7	1 766	0	0
东北大学	56 919.99	17 786.27	39 079.4	54.32	24 616.38	16 401.28	632.94	15 269.39
吉林大学	124 282.28	33 276.36	90 935.47	70.45	92 349.19	30 228.93	621.45	1 082.71
东北师范大学	139 829.71	85 843.22	53 544.15	442.34	116 411.84	16 197.79	91.14	7 128.94
东北林业大学	4 474	3 215.75	1 258.25	0	3 969.95	371.25	130	2.8
复旦大学	344 652.4	252 457.01	92 195.39	0	259 925.46	81 897.45	2 331.57	497.92
同济大学	87 692.29	87 315.6	376.69	0	40 091.77	46 298.84	1 301.68	0
上海交通大学	134 985.14	46 960.61	88 024.53	0	92 651.11	42 334.03	0	0
华东理工大学	31 243.25	12 314.32	18 928.93	0	20 300.06	10 943.19	0	0
东华大学	33 019.6	798.44	32 221.16	0	11 152.24	21 347.19	0	520.17
华东师范大学	286 235.03	214 749.4	71 485.63	0	148 757.25	135 529.68	1 948.1	0
上海外国语大学	49 107.66	32 667.81	16 439.85	0	41 670.37	5 567.27	554.34	1 315.68
上海财经大学	167 936.52	58 359.1	109 577.42	0	92 524.82	55 389.48	471.06	19 551.16
南京大学	106 002.79	71 246.65	34 756.14	0	56 325.76	41 655.82	0	8 021.21

续表

	R&D 经费内部支出							
	合计	基础研究支出	应用研究支出	实验与发展支出	政府资金	企业资金	境外资金	其他资金
东南大学	33 621.53	20 825.07	12 649.31	147.15	25 694.73	6 613.61	0	1 313.19
中国矿业大学	23 412.54	13 131.8	10 280.74	0	17 953.03	5 459.51	0	0
河海大学	63 347.41	13 696.87	49 117.73	532.81	30 121.64	27 297.69	4 975.83	952.25
江南大学	42 862.44	5 193.94	37 668.5	0	29 377.86	12 420.4	0	1 064.18
南京农业大学	46 396.9	1 699.89	44 697.01	0	35 776.64	10 351.98	30.69	237.59
中国药科大学	14 587	3 182.38	11 404.62	0	6 014.15	8 430.42	0	142.43
浙江大学	293 989.74	107 993.75	185 995.99	0	135 794.08	151 415.85	6 686.56	93.25
合肥工业大学	7 123.49	2 601.93	4 521.56	0	5 804.47	121	0	1 198.02
厦门大学	153 918.28	46 400.56	107 263.08	254.64	76 355.78	75 672.78	735.84	1 153.88
山东大学	79 370.45	49 626.57	29 743.88	0	53 344.73	25 870.6	155.12	0
中国海洋大学	16 580.34	6 037.28	10 543.06	0	11 131.35	4 344.94	0	1 104.05
中国石油大学(华东)	15 225.93	13 087.41	2 138.52	0	6 598.38	8 577.31	0	50.24
武汉大学	202 600.35	21 520.16	180 711.3	368.89	142 804.58	54 044.7	4 514.01	1 237.06
华中科技大学	30 333.2	8 041.18	21 990.38	301.64	21 265.07	8 781.6	145.63	140.9
中国地质大学(武汉)	15 753.72	2 275.77	13 269.73	208.22	11 563.06	3 733.5	457.16	0
武汉理工大学	34 820.38	13 974.67	20 845.71	0	24 223.31	10 597.07	0	0
华中农业大学	37 181.62	6 972.63	28 881.8	1 327.19	33 042.34	3 887.52	0	251.76
华中师范大学	94 432.2	49 010.72	45 421.48	0	53 690.61	38 464.92	2 276.67	0
中南财经政法大学	94 444.03	5 004.55	89 348.89	90.59	60 254.53	33 522.55	112.46	554.49
湖南大学	80 281.1	38 531.22	41 749.88	0	65 671.98	13 397.55	21.8	1 189.77

续表

	R&D 经费内部支出							
	合计	基础研究支出	应用研究支出	实验与发展支出	政府资金	企业资金	境外资金	其他资金
中南大学	59 018.56	24 883.58	34 134.98	0	50 678.5	7 529.79	0	810.27
中山大学	240 556.47	43 775.73	196 780.74	0	193 456.38	32 227.15	4 745.94	10 127
华南理工大学	106 040.89	55 735.2	50 305.69	0	53 662.22	46 885.4	0	5 493.27
四川大学	128 652.48	55 312.38	73 340.1	0	64 238.97	55 993.13	1 213.13	7 207.25
重庆大学	144 126.56	4 786.03	139 340.53	0	65 307.83	78 818.73	0	0
西南交通大学	52 207.53	35 295.59	16 911.94	0	35 074.12	16 105.66	0	1 027.75
电子科技大学	14 612.4	6 849.64	7 762.76	0	11 035	3 577.4	0	0
西南大学	89 836.57	15 703.32	74 133.25	0	60 854.07	28 294.3	0	688.2
西南财经大学	93 174.64	26 177.57	66 997.07	0	71 469.9	21 191.92	487.41	25.41
西安交通大学	63 238.29	43 036.44	20 201.85	0	28 915.48	33 520.03	429.97	372.81
西安电子科技大学	8 642.34	4 451.67	4 190.67	0	6 684.94	1 484.9	0	472.5
长安大学	23 823.94	23 622.04	201.9	0	7 357.28	16 466.66	0	0
西北农林科技大学	13 294.1	12 761.57	532.53	0	9 505.53	3 074.29	0	714.28
陕西师范大学	48 698.91	40 139.17	8 559.74	0	36 574.45	8 897.9	2 067.52	1 159.04
兰州大学	48 212.46	20 482.45	27 730.01	0	33 417.55	13 492.14	321.16	981.61
中国矿业大学(北京)	3 461.14	301.49	3 159.65	0	2 300.9	1 160.24	0	0
中国石油大学(北京)	8 085.41	910.9	7 174.51	0	4 291.85	3 793.56	0	0
中国地质大学(北京)	4 439.43	1 996.79	2 442.64	0	3 261.17	1 178.26	0	0

五、社科研究与发展机构

1. 全国高等学校人文、社会科学研究与发展研究机构一览表(一)

学校及机构名称	成立时间	批准部门	机构类型	组成方式	学科分类	服务的国民经济行业	组成类型
北京市							
北京大学							
东方文学研究中心	2000-3-1	学校主管部门批准	教育部重点研究基地	独立研究所	外国文学	研究和试验发展	政府部门办
国家治理研究院	1999-7-12	学校主管部门批准	教育部重点研究基地	独立研究所	政治学	研究和试验发展	政府部门办
教育经济研究所	1997-10-1	学校主管部门批准	教育部重点研究基地	独立研究所	教育学	研究和试验发展	政府部门办
美学与美育研究中心	1998-9-1	学校主管部门批准	教育部重点研究基地	独立研究所	艺术学	教育	政府部门办
外国哲学研究所	1964-9-1	学校主管部门批准	教育部重点研究基地	独立研究所	哲学	教育	政府部门办
宪法与行政法研究中心	2004-11-1	学校主管部门批准	教育部重点研究基地	独立研究所	法学	研究和试验发展	政府部门办
中国都市经济研究中心	2004-9-1	非学校主管部门批准	省级重点研究基地	独立研究所	经济学	研究和试验发展	政府部门办
中国古代史研究中心	1982-10-1	学校主管部门批准	教育部重点研究基地	独立研究所	历史学	研究和试验发展	政府部门办
中国古文献研究中心	1999-12-1	学校主管部门批准	教育部重点研究基地	独立研究所	语言学	研究和试验发展	政府部门办
中国经济研究中心	1994-8-1	学校主管部门批准	教育部重点研究基地	独立研究所	经济学	研究和试验发展	政府部门办
中国考古学研究中心	2000-1-5	学校主管部门批准	教育部重点研究基地	独立研究所	考古学	教育	政府部门办
中国社会与发展研究中心	1988-3-10	学校主管部门批准	教育部重点研究基地	独立研究所	社会学	研究和试验发展	政府部门办
中国特色社会主义理论体系研究中心	1993-5-5	学校主管部门批准	教育部重点研究基地	独立研究所	马克思主义	研究和试验发展	政府部门办
中国语言学研究中心	2000-1-9	学校主管部门批准	教育部重点研究基地	独立研究所	语言学	研究和试验发展	政府部门办
中国人民大学							
北京社会建设研究基地	2013-9-24	非学校主管部门批准	省级重点研究基地	独立研究所	社会学	教育	政府部门办
北京市高校思想政治理论课高精尖创新中心	2015-6-1	非学校主管部门批准	省级重点实验室	跨系所	马克思主义	教育	政府部门办
佛教与宗教学理论研究中心	2000-9-1	学校主管部门批准	教育部重点研究基地	独立研究所	宗教学	教育	政府部门办

续表

学校及机构名称	成立时间	批准部门	机构类型	组成方式	学科分类	服务的国民经济行业	组成类型
国家发展与战略研究院	2013-6-29	非学校主管部门批准	国家高端智库	独立研究所	经济学	国家机构	政府部门办
国家人权教育与培训基地	2014-8-8	学校主管部门批准	教育部重点研究基地	独立研究所	法学	教育	政府部门办
伦理学与道德建设研究中心	1999-2-1	学校主管部门批准	教育部重点研究基地	独立研究所	哲学	教育	政府部门办
马克思主义研究基地	2006-12-1	非学校主管部门批准	省级重点研究基地	独立研究所	马克思主义	教育	政府部门办
民商事法律科学研究中心	2000-9-1	学校主管部门批准	教育部重点研究基地	独立研究所	法学	教育	政府部门办
欧洲问题研究中心	2000-12-26	学校主管部门批准	教育部重点研究基地	独立研究所	国际问题研究	教育	政府部门办
清史研究所	2000-9-1	学校主管部门批准	教育部重点研究基地	独立研究所	历史学	教育	政府部门办
人口与发展研究中心	2000-12-1	学校主管部门批准	教育部重点研究基地	独立研究所	社会学	教育	政府部门办
人文北京研究基地	2009-6-30	非学校主管部门批准	省级重点研究基地	独立研究所	管理学	文化艺术业	政府部门办
社会学理论与方法研究中心	2000-12-1	非学校主管部门批准	教育部重点研究基地	独立研究所	社会学	教育	政府部门办
首都发展与战略研究院	2016-6-17	非学校主管部门批准	省级智库	独立研究所	经济学	研究和试验发展	政府部门办
习近平新时代中国特色社会主义思想研究院	2018-1-10	非学校主管部门批准	国家高端智库	独立研究所	马克思主义	教育	政府部门办
新闻与社会发展研究中心	1999-11-1	学校主管部门批准	教育部重点研究基地	独立研究所	新闻学与传播学	教育	政府部门办
刑事法律科学研究中心	1999-11-2	学校主管部门批准	教育部重点研究基地	独立研究所	法学	教育	政府部门办
应用统计科学研究中心	2000-9-1	学校主管部门批准	教育部重点研究基地	独立研究所	统计学	教育	政府部门办
中国财政金融政策研究中心	2000-7-1	学校主管部门批准	教育部重点研究基地	独立研究所	经济学	教育	政府部门办
中国经济改革与发展研究院	1999-12-1	学校主管部门批准	教育部重点研究基地	独立研究所	经济学	教育	政府部门办
中国特色社会主义理论体系研究中心	2004-12-1	学校主管部门批准	教育部重点研究基地	独立研究所	马克思主义	教育	政府部门办
清华大学							
北京廉政建设研究基地	2017-10-19	非学校主管部门批准	省级重点研究基地	独立研究所	管理学	其他服务业	政府部门办
北京市应急管理研究基地	2004-9-10	非学校主管部门批准	省级重点研究基地	独立研究所	管理学	其他服务业	政府部门办
北京市组织学习与城市治理创新研究中心	2016-3-11	非学校主管部门批准	省级重点研究基地	独立研究所	管理学	其他服务业	政府部门办

续表

学校及机构名称	成立时间	批准部门	机构类型	组成方式	学科分类	服务的国民经济行业	组成类型
出土文献与中国古代文明研究中心	2011-4-19	学校主管部门批准	教育部重点研究基地	独立研究所	历史学	其他服务业	政府部门办
传统工艺与材料研究文化部重点实验室	2016-11-29	非学校主管部门批准	中央其他部委重点实验室	独立研究所	艺术学	其他服务业	政府部门办
高校德育研究中心	2000-9-29	学校主管部门批准	教育部重点研究基地	独立研究所	马克思主义	其他服务业	政府部门办
国情研究院	2015-12-1	非学校主管部门批准	国家高端智库	独立研究所	管理学	其他服务业	政府部门办
技术创新研究中心	2004-10-30	学校主管部门批准	教育部重点研究基地	独立研究所	管理学	其他服务业	政府部门办
科教政策研究中心	2005-12-24	学校主管部门批准	部省共建教育部重点研究基地	独立研究所	管理学	其他服务业	政府部门办
习近平新时代中国特色社会主义思想研究院	2017-12-27	非学校主管部门批准	中央其他部委重点研究基地	跨系所	马克思主义	教育	单位自办
现代管理研究中心	2001-9-25	学校主管部门批准	教育部重点研究基地	独立研究所	管理学	其他服务业	政府部门办
中俄战略合作研究所	2011-4-29	非学校主管部门批准	部省共建教育部重点研究基地	与校外合办所	社会学	其他服务业	与境外机构合办
北京交通大学							
北京产业安全与发展研究基地	2010-12-20	非学校主管部门批准	省级重点研究基地	与校外合办所	经济学	专业技术服务业	政府部门办
北京高校思想政治工作研究中心	2007-12-20	非学校主管部门批准	其他	与校外合办所	政治学	中国共产党机关	单位自办
北京社会建设研究院	2012-3-11	非学校主管部门批准	省级重点研究基地	与校外合办所	社会学	社会工作	与国内独立研究机构合办
北京交通发展研究基地	2005-12-5	非学校主管部门批准	省级重点研究基地	与校外合办所	管理学	道路运输业	政府部门办
北京人文交通、科技交通、绿色交通研究基地	2012-12-2	非学校主管部门批准	省级重点研究基地	与校外合办所	管理学	道路运输业	与国内独立研究机构合办
北京物流信息化研究基地	2014-6-10	非学校主管部门批准	省级重点研究基地	与校外合办所	经济学	商务服务业	政府部门办
北京综合交通发展研究院	2017-8-29	学校主管部门批准	省级智库	跨系所	管理学	道路运输业	政府部门办

续表

学校及机构名称	成立时间	批准部门	机构类型	组成方式	学科分类	服务的国民经济行业	组成类型
基础产业研究中心	2003-11-28	学校自建	其他	跨系所	经济学	科技推广和应用服务	单位自办
首都大学生思想政治教育研究基地	2010-5-6	非学校主管部门批准	省级重点研究基地	与校外合办所	政治学	教育	政府部门办
习近平新时代中国特色社会主义思想研究中心北京交通大学研究基地	2018-7-20	非学校主管部门批准	省级重点研究基地	跨系所	马克思主义	教育	政府部门办
中国产业安全研究中心	2007-11-24	学校自建	校级重点研究基地	独立研究所	经济学	商务服务业	单位自办
中国企业兼并重组研究中心	1998-5-15	学校自建	校级重点研究基地	独立研究所	管理学	租赁业	单位自办
北京工业大学							
北京社会管理研究基地	2012-9-1	学校主管部门批准	省级重点研究基地	独立研究所	社会学	社会工作	政府部门办
北京市习近平新时代中国特色社会主义思想研究中心	2018-1-1	学校主管部门批准	省级重点研究基地	与校外合办所	马克思主义	教育	政府部门办
北京现代制造业发展研究基地	2014-5-26	学校主管部门批准	省级重点研究基地	与校外合办所	管理学	汽车制造业	政府部门办
博物馆展陈设计与空间实现北京市重点实验室	2012-5-15	学校主管部门批准	省级重点实验室	与校外合办所	艺术学	文化艺术业	政府部门办
地方高水平大学发展战略研究中心	2013-1-1	非学校主管部门批准	教育部重点研究基地	独立研究所	教育学	教育	政府部门办
首都工程教育发展研究基地	2014-2-1	学校主管部门批准	省级重点实验室	独立研究所	教育学	教育	政府部门办
北京航空航天大学							
首都高校党建研究基地	2010-6-1	非学校主管部门批准	省级重点研究基地	与校外合办所	马克思主义	研究和试验发展	与国内独立研究机构合办
语言战略与政策研究基地	2016-4-14	非学校主管部门批准	省级重点研究基地	与校外合办所	语言学	教育	政府部门办
北京理工大学							
北京经济社会可持续发展研究基地	2015-7-1	非学校主管部门批准	省级重点研究基地	独立研究所	管理学	生态保护和环境治理业	政府部门办
北京市互动媒体艺术工程技术研究中心	2014-6-3	非学校主管部门批准	省级重点实验室	独立研究所	艺术学	广播、电视、电影和影视录音制作业	政府部门办

续表

学校及机构名称	成立时间	批准部门	机构类型	组成方式	学科分类	服务的国民经济行业	组成类型
工业制造艺术创新设计工业和信息化部重点实验室	2018-8-8	学校主管部门批准	中央其他部委重点实验室	独立研究所	艺术学	文化艺术业	政府部门办
国防科技创新与教育发展战略研究中心	2013-8-13	非学校主管部门批准	教育部重点研究基地	独立研究所	教育学	其他服务业	政府部门办
能源经济管理与决策北京市重点实验室	2017-1-20	非学校主管部门批准	省级重点实验室	独立研究所	管理学	资本市场服务	政府部门办
北京科技大学							
北京企业低碳运营战略研究基地	2012-2-1	非学校主管部门批准	省级重点研究基地	跨系所	管理学	商务服务业	政府部门办
当代语言科学研究中心	2016-9-1	学校自建	校级重点研究基地	独立研究所	语言学	其他服务业	单位自办
金属与矿冶遗产国家文物局重点科研基地	2008-1-1	非学校主管部门批准	中央其他部委重点研究基地	跨系所	考古学	研究和试验发展	政府部门办
世界文学文化研究中心	2016-9-1	学校自建	校级重点研究基地	独立研究所	外国文学	其他服务业	单位自办
系统功能语言学研究中心	2011-5-6	学校自建	校级重点研究基地	独立研究所	语言学	其他服务业	单位自办
北方工业大学							
反腐败法治研究中心	2017-7-25	学校自建	校级重点研究基地	独立研究所	法学	社会保障	单位自办
高技术企业发展研究中心	2012-8-28	学校自建	校级重点研究基地	独立研究所	管理学	科技推广和应用服务	单位自办
管理研究所	2002-10-18	学校自建	校级重点实验室	独立研究所	管理学	科技推广和应用服务	单位自办
经济法研究所	1985-10-10	学校自建	校级重点实验室	独立研究所	法学	商务服务业	单位自办
经济研究所	1999-2-25	学校自建	校级重点实验室	独立研究所	经济学	商务服务业	单位自办
民商法研究所	2008-12-1	学校自建	校级重点实验室	独立研究所	法学	商务服务业	单位自办
审美文化研究所	2008-12-1	学校自建	校级重点实验室	独立研究所	艺术学	广播、电视、电影和影视录音制作业	单位自办
宪法与行政法研究中心	2008-12-1	学校自建	校级重点实验室	独立研究所	法学	中国共产党机关	单位自办

续表

学校及机构名称	成立时间	批准部门	机构类型	组成方式	学科分类	服务的国民经济行业	组成类型
语言文化研究所	2004-12-20	学校自建	校级重点实验室	独立研究所	语言学	广播、电视、电影和影视录音制作业	单位自办
知识产权研究中心	2007-10-1	学校自建	校级重点研究基地	独立研究所	法学	社会工作	单位自办
中国中小企业创新发展研究院	2018-1-17	学校自建	校级重点研究基地	独立研究所	管理学	商务服务业	单位自办
北京化工大学							
北京知识产权研究基地	2009-12-31	非学校主管部门批准	省级重点研究基地	独立研究所	法学	科技推广和应用服务	政府部门办
低碳经济与管理研究中心	2010-4-6	学校自建	校级重点研究基地	独立研究所	管理学	生态保护和环境治理业	单位自办
科学技术与社会(STS)研究所	1999-1-12	学校自建	校级重点研究基地	独立研究所	哲学	科技推广和应用服务	单位自办
全国大学生思想政治教育发展研究中心	2014-10-9	学校自建	校级重点研究基地	独立研究所	教育学	其他服务业	政府部门办
人力资源管理研究中心	2013-11-20	学校自建	校级重点研究基地	独立研究所	管理学	卫生	单位自办
社会保障中心	2009-9-25	学校自建	校级重点研究基地	独立研究所	管理学	人民政协、民主党派	单位自办
北京工商大学							
首都流通业服务基地	2005-12-25	学校主管部门批准	省级重点研究基地	独立研究所	管理学	商务服务业	政府部门办
北京服装学院							
首都服饰文化与服装产业研究基地	2004-9-10	学校主管部门批准	省级重点研究基地	独立研究所	管理学	纺织业	政府部门办
北京邮电大学							
通信法研究中心	2013-3-1	学校自建	校级研究中心	独立研究所	法学	教育	与国内高校合办
高校网络舆情研究咨询中心	2011-4-20	学校自建	校级研究中心	跨系所	新闻学与传播学	教育	单位自办
互联网治理与法律研究中心	2009-8-10	学校自建	校级研究中心	独立研究所	法学	教育	单位自办
网络空间国际治理研究基地	2018-7-5	学校主管部门批准	省级重点研究基地	独立研究所	管理学	教育	单位自办
北京印刷学院							

续表

学校及机构名称	成立时间	批准部门	机构类型	组成方式	学科分类	服务的国民经济行业	组成类型
北京文化产业与出版传媒研究基地	2014-11-20	学校主管部门批准	省级重点研究基地	跨系所	管理学	新闻和出版业	政府部门办
跨媒体出版实验室	2010-9-16	非学校主管部门批准	省级重点实验室	跨系所	新闻学与传播学	新闻和出版业	政府部门办
数字媒体艺术实验室	2005-6-7	学校主管部门批准	省级重点实验室	跨系所	艺术学	广播、电视、电影和影视录音制作业	单位自办
北京建筑大学							
北京建筑文化研究基地	2010-11-15	学校主管部门批准	省级重点研究基地	跨系所	哲学	建筑装饰、装修和其他建筑业	政府部门办
北京石油化工学院							
北京现代产业新区发展研究基地	2012-9-1	学校主管部门批准	省级重点研究基地	独立研究所	管理学	研究和试验发展	单位自办
中国农业大学							
北京食品安全政策与战略研究基地	2018-1-5	非学校主管部门批准	省级重点研究基地	跨系所	经济学	农业	与国内高校合办
国家农业农村发展研究院	2004-5-3	学校自建	其他智库	独立研究所	经济学	农业	单位自办
一带一路农业合作学院	2017-12-4	学校自建	其他智库	独立研究所	管理学	农业	单位自办
北京农学院							
北京新农村建设研究基地	2006-12-6	学校主管部门批准	省级重点研究基地	跨系所	管理学	农业	政府部门办
北京林业大学							
林业财务会计研究室	1985-8-13	学校自建	校级重点实验室	跨系所	经济学	林业	单位自办
林业法治研究中心	2017-12-1	学校自建	其他智库	跨系所	管理学	农、林、牧、渔专业及辅助性活动	单位自办
林业经济研究所	1992-3-15	学校自建	校级重点研究基地	跨系所	经济学	林业	单位自办
绿色发展与中国农村土地问题研究中心	2017-12-1	学校自建	其他智库	跨系所	马克思主义	农、林、牧、渔专业及辅助性活动	单位自办
森林生态经济研究所	1992-3-15	学校自建	校级重点研究基地	跨系所	经济学	林业	单位自办

续表

学校及机构名称	成立时间	批准部门	机构类型	组成方式	学科分类	服务的国民经济行业	组成类型
生态文明教育研究中心	2017-11-1	学校自建	其他智库	跨系所	马克思主义	农、林、牧、渔专业及辅助性活动	单位自办
生态文明研究中心	2007-12-28	学校自建	校级重点实验室	独立研究所	哲学	农、林、牧、渔专业及辅助性活动	单位自办
外国语言与应用语言学研究所	1995-1-10	学校自建	校级重点实验室	跨系所	语言学	社会工作	单位自办
文化与自然遗产研究院	2017-10-29	学校自建	其他智库	跨系所	管理学	林业	单位自办
性与性别研究所	2008-6-20	学校自建	校级重点研究基地	独立研究所	心理学	教育	单位自办
自然文学与生态批评研究中心	2017-12-1	学校自建	其他智库	跨系所	语言学	林业	单位自办
自然资源经济与政策研究中心	1992-2-1	学校自建	校级重点实验室	跨系所	经济学	林业	单位自办
首都医科大学							
首都卫生管理与政策研究基地	2005-12-23	学校主管部门批准	省级重点研究基地	跨系所	管理学	卫生	政府部门办
北京中医药大学							
北京中医药文化研究基地	2011-4-6	非学校主管部门批准	省级重点研究基地	独立研究所	中国文学	其他服务业	单位自办
北京师范大学							
北京文化发展研究院	2002-9-2	学校主管部门批准	省级重点研究基地	独立研究所	中国文学	文化艺术业	政府部门办
发展心理研究所	1985-11-1	学校主管部门批准	教育部重点研究基地	独立研究所	心理学	科技推广和应用服务	政府部门办
国际与比较教育研究院	2001-1-9	学校主管部门批准	省级重点研究基地	独立研究所	教育学	其他服务业	政府部门办
国民核算研究院	2011-1-23	学校自建	校级重点研究基地	独立研究所	统计学	卫生	单位自办
价值与文化研究中心	2000-1-2	学校主管部门批准	教育部重点研究基地	独立研究所	哲学	科技推广和应用服务	政府部门办
教师教育研究中心	2004-6-4	学校主管部门批准	教育部重点研究基地	独立研究所	教育学	科技推广和应用服务	政府部门办
经济与资源管理研究院	2001-6-27	学校自建	校级重点研究基地	独立研究所	经济学	科技推广和应用服务	单位自办
民俗典籍文字研究中心	1999-11-1	学校主管部门批准	教育部重点研究基地	独立研究所	语言学	科技推广和应用服务	政府部门办

续表

学校及机构名称	成立时间	批准部门	机构类型	组成方式	学科分类	服务的国民经济行业	组成类型
史学理论与史学史研究中心	2000-11-1	学校主管部门批准	教育部重点研究基地	独立研究所	历史学	科技推广和应用服务	政府部门办
首都教育经济研究院	2003-2-26	学校主管部门批准	省级重点研究基地	独立研究所	教育学	其他服务业	政府部门办
首都文化创新与文化传播工程研究院	2012-6-6	学校主管部门批准	省级智库	独立研究所	民族学与文化学	文化艺术业	政府部门办
文艺学研究中心	2000-1-1	学校主管部门批准	教育部重点研究基地	独立研究所	中国文学	科技推广和应用服务	政府部门办
刑事法律科学研究院	2005-9-1	学校自建	校级重点研究基地	独立研究所	法学	科技推广和应用服务	单位自办
中国教育与社会发展研究院	2016-10-13	非学校主管部门批准	国家级智库	跨系所	教育学	国家机构	单位自办
中国社会管理研究院	2010-10-1	学校自建	校级重点研究基地	独立研究所	管理学	其他服务业	单位自办
中国文化国际传播研究院	2010-11-19	学校主管部门批准	校级重点研究基地	与校外合办所	艺术学	文化艺术业	与境外机构合办
首都师范大学							
北京基础教育研究基地	2012-9-1	学校主管部门批准	北京市哲学社会科学研究基地	跨系所	教育学	教育	政府部门办
中国诗歌研究中心	1999-1-1	学校主管部门批准	教育部重点研究基地	独立研究所	中国文学	文化艺术业	政府部门办
首都体育学院							
国家体育总局科学健身示范区	2014-6-1	非学校主管部门批准	中央其他部委重点研究基地	独立研究所	体育学	体育	政府部门办
国家体育总局体育产业研究基地	2017-12-12	非学校主管部门批准	中央其他部委重点研究基地	跨系所	体育学	体育	政府部门办
国家体育总局体育人文社会科学研究基地	2004-4-8	非学校主管部门批准	中央其他部委重点研究基地	跨系所	体育学	体育	政府部门办
国家体育总局重点实验室	2009-9-16	非学校主管部门批准	中央其他部委重点研究基地	独立研究所	体育学	体育	政府部门办
京津冀体育健身休闲发展协同创新中心	2016-1-1	学校主管部门批准	省级 2011 协同创新中心	与校外合办所	体育学	体育	政府部门办

续表

学校及机构名称	成立时间	批准部门	机构类型	组成方式	学科分类	服务的国民经济行业	组成类型
体育赛事管理与营销研究基地	2004-9-24	学校主管部门批准	省级重点研究基地	独立研究所	体育学	体育	政府部门办
运动机能评定与技术分析实验室	2001-12-22	学校主管部门批准	省级重点实验室	与校外合办所	体育学	体育	政府部门办
北京外国语大学							
北京中外文化交流研究基地	2012-8-20	非学校主管部门批准	省级重点研究基地	跨系所	民族学与文化学	教育	政府部门办
国际中国文化研究院	2008-4-28	学校自建	其他智库，校级智库，其他 2011 协同创新中心，校级 2011 协同创新中心	独立研究所	民族学与文化学	教育	单位自办
全球史研究院	2014-12-15	学校自建	校级社科研究所	独立研究所	历史学	教育	单位自办
外国文学研究所	1984-9-18	学校自建	校级社科研究所	独立研究所	外国文学	教育	单位自办
外国语言研究所	1984-5-1	学校自建	校级社科研究所	独立研究所	语言学	教育	单位自办
艺术研究院	2011-6-1	学校自建	校级社科研究所	独立研究所	艺术学	教育	单位自办
中国外语与教育研究中心	2000-3-1	学校主管部门批准	教育部重点研究基地	独立研究所	语言学	教育	政府部门办
北京第二外国语学院							
阿拉伯研究中心	2012-4-1	学校主管部门批准	省级重点研究基地	跨系所	社会学	其他服务业	政府部门办
北京对外文化传播研究基地	2015-7-2	学校主管部门批准	其他智库	跨系所	新闻学与传播学	其他服务业	政府部门办
北京旅游发展研究基地	2004-9-17	学校主管部门批准	其他智库，入选中国智库索引 CTTI 智库，省级重点研究基地	跨系所	管理学	其他服务业	政府部门办
首都对外文化贸易研究基地	2015-7-1	学校主管部门批准	其他智库，入选中国智库索引 CTTI 智库	跨系所	经济学	商务服务业	政府部门办
首都对外文化贸易与国际交流中心	2016-12-19	学校主管部门批准	省级 2011 协同创新中心	与校外合办所	经济学	卫生	政府部门办
一带一路数据分析与决策支持实验室	2016-12-30	学校主管部门批准	其他智库，智库型重点实验室，省级重点实验室	独立研究所	管理学	其他服务业	与国内独立研究机构合办

续表

学校及机构名称	成立时间	批准部门	机构类型	组成方式	学科分类	服务的国民经济行业	组成类型
中国对外文化传播研究院	2017-10-1	学校自建	研究机构	与校外合办所	语言学	其他服务业	与国内独立研究机构合办
中国旅游人才发展研究院	2010-6-30	学校主管部门批准	研究机构	与校外合办所	管理学	商务服务业	与国内独立研究机构合办
中国文艺评论基地	2015-9-1	非学校主管部门批准	校级重点研究基地	跨系所	中国文学	其他服务业	与国内独立研究机构合办
中日韩合作研究中心	2015-9-1	非学校主管部门批准	其他重点研究基地，外交部设立研究基地	跨系所	社会学	教育	政府部门办
北京语言大学							
对外汉语研究中心	2000-9-1	学校主管部门批准	教育部重点研究基地	独立研究所	语言学	其他服务业	政府部门办
首都国际文化研究基地	2009-12-30	非学校主管部门批准	省级重点研究基地	独立研究所	中国文学	其他服务业	政府部门办
语言科学院	2013-11-11	学校自建	校级重点研究基地	独立研究所	语言学	其他服务业	单位自办
中国传媒大学							
高等教育研究所	2002-4-3	学校自建	其他	独立研究所	心理学	其他服务业	与国内独立研究机构合办
公关舆情研究所	2005-12-1	学校自建	其他	独立研究所	新闻学与传播学	其他服务业	单位自办
广告学院—首都传媒经济研究基地	2004-11-1	学校自建	其他	独立研究所	新闻学与传播学	新闻和出版业	单位自办
国家语言资源监测与研究有声媒体中心	2005-9-15	学校自建	其他	独立研究所	教育学	其他服务业	单位自办
国家语言资源监测与研究中心有声媒体语言分中心	2005-9-15	学校自建	其他	独立研究所	教育学	其他服务业	单位自办
商务品牌战略研究所	2006-4-3	学校自建	其他	独立研究所	新闻学与传播学	商务服务业	单位自办
首都传媒经济研究基地	2004-11-1	学校自建	其他	独立研究所	新闻学与传播学	新闻和出版业	单位自办
文化发展研究院	2006-4-27	学校自建	其他	独立研究所	艺术学	广播、电视、电影和影视录音制作业	单位自办

续表

学校及机构名称	成立时间	批准部门	机构类型	组成方式	学科分类	服务的国民经济行业	组成类型
协同创新中心—国家语言资源监测与研究有声媒体中心	2005-9-15	学校自建	其他	独立研究所	教育学	其他服务业	单位自办
中央财经大学							
财经研究院(北京财经研究基地)	1978-10-9	非学校主管部门批准	省级重点研究基地	独立研究所	经济学	其他金融业	政府部门办
国防经济与管理研究院	2005-3-1	学校自建	校级重点研究基地	独立研究所	经济学	其他金融业	与国内高校合办
中国财政发展协同创新中心	2013-6-1	学校自建	校级重点研究基地	独立研究所	经济学	社会保障	单位自办
中国公共财政与政策研究院	2006-10-2	学校主管部门批准	教育部 985 创新基地	独立研究所	管理学	社会保障	政府部门办
中国互联网经济研究院(首都互联网发展研究基地)	2014-5-1	非学校主管部门批准	省级重点研究基地	独立研究所	经济学	其他金融业	政府部门办
中国金融发展研究院	2006-9-1	学校主管部门批准	教育部 985 创新基地	独立研究所	经济学	货币金融服务	政府部门办
中国精算研究院	1993-9-1	学校主管部门批准	教育部重点研究基地	独立研究所	经济学	资本市场服务	政府部门办
中国经济与管理研究院	2005-9-1	学校主管部门批准	教育部 985 创新基地	独立研究所	经济学	资本市场服务	政府部门办
中国人力资本与劳动经济研究中心	2007-12-14	学校主管部门批准	教育部 985 创新基地	独立研究所	管理学	社会保障	政府部门办
对外经济贸易大学							
北京企业国际化经营研究基地	2004-10-1	非学校主管部门批准	省级重点研究基地	跨系所	管理学	研究和试验发展	政府部门办
国际经济研究院	1983-3-1	学校自建	校内研究机构	独立研究所	经济学	研究和试验发展	单位自办
教育与开放经济研究中心	2011-1-14	学校主管部门批准	中央其他部委重点研究基地	独立研究所	经济学	教育	政府部门办
全球价值链研究院	2016-7-1	学校自建	校内研究机构	独立研究所	经济学	研究和试验发展	单位自办
中国开放经济与国际科技合作战略研究中心	2010-4-15	学校主管部门批准	中央其他部委重点研究基地	独立研究所	经济学	科技推广和应用服务	与国内高校合办
中国世界贸易组织研究院	2000-8-18	学校主管部门批准	教育部重点研究基地	独立研究所	经济学	研究和试验发展	政府部门办
北京物资学院							
北京市物流系统与技术重点实验室	2001-11-1	学校主管部门批准	省级重点实验室	独立研究所	管理学	装卸搬运和仓储业	政府部门办

续表

学校及机构名称	成立时间	批准部门	机构类型	组成方式	学科分类	服务的国民经济行业	组成类型
物流技术工程中心	2010-1-1	学校主管部门批准	省级重点实验室	独立研究所	管理学	装卸搬运和仓储业	政府部门办
智能物流系统协同创新中心	2016-6-1	学校主管部门批准	省级 2011 协同创新中心	与校外合办所	管理学	软件和信息技术服务业	与国内独立研究机构合办
首都经济贸易大学							
CBD 发展研究基地中心	2004-9-8	学校主管部门批准	省级重点研究基地	独立研究所	经济学	国家机构	单位自办
城市群系统演化与可持续发展决策模拟研究实验室	2017-6-1	非学校主管部门批准	省级重点实验室	独立研究所	管理学	社会保障	单位自办
国家税收法律研究基地	2017-12-1	学校主管部门批准	省级重点研究基地	与校外合办所	经济学	国家机构	单位自办
经济社会发展政策研究基地	2007-4-19	学校主管部门批准	省级重点研究基地	独立研究所	经济学	国家机构	单位自办
特大城市经济社会发展研究院	2017-10-2	非学校主管部门批准	省级智库	独立研究所	管理学	社会保障	单位自办
外交学院							
北京对外交流与外事管理研究基地	2005-12-13	非学校主管部门批准	省级重点研究基地	独立研究所	国际问题研究	教育	政府部门办
中国人民公安大学							
首都社会安全研究基地	2008-10-23	非学校主管部门批准	省级重点研究基地	跨系所	法学	国家机构	政府部门办
国际关系学院							
公共市场与政府采购研究所	2007-8-2	学校自建	校级重点研究基地	独立研究所	经济学	教育	单位自办
国际战略与安全研究中心	2001-3-1	学校自建	校级重点研究基地	独立研究所	政治学	教育	单位自办
心理教育研究中心	2006-6-1	学校自建	校级重点研究基地	独立研究所	教育学	教育	单位自办
中国与国际关系研究中心	2012-6-29	学校自建	校级重点研究基地	独立研究所	政治学	教育	单位自办
北京体育大学							
北京市机能评定与技术分析重点实验室	2003-1-9	非学校主管部门批准	省级重点实验室	独立研究所	体育学	体育	政府部门办
国家体育总局体能训练与身体机能恢复重点实验室	2008-7-29	学校主管部门批准	中央其他部委重点实验室	独立研究所	体育学	体育	政府部门办

续表

学校及机构名称	成立时间	批准部门	机构类型	组成方式	学科分类	服务的国民经济行业	组成类型
国家体育总局体育哲学社会科学研究基地	2004-7-1	学校主管部门批准	省级重点研究基地	独立研究所	体育学	体育	政府部门办
国家体育总局运动训练重点实验室	2008-7-28	学校主管部门批准	省级重点实验室	独立研究所	体育学	体育	政府部门办
国家体育总局运动应激适应重点实验室	2008-7-28	学校主管部门批准	省级重点实验室	独立研究所	体育学	体育	政府部门办
运动营养北京市高等学校工程研究中心	2008-7-28	非学校主管部门批准	省级重点实验室	独立研究所	体育学	体育	政府部门办
运动与体质健康教育部重点实验室	2010-1-15	非学校主管部门批准	教育部重点实验室	跨系所	体育学	体育	单位自办
中央音乐学院							
佛教音乐研究会	2014-7-10	学校自建	学校自办专项研究机构	独立研究所	艺术学	广播、电视、电影和影视录音制作业	单位自办
国家非物质文化遗产保护与研究中心	2014-3-7	学校主管部门批准	其他重点研究基地	独立研究所	艺术学	广播、电视、电影和影视录音制作业	政府部门办
音乐学研究所	1999-11-1	学校主管部门批准	教育部重点研究基地	独立研究所	艺术学	广播、电视、电影和影视录音制作业	政府部门办
中国音乐学院							
北京民族音乐研究与传播基地	2010-12-20	学校主管部门批准	省级重点研究基地	独立研究所	艺术学	其他服务业	政府部门办
中央美术学院							
国家艺术与文化政策研究中心	2009-5-25	学校自建	校内研究机构	独立研究所	艺术学	文化艺术业	单位自办
国家主题性美术创作研究中心	2012-4-20	学校自建	校内研究机构	独立研究所	艺术学	文化艺术业	与国内独立研究机构合办
美术学研究所	2005-12-29	学校自建	校内研究机构	独立研究所	艺术学	文化艺术业	单位自办
艺术设计研究院	2014-10-30	学校自建	校内研究机构	独立研究所	艺术学	文化艺术业	单位自办
油画人物肖像画研创中心	2016-2-29	学校自建	校内研究机构	独立研究所	艺术学	文化艺术业	单位自办

续表

学校及机构名称	成立时间	批准部门	机构类型	组成方式	学科分类	服务的国民经济行业	组成类型
中央戏剧学院							
戏剧艺术研究所	1965-2-18	学校自建	研究所	独立研究所	艺术学	其他服务业	单位自办
北京电影学院							
“数字影视动画创作”教育部工程研究中心	2013-9-12	非学校主管部门批准	教育部工程研究中心	跨系所	艺术学	新闻和出版业	政府部门办
“新媒体动画技术”北京市重点实验室	2012-1-17	学校主管部门批准	省级重点实验室	独立研究所	艺术学	新闻和出版业	政府部门办
未来影像高精尖创新中心	2016-9-9	学校主管部门批准	北京市高精尖创新中心	跨系所	艺术学	新闻和出版业	政府部门办
中国文艺评论基地	2015-1-9	非学校主管部门批准	中央其他部委重点研究基地	独立研究所	艺术学	广播、电视、电影和影视录音制作业	政府部门办
北京舞蹈学院							
民族舞蹈文化研究基地	2014-10-6	学校主管部门批准	省级重点研究基地	独立研究所	艺术学	其他服务业	政府部门办
中央民族大学							
当代民族问题与中国特色民族理论研究基地	1989-3-1	非学校主管部门批准	省级重点实验室	跨系所	马克思主义	中国共产党机关	政府部门办
国家民委少数民族古籍保护与资料信息中心	2010-10-20	非学校主管部门批准	省级重点实验室	独立研究所	民族学与文化学	教育	政府部门办
马克思主义与民族团结教育平台	2016-4-13	非学校主管部门批准	省级重点实验室	跨系所	民族学与文化学	教育	政府部门办
少数民族事业发展协同创新中心	2015-11-17	非学校主管部门批准	省级重点实验室	跨系所	民族学与文化学	中国共产党机关	政府部门办
中国边疆民族历史与地理研究基地	2014-4-3	非学校主管部门批准	省级重点实验室	独立研究所	民族学与文化学	教育	政府部门办
中国民族地区经济发展研究基地	2014-6-12	学校主管部门批准	中央其他部委重点研究基地	跨系所	民族学与文化学	教育	政府部门办

续表

学校及机构名称	成立时间	批准部门	机构类型	组成方式	学科分类	服务的国民经济行业	组成类型
中国少数民族教育研究基地	2005-9-22	非学校主管部门批准	省级重点实验室	独立研究所	教育学	教育	政府部门办
中国少数民族研究中心	2000-9-1	非学校主管部门批准	省级重点实验室	独立研究所	民族学与文化学	中国共产党机关	政府部门办
中国少数民族语言研究基地	2005-9-22	学校主管部门批准	中央其他部委重点实验室	独立研究所	语言学	教育	政府部门办
中央民族大学教育部民族团结教育创新研究基地	2016-10-20	非学校主管部门批准	省级重点实验室	独立研究所	民族学与文化学	教育	政府部门办
中国政法大学							
比较法学研究院	1988-10-1	学校自建	校内机构	独立研究所	法学	教育	单位自办
法律古籍整理研究所	1984-11-1	学校自建	校内机构	独立研究所	法学	教育	单位自办
法律史学研究院	2004-12-20	学校主管部门批准	教育部重点研究基地	独立研究所	法学	教育	政府部门办
法学教育研究与评估中心	2002-1-17	学校自建	校内机构	独立研究所	法学	教育	单位自办
法与经济学研究院	2005-3-2	学校自建	校内机构	独立研究所	法学	教育	单位自办
法治经济研究院	2018-1-7	学校自建	校内机构	独立研究所	法学	教育	单位自办
法治政府研究院	2006-4-13	非学校主管部门批准	省级重点研究基地	独立研究所	法学	教育	政府部门办
互联网金融法律研究院	2015-12-4	学校自建	校内机构	独立研究所	法学	教育	单位自办
绿色战略发展研究院	2016-7-18	学校自建	校内机构	独立研究所	法学	教育	单位自办
全球化与全球问题研究所	2007-6-11	学校自建	校内机构	独立研究所	政治学	教育	单位自办
人权研究院	2001-9-9	学校自建	校内机构	独立研究所	法学	教育	单位自办
诉讼法学研究院	1999-10-7	学校主管部门批准	教育部重点研究基地	独立研究所	法学	教育	政府部门办
网络法学研究院	2017-11-28	学校自建	校内机构	独立研究所	法学	教育	与境内注册其他企业合办
证据科学研究院	2006-1-12	学校自建	教育部重点实验室	独立研究所	法学	教育	单位自办
制度学研究院	2016-11-16	学校自建	校内机构	独立研究所	法学	教育	单位自办

续表

学校及机构名称	成立时间	批准部门	机构类型	组成方式	学科分类	服务的国民经济行业	组成类型
资本金融研究院	2015-6-18	学校自建	校内机构	独立研究所	法学	教育	单位自办
华北电力大学							
北京能源发展研究基地	2007-1-26	非学校主管部门批准	部省共建教育部重点研究基地	与校外合办所	法学	电力、热力生产和供应业	政府部门办
大数据与哲学社会科学实验室	2018-3-1	学校自建	校级重点实验室	独立研究所	马克思主义	专业技术服务业	其他
民革北京市委—华北电力大学能源软科学研究中心	2016-1-1	非学校主管部门批准	省级重点实验室	与校外合办所	管理学	电力、热力生产和供应业	与国内高校合办
新能源电力与低碳发展研究北京市重点实验室	2016-12-1	非学校主管部门批准	省级重点实验室	独立研究所	社会学	生态保护和环境治理业	单位自办
北京信息科技大学							
北京市哲学社会科学知识管理研究基地	2007-3-9	学校主管部门批准	省级重点研究基地	独立研究所	管理学	研究和试验发展	与国内高校合办
绿色发展大数据决策北京市重点实验室	2016-12-1	学校主管部门批准	省级重点研究基地	独立研究所	管理学	研究和试验发展	单位自办
北京联合大学							
北京学研究基地	2004-9-15	学校主管部门批准	省级重点研究基地	跨系所	社会学	教育	政府部门办
北京政治文明建设研究基地	2016-6-13	学校主管部门批准	省级重点研究基地	跨系所	马克思主义	教育	政府部门办
国家智慧旅游重点实验室	2014-9-29	非学校主管部门批准	中央其他部委重点实验室	独立研究所	管理学	教育	单位自办
京台文化交流研究中心	2013-1-18	学校主管部门批准	省级重点研究基地	独立研究所	政治学	教育	政府部门办
旅游信息化协同创新中心	2015-6-29	学校主管部门批准	省级 2011 协同创新中心	独立研究所	管理学	教育	单位自办
北京城市学院							
北京社会建设研究院	2010-5-1	非学校主管部门批准	校级重点研究基地	与校外合办所	社会学	社会工作	政府部门办
城镇化研究院	2014-6-12	学校自建	校级重点研究基地	独立研究所	法学	社会保障	单位自办
首都城市环境建设研究基地	2013-10-24	非学校主管部门批准	校级重点研究基地	与校外合办所	管理学	生态保护和环境治理业	政府部门办

续表

学校及机构名称	成立时间	批准部门	机构类型	组成方式	学科分类	服务的国民经济行业	组成类型
首都城市治理与执法研究所	2014-10-30	学校自建	校级重点研究基地	与校外合办所	管理学	中国共产党机关	单位自办
中国信访与城市发展研究中心	2011-4-1	学校自建	校级重点研究基地	与校外合办所	管理学	中国共产党机关	单位自办
北京青年政治学院							
北京东方道德研究所	1993-9-16	非学校主管部门批准	校级重点研究基地	与校外合办所	哲学	教育	与国内独立研究机构合办
北京青少年研究所	1991-6-20	学校主管部门批准	校级重点研究基地	与校外合办所	社会学	教育	与国内独立研究机构合办
北京职业教育与人文北京研究中心	2008-6-2	学校主管部门批准	校级重点研究基地	独立研究所	教育学	教育	单位自办
中国劳动关系学院							
“一带一路”与劳动关系研究所	2017-11-6	学校自建	研究所	独立研究所	社会学	社会工作	单位自办
安全与职业卫生工程研究所	2017-11-6	学校自建	研究所	独立研究所	社会学	卫生	单位自办
大国工匠与劳动模范研究所	2017-3-31	学校自建	研究所	独立研究所	社会学	教育	单位自办
大数据与安全研究所	2017-11-6	学校自建	研究所	独立研究所	统计学	互联网和相关服务	单位自办
当代工运研究所	2017-11-6	学校自建	研究所	独立研究所	社会学	教育	单位自办
高等职业教育研究所	2017-11-6	学校自建	研究所	独立研究所	教育学	教育	单位自办
工会理论与工运史研究所	2017-11-6	学校自建	研究所	独立研究所	历史学	教育	单位自办
工会社会工作研究所	2017-11-6	学校自建	研究所	独立研究所	社会学	社会工作	单位自办
公共管理与人力资源研究中心	2017-11-6	学校自建	研究所	独立研究所	管理学	社会工作	单位自办
计算机网络应用研究所	2017-11-6	学校自建	研究所	独立研究所	新闻学与传播学	互联网和相关服务	单位自办
劳动法与工会法研究中心	2017-11-6	学校自建	研究所	独立研究所	法学	教育	单位自办
劳动关系与工会研究中心	2016-12-28	学校主管部门批准	其他智库	独立研究所	管理学	社会保障	单位自办
企业文化建设研究所	2017-11-6	学校自建	研究所	独立研究所	社会学	教育	单位自办
人力资源管理研究所	2017-11-6	学校自建	研究所	独立研究所	社会学	社会工作	单位自办

续表

学校及机构名称	成立时间	批准部门	机构类型	组成方式	学科分类	服务的国民经济行业	组成类型
三方机制与劳工参与研究所	2017-11-6	学校自建	研究所	独立研究所	社会学	社会工作	单位自办
社会保障与工会帮扶研究所	2017-11-6	学校自建	研究所	独立研究所	社会学	社会工作	单位自办
社会工作与社会政策研究所	2017-11-6	学校自建	研究所	独立研究所	社会学	社会工作	单位自办
社会组织与公益创新研究中心	2018-1-3	学校自建	研究所	独立研究所	社会学	社会工作	单位自办
文化与传播研究所	2017-11-6	学校自建	研究所	独立研究所	新闻学与传播学	文化艺术业	单位自办
新农村文化研究所	2017-11-6	学校自建	研究所	独立研究所	中国文学	社会工作	单位自办
职工发展研究所	2017-11-6	学校自建	研究所	独立研究所	社会学	社会工作	单位自办
职业心理研究所	2017-11-6	学校自建	研究所	独立研究所	心理学	社会工作	单位自办
中国信息经济研究中心	2017-11-6	学校自建	研究所	独立研究所	经济学	软件和信息技术服务业	单位自办
中国职工舆情研究所	2017-11-6	学校自建	研究所	独立研究所	新闻学与传播学	教育	单位自办
北京财贸职业学院							
北京国际商贸中心研究基地	2013-7-12	学校主管部门批准	省级重点研究基地	跨系所	经济学	商务服务业	政府部门办
高职教育研究所	2007-11-1	学校自建	校级重点研究基地	独立研究所	教育学	教育	单位自办
商业研究所	1986-11-1	学校自建	校级重点研究基地	独立研究所	经济学	商务服务业	单位自办
北京戏曲艺术职业学院							
艺术研究中心	2006-2-7	学校自建	校级重点研究基地	独立研究所	艺术学	广播、电视、电影和影视录音制作业	单位自办
首都师范大学科德学院							
中国高校影视学会微电影创研中心	2012-11-24	非学校主管部门批准	校级重点研究基地	与校外合办所	艺术学	新闻和出版业	与国内独立研究机构合办
北京工业大学耿丹学院							
光影艺术研究院	2017-3-1	学校自建	高校、企业联合成立	与校外合办所	艺术学	教育	其他

续表

学校及机构名称	成立时间	批准部门	机构类型	组成方式	学科分类	服务的国民经济行业	组成类型
北京社会管理职业学院							
民政政策理论研究所	2015-1-31	学校自建	校级社科重点研究基地	独立研究所	社会学	社会保障	单位自办
社会工作研究所	2007-4-10	学校自建	校级社科重点研究基地	独立研究所	社会学	社会保障	单位自办
北京网络职业学院							
北京网络职业学院科研项目组	2016-1-1	学校自建	校级重点研究基地	跨系所	教育学	教育	单位自办
天津市							
南开大学							
APEC 研究中心	1995-3-29	学校主管部门批准	教育部重点研究基地	独立研究所	经济学	研究和试验发展	单位自办
滨海开发研究院	2008-4-19	学校自建	学校实体机构	跨系所	经济学	商务服务业	单位自办
城市与区域经济研究所	2002-6-30	学校自建	院属实体机构	独立研究所	经济学	资本市场服务	单位自办
公司治理研究中心	1997-11-8	学校主管部门批准	教育部重点研究基地	独立研究所	管理学	研究和试验发展	单位自办
古籍与文化研究所	1983-3-7	学校主管部门批准	院属实体机构	独立研究所	历史学	文化艺术业	单位自办
环境与社会发展研究中心	2001-4-18	学校自建	院属实体机构	跨系所	经济学	研究和试验发展	单位自办
金融发展研究院	2007-12-27	学校自建	学校实体机构	独立研究所	经济学	货币金融服务	单位自办
经济研究所	1927-5-6	学校自建	院属实体机构	独立研究所	经济学	其他金融业	单位自办
经济与社会发展研究院	1998-1-14	学校自建	学校实体机构	独立研究所	经济学	教育	单位自办
跨国公司研究中心	1988-9-1	学校主管部门批准	教育部重点研究基地	独立研究所	经济学	资本市场服务	单位自办
拉丁美洲研究中心	1991-1-2	学校自建	院属实体机构	独立研究所	历史学	研究和试验发展	单位自办
人口与发展研究所	1984-2-17	学校自建	院属实体机构	独立研究所	经济学	社会工作	单位自办
人权研究中心	2011-7-6	学校主管部门批准	教育部重点研究基地	跨系所	政治学	国家机构	单位自办
日本研究院	1988-5-29	学校自建	学校实体机构	独立研究所	历史学	教育	单位自办
世界近现代史研究中心	1999-12-18	学校主管部门批准	教育部重点研究基地	独立研究所	历史学	研究和试验发展	单位自办

续表

学校及机构名称	成立时间	批准部门	机构类型	组成方式	学科分类	服务的国民经济行业	组成类型
台湾经济研究所	1986-9-22	学校自建	院属实体机构	独立研究所	经济学	其他服务业	单位自办
现代管理研究所	1997-10-22	学校自建	院属实体机构	独立研究所	管理学	教育	单位自办
政治经济学研究中心	2000-12-26	学校主管部门批准	教育部重点研究基地	独立研究所	经济学	教育	单位自办
中国社会史研究中心	1986-6-5	学校主管部门批准	教育部重点研究基地	独立研究所	历史学	研究和试验发展	单位自办
中国特色社会主义经济建设协同创新中心	2014-11-18	学校主管部门批准	国家级 2011 协同创新中心	与校外合办所	经济学	其他服务业	与国内高校合办
天津大学							
APEC 可持续能源中心	2014-9-4	非学校主管部门批准	其他智库，国家能源局建设智库	独立研究所	管理学	中国共产党机关	政府部门办
滨海城市安全与智慧防灾研究基地	2008-6-25	学校主管部门批准	省级重点研究基地	独立研究所	管理学	公共设施管理业	单位自办
公共资源管理研究中心	2004-5-12	学校主管部门批准	省级重点研究基地	跨系所	管理学	公共设施管理业	政府部门办
国家知识产权战略实施研究基地	2013-4-10	非学校主管部门批准	其他智库，国家知识产权局建设智库	跨系所	管理学	科技推广和应用服务	政府部门办
建筑文化遗产保护传承信息技术文化部重点实验室	2017-1-4	非学校主管部门批准	中央其他部委重点实验室	跨系所	历史学	文化艺术业	政府部门办
教育科学研究中心	2010-11-18	学校主管部门批准	省级重点研究基地	跨系所	教育学	其他服务业	政府部门办
科学技术与社会研究中心	2004-5-13	学校主管部门批准	省级重点研究基地	跨系所	哲学	其他服务业	政府部门办
生物安全战略研究中心	2016-12-29	学校主管部门批准	其他智库	跨系所	法学	中国共产党机关	单位自办
天津市反腐倡廉研究基地	2009-10-14	非学校主管部门批准	省级重点研究基地	跨系所	管理学	中国共产党机关	政府部门办
中国传承人口述史研究所	2015-6-16	非学校主管部门批准	其他重点研究基地	独立研究所	历史学	其他服务业	单位自办
中国传统村落保护与发展研究中心	2013-6-4	非学校主管部门批准	其他重点研究基地，中国民间文艺家协会和天津大学共同建设的研究机构	独立研究所	民族学与文化学	生态保护和环境治理业	单位自办

续表

学校及机构名称	成立时间	批准部门	机构类型	组成方式	学科分类	服务的国民经济行业	组成类型
中国绿色发展研究院	2015-12-25	学校主管部门批准	其他智库，校级智库，省级重点研究基地	跨系所	法学	生态保护和环境治理业	单位自办
中国木版年画研究基地	2007-9-18	非学校主管部门批准	其他重点研究基地，中国民间文艺家协会批准建设基地	独立研究所	艺术学	文化艺术业	单位自办
中国社会计算研究中心	2010-11-18	学校主管部门批准	省级重点研究基地	跨系所	管理学	货币金融服务	政府部门办
中国文化遗产保护国际研究中心	2010-11-18	学校主管部门批准	省级重点研究基地	跨系所	历史学	文化艺术业	政府部门办
天津科技大学							
食品安全战略与管理研究中心	2008-12-10	学校主管部门批准	省级智库，省级重点研究基地	跨系所	管理学	研究和试验发展	单位自办
中国民航大学							
航空法律与政策研究中心	2010-11-9	非学校主管部门批准	省级重点研究基地	跨系所	法学	航空运输业	单位自办
航空运输经济与管理研究基地	2003-4-8	学校主管部门批准	中央其他部委重点研究基地	跨系所	经济学	航空运输业	单位自办
中国民航环境与可持续发展研究中心（智库）	2016-12-22	学校主管部门批准	其他智库，中央其他部委	跨系所	管理学	航空运输业	政府部门办
天津理工大学							
公共投资与工程造价研究中心	2004-5-8	学校主管部门批准	省级重点研究基地	跨系所	管理学	商务服务业	单位自办
循环经济与企业可持续发展研究基地	2010-6-4	学校主管部门批准	省级重点研究基地	独立研究所	管理学	商务服务业	单位自办
天津师范大学							
出土文献与上古史研究中心	2013-1-10	学校自建	校级	独立研究所	历史学	教育	单位自办
大众传播与社会发展研究所	2003-12-18	学校自建	校级	独立研究所	新闻学与传播学	新闻和出版业	单位自办
地方政府法制研究中心	2014-4-9	学校自建	校级	独立研究所	法学	国家机构	单位自办

续表

学校及机构名称	成立时间	批准部门	机构类型	组成方式	学科分类	服务的国民经济行业	组成类型
公益诉讼研究中心	2013-1-10	学校自建	校级	独立研究所	法学	社会保障	单位自办
民商法应用研究中心	2013-1-3	学校自建	校级	独立研究所	法学	社会保障	单位自办
欧洲文明研究院	2001-9-21	学校主管部门批准	省级重点研究基地	独立研究所	历史学	教育	单位自办
天津地方新闻史研究所	2006-2-2	学校自建	校级	独立研究所	新闻学与传播学	新闻和出版业	单位自办
心理与行为研究院	2000-9-5	非学校主管部门批准	教育部重点研究基地	独立研究所	心理学	教育	政府部门办
政治文化与政治文明建设研究院	2004-1-1	学校主管部门批准	省级重点研究基地	独立研究所	政治学	国家机构	单位自办
天津职业技术师范大学							
世界技能大赛中国研究中心	2012-5-16	非学校主管部门批准	中央其他部委重点研究基地	独立研究所	教育学	教育	政府部门办
职业教育发展研究中心	2010-12-7	学校主管部门批准	省级重点研究基地	独立研究所	教育学	教育	政府部门办
职业教育教师研究院	2014-9-5	学校自建	学校一般研究机构	独立研究所	教育学	教育	单位自办
天津外国语大学							
“一带一路”天津战略研究院	2010-5-21	学校自建	其他智库，校级智库机构	独立研究所	管理学	中国共产党机关	单位自办
比较文学研究所	2012-6-11	学校主管部门批准	校级重点研究基地	独立研究所	外国文学	其他服务业	单位自办
东北亚研究中心	2006-3-2	学校自建	其他智库，校级智库机构	独立研究所	政治学	中国共产党机关	单位自办
拉美研究中心	2011-12-9	非学校主管部门批准	其他智库，校级智库机构	独立研究所	政治学	中国共产党机关	单位自办
欧美文化哲学研究所	2006-4-28	学校自建	校级重点研究基地	独立研究所	哲学	其他服务业	单位自办
外国语言文学文化研究中心	2004-5-11	非学校主管部门批准	省级重点研究基地	独立研究所	外国文学	广播、电视、电影和影视录音制作业	单位自办
语言符号应用传播研究中心	2011-3-1	非学校主管部门批准	省级重点研究基地	独立研究所	语言学	其他服务业	单位自办
中央文献翻译研究基地	2011-11-21	学校自建	校级重点研究基地，学校与部级单位共建	独立研究所	外国文学	中国共产党机关	与国内独立研究机构合办

续表

学校及机构名称	成立时间	批准部门	机构类型	组成方式	学科分类	服务的国民经济行业	组成类型
天津商业大学							
管理创新与评价研究中心	2004-5-1	学校主管部门批准	省级重点研究基地	跨系所	管理学	专业技术服务业	政府部门办
天津财经大学							
财政与社会发展研究中心	2016-10-7	学校主管部门批准	校级科研机构	独立研究所	经济学	研究和试验发展	单位自办
产业与市场科学研究所	1992-1-1	学校自建	校级研究机构	独立研究所	经济学	其他服务业	单位自办
创新管理与知识运营研究所	2016-6-10	学校自建	校级研究机构	独立研究所	管理学	其他服务业	单位自办
创新与创业研究中心	2008-3-6	学校自建	校级研究机构	独立研究所	管理学	教育	单位自办
大数据统计研究中心	2016-1-21	学校自建	校级研究机构	跨系所	统计学	社会保障	单位自办
法律经济分析与政策评价中心	2011-5-5	学校自建	校级协同创新中心	独立研究所	经济学	国家机构	单位自办
法学研究中心	2004-6-10	学校自建	院级研究机构	独立研究所	法学	社会工作	单位自办
复杂网络系统与创新研究中心	2016-1-21	学校自建	校级科研机构	跨系所	管理学	教育	单位自办
工商管理研究中心	2016-5-12	学校自建	校级智库	独立研究所	管理学	商务服务业	单位自办
管理可计算建模协同创新中心	2016-4-8	学校自建	其他 2011 协同创新中心，校级 2011 协同创新中心	与校外合办所	管理学	货币金融服务	与国内高校合办
国际经济管理研究院	2016-5-9	学校自建	校级重点研究基地	独立研究所	经济学	教育	单位自办
金融与保险研究中心	2004-5-7	非学校主管部门批准	其他智库，CTTI 来源智库，省级重点研究基地	跨系所	经济学	其他金融业	政府部门办
近现代法研究中心	2015-6-12	学校自建	校级研究机构	独立研究所	法学	社会工作	单位自办
旅游研究与规划中心	2012-6-8	学校自建	校级研究机构	独立研究所	管理学	其他服务业	单位自办
马克思主义与当代中国研究中心	2012-1-5	学校自建	校级研究机构	独立研究所	马克思主义	教育	单位自办
审计与控制研究中心	2011-11-9	学校自建	中央其他部委重点研究基地	与校外合办所	管理学	资本市场服务	政府部门办

续表

学校及机构名称	成立时间	批准部门	机构类型	组成方式	学科分类	服务的国民经济行业	组成类型
天津市自由贸易区研究院	2014-8-20	学校主管部门批准	其他智库,校级智库	与校外合办所	经济学	教育	单位自办
无形资产评价协同创新中心	2016-3-3	学校自建	其他 2011 协同创新中心,校级 2011 协同创新中心	独立研究所	管理学	研究和试验发展	与国内高校合办
物流与供应链运营创新研究所	2016-11-5	学校自建	校内研究机构	独立研究所	管理学	商务服务业	单位自办
现代经济管理研究院	2003-12-5	学校自建	校级研究机构	独立研究所	经济学	教育	单位自办
应用语言学研究中心	2015-5-22	学校自建	校级研究机构	独立研究所	语言学	教育	单位自办
营运资本管理研究所	2016-12-8	学校自建	校级研究机构	跨系所	管理学	教育	单位自办
中国滨海金融协同创新中心	2012-9-25	学校自建	省级智库,省级 2011 协同创新中心	与校外合办所	经济学	其他服务业	与国内高校合办
中国经济统计研究中心	2007-9-21	非学校主管部门批准	CTTI 来源智库	独立研究所	经济学	研究和试验发展	单位自办
组织创新与治理研究中心	2016-1-21	学校自建	校级研究机构	独立研究所	管理学	教育	单位自办
天津体育学院							
体育人文社会科学研究中心	1993-7-12	学校主管部门批准	省级智库,中央其他部委重点研究基地,省级重点研究基地	独立研究所	体育学	体育	单位自办
运动与健康科普教育基地	2011-12-9	学校主管部门批准	省级重点研究基地	独立研究所	体育学	体育	单位自办
天津音乐学院							
艺术创作与表演研究中心	2010-10-9	学校主管部门批准	省级重点研究基地	独立研究所	艺术学	文化艺术业	政府部门办
天津城建大学							
城市绿色发展研究中心	2016-11-1	学校主管部门批准	省级智库	独立研究所	管理学	土木工程建筑业	单位自办
天津城镇化与新农村建设研究中心	2010-3-31	学校主管部门批准	省级重点研究基地	独立研究所	管理学	教育	政府部门办
天津中德应用技术大学							
中德职业教育研究所	2012-6-1	学校自建	校级重点研究基地	独立研究所	教育学	教育	单位自办

续表

学校及机构名称	成立时间	批准部门	机构类型	组成方式	学科分类	服务的国民经济行业	组成类型
河北省							
河北大学							
传媒与社会发展研究基地	2010-12-10	学校主管部门批准	省级重点研究基地	独立研究所	新闻学与传播学	其他服务业	政府部门办
传世字书与出土文字研究中心	2014-10-22	学校主管部门批准	省级重点研究基地	独立研究所	考古学	广播、电视、电影和影视录音制作业	政府部门办
大学文化传承创新研究中心	2014-10-22	学校主管部门批准	省级重点研究基地	独立研究所	政治学	其他服务业	政府部门办
高等教育与区域发展研究中心	2014-10-22	学校主管部门批准	省级重点研究基地	独立研究所	教育学	其他服务业	政府部门办
国家治理法治化研究中心	2014-10-22	学校主管部门批准	省级重点研究基地	独立研究所	法学	中国共产党机关	政府部门办
伊斯兰国家社会发展研究中心	2014-10-22	学校主管部门批准	省级重点研究基地	独立研究所	新闻学与传播学	社会保障	政府部门办
政府管理与公共政策研究中心	2014-10-22	学校主管部门批准	省级重点研究基地	独立研究所	管理学	中国共产党机关	政府部门办
中国曲学研究中心	2014-10-22	学校主管部门批准	省级重点研究基地	独立研究所	民族学与文化学	广播、电视、电影和影视录音制作业	政府部门办
资源利用与环境保护研究中心	2014-10-22	学校主管部门批准	省级重点研究基地	独立研究所	经济学	生态保护和环境治理业	政府部门办
河北省城市传播研究院	2018-9-1	学校主管部门批准	省级智库	独立研究所	新闻学与传播学	新闻和出版业	政府部门办
河北省生态与环境发展研究中心	2016-4-25	学校主管部门批准	省级智库	独立研究所	经济学	生态保护和环境治理业	政府部门办
河北省文化产业发展研究中心	2016-4-25	学校主管部门批准	省级智库	独立研究所	新闻学与传播学	广播、电视、电影和影视录音制作业	政府部门办
华夏文化产业研究院	2006-4-8	学校主管部门批准	省级重点研究基地	独立研究所	经济学	其他服务业	政府部门办
区域经济研究所	2005-5-5	学校自建	省级重点研究基地	独立研究所	经济学	其他服务业	单位自办
社会计算与社会发展研究基地	2012-5-18	学校自建	校级重点研究基地	独立研究所	社会学	其他服务业	单位自办
宋史研究中心	2000-2-1	学校主管部门批准	教育部重点研究基地	独立研究所	历史学	娱乐业	单位自办
现代汉字研究中心	2007-8-10	学校主管部门批准	省级重点研究基地	与校外合办所	语言学	娱乐业	政府部门办

续表

学校及机构名称	成立时间	批准部门	机构类型	组成方式	学科分类	服务的国民经济行业	组成类型
河北工程大学							
城乡现代化研究中心	2014-11-24	学校主管部门批准	其他重点研究基地	跨系所	马克思主义	中国共产党机关	政府部门办
水生态文明及社会治理研究中心	2014-12-4	学校主管部门批准	其他重点研究基地	跨系所	社会学	生态保护和环境治理业	政府部门办
河北省“三化”及其协同发展研究基地	2014-1-15	非学校主管部门批准	其他重点研究基地，河北省社科联	跨系所	社会学	社会工作	政府部门办
习近平新时代中国特色社会主义思想研究中心	2017-11-13	学校自建	研究中心	跨系所	马克思主义	中国共产党机关	单位自办
河北地质大学							
经济研究所	1987-1-8	学校自建	校级重点研究基地	跨系所	经济学	专业技术服务业	单位自办
河北工业大学							
管理科学研究所	2014-12-3	学校主管部门批准	校级重点研究基地	独立研究所	管理学	教育	其他
河北省京津冀发展研究中心	2012-11-23	学校主管部门批准	省级智库	独立研究所	管理学	教育	其他
河北省马克思主义中国化研究基地	2016-12-1	学校主管部门批准	其他重点研究基地，省社科联	独立研究所	马克思主义	教育	其他
金融工程与创新研究中心	2015-7-1	学校自建	校级重点研究基地	独立研究所	管理学	教育	单位自办
京津冀区域治理协同创新中心	2014-9-16	学校主管部门批准	省级重点研究基地	独立研究所	经济学	教育	单位自办
京津冀文化融合与创新研究中心	2014-9-17	学校主管部门批准	省级重点研究基地	独立研究所	马克思主义	教育	单位自办
企业信息化与管理创新研究中心	2004-2-12	学校主管部门批准	省级重点研究基地	独立研究所	管理学	教育	其他
日本社会文化研究所	2014-12-3	学校自建	校级重点研究基地	独立研究所	语言学	教育	其他
华北理工大学							
河北省城乡统筹及一体化发展研究基地	2007-10-1	非学校主管部门批准	省级重点研究基地	跨系所	经济学	社会工作	政府部门办

续表

学校及机构名称	成立时间	批准部门	机构类型	组成方式	学科分类	服务的国民经济行业	组成类型
河北科技大学							
高等教育研究所	1987-6-6	学校主管部门批准	高等教育研究	独立研究所	教育学	卫生	单位自办
应急管理研究中心	2014-7-12	学校主管部门批准	省级重点研究基地	跨系所	管理学	国家机构	政府部门办
河北省技术创新研究基地	2012-11-29	非学校主管部门批准	其他重点研究基地，省科技厅研究基地	跨系所	管理学	专业技术服务业	政府部门办
河北省科技文化融合与文化产业发展研究基地	2013-12-25	非学校主管部门批准	其他重点研究基地，省社科联研究基地	跨系所	经济学	专业技术服务业	政府部门办
河北农业大学							
河北省“三农”问题研究中心	2015-12-10	非学校主管部门批准	省级智库	独立研究所	社会学	社会工作	政府部门办
河北省农业经济发展战略研究基地	2010-12-15	非学校主管部门批准	省级重点研究基地	与校外合办所	管理学	科技推广和应用服务	与国内独立研究机构合办
河北省现代农业发展研究中心	2010-5-12	学校主管部门批准	其他重点研究基地	跨系所	管理学	农业	政府部门办
社会主义核心价值观实践教育创新研究中心	2016-12-31	学校主管部门批准	其他重点研究基地	跨系所	社会学	其他服务业	政府部门办
河北医科大学							
河北省健康发展研究中心	2016-3-7	非学校主管部门批准	省级智库	独立研究所	社会学	卫生	单位自办
河北省医学人文社会科学研究基地	2016-3-10	非学校主管部门批准	省级重点研究基地	与校外合办所	社会学	卫生	政府部门办
临床人文关爱与护理研究中心	2014-6-10	学校主管部门批准	省级重点研究基地	独立研究所	社会学	卫生	单位自办
医学人文研究中心	2014-9-1	学校主管部门批准	其他重点研究基地，教育厅重点培育基地	独立研究所	教育学	教育	单位自办
河北师范大学							
河北省燕赵文化研究协同创新中心	2016-2-29	学校主管部门批准	省级 2011 协同创新中心	独立研究所	民族学与文化学	教育	单位自办

续表

学校及机构名称	成立时间	批准部门	机构类型	组成方式	学科分类	服务的国民经济行业	组成类型
河北省燕赵文化遗产保护与研究基地	2010-12-30	非学校主管部门批准	省级重点研究基地	独立研究所	历史学	其他服务业	其他
中国共产党革命精神与文化资源研究中心	2013-7-25	非学校主管部门批准	教育部重点研究基地	独立研究所	马克思主义	其他服务业	单位自办
河北民族师范学院							
避暑山庄文化国际推广研究中心	2011-11-30	学校自建	校级重点实验室	独立研究所	语言学	文化艺术业	单位自办
避暑山庄研究室	1985-4-1	学校自建	校级重点实验室	独立研究所	历史学	中国共产党机关	单位自办
承德本土作家研究室	2011-11-30	学校自建	校级重点实验室	独立研究所	中国文学	文化艺术业	单位自办
承德历史文化研究基地	2017-1-20	学校自建	校级重点研究基地	跨系所	历史学	文化艺术业	单位自办
承德旅游区土地生态研究室	2011-11-23	学校自建	校级重点实验室	独立研究所	经济学	生态保护和环境治理业	单位自办
承德文化旅游规划研究所	2012-6-29	学校自建	校级重点实验室	独立研究所	经济学	其他服务业	单位自办
典籍翻译研究室	2018-6-15	学校自建	校级重点实验室	独立研究所	外国文学	文化艺术业	单位自办
非物质文化遗产研究基地	2013-6-30	学校自建	校级重点研究基地	跨系所	民族学与文化学	文化艺术业	单位自办
旅游产品开发研究室	2011-11-30	学校自建	校级重点实验室	独立研究所	艺术学	其他服务业	单位自办
满族音乐舞蹈研究室	2009-7-1	学校自建	校级重点实验室	独立研究所	艺术学	文化艺术业	单位自办
民族关系研究基地	2015-1-15	非学校主管部门批准	中央其他部委重点研究基地，校级重点研究基地	跨系所	民族学与文化学	中国共产党机关	单位自办
纳兰性德研究室	1984-8-1	学校自建	校级重点实验室	独立研究所	中国文学	文化艺术业	单位自办
普通话与承德地域文化研究基地	2017-1-20	学校自建	校级重点研究基地	跨系所	语言学	文化艺术业	单位自办
热河历史文化研究室	2018-6-15	学校自建	校级重点实验室	独立研究所	历史学	文化艺术业	单位自办
塞罕坝精神研究基地	2017-12-15	学校自建	校级重点研究基地	独立研究所	马克思主义	中国共产党机关	单位自办

续表

学校及机构名称	成立时间	批准部门	机构类型	组成方式	学科分类	服务的国民经济行业	组成类型
少数民族传统体育研究室	2000-5-1	学校自建	校级重点实验室	独立研究所	体育学	体育	单位自办
诵读艺术研究室	2018-6-15	学校自建	校级重点实验室	独立研究所	新闻学与传播学	广播、电视、电影和影视录音制作业	单位自办
知识产权保护研究室	2018-6-15	学校自建	校级重点实验室	独立研究所	法学	社会工作	单位自办
唐山师范学院							
城市文化与可持续发展研究基地	2012-12-13	非学校主管部门批准	省级重点研究基地	跨系所	管理学	文化艺术业	单位自办
冀东文献典藏与研究中心	2014-12-10	学校自建	校级重点研究基地	独立研究所	图书馆、情报与文献学	文化艺术业	单位自办
教育科学研究所	1994-6-1	学校自建	校级重点研究基地	独立研究所	教育学	教育	单位自办
区域经济研究所	1999-6-1	学校自建	校级重点研究基地	独立研究所	经济学	国家机构	单位自办
史学研究所	2000-11-20	学校自建	校级重点研究基地	跨系所	历史学	教育	单位自办
文学与文化研究所	2002-6-24	学校自建	校级重点研究基地	跨系所	中国文学	文化艺术业	单位自办
语言与文化研究中心	2014-10-13	学校主管部门批准	其他重点研究基地	独立研究所	语言学	文化艺术业	单位自办
语言与文献研究所	2006-12-1	学校自建	校级重点研究基地	独立研究所	语言学	文化艺术业	单位自办
石家庄学院							
河北省中国特色社会主义理论体系石家庄学院农村发展研究基地	2015-6-11	非学校主管部门批准	其他重点研究基地	独立研究所	政治学	卫生	单位自办
邯郸学院							
磁州窑艺术研究所	2010-3-25	学校自建	校级重点研究基地	独立研究所	艺术学	广播、电视、电影和影视录音制作业	单位自办
太行山文书研究中心	2014-12-4	学校主管部门批准	省级重点研究基地	与校外合办所	历史学	文化艺术业	单位自办
河北省赵文化与区域经济研究基地	2010-11-28	非学校主管部门批准	省级重点研究基地	与校外合办所	经济学	教育	政府部门办

续表

学校及机构名称	成立时间	批准部门	机构类型	组成方式	学科分类	服务的国民经济行业	组成类型
胡乔木研究所	2011-12-12	学校自建	校级重点研究基地	独立研究所	马克思主义	中国共产党机关	单位自办
教育与心理咨询中心	2010-3-25	学校自建	校级重点实验室	独立研究所	心理学	其他服务业	单位自办
女性文学研究所	2010-3-25	学校自建	校级重点研究基地	独立研究所	中国文学	文化艺术业	单位自办
太极拳研究与推广中心	2010-3-25	学校自建	校级重点研究基地	独立研究所	体育学	文化艺术业	单位自办
特殊教育协同创新中心	2016-2-5	学校主管部门批准	省级 2011 协同创新中心	独立研究所	教育学	其他服务业	与国内高校合办
雁翼研究所	2011-12-12	学校自建	校级重点研究基地	独立研究所	中国文学	文化艺术业	单位自办
赵文化研究中心	2008-1-31	学校自建	校级重点研究基地	跨系所	历史学	文化艺术业	单位自办
荀子思想研究所	2018-7-6	学校主管部门批准	校级重点研究基地	跨系所	历史学	文化艺术业	单位自办
邢台学院							
河北省当代中国民生与社会建设研究基地	2013-12-1	非学校主管部门批准	其他重点研究基地，河北省社科联	跨系所	马克思主义	中国共产党机关	单位自办
河北省中国特色社会主义理论体系研究基地	2015-3-1	非学校主管部门批准	其他重点研究基地	跨系所	马克思主义	中国共产党机关	政府部门办
沧州师范学院							
渤海党史研究所	2011-12-11	学校自建	校级重点研究基地	独立研究所	历史学	教育	单位自办
儿童语言康复研究所	2018-7-10	学校自建	校级重点研究基地	独立研究所	语言学	文化艺术业	单位自办
河北省武术研究基地	2011-11-18	非学校主管部门批准	其他重点研究基地	独立研究所	体育学	文化艺术业	单位自办
教师教育研究中心	2012-11-10	非学校主管部门批准	其他重点研究基地	独立研究所	教育学	教育	单位自办
礼仪教育研究中心	2011-12-11	学校自建	校级重点研究基地	独立研究所	教育学	其他服务业	单位自办
民间美术研究所	2017-11-10	非学校主管部门批准	其他重点研究基地	独立研究所	艺术学	文化艺术业	单位自办
民间音乐研究所	2011-12-11	非学校主管部门批准	其他重点研究基地	独立研究所	艺术学	文化艺术业	单位自办
齐越教育研究中心	2016-11-15	非学校主管部门批准	其他重点研究基地	独立研究所	新闻学与传播学	文化艺术业	单位自办

续表

学校及机构名称	成立时间	批准部门	机构类型	组成方式	学科分类	服务的国民经济行业	组成类型
青少年心理发展研究中心	2012-11-10	非学校主管部门批准	其他重点研究基地	独立研究所	心理学	教育	单位自办
区域经济与公共关系研究所	2011-11-23	非学校主管部门批准	其他重点研究基地	独立研究所	经济学	其他服务业	单位自办
区域文化研究所	2011-11-23	非学校主管部门批准	其他重点研究基地	与校外合办所	民族学与文化学	文化艺术业	其他
师德师风研究所	2011-12-11	学校自建	校级重点研究基地	独立研究所	教育学	教育	单位自办
哲学研究所	2011-11-23	学校自建	校级重点研究基地	独立研究所	哲学	教育	单位自办
石家庄铁道大学							
工程建设管理研究基地	2012-10-17	学校主管部门批准	河北省软科学研究基地	跨系所	管理学	专业技术服务业	单位自办
人居环境可持续发展研究中心	2014-12-17	学校主管部门批准	非物质文化遗产研究基地	跨系所	社会学	土地管理业	单位自办
省生态环境和发展环境研究基地	2014-9-19	学校主管部门批准	河北省社科基地	跨系所	社会学	生态保护和环境治理业	单位自办
燕山大学							
河北省地方政府改革与发展研究基地	2010-11-10	非学校主管部门批准	其他重点研究基地	跨系所	管理学	国家机构	单位自办
河北省非物质文化遗产研究基地（文法学院）	2013-6-13	非学校主管部门批准	其他重点研究基地	独立研究所	社会学	文化艺术业	单位自办
河北省非物质文化遗产研究基地（艺术与设计学院）	2013-6-13	非学校主管部门批准	其他重点研究基地	独立研究所	艺术学	文化艺术业	单位自办
河北省服务经济与管理研究基地	2012-12-1	非学校主管部门批准	其他重点研究基地	独立研究所	管理学	其他服务业	单位自办
河北省工业设计创新与发展研究中心	2013-7-1	非学校主管部门批准	其他重点研究基地	跨系所	艺术学	文化艺术业	单位自办
河北省公共政策评估研究中心	2016-6-1	非学校主管部门批准	省级智库	跨系所	社会学	国家机构	单位自办
河北省设计创新及产业发展研究中心	2017-7-31	非学校主管部门批准	省级智库	跨系所	艺术学	文化艺术业	单位自办

续表

学校及机构名称	成立时间	批准部门	机构类型	组成方式	学科分类	服务的国民经济行业	组成类型
河北省现代港口煤炭物流工程技术研究中心	2011-10-1	非学校主管部门批准	其他重点研究基地	跨系所	管理学	水上运输业	与境内注册其他企业合办
河北省中国特色社会主义理论体系燕山大学研究基地	2015-10-1	学校主管部门批准	其他重点研究基地	跨系所	马克思主义	中国共产党机关	单位自办
京津冀协同发展管理创新研究中心	2014-12-4	学校主管部门批准	省级重点研究基地	跨系所	管理学	国家机构	单位自办
区域经济发展研究中心	2014-12-4	学校主管部门批准	省级重点研究基地	跨系所	经济学	国家机构	单位自办
河北科技师范学院							
河北省职业教育研究基地	2013-8-28	学校主管部门批准	省级重点研究基地	独立研究所	教育学	教育	单位自办
冀东文化研究中心	2014-10-27	学校主管部门批准	省级重点研究基地	独立研究所	民族学与文化学	文化艺术业	与国内高校合办
邯郸职业技术学院							
邯郸创新区域经济研究院	2015-1-5	学校自建	校级重点研究基地	与校外合办所	经济学	中国共产党机关	政府部门办
中国人民警察大学							
边境与出入境安全研究中心	2014-1-1	非学校主管部门批准	其他重点研究基地，河北省哲学社会科学研究基地	跨系所	管理学	中国共产党机关	政府部门办
部队政治工作研究中心	2012-6-1	非学校主管部门批准	其他重点研究基地，河北省高等学校人文社会科学重点研究基地	跨系所	政治学	中国共产党机关	政府部门办
反恐怖与警卫安全研究中心	2016-5-13	学校自建	其他重点研究基地，河北省高等学校人文社会科学重点培育研究基地	独立研究所	政治学	中国共产党机关	单位自办
公安现役部队教育培训研究中心	2012-6-1	学校自建	校级重点研究基地	跨系所	教育学	其他服务业	单位自办
基础学科教育研究中心	2017-6-9	学校自建	非实体科研机构	跨系所	教育学	其他服务业	单位自办

续表

学校及机构名称	成立时间	批准部门	机构类型	组成方式	学科分类	服务的国民经济行业	组成类型
警卫学术研究中心	2006-9-1	学校自建	校级重点研究基地	与校外合办所	管理学	中国共产党机关	单位自办
维和警务研究中心	2015-5-7	学校自建	其他智库,校级智库	独立研究所	国际问题研究	基层群众自治组织及其他组织	单位自办
维和学术研究中心	2012-6-1	学校自建	校级重点研究基地	跨系所	国际问题研究	基层群众自治组织及其他组织	单位自办
消防软科学研究中心	2006-9-1	学校自建	校级重点研究基地	独立研究所	管理学	社会保障	政府部门办
应急救援管理研究中心	2016-5-7	学校自建	其他智库,校级智库	跨系所	管理学	中国共产党机关	单位自办
中国海警研究中心	2016-11-8	非学校主管部门批准	省级智库	与校外合办所	管理学	中国共产党机关	政府部门办
河北金融学院							
德融研究院	2017-3-1	学校主管部门批准	省级智库	跨系所	经济学	货币金融服务	政府部门办
金融风险与创新研究中心	2014-10-1	学校主管部门批准	其他重点研究基地,河北省高等学校人文社会科学重点研究基地	跨系所	经济学	货币金融服务	政府部门办
河北省科技金融协同创新中心	2013-12-18	学校主管部门批准	省级 2011 协同创新中心	独立研究所	经济学	货币金融服务	政府部门办
河北省科技金融重点实验室	2010-2-26	非学校主管部门批准	省级重点实验室	独立研究所	经济学	货币金融服务	政府部门办
金融研究所	2004-4-20	学校自建	校级重点研究基地	独立研究所	经济学	货币金融服务	单位自办
北华航天工业学院							
河北省航天产业发展软科学研究基地	2012-12-30	非学校主管部门批准	其他重点研究基地	独立研究所	经济学	中国共产党机关	政府部门办
河北省中国特色社会主义理论体系北华航天工业学院研究基地	2014-12-30	非学校主管部门批准	其他重点研究基地	跨系所	马克思主义	中国共产党机关	单位自办
习近平新时代中国特色社会主义思想研究中心	2017-11-2	学校自建	其他重点研究基地	跨系所	马克思主义	中国共产党机关	单位自办

续表

学校及机构名称	成立时间	批准部门	机构类型	组成方式	学科分类	服务的国民经济行业	组成类型
邢台职业技术学院							
河北省军民融合产学研用示范基地	2018-12-25	非学校主管部门批准	省级重点研究基地	独立研究所	管理学	教育	政府部门办
邢台市太行传统村落文化研究中心	2016-9-7	非学校主管部门批准	科研平台	独立研究所	管理学	文化艺术业	政府部门办
邢台市先进生产性服务业协同创新中心	2016-10-15	非学校主管部门批准	其他重点研究基地，市级	独立研究所	管理学	商务服务业	单位自办
服务业社会服务中心	2018-12-25	学校主管部门批准	校级重点研究基地	独立研究所	经济学	商务服务业	单位自办
河北经贸大学							
道德文化与社会发展研究中心	2016-4-25	学校主管部门批准	其他重点研究基地	跨系所	马克思主义	中国共产党机关	政府部门办
地方法治建设研究中心	2014-12-4	学校主管部门批准	省级重点研究基地	跨系所	法学	国家机构	政府部门办
金融与企业创新研究中心	2014-12-4	学校主管部门批准	省级重点研究基地	跨系所	经济学	资本市场服务	政府部门办
京津冀一体化发展协同创新中心	2016-1-1	学校主管部门批准	省级 2011 协同创新中心	与校外合办所	经济学	国家机构	政府部门办
经济研究所	1995-10-10	学校主管部门批准	校级重点研究基地	独立研究所	经济学	研究和试验发展	单位自办
伦理与社会治理研究中心	2014-12-4	学校主管部门批准	省级重点研究基地	跨系所	哲学	人民政协、民主党派	政府部门办
社会管理德治与法治协同创新中心	2013-12-15	学校主管部门批准	省级 2011 协同创新中心	独立研究所	哲学	社会工作	政府部门办
现代商贸服务业研究中心	2014-12-4	学校主管部门批准	省级重点研究基地	跨系所	经济学	商务服务业	政府部门办
唐山工业职业技术学院							
高等职业教育研究所	2013-9-18	学校自建	校级重点研究基地	独立研究所	教育学	其他服务业	单位自办
河北美术学院							
老庄文化研究中心	2013-5-19	学校自建	校级重点研究基地	与校外合办所	哲学	教育	与国内高校合办
泊头职业学院							
职业教育研究中心	2016-12-12	学校自建	校级重点研究基地	独立研究所	教育学	其他服务业	单位自办

续表

学校及机构名称	成立时间	批准部门	机构类型	组成方式	学科分类	服务的国民经济行业	组成类型
			山西省				
山西大学							
城乡发展研究院	2014-5-6	学校主管部门批准	校级重点研究基地，其他重点研究基地，教育厅重点研究基地	与校外合办所	政治学	基层群众自治组织及其他组织	与国内高校合办
地方高等教育研究中心	2009-6-17	学校主管部门批准	省级重点研究基地，校级重点研究基地	与校外合办所	教育学	教育	与国内高校合办
方言与口传文化研究中心	2007-3-23	学校主管部门批准	校级重点研究基地，其他重点研究基地，教育厅重点研究基地	独立研究所	语言学	文化艺术业	单位自办
管理与决策研究中心	2004-11-2	学校主管部门批准	其他智库，CTTI 来源智库，省级重点研究基地，校级重点研究基地	独立研究所	管理学	其他服务业	单位自办
国学研究院	2007-11-28	学校主管部门批准	校级重点研究基地，其他重点研究基地，教育厅重点研究基地	独立研究所	中国文学	文化艺术业	单位自办
晋商学研究所	2007-3-23	学校主管部门批准	其他智库，CTTI 来源智库，校级重点研究基地，省级 2011 协同创新中心	与校外合办所	经济学	文化艺术业	与国内高校合办
科学技术史研究所	2014-8-7	学校自建	校级重点研究基地	独立研究所	哲学	科技推广和应用服务	单位自办
科学技术哲学研究中心	2000-9-28	学校主管部门批准	教育部重点研究基地	与校外合办所	哲学	科技推广和应用服务	与国内高校合办
马克思主义研究所	2007-11-28	学校主管部门批准	校级重点研究基地，其他重点研究基地，教育厅重点研究基地	独立研究所	政治学	国家机构	单位自办
马克思主义哲学研究所	2007-3-20	学校自建	校级重点研究基地	独立研究所	哲学	专业技术服务业	单位自办

续表

学校及机构名称	成立时间	批准部门	机构类型	组成方式	学科分类	服务的国民经济行业	组成类型
区域社会史研究中心	2004-11-2	学校主管部门批准	省级重点研究基地，校级重点研究基地	独立研究所	历史学	其他服务业	单位自办
体育科学研究所	2016-11-28	学校主管部门批准	校级重点研究基地，其他重点研究基地，教育厅重点研究基地	独立研究所	体育学	体育	单位自办
中北大学							
创新研究中心	2014-5-21	学校主管部门批准	其他重点研究基地，山西省教育厅高校重点研究基地	独立研究所	管理学	专业技术服务业	单位自办
太原理工大学							
煤炭产业科学发展研究中心	2011-12-29	学校主管部门批准	省级重点研究基地	独立研究所	管理学	卫生	单位自办
普通高校竞技体育运动研究中心	2016-12-7	学校主管部门批准	其他重点研究基地	独立研究所	体育学	文化艺术业	单位自办
艺术遗产研究中心	2012-11-2	学校主管部门批准	省级重点研究基地	独立研究所	艺术学	广播、电视、电影和影视录音制作业	单位自办
山西农业大学							
新农村建设研究中心	2011-5-9	学校主管部门批准	省级重点研究基地	跨系所	社会学	农业	单位自办
山西医科大学							
健康人文研究中心	2013-12-26	学校主管部门批准	其他重点研究基地	独立研究所	管理学	教育	单位自办
卫生管理与政策研究中心	2016-9-2	学校主管部门批准	其他重点研究基地	独立研究所	管理学	教育	单位自办
山西师范大学							
产业转型与升级研究中心	2011-6-17	学校主管部门批准	省级重点研究基地	跨系所	经济学	中国共产党机关	单位自办
高等教育研究所	2011-4-13	学校自建	校级重点研究基地	跨系所	教育学	其他服务业	单位自办
教师教育研究中心	2009-6-17	学校主管部门批准	省级重点研究基地	跨系所	教育学	其他服务业	单位自办

续表

学校及机构名称	成立时间	批准部门	机构类型	组成方式	学科分类	服务的国民经济行业	组成类型
马克思主义理论与思想政治教育研究所	2001-11-1	学校自建	校级重点研究基地	独立研究所	马克思主义	其他服务业	单位自办
社会学研究所	2001-1-1	学校自建	校级重点研究基地	独立研究所	社会学	中国共产党机关	单位自办
戏曲文物研究中心	1984-5-18	学校主管部门批准	省级重点研究基地	独立研究所	艺术学	广播、电视、电影和影视录音制作业	单位自办
亚洲区域发展研究中心	2012-5-14	学校主管部门批准	省级重点研究基地	跨系所	历史学	其他服务业	单位自办
中国书画文化研究所	2002-5-9	学校自建	校级重点研究基地	跨系所	艺术学	广播、电视、电影和影视录音制作业	单位自办
太原师范学院							
汾河流域科学发展研究中心	2010-5-20	学校主管部门批准	省级重点研究基地	独立研究所	管理学	卫生	单位自办
区域文学研究中心	2012-12-3	学校主管部门批准	省级重点研究基地	独立研究所	中国文学	其他服务业	单位自办
山西省城乡统筹协同创新中心	2017-7-7	学校主管部门批准	省级 2011 协同创新中心	独立研究所	管理学	生态保护和环境治理业	与国内独立研究机构合办
太原师范学院行知文化育人协同中心	2017-8-16	学校主管部门批准	协同育人中心	独立研究所	教育学	教育	单位自办
晋中学院							
晋中文化生态研究中心	2012-12-3	学校主管部门批准	省级重点研究基地	独立研究所	民族学与文化学	广播、电视、电影和影视录音制作业	政府部门办
运城学院							
河东文化研究中心	2007-11-20	学校主管部门批准	省级重点研究基地	跨系所	中国文学	广播、电视、电影和影视录音制作业	单位自办
忻州师范学院							
五台山文化研究中心	2012-1-4	学校主管部门批准	省级重点研究基地	跨系所	社会学	教育	单位自办

续表

学校及机构名称	成立时间	批准部门	机构类型	组成方式	学科分类	服务的国民经济行业	组成类型
山西财经大学							
金融研究院	2014-5-1	学校主管部门批准	其他重点研究基地，山西省教育厅高校重点研究基地	独立研究所	经济学	其他服务业	单位自办
晋商研究院	2005-12-1	学校主管部门批准	省级重点研究基地	独立研究所	经济学	科技推广和应用服务	单位自办
山西省中小企业发展研究院	2017-7-13	学校主管部门批准	其他重点研究基地	跨系所	管理学	其他服务业	政府部门办
统计研究院	2013-8-1	学校主管部门批准	其他重点研究基地	独立研究所	统计学	其他服务业	单位自办
资源型经济研究中心	2005-12-1	学校主管部门批准	其他重点研究基地	独立研究所	经济学	其他服务业	其他
山西工商学院							
工商管理研究中心	2017-11-5	学校主管部门批准	内设机构	与校外合办所	管理学	教育	与国内高校合办
美学研究所	2013-1-4	学校自建	研究所	独立研究所	艺术学	教育	单位自办
民办高等教育研究所	2010-1-12	学校自建	研究所	独立研究所	教育学	教育	单位自办
通才教育研究所	2006-7-15	学校自建	研究所	跨系所	教育学	教育	单位自办
山西传媒学院							
融合媒体创新研究中心	2017-10-12	学校自建	校级研究中心	独立研究所	艺术学	广播、电视、电影和影视录音制作业	单位自办
文化创意产业发展协同创新中心	2016-7-6	学校主管部门批准	省级协同创新中心	跨系所	新闻学与传播学	文化艺术业	政府部门办
文化创意与设计研究中心	2014-5-21	学校主管部门批准	其他重点研究基地，省级人文社科重点研究基地	独立研究所	艺术学	文化艺术业	政府部门办
文化与传媒研究中心	2017-12-22	学校自建	校级研究中心	独立研究所	艺术学	广播、电视、电影和影视录音制作业	单位自办
戏剧影视学术研究基地	2016-12-28	非学校主管部门批准	其他重点研究基地	独立研究所	艺术学	广播、电视、电影和影视录音制作业	与国内独立研究机构合办

续表

学校及机构名称	成立时间	批准部门	机构类型	组成方式	学科分类	服务的国民经济行业	组成类型
山西工程技术学院							
工矿城市转型发展研究中心	2018-6-11	学校主管部门批准	科研机构	独立研究所	民族学与文化学	教育	单位自办
清泉高校思想政治工作协同育人中心	2017-11-11	学校主管部门批准	协同育人中心	独立研究所	马克思主义	教育	单位自办
内蒙古自治区							
内蒙古大学							
蒙古学研究中心	2000-12-26	学校主管部门批准	教育部重点研究基地	独立研究所	民族学与文化学	其他服务业	政府部门办
内蒙古地区经济可持续发展研究基地	2010-5-1	非学校主管部门批准	省级重点研究基地	独立研究所	经济学	其他服务业	政府部门办
内蒙古地区社会历史文化研究中心	2007-11-1	学校主管部门批准	省级重点研究基地	独立研究所	历史学	其他服务业	政府部门办
内蒙古社会治理与创新研究基地	2014-1-1	非学校主管部门批准	省级重点研究基地	独立研究所	管理学	人民政协、民主党派	政府部门办
内蒙古师范大学							
内蒙古民俗文化研究基地	2008-12-5	非学校主管部门批准	省级重点研究基地	跨系所	社会学	教育	单位自办
内蒙古文化传播力建设研究基地	2014-4-22	非学校主管部门批准	省级重点研究基地	独立研究所	新闻学与传播学	教育	单位自办
内蒙古自治区高校民族工业产品设计研究重点实验室	2009-8-25	学校主管部门批准	省级重点实验室	独立研究所	艺术学	教育	单位自办
内蒙古自治区高校民族学重点研究基地	2007-11-22	学校主管部门批准	省级重点研究基地	跨系所	民族学与文化学	教育	单位自办
内蒙古自治区高校思想政治教育理论与实践研究基地	2009-8-25	学校主管部门批准	省级重点研究基地	独立研究所	政治学	教育	单位自办
内蒙古自治区高校心理教育研究中心	2001-11-22	学校主管部门批准	省级重点研究基地	跨系所	心理学	教育	单位自办

续表

学校及机构名称	成立时间	批准部门	机构类型	组成方式	学科分类	服务的国民经济行业	组成类型
内蒙古自治区高校中国北疆史研究基地	2009-4-9	学校主管部门批准	省级重点研究基地	独立研究所	历史学	教育	单位自办
赤峰学院							
北方民族文化研究所	2005-12-6	学校自建	研究所	独立研究所	历史学	其他服务业	单位自办
内蒙古财经大学							
内蒙古产业发展研究基地	2008-9-18	非学校主管部门批准	省级重点研究基地	独立研究所	经济学	商务服务业	政府部门办
内蒙古农村牧区治理能力现代化研究基地	2018-11-12	非学校主管部门批准	省级重点研究基地	独立研究所	经济学	农业	政府部门办
内蒙古中小企业发展研究基地	2009-7-9	学校主管部门批准	省级重点研究基地	独立研究所	经济学	其他制造业	政府部门办
中蒙经贸合作与草原丝绸之路经济带构建研究协同创新中心	2016-3-4	学校主管部门批准	省级 2011 协同创新中心	独立研究所	管理学	其他服务业	与国内独立研究机构合办
辽宁省							
辽宁大学							
东北振兴研究中心	2005-4-7	非学校主管部门批准	省级重点研究基地	独立研究所	经济学	专业技术服务业	政府部门办
金融研究中心	2006-8-1	学校自建	地方政府智库	独立研究所	经济学	科技推广和应用服务	单位自办
经济法制研究中心	2004-6-10	学校主管部门批准	省级重点研究基地	独立研究所	法学	其他服务业	单位自办
人口研究所	1983-12-1	学校主管部门批准	校级重点研究基地	独立研究所	社会学	社会工作	单位自办
日本研究所	1964-1-1	学校主管部门批准	校级重点研究基地	独立研究所	国际问题研究	其他服务业	其他
现代公司治理与成长研究中心	2004-6-10	学校主管部门批准	省级重点研究基地	独立研究所	管理学	其他服务业	单位自办
哲学基础理论研究中心	2000-4-10	学校主管部门批准	省级重点研究基地	独立研究所	哲学	其他服务业	单位自办
中国文艺思想史研究中心	2004-6-10	学校主管部门批准	省级重点研究基地	独立研究所	中国文学	其他服务业	单位自办
转型国家经济政治研究中心	2010-12-1	学校主管部门批准	教育部重点研究基地	独立研究所	国际问题研究	其他服务业	其他

续表

学校及机构名称	成立时间	批准部门	机构类型	组成方式	学科分类	服务的国民经济行业	组成类型
大连理工大学							
大连金融中心建设研究基地	2002-4-2	学校自建	其他重点研究基地，大连市社会科学重点研究基地	独立研究所	管理学	其他金融业	单位自办
大连科技伦理研究基地	2003-12-18	学校自建	其他重点研究基地，大连市社会科学重点研究基地	跨系所	哲学	教育	单位自办
大连统战理论研究基地	2010-7-1	学校主管部门批准	其他重点研究基地，大连市社会科学重点研究基地	独立研究所	马克思主义	中国共产党机关	单位自办
公共阐释与公共语境建设研究基地	2018-5-3	学校主管部门批准	省级重点研究基地	独立研究所	语言学	社会工作	政府部门办
国家知识产权战略实施研究基地	2016-4-7	学校主管部门批准	中央其他部委重点研究基地	独立研究所	管理学	国家机构	政府部门办
科技伦理与科技管理研究中心	2007-3-9	学校主管部门批准	省级重点研究基地	跨系所	哲学	社会工作	单位自办
辽宁现代服务业发展研究基地	2007-12-19	学校主管部门批准	省级重点研究基地	独立研究所	经济学	资本市场服务	单位自办
辽宁知识产权研究中心	2014-4-2	学校主管部门批准	省级重点研究基地	独立研究所	社会学	中国共产党机关	单位自办
沈阳工业大学							
辽宁省装备制造工程管理重点实验室	2015-9-1	学校主管部门批准	省级重点实验室	跨系所	管理学	其他制造业	单位自办
辽宁装备制造业发展研究基地	2009-5-10	学校主管部门批准	省级重点研究基地	独立研究所	管理学	汽车制造业	单位自办
微观管理理论与应用研究中心	2005-5-3	学校主管部门批准	省级重点研究基地	独立研究所	管理学	科技推广和应用服务	单位自办
沈阳航空航天大学							
辽宁省产业经济研究所	2005-1-7	非学校主管部门批准	研究所	与校外合办所	管理学	科技推广和应用服务	政府部门办

续表

学校及机构名称	成立时间	批准部门	机构类型	组成方式	学科分类	服务的国民经济行业	组成类型
社会科学界联合会研究所	2012-8-29	非学校主管部门批准	研究所	跨系所	管理学	研究和试验发展	单位自办
东北大学							
985工程—经济管理创新研究哲学社会科学创新基地	2009-3-12	学校主管部门批准	教育部985创新基地	跨系所	经济学	教育	单位自办
985工程—科技与社会（STS）哲学社会科学创新研究基地	2010-4-13	学校主管部门批准	教育部985创新基地	独立研究所	哲学	教育	单位自办
城乡社区研究院	2015-11-26	非学校主管部门批准	中央其他部委重点研究基地	独立研究所	管理学	社会工作	其他
高等学校效绩评价研究基地	2013-10-23	非学校主管部门批准	省级重点研究基地	与校外合办所	管理学	其他服务业	其他
国家科技政策东北研究中心	2004-6-1	非学校主管部门批准	中央其他部委重点研究基地	跨系所	管理学	科技推广和应用服务	单位自办
科技与社会研究中心	1993-6-1	非学校主管部门批准	省级重点研究基地	独立研究所	哲学	社会工作	单位自办
科技政策研究战略培育基地	2010-7-19	非学校主管部门批准	中央其他部委重点研究基地	独立研究所	管理学	公共设施管理业	单位自办
孔子学院信息化发展基地	2016-8-12	非学校主管部门批准	中央其他部委重点研究基地	独立研究所	管理学	其他服务业	单位自办
辽宁省人民政府科技政策研究中心	2013-4-10	非学校主管部门批准	省级重点研究基地	独立研究所	管理学	中国共产党机关	政府部门办
先进管理研究中心	2005-4-6	非学校主管部门批准	省级重点研究基地	跨系所	管理学	教育	单位自办
校府合作研究基地	2011-2-3	非学校主管部门批准	省级重点研究基地	独立研究所	管理学	其他服务业	单位自办
中国东北振兴研究院	2015-10-16	非学校主管部门批准	共建教育部新型高校智库	与校外合办所	经济学	中国共产党机关	与国内独立研究机构合办
辽宁石油化工大学							
雷锋学研究中心	2007-3-12	学校自建	研究机构	独立研究所	马克思主义	其他服务业	单位自办

续表

学校及机构名称	成立时间	批准部门	机构类型	组成方式	学科分类	服务的国民经济行业	组成类型
辽宁省雷锋研究会	2009-7-14	非学校主管部门批准	学术团体	独立研究所	马克思主义	其他服务业	单位自办
学科专业群对接产业集群的协同创新研究基地	2012-6-15	学校主管部门批准	省级重点研究基地	独立研究所	教育学	其他服务业	单位自办
大连海事大学							
大学英语研究基地	2010-1-20	非学校主管部门批准	省级重点研究基地	独立研究所	语言学	其他服务业	单位自办
国际海事法律研究中心	2007-10-2	非学校主管部门批准	省级重点研究基地	独立研究所	法学	水上运输业	单位自办
辽宁区域发展战略研究基地	2013-8-26	非学校主管部门批准	省级重点研究基地	独立研究所	经济学	其他服务业	单位自办
辽宁沿海开放与经济发展研究基地	2009-12-4	非学校主管部门批准	省级重点研究基地	独立研究所	经济学	其他服务业	单位自办
马克思主义中国化研究中心	2009-4-7	非学校主管部门批准	省级重点研究基地	独立研究所	马克思主义	其他服务业	单位自办
大连工业大学							
创新创业研究中心	2009-6-26	非学校主管部门批准	校级重点研究基地	独立研究所	管理学	教育	政府部门办
创意产业与设计创新研究所	2008-12-1	学校自建	校级重点研究基地	独立研究所	艺术学	娱乐业	单位自办
建筑空间环境艺术研究所	2008-12-1	学校自建	校级重点研究基地	独立研究所	艺术学	娱乐业	单位自办
辽宁消费产业发展研究基地	2014-12-11	学校主管部门批准	省社科联研究基地	与校外合办所	管理学	其他服务业	政府部门办
辽宁艺术与时尚融合科技创新基地	2015-6-23	非学校主管部门批准	省社科联研究基地	与校外合办所	艺术学	广播、电视、电影和影视录音制作业	政府部门办
日韩企业经营研究所	2008-12-1	学校自建	校级重点实验室	独立研究所	管理学	其他金融业	单位自办
外语教学与研究研究所	2008-12-1	学校自建	校级重点研究基地	独立研究所	语言学	教育	单位自办
沈阳建筑大学							
社会科学界联合会研究所	2015-10-15	非学校主管部门批准	其他智库	独立研究所	管理学	社会工作	单位自办
沈阳农业大学							
高等教育研究所	2005-1-1	学校主管部门批准	校级重点实验室	独立研究所	教育学	农业	单位自办

续表

学校及机构名称	成立时间	批准部门	机构类型	组成方式	学科分类	服务的国民经济行业	组成类型
农村经济研究所	1993-1-1	学校主管部门批准	校级重点实验室	独立研究所	管理学	农业	单位自办
新农村发展研究院	2012-7-12	学校主管部门批准	研究机构	独立研究所	经济学	农业	单位自办
大连海洋大学							
大连海洋经济与文化研究中心	2010-6-1	非学校主管部门批准	大连市社科院基地	跨系所	经济学	渔业	单位自办
辽宁海洋发展法律与政策研究基地	2015-5-6	非学校主管部门批准	辽宁省社科联基地	独立研究所	法学	其他服务业	单位自办
锦州医科大学							
医学教育研究所	1991-9-1	学校主管部门批准	校级重点研究基地	独立研究所	教育学	卫生	单位自办
辽宁师范大学							
传统文化智库	2018-5-20	学校自建	其他智库，校级新型智库，校级重点研究基地	独立研究所	历史学	文化艺术业	单位自办
大连市文化产业智库	2018-5-20	学校自建	其他智库，校级新型智库	独立研究所	民族学与文化学	文化艺术业	单位自办
儿童青少年健康人格评定与培养协同创新中心	2015-6-30	学校主管部门批准	协同创新中心	独立研究所	心理学	其他服务业	政府部门办
儿童青少年心理测评和心理健康教育研究中心	2018-5-20	学校自建	其他智库，校级新型智库	独立研究所	心理学	教育	单位自办
儿童青少年心理健康教育研究基地	2012-6-30	学校主管部门批准	省级重点研究基地	独立研究所	心理学	其他服务业	政府部门办
海洋经济发展与海洋强国建设研究基地	2018-5-20	学校自建	其他智库，校级新型智库	独立研究所	经济学	生态保护和环境治理业	单位自办
海洋经济与可持续发展研究中心	2002-9-3	非学校主管部门批准	部省共建教育部重点研究基地	独立研究所	经济学	其他服务业	政府部门办
红山文化与中华文明协同创新中心	2014-10-10	学校主管部门批准	协同创新中心	独立研究所	历史学	其他服务业	政府部门办
基础教育课程评价研究基地	2008-6-12	非学校主管部门批准	省级重点研究基地	独立研究所	教育学	教育	政府部门办

续表

学校及机构名称	成立时间	批准部门	机构类型	组成方式	学科分类	服务的国民经济行业	组成类型
教师教育研究	2018-5-20	学校自建	其他智库，校级新型智库	独立研究所	教育学	教育	单位自办
决策咨询智库	2018-5-20	学校自建	其他智库，校级新型智库	独立研究所	马克思主义	教育	单位自办
辽海历史与旅游文化研究中心	2009-1-1	非学校主管部门批准	省级重点研究基地	独立研究所	历史学	文化艺术业	政府部门办
辽宁沿海经济带发展研究基地	2009-6-11	非学校主管部门批准	省级重点研究基地	独立研究所	经济学	其他服务业	政府部门办
马克思主义理论与思想政治教育研究基地	2005-7-15	学校主管部门批准	省级重点研究基地	跨系所	马克思主义	社会工作	政府部门办
特殊需要儿童发展与教育研究基地	2008-6-26	非学校主管部门批准	省级重点研究基地	独立研究所	心理学	社会工作	政府部门办
体育人文社会科学研究基地	2009-6-1	学校主管部门批准	省级重点研究基地	与校外合办所	体育学	中国共产党机关	政府部门办
体育文化研究基地	2008-9-10	学校主管部门批准	中央其他部委重点研究基地，校级重点研究基地	独立研究所	体育学	中国共产党机关	政府部门办
心理发展与教育研究中心	2005-7-15	学校主管部门批准	省级重点研究基地	跨系所	心理学	社会工作	政府部门办
学校道德教育研究中心	1984-1-12	非学校主管部门批准	省级重点研究基地	独立研究所	教育学	教育	其他
沈阳师范大学							
国家体育社会科学重点研究基地	2003-4-1	非学校主管部门批准	研究基地	独立研究所	体育学	体育	单位自办
国家体育总局体育文化发展中心体育文化研究基地	2008-10-24	非学校主管部门批准	省级重点研究基地	独立研究所	体育学	娱乐业	政府部门办
国土资源科普基地	2013-8-5	学校主管部门批准	部省共建教育部重点研究基地	跨系所	考古学	其他服务业	政府部门办
教育管理研究中心	2004-2-1	学校主管部门批准	研究中心	独立研究所	教育学	教育	单位自办
教育政策与法制协同创新研究基地	2013-1-8	非学校主管部门批准	教育部重点研究基地	独立研究所	教育学	其他服务业	政府部门办
辽宁古生物博物馆—全国科普教育基地	2012-9-18	学校主管部门批准	博物馆	独立研究所	考古学	教育	政府部门办

续表

学校及机构名称	成立时间	批准部门	机构类型	组成方式	学科分类	服务的国民经济行业	组成类型
辽宁省教育政策与法制研究中心	2011-7-15	非学校主管部门批准	省级重点研究基地	独立研究所	教育学	其他服务业	政府部门办
辽宁省科学技术普及基地	2012-5-16	学校主管部门批准	普及基地	独立研究所	考古学	教育	政府部门办
辽宁省满族文化资源与发展研究基地	2006-5-8	学校主管部门批准	省级重点研究基地	独立研究所	民族学与文化学	娱乐业	政府部门办
辽宁省普通高等学校人文社科重点研究基地	2005-5-13	非学校主管部门批准	省级重点研究基地	独立研究所	教育学	其他服务业	政府部门办
辽宁省人大教科工委教育法制建设研究基地	2014-1-7	非学校主管部门批准	省级重点研究基地	独立研究所	教育学	其他服务业	政府部门办
卓越法律人才教育研究与实践基地	2012-6-15	学校主管部门批准	省级重点研究基地	独立研究所	法学	教育	政府部门办
渤海大学							
古生物实验室	2011-7-7	学校主管部门批准	校级重点实验室	与校外合办所	管理学	其他服务业	与国内高校合办
国别与区域中心:东北亚研究中心	2017-6-13	学校主管部门批准	校级重点研究基地	跨系所	历史学	其他服务业	政府部门办
辽宁省大学生心理健康教育研究基地	2010-12-25	非学校主管部门批准	省级重点研究基地	独立研究所	教育学	教育	政府部门办
辽宁省农村教育区域统筹与均衡发展研究基地	2012-6-7	非学校主管部门批准	省级重点研究基地	独立研究所	教育学	教育	政府部门办
辽宁省职业社会能力培养研究与实践基地	2011-11-16	学校主管部门批准	省级重点研究基地	独立研究所	教育学	其他服务业	政府部门办
应用语言学研究中心	2005-2-9	非学校主管部门批准	省级重点研究基地	独立研究所	语言学	教育	政府部门办
鞍山师范学院							
中国特色社会主义理论体系研究中心	2000-11-18	非学校主管部门批准	其他重点研究基地，省级研究基地	独立研究所	马克思主义	教育	单位自办
大连外国语大学							
爱尔兰研究中心	2016-12-1	非学校主管部门批准	教育部国别和区域研究中心	跨系所	国际问题研究	教育	单位自办

续表

学校及机构名称	成立时间	批准部门	机构类型	组成方式	学科分类	服务的国民经济行业	组成类型
东北亚研究中心	2012-9-15	非学校主管部门批准	教育部国别和区域研究中心	独立研究所	国际问题研究	教育	单位自办
俄罗斯研究中心	2009-10-10	非学校主管部门批准	教育部国别和区域研究中心	独立研究所	国际问题研究	教育	与境外机构合办
哈萨克斯坦研究中心	2016-1-8	非学校主管部门批准	教育部国别和区域研究中心	与校外合办所	国际问题研究	教育	与境外机构合办
韩国学研究所	1997-1-29	学校自建	学校院系级科研机构	独立研究所	外国文学	教育	单位自办
日本诗歌研究中心	1997-1-29	学校自建	学校院系级科研机构	独立研究所	外国文学	教育	单位自办
日本语教育研究所	1997-1-29	学校自建	学校院系级科研机构	独立研究所	语言学	教育	单位自办
突尼斯研究中心	2015-6-1	非学校主管部门批准	教育部国别和区域研究中心	跨系所	国际问题研究	教育	单位自办
乌克兰研究中心	2014-4-16	学校自建	其他	与校外合办所	国际问题研究	教育	与境外机构合办
亚美尼亚研究中心	2015-12-9	学校自建	其他	与校外合办所	国际问题研究	教育	与境外机构合办
东北财经大学							
产业组织与企业组织研究中心	1993-5-5	学校主管部门批准	教育部重点研究基地，省级重点研究基地	独立研究所	经济学	货币金融服务	单位自办
地方财政研究中心	2005-6-1	学校主管部门批准	国家级 2011 协同创新中心	独立研究所	经济学	社会保障	单位自办
公共政策研究中心	1978-10-20	学校主管部门批准	省级重点研究基地	独立研究所	经济学	社会保障	与国内高校合办
国民核算研究中心	2003-6-1	非学校主管部门批准	省级重点研究基地	独立研究所	统计学	社会保障	单位自办
经济计量分析与预测研究中心	2007-4-17	学校主管部门批准	省级重点研究基地	独立研究所	经济学	其他服务业	单位自办
劳动就业与人力资本开发研究中心	2009-4-7	学校主管部门批准	省级重点研究基地	独立研究所	经济学	资本市场服务	单位自办
辽宁经济与社会协调发展研究基地	2013-8-9	学校主管部门批准	省级重点研究基地	独立研究所	经济学	资本市场服务	单位自办

续表

学校及机构名称	成立时间	批准部门	机构类型	组成方式	学科分类	服务的国民经济行业	组成类型
辽宁期货与经济社会发展研究基地	2014-9-28	非学校主管部门批准	省级重点研究基地	独立研究所	经济学	货币金融服务	其他
辽宁区域发展战略研究基地	2013-8-9	学校主管部门批准	部省共建教育部重点研究基地	独立研究所	经济学	资本市场服务	单位自办
辽宁省高等学校金融分析与模拟重点实验室	2007-10-1	学校主管部门批准	省级重点实验室	独立研究所	经济学	资本市场服务	政府部门办
辽宁省中国特色社会主义政治经济学研究基地	2017-6-14	学校主管部门批准	其他重点研究基地，辽宁省社科联基地	独立研究所	经济学	其他服务业	政府部门办
辽宁沿海经济带产业升级与对外开放协同创新中心	2012-7-20	学校主管部门批准	教育部重点实验室	与校外合办所	经济学	机动车、电子产品和日用产品修理业	与国内高校合办
区域经济一体化与上海合作组织研究中心	2005-6-1	学校主管部门批准	省级重点研究基地	独立研究所	经济学	其他服务业	单位自办
应用金融研究中心	2005-5-8	学校主管部门批准	省级重点研究基地	独立研究所	经济学	资本市场服务	单位自办
中国内部控制研究中心	2002-10-9	学校主管部门批准	省级重点研究基地	与校外合办所	管理学	其他服务业	其他
沈阳体育学院							
冬季项目技术诊断与机能评定实验室	2006-3-30	学校主管部门批准	中央其他部委重点实验室，省级重点实验室	跨系所	体育学	体育	单位自办
辽宁体育产业经济与公共政策研究基地	2015-2-27	非学校主管部门批准	省级重点研究基地	跨系所	体育学	体育	单位自办
体能教学训练中心	2015-7-14	学校自建	校级重点研究基地	跨系所	体育学	体育	单位自办
体育教育科学研究中心	2009-11-16	学校主管部门批准	省级重点研究基地	跨系所	体育学	体育	单位自办
体育社会科学研究中心	2005-9-10	学校主管部门批准	中央其他部委重点研究基地，省级重点研究基地	跨系所	体育学	体育	单位自办

续表

学校及机构名称	成立时间	批准部门	机构类型	组成方式	学科分类	服务的国民经济行业	组成类型
心理学研究中心	2010-6-8	学校自建	校级重点研究基地	跨系所	体育学	体育	单位自办
沈阳音乐学院							
东北音乐舞蹈研究中心	2005-1-4	学校主管部门批准	省级重点研究基地	独立研究所	艺术学	广播、电视、电影和影视录音制作业	政府部门办
辽宁对外经贸学院							
成本管理研究所	2014-12-25	学校自建	校级科研机构	独立研究所	管理学	商务服务业	单位自办
创业企业研究中心	2012-11-10	学校自建	校级科研机构	独立研究所	管理学	商务服务业	单位自办
大连会展经济研究所	2014-12-25	学校自建	校级科研机构	独立研究所	管理学	商务服务业	单位自办
高等教育研究室	2005-11-4	学校自建	校级科研机构	跨系所	教育学	教育	单位自办
国际经济与贸易研究所	2005-3-9	学校自建	校级科研机构	跨系所	经济学	商务服务业	单位自办
国际商品交易分析与模拟重点实验室	2010-11-9	学校主管部门批准	省级重点实验室	跨系所	经济学	商务服务业	单位自办
国际经济与贸易研究所	2008-6-1	非学校主管部门批准	其他重点研究基地，大连市社科联研究基地	跨系所	经济学	商务服务业	单位自办
辽宁省民办高等教育可持续发展研究基地	2009-11-16	非学校主管部门批准	其他重点研究基地	跨系所	教育学	教育	政府部门办
品牌与艺术设计研究中心	2014-12-25	学校自建	校级科研机构	独立研究所	管理学	广播、电视、电影和影视录音制作业	单位自办
区域经济发展研究中心	2014-12-25	学校自建	校级科研机构	独立研究所	经济学	商务服务业	单位自办
区域旅游研究中心	2014-12-25	学校自建	校级科研机构	独立研究所	管理学	生态保护和环境治理业	单位自办
区域物流协同发展研究中心	2017-12-13	学校自建	校级科研机构	独立研究所	管理学	装卸搬运和仓储业	单位自办
日本语言与文化研究中心	2012-11-20	学校自建	校级科研机构	独立研究所	语言学	其他服务业	单位自办
社会福利研究所	2010-11-9	学校自建	校级科研机构	独立研究所	社会学	土地管理业	单位自办

续表

学校及机构名称	成立时间	批准部门	机构类型	组成方式	学科分类	服务的国民经济行业	组成类型
信息管理与信息系统研究所	2017-12-13	学校自建	校级科研机构	独立研究所	管理学	软件和信息技术服务业	单位自办
英语 E-learning 研究中心	2014-12-25	学校自建	校级科研机构	独立研究所	语言学	其他服务业	单位自办
大连职业技术学院							
现代职业教育研究室	2005-5-1	学校自建	校级重点研究基地	独立研究所	教育学	其他服务业	单位自办
大连大学							
电子商务物流研究中心	2006-9-1	学校主管部门批准	校级研究机构	独立研究所	管理学	研究和试验发展	单位自办
东北史研究中心	2001-9-1	学校主管部门批准	校级重点研究基地，其他重点研究基地，市级研究基地	独立研究所	历史学	其他服务业	单位自办
东北亚研究院	2004-6-1	学校主管部门批准	校级研究机构	跨系所	历史学	社会工作	单位自办
高教研究所	2005-9-1	学校主管部门批准	校级重点研究基地	独立研究所	教育学	其他服务业	单位自办
日本语言文化研究中心	2003-9-1	学校主管部门批准	校级研究机构	跨系所	语言学	教育	单位自办
体育研究所	1999-9-1	学校主管部门批准	校级研究机构	跨系所	体育学	文化艺术业	单位自办
语言文学研究所	2006-9-1	非学校主管部门批准	校级研究机构	跨系所	语言学	教育	单位自办
沈阳工程学院							
辽宁省青少年发展研究基地	2017-9-13	非学校主管部门批准	其他重点研究基地，省级研究基地	独立研究所	教育学	教育	单位自办
辽宁省社会治理研究基地	2012-8-13	非学校主管部门批准	其他重点研究基地，省级研究基地	与校外合办所	政治学	娱乐业	政府部门办
辽东学院							
辽宁区域发展战略研究基地	2013-8-26	学校主管部门批准	省级重点研究基地	独立研究所	社会学	社会工作	其他
辽宁省文化社会学学会	2014-12-2	非学校主管部门批准	校级重点研究基地	与校外合办所	社会学	社会工作	与国内高校合办
辽宁省乡村振兴战略研究基地	2017-11-8	非学校主管部门批准	辽宁省社科联研究基地	独立研究所	社会学	社会工作	其他

续表

学校及机构名称	成立时间	批准部门	机构类型	组成方式	学科分类	服务的国民经济行业	组成类型
大连民族大学							
东北少数民族研究院	2003-1-1	学校自建	其他	独立研究所	民族学与文化学	社会工作	单位自办
国际语言文化研究中心	2002-6-1	学校自建	其他	独立研究所	语言学	教育	单位自办
民族地区可持续发展研究中心	2004-4-1	学校自建	其他	独立研究所	经济学	社会工作	单位自办
沈阳职业技术学院							
高职教育研究所	2005-1-6	学校自建	校级重点研究基地	独立研究所	教育学	卫生	单位自办
沈阳职业技术教育研究所	2015-12-30	非学校主管部门批准	职业技术教育研究基地	与校外合办所	教育学	其他服务业	与国内独立研究机构合办
沈阳城市学院							
绿岛舆情研究所	2016-9-8	学校自建	其他智库,其他	独立研究所	新闻学与传播学	互联网和相关服务	单位自办
辽宁城市建设职业技术学院							
辽宁省房地产研究中心	2011-11-28	学校主管部门批准	房地产研究基地	独立研究所	管理学	房屋建筑业	其他
吉林省							
吉林大学							
边疆考古研究中心	2000-9-25	学校主管部门批准	教育部重点研究基地	独立研究所	考古学	社会工作	单位自办
边疆考古与中国文化认同协同创新中心	2012-5-28	学校自建	其他 2011 协同创新中心	独立研究所	考古学	社会工作	单位自办
残疾人事业发展研究中心	2015-12-22	非学校主管部门批准	省级智库	独立研究所	社会学	社会保障	单位自办
出土文献与中国古代文明研究协同创新中心	2014-10-11	学校主管部门批准	国家级 2011 协同创新中心	与校外合办所	历史学	社会工作	与国内高校合办
创新创业研究院	2015-5-18	学校自建	校级重点研究基地	独立研究所	管理学	社会工作	单位自办
东北区域现代农业发展研究中心	2015-12-22	非学校主管部门批准	省级智库	独立研究所	经济学	社会工作	单位自办

续表

学校及机构名称	成立时间	批准部门	机构类型	组成方式	学科分类	服务的国民经济行业	组成类型
东北亚区域研究协同创新中心	2012-5-28	学校自建	2011 协同创新中心	独立研究所	经济学	社会工作	单位自办
东北亚研究院	1994-4-1	学校主管部门批准	实体研究机构	独立研究所	经济学	社会工作	单位自办
东北亚研究中心	1999-12-15	学校主管部门批准	教育部重点研究基地	独立研究所	经济学	社会工作	单位自办
犯罪治理研究中心	2017-1-26	学校自建	智库	独立研究所	法学	社会工作	单位自办
高等教育研究所	1992-10-29	学校自建	实体研究机构	独立研究所	教育学	教育	单位自办
高句丽渤海研究中心	2016-4-11	学校自建	智库，校级重点研究基地	独立研究所	考古学	社会工作	单位自办
古籍研究所	1983-3-20	学校主管部门批准	校级重点研究基地	独立研究所	历史学	社会工作	单位自办
国际关系研究所	2001-10-10	学校自建	实体研究机构	独立研究所	历史学	社会工作	单位自办
理论法学研究中心	2000-9-26	学校主管部门批准	教育部重点研究基地	独立研究所	法学	社会工作	单位自办
廉政研究与教育中心	2015-12-22	非学校主管部门批准	省级智库	独立研究所	政治学	教育	单位自办
农村发展研究中心	2015-12-22	非学校主管部门批准	省级智库	独立研究所	马克思主义	社会工作	单位自办
社会公正与政府治理研究中心	1999-10-23	学校自建	校级重点研究基地	独立研究所	政治学	社会工作	单位自办
数量经济研究中心	2000-9-25	学校主管部门批准	教育部重点研究基地	独立研究所	经济学	社会工作	单位自办
司法文明协同创新中心	2013-5-27	学校主管部门批准	国家级 2011 协同创新中心	与校外合办所	法学	社会工作	与国内高校合办
哲学基础理论研究中心	2004-11-26	学校主管部门批准	教育部重点研究基地	独立研究所	哲学	教育	单位自办
中俄区域合作研究中心	2013-1-10	学校自建	校级重点研究基地	独立研究所	经济学	社会工作	单位自办
中国古文字研究中心	2013-1-10	学校自建	校级重点研究基地	独立研究所	历史学	教育	单位自办
中国国有经济研究中心	2000-12-26	学校主管部门批准	教育部重点研究基地	独立研究所	经济学	社会工作	单位自办
中国人口老龄化与经济社会发展研究中心	2015-12-22	非学校主管部门批准	省级智库	独立研究所	经济学	社会工作	单位自办
中国特色社会主义理论体系研究中心	2013-1-10	学校自建	校级重点研究基地	独立研究所	马克思主义	教育	单位自办

续表

学校及机构名称	成立时间	批准部门	机构类型	组成方式	学科分类	服务的国民经济行业	组成类型
中国文化研究所	2013-1-10	学校自建	校级重点研究基地	独立研究所	中国文学	文化艺术业	单位自办
中国与俄罗斯及周边国家合作智库	2015-12-22	非学校主管部门批准	省级智库	独立研究所	经济学	社会工作	单位自办
中日经济共同研究中心	2013-1-10	学校自建	校级重点研究基地	独立研究所	经济学	社会工作	单位自办
中国文化研究所	2013-1-10	学校自建	校级重点研究基地	独立研究所	中国文学	其他服务业	单位自办
中国文化研究所（省智库）	2015-12-31	非学校主管部门批准	省级智库	独立研究所	中国文学	教育	单位自办
中国与俄罗斯及周边国家合作智库（省智库）	2015-12-31	非学校主管部门批准	省级智库	独立研究所	经济学	教育	单位自办
中日经济共同研究中心	2013-1-10	学校自建	校级重点研究基地	独立研究所	经济学	其他服务业	单位自办
延边大学							
渤海文化研究中心	2008-7-10	学校主管部门批准	省级重点研究基地	独立研究所	历史学	教育	单位自办
朝鲜半岛研究协同创新中心	2012-8-1	学校主管部门批准	省级 2011 协同创新中心	与校外合办所	国际问题研究	中国共产党机关	与国内高校合办
朝鲜韩国法研究基地	2015-12-10	学校主管部门批准	省级重点研究基地	独立研究所	法学	专业技术服务业	单位自办
朝鲜韩国研究中心	2001-3-1	学校主管部门批准	部省共建教育部重点研究基地	跨系所	国际问题研究	中国共产党机关	政府部门办
朝鲜族文化研究中心	2012-9-10	学校主管部门批准	省级重点研究基地	独立研究所	民族学与文化学	教育	单位自办
国家民委民族理论政策研究基地	2016-8-24	非学校主管部门批准	中央其他部委重点研究基地	独立研究所	民族学与文化学	中国共产党机关	单位自办
国家民委双语人才培训基地	2014-12-18	非学校主管部门批准	中央其他部委重点研究基地	独立研究所	语言学	中国共产党机关	单位自办
民族研究院	1997-3-20	学校自建	校级研究机构	独立研究所	民族学与文化学	教育	单位自办
女性研究中心	1985-12-12	学校自建	校级研究机构	独立研究所	社会学	社会保障	单位自办

续表

学校及机构名称	成立时间	批准部门	机构类型	组成方式	学科分类	服务的国民经济行业	组成类型
图们江区域开发研究中心	2008-3-12	学校主管部门批准	省级重点研究基地	跨系所	经济学	中国共产党机关	与国内独立研究机构合办
中国朝鲜语言文字信息化基地	2014-10-30	非学校主管部门批准	中央其他部委重点研究基地	独立研究所	语言学	科技推广和应用服务	单位自办
中国朝鲜族文化艺术研究中心	2011-4-16	非学校主管部门批准	中央其他部委重点研究基地	独立研究所	艺术学	广播、电视、电影和影视录音制作业	单位自办
长春理工大学							
长春电影文化研究基地	2013-10-8	学校主管部门批准	省级重点研究基地	跨系所	新闻学与传播学	广播、电视、电影和影视录音制作业	政府部门办
吉林省地方法治与发展研究中心	2015-12-24	非学校主管部门批准	省级重点研究基地	跨系所	法学	国家机构	政府部门办
吉林省地方立法研究中心	2016-6-9	学校主管部门批准	省级重点研究基地	独立研究所	法学	中国共产党机关	政府部门办
吉林省工业文化研究基地	2017-1-2	学校主管部门批准	省级重点研究基地	跨系所	管理学	其他制造业	政府部门办
吉林省科技外语人才培养创新研究中心	2015-12-24	学校主管部门批准	省级重点研究基地	跨系所	语言学	教育	政府部门办
吉林省企业经济研究中心	2011-7-21	学校主管部门批准	省级重点研究基地	独立研究所	经济学	社会保障	政府部门办
吉林省社会工作发展研究中心	2014-12-22	学校主管部门批准	省级重点研究基地	独立研究所	社会学	社会工作	政府部门办
吉林省知识产权重点研究中心	2015-12-24	学校主管部门批准	省级重点研究基地	跨系所	法学	其他服务业	政府部门办
科技创新与区域发展研究中心	2017-1-2	学校主管部门批准	省级智库	独立研究所	经济学	专业技术服务业	政府部门办
马克思主义理论研究中心	2006-12-1	学校自建	研究中心	独立研究所	马克思主义	中国共产党机关	单位自办
社会工作参与社会治理研究中心	2015-12-1	学校主管部门批准	省级智库	独立研究所	社会学	社会工作	政府部门办
中国工业文化研究中心	2017-1-1	学校主管部门批准	部省共建教育部重点研究基地	跨系所	管理学	其他服务业	政府部门办

续表

学校及机构名称	成立时间	批准部门	机构类型	组成方式	学科分类	服务的国民经济行业	组成类型
东北电力大学							
吉林省服饰文化研究中心	2011-6-16	学校主管部门批准	省级重点研究基地	独立研究所	艺术学	纺织服装、服饰业	政府部门办
吉林省经济发展战略研究中心	2015-12-22	学校主管部门批准	省级智库	跨系所	管理学	电力、热力生产和供应业	单位自办
吉林省能源发展研究基地	2016-1-11	学校主管部门批准	其他重点研究基地	跨系所	管理学	电力、热力生产和供应业	单位自办
吉林省社会科学重点领域(服装领域)研究基地	2017-1-20	学校主管部门批准	其他重点研究基地	独立研究所	艺术学	纺织服装、服饰业	政府部门办
能源经济研究中心	2015-12-24	学校主管部门批准	省级重点研究基地	跨系所	管理学	电力、热力生产和供应业	单位自办
长春工业大学							
吉林省民生与社会发展资政咨询中心	2017-5-10	学校主管部门批准	省级智库	独立研究所	社会学	社会保障	政府部门办
吉林建筑大学							
寒地城市环境艺术设计研究中心	2014-11-5	学校主管部门批准	省级重点研究基地	独立研究所	艺术学	建筑装饰、装修和其他建筑业	单位自办
吉林建筑文化研究基地	2010-3-10	学校主管部门批准	省级重点研究基地	独立研究所	艺术学	房屋建筑业	单位自办
吉林省建筑业发展研究基地	2015-11-1	学校自建	校级重点研究基地	独立研究所	管理学	房屋建筑业	单位自办
吉林省建筑业发展与管理研究中心(智库)	2015-12-22	学校自建	校级重点研究基地	独立研究所	管理学	房屋建筑业	单位自办
中国东北建筑文化吉林省研究基地	2007-6-11	学校主管部门批准	省级重点研究基地	独立研究所	国际问题研究	建筑装饰、装修和其他建筑业	单位自办
长春中医药大学							
吉林省中华优秀传统文化教育研究基地	2018-5-8	学校主管部门批准	省级重点研究基地	独立研究所	马克思主义	教育	单位自办

续表

学校及机构名称	成立时间	批准部门	机构类型	组成方式	学科分类	服务的国民经济行业	组成类型
吉林省中医药传承创新研究智库基地	2018-10-20	学校主管部门批准	省级重点研究基地	独立研究所	教育学	教育	单位自办
吉林省中医药事业发展研究智库	2015-12-17	学校自建	校级重点实验室	独立研究所	教育学	其他服务业	单位自办
社会科学与卫生发展研究所	2012-8-9	学校自建	校级重点实验室	独立研究所	社会学	卫生	单位自办
中医药政策与发展研究中心	2014-12-10	学校自建	校级重点研究基地	独立研究所	管理学	其他服务业	政府部门办
东北师范大学							
长白山音乐舞蹈艺术协同创新中心	2015-12-1	非学校主管部门批准	吉林省重大需求协同创新中心	独立研究所	艺术学	文化艺术业	单位自办
传统文化与当代中国哲学研究中心	2015-12-4	非学校主管部门批准	吉林省重点研究基地	独立研究所	马克思主义	教育	单位自办
创新创业教育重大需求协同创新中心	2015-12-11	非学校主管部门批准	吉林省重大需求协同创新中心	独立研究所	马克思主义	教育	与国内高校合办
当代青少年德育研究学科创新引智基地	2016-12-1	学校主管部门批准	其他重点研究基地，高等学校学科创新引智计划	跨系所	马克思主义	教育	政府部门办
东亚文明研究中心	2014-1-1	学校主管部门批准	省级重点研究基地，其他重点研究基地，教育部国别和区域研究培育基地	独立研究所	历史学	教育	政府部门办
高等教育研究所	2016-12-1	非学校主管部门批准	吉林省重点研究基地	独立研究所	教育学	教育	单位自办
古籍整理研究所	1983-7-1	学校自建	校级重点研究基地	独立研究所	中国文学	教育	政府部门办
国际与比较教育研究所	1964-9-1	非学校主管部门批准	校级重点研究基地	独立研究所	教育学	其他服务业	单位自办
吉剧艺术与文化研究基地	2015-12-1	非学校主管部门批准	吉林省重点研究基地	独立研究所	艺术学	文化艺术业	单位自办
教师教育协同创新中心	2009-1-1	非学校主管部门批准	吉林省重点研究基地	跨系所	教育学	教育	单位自办

续表

学校及机构名称	成立时间	批准部门	机构类型	组成方式	学科分类	服务的国民经济行业	组成类型
教师教育研究院	2018-12-4	非学校主管部门批准	省级 2011 协同创新中心	与校外合办所	教育学	教育	政府部门办
教育部高校辅导员培训和研修基地	2000-1-1	学校主管部门批准	教育部高校辅导员培训和研修基地	独立研究所	马克思主义	教育	政府部门办
女性研究中心	2000-1-1	非学校主管部门批准	中央其他部委重点研究基地	跨系所	社会学	社会工作	政府部门办
日本研究所	1964-5-10	学校自建	校级重点研究基地	独立研究所	历史学	教育	政府部门办
社会主义核心价值观教育研究中心	2015-12-1	学校自建	校级智库	独立研究所	马克思主义	教育	单位自办
世界古典文明史研究所	1984-3-1	学校主管部门批准	校级重点研究基地	独立研究所	历史学	教育	政府部门办
世界文明史研究中心	2000-1-1	学校主管部门批准	教育部重点研究基地	独立研究所	历史学	教育	政府部门办
世界文学与比较文学研究中心	2015-12-3	非学校主管部门批准	吉林省重点研究基地	独立研究所	中国文学	教育	单位自办
世界中古史研究所	1997-1-4	学校主管部门批准	校级重点研究基地	独立研究所	历史学	教育	政府部门办
思想政治教育研究中心	2007-7-1	学校自建	校级智库	独立研究所	马克思主义	教育	单位自办
思想政治理论课教学方法改革研究中心	2014-1-1	非学校主管部门批准	吉林省重点研究基地	独立研究所	马克思主义	教育	单位自办
文化创意产业协同创新中心	2015-12-1	非学校主管部门批准	吉林省重大需求协同创新中心	独立研究所	艺术学	文化艺术业	与国内高校合办
学校艺术教育质量检测研究基地	2015-12-2	非学校主管部门批准	吉林省重点研究基地	独立研究所	艺术学	教育	单位自办
亚洲文明研究院	2007-4-1	学校自建	校级重点研究基地	独立研究所	历史学	教育	单位自办
中国共产党思想政治教育文献研究中心	2016-12-1	非学校主管部门批准	吉林省重点研究基地	独立研究所	马克思主义	教育	单位自办
中国基础外语教育研究中心	2014-1-6	非学校主管部门批准	吉林省重点研究基地	独立研究所	语言学	教育	单位自办
中国农村教育发展研究院	1998-10-1	学校主管部门批准	教育部重点研究基地	独立研究所	教育学	教育	政府部门办

续表

学校及机构名称	成立时间	批准部门	机构类型	组成方式	学科分类	服务的国民经济行业	组成类型
中国农村教育发展重大需求协同创新中心	2015-12-3	非学校主管部门批准	吉林省重大需求协同创新中心	独立研究所	教育学	教育	与国内高校合办
中国学校美育研究中心	2014-1-1	非学校主管部门批准	吉林省重点研究基地	独立研究所	中国文学	教育	单位自办
北华大学							
长吉图旅游文化研究基地	2010-7-1	非学校主管部门批准	省级重点研究基地	独立研究所	经济学	居民服务业	单位自办
地方高校综合改革与发展研究中心	2014-12-1	学校主管部门批准	省级重点研究基地	独立研究所	教育学	教育	单位自办
东亚历史与文献研究中心	2007-5-1	非学校主管部门批准	省级重点研究基地	独立研究所	历史学	教育	单位自办
东亚区域国际关系与社会发展研究中心	2015-12-1	学校主管部门批准	省级智库	独立研究所	历史学	教育	单位自办
孤独症儿童融合教育研究中心	2015-12-1	学校主管部门批准	省级重点研究基地	独立研究所	教育学	教育	单位自办
吉林省长吉图旅游产业发展研究中心	2010-5-1	非学校主管部门批准	省级重点研究基地	独立研究所	经济学	居民服务业	单位自办
吉林省公共安全研究基地	2016-4-1	非学校主管部门批准	省级重点研究基地	独立研究所	社会学	社会保障	单位自办
吉林省品牌研究基地	2014-5-1	非学校主管部门批准	省级重点研究基地	独立研究所	经济学	商务服务业	单位自办
吉林省物流业研究基地	2016-5-1	非学校主管部门批准	省级重点研究基地	独立研究所	经济学	商务服务业	单位自办
吉林市文化研究基地	2010-9-1	非学校主管部门批准	省级重点研究基地	独立研究所	历史学	教育	单位自办
外国文学经典创新研究中心	2016-12-1	学校主管部门批准	省级重点研究基地	独立研究所	外国文学	教育	单位自办
文化建设与城市影响力研究中心	2015-12-1	学校主管部门批准	省级重点研究基地	独立研究所	社会学	文化艺术业	单位自办
通化师范学院							
长白山非物质文化遗产协同创新中心	2013-1-1	学校主管部门批准	省级重点研究基地	独立研究所	民族学与文化学	广播、电视、电影和影视录音制作业	单位自办
长白山区域旅游产业发展研究中心	2017-1-20	学校主管部门批准	省级重点研究基地	独立研究所	管理学	商务服务业	单位自办

续表

学校及机构名称	成立时间	批准部门	机构类型	组成方式	学科分类	服务的国民经济行业	组成类型
长白山文学研究基地	2016-12-1	学校主管部门批准	省级重点研究基地	独立研究所	中国文学	教育	单位自办
高句丽与东北民族研究中心	2007-1-17	学校主管部门批准	省级重点研究基地	跨系所	历史学	卫生	单位自办
吉林省边远山区基础教育研究中心	2014-12-1	学校主管部门批准	省级重点研究基地	独立研究所	教育学	其他服务业	单位自办
吉林省农村社会问题研究中心	2015-12-24	非学校主管部门批准	省级重点研究基地	跨系所	社会学	人民政协、民主党派	与国内高校合办
吉林省特色文化研究基地长白山文化研究基地	2010-9-18	学校主管部门批准	省级重点研究基地	跨系所	民族学与文化学	其他服务业	单位自办
中国满族民间美术研究中心	2004-11-30	非学校主管部门批准	研究中心	跨系所	艺术学	其他服务业	单位自办
吉林师范大学							
电视媒体融合发展重大需求协同创新中心	2017-12-25	学校主管部门批准	协同创新中心	跨系所	新闻学与传播学	新闻和出版业	政府部门办
东北满族文化保护与开发重大需求协同创新中心	2015-12-28	学校主管部门批准	协同创新中心	跨系所	历史学	文化艺术业	政府部门办
东北满族文化遗产保护研究中心	2015-12-24	学校主管部门批准	吉林省高校人文社科重点研究基地	跨系所	历史学	文化艺术业	政府部门办
东北民间文化研究基地	2012-1-2	学校主管部门批准	吉林省特色文化研究基地	跨系所	民族学与文化学	文化艺术业	政府部门办
东北文化研究中心	2006-12-1	学校主管部门批准	省级重点研究基地	独立研究所	中国文学	文化艺术业	政府部门办
东北亚国际传播研究中心	2018-1-3	学校主管部门批准	吉林省高校人文社科重点研究基地	跨系所	新闻学与传播学	新闻和出版业	政府部门办
东丰农民画研究中心	2018-1-3	学校主管部门批准	吉林省高校人文社科重点研究基地	跨系所	艺术学	文化艺术业	政府部门办
吉林省地方高校创客教育研究基地	2016-12-2	学校主管部门批准	吉林省高等教育研究基地	独立研究所	教育学	教育	政府部门办
吉林省东北谱牒文化研究基地	2008-9-1	学校主管部门批准	特色文化研究基地	跨系所	历史学	研究和试验发展	政府部门办

续表

学校及机构名称	成立时间	批准部门	机构类型	组成方式	学科分类	服务的国民经济行业	组成类型
吉林省高校德育研究基地	2016-12-2	学校主管部门批准	吉林省高等教育研究基地	独立研究所	教育学	教育	政府部门办
吉林省高校廉政建设研究基地	2017-1-20	学校主管部门批准	吉林省高校人文社科重点研究基地	跨系所	政治学	教育	政府部门办
吉林省教师教育研究基地	2014-11-26	学校主管部门批准	吉林省社会科学重点领域研究基地	跨系所	教育学	教育	政府部门办
吉林省教师教育综合改革与协调发展研究基地	2016-12-2	学校主管部门批准	吉林省高等教育研究基地	跨系所	教育学	教育	政府部门办
吉林省绿色发展研究中心	2017-1-20	学校主管部门批准	吉林省高校人文社科重点研究基地	跨系所	社会学	其他服务业	政府部门办
吉林省马克思主义中国化研究中心	2009-4-11	学校主管部门批准	省级重点研究基地	与校外合办所	马克思主义	教育	政府部门办
吉林省满族文化研究基地	2000-6-6	学校主管部门批准	特色文化研究基地	独立研究所	历史学	研究和试验发展	政府部门办
吉林省农村金融研究基地	2015-12-28	学校主管部门批准	吉林省社会科学重点领域研究基地	跨系所	经济学	其他金融业	政府部门办
吉林省文化发展战略研究中心	2017-1-16	学校主管部门批准	省级智库	跨系所	马克思主义	文化艺术业	政府部门办
吉林省文献翻译研究基地	2017-1-10	学校主管部门批准	吉林省社会科学重点领域研究基地	跨系所	语言学	教育	政府部门办
吉林省现代传媒研究基地	2015-12-28	学校主管部门批准	吉林省社会科学重点领域研究基地	跨系所	新闻学与传播学	新闻和出版业	政府部门办
吉林省学位与研究生教育智库	2017-1-16	学校主管部门批准	省级智库	跨系所	教育学	教育	政府部门办
吉林省语文教育研究基地	2014-11-14	学校主管部门批准	吉林省社会科学重点领域研究基地	跨系所	教育学	教育	政府部门办
吉林省语言文字应用研究中心	2011-6-16	学校主管部门批准	省级重点研究基地	跨系所	语言学	教育	单位自办
省属高等学校学位与研究生教育研究中心	2014-12-15	学校主管部门批准	吉林省高校人文社科重点研究基地	跨系所	教育学	教育	政府部门办

续表

学校及机构名称	成立时间	批准部门	机构类型	组成方式	学科分类	服务的国民经济行业	组成类型
新时代中国特色社会主义思想研究中心	2018-1-3	学校主管部门批准	吉林省高校人文社科重点研究基地	跨系所	马克思主义	教育	政府部门办
中外语言与文化比较研究中心	2015-12-24	学校主管部门批准	吉林省高校人文社科重点研究基地	跨系所	语言学	教育	政府部门办
吉林工程技术师范学院							
出版传媒与教育研究中心	2015-12-24	学校主管部门批准	省级重点研究基地	独立研究所	新闻学与传播学	新闻和出版业	政府部门办
服装设计与加工工程研究中心	2007-10-25	学校主管部门批准	工程研究中心	独立研究所	艺术学	纺织服装、服饰业	政府部门办
吉林省出版领域研究基地	2016-9-6	非学校主管部门批准	其他重点研究基地,社会科学重点领域研究基地	独立研究所	新闻学与传播学	新闻和出版业	政府部门办
吉林省互联网+职业教育科技创新中心	2016-6-1	非学校主管部门批准	省级科技创新中心	独立研究所	教育学	教育	政府部门办
吉林省食品领域研究基地	2016-11-14	非学校主管部门批准	其他重点研究基地,社会科学重点领域研究基地	独立研究所	社会学	农副食品加工业	政府部门办
吉林省职业技术教育研究中心	2007-1-22	学校主管部门批准	省级重点研究基地	独立研究所	教育学	教育	政府部门办
吉林省职业教育研究基地	2016-7-11	非学校主管部门批准	省级重点研究基地	独立研究所	教育学	教育	政府部门办
数字职业教育媒体实验室	2017-3-6	非学校主管部门批准	省级重点实验室	独立研究所	教育学	教育	其他
职业教育发展战略智库	2017-1-16	学校主管部门批准	省级智库	独立研究所	教育学	教育	政府部门办
长春师范大学							
长白山历史地理与族变迁吉林省重点实验室	2016-12-1	学校主管部门批准	省级重点实验室	跨系所	历史学	科技推广和应用服务	单位自办
东北口述历史研究中心	2018-1-11	学校主管部门批准	省级重点研究基地	独立研究所	历史学	文化艺术业	单位自办
东北民族与疆域重点研究基地	2007-10-9	学校主管部门批准	省级重点研究基地	跨系所	历史学	文化艺术业	政府部门办
东北文学与语言文化研究中心	2015-12-31	学校主管部门批准	省级重点研究基地	跨系所	语言学	文化艺术业	单位自办

续表

学校及机构名称	成立时间	批准部门	机构类型	组成方式	学科分类	服务的国民经济行业	组成类型
东北乡村教育发展研究中心	2017-1-4	学校主管部门批准	省级重点研究基地	独立研究所	教育学	教育	单位自办
东北亚历史文化研究所	1999-9-27	学校主管部门批准	校级重点研究基地	独立研究所	历史学	教育	单位自办
东北亚历史与文化研究中心	2007-1-1	学校主管部门批准	省级重点研究基地	独立研究所	历史学	文化艺术业	单位自办
吉林省大学生马克思主义教育研究基地	2015-12-3	学校主管部门批准	省级重点研究基地	跨系所	马克思主义	教育	单位自办
吉林省吉剧研究基地	2015-1-15	学校主管部门批准	省级重点研究基地	跨系所	艺术学	文化艺术业	单位自办
吉林省廉政建设基地	2016-7-1	学校主管部门批准	省级重点研究基地	独立研究所	管理学	研究和试验发展	单位自办
满族文化研究所	2008-12-12	学校自建	校级重点研究基地	独立研究所	历史学	文化艺术业	单位自办
萨满文化与东北民族研究中心	2006-11-20	学校主管部门批准	省级重点研究基地	独立研究所	历史学	文化艺术业	政府部门办
文学美育研究中心	2014-12-1	学校主管部门批准	省级重点研究基地	跨系所	教育学	文化艺术业	单位自办
英美语言文学研究中心	2015-12-11	学校主管部门批准	省级重点研究基地	跨系所	语言学	教育	单位自办
昭明文选研究所	1987-1-7	学校自建	校级重点研究基地	独立研究所	中国文学	文化艺术业	单位自办
白城师范学院							
吉林省创业教育与文化研究中心	2011-6-1	学校主管部门批准	其他重点研究基地	独立研究所	教育学	卫生	政府部门办
吉林省创业文化研究基地	2010-10-1	非学校主管部门批准	其他重点研究基地	跨系所	管理学	卫生	单位自办
吉林西部草原文化研究基地	2010-9-1	学校主管部门批准	其他重点研究基地	跨系所	历史学	娱乐业	单位自办
唐鸿胪井刻石研究中心	2017-1-1	学校主管部门批准	其他重点研究基地	跨系所	历史学	广播、电视、电影和影视录音制作业	单位自办
通榆闯关东年画传习所	2017-2-1	学校主管部门批准	其他重点研究基地	跨系所	民族学与文化学	广播、电视、电影和影视录音制作业	单位自办
通榆年画艺术研究中心	2015-12-2	学校主管部门批准	其他重点研究基地	跨系所	民族学与文化学	广播、电视、电影和影视录音制作业	单位自办

续表

学校及机构名称	成立时间	批准部门	机构类型	组成方式	学科分类	服务的国民经济行业	组成类型
吉林财经大学							
吉林省财政金融研究基地	2015-11-18	非学校主管部门批准	省级重点研究基地	独立研究所	经济学	货币金融服务	单位自办
吉林省服务业研究基地	2016-11-18	非学校主管部门批准	省级重点研究基地	独立研究所	管理学	商务服务业	单位自办
中国特色社会主义政治经济学研究中心	2017-3-8	非学校主管部门批准	中央其他部委重点研究基地	独立研究所	经济学	其他服务业	单位自办
吉林体育学院							
吉林省社会科学重点领域“吉林省风险评估研究基地”	2016-11-14	非学校主管部门批准	省级重点研究基地	独立研究所	体育学	文化艺术业	单位自办
吉林特色文化“吉林冰雪文化研究基地”	2013-11-12	非学校主管部门批准	省级重点研究基地	独立研究所	体育学	文化艺术业	单位自办
科学健身共性技术吉林省重大需求协同创新中心	2015-12-30	学校主管部门批准	省级 2011 协同创新中心	独立研究所	体育学	文化艺术业	与国内高校合办
吉林艺术学院							
3D 艺术实验工程研究中心	2015-2-1	学校主管部门批准	省级重点研究基地	跨系所	艺术学	教育	单位自办
“互联网+”下的文化创意与设计服务中心	2015-4-30	非学校主管部门批准	省级重点研究基地	跨系所	艺术学	教育	单位自办
长白山文化产业与艺术创作协同创新中心	2012-12-31	学校主管部门批准	省级重点研究基地	跨系所	艺术学	教育	单位自办
东北民间艺术研究中心	2007-2-2	学校自建	校级重点研究基地	独立研究所	艺术学	教育	单位自办
吉剧教育培训研究基地	2013-1-1	非学校主管部门批准	省级重点研究基地	跨系所	艺术学	教育	政府部门办
吉林省非物质文化遗产研究培训基地	2018-7-1	非学校主管部门批准	省级重点研究基地	独立研究所	艺术学	教育	政府部门办
吉林省媒介融合音视频技术实验室	2011-6-1	学校主管部门批准	省级重点实验室	跨系所	艺术学	教育	与国内高校合办

续表

学校及机构名称	成立时间	批准部门	机构类型	组成方式	学科分类	服务的国民经济行业	组成类型
吉林省设计艺术研究中心	2007-9-12	学校主管部门批准	省级重点研究基地	跨系所	艺术学	教育	其他
吉林省手工艺术工程研究中心	2017-12-31	非学校主管部门批准	省级重点研究基地	跨系所	艺术学	教育	单位自办
吉林省文创产品研发工程中心	2017-12-31	学校主管部门批准	省级重点研究基地	与校外合办所	艺术学	教育	与国内高校合办
吉林省文化创意研究中心	2015-5-18	非学校主管部门批准	省级智库	与校外合办所	艺术学	教育	单位自办
吉林省艺术理论研究中心	2014-12-31	非学校主管部门批准	省级重点研究基地	跨系所	艺术学	教育	单位自办
吉林省艺术研究基地	2014-12-31	非学校主管部门批准	省级重点研究基地	跨系所	艺术学	教育	单位自办
吉林艺术学院戏曲艺术创作研究中心	2016-1-1	学校主管部门批准	省级重点研究基地	跨系所	艺术学	教育	政府部门办
新媒体与动画技术实验室	2011-1-1	学校主管部门批准	省级重点实验室	跨系所	艺术学	教育	单位自办
中国电视艺术家协会纪录片研究中心	2018-1-1	非学校主管部门批准	省级重点研究基地	独立研究所	艺术学	教育	其他
中国视协动态影像视觉艺术创研基地	2018-1-1	非学校主管部门批准	省级重点研究基地	跨系所	艺术学	教育	与国内高校合办
吉林华桥外国语学院							
“一带一路”语言文化服务协同创新中心	2015-12-25	非学校主管部门批准	省级 2011 协同创新中心	与校外合办所	经济学	其他服务业	其他
东北亚语言文化中心	2016-12-5	学校自建	校级重点研究基地	独立研究所	语言学	其他服务业	单位自办
吉林省民办教育研究所	2015-2-3	非学校主管部门批准	共建基地	与校外合办所	教育学	其他服务业	与国内独立研究机构合办
吉林省外语类应用型人才培养研究中心	2011-3-31	非学校主管部门批准	省级 2011 协同创新中心	跨系所	语言学	卫生	单位自办
民办高等教育发展战略研究中心	2015-12-22	学校主管部门批准	省级智库	与校外合办所	教育学	其他服务业	其他
民办高等教育研究基地	2012-7-29	学校主管部门批准	省级重点研究基地	独立研究所	教育学	其他服务业	单位自办

续表

学校及机构名称	成立时间	批准部门	机构类型	组成方式	学科分类	服务的国民经济行业	组成类型
民办高等教育研究院	2004-2-23	学校自建	校级重点研究基地	独立研究所	教育学	其他服务业	单位自办
民办高等教育研究中心	2015-12-24	学校主管部门批准	省级重点研究基地	独立研究所	教育学	其他服务业	单位自办
应用型人才培养研究院	2003-9-1	学校自建	校级重点研究基地	独立研究所	教育学	其他服务业	单位自办
中外文化研究院	2003-9-1	学校自建	校级重点研究基地	独立研究所	语言学	其他服务业	单位自办
吉林工商学院							
地方中小型企业发展研究中心	2014-12-15	学校主管部门批准	省级重点研究基地	跨系所	经济学	其他服务业	单位自办
吉林省旅游文化研究中心	2011-6-16	学校主管部门批准	省级重点研究基地	跨系所	管理学	其他服务业	单位自办
长春工程学院							
东北地域装饰文化研究中心	2015-12-24	学校主管部门批准	省级研究中心	独立研究所	艺术学	建筑装饰、装修和其他建筑业	与境内注册其他企业合办
吉林省城市建设发展研究中心	2011-6-16	学校主管部门批准	省级研究中心	独立研究所	管理学	房地产业	单位自办
吉林省房地产研究中心	2017-6-5	非学校主管部门批准	厅局级研究中心	独立研究所	管理学	房地产业	单位自办
长春金融高等专科学校							
吉林省金融安全研究基地	2016-12-12	非学校主管部门批准	校级重点研究基地	独立研究所	经济学	其他金融业	单位自办
吉林省金融文化研究中心	2011-6-1	非学校主管部门批准	省级重点研究基地	与校外合办所	经济学	教育	单位自办
吉林省科技金融研究中心	2014-12-12	非学校主管部门批准	省级重点实验室	独立研究所	经济学	其他金融业	单位自办
吉林省农村金融改革研究中心	2016-6-30	非学校主管部门批准	校级重点研究基地	独立研究所	经济学	租赁业	单位自办
吉林省普惠金融研究中心	2017-1-10	学校主管部门批准	省级智库	独立研究所	经济学	租赁业	单位自办
吉林警察学院							
吉林省社会治安研究中心	2017-1-20	学校主管部门批准	省级重点研究基地	独立研究所	社会学	其他服务业	单位自办
警察法治研究中心	2015-9-7	学校主管部门批准	省级重点研究基地	独立研究所	法学	其他服务业	其他

续表

学校及机构名称	成立时间	批准部门	机构类型	组成方式	学科分类	服务的国民经济行业	组成类型
警察心理建设研究中心	2013-11-8	学校主管部门批准	省级重点研究基地	独立研究所	法学	其他服务业	其他
刑事科学技术工程研究中心	2012-12-1	学校主管部门批准	省级重点实验室	跨系所	管理学	教育	单位自办
长春大学							
公民精神教育研究中心	2017-1-20	学校主管部门批准	省级重点研究基地	独立研究所	马克思主义	教育	单位自办
吉林省企业创新与发展研究中心	2015-12-24	学校主管部门批准	省级重点研究基地	独立研究所	管理学	社会工作	单位自办
吉林省软环境研究基地	2016-10-28	非学校主管部门批准	省级重点研究基地	与校外合办所	管理学	社会工作	单位自办
吉林省网络文化研究基地	2016-7-14	非学校主管部门批准	省级重点研究基地	跨系所	中国文学	教育	单位自办
吉林省文化产业基地	2015-7-24	非学校主管部门批准	省级重点研究基地	跨系所	管理学	文化艺术业	政府部门办
教育部中俄艺术教育研究中心	2011-10-12	非学校主管部门批准	省级重点研究基地	跨系所	语言学	教育	与境外机构合办
萨满文化吉林省哲学社会科学重点研究基地	2007-3-6	非学校主管部门批准	省级重点研究基地	独立研究所	社会学	教育	单位自办
特殊教育吉林省高等学校人文社科研究基地	2009-3-11	学校主管部门批准	省级重点研究基地	跨系所	教育学	教育	单位自办
网络文化研究中心	2016-1-7	非学校主管部门批准	中央其他部委重点研究基地	跨系所	中国文学	社会工作	与国内独立研究机构合办
长春光华学院							
吉林省高等教育研究基地—吉林省大学生养成教育研究基地	2017-12-1	非学校主管部门批准	省级重点研究基地	独立研究所	教育学	其他服务业	单位自办
吉林建筑大学城建学院							
绿色建造与管理研究中心	2018-1-1	非学校主管部门批准	省级重点研究基地	独立研究所	管理学	土木工程建筑业	政府部门办
长春建筑学院							
吉林省文化创意产业研究中心	2015-1-1	学校主管部门批准	其他重点研究基地，吉林省省级人文社会科学重点研究基地	与校外合办所	艺术学	广播、电视、电影和影视录音制作业	单位自办

续表

学校及机构名称	成立时间	批准部门	机构类型	组成方式	学科分类	服务的国民经济行业	组成类型
吉林文化产业品牌研究基地	2014-1-1	学校自建	其他重点研究基地	与校外合办所	管理学	广播、电视、电影和影视录音制作业	与国内高校合办
民营文化产业发展研究中心	2017-1-1	学校主管部门批准	省级智库	独立研究所	艺术学	广播、电视、电影和影视录音制作业	单位自办
吉林动画学院							
动画研究院	2006-3-28	学校自建	校级重点研究基地	独立研究所	艺术学	广播、电视、电影和影视录音制作业	单位自办
吉林动漫文化研究基地	2013-8-18	非学校主管部门批准	其他重点研究基地	跨系所	艺术学	广播、电视、电影和影视录音制作业	单位自办
文化产业研究院	2009-3-5	学校自建	校级重点研究基地	独立研究所	管理学	文化艺术业	单位自办
黑龙江省							
黑龙江大学							
东北亚经济研究中心	2007-3-12	学校主管部门批准	省级重点研究基地	跨系所	经济学	教育	单位自办
东北振兴发展研究中心	2017-8-8	学校主管部门批准	省级智库	跨系所	经济学	社会工作	单位自办
俄罗斯研究院	2009-7-1	学校自建	校级重点研究基地	独立研究所	语言学	教育	单位自办
俄罗斯语言文学与文化研究中心	2000-11-15	非学校主管部门批准	教育部重点研究基地	独立研究所	语言学	文化艺术业	单位自办
俄语语言文学研究基地	2004-11-25	学校主管部门批准	省级重点研究基地	跨系所	语言学	教育	单位自办
法学理论与法治发展研究中心	2007-3-12	学校主管部门批准	省级重点研究基地	跨系所	法学	教育	单位自办
汉语研究中心	2006-2-28	学校主管部门批准	省级重点研究基地	跨系所	语言学	教育	单位自办
黑龙江流域文明研究中心	2004-10-15	学校自建	校级重点研究基地	跨系所	历史学	教育	单位自办
黑龙江旅游产业发展研究中心	2010-10-11	学校主管部门批准	省级重点研究基地	跨系所	管理学	教育	单位自办
黑龙江省高等教育质量研究基地	2014-7-11	学校主管部门批准	省级重点研究基地，其他重点研究基地	跨系所	教育学	教育	单位自办

续表

学校及机构名称	成立时间	批准部门	机构类型	组成方式	学科分类	服务的国民经济行业	组成类型
黑龙江省文化发展战略研究中心	2017-9-20	学校主管部门批准	省级智库	跨系所	民族学与文化学	教育	单位自办
黑龙江省文化事业发展研究基地	2013-3-15	非学校主管部门批准	省级重点研究基地	跨系所	社会学	教育	单位自办
马克思主义哲学研究基地	2004-11-25	学校主管部门批准	省级重点研究基地	跨系所	马克思主义	教育	单位自办
满语言文化研究中心	2006-2-28	学校主管部门批准	省级重点研究基地	独立研究所	语言学	教育	单位自办
民商法学研究中心	2006-2-28	学校主管部门批准	省级重点研究基地	跨系所	法学	教育	单位自办
明清文学与文化研究中心	2007-3-12	学校主管部门批准	省级重点研究基地	跨系所	中国文学	教育	单位自办
社会管理研究基地	2011-11-25	学校主管部门批准	省级重点研究基地	跨系所	管理学	社会工作	单位自办
生产力研究中心	2007-3-12	学校主管部门批准	省级重点研究基地	跨系所	经济学	教育	单位自办
文化哲学研究中心	2006-2-28	学校主管部门批准	省级重点研究基地	跨系所	哲学	文化艺术业	单位自办
信息资源管理研究中心	2012-11-1	学校主管部门批准	省级重点研究基地	跨系所	管理学	教育	单位自办
行政管理研究中心	2007-3-12	学校主管部门批准	省级重点研究基地	跨系所	管理学	社会工作	单位自办
中国近现代思想文化研究中心	2010-10-15	学校主管部门批准	省级重点研究基地	跨系所	哲学	教育	单位自办
哈尔滨工业大学							
大数据与决策分析研究中心	2018-6-1	非学校主管部门批准	省级智库，其他智库，工信部智库	独立研究所	管理学	专业技术服务业	政府部门办
发展战略研究中心	2017-8-1	学校主管部门批准	其他智库，工信部智库	独立研究所	管理学	科技推广和应用服务	单位自办
国家安全技术政策与管理实验室	2017-8-1	学校主管部门批准	其他智库，工信部智库	独立研究所	管理学	社会工作	单位自办
信息融合与创意技术智库	2017-8-1	学校主管部门批准	其他智库，工信部智库	独立研究所	新闻学与传播学	互联网和相关服务	单位自办
一带一路人才战略智库	2018-6-1	非学校主管部门批准	其他智库，工信部智库	独立研究所	管理学	教育	单位自办
黑龙江省双创智库	2017-8-23	非学校主管部门批准	省级智库	独立研究所	管理学	教育	单位自办

续表

学校及机构名称	成立时间	批准部门	机构类型	组成方式	学科分类	服务的国民经济行业	组成类型
互动媒体设计与服务创新文化部重点实验室	2016-12-29	非学校主管部门批准	中央其他部委重点实验室	独立研究所	新闻学与传播学	新闻和出版业	政府部门办
中俄法学联合研究中心	2018-2-24	学校主管部门批准	其他重点研究基地，中俄合作研究中心	与校外合办所	法学	社会工作	与境外机构合办
哈尔滨理工大学							
高新技术发展与管理研究中心	2005-3-10	学校主管部门批准	省级重点研究基地	独立研究所	管理学	教育	单位自办
黑龙江省人口经济与人才发展战略研究中心	2017-5-11	非学校主管部门批准	省级智库	跨系所	经济学	教育	单位自办
科学学与科技管理研究所	1996-3-28	学校自建	校级重点研究基地	独立研究所	管理学	教育	单位自办
系统工程研究所	1996-9-1	学校自建	校级重点研究基地	独立研究所	管理学	教育	单位自办
哈尔滨工程大学							
船舶工业经济管理研究所	2006-3-1	学校自建	校级重点研究基地	独立研究所	管理学	铁路、船舶、航空航天和其他运输设备制造业	单位自办
大学德育与青年心理研究中心	2007-6-15	非学校主管部门批准	省级重点研究基地	独立研究所	心理学	卫生	单位自办
技术管理研究所	2008-11-20	学校自建	校级重点研究基地	独立研究所	管理学	其他金融业	单位自办
企业创新研究所	2007-6-15	非学校主管部门批准	省级重点研究基地	独立研究所	管理学	商务服务业	单位自办
灾难与危机管理研究所	2010-6-24	非学校主管部门批准	省级重点研究基地	独立研究所	管理学	专业技术服务业	单位自办
黑龙江科技大学							
资源型城市可持续发展研究中心	2017-8-3	非学校主管部门批准	省级智库	与校外合办所	管理学	教育	单位自办
东北石油大学							
大庆精神研究中心(合)	2010-10-4	学校主管部门批准	省级重点研究基地	与校外合办所	马克思主义	教育	与国内高校合办

续表

学校及机构名称	成立时间	批准部门	机构类型	组成方式	学科分类	服务的国民经济行业	组成类型
石油经济与管理研究所	2005-3-15	学校主管部门批准	省级重点研究基地	独立研究所	经济学	教育	单位自办
东北农业大学							
现代农业发展研究中心	2017-8-3	学校主管部门批准	省级智库	独立研究所	经济学	农业	单位自办
东北林业大学							
林业经济与管理研究中心	1997-11-1	学校自建	校级重点研究基地	跨系所	管理学	林业	单位自办
生态文明研究中心	2001-5-5	非学校主管部门批准	黑龙江省重点研究机构	与校外合办所	马克思主义	林业	单位自办
哈尔滨师范大学							
俄罗斯文化艺术研究中心	2011-9-1	学校主管部门批准	省级重点研究基地	独立研究所	艺术学	教育	单位自办
俄语教育研究中心	2007-3-12	学校主管部门批准	省级重点研究基地	独立研究所	语言学	教育	政府部门办
高校思想政治教育研究中心	2006-2-27	学校主管部门批准	省级重点研究基地	独立研究所	马克思主义	教育	政府部门办
黑龙江流域文明研究中心	2010-9-1	学校主管部门批准	省级重点研究基地	与校外合办所	历史学	教育	与国内高校合办
基础教育课程与教学研究中心	2007-3-12	学校主管部门批准	省级重点研究基地	独立研究所	教育学	教育	政府部门办
金源历史文化研究基地	2010-3-19	学校主管部门批准	省级重点研究基地	独立研究所	历史学	教育	与国内高校合办
审美文化与龙江文学研究中心	2006-2-27	学校主管部门批准	省级重点研究基地	独立研究所	中国文学	教育	政府部门办
斯拉夫国家研究中心	2017-10-9	非学校主管部门批准	其他重点研究基地	独立研究所	语言学	教育	与国内独立研究机构合办
新媒体与意识形态安全智库	2017-8-3	非学校主管部门批准	省级智库	独立研究所	马克思主义	教育	政府部门办
学校心理教育研究基地	2010-9-1	学校主管部门批准	省级重点研究基地	独立研究所	心理学	教育	单位自办
中俄文化艺术交流与合作研究中心	2017-8-3	非学校主管部门批准	省级智库	独立研究所	艺术学	教育	政府部门办
中国古代小说与诗歌研究中心	2006-2-27	学校主管部门批准	省级重点研究基地	独立研究所	中国文学	教育	政府部门办
齐齐哈尔大学							
黑龙江省少数民族历史文化遗产保护与传承研究中心	2018-12-12	非学校主管部门批准	省级智库	独立研究所	民族学与文化学	社会工作	政府部门办

续表

学校及机构名称	成立时间	批准部门	机构类型	组成方式	学科分类	服务的国民经济行业	组成类型
黑龙江省西部地区文化传承与发展研究中心	2012-11-11	学校主管部门批准	省级重点研究基地	跨系所	历史学	教育	单位自办
嫩江流域经济社会发展研究中心	2010-10-11	学校主管部门批准	省级重点研究基地	跨系所	社会学	社会工作	单位自办
嫩江流域历史文化研究基地	2012-2-22	非学校主管部门批准	省级重点研究基地	跨系所	历史学	教育	单位自办
大庆师范学院							
大庆精神研究中心(合)	2010-10-4	学校主管部门批准	省级重点研究基地	与校外合办所	马克思主义	教育	与国内高校合办
哈尔滨体育学院							
冰雪体育文化研究中心	2012-3-4	学校主管部门批准	省级重点研究基地	独立研究所	体育学	文化艺术业	单位自办
黑龙江工程学院							
冰雪经济研究所	2018-1-10	学校自建	校级重点研究基地	独立研究所	管理学	教育	单位自办
大学生体质健康检测研究所	2017-12-29	学校自建	校级重点实验室	独立研究所	体育学	体育	单位自办
管理决策与经济分析实验室	2012-11-15	学校自建	校级重点实验室	跨系所	管理学	教育	单位自办
黑龙江省漆画创作基地	2007-7-1	学校自建	校级重点研究基地	与校外合办所	艺术学	文化艺术业	与国内独立研究机构合办
交通经济管理研究所	2018-1-11	学校自建	校级重点研究基地	独立研究所	管理学	教育	单位自办
美术创作研究所	2010-4-1	学校自建	校级重点研究基地	独立研究所	艺术学	文化艺术业	单位自办
区域经济发展研究所	2012-1-19	学校自建	校级重点研究基地	跨系所	经济学	教育	单位自办
人文社会科学实训中心	2007-7-1	学校自建	校级重点研究基地	跨系所	社会学	社会工作	单位自办
艺术设计研究所	2016-5-18	学校自建	校级重点实验室	独立研究所	艺术学	文化艺术业	单位自办
语言实验中心	2008-9-5	学校自建	校级重点研究基地	独立研究所	语言学	教育	单位自办
黑河学院							
俄罗斯研究所	2004-4-10	学校自建	校级重点研究基地	跨系所	语言学	教育	单位自办

续表

学校及机构名称	成立时间	批准部门	机构类型	组成方式	学科分类	服务的国民经济行业	组成类型
黑龙江流域历史与文化研究所	2004-4-10	学校自建	校级重点研究基地	跨系所	历史学	文化艺术业	单位自办
中俄比较教育研究所	2006-11-10	学校自建	校级重点研究基地	跨系所	教育学	教育	单位自办
中国知青研究所	2011-5-16	学校自建	校级重点研究基地	独立研究所	历史学	其他服务业	单位自办
上海市							
复旦大学							
“两新”组织党建研究基地（侧重于社会组织党建）	2017-12-30	非学校主管部门批准	省级重点研究基地	独立研究所	政治学	中国共产党机关	单位自办
比较政治制度、基层政权与社区治理研究基地	2016-12-30	非学校主管部门批准	省级重点研究基地	跨系所	政治学	其他服务业	单位自办
博物馆建设与管理创新研究	2016-1-1	非学校主管部门批准	省级重点研究基地	独立研究所	管理学	教育	单位自办
长江经济带（复旦大学）发展研究院	2015-10-1	学校自建	其他	独立研究所	经济学	教育	单位自办
朝鲜韩国研究中心	2017-6-30	学校主管部门批准	教育部重点研究基地	独立研究所	国际问题研究	教育	单位自办
城市防灾减灾、灾害救助救济、应急管理研究基地	2016-12-30	非学校主管部门批准	省级重点研究基地	独立研究所	社会学	卫生	单位自办
出土文献与古文字研究中心	2005-1-20	学校自建	校属机构	跨系所	语言学	其他服务业	单位自办
当代国外马克思主义研究中心	2000-1-1	学校主管部门批准	教育部重点研究基地	跨系所	马克思主义	其他服务业	单位自办
党的建设理论与实践研究基地	2010-2-1	非学校主管部门批准	省级重点研究基地	跨系所	政治学	中国共产党机关	单位自办
党建理论研究基地	2016-12-28	非学校主管部门批准	省级重点研究基地	跨系所	马克思主义	其他服务业	单位自办
党建与国家发展研究中心	2013-7-1	非学校主管部门批准	省级智库	跨系所	政治学	中国共产党机关	单位自办
俄罗斯中亚研究中心	2000-3-1	学校自建	校属机构	独立研究所	国际问题研究	教育	单位自办
发展研究院	1993-2-11	学校自建	其他智库	独立研究所	国际问题研究	教育	单位自办
复旦（中国）网络空间战略研究所	2018-7-1	非学校主管部门批准	省级智库	独立研究所	国际问题研究	软件和信息技术服务业	单位自办

续表

学校及机构名称	成立时间	批准部门	机构类型	组成方式	学科分类	服务的国民经济行业	组成类型
高教研究所	1986-2-1	学校自建	校属机构	跨系所	教育学	其他服务业	单位自办
公共管理与公共政策研究国家哲学社会科学创新基地	2004-11-1	学校主管部门批准	教育部985创新基地	跨系所	社会学	中国共产党机关	单位自办
共青团中央中国特色社会主义理论体系研究中心研究基地	2016-12-29	非学校主管部门批准	中央其他部委重点研究基地	跨系所	政治学	中国共产党机关	单位自办
古籍研究所	1983-5-1	学校自建	校属机构	跨系所	教育学	教育	单位自办
国际大都市的治理与发展研究中心	2013-10-1	非学校主管部门批准	省级重点研究基地	跨系所	社会学	教育	单位自办
国际问题研究院	2013-12-1	非学校主管部门批准	中央其他部委重点研究基地	跨系所	国际问题研究	教育	单位自办
国家文化创新研究中心	2015-5-1	非学校主管部门批准	中央其他部委重点研究基地	跨系所	民族学与文化学	教育	单位自办
国家意识形态建设研究中心	2013-10-1	非学校主管部门批准	省级重点研究基地	跨系所	哲学	教育	单位自办
国外马克思主义与国外思潮研究国家哲学社会科学创新基地	2004-11-1	学校主管部门批准	教育部985创新基地	跨系所	马克思主义	其他服务业	单位自办
韩国研究中心	1992-11-1	学校自建	校属机构	跨系所	国际问题研究	中国共产党机关	单位自办
健康领域重大社会问题治理E-研究院	2013-10-1	非学校主管部门批准	省级重点研究基地	跨系所	管理学	教育	单位自办
教育立法研究基地	2017-12-30	学校主管部门批准	教育部重点研究基地	独立研究所	法学	其他服务业	单位自办
金砖国家研究中心	2017-6-1	学校自建	教育部重点研究基地，校属机构	独立研究所	国际问题研究	中国共产党机关	单位自办
就业与社会保障研究中心	2013-10-1	非学校主管部门批准	省级重点研究基地	跨系所	经济学	其他金融业	单位自办
科技考古研究院	2017-6-1	非学校主管部门批准	校级重点研究基地	独立研究所	考古学	文化艺术业	单位自办
历史地理研究国家哲学社会科学创新基地	2004-11-1	学校主管部门批准	教育部985创新基地	跨系所	历史学	其他服务业	单位自办

续表

学校及机构名称	成立时间	批准部门	机构类型	组成方式	学科分类	服务的国民经济行业	组成类型
历史地理研究中心	1999-11-1	学校主管部门批准	教育部重点研究基地	跨系所	历史学	其他服务业	单位自办
六次产业研究院	2016-3-1	学校自建	校级重点研究基地	独立研究所	经济学	研究和试验发展	单位自办
美国研究国家哲学社会科学创新基地	2004-11-1	学校主管部门批准	教育部985创新基地	跨系所	国际问题研究	教育	单位自办
美国研究中心	2000-1-1	学校主管部门批准	教育部重点研究基地	跨系所	国际问题研究	教育	单位自办
民族理论政策研究基地	2014-6-1	非学校主管部门批准	中央其他部委重点研究基地	跨系所	民族学与文化学	教育	单位自办
南亚研究中心	2007-6-1	学校主管部门批准	教育部重点研究基地	独立研究所	国际问题研究	教育	单位自办
欧洲问题研究中心	1993-1-1	学校自建	教育部重点研究基地，校属机构	独立研究所	国际问题研究	教育	单位自办
全国妇女/性别研究与培训基地	2002-6-13	非学校主管部门批准	中央其他部委重点研究基地	跨系所	社会学	卫生	单位自办
人口与发展政策研究中心	2013-7-1	非学校主管部门批准	省级智库	跨系所	社会学	教育	单位自办
人权研究中心	2014-4-1	学校主管部门批准	部省共建教育部重点研究基地，其他重点研究基地	跨系所	法学	教育	单位自办
日本研究中心	2017-6-1	学校主管部门批准	教育部重点研究基地，校级机构	跨系所	国际问题研究	教育	单位自办
上海（复旦大学）扶贫研究中心	2018-7-1	非学校主管部门批准	省级重点研究基地	独立研究所	经济学	国家机构	单位自办
上海产业结构调整研究基地	2010-2-1	非学校主管部门批准	省级重点研究基地	跨系所	经济学	教育	单位自办
上海高校智库研究和管理中心	2013-7-1	非学校主管部门批准	省级智库	跨系所	管理学	教育	单位自办
上海教育立法咨询与服务研究基地	2015-4-1	非学校主管部门批准	省级重点研究基地	独立研究所	法学	教育	单位自办
上海人口结构和发展趋势研究基地	2013-12-1	非学校主管部门批准	省级重点研究基地	跨系所	社会学	教育	单位自办
上海儒学院	2015-10-22	非学校主管部门批准	省级重点研究基地	独立研究所	哲学	其他服务业	单位自办

续表

学校及机构名称	成立时间	批准部门	机构类型	组成方式	学科分类	服务的国民经济行业	组成类型
上海市地方志发展研究中心	2018-7-1	非学校主管部门批准	省级重点研究基地	独立研究所	历史学	国家机构	单位自办
上海市化学教育教学研究基地（中学化学）	2016-5-1	非学校主管部门批准	省级重点研究基地	跨系所	教育学	其他服务业	单位自办
上海市科技创新与公共管理研究中心	2013-7-1	非学校主管部门批准	省级重点研究基地	跨系所	管理学	教育	单位自办
上海市历史教育教学研究基地	2013-11-1	非学校主管部门批准	省级重点研究基地	跨系所	历史学	其他服务业	单位自办
上海市数学教育教学研究基地（中小学数学）	2016-5-1	非学校主管部门批准	省级重点研究基地	跨系所	教育学	其他服务业	单位自办
上海市物理教育教学研究基地（中学物理）	2016-5-1	非学校主管部门批准	省级重点研究基地	跨系所	教育学	其他服务业	单位自办
上海物流研究院	2006-7-1	非学校主管部门批准	省级重点研究基地	跨系所	管理学	装卸搬运和仓储业	单位自办
社会科学高等研究院	2006-5-16	学校自建	校级机构	跨系所	法学	其他服务业	单位自办
世界经济研究所	2001-9-1	学校主管部门批准	教育部重点研究基地	跨系所	经济学	中国共产党机关	单位自办
世界文明史研究中心	2013-10-1	非学校主管部门批准	省级重点研究基地	跨系所	历史学	广播、电视、电影和影视录音制作业	单位自办
外交部政策研究重点合作单位	2013-12-1	非学校主管部门批准	中央其他部委重点研究基地	跨系所	国际问题研究	教育	单位自办
网络空间国际治理的规则制定、态势研判与能力建设研究基地	2018-7-1	非学校主管部门批准	中央其他部委重点研究基地	独立研究所	国际问题研究	软件和信息技术服务业	单位自办
文史研究院国家哲学社会科学创新基地	2004-11-1	学校主管部门批准	教育部 985 创新基地	跨系所	历史学	其他服务业	单位自办
新闻传播与媒介化社会研究国家哲学社会科学创新基地	2004-11-1	学校主管部门批准	教育部 985 创新基地	跨系所	新闻学与传播学	社会工作	单位自办
信息与传播研究中心	2000-12-1	学校主管部门批准	教育部重点研究基地	跨系所	新闻学与传播学	社会工作	单位自办

续表

学校及机构名称	成立时间	批准部门	机构类型	组成方式	学科分类	服务的国民经济行业	组成类型
行政体制改革与服务型政府建设研究基地	2015-2-1	非学校主管部门批准	省级重点研究基地	跨系所	政治学	教育	单位自办
亚太区域合作与治理研究基地	2016-1-14	非学校主管部门批准	省级重点研究基地	跨系所	国际问题研究	教育	单位自办
亚太区域合作与治理研究中心	2013-7-1	非学校主管部门批准	省级智库	跨系所	国际问题研究	教育	单位自办
一带一路与全球治理研究院	2015-4-16	非学校主管部门批准	中央其他部委重点研究基地	跨系所	国际问题研究	教育	单位自办
医药卫生政策研究	2018-7-1	非学校主管部门批准	省级重点研究基地	独立研究所	管理学	卫生	单位自办
中俄人文交流研究中心	2017-6-30	学校主管部门批准	教育部重点研究基地	独立研究所	国际问题研究	其他服务业	单位自办
中国(上海)自由贸易试验区建设研究基地	2013-12-1	非学校主管部门批准	省级重点研究基地	跨系所	经济学	其他金融业	单位自办
中国博物馆事业建设与管理研究基地	2013-11-1	非学校主管部门批准	省级重点研究基地	跨系所	历史学	广播、电视、电影和影视录音制作业	单位自办
中国共产党革命精神与文化资源研究中心	2013-6-1	学校主管部门批准	部省共建教育部重点研究基地	跨系所	政治学	其他服务业	单位自办
中国古代文学研究中心	1999-11-1	学校主管部门批准	教育部重点研究基地	跨系所	中国文学	其他服务业	单位自办
中国经济国际竞争力研究国家哲学社会科学创新基地	2004-11-1	学校主管部门批准	教育部 985 创新基地	跨系所	经济学	教育	单位自办
中国经济研究中心	2013-7-1	非学校主管部门批准	省级智库	跨系所	经济学	教育	单位自办
中国社会主义市场经济研究中心	2000-11-1	学校主管部门批准	教育部重点研究基地	跨系所	经济学	教育	单位自办
中国特色社会主义	2013-12-1	非学校主管部门批准	省级重点研究基地	跨系所	哲学	研究和试验发展	单位自办
中国特色社会主义民主与法制研究基地	2013-12-1	非学校主管部门批准	省级重点研究基地	跨系所	政治学	中国共产党机关	单位自办
中国特色社会主义政治经济学研究基地	2018-3-1	非学校主管部门批准	省级重点研究基地	独立研究所	经济学	专业技术服务业	单位自办

续表

学校及机构名称	成立时间	批准部门	机构类型	组成方式	学科分类	服务的国民经济行业	组成类型
中国统一战线理论研究会上海统战基础理论研究基地	2004-1-1	非学校主管部门批准	中央其他部委重点研究基地	跨系所	马克思主义	国家机构	单位自办
中国研究院	2015-11-22	非学校主管部门批准	国家高端智库	跨系所	国际问题研究	中国共产党机关	政府部门办
中华古籍保护研究院	2014-9-1	学校自建	校级重点研究基地	独立研究所	考古学	研究和试验发展	单位自办
中美人文交流研究中心	2017-6-30	学校主管部门批准	教育部重点研究基地	独立研究所	国际问题研究	教育	单位自办
中欧人文交流研究中心	2017-6-30	学校主管部门批准	教育部重点研究基地	独立研究所	国际问题研究	教育	单位自办
中外人文交流研究中心	2017-7-29	学校主管部门批准	教育部重点研究基地	跨系所	国际问题研究	其他服务业	单位自办
中外现代化进程研究中心	2004-12-1	学校主管部门批准	教育部重点研究基地	跨系所	历史学	其他服务业	单位自办
中英人文交流研究中心	2017-6-30	学校主管部门批准	教育部重点研究基地	独立研究所	国际问题研究	其他服务业	单位自办
宗教与中国国家安全研究中心	2013-7-1	非学校主管部门批准	省级智库	跨系所	宗教学	教育	单位自办
同济大学							
城市发展与管理研究基地	2000-3-1	非学校主管部门批准	其他重点研究基地	跨系所	管理学	科技推广和应用服务	政府部门办
德国研究中心	1985-11-25	非学校主管部门批准	其他智库	跨系所	国际问题研究	教育	单位自办
国家知识产权战略实施研究基地	2011-1-29	非学校主管部门批准	中央其他部委重点研究基地	独立研究所	法学	国家机构	政府部门办
可持续发展与新型城镇化智库	2015-1-20	学校自建	其他智库	跨系所	经济学	专业技术服务业	单位自办
上海交通大学							
城市科学研究院	2011-11-28	学校自建	校级重点研究基地	独立研究所	管理学	居民服务业	单位自办
高校学科发展与评价研究中心	2013-11-28	非学校主管部门批准	省级智库	与校外合办所	教育学	教育	政府部门办
国家海洋战略与权益维护基地	2013-11-28	非学校主管部门批准	省级智库	与校外合办所	法学	国家机构	政府部门办
国家文化产业创新研究基地	1999-12-2	学校自建	校级重点研究基地	独立研究所	管理学	广播、电视、电影和影视录音制作业	政府部门办
国家战略研究院	2016-4-15	非学校主管部门批准	校级重点研究基地	与校外合办所	管理学	国家机构	政府部门办

续表

学校及机构名称	成立时间	批准部门	机构类型	组成方式	学科分类	服务的国民经济行业	组成类型
上海市人民政府决策咨询研究基地陈宪工作室	2011-5-19	非学校主管部门批准	省级重点研究基地	与校外合办所	经济学	资本市场服务	政府部门办
上海市人民政府决策咨询研究基地顾海英工作室	2011-9-26	非学校主管部门批准	省级重点研究基地	与校外合办所	经济学	商务服务业	政府部门办
上海市人民政府决策咨询研究基地潘英丽工作室	2012-4-23	非学校主管部门批准	省级重点研究基地	与校外合办所	经济学	货币金融服务	政府部门办
上海市人民政府决策咨询研究中心谢耘耕工作室	2010-11-23	非学校主管部门批准	省级重点研究基地	与校外合办所	新闻学与传播学	广播、电视、电影和影视录音制作业	政府部门办
上海文化创意产业发展战略创新研究基地	2014-9-18	学校自建	校级重点研究基地	独立研究所	新闻学与传播学	广播、电视、电影和影视录音制作业	单位自办
神话学研究院	2017-12-8	非学校主管部门批准	省级智库	与校外合办所	中国文学	文化艺术业	政府部门办
世界一流大学研究中心	2005-1-1	学校自建	校级重点研究基地	独立研究所	教育学	教育	单位自办
协同创新发展研究中心	2013-11-28	非学校主管部门批准	省级智库	与校外合办所	管理学	教育	政府部门办
战争审判与世界和平研究院	2017-6-10	学校自建	校级重点研究基地	独立研究所	历史学	教育	单位自办
知识竞争力与区域发展研究中心	2012-10-31	非学校主管部门批准	省级重点研究基地	与校外合办所	经济学	商务服务业	政府部门办
中国城市治理研究院	2016-6-13	非学校主管部门批准	省级智库	与校外合办所	管理学	国家机构	政府部门办
华东理工大学							
华东社会发展研究所	1994-10-1	学校自建	校级研究机构	独立研究所	马克思主义	教育	单位自办
金融物理研究中心	2007-7-1	学校自建	校级研究机构	独立研究所	管理学	资本市场服务	单位自办
经济发展研究所	1987-4-10	学校自建	校级研究机构	独立研究所	经济学	教育	单位自办
设计与艺术研究所	1986-4-1	学校自建	校级研究机构	独立研究所	艺术学	文化艺术业	单位自办
数据科学与商务智能研究所	2003-2-8	学校自建	校级研究机构	独立研究所	管理学	互联网和相关服务	单位自办
体育经济理论研究所	2002-1-10	学校自建	校级研究机构	独立研究所	体育学	体育	单位自办

续表

学校及机构名称	成立时间	批准部门	机构类型	组成方式	学科分类	服务的国民经济行业	组成类型
应用社会学研究所	1994-10-1	学校自建	校级研究机构	独立研究所	社会学	教育	单位自办
上海海事大学							
海商法研究中心	2000-11-16	学校主管部门批准	省级重点研究基地	独立研究所	法学	道路运输业	单位自办
上海发展战略研究所汪传旭工作室	2009-9-1	学校主管部门批准	省级重点研究基地	独立研究所	管理学	道路运输业	单位自办
上海国际航运研究中心	2008-7-14	学校主管部门批准	省级重点研究基地，省级 2011 协同创新中心	与校外合办所	经济学	道路运输业	其他
上海市人民政府发展研究中心决策咨询研究基地	2012-12-25	非学校主管部门批准	省级重点研究基地	与校外合办所	管理学	水上运输业	其他
上海市社会科学创新研究基地—自贸试验区供应链研究	2015-12-25	非学校主管部门批准	省级智库，省级重点研究基地	跨系所	管理学	道路运输业	单位自办
东华大学							
城市创意经济与创新服务研究基地	2015-12-1	非学校主管部门批准	校级重点研究基地	跨系所	经济学	其他服务业	政府部门办
大众体育人文社科基地建设研究基地	2012-1-1	学校自建	校级重点研究基地	独立研究所	体育学	文化艺术业	单位自办
服务管理与创新基地	2012-5-1	学校自建	校级重点研究基地	独立研究所	管理学	纺织服装、服饰业	单位自办
服装品牌管理研究基地	2012-3-1	学校自建	校级重点研究基地	独立研究所	管理学	纺织服装、服饰业	单位自办
国际视野服装设计创新人才培养基地	2012-1-1	学校自建	校级重点研究基地	独立研究所	艺术学	教育	单位自办
海派时尚创意设计研究基地	2014-1-1	学校自建	校级重点研究基地	独立研究所	艺术学	纺织服装、服饰业	单位自办
科学技术与哲学研究基地	2006-1-1	学校自建	校级重点研究基地	独立研究所	哲学	教育	单位自办
马克思主义理论与当代实践研究基地	2014-9-1	非学校主管部门批准	中央其他部委重点研究基地	独立研究所	马克思主义	其他服务业	政府部门办
人类共同体视域下的儒学与近代词研究培育基地	2018-5-1	学校自建	校级重点研究基地	与校外合办所	语言学	教育	单位自办

续表

学校及机构名称	成立时间	批准部门	机构类型	组成方式	学科分类	服务的国民经济行业	组成类型
莎士比亚研究所	2012-10-30	学校自建	校级重点研究基地	独立研究所	外国文学	其他服务业	单位自办
时尚传播研究中心	2013-5-1	学校自建	校级重点研究基地	独立研究所	新闻学与传播学	其他服务业	单位自办
现代化与文明发展研究基地	2012-1-1	学校自建	校级重点研究基地	独立研究所	马克思主义	教育	单位自办
中国近代纺织史资料整理与研究基地	2017-1-1	学校自建	校级重点研究基地	独立研究所	历史学	教育	单位自办
上海电力学院							
“一带一路”能源电力管理与发展战略研究中心	2015-12-2	学校主管部门批准	其他重点研究基地，上海高校人文社会科学重点研究基地	跨系所	管理学	电力、热力生产和供应业	单位自办
上海中医药大学							
中医药文化研究与传播中心	2010-4-2	学校主管部门批准	省级重点研究基地	独立研究所	图书馆、情报与文献学	社会工作	单位自办
华东师范大学							
澳大利亚研究中心	1985-1-1	学校主管部门批准	其他重点研究基地，教育部国别和区域研究备案中心	跨系所	国际问题研究	国家机构	单位自办
白俄罗斯研究中心	2012-4-23	学校主管部门批准	其他重点研究基地，教育部国别和区域研究备案中心	独立研究所	国际问题研究	国家机构	单位自办
城市发展研究院	2013-10-19	学校自建	其他智库，智库机构	跨系所	经济学	其他金融业	单位自办
俄罗斯研究中心	1999-6-1	学校主管部门批准	教育部重点研究基地，其他重点研究基地，教育部国别和区域研究备案中心	独立研究所	国际问题研究	国家机构	政府部门办

续表

学校及机构名称	成立时间	批准部门	机构类型	组成方式	学科分类	服务的国民经济行业	组成类型
非物质文化遗产传承与应用研究中心	2017-9-20	学校自建	其他智库，校重点培育智库	跨系所	民族学与文化学	文化艺术业	单位自办
佛教美术研究中心	2017-9-18	学校自建	其他智库，校重点培育智库	独立研究所	艺术学	文化艺术业	单位自办
高等教育研究所	1982-1-1	学校自建	校非实体	独立研究所	教育学	教育	单位自办
国际关系与地区发展研究院	1999-2-17	学校自建	实体研究机构	独立研究所	国际问题研究	国家机构	单位自办
国际与比较教育研究所	1964-4-3	学校自建	校非实体	独立研究所	教育学	教育	单位自办
国家话语生态研究中心	2017-9-13	学校自建	其他智库，校重点培育智库	独立研究所	语言学	文化艺术业	单位自办
国家教育宏观政策研究院	2013-12-24	非学校主管部门批准	其他智库，部市共建智库	跨系所	教育学	国家机构	单位自办
国家品牌战略研究中心	2017-5-17	学校自建	其他智库，校重点培育智库	独立研究所	经济学	其他金融业	单位自办
基础教育改革与发展研究所	2000-3-1	学校主管部门批准	教育部重点研究基地	独立研究所	教育学	教育	政府部门办
教育高等研究院	2011-8-3	学校自建	校非实体	独立研究所	教育学	教育	单位自办
教育经济研究所	2008-3-1	学校自建	校非实体	跨系所	教育学	其他金融业	单位自办
教育治理研究院	2017-9-11	学校自建	其他智库，校重点培育智库	独立研究所	教育学	教育	单位自办
课程与教学研究所	1999-9-1	学校主管部门批准	教育部重点研究基地	独立研究所	教育学	其他服务业	政府部门办
两新组织党建研究基地	2018-3-12	非学校主管部门批准	省级重点研究基地	与校外合办所	马克思主义	群众团体、社会团体和其他成员组织	其他
美国研究中心	2008-12-1	学校自建	其他重点研究基地，教育部国别和区域研究备案中心	跨系所	国际问题研究	社会工作	单位自办

续表

学校及机构名称	成立时间	批准部门	机构类型	组成方式	学科分类	服务的国民经济行业	组成类型
民族宗教与国家治理研究中心	2012-5-18	学校自建	其他智库，校重点培育智库	独立研究所	宗教学	文化艺术业	单位自办
青少年法治教育协同创新中心	2016-10-21	非学校主管部门批准	其他 2011 协同创新中心，法规司共建	独立研究所	法学	教育	政府部门办
青少年运动促进健康研究院	2017-10-9	学校自建	其他智库，校重点培育智库	独立研究所	体育学	体育	单位自办
全球创新与发展研究院	2009-10-9	学校自建	其他智库，校重点培育智库	独立研究所	管理学	科技推广和应用服务	单位自办
人口研究所	1981-10-1	学校自建	校非实体	独立研究所	社会学	教育	单位自办
上海并购金融研究院	2016-4-8	非学校主管部门批准	其他重点研究基地，普陀区共建基地	独立研究所	经济学	货币金融服务	政府部门办
上海社会调查研究中心华东师范大学分中心	2009-1-31	非学校主管部门批准	校非实体	与校外合办所	社会学	卫生	与国内独立研究机构合办
上海市“党的执政能力建设”社会科学创新研究基地	2013-12-19	非学校主管部门批准	省级重点研究基地	独立研究所	政治学	中国共产党机关	政府部门办
上海市“教育强国的教育公平研究”社会科学创新研究基地	2016-4-26	非学校主管部门批准	省级重点研究基地	独立研究所	教育学	教育	政府部门办
上海市“青少年体育教育研究”社会科学创新研究基地	2016-4-11	非学校主管部门批准	省级重点研究基地	独立研究所	体育学	体育	政府部门办
上海市“社会主义核心价值体系”社会科学创新研究基地	2009-12-1	非学校主管部门批准	省级重点研究基地	跨系所	哲学	文化艺术业	政府部门办
上海市地理教育教学研究基地	2013-11-21	非学校主管部门批准	省级重点研究基地	独立研究所	教育学	教育	政府部门办
上海市教育立法咨询与服务研究基地	2016-6-29	非学校主管部门批准	省级重点研究基地	独立研究所	法学	社会工作	政府部门办

续表

学校及机构名称	成立时间	批准部门	机构类型	组成方式	学科分类	服务的国民经济行业	组成类型
上海市课程教育教学研究基地	2016-7-1	非学校主管部门批准	省级重点研究基地	独立研究所	教育学	教育	政府部门办
上海市人民政府决策咨询研究基地“长三角区域一体化”工作室	2009-12-1	非学校主管部门批准	省级重点研究基地	跨系所	经济学	其他金融业	政府部门办
上海市人民政府决策咨询研究基地“城市与区域创新”工作室	2018-5-16	非学校主管部门批准	省级重点研究基地	独立研究所	管理学	科技推广和应用服务	政府部门办
上海市人民政府决策咨询研究基地“大数据统计与金融风险管理”工作室	2015-11-16	非学校主管部门批准	省级重点研究基地	独立研究所	经济学	其他金融业	政府部门办
上海市人民政府决策咨询研究基地“都市旅游与服务管理”工作室	2013-8-16	非学校主管部门批准	省级重点研究基地	跨系所	经济学	其他服务业	与国内高校合办
上海市人民政府决策咨询研究基地“房地产与城市管理政策”工作室	2011-11-1	非学校主管部门批准	省级重点研究基地	跨系所	经济学	房地产业	政府部门办
上海市人民政府决策咨询研究基地“国际战略与上海发展方向”工作室	2013-12-19	非学校主管部门批准	省级重点研究基地	跨系所	国际问题研究	国家机构	政府部门办
上海市人民政府决策咨询研究基地“上海人口结构和发展趋势方向”工作室	2013-12-19	非学校主管部门批准	省级重点研究基地	跨系所	社会学	人民政协、民主党派	政府部门办
上海市生命科学教育教学研究基地	2016-7-19	非学校主管部门批准	省级重点研究基地	独立研究所	教育学	教育	政府部门办
上海市数学教育教学研究基地	2016-7-1	非学校主管部门批准	省级重点研究基地	独立研究所	教育学	教育	政府部门办
上海市特殊教育资源中心	1998-1-1	学校自建	校非实体	独立研究所	教育学	教育	单位自办
上海市体育教育教学研究基地	2013-10-25	非学校主管部门批准	省级重点研究基地	独立研究所	体育学	体育	政府部门办
上海市通用技术教育教学研究基地	2018-5-14	非学校主管部门批准	省级重点研究基地	独立研究所	教育学	科技推广和应用服务	政府部门办
上海市心理教育教学研究基地	2016-7-1	非学校主管部门批准	省级重点研究基地	独立研究所	心理学	科技推广和应用服务	政府部门办
上海市信息科技教育教学研究基地	2016-7-1	非学校主管部门批准	省级重点研究基地	独立研究所	教育学	软件和信息技术服务业	政府部门办

续表

学校及机构名称	成立时间	批准部门	机构类型	组成方式	学科分类	服务的国民经济行业	组成类型
上海市语文教育教学研究基地	2013-12-23	非学校主管部门批准	省级重点研究基地	独立研究所	教育学	文化艺术业	政府部门办
上海终身教育研究院	2012-7-19	非学校主管部门批准	省级智库	独立研究所	教育学	社会工作	政府部门办
思勉人文高等研究院	2007-11-8	学校自建	实体研究机构	独立研究所	哲学	其他服务业	单位自办
学术评价与促进研究中心	2017-7-11	学校自建	其他智库，校级重点智库培育基地	独立研究所	图书馆、情报与文献学	文化艺术业	单位自办
职业教育与成人教育研究所	2002-1-1	学校自建	校非实体	独立研究所	教育学	其他服务业	单位自办
中东欧研究中心	2016-9-19	学校主管部门批准	其他重点研究基地，教育部国别和区域研究中心备案	独立研究所	国际问题研究	国家机构	单位自办
中国金融研究院	2016-3-14	非学校主管部门批准	省级重点研究基地	跨系所	经济学	货币金融服务	政府部门办
中国特色商会发展研究中心	2012-5-15	学校自建	其他智库，校重点培育智库	独立研究所	经济学	其他金融业	单位自办
中国文字研究与应用中心	1999-12-1	学校主管部门批准	教育部重点研究基地	独立研究所	语言学	文化艺术业	政府部门办
中国现代城市研究中心	2003-3-1	学校主管部门批准	教育部重点研究基地	独立研究所	经济学	其他金融业	政府部门办
中国现代思想文化研究所	1999-1-1	学校主管部门批准	教育部重点研究基地	独立研究所	哲学	文化艺术业	政府部门办
中国行政区划研究中心	1990-5-1	非学校主管部门批准	其他重点研究基地，民政部研究基地	独立研究所	政治学	国家机构	政府部门办
中亚研究中心	2017-8-1	学校自建	其他重点研究基地，教育部国别和区域研究备案中心	跨系所	国际问题研究	国家机构	单位自办
周边国家研究院	2001-12-1	学校主管部门批准	教育部 985 创新基地，其他重点研究基地，教育部国别和区域研究备案中心	独立研究所	国际问题研究	国家机构	单位自办

续表

学校及机构名称	成立时间	批准部门	机构类型	组成方式	学科分类	服务的国民经济行业	组成类型
周边合作与发展协同创新中心	2012-8-16	非学校主管部门批准	省级智库	与校外合办所	国际问题研究	教育	政府部门办
上海师范大学							
城市治理法治化和现代化研究基地	2017-6-12	学校自建	校级重点研究基地	独立研究所	法学	国家机构	单位自办
都市文化研究中心	2004-11-1	非学校主管部门批准	教育部重点研究基地，校级重点研究基地	独立研究所	中国文学	文化艺术业	单位自办
非洲研究中心	2011-8-22	非学校主管部门批准	其他重点研究基地，教育部国别和区域研究基地	独立研究所	历史学	国家机构	单位自办
国际与比较教育研究院	2011-12-22	非学校主管部门批准	省级重点研究基地，校级重点研究基地，其他重点研究基地，教育部国别和区域研究基地	独立研究所	教育学	教育	单位自办
全球城市与世界文明传承研究基地	2015-12-2	非学校主管部门批准	省级重点研究基地	独立研究所	历史学	文化艺术业	单位自办
周边国家研究院	2018-10-1	学校自建	校级重点研究基地	独立研究所	国际问题研究	国家机构	单位自办
上海市教育立法咨询与服务研究基地	2016-2-18	非学校主管部门批准	省级重点研究基地	独立研究所	法学	体育	单位自办
上海市政府决策咨询研究基地高峻工作室	2015-9-8	非学校主管部门批准	省级重点研究基地，其他重点研究基地，上海市人民政府发展研究中心研究基地高峻工作室	跨系所	管理学	其他服务业	政府部门办
上海市政府决策咨询研究基地茆训诚工作室	2015-5-12	非学校主管部门批准	省级重点研究基地，其他重点研究基地，上海市政府决策咨询研究基地—茆训诚工作室	跨系所	经济学	资本市场服务	政府部门办

续表

学校及机构名称	成立时间	批准部门	机构类型	组成方式	学科分类	服务的国民经济行业	组成类型
中国公共文化服务发展与研究中心	2018-10-1	学校自建	校级重点研究基地	独立研究所	中国文学	文化艺术业	单位自办
上海外国语大学							
G20研究中心	2014-2-1	非学校主管部门批准	省级重点研究基地	独立研究所	国际问题研究	国家机构	单位自办
巴西研究中心	2017-8-1	学校主管部门批准	其他重点研究基地，教育部国别和区域研究中心（备案）	独立研究所	国际问题研究	国家机构	单位自办
俄罗斯研究中心	2012-7-1	学校主管部门批准	其他重点研究基地，教育部国别和区域研究中心	独立研究所	国际问题研究	国家机构	单位自办
哈萨克斯坦研究中心	2017-8-1	学校主管部门批准	其他重点研究基地，教育部国别和区域研究中心（备案）	独立研究所	国际问题研究	国家机构	单位自办
加拿大研究中心	2017-8-1	学校主管部门批准	其他重点研究基地，教育部国别和区域研究中心（备案）	独立研究所	国际问题研究	国家机构	单位自办
教育信息化国际比较研究中心	2015-4-15	学校主管部门批准	其他重点研究基地，与教育部共建基地	独立研究所	教育学	教育	单位自办
金砖国家研究中心	2017-8-1	学校主管部门批准	其他重点研究基地，教育部国别和区域研究中心（备案）	独立研究所	国际问题研究	国家机构	单位自办
跨文化研究中心	2006-9-1	学校自建	校级重点研究基地	独立研究所	民族学与文化学	文化艺术业	单位自办
南亚东南亚研究中心	2017-8-1	学校主管部门批准	其他重点研究基地，教育部国别和区域研究中心（备案）	独立研究所	国际问题研究	国家机构	单位自办

续表

学校及机构名称	成立时间	批准部门	机构类型	组成方式	学科分类	服务的国民经济行业	组成类型
欧盟研究中心	2012-7-1	学校主管部门批准	其他重点研究基地，教育部国别和区域研究中心	独立研究所	国际问题研究	国家机构	单位自办
欧洲智库研究中心	2017-8-1	学校主管部门批准	其他重点研究基地，教育部国别和区域研究中心（备案）	独立研究所	国际问题研究	国家机构	单位自办
全球文明史研究所	2017-12-14	学校自建	校级重点研究基地	独立研究所	历史学	文化艺术业	单位自办
日本研究中心	2017-8-1	学校主管部门批准	其他重点研究基地，教育部国别和区域研究中心（备案）	独立研究所	国际问题研究	国家机构	单位自办
上海市英语教育教学研究基地	2016-12-1	非学校主管部门批准	省级重点研究基地	独立研究所	语言学	教育	单位自办
丝路战略研究所	2015-9-1	学校自建	校级重点研究基地	独立研究所	国际问题研究	国家机构	单位自办
泰国研究中心	2017-8-1	学校主管部门批准	其他重点研究基地，教育部国别和区域研究中心（备案）	独立研究所	国际问题研究	国家机构	单位自办
文学研究院	2007-12-31	学校自建	校级重点研究基地	独立研究所	外国文学	文化艺术业	单位自办
希腊研究中心	2017-8-1	学校主管部门批准	其他重点研究基地，教育部国别和区域研究中心（备案）	独立研究所	国际问题研究	国家机构	单位自办
伊朗研究中心	2017-8-1	学校主管部门批准	其他重点研究基地，教育部国别和区域研究中心（备案）	独立研究所	国际问题研究	国家机构	单位自办
伊斯兰合作组织研究中心	2017-8-1	学校主管部门批准	其他重点研究基地，教育部国别和区域研究中心（备案）	独立研究所	国际问题研究	国家机构	单位自办

续表

学校及机构名称	成立时间	批准部门	机构类型	组成方式	学科分类	服务的国民经济行业	组成类型
印度研究中心	2017-8-1	学校主管部门批准	其他重点研究基地，教育部国别和区域研究中心（备案）	独立研究所	国际问题研究	国家机构	单位自办
英国研究中心	2012-7-1	学校主管部门批准	其他重点研究基地，教育部国别和区域研究中心	独立研究所	国际问题研究	国家机构	单位自办
语言研究院	2007-12-27	学校自建	校级重点研究基地	独立研究所	语言学	文化艺术业	单位自办
中阿改革发展研究中心	2017-4-20	学校主管部门批准	其他重点研究基地，教育部、上海市政府与上外共建基地	独立研究所	国际问题研究	国家机构	单位自办
中东研究所	2000-12-1	学校主管部门批准	教育部重点研究基地	独立研究所	国际问题研究	国家机构	单位自办
中国国际舆情研究中心	2008-2-1	学校自建	校级重点研究基地	独立研究所	新闻学与传播学	新闻和出版业	单位自办
中亚研究中心	2010-6-27	学校主管部门批准	其他重点研究基地，教育部国别和区域研究中心（备案）	独立研究所	国际问题研究	国家机构	单位自办
上海财经大学							
大数据统计科学中心	2015-3-28	学校自建	校级重点研究基地	独立研究所	统计学	互联网和相关服务	单位自办
高等研究院	2005-5-1	学校自建	校级重点研究基地	独立研究所	经济学	货币金融服务	单位自办
公共政策与治理研究院	2013-10-23	非学校主管部门批准	省级智库	独立研究所	管理学	国家机构	单位自办
国际商务汉语教学与资源开发基地（上海）	2015-7-1	非学校主管部门批准	省级重点研究基地	独立研究所	语言学	其他服务业	政府部门办
会计改革与发展协同创新中心	2013-10-1	学校自建	其他 2011 协同创新中心	独立研究所	管理学	资本市场服务	其他
会计与财务研究院	2001-12-1	学校主管部门批准	教育部重点研究基地	独立研究所	管理学	资本市场服务	政府部门办
交叉科学研究院	2017-1-10	学校自建	其他智库	独立研究所	管理学	互联网和相关服务	单位自办

续表

学校及机构名称	成立时间	批准部门	机构类型	组成方式	学科分类	服务的国民经济行业	组成类型
经济学与中国转型发展协同创新中心	2012-10-1	学校自建	其他 2011 协同创新中心	与校外合办所	经济学	货币金融服务	与国内高校合办
民族复兴中国梦协同创新中心	2013-11-1	非学校主管部门批准	省级重点研究基地	跨系所	哲学	国家机构	单位自办
三农研究院	2017-6-20	学校自建	其他智库	独立研究所	经济学	农业	单位自办
上海发展研究院	2013-11-20	学校自建	校级重点研究基地	跨系所	管理学	资本市场服务	单位自办
上海国际金融与经济研究院	2018-4-14	非学校主管部门批准	上海高校 IV 类高峰学科	与校外合办所	经济学	货币金融服务	与国内高校合办
上海国际金融中心研究院	2012-10-25	非学校主管部门批准	省级智库	跨系所	经济学	货币金融服务	政府部门办
上海国际组织与全球治理研究院	2017-6-13	学校自建	其他智库	与校外合办所	管理学	商务服务业	单位自办
上海教育立法咨询与服务研究基地	2016-3-1	非学校主管部门批准	省级重点研究基地	独立研究所	法学	中国共产党机关	单位自办
上海社会调查研究中心上财分中心	2011-3-18	非学校主管部门批准	省级重点研究基地	跨系所	统计学	国家机构	政府部门办
上海市金融信息技术研究重点实验室	2012-4-25	非学校主管部门批准	省级重点研究基地	独立研究所	经济学	科技推广和应用服务	单位自办
上海市人民政府决策咨询研究基地胡怡建工作室	2010-6-23	非学校主管部门批准	省级重点研究基地	独立研究所	管理学	商务服务业	单位自办
上海市人民政府决策咨询研究基地王洪卫工作室	2010-6-23	非学校主管部门批准	省级重点研究基地	独立研究所	经济学	商务服务业	其他
上海市人民政府决策咨询研究基地赵晓雷工作室	2012-6-12	非学校主管部门批准	省级重点研究基地	独立研究所	管理学	商务服务业	单位自办
数理经济学重点实验室	2012-4-1	学校主管部门批准	教育部重点实验室	跨系所	经济学	资本市场服务	政府部门办
中国产业发展研究院	2013-9-24	非学校主管部门批准	省级智库	独立研究所	经济学	商务服务业	单位自办
中国公共财政研究院	2014-3-3	非学校主管部门批准	省级重点研究基地	跨系所	经济学	国家机构	单位自办
中国企业创新发展研究基地	2015-12-1	非学校主管部门批准	省级重点研究基地	独立研究所	管理学	商务服务业	单位自办
中国自由贸易试验区协同创新中心	2013-9-1	非学校主管部门批准	省级 2011 协同创新中心	独立研究所	经济学	商务服务业	政府部门办

续表

学校及机构名称	成立时间	批准部门	机构类型	组成方式	学科分类	服务的国民经济行业	组成类型
最高人民法院自贸区司法研究基地	2015-7-1	非学校主管部门批准	省级重点研究基地	跨系所	法学	教育	政府部门办
上海对外经贸大学							
“高端开放与国际规则”决策咨询研究基地	2013-3-1	非学校主管部门批准	省级重点研究基地	独立研究所	经济学	教育	政府部门办
“一带一路”国家经贸关系与合作高等研究院	2018-1-17	学校自建	其他智库	独立研究所	经济学	资本市场服务	单位自办
“战略性大宗商品政府管制”孙海鸣工作室	2014-7-28	非学校主管部门批准	省级重点研究基地	跨系所	经济学	教育	政府部门办
国际发展合作研究院	2018-5-30	学校自建	校级重点研究基地	独立研究所	经济学	商务服务业	单位自办
国际经济贸易研究所	1978-10-1	学校主管部门批准	省级重点研究基地	独立研究所	经济学	商务服务业	单位自办
国际经贸治理与改革开放联合研究中心(上海高校智库)	2013-9-1	学校主管部门批准	省级智库	独立研究所	经济学	研究和试验发展	单位自办
人工智能与变革管理研究院	2017-12-9	学校自建	校级重点实验室	跨系所	管理学	软件和信息技术服务业	单位自办
上海国际贸易中心战略研究院	2012-6-1	学校主管部门批准	省级智库	独立研究所	经济学	商务服务业	政府部门办
上海市人民政府决策咨询研究基地黄建忠工作室	2015-1-1	非学校主管部门批准	省级重点研究基地	跨系所	经济学	商务服务业	单位自办
世界贸易组织(中国)讲席研究院	2018-9-12	学校自建	世贸组织讲席计划	跨系所	经济学	商务服务业	单位自办
数据科学与管理决策重点实验室	2016-12-1	学校主管部门批准	省级重点实验室	独立研究所	管理学	互联网和相关服务	单位自办
中国 WTO 贸易政策审议中心	2012-11-30	学校自建	世贸组织教席计划	独立研究所	经济学	商务服务业	与境外机构合办
自由贸易港战略研究院	2017-12-30	学校自建	校级重点研究基地	跨系所	经济学	商务服务业	单位自办
上海旅游高等专科学校							
城市会展经济研究中心	2015-12-22	学校自建	校内机构	独立研究所	管理学	其他服务业	单位自办
旅游休闲与户外休憩研究中心	2015-12-22	学校自建	校内机构	独立研究所	管理学	教育	单位自办

续表

学校及机构名称	成立时间	批准部门	机构类型	组成方式	学科分类	服务的国民经济行业	组成类型
中国酒店创新发展研究院	2015-12-1	学校自建	校内机构	跨系所	管理学	住宿业	与国内独立研究机构合办
中外旅游文化比较研究中心	2015-12-22	学校自建	校内机构	独立研究所	语言学	其他服务业	单位自办
华东政法大学							
电子商务法研究所	2000-2-1	学校自建	校级重点研究基地	跨系所	法学	计算机、通信和其他电子设备制造业	与国内高校合办
经济法研究中心	1999-12-1	学校自建	校级重点研究基地	跨系所	法学	资本市场服务	单位自办
外国法与比较法研究院	2004-12-31	学校主管部门批准	省级重点研究基地	跨系所	法学	教育	政府部门办
知识产权研究中心	2000-12-1	学校自建	校级重点研究基地	跨系所	法学	教育	单位自办
中国自由贸易区法律研究院	2013-9-13	学校自建	校级重点研究基地	跨系所	法学	资本市场服务	单位自办
上海体育学院							
国家体育总局运动技战术诊断与分析重点实验室	2008-2-1	非学校主管部门批准	中央其他部委重点实验室	独立研究所	体育学	体育	政府部门办
上海社会调查研究中心上海体育学院分中心	2013-12-22	非学校主管部门批准	上海市人民政府发展研究中心研究平台	独立研究所	体育学	体育	政府部门办
上海市运动休闲与体育产业发展研究中心	2013-12-17	学校主管部门批准	其他重点研究基地，上海市社会科学创新研究基地	独立研究所	体育学	体育	政府部门办
上海体育学院中国特色社会主义体育强国建设智库	2018-6-1	学校主管部门批准	省级智库	独立研究所	体育学	体育	单位自办
体育与健康伦理 E 研究院	2014-2-21	学校主管部门批准	省级智库	独立研究所	体育学	体育	单位自办
运动与健康产业协同创新中心	2013-12-17	学校主管部门批准	上海市高校知识服务平台	独立研究所	体育学	体育	政府部门办
上海音乐学院							

续表

学校及机构名称	成立时间	批准部门	机构类型	组成方式	学科分类	服务的国民经济行业	组成类型
上海市音乐声学艺术重点实验室	2007-1-6	学校主管部门批准	省级重点实验室，校级重点实验室	独立研究所	艺术学	文化艺术业	单位自办
上海音乐艺术发展中心	2014-6-1	学校主管部门批准	省级 2011 协同创新中心	独立研究所	艺术学	文化艺术业	单位自办
音乐教育教学研究基地	2013-11-3	学校主管部门批准	省级重点研究基地	独立研究所	艺术学	文化艺术业	单位自办
音乐研究所	1949-11-27	学校自建	校级重点研究基地	独立研究所	艺术学	文化艺术业	单位自办
上海戏剧学院							
编剧学研究中心	2016-7-12	学校自建	校级重点研究基地	独立研究所	艺术学	文化艺术业	单位自办
电影文化研究中心	2017-6-29	学校自建	校级重点研究基地	独立研究所	艺术学	文化艺术业	单位自办
电影艺术研究中心	2017-6-29	学校自建	校级重点研究基地	独立研究所	艺术学	文化艺术业	单位自办
国际表演艺术研究中心	2017-6-29	学校自建	校级重点研究基地	独立研究所	艺术学	文化艺术业	单位自办
国际戏剧协会演出艺术研究中心	2017-6-29	学校自建	校级重点研究基地	独立研究所	艺术学	文化艺术业	单位自办
全球城市(上海)文化观测研究中心	2017-6-29	学校自建	校级重点研究基地	独立研究所	艺术学	文化艺术业	单位自办
上海市多媒体演艺虚拟空间合成重点实验室	2004-12-1	学校主管部门批准	省级重点实验室	独立研究所	艺术学	文化艺术业	政府部门办
上海市综合艺术教育教学研究基地	2013-11-26	学校主管部门批准	省级重点研究基地	独立研究所	艺术学	文化艺术业	政府部门办
数字演艺集成创新文化部重点实验室	2014-11-4	非学校主管部门批准	中央其他部委重点实验室	独立研究所	艺术学	文化艺术业	政府部门办
外国戏剧研究中心	2017-6-29	学校自建	校级重点研究基地	独立研究所	艺术学	文化艺术业	单位自办
戏剧戏曲学研究中心	2010-12-3	学校自建	校级重点研究基地	独立研究所	艺术学	文化艺术业	单位自办
谢克纳人类表演学研究中心	2017-6-29	学校自建	校级重点研究基地	独立研究所	艺术学	文化艺术业	单位自办
艺术学理论研究中心	2017-6-29	学校自建	校级重点研究基地	独立研究所	艺术学	文化艺术业	单位自办
上海大学							
产业经济研究中心	2002-4-15	学校自建	校级重点研究基地	独立研究所	经济学	货币金融服务	单位自办

续表

学校及机构名称	成立时间	批准部门	机构类型	组成方式	学科分类	服务的国民经济行业	组成类型
电影产业与中国故事创新研究基地	2016-12-1	非学校主管部门批准	省级重点研究基地	独立研究所	艺术学	广播、电视、电影和影视录音制作业	其他
上海电影特效工程技术研究中心	2016-7-1	非学校主管部门批准	上海电影特效工程技术研究中心	独立研究所	艺术学	广播、电视、电影和影视录音制作业	政府部门办
上海高校知识服务平台公共艺术创意中心	2012-3-8	学校主管部门批准	省级重点研究基地	独立研究所	艺术学	广播、电视、电影和影视录音制作业	政府部门办
上海高校智库“基层治理创新研究中心”	2013-9-25	学校主管部门批准	省级智库	独立研究所	社会学	社会工作	政府部门办
上海市社会科学创新研究基地暨上海市发展战略研究所吴信训工作室	2009-12-30	非学校主管部门批准	省级重点研究基地	独立研究所	新闻学与传播学	新闻和出版业	政府部门办
影视与传媒产业研究基地	2007-10-10	学校主管部门批准	省级重点研究基地	独立研究所	新闻学与传播学	新闻和出版业	政府部门办
中国服务经济研究中心	2002-12-18	学校自建	校内研究基地	独立研究所	经济学	商务服务业	单位自办
中国社会转型与社会组织研究中心	2007-10-10	学校主管部门批准	省级重点研究基地	独立研究所	社会学	社会工作	政府部门办
上海工程技术大学							
会展艺术与技术创新中心	2009-10-20	学校主管部门批准	省级重点研究基地	独立研究所	艺术学	商务服务业	政府部门办
经济研究所	2000-9-1	学校自建	校内研究基地	独立研究所	管理学	研究和试验发展	单位自办
上海社会保障问题研究中心	2000-1-1	学校自建	校内研究基地	独立研究所	管理学	人民政协、民主党派	政府部门办
上海立信会计金融学院							
服务经济与上海国际金融中心建设研究基地	2017-9-21	学校主管部门批准	省级重点研究基地	与校外合办所	经济学	商务服务业	政府部门办
上海金融发展研究中心	2015-4-15	学校主管部门批准	省级智库	跨系所	经济学	其他金融业	政府部门办
上海浦东研究院、浦东（智库）研究院	2015-5-10	学校主管部门批准	省级智库	跨系所	经济学	商务服务业	政府部门办
吴大器参事工作室	2016-5-10	非学校主管部门批准	政府参事工作室	独立研究所	经济学	国家机构	政府部门办

续表

学校及机构名称	成立时间	批准部门	机构类型	组成方式	学科分类	服务的国民经济行业	组成类型
现代支付与互联网金融研究中心、科技金融研究院	2016-1-1	学校自建	研究机构	独立研究所	经济学	其他金融业	单位自办
一带一路研究院	2016-7-20	学校自建	研究机构	独立研究所	经济学	商务服务业	单位自办
自贸区研究院	2016-7-20	学校自建	研究机构	独立研究所	经济学	商务服务业	单位自办
上海电机学院							
上海装备制造产业发展研究中心	2016-2-15	学校主管部门批准	其他重点研究基地	跨系所	经济学	其他制造业	单位自办
上海杉达学院							
村上春树研究中心	2016-5-17	学校自建	校级重点研究基地	独立研究所	外国文学	文化艺术业	单位自办
低碳经济与财务信息研究中心	2017-7-23	学校自建	校级重点研究基地	独立研究所	经济学	商务服务业	单位自办
高等教育研究所	2015-9-1	学校自建	校级重点研究基地	独立研究所	教育学	教育	单位自办
国际发展合作战略与法律研究中心	2017-7-23	学校自建	校级重点研究基地	独立研究所	法学	国家机构	单位自办
互联网金融大数据研究中心	2017-7-23	学校自建	校级重点研究基地	独立研究所	经济学	资本市场服务	单位自办
儒学研究所	2017-7-23	学校自建	校级重点研究基地	独立研究所	哲学	教育	单位自办
上海政法学院							
司法研究所	2002-3-7	学校自建	校级重点研究基地	独立研究所	法学	教育	单位自办
应用社会科学研究院	2011-6-10	学校自建	校级重点研究基地	独立研究所	社会学	社会工作	单位自办
上海第二工业大学							
高等教育研究所	1982-2-1	学校自建	研究所	独立研究所	教育学	教育	单位自办
上海商学院							
上海商贸服务业知识服务中心	2012-6-7	学校主管部门批准	其他智库	独立研究所	管理学	商务服务业	单位自办
上海城建职业学院							
城市发展研究中心	2017-6-30	学校自建	校内研究机构	独立研究所	社会学	其他服务业	单位自办

续表

学校及机构名称	成立时间	批准部门	机构类型	组成方式	学科分类	服务的国民经济行业	组成类型
上海电子信息职业技术学院							
高等职业教育研究所	2004-6-30	学校自建	校级重点研究基地	独立研究所	教育学	教育	单位自办
上海建桥学院							
非物质文化遗产保护与产业发展研究中心	2015-4-18	学校自建	校级重点研究基地	跨系所	民族学与文化学	教育	单位自办
国际商务研究中心	2012-4-15	学校自建	校级重点研究基地	独立研究所	经济学	商务服务业	单位自办
民办高等教育研究所	2010-5-6	学校自建	校级重点研究基地	独立研究所	教育学	其他服务业	单位自办
新闻与传播研究所	2011-5-5	学校自建	校级重点研究基地	独立研究所	新闻学与传播学	社会工作	单位自办
上海纽约大学							
Center for Society, Health and Medicine	2016-9-1	学校自建	学校自建研究机构	独立研究所	社会学	研究和试验发展	单位自办
波动研究所	2014-11-1	学校自建	学校自建研究机构	独立研究所	经济学	其他金融业	单位自办
环球亚洲研究中心	2015-9-1	学校自建	学校自建研究机构	独立研究所	历史学	研究和试验发展	单位自办
全球历史经济文化联合研究中心	2017-11-30	学校自建	与国内高校合办	与校外合办所	历史学	研究和试验发展	与国内高校合办
商学教育与研究中心	2015-12-1	学校自建	学校自建研究机构	独立研究所	管理学	研究和试验发展	单位自办
社会发展联合研究中心	2013-11-1	学校自建	联合研究中心	与校外合办所	社会学	研究和试验发展	与国内高校合办
江苏省							
南京大学							
长江三角洲经济社会发展研究中心	2000-8-10	学校主管部门批准	教育部重点研究基地	独立研究所	经济学	商务服务业	政府部门办
当代外国文学与文化研究中心	2009-12-1	非学校主管部门批准	省级重点研究基地	独立研究所	外国文学	教育	政府部门办
公共事务与地方治理研究中心	2009-12-1	非学校主管部门批准	省级重点研究基地	独立研究所	政治学	社会保障	政府部门办
国家文化产业研究中心	2007-1-1	非学校主管部门批准	中央其他部委重点实验室	与校外合办所	经济学	文化艺术业	政府部门办

续表

学校及机构名称	成立时间	批准部门	机构类型	组成方式	学科分类	服务的国民经济行业	组成类型
国家信息资源管理南京研究基地	2000-11-4	非学校主管部门批准	中央其他部委重点研究基地	独立研究所	图书馆、情报与文献学	软件和信息技术服务业	单位自办
江苏省城市现代化研究中心	2008-1-1	非学校主管部门批准	省级重点研究基地	跨系所	社会学	公共设施管理业	政府部门办
江苏省社会风险管理研究中心	2008-1-1	非学校主管部门批准	省级重点研究基地	跨系所	管理学	社会保障	政府部门办
江苏省数据工程与知识服务重点实验室	2014-7-1	学校主管部门批准	省级重点实验室	独立研究所	图书馆、情报与文献学	软件和信息技术服务业	政府部门办
马克思主义社会理论研究中心	2003-9-8	学校主管部门批准	教育部重点研究基地	独立研究所	马克思主义	中国共产党机关	政府部门办
民族与边疆研究中心	2004-3-20	学校自建	校级重点研究基地	独立研究所	民族学与文化学	社会工作	单位自办
区域经济转型与管理变革协同创新中心	2007-6-1	学校主管部门批准	省级 2011 协同创新中心	独立研究所	经济学	商务服务业	政府部门办
全国中国特色社会主义政治经济学研究中心	2017-3-30	学校主管部门批准	中央其他部委重点研究基地	独立研究所	经济学	商务服务业	与国内独立研究机构合办
儒佛道与中国传统文化研究中心	2010-3-1	非学校主管部门批准	省级重点研究基地	独立研究所	宗教学	群众团体、社会团体和其他成员组织	政府部门办
社会舆情分析与决策支持研究中心	2004-1-1	学校主管部门批准	省级重点研究基地	跨系所	新闻学与传播学	新闻和出版业	政府部门办
社会与行为科学实验中心	2014-7-1	学校主管部门批准	省级重点研究基地	独立研究所	社会学	社会工作	政府部门办
苏南率先基本实现现代化研究中心	2004-1-1	学校主管部门批准	省级重点研究基地	跨系所	经济学	商务服务业	政府部门办
中国抗日战争研究协同创新中心	2016-2-1	学校主管部门批准	其他 2011 协同创新中心	独立研究所	历史学	教育	政府部门办
中国南海研究协同创新中心	2013-6-1	学校主管部门批准	国家级 2011 协同创新中心	与校外合办所	国际问题研究	国际组织	政府部门办
中国社会与文化研究中心	2004-8-1	学校自建	校级重点研究基地	独立研究所	社会学	社会工作	单位自办
中国诗学研究中心	2004-12-5	学校自建	校级重点研究基地	独立研究所	中国文学	文化艺术业	单位自办

续表

学校及机构名称	成立时间	批准部门	机构类型	组成方式	学科分类	服务的国民经济行业	组成类型
中国特色社会主义理论体系研究基地	2004-1-1	学校主管部门批准	教育部985创新基地	跨系所	马克思主义	中国共产党机关	政府部门办
中国文学与东亚文明研究协同创新中心	2007-1-1	非学校主管部门批准	省级2011协同创新中心	独立研究所	中国文学	文化艺术业	政府部门办
中国新文学研究中心	1999-12-31	学校主管部门批准	教育部重点研究基地	独立研究所	中国文学	文化艺术业	政府部门办
中国语言战略研究中心	2007-1-1	非学校主管部门批准	中央其他部委重点研究基地	与校外合办所	语言学	教育	政府部门办
中华民国史研究中心	1993-6-18	学校主管部门批准	教育部重点研究基地	独立研究所	历史学	教育	政府部门办
苏州大学							
东吴智库	2015-6-18	学校主管部门批准	省级智库，省级重点研究基地	跨系所	经济学	教育	单位自办
公法研究中心	2009-10-27	学校主管部门批准	省级重点研究基地	独立研究所	法学	教育	单位自办
国家体育总局机能评定与体能训练重点实验室	2008-8-25	非学校主管部门批准	中央其他部委重点实验室	独立研究所	体育学	教育	单位自办
国家体育总局体育社会科学重点研究基地	2001-5-18	非学校主管部门批准	中央其他部委重点研究基地	独立研究所	体育学	教育	单位自办
江苏省吴文化研究基地	1996-12-5	非学校主管部门批准	省级重点研究基地	独立研究所	历史学	教育	单位自办
江苏省新型城镇化与社会治理协同创新中心	2014-3-20	学校主管部门批准	省级2011协同创新中心	与校外合办所	政治学	其他服务业	与国内高校合办
老挝—大湄公河次区域国家研究中心	2013-6-28	学校主管部门批准	校级重点研究基地	独立研究所	国际问题研究	其他服务业	单位自办
苏南发展研究院	1997-4-7	学校自建	其他重点研究基地	跨系所	社会学	其他服务业	单位自办
苏州基层党建研究所	2007-6-26	学校主管部门批准	省级重点研究基地	与校外合办所	马克思主义	卫生	政府部门办

续表

学校及机构名称	成立时间	批准部门	机构类型	组成方式	学科分类	服务的国民经济行业	组成类型
中国特色城镇化研究中心	2003-4-28	学校主管部门批准	教育部重点研究基地	跨系所	管理学	其他服务业	单位自办
东南大学							
城市停车信息云平台实验室	2016-6-6	学校主管部门批准	校级重点研究基地	独立研究所	法学	教育	单位自办
反腐败法治研究中心	2015-1-30	非学校主管部门批准	省级重点研究基地	独立研究所	法学	中国共产党机关	政府部门办
江苏经济全球化研究中心	2011-11-17	非学校主管部门批准	省级重点研究基地	与校外合办所	经济学	卫生	单位自办
江苏民生幸福研究基地	2011-9-10	非学校主管部门批准	省级重点研究基地	独立研究所	经济学	卫生	单位自办
江苏省青少年工作研究基地（青少年违法犯罪）	2017-12-1	非学校主管部门批准	其他	与校外合办所	法学	教育	政府部门办
江苏省区域经济与发展研究基地	2008-8-20	非学校主管部门批准	省级重点研究基地	独立研究所	管理学	科技推广和应用服务	单位自办
江苏省社区矫正损害修复项目研究基地	2017-9-1	非学校主管部门批准	其他	与校外合办所	法学	教育	政府部门办
交通法治与发展研究中心	2012-6-6	学校主管部门批准	省级重点研究基地	独立研究所	法学	教育	单位自办
情报科学技术研究所	1994-1-1	学校主管部门批准	其他	独立研究所	图书馆、情报与文献学	教育	单位自办
人民法院司法大数据研究基地	2016-7-1	非学校主管部门批准	其他重点研究基地	与校外合办所	法学	中国共产党机关	其他
中国特色社会主义理论体系研究基地	2015-4-2	非学校主管部门批准	省级重点研究基地	独立研究所	政治学	教育	政府部门办
南京航空航天大学							
巴尔干地区研究中心	2017-6-13	非学校主管部门批准	教育部重点研究基地	独立研究所	国际问题研究	国家机构	单位自办
国际战略与安全研究中心	2013-6-28	非学校主管部门批准	省级重点研究基地	独立研究所	国际问题研究	国家机构	单位自办
国家文化产业研究中心	2006-12-7	非学校主管部门批准	中央其他部委重点研究基地	独立研究所	艺术学	社会工作	单位自办
江苏省非物质文化遗产研究基地	2014-6-25	非学校主管部门批准	省级重点研究基地	独立研究所	艺术学	文化艺术业	单位自办

续表

学校及机构名称	成立时间	批准部门	机构类型	组成方式	学科分类	服务的国民经济行业	组成类型
江苏省高校思想政治教育研究中心	2018-7-19	非学校主管部门批准	省级重点研究基地	独立研究所	马克思主义	科技推广和应用服务	单位自办
江苏省后评价研究中心	2005-9-6	非学校主管部门批准	省级重点研究基地	独立研究所	管理学	社会工作	其他
江苏省军民融合产业发展研究中心	2016-4-25	非学校主管部门批准	省级重点研究基地	独立研究所	经济学	科技推广和应用服务	单位自办
江苏省人力资源发展研究基地	2017-7-7	非学校主管部门批准	省级重点研究基地	独立研究所	管理学	科技推广和应用服务	单位自办
江苏省中国特色社会主义理论体系研究基地	2015-4-2	非学校主管部门批准	省级重点研究基地	独立研究所	马克思主义	国家机构	单位自办
科学发展研究中心	2010-8-5	非学校主管部门批准	省级重点研究基地	独立研究所	管理学	科技推广和应用服务	单位自办
能源软科学研究中心	2010-8-5	非学校主管部门批准	省级重点研究基地	独立研究所	管理学	科技推广和应用服务	单位自办
南京理工大学							
国际经贸问题研究中心	2012-12-7	非学校主管部门批准	省级基地培育点	独立研究所	经济学	国家机构	其他
江苏产业集群研究基地	2011-11-5	非学校主管部门批准	省级重点研究基地	独立研究所	经济学	国家机构	单位自办
江苏服务型政府建设研究基地	2011-11-5	非学校主管部门批准	省级重点研究基地	独立研究所	社会学	国家机构	其他
江苏人才发展战略研究院	2016-7-7	非学校主管部门批准	省级智库	独立研究所	管理学	中国共产党机关	政府部门办
江苏省版权研究中心	2017-4-6	非学校主管部门批准	省级重点研究基地	独立研究所	法学	国家机构	政府部门办
江苏省军民融合发展研究院	2017-8-31	非学校主管部门批准	省级重点研究基地	独立研究所	管理学	国家机构	政府部门办
江苏省军民融合科技与产业创新研究中心	2016-4-14	非学校主管部门批准	省级重点研究基地	独立研究所	管理学	国家机构	政府部门办
江苏省科技人才思想库	2012-10-19	非学校主管部门批准	省级重点研究基地	独立研究所	统计学	教育	单位自办
江苏省知识产权发展研究中心	2012-1-1	非学校主管部门批准	省级重点研究基地	独立研究所	法学	教育	单位自办
江苏省知识产权思想库	2016-2-3	非学校主管部门批准	省级重点研究基地	独立研究所	法学	教育	政府部门办
马克思主义与当代中国研究中心	2004-9-23	学校自建	省级基地培育点	独立研究所	马克思主义	教育	其他
沙特研究中心	2017-9-29	非学校主管部门批准	其他重点研究基地	独立研究所	国际问题研究	国家机构	单位自办

续表

学校及机构名称	成立时间	批准部门	机构类型	组成方式	学科分类	服务的国民经济行业	组成类型
社会计算与舆情分析研究中心	2012-4-13	学校主管部门批准	省级基地培育点	独立研究所	图书馆、情报与文献学	国家机构	单位自办
政治建设与地方治理研究中心	2018-9-14	学校主管部门批准	江苏省高校哲学社会科学重点研究（建设）基地	独立研究所	政治学	国家机构	单位自办
江苏科技大学							
服务制造模式与信息化研究中心	2015-5-1	学校主管部门批准	省级重点研究基地	独立研究所	管理学	铁路、船舶、航空航天和其他运输设备制造业	与国内独立研究机构合办
中国矿业大学							
安全管理研究中心	2018-7-19	学校主管部门批准	省级重点研究基地	独立研究所	管理学	国家机构	政府部门办
澳大利亚研究中心	2017-6-13	学校主管部门批准	其他重点研究基地	独立研究所	国际问题研究	国家机构	政府部门办
国际能源政策研究中心	2013-7-1	学校主管部门批准	省级重点研究基地	独立研究所	管理学	国家机构	政府部门办
江苏省公共安全创新研究中心	2017-11-2	学校主管部门批准	省级重点研究基地	独立研究所	管理学	国家机构	与国内独立研究机构合办
江苏省能源经济管理研究基地	2008-10-1	学校主管部门批准	省级重点研究基地	独立研究所	管理学	国家机构	政府部门办
南京工业大学							
江苏产业科技创新研究中心	2017-3-5	学校主管部门批准	省级重点研究基地	与校外合办所	管理学	科技推广和应用服务	与国内独立研究机构合办
常州大学							
常州社科院历史文化研究所	2013-4-10	学校自建	校级重点研究基地	与校外合办所	历史学	其他服务业	与国内独立研究机构合办
常州现代服务业研究院	2014-9-23	非学校主管部门批准	校级重点研究基地	与校外合办所	管理学	商务服务业	单位自办
城乡文明研究所	2014-6-5	学校自建	校级重点研究基地	独立研究所	马克思主义	教育	单位自办

续表

学校及机构名称	成立时间	批准部门	机构类型	组成方式	学科分类	服务的国民经济行业	组成类型
国家与江苏石油石化发展战略研究基地	2013-3-19	学校主管部门批准	省级重点研究基地	与校外合办所	管理学	石油、煤炭及其他燃料加工业	政府部门办
江苏省非物质文化遗产研究基地	2014-10-20	学校主管部门批准	省级重点研究基地	跨系所	艺术学	中国共产党机关	政府部门办
江苏中国特色社会主义理论研究基地	2015-5-6	学校主管部门批准	省级重点研究基地	跨系所	马克思主义	国家机构	政府部门办
旅游产业战略研究所	2014-1-7	学校自建	校级重点研究基地	跨系所	管理学	商务服务业	单位自办
马克思主义研究院	2014-4-24	学校自建	校级重点研究基地	独立研究所	马克思主义	教育	单位自办
人力资源管理研究中心	2014-2-1	学校自建	校级重点研究基地	与校外合办所	管理学	其他服务业	单位自办
书画艺术研究院	2014-8-6	学校自建	校级重点研究基地	独立研究所	艺术学	广播、电视、电影和影视录音制作业	单位自办
苏台经贸合作和科技创新研究中心	2015-5-18	学校主管部门批准	省级重点研究基地	与校外合办所	管理学	商务服务业	单位自办
体育健康教育研究所	2011-10-17	学校自建	校级重点研究基地	独立研究所	体育学	文化艺术业	单位自办
应用语言学研究所	2014-1-7	学校自建	校级重点研究基地	独立研究所	语言学	其他服务业	单位自办
语言应用研究基地	2015-10-19	非学校主管部门批准	省级重点研究基地	与校外合办所	语言学	其他服务业	与国内独立研究机构合办
中国财经文学研究中心	2013-6-5	学校自建	校级重点研究基地	独立研究所	中国文学	广播、电视、电影和影视录音制作业	单位自办
南京邮电大学							
大数据与人口流动研究	2015-6-10	学校主管部门批准	江苏省教育厅批准江苏高校哲学社会科学优秀创新团队	跨系所	社会学	社会工作	单位自办
江苏农业信息化研究基地	2011-11-15	非学校主管部门批准	其他重点研究基地，江苏省社科联批准决策咨询研究基地	跨系所	经济学	科技推广和应用服务	单位自办

续表

学校及机构名称	成立时间	批准部门	机构类型	组成方式	学科分类	服务的国民经济行业	组成类型
江苏省统计科学研究基地	2010-6-7	非学校主管部门批准	其他重点研究基地，江苏省统计局批准	跨系所	统计学	软件和信息技术服务业	单位自办
江苏省物联网产业发展研究基地	2010-8-5	学校主管部门批准	其他重点研究基地，江苏省教育厅批准江苏高校哲学社会科学重点研究基地	跨系所	管理学	互联网和相关服务	单位自办
江苏现代信息服务业研究基地	2011-12-22	非学校主管部门批准	其他重点研究基地，江苏省社科联批准决策咨询研究基地	跨系所	管理学	软件和信息技术服务业	单位自办
江苏智慧养老研究院校外研究基地	2017-7-7	学校主管部门批准	其他重点研究基地，江苏省教育厅批准江苏高校人文社会科学校外研究基地	与校外合办所	社会学	社会工作	单位自办
信息产业融合创新与应急管理研究中心	2018-7-19	学校主管部门批准	其他重点研究基地，江苏省教育厅批准江苏高校哲学社会科学重点研究基地	跨系所	管理学	互联网和相关服务	单位自办
河海大学							
“世界水谷”与水生态文明协同创新中心	2014-12-4	非学校主管部门批准	省级 2011 协同创新中心	独立研究所	管理学	生态保护和环境治理业	政府部门办
东部资源环境与持续发展研究中心	1994-12-1	非学校主管部门批准	中央其他部委重点研究基地	与校外合办所	经济学	教育	政府部门办
公民道德发展与人的现代化研究基地	2012-12-12	非学校主管部门批准	省级重点研究基地	独立研究所	哲学	中国共产党机关	政府部门办
国际河流研究中心	2013-7-6	非学校主管部门批准	省级重点研究基地	独立研究所	国际问题研究	水利管理业	政府部门办

续表

学校及机构名称	成立时间	批准部门	机构类型	组成方式	学科分类	服务的国民经济行业	组成类型
环境与社会研究中心	2015-2-4	非学校主管部门批准	省级重点研究基地	独立研究所	社会学	教育	政府部门办
江苏企业国际化发展研究基地	2011-11-20	非学校主管部门批准	省级重点研究基地	独立研究所	哲学	商务服务业	政府部门办
江苏省科技体制改革科技思想库	2012-9-21	非学校主管部门批准	省级重点研究基地	独立研究所	管理学	中国共产党机关	政府部门办
江苏省老年学研究与培训基地	2015-12-6	非学校主管部门批准	中央其他部委重点研究基地	与校外合办所	社会学	人民政协、民主党派	政府部门办
江苏省水资源与可持续发展研究中心	2010-11-11	非学校主管部门批准	省级重点研究基地	独立研究所	经济学	教育	政府部门办
江苏省循环经济工程研究中心	2005-12-1	非学校主管部门批准	省级重点研究基地	独立研究所	管理学	教育	政府部门办
江苏省中国特色社会主义理论体系研究基地	2015-4-9	非学校主管部门批准	省级重点研究基地	独立研究所	马克思主义	教育	政府部门办
江苏沿海资源经济研究中心	2011-12-31	非学校主管部门批准	省级重点研究基地	与校外合办所	经济学	水利管理业	政府部门办
企业人才研究中心	2015-5-12	非学校主管部门批准	省级重点研究基地	独立研究所	管理学	商务服务业	政府部门办
全国性别/妇女研究与培训基地	2013-9-16	非学校主管部门批准	中央其他部委重点研究基地	与校外合办所	社会学	社会保障	政府部门办
人口老龄化科研基地	2014-10-16	非学校主管部门批准	省级重点研究基地	独立研究所	社会学	教育	政府部门办
水库移民经济研究中心	1992-9-15	非学校主管部门批准	中央其他部委重点研究基地	独立研究所	社会学	水利管理业	政府部门办
水利部人力资源研究院	2011-4-29	非学校主管部门批准	中央其他部委重点研究基地	与校外合办所	马克思主义	教育	政府部门办
水利法治研究中心	2017-7-20	学校主管部门批准	省级重点研究基地	与校外合办所	法学	教育	政府部门办
水利经济研究所	1985-12-28	非学校主管部门批准	中央其他部委重点研究基地	独立研究所	经济学	教育	政府部门办
水利政策法制研究与培训中心	2011-10-18	非学校主管部门批准	中央其他部委重点研究基地	独立研究所	法学	生态保护和环境治理业	政府部门办

续表

学校及机构名称	成立时间	批准部门	机构类型	组成方式	学科分类	服务的国民经济行业	组成类型
中国(南京)人才发展研究中心	2012-3-28	非学校主管部门批准	省级重点研究基地	独立研究所	管理学	娱乐业	政府部门办
中央人才理论研究基地	2014-5-9	非学校主管部门批准	中央其他部委重点研究基地	独立研究所	管理学	中国共产党机关	政府部门办
江南大学							
汉族服饰类非物质文化遗产研究基地	2014-7-21	非学校主管部门批准	其他重点研究基地	独立研究所	艺术学	纺织服装、服饰业	政府部门办
江南民族音乐研究中心	2017-7-1	学校自建	校级重点研究基地	独立研究所	艺术学	广播、电视、电影和影视录音制作业	单位自办
江苏党风廉政建设创新研究基地	2011-11-1	非学校主管部门批准	其他重点研究基地,省社科联	与校外合办所	马克思主义	中国共产党机关	单位自办
江苏省产品创意与文化重点研究基地	2010-1-1	非学校主管部门批准	其他重点研究基地	跨系所	艺术学	广播、电视、电影和影视录音制作业	单位自办
江苏省中国特色社会主义理论体系研究基地	2015-9-7	非学校主管部门批准	其他重点研究基地,省委宣传部	跨系所	马克思主义	中国共产党机关	政府部门办
教育信息化研究中心	2013-2-1	学校自建	其他重点研究基地,省教育厅	独立研究所	教育学	教育	单位自办
金融创新与风险管理研究基地	2017-7-1	学校主管部门批准	校级重点研究基地	独立研究所	经济学	货币金融服务	单位自办
品牌战略与管理创新研究基地	2017-1-20	非学校主管部门批准	省级智库,其他重点研究基地,省规划办	跨系所	管理学	文教、工美、体育和娱乐用品制造业	与国内高校合办
钱钟书及其海外传播研究中心	2017-7-1	学校主管部门批准	校级重点研究基地	独立研究所	语言学	教育	单位自办
食品安全风险治理研究院	2016-7-8	非学校主管部门批准	省级智库,其他重点研究基地	跨系所	管理学	人民政协、民主党派	与国内高校合办
无锡党的建设研究基地	2013-3-6	学校自建	校级重点研究基地	与校外合办所	政治学	中国共产党机关	政府部门办
无锡古运河文化创意中心	2015-10-12	学校自建	校级重点研究基地	与校外合办所	艺术学	广播、电视、电影和影视录音制作业	政府部门办

续表

学校及机构名称	成立时间	批准部门	机构类型	组成方式	学科分类	服务的国民经济行业	组成类型
无锡江南文化与影视研究中心	2007-12-27	学校自建	校级重点研究基地	与校外合办所	中国文学	广播、电视、电影和影视录音制作业	政府部门办
无锡老龄科学研究中心	2010-11-1	学校自建	校级重点研究基地	独立研究所	社会学	卫生	其他
无锡旅游与区域发展研究基地	2013-3-6	学校自建	校级重点研究基地	与校外合办所	经济学	研究和试验发展	政府部门办
无锡人力资源开发研究基地	2013-3-8	学校自建	校级重点研究基地	与校外合办所	管理学	商务服务业	与国内高校合办
中国物联网发展战略研究基地	2012-3-15	非学校主管部门批准	省级重点研究基地	独立研究所	管理学	互联网和相关服务	与国内独立研究机构合办
南京林业大学							
江苏环境与发展研究中心	2009-12-15	学校主管部门批准	省级重点研究基地	独立研究所	哲学	生态保护和环境治理业	政府部门办
生态经济研究中心	2010-10-28	学校主管部门批准	省级重点研究基地	独立研究所	经济学	生态保护和环境治理业	政府部门办
江苏大学							
高等教育研究所	1983-8-1	学校自建	研究所	独立研究所	教育学	其他服务业	单位自办
江苏省统计应用研究基地	2012-1-11	非学校主管部门批准	省级重点研究基地	与校外合办所	统计学	其他服务业	与国内独立研究机构合办
江苏省知识产权研究中心	2008-9-27	非学校主管部门批准	省级重点研究基地	独立研究所	管理学	专业技术服务业	单位自办
江苏省中小企业发展研究基地	2008-10-3	非学校主管部门批准	省级重点研究基地	跨系所	管理学	专业技术服务业	政府部门办
能源发展与环境保护战略研究中心	2009-11-11	非学校主管部门批准	省级重点研究基地	独立研究所	经济学	专业技术服务业	政府部门办
现代农业经济研究所	2004-5-20	非学校主管部门批准	研究所	跨系所	经济学	农业	单位自办
中小企业研究中心	2002-9-1	学校自建	研究所	跨系所	管理学	专业技术服务业	单位自办
南京信息工程大学							
国家体育总局体育文化研究基地	2013-11-3	非学校主管部门批准	省级重点研究基地	独立研究所	体育学	文化艺术业	单位自办
江北新区发展研究院	2017-8-29	学校自建	校级智库	与校外合办所	管理学	教育	其他
江苏人才强省建设研究基地	2011-10-22	非学校主管部门批准	省级重点研究基地	与校外合办所	管理学	教育	其他

续表

学校及机构名称	成立时间	批准部门	机构类型	组成方式	学科分类	服务的国民经济行业	组成类型
江苏省中国特色社会主义理论体系研究基地	2015-4-2	非学校主管部门批准	省级重点研究基地	跨系所	马克思主义	国家机构	单位自办
欧美再工业化战略研究中心	2013-7-2	学校主管部门批准	省级重点研究基地	独立研究所	管理学	其他制造业	单位自办
气候变化与公共政策研究院	2007-3-6	学校主管部门批准	省级重点研究基地	跨系所	政治学	教育	单位自办
气候与环境治理研究院	2016-7-8	非学校主管部门批准	省级智库	跨系所	管理学	教育	单位自办
清华大学技术创新研究中心分中心	2008-5-15	非学校主管部门批准	其他重点研究基地	与校外合办所	管理学	专业技术服务业	与国内高校合办
文化遗产科学认知与保护研究基地	2017-7-7	学校主管部门批准	省级重点研究基地	与校外合办所	历史学	广播、电视、电影和影视录音制作业	与国内独立研究机构合办
中国科协科技人力资源研究基地	2007-6-3	非学校主管部门批准	中央其他部委重点研究基地	与校外合办所	管理学	科技推广和应用服务	与国内独立研究机构合办
中国制造业发展研究院	2006-5-18	学校主管部门批准	省级重点研究基地	独立研究所	经济学	其他制造业	单位自办
南通大学							
楚辞研究中心	2007-4-12	学校主管部门批准	省高校哲学社会科学重点研究基地	独立研究所	中国文学	文化艺术业	单位自办
江苏长江经济带研究院	2016-4-20	非学校主管部门批准	省级智库	与校外合办所	管理学	教育	与国内独立研究机构合办
江苏省中国特色社会主义理论体系研究基地南通大学研究中心	2015-4-10	非学校主管部门批准	省级研究基地	跨系所	马克思主义	中国共产党机关	其他
江苏先进典型研究中心	2011-4-18	学校主管部门批准	省高校人文社会科学校外研究基地	与校外合办所	马克思主义	教育	单位自办
江苏沿海沿江发展研究中心	2009-10-12	学校主管部门批准	省级重点研究基地，其他重点研究基地，省教育厅校外研究基地	与校外合办所	经济学	中国共产党机关	与国内独立研究机构合办
蓝印花布艺术研究所	2016-1-20	学校自建	研究所	独立研究所	艺术学	纺织服装、服饰业	单位自办

续表

学校及机构名称	成立时间	批准部门	机构类型	组成方式	学科分类	服务的国民经济行业	组成类型
南通廉政文化研究所	2007-4-11	学校自建	省高校哲学社会科学重点研究基地	与校外合办所	政治学	国家机构	其他
张謇研究所	2004-10-20	学校自建	研究所	独立研究所	历史学	国家机构	单位自办
南京农业大学							
不动产研究中心	2015-1-1	学校自建	校级重点研究基地	独立研究所	管理学	房地产业	单位自办
城乡规划设计研究院	2004-10-1	学校自建	校级重点研究基地	独立研究所	管理学	农业	单位自办
地方治理与政策研究院	2017-7-1	非学校主管部门批准	其他重点研究基地，教育厅校外基地	跨系所	管理学	社会保障	政府部门办
典籍翻译与海外汉学研究中心	2015-11-23	学校自建	校级重点研究基地	独立研究所	语言学	教育	单位自办
电子商务研究中心	2001-6-1	学校自建	校级重点研究基地	独立研究所	管理学	农业	单位自办
公共政策研究所	2004-1-1	学校自建	校级重点研究基地	独立研究所	管理学	社会工作	单位自办
管理工程研究室	2004-1-1	学校自建	校级重点实验室	独立研究所	管理学	农业	单位自办
国际食品与农业经济研究中心	2004-6-10	学校自建	校级重点研究基地	独立研究所	管理学	农业	单位自办
国际资源与环境经济研究所	2004-1-1	学校自建	校级重点研究基地	独立研究所	管理学	生态保护和环境治理业	单位自办
江苏粮食安全研究中心	2015-6-1	非学校主管部门批准	省级重点研究基地	独立研究所	管理学	农业	单位自办
江苏农村金融发展研究中心	2010-11-2	学校主管部门批准	省级重点研究基地	独立研究所	经济学	农业	政府部门办
江苏农业现代化决策咨询研究基地	2011-11-20	非学校主管部门批准	省级重点研究基地	独立研究所	管理学	农业	政府部门办
江苏省国土资源利用与管理工程中心	2007-1-1	非学校主管部门批准	其他重点研究基地	跨系所	管理学	农业	单位自办
江苏省农村发展与土地政策研究基地	2008-10-1	非学校主管部门批准	省级重点研究基地	跨系所	管理学	农业	政府部门办
江苏省统计科学研究基地	2013-12-13	非学校主管部门批准	省级重点研究基地	独立研究所	管理学	农业	单位自办

续表

学校及机构名称	成立时间	批准部门	机构类型	组成方式	学科分类	服务的国民经济行业	组成类型
江苏省新农村科技创新思想库	2012-10-1	非学校主管部门批准	省级重点研究基地	独立研究所	管理学	农业	政府部门办
金善宝农业现代化研究院	2015-11-10	非学校主管部门批准	省级智库	独立研究所	管理学	农业	单位自办
劳动就业与公共政策研究中心	2017-1-1	学校自建	校级重点研究基地	独立研究所	管理学	社会保障	单位自办
领域知识关联研究中心	2004-6-1	学校自建	校级重点实验室	跨系所	图书馆、情报与文献学	软件和信息技术服务业	单位自办
农村土地资源利用与整治国家地方联合工程研究中心	2012-10-2	非学校主管部门批准	中央其他部委重点研究基地	跨系所	管理学	农业	单位自办
农业保险研究所	2016-3-8	学校自建	其他智库	与校外合办所	经济学	保险业	与国内独立研究机构合办
农业经济研究所	1986-10-1	非学校主管部门批准	省级重点研究基地	独立研究所	管理学	农业	政府部门办
农业园区研究中心	1995-1-2	学校自建	校级重点研究基地	独立研究所	管理学	农业	单位自办
农业转基因生物安全管理政策研究中心	2009-11-2	学校自建	校级重点研究基地	独立研究所	管理学	农业	单位自办
日语语言文化研究所	2004-10-1	学校自建	校级重点研究基地	独立研究所	语言学	教育	单位自办
统筹城乡发展与土地管理创新研究基地	2012-1-12	非学校主管部门批准	其他重点研究基地，江苏省教育厅校外基地	独立研究所	管理学	农业	单位自办
英语语言文化研究所	2004-10-1	学校自建	校级重点研究基地	独立研究所	语言学	教育	单位自办
中国国土资源与生态文明建设研究院	2013-1-1	学校自建	校级重点研究基地	独立研究所	管理学	生态保护和环境治理业	单位自办
中国粮食安全保障研究中心	2009-1-1	学校自建	校级重点研究基地	独立研究所	管理学	农业	单位自办
中国农业产业链管理研究与发展中心	2006-7-14	学校自建	校级重点研究基地	独立研究所	管理学	农业	单位自办
中国农业历史研究中心	2009-11-20	学校主管部门批准	省级重点研究基地	跨系所	历史学	农业	政府部门办

续表

学校及机构名称	成立时间	批准部门	机构类型	组成方式	学科分类	服务的国民经济行业	组成类型
中国农业遗产研究室	1955-8-5	非学校主管部门批准	中央其他部委重点研究基地	独立研究所	历史学	农业	政府部门办
中国土地问题研究中心	2004-10-21	学校自建	校级重点研究基地	独立研究所	管理学	农业	单位自办
中荷土地规划与地籍发展中心	2007-1-1	学校自建	校级重点研究基地	独立研究所	管理学	农业	单位自办
中华农业文明研究院	2014-10-1	非学校主管部门批准	省级重点研究基地	独立研究所	历史学	农业	单位自办
中外语言比较中心	2012-10-1	学校自建	校级重点研究基地	独立研究所	语言学	教育	单位自办
南京医科大学							
健康江苏建设与发展研究院	2016-6-30	非学校主管部门批准	省级智库	与校外合办所	管理学	教育	与国内高校合办
南京中医药大学							
中医文化研究中心	1994-6-1	学校主管部门批准	省级重点研究基地	独立研究所	民族学与文化学	其他服务业	单位自办
南京师范大学							
道德教育研究所	2000-1-1	学校主管部门批准	教育部重点研究基地	独立研究所	教育学	教育	政府部门办
东亚国际问题研究中心	2013-6-1	学校主管部门批准	省级重点研究基地	独立研究所	政治学	教育	政府部门办
符号的认知研究中心	2013-7-1	学校主管部门批准	省级重点研究基地	独立研究所	外国文学	教育	政府部门办
高等教育研究所	2013-12-1	学校自建	校级重点研究基地	独立研究所	教育学	教育	单位自办
国家体育总局体育社科研究中心	2003-9-1	非学校主管部门批准	省级重点研究基地	独立研究所	体育学	教育	政府部门办
国家体育总局体育文化研究中心	2007-9-1	非学校主管部门批准	省级重点研究基地	独立研究所	体育学	教育	政府部门办
江苏城乡一体研究基地	2011-11-1	非学校主管部门批准	省级重点研究基地	独立研究所	社会学	教育	单位自办
江苏当代作家研究基地	2013-10-31	学校主管部门批准	省级重点研究基地	独立研究所	中国文学	教育	政府部门办
江苏法治发展研究院	2008-1-1	学校主管部门批准	省级重点研究基地	独立研究所	法学	教育	政府部门办
江苏国际法治动态研究中心	2015-3-26	非学校主管部门批准	省级重点研究基地	独立研究所	语言学	教育	政府部门办

续表

学校及机构名称	成立时间	批准部门	机构类型	组成方式	学科分类	服务的国民经济行业	组成类型
江苏省创新经济研究基地	2008-6-30	学校主管部门批准	省级重点研究基地	独立研究所	经济学	教育	政府部门办
江苏省非物质文化遗产研究基地	2014-6-24	非学校主管部门批准	省级重点研究基地	跨系所	社会学	教育	政府部门办
江苏省老年学研究基地	2006-9-1	非学校主管部门批准	省级重点研究基地	跨系所	社会学	人民政协、民主党派	其他
江苏省民营经济研究基地	2011-6-30	非学校主管部门批准	省级重点研究基地	独立研究所	经济学	教育	其他
江苏省社会主义文化理论研究中心	2018-3-9	非学校主管部门批准	校级重点研究基地	独立研究所	政治学	教育	政府部门办
江苏省学生体质健康促进研究中心	2011-1-1	学校主管部门批准	省级重点研究基地	独立研究所	体育学	教育	政府部门办
江苏文学翻译与研究中心	2013-11-1	非学校主管部门批准	省级重点研究基地	独立研究所	外国文学	教育	政府部门办
江苏艺术强省建设研究基地	2013-1-1	非学校主管部门批准	省级重点研究基地	独立研究所	艺术学	广播、电视、电影和影视录音制作业	其他
教育社会学研究中心	2009-6-30	学校主管部门批准	省级重点研究基地	独立研究所	教育学	教育	政府部门办
教育信息工程研究所	2012-3-1	学校自建	校级重点研究基地	独立研究所	教育学	教育	单位自办
马克思主义研究院	2009-6-30	学校主管部门批准	省级重点研究基地	独立研究所	马克思主义	教育	政府部门办
全国大学生职业发展教育研发基地	2015-7-30	非学校主管部门批准	省级重点研究基地	独立研究所	教育学	教育	政府部门办
全国民政政策理论研究基地	2016-11-29	学校主管部门批准	省级重点研究基地	独立研究所	政治学	教育	政府部门办
融合人文-教育-科技-康复的语言学交叉创新研究团队	2017-7-7	学校自建	校级重点研究基地	独立研究所	语言学	教育	政府部门办
社会主义意识形态研究中心	2015-4-1	非学校主管部门批准	省级重点研究基地	独立研究所	马克思主义	教育	政府部门办
司法现代化研究中心	2012-3-31	学校主管部门批准	省级重点研究基地	与校外合办所	法学	教育	其他
乡村文化振兴研究中心	2018-7-18	学校主管部门批准	省级重点研究基地	独立研究所	政治学	教育	政府部门办
新教育公平的理论建构与实践探索创新研究团队	2015-7-15	学校主管部门批准	校级重点研究基地	独立研究所	教育学	教育	政府部门办
语言信息科技研究中心	2010-8-1	学校主管部门批准	省级重点研究基地	跨系所	语言学	教育	单位自办

续表

学校及机构名称	成立时间	批准部门	机构类型	组成方式	学科分类	服务的国民经济行业	组成类型
中小学课程与教学研究基地	2015-1-30	学校主管部门批准	省级重点研究基地	独立研究所	教育学	教育	政府部门办
江苏师范大学							
“一带一路”研究院	2016-7-4	非学校主管部门批准	省级智库	与校外合办所	经济学	国家机构	政府部门办
澳大利亚研究中心	2013-6-18	学校主管部门批准	其他重点研究基地，教育部国别和区域研究中心	独立研究所	国际问题研究	教育	政府部门办
巴基斯坦研究中心	2017-6-13	学校主管部门批准	其他重点研究基地，教育部国别和区域研究中心	独立研究所	国际问题研究	教育	单位自办
大运河文化带建设研究院徐州分院	2018-8-23	非学校主管部门批准	其他智库，江苏省高端智库分院	独立研究所	历史学	生态保护和环境治理业	单位自办
独联体国家研究中心	2017-6-13	学校主管部门批准	其他重点研究基地，教育部国别和区域研究中心	独立研究所	国际问题研究	教育	单位自办
古籍整理研究所	1998-2-1	学校自建	校级重点研究基地	跨系所	中国文学	其他服务业	单位自办
国家体育总局体育文化发展中心体育文化研究基地	2011-11-1	非学校主管部门批准	其他重点研究基地	与校外合办所	体育学	其他服务业	政府部门办
国务院侨务办公室侨务理论研究江苏基地	2013-1-18	非学校主管部门批准	中央其他部委重点研究基地	与校外合办所	历史学	其他服务业	政府部门办
汉文化研究院	2008-12-12	学校主管部门批准	省级重点研究基地	独立研究所	艺术学	其他服务业	政府部门办
淮海发展研究院	1998-7-1	非学校主管部门批准	省级重点研究基地	独立研究所	经济学	软件和信息技术服务业	政府部门办
基础教育研究中心	2008-12-12	学校自建	校级重点研究基地	跨系所	教育学	其他服务业	单位自办
江苏省决策咨询研究基地江苏区域协调发展研究基地	2011-11-1	非学校主管部门批准	省级重点研究基地	独立研究所	经济学	国家机构	政府部门办

续表

学校及机构名称	成立时间	批准部门	机构类型	组成方式	学科分类	服务的国民经济行业	组成类型
江苏省中国特色社会主义理论体系研究基地	2015-4-2	非学校主管部门批准	省级重点研究基地	独立研究所	马克思主义	国家机构	政府部门办
留学生与中国现代化研究基地	2018-7-19	学校主管部门批准	省级重点研究基地	独立研究所	历史学	教育	政府部门办
伦理学与德育研究中心	2008-12-12	学校自建	校级重点研究基地	独立研究所	哲学	其他服务业	单位自办
欧美同学会留学报国研究基地	2016-11-22	非学校主管部门批准	中央其他部委重点研究基地	与校外合办所	历史学	教育	与国内独立研究机构合办
苏北农村治理创新研究基地	2009-3-18	学校主管部门批准	省级重点研究基地	与校外合办所	社会学	社会工作	政府部门办
苏北三农研究中心	2008-12-12	学校自建	校级重点研究基地	独立研究所	经济学	科技推广和应用服务	单位自办
苏台合作与发展研究中心	2017-10-18	非学校主管部门批准	其他智库,江苏省人民政府台湾事务办公室立项建设	与校外合办所	管理学	教育	政府部门办
特色镇村建设与土地管理研究基地	2017-7-7	学校主管部门批准	省级重点研究基地	与校外合办所	经济学	土地管理业	政府部门办
语言能力高等研究院	2017-6-27	非学校主管部门批准	省级智库	与校外合办所	中国文学	其他服务业	与国内独立研究机构合办
语言能力协同创新中心	2014-3-14	学校主管部门批准	省级 2011 协同创新中心	与校外合办所	语言学	其他服务业	与国内高校合办
语言研究所	1997-3-30	学校主管部门批准	省级重点研究基地	独立研究所	语言学	教育	政府部门办
智慧教育研究中心	2015-1-30	学校主管部门批准	省级重点研究基地	独立研究所	教育学	其他服务业	政府部门办
中共中央编译局发展理论研究中心	2011-7-1	非学校主管部门批准	中央其他部委重点研究基地	与校外合办所	马克思主义	其他服务业	政府部门办
中国-巴基斯坦教育文化研究中心	2013-6-18	学校主管部门批准	省级重点研究基地	独立研究所	国际问题研究	中国共产党机关	政府部门办
中华家文化研究基地	2017-6-27	非学校主管部门批准	省级重点研究基地	独立研究所	马克思主义	社会工作	政府部门办
淮阴师范学院							
大运河文化带建设研究院淮安分院	2018-7-25	非学校主管部门批准	省级智库	与校外合办所	法学	生态保护和环境治理业	政府部门办

续表

学校及机构名称	成立时间	批准部门	机构类型	组成方式	学科分类	服务的国民经济行业	组成类型
淮安市创意设计产业科技公共服务平台	2015-3-20	学校主管部门批准	其他智库，淮安市政府立项建设	跨系所	经济学	广播、电视、电影和影视录音制作业	单位自办
教师教育协同创新研究中心	2018-7-19	学校主管部门批准	省级重点研究基地	独立研究所	教育学	教育	政府部门办
欧美国家边界争端与化解研究中心	2013-10-9	学校主管部门批准	其他重点研究基地，省教育厅培育点	独立研究所	历史学	其他服务业	政府部门办
社会风险评估与治理法治化研究基地	2017-7-7	学校主管部门批准	省级重点研究基地	独立研究所	法学	教育	政府部门办
文化创意产业研究中心	2015-1-15	学校主管部门批准	省级重点研究基地	跨系所	中国文学	广播、电视、电影和影视录音制作业	政府部门办
周恩来精神与青少年教育研究中心	2010-10-22	学校主管部门批准	省级重点研究基地	独立研究所	教育学	其他服务业	政府部门办
盐城师范学院							
江苏沿海发展研究基地	2011-12-9	非学校主管部门批准	省级重点研究基地	独立研究所	经济学	其他服务业	政府部门办
江苏沿海开发研究基地	2009-3-1	非学校主管部门批准	省级重点研究基地	独立研究所	经济学	其他服务业	政府部门办
沿海发展智库	2016-12-10	非学校主管部门批准	省级智库	独立研究所	经济学	其他服务业	单位自办
南京财经大学							
江苏产业发展研究院	2001-1-15	学校主管部门批准	省级重点研究基地	独立研究所	经济学	卫生	单位自办
江苏创新发展研究院	2017-11-1	学校自建	校属独立研究机构	独立研究所	经济学	其他服务业	单位自办
江苏现代服务业研究院	2012-1-1	非学校主管部门批准	省级重点研究基地	与校外合办所	经济学	机动车、电子产品和日用产品修理业	其他
江苏警官学院							
江苏现代警务研究中心	2010-7-20	学校主管部门批准	省级智库，其他智库，省级重点研究基地	独立研究所	法学	社会保障	其他

续表

学校及机构名称	成立时间	批准部门	机构类型	组成方式	学科分类	服务的国民经济行业	组成类型
南京体育学院							
江苏省体育赛事研究中心	2018-7-20	学校主管部门批准	其他重点研究基地	独立研究所	体育学	体育	单位自办
南京艺术学院							
江苏省文化创意与综合设计重点实验室	2014-9-1	学校主管部门批准	省级重点实验室	独立研究所	艺术学	广播、电视、电影和影视录音制作业	单位自办
江苏文艺产业决策咨询研究基地	2015-4-15	非学校主管部门批准	省级重点研究基地	独立研究所	艺术学	广播、电视、电影和影视录音制作业	单位自办
文化创意协同创新中心	2011-9-15	学校主管部门批准	省级 2011 协同创新中心	与校外合办所	艺术学	广播、电视、电影和影视录音制作业	与国内高校合办
艺术学研究所	2004-10-19	学校自建	研究所	独立研究所	艺术学	广播、电视、电影和影视录音制作业	单位自办
音乐学研究所	2002-7-1	学校自建	研究中心	独立研究所	艺术学	广播、电视、电影和影视录音制作业	单位自办
紫金文创研究院	2015-11-10	学校主管部门批准	省级智库	跨系所	艺术学	广播、电视、电影和影视录音制作业	单位自办
苏州科技大学							
城市发展智库	2018-7-26	学校主管部门批准	省级重点研究基地	独立研究所	管理学	国家机构	政府部门办
苏南地方音乐文化艺术研究所	2008-1-18	学校自建	校级重点研究基地	与校外合办所	艺术学	文化艺术业	单位自办
苏州城乡一体化改革发展研究院	2012-1-17	学校主管部门批准	省级重点研究基地	与校外合办所	管理学	生态保护和环境治理业	政府部门办
苏州国家历史文化名城保护研究院	2014-3-26	学校主管部门批准	省级重点研究基地	与校外合办所	管理学	生态保护和环境治理业	政府部门办
苏州与国内外先进地区创新竞争力比较研究中心	2016-5-19	非学校主管部门批准	校级重点研究基地	与校外合办所	政治学	商务服务业	政府部门办
亚太国家现代化与国际问题研究中心	2013-6-3	学校主管部门批准	省级重点研究基地	独立研究所	历史学	国际组织	政府部门办

续表

学校及机构名称	成立时间	批准部门	机构类型	组成方式	学科分类	服务的国民经济行业	组成类型
常熟理工学院							
“琴川清风”预防职务犯罪研究中心	2014-12-1	学校自建	校级重点研究基地	与校外合办所	社会学	中国共产党机关	单位自办
苏南经济与社会发展研究基地	2012-9-2	学校自建	校级重点研究基地	与校外合办所	社会学	中国共产党机关	单位自办
苏南区域文化建设研究中心	2009-7-1	学校自建	校级重点研究基地	与校外合办所	中国文学	广播、电视、电影和影视录音制作业	单位自办
苏州农业现代化研究中心	2017-7-7	学校主管部门批准	省级重点研究基地	与校外合办所	管理学	农业	政府部门办
现代民政研究中心	2015-4-30	学校自建	校级重点研究基地	与校外合办所	社会学	人民政协、民主党派	单位自办
县域科技体制综合改革与发展研究中心	2015-11-30	学校自建	校级重点研究基地	与校外合办所	管理学	中国共产党机关	单位自办
学前教育研究中心	2018-11-9	学校自建	校级重点研究基地	跨系所	教育学	教育	与境内注册其他企业合办
中国县域金融研究中心	2014-12-1	学校自建	校级重点研究基地	与校外合办所	经济学	其他金融业	单位自办
无锡职业技术学院							
财经研究所	2015-6-15	学校自建	校级重点研究基地	独立研究所	经济学	资本市场服务	单位自办
高职思想政治教育研究室	2015-6-15	学校自建	校级重点研究基地	独立研究所	马克思主义	教育	单位自办
管理与创新研究所	2015-6-15	学校自建	校级重点研究基地	独立研究所	管理学	商务服务业	单位自办
旅游文化研究所	2015-6-15	学校自建	校级重点研究基地	独立研究所	管理学	文化艺术业	单位自办
体育学与健康指导研究所	2015-6-15	学校自建	校级重点研究基地	独立研究所	体育学	体育	单位自办
无锡现代职教研究中心	2015-1-20	学校自建	校级重点研究基地	独立研究所	教育学	社会工作	单位自办
艺术设计研究所	2015-6-15	学校自建	校级重点研究基地	独立研究所	艺术学	广播、电视、电影和影视录音制作业	单位自办
南京工业职业技术学院							
高等职业教育研究所	2002-11-1	学校自建	校级重点研究基地	独立研究所	教育学	其他服务业	单位自办

续表

学校及机构名称	成立时间	批准部门	机构类型	组成方式	学科分类	服务的国民经济行业	组成类型
国际贸易与物流管理研究所	2011-5-11	学校自建	校级重点研究基地	独立研究所	管理学	其他金融业	单位自办
黄炎培职业教育思想研究会学术中心	2013-11-18	非学校主管部门批准	省级重点研究基地	独立研究所	教育学	其他服务业	与国内独立研究机构合办
苏州工艺美术职业技术学院							
高等教育研究所	2017-4-15	学校自建	校级重点研究基地	独立研究所	教育学	教育	单位自办
桃花坞木刻年画研究所	2009-4-16	学校自建	校级重点研究基地	与校外合办所	艺术学	文化艺术业	与境内注册其他企业合办
淮阴工学院							
创新创业研究中心	2018-10-18	学校主管部门批准	省级重点研究基地	跨系所	教育学	教育	单位自办
工业设计中心	2013-6-5	非学校主管部门批准	其他重点实验室，江苏经济和信息化委员会批准	与校外合办所	艺术学	文化艺术业	其他
苏北发展研究院	2015-2-3	非学校主管部门批准	省级智库	与校外合办所	经济学	其他服务业	与国内独立研究机构合办
台商研究中心	2017-7-20	学校主管部门批准	省级重点研究基地	与校外合办所	经济学	商务服务业	政府部门办
苏州职业大学							
石湖智库	2017-11-25	非学校主管部门批准	其他智库	跨系所	管理学	教育	其他
常州工学院							
常州市创新创业与改革发展研究中心	2016-3-29	非学校主管部门批准	市级科技平台	与校外合办所	经济学	专业技术服务业	政府部门办
江苏高校文化创意协同创新中心	2014-3-13	非学校主管部门批准	省级 2011 协同创新中心	与校外合办所	艺术学	广播、电视、电影和影视录音制作业	政府部门办
数据科学与经济发展研究中心	2016-10-26	非学校主管部门批准	市级科研平台	独立研究所	经济学	专业技术服务业	其他
扬州大学							
“美声之林”声乐艺术中心	2016-9-15	学校自建	校研究机构	独立研究所	艺术学	广播、电视、电影和影视录音制作业	单位自办

续表

学校及机构名称	成立时间	批准部门	机构类型	组成方式	学科分类	服务的国民经济行业	组成类型
当代中国民主政治研究中心	2014-3-28	学校自建	校级重点研究基地	独立研究所	马克思主义	国家机构	单位自办
淮扬文化研究中心	2010-8-5	学校主管部门批准	省级重点研究基地	独立研究所	历史学	文化艺术业	单位自办
江苏城乡融合发展研究中心	2018-8-16	学校主管部门批准	其他重点研究基地，省教育厅	跨系所	经济学	科技推广和应用服务	单位自办
江苏省学生心理健康运动干预研究中心	2016-4-6	学校主管部门批准	其他重点研究基地，省教育厅研究基地	独立研究所	体育学	教育	单位自办
江苏苏中发展研究基地	2013-8-6	非学校主管部门批准	其他重点研究基地	独立研究所	管理学	教育	单位自办
马克思主义大众化研究与传播中心	2012-11-30	学校主管部门批准	其他重点研究基地，省马克思主义大众化学习实践基地	跨系所	马克思主义	教育	单位自办
儒家经典诠释与东亚传播研究中心	2014-3-28	学校自建	校级重点研究基地	独立研究所	中国文学	教育	单位自办
苏中发展研究院	1997-1-1	学校主管部门批准	其他重点研究基地	独立研究所	经济学	科技推广和应用服务	政府部门办
体育运动与脑科学研究所	2017-2-24	学校自建	校研究机构	独立研究所	体育学	文化艺术业	单位自办
政府治理与公共政策研究中心	2016-9-15	学校自建	校研究机构	与校外合办所	管理学	其他服务业	与国内高校合办
中国大运河研究院	2017-5-12	学校主管部门批准	其他重点研究基地	独立研究所	管理学	生态保护和环境治理业	单位自办
中国法律文化与法治发展研究中心	2014-3-28	学校自建	校级重点研究基地	独立研究所	法学	教育	单位自办
中国近代史研究中心	1999-1-10	学校自建	校级重点研究基地	独立研究所	历史学	教育	单位自办
中国特色社会主义研究中心	2012-12-22	学校主管部门批准	其他重点研究基地，省中国特色社会主义理论体系研究基地	跨系所	马克思主义	中国共产党机关	单位自办
中外语言文化比较研究中心	2014-3-28	学校自建	校级重点研究基地	独立研究所	语言学	教育	单位自办
南京审计大学							
江苏科技金融体系创新研究基地	2012-1-16	学校主管部门批准	省级重点研究基地	独立研究所	经济学	其他服务业	政府部门办
江苏劳动法治研究基地	2017-7-7	学校主管部门批准	省级重点研究基地	与校外合办所	法学	其他服务业	政府部门办
金融风险管理研究中心	2010-11-1	学校主管部门批准	省级重点研究基地	独立研究所	经济学	其他服务业	政府部门办

续表

学校及机构名称	成立时间	批准部门	机构类型	组成方式	学科分类	服务的国民经济行业	组成类型
南京晓庄学院							
陶行知研究所	2000-10-6	学校自建	校级重点研究基地	独立研究所	教育学	教育	单位自办
江苏理工学院							
财税法学研究中心	2014-9-17	学校主管部门批准	校级重点研究基地	独立研究所	经济学	商务服务业	单位自办
财务与会计研究中心	2014-7-16	学校主管部门批准	校级重点研究基地	独立研究所	经济学	商务服务业	单位自办
常州画派研究所	2009-3-27	学校自建	校级重点研究基地	独立研究所	艺术学	文化艺术业	单位自办
常州历史文化研究所	2015-7-14	学校自建	校级重点研究基地	独立研究所	民族学与文化学	文化艺术业	单位自办
常州旅游文化研究所	2015-9-16	学校自建	校级重点研究基地	独立研究所	民族学与文化学	文化艺术业	单位自办
常州民营经济研究所	2006-6-2	学校自建	校级重点研究基地	独立研究所	经济学	商务服务业	单位自办
常州市名人研究院	2015-10-16	学校主管部门批准	校级重点研究基地	独立研究所	民族学与文化学	文化艺术业	单位自办
常州市青少年心理研究与指导中心	2015-3-2	学校自建	校级重点研究基地	独立研究所	教育学	教育	单位自办
传统壁画研究所	2014-10-14	学校主管部门批准	校级重点研究基地	独立研究所	艺术学	文化艺术业	单位自办
传统文化艺术研究所	2006-4-6	学校自建	校级重点研究基地	独立研究所	艺术学	文化艺术业	单位自办
创新设计研究院	2018-7-12	学校主管部门批准	其他重点研究基地	独立研究所	艺术学	文化艺术业	政府部门办
江苏省职业技术教育科学研究中心	1989-5-1	学校主管部门批准	其他	独立研究所	教育学	教育	政府部门办
江苏职业教育与终身教育研究基地	2011-11-1	学校主管部门批准	其他	独立研究所	教育学	教育	政府部门办
跨语际文化与翻译研究所	2014-9-10	学校主管部门批准	校级重点研究基地	独立研究所	外国文学	文化艺术业	单位自办
马克思主义中国化研究所	2015-7-15	学校主管部门批准	校级重点研究基地	独立研究所	马克思主义	文化艺术业	单位自办
农村职业教育研究所	2006-2-10	学校自建	校级重点研究基地	独立研究所	教育学	其他服务业	单位自办
人力资源开发研究中心	2006-10-9	学校自建	校级重点研究基地	独立研究所	管理学	商务服务业	单位自办
双语教育研究所	2015-9-24	学校主管部门批准	校级重点研究基地	独立研究所	教育学	教育	单位自办

续表

学校及机构名称	成立时间	批准部门	机构类型	组成方式	学科分类	服务的国民经济行业	组成类型
心理教育研究所	2004-4-8	学校自建	校级重点研究基地	独立研究所	心理学	教育	单位自办
艺术设计研究所	2014-8-20	学校主管部门批准	校级重点研究基地	独立研究所	艺术学	文化艺术业	单位自办
应用经济研究所	2015-2-19	学校主管部门批准	校级重点研究基地	独立研究所	经济学	商务服务业	单位自办
职业教育研究院	1989-5-11	学校自建	校级重点研究基地	独立研究所	教育学	教育	单位自办
职业教育与社会发展研究所	2006-10-20	学校自建	校级重点研究基地	独立研究所	教育学	教育	单位自办
职业心理研究所	2009-3-26	学校自建	校级重点研究基地	独立研究所	心理学	教育	单位自办
淮海工学院							
中国社科院知识社会(连云港)研究基地	2016-12-8	非学校主管部门批准	中央其他部委重点研究基地	独立研究所	经济学	专业技术服务业	与国内独立研究机构合办
国家东中西合作示范区研究基地	2013-11-1	非学校主管部门批准	其他重点研究基地	与校外合办所	经济学	专业技术服务业	与国内独立研究机构合办
江苏海洋发展研究院	2016-11-4	非学校主管部门批准	其他重点研究基地	与校外合办所	经济学	专业技术服务业	与国内独立研究机构合办
江苏省“一带一路”法律服务研究中心	2015-11-20	非学校主管部门批准	其他智库	与校外合办所	法学	专业技术服务业	与国内独立研究机构合办
江苏省大学生村官研究所	2009-4-9	非学校主管部门批准	其他智库,与江苏省选聘高校毕业生到村任职工作领导小组办公室共建研究基地	与校外合办所	管理学	其他服务业	其他
江苏省海洋经济研究中心	2009-11-15	学校主管部门批准	省级培育重点研究基地	独立研究所	经济学	专业技术服务业	单位自办
江苏省海洋文化产业研究院	2012-9-12	非学校主管部门批准	该院经校批准,由江苏省文联与本校共建	与校外合办所	艺术学	广播、电视、电影和影视录音制作业	其他
连云港市地方立法咨询研究基地	2016-7-10	非学校主管部门批准	地方立法咨询	独立研究所	法学	专业技术服务业	单位自办
中国社科院“一带一路”(连云港)研究基地	2016-12-8	非学校主管部门批准	中央其他部委重点研究基地	独立研究所	经济学	专业技术服务业	与国内独立研究机构合办

续表

学校及机构名称	成立时间	批准部门	机构类型	组成方式	学科分类	服务的国民经济行业	组成类型
硅湖职业技术学院							
电子商务重点实验室	2017-9-1	学校自建	校级重点实验室	独立研究所	管理学	其他服务业	单位自办
丝绸服饰文化创意产业设计研发中心	2017-9-11	学校自建	校级重点研究基地	独立研究所	艺术学	广播、电视、电影和影视录音制作业	与境内注册其他企业合办
物流管理研究基地	2017-11-1	学校自建	校级重点研究基地	独立研究所	管理学	其他服务业	单位自办
现代服务业研究室	2017-11-15	学校自建	校级重点实验室	独立研究所	管理学	商务服务业	与境内注册其他企业合办
泰州职业技术学院							
泰州市工业经济研究院	2014-7-2	学校主管部门批准	其他	与校外合办所	经济学	研究和试验发展	政府部门办
南京森林警察学院							
国家林业局职业教育研究中心	1984-3-1	学校主管部门批准	职业教育研究机构	独立研究所	教育学	卫生	政府部门办
江苏海事职业技术学院							
一带一路应用型海事人才研究院	2018-10-18	学校主管部门批准	省级智库	独立研究所	管理学	水上运输业	单位自办
江苏医药职业学院							
江苏基层卫生发展与全科医学教育研究中心	2018-7-19	学校主管部门批准	省级重点研究基地	独立研究所	管理学	卫生	单位自办
苏州经贸职业技术学院							
大学生素质教育研究所	2015-1-1	学校自建	校级自建研究机构	跨系所	教育学	教育	单位自办
范成大文化研究中心	2015-1-1	学校自建	校级自建研究机构	跨系所	中国文学	文化艺术业	单位自办
苏州市电子商务研究中心	2015-2-1	学校自建	校级自建研发中心	跨系所	经济学	商务服务业	单位自办
吴商文化研究所	2015-1-1	学校自建	校级自建研究机构	跨系所	经济学	文化艺术业	单位自办
无锡商业职业技术学院							
高校示范马克思主义学院	2018-6-1	学校主管部门批准	思想政治理论课教学科研机构	独立研究所	马克思主义	教育	单位自办

续表

学校及机构名称	成立时间	批准部门	机构类型	组成方式	学科分类	服务的国民经济行业	组成类型
江苏省非物质文化遗产研究基地	2014-6-18	非学校主管部门批准	其他重点研究基地，其他重点研究基地	独立研究所	艺术学	文教、工美、体育和娱乐用品制造业	单位自办
苏州农业职业技术学院							
苏州农村改革与发展研究院	2014-6-20	学校自建	校级重点研究基地	独立研究所	经济学	农、林、牧、渔专业及辅助性活动	单位自办
南京铁道职业技术学院							
高等教育研究所	2005-3-9	学校自建	校级研究机构	独立研究所	教育学	教育	单位自办
江苏铁路文化研究中心	2013-7-1	学校自建	校级研究机构	独立研究所	民族学与文化学	铁路运输业	单位自办
哲社研究中心	2013-11-20	学校自建	校级研究机构	独立研究所	马克思主义	铁路运输业	单位自办
南京信息职业技术学院							
党建与思想政治教育研究会	2004-7-1	学校自建	校级研究会	独立研究所	马克思主义	其他服务业	单位自办
无锡太湖学院							
苏南产业转型创新发展研究中心	2018-7-19	学校主管部门批准	省级重点研究基地	独立研究所	管理学	商务服务业	单位自办
苏南资本市场研究中心	2017-9-1	学校主管部门批准	省级重点研究基地	与校外合办所	经济学	资本市场服务	与境内注册其他企业合办
金陵科技学院							
互联网经济与产业研究中心	2015-10-22	学校自建	校级重点研究基地	独立研究所	经济学	货币金融服务	单位自办
江苏省企业知识产权战略研究中心	2011-5-1	学校自建	校级重点研究基地	独立研究所	经济学	其他金融业	与国内独立研究机构合办
南京产业协同创新研究院	2015-10-8	学校自建	校级重点研究基地	与校外合办所	经济学	科技推广和应用服务	单位自办
南京知识产权人才培训基地	2009-11-1	学校自建	校级重点研究基地	独立研究所	经济学	软件和信息技术服务业	单位自办
数字艺术创意与应用实验室	2014-9-10	非学校主管部门批准	省级重点实验室	跨系所	艺术学	广播、电视、电影和影视录音制作业	政府部门办
智能物流运输与配送技术研究中心	2016-12-10	学校主管部门批准	校级重点实验室	独立研究所	管理学	道路运输业	单位自办

续表

学校及机构名称	成立时间	批准部门	机构类型	组成方式	学科分类	服务的国民经济行业	组成类型
南京大学金陵学院							
拉丁美洲研究中心	2006-11-1	学校自建	校级重点研究基地	独立研究所	外国文学	其他服务业	单位自办
企业生态研究中心	2014-6-1	学校主管部门批准	校级重点实验室	独立研究所	经济学	生态保护和环境治理业	单位自办
塞万提斯研究中心	2006-11-1	学校自建	校级重点研究基地	独立研究所	外国文学	其他服务业	单位自办
数字传播媒介研究中心	2014-12-30	学校自建	校级重点研究基地	独立研究所	新闻学与传播学	新闻和出版业	单位自办
江苏财经职业技术学院							
周恩来文化研究所	2014-3-1	学校自建	校级重点研究基地	跨系所	教育学	广播、电视、电影和影视录音制作业	单位自办
扬州工业职业技术学院							
中国特色社会主义研究中心	2017-1-5	学校自建	研究中心	独立研究所	马克思主义	教育	单位自办
江苏城市职业学院							
城市形象传播研究所	2014-10-31	学校自建	校级重点研究基地	独立研究所	新闻学与传播学	新闻和出版业	单位自办
供应链与物流信息技术研究所	2014-10-31	学校自建	校级重点研究基地	独立研究所	管理学	装卸搬运和仓储业	单位自办
苏州高博软件技术职业学院							
苏南非遗文化传承与创新研究基地	2017-9-12	学校主管部门批准	其他重点研究基地，江苏高校人文社会科学校外研究基地	与校外合办所	艺术学	广播、电视、电影和影视录音制作业	其他
江苏卫生健康职业学院							
江苏省卫生职业院校文化研究室	2015-2-19	学校主管部门批准	校级重点研究基地	与校外合办所	教育学	其他服务业	政府部门办
苏州工业园区服务外包职业学院							
江苏服务外包研究中心	2017-7-13	学校主管部门批准	省级重点研究基地	与校外合办所	经济学	商务服务业	政府部门办
江苏第二师范学院							
教育现代化研究院	2016-7-4	学校主管部门批准	省级智库	独立研究所	教育学	教育	单位自办

续表

学校及机构名称	成立时间	批准部门	机构类型	组成方式	学科分类	服务的国民经济行业	组成类型
浙江省							
浙江大学							
“一带一路”合作与发展协同创新中心	2014-12-10	学校自建	省级 2011 协同创新中心	独立研究所	经济学	教育	单位自办
《浙江文献集成》编纂中心	2005-8-15	非学校主管部门批准	省级重点研究基地	独立研究所	历史学	社会工作	单位自办
财务与会计研究所	2000-1-27	学校自建	校级研究所	独立研究所	管理学	资本市场服务	单位自办
产业经济研究所	2000-1-27	学校自建	校级研究所	独立研究所	经济学	其他金融业	单位自办
传播研究所	2000-1-27	学校自建	校级研究所	独立研究所	新闻学与传播学	新闻和出版业	单位自办
传媒与文化产业研究中心	2006-12-4	非学校主管部门批准	省级重点研究基地	独立研究所	新闻学与传播学	新闻和出版业	单位自办
创新管理与持续竞争力研究中心	2006-5-18	非学校主管部门批准	省级智库，教育部985 创新基地	独立研究所	管理学	研究和试验发展	单位自办
德国文化研究所	2000-1-27	学校自建	校级研究所	独立研究所	外国文学	教育	单位自办
地方政府与社会治理研究中心	2005-12-2	非学校主管部门批准	省级重点研究基地	独立研究所	管理学	教育	单位自办
法理与判例研究所	2002-3-14	学校自建	校级研究所	独立研究所	法学	教育	单位自办
法与经济学研究所	2000-5-16	学校自建	校级研究所	独立研究所	经济学	教育	单位自办
翻译学研究所	2014-10-28	学校自建	校级研究所	独立研究所	语言学	教育	单位自办
饭店管理研究所	2000-1-27	学校自建	校级研究所	独立研究所	管理学	机动车、电子产品和日用产品修理业	单位自办
风险管理与劳动保障研究所	2005-12-29	学校自建	校级研究所	独立研究所	管理学	保险业	单位自办
高等教育研究所	2000-1-27	学校自建	校级研究所	独立研究所	教育学	其他服务业	单位自办
公法与比较法研究所	2000-1-27	学校自建	校级研究所	独立研究所	法学	教育	单位自办
公共经济与财政研究所	2000-1-27	学校自建	校级研究所	独立研究所	经济学	教育	单位自办
古籍研究所	2000-1-27	学校自建	校级研究所	独立研究所	语言学	教育	单位自办

续表

学校及机构名称	成立时间	批准部门	机构类型	组成方式	学科分类	服务的国民经济行业	组成类型
管理工程研究所	2000-1-27	学校自建	校级研究所	独立研究所	管理学	商务服务业	单位自办
管理科学与信息系统研究所	2000-1-27	学校自建	校级研究所	独立研究所	管理学	科技推广和应用服务	单位自办
广播电影电视研究所	2001-1-17	学校自建	校级研究所	独立研究所	新闻学与传播学	新闻和出版业	单位自办
国际法研究所	2011-6-15	学校自建	校级研究所	独立研究所	法学	基层群众自治组织及其他组织	单位自办
国际经济研究所	2000-1-27	学校自建	校级研究所	独立研究所	经济学	货币金融服务	单位自办
国际商务研究所	2000-1-27	学校自建	校级研究所	独立研究所	经济学	商务服务业	单位自办
国际文化和社会思想研究所	2000-1-27	学校自建	校级研究所	独立研究所	社会学	广播、电视、电影和影视录音制作业	单位自办
国际政治研究所	2000-1-27	学校自建	校级研究所	独立研究所	政治学	教育	单位自办
韩国研究所	2000-1-27	学校自建	校级研究所	独立研究所	国际问题研究	社会保障	单位自办
汉语史研究中心	2000-1-27	学校主管部门批准	教育部重点研究基地	独立研究所	语言学	教育	单位自办
汉语言研究所	2000-1-27	学校自建	校级研究所	独立研究所	语言学	教育	单位自办
基础教育课程研究中心	2002-3-14	学校主管部门批准	部省共建教育部重点研究基地	独立研究所	教育学	教育	单位自办
基督教与跨文化研究中心	2006-5-18	学校主管部门批准	教育部 985 创新基地	独立研究所	哲学	社会保障	单位自办
教育科学与技术研究所	2000-1-27	学校自建	校级研究所	独立研究所	教育学	教育	单位自办
金融研究所	2000-1-27	学校自建	校级研究所	独立研究所	经济学	货币金融服务	单位自办
经济法研究所	2000-1-27	学校自建	校级研究所	独立研究所	法学	中国共产党机关	单位自办
经济研究所	2000-1-27	学校自建	校级研究所	独立研究所	经济学	货币金融服务	单位自办
科技与社会发展研究所	2000-1-27	学校自建	校级研究所	独立研究所	社会学	科技推广和应用服务	单位自办
科技与文化研究所	2000-1-27	学校自建	校级研究所	独立研究所	哲学	科技推广和应用服务	单位自办
科教发展战略研究中心	2005-2-23	学校主管部门批准	教育部重点研究基地	独立研究所	管理学	科技推广和应用服务	单位自办

续表

学校及机构名称	成立时间	批准部门	机构类型	组成方式	学科分类	服务的国民经济行业	组成类型
跨文化与区域研究所	2014-10-28	学校自建	校级研究所	独立研究所	社会学	教育	单位自办
旅游研究所	2000-1-27	学校自建	校级研究所	独立研究所	管理学	教育	单位自办
马克思主义理论研究所	2000-1-27	学校自建	校级研究所	独立研究所	马克思主义	教育	单位自办
美学与批评理论研究所	2000-1-27	学校自建	校级研究所	独立研究所	哲学	教育	单位自办
民商法研究所	2011-6-15	学校自建	校级研究所	独立研究所	法学	教育	单位自办
民生保障与公共治理研究中心	2005-4-20	非学校主管部门批准	省级重点研究基地	独立研究所	管理学	卫生	单位自办
民营经济研究中心	2002-3-13	学校主管部门批准	教育部重点研究基地，教育部985创新基地	独立研究所	经济学	商务服务业	单位自办
农业现代化与农村发展研究中心	1999-7-9	学校主管部门批准	教育部重点研究基地，教育部985创新基地	独立研究所	经济学	非金属矿采选业	单位自办
农业与农村经济发展研究所	2000-1-1	学校自建	校级研究所	独立研究所	经济学	农业	单位自办
企业投资研究所	2000-1-27	学校自建	校级研究所	独立研究所	管理学	资本市场服务	单位自办
企业组织与战略研究所	2000-1-27	学校自建	校级研究所	独立研究所	管理学	商务服务业	单位自办
区域经济开放与发展研究中心	2005-12-2	非学校主管部门批准	省级重点研究基地	独立研究所	经济学	商务服务业	单位自办
区域协调发展研究中心	2014-1-1	非学校主管部门批准	省级智库，国家高端智库培育单位	独立研究所	管理学	教育	单位自办
人口与发展研究所	2000-1-27	学校自建	校级研究所	独立研究所	社会学	教育	单位自办
人类学研究所	2000-3-17	学校自建	校级研究所	独立研究所	社会学	社会保障	单位自办
人力资源管理研究所	2000-1-27	学校自建	校级研究所	独立研究所	管理学	商务服务业	单位自办
人文高等研究院	2014-12-19	学校自建	校设研究院	独立研究所	社会学	教育	单位自办
日本文化研究所	2000-1-27	学校自建	校级研究所	独立研究所	民族学与文化学	教育	单位自办
社会理论与社会建设研究所	2000-1-27	学校自建	校级研究所	独立研究所	社会学	卫生	单位自办

续表

学校及机构名称	成立时间	批准部门	机构类型	组成方式	学科分类	服务的国民经济行业	组成类型
社会学研究所	2000-1-27	学校自建	校级研究所	独立研究所	社会学	社会保障	单位自办
石窟寺文物数字化保护国家文物局重点科研基地	2017-6-22	非学校主管部门批准	其他重点研究基地，国家文物局重点科研基地	跨系所	考古学	教育	单位自办
世界历史研究所	2000-1-27	学校自建	校级研究所	独立研究所	历史学	其他服务业	单位自办
世界文学与比较文学研究所	2000-1-27	学校自建	校级研究所	独立研究所	外国文学	教育	单位自办
宋学研究中心	2005-5-21	非学校主管部门批准	省级重点研究基地	独立研究所	历史学	教育	单位自办
台湾研究所	2005-12-29	学校自建	校级研究所	独立研究所	港澳台研究	社会保障	单位自办
体育学与技术研究所	2000-1-27	学校自建	校级研究所	独立研究所	体育学	文化艺术业	单位自办
体育现代化发展研究中心	2003-3-25	非学校主管部门批准	中央其他部委重点研究基地	独立研究所	体育学	文化艺术业	单位自办
土地科学与不动产研究所	2000-1-27	学校自建	校级研究所	独立研究所	管理学	房地产业	单位自办
土地与国家发展研究院	2014-6-18	非学校主管部门批准	省级智库	独立研究所	经济学	农、林、牧、渔专业及辅助性活动	单位自办
外国文学研究所	2000-1-27	学校自建	校级研究所	独立研究所	外国文学	教育	单位自办
外国语言学及应用语言学研究所	2000-1-27	学校自建	校级研究所	独立研究所	语言学	教育	单位自办
外国哲学研究所	2000-12-10	学校自建	校级研究所	独立研究所	哲学	教育	单位自办
文化遗产与博物馆学研究所	2000-1-27	学校自建	校级研究所	独立研究所	考古学	广播、电视、电影和影视录音制作业	单位自办
文艺学研究所	2000-1-27	学校自建	校级研究所	独立研究所	艺术学	广播、电视、电影和影视录音制作业	单位自办
物流与决策优化研究所	2000-1-27	学校自建	校级研究所	独立研究所	管理学	机动车、电子产品和日用产品修理业	单位自办
新闻传媒与社会发展研究所	2000-1-27	学校自建	校级研究所	独立研究所	新闻学与传播学	社会工作	单位自办

续表

学校及机构名称	成立时间	批准部门	机构类型	组成方式	学科分类	服务的国民经济行业	组成类型
新型城镇化研究中心	2015-11-2	非学校主管部门批准	省级智库	独立研究所	管理学	国家机构	单位自办
信息资源管理研究所	2000-1-27	学校自建	校级研究所	独立研究所	图书馆、情报与文献学	互联网和相关服务	单位自办
刑法研究所	2011-6-15	学校自建	校级研究所	独立研究所	法学	教育	单位自办
行政管理研究所	2000-1-27	学校自建	校级研究所	独立研究所	管理学	教育	其他
营销管理研究所	2000-1-27	学校自建	校级研究所	独立研究所	管理学	商务服务业	单位自办
语言与认知研究中心	2006-5-18	学校主管部门批准	教育部985创新基地	独立研究所	语言学	教育	单位自办
非传统安全与和平发展研究中心	2006-11-23	非学校主管部门批准	省级智库	独立研究所	管理学	国家机构	单位自办
公共政策研究院	2008-9-1	非学校主管部门批准	省级智库	独立研究所	管理学	国家机构	单位自办
金融研究院	2010-1-12	非学校主管部门批准	省级智库	独立研究所	管理学	货币金融服务	单位自办
政府与企业研究所	2005-12-29	学校自建	校级研究所	独立研究所	管理学	教育	单位自办
政治学研究所	2000-1-27	学校主管部门批准	校级研究所	独立研究所	政治学	教育	单位自办
证券期货研究所	2000-1-27	学校自建	校级研究所	独立研究所	经济学	资本市场服务	单位自办
中国古代史研究所	2000-1-27	学校自建	校级研究所	独立研究所	历史学	教育	单位自办
中国古代文学与文化研究所	2000-1-27	学校自建	校级研究所	独立研究所	中国文学	教育	单位自办
中国近现代史研究所	2000-1-27	学校自建	校级研究所	独立研究所	历史学	教育	单位自办
中国科教战略研究院	2013-5-1	学校自建	省级智库，校内直属单位	独立研究所	管理学	其他服务业	单位自办
中国跨境电子商务研究院	2018-7-20	非学校主管部门批准	省级智库	独立研究所	管理学	国家机构	单位自办
中国农村发展研究院	2006-4-17	非学校主管部门批准	省级智库	独立研究所	社会学	农业	单位自办
中国思想文化研究所	2000-1-27	学校自建	校级研究所	独立研究所	哲学	教育	单位自办
中国现当代文学与文化研究所	2000-1-27	学校自建	校级研究所	独立研究所	中国文学	教育	单位自办
中国艺术研究所	2000-5-16	学校自建	校级研究所	独立研究所	艺术学	教育	单位自办

续表

学校及机构名称	成立时间	批准部门	机构类型	组成方式	学科分类	服务的国民经济行业	组成类型
中外教育现代化研究所	2000-1-27	学校自建	校级研究所	独立研究所	教育学	其他服务业	单位自办
中小企业成长与城镇发展研究所	2000-1-27	学校自建	校级研究所	独立研究所	管理学	科技推广和应用服务	单位自办
宗教学研究所	2011-1-5	学校自建	校级研究所	独立研究所	宗教学	社会保障	单位自办
杭州电子科技大学							
财务与财税研究所	2011-5-10	学校自建	校级研究机构	独立研究所	管理学	货币金融服务	单位自办
产业组织与公共政策研究所	2011-5-10	学校自建	校级研究机构	独立研究所	管理学	社会保障	单位自办
高教强省发展战略与评价研究中心	2018-10-8	非学校主管部门批准	省级智库	独立研究所	管理学	研究和试验发展	单位自办
工业工程与管理研究所	2011-5-10	学校自建	校级研究机构	独立研究所	管理学	其他服务业	单位自办
管理决策与创新研究所	2006-4-6	学校自建	校级研究机构	独立研究所	管理学	研究和试验发展	单位自办
管理科学与信息工程研究所	2006-4-6	学校自建	校级研究机构	独立研究所	管理学	科技推广和应用服务	单位自办
国际经济与贸易研究所	2006-4-6	学校自建	校级研究机构	独立研究所	经济学	资本市场服务	单位自办
会计工程研究所	2011-5-10	学校自建	校级研究机构	独立研究所	管理学	其他金融业	单位自办
会计与审计研究所	2006-4-3	学校自建	校级研究机构	独立研究所	管理学	研究和试验发展	单位自办
金融研究所	2006-4-6	学校自建	校级研究机构	独立研究所	经济学	货币金融服务	单位自办
思想政治教育研究所	2006-4-6	学校自建	校级研究机构	独立研究所	哲学	教育	单位自办
信息化发展研究中心	2018-9-25	学校主管部门批准	省级智库	跨系所	管理学	软件和信息技术服务业	单位自办
战略与管理研究所	2006-4-6	学校自建	校级研究机构	独立研究所	管理学	研究和试验发展	单位自办
浙江省信息化与经济社会发展研究中心	2013-1-1	非学校主管部门批准	省级重点研究基地	跨系所	经济学	软件和信息技术服务业	单位自办
浙江工业大学							
“大数据+理论创新”——中国特色社会主义理论研究中心	2016-12-12	学校自建	其他重点实验室，校级文科实验室	独立研究所	马克思主义	其他服务业	单位自办

续表

学校及机构名称	成立时间	批准部门	机构类型	组成方式	学科分类	服务的国民经济行业	组成类型
房地产研究所	1999-12-30	学校自建	校级科研机构	独立研究所	管理学	商务服务业	单位自办
国际贸易与国际投资研究中心	2001-5-30	学校自建	校级科研机构	独立研究所	经济学	租赁业	单位自办
民营企业开放创新研究中心	2017-4-18	学校主管部门批准	其他智库，浙江省新型高校智库	独立研究所	经济学	其他服务业	政府部门办
企业战略研究所	1997-1-30	学校自建	校级科研机构	独立研究所	管理学	专业技术服务业	单位自办
体育学研究所	2004-12-28	学校自建	校级科研机构	独立研究所	体育学	中国共产党机关	单位自办
习近平新时代党建思想浙江实践研究中心	2017-12-11	学校自建	其他智库，校级智库	独立研究所	马克思主义	其他服务业	单位自办
信息管理与决策化研究所	2001-5-30	学校自建	校级科研机构	独立研究所	管理学	专业技术服务业	单位自办
信息与传播研究所	2004-12-28	学校自建	校级科研机构	跨系所	新闻学与传播学	体育	单位自办
循环经济研究中心	2004-12-28	学校自建	校级科研机构	独立研究所	经济学	科技推广和应用服务	与境内注册其他企业合办
浙江省舆情研究中心 1	2018-9-1	非学校主管部门批准	省级智库	独立研究所	社会学	其他服务业	政府部门办
浙江省舆情研究中心 2	2017-4-18	学校主管部门批准	其他智库，浙江省新型高校智库	独立研究所	社会学	其他服务业	政府部门办
浙江省中小企业发展研究所	1992-9-1	学校自建	校级科研机构	独立研究所	管理学	专业技术服务业	单位自办
浙江学术文化研究中心	2017-11-1	非学校主管部门批准	省级重点研究基地	独立研究所	中国文学	其他服务业	政府部门办
之江旅游规划设计研究所	2004-1-1	学校自建	校级科研机构	独立研究所	管理学	教育	单位自办
中国特色社会主义理论研究中心	2017-6-28	学校自建	校人文社科研究中心	独立研究所	马克思主义	其他服务业	单位自办
中国文学演变与传播研究中心	2004-12-1	学校自建	其他重点实验室，校人文社科研究中心	独立研究所	中国文学	卫生	单位自办
中国中小企业研究院	2018-9-1	非学校主管部门批准	省级智库	独立研究所	管理学	其他服务业	政府部门办
中小微企业转型升级协同创新中心	2016-5-20	学校主管部门批准	省级 2011 协同创新中心	与校外合办所	管理学	机动车、电子产品和日用产品修理业	政府部门办

续表

学校及机构名称	成立时间	批准部门	机构类型	组成方式	学科分类	服务的国民经济行业	组成类型
浙江理工大学							
产业转型经济与金融发展研究所	2013-5-6	学校自建	校级重点研究基地	跨系所	经济学	其他金融业	单位自办
创意设计产业发展研究中心	2012-10-8	非学校主管部门批准	其他重点研究基地	独立研究所	艺术学	文化艺术业	政府部门办
创意写作研究中心	2013-4-1	学校自建	校级重点研究基地	跨系所	外国文学	文化艺术业	单位自办
经济法研究所	2013-6-3	学校自建	校级重点研究基地	跨系所	法学	商务服务业	单位自办
区域与城市经济研究所	2013-5-3	学校自建	校级重点研究基地	跨系所	经济学	其他金融业	单位自办
生态经济研究所	2013-5-22	学校自建	校级重点研究基地	跨系所	经济学	生态保护和环境治理业	单位自办
生态哲学研究所	2013-6-20	学校自建	校级重点研究基地	跨系所	哲学	生态保护和环境治理业	单位自办
思想政治教育研究所	2006-6-3	学校自建	校级重点研究基地	跨系所	教育学	教育	单位自办
丝绸文化传承与产品设计数字化技术文化和旅游部重点实验室	2016-12-29	非学校主管部门批准	中央其他部委重点实验室	跨系所	艺术学	纺织服装、服饰业	政府部门办
丝绸与时尚文化研究中心	2016-12-20	学校自建	校级重点研究基地	跨系所	艺术学	文化艺术业	单位自办
新闻传播研究所	2013-8-1	学校自建	校级重点研究基地	独立研究所	新闻学与传播学	新闻和出版业	单位自办
浙江省"一带一路"建设智库	2018-6-8	非学校主管部门批准	省级智库	独立研究所	管理学	文化艺术业	单位自办
浙江省基层党建研究中心	2018-10-10	学校主管部门批准	省级智库	跨系所	马克思主义	教育	政府部门办
浙江省绿色发展研究中心	2017-7-5	学校主管部门批准	省级智库	跨系所	经济学	生态保护和环境治理业	政府部门办
浙江省青少年素质提升社科普及基地	2013-8-15	非学校主管部门批准	省级重点研究基地	独立研究所	心理学	教育	单位自办
浙江省生态文明研究中心	2014-6-6	非学校主管部门批准	省级重点研究基地	跨系所	经济学	生态保护和环境治理业	政府部门办
浙江省丝绸与时尚文化研究中心	2017-11-28	非学校主管部门批准	省级重点研究基地	跨系所	艺术学	文化艺术业	政府部门办
浙江省中国特色社会主义理论体系研究中心	2016-7-8	非学校主管部门批准	中央其他部委重点研究基地	独立研究所	马克思主义	中国共产党机关	政府部门办

续表

学校及机构名称	成立时间	批准部门	机构类型	组成方式	学科分类	服务的国民经济行业	组成类型
浙江现代革命历史文化研究基地	2013-7-2	非学校主管部门批准	浙江省历史文化研究基地	跨系所	历史学	教育	政府部门办
中国传统文化与当代发展研究所	2013-6-1	学校自建	校级重点研究基地	独立研究所	中国文学	文化艺术业	单位自办
中国美学和艺术理论研究中心	2011-7-18	学校自建	校级重点研究基地	跨系所	艺术学	文化艺术业	单位自办
浙江海洋大学							
东海发展研究院	2012-3-1	学校自建	校级重点研究基地	独立研究所	历史学	研究和试验发展	单位自办
港台侨研究所	2006-7-19	学校自建	校级重点研究基地	独立研究所	港澳台研究	社会保障	单位自办
浙江省中国特色社会主义理论研究中心	2016-9-6	非学校主管部门批准	省级重点研究基地	独立研究所	马克思主义	其他服务业	与国内独立研究机构合办
浙江舟山群岛新区研究中心	2014-1-1	学校自建	校级重点研究基地	独立研究所	管理学	其他服务业	与国内高校合办
中国(浙江)自由贸易试验区研究院	2018-3-7	非学校主管部门批准	其他智库	与校外合办所	管理学	商务服务业	与国内高校合办
浙江农林大学							
邓小平理论研究中心	2001-12-23	学校自建	校级研究机构	独立研究所	马克思主义	国家机构	单位自办
国际贸易研究所	2006-3-12	学校自建	校级研究机构	独立研究所	经济学	租赁业	单位自办
汉语国际推广茶文化传播基地	2014-5-3	非学校主管部门批准	其他重点研究基地	独立研究所	民族学与文化学	其他服务业	与境外机构合办
恒星管理研究所	2000-12-14	学校自建	校级研究机构	独立研究所	管理学	租赁业	单位自办
环境法治与社会发展研究中心	2001-12-12	学校自建	校级研究机构	独立研究所	法学	卫生	单位自办
会计学研究所	2006-3-13	学校自建	校级研究机构	独立研究所	经济学	租赁业	单位自办
林业经济研究中心	1998-11-23	学校自建	校级研究机构	独立研究所	经济学	林业	单位自办
美术研究所	1999-1-1	学校自建	校级研究机构	独立研究所	艺术学	新闻和出版业	单位自办
生态文化研究中心	2011-10-5	学校自建	校级研究机构	独立研究所	艺术学	生态保护和环境治理业	单位自办
思想政治教育研究所	2000-1-12	学校自建	校级研究机构	独立研究所	政治学	其他服务业	单位自办

续表

学校及机构名称	成立时间	批准部门	机构类型	组成方式	学科分类	服务的国民经济行业	组成类型
外国语言文化研究所	2003-2-28	学校自建	校级研究机构	独立研究所	语言学	卫生	单位自办
吴越文化研究所	1999-7-3	学校自建	校级研究机构	独立研究所	民族学与文化学	广播、电视、电影和影视录音制作业	单位自办
艺术设计研究所	2001-8-28	学校自建	校级研究机构	独立研究所	艺术学	广播、电视、电影和影视录音制作业	单位自办
浙江三农发展智库	2017-7-5	学校主管部门批准	省级智库	跨系所	管理学	农业	单位自办
浙江省农民发展研究中心	2013-1-22	非学校主管部门批准	省级重点研究基地	独立研究所	管理学	农业	单位自办
浙江中医药大学							
高教研究所	1984-9-8	学校自建	研究所	独立研究所	教育学	其他服务业	单位自办
健康管理研究所	2016-12-20	学校自建	研究所	独立研究所	管理学	其他服务业	单位自办
浙江师范大学							
边疆研究院	2018-9-25	学校主管部门批准	省级智库	独立研究所	历史学	国家机构	单位自办
儿童研究院	2015-5-27	非学校主管部门批准	其他重点研究基地，省哲学社会科学培育研究基地	跨系所	教育学	教育	单位自办
非洲研究与中非合作协同创新中心	2013-11-13	学校主管部门批准	省级 2011 协同创新中心	独立研究所	国际问题研究	国际组织	单位自办
非洲研究院	2018-9-25	学校主管部门批准	省级智库	独立研究所	政治学	国家机构	单位自办
江南文化研究中心	2006-4-20	非学校主管部门批准	省级重点研究基地	独立研究所	中国文学	文化艺术业	单位自办
教育改革与发展研究院	2017-7-5	学校主管部门批准	省级智库	独立研究所	教育学	教育	单位自办
浙江省基础教育研究基地	2012-6-1	学校自建	校级重点研究基地	独立研究所	教育学	教育	单位自办
浙学传承与地方治理现代化协同创新中心	2018-5-21	学校主管部门批准	省级 2011 协同创新中心	独立研究所	中国文学	国家机构	单位自办
卓越教师培养协同创新中心	2016-4-20	学校主管部门批准	省级 2011 协同创新中心	独立研究所	教育学	教育	单位自办

续表

学校及机构名称	成立时间	批准部门	机构类型	组成方式	学科分类	服务的国民经济行业	组成类型
杭州师范大学							
国家安全话语传播研究中心	2018-9-14	学校主管部门批准	省级智库	独立研究所	新闻学与传播学	社会保障	单位自办
杭州城市国际化研究中心	2009-3-11	学校自建	其他重点研究基地，杭州市哲学社会科学重点研究基地	跨系所	经济学	研究和试验发展	单位自办
社会建设和社会治理研究中心	2014-5-1	学校主管部门批准	其他重点研究基地，杭州市哲学社会科学重点研究基地	跨系所	社会学	社会工作	单位自办
外国文学与话语传播研究中心	2014-3-6	学校自建	其他重点研究基地，杭州市哲学社会科学重点研究基地	跨系所	外国文学	社会工作	单位自办
文艺批评研究院	2017-12-30	学校自建	省级重点研究基地	跨系所	中国文学	文化艺术业	单位自办
艺术教育研究基地	2008-12-25	学校主管部门批准	杭州师范大学重点研究机构	跨系所	艺术学	文化艺术业	单位自办
浙江省民国浙江史研究中心	2006-4-24	非学校主管部门批准	省级重点研究基地	跨系所	历史学	文化艺术业	政府部门办
浙西学术研究中心	2007-3-5	学校自建	其他重点研究基地，杭州市重点研究基地	跨系所	中国文学	文化艺术业	单位自办
绍兴文理学院							
浙江省越文化传承与创新研究中心	2002-6-15	非学校主管部门批准	省级重点研究基地	独立研究所	中国文学	教育	与国内高校合办
台州学院							
比较文学与世界文学研究所	2013-4-26	学校自建	校级重点研究基地	独立研究所	中国文学	文化艺术业	单位自办
财务与税收研究所	2013-4-26	学校自建	校级重点研究基地	独立研究所	经济学	货币金融服务	单位自办
创意设计研究所	2013-4-26	学校自建	校级重点研究基地	独立研究所	艺术学	文化艺术业	单位自办

续表

学校及机构名称	成立时间	批准部门	机构类型	组成方式	学科分类	服务的国民经济行业	组成类型
地方美术研究所	2013-4-26	学校自建	校级重点研究基地	独立研究所	艺术学	文化艺术业	单位自办
地方音乐研究所	2013-4-26	学校自建	校级重点研究基地	独立研究所	艺术学	文化艺术业	单位自办
翻译研究所	2013-4-26	学校自建	校级重点研究基地	独立研究所	语言学	文化艺术业	单位自办
和合文化研究院	2017-5-12	学校自建	校级重点研究基地	跨系所	哲学	文化艺术业	单位自办
基础教育研究所	2016-3-29	学校自建	校级重点研究基地	跨系所	教育学	教育	单位自办
旅游规划与乡村发展研究所	2016-3-10	学校自建	校级重点研究基地	独立研究所	管理学	商务服务业	单位自办
三门研究院乡村振兴研究所	2018-4-20	学校自建	校级重点研究基地	跨系所	经济学	文化艺术业	单位自办
思想政治教育研究所	2013-4-26	学校自建	校级重点研究基地	独立研究所	政治学	教育	单位自办
台州传媒与文化产业发展研究所	2013-4-26	学校自建	校级重点研究基地	独立研究所	新闻学与传播学	文化艺术业	单位自办
台州语文教育研究所	2013-4-26	学校自建	校级重点研究基地	独立研究所	教育学	教育	单位自办
英语语言文学研究所	2013-4-26	学校自建	校级重点研究基地	独立研究所	外国文学	其他服务业	单位自办
浙江（台州）小微金融研究院	2015-3-18	非学校主管部门批准	校级重点研究基地，其他重点研究基地	独立研究所	经济学	资本市场服务	政府部门办
温州大学							
传统音乐文化研究所	2011-3-24	学校自建	校级研究机构	独立研究所	艺术学	文化艺术业	单位自办
地方政府绩效管理研究中心	2011-11-5	学校自建	校级研究机构	独立研究所	管理学	人民政协、民主党派	单位自办
国别与区域研究中心	2017-6-13	学校主管部门批准	教育部研究中心	独立研究所	国际问题研究	文化艺术业	单位自办
国际贸易经济合作研究所	2011-3-23	学校自建	校级研究机构	独立研究所	经济学	资本市场服务	单位自办
国民经济研究所	2011-3-22	学校自建	校级研究机构	独立研究所	经济学	资本市场服务	单位自办
基层治理现代化研究中心	2017-12-21	学校主管部门批准	其他重点研究基地，市级重点研究基地	独立研究所	法学	国家机构	单位自办

续表

学校及机构名称	成立时间	批准部门	机构类型	组成方式	学科分类	服务的国民经济行业	组成类型
家族企业和企业家研究所	2011-3-21	学校自建	校级研究机构	独立研究所	管理学	群众团体、社会团体和其他成员组织	单位自办
金融研究院	2012-5-9	学校自建	校级研究机构	独立研究所	经济学	货币金融服务	单位自办
旅游与文化研究所	2014-11-10	学校自建	校级研究机构	独立研究所	管理学	文化艺术业	单位自办
南戏艺术文化研究所	2014-8-12	学校主管部门批准	其他重点研究基地，市级重点研究基地，市级研究中心	独立研究所	中国文学	文化艺术业	单位自办
区域可持续发展法治研究中心	2012-1-1	学校主管部门批准	其他重点研究基地，市级重点研究基地	独立研究所	法学	国家机构	单位自办
社会治理与区域法制协同创新中心	2017-3-29	学校自建	其他 2011 协同创新中心，校级协同创新中心	独立研究所	法学	人民政协、民主党派	单位自办
市场营销研究所	2011-3-22	学校自建	校级研究机构	独立研究所	经济学	商务服务业	单位自办
温州城乡融合发展研究中心	2017-12-21	学校主管部门批准	其他重点研究基地，市级重点研究基地	独立研究所	社会学	国家机构	单位自办
温州历史文化研究中心	2006-6-6	学校主管部门批准	其他重点研究基地，市级重点研究基地，校级研究机构	独立研究所	历史学	文化艺术业	单位自办
温州市世界温州人研究中心	2008-11-8	学校主管部门批准	市级研究中心	独立研究所	社会学	人民政协、民主党派	其他
行业协会商会研究所	2011-3-22	学校自建	校级研究所	独立研究所	经济学	群众团体、社会团体和其他成员组织	单位自办
浙江省非物质文化遗产研究基地	2012-3-9	非学校主管部门批准	其他重点研究基地，省级非遗基地	独立研究所	中国文学	文化艺术业	单位自办
浙江省温州人经济研究中心	2010-6-6	非学校主管部门批准	省级重点研究基地	独立研究所	经济学	资本市场服务	单位自办
浙江省中国特色社会主义理论研究基地	2016-7-1	非学校主管部门批准	省级重点研究基地	独立研究所	马克思主义	中国共产党机关	单位自办

续表

学校及机构名称	成立时间	批准部门	机构类型	组成方式	学科分类	服务的国民经济行业	组成类型
浙江戏曲研究与传承研究中心	2017-11-27	非学校主管部门批准	省级重点研究基地	独立研究所	中国文学	文化艺术业	单位自办
丽水学院							
华东地区民族理论政策研究基地	2017-10-11	非学校主管部门批准	中央其他部委重点研究基地	独立研究所	民族学与文化学	社会保障	政府部门办
浙江工商大学							
城乡生态环境与规划信息技术研究所	2011-11-21	学校自建	校级研究所	独立研究所	管理学	生态保护和环境治理业	单位自办
东亚研究院	2014-4-1	非学校主管部门批准	省级重点研究基地	跨系所	国际问题研究	国际组织	单位自办
法学研究基地	2008-12-24	学校主管部门批准	其他重点研究基地，高校人文社科重点研究基地	独立研究所	法学	社会保障	单位自办
公共政策研究中心	2004-10-5	学校自建	校级研究所	独立研究所	管理学	社会保障	单位自办
金融研究所	2008-2-1	学校自建	校级研究所	独立研究所	经济学	其他金融业	单位自办
旅游产业转型与区域规划研究所	2011-12-21	学校自建	校级研究所	跨系所	管理学	其他服务业	单位自办
马克思主义基本理论重点研究基地	2004-10-20	学校自建	校级重点研究基地	独立研究所	马克思主义	中国共产党机关	单位自办
统计科学研究所	2008-6-26	学校自建	校级研究所	独立研究所	统计学	专业技术服务业	单位自办
文创设计与产业化研究中心	2011-11-21	学校自建	校级研究所	独立研究所	艺术学	文化艺术业	单位自办
现代商贸流通体系建设协同创新中心	2013-11-1	学校主管部门批准	省级 2011 协同创新中心	跨系所	经济学	商务服务业	其他
现代商贸研究中心	2004-11-10	非学校主管部门批准	部省共建教育部重点研究基地	跨系所	管理学	商务服务业	单位自办
浙商研究院	2006-4-12	非学校主管部门批准	省级智库	跨系所	管理学	商务服务业	单位自办
中国民营经济会计研究中心	2017-12-18	学校自建	校级研究所	跨系所	管理学	其他金融业	单位自办

续表

学校及机构名称	成立时间	批准部门	机构类型	组成方式	学科分类	服务的国民经济行业	组成类型
中国土地与城市治理研究院	2004-7-15	学校自建	校级研究所	跨系所	管理学	土地管理业	单位自办
嘉兴学院							
长三角一体化发展研究中心	2018-10-8	学校主管部门批准	省级智库	独立研究所	经济学	教育	政府部门办
浙江省红色文化研究与传承协同创新中心	2018-5-21	非学校主管部门批准	省级2011协同创新中心	独立研究所	民族学与文化学	教育	政府部门办
浙江省中国共产党创建史研究中心	2017-12-20	非学校主管部门批准	其他重点研究基地	独立研究所	马克思主义	教育	单位自办
浙江省中国特色社会主义理论体系研究基地	2016-7-1	非学校主管部门批准	其他重点研究基地	跨系所	马克思主义	教育	政府部门办
中国共产党革命精神与文化资源研究中心	2013-6-25	非学校主管部门批准	教育部重点研究基地	独立研究所	马克思主义	教育	单位自办
中国美术学院							
当代纤维艺术研究所	1993-1-1	学校自建	学校自建	独立研究所	艺术学	文化艺术业	单位自办
纺织服装研究院	2008-7-1	学校自建	学校自建	独立研究所	艺术学	纺织服装、服饰业	单位自办
公共艺术研究中心	2004-10-15	学校自建	学校自建	独立研究所	艺术学	文化艺术业	单位自办
互动艺术与技术研究所	2011-6-21	学校自建	学校自建	独立研究所	艺术学	文化艺术业	单位自办
视觉中国协创中心	2012-12-1	学校主管部门批准	省级2011协同创新中心	与校外合办所	艺术学	文化艺术业	与国内高校合办
文创设计制造业协创中心	2012-12-1	学校主管部门批准	省级2011协同创新中心	与校外合办所	艺术学	文化艺术业	与国内高校合办
文化创新与视觉传播研究院	2017-7-5	学校主管部门批准	省级智库	独立研究所	艺术学	文化艺术业	单位自办
艺术哲学与文化创新研究院	2017-11-27	学校主管部门批准	省级重点研究基地	独立研究所	艺术学	文化艺术业	单位自办
中国思想史与书画研究中心	2016-10-19	学校自建	学校自建	独立研究所	艺术学	文化艺术业	单位自办
中国艺术教育研究院	2016-11-4	学校自建	学校自建	独立研究所	艺术学	文化艺术业	单位自办
中国计量大学							

续表

学校及机构名称	成立时间	批准部门	机构类型	组成方式	学科分类	服务的国民经济行业	组成类型
标准化与知识产权管理协同创新中心	2015-5-8	学校主管部门批准	省级 2011 协同创新中心	独立研究所	管理学	研究和试验发展	单位自办
电子商务标准化研究中心	2018-12-4	学校自建	其他智库	独立研究所	管理学	文教、工美、体育和娱乐用品制造业	单位自办
法治与社会发展研究中心	2006-1-3	学校自建	校内独立设置	独立研究所	法学	科技推广和应用服务	单位自办
佛教与江浙文化研究中心	2012-3-22	学校自建	校内独立设置	独立研究所	宗教学	研究和试验发展	单位自办
工业设计研究所	2008-2-11	学校自建	校内独立设置	独立研究所	艺术学	废弃资源综合利用业	单位自办
管理科学与工程	2009-6-10	学校主管部门批准	其他重点研究基地，省高校人文社科基地，省高校人文社科基地	独立研究所	管理学	科技推广和应用服务	单位自办
思想政治研究所	2007-3-9	学校自建	校内独立设置	独立研究所	马克思主义	研究和试验发展	单位自办
浙江省产业发展政策研究中心	2006-5-18	非学校主管部门批准	省级重点研究基地	独立研究所	管理学	研究和试验发展	其他
中国哲学研究所	2006-3-15	学校自建	校内独立设置	独立研究所	哲学	教育	单位自办
宁波职业技术学院							
创客研究所	2016-1-1	学校自建	研究所	独立研究所	管理学	教育	单位自办
发展中国家职业教育研究院	2013-4-25	非学校主管部门批准	研究所	独立研究所	教育学	教育	与国内独立研究机构合办
高等职业教育研究所	2000-3-2	学校自建	研究所	独立研究所	教育学	教育	单位自办
刘雪凯教授工作室	2016-7-2	学校自建	工作室	独立研究所	教育学	教育	单位自办
宁波市"一带一路"职业教育研究基地（宁波市社科研究基地）	2014-3-1	非学校主管部门批准	其他重点研究基地，宁波市社科研究基地	独立研究所	教育学	教育	政府部门办
沈燕红非遗文化研究工作室	2013-2-5	学校自建	工作室	独立研究所	历史学	教育	单位自办
温州职业技术学院							
温州产业经济研究与服务中心	2010-1-13	非学校主管部门批准	其他重点研究基地	独立研究所	经济学	其他金融业	单位自办

续表

学校及机构名称	成立时间	批准部门	机构类型	组成方式	学科分类	服务的国民经济行业	组成类型
温州房地产政策研究中心	2015-10-21	非学校主管部门批准	其他重点研究基地	独立研究所	社会学	房屋建筑业	政府部门办
温州职业教育与社会发展研究中心	2012-9-15	非学校主管部门批准	其他重点研究基地	独立研究所	教育学	其他服务业	单位自办
浙江万里学院							
创意设计产业与城市发展研究中心	2010-5-10	非学校主管部门批准	其他重点研究基地	与校外合办所	经济学	房屋建筑业	与国内独立研究机构合办
民营经济研究中心	2009-9-20	非学校主管部门批准	其他重点研究基地，其他	与校外合办所	经济学	其他金融业	政府部门办
宁波海上丝绸之路研究院	2005-6-1	学校主管部门批准	其他智库	与校外合办所	管理学	道路运输业	与国内高校合办
宁波市传播监测研究基地	2018-7-1	学校主管部门批准	其他重点研究基地	独立研究所	新闻学与传播学	电信、广播电视和卫星传输服务	政府部门办
宁波市地方法治研究基地	2017-12-1	非学校主管部门批准	其他重点研究基地	与校外合办所	法学	中国共产党机关	政府部门办
宁波市地方立法研究基地	2017-12-1	非学校主管部门批准	校级重点研究基地	与校外合办所	法学	中国共产党机关	政府部门办
宁波市会展经济研究所	2003-3-1	非学校主管部门批准	校级重点研究基地	跨系所	经济学	商务服务业	政府部门办
宁波市院士文化中心	2013-3-15	非学校主管部门批准	其他智库	跨系所	新闻学与传播学	社会保障	政府部门办
宁波甬商研究基地	2007-3-20	非学校主管部门批准	其他重点研究基地，市级重点研究基地	与校外合办所	经济学	专业技术服务业	与国内高校合办
浙江省临港现代服务业与创意文化研究中心	2009-11-10	非学校主管部门批准	省级重点研究基地	跨系所	管理学	商务服务业	单位自办
浙江科技学院							
浙江省政务新媒体研究院	2015-12-26	学校主管部门批准	省级重点研究基地	独立研究所	新闻学与传播学	其他服务业	单位自办
浙江省中国特色社会主义理论体系研究中心培育基地	2016-7-3	非学校主管部门批准	省级重点研究基地	独立研究所	马克思主义	其他服务业	单位自办
宁波工程学院							
港口城市发展与环境研究中心	2009-12-1	学校主管部门批准	教育局共建研究中心	独立研究所	社会学	其他服务业	与国内独立研究机构合办

续表

学校及机构名称	成立时间	批准部门	机构类型	组成方式	学科分类	服务的国民经济行业	组成类型
国际港口与物流研究中心	2008-11-1	学校主管部门批准	教育局共建研究中心	独立研究所	管理学	其他服务业	与国内独立研究机构合办
宁波基层社会治理创新研究基地	2013-12-12	非学校主管部门批准	其他重点研究基地，宁波市社科院研究基地	独立研究所	社会学	其他服务业	单位自办
宁波市高校思想政治工作研究基地	2017-12-19	非学校主管部门批准	其他重点研究基地，宁波市社科院研究基地	独立研究所	马克思主义	其他服务业	政府部门办
宁波市小企业成长研究基地	2013-12-12	非学校主管部门批准	其他重点研究基地，宁波市社科院研究基地	独立研究所	管理学	其他服务业	其他
现代物流研究中心	2018-10-8	非学校主管部门批准	省级智库	独立研究所	管理学	其他服务业	单位自办
浙江财经大学							
财富管理与量化投资协同创新中心	2013-5-24	学校自建	校级重点研究基地	独立研究所	经济学	其他服务业	单位自办
城市公用事业政府监管协同创新中心	2013-5-24	学校主管部门批准	省级 2011 协同创新中心	独立研究所	管理学	其他服务业	政府部门办
地方财政研究院	2017-7-5	学校主管部门批准	其他智库	独立研究所	经济学	其他服务业	单位自办
汉字国际传播与书法产业协同创新中心	2015-1-6	学校自建	校级重点研究基地	跨系所	语言学	教育	单位自办
经济行为与决策研究中心	2017-11-27	非学校主管部门批准	省级重点研究基地	独立研究所	经济学	其他服务业	政府部门办
民营企业全球发展战略与海外投资协同创新中心	2016-1-6	学校自建	校级重点研究基地	独立研究所	经济学	教育	单位自办
数据科学与大数据分析协同创新中心	2013-5-24	学校自建	校级重点研究基地	独立研究所	统计学	教育	单位自办
浙江社会管理法制化协同创新中心	2013-5-24	学校自建	校级重点研究基地	独立研究所	法学	其他服务业	单位自办
政府管制与公共政策研究院	2000-1-1	非学校主管部门批准	其他智库	独立研究所	管理学	其他服务业	政府部门办

续表

学校及机构名称	成立时间	批准部门	机构类型	组成方式	学科分类	服务的国民经济行业	组成类型
浙江警察学院							
东盟非传统安全领域研究中心	2012-9-1	学校主管部门批准	研究中心	独立研究所	政治学	教育	单位自办
警务技能战术研发中心	2015-2-10	学校主管部门批准	公安部研发中心	独立研究所	教育学	教育	单位自办
浙江新时代公共安全治理研究中心	2018-10-8	学校主管部门批准	省级智库	跨系所	管理学	社会工作	单位自办
衢州学院							
中国哲学与文化研究中心	2011-3-11	学校主管部门批准	共建	独立研究所	哲学	教育	与国内独立研究机构合办
宁波大学							
城市经济研究中心	2014-9-2	非学校主管部门批准	与中国社会科学院合作共建	与校外合办所	经济学	研究和试验发展	与国内独立研究机构合办
东海研究院	2017-7-1	学校主管部门批准	省级智库	跨系所	经济学	生态保护和环境治理业	与境内注册其他企业合办
法治与和谐社会建设研究中心	2009-12-30	非学校主管部门批准	与中国社会科学院合作共建研究中心	与校外合办所	法学	社会保障	与国内独立研究机构合办
港口经济协同创新中心	2018-5-21	学校主管部门批准	浙江省“2011协同创新中心”	跨系所	经济学	研究和试验发展	单位自办
宁波市地方政府治理研究基地	2017-12-19	非学校主管部门批准	宁波市社会科学研究基地	跨系所	政治学	研究和试验发展	政府部门办
宁波市东海研究基地	2017-12-19	非学校主管部门批准	宁波市社会科学研究基地	跨系所	法学	研究和试验发展	单位自办
宁波市高等教育发展研究基地	2017-12-17	非学校主管部门批准	宁波市社会科学研究基地	跨系所	教育学	教育	政府部门办
宁波市民国文化研究基地	2017-12-17	非学校主管部门批准	宁波市社会科学研究基地	跨系所	历史学	文化艺术业	政府部门办
宁波市区域经济研究基地	2017-12-1	非学校主管部门批准	宁波市社会科学研究基地	独立研究所	经济学	研究和试验发展	政府部门办
宁波市生态文明建设研究基地	2017-12-14	非学校主管部门批准	宁波市社会科学研究基地	跨系所	管理学	生态保护和环境治理业	单位自办

续表

学校及机构名称	成立时间	批准部门	机构类型	组成方式	学科分类	服务的国民经济行业	组成类型
宁波市乡村振兴与城乡融合发展研究基地	2017-12-1	非学校主管部门批准	宁波市社会科学研究基地	跨系所	法学	社会保障	单位自办
体育经济研究中心	2006-3-1	非学校主管部门批准	国家体育总局体育社会科学研究基地	跨系所	体育学	体育	政府部门办
外国语言文化与宁波国际化发展战略研究中心	2009-1-8	非学校主管部门批准	与中国社会科学院合作共建研究中心	与校外合办所	语言学	研究和试验发展	与国内独立研究机构合办
现代高端服务业发展研究中心	2009-1-8	非学校主管部门批准	与中国社会科学院合作共建研究中心	与校外合办所	经济学	研究和试验发展	与国内独立研究机构合办
现代国际贸易战略研究中心	2009-1-8	非学校主管部门批准	与中国社会科学院合作共建研究中心	与校外合办所	经济学	研究和试验发展	与国内独立研究机构合办
浙东文化研究基地	2017-12-1	非学校主管部门批准	宁波市社会科学重点研究基地	独立研究所	历史学	文化艺术业	单位自办
浙东文化研究院	2017-11-1	非学校主管部门批准	省级重点研究基地	跨系所	历史学	文化艺术业	单位自办
浙东文化与宁波文化大市建设研究中心	2009-1-8	非学校主管部门批准	与中国社会科学院合作共建研究中心	与校外合办所	中国文学	研究和试验发展	与国内独立研究机构合办
浙江省海洋文化与经济研究中心	2006-4-1	非学校主管部门批准	省级重点研究基地	跨系所	经济学	娱乐业	政府部门办
浙江省中国特色社会主义理论体系研究基地	2016-7-1	非学校主管部门批准	浙江省中国特色社会主义理论体系研究基地	独立研究所	马克思主义	娱乐业	政府部门办
中国非公有制经济人士研究基地	2017-1-2	学校主管部门批准	省级智库	跨系所	经济学	研究和试验发展	单位自办
中国统一战线理论研究会非公有制经济人士统战工作理论研究基地	2015-4-28	非学校主管部门批准	中国统一战线理论研究会研究基地	跨系所	经济学	研究和试验发展	单位自办
浙江传媒学院							
国家动画教育研究基地	2007-8-8	非学校主管部门批准	省部级研究基地	与校外合办所	艺术学	广播、电视、电影和影视录音制作业	其他

续表

学校及机构名称	成立时间	批准部门	机构类型	组成方式	学科分类	服务的国民经济行业	组成类型
媒体传播优化协同创新中心	2014-10-22	学校主管部门批准	省级 2011 协同创新中心	独立研究所	新闻学与传播学	新闻和出版业	其他
戏剧影视研究院	2015-3-18	学校自建	校级	独立研究所	艺术学	文化艺术业	单位自办
新媒介素养科普基地	2014-4-19	学校主管部门批准	省部级研究基地	与校外合办所	新闻学与传播学	新闻和出版业	政府部门办
新闻传播研究院	2015-9-14	学校自建	校级	独立研究所	新闻学与传播学	新闻和出版业	其他
浙江广播电视研究院	2005-12-3	非学校主管部门批准	省部级研究基地	与校外合办所	艺术学	广播、电视、电影和影视录音制作业	其他
浙江省传播与文化产业研究中心	2006-5-18	学校主管部门批准	省部级研究基地	与校外合办所	新闻学与传播学	广播、电视、电影和影视录音制作业	其他
浙江省非物质文化遗产研究基地	2008-6-10	非学校主管部门批准	省部级研究基地	与校外合办所	中国文学	广播、电视、电影和影视录音制作业	其他
浙江文化产业发展研究中心	2009-10-1	非学校主管部门批准	省部级研究基地	独立研究所	管理学	广播、电视、电影和影视录音制作业	政府部门办
中国广播电视协会媒介素养研究基地	2007-4-10	非学校主管部门批准	省部级研究基地	与校外合办所	新闻学与传播学	广播、电视、电影和影视录音制作业	其他
浙江树人学院							
白俄罗斯研究中心	2017-6-13	非学校主管部门批准	其他重点研究基地，教育部国别与区域研究中心	与校外合办所	教育学	其他服务业	与境外机构合办
茶文化研究与发展中心	2002-10-15	学校自建	校级重点研究基地	独立研究所	民族学与文化学	教育	单位自办
城乡流通经济研究所	2015-6-20	学校自建	校级重点研究基地	独立研究所	经济学	专业技术服务业	单位自办
地域文化研究所	2009-7-10	学校自建	校级重点研究基地	独立研究所	中国文学	教育	单位自办
东亚研究所	2005-2-9	学校自建	校级重点研究基地	独立研究所	语言学	教育	单位自办

续表

学校及机构名称	成立时间	批准部门	机构类型	组成方式	学科分类	服务的国民经济行业	组成类型
翻译研究所	2010-5-25	学校自建	校级重点研究基地	独立研究所	语言学	教育	单位自办
旅游与会展研究所	2010-5-25	学校自建	校级重点研究基地	独立研究所	管理学	商务服务业	单位自办
品牌设计艺术研究中心	2010-5-25	学校自建	校级重点研究基地	独立研究所	艺术学	教育	单位自办
社会建设研究所	2009-7-8	学校自建	校级重点研究基地	独立研究所	社会学	卫生	单位自办
新闻研究所	2015-6-20	学校自建	校级重点研究基地	独立研究所	经济学	社会工作	单位自办
学生体质健康研究中心	2010-5-25	学校自建	校级重点研究基地	独立研究所	体育学	教育	单位自办
浙江跨境电子贸易研究中心	2015-6-11	学校自建	校级重点研究基地	独立研究所	经济学	商务服务业	单位自办
浙江省家政服务人才培养培训联盟	2014-4-26	学校主管部门批准	其他重点研究基地	跨系所	社会学	卫生	政府部门办
浙江省现代服务业研究中心	2012-11-7	非学校主管部门批准	省级重点研究基地	独立研究所	经济学	商务服务业	政府部门办
智慧养老与家政服务协同创新中心	2015-11-27	学校自建	校级重点研究基地	与校外合办所	社会学	卫生	与国内高校合办
中国民办高等教育研究院	2001-9-22	学校自建	校级重点研究基地	独立研究所	教育学	其他服务业	单位自办
中小企业研究所	2002-10-5	学校自建	校级重点研究基地	独立研究所	管理学	商务服务业	单位自办
金华职业技术学院							
浙江省现代职业教育研究中心	2012-5-31	非学校主管部门批准	省级重点研究基地	与校外合办所	教育学	其他服务业	与国内独立研究机构合办
浙江工商职业技术学院							
高职教育与区域发展研究中心	2015-1-1	学校自建	研究中心	独立研究所	教育学	教育	其他
台州职业技术学院							
电子商务研究所	2014-6-30	学校自建	校级重点研究基地	跨系所	经济学	货币金融服务	单位自办
国际贸易研究所	2014-6-30	学校自建	校级重点研究基地	跨系所	经济学	资本市场服务	单位自办
台州地方民俗与文化研究所	2014-6-30	非学校主管部门批准	校级重点研究基地	跨系所	民族学与文化学	教育	单位自办

续表

学校及机构名称	成立时间	批准部门	机构类型	组成方式	学科分类	服务的国民经济行业	组成类型
台州经济研究所	2014-6-30	非学校主管部门批准	校级重点研究基地	跨系所	经济学	资本市场服务	单位自办
台州市民俗生活与和合文化精神研究创新团队	2017-11-6	非学校主管部门批准	浙江省文化创新团队	与校外合办所	民族学与文化学	广播、电视、电影和影视录音制作业	政府部门办
现代物流研究所	2014-6-30	学校自建	校级重点研究基地	跨系所	管理学	资本市场服务	单位自办
浙江省马克思主义学会高职分会思政研究中心	2014-6-30	非学校主管部门批准	校级重点研究基地	跨系所	马克思主义	教育	单位自办
浙江越秀外国语学院							
酒店管理研究中心	2014-6-20	学校自建	校级研究所	跨系所	经济学	住宿业	单位自办
民办高等教育研究所	2014-3-7	学校自建	校级研究所	跨系所	教育学	其他服务业	单位自办
网络舆情研究中心	2014-3-7	非学校主管部门批准	其他重点研究基地，市级社科研究基地	跨系所	新闻学与传播学	社会工作	单位自办
中外文化传播与交流协同创新中心	2018-10-1	学校自建	校级协同创新中心	跨系所	中国文学	其他服务业	单位自办
浙江医药高等专科学校							
宁波帮国药文化研究所	2015-9-17	学校自建	其他智库	与校外合办所	管理学	机动车、电子产品和日用产品修理业	其他
生命健康产业研究所	2016-1-4	学校自建	其他智库	与校外合办所	管理学	医药制造业	政府部门办
医药经济中心	2012-8-9	学校自建	其他智库	跨系所	经济学	医药制造业	单位自办
浙江商业职业技术学院							
餐饮文化研究所	2009-4-1	学校自建	校级研究所	独立研究所	管理学	食品制造业	单位自办
创新创业教育研究所	2009-6-1	学校自建	校级研究所	独立研究所	管理学	商务服务业	单位自办
高职教育研究所	2007-10-31	学校自建	校级研究所	独立研究所	教育学	商务服务业	单位自办
旅游规划与开发研究所	2011-12-1	学校自建	校级研究所	独立研究所	管理学	商务服务业	单位自办

续表

学校及机构名称	成立时间	批准部门	机构类型	组成方式	学科分类	服务的国民经济行业	组成类型
旅游研究所	2006-10-1	学校自建	校级研究所	独立研究所	管理学	商务服务业	单位自办
马克思主义中国化研究所	2008-4-1	学校自建	校级研究所	独立研究所	马克思主义	其他服务业	单位自办
现代艺术设计研究所	2009-12-24	学校自建	校级研究所	独立研究所	艺术学	广播、电视、电影和影视录音制作业	单位自办
浙江省商业经济研究所	1986-3-1	学校主管部门批准	校级研究所	独立研究所	经济学	科技推广和应用服务	其他
浙商文化研究所	2011-12-9	学校自建	校级研究所	独立研究所	管理学	广播、电视、电影和影视录音制作业	单位自办
职业形象设计与推广研究中心	2009-3-1	学校自建	校级研究所	独立研究所	管理学	广播、电视、电影和影视录音制作业	单位自办
浙江旅游职业学院							
饭店管理研究所	2006-7-15	学校自建	校级重点实验室	独立研究所	管理学	商务服务业	单位自办
高等旅游职业教育研究所	2006-7-5	学校自建	校级重点研究基地	跨系所	教育学	其他服务业	单位自办
会展与旅游经济研究所	2006-7-15	学校自建	校级重点研究基地	跨系所	经济学	商务服务业	单位自办
旅行社管理研究所	2006-7-15	学校自建	校级重点研究基地	独立研究所	管理学	商务服务业	单位自办
旅游标准化研究所	2010-7-1	学校主管部门批准	校级重点研究基地	与校外合办所	管理学	商务服务业	与国内独立研究机构合办
旅游人力资源开发研究所	2006-7-15	学校自建	校级重点研究基地	跨系所	管理学	商务服务业	单位自办
旅游统计研究所	2014-6-3	学校自建	校级重点实验室	与校外合办所	经济学	商务服务业	政府部门办
旅游营销与策划研究所	2010-7-10	学校自建	校级重点实验室	跨系所	经济学	商务服务业	单位自办
旅游资源开发与管理研究所	2006-7-15	学校自建	校级重点研究基地	跨系所	经济学	专业技术服务业	单位自办
休闲农业(乡村旅游)研究所	2010-7-1	学校自建	校级重点研究基地	与校外合办所	经济学	农、林、牧、渔专业及辅助性活动	政府部门办

续表

学校及机构名称	成立时间	批准部门	机构类型	组成方式	学科分类	服务的国民经济行业	组成类型
饮食文化研究所	2006-7-15	学校自建	校级重点实验室	独立研究所	民族学与文化学	食品制造业	单位自办
浙江省旅游发展研究中心	2009-5-31	学校主管部门批准	研究所	跨系所	经济学	商务服务业	政府部门办
浙江工业职业技术学院							
区域教育与产业发展研究中心	2014-7-17	非学校主管部门批准	校级重点研究基地，其他重点研究基地	与校外合办所	教育学	其他服务业	政府部门办
宁波大红鹰学院							
创新经济研究所	2016-10-24	非学校主管部门批准	宁波市政府部门合作共建	独立研究所	经济学	其他金融业	政府部门办
地方历史文化研究所	2011-3-29	学校自建	校研究所	独立研究所	历史学	教育	单位自办
蓝源家族财富管理研究院	2013-9-25	学校自建	校研究所	独立研究所	经济学	资本市场服务	与境内注册其他企业合办
宁波大宗商品流通协同创新中心	2016-8-22	学校主管部门批准	宁波市办同创新中心	独立研究所	经济学	货币金融服务	政府部门办
宁波大宗商品研究基地	2013-12-17	非学校主管部门批准	其他重点研究基地，宁波市哲学科学（重点）研究基地	独立研究所	经济学	其他金融业	政府部门办
宁波市新经济与创新创业研究基地	2017-12-19	学校主管部门批准	其他重点研究基地	独立研究所	管理学	商务服务业	政府部门办
宁波市影视产业发展研究基地	2017-12-19	学校主管部门批准	其他重点研究基地	独立研究所	经济学	广播、电视、电影和影视录音制作业	政府部门办
区域金融研究所	2011-3-29	学校自建	校研究所	独立研究所	经济学	其他金融业	单位自办
数字媒体艺术研究所	2011-3-29	学校自建	校研究所	独立研究所	新闻学与传播学	新闻和出版业	单位自办
现代服务业发展研究所	2011-3-29	学校自建	校研究所	独立研究所	经济学	商务服务业	单位自办
应用传播研究所	2011-3-29	学校自建	校研究所	独立研究所	艺术学	新闻和出版业	单位自办

续表

学校及机构名称	成立时间	批准部门	机构类型	组成方式	学科分类	服务的国民经济行业	组成类型
语言翻译研究所	2011-3-29	学校自建	校研究所	独立研究所	语言学	教育	单位自办
义乌工商职业技术学院							
义乌创新研究院	2017-6-27	非学校主管部门批准	其他智库	与校外合办所	经济学	商务服务业	政府部门办
浙江大学城市学院							
城市文化创新传播研究中心	2017-6-1	学校主管部门批准	其他重点研究基地，市级重点研究基地	独立研究所	新闻学与传播学	广播、电视、电影和影视录音制作业	单位自办
旅游法治与发展研究中心	2017-6-5	学校主管部门批准	其他重点研究基地，市级重点研究基地	独立研究所	法学	群众团体、社会团体和其他成员组织	政府部门办
企业社会责任与可持续发展研究中心	2017-1-12	学校主管部门批准	其他重点研究基地，市级重点研究基地	独立研究所	管理学	社会工作	政府部门办
浙江大学宁波理工学院							
波兰研究中心	2017-9-1	非学校主管部门批准	其他重点研究基地	独立研究所	语言学	国家机构	政府部门办
华莱坞电影研究中心	2016-6-23	学校自建	校设研究中心	独立研究所	新闻学与传播学	新闻和出版业	单位自办
科技创新与知识产权研究中心	2008-3-20	学校主管部门批准	与中国社科院共建	独立研究所	法学	社会工作	政府部门办
宁波电子商务研究院	2012-5-10	学校主管部门批准	其他智库，地市级智库	与校外合办所	经济学	商务服务业	政府部门办
宁波女性研究院	2016-3-6	非学校主管部门批准	其他智库	与校外合办所	社会学	社会保障	政府部门办
宁波市公共服务与政策研究所	2010-3-12	非学校主管部门批准	与市政府研究研究中心共同成立	与校外合办所	管理学	社会保障	其他
宁波市金融发展与保险创新研究基地	2017-9-1	非学校主管部门批准	其他重点研究基地，地市级研究基地	独立研究所	经济学	其他服务业	政府部门办
宁波市金融研究院	2011-6-11	学校主管部门批准	其他智库	与校外合办所	经济学	货币金融服务	政府部门办
宁波市旅游发展研究院	2018-3-15	非学校主管部门批准	其他智库	与校外合办所	管理学	商务服务业	政府部门办

续表

学校及机构名称	成立时间	批准部门	机构类型	组成方式	学科分类	服务的国民经济行业	组成类型
宁波市企业创新发展研究基地	2014-9-12	非学校主管部门批准	其他重点研究基地	跨系所	管理学	中国共产党机关	政府部门办
宁波市文化产业研究基地	2014-9-19	非学校主管部门批准	校级重点研究基地，其他重点研究基地，宁波市社科研究基地	与校外合办所	新闻学与传播学	新闻和出版业	政府部门办
宁波质量发展研究院	2016-6-23	学校主管部门批准	宁波市质监局批文成立	独立研究所	管理学	社会工作	政府部门办
社会政策研究中心	2009-4-10	学校主管部门批准	与中国社科院共建	独立研究所	管理学	社会保障	与国内独立研究机构合办
丝绸之路研究院	2016-6-23	学校自建	其他智库	跨系所	管理学	国际组织	单位自办
文化产业研究中心	2009-3-19	学校主管部门批准	与中国社科院共建	独立研究所	新闻学与传播学	广播、电视、电影和影视录音制作业	与国内独立研究机构合办
现代服务外包研究中心	2008-6-19	学校主管部门批准	与中国社科院共建	独立研究所	经济学	其他服务业	与国内独立研究机构合办
休闲旅游发展研究中心	2016-6-23	学校主管部门批准	与宁波市旅游局合办	跨系所	管理学	娱乐业	政府部门办
浙江纺织服装职业技术学院							
文化研究院	2012-11-1	学校主管部门批准	单位自办	独立研究所	民族学与文化学	其他服务业	单位自办
杭州科技职业技术学院							
高等职业教育（陶行知教育思想）研究中心	2017-6-5	非学校主管部门批准	其他重点研究基地，市级重点研究基地	独立研究所	教育学	其他服务业	单位自办
浙江工业大学之江学院							
城市与建筑环境设计研究所	2016-4-25	学校自建	校级研究所	独立研究所	艺术学	居民服务业	单位自办
开放型经济研究所	2016-4-25	学校自建	校级研究所	独立研究所	经济学	资本市场服务	单位自办
旅游经济与发展研究所	2016-4-25	学校自建	校级研究所	跨系所	管理学	居民服务业	单位自办

续表

学校及机构名称	成立时间	批准部门	机构类型	组成方式	学科分类	服务的国民经济行业	组成类型
农村电子商务研究所	2016-4-25	学校自建	校级研究所	独立研究所	管理学	商务服务业	单位自办
社会治理创新研究所	2016-4-25	学校自建	校级研究所	独立研究所	管理学	社会工作	单位自办
文化传播与翻译研究所	2016-4-25	学校自建	校级研究所	独立研究所	语言学	文化艺术业	单位自办
现代工业设计研究所	2016-4-25	学校自建	校级研究所	独立研究所	艺术学	居民服务业	单位自办
战略管理研究所	2016-4-25	学校自建	校级研究所	独立研究所	管理学	资本市场服务	单位自办
中小企业成长与创新管理研究所	2016-4-25	学校自建	校级研究所	独立研究所	管理学	资本市场服务	单位自办
温州大学瓯江学院							
温州创新创业与应用型人才培养研究中心	2017-12-21	非学校主管部门批准	其他重点研究基地，温州市社科联	独立研究所	管理学	其他服务业	单位自办
质量发展研究院	2017-10-12	学校自建	校级研究院	独立研究所	管理学	其他服务业	单位自办
瓯窑研究所	2017-6-7	学校自建	校级研究所	独立研究所	艺术学	其他服务业	单位自办
浙江工商大学杭州商学院							
创业与服务管理研究所	2017-1-3	学校自建	研究机构	独立研究所	管理学	商务服务业	单位自办
大数据与互联网金融研究所	2017-1-3	学校自建	研究机构	独立研究所	经济学	互联网和相关服务	单位自办
公共服务和社区治理研究所	2017-1-3	学校自建	研究机构	独立研究所	管理学	公共设施管理业	单位自办
桐庐富春电子商务研究院	2015-9-17	非学校主管部门批准	研究院	与校外合办所	管理学	互联网和相关服务	政府部门办
现代商贸研究中心	2017-1-3	学校自建	研究机构	独立研究所	经济学	商务服务业	单位自办
新闻传播研究所	2017-1-3	学校自建	研究机构	独立研究所	新闻学与传播学	社会工作	单位自办
中小企业转型与组织治理研究所	2017-1-3	学校自建	研究机构	独立研究所	管理学	商务服务业	单位自办
莪山畲乡“农创客”创新中心	2017-10-10	学校自建	创新中心	与校外合办所	管理学	商务服务业	与境内注册其他企业合办

续表

学校及机构名称	成立时间	批准部门	机构类型	组成方式	学科分类	服务的国民经济行业	组成类型
温州商学院							
“两个健康”研究院	2018-10-4	非学校主管部门批准	其他重点研究基地	独立研究所	管理学	商务服务业	与境内注册其他企业合办
国家与金融发展实验室温州基地	2018-6-30	非学校主管部门批准	其他重点研究基地	独立研究所	经济学	其他金融业	政府部门办
温州乡学院	2018-9-17	非学校主管部门批准	校级重点研究基地	独立研究所	管理学	商务服务业	与境内注册其他企业合办
温州新金融研究院	2017-8-16	学校自建	其他重点研究基地，市级重点研究基地	独立研究所	经济学	货币金融服务	其他
一带一路温商研究中心	2017-5-4	非学校主管部门批准	其他重点研究基地，市级重点研究基地	独立研究所	经济学	商务服务业	政府部门办
宁波卫生职业技术学院							
浙江省健康养老应用技术与标准协同创新中心	2015-2-28	学校主管部门批准	其他 2011 协同创新中心，浙江省健康养老应用技术与标准协同创新中心	与校外合办所	社会学	卫生	政府部门办
温州科技职业学院							
高职教育研究所	2010-6-30	学校主管部门批准	研究所	独立研究所	教育学	教育	单位自办
浙江农业商贸职业学院							
绍兴市三农问题研究中心	2013-7-16	非学校主管部门批准	校级重点研究基地	跨系所	经济学	农业	单位自办
浙江外国语学院							
阿拉伯研究中心	2017-11-18	学校自建	其他智库，校级研究中心	独立研究所	语言学	专业技术服务业	单位自办
德国研究中心	2017-11-18	学校自建	其他智库，教育部备案国别和区域研究中心	跨系所	外国文学	专业技术服务业	单位自办
拉丁美洲研究所	2011-10-28	学校自建	其他智库，教育部备案国别和区域研究中心	跨系所	经济学	专业技术服务业	与国内独立研究机构合办

续表

学校及机构名称	成立时间	批准部门	机构类型	组成方式	学科分类	服务的国民经济行业	组成类型
安徽省							
安徽大学							
安徽法治与社会安全研究中心	2015-8-13	学校主管部门批准	省级智库	与校外合办所	法学	中国共产党机关	政府部门办
安徽生态发展研究中心	2015-8-30	学校主管部门批准	省级智库	与校外合办所	经济学	生态保护和环境治理业	政府部门办
安徽优秀传统文化研究中心	2015-12-16	学校主管部门批准	省级智库	独立研究所	中国文学	文化艺术业	政府部门办
出土文献与中国古代文明研究协同创新中心	2013-1-5	学校主管部门批准	国家级 2011 协同创新分中心	与校外合办所	考古学	研究和试验发展	与国内高校合办
创新发展研究院	2016-12-30	学校主管部门批准	省级智库	跨系所	管理学	其他服务业	政府部门办
创新发展战略研究院	2018-4-20	学校自建	其他智库	跨系所	经济学	国家机构	单位自办
大洋洲文学研究所	1979-8-22	学校自建	校级重点研究基地	独立研究所	外国文学	其他服务业	单位自办
大自然文学协同创新中心	2015-10-11	学校自建	校级重点研究基地	与校外合办所	中国文学	其他服务业	与国内独立研究机构合办
俄罗斯研究中心	1992-7-22	学校自建	校级重点研究基地	独立研究所	语言学	其他服务业	单位自办
国别和区域研究院	2015-9-7	学校自建	校级重点研究基地	与校外合办所	国际问题研究	其他服务业	其他
汉字发展与应用研究中心	2013-2-10	学校主管部门批准	省级重点研究基地	跨系所	语言学	教育	单位自办
合肥区域经济与城市发展研究院	2013-12-12	学校自建	校级重点研究基地	与校外合办所	经济学	其他服务业	与国内独立研究机构合办
淮河流域环境与经济社会发展研究中心	2010-8-25	学校自建	校级重点研究基地	独立研究所	历史学	其他服务业	单位自办
徽学研究中心	1998-10-7	学校主管部门批准	教育部重点研究基地	独立研究所	历史学	文化艺术业	政府部门办
徽学与中国传统文化研究院	2018-4-2	学校自建	校级重点研究基地	跨系所	历史学	文化艺术业	单位自办
经济法制研究中心	2002-1-31	学校主管部门批准	省级重点研究基地	跨系所	法学	其他服务业	政府部门办
科学发展观研究中心	2009-7-6	学校主管部门批准	省级重点研究基地	跨系所	马克思主义	教育	政府部门办

续表

学校及机构名称	成立时间	批准部门	机构类型	组成方式	学科分类	服务的国民经济行业	组成类型
拉丁美洲研究所	2013-8-6	学校自建	校级重点研究基地	独立研究所	社会学	其他服务业	单位自办
农村改革与经济社会发展协同创新中心	2012-8-10	学校主管部门批准	省级 2011 协同创新中心	独立研究所	经济学	农业	单位自办
农村社会发展研究中心	2002-2-21	学校主管部门批准	省级重点研究基地	跨系所	社会学	社会工作	政府部门办
台湾研究中心	2015-4-16	学校自建	校级重点研究基地	独立研究所	历史学	其他服务业	单位自办
桐城派研究中心	2013-10-25	学校自建	校级重点研究基地	独立研究所	中国文学	教育	单位自办
西亚北非研究中心	2015-5-13	学校自建	校级重点研究基地	独立研究所	政治学	其他服务业	单位自办
舆情与区域形象研究中心	2013-2-10	学校主管部门批准	省级重点研究基地	跨系所	新闻学与传播学	其他服务业	单位自办
中国哲学与安徽思想家研究中心	2002-2-6	学校主管部门批准	省级重点研究基地	跨系所	哲学	文化艺术业	政府部门办
中国科学技术大学							
安徽省高校人文社科重点研究基地—工商管理创新研究中心	2013-1-10	非学校主管部门批准	其他重点研究基地,厅级	独立研究所	管理学	教育	政府部门办
安徽省高校人文社科重点研究基地—科学传播研究与发展中心	2003-10-9	非学校主管部门批准	其他重点研究基地,厅级	独立研究所	新闻学与传播学	教育	政府部门办
安徽省高校人文社科重点研究基地—科技史与文化遗产研究中心	2013-1-10	非学校主管部门批准	其他重点研究基地,厅级	独立研究所	历史学	教育	政府部门办
安徽省知识产权发展研究中心	2013-7-15	学校主管部门批准	研究中心	与校外合办所	法学	教育	与国内高校合办
合肥工业大学							
安徽省中国特色社会主义理论体系研究中心	2016-4-12	学校自建	校级重点研究基地	跨系所	马克思主义	教育	单位自办
产业转移与创新发展研究中心	2003-10-12	非学校主管部门批准	省级重点研究基地	独立研究所	管理学	教育	单位自办
翻译与专业语料库研究中心	2014-12-19	学校主管部门批准	其他重点研究基地	跨系所	语言学	教育	单位自办
工业信息与经济研究中心	2013-2-16	非学校主管部门批准	省级重点研究基地	独立研究所	经济学	教育	政府部门办

续表

学校及机构名称	成立时间	批准部门	机构类型	组成方式	学科分类	服务的国民经济行业	组成类型
合肥市科技金融创新联盟	2015-12-3	非学校主管部门批准	其他智库	与校外合办所	经济学	其他金融业	与国内独立研究机构合办
科技与产业发展研究院	2016-4-17	非学校主管部门批准	省级智库	跨系所	管理学	教育	单位自办
生态文明与两型社会建设研究中心	2013-2-16	非学校主管部门批准	其他智库	独立研究所	法学	教育	政府部门办
现代科技发展与马克思主义理论研究中心	2005-6-20	非学校主管部门批准	省级重点研究基地	独立研究所	哲学	教育	政府部门办
知识产权研究中心	2014-12-19	学校主管部门批准	其他智库	跨系所	管理学	社会工作	单位自办
安徽工业大学							
安徽创新驱动发展研究院	2016-9-22	非学校主管部门批准	省级智库	跨系所	经济学	国家机构	单位自办
安徽创新驱动与产业转型升级发展研究中心	2015-12-7	非学校主管部门批准	省级智库	独立研究所	经济学	国家机构	单位自办
安徽大学生思想政治教育研究中心	2015-12-7	学校主管部门批准	省级智库	跨系所	教育学	教育	单位自办
大学生思想政治教育与管理研究中心	2009-4-20	学校主管部门批准	省级重点研究基地	独立研究所	教育学	教育	政府部门办
公司治理与运营研究中心	2002-4-18	非学校主管部门批准	省级重点研究基地	跨系所	管理学	商务服务业	政府部门办
中国特色社会主义理论体系研究中心	2016-1-8	非学校主管部门批准	省级重点研究基地	跨系所	马克思主义	中国共产党机关	单位自办
安徽理工大学							
楚淮文化研究中心	2013-3-20	学校自建	校级重点研究基地	独立研究所	民族学与文化学	文化艺术业	单位自办
翻译研究所	2013-9-26	学校自建	校级重点研究基地	独立研究所	语言学	教育	单位自办
矿业企业安全管理研究中心	2013-3-14	学校主管部门批准	省级重点研究基地	独立研究所	管理学	煤炭开采和洗选业	单位自办
习近平新时代中国特色社会主义思想研究中心	2017-11-9	学校自建	校级重点研究基地	跨系所	马克思主义	教育	单位自办

续表

学校及机构名称	成立时间	批准部门	机构类型	组成方式	学科分类	服务的国民经济行业	组成类型
安徽工程大学							
经济发展研究中心	2001-5-16	学校自建	市政府发展研究中心咨询机构	与校外合办所	经济学	科技推广和应用服务	与国内独立研究机构合办
设计艺术研究中心	2006-1-1	学校主管部门批准	省级重点研究基地	跨系所	艺术学	广播、电视、电影和影视录音制作业	政府部门办
安徽农业大学							
安徽农业现代化研究院	2016-9-22	非学校主管部门批准	省级智库	跨系所	管理学	农业	单位自办
安徽现代农业发展研究中心	2015-12-7	学校主管部门批准	其他智库,安徽省教育厅高校智库	独立研究所	管理学	农业	单位自办
农科教结合研究中心	2003-10-22	学校主管部门批准	省级重点研究基地	跨系所	管理学	农业	单位自办
习近平中国特色社会主义研究中心	2017-12-8	学校自建	校级重点研究基地	独立研究所	马克思主义	中国共产党机关	单位自办
乡村振兴战略研究中心	2017-11-3	学校自建	校级重点研究基地	跨系所	管理学	农业	单位自办
新农村发展研究院	2010-10-14	学校主管部门批准	新农村发展研究院	独立研究所	管理学	农业	政府部门办
中国特色社会主义理论研究基地（培育）	2016-1-1	非学校主管部门批准	其他重点研究基地，省委宣传部培育基地	独立研究所	马克思主义	中国共产党机关	单位自办
中华茶文化研究中心	2001-5-10	学校自建	校级重点实验室	独立研究所	历史学	农业	单位自办
安徽医科大学							
安徽省健康发展战略研究中心	2015-12-7	学校主管部门批准	省级智库	独立研究所	社会学	卫生	单位自办
医学人文研究中心	2013-1-10	学校主管部门批准	省级重点研究基地	独立研究所	哲学	卫生	单位自办
蚌埠医学院							
安徽省人文社科重点研究基地全科医学教育发展研究中心	2012-6-12	学校主管部门批准	省级智库，省级重点研究基地	跨系所	教育学	教育	单位自办

续表

学校及机构名称	成立时间	批准部门	机构类型	组成方式	学科分类	服务的国民经济行业	组成类型
皖南医学院							
大学生心理健康教育研究中心	2013-1-10	学校主管部门批准	省级重点研究基地	独立研究所	心理学	其他服务业	单位自办
安徽师范大学							
安徽省教师教育协同创新中心	2014-9-1	学校主管部门批准	省级 2011 协同创新中心	独立研究所	教育学	教育	单位自办
安徽文化发展研究院	2016-9-22	非学校主管部门批准	省级智库	跨系所	社会学	文化艺术业	单位自办
创意产业发展研究中心	2013-1-10	学校主管部门批准	省级重点研究基地	独立研究所	新闻学与传播学	新闻和出版业	单位自办
伏尔加-第聂伯两江流域研究中心	2018-2-26	非学校主管部门批准	教育部新型高校智库	跨系所	国际问题研究	社会工作	其他
教育改革与发展研究中心	2013-1-1	学校主管部门批准	省级重点研究基地	独立研究所	教育学	教育	单位自办
旅游发展与规划研究中心	2003-10-1	学校主管部门批准	省级重点研究基地	独立研究所	管理学	土地管理业	单位自办
马克思主义研究中心	2003-10-1	学校主管部门批准	省级重点研究基地	独立研究所	马克思主义	教育	单位自办
皖南历史文化研究中心	2002-6-1	学校主管部门批准	省级重点研究基地	独立研究所	历史学	文化艺术业	政府部门办
中国诗学研究中心	2001-3-1	学校主管部门批准	部省共建教育部重点研究基地	独立研究所	中国文学	教育	政府部门办
阜阳师范学院							
安徽武术文化研究中心	2012-11-10	学校主管部门批准	省级重点研究基地	独立研究所	体育学	教育	政府部门办
农民工研究中心	2010-5-4	非学校主管部门批准	省级重点研究基地	跨系所	管理学	教育	单位自办
皖北文化研究中心	2001-3-2	学校主管部门批准	省级重点研究基地	独立研究所	社会学	教育	单位自办
安庆师范大学							
安徽省“三个代表”重要思想研究安庆师范大学研究基地	2003-10-8	非学校主管部门批准	其他重点研究基地	跨系所	马克思主义	教育	其他
黄梅戏艺术发展研究中心	2015-9-4	学校主管部门批准	其他重点研究基地	独立研究所	中国文学	广播、电视、电影和影视录音制作业	政府部门办
欧美研究所	2003-10-8	学校自建	校级重点研究基地	独立研究所	经济学	教育	单位自办

续表

学校及机构名称	成立时间	批准部门	机构类型	组成方式	学科分类	服务的国民经济行业	组成类型
桐城派与桐城文化研究中心	2011-10-7	学校主管部门批准	其他重点研究基地	独立研究所	中国文学	文化艺术业	政府部门办
皖江历史文化研究中心	2008-7-3	学校主管部门批准	省级重点研究基地	独立研究所	历史学	文化艺术业	政府部门办
淮北师范大学							
安徽高校管理大数据研究中心	2015-12-1	学校主管部门批准	省级智库	独立研究所	经济学	教育	单位自办
安徽文献整理与研究中心	2003-2-23	学校主管部门批准	省级重点研究基地	独立研究所	中国文学	教育	单位自办
安徽优秀传统文化研究中心	2015-12-1	学校主管部门批准	省级智库	与校外合办所	中国文学	教育	与国内高校合办
皖北经济与社会发展研究中心	2011-4-15	学校主管部门批准	省级重点研究基地	独立研究所	经济学	教育	单位自办
黄山学院							
非物质文化遗产研究中心	2009-5-25	学校主管部门批准	省级重点研究基地	独立研究所	民族学与文化学	其他服务业	单位自办
皖西学院							
大别山发展研究院	2012-3-9	学校自建	校级科技创新平台	独立研究所	经济学	社会工作	单位自办
大别山红色文化创新实践中心	2012-3-9	学校自建	校级科技创新平台	独立研究所	马克思主义	教育	单位自办
廉政文化研究中心	2013-1-10	学校主管部门批准	省级重点研究基地	跨系所	马克思主义	教育	单位自办
六安市思想政治工作研究中心	2018-6-30	非学校主管部门批准	研究中心	与校外合办所	马克思主义	教育	政府部门办
寿县楚文化研究中心	2013-6-1	学校自建	校级科技创新平台	独立研究所	中国文学	教育	单位自办
数字媒体动画艺术研发中心	2012-8-17	学校自建	校级科技创新平台	独立研究所	艺术学	专业技术服务业	单位自办
皖西民歌研究所	2014-11-20	学校自建	科技创新平台	独立研究所	艺术学	广播、电视、电影和影视录音制作业	单位自办
皖西文化研究中心	2018-5-31	非学校主管部门批准	研究中心	与校外合办所	社会学	教育	政府部门办
滁州学院							
城镇化与新农村建设研究所	2014-12-15	学校自建	校内研究机构	独立研究所	经济学	其他服务业	单位自办

续表

学校及机构名称	成立时间	批准部门	机构类型	组成方式	学科分类	服务的国民经济行业	组成类型
凤阳花鼓音乐研究所	2014-12-15	学校自建	校内研究机构	独立研究所	艺术学	文化艺术业	单位自办
江淮分水岭生态环境与区域发展研究中心	2013-3-1	学校主管部门批准	省级智库，省级重点研究基地	独立研究所	经济学	生态保护和环境治理业	单位自办
欧阳修研究中心	2007-1-1	学校自建	校内研究机构	独立研究所	中国文学	其他服务业	单位自办
皖东历史文化研究中心	2014-12-15	学校自建	校内研究机构	独立研究所	民族学与文化学	文化艺术业	单位自办
安徽财经大学							
合作经济研究中心	2005-1-12	学校主管部门批准	省级重点研究基地	独立研究所	经济学	农业	单位自办
经济发展研究中心	2003-1-9	学校主管部门批准	省级重点研究基地	独立研究所	经济学	商务服务业	政府部门办
宿州学院							
安徽新型城镇化建设发展研究中心	2015-12-7	学校主管部门批准	省级智库	与校外合办所	管理学	商务服务业	与国内高校合办
大学文化研究中心	2011-4-1	学校主管部门批准	省级重点研究基地	独立研究所	教育学	教育	单位自办
宿州区域发展协同创新中心	2013-12-14	学校主管部门批准	省级 2011 协同创新中心	独立研究所	经济学	教育	单位自办
宿州书画 · 灵璧石研究中心	2009-11-2	学校自建	校级重点研究基地	独立研究所	艺术学	文化艺术业	单位自办
宿州文化研究所	2018-10-10	学校自建	校级科研平台	与校外合办所	语言学	文化艺术业	单位自办
皖北城乡一体化研究中心	2012-12-1	学校主管部门批准	省级重点研究基地	独立研究所	经济学	农业	与国内独立研究机构合办
皖北方言文化研究所	2013-12-27	学校自建	校级重点研究基地	独立研究所	语言学	文化艺术业	单位自办
皖北中小企业与特色产业发展研究中心	2013-12-13	学校自建	校级重点研究基地	独立研究所	经济学	商务服务业	单位自办
巢湖学院							
环巢湖文化与经济社会发展研究中心	2013-1-20	学校主管部门批准	省级重点研究基地	与校外合办所	历史学	其他服务业	与国内高校合办

续表

学校及机构名称	成立时间	批准部门	机构类型	组成方式	学科分类	服务的国民经济行业	组成类型
淮南师范学院							
安徽资源型城市发展研究中心	2015-12-17	学校主管部门批准	省级智库	独立研究所	经济学	其他服务业	单位自办
高校应急管理研究中心	2013-3-1	学校主管部门批准	省级重点研究基地	跨系所	管理学	教育	单位自办
淮南地域文化研究中心	2016-11-30	学校自建	校级重点研究基地	跨系所	中国文学	教育	单位自办
社会工作研究中心	2016-11-30	学校自建	校级重点研究基地	跨系所	社会学	社会保障	单位自办
中共安徽早期党组织研究中心	2018-5-5	学校自建	校级重点研究基地	独立研究所	马克思主义	中国共产党机关	单位自办
资源型城市发展研究中心	2010-9-1	学校主管部门批准	省级重点研究基地	跨系所	经济学	其他服务业	单位自办
铜陵学院							
安徽经济社会发展研究中心	2016-1-7	学校主管部门批准	省级智库	与校外合办所	经济学	科技推广和应用服务	与国内高校合办
教育教学研究所	2008-5-15	学校主管部门批准	其他智库	独立研究所	教育学	教育	单位自办
区域经济研究所	2008-5-15	学校主管部门批准	其他智库	独立研究所	经济学	科技推广和应用服务	政府部门办
皖江经济发展研究中心	2011-4-12	学校主管部门批准	省级重点研究基地	独立研究所	经济学	科技推广和应用服务	政府部门办
安徽建筑大学							
安徽建筑大学城市管理研究中心	2014-6-12	学校主管部门批准	省级重点研究基地	独立研究所	管理学	建筑装饰、装修和其他建筑业	单位自办
安徽新型城镇化建设发展研究中心	2015-12-7	学校主管部门批准	省级智库	与校外合办所	社会学	公共设施管理业	与国内高校合办
建筑经济与房地产管理研究中心	2013-4-12	学校主管部门批准	省级重点研究基地	独立研究所	管理学	房屋建筑业	单位自办
安徽科技学院							
安徽省大学生创业教育研究中心	2010-11-1	学校主管部门批准	其他重点研究基地	独立研究所	教育学	其他服务业	单位自办
蚌埠市现代农业与农村发展研究中心	2017-3-24	非学校主管部门批准	其他智库	与校外合办所	管理学	农、林、牧、渔专业及辅助性活动	政府部门办
翻译与语言服务	2016-8-18	学校自建	校级重点研究基地	跨系所	语言学	其他服务业	单位自办

续表

学校及机构名称	成立时间	批准部门	机构类型	组成方式	学科分类	服务的国民经济行业	组成类型
明文化研究所	2007-8-26	学校自建	校级重点研究基地	独立研究所	中国文学	其他服务业	单位自办
体育人文社会学	2016-8-18	学校自建	校级重点研究基地	跨系所	体育学	文化艺术业	单位自办
皖北现代农业与农村发展研究所	2007-8-26	学校自建	校级重点研究基地	独立研究所	经济学	其他服务业	单位自办
皖东产业经济研究院	2017-5-12	非学校主管部门批准	其他智库	与校外合办所	经济学	其他金融业	政府部门办
现代企业管理研究所	2007-8-27	学校自建	校级重点研究基地	独立研究所	管理学	其他服务业	单位自办
中小企业财务管理研究所	2016-8-1	学校自建	校级重点研究基地，校内研究基地	独立研究所	管理学	农业	单位自办
安徽三联学院							
安徽竹稞学宫文化研究中心	2012-3-1	非学校主管部门批准	研究中心	与校外合办所	哲学	其他服务业	与国内高校合办
翻译与比较文学研究中心	2018-12-1	学校自建	校级研究中心	跨系所	外国文学	文化艺术业	单位自办
分岗位会计仿真实验室	2016-10-1	学校自建	校级重点实验室	独立研究所	经济学	其他服务业	单位自办
剪纸艺术研究中心	2011-1-1	学校自建	校级重点研究基地	独立研究所	艺术学	广播、电视、电影和影视录音制作业	单位自办
贸易与竞争政策研究中心	2010-12-15	学校自建	校级重点研究基地	跨系所	法学	商务服务业	单位自办
人体工学应用研究中心	2016-10-1	学校自建	研究中心	独立研究所	艺术学	纺织服装、服饰业	单位自办
数字艺术协同创新中心	2014-1-1	学校自建	校级重点研究基地	与校外合办所	艺术学	广播、电视、电影和影视录音制作业	与境内注册其他企业合办
小微企业发展促进研究中心	2011-10-1	学校自建	校级研究中心	跨系所	经济学	商务服务业	单位自办
亚洲文化研究中心	2015-1-1	学校自建	校级重点研究基地	独立研究所	民族学与文化学	广播、电视、电影和影视录音制作业	单位自办
合肥学院							
房地产研究所	2006-1-5	学校自建	校级重点研究基地	独立研究所	经济学	房地产业	单位自办

续表

学校及机构名称	成立时间	批准部门	机构类型	组成方式	学科分类	服务的国民经济行业	组成类型
环巢湖文化与经济社会发展研究中心	2012-12-28	学校主管部门批准	省级重点研究基地	与校外合办所	教育学	文化艺术业	与国内高校合办
旅游咨询与规划研究所	2011-5-11	学校自建	校级重点研究基地	独立研究所	管理学	教育	单位自办
网络舆情与区域形象传播协同创新中心	2016-11-8	学校自建	校级重点研究基地	与校外合办所	新闻学与传播学	教育	单位自办
物流 4.0 实验室	2017-9-15	学校自建	校级重点实验室	跨系所	管理学	教育	单位自办
现代管理研究所	2010-6-8	学校自建	校级重点研究基地	独立研究所	管理学	教育	单位自办
现代旅游服务协同创新中心	2016-11-18	学校自建	校级重点研究基地	独立研究所	管理学	教育	单位自办
学前教育改革与发展协同创新中心	2016-11-18	学校自建	校级重点研究基地	独立研究所	教育学	教育	单位自办
知识产权研究所	2009-7-1	学校自建	校级重点研究基地	独立研究所	经济学	科技推广和应用服务	单位自办
智能物流协同创新中心	2016-11-14	学校自建	校级重点实验室	与校外合办所	管理学	教育	与境外机构合办
池州学院							
皖南民俗文化研究中心	2011-4-1	学校主管部门批准	省级重点研究基地	跨系所	历史学	文化艺术业	单位自办
安徽商贸职业技术学院							
财贸经济研究所	2008-10-15	学校自建	其他	独立研究所	管理学	专业技术服务业	单位自办
安徽新华学院							
大学生素质教育研究中心	2009-1-31	学校主管部门批准	省级重点研究基地	独立研究所	教育学	教育	单位自办
亳州学院							
亳文化研究中心	2010-4-28	学校自建	校级重点研究基地	跨系所	社会学	文化艺术业	单位自办
合肥师范学院							
动画创意与策划研究中心	2011-5-18	学校自建	校级重点研究基地	独立研究所	艺术学	广播、电视、电影和影视录音制作业	单位自办

续表

学校及机构名称	成立时间	批准部门	机构类型	组成方式	学科分类	服务的国民经济行业	组成类型
翻译研究所	2006-3-1	学校自建	校级重点研究基地	跨系所	语言学	教育	单位自办
古籍研究所	2006-3-1	学校自建	校级重点研究基地	跨系所	中国文学	教育	单位自办
徽派版画艺术研究所	2006-3-1	学校自建	校级重点研究基地	独立研究所	艺术学	文化艺术业	单位自办
教师教育研究中心	2010-12-25	学校主管部门批准	省级重点研究基地	独立研究所	教育学	教育	单位自办
教育科学研究所	2006-3-1	学校自建	校级重点研究基地	独立研究所	教育学	教育	单位自办
马克思主义中国化研究所	2008-5-26	学校自建	校级重点研究基地	跨系所	马克思主义	教育	单位自办
中国画艺术研究所	2008-10-17	学校自建	校级重点研究基地	独立研究所	艺术学	文化艺术业	单位自办
河海大学文天学院							
人力资源研究院	2009-10-15	学校自建	校内设置	独立研究所	管理学	教育	单位自办
桐城师范高等专科学校							
桐城派学术研究中心	2011-4-1	学校自建	校级重点研究基地	独立研究所	中国文学	教育	单位自办
小学教育研究中心	2013-3-1	学校主管部门批准	其他智库,校内自建学术研究中心	独立研究所	教育学	教育	单位自办
福建省							
厦门大学							
“计量经济学”教育部重点实验室	2009-12-28	学校主管部门批准	教育部重点实验室	独立研究所	经济学	其他金融业	政府部门办
“一带一路”与东南亚研究院	2016-1-1	非学校主管部门批准	省级智库	独立研究所	国际问题研究	教育	单位自办
(正泰数据)资产综合管控研究所	2011-1-1	学校自建	校批机构	独立研究所	管理学	商务服务业	单位自办
财税金融法治研究中心	2015-12-1	非学校主管部门批准	省级重点研究基地	独立研究所	法学	其他金融业	单位自办
财政科学研究所	1986-1-1	学校自建	校批机构	独立研究所	经济学	研究和试验发展	单位自办
传播研究所	1993-5-1	学校自建	校批机构	独立研究所	新闻学与传播学	社会工作	单位自办

续表

学校及机构名称	成立时间	批准部门	机构类型	组成方式	学科分类	服务的国民经济行业	组成类型
创新与知识产权研究中心	2017-6-1	非学校主管部门批准	省级智库	独立研究所	法学	其他服务业	单位自办
道学与传统文化研究中心	2003-5-1	学校自建	校批机构	独立研究所	宗教学	教育	单位自办
东南亚华文文学研究中心	1994-6-1	学校自建	校批机构	独立研究所	外国文学	其他服务业	单位自办
东南亚研究中心	2000-8-1	学校主管部门批准	其他智库,中国核心智库,教育部重点研究基地	独立研究所	国际问题研究	研究和试验发展	政府部门办
佛学研究中心	2003-7-1	学校自建	校批机构	独立研究所	宗教学	研究和试验发展	单位自办
福建省统计科学重点实验室	2010-9-1	非学校主管部门批准	省级重点实验室	独立研究所	统计学	其他服务业	单位自办
高等教育发展研究中心	1978-5-4	学校主管部门批准	其他智库,中国核心智库,教育部重点研究基地	独立研究所	教育学	其他服务业	政府部门办
高等教育质量与评估研究所	2009-3-1	学校自建	校批机构	独立研究所	教育学	其他服务业	单位自办
公共服务质量研究中心	2012-8-1	非学校主管部门批准	省级重点研究基地	跨系所	管理学	中国共产党机关	单位自办
公共政策与地方治理协同创新中心	2015-9-30	非学校主管部门批准	省级 2011 协同创新中心	独立研究所	管理学	中国共产党机关	政府部门办
公共政策与政府创新研究中心	2006-3-1	非学校主管部门批准	省级重点研究基地	独立研究所	管理学	中国共产党机关	单位自办
古籍整理研究所	1983-3-1	学校自建	校批机构	跨系所	历史学	教育	单位自办
管理会计研究中心	2015-12-1	学校自建	校批机构	跨系所	管理学	研究和试验发展	单位自办
国际经济法研究中心	1987-10-5	非学校主管部门批准	省级重点研究基地	独立研究所	法学	研究和试验发展	单位自办
国际税法与比较税制研究中心	2007-5-1	学校自建	校批机构	跨系所	法学	研究和试验发展	单位自办
国家林业局中国农村林业改革发展研究基地	2015-3-1	非学校主管部门批准	中央其他部委重点研究基地	跨系所	马克思主义	林业	政府部门办
国家旅游局中国旅游研究院台湾旅游研究基地	2011-1-1	非学校主管部门批准	中央其他部委重点研究基地	独立研究所	管理学	商务服务业	政府部门办
国家统计局统计科学研究所厦门大学重点研究基地	2009-4-13	非学校主管部门批准	中央其他部委重点研究基地	独立研究所	统计学	教育	政府部门办

续表

学校及机构名称	成立时间	批准部门	机构类型	组成方式	学科分类	服务的国民经济行业	组成类型
国家语言资源监测与研究教育教材中心	2005-6-1	非学校主管部门批准	中央其他部委重点研究基地	独立研究所	语言学	其他服务业	政府部门办
国民经济与核算研究所	1983-5-1	学校自建	校批机构	独立研究所	统计学	研究和试验发展	单位自办
国术与健身研究中心	2009-10-3	学校自建	校批机构	独立研究所	体育学	文化艺术业	单位自办
海外华文教育研究所	1990-9-1	学校主管部门批准	校批机构	独立研究所	语言学	其他服务业	单位自办
海峡媒体研究中心	2009-9-1	学校自建	校批机构	独立研究所	新闻学与传播学	社会工作	单位自办
海洋法与中国东南海疆研究中心	2014-7-1	非学校主管部门批准	省级重点研究基地	跨系所	法学	教育	单位自办
海洋考古学研究中心	2004-7-1	学校自建	校批机构	独立研究所	考古学	科技推广和应用服务	单位自办
汉语言文字应用和推广研究中心	2006-4-1	学校自建	校批机构	独立研究所	语言学	其他服务业	单位自办
宏观经济研究中心	2005-2-1	学校主管部门批准	其他智库,中国核心智库,教育部重点研究基地	独立研究所	经济学	科技推广和应用服务	政府部门办
会计发展研究中心	2000-12-2	学校主管部门批准	教育部重点研究基地	独立研究所	管理学	商务服务业	政府部门办
金融工程研究中心	2007-1-1	学校自建	校批机构	独立研究所	经济学	其他金融业	单位自办
经济法学研究中心	2005-7-1	学校自建	校批机构	独立研究所	法学	其他金融业	单位自办
经济犯罪研究中心	2014-11-1	学校自建	校批机构	跨系所	法学	其他服务业	单位自办
考试研究中心	2003-1-4	学校自建	校批机构	独立研究所	教育学	其他服务业	单位自办
孔子学院发展与研究中心	2011-9-1	学校自建	校批机构	独立研究所	语言学	其他服务业	单位自办
口译学研究所	2012-7-1	学校自建	校批机构	独立研究所	语言学	研究和试验发展	单位自办
立法研究中心	2015-1-1	非学校主管部门批准	省级重点研究基地	跨系所	法学	研究和试验发展	单位自办
两岸关系和平发展协同创新中心	2012-10-1	学校主管部门批准	国家级 2011 协同创新中心	与校外合办所	港澳台研究	研究和试验发展	政府部门办
旅游管理与规划研究所	2005-12-1	学校自建	校批机构	独立研究所	管理学	科技推广和应用服务	单位自办

续表

学校及机构名称	成立时间	批准部门	机构类型	组成方式	学科分类	服务的国民经济行业	组成类型
旅游人类学研究中心	2010-2-1	学校自建	校批机构	独立研究所	民族学与文化学	研究和试验发展	单位自办
马来西亚研究所	2005-4-1	学校自建	校批机构	独立研究所	国际问题研究	其他服务业	单位自办
民间历史文献研究中心	2007-2-1	学校自建	校批机构	独立研究所	历史学	其他服务业	单位自办
闽商研究中心	2008-2-1	学校自建	校批机构	独立研究所	历史学	商务服务业	单位自办
能源经济与能源政策协同创新中心	2013-7-1	非学校主管部门批准	省级 2011 协同创新中心	与校外合办所	经济学	研究和试验发展	政府部门办
品牌与广告研究中心	2013-5-1	学校自建	校批机构	独立研究所	新闻学与传播学	社会工作	单位自办
企业案例研究中心	2008-1-1	学校自建	校批机构	独立研究所	管理学	商务服务业	单位自办
企业并购研究中心	2013-3-1	学校自建	校批机构	独立研究所	经济学	资本市场服务	单位自办
企业发展战略研究中心	2006-1-1	学校自建	省级重点研究基地	跨系所	管理学	科技推广和应用服务	单位自办
企业社会责任与企业文化研究中心	2010-9-1	学校自建	校批机构	独立研究所	经济学	科技推广和应用服务	单位自办
人才战略研究所	2017-6-1	非学校主管部门批准	省级智库	独立研究所	管理学	其他服务业	单位自办
人类学研究中心	2006-3-1	非学校主管部门批准	省级重点研究基地	独立研究所	民族学与文化学	研究和试验发展	单位自办
社会发展研究中心	2001-1-1	学校自建	校批机构	独立研究所	社会学	卫生	单位自办
社会管理创新研究中心	2012-8-1	学校自建	校批机构	独立研究所	管理学	卫生	单位自办
社会经济政策量化评估中心	2016-12-1	非学校主管部门批准	省级智库	独立研究所	经济学	其他服务业	单位自办
社会治理与软法研究中心	2015-3-2	学校自建	校批机构	独立研究所	法学	研究和试验发展	单位自办
数据挖掘研究中心	2010-7-1	非学校主管部门批准	省级重点研究基地	独立研究所	统计学	专业技术服务业	单位自办
双语词典与双语语言文化研究中心	2003-1-1	学校自建	校批机构	独立研究所	语言学	其他服务业	单位自办

续表

学校及机构名称	成立时间	批准部门	机构类型	组成方式	学科分类	服务的国民经济行业	组成类型
台湾研究中心	2000-12-30	学校主管部门批准	国家高端智库，其他智库，中国核心智库，教育部重点研究基地	独立研究所	港澳台研究	教育	政府部门办
土地经济与城市规划研究中心	1998-1-1	学校自建	校批机构	独立研究所	经济学	专业技术服务业	单位自办
外国语言文学研究所	1990-12-1	学校自建	校批机构	独立研究所	外国文学	其他服务业	单位自办
文化发展研究院	2012-5-22	学校自建	校批机构	独立研究所	民族学与文化学	教育	单位自办
现代管理科学研究所	1999-1-1	学校自建	校批机构	独立研究所	管理学	研究和试验发展	单位自办
现代企业与医疗服务运营技术管理研究中心	2010-12-1	学校自建	校批机构	跨系所	管理学	专业技术服务业	单位自办
舆论研究中心	2016-11-1	学校自建	校批机构	独立研究所	新闻学与传播学	社会工作	单位自办
哲学研究所	1986-3-10	学校自建	校批机构	独立研究所	哲学	其他服务业	单位自办
哲学与当代社会研究中心	2006-6-1	非学校主管部门批准	省级重点研究基地	独立研究所	哲学	其他服务业	单位自办
政府绩效管理研究中心	2009-10-1	学校自建	校批机构	独立研究所	管理学	教育	单位自办
政治学与行政学研究所	1986-10-1	学校自建	校批机构	跨系所	政治学	其他服务业	单位自办
证券研究中心	2002-2-1	学校自建	校批机构	独立研究所	经济学	其他金融业	单位自办
知识产权教育与研究中心	2011-5-1	学校自建	校批机构	独立研究所	法学	专业技术服务业	单位自办
中国供应链管理研究中心	2013-1-1	学校自建	校批机构	独立研究所	管理学	商务服务业	单位自办
中国企业成长研究中心	2010-1-1	学校自建	校批机构	独立研究所	管理学	商务服务业	单位自办
中国社会经济史研究中心	2004-5-1	非学校主管部门批准	省级重点研究基地	跨系所	历史学	研究和试验发展	单位自办
中国特色社会主义研究中心	2014-11-1	非学校主管部门批准	省级重点研究基地	独立研究所	马克思主义	其他服务业	单位自办
中国营商环境研究中心	2017-9-25	学校自建	校批机构	独立研究所	管理学	商务服务业	单位自办

续表

学校及机构名称	成立时间	批准部门	机构类型	组成方式	学科分类	服务的国民经济行业	组成类型
中国资本市场研究中心	2008-4-6	学校自建	校级机构	独立研究所	管理学	资本市场服务	单位自办
中外合作办学研究中心	2010-3-1	学校自建	校批机构	独立研究所	教育学	其他服务业	单位自办
华侨大学							
东方企业管理研究中心	2006-4-9	非学校主管部门批准	省级重点研究基地	跨系所	管理学	商务服务业	单位自办
东亚法律文化研究中心	2013-11-26	学校自建	校级重点研究基地	独立研究所	法学	商务服务业	单位自办
国务院侨务办公室侨务理论研究福建基地	2011-9-13	学校自建	校级重点研究基地	跨系所	政治学	教育	政府部门办
海外华人宗教与闽台宗教研究中心	2012-11-22	学校自建	省级重点研究基地	独立研究所	宗教学	社会保障	单位自办
海外华文教育与中华文化传播协同创新中心	2012-8-20	学校自建	校级 2011 协同创新中心	与校外合办所	语言学	教育	与境内注册其他企业合办
海外华文媒体研究中心	2014-7-8	学校自建	校级重点研究基地	独立研究所	新闻学与传播学	新闻和出版业	单位自办
旅游安全研究院	2015-4-27	学校自建	省级智库，省级重点研究基地	独立研究所	管理学	商务服务业	单位自办
马克思主义与当代社会发展研究中心	2013-11-26	学校自建	校级重点研究基地	独立研究所	马克思主义	教育	单位自办
侨务公共外交研究所	2013-5-2	学校自建	校级重点研究基地	跨系所	政治学	教育	单位自办
人力资源管理研究中心	2017-5-25	学校主管部门批准	校级重点研究基地	独立研究所	管理学	商务服务业	单位自办
商务管理研究中心	2016-1-1	学校自建	省级重点研究基地	与校外合办所	管理学	商务服务业	政府部门办
生活哲学研究中心	2014-7-24	非学校主管部门批准	省级重点研究基地	独立研究所	哲学	教育	单位自办
数量经济研究中心	2006-4-9	非学校主管部门批准	省级重点研究基地	跨系所	经济学	资本市场服务	单位自办
台湾经济研究所	1993-10-27	学校自建	校级重点研究基地	跨系所	经济学	资本市场服务	单位自办
泰国研究所	2011-4-2	学校自建	校级重点研究基地	跨系所	国际问题研究	中国共产党机关	单位自办

续表

学校及机构名称	成立时间	批准部门	机构类型	组成方式	学科分类	服务的国民经济行业	组成类型
体育与健康科学研究中心	2013-7-8	学校自建	校级重点研究基地	独立研究所	体育学	体育	单位自办
政治发展与公共治理研究中心	2013-7-8	学校自建	校级重点研究基地	独立研究所	管理学	公共设施管理业	单位自办
中国旅游研究院旅游安全研究基地	2009-9-15	学校自建	校级重点研究基地	独立研究所	管理学	商务服务业	政府部门办
中国社会科学院世界宗教研究所海外华人宗教与闽台宗教研究基地	2014-5-6	学校主管部门批准	省级重点研究基地，校级重点研究基地	与校外合办所	哲学	教育	与国内独立研究机构合办
福州大学							
创新与高质量发展研究中心	2018-8-22	学校主管部门批准	省级智库	独立研究所	管理学	研究和试验发展	单位自办
福建绿色发展研究院	2017-10-19	学校主管部门批准	省级智库	独立研究所	管理学	农业	单位自办
福建省海洋文化研究中心	2017-10-19	学校主管部门批准	省级智库	独立研究所	管理学	教育	单位自办
福建省应急管理研究中心	2018-8-23	学校主管部门批准	省级智库	独立研究所	管理学	社会保障	单位自办
物流研究中心	2014-9-23	学校主管部门批准	省级重点研究基地	独立研究所	管理学	多式联运和运输代理业	政府部门办
福建工程学院							
地方文献整理研究中心	2014-7-24	非学校主管部门批准	省级重点研究基地	独立研究所	历史学	文化艺术业	政府部门办
福建传统村落与历史建筑研究中心	2015-8-20	非学校主管部门批准	研究中心	独立研究所	历史学	文化艺术业	政府部门办
福建省创新方法研究推广应用基地	2014-6-25	非学校主管部门批准	其他重点研究基地	独立研究所	管理学	科技推广和应用服务	政府部门办
福建省知识产权研究院	2012-4-20	非学校主管部门批准	研究院	独立研究所	法学	科技推广和应用服务	政府部门办
福建自贸区知识产权研究中心	2015-11-30	学校主管部门批准	省级重点研究基地	独立研究所	法学	科技推广和应用服务	政府部门办
福建农林大学							
福建普惠金融研究院	2017-7-25	学校主管部门批准	省级智库	独立研究所	经济学	其他金融业	单位自办
福建省软科学研究基地	2005-5-30	学校主管部门批准	其他重点研究基地	独立研究所	社会学	国家机构	政府部门办
国家林业局集体林业改革发展研究中心	2017-12-17	非学校主管部门批准	其他重点研究基地	独立研究所	管理学	农、林、牧、渔专业及辅助性活动	单位自办

续表

学校及机构名称	成立时间	批准部门	机构类型	组成方式	学科分类	服务的国民经济行业	组成类型
海峡两岸乡村振兴研究院	2018-7-12	学校自建	省级智库	独立研究所	经济学	农、林、牧、渔专业及辅助性活动	单位自办
集体林业改革发展研究中心	2018-7-12	学校主管部门批准	省级智库	独立研究所	管理学	农、林、牧、渔专业及辅助性活动	单位自办
教育部国别与区域研究中心南太平洋岛国研究中心	2017-6-13	学校主管部门批准	其他重点研究基地	独立研究所	国际问题研究	国际组织	单位自办
马克思主义中国化研究中心	2014-7-24	非学校主管部门批准	省级重点研究基地	独立研究所	马克思主义	中国共产党机关	与国内高校合办
区域特色发展研究院	2016-12-19	学校主管部门批准	省级智库	独立研究所	管理学	教育	单位自办
区域特色发展智库	2015-12-23	学校主管部门批准	省级智库	独立研究所	社会学	教育	政府部门办
生态文明研究中心（省高校特色新型智库）	2016-12-19	学校主管部门批准	省级智库	独立研究所	管理学	生态保护和环境治理业	单位自办
生态文明研究中心（省社科研究基地）	2014-7-24	非学校主管部门批准	其他重点研究基地	独立研究所	管理学	生态保护和环境治理业	与国内高校合办
乡村旅游研究中心	2015-3-28	学校主管部门批准	省级重点研究基地	独立研究所	管理学	商务服务业	政府部门办
新农村发展研究院	2013-12-19	学校主管部门批准	其他重点研究基地，国家新农村发展研究院	独立研究所	管理学	农、林、牧、渔专业及辅助性活动	政府部门办
中国特色社会主义理论体系研究中心	2016-2-24	学校主管部门批准	省级智库	独立研究所	马克思主义	中国共产党机关	政府部门办
集美大学							
地方财政绩效研究中心	2014-7-24	非学校主管部门批准	省级重点研究基地	跨系所	经济学	教育	单位自办
海西经济运行效率与风险测评研究中心	2011-12-14	学校主管部门批准	省级重点研究基地	跨系所	经济学	资本市场服务	单位自办
海西社会建设与社会服务研究中心	2013-6-20	学校主管部门批准	省级重点研究基地	跨系所	社会学	社会工作	单位自办

续表

学校及机构名称	成立时间	批准部门	机构类型	组成方式	学科分类	服务的国民经济行业	组成类型
海洋文化与创意产业研究中心	2013-6-20	学校主管部门批准	省级重点研究基地	跨系所	民族学与文化学	文化艺术业	单位自办
两岸美术社科研究中心	2015-11-15	非学校主管部门批准	其他重点研究基地，厦门市社科联研究基地	独立研究所	艺术学	文化艺术业	单位自办
闽台审计研究中心	2015-11-20	学校主管部门批准	省级重点研究基地	独立研究所	管理学	资本市场服务	单位自办
闽台体育研究中心	2009-10-15	学校主管部门批准	省级重点研究基地	独立研究所	体育学	体育	单位自办
区域经济研究中心	2014-5-10	非学校主管部门批准	其他重点研究基地，市社科联研究基地	独立研究所	经济学	资本市场服务	单位自办
福建医科大学							
福建省高校特色新型智库	2017-5-1	学校主管部门批准	省级智库	独立研究所	管理学	教育	单位自办
医学人文研究中心	2006-1-1	学校自建	校级机构	独立研究所	社会学	卫生	单位自办
福建中医药大学							
闽台中医药文化文献研究中心	2009-10-20	学校主管部门批准	省级重点研究基地	独立研究所	图书馆、情报与文献学	教育	单位自办
福建师范大学							
“二十国集团(G20)联合研究中心	2016-8-31	学校自建	其他智库	与校外合办所	国际问题研究	资本市场服务	与国内独立研究机构合办
慈善研究所	2012-5-16	学校自建	校级重点研究基地	跨系所	社会学	社会保障	单位自办
当代艺术研究中心	2010-11-30	学校自建	校级重点研究基地	跨系所	艺术学	文化艺术业	单位自办
邓小平理论研究所	1999-1-10	学校自建	校级重点研究基地	跨系所	马克思主义	教育	单位自办
发展与教育心理研究中心	2017-12-27	学校主管部门批准	省级重点研究基地	独立研究所	心理学	教育	单位自办
福建红色文化研究中心	2016-10-24	学校主管部门批准	省级智库，省级重点研究基地	独立研究所	马克思主义	教育	单位自办

续表

学校及机构名称	成立时间	批准部门	机构类型	组成方式	学科分类	服务的国民经济行业	组成类型
福建省非物质文化遗产研究中心	2007-7-1	学校主管部门批准	省级重点研究基地	跨系所	历史学	文化艺术业	政府部门办
福建省人才发展研究中心	2015-5-1	非学校主管部门批准	省级重点研究基地	独立研究所	管理学	社会工作	单位自办
福建师范大学中华文明与两岸文教交流研究中心	2018-8-30	学校主管部门批准	省级智库	独立研究所	中国文学	文化艺术业	单位自办
福建自贸区综合研究院	2015-1-12	学校自建	其他智库	独立研究所	管理学	资本市场服务	单位自办
海峡两岸文化发展协同创新中心	2012-10-1	学校主管部门批准	省级 2011 协同创新中心	与校外合办所	历史学	文化艺术业	与国内独立研究机构合办
海峡旅游发展研究中心	2013-1-1	学校主管部门批准	省级重点研究基地	独立研究所	管理学	文化艺术业	单位自办
基础教育与教师教育研究中心	2006-1-1	学校主管部门批准	省级重点研究基地	跨系所	教育学	教育	单位自办
经学研究所	2013-11-4	学校自建	校级重点研究基地	独立研究所	中国文学	文化艺术业	单位自办
竞争力研究中心	2014-1-1	非学校主管部门批准	省级重点研究基地	独立研究所	经济学	教育	单位自办
两岸关系与闽台区域发展战略研究院	2017-6-7	学校主管部门批准	省级智库	独立研究所	港澳台研究	教育	单位自办
马克思主义理论与海西经济社会协调发展研究中心	2006-1-1	学校主管部门批准	省级重点研究基地	跨系所	政治学	教育	单位自办
美洲史研究院	2011-3-1	学校自建	校级重点研究基地	跨系所	历史学	教育	单位自办
闽台区域研究中心	2000-1-20	学校主管部门批准	部省共建教育部重点研究基地	跨系所	历史学	教育	政府部门办
闽学研究中心	2014-12-5	学校自建	校级重点研究基地	跨系所	中国文学	教育	单位自办
全国中国特色社会主义政治经济学研究中心	2017-3-1	学校主管部门批准	中央其他部委重点研究基地	独立研究所	经济学	教育	单位自办
社会学研究所	1999-1-10	学校自建	校内自批的研究机构	跨系所	社会学	教育	单位自办
生态文明科学研究中心	2013-12-10	学校主管部门批准	省级重点研究基地	独立研究所	社会学	生态保护和环境治理业	单位自办

续表

学校及机构名称	成立时间	批准部门	机构类型	组成方式	学科分类	服务的国民经济行业	组成类型
世界创新竞争力发展研究基地	2016-12-20	学校主管部门批准	其他智库，中央其他部委重点研究基地	独立研究所	管理学	资本市场服务	单位自办
体育人文社会学研究中心	2012-12-15	学校主管部门批准	省级重点研究基地	跨系所	体育学	教育	单位自办
印度尼西亚研究中心	2016-10-24	学校主管部门批准	中央其他部委重点研究基地	跨系所	国际问题研究	国际组织	单位自办
中国（福建）生态文明建设研究院	2016-5-15	学校主管部门批准	省级重点研究基地	独立研究所	马克思主义	生态保护和环境治理业	单位自办
中国画创作与理论研究中心	2006-1-1	学校主管部门批准	省级重点研究基地	跨系所	艺术学	文化艺术业	单位自办
中华文学传承发展研究中心	2014-1-1	非学校主管部门批准	省级重点研究基地	跨系所	中国文学	文化艺术业	单位自办
资源环境与绿色发展研究中心	2018-8-30	学校主管部门批准	省级智库	跨系所	经济学	生态保护和环境治理业	单位自办
综合竞争力与国家发展战略研究院	2016-11-30	学校主管部门批准	省级智库	与校外合办所	经济学	资本市场服务	与国内独立研究机构合办
闽江学院							
福建省618协同创新院电子商务分院	2018-12-7	学校主管部门批准	省级智库	跨系所	管理学	互联网和相关服务	单位自办
福建省高校人文社科研究基地流行音乐研究中心	2018-12-7	学校主管部门批准	省级智库	独立研究所	艺术学	文化艺术业	单位自办
福建省高校人文社科研究基地效率与生产力研究中心	2018-12-7	学校主管部门批准	省级智库	独立研究所	经济学	货币金融服务	单位自办
福州民俗文化研究所	2007-11-20	非学校主管部门批准	福州市文化局批准设立	独立研究所	民族学与文化学	文化艺术业	单位自办
海西地方财政与发展研究中心	2010-3-15	学校主管部门批准	省高校人文社科研究基地	独立研究所	经济学	货币金融服务	单位自办
海洋旅游研究中心	2017-5-11	非学校主管部门批准	其他重点研究基地，省高校人文社科研究基地	跨系所	管理学	其他服务业	单位自办

续表

学校及机构名称	成立时间	批准部门	机构类型	组成方式	学科分类	服务的国民经济行业	组成类型
互联网创新研究中心	2015-4-30	学校主管部门批准	省高校人文社科研究基地	跨系所	经济学	互联网和相关服务	单位自办
闽都历史文化研究中心	2008-11-20	学校主管部门批准	省高校人文社科研究基地	跨系所	历史学	文化艺术业	单位自办
省高校人文社科研究基地习近平新时代中国特色社会主义思想研究中心	2018-12-7	学校主管部门批准	省级智库	独立研究所	马克思主义	教育	单位自办
新媒体传播研究中心	2016-11-24	学校主管部门批准	省高校人文社科研究基地	独立研究所	新闻学与传播学	新闻和出版业	单位自办
宁德师范学院							
茶产业与文化研究所	2016-1-20	学校自建	校级重点研究基地	跨系所	经济学	社会工作	与国内高校合办
教育研究所	2012-5-29	学校自建	校级重点研究基地	独立研究所	教育学	教育	单位自办
旅游研究所	2012-5-29	学校自建	校级重点研究基地	独立研究所	管理学	社会工作	单位自办
区域经济研究所	2012-5-29	学校自建	校级重点研究基地	独立研究所	经济学	商务服务业	单位自办
畲族文化研究中心	2009-10-15	学校主管部门批准	省级重点研究基地	独立研究所	民族学与文化学	文化艺术业	单位自办
泉州师范学院							
南音文化传承与发展协同创新中心	2013-11-20	学校主管部门批准	省级 2011 协同创新中心	独立研究所	艺术学	文化艺术业	单位自办
南音研究中心	2014-7-3	学校主管部门批准	省级重点研究基地	独立研究所	艺术学	文化艺术业	单位自办
福建师范大学福清分校							
工艺美术研究院	2018-6-29	学校自建	校内直属科研机构	独立研究所	艺术学	文化艺术业	单位自办
黄檗文化研究中心	2017-7-21	学校主管部门批准	其他重点研究基地，福建省高校人文社会科学研究基地	独立研究所	历史学	文化艺术业	单位自办
黄檗文化与海上丝绸之路研究院	2017-9-27	学校自建	校内直属科研机构	独立研究所	历史学	其他服务业	单位自办

续表

学校及机构名称	成立时间	批准部门	机构类型	组成方式	学科分类	服务的国民经济行业	组成类型
闽台职业教育研究中心	2017-12-7	学校主管部门批准	其他重点研究基地，福建省高校人文社会科学研究基地	独立研究所	社会学	教育	单位自办
闽南师范大学							
福建省区域农村教师发展协同创新中心	2015-10-9	学校主管部门批准	省级2011协同创新中心	独立研究所	教育学	教育	政府部门办
两岸一家亲研究院	2016-12-30	学校主管部门批准	省级智库	独立研究所	港澳台研究	教育	单位自办
闽南文化研究中心	2014-7-15	学校主管部门批准	省级重点研究基地	独立研究所	民族学与文化学	教育	单位自办
厦门理工学院							
21世纪海上丝绸之路与厦门发展研究中心	2015-5-5	非学校主管部门批准	其他重点研究基地，厦门市人文社会科学研究基地	跨系所	经济学	教育	单位自办
城市旅游发展研究中心	2014-5-20	非学校主管部门批准	其他重点研究基地，厦门市人文社科基地	与校外合办所	经济学	文化艺术业	政府部门办
创新方法研究所	2009-9-1	学校自建	校内研究所	跨系所	管理学	教育	单位自办
福建省知识产权远程教育平台厦门分站	2014-1-23	非学校主管部门批准	教育平台	跨系所	法学	教育	政府部门办
国学研究所	2014-4-9	学校自建	校内研究所	独立研究所	哲学	教育	单位自办
两岸创意经济研究中心	2016-11-2	学校主管部门批准	省级重点研究基地	独立研究所	管理学	文化艺术业	政府部门办
媒体关系研究中心	2013-4-9	学校自建	校内研究所	跨系所	新闻学与传播学	社会工作	单位自办
闽南文化海外传播研究中心	2015-11-25	学校主管部门批准	省级重点研究基地	跨系所	中国文学	文化艺术业	单位自办
闽台临港产业研究所	2011-9-1	学校自建	校内研究所	独立研究所	管理学	装卸搬运和仓储业	单位自办

续表

学校及机构名称	成立时间	批准部门	机构类型	组成方式	学科分类	服务的国民经济行业	组成类型
闽台旅游发展研究所	2014-4-9	学校自建	校内研究所	跨系所	经济学	商务服务业	单位自办
文化产业研究中心	2014-8-18	非学校主管部门批准	省社科研究基地	跨系所	管理学	文化艺术业	政府部门办
厦门地方史研究所	2011-9-1	学校自建	校内研究所	独立研究所	历史学	教育	单位自办
现代物流管理工程技术研究中心	2006-6-1	非学校主管部门批准	校内研究所	跨系所	管理学	商务服务业	单位自办
三明学院							
产品设计创新研究中心	2015-7-13	学校主管部门批准	省级重点研究基地	与校外合办所	艺术学	广播、电视、电影和影视录音制作业	与境内注册其他企业合办
低碳经济研究中心	2015-5-13	学校主管部门批准	省级重点研究基地	独立研究所	经济学	商务服务业	单位自办
动漫创意产品设计与研发公共服务平台	2011-11-15	非学校主管部门批准	其他重点研究基地	独立研究所	艺术学	广播、电视、电影和影视录音制作业	单位自办
国家公园研究中心	2016-7-13	学校主管部门批准	省级重点研究基地	与校外合办所	经济学	生态保护和环境治理业	与国内独立研究机构合办
闽江源生态保护研究院	2017-6-22	学校主管部门批准	省级智库	跨系所	管理学	生态保护和环境治理业	单位自办
三明市地方文化研究中心	2016-6-28	非学校主管部门批准	其他重点研究基地	与校外合办所	民族学与文化学	广播、电视、电影和影视录音制作业	其他
三明市公共体育文化服务平台	2015-5-31	非学校主管部门批准	其他重点研究基地	与校外合办所	体育学	体育	其他
三明市基础教育研究中心	2016-6-22	非学校主管部门批准	其他重点研究基地	与校外合办所	教育学	教育	其他
三明市区域经济与绿色发展研究中心	2016-11-25	非学校主管部门批准	其他重点研究基地	与校外合办所	经济学	商务服务业	其他
三明市乡村休闲旅游发展研究中心	2016-11-18	非学校主管部门批准	其他重点研究基地	与校外合办所	管理学	文化艺术业	其他
生态文化研究中心	2008-1-15	学校主管部门批准	其他重点研究基地	跨系所	民族学与文化学	生态保护和环境治理业	单位自办

续表

学校及机构名称	成立时间	批准部门	机构类型	组成方式	学科分类	服务的国民经济行业	组成类型
龙岩学院							
基础教育研究院	2018-5-17	学校自建	校级重点研究基地	独立研究所	教育学	教育	单位自办
客家学研究中心	2008-1-8	学校主管部门批准	省级重点研究基地	独立研究所	民族学与文化学	文化艺术业	单位自办
闽台客家研究院	2014-6-19	学校自建	校级重点研究基地	独立研究所	民族学与文化学	文化艺术业	单位自办
中央苏区研究院	2017-6-30	学校主管部门批准	省级智库	独立研究所	历史学	国家机构	单位自办
福建商学院							
福建省特色农产品电商物流协同创新中心建设项目	2017-12-1	学校主管部门批准	协同创新中心	独立研究所	管理学	商务服务业	单位自办
闽商文化研究室	2004-12-1	学校自建	研究中心	独立研究所	民族学与文化学	文化艺术业	单位自办
中小微企业研究中心	2017-12-20	学校主管部门批准	其他重点研究基地	独立研究所	管理学	商务服务业	单位自办
莆田学院							
福建省高校特色智库莆田学院妈祖文化研究院	2016-12-1	非学校主管部门批准	省级智库	跨系所	民族学与文化学	文化艺术业	政府部门办
福建省妈祖文化传承与发展协同创新中心	2015-9-30	非学校主管部门批准	省级重点研究基地	跨系所	民族学与文化学	文化艺术业	政府部门办
福建省社会科学研究基地莆田学院妈祖文化研究中心	2014-7-24	非学校主管部门批准	省级重点研究基地	跨系所	民族学与文化学	文化艺术业	政府部门办
国家体育总局体育文化发展中心体育文化研究基地	2012-6-27	非学校主管部门批准	中央其他部委重点研究基地	跨系所	体育学	体育	政府部门办
妈祖文化研究中心福建省高校人文社科研究基地	2008-1-12	非学校主管部门批准	省级重点研究基地	跨系所	民族学与文化学	文化艺术业	政府部门办

续表

学校及机构名称	成立时间	批准部门	机构类型	组成方式	学科分类	服务的国民经济行业	组成类型
厦门大学嘉庚学院							
1969“和文化”教育研究基地	2017-5-14	学校自建	研究机构	与校外合办所	教育学	土地管理业	与境内注册其他企业合办
丹溪映画文化产业创新中心	2017-7-13	学校自建	研究机构	与校外合办所	新闻学与传播学	广播、电视、电影和影视录音制作业	与境内注册其他企业合办
东万晟现代物流与供应链创新研究中心	2017-1-16	学校自建	研究机构	与校外合办所	管理学	批发业	与境内注册其他企业合办
汉嘉设计创新研究中心	2017-5-11	学校自建	研究机构	与校外合办所	艺术学	建筑装饰、装修和其他建筑业	与境内注册其他企业合办
两岸语言应用与叙事文化研究中心	2015-12-1	学校主管部门批准	省级重点研究基地	独立研究所	语言学	其他服务业	单位自办
福州大学至诚学院							
经济管理实验教学示范中心	2017-6-15	学校主管部门批准	实验教学示范中心	独立研究所	管理学	教育	单位自办
福建江夏学院							
财务与会计研究中心	2014-7-24	非学校主管部门批准	省级重点研究基地	独立研究所	经济学	货币金融服务	政府部门办
地方政府法治创新研究所	2012-12-10	学校自建	校级科研机构	独立研究所	法学	国家机构	单位自办
高等教育研究所	2014-3-6	学校自建	校级科研机构	独立研究所	教育学	教育	单位自办
海法与自贸港区建设促进中心	2016-12-19	学校主管部门批准	省级智库，省级智库	独立研究所	法学	商务服务业	单位自办
泉州信息工程学院							
国际商务研究中心	2015-11-30	学校主管部门批准	省级亘点研究基地	跨系所	经济学	教育	政府部门办
应用技术本科教育研究所	2018-3-3	学校主管部门批准	校级重点研究基地	独立研究所	教育学	教育	单位自办
福州理工学院							
朱子文化研究中心	2015-11-30	学校主管部门批准	省级重点研究基地	独立研究所	民族学与文化学	其他服务业	单位自办

续表

学校及机构名称	成立时间	批准部门	机构类型	组成方式	学科分类	服务的国民经济行业	组成类型
福建艺术职业学院							
古琴艺术研究中心	2012-4-3	学校自建	校级重点实验室	独立研究所	艺术学	广播、电视、电影和影视录音制作业	单位自办
福建幼儿师范高等专科学校							
福建儿童语言艺术研究中心	2016-12-6	学校自建	校内自建研究中心	独立研究所	中国文学	教育	单位自办
海峡儿童文学研究中心	2011-3-30	学校自建	校内自建研究中心	独立研究所	中国文学	教育	单位自办
厦门城市职业学院							
闽台儿童文化福建省高校应用文科研究中心	2015-12-1	学校主管部门批准	省级重点研究基地	跨系所	教育学	教育	单位自办
泉州幼儿师范高等专科学校							
儿童早期教养与指导研究中心	2015-4-27	学校主管部门批准	福建省高校应用文科研究中心	独立研究所	教育学	其他服务业	单位自办
江西省							
南昌大学							
赣学研究院	2011-3-7	学校主管部门批准	省级重点研究基地	跨系所	民族学与文化学	教育	政府部门办
江西发展升级推进长江经济带建设协同创新中心	2013-3-1	学校主管部门批准	省级重点研究基地	独立研究所	经济学	教育	政府部门办
江西省大学生思想政治教育研究中心	2005-11-1	学校主管部门批准	省级重点研究基地	独立研究所	马克思主义	教育	政府部门办
江右哲学研究中心	2003-3-6	学校主管部门批准	省级重点研究基地	独立研究所	哲学	教育	政府部门办
客赣方言及语言应用中心	2002-11-1	学校主管部门批准	省级重点研究基地	独立研究所	语言学	教育	政府部门办
立法研究中心	2007-3-8	学校主管部门批准	省级重点研究基地	独立研究所	法学	教育	政府部门办
廉政研究中心	2009-3-13	学校主管部门批准	省级重点研究基地	独立研究所	马克思主义	教育	政府部门办

续表

学校及机构名称	成立时间	批准部门	机构类型	组成方式	学科分类	服务的国民经济行业	组成类型
旅游规划与研究中心	2006-3-3	学校主管部门批准	省级重点研究基地	独立研究所	经济学	国家机构	政府部门办
文化资源与产业研究院	2013-3-8	学校主管部门批准	省级重点研究基地	独立研究所	民族学与文化学	广播、电视、电影和影视录音制作业	政府部门办
影视艺术研究中心	2001-7-6	学校自建	校级重点研究基地	独立研究所	中国文学	广播、电视、电影和影视录音制作业	单位自办
中国特色社会主义理论体系	2011-3-11	学校主管部门批准	省级重点研究基地	独立研究所	马克思主义	教育	政府部门办
中国中部经济社会发展研究中心	2002-9-2	学校主管部门批准	部省共建教育部重点研究基地，省级重点研究基地	独立研究所	经济学	国家机构	政府部门办
华东交通大学							
高铁与区域发展研究中心	2015-10-15	非学校主管部门批准	省级重点研究基地	跨系所	社会学	铁路运输业	其他
轨道交通与城市协调发展研究中心	2017-12-21	非学校主管部门批准	其他重点研究基地	跨系所	社会学	铁路、船舶、航空航天和其他运输设备制造业	其他
国学推广与艺术设计中心	2015-11-15	非学校主管部门批准	省级重点研究基地	跨系所	艺术学	教育	其他
江西新型智库数据中心	2018-2-14	非学校主管部门批准	省级重点研究基地	跨系所	管理学	教育	与国内高校合办
交通与工程应用翻译研究中心	2016-1-19	学校主管部门批准	省级重点研究基地	跨系所	语言学	其他服务业	其他
交通运输与经济研究所	2005-3-1	学校主管部门批准	省级重点研究基地	跨系所	管理学	研究和试验发展	单位自办
女性研究中心	2007-7-1	学校主管部门批准	省级重点研究基地	跨系所	社会学	人民政协、民主党派	单位自办
体育健身养身研究中心	2014-3-10	学校主管部门批准	省级重点研究基地	跨系所	体育学	文化艺术业	单位自办
新型工业化与城镇化软科学研究基地	2013-8-1	非学校主管部门批准	其他	跨系所	管理学	商务服务业	单位自办
知识产权研究中心	2014-12-30	学校主管部门批准	省级重点研究基地	跨系所	法学	卫生	单位自办
东华理工大学							
地质资源经济管理研究中心	2006-7-26	学校主管部门批准	其他重点研究基地，省教育厅重点研究基地	跨系所	经济学	科技推广和应用服务	政府部门办

续表

学校及机构名称	成立时间	批准部门	机构类型	组成方式	学科分类	服务的国民经济行业	组成类型
江西生态文明建设制度研究中心	2015-10-28	学校主管部门批准	其他重点研究基地，省社联重点研究基地	跨系所	政治学	生态保护和环境治理业	政府部门办
江西戏剧资源研究中心	2007-7-16	学校主管部门批准	其他重点研究基地，省教育厅重点研究基地	跨系所	中国文学	文化艺术业	政府部门办
资源与环境经济研究中心	2013-9-15	学校主管部门批准	其他重点研究基地，省社联重点研究基地	跨系所	经济学	生态保护和环境治理业	政府部门办
南昌航空大学							
国家体育总局体育文化研究基地	2008-3-1	非学校主管部门批准	中央其他部委重点研究基地	独立研究所	体育学	文化艺术业	政府部门办
江西省航空产业发展与管理创新软科学基地	2014-8-18	学校主管部门批准	省级智库	独立研究所	管理学	航空运输业	单位自办
江西理工大学							
巴基斯坦研究中心	2017-9-21	学校主管部门批准	其他重点研究基地	跨系所	国际问题研究	其他服务业	单位自办
非物质文化遗产研究基地	2015-8-20	学校主管部门批准	省级重点研究基地	跨系所	民族学与文化学	广播、电视、电影和影视录音制作业	单位自办
赣南客家文化数字化研究院	2015-8-21	学校主管部门批准	省级重点研究基地	跨系所	民族学与文化学	广播、电视、电影和影视录音制作业	单位自办
赣州地方立法研究院	2016-10-28	学校主管部门批准	其他智库	跨系所	法学	卫生	其他
赣州市产业发展研究院	2014-8-28	学校主管部门批准	其他智库	跨系所	经济学	商务服务业	其他
赣州市地方党建研究院	2016-7-20	非学校主管部门批准	其他智库	与校外合办所	马克思主义	娱乐业	政府部门办
赣州市金融研究院	2014-9-26	学校主管部门批准	其他智库	跨系所	经济学	商务服务业	其他
华文教育研究中心	2015-10-29	学校自建	校级重点研究基地	独立研究所	民族学与文化学	广播、电视、电影和影视录音制作业	单位自办
环境资源法研究中心	2007-10-26	学校主管部门批准	省级重点研究基地	独立研究所	法学	商务服务业	单位自办

续表

学校及机构名称	成立时间	批准部门	机构类型	组成方式	学科分类	服务的国民经济行业	组成类型
江西省赣粤闽湘边界区域经济合作软科学研究基地	2014-6-20	学校主管部门批准	省级重点研究基地	跨系所	管理学	商务服务业	单位自办
江西省有色金属产业发展研究中心	2013-8-16	学校主管部门批准	省级智库，省级重点研究基地	跨系所	管理学	商务服务业	单位自办
矿业发展研究中心	2014-9-27	学校主管部门批准	省级重点研究基地	跨系所	管理学	有色金属矿采选业	单位自办
矿业贸易与投资研究中心	2015-10-29	学校自建	校级重点研究基地	跨系所	经济学	商务服务业	单位自办
区域经济与社会发展研究中心	2013-8-14	非学校主管部门批准	其他智库	与校外合办所	经济学	中国共产党机关	政府部门办
景德镇陶瓷大学							
“陶瓷产品设计”协同创新中心	2014-3-1	学校主管部门批准	省级 2011 协同创新中心	独立研究所	艺术学	教育	单位自办
古陶瓷研究中心	2014-3-10	学校主管部门批准	省级重点研究基地	独立研究所	考古学	教育	单位自办
江西陶瓷文物遗存保护暨御窑研究协同创新中心	2015-9-1	学校主管部门批准	省级 2011 协同创新中心	独立研究所	历史学	教育	单位自办
景德镇陶瓷文化传承创新协同创新中心	2012-9-1	学校主管部门批准	省级 2011 协同创新中心	独立研究所	艺术学	教育	单位自办
中国陶瓷文化研究所	2006-6-30	学校主管部门批准	省级重点研究基地	独立研究所	艺术学	教育	单位自办
中国陶瓷艺术设计研究中心	2012-1-1	学校主管部门批准	省级重点研究基地	独立研究所	艺术学	其他服务业	单位自办
江西农业大学							
“三农”问题研究中心	2006-7-26	学校主管部门批准	省级重点研究基地	独立研究所	经济学	农业	政府部门办
边缘法学研究中心	2003-6-30	学校自建	校级重点研究基地	独立研究所	法学	教育	单位自办
邓小平理论研究中心	1995-3-20	学校自建	校级重点研究基地	独立研究所	马克思主义	教育	单位自办
高等教育研究所	2002-5-14	学校自建	校级重点研究基地	独立研究所	教育学	教育	单位自办
江西农村发展研究中心	2013-7-6	学校主管部门批准	省级重点研究基地	独立研究所	管理学	农、林、牧、渔专业及辅助性活动	政府部门办

续表

学校及机构名称	成立时间	批准部门	机构类型	组成方式	学科分类	服务的国民经济行业	组成类型
江西农业教育与乡村发展研究中心	2018-4-8	学校主管部门批准	校级重点研究基地	独立研究所	教育学	教育	单位自办
江西省农业科技创新与发展软科学研究基地	2013-7-8	学校主管部门批准	省级重点研究基地	与校外合办所	管理学	农、林、牧、渔专业及辅助性活动	政府部门办
江西现代农业及其优势产业可持续发展决策支持协同创新中心	2014-8-20	学校主管部门批准	省级 2011 协同创新中心	跨系所	经济学	农业	政府部门办
江西乡村文化发展研究中心	2015-12-30	学校主管部门批准	省级重点研究基地	独立研究所	艺术学	文化艺术业	单位自办
景观与环境生态研究中心	2011-9-20	学校自建	校级重点研究基地	独立研究所	管理学	农、林、牧、渔专业及辅助性活动	单位自办
廉政研究中心	2014-11-20	学校自建	校级重点研究基地	独立研究所	马克思主义	教育	单位自办
旅游发展研究中心	2017-6-14	学校主管部门批准	校级重点研究基地	独立研究所	管理学	农、林、牧、渔专业及辅助性活动	单位自办
农村电商研究中心	2017-6-14	学校主管部门批准	校级重点研究基地	独立研究所	管理学	农业	单位自办
土地资源利用与保护研究中心	2014-3-5	学校主管部门批准	省级重点研究基地	独立研究所	管理学	农业	政府部门办
乡村政治发展研究中心	2018-4-8	学校自建	校级重点研究基地	独立研究所	政治学	农业	单位自办
移民研究中心	2010-3-20	学校自建	校级重点研究基地	独立研究所	社会学	科技推广和应用服务	单位自办
江西中医药大学							
心理健康研究所	2002-9-10	学校主管部门批准	校级重点研究基地	独立研究所	心理学	其他服务业	单位自办
江西师范大学							
产业转型升级发展研究中心	2015-4-3	学校主管部门批准	省级重点研究基地	独立研究所	经济学	教育	政府部门办
传统社会与江西现代化研究中心	2006-10-18	学校主管部门批准	省级重点研究基地	独立研究所	历史学	教育	政府部门办
当代形态文艺学研究中心	2003-9-15	学校主管部门批准	省级重点研究基地	独立研究所	中国文学	教育	政府部门办
管理决策评价研究中心	2014-3-7	学校主管部门批准	省级重点研究基地	独立研究所	管理学	教育	政府部门办

续表

学校及机构名称	成立时间	批准部门	机构类型	组成方式	学科分类	服务的国民经济行业	组成类型
红色资源开发与教育研究中心	2004-3-15	学校主管部门批准	省级重点研究基地	独立研究所	马克思主义	教育	政府部门办
教师教育研究中心	2003-9-15	学校主管部门批准	省级重点研究基地	独立研究所	教育学	教育	政府部门办
廉政文化研究中心	2016-3-10	学校主管部门批准	省级重点研究基地	独立研究所	历史学	教育	政府部门办
区域创新与创业研究中心	2006-10-18	学校主管部门批准	省级重点研究基地	独立研究所	管理学	教育	政府部门办
社会发展与创新研究中心	2015-3-19	学校主管部门批准	省级重点研究基地	独立研究所	社会学	教育	政府部门办
苏区振兴研究院	2013-3-1	学校主管部门批准	省级重点研究基地	独立研究所	历史学	教育	政府部门办
心理健康教育研究中心	2016-3-1	学校主管部门批准	省级重点研究基地	独立研究所	心理学	教育	政府部门办
叙事学研究中心	2013-2-1	学校主管部门批准	省级重点研究基地	独立研究所	中国文学	教育	政府部门办
学前教育研究中心	2012-3-7	学校主管部门批准	省级重点研究基地	独立研究所	教育学	教育	政府部门办
音乐创作、表演人才培养创新研究中心	2015-3-11	学校主管部门批准	省级重点研究基地	独立研究所	艺术学	教育	政府部门办
上饶师范学院							
方志敏精神与赣东北经济社会发展研究中心	2017-9-26	学校主管部门批准	其他重点研究基地	跨系所	马克思主义	中国共产党机关	单位自办
南京大学中华民国史研究中心江西分中心	2017-9-20	学校自建	校级重点研究基地	与校外合办所	历史学	教育	与国内高校合办
朱子文化协同创新中心	2014-8-25	学校主管部门批准	省级 2011 协同创新中心	与校外合办所	历史学	教育	政府部门办
朱子学研究所	1988-5-20	学校主管部门批准	省级重点研究基地	独立研究所	历史学	教育	单位自办
弋阳腔传承与开发研究基地	2016-2-10	非学校主管部门批准	其他重点研究基地	跨系所	艺术学	教育	政府部门办
宜春学院							
赣西民俗美术创作研究中心	2015-11-21	非学校主管部门批准	省级重点研究基地	跨系所	艺术学	广播、电视、电影和影视录音制作业	单位自办

续表

学校及机构名称	成立时间	批准部门	机构类型	组成方式	学科分类	服务的国民经济行业	组成类型
赣西民俗文化研究所	2004-12-1	学校主管部门批准	校级重点研究基地	独立研究所	宗教学	教育	单位自办
赣西区域经济社会发展研究中心	2017-7-13	非学校主管部门批准	省级重点研究基地	跨系所	管理学	教育	单位自办
高等教育研究所	2004-12-1	学校主管部门批准	校级重点研究基地	独立研究所	教育学	教育	单位自办
江西宗教历史文化研究中心	2010-10-31	非学校主管部门批准	省级重点研究基地	跨系所	宗教学	社会保障	单位自办
江西宗教问题研究中心	2018-11-1	非学校主管部门批准	省级重点研究基地	独立研究所	宗教学	社会工作	单位自办
农村社会建设与发展研究中心	2008-9-30	非学校主管部门批准	校级重点研究基地	跨系所	社会学	教育	单位自办
赣南师范大学							
赣南民间区域文化艺术研究中心	2015-11-21	学校主管部门批准	其他重点研究基地	独立研究所	艺术学	广播、电视、电影和影视录音制作业	单位自办
中国共产党革命精神与文化资源研究中心	2013-6-25	学校主管部门批准	教育部重点研究基地	独立研究所	政治学	研究和试验发展	单位自办
国家体育总局体育文化发展中心体育文化研究基地	2013-2-26	非学校主管部门批准	国家体育总局	独立研究所	体育学	研究和试验发展	单位自办
江西省中国革命历史题材文艺创作研究中心	2016-9-18	非学校主管部门批准	省文联	独立研究所	艺术学	广播、电视、电影和影视录音制作业	单位自办
教育经济研究中心	2009-12-29	学校主管部门批准	省级重点研究基地	跨系所	教育学	卫生	单位自办
客家研究中心	2001-4-19	学校主管部门批准	省级重点研究基地	跨系所	社会学	科技推广和应用服务	单位自办
中央苏区研究中心	2007-8-6	学校主管部门批准	省级重点研究基地	跨系所	历史学	卫生	其他
井冈山大学							
井冈山红色经典艺术研究与传承发展中心	2015-12-2	学校主管部门批准	省文化厅重点研究基地	独立研究所	艺术学	教育	单位自办
井冈山研究中心	2005-12-6	学校主管部门批准	教育部重点研究基地	独立研究所	马克思主义	教育	其他

续表

学校及机构名称	成立时间	批准部门	机构类型	组成方式	学科分类	服务的国民经济行业	组成类型
庐陵文化研究所	2009-12-12	学校主管部门批准	省人文社科重点研究基地	独立研究所	中国文学	教育	单位自办
江西财经大学							
财税研究中心	2013-4-6	学校主管部门批准	省级重点研究基地	独立研究所	经济学	人民政协、民主党派	政府部门办
产业集群与企业发展研究中心	2003-4-10	学校主管部门批准	省级重点研究基地	独立研究所	管理学	商务服务业	政府部门办
产业经济研究院	2003-4-4	学校主管部门批准	省级重点研究基地	独立研究所	经济学	资本市场服务	单位自办
法治江西建设协同创新中心	2015-6-29	非学校主管部门批准	省级 2011 协同创新中心	独立研究所	法学	卫生	政府部门办
规制与竞争研究中心	2003-4-10	学校主管部门批准	省级重点研究基地	独立研究所	经济学	其他金融业	政府部门办
会计发展研究中心	2006-9-1	学校主管部门批准	省级重点研究基地	独立研究所	经济学	其他金融业	政府部门办
江西法治政府研究中心	2014-4-10	学校主管部门批准	省级重点研究基地	独立研究所	法学	卫生	政府部门办
江西经济发展研究院	2000-5-1	学校主管部门批准	校属研究中心	独立研究所	经济学	资本市场服务	单位自办
江西全面建成小康社会决策支持协同创新中心	2014-8-25	学校主管部门批准	省级 2011 协同创新中心	独立研究所	经济学	人民政协、民主党派	政府部门办
江西省经济预测与决策研究中心	2015-10-15	学校主管部门批准	省级重点研究基地	独立研究所	经济学	其他金融业	政府部门办
江西省生态文明制度建设协同创新中心	2015-6-29	非学校主管部门批准	省级 2011 协同创新中心	独立研究所	管理学	生态保护和环境治理业	政府部门办
江西省应用统计研究中心	2014-6-10	学校主管部门批准	省级重点研究基地	独立研究所	统计学	其他金融业	政府部门办
江西省战略性新兴产业发展监测、预警与决策支持协同创新中心	2012-9-18	非学校主管部门批准	省级 2011 协同创新中心	独立研究所	经济学	商务服务业	政府部门办
金融发展与风险防范研究中心	2006-7-26	学校主管部门批准	省级重点研究基地	独立研究所	经济学	货币金融服务	政府部门办
生态文明与现代中国研究中心	2008-5-5	学校自建	校属研究中心	独立研究所	经济学	机动车、电子产品和日用产品修理业	单位自办
鄱阳湖生态经济研究院	2013-5-1	学校自建	校属研究中心	独立研究所	经济学	生态保护和环境治理业	单位自办

续表

学校及机构名称	成立时间	批准部门	机构类型	组成方式	学科分类	服务的国民经济行业	组成类型
江西科技学院							
服装创意产业研究所	2012-4-27	学校自建	校级研究所	独立研究所	艺术学	纺织服装、服饰业	单位自办
高等教育研究所	2009-1-1	学校主管部门批准	校级重点实验室	独立研究所	教育学	其他服务业	单位自办
江西山水文化传播研究所	2012-4-27	学校自建	校级研究所	独立研究所	新闻学与传播学	广播、电视、电影和影视录音制作业	单位自办
江西省名山文化艺术创作与传播研究院	2015-11-30	学校主管部门批准	省级重点研究基地	跨系所	艺术学	新闻和出版业	单位自办
江西省区域发展研究院	2016-5-30	非学校主管部门批准	省级智库	与校外合办所	经济学	研究和试验发展	政府部门办
跨文化交际研究所	2012-4-27	学校自建	校级研究所	跨系所	外国文学	其他服务业	单位自办
内部控制评价研究所	2012-4-27	学校自建	校级研究所	独立研究所	管理学	商务服务业	单位自办
数字 CG 产业研究所	2012-4-27	学校自建	校级研究所	独立研究所	艺术学	商务服务业	单位自办
微营销研究所	2012-4-27	学校自建	校级研究所	独立研究所	管理学	商务服务业	单位自办
演出创意与经纪研究所	2012-4-27	学校自建	校级研究所	独立研究所	艺术学	商务服务业	单位自办
自学考试教育与教学研究所	2012-4-27	学校自建	校级研究所	独立研究所	教育学	其他服务业	单位自办
萍乡学院							
安源红色文化研究中心	2003-6-12	学校自建	校级重点研究基地	与校外合办所	历史学	教育	政府部门办
电子商务研究中心	2012-7-3	学校自建	校级重点研究基地	跨系所	经济学	教育	单位自办
江西省非物质文化遗产研究中心	2016-6-13	学校主管部门批准	省级重点研究基地	跨系所	艺术学	文化艺术业	单位自办
文廷式研究所	2003-1-17	学校自建	校级重点研究基地	独立研究所	历史学	教育	单位自办
心理技术应用研究所	2001-9-15	学校自建	校级重点研究基地	跨系所	心理学	教育	单位自办
江西科技师范大学							
八一精神研究中心	2010-4-16	学校主管部门批准	省级重点研究基地	独立研究所	哲学	中国共产党机关	单位自办

续表

学校及机构名称	成立时间	批准部门	机构类型	组成方式	学科分类	服务的国民经济行业	组成类型
江西职业教育与产业发展研究中心	2017-2-15	非学校主管部门批准	省级重点研究基地	独立研究所	教育学	其他服务业	单位自办
数字化社会与地方文化发展研究中心	2014-4-10	学校主管部门批准	省级重点研究基地	独立研究所	中国文学	其他服务业	单位自办
职业教育研究院	2002-5-1	学校主管部门批准	省级重点研究基地	独立研究所	教育学	其他服务业	单位自办
南昌工程学院							
马克思主义社会发展理论研究所	2005-12-16	学校自建	学校自建研究所	独立研究所	马克思主义	人民政协、民主党派	单位自办
企业社会责任研究所	2013-7-5	学校自建	学校自建研究所	独立研究所	管理学	商务服务业	单位自办
山水林田湖研究所	2014-9-5	学校自建	学校自建研究所	独立研究所	经济学	科技推广和应用服务	单位自办
水文化研究中心	2010-10-16	学校主管部门批准	省级重点研究基地	独立研究所	哲学	科技推广和应用服务	单位自办
江西警察学院							
公安民警忠诚教育研究中心	2010-3-10	学校自建	校级重点研究基地	独立研究所	法学	教育	单位自办
公共安全研究中心	2012-6-25	非学校主管部门批准	省级重点研究基地	独立研究所	法学	教育	单位自办
管理研究中心	2009-12-9	学校自建	校级重点研究基地	独立研究所	法学	其他服务业	单位自办
计算机犯罪侦查研究中心	2009-12-10	学校自建	校级重点研究基地	独立研究所	法学	教育	单位自办
江西经济犯罪侦查研究中心	2004-11-12	学校自建	校级重点研究基地	独立研究所	法学	教育	单位自办
江西警察法治研究中心	1997-12-18	学校自建	校级重点研究基地	独立研究所	法学	教育	单位自办
物证鉴定所	2001-12-21	非学校主管部门批准	校级重点实验室	跨系所	法学	教育	单位自办
应急管理及群体性事件研究中心	2009-12-9	学校自建	校级重点研究基地	跨系所	法学	教育	单位自办
鄱阳湖生态经济区安全研究中心	2010-12-20	学校自建	校级重点研究基地	跨系所	法学	教育	单位自办
九江学院							
长江中游城市群与昌九一体发展研究中心	2015-11-1	学校主管部门批准	江西省哲学社会科学重点研究基地	独立研究所	管理学	教育	单位自办

续表

学校及机构名称	成立时间	批准部门	机构类型	组成方式	学科分类	服务的国民经济行业	组成类型
柬埔寨研究中心	2017-5-1	学校主管部门批准	省级重点研究基地	独立研究所	教育学	教育	单位自办
庐山文化研究中心	2008-6-1	学校主管部门批准	省级 2011 协同创新中心	独立研究所	中国文学	教育	单位自办
认知科学与跨学科研究中心	2017-3-1	学校主管部门批准	江西省哲学社会科学重点研究基地	独立研究所	管理学	教育	单位自办
社会系统学研究中心	2012-10-1	学校主管部门批准	省级重点研究基地	独立研究所	社会学	教育	单位自办
江西工程学院							
应用经济研究所	2014-9-8	学校自建	研究所	独立研究所	经济学	资本市场服务	单位自办
南昌理工学院							
江西赣剧音乐研究中心	2015-11-21	非学校主管部门批准	省级重点研究基地	独立研究所	艺术学	文化艺术业	其他
江西省航空航天科普教育基地	2017-3-3	非学校主管部门批准	科学普及研究	跨系所	社会学	其他服务业	单位自办
江西服装学院							
中华服饰文化中心	2015-11-13	非学校主管部门批准	省级重点研究基地	独立研究所	艺术学	纺织业	单位自办
南昌职业学院							
教育科学研究所	2017-6-24	学校自建	学院研究所	独立研究所	教育学	教育	单位自办
南昌工学院							
高等教育研究所	2017-5-12	学校自建	校级研究所	独立研究所	管理学	其他服务业	单位自办
南昌市文化创意与旅游商品开发研究基地	2017-12-25	非学校主管部门批准	其他重点研究基地	独立研究所	民族学与文化学	科技推广和应用服务	单位自办
社会工作与社区发展研究所	2017-5-10	学校自建	校级研究所	独立研究所	社会学	人民政协、民主党派	单位自办
江西中医药高等专科学校							
盱江医学传承工作室	2013-12-31	学校主管部门批准	管理	独立研究所	教育学	其他服务业	单位自办
共青科技职业学院							

续表

学校及机构名称	成立时间	批准部门	机构类型	组成方式	学科分类	服务的国民经济行业	组成类型
共青精神研究中心	2017-11-20	学校自建	校级重点研究基地	独立研究所	马克思主义	教育	单位自办
南昌师范学院							
“江西民间舞蹈文化”重点研究基地	2015-11-27	非学校主管部门批准	省级重点研究基地	独立研究所	艺术学	文化艺术业	政府部门办
江西旅游产业升级研究中心	2015-11-4	非学校主管部门批准	省级重点研究基地	独立研究所	管理学	其他服务业	政府部门办
山东省							
山东大学							
当代社会主义研究所	2000-3-1	学校主管部门批准	教育部重点研究基地	独立研究所	马克思主义	教育	单位自办
经济研究院	2001-6-25	学校自建	实体研究机构	独立研究所	经济学	教育	单位自办
儒家文明协同创新中心	2012-9-1	非学校主管部门批准	省级 2011 协同创新中心	与校外合办所	哲学	教育	与国内高校合办
儒学高等研究院	2010-4-21	学校自建	校级重点研究基地	独立研究所	哲学	教育	单位自办
山东区域经济发展协同创新中心	2016-3-2	非学校主管部门批准	省级 2011 协同创新中心	独立研究所	经济学	教育	政府部门办
卫生管理与政策研究中心	2002-7-1	学校自建	实体研究机构	独立研究所	社会学	教育	单位自办
文化遗产研究院	2012-4-6	学校自建	实体研究机构	独立研究所	考古学	教育	单位自办
文艺美学研究中心	2000-12-1	学校主管部门批准	教育部重点研究基地	独立研究所	中国文学	教育	单位自办
易学与中国古代哲学研究中心	1988-3-1	学校主管部门批准	教育部重点研究基地	独立研究所	哲学	教育	单位自办
犹太教与跨宗教研究中心	2004-11-1	学校主管部门批准	教育部重点研究基地	独立研究所	宗教学	教育	单位自办
中国海洋大学							
海洋发展研究院	2004-12-24	学校主管部门批准	教育部重点研究基地	独立研究所	管理学	其他服务业	政府部门办
混合所有制与资本管理研究院	2014-11-21	学校自建	校级重点研究基地	跨系所	管理学	资本市场服务	单位自办
山东科技大学							
山东矿区循环经济与节能减排强化建设研究基地	2011-11-1	学校主管部门批准	省级社科重点研究基地	跨系所	管理学	煤炭开采和洗选业	单位自办
中国石油大学(华东)							

续表

学校及机构名称	成立时间	批准部门	机构类型	组成方式	学科分类	服务的国民经济行业	组成类型
国际教育研究基地	2015-6-12	非学校主管部门批准	山东省教育科学研究基地	独立研究所	教育学	教育	单位自办
马克思主义中国化研究中心	2011-6-30	非学校主管部门批准	山东省高校人文社科研究基地	跨系所	马克思主义	教育	政府部门办
人才发展研究中心	2011-11-30	非学校主管部门批准	山东高校干部教育培训与研究基地	跨系所	管理学	教育	其他
山东省能源经济管理研究中心	2017-3-10	非学校主管部门批准	山东省高等学校人文社会科学研究平台	跨系所	管理学	教育	单位自办
体育文化研究基地	2013-11-3	非学校主管部门批准	国家体育总局体育文化研究基地	独立研究所	体育学	体育	单位自办
济南大学							
冰岛研究中心	2017-10-11	学校主管部门批准	教育部重点研究基地	跨系所	国际问题研究	教育	单位自办
出土文献与文学研究协同创新中心	2013-9-16	学校自建	校级重点研究基地	独立研究所	中国文学	教育	单位自办
东方智慧与管理创新研究基地	2014-10-11	学校自建	校级重点研究基地	独立研究所	管理学	教育	单位自办
非洲研究中心	2017-10-11	学校主管部门批准	教育部重点研究基地	跨系所	国际问题研究	教育	单位自办
高等教育研究院	2011-6-1	学校自建	校级重点研究基地	独立研究所	教育学	教育	单位自办
高等教育政策研究基地	2014-10-11	学校自建	校级重点研究基地	独立研究所	教育学	教育	单位自办
公司金融研究中心	2011-9-10	学校自建	校级重点研究基地	独立研究所	经济学	教育	单位自办
国家专利导航项目（高校）研究和推广中心	2017-10-11	非学校主管部门批准	中央其他部委重点研究基地	跨系所	管理学	教育	单位自办
会计改革与发展研究基地	2015-9-10	学校自建	校级重点研究基地	独立研究所	经济学	教育	单位自办
会展与文化旅游研究所	2017-10-1	学校自建	校级重点研究基地	独立研究所	管理学	教育	单位自办
金融研究院	2011-12-1	学校自建	校级重点研究基地	独立研究所	经济学	教育	单位自办
近代文学与文化研究基地	2014-9-1	学校自建	校级重点研究基地	独立研究所	中国文学	教育	单位自办
经济全球化与人民币国际化	2015-10-10	学校自建	校级重点研究基地	独立研究所	经济学	教育	单位自办

续表

学校及机构名称	成立时间	批准部门	机构类型	组成方式	学科分类	服务的国民经济行业	组成类型
民主法治建设与国家治理现代化研究中心	2016-1-1	学校自建	校级重点研究基地	独立研究所	社会学	教育	单位自办
女性文学与性别文化研究中心	2016-1-1	学校主管部门批准	省级重点研究基地	独立研究所	中国文学	教育	单位自办
全国民政政策理论研究基地	2018-5-10	非学校主管部门批准	中央其他部委重点研究基地	跨系所	社会学	教育	单位自办
全球化与跨国研究基地	2011-3-17	学校主管部门批准	省级重点研究基地	跨系所	国际问题研究	教育	单位自办
山东地方戏曲研究中心	2014-1-1	学校自建	校级重点研究基地	独立研究所	艺术学	教育	单位自办
山东高校慈善文化研究基地	2015-10-11	学校主管部门批准	省级重点研究基地	跨系所	经济学	教育	单位自办
山东龙山绿色经济研究中心	2014-10-11	非学校主管部门批准	省级重点研究基地	独立研究所	经济学	教育	单位自办
山东省城市发展研究基地	2005-1-1	学校主管部门批准	省级重点研究基地	独立研究所	经济学	教育	单位自办
山东省出土文献与文学研究基地	2014-3-7	学校主管部门批准	省级重点研究基地	跨系所	中国文学	教育	单位自办
山东省地方立法研究服务基地	2015-10-10	非学校主管部门批准	省级重点研究基地	独立研究所	法学	教育	单位自办
山东省民俗与非物质文化遗产研究基地	2009-10-18	学校主管部门批准	省级重点研究基地	独立研究所	社会学	教育	单位自办
山东省区域软实力与区域发展软科学研究基地	2012-3-22	学校主管部门批准	省级重点研究基地	跨系所	经济学	教育	单位自办
山东省文化产业英才培训基地	2010-6-10	非学校主管部门批准	省级重点研究基地	独立研究所	民族学与文化学	教育	单位自办
山东省饮食文化产业开发研究基地	2009-12-24	非学校主管部门批准	省级重点研究基地	独立研究所	管理学	教育	单位自办
山东物流研究中心	2014-9-10	学校主管部门批准	省级重点研究基地	独立研究所	管理学	教育	单位自办
山东音乐文化研究基地	2014-1-1	非学校主管部门批准	省级重点研究基地	独立研究所	艺术学	教育	单位自办
投融资研究中心	2012-10-11	学校自建	校级重点研究基地	独立研究所	经济学	教育	单位自办
武术文化与区域文化发展研究中心	2016-1-1	学校自建	校级重点研究基地	独立研究所	体育学	教育	单位自办
习近平系列讲话学习研究中心	2014-12-10	学校自建	校级重点研究基地	独立研究所	马克思主义	教育	单位自办

续表

学校及机构名称	成立时间	批准部门	机构类型	组成方式	学科分类	服务的国民经济行业	组成类型
小微企业创业创新研究中心	2015-10-10	学校自建	校级重点研究基地	独立研究所	管理学	教育	单位自办
新媒体研究中心	2017-10-31	学校主管部门批准	校级重点研究基地	独立研究所	新闻学与传播学	教育	单位自办
新时代中国特色社会主义研究中心	2017-11-15	学校自建	校级重点研究基地	独立研究所	马克思主义	教育	单位自办
影视产业研究中心	2017-10-1	学校自建	校级重点研究基地	独立研究所	艺术学	教育	单位自办
中国特色社会主义理论体系与当代政治发展研究基地	2014-1-1	学校自建	校级重点研究基地	独立研究所	马克思主义	教育	单位自办
资本市场创新发展协同创新中心	2013-9-16	学校主管部门批准	省级 2011 协同创新中心	独立研究所	经济学	教育	与国内高校合办
青岛理工大学							
山东省高校城市文化与城市竞争力研究中心	2017-3-30	学校主管部门批准	其他重点研究基地，省高校人文社科研究基地	跨系所	社会学	国家机构	单位自办
山东省高校智慧城市建设管理研究中心	2017-3-30	学校主管部门批准	其他智库，省高校新型智库	独立研究所	管理学	国家机构	单位自办
山东建筑大学							
城乡建设可持续发展研究院（新型智库）	2017-3-30	学校主管部门批准	省级智库	跨系所	管理学	其他服务业	单位自办
齐鲁建筑文化艺术与环境设计研究基地	2017-3-30	学校主管部门批准	省级重点研究基地	独立研究所	艺术学	建筑装饰、装修和其他建筑业	单位自办
齐鲁建筑文化与景观艺术研究基地	2011-6-28	学校主管部门批准	省级重点研究基地	独立研究所	艺术学	房屋建筑业	单位自办
中国文物学会工业遗产委员会研究基地	2018-4-21	非学校主管部门批准	其他重点研究基地，中国文物学会工业遗产委员会	独立研究所	艺术学	教育	单位自办
齐鲁工业大学							
道学与传统文化研究所	2011-11-25	学校自建	校级重点研究基地	独立研究所	宗教学	教育	单位自办
工业技术经济与区域绿色发展研究基地	2017-4-1	学校主管部门批准	省级重点研究基地	独立研究所	管理学	教育	单位自办
马克思主义中国化研究基地	2011-3-1	学校自建	校级重点研究基地	跨系所	马克思主义	教育	单位自办

续表

学校及机构名称	成立时间	批准部门	机构类型	组成方式	学科分类	服务的国民经济行业	组成类型
民族传统体育研究所	2015-6-4	学校自建	校级重点研究基地	跨系所	体育学	教育	单位自办
齐鲁文化产品创新研究中心	2017-4-11	学校主管部门批准	省级重点研究基地	独立研究所	艺术学	教育	单位自办
山东理工大学							
高校思想政治理论课教师发展研究中心	2015-11-1	学校自建	校级	独立研究所	马克思主义	教育	单位自办
齐文化传承与示范区建设协同创新中心	2017-11-1	学校主管部门批准	省级 2011 协同创新中心	与校外合办所	历史学	文化艺术业	与国内高校合办
区域发展与规划研究中心	2016-5-10	学校自建	校级	独立研究所	经济学	公共设施管理业	单位自办
山东省产业经济研究基地	2003-4-1	学校主管部门批准	省级重点研究基地	跨系所	经济学	科技推广和应用服务	政府部门办
淄博发展研究院(稷下智库)	2017-4-5	学校主管部门批准	省级智库	独立研究所	管理学	中国共产党机关	单位自办
山东农业大学							
农村金融研究所	2000-7-6	学校自建	校级重点研究基地	独立研究所	经济学	农业	单位自办
农村社会发展研究所	1997-6-20	学校自建	校级重点研究基地	独立研究所	法学	农业	单位自办
山东省“三农”省情调研中心	2016-6-30	学校主管部门批准	省级智库	独立研究所	管理学	农业	单位自办
山东省高校农村经济管理研究基地	2012-6-15	学校主管部门批准	其他重点研究基地	独立研究所	管理学	农、林、牧、渔专业及辅助性活动	单位自办
山东省高校农业资源与生态安全研究中心	2017-6-30	学校主管部门批准	其他智库	独立研究所	管理学	农业	单位自办
山东省农业农村农民问题软科学研究基地	2004-8-31	学校自建	其他重点研究基地	独立研究所	管理学	农业	单位自办
语言研究室	1993-7-13	学校自建	校级重点研究基地	独立研究所	语言学	卫生	单位自办
青岛农业大学							
东语翻译研究所	2018-11-16	学校自建	校级重点研究基地	独立研究所	语言学	社会工作	单位自办
都市农业研究所	2014-12-25	学校自建	校级重点研究基地	独立研究所	经济学	农业	单位自办

续表

学校及机构名称	成立时间	批准部门	机构类型	组成方式	学科分类	服务的国民经济行业	组成类型
农村经济研究所	1997-6-10	学校自建	校级重点研究基地	独立研究所	经济学	农业	单位自办
农村文化研究所	2005-11-11	学校自建	校级研究所	独立研究所	社会学	农业	单位自办
社会变迁与农民问题研究所	2018-11-16	学校自建	校级重点研究基地	独立研究所	社会学	社会工作	单位自办
外语教育与语言研究所	2018-11-8	学校自建	校级重点研究基地	独立研究所	语言学	教育	单位自办
潍坊医学院							
山东省基层卫生发展研究中心	2015-8-24	学校主管部门批准	其他重点研究基地	独立研究所	管理学	教育	单位自办
社会医学与卫生事业管理研究室	2006-8-22	学校自建	校级重点实验室	独立研究所	管理学	教育	单位自办
卫生发展研究中心	2017-3-30	学校主管部门批准	其他重点研究基地	独立研究所	管理学	教育	单位自办
卫生经济研究室	2006-8-22	学校自建	校级社科研究所	独立研究所	经济学	教育	单位自办
卫生政策研究室	2010-7-8	学校主管部门批准	校级社科研究所	独立研究所	管理学	教育	政府部门办
医学伦理学研究室	2006-8-22	学校自建	校级社科研究所	独立研究所	社会学	其他服务业	单位自办
滨州医学院							
医学人文研究中心	2011-6-10	学校主管部门批准	省级重点研究基地	独立研究所	哲学	其他服务业	单位自办
山东师范大学							
古籍所	1985-5-1	学校主管部门批准	省级重点研究基地	独立研究所	历史学	教育	单位自办
国际问题研究所	2004-12-2	学校自建	校级重点研究基地	独立研究所	政治学	教育	单位自办
环境资源法研究所	2003-4-1	学校自建	校级重点研究基地	独立研究所	法学	教育	单位自办
基础教育课程研究中心	2005-1-1	学校主管部门批准	省级重点研究基地	独立研究所	教育学	教育	单位自办
教育科学研究所	1979-10-1	学校主管部门批准	省级重点研究基地	独立研究所	教育学	教育	单位自办
马克思主义理论研究中心	2011-6-1	学校主管部门批准	省级重点研究基地	独立研究所	马克思主义	教育	单位自办
山东地方史研究所	1997-1-1	学校主管部门批准	省级重点研究基地	独立研究所	历史学	教育	单位自办
山东省可持续发展研究中心	1992-3-1	学校主管部门批准	省级重点研究基地	独立研究所	经济学	教育	单位自办

续表

学校及机构名称	成立时间	批准部门	机构类型	组成方式	学科分类	服务的国民经济行业	组成类型
山东省齐鲁文化研究院	1999-1-1	非学校主管部门批准	教育部重点研究基地	独立研究所	历史学	教育	单位自办
山东省文化建设研究基地	2003-6-6	学校主管部门批准	校级重点研究基地	独立研究所	中国文学	教育	单位自办
语言文学研究所	1991-9-10	学校主管部门批准	校级重点研究基地	独立研究所	语言学	教育	单位自办
曲阜师范大学							
港澳教育研究中心	2016-11-14	学校自建	校级重点研究基地	跨系所	教育学	教育	单位自办
国家体育总局体育社会科学重点研究基地	2003-1-22	学校主管部门批准	教育部重点研究基地	跨系所	体育学	教育	政府部门办
国学院	2014-5-23	学校自建	校级重点研究基地	跨系所	历史学	教育	单位自办
基础教育课程研究中心	2005-5-8	学校主管部门批准	省级重点研究基地	独立研究所	教育学	教育	其他
教育科学研究院	2013-11-8	学校主管部门批准	省级重点研究基地	独立研究所	教育学	教育	单位自办
孔子文化研究院	1983-6-22	学校主管部门批准	省级重点研究基地	独立研究所	历史学	教育	政府部门办
孔子与山东文化强省战略协同创新中心	2013-9-12	学校主管部门批准	省级 2011 协同创新中心	与校外合办所	历史学	教育	与国内高校合办
山东省马克思主义中国化研究基地	2006-1-12	学校主管部门批准	校级重点研究基地	跨系所	经济学	教育	政府部门办
山东省儒学研究基地	1983-9-2	学校主管部门批准	省级重点研究基地	跨系所	历史学	教育	政府部门办
山东新农村建设研究中心	2009-1-9	学校自建	校级重点研究基地	跨系所	法学	教育	单位自办
体育人文社会科学研究所	2012-6-1	学校自建	校级重点研究基地	跨系所	体育学	教育	政府部门办
外国语言文化与翻译研究中心	2011-7-11	学校主管部门批准	省级重点研究基地	跨系所	语言学	教育	政府部门办
语言文学研究所	1985-1-2	学校主管部门批准	省级重点研究基地	跨系所	中国文学	教育	政府部门办
中国教育大数据研究院	2015-9-19	学校主管部门批准	省级重点研究基地	与校外合办所	教育学	教育	与国内独立研究机构合办
中华礼乐文明研究所	2016-11-22	学校自建	校级重点研究基地	独立研究所	民族学与文化学	教育	单位自办

续表

学校及机构名称	成立时间	批准部门	机构类型	组成方式	学科分类	服务的国民经济行业	组成类型
中西语言文化交流研究基地	2008-6-27	学校主管部门批准	校级重点研究基地	独立研究所	语言学	教育	政府部门办
聊城大学							
当代中国哲学研究基地	2007-7-18	学校主管部门批准	省级重点研究基地	跨系所	哲学	教育	政府部门办
高等教育治理与发展研究中心	2018-7-5	学校主管部门批准	“十三五”山东省高校科研创新研究平台	跨系所	教育学	教育	政府部门办
简帛学研究中心	2018-8-6	学校主管部门批准	省级重点研究基地	跨系所	中国文学	教育	政府部门办
世界社会主义共产主义运动研究基地	1983-2-2	学校主管部门批准	省级重点研究基地	跨系所	马克思主义	群众团体、社会团体和其他成员组织	政府部门办
太平洋岛国研究中心	2012-9-19	学校主管部门批准	省级重点研究基地	跨系所	历史学	中国共产党机关	政府部门办
运河文化研究基地	2010-3-19	学校主管部门批准	省级重点研究基地	独立研究所	历史学	教育	政府部门办
滨州学院							
黄河三角洲文化研究所	2000-7-1	学校主管部门批准	其他重点研究基地，山东省黄河三角洲文化研究基地	独立研究所	社会学	教育	单位自办
孙子研究院	2005-9-26	学校主管部门批准	其他重点研究基地，山东高校孙子兵法与兵学研究基地	独立研究所	历史学	教育	单位自办
鲁东大学							
传统文化与现代思想研究院	2011-6-15	学校自建	校内科研平台	独立研究所	历史学	教育	单位自办
东北亚研究院	2017-6-16	非学校主管部门批准	教育部国际司审核备案机构	跨系所	语言学	教育	单位自办
汉语辞书研究中心	2008-12-1	非学校主管部门批准	国家语委科研机构	独立研究所	语言学	教育	政府部门办
环渤海发展研究院	2007-12-3	学校自建	校内科研平台	独立研究所	经济学	教育	单位自办
教育科学研究所	1992-7-2	非学校主管部门批准	校内科研平台	跨系所	教育学	教育	单位自办

续表

学校及机构名称	成立时间	批准部门	机构类型	组成方式	学科分类	服务的国民经济行业	组成类型
问题青少年教育矫正研究基地	2017-3-30	学校主管部门批准	山东省高校科研创新平台	跨系所	教育学	教育	单位自办
张炜文学研究院(胶东文化研究院)	2018-6-13	学校自建	校内科研平台	独立研究所	民族学与文化学	教育	单位自办
中国健身气功科研基地(鲁东大学)	2017-12-20	非学校主管部门批准	国家体育总局健身气功管理中心科研平台	独立研究所	体育学	教育	单位自办
中华传统文化现代转换与海外传播协同创新中心	2017-10-31	学校主管部门批准	其他 2011 协同创新中心	与校外合办所	历史学	教育	与国内高校合办
中华文化海外传播与反观研究基地	2017-3-30	学校主管部门批准	山东省高校科研创新平台	跨系所	中国文学	教育	单位自办
临沂大学							
地方戏曲资源数字化集成与应用	2018-6-21	非学校主管部门批准	省级重点实验室	独立研究所	艺术学	文化艺术业	单位自办
俄罗斯音乐研究所	2017-4-13	学校自建	校级重点研究基地	独立研究所	艺术学	文化艺术业	单位自办
高等教育研究院	2011-9-1	学校自建	其他重点研究基地	独立研究所	教育学	教育	单位自办
国际商贸发展研究中心	2017-10-20	学校自建	校级重点研究基地	与校外合办所	经济学	商务服务业	与国内高校合办
教师教育研究中心	2017-10-20	学校自建	校级重点研究基地	独立研究所	教育学	教育	单位自办
钱学森思维科学与学前教育课程研发中心	2017-10-20	学校自建	校级重点研究基地	独立研究所	教育学	教育	单位自办
区域教育发展研究中心	2018-7-20	学校自建	校级重点研究基地	独立研究所	教育学	教育	单位自办
权力与文明研究中心	2016-1-20	学校自建	校级重点研究基地	独立研究所	政治学	教育	单位自办
山东省戏曲艺术重点研究基地	2018-5-8	非学校主管部门批准	省级重点研究基地	独立研究所	艺术学	文化艺术业	单位自办
山东省沂蒙精神研究基地	2016-3-10	非学校主管部门批准	省级重点研究基地	独立研究所	马克思主义	教育	单位自办
山东诗歌创作与研究中心	2017-10-20	学校自建	校级重点研究基地	独立研究所	中国文学	教育	单位自办
现代供应链管理研究中心	2018-8-27	学校自建	校级重点研究基地	独立研究所	管理学	其他服务业	单位自办
沂蒙文化研究基地	2011-7-22	学校主管部门批准	省级重点研究基地	独立研究所	民族学与文化学	文化艺术业	单位自办

续表

学校及机构名称	成立时间	批准部门	机构类型	组成方式	学科分类	服务的国民经济行业	组成类型
沂蒙文化研究院	2018-5-8	非学校主管部门批准	省级重点研究基地	跨系所	历史学	教育	单位自办
中国特色社会主义理论体系研究中心	2017-1-26	学校自建	校级重点研究基地	独立研究所	马克思主义	教育	单位自办
中国文艺评论基地	2015-9-23	非学校主管部门批准	中央其他部委重点研究基地	独立研究所	艺术学	文化艺术业	单位自办
泰山学院							
改革发展史研究中心	2018-5-1	学校主管部门批准	校级重点研究基地	独立研究所	历史学	教育	单位自办
教育科学研究所	2004-5-16	学校自建	校级重点研究基地	独立研究所	教育学	教育	单位自办
旅游研究所	2004-5-16	学校自建	校级重点研究基地	独立研究所	经济学	专业技术服务业	单位自办
泰山书画艺术研究所	2004-5-16	学校自建	校级重点研究基地	独立研究所	艺术学	文化艺术业	单位自办
泰山研究院	2006-6-9	学校主管部门批准	校级重点研究基地	独立研究所	历史学	文化艺术业	单位自办
泰山中小企业研究所	2007-6-20	学校主管部门批准	校级重点研究基地	与校外合办所	管理学	专业技术服务业	与境内注册其他企业合办
中国现当代文学研究所	2004-5-16	学校自建	校级重点研究基地	独立研究所	中国文学	教育	单位自办
中小城市社区研究所	2004-5-16	学校自建	校级重点研究基地	独立研究所	社会学	其他服务业	单位自办
山东财经大学							
金融产业优化与区域发展管理协同创新中心	2013-9-1	学校主管部门批准	省级 2011 协同创新中心	跨系所	经济学	其他金融业	单位自办
经济研究中心	2011-7-4	学校自建	校级重点研究基地	独立研究所	经济学	商务服务业	单位自办
农业与农村经济研究中心	2011-7-4	学校自建	校级重点研究基地	独立研究所	经济学	农业	单位自办
区域经济研究院	2011-7-4	学校自建	校级重点研究基地	独立研究所	经济学	国家机构	单位自办
山东财经战略研究院	2016-3-10	学校主管部门批准	省级智库	独立研究所	经济学	国家机构	单位自办
山东金融发展研究院	2011-7-4	学校自建	校级重点研究基地	独立研究所	经济学	货币金融服务	单位自办

续表

学校及机构名称	成立时间	批准部门	机构类型	组成方式	学科分类	服务的国民经济行业	组成类型
山东省政府绩效评价软科学研究基地	2012-12-1	学校主管部门批准	省级重点研究基地	独立研究所	管理学	国家机构	单位自办
山东体育学院							
“一带一路”国家体育文化研究中心	2017-11-8	非学校主管部门批准	其他重点研究基地，省社会科学规划基地	独立研究所	体育学	文化艺术业	单位自办
全国保龄球运动发展研究中心	2017-9-11	学校自建	研究中心	独立研究所	体育学	文化艺术业	单位自办
全国幼儿体育发展研究中心	2017-10-14	学校自建	研究中心	独立研究所	体育学	文化艺术业	单位自办
山东省体育发展政策研究中心	2017-4-1	学校主管部门批准	研究中心	跨系所	体育学	文化艺术业	单位自办
山东省校园足球发展研究中心	2017-4-1	学校主管部门批准	研究中心	独立研究所	体育学	文化艺术业	单位自办
山东艺术学院							
齐鲁音乐文化研究基地	2007-3-1	非学校主管部门批准	其他重点研究基地	独立研究所	艺术学	教育	单位自办
青岛滨海学院							
国际语言文化实践教学中心	2012-10-12	学校自建	校级重点研究基地	跨系所	语言学	其他服务业	单位自办
韩国学研究中心	2008-6-10	学校自建	学校自建研究中心	独立研究所	语言学	其他服务业	单位自办
经济管理实验中心	2008-9-1	学校自建	校级重点实验室	独立研究所	经济学	商务服务业	单位自办
九州旅游饭店管理研究中心	2015-1-5	非学校主管部门批准	校级重点研究基地	与校外合办所	经济学	餐饮业	与国内独立研究机构合办
中小企业电子商务研究中心	2005-3-1	学校自建	学校自建研究中心	独立研究所	经济学	商务服务业	单位自办
综合研究所	2015-3-10	学校自建	学校自建研究所	独立研究所	教育学	其他服务业	单位自办
青岛大学							
东亚文学与文化研究中心	2017-3-1	学校主管部门批准	山东省高等学校人文社会科学研究平台	跨系所	中国文学	教育	政府部门办
山东教育科技经济协同发展研究中心	2017-3-1	学校主管部门批准	山东省高等学校人文社会科学研究平台	独立研究所	管理学	教育	政府部门办

续表

学校及机构名称	成立时间	批准部门	机构类型	组成方式	学科分类	服务的国民经济行业	组成类型
世界经济研究基地	2003-7-30	非学校主管部门批准	省级重点研究基地	跨系所	经济学	教育	政府部门办
烟台大学							
城市与建筑研究中心	2014-6-16	学校主管部门批准	校级重点研究基地	独立研究所	民族学与文化学	教育	单位自办
地方立法研究服务基地	2015-10-19	非学校主管部门批准	其他重点研究基地	独立研究所	法学	教育	单位自办
东部沿海地区民族问题研究中心	2017-3-16	学校主管部门批准	其他重点研究基地	独立研究所	民族学与文化学	教育	单位自办
法律政策研究中心	2011-3-16	学校主管部门批准	校级重点研究基地	独立研究所	法学	教育	单位自办
法治研究中心	2016-3-23	非学校主管部门批准	其他重点研究基地	独立研究所	法学	教育	单位自办
公共艺术研究所	2011-4-12	学校主管部门批准	校级重点研究基地	独立研究所	艺术学	教育	单位自办
国际问题研究中心	2010-5-27	学校主管部门批准	校级重点研究基地	独立研究所	国际问题研究	教育	单位自办
国家民委民族理论政策研究基地	2011-4-25	非学校主管部门批准	其他重点研究基地	独立研究所	马克思主义	教育	单位自办
海洋经济研究中心	2011-6-20	学校主管部门批准	校级重点研究基地	独立研究所	经济学	教育	单位自办
民族研究所	2014-11-17	学校主管部门批准	校级重点研究基地	独立研究所	民族学与文化学	教育	单位自办
农村与农业发展研究所	2017-10-23	学校主管部门批准	校级重点研究基地	独立研究所	社会学	教育	单位自办
山东半岛蓝色经济研究院	2011-12-15	学校自建	校级重点研究基地	跨系所	经济学	其他服务业	单位自办
司法与行政执法研究中心	2014-10-21	学校主管部门批准	校级重点研究基地	独立研究所	法学	教育	单位自办
亚太法律问题研究中心	2013-3-11	学校主管部门批准	校级重点研究基地	独立研究所	法学	教育	单位自办
语言研究所	2015-3-19	学校主管部门批准	校级重点研究基地	独立研究所	语言学	教育	单位自办
中国土地政策与法律实施评估研究中心	2015-6-9	学校主管部门批准	校级重点研究基地	独立研究所	法学	教育	单位自办

续表

学校及机构名称	成立时间	批准部门	机构类型	组成方式	学科分类	服务的国民经济行业	组成类型
中韩（烟台）产业园发展研究中心	2017-9-27	学校主管部门批准	校级重点研究基地	独立研究所	经济学	教育	单位自办
中欧侵权法研究院	2013-5-14	学校自建	校级重点研究基地	独立研究所	法学	教育	单位自办
中欧人权法研究院	2014-6-24	学校主管部门批准	校级重点研究基地	独立研究所	法学	教育	单位自办
潍坊学院							
山东省海盐文化研究基地	2011-6-28	非学校主管部门批准	省级重点研究基地	跨系所	民族学与文化学	教育	政府部门办
山东省教师教育培训基地	2012-1-12	非学校主管部门批准	省级重点研究基地	跨系所	教育学	教育	单位自办
山东省音乐创作与理论研究基地	2011-5-1	非学校主管部门批准	省级重点研究基地	与校外合办所	艺术学	教育	与国内独立研究机构合办
山东省知识产权培训基地	2012-9-1	非学校主管部门批准	省级重点研究基地	与校外合办所	法学	教育	政府部门办
山东工商学院							
山东能源经济协同创新中心	2011-9-18	学校主管部门批准	省级科研平台	与校外合办所	管理学	煤炭开采和洗选业	与境内注册其他企业合办
日照职业技术学院							
大学生思想政治理论课实践教学研发中心	2018-5-4	学校自建	校级科研机构	独立研究所	图书馆、情报与文献学	教育	单位自办
青少年生活技能教育研发中心	2018-5-4	学校自建	校级研究机构	独立研究所	教育学	教育	单位自办
日照市茶文化与产业发展研究基地	2012-7-1	学校主管部门批准	其他重点研究基地，市级社科研究基地	跨系所	民族学与文化学	酒、饮料及精制茶制造业	政府部门办
日照市航空产业研究基地	2017-12-1	非学校主管部门批准	其他重点研究基地	独立研究所	经济学	铁路、船舶、航空航天和其他运输设备制造业	政府部门办
日照市汽车产业发展研究基地	2013-7-1	学校主管部门批准	其他重点研究基地，市级社科研究基地	跨系所	经济学	汽车制造业	政府部门办

续表

学校及机构名称	成立时间	批准部门	机构类型	组成方式	学科分类	服务的国民经济行业	组成类型
日照市文化产业发展研究基地	2013-7-1	学校主管部门批准	其他重点研究基地，市级社科重点研究基地	跨系所	民族学与文化学	文化艺术业	政府部门办
日照市文化创意中心	2015-3-1	非学校主管部门批准	其他重点研究基地	跨系所	艺术学	广播、电视、电影和影视录音制作业	政府部门办
日照市文化事业发展研究基地	2012-7-1	学校主管部门批准	其他重点研究基地，市级社科研究基地	跨系所	民族学与文化学	广播、电视、电影和影视录音制作业	政府部门办
日照市县域经济研发中心	2018-5-4	学校自建	校级研究机构	独立研究所	经济学	教育	单位自办
文创艺术发展研发中心	2018-5-4	学校自建	校级研究机构	独立研究所	艺术学	教育	单位自办
习近平新时代中国特色社会主义思想研究基地	2018-3-1	非学校主管部门批准	其他重点研究基地，日照市社科研究基地	跨系所	政治学	教育	单位自办
中国传统文化教育研究中心	2019-5-4	学校自建	校级科研机构	独立研究所	教育学	教育	单位自办
中小企业财务管理研发中心	2018-5-4	学校自建	校级科研机构	独立研究所	经济学	其他服务业	单位自办
山东职业学院							
蔡祥军专家工作室	2018-10-12	学校自建	校级重点研究基地	独立研究所	中国文学	文教、工美、体育和娱乐用品制造业	单位自办
山东女子学院							
全国妇联妇女/性别研究与培训基地	2013-6-1	非学校主管部门批准	中央其他部委重点研究基地	跨系所	社会学	社会工作	政府部门办
山东省家庭文化研究中心	2017-11-1	非学校主管部门批准	其他重点研究基地	独立研究所	社会学	社会工作	单位自办
山东省健康养老研究中心	2017-11-30	非学校主管部门批准	其他重点研究基地	独立研究所	社会学	社会工作	单位自办
山东省社科普及教育基地	2014-3-1	非学校主管部门批准	其他重点研究基地	独立研究所	图书馆、情报与文献学	教育	单位自办
应用心理学重点实验室	2015-3-31	学校自建	校级重点实验室	独立研究所	心理学	教育	单位自办

续表

学校及机构名称	成立时间	批准部门	机构类型	组成方式	学科分类	服务的国民经济行业	组成类型
山东服装职业学院							
泰安服饰文化研究中心	2014-11-25	学校自建	其他	独立研究所	民族学与文化学	纺织服装、服饰业	单位自办
潍坊科技学院							
农圣文化研究中心	2017-3-30	学校主管部门批准	“十三五”山东省高等学校科研创新平台	独立研究所	历史学	教育	单位自办
淄博职业学院							
齐文化普及与开发研究协同创新中心	2016-12-1	学校自建	学院协同创新中心	独立研究所	民族学与文化学	文教、工美、体育和娱乐用品制造业	单位自办
稷下创客汇	2018-8-29	学校主管部门批准	淄博市校城融合发展计划平台建设类	与校外合办所	经济学	商务服务业	与境内注册其他企业合办
稷下研究院	2015-6-4	学校自建	校级重点研究基地	独立研究所	民族学与文化学	文教、工美、体育和娱乐用品制造业	单位自办
山东外贸职业学院							
滨海旅游研究中心	2016-5-3	学校自建	校级重点研究基地	独立研究所	管理学	商务服务业	单位自办
财会金融研究中心	2016-5-4	学校自建	校级重点研究基地	独立研究所	经济学	货币金融服务	单位自办
服务贸易研究中心	2016-5-3	学校自建	校级重点研究基地	独立研究所	经济学	商务服务业	单位自办
国际经济贸易研究所	2010-5-25	学校主管部门批准	校级重点研究基地	独立研究所	经济学	商务服务业	单位自办
国际商务协同创新中心	2018-8-27	学校自建	校级重点研究基地	与校外合办所	经济学	商务服务业	与境内注册其他企业合办
国际文化与交流中心	2016-5-3	学校自建	校级重点研究基地	独立研究所	国际问题研究	商务服务业	单位自办
国际物流研究中心	2016-5-3	学校自建	校级重点研究基地	独立研究所	管理学	商务服务业	单位自办
全球化品牌研究中心	2017-4-26	学校自建	校内研究基地	独立研究所	经济学	商务服务业	单位自办

续表

学校及机构名称	成立时间	批准部门	机构类型	组成方式	学科分类	服务的国民经济行业	组成类型
自贸区研究中心	2016-5-3	学校自建	校级重点研究基地	与校外合办所	管理学	商务服务业	单位自办
青岛黄海学院							
新时代中国平衡与充分发展研究基地	2017-12-14	学校主管部门批准	其他重点研究基地，山东省哲学社会科学规划领导小组	独立研究所	马克思主义	教育	政府部门办
山东协和学院							
民办高等教育研究中心	2017-3-30	学校主管部门批准	山东省高校人文社科研究平台	独立研究所	教育学	教育	单位自办
外国文学与文化研究所	2017-9-5	学校自建	校级科研机构	独立研究所	教育学	教育	单位自办
学前教育与社会发展研究中心	2017-9-5	学校自建	校级科研机构	独立研究所	教育学	教育	单位自办
烟台大学文经学院							
胶东民间文化艺术研究中心	2018-12-7	学校自建	校级文化艺术研究中心	独立研究所	艺术学	文化艺术业	单位自办
山东师范大学历山学院							
大学生心理学研究所	2013-9-2	学校自建	校级重点研究基地	独立研究所	心理学	教育	单位自办
东方文化研究中心	2014-5-5	学校自建	校级重点研究基地	跨系所	中国文学	文教、工美、体育和娱乐用品制造业	单位自办
古城旅游研究所	2014-9-10	学校自建	校级重点研究基地	跨系所	管理学	公共设施管理业	单位自办
国学研究院	2013-9-1	学校自建	校级重点研究基地	跨系所	哲学	其他服务业	单位自办
企业财务与会计应用研究所	2016-3-15	学校自建	校级重点研究基地	独立研究所	经济学	货币金融服务	单位自办
青州市当代文化艺术交流中心	2015-6-8	学校自建	校级重点研究基地	跨系所	艺术学	其他服务业	单位自办
日韩文化研究中心	2014-3-3	学校自建	校级重点研究基地	独立研究所	语言学	文教、工美、体育和娱乐用品制造业	单位自办
实体经济研究所	2014-10-10	学校自建	校级重点研究基地	独立研究所	经济学	其他金融业	单位自办

续表

学校及机构名称	成立时间	批准部门	机构类型	组成方式	学科分类	服务的国民经济行业	组成类型
应用型英语教学研究中心	2016-1-7	学校自建	校级重点研究基地	独立研究所	语言学	其他服务业	单位自办
山东外国语职业学院							
金融研究所	2016-10-12	学校自建	校内研究机构	独立研究所	经济学	货币金融服务	单位自办
日照民间艺术研究所	2016-10-12	学校自建	校内研究机构	独立研究所	艺术学	文化艺术业	单位自办
外向型经济研究发展基地	2013-12-18	学校自建	日照市社科研究基地	独立研究所	经济学	商务服务业	单位自办
外语与外宣研究发展基地	2018-3-21	非学校主管部门批准	日照市社科研究基地	独立研究所	语言学	商务服务业	其他
云时代译界研究所	2016-10-12	学校自建	校内研究机构	独立研究所	语言学	其他服务业	单位自办
淄博师范高等专科学校							
教育科学研究中心	2011-1-7	学校自建	教学研究机构	独立研究所	教育学	其他服务业	单位自办
社会科学研究中心	2011-1-7	学校自建	教学研究	独立研究所	社会学	其他服务业	单位自办
齐鲁理工学院							
开放经济与区域发展研究所	2017-9-2	学校自建	校级重点研究基地	独立研究所	经济学	教育	单位自办
民办高校思想政治教育研究所	2018-12-17	学校自建	校级重点研究基地	独立研究所	马克思主义	教育	单位自办
齐鲁考古文物研究所	2015-4-8	学校自建	校级重点研究基地	独立研究所	考古学	教育	单位自办
齐鲁书法文化研究中心	2018-5-9	学校自建	校级重点研究基地	与校外合办所	艺术学	教育	单位自办
齐鲁文化比较研究所	2015-4-8	学校自建	校级重点研究基地	独立研究所	民族学与文化学	教育	单位自办
齐鲁文化研究院	2014-10-15	学校自建	校级重点研究基地	独立研究所	民族学与文化学	教育	单位自办
齐鲁文化与当代高等教育研究所	2015-4-8	学校自建	校级重点研究基地	独立研究所	教育学	教育	单位自办
齐鲁文献整理研究所	2015-4-8	学校自建	校级重点研究基地	独立研究所	历史学	教育	单位自办
语言教学研究所	2016-6-11	学校自建	校级重点研究基地	独立研究所	外国文学	教育	单位自办

续表

学校及机构名称	成立时间	批准部门	机构类型	组成方式	学科分类	服务的国民经济行业	组成类型
中华传统文化研究所	2016-5-18	学校自建	校级重点研究基地	独立研究所	中国文学	教育	单位自办
山东政法学院							
竞争法治研究所	2018-9-1	学校自建	校级重点研究基地	跨系所	法学	教育	单位自办
案例研究院	2016-1-20	学校自建	校级重点研究基地	独立研究所	法学	教育	单位自办
党内法治研究中心	2018-9-1	学校自建	校级重点研究基地	跨系所	法学	教育	单位自办
电子物证鉴定研究中心	2018-9-1	学校自建	校级重点研究基地	跨系所	法学	教育	单位自办
国际法研究中心	2018-9-1	学校自建	校级重点研究基地	跨系所	法学	教育	单位自办
立法研究院	2015-10-15	学校自建	校级重点研究基地	独立研究所	法学	教育	单位自办
民商事法律与民生研究中心	2011-6-28	学校主管部门批准	省级重点研究基地	跨系所	法学	教育	单位自办
山东社会治理与法治建设研究中心	2018-7-17	非学校主管部门批准	校级重点研究基地	跨系所	法学	教育	单位自办
社会保障法治研究中心	2018-9-1	学校自建	校级重点研究基地	跨系所	法学	教育	单位自办
社会稳定与危机管理研究中心	2013-6-1	学校自建	校级重点研究基地	独立研究所	法学	教育	单位自办
司法会计学研究所	2014-10-16	学校自建	校级重点研究基地	独立研究所	法学	教育	单位自办
文化艺术传播研究中心	2018-9-1	学校自建	校级重点研究基地.	跨系所	新闻学与传播学	教育	单位自办
新加坡研究中心	2018-9-1	学校自建	校级重点研究基地	跨系所	政治学	教育	单位自办
刑罚执行研究中心	2018-9-1	学校自建	校级重点研究基地	跨系所	法学	教育	单位自办
知识产权研究中心	2018-9-1	学校自建	校级重点研究基地	跨系所	法学	教育	单位自办
山东理工职业学院							
产业集群研究所	2012-11-1	学校自建	研究所	独立研究所	管理学	教育	单位自办
传统文化教育研究所	2016-1-7	学校自建	研究所	独立研究所	教育学	教育	单位自办
创业教育研究所	2016-6-7	学校自建	研究所	独立研究所	教育学	教育	单位自办

续表

学校及机构名称	成立时间	批准部门	机构类型	组成方式	学科分类	服务的国民经济行业	组成类型
会计研究所	2016-6-7	学校自建	研究所	独立研究所	教育学	教育	单位自办
孔子国际职业教育研究院	2018-3-5	学校自建	研究院	独立研究所	教育学	教育	单位自办
孔子文化旅游研究所	2016-1-7	学校自建	研究所	独立研究所	管理学	教育	单位自办
旅游管理技艺技能传承创新平台	2018-3-4	非学校主管部门批准	创新平台	独立研究所	管理学	教育	单位自办
运河文化研究所	2018-1-7	学校自建	研究所	独立研究所	民族学与文化学	教育	单位自办
山东青年政治学院							
山东省青少年研究所	1991-11-6	学校主管部门批准	其他重点研究基地，山东省高等学校人文社会科学研究基地	独立研究所	社会学	其他服务业	单位自办
山东管理学院							
非物质文化遗产项目传承研究所	2017-10-7	学校自建	校级科研机构	独立研究所	艺术学	其他服务业	单位自办
公共危机管理研究所	2018-6-1	学校自建	校级科研机构	独立研究所	法学	其他服务业	单位自办
劳动关系研究所	2017-10-1	学校自建	校级科研机构	独立研究所	管理学	商务服务业	单位自办
内部控制与风险管理研究所	2017-10-1	学校自建	校级科研机构	独立研究所	管理学	货币金融服务	单位自办
农村电子商务研究所	2018-6-1	学校自建	校级科研机构	独立研究所	管理学	商务服务业	单位自办
企业创新管理研究所	2018-6-1	学校自建	校级科研机构	独立研究所	管理学	商务服务业	单位自办
山东省劳动政策研究中心	2014-5-1	学校主管部门批准	其他智库，山东省“十三五”高校人文社会科学研究平台	独立研究所	管理学	人民政协、民主党派	单位自办
山东新型城镇化研究所	2017-10-23	学校自建	校级科研机构	独立研究所	管理学	土地管理业	单位自办
新兴业态发展研究所	2017-10-7	学校自建	校级科研机构	独立研究所	经济学	商务服务业	单位自办
一带一路服务贸易创新研究所	2018-6-1	学校自建	校级科研机构	独立研究所	经济学	商务服务业	单位自办

续表

学校及机构名称	成立时间	批准部门	机构类型	组成方式	学科分类	服务的国民经济行业	组成类型
中华文化教育与发展研究所	2017-10-7	学校自建	校级科研机构	独立研究所	中国文学	教育	单位自办
华北水利水电大学							
水文化研究中心	2014-11-30	学校主管部门批准	省级重点研究基地	跨系所	管理学	教育	单位自办
河南省							
郑州大学							
公共管理研究中心	2003-9-24	学校主管部门批准	省级重点研究基地	独立研究所	管理学	教育	单位自办
公民教育研究中心	2003-8-13	学校主管部门批准	教育部重点研究基地	独立研究所	政治学	教育	单位自办
近现代河南与中国研究中心	2012-4-6	学校主管部门批准	省级重点研究基地	独立研究所	历史学	教育	单位自办
历史文化遗产保护研究中心	2005-8-1	学校主管部门批准	省级重点研究基地	独立研究所	历史学	教育	单位自办
马克思主义哲学研究中心	2004-3-1	学校主管部门批准	省级重点研究基地	独立研究所	哲学	教育	单位自办
私法研究中心	2003-1-3	学校主管部门批准	省级重点研究基地	独立研究所	法学	教育	单位自办
宪法与行政法研究中心	1992-8-13	学校主管部门批准	省级重点研究基地	独立研究所	法学	教育	单位自办
英美文学研究中心	2003-9-25	学校主管部门批准	省级重点研究基地	独立研究所	外国文学	教育	政府部门办
中原文化资源与发展研究中心	2005-9-9	学校主管部门批准	省级重点研究基地	独立研究所	历史学	教育	单位自办
河南理工大学							
安全与应急管理研究中心	2012-9-30	学校主管部门批准	省级重点研究基地	跨系所	管理学	教育	单位自办
能源经济研究中心	2013-11-25	学校主管部门批准	省级重点研究基地	跨系所	经济学	教育	单位自办
太极文化研究中心	2016-9-8	学校主管部门批准	省级重点研究基地	独立研究所	体育学	教育	单位自办
郑州轻工业学院							
社会发展研究中心	2008-10-6	学校主管部门批准	省级重点研究基地	独立研究所	社会学	教育	政府部门办
河南工业大学							
粮食经济研究中心	2012-10-25	学校主管部门批准	省级重点研究基地	跨系所	经济学	农业	与国内高校合办

续表

学校及机构名称	成立时间	批准部门	机构类型	组成方式	学科分类	服务的国民经济行业	组成类型
物流研究中心	2005-8-28	学校主管部门批准	省级重点研究基地	跨系所	管理学	零售业	与国内高校合办
河南科技大学							
高等教育与区域经济发展研究中心	2012-3-1	学校主管部门批准	省级重点研究基地	独立研究所	教育学	其他服务业	政府部门办
中原工学院							
系统与工业工程技术研究中心	2004-2-3	非学校主管部门批准	省级重点研究基地	独立研究所	管理学	科技推广和应用服务	政府部门办
知识产权研究中心	2012-6-12	非学校主管部门批准	省级重点研究基地	跨系所	法学	科技推广和应用服务	政府部门办
河南农业大学							
科学发展与农民权利研究中心	2008-9-30	学校主管部门批准	省级重点研究基地	独立研究所	社会学	社会工作	单位自办
农业政策与农村发展研究中心	2005-5-20	学校主管部门批准	省级重点研究基地	独立研究所	管理学	社会工作	单位自办
河南科技学院							
职业技术教育与经济社会发展研究中心	2005-7-6	学校主管部门批准	省级重点研究基地	独立研究所	教育学	教育	单位自办
河南大学							
黄河文明传承与现代转型研究中心	2013-6-1	学校主管部门批准	省级 2011 协同创新中心	跨系所	社会学	教育	与国内高校合办
黄河文明与可持续发展研究中心	2004-10-10	非学校主管部门批准	教育部重点研究基地	独立研究所	经济学	教育	政府部门办
教育改革与发展研究中心	2010-5-20	学校主管部门批准	省级重点研究基地	独立研究所	教育学	教育	与国内高校合办
区域发展与规划研究中心	2010-11-23	学校主管部门批准	省级重点研究基地	独立研究所	经济学	其他服务业	单位自办
文艺学研究中心	2010-5-20	学校主管部门批准	省级重点研究基地	独立研究所	中国文学	教育	单位自办
新型城镇化与中原经济区建设研究中心	2014-6-1	学校主管部门批准	省级 2011 协同创新中心	跨系所	经济学	其他服务业	与国内高校合办
英语语言文学研究中心	2010-5-20	学校主管部门批准	省级重点研究基地	独立研究所	外国文学	教育	单位自办
中国古代史研究中心	2010-5-20	学校主管部门批准	省级重点研究基地	独立研究所	历史学	教育	单位自办

续表

学校及机构名称	成立时间	批准部门	机构类型	组成方式	学科分类	服务的国民经济行业	组成类型
中国旅游研究院文化旅游研究基地	2016-6-7	非学校主管部门批准	中央其他部委重点研究基地	与校外合办所	管理学	社会工作	政府部门办
中国现当代文学研究中心	2004-5-20	学校主管部门批准	省级重点研究基地	独立研究所	中国文学	教育	单位自办
中原发展研究院	2009-10-10	学校主管部门批准	省级重点研究基地	独立研究所	经济学	其他服务业	单位自办
河南师范大学							
公共政策与社会研究中心	2012-10-10	学校主管部门批准	省级重点研究基地	独立研究所	政治学	教育	单位自办
科技与社会研究所	2005-8-20	学校主管部门批准	省级重点研究基地	独立研究所	哲学	教育	单位自办
青少年问题研究中心	2005-9-1	学校主管部门批准	省级重点研究基地	独立研究所	社会学	教育	单位自办
中国共产党革命精神与中原红色文化资源研究中心	2018-8-17	学校主管部门批准	省级重点研究基地	独立研究所	马克思主义	教育	单位自办
信阳师范学院							
当代马克思主义研究所	2004-2-13	学校主管部门批准	省级重点研究基地	独立研究所	马克思主义	社会工作	单位自办
淮河文明研究中心	2009-12-2	学校主管部门批准	省级重点研究基地	跨系所	社会学	研究和试验发展	单位自办
课程与教学改革研究所	2004-9-15	学校主管部门批准	省级重点研究基地	独立研究所	教育学	教育	单位自办
周口师范学院							
豫东南文化传承与发展中心	2012-2-24	学校主管部门批准	省级重点研究基地	跨系所	民族学与文化学	广播、电视、电影和影视录音制作业	单位自办
安阳师范学院							
汉语海外传播协同创新中心	2014-9-4	学校主管部门批准	省级 2011 协同创新中心	与校外合办所	语言学	教育	其他
汉字文化研究中心	2012-9-11	学校主管部门批准	省级重点研究基地	独立研究所	语言学	教育	政府部门办
甲骨学与殷商文化研究中心	2004-11-1	学校主管部门批准	省级重点研究基地	独立研究所	历史学	教育	政府部门办
许昌学院							
魏晋文化研究中心	2012-11-16	学校主管部门批准	省级重点研究基地	独立研究所	历史学	教育	单位自办

续表

学校及机构名称	成立时间	批准部门	机构类型	组成方式	学科分类	服务的国民经济行业	组成类型
南阳师范学院							
汉文化研究中心	2005-3-1	学校主管部门批准	省级重点研究基地	独立研究所	历史学	其他服务业	单位自办
洛阳师范学院							
河洛文化国际研究中心	2002-7-1	学校主管部门批准	省级重点研究基地	独立研究所	历史学	教育	单位自办
河南文化传播与社会发展研究中心	2008-3-8	学校主管部门批准	省级重点研究基地	独立研究所	中国文学	教育	单位自办
河南财经政法大学							
产业与金融发展研究中心	2012-10-1	学校主管部门批准	省级重点研究基地	独立研究所	经济学	货币金融服务	政府部门办
城乡协同发展河南省协同创新中心	2012-10-16	学校主管部门批准	省级协同创新中心	与校外合办所	经济学	其他服务业	与国内独立研究机构合办
河南经济伦理研究中心	2006-3-1	学校主管部门批准	省级重点研究基地	独立研究所	社会学	社会工作	与国内高校合办
河南经济研究中心	2004-9-1	学校主管部门批准	省级重点研究基地	独立研究所	经济学	资本市场服务	政府部门办
诉讼法研究中心	2008-10-1	学校主管部门批准	省级重点研究基地	独立研究所	法学	社会保障	政府部门办
现代服务业河南省协同创新中心	2015-10-12	学校主管部门批准	省级协同创新中心	跨系所	管理学	商务服务业	与国内高校合办
郑州航空工业管理学院							
航空经济发展河南省协同创新中心	2012-12-1	学校主管部门批准	省级 2011 协同创新中心	跨系所	经济学	其他服务业	单位自办
平顶山学院							
伏牛山文化圈研究中心	2009-7-1	学校主管部门批准	省级重点研究基地	独立研究所	历史学	教育	单位自办
洛阳理工学院							
河南古都文化研究中心	2018-1-1	学校主管部门批准	省级重点研究基地	跨系所	民族学与文化学	其他服务业	单位自办
湖北省							
武汉大学							
澳大利亚研究中心	2006-11-30	学校主管部门批准	共建教育部新型高校智库	跨系所	国际问题研究	教育	单位自办
比较哲学与文化战略研究中心	2016-10-9	非学校主管部门批准	省级重点研究基地	独立研究所	哲学	文化艺术业	单位自办
党内法规研究中心	2016-9-21	非学校主管部门批准	校直属科研机构	与校外合办所	法学	国家机构	政府部门办

续表

学校及机构名称	成立时间	批准部门	机构类型	组成方式	学科分类	服务的国民经济行业	组成类型
党外知识分子与统战工作研究基地	2014-6-1	非学校主管部门批准	省级重点研究基地	独立研究所	马克思主义	教育	政府部门办
发展研究院	2002-4-28	非学校主管部门批准	省级重点研究基地	独立研究所	哲学	国家机构	政府部门办
法国研究中心	2014-10-23	学校主管部门批准	共建教育部新型高校智库，教育部重点研究基地	独立研究所	国际问题研究	文化艺术业	政府部门办
非洲研究中心	2017-10-30	学校主管部门批准	共建教育部新型高校智库	独立研究所	国际问题研究	教育	单位自办
国际法研究所	1980-6-15	学校主管部门批准	国家高端智库，教育部重点研究基地，教育部 985 创新基地，国家级 2011 协同创新中心	独立研究所	法学	国家机构	政府部门办
国家文化财政政策研究基地	2011-4-20	非学校主管部门批准	部省共建教育部重点研究基地	跨系所	民族学与文化学	文化艺术业	政府部门办
国家文化创新研究中心	2009-10-29	非学校主管部门批准	部省共建教育部重点研究基地	独立研究所	民族学与文化学	文化艺术业	政府部门办
湖北问题研究中心	2010-3-1	非学校主管部门批准	部省共建教育部重点研究基地	独立研究所	经济学	其他服务业	政府部门办
湖北现代人文资源调查与研究中心	2014-9-24	学校主管部门批准	省级智库，省级重点研究基地	独立研究所	语言学	文化艺术业	单位自办
湖北语言与智能信息处理研究基地	2014-6-1	非学校主管部门批准	省级重点研究基地	独立研究所	语言学	文化艺术业	政府部门办
环境法研究所	1996-6-16	学校主管部门批准	教育部重点研究基地，国家级 2011 协同创新中心	独立研究所	法学	国家机构	政府部门办
简帛研究中心	2005-3-30	非学校主管部门批准	省级重点研究基地，校级重点研究基地	跨系所	历史学	文化艺术业	政府部门办

续表

学校及机构名称	成立时间	批准部门	机构类型	组成方式	学科分类	服务的国民经济行业	组成类型
经济发展研究中心	2000-12-1	学校主管部门批准	教育部重点研究基地，教育部985创新基地	独立研究所	经济学	货币金融服务	政府部门办
科技考古研究中心	2004-11-25	非学校主管部门批准	省级重点研究基地	跨系所	考古学	文化艺术业	政府部门办
科学评价研究中心	2002-12-5	非学校主管部门批准	省级重点研究基地	独立研究所	图书馆、情报与文献学	教育	政府部门办
两岸及港澳法制研究中心	2014-9-24	非学校主管部门批准	省级重点研究基地	独立研究所	法学	其他服务业	政府部门办
马克思主义与中国实践湖北省协同创新中心	2014-5-14	非学校主管部门批准	省级2011协同创新中心	与校外合办所	马克思主义	国家机构	政府部门办
媒体发展研究中心	2002-7-1	学校主管部门批准	教育部重点研究基地	独立研究所	新闻学与传播学	广播、电视、电影和影视录音制作业	政府部门办
美国加拿大经济研究所	1981-1-30	学校主管部门批准	共建教育部新型高校智库	跨系所	经济学	教育	与国内高校合办
欧洲问题研究中心	1997-10-19	学校主管部门批准	共建教育部新型高校智库	独立研究所	国际问题研究	教育	单位自办
全球健康研究中心	2011-7-21	学校主管部门批准	省级重点研究基地	跨系所	管理学	社会保障	政府部门办
人口·资源·环境经济研究中心	2004-11-25	非学校主管部门批准	省级重点研究基地	独立研究所	经济学	社会保障	政府部门办
人权研究院	2014-10-15	学校主管部门批准	教育部重点研究基地	独立研究所	法学	国家机构	政府部门办
社会保障研究中心	2002-2-1	学校主管部门批准	教育部重点研究基地	跨系所	管理学	社会保障	政府部门办
台湾问题研究所	2013-5-25	非学校主管部门批准	省级重点研究基地	独立研究所	历史学	国家机构	政府部门办
信息资源研究中心	2000-9-1	学校主管部门批准	教育部重点研究基地	独立研究所	图书馆、情报与文献学	软件和信息技术服务业	政府部门办
质量发展战略研究院	2007-12-29	非学校主管部门批准	省级智库，省级2011协同创新中心	独立研究所	管理学	国家机构	政府部门办
中国边界与海洋问题研究院	2007-4-9	非学校主管部门批准	国家高端智库，国家级2011协同创新中心	跨系所	法学	国家机构	政府部门办

续表

学校及机构名称	成立时间	批准部门	机构类型	组成方式	学科分类	服务的国民经济行业	组成类型
中国产学研合作问题研究中心	2009-4-23	学校主管部门批准	省级重点研究基地	跨系所	管理学	研究和试验发展	政府部门办
中国传统文化研究中心	2000-12-1	非学校主管部门批准	教育部重点研究基地，教育部985创新基地	跨系所	历史学	文化艺术业	政府部门办
中国金融工程与风险管理研究中心	2005-5-19	学校主管部门批准	省级重点研究基地	跨系所	经济学	货币金融服务	政府部门办
中国语情与社会发展研究中心	2014-7-1	学校主管部门批准	教育部重点研究基地，中央其他部委重点研究基地	独立研究所	语言学	文化艺术业	政府部门办
中国中部发展研究院	2007-4-1	学校自建	中央其他部委重点研究基地	跨系所	经济学	国家机构	政府部门办
主流意识形态建设与教育研究基地	2014-6-1	非学校主管部门批准	省级重点研究基地	独立研究所	马克思主义	国家机构	政府部门办
组织营销研究中心	2005-6-1	学校主管部门批准	省级重点研究基地	独立研究所	管理学	商务服务业	与国内高校合办
华中科技大学							
创新发展研究中心	2010-1-1	学校主管部门批准	省级重点研究基地	跨系所	经济学	研究和试验发展	与国内独立研究机构合办
非传统安全研究中心	2008-12-1	非学校主管部门批准	省级重点研究基地	与校外合办所	管理学	研究和试验发展	与国内高校合办
国家传播战略协同创新中心	2013-1-1	学校自建	其他2011协同创新中心	独立研究所	新闻学与传播学	新闻和出版业	单位自办
湖北省国家治理协同创新中心	2014-2-1	学校自建	其他2011协同创新中心	跨系所	管理学	研究和试验发展	单位自办
近代法研究所	2008-5-1	学校自建	校级重点研究基地	独立研究所	法学	研究和试验发展	单位自办
媒介技术与传播发展研究中心	2007-1-1	非学校主管部门批准	省级重点研究基地	与校外合办所	新闻学与传播学	新闻和出版业	政府部门办
农村健康服务研究中心	2011-12-1	非学校主管部门批准	省级重点研究基地	独立研究所	管理学	社会保障	政府部门办
区域高等教育发展研究中心	2009-1-1	学校主管部门批准	省级重点研究基地	与校外合办所	教育学	教育	政府部门办
现代经济研究中心	2002-1-1	非学校主管部门批准	省级重点研究基地	独立研究所	经济学	研究和试验发展	单位自办
现代信息管理研究中心	2005-6-1	非学校主管部门批准	省级重点研究基地	独立研究所	管理学	研究和试验发展	政府部门办

续表

学校及机构名称	成立时间	批准部门	机构类型	组成方式	学科分类	服务的国民经济行业	组成类型
养老服务研究中心	2016-9-1	非学校主管部门批准	省级重点研究基地	独立研究所	社会学	社会工作	政府部门办
院校发展研究中心	2004-1-1	学校主管部门批准	省级重点研究基地	跨系所	教育学	教育	政府部门办
张培刚发展研究院	2011-4-22	学校自建	校级重点研究基地	独立研究所	经济学	研究和试验发展	单位自办
知识产权与知识创新研究中心	2009-7-1	学校主管部门批准	校级重点研究基地	独立研究所	管理学	研究和试验发展	政府部门办
中国当代写作研究中心	2012-1-1	学校主管部门批准	校级重点研究基地	与校外合办所	中国文学	文化艺术业	单位自办
中国南方减贫与发展研究院	2012-12-1	学校自建	校级重点研究基地	与校外合办所	管理学	研究和试验发展	其他
中国乡村治理中心	2005-1-1	学校自建	校级重点研究基地	独立研究所	社会学	社会保障	政府部门办
武汉科技大学							
服务科学与工程研究中心	2016-10-8	学校自建	校级重点研究基地	独立研究所	管理学	商务服务业	单位自办
湖北产业政策与管理研究中心	2004-7-1	学校主管部门批准	省级重点研究基地	独立研究所	管理学	国家机构	单位自办
湖北非营利组织研究中心	2010-7-1	学校主管部门批准	省级重点研究基地	跨系所	社会学	社会工作	单位自办
湖北省中小企业研究中心	2004-7-1	学校主管部门批准	省级重点研究基地	跨系所	管理学	资本市场服务	单位自办
湖北意识形态建设研究院	2018-4-5	学校主管部门批准	省级智库， 校级重点研究基地	独立研究所	马克思主义	中国共产党机关	单位自办
新农村建设研究中心	2017-9-25	学校自建	校级重点研究基地	独立研究所	艺术学	社会工作	单位自办
长江大学							
长江经济带发展研究院	2016-10-9	学校主管部门批准	其他智库，校级智库， 省级重点研究基地， 校级重点研究基地	跨系所	经济学	教育	单位自办
湖北省非物质文化遗产研究中心	2013-7-30	学校主管部门批准	省级重点研究基地， 校级重点研究基地， 其他重点研究基地， 省文化厅批准研究基地	跨系所	艺术学	文化艺术业	单位自办

续表

学校及机构名称	成立时间	批准部门	机构类型	组成方式	学科分类	服务的国民经济行业	组成类型
湖北省荆楚文化研究中心	2003-4-9	学校主管部门批准	省级重点研究基地，校级重点研究基地	独立研究所	历史学	教育	单位自办
湖北省农村发展研究中心	2003-4-1	学校主管部门批准	省级重点研究基地，校级重点研究基地，其他重点研究基地	与校外合办所	经济学	农业	与国内高校合办
武汉工程大学							
企业与环境协调发展研究中心	2014-6-4	学校主管部门批准	省级重点研究基地	独立研究所	管理学	教育	政府部门办
人才发展研究中心	2005-6-23	学校主管部门批准	省级重点研究基地	独立研究所	管理学	教育	政府部门办
生态环境设计研究中心	2012-12-20	学校主管部门批准	省级重点研究基地	独立研究所	艺术学	文化艺术业	政府部门办
中国地质大学（武汉）							
大学生发展与创新教育研究中心	2011-12-1	非学校主管部门批准	省级重点研究基地	独立研究所	教育学	社会工作	单位自办
湖北省区域创新能力检测与分析软科学研究基地	2014-6-30	非学校主管部门批准	其他重点研究基地	独立研究所	教育学	研究和试验发展	单位自办
湖北省生态文明研究中心	2014-3-1	非学校主管部门批准	省级智库	独立研究所	经济学	生态保护和环境治理业	单位自办
湖北省珠宝首饰传承与创新发展研究中心	2014-3-1	非学校主管部门批准	省级重点研究基地	独立研究所	艺术学	社会工作	单位自办
资源环境经济研究中心	2007-11-1	非学校主管部门批准	省级重点研究基地	独立研究所	经济学	教育	单位自办
武汉纺织大学							
湖北省服饰艺术与文化研究中心	2009-1-1	学校主管部门批准	省级重点研究基地	跨系所	艺术学	纺织服装、服饰业	政府部门办
企业决策研究中心	2012-1-12	学校主管部门批准	省级重点研究基地	跨系所	管理学	教育	政府部门办
武汉轻工大学							
湖北县域经济发展研究中心	2005-6-20	学校主管部门批准	省级重点研究基地	跨系所	管理学	教育	政府部门办

续表

学校及机构名称	成立时间	批准部门	机构类型	组成方式	学科分类	服务的国民经济行业	组成类型
武汉理工大学							
法国研究中心	2017-6-30	非学校主管部门批准	其他重点研究基地	跨系所	国际问题研究	教育	单位自办
湖北省产品创新管理研究中心	2006-12-31	非学校主管部门批准	省级重点研究基地	跨系所	管理学	研究和试验发展	单位自办
湖北省危机与灾害应急管理研究中心	2007-9-12	非学校主管部门批准	省级重点研究基地	跨系所	管理学	社会保障	单位自办
科技创新与经济发展研究中心	2008-12-31	非学校主管部门批准	省级重点研究基地	跨系所	经济学	教育	单位自办
中国残疾人事业发展研究中心	2016-10-12	学校自建	其他重点研究基地	跨系所	社会学	社会保障	单位自办
湖北工业大学							
湖北酿酒工艺和传统美术与手工艺保护研究中心	2016-11-5	非学校主管部门批准	其他重点研究基地，湖北省非物质文化遗产研究中心	独立研究所	艺术学	文化艺术业	单位自办
湖北农村社会管理创新研究中心	2011-12-30	学校主管部门批准	省级重点研究基地	独立研究所	管理学	国家机构	单位自办
湖北文化创意产业化设计研究中心	2011-12-30	学校主管部门批准	省级重点研究基地	独立研究所	艺术学	文化艺术业	单位自办
湖北循环经济发展研究中心	2011-12-30	学校主管部门批准	省级重点研究基地	独立研究所	经济学	废弃资源综合利用业	单位自办
湖北职业教育发展研究院	2012-12-20	学校主管部门批准	省级重点研究基地	独立研究所	教育学	教育	单位自办
中法城市可持续发展研究与促进国际联合研究中心	2014-12-20	非学校主管部门批准	其他重点研究基地，湖北省国际联合研究中心	独立研究所	经济学	生态保护和环境治理业	单位自办
华中农业大学							
湖北农村发展研究中心	2003-4-14	非学校主管部门批准	省级重点研究基地	与校外合办所	经济学	农业	政府部门办
农村社会建设与管理研究中心	2013-6-28	非学校主管部门批准	省级重点研究基地	独立研究所	社会学	农业	政府部门办
华中师范大学							
长江书法研究院	2011-10-20	非学校主管部门批准	省级重点研究基地	与校外合办所	艺术学	文化艺术业	政府部门办
地方政府治理与地方发展研究中心	2011-3-9	非学校主管部门批准	省级重点研究基地	与校外合办所	管理学	国家机构	与国内高校合办

续表

学校及机构名称	成立时间	批准部门	机构类型	组成方式	学科分类	服务的国民经济行业	组成类型
菲律宾研究中心	2017-6-30	非学校主管部门批准	部省共建教育部重点研究基地	独立研究所	历史学	国际组织	单位自办
工业文化研究中心	2016-10-12	非学校主管部门批准	中央其他部委重点研究基地	独立研究所	历史学	文化艺术业	政府部门办
国家体育总局体育文化研究基地	2007-3-1	学校主管部门批准	中央其他部委重点研究基地	与校外合办所	体育学	体育	政府部门办
国家文化产业研究中心	2006-12-20	非学校主管部门批准	中央其他部委重点研究基地	独立研究所	管理学	文化艺术业	政府部门办
国务院侨办侨务理论研究武汉基地	2008-5-7	非学校主管部门批准	中央其他部委重点研究基地	独立研究所	历史学	国家机构	政府部门办
汉语国际推广研究中心	2006-10-12	非学校主管部门批准	省级重点研究基地	独立研究所	语言学	教育	政府部门办
湖北高校思想政治教育管理发展研究中心	2014-3-12	非学校主管部门批准	省级重点研究基地	独立研究所	马克思主义	中国共产党机关	与国内高校合办
湖北经济与社会发展研究院	2013-10-23	非学校主管部门批准	省级重点研究基地	独立研究所	社会学	国家机构	政府部门办
湖北省党的建设研究中心	2014-3-7	非学校主管部门批准	省级重点研究基地	独立研究所	马克思主义	中国共产党机关	其他
湖北省道家道教研究中心	2009-3-12	非学校主管部门批准	省级重点研究基地	跨系所	宗教学	文化艺术业	政府部门办
湖北省电子商务研究中心	2007-8-22	非学校主管部门批准	省级重点研究基地	独立研究所	图书馆、情报与文献学	商务服务业	政府部门办
湖北省房地产发展研究中心	2014-3-13	非学校主管部门批准	省级重点研究基地	独立研究所	经济学	房地产业	与国内高校合办
湖北省基础教育研究中心	2007-9-26	非学校主管部门批准	省级重点研究基地	独立研究所	教育学	教育	政府部门办
湖北省教育信息化发展研究中心	2014-3-7	非学校主管部门批准	省级重点研究基地	独立研究所	教育学	教育	与国内高校合办
湖北省区域历史文化研究中心	2013-10-9	非学校主管部门批准	省级重点研究基地	独立研究所	历史学	教育	政府部门办
湖北省社会发展与社会政策研究中心	2009-3-12	非学校主管部门批准	省级重点研究基地	跨系所	社会学	国家机构	政府部门办

续表

学校及机构名称	成立时间	批准部门	机构类型	组成方式	学科分类	服务的国民经济行业	组成类型
湖北省社区建设研究中心	2005-5-20	非学校主管部门批准	省级重点研究基地	独立研究所	政治学	基层群众自治组织及其他组织	政府部门办
湖北省文学理论与批评研究中心	2012-3-1	非学校主管部门批准	省级重点研究基地	独立研究所	中国文学	教育	与国内高校合办
湖北省学校德育研究中心	2014-3-7	非学校主管部门批准	省级重点研究基地	独立研究所	教育学	教育	其他
湖北省中国特色社会主义研究中心	2013-10-17	非学校主管部门批准	省级重点研究基地	独立研究所	马克思主义	中国共产党机关	政府部门办
教育政策研究中心	2016-10-20	学校主管部门批准	省级重点研究基地	独立研究所	教育学	教育	政府部门办
青少年心理健康教育中心	2005-3-30	非学校主管部门批准	省级重点研究基地	跨系所	心理学	教育	政府部门办
全国民政政策理论研究基地	2016-9-7	非学校主管部门批准	中央其他部委重点研究基地	独立研究所	政治学	国家机构	政府部门办
武汉城市圈“两型社会”建设研究院	2010-7-15	非学校主管部门批准	省级重点研究基地	独立研究所	管理学	居民服务业	政府部门办
信息化与教育均衡协同创新中心	2013-10-28	非学校主管部门批准	省级 2011 协同创新中心	独立研究所	教育学	教育	政府部门办
印度研究中心	2017-6-30	学校主管部门批准	部省共建教育部重点研究基地	独立研究所	历史学	国际组织	单位自办
语言与语言教育研究中心	2001-3-8	学校主管部门批准	教育部重点研究基地	独立研究所	语言学	教育	政府部门办
中国合唱艺术研究中心	2016-9-29	学校主管部门批准	省级重点研究基地	独立研究所	艺术学	文化艺术业	政府部门办
中国近代史研究所	2000-9-10	学校主管部门批准	教育部重点研究基地	独立研究所	历史学	教育	政府部门办
中国旅游研究院武汉分院	2011-5-11	非学校主管部门批准	中央其他部委重点研究基地	独立研究所	经济学	教育	政府部门办
中国农村林业改革发展研究基地	2009-4-9	非学校主管部门批准	中央其他部委重点研究基地	独立研究所	政治学	农、林、牧、渔专业及辅助性活动	政府部门办
中国农村研究院	2000-10-10	学校主管部门批准	教育部重点研究基地	跨系所	政治学	教育	政府部门办
中国农村综合改革协同创新研究中心	2012-9-26	非学校主管部门批准	省级重点研究基地	独立研究所	政治学	教育	政府部门办

续表

学校及机构名称	成立时间	批准部门	机构类型	组成方式	学科分类	服务的国民经济行业	组成类型
中印尼问题研究中心	2017-4-13	学校主管部门批准	部省共建教育部重点研究基地	独立研究所	政治学	教育	单位自办
湖北大学							
巴西研究中心	2012-12-3	学校自建	共建教育部新型高校智库	独立研究所	国际问题研究	国家机构	单位自办
当代文艺创作研究中心	2005-12-5	学校主管部冂批准	省级重点研究基地	独立研究所	中国文学	文化艺术业	单位自办
湖北当代文化研究中心	2004-10-9	学校主管部门批准	省级重点研究基地	独立研究所	历史学	文化艺术业	单位自办
湖北青少年思想道德教育研究中心	2011-12-30	学校主管部门批准	省级重点研究基地	独立研究所	马克思主义	教育	单位自办
湖北人才发展战略与政策研究中心	2012-12-30	学校主管部门批准	省级重点研究基地	独立研究所	管理学	教育	政府部门办
湖北省道德与文明研究中心	2006-12-14	学校主管部门批准	省级重点研究基地	独立研究所	哲学	教育	单位自办
湖北省开放经济研究中心	2005-12-20	学校主管部门批准	省级重点研究基地	独立研究所	经济学	其他金融业	单位自办
湖北省旅游开发与管理研究中心	2002-7-14	学校主管部门批准	省级重点研究基地	独立研究所	管理学	其他服务业	政府部门办
湖北文化建设研究院	2016-6-5	非学校主管部门批准	省级智库	跨系所	哲学	教育	单位自办
湖北县域治理研究院	2014-6-23	学校自建	省级智库	与校外合办所	管理学	社会保障	单位自办
湖北休闲体育发展研究中心	2012-2-1	学校主管部门批准	省级重点研究基地	独立研究所	体育学	体育	单位自办
湖北中小学素质教育研究中心	2013-12-20	学校主管部门扗准	省级重点研究基地	独立研究所	教育学	教育	单位自办
绩效评价信息管理研究中心	2012-12-30	学校主管部门批准	省级重点研究基地	独立研究所	管理学	教育	单位自办
拉丁美洲研究中心	2016-10-10	学校自建	共建教育部新型高校智库	独立研究所	国际问题研究	国家机构	单位自办
拉美研究院	2016-10-1	学校自建	2011 协同创新中心合作单位	独立研究所	国际问题研究	国家机构	单位自办
农村社区研究中心	2016-10-20	学校主管部门批准	省级重点研究基地	独立研究所	政治学	社会工作	单位自办
文化科技融合创新研究中心	2016-10-2	学校主管部门批准	省级重点研究基地	独立研究所	艺术学	文化艺术业	单位自办
中华文化发展协同湖北省协同创新中心	2016-3-1	学校主管部门批准	省级 2011 协同创新中心	与校外合办所	哲学	教育	政府部门办

续表

学校及机构名称	成立时间	批准部门	机构类型	组成方式	学科分类	服务的国民经济行业	组成类型
湖北师范大学							
长江中游矿冶文化与经济社会发展研究中心	2010-1-1	学校主管部门批准	省级重点研究基地	独立研究所	历史学	教育	与国内高校合办
湖北师范学院语言学研究中心	2009-3-13	学校主管部门批准	省级重点研究基地	独立研究所	语言学	文化艺术业	单位自办
资源枯竭城市转型与发展研究中心	2011-4-11	学校主管部门批准	省级重点研究基地	独立研究所	经济学	生态保护和环境治理业	单位自办
黄冈师范学院							
大别山红色文化研究中心	2009-12-8	学校主管部门批准	省级重点研究基地	独立研究所	政治学	教育	单位自办
大别山旅游经济与文化研究中心	2011-12-5	学校主管部门批准	省级重点研究基地	独立研究所	经济学	教育	单位自办
鄂东教育与文化研究中心	2008-4-12	学校主管部门批准	省级重点研究基地	独立研究所	教育学	教育	单位自办
黄梅戏艺术研究中心	2009-12-8	学校主管部门批准	省级重点研究基地	独立研究所	艺术学	教育	单位自办
湖北民族学院							
鄂西生态旅游文化研究中心	2012-2-2	学校主管部门批准	省级重点研究基地	独立研究所	管理学	文化艺术业	其他
湖北民族民间文化艺术研究中心	2008-9-18	非学校主管部门批准	省级重点研究基地	与校外合办所	艺术学	文化艺术业	单位自办
南方少数民族研究中心	1988-10-5	学校主管部门批准	省级重点研究基地	独立研究所	民族学与文化学	文化艺术业	其他
汉江师范学院							
汉水文化研究基地	2014-6-4	非学校主管部门批准	省级重点研究基地	独立研究所	民族学与文化学	其他服务业	政府部门办
中南财经政法大学							
WTO 与湖北发展研究中心	2002-12-1	非学校主管部门批准	省级重点研究基地	跨系所	经济学	国家机构	政府部门办
产业升级与区域金融湖北省协同创新中心	2014-5-13	学校主管部门批准	省级重点研究基地	与校外合办所	经济学	其他金融业	与国内高校合办
长江绿色发展工程研究院	2018-4-1	学校主管部门批准	校级重点研究基地	独立研究所	管理学	生态保护和环境治理业	单位自办

续表

学校及机构名称	成立时间	批准部门	机构类型	组成方式	学科分类	服务的国民经济行业	组成类型
城乡社区社会管理湖北省协同创新中心	2012-12-20	非学校主管部门批准	省级重点研究基地	与校外合办所	管理学	社会工作	与国内高校合办
创业与就业研究中心	2003-7-16	非学校主管部门批准	省级重点研究基地	跨系所	管理学	教育	政府部门办
法治发展与司法改革研究中心	2012-7-1	非学校主管部门批准	省级重点研究基地	独立研究所	法学	国家机构	政府部门办
反恐怖主义研究中心	2016-10-9	学校主管部门批准	省级重点研究基地	独立研究所	法学	国家机构	单位自办
湖北财政与发展研究中心	2003-12-26	非学校主管部门批准	省级重点研究基地	独立研究所	经济学	国家机构	政府部门办
湖北金融研究中心	2004-3-1	非学校主管部门批准	省级重点研究基地	独立研究所	经济学	货币金融服务	政府部门办
湖北经济建设研究院	2015-9-15	非学校主管部门批准	省级重点研究基地	跨系所	经济学	国家机构	政府部门办
湖北全面深化改革研究院	2012-12-10	非学校主管部门批准	省级重点研究基地	跨系所	经济学	国家机构	政府部门办
湖北社会建设与社会治理研究中心	2012-12-20	非学校主管部门批准	省级重点研究基地	跨系所	管理学	社会工作	政府部门办
互联网发展与治理研究院	2018-4-1	学校主管部门批准	校级重点研究基地	独立研究所	法学	互联网和相关服务	单位自办
经济犯罪研究中心	2017-7-7	学校自建	校级科研机构	独立研究所	法学	国家机构	单位自办
老年人权益保障研究中心	2018-1-1	学校主管部门批准	校级重点研究基地	跨系所	法学	社会保障	单位自办
人工智能法商研究中心	2018-4-1	学校主管部门批准	校级重点研究基地	独立研究所	管理学	软件和信息技术服务业	单位自办
人民代表大会制度研究所	2017-7-7	学校自建	校级科研机构	独立研究所	法学	中国共产党机关	单位自办
社会主义核心价值观研究中心	2016-10-9	学校主管部门批准	省级重点研究基地	独立研究所	马克思主义	中国共产党机关	单位自办
应急管理研究中心	2018-4-1	学校主管部门批准	校级重点研究基地	独立研究所	管理学	国家机构	其他
越南刑事法研究中心	2017-5-25	学校自建	校级科研机构	独立研究所	法学	国际组织	单位自办
运营管理与系统科学研究所	2017-5-25	学校自建	校级科研机构	独立研究所	管理学	其他金融业	单位自办
政府和社会资本合作研究中心	2017-7-7	学校自建	校级科研机构	独立研究所	管理学	国家机构	单位自办
知识产权研究中心	2004-12-20	学校主管部门批准	教育部重点研究基地	独立研究所	法学	教育	政府部门办
中国特色社会主义政治经济学研究中心	2017-5-25	学校自建	校级科研机构	独立研究所	经济学	中国共产党机关	单位自办

续表

学校及机构名称	成立时间	批准部门	机构类型	组成方式	学科分类	服务的国民经济行业	组成类型
中南司法案例研究中心	2018-1-1	学校主管部门批准	校级重点研究基地	独立研究所	法学	国家机构	单位自办
注册会计师行业发展研究中心	2016-10-9	学校主管部门批准	省级重点研究基地	独立研究所	管理学	其他金融业	单位自办
武汉体育学院							
湖北省非物质文化遗产研究中心	2013-3-13	学校主管部门批准	其他重点研究基地	独立研究所	体育学	文化艺术业	单位自办
湖北体育产业研究中心	2004-8-15	学校主管部门批准	省级重点研究基地	独立研究所	体育学	文化艺术业	政府部门办
体育工程重点实验室	2008-2-1	非学校主管部门批准	中央其他部委重点实验室	与校外合办所	体育学	文化艺术业	政府部门办
体育社会科学研究中心	2002-5-15	学校主管部门批准	其他重点研究基地，国家体育总局	独立研究所	体育学	文化艺术业	政府部门办
体育文化研究中心	2009-10-10	学校主管部门批准	其他重点研究基地，国家体育总局	独立研究所	体育学	文化艺术业	政府部门办
运动训练监控湖北省重点实验室	2011-8-29	非学校主管部门批准	省级重点实验室	独立研究所	体育学	文化艺术业	政府部门办
运动与健康创新发展研究中心	2011-12-14	学校主管部门批准	省级重点研究基地	独立研究所	体育学	文化艺术业	政府部门办
中国体操运动项目协同创新中心	2014-6-10	非学校主管部门批准	其他 2011 协同创新中心，国家体育总局	独立研究所	体育学	文化艺术业	单位自办
湖北美术学院							
非物质文化遗产研究中心	2013-11-2	非学校主管部门批准	省级重点研究基地	跨系所	民族学与文化学	文化艺术业	政府部门办
时尚艺术研究中心	2013-4-16	学校主管部门批准	省级重点研究基地	跨系所	艺术学	纺织服装、服饰业	单位自办
手工艺文化研究中心	2016-11-22	学校主管部门批准	省级重点研究基地	跨系所	艺术学	文化艺术业	单位自办
现代公共视觉艺术设计研究中心	2003-4-14	学校主管部门批准	省级重点研究基地	跨系所	艺术学	广播、电视、电影和影视录音制作业	单位自办
中南民族大学							
恩施发展研究院	2014-1-1	学校自建	其他重点研究基地	与校外合办所	管理学	社会工作	与国内高校合办
高校风险预警防控研究中心	2011-5-9	非学校主管部门批准	省级重点研究基地	跨系所	管理学	国家机构	单位自办

续表

学校及机构名称	成立时间	批准部门	机构类型	组成方式	学科分类	服务的国民经济行业	组成类型
湖北民族地区经济社会发展研究中心	2012-12-18	学校主管部门批准	中央其他部委重点研究基地	跨系所	管理学	国家机构	政府部门办
湖北民族教育研究中心	2016-12-28	非学校主管部门批准	省级重点研究基地	独立研究所	教育学	教育	单位自办
湖北全面小康研究院	2015-11-16	非学校主管部门批准	省级智库	跨系所	经济学	国家机构	单位自办
湖北省非物质文化遗产研究中心	2013-10-25	非学校主管部门批准	省级重点研究基地	跨系所	民族学与文化学	教育	单位自办
湖北省民族理论政策研究基地	2017-4-20	非学校主管部门批准	省级重点研究基地	与校外合办所	法学	国家机构	单位自办
湖北省民族立法研究中心	2015-4-7	非学校主管部门批准	省级重点研究基地	独立研究所	法学	国家机构	单位自办
湖北省民族宗教舆情研究中心	2017-4-20	非学校主管部门批准	省级重点研究基地	独立研究所	图书馆、情报与文献学	国家机构	单位自办
湖北省区域历史文化研究中心	2013-9-13	非学校主管部门批准	省级重点研究基地	独立研究所	民族学与文化学	文化艺术业	与国内高校合办
湖北省中国特色社会主义理论体系研究中心	2013-9-1	非学校主管部门批准	部省共建教育部重点研究基地	跨系所	马克思主义	中国共产党机关	与国内高校合办
民族法制研究中心	2014-4-10	学校主管部门批准	中央其他部委重点研究基地	跨系所	法学	国家机构	单位自办
民族教育政策与法规重点研究基地	2015-7-6	非学校主管部门批准	省级重点研究基地	独立研究所	教育学	教育	单位自办
民族团结进步创建活动研究中心	2013-12-12	非学校主管部门批准	中央其他部委重点研究基地	跨系所	民族学与文化学	教育	与国内高校合办
民族政策与社会发展研究中心	2012-2-8	学校主管部门批准	省级重点研究基地	独立研究所	政治学	教育	与国内独立研究机构合办
南方少数民族非物质文化遗产研究中心	2014-4-10	学校主管部门批准	中央其他部委重点研究基地	独立研究所	民族学与文化学	社会工作	与国内高校合办
南方少数民族研究中心	2003-9-1	非学校主管部门批准	省级重点研究基地	跨系所	民族学与文化学	文化艺术业	与国内高校合办

续表

学校及机构名称	成立时间	批准部门	机构类型	组成方式	学科分类	服务的国民经济行业	组成类型
农业信息技术研究与开发联合实验室	2006-3-6	学校主管部门批准	中央其他部委重点研究基地	跨系所	经济学	农业	单位自办
少数民族大学生思想教育研究中心	2012-12-20	非学校主管部门批准	省级重点研究基地	跨系所	教育学	教育	与国内高校合办
少数民族教育发展研究基地	2011-3-30	非学校主管部门批准	中央其他部委重点研究基地	跨系所	教育学	教育	与国内高校合办
伊斯兰合作组织研究中心	2017-6-13	学校主管部门批准	中央其他部委重点研究基地	与校外合办所	宗教学	社会工作	与境外机构合办
中国城市民族与宗教事务治理研究中心	2014-10-14	学校主管部门批准	中央其他部委重点研究基地	独立研究所	管理学	社会工作	单位自办
中国武陵山减贫与发展研究	2014-8-29	学校主管部门批准	省级重点研究基地	跨系所	经济学	国家机构	与国内高校合办
中南少数民族审美文化研究中心	2009-12-8	非学校主管部门批准	省级重点研究基地	跨系所	艺术学	文化艺术业	单位自办
湖北工程学院							
湖北小城镇发展研究中心	2004-12-8	学校主管部门批准	省级重点研究基地	独立研究所	管理学	教育	政府部门办
湖北小微企业发展研究中心	2014-6-18	学校主管部门批准	省级重点研究基地	跨系所	经济学	教育	政府部门办
中华孝文化研究中心	2011-12-26	学校主管部门批准	省级重点研究基地	独立研究所	民族学与文化学	文化艺术业	政府部门办
湖北理工学院							
长江中游矿冶文化与经济社会发展研究中心	2009-12-15	学校主管部门批准	省级重点研究基地	独立研究所	民族学与文化学	文化艺术业	单位自办
公共文化研究中心	2014-12-15	学校主管部门批准	省级重点研究基地	独立研究所	民族学与文化学	文化艺术业	单位自办
湖北科技学院							
鄂南文化研究中心	2011-4-25	学校主管部门批准	省级重点研究基地	跨系所	民族学与文化学	文化艺术业	政府部门办

续表

学校及机构名称	成立时间	批准部门	机构类型	组成方式	学科分类	服务的国民经济行业	组成类型
农村教育与文化发展研究中心	2016-10-9	学校主管部门批准	省级重点研究基地	跨系所	教育学	教育	政府部门办
湖北医药学院							
湖北医药学院卫生管理与卫生事业发展研究中心	2011-4-25	学校主管部门批准	省级重点研究基地	独立研究所	社会学	教育	单位自办
长江职业学院							
湖北技能型人才培养研究中心	2011-12-31	学校主管部门批准	省级重点研究基地	独立研究所	教育学	教育	政府部门办
江汉大学							
城市研究中心	2016-10-1	学校主管部门批准	省级重点研究基地	跨系所	历史学	教育	单位自办
湖北曲艺研究省非物质文化遗产研究中心	2013-11-1	非学校主管部门批准	其他重点研究基地，省文化厅批建	跨系所	艺术学	广播、电视、电影和影视录音制作业	单位自办
武汉城市圈制造业发展研究中心	2012-12-7	学校主管部门批准	省级重点研究基地	跨系所	管理学	教育	单位自办
武汉研究院	2013-1-1	学校自建	自设研究院	独立研究所	社会学	教育	单位自办
武汉语言文化研究中心	2012-12-7	学校主管部门批准	省级重点研究基地	跨系所	语言学	教育	单位自办
三峡大学							
巴楚艺术发展研究中心	2014-6-4	学校主管部门批准	省级重点研究基地	独立研究所	艺术学	文化艺术业	政府部门办
区域社会管理创新与发展研究中心	2012-12-15	学校主管部门批准	省级重点研究基地	独立研究所	社会学	社会保障	政府部门办
三峡文化与经济社会发展研究中心	2002-10-4	学校主管部门批准	省级重点研究基地	独立研究所	社会学	文化艺术业	政府部门办
水库移民研究中心	2005-6-7	学校主管部门批准	省级重点研究基地	独立研究所	管理学	社会保障	政府部门办
影视文化与产业发展研究中心	2016-10-9	学校主管部门批准	省级重点研究基地	独立研究所	中国文学	文化艺术业	单位自办
湖北警官学院							
社会治安治理研究中心	2014-6-4	学校主管部门批准	省级基地	独立研究所	法学	教育	单位自办
鄂州职业大学							
鄂州经济社会改革发展研究中心	2013-3-9	学校自建	校级研究中心	独立研究所	经济学	教育	单位自办

续表

学校及机构名称	成立时间	批准部门	机构类型	组成方式	学科分类	服务的国民经济行业	组成类型
高等职业研究所	2015-10-20	学校自建	校级社科研究所	独立研究所	教育学	教育	单位自办
荆楚理工学院							
中国农谷发展研究中心	2012-12-20	学校主管部门批准	省级重点研究基地	独立研究所	经济学	其他服务业	单位自办
武汉音乐学院							
长江传统音乐文化研究中心	2003-7-15	学校主管部门批准	省级重点研究基地	跨系所	艺术学	文化艺术业	政府部门办
湖北省非物质文化遗产保护研究中心	2013-10-25	非学校主管部门批准	省文化厅重点研究基地	独立研究所	艺术学	文化艺术业	政府部门办
音乐创作湖北省协同创新中心	2012-12-27	学校主管部门批准	省级 2011 协同创新中心	跨系所	艺术学	文化艺术业	政府部门办
湖北经济学院							
大学生思想政治教育评价中心	2011-4-25	学校主管部门批准	省级重点研究基地	独立研究所	教育学	教育	单位自办
湖北地方税收研究中心	2012-1-17	学校主管部门批准	省级重点研究基地	独立研究所	经济学	教育	单位自办
湖北会计发展研究中心	2014-6-4	学校主管部门批准	其他重点研究基地	与校外合办所	经济学	教育	单位自办
湖北金融发展与金融安全研究中心	2004-10-9	学校主管部门批准	省级重点研究基地	独立研究所	经济学	教育	单位自办
湖北企业文化研究中心	2012-1-17	学校主管部门批准	省级重点研究基地	独立研究所	管理学	教育	单位自办
湖北省大中型水库移民后期扶持政策监测评估中心	2009-10-10	非学校主管部门批准	与省政府有关部门合作建立科研平台	与校外合办所	经济学	教育	政府部门办
湖北水事研究中心	2011-4-25	学校主管部门批准	省级重点研究基地	与校外合办所	法学	教育	与国内高校合办
湖北物流发展研究中心	2009-12-30	学校主管部门批准	省级重点研究基地	独立研究所	管理学	教育	单位自办
武昌理工学院							
民办大学素质教育研究中心	2014-6-14	学校主管部门批准	省级重点研究基地	独立研究所	教育学	教育	单位自办
文华学院							
非物质文化遗产研究中心	2015-9-30	学校主管部门批准	省级重点研究基地	跨系所	民族学与文化学	文化艺术业	单位自办

续表

学校及机构名称	成立时间	批准部门	机构类型	组成方式	学科分类	服务的国民经济行业	组成类型
湖北品牌发展研究中心	2013-9-24	学校主管部门批准	省级重点研究基地	跨系所	管理学	教育	单位自办
武汉设计工程学院							
产学研中心	2018-9-12	学校自建	校级重点研究基地	独立研究所	艺术学	其他服务业	单位自办
环境设计研究所	2015-3-10	学校自建	校级重点研究基地	独立研究所	艺术学	其他服务业	单位自办
设计发展中心	2018-3-8	学校自建	校级重点研究基地	独立研究所	艺术学	其他服务业	单位自办
影视传媒研究所	2014-9-10	学校自建	校级重点研究基地	独立研究所	艺术学	其他服务业	单位自办
湖北第二师范学院							
湖北方言文化研究中心	2014-4-16	学校主管部门批准	省级重点研究基地	跨系所	语言学	社会工作	单位自办
湖北教师教育研究中心	2012-12-30	学校主管部门批准	省级重点研究基地	跨系所	教育学	教育	单位自办
湖北文化产业经济研究中心	2011-12-30	学校主管部门批准	省级重点研究基地	跨系所	经济学	文化艺术业	单位自办
湖南省							
湘潭大学							
调解理论研究与人才培训基地	2018-12-12	非学校主管部门批准	中央其他部委重点研究基地	独立研究所	法学	专业技术服务业	政府部门办
反腐败司法研究基地	2014-9-4	非学校主管部门批准	其他重点研究基地	与校外合办所	法学	其他服务业	政府部门办
非洲法律与社会研究中心	2007-1-17	学校自建	其他重点研究基地	独立研究所	法学	商务服务业	单位自办
公共信息资源管理与开发利用科普基地	2014-5-15	学校主管部门批准	省级重点研究基地	独立研究所	管理学	公共设施管理业	政府部门办
湖南省党的创新理论研究与学习服务中心	2018-5-29	学校主管部门批准	省级智库	独立研究所	哲学	教育	单位自办
湖南省法学研究基地	2002-6-13	学校主管部门批准	省级重点研究基地	独立研究所	法学	教育	单位自办
湖南省检察理论研究基地	2009-4-6	非学校主管部门批准	其他重点研究基地	与校外合办所	法学	其他服务业	政府部门办
湖南省经济安全研究基地	2010-9-15	学校主管部门批准	省级重点研究基地	独立研究所	管理学	国家机构	政府部门办
湖南省旅游研究基地	2007-1-1	学校主管部门批准	省级重点研究基地	与校外合办所	管理学	居民服务业	政府部门办

续表

学校及机构名称	成立时间	批准部门	机构类型	组成方式	学科分类	服务的国民经济行业	组成类型
湖南省普通高等学校哲学社会科学重点研究基地信息资源管理与知识产权研究基地	2014-5-26	学校主管部门批准	省级重点研究基地	独立研究所	图书馆、情报与文献学	公共设施管理业	政府部门办
湖南省思想政治工作研究基地	2016-4-25	非学校主管部门批准	其他重点研究基地	独立研究所	马克思主义	教育	政府部门办
湖南省湘学研究基地	2010-9-15	学校主管部门批准	省级重点研究基地	独立研究所	哲学	教育	政府部门办
湖南省预算与会计理论研究基地	2013-1-15	非学校主管部门批准	其他重点研究基地	与校外合办所	管理学	其他金融业	政府部门办
湖南省知识产权司法保护理论研究基地	2012-4-12	非学校主管部门批准	其他重点研究基地	与校外合办所	法学	商务服务业	政府部门办
湖南省中国特色社会主义理论体系研究中心	2009-5-7	学校主管部门批准	其他重点研究基地	与校外合办所	政治学	教育	政府部门办
湖南省中外文学与文化研究基地	2002-6-13	学校主管部门批准	省级重点研究基地	独立研究所	中国文学	新闻和出版业	政府部门办
老年科技工作者协会	2016-12-5	学校主管部门批准	其他重点研究基地，研究协会	独立研究所	管理学	居民服务业	单位自办
毛泽东思想研究中心	2004-11-24	非学校主管部门批准	教育部重点研究基地	独立研究所	马克思主义	教育	政府部门办
美国问题研究中心	2014-3-12	非学校主管部门批准	省厅共建研究基地	与校外合办所	政治学	国家机构	政府部门办
人口、资源与环境经济研究所	2007-1-2	非学校主管部门批准	其他重点研究基地	独立研究所	经济学	商务服务业	政府部门办
社会主义经济理论研究中心	2005-8-1	学校主管部门批准	省级重点研究基地	独立研究所	经济学	教育	政府部门办
社情民意研究中心	2013-3-6	非学校主管部门批准	其他重点研究基地	与校外合办所	管理学	教育	政府部门办
诉讼法学研究中心	2008-7-1	学校主管部门批准	省级重点研究基地	独立研究所	法学	其他服务业	政府部门办
西班牙语国家研究中心	2016-3-10	学校主管部门批准	其他重点研究基地	独立研究所	语言学	教育	其他
消费经济研究院	1989-3-2	非学校主管部门批准	其他重点研究基地	与校外合办所	经济学	货币金融服务	政府部门办
政府绩效评估与管理创新研究基地	2008-6-18	非学校主管部门批准	省级重点研究基地	与校外合办所	管理学	中国共产党机关	政府部门办
中国共产党革命精神与文化资源研究中心	2013-7-23	非学校主管部门批准	部省共建教育部重点研究基地	独立研究所	马克思主义	教育	政府部门办

续表

学校及机构名称	成立时间	批准部门	机构类型	组成方式	学科分类	服务的国民经济行业	组成类型
中国红色旅游创新发展研究中心	2016-6-1	非学校主管部门批准	其他重点研究基地	独立研究所	管理学	其他服务业	政府部门办
中国区域发展与治理研究院	2018-5-29	学校主管部门批准	省级智库	跨系所	法学	国家机构	单位自办
中国文化创意产业评价研究中心	2013-5-9	非学校主管部门批准	其他重点研究基地，地方文化研究基地	独立研究所	中国文学	其他服务业	政府部门办
专利分析与评估中心	2012-3-1	非学校主管部门批准	其他重点研究基地	与校外合办所	法学	其他服务业	政府部门办
吉首大学							
国家民族体育重点研究基地	2003-2-11	非学校主管部门批准	中央其他部委重点研究基地	独立研究所	体育学	体育	政府部门办
湖南省民族学研究基地	2002-6-23	学校主管部门批准	省级重点研究基地	跨系所	民族学与文化学	教育	政府部门办
湖南省湘西民族语言研究基地	2009-2-11	学校主管部门批准	省级重点研究基地	独立研究所	语言学	教育	单位自办
生态民族学研究基地	2014-7-18	非学校主管部门批准	中央其他部委重点研究基地	独立研究所	民族学与文化学	教育	政府部门办
武陵山片区民族理论政策研究基地	2014-6-17	学校主管部门批准	中央其他部委重点研究基地	独立研究所	政治学	教育	单位自办
武陵山区扶贫开发研究中心	2012-2-11	学校主管部门批准	省级重点研究基地	独立研究所	社会学	教育	政府部门办
湖南大学							
国家腐败预防与惩治研究中心（省级特色智库）	2018-5-11	非学校主管部门批准	省级重点研究基地	独立研究所	法学	中国共产党机关	单位自办
中国全民阅读研究中心（省级社科普及基地）	2018-5-11	非学校主管部门批准	省级重点研究基地	独立研究所	中国文学	广播、电视、电影和影视录音制作业	单位自办
中国文化软实力研究中心（省级特色智库）	2018-5-11	非学校主管部门批准	省级重点研究基地	独立研究所	马克思主义	娱乐业	单位自办
湖南经济与社会发展法律研究中心	2008-6-24	非学校主管部门批准	省级重点研究基地	跨系所	法学	商务服务业	政府部门办

续表

学校及机构名称	成立时间	批准部门	机构类型	组成方式	学科分类	服务的国民经济行业	组成类型
湖南省风险导向审计研究基地	2008-6-24	非学校主管部门批准	省级重点研究基地	独立研究所	经济学	商务服务业	政府部门办
湖南省国际贸易研究基地	2002-3-4	非学校主管部门批准	省级重点研究基地	跨系所	经济学	其他金融业	政府部门办
湖南省湖湘文化研究基地	2002-6-5	非学校主管部门批准	省级重点研究基地	跨系所	历史学	文化艺术业	政府部门办
湖南省金融发展与信用管理研究基地	2007-1-12	非学校主管部门批准	省级重点研究基地	独立研究所	经济学	货币金融服务	政府部门办
湖南省廉政研究基地	2003-3-1	非学校主管部门批准	省级重点研究基地	跨系所	政治学	中国共产党机关	政府部门办
湖南省两型社会与生态文明建设研究基地	2010-9-10	非学校主管部门批准	省级重点研究基地	独立研究所	社会学	其他服务业	政府部门办
湖南省思想政治工作研究基地	2005-3-1	非学校主管部门批准	省级重点研究基地	独立研究所	教育学	其他服务业	政府部门办
湖南省文化产业研究基地	2004-11-1	非学校主管部门批准	省级重点研究基地	跨系所	新闻学与传播学	广播、电视、电影和影视录音制作业	政府部门办
湖南省物流信息与仿真技术重点实验室	2005-3-18	非学校主管部门批准	省级重点实验室	跨系所	经济学	其他服务业	政府部门办
湖南省语言与认知研究基地	2010-9-10	非学校主管部门批准	省级重点研究基地	独立研究所	语言学	其他服务业	政府部门办
湖南统战理论研究基地	2005-10-12	非学校主管部门批准	省级重点研究基地	独立研究所	经济学	其他服务业	政府部门办
科技、经济与社会发展研究所	2001-3-7	学校自建	其他研究所	跨系所	马克思主义	教育	单位自办
企业管理与决策支持技术实验室	2006-8-12	非学校主管部门批准	省级重点实验室	跨系所	管理学	其他金融业	政府部门办
岳麓书院国学研究与传播中心	2013-5-24	学校自建	校级重点研究基地	跨系所	哲学	其他服务业	单位自办
中国产业金融协同创新中心	2015-9-18	非学校主管部门批准	省级 2011 协同创新中心	与校外合办所	经济学	其他服务业	政府部门办
中国村落文化研究基地	2012-5-31	非学校主管部门批准	省级重点研究基地	独立研究所	历史学	其他服务业	政府部门办
中国历史研究所	2004-3-27	学校自建	校级重点研究基地	独立研究所	历史学	其他服务业	单位自办
中国特色社会主义理论体系研究基地	1999-6-5	非学校主管部门批准	省级重点研究基地	跨系所	马克思主义	其他服务业	政府部门办

续表

学校及机构名称	成立时间	批准部门	机构类型	组成方式	学科分类	服务的国民经济行业	组成类型
中国文化软实力研究基地	2009-9-1	非学校主管部门批准	省级重点研究基地	跨系所	马克思主义	广播、电视、电影和影视录音制作业	政府部门办
中南大学							
PPP 研究中心	2017-12-11	学校自建	校级重点研究基地	跨系所	经济学	其他金融业	单位自办
“两型社会”改革建设与生态文明协同创新中心	2013-1-1	非学校主管部门批准	其他智库,协同创新中心	与校外合办所	管理学	科技推广和应用服务	其他
当代东方艺术研究中心	2018-4-3	学校自建	校基地	独立研究所	艺术学	文化艺术业	单位自办
当代诗词创作批评与理论研究中心	2017-12-11	学校自建	校级重点研究基地	独立研究所	中国文学	文化艺术业	单位自办
地方治理研究院	2015-11-13	学校自建	校级重点研究基地	独立研究所	管理学	卫生	单位自办
高校国防教育理论与实践研究基地	2013-1-2	学校主管部门批准	其他	独立研究所	哲学	中国共产党机关	单位自办
公共卫生研究中心	2015-2-13	学校自建	校级重点研究基地	独立研究所	心理学	卫生	单位自办
湖南民族特色村镇研究基地	2016-1-9	非学校主管部门批准	其他重点研究基地	跨系所	宗教学	文化艺术业	单位自办
湖南省东盟文化研究与交流中心	2013-11-15	非学校主管部门批准	其他重点研究基地	与校外合办所	国际问题研究	国家机构	政府部门办
湖南省翻译研究基地	2006-11-1	非学校主管部门批准	省级重点研究基地	跨系所	语言学	教育	单位自办
湖南省教育系统重大事项社会稳定风险评估中心	2015-9-23	非学校主管部门批准	其他重点研究基地	独立研究所	管理学	国家机构	政府部门办
湖南省社会主义核心价值体系建设研究基地	2010-2-24	非学校主管部门批准	省级重点研究基地	独立研究所	管理学	教育	单位自办
湖南省社科联中华经典吟唱研究与传播基地	2015-1-8	非学校主管部门批准	其他重点研究基地	独立研究所	中国文学	其他服务业	政府部门办
湖南省思想政治工作中南大学研究基地	2012-3-10	非学校主管部门批准	其他重点研究基地	独立研究所	马克思主义	教育	单位自办
湖南省网络德育研究基地	2002-5-1	非学校主管部门批准	省级重点研究基地	跨系所	马克思主义	教育	单位自办

续表

学校及机构名称	成立时间	批准部门	机构类型	组成方式	学科分类	服务的国民经济行业	组成类型
湖南省网络文学研究基地	2003-12-1	非学校主管部门批准	省级重点研究基地	跨系所	中国文学	文化艺术业	单位自办
湖南省中部崛起发展战略研究基地	2005-1-1	非学校主管部门批准	其他重点研究基地	跨系所	管理学	其他服务业	单位自办
湖南省中小企业研究基地	1996-1-1	非学校主管部门批准	省级重点研究基地	跨系所	管理学	专业技术服务业	单位自办
家文化研究中心	2018-7-12	学校自建	校基地	独立研究所	哲学	教育	单位自办
健康护理研究中心	2014-7-1	非学校主管部门批准	校级重点研究基地	跨系所	社会学	卫生	单位自办
教育立法研究基地	2017-12-1	学校主管部门批准	其他重点研究基地	与校外合办所	法学	教育	政府部门办
金属资源战略研究院	2014-5-1	非学校主管部门批准	省级智库，其他重点研究基地	跨系所	管理学	科技推广和应用服务	单位自办
科技创新与社会发展研究中心	2016-6-1	学校自建	校级重点研究基地	独立研究所	哲学	其他服务业	单位自办
绿色金融研究中心	2016-9-3	学校自建	校级重点研究基地	独立研究所	经济学	货币金融服务	单位自办
区块链和数字社会研究中心	2018-7-12	学校自建	校基地	独立研究所	哲学	教育	单位自办
全国教育系统社会稳定风险评估中心	2015-11-5	学校主管部门批准	其他重点研究基地	独立研究所	管理学	教育	政府部门办
全球卫生治理与法律研究中心	2017-12-11	学校自建	其他智库，校级重点研究基地	跨系所	法学	教育	单位自办
社会调查与民意研究中心	2018-12-4	学校自建	校基地	独立研究所	社会学	教育	单位自办
体育文化研究基地	2012-4-1	非学校主管部门批准	校级基地	独立研究所	体育学	文化艺术业	单位自办
突发公共事件心理救援研究中心	2017-12-11	学校自建	校级重点研究基地	跨系所	心理学	卫生	单位自办
应用伦理学研究中心	2007-7-1	非学校主管部门批准	省级重点研究基地	跨系所	哲学	教育	单位自办
知识产权研究院	2011-3-18	非学校主管部门批准	省级智库，省教育厅基地	与校外合办所	法学	专业技术服务业	其他
中国特色社会主义理论体系研究中心	2003-12-1	非学校主管部门批准	省级重点研究基地	跨系所	马克思主义	教育	单位自办

续表

学校及机构名称	成立时间	批准部门	机构类型	组成方式	学科分类	服务的国民经济行业	组成类型
中国文化法研究中心	2017-6-1	学校自建	其他智库，校级重点研究基地	独立研究所	法学	国家机构	单位自办
湖南科技大学							
湖南创新发展研究院	2016-5-1	非学校主管部门批准	省级智库，省级重点研究基地，校级重点研究基地	独立研究所	经济学	研究和试验发展	政府部门办
湖南省党建理论研究基地	2004-11-10	非学校主管部门批准	省级重点研究基地	跨系所	政治学	教育	政府部门办
湖南省高校农村教育改革与发展研究基地	2008-6-24	学校主管部门批准	省级重点研究基地，校级重点研究基地	跨系所	教育学	教育	政府部门办
湖南省高校中国古代文学与社会文化研究基地	2004-10-10	学校主管部门批准	省级重点研究基地，校级重点研究基地	跨系所	中国文学	教育	政府部门办
湖南省汉语方言与文化科技融合研究基地	2010-9-9	学校主管部门批准	省级重点研究基地，校级重点研究基地	独立研究所	语言学	文化艺术业	政府部门办
湖南省思想政治工作研究基地	2007-7-12	学校主管部门批准	省级重点研究基地，校级重点研究基地	与校外合办所	政治学	教育	政府部门办
湖南省新型工业化研究基地	2007-1-11	非学校主管部门批准	省级重点研究基地	跨系所	管理学	商务服务业	政府部门办
湖南省战略性新兴产业研究基地	2002-6-5	非学校主管部门批准	省级重点研究基地	跨系所	经济学	其他金融业	政府部门办
湖南省中国特色社会主义理论体系研究中心湖南科技大学基地	2000-6-8	学校主管部门批准	省级重点研究基地，校级重点研究基地	与校外合办所	马克思主义	教育	政府部门办
长沙理工大学							
湖南服务业发展研究中心	2007-5-13	学校主管部门批准	省级重点研究基地	与校外合办所	经济学	其他服务业	其他
湖南省邓小平理论研究中心	2000-5-16	学校主管部门批准	省级重点研究基地	跨系所	马克思主义	国家机构	政府部门办
湖南省非物质文化遗产研究培训基地	2017-12-21	非学校主管部门批准	其他重点研究基地，湖南省文化旅游厅	跨系所	民族学与文化学	文化艺术业	政府部门办

续表

学校及机构名称	成立时间	批准部门	机构类型	组成方式	学科分类	服务的国民经济行业	组成类型
湖南省非洲文化研究与交流中心	2013-12-3	学校主管部门批准	其他	独立研究所	语言学	文化艺术业	其他
湖南省现代服务业研究基地	2010-9-9	非学校主管部门批准	其他	跨系所	经济学	居民服务业	政府部门办
教育与应用心理研究所	2004-12-21	学校自建	其他	跨系所	教育学	其他服务业	单位自办
金融工程与金融管理研究中心	2008-6-1	学校主管部门批准	省级重点研究基地	跨系所	经济学	货币金融服务	政府部门办
企业战略管理与投资决策研究基地	2007-1-11	学校主管部门批准	其他	与校外合办所	管理学	资本市场服务	政府部门办
社会治理创新研究中心	2014-6-6	学校主管部门批准	省级重点研究基地	独立研究所	马克思主义	社会工作	与国内独立研究机构合办
现代企业管理研究中心	2005-8-11	学校主管部门批准	省级重点研究基地	跨系所	管理学	其他金融业	政府部门办
湖南农业大学							
湖南农业职业教育协同创新中心	2017-12-20	学校自建	其他 2011 协同创新中心，校级 2011 协同创新中心	跨系所	社会学	教育	与国内独立研究机构合办
湖南省“三农”问题研究基地	2004-7-1	非学校主管部门批准	省级重点研究基地	独立研究所	经济学	农业	单位自办
湖南省涉农企业研究所	2012-5-1	学校主管部门批准	省级重点研究基地	独立研究所	管理学	农业	单位自办
湖南省乡村振兴战略研究院	2018-1-11	非学校主管部门批准	省级智库	跨系所	管理学	农业	单位自办
湖南省新农村建设研究基地	2007-1-31	非学校主管部门批准	省级重点研究基地	独立研究所	管理学	农业	单位自办
湖南省中国特色社会主义理论体系研究中心	2012-7-31	非学校主管部门批准	省级重点研究基地	独立研究所	马克思主义	中国共产党机关	单位自办
农村儿童青少年健康促进研究中心	2014-6-25	学校主管部门批准	省级重点研究基地	独立研究所	教育学	教育	单位自办
中南林业科技大学							
湖南绿色发展研究院	2012-10-15	非学校主管部门批准	省级智库，省级重点研究基地	与校外合办所	管理学	科技推广和应用服务	与国内高校合办
湖南省教育科学绿色教育研究基地	2012-12-26	非学校主管部门批准	省级重点研究基地	独立研究所	图书馆、情报与文献学	教育	单位自办

续表

学校及机构名称	成立时间	批准部门	机构类型	组成方式	学科分类	服务的国民经济行业	组成类型
湖南省旅游研究基地	2006-10-1	学校主管部门批准	省级重点研究基地	跨系所	管理学	商务服务业	单位自办
环境法研究所	2006-12-1	学校自建	校级重点研究基地	跨系所	法学	卫生	与境内注册其他企业合办
科技金融研究中心	2013-11-29	学校自建	校级重点研究基地	独立研究所	经济学	货币金融服务	单位自办
农林经济管理中心	2008-6-24	学校主管部门批准	省级重点研究基地	独立研究所	管理学	卫生	单位自办
商学研究所	2007-2-1	学校自建	校级重点研究基地	跨系所	管理学	卫生	单位自办
生态经济与绿色发展研究中心	2014-6-18	学校主管部门批准	省级重点研究基地	跨系所	经济学	生态保护和环境治理业	与国内独立研究机构合办
物流与供应链管理研究所	2013-3-5	学校自建	校级重点研究基地	独立研究所	管理学	道路运输业	单位自办
语言与教育研究所	2007-1-1	学校自建	校级重点研究基地	跨系所	语言学	卫生	单位自办
中南城市经济发展与房地产管理研究院	2007-6-1	学校自建	校级重点研究基地	跨系所	管理学	卫生	单位自办
湖南师范大学							
WTO 与现代国际法学研究中心	2008-6-24	学校主管部门批准	省级重点研究基地	跨系所	法学	社会保障	单位自办
“一带一路”文化交流与传播研究中心	2018-5-16	学校主管部门批准	省级智库	跨系所	新闻学与传播学	文化艺术业	单位自办
大国经济发展研究基地	2015-12-8	学校主管部门批准	省级重点研究基地	跨系所	经济学	货币金融服务	单位自办
道德文化研究中心	1993-6-1	学校主管部门批准	省级智库，教育部重点研究基地	独立研究所	哲学	教育	单位自办
公民道德建设研究基地	2002-6-1	学校主管部门批准	省级重点研究基地	跨系所	哲学	国家机构	单位自办
汉字文化与艺术研究基地	2015-12-8	非学校主管部门批准	省级重点研究基地	跨系所	艺术学	广播、电视、电影和影视录音制作业	单位自办
湖南传媒发展研究基地	2010-9-1	学校主管部门批准	省级重点研究基地	独立研究所	新闻学与传播学	文化艺术业	单位自办

续表

学校及机构名称	成立时间	批准部门	机构类型	组成方式	学科分类	服务的国民经济行业	组成类型
湖南省教学改革研究基地	2004-11-1	学校主管部门批准	省级重点研究基地	跨系所	教育学	教育	单位自办
湖南省旅游研究基地	2007-1-1	学校主管部门批准	省级重点研究基地	跨系所	管理学	专业技术服务业	单位自办
湖湘文化研究基地	2002-6-1	学校主管部门批准	省级重点研究基地	跨系所	中国文学	文化艺术业	单位自办
近现代中国研究中心	2014-6-17	学校主管部门批准	省级重点研究基地	跨系所	历史学	国家机构	政府部门办
旅游产业发展与扶贫研究基地	2017-5-15	非学校主管部门批准	中央其他部委重点研究基地	跨系所	管理学	中国共产党机关	单位自办
生态环境保护法治研究中心	2018-5-16	学校主管部门批准	省级智库	跨系所	法学	中国共产党机关	单位自办
体育社会科学重点研究中心	2005-6-1	非学校主管部门批准	中央其他部委重点研究基地	跨系所	体育学	体育	单位自办
县域发展研究中心	2004-10-1	学校主管部门批准	省级重点研究基地	跨系所	政治学	社会保障	单位自办
中国传播与现代化研究中心	2008-6-24	学校主管部门批准	省级重点研究基地	跨系所	新闻学与传播学	文化艺术业	单位自办
中国特色社会主义道德文化协同创新中心	2013-10-18	学校主管部门批准	省级 2011 协同创新中心	与校外合办所	哲学	教育	与国内高校合办
中国现代文学研究中心	2005-7-7	学校主管部门批准	省级重点研究基地	跨系所	中国文学	文化艺术业	单位自办
中外文化传播研究基地	2002-6-1	学校主管部门批准	省级重点研究基地	跨系所	语言学	新闻和出版业	单位自办
湖南理工学院							
湖南省党的创新理论研究湖南理工学院基地	2018-8-17	学校主管部门批准	省级重点研究基地	独立研究所	哲学	教育	政府部门办
湖南省公共艺术教育研究基地	2010-2-9	学校主管部门批准	省级重点研究基地	独立研究所	教育学	教育	单位自办
湖南省湘学研究基地	2013-12-5	学校主管部门批准	省级重点研究基地	独立研究所	中国文学	教育	政府部门办
屈原文化研究基地	2015-11-25	学校主管部门批准	省级重点研究基地	独立研究所	中国文学	教育	政府部门办
岳州窑陶瓷文化研究中心	2018-9-22	学校主管部门批准	省级重点研究基地	独立研究所	艺术学	教育	政府部门办

续表

学校及机构名称	成立时间	批准部门	机构类型	组成方式	学科分类	服务的国民经济行业	组成类型
岳州窑文化研究基地	2018-5-12	学校主管部门批准	省级重点研究基地	独立研究所	艺术学	教育	政府部门办
中国当代学术史研究基地	2007-1-9	学校主管部门批准	省级重点研究基地	独立研究所	历史学	教育	单位自办
中国文学批评学研究中心	2008-4-18	学校主管部门批准	省级重点研究基地	独立研究所	中国文学	教育	单位自办
湘南学院							
湖南民族宗教研究基地	2017-6-29	非学校主管部门批准	其他重点研究基地，省民族宗教委人文社科研究基地	与校外合办所	民族学与文化学	文化艺术业	政府部门办
湖南省教育科学高校教学管理研究基地	2012-12-26	学校主管部门批准	其他重点研究基地	跨系所	教育学	教育	政府部门办
湖南省湘学研究基地	2013-7-1	非学校主管部门批准	校级重点研究基地	独立研究所	中国文学	文化艺术业	单位自办
中国特色社会主义理论体系研究中心	2012-6-25	非学校主管部门批准	省级重点研究基地	跨系所	马克思主义	教育	政府部门办
衡阳师范学院							
传媒与社会发展研究所	2014-2-28	学校自建	极级研究机构	独立研究所	新闻学与传播学	社会工作	单位自办
古村古镇文化遗产数字化传承协同创新中心	2013-8-30	学校主管部门批准	省级 2011 协同创新中心	与校外合办所	经济学	广播、电视、电影和影视录音制作业	政府部门办
国民体质监测与体适能研究所	2015-10-30	学校自建	校级研究机构	独立研究所	体育学	专业技术服务业	单位自办
衡阳市城乡可持续发展研究基地	2008-7-31	非学校主管部门批准	其他重点研究基地	跨系所	经济学	专业技术服务业	其他
衡阳市情与对策研究中心	2008-7-26	非学校主管部门批准	其他重点研究基地	跨系所	经济学	专业技术服务业	其他
湖南省船山学研究基地	2006-9-8	非学校主管部门批准	省级重点研究基地	独立研究所	中国文学	教育	政府部门办
湖南省人居环境学研究基地	2002-2-8	非学校主管部门批准	省级重点研究基地	独立研究所	经济学	生态保护和环境治理业	政府部门办
湖湘文化研究所	2015-9-30	学校自建	校级研究机构	独立研究所	中国文学	教育	单位自办
历史文化研究所	2014-2-28	学校自建	校级研究机构	独立研究所	历史学	教育	单位自办

续表

学校及机构名称	成立时间	批准部门	机构类型	组成方式	学科分类	服务的国民经济行业	组成类型
体育赛事策划与管理研究所	2014-2-27	学校自建	校级研究机构	独立研究所	体育学	专业技术服务业	单位自办
习近平新时代中国特色社会主义思想研究与传播中心	2017-11-9	学校自建	校级研究机构	跨系所	马克思主义	教育	单位自办
湘南地区经济发展与管理创新研究所	2013-9-28	学校自建	校级研究机构	独立研究所	管理学	专业技术服务业	单位自办
邵阳学院							
湖南省民营经济研究基地	2005-3-5	非学校主管部门批准	省级重点研究基地	独立研究所	经济学	专业技术服务业	政府部门办
湖南省全民健身服务体系建设研究基地	2010-5-26	非学校主管部门批准	省级重点研究基地	跨系所	体育学	文化艺术业	政府部门办
龙狮文化研究所	2008-9-22	学校自建	校级研究所	跨系所	教育学	文化艺术业	单位自办
民营经济研究所	2005-9-8	学校自建	校级研究所	跨系所	经济学	专业技术服务业	单位自办
区域经济研究中心	2008-10-12	学校主管部门批准	省级重点研究基地	独立研究所	经济学	专业技术服务业	单位自办
社会哲学与人本工程研究所	2005-9-15	学校自建	校级研究所	跨系所	管理学	其他服务业	单位自办
魏源及湘西南文史研究基地	2006-12-1	非学校主管部门批准	省级重点研究基地	独立研究所	中国文学	文化艺术业	政府部门办
魏源研究所	2005-9-16	学校自建	校级研究所	独立研究所	历史学	广播、电视、电影和影视录音制作业	单位自办
湘西南民间美术研究所	2008-9-22	学校自建	校级研究所	跨系所	艺术学	广播、电视、电影和影视录音制作业	单位自办
湘西南民族民间音乐研究所	2008-9-22	学校自建	校级研究所	独立研究所	艺术学	广播、电视、电影和影视录音制作业	单位自办
英汉语言与文化研究基地	2008-9-22	学校自建	校级重点研究基地	独立研究所	语言学	其他服务业	单位自办
英语语言文学研究所	2008-9-22	学校自建	校级研究所	独立研究所	语言学	广播、电视、电影和影视录音制作业	单位自办

续表

学校及机构名称	成立时间	批准部门	机构类型	组成方式	学科分类	服务的国民经济行业	组成类型
怀化学院							
地方文献研究中心	2013-5-20	学校自建	校级研究所	独立研究所	图书馆、情报与文献学	社会工作	单位自办
雕刻艺术研究所	2013-5-20	学校自建	校级研究所	与校外合办所	艺术学	教育	单位自办
调解法学研究所	2013-5-20	学校自建	校级研究所	独立研究所	法学	教育	单位自办
管理科学研究中心	2016-5-26	学校自建	校级创新平台	跨系所	管理学	科技推广和应用服务	单位自办
湖南省和平文化研究基地	2010-9-10	非学校主管部门批准	省级重点研究基地	与校外合办所	历史学	教育	与国内高校合办
湖南省教育科学农村学前教育研究基地	2012-12-1	学校主管部门批准	其他重点研究基地	独立研究所	教育学	教育	政府部门办
湖南省民间非物质文化研究基地	2007-1-11	非学校主管部门批准	省级重点研究基地	跨系所	民族学与文化学	教育	政府部门办
湖南文化遗产翻译与传播基地	2015-5-15	非学校主管部门批准	其他重点研究基地	跨系所	民族学与文化学	广播、电视、电影和影视录音制作业	单位自办
怀化市工业产品设计与文化创意研究中心	2012-5-27	学校自建	其他重点研究基地	独立研究所	艺术学	广播、电视、电影和影视录音制作业	单位自办
怀化市影视动漫创意基地	2012-5-22	非学校主管部门批准	其他重点研究基地	独立研究所	艺术学	广播、电视、电影和影视录音制作业	单位自办
民族旅游研究中心	2013-5-20	学校自建	校级研究所	独立研究所	管理学	教育	单位自办
民族民间文化艺术协同创新中心	2016-5-26	学校自建	校级创新平台	跨系所	民族学与文化学	教育	单位自办
民族民间文化艺术研究中心	2012-5-31	学校主管部门批准	省级重点研究基地	独立研究所	艺术学	教育	单位自办
民族学研究所	2013-5-20	学校自建	校级研究所	独立研究所	民族学与文化学	教育	单位自办
商贸经济研究中心	2016-5-26	学校自建	校级创新平台	跨系所	经济学	教育	单位自办

续表

学校及机构名称	成立时间	批准部门	机构类型	组成方式	学科分类	服务的国民经济行业	组成类型
武陵山片区风景园林景观资源研究中心	2013-5-20	学校自建	校级研究所	独立研究所	艺术学	教育	单位自办
武陵山片区公共治理研究所	2013-5-20	学校自建	校级研究所	独立研究所	管理学	教育	单位自办
武陵山片区金融经济研究所	2013-5-20	学校自建	校级研究所	独立研究所	经济学	教育	单位自办
武陵山片区特色文化资源研究基地	2013-7-11	非学校主管部门批准	其他重点研究基地	跨系所	民族学与文化学	教育	单位自办
五溪民族民间音乐研究所	2013-5-20	学校自建	校级研究所	独立研究所	艺术学	教育	单位自办
湘西地区政治建设研究所	2013-5-20	学校自建	校级研究所	独立研究所	政治学	教育	单位自办
中小企业财务管理研究所	2013-5-20	学校自建	校级研究所	独立研究所	管理学	教育	单位自办
沅水流域文学与文化研究中心	2013-5-20	学校自建	校级研究所	独立研究所	中国文学	教育	单位自办
湖南文理学院							
产业经济研究所	2002-12-2	学校自建	其他	跨系所	经济学	农、林、牧、渔专业及辅助性活动	单位自办
城市文化研究基地	2007-1-12	学校主管部门批准	省级重点研究基地	独立研究所	历史学	教育	与国内高校合办
城市文化研究所	2006-3-8	学校自建	校级重点研究基地	跨系所	历史学	教育	单位自办
大学英语教学研究所	2002-12-2	学校自建	其他	独立研究所	语言学	教育	单位自办
古籍整理研究所	2002-12-2	学校自建	其他	独立研究所	中国文学	教育	单位自办
湖南城市文化研究基地	2018-4-24	非学校主管部门批准	省级重点研究基地	独立研究所	民族学与文化学	文化艺术业	单位自办
湖南省湖湘典籍翻译与传播研究基地	2018-12-27	非学校主管部门批准	省级重点研究基地	独立研究所	外国文学	教育	单位自办
湖南省教师发展研究基地	2018-11-21	非学校主管部门批准	省级重点研究基地	独立研究所	图书馆、情报与文献学	教育	单位自办

续表

学校及机构名称	成立时间	批准部门	机构类型	组成方式	学科分类	服务的国民经济行业	组成类型
湖南省农村居民社会化发展研究基地	2010-5-8	学校自建	其他重点研究基地	独立研究所	社会学	农、林、牧、渔专业及辅助性活动	单位自办
湖南省侵华日军细菌战罪行研究基地	2016-12-21	非学校主管部门批准	省级重点研究基地	独立研究所	历史学	教育	单位自办
湖南省湘学研究	2013-11-1	学校自建	其他重点研究基地	独立研究所	民族学与文化学	教育	单位自办
湖南省知识产权培训基地	2018-3-6	非学校主管部门批准	其他重点研究基地，培训基地	独立研究所	法学	专业技术服务业	单位自办
湖南文理学院众创中心	2018-2-22	非学校主管部门批准	培训中心	独立研究所	管理学	教育	单位自办
环洞庭湖社会发展研究所	2001-2-18	学校自建	其他	跨系所	经济学	居民服务业	单位自办
经济法学研究所	2002-12-2	学校自建	其他	独立研究所	法学	专业技术服务业	单位自办
美术研究所	2006-3-8	学校自建	其他	独立研究所	艺术学	文化艺术业	单位自办
文艺鉴赏美学研究所	1999-11-21	学校自建	其他	独立研究所	中国文学	文化艺术业	单位自办
细菌战罪行研究所	2001-9-18	学校自建	其他	独立研究所	历史学	教育	单位自办
英语语言文学研究所	2000-12-5	学校自建	其他	独立研究所	外国文学	教育	单位自办
中国常德诗墙文化研究所	1999-10-15	学校自建	其他	跨系所	中国文学	教育	单位自办
中国特色社会主义理论研究中心	2012-11-1	学校自建	其他重点研究基地	独立研究所	马克思主义	教育	单位自办
湖南科技学院							
国学研究基地	2011-6-9	学校自建	其他重点研究基地	跨系所	中国文学	科技推广和应用服务	政府部门办
湖南省非物质文化遗产实践基地	2015-12-28	学校自建	其他重点研究基地	与校外合办所	中国文学	科技推广和应用服务	与国内独立研究机构合办
湖南省教育科学信息技术教育研究基地	2012-12-1	非学校主管部门批准	其他重点研究基地	跨系所	教育学	教育	单位自办

续表

学校及机构名称	成立时间	批准部门	机构类型	组成方式	学科分类	服务的国民经济行业	组成类型
湖南省李达与马克思主义“三化”研究基地	2000-8-1	非学校主管部门批准	其他重点研究基地	跨系所	马克思主义	教育	单位自办
湖南省舜文化研究基地	2007-2-9	非学校主管部门批准	其他重点研究基地	跨系所	中国文学	教育	单位自办
湖南省思想政治工作研究基地	2007-6-15	非学校主管部门批准	其他重点研究基地	跨系所	马克思主义	教育	单位自办
湖南省濂溪学研究基地	2016-8-12	非学校主管部门批准	其他重点研究基地	跨系所	中国文学	教育	其他
湖南瑶族文化传承研究中心	2018-7-3	非学校主管部门批准	其他重点研究基地	跨系所	经济学	文化艺术业	单位自办
思想教育与道德文化研究基地	2014-5-8	学校主管部门批准	其他重点研究基地	跨系所	教育学	教育	单位自办
湖南人文科技学院							
湖南省党的创新理论研究基地	2017-9-14	学校主管部门批准	省级重点研究基地	独立研究所	马克思主义	教育	单位自办
湖南省中国特色社会主义理论研究中心基地	2012-5-17	学校主管部门批准	省级重点研究基地	跨系所	马克思主义	教育	单位自办
梅山文化研究基地	2016-12-15	非学校主管部门批准	省级重点研究基地	独立研究所	艺术学	文化艺术业	单位自办
区域文化研究基地	2012-5-31	学校主管部门批准	省级重点研究基地	跨系所	社会学	文化艺术业	单位自办
曾国藩及湘中文化研究基地	2007-9-12	学校主管部门批准	省级重点研究基地	独立研究所	法学	文化艺术业	与国内独立研究机构合办
湖南商学院							
2011 廉政建设协同创新中心	2014-9-29	非学校主管部门批准	省级 2011 协同创新中心	跨系所	法学	教育	单位自办
2011 移动电子商务协同创新中心	2016-6-15	学校主管部门批准	省级 2011 协同创新中心	与校外合办所	经济学	计算机、通信和其他电子设备制造业	其他
湖南经济改革与发展研究中心	2008-6-24	学校主管部门批准	省级重点研究基地	跨系所	经济学	专业技术服务业	单位自办
湖南省高校“医药物流供应链与服务外包”产学研示范研究基地	2010-10-15	非学校主管部门批准	省级产学研基地	独立研究所	管理学	装卸搬运和仓储业	单位自办

续表

学校及机构名称	成立时间	批准部门	机构类型	组成方式	学科分类	服务的国民经济行业	组成类型
湖南省廉政建设协同创新中心	2018-5-16	学校主管部门批准	省级智库	与校外合办所	法学	中国共产党机关	与国内独立研究机构合办
湖南省廉政建设研究基地	2009-9-3	非学校主管部门批准	省级重点研究基地	与校外合办所	法学	教育	单位自办
湖南省区域战略与规划研究基地	2007-1-12	非学校主管部门批准	省级重点研究基地	与校外合办所	经济学	专业技术服务业	单位自办
湖南省现代流通理论研究基地	2002-7-1	非学校主管部门批准	省级重点研究基地	跨系所	经济学	专业技术服务业	单位自办
湖南省现代物流研究基地	2010-6-16	非学校主管部门批准	省级重点研究基地	跨系所	管理学	专业技术服务业	单位自办
湖南省中国特色社会主义理论体系研究中心	2012-7-15	非学校主管部门批准	其他重点研究基地	跨系所	马克思主义	其他服务业	单位自办
开放经济条件下金融风险度量、控制与政策研究中心	2014-5-26	非学校主管部门批准	科技创新平台	跨系所	经济学	研究和试验发展	单位自办
区域金融创新研究基地	2014-5-1	非学校主管部门批准	其他重点研究基地	独立研究所	经济学	研究和试验发展	其他
南华大学							
地方法制与法治文化研究中心	2016-11-20	非学校主管部门批准	其他重点研究基地，省社科联科普基地	与校外合办所	法学	娱乐业	其他
发展战略与区域经济研究所	2002-2-14	学校自建	校级重点研究基地	独立研究所	经济学	研究和试验发展	单位自办
高校资助与创业教育研究基地	2013-10-1	学校主管部门批准	校级重点研究基地	独立研究所	教育学	其他服务业	单位自办
国家贸易研究室	2004-2-18	学校自建	研究所	独立研究所	经济学	商务服务业	单位自办
核能经济管理研究中心	2007-12-1	学校主管部门批准	校级重点研究基地	跨系所	管理学	资本市场服务	单位自办
衡阳市酒文化研究中心	2007-5-18	学校自建	其他重点研究基地	独立研究所	社会学	教育	单位自办
衡阳市蓝墨水研究智库	2017-7-22	学校自建	其他智库	与校外合办所	民族学与文化学	文化艺术业	与境内注册其他企业合办
湖南省企业自主创新研究基地	2010-12-1	学校主管部门批准	省级重点研究基地	独立研究所	管理学	资本市场服务	单位自办

续表

学校及机构名称	成立时间	批准部门	机构类型	组成方式	学科分类	服务的国民经济行业	组成类型
会计学研究所	2003-2-5	学校自建	研究所	独立研究所	经济学	货币金融服务	单位自办
健康文化宣传与研究基地	2018-5-24	非学校主管部门批准	其他重点研究基地	跨系所	社会学	卫生	单位自办
军工文化与地域文化研究中心	2015-2-11	非学校主管部门批准	其他重点研究基地，省社科联科普基地	独立研究所	社会学	社会工作	政府部门办
马克思主义政治哲学及其应用研究基地	2013-2-1	学校主管部门批准	校级重点研究基地	独立研究所	哲学	教育	单位自办
企业经济与管理研究所	2011-2-22	学校自建	研究所	独立研究所	经济学	商务服务业	单位自办
人因工程研究所	1998-3-3	学校自建	研究所	独立研究所	管理学	研究和试验发展	单位自办
王船山思想研究所	2004-3-5	学校自建	校级重点研究基地	独立研究所	哲学	教育	单位自办
习近平新时代中国特色社会主义思想研究中心	2017-11-29	学校自建	其他智库	跨系所	马克思主义	教育	单位自办
英语语言文化研究所	2007-1-30	学校自建	校内研究所	独立研究所	语言学	教育	单位自办
语料库翻译学研究所	2003-1-27	学校自建	校级研究所	独立研究所	语言学	教育	单位自办
中国特色社会主义理论研究基地	2011-3-1	非学校主管部门批准	其他重点研究基地	跨系所	马克思主义	教育	政府部门办
长沙医学院							
马克思主义中国化研究校级重点学科	2016-11-17	学校自建	校级社科重点研究基地	独立研究所	马克思主义	教育	单位自办
长沙民政职业技术学院							
民政政策理论研究中心	2017-3-30	学校自建	研究中心	独立研究所	社会学	教育	单位自办
湖南工业职业技术学院							
高教研究所	2005-1-12	学校自建	科研管理	独立研究所	教育学	教育	单位自办
长沙学院							
长沙文化研究所	2007-3-7	非学校主管部门批准	研究所	独立研究所	民族学与文化学	教育	政府部门办

续表

学校及机构名称	成立时间	批准部门	机构类型	组成方式	学科分类	服务的国民经济行业	组成类型
高等教育研究所	2007-3-7	学校自建	研究所	独立研究所	教育学	教育	单位自办
国学与思想政治教育研究所	2007-3-7	学校自建	研究所	跨系所	哲学	教育	单位自办
湖南省党的创新理论研究长沙学院基地	2017-8-31	非学校主管部门批准	省社科研究基地	跨系所	马克思主义	教育	单位自办
湖南省新型城镇化与住房保障研究基地	2010-3-29	非学校主管部门批准	省社科研究基地	跨系所	管理学	教育	单位自办
湖南省学习型社会研究基地	2007-1-11	非学校主管部门批准	省社科研究基地	跨系所	教育学	教育	单位自办
湖南省中国特色社会主义理论体系研究中心长沙市基地分基地	2017-9-5	非学校主管部门批准	市级社科基地	跨系所	马克思主义	教育	单位自办
物业管理研究所	2007-12-20	学校自建	研究所	跨系所	管理学	土地管理业	单位自办
艺术设计研究所	2007-12-20	学校自建	研究所	独立研究所	艺术学	广播、电视、电影和影视录音制作业	单位自办
应用法学（法律事务）研究所	2007-3-7	学校自建	研究所	独立研究所	法学	教育	单位自办
湖南工程学院							
湖南省传统特色产业转型升级研究基地	2016-12-12	非学校主管部门批准	省级重点实验室	独立研究所	管理学	纺织服装、服饰业	政府部门办
湖南文化创意产业研究中心湖南工程学院分中心	2017-1-10	非学校主管部门批准	研究中心	独立研究所	经济学	文化艺术业	政府部门办
湖南城市学院							
高校师德教育研究基地	2012-12-25	非学校主管部门批准	省级重点研究基地	跨系所	哲学	教育	单位自办
湖南省城市经济研究基地	2010-9-8	非学校主管部门批准	省级重点研究基地	跨系所	经济学	科技推广和应用服务	政府部门办
湖南省党的创新理论研究基地	2017-8-20	非学校主管部门批准	省级重点研究基地	跨系所	法学	中国共产党机关	政府部门办
湖南省反邪教研究中心	2017-9-8	非学校主管部门批准	省级重点研究基地	跨系所	哲学	教育	政府部门办
湖南省新型城镇化研究基地	2007-1-30	非学校主管部门批准	省级重点研究基地	跨系所	管理学	社会保障	政府部门办

续表

学校及机构名称	成立时间	批准部门	机构类型	组成方式	学科分类	服务的国民经济行业	组成类型
湖南省新型城镇化研究院	2018-5-10	非学校主管部门批准	省级智库	跨系所	管理学	国家机构	政府部门办
湖南省中国特色社会主义理论体系研究中心	2017-7-16	非学校主管部门批准	省级重点研究基地	跨系所	法学	国家机构	政府部门办
湖湘传统美术研究基地	2016-12-30	非学校主管部门批准	省级重点研究基地	跨系所	艺术学	广播、电视、电影和影视录音制作业	单位自办
社区体育文化研究基地	2014-6-1	非学校主管部门批准	省级重点研究基地	跨系所	社会学	社会保障	其他
湖南工学院							
大学生发展研究中心	2010-6-30	学校自建	校级重点研究基地	独立研究所	管理学	教育	单位自办
衡阳经济发展研究中心	2010-6-30	学校自建	校级重点研究基地	独立研究所	经济学	教育	单位自办
湖南省开放型经济研究基地	2018-3-30	非学校主管部门批准	省级重点研究基地	跨系所	经济学	教育	单位自办
旅游规划与设计研究所	2010-6-30	学校自建	校级重点研究基地	独立研究所	经济学	教育	单位自办
湖南财政经济学院							
法务会计研究所	2014-3-1	学校自建	校级研究所	独立研究所	法学	教育	单位自办
湖南财政监督理论研究基地	2013-5-28	非学校主管部门批准	与财政厅共建研究基地	与校外合办所	经济学	教育	政府部门办
湖南财政与会计研究基地	2007-4-1	非学校主管部门批准	省级重点研究基地	与校外合办所	经济学	其他服务业	政府部门办
湖南省法务会计研究基地	2012-5-31	学校主管部门批准	省级重点研究基地	与校外合办所	法学	其他服务业	政府部门办
湖南省公共政策与经济发展研究基地	2012-9-16	非学校主管部门批准	省级重点研究基地	与校外合办所	经济学	其他服务业	政府部门办
湖南省民族经济与社会发展研究基地	2018-9-1	非学校主管部门批准	省级重点研究基地	跨系所	经济学	其他服务业	政府部门办
湖南省政府非税收入研究基地	2010-9-1	非学校主管部门批准	省级重点研究基地	与校外合办所	经济学	其他服务业	政府部门办
企业财务信息与资本效应湖南省重点实验室	2009-4-1	非学校主管部门批准	省级重点实验室	与校外合办所	管理学	科技推广和应用服务	政府部门办
体育经济与产业研究所	2009-5-26	学校自建	校级研究所	独立研究所	体育学	体育	单位自办

续表

学校及机构名称	成立时间	批准部门	机构类型	组成方式	学科分类	服务的国民经济行业	组成类型
湖南警察学院							
湖南省公安理论与公共安全研究基地	2011-5-30	学校主管部门批准	省级重点研究基地	独立研究所	法学	社会保障	政府部门办
湖南省教育科学大学生心理健康研究基地	2010-9-17	学校主管部门批准	省级重点研究基地	独立研究所	心理学	教育	单位自办
警察公共关系研究所	2008-3-14	学校自建	研究所	独立研究所	管理学	社会工作	单位自办
警务射击研究所	2008-3-12	学校自建	研究所	独立研究所	体育学	社会保障	单位自办
警务心理研究所	2005-3-9	学校自建	研究所	独立研究所	心理学	社会工作	单位自办
恐怖犯罪对策研究所	2005-3-10	学校自建	研究所	独立研究所	法学	社会保障	单位自办
青少年犯罪研究所	2004-3-2	学校自建	研究所	独立研究所	心理学	社会工作	单位自办
群体性事件预防与处置研究所	2009-3-13	学校自建	研究所	独立研究所	法学	社会工作	单位自办
侦查对策研究所	2003-1-6	学校自建	研究所	独立研究所	管理学	社会工作	单位自办
湖南工业大学							
包装设计理论与应用研究基地	2005-9-12	学校主管部门批准	省级重点研究基地	独立研究所	艺术学	卫生	其他
湖南省包装经济研究基地	2003-5-30	学校主管部门批准	省级重点研究基地	独立研究所	经济学	科技推广和应用服务	政府部门办
湖南省包装设计艺术研究基地	2007-3-30	学校主管部门批准	省级重点研究基地	独立研究所	艺术学	广播、电视、电影和影视录音制作业	政府部门办
湖南省党的创新理论研究湖南工业大学基地	2017-8-31	非学校主管部门批准	其他重点研究基地	独立研究所	政治学	卫生	其他
湖南省湖湘体育文化研究基地	2010-10-11	学校主管部门批准	省级重点研究基地	独立研究所	体育学	文化艺术业	政府部门办
湖南省教育科学高校内部管理研究基地	2012-12-26	学校主管部门批准	省级重点研究基地	跨系所	教育学	其他服务业	其他
湖南省绿色工业与城市低碳发展研究基地	2016-12-15	学校主管部门批准	省级重点研究基地	跨系所	管理学	科技推广和应用服务	政府部门办

续表

学校及机构名称	成立时间	批准部门	机构类型	组成方式	学科分类	服务的国民经济行业	组成类型
湖南省民族民间音乐舞蹈研究基地	2017-6-29	非学校主管部门批准	省级重点研究基地	独立研究所	艺术学	广播、电视、电影和影视录音制作业	政府部门办
湖南省思想政治工作研究基地	2012-10-17	学校主管部门批准	省级重点研究基地	跨系所	政治学	卫生	政府部门办
湖南省中国特色社会主义理论体系研究中心湖南工业大学基地	2012-6-25	非学校主管部门批准	省级重点研究基地	跨系所	政治学	卫生	其他
民政部地名研究所研究基地	2018-9-26	非学校主管部门批准	中央其他部委重点研究基地	跨系所	历史学	社会工作	单位自办
全国包装广告研究基地	2017-10-16	非学校主管部门批准	中央其他部委重点研究基地	跨系所	艺术学	商务服务业	其他
湖南女子学院							
财务与会计研究所	2016-6-16	学校主管部门批准	校级重点研究基地	独立研究所	管理学	教育	其他
湖南省高等教育学科（女性教育）研究基地	2008-6-19	非学校主管部门批准	其他重点研究基地	跨系所	教育学	教育	其他
湖南省公民礼仪素质研究基地	2007-1-11	非学校主管部门批准	省级重点研究基地	跨系所	哲学	教育	其他
湖南省湖湘女性文化研究基地	2011-4-15	非学校主管部门批准	省级重点研究基地	跨系所	社会学	文化艺术业	单位自办
湖南省教育科学现代家政教育研究基地	2012-12-1	学校主管部门批准	其他重点研究基地	跨系所	教育学	教育	政府部门办
湖湘女性文化研究所	2014-4-17	学校自建	校级重点研究基地	跨系所	社会学	教育	单位自办
家政研究所	2014-4-17	学校自建	校级重点研究基地	跨系所	社会学	教育	单位自办
经营与管理研究所	2013-4-28	学校自建	校级重点研究基地	跨系所	经济学	教育	单位自办
旅游研究所	2016-6-22	学校自建	校级重点研究基地	独立研究所	管理学	教育	单位自办
女书文化研究所	2013-4-28	学校自建	校级重点研究基地	跨系所	社会学	文化艺术业	单位自办
女性创新创业研究所	2013-4-28	学校自建	校级重点研究基地	跨系所	社会学	教育	单位自办
女性服饰文化研究所	2014-4-17	学校自建	校级重点研究基地	跨系所	艺术学	教育	单位自办

续表

学校及机构名称	成立时间	批准部门	机构类型	组成方式	学科分类	服务的国民经济行业	组成类型
女性经济研究所	2013-4-17	学校自建	校级重点研究基地	跨系所	经济学	教育	单位自办
女性思想政治教育研究所	2013-10-15	学校自建	校级重点研究基地	跨系所	政治学	教育	单位自办
女性体育研究所	2008-2-28	学校自建	校级重点研究基地	跨系所	体育学	文化艺术业	单位自办
女性文学与文化研究所	2016-6-22	学校自建	校级重点研究基地	独立研究所	中国文学	教育	单位自办
女性心理健康教育研究所	2014-4-17	学校自建	校级重点研究基地	跨系所	心理学	教育	单位自办
女性音乐文化研究所	2016-6-22	学校自建	校级重点研究基地	独立研究所	艺术学	教育	单位自办
全国妇女/性别研究与培训基地	2006-10-12	学校主管部门批准	中央其他部委重点研究基地	跨系所	社会学	教育	单位自办
人力资源管理研究所	2014-4-17	学校自建	校级重点研究基地	跨系所	管理学	教育	单位自办
社会工作与社会治理研究所	2013-5-16	学校自建	研究所	独立研究所	社会学	教育	单位自办
外国女性文学研究所	2016-6-22	学校自建	校级重点研究基地	独立研究所	外国文学	体育	单位自办
现代伦理和礼仪教育研究所	2014-4-17	学校自建	校级重点研究基地	跨系所	心理学	教育	单位自办
信息科学与管理工程应用研究所	2012-3-9	学校自建	校级重点研究基地	跨系所	教育学	教育	单位自办
中国重彩艺术研究所	2012-3-1	学校自建	校级重点研究基地	独立研究所	艺术学	教育	单位自办
湖南第一师范学院							
湖南省教育扶贫研究基地	2018-10-25	非学校主管部门批准	省级重点研究基地	跨系所	教育学	教育	政府部门办
湖南省毛泽东诗词外译研究基地	2015-12-8	非学校主管部门批准	省级重点研究基地	跨系所	语言学	文化艺术业	政府部门办
湖南省青年毛泽东研究基地	2010-3-25	非学校主管部门批准	省级重点研究基地	与校外合办所	马克思主义	社会保障	与国内独立研究机构合办
湖湘民间艺术教育传承与发展研究基地	2016-12-20	非学校主管部门批准	省级重点研究基地	跨系所	艺术学	文化艺术业	政府部门办
少数民族文化艺术传承与普及基地	2016-10-31	非学校主管部门批准	其他重点研究基地	跨系所	艺术学	广播、电视、电影和影视录音制作业	单位自办

续表

学校及机构名称	成立时间	批准部门	机构类型	组成方式	学科分类	服务的国民经济行业	组成类型
小学教师教育研究基地	2012-10-31	学校主管部门批准	省级重点研究基地	跨系所	教育学	教育	单位自办
中国特色社会主义理论体系研究中心	2012-10-31	学校主管部门批准	省级重点研究基地	跨系所	马克思主义	教育	单位自办
长沙航空职业技术学院							
高职院校“双一流”建设研究基地	2018-12-30	学校主管部门批准	省级重点研究基地	独立研究所	教育学	教育	单位自办
企业思想政治工作研究中心	2009-10-8	学校主管部门批准	空军装备部企业思想政治研究基地	与校外合办所	马克思主义	教育	其他
现代职业教育中心	2013-8-23	非学校主管部门批准	校级重点研究基地	跨系所	教育学	教育	单位自办
湖南涉外经济学院							
湖南省教育科学民办高等教育研究基地	2013-7-29	学校主管部门批准	省级重点研究基地	独立研究所	教育学	教育	单位自办
湖南省跨国投资与经营研究基地	2010-9-9	学校主管部门批准	省级重点研究基地	独立研究所	经济学	商务服务业	单位自办
湖南省涉外经济风险防范与管理研究基地	2012-5-31	学校主管部门批准	省级重点研究基地	独立研究所	经济学	商务服务业	单位自办
湖南商务职业技术学院							
高职教育研究所	2004-12-31	学校自建	校级重点研究基地	独立研究所	教育学	其他服务业	单位自办
应用翻译研究所	2013-8-29	学校自建	校级重点研究基地	独立研究所	语言学	商务服务业	单位自办
职业教育法治研究所	2016-3-21	学校自建	校级重点研究基地	独立研究所	法学	其他服务业	单位自办
湖南外贸职业学院							
服务贸易研究中心	2009-5-15	学校自建	校级重点研究基地	独立研究所	经济学	商务服务业	单位自办
高职教育研究中心	2009-10-15	学校自建	校级重点研究基地	独立研究所	教育学	教育	单位自办
湖南网络工程职业学院							
终身教育研究所	2005-3-1	学校自建	研究所	独立研究所	教育学	其他服务业	单位自办

续表

学校及机构名称	成立时间	批准部门	机构类型	组成方式	学科分类	服务的国民经济行业	组成类型
湖南艺术职业学院							
湖南民族文化传承研究基地	2016-10-20	非学校主管部门批准	其他重点研究基地	独立研究所	艺术学	教育	政府部门办
湖南省非物质文化遗产研究与培训基地	2017-10-20	学校主管部门批准	其他重点研究基地	独立研究所	艺术学	教育	政府部门办
湖南机电职业技术学院							
高职教育研究所	2010-1-24	学校主管部门批准	校级重点研究基地	独立研究所	教育学	其他服务业	单位自办
长沙师范学院							
湖南省健康中国与幼儿体质促进研究基地	2018-3-30	非学校主管部门批准	湖南省社科研究基地	跨系所	体育学	体育	单位自办
湖南省徐特立研究基地	2015-12-8	非学校主管部门批准	湖南省社科研究基地	独立研究所	教育学	其他服务业	单位自办
湖南省学前教育研究基地	2018-11-26	非学校主管部门批准	湖南省十三五教育科学研究基地	跨系所	教育学	教育	单位自办
湖南财经工业职业技术学院							
旅游文化与中小企业管理研究所	2010-10-16	学校主管部门批准	校级重点研究基地	独立研究所	经济学	商务服务业	单位自办
绿色经济与会计研究所	2010-10-16	学校主管部门批准	校级重点研究基地	独立研究所	经济学	其他服务业	单位自办
湖南应用技术学院							
湘西北城乡发展一体化研究所	2014-3-31	学校自建	校级重点研究基地	独立研究所	经济学	卫生	单位自办
湘西北经济研究所	2014-3-31	学校自建	校级重点研究基地	独立研究所	经济学	资本市场服务	单位自办
湖南交通工程学院							
衡阳市社科基地	2017-1-1	学校主管部门批准	其他智库	跨系所	经济学	教育	政府部门办
湖南省文化创意产业研究中心湖南交通工程学院分中心	2016-1-1	非学校主管部门批准	湖南省社科院智库	跨系所	管理学	互联网和相关服务	政府部门办

续表

学校及机构名称	成立时间	批准部门	机构类型	组成方式	学科分类	服务的国民经济行业	组成类型
湖南幼儿师范高等专科学校							
湖南省教育科学学前教育研究基地	2012-10-8	学校主管部门批准	其他重点研究基地	独立研究所	教育学	教育	单位自办
广东省							
中山大学							
“一带一路”研究院	2015-6-18	学校主管部门批准	其他重点研究基地	独立研究所	政治学	国家机构	政府部门办
城市社会研究中心	2008-7-1	非学校主管部门批准	省级重点研究基地	独立研究所	社会学	教育	政府部门办
大洋洲研究中心	2012-7-2	学校主管部门批准	其他重点研究基地	独立研究所	国际问题研究	国家机构	政府部门办
地方治理与公共政策研究中心	2017-3-18	非学校主管部门批准	省级智库	独立研究所	政治学	国家机构	政府部门办
港澳珠江三角洲研究中心	2000-9-1	学校主管部门批准	教育部重点研究基地	独立研究所	港澳台研究	教育	政府部门办
广东省舆情大数据分析与仿真重点实验室	2017-10-13	非学校主管部门批准	省级重点实验室	独立研究所	新闻学与传播学	新闻和出版业	政府部门办
广州大数据与公共传播研究基地	2015-7-1	非学校主管部门批准	其他重点研究基地	独立研究所	新闻学与传播学	新闻和出版业	政府部门办
广州国际城市创新研究中心	2016-7-1	非学校主管部门批准	其他重点研究基地	独立研究所	管理学	科技推广和应用服务	政府部门办
广州口岸史研究基地	2009-9-14	非学校主管部门批准	其他重点研究基地	独立研究所	历史学	教育	政府部门办
广州市社会保障研究中心	2015-7-1	非学校主管部门批准	其他重点研究基地	独立研究所	管理学	国家机构	政府部门办
广州文化遗产与文化发展研究基地	2018-5-17	非学校主管部门批准	其他重点研究基地	独立研究所	图书馆、情报与文献学	文化艺术业	政府部门办
广州与中外文化交流研究中心	2016-3-21	非学校主管部门批准	其他重点研究基地	独立研究所	哲学	文化艺术业	政府部门办
华南农村研究中心	2004-7-1	非学校主管部门批准	省级重点研究基地	独立研究所	社会学	农业	政府部门办
金融工程与风险管理研究中心	2010-1-1	非学校主管部门批准	省级重点研究基地	独立研究所	经济学	教育	政府部门办
拉丁美洲研究中心	2016-9-1	学校主管部门批准	其他重点研究基地	独立研究所	国际问题研究	文化艺术业	政府部门办

续表

学校及机构名称	成立时间	批准部门	机构类型	组成方式	学科分类	服务的国民经济行业	组成类型
历史人类学研究中心	2001-3-17	学校主管部门批准	教育部重点研究基地	独立研究所	历史学	教育	政府部门办
廉政与治理研究中心	2009-9-1	非学校主管部门批准	省级重点研究基地	与校外合办所	政治学	中国共产党机关	政府部门办
逻辑与认知研究所	1997-1-1	学校主管部门批准	教育部重点研究基地	独立研究所	哲学	教育	政府部门办
马克思主义哲学与中国现代化研究所	2000-9-1	学校主管部门批准	教育部重点研究基地	独立研究所	哲学	教育	政府部门办
欧洲研究中心	2016-9-1	学校主管部门批准	其他重点研究基地	独立研究所	国际问题研究	文化艺术业	政府部门办
人类进化与科技考古实验室	2013-9-15	非学校主管部门批准	省级重点实验室	独立研究所	考古学	文化艺术业	政府部门办
社会认知神经科学与精神健康实验室	2015-10-1	非学校主管部门批准	省级重点实验室	独立研究所	心理学	教育	政府部门办
现代会计与财务研究中心	2000-2-17	非学校主管部门批准	省级重点研究基地	独立研究所	管理学	教育	政府部门办
移民与族群研究中心	2011-9-1	非学校主管部门批准	省级重点研究基地	独立研究所	社会学	教育	政府部门办
粤港澳发展研究院	2015-9-1	非学校主管部门批准	国家高端智库	独立研究所	港澳台研究	国家机构	政府部门办
政治哲学与世界文明研究基地	2017-9-25	非学校主管部门批准	其他重点研究基地	独立研究所	哲学	社会工作	政府部门办
中东研究中心	2016-9-1	学校主管部门批准	其他重点研究基地	独立研究所	国际问题研究	文化艺术业	政府部门办
中国非物质文化遗产研究中心	2004-9-1	学校主管部门批准	教育部重点研究基地	独立研究所	民族学与文化学	文化艺术业	政府部门办
中国公共管理研究中心	2000-12-25	学校主管部门批准	教育部重点研究基地	独立研究所	管理学	国家机构	政府部门办
中国转型与开放经济研究所	2003-3-17	非学校主管部门批准	省级重点研究基地	独立研究所	经济学	教育	政府部门办
珠海海上丝绸之路经济研究中心	2017-10-17	非学校主管部门批准	其他重点研究基地	独立研究所	经济学	资本市场服务	政府部门办
珠海历史文化研究中心	2015-10-1	非学校主管部门批准	其他重点实验室	独立研究所	历史学	教育	政府部门办
珠海旅游研究院	2017-10-17	非学校主管部门批准	其他重点研究基地	独立研究所	管理学	住宿业	政府部门办

续表

学校及机构名称	成立时间	批准部门	机构类型	组成方式	学科分类	服务的国民经济行业	组成类型
珠海珠江口西岸区域经济发展研究基地	2013-4-26	非学校主管部门批准	其他重点研究基地	独立研究所	经济学	货币金融服务	政府部门办
自贸区综合研究院	2015-1-22	非学校主管部门批准	省级智库	独立研究所	管理学	教育	政府部门办
暨南大学							
产业经济研究院	2006-6-6	学校自建	其他智库	独立研究所	经济学	研究和试验发展	单位自办
广东产业发展与粤港澳台区域合作研究中心	2009-1-10	非学校主管部门批准	省级重点研究基地	跨系所	经济学	专业技术服务业	单位自办
海外华文文学与汉语传媒研究中心	2007-6-20	非学校主管部门批准	省级重点研究基地	跨系所	中国文学	研究和试验发展	单位自办
汉语方言研究中心	2008-5-15	非学校主管部门批准	省级重点研究基地	跨系所	语言学	研究和试验发展	单位自办
华侨华人研究院	2006-11-16	非学校主管部门批准	教育部重点研究基地	独立研究所	政治学	研究和试验发展	单位自办
金融研究所	1998-1-10	非学校主管部门批准	省级重点研究基地	跨系所	经济学	研究和试验发展	单位自办
企业发展研究所	2003-7-10	非学校主管部门批准	省级重点研究基地	跨系所	管理学	专业技术服务业	单位自办
特区港澳经济研究所	1982-10-12	非学校主管部门批准	其他智库	跨系所	经济学	专业技术服务业	单位自办
应急管理研究中心	2010-9-10	非学校主管部门批准	省级重点研究基地	与校外合办所	管理学	研究和试验发展	与国内独立研究机构合办
知识产权与法治研究中心	2009-7-10	非学校主管部门批准	省级重点研究基地	独立研究所	法学	专业技术服务业	单位自办
资源环境与可持续发展研究所	2012-3-26	非学校主管部门批准	省级重点研究基地	跨系所	经济学	生态保护和环境治理业	单位自办
汕头大学							
长江工业设计中心	2013-5-24	学校自建	校级重点研究基地	独立研究所	艺术学	教育	单位自办
地方政府发展研究所	2005-9-5	学校主管部门批准	省级重点研究基地	独立研究所	管理学	教育	其他
妇女研究中心	2009-9-1	学校自建	校级重点研究基地	独立研究所	社会学	教育	单位自办

续表

学校及机构名称	成立时间	批准部门	机构类型	组成方式	学科分类	服务的国民经济行业	组成类型
高等教育研究所	1986-1-1	学校自建	校级重点研究基地	独立研究所	教育学	教育	单位自办
国际互联网研究院	2016-4-19	学校自建	校级重点研究基地	独立研究所	新闻学与传播学	互联网和相关服务	单位自办
全球研究中心	2006-1-1	学校自建	校级重点研究基地	独立研究所	历史学	社会工作	单位自办
汕头市质量发展科学研究院	2017-9-25	学校自建	校级研究机构	与校外合办所	管理学	教育	单位自办
台湾及海外华文文学研究中心	1984-2-19	学校自建	校级重点研究基地	跨系所	中国文学	文化艺术业	单位自办
台湾研究所	2001-11-2	学校自建	校级重点研究基地	跨系所	经济学	商务服务业	单位自办
新国学研究中心	2003-1-1	学校自建	校级重点研究基地	独立研究所	中国文学	文化艺术业	单位自办
粤台企业合作研究院	2010-12-8	学校主管部门批准	省级重点研究基地	与校外合办所	管理学	商务服务业	政府部门办
中国卫生法学会 汕头大学卫生法学国际研究院	2017-9-27	学校自建	校级研究机构	与校外合办所	法学	社会工作	与国内独立研究机构合办
华南理工大学							
重大科技项目与平台实施效果第三方评估智库	2017-1-1	非学校主管部门批准	省级智库	独立研究所	管理学	专业技术服务业	单位自办
法治评价与研究中心	2015-12-21	非学校主管部门批准	省级重点研究基地	跨系所	法学	专业技术服务业	与国内独立研究机构合办
公共外交与跨文化传播研究基地	2015-1-22	非学校主管部门批准	省级重点研究基地	独立研究所	新闻学与传播学	新闻和出版业	单位自办
公共政策研究院	2012-3-1	非学校主管部门批准	国家高端智库	独立研究所	政治学	国家机构	与境内注册其他企业合办
广东地方法制研究中心	2007-6-19	非学校主管部门批准	省级重点研究基地	独立研究所	法学	教育	单位自办
广东旅游战略与政策研究中心	2018-12-13	非学校主管部门批准	省级重点研究基地	独立研究所	管理学	其他服务业	单位自办
广东省地方立法研究评估与咨询服务基地	2013-4-25	非学校主管部门批准	省级重点研究基地	独立研究所	法学	教育	单位自办

续表

学校及机构名称	成立时间	批准部门	机构类型	组成方式	学科分类	服务的国民经济行业	组成类型
广东省非物质文化遗产研究基地	2013-12-14	非学校主管部门批准	省级重点研究基地	独立研究所	艺术学	文化艺术业	单位自办
广东省技术创新评估研究中心	2003-12-1	非学校主管部门批准	省级重点研究基地	独立研究所	管理学	专业技术服务业	单位自办
广东省软科学研究基地	2012-12-3	非学校主管部门批准	省级重点研究基地	独立研究所	管理学	科技推广和应用服务	单位自办
广东省社会治理研究中心	2015-1-16	非学校主管部门批准	省级智库	独立研究所	管理学	社会保障	单位自办
广东省体育产业发展研究中心	2006-11-1	非学校主管部门批准	省级重点研究基地	独立研究所	体育学	体育	单位自办
广东省新媒体与品牌传播创新应用重点实验室	2013-9-18	非学校主管部门批准	省级重点实验室	独立研究所	新闻学与传播学	新闻和出版业	单位自办
广东省中小企业研究咨询中心	2003-11-4	非学校主管部门批准	省级重点研究基地	独立研究所	管理学	专业技术服务业	单位自办
广东现代服务业研究基地	2011-11-4	非学校主管部门批准	省级重点研究基地	独立研究所	管理学	专业技术服务业	单位自办
广州国家创新型城市发展研究中心	2015-7-30	非学校主管部门批准	省级重点研究基地	独立研究所	经济学	专业技术服务业	单位自办
广州市大型企业创新体系建设研究中心	2018-1-17	非学校主管部门批准	省级重点研究基地	独立研究所	管理学	专业技术服务业	单位自办
广州市金融服务创新与风险管理研究基地	2015-7-30	非学校主管部门批准	省级重点研究基地	独立研究所	管理学	货币金融服务	单位自办
广州特大城市风险治理研究中心	2018-1-17	非学校主管部门批准	省级重点研究基地	独立研究所	管理学	国家机构	单位自办
国家治理研究中心	2017-7-28	非学校主管部门批准	省级重点研究基地	独立研究所	管理学	国家机构	单位自办
互联网行为科学实验室	2016-3-1	非学校主管部门批准	省级重点实验室	独立研究所	管理学	互联网和相关服务	单位自办
建筑历史文化研究中心	2005-8-1	非学校主管部门批准	省级重点研究基地	独立研究所	历史学	房屋建筑业	单位自办
金融工程研究中心	2004-12-15	非学校主管部门批准	省级重点研究基地	独立研究所	经济学	其他金融业	单位自办
科技革命与技术预见智库	2016-5-11	非学校主管部门批准	省级智库	独立研究所	管理学	专业技术服务业	单位自办
习近平新时代中国特色社会主义思想研究中心	2017-10-26	非学校主管部门批准	省级重点研究基地	独立研究所	马克思主义	教育	单位自办

续表

学校及机构名称	成立时间	批准部门	机构类型	组成方式	学科分类	服务的国民经济行业	组成类型
新岭南文化中心研究基地	2013-5-13	非学校主管部门批准	省级重点研究基地	独立研究所	民族学与文化学	文化艺术业	单位自办
印度巴基斯坦研究中心	2017-6-13	学校主管部门批准	其他重点研究基地，教育部备案国别和区域研究中心	独立研究所	民族学与文化学	国家机构	单位自办
印度洋岛国研究中心	2017-6-13	学校主管部门批准	其他重点研究基地，教育部备案国别和区域研究中心	独立研究所	语言学	国家机构	单位自办
粤港澳大湾区发展广州智库	2018-3-1	非学校主管部门批准	省级智库	与校外合办所	管理学	商务服务业	与国内高校合办
粤港澳大湾区规划创新研究中心	2018-1-17	非学校主管部门批准	省级重点研究基地	独立研究所	管理学	商务服务业	单位自办
哲学与科技高等研究所	2017-5-14	非学校主管部门批准	省级重点研究基地	独立研究所	哲学	专业技术服务业	单位自办
政府绩效评价中心	2017-9-1	非学校主管部门批准	省级智库	独立研究所	管理学	国家机构	单位自办
政府决策与绩效评价研究所	2009-10-1	非学校主管部门批准	省级重点研究基地	独立研究所	管理学	国家机构	单位自办
中国企业战略研究中心	2006-10-1	非学校主管部门批准	省级重点研究基地	独立研究所	管理学	专业技术服务业	单位自办
中国特色社会主义思想与广州实践研究中心	2018-1-17	非学校主管部门批准	省级重点研究基地	独立研究所	马克思主义	其他服务业	单位自办
华南农业大学							
地方法制研究中心	2003-5-13	学校自建	校级重点研究基地	独立研究所	法学	群众团体、社会团体和其他成员组织	单位自办
广东科技管理与规划研究院	2011-12-20	学校自建	校级重点研究基地	与校外合办所	管理学	教育	与国内独立研究机构合办
广东农村经济研究中心	2003-12-18	学校主管部门批准	省级重点研究基地	独立研究所	经济学	教育	单位自办
广东农村政策研究中心	2005-1-20	学校主管部门批准	省级重点研究基地	独立研究所	政治学	社会工作	政府部门办

续表

学校及机构名称	成立时间	批准部门	机构类型	组成方式	学科分类	服务的国民经济行业	组成类型
经济发展研究所	2013-6-10	学校自建	校级重点研究基地	独立研究所	经济学	教育	单位自办
劳资关系研究中心	2009-9-30	学校自建	校级重点研究基地	独立研究所	管理学	社会保障	单位自办
农村法治与社会发展研究中心	2012-11-8	学校自建	校级重点研究基地	独立研究所	社会学	教育	单位自办
农业文化与乡村旅游研究中心	2009-3-16	学校自建	校级重点研究基地	独立研究所	民族学与文化学	教育	单位自办
人力资源与战略发展研究中心	2007-12-9	学校自建	校级重点研究基地	独立研究所	管理学	教育	单位自办
森林资源与环境管理研究所	2011-7-3	学校自建	校级重点研究基地	独立研究所	管理学	教育	单位自办
乡村非物质文化遗产研究中心	2013-6-1	学校自建	校级重点研究基地	独立研究所	民族学与文化学	教育	单位自办
新农村发展研究院	2014-10-28	学校主管部门批准	省级重点研究基地	独立研究所	经济学	教育	单位自办
宗教与文化交流研究中心	2009-3-26	学校自建	校级重点研究基地	独立研究所	民族学与文化学	教育	单位自办
广东海洋大学							
东盟研究院	2014-12-1	学校自建	校级重点研究基地	独立研究所	管理学	科技推广和应用服务	单位自办
广东省地方立法研究评估与咨询服务基地	2013-10-20	非学校主管部门批准	其他智库	与校外合办所	法学	专业技术服务业	其他
广东省雷州文化研究基地	2008-10-21	非学校主管部门批准	其他重点研究基地	与校外合办所	民族学与文化学	文化艺术业	单位自办
海洋经济与管理研究中心	2008-9-20	学校主管部门批准	省级重点研究基地	独立研究所	经济学	农、林、牧、渔专业及辅助性活动	单位自办
海洋文化产业研究中心	2013-10-8	非学校主管部门批准	其他智库	与校外合办所	民族学与文化学	农、林、牧、渔专业及辅助性活动	政府部门办
广东医科大学							
生命文化研究院	2013-3-20	学校自建	校级重点研究基地	独立研究所	哲学	科技推广和应用服务	单位自办

续表

学校及机构名称	成立时间	批准部门	机构类型	组成方式	学科分类	服务的国民经济行业	组成类型
华南师范大学							
城市休闲与旅游规划研究中心	2007-1-1	学校自建	校级重点研究基地	独立研究所	管理学	研究和试验发展	单位自办
华南市场经济研究中心	2006-4-18	学校主管部门批准	省级重点研究基地	独立研究所	经济学	研究和试验发展	单位自办
经济行为与制度研究中心	2008-5-1	学校自建	校级重点研究基地	跨系所	经济学	研究和试验发展	单位自办
劳动法和社会保障法研究所	2010-5-8	学校自建	校级重点研究基地	与校外合办所	法学	研究和试验发展	与境内注册其他企业合办
现代教育研究与开发中心	2003-12-1	学校主管部门批准	省级重点研究基地	独立研究所	教育学	其他服务业	单位自办
心理应用研究中心	2001-3-30	学校主管部门批准	部省共建教育部重点研究基地	独立研究所	心理学	其他服务业	政府部门办
信息传播与文化创意研究中心	2010-5-6	学校主管部门批准	省级重点研究基地	跨系所	新闻学与传播学	研究和试验发展	单位自办
粤港澳协同发展与地方治理研究中心	2014-6-13	学校自建	校级重点研究基地	跨系所	管理学	教育	单位自办
韶关学院							
韶文化研究院	2010-7-15	学校自建	校级重点研究基地	独立研究所	民族学与文化学	其他服务业	单位自办
惠州学院							
法治建设与公共决策研究中心	2015-9-1	非学校主管部门批准	其他重点研究基地，校地研究基地	与校外合办所	法学	社会保障	其他
惠州科技发展研究中心	2012-5-1	非学校主管部门批准	其他智库	与校外合办所	经济学	社会保障	其他
台湾研究所	2014-4-1	学校自建	校级重点研究基地	独立研究所	港澳台研究	教育	单位自办
小小说研究中心	2014-1-1	学校自建	校级重点研究基地	独立研究所	中国文学	教育	单位自办
韩山师范学院							
潮学研究中心	2010-7-1	学校主管部门批准	省级重点研究基地	独立研究所	历史学	其他服务业	单位自办

续表

学校及机构名称	成立时间	批准部门	机构类型	组成方式	学科分类	服务的国民经济行业	组成类型
岭南师范学院							
广州湾研究所	2012-12-5	学校自建	校级重点研究基地	跨系所	经济学	生态保护和环境治理业	单位自办
雷州美术研究所	2012-12-5	学校自建	校级重点研究基地	跨系所	艺术学	文化艺术业	单位自办
特殊儿童心理评估与康复重点实验室	2017-3-8	学校主管部门批准	省级重点实验室	独立研究所	教育学	教育	与境内注册其他企业合办
吴川文化研究所	2012-12-5	学校自建	校级重点研究基地	跨系所	民族学与文化学	文化艺术业	单位自办
中白哲学文化研究中心	2017-9-27	学校自建	其他智库,校级智库	与校外合办所	哲学	教育	与境外机构合办
肇庆学院							
广东省砚文化研究基地	2008-8-8	非学校主管部门批准	其他重点研究基地，省社科联地方特色文化研究机构	独立研究所	民族学与文化学	文化艺术业	单位自办
广东实践科学发展观研究基地	2012-11-5	学校主管部门批准	省级普通基地	独立研究所	马克思主义	中国共产党机关	政府部门办
教育发展研究院	2015-4-8	学校自建	校内研究院	独立研究所	教育学	教育	单位自办
西江特色文化研究与传播发展基地	2014-2-6	学校主管部门批准	省级 2011 协同创新中心	独立研究所	历史学	文化艺术业	单位自办
粤桂合作特别试验区发展战略研究院	2015-5-11	学校自建	其他智库	独立研究所	管理学	中国共产党机关	单位自办
嘉应学院							
客家研究院	2007-6-19	学校主管部门批准	省级重点研究基地	独立研究所	民族学与文化学	文化艺术业	政府部门办
广州体育学院							
残疾人运动与健康促进国际协同创新中心	2015-1-12	非学校主管部门批准	其他重点实验室，国际合作创新平台	与校外合办所	体育学	体育	与国内高校合办

续表

学校及机构名称	成立时间	批准部门	机构类型	组成方式	学科分类	服务的国民经济行业	组成类型
广东省高校运动辅助器具设计工程技术研究中心	2015-1-1	非学校主管部门批准	省级重点实验室	跨系所	体育学	体育	政府部门办
体育社会科学研究中心	2002-10-10	非学校主管部门批准	省级重点研究基地	独立研究所	体育学	体育	政府部门办
运动技战术诊断与机能评定国家体育总局重点实验室	2008-3-14	非学校主管部门批准	省级重点实验室	跨系所	体育学	体育	政府部门办
运动生化省重点实验室	2001-10-1	非学校主管部门批准	省级重点实验室	独立研究所	体育学	体育	政府部门办
运动与健康促进实验室	2013-1-1	非学校主管部门批准	省级重点实验室	跨系所	体育学	体育	政府部门办
广州美术学院							
当代城市文化与建筑艺术创新研究中心	2015-1-12	学校主管部门批准	省级重点研究基地	与校外合办所	艺术学	文化艺术业	与境外机构合办
广东省创意产业研发中心	2009-9-9	非学校主管部门批准	其他重点研究基地，省级研发中心	独立研究所	艺术学	文化艺术业	单位自办
广东省高校中华优秀传统文化传承基地(潮州木雕)	2018-11-17	学校主管部门批准	省级重点研究基地	独立研究所	艺术学	文化艺术业	单位自办
广东省工业设计创意与应用研究重点实验室	2012-8-27	非学校主管部门批准	省级重点实验室	独立研究所	艺术学	文化艺术业	单位自办
广东省广美玉兰软装艺术创意设计研究院	2010-7-1	学校自建	研究院	与校外合办所	艺术学	文化艺术业	与境内注册其他企业合办
广东现代广告创意中心(国家广告产业园)	2010-5-1	非学校主管部门批准	其他重点研究基地，国家广告产业园区	独立研究所	艺术学	文化艺术业	单位自办
广美例外品牌设计研究中心	2013-12-19	学校自建	校级重点研究基地	与校外合办所	艺术学	文化艺术业	与境内注册其他企业合办
胡一川研究所	2011-1-30	学校自建	校级重点研究基地	独立研究所	艺术学	文化艺术业	单位自办
岭南美术教育研究院	2018-12-29	学校主管部门批准	省级重点研究基地	跨系所	艺术学	文化艺术业	与国内高校合办

续表

学校及机构名称	成立时间	批准部门	机构类型	组成方式	学科分类	服务的国民经济行业	组成类型
岭南美术遗产协同创新研究中心	2015-12-30	非学校主管部门批准	其他重点研究基地，广东省非物质文化遗产研究基地	独立研究所	艺术学	文化艺术业	单位自办
岭南美术与文化遗产研究中心	2016-6-1	学校主管部门批准	省级重点研究基地	跨系所	艺术学	文化艺术业	单位自办
岭南文化动漫创意研究基地	2013-11-1	非学校主管部门批准	其他重点研究基地，广州市人文社会科学重点研究基地	独立研究所	艺术学	广播、电视、电影和影视录音制作业	单位自办
南粤古驿道文化研究中心	2018-12-25	非学校主管部门批准	其他重点研究基地	独立研究所	艺术学	文化艺术业	单位自办
书法研究所	2012-6-1	学校自建	校级重点研究基地	独立研究所	艺术学	文化艺术业	单位自办
数字影像与数字工业工程中心	2015-1-30	学校主管部门批准	省级重点研究基地	独立研究所	艺术学	新闻和出版业	单位自办
中国近现代美术研究所	2017-11-10	学校主管部门批准	省级重点研究基地	独立研究所	艺术学	文化艺术业	单位自办
珠三角品牌战略协同创新中心	2014-4-5	学校主管部门批准	省级 2011 协同创新中心	与校外合办所	艺术学	商务服务业	单位自办
星海音乐学院							
岭南音乐文化研究中心	2005-8-24	学校主管部门批准	省级重点研究基地	独立研究所	艺术学	文化艺术业	单位自办
广东技术师范学院							
民族研究所	1984-2-1	学校主管部门批准	省级重点研究基地	跨系所	民族学与文化学	教育	与国内高校合办
深圳大学							
传媒与文化发展研究中心	2005-4-13	学校主管部门批准	省级重点研究基地	独立研究所	新闻学与传播学	新闻和出版业	单位自办
创新型城市建设与治理研究中心	2014-5-17	学校主管部门批准	省级重点研究基地	独立研究所	管理学	国家机构	单位自办
当代中国政治研究所	1999-12-21	学校主管部门批准	省级重点研究基地	独立研究所	政治学	中国共产党机关	单位自办
党内法规研究中心	2017-3-11	学校主管部门批准	省级重点研究基地	独立研究所	政治学	中国共产党机关	单位自办
港澳基本法研究中心	2009-7-11	非学校主管部门批准	中央其他部委重点研究基地	与校外合办所	法学	社会保障	单位自办

续表

学校及机构名称	成立时间	批准部门	机构类型	组成方式	学科分类	服务的国民经济行业	组成类型
规制与公共政策研究中心	2008-2-9	学校自建	校级重点研究基地	独立研究所	法学	国家机构	单位自办
国家文化创新研究中心	2013-2-16	非学校主管部门批准	中央其他部委重点研究基地	独立研究所	艺术学	文化艺术业	单位自办
国学研究所	1900-1-1	学校自建	校级重点研究基地	独立研究所	中国文学	研究和试验发展	单位自办
劳动法和社会保障法研究所	2009-10-10	学校自建	校级重点研究基地	独立研究所	法学	社会保障	单位自办
美学与文艺批评研究院	2016-10-15	非学校主管部门批准	中央其他部委重点研究基地	独立研究所	中国文学	文化艺术业	单位自办
饶宗颐文化研究院	2016-12-24	学校自建	校级重点研究基地	独立研究所	中国文学	文化艺术业	单位自办
社会管理创新研究所	2011-5-14	学校自建	校级重点研究基地	独立研究所	管理学	基层群众自治组织及其他组织	单位自办
深圳国际化战略研究中心	2011-8-13	非学校主管部门批准	其他重点研究基地	独立研究所	社会学	中国共产党机关	政府部门办
深圳市特区立法研究中心	2015-2-7	非学校主管部门批准	其他重点研究基地	独立研究所	法学	中国共产党机关	政府部门办
深圳现代艺术与设计研究中心	2004-6-10	非学校主管部门批准	其他重点研究基地	跨系所	艺术学	文化艺术业	单位自办
体育文化研究所	2009-2-14	非学校主管部门批准	其他重点研究基地	独立研究所	体育学	体育	单位自办
文化产业研究院	2009-5-13	学校主管部门批准	省级重点研究基地	独立研究所	中国文学	文化艺术业	单位自办
印度研究中心	2008-2-9	学校自建	校级重点研究基地	独立研究所	外国文学	国家机构	单位自办
中国经济特区研究中心	2001-12-26	非学校主管部门批准	部省共建教育部重点研究基地	独立研究所	经济学	资本市场服务	单位自办
中国知识产权司法保护理论研究基地	2011-2-5	非学校主管部门批准	中央其他部委重点研究基地	独立研究所	法学	国家机构	政府部门办
广东财经大学							
大数据与教育应用统计实验室	2018-4-18	学校主管部门批准	省级重点实验室	独立研究所	经济学	教育	单位自办
法治与经济发展研究所	2004-1-1	学校主管部门批准	省级重点研究基地	独立研究所	法学	研究和试验发展	单位自办
佛山现代服务业研究院	2007-8-30	学校自建	校级实体科研机构	独立研究所	经济学	研究和试验发展	单位自办

续表

学校及机构名称	成立时间	批准部门	机构类型	组成方式	学科分类	服务的国民经济行业	组成类型
广东地方公共财政研究中心	2017-3-30	学校主管部门批准	省级重点研究基地	独立研究所	经济学	研究和试验发展	单位自办
广东经济与社会发展研究院	2017-3-7	学校自建	校级重点研究基地	独立研究所	经济学	研究和试验发展	单位自办
广州都市文学与都市文化研究基地	2016-9-9	非学校主管部门批准	市级重点研究基地	独立研究所	中国文学	文化艺术业	单位自办
国民经济研究中心	2008-5-12	学校主管部门批准	省级重点研究基地	独立研究所	经济学	研究和试验发展	单位自办
旅游管理与规划设计研究院	2007-11-30	学校自建	校级重点研究基地	独立研究所	管理学	专业技术服务业	单位自办
商贸流通研究院	2007-5-1	学校自建	校级重点研究基地	独立研究所	管理学	商务服务业	单位自办
粤港澳大湾区资本市场与审计治理研究院	2018-4-18	学校主管部门批准	省级重点研究基地	与校外合办所	管理学	资本市场服务	单位自办
中国特色社会主义政治经济学研究中心	2017-3-7	学校自建	校级重点研究基地	跨系所	马克思主义	研究和试验发展	单位自办
珠三角科技金融产业协同创新发展中心	2014-5-12	学校主管部门批准	省级 2011 协同创新中心	与校外合办所	经济学	研究和试验发展	单位自办
顺德职业技术学院							
高职教育研究所	2002-2-21	学校自建	校级重点实验室	独立研究所	教育学	教育	单位自办
广州大学							
广东省地方立法研究评估与咨询服务基地	2013-5-29	非学校主管部门批准	其他重点研究基地，省级立法研究服务基地	独立研究所	法学	国家机构	单位自办
广东省中国特色社会主义理论体系研究中心广州大学研究基地	2016-1-20	非学校主管部门批准	校级重点研究基地，省委宣传部研究基地	独立研究所	马克思主义	教育	政府部门办
广府文化研究基地	2012-7-2	非学校主管部门批准	其他重点研究基地	跨系所	艺术学	电信、广播电视和卫星传输服务	单位自办
广州城市民族关系研究中心	2014-1-7	学校自建	其他智库，校级智库	与校外合办所	民族学与文化学	国家机构	其他
广州大学中国政务研究中心	2014-6-9	学校自建	校级重点研究基地	与校外合办所	管理学	国家机构	政府部门办

续表

学校及机构名称	成立时间	批准部门	机构类型	组成方式	学科分类	服务的国民经济行业	组成类型
广州发展研究院	2005-5-3	非学校主管部门批准	省级重点研究基地	独立研究所	经济学	国家机构	单位自办
广州市“十三行”重点研究基地	2008-1-3	学校自建	其他重点研究基地，市基地	独立研究所	历史学	文化艺术业	单位自办
广州市廉政建设重点研究基地	2005-12-31	学校自建	其他智库，中纪委和省市纪委研究基地	独立研究所	管理学	中国共产党机关	单位自办
广州市社会工作研究中心	2012-7-2	非学校主管部门批准	其他重点研究基地，市级重点研究基地	独立研究所	管理学	公共设施管理业	政府部门办
广州市智慧治理研究中心	2018-1-17	学校主管部门批准	其他重点研究基地，市人文社会科学重点研究基地	跨系所	管理学	教育	其他
广州市协同创新发展中心	2014-1-6	学校自建	校级重点研究基地	独立研究所	中国文学	教育	单位自办
国家人权教育与培训基地（人权研究院）	2011-7-1	非学校主管部门批准	其他重点研究基地，教育部人权培训基地	独立研究所	法学	国家机构	单位自办
金融研究院	2015-4-3	非学校主管部门批准	其他智库，市级金融研究院	独立研究所	经济学	货币金融服务	政府部门办
廉政研究中心	2018-1-17	学校自建	其他智库	跨系所	政治学	国家机构	其他
岭南文化艺术研究院	2018-1-2	学校自建	其他智库	独立研究所	民族学与文化学	文化艺术业	单位自办
人权研究中心	2007-11-1	学校自建	其他重点研究基地	独立研究所	法学	教育	单位自办
台湾研究院	2013-10-7	学校自建	其他智库，校级智库	独立研究所	哲学	教育	与境外机构合办
未成年人心理健康与教育神经科学实验室	2016-1-10	学校主管部门批准	省级重点实验室	独立研究所	心理学	教育	单位自办
文学思想研究中心（俗文化研究中心）	2009-2-2	学校自建	其他智库	独立研究所	中国文学	教育	单位自办

续表

学校及机构名称	成立时间	批准部门	机构类型	组成方式	学科分类	服务的国民经济行业	组成类型
广东警官学院							
国内安全与社会稳定研究中心	2017-5-24	学校主管部门批准	省级智库，省级重点研究基地	独立研究所	法学	国家机构	政府部门办
深圳职业技术学院							
创新设计研究中心	2012-7-16	学校自建	校级重点研究基地	独立研究所	艺术学	广播、电视、电影和影视录音制作业	单位自办
党建与世界政党研究中心	2018-6-6	学校自建	校级重点研究基地	独立研究所	政治学	教育	单位自办
电子商务创新实验室	2018-3-7	学校自建	校级重点实验室	独立研究所	经济学	商务服务业	单位自办
广东省非物质文化遗产研究基地	2013-4-1	学校主管部门批准	省级重点研究基地	跨系所	民族学与文化学	广播、电视、电影和影视录音制作业	单位自办
经济与社会发展研究中心	2001-12-1	学校自建	校级重点研究基地	独立研究所	经济学	专业技术服务业	单位自办
农业文化创意与营销研发中心	2012-7-16	学校自建	校级重点研究基地	跨系所	管理学	广播、电视、电影和影视录音制作业	单位自办
人文社会科学研究室	2000-4-1	学校自建	校级重点研究基地	独立研究所	哲学	其他服务业	单位自办
深圳数字创意公共技术服务中心	2013-7-24	非学校主管部门批准	其他重点研究基地	独立研究所	艺术学	广播、电视、电影和影视录音制作业	政府部门办
深圳文学研究中心	2017-6-5	学校自建	校级重点研究基地	独立研究所	中国文学	文化艺术业	单位自办
台湾研究室	2003-3-1	学校自建	校级重点研究基地	独立研究所	经济学	卫生	单位自办
现代产业研究中心	2012-7-18	学校自建	校级重点研究基地	独立研究所	管理学	商务服务业	单位自办
职业技术教育研究所	1994-4-1	学校自建	校级重点研究基地	独立研究所	教育学	其他服务业	单位自办
纸品创意设计与制作实践室	2016-2-1	非学校主管部门批准	其他重点实验室	与校外合办所	艺术学	造纸和纸制品业	政府部门办
广东南华工商职业学院							
广东劳动关系与工会理论研究院	2018-3-1	学校自建	校级重点研究基地	独立研究所	社会学	社会工作	单位自办

续表

学校及机构名称	成立时间	批准部门	机构类型	组成方式	学科分类	服务的国民经济行业	组成类型
清远市社情民意调研中心	2018-1-19	学校自建	校级重点研究基地	与校外合办所	管理学	居民服务业	与国内独立研究机构合办
五邑大学							
广东侨乡文化研究中心	2006-12-26	学校主管部门批准	省级重点研究基地	跨系所	历史学	研究和试验发展	单位自办
企业管理研究中心	2008-3-28	学校自建	校级重点研究基地	独立研究所	管理学	研究和试验发展	单位自办
广东金融学院							
广东省青少年健康促进与体育发展决策咨询研究中心	2018-12-13	非学校主管部门批准	其他重点研究基地，广东省社会科学研究基地	跨系所	体育学	教育	单位自办
广州区域金融政策研究基地	2010-6-30	非学校主管部门批准	其他重点研究基地	与校外合办所	经济学	国家机构	政府部门办
国际经济与贸易研究所	2006-9-28	学校自建	校级重点实验室	独立研究所	经济学	商务服务业	单位自办
华南金融研究所	1998-9-18	学校自建	校级重点实验室	独立研究所	经济学	资本市场服务	单位自办
科技金融重点实验室	2014-6-6	非学校主管部门批准	其他重点实验室	与校外合办所	经济学	货币金融服务	其他
行为金融与区域实验室	2018-4-18	学校主管部门批准	省级重点实验室	跨系所	经济学	教育	单位自办
知识产权研究所	2002-5-15	学校自建	校级重点实验室	独立研究所	法学	专业技术服务业	单位自办
广东石油化工学院							
广东省非物质文化遗产研究基地	2010-9-20	学校自建	校级重点研究基地	独立研究所	历史学	教育	其他
广东省冼夫人文化研究基地	2009-6-10	学校自建	校级重点研究基地	独立研究所	历史学	教育	单位自办
东莞理工学院							
城市文化发展研究中心	2004-2-6	非学校主管部门批准	厅局级科研机构	独立研究所	社会学	文化艺术业	单位自办
东莞地方立法研究评估与咨询服务基地	2015-7-14	非学校主管部门批准	厅局级科研机构	跨系所	管理学	国家机构	单位自办
东莞经济法律研究咨询中心	2005-2-3	学校自建	校级科研机构	独立研究所	经济学	国家机构	单位自办

续表

学校及机构名称	成立时间	批准部门	机构类型	组成方式	学科分类	服务的国民经济行业	组成类型
东莞理工学院台湾研究所	2016-4-5	非学校主管部门批准	厅局级科研机构	跨系所	法学	教育	单位自办
东莞市生命教育研究中心	2006-10-1	学校自建	校级科研机构	独立研究所	教育学	教育	单位自办
东莞质量与品牌发展研究院	2016-9-8	非学校主管部门批准	厅局级科研机构	跨系所	经济学	其他制造业	单位自办
高等教育发展研究中心	2011-3-10	学校自建	校级重点研究基地	独立研究所	教育学	教育	单位自办
社会发展研究院	2008-7-15	学校自建	校级重点研究基地	独立研究所	社会学	国家机构	单位自办
广东工业大学							
创新理论与创新管理研究中心	2017-2-16	学校主管部门批准	省级智库,广东省决策咨询研究基地	跨系所	管理学	专业技术服务业	单位自办
大数据战略研究中心	2014-5-8	学校主管部门批准	省级智库,广东省决策咨询研究基地	跨系所	管理学	专业技术服务业	单位自办
工业企业大数据战略决策实验室	2016-2-17	学校主管部门批准	省级重点实验室,其他重点实验室,广东省普通高校哲学社会科学重点实验室	跨系所	管理学	专业技术服务业	单位自办
工业企业管理创新研究中心	2009-2-19	学校主管部门批准	省级重点研究基地	独立研究所	管理学	商务服务业	单位自办
广东制造业大数据创新研究中心	2017-9-1	学校主管部门批准	省级智库,其他智库,广东省重点智库	跨系所	管理学	专业技术服务业	单位自办
广州传统村落保护与利用研究基地	2017-1-4	非学校主管部门批准	其他重点研究基地,广州市人文社科重点研究基地	跨系所	社会学	研究和试验发展	单位自办
广州市技术创新与经济转型研究中心	2012-7-12	非学校主管部门批准	其他重点研究基地,广州市人文社会科学重点研究基地	独立研究所	管理学	科技推广和应用服务	单位自办
设计科学与艺术研究中心	2017-10-17	学校主管部门批准	省级重点研究基地	跨系所	艺术学	专业技术服务业	单位自办

续表

学校及机构名称	成立时间	批准部门	机构类型	组成方式	学科分类	服务的国民经济行业	组成类型
粤港澳设计文化与战略研究中心	2018-1-4	非学校主管部门批准	其他重点研究基地，广州市人文社科重点研究基地	独立研究所	艺术学	研究和试验发展	单位自办
广东外语外贸大学							
21 世纪海上丝绸之路与区域创新国际战略研究中心	2015-4-3	学校主管部门批准	其他智库	与校外合办所	经济学	国家机构	与国内高校合办
词典学研究中心	2002-6-1	学校自建	校级研究机构	独立研究所	语言学	教育	单位自办
党内法规研究中心	2010-11-2	非学校主管部门批准	其他重点研究基地	独立研究所	法学	教育	单位自办
东方学研究中心	2017-7-7	学校自建	校级重点研究基地	独立研究所	外国文学	教育	单位自办
翻译学研究中心	2008-6-5	学校主管部门批准	省级重点研究基地	独立研究所	语言学	教育	政府部门办
非公经济发展研究中心	2017-7-7	学校自建	校级重点研究基地	独立研究所	经济学	其他金融业	单位自办
非洲研究院	2016-11-2	非学校主管部门批准	其他重点研究基地	独立研究所	国际问题研究	教育	单位自办
高等教育研究中心	2003-1-6	学校自建	校级研究机构	独立研究所	教育学	教育	单位自办
广东大学生创新创业研究中心	2017-6-2	非学校主管部门批准	其他重点研究基地	独立研究所	管理学	教育	单位自办
广东国际战略研究院	2009-11-13	学校主管部门批准	省级智库	独立研究所	管理学	国家机构	政府部门办
广东省地方立法研究评估与咨询服务基地	2013-7-6	非学校主管部门批准	其他重点研究基地	独立研究所	法学	国家机构	政府部门办
广东省社会组织研究中心	2015-12-1	学校主管部门批准	省级重点研究基地	独立研究所	社会学	教育	单位自办
广州国际城市创新传播研究中心	2016-4-1	非学校主管部门批准	广州市普通高等学校人文社会科学重点研究基地	独立研究所	新闻学与传播学	教育	单位自办
广州国际商贸中心重点研究基地	2010-10-20	非学校主管部门批准	其他重点研究基地	独立研究所	经济学	专业技术服务业	政府部门办
广州华南财富管理中心研究基地	2017-11-2	非学校主管部门批准	其他重点研究基地	独立研究所	经济学	教育	单位自办
广州绿色发展法治研究中心	2015-12-17	学校主管部门批准	其他重点研究基地	独立研究所	法学	国家机构	政府部门办

续表

学校及机构名称	成立时间	批准部门	机构类型	组成方式	学科分类	服务的国民经济行业	组成类型
桂诗春语言高等研究院	2018-8-1	学校自建	校级机构	独立研究所	语言学	教育	单位自办
国际服务外包研究院，国际服务经济研究中心	2009-11-1	学校自建	校级研究机构	独立研究所	经济学	商务服务业	单位自办
国际汉学研究中心	2017-7-7	非学校主管部门批准	校级重点研究基地	独立研究所	中国文学	教育	单位自办
国际经济贸易研究中心	2006-4-18	学校主管部门批准	省级重点研究基地	独立研究所	经济学	教育	政府部门办
国际问题研究所	2001-7-1	学校自建	校级科研机构	跨系所	政治学	社会工作	单位自办
国际移民研究中心	2017-5-2	非学校主管部门批准	其他重点研究基地	独立研究所	国际问题研究	教育	单位自办
华南国际知识产权研究院	2016-11-7	非学校主管部门批准	其他重点研究基地	独立研究所	法学	教育	单位自办
机构话语研究中心	2017-7-7	非学校主管部门批准	校级重点研究基地	独立研究所	语言学	教育	单位自办
加拿大研究中心	2012-3-1	非学校主管部门批准	部省共建教育部重点研究基地，其他重点研究基地	独立研究所	政治学	教育	政府部门办
拉丁美洲研究中心	2017-5-7	非学校主管部门批准	其他重点研究基地	独立研究所	国际问题研究	教育	单位自办
欧洲研究中心	1997-1-1	学校自建	校级研究机构	独立研究所	国际问题研究	教育	单位自办
商务语言研究中心	2017-7-7	非学校主管部门批准	校级重点研究基地	独立研究所	语言学	教育	单位自办
双语认知与发展实验室	2013-11-21	学校主管部门批准	省级重点研究基地	独立研究所	语言学	教育	单位自办
太平洋岛国战略研究中心	2015-6-19	非学校主管部门批准	省级智库	独立研究所	国际问题研究	教育	单位自办
土地法制研究院	2016-5-1	学校自建	校级研究机构	独立研究所	法学	教育	单位自办
外国文学文化研究中心	2003-10-13	学校主管部门批准	省级重点研究基地	独立研究所	外国文学	教育	政府部门办
外国语言学及应用语言学研究中心	2000-9-1	非学校主管部门批准	教育部重点研究基地	独立研究所	语言学	教育	政府部门办
外语研究与语言服务协同创新中心	2014-5-9	学校主管部门批准	省级 2011 协同创新中心	与校外合办所	语言学	教育	与国内高校合办
印度尼西亚研究中心	2017-5-2	非学校主管部门批准	其他重点研究基地	独立研究所	国际问题研究	教育	单位自办
语言工程与计算实验室	2014-4-16	学校主管部门批准	省级重点实验室	独立研究所	语言学	教育	单位自办

续表

学校及机构名称	成立时间	批准部门	机构类型	组成方式	学科分类	服务的国民经济行业	组成类型
粤商研究中心、粤港澳大湾区研究院	2010-7-1	学校主管部门批准	省级重点研究基地	独立研究所	经济学	专业技术服务业	政府部门办
中国计量经济史研究中心	2017-7-7	学校自建	校级重点研究基地	独立研究所	经济学	教育	单位自办
中国家庭金融与资产管理研究中心	2017-7-7	学校自建	校级重点研究基地	独立研究所	经济学	教育	单位自办
中外品牌管理研究基地	2017-7-7	学校自建	校级重点研究基地	独立研究所	经济学	教育	单位自办
佛山科学技术学院							
佛山社会工作本土化研究协同创新中心	2014-6-19	学校主管部门批准	校级重点研究基地	与校外合办所	社会学	社会工作	其他
佛山市妇女发展研究中心	2009-3-2	非学校主管部门批准	校级重点研究基地	与校外合办所	法学	社会工作	其他
佛山市青少年发展研究中心	2009-3-25	学校自建	校级重点研究基地	独立研究所	教育学	教育	单位自办
佛山武术文化研究中心	2010-10-18	学校主管部门批准	校级重点研究基地	独立研究所	体育学	体育	单位自办
高等教育研究所	1992-3-2	学校自建	校级重点研究基地	独立研究所	教育学	教育	单位自办
广东省广府文化研究基地	2009-12-28	学校主管部门批准	校级重点研究基地	独立研究所	艺术学	文化艺术业	单位自办
华南智能教育研究中心	2013-8-8	学校主管部门批准	校级重点研究基地	与校外合办所	教育学	教育	其他
酒文化研究中心	2008-7-7	学校自建	校级重点研究基地	独立研究所	经济学	文化艺术业	单位自办
企业发展研究中心	2006-12-1	学校自建	校级重点研究基地	独立研究所	经济学	商务服务业	单位自办
广东培正学院							
民办高等教育研究中心	2011-9-1	学校自建	校级重点研究基地	独立研究所	教育学	教育	单位自办
南方医科大学							
“一带一路”医药卫生合作与发展研究院	2017-1-1	学校自建	校级研究院	跨系所	管理学	卫生	单位自办
公共卫生政策研究所	2011-9-1	学校自建	校级重点实验室	独立研究所	管理学	卫生	单位自办

续表

学校及机构名称	成立时间	批准部门	机构类型	组成方式	学科分类	服务的国民经济行业	组成类型
公共卫生政策研究与评价实验室	2016-1-1	学校主管部门批准	省级重点实验室	跨系所	管理学	卫生	政府部门办
广东省习近平新时代中国特色社会主义思想研究中心研究基地	2018-1-26	学校主管部门批准	省级重点研究基地	独立研究所	马克思主义	中国共产党机关	政府部门办
广州市公共卫生服务体系建设研究基地	2012-1-1	非学校主管部门批准	其他重点研究基地，市级重点研究基地	跨系所	管理学	卫生	政府部门办
国际卫生法学研究院	2012-9-1	学校自建	校级研究院	独立研究所	法学	卫生	单位自办
卫生法学研究中心	2010-9-1	学校自建	校级重点实验室	独立研究所	法学	卫生	单位自办
卫生政策与医院管理研究所	2016-1-1	学校自建	校级研究所	跨系所	管理学	卫生	单位自办
心理健康研究所	2001-9-1	学校自建	校级重点实验室	独立研究所	心理学	卫生	单位自办
医疗仲裁研究中心暨医疗仲裁中心	2010-9-1	非学校主管部门批准	其他重点实验室	与校外合办所	法学	卫生	与国内独立研究机构合办
医学语言与文化研究所	2017-1-2	学校自建	校级研究所	独立研究所	语言学	教育	单位自办
英语语言文学研究所	2009-9-1	学校自建	校级重点实验室	独立研究所	语言学	教育	单位自办
中国近现代史问题研究所	2008-9-1	学校自建	校级研究所	独立研究所	马克思主义	教育	单位自办
广东科学技术职业学院							
高职教育研究所	2018-10-30	学校自建	其他重点研究基地	独立研究所	教育学	教育	单位自办
广东省人才研究所	1999-5-13	非学校主管部门批准	其他重点研究基地	独立研究所	管理学	教育	政府部门办
广东行政职业学院							
澳门法研究所	2013-12-4	学校自建	校级重点研究基地	独立研究所	法学	教育	单位自办
马克思主义研究院	2016-3-3	学校自建	其他智库	跨系所	马克思主义	教育	单位自办
广州大学华软软件学院							
服务外包研究院	2015-11-27	学校自建	校级重点研究基地	独立研究所	教育学	其他服务业	单位自办

续表

学校及机构名称	成立时间	批准部门	机构类型	组成方式	学科分类	服务的国民经济行业	组成类型
中山大学南方学院							
国家猎头研究中心	2013-11-1	学校自建	校级研究机构	独立研究所	管理学	专业技术服务业	单位自办
金融市场与动能预测研究中心	2015-10-1	学校自建	校级研究机构	独立研究所	经济学	研究和试验发展	单位自办
农村财务与会计研究中心	2014-4-2	学校自建	系级研究机构	独立研究所	经济学	其他金融业	单位自办
广东外语外贸大学南国商学院							
国民健康与人口老龄化经济研究所	2016-11-16	学校自建	校级研究所	独立研究所	经济学	社会保障	单位自办
极地问题研究中心	2017-6-13	非学校主管部门批准	教育部国别和区域研究备案中心	跨系所	国际问题研究	国家机构	政府部门办
教育科学研究所	2016-11-16	学校自建	校级研究所	独立研究所	教育学	教育	单位自办
空港经济协同创新研究中心	2014-9-1	非学校主管部门批准	其他重点研究基地，广东省社会科学研究基地	与校外合办所	经济学	航空运输业	单位自办
美学美育研究所	2016-11-16	学校自建	校级研究所	独立研究所	中国文学	教育	单位自办
数据应用研究所	2016-11-16	学校自建	校级研究所	独立研究所	教育学	软件和信息技术服务业	单位自办
新经济管理研究所	2018-6-30	学校自建	校级研究所	独立研究所	经济学	资本市场服务	单位自办
心理健康教育研究所	2016-11-16	学校自建	校级研究所	独立研究所	心理学	教育	单位自办
亚洲地区汉字文化研究所	2018-6-30	学校自建	校级研究所	独立研究所	语言学	社会工作	单位自办
英汉翻译研究所	2018-6-30	学校自建	校级研究所	独立研究所	语言学	新闻和出版业	单位自办
粤港澳大湾区经济发展研究所	2018-6-30	学校自建	校级研究所	独立研究所	经济学	资本市场服务	单位自办
智能信息处理研究所	2018-6-30	学校自建	校级研究所	独立研究所	图书馆、情报与文献学	互联网和相关服务	单位自办
中国传统艺术研究所	2018-6-30	学校自建	校级研究所	独立研究所	艺术学	文化艺术业	单位自办
中欧文化交流研究所	2018-6-30	学校自建	校级研究所	独立研究所	民族学与文化学	文化艺术业	单位自办

续表

学校及机构名称	成立时间	批准部门	机构类型	组成方式	学科分类	服务的国民经济行业	组成类型
广东机电职业技术学院							
高职研究所	2017-6-7	学校自建	教育	独立研究所	教育学	教育	单位自办
罗定职业技术学院							
南江文化研究中心	2009-9-16	学校自建	校级重点研究基地	独立研究所	民族学与文化学	文化艺术业	政府部门办
汕头职业技术学院							
高等职业教育研究所	2007-4-13	学校自建	校级重点研究基地	独立研究所	教育学	其他服务业	单位自办
清远职业技术学院							
清远旅游发展研究所	2017-7-14	学校自建	校级自建研究所	独立研究所	管理学	其他服务业	单位自办
新媒体研究所	2017-7-14	学校自建	校级自建研究所	独立研究所	新闻学与传播学	新闻和出版业	单位自办
瑶壮文化艺术研究所	2017-7-14	学校自建	校级自建研究所	独立研究所	社会学	文化艺术业	单位自办
北京师范大学珠海分校							
城市发展与环境协调重点研究基地	2015-6-8	学校自建	校级重点研究基地	独立研究所	社会学	国家机构	单位自办
基层治理研究基地	2017-7-12	学校自建	校级重点研究基地	独立研究所	社会学	基层群众自治组织及其他组织	单位自办
教育产业重点研究基地	2015-6-8	学校自建	校级重点研究基地	独立研究所	教育学	教育	单位自办
社会创新重点研究基地	2015-6-8	学校自建	校级重点研究基地	独立研究所	社会学	社会工作	单位自办
社会治理与社会工作协同创新中心	2015-6-8	学校自建	校级协同创新中心	独立研究所	社会学	社会工作	单位自办
文化创意产业重点研究基地	2015-6-8	学校自建	校级重点研究基地	跨系所	民族学与文化学	广播、电视、电影和影视录音制作业	单位自办
物流研究所	2017-6-26	学校自建	其他智库，学校自建	独立研究所	经济学	多式联运和运输代理业	单位自办
中华优秀传统文化传承与传播研究基地	2017-7-12	学校自建	校级重点研究基地	独立研究所	民族学与文化学	文化艺术业	单位自办

续表

学校及机构名称	成立时间	批准部门	机构类型	组成方式	学科分类	服务的国民经济行业	组成类型
广东工业大学华立学院							
财经研究所	2016-6-13	学校自建	校级重点研究基地	独立研究所	管理学	教育	单位自办
创新创业研究所	2016-6-13	学校自建	校级重点研究基地	独立研究所	管理学	教育	单位自办
华美艺术研究室	2015-11-10	学校自建	校级重点研究基地	独立研究所	艺术学	文化艺术业	单位自办
企业应用情报研究中心	2016-6-13	学校自建	校级重点研究基地	独立研究所	管理学	批发业	单位自办
英汉对比与翻译研究中心	2016-6-13	学校自建	校级重点研究基地	独立研究所	语言学	教育	单位自办
北京理工大学珠海学院							
东亚民商法律研究中心	2017-9-25	非学校主管部门批准	校级重点研究基地，其他重点研究基地	独立研究所	法学	商务服务业	单位自办
珠海福祉文化设计研究基地	2017-9-25	非学校主管部门批准	校级重点研究基地，其他重点研究基地，珠海市社科研究基地	独立研究所	艺术学	文化艺术业	单位自办
珠海环境会计与审计研究基地	2017-9-25	非学校主管部门批准	校级重点研究基地，其他重点研究基地	独立研究所	经济学	商务服务业	单位自办
珠海跨境物流研究基地	2017-9-25	非学校主管部门批准	校级重点研究基地，其他重点研究基地	独立研究所	管理学	商务服务业	单位自办
珠海生态文明建设研究基地暨产业生态研究中心	2010-9-1	非学校主管部门批准	校级重点研究基地，其他重点研究基地，珠海市社科基地	跨系所	经济学	教育	政府部门办
吉林大学珠海学院							
大珠三角经济社会创新发展研究基地	2015-7-1	学校自建	校级重点研究基地	跨系所	经济学	其他服务业	单位自办
高等教育研究所	2007-12-18	非学校主管部门批准	其他重点研究基地，广东省民办教育研究基地	跨系所	管理学	教育	单位自办

续表

学校及机构名称	成立时间	批准部门	机构类型	组成方式	学科分类	服务的国民经济行业	组成类型
韩国学研究中心	2016-9-26	学校自建	校级重点研究基地	与校外合办所	语言学	文化艺术业	与境外机构合办
健康服务与管理研究中心	2016-11-23	学校自建	校级重点研究基地	独立研究所	管理学	社会保障	单位自办
美学与文学评论研究基地	2016-9-20	学校自建	校级重点研究基地	独立研究所	中国文学	文化艺术业	与国内独立研究机构合办
企业管理仿真研究基地	2015-7-1	学校自建	校级重点研究基地，校级重点实验室	跨系所	经济学	商务服务业	单位自办
粤港澳物流与供应链研究基地	2015-7-1	学校自建	校级重点研究基地	独立研究所	管理学	互联网和相关服务	单位自办
珠港澳电子商务协同创新重点研究基地	2018-11-20	学校自建	校级重点研究基地	独立研究所	经济学	互联网和相关服务	单位自办
珠港澳旅游协同发展研究基地	2015-7-1	学校自建	校级重点研究基地	跨系所	管理学	居民服务业	单位自办
珠海保税区创新发展研究基地	2015-5-11	学校自建	校级重点研究基地	与校外合办所	经济学	商务服务业	政府部门办
珠海产业发展与区域合作研究基地	2017-9-18	非学校主管部门批准	其他重点研究基地，市级重点研究基地	独立研究所	经济学	资本市场服务	单位自办
珠海横琴创新发展研究基地	2012-11-9	非学校主管部门批准	其他重点研究基地，市级重点研究基地	与校外合办所	经济学	商务服务业	政府部门办
珠海美学与美育研究中心	2017-9-18	非学校主管部门批准	其他重点研究基地，市级重点研究基地	独立研究所	民族学与文化学	文化艺术业	单位自办
珠海市健康养老研究基地	2019-9-18	非学校主管部门批准	其他重点研究基地，市级重点研究基地	独立研究所	管理学	卫生	单位自办
珠海温泉产业与文化研究基地	2013-11-26	非学校主管部门批准	其他重点研究基地，市级重点研究基地	与校外合办所	管理学	商务服务业	政府部门办
珠海文化理论研究基地	2012-11-9	非学校主管部门批准	其他重点研究基地，市级重点研究基地	与校外合办所	民族学与文化学	文化艺术业	政府部门办

续表

学校及机构名称	成立时间	批准部门	机构类型	组成方式	学科分类	服务的国民经济行业	组成类型
惠州经济职业技术学院							
企业运营研究中心	2016-5-17	学校主管部门批准	其他智库,企业咨询和当地经济发展咨询	独立研究所	管理学	商务服务业	单位自办
广东工商职业学院							
广东华南健康养老产业研究院	2015-10-23	非学校主管部门批准	省级智库, 校级重点研究基地	独立研究所	社会学	社会保障	单位自办
互联网经济研究中心	2017-2-16	非学校主管部门批准	省级智库, 校级重点研究基地	独立研究所	经济学	互联网和相关服务	单位自办
肇庆市电子商务研究所	2015-12-18	非学校主管部门批准	其他智库, 校级重点研究基地	独立研究所	经济学	互联网和相关服务	单位自办
中小微企业经营风险管理研究所	2016-4-5	非学校主管部门批准	校级重点研究基地	独立研究所	法学	社会工作	单位自办
广东科贸职业学院							
农业经济研究所	1989-5-22	学校自建	其他智库	独立研究所	经济学	教育	单位自办
广东南方职业学院							
高职教育研究所	2015-12-10	学校自建	校级重点研究基地	独立研究所	管理学	其他服务业	单位自办
广州华商职业学院							
教育科学研究所	2014-9-1	学校自建	研究所	独立研究所	教育学	其他服务业	单位自办
广东青年职业学院							
青少年研究所	2014-6-1	学校自建	研究中心	独立研究所	教育学	教育	单位自办
志愿服务研究中心	2014-1-1	学校自建	研究中心	独立研究所	社会学	社会工作	单位自办
广东茂名幼儿师范专科学校							
学前教育专业教学研究基地	2015-7-3	学校自建	校级重点研究基地	独立研究所	教育学	教育	单位自办

续表

学校及机构名称	成立时间	批准部门	机构类型	组成方式	学科分类	服务的国民经济行业	组成类型
广西壮族自治区							
广西大学							
广西大学财政金融研究中心	2013-9-2	学校主管部门批准	省级重点研究基地	独立研究所	经济学	教育	政府部门办
广西教育法制研究中心	2015-5-4	学校主管部门批准	省级重点研究基地	独立研究所	法学	教育	政府部门办
广西经济发展战略研究院	2014-7-31	学校主管部门批准	省级重点研究基地	独立研究所	经济学	教育	政府部门办
广西民商事法律研究中心	2014-7-31	学校主管部门批准	省级重点研究基地	与校外合办所	法学	教育	政府部门办
马克思主义经济学研究中心	2006-5-10	学校主管部门批准	省级重点研究基地	独立研究所	经济学	教育	政府部门办
区域社会管理创新研究中心	2014-7-31	学校主管部门批准	省级重点研究基地	独立研究所	管理学	教育	政府部门办
广西科技大学							
产业经济与西江区域经济发展研究所	2014-7-18	学校自建	校级研究所	跨系所	经济学	专业技术服务业	单位自办
城乡科学发展研究所	2014-7-18	学校自建	校级研究所	跨系所	社会学	公共设施管理业	单位自办
广西非物质文化遗产民族民间文化研究所	2012-11-12	学校自建	校级研究所	跨系所	民族学与文化学	文化艺术业	单位自办
思想政治教育话语应用研究所	2012-11-12	学校自建	校级研究所	跨系所	马克思主义	教育	单位自办
西部地区产业与城市发展研究中心	2014-7-13	学校主管部门批准	其他重点研究基地，广西高校人文社会科学重点研究基地培育基地	跨系所	经济学	资本市场服务	单位自办
战略与决策研究所	2012-11-12	学校自建	校级研究所	跨系所	管理学	专业技术服务业	单位自办
制造系统仿真与企业信息化重点实验室	2014-4-25	学校主管部门批准	其他重点实验室，广西高校重点实验室	跨系所	管理学	电气机械和器材制造业	单位自办
桂林电子科技大学							
广西马克思主义理论研究和建设工程研究基地	2014-8-1	学校主管部门批准	省级重点研究基地	独立研究所	马克思主义	其他服务业	政府部门办

续表

学校及机构名称	成立时间	批准部门	机构类型	组成方式	学科分类	服务的国民经济行业	组成类型
广西战略性新兴产业发展研究中心	2014-8-12	学校主管部门批准	省级重点研究基地	独立研究所	经济学	科技推广和应用服务	政府部门办
政府数字传播与文化软实力研究中心	2014-8-13	学校主管部门批准	省级重点研究基地	独立研究所	管理学	其他服务业	政府部门办
桂林理工大学							
广西旅游产业研究院	2013-4-15	学校主管部门批准	省级重点研究基地	独立研究所	民族学与文化学	教育	单位自办
桂林文化研究中心	2014-3-28	学校自建	校级重点研究基地	独立研究所	民族学与文化学	广播、电视、电影和影视录音制作业	单位自办
技术经济及管理研究所	2012-2-9	学校自建	校级重点研究基地	独立研究所	管理学	其他服务业	单位自办
现代企业管理研究中心	2014-3-3	学校主管部门批准	省级重点研究基地	独立研究所	管理学	商务服务业	单位自办
应用经济研究所	2007-2-9	学校自建	校级重点研究基地	独立研究所	经济学	商务服务业	单位自办
广西医科大学							
健康与经济社会发展研究中心	2014-7-31	学校主管部门批准	其他重点研究基地	独立研究所	管理学	教育	单位自办
健康与卫生政策研究中心	2018-8-20	学校主管部门批准	其他智库	独立研究所	管理学	教育	政府部门办
马克思主义理论研究与建设工程研究基地	2014-8-6	学校主管部门批准	省级重点研究基地	独立研究所	马克思主义	其他服务业	单位自办
广西中医药大学							
民族医药研究与发展中心	2006-12-30	学校自建	民族医药研究与发展中心	独立研究所	民族学与文化学	医药制造业	单位自办
中国—东盟传统医药发展研究中心	2016-6-13	学校主管部门批准	省级重点研究基地	跨系所	教育学	医药制造业	政府部门办
桂林医学院							
医学伦理与职业道德研究中心	2014-6-30	学校主管部门批准	其他重点研究基地，厅级研究机构	跨系所	社会学	教育	单位自办

续表

学校及机构名称	成立时间	批准部门	机构类型	组成方式	学科分类	服务的国民经济行业	组成类型
广西师范大学							
八桂文化与文学研究中心	2013-5-3	学校主管部门批准	省级重点研究基地	独立研究所	中国文学	教育	单位自办
白先勇研究中心	2014-9-24	学校自建	其他	独立研究所	中国文学	教育	单位自办
成人教育研究所	2007-12-29	学校自建	其他	独立研究所	教育学	教育	单位自办
池田大作思想研究所	2014-9-26	学校自建	其他	跨系所	哲学	教育	单位自办
出版传媒研究院	2017-12-29	学校自建	其他	独立研究所	新闻学与传播学	社会工作	单位自办
东盟教育研究院	2016-7-21	学校主管部门批准	其他	独立研究所	教育学	其他服务业	单位自办
法制与社会发展研究所	2007-7-1	学校自建	其他	独立研究所	法学	卫生	单位自办
泛北部湾区域研究中心	2013-6-13	学校主管部门批准	省级重点研究基地	跨系所	政治学	卫生	单位自办
工业设计研究所	2014-9-24	学校自建	其他	独立研究所	艺术学	教育	单位自办
公共文化服务体系研究所	2014-9-24	学校自建	其他	独立研究所	民族学与文化学	卫生	单位自办
广西大学生马克思主义思想政治教育研究中心	2013-5-3	学校主管部门批准	省级重点研究基地	独立研究所	政治学	娱乐业	单位自办
广西地方法制与地方治理研究中心	2014-9-2	学校主管部门批准	省级重点研究基地	独立研究所	法学	卫生	单位自办
广西地方民族史研究所	1995-9-1	学校自建	其他	独立研究所	民族学与文化学	娱乐业	单位自办
广西廉政建设研究中心	2009-11-1	学校主管部门批准	省级重点研究基地	跨系所	政治学	社会保障	单位自办
广西绿色发展研究所	2018-4-3	学校自建	其他	独立研究所	经济学	资本市场服务	单位自办
广西民族教育研究中心	2013-5-3	学校主管部门批准	省级重点研究基地	跨系所	教育学	其他服务业	单位自办
广西人文社会科学发展研究中心	2010-1-3	学校主管部门批准	省级重点研究基地	独立研究所	管理学	其他服务业	政府部门办
广西文化产业研究基地	2007-8-3	学校主管部门批准	省级重点研究基地	跨系所	管理学	娱乐业	单位自办

续表

学校及机构名称	成立时间	批准部门	机构类型	组成方式	学科分类	服务的国民经济行业	组成类型
桂台合作研究中心	2014-9-24	学校主管部门批准	其他	独立研究所	经济学	货币金融服务	单位自办
桂学研究协同创新中心	2013-6-18	学校主管部门批准	省级 2011 协同创新中心	跨系所	中国文学	卫生	单位自办
国家体育总局体育文化发展中心研究基地	2010-3-24	非学校主管部门批准	其他	独立研究所	体育学	文化艺术业	政府部门办
海上丝绸之路文化研究院	2016-9-22	学校自建	其他	独立研究所	历史学	卫生	单位自办
环境艺术设计研究所	2002-1-2	学校自建	其他	独立研究所	艺术学	广播、电视、电影和影视录音制作业	单位自办
基础教育研究院	2001-12-6	学校自建	其他	独立研究所	教育学	卫生	单位自办
教育部高校辅导员培训和研修基地	2007-7-31	学校主管部门批准	其他	独立研究所	教育学	卫生	政府部门办
教育部基础教育课程研究中心	2010-10-27	学校主管部门批准	其他	独立研究所	教育学	其他服务业	政府部门办
教育评估院	2016-7-27	学校主管部门批准	其他	独立研究所	教育学	其他服务业	单位自办
客家文化研究所	2004-6-1	学校自建	其他	独立研究所	民族学与文化学	娱乐业	单位自办
旅游研究所	2000-1-1	学校自建	其他	独立研究所	历史学	娱乐业	单位自办
马克思主义理论与区域实践协同创新中心	2013-6-18	学校主管部门批准	省级 2011 协同创新中心	跨系所	马克思主义	娱乐业	单位自办
马克思主义理论与区域实践研究中心	2013-6-13	学校主管部门批准	省级重点研究基地	独立研究所	政治学	娱乐业	单位自办
马克思主义研究所	2001-2-21	学校自建	其他	独立研究所	马克思主义	中国共产党机关	单位自办
民族音乐舞蹈研究所	2007-7-1	学校自建	其他	独立研究所	艺术学	广播、电视、电影和影视录音制作业	单位自办
女性发展研究所	2010-3-8	学校自建	其他	独立研究所	社会学	其他服务业	单位自办
审美人类学研究中心	2013-5-3	学校主管部门批准	省级重点研究基地	独立研究所	中国文学	教育	单位自办

续表

学校及机构名称	成立时间	批准部门	机构类型	组成方式	学科分类	服务的国民经济行业	组成类型
石刻文化研究中心	2018-4-7	学校自建	校级研究机构	独立研究所	中国文学	社会工作	单位自办
体育与保健科学研究所	2001-9-13	学校自建	其他	独立研究所	体育学	生态保护和环境治理业	单位自办
外国语言文学研究所	2000-1-20	学校自建	其他	独立研究所	语言学	娱乐业	单位自办
文化遗产研究中心	2018-7-10	学校自建	校级研究机构	与校外合办所	历史学	文化艺术业	与国内独立研究机构合办
西南城市与区域发展研究中心	2007-8-3	学校主管部门批准	省级重点研究基地	独立研究所	经济学	货币金融服务	单位自办
越南研究院	2018-10-26	学校自建	其他重点研究基地，教育部国别和区域研究中心	跨系所	历史学	社会工作	单位自办
中国—东盟历史与现实研究中心	2013-5-3	学校主管部门批准	省级重点研究基地	跨系所	历史学	卫生	单位自办
中国—东盟关系研究所	2014-9-24	学校自建	其他	独立研究所	政治学	社会保障	单位自办
中国诗学研究中心	1999-7-1	学校自建	其他	独立研究所	中国文学	社会工作	单位自办
中国语言文学研究所	1985-11-1	学校自建	其他	独立研究所	中国文学	娱乐业	单位自办
中华优秀传统文化传承发展中心（国学中心）	2017-6-30	学校自建	其他	跨系所	中国文学	其他服务业	单位自办
珠江—西江经济带合作发展研究院	2014-9-12	学校主管部门批准	省级重点研究基地	跨系所	经济学	其他金融业	单位自办
壮学研究所	2000-1-1	学校自建	其他	独立研究所	民族学与文化学	教育	单位自办
广西师范学院							
广西马克思主义理论研究和建设工程广西师范学院研究基地	2006-8-15	学校主管部门批准	省级重点研究基地	独立研究所	马克思主义	教育	单位自办
马克思主义与民族地区社会管理创新研究中心	2013-7-31	学校主管部门批准	省级重点研究基地	独立研究所	马克思主义	教育	单位自办
民族地区新型城镇化研究中心	2014-7-1	学校主管部门批准	省级重点研究基地	跨系所	经济学	社会保障	单位自办

续表

学校及机构名称	成立时间	批准部门	机构类型	组成方式	学科分类	服务的国民经济行业	组成类型
广西民族师范学院							
左江流域民族文化研究中心	2014-9-2	学校主管部门批准	省级重点研究基地	独立研究所	民族学与文化学	教育	政府部门办
河池学院							
广西人口较少民族发展研究中心	2014-7-31	学校主管部门批准	省级重点研究基地	跨系所	民族学与文化学	教育	单位自办
玉林师范学院							
民族地区文化安全研究中心	2014-7-31	学校主管部门批准	省级重点研究基地	跨系所	马克思主义	教育	单位自办
广西艺术学院							
广西民族民间音乐文化传承与发展基地	2009-11-28	学校主管部门批准	其他重点研究基地	跨系所	艺术学	其他服务业	单位自办
广西少数民族传统艺术研究中心	2005-3-14	学校主管部门批准	省级重点研究基地	独立研究所	艺术学	其他服务业	单位自办
漓江画派艺术研究中心	2007-7-31	学校主管部门批准	省级重点研究基地	跨系所	艺术学	其他服务业	单位自办
造型艺术创作研究中心	2011-3-25	学校主管部门批准	省级重点研究基地	跨系所	艺术学	其他服务业	单位自办
中国—东盟华语有声语言研究中心	2012-10-29	学校主管部门批准	省级重点研究基地	跨系所	新闻学与传播学	其他服务业	单位自办
中国—东盟音乐跨界传播与传承研究中心	2014-7-31	学校主管部门批准	省级重点研究基地	跨系所	艺术学	其他服务业	单位自办
中国—东盟民族艺术创作与展演研究中心	2010-5-17	学校主管部门批准	省级重点研究基地	跨系所	艺术学	其他服务业	单位自办
广西民族大学							
边疆民族地区档案学研究中心	2003-5-30	学校自建	校级重点研究基地	独立研究所	图书馆、情报与文献学	教育	单位自办
边境民族教育研究基地	2018-9-4	学校自建	校级重点研究基地	跨系所	教育学	教育	单位自办

续表

学校及机构名称	成立时间	批准部门	机构类型	组成方式	学科分类	服务的国民经济行业	组成类型
东盟研究中心	2011-6-15	学校主管部门批准	教育部重点研究基地	独立研究所	政治学	其他服务业	单位自办
翻译研究基地	2016-9-28	学校自建	校级重点研究基地	独立研究所	语言学	其他服务业	与境内注册其他企业合办
菲律宾研究中心	2017-7-9	学校自建	校级重点研究基地	跨系所	国际问题研究	其他服务业	单位自办
广播电视传播重点研究基地	2014-9-26	学校自建	校级重点研究基地	独立研究所	新闻学与传播学	新闻和出版业	单位自办
广西边疆研究所	2017-7-9	学校自建	校级重点研究基地	独立研究所	民族学与文化学	卫生	单位自办
广西城市治理与发展研究院	2017-7-9	学校自建	校级重点研究基地	独立研究所	管理学	卫生	单位自办
广西非物质文化遗产保护中心	2009-8-15	学校主管部门批准	省级重点研究基地	与校外合办所	民族学与文化学	教育	与国内独立研究机构合办
广西国际写作交流中心	2015-9-25	学校自建	教育厅研究中心	独立研究所	中国文学	教育	单位自办
广西教育科学重点研究基地	2012-3-21	学校主管部门批准	省级重点研究基地	独立研究所	教育学	其他服务业	单位自办
广西民族教育研究中心	2011-3-24	学校主管部门批准	省级重点研究基地，校级重点研究基地	独立研究所	教育学	其他服务业	单位自办
广西民族教育重点研究基地	2015-3-20	学校主管部门批准	教育部重点研究基地	独立研究所	教育学	其他服务业	单位自办
广西民族团结教育师资培训基地	2011-9-22	学校主管部门批准	省级重点研究基地	独立研究所	教育学	其他服务业	单位自办
广西民族文化保护与传承研究中心	2014-3-12	学校主管部门批准	省级重点研究基地	跨系所	中国文学	其他服务业	单位自办
广西民族艺术重点研究基地	2014-9-26	学校自建	校级重点研究基地	独立研究所	艺术学	教育	与境内注册其他企业合办
广西民族预科教育协同创新研究基地	2017-7-9	学校自建	校级重点研究基地	跨系所	教育学	其他服务业	单位自办
广西人口与新型城镇化研究中心	2017-7-9	学校自建	校级重点研究基地	独立研究所	社会学	卫生	单位自办
广西文艺评论基地	2017-5-19	非学校主管部门批准	省级重点研究基地	与校外合办所	中国文学	其他服务业	与国内独立研究机构合办

续表

学校及机构名称	成立时间	批准部门	机构类型	组成方式	学科分类	服务的国民经济行业	组成类型
广西与东南亚民族研究人才小高地	2015-5-13	非学校主管部门批准	人才小高地	跨系所	民族学与文化学	卫生	单位自办
广西振兴传统工艺研究中心	2017-9-18	非学校主管部门批准	其他重点研究基地,厅级	跨系所	民族学与文化学	文教、工美、体育和娱乐用品制造业	单位自办
广西知识产权培训(广西民族大学)基地	2013-3-15	非学校主管部门批准	省级重点研究基地	独立研究所	法学	其他服务业	单位自办
广西中小企业发展与管理创新重点研究基地	2014-9-16	学校自建	校级重点研究基地	独立研究所	管理学	卫生	单位自办
汉语国际教育研究中心	2015-9-18	学校自建	校级重点研究基地	跨系所	教育学	其他服务业	单位自办
红色文化研究中心	2017-7-9	学校自建	校级重点研究基地	独立研究所	民族学与文化学	教育	单位自办
马克思主义理论研究和建设工程研究基地	2007-5-28	非学校主管部门批准	区党委宣传部研究基地	跨系所	马克思主义	教育	政府部门办
马克思主义理论研究基地	2011-3-18	学校自建	其他重点研究基地	独立研究所	马克思主义	其他服务业	单位自办
民族法文化与社区治理协同创新中心	2013-3-15	学校主管部门批准	省级 2011 协同创新中心	与校外合办所	法学	其他服务业	与国内高校合办
民族双团结课程建设基地(民族教育专项)	2017-10-19	学校主管部门批准	其他重点研究基地,厅级	跨系所	教育学	教育	单位自办
南方民族法学研究基地	2014-3-12	非学校主管部门批准	中央其他部委重点研究基地	独立研究所	法学	其他服务业	单位自办
外国语言学及应用语言学研究基地	2016-9-28	学校自建	校级重点研究基地	跨系所	语言学	卫生	单位自办
文化遗产研究中心	2016-9-28	学校自建	校级重点研究基地	跨系所	民族学与文化学	教育	单位自办
文化遗产与科技文明重点研究基地	2014-9-26	学校自建	校级重点研究基地	独立研究所	考古学	科技推广和应用服务	单位自办

续表

学校及机构名称	成立时间	批准部门	机构类型	组成方式	学科分类	服务的国民经济行业	组成类型
文莱研究中心	2018-9-4	学校自建	校级重点研究基地	跨系所	国际问题研究	国际组织	单位自办
西方语言文学重点研究基地	2015-9-18	学校自建	校级重点研究基地	独立研究所	中国文学	教育	单位自办
“一带一路”沿线国家经贸合作国别研究基地	2017-7-9	学校自建	校级重点研究基地	跨系所	经济学	卫生	单位自办
中国—东盟海上安全研究中心	2017-7-9	学校自建	校级重点研究基地	独立研究所	国际问题研究	卫生	单位自办
中国—东盟信息重点研究基地	2014-9-26	学校自建	校级重点研究基地	跨系所	民族学与文化学	教育	单位自办
中国—东盟研究中心	2005-11-4	学校主管部门批准	省级智库	独立研究所	国际问题研究	研究和试验发展	单位自办
中国—东盟知识产权培训试点建设基地	2015-5-16	非学校主管部门批准	其他重点研究基地	跨系所	教育学	其他服务业	与国内独立研究机构合办
中国翻译文献整理研究中心	2018-9-4	学校自建	校级重点研究基地	跨系所	语言学	教育	单位自办
中国南方与东南亚跨境民族研究基地	2011-5-2	非学校主管部门批准	中央其他部委重点研究基地	跨系所	民族学与文化学	卫生	单位自办
中国南方与东南亚民族研究中心	2013-3-15	学校主管部门批准	省级重点研究基地	跨系所	民族学与文化学	卫生	单位自办
中国文化对外翻译与传播研究基地	2018-9-4	学校自建	校级重点研究基地	跨系所	语言学	教育	单位自办
中越跨境旅游研究基地	2018-9-4	学校自建	校级重点研究基地	跨系所	管理学	居民服务业	单位自办
百色学院							
广西马克思主义理论研究和建设工程研究基地	2014-9-30	非学校主管部门批准	其他重点研究基地	独立研究所	马克思主义	其他服务业	政府部门办
老区精神与老少边地区发展研究中心	2014-4-17	学校主管部门批准	其他重点研究基地	独立研究所	政治学	其他服务业	政府部门办
广西科技师范学院							
广西金秀大瑶山瑶族文化研究基地	2016-5-30	学校主管部门批准	校级重点研究基地	独立研究所	民族学与文化学	广播、电视、电影和影视录音制作业	政府部门办

续表

学校及机构名称	成立时间	批准部门	机构类型	组成方式	学科分类	服务的国民经济行业	组成类型
广西财经学院							
广西(东盟)财经研究中心	2014-5-5	学校自建	其他智库	独立研究所	经济学	商务服务业	单位自办
广西经济与金融财税研究院	2012-10-10	学校主管部门批准	其他重点研究基地,广西高校人文社科重点研究基地	跨系所	经济学	货币金融服务	单位自办
广西经济预测与决策研究中心	2013-12-10	学校主管部门批准	其他重点研究基地	独立研究所	经济学	商务服务业	单位自办
广西跨境电商智能信息处理重点实验室培育基地	2016-4-20	学校主管部门批准	省级重点实验室	独立研究所	统计学	互联网和相关服务	单位自办
广西数量经济重点实验室	2014-2-3	学校主管部门批准	省级重点实验室	独立研究所	统计学	商务服务业	单位自办
海陆经济一体化与海上丝绸之路建设研究协同中心	2013-3-12	学校主管部门批准	广西协同创新中心	独立研究所	经济学	商务服务业	单位自办
海上丝绸之路与广西区域发展研究院	2016-5-19	学校主管部门批准	省级智库	独立研究所	经济学	商务服务业	单位自办
南宁学院							
广西第二批动漫人才培养基地	2013-6-14	学校主管部门批准	校级重点研究基地	与校外合办所	艺术学	广播、电视、电影和影视录音制作业	单位自办
市场调查研究所	2014-9-19	学校自建	校级重点实验室	独立研究所	管理学	其他服务业	单位自办
新桂商研究院	2015-12-25	学校自建	校级重点研究基地	与校外合办所	管理学	商务服务业	单位自办
应用技术大学建设发展研究中心	2014-5-15	学校自建	校级重点研究基地	跨系所	教育学	其他服务业	单位自办
应用技术类高校人文社会科学服务区域发展特色基地	2014-6-6	学校主管部门批准	校级重点研究基地	与校外合办所	教育学	其他服务业	政府部门办
钦州学院							
北部湾海洋文化研究中心	2007-8-3	学校主管部门批准	其他重点研究基地,广西高校人文社会科学重点研究基地	跨系所	经济学	教育	单位自办

续表

学校及机构名称	成立时间	批准部门	机构类型	组成方式	学科分类	服务的国民经济行业	组成类型
北部湾现代港口物流重点实验室培育基地	2015-6-29	非学校主管部门批准	其他重点实验室	独立研究所	管理学	水上运输业	单位自办
桂林航天工业学院							
广西航空物流研究中心	2015-8-1	非学校主管部门批准	其他重点研究基地	跨系所	管理学	航空运输业	单位自办
航空航天文化研究中心	2016-2-28	非学校主管部门批准	其他重点研究基地	独立研究所	民族学与文化学	航空运输业	单位自办
桂林旅游学院							
东盟旅游研究基地	2016-12-26	非学校主管部门批准	其他重点研究基地	独立研究所	管理学	其他服务业	与国内独立研究机构合办
广西旅游产业服务平台	2014-9-9	学校主管部门批准	旅游产业服务平台	独立研究所	经济学	其他服务业	单位自办
广西旅游科学研究所	2001-10-10	学校主管部门批准	研究所	独立研究所	经济学	其他服务业	单位自办
广西旅游数据中心	2017-6-1	学校主管部门批准	研究中心	独立研究所	管理学	其他服务业	单位自办
桂林桂旅规划设计研究院	2005-10-15	学校主管部门批准	研究院	独立研究所	经济学	其他服务业	单位自办
民族特色旅游工艺品研究中心	2016-5-30	学校主管部门批准	省级重点研究基地	独立研究所	艺术学	其他服务业	单位自办
休闲养生旅游研究中心	2016-5-30	学校主管部门批准	省级重点研究基地	跨系所	管理学	其他服务业	单位自办
贺州学院							
南岭走廊族群文化研究基地	2014-6-6	学校主管部门批准	其他重点研究基地	跨系所	社会学	社会工作	单位自办
广西外国语学院							
高等教育研究所	2011-12-2	学校自建	校级重点研究基地	独立研究所	教育学	其他服务业	单位自办
广西城市职业学院							
花山文化研究院	2017-4-3	学校主管部门批准	校级重点研究基地	独立研究所	艺术学	文化艺术业	单位自办
广西经济职业学院							
高等教育研究所	2015-11-19	学校自建	校级研究机构	独立研究所	经济学	教育	单位自办

续表

学校及机构名称	成立时间	批准部门	机构类型	组成方式	学科分类	服务的国民经济行业	组成类型
广西幼儿师范高等专科学校							
广西幼儿教育师资培养基地	2014-1-1	非学校主管部门批准	广西高校科技创新能力提升工程建设项目	跨系所	教育学	其他服务业	其他
海南省							
海南大学							
海南省历史文化研究基地	2007-1-15	非学校主管部门批准	省级重点研究基地	与校外合办所	历史学	文化艺术业	单位自办
海南省南海法律研究中心	2011-12-7	非学校主管部门批准	省级重点研究基地	独立研究所	法学	教育	单位自办
海南省全域旅游研究基地	2017-5-18	非学校主管部门批准	校级重点研究基地	独立研究所	管理学	商务服务业	单位自办
热带农业发展研究所	2007-9-1	学校自建	校级重点研究基地	独立研究所	经济学	其他金融业	单位自办
社会科学研究中心	2007-9-1	学校自建	校级重点研究基地	独立研究所	哲学	教育	单位自办
海南热带海洋学院							
海南省国际海岛休闲度假旅游研究基地	2012-8-1	非学校主管部门批准	省级重点研究基地	与校外合办所	经济学	教育	政府部门办
海南省民族研究基地	2008-12-29	非学校主管部门批准	省级重点研究基地	与校外合办所	民族学与文化学	教育	政府部门办
海南省南海文明研究基地	2016-5-20	非学校主管部门批准	省级重点研究基地	与校外合办所	民族学与文化学	教育	政府部门办
海南师范大学							
海南经济特区法治战略研究基地	2015-3-19	非学校主管部门批准	省级重点研究基地	与校外合办所	法学	中国共产党机关	单位自办
海南省海上丝绸之路研究基地	2016-12-20	非学校主管部门批准	省级重点研究基地	与校外合办所	社会学	文化艺术业	单位自办
海南省基础教育课程与教学研究基地	2006-4-11	非学校主管部门批准	省级重点研究基地	与校外合办所	教育学	教育	单位自办
海南省南海区域文化研究基地	2009-9-10	非学校主管部门批准	省级重点研究基地	与校外合办所	历史学	广播、电视、电影和影视录音制作业	单位自办

续表

学校及机构名称	成立时间	批准部门	机构类型	组成方式	学科分类	服务的国民经济行业	组成类型
海南省社会舆情和治理研究中心	2016-12-14	非学校主管部门批准	省级重点研究基地	与校外合办所	新闻学与传播学	新闻和出版业	单位自办
海南省生态文明研究中心	2012-8-28	非学校主管部门批准	省级重点研究基地	与校外合办所	社会学	生态保护和环境治理业	单位自办
海南省中国特色社会主义理论体系研究中心	2005-4-11	非学校主管部门批准	省级共建研究中心	与校外合办所	马克思主义	中国共产党机关	单位自办
海南职业技术学院							
海南省新型城镇化与职业教育发展研究基地	2014-6-3	非学校主管部门批准	省级重点研究基地	与校外合办所	教育学	教育	政府部门办
海口经济学院							
海南省旅游商品研究基地	2005-10-18	非学校主管部门批准	省级重点研究基地	与校外合办所	经济学	商务服务业	与国内独立研究机构合办
海南政法职业学院							
海南省社会治理创新与人才培养研究基地	2014-5-7	非学校主管部门批准	省级重点研究基地	与校外合办所	法学	社会工作	政府部门办
海南外国语职业学院							
东盟语言与文化普及示范基地	2016-5-12	非学校主管部门批准	省级重点研究基地	与校外合办所	语言学	教育	政府部门办
海南省应用外语研究基地	2013-12-26	非学校主管部门批准	省级重点研究基地	与校外合办所	语言学	教育	政府部门办
琼台师范学院							
海南省小学与幼儿教育基地	2013-3-18	非学校主管部门批准	省级重点研究基地	与校外合办所	教育学	教育	政府部门办
海南经贸职业技术学院							
海南省对外经济贸易合作研究基地	2010-7-15	非学校主管部门批准	省级重点研究基地	与校外合办所	经济学	教育	政府部门办
三亚学院							
海南省岛屿文化生态与社会发展研究基地	2011-11-18	非学校主管部门批准	省级重点研究基地	与校外合办所	社会学	生态保护和环境治理业	政府部门办
海南丝路商业文明研究基地	2016-6-9	非学校主管部门批准	省级重点研究基地	与校外合办所	管理学	商务服务业	政府部门办

续表

学校及机构名称	成立时间	批准部门	机构类型	组成方式	学科分类	服务的国民经济行业	组成类型
重庆市							
重庆大学							
地方政府治理协同创新中心	2017-6-26	非学校主管部门批准	省级 2011 协同创新中心	跨系所	管理学	其他服务业	与国内独立研究机构合办
工商管理与经济发展研究中心	2003-3-10	非学校主管部门批准	省级重点研究基地	独立研究所	管理学	其他服务业	政府部门办
公共经济与公共政策研究中心	2003-3-8	非学校主管部门批准	省级重点研究基地	独立研究所	管理学	其他服务业	政府部门办
建设经济与管理中心	2013-1-8	非学校主管部门批准	省级重点研究基地	独立研究所	管理学	其他服务业	政府部门办
区域经济与科教战略研究中心	2010-9-9	非学校主管部门批准	教育部战略研究培育基地	跨系所	经济学	教育	政府部门办
数字影视艺术理论与技术重庆市重点实验室	2012-4-10	非学校主管部门批准	省级重点实验室	跨系所	艺术学	教育	政府部门办
西部环境资源法制建设研究中心	2006-12-25	非学校主管部门批准	省级重点研究基地	独立研究所	法学	其他服务业	政府部门办
现代物流重庆市重点实验室	2010-10-10	非学校主管部门批准	省级重点实验室	跨系所	管理学	其他服务业	政府部门办
语言认知及语言应用研究基地	2006-12-25	非学校主管部门批准	省级重点研究基地	独立研究所	语言学	教育	政府部门办
重庆邮电大学							
翻译与技术传播研究中心	2018-6-25	学校自建	校级重点研究基地	独立研究所	教育学	社会工作	单位自办
马克思主义基本原理与廉政教育研究中心	2018-6-25	学校自建	校级重点研究基地	独立研究所	马克思主义	教育	单位自办
企业管理创新研究中心	2018-6-25	学校主管部门批准	校级重点研究基地	独立研究所	管理学	社会工作	单位自办
日本研究中心	2017-10-30	非学校主管部门批准	其他重点研究基地，教育部国别和区域研究中心	独立研究所	国际问题研究	社会工作	单位自办
数据信息与人工智能法律研究中心	2018-6-25	学校自建	校级重点研究基地	独立研究所	法学	社会工作	单位自办
司法鉴定中心	2003-6-30	学校主管部门批准	省级重点研究基地	独立研究所	法学	社会工作	单位自办
网络法治研究中心	2018-6-25	学校自建	校级重点研究基地	独立研究所	法学	社会工作	单位自办

续表

学校及机构名称	成立时间	批准部门	机构类型	组成方式	学科分类	服务的国民经济行业	组成类型
网络社会发展研究中心	2004-6-2	学校主管部门批准	省级重点研究基地	独立研究所	社会学	社会工作	政府部门办
网络社会治理与网络文化软实例研究中心	2018-6-25	学校自建	校级重点研究基地	独立研究所	社会学	社会工作	单位自办
网络协同经济研究中心	2018-6-25	学校自建	校级重点研究基地	独立研究所	经济学	社会工作	单位自办
新媒体环境下思想政治教育研究中心	2018-6-25	学校自建	校级重点研究基地	独立研究所	政治学	教育	单位自办
信息产业发展研究中心	2005-4-29	非学校主管部门批准	校级重点研究基地	独立研究所	管理学	教育	单位自办
信息化时代马克思主义中国化与社会心理研究中心	2018-6-25	学校自建	校级重点研究基地	独立研究所	马克思主义	教育	单位自办
影视艺术研究与创作中心	2018-6-25	学校自建	校级重点研究基地	独立研究所	艺术学	文化艺术业	单位自办
运动与健康研究中心	2018-6-25	学校自建	校级重点研究基地	独立研究所	体育学	体育	单位自办
重庆交通大学							
口岸物流管理与航运经济研究中心	2013-1-10	学校主管部门批准	省级重点研究基地	独立研究所	管理学	水上运输业	政府部门办
西部交通与经济社会发展研究中心	2004-2-10	学校主管部门批准	省级重点研究基地	独立研究所	经济学	商务服务业	单位自办
重庆医科大学							
医学与社会发展研究中心	2002-1-1	学校主管部门批准	省级重点研究基地	独立研究所	社会学	卫生	单位自办
西南大学							
俄语国家研究中心	2017-7-12	学校主管部门批准	其他重点研究基地，教育部国别和区域研究基地	独立研究所	语言学	教育	政府部门办
公共文化研究中心	2015-7-28	非学校主管部门批准	中央其他部委重点研究基地	独立研究所	管理学	社会工作	政府部门办
国家体育总局体质评价与运动机能监控重点实验室	2015-11-18	非学校主管部门批准	中央其他部委重点实验室	与校外合办所	体育学	教育	与国内独立研究机构合办

续表

学校及机构名称	成立时间	批准部门	机构类型	组成方式	学科分类	服务的国民经济行业	组成类型
汉语言文献研究所	1984-10-6	学校主管部门批准	学校独立科研机构	独立研究所	语言学	教育	单位自办
基础教育研究中心	2006-12-25	非学校主管部门批准	省级重点研究基地	独立研究所	教育学	教育	政府部门办
教育立法研究基地（西南大学）	2018-1-20	学校主管部门批准	其他重点研究基地，教育部教育立法研究基地	独立研究所	法学	教育	政府部门办
科学教育研究中心	2006-12-25	非学校主管部门批准	省级重点研究基地	独立研究所	教育学	教育	政府部门办
逻辑与智能研究中心	2006-12-25	非学校主管部门批准	省级重点研究基地	独立研究所	哲学	教育	政府部门办
马克思主义理论研究中心	2003-1-8	非学校主管部门批准	省级重点研究基地	独立研究所	马克思主义	教育	政府部门办
民族教育发展与高层次人才培养重点研究基地	2016-11-25	学校主管部门批准	其他重点研究基地，教育部民族教育发展与高层次人才培养基地	跨系所	民族学与文化学	教育	政府部门办
民族理论与政策评估研究中心	2017-11-20	非学校主管部门批准	中央其他部委重点研究基地	独立研究所	民族学与文化学	文化艺术业	政府部门办
农村经济与管理研究中心	2003-1-8	非学校主管部门批准	省级重点研究基地	独立研究所	经济学	农业	政府部门办
农业教育发展研究中心	2006-12-25	非学校主管部门批准	省级重点研究基地	独立研究所	教育学	农业	政府部门办
全国民政政策理论研究基地（西南大学）	2018-12-10	非学校主管部门批准	中央其他部委重点研究基地	独立研究所	社会学	社会工作	政府部门办
三峡库区经济社会发展研究中心	2003-1-8	非学校主管部门批准	省级重点研究基地	独立研究所	社会学	生态保护和环境治理业	政府部门办
统筹城乡教育发展研究中心	2010-3-5	学校自建	筹建重点研究基地	跨系所	教育学	教育	单位自办
外国语言学与外语教育研究中心	2013-1-8	非学校主管部门批准	省级重点研究基地	独立研究所	语言学	教育	政府部门办
西南历史地理研究中心	2013-1-8	非学校主管部门批准	省级重点研究基地	独立研究所	历史学	教育	政府部门办
西南民族教育与心理研究中心	2004-12-20	学校主管部门批准	教育部重点研究基地	独立研究所	教育学	教育	政府部门办
希腊研究中心	2017-7-12	学校主管部门批准	其他重点研究基地，教育部国别和区域研究基地	独立研究所	历史学	教育	政府部门办

续表

学校及机构名称	成立时间	批准部门	机构类型	组成方式	学科分类	服务的国民经济行业	组成类型
心理健康教育研究中心	2006-12-25	非学校主管部门批准	省级重点研究基地	独立研究所	心理学	教育	政府部门办
心理学与社会管理研究中心	2003-1-8	非学校主管部门批准	省级重点研究基地	独立研究所	心理学	教育	政府部门办
伊朗研究中心	2017-7-12	学校主管部门批准	其他重点研究基地，教育部国别与区域研究基地	独立研究所	历史学	教育	政府部门办
中国共产党革命精神与文化资源研究中心	2014-8-3	学校自建	筹建中校级重点研究基地	跨系所	马克思主义	教育	单位自办
中国基础教育质量监测协同创新西南大学分中心	1995-12-12	学校主管部门批准	国家级 2011 协同创新分中心	与校外合办所	教育学	教育	与国内高校合办
中国抗战大后方研究协同创新中心	2014-7-20	非学校主管部门批准	省级 2011 协同创新中心	独立研究所	历史学	教育	政府部门办
中国诗学研究中心	2003-1-8	非学校主管部门批准	省级重点研究基地	独立研究所	中国文学	教育	政府部门办
中国西部非公经济发展与扶贫反哺协同创新中心	2017-6-26	非学校主管部门批准	省级 2011 协同创新中心	与校外合办所	经济学	社会工作	政府部门办
重庆市文化产业研究院	2018-5-27	非学校主管部门批准	与重庆市文化委共建基地	与校外合办所	社会学	文化艺术业	其他
重庆市运动戒毒研究中心	2018-5-17	非学校主管部门批准	与重庆市戒毒管理局共建基地	与校外合办所	体育学	体育	其他
重庆师范大学							
高校党建思想研究中心	2014-11-1	学校主管部门批准	省级智库	独立研究所	马克思主义	教育	政府部门办
公民道德与社会建设研究中心	2013-1-1	学校主管部门批准	省级重点研究基地	独立研究所	马克思主义	教育	单位自办
三峡文化与社会发展研究院	2003-12-18	学校主管部门批准	省级重点研究基地	与校外合办所	社会学	教育	与国内高校合办
重庆市抗战文史研究基地	2006-12-3	学校主管部门批准	省级重点研究基地	独立研究所	历史学	教育	单位自办
重庆市课程与教学研究基地	2003-12-18	学校主管部门批准	省级重点研究基地	独立研究所	教育学	教育	单位自办
重庆市小学教师教育研究基地	2006-12-25	学校主管部门批准	省级重点研究基地	独立研究所	教育学	教育	单位自办

续表

学校及机构名称	成立时间	批准部门	机构类型	组成方式	学科分类	服务的国民经济行业	组成类型
重庆文理学院							
巴渝文化研究所	2006-5-10	学校自建	校级重点研究基地	跨系所	民族学与文化学	教育	单位自办
非物质文化遗产研究中心	2014-1-15	学校主管部门批准	省级重点研究基地	独立研究所	社会学	广播、电视、电影和影视录音制作业	政府部门办
教师发展研究所	2006-5-10	学校自建	校级重点研究基地	跨系所	教育学	教育	单位自办
教育创新研究院	2017-10-25	学校自建	校级重点研究基地	独立研究所	教育学	教育	单位自办
思想政治教育研究中心	2006-5-10	学校自建	校级重点研究基地	跨系所	教育学	教育	单位自办
职业教育研究所	2006-5-10	学校自建	校级重点研究基地	跨系所	教育学	教育	单位自办
重庆三峡学院							
三峡库区可持续发展研究中心	2006-12-1	学校主管部门批准	省级重点研究基地	独立研究所	经济学	科技推广和应用服务	政府部门办
长江师范学院							
白鹤梁石刻文化研究中心	2014-10-15	学校自建	校级重点研究基地	独立研究所	历史学	教育	单位自办
地方政府治理研究中心	2017-3-20	学校自建	校级重点研究基地	独立研究所	管理学	教育	单位自办
国家体育总局体育文化发展中心体育文化研究基地	2011-5-28	非学校主管部门批准	国家体育总局体育文化发展中心体育文化研究基地	独立研究所	体育学	教育	单位自办
教育科学研究院	2015-12-10	学校自建	校级重点研究基地	独立研究所	教育学	教育	单位自办
数字媒体艺术研究中心	2012-6-7	学校自建	校级重点研究基地	跨系所	艺术学	教育	单位自办
乌江流域民族文化研究基地	2012-6-15	非学校主管部门批准	中央其他部委重点研究基地	独立研究所	民族学与文化学	教育	政府部门办
乌江流域社会经济文化研究中心	2002-4-20	学校主管部门批准	省级重点研究基地	独立研究所	民族学与文化学	教育	单位自办

续表

学校及机构名称	成立时间	批准部门	机构类型	组成方式	学科分类	服务的国民经济行业	组成类型
武陵山片区绿色发展协同创新中心	2014-4-18	学校主管部门批准	省级 2011 协同创新中心	跨系所	经济学	教育	与国内独立研究机构合办
武陵山片区民族理论政策研究基地	2015-4-2	非学校主管部门批准	中央其他部委重点研究基地	独立研究所	民族学与文化学	教育	政府部门办
武陵山区特色资源开发与利用研究中心	2006-6-6	学校主管部门批准	省级重点研究基地	独立研究所	经济学	科技推广和应用服务	单位自办
西南地区土司文化研究中心	2007-5-5	学校自建	校级重点研究基地	独立研究所	民族学与文化学	教育	单位自办
中波文化研究中心	2015-9-17	学校自建	校级重点研究基地	与校外合办所	社会学	教育	与境外机构合办
中美传媒比较研究中心	2015-5-12	学校自建	校级重点研究基地	与校外合办所	新闻学与传播学	教育	与境外机构合办
重庆长江经济带发展研究中心	2015-11-26	学校自建	校级重点研究基地	独立研究所	经济学	教育	单位自办
重庆教育改革研究中心	2015-12-16	学校主管部门批准	省级智库	独立研究所	教育学	教育	政府部门办
重庆民族研究院	2015-6-19	非学校主管部门批准	重庆民族宗教事务委员会共建	与校外合办所	民族学与文化学	教育	政府部门办
四川外国语大学							
当代国际话语体系研究院	2016-11-21	学校自建	校级重点研究基地	跨系所	新闻学与传播学	教育	单位自办
德国研究中心	2011-12-1	非学校主管部门批准	其他重点研究基地	独立研究所	国际问题研究	教育	政府部门办
国别经济与国际商务研究中心	2013-1-8	学校主管部门批准	省级重点研究基地	跨系所	经济学	教育	政府部门办
金砖国家研究院	2013-10-1	学校自建	其他重点研究基地，教育部国别和区域研究中心	独立研究所	政治学	教育	单位自办
外国语文研究中心	2001-12-20	学校主管部门批准	省级重点研究基地	独立研究所	外国文学	教育	政府部门办
语言脑科学研究中心	2016-9-13	学校自建	校级重点实验室	独立研究所	语言学	教育	单位自办

续表

学校及机构名称	成立时间	批准部门	机构类型	组成方式	学科分类	服务的国民经济行业	组成类型
中外文化比较研究中心	2005-9-1	学校主管部门批准	省级重点研究基地	独立研究所	外国文学	教育	政府部门办
重庆“走出去”战略与金砖国家研究协同创新中心	2011-10-1	学校主管部门批准	省级 2011 协同创新中心	与校外合办所	政治学	教育	与国内高校合办
重庆内陆开放型经济高地协同创新中心	2015-6-18	学校主管部门批准	省级 2011 协同创新中心	与校外合办所	经济学	资本市场服务	与国内高校合办
重庆市教育法治研究中心	2016-1-7	学校自建	校级重点研究基地	与校外合办所	教育学	教育	单位自办
西南政法大学							
毒品犯罪与对策研究中心	2003-1-1	学校主管部门批准	省级重点研究基地	独立研究所	法学	教育	政府部门办
人权研究院	2014-4-1	非学校主管部门批准	中央其他部委重点研究基地	独立研究所	法学	教育	政府部门办
市场交易法律制度研究基地	2003-1-1	学校主管部门批准	省级重点研究基地	独立研究所	法学	教育	政府部门办
诉讼法与司法改革研究中心	2004-1-1	学校主管部门批准	省级重点研究基地	独立研究所	法学	教育	单位自办
西南民族法文化研究中心	2005-12-25	学校主管部门批准	省级重点研究基地	独立研究所	法学	教育	单位自办
知识产权保护协同创新中心	2017-7-1	学校主管部门批准	省级 2011 协同创新中心	跨系所	法学	教育	政府部门办
智能司法研究协同创新中心	2018-12-14	学校主管部门批准	省级 2011 协同创新中心	独立研究所	法学	教育	单位自办
中国东盟法律研究中心	2010-11-11	学校主管部门批准	省级重点研究基地，其他重点研究基地，中国法学会法治研究基地，教育部国别和区域研究中心	独立研究所	法学	教育	政府部门办
中国农村经济法制创新研究中心	2003-1-1	学校主管部门批准	省级重点研究基地	独立研究所	法学	教育	政府部门办
中国社会稳定与危机管理研究中心	2013-1-10	学校主管部门批准	省级重点研究基地	独立研究所	法学	教育	政府部门办
重庆市地方立法研究协同创新中心	2013-7-8	学校主管部门批准	省级 2011 协同创新中心	独立研究所	法学	教育	政府部门办

续表

学校及机构名称	成立时间	批准部门	机构类型	组成方式	学科分类	服务的国民经济行业	组成类型
重庆市高校维护稳定研究咨政中心	2014-11-12	学校主管部门批准	省级重点研究基地	独立研究所	法学	教育	政府部门办
四川美术学院							
当代视觉艺术研究中心	2006-12-20	学校主管部门批准	省级重点研究基地	独立研究所	艺术学	广播、电视、电影和影视录音制作业	单位自办
艺术学与水墨高等研究中心	2017-1-15	学校主管部门批准	研究中心	独立研究所	艺术学	文化艺术业	单位自办
中国当代艺术研究所	2017-1-15	学校主管部门批准	研究所	独立研究所	艺术学	文化艺术业	单位自办
中国抗战美术研究所	2016-1-15	学校主管部门批准	研究所	独立研究所	艺术学	文化艺术业	单位自办
中国艺术遗产研究中心	2017-1-15	学校主管部门批准	研究中心	独立研究所	艺术学	文化艺术业	单位自办
重庆理工大学							
财会研究与开发中心	2003-1-8	学校主管部门批准	省级重点研究基地	独立研究所	管理学	其他服务业	政府部门办
劳动经济与人力资源研究中心	2006-12-31	学校主管部门批准	省级重点研究基地	独立研究所	经济学	新闻和出版业	政府部门办
新视野管理咨询与企业诊断研究中心	2003-4-1	学校自建	校级重点研究基地	跨系所	管理学	其他服务业	其他
重庆市金融衍生品创新与应用中心	2006-8-1	非学校主管部门批准	其他重点研究基地，市科委研究基地	独立研究所	经济学	货币金融服务	政府部门办
重庆工商大学							
巴渝文化研究所	2002-7-1	学校自建	校级重点研究基地	跨系所	中国文学	娱乐业	单位自办
产业经济研究院	2006-12-25	学校主管部门批准	省级智库，省级重点研究基地	独立研究所	经济学	科技推广和应用服务	与国内独立研究机构合办
长江上游经济研究中心	2004-11-15	学校主管部门批准	教育部新型高校智库，部省共建教育部重点研究基地	独立研究所	经济学	农、林、牧、渔专业及辅助性活动	政府部门办
成渝经济区城市群产业发展协同创新中心	2013-11-1	学校主管部门批准	省级2011协同创新中心	跨系所	经济学	教育	与国内独立研究机构合办

续表

学校及机构名称	成立时间	批准部门	机构类型	组成方式	学科分类	服务的国民经济行业	组成类型
大学生发展研究中心	1995-2-1	学校自建	校级重点研究基地	跨系所	教育学	卫生	单位自办
东南亚研究中心	2017-9-20	学校主管部门批准	其他智库	与校外合办所	经济学	商务服务业	与国内独立研究机构合办
法学研究所	2002-7-1	学校自建	校级重点研究基地	跨系所	法学	教育	单位自办
高等教育研究所	2002-7-1	学校自建	校级重点研究基地	独立研究所	教育学	教育	单位自办
金融研究所	2002-7-1	学校自建	校级重点研究基地	跨系所	经济学	货币金融服务	单位自办
廉政研究中心	2013-1-1	学校主管部门批准	省级重点研究基地	跨系所	政治学	社会保障	政府部门办
企业管理研究中心	2006-6-1	学校主管部门批准	省级重点研究基地	跨系所	管理学	商务服务业	单位自办
区域经济研究院	2002-7-17	学校主管部门批准	省级智库，省级重点研究基地	独立研究所	经济学	科技推广和应用服务	单位自办
商务策划研究所	2002-7-1	学校自建	校级重点研究基地	跨系所	管理学	专业技术服务业	单位自办
社会学西部研究基地	2011-8-11	学校自建	其他重点研究基地	与校外合办所	社会学	社会工作	与国内独立研究机构合办
现代会计研究所	2002-7-1	学校自建	校级重点研究基地	跨系所	经济学	教育	单位自办
重庆传媒与文化发展研究中心	2016-8-30	学校主管部门批准	其他智库	与校外合办所	新闻学与传播学	新闻和出版业	政府部门办
重庆干部教育研究中心	2015-6-4	非学校主管部门批准	其他智库	独立研究所	教育学	社会工作	单位自办
重庆旅游营销研究中心	2017-12-1	学校自建	研究中心	与校外合办所	管理学	商务服务业	单位自办
重庆市高校网络舆情与思想动态研究咨政中心	2014-11-13	学校主管部门批准	省级智库	独立研究所	新闻学与传播学	教育	政府部门办
重庆市人口理论研究与培训中心	2012-10-17	学校自建	其他重点研究基地	与校外合办所	社会学	卫生	单位自办
重庆市人文社会科学普及基地重庆工商大学传媒发展中心	2009-6-10	非学校主管部门批准	其他重点研究基地	与校外合办所	新闻学与传播学	文教、工美、体育和娱乐用品制造业	政府部门办
重庆市社会科学大数据中心	2018-11-28	学校主管部门批准	校级重点研究基地	跨系所	统计学	教育	政府部门办

续表

学校及机构名称	成立时间	批准部门	机构类型	组成方式	学科分类	服务的国民经济行业	组成类型
重庆现代商贸物流与供应链协同创新中心	2017-7-6	学校主管部门批准	省级 2011 协同创新中心	跨系所	管理学	商务服务业	单位自办
重庆知识产权营运研究中心	2018-2-14	学校自建	校级重点研究基地	跨系所	法学	软件和信息技术服务业	政府部门办
重庆中国特色社会主义理论研究中心	2006-12-1	学校主管部门批准	省级重点研究基地	独立研究所	马克思主义	专业技术服务业	政府部门办
重庆电子工程职业学院							
重电创新创业教育联合研究中心	2017-11-1	学校自建	校级重点研究基地	独立研究所	教育学	教育	单位自办
重电区域产业经济发展研究中心	2017-11-1	学校自建	校级重点研究基地	独立研究所	经济学	其他金融业	单位自办
重庆海联职业技术学院							
大学生心理健康中心	2011-6-1	学校自建	校级重点研究基地	跨系所	心理学	卫生	单位自办
重庆信息技术职业学院							
高职研究所	2006-6-15	学校自建	校级重点研究基地	独立研究所	教育学	其他服务业	单位自办
孔子研究所	2013-12-10	学校自建	校级重点研究基地	独立研究所	哲学	其他服务业	单位自办
重庆城市职业学院							
传承文化研究所	2018-6-30	学校自建	校级研究所	独立研究所	民族学与文化学	教育	单位自办
高等职业教育研究所	2017-7-20	学校自建	教学研究	跨系所	教育学	教育	单位自办
小微企业发展研究所	2018-10-3	学校自建	校级研究所	独立研究所	管理学	教育	单位自办
重庆商务职业学院							
高等职业教育研究所	2016-3-1	学校自建	校内独立设置研究所	独立研究所	管理学	教育	单位自办
现代服务业研究中心	2016-3-8	学校自建	校级重点研究基地	独立研究所	管理学	商务服务业	单位自办
重庆化工职业学院							
高等教育研究所	2011-1-1	学校主管部门批准	独立研究所	独立研究所	教育学	教育	单位自办

续表

学校及机构名称	成立时间	批准部门	机构类型	组成方式	学科分类	服务的国民经济行业	组成类型
思想政治课教学研究部	2015-11-1	学校自建	校级社科研究部	独立研究所	马克思主义	教育	单位自办
重庆第二师范学院							
6—12 岁儿童发展协同创新中心	2016-7-1	学校自建	学校自设平台	跨系所	教育学	教育	单位自办
0—6 岁儿童家庭教育研究中心	2016-7-1	学校自建	学校自设平台	跨系所	教育学	教育	单位自办
儿童外语教育协同创新中心	2016-7-1	学校自建	学校自设平台	跨系所	教育学	教育	单位自办
儿童研究院	2018-2-23	学校自建	合作共建科研机构	跨系所	教育学	教育	单位自办
重庆市儿童体适能发展研究中心	2016-7-1	学校自建	学校自设平台	跨系所	体育学	教育	单位自办
重庆市儿童语言与创造力发展研究院	2016-7-1	学校自建	学校自设平台	跨系所	教育学	教育	单位自办
重庆市人文社会科学普及基地“重庆第二师范学院文学传媒系”	2015-11-1	非学校主管部门批准	其他重点研究基地，市级社科普及基地	跨系所	教育学	教育	单位自办
重庆市统筹城乡教师教育研究中心	2013-1-15	学校主管部门批准	省级重点研究基地	独立研究所	教育学	教育	单位自办
重庆幼儿师范高等专科学校							
美术实训基地建设	2017-11-1	学校自建	校级重点实验室	独立研究所	艺术学	其他服务业	单位自办
学前教育实验室	2017-12-1	学校自建	校级重点实验室	独立研究所	教育学	其他服务业	单位自办
四川省							
四川大学							
道教与宗教文化研究所	1980-8-1	学校主管部门批准	教育部重点研究基地	独立研究所	宗教学	文化艺术业	政府部门办
南亚研究所	1964-8-29	学校主管部门批准	教育部重点研究基地	独立研究所	国际问题研究	研究和试验发展	单位自办
儒学研究中心	2011-11-1	非学校主管部门批准	省级重点研究基地	独立研究所	民族学与文化学	文化艺术业	单位自办
社会发展与社会风险控制研究中心	2012-1-1	非学校主管部门批准	省级重点研究基地	独立研究所	社会学	社会工作	单位自办
系统科学与企业发展研究中心	2011-12-1	非学校主管部门批准	省级重点研究基地	独立研究所	管理学	商务服务业	单位自办

续表

学校及机构名称	成立时间	批准部门	机构类型	组成方式	学科分类	服务的国民经济行业	组成类型
中国藏学研究所	1999-10-30	学校主管部门批准	教育部重点研究基地	独立研究所	民族学与文化学	文化艺术业	单位自办
中国俗文化研究所	1999-12-10	学校主管部门批准	教育部重点研究基地	独立研究所	中国文学	文化艺术业	单位自办
西南交通大学							
四川省中国高铁国际化发展 2011 协同创新中心	2014-4-1	非学校主管部门批准	省级重点研究基地	与校外合办所	管理学	铁路运输业	政府部门办
现代设计与文化研究中心	2013-7-1	非学校主管部门批准	省级重点研究基地	独立研究所	艺术学	广播、电视、电影和影视录音制作业	与国内独立研究机构合办
心理健康教育研究中心	2010-11-10	非学校主管部门批准	省级重点研究基地	独立研究所	心理学	其他服务业	单位自办
电子科技大学							
区域公共管理信息化研究中心	2011-3-1	非学校主管部门批准	省级重点研究基地	独立研究所	管理学	科技推广和应用服务	单位自办
数字文化传媒研究中心	2016-7-5	学校自建	省级重点研究基地	独立研究所	新闻学与传播学	社会工作	单位自办
四川社会事业和社会保障研究智库	2016-11-10	非学校主管部门批准	省级智库	独立研究所	管理学	人民政协、民主党派	单位自办
西南石油大学							
D+智慧体育与健康研究中心	2017-9-20	学校自建	校级重点研究基地	与校外合办所	体育学	其他服务业	与境内注册其他企业合办
川籍革命家研究中心	2014-12-25	学校自建	校级重点研究基地	独立研究所	马克思主义	其他服务业	单位自办
非物质文化遗产保护传承与纪录片创作研究中心	2015-5-5	学校自建	校级重点研究基地	独立研究所	艺术学	广播、电视、电影和影视录音制作业	单位自办
国际油气资源区语言文化研究中心	2014-12-25	学校自建	校级重点研究基地	独立研究所	语言学	教育	单位自办
基层政府公共治理与服务研究中心	2014-6-17	学校自建	校级重点研究基地	与校外合办所	管理学	教育	单位自办
马克思主义与中国传统文化研究所	2016-11-23	学校自建	校级重点研究基地	独立研究所	马克思主义	教育	单位自办
能源安全与文化社科普及基地	2014-11-10	非学校主管部门批准	省科普研究基地	独立研究所	社会学	教育	政府部门办

续表

学校及机构名称	成立时间	批准部门	机构类型	组成方式	学科分类	服务的国民经济行业	组成类型
能源法学研究中心	2014-12-25	学校自建	校级重点研究基地	独立研究所	法学	教育	单位自办
能源战略智库	2018-6-26	学校自建	其他智库	与校外合办所	管理学	教育	与境内注册其他企业合办
社会工作研究所	2014-12-25	学校自建	校级重点研究基地	独立研究所	社会学	教育	单位自办
四川石油天然气发展研究中心	2006-9-15	非学校主管部门批准	省级重点研究基地	跨系所	管理学	教育	政府部门办
习近平新时代中国特色社会主义思想研究中心	2017-11-1	学校自建	校级重点研究基地	独立研究所	马克思主义	教育	单位自办
校企共建数据管理研究所	2015-5-6	学校自建	校级重点研究基地	与校外合办所	管理学	教育	单位自办
新媒体与民族影视文化研究中心	2015-5-6	学校自建	校级重点研究基地	独立研究所	艺术学	教育	单位自办
中国天然气行业景气指数研究中心	2017-4-12	学校自建	校级研究中心	独立研究所	经济学	教育	单位自办
成都理工大学							
儿童权利保护研究基地	2018-3-1	学校自建	校级重点研究基地	独立研究所	社会学	教育	单位自办
区域创新与绿色发展研究中心	2018-3-1	学校自建	校级重点研究基地	独立研究所	经济学	教育	单位自办
四川矿产资源研究中心	2009-9-1	非学校主管部门批准	省级重点研究基地	独立研究所	管理学	教育	政府部门办
现代农业发展与乡村振兴战略研究基地	2018-3-1	学校自建	校级重点研究基地	独立研究所	经济学	教育	单位自办
资源与环境经济普及基地	2011-3-2	非学校主管部门批准	其他重点研究基地，四川省哲学社科普及基地	独立研究所	经济学	教育	政府部门办
西南科技大学							
四川犯罪防控研究中心	2006-3-9	非学校主管部门批准	省级重点研究基地	独立研究所	法学	科技推广和应用服务	单位自办
四川外国语言文学研究中心	2008-3-14	非学校主管部门批准	省级重点研究基地	独立研究所	语言学	科技推广和应用服务	单位自办
四川循环经济研究中心	2007-10-25	非学校主管部门批准	省级重点研究基地	独立研究所	经济学	科技推广和应用服务	单位自办

续表

学校及机构名称	成立时间	批准部门	机构类型	组成方式	学科分类	服务的国民经济行业	组成类型
成都信息工程大学							
四川省电子商务与现代物流研究中心	2015-1-8	非学校主管部门批准	省级重点研究基地	独立研究所	管理学	商务服务业	政府部门办
网络文化研究中心	2011-12-1	非学校主管部门批准	省级重点研究基地	独立研究所	马克思主义	广播、电视、电影和影视录音制作业	政府部门办
四川理工学院							
川酒发展研究中心	2010-11-5	非学校主管部门批准	省级重点研究基地	与校外合办所	经济学	酒、饮料及精制茶制造业	与境内注册其他企业合办
川酒文化国际传播研究中心	2012-11-5	学校主管部门批准	其他重点研究基地	与校外合办所	新闻学与传播学	广播、电视、电影和影视录音制作业	政府部门办
基层司法能力研究中心	2012-11-5	学校主管部门批准	其他重点研究基地	与校外合办所	法学	卫生	政府部门办
中国盐文化研究中心	2005-9-1	非学校主管部门批准	省级重点研究基地	与校外合办所	历史学	食品制造业	与境内注册其他企业合办
西华大学							
地方文化资源开发与保护研究中心	2006-4-10	非学校主管部门批准	省级重点研究基地	独立研究所	民族学与文化学	文化艺术业	单位自办
工业设计产业研究中心	2012-11-1	学校主管部门批准	其他重点研究基地	独立研究所	艺术学	文化艺术业	单位自办
李冰研究中心	2017-12-8	非学校主管部门批准	省级重点研究基地	与校外合办所	历史学	文化艺术业	单位自办
旅游景区管理研究基地	2013-4-28	学校自建	校级重点研究基地	与校外合办所	经济学	货币金融服务	单位自办
民主与治理研究中心	2015-9-2	学校主管部门批准	校级重点研究基地	独立研究所	马克思主义	中国共产党机关	单位自办
四川省军民融合体制机制创新研究中心	2017-3-10	学校主管部门批准	其他重点研究基地	与校外合办所	经济学	货币金融服务	政府部门办
四川新农村乡风文明建设研究中心	2013-11-4	学校主管部门批准	其他重点研究基地	独立研究所	马克思主义	农业	单位自办

续表

学校及机构名称	成立时间	批准部门	机构类型	组成方式	学科分类	服务的国民经济行业	组成类型
四川学术成果分析与应用研究中心	2013-10-15	非学校主管部门批准	省级重点研究基地	独立研究所	图书馆、情报与文献学	教育	单位自办
四川农业大学							
四川省农村发展研究中心	2003-11-1	非学校主管部门批准	省级重点研究基地	独立研究所	管理学	农业	政府部门办
西昌学院							
马铃薯主粮化战略研究中心	2015-12-10	学校主管部门批准	其他重点研究基地	与校外合办所	经济学	农业	其他
四川民族山地经济发展研究中心	2015-10-20	学校主管部门批准	其他重点研究基地	与校外合办所	经济学	农业	其他
彝族文化研究中心	2008-12-26	非学校主管部门批准	省级重点研究基地	独立研究所	民族学与文化学	卫生	政府部门办
西南医科大学							
四川医事卫生法治研究中心	2007-8-15	非学校主管部门批准	省级重点研究基地	独立研究所	法学	卫生	单位自办
四川医院管理与发展研究中心	2015-12-10	学校主管部门批准	其他重点研究基地	独立研究所	管理学	其他服务业	单位自办
成都中医药大学							
高教研究与评价中心	1992-7-5	学校自建	其他	独立研究所	教育学	卫生	单位自办
中医药文化中心古籍文献研究所	1986-10-15	学校自建	研究所	独立研究所	图书馆、情报与文献学	卫生	单位自办
川北医学院							
四川省基层卫生事业发展研究中心	2012-12-28	学校主管部门批准	其他	独立研究所	管理学	教育	单位自办
四川师范大学							
巴蜀文化研究中心	2002-2-1	非学校主管部门批准	教育部重点研究基地	独立研究所	中国文学	研究和试验发展	政府部门办
多元文化研究中心	2009-3-1	学校主管部门批准	省级重点研究基地	与校外合办所	教育学	研究和试验发展	单位自办
教育大数据协同创新中心	2015-11-13	学校主管部门批准	省级 2011 协同创新中心	与校外合办所	教育学	其他服务业	与国内独立研究机构合办

续表

学校及机构名称	成立时间	批准部门	机构类型	组成方式	学科分类	服务的国民经济行业	组成类型
经济区发展与重大生产力布局研究智库	2018-12-1	学校主管部门批准	省级智库	跨系所	管理学	社会工作	单位自办
美学与美育研究中心	2013-11-7	学校主管部门批准	省级重点研究基地	跨系所	哲学	教育	单位自办
四川省教师教育研究中心	2001-3-1	学校主管部门批准	省级重点研究基地	跨系所	教育学	其他服务业	政府部门办
四川省社会信用体系建设协同创新中心	2015-11-13	学校主管部门批准	省级 2011 协同创新中心	与校外合办所	社会学	卫生	政府部门办
四川省武则天研究中心	2018-1-1	学校主管部门批准	省级重点研究基地	与校外合办所	历史学	文化艺术业	单位自办
西华师范大学							
埃塞俄比亚研究中心	2017-6-12	学校自建	校级重点研究基地	跨系所	外国文学	社会工作	单位自办
巴基斯坦研究中心	2013-5-21	学校主管部门批准	省级重点研究基地	独立研究所	国际问题研究	社会工作	政府部门办
巴蜀石窟寺研究所	2016-9-14	学校自建	校级重点研究基地	独立研究所	考古学	教育	单位自办
川陕革命根据地研究中心	2017-6-12	学校自建	校级重点研究基地	独立研究所	历史学	中国共产党机关	单位自办
地方档案与文献研究中心	2018-11-21	非学校主管部门批准	省级重点研究基地	跨系所	历史学	教育	单位自办
地方廉政建设研究中心	2013-3-21	非学校主管部门批准	校级重点研究基地	与校外合办所	政治学	中国共产党机关	政府部门办
法学研究所	2017-6-12	学校自建	校级重点研究基地	独立研究所	法学	国家机构	单位自办
高等教育研究所	1988-7-1	学校自建	校级重点研究基地	独立研究所	教育学	教育	单位自办
革命老区“留守儿童”研究基地	2018-11-20	非学校主管部门批准	其他重点研究基地	跨系所	教育学	教育	政府部门办
公共政策与社会治理研究中心	2017-6-12	学校自建	校级重点研究基地	独立研究所	管理学	中国共产党机关	单位自办
古籍整理研究所	2003-12-31	学校自建	校级重点研究基地	独立研究所	中国文学	教育	单位自办
国学院	2015-5-15	学校自建	校级重点研究基地	跨系所	中国文学	教育	单位自办
红色文化研究中心	2017-6-12	学校自建	校级重点研究基地	独立研究所	历史学	文化艺术业	单位自办
基层民主与基层治理研究中心	2017-6-12	学校自建	校级重点研究基地	独立研究所	政治学	基层群众自治组织及其他组织	单位自办

续表

学校及机构名称	成立时间	批准部门	机构类型	组成方式	学科分类	服务的国民经济行业	组成类型
教育现代化研究所	2017-6-12	学校自建	校级重点研究基地	独立研究所	教育学	教育	单位自办
教育信息化研究中心	2017-6-12	学校自建	校级重点研究基地	独立研究所	教育学	教育	单位自办
旅游发展规划研究中心	2017-6-12	学校自建	校级重点研究基地	独立研究所	管理学	其他服务业	单位自办
民族与民俗文化传播研究中心	2017-6-12	学校自建	校级重点研究基地	独立研究所	新闻学与传播学	文化艺术业	单位自办
南充历史名人研究中心	2018-11-20	非学校主管部门批准	其他重点研究基地	跨系所	历史学	教育	政府部门办
区域文化研究中心	2007-10-18	学校主管部门批准	省级重点研究基地	独立研究所	历史学	文化艺术业	政府部门办
蜀道研究院	2017-6-12	学校自建	校级重点研究基地	独立研究所	中国文学	教育	单位自办
四川古城堡文化研究中心	2013-1-17	学校自建	校级重点研究基地	独立研究所	历史学	教育	单位自办
四川省大学生思想政治教育研究中心	2013-8-5	学校主管部门批准	省级重点研究基地	独立研究所	马克思主义	教育	政府部门办
四川省教育发展研究中心	2003-10-9	学校主管部门批准	省级重点研究基地	独立研究所	教育学	教育	单位自办
四川省落下闳研究中心	2017-12-18	非学校主管部门批准	省级重点研究基地	跨系所	历史学	文化艺术业	单位自办
四川新型农村城镇化研究中心	2012-11-25	学校自建	校级重点研究基地	跨系所	政治学	土地管理业	单位自办
体育文化研究基地	2013-11-6	非学校主管部门批准	省级重点研究基地	独立研究所	体育学	教育	政府部门办
文化遗产研究院	2015-12-4	学校自建	校级重点研究基地	跨系所	艺术学	文化艺术业	单位自办
写本学研究中心	2017-10-20	学校自建	校级重点研究基地	独立研究所	中国文学	教育	单位自办
英语国家文化研究所	2012-11-15	学校自建	校级重点研究基地	独立研究所	中国文学	教育	单位自办
中国书法研究所	2016-9-14	学校自建	校级重点研究基地	独立研究所	艺术学	教育	单位自办
中国周边国家研究所	2017-6-25	学校自建	校级重点研究基地	跨系所	国际问题研究	教育	单位自办
朱德研究中心	2017-6-12	学校自建	校级重点研究基地	跨系所	政治学	中国共产党机关	单位自办
绵阳师范学院							
李白文化研究中心	2006-4-6	非学校主管部门批准	省级重点研究基地	独立研究所	中国文学	教育	政府部门办

续表

学校及机构名称	成立时间	批准部门	机构类型	组成方式	学科分类	服务的国民经济行业	组成类型
民间文化研究中心	2005-9-1	非学校主管部门批准	省级重点研究基地	独立研究所	历史学	教育	政府部门办
四川县域经济研究中心	2013-10-28	非学校主管部门批准	省级重点研究基地	独立研究所	经济学	教育	政府部门办
内江师范学院							
廉洁文化社科普及基地	2012-12-10	非学校主管部门批准	其他重点研究基地，省级社科普及基地	独立研究所	政治学	其他服务业	政府部门办
四川张大千研究中心	2007-3-28	非学校主管部门批准	省级重点研究基地	独立研究所	艺术学	文化艺术业	政府部门办
宜宾学院							
长江上游航运物流协同创新中心	2014-6-21	学校主管部门批准	其他 2011 协同创新中心	独立研究所	管理学	水上运输业	政府部门办
高等教育研究所	1980-1-1	学校自建	校级重点研究基地	独立研究所	教育学	教育	单位自办
农村社区治理研究中心	2014-6-26	学校主管部门批准	四川省高校人文社会科学重点研究基地	独立研究所	社会学	社会工作	政府部门办
农村幼儿教育研究中心	2012-12-27	学校主管部门批准	四川省高校人文社会科学重点研究基地	独立研究所	教育学	教育	政府部门办
社区矫正研究中心	2014-6-19	学校主管部门批准	四川省高校人文社会科学重点研究基地	独立研究所	法学	国家机构	政府部门办
水运经济研究中心	2012-12-27	学校主管部门批准	四川省高校人文社会科学重点研究基地	独立研究所	经济学	水上运输业	政府部门办
四川思想家研究中心	2003-10-24	非学校主管部门批准	省级重点研究基地	独立研究所	哲学	教育	政府部门办
新建院校改革与发展研究中心	2012-12-27	学校主管部门批准	四川省高校人文社会科学重点研究基地	独立研究所	教育学	教育	政府部门办
中国酒史研究中心	2013-9-26	非学校主管部门批准	省级重点研究基地	独立研究所	管理学	教育	政府部门办
四川文理学院							
巴文化研究院	2014-11-7	学校自建	校级重点研究基地	独立研究所	历史学	教育	单位自办

续表

学校及机构名称	成立时间	批准部门	机构类型	组成方式	学科分类	服务的国民经济行业	组成类型
四川革命老区发展研究中心	2009-3-9	非学校主管部门批准	省级重点研究基地	独立研究所	民族学与文化学	教育	政府部门办
阿坝师范学院							
藏羌民族文化艺术研究所	2003-2-1	学校自建	校级重点研究基地	独立研究所	民族学与文化学	文化艺术业	单位自办
乐山师范学院							
藏彝走廊音乐研究中心	2009-7-8	学校自建	校级重点研究基地	独立研究所	艺术学	广播、电视、电影和影视录音制作业	单位自办
跨喜马拉雅研究中心	2016-1-14	学校自建	其他智库	独立研究所	经济学	国际组织	单位自办
乐山经济发展研究中心	2007-5-21	学校自建	其他智库	独立研究所	经济学	其他金融业	与境内注册其他企业合办
旅游产品设计研发中心	2011-3-11	学校自建	研发中心	独立研究所	艺术学	文化艺术业	单位自办
思想政治教育研究中心	2008-10-22	学校自建	校级重点研究基地	独立研究所	马克思主义	其他服务业	单位自办
四川郭沫若研究中心	2005-11-16	非学校主管部门批准	省级重点研究基地	独立研究所	中国文学	文化艺术业	政府部门办
四川基层公共文化服务研究中心	2014-7-21	学校主管部门批准	其他重点研究基地，教育厅人文社科研究基地	独立研究所	民族学与文化学	文化艺术业	单位自办
四川旅游发展研究中心	2002-6-28	非学校主管部门批准	省级重点研究基地	独立研究所	社会学	娱乐业	政府部门办
四川特殊教育发展研究中心	2014-7-21	学校主管部门批准	其他重点研究基地，教育厅人文社科研究基地	独立研究所	教育学	其他服务业	单位自办
西南财经大学							
公共政策创新研究中心	2011-10-3	非学校主管部门批准	省级重点研究基地	跨系所	管理学	教育	单位自办
金融智能与金融工程四川省重点实验室	2009-7-13	非学校主管部门批准	省级重点实验室	独立研究所	经济学	研究和试验发展	单位自办
老龄化与社会保障研究中心	2013-10-1	非学校主管部门批准	省级重点研究基地	跨系所	经济学	社会工作	单位自办

续表

学校及机构名称	成立时间	批准部门	机构类型	组成方式	学科分类	服务的国民经济行业	组成类型
中国金融法研究中心	2011-11-23	非学校主管部门批准	省级重点研究基地	跨系所	法学	教育	单位自办
中国金融研究中心	2000-1-1	学校主管部门批准	教育部重点研究基地	独立研究所	经济学	货币金融服务	政府部门办
中国政府审计研究中心	2009-6-5	非学校主管部门批准	省级重点研究基地	跨系所	经济学	教育	单位自办
成都体育学院							
体育社会科学研究中心	2007-5-24	非学校主管部门批准	省级重点研究基地	独立研究所	体育学	文化艺术业	政府部门办
四川音乐学院							
数字媒体艺术四川省重点实验室	2016-12-31	非学校主管部门批准	省级重点实验室	跨系所	艺术学	广播、电视、电影和影视录音制作业	与国内高校合办
西南音乐研究中心	2015-1-6	非学校主管部门批准	省级重点研究基地	独立研究所	艺术学	广播、电视、电影和影视录音制作业	政府部门办
音乐研究所	1986-4-15	学校主管部门批准	学校主管部门批准，学校自建	独立研究所	艺术学	广播、电视、电影和影视录音制作业	单位自办
西南民族大学							
杜甫研究中心	2018-1-19	非学校主管部门批准	省级重点研究基地，社科省部级重点研究基地	独立研究所	中国文学	文化艺术业	单位自办
国家民委“一带一路”国别和区域研究中心——南亚文化研究中心	2018-11-15	学校主管部门批准	中央其他部委重点研究基地	独立研究所	民族学与文化学	教育	政府部门办
羌学研究中心	2010-11-5	非学校主管部门批准	中央其他部委重点研究基地	独立研究所	民族学与文化学	广播、电视、电影和影视录音制作业	单位自办
青藏高原经济社会与文化发展研究中心	2013-10-28	非学校主管部门批准	中央其他部委重点研究基地	跨系所	经济学	科技推广和应用服务	单位自办
少数民族双语教育普及基地	2011-4-12	学校主管部门批准	省级重点研究基地	独立研究所	民族学与文化学	其他服务业	政府部门办
少数民族哲学思想与文化传承创新研究基地	2014-4-1	非学校主管部门批准	中央其他部委重点研究基地	独立研究所	哲学	教育	政府部门办

续表

学校及机构名称	成立时间	批准部门	机构类型	组成方式	学科分类	服务的国民经济行业	组成类型
四川省民族地区法治建设与法律知识普及基地	2016-7-1	非学校主管部门批准	省级重点研究基地	跨系所	法学	教育	单位自办
西南少数民族研究中心	2006-6-1	学校主管部门批准	中央其他部委重点研究基地，校级重点研究基地	独立研究所	民族学与文化学	教育	政府部门办
中国西部民族经济研究中心	2006-5-1	学校主管部门批准	中央其他部委重点研究基地	独立研究所	经济学	专业技术服务业	单位自办
中国彝学研究中心	2014-6-5	学校主管部门批准	中央其他部委重点研究基地	独立研究所	民族学与文化学	教育	政府部门办
成都学院							
四川动漫研究中心	2009-12-21	非学校主管部门批准	省级重点研究基地	独立研究所	艺术学	教育	政府部门办
四川景观与游憩研究中心	2013-11-11	学校主管部门批准	其他重点研究基地，省厅级研究基地	独立研究所	管理学	公共设施管理业	单位自办
四川省泰国研究中心	2013-5-1	学校主管部门批准	其他重点研究基地，省厅级研究基地	独立研究所	国际问题研究	教育	单位自办
四川休闲体育产业发展研究中心	2012-12-27	学校主管部门批准	其他重点研究基地，省厅级研究基地	独立研究所	体育学	体育	政府部门办
四川学前教育发展中心	2012-6-13	学校主管部门批准	其他重点研究基地，省厅级研究基地	独立研究所	教育学	教育	政府部门办
天府文化研究院	2017-3-1	学校主管部门批准	社科重点研究基地	独立研究所	历史学	教育	政府部门办
统筹城乡教育发展研究中心	2013-11-4	学校主管部门批准	其他重点研究基地，省厅级研究基地	独立研究所	教育学	教育	政府部门办
成都工业学院							
四川省无人机发展研究中心	2017-8-8	学校主管部门批准	省级重点研究基地	跨系所	社会学	铁路、船舶、航空航天和其他运输设备制造业	政府部门办
四川性社会学与性教育研究中心	2006-5-28	非学校主管部门批准	省级重点研究基地	独立研究所	社会学	卫生	政府部门办

续表

学校及机构名称	成立时间	批准部门	机构类型	组成方式	学科分类	服务的国民经济行业	组成类型
攀枝花学院							
中国攀西康养产业研究中心	2018-12-28	学校主管部门批准	校级重点研究基地	独立研究所	管理学	社会工作	单位自办
资源型城市发展研究中心	2013-4-17	学校主管部门批准	省级重点研究基地	独立研究所	管理学	教育	单位自办
四川旅游学院							
川菜发展研究中心	2003-1-1	学校主管部门批准	省级重点研究基地	独立研究所	管理学	餐饮业	单位自办
四川民族学院							
康巴发展研究中心	1986-9-1	学校自建	校级重点研究基地	独立研究所	民族学与文化学	教育	单位自办
四川警察学院							
社会治理创新研究中心	2013-10-28	学校自建	其他重点研究基地	跨系所	管理学	其他服务业	单位自办
四川反恐怖主义研究中心	2017-10-11	学校主管部门批准	其他重点研究基地	独立研究所	法学	其他服务业	单位自办
四川警察执法研究中心	2013-4-17	学校主管部门批准	其他重点研究基地	跨系所	法学	其他服务业	单位自办
四川社会治安与社会管理创新研究中心	2013-4-17	学校主管部门批准	其他重点研究基地	跨系所	管理学	其他服务业	单位自办
四川思想政治研究中心	2013-4-17	学校自建	其他重点研究基地	跨系所	马克思主义	其他服务业	单位自办
南充职业技术学院							
商务英语研究所	2018-3-10	学校自建	校级重点研究基地	独立研究所	教育学	教育	单位自办
英语教育研究所	2018-3-10	学校自建	校级重点研究基地	独立研究所	教育学	教育	单位自办
四川交通职业技术学院							
四川高等职业教育研究中心	2009-11-14	非学校主管部门批准	省级重点研究基地	独立研究所	教育学	教育	政府部门办
四川工商职业技术学院							
都江堰旅游研究中心	2017-3-10	学校自建	其他智库，研究中心	独立研究所	管理学	商务服务业	单位自办
刘竹梅绵竹年画工作室	2018-1-8	学校自建	校级重点实验室	与校外合办所	艺术学	文化艺术业	单位自办

续表

学校及机构名称	成立时间	批准部门	机构类型	组成方式	学科分类	服务的国民经济行业	组成类型
牟子亮让炯艺术工作室	2018-1-8	学校自建	校级重点实验室	与校外合办所	艺术学	文化艺术业	单位自办
达州职业技术学院							
高职教育发展研究中心	2013-12-19	学校自建	校级重点研究基地	独立研究所	教育学	其他服务业	单位自办
四川国际标榜职业学院							
中国传统文化与现代管理研究所	2015-2-9	学校自建	校级重点研究基地	独立研究所	管理学	其他服务业	单位自办
泸州职业技术学院							
泸酒产业文化研究中心	2011-1-1	非学校主管部门批准	其他重点研究基地	独立研究所	经济学	酒、饮料及精制茶制造业	单位自办
泸州地方文化研究所	2015-12-1	学校自建	校级重点研究基地	独立研究所	民族学与文化学	广播、电视、电影和影视录音制作业	单位自办
泸州市民间艺术非遗研究与传承中心	2015-5-1	学校主管部门批准	校级重点研究基地	独立研究所	艺术学	广播、电视、电影和影视录音制作业	单位自办
泸州职业教育研究中心	2012-1-1	非学校主管部门批准	其他重点研究基地，市级重点研究基地	独立研究所	教育学	其他服务业	单位自办
四川传媒学院							
广播电视一体化实验室	2010-5-1	学校自建	校级重点实验室	独立研究所	艺术学	新闻和出版业	单位自办
国家动漫创意研发(成都)中心	2017-3-1	非学校主管部门批准	校级重点研究基地	跨系所	艺术学	广播、电视、电影和影视录音制作业	政府部门办
经管实践创新中心	2010-3-1	学校自建	校级重点研究基地	独立研究所	经济学	资本市场服务	单位自办
经管实验室	2010-7-8	学校自建	校级重点实验室	独立研究所	经济学	资本市场服务	单位自办
苹果后期工作站	2012-3-31	学校自建	校级重点研究基地	独立研究所	艺术学	新闻和出版业	单位自办
企业运营仿真实验室	2012-7-12	学校自建	校级重点实验室	独立研究所	经济学	资本市场服务	单位自办
小不点创意工厂	2017-1-1	非学校主管部门批准	校级重点研究基地	跨系所	新闻学与传播学	新闻和出版业	与国内独立研究机构合办

续表

学校及机构名称	成立时间	批准部门	机构类型	组成方式	学科分类	服务的国民经济行业	组成类型
成都文理学院							
民营经济研究服务中心	2013-9-30	学校自建	其他	独立研究所	经济学	资本市场服务	单位自办
西部民歌研究所	2004-6-1	学校自建	校级重点研究基地	独立研究所	艺术学	文化艺术业	单位自办
应用心理研究中心	2016-12-15	学校自建	研究中心	独立研究所	心理学	其他服务业	单位自办
四川外国语大学成都学院							
翻译研究中心	2003-9-1	学校自建	校级重点研究基地	独立研究所	外国文学	其他服务业	单位自办
成都医学院							
四川应用心理学研究中心	2006-7-6	非学校主管部门批准	省级重点研究基地	独立研究所	心理学	教育	政府部门办
四川文化产业职业学院							
文化产业发展研究中心	2011-11-1	非学校主管部门批准	省级重点研究基地	独立研究所	民族学与文化学	文化艺术业	政府部门办
四川城市职业学院							
四川省民办教育研究中心	2014-1-1	非学校主管部门批准	四川省民办教育协会	独立研究所	教育学	其他服务业	其他
四川幼儿师范高等专科学校							
白马人文化艺术研究中心	2013-3-1	非学校主管部门批准	校级重点研究基地	独立研究所	民族学与文化学	广播、电视、电影和影视录音制作业	单位自办
川西北民俗文化研究中心	2013-3-1	非学校主管部门批准	校级重点研究基地	独立研究所	民族学与文化学	广播、电视、电影和影视录音制作业	单位自办
老年教育与服务研究中心	2018-9-25	学校自建	校级重点研究基地	独立研究所	教育学	教育	单位自办
绵阳幼儿教育与发展研究中心	2012-9-15	非学校主管部门批准	校级重点研究基地	与校外合办所	教育学	其他服务业	政府部门办
小学教育研究中心	2012-3-2	学校自建	校级重点研究基地	独立研究所	教育学	其他服务业	单位自办
幼儿发展和健康管理中心	2018-9-25	学校自建	校级重点研究基地	独立研究所	教育学	教育	单位自办

续表

学校及机构名称	成立时间	批准部门	机构类型	组成方式	学科分类	服务的国民经济行业	组成类型
成都师范学院							
四川 0—3 岁儿童早期发展与教育研究中心	2013-4-11	学校主管部门批准	其他重点研究基地，四川省高校人文社科重点研究基地	独立研究所	教育学	教育	政府部门办
四川少年儿童组织与思想意识教育研究中心	2015-6-1	学校主管部门批准	省级重点研究基地	独立研究所	教育学	教育	政府部门办
四川省教育信息化应用与发展研究中心	2014-5-25	学校主管部门批准	其他重点研究基地，四川省高校人文社科重点研究基地	独立研究所	教育学	教育	单位自办
四川省心理与行为科学普及基地	2014-10-24	非学校主管部门批准	其他重点研究基地，四川省社会科学普及基地	独立研究所	心理学	其他服务业	政府部门办
四川中小学教师师德研究中心	2013-7-4	学校主管部门扗准	其他重点研究基地，四川省高校人文社科重点研究基地	独立研究所	教育学	教育	政府部门办
四川中小学教师专业发展研究中心	2013-3-1	学校主管部门批准	其他重点研究基地，四川省高校人文社科重点研究基地	独立研究所	教育学	教育	政府部门办
川北幼儿师范高等专科学校							
蜀道文化研究所	2014-11-3	学校自建	校级重点研究基地	独立研究所	历史学	文化艺术业	单位自办
成都工业职业技术学院							
财经职业能力发展中心	2017-12-30	学校自建	院级科技平台	独立研究所	经济学	货币金融服务	单位自办
长风职业教育研究院	2018-12-1	学校自建	校级研究基地	与校外合办所	管理学	装卸搬运和仓储业	单位自办
工业文化普及基地	2016-10-31	学校主管部门批准	省级重点研究基地，其他重点研究基地，文化普及基地	跨系所	社会学	科技推广和应用服务	其他

续表

学校及机构名称	成立时间	批准部门	机构类型	组成方式	学科分类	服务的国民经济行业	组成类型
工业文化研究中心	2018-8-31	学校自建	研究中心	独立研究所	教育学	教育	单位自办
职教研究中心	2015-12-31	学校自建	职教研究中心	跨系所	教育学	其他服务业	单位自办
贵州省							
贵州大学							
东盟研究院	2012-8-9	非学校主管部门批准	中央其他部委重点研究基地	独立研究所	国际问题研究	教育	政府部门办
喀斯特地区发展战略研究中心	2007-11-8	学校主管部门批准	省级重点研究基地	独立研究所	经济学	教育	政府部门办
马克思主义经济学发展与应用研究中心	2007-3-8	学校主管部门批准	省级重点研究基地	独立研究所	经济学	教育	政府部门办
人口、社会、法制研究中心	2003-3-6	学校主管部门批准	省级重点研究基地	独立研究所	法学	社会工作	政府部门办
中国西部发展能力研究中心	2010-3-15	学校主管部门批准	省级重点研究基地	独立研究所	经济学	教育	政府部门办
中华传统文化与贵州地域文化研究中心	2004-3-18	学校主管部门批准	省级重点研究基地	独立研究所	民族学与文化学	教育	政府部门办
遵义医学院							
贵州省高校人文医学研究中心	2007-12-7	学校主管部门批准	省级重点研究基地	独立研究所	社会学	教育	单位自办
贵州师范大学							
喀斯特生态文明研究中心	2010-8-25	学校主管部门批准	省级重点研究基地	独立研究所	经济学	生态保护和环境治理业	政府部门办
遵义师范学院							
红色文化研究中心	2010-1-4	学校主管部门批准	省级重点研究基地	跨系所	马克思主义	中国共产党机关	单位自办
黔北文化研究中心	2013-12-1	学校主管部门批准	省教育厅人文社科研究基地	独立研究所	民族学与文化学	教育	单位自办
中国共产党革命精神与文化资源研究中心	2013-5-1	学校主管部门批准	教育部重点研究基地	独立研究所	历史学	教育	政府部门办

续表

学校及机构名称	成立时间	批准部门	机构类型	组成方式	学科分类	服务的国民经济行业	组成类型
铜仁学院							
地方本科院校转型发展创新团队	2016-8-5	非学校主管部门批准	省级智库	跨系所	教育学	教育	政府部门办
民族传统知识融入地方本科院校学前教育课程创新研究团队	2017-8-24	非学校主管部门批准	省级智库	跨系所	民族学与文化学	文化艺术业	政府部门办
武陵民族文化研究中心	2013-12-12	学校主管部门批准	省级 2011 协同创新中心	独立研究所	民族学与文化学	研究和试验发展	政府部门办
安顺学院							
贵州省屯堡文化研究中心	2013-12-20	学校主管部门批准	省级重点研究基地	独立研究所	民族学与文化学	教育	单位自办
贵州工程应用技术学院							
毕节试验区研究院	2006-12-29	学校自建	校级重点研究基地	独立研究所	经济学	社会工作	单位自办
彝学研究院	2006-12-29	学校自建	校级重点研究基地	独立研究所	民族学与文化学	文化艺术业	单位自办
凯里学院							
贵州原生态民族文化研究中心	2006-10-6	学校主管部门批准	省级重点研究基地	独立研究所	民族学与文化学	文化艺术业	单位自办
黔南民族师范学院							
贵州少数民族文化传承发展研究中心	2014-4-10	学校自建	校级重点研究基地	跨系所	民族学与文化学	文化艺术业	单位自办
旅游研究中心	2018-10-15	学校自建	校级重点研究基地	独立研究所	管理学	公共设施管理业	单位自办
乡村振兴战略研究中心	2018-10-15	学校自建	校级重点研究基地	跨系所	管理学	资本市场服务	单位自办
牙舟陶艺重点实验室	2012-11-20	学校主管部门批准	省级重点实验室	独立研究所	艺术学	文教、工美、体育和娱乐用品制造业	单位自办

续表

学校及机构名称	成立时间	批准部门	机构类型	组成方式	学科分类	服务的国民经济行业	组成类型
贵州财经大学							
贵州省经济系统仿真重点实验室	2009-9-15	非学校主管部门批准	省级重点实验室	独立研究所	经济学	研究和试验发展	单位自办
欠发达地区经济发展研究中心	2004-8-10	学校主管部门批准	省级重点研究基地	独立研究所	经济学	教育	单位自办
中国西部绿色发展战略研究院	2017-2-11	学校主管部门批准	省级重点研究基地	独立研究所	经济学	教育	单位自办
中国西部现代化发展研究中心	2007-10-9	学校主管部门批准	省级重点研究基地	独立研究所	经济学	教育	单位自办
贵州民族大学							
法制与民族地区发展研究中心	2007-11-30	学校主管部门批准	省教育厅人文社科研究基地	独立研究所	法学	社会工作	单位自办
贵州世居民族研究中心	2007-11-30	学校主管部门批准	省教育厅人文社科研究基地	独立研究所	民族学与文化学	文化艺术业	单位自办
贵州世居少数民族研究基地	2011-3-15	非学校主管部门批准	中央其他部委重点研究基地	独立研究所	社会学	社会工作	单位自办
民族地区社会治理创新研究基地	2017-11-17	非学校主管部门批准	省社科联创新研究基地	独立研究所	社会学	社会保障	单位自办
民族民间文化教育传承创新重点研究基地	2017-11-30	非学校主管部门批准	教育部创新重点基地	独立研究所	民族学与文化学	其他服务业	单位自办
西南民族地区社会建设和社会管理研究基地	2013-7-15	非学校主管部门批准	中央其他部委重点研究基地	独立研究所	民族学与文化学	社会工作	单位自办
贵阳学院							
阳明学与黔学研究院	2007-7-18	学校自建	校级重点研究基地	独立研究所	哲学	教育	单位自办
贵州师范学院							
贵州教育发展研究中心	2011-1-1	学校主管部门批准	省教育厅人文社科研究基地	独立研究所	教育学	教育	其他
中国山地民族研究中心	2012-11-29	学校主管部门批准	省教育厅人文社科研究基地	独立研究所	民族学与文化学	教育	单位自办

续表

学校及机构名称	成立时间	批准部门	机构类型	组成方式	学科分类	服务的国民经济行业	组成类型
贵州职业技术学院							
现代远程教育研究中心	2013-3-8	学校自建	校级重点研究基地	独立研究所	教育学	教育	单位自办
铜仁幼儿师范高等专科学校							
百喜文化剪纸艺术工作室	2015-8-30	学校自建	校级重点研究基地	独立研究所	艺术学	文化艺术业	单位自办
贵州土家族儿歌课程资源开发与建设创新团队	2015-8-30	学校自建	校级重点研究基地	独立研究所	艺术学	教育	单位自办
民族舞蹈教育教学团	2015-11-30	学校自建	校级重点研究基地	独立研究所	艺术学	教育	单位自办
黔东女性文学研究工作室	2014-9-23	学校自建	校级重点研究基地	独立研究所	民族学与文化学	文化艺术业	单位自办
黔东土家族山歌传承与创新教学团	2017-3-20	学校自建	校级重点研究基地	独立研究所	艺术学	教育	单位自办
黔绣大师工作室	2017-4-20	非学校主管部门批准	校级重点研究基地	独立研究所	艺术学	文化艺术业	单位自办
铜仁市幼儿教师发展中心	2014-9-23	学校自建	校级重点研究基地	独立研究所	教育学	教育	其他
箫笛制作技艺工作室	2017-3-28	学校自建	校级重点研究基地	独立研究所	艺术学	文化艺术业	单位自办
云南省							
云南大学							
国家文化产业研究中心	2006-6-30	非学校主管部门批准	中央其他部委重点研究基地	独立研究所	民族学与文化学	教育	政府部门办
西南边疆少数民族研究中心	2001-7-1	学校主管部门批准	教育部重点研究基地	独立研究所	民族学与文化学	教育	单位自办
国际关系研究院	2002-3-1	学校主管部门批准	其他	独立研究所	国际问题研究	教育	单位自办
西南边疆少数民族研究中心	2001-7-1	学校主管部门批准	教育部重点研究基地	独立研究所	民族学与文化学	教育	单位自办
国家文化产业研究中心	2006-6-30	非学校主管部门批准	其他	独立研究所	民族学与文化学	教育	政府部门办

续表

学校及机构名称	成立时间	批准部门	机构类型	组成方式	学科分类	服务的国民经济行业	组成类型
云南省民族研究院	2006-1-20	非学校主管部门批准	省级重点研究基地	独立研究所	民族学与文化学	教育	政府部门办
昆明理工大学							
云南现代化管理与新型工业化研究基地	2007-5-1	非学校主管部门批准	省级重点研究基地	独立研究所	管理学	公共设施管理业	政府部门办
云南农业大学							
电子商务研究所	2016-2-29	学校自建	研究所	独立研究所	管理学	农业	其他
科学技术史研究所	2001-3-3	学校自建	校级重点研究基地	独立研究所	哲学	研究和试验发展	单位自办
马克思主义与“三农”研究中心	2009-12-31	学校主管部门批准	研究中心	与校外合办所	马克思主义	娱乐业	单位自办
农村发展政策研究中心	2008-12-10	学校自建	校级重点研究基地	独立研究所	社会学	农业	单位自办
农业教育研究所	1994-9-8	学校自建	校级重点实验室	独立研究所	教育学	卫生	单位自办
新农村发展研究院	2012-12-15	非学校主管部门批准	其他	独立研究所	社会学	农业	单位自办
云南“三农”问题与新农村建设研究基地	2010-7-31	非学校主管部门批准	省级重点研究基地	独立研究所	经济学	农业	单位自办
云南农村发展智库	2015-6-30	学校主管部门批准	其他智库	与校外合办所	经济学	中国共产党机关	单位自办
云南农业发展智库	2016-12-31	非学校主管部门批准	省级智库	与校外合办所	经济学	农业	单位自办
职业教育研究所	2012-2-29	学校自建	研究所	跨系所	教育学	其他服务业	其他
西南林业大学							
绿色发展智库	2017-1-13	非学校主管部门批准	省级智库	跨系所	经济学	农、林、牧、渔专业及辅助性活动	单位自办
云南林业经济研究智库	2015-3-3	非学校主管部门批准	其他智库	跨系所	经济学	农、林、牧、渔专业及辅助性活动	单位自办

续表

学校及机构名称	成立时间	批准部门	机构类型	组成方式	学科分类	服务的国民经济行业	组成类型
云南省森林资产管理及林权制度研究基地	2010-3-5	非学校主管部门批准	其他重点研究基地	跨系所	管理学	林业	单位自办
大理大学							
滇西边境山区民族教育问题研究	2017-4-10	学校主管部门批准	云南省社科联创新团队	独立研究所	教育学	教育	单位自办
国家民委民族理论政策研究基地	2014-12-30	学校主管部门批准	中央其他部委重点研究基地	独立研究所	政治学	教育	单位自办
经济研究所	2016-3-1	学校自建	校级重点研究基地	独立研究所	经济学	教育	单位自办
民族文化研究院	2003-3-1	学校自建	校级重点研究基地	跨系所	民族学与文化学	教育	单位自办
南诏大理历史文化传承与发展研究基地	2007-5-3	非学校主管部门批准	省级重点研究基地	跨系所	民族学与文化学	教育	政府部门办
云南宗教治理与民族团结进步智库	2014-9-23	学校主管部门批准	省级智库	跨系所	宗教学	教育	其他
中国族际政治和谐治理创新团队	2014-12-30	学校主管部门批准	云南省哲学社会科学创新团队	跨系所	政治学	社会保障	单位自办
云南师范大学							
国家体育总局体育文化研究基地	2008-10-15	学校主管部门批准	中央其他部委重点研究基地	独立研究所	体育学	教育	政府部门办
西南边疆民族文化传承传播协同创新中心	2011-12-15	学校主管部门批准	省级 2011 协同创新中心	独立研究所	民族学与文化学	教育	政府部门办
云南教育发展与西南联大研究基地	2007-5-15	学校主管部门批准	省级重点研究基地	独立研究所	教育学	教育	政府部门办
云南旅游产业发展研究基地	2009-12-15	学校主管部门批准	省级重点研究基地	独立研究所	社会学	教育	政府部门办
云南人力资源开发与管理研究基地	2009-9-15	学校主管部门批准	省级重点研究基地	独立研究所	管理学	教育	政府部门办
云南少数民族哲学思想研究基地	2014-5-14	学校主管部门批准	其他重点研究基地	独立研究所	哲学	教育	政府部门办

续表

学校及机构名称	成立时间	批准部门	机构类型	组成方式	学科分类	服务的国民经济行业	组成类型
云南省党的群众路线研究基地	2014-5-15	学校主管部门批准	其他重点研究基地	独立研究所	马克思主义	教育	政府部门办
云南省舆情研究基地	2009-12-15	学校主管部门批准	省级重点研究基地	独立研究所	社会学	教育	政府部门办
中国西南对外开放与边疆安全研究中心	2016-11-15	学校主管部门批准	省级智库	独立研究所	社会学	教育	政府部门办
曲靖师范学院							
曲靖市旅游发展研究院	2016-10-18	学校自建	学校自建独立研究机构	与校外合办所	经济学	教育	单位自办
云南城市文化研究基地	2009-12-14	非学校主管部门批准	省级重点研究基地	独立研究所	民族学与文化学	教育	与国内高校合办
中国铜商文化研究院	2014-6-19	学校自建	校级重点研究基地	独立研究所	社会学	教育	单位自办
保山学院							
云南省高校宝玉石特色产业研究与发展工程研究中心	2014-7-1	学校主管部门批准	省级工程研究中心	独立研究所	艺术学	其他服务业	政府部门办
云南杨善洲精神研究基地	2014-6-20	学校主管部门批准	省级哲社基地	独立研究所	马克思主义	教育	政府部门办
红河学院							
滇越合作研究基地	2009-12-1	非学校主管部门批准	省级重点研究基地	独立研究所	国际问题研究	研究和试验发展	单位自办
云南国际哈尼/阿卡社会历史与文化发展研究基地	2014-6-1	非学校主管部门批准	省级重点研究基地	独立研究所	民族学与文化学	教育	单位自办
云南财经大学							
财政税收研究所	2005-1-1	学校自建	学校非专职研究机构	独立研究所	经济学	教育	单位自办
滇商研究院	2017-2-1	学校自建	学校专职研究机构	独立研究所	经济学	教育	单位自办
公共政策研究中心	2006-6-28	学校自建	省级重点研究基地，学校专职研究机构	独立研究所	经济学	教育	单位自办

续表

学校及机构名称	成立时间	批准部门	机构类型	组成方式	学科分类	服务的国民经济行业	组成类型
金融研究院	2014-6-1	学校自建	学校专职研究机构	独立研究所	经济学	货币金融服务	单位自办
经济研究院	1986-9-23	学校主管部门批准	学校专职研究机构	独立研究所	经济学	教育	单位自办
经济制度与经济政策研究所	2007-9-1	学校自建	学校专职研究机构	独立研究所	经济学	教育	单位自办
旅游文化产业研究院	2012-7-20	学校自建	学校专职研究机构	独立研究所	管理学	教育	单位自办
区域发展研究所	2002-9-1	学校自建	学校专职研究机构	独立研究所	经济学	教育	单位自办
社会与经济行为研究中心	2007-10-15	学校自建	学校专职研究机构	独立研究所	社会学	教育	单位自办
印度洋地区研究中心	2011-8-13	学校自建	省级智库，省级 2011 协同创新中心，学校专职研究机构	独立研究所	国际问题研究	教育	单位自办
云南省经济社会大数据研究院	2015-12-28	学校自建	学校专职研究机构	独立研究所	统计学	专业技术服务业	单位自办
哲学与伦理研究所	2012-12-1	学校自建	学校专职研究机构	独立研究所	哲学	教育	单位自办
云南艺术学院							
民族非物质文化遗产协同创新中心	2011-9-1	学校主管部门批准	省级 2011 协同创新中心	与校外合办所	艺术学	文化艺术业	与国内高校合办
民族艺术研究所	1989-1-1	学校自建	校内研究机构	独立研究所	艺术学	文化艺术业	单位自办
云南非物质文化遗产研究基地	2009-12-1	学校主管部门批准	省级重点研究基地	跨系所	民族学与文化学	文化艺术业	单位自办
云南民族大学							
云南省民族研究所	1978-9-11	学校主管部门批准	专门科研机构	独立研究所	民族学与文化学	教育	单位自办
玉溪师范学院							
湄公河次区域民族民间文化传习馆	2006-6-10	学校自建	校级重点研究基地	独立研究所	民族学与文化学	广播、电视、电影和影视录音制作业	单位自办

续表

学校及机构名称	成立时间	批准部门	机构类型	组成方式	学科分类	服务的国民经济行业	组成类型
昆明学院							
滇池（湖泊）流域生态文化研究基地	2009-12-10	非学校主管部门批准	云南省哲学社会科学研究基地	跨系所	民族学与文化学	研究和试验发展	政府部门办
昆明科学发展研究院	2009-11-1	学校自建	学校自建研究机构	独立研究所	管理学	教育	单位自办
昆明南亚东南亚合作战略研究院	2010-7-2	学校自建	学校自建研究机构	独立研究所	经济学	研究和试验发展	单位自办
文山学院							
民族文化传承创新研究中心	2002-6-6	学校自建	研究所	独立研究所	民族学与文化学	广播、电视、电影和影视录音制作业	单位自办
云南经济管理学院							
云南省职业教育禁毒防艾教研培训中心	2015-7-16	学校主管部门批准	云南省教育厅	独立研究所	社会学	其他服务业	单位自办
云南大学旅游文化学院							
丽江市发展研究中心	2016-9-20	非学校主管部门批准	其他	与校外合办所	经济学	教育	政府部门办
丽江市旅游发展研究中心	2008-5-12	非学校主管部门批准	其他	与校外合办所	管理学	教育	政府部门办
丽江师范高等专科学校							
丽江市经济发展研究中心	2016-5-5	非学校主管部门批准	其他智库，丽江市新型高校智库	与校外合办所	经济学	教育	政府部门办
民族文化研究中心	2015-3-12	学校自建	校级重点研究基地	独立研究所	民族学与文化学	教育	单位自办
云南财经职业学院							
经济研究所	2018-5-1	学校自建	研究所	独立研究所	教育学	教育	单位自办
滇西应用技术大学							
滇西金融研究院	2016-12-6	学校自建	研究院	与校外合办所	经济学	其他金融业	与国内高校合办

续表

学校及机构名称	成立时间	批准部门	机构类型	组成方式	学科分类	服务的国民经济行业	组成类型
西藏自治区							
西藏大学							
中国藏学研究所	2000-12-1	非学校主管部门批准	教育部重点研究基地	独立研究所	民族学与文化学	教育	与国内高校合办
西藏民族大学							
藏学研究所	2017-6-1	学校自建	校级重点研究基地	跨系所	民族学与文化学	教育	单位自办
佛教文化交流中心	2017-3-16	学校自建	校级重点研究基地	跨系所	民族学与文化学	教育	与国内高校合办
旅游研究所	2015-10-22	学校自建	校级重点研究基地	跨系所	管理学	教育	单位自办
南亚研究所	2015-10-23	学校自建	校级重点研究基地	跨系所	政治学	教育	单位自办
西藏当代文学研究中心	2017-3-2	学校自建	校级重点研究基地	跨系所	中国文学	教育	单位自办
西藏经济发展研究中心	2014-5-8	学校自建	校级重点研究基地	跨系所	经济学	教育	单位自办
西藏经济社会与文化发展研究基地—西藏大学生思想政治教育研究中心	2011-9-5	学校自建	校级重点研究基地	跨系所	马克思主义	教育	政府部门办
西藏经济与社会发展研究基地	2011-11-1	非学校主管部门批准	校级重点研究基地	独立研究所	经济学	教育	单位自办
西藏社会服务与公共管理研究中心	2014-5-8	学校自建	校级重点研究基地	独立研究所	管理学	教育	单位自办
西藏社会和谐稳定于法制建设重点研究基地	2014-5-8	学校自建	校级重点研究基地	跨系所	法学	教育	单位自办
西藏思想道德研究中心	2014-5-8	学校自建	校级重点研究基地	跨系所	马克思主义	教育	单位自办
西藏文化传承发展协同创新中心	2012-12-31	学校主管部门批准	省级 2011 协同创新中心	跨系所	民族学与文化学	教育	单位自办

续表

学校及机构名称	成立时间	批准部门	机构类型	组成方式	学科分类	服务的国民经济行业	组成类型
西藏文化发展研究中心	2014-5-8	学校自建	校级重点研究基地	跨系所	民族学与文化学	教育	单位自办
西藏新闻传播研究中心	2014-5-8	学校自建	校级重点研究基地	跨系所	图书馆、情报与文献学	社会工作	单位自办
西藏哲学社会科学重点研究基地	2016-1-20	学校自建	校级重点研究基地	独立研究所	社会学	教育	单位自办
习近平新时代中国特色社会主义思想教学研究中心	2018-5-31	非学校主管部门批准	校级重点研究基地	独立研究所	政治学	中国共产党机关	单位自办
宗教研究所	2017-12-1	非学校主管部门批准	校级重点研究基地	独立研究所	宗教学	社会工作	单位自办
陕西省							
西北大学							
边疆考古与中国文化认同协同创新中心	2013-9-1	学校主管部门批准	省级 2011 协同创新中心	独立研究所	考古学	文化艺术业	政府部门办
哈萨克研究中心	2017-6-1	非学校主管部门批准	其他重点研究基地，教育部国别和区域研究基地	独立研究所	国际问题研究	国际组织	政府部门办
汉唐文化与陕西文学发展研究中心	2010-12-1	学校主管部门批准	省级重点研究基地	独立研究所	中国文学	文化艺术业	政府部门办
陕西宏观经济与经济增长质量协同创新研究中心	2015-3-1	非学校主管部门批准	省级重点研究基地	独立研究所	经济学	货币金融服务	政府部门办
陕西省重点中国特色社会主义理论体系研究中心	2017-4-1	非学校主管部门批准	省级重点研究基地	独立研究所	政治学	中国共产党机关	政府部门办
市场经济与企业制度研究中心	2004-1-1	学校主管部门批准	省级重点研究基地	独立研究所	经济学	货币金融服务	政府部门办
丝绸之路经济带建设协同创新中心	2015-1-1	学校主管部门批准	省级 2011 协同创新中心	独立研究所	经济学	资本市场服务	政府部门办
丝绸之路文化遗产保护与考古学研究中心	2004-1-1	学校主管部门批准	省级重点研究基地	独立研究所	考古学	文化艺术业	政府部门办

续表

学校及机构名称	成立时间	批准部门	机构类型	组成方式	学科分类	服务的国民经济行业	组成类型
文艺理论研究(西北大学)基地	2015-3-1	非学校主管部门批准	中央其他部委重点研究基地	独立研究所	中国文学	文化艺术业	政府部门办
西北大学优秀中国文化传承与创新研究基地	2017-3-1	非学校主管部门批准	省级重点研究基地	独立研究所	经济学	文化艺术业	政府部门办
叙利亚研究中心	2017-10-1	非学校主管部门批准	其他重点研究基地，教育部国别和区域研究基地	独立研究所	国际问题研究	国际组织	政府部门办
中东所	2017-3-1	非学校主管部门批准	其他重点研究基地，教育部国别和区域研究基地	独立研究所	国际问题研究	国际组织	政府部门办
中东研究所	2004-1-1	学校主管部门批准	省级重点研究基地	独立研究所	历史学	国际组织	政府部门办
中国社会主义文学研究中心(培育)	2017-5-1	非学校主管部门批准	其他重点研究基地，教育部国别和区域研究基地	独立研究所	中国文学	教育	政府部门办
中国思想文化研究所	1986-1-1	学校主管部门批准	省级重点研究基地	独立研究所	历史学	文化艺术业	政府部门办
中国文艺评论基地	2015-3-1	非学校主管部门批准	中央其他部委重点研究基地	独立研究所	中国文学	广播、电视、电影和影视录音制作业	政府部门办
中国西部经济发展研究中心	2001-4-28	非学校主管部门批准	教育部重点研究基地	独立研究所	经济学	货币金融服务	政府部门办
西安交通大学							
陕西经济研究中心	2005-10-15	非学校主管部门批准	省级重点研究基地	独立研究所	经济学	教育	其他
陕西省创新驱动与产业升级研究中心	2017-1-20	非学校主管部门批准	省级重点研究基地	跨系所	经济学	资本市场服务	单位自办
陕西省高校德育研究中心	2005-10-15	非学校主管部门批准	省级重点研究基地	独立研究所	马克思主义	教育	其他
陕西省重点中国特色社会主义理论体系研究中心	2017-1-20	非学校主管部门批准	省级重点研究基地	跨系所	马克思主义	教育	单位自办

续表

学校及机构名称	成立时间	批准部门	机构类型	组成方式	学科分类	服务的国民经济行业	组成类型
社会保障理论与政策研究中心	2018-9-25	非学校主管部门批准	省级重点研究基地	独立研究所	社会学	社会保障	单位自办
丝绸之路经济带法律政策协同创新中心	2018-4-10	非学校主管部门批准	省级 2011 协同创新中心	独立研究所	法学	教育	单位自办
网络舆情科普基地	2018-3-16	非学校主管部门批准	其他重点研究基地	独立研究所	新闻学与传播学	广播、电视、电影和影视录音制作业	单位自办
西安交大—香港中大人口迁移联合研究中心	2018-6-20	学校自建	其他智库	独立研究所	社会学	社会保障	与国内高校合办
“一带一路”自由贸易试验区研究院	2017-3-3	学校自建	校级重点研究基地	跨系所	管理学	研究和试验发展	单位自办
西部文化创意产业协同创新中心	2012-10-22	非学校主管部门批准	省级 2011 协同创新中心	跨系所	管理学	文化艺术业	单位自办
知识产权研究中心	2005-10-15	非学校主管部门批准	省级重点研究基地	独立研究所	法学	教育	其他
中国管理问题研究中心	2006-4-30	学校自建	校级重点研究基地	独立研究所	管理学	研究和试验发展	单位自办
西北工业大学							
国防特色高校文化传承与创新研究中心	2018-5-6	非学校主管部门批准	其他重点研究基地	与校外合办所	马克思主义	教育	政府部门办
军民融合发展协同创新研究中心	2017-1-10	非学校主管部门批准	省级重点研究基地	跨系所	管理学	科技推广和应用服务	单位自办
军民融合发展战略软科学研究基地	2017-11-10	非学校主管部门批准	其他智库	跨系所	管理学	科技推广和应用服务	单位自办
陕西省军民融合培训基地	2018-9-13	非学校主管部门批准	省级重点研究基地	跨系所	管理学	专业技术服务业	单位自办
陕西省军民融合评估中心	2018-11-21	非学校主管部门批准	其他智库	跨系所	管理学	专业技术服务业	单位自办
重点舆情信息研究中心	2017-1-10	非学校主管部门批准	省级重点研究基地	跨系所	马克思主义	中国共产党机关	单位自办
西安理工大学							
城市经济发展战略研究所	1995-5-1	非学校主管部门批准	其他重点研究基地	跨系所	经济学	货币金融服务	政府部门办
城市经济与管理研究中心	2009-11-30	学校主管部门批准	省级重点研究基地	跨系所	管理学	商务服务业	政府部门办
陕西省大学生人文素质教育研究中心	2005-1-6	学校主管部门批准	其他重点研究基地	跨系所	教育学	其他服务业	政府部门办

续表

学校及机构名称	成立时间	批准部门	机构类型	组成方式	学科分类	服务的国民经济行业	组成类型
西安电子科技大学							
陕西信息资源研究中心	2009-2-2	非学校主管部门批准	省级重点研究基地	独立研究所	管理学	科技推广和应用服务	单位自办
西安工业大学							
陕西当代文学与艺术研究中心	2010-3-11	学校主管部门批准	省级重点研究基地	独立研究所	中国文学	文化艺术业	政府部门办
陕西高校军民融合科技创新研究中心	2018-9-11	非学校主管部门批准	其他重点研究基地	跨系所	管理学	科技推广和应用服务	单位自办
西安建筑科技大学							
陕西省房地产业发展研究中心	2016-9-30	非学校主管部门批准	省级重点研究基地	独立研究所	管理学	房地产业	单位自办
陕西省建筑经济与管理研究中心	2005-1-1	学校主管部门批准	省级重点研究基地	跨系所	管理学	房屋建筑业	单位自办
陕西省养老工程研究中心	2017-12-1	非学校主管部门批准	省级重点研究基地	独立研究所	社会学	社会工作	单位自办
西部文化发展研究所	2016-1-29	非学校主管部门批准	省级重点研究基地	独立研究所	管理学	广播、电视、电影和影视录音制作业	单位自办
西安科技大学							
能源经济与管理研究中心	2008-10-28	学校主管部门批准	省级重点研究基地	独立研究所	管理学	科技推广和应用服务	政府部门办
西安石油大学							
油气资源经济管理研究中心	1998-10-10	学校主管部门批准	省级重点研究基地	独立研究所	经济学	石油、煤炭及其他燃料加工业	单位自办
陕西科技大学							
陕西轻工战略研究中心	2009-8-5	学校主管部门批准	省级重点研究基地	独立研究所	管理学	其他服务业	单位自办
西安工程大学							
纺织经济管理研究中心	2012-3-1	学校主管部门批准	省级重点研究基地	独立研究所	管理学	纺织业	政府部门办
陕西省科技政策创新与评估软科学研究基地	2018-11-27	非学校主管部门批准	其他重点研究基地，省科技厅软科学研究基地	独立研究所	管理学	社会工作	政府部门办

续表

学校及机构名称	成立时间	批准部门	机构类型	组成方式	学科分类	服务的国民经济行业	组成类型
长安大学							
长安文化产业研究中心	2004-9-8	非学校主管部门批准	省级重点研究基地	独立研究所	经济学	文化艺术业	单位自办
低碳交通发展研究中心	2011-12-15	学校自建	校级重点实验室	跨系所	管理学	道路运输业	单位自办
公路基础设施经济与管理研究中心	2018-5-30	非学校主管部门批准	省级重点研究基地	跨系所	经济学	道路运输业	单位自办
交通经济研究所	2008-9-1	学校自建	校级重点研究基地	跨系所	经济学	道路运输业	单位自办
交通投融资研究所	2008-9-15	学校自建	校级重点实验室	独立研究所	管理学	其他金融业	单位自办
交通运输发展研究所	2014-12-12	学校自建	校级重点实验室	跨系所	管理学	道路运输业	单位自办
交通运输信息化研究所	2008-7-15	学校自建	校级重点研究基地	跨系所	管理学	道路运输业	单位自办
交通运输战略与公共政策研究中心	2017-1-10	学校自建	校级重点研究基地	跨系所	管理学	道路运输业	单位自办
旅游交通研究中心	2017-11-23	学校自建	校级重点研究基地	独立研究所	管理学	商务服务业	单位自办
区域与城市运输经济研究所	2008-9-15	学校自建	校级重点实验室	跨系所	管理学	道路运输业	单位自办
陕西省文化产业协同创新研究中心	2015-9-10	非学校主管部门批准	省级重点研究基地	独立研究所	经济学	文化艺术业	单位自办
体育科学研究所	2009-11-12	学校自建	校级重点研究基地	跨系所	体育学	体育	单位自办
外国语文研究所	2016-1-12	学校自建	校级重点研究基地	跨系所	语言学	文化艺术业	单位自办
物流与供应链研究所	2008-9-15	学校自建	校级重点研究基地	独立研究所	管理学	商务服务业	单位自办
中国特色社会主义理论体系研究中心	2016-12-7	非学校主管部门批准	省级重点研究基地	独立研究所	马克思主义	教育	单位自办
中韩物流研究中心	2016-5-6	学校自建	校级重点研究基地	跨系所	管理学	道路运输业	单位自办
综合运输经济管理研究中心	2008-10-15	非学校主管部门批准	省级重点研究基地	跨系所	经济学	道路运输业	政府部门办
西北农林科技大学							
西部农村发展研究中心	2008-8-5	非学校主管部门批准	省级重点研究基地	跨系所	管理学	农业	单位自办
中国农业历史文化研究所	2008-8-5	非学校主管部门批准	省级重点研究基地	跨系所	历史学	农业	单位自办
陕西中医药大学							

续表

学校及机构名称	成立时间	批准部门	机构类型	组成方式	学科分类	服务的国民经济行业	组成类型
中医药文化传承与发展研究中心	2009-12-21	学校主管部门批准	省级重点研究基地	跨系所	语言学	教育	政府部门办
陕西师范大学							
阿富汗研究中心	2017-11-3	学校主管部门批准	其他重点研究基地	独立研究所	民族学与文化学	教育	单位自办
国际长安学协同创新中心	2015-4-24	非学校主管部门批准	省级 2011 协同创新中心	与校外合办所	历史学	文化艺术业	其他
陕西文化资源开发协同创新中心	2018-1-15	非学校主管部门批准	省级 2011 协同创新中心	与校外合办所	历史学	文化艺术业	其他
丝绸之路人文交流研究中心	2017-11-3	学校主管部门批准	其他重点研究基地	独立研究所	民族学与文化学	文化艺术业	单位自办
体育人文社会科学研究中心	2003-11-10	非学校主管部门批准	中央其他部委重点研究基地	独立研究所	体育学	体育	单位自办
土耳其研究中心	2017-11-3	学校主管部门批准	其他重点研究基地	独立研究所	民族学与文化学	教育	单位自办
乌兹别克斯坦研究中心	2017-11-3	学校主管部门批准	其他重点研究基地	独立研究所	民族学与文化学	教育	单位自办
西北国土资源研究中心	2005-3-18	非学校主管部门批准	省级重点研究基地	独立研究所	社会学	生态保护和环境治理业	单位自办
西北历史环境与经济社会发展研究院	2000-10-12	学校主管部门批准	教育部重点研究基地	独立研究所	历史学	生态保护和环境治理业	单位自办
西北民族研究中心	2001-10-1	非学校主管部门批准	省级重点研究基地	独立研究所	民族学与文化学	教育	单位自办
中国特色社会主义理论体系研究中心	2017-1-20	非学校主管部门批准	省级重点研究基地	独立研究所	政治学	教育	单位自办
重点舆情信息研究中心	2017-1-20	非学校主管部门批准	省级重点研究基地	独立研究所	社会学	教育	单位自办
宗教研究中心	2007-12-20	非学校主管部门批准	省级重点研究基地	独立研究所	宗教学	教育	单位自办

续表

学校及机构名称	成立时间	批准部门	机构类型	组成方式	学科分类	服务的国民经济行业	组成类型
延安大学							
路遥与知青文学研究中心	2018-9-15	学校主管部门批准	其他重点研究基地，陕西（高校）哲学社会科学重点研究基地	独立研究所	中国文学	教育	单位自办
陕北历史文化研究中心	2010-3-19	学校主管部门批准	省级重点研究基地	独立研究所	历史学	教育	政府部门办
邓小平理论研究所	1999-3-1	学校自建	校级重点研究基地	跨系所	哲学	教育	单位自办
延安精神与红色文化传承协同创新中心	2018-3-20	学校主管部门批准	省级 2011 协同创新中心	与校外合办所	马克思主义	教育	与国内高校合办
中共党史与延安学研究中心	2007-5-20	学校主管部门批准	省级重点研究基地	与校外合办所	马克思主义	教育	政府部门办
中国共产党革命精神与文化研究基地	2013-7-20	非学校主管部门批准	教育部重点研究基地	独立研究所	政治学	教育	政府部门办
陕西理工大学							
汉水文化研究中心	1995-6-8	学校自建	校级重点研究基地	独立研究所	民族学与文化学	其他服务业	单位自办
宝鸡文理学院							
关陇方言与民俗研究中心	2010-1-2	学校主管部门批准	省级重点研究基地	跨系所	民族学与文化学	文化艺术业	单位自办
陕西中国特色社会主义研究中心	2017-1-10	非学校主管部门批准	省级重点研究基地	跨系所	马克思主义	中国共产党机关	单位自办
周秦伦理文化与现代道德价值研究中心	2005-12-23	学校主管部门批准	省级重点研究基地	跨系所	哲学	教育	单位自办
咸阳师范学院							
长安画派艺术研究所	2009-9-16	学校自建	校级重点研究基地	独立研究所	艺术学	文化艺术业	单位自办
关中古代陵寝文化研究中心	2010-9-22	学校主管部门批准	省级重点研究基地	独立研究所	历史学	教育	单位自办

续表

学校及机构名称	成立时间	批准部门	机构类型	组成方式	学科分类	服务的国民经济行业	组成类型
汉文化研究中心	2009-10-9	学校自建	校级重点研究基地	独立研究所	历史学	文化艺术业	单位自办
西部儿童文学研究中心	2009-9-15	学校自建	校级重点研究基地	独立研究所	中国文学	社会工作	单位自办
咸阳发展研究院	2009-3-10	非学校主管部门批准	其他重点研究基地，咸阳市 学校共建	与校外合办所	经济学	群众团体、社会团体和其他成员组织	政府部门办
渭南师范学院							
秦东历史文化研究中心	2011-6-15	学校主管部门批准	省级重点研究基地	跨系所	历史学	其他服务业	单位自办
陕西省大秦岭文化艺术研究中心	2012-2-13	学校自建	校级重点研究基地	跨系所	艺术学	广播、电视、电影和影视录音制作业	单位自办
陕西省地方戏剧研究中心	2005-11-20	学校自建	校级重点研究基地	跨系所	艺术学	广播、电视、电影和影视录音制作业	单位自办
陕西省运动与体质发展研究中心	2010-12-15	学校自建	校级重点研究基地	跨系所	体育学	文化艺术业	单位自办
陕西省中国钢琴与中国文化研究中心	2014-6-11	学校自建	校级重点研究基地	独立研究所	艺术学	其他服务业	单位自办
中国史记研究院	2014-10-15	学校自建	校级重点研究基地	跨系所	中国文学	教育	单位自办
西安外国语大学							
阿拉伯文化研究中心	2017-4-18	学校自建	校级重点研究基地	独立研究所	国际问题研究	教育	单位自办
澳大利亚研究中心	2016-11-25	学校自建	校级重点研究基地	独立研究所	国际问题研究	教育	单位自办
比较教育研究所	2016-11-25	学校自建	校级重点研究基地	独立研究所	教育学	教育	单位自办
波兰研究中心	2017-12-20	学校自建	校级重点研究基地	独立研究所	政治学	教育	单位自办
大数据信用管理研究中心	2016-11-25	学校自建	校级重点研究基地	独立研究所	管理学	货币金融服务	单位自办
法语国家与地区研究中心	2018-7-12	学校自建	校级重点研究基地	独立研究所	政治学	教育	单位自办
翻译教学与研究中心	2016-11-25	学校自建	校级重点研究基地	独立研究所	语言学	教育	单位自办

续表

学校及机构名称	成立时间	批准部门	机构类型	组成方式	学科分类	服务的国民经济行业	组成类型
翻译研究所	2016-11-25	学校自建	校级重点研究基地	独立研究所	语言学	教育	单位自办
高等教育研究所	2016-11-25	学校自建	校级重点研究基地	独立研究所	教育学	教育	单位自办
国际传播研究所	2016-11-25	学校自建	校级重点研究基地	独立研究所	新闻学与传播学	教育	单位自办
国际会计与财务研究所	2016-11-25	学校自建	校级重点研究基地	独立研究所	经济学	货币金融服务	单位自办
国际教育交流研究中心	2016-11-25	学校自建	校级重点研究基地	独立研究所	教育学	教育	单位自办
汉语及汉语国际教育研究所	2016-11-25	学校自建	校级重点研究基地	独立研究所	语言学	教育	单位自办
基础教育研究所	2016-11-25	学校自建	校级重点研究基地	独立研究所	教育学	教育	单位自办
跨境电商创新研究院	2017-12-20	学校自建	校级重点研究基地	独立研究所	经济学	教育	单位自办
拉丁美洲研究中心	2016-11-25	学校自建	校级重点研究基地	独立研究所	国际问题研究	教育	单位自办
旅游文化多语种译介研究中心	2017-4-18	学校自建	校级重点研究基地	独立研究所	语言学	广播、电视、电影和影视录音制作业	单位自办
媒体伦理与法规研究所	2016-11-25	学校自建	校级重点研究基地	独立研究所	新闻学与传播学	教育	单位自办
欧美文学研究中心	2005-1-8	学校主管部门批准	省级重点研究基地	独立研究所	外国文学	教育	政府部门办
人文地理研究所	1985-3-18	学校自建	校级重点研究基地	独立研究所	管理学	教育	单位自办
人文社会科学研究中心	2016-12-28	学校自建	校级重点研究基地	独立研究所	管理学	教育	单位自办
陕西方言研究所	2016-11-25	学校自建	校级重点研究基地	独立研究所	语言学	教育	单位自办
陕西旅游研究院	2013-10-15	学校自建	校级重点研究基地	与校外合办所	管理学	教育	与国内独立研究机构合办
陕西文化和旅游发展研究所	2018-5-2	学校自建	校级重点研究基地	独立研究所	经济学	教育	单位自办
丝绸之路语言服务协同创新中心	2018-1-24	学校主管部门批准	省级 2011 协同创新中心	跨系所	外国文学	教育	单位自办
外国语言学及应用语言学研究中心	2009-12-15	学校主管部门批准	省级重点研究基地	独立研究所	语言学	教育	政府部门办

续表

学校及机构名称	成立时间	批准部门	机构类型	组成方式	学科分类	服务的国民经济行业	组成类型
外语教育研究所	2016-11-25	学校自建	校级重点研究基地	独立研究所	教育学	教育	单位自办
文学人类学研究中心	2016-11-25	学校自建	校级重点研究基地	独立研究所	中国文学	教育	单位自办
西安当代国际问题研究中心	2016-11-25	学校自建	校级重点研究基地	跨系所	国际问题研究	教育	单位自办
新媒体艺术研究所	2016-11-25	学校自建	校级重点研究基地	独立研究所	艺术学	教育	单位自办
影视艺术研究所	2016-11-25	学校自建	校级重点研究基地	独立研究所	艺术学	教育	单位自办
中外能源企业研究所	2017-12-20	学校自建	校级重点研究基地	独立研究所	经济学	教育	单位自办
中外企业战略管理比较研究所	2016-11-25	学校自建	校级重点研究基地	独立研究所	管理学	教育	单位自办
资源环境与产业经济学研究中心	2016-11-25	学校自建	校级重点研究基地	独立研究所	经济学	教育	单位自办
西北政法大学							
地方政府法治建设研究中心	2018-9-19	学校主管部门批准	省级重点研究基地	独立研究所	法学	教育	单位自办
法治陕西建设协同创新中心	2015-3-30	学校主管部门批准	省级 2011 协同创新中心	独立研究所	法学	其他服务业	政府部门办
高教研究所	1985-12-18	学校自建	校级重点研究基地，其他重点研究基地	独立研究所	教育学	教育	单位自办
国际法研究中心	2012-6-13	学校主管部门批准	省级重点研究基地	独立研究所	法学	教育	政府部门办
社会政策与社会舆情评价协同创新研究中心	2017-1-19	非学校主管部门批准	其他重点研究基地，省委宣传部省级基地	独立研究所	新闻学与传播学	社会工作	单位自办
刑事法律科学研究中心	2007-9-12	学校主管部门批准	省级重点研究基地	独立研究所	法学	教育	政府部门办
西安体育学院							
国家体育总局体育人文社科研究基地	2006-1-10	非学校主管部门批准	中央其他部委重点研究基地	独立研究所	体育学	体育	政府部门办
国家体育总局体育文化发展研究基地	2007-12-15	非学校主管部门批准	中央其他部委重点研究基地	独立研究所	体育学	体育	政府部门办

续表

学校及机构名称	成立时间	批准部门	机构类型	组成方式	学科分类	服务的国民经济行业	组成类型
青少年体育与健康促进研究中心	2018-11-28	学校自建	校级重点研究基地	独立研究所	体育学	体育	单位自办
陕西省全民健身与健康研究院	2017-4-12	非学校主管部门批准	其他重点研究基地，西安体育学院与陕西省体育局共建研究基地	与校外合办所	体育学	体育	其他
陕西省体育产业研发中心	2016-12-22	非学校主管部门批准	其他重点研究基地，西安体育学院与陕西省体育局共建研究基地	与校外合办所	体育学	体育	其他
体育法学研究中心	2008-10-28	学校主管部门批准	省级重点研究基地	独立研究所	体育学	体育	政府部门办
体能训练研究中心	2018-11-28	学校自建	校级重点研究基地	独立研究所	体育学	体育	单位自办
西安音乐学院							
西北民族音乐研究中心	2008-10-10	学校主管部门批准	省级重点研究基地	跨系所	艺术学	文化艺术业	单位自办
西安美术学院							
中国传统美术与西部美术研究中心	2005-1-5	学校主管部门批准	省级重点研究基地	独立研究所	艺术学	文化艺术业	政府部门办
西安文理学院							
长安历史文化研究中心	2008-10-28	学校主管部门批准	省级重点研究基地	独立研究所	历史学	教育	单位自办
榆林学院							
陕北生态文化研究中心	2010-2-11	学校主管部门批准	省级重点研究基地	跨系所	中国文学	广播、电视、电影和影视录音制作业	单位自办
商洛学院							
商洛文化暨贾平凹研究中心	2014-12-31	学校主管部门批准	省级重点研究基地	跨系所	中国文学	文化艺术业	单位自办
安康学院							
陕南民间文化研究中心	2009-12-10	学校主管部门批准	省级重点研究基地	跨系所	中国文学	文化艺术业	政府部门办

续表

学校及机构名称	成立时间	批准部门	机构类型	组成方式	学科分类	服务的国民经济行业	组成类型
陕南生态经济研究中心	2016-3-22	学校主管部门批准	省级重点研究基地	跨系所	经济学	生态保护和环境治理业	政府部门办
西安财经学院							
陕西能源产业与区域经济发展协同创新中心	2015-12-23	学校自建	校级研究基地	独立研究所	经济学	石油和天然气开采业	单位自办
陕西省国防科技与经济发展研究中心	2006-12-1	非学校主管部门批准	省级重点研究基地	独立研究所	经济学	国家机构	政府部门办
陕西省统计研究中心	2006-10-23	学校主管部门批准	省级重点研究基地	独立研究所	统计学	国家机构	政府部门办
陕西省统一战线理论与实践研究中心	2005-10-12	非学校主管部门批准	省级重点研究基地	独立研究所	政治学	人民政协、民主党派	政府部门办
陕西省信用研究中心	2010-9-15	非学校主管部门批准	省级重点研究基地	独立研究所	经济学	社会保障	政府部门办
文化资源与产业研究中心	2003-10-6	学校自建	校级研究基地	独立研究所	中国文学	文化艺术业	单位自办
文学创作与文体学研究中心	2012-6-11	学校自建	校级研究基地	独立研究所	中国文学	文化艺术业	单位自办
西安统计研究院	2002-10-20	非学校主管部门批准	中央其他部委重点研究基地，省级重点研究基地	独立研究所	统计学	国家机构	政府部门办
西部法治研究中心	2012-3-1	学校自建	校级研究基地	独立研究所	法学	国家机构	单位自办
西部能源经济与区域发展协同创新研究中心	2015-12-3	非学校主管部门批准	省级重点研究基地	独立研究所	经济学	石油和天然气开采业	政府部门办
西部农村公共经济研究中心	1996-9-1	学校自建	校级研究基地	独立研究所	经济学	资本市场服务	单位自办
现代管理决策与对策研究中心	2011-11-3	学校自建	校级研究基地	独立研究所	管理学	国家机构	单位自办
现代企业管理研究中心	1997-9-10	学校主管部门批准	省级重点研究基地	独立研究所	经济学	专业技术服务业	政府部门办
影视艺术研究中心	2015-10-8	学校自建	校级研究基地	独立研究所	艺术学	广播、电视、电影和影视录音制作业	单位自办

续表

学校及机构名称	成立时间	批准部门	机构类型	组成方式	学科分类	服务的国民经济行业	组成类型
中国(西安)丝绸之路研究院	2015-12-24	非学校主管部门批准	中央其他部委重点研究基地,省级重点研究基地	独立研究所	经济学	国家机构	政府部门办
资源环境与区域经济研究中心	2009-12-21	学校主管部门批准	省级重点研究基地	独立研究所	经济学	资本市场服务	政府部门办
西安邮电大学							
陕西信息产业知识产权研究中心	2013-5-5	学校自建	校级重点实验室	跨系所	法学	互联网和相关服务	政府部门办
西安市互联网数据统计与分析工程实验室	2013-8-8	学校自建	校级重点实验室	跨系所	管理学	互联网和相关服务	政府部门办
信息产业发展研究中心	2009-12-21	学校主管部门批准	省级重点研究基地	跨系所	经济学	邮政业	单位自办
西安医学院							
医学人文研究中心	2017-1-9	学校自建	其他智库	跨系所	马克思主义	卫生	单位自办
医学语言与文化研究中心	2017-7-4	学校自建	其他智库	独立研究所	语言学	教育	单位自办
西安思源学院							
东南亚研究中心	2017-9-2	学校自建	校级重点研究基地	独立研究所	国际问题研究	国家机构	单位自办
留学生与现代中国研究中心	2014-6-6	学校自建	校级重点研究基地	独立研究所	历史学	群众团体、社会团体和其他成员组织	单位自办
民办高等教育发展战略研究中心	2014-6-12	学校自建	校级重点研究基地	独立研究所	教育学	教育	单位自办
文化创意产业研究发展中心	2016-12-1	学校自建	校级重点研究基地	独立研究所	艺术学	文化艺术业	单位自办
新发展理念与领导力研究中心	2016-8-5	学校自建	校级重点研究基地	独立研究所	管理学	中国共产党机关	单位自办
陕西国际商贸学院							
健康文化研究中心	2018-8-31	学校主管部门批准	省级重点研究基地	独立研究所	哲学	其他服务业	单位自办
西北大学现代学院							
创业学院	2016-7-1	学校自建	校级社科研究机构	独立研究所	管理学	其他服务业	单位自办

续表

学校及机构名称	成立时间	批准部门	机构类型	组成方式	学科分类	服务的国民经济行业	组成类型
国学院	2015-9-1	学校自建	校级社科研究机构	独立研究所	民族学与文化学	其他服务业	单位自办
马儒研究院	2015-1-1	学校自建	校级社科研究机构	独立研究所	哲学	其他服务业	单位自办
散文研究所	2015-1-1	学校自建	校级社科研究机构	独立研究所	中国文学	教育	单位自办
陕西警官职业学院							
公安法学研究会	2015-11-24	学校自建	校级重点研究基地	独立研究所	法学	国家机构	单位自办
警务法治研究中心	2016-5-5	学校自建	校级重点研究基地	独立研究所	法学	国家机构	单位自办
刑事执行与监狱法学研究会	2017-11-1	学校自建	校级重点研究基地	独立研究所	法学	国家机构	单位自办
陕西学前师范学院							
核心价值观培育与红色文化基因传承协同创新研究中心	2016-1-19	非学校主管部门批准	省级重点研究基地	独立研究所	马克思主义	教育	政府部门办
学前教育发展研究中心	2014-9-1	学校主管部门批准	其他重点研究基地，省教育厅重点研究基地	独立研究所	教育学	教育	其他
陕西艺术职业学院							
陕西省视觉重构工程研究中心	2016-1-16	非学校主管部门批准	其他重点研究基地	独立研究所	艺术学	广播、电视、电影和影视录音制作业	政府部门办
甘肃省							
兰州大学							
藏缅—阿尔泰民族非物质文化遗产研究所	2005-10-14	学校自建	校级重点研究基地	跨系所	民族学与文化学	教育	单位自办
德育研究所	1994-9-1	学校自建	校级重点研究基地	跨系所	马克思主义	教育	单位自办
东西方比较文学与比较文化研究所	2000-3-31	学校自建	校级重点研究基地	独立研究所	外国文学	教育	单位自办
敦煌学研究所	1999-12-26	学校主管部门批准	教育部重点研究基地	独立研究所	历史学	教育	政府部门办

续表

学校及机构名称	成立时间	批准部门	机构类型	组成方式	学科分类	服务的国民经济行业	组成类型
翻译研究所	2009-1-7	学校自建	校级重点研究基地	跨系所	语言学	教育	单位自办
妇女/性别研究中心	2010-4-29	学校自建	校级重点研究基地	独立研究所	社会学	教育	单位自办
高等教育研究所	1994-7-9	学校自建	校级重点研究基地	独立研究所	教育学	教育	单位自办
古籍整理研究所	1994-6-9	非学校主管部门批准	校级重点研究基地	跨系所	历史学	文化艺术业	政府部门办
国土与区域规划研究中心(院)	2005-9-3	学校自建	校级重点研究基地	独立研究所	经济学	生态保护和环境治理业	单位自办
国学研究中心	2017-4-10	学校自建	校级重点研究基地	独立研究所	中国文学	教育	单位自办
华夏文化资源数据开发与管理研究中心	2013-5-21	学校自建	校级重点研究基地	独立研究所	管理学	文化艺术业	单位自办
华夏文明传承创新发展研究中心	2013-5-21	学校自建	校级重点研究基地	独立研究所	历史学	文化艺术业	单位自办
环境行政法制研究中心	2017-4-10	学校自建	校级重点研究基地	独立研究所	法学	教育	单位自办
近代中国人物研究中心	2007-4-9	学校自建	校级重点研究基地	独立研究所	历史学	教育	单位自办
经学所	1996-5-30	学校自建	校级重点研究基地	独立研究所	中国文学	教育	单位自办
民族文化产业研究评价培训中心	2013-5-21	学校自建	校级重点研究基地	独立研究所	民族学与文化学	教育	单位自办
民族心理学研究中心	2014-5-30	学校自建	校级重点研究基地	跨系所	民族学与文化学	教育	单位自办
民族宗教研究所	2012-9-21	学校自建	校级重点研究基地	独立研究所	民族学与文化学	教育	单位自办
人口与可持续发展研究中心	1997-5-16	学校自建	校级重点研究基地	独立研究所	经济学	教育	单位自办
人类学研究中心	2016-4-1	学校自建	校级重点研究基地	跨系所	社会学	人民政协、民主党派	单位自办
上合组织及俄语国家研究中心	2014-5-30	学校自建	校级重点研究基地	跨系所	政治学	其他服务业	单位自办
社会科学调查与数据分析中心	2012-9-20	学校自建	校级重点研究基地	独立研究所	社会学	教育	单位自办

续表

学校及机构名称	成立时间	批准部门	机构类型	组成方式	学科分类	服务的国民经济行业	组成类型
社会舆论调查与舆情研判中心	2016-12-12	非学校主管部门批准	省级智库	独立研究所	新闻学与传播学	社会工作	单位自办
社会与经济发展研究评价中心	2002-8-14	学校自建	校级重点研究基地	跨系所	社会学	社会工作	单位自办
社区发展与反贫困研究中心	2015-10-14	非学校主管部门批准	省级智库	与校外合办所	社会学	人民政协、民主党派	单位自办
社区与生物多样性保护研究中心	2004-11-20	学校自建	校级重点研究基地	跨系所	经济学	生态保护和环境治理业	单位自办
生态文明建设研究与评估中心	2016-12-12	非学校主管部门批准	省级智库	独立研究所	社会学	生态保护和环境治理业	单位自办
生态哲学与生态文明研究所	2014-10-17	学校自建	校级重点研究基地	独立研究所	哲学	教育	单位自办
数量经济研究所	1996-6-29	学校自建	校级重点研究基地	独立研究所	经济学	教育	单位自办
思想政治教育理论与实践创新研究中心	2013-12-18	学校自建	中央其他部委重点研究基地	独立研究所	马克思主义	教育	单位自办
丝绸之路经济带建设研究中心	2014-11-20	非学校主管部门批准	其他重点研究基地	跨系所	经济学	教育	政府部门办
文物鉴定与修复中心	2009-5-13	学校自建	校级重点研究基地	跨系所	考古学	文化艺术业	单位自办
西北开发综合研究所	1984-11-30	学校自建	校级重点研究基地	独立研究所	经济学	其他服务业	单位自办
西北民族体育文化研究所	2005-10-14	学校自建	校级重点研究基地	跨系所	体育学	文化艺术业	单位自办
西北人口研究所	1988-12-2	学校自建	校级重点研究基地	跨系所	经济学	其他服务业	单位自办
西北少数民族研究中心	2000-12-20	学校主管部门批准	教育部新型高校智库，教育部重点研究基地	独立研究所	民族学与文化学	其他服务业	政府部门办
西部地区区域经济发展与区域政策研究中心	2013-12-18	学校主管部门批准	其他重点研究基地	跨系所	经济学	其他服务业	单位自办
西部基础教育研究与培训中心	2005-6-22	学校自建	校级重点研究基地	跨系所	教育学	其他服务业	单位自办
西部文化发展研究中心	2010-4-29	学校自建	校级重点研究基地	独立研究所	中国文学	其他服务业	单位自办
现代咨询策划研究所	1999-8-28	学校自建	校级重点研究基地	独立研究所	新闻学与传播学	新闻和出版业	单位自办
虚拟组织与服务科学研究中心	2010-4-29	学校自建	校级重点研究基地	独立研究所	管理学	其他服务业	单位自办

续表

学校及机构名称	成立时间	批准部门	机构类型	组成方式	学科分类	服务的国民经济行业	组成类型
伊斯兰文化研究所	2006-10-6	学校自建	校级重点研究基地	跨系所	宗教学	其他服务业	单位自办
意大利文化研究中心	2010-4-29	学校自建	校级重点研究基地	独立研究所	外国文学	文化艺术业	单位自办
印度研究中心	2014-5-30	学校自建	校级重点研究基地	跨系所	政治学	其他服务业	单位自办
中国边疆安全研究中心	2012-9-20	学校自建	校级重点研究基地	独立研究所	民族学与文化学	其他服务业	单位自办
中国地方政府绩效评价中心	2004-11-12	学校自建	校级重点研究基地	跨系所	管理学	其他服务业	单位自办
中国期刊研究中心	2013-5-21	学校自建	校级重点研究基地	独立研究所	新闻学与传播学	其他服务业	单位自办
中国区域竞争力研究中心	2014-5-30	学校自建	校级重点研究基地	跨系所	经济学	其他服务业	单位自办
中国西部数据中心	2014-5-30	学校自建	校级重点研究基地	跨系所	社会学	卫生	单位自办
中国政府绩效管理研究中心	2013-12-18	学校主管部门批准	其他重点研究基地	独立研究所	管理学	中国共产党机关	单位自办
中小企业研究中心	2013-5-21	学校自建	校级重点研究基地	独立研究所	经济学	其他服务业	单位自办
中亚研究所	1994-3-19	学校主管部门批准	教育部新型高校智库，其他重点研究基地	跨系所	政治学	中国共产党机关	其他
宗教文化研究中心	2010-4-29	学校自建	校级重点研究基地	独立研究所	宗教学	其他服务业	单位自办
兰州理工大学							
甘肃生态建设与环境保护研究中心	2016-1-10	学校主管部门批准	省级研究机构	独立研究所	法学	生态保护和环境治理业	政府部门办
甘肃省工业经济发展研究院	2004-8-1	学校主管部门批准	省级研究机构	独立研究所	经济学	生态保护和环境治理业	单位自办
中小企业管理创新研究中心	2011-3-10	学校主管部门批准	省级研究机构	独立研究所	管理学	生态保护和环境治理业	单位自办
兰州交通大学							
比较文学研究所	2007-3-15	学校自建	校级重点研究基地	独立研究所	中国文学	文化艺术业	单位自办
敦煌彩塑制作技艺传承基地	2018-11-28	学校主管部门批准	其他重点研究基地，全国普通高校中华优秀传统文化传承基地	独立研究所	艺术学	文化艺术业	政府部门办

续表

学校及机构名称	成立时间	批准部门	机构类型	组成方式	学科分类	服务的国民经济行业	组成类型
经济管理研究所	1999-2-13	学校自建	校级重点研究基地	独立研究所	管理学	教育	单位自办
农村治理与扶贫开发研究所	2015-11-12	学校主管部门批准	其他智库	独立研究所	社会学	教育	政府部门办
西北交通经济研究所	2010-5-25	学校主管部门批准	其他智库	独立研究所	管理学	铁路运输业	政府部门办
英美文字与翻译研究所	2002-5-5	学校自建	校级重点研究基地	独立研究所	语言学	文化艺术业	单位自办
中西亚交通与经济研究所	2017-12-22	学校自建	校内科研机构	独立研究所	经济学	教育	单位自办
甘肃中医药大学							
甘肃省中医药发展政策研究智库	2016-12-12	学校主管部门批准	省级智库	独立研究所	社会学	其他服务业	单位自办
甘肃省中医药文化传承发展研究智库	2016-12-12	学校主管部门批准	省级智库	独立研究所	社会学	其他服务业	单位自办
西北师范大学							
“一带一路”战略与教育发展研究中心	2016-12-15	学校主管部门批准	省级智库	独立研究所	教育学	其他服务业	单位自办
产业转型升级与区域经济发展研究中心	2016-12-15	学校主管部门批准	省级智库	独立研究所	经济学	专业技术服务业	单位自办
敦煌学研究所	1983-3-26	学校自建	校级重点研究基地	独立研究所	历史学	广播、电视、电影和影视录音制作业	单位自办
法治引领推动甘肃改革发展研究中心	2016-12-15	学校主管部门批准	省级智库	独立研究所	法学	中国共产党机关	单位自办
甘肃省文化资源与华夏文明建设研究中心	2016-12-15	学校主管部门批准	省级智库	独立研究所	中国文学	广播、电视、电影和影视录音制作业	单位自办
甘肃省先秦文学与文化研究中心	2007-10-1	学校主管部门批准	省级重点研究基地	跨系所	中国文学	教育	政府部门办
高等教育研究所	1999-5-16	学校自建	校级重点研究基地	独立研究所	教育学	教育	单位自办
古籍整理研究所	1983-3-27	学校自建	校级重点研究基地	独立研究所	中国文学	教育	单位自办

续表

学校及机构名称	成立时间	批准部门	机构类型	组成方式	学科分类	服务的国民经济行业	组成类型
华夏文明传承发展协同创新中心	2012-9-19	学校主管部门批准	省级 2011 协同创新中心	与校外合办所	历史学	教育	政府部门办
教育部西北师范大学基础教育课程研究中心	2000-1-20	非学校主管部门批准	中央其他部委重点研究基地	跨系所	教育学	教育	单位自办
精准扶贫与区域发展研究中心	2015-8-9	学校主管部门批准	省级智库	独立研究所	经济学	教育	政府部门办
诗赋研究所	2002-6-11	学校自建	校级重点研究基地	跨系所	中国文学	教育	单位自办
文化产业与新型文化业态发展研究中心	2014-9-1	学校主管部门批准	省级重点研究基地	独立研究所	经济学	教育	政府部门办
西北少数民族教育发展研究中心	1999-10-1	非学校主管部门批准	教育部重点研究基地	独立研究所	教育学	教育	单位自办
中国特色社会主义理论体系研究中心	2016-6-10	学校自建	校级重点研究基地	跨系所	马克思主义	中国共产党机关	单位自办
中亚研究院	2016-11-10	学校主管部门批准	其他智库,校级智库	跨系所	历史学	教育	单位自办
兰州城市学院							
城市社会心理研究中心	2013-12-8	学校主管部门批准	省级智库,其他智库	独立研究所	心理学	教育	单位自办
甘肃省民族民间音乐研究中心	2016-8-8	学校主管部门批准	其他重点研究基地	独立研究所	艺术学	教育	单位自办
西北方言中心	2010-12-8	学校主管部门批准	其他重点研究基地	独立研究所	语言学	教育	单位自办
陇东学院							
教育科学研究所	2003-6-12	学校自建	校级重点研究基地	独立研究所	教育学	教育	单位自办
南梁精神研究中心	2018-6-24	学校主管部门批准	研究中心	跨系所	历史学	教育	单位自办
区域经济研究所	2003-6-12	学校自建	校级重点研究基地	独立研究所	经济学	教育	单位自办
陕甘宁边区史研究中心	2017-11-8	学校自建	校级研究中心	跨系所	历史学	教育	单位自办
天水师范学院							
甘肃华夏文明与文化产业研究中心	2016-2-20	学校主管部门批准	省级智库	独立研究所	艺术学	教育	政府部门办

续表

学校及机构名称	成立时间	批准部门	机构类型	组成方式	学科分类	服务的国民经济行业	组成类型
甘肃省残疾人体育运动与康复研究中心	2016-2-26	非学校主管部门批准	省残联重点研究基地	独立研究所	体育学	教育	政府部门办
高加索研究中心	2017-6-13	非学校主管部门批准	区域研究中心	独立研究所	历史学	教育	单位自办
陇东南民间文艺研究中心	2013-6-20	学校主管部门批准	其他重点研究基地	独立研究所	艺术学	教育	政府部门办
陇右文化研究中心	2002-1-12	学校主管部门批准	其他重点研究基地，甘肃省高校重点研究基地	独立研究所	历史学	娱乐业	单位自办
乡村教师发展研究中心	2016-2-26	学校主管部门批准	其他重点研究基地，甘肃省高校重点研究基地	独立研究所	教育学	教育	政府部门办
河西学院							
河西曲艺传承创新基地	2018-7-30	学校主管部门批准	校级重点研究基地	独立研究所	艺术学	文化艺术业	单位自办
敦煌绘画与当代绘画研究中心	2013-12-3	学校自建	校级重点研究基地，校级	独立研究所	艺术学	广播、电视、电影和影视录音制作业	单位自办
敦煌学与河西民族史研究所	2003-9-1	学校自建	校级重点研究基地	跨系所	历史学	教育	单位自办
河西经济发展研究所	2003-9-1	学校自建	校级重点研究基地	跨系所	经济学	教育	单位自办
河西民间文艺与非物质文化遗产研究中心	2015-10-8	学校自建	校级重点实验室	跨系所	中国文学	广播、电视、电影和影视录音制作业	单位自办
河西史地与文化研究中心	2010-10-5	学校主管部门批准	其他重点研究基地，省级	独立研究所	历史学	教育	单位自办
河西文化研究所	2003-5-22	学校自建	校级	跨系所	历史学	教育	单位自办
河西文献与文学研究中心	2015-10-8	学校自建	校级重点实验室	跨系所	中国文学	广播、电视、电影和影视录音制作业	单位自办
河西学研究所	2015-10-8	学校自建	校级重点实验室	跨系所	民族学与文化学	教育	单位自办
河西走廊非物质文化遗产研究中心	2015-10-8	学校自建	校级重点实验室	跨系所	民族学与文化学	广播、电视、电影和影视录音制作业	单位自办

续表

学校及机构名称	成立时间	批准部门	机构类型	组成方式	学科分类	服务的国民经济行业	组成类型
河西走廊民俗民族文化研究中心	2013-12-18	学校主管部门批准	校级重点研究基地	跨系所	民族学与文化学	广播、电视、电影和影视录音制作业	单位自办
汉语言文字研究所	2015-10-8	学校自建	校级重点实验室	跨系所	语言学	教育	单位自办
贾植芳研究中心	2015-10-8	学校自建	校级重点研究基地	跨系所	中国文学	教育	单位自办
教育技术研究所	2007-9-20	学校自建	校级	跨系所	新闻学与传播学	教育	单位自办
教育科学研究所	2003-9-1	学校自建	校级重点研究基地	跨系所	教育学	教育	单位自办
马克思主义研究所	2003-5-30	学校自建	其他	跨系所	哲学	教育	单位自办
丝绸之路经济带河西走廊智库	2016-12-15	学校主管部门批准	省级智库	独立研究所	经济学	教育	单位自办
中国西部城乡文化调查与研究中心	2015-10-8	学校自建	校级重点实验室	跨系所	中国文学	广播、电视、电影和影视录音制作业	单位自办
兰州财经大学							
甘肃金融协同创新中心	2015-3-3	学校主管部门批准	省级智库	跨系所	管理学	研究和试验发展	单位自办
甘肃经济发展数量分析研究中心	2010-5-30	学校主管部门批准	其他重点研究基地	跨系所	经济学	科技推广和应用服务	单位自办
甘肃商务发展研究中心	2010-5-30	学校主管部门批准	其他重点研究基地	跨系所	管理学	商务服务业	单位自办
甘肃省电子商务技术与应用重点实验室	2016-3-11	非学校主管部门批准	省级重点实验室	独立研究所	管理学	商务服务业	单位自办
甘肃省电子商务综合实验室	2014-1-10	学校主管部门批准	其他重点实验室，甘肃省教育厅重点实验室	独立研究所	管理学	商务服务业	单位自办
甘肃省高等学校电子商务推广与运营重点实验室	2016-8-19	学校主管部门批准	其他重点实验室，甘肃省教育厅重点实验室	独立研究所	管理学	商务服务业	单位自办
经济研究所	1986-8-1	学校自建	校级重点研究基地，综合研究	独立研究所	经济学	专业技术服务业	单位自办
中国西北金融研究中心	2013-12-31	学校主管部门批准	其他重点研究基地	独立研究所	经济学	其他金融业	单位自办

续表

学校及机构名称	成立时间	批准部门	机构类型	组成方式	学科分类	服务的国民经济行业	组成类型
西北民族大学							
甘肃省高等学校民族信息电子商务重点实验室	2016-3-1	非学校主管部门批准	其他重点实验室，甘肃省高校重点实验室	独立研究所	经济学	互联网和相关服务	政府部门办
甘肃省宗教问题研究智库	2016-12-30	非学校主管部门批准	其他智库	独立研究所	民族学与文化学	其他服务业	政府部门办
民族地区经济社会发展研究中心	2014-11-1	非学校主管部门批准	其他重点研究基地，甘肃省哲学社会重大研究基地	独立研究所	经济学	教育	政府部门办
民族地区全面建成小康社会研究中心	2016-12-30	非学校主管部门批准	其他智库	独立研究所	民族学与文化学	其他服务业	政府部门办
西北民族非物质文化遗产保护研究中心	2014-4-1	学校主管部门批准	中央其他部委重点研究基地	独立研究所	民族学与文化学	教育	政府部门办
西北民族教育重点研究基地	2015-10-1	非学校主管部门批准	其他重点研究基地，教育部民族教育发展中心研究基地	独立研究所	教育学	教育	政府部门办
西北民族民间音乐“花儿”的传承与开发基地	2018-5-1	非学校主管部门批准	甘肃省文化传承基地	独立研究所	艺术学	文化艺术业	政府部门办
西北民族文献研究中心	2011-3-1	学校主管部门批准	中央其他部委重点研究基地	独立研究所	图书馆、情报与文献学	教育	政府部门办
西北民族问题研究中心	2013-12-1	学校主管部门批准	省级重点研究基地	独立研究所	民族学与文化学	社会工作	政府部门办
西北少数民族文学研究中心	2010-6-1	非学校主管部门批准	省级重点研究基地	独立研究所	中国文学	教育	政府部门办
西北少数民族宗教研究中心	2010-6-1	非学校主管部门批准	省级重点研究基地	独立研究所	宗教学	国家机构	政府部门办
西亚东非研究中心	2018-11-1	学校主管部门批准	国家民委“一带一路”国别和区域研究中心	独立研究所	语言学	社会工作	政府部门办

续表

学校及机构名称	成立时间	批准部门	机构类型	组成方式	学科分类	服务的国民经济行业	组成类型
喜马拉雅区域研究中心	2018-11-1	学校主管部门批准	国家民委"一带一路"国别和区域研究中心	独立研究所	民族学与文化学	社会工作	政府部门办
中国统一战线民族宗教理论研究会甘肃基地	2004-3-1	非学校主管部门批准	中央其他部委重点研究基地	独立研究所	哲学	社会工作	政府部门办
中亚与中国西北边疆研究中心	2018-11-1	学校主管部门批准	国家民委"一带一路"国别和区域研究中心	独立研究所	民族学与文化学	教育	政府部门办
兰州石化职业技术学院							
高等学校创新创业电子商务省级重点实验室(应用型)	2016-3-17	学校主管部门批准	省级重点实验室	独立研究所	管理学	商务服务业	政府部门办
甘肃政法学院							
甘肃省经济法制研究中心	2010-5-6	学校主管部门批准	其他重点研究基地，教育厅研究基地	与校外合办所	法学	其他服务业	其他
甘肃省司法科学与区域法治发展协同创新中心	2015-6-4	学校主管部门批准	省级 2011 协同创新中心	跨系所	法学	其他服务业	单位自办
甘肃省西北民族地区侦查理论与实务研究中心	2010-7-8	学校主管部门批准	其他重点研究基地，甘肃省教育厅研究基地	与校外合办所	法学	其他服务业	其他
甘肃省证据科学技术研究与应用重点实验室	2012-10-4	学校主管部门批准	省级重点实验室	独立研究所	管理学	科技推广和应用服务	单位自办
国家司法文明协同创新中心兰州基地	2013-10-10	非学校主管部门批准	其他重点研究基地，与中国政法大学联合建设基地	与校外合办所	法学	其他服务业	与国内高校合办
甘肃民族师范学院							
藏文化研究中心	2008-8-1	学校主管部门批准	其他重点研究基地	独立研究所	民族学与文化学	其他服务业	单位自办
兰州文理学院							
甘肃旅游智库	2018-3-3	学校主管部门批准	省级智库	独立研究所	社会学	其他服务业	单位自办

续表

学校及机构名称	成立时间	批准部门	机构类型	组成方式	学科分类	服务的国民经济行业	组成类型
定西师范高等专科学校							
陇中文化研究所	2012-12-7	学校自建	校级重点研究基地	跨系所	民族学与文化学	其他服务业	单位自办
美丽乡村发展研究所	2018-7-8	学校自建	校级研究所	独立研究所	社会学	教育	单位自办
兰州外语职业学院							
高等职业教育研究所	2010-9-1	学校自建	研究所	独立研究所	教育学	其他服务业	单位自办
兰州财经大学陇桥学院							
甘肃省高校区域循环经济重点实验室	2015-12-1	学校主管部门批准	其他重点实验室，甘肃省教育厅重点实验室	独立研究所	经济学	教育	单位自办
兰州交通大学博文学院							
发展研究中心	2009-10-8	学校自建	校级研究中心	独立研究所	教育学	其他服务业	单位自办
青海省							
青海大学							
青海省情研究中心	2008-10-20	学校主管部门批准	省级重点研究基地	独立研究所	民族学与文化学	中国共产党机关	单位自办
青海师范大学							
教育科学研究所	2007-1-5	学校自建	校级重点研究基地	跨系所	教育学	教育	政府部门办
青藏高原体育训练研究所	2003-1-10	学校自建	校级重点研究基地	独立研究所	体育学	文化艺术业	政府部门办
青藏高原文化研究所（非物质文化研究所）	2004-6-15	学校自建	校级重点研究基地	独立研究所	民族学与文化学	文化艺术业	政府部门办
青海省心理学综合实验室	2005-6-15	学校主管部门批准	省级重点实验室	独立研究所	心理学	其他服务业	单位自办
青海省学生心理健康教育培训与咨询中心	2006-3-15	学校主管部门批准	省级重点研究基地	独立研究所	心理学	其他服务业	单位自办

续表

学校及机构名称	成立时间	批准部门	机构类型	组成方式	学科分类	服务的国民经济行业	组成类型
青海民族大学							
藏传佛教与喜马拉雅山地国家研究中心	2015-7-10	学校自建	校级国别和区域研究基地	独立研究所	民族学与文化学	社会工作	单位自办
藏传佛教与中蒙文化交流研究中心	2017-11-17	学校自建	校级国别和区域研究基地	独立研究所	民族学与文化学	教育	单位自办
藏学研究中心	1996-10-20	学校主管部门批准	省级研究中心	独立研究所	中国文学	教育	单位自办
大学生思想政治教育研究中心	2012-2-1	学校自建	校级研究机构	独立研究所	马克思主义	教育	单位自办
格萨尔研究中心	1998-5-15	非学校主管部门批准	校级重点研究基地	与校外合办所	中国文学	教育	政府部门办
国家民委民族理论政策研究青海基地	2000-3-24	学校主管部门批准	中央其他部委重点研究基地	独立研究所	社会学	社会工作	单位自办
国家民委民族问题研究青海基地	2000-3-2	学校主管部门批准	中央其他部委重点研究基地	独立研究所	民族学与文化学	教育	单位自办
民族研究所	2012-9-11	学校主管部门批准	研究所	独立研究所	民族学与文化学	社会工作	单位自办
民族艺术研究所	2012-2-1	学校自建	校级科研机构	独立研究所	艺术学	文化艺术业	单位自办
青藏高原民族研究基地	1980-6-10	学校主管部门批准	中央其他部委重点研究基地	独立研究所	民族学与文化学	文化艺术业	单位自办
青海蒙古文化研究中心	2012-2-1	学校自建	校级科研机构	独立研究所	民族学与文化学	教育	单位自办
青海企业管理咨询中心	2012-2-1	学校自建	校级科研机构	独立研究所	管理学	商务服务业	单位自办
青海区域经济研究中心	2012-2-1	学校自建	校级机构	独立研究所	经济学	其他服务业	单位自办
青海省法学研究所	2003-5-9	学校主管部门批准	省级重点研究基地	独立研究所	法学	其他服务业	单位自办
青海省非物质文化遗产研究所	2007-1-5	学校主管部门批准	省级重点研究基地	独立研究所	艺术学	广播、电视、电影和影视录音制作业	单位自办

续表

学校及机构名称	成立时间	批准部门	机构类型	组成方式	学科分类	服务的国民经济行业	组成类型
青海省旅游文化研究所	2012-9-11	学校主管部门批准	省级研究所	独立研究所	管理学	文化艺术业	单位自办
青海省青藏高原生态环境研究所	2012-2-1	学校主管部门批准	省级科研机构	独立研究所	管理学	生态保护和环境治理业	单位自办
青海省语言与民俗研究所	2012-9-11	学校主管部门批准	省级科研机构	独立研究所	语言学	文化艺术业	单位自办
人力资源研究所	2012-2-1	学校自建	校级科研机构	独立研究所	管理学	其他服务业	单位自办
英语应用语言学研究中心	2012-2-1	学校自建	校级科研机构	独立研究所	语言学	教育	单位自办
中亚—土库曼斯坦研究中心	2015-7-10	学校自建	校级研究机构	独立研究所	民族学与文化学	文化艺术业	单位自办
宗喀巴研究院	2014-8-8	学校自建	校级研究院	独立研究所	宗教学	教育	单位自办
宁夏回族自治区							
宁夏大学							
古文献整理与地域文化研究研究基地	2016-6-10	学校主管部门批准	省级重点研究基地	独立研究所	民族学与文化学	教育	单位自办
回族研究院	1986-9-1	学校自建	校级重点研究基地	独立研究所	民族学与文化学	教育	单位自办
开放战略与区域经济研究基地	2016-6-10	学校主管部门批准	省级重点研究基地	独立研究所	经济学	教育	单位自办
西部地区区域治理与民族发展研究基地	2016-6-10	学校主管部门批准	省级重点研究基地	独立研究所	法学	人民政协、民主党派	单位自办
西部发展研究中心	2001-1-12	学校自建	校级重点研究基地	独立研究所	经济学	教育	单位自办
西夏学研究院	1990-6-1	非学校主管部门批准	教育部重点研究基地	独立研究所	历史学	群众团体、社会团体和其他成员组织	单位自办
中日国际联合研究所	2008-3-7	学校自建	校级重点研究基地	独立研究所	民族学与文化学	社会工作	其他

续表

学校及机构名称	成立时间	批准部门	机构类型	组成方式	学科分类	服务的国民经济行业	组成类型
北方民族大学							
巴基斯坦研究中心	2017-11-1	非学校主管部门批准	“一带一路”国别和区域研究中心	跨系所	民族学与文化学	教育	单位自办
北方语言研究院	2007-4-5	学校自建	校级研究机构	独立研究所	语言学	教育	单位自办
非物质文化遗产研究所	2011-3-4	学校自建	校级研究机构	独立研究所	民族学与文化学	教育	单位自办
回族学研究院	2011-3-4	学校自建	校级研究机构	独立研究所	民族学与文化学	教育	单位自办
回族学研究中心	2014-4-14	学校主管部门批准	中央其他部委重点研究基地	跨系所	民族学与文化学	教育	单位自办
经济管理综合重点开放实验室	2005-8-1	学校主管部门批准	中央其他部委重点实验室	跨系所	经济学	教育	单位自办
卡塔尔研究中心	2017-11-1	非学校主管部门批准	“一带一路”国别和区域研究中心	跨系所	民族学与文化学	教育	单位自办
宁夏经济改革与发展研究中心	2018-7-1	非学校主管部门批准	省级智库	跨系所	经济学	教育	单位自办
宁夏生态移民可持续发展研究中心	2018-7-1	非学校主管部门批准	省级智库	跨系所	社会学	教育	单位自办
少数民族艺术研究成果转化与应用重点实验室	2017-7-1	学校自建	校级重点实验室	跨系所	艺术学	教育	单位自办
社会学与民族学研究所	2001-3-10	学校自建	校级研究机构	独立研究所	民族学与文化学	教育	单位自办
丝绸之路历史文化协同创新中心	2017-7-1	学校自建	其他 2011 协同创新中心，校级	跨系所	历史学	教育	与国内高校合办
乌兹别克斯坦研究中心	2017-11-1	非学校主管部门批准	“一带一路”国别和区域研究中心	跨系所	民族学与文化学	教育	单位自办

续表

学校及机构名称	成立时间	批准部门	机构类型	组成方式	学科分类	服务的国民经济行业	组成类型
西北民族地区政府治理与社会管理研究中心	2014-4-14	学校主管部门批准	中央其他部委重点研究基地	跨系所	管理学	教育	单位自办
西北少数民族社会发展研究基地	2011-6-1	学校主管部门批准	中央其他部委重点研究基地	跨系所	社会学	教育	其他
西夏历史文化研究人文社科重点研究基地	2016-6-1	非学校主管部门批准	省级重点研究基地	跨系所	历史学	教育	单位自办
西夏研究所	2011-3-4	学校自建	校级研究机构	独立研究所	民族学与文化学	教育	单位自办
宁夏工商职业技术学院							
高等职业教育研究所	2010-6-10	非学校主管部门批准	校级研究所	独立研究所	教育学	教育	政府部门办
新疆维吾尔自治区							
新疆大学							
经济研究所	1997-9-1	学校自建	校级重点研究基地	独立研究所	经济学	国家机构	单位自办
人口研究所	1987-9-1	学校自建	校级重点研究基地	独立研究所	经济学	国家机构	与境外机构合办
西北少数民族研究中心	2001-12-2	学校主管部门批准	教育部重点研究基地	独立研究所	民族学与文化学	中国共产党机关	政府部门办
西域文明发展研究基地	2011-11-23	学校主管部门批准	省级重点研究基地	独立研究所	历史学	中国共产党机关	政府部门办
新疆创新管理研究中心	2011-11-23	学校主管部门批准	省级重点研究基地	独立研究所	管理学	科技推广和应用服务	政府部门办
新疆宏观经济预警系统研究基地	2011-11-23	学校主管部门批准	省级重点研究基地	独立研究所	经济学	科技推广和应用服务	政府部门办
新疆民汉语文翻译研究中心	2011-11-23	学校主管部门批准	省级重点研究基地	独立研究所	中国文学	教育	政府部门办
新疆民俗文化研究中心	2011-11-23	学校主管部门批准	省级重点研究基地	独立研究所	法学	文化艺术业	政府部门办
新疆民族文献研究基地	2011-11-23	学校主管部门批准	省级重点研究基地	独立研究所	中国文学	文化艺术业	政府部门办

续表

学校及机构名称	成立时间	批准部门	机构类型	组成方式	学科分类	服务的国民经济行业	组成类型
新疆稳定与地区经济发展法制保障研究基地	2011-11-23	学校主管部门批准	省级重点研究基地	独立研究所	法学	国家机构	政府部门办
中外文化比较与跨文化交际研究基地	2011-11-23	学校主管部门批准	省级重点研究基地	独立研究所	中国文学	文化艺术业	政府部门办
中亚地缘政治研究中心	2011-11-23	学校主管部门批准	省级重点研究基地	独立研究所	法学	人民政协、民主党派	政府部门办
塔里木大学							
非传统安全与边疆民族发展研究中心	2011-11-23	非学校主管部门批准	省级重点研究基地	跨系所	民族学与文化学	社会工作	政府部门办
西域文化研究院	2001-10-20	学校自建	校级重点研究基地	独立研究所	民族学与文化学	文化艺术业	单位自办
新疆农业大学							
干旱区农村发展研究中心	2012-5-1	学校主管部门批准	省级重点研究基地	独立研究所	经济学	农业	政府部门办
石河子大学							
兵团金融发展研究中心	2013-1-1	学校自建	校级重点研究基地	跨系所	经济学	货币金融服务	单位自办
兵团屯垦经济研究中心	2012-5-21	非学校主管部门批准	省级重点研究基地	跨系所	经济学	资本市场服务	单位自办
公司治理与管理创新研究中心	2012-5-21	非学校主管部门批准	省级重点研究基地	跨系所	管理学	资本市场服务	单位自办
棉花经济研究中心	2012-11-15	学校自建	校级重点研究基地	与校外合办所	经济学	农业	与国内独立研究机构合办
新疆非物质文化遗产研究中心	2012-5-12	学校自建	校级重点研究基地	独立研究所	民族学与文化学	广播、电视、电影和影视录音制作业	单位自办
新疆少数民族教育发展与教育政策研究中心	2012-5-21	非学校主管部门批准	省级重点研究基地	跨系所	教育学	教育	单位自办
新疆社会管理创新研究中心	2013-1-1	学校自建	校级重点研究基地	跨系所	管理学	社会保障	单位自办

续表

学校及机构名称	成立时间	批准部门	机构类型	组成方式	学科分类	服务的国民经济行业	组成类型
心理应用研究中心	2013-1-11	学校自建	校级重点研究基地	独立研究所	心理学	教育	单位自办
中国特色社会主义理论体系研究中心	2012-5-11	学校自建	校级重点研究基地	跨系所	马克思主义	教育	单位自办
新疆师范大学							
外语及外语教育研究中心	2016-11-9	学校自建	校级重点研究基地	独立研究所	教育学	教育	单位自办
西部边疆治理协同创新研究中心	2016-11-9	学校自建	校级重点研究基地	跨系所	政治学	国家机构	单位自办
西域文史研究中心	2011-11-23	学校主管部门批准	省级重点研究基地	独立研究所	历史学	文化艺术业	政府部门办
新疆儿童教育实践创新研究中心	2016-11-9	学校自建	校级重点研究基地	跨系所	教育学	教育	单位自办
新疆各民族交往交流交融研究中心	2011-11-23	学校主管部门批准	省级重点研究基地	独立研究所	社会学	社会工作	政府部门办
新疆国家通用语言教育研究中心	2011-11-23	学校主管部门批准	省级重点研究基地	独立研究所	教育学	教育	政府部门办
新疆教师教育研究中心	2011-11-23	学校主管部门批准	省级重点研究基地	独立研究所	教育学	教育	政府部门办
新疆民间美术研究中心	2011-11-23	学校主管部门批准	省级重点研究基地	独立研究所	艺术学	文化艺术业	政府部门办
新疆体育文化研究中心	2011-11-23	学校主管部门批准	省级重点研究基地	独立研究所	体育学	体育	政府部门办
中巴经济走廊与南亚经济研究中心	2016-11-9	学校自建	校级重点研究基地	独立研究所	经济学	商务服务业	单位自办
中亚汉语国际教育研究中心	2011-11-23	学校主管部门批准	省级重点研究基地	独立研究所	教育学	教育	政府部门办
中亚音乐文化研究中心	2011-11-23	学校主管部门批准	省级重点研究基地	独立研究所	艺术学	文化艺术业	政府部门办
中亚与中国西北边疆政治经济研究中心	2011-11-23	学校主管部门批准	省级重点研究基地	独立研究所	政治学	国家机构	政府部门办
喀什大学							
南疆教育发展研究中心	2011-11-23	非学校主管部门批准	省级重点研究基地，其他重点研究基地，教育厅人文社科重点研究基地	独立研究所	教育学	教育	其他

续表

学校及机构名称	成立时间	批准部门	机构类型	组成方式	学科分类	服务的国民经济行业	组成类型
维吾尔优秀传统文化与现代化研究中心	2014-11-12	学校主管部门批准	其他重点研究基地，教育厅人文社科重点研究基地	独立研究所	民族学与文化学	文化艺术业	其他
伊犁师范学院							
新疆哈萨克文化与民族现代化研究中心	2011-11-26	学校主管部门批准	省级重点研究基地	跨系所	民族学与文化学	文化艺术业	政府部门办
新疆财经大学							
新疆企业发展研究中心	2011-11-23	学校主管部门批准	省级重点研究基地	跨系所	管理学	商务服务业	与国内高校合办
新疆社会经济统计研究中心	2011-11-23	学校主管部门批准	省级重点研究基地	跨系所	经济学	其他服务业	与国内高校合办
中国(新疆)与中亚区域经济合作研究中心	2011-11-23	学校主管部门批准	省级重点研究基地	跨系所	经济学	其他服务业	与国内高校合办
新疆艺术学院							
新疆少数民族音乐与舞蹈研究中心	2011-10-28	学校主管部门批准	省级重点研究基地	独立研究所	艺术学	文化艺术业	政府部门办

2. 全国高等学校人文、社会科学研究与发展研究机构一览表(二)

学校及机构名称	R&D 活动人员(人)						培养研究生人数(人)	R&D 经费支出(千元)	仪器设备原价(千元)	其中:进口(千元)
	合计	其中								
		博士毕业	硕士毕业	高级职称	中级职称	初级职称				
北京市										
北京大学	1 019	435	362	291	19	0	701	15 594.74	3 844.56	306
东方文学研究中心	105	52	35	21	1	0	70	1 033.99	96.6	0
国家治理研究院	63	18	25	20	0	0	40	2 512	185.48	0
教育经济研究所	82	20	34	14	2	0	39	1 280	200	0
美学与美育研究中心	23	11	5	8	0	0	21	980	48	0
外国哲学研究所	102	59	38	21	3	0	65	980.4	252.5	0
宪法与行政法研究中心	88	38	23	19	1	0	35	900	26.5	0
中国都市经济研究中心	23	18	5	11	1	0	21	220	110	0
中国古代史研究中心	65	28	12	28	1	0	37	800.6	112.48	0
中国古文献研究中心	71	37	28	18	1	0	42	835.55	80	0
中国经济研究中心	86	45	35	32	2	0	75	2 160	320	0
中国考古学研究中心	62	17	24	12	0	0	32	600	292	120
中国社会与发展研究中心	96	36	45	26	1	0	86	850.2	300	0
中国特色社会主义理论体系研究中心	75	26	18	35	3	0	88	880	171	0
中国语言学研究中心	78	30	35	26	3	0	50	1 562	1 650	186
中国人民大学	836	699	43	615	154	24	1 037	33 252.07	2 751	143.79
北京社会建设研究基地	31	30	1	30	1	0	69	220	0	0
北京市高校思想政治理论课高精尖创新中心	124	103	21	87	23	14	0	12 357.4	18.61	0
佛教与宗教学理论研究中心	19	18	1	16	3	0	140	2 190	1 358	0
国家发展与战略研究院	36	18	0	8	10	0	0	2 069	0	0
国家人权教育与培训基地	40	39	1	39	1	0	40	380	0	0
伦理学与道德建设研究中心	25	25	0	19	5	1	15	730	9.7	0
马克思主义研究基地	94	92	2	55	39	0	121	950	150	0
民商事法律科学研究中心	25	21	2	19	3	1	42	1 007.75	144.3	0
欧洲问题研究中心	39	38	1	36	3	0	18	1 400	80	24
清史研究所	31	31	0	25	6	0	44	894.79	379.8	119.79
人口与发展研究中心	23	23	0	22	1	0	34	1 093	0	0
人文北京研究基地	51	36	5	32	8	0	54	10	40	0
社会学理论与方法研究中心	20	19	1	19	1	0	54	2 420	100	0

续表

学校及机构名称	R&D 活动人员(人)						培养研究生人数(人)	R&D 经费支出(千元)	仪器设备原价(千元)	
	合计	其中								其中:进口(千元)
		博士毕业	硕士毕业	高级职称	中级职称	初级职称				
首都发展与战略研究院	44	39	5	39	5	0	0	3 654.6	0	0
习近平新时代中国特色社会主义思想研究院	32	0	0	24	7	1	0	200	0	0
新闻与社会发展研究中心	11	0	0	0	0	0	23	6	2.03	0
刑事法律科学研究中心	30	29	1	21	7	1	54	859.53	18.56	0
应用统计科学研究中心	29	29	0	29	0	0	130	320	0	0
中国财政金融政策研究中心	58	58	0	38	14	6	53	890	150	0
中国经济改革与发展研究院	21	0	0	18	3	0	44	800	120	0
中国特色社会主义理论体系研究中心	53	51	2	39	14	0	102	800	180	0
清华大学	325	261	42	142	36	0	496	36 688.27	34 310.73	15 226.45
北京廉政建设研究基地	18	11	7	3	5	0	6	309.62	37.23	0
北京市应急管理研究基地	16	14	1	8	8	0	19	1 159.38	15	0
北京市组织学习与城市治理创新研究中心	5	5	0	4	1	0	36	568.16	0	0
出土文献与中国古代文明研究中心	23	20	0	9	4	0	41	10 000	28	0
传统工艺与材料研究文化部重点实验室	45	17	20	6	0	0	49	4 923.6	25 000	15 000
高校德育研究中心	41	39	1	36	3	0	170	980	6 867	0
国情研究院	50	50	0	9	4	0	45	10 392.05	169.42	0
技术创新研究中心	15	14	1	15	0	0	38	1 400	66.8	0
科教政策研究中心	30	14	7	5	9	0	13	2 736.3	422.7	0
习近平新时代中国特色社会主义思想研究院	8	8	0	8	0	0	33	2 750	714.8	0
现代管理研究中心	44	42	2	33	0	0	41	1 109.16	938.78	226.45
中俄战略合作研究所	30	27	3	6	2	0	5	360	51	0
北京交通大学	286	181	90	151	66	14	806	33 913.26	1 568	60
北京产业安全与发展研究基地	31	25	6	21	8	0	0	317.19	158.12	0
北京高校思想政治工作研究中心	2	1	1	1	1	0	0	48	31.5	0
北京交通大学北京社会建设研究院	35	26	9	22	11	1	0	22.07	0	0
北京交通发展研究基地	17	12	5	3	11	3	0	216	200	0
北京人文交通、科技交通、绿色交通研究基地	35	5	20	10	2	0	30	1 430	0	0

续表

学校及机构名称	R&D活动人员(人)						培养研究生人数(人)	R&D经费支出(千元)	仪器设备原价(千元)	
	合计	其中								其中:进口(千元)
		博士毕业	硕士毕业	高级职称	中级职称	初级职称				
北京物流信息化研究基地	17	17	0	12	3	0	90	7 084	28.1	0
北京综合交通发展研究院	33	27	6	27	2	4	54	4 000	0	0
基础产业研究中心	14	6	8	3	7	4	0	301	150	0
首都大学生思想政治教育研究基地	10	8	2	8	2	0	38	6 045	0	0
习近平新时代中国特色社会主义思想研究中心北京交通大学研究基地	39	24	10	27	12	0	35	100	50	0
中国产业安全研究中心	42	21	21	8	7	2	339	12 000	800.28	60
中国企业兼并重组研究中心	11	9	2	9	0	0	220	2 350	150	0
北京工业大学	235	106	64	123	57	6	348	10 902.5	5 458	180
北京社会管理研究基地	29	24	4	16	13	0	121	3 000	520	0
北京市习近平新时代中国特色社会主义思想研究中心	46	32	12	25	20	1	15	1 280	0	0
北京现代制造业发展研究基地	75	20	18	22	10	5	131	2 900	710	180
博物馆展陈设计与空间实现北京市重点实验室	26	5	18	20	6	0	41	464.5	2 600	0
地方高水平大学发展战略研究中心	26	25	1	22	4	0	15	258	620	0
首都工程教育发展研究基地	33	0	11	18	4	0	25	3 000	1 008	0
北京航空航天大学	42	25	5	33	5	0	164	1 110	624	0
首都高校党建研究基地	20	15	5	15	5	0	31	210	290	0
语言战略与政策研究基地	22	10	0	18	0	0	133	900	334	0
北京理工大学	218	113	72	129	70	19	347	14 777	5 783	0
北京经济社会可持续发展研究基地	42	28	6	32	8	2	90	9 115	5 500	0
北京市互动媒体艺术工程技术研究中心	58	29	16	35	16	7	109	1 957	98	0
工业制造艺术创新设计工业和信息化部重点实验室	28	10	16	14	8	6	21	782	46	0
国防科技创新与教育发展战略研究中心	53	34	13	29	23	1	65	1 629	75	0
能源经济管理与决策北京市重点实验室	37	12	21	19	15	3	62	1 294	64	0
北京科技大学	88	77	9	55	30	3	127	2 948.2	8 558.63	6 000
北京企业低碳运营战略研究基地	39	36	3	21	17	1	27	270	171.4	0
当代语言科学研究中心	4	4	0	4	0	0	8	634.7	162.23	0

续表

学校及机构名称	R&D 活动人员(人)						培养研究生人数(人)	R&D 经费支出(千元)	仪器设备原价(千元)	
	合计	其中								其中:进口(千元)
		博士毕业	硕士毕业	高级职称	中级职称	初级职称				
金属与矿冶遗产国家文物局重点科研基地	22	16	4	15	5	2	65	1 200	8 200	6 000
世界文学文化研究中心	13	12	1	8	5	0	12	190	0	0
系统功能语言学研究中心	10	9	1	7	3	0	15	653.5	25	0
北方工业大学	196	88	29	95	30	1	72	2 365.59	787.82	0
反腐败法治研究中心	15	3	2	5	0	1	8	300	210	0
高技术企业发展研究中心	21	11	1	11	1	0	9	330.2	20.3	0
管理研究所	29	7	10	19	4	0	9	900.5	90	0
经济法研究所	22	12	4	11	5	0	6	67.11	46.98	0
经济研究所	18	9	2	11	0	0	7	56	62.29	0
民商法研究所	12	5	2	3	4	0	5	60	42	0
审美文化研究所	14	9	0	7	3	0	4	71.3	49.91	0
宪法与行政法研究中心	11	3	2	3	2	0	6	60	42	0
语言文化研究所	19	11	2	12	2	0	5	50.48	35.34	0
知识产权研究中心	16	6	3	5	4	0	7	270	189	0
中国中小企业创新发展研究院	19	12	1	8	5	0	6	200	0	0
北京化工大学	59	29	9	30	4	0	20	1 080.9	190	0
北京知识产权研究基地	20	8	3	8	1	0	9	448.91	30	0
低碳经济与管理研究中心	14	10	0	7	3	0	4	264.61	10	0
科学技术与社会(STS)研究所	9	4	1	5	0	0	3	94.7	10	0
全国大学生思想政治教育发展研究中心	3	1	2	1	0	0	0	34.33	50	0
人力资源管理研究中心	3	2	1	3	0	0	0	31.08	90	0
社会保障中心	10	4	2	6	0	0	4	207.27	0	0
北京工商大学	39	32	5	15	21	3	15	498.26	15.26	0
首都流通业服务基地	39	32	5	15	21	3	15	498.26	15.26	0
北京服装学院	11	3	8	5	6	0	18	300	30	0
首都服饰文化与服装产业研究基地	11	3	8	5	6	0	18	300	30	0
北京邮电大学	141	33	22	15	21	6	73	1 105	39.3	0
通信法研究中心	50	3	1	0	1	1	15	15	3	0
高校网络舆情研究咨询中心	7	4	3	0	3	1	10	410	12.6	0
互联网治理与法律研究中心	12	6	6	0	2	2	12	680	23.7	0

续表

学校及机构名称	R&D 活动人员(人)						培养研究生人数(人)	R&D 经费支出(千元)	仪器设备原价(千元)	
	合计	其中								其中:进口(千元)
		博士毕业	硕士毕业	高级职称	中级职称	初级职称				
网络空间国际治理研究基地	72	20	12	15	15	2	36	0	0	0
北京印刷学院	68	40	28	24	43	0	19	5 471.5	11 700.8	1 903.3
北京文化产业与出版传媒研究基地	41	26	15	13	28	0	8	3 105.4	4 161.2	502.3
跨媒体出版实验室	8	5	3	4	3	0	7	976.5	786.4	102.3
数字媒体艺术实验室	19	9	10	7	12	0	4	1 389.6	6 753.2	1 298.7
北京建筑大学	38	18	16	30	8	0	10	275.6	223	0
北京建筑文化研究基地	38	18	16	30	8	0	10	275.6	223	0
北京石油化工学院	34	26	8	27	6	1	10	270	868	0
北京现代产业新区发展研究基地	34	26	8	27	6	1	10	270	868	0
中国农业大学	58	51	5	41	17	0	5	2 800	111.6	0
北京食品安全政策与战略研究基地	31	31	0	19	12	0	0	400	39.9	0
国家农业农村发展研究院	13	11	0	13	0	0	5	1 600	23.2	0
“一带一路”农业合作学院	14	9	5	9	5	0	0	800	48.5	0
北京农学院	61	20	6	30	4	1	25	2 937	1 185.92	0
北京新农村建设研究基地	61	20	6	30	4	1	25	2 937	1 185.92	0
北京林业大学	175	82	87	22	13	2	57	16 254	1 540	869
林业财务会计研究室	10	4	6	0	0	0	0	5 100	135	130
林业法治研究中心	11	11	0	7	2	2	20	210	20	10
林业经济研究所	28	7	16	0	0	0	0	5 710	380	105
绿色发展与中国农村土地问题研究中心	6	6	0	2	4	0	6	130	50	20
森林生态经济研究所	6	3	3	0	0	0	0	1 310	245	160
生态文明教育研究中心	9	6	3	5	4	0	7	140	0	0
生态文明研究中心	36	24	12	0	0	0	0	934	165	147
外国语言与应用语言学研究所	42	8	34	0	0	0	0	94	295	190
文化与自然遗产研究院	11	5	6	8	3	0	20	113	0	0
性与性别研究所	5	2	3	0	0	0	0	743	143	0
自然文学与生态批评研究中心	6	2	4	0	0	0	4	20	0	0
自然资源经济与政策研究中心	5	4	0	0	0	0	0	1 750	107	107
首都医科大学	97	53	19	78	16	0	44	300	339.7	0
首都卫生管理与政策研究基地	97	53	19	78	16	0	44	300	339.7	0
北京中医药大学	67	43	18	40	27	0	46	104	60	0

续表

学校及机构名称	R&D 活动人员(人)						培养研究生人数(人)	R&D 经费支出(千元)	仪器设备原价(千元)	
	合计	其中								其中:进口(千元)
		博士毕业	硕士毕业	高级职称	中级职称	初级职称				
北京中医药文化研究基地	67	43	18	40	27	0	46	104	60	0
北京师范大学	470	372	68	223	100	43	551	72 135.03	8 502.48	752.52
北京文化发展研究院	7	5	2	6	0	1	4	750	25	0
发展心理研究所	20	19	1	19	0	0	68	1 872.44	1 532.64	665.9
国际与比较教育研究院	39	34	4	19	12	4	48	3 150	860	0
国民核算研究院	12	12	0	10	2	0	40	667.3	151.6	0
价值与文化研究中心	57	56	1	35	18	4	82	602.11	376	85.62
教师教育研究中心	35	4	14	16	1	0	18	2 213.49	173.13	0
经济与资源管理研究院	63	43	14	24	6	0	28	12 686.89	697.22	0
民俗典籍文字研究中心	29	27	2	22	7	0	25	600	130.5	0
史学理论与史学史研究中心	18	13	4	16	2	0	87	1 554.9	1 008.9	0
首都教育经济研究院	4	3	1	0	0	0	24	756	1	1
首都文化创新与文化传播工程研究院	21	18	3	6	12	0	0	9 475.14	849.76	0
文艺学研究中心	53	52	0	22	13	18	22	846	214	0
刑事法律科学研究院	59	51	7	19	16	12	62	2 269.7	1 108.4	0
中国教育与社会发展研究院	19	14	3	6	5	0	12	3 238.06	841.23	0
中国社会管理研究院	22	17	5	0	5	3	31	26 000	140.1	0
中国文化国际传播研究院	12	4	7	3	1	1	0	5 453	393	0
首都师范大学	27	23	3	14	13	0	24	500.78	75.56	0
北京基础教育研究基地	8	6	2	6	2	0	16	136	0	0
中国诗歌研究中心	19	17	1	8	11	0	8	364.78	75.56	0
首都体育学院	121	71	50	73	40	0	108	2 466.87	29 500.65	3 451
国家体育总局科学健身示范区	11	8	3	10	1	0	11	187.4	6 230	3 451
国家体育总局体育产业研究基地	18	15	3	17	1	0	10	20	0	0
国家体育总局体育人文社会科学研究基地	18	10	8	9	9	0	20	20	100	0
国家体育总局重点实验室	11	6	5	5	3	0	12	80	230	0
京津冀体育健身休闲发展协同创新中心	31	16	15	17	11	0	26	1 764.6	280.65	0
体育赛事管理与营销研究基地	16	9	7	9	5	0	16	269.87	1 200	0
运动机能评定与技术分析实验室	16	7	9	6	10	0	13	125	21 460	0

续表

学校及机构名称	R&D活动人员（人）						培养研究生人数（人）	R&D经费支出（千元）	仪器设备原价（千元）	
	合计	其中								其中：进口（千元）
		博士毕业	硕士毕业	高级职称	中级职称	初级职称				
北京外国语大学	91	80	9	61	27	3	112	5 519.54	5 038	7.7
北京中外文化交流研究基地	31	29	2	25	6	0	60	2 314.66	76	0
国际中国文化研究院	13	12	1	9	4	0	15	435.06	2 236.2	4.2
全球史研究院	8	7	0	4	3	1	0	453.48	214.7	0
外国文学研究所	10	7	2	5	4	1	10	0.9	233.7	3.5
外国语言研究所	7	6	1	5	2	0	0	373	259.8	0
艺术研究院	7	5	2	2	5	0	3	139.19	217	0
中国外语与教育研究中心	15	14	1	11	3	1	24	1 803.25	1 800.6	0
北京第二外国语学院	266	199	62	133	114	19	0	4 094.86	81.33	0
阿拉伯研究中心	17	8	9	6	9	2	0	82.14	26.77	0
北京对外文化传播研究基地	17	15	2	12	5	0	0	82	9	0
北京旅游发展研究基地	50	44	3	21	21	8	0	810.6	0	0
首都对外文化贸易研究基地	38	17	20	6	31	1	0	734.78	0	0
首都对外文化贸易与国际交流中心	25	12	12	6	17	2	0	1 473.7	0	0
“一带一路”数据分析与决策支持实验室	5	4	1	3	0	2	0	400	0	0
中国对外文化传播研究院	45	38	7	30	15	0	0	97.3	0	0
中国旅游人才发展研究院	22	18	4	15	3	4	0	70	0	0
中国文艺评论基地	27	25	2	19	8	0	0	161.34	45.56	0
中日韩合作研究中心	20	18	2	15	5	0	0	183	0	0
北京语言大学	61	51	10	40	21	0	187	7 419	6 969	3 894
对外汉语研究中心	16	14	2	11	5	0	32	957	3 919	3 894
首都国际文化研究基地	16	14	2	10	6	0	123	198	890	0
语言科学院	29	23	6	19	10	0	32	6 264	2 160	0
中国传媒大学	57	25	29	0	0	0	0	22.88	14.93	0
高等教育研究所	5	5	0	0	0	0	0	1.44	0.18	0
公关舆情研究所	3	1	2	0	0	0	0	0.04	0.05	0
广告学院—首都传媒经济研究基地	8	4	4	0	0	0	0	0.02	0.02	0
国家语言资源监测与研究有声媒体中心	4	1	3	0	0	0	0	1.5	3.8	0
国家语言资源监测与研究中心有声媒体语言分中心	4	1	3	0	0	0	0	1.5	3.8	0

续表

学校及机构名称	R&D 活动人员(人)						培养研究生人数(人)	R&D 经费支出(千元)	仪器设备原价(千元)	
	合计	其中								其中:进口(千元)
		博士毕业	硕士毕业	高级职称	中级职称	初级职称				
商务品牌战略研究所	5	1	4	0	0	0	0	0.86	0.36	0
首都传媒经济研究基地	8	4	4	0	0	0	0	0.02	0.02	0
文化发展研究院	16	7	6	0	0	0	0	16	2.9	0
协同创新中心—国家语言资源监测与研究有声媒体中心	4	1	3	0	0	0	0	1.5	3.8	0
中央财经大学	142	136	3	100	32	8	314	2 263.9	5 680.05	0
财经研究院(北京财经研究基地)	28	24	3	22	5	1	27	251.4	457.74	0
国防经济与管理研究院	9	9	0	6	1	2	32	160	239.47	0
中国财政发展协同创新中心	9	7	0	4	3	0	38	280	768.84	0
中国公共财政与政策研究院	16	16	0	13	3	0	23	183	558.08	0
中国互联网经济研究院(首都互联网发展研究基地)	10	10	0	4	6	0	19	200	709.91	0
中国金融发展研究院	16	16	0	16	0	0	35	100	400.62	0
中国精算研究院	22	22	0	20	2	0	25	800	1 150.3	0
中国经济与管理研究院	26	26	0	14	7	5	84	100	837.01	0
中国人力资本与劳动经济研究中心	6	6	0	1	5	0	31	189.5	558.08	0
对外经济贸易大学	143	113	26	79	30	2	154	8 853.8	5 270.69	261.2
北京企业国际化经营研究基地	65	52	13	34	11	0	28	3 930	3 420	52.3
国际经济研究院	32	25	5	0	0	0	30	195	365	52.3
教育与开放经济研究中心	10	9	1	7	3	0	8	100	200	36
全球价值链研究院	14	13	1	4	9	1	21	2 139.8	302.69	22.3
中国开放经济与国际科技合作战略研究中心	11	5	4	8	2	1	37	590	240	32
中国世界贸易组织研究院	11	9	2	6	5	0	30	1 899	743	66.3
北京物资学院	73	60	11	48	23	0	110	6 443.3	11 448.57	4 631.29
北京市物流系统与技术重点实验室	24	22	2	17	7	0	54	2 936	3 857	110
物流技术工程中心	9	6	3	5	4	0	5	300	3 548.57	2 541.29
智能物流系统协同创新中心	40	32	6	26	12	0	51	3 207.3	4 043	1 980
首都经济贸易大学	65	44	21	46	19	0	56	1 307	218.38	0
CBD 发展研究基地中心	7	5	2	5	2	0	10	120	26.88	0
城市群系统演化与可持续发展决策模拟研究实验室	10	7	3	6	4	0	8	220	12.35	0
国家税收法律研究基地	8	6	2	7	1	0	6	140	32.26	0

续表

学校及机构名称	R&D 活动人员(人)						培养研究生人数(人)	R&D 经费支出(千元)	仪器设备原价(千元)	
	合计	其中								其中:进口(千元)
		博士毕业	硕士毕业	高级职称	中级职称	初级职称				
经济社会发展政策研究基地	20	14	6	14	6	0	12	182	11.91	0
特大城市经济社会发展研究院	20	12	8	14	6	0	20	645	134.98	0
外交学院	30	25	5	30	0	0	16	300	50	0
北京对外交流与外事管理研究基地	30	25	5	30	0	0	16	300	50	0
中国人民公安大学	8	2	5	2	2	0	20	160	600	0
首都社会安全研究基地	8	2	5	2	2	0	20	160	600	0
国际关系学院	24	11	13	19	5	0	121	692.4	393.87	0
公共市场与政府采购研究所	12	4	8	11	1	0	26	150.7	18.87	0
国际战略与安全研究中心	2	1	1	1	1	0	30	233.6	0	0
心理教育研究中心	8	5	3	6	2	0	30	167.4	375	0
中国与国际关系研究中心	2	1	1	1	1	0	35	140.7	0	0
北京体育大学	217	162	54	144	51	22	346	12 077.43	149 129.33	104 796.7
北京市机能评定与技术分析重点实验室	11	8	3	3	5	3	16	5 020	11 130	0
国家体育总局体能训练与身体机能恢复重点实验室	37	26	11	20	15	2	44	2 570	51 570	42 378
国家体育总局体育哲学社会科学研究基地	23	22	1	20	2	1	30	10.16	342.6	120
国家体育总局运动训练重点实验室	54	31	23	32	12	10	12	600	25 450	5 000
国家体育总局运动应激适应重点实验室	18	16	2	14	3	1	44	1 197.27	29 306.23	28 106.2
运动营养北京市高等学校工程研究中心	9	9	0	9	0	0	15	700	88	88
运动与体质健康教育部重点实验室	65	50	14	46	14	5	185	1 980	31 242.5	29 104.5
中央音乐学院	22	15	3	5	4	1	14	5 124.71	427.14	0
佛教音乐研究会	2	1	0	1	1	0	0	90.37	46.32	0
国家非物质文化遗产保护与研究中心	4	1	2	1	1	1	0	3 680	324.5	0
音乐学研究所	16	13	1	3	2	0	14	1 354.34	56.32	0
中国音乐学院	7	6	1	6	1	0	23	500	100	0
北京民族音乐研究与传播基地	7	6	1	6	1	0	23	500	100	0
中央美术学院	11	9	2	0	0	3	34	1 624.07	37.66	0
国家艺术与文化政策研究中心	2	1	1	0	0	0	24	26.22	19.34	0

续表

学校及机构名称	R&D活动人员(人)						培养研究生人数(人)	R&D经费支出(千元)	仪器设备原价(千元)	
	合计	其中								其中:进口(千元)
		博士毕业	硕士毕业	高级职称	中级职称	初级职称				
国家主题性美术创作研究中心	2	2	0	0	0	1	0	12.9	0	0
美术学研究所	2	2	0	0	0	0	7	48.7	5.34	0
艺术设计研究院	3	2	1	0	0	2	0	956.6	12.98	0
油画人物肖像画研创中心	2	2	0	0	0	0	3	579.65	0	0
中央戏剧学院	6	2	4	4	1	1	0	838.8	85.5	0
戏剧艺术研究所	6	2	4	4	1	1	0	838.8	85.5	0
北京电影学院	142	52	60	79	40	23	82	22 527.37	357.04	68
“数字影视动画创作”教育部工程研究中心	40	10	20	25	10	5	40	82	80	60
“新媒体动画技术”北京市重点实验室	20	4	8	10	3	7	15	20.5	20	8
未来影像高精尖创新中心	58	30	20	35	15	8	7	22 336.62	257.04	0
中国文艺评论基地	24	8	12	9	12	3	20	88.25	0	0
北京舞蹈学院	4	1	1	2	1	0	12	250	0	0
民族舞蹈文化研究基地	4	1	1	2	1	0	12	250	0	0
中央民族大学	486	407	78	284	156	15	791	13 122.1	1 651.6	0
当代民族问题与中国特色民族理论研究基地	30	29	1	28	2	0	16	523.1	58.1	0
国家民委少数民族古籍保护与资料信息中心	6	6	0	2	4	0	14	500	0	0
马克思主义与民族团结教育平台	100	80	20	15	60	0	41	1 179	0	0
少数民族事业发展协同创新中心	218	178	40	149	48	15	264	4 300	813	0
中国边疆民族历史与地理研究基地	5	5	0	4	1	0	39	31	0	0
中国民族地区经济发展研究基地	54	47	7	34	20	0	0	2 510	134	0
中国少数民族教育研究基地	17	12	5	11	6	0	122	300	62.5	0
中国少数民族研究中心	3	3	0	3	0	0	0	676	424	0
中国少数民族语言研究基地	37	32	5	27	10	0	212	2 603	100	0
中央民族大学教育部民族团结教育创新研究基地	16	15	0	11	5	0	83	500	60	0
中国政法大学	127	118	5	105	13	9	193	15 868.96	904.71	0
比较法学研究院	30	29	1	23	5	2	60	1 560.5	136.8	0
法律古籍整理研究所	11	10	1	8	2	1	5	166.3	42.74	0
法律史学研究院	13	12	1	13	0	0	15	579.6	101.16	0

续表

学校及机构名称	R&D活动人员(人)						培养研究生人数(人)	R&D经费支出(千元)	仪器设备原价(千元)	
	合计	其中								
		博士毕业	硕士毕业	高级职称	中级职称	初级职称				其中:进口(千元)
法学教育研究与评估中心	6	4	1	6	0	0	0	411.34	37.02	0
法与经济学研究院	8	8	0	6	1	1	10	148.04	33.29	0
法治经济研究院	1	1	0	1	0	0	0	48.82	12.4	0
法治政府研究院	9	8	0	9	0	0	12	9 147.3	47.1	0
互联网金融法律研究院	1	1	0	1	0	0	0	454.8	20	0
绿色战略发展研究院	1	1	0	1	0	0	0	101.95	20	0
全球化与全球问题研究所	7	7	0	3	2	2	5	406.56	48.9	0
人权研究院	10	8	1	7	1	2	6	1 062.25	51	0
诉讼法学研究院	14	13	0	14	0	0	20	780.6	161	0
网络法学研究院	1	1	0	0	0	1	0	51	12.3	0
证据科学研究院	13	13	0	11	2	0	60	616.2	60	0
制度学研究院	1	1	0	1	0	0	0	78.9	20	0
资本金融研究院	1	1	0	1	0	0	0	254.8	101	0
华北电力大学	50	27	13	0	12	4	64	1 140	463	0
北京能源发展研究基地	20	10	3	0	3	1	12	300	30	0
大数据与哲学社会科学实验室	11	6	5	0	2	0	15	440	108	0
民革北京市委—华北电力大学能源软科学研究中心	10	5	3	0	2	3	22	200	105	0
新能源电力与低碳发展研究北京市重点实验室	9	6	2	0	5	0	15	200	220	0
北京信息科技大学	69	55	14	45	24	0	0	13.14	643	0
北京市哲学社会科学知识管理研究基地	30	27	3	20	10	0	0	8.73	35	0
绿色发展大数据决策北京市重点实验室	39	28	11	25	14	0	0	4.41	608	0
北京联合大学	124	95	28	0	24	0	74	21 120	7 984	0
北京学研究基地	16	12	4	0	2	0	4	735	630	0
北京政治文明建设研究基地	41	23	18	0	12	0	16	1 425	1 666	0
国家智慧旅游重点实验室	7	5	2	0	4	0	4	3 600	2 150	0
京台文化交流研究中心	13	10	2	0	1	0	20	3 360	1 558	0
旅游信息化协同创新中心	47	45	2	0	5	0	30	12 000	1 980	0
北京城市学院	28	17	11	13	15	0	16	3 036.55	702.9	0
北京社会建设研究院	5	4	1	3	2	0	0	286.35	286.7	0

续表

学校及机构名称	R&D 活动人员(人)						培养研究生人数(人)	R&D 经费支出(千元)	仪器设备原价(千元)	
	合计	其中								其中:进口(千元)
		博士毕业	硕士毕业	高级职称	中级职称	初级职称				
城镇化研究院	6	3	3	3	3	0	4	1 869.4	86.7	0
首都城市环境建设研究基地	9	6	3	3	6	0	10	469.7	98.5	0
首都城市治理与执法研究所	4	2	2	2	2	0	2	231.8	20.7	0
中国信访与城市发展研究中心	4	2	2	2	2	0	0	179.3	210.3	0
北京青年政治学院	10	7	2	10	0	0	0	108.47	551.76	0
北京东方道德研究所	4	4	0	4	0	0	0	49.78	278.37	0
北京青少年研究所	5	3	1	5	0	0	0	42.9	185.3	0
北京职业教育与人文北京研究中心	1	0	1	1	0	0	0	15.79	88.09	0
中国劳动关系学院	197	116	81	70	78	27	0	258	0	0
“一带一路”与劳动关系研究所	4	2	2	1	2	1	0	10	0	0
安全与职业卫生工程研究所	3	2	1	1	0	2	0	5	0	0
大国工匠与劳动模范研究所	6	2	4	3	2	1	0	50	0	0
大数据与安全研究所	6	3	3	1	3	2	0	5	0	0
当代工运研究所	6	5	1	3	3	0	0	3	0	0
高等职业教育研究所	11	5	6	2	6	3	0	5	0	0
工会理论与工运史研究所	6	3	3	2	2	2	0	3	0	0
工会社会工作研究所	7	3	4	2	3	0	0	3	0	0
公共管理与人力资源研究中心	7	4	3	2	3	2	0	5	0	0
计算机网络应用研究所	9	6	3	2	4	3	0	5	0	0
劳动法与工会法研究中心	7	4	3	3	3	1	0	10	0	0
劳动关系与工会研究中心	45	25	20	23	2	0	0	100	0	0
企业文化建设研究所	7	7	0	3	4	0	0	3	0	0
人力资源管理研究所	5	3	2	1	3	1	0	3	0	0
三方机制与劳工参与研究所	5	3	2	2	3	0	0	4	0	0
社会保障与工会帮扶研究所	10	4	6	1	6	3	0	3	0	0
社会工作与社会政策研究所	7	4	3	2	5	0	0	3	0	0
社会组织与公益创新研究中心	6	3	3	3	2	1	0	5	0	0
文化与传播研究所	9	6	3	2	6	1	0	4	0	0
新农村文化研究所	6	4	2	2	3	1	0	3	0	0
职工发展研究所	8	6	2	4	3	1	0	10	0	0
职业心理研究所	7	4	3	2	3	2	0	3	0	0
中国信息经济研究中心	6	5	1	2	4	0	0	3	0	0

续表

学校及机构名称	R&D活动人员(人)						培养研究生人数(人)	R&D经费支出(千元)	仪器设备原价(千元)	
	合计	其中								其中:进口(千元)
		博士毕业	硕士毕业	高级职称	中级职称	初级职称				
中国职工舆情研究所	4	3	1	1	3	0	0	10	0	0
北京财贸职业学院	21	6	12	16	5	0	0	716.5	129.15	0
北京国际商贸中心研究基地	11	4	5	8	3	0	0	178	15	0
高职教育研究所	4	2	1	4	0	0	0	129.95	93.36	0
商业研究所	6	0	6	4	2	0	0	408.55	20.79	0
北京戏曲艺术职业学院	13	4	8	7	3	3	0	680	1 060.56	0
艺术研究中心	13	4	8	7	3	3	0	680	1 060.56	0
首都师范大学科德学院	6	2	4	2	4	0	0	1 270.86	0	0
中国高校影视学会微电影创研中心	6	2	4	2	4	0	0	1 270.86	0	0
北京工业大学耿丹学院	2	0	0	1	1	0	0	150	0	0
光影艺术研究院	2	0	0	1	1	0	0	150	0	0
北京社会管理职业学院	7	3	4	4	3	0	0	222.16	186.55	0
民政政策理论研究所	2	1	1	1	1	0	0	83.9	29.72	0
社会工作研究所	5	2	3	3	2	0	0	138.26	156.83	0
北京网络职业学院	3	0	1	2	0	1	0	0	0	0
北京网络职业学院科研项目组	3	0	1	2	0	1	0	0	0	0
天津市										
南开大学	448	365	57	315	94	2	839	24 278.61	15 436.74	0
APEC研究中心	9	7	1	6	3	0	9	1 798.2	2 990.5	0
滨海开发研究院	8	6	2	5	3	0	9	1 902.4	479	0
城市与区域经济研究所	7	7	0	5	2	0	40	663.9	696.3	0
公司治理研究中心	25	24	1	23	2	0	15	806.3	691.3	0
古籍与文化研究所	6	4	0	5	1	0	18	196.6	325.7	0
环境与社会发展研究中心	55	11	25	12	6	1	36	2 000.6	799.4	0
金融发展研究院	5	4	1	1	3	1	27	500.63	321.4	0
经济研究所	21	21	0	16	5	0	89	810.6	912.3	0
经济与社会发展研究院	18	18	0	12	6	0	54	2 015.6	925.42	0
跨国公司研究中心	23	19	0	18	4	0	74	2 745.5	1 845.6	0
拉丁美洲研究中心	8	8	0	8	0	0	11	215.6	258.2	0
人口与发展研究所	7	7	0	7	0	0	33	519.5	773.7	0
人权研究中心	16	16	0	12	4	0	29	1 060.3	253.9	0
日本研究院	16	16	0	12	4	0	50	508.9	149.6	0

续表

学校及机构名称	R&D活动人员(人)						培养研究生人数(人)	R&D经费支出(千元)	仪器设备原价(千元)	
	合计	其中								其中:进口(千元)
		博士毕业	硕士毕业	高级职称	中级职称	初级职称				
世界近现代史研究中心	32	11	21	27	5	0	46	956.36	586.85	0
台湾经济研究所	4	4	0	4	0	0	27	456.8	303.68	0
现代管理研究所	13	13	0	13	0	0	39	453.6	153.7	0
政治经济学研究中心	33	32	1	18	15	0	86	960.6	402.63	0
中国社会史研究中心	22	22	0	19	3	0	50	896.32	542.36	0
中国特色社会主义经济建设协同创新中心	120	115	5	92	28	0	97	4 810.3	2 025.2	0
天津大学	149	135	13	100	47	1	124	2 380	515	0
APEC可持续能源中心	8	8	0	5	3	0	5	300	100	0
滨海城市安全与智慧防灾研究基地	17	15	2	17	0	0	15	50	10	0
公共资源管理研究中心	8	8	0	6	2	0	10	150	30	0
国家知识产权战略实施研究基地	10	10	0	8	2	0	12	300	20	0
建筑文化遗产保护传承信息技术文化部重点实验室	20	20	0	15	5	0	8	50	0	0
教育科学研究中心	8	6	2	6	2	0	11	50	10	0
科学技术与社会研究中心	6	6	0	5	1	0	5	50	5	0
生物安全战略研究中心	10	10	0	5	5	0	6	500	100	0
天津市反腐倡廉研究基地	5	5	0	4	0	0	6	80	20	0
中国传承人口述史研究所	5	3	1	2	2	1	5	50	20	0
中国传统村落保护与发展研究中心	10	6	4	3	7	0	6	200	50	0
中国绿色发展研究院	16	15	1	9	7	0	10	50	20	0
中国木版年画研究基地	10	7	3	3	7	0	5	250	50	0
中国社会计算研究中心	8	8	0	6	2	0	10	200	50	0
中国文化遗产保护国际研究中心	8	8	0	6	2	0	10	100	30	0
天津科技大学	29	25	4	19	9	0	12	800	320	110
食品安全战略与管理研究中心	29	25	4	19	9	0	12	800	320	110
中国民航大学	59	31	28	31	19	0	141	4 323.52	6 474.62	502
航空法律与政策研究中心	19	10	9	9	7	0	41	315.8	295.5	0
航空运输经济与管理研究基地	24	11	13	12	12	0	70	3 856.6	6 146.6	502
中国民航环境与可持续发展研究中心(智库)	16	10	6	10	0	0	30	151.12	32.52	0
天津理工大学	43	41	2	33	10	0	27	3 448.3	3 290	0

学校及机构名称	R&D 活动人员(人)						培养研究生人数(人)	R&D 经费支出(千元)	仪器设备原价(千元)	
	合计	其中								其中:进口(千元)
		博士毕业	硕士毕业	高级职称	中级职称	初级职称				
公共投资与工程造价研究中心	21	21	0	15	6	0	12	248.3	3 000	0
循环经济与企业可持续发展研究基地	22	20	2	18	4	0	15	3 200	290	0
天津师范大学	133	121	9	86	47	0	391	3 857.7	35 432	25 291.5
出土文献与上古史研究中心	5	5	0	4	1	0	30	500	20	0
大众传播与社会发展研究所	11	10	1	8	3	0	16	50	10.2	0
地方政府法制研究中心	6	5	0	4	2	0	21	33	9.5	0
公益诉讼研究中心	8	7	0	6	2	0	18	10	8.6	0
民商法应用研究中心	9	7	1	7	2	0	29	100	50	0
欧洲文明研究院	32	30	2	22	10	0	127	77.7	50	0
天津地方新闻史研究所	9	8	1	4	5	0	12	60	120	120
心理与行为研究院	38	36	2	16	22	0	119	2 890	35 128.7	25 171.5
政治文化与政治文明建设研究院	15	13	2	15	0	0	19	137	35	0
天津职业技术师范大学	20	9	8	17	3	0	24	570	969.42	108.67
世界技能大赛中国研究中心	8	2	4	6	2	0	5	240	133	0
职业教育发展研究中心	6	4	2	5	1	0	13	288	698.7	0
职业教育教师研究院	6	3	2	6	0	0	6	42	137.72	108.67
天津外国语大学	31	26	5	21	10	0	34	1 850	367	0
“一带一路”天津战略研究院	3	3	0	2	1	0	2	200	45	0
比较文学研究所	4	3	1	2	2	0	9	200	50	0
东北亚研究中心	4	4	0	2	2	0	0	200	40	0
拉美研究中心	3	2	1	2	1	0	0	200	35	0
欧美文化哲学研究所	4	4	0	3	1	0	4	200	45	0
外国语言文学文化研究中心	4	3	1	3	1	0	10	300	50	0
语言符号应用传播研究中心	5	4	1	4	1	0	0	350	55	0
中央文献翻译研究基地	4	3	1	3	1	0	9	200	47	0
天津商业大学	26	15	0	12	3	0	84	403	5 420	0
管理创新与评价研究中心	26	15	0	12	3	0	84	403	5 420	0
天津财经大学	379	293	74	232	120	24	668	4 438.88	4 871.6	0
财政与社会发展研究中心	8	7	1	7	1	0	13	77.13	74.13	0
产业与市场科学研究所	14	10	4	10	4	0	26	130	0	0
创新管理与知识运营研究所	11	11	0	3	8	0	10	100	37.8	0

续表

学校及机构名称	R&D活动人员(人)						培养研究生人数(人)	R&D经费支出(千元)	仪器设备原价(千元)	
	合计	其中								其中:进口(千元)
		博士毕业	硕士毕业	高级职称	中级职称	初级职称				
创新与创业研究中心	17	13	4	9	8	0	28	260	102	0
大数据统计研究中心	15	8	2	6	5	4	25	80	60	0
法律经济分析与政策评价中心	11	1	10	5	3	3	68	134	0	0
法学研究中心	6	4	2	6	0	0	0	1.5	0.6	0
复杂网络系统与创新研究中心	15	15	0	8	7	0	32	783	2 000	0
工商管理研究中心	19	12	7	15	4	0	20	150	350	0
管理可计算建模协同创新中心	25	24	1	14	8	0	16	692.6	1 051.8	0
国际经济管理研究院	9	9	0	1	8	0	0	200	0	0
金融与保险研究中心	28	26	2	24	3	1	57	150	24	0
近现代法研究中心	6	5	1	4	2	0	7	89.4	36.27	0
旅游研究与规划中心	15	12	3	4	4	7	32	50	30	0
马克思主义与当代中国研究中心	19	12	6	16	3	0	15	77.5	0	0
审计与控制研究中心	10	10	0	5	5	0	60	50	20	0
天津市自由贸易区研究院	13	13	0	11	2	0	16	50	80	0
无形资产评价协同创新中心	10	7	3	7	3	0	54	40.45	0	0
物流与供应链运营创新研究所	9	6	3	5	4	0	10	100	0	0
现代经济管理研究院	6	5	0	2	4	0	22	45.5	170.7	0
应用语言学研究中心	20	5	15	4	16	0	38	30	0	0
营运资本管理研究所	16	13	2	11	4	1	17	100	10	0
中国滨海金融协同创新中心	30	30	0	24	6	0	35	580	300	0
中国经济统计研究中心	20	18	2	17	3	0	56	400	500	0
组织创新与治理研究中心	27	17	6	14	5	8	11	67.8	24.3	0
天津体育学院	36	23	10	29	7	0	33	1 700	3 358.51	800
体育人文社会科学研究中心	32	23	8	27	5	0	30	1 200	1 358.51	0
运动与健康科普教育基地	4	0	2	2	2	0	3	500	2 000	800
天津音乐学院	35	11	18	8	15	12	23	263.6	150	0
艺术创作与表演研究中心	35	11	18	8	15	12	23	263.6	150	0
天津城建大学	57	51	6	44	11	1	22	2 804	193	0
城市绿色发展研究中心	20	16	4	15	4	1	9	875	78	0
天津城镇化与新农村建设研究中心	37	35	2	29	7	0	13	1 929	115	0
天津中德应用技术大学	8	2	3	3	5	0	0	12.8	125.1	0
中德职业教育研究所	8	2	3	3	5	0	0	12.8	125.1	0

续表

学校及机构名称	R&D活动人员(人)						培养研究生人数(人)	R&D经费支出(千元)	仪器设备原价(千元)	
	合计	其中								其中:进口(千元)
		博士毕业	硕士毕业	高级职称	中级职称	初级职称				
河北省										
河北大学	495	322	173	414	79	2	309	5 430	5 040	0
传媒与社会发展研究基地	72	24	48	50	20	2	50	200	100	0
传世字书与出土文字研究中心	38	20	18	30	8	0	21	400	400	0
大学文化传承创新研究中心	30	18	12	25	5	0	13	400	400	0
高等教育与区域发展研究中心	30	25	5	26	4	0	13	400	400	0
国家治理法治化研究中心	35	20	15	30	5	0	20	400	400	0
伊斯兰国家社会发展研究中心	28	20	8	25	3	0	15	400	400	0
政府管理与公共政策研究中心	35	27	8	30	5	0	13	400	400	0
中国曲学研究中心	35	20	15	30	5	0	15	400	400	0
资源利用与环境保护研究中心	30	25	5	28	2	0	16	400	400	0
河北省城市传播研究院	12	10	2	10	2	0	35	100	100	0
河北省生态与环境发展研究中心	20	18	2	10	10	0	10	500	500	0
河北省文化产业发展研究中心	20	10	10	17	3	0	12	300	300	0
华夏文化产业研究院	23	20	3	20	3	0	10	50	0	0
区域经济研究所	10	7	3	10	0	0	6	200	200	0
社会计算与社会发展研究基地	25	18	7	23	2	0	10	130	110	0
宋史研究中心	32	21	11	31	1	0	30	400	200	0
现代汉字研究中心	20	19	1	19	1	0	20	350	330	0
河北工程大学	53	27	10	42	8	0	0	220	0	0
河北工程大学城乡现代化研究中心	9	4	3	8	1	0	0	0	0	0
河北工程大学水生态文明及社会治理研究中心	20	11	3	16	3	0	0	130	0	0
河北省"三化"及其协同发展研究基地	11	7	4	7	4	0	0	90	0	0
习近平新时代中国特色社会主义思想研究中心	13	5	0	11	0	0	0	0	0	0
河北地质大学	9	2	4	4	5	0	4	40	70	0
经济研究所	9	2	4	4	5	0	4	40	70	0
河北工业大学	198	159	39	154	44	0	344	4 401.6	2 558	0
管理科学研究所	40	37	3	30	10	0	126	12	9	0
河北省京津冀发展研究中心	25	18	7	19	6	0	28	200	107	0

续表

学校及机构名称	R&D 活动人员（人）						培养研究生人数（人）	R&D 经费支出（千元）	仪器设备原价（千元）	
	合计	其中								其中：进口（千元）
		博士毕业	硕士毕业	高级职称	中级职称	初级职称				
河北省马克思主义中国化研究基地	12	6	6	8	4	0	18	20	8	0
金融工程与创新研究中心	15	14	1	10	5	0	35	322	210	0
京津冀区域治理协同创新中心	35	30	5	29	6	0	67	1 012.6	750	0
京津冀文化融合与创新研究中心	12	9	3	9	3	0	23	1 389	712	0
企业信息化与管理创新研究中心	51	43	8	46	5	0	47	1 426	762	0
日本社会文化研究所	8	2	6	3	5	0	0	20	0	0
华北理工大学	32	10	19	28	3	1	11	300	6 000	0
河北省城乡统筹及一体化发展研究基地	32	10	19	28	3	1	11	300	6 000	0
河北科技大学	79	50	28	67	3	0	206	1 705	920	0
高等教育研究所	5	0	4	4	1	0	23	25	60	0
河北科技大学应急管理研究中心	32	28	4	30	2	0	142	880	480	0
河北省技术创新研究基地	27	18	9	18	0	0	20	250	80	0
河北省科技文化融合与文化产业发展研究基地	15	4	11	15	0	0	21	550	300	0
河北农业大学	86	10	43	21	39	16	36	485	170	65
河北省“三农”问题研究中心	22	2	15	2	8	2	10	180	50	10
河北省农业经济发展战略研究基地	33	3	13	9	18	6	6	35	20	10
河北省现代农业发展研究中心	15	4	10	6	6	3	12	190	60	30
社会主义核心价值观实践教育创新研究中心	16	1	5	4	7	5	8	80	40	15
河北医科大学	40	7	23	17	18	1	8	430	270	54
河北省健康发展研究中心	8	2	6	4	4	0	3	30	20	4
河北省医学人文社会科学研究基地	12	2	2	3	5	0	0	0	0	0
临床人文关爱与护理研究中心	8	2	6	3	5	0	3	400	250	50
医学人文研究中心	12	1	9	7	4	1	2	0	0	0
河北师范大学	90	35	26	27	20	0	40	3 090	515	0
河北省燕赵文化研究协同创新中心	50	15	15	13	9	0	23	1 890	300	0
河北省燕赵文化遗产保护与研究基地	24	10	5	8	6	0	12	800	120	0
中国共产党革命精神与文化资源研究中心	16	10	6	6	5	0	5	400	95	0
河北民族师范学院	156	31	103	43	105	8	0	484	221	0

续表

学校及机构名称	R&D 活动人员(人)						培养研究生人数(人)	R&D 经费支出(千元)	仪器设备原价(千元)	
	合计	其中								其中:进口(千元)
		博士毕业	硕士毕业	高级职称	中级职称	初级职称				
避暑山庄文化国际推广研究中心	8	1	5	2	5	1	0	17	10	0
避暑山庄研究室	7	1	5	3	4	0	0	15	7	0
承德本土作家研究室	8	1	5	2	5	1	0	10	7	0
承德历史文化研究基地	10	4	6	3	7	0	0	15	7	0
承德旅游区土地生态研究室	9	2	7	2	6	1	0	10	6	0
承德文化旅游规划研究所	7	1	4	1	6	0	0	20	7	0
典籍翻译研究室	4	2	2	1	3	0	0	15	8	0
非物质文化遗产研究基地	19	5	12	4	14	1	0	80	20	0
旅游产品开发研究室	10	0	6	2	8	0	0	15	9.5	0
满族音乐舞蹈研究室	9	1	6	1	7	1	0	10	6	0
民族关系研究基地	15	4	11	7	6	2	0	180	80	0
纳兰性德研究室	8	1	5	2	6	0	0	12	7	0
普通话与承德地域文化研究基地	8	1	7	2	6	0	0	15	10	0
热河历史文化研究室	5	3	2	2	3	0	0	15	8	0
塞罕坝精神研究基地	8	2	6	3	5	0	0	15	8	0
少数民族传统体育研究室	10	1	7	2	7	1	0	10	7.5	0
诵读艺术研究室	7	0	5	3	4	0	0	15	7	0
知识产权保护研究室	4	1	2	1	3	0	0	15	6	0
唐山师范学院	99	21	61	39	59	1	0	336	295	0
城市文化与可持续发展研究基地	10	3	7	4	6	0	0	50	100	0
冀东文献典藏与研究中心	8	2	4	3	5	0	0	50	20	0
教育科学研究所	10	2	7	4	5	1	0	40	45	0
区域经济研究所	17	2	10	7	10	0	0	35	25	0
史学研究所	14	3	10	4	10	0	0	39	35	0
文学与文化研究所	20	3	14	9	11	0	0	35	24	0
语言与文化研究中心	10	3	4	4	6	0	0	50	20	0
语言与文献研究所	10	3	5	4	6	0	0	37	26	0
石家庄学院	15	5	8	5	8	2	0	5	0	0
河北省中国特色社会主义理论体系石家庄学院农村发展研究基地	15	5	8	5	8	2	0	5	0	0
邯郸学院	65	13	49	31	28	2	0	641	0	0
磁州窑艺术研究所	3	0	3	1	2	0	0	1.5	0	0

续表

学校及机构名称	R&D活动人员(人)						培养研究生人数(人)	R&D经费支出(千元)	仪器设备原价(千元)	
	合计	其中								其中:进口(千元)
		博士毕业	硕士毕业	高级职称	中级职称	初级职称				
太行山文书研究中心	6	2	4	3	2	1	0	177	0	0
河北省赵文化与区域经济研究基地	8	4	4	4	4	0	0	6	0	0
胡乔木研究所	4	1	3	3	1	0	0	32	0	0
教育与心理咨询中心	5	0	5	2	3	0	0	3.8	0	0
女性文学研究所	2	0	2	1	1	0	0	1.7	0	0
太极拳研究与推广中心	4	0	4	0	0	0	0	1	0	0
特殊教育协同创新中心	15	1	14	5	10	0	0	380	0	0
雁翼研究所	4	1	3	3	1	0	0	1	0	0
赵文化研究中心	12	3	7	8	4	0	0	37	0	0
荀子思想研究所	2	1	0	1	0	1	0	0	0	0
邢台学院	64	20	44	46	18	0	0	106	10	0
河北省当代中国民生与社会建设研究基地	32	10	22	23	9	0	0	90	5	0
河北省中国特色社会主义理论体系研究基地	32	10	22	23	9	0	0	16	5	0
沧州师范学院	141	6	70	73	52	12	0	27.4	3 200	0
渤海党史研究所	9	1	4	5	4	0	0	0	0	0
儿童语言康复研究所	7	1	5	2	4	0	0	3.4	0	0
河北省武术研究基地	15	0	7	8	5	0	0	2.8	0	0
教师教育研究中心	14	1	7	9	5	0	0	0	0	0
礼仪教育研究中心	4	0	2	3	1	0	0	4.5	0	0
民间美术研究所	12	0	9	4	6	2	0	5	0	0
民间音乐研究所	20	0	3	10	8	2	0	0.9	0	0
齐越教育研究中心	8	1	4	7	0	1	0	0	3 200	0
青少年心理发展研究中心	13	0	9	5	3	5	0	1	0	0
区域经济与公共关系研究所	10	1	5	6	3	0	0	5	0	0
区域文化研究所	10	1	3	6	3	1	0	4.4	0	0
师德师风研究所	8	0	4	4	3	1	0	0	0	0
哲学研究所	11	0	8	4	7	0	0	0.4	0	0
石家庄铁道大学	62	23	37	36	26	0	63	122	30	0
工程建设管理研究基地	37	12	25	26	11	0	49	33	12	0
人居环境可持续发展研究中心	8	2	6	3	5	0	0	32	0	0

续表

学校及机构名称	R&D 活动人员(人)						培养研究生人数(人)	R&D 经费支出(千元)	仪器设备原价(千元)	
	合计	其中								其中:进口(千元)
		博士毕业	硕士毕业	高级职称	中级职称	初级职称				
省生态环境和发展环境研究基地	17	9	6	7	10	0	14	57	18	0
燕山大学	486	227	252	277	202	7	99	1 190	110	0
河北省地方政府改革与发展研究基地	50	25	25	18	26	6	15	50	0	0
河北省非物质文化遗产研究基地(文法学院)	18	5	12	4	13	1	2	10	0	0
河北省非物质文化遗产研究基地(艺术与设计学院)	21	2	17	3	18	0	3	10	0	0
河北省服务经济与管理研究基地	20	12	8	12	8	0	0	50	0	0
河北省工业设计创新与发展研究中心	39	7	28	17	22	0	6	100	15	0
河北省公共政策评估研究中心	175	110	65	125	50	0	28	300	25	0
河北省设计创新及产业发展研究中心	50	8	42	32	18	0	12	20	0	0
河北省现代港口煤炭物流工程技术研究中心	20	12	8	7	13	0	14	100	0	0
河北省中国特色社会主义理论体系燕山大学研究基地	28	17	11	19	9	0	8	20	0	0
京津冀协同发展管理创新研究中心	35	14	21	22	13	0	6	250	40	0
区域经济发展研究中心	30	15	15	18	12	0	5	280	30	0
河北科技师范学院	33	17	16	21	12	0	16	330	0	0
河北省职业教育研究基地	14	8	6	7	7	0	16	60	0	0
冀东文化研究中心	19	9	10	14	5	0	0	270	0	0
邯郸职业技术学院	10	0	8	10	0	0	0	100	30	0
邯郸创新区域经济研究院	10	0	8	10	0	0	0	100	30	0
中国人民警察大学	193	36	88	68	67	4	44	2 041	211	0
边境与出入境安全研究中心	17	2	11	7	9	1	18	320	13	0
部队政治工作研究中心	9	1	5	0	0	0	15	120	61	0
反恐怖与警卫安全研究中心	26	2	14	9	17	0	0	320	20	0
公安现役部队教育培训研究中心	5	2	2	0	0	0	0	51	20	0
基础学科教育研究中心	25	6	2	10	0	2	0	150	10	0
警卫学术研究中心	10	2	3	0	0	0	0	50	10	0
维和警务研究中心	8	3	5	5	3	0	0	480	7	0

续表

学校及机构名称	R&D活动人员(人)						培养研究生人数(人)	R&D经费支出(千元)	仪器设备原价(千元)	其中:进口(千元)
	合计	其中								
		博士毕业	硕士毕业	高级职称	中级职称	初级职称				
维和学术研究中心	12	2	3	0	0	0	0	50	10	0
消防软科学研究中心	5	2	3	0	0	0	0	100	30	0
应急救援管理研究中心	20	9	11	10	10	0	6	100	10	0
中国海警研究中心	56	5	29	27	28	1	5	300	20	0
河北金融学院	133	46	87	69	64	0	0	1 820	630	0
德融研究院	45	15	30	20	25	0	0	300	100	0
金融风险与创新研究中心	70	20	50	35	35	0	0	300	200	0
河北省科技金融协同创新中心	10	5	5	6	4	0	0	1 000	250	0
河北省科技金融重点实验室	5	5	0	5	0	0	0	200	50	0
金融研究所	3	1	2	3	0	0	0	20	30	0
北华航天工业学院	71	26	35	35	16	2	0	125	30	0
河北省航天产业发展软科学研究基地	28	10	18	20	7	1	0	50	10	0
河北省中国特色社会主义理论体系北华航天工业学院研究基地	26	10	13	8	9	1	0	45	10	0
习近平新时代中国特色社会主义思想研究中心	17	6	4	7	0	0	0	30	10	0
邢台职业技术学院	52	3	19	26	17	9	0	60	180	0
河北省军民融合产学研用示范基地	20	2	0	13	4	3	0	0	50	0
邢台市太行传统村落文化研究中心	10	0	10	3	4	3	0	60	100	0
邢台市先进生产性服务业协同创新中心	12	0	0	5	6	1	0	0	30	0
服务业社会服务中心	10	1	9	5	3	2	0	0	0	0
河北经贸大学	255	211	37	196	50	3	508	2 263.97	2 224.9	0
道德文化与社会发展研究中心	17	15	2	10	5	0	0	296.52	0	0
地方法治建设研究中心	32	25	7	22	10	0	454	345	0	0
金融与企业创新研究中心	27	25	2	22	5	0	13	120.6	114.4	0
京津冀一体化发展协同创新中心	58	53	2	56	2	0	0	465	1 680	0
经济研究所	18	10	4	12	3	1	4	551	430.5	0
伦理与社会治理研究中心	19	17	2	14	3	0	0	38.35	0	0
社会管理德治与法治协同创新中心	63	50	13	43	18	2	0	420	0	0
现代商贸服务业研究中心	21	16	5	17	4	0	37	27.5	0	0
唐山工业职业技术学院	6	1	5	4	2	0	0	27	100	0

续表

学校及机构名称	R&D 活动人员(人)						培养研究生人数(人)	R&D 经费支出(千元)	仪器设备原价(千元)	
	合计	其中								其中:进口(千元)
		博士毕业	硕士毕业	高级职称	中级职称	初级职称				
高等职业教育研究所	6	1	5	4	2	0	0	27	100	0
河北美术学院	6	3	3	3	1	2	0	160	14	0
老庄文化研究中心	6	3	3	3	1	2	0	160	14	0
泊头职业学院	4	0	1	3	0	1	0	0	19	0
职业教育研究中心	4	0	1	3	0	1	0	0	19	0
山西省										
山西大学	118	113	4	89	26	0	215	8 395.6	10 145.2	0
城乡发展研究院	6	6	0	4	2	0	13	676.2	343.5	0
地方高等教育研究中心	5	5	0	3	2	0	12	187.9	433	0
方言与口传文化研究中心	12	12	0	8	4	0	18	896.7	402.8	0
管理与决策研究中心	10	10	0	8	2	0	16	523.7	408.8	0
国学研究院	11	10	1	8	2	0	20	456.8	456.2	0
晋商学研究所	7	7	0	6	1	0	25	967.2	678.2	0
科学技术史研究所	9	9	0	8	1	0	15	678.2	657.3	0
科学技术哲学研究中心	18	17	1	14	4	0	35	1 342.3	4 532.7	0
马克思主义研究所	10	9	1	7	2	0	10	678.9	345.6	0
马克思主义哲学研究所	9	8	1	6	3	0	15	802.3	243.5	0
区域社会史研究中心	13	13	0	11	2	0	28	987.2	1 438.9	0
体育科学研究所	8	7	0	6	1	0	8	198.2	204.7	0
中北大学	25	14	7	18	3	0	11	6.75	0	0
创新研究中心	25	14	7	18	3	0	11	6.75	0	0
太原理工大学	43	29	14	22	21	0	62	355	5.4	0
煤炭产业科学发展研究中心	19	17	2	11	8	0	30	200	1.8	0
普通高校竞技体育运动研究中心	12	6	6	8	4	0	20	5	0	0
艺术遗产研究中心	12	6	6	3	9	0	12	150	3.6	0
山西农业大学	6	0	2	1	1	1	4	50	0	0
新农村建设研究中心	6	0	2	1	1	1	4	50	0	0
山西医科大学	36	11	21	15	15	6	59	358.93	18.2	0
健康人文研究中心	4	2	2	3	1	0	29	204.23	9	0
卫生管理与政策研究中心	32	9	19	12	14	6	30	154.7	9.2	0
山西师范大学	97	65	23	77	15	1	133	4 880.38	4 414.45	875.94
产业转型与升级研究中心	14	12	1	11	2	0	21	358.47	402.56	83.08

续表

学校及机构名称	R&D 活动人员(人)						培养研究生人数(人)	R&D 经费支出(千元)	仪器设备原价(千元)	其中:进口(千元)
	合计	其中								
		博士毕业	硕士毕业	高级职称	中级职称	初级职称				
高等教育研究所	6	4	2	3	3	0	10	92.47	21.28	0
教师教育研究中心	16	12	2	15	0	0	18	3 018.69	196.7	25.61
马克思主义理论与思想政治教育研究所	7	5	2	6	0	0	11	571.39	127.74	2.88
社会学研究所	6	3	2	5	1	0	10	185.4	79.57	1.5
戏曲文物研究中心	22	12	7	18	4	0	36	402.3	2 521.21	635.57
亚洲区域发展研究中心	19	16	3	15	3	0	20	139.4	247.87	68.03
中国书画文化研究所	7	1	4	4	2	1	7	112.26	817.52	59.27
太原师范学院	120	60	53	31	29	10	10	879	2 950	0
汾河流域科学发展研究中心	35	15	15	0	0	0	0	455	1 350	0
区域文学研究中心	15	8	5	0	0	0	0	50	100	0
山西省城乡统筹协同创新中心	35	22	13	26	9	0	8	144	1 500	0
行知文化育人协同中心	35	15	20	5	20	10	2	230	0	0
晋中学院	12	6	6	5	3	2	0	368	950	0
晋中文化生态研究中心	12	6	6	5	3	2	0	368	950	0
运城学院	26	14	6	18	8	0	0	76.85	100	0
河东文化研究中心	26	14	6	18	8	0	0	76.85	100	0
忻州师范学院	5	1	4	2	3	0	0	41	90	0
五台山文化研究中心	5	1	4	2	3	0	0	41	90	0
山西财经大学	119	57	60	39	73	6	166	830	4 443	0
金融研究院	51	22	29	16	31	4	102	200	1 300	0
晋商研究院	12	4	6	4	8	0	0	160	1 580	0
山西省中小企业发展研究院	5	5	0	2	3	0	33	200	73	0
统计研究院	16	7	9	6	10	0	31	140	950	0
资源型经济研究中心	35	19	16	11	21	2	0	130	540	0
山西工商学院	20	0	19	10	8	2	0	80	40	0
工商管理研究中心	8	0	8	5	3	0	0	20	10	0
美学研究所	3	0	3	1	0	2	0	20	10	0
民办高等教育研究所	4	0	4	2	2	0	0	20	10	0
通才教育研究所	5	0	4	2	3	0	0	20	10	0
山西传媒学院	167	33	132	93	41	23	0	408.37	13.52	0
融合媒体创新研究中心	17	0	17	8	7	2	0	15.5	1.7	0

续表

学校及机构名称	R&D 活动人员(人)						培养研究生人数(人)	R&D 经费支出(千元)	仪器设备原价(千元)	
	合计	其中								其中:进口(千元)
		博士毕业	硕士毕业	高级职称	中级职称	初级职称				
文化创意产业发展协同创新中心	39	9	30	24	6	6	0	26.8	0	0
文化创意与设计研究中心	40	10	30	25	5	7	0	173	0	0
文化与传媒研究中心	33	4	27	11	15	3	0	28.07	11.82	0
戏剧影视学术研究基地	38	10	28	25	8	5	0	165	0	0
山西工程技术学院	33	8	25	17	14	2	0	55	0	0
工矿城市转型发展研究中心	5	1	4	1	2	2	0	5	0	0
清泉高校思想政治工作协同育人中心	28	7	21	16	12	0	0	50	0	0
内蒙古自治区										
内蒙古大学	84	40	44	48	24	12	84	308.36	165.6	0
蒙古学研究中心	9	9	0	8	1	0	8	121.36	25.6	0
内蒙古地区经济可持续发展研究基地	24	7	17	14	10	0	42	30	10	0
内蒙古地区社会历史文化研究中心	22	3	19	10	0	12	20	57	30	0
内蒙古社会治理与创新研究基地	29	21	8	16	13	0	14	100	100	0
内蒙古师范大学	222	63	144	78	109	20	68	2 156	807	0
内蒙古民俗文化研究基地	28	8	20	9	13	0	12	190	10	0
内蒙古文化传播力建设研究基地	21	5	16	8	11	2	6	340	14	0
内蒙古自治区高校民族工业产品设计研究重点实验室	22	3	14	5	15	2	5	1 015	745	0
内蒙古自治区高校民族学重点研究基地	48	18	26	24	18	6	14	260	20	0
内蒙古自治区高校思想政治教育理论与实践研究基地	45	9	36	15	19	2	13	100	5	0
内蒙古自治区高校心理教育研究中心	32	14	18	9	17	6	8	85	5	0
内蒙古自治区高校中国北疆史研究基地	26	6	14	8	16	2	10	166	8	0
赤峰学院	8	3	5	8	0	0	31	50	0	0
北方民族文化研究所	8	3	5	8	0	0	31	50	0	0
内蒙古财经大学	212	90	47	98	28	86	59	1 100	200	0

续表

学校及机构名称	R&D 活动人员(人)						培养研究生人数(人)	R&D 经费支出(千元)	仪器设备原价(千元)	
	合计	其中								其中:进口(千元)
		博士毕业	硕士毕业	高级职称	中级职称	初级职称				
内蒙古产业发展研究基地	30	10	20	18	12	0	15	300	0	0
内蒙古农村牧区治理能力现代化研究基地	30	20	10	24	4	2	0	100	0	0
内蒙古中小企业发展研究基地	32	15	17	20	12	0	12	200	0	0
中蒙经贸合作与草原丝绸之路经济带构建研究协同创新中心	120	45	0	36	0	84	32	500	200	0
辽宁省										
辽宁大学	176	152	14	120	38	1	1 595	3 386	1 722.46	0
东北振兴研究中心	19	19	0	19	0	0	336	1 220	129.46	0
金融研究中心	4	3	1	1	3	0	0	80	50	0
经济法制研究中心	20	12	4	20	0	0	0	20	5	0
人口研究所	15	12	2	9	6	0	0	480	56	0
日本研究所	11	10	1	3	7	1	18	500	150	0
现代公司治理与成长研究中心	20	17	3	17	3	0	256	300	600	0
哲学基础理论研究中心	28	28	0	12	0	0	350	30	52	0
中国文艺思想史研究中心	45	38	2	30	15	0	290	656	580	0
转型国家经济政治研究中心	14	13	1	9	4	0	345	100	100	0
大连理工大学	24	8	3	8	5	6	1	103	3	0
大连金融中心建设研究基地	3	1	1	1	1	1	0	2	2	0
大连科技伦理研究基地	3	1	1	1	1	1	0	1	1	0
大连统战理论研究基地	3	1	0	1	1	1	0	10	0	0
公共阐释与公共语境建设研究基地	3	1	0	1	0	1	0	10	0	0
国家知识产权战略实施研究基地	3	1	0	1	1	1	1	10	0	0
科技伦理与科技管理研究中心	3	1	0	1	0	0	0	20	0	0
辽宁现代服务业发展研究基地	3	1	1	1	1	0	0	20	0	0
辽宁知识产权研究中心	3	1	0	1	0	1	0	30	0	0
沈阳工业大学	65	36	25	40	21	4	713	1 212	2 525.11	0
辽宁省装备制造工程管理重点实验室	25	12	11	14	9	2	243	400	1 421.14	0
辽宁装备制造业发展研究基地	20	12	7	13	6	1	196	284	571.87	0

续表

学校及机构名称	R&D活动人员(人)						培养研究生人数(人)	R&D经费支出(千元)	仪器设备原价(千元)	
	合计	其中								其中:进口(千元)
		博士毕业	硕士毕业	高级职称	中级职称	初级职称				
微观管理理论与应用研究中心	20	12	7	13	6	1	274	528	532.1	0
沈阳航空航天大学	15	7	6	7	7	1	0	30	7	0
辽宁省产业经济研究所	12	6	4	6	6	0	0	20	5	0
社会科学界联合会研究所	3	1	2	1	1	1	0	10	2	0
东北大学	400	369	29	195	82	0	0	14 827	2 699.2	0
985工程—经济管理创新研究哲学社会科学创新基地	72	57	15	26	12	0	0	3 500	220	0
985工程—科技与社会(STS)哲学社会科学创新研究基地	13	12	1	5	6	0	0	1 800	282.2	0
城乡社区研究院	61	59	2	40	9	0	0	202	80	0
高等学校效绩评价研究基地	20	12	8	8	3	0	0	80	570	0
国家科技政策东北研究中心	21	19	0	7	6	0	0	360	270	0
科技与社会研究中心	15	15	0	8	4	0	0	255	230	0
科技政策研究战略培育基地	16	14	2	4	3	0	0	2 850	280	0
孔子学院信息化发展基地	61	61	0	28	13	0	0	500	80	0
辽宁省人民政府科技政策研究中心	19	19	0	11	4	0	0	152	250	0
先进管理研究中心	64	64	0	31	16	0	0	800	400	0
校府合作研究基地	15	15	0	7	3	0	0	28	37	0
中国东北振兴研究院	23	22	1	20	3	0	0	4 300	0	0
辽宁石油化工大学	15	6	9	7	8	0	0	9	5.5	0
雷锋学研究中心	2	1	1	1	1	0	0	2	1.5	0
辽宁省雷锋研究会	8	3	5	3	5	0	0	3	2	0
学科专业群对接产业集群的协同创新研究基地	5	2	3	3	2	0	0	4	2	0
大连海事大学	195	129	66	106	72	17	267	1 440	4 678	0
大学英语研究基地	59	13	46	25	28	6	91	290	3 200	0
国际海事法律研究中心	38	36	2	30	6	2	109	620	1 198	0
辽宁区域发展战略研究基地	35	27	8	16	16	3	23	170	110	0
辽宁沿海开放与经济发展研究基地	35	27	8	16	16	3	23	210	110	0
马克思主义中国化研究中心	28	26	2	19	6	3	21	150	60	0

续表

学校及机构名称	R&D 活动人员(人)						培养研究生人数(人)	R&D 经费支出(千元)	仪器设备原价(千元)	
	合计	其中								其中:进口(千元)
		博士毕业	硕士毕业	高级职称	中级职称	初级职称				
大连工业大学	110	42	53	24	53	20	15	654.5	190	0
创新创业研究中心	4	2	1	1	3	0	0	2	15	0
创意产业与设计创新研究所	14	1	10	1	5	2	0	35	30	0
建筑空间环境艺术研究所	4	0	4	2	2	0	0	124	30	0
辽宁消费产业发展研究基地	38	29	9	7	19	9	0	180	35	0
辽宁艺术与时尚融合科技创新基地	36	10	17	10	16	9	15	210	30	0
日韩企业经营研究所	5	0	3	1	2	0	0	100	30	0
外语教学与研究研究所	9	0	9	2	6	0	0	3.5	20	0
沈阳建筑大学	35	28	7	24	9	2	42	50	150	20
社会科学界联合会研究所	35	28	7	24	9	2	42	50	150	20
沈阳农业大学	42	17	14	11	26	2	66	622	210.2	0
高等教育研究所	7	2	1	1	5	1	5	13	3	0
农村经济研究所	10	7	3	3	6	1	21	189.5	70	0
新农村发展研究院	25	8	10	7	15	0	40	419.5	137.2	0
大连海洋大学	115	48	64	37	72	6	148	514.97	259	80
大连海洋经济与文化研究中心	85	30	55	27	53	5	120	380.87	200	80
辽宁海洋发展法律与政策研究基地	30	18	9	10	19	1	28	134.1	59	0
锦州医科大学	5	1	4	1	4	0	3	80	80	0
医学教育研究所	5	1	4	1	4	0	3	80	80	0
辽宁师范大学	577	330	187	178	164	29	489	1 210	67	4.5
传统文化智库	120	65	55	60	30	5	65	50	0	0
大连市文化产业智库	30	20	10	18	10	2	8	50	0	0
儿童青少年健康人格评定与培养协同创新中心	20	15	4	3	10	0	51	150	0	0
儿童青少年心理测评和心理健康教育研究中心	7	7	0	7	0	0	0	50	0	0
儿童青少年心理健康教育研究基地	20	17	2	3	10	0	89	10	0	0
海洋经济发展与海洋强国建设研究基地	70	60	7	30	39	0	34	50	0	0
海洋经济与可持续发展研究中心	35	13	15	4	6	4	10	220	15	0

学校及机构名称	R&D 活动人员(人)						培养研究生人数(人)	R&D 经费支出(千元)	仪器设备原价(千元)	
	合计	其中								其中:进口(千元)
		博士毕业	硕士毕业	高级职称	中级职称	初级职称				
红山文化与中华文明协同创新中心	30	21	9	4	25	1	180	150	0	0
基础教育课程评价研究基地	12	7	5	2	3	5	2	30	3	0
教师教育研究	30	25	5	18	7	0	20	50	0	0
决策咨询智库	18	0	0	16	2	0	0	50	0	0
辽海历史与旅游文化研究中心	25	9	10	1	3	2	5	40	10	0
辽宁沿海经济带发展研究基地	21	6	8	2	3	1	5	15	10	0
马克思主义理论与思想政治教育研究基地	32	14	15	2	2	1	3	40	2	0
特殊需要儿童发展与教育研究基地	29	8	15	1	2	2	3	20	2	0
体育人文社会科学研究基地	17	9	8	2	3	1	3	65	2	0
体育文化研究基地	13	7	6	1	3	2	4	20	3	0
心理发展与教育研究中心	20	16	3	2	3	2	4	70	10	0
学校道德教育研究中心	28	11	10	2	3	1	3	80	10	4.5
沈阳师范大学	154	77	76	72	82	0	352	4 590	23 349.24	9 232
国家体育社会科学重点研究基地	50	12	38	10	40	0	150	100	4 050	572
国家体育总局体育文化发展中心体育文化研究基地	12	2	9	7	5	0	20	50	15	0
国土资源科普基地	5	5	0	3	2	0	2	660	5 670	2 870
教育管理研究中心	4	3	1	3	1	0	16	200	132	12
教育政策与法制协同创新研究基地	4	3	1	3	1	0	17	200	135	12
辽宁古生物博物馆—全国科普教育基地	5	5	0	3	2	0	2	665	5 660	2 860
辽宁省教育政策与法制研究中心	4	3	1	3	1	0	17	200	132	12
辽宁省科学技术普及基地	5	4	1	3	2	0	2	665	5 670	2 870
辽宁省满族文化资源与发展研究基地	6	4	2	2	4	0	8	150	30	0
辽宁省普通高等学校人文社科重点研究基地	3	2	1	2	1	0	7	200	130	12
辽宁省人大教科工委教育法制建设研究基地	3	2	1	3	0	0	17	200	135	12

续表

学校及机构名称	R&D 活动人员(人)						培养研究生人数(人)	R&D 经费支出(千元)	仪器设备原价(千元)	
	合计	其中								其中:进口(千元)
		博士毕业	硕士毕业	高级职称	中级职称	初级职称				
卓越法律人才教育研究与实践基地	53	32	21	30	23	0	94	1 300	1 590.24	0
渤海大学	89	63	23	66	21	2	168	1 073	495	15
古生物实验室	4	1	3	3	1	0	0	0	0	0
国别与区域中心:东北亚研究中心	25	23	2	18	6	1	40	230	78	0
辽宁省大学生心理健康教育研究基地	11	9	2	8	3	0	15	190	68	0
辽宁省农村教育区域统筹与均衡发展研究基地	17	16	1	12	4	1	0	260	96	0
辽宁省职业社会能力培养研究与实践基地	18	3	12	16	2	0	113	197	186	15
应用语言学研究中心	14	11	3	9	5	0	0	196	67	0
鞍山师范学院	3	1	1	1	1	1	1	1	1	1
中国特色社会主义理论体系研究中心	3	1	1	1	1	1	1	1	1	1
大连外国语大学	59	17	38	20	20	8	0	664.71	281.1	0
爱尔兰研究中心	9	4	5	4	5	0	0	280	50	0
东北亚研究中心	3	2	1	1	1	1	0	10.7	20.4	0
俄罗斯研究中心	4	3	1	2	2	0	0	76	102	0
哈萨克斯坦研究中心	2	2	0	1	0	1	0	100	4	0
韩国学研究所	10	3	7	7	3	0	0	12	0.5	0
日本诗歌研究中心	3	0	3	0	0	0	0	20	1.6	0
日本语教育研究所	5	1	3	0	0	0	0	50	0.5	0
突尼斯研究中心	13	0	10	3	9	1	0	100	50	0
乌克兰研究中心	5	1	4	1	0	1	0	8.21	30.4	0
亚美尼亚研究中心	5	1	4	1	0	4	0	7.8	21.7	0
东北财经大学	539	462	48	310	137	38	63	2 912.06	213.65	0
产业组织与企业组织研究中心	18	18	0	13	5	0	0	2 180	22	0
地方财政研究中心	33	33	0	25	8	0	0	3.03	2.25	0
公共政策研究中心	29	28	1	7	8	14	0	14.38	3.5	0
国民核算研究中心	28	26	2	19	9	0	0	1.2	0.6	0

续表

学校及机构名称	R&D活动人员(人)						培养研究生人数(人)	R&D经费支出(千元)	仪器设备原价(千元)	
	合计	其中								其中:进口(千元)
		博士毕业	硕士毕业	高级职称	中级职称	初级职称				
经济计量分析与预测研究中心	31	29	2	26	3	0	0	0.56	5.63	0
劳动就业与人力资本开发研究中心	15	15	0	13	2	0	0	0.65	1.15	0
辽宁经济与社会协调发展研究基地	33	25	6	0	11	1	23	560	116	0
辽宁期货与经济社会发展研究基地	48	42	6	35	13	0	0	0.25	1.1	0
辽宁区域发展战略研究基地	31	30	1	0	0	0	0	15.65	0.2	0
辽宁省高等学校金融分析与模拟重点实验室	31	27	4	24	7	0	0	0.25	1.12	0
辽宁省中国特色社会主义政治经济学研究基地	27	0	0	22	5	0	0	20	10	0
辽宁沿海经济带产业升级与对外开放协同创新中心	128	106	22	56	49	23	0	57.29	2	0
区域经济一体化与上海合作组织研究中心	28	27	1	21	7	0	0	5	45	0
应用金融研究中心	30	29	1	22	8	0	40	50	1.2	0
中国内部控制研究中心	29	27	2	27	2	0	0	3.8	1.9	0
沈阳体育学院	199	102	87	164	31	3	45	2 741.65	40 744	30 950
冬季项目技术诊断与机能评定实验室	50	23	21	37	10	3	21	1 871.15	14 304	10 630
辽宁体育产业经济与公共政策研究基地	38	23	15	33	5	0	0	4.37	5	0
体能教学训练中心	16	6	9	13	3	0	0	58.73	17 000	14 000
体育教育科学研究中心	27	11	13	24	2	0	11	32.27	35	0
体育社会科学研究中心	59	33	26	50	9	0	12	720.69	3 000	1 320
心理学研究中心	9	6	3	7	2	0	1	54.44	6 400	5 000
沈阳音乐学院	12	5	6	6	6	0	0	18	6	0
东北音乐舞蹈研究中心	12	5	6	6	6	0	0	18	6	0
辽宁对外经贸学院	334	48	263	253	55	21	0	1 522.43	2 513.1	0
成本管理研究所	12	3	9	9	3	0	0	93.61	151.9	0
创业企业研究中心	16	8	8	16	0	0	0	348.95	164.5	0
大连会展经济研究所	18	2	11	9	6	3	0	154.59	143.5	0

续表

学校及机构名称	R&D 活动人员（人）						培养研究生人数（人）	R&D 经费支出（千元）	仪器设备原价（千元）	
	合计	其中								其中：进口（千元）
		博士毕业	硕士毕业	高级职称	中级职称	初级职称				
高等教育研究室	32	6	26	22	5	5	0	47.9	157.3	0
国际经济与贸易研究所	27	3	24	20	4	3	0	12	175.6	0
国际商品交易分析与模拟重点实验室	30	6	23	27	3	0	0	149	143.5	0
辽宁对外经贸学院国际经济与贸易研究所	27	3	24	20	4	3	0	62.9	175.6	0
辽宁省民办高等教育可持续发展研究基地	29	6	23	18	10	1	0	120.04	143.5	0
品牌与艺术设计研究中心	15	0	12	3	4	5	0	42.26	125.6	0
区域经济发展研究中心	16	3	13	16	0	0	0	63.4	161.3	0
区域旅游研究中心	11	3	8	10	1	0	0	69.65	165.2	0
区域物流协同发展研究中心	15	1	13	14	1	0	0	62.19	200	0
日本语言与文化研究中心	16	2	14	12	3	1	0	52.42	138.7	0
社会福利研究所	29	2	23	24	5	0	0	17.92	125.3	0
信息管理与信息系统研究所	23	0	16	18	5	0	0	131.62	198.4	0
英语 E-learning 研究中心	18	0	16	15	1	0	0	93.98	143.2	0
大连职业技术学院	4	0	3	2	2	0	0	400	70	0
现代职业教育研究室	4	0	3	2	2	0	0	400	70	0
大连大学	56	26	15	41	15	0	19	549	402.4	0
电子商务物流研究中心	2	2	0	2	0	0	4	57	32	0
东北史研究中心	3	2	1	2	1	0	3	20	35	0
东北亚研究院	4	4	0	4	0	0	3	105	12	0
高教研究所	4	2	0	4	0	0	1	95	40	0
日本语言文化研究中心	26	7	10	14	12	0	4	19	214.4	0
体育研究所	14	6	4	13	1	0	2	168	43	0
语言文学研究所	3	3	0	2	1	0	2	85	26	0
沈阳工程学院	44	22	19	20	17	7	0	40	200	0
辽宁省青少年发展研究基地	30	18	12	15	10	5	0	20	100	0
辽宁省社会治理研究基地	14	4	7	5	7	2	0	20	100	0
辽东学院	102	28	17	67	5	3	0	100	29.54	0

续表

学校及机构名称	R&D 活动人员(人)						培养研究生人数(人)	R&D 经费支出(千元)	仪器设备原价(千元)	其中:进口(千元)
	合计	其中								
		博士毕业	硕士毕业	高级职称	中级职称	初级职称				
辽宁区域发展战略研究基地	20	8	12	17	3	0	0	20	5	0
辽宁省文化社会学学会	10	5	5	8	2	0	0	30	4.54	0
辽宁省乡村振兴战略研究基地	72	15	0	42	0	3	0	50	20	0
大连民族大学	67	25	42	26	37	3	0	84	315	0
东北少数民族研究院	21	10	11	8	12	1	0	32	100	0
国际语言文化研究中心	13	5	8	5	7	0	0	22	65	0
民族地区可持续发展研究中心	33	10	23	13	18	2	0	30	150	0
沈阳职业技术学院	44	1	20	7	25	12	0	122	17.5	0
高职教育研究所	2	0	2	1	1	0	0	22	17.5	0
沈阳职业技术教育研究所	42	1	18	6	24	12	0	100	0	0
沈阳城市学院	7	0	5	1	0	5	0	140.1	350	0
绿岛舆情研究所	7	0	5	1	0	5	0	140.1	350	0
辽宁城市建设职业技术学院	3	1	2	2	1	0	0	47.5	10	0
辽宁省房地产研究中心	3	1	2	2	1	0	0	47.5	10	0
吉林省										
吉林大学	868	781	87	753	96	0	473	43 294.76	4 904.61	0
边疆考古研究中心	28	24	4	26	2	0	15	2 245.7	452.3	0
边疆考古与中国文化认同协同创新中心	40	35	5	32	8	0	18	3 345.2	367.3	0
残疾人事业发展研究中心	26	24	2	23	3	0	0	50	35.2	0
出土文献与中国古代文明研究协同创新中心	33	26	7	30	3	0	30	2 660.2	304	0
创新创业研究院	25	23	2	24	1	0	17	2 431.8	95.5	0
东北区域现代农业发展研究中心	18	16	2	13	3	0	8	50	15.66	0
东北亚区域研究协同创新中心	42	39	3	35	7	0	25	1 002.3	85	0
东北亚研究院	58	44	14	41	17	0	32	4 157	560.3	0
东北亚研究中心	25	22	3	20	5	0	14	1 236	115.6	0
犯罪治理研究中心	15	13	2	12	3	0	9	50	12.6	0
高等教育研究所	17	16	1	0	0	0	14	246.3	36.8	0

续表

学校及机构名称	R&D活动人员(人)						培养研究生人数(人)	R&D经费支出(千元)	仪器设备原价(千元)	
	合计	其中								其中:进口(千元)
		博士毕业	硕士毕业	高级职称	中级职称	初级职称				
高句丽渤海研究中心	14	13	1	14	0	0	20	3 561.9	709	0
古籍研究所	23	21	2	22	1	0	15	1 302.6	100.5	0
国际关系研究所	21	20	1	19	2	0	14	364.7	25.8	0
理论法学研究中心	28	26	2	25	3	0	18	2 600.34	211.7	0
廉政研究与教育中心	42	39	3	38	4	0	15	50	24.33	0
农村发展研究中心	25	21	4	23	2	0	12	50	15	0
社会公正与政府治理研究中心	20	19	1	18	2	0	15	1 520.6	25	0
数量经济研究中心	25	24	1	22	3	0	11	2 966.3	87.11	0
司法文明协同创新中心	45	41	4	40	5	0	18	4 233.1	225.6	0
哲学基础理论研究中心	26	24	2	25	1	0	18	2 003.67	80.5	0
中俄区域合作研究中心	17	15	2	14	3	0	16	877.2	103.3	0
中国古文字研究中心	14	12	2	13	1	0	11	900.27	75.44	0
中国国有经济研究中心	26	24	2	25	1	0	16	1 600.4	752.3	0
中国人口老龄化与经济社会发展研究中心	30	28	2	29	1	0	13	50	12.77	0
中国特色社会主义理论体系研究中心	20	16	4	18	2	0	15	723.44	60.21	0
中国文化研究所	24	22	2	21	3	0	12	642.87	120.3	0
中国与俄罗斯及周边国家合作智库	25	24	1	23	2	0	10	50	18.33	0
中日经济共同研究中心	18	16	2	15	3	0	12	755.32	20.3	0
中国文化研究所	23	20	3	20	3	0	8	842.87	100.6	0
中国文化研究所(省智库)	34	34	0	34	0	0	7	50	20	0
中国与俄罗斯及周边国家合作智库(省智库)	24	24	0	24	0	0	6	50	26	0
中日经济共同研究中心	17	16	1	15	2	0	9	624.68	10.26	0
延边大学	79	70	6	69	8	0	0	2 210	2 875	0
渤海文化研究中心	3	3	0	2	1	0	0	60	35	0
朝鲜半岛研究协同创新中心	12	12	0	12	0	0	0	1 200	1 500	0
朝鲜韩国法研究基地	7	7	0	5	2	0	0	100	120	0
朝鲜韩国研究中心	10	6	3	8	2	0	0	120	200	0

续表

学校及机构名称	R&D 活动人员(人)						培养研究生人数(人)	R&D 经费支出(千元)	仪器设备原价(千元)	其中:进口(千元)
	合计	其中								
		博士毕业	硕士毕业	高级职称	中级职称	初级职称				
朝鲜族文化研究中心	5	5	0	5	0	0	0	30	80	0
国家民委民族理论政策研究基地	5	5	0	5	0	0	0	200	180	0
国家民委双语人才培训基地	8	8	0	8	0	0	0	250	180	0
民族研究院	6	6	0	6	0	0	0	50	150	0
女性研究中心	3	2	1	2	1	0	0	30	50	0
图们江区域开发研究中心	9	5	2	5	2	0	0	40	150	0
中国朝鲜语言文字信息化基地	7	7	0	7	0	0	0	100	180	0
中国朝鲜族文化艺术研究中心	4	4	0	4	0	0	0	30	50	0
长春理工大学	159	89	63	82	65	12	0	950	260.6	0
长春电影文化研究基地	10	3	7	4	6	0	0	60	12	0
吉林省地方法治与发展研究中心	8	6	2	7	0	1	0	30	28	0
吉林省地方立法研究中心	8	6	0	2	4	2	0	60	35	0
吉林省工业文化研究基地	13	10	3	8	5	0	0	50	22	0
吉林省科技外语人才培养创新研究中心	15	2	13	14	1	0	0	50	15.6	0
吉林省企业经济研究中心	19	12	7	5	12	2	0	210	26	0
吉林省社会工作发展研究中心	12	8	4	4	6	2	0	140	30	0
吉林省知识产权重点研究中心	13	8	5	8	5	0	0	50	20	0
科技创新与区域发展研究中心	15	10	5	10	5	0	0	50	10	0
马克思主义理论研究中心	24	6	13	8	11	5	0	150	32	0
社会工作参与社会治理研究中心	12	10	2	6	6	0	0	50	5	0
中国工业文化研究中心	10	8	2	6	4	0	0	50	25	0
东北电力大学	93	49	35	61	32	0	110	975	2 719.87	0
吉林省服饰文化研究中心	13	3	5	10	3	0	17	200	898.83	0
吉林省经济发展战略研究中心	19	14	5	14	5	0	24	210	70	0
吉林省能源发展研究基地	21	16	5	14	7	0	26	230	90	0
吉林省社会科学重点领域(服装领域)研究基地	23	4	15	11	12	0	20	135	1 591.04	0
能源经济研究中心	17	12	5	12	5	0	23	200	70	0

续表

学校及机构名称	R&D 活动人员(人)						培养研究生人数(人)	R&D 经费支出(千元)	仪器设备原价(千元)	
	合计	其中								其中:进口(千元)
		博士毕业	硕士毕业	高级职称	中级职称	初级职称				
长春工业大学	11	5	5	5	4	2	5	20	10	0
吉林省民生与社会发展资政咨询中心	11	5	5	5	4	2	5	20	10	0
吉林建筑大学	97	21	40	25	47	16	0	115	110	0
寒地城市环境艺术设计研究中心	20	0	6	2	10	8	0	15	30	0
吉林建筑文化研究基地	20	0	2	5	10	5	0	40	35	0
吉林省建筑业发展研究基地	40	16	23	12	19	0	0	30	10	0
吉林省建筑业发展与管理研究中心(智库)	10	5	4	4	3	3	0	20	10	0
中国东北建筑文化吉林省研究基地	7	0	5	2	5	0	0	10	25	0
长春中医药大学	62	20	33	21	29	9	0	122	925	0
吉林省中华优秀传统文化教育研究基地	15	6	7	5	3	4	0	25	120	0
吉林省中医药传承创新研究智库基地	10	4	6	3	5	2	0	20	100	0
吉林省中医药事业发展研究智库	13	3	6	5	7	1	0	18	235	0
社会科学与卫生发展研究所	14	4	8	4	8	2	0	37	350	0
中医药政策与发展研究中心	10	3	6	4	6	0	0	22	120	0
东北师范大学	767	460	286	28	300	108	144	11 371	3 585.17	41
长白山音乐舞蹈艺术协同创新中心	60	19	35	0	28	1	0	270	165	0
传统文化与当代中国哲学研究中心	20	20	0	0	7	0	0	180	198	0
创新创业教育重大需求协同创新中心	16	16	0	0	10	0	0	459	144	0
当代青少年德育研究学科创新引智基地	22	21	1	0	2	2	0	224	67	0
东亚文明研究中心	36	30	5	0	7	10	10	1 350	342	0
高等教育研究所	12	5	7	0	3	7	4	149	153	0
古籍整理研究所	8	8	0	0	5	0	0	113	56	0
国际与比较教育研究所	9	9	0	0	3	0	21	468	90	0
吉剧艺术与文化研究基地	34	11	21	0	9	20	0	216	73	0

续表

学校及机构名称	R&D 活动人员(人)						培养研究生人数(人)	R&D 经费支出(千元)	仪器设备原价(千元)	
	合计	其中								其中:进口(千元)
		博士毕业	硕士毕业	高级职称	中级职称	初级职称				
教师教育协同创新中心	10	10	0	0	1	0	0	333	63	20
教师教育研究院	60	40	20	15	28	1	0	270	27	0
教育部高校辅导员培训和研修基地	158	38	120	0	90	22	0	468	252	0
女性研究中心	10	7	3	0	7	0	6	90	81	0
日本研究所	6	6	0	0	1	0	19	45	99	0
社会主义核心价值观教育研究中心	32	31	1	0	13	2	0	198	162	0
世界古典文明史研究所	10	9	1	0	2	0	5	400	200	0
世界文明史研究中心	25	20	5	0	6	0	5	910	70	21
世界文学与比较文学研究中心	8	7	1	7	1	0	4	145	54	0
世界中古史研究所	7	7	0	6	1	0	4	230	7.1	0
思想政治教育研究中心	13	12	1	0	3	1	31	1 090	70	0
思想政治理论课教学方法改革研究中心	34	33	1	0	14	5	0	400	200	0
文化创意产业协同创新中心	57	23	27	0	20	29	0	153	133	0
学校艺术教育质量检测研究基地	23	3	20	0	15	6	0	173	100	0
亚洲文明研究院	4	3	1	0	1	2	13	251	50	0
中国共产党思想政治教育文献研究中心	15	15	0	0	9	0	0	399	170	0
中国基础外语教育研究中心	30	12	13	0	5	0	0	255	95.07	0
中国农村教育发展研究院	25	24	1	0	4	0	22	1 173	226	0
中国农村教育发展重大需求协同创新中心	14	13	1	0	4	0	0	807	172	0
中国学校美育研究中心	9	8	1	0	1	0	0	152	66	0
北华大学	206	111	95	139	55	10	112	836	689	0
长吉图旅游文化研究基地	27	16	11	23	4	0	20	58	39	0
地方高校综合改革与发展研究中心	17	12	5	16	1	0	10	39	28	0
东亚历史与文献研究中心	12	7	5	7	5	0	11	270	190	0
东亚区域国际关系与社会发展研究中心	16	9	7	8	6	2	8	71	39	0
孤独症儿童融合教育研究中心	12	6	6	4	4	2	0	33	39	0

续表

学校及机构名称	R&D 活动人员（人）						培养研究生人数（人）	R&D 经费支出（千元）	仪器设备原价（千元）	
	合计	其中								其中：进口（千元）
		博士毕业	硕士毕业	高级职称	中级职称	初级职称				
吉林省长吉图旅游产业发展研究中心	11	6	5	9	2	0	10	29	24	0
吉林省公共安全研究基地	12	6	6	6	4	2	8	39	67	0
吉林省品牌研究基地	30	15	15	15	14	1	15	59	35	0
吉林省物流业研究基地	12	6	6	7	5	0	6	58	42	0
吉林市文化研究基地	30	15	15	26	4	0	10	51	39	0
外国文学经典创新研究中心	15	5	10	6	6	3	6	60	112	0
文化建设与城市影响力研究中心	12	8	4	12	0	0	8	69	35	0
通化师范学院	213	52	139	131	59	20	10	2 481	3 475	0
长白山非物质文化遗产协同创新中心	17	8	9	9	6	2	0	1 966	2 000	0
长白山区域旅游产业发展研究中心	20	6	12	11	7	2	0	260	50	0
长白山文学研究基地	20	6	12	12	5	0	0	50	100	0
高句丽与东北民族研究中心	21	11	7	17	4	0	10	50	770	0
吉林省边远山区基础教育研究中心	52	8	42	29	12	11	0	50	100	0
吉林省农村社会问题研究中心	38	6	31	26	10	2	0	50	60	0
吉林省特色文化研究基地长白山文化研究基地	30	7	17	20	9	1	0	50	15	0
中国满族民间美术研究中心	15	0	9	7	6	2	0	5	380	0
吉林师范大学	598	276	317	395	195	8	166	8 431	832	0
电视媒体融合发展重大需求协同创新中心	20	5	15	6	14	0	0	30	5	0
东北满族文化保护与开发重大需求协同创新中心	15	14	1	14	1	0	10	200	25	0
东北满族文化遗产保护研究中心	14	10	4	12	2	0	0	780	35	0
东北民间文化研究基地	9	2	7	7	2	0	5	60	10	0
东北文化研究中心	10	5	5	7	3	0	5	422	50	0
东北亚国际传播研究中心	17	7	10	14	3	0	0	230	45	0
东丰农民画研究中心	21	2	19	14	7	0	5	1 700	25	0
吉林省地方高校创客教育研究基地	18	7	11	11	7	0	5	100	7	0

续表

学校及机构名称	R&D活动人员(人)						培养研究生人数(人)	R&D经费支出(千元)	仪器设备原价(千元)	
	合计	其中								其中:进口(千元)
		博士毕业	硕士毕业	高级职称	中级职称	初级职称				
吉林省东北谱牒文化研究基地	8	4	3	5	3	0	4	120	40	0
吉林省高校德育研究基地	37	25	12	32	5	0	0	100	14	0
吉林省高校廉政建设研究基地	5	1	4	2	3	0	0	50	10	0
吉林省教师教育研究基地	46	18	28	34	12	0	25	36	15	0
吉林省教师教育综合改革与协调发展研究基地	31	15	16	25	6	0	5	100	15	0
吉林省绿色发展研究中心	23	15	8	16	7	0	10	197	40	0
吉林省马克思主义中国化研究中心	21	15	6	16	5	0	6	900	40	0
吉林省满族文化研究基地	9	5	3	7	2	0	6	170	50	0
吉林省农村金融研究基地	41	9	32	25	16	0	0	30	10	0
吉林省文化发展战略研究中心	12	7	5	7	5	0	5	100	12	0
吉林省文献翻译研究基地	86	39	47	33	53	0	41	20	10	0
吉林省现代传媒研究基地	26	4	22	13	13	0	10	1 600	300	0
吉林省学位与研究生教育智库	20	15	5	18	2	0	0	60	7	0
吉林省语文教育研究基地	45	13	32	25	13	7	14	90	20	0
吉林省语言文字应用研究中心	13	8	2	8	5	0	10	326	14	0
省属高等学校学位与研究生教育研究中心	15	15	0	13	2	0	0	35	7	0
新时代中国特色社会主义思想研究中心	14	8	6	13	1	0	0	700	12	0
中外语言与文化比较研究中心	22	8	14	18	3	1	0	275	14	0
吉林工程技术师范学院	250	65	160	124	106	14	0	3 690	8 265.25	0
出版传媒与教育研究中心	16	7	5	2	10	0	0	20	270	0
服装设计与加工工程研究中心	9	1	5	6	2	1	0	20	2 060.2	0
吉林省出版领域研究基地	29	19	8	15	14	0	0	100	1 235.25	0
吉林省互联网+职业教育科技创新中心	28	4	21	15	11	2	0	900	575.33	0
吉林省食品领域研究基地	39	14	24	15	24	0	0	50	1 764.73	0
吉林省职业技术教育研究中心	28	2	23	13	10	3	0	500	1 562.47	0
吉林省职业教育研究基地	44	12	29	30	12	2	0	950	447.67	0

续表

学校及机构名称	R&D 活动人员(人)						培养研究生人数(人)	R&D 经费支出(千元)	仪器设备原价(千元)	
	合计	其中								其中:进口(千元)
		博士毕业	硕士毕业	高级职称	中级职称	初级职称				
数字职业教育媒体实验室	27	2	22	13	11	3	0	800	44	0
职业教育发展战略智库	30	4	23	15	12	3	0	350	305.6	0
长春师范大学	169	72	85	51	101	17	0	360	530	0
长白山历史地理与族变迁吉林省重点实验室	16	5	10	4	10	2	0	50	55	0
东北口述历史研究中心	6	3	3	2	4	0	0	15	15	0
东北民族与疆域重点研究基地	17	5	10	3	12	2	0	18	22	0
东北文学与语言文化研究中心	16	8	7	5	10	1	0	23	40	0
东北乡村教育发展研究中心	12	5	7	4	7	1	0	35	35	0
东北亚历史文化研究所	4	2	2	1	2	1	0	10	47	0
东北亚历史与文化研究中心	11	6	3	4	5	2	0	30	65	0
吉林省大学生马克思主义教育研究基地	22	9	11	7	13	2	0	48	45	0
吉林省吉剧研究基地	13	5	7	4	8	1	0	22	24	0
吉林省廉政建设基地	12	4	5	4	5	3	0	23	15	0
满族文化研究所	3	2	1	1	2	0	0	12	54	0
萨满文化与东北民族研究中心	3	2	1	1	2	0	0	13	30	0
文学美育研究中心	15	7	8	5	10	0	0	15	22	0
英美语言文学研究中心	15	7	8	5	9	1	0	35	43	0
昭明文选研究所	4	2	2	1	2	1	0	11	18	0
白城师范学院	115	16	87	47	58	4	0	395.4	75	0
吉林省创业教育与文化研究中心	25	3	22	7	15	0	0	80	20	0
吉林省创业文化研究基地	25	2	22	8	13	4	0	25.5	10	0
吉林西部草原文化研究基地	28	1	25	12	15	0	0	19.9	5	0
唐鸿胪井刻石研究中心	10	6	3	5	4	0	0	100	10	0
通榆闯关东年画传习所	10	0	3	7	3	0	0	80	10	0
通榆年画艺术研究中心	17	4	12	8	8	0	0	90	20	0
吉林财经大学	39	33	6	31	8	0	113	890	177	0
吉林省财政金融研究基地	16	13	3	12	4	0	19	30	7	0

续表

学校及机构名称	R&D活动人员(人)						培养研究生人数(人)	R&D经费支出(千元)	仪器设备原价(千元)	
	合计	其中								其中:进口(千元)
		博士毕业	硕士毕业	高级职称	中级职称	初级职称				
吉林省服务业研究基地	11	9	2	7	4	0	36	60	20	0
中国特色社会主义政治经济学研究中心	12	11	1	12	0	0	58	800	150	0
吉林体育学院	46	15	31	13	30	0	98	123	48	0
吉林省社会科学重点领域“吉林省风险评估研究基地”	18	8	10	8	10	0	22	30	10	0
吉林特色文化“吉林冰雪文化研究基地”	14	3	11	1	10	0	41	31	18	0
科学健身共性技术吉林省重大需求协同创新中心	14	4	10	4	10	0	35	62	20	0
吉林艺术学院	159	21	116	149	10	0	15	571.17	28 649	19 674
3D艺术实验工程研究中心	11	1	9	11	0	0	0	42.64	6 400	1 050
“互联网+”下的文化创意与设计服务中心	9	0	9	9	0	0	0	43.88	15	0
长白山文化产业与艺术创作协同创新中心	16	2	10	16	0	0	0	45.14	20	0
东北民间艺术研究中心	2	0	2	1	1	0	0	15	100	0
吉剧教育培训研究基地	10	2	5	9	1	0	0	35.5	24	0
吉林省非物质文化遗产研究培训基地	9	0	9	9	0	0	0	41.21	31	0
吉林省媒介融合音视频技术实验室	15	1	14	14	1	0	0	45.38	21 632	18 624
吉林省设计艺术研究中心	4	1	3	4	0	0	0	24.36	39	0
吉林省手工艺术工程研究中心	3	0	3	3	0	0	0	23.11	45	0
吉林省文创产品研发工程中心	12	0	10	6	6	0	0	40.4	2	0
吉林省文化创意研究中心	14	3	9	14	0	0	0	41.9	25	0
吉林省艺术理论研究中心	17	3	11	17	0	0	0	44.65	26	0
吉林省艺术研究基地	15	5	8	15	0	0	0	42.5	16	0
吉林艺术学院戏曲艺术创作研究中心	9	2	4	8	1	0	0	35.5	24	0
新媒体与动画技术实验室	9	1	6	9	0	0	0	35	210	0

续表

学校及机构名称	R&D 活动人员(人)						培养研究生人数(人)	R&D 经费支出(千元)	仪器设备原价(千元)	其中:进口(千元)
	合计	其中								
		博士毕业	硕士毕业	高级职称	中级职称	初级职称				
中国电视艺术家协会纪录片研究中心	2	0	2	2	0	0	0	15	25	0
中国视协动态影像视觉艺术创研基地	2	0	2	2	0	0	15	0	15	0
吉林华桥外国语学院	73	43	18	53	5	2	10	818.5	425	0
“一带一路”语言文化服务协同创新中心	11	4	6	11	0	0	2	140	10	0
东北亚语言文化中心	4	4	0	3	0	0	6	28.5	6	0
吉林省民办教育研究所	4	3	1	3	1	0	2	210	15	0
吉林省外语类应用型人才培养研究中心	2	1	1	2	0	0	0	100	320	0
民办高等教育发展战略研究中心	20	14	0	11	1	0	0	125	8	0
民办高等教育研究基地	2	1	1	1	1	0	0	25	14	0
民办高等教育研究院	5	4	1	3	0	0	0	30	15	0
民办高等教育研究中心	19	7	8	15	2	1	0	95	7	0
应用型人才培养研究院	2	2	0	2	0	0	0	20	10	0
中外文化研究院	4	3	0	2	0	1	0	45	20	0
吉林工商学院	7	3	4	4	3	0	0	6	2.5	0
地方中小型企业发展研究中心	2	1	1	2	0	0	0	1	1	0
吉林省旅游文化研究中心	5	2	3	2	3	0	0	5	1.5	0
长春工程学院	32	4	18	17	13	0	69	620	310	0
东北地域装饰文化研究中心	20	2	13	10	8	0	21	270	100	0
吉林省城市建设发展研究中心	4	1	2	2	2	0	24	50	105	0
吉林省房地产研究中心	8	1	3	5	3	0	24	300	105	0
长春金融高等专科学校	41	17	20	16	16	7	0	300	50	0
吉林省金融安全研究基地	8	4	4	4	2	2	0	100	10	0
吉林省金融文化研究中心	10	5	5	3	5	2	0	50	10	0
吉林省科技金融研究中心	5	3	1	3	1	1	0	50	10	0
吉林省农村金融改革研究中心	10	2	5	3	3	2	0	50	10	0
吉林省普惠金融研究中心	8	3	5	3	5	0	0	50	10	0

续表

学校及机构名称	R&D活动人员(人)						培养研究生人数(人)	R&D经费支出(千元)	仪器设备原价(千元)	
	合计	其中								其中:进口(千元)
		博士毕业	硕士毕业	高级职称	中级职称	初级职称				
吉林警察学院	80	26	27	57	19	4	26	1 091.4	1 007	0
吉林省社会治安研究中心	16	4	8	8	6	2	0	10	2	0
警察法治研究中心	26	13	13	22	4	0	13	29.4	12	0
警察心理建设研究中心	22	9	6	19	3	0	13	24	12	0
刑事科学技术工程研究中心	16	0	0	8	6	2	0	1 028	981	0
长春大学	75	1	3	44	29	1	3	243.5	128.5	0
公民精神教育研究中心	23	0	0	16	7	0	0	2	12	0
吉林省企业创新与发展研究中心	1	0	0	1	0	0	0	3.5	15	0
吉林省软环境研究基地	6	0	2	4	2	0	0	25	15	0
吉林省网络文化研究基地	1	0	0	1	0	0	0	6	24	0
吉林省文化产业基地	3	1	1	1	0	1	3	25	7	0
教育部中俄艺术教育研究中心	7	0	0	5	2	0	0	109	25	0
萨满文化吉林省哲学社会科学重点研究基地	12	0	0	5	7	0	0	13	12	0
特殊教育吉林省高等学校人文社科研究基地	19	0	0	8	11	0	0	34	10.5	0
网络文化研究中心	3	0	0	3	0	0	0	26	8	0
长春光华学院	20	4	10	10	2	0	0	50	80	0
吉林省高等教育研究基地—吉林省大学生养成教育研究基地	20	4	10	10	2	0	0	50	80	0
吉林建筑大学城建学院	22	3	16	16	4	2	0	32.3	243.4	0
绿色建造与管理研究中心	22	3	16	16	4	2	0	32.3	243.4	0
长春建筑学院	8	0	8	2	6	0	0	120	2 220	168
吉林省文化创意产业研究中心	3	0	3	1	2	0	0	30	1 120	150
吉林文化产业品牌研究基地	2	0	2	0	2	0	0	40	780	13
民营文化产业发展研究中心	3	0	3	1	2	0	0	50	320	5
吉林动画学院	36	3	21	9	14	13	19	352	885	0
动画研究院	4	0	0	1	0	3	6	300	700	0
吉林动漫文化研究基地	20	1	13	6	8	6	9	20	150	0
文化产业研究院	12	2	8	2	6	4	4	32	35	0

学校及机构名称	R&D 活动人员(人)						培养研究生人数(人)	R&D 经费支出(千元)	仪器设备原价(千元)	
	合计	其中								其中:进口(千元)
		博士毕业	硕士毕业	高级职称	中级职称	初级职称				
黑龙江省										
黑龙江大学	336	235	49	200	132	0	0	11 917.26	3 336.2	0
东北亚经济研究中心	15	11	1	8	6	0	0	135.11	125.8	0
东北振兴发展研究中心	8	6	0	6	2	0	0	98	60	0
俄罗斯研究院	25	8	6	13	12	0	0	2 054.11	633.3	0
俄罗斯语言文学与文化研究中心	24	20	4	14	10	0	0	5 530.2	823.1	0
俄语语言文学研究基地	8	7	0	8	0	0	0	363.3	87.64	0
法学理论与法治发展研究中心	11	9	1	7	4	0	0	171.65	102.6	0
汉语研究中心	16	9	3	10	6	0	0	173.18	72.27	0
黑龙江流域文明研究中心	12	7	3	5	7	0	0	146.1	84.9	0
黑龙江旅游产业发展研究中心	20	15	3	8	12	0	0	142.31	88.9	0
黑龙江省高等教育质量研究基地	14	7	7	8	6	0	0	73.31	68	0
黑龙江省文化发展战略研究中心	6	5	1	5	1	0	0	70	47	0
黑龙江省文化事业发展研究基地	25	19	3	17	8	0	0	121.95	106.3	0
马克思主义哲学研究基地	16	14	1	11	5	0	0	588	101.6	0
满语言文化研究中心	10	5	3	5	5	0	0	311.1	108.86	0
民商法学研究中心	16	13	3	9	7	0	0	292.4	80.72	0
明清文学与文化研究中心	20	16	2	15	5	0	0	316.6	90.63	0
社会管理研究基地	15	8	1	7	7	0	0	197.9	98.2	0
生产力研究中心	17	12	2	11	6	0	0	248.8	100.8	0
文化哲学研究中心	18	16	0	10	8	0	0	252.2	170.9	0
信息资源管理研究中心	16	9	5	10	6	0	0	140.74	90.58	0
行政管理研究中心	15	10	0	7	7	0	0	197.9	98.2	0
中国近现代思想文化研究中心	9	9	0	6	2	0	0	292.4	95.9	0
哈尔滨工业大学	121	116	0	81	16	13	0	570	5 133	0
大数据与决策分析研究中心	12	12	0	8	0	4	0	230	500	0
发展战略研究中心	15	12	0	8	0	4	0	0	300	0
国家安全技术政策与管理实验室	6	6	0	6	0	0	0	0	623	0
信息融合与创意技术智库	12	12	0	10	0	0	0	200	1 000	0

续表

学校及机构名称	R&D活动人员(人)						培养研究生人数(人)	R&D经费支出(千元)	仪器设备原价(千元)	
	合计	其中								其中:进口(千元)
		博士毕业	硕士毕业	高级职称	中级职称	初级职称				
“一带一路”人才战略智库	11	11	0	8	0	3	0	0	510	0
黑龙江省双创智库	20	20	0	12	0	2	0	120	1 200	0
互动媒体设计与服务创新文化部重点实验室	35	33	0	19	16	0	0	20	1 000	0
中俄法学联合研究中心	10	10	0	10	0	0	0	0	0	0
哈尔滨理工大学	40	26	14	27	13	0	9	96.8	190.2	64
高新技术发展与管理研究中心	16	10	6	12	4	0	4	18.2	62	30
黑龙江省人口经济与人才发展战略研究中心	9	7	2	5	4	0	2	56	66	12
科学学与科技管理研究所	8	6	2	5	3	0	2	10.5	26.2	17
系统工程研究所	7	3	4	5	2	0	1	12.1	36	5
哈尔滨工程大学	128	71	56	55	70	0	32	1 250	407	0
船舶工业经济管理研究所	34	20	13	15	19	0	12	190	140	0
大学德育与青年心理研究中心	30	16	14	10	17	0	15	110	32	0
技术管理研究所	22	12	10	9	13	0	5	250	130	0
企业创新研究所	26	15	11	14	12	0	0	400	62	0
灾难与危机管理研究所	16	8	8	7	9	0	0	300	43	0
黑龙江科技大学	19	9	7	13	4	2	7	5	65	0
资源型城市可持续发展研究中心	19	9	7	13	4	2	7	5	65	0
东北石油大学	47	17	30	32	15	0	0	100	25.8	0
大庆精神研究中心(合)	17	7	10	17	0	0	0	60	15.8	0
石油经济与管理研究所	30	10	20	15	15	0	0	40	10	0
东北农业大学	30	12	18	17	12	0	15	12	50	0
现代农业发展研究中心	30	12	18	17	12	0	15	12	50	0
东北林业大学	17	14	3	13	4	0	22	582.9	43	0
林业经济与管理研究中心	13	11	2	10	3	0	15	312.3	25	0
生态文明研究中心	4	3	1	3	1	0	7	270.6	18	0
哈尔滨师范大学	113	82	23	74	13	0	0	444	69	0
俄罗斯文化艺术研究中心	6	6	0	5	1	0	0	26	1	0

续表

学校及机构名称	R&D 活动人员(人)						培养研究生人数(人)	R&D 经费支出(千元)	仪器设备原价(千元)	
	合计	其中								其中:进口(千元)
		博士毕业	硕士毕业	高级职称	中级职称	初级职称				
俄语教育研究中心	11	11	0	9	2	0	0	50	8	0
高校思想政治教育研究中心	6	5	1	5	1	0	0	70	9	0
黑龙江流域文明研究中心	6	5	1	5	1	0	0	35	13	0
基础教育课程与教学研究中心	6	4	2	5	1	0	0	60	8	0
金源历史文化研究基地	6	2	4	4	2	0	0	40	5	0
审美文化与龙江文学研究中心	5	4	1	4	1	0	0	40	10	0
斯拉夫国家研究中心	20	13	6	8	3	0	0	20	3	0
新媒体与意识形态安全智库	16	10	3	9	0	0	0	20	3	0
学校心理教育研究基地	6	5	1	6	0	0	0	23	1	0
中俄文化艺术交流与合作研究中心	20	12	4	10	0	0	0	20	3	0
中国古代小说与诗歌研究中心	5	5	0	4	1	0	0	40	5	0
齐齐哈尔大学	20	12	8	14	6	0	0	120	105	0
黑龙江省少数民族历史文化遗产保护与传承研究中心	10	5	5	6	4	0	0	80	0	0
黑龙江省西部地区文化传承与发展研究中心	3	3	0	3	0	0	0	10	50	0
嫩江流域经济社会发展研究中心	3	2	1	2	1	0	0	10	25	0
嫩江流域历史文化研究基地	4	2	2	3	1	0	0	20	30	0
大庆师范学院	17	7	10	17	0	0	0	60	15.8	0
大庆精神研究中心(合)	17	7	10	17	0	0	0	60	15.8	0
哈尔滨体育学院	17	8	9	5	12	0	0	4	2	0
冰雪体育文化研究中心	17	8	9	5	12	0	0	4	2	0
黑龙江工程学院	86	13	53	33	43	0	0	224	1 437.94	0
冰雪经济研究所	5	1	4	2	3	0	0	16	180	0
大学生体质健康检测研究所	10	0	2	6	4	0	0	9	370	0
管理决策与经济分析实验室	7	4	3	3	4	0	0	31	200	0
黑龙江省漆画创作基地	6	0	3	2	4	0	0	24	60	0
交通经济管理研究所	6	1	5	6	0	0	0	14	230	0
美术创作研究所	5	0	3	1	4	0	0	29	50	0

续表

学校及机构名称	R&D活动人员(人)						培养研究生人数(人)	R&D经费支出(千元)	仪器设备原价(千元)	
	合计	其中								其中:进口(千元)
		博士毕业	硕士毕业	高级职称	中级职称	初级职称				
区域经济发展研究所	7	5	2	2	5	0	0	13	31	0
人文社会科学实训中心	8	0	8	0	0	0	0	23	82	0
艺术设计研究所	27	2	21	9	18	0	0	32	180	0
语言实验中心	5	0	2	2	1	0	0	33	54.94	0
黑河学院	22	4	12	12	10	0	0	85.48	180	0
俄罗斯研究所	4	2	1	3	1	0	0	33.79	45	0
黑龙江流域历史与文化研究所	8	1	4	6	2	0	0	37.29	30	0
中俄比较教育研究所	4	1	3	1	3	0	0	12	45	0
中国知青研究所	6	0	4	2	4	0	0	2.4	60	0
上海市										
复旦大学	1 365	1 053	156	1 009	142	11	682	40 550	24 847.86	75
“两新”组织党建研究基地(侧重于社会组织党建)	5	0	0	5	0	0	0	21	12	0
比较政治制度、基层政权与社区治理	10	10	0	5	0	0	0	603	102	0
博物馆建设与管理创新研究基地	15	1	6	12	3	0	31	130	20	0
长江经济带(复旦大学)发展研究院	5	5	0	5	0	0	0	50	5	0
朝鲜韩国研究中心	10	10	0	10	0	0	0	123	6	0
城市防灾减灾、灾害救助救济、应急管理研究基地	10	10	0	10	0	0	0	152	22	0
出土文献与古文字研究中心	12	12	0	12	0	0	0	355	15	0
当代国外马克思主义研究中心	24	23	0	23	0	0	22	1 620	320	0
党的建设理论与实践研究基地	15	15	0	15	0	0	0	320	100	0
党建理论研究基地	10	10	0	10	0	0	0	201	51	0
党建与国家发展研究中心	20	10	10	20	0	0	0	403	122	0
俄罗斯中亚研究中心	3	3	0	3	0	0	0	13	5	0
发展研究院	10	10	0	10	0	0	0	1 000	200	0
复旦(中国)网络空间战略研究所	4	4	0	4	0	0	0	40	20	0
高教研究所	13	13	0	13	0	0	0	505	15	0
公共管理与公共政策研究国家哲学社会科学创新基地	25	22	2	24	1	0	20	155	2 005	0

续表

学校及机构名称	R&D 活动人员(人)						培养研究生人数(人)	R&D 经费支出(千元)	仪器设备原价(千元)	
	合计	其中								其中:进口(千元)
		博士毕业	硕士毕业	高级职称	中级职称	初级职称				
共青团中央中国特色社会主义理论体系研究中心研究基地	20	20	0	20	0	0	0	115	8	0
古籍研究所	20	7	13	20	0	0	0	803	10	0
国际大都市的治理与发展研究中心	5	0	0	5	0	0	0	402	30	0
国际问题研究院	60	30	0	60	0	0	0	105	100	0
国家文化创新研究中心	10	10	0	10	0	0	0	122	21	0
国家意识形态建设研究中心	32	25	7	23	9	0	23	255	32	0
国外马克思主义与国外思潮研究国家哲学社会科学创新基地	10	10	0	10	0	0	0	52	21	0
韩国研究中心	7	6	0	7	0	0	0	803	95	0
健康领域重大社会问题治理 E-研究院	207	141	47	0	37	3	165	480	240	0
教育立法研究基地	10	10	0	10	0	0	0	133	12	0
金砖国家研究中心	5	5	0	5	0	0	0	132	11	0
就业与社会保障研究中心	11	11	0	8	3	0	0	153	94	0
科技考古研究院	4	4	0	4	0	0	0	300	50	0
历史地理研究国家哲学社会科学创新基地	54	8	14	49	5	0	111	180	18	15
历史地理研究中心	28	28	0	0	5	0	111	270	16	15
六次产业研究院	4	4	0	4	0	0	0	500	40	0
美国研究国家哲学社会科学创新基地	18	12	1	18	0	0	0	2 003	701	0
美国研究中心	14	12	1	14	0	0	0	263	8 101	0
民族理论政策研究基地	10	10	0	10	0	0	0	152	11	0
南亚研究中心	2	2	0	2	0	0	0	32	10	0
欧洲问题研究中心	5	5	0	5	0	0	0	52	11	0
全国妇女/性别研究与培训基地	10	0	0	3	7	0	0	113	6	0
人口与发展政策研究中心	25	22	2	24	1	0	20	605	57	0
人权研究中心	13	9	1	10	1	2	0	403	52	45
日本研究中心	6	4	2	6	0	0	0	333	100	0

续表

学校及机构名称	R&D活动人员(人)						培养研究生人数(人)	R&D经费支出(千元)	仪器设备原价(千元)	
	合计	其中								其中:进口(千元)
		博士毕业	硕士毕业	高级职称	中级职称	初级职称				
上海(复旦大学)扶贫研究中心	4	4	0	4	0	0	0	300	20	0
上海产业结构调整研究基地	21	16	5	11	9	1	7	304	82	0
上海高校智库研究和管理中心	8	6	1	8	0	0	0	743	321	0
上海教育立法咨询与服务研究基地	3	3	0	3	0	0	0	200	10	0
上海人口结构和发展趋势研究基地	25	22	2	24	1	0	0	155	10	0
上海儒学院	9	0	0	7	2	0	0	22	10	0
上海市地方志发展研究中心	2	2	0	2	0	0	0	10	10	0
上海市化学教育教学研究基地(中学化学)	3	3	0	3	0	0	0	12	20	0
上海市科技创新与公共管理研究中心	8	6	2	4	4	0	0	732	125	0
上海市历史教育教学研究基地	40	35	5	35	5	0	0	1 306	322	0
上海市数学教育教学研究基地(中小学数学)	5	5	0	5	0	0	0	20	3	0
上海市物理教育教学研究基地(中学物理)	4	4	0	4	0	0	0	20	3	0
上海物流研究院	10	5	1	10	0	0	0	1 125	5 003	0
社会科学高等研究院	8	6	2	4	4	0	0	402	252	0
世界经济研究所	12	12	0	12	0	0	0	504	231	0
世界文明史研究中心	22	21	1	16	6	0	15	1 930	442	0
外交部政策研究重点合作单位	13	8	5	13	0	0	0	983	71	0
网络空间国际治理的规则制定、态势研判与能力建设研究基地	2	2	0	2	0	0	0	200	100	0
文史研究院国家哲学社会科学创新基地	12	11	1	4	8	0	5	1 216	20	0
新闻传播与媒介化社会研究国家哲学社会科学创新基地	20	19	1	20	0	0	0	392	85.36	0
信息与传播研究中心	32	32	0	32	0	0	77	792	15	0
行政体制改革与服务型政府建设研究基地	8	7	0	6	2	0	0	502	121	0
亚太区域合作与治理研究基地	14	11	3	14	0	0	0	973	102	0

续表

学校及机构名称	R&D 活动人员(人)						培养研究生人数(人)	R&D 经费支出(千元)	仪器设备原价(千元)	
	合计	其中								其中:进口(千元)
		博士毕业	硕士毕业	高级职称	中级职称	初级职称				
亚太区域合作与治理研究中心	14	11	3	11	0	3	4	925	100	0
一带一路与全球治理研究院	10	10	0	3	7	0	0	155	10	0
医药卫生政策研究	5	5	0	5	0	0	0	100	2	0
中俄人文交流研究中心	5	5	0	5	0	0	0	152	21	0
中国(上海)自由贸易试验区建设研究基地	9	9	0	0	2	0	0	303	322	0
中国博物馆事业建设与管理研究基地	21	1	6	18	3	0	31	335	201.5	0
中国共产党革命精神与文化资源研究中心	10	10	0	10	0	0	0	113	21	0
中国古代文学研究中心	22	13	9	22	0	0	0	487	90	0
中国经济国际竞争力研究国家哲学社会科学创新基地	38	38	0	38	0	0	0	205	998	0
中国经济研究中心	15	15	0	12	3	0	0	1 103	102.5	0
中国社会主义市场经济研究中心	15	15	0	12	3	0	33	503.5	342	0
中国特色社会主义	12	7	2	6	4	2	7	384	30.5	0
中国特色社会主义民主与法制研究基地	9	9	0	7	2	0	0	1 024	841	0
中国特色社会主义政治经济学研究基地	2	2	0	2	0	0	0	100	20	0
中国统一战线理论研究会上海统战基础理论研究基地	10	10	0	10	0	0	0	653	322	0
中国研究院	9	9	0	6	3	0	0	4 595.5	650	0
中华古籍保护研究院	5	5	0	5	0	0	0	300	100	0
中美人文交流研究中心	10	10	0	10	0	0	0	165	10	0
中欧人文交流研究中心	10	10	0	10	0	0	0	153	12	0
中外人文交流研究中心	8	8	0	8	0	0	0	132	22	0
中外现代化进程研究中心	30	28	1	28	2	0	0	705	122	0
中英人文交流研究中心	10	10	0	10	0	0	0	152	33	0
宗教与中国国家安全研究中心	20	20	0	20	0	0	0	510	230	0
同济大学	86	56	18	32	11	9	60	3 951.7	1 531.9	0

续表

学校及机构名称	R&D活动人员(人)						培养研究生人数(人)	R&D经费支出(千元)	仪器设备原价(千元)	
	合计	其中								其中:进口(千元)
		博士毕业	硕士毕业	高级职称	中级职称	初级职称				
城市发展与管理研究基地	39	25	12	11	3	0	28	2 864.8	758.6	0
德国研究中心	10	5	3	3	3	4	10	385.4	412.5	0
国家知识产权战略实施研究基地	25	22	0	15	1	0	15	300	31	0
可持续发展与新型城镇化智库	12	4	3	3	4	5	7	401.5	329.8	0
上海交通大学	205	146	56	96	68	41	64	13 115.85	1 238.4	0
城市科学研究院	10	6	4	4	3	3	2	500	14	0
高校学科发展与评价研究中心	20	6	14	8	7	5	0	732.14	35	0
国家海洋战略与权益维护基地	25	18	7	10	9	6	5	850	80	0
国家文化产业创新研究基地	9	9	0	5	4	0	4	180	25	0
国家战略研究院	7	3	3	1	4	2	8	15	10	0
上海市人民政府决策咨询研究基地陈宪工作室	3	3	0	3	0	0	0	60.71	20.3	0
上海市人民政府决策咨询研究基地顾海英工作室	27	26	1	26	1	0	5	2 000	200	0
上海市人民政府决策咨询研究基地潘英丽工作室	3	3	0	2	1	0	0	47.8	23	0
上海市人民政府决策咨询研究中心谢耘耕工作室	9	7	2	3	4	2	0	700	100	0
上海文化创意产业发展战略创新研究基地	12	10	2	10	2	0	10	103.2	15	0
神话学研究院	10	6	4	5	3	2	1	180	20	0
世界一流大学研究中心	13	12	1	1	6	6	13	1 000	56.4	0
协同创新发展研究中心	18	5	11	3	8	7	0	2 397	75.2	0
战争审判与世界和平研究院	16	16	0	8	7	1	4	300	34.5	0
知识竞争力与区域发展研究中心	17	10	7	6	4	7	7	820	30	0
中国城市治理研究院	6	6	0	1	5	0	5	3 230	500	0
华东理工大学	60	52	7	47	13	0	110	9 030.04	1 970	0
华东社会发展研究所	7	6	1	6	1	0	8	997.17	50	0
金融物理研究中心	10	10	0	8	2	0	18	1 913.69	510	0
经济发展研究所	11	11	0	7	4	0	24	1 357.02	50	0

续表

学校及机构名称	R&D 活动人员(人)						培养研究生人数(人)	R&D 经费支出(千元)	仪器设备原价(千元)	
	合计	其中								其中:进口(千元)
		博士毕业	硕士毕业	高级职称	中级职称	初级职称				
设计与艺术研究所	10	6	3	9	1	0	12	767.57	320	0
数据科学与商务智能研究所	8	8	0	7	1	0	18	978.33	50	0
体育经济理论研究所	7	4	3	5	2	0	6	920.36	700	0
应用社会学研究所	7	7	0	5	2	0	24	2 095.9	290	0
上海海事大学	158	120	37	95	32	11	364	5 536.7	5 410.6	0
海商法研究中心	18	16	2	17	0	1	313	820	850	0
上海发展战略研究所汪传旭工作室	36	18	18	14	1	1	17	786.4	136	0
上海国际航运研究中心	21	5	15	5	7	9	21	3 250	3 860	0
上海市人民政府发展研究中心决策咨询研究基地	21	21	0	21	0	0	8	381.7	210	0
上海市社会科学创新研究基地—自贸试验区供应链研究	62	60	2	38	24	0	5	298.6	354.6	0
东华大学	259	152	68	172	55	9	549	2 064.91	3 744	451
城市创意经济与创新服务研究基地	17	6	5	13	3	0	26	120	50	0
大众体育人文社科基地建设研究基地	41	5	20	22	13	6	35	100	3 000	300
服务管理与创新基地	16	14	2	11	1	0	22	99.22	0	0
服装品牌管理研究基地	11	10	0	8	3	0	42	86.69	0	0
国际视野服装设计创新人才培养基地	6	0	0	6	0	0	21	10	0	0
海派时尚创意设计研究基地	68	44	24	52	11	2	204	700	252	151
科学技术与哲学研究基地	8	7	1	6	2	0	52	80	100	0
马克思主义理论与当代实践研究基地	25	14	2	9	6	1	15	394	259	0
人类共同体视域下的儒学与近代词研究培育基地	16	12	4	9	7	0	0	100	0	0
莎士比亚研究所	8	5	2	8	0	0	20	15	33	0
时尚传播研究中心	16	15	1	14	2	0	0	250	0	0
现代化与文明发展研究基地	14	14	0	8	6	0	26	100	0	0
中国近代纺织史资料整理与研究基地	13	6	7	6	1	0	86	10	50	0

学校及机构名称	R&D活动人员(人)						培养研究生人数(人)	R&D经费支出(千元)	仪器设备原价(千元)	
	合计	其中								其中:进口(千元)
		博士毕业	硕士毕业	高级职称	中级职称	初级职称				
上海电力学院	25	22	3	21	4	0	56	300	0	0
“一带一路”能源电力管理与发展战略研究中心	25	22	3	21	4	0	56	300	0	0
上海中医药大学	7	4	3	3	2	2	8	690	735	0
中医药文化研究与传播中心	7	4	3	3	2	2	8	690	735	0
华东师范大学	1 085	863	151	674	213	11	1 230	59 356.96	6 805.22	0
澳大利亚研究中心	36	8	11	9	9	0	4	100	2	0
白俄罗斯研究中心	3	0	2	2	0	0	0	100	72.77	0
城市发展研究院	52	51	1	28	17	7	0	1 200	50	0
俄罗斯研究中心	12	9	2	6	3	0	17	1 200	300	0
非物质文化遗产传承与应用研究中心	20	6	3	7	1	0	30	300	12	0
佛教美术研究中心	5	4	1	5	0	0	55	150	2	0
高等教育研究所	20	20	0	1	2	0	0	420	2	0
国际关系与地区发展研究院	25	23	1	19	6	0	72	1 050	40	0
国际与比较教育研究所	9	9	0	0	0	0	0	106	1	0
国家话语生态研究中心	6	5	0	4	2	0	4	150	3	0
国家教育宏观政策研究院	6	6	0	1	4	0	34	12 737.2	2 759	0
国家品牌战略研究中心	15	6	7	5	0	0	3	300	30	0
基础教育改革与发展研究所	27	24	0	24	3	0	73	1 800	479	0
教育高等研究院	6	1	2	3	3	0	20	600	216	0
教育经济研究所	6	6	0	0	0	0	0	160	4	0
教育治理研究院	12	12	0	7	5	0	6	320	28	0
课程与教学研究所	17	17	0	11	6	0	81	2 100	200	0
两新组织党建研究基地	15	15	0	7	5	0	10	300	5	0
美国研究中心	10	10	0	6	0	0	24	100	5	0
民族宗教与国家治理研究中心	20	6	10	3	1	0	15	250	4	0
青少年法治教育协同创新中心	6	5	1	4	2	0	0	150	3	0
青少年运动促进健康研究院	15	15	0	14	1	0	46	300	3	0

续表

学校及机构名称	R&D 活动人员(人)						培养研究生人数(人)	R&D 经费支出(千元)	仪器设备原价(千元)	
	合计	其中								其中:进口(千元)
		博士毕业	硕士毕业	高级职称	中级职称	初级职称				
全球创新与发展研究院	11	10	1	8	2	0	11	500	10	0
人口研究所	11	11	0	8	3	0	36	4 200	280	0
上海并购金融研究院	14	14	0	11	3	0	50	1 500	13	0
上海社会调查研究中心华东师范大学分中心	16	10	6	0	0	0	10	125	3	0
上海市“党的执政能力建设”社会科学创新研究基地	10	6	4	9	1	0	4	200	3	0
上海市“教育强国的教育公平研究”社会科学创新研究基地	10	10	0	8	2	0	0	67	1	0
上海市“青少年体育教育研究”社会科学创新研究基地	42	30	12	24	0	0	20	56	2	0
上海市“社会主义核心价值体系”社会科学创新研究基地	10	6	2	9	0	1	0	200	6	0
上海市地理教育教学研究基地	7	5	2	3	4	0	15	1 800	12	0
上海市教育立法咨询与服务研究基地	6	5	1	4	2	0	0	120	2	0
上海市课程教育教学研究基地	17	17	0	11	6	0	41	2 100	200	0
上海市人民政府决策咨询研究基地“长三角区域一体化”工作室	25	20	5	20	3	0	16	290	45	0
上海市人民政府决策咨询研究基地“城市与区域创新”工作室	11	10	1	8	3	0	11	500	40	0
上海市人民政府决策咨询研究基地“大数据统计与金融风险管理”工作室	12	12	0	11	1	0	30	200	60	0
上海市人民政府决策咨询研究基地“都市旅游与服务管理”工作室	10	10	0	8	2	0	0	200	6	0
上海市人民政府决策咨询研究基地“房地产与城市管理政策”工作室	19	19	0	3	16	0	63	200	5	0
上海市人民政府决策咨询研究基地“国际战略与上海发展方向”工作室	11	11	0	4	6	0	6	350	3	0

续表

学校及机构名称	R&D 活动人员(人)						培养研究生人数(人)	R&D 经费支出（千元）	仪器设备原价（千元）	
	合计	其中								其中:进口（千元）
		博士毕业	硕士毕业	高级职称	中级职称	初级职称				
上海市人民政府决策咨询研究基地“上海人口结构和发展趋势方向”工作室	23	22	1	20	2	0	42	200	30	0
上海市生命科学教育教学研究基地	35	18	8	28	7	0	0	884	5	0
上海市数学教育教学研究基地	53	36	14	44	9	0	31	1 500	6	0
上海市特殊教育资源中心	26	3	12	0	0	0	0	65	0	0
上海市体育教育教学研究基地	20	16	4	18	2	0	17	22	1	0
上海市通用技术教育教学研究基地	25	22	3	22	2	0	0	835.3	123.2	0
上海市心理教育教学研究基地	14	13	1	11	2	0	30	1 570	200	0
上海市信息科技教育教学研究基地	12	7	5	12	0	0	5	2 219.6	4	0
上海市语文教育教学研究基地	13	9	2	12	1	0	0	330	5	0
上海终身教育研究院	5	4	1	3	1	0	19	294.22	79.25	0
思勉人文高等研究院	14	12	2	0	0	0	0	1 250	350	0
学术评价与促进研究中心	11	10	1	9	2	0	50	500	30	0
职业教育与成人教育研究所	12	11	1	6	4	1	43	302	3	0
中东欧研究中心	4	4	0	3	1	0	10	100	2	0
中国金融研究院	16	15	1	8	7	0	18	500	60	0
中国特色商会发展研究中心	14	14	0	12	2	0	20	70	2	0
中国文字研究与应用中心	11	11	0	7	4	0	16	3 920	341	0
中国现代城市研究中心	73	70	3	55	15	0	28	2 100	30	0
中国现代思想文化研究所	29	24	5	28	1	0	0	1 587	593	0
中国行政区划研究中心	15	15	0	9	4	2	39	1 050	3	0
中亚研究中心	9	6	3	6	3	0	9	100	2	0
周边国家研究院	22	19	3	12	10	0	12	2 050	13	0
周边合作与发展协同创新中心	44	38	6	34	10	0	34	1 406.64	11	0
上海师范大学	108	78	29	88	16	1	36	6 627.34	3 846.51	0
城市治理法治化和现代化研究基地	8	8	0	8	0	0	2	489.02	342	0
都市文化研究中心	30	12	18	27	3	0	11	2 363.51	1 242	0
非洲研究中心	5	3	2	3	0	0	4	909.45	352.22	0

续表

学校及机构名称	R&D 活动人员(人)						培养研究生人数(人)	R&D 经费支出(千元)	仪器设备原价(千元)	
	合计	其中								其中:进口(千元)
		博士毕业	硕士毕业	高级职称	中级职称	初级职称				
国际与比较教育研究院	12	10	2	10	2	0	7	1 339.87	1 357.16	0
全球城市与世界文明传承研究基地	12	8	4	7	4	1	5	99.95	136	0
上海师范大学周边国家研究院	5	5	0	4	1	0	0	499.46	38.7	0
上海市教育立法咨询与服务研究基地	9	9	0	9	0	0	3	319.72	119.34	0
上海市政府决策咨询研究基地高峻工作室	9	8	0	6	2	0	0	36.88	112.34	0
上海市政府决策咨询研究基地茆训诚工作室	11	8	3	8	3	0	4	69.48	145.25	0
中国公共文化服务发展与研究中心	7	7	0	6	1	0	0	500	1.5	0
上海外国语大学	261	184	68	154	73	24	169	6 665.99	2 946.47	350
G20 研究中心	15	10	5	8	2	5	0	96	18	0
巴西研究中心	10	2	6	7	2	1	2	80	30	0
俄罗斯研究中心	3	1	2	2	1	0	4	32.5	38	0
哈萨克斯坦研究中心	3	3	0	2	1	0	0	50	5.65	0
加拿大研究中心	14	5	7	5	3	6	6	12	4.4	0
教育信息化国际比较研究中心	6	3	3	3	3	0	6	100	4.98	0
金砖国家研究中心	9	9	0	6	3	0	0	2	4.8	0
跨文化研究中心	5	2	2	1	3	1	17	100.44	225.33	0
南亚东南亚研究中心	10	3	7	3	7	0	0	0	6.48	0
欧盟研究中心	2	1	1	1	1	0	0	194.05	21.49	0
欧洲智库研究中心	12	10	2	8	2	2	3	50	20	0
全球文明史研究所	3	3	0	3	0	0	0	310	181.84	0
日本研究中心	41	29	8	22	11	0	44	0	10	0
上海市英语教育教学研究基地	6	5	1	3	2	1	0	2 131	38.33	0
丝路战略研究所	5	3	2	2	3	0	1	300	150	0
泰国研究中心	3	0	3	1	2	0	0	0	2	0
文学研究院	21	19	2	15	5	1	10	125	40.4	0
希腊研究中心	3	0	3	1	2	0	0	47	17	0
伊朗研究中心	4	3	1	3	0	1	2	0	12	0

续表

学校及机构名称	R&D 活动人员(人)						培养研究生人数(人)	R&D 经费支出(千元)	仪器设备原价(千元)	
	合计	其中								其中:进口(千元)
		博士毕业	硕士毕业	高级职称	中级职称	初级职称				
伊斯兰合作组织研究中心	4	3	1	1	3	0	2	50	50	0
印度研究中心	9	9	0	6	3	0	0	40	4.8	0
英国研究中心	24	20	4	16	4	4	9	200	40	0
语言研究院	13	13	0	8	5	0	24	690	457.42	350
中阿改革发展研究中心	4	1	3	2	0	0	4	206	81.62	0
中东研究所	16	15	1	14	2	0	10	800	1 240	0
中国国际舆情研究中心	15	11	4	10	3	2	24	1 020	186.3	0
中亚研究中心	1	1	0	1	0	0	1	30	55.63	0
上海财经大学	231	224	5	123	78	0	93	33 490	3 610	0
大数据统计科学中心	16	16	0	7	0	0	6	200	60	0
高等研究院	12	12	0	6	6	0	6	380	20	0
公共政策与治理研究院	7	7	0	7	0	0	4	7 500	20	0
国际商务汉语教学与资源开发基地(上海)	12	10	0	2	10	0	0	50	12	0
会计改革与发展协同创新中心	3	3	0	3	0	0	0	14	4	0
会计与财务研究院	31	31	0	15	6	0	30	1 700	100	0
交叉科学研究院	10	10	0	3	7	0	0	3 250	2 000	0
经济学与中国转型发展协同创新中心	5	5	0	5	0	0	0	100	17	0
民族复兴中国梦协同创新中心	7	7	0	4	3	0	9	300	16	0
三农研究院	5	5	0	3	2	0	0	500	44	0
上海发展研究院	7	7	0	4	3	0	1	900	89	0
上海国际金融与经济研究院	35	30	5	25	5	0	10	500	24	0
上海国际金融中心研究院	8	8	0	3	5	0	3	3 500	200	0
上海国际组织与全球治理研究院	8	8	0	3	5	0	0	500	0	0
上海教育立法咨询与服务研究基地	4	4	0	2	2	0	0	250	21	0
上海社会调查研究中心上财分中心	6	6	0	3	3	0	3	450	59	0
上海市金融信息技术研究重点实验室	4	4	0	1	3	0	1	450	50	0

续表

学校及机构名称	R&D 活动人员(人)						培养研究生人数(人)	R&D 经费支出(千元)	仪器设备原价(千元)	
	合计	其中								其中:进口(千元)
		博士毕业	硕士毕业	高级职称	中级职称	初级职称				
上海市人民政府决策咨询研究基地胡怡建工作室	4	4	0	2	0	0	0	100	12	0
上海市人民政府决策咨询研究基地王洪卫工作室	1	1	0	1	0	0	0	100	12	0
上海市人民政府决策咨询研究基地赵晓雷工作室	1	1	0	1	0	0	0	100	17	0
数理经济学重点实验室	4	4	0	2	2	0	1	100	14	0
中国产业发展研究院	5	5	0	2	3	0	3	1 590	200	0
中国公共财政研究院	6	6	0	2	4	0	2	7 500	220	0
中国企业创新发展研究基地	7	7	0	3	0	0	0	300	24	0
中国自由贸易试验区协同创新中心	15	15	0	10	5	0	9	2 700	351	0
最高人民法院自贸区司法研究基地	8	8	0	4	4	0	5	456	24	0
上海对外经贸大学	188	137	37	140	39	8	70	21 185	3 914.71	0
“高端开放与国际规则”决策咨询研究基地	18	10	6	17	0	1	20	150	88.02	0
“一带一路”国家经贸关系与合作高等研究院	19	18	0	16	3	0	20	1 200	29.22	0
“战略性大宗商品政府管制”孙海鸣工作室	12	8	3	12	0	0	10	3 500	3.7	0
国际发展合作研究院	10	7	3	5	5	0	0	500	6.42	0
国际经济贸易研究所	19	6	8	7	9	3	0	100	3 442.74	0
国际经贸治理与改革开放联合研究中心(上海高校智库)	19	18	0	16	2	0	0	1 000	1.72	0
人工智能与变革管理研究院	14	10	2	8	6	0	10	1 605	254.26	0
上海国际贸易中心战略研究院	26	19	7	23	2	1	0	600	24.06	0
上海市人民政府决策咨询研究基地黄建忠工作室	11	7	3	10	1	0	0	100	2.98	0
世界贸易组织(中国)讲席研究院	4	4	0	2	2	0	0	280	0.85	0
数据科学与管理决策重点实验室	7	6	1	6	1	0	0	50	1.68	0
中国 WTO 贸易政策审议中心	16	13	2	11	4	1	10	100	55.67	0
自由贸易港战略研究院	13	11	2	7	4	2	0	12 000	3.39	0

续表

学校及机构名称	R&D活动人员(人)						培养研究生人数(人)	R&D经费支出(千元)	仪器设备原价(千元)	
	合计	其中								其中:进口(千元)
		博士毕业	硕士毕业	高级职称	中级职称	初级职称				
上海旅游高等专科学校	70	25	45	18	47	5	0	1 170.1	0	0
城市会展经济研究中心	15	7	8	5	10	0	0	99.8	0	0
旅游休闲与户外休憩研究中心	15	8	7	4	7	4	0	514.3	0	0
中国酒店创新发展研究院	20	10	10	5	15	0	0	450	0	0
中外旅游文化比较研究中心	20	0	20	4	15	1	0	106	0	0
华东政法大学	193	80	7	58	11	1	247	6 500	2 650	0
电子商务法研究所	115	12	1	9	0	0	25	950	450	0
经济法研究中心	22	21	1	15	1	0	48	900	400	0
外国法与比较法研究院	25	20	2	17	2	1	120	1 450	550	0
知识产权研究中心	13	11	1	7	3	0	36	1 650	700	0
中国自由贸易区法律研究院	18	16	2	10	5	0	18	1 550	550	0
上海体育学院	124	95	27	70	28	17	92	3 983.08	4 344.4	1 100
国家体育总局运动技战术诊断与分析重点实验室	23	12	11	11	6	6	12	150	3 720	1 100
上海社会调查研究中心上海体育学院分中心	5	4	0	4	0	1	6	50	24	0
上海市运动休闲与体育产业发展研究	10	8	2	7	2	1	15	50	46	0
上海体育学院中国特色社会主义体育强国建设智库	30	25	5	25	4	1	26	53.08	50	0
体育与健康伦理E研究院	4	3	1	1	3	0	3	50	15	0
运动与健康产业协同创新中心	52	43	8	22	13	8	30	3 630	489.4	0
上海音乐学院	40	17	16	1	14	2	0	2 886	321.11	0
上海市音乐声学艺术重点实验室	9	5	3	0	3	0	0	258	158	0
上海音乐艺术发展中心	8	4	3	0	3	1	0	1 584	85.11	0
音乐教育教学研究基地	20	5	10	0	7	0	0	574	33	0
音乐研究所	3	3	0	1	1	1	0	470	45	0
上海戏剧学院	58	37	16	38	15	5	180	1 385.95	38.09	0
编剧学研究中心	7	5	0	4	3	0	39	200	0	0
电影文化研究中心	5	5	0	3	2	0	19	75	0	0

续表

学校及机构名称	R&D 活动人员(人)						培养研究生人数(人)	R&D 经费支出(千元)	仪器设备原价(千元)	
	合计	其中								其中:进口(千元)
		博士毕业	硕士毕业	高级职称	中级职称	初级职称				
电影艺术研究中心	2	2	0	2	0	0	13	40	0	0
国际表演艺术研究中心	6	3	2	3	3	0	10	40	0	0
国际戏剧协会演出艺术研究中心	3	1	2	2	1	0	0	40	0	0
全球城市(上海)文化观测研究中心	4	2	2	2	2	0	12	75	0	0
上海市多媒体演艺虚拟空间合成重点实验室	4	1	2	2	0	2	3	250.95	7.56	0
上海市综合艺术教育教学研究基地	3	1	1	2	0	1	18	80	5	0
数字演艺集成创新文化部重点实验室	3	0	3	1	0	2	3	200	25.53	0
外国戏剧研究中心	2	1	1	1	1	0	12	75	0	0
戏剧戏曲学研究中心	8	7	1	8	0	0	21	200	0	0
谢克纳人类表演学研究中心	2	2	0	2	0	0	12	35	0	0
艺术学理论研究中心	9	7	2	6	3	0	18	75	0	0
上海大学	220	74	72	133	59	24	75	20 983.94	12 951.71	12 413.8
产业经济研究中心	18	2	6	18	0	0	0	900.33	28.02	0
电影产业与中国故事创新研究基地	13	10	2	6	6	1	30	100	100	0
上海电影特效工程技术研究中心	59	34	23	32	23	0	30	12 413.8	12 413.8	12 413.8
上海高校知识服务平台公共艺术创意中心	14	2	2	9	4	1	6	3 800	125	0
上海高校智库“基层治理创新研究中心”	3	3	0	3	0	0	0	117.71	120	0
上海市社会科学创新研究基地暨上海市发展战略研究所吴信训工作室	31	7	5	16	7	8	6	377	12.83	0
影视与传媒产业研究基地	29	8	6	16	7	6	3	1 050	63.43	0
中国服务经济研究中心	25	0	12	14	5	6	0	721.79	32.86	0
中国社会转型与社会组织研究中心	28	8	16	19	7	2	0	1 503.31	55.77	0
上海工程技术大学	22	10	12	14	8	0	0	1 960	517.2	0
会展艺术与技术创新中心	6	2	4	2	4	0	0	1 100	300	0
经济研究所	6	3	3	4	2	0	0	480	126	0
上海社会保障问题研究中心	10	5	5	8	2	0	0	380	91.2	0

续表

学校及机构名称	R&D 活动人员(人)						培养研究生人数(人)	R&D 经费支出(千元)	仪器设备原价(千元)	
	合计	其中								其中:进口(千元)
		博士毕业	硕士毕业	高级职称	中级职称	初级职称				
上海立信会计金融学院	35	28	7	23	10	1	0	3 140.6	2 828.2	0
服务经济与上海国际金融中心建设研究基地	10	9	1	8	2	0	0	200	120	0
上海金融发展研究中心	3	2	1	2	1	0	0	600	300	0
上海浦东研究院、浦东(智库)研究院	3	2	1	2	1	0	0	800	400	0
吴大器参事工作室	3	3	0	3	0	0	0	330	220	0
现代支付与互联网金融研究中心、科技金融研究院	7	6	1	5	1	1	0	180	520	0
一带一路研究院	6	4	2	2	3	0	0	230.6	918.2	0
自贸区研究院	3	2	1	1	2	0	0	800	350	0
上海电机学院	10	8	2	6	4	0	10	100	55	0
上海装备制造产业发展研究中心	10	8	2	6	4	0	10	100	55	0
上海杉达学院	54	18	36	23	26	5	0	728.48	968.1	0
村上春树研究中心	6	3	3	1	5	0	0	88.19	36	0
低碳经济与财务信息研究中心	11	2	9	6	3	2	0	120.56	162.26	0
高等教育研究所	5	1	4	2	3	0	0	166.99	30	0
国际发展合作战略与法律研究中心	10	5	5	3	5	2	0	41.29	72.08	0
互联网金融大数据研究中心	6	2	4	4	2	0	0	218.59	441.22	0
儒学研究所	16	5	11	7	8	1	0	92.86	226.54	0
上海政法学院	7	4	2	5	2	0	8	649.91	498.59	0
司法研究所	4	2	1	2	2	0	5	50	129.39	0
应用社会科学研究院	3	2	1	3	0	0	3	599.91	369.2	0
上海第二工业大学	5	2	3	3	0	2	0	32.4	273.21	0
高等教育研究所	5	2	3	3	0	2	0	32.4	273.21	0
上海商学院	3	2	1	2	0	0	0	2 000	244	0
上海商贸服务业知识服务中心	3	2	1	2	0	0	0	2 000	244	0
上海城建职业学院	6	1	1	1	3	1	0	100	0	0
城市发展研究中心	6	1	1	1	3	1	0	100	0	0
上海电子信息职业技术学院	4	2	2	3	1	0	0	15	0	0

学校及机构名称	R&D活动人员(人)						培养研究生人数(人)	R&D经费支出(千元)	仪器设备原价(千元)	
	合计	其中								其中:进口(千元)
		博士毕业	硕士毕业	高级职称	中级职称	初级职称				
高等职业教育研究所	4	2	2	3	1	0	0	15	0	0
上海建桥学院	24	18	4	10	12	2	0	154	199.2	0
非物质文化遗产保护与产业发展研究中心	12	12	0	4	8	0	0	30	0	0
国际商务研究中心	3	3	0	2	1	0	0	91	179.2	0
民办高等教育研究所	5	1	3	2	1	2	0	20	20	0
新闻与传播研究所	4	2	1	2	2	0	0	13	0	0
上海纽约大学	8	8	0	7	0	1	0	4 541.46	305.07	0
Center for Society, Health and Medicine	1	1	0	1	0	0	0	137.37	0	0
波动研究所	2	2	0	1	0	1	0	1 938.49	13.01	0
环球亚洲研究中心	1	1	0	1	0	0	0	1 243.9	0	0
全球历史经济文化联合研究中心	1	1	0	1	0	0	0	175.93	0	0
商学教育与研究中心	2	2	0	2	0	0	0	793.38	30.14	0
社会发展联合研究中心	1	1	0	1	0	0	0	252.39	261.92	0
江苏省										
南京大学	608	419	104	324	177	15	666	22 315	1 696	500
长江三角洲经济社会发展研究中心	15	12	2	10	4	1	30	1 200	200	0
当代外国文学与文化研究中心	16	10	6	8	6	2	33	48	22	0
公共事务与地方治理研究中心	6	3	3	2	2	0	5	24	6	0
国家文化产业研究中心	16	12	4	8	6	0	0	120	30	0
国家信息资源管理南京研究基地	10	8	2	5	5	0	36	100	0	0
江苏省城市现代化研究中心	13	4	8	5	7	0	0	35	29	0
江苏省社会风险管理研究中心	15	12	2	8	4	2	32	110	10	0
江苏省数据工程与知识服务重点实验室	8	4	3	4	2	0	22	600	400	300
马克思主义社会理论研究中心	15	10	5	12	3	0	0	800	0	0
民族与边疆研究中心	6	4	2	3	1	0	0	20	8	0
区域经济转型与管理变革协同创新中心	168	160	8	88	68	0	80	200	20	0

学校及机构名称	R&D 活动人员(人)						培养研究生人数(人)	R&D 经费支出(千元)	仪器设备原价(千元)	其中:进口(千元)
	合计	其中								
		博士毕业	硕士毕业	高级职称	中级职称	初级职称				
全国中国特色社会主义政治经济学研究中心	22	18	4	14	8	0	0	200	0	0
儒佛道与中国传统文化研究中心	10	5	4	6	1	1	0	400	60	0
社会舆情分析与决策支持研究中心	36	18	12	16	4	0	40	120	0	0
社会与行为科学实验中心	13	12	1	11	2	0	0	330	200	200
苏南率先基本实现现代化研究中心	10	5	3	3	2	1	0	50	0	0
中国抗日战争研究协同创新中心	48	36	10	18	12	5	0	1 000	200	0
中国南海研究协同创新中心	20	16	3	12	5	2	0	13 000	40	0
中国社会与文化研究中心	8	6	2	4	2	0	10	8	2	0
中国诗学研究中心	6	5	1	5	1	0	28	200	2	0
中国特色社会主义理论体系研究基地	28	17	4	12	8	0	28	200	50	0
中国文学与东亚文明研究协同创新中心	64	2	6	40	12	0	25	2 600	200	0
中国新文学研究中心	28	18	5	14	8	0	160	600	15	0
中国语言战略研究中心	10	8	2	4	1	0	9	150	2	0
中华民国史研究中心	17	14	2	12	3	1	128	200	200	0
苏州大学	222	125	67	210	10	0	131	4 592.7	1 228.7	0
东吴智库	20	16	4	20	0	0	16	560	130	0
公法研究中心	32	19	13	26	6	0	12	450	50	0
国家体育总局机能评定与体能训练重点实验室	15	5	10	13	2	0	6	300	250	0
国家体育总局体育社会科学重点研究基地	17	6	11	15	2	0	3	300	150	0
江苏省吴文化研究基地	16	10	5	16	0	0	18	70	100	0
江苏省新型城镇化与社会治理协同创新中心	38	25	13	38	0	0	22	586.1	95	0
老挝—大湄公河次区域国家研究中心	21	2	4	21	0	0	13	354.6	45.7	0
苏南发展研究院	20	15	4	20	0	0	10	500	178	0
苏州基层党建研究所	15	12	1	15	0	0	8	490	50	0

续表

学校及机构名称	R&D 活动人员(人)						培养研究生人数(人)	R&D 经费支出(千元)	仪器设备原价(千元)	
	合计	其中								其中:进口(千元)
		博士毕业	硕士毕业	高级职称	中级职称	初级职称				
中国特色城镇化研究中心	28	15	2	26	0	0	23	982	180	0
东南大学	143	102	21	94	42	7	163	2 203.6	264.8	0
城市停车信息云平台实验室	4	4	0	4	0	0	5	60	60	0
反腐败法治研究中心	12	9	3	6	6	0	15	200	70	0
江苏经济全球化研究中心	7	7	0	6	1	0	16	200	0	0
江苏民生幸福研究基地	6	6	0	5	1	0	7	360	0	0
江苏省青少年工作研究基地(青少年违法犯罪)	6	6	0	6	0	0	4	40	0	0
江苏省区域经济与发展研究基地	6	6	0	5	1	0	24	650	0	0
江苏省社区矫正损害修复项目研究基地	11	11	0	10	1	0	3	40	0	0
交通法治与发展研究中心	8	8	0	7	1	0	6	152.6	124.8	0
情报科学技术研究所	18	6	6	18	0	0	73	200	10	0
人民法院司法大数据研究基地	19	0	5	5	7	7	10	250	0	0
中国特色社会主义理论体系研究基地	46	39	7	22	24	0	0	51	0	0
南京航空航天大学	196	92	73	114	50	0	227	2 672	987	0
巴尔干地区研究中心	12	9	3	9	3	0	0	100	20	0
国际战略与安全研究中心	14	12	2	9	1	0	19	25	21	0
国家文化产业研究中心	24	6	18	14	10	0	2	200	75	0
江苏省非物质文化遗产研究基地	21	7	14	11	10	0	3	100	75	0
江苏省高校思想政治教育研究中心	13	9	4	10	3	0	9	102	34	0
江苏省后评价研究中心	13	7	6	6	1	0	23	442	115	0
江苏省军民融合产业发展研究中心	23	1	1	14	7	0	46	330	39	0
江苏省人力资源发展研究基地	22	2	10	8	4	0	16	70	35	0
江苏省中国特色社会主义理论体系研究基地	16	10	6	10	6	0	8	80	48	0
科学发展研究中心	22	13	9	12	1	0	26	1 063	445	0
能源软科学研究中心	16	16	0	11	4	0	75	160	80	0
南京理工大学	137	82	55	4	58	7	15	555	260	0

续表

学校及机构名称	R&D 活动人员(人)						培养研究生人数(人)	R&D 经费支出(千元)	仪器设备原价(千元)	其中:进口(千元)
	合计	其中								
		博士毕业	硕士毕业	高级职称	中级职称	初级职称				
国际经贸问题研究中心	15	8	7	0	7	0	5	50	10	0
江苏产业集群研究基地	13	6	7	0	8	0	2	50	20	0
江苏服务型政府建设研究基地	15	6	9	0	7	2	2	50	20	0
江苏人才发展战略研究院	10	5	5	0	5	2	0	10	50	0
江苏省版权研究中心	8	6	2	0	2	0	0	50	6	0
江苏省军民融合发展研究院	7	5	2	0	2	0	0	15	50	0
江苏省军民融合科技与产业创新研究中心	6	4	2	0	2	0	0	50	6	0
江苏省科技人才思想库	12	5	7	0	7	0	0	50	30	0
江苏省知识产权发展研究中心	12	6	6	0	5	3	2	50	20	0
江苏省知识产权思想库	12	10	2	0	4	0	0	15	20	0
马克思主义与当代中国研究中心	7	5	2	0	2	0	2	50	10	0
沙特研究中心	6	5	1	0	2	0	0	50	6	0
社会计算与舆情分析研究中心	8	5	3	0	3	0	2	50	6	0
政治建设与地方治理研究中心	6	6	0	4	2	0	0	15	6	0
江苏科技大学	15	9	6	10	5	0	25	100	10	0
服务制造模式与信息化研究中心	15	9	6	10	5	0	25	100	10	0
中国矿业大学	76	67	9	65	10	1	139	522	23.6	0
安全管理研究中心	16	14	2	11	4	1	28	156	0	0
澳大利亚研究中心	19	12	7	14	5	0	20	66	0.6	0
国际能源政策研究中心	12	12	0	11	1	0	44	100	0	0
江苏省公共安全创新研究中心	15	15	0	15	0	0	8	100	20	0
江苏省能源经济管理研究基地	14	14	0	14	0	0	39	100	3	0
南京工业大学	5	4	1	3	2	0	3	200	16	0
江苏产业科技创新研究中心	5	4	1	3	2	0	3	200	16	0
常州大学	100	56	44	58	42	0	0	1 140	610	0
常州社科院历史文化研究所	6	4	2	2	4	0	0	100	20	0
常州现代服务业研究院	6	4	2	5	1	0	0	200	30	0
城乡文明研究所	4	1	3	3	1	0	0	20	20	0

学校及机构名称	R&D 活动人员(人)						培养研究生人数(人)	R&D 经费支出(千元)	仪器设备原价(千元)	
	合计	其中								其中:进口(千元)
		博士毕业	硕士毕业	高级职称	中级职称	初级职称				
国家与江苏石油石化发展战略研究基地	10	6	4	6	4	0	0	100	50	0
江苏省非物质文化遗产研究基地	10	5	5	6	4	0	0	100	50	0
江苏中国特色社会主义理论研究基地	10	6	4	7	3	0	0	100	50	0
旅游产业战略研究所	4	2	2	2	2	0	0	20	20	0
马克思主义研究院	10	4	6	6	4	0	0	200	200	0
人力资源管理研究中心	6	4	2	3	3	0	0	20	20	0
书画艺术研究院	4	2	2	2	2	0	0	20	20	0
苏台经贸合作和科技创新研究中心	10	6	4	5	5	0	0	100	50	0
体育健康教育研究所	4	2	2	2	2	0	0	20	20	0
应用语言学研究所	5	3	2	3	2	0	0	20	20	0
语言应用研究基地	7	5	2	4	3	0	0	100	20	0
中国财经文学研究中心	4	2	2	2	2	0	0	20	20	0
南京邮电大学	76	44	32	41	35	0	0	700	177	0
大数据与人口流动研究	8	4	4	4	4	0	0	100	32	0
江苏农业信息化研究基地	14	6	8	5	9	0	0	100	21	0
江苏省统计科学研究基地	8	5	3	6	2	0	0	100	13	0
江苏省物联网产业发展研究基地	15	11	4	8	7	0	0	100	40	0
江苏现代信息服务业研究基地	13	7	6	6	7	0	0	100	11	0
江苏智慧养老研究院校外研究基地	10	6	4	6	4	0	0	100	30	0
信息产业融合创新与应急管理研究中心	8	5	3	6	2	0	0	100	30	0
河海大学	402	301	101	273	129	0	499	11 511	814	0
“世界水谷”与水生态文明协同创新中心	25	20	5	17	8	0	42	960	80	0
东部资源环境与持续发展研究中心	24	17	7	14	10	0	26	640	53	0
公民道德发展与人的现代化研究基地	20	16	4	15	5	0	30	360	20	0
国际河流研究中心	19	12	7	11	8	0	20	180	15	0

续表

学校及机构名称	R&D活动人员(人)						培养研究生人数(人)	R&D经费支出(千元)	仪器设备原价(千元)	
	合计	其中								其中:进口(千元)
		博士毕业	硕士毕业	高级职称	中级职称	初级职称				
环境与社会研究中心	18	15	3	14	4	0	25	240	20	0
江苏企业国际化发展研究基地	18	12	6	12	6	0	15	85	35	0
江苏省科技体制改革科技思想库	12	10	2	8	4	0	16	200	15	0
江苏省老年学研究与培训基地	19	13	6	10	9	0	20	150	13	0
江苏省水资源与可持续发展研究中心	20	17	3	16	4	0	30	560	20	0
江苏省循环经济工程研究中心	23	18	5	15	8	0	23	200	13	0
江苏省中国特色社会主义理论体系研究基地	21	15	6	16	5	0	30	460	32	0
江苏沿海资源经济研究中心	18	14	4	13	5	0	23	320	16	0
企业人才研究中心	16	10	6	10	6	0	18	50	6	0
全国性别/妇女研究与培训基地	18	12	6	12	6	0	24	100	26	0
人口老龄化科研基地	13	10	3	9	4	0	21	350	54	0
水库移民经济研究中心	21	16	5	15	6	0	25	2 860	90	0
水利部人力资源研究院	20	15	5	13	7	0	24	980	85	0
水利法治研究中心	13	9	4	7	6	0	0	650	45	0
水利经济研究所	17	13	4	12	5	0	22	640	78	0
水利政策法制研究与培训中心	14	10	4	8	6	0	21	150	10	0
中国(南京)人才发展研究中心	16	14	2	13	3	0	21	256	32	0
中央人才理论研究基地	17	13	4	13	4	0	23	1 120	56	0
江南大学	235	151	77	187	43	3	334	13 693.71	5 350	437
汉族服饰类非物质文化遗产研究基地	16	7	9	6	8	2	86	450	80	50
江南民族音乐研究中心	10	3	7	9	1	0	5	100	60	0
江苏党风廉政建设创新研究基地	18	12	4	17	1	0	5	300	800	17
江苏省产品创意与文化重点研究基地	12	9	2	10	1	1	15	600	1 200	0
江苏省中国特色社会主义理论体系研究基地	18	15	3	15	3	0	13	1 780	200	0
教育信息化研究中心	16	12	4	12	4	0	40	650.71	495	0

续表

学校及机构名称	R&D活动人员(人)						培养研究生人数(人)	R&D经费支出(千元)	仪器设备原价(千元)	
	合计	其中								其中:进口(千元)
		博士毕业	硕士毕业	高级职称	中级职称	初级职称				
金融创新与风险管理研究基地	10	10	0	5	5	0	19	85	55	0
品牌战略与管理创新研究基地	22	10	12	21	0	0	26	3 238	650	185
钱钟书及其海外传播研究中心	10	7	3	9	1	0	20	150	50	0
食品安全风险治理研究院	22	10	12	21	0	0	26	3 280	650	185
无锡党的建设研究基地	10	6	2	3	7	0	8	200	20	0
无锡古运河文化创意中心	9	5	4	6	3	0	0	780	500	0
无锡江南文化与影视研究中心	14	8	6	9	5	0	12	100	120	0
无锡老龄科学研究中心	14	10	4	13	1	0	30	230	70	0
无锡旅游与区域发展研究基地	10	5	3	10	0	0	26	850	250	0
无锡人力资源开发研究基地	16	14	2	14	2	0	3	500	40	0
中国物联网发展战略研究基地	8	8	0	7	1	0	0	400	110	0
南京林业大学	31	9	17	21	10	0	0	586.8	1 200.2	281.8
江苏环境与发展研究中心	10	4	5	7	3	0	0	334.7	854.2	246
生态经济研究中心	21	5	12	14	7	0	0	252.1	346	35.8
江苏大学	25	16	9	16	0	0	16	845	290	0
高等教育研究所	2	1	1	1	0	0	1	40	10	0
江苏省统计应用研究基地	3	3	0	3	0	0	3	100	10	0
江苏省知识产权研究中心	4	2	2	2	0	0	2	80	20	0
江苏省中小企业发展研究基地	4	2	2	2	0	0	2	90	10	0
能源发展与环境保护战略研究中心	4	4	0	4	0	0	4	280	100	0
现代农业经济研究所	4	2	2	2	0	0	2	80	10	0
中小企业研究中心	4	2	2	2	0	0	2	175	130	0
南京信息工程大学	254	200	34	184	62	0	103	3 880.6	1 652.7	0
国家体育总局体育文化研究基地	20	4	2	15	5	0	0	144.6	68.1	0
江北新区发展研究院	32	31	1	22	10	0	4	1 035.6	378	0
江苏人才强省建设研究基地	16	10	0	8	8	0	6	172.2	81.3	0
江苏省中国特色社会主义理论体系研究基地	16	14	2	11	2	0	25	582.4	75.2	0
欧美再工业化战略研究中心	17	15	2	10	7	0	2	217.5	61.5	0

学校及机构名称	R&D 活动人员(人)						培养研究生人数(人)	R&D 经费支出(千元)	仪器设备原价(千元)	
	合计	其中								其中:进口(千元)
		博士毕业	硕士毕业	高级职称	中级职称	初级职称				
气候变化与公共政策研究院	18	14	4	16	2	0	17	223.6	56.4	0
气候与环境治理研究院	47	43	4	40	4	0	8	410.3	138.6	0
清华大学技术创新研究中心分中心	13	13	0	11	2	0	8	125.3	102.2	0
文化遗产科学认知与保护研究基地	23	16	7	12	9	0	6	225.3	167	0
中国科协科技人力资源研究基地	20	16	4	14	6	0	7	220.1	123.2	0
中国制造业发展研究院	32	24	8	25	7	0	20	523.7	401.2	0
南通大学	77	47	24	55	14	8	49	4 020.5	1 939.5	50
楚辞研究中心	11	7	2	8	2	1	7	587.8	357.4	0
江苏长江经济带研究院	9	7	2	4	4	1	8	459.8	387.6	0
江苏省中国特色社会主义理论体系研究基地南通大学研究中心	20	13	7	18	1	1	6	130	36.8	0
江苏先进典型研究中心	8	5	2	6	1	1	6	512	98.6	0
江苏沿海沿江发展研究中心	6	4	2	4	1	1	6	453	125.4	0
蓝印花布艺术研究所	6	4	2	2	2	2	5	850	563	50
南通廉政文化研究所	11	3	5	8	2	1	5	668.4	178.9	0
张謇研究所	6	4	2	5	1	0	6	359.5	191.8	0
南京农业大学	621	521	80	458	140	3	748	21 523.88	2 683.46	0
不动产研究中心	10	10	0	7	3	0	5	450	60	0
城乡规划设计研究院	16	16	0	15	1	0	8	36.16	4.52	0
地方治理与政策研究院	32	9	11	8	3	1	15	800	0	0
典籍翻译与海外汉学研究中心	6	1	5	2	4	0	16	40	0	0
电子商务研究中心	6	5	1	4	2	0	8	545	0	0
公共政策研究所	3	3	0	3	0	0	10	60	20	0
管理工程研究室	13	12	1	10	3	0	64	381	0	0
国际食品与农业经济研究中心	16	14	2	13	2	1	20	875	0	0
国际资源与环境经济研究所	18	18	0	15	3	0	8	29.26	0	0
江苏粮食安全研究中心	16	14	2	13	3	0	30	1 406	90	0
江苏农村金融发展研究中心	23	20	3	7	16	0	33	25	45	0
江苏农业现代化决策咨询研究基地	25	25	0	20	5	0	18	1 310	81	0

续表

学校及机构名称	R&D 活动人员(人)						培养研究生人数(人)	R&D 经费支出(千元)	仪器设备原价(千元)	
	合计	其中								其中:进口(千元)
		博士毕业	硕士毕业	高级职称	中级职称	初级职称				
江苏省国土资源利用与管理工程中心	28	28	0	24	4	0	16	20.3	1.98	0
江苏省农村发展与土地政策研究基地	16	14	2	9	7	0	40	2 050	100	0
江苏省统计科学研究基地	10	8	2	10	0	0	8	610	31	0
江苏省新农村科技创新思想库	10	10	0	7	3	0	8	580	26	0
金善宝农业现代化研究院	16	14	2	13	2	1	30	1 654	82	0
劳动就业与公共政策研究中心	6	6	0	5	1	0	4	150	0	0
领域知识关联研究中心	16	9	3	13	3	0	10	1 000	2 000	0
农村土地资源利用与整治国家地方联合工程研究中心	66	66	0	60	6	0	30	45.4	1.98	0
农业保险研究所	5	4	1	5	0	0	25	20	0	0
农业经济研究所	16	14	2	14	2	0	40	1 650	83	0
农业园区研究中心	8	4	1	5	3	0	8	1 375	0	0
农业转基因生物安全管理政策研究中心	16	15	1	13	3	0	10	882	0	0
日语语言文化研究所	15	4	10	4	11	0	19	100	0	0
统筹城乡发展与土地管理创新研究基地	15	15	0	15	0	0	8	9.2	0	0
英语语言文化研究所	15	7	8	11	4	0	28	100	0	0
中国国土资源与生态文明建设研究院	6	6	0	5	1	0	7	50	0	0
中国粮食安全保障研究中心	16	14	2	9	7	0	30	1 715	0	0
中国农业产业链管理研究与发展中心	16	15	1	13	3	0	10	605	0	0
中国农业历史研究中心	26	24	2	19	7	0	45	900	25	0
中国农业遗产研究室	26	24	2	19	7	0	45	900	20	0
中国土地问题研究中心	31	31	0	27	4	0	26	205.28	1.98	0
中荷土地规划与地籍发展中心	17	17	0	13	4	0	16	27.28	0	0
中华农业文明研究院	26	24	2	19	7	0	45	900	10	0
中外语言比较中心	15	1	14	9	6	0	5	18	0	0

续表

学校及机构名称	R&D 活动人员(人)						培养研究生人数(人)	R&D 经费支出(千元)	仪器设备原价(千元)	
	合计	其中								其中:进口(千元)
		博士毕业	硕士毕业	高级职称	中级职称	初级职称				
南京医科大学	54	30	21	51	3	0	5	600	10	0
健康江苏建设与发展研究院	54	30	21	51	3	0	5	600	10	0
南京中医药大学	20	20	0	17	3	0	16	320	79	0
中医文化研究中心	20	20	0	17	3	0	16	320	79	0
南京师范大学	764	631	6	0	0	0	87	1 019.65	841.58	191.37
道德教育研究所	9	9	0	0	0	0	2	2	13.5	13.5
东亚国际问题研究中心	10	9	0	0	0	0	3	0.32	0.1	0.1
符号的认知研究中心	10	10	0	0	0	0	1	1	0	0
高等教育研究所	7	7	0	0	0	0	1	0.5	1.5	1.5
国家体育总局体育社科研究中心	26	11	4	0	0	0	3	0.1	0.2	0.2
国家体育总局体育文化研究中心	26	10	2	0	0	0	4	0.1	0.1	0.1
江苏城乡一体研究基地	16	15	0	0	0	0	2	1.55	0	0
江苏当代作家研究基地	12	9	0	0	0	0	3	0.1	0	0
江苏法治发展研究院	66	59	0	0	0	0	6	0.23	4.07	4.07
江苏国际法治动态研究中心	10	8	0	0	0	0	1	0.1	0	0
江苏省创新经济研究基地	40	36	0	0	0	0	5	0.1	6	0
江苏省非物质文化遗产研究基地	19	14	0	0	0	0	2	1.11	1.8	1.8
江苏省老年学研究基地	35	28	0	0	0	0	3	0.1	3	0
江苏省民营经济研究基地	27	24	0	0	0	0	4	0.1	2	0
江苏省社会主义文化理论研究中心	22	18	0	0	0	0	2	0.1	1.8	0
江苏省学生体质健康促进研究中心	21	13	0	0	0	0	2	0.1	5	0
江苏文学翻译与研究中心	9	9	0	0	0	0	1	9.5	0.4	0.4
江苏艺术强省建设研究基地	25	12	0	0	0	0	3	1	0.7	0.7
教育社会学研究中心	21	20	0	0	0	0	4	0.03	0	0
教育信息工程研究所	16	14	0	0	0	0	3	960	630	0
马克思主义研究院	27	22	0	0	0	0	3	0.1	0.1	0
全国大学生职业发展教育研发基地	2	2	0	0	0	0	1	0.3	0.8	0
全国民政政策理论研究基地	24	13	0	0	0	0	2	1.2	0.5	0

学校及机构名称	R&D活动人员(人)						培养研究生人数(人)	R&D经费支出(千元)	仪器设备原价(千元)	
	合计	其中								其中:进口(千元)
		博士毕业	硕士毕业	高级职称	中级职称	初级职称				
融合人文-教育-科技-康复的语言学交叉创新研究团队	11	11	0	0	0	0	2	7	82.5	82.5
社会主义意识形态研究中心	22	20	0	0	0	0	2	0.1	0.1	0
司法现代化研究中心	143	126	0	0	0	0	7	8.5	0.41	0
乡村文化振兴研究中心	46	43	0	0	0	0	5	0.1	0.1	0
新教育公平的理论建构与实践探索创新研究团队	10	10	0	0	0	0	2	0.51	0.4	0
语言信息科技研究中心	32	32	0	0	0	0	5	22.5	82.5	82.5
中小学课程与教学研究基地	20	17	0	0	0	0	3	1.2	4	4
江苏师范大学	589	481	95	460	122	0	375	12 450	18 420	3 100
“一带一路”研究院	36	34	2	30	6	0	23	1 200	500	0
澳大利亚研究中心	15	15	0	12	3	0	6	200	170	0
巴基斯坦研究中心	10	8	2	8	2	0	4	200	120	0
大运河文化带建设研究院徐州分院	22	18	4	17	5	0	16	210	200	0
独联体国家研究中心	17	14	3	15	2	0	8	200	120	0
古籍整理研究所	8	7	1	7	1	0	4	10	20	0
国家体育总局体育文化发展中心体育文化研究基地	15	9	6	10	5	0	10	10	200	0
国务院侨务办公室侨务理论研究江苏基地	17	15	2	14	3	0	7	100	110	0
汉文化研究院	20	15	5	16	4	0	8	100	250	0
淮海发展研究院	10	9	1	8	2	0	8	200	120	0
基础教育研究中心	7	6	1	5	0	0	2	100	50	0
江苏省决策咨询研究基地江苏区域协调发展研究基地	12	9	3	8	4	0	5	100	380	0
江苏省中国特色社会主义理论体系研究基地	17	14	3	12	5	0	5	200	150	0
留学生与中国现代化研究基地	20	17	2	17	3	0	16	250	500	0
伦理学与德育研究中心	10	9	1	9	1	0	5	10	20	0
欧美同学会留学报国研究基地	12	10	2	9	3	0	8	100	200	0

续表

学校及机构名称	R&D 活动人员(人) 合计	其中 博士毕业	硕士毕业	高级职称	中级职称	初级职称	培养研究生人数(人)	R&D 经费支出(千元)	仪器设备原价(千元)	其中:进口(千元)
苏北农村治理创新研究基地	20	18	2	15	5	0	11	100	500	0
苏北三农研究中心	8	6	2	6	2	0	5	10	20	0
苏台合作与发展研究中心	20	15	5	13	2	0	10	200	250	0
特色镇村建设与土地管理研究基地	15	12	3	10	5	0	9	200	260	0
语言能力高等研究院	46	46	0	44	2	0	16	500	2 000	0
语言能力协同创新中心	138	110	24	110	28	0	115	7 200	8 410	2 200
语言研究所	36	23	10	19	17	0	35	300	3 000	900
智慧教育研究中心	21	12	5	17	4	0	24	250	350	0
中共中央编译局发展理论研究中心	12	12	0	9	3	0	5	100	200	0
中国—巴基斯坦教育文化研究中心	10	8	2	8	2	0	5	100	120	0
中华家文化研究基地	15	10	4	12	3	0	5	300	200	0
淮阴师范学院	125	77	25	91	26	0	23	2 200	853	40
大运河文化带建设研究院淮安分院	20	16	3	18	2	0	0	180	28	0
淮安市创意设计产业科技公共服务平台	13	6	4	6	6	0	0	400	250	40
教师教育协同创新研究中心	18	15	2	16	2	0	0	110	35	0
欧美国家边界争端与化解研究中心	7	5	2	4	0	0	0	340	150	0
社会风险评估与治理法治化研究基地	15	9	3	13	2	0	0	150	55	0
文化创意产业研究中心	29	13	6	23	6	0	23	500	75	0
周恩来精神与青少年教育研究中心	23	13	5	11	8	0	0	520	260	0
盐城师范学院	40	22	18	19	13	8	0	1 398	1 348	0
江苏沿海发展研究基地	14	8	6	6	5	3	0	386	400	0
江苏沿海开发研究基地	11	6	5	5	4	2	0	712	450	0
沿海发展智库	15	8	7	8	4	3	0	300	498	0
南京财经大学	16	7	9	0	2	0	12	301	85	0
江苏产业发展研究院	7	3	4	0	1	0	0	110	50	0
江苏创新发展研究院	7	3	4	0	1	0	10	50	10	0
江苏现代服务业研究院	2	1	1	0	0	0	2	141	25	0

续表

学校及机构名称	R&D活动人员(人)						培养研究生人数(人)	R&D经费支出(千元)	仪器设备原价(千元)	
	合计	其中								其中:进口(千元)
		博士毕业	硕士毕业	高级职称	中级职称	初级职称				
江苏警官学院	11	4	5	6	1	2	0	850	500	0
江苏现代警务研究中心	11	4	5	6	1	2	0	850	500	0
南京体育学院	19	10	8	11	6	2	8	80	67	0
江苏省体育赛事研究中心	19	10	8	11	6	2	8	80	67	0
南京艺术学院	69	36	25	39	27	2	38	2 846.64	189.03	42
江苏省文化创意与综合设计重点实验室	15	1	6	3	10	1	6	250.11	103.39	42
江苏文艺产业决策咨询研究基地	5	4	1	3	2	0	4	70.86	9.84	0
文化创意协同创新中心	20	12	8	15	5	0	12	565.88	23	0
艺术学研究所	12	9	3	9	2	1	15	466.13	17	0
音乐学研究所	2	1	1	1	1	0	1	21	4.8	0
紫金文创研究院	15	9	6	8	7	0	0	1 472.66	31	0
苏州科技大学	192	98	65	138	54	0	182	950	502.7	50
城市发展智库	37	31	0	37	0	0	0	100	50	0
苏南地方音乐文化艺术研究所	14	4	4	13	1	0	20	20	5	0
苏州城乡一体化改革发展研究院	60	22	35	35	25	0	67	300	200	50
苏州国家历史文化名城保护研究院	49	21	14	28	21	0	40	280	212.7	0
苏州与国内外先进地区创新竞争力比较研究中心	21	14	7	16	5	0	0	50	20	0
亚太国家现代化与国际问题研究中心	11	6	5	9	2	0	55	200	15	0
常熟理工学院	94	43	39	80	14	0	0	260	179	0
“琴川清风”预防职务犯罪研究中心	6	3	2	5	1	0	0	10	20	0
苏南经济与社会发展研究基地	18	11	6	18	0	0	0	10	60	0
苏南区域文化建设研究中心	16	5	5	15	1	0	0	60	10	0
苏州农业现代化研究中心	15	8	7	12	3	0	0	20	10	0
现代民政研究中心	7	4	3	6	1	0	0	80	20	0
县域科技体制综合改革与发展研究中心	10	6	4	8	2	0	0	10	10	0
学前教育研究中心	15	4	7	11	4	0	0	10	9	0

续表

学校及机构名称	R&D活动人员(人)						培养研究生人数(人)	R&D经费支出(千元)	仪器设备原价(千元)	
	合计	其中								其中:进口(千元)
		博士毕业	硕士毕业	高级职称	中级职称	初级职称				
中国县域金融研究中心	7	2	5	5	2	0	0	60	40	0
无锡职业技术学院	58	16	41	27	29	1	0	180	174	0
财经研究所	5	3	1	2	3	0	0	10	7	0
高职思想政治教育研究室	8	3	5	7	1	0	0	10	7	0
管理与创新研究所	10	3	7	8	2	0	0	8	10	0
旅游文化研究所	9	2	7	2	6	1	0	12	10	0
体育学与健康指导研究所	9	1	8	3	6	0	0	20	100	0
无锡现代职教研究中心	12	3	9	4	8	0	0	100	30	0
艺术设计研究所	5	1	4	1	3	0	0	20	10	0
南京工业职业技术学院	27	9	15	24	3	0	0	316	161	0
高等职业教育研究所	6	3	3	5	1	0	0	116	73	0
国际贸易与物流管理研究所	9	2	5	8	1	0	0	100	50	0
黄炎培职业教育思想研究会学术中心	12	4	7	11	1	0	0	100	38	0
苏州工艺美术职业技术学院	8	1	6	5	2	1	0	268	55	0
高等教育研究所	4	1	2	3	1	0	0	260	25	0
桃花坞木刻年画研究所	4	0	4	2	1	1	0	8	30	0
淮阴工学院	92	44	41	55	12	4	15	2 120.1	206.87	0
创新创业研究中心	11	10	0	10	0	0	0	100	24.27	0
工业设计中心	26	4	22	12	10	4	0	100	76	0
苏北发展研究院	44	20	19	23	2	0	15	1 820.1	86.6	0
台商研究中心	11	10	0	10	0	0	0	100	20	0
苏州职业大学	3	1	1	2	1	0	0	60	58	0
石湖智库	3	1	1	2	1	0	0	60	58	0
常州工学院	17	7	10	17	0	0	0	1 000	116	0
常州市创新创业与改革发展研究中心	10	4	6	10	0	0	0	150	8	0
江苏高校文化创意协同创新中心	1	1	0	1	0	0	0	800	100	0
数据科学与经济发展研究中心	6	2	4	6	0	0	0	50	8	0

续表

学校及机构名称	R&D 活动人员(人)						培养研究生人数(人)	R&D 经费支出(千元)	仪器设备原价(千元)	
	合计	其中								其中:进口(千元)
		博士毕业	硕士毕业	高级职称	中级职称	初级职称				
扬州大学	214	140	56	196	15	1	247	1 728	671.8	0
"美声之林"声乐艺术中心	7	0	7	3	1	1	12	100	45	0
当代中国民主政治研究中心	12	10	2	12	0	0	32	100	87	0
淮扬文化研究中心	15	2	4	15	0	0	26	50	80	0
江苏城乡融合发展研究中心	12	10	1	12	0	0	30	100	63	0
江苏省学生心理健康运动干预研究中心	6	0	2	4	2	0	4	100	30	0
江苏苏中发展研究基地	3	3	0	3	0	0	0	12	6.8	0
马克思主义大众化研究与传播中心	16	12	4	16	0	0	32	100	28	0
儒家经典诠释与东亚传播研究中心	16	14	2	16	0	0	34	300	52	0
苏中发展研究院	5	5	0	5	0	0	0	90	30	0
体育运动与脑科学研究所	14	5	9	8	6	0	0	200	39	0
政府治理与公共政策研究中心	6	6	0	6	0	0	12	200	36	0
中国大运河研究院	18	8	6	18	0	0	0	100	30	0
中国法律文化与法治发展研究中心	15	13	2	14	1	0	8	100	51	0
中国近代史研究中心	5	4	1	5	0	0	18	56	40	0
中国特色社会主义研究中心	50	40	10	45	5	0	15	20	23	0
中外语言文化比较研究中心	14	8	6	14	0	0	24	100	31	0
南京审计大学	33	20	3	13	18	2	20	330.2	230	0
江苏科技金融体系创新研究基地	10	10	0	3	7	0	8	120	120	0
江苏劳动法治研究基地	13	0	3	6	5	2	6	11.2	10	0
金融风险管理研究中心	10	10	0	4	6	0	6	199	100	0
南京晓庄学院	6	3	3	4	2	0	0	6	30	0
陶行知研究所	6	3	3	4	2	0	0	6	30	0
江苏理工学院	257	111	117	163	90	0	0	428	199.4	0
财税法学研究中心	17	7	10	9	8	0	0	12	6	0
财务与会计研究中心	15	5	10	7	8	0	0	11	4	0
常州画派研究所	5	0	2	4	1	0	0	3	2	0
常州历史文化研究所	12	6	6	5	7	0	0	3	2	0

续表

学校及机构名称	R&D 活动人员(人)						培养研究生人数(人)	R&D 经费支出(千元)	仪器设备原价(千元)	其中:进口(千元)
	合计	其中								
		博士毕业	硕士毕业	高级职称	中级职称	初级职称				
常州旅游文化研究所	14	6	8	7	7	0	0	11	4	0
常州民营经济研究所	8	2	5	7	1	0	0	20	5.2	0
常州市名人研究院	7	7	0	6	1	0	0	20	5	0
常州市青少年心理研究与指导中心	8	5	0	5	3	0	0	20	4.6	0
传统壁画研究所	11	3	8	5	6	0	0	3	2	0
传统文化艺术研究所	7	1	4	7	0	0	0	10	3.7	0
创新设计研究院	30	20	10	19	11	0	0	3	2	0
江苏省职业技术教育科学研究中心	16	4	7	12	0	0	0	182	110	0
江苏职业教育与终身教育研究基地	12	4	4	12	0	0	0	25	5.6	0
跨语际文化与翻译研究所	14	4	10	7	7	0	0	11	4	0
马克思主义中国化研究所	12	4	8	5	7	0	0	11	4	0
农村职业教育研究所	6	1	3	5	1	0	0	3	2	0
人力资源开发研究中心	6	4	1	5	1	0	0	5	3.6	0
双语教育研究所	8	5	3	4	4	0	0	10	4	0
心理教育研究所	8	5	0	5	3	0	0	10	5.6	0
艺术设计研究所	9	4	5	3	6	0	0	3	2	0
应用经济研究所	11	5	6	4	7	0	0	12	3	0
职业教育研究院	11	5	4	11	0	0	0	20	4.6	0
职业教育与社会发展研究所	5	4	1	5	0	0	0	10	4.2	0
职业心理研究所	5	0	2	4	1	0	0	10	6.3	0
淮海工学院	116	52	62	72	44	0	0	668	170	0
中国社科院知识社会(连云港)研究基地	12	6	6	8	4	0	0	18	5	0
国家东中西合作示范区研究基地	6	3	3	4	2	0	0	65	6	0
江苏海洋发展研究院	14	6	8	10	4	0	0	20	5	0
江苏省“一带一路”法律服务研究中心	12	5	7	5	7	0	0	55	7	0
江苏省大学生村官研究所	26	10	16	18	8	0	0	300	100	0
江苏省海洋经济研究中心	12	7	5	6	6	0	0	30	15	0

续表

学校及机构名称	R&D活动人员(人)						培养研究生人数(人)	R&D经费支出(千元)	仪器设备原价(千元)	
	合计	其中 博士毕业	硕士毕业	高级职称	中级职称	初级职称				其中:进口(千元)
江苏省海洋文化产业研究院	6	1	3	4	2	0	0	100	20	0
连云港市地方立法咨询研究基地	10	4	6	4	6	0	0	60	10	0
中国社科院“一带一路”(连云港)研究基地	18	10	8	13	5	0	0	20	2	0
硅湖职业技术学院	39	5	26	21	12	6	0	110	150	0
电子商务重点实验室	10	1	8	4	4	2	0	10	10	0
丝绸服饰文化创意产业设计研发中心	11	2	3	7	2	2	0	80	120	0
物流管理研究基地	8	1	6	4	3	1	0	10	10	0
现代服务业研究室	10	1	9	6	3	1	0	10	10	0
泰州职业技术学院	6	1	3	4	2	0	0	8.5	4.6	0
泰州市工业经济研究院	6	1	3	4	2	0	0	8.5	4.6	0
南京森林警察学院	4	1	1	1	3	0	0	48.78	216.03	0
国家林业局职业教育研究中心	4	1	1	1	3	0	0	48.78	216.03	0
江苏海事职业技术学院	22	6	15	6	12	0	0	300	230	0
“一带一路”应用型海事人才研究院	22	6	15	6	12	0	0	300	230	0
江苏医药职业学院	24	11	13	14	4	6	0	190	60	0
江苏基层卫生发展与全科医学教育研究中心	24	11	13	14	4	6	0	190	60	0
苏州经贸职业技术学院	44	4	28	17	23	4	0	41.3	13	0
大学生素质教育研究所	12	1	7	1	10	1	0	11.5	3	0
范成大文化研究中心	10	1	5	6	3	1	0	10	3	0
苏州市电子商务研究中心	11	1	7	5	5	1	0	10	5	0
吴商文化研究所	11	1	9	5	5	1	0	9.8	2	0
无锡商业职业技术学院	30	2	27	15	14	1	0	69.3	85	10
高校示范马克思主义学院	19	2	16	8	10	1	0	50	20	10
江苏省非物质文化遗产研究基地	11	0	11	7	4	0	0	19.3	65	0
苏州农业职业技术学院	25	3	22	13	10	2	0	90	30	0
苏州农村改革与发展研究院	25	3	22	13	10	2	0	90	30	0
南京铁道职业技术学院	7	2	1	4	3	0	0	220	128	0

学校及机构名称	R&D 活动人员(人)						培养研究生人数(人)	R&D 经费支出(千元)	仪器设备原价(千元)	
	合计	其中								其中:进口(千元)
		博士毕业	硕士毕业	高级职称	中级职称	初级职称				
高等教育研究所	2	1	1	1	1	0	0	100	20	0
江苏铁路文化研究中心	3	0	0	2	1	0	0	100	100	0
哲社研究中心	2	1	0	1	1	0	0	20	8	0
南京信息职业技术学院	19	3	15	9	10	0	0	32	0	0
党建与思想政治教育研究会	19	3	15	9	10	0	0	32	0	0
无锡太湖学院	40	20	18	36	4	0	0	105	45	0
苏南产业转型创新发展研究中心	22	6	14	20	2	0	0	30	15	0
苏南资本市场研究中心	18	14	4	16	2	0	0	75	30	0
金陵科技学院	80	48	29	21	53	4	0	585	63	0
互联网经济与产业研究中心	10	3	7	3	7	0	0	20	5	0
江苏省企业知识产权战略研究中心	15	4	10	3	10	0	0	250	10	0
南京产业协同创新研究院	35	28	7	5	30	0	0	10	4	0
南京知识产权人才培训基地	5	4	1	2	3	0	0	200	19	0
数字艺术创意与应用实验室	5	0	3	2	3	0	0	55	15	0
智能物流运输与配送技术研究中心	10	9	1	6	0	4	0	50	10	0
南京人学金陵学院	49	10	37	18	27	4	0	479	681	0
拉丁美洲研究中心	4	0	4	1	2	1	0	38	4	0
企业生态研究中心	38	10	28	15	22	1	0	396	650	0
塞万提斯研究中心	5	0	5	0	3	2	0	5	7	0
数字传播媒介研究中心	2	0	0	2	0	0	0	40	20	0
江苏财经职业技术学院	13	2	7	6	7	0	0	30	121	0
周恩来文化研究所	13	2	7	6	7	0	0	30	121	0
扬州工业职业技术学院	8	2	5	4	4	0	0	10	0	0
中国特色社会主义研究中心	8	2	5	4	4	0	0	10	0	0
江苏城市职业学院	14	2	10	7	7	0	0	11	0	0
城市形象传播研究所	6	2	3	4	2	0	0	5	0	0
供应链与物流信息技术研究所	8	0	7	3	5	0	0	6	0	0
苏州高博软件技术职业学院	10	0	6	7	3	0	0	10	10	0
苏南非遗文化传承与创新研究基地	10	0	6	7	3	0	0	10	10	0

续表

学校及机构名称	R&D活动人员(人)						培养研究生人数(人)	R&D经费支出(千元)	仪器设备原价(千元)	
	合计	其中								其中:进口(千元)
		博士毕业	硕士毕业	高级职称	中级职称	初级职称				
江苏卫生健康职业学院	4	1	3	1	3	0	0	83	25	0
江苏省卫生职业院校文化研究室	4	1	3	1	3	0	0	83	25	0
苏州工业园区服务外包职业学院	10	3	7	5	5	0	0	20	6	0
江苏服务外包研究中心	10	3	7	5	5	0	0	20	6	0
江苏第二师范学院	7	4	1	7	0	0	0	674.48	0	0
教育现代化研究院	7	4	1	7	0	0	0	674.48	0	0
浙江省										
浙江大学	1 020	733	228	704	214	0	4 108	87 473.2	47 955.17	19 088.04
“一带一路”合作与发展协同创新中心	5	5	0	2	3	0	0	149	20	0
《浙江文献集成》编纂中心	6	5	1	3	3	0	0	820	400	30
财务与会计研究所	6	6	0	4	2	0	186	1 060.5	1 420	395
产业经济研究所	7	6	1	5	2	0	45	1 260	900	250
传播研究所	17	3	4	17	0	0	65	235.5	650	500
传媒与文化产业研究中心	6	6	0	4	2	0	15	4 320.5	880	560
创新管理与持续竞争力研究中心	10	10	0	10	0	0	67	2 110	850	145
德国文化研究所	6	5	1	5	1	0	18	280	105	30
地方政府与社会治理研究中心	5	5	0	3	2	0	10	2 300	679.26	200
法理与判例研究所	10	10	0	8	2	0	30	350	590	380
法与经济学研究所	10	10	0	8	2	0	32	720	550	200
翻译学研究所	9	3	6	2	7	0	33	210	90	35
饭店管理研究所	7	7	0	5	2	0	22	300	170	25
风险管理与劳动保障研究所	7	5	2	4	3	0	62	100	240	55
高等教育研究所	10	6	4	8	2	0	49	320.5	760.6	103.6
公法与比较法研究所	9	7	2	8	1	0	121	630	328	80
公共经济与财政研究所	9	9	0	6	3	0	62	800	290	150
古籍研究所	13	7	6	10	3	0	45	1 000	989.94	672.94
管理工程研究所	6	4	2	3	3	0	150	1 000	2 780.5	2 650
管理科学与信息系统研究所	10	7	3	6	3	0	88	3 765	636.5	108.5

续表

学校及机构名称	R&D 活动人员(人)						培养研究生人数(人)	R&D 经费支出(千元)	仪器设备原价(千元)	
	合计	其中								其中:进口(千元)
		博士毕业	硕士毕业	高级职称	中级职称	初级职称				
广播电影电视研究所	11	4	7	5	2	0	26	100	251	164
国际法研究所	7	5	2	4	3	0	63	715	400	225
国际经济研究所	7	2	5	5	2	0	42	1 100	455	150
国际商务研究所	7	7	0	6	1	0	52	700	230	50
国际文化和社会思想研究所	12	8	4	7	3	0	33	200	430	90
国际政治研究所	7	6	1	5	2	0	8	60	200	55
韩国研究所	2	1	1	2	0	0	6	189.3	178.9	20
汉语史研究中心	9	6	3	4	5	0	55	2 415	1 006.5	550
汉语言研究所	15	7	7	12	2	0	61	720	780	120
基础教育课程研究中心	8	8	0	6	2	0	83	600	290.02	60
基督教与跨文化研究中心	7	5	2	6	1	0	15	1 300	180	0
教育科学与技术研究所	10	8	2	7	3	0	74	410	130	50
金融研究所	8	4	3	5	3	0	60	900	480	150
经济法研究所	12	5	7	5	3	0	32	500	280	180
经济研究所	10	9	1	8	1	0	66	835	580	300
科技与社会发展研究所	5	3	2	5	0	0	26	400	100	20
科技与文化研究所	7	6	1	6	1	0	10	311	160	60
科教发展战略研究中心	13	11	2	9	2	0	22	3 215.5	1 800.2	860
跨文化与区域研究所	14	8	6	9	5	0	13	245	70	35
旅游研究所	7	5	2	6	1	0	23	1 433	270	120
马克思主义理论研究所	5	2	3	4	1	0	10	297	55	20
美学与批评理论研究所	15	13	2	11	1	0	45	238.8	490	160
民商法研究所	12	10	2	9	3	0	80	488	130	46
民生保障与公共治理研究中心	22	18	2	15	3	0	52	555	230	35
民营经济研究中心	17	13	4	10	4	0	35	2 352	730	150
农业现代化与农村发展研究中心	24	22	2	15	3	0	82	2 811	2 800	370
农业与农村经济发展研究所	13	10	2	7	2	0	89	4 236	676	390
企业投资研究所	7	4	3	3	4	0	23	1 350	680	450
企业组织与战略研究所	12	8	4	6	6	0	154	2 036.5	910.2	660

续表

学校及机构名称	R&D 活动人员(人)						培养研究生人数(人)	R&D 经费支出(千元)	仪器设备原价(千元)	
	合计	其中								其中:进口(千元)
		博士毕业	硕士毕业	高级职称	中级职称	初级职称				
区域经济开放与发展研究中心	15	10	4	8	3	0	30	897	380	70
区域协调发展研究中心	11	8	3	8	0	0	0	216	20	0
人口与发展研究所	11	8	3	8	2	0	23	643	210	50
人类学研究所	8	7	0	7	0	0	12	58	35	0
人力资源管理研究所	18	15	2	15	3	0	184	1 042.5	2 100	1 560
人文高等研究院	7	2	4	2	0	0	0	4 877	75	0
日本文化研究所	3	2	0	1	0	0	1	55	74	70
社会理论与社会建设研究所	6	4	2	4	2	0	16	274	120	35
社会学研究所	15	12	2	6	3	0	19	400	145	55
石窟寺文物数字化保护国家文物局重点科研基地	11	8	3	8	2	0	0	185	45	20
世界历史研究所	16	10	6	12	4	0	42	362	448	286
世界文学与比较文学研究所	7	7	0	5	2	0	27	68	280	200
宋学研究中心	16	12	3	12	3	0	20	648	390	80
台湾研究所	6	5	1	4	2	0	6	86	50	5
体育科学与技术研究所	24	20	3	19	4	0	49	2 473	1 180	1 100
体育现代化发展研究中心	10	8	2	7	3	0	10	555	120	60
土地科学与不动产研究所	18	10	1	10	2	0	88	4 940	4 585	500
土地与国家发展研究院	8	2	4	0	0	0	0	120	20	0
外国文学研究所	26	5	3	20	4	0	66	287	90	23
外国语言学及应用语言学研究所	25	21	3	19	5	0	64	517	330	80
外国哲学研究所	10	10	0	9	1	0	37	197	730	60
文化遗产与博物馆学研究所	14	11	3	10	3	0	58	800	1 690	960
文艺学研究所	9	7	1	8	0	0	42	232.8	390	50
物流与决策优化研究所	9	8	1	6	2	0	71	200	88	12
新闻传媒与社会发展研究所	15	9	3	11	1	0	47	1 730	695	50
新型城镇化研究中心	4	4	0	2	2	0	0	10	0	0
信息资源管理研究所	10	7	2	8	2	0	13	97	79	22
刑法研究所	6	5	1	4	2	0	25	125	86	22

学校及机构名称	R&D 活动人员(人)						培养研究生人数(人)	R&D 经费支出(千元)	仪器设备原价(千元)	其中:进口(千元)
	合计	其中								
		博士毕业	硕士毕业	高级职称	中级职称	初级职称				
行政管理研究所	21	19	2	18	3	0	106	563	800	300
营销管理研究所	10	8	2	8	2	0	77	700.5	304	55
语言与认知研究中心	18	16	2	14	4	0	35	1 915	495	360
非传统安全与和平发展研究中心	5	5	0	3	2	0	0	15	0	0
公共政策研究院	7	6	1	4	2	0	0	21	0	0
金融研究院	7	7	0	5	2	0	0	50	0	0
政府与企业研究所	14	13	1	12	2	0	47	822	480	50
政治学研究所	11	10	1	9	2	0	32	198	115	50
证券期货研究所	10	5	5	6	1	0	66	666	300	50
中国古代史研究所	12	11	1	12	0	0	38	663	440	50
中国古代文学与文化研究所	13	2	11	12	1	0	65	1 944	800	70
中国近现代史研究所	9	9	0	6	3	0	23	235	90	30
中国科教战略研究院	9	5	4	6	3	0	0	180	0	0
中国跨境电子商务研究院	5	5	0	2	3	0	0	10	0	0
中国农村发展研究院	8	2	4	0	0	0	0	210	10	0
中国思想文化研究所	7	6	1	6	1	0	20	342	50	50
中国现当代文学与文化研究所	8	7	0	7	1	0	51	476	440.55	80
中国艺术研究所	12	2	10	5	4	0	34	2 005	208	208
中外教育现代化研究所	12	5	7	6	2	0	62	1 402	520	155
中小企业成长与城镇发展研究所	8	6	2	4	4	0	51	421.3	120	100
宗教学研究所	3	3	0	3	0	0	11	95	25	0
杭州电子科技大学	278	180	66	146	68	8	46	4 707.79	508.63	0
财务与财税研究所	17	7	7	10	4	3	0	684.6	12.78	0
产业组织与公共政策研究所	9	8	0	7	2	0	0	206.77	26.8	0
高教强省发展战略与评价研究中心	10	7	0	6	4	0	5	167.29	15.27	0
工业工程与管理研究所	10	7	2	5	3	2	0	607.28	50.17	0
管理决策与创新研究所	22	14	6	18	4	0	0	546.19	58.92	0
管理科学与信息工程研究所	24	16	8	17	6	1	0	253.59	63.27	0
国际经济与贸易研究所	21	11	8	7	6	1	7	504.2	20.59	0

续表

学校及机构名称	R&D 活动人员(人)						培养研究生人数(人)	R&D 经费支出(千元)	仪器设备原价(千元)	
	合计	其中								其中:进口(千元)
		博士毕业	硕士毕业	高级职称	中级职称	初级职称				
会计工程研究所	11	4	6	3	5	1	2	103.12	25.2	0
会计与审计研究所	16	8	5	10	3	0	3	623.1	52.36	0
金融研究所	12	8	3	5	4	0	3	103.54	20.36	0
思想政治教育研究所	43	29	8	12	10	0	6	84.89	69.57	0
信息化发展研究中心	23	17	0	15	8	0	0	49.23	15.79	0
战略与管理研究所	28	17	9	16	5	0	7	623.33	56.98	0
浙江省信息化与经济社会发展研究中心	32	27	4	15	4	0	13	150.66	20.57	0
浙江工业大学	365	193	141	224	117	17	178	3 051.47	699.29	0
“大数据+理论创新”——中国特色社会主义理论研究中心	13	8	5	4	3	0	47	48.85	35.2	0
房地产研究所	5	3	2	4	1	0	1	68.22	186.45	0
国际贸易与国际投资研究中心	18	3	13	13	5	0	3	97.5	13.4	0
民营企业开放创新研究中心	11	9	2	9	2	0	4	82.5	5.9	0
企业战略研究所	14	3	9	9	5	0	1	126.8	6.45	0
体育科学研究所	14	1	7	8	5	1	1	7.49	1.87	0
习近平新时代党建思想浙江实践研究中心	30	26	3	20	10	0	37	84.43	12.67	0
信息管理与决策化研究所	11	4	6	9	2	0	1	14.34	6.34	0
信息与传播研究所	19	3	9	9	7	3	3	14.9	1.15	0
循环经济研究中心	9	3	5	7	2	0	3	45.67	5.2	0
浙江省舆情研究中心 1	9	5	4	7	2	0	1	468.34	24	0
浙江省舆情研究中心 2	12	9	2	9	2	0	3	68.42	3.28	0
浙江省中小企业发展研究所	10	3	4	7	3	0	3	58.98	18.65	0
浙江学术文化研究中心	12	8	4	9	3	0	1	84.64	15.32	0
之江旅游规划设计研究所	11	1	6	5	5	1	1	132.64	22.54	0
中国特色社会主义理论研究中心	29	26	2	20	9	0	37	45.5	2.12	0
中国文学演变与传播研究中心	14	9	3	8	6	0	4	41.35	6.3	0
中国中小企业研究院	17	13	4	12	5	0	1	585.76	147.1	0
中小微企业转型升级协同创新中心	107	56	51	55	40	12	26	975.14	185.35	0

学校及机构名称	R&D活动人员(人)						培养研究生人数(人)	R&D经费支出(千元)	仪器设备原价(千元)	
	合计	其中								其中:进口(千元)
		博士毕业	硕士毕业	高级职称	中级职称	初级职称				
浙江理工大学	532	287	201	352	166	12	143	1 492.1	702.08	24.2
产业转型经济与金融发展研究所	11	8	3	5	6	0	27	6	10	0
创意设计产业发展研究中心	32	10	22	10	22	0	0	370	200	0
创意写作研究中心	7	3	1	4	3	0	0	3	5	0
经济法研究所	28	24	4	12	16	0	13	10	20	0
区域与城市经济研究所	8	4	4	4	4	0	5	4	5	0
生态经济研究所	10	7	3	6	4	0	4	5	10	0
生态哲学研究所	14	10	4	13	1	0	0	10	11	0
思想政治教育研究所	42	10	23	42	0	0	12	10	26	0
丝绸文化传承与产品设计数字化技术文化和旅游部重点实验室	45	17	25	35	10	0	10	10	30	0
丝绸与时尚文化研究中心	54	28	18	43	11	0	0	125	40	0
新闻传播研究所	12	4	6	6	6	0	1	6	10	0
浙江省“一带一路”建设智库	59	13	41	20	29	10	0	125.6	60	12
浙江省基层党建研究中心	28	20	7	21	7	0	0	30	10	0
浙江省绿色发展研究中心	28	24	4	20	8	0	6	30	17.84	0
浙江省青少年素质提升社科普及基地	11	3	8	6	5	0	0	30	10	0
浙江省生态文明研究中心	39	33	5	28	11	0	22	156.5	10.24	0
浙江省丝绸与时尚文化研究中心	54	28	18	43	11	0	0	125	30	0
浙江省中国特色社会主义理论体系研究中心	9	8	1	7	2	0	0	30	15	0
浙江现代革命历史文化研究基地	8	8	0	5	3	0	0	20	12	0
中国传统文化与当代发展研究所	14	12	0	13	1	0	9	5	5	0
中国美学和艺术理论研究中心	19	13	4	9	6	2	34	381	165	12.2
浙江海洋大学	69	19	30	42	21	5	0	1 475	605.9	0
东海发展研究院	6	3	1	1	4	1	0	45	500	0
港台侨研究所	6	2	3	4	2	0	0	50	20	0
浙江省中国特色社会主义理论研究中心	21	2	9	12	7	2	0	100	15	0

续表

学校及机构名称	R&D 活动人员(人)						培养研究生人数(人)	R&D 经费支出(千元)	仪器设备原价(千元)	
	合计	其中								其中:进口(千元)
		博士毕业	硕士毕业	高级职称	中级职称	初级职称				
浙江舟山群岛新区研究中心	15	3	8	13	2	0	0	50	15	0
中国(浙江)自由贸易试验区研究院	21	9	9	12	6	2	0	1 230	55.9	0
浙江农林大学	256	121	114	196	53	0	123	1 939.88	1 089.18	0
邓小平理论研究中心	10	2	6	9	0	0	6	34	32	0
国际贸易研究所	7	2	4	5	2	0	5	40.17	11.5	0
汉语国际推广茶文化传播基地	25	18	7	20	5	0	15	200	21.5	0
恒星管理研究所	12	6	5	10	2	0	6	93.1	55.4	0
环境法治与社会发展研究中心	8	0	7	7	0	0	4	35.7	30.1	0
会计学研究所	15	4	9	10	5	0	6	95.1	90.1	0
林业经济研究中心	12	7	5	10	2	0	5	41.78	31.25	0
美术研究所	12	1	6	8	4	0	4	30.15	45.13	0
生态文化研究中心	17	9	8	11	6	0	9	150	30	0
思想政治教育研究所	10	2	5	8	2	0	5	25.7	21.7	0
外国语言文化研究所	12	2	10	8	4	0	0	41.78	27.5	0
吴越文化研究所	8	3	5	6	0	0	4	17.8	24.1	0
艺术设计研究所	8	1	5	6	2	0	2	15.6	31.4	0
浙江三农发展智库	54	36	14	41	10	0	35	1 002	600	0
浙江省农民发展研究中心	46	28	18	37	9	0	17	117	37.5	0
浙江中医药大学	42	15	18	27	8	5	1	302	125	0
高教研究所	5	1	2	2	1	0	0	260	100	0
健康管理研究所	37	14	16	25	7	5	1	42	25	0
浙江师范大学	491	363	122	368	92	31	1 282	15 840.53	999.98	0
边疆研究院	11	11	0	9	2	0	25	500	30	0
儿童研究院	10	7	2	7	2	1	0	245.45	16	0
非洲研究与中非合作协同创新中心	32	24	8	19	12	1	24	1 793.83	61	0
非洲研究院	32	24	8	19	12	1	24	1 354.68	61	0
江南文化研究中心	47	41	3	36	5	6	39	576.57	128.98	0
教育改革与发展研究院	55	49	4	43	11	1	150	350	150	0
浙江省基础教育研究基地	22	22	0	20	2	0	0	200	10	0

续表

学校及机构名称	R&D 活动人员(人)						培养研究生人数(人)	R&D 经费支出(千元)	仪器设备原价(千元)	
	合计	其中								其中:进口(千元)
		博士毕业	硕士毕业	高级职称	中级职称	初级职称				
浙学传承与地方治理现代化协同创新中心	122	95	27	102	20	0	25	10 600	388	0
卓越教师培养协同创新中心	160	90	70	113	26	21	995	220	155	0
杭州师范大学	212	186	23	173	34	3	171	1 940.39	297.02	0
国家安全话语传播研究中心	6	5	1	3	3	0	6	12	7	0
杭州城市国际化研究中心	26	22	4	22	2	0	0	76.3	12	0
社会建设和社会治理研究中心	23	20	3	15	5	3	19	85	60	0
外国文学与话语传播研究中心	63	54	9	51	12	0	67	32	9	0
文艺批评研究院	51	48	3	48	3	0	0	150	32	0
艺术教育研究基地	13	10	2	9	4	0	45	1 367.09	107.02	0
浙江省民国浙江史研究中心	16	14	0	13	3	0	27	120	46	0
浙西学术研究中心	14	13	1	12	2	0	7	98	24	0
绍兴文理学院	43	21	11	38	5	0	0	860	85.1	10
浙江省越文化传承与创新研究中心	43	21	11	38	5	0	0	860	85.1	10
台州学院	99	36	44	60	37	2	0	3 018.2	1 077.4	0
比较文学与世界文学研究所	10	4	3	9	1	0	0	128	98	0
财务与税收研究所	6	3	3	4	2	0	0	230	48	0
创意设计研究所	8	0	6	2	6	0	0	65.8	19.5	0
地方美术研究所	7	0	3	5	2	0	0	34	66	0
地方音乐研究所	5	1	1	3	2	0	0	47.2	87	0
翻译研究所	5	1	3	2	3	0	0	10.5	37	0
和合文化研究院	7	4	1	4	3	0	0	155	170	0
基础教育研究所	13	7	6	7	6	0	0	94.6	123	0
旅游规划与乡村发展研究所	6	2	3	3	3	0	0	220.5	78.8	0
三门研究院乡村振兴研究所	5	3	1	5	0	0	0	25	40	0
思想政治教育研究所	5	3	2	4	1	0	0	85.4	13.6	0
台州传媒与文化产业发展研究所	8	2	4	4	4	0	0	38	72	0
台州语文教育研究所	3	1	2	2	1	0	0	28.2	32	0
英语语言文学研究所	5	1	4	3	2	0	0	56	36.5	0

续表

学校及机构名称	R&D 活动人员(人)						培养研究生人数(人)	R&D 经费支出(千元)	仪器设备原价(千元)	
	合计	其中								其中:进口(千元)
		博士毕业	硕士毕业	高级职称	中级职称	初级职称				
浙江(台州)小微金融研究院	6	4	2	3	1	2	0	1 800	156	0
温州大学	233	150	70	152	78	2	70	2 073.2	586.2	0
传统音乐文化研究所	10	2	2	6	4	0	0	62	25	0
地方政府绩效管理研究中心	13	10	3	9	4	0	4	50	15.7	0
国别与区域研究中心	10	6	4	5	3	2	2	50	20	0
国际贸易经济合作研究所	10	7	3	7	3	0	10	70	5	0
国民经济研究所	9	5	4	4	5	0	2	50	3	0
基层治理现代化研究中心	15	10	5	15	0	0	5	57.5	16.8	0
家族企业和企业家研究所	9	6	3	6	3	0	6	60	15	0
金融研究院	7	6	1	1	6	0	4	75	80	0
旅游与文化研究所	8	5	2	5	2	0	1	30	22	0
南戏艺术文化研究所	10	5	4	7	3	0	2	57	30	0
区域可持续发展法治研究中心	5	5	0	5	0	0	2	55	12.5	0
社会治理与区域法制协同创新中心	15	12	3	10	5	0	1	56	12.6	0
市场营销研究所	6	1	5	5	1	0	0	50	10	0
温州城乡融合发展研究中心	12	10	2	5	7	0	3	52	16.2	0
温州历史文化研究中心	11	7	3	7	4	0	12	60	22.4	0
温州市世界温州人研究中心	19	14	5	14	5	0	2	97	46	0
行业协会商会研究所	10	8	2	9	1	0	2	97.7	23	0
浙江省非物质文化遗产研究基地	8	4	4	4	4	0	5	56.1	13	0
浙江省温州人经济研究中心	9	8	1	5	4	0	3	450	100	0
浙江省中国特色社会主义理论研究基地	27	14	10	16	11	0	0	57.2	45	0
浙江戏曲研究与传承研究中心	10	5	4	7	3	0	4	480.7	53	0
丽水学院	33	12	15	26	7	0	0	74.3	20	0
华东地区民族理论政策研究基地	33	12	15	26	7	0	0	74.3	20	0
浙江工商大学	248	147	56	182	63	3	69	19 881.84	2 122.02	0
城乡生态环境与规划信息技术研究所	16	14	2	9	7	0	1	1 595.46	25	0

续表

学校及机构名称	R&D 活动人员(人) 合计	其中 博士毕业	硕士毕业	高级职称	中级职称	初级职称	培养研究生人数(人)	R&D 经费支出(千元)	仪器设备原价(千元)	其中:进口(千元)
东亚研究院	8	7	1	8	0	0	3	690.32	53	0
法学研究基地	30	20	10	21	9	0	9	2 333.2	621.7	0
公共政策研究中心	6	3	3	4	2	0	2	282.5	30	0
金融研究所	11	9	2	7	4	0	0	1 493	55	0
旅游产业转型与区域规划研究所	19	13	6	10	9	0	0	3 040	95	0
马克思主义基本理论重点研究基地	8	6	2	5	3	0	0	467	40	0
统计科学研究所	14	7	6	9	5	0	3	616	70	0
文创设计与产业化研究中心	8	3	2	3	5	0	5	1 989	40	0
现代商贸流通体系建设协同创新中心	13	8	5	7	4	2	21	1 105.35	310	0
现代商贸研究中心	51	8	4	51	0	0	8	2 324.5	431.22	0
浙商研究院	23	15	6	18	4	1	11	2 316	171.1	0
中国民营经济会计研究中心	30	27	3	25	5	0	5	962.51	125	0
中国土地与城市治理研究院	11	7	4	5	6	0	1	667	55	0
嘉兴学院	161	100	37	117	42	2	0	1 928.92	127.01	0
长三角一体化发展研究中心	40	26	12	35	5	0	0	336	60	0
浙江省红色文化研究与传承协同创新中心	60	30	10	45	15	0	0	100	20	0
浙江省中国共产党创建史研究中心	20	16	2	10	9	1	0	225	15	0
浙江省中国特色社会主义理论体系研究基地	32	21	11	22	10	0	0	100	10	0
中国共产党革命精神与文化资源研究中心	9	7	2	5	3	1	0	1 167.92	22.01	0
中国美术学院	250	127	59	143	45	15	106	13 058.87	6 020.08	25
当代纤维艺术研究所	9	3	6	2	3	1	28	850	18	0
纺织服装研究院	36	5	6	4	8	0	19	1 661	100	0
公共艺术研究中心	7	2	2	2	3	2	15	100	150	0
互动艺术与技术研究所	8	0	3	4	1	0	4	300	250	0
视觉中国协创中心	36	28	3	29	3	2	13	3 645	2 536.72	0
文创设计制造业协创中心	19	6	9	2	6	4	15	3 500	1 590	0

续表

学校及机构名称	R&D 活动人员(人)						培养研究生人数(人)	R&D 经费支出(千元)	仪器设备原价(千元)	
	合计	其中								其中:进口(千元)
		博士毕业	硕士毕业	高级职称	中级职称	初级职称				
文化创新与视觉传播研究院	77	43	18	61	10	4	0	830	1 258.36	0
艺术哲学与文化创新研究院	23	17	3	17	4	2	3	862.45	67	0
中国思想史与书画研究中心	15	7	5	6	3	0	5	560.42	20	0
中国艺术教育研究院	20	16	4	16	4	0	4	750	30	25
中国计量大学	262	139	110	49	108	53	49	9 296.6	4 792	991.1
标准化与知识产权管理协同创新中心	36	16	16	8	16	0	7	2 500	1 050	180
电子商务标准化研究中心	18	13	5	10	3	3	9	1 400	100	0
法治与社会发展研究中心	35	23	12	3	9	10	7	1 500	150	0
佛教与江浙文化研究中心	30	18	12	8	6	15	5	1 000	550	0
工业设计研究所	35	5	29	3	22	8	3	600	923	612.1
管理科学与工程	39	23	16	6	25	5	6	312	950	129
思想政治研究所	11	5	3	2	0	2	4	80	90	0
浙江省产业发展政策研究中心	30	20	9	4	19	2	6	924.6	653	0
中国哲学研究所	28	16	8	5	8	8	2	980	326	70
宁波职业技术学院	26	5	17	14	11	1	0	635	56	0
创客研究所	3	1	2	1	2	0	0	15	6	0
发展中国家职业教育研究院	6	2	3	4	2	0	0	250	10	0
高等职业教育研究所	6	2	4	4	2	0	0	200	14	0
刘雪凯教授工作室	2	0	2	1	1	0	0	10	4	0
宁波市“一带一路”职业教育研究基地(宁波市社科研究基地)	5	0	5	3	2	0	0	150	16	0
沈燕红非遗文化研究工作室	4	0	1	1	2	1	0	10	6	0
温州职业技术学院	38	3	27	22	12	4	0	38.17	68.4	0
温州产业经济研究与服务中心	11	0	10	8	1	2	0	9.28	25	0
温州房地产政策研究中心	21	2	14	10	9	2	0	14.5	20	0
温州职业教育与社会发展研究中心	6	1	3	4	2	0	0	14.39	23.4	0
浙江万里学院	208	105	71	113	52	2	99	2 069.91	543.46	0
创意设计产业与城市发展研究中心	14	11	3	11	3	0	0	400	127.1	0

续表

学校及机构名称	R&D 活动人员(人)						培养研究生人数(人)	R&D 经费支出(千元)	仪器设备原价(千元)	
	合计	其中								其中:进口(千元)
		博士毕业	硕士毕业	高级职称	中级职称	初级职称				
民营经济研究中心	17	11	6	9	8	0	0	600	132.4	0
宁波海上丝绸之路研究院	32	22	10	17	13	2	0	655.12	155.55	0
宁波市传播监测研究基地	44	9	13	11	11	0	0	10.65	6.8	0
宁波市地方法治研究基地	11	4	6	11	0	0	0	6.75	4.6	0
宁波市地方立法研究基地	5	2	0	3	0	0	0	5.39	3.85	0
宁波市会展经济研究所	8	3	5	2	6	0	0	20	9.65	0
宁波市院士文化中心	30	13	14	11	2	0	0	9.68	6.15	0
宁波甬商研究基地	12	5	7	8	4	0	0	200	32.8	0
浙江省临港现代服务业与创意文化研究中心	35	25	7	30	5	0	99	162.32	64.56	0
浙江科技学院	84	48	31	36	33	15	0	655	44	0
浙江省政务新媒体研究院	59	34	23	30	28	1	0	620	34	0
浙江省中国特色社会主义理论体系研究中心培育基地	25	14	8	6	5	14	0	35	10	0
宁波工程学院	82	53	25	53	27	2	16	3 176.58	18 099.86	0
港口城市发展与环境研究中心	10	4	6	7	3	0	0	256	36.2	0
国际港口与物流研究中心	6	2	4	5	1	0	0	208.5	31.1	0
宁波基层社会治理创新研究基地	16	9	3	5	9	2	0	294.2	26.1	0
宁波市高校思想政治工作研究基地	12	7	5	5	7	0	0	46.38	1.26	0
宁波市小企业成长研究基地	12	8	4	9	3	0	0	302	5.2	0
现代物流研究中心	26	23	3	22	4	0	16	2 069.5	18 000	0
浙江财经大学	390	188	113	182	133	40	6	5 691.68	437.42	0
财富管理与量化投资协同创新中心	51	19	20	9	6	3	0	819.91	215.48	0
城市公用事业政府监管协同创新中心	49	31	17	29	20	0	6	1 905.94	90.58	0
地方财政研究院	40	36	4	26	12	0	0	658.86	10.27	0
汉字国际传播与书法产业协同创新中心	53	41	11	33	20	0	0	27.59	10	0

续表

学校及机构名称	R&D 活动人员(人)						培养研究生人数(人)	R&D 经费支出(千元)	仪器设备原价(千元)	其中:进口(千元)
	合计	其中								
		博士毕业	硕士毕业	高级职称	中级职称	初级职称				
经济行为与决策研究中心	20	18	2	3	3	14	0	777	23.02	0
民营企业全球发展战略与海外投资协同创新中心	17	16	1	5	6	6	0	122.37	15	0
数据科学与大数据分析协同创新中心	72	15	16	23	32	17	0	712.36	23	0
浙江社会管理法制化协同创新中心	53	5	20	34	19	0	0	278.45	43.38	0
政府管制与公共政策研究院	35	7	22	20	15	0	0	389.2	6.69	0
浙江警察学院	62	40	7	38	20	4	0	113.5	40	0
东盟非传统安全领域研究中心	7	5	2	5	2	0	0	50	10	0
警务技能战术研发中心	11	3	5	4	3	4	0	31.5	15	0
浙江新时代公共安全治理研究中心	44	32	0	29	15	0	0	32	15	0
衢州学院	3	1	2	3	0	0	0	386	30	0
中国哲学与文化研究中心	3	1	2	3	0	0	0	386	30	0
宁波大学	360	234	94	251	68	18	236	5 072.62	597.21	0
城市经济研究中心	14	10	3	9	5	0	9	42.36	4.8	0
东海研究院	34	20	6	22	3	3	6	460	45	0
法治与和谐社会建设研究中心	14	10	4	12	2	0	8	49.36	4.5	0
港口经济协同创新中心	14	11	3	12	2	0	8	987.26	11.36	0
宁波市地方政府治理研究基地	9	6	2	7	2	0	14	98.34	25.36	0
宁波市东海研究基地	14	8	6	12	2	0	9	96.37	32.6	0
宁波市高等教育发展研究基地	8	6	2	6	2	0	12	87.79	11.5	0
宁波市民国文化研究基地	8	5	1	7	1	0	8	63.76	5	0
宁波市区域经济研究基地	20	12	3	11	7	2	5	116.6	26.34	0
宁波市生态文明建设研究基地	18	14	4	12	4	2	15	16	6	0
宁波市乡村振兴与城乡融合发展研究基地	15	12	3	10	3	2	12	52.3	25.6	0
体育经济研究中心	19	5	7	18	1	0	12	105.3	45	0

续表

学校及机构名称	R&D活动人员(人)						培养研究生人数(人)	R&D经费支出(千元)	仪器设备原价(千元)	
	合计	其中								其中:进口(千元)
		博士毕业	硕士毕业	高级职称	中级职称	初级职称				
外国语言文化与宁波国际化发展战略研究中心	20	7	12	16	3	1	12	436.2	108.62	0
现代高端服务业发展研究中心	11	6	5	7	3	1	6	425.3	26.34	0
现代国际贸易战略研究中心	16	13	3	13	3	0	10	478.63	52.3	0
浙东文化研究基地	9	7	2	5	3	1	5	67.59	4.5	0
浙东文化研究院	30	22	4	16	4	2	25	209.9	48.36	0
浙东文化与宁波文化大市建设研究中心	5	3	2	4	1	0	3	452.32	26.37	0
浙江省海洋文化与经济研究中心	30	18	10	20	8	2	20	368.36	14.36	0
浙江省中国特色社会主义理论体系研究基地	8	5	3	7	1	0	0	45.68	4.5	0
中国非公有制经济人士研究基地	22	18	3	11	2	0	12	350	62.3	0
中国统一战线理论研究会非公有制经济人士统战工作理论研究基地	22	16	6	14	6	2	25	63.2	6.5	0
浙江传媒学院	136	73	43	44	90	0	589	9 869	8 351.8	0
国家动画教育研究基地	9	2	4	3	6	0	0	150	314	0
媒体传播优化协同创新中心	50	20	23	13	37	0	280	4 923	4 570	0
戏剧影视研究院	6	5	0	4	0	0	0	2 018	275	0
新媒介素养科普基地	5	1	0	1	4	0	0	121	172	0
新闻传播研究院	4	4	0	2	2	0	7	1 980	2 560	0
浙江广播电视研究院	12	4	4	2	10	0	0	103	288	0
浙江省传播与文化产业研究中心	20	14	6	4	16	0	280	198	50	0
浙江省非物质文化遗产研究基地	8	6	2	1	7	0	0	113	53	0
浙江文化产业发展研究中心	15	14	1	13	2	0	22	148	50	0
中国广播电视协会媒介素养研究基地	7	3	3	1	6	0	0	115	19.8	0
浙江树人学院	197	60	133	117	80	0	0	918.67	799.1	0
白俄罗斯研究中心	13	8	5	11	2	0	0	84.7	117	0

续表

学校及机构名称	R&D 活动人员(人)						培养研究生人数(人)	R&D 经费支出(千元)	仪器设备原价(千元)	
	合计	其中								其中:进口(千元)
		博士毕业	硕士毕业	高级职称	中级职称	初级职称				
茶文化研究与发展中心	7	1	6	2	5	0	0	174.7	57.1	0
城乡流通经济研究所	9	3	6	4	5	0	0	30.7	2.1	0
地域文化研究所	12	5	7	10	2	0	0	45.5	4.6	0
东亚研究所	13	4	9	4	9	0	0	42	4.2	0
翻译研究所	11	2	9	5	6	0	0	32.1	5.3	0
旅游与会展研究所	9	3	6	5	4	0	0	30.7	72.6	0
品牌设计艺术研究中心	13	1	12	9	4	0	0	45.4	39	0
社会建设研究所	10	1	9	5	5	0	0	34.7	14.3	0
新闻研究所	8	2	6	4	4	0	0	34.5	11.8	0
学生体质健康研究中心	13	0	10	7	6	0	0	35.9	11	0
浙江跨境电子贸易研究中心	14	4	9	7	7	0	0	31.3	17	0
浙江省家政服务人才培养培训联盟	12	2	10	6	6	0	0	47.4	79.3	0
浙江省现代服务业研究中心	17	14	3	14	3	0	0	97.5	79.2	0
智慧养老与家政服务协同创新中心	11	2	9	7	4	0	0	45.4	247.5	0
中国民办高等教育研究院	13	5	10	10	5	0	0	73.47	21.5	0
中小企业研究所	10	3	7	7	3	0	0	32.7	15.6	0
金华职业技术学院	80	14	40	44	35	0	0	600	20	0
浙江省现代职业教育研究中心	80	14	40	44	35	0	0	600	20	0
浙江工商职业技术学院	7	2	3	2	3	2	0	50	12	0
高职教育与区域发展研究中心	7	2	3	2	3	2	0	50	12	0
台州职业技术学院	46	4	25	25	20	1	0	170	56.5	0
电子商务研究所	6	1	4	3	3	0	0	30	10.5	0
国际贸易研究所	5	0	3	4	1	0	0	20	8	0
台州地方民俗与文化研究所	4	0	2	2	2	0	0	30	12	0
台州经济研究所	12	1	6	6	6	0	0	20	5	0
台州市民俗生活与和合文化精神研究创新团队	8	1	5	3	4	1	0	30	7	0

续表

学校及机构名称	R&D 活动人员(人)						培养研究生人数(人)	R&D 经费支出(千元)	仪器设备原价(千元)	
	合计	其中								其中:进口(千元)
		博士毕业	硕士毕业	高级职称	中级职称	初级职称				
现代物流研究所	7	0	3	4	3	0	0	20	5	0
浙江省马克思主义学会高职分会思政研究中心	4	1	2	3	1	0	0	20	9	0
浙江越秀外国语学院	26	5	19	17	8	1	0	303.21	545	0
酒店管理研究中心	4	1	3	1	2	1	0	83.39	80	0
民办高等教育研究所	2	0	2	2	0	0	0	20	55	0
网络舆情研究中心	7	2	5	5	2	0	0	185.08	70	0
中外文化传播与交流协同创新中心	13	2	9	9	4	0	0	14.74	340	0
浙江医药高等专科学校	55	3	47	26	23	6	0	16.72	5.5	0
宁波帮国药文化研究所	13	1	9	3	8	2	0	6.59	1	0
生命健康产业研究所	19	1	18	11	6	2	0	3	1.5	0
医药经济中心	23	1	20	12	9	2	0	7.13	3	0
浙江商业职业技术学院	128	8	65	17	58	45	0	41.98	4.83	0
餐饮文化研究所	8	0	0	0	0	0	0	0.3	1.2	0
创新创业教育研究所	26	2	10	0	5	21	0	0.25	0.6	0
高职教育研究所	13	1	6	3	6	4	0	0.21	0.4	0
旅游规划与开发研究所	10	1	9	3	6	1	0	20	0	0
旅游研究所	12	0	6	1	6	5	0	0.4	0.5	0
马克思主义中国化研究所	12	2	6	3	5	4	0	0.1	0.55	0
现代艺术设计研究所	13	0	5	1	8	4	0	0.2	0.58	0
浙江省商业经济研究所	14	1	7	2	10	2	0	0.17	0.6	0
浙商文化研究所	9	0	9	2	5	2	0	20	0	0
职业形象设计与推广研究中心	11	1	7	2	7	2	0	0.35	0.4	0
浙江旅游职业学院	103	8	65	68	31	4	0	3 920	812	0
饭店管理研究所	10	1	5	8	1	1	0	80	20	0
高等旅游职业教育研究所	4	1	2	4	0	0	0	600	15	0
会展与旅游经济研究所	8	0	5	5	3	0	0	55	22	0

续表

学校及机构名称	R&D活动人员(人)						培养研究生人数(人)	R&D经费支出(千元)	仪器设备原价(千元)	
	合计	其中								其中:进口(千元)
		博士毕业	硕士毕业	高级职称	中级职称	初级职称				
旅行社管理研究所	7	1	4	6	1	0	0	55	15	0
旅游标准化研究所	12	1	8	8	4	0	0	200	50	0
旅游人力资源开发研究所	9	1	8	7	2	0	0	90	30	0
旅游统计研究所	8	1	6	2	6	0	0	500	20	0
旅游营销与策划研究所	10	1	6	6	4	0	0	50	20	0
旅游资源开发与管理研究所	7	0	4	6	1	0	0	90	30	0
休闲农业(乡村旅游)研究所	8	1	5	8	0	0	0	50	20	0
饮食文化研究所	10	0	6	6	4	0	0	50	20	0
浙江省旅游发展研究中心	10	0	6	2	5	3	0	2 100	550	0
浙江工业职业技术学院	9	2	7	4	5	0	0	20	8	0
区域教育与产业发展研究中心	9	2	7	4	5	0	0	20	8	0
宁波大红鹰学院	112	26	50	73	36	1	0	331.5	83	0
创新经济研究所	5	2	2	4	1	0	0	14.84	5	0
地方历史文化研究所	11	1	4	8	3	0	0	12.61	5	0
蓝源家族财富管理研究院	7	1	3	4	3	0	0	14.5	5	0
宁波大宗商品流通协同创新中心	10	3	6	5	4	0	0	125.08	28	0
宁波大宗商品研究基地	8	1	5	4	4	0	0	11	5	0
宁波市新经济与创新创业研究基地	20	5	13	15	4	0	0	16.18	5	0
宁波市影视产业发展研究基地	18	8	9	14	3	1	0	74.39	5	0
区域金融研究所	6	2	0	5	1	0	0	10.09	5	0
数字媒体艺术研究所	6	0	1	1	5	0	0	16.7	5	0
现代服务业发展研究所	9	1	4	5	4	0	0	14.27	5	0
应用传播研究所	4	2	1	3	1	0	0	10.34	5	0
语言翻译研究所	8	0	2	5	3	0	0	11.5	5	0
义乌工商职业技术学院	10	2	6	3	5	1	0	1 100	330	0
义乌创新研究院	10	2	6	3	5	1	0	1 100	330	0

学校及机构名称	R&D 活动人员(人)						培养研究生人数(人)	R&D 经费支出(千元)	仪器设备原价(千元)	
	合计	其中								其中:进口(千元)
		博士毕业	硕士毕业	高级职称	中级职称	初级职称				
浙江大学城市学院	103	77	21	77	23	1	0	580	30	0
城市文化创新传播研究中心	32	23	7	27	5	0	0	180	10	0
旅游法治与发展研究中心	40	29	8	29	8	1	0	200	12	0
企业社会责任与可持续发展研究中心	31	25	6	21	10	0	0	200	8	0
浙江大学宁波理工学院	99	80	16	43	37	2	0	853.8	189.1	0
波兰研究中心	8	3	5	6	2	0	0	16	10	0
华莱坞电影研究中心	7	7	0	2	4	1	0	11.8	0.23	0
科技创新与知识产权研究中心	6	5	1	2	3	0	0	8	1	0
宁波电子商务研究院	7	6	1	5	2	0	0	218	31	0
宁波女性研究院	7	5	2	4	2	1	0	110	27.8	0
宁波市公共服务与政策研究所	5	5	0	2	3	0	0	95	19	0
宁波市金融发展与保险创新研究基地	0	0	0	0	0	0	0	12	2	0
宁波市金融研究院	8	6	2	6	2	0	0	63	13.2	0
宁波市旅游发展研究院	3	3	0	1	2	0	0	0	0	0
宁波市企业创新发展研究基地	6	6	0	3	2	0	0	38	7.9	0
宁波市文化产业研究基地	6	6	0	2	0	0	0	38	7.5	0
宁波质量发展研究院	6	2	1	1	1	0	0	25	3.57	0
社会政策研究中心	6	6	0	2	2	0	0	47	12	0
丝绸之路研究院	7	7	0	2	3	0	0	38	21.9	0
文化产业研究中心	5	4	1	1	2	0	0	63	6.7	0
现代服务外包研究中心	6	5	1	2	4	0	0	38	12.5	0
休闲旅游发展研究中心	6	4	2	2	3	0	0	33	12.8	0
浙江纺织服装职业技术学院	4	0	2	2	1	1	0	15	5	0
文化研究院	4	0	2	2	1	1	0	15	5	0
杭州科技职业技术学院	10	2	8	8	2	0	0	149.91	59	0

续表

学校及机构名称	R&D活动人员(人)						培养研究生人数(人)	R&D经费支出(千元)	仪器设备原价(千元)	
	合计	其中								其中:进口(千元)
		博士毕业	硕士毕业	高级职称	中级职称	初级职称				
高等职业教育(陶行知教育思想)研究中心	10	2	8	8	2	0	0	149.91	59	0
浙江工业大学之江学院	62	19	40	34	21	6	0	225.36	51.65	0
城市与建筑环境设计研究所	5	0	4	2	2	1	0	17.42	5	0
开放型经济研究所	5	1	4	3	2	0	0	13.88	4.2	0
旅游经济与发展研究所	6	3	3	3	1	2	0	68.22	10.71	0
农村电子商务研究所	8	0	7	2	5	0	0	11.9	4.2	0
社会治理创新研究所	6	2	4	4	2	0	0	9.4	4	0
文化传播与翻译研究所	8	4	4	5	3	0	0	5.2	5.2	0
现代工业设计研究所	6	0	5	2	1	3	0	40.43	8.32	0
战略管理研究所	10	3	7	7	3	0	0	37.11	5.4	0
中小企业成长与创新管理研究所	8	6	2	6	2	0	0	21.8	4.62	0
温州大学瓯江学院	14	4	9	3	10	0	0	840	48	0
温州创新创业与应用型人才培养研究中心	5	2	2	2	3	0	0	30	10	0
质量发展研究院	6	1	5	1	5	0	0	800	30	0
瓯窑研究所	3	1	2	0	2	0	0	10	8	0
浙江工商大学杭州商学院	32	17	9	17	7	4	0	216.4	76.1	0
创业与服务管理研究所	4	2	2	2	1	1	0	16.7	10	0
大数据与互联网金融研究所	3	3	0	3	0	0	0	17.6	5	0
公共服务和社区治理研究所	3	1	2	2	1	0	0	23.1	9.8	0
桐庐富春电子商务研究院	3	3	0	2	1	0	0	76	35	0
现代商贸研究中心	3	3	0	3	0	0	0	16.4	6.2	0
新闻传播研究所	3	2	1	1	2	0	0	23.4	5	0
中小企业转型与组织治理研究所	4	3	1	3	1	0	0	17.9	3.6	0
莪山畲乡"农创客"创新中心	9	0	3	1	1	3	0	25.3	1.5	0
温州商学院	58	27	12	39	12	7	8	2 600	500	0

学校及机构名称	R&D活动人员(人)						培养研究生人数(人)	R&D经费支出(千元)	仪器设备原价(千元)	其中:进口(千元)
	合计	其中								
		博士毕业	硕士毕业	高级职称	中级职称	初级职称				
"两个健康"研究院	20	12	8	17	3	0	0	450	80	0
国家与金融发展实验室温州基地	2	2	0	2	0	0	0	350	70	0
温州乡学院	7	3	2	3	1	3	0	500	100	0
温州新金融研究院	10	5	2	5	3	2	5	500	100	0
"一带一路"温商研究中心	19	5	0	12	5	2	3	800	150	0
宁波卫生职业技术学院	64	4	46	26	30	8	0	177.07	50	0
浙江省健康养老应用技术与标准协同创新中心	64	4	46	26	30	8	0	177.07	50	0
温州科技职业学院	6	0	6	1	3	2	0	30	18	0
高职教育研究所	6	0	6	1	3	2	0	30	18	0
浙江农业商贸职业学院	75	2	66	14	37	24	0	86.18	5.8	0
绍兴市三农问题研究中心	75	2	66	14	37	24	0	86.18	5.8	0
浙江外国语学院	22	9	13	6	9	7	0	478	1 058	0
阿拉伯研究中心	10	2	8	2	6	2	0	46	46	0
德国研究中心	7	4	3	2	2	3	0	12	12	0
拉丁美洲研究所	5	3	2	2	1	2	0	420	1 000	0
安徽省										
安徽大学	406	179	176	43	104	50	10	6 666.49	4 372.7	346
安徽法治与社会安全研究中心	20	8	12	2	8	5	1	500	150	60
安徽生态发展研究中心	30	10	20	2	5	5	0	500	150	80
安徽优秀传统文化研究中心	20	5	15	1	8	5	0	500	180	50
出土文献与中国古代文明研究协同创新中心	15	5	2	0	2	1	0	340	30	0
创新发展研究院	10	5	5	1	5	4	0	400	120	0
创新发展战略研究院	15	5	4	5	3	2	0	450	300	0
大洋洲文学研究所	8	2	4	0	3	3	0	145	54	0
大自然文学协同创新中心	15	4	10	0	6	3	0	185	55	0

续表

学校及机构名称	R&D 活动人员(人)						培养研究生人数(人)	R&D 经费支出(千元)	仪器设备原价(千元)	其中:进口(千元)
	合计	其中								
		博士毕业	硕士毕业	高级职称	中级职称	初级职称				
俄罗斯研究中心	3	0	1	0	2	0	0	130	50	0
国别和区域研究院	15	5	10	5	5	1	0	450	45	0
汉字发展与应用研究中心	30	21	6	8	4	1	2	345	2 300	11
合肥区域经济与城市发展研究院	15	5	6	0	6	3	0	257	137	37
淮河流域环境与经济社会发展研究中心	6	2	4	1	2	0	0	132	156	0
徽学研究中心	15	8	2	4	3	3	5	442.2	90.9	23
徽学与中国传统文化研究院	16	5	5	5	5	1	0	120	30	0
经济法制研究中心	26	12	13	0	0	0	0	71.48	31.5	12
科学发展观研究中心	25	14	6	5	10	2	0	35.2	25.7	11
拉丁美洲研究所	9	3	5	0	4	3	0	186	56	0
农村改革与经济社会发展协同创新中心	15	8	7	0	6	3	2	750	45	12
农村社会发展研究中心	26	11	14	2	3	1	0	58.61	23.3	14
台湾研究中心	7	3	2	0	3	0	0	125	25	0
桐城派研究中心	8	4	4	1	2	1	0	115	35	0
西亚北非研究中心	8	3	4	0	3	1	0	108	45	0
舆情与区域形象研究中心	28	19	7	0	3	0	0	243	213	22
中国哲学与安徽思想家研究中心	21	12	8	1	3	2	0	78	25.3	14
中国科学技术大学	113	79	34	52	42	19	118	4 652	5 310	2 320
安徽省高校人文社科重点研究基地—工商管理创新研究中心	50	30	20	12	20	18	40	180	200	120
安徽省高校人文社科重点研究基地—科学传播研究与发展中心	18	12	6	12	5	1	48	2 860	850	0
安徽省高校人文社科重点研究基地—科技史与文化遗产研究中心	28	24	4	17	11	0	12	1 500	4 000	2 200
安徽省知识产权发展研究中心	17	13	4	11	6	0	18	112	260	0
合肥工业大学	130	73	55	97	31	0	57	3 336	1 506	0

续表

学校及机构名称	R&D 活动人员(人)						培养研究生人数(人)	R&D 经费支出(千元)	仪器设备原价(千元)	
	合计	其中								其中:进口(千元)
		博士毕业	硕士毕业	高级职称	中级职称	初级职称				
安徽省中国特色社会主义理论体系研究中心	14	8	6	12	2	0	30	103	86	0
产业转移与创新发展研究中心	16	11	4	16	0	0	0	915	280	0
翻译与专业语料库研究中心	6	1	5	3	3	0	12	97	74	0
工业信息与经济研究中心	16	7	9	10	6	0	0	853	246	0
合肥市科技金融创新联盟	20	18	2	11	7	0	0	207	164	0
科技与产业发展研究院	20	16	4	20	0	0	0	476	289	0
生态文明与两型社会建设研究中心	12	5	7	7	5	0	0	112	93	0
现代科技发展与马克思主义理论研究中心	11	5	5	10	1	0	0	276	132	0
知识产权研究中心	15	2	13	8	7	0	15	297	142	0
安徽工业大学	192	90	96	126	48	18	6	1 490	393	0
安徽创新驱动发展研究院	25	15	6	20	3	2	1	50	14.2	0
安徽创新驱动与产业转型升级发展研究中心	42	28	14	35	5	2	1	500	10.8	0
安徽大学生思想政治教育研究中心	24	13	11	18	4	2	1	500	119	0
大学生思想政治教育与管理研究中心	25	9	16	12	8	5	1	200	28	0
公司治理与运营研究中心	50	15	35	30	15	5	1	200	210	0
中国特色社会主义理论体系研究中心	26	10	14	11	13	2	1	40	11	0
安徽理工大学	97	52	38	48	31	12	16	900	338	0
楚淮文化研究中心	14	11	3	9	4	1	6	100	28	0
翻译研究所	13	6	6	7	3	1	0	80	26	0
矿业企业安全管理研究中心	24	17	7	12	8	2	10	600	260	0
习近平新时代中国特色社会主义思想研究中心	46	18	22	20	16	8	0	120	24	0
安徽工程大学	51	7	36	11	30	10	0	171.7	68.3	0

续表

学校及机构名称	R&D 活动人员(人)						培养研究生人数(人)	R&D 经费支出(千元)	仪器设备原价(千元)	
	合计	其中								其中:进口(千元)
		博士毕业	硕士毕业	高级职称	中级职称	初级职称				
经济发展研究中心	25	3	18	5	14	6	0	88.4	22.3	0
设计艺术研究中心	26	4	18	6	16	4	0	83.3	46	0
安徽农业大学	167	89	68	119	48	0	0	160	50	0
安徽农业现代化研究院	46	22	19	35	11	0	0	50	10	0
安徽现代农业发展研究中心	36	16	15	28	8	0	0	10	3	0
农科教结合研究中心	5	3	2	4	1	0	0	5	3	0
习近平中国特色社会主义研究中心	20	15	5	11	9	0	0	20	5	0
乡村振兴战略研究中心	20	13	7	13	7	0	0	20	3	0
新农村发展研究院	12	2	10	2	10	0	0	15	10	0
中国特色社会主义理论研究基地(培育)	21	13	8	21	0	0	0	30	4	0
中华茶文化研究中心	7	5	2	5	2	0	0	10	12	0
安徽医科大学	56	15	37	14	29	11	104	400	88	0
安徽省健康发展战略研究中心	33	8	21	8	21	4	104	100	40	0
医学人文研究中心	23	7	16	6	8	7	0	300	48	0
蚌埠医学院	12	0	7	5	4	3	0	500	875	0
安徽省人文社科重点研究基地全科医学教育发展研究中心	12	0	7	5	4	3	0	500	875	0
皖南医学院	12	7	4	10	2	0	26	145.32	3 470	517.58
大学生心理健康教育研究中心	12	7	4	10	2	0	26	145.32	3 470	517.58
安徽师范大学	231	137	65	181	28	6	1 182	1 360.77	152.79	0
安徽省教师教育协同创新中心	29	12	6	16	6	1	26	65.26	5.19	0
安徽文化发展研究院	15	10	4	8	5	2	12	250	10	0
创意产业发展研究中心	38	11	14	38	0	0	154	240	20	0
伏尔加-第聂伯两江流域研究中心	12	11	1	11	0	1	0	20	5	0
教育改革与发展研究中心	29	19	10	12	7	0	11	50	10	0
旅游发展与规划研究中心	30	15	15	21	7	2	125	24.5	4.6	0

续表

学校及机构名称	R&D 活动人员(人)						培养研究生人数(人)	R&D 经费支出(千元)	仪器设备原价(千元)	
	合计	其中								其中:进口(千元)
		博士毕业	硕士毕业	高级职称	中级职称	初级职称				
马克思主义研究中心	51	37	14	51	0	0	750	30.01	6	0
皖南历史文化研究中心	17	14	0	16	1	0	84	81	12	0
中国诗学研究中心	10	8	1	8	2	0	20	600	80	0
阜阳师范学院	81	33	47	49	30	2	0	1 550	19 000	0
安徽武术文化研究中心	26	5	20	15	10	1	0	500	5 000	0
农民工研究中心	25	10	15	14	10	1	0	450	6 000	0
皖北文化研究中心	30	18	12	20	10	0	0	600	8 000	0
安庆师范大学	76	40	26	52	2	1	14	660	975	0
安徽省“三个代表”重要思想研究安庆师范大学研究基地	5	2	3	2	0	0	0	10	50	0
黄梅戏艺术发展研究中心	21	14	7	19	2	0	8	200	800	0
欧美研究所	10	3	4	2	0	1	0	120	15	0
桐城派与桐城文化研究中心	25	18	7	25	0	0	6	180	60	0
皖江历史文化研究中心	15	3	5	4	0	0	0	150	50	0
淮北师范大学	89	26	20	32	20	4	22	370	178	0
安徽高校管理大数据研究中心	40	12	11	16	8	4	10	200	120	0
安徽文献整理与研究中心	16	3	1	6	10	0	0	26	15	0
安徽优秀传统文化研究中心	18	7	2	10	2	0	12	120	30	0
皖北经济与社会发展研究中心	15	4	6	0	0	0	0	24	13	0
黄山学院	20	6	11	14	6	0	0	50	26.8	0
非物质文化遗产研究中心	20	6	11	14	6	0	0	50	26.8	0
皖西学院	34	7	16	19	12	3	0	231.62	29	0
大别山发展研究院	4	2	2	4	0	0	0	9.86	5	0
大别山红色文化创新实践中心	5	0	5	3	2	0	0	15.3	2	0
廉政文化研究中心	7	2	3	3	3	1	0	45	6	0
六安市思想政治工作研究中心	4	0	0	1	2	1	0	35	0	0
寿县楚文化研究中心	5	2	3	3	2	0	0	10.24	4	0

续表

学校及机构名称	R&D活动人员(人)						培养研究生人数(人)	R&D经费支出(千元)	仪器设备原价(千元)	
	合计	其中								其中:进口(千元)
		博士毕业	硕士毕业	高级职称	中级职称	初级职称				
数字媒体动画艺术研发中心	3	1	2	2	1	0	0	6	7	0
皖西民歌研究所	1	0	1	1	0	0	0	70.22	5	0
皖西文化研究中心	5	0	0	2	2	1	0	40	0	0
滁州学院	50	19	21	11	16	1	0	185	24	0
城镇化与新农村建设研究所	8	2	6	0	0	0	0	50	2	0
凤阳花鼓音乐研究所	3	0	3	0	0	0	0	30	6	0
江淮分水岭生态环境与区域发展研究中心	21	10	1	6	4	0	0	5	5	0
欧阳修研究中心	9	3	6	2	7	0	0	60	7	0
皖东历史文化研究中心	9	4	5	3	5	1	0	40	4	0
安徽财经大学	14	7	3	11	1	2	0	1 550	40	0
合作经济研究中心	7	3	0	6	0	1	0	350	20	0
经济发展研究中心	7	4	3	5	1	1	0	1 200	20	0
宿州学院	177	20	136	32	36	31	0	1 030	233	0
安徽新型城镇化建设发展研究中心	10	0	9	3	3	2	0	200	10	0
大学文化研究中心	25	3	17	3	3	5	0	20	6	0
宿州区域发展协同创新中心	36	5	25	4	5	5	0	750	200	0
宿州书画·灵璧石研究中心	15	0	10	1	4	3	0	10	3	0
宿州文化研究所	26	4	22	15	6	4	0	10	2	0
皖北城乡一体化研究中心	30	3	25	2	5	4	0	20	6	0
皖北方言文化研究所	20	3	17	2	5	4	0	10	3	0
皖北中小企业与特色产业发展研究中心	15	2	11	2	5	4	0	10	3	0
巢湖学院	2	0	0	2	0	0	0	50	14	0
环巢湖文化与经济社会发展研究中心	2	0	0	2	0	0	0	50	14	0
淮南师范学院	57	12	38	27	24	6	0	380	135	0

续表

学校及机构名称	R&D 活动人员(人)						培养研究生人数(人)	R&D 经费支出(千元)	仪器设备原价(千元)	
	合计	其中								其中:进口(千元)
		博士毕业	硕士毕业	高级职称	中级职称	初级职称				
安徽资源型城市发展研究中心	16	6	10	8	6	2	0	100	10	0
高校应急管理研究中心	9	1	5	4	5	0	0	60	40	0
淮南地域文化研究中心	8	1	5	4	3	1	0	50	10	0
社会工作研究中心	10	1	8	4	5	1	0	50	10	0
中共安徽早期党组织研究中心	2	0	2	1	1	0	0	20	5	0
资源型城市发展研究中心	12	3	8	6	4	2	0	100	60	0
铜陵学院	133	36	77	36	62	35	0	1 000	800	0
安徽经济社会发展研究中心	111	32	64	25	54	32	0	500	350	0
教育教学研究所	2	0	0	2	0	0	0	150	100	0
区域经济研究所	2	0	1	1	0	1	0	200	150	0
皖江经济发展研究中心	18	4	12	8	8	2	0	150	200	0
安徽建筑大学	80	45	31	57	18	0	8	1 200	500	0
城市管理研究中心	28	15	13	22	6	0	2	500	200	0
安徽新型城镇化建设发展研究中心	20	15	5	15	5	0	2	500	200	0
建筑经济与房地产管理研究中心	32	15	13	20	7	0	4	200	100	0
安徽科技学院	106	20	73	43	39	18	14	1 406	226	0
安徽省大学生创业教育研究中心	15	3	12	6	5	4	0	150	36	0
蚌埠市现代农业与农村发展研究中心	13	3	8	6	5	2	4	266	26	0
翻译与语言服务	14	2	8	5	8	1	0	230	18	0
明文化研究所	7	1	6	3	1	1	0	50	24	0
体育人文社会学	12	1	8	5	5	2	0	150	33	0
皖北现代农业与农村发展研究所	12	2	8	5	4	3	8	90	27	0
皖东产业经济研究院	11	3	8	5	4	2	2	200	22	0
现代企业管理研究所	9	2	6	2	2	1	0	90	15	0
中小企业财务管理研究所	13	3	9	6	5	2	0	180	25	0
安徽三联学院	60	5	47	10	36	8	0	240	121	0

续表

学校及机构名称	R&D 活动人员(人)						培养研究生人数(人)	R&D 经费支出(千元)	仪器设备原价(千元)	
	合计	其中								其中:进口(千元)
		博士毕业	硕士毕业	高级职称	中级职称	初级职称				
安徽竹稞学宫文化研究中心	12	2	8	3	7	0	0	50	10	0
翻译与比较文学研究中心	5	1	4	2	3	0	0	30	10	0
分岗位会计仿真实验室	5	0	5	0	4	1	0	20	12	0
剪纸艺术研究中心	4	0	4	0	3	1	0	20	8	0
贸易与竞争政策研究中心	8	0	5	1	5	2	0	20	5	0
人体工学应用研究中心	5	0	5	1	3	1	0	20	8	0
数字艺术协同创新中心	12	1	8	0	6	2	0	30	50	0
小微企业发展促进研究中心	5	0	5	2	3	0	0	30	10	0
亚洲文化研究中心	4	1	3	1	2	1	0	20	8	0
合肥学院	228	59	127	91	117	19	0	2 347.58	3 743.66	1 864
房地产研究所	8	3	4	3	3	2	0	120.25	21.04	0
环巢湖文化与经济社会发展研究中心	45	12	25	16	20	9	0	4	55	0
旅游咨询与规划研究所	35	8	22	15	19	1	0	12	5	0
网络舆情与区域形象传播协同创新中心	20	6	9	7	11	1	0	6.76	15	0
物流 4.0 实验室	5	4	1	3	2	0	0	2 140	2 140	1 864
现代管理研究所	56	12	30	16	37	3	0	30	800	0
现代旅游服务协同创新中心	35	8	22	15	19	1	0	12	40	0
学前教育改革与发展协同创新中心	11	1	6	8	3	0	0	13.29	159.62	0
知识产权研究所	8	3	5	5	2	1	0	3	8	0
智能物流协同创新中心	5	2	3	3	1	1	0	6.28	500	0
池州学院	3	0	3	1	2	0	0	60	442	0
皖南民俗文化研究中心	3	0	3	1	2	0	0	60	442	0
安徽商贸职业技术学院	16	2	12	0	0	0	0	21.3	0	0
财贸经济研究所	16	2	12	0	0	0	0	21.3	0	0
安徽新华学院	116	25	91	48	51	17	0	175	20	0

续表

学校及机构名称	R&D活动人员(人)						培养研究生人数(人)	R&D经费支出(千元)	仪器设备原价(千元)	
	合计	其中								其中:进口(千元)
		博士毕业	硕士毕业	高级职称	中级职称	初级职称				
大学生素质教育研究中心	116	25	91	48	51	17	0	175	20	0
亳州学院	5	2	3	2	2	1	0	20	12	0
亳文化研究中心	5	2	3	2	2	1	0	20	12	0
合肥师范学院	59	4	18	17	24	0	0	82.5	57.5	0
动画创意与策划研究中心	18	0	5	7	5	0	0	75	50	0
翻译研究所	10	1	1	2	5	0	0	0.5	0.5	0
古籍研究所	10	1	0	2	5	0	0	1	1	0
徽派版画艺术研究所	3	0	3	1	1	0	0	1.5	1.5	0
教师教育研究中心	5	1	3	2	1	0	0	2	2	0
教育科学研究所	4	0	3	1	2	0	0	1	1	0
马克思主义中国化研究所	8	1	2	1	5	0	0	1	1	0
中国画艺术研究所	1	0	1	1	0	0	0	0.5	0.5	0
河海大学文天学院	12	3	5	3	6	3	0	50	15	0
人力资源研究院	12	3	5	3	6	3	0	50	15	0
桐城师范高等专科学校	18	0	16	8	0	8	0	80	0	0
桐城派学术研究中心	10	0	8	3	0	5	0	50	0	0
小学教育研究中心	8	0	8	5	0	3	0	30	0	0
福建省										
厦门大学	1 147	1 055	55	846	244	57	1 368	46 558.35	29 598.48	525
“计量经济学”教育部重点实验室	31	25	6	18	12	1	63	386	2 800	0
“一带一路”与东南亚研究院	6	6	0	6	0	0	9	250	165	0
(正泰数据)资产综合管控研究所	7	7	0	7	0	0	0	150	40	0
财税金融法治研究中心	23	23	0	20	3	0	48	624.61	6	0
财政科学研究所	6	6	0	6	0	0	56	355	0	0
传播研究所	16	14	1	15	1	0	19	683.1	0	0
创新与知识产权研究中心	9	9	0	1	6	2	18	254	45	0

续表

学校及机构名称	R&D 活动人员(人) 合计	其中 博士毕业	硕士毕业	高级职称	中级职称	初级职称	培养研究生人数(人)	R&D 经费支出(千元)	仪器设备原价(千元)	其中:进口(千元)
道学与传统文化研究中心	10	9	1	10	0	0	20	380	0	0
东南亚华文文学研究中心	10	6	0	10	0	0	1	200	0	0
东南亚研究中心	16	6	0	16	0	0	23	338.2	806	0
佛学研究中心	9	9	0	9	0	0	7	164.26	50	0
福建省统计科学重点实验室	64	62	2	37	27	0	63	195.6	2 800	0
高等教育发展研究中心	14	13	0	14	0	0	43	228.6	1 420.9	0
高等教育质量与评估研究所	10	9	0	9	1	0	3	1 253.2	50	0
公共服务质量研究中心	17	17	0	15	2	0	31	794.3	500	0
公共政策与地方治理协同创新中心	22	22	0	20	2	0	39	798.3	50	0
公共政策与政府创新研究中心	12	12	0	10	2	0	19	735.4	500	0
古籍整理研究所	10	10	0	4	4	2	12	330	0	0
管理会计研究中心	6	6	0	6	0	0	8	600	70	0
国际经济法研究中心	15	15	0	10	5	0	31	1 162.2	503.37	0
国际税法与比较税制研究中心	10	9	1	4	4	2	30	333.7	0	0
国家林业局中国农村林业改革发展研究基地	13	13	0	8	5	0	0	452	65	0
国家旅游局中国旅游研究院台湾旅游研究基地	8	7	0	7	1	0	0	100	35	0
国家统计局统计科学研究所厦门大学重点研究基地	9	9	0	7	2	0	13	100	50	0
国家语言资源监测与研究教育教材中心	11	10	1	9	0	2	4	245.5	130	0
国民经济与核算研究所	7	7	0	4	3	0	0	290	0	0
国术与健身研究中心	10	2	6	7	3	0	1	92.5	0	0
海外华文教育研究所	39	25	9	20	18	1	57	571	1 200	0
海峡媒体研究中心	9	8	1	8	0	1	25	608	0	0
海洋法与中国东南海疆研究中心	31	31	0	26	5	0	12	1 265.1	59.96	0
海洋考古学研究中心	6	4	0	5	1	0	15	2 280	2 600	490

续表

学校及机构名称	R&D 活动人员(人)						培养研究生人数(人)	R&D 经费支出(千元)	仪器设备原价(千元)	
	合计	其中								其中:进口(千元)
		博士毕业	硕士毕业	高级职称	中级职称	初级职称				
汉语言文字应用和推广研究中心	13	13	0	9	4	0	14	514	0	0
宏观经济研究中心	21	21	0	20	1	0	13	1 890	486	0
会计发展研究中心	20	20	0	18	2	0	24	2 232.41	43.81	0
金融工程研究中心	6	6	0	6	0	0	10	90	120	0
经济法学研究中心	10	10	0	8	2	0	18	290.9	0	0
经济犯罪研究中心	10	10	0	7	3	0	33	1 047.4	25	0
考试研究中心	8	8	0	8	0	0	12	320.43	0	0
孔子学院发展与研究中心	20	17	0	16	4	0	57	548	0	0
口译学研究所	13	11	2	5	8	0	0	178.49	0	0
立法研究中心	10	10	0	7	2	1	17	51.35	17.98	0
两岸关系和平发展协同创新中心	72	69	3	58	14	0	46	2 203.63	5 931.41	0
旅游管理与规划研究所	10	10	0	5	5	0	0	60	30	0
旅游人类学研究中心	5	5	0	5	0	0	4	271	0	0
马来西亚研究所	6	6	0	6	0	0	7	21	107	0
民间历史文献研究中心	9	9	0	6	3	0	6	550	100	0
闽商研究中心	8	8	0	6	2	0	2	138	200	0
能源经济与能源政策协同创新中心	5	5	0	4	1	0	3	2 397.88	230	0
品牌与广告研究中心	13	11	0	11	2	0	16	930	0	0
企业案例研究中心	9	9	0	9	0	0	0	70	15	0
企业并购研究中心	5	5	0	5	0	0	4	54.94	0	0
企业发展战略研究中心	13	13	0	9	2	2	0	300	30	0
企业社会责任与企业文化研究中心	4	4	0	4	0	0	2	156.96	0	0
人才战略研究所	14	14	0	13	1	0	28	765.3	500	0
人类学研究中心	10	9	1	7	2	1	3	210	22.7	0
社会发展研究中心	16	15	1	10	6	0	12	1 540	0	0
社会管理创新研究中心	6	6	0	6	0	0	11	423.8	0	0

续表

学校及机构名称	R&D 活动人员(人)						培养研究生人数(人)	R&D 经费支出(千元)	仪器设备原价(千元)	
	合计	其中								其中:进口(千元)
		博士毕业	硕士毕业	高级职称	中级职称	初级职称				
社会经济政策量化评估中心	20	20	0	20	0	0	40	375	100	20
社会治理与软法研究中心	10	10	0	7	1	2	17	51.35	17.98	0
数据挖掘研究中心	10	10	0	8	2	0	13	500	350	0
双语词典与双语语言文化研究中心	10	10	0	10	0	0	8	80	0	0
台湾研究中心	13	11	2	13	0	0	28	87.07	5 931.41	0
土地经济与城市规划研究中心	9	9	0	7	2	0	21	220	50	15
外国语言文学研究所	57	52	5	15	22	20	62	400	0	0
文化发展研究院	10	10	0	10	0	0	8	370.93	0	0
现代管理科学研究所	7	7	0	7	0	0	0	90	10	0
现代企业与医疗服务运营技术管理研究中心	25	22	3	11	8	6	21	200	20	0
舆论研究中心	8	8	0	5	3	0	5	541.58	0	0
哲学研究所	12	11	0	10	2	0	5	32	100	0
哲学与当代社会研究中心	31	27	3	24	7	0	22	936.26	1 000	0
政府绩效管理研究中心	6	6	0	5	1	0	10	559.6	0	0
政治学与行政学研究所	10	10	0	9	1	0	13	995.6	0	0
证券研究中心	5	5	0	5	0	0	14	50	40	0
知识产权教育与研究中心	9	9	0	1	6	2	18	998.5	0	0
中国供应链管理研究中心	9	6	1	8	1	0	31	40	30	0
中国企业成长研究中心	5	5	0	5	0	0	0	40	40	0
中国社会经济史研究中心	15	14	0	13	2	0	12	386	75	0
中国特色社会主义研究中心	24	24	0	7	6	11	0	808	10	0
中国营商环境研究中心	19	15	4	14	5	0	0	5 000	3.7	0
中国资本市场研究中心	10	8	2	8	1	1	5	199.2	15.26	0
中外合作办学研究中心	11	11	0	8	3	0	3	121.2	0	0
华侨大学	281	246	13	202	56	1	0	2 460.6	985	0
东方企业管理研究中心	15	15	0	13	2	0	0	150	11	0

学校及机构名称	R&D活动人员(人)						培养研究生人数(人)	R&D经费支出(千元)	仪器设备原价(千元)	
	合计	其中								其中:进口(千元)
		博士毕业	硕士毕业	高级职称	中级职称	初级职称				
东亚法律文化研究中心	7	7	0	7	0	0	0	100	11	0
国务院侨务办公室侨务理论研究福建基地	12	8	4	4	8	0	0	280	40	0
海外华人宗教与闽台宗教研究中心	14	13	1	13	1	0	0	94.6	11	0
海外华文教育与中华文化传播协同创新中心	13	12	1	13	0	0	0	198.5	25	0
海外华文媒体研究中心	13	13	0	10	3	0	0	450	450	0
旅游安全研究院	15	15	0	12	3	0	0	250	250	0
马克思主义与当代社会发展研究中心	9	9	0	9	0	0	0	56.8	15	0
侨务公共外交研究所	17	17	0	8	9	0	0	1	14	0
人力资源管理研究中心	12	12	0	7	5	0	0	100	20	0
商务管理研究中心	28	26	2	21	7	0	0	21.4	1	0
生活哲学研究中心	25	25	0	20	5	0	0	145.3	15	0
数量经济研究中心	15	14	1	15	0	0	0	50	25	0
台湾经济研究所	6	6	0	6	0	0	0	100	9	0
泰国研究所	9	9	0	9	0	0	0	100	11	0
体育与健康科学研究中心	27	5	0	3	2	0	0	20.6	10	0
政治发展与公共治理研究中心	9	9	0	9	0	0	0	100	35	0
中国旅游研究院旅游安全研究基地	17	14	3	10	6	1	0	142.4	12	0
中国社会科学院世界宗教研究所海外华人宗教与闽台宗教研究基地	18	17	1	13	5	0	0	100	20	0
福州大学	35	17	14	27	6	0	8	1 067	65	0
创新与高质量发展研究中心	8	6	2	5	1	0	0	153	0	0
福建绿色发展研究院	6	4	2	5	1	0	3	350	20	0
福建省海洋文化研究中心	7	0	3	5	2	0	2	152	25	0
福建省应急管理研究中心	5	3	2	5	0	0	0	12	0	0
物流研究中心	9	4	5	7	2	0	3	400	20	0

续表

学校及机构名称	R&D 活动人员(人) 合计	其中 博士毕业	硕士毕业	高级职称	中级职称	初级职称	培养研究生人数(人)	R&D 经费支出(千元)	仪器设备原价(千元)	其中:进口(千元)
福建工程学院	109	63	33	57	34	18	46	365.08	685.7	0
地方文献整理研究中心	38	28	8	13	14	11	0	330	209	0
福建传统村落与历史建筑研究中心	25	8	12	13	11	1	15	8	50	0
福建省创新方法研究推广应用基地	17	10	7	13	4	0	3	14.9	156	0
福建省知识产权研究院	16	8	3	7	4	5	20	8.18	250.7	0
福建自贸区知识产权研究中心	13	9	3	11	1	1	8	4	20	0
福建农林大学	181	103	68	98	62	21	40	6 320	367	0
福建普惠金融研究院	28	18	10	16	12	0	10	800	140	0
福建省软科学研究基地	10	4	6	5	5	0	0	20	5	0
国家林业局集体林业改革发展研究中心	25	18	7	18	7	0	0	50	30	0
海峡两岸乡村振兴研究院	25	10	15	8	10	7	10	1 000	0	0
集体林业改革发展研究中心	30	12	18	16	14	0	10	1 000	0	0
教育部国别与区域研究中心南太平洋岛国研究中心	15	10	5	10	5	0	5	1 300	0	0
马克思主义中国化研究中心	3	2	1	3	0	0	0	500	5	0
区域特色发展研究院	5	2	0	2	1	2	2	320	5	0
区域特色发展智库	6	4	2	4	2	0	0	100	5	0
生态文明研究中心(省高校特色新型智库)	8	8	0	4	0	4	3	310	10	0
生态文明研究中心(省社科研究基地)	3	0	0	3	0	0	0	200	5	0
乡村旅游研究中心	5	3	2	2	0	3	0	600	80	0
新农村发展研究院	10	4	2	1	4	5	0	100	80	0
中国特色社会主义理论体系研究中心	8	8	0	6	2	0	0	20	2	0
集美大学	223	119	67	139	65	5	101	589.24	199.39	0
地方财政绩效研究中心	38	27	8	25	9	1	5	90	18	0

续表

学校及机构名称	R&D 活动人员(人)						培养研究生人数(人)	R&D 经费支出(千元)	仪器设备原价(千元)	
	合计	其中								其中:进口(千元)
		博士毕业	硕士毕业	高级职称	中级职称	初级职称				
海西经济运行效率与风险测评研究中心	38	28	8	24	10	0	28	70	6.8	0
海西社会建设与社会服务研究中心	19	8	11	14	4	1	6	69.24	8.59	0
海洋文化与创意产业研究中心	21	9	7	15	6	0	20	80	50	0
两岸美术社科研究中心	44	9	16	19	19	2	15	80	40	0
闽台审计研究中心	11	8	2	7	4	0	10	60	60	0
闽台体育研究中心	15	4	7	10	4	1	8	55	6	0
区域经济研究中心	37	26	8	25	9	0	9	85	10	0
福建医科大学	54	18	30	39	15	0	5	684	10 730	4 500
福建省高校特色新型智库	38	11	21	28	10	0	4	654	730	0
医学人文研究中心	16	7	9	11	5	0	1	30	10 000	4 500
福建中医药大学	4	1	3	2	1	1	0	15	45	0
闽台中医药文化文献研究中心	4	1	3	2	1	1	0	15	45	0
福建师范大学	661	369	251	356	241	54	89	43 314.81	4 941.4	0
“二十国集团”(G20)联合研究中心	20	15	5	15	5	0	10	300	30	0
慈善研究所	10	4	4	4	6	0	0	85	15	0
当代艺术研究中心	8	2	5	2	6	0	0	50	10	0
邓小平理论研究所	12	6	6	4	8	0	0	35	9	0
发展与教育心理研究中心	22	15	3	14	4	4	0	300	60	0
福建红色文化研究中心	25	16	6	15	6	0	7	3 500	100	0
福建省非物质文化遗产研究中心	12	5	3	4	6	0	0	87	12	0
福建省人才发展研究中心	15	8	7	4	5	6	0	210	15	0
福建师范大学中华文明与两岸文教交流研究中心	34	30	4	32	2	0	15	48.56	20.17	0
福建自贸区综合研究院	20	14	6	14	6	0	6	890	60	0
海峡两岸文化发展协同创新中心	23	17	6	15	8	0	7	3 900	80	0
海峡旅游发展研究中心	15	8	7	6	7	2	0	500	50	0

续表

学校及机构名称	R&D 活动人员(人)						培养研究生人数(人)	R&D 经费支出(千元)	仪器设备原价(千元)	
	合计	其中								其中:进口(千元)
		博士毕业	硕士毕业	高级职称	中级职称	初级职称				
基础教育与教师教育研究中心	25	10	13	8	11	6	0	326	60	0
经学研究所	8	5	3	6	2	0	0	200	23	0
竞争力研究中心	34	22	12	19	14	1	14	6 000	300	0
两岸关系与闽台区域发展战略研究院	30	12	15	18	6	3	0	2 300	70	0
马克思主义理论与海西经济社会协调发展研究中心	10	6	4	5	5	0	0	285	17	0
美洲史研究院	22	10	9	12	10	0	0	429	25	0
闽台区域研究中心	51	25	26	20	26	5	10	6 500	3 200	0
闽学研究中心	10	7	3	7	3	0	0	150	20	0
全国中国特色社会主义政治经济学研究中心	20	11	9	12	8	0	5	4 500	100	0
社会学研究所	18	6	12	8	7	3	2	210	15	0
生态文明科学研究中心	20	8	9	7	9	4	0	240	18.5	0
世界创新竞争力发展研究基地	32	19	13	21	11	0	0	200	20	0
体育人文社会学研究中心	26	11	12	8	12	6	0	365	15	0
印度尼西亚研究中心	22	10	12	11	11	0	5	800	50	0
中国(福建)生态文明建设研究院	20	9	11	7	8	5	0	2 300	200	0
中国画创作与理论研究中心	11	5	4	4	6	1	0	800	16	0
中华文学传承发展研究中心	36	19	11	18	13	5	0	3 500	220	0
资源环境与绿色发展研究中心	19	14	5	15	4	0	8	504.25	30.73	0
综合竞争力与国家发展战略研究院	31	20	6	21	6	3	0	3 800	80	0
闽江学院	184	92	92	79	97	8	0	3 692	2 369.2	0
福建省 618 协同创新院电子商务分院	26	15	11	12	14	0	0	350	180	0
福建省高校人文社科研究基地流行音乐研究中心	18	6	12	8	10	0	0	286	236	0

续表

学校及机构名称	R&D 活动人员(人)						培养研究生人数(人)	R&D 经费支出(千元)	仪器设备原价(千元)	
	合计	其中								其中:进口(千元)
		博士毕业	硕士毕业	高级职称	中级职称	初级职称				
福建省高校人文社科研究基地效率与生产力研究中心	23	11	12	8	15	0	0	396	268	0
福州民俗文化研究所	9	6	3	6	2	1	0	421	153	0
海西地方财政与发展研究中心	15	8	7	9	4	2	0	386.5	283	0
海洋旅游研究中心	20	13	7	7	12	1	0	203.5	168.5	0
互联网创新研究中心	14	7	7	9	4	1	0	526.5	392.5	0
闽都历史文化研究中心	12	8	4	7	4	1	0	515	223	0
省高校人文社科研究基地习近平新时代中国特色社会主义思想研究中心	35	12	23	6	28	1	0	321	253	0
新媒体传播研究中心	12	6	6	7	4	1	0	286.5	212.2	0
宁德师范学院	42	6	34	18	20	4	0	698.3	456.5	0
茶产业与文化研究所	8	2	5	3	4	1	0	500	400	0
教育研究所	14	1	13	5	6	3	0	90	15	0
旅游研究所	8	1	6	3	5	0	0	44	12.2	0
区域经济研究所	5	0	5	3	2	0	0	39.3	16.3	0
畲族文化研究中心	7	2	5	4	3	0	0	25	13	0
泉州师范学院	73	19	42	48	16	9	56	850	1 418.52	0
南音文化传承与发展协同创新中心	54	11	32	32	13	9	50	800	918.52	0
南音研究中心	19	8	10	16	3	0	6	50	500	0
福建师范大学福清分校	14	0	0	11	3	0	0	265	71	0
工艺美术研究院	2	0	0	2	0	0	0	15	11	0
黄檗文化研究中心	7	0	0	5	2	0	0	100	25	0
黄檗文化与海上丝绸之路研究院	3	0	0	2	1	0	0	50	15	0
闽台职业教育研究中心	2	0	0	2	0	0	0	100	20	0
闽南师范大学	124	73	28	99	22	0	5	730	115	0
福建省区域农村教师发展协同创新中心	55	25	11	44	9	0	0	230	18	0

续表

学校及机构名称	R&D 活动人员(人)						培养研究生人数(人)	R&D 经费支出(千元)	仪器设备原价(千元)	
	合计	其中								其中:进口(千元)
		博士毕业	硕士毕业	高级职称	中级职称	初级职称				
两岸一家亲研究院	52	38	14	44	7	0	0	240	17	0
闽南文化研究中心	17	10	3	11	6	0	5	260	80	0
厦门理工学院	171	71	85	119	48	2	0	213.98	88.72	0
21 世纪海上丝绸之路与厦门发展研究中心	3	2	1	3	0	0	0	42.53	9.5	0
城市旅游发展研究中心	9	3	4	4	5	0	0	21.29	8.65	0
创新方法研究所	11	6	5	5	6	0	0	4.63	6.78	0
福建省知识产权远程教育平台厦门分站	9	3	6	7	2	0	0	14.3	15.54	0
国学研究所	12	4	6	8	4	0	0	3.34	2.56	0
两岸创意经济研究中心	33	14	16	23	8	2	0	7.43	6.38	0
媒体关系研究中心	8	4	4	4	2	0	0	3.54	5.75	0
闽南文化海外传播研究中心	16	4	10	15	1	0	0	6.14	7.52	0
闽台临港产业研究所	8	4	4	5	3	0	0	1.14	5.4	0
闽台旅游发展研究所	9	2	5	5	4	0	0	2.56	2.78	0
文化产业研究中心	24	15	9	20	4	0	0	98.57	9.52	0
厦门地方史研究所	9	5	4	8	1	0	0	2.12	2.8	0
现代物流管理工程技术研究中心	20	5	11	12	8	0	0	6.39	5.54	0
三明学院	224	55	103	119	68	18	0	854.94	467.78	200
产品设计创新研究中心	21	6	8	9	4	3	0	53	41	0
低碳经济研究中心	25	7	17	16	8	0	0	20	1	0
动漫创意产品设计与研发公共服务平台	18	5	11	6	8	4	0	109	63.5	0
国家公园研究中心	12	5	7	6	6	0	0	40	2.2	0
闽江源生态保护研究院	12	8	2	10	2	0	0	450	300	200
三明市地方文化研究中心	24	7	15	10	13	1	0	20.9	2.6	0
三明市公共体育文化服务平台	27	1	17	5	16	6	0	48.1	10	0

续表

学校及机构名称	R&D 活动人员(人)						培养研究生人数(人)	R&D 经费支出(千元)	仪器设备原价(千元)	
	合计	其中								其中:进口(千元)
		博士毕业	硕士毕业	高级职称	中级职称	初级职称				
三明市基础教育研究中心	41	2	6	24	5	4	0	22.2	5	0
三明市区域经济与绿色发展研究中心	7	5	1	5	2	0	0	33.38	1.2	0
三明市乡村休闲旅游发展研究中心	15	1	7	6	4	0	0	8.36	1.28	0
生态文化研究中心	22	8	12	22	0	0	0	50	40	0
龙岩学院	65	17	31	48	16	1	0	1 083.8	211	0
基础教育研究院	21	3	8	21	0	0	0	50	0	0
客家学研究中心	33	8	22	22	11	0	0	306.1	11.2	0
闽台客家研究院	6	3	1	2	4	0	0	459.2	100	0
中央苏区研究院	5	3	0	3	1	1	0	268.5	99.8	0
福建商学院	41	10	31	23	13	0	0	31	21	0
福建省特色农产品电商物流协同创新中心建设项目	18	3	15	10	8	0	0	5	10	0
闽商文化研究室	3	2	1	3	0	0	0	23	6	0
中小微企业研究中心	20	5	15	10	5	0	0	3	5	0
莆田学院	106	32	45	85	18	2	0	4 171.9	353	0
福建省高校特色智库莆田学院妈祖文化研究院	23	7	8	17	6	0	0	1 450	40	0
福建省妈祖文化传承与发展协同创新中心	24	8	13	17	6	0	0	840	136	0
福建省社会科学研究基地莆田学院妈祖文化研究中心	20	7	6	16	4	0	0	1 020	84	0
国家体育总局体育文化发展中心体育文化研究基地	21	5	12	19	0	2	0	705	30	0
妈祖文化研究中心福建省高校人文社科研究基地	18	5	6	16	2	0	0	156.9	63	0
厦门大学嘉庚学院	81	20	58	30	46	5	0	1 380.95	7 636.42	0
1969“和文化”教育研究基地	15	2	13	3	12	0	0	236.27	100	0
丹溪映画文化产业创新中心	12	2	10	3	9	0	0	381.74	100	0

续表

学校及机构名称	R&D活动人员(人)						培养研究生人数(人)	R&D经费支出(千元)	仪器设备原价(千元)	
	合计	其中								其中:进口(千元)
		博士毕业	硕士毕业	高级职称	中级职称	初级职称				
东万晟现代物流与供应链创新研究中心	13	1	12	5	7	1	0	169.38	100	0
汉嘉设计创新研究中心	10	0	10	0	7	3	0	560.24	100	0
两岸语言应用与叙事文化研究中心	31	15	13	19	11	1	0	33.32	7 236.42	0
福州大学至诚学院	27	1	25	4	17	6	0	29.2	0	0
经济管理实验教学示范中心	27	1	25	4	17	6	0	29.2	0	0
福建江夏学院	136	50	57	95	34	7	45	285.98	599.46	0
财务与会计研究中心	48	29	14	34	12	2	39	141.41	99.46	0
地方政府法治创新研究所	6	2	0	5	1	0	0	2.38	0	0
高等教育研究所	29	6	11	18	7	4	1	13.96	0	0
海法与自贸港区建设促进中心	53	13	32	38	14	1	5	128.23	500	0
泉州信息工程学院	23	2	6	6	2	13	0	92	20	0
国际商务研究中心	19	2	4	3	2	12	0	90	20	0
应用技术本科教育研究所	4	0	2	3	0	1	0	2	0	0
福州理工学院	23	1	7	12	7	3	0	12.54	10	0
朱子文化研究中心	23	1	7	12	7	3	0	12.54	10	0
福建艺术职业学院	2	0	1	0	1	1	0	5	100	0
古琴艺术研究中心	2	0	1	0	1	1	0	5	100	0
福建幼儿师范高等专科学校	7	0	6	5	2	0	0	7	5	0
福建儿童语言艺术研究中心	4	0	3	2	2	0	0	6	5	0
海峡儿童文学研究中心	3	0	3	3	0	0	0	1	0	0
厦门城市职业学院	6	1	3	1	3	1	0	100	50	0
闽台儿童文化福建省高校应用文科研究中心	6	1	3	1	3	1	0	100	50	0
泉州幼儿师范高等专科学校	13	0	9	6	5	2	0	5	26.73	0
儿童早期教养与指导研究中心	13	0	9	6	5	2	0	5	26.73	0
江西省										
南昌大学	48	23	20	9	4	0	60	10 780	1 950	600
赣学研究院	5	2	3	0	0	0	0	140	30	0

续表

学校及机构名称	R&D活动人员(人)						培养研究生人数(人)	R&D经费支出(千元)	仪器设备原价(千元)	
	合计	其中								其中:进口(千元)
		博士毕业	硕士毕业	高级职称	中级职称	初级职称				
江西发展升级推进长江经济带建设协同创新中心	7	4	3	0	0	0	0	5 000	1 200	600
江西省大学生思想政治教育研究中心	2	1	1	0	0	0	0	1 000	200	0
江右哲学研究中心	3	1	2	0	0	0	0	400	100	0
客赣方言及语言应用中心	5	2	2	0	0	0	0	400	50	0
立法研究中心	2	1	1	0	0	0	0	400	50	0
廉政研究中心	2	0	2	0	0	0	0	200	0	0
旅游规划与研究中心	4	2	1	0	0	0	0	600	150	0
文化资源与产业研究院	3	2	0	0	0	0	0	370	70	0
影视艺术研究中心	2	0	1	0	0	0	0	300	0	0
中国特色社会主义理论体系	0	0	0	0	0	0	0	370	0	0
中国中部经济社会发展研究中心	13	8	4	9	4	0	60	1 600	100	0
华东交通大学	41	16	17	12	5	0	10	242	476	0
高铁与区域发展研究中心	4	2	0	2	0	0	0	20	0	0
轨道交通与城市协调发展研究中心	2	1	0	1	0	0	0	10	0	0
国学推广与艺术设计中心	3	1	0	2	0	0	0	10	0	0
江西新型智库数据中心	11	2	9	6	5	0	10	90	20	0
交通与工程应用翻译研究中心	4	2	0	1	0	0	0	12	0	0
交通运输与经济研究所	4	2	2	0	0	0	0	20	100	0
女性研究中心	1	0	0	0	0	0	0	20	56	0
体育健身养身研究中心	4	2	2	0	0	0	0	20	100	0
新型工业化与城镇化软科学研究基地	4	2	2	0	0	0	0	20	100	0
知识产权研究中心	4	2	2	0	0	0	0	20	100	0
东华理工大学	103	56	45	61	42	0	48	1 622	1 752	0
地质资源经济管理研究中心	23	13	10	10	13	0	16	920	416	0
江西生态文明建设制度研究中心	31	20	11	24	7	0	10	50	0	0
江西戏剧资源研究中心	26	10	14	17	9	0	10	112	920	0

续表

学校及机构名称	R&D 活动人员(人)						培养研究生人数(人)	R&D 经费支出(千元)	仪器设备原价(千元)	
	合计	其中								其中:进口(千元)
		博士毕业	硕士毕业	高级职称	中级职称	初级职称				
资源与环境经济研究中心	23	13	10	10	13	0	12	540	416	0
南昌航空大学	40	25	15	19	14	7	60	1 100	2 030	0
国家体育总局体育文化研究基地	10	5	5	4	4	2	0	100	30	0
江西省航空产业发展与管理创新软科学基地	30	20	10	15	10	5	60	1 000	2 000	0
江西理工大学	167	63	95	118	46	3	150	1 853	392.5	0
巴基斯坦研究中心	8	1	7	7	1	0	8	20	10	0
非物质文化遗产研究基地	13	1	11	8	5	0	8	110	0	0
赣南客家文化数字化研究院	10	0	9	6	4	0	9	40	3	0
赣州地方立法研究院	11	6	4	5	6	0	9	120	0	0
赣州市产业发展研究院	14	6	7	10	4	0	13	220	46.5	0
赣州市地方党建研究院	9	6	3	5	4	0	6	215	0	0
赣州市金融研究院	15	7	7	14	1	0	18	400	0	0
华文教育研究中心	11	5	5	7	4	0	8	60	0	0
环境资源法研究中心	12	6	5	6	6	0	8	200	100	0
江西省赣粤闽湘边界区域经济合作软科学研究基地	13	7	6	8	4	1	8	70	82	0
江西省有色金属产业发展研究中心	17	6	10	12	3	2	15	230	120	0
矿业发展研究中心	11	4	7	10	1	0	12	80	10	0
矿业贸易与投资研究中心	10	3	7	10	0	0	16	26	10	0
区域经济与社会发展研究中心	13	5	7	10	3	0	12	62	11	0
景德镇陶瓷大学	85	25	58	31	36	18	46	697.4	11 456	4 627
“陶瓷产品设计”协同创新中心	12	2	10	3	7	2	7	462	500	0
古陶瓷研究中心	10	4	6	3	5	2	7	60	1 220	1 220
江西陶瓷文物遗存保护暨御窑研究协同创新中心	5	2	3	2	3	0	0	0	0	0
景德镇陶瓷文化传承创新协同创新中心	48	16	32	21	17	10	19	153	2 116	1 207
中国陶瓷文化研究所	5	1	2	1	2	2	6	0	120	0

续表

学校及机构名称	R&D 活动人员(人)						培养研究生人数(人)	R&D 经费支出(千元)	仪器设备原价(千元)	
	合计	其中								其中:进口(千元)
		博士毕业	硕士毕业	高级职称	中级职称	初级职称				
中国陶瓷艺术设计研究中心	5	0	5	1	2	2	7	22.4	7 500	2 200
江西农业大学	205	125	69	131	62	0	123	5 931.2	0	0
“三农”问题研究中心	19	10	9	13	6	0	21	689.6	0	0
边缘法学研究中心	5	2	3	3	2	0	4	180.5	0	0
邓小平理论研究中心	11	4	4	8	3	0	10	286	0	0
高等教育研究所	11	1	10	7	4	0	11	275	0	0
江西农村发展研究中心	29	20	9	20	9	0	23	763	0	0
江西农业教育与乡村发展研究中心	8	4	4	6	2	0	3	261	0	0
江西省农业科技创新与发展软科学研究基地	20	16	4	13	7	0	12	705.5	0	0
江西现代农业及其优势产业可持续发展决策支持协同创新中心	40	33	0	28	0	0	12	1 071	0	0
江西乡村文化发展研究中心	12	4	8	5	7	0	3	123	0	0
景观与环境生态研究中心	8	3	5	6	2	0	5	238	0	0
廉政研究中心	8	2	5	4	4	0	5	96	0	0
旅游发展研究中心	5	5	0	3	2	0	0	185	0	0
农村电商研究中心	6	6	0	3	3	0	0	179	0	0
土地资源利用与保护研究中心	9	8	1	5	4	0	9	395	0	0
乡村政治发展研究中心	6	4	2	4	2	0	2	215.6	0	0
移民研究中心	8	3	5	3	5	0	3	268	0	0
江西中医药大学	1	1	0	0	0	0	0	5	30	6
心理健康研究所	1	1	0	0	0	0	0	5	30	6
江西师范大学	150	79	1	39	33	0	35	1 076	496	0
产业转型升级发展研究中心	7	7	0	0	0	0	3	48	23	0
传统社会与江西现代化研究中心	10	10	0	5	5	0	5	210	65	0
当代形态文艺学研究中心	77	7	0	5	2	0	5	120	50	0
管理决策评价研究中心	13	13	0	8	5	0	6	65	50	0
红色资源开发与教育研究中心	4	4	0	1	3	0	2	85	35	0
教师教育研究中心	6	6	0	3	3	0	4	120	45	0

续表

学校及机构名称	R&D 活动人员(人)						培养研究生人数(人)	R&D 经费支出(千元)	仪器设备原价(千元)	
	合计	其中								其中:进口(千元)
		博士毕业	硕士毕业	高级职称	中级职称	初级职称				
廉政文化研究中心	4	4	0	2	2	0	0	50	30	0
区域创新与创业研究中心	6	5	1	2	4	0	2	110	50	0
社会发展与创新研究中心	3	3	0	2	1	0	1	50	30	0
苏区振兴研究院	6	6	0	3	3	0	3	60	25	0
心理健康教育研究中心	4	4	0	2	1	0	1	45	25	0
叙事学研究中心	4	4	0	2	2	0	1	45	35	0
学前教育研究中心	3	3	0	2	1	0	1	20	8	0
音乐创作、表演人才培养创新研究中心	3	3	0	2	1	0	1	48	25	0
上饶师范学院	61	24	22	34	21	1	0	804.9	5.6	0
方志敏精神与赣东北经济社会发展研究中心	14	6	5	7	3	0	0	10.2	2.3	0
南京大学中华民国史研究中心江西分中心	10	5	3	6	3	1	0	3.2	1	0
朱子文化协同创新中心	15	6	5	8	6	0	0	786	2	0
朱子学研究所	16	6	6	9	7	0	0	4	0	0
弋阳腔传承与开发研究基地	6	1	3	4	2	0	0	1.5	0.3	0
宜春学院	76	29	30	31	23	2	0	464	79	0
赣西民俗美术创作研究中心	31	0	17	15	14	2	0	100	0	0
赣西民俗文化研究所	2	2	0	0	0	0	0	28	10	0
赣西区域经济社会发展研究中心	15	10	5	12	3	0	0	10	0	0
高等教育研究所	2	0	0	0	0	0	0	16	9	0
江西宗教历史文化研究中心	14	5	8	0	0	0	0	80	20	0
江西宗教问题研究中心	10	10	0	4	6	0	0	200	30	0
农村社会建设与发展研究中心	2	2	0	0	0	0	0	30	10	0
赣南师范大学	131	63	44	16	12	0	0	3 137	1 872	711
赣南民间区域文化艺术研究中心	10	3	5	6	4	0	0	288	200	86
赣南师范学院中国共产党革命精神与文化资源研究中心	21	14	6	0	0	0	0	490	335	100

续表

学校及机构名称	R&D活动人员(人)						培养研究生人数(人)	R&D经费支出(千元)	仪器设备原价(千元)	
	合计	其中								其中:进口(千元)
		博士毕业	硕士毕业	高级职称	中级职称	初级职称				
国家体育总局体育文化发展中心体育文化研究基地	19	8	7	0	0	0	0	399	266	126
江西省中国革命历史题材文艺创作研究中心	21	12	6	10	8	0	0	420	150	30
教育经济研究中心	19	9	5	0	0	0	0	411	188	106
客家研究中心	21	9	7	0	0	0	0	660	435	108
中央苏区研究中心	20	8	8	0	0	0	0	469	298	155
井冈山大学	77	48	12	29	8	2	0	77	76	0
井冈山红色经典艺术研究与传承发展中心	39	22	10	29	8	2	0	0	0	0
井冈山研究中心	18	10	2	0	0	0	0	75	36	0
庐陵文化研究所	20	16	0	0	0	0	0	2	40	0
江西财经大学	165	151	14	63	92	2	0	7 451.6	695	0
财税研究中心	5	5	0	3	2	0	0	59	32	0
产业集群与企业发展研究中心	6	6	0	4	2	0	0	132	22	0
产业经济研究院	14	14	0	6	7	0	0	139	30	0
法治江西建设协同创新中心	8	8	0	5	3	0	0	60	30	0
规制与竞争研究中心	11	11	0	5	6	0	0	900	46	0
会计发展研究中心	11	10	1	4	6	0	0	110	39	0
江西法治政府研究中心	5	5	0	0	0	0	0	20	18	0
江西经济发展研究院	10	6	4	3	5	2	0	700	56	0
江西全面建成小康社会决策支持协同创新中心	12	12	0	7	5	0	0	980	30	0
江西省经济预测与决策研究中心	6	6	0	2	4	0	0	56	10	0
江西省生态文明制度建设协同创新中心	15	13	2	6	9	0	0	996	90	0
江西省应用统计研究中心	6	6	0	2	4	0	0	36	20	0
江西省战略性新兴产业发展监测、预警与决策支持协同创新中心	16	13	3	6	10	0	0	970	90	0
金融发展与风险防范研究中心	15	13	2	5	10	0	0	13.6	37	0

续表

学校及机构名称	R&D 活动人员（人）						培养研究生人数（人）	R&D 经费支出（千元）	仪器设备原价（千元）	
	合计	其中								其中：进口（千元）
		博士毕业	硕士毕业	高级职称	中级职称	初级职称				
生态文明与现代中国研究中心	14	12	2	2	11	0	0	300	15	0
鄱阳湖生态经济研究院	11	11	0	3	8	0	0	1 980	130	0
江西科技学院	38	6	30	18	17	3	0	1 110	0	0
服装创意产业研究所	2	0	2	1	1	0	0	100	0	0
高等教育研究所	5	1	4	1	3	1	0	100	0	0
江西山水文化传播研究所	4	0	4	2	1	1	0	110	0	0
江西省名山文化艺术创作与传播研究院	7	1	6	4	3	0	0	100	0	0
江西省区域发展研究院	5	2	3	2	3	0	0	100	0	0
跨文化交际研究所	3	0	3	1	1	1	0	100	0	0
内部控制评价研究所	3	1	1	2	1	0	0	50	0	0
数字 CG 产业研究所	2	0	2	1	1	0	0	200	0	0
微营销研究所	3	0	2	1	2	0	0	100	0	0
演出创意与经纪研究所	2	0	2	1	1	0	0	50	0	0
自学考试教育与教学研究所	2	1	1	2	0	0	0	100	0	0
萍乡学院	31	0	22	0	0	0	0	300	0	0
安源红色文化研究中心	5	0	3	0	0	0	0	50	0	0
电子商务研究中心	5	0	4	0	0	0	0	50	0	0
江西省非物质文化遗产研究中心	10	0	8	0	0	0	0	100	0	0
文廷式研究所	6	0	4	0	0	0	0	50	0	0
心理技术应用研究所	5	0	3	0	0	0	0	50	0	0
江西科技师范大学	31	11	6	12	11	5	0	1 140.4	480.9	0
八一精神研究中心	7	3	3	3	2	2	0	253.8	120.4	0
江西职业教育与产业发展研究中心	8	4	0	3	2	2	0	148.5	120.5	0
数字化社会与地方文化发展研究中心	10	3	0	3	6	1	0	280.3	120	0
职业教育研究院	6	1	3	3	1	0	0	457.8	120	0
南昌工程学院	23	16	6	18	5	0	0	370.7	1 130	68
马克思主义社会发展理论研究所	3	2	1	3	0	0	0	9.5	622	68

续表

学校及机构名称	R&D活动人员(人)						培养研究生人数(人)	R&D经费支出(千元)	仪器设备原价(千元)	
	合计	其中								其中:进口(千元)
		博士毕业	硕士毕业	高级职称	中级职称	初级职称				
企业社会责任研究所	7	3	4	5	2	0	0	235	220	0
山水林田湖研究所	4	4	0	2	2	0	0	56.2	141	0
水文化研究中心	9	7	1	8	1	0	0	70	147	0
江西警察学院	28	5	23	14	12	2	0	90	0	0
公安民警忠诚教育研究中心	2	0	2	1	1	0	0	10	0	0
公共安全研究中心	5	2	3	3	2	0	0	10	0	0
管理研究中心	2	0	2	0	2	0	0	10	0	0
计算机犯罪侦查研究中心	3	1	2	1	1	1	0	10	0	0
江西经济犯罪侦查研究中心	3	0	3	1	2	0	0	10	0	0
江西警察法治研究中心	5	2	3	3	2	0	0	10	0	0
物证鉴定所	2	0	2	1	1	0	0	10	0	0
应急管理及群体性事件研究中心	2	0	2	2	0	0	0	10	0	0
鄱阳湖生态经济区安全研究中心	4	0	4	2	1	1	0	10	0	0
九江学院	28	18	3	15	2	0	1	400	38	0
长江中游城市群与昌九一体发展研究中心	6	5	0	2	0	0	0	60	0	0
柬埔寨研究中心	3	1	0	2	0	0	0	20	0	0
庐山文化研究中心	11	6	2	6	1	0	0	80	0	0
认知科学与跨学科研究中心	3	2	0	1	0	0	0	60	0	0
社会系统学研究中心	5	4	1	4	1	0	1	180	38	0
江西工程学院	6	1	5	3	2	1	0	10	5	0
应用经济研究所	6	1	5	3	2	1	0	10	5	0
南昌理工学院	20	5	6	7	7	3	0	110	55	0
江西赣剧音乐研究中心	8	1	2	1	2	2	0	100	50	0
江西省航空航天科普教育基地	12	4	4	6	5	1	0	10	5	0
江西服装学院	15	2	12	11	2	0	0	53.5	215.34	0
中华服饰文化中心	15	2	12	11	2	0	0	53.5	215.34	0
南昌职业学院	5	2	3	2	1	2	0	100	30	10

续表

学校及机构名称	R&D活动人员(人)						培养研究生人数(人)	R&D经费支出(千元)	仪器设备原价(千元)	
	合计	其中								其中:进口(千元)
		博士毕业	硕士毕业	高级职称	中级职称	初级职称				
教育科学研究所	5	2	3	2	1	2	0	100	30	10
南昌工学院	16	3	10	6	8	0	0	20	110	0
高等教育研究所	7	1	3	2	3	0	0	20	35	0
南昌市文化创意与旅游商品开发研究基地	6	1	5	2	4	0	0	0	50	0
社会工作与社区发展研究所	3	1	2	2	1	0	0	0	25	0
江西中医药高等专科学校	6	4	0	2	2	2	0	0	0	0
盱江医学传承工作室	6	4	0	2	2	2	0	0	0	0
共青科技职业学院	5	0	2	3	1	1	0	150	0	0
共青精神研究中心	5	0	2	3	1	1	0	150	0	0
南昌师范学院	46	5	24	23	15	4	0	110.14	0	0
“江西民间舞蹈文化”重点研究基地	30	0	15	12	12	2	0	110.14	0	0
江西旅游产业升级研究中心	16	5	9	11	3	2	0	0	0	0
山东省										
山东大学	303	253	25	226	56	20	339	10 360	5 963	430
当代社会主义研究所	16	8	4	15	1	0	20	270	200	0
经济研究院	37	26	1	26	5	5	160	860	420	0
儒家文明协同创新中心	110	105	5	78	17	15	0	2 000	200	0
儒学高等研究院	39	28	6	35	4	0	75	2 800	1 200	0
山东区域经济发展协同创新中心	41	40	0	24	17	0	0	2 800	820	0
卫生管理与政策研究中心	11	7	3	6	5	0	37	260	180	0
文化遗产研究院	16	15	1	11	5	0	8	500	2 253	430
文艺美学研究中心	11	7	2	10	1	0	21	380	290	0
易学与中国古代哲学研究中心	11	10	0	11	0	0	8	200	200	0
犹太教与跨宗教研究中心	11	7	3	10	1	0	10	290	200	0
中国海洋大学	22	13	7	11	7	3	3	820	49	0
海洋发展研究院	13	7	4	6	5	1	0	700	35	0
混合所有制与资本管理研究院	9	6	3	5	2	2	3	120	14	0

续表

学校及机构名称	R&D 活动人员(人)						培养研究生人数(人)	R&D 经费支出(千元)	仪器设备原价(千元)	
	合计	其中								其中:进口(千元)
		博士毕业	硕士毕业	高级职称	中级职称	初级职称				
山东科技大学	32	28	4	20	12	0	23	380	1 598.4	0
山东矿区循环经济与节能减排强化建设研究基地	32	28	4	20	12	0	23	380	1 598.4	0
中国石油大学(华东)	68	38	30	35	24	1	68	589	3 160	0
国际教育研究基地	11	5	6	4	5	1	3	49	446	0
马克思主义中国化研究中心	14	9	5	9	5	0	16	76	868	0
人才发展研究中心	13	8	5	8	5	0	11	77	693	0
山东省能源经济管理研究中心	20	13	7	8	5	0	25	344	652	0
体育文化研究基地	10	3	7	6	4	0	13	43	501	0
济南大学	275	209	55	135	102	21	133	2 583.5	290	0
冰岛研究中心	39	36	3	16	18	5	10	150	9	0
出土文献与文学研究协同创新中心	3	3	0	2	1	0	5	55	0	0
东方智慧与管理创新研究基地	5	3	2	2	2	1	6	4.5	0	0
非洲研究中心	31	28	3	9	5	3	5	53	6	0
高等教育研究院	10	8	2	6	4	0	6	130	100	0
高等教育政策研究基地	8	7	1	4	4	0	2	50	0	0
公司金融研究中心	6	4	2	3	3	0	10	96	5	0
国家专利导航项目(高校)研究和推广中心	6	3	3	2	3	1	2	50	3	0
会计改革与发展研究基地	5	3	2	3	2	0	5	8	0	0
会展与文化旅游研究所	12	9	1	6	6	0	4	20	0	0
金融研究院	5	5	0	3	2	0	0	360	0	0
近代文学与文化研究基地	4	3	1	2	2	0	4	5	0	0
经济全球化与人民币国际化	3	2	1	1	1	1	2	4	0	0
民主法治建设与国家治理现代化研究中心	2	1	1	1	1	0	2	75	0	0
女性文学与性别文化研究中心	21	21	0	14	6	1	10	100	5	0
全国民政政策理论研究基地	5	3	2	3	2	0	0	65	7	0
全球化与跨国研究基地	3	2	1	2	1	0	0	52	6	0

续表

学校及机构名称	R&D活动人员(人)						培养研究生人数(人)	R&D经费支出(千元)	仪器设备原价(千元)	
	合计	其中								其中:进口(千元)
		博士毕业	硕士毕业	高级职称	中级职称	初级职称				
山东地方戏曲研究中心	3	2	1	1	1	1	5	20	0	0
山东高校慈善文化研究基地	4	2	1	2	2	0	4	23	8	0
山东龙山绿色经济研究中心	4	3	1	2	1	0	5	210	11	0
山东省城市发展研究基地	3	3	0	3	0	0	0	175	5	0
山东省出土文献与文学研究基地	3	3	0	3	0	0	0	49	7	0
山东省地方立法研究服务基地	5	5	0	3	2	0	0	100	7	0
山东省民俗与非物质文化遗产研究基地	3	3	0	3	0	0	0	50	30	0
山东省区域软实力与区域发展软科学研究基地	3	3	0	3	0	0	6	150	15	0
山东省文化产业英才培训基地	3	1	2	2	1	0	0	47	4	0
山东省饮食文化产业开发研究基地	3	3	0	3	0	0	0	50	5	0
山东物流研究中心	2	1	1	1	1	0	3	35	4	0
山东音乐文化研究基地	4	2	2	3	1	0	4	10	19	0
投融资研究中心	3	2	1	2	1	0	6	50	3	0
武术文化与区域文化发展研究中心	3	1	2	1	2	0	4	5	0	0
习近平系列讲话学习研究中心	2	1	1	1	1	0	3	6	0	0
小微企业创业创新研究中心	3	1	2	1	1	1	4	5	0	0
新媒体研究中心	13	6	7	3	6	4	3	10	2	0
新时代中国特色社会主义研究中心	28	16	4	12	14	2	3	10	2	0
影视产业研究中心	5	4	1	2	2	1	2	5	1	0
中国特色社会主义理论体系与当代政治发展研究基地	5	3	2	3	2	0	2	10	0	0
资本市场创新发展协同创新中心	5	3	2	2	1	0	6	286	26	0
青岛理工大学	20	14	6	12	6	2	27	232	95	0
山东省高校城市文化与城市竞争力研究中心	9	6	3	5	3	1	12	82	50	0
山东省高校智慧城市建设管理研究中心	11	8	3	7	3	1	15	150	45	0

续表

学校及机构名称	R&D 活动人员(人)						培养研究生人数(人)	R&D 经费支出(千元)	仪器设备原价(千元)	
	合计	其中								其中:进口(千元)
		博士毕业	硕士毕业	高级职称	中级职称	初级职称				
山东建筑大学	89	37	44	59	28	2	24	961	2 748.6	0
城乡建设可持续发展研究院(新型智库)	20	15	5	15	5	0	0	503	729.6	0
齐鲁建筑文化艺术与环境设计研究基地	20	7	13	10	10	0	20	208	570	0
齐鲁建筑文化与景观艺术研究基地	29	8	17	21	8	0	0	200	579	0
中国文物学会工业遗产委员会研究基地	20	7	9	13	5	2	4	50	870	0
齐鲁工业大学	37	17	20	30	7	0	34	657.48	3 298.49	0
道学与传统文化研究所	2	2	0	1	1	0	1	71	252.5	0
工业技术经济与区域绿色发展研究基地	12	6	6	12	0	0	6	73.1	814	0
马克思主义中国化研究基地	7	3	4	6	1	0	3	58	81.79	0
民族传统体育研究所	4	1	3	3	1	0	0	64	19.2	0
齐鲁文化产品创新研究中心	12	5	7	8	4	0	24	391.38	2 131	0
山东理工大学	119	75	14	111	8	0	84	7 550	1 200	0
高校思想政治理论课教师发展研究中心	3	1	1	3	0	0	0	250	100	0
齐文化传承与示范区建设协同创新中心	41	20	10	37	4	0	22	2 000	400	0
区域发展与规划研究中心	9	8	1	9	0	0	33	300	0	0
山东省产业经济研究基地	25	23	2	21	4	0	18	1 000	300	0
淄博发展研究院(稷下智库)	41	23	0	41	0	0	11	4 000	400	0
山东农业大学	75	29	19	47	28	0	0	505	288	0
农村金融研究所	7	2	3	6	1	0	0	68	37	0
农村社会发展研究所	7	2	4	4	3	0	0	80	52	0
山东省“三农”省情调研中心	21	9	0	11	10	0	0	80	32	0
山东省高校农村经济管理研究基地	8	5	3	6	2	0	0	45	32	0
山东省高校农业资源与生态安全研究中心	11	5	0	6	5	0	0	30	20	0

续表

学校及机构名称	R&D活动人员(人)						培养研究生人数(人)	R&D经费支出(千元)	仪器设备原价(千元)	
	合计	其中								其中:进口(千元)
		博士毕业	硕士毕业	高级职称	中级职称	初级职称				
山东省农业农村农民问题软科学研究基地	14	4	6	9	5	0	0	170	90	0
语言研究室	7	2	3	5	2	0	0	32	25	0
青岛农业大学	31	21	10	18	12	1	14	170	72	0
东语翻译研究所	5	3	2	2	3	0	1	30	20	0
都市农业研究所	5	4	1	4	1	0	4	40	10	0
农村经济研究所	5	3	2	4	1	0	6	30	2	0
农村文化研究所	4	3	1	2	2	0	1	10	10	0
社会变迁与农民问题研究所	6	4	2	3	3	0	0	30	10	0
外语教育与语言研究所	6	4	2	3	2	1	2	30	20	0
潍坊医学院	235	83	134	127	97	11	289	409.5	52 849	4 108
山东省基层卫生发展研究中心	105	31	62	43	56	6	110	103	7 654	324
社会医学与卫生事业管理研究室	35	11	22	25	8	2	34	35	20	0
卫生发展研究中心	61	32	28	45	16	0	135	100	45 125	3 784
卫生经济研究室	4	1	3	3	1	0	8	94	20	0
卫生政策研究室	19	6	13	7	9	3	0	57.5	20	0
医学伦理学研究室	11	2	6	4	7	0	2	20	10	0
滨州医学院	52	21	29	33	17	2	8	260	150	0
医学人文研究中心	52	21	29	33	17	2	8	260	150	0
山东师范大学	204	103	76	106	98	0	215	1 478.25	1 005.3	27.1
古籍所	9	3	6	7	2	0	10	75.45	63.2	0
国际问题研究所	10	7	2	7	3	0	0	80	20	0
环境资源法研究所	10	2	7	5	5	0	0	85	50	0
基础教育课程研究中心	8	7	0	4	4	0	15	170	32	0
教育科学研究所	18	5	11	10	8	0	15	258	100	0
马克思主义理论研究中心	54	30	24	21	33	0	70	150	80	0
山东地方史研究所	7	6	1	5	2	0	26	20	5	0
山东省可持续发展研究中心	18	4	5	10	8	0	27	40	300	0

续表

学校及机构名称	R&D 活动人员(人)						培养研究生人数(人)	R&D 经费支出(千元)	仪器设备原价(千元)	
	合计	其中								其中:进口(千元)
		博士毕业	硕士毕业	高级职称	中级职称	初级职称				
山东省齐鲁文化研究院	17	10	1	8	9	0	22	400	100	0
山东省文化建设研究基地	28	14	11	14	14	0	0	85	96.8	12.4
语言文学研究所	25	15	8	15	10	0	30	114.8	158.3	14.7
曲阜师范大学	186	136	47	137	47	2	98	1 045	860	0
港澳教育研究中心	6	6	0	4	2	0	4	20	10	0
国家体育总局体育社会科学重点研究基地	12	7	5	8	4	0	12	50	20	0
国学院	12	12	0	10	2	0	8	90	20	0
基础教育课程研究中心	10	8	2	8	2	0	20	90	40	0
教育科学研究院	6	5	1	5	1	0	16	40	30	0
孔子文化研究院	12	10	2	8	4	0	10	90	20	0
孔子与山东文化强省战略协同创新中心	6	6	0	6	0	0	0	40	10	0
山东省马克思主义中国化研究基地	9	6	3	6	3	0	0	60	10	0
山东省儒学研究基地	11	8	3	6	4	1	0	70	20	0
山东新农村建设研究中心	3	3	0	3	0	0	0	100	500	0
体育人文社会科学研究所	31	16	15	20	11	0	0	10	9	0
外国语言文化与翻译研究中心	35	25	10	28	7	0	20	80	40	0
语言文学研究所	5	3	2	5	0	0	0	90	20	0
中国教育大数据研究院	8	5	0	5	2	1	0	200	100	0
中华礼乐文明研究所	4	4	0	3	1	0	8	5	6	0
中西语言文化交流研究基地	16	12	4	12	4	0	0	10	5	0
聊城大学	89	61	22	50	39	0	21	5 000	200	0
当代中国哲学研究基地	11	8	3	6	5	0	0	300	50	0
高等教育治理与发展研究中心	12	9	3	7	5	0	6	400	0	0
简帛学研究中心	11	8	3	7	4	0	5	600	0	0
世界社会主义共产主义运动研究基地	21	7	8	15	6	0	5	300	50	0
太平洋岛国研究中心	16	13	3	8	8	0	3	2 500	50	0

续表

学校及机构名称	R&D 活动人员(人)						培养研究生人数(人)	R&D 经费支出(千元)	仪器设备原价(千元)	
	合计	其中								其中:进口(千元)
		博士毕业	硕士毕业	高级职称	中级职称	初级职称				
运河文化研究基地	18	16	2	7	11	0	2	900	50	0
滨州学院	12	6	4	10	2	0	2	3.24	69.11	0
黄河三角洲文化研究所	6	3	2	4	2	0	0	1.69	19.94	0
孙子研究院	6	3	2	6	0	0	2	1.55	49.17	0
鲁东大学	316	207	90	200	116	0	160	4 025	2 396.6	0
传统文化与现代思想研究院	12	9	3	5	7	0	10	867	237.6	0
东北亚研究院	17	15	2	14	3	0	13	158	73	0
汉语辞书研究中心	18	12	6	8	10	0	17	635	544	0
环渤海发展研究院	16	6	8	5	11	0	0	642	343	0
教育科学研究所	11	6	3	5	6	0	10	212	65	0
问题青少年教育矫正研究基地	75	37	37	37	38	0	42	473	560	0
张炜文学研究院(胶东文化研究院)	33	12	11	13	20	0	20	312	95	0
中国健身气功科研基地(鲁东大学)	13	3	6	8	5	0	12	129	82	0
中华传统文化现代转换与海外传播协同创新中心	81	75	6	76	5	0	15	382	219	0
中华文化海外传播与反观研究基地	40	32	8	29	11	0	21	215	178	0
临沂大学	331	183	109	214	85	27	28	2 011.2	1 017.4	0
地方戏曲资源数字化集成与应用	15	3	4	3	7	5	0	15	100	0
俄罗斯音乐研究所	30	21	9	13	10	7	4	7	33.2	0
高等教育研究院	20	12	8	16	4	0	5	30	20	0
国际商贸发展研究中心	13	9	4	10	3	0	0	6.2	5.2	0
教师教育研究中心	10	8	2	9	1	0	4	150	100	0
钱学森思维科学与学前教育课程研发中心	10	2	8	3	5	2	0	30	22	0
区域教育发展研究中心	30	15	10	24	6	0	5	20	56	0
权力与文明研究中心	11	5	6	7	4	0	0	30	0	0
山东省戏曲艺术重点研究基地	43	28	11	31	8	4	0	13	21	0
山东省沂蒙精神研究基地	19	11	6	14	5	0	8	310	20	0
山东诗歌创作与研究中心	21	10	11	15	6	0	0	50	30	0

续表

学校及机构名称	R&D 活动人员(人)						培养研究生人数(人)	R&D 经费支出(千元)	仪器设备原价(千元)	
	合计	其中								其中:进口(千元)
		博士毕业	硕士毕业	高级职称	中级职称	初级职称				
现代供应链管理研究中心	12	6	6	5	4	1	0	30	0	0
沂蒙文化研究基地	18	12	6	18	0	0	0	30	20	0
沂蒙文化研究院	40	15	5	20	10	7	2	470	150	0
中国特色社会主义理论体系研究中心	13	6	7	7	5	1	0	20	40	0
中国文艺评论基地	26	20	6	19	7	0	0	800	400	0
泰山学院	81	17	34	58	19	2	0	165.4	291.8	0
改革发展史研究中心	3	0	2	1	2	0	0	13	0	0
教育科学研究所	10	1	5	7	0	1	0	21.2	40.7	0
旅游研究所	12	5	5	12	0	0	0	41	79	0
泰山书画艺术研究所	14	0	3	8	6	0	0	11	36.2	0
泰山研究院	9	3	3	8	1	0	0	23	46.7	0
泰山中小企业研究所	16	4	11	7	8	1	0	30	30	0
中国现当代文学研究所	9	2	3	8	1	0	0	10.2	28.2	0
中小城市社区研究所	8	2	2	7	1	0	0	16	31	0
山东财经大学	34	27	2	18	11	0	126	1 233.41	153.04	0
金融产业优化与区域发展管理协同创新中心	3	3	0	3	0	0	6	4.75	1.25	0
经济研究中心	9	7	1	6	2	0	37	82.5	12.6	0
农业与农村经济研究中心	6	5	1	1	4	0	8	2.1	0	0
区域经济研究院	8	7	0	5	3	0	25	139.51	9.38	0
山东财经战略研究院	2	1	0	1	0	0	20	234.6	39.5	0
山东金融发展研究院	4	3	0	1	2	0	17	656.25	70.31	0
山东省政府绩效评价软科学研究基地	2	1	0	1	0	0	13	113.7	20	0
山东体育学院	45	13	15	18	25	2	11	1 261	621	0
“一带一路”国家体育文化研究中心	26	3	6	7	18	1	0	250	20	0
全国保龄球运动发展研究中心	5	3	2	4	1	0	4	206	198	0
全国幼儿体育发展研究中心	6	3	3	3	2	1	5	307	283	0

续表

学校及机构名称	R&D活动人员(人)						培养研究生人数(人)	R&D经费支出(千元)	仪器设备原价(千元)	
	合计	其中								其中:进口(千元)
		博士毕业	硕士毕业	高级职称	中级职称	初级职称				
山东省体育发展政策研究中心	3	2	1	2	1	0	2	158	20	0
山东省校园足球发展研究中心	5	2	3	2	3	0	0	340	100	0
山东艺术学院	18	7	11	16	2	0	20	132	700	0
齐鲁音乐文化研究基地	18	7	11	16	2	0	20	132	700	0
青岛滨海学院	50	8	30	13	27	10	0	152.25	120	0
国际语言文化实践教学中心	10	1	8	6	4	0	0	21.58	20	0
韩国学研究中心	4	1	3	1	2	1	0	12.83	20	0
经济管理实验中心	8	1	5	2	4	2	0	13.65	20	0
九州旅游饭店管理研究中心	10	2	5	2	5	3	0	45.72	20	0
中小企业电子商务研究中心	8	1	4	1	5	2	0	17.35	20	0
综合研究所	10	2	5	1	7	2	0	41.12	20	0
青岛大学	33	20	0	18	12	3	10	350	190	0
东亚文学与文化研究中心	10	5	0	6	4	0	3	100	50	0
山东教育科技经济协同发展研究中心	15	10	0	7	5	3	7	200	100	0
世界经济研究基地	8	5	0	5	3	0	0	50	40	0
烟台大学	289	106	160	66	120	27	81	1 808	2 513	0
城市与建筑研究中心	15	4	7	3	7	0	8	78	123	0
地方立法研究服务基地	12	3	8	2	5	0	6	80	100	0
东部沿海地区民族问题研究中心	13	4	9	3	5	0	6	85	145	0
法律政策研究中心	10	4	6	2	5	0	5	96	154	0
法治研究中心	16	8	7	5	5	2	12	79	156	0
公共艺术研究所	18	5	9	4	8	2	3	86	120	0
国际问题研究中心	16	7	9	4	8	3	0	92	122	0
国家民委民族理论政策研究基地	13	4	9	2	6	0	4	74	141	0
海洋经济研究中心	15	5	6	3	7	1	5	84	75	0
民族研究所	18	5	7	4	8	3	3	97	155	0
农村与农业发展研究所	18	8	10	0	0	3	0	125	100	0

学校及机构名称	R&D活动人员(人)						培养研究生人数(人)	R&D经费支出(千元)	仪器设备原价(千元)	
	合计	其中								其中:进口(千元)
		博士毕业	硕士毕业	高级职称	中级职称	初级职称				
山东半岛蓝色经济研究院	15	9	6	6	4	0	0	120	100	0
司法与行政执法研究中心	18	6	12	5	8	2	3	89	135	0
亚太法律问题研究中心	13	5	8	4	6	2	8	145	135	0
语言研究所	16	6	10	4	8	2	4	85	150	0
中国土地政策与法律实施评估研究中心	14	5	9	4	7	1	2	95	122	0
中韩(烟台)产业园发展研究中心	20	8	12	6	9	3	0	120	150	0
中欧侵权法研究院	11	4	6	2	7	1	3	78	130	0
中欧人权法研究院	18	6	10	3	7	2	9	100	200	0
潍坊学院	42	10	12	17	16	2	0	500	1 800	0
山东省海盐文化研究基地	6	4	2	4	2	0	0	150	500	0
山东省教师教育培训基地	11	5	5	3	2	2	0	80	320	0
山东省音乐创作与理论研究基地	19	1	5	6	10	0	0	70	280	0
山东省知识产权培训基地	6	0	0	4	2	0	0	200	700	0
山东工商学院	6	3	3	6	0	0	15	100	20	0
山东能源经济协同创新中心	6	3	3	6	0	0	15	100	20	0
日照职业技术学院	174	8	89	46	69	38	0	2 120	6 470	50
大学生思想政治理论课实践教学研发中心	10	1	5	2	5	1	0	10	0	0
青少年生活技能教育研发中心	13	0	6	4	6	0	0	10	0	0
日照市茶文化与产业发展研究基地	5	1	4	2	3	0	0	10	0	0
日照市航空产业研究基地	14	1	6	6	5	3	0	10	4 870	50
日照市汽车产业发展研究基地	6	0	5	1	3	2	0	10	0	0
日照市文化产业发展研究基地	5	0	3	2	2	1	0	10	0	0
日照市文化创意中心	62	1	41	11	24	27	0	2 000	1 600	0
日照市文化事业发展研究基地	6	1	3	2	3	1	0	10	0	0
日照市县域经济研发中心	5	0	4	3	1	0	0	10	0	0
文创艺术发展研发中心	13	0	7	2	5	2	0	10	0	0

续表

学校及机构名称	R&D 活动人员(人)						培养研究生人数(人)	R&D 经费支出(千元)	仪器设备原价(千元)	
	合计	其中								其中:进口(千元)
		博士毕业	硕士毕业	高级职称	中级职称	初级职称				
习近平新时代中国特色社会主义思想研究基地	15	1	0	5	4	0	0	10	0	0
中国传统文化教育研究中心	10	0	0	3	4	1	0	10	0	0
中小企业财务管理研发中心	10	2	5	3	4	0	0	10	0	0
山东职业学院	6	1	5	2	2	2	0	22	0	0
蔡祥军专家工作室	6	1	5	2	2	2	0	22	0	0
山东女子学院	89	19	50	45	32	12	0	162.6	50	0
全国妇联妇女/性别研究与培训基地	32	10	11	24	8	0	0	40.2	50	0
山东省家庭文化研究中心	12	3	9	4	6	2	0	1	0	0
山东省健康养老研究中心	9	2	7	2	2	5	0	5.9	0	0
山东省社科普及教育基地	20	1	10	9	8	3	0	89.8	0	0
应用心理学重点实验室	16	3	13	6	8	2	0	25.7	0	0
山东服装职业学院	7	0	6	1	4	2	0	5	15	0
泰安服饰文化研究中心	7	0	6	1	4	2	0	5	15	0
潍坊科技学院	48	3	44	12	27	9	0	98.91	31.6	0
农圣文化研究中心	48	3	44	12	27	9	0	98.91	31.6	0
淄博职业学院	16	2	6	6	7	1	0	1 900	0	0
齐文化普及与开发研究协同创新中心	6	1	1	3	2	0	0	200	0	0
稷下创客汇	4	0	4	0	3	1	0	1 500	0	0
稷下研究院	6	1	1	3	2	0	0	200	0	0
山东外贸职业学院	107	28	79	51	49	7	0	850	430	0
滨海旅游研究中心	8	3	5	3	5	0	0	100	50	0
财会金融研究中心	6	2	4	5	1	0	0	100	50	0
服务贸易研究中心	18	5	13	10	6	2	0	100	50	0
国际经济贸易研究所	4	2	2	2	2	0	0	50	30	0
国际商务协同创新中心	21	6	15	7	10	4	0	100	50	0
国际文化与交流中心	8	1	7	4	4	0	0	100	50	0
国际物流研究中心	22	1	21	11	10	1	0	100	50	0

续表

学校及机构名称	R&D 活动人员(人)						培养研究生人数(人)	R&D 经费支出(千元)	仪器设备原价(千元)	
	合计	其中								其中:进口(千元)
		博士毕业	硕士毕业	高级职称	中级职称	初级职称				
全球化品牌研究中心	12	3	9	4	8	0	0	100	50	0
自贸区研究中心	8	5	3	5	3	0	0	100	50	0
青岛黄海学院	18	3	15	13	2	3	0	50	0	0
新时代中国平衡与充分发展研究基地	18	3	15	13	2	3	0	50	0	0
山东协和学院	66	12	32	40	19	6	0	148.43	71.76	0
民办高等教育研究中心	25	9	7	25	0	0	0	47	60.44	0
外国文学与文化研究所	24	2	14	10	7	6	0	78.98	9.82	0
学前教育与社会发展研究中心	17	1	11	5	12	0	0	22.45	1.5	0
烟台大学文经学院	17	1	13	5	9	3	0	0.5	0	0
胶东民间文化艺术研究中心	17	1	13	5	9	3	0	0.5	0	0
山东师范大学历山学院	69	0	49	0	23	46	0	8.2	0	0
大学生心理学研究所	5	0	5	0	2	3	0	2	0	0
东方文化研究中心	8	0	7	0	3	5	0	2	0	0
古城旅游研究所	8	0	8	0	2	6	0	2	0	0
国学研究院	4	0	4	0	0	4	0	0.8	0	0
企业财务与会计应用研究所	6	0	0	0	2	4	0	0.2	0	0
青州市当代文化艺术交流中心	8	0	6	0	2	6	0	0.2	0	0
日韩文化研究中心	7	0	7	0	1	6	0	0.2	0	0
实体经济研究所	12	0	12	0	6	6	0	0.6	0	0
应用型英语教学研究中心	11	0	0	0	5	6	0	0.2	0	0
山东外国语职业学院	38	0	33	17	16	4	0	739.33	4 252.4	0
金融研究所	6	0	5	3	2	1	0	69.5	2 495.5	0
日照民间艺术研究所	9	0	8	2	5	2	0	124	80	0
外向型经济研究发展基地	8	0	6	4	4	0	0	90	55	0
外语与外宣研究发展基地	5	0	5	3	2	0	0	152.83	1 040	0
云时代译界研究所	10	0	9	5	3	1	0	303	581.9	0
淄博师范高等专科学校	11	2	4	8	2	1	0	76.3	0	0

续表

学校及机构名称	R&D 活动人员(人)						培养研究生人数(人)	R&D 经费支出(千元)	仪器设备原价(千元)	
	合计	其中								其中:进口(千元)
		博士毕业	硕士毕业	高级职称	中级职称	初级职称				
教育科学研究中心	6	0	3	4	1	1	0	34.2	0	0
社会科学研究中心	5	2	1	4	1	0	0	42.1	0	0
齐鲁理工学院	74	16	38	51	17	6	0	1 620	0	0
开放经济与区域发展研究所	6	0	4	5	1	0	0	100	0	0
民办高校思想政治教育研究所	7	0	5	5	2	0	0	20	0	0
齐鲁考古文物研究所	5	2	3	3	2	0	0	150	0	0
齐鲁书法文化研究中心	15	6	8	7	5	3	0	150	0	0
齐鲁文化比较研究所	6	3	1	5	1	0	0	150	0	0
齐鲁文化研究院	7	2	2	7	0	0	0	500	0	0
齐鲁文化与当代高等教育研究所	6	1	3	6	0	0	0	150	0	0
齐鲁文献整理研究所	7	2	2	4	3	0	0	150	0	0
语言教学研究所	5	0	4	4	1	0	0	100	0	0
中华传统文化研究所	10	0	6	5	2	3	0	150	0	0
山东政法学院	158	98	60	110	48	0	0	300	0	0
竞争法治研究所	9	5	4	6	3	0	0	10	0	0
案例研究院	15	9	6	10	5	0	0	50	0	0
党内法治研究中心	9	6	3	7	2	0	0	10	0	0
电子物证鉴定研究中心	8	5	3	5	3	0	0	10	0	0
国际法研究中心	8	5	3	7	1	0	0	10	0	0
立法研究院	16	9	7	13	3	0	0	50	0	0
民商事法律与民生研究中心	13	9	4	9	4	0	0	30	0	0
山东社会治理与法治建设研究中心	10	7	3	7	3	0	0	20	0	0
社会保障法治研究中心	7	4	3	5	2	0	0	10	0	0
社会稳定与危机管理研究中心	15	9	6	11	4	0	0	30	0	0
司法会计学研究所	15	9	6	9	6	0	0	30	0	0
文化艺术传播研究中心	8	5	3	6	2	0	0	10	0	0
新加坡研究中心	8	4	4	4	4	0	0	10	0	0
刑罚执行研究中心	9	6	3	5	4	0	0	10	0	0

续表

学校及机构名称	R&D 活动人员(人)						培养研究生人数(人)	R&D 经费支出(千元)	仪器设备原价(千元)	
	合计	其中								其中:进口(千元)
		博士毕业	硕士毕业	高级职称	中级职称	初级职称				
知识产权研究中心	8	6	2	6	2	0	0	10	0	0
山东理工职业学院	78	0	43	21	39	17	0	41	0	0
产业集群研究所	6	0	4	4	1	1	0	5	0	0
传统文化教育研究所	13	0	10	2	8	3	0	6	0	0
创业教育研究所	14	0	3	1	8	4	0	16	0	0
会计研究所	12	0	6	4	6	2	0	8	0	0
孔子国际职业教育研究院	7	0	5	4	3	0	0	0	0	0
孔子文化旅游研究所	8	0	6	2	5	1	0	6	0	0
旅游管理技艺技能传承创新平台	8	0	4	2	2	4	0	0	0	0
运河文化研究所	10	0	5	2	6	2	0	0	0	0
山东青年政治学院	6	3	3	5	0	1	0	80.67	70	0
山东省青少年研究所	6	3	3	5	0	1	0	80.67	70	0
山东管理学院	219	46	154	94	83	39	0	522.6	40	0
非物质文化遗产项目传承研究所	24	3	15	13	9	2	0	53.1	0	0
公共危机管理研究所	9	0	8	1	5	3	0	12.1	0	0
劳动关系研究所	17	2	12	10	4	3	0	24.2	0	0
内部控制与风险管理研究所	20	3	16	5	7	8	0	119.2	0	0
农村电子商务研究所	13	6	6	5	6	2	0	12.1	0	0
企业创新管理研究所	10	6	0	4	6	0	0	27.6	0	0
山东省劳动政策研究中心	32	6	26	23	7	2	0	121.5	40	0
山东新型城镇化研究所	13	4	9	6	6	1	0	94.3	0	0
新兴业态发展研究所	39	3	35	10	16	13	0	19.1	0	0
“一带一路”服务贸易创新研究所	16	4	12	8	5	3	0	23.1	0	0
中华文化教育与发展研究所	26	9	15	9	12	2	0	16.3	0	0
华北水利水电大学	22	7	15	3	17	2	6	120	60	0
水文化研究中心	22	7	15	3	17	2	6	120	60	0
河南省										
郑州大学	224	181	25	181	43	0	149	2 606.5	584.3	0

续表

学校及机构名称	R&D 活动人员(人)						培养研究生人数(人)	R&D 经费支出(千元)	仪器设备原价(千元)	
	合计	其中								其中:进口(千元)
		博士毕业	硕士毕业	高级职称	中级职称	初级职称				
公共管理研究中心	32	18	4	24	8	0	14	320.5	70	0
公民教育研究中心	38	30	6	28	10	0	18	637.5	26	0
近现代河南与中国研究中心	16	14	1	13	3	0	10	120	78	0
历史文化遗产保护研究中心	32	28	3	29	3	0	22	398.5	268	0
马克思主义哲学研究中心	21	17	3	17	4	0	20	220.5	21	0
私法研究中心	17	15	1	13	4	0	15	208	35	0
宪法与行政法研究中心	22	20	1	20	2	0	16	215.6	33.5	0
英美文学研究中心	20	17	3	15	5	0	12	110.8	13.2	0
中原文化资源与发展研究中心	26	22	3	22	4	0	22	375.1	39.6	0
河南理工大学	56	30	25	29	27	0	36	934	101	0
安全与应急管理研究中心	21	12	9	10	11	0	10	330	70	0
能源经济研究中心	15	10	4	9	6	0	20	369	31	0
太极文化研究中心	20	8	12	10	10	0	6	235	0	0
郑州轻工业学院	24	14	10	17	7	0	3	50	11	0
社会发展研究中心	24	14	10	17	7	0	3	50	11	0
河南工业大学	23	16	5	20	3	0	0	120	18	0
粮食经济研究中心	10	8	2	9	1	0	0	70	12	0
物流研究中心	13	8	3	11	2	0	0	50	6	0
河南科技大学	7	5	2	7	0	0	0	150	180	0
高等教育与区域经济发展研究中心	7	5	2	7	0	0	0	150	180	0
中原工学院	49	29	19	40	9	0	0	410	66	0
系统与工业工程技术研究中心	30	19	11	26	4	0	0	155	31	0
知识产权研究中心	19	10	8	14	5	0	0	255	35	0
河南农业大学	48	34	10	39	7	2	67	600	1 500	0
科学发展与农民权利研究中心	26	17	5	22	4	0	42	450	1 250	0
农业政策与农村发展研究中心	22	17	5	17	3	2	25	150	250	0
河南科技学院	14	8	6	9	5	0	3	100	7.8	0
职业技术教育与经济社会发展研究中心	14	8	6	9	5	0	3	100	7.8	0

学校及机构名称	R&D 活动人员(人)						培养研究生人数(人)	R&D 经费支出(千元)	仪器设备原价(千元)	
	合计	其中								其中:进口(千元)
		博士毕业	硕士毕业	高级职称	中级职称	初级职称				
河南大学	252	225	27	206	45	1	269	39 585	8 020	646
黄河文明传承与现代转型研究中心	15	15	0	15	0	0	20	6 910	1 170	0
黄河文明与可持续发展研究中心	33	31	2	29	4	0	55	4 600	1 234	160
教育改革与发展研究中心	19	15	4	13	6	0	33	900	231	150
区域发展与规划研究中心	28	26	2	25	3	0	26	256	93	0
文艺学研究中心	16	15	1	12	4	0	0	774	138	0
新型城镇化与中原经济区建设研究中心	24	22	2	18	6	0	26	14 091	2 236	0
英语语言文学研究中心	24	19	5	18	6	0	0	883	242	0
中国古代史研究中心	21	18	3	18	3	0	23	987	226	0
中国旅游研究院文化旅游研究基地	13	9	4	8	4	1	11	1 251	667	0
中国现当代文学研究中心	25	24	1	21	4	0	41	2 145	0	0
中原发展研究院	34	31	3	29	5	0	34	6 788	1 783	336
河南师范大学	79	53	26	48	30	1	0	2 100	1 700	0
公共政策与社会研究中心	13	9	4	8	5	0	0	400	300	0
科技与社会研究所	18	13	5	12	5	1	0	550	500	0
青少年问题研究中心	28	20	8	18	10	0	0	800	700	0
中国共产党革命精神与中原红色文化资源研究中心	20	11	9	10	10	0	0	350	200	0
信阳师范学院	42	15	18	35	6	1	10	632.3	1 670	0
当代马克思主义研究所	14	5	9	14	0	0	4	210.8	488	0
淮河文明研究中心	15	3	6	13	2	0	4	220	450	0
课程与教学改革研究所	13	7	3	8	4	1	2	201.5	732	0
周口师范学院	8	4	2	2	4	2	0	35	1 280	0
豫东南文化传承与发展中心	8	4	2	2	4	2	0	35	1 280	0
安阳师范学院	104	67	26	84	20	0	47	1 640	262	0
汉语海外传播协同创新中心	70	47	16	59	11	0	25	1 452	156	0
汉字文化研究中心	18	12	6	13	5	0	22	130	80	0
甲骨学与殷商文化研究中心	16	8	4	12	4	0	0	58	26	0

续表

学校及机构名称	R&D 活动人员(人)						培养研究生人数(人)	R&D 经费支出(千元)	仪器设备原价(千元)	
	合计	其中								其中:进口(千元)
		博士毕业	硕士毕业	高级职称	中级职称	初级职称				
许昌学院	7	6	1	3	4	0	0	55	23	0
魏晋文化研究中心	7	6	1	3	4	0	0	55	23	0
南阳师范学院	8	5	3	6	2	0	0	60	0	0
汉文化研究中心	8	5	3	6	2	0	0	60	0	0
洛阳师范学院	47	36	11	29	0	8	0	962	106	0
河洛文化国际研究中心	22	19	3	9	0	7	0	150	90	0
河南文化传播与社会发展研究中心	25	17	8	20	0	1	0	812	16	0
河南财经政法大学	48	31	17	36	12	0	59	900	124	0
产业与金融发展研究中心	8	6	2	7	1	0	12	150	26	0
城乡协同发展河南省协同创新中心	7	5	2	5	2	0	10	150	26	0
河南经济伦理研究中心	10	6	4	7	3	0	10	150	12	0
河南经济研究中心	9	5	4	6	3	0	15	150	23	0
诉讼法研究中心	8	5	3	6	2	0	6	150	12	0
现代服务业河南省协同创新中心	6	4	2	5	1	0	6	150	25	0
郑州航空工业管理学院	50	29	10	30	10	1	0	2 410	482	0
航空经济发展河南省协同创新中心	50	29	10	30	10	1	0	2 410	482	0
平顶山学院	30	12	2	27	2	1	0	142	200	0
伏牛山文化圈研究中心	30	12	2	27	2	1	0	142	200	0
洛阳理工学院	14	5	8	5	1	0	0	15	28	0
河南古都文化研究中心	14	5	8	5	1	0	0	15	28	0
湖北省										
武汉大学	1 073	764	165	706	125	46	1 685	73 470	10 438.76	470
澳大利亚研究中心	14	13	1	9	5	0	7	100	20	0
比较哲学与文化战略研究中心	15	15	0	4	7	4	89	270	23	0
党内法规研究中心	16	11	5	3	3	5	18	3 000	194.5	0
党外知识分子与统战工作研究基地	31	27	4	22	9	0	69	500	40	0
发展研究院	8	5	0	6	1	1	3	1 750	510	0
法国研究中心	24	7	14	15	3	0	75	200	79.8	0

续表

学校及机构名称	R&D活动人员(人) 合计	其中 博士毕业	硕士毕业	高级职称	中级职称	初级职称	培养研究生人数(人)	R&D经费支出(千元)	仪器设备原价(千元)	其中:进口(千元)
非洲研究中心	25	14	11	9	4	1	20	350	20	0
国际法研究所	26	25	1	23	1	1	82	8 180	452	0
国家文化财政政策研究基地	17	5	12	7	0	0	12	1 100	280	120
国家文化创新研究中心	15	13	2	5	3	0	26	1 100	370	50
湖北问题研究中心	8	5	0	6	1	1	0	680	210	0
湖北现代人文资源调查与研究中心	33	33	0	24	5	4	152	130	60	0
湖北语言与智能信息处理研究基地	41	37	4	32	9	0	155	100	4.95	0
环境法研究所	30	8	22	18	12	0	21	1 400	1 000	0
简帛研究中心	7	2	5	5	2	0	7	1 130	160	0
经济发展研究中心	43	42	0	43	0	0	52	700	1 200	0
科技考古研究中心	36	32	4	19	8	1	24	650	450	300
科学评价研究中心	8	7	1	8	0	0	33	370	200	0
两岸及港澳法制研究中心	16	16	0	12	2	2	21	320	173.6	0
马克思主义与中国实践湖北省协同创新中心	52	52	0	52	0	0	88	500	240	0
媒体发展研究中心	68	65	3	58	3	0	83	1 254	146	0
美国加拿大经济研究所	21	20	1	19	1	0	40	8 200	50	0
欧洲问题研究中心	7	6	0	6	0	1	52	9 965.5	211	0
全球健康研究中心	49	47	1	48	1	0	85	200	80	0
人口·资源·环境经济研究中心	13	12	0	13	0	0	11	3 125.6	54.91	0
人权研究院	94	24	16	55	12	0	61	750	236	0
社会保障研究中心	21	21	0	20	0	1	46	2 000	1 500	0
台湾问题研究所	10	7	3	4	1	1	0	860	210	0
信息资源研究中心	34	33	1	34	0	0	18	1 400	585	0
质量发展战略研究院	82	15	16	16	5	1	41	5 010	352.5	0
中国边界与海洋问题研究院	48	36	11	22	3	11	26	14 276.5	79.3	0
中国产学研合作问题研究中心	19	18	1	6	5	8	9	98.4	56.2	0
中国传统文化研究中心	15	5	10	12	2	1	26	1 200	110	0

续表

学校及机构名称	R&D 活动人员(人)						培养研究生人数(人)	R&D 经费支出(千元)	仪器设备原价(千元)	
	合计	其中								其中:进口(千元)
		博士毕业	硕士毕业	高级职称	中级职称	初级职称				
中国金融工程与风险管理研究中心	33	8	0	5	3	0	25	1 000	500	0
中国语情与社会发展研究中心	13	12	1	7	6	0	63	650	60	0
中国中部发展研究院	15	13	2	8	4	1	74	350	340	0
主流意识形态建设与教育研究基地	40	40	0	40	0	0	43	500	100	0
组织营销研究中心	26	13	13	11	4	1	28	100	80	0
华中科技大学	326	211	112	147	58	24	306	5 424.45	3 714.8	125
创新发展研究中心	22	17	5	15	4	2	25	281.21	521.3	0
非传统安全研究中心	15	14	1	0	1	0	13	1 200	130	125
国家传播战略协同创新中心	36	25	11	24	6	0	49	261.1	91.2	0
湖北省国家治理协同创新中心	15	15	0	0	2	0	10	2 100	500	0
近代法研究所	5	4	1	5	0	0	11	50.5	11.2	0
媒介技术与传播发展研究中心	38	20	18	20	8	2	41	270.3	120.5	0
农村健康服务研究中心	28	11	17	20	4	3	30	200.5	120.34	0
区域高等教育发展研究中心	10	8	2	4	2	2	15	150.3	51.1	0
现代经济研究中心	15	5	10	8	3	2	21	131.24	560.5	0
现代信息管理研究中心	38	14	24	8	6	4	10	150.35	322.51	0
养老服务研究中心	7	7	0	0	2	0	5	43	200	0
院校发展研究中心	19	17	2	14	4	0	18	240.2	762	0
张培刚发展研究院	15	11	4	10	3	1	23	54.54	51	0
知识产权与知识创新研究中心	20	14	6	6	5	3	8	51	22	0
中国当代写作研究中心	21	14	7	13	4	3	15	150.21	21.15	0
中国南方减贫与发展研究院	13	6	4	0	2	2	6	50	200	0
中国乡村治理中心	9	9	0	0	2	0	6	40	30	0
武汉科技大学	264	164	100	173	61	0	190	880	645	0
服务科学与工程研究中心	46	40	6	36	10	0	20	200	100	0
湖北产业政策与管理研究中心	62	35	27	46	16	0	60	100	150	0
湖北非营利组织研究中心	35	27	8	12	23	0	36	200	100	0
湖北省中小企业研究中心	36	30	6	33	3	0	20	200	120	0

续表

学校及机构名称	R&D 活动人员(人)						培养研究生人数(人)	R&D 经费支出(千元)	仪器设备原价(千元)	
	合计	其中								其中:进口(千元)
		博士毕业	硕士毕业	高级职称	中级职称	初级职称				
湖北意识形态建设研究院	44	28	16	40	4	0	24	80	100	0
新农村建设研究中心	41	4	37	6	5	0	30	100	75	0
长江大学	52	21	13	38	12	2	10	430	190	0
长江经济带发展研究院	18	15	3	15	3	0	3	120	80	0
湖北省非物质文化遗产研究中心	8	3	5	5	3	0	0	20	0	0
湖北省荆楚文化研究中心	8	3	5	3	3	2	3	150	50	0
湖北省农村发展研究中心	18	0	0	15	3	0	4	140	60	0
武汉工程大学	77	35	42	33	42	2	0	1 685	770	0
企业与环境协调发展研究中心	20	15	5	7	13	0	0	540	240	0
人才发展研究中心	27	12	15	15	12	0	0	650	320	0
生态环境设计研究中心	30	8	22	11	17	2	0	495	210	0
中国地质大学(武汉)	153	58	71	58	40	12	38	4 348	799.5	0
大学生发展与创新教育研究中心	76	27	45	15	20	5	15	3 500	350	0
湖北省区域创新能力检测与分析软科学研究基地	10	4	6	2	4	4	13	300	180	0
湖北省生态文明研究中心	12	7	5	8	3	1	0	230	20	0
湖北省珠宝首饰传承与创新发展研究中心	20	10	10	8	10	2	10	315	249	0
资源环境经济研究中心	35	10	5	25	3	0	0	3	0.5	0
武汉纺织大学	34	17	17	16	13	5	21	34	10	0
湖北省服饰艺术与文化研究中心	19	5	14	8	8	3	11	22	5	0
企业决策研究中心	15	12	3	8	5	2	10	12	5	0
武汉轻工大学	41	31	10	32	9	0	8	200	8	0
湖北县域经济发展研究中心	41	31	10	32	9	0	8	200	8	0
武汉理工大学	101	56	31	65	7	2	222	9 003.9	5 008	870
法国研究中心	23	11	12	15	6	2	20	30	12	0
湖北省产品创新管理研究中心	15	9	6	10	0	0	110	1 300	350	0
湖北省危机与灾害应急管理研究中心	24	10	5	10	0	0	55	4 143	3 220	870

续表

学校及机构名称	R&D 活动人员(人)						培养研究生人数(人)	R&D 经费支出(千元)	仪器设备原价(千元)	
	合计	其中								其中:进口(千元)
		博士毕业	硕士毕业	高级职称	中级职称	初级职称				
科技创新与经济发展研究中心	24	22	2	23	1	0	25	3 230.9	1 300	0
中国残疾人事业发展研究中心	15	4	6	7	0	0	12	300	126	0
湖北工业大学	206	143	59	156	46	4	295	831	2 405.7	912.3
湖北酿酒工艺和传统美术与手工艺保护研究中心	15	10	5	13	2	0	5	75	56	0
湖北农村社会管理创新研究中心	48	36	12	41	7	0	72	130	205	0
湖北文化创意产业化设计研究中心	71	39	30	56	11	4	175	175	1 550	890.3
湖北循环经济发展研究中心	34	31	3	20	14	0	9	160	400	0
湖北职业教育发展研究院	22	21	1	18	4	0	24	150	104.7	0
中法城市可持续发展研究与促进国际联合研究中心	16	6	8	8	8	0	10	141	90	22
华中农业大学	46	46	0	21	25	0	40	400	250	0
湖北农村发展研究中心	32	32	0	12	20	0	25	250	150	0
农村社会建设与管理研究中心	14	14	0	9	5	0	15	150	100	0
华中师范大学	412	332	80	185	169	57	192	27 314.7	9 304.1	780
长江书法研究院	10	7	3	5	4	1	2	545.6	110.5	0
地方政府治理与地方发展研究中心	9	9	0	4	3	1	6	525.2	148.5	0
菲律宾研究中心	7	6	1	5	2	0	4	158	66	0
工业文化研究中心	14	8	6	5	5	4	10	56.8	18	0
国家体育总局体育文化研究基地	38	22	16	8	16	14	6	665.3	8	0
国家文化产业研究中心	15	13	2	10	5	0	12	2 359.6	750.6	430
国务院侨办侨务理论研究武汉基地	15	9	6	4	7	4	10	581	6	0
汉语国际推广研究中心	8	6	2	3	3	2	6	1 481.4	480	0
湖北高校思想政治教育管理发展研究中心	9	7	2	4	3	2	0	550.4	200.6	0
湖北经济与社会发展研究院	7	5	2	3	4	0	3	850.5	133	0
湖北省党的建设研究中心	9	8	1	4	5	0	5	809.7	310.8	0
湖北省道家道教研究中心	9	7	2	4	4	1	4	805.2	222.5	0
湖北省电子商务研究中心	8	7	1	4	2	2	4	1 568.9	302	0

续表

学校及机构名称	R&D活动人员(人)						培养研究生人数(人)	R&D经费支出(千元)	仪器设备原价(千元)	其中:进口(千元)
	合计	其中								
		博士毕业	硕士毕业	高级职称	中级职称	初级职称				
湖北省房地产发展研究中心	8	7	1	4	3	1	4	625.3	284.9	0
湖北省基础教育研究中心	12	11	1	5	7	0	4	803.5	278.6	0
湖北省教育信息化发展研究中心	12	12	0	6	6	0	6	1 376.4	685.6	0
湖北省区域历史文化研究中心	12	10	2	6	4	2	4	405.8	104	0
湖北省社会发展与社会政策研究中心	8	7	1	3	5	0	4	655.9	355.6	0
湖北省社区建设研究中心	12	12	0	7	4	1	5	406.5	100.3	0
湖北省文学理论与批评研究中心	14	13	1	5	6	3	4	544.5	326.4	0
湖北省学校德育研究中心	8	7	1	4	4	0	3	480.8	103.2	0
湖北省中国特色社会主义研究中心	10	8	2	4	4	2	4	246.2	107	0
教育政策研究中心	10	7	3	6	3	1	0	156.4	50	0
青少年心理健康教育中心	8	6	2	3	4	1	3	994.4	806.8	350
全国民政政策理论研究基地	10	7	3	4	4	2	0	212.4	64	0
武汉城市圈“两型社会”建设研究院	14	12	2	5	6	3	5	321.9	82	0
信息化与教育均衡协同创新中心	11	11	0	6	5	0	5	1 751.4	653.4	0
印度研究中心	9	8	1	6	3	0	7	332	66	0
语言与语言教育研究中心	13	12	1	7	5	1	14	1 603.2	701.4	0
中国合唱艺术研究中心	10	6	4	4	4	2	0	153.6	65	0
中国近代史研究所	13	11	2	9	4	0	11	902.4	396.5	0
中国旅游研究院武汉分院	13	12	1	5	6	2	5	701.6	302.3	0
中国农村林业改革发展研究基地	18	12	6	6	8	4	9	226.8	65	0
中国农村研究院	11	11	0	6	4	1	11	2 322.6	668.2	0
中国农村综合改革协同创新研究中心	10	9	1	6	4	0	4	903.5	229.4	0
中印尼问题研究中心	8	7	1	5	3	0	8	230	52	0
湖北大学	626	462	138	476	119	21	573	5 753.35	4 039.92	330
巴西研究中心	15	11	4	7	0	8	0	200	0	0
当代文艺创作研究中心	25	18	7	20	5	0	5	400	20	0
湖北当代文化研究中心	16	13	3	11	5	0	58	200	100	0

续表

学校及机构名称	R&D活动人员(人)						培养研究生人数(人)	R&D经费支出(千元)	仪器设备原价(千元)	
	合计	其中								其中:进口(千元)
		博士毕业	硕士毕业	高级职称	中级职称	初级职称				
湖北青少年思想道德教育研究中心	38	35	3	30	8	0	112	140	380	0
湖北人才发展战略与政策研究中心	31	27	4	25	4	2	20	360	26	0
湖北省道德与文明研究中心	23	22	1	17	6	0	120	52.75	347.34	0
湖北省开放经济研究中心	32	31	1	21	10	1	23	200	40	0
湖北省旅游开发与管理研究中心	16	10	6	13	3	0	30	120	120	0
湖北文化建设研究院	22	18	4	22	0	0	0	159	0	0
湖北县域治理研究院	13	13	0	9	4	0	106	350	1 600	0
湖北休闲体育发展研究中心	32	11	19	22	8	2	56	280	20	0
湖北中小学素质教育研究中心	34	29	4	30	4	0	10	20	436	0
绩效评价信息管理研究中心	48	31	15	28	20	0	3	150	490	330
拉丁美洲研究中心	13	8	5	8	5	0	2	200	50	0
拉美研究院	16	10	6	8	8	0	2	300	100	0
农村社区研究中心	14	10	4	7	5	2	10	30	0	0
文化科技融合创新研究中心	25	10	15	6	13	6	16	200	100	0
中华文化发展协同湖北省协同创新中心	213	155	37	192	11	0	0	2 391.6	210.58	0
湖北师范大学	64	29	25	46	18	0	0	1 000	350	0
长江中游矿冶文化与经济社会发展研究中心	24	15	8	18	6	0	0	200	80	0
语言学研究中心	15	6	7	10	5	0	0	500	120	0
资源枯竭城市转型与发展研究中心	25	8	10	18	7	0	0	300	150	0
黄冈师范学院	40	16	24	21	19	0	0	191	76	0
大别山红色文化研究中心	9	4	5	6	3	0	0	35	20	0
大别山旅游经济与文化研究中心	11	7	4	6	5	0	0	38	20	0
鄂东教育与文化研究中心	13	4	9	6	7	0	0	64	20	0
黄梅戏艺术研究中心	7	1	6	3	4	0	0	54	16	0
湖北民族学院	18	10	8	8	10	0	0	700	56	0
鄂西生态旅游文化研究中心	9	5	4	4	5	0	0	200	15	0
湖北民族民间文化艺术研究中心	4	2	2	2	2	0	0	200	23	0

学校及机构名称	R&D 活动人员(人)						培养研究生人数(人)	R&D 经费支出(千元)	仪器设备原价(千元)	
	合计	其中								其中:进口(千元)
		博士毕业	硕士毕业	高级职称	中级职称	初级职称				
南方少数民族研究中心	5	3	2	2	3	0	0	300	18	0
汉江师范学院	50	2	32	19	25	6	0	50	20	0
汉水文化研究基地	50	2	32	19	25	6	0	50	20	0
中南财经政法大学	602	480	115	416	162	24	117	5 905	2 019.4	0
WTO 与湖北发展研究中心	38	10	22	23	8	7	12	100	100	0
产业升级与区域金融湖北省协同创新中心	60	47	13	42	13	5	18	737.7	98	0
长江绿色发展工程研究院	18	18	0	15	3	0	0	2	0	0
城乡社区社会管理湖北省协同创新中心	35	20	14	18	10	7	9	686.5	105.3	0
创业与就业研究中心	21	15	6	14	6	1	7	100	100	0
法治发展与司法改革研究中心	32	22	10	23	5	4	18	100	100	0
反恐怖主义研究中心	36	32	4	32	4	0	0	1 000	300	0
湖北财政与发展研究中心	9	7	2	7	2	0	5	100	100	0
湖北金融研究中心	30	19	11	18	12	0	10	100	100	0
湖北经济建设研究院	24	19	5	18	6	0	8	100	100	0
湖北全面深化改革研究院	15	13	2	12	3	0	7	140	60	0
湖北社会建设与社会治理研究中心	15	14	1	12	3	0	8	60	28	0
互联网发展与治理研究院	16	16	0	10	6	0	0	40	0	0
经济犯罪研究中心	31	28	3	23	8	0	0	31	7.6	0
老年人权益保障研究中心	13	13	0	7	6	0	0	20	0	0
人工智能法商研究中心	21	21	0	17	4	0	0	100	0	0
人民代表大会制度研究所	16	13	3	11	5	0	0	25	6.2	0
社会主义核心价值观研究中心	45	39	6	31	14	0	0	1 000	37.5	0
应急管理研究中心	16	16	0	8	8	0	0	12.8	0	0
越南刑事法研究中心	15	14	1	11	4	0	0	21	5.8	0
运营管理与系统科学研究所	10	10	0	3	7	0	0	9	2	0
政府和社会资本合作研究中心	10	7	3	5	5	0	0	5	3	0
知识产权研究中心	22	18	4	19	3	0	15	200	200	0

续表

学校及机构名称	R&D 活动人员(人)						培养研究生人数(人)	R&D 经费支出(千元)	仪器设备原价(千元)	
	合计	其中								其中:进口(千元)
		博士毕业	硕士毕业	高级职称	中级职称	初级职称				
中国特色社会主义政治经济学研究中心	6	6	0	5	1	0	0	15	6	0
中南司法案例研究中心	6	6	0	2	4	0	0	100	0	0
注册会计师行业发展研究中心	42	37	5	30	12	0	0	1 100	560	0
武汉体育学院	86	17	22	21	32	4	92	1 000	2 340	1 020
湖北省非物质文化遗产研究中心	8	3	3	2	2	1	20	240	100	0
湖北体育产业研究中心	26	1	2	3	5	1	20	120	60	0
体育工程重点实验室	8	2	1	4	2	2	15	120	500	200
体育社会科学研究中心	8	1	2	3	2	0	0	120	60	0
体育文化研究中心	3	1	1	1	1	0	6	80	30	0
运动训练监控湖北省重点实验室	13	2	1	2	8	0	11	120	1 000	700
运动与健康创新发展研究中心	6	3	2	3	3	0	0	120	200	120
中国体操运动项目协同创新中心	14	4	10	3	9	0	20	80	390	0
湖北美术学院	131	15	34	29	64	38	10	700	405	0
非物质文化遗产研究中心	13	2	3	2	7	4	3	100	100	0
时尚艺术研究中心	21	3	9	5	10	6	2	200	125	0
手工艺文化研究中心	25	2	7	4	13	8	2	200	50	0
现代公共视觉艺术设计研究中心	72	8	15	18	34	20	3	200	130	0
中南民族大学	675	446	114	315	180	57	282	2 400	1 150	0
恩施发展研究院	22	20	2	20	2	0	12	100	50	0
高校风险预警防控研究中心	40	26	12	18	11	0	13	100	60	0
湖北民族地区经济社会发展研究中心	25	15	7	5	11	6	5	100	50	0
湖北民族教育研究中心	15	10	0	11	3	1	10	100	50	0
湖北全面小康研究院	26	21	5	19	6	1	12	100	60	0
湖北省非物质文化遗产研究中心	35	20	10	20	9	4	13	100	50	0
湖北省民族理论政策研究基地	30	15	6	7	7	0	10	100	60	0
湖北省民族立法研究中心	15	10	5	9	6	0	12	100	60	0
湖北省民族宗教舆情研究中心	16	10	3	12	3	0	6	100	30	0

续表

学校及机构名称	R&D 活动人员(人)						培养研究生人数(人)	R&D 经费支出(千元)	仪器设备原价(千元)	其中:进口(千元)
	合计	其中								
		博士毕业	硕士毕业	高级职称	中级职称	初级职称				
湖北省区域历史文化研究中心	18	15	3	6	6	3	12	100	40	0
湖北省中国特色社会主义理论体系研究中心	18	10	6	10	6	0	5	100	40	0
民族法制研究中心	18	10	6	10	0	6	11	100	40	0
民族教育政策与法规重点研究基地	20	15	5	8	10	2	12	100	40	0
民族团结进步创建活动研究中心	55	30	6	26	12	14	15	100	40	0
民族政策与社会发展研究中心	62	12	8	7	7	0	10	100	60	0
南方少数民族非物质文化遗产研究中心	32	20	10	16	13	3	10	100	30	0
南方少数民族研究中心	51	50	0	33	15	0	25	100	60	0
农业信息技术研究与开发联合实验室	25	22	0	11	10	3	15	100	60	0
少数民族大学生思想教育研究中心	22	12	6	12	3	5	12	100	60	0
少数民族教育发展研究基地	42	38	3	13	18	0	16	100	50	0
伊斯兰合作组织研究中心	30	16	3	10	5	1	10	100	30	0
中国城市民族与宗教事务治理研究中心	13	10	3	5	5	3	10	100	60	0
中国武陵山减贫与发展研究	22	20	2	15	5	2	12	100	20	0
中南少数民族审美文化研究中心	23	19	3	12	7	3	14	100	50	0
湖北工程学院	31	13	18	19	9	3	0	600	50	0
湖北小城镇发展研究中心	15	4	11	9	4	2	0	200	20	0
湖北小微企业发展研究中心	10	7	3	8	1	1	0	200	20	0
中华孝文化研究中心	6	2	4	2	4	0	0	200	10	0
湖北理工学院	62	17	24	42	19	1	0	600	6 000	1 000
长江中游矿冶文化与经济社会发展研究中心	36	9	15	29	7	0	0	200	5 000	1 000
公共文化研究中心	26	8	9	13	12	1	0	400	1 000	0
湖北科技学院	12	5	7	8	4	0	0	300	200	0
鄂南文化研究中心	6	3	3	4	2	0	0	180	120	0

续表

学校及机构名称	R&D 活动人员(人) 合计	其中 博士毕业	硕士毕业	高级职称	中级职称	初级职称	培养研究生人数(人)	R&D 经费支出(千元)	仪器设备原价(千元)	其中:进口(千元)
农村教育与文化发展研究中心	6	2	4	4	2	0	0	120	80	0
湖北医药学院	15	5	8	6	4	2	4	80	50	0
湖北医药学院卫生管理与卫生事业发展研究中心	15	5	8	6	4	2	4	80	50	0
长江职业学院	42	3	31	16	25	1	0	101.67	90.55	0
湖北技能型人才培养研究中心	42	3	31	16	25	1	0	101.67	90.55	0
江汉大学	66	34	24	35	20	0	10	7 751	3 575	0
城市研究中心	11	4	5	6	5	0	3	3 700	2 170	0
湖北曲艺研究省非物质文化遗产研究中心	6	4	2	6	0	0	0	50	50	0
武汉城市圈制造业发展研究中心	16	13	3	15	0	0	5	135	525	0
武汉研究院	25	7	12	8	15	0	0	3 630	380	0
武汉语言文化研究中心	8	6	2	0	0	0	2	236	450	0
三峡大学	114	70	36	87	27	0	66	1 049	243	0
巴楚艺术发展研究中心	19	5	13	17	2	0	8	355	60	0
区域社会管理创新与发展研究中心	32	27	5	28	4	0	31	210	45	0
三峡文化与经济社会发展研究中心	21	9	5	10	11	0	7	104	18	0
水库移民研究中心	30	20	10	22	8	0	11	230	50	0
影视文化与产业发展研究中心	12	9	3	10	2	0	9	150	70	0
湖北警官学院	11	3	6	9	2	0	0	20	50	0
社会治安治理研究中心	11	3	6	9	2	0	0	20	50	0
鄂州职业大学	40	0	20	17	19	4	0	9	4	0
鄂州经济社会改革发展研究中心	37	0	19	16	17	4	0	2	2	0
高等职业研究所	3	0	1	1	2	0	0	7	2	0
荆楚理工学院	5	1	3	3	2	0	0	120	35	0
中国农谷发展研究中心	5	1	3	3	2	0	0	120	35	0
武汉音乐学院	21	6	13	7	8	3	0	2 530	15	0
长江传统音乐文化研究中心	4	2	1	3	0	0	0	200	0	0

续表

学校及机构名称	R&D 活动人员(人)						培养研究生人数(人)	R&D 经费支出(千元)	仪器设备原价(千元)	
	合计	其中								其中:进口(千元)
		博士毕业	硕士毕业	高级职称	中级职称	初级职称				
湖北省非物质文化遗产保护研究中心	4	2	2	2	0	0	0	217	0	0
音乐创作湖北省协同创新中心	13	2	10	2	8	3	0	2 113	15	0
湖北经济学院	195	179	16	134	57	4	240	3 411.22	280.39	0
大学生思想政治教育评价中心	25	23	2	12	12	1	0	116.04	27.04	0
湖北地方税收研究中心	41	37	4	27	12	2	0	160.73	17.25	0
湖北会计发展研究中心	25	22	3	17	8	0	240	162.83	8.54	0
湖北金融发展与金融安全研究中心	46	43	3	36	10	0	0	199.95	19.5	0
湖北企业文化研究中心	11	10	1	9	2	0	0	179.75	25.35	0
湖北省大中型水库移民后期扶持政策监测评估中心	13	11	2	8	4	1	0	2 203.13	145.23	0
湖北水事研究中心	13	13	0	10	3	0	0	188.79	15.25	0
湖北物流发展研究中心	21	20	1	15	6	0	0	200	22.23	0
武昌理工学院	13	2	7	9	3	1	0	128.98	10	0
民办大学素质教育研究中心	13	2	7	9	3	1	0	128.98	10	0
文华学院	51	10	31	17	34	0	0	88	13	2
非物质文化遗产研究中心	16	4	12	7	9	0	0	60	10	0
湖北品牌发展研究中心	35	6	19	10	25	0	0	28	3	2
武汉设计工程学院	63	0	44	9	53	1	0	498	6 783	2 370
产学研中心	4	0	0	0	4	0	0	100	20	0
环境设计研究所	33	0	31	3	30	0	0	100	2 203	750
设计发展中心	5	0	0	0	4	1	0	100	30	0
影视传媒研究所	21	0	13	6	15	0	0	198	4 530	1 620
湖北第二师范学院	49	24	18	38	9	0	0	36	63	0
湖北方言文化研究中心	16	8	5	13	3	0	0	10	20	0
湖北教师教育研究中心	18	8	8	13	4	0	0	13	28	0
湖北文化产业经济研究中心	15	8	5	12	2	0	0	13	15	0
湖南省										
湘潭大学	365	315	44	275	71	0	911	3 917	1 557	865

续表

学校及机构名称	R&D活动人员(人)						培养研究生人数(人)	R&D经费支出(千元)	仪器设备原价(千元)	
	合计	其中								其中:进口(千元)
		博士毕业	硕士毕业	高级职称	中级职称	初级职称				
调解理论研究与人才培训基地	16	16	0	12	4	0	32	265	120	80
反腐败司法研究基地	12	8	1	7	2	0	27	80	31	11
非洲法律与社会研究中心	8	7	1	7	1	0	25	80	33	21
公共信息资源管理与开发利用科普基地	14	12	2	11	3	0	39	76	31	10
湖南省党的创新理论研究与学习服务中心	22	20	2	18	4	0	29	175	87	57
湖南省法学研究基地	12	10	2	10	2	0	35	89	38	22
湖南省检察理论研究基地	9	9	0	8	1	0	32	50	29	14
湖南省经济安全研究基地	9	8	1	7	2	0	26	65	32	18
湖南省旅游研究基地	11	9	2	8	3	0	30	85	39	25
湖南省普通高等学校哲学社会科学重点研究基地信息资源管理与知识产权研究基地	14	13	1	10	4	0	22	88	45	23
湖南省思想政治工作研究基地	9	8	1	6	2	0	31	90	55	23
湖南省湘学研究基地	9	9	0	8	1	0	35	80	55	46
湖南省预算与会计理论研究基地	14	14	0	12	2	0	36	80	45	24
湖南省知识产权司法保护理论研究基地	8	8	0	6	2	0	22	105	46	22
湖南省中国特色社会主义理论体系研究中心	11	7	4	7	4	0	25	880	34	15
湖南省中外文学与文化研究基地	12	10	2	8	2	0	32	89	55	45
老年科技工作者协会	5	2	3	3	2	0	0	50	22	8
毛泽东思想研究中心	16	14	2	14	2	0	32	300	89	66
美国问题研究中心	9	7	2	6	2	0	28	48	25	15
人口、资源与环境经济研究所	10	8	2	6	2	0	31	86	40	16
社会主义经济理论研究中心	12	9	3	12	0	0	32	98	52	22
社情民意研究中心	10	8	2	8	2	0	26	50	32.4	10
诉讼法学研究中心	9	7	2	8	1	0	35	120	66	20
西班牙语国家研究中心	16	15	0	12	4	0	28	15	62	34

续表

学校及机构名称	R&D活动人员(人)						培养研究生人数(人)	R&D经费支出(千元)	仪器设备原价(千元)	
	合计	其中								其中:进口(千元)
		博士毕业	硕士毕业	高级职称	中级职称	初级职称				
消费经济研究院	11	9	2	8	2	0	36	80	36	19
政府绩效评估与管理创新研究基地	12	10	2	8	2	0	35	80	31	26
中国共产党革命精神与文化资源研究中心	12	10	2	8	2	0	28	100	34.5	10
中国红色旅游创新发展研究中心	8	6	2	5	3	0	32	89	46	23
中国区域发展与治理研究院	28	28	0	20	8	0	30	260	156	85
中国文化创意产业评价研究中心	9	8	0	5	0	0	32	94	56	32
专利分析与评估中心	8	6	1	7	0	0	28	70	34.1	23
吉首大学	96	28	23	28	18	9	18	1 168	4 514.6	0
国家民族体育重点研究基地	13	3	2	5	1	1	12	350	2 300	0
湖南省民族学研究基地	37	11	14	9	13	5	0	300	684.6	0
湖南省湘西民族语言研究基地	6	2	1	2	1	1	1	88	150	0
生态民族学研究基地	23	8	1	5	1	1	0	230	850	0
武陵山片区民族理论政策研究基地	12	3	2	5	1	1	3	120	350	0
武陵山区扶贫开发研究中心	5	1	3	2	1	0	2	80	180	0
湖南大学	120	70	47	13	0	0	85	11 090	3 320	1 400
国家腐败预防与惩治研究中心(省级特色智库)	4	3	1	4	0	0	3	240	0	0
中国全民阅读研究中心(省级社科普及基地)	4	2	2	4	0	0	1	150	0	0
中国文化软实力研究中心(省级特色智库)	5	3	2	5	0	0	3	1 100	0	0
湖南经济与社会发展法律研究中心	5	2	3	0	0	0	1	130	50	0
湖南省风险导向审计研究基地	4	2	2	0	0	0	2	100	40	0
湖南省国际贸易研究基地	4	2	2	0	0	0	2	220	60	0
湖南省湖湘文化研究基地	4	2	2	0	0	0	1	210	60	0
湖南省金融发展与信用管理研究基地	4	2	2	0	0	0	2	310	60	0
湖南省廉政研究基地	5	2	3	0	0	0	3	160	60	0

续表

学校及机构名称	R&D活动人员(人)						培养研究生人数(人)	R&D经费支出(千元)	仪器设备原价(千元)	
	合计	其中								其中:进口(千元)
		博士毕业	硕士毕业	高级职称	中级职称	初级职称				
湖南省两型社会与生态文明建设研究基地	4	2	2	0	0	0	2	130	50	0
湖南省思想政治工作研究基地	4	2	2	0	0	0	1	100	40	0
湖南省文化产业研究基地	5	2	3	0	0	0	2	160	50	0
湖南省物流信息与仿真技术重点实验室	5	2	3	0	0	0	3	210	50	0
湖南省语言与认知研究基地	4	2	2	0	0	0	1	120	30	0
湖南统战理论研究基地	4	1	2	0	0	0	1	50	20	0
科技、经济与社会发展研究所	2	0	2	0	0	0	0	60	20	0
企业管理与决策支持技术实验室	4	2	2	0	0	0	2	120	40	0
岳麓书院国学研究与传播中心	4	1	2	0	0	0	1	50	20	0
中国产业金融协同创新中心	28	28	0	0	0	0	46	7 000	2 500	1 400
中国村落文化研究基地	3	1	2	0	0	0	1	170	40	0
中国历史研究所	5	2	2	0	0	0	2	30	20	0
中国特色社会主义理论体系研究基地	4	2	2	0	0	0	2	110	50	0
中国文化软实力研究基地	5	3	2	0	0	0	3	160	60	0
中南大学	512	266	221	212	177	93	260	10 940	4 596	0
PPP研究中心	35	20	10	15	10	8	0	500	50	0
“两型社会”改革建设与生态文明协同创新中心	35	20	10	15	10	8	8	500	50	0
当代东方艺术研究中心	19	12	7	17	1	1	2	150	50	0
当代诗词创作批评与理论研究中心	14	4	10	4	3	5	6	350	36	0
地方治理研究院	16	8	6	6	6	4	14	500	150	0
高校国防教育理论与实践研究基地	10	6	4	3	4	2	5	100	10	0
公共卫生研究中心	14	7	7	6	6	2	15	200	160	0
湖南民族特色村镇研究基地	16	6	10	4	6	6	9	500	100	0
湖南省东盟文化研究与交流中心	18	4	10	2	8	5	6	50	30	0
湖南省翻译研究基地	6	2	4	2	3	1	5	15	50	0

续表

学校及机构名称	R&D 活动人员(人)						培养研究生人数(人)	R&D 经费支出(千元)	仪器设备原价(千元)	
	合计	其中								其中:进口(千元)
		博士毕业	硕士毕业	高级职称	中级职称	初级职称				
湖南省教育系统重大事项社会稳定风险评估中心	12	5	6	4	6	2	8	0	100	0
湖南省社会主义核心价值体系建设研究基地	5	4	1	2	2	1	6	20	50	0
湖南省社科联中华经典吟唱研究与传播基地	10	2	6	3	5	2	6	100	50	0
湖南省思想政治工作中南大学研究基地	10	5	5	3	4	2	5	100	60	0
湖南省网络德育研究基地	11	5	6	3	5	2	9	80	30	0
湖南省网络文学研究基地	7	2	5	3	3	1	4	20	10	0
湖南省中部崛起发展战略研究基地	14	6	8	3	6	2	8	50	20	0
湖南省中小企业研究基地	11	5	6	3	4	2	6	30	30	0
家文化研究中心	12	12	0	12	0	0	8	450	500	0
健康护理研究中心	20	8	12	10	8	2	9	200	50	0
教育立法研究基地	15	9	6	6	8	1	12	500	80	0
金属资源战略研究院	38	20	18	12	10	8	10	800	80	0
科技创新与社会发展研究中心	15	9	6	6	8	1	12	500	80	0
绿色金融研究中心	10	6	4	4	4	2	8	3 000	700	0
区块链和数字社会研究中心	5	5	0	4	1	0	5	600	1 000	0
全国教育系统社会稳定风险评估中心	12	5	7	4	6	2	8	100	100	0
全球卫生治理与法律研究中心	14	7	7	6	6	2	15	200	160	0
社会调查与民意研究中心	33	31	2	25	6	2	5	100	600	0
体育文化研究基地	8	1	4	4	2	2	6	20	10	0
突发公共事件心理救援研究中心	12	5	6	4	6	2	8	100	50	0
应用伦理学研究中心	15	5	10	4	5	3	7	30	20	0
知识产权研究院	15	5	8	3	6	5	6	50	20	0
中国特色社会主义理论体系研究中心	5	2	3	2	1	1	4	25	20	0
中国文化法研究中心	20	13	7	8	8	4	15	1 000	90	0

续表

学校及机构名称	R&D 活动人员(人)						培养研究生人数(人)	R&D 经费支出(千元)	仪器设备原价(千元)	
	合计	其中								其中:进口(千元)
		博士毕业	硕士毕业	高级职称	中级职称	初级职称				
湖南科技大学	143	73	70	45	8	0	28	1 550.64	1 016.29	367.55
湖南创新发展研究院	22	18	4	18	4	0	8	235.5	133.8	35.8
湖南省党建理论研究基地	15	8	7	0	0	0	0	157	110.83	33.3
湖南省高校农村教育改革与发展研究基地	16	7	9	12	4	0	0	167.5	105.42	58
湖南省高校中国古代文学与社会文化研究基地	16	6	10	0	0	0	0	161.2	110.93	35.7
湖南省汉语方言与文化科技融合研究基地	17	12	5	15	0	0	20	135.6	90.18	32.2
湖南省思想政治工作研究基地	13	4	9	0	0	0	0	121.07	95.19	38.4
湖南省新型工业化研究基地	15	7	8	0	0	0	0	185.95	119.58	45.8
湖南省战略性新兴产业研究基地	16	7	9	0	0	0	0	206.22	146.5	52.9
湖南省中国特色社会主义理论体系研究中心湖南科技大学基地	13	4	9	0	0	0	0	180.6	103.86	35.45
长沙理工大学	147	94	43	113	34	0	35	1 519.6	24.8	0
湖南服务业发展研究中心	10	9	0	10	0	0	3	241.4	3	0
湖南省邓小平理论研究中心	5	4	1	5	0	0	2	67	2	0
湖南省非物质文化遗产研究培训基地	28	12	16	3	25	0	15	80	10	0
湖南省非洲文化研究与交流中心	14	8	6	8	6	0	2	80	0	0
湖南省现代服务业研究基地	7	3	2	7	0	0	0	182.6	1.8	0
教育与应用心理研究所	12	5	3	11	1	0	0	168.2	1.6	0
金融工程与金融管理研究中心	7	4	2	7	0	0	0	177.3	1.7	0
企业战略管理与投资决策研究基地	10	9	1	10	0	0	0	349	3.2	0
社会治理创新研究中心	40	30	10	38	2	0	10	6	0	0
现代企业管理研究中心	14	10	2	14	0	0	3	168.1	1.5	0
湖南农业大学	350	189	156	151	192	2	169	2 769	130	0
湖南农业职业教育协同创新中心	57	22	30	18	34	0	40	320	0	0
湖南省“三农”问题研究基地	39	11	28	11	27	1	20	698	30	0

学校及机构名称	R&D 活动人员(人)						培养研究生人数(人)	R&D 经费支出(千元)	仪器设备原价(千元)	其中:进口(千元)
	合计	其中								
		博士毕业	硕士毕业	高级职称	中级职称	初级职称				
湖南省涉农企业研究所	32	9	23	8	23	1	25	201	20	0
湖南省乡村振兴战略研究院	150	120	30	90	60	0	40	500	0	0
湖南省新农村建设研究基地	32	9	23	8	24	0	22	560	50	0
湖南省中国特色社会主义理论体系研究中心	20	9	11	7	13	0	11	340	0	0
农村儿童青少年健康促进研究中心	20	9	11	9	11	0	11	150	30	0
中南林业科技大学	95	50	33	46	32	12	39	690	89	0
湖南绿色发展研究院	20	7	5	9	7	0	3	70	15	0
湖南省教育科学绿色教育研究基地	9	2	3	2	3	3	2	10	2	0
湖南省旅游研究基地	7	4	3	5	2	0	5	80	12	0
环境法研究所	5	4	1	3	1	1	7	30	9	0
科技金融研究中心	5	3	2	2	2	1	1	10	2	0
农林经济管理中心	7	3	4	4	3	0	6	60	10	0
商学研究所	3	1	2	2	1	0	4	20	5	0
生态经济与绿色发展研究中心	25	18	7	10	9	6	5	300	15	0
物流与供应链管理研究所	8	5	3	6	2	0	3	50	7	0
语言与教育研究所	3	2	1	1	1	1	2	40	8	0
中南城市经济发展与房地产管理研究院	3	1	2	2	1	0	1	20	4	0
湖南师范大学	397	259	120	246	145	5	290	13 742	16 429	9 926
WTO 与现代国际法学研究中心	24	19	3	8	16	0	45	469	2 058	1 240
“一带一路”文化交流与传播研究中心	20	11	6	12	8	0	4	957	781	641
大国经济发展研究基地	21	18	2	13	7	0	13	388	406	121
道德文化研究中心	24	16	7	17	6	1	23	221	2 824	1 415
公民道德建设研究基地	16	10	6	10	6	0	10	345	454	256
汉字文化与艺术研究基地	18	7	11	9	8	1	6	645	614	501
湖南传媒发展研究基地	20	11	8	12	8	0	11	545	546	454
湖南省教学改革研究基地	20	18	2	13	6	1	22	354	312	210

续表

学校及机构名称	R&D 活动人员(人)						培养研究生人数(人)	R&D 经费支出(千元)	仪器设备原价(千元)	
	合计	其中								其中:进口(千元)
		博士毕业	硕士毕业	高级职称	中级职称	初级职称				
湖南省旅游研究基地	20	11	8	13	6	1	10	658	414	315
湖湘文化研究基地	19	14	5	15	4	0	28	651	542	325
近现代中国研究中心	22	17	5	13	9	0	0	624	612	415
旅游产业发展与扶贫研究基地	15	6	9	9	6	0	4	548	541	421
生态环境保护法治研究中心	21	14	6	12	8	1	10	987	674	468
体育社会科学重点研究中心	20	9	11	11	9	0	15	645	745	458
县域发展研究中心	24	18	5	14	10	0	16	645	541	451
中国传播与现代化研究中心	18	10	8	10	8	0	11	874	841	544
中国特色社会主义道德文化协同创新中心	37	26	4	29	8	0	28	2 654	2 145	984
中国现代文学研究中心	24	16	8	17	7	0	18	784	654	254
中外文化传播研究基地	14	8	6	9	5	0	16	748	725	453
湖南理工学院	103	56	47	63	23	16	23	1 077	627	88
湖南省党的创新理论研究湖南理工学院基地	17	8	9	14	2	1	6	50	30	10
湖南省公共艺术教育研究基地	15	8	7	8	0	7	0	325	260	0
湖南省湘学研究基地	12	7	5	8	3	1	3	60	30	22
屈原文化研究基地	12	5	7	8	4	0	4	30	0	0
岳州窑陶瓷文化研究中心	12	5	7	6	3	3	3	70	60	20
岳州窑文化研究基地	13	8	5	9	2	2	7	92	67	36
中国当代学术史研究基地	10	7	3	5	5	0	0	100	60	0
中国文学批评学研究中心	12	8	4	5	4	2	0	350	120	0
湘南学院	42	15	24	34	6	2	0	213.95	500	0
湖南民族宗教研究基地	10	5	5	8	1	1	0	92.63	0	0
湖南省教育科学高校教学管理研究基地	11	3	5	9	1	1	0	80.33	500	0
湖南省湘学研究基地	13	4	9	11	2	0	0	14.07	0	0
中国特色社会主义理论体系研究中心	8	3	5	6	2	0	0	26.92	0	0

续表

学校及机构名称	R&D 活动人员(人)						培养研究生人数(人)	R&D 经费支出(千元)	仪器设备原价(千元)	
	合计	其中								其中:进口(千元)
		博士毕业	硕士毕业	高级职称	中级职称	初级职称				
衡阳师范学院	188	102	76	136	44	7	26	1 369.22	3 434.14	373.3
传媒与社会发展研究所	13	4	9	12	1	0	0	10	6	0
古村古镇文化遗产数字化传承协同创新中心	43	23	19	33	8	2	3	1 042.72	458.41	373.3
国民体质监测与体适能研究所	8	2	6	5	3	0	0	1.9	0	0
衡阳市城乡可持续发展研究基地	16	9	7	11	4	1	5	20	23	0
衡阳市情与对策研究中心	16	11	5	14	2	0	13	10	25	0
湖南省船山学研究基地	21	17	4	18	3	0	0	56.5	28.73	0
湖南省人居环境学研究基地	18	9	9	9	5	4	5	64.3	2 695	0
湖湘文化研究所	8	7	1	7	1	0	0	2.8	2	0
历史文化研究所	10	6	2	6	4	0	0	10	0	0
体育赛事策划与管理研究所	8	1	7	3	4	0	0	1	0	0
习近平新时代中国特色社会主义思想研究与传播中心	17	6	4	11	6	0	0	100	190	0
湘南地区经济发展与管理创新研究所	10	7	3	7	3	0	0	50	6	0
邵阳学院	173	28	96	49	83	9	0	906	2 438	705
湖南省民营经济研究基地	20	3	17	9	11	0	0	392	628	150
湖南省全民健身服务体系建设研究基地	25	4	13	11	10	1	0	156	416	120
龙狮文化研究所	12	2	6	3	9	0	0	31	215	60
民营经济研究所	10	2	2	4	6	0	0	13	0	0
区域经济研究中心	16	3	11	4	8	0	0	88	331	165
社会哲学与人本工程研究所	4	1	3	1	2	1	0	12	0	0
魏源及湘西南文史研究基地	25	10	9	0	0	0	0	120	315	60
魏源研究所	11	2	9	3	8	0	0	12	130	0
湘西南民间美术研究所	14	0	6	4	8	2	0	17	158	0
湘西南民族民间音乐研究所	11	0	4	4	5	2	0	12	245	150
英汉语言与文化研究基地	15	1	13	3	9	3	0	48	0	0

续表

学校及机构名称	R&D活动人员(人)						培养研究生人数(人)	R&D经费支出(千元)	仪器设备原价(千元)	
	合计	其中								其中:进口(千元)
		博士毕业	硕士毕业	高级职称	中级职称	初级职称				
英语语言文学研究所	10	0	3	3	7	0	0	5	0	0
怀化学院	144	72	70	95	49	0	0	2 437	4 394.2	0
地方文献研究中心	10	2	8	8	2	0	0	30	40	0
雕刻艺术研究所	5	0	5	2	3	0	0	20	90	0
调解法学研究所	6	4	2	4	2	0	0	20	50	0
管理科学研究中心	1	1	0	1	0	0	0	20	5	0
湖南省和平文化研究基地	7	6	1	6	1	0	0	220	100	0
湖南省教育科学农村学前教育研究基地	7	2	5	2	5	0	0	100	30	0
湖南省民间非物质文化研究基地	9	6	3	6	3	0	0	100	34.2	0
湖南文化遗产翻译与传播基地	6	5	1	5	1	0	0	500	700	0
怀化市工业产品设计与文化创意研究中心	5	0	5	1	4	0	0	30	850	0
怀化市影视动漫创意基地	6	3	3	2	4	0	0	30	800	0
民族旅游研究中心	8	4	4	5	3	0	0	70	500	0
民族民间文化艺术协同创新中心	7	6	0	7	0	0	0	654	50	0
民族民间文化艺术研究中心	9	5	4	4	5	0	0	100	240	0
民族学研究所	6	4	2	5	1	0	0	100	200	0
商贸经济研究中心	3	3	0	3	0	0	0	43	10	0
武陵山片区风景园林景观资源研究中心	7	2	5	5	2	0	0	60	300	0
武陵山片区公共治理研究所	6	2	4	5	1	0	0	50	40	0
武陵山片区金融经济研究所	7	3	4	4	3	0	0	50	30	0
武陵山片区特色文化资源研究基地	5	3	2	3	2	0	0	90	25	0
五溪民族民间音乐研究所	6	0	5	3	3	0	0	30	200	0
湘西地区政治建设研究所	6	4	2	4	2	0	0	20	10	0
中小企业财务管理研究所	7	2	5	5	2	0	0	50	60	0
沅水流域文学与文化研究中心	5	5	0	5	0	0	0	50	30	0
湖南文理学院	125	34	67	56	50	17	0	6 406	1 256.5	0

续表

学校及机构名称	R&D活动人员(人)						培养研究生人数(人)	R&D经费支出(千元)	仪器设备原价(千元)	
	合计	其中								其中:进口(千元)
		博士毕业	硕士毕业	高级职称	中级职称	初级职称				
产业经济研究所	7	4	2	2	4	1	0	12	21	0
城市文化研究基地	7	3	4	2	4	1	0	71	22	0
城市文化研究所	5	1	4	2	3	0	0	31	12	0
大学英语教学研究所	7	1	6	4	3	0	0	47	12	0
古籍整理研究所	7	2	4	4	3	0	0	25	9.5	0
湖南城市文化研究基地	5	1	4	2	1	1	0	120	140	0
湖南省湖湘典籍翻译与传播研究基地	5	2	3	1	2	2	0	300	170	0
湖南省教师发展研究基地	5	1	4	2	2	1	0	260	180	0
湖南省农村居民社会化发展研究基地	8	3	3	5	2	1	0	80	50	0
湖南省侵华日军细菌战罪行研究基地	3	1	2	1	2	0	0	200	166	0
湖南省湘学研究	6	2	4	3	3	0	0	100	40	0
湖南省知识产权培训基地	4	0	2	2	1	1	0	2 100	220	0
众创中心	5	1	4	2	1	1	0	2 800	120	0
环洞庭湖社会发展研究所	6	1	3	2	3	1	0	19	8	0
经济法学研究所	7	1	3	4	2	1	0	22	7	0
美术研究所	7	1	2	3	3	1	0	20	7	0
文艺鉴赏美学研究所	7	4	3	3	2	2	0	42	11	0
细菌战罪行研究所	6	1	2	2	2	2	0	20	8	0
英语语言文学研究所	6	1	2	4	2	0	0	32	6	0
中国常德诗墙文化研究所	6	1	2	3	2	1	0	25	7	0
中国特色社会主义理论研究中心	6	2	4	3	3	0	0	80	40	0
湖南科技学院	88	15	33	55	23	8	0	280	124	0
国学研究基地	8	1	4	6	1	1	0	30	15	0
湖南省非物质文化遗产实践基地	11	0	5	7	4	0	0	30	10	0
湖南省教育科学信息技术教育研究基地	11	2	3	6	3	2	0	30	10	0

续表

学校及机构名称	R&D 活动人员(人)						培养研究生人数(人)	R&D 经费支出(千元)	仪器设备原价(千元)	
	合计	其中								其中:进口(千元)
		博士毕业	硕士毕业	高级职称	中级职称	初级职称				
湖南省李达与马克思主义“三化”研究基地	7	1	3	4	3	0	0	30	10	0
湖南省舜文化研究基地	12	5	5	7	5	0	0	30	20	0
湖南省思想政治工作研究基地	10	0	0	3	3	2	0	20	9	0
湖南省濂溪学研究基地	10	0	2	6	2	2	0	30	20	0
湖南瑶族文化传承研究中心	5	1	2	3	1	1	0	30	10	0
思想教育与道德文化研究基地	14	5	9	13	1	0	0	50	20	0
湖南人文科技学院	55	21	34	37	14	4	0	367.9	109.9	0
湖南省党的创新理论研究基地	11	5	6	10	0	1	0	0	0	0
湖南省中国特色社会主义理论研究中心基地	12	4	8	7	4	1	0	76.2	21.3	0
梅山文化研究基地	8	3	5	4	3	1	0	41.2	18.7	0
区域文化研究基地	13	5	8	8	5	0	0	103.2	35.7	0
曾国藩及湘中文化研究基地	11	4	7	8	2	1	0	147.3	34.2	0
湖南商学院	323	213	80	106	158	59	2	1 321.22	523.2	0
2011 廉政建设协同创新中心	53	30	20	15	30	8	0	100	16	0
2011 移动电子商务协同创新中心	22	19	0	19	3	0	0	78	9	0
湖南经济改革与发展研究中心	28	23	5	5	15	8	0	273	26	0
湖南省高校“医药物流供应链与服务外包”产学研示范研究基地	28	12	8	5	13	10	0	10	5	0
湖南省廉政建设协同创新中心	37	21	15	29	8	0	2	220	350	0
湖南省廉政建设研究基地	18	15	3	4	10	4	0	127.3	21	0
湖南省区域战略与规划研究基地	23	22	1	5	15	3	0	157.7	23	0
湖南省现代流通理论研究基地	23	21	2	6	10	7	0	137.17	21	0
湖南省现代物流研究基地	19	15	4	5	10	4	0	152.05	27	0
湖南省中国特色社会主义理论体系研究中心	35	16	12	6	19	10	0	10	5	0
开放经济条件下金融风险度量、控制与政策研究中心	16	8	4	3	10	3	0	40	11.2	0

续表

学校及机构名称	R&D 活动人员(人)						培养研究生人数(人)	R&D 经费支出(千元)	仪器设备原价(千元)	
	合计	其中								其中:进口(千元)
		博士毕业	硕士毕业	高级职称	中级职称	初级职称				
区域金融创新研究基地	21	11	6	4	15	2	0	16	9	0
南华大学	175	63	66	98	54	5	34	1 422	2 270	0
地方法制与法治文化研究中心	15	3	6	3	2	0	0	2	0	0
发展战略与区域经济研究所	9	5	2	6	3	0	0	280	230	0
高校资助与创业教育研究基地	8	2	3	5	3	0	0	20	0	0
国家贸易研究室	6	1	2	4	2	0	0	80	120	0
核能经济管理研究中心	9	5	3	6	3	0	0	0	0	0
衡阳市酒文化研究中心	10	4	6	5	2	2	0	80	50	0
衡阳市蓝墨水研究智库	15	4	6	10	5	0	0	60	0	0
湖南省企业自主创新研究基地	8	4	2	5	3	0	0	0	0	0
会计学研究所	7	3	2	4	3	0	0	100	90	0
健康文化宣传与研究基地	18	5	6	11	7	0	0	60	30	0
军工文化与地域文化研究中心	12	2	9	3	2	0	0	30	0	0
马克思主义政治哲学及其应用研究基地	9	4	4	5	3	1	0	0	0	0
企业经济与管理研究所	6	2	1	4	2	0	0	80	100	0
人因工程研究所	7	3	2	4	3	0	0	240	870	0
王船山思想研究所	7	3	1	4	2	1	0	90	500	0
习近平新时代中国特色社会主义思想研究中心	5	3	2	5	0	0	0	100	0	0
英语语言文化研究所	6	2	3	3	2	1	14	110	210	0
语料库翻译学研究所	8	3	2	4	4	0	20	90	70	0
中国特色社会主义理论研究基地	10	5	4	7	3	0	0	0	0	0
长沙医学院	22	2	19	10	12	0	0	100	5	0
马克思主义中国化研究校级重点学科	22	2	19	10	12	0	0	100	5	0
长沙民政职业技术学院	10	0	10	3	6	1	0	70	40	0
民政政策理论研究中心	10	0	10	3	6	1	0	70	40	0
湖南工业职业技术学院	3	0	0	2	1	0	0	432.35	560	0

续表

学校及机构名称	R&D 活动人员(人)合计	其中:博士毕业	其中:硕士毕业	其中:高级职称	其中:中级职称	其中:初级职称	培养研究生人数(人)	R&D 经费支出(千元)	仪器设备原价(千元)	其中:进口(千元)
高教研究所	3	0	0	2	1	0	0	432.35	560	0
长沙学院	82	47	35	48	27	7	0	500	620	0
长沙文化研究所	3	1	2	1	1	1	0	50	10	0
高等教育研究所	5	3	2	4	1	0	0	50	15	0
国学与思想政治教育研究所	3	0	3	0	1	2	0	50	15	0
湖南省党的创新理论研究长沙学院基地	12	7	5	8	4	0	0	0	20	0
湖南省新型城镇化与住房保障研究基地	25	18	7	16	9	0	0	100	20	0
湖南省学习型社会研究基地	12	6	6	8	4	0	0	100	110	0
湖南省中国特色社会主义理论体系研究中心长沙市基地分基地	12	8	4	9	3	0	0	0	100	0
物业管理研究所	3	1	2	1	1	1	0	50	10	0
艺术设计研究所	4	2	2	1	2	1	0	50	120	0
应用法学(法律事务)研究所	3	1	2	0	1	2	0	50	200	0
湖南工程学院	25	14	8	14	8	3	8	80	170	0
湖南省传统特色产业转型升级研究基地	12	8	4	8	4	0	4	60	100	0
湖南文化创意产业研究中心湖南工程学院分中心	13	6	4	6	4	3	4	20	70	0
湖南城市学院	221	57	128	139	73	9	0	540	8 270	0
高校师德教育研究基地	12	3	9	5	7	0	0	20	105	0
湖南省城市经济研究基地	26	4	21	16	7	3	0	100	1 610	0
湖南省党的创新理论研究基地	19	10	7	16	3	0	0	50	168	0
湖南省反邪教研究中心	6	2	3	5	1	0	0	30	80	0
湖南省新型城镇化研究基地	26	3	23	17	4	5	0	100	1 420	0
湖南省新型城镇化研究院	35	20	15	22	13	0	0	100	920	0
湖南省中国特色社会主义理论体系研究中心	26	8	13	24	2	0	0	50	250	0
湖湘传统美术研究基地	35	3	16	12	23	0	0	40	2 297	0

续表

学校及机构名称	R&D 活动人员(人)						培养研究生人数(人)	R&D 经费支出(千元)	仪器设备原价(千元)	
	合计	其中								其中:进口(千元)
		博士毕业	硕士毕业	高级职称	中级职称	初级职称				
社区体育文化研究基地	36	4	21	22	13	1	0	50	1 420	0
湖南工学院	31	13	17	12	19	0	0	130.2	80	0
大学生发展研究中心	8	3	5	1	7	0	0	30	20	0
衡阳经济发展研究中心	6	2	4	2	4	0	0	30	20	0
湖南省开放型经济研究基地	12	7	4	8	4	0	0	40.2	20	0
旅游规划与设计研究所	5	1	4	1	4	0	0	30	20	0
湖南财政经济学院	117	52	62	86	31	0	0	753.41	648.37	0
法务会计研究所	8	4	4	6	2	0	0	3.82	6.9	0
湖南财政监督理论研究基地	20	8	12	16	4	0	0	561.78	237.35	0
湖南财政与会计研究基地	18	8	10	15	3	0	0	37	35.87	0
湖南省法务会计研究基地	10	2	5	6	4	0	0	15.66	35.8	0
湖南省公共政策与经济发展研究基地	13	8	5	10	3	0	0	16.99	27.63	0
湖南省民族经济与社会发展研究基地	12	8	4	9	3	0	0	3.96	0	0
湖南省政府非税收入研究基地	9	4	5	5	4	0	0	40.42	81.58	0
企业财务信息与资本效应湖南省重点实验室	19	10	9	16	3	0	0	67.34	201.12	0
体育经济与产业研究所	8	0	8	3	5	0	0	6.44	22.12	0
湖南警察学院	78	8	35	49	29	0	0	108	87	0
湖南省公安理论与公共安全研究基地	11	4	5	9	2	0	0	35	50	0
湖南省教育科学大学生心理健康研究基地	10	1	7	3	7	0	0	35	30	0
警察公共关系研究所	8	0	5	5	3	0	0	5	1	0
警务射击研究所	12	1	1	7	5	0	0	5	1	0
警务心理研究所	5	1	2	3	2	0	0	3	1	0
恐怖犯罪对策研究所	6	0	2	5	1	0	0	5	1	0
青少年犯罪研究所	10	1	7	6	4	0	0	5	1	0

续表

学校及机构名称	R&D 活动人员(人)						培养研究生人数(人)	R&D 经费支出(千元)	仪器设备原价(千元)	
	合计	其中								其中:进口(千元)
		博士毕业	硕士毕业	高级职称	中级职称	初级职称				
群体性事件预防与处置研究所	12	0	5	8	4	0	0	10	1	0
侦查对策研究所	4	0	1	3	1	0	0	5	1	0
湖南工业大学	46	20	16	24	15	1	15	652	317	0
包装设计理论与应用研究基地	3	0	1	1	2	0	1	42	61	0
湖南省包装经济研究基地	3	2	1	2	1	0	2	40	31	0
湖南省包装设计艺术研究基地	4	1	3	2	1	1	0	40	60	0
湖南省党的创新理论研究湖南工业大学基地	6	3	2	2	2	0	2	50	20	0
湖南省湖湘体育文化研究基地	5	2	1	2	2	0	1	50	50	0
湖南省教育科学高校内部管理研究基地	2	1	1	1	1	0	1	10	10	0
湖南省绿色工业与城市低碳发展研究基地	4	3	1	2	2	0	2	70	20	0
湖南省民族民间音乐舞蹈研究基地	3	0	1	2	0	0	1	80	35	0
湖南省思想政治工作研究基地	3	1	0	2	1	0	1	10	0	0
湖南省中国特色社会主义理论体系研究中心湖南工业大学基地	4	2	2	2	2	0	2	10	10	0
民政部地名研究所研究基地	3	1	1	2	1	0	0	50	0	0
全国包装广告研究基地	6	4	2	4	0	0	2	200	20	0
湖南女子学院	260	51	157	78	131	50	0	882.58	375.9	0
财务与会计研究所	7	1	4	2	3	2	0	18.19	0	0
湖南省高等教育学科(女性教育)研究基地	13	3	8	5	6	2	0	50	10	0
湖南省公民礼仪素质研究基地	12	3	9	4	6	2	0	200	50	0
湖南省湖湘女性文化研究基地	18	4	10	4	8	6	0	26.25	50	0
湖南省教育科学现代家政教育研究基地	8	2	6	3	3	2	0	50	10	0
湖湘女性文化研究所	16	5	9	6	8	2	0	80	26	0
家政研究所	13	2	8	3	8	2	0	50	20	0
经营与管理研究所	9	2	5	2	6	1	0	30	0	0

续表

学校及机构名称	R&D活动人员(人)						培养研究生人数(人)	R&D经费支出(千元)	仪器设备原价(千元)	
	合计	其中								其中:进口(千元)
		博士毕业	硕士毕业	高级职称	中级职称	初级职称				
旅游研究所	11	1	6	2	6	3	0	0	0	0
女书文化研究所	8	1	6	3	5	0	0	16.78	0	0
女性创新创业研究所	8	3	5	2	5	1	0	1.14	0	0
女性服饰文化研究所	5	0	3	2	2	1	0	12.16	0	0
女性经济研究所	8	1	6	2	3	3	0	6.02	20	0
女性思想政治教育研究所	6	1	4	2	2	2	0	12.27	37.6	0
女性体育研究所	4	0	3	2	1	1	0	1.69	27.3	0
女性文学与文化研究所	13	2	8	4	8	1	0	0	0	0
女性心理健康教育研究所	8	2	5	2	5	1	0	40	0	0
女性音乐文化研究所	12	0	5	2	5	5	0	0	0	0
全国妇女/性别研究与培训基地	18	5	12	7	9	2	0	100	65	0
人力资源管理研究所	10	3	6	3	5	2	0	20	0	0
社会工作与社会治理研究所	12	3	6	3	6	3	0	0	0	0
外国女性文学研究所	10	2	6	4	5	1	0	18.08	0	0
现代伦理和礼仪教育研究所	10	2	6	3	5	1	0	80	30	0
信息科学与管理工程应用研究所	13	2	8	4	6	3	0	50	10	0
中国重彩艺术研究所	8	1	3	2	5	1	0	20	20	0
湖南第一师范学院	74	34	40	49	25	0	0	211.98	13.5	0
湖南省教育扶贫研究基地	20	15	5	20	0	0	0	0	0	0
湖南省毛泽东诗词外译研究基地	8	3	5	5	3	0	0	8.84	0	0
湖南省青年毛泽东研究基地	8	4	4	4	4	0	0	8.9	0	0
湖湘民间艺术教育传承与发展研究基地	8	2	6	4	4	0	0	7.96	0	0
少数民族文化艺术传承与普及基地	4	1	3	3	1	0	0	59.06	0	0
小学教师教育研究基地	20	6	14	8	12	0	0	84.16	5	0
中国特色社会主义理论体系研究中心	6	3	3	5	1	0	0	43.06	8.5	0
长沙航空职业技术学院	18	0	15	11	5	2	0	810	55	0
高职院校“双一流”建设研究基地	8	0	7	4	2	2	0	100	0	0

续表

学校及机构名称	R&D活动人员(人)						培养研究生人数(人)	R&D经费支出(千元)	仪器设备原价(千元)	其中:进口(千元)
	合计	其中								
		博士毕业	硕士毕业	高级职称	中级职称	初级职称				
企业思想政治工作研究中心	4	0	2	4	0	0	0	600	0	0
现代职业教育中心	6	0	6	3	3	0	0	110	55	0
湖南涉外经济学院	21	9	11	17	4	0	0	190	880	0
湖南省教育科学民办高等教育研究基地	5	2	2	4	1	0	0	10	80	0
湖南省跨国投资与经营研究基地	8	3	5	7	1	0	0	100	600	0
湖南省涉外经济风险防范与管理研究基地	8	4	4	6	2	0	0	80	200	0
湖南商务职业技术学院	24	3	18	20	4	0	0	2.5	0	0
高职教育研究所	11	0	8	9	2	0	0	0	0	0
应用翻译研究所	7	2	5	7	0	0	0	1.25	0	0
职业教育法治研究所	6	1	5	4	2	0	0	1.25	0	0
湖南外贸职业学院	2	0	1	1	1	0	0	110	10	0
服务贸易研究中心	2	0	1	1	1	0	0	60	10	0
高职教育研究中心	0	0	0	0	0	0	0	50	0	0
湖南网络工程职业学院	3	1	1	2	1	0	0	150	0	0
终身教育研究所	3	1	1	2	1	0	0	150	0	0
湖南艺术职业学院	10	0	2	2	4	4	0	30	0	0
湖南民族文化传承研究基地	5	0	0	1	2	2	0	30	0	0
湖南省非物质文化遗产研究与培训基地	5	0	2	1	2	2	0	0	0	0
湖南机电职业技术学院	3	0	1	1	1	1	0	20	0	0
高职教育研究所	3	0	1	1	1	1	0	20	0	0
长沙师范学院	33	10	21	21	10	1	0	51	21	0
湖南省健康中国与幼儿体质促进研究基地	15	5	8	11	3	0	0	30	9	0
湖南省徐特立研究基地	8	1	7	5	2	1	0	10	6	0
湖南省学前教育研究基地	10	4	6	5	5	0	0	11	6	0
湖南财经工业职业技术学院	4	0	2	2	2	0	0	100	0	0

学校及机构名称	R&D 活动人员(人)						培养研究生人数(人)	R&D 经费支出(千元)	仪器设备原价(千元)	其中:进口(千元)
	合计	其中								
		博士毕业	硕士毕业	高级职称	中级职称	初级职称				
旅游文化与中小企业管理研究所	2	0	1	1	1	0	0	50	0	0
绿色经济与会计研究所	2	0	1	1	1	0	0	50	0	0
湖南应用技术学院	23	5	13	6	8	9	0	9	58	0
湘西北城乡发展一体化研究所	10	2	5	3	3	4	0	2	35	0
湘西北经济研究所	13	3	8	3	5	5	0	7	23	0
湖南交通工程学院	21	0	13	4	12	4	1	926	7	6
衡阳市社科基地	10	0	10	2	8	0	0	480	0	0
湖南省文化创意产业研究中心湖南交通工程学院分中心	11	0	3	2	4	4	1	446	7	6
湖南幼儿师范高等专科学校	5	0	0	3	1	1	0	10	20	0
湖南省教育科学学前教育研究基地	5	0	0	3	1	1	0	10	20	0
广东省										
中山大学	650	619	29	481	160	0	773	39 248.94	16 459.97	3 012.7
“一带一路”研究院	55	55	0	30	25	0	0	2 240	0	0
城市社会研究中心	31	30	1	29	2	0	25	100	0	0
大洋洲研究中心	6	5	1	5	0	0	4	438.29	32.66	0
地方治理与公共政策研究中心	12	12	0	8	4	0	65	190	217	0
港澳珠江三角洲研究中心	20	19	1	10	9	0	22	1 150	2 219.59	0
广东省舆情大数据分析与仿真重点实验室	24	24	0	19	5	0	0	579.49	48	0
广州大数据与公共传播研究基地	19	19	0	5	14	0	66	130.07	39	0
广州国际城市创新研究中心	7	7	0	5	2	0	6	180	160	0
广州口岸史研究基地	8	8	0	8	0	0	11	57.67	1.75	0
广州市社会保障研究中心	8	8	0	6	2	0	0	200	120	0
广州文化遗产与文化发展研究基地	13	13	0	13	0	0	20	683.49	1 273.63	0
广州与中外文化交流研究中心	17	16	1	13	4	0	4	219	0	0
华南农村研究中心	24	17	7	21	3	0	15	20	7.6	0
金融工程与风险管理研究中心	45	45	0	43	2	0	43	3 200	1 313.94	0
拉丁美洲研究中心	6	4	2	1	5	0	6	5	15	0

续表

学校及机构名称	R&D活动人员(人)						培养研究生人数(人)	R&D经费支出(千元)	仪器设备原价(千元)	
	合计	其中								其中:进口(千元)
		博士毕业	硕士毕业	高级职称	中级职称	初级职称				
历史人类学研究中心	27	26	1	22	5	0	29	1 227.89	845.8	0
廉政与治理研究中心	5	5	0	2	3	0	8	234	45	0
逻辑与认知研究所	34	31	2	20	13	0	17	985.96	2 314	0
马克思主义哲学与中国现代化研究所	15	14	1	12	2	0	22	1 300	1 301.14	0
欧洲研究中心	15	11	4	5	10	0	4	1 000	200	0
人类进化与科技考古实验室	6	6	0	4	2	0	14	345	794	114.4
社会认知神经科学与精神健康实验室	8	8	0	8	0	0	6	4 028.13	3 276.11	2 898.3
现代会计与财务研究中心	28	28	0	27	1	0	147	1 240	0	0
移民与族群研究中心	17	16	1	13	3	0	4	100	520.89	0
粤港澳发展研究院	14	14	0	6	8	0	0	14 610	880.86	0
政治哲学与世界文明研究基地	9	9	0	3	6	0	0	10	0	0
中东研究中心	13	11	2	8	5	0	6	110	50	0
中国非物质文化遗产研究中心	19	17	2	13	6	0	6	1 300	129	0
中国公共管理研究中心	32	32	0	24	8	0	87	640	250	0
中国转型与开放经济研究所	39	39	0	39	0	0	44	200	300	0
珠海海上丝绸之路经济研究中心	27	27	0	19	8	0	27	50	14	0
珠海历史文化研究中心	12	12	0	12	0	0	15	85.15	0	0
珠海旅游研究院	9	9	0	9	0	0	32	80	12	0
珠海珠江口西岸区域经济发展研究基地	11	11	0	10	1	0	18	9.8	14	0
自贸区综合研究院	15	11	3	9	2	0	0	2 300	65	0
暨南大学	177	143	27	0	1	9	898	16 156.24	5 377.8	0
产业经济研究院	13	11	2	0	0	2	157	1 697.14	582.9	0
广东产业发展与粤港澳台区域合作研究中心	15	13	2	0	0	2	93	2 772.01	118.3	0
海外华文文学与汉语传媒研究中心	21	16	3	0	0	0	57	1 005.17	150	0
汉语方言研究中心	12	8	3	0	0	0	40	165.72	310.7	0

续表

学校及机构名称	R&D 活动人员(人)						培养研究生人数(人)	R&D 经费支出(千元)	仪器设备原价(千元)	
	合计	其中								其中:进口(千元)
		博士毕业	硕士毕业	高级职称	中级职称	初级职称				
华侨华人研究院	16	10	4	0	0	2	121	2 820.1	743.4	0
金融研究所	14	13	1	0	0	1	162	799.04	882.5	0
企业发展研究所	12	10	2	0	0	0	40	1 591.66	891.1	0
特区港澳经济研究所	14	6	6	0	0	2	96	1 461.5	118.9	0
应急管理研究中心	22	19	3	0	0	0	18	1 038.74	30	0
知识产权与法治研究中心	18	17	1	0	1	0	54	625.16	450	0
资源环境与可持续发展研究所	20	20	0	0	0	0	60	2 180	1 100	0
汕头大学	110	79	19	81	14	5	48	3 105.7	2 379.96	952.7
长江工业设计中心	6	0	0	2	2	2	23	1 050	2 190	932
地方政府发展研究所	28	20	7	21	7	0	17	330	8	0
妇女研究中心	4	0	3	1	0	2	0	500	0	0
高等教育研究所	5	5	0	5	0	0	8	103.8	100	20
国际互联网研究院	1	0	0	1	0	0	0	30	31	0
全球研究中心	12	5	6	4	1	0	0	112	17.96	0
汕头市质量发展科学研究院	7	4	2	4	2	0	0	200	0	0
台湾及海外华文文学研究中心	3	1	1	1	1	1	0	300	20	0
台湾研究所	11	11	0	11	0	0	0	30	0	0
新国学研究中心	1	1	0	1	0	0	0	110	0	0
粤台企业合作研究院	28	28	0	27	0	0	0	300	13	0.7
中国卫生法学会 汕头大学卫生法学国际研究院	4	4	0	3	1	0	0	39.9	0	0
华南理工大学	815	616	189	536	254	0	497	42 909.49	4 973.51	0
重大科技项目与平台实施效果第三方评估智库	22	12	10	9	13	0	5	470	50	0
法治评价与研究中心	10	8	2	7	3	0	15	586	40	0
公共外交与跨文化传播研究基地	17	6	11	10	7	0	68	100	3	0
公共政策研究院	30	22	8	22	8	0	0	11 214.86	350.09	0
广东地方法制研究中心	62	60	2	45	17	0	0	1 340	60.9	0
广东旅游战略与政策研究中心	22	13	9	12	10	0	7	297.1	173.7	0

续表

学校及机构名称	R&D活动人员（人）						培养研究生人数（人）	R&D经费支出（千元）	仪器设备原价（千元）	
	合计	其中								其中：进口（千元）
		博士毕业	硕士毕业	高级职称	中级职称	初级职称				
广东省地方立法研究评估与咨询服务基地	62	60	2	45	17	0	0	650	112	0
广东省非物质文化遗产研究基地	11	9	2	9	2	0	0	32	53.12	0
广东省技术创新评估研究中心	11	11	0	9	2	0	65	3 000	400	0
广东省软科学研究基地	33	25	8	25	8	0	3	198.79	84.4	0
广东省社会治理研究中心	29	27	2	16	13	0	20	2 490	60	0
广东省体育产业发展研究中心	12	10	2	8	4	0	21	20	50	0
广东省新媒体与品牌传播创新应用重点实验室	30	29	1	26	4	0	32	2 400	100	0
广东省中小企业研究咨询中心	8	4	4	7	1	0	6	40	198	0
广东现代服务业研究基地	6	4	2	4	2	0	2	568.8	124.5	0
广州国家创新型城市发展研究中心	18	18	0	0	3	0	20	2 470	100	0
广州市大型企业创新体系建设研究中心	38	28	10	28	10	0	3	198.79	84.4	0
广州市金融服务创新与风险管理研究基地	29	28	1	22	7	0	6	245.15	1 000	0
广州特大城市风险治理研究中心	25	5	20	11	14	0	0	570	100	0
国家治理研究中心	18	8	10	10	8	0	10	150	50	0
互联网行为科学实验室	11	6	5	6	5	0	6	350	230	0
建筑历史文化研究中心	16	15	1	9	7	0	42	6 334	550	0
金融工程研究中心	20	5	15	12	8	0	25	1 000	200	0
科技革命与技术预见智库	37	13	14	20	7	0	3	4 320	84.4	0
习近平新时代中国特色社会主义思想研究中心	29	29	0	27	2	0	31	200	45	0
新岭南文化中心研究基地	15	15	0	13	2	0	18	50	32	0
印度巴基斯坦研究中心	17	6	11	10	7	0	5	100	50	0
印度洋岛国研究中心	15	15	0	11	4	0	5	20	17	0
粤港澳大湾区发展广州智库	32	20	12	18	14	0	0	1 134	50	0
粤港澳大湾区规划创新研究中心	22	19	3	15	7	0	5	330	50	0

续表

学校及机构名称	R&D 活动人员(人)						培养研究生人数(人)	R&D 经费支出(千元)	仪器设备原价(千元)	
	合计	其中								其中:进口(千元)
		博士毕业	硕士毕业	高级职称	中级职称	初级职称				
哲学与科技高等研究所	9	9	0	8	1	0	15	1 000	50	0
政府绩效评价中心	7	7	0	6	1	0	14	400	100	0
政府决策与绩效评价研究所	22	16	6	12	10	0	12	320	61	0
中国企业战略研究中心	30	14	16	19	11	0	28	110	220	0
中国特色社会主义思想与广州实践研究中心	40	40	0	25	15	0	5	200	40	0
华南农业大学	157	118	38	78	47	5	21	6 922.39	1 851.05	115
地方法制研究中心	13	10	3	0	2	0	0	526.66	40	5
广东科技管理与规划研究院	17	7	10	10	6	1	0	562.1	1 034	0
广东农村经济研究中心	13	13	0	0	3	0	3	2 097.63	250.05	20
广东农村政策研究中心	9	7	2	0	5	0	1	437.35	120	25
经济发展研究所	17	17	0	9	8	0	2	593.25	35	10
劳资关系研究中心	12	12	0	12	0	0	3	586.65	32	5
农村法治与社会发展研究中心	13	7	6	8	5	0	2	294.52	20	5
农业文化与乡村旅游研究中心	10	8	2	8	2	0	0	98.56	65	5
人力资源与战略发展研究中心	13	12	1	6	5	2	0	289.87	35	5
森林资源与环境管理研究所	12	8	3	6	4	2	3	50	10	0
乡村非物质文化遗产研究中心	10	6	4	9	1	0	5	300	50	0
新农村发展研究院	6	1	5	0	4	0	0	1 033.13	120	20
宗教与文化交流研究中心	12	10	2	10	2	0	2	52.67	40	15
广东海洋大学	115	59	50	72	39	4	173	2 500	380	0
东盟研究院	58	24	30	26	29	3	63	50	120	0
广东省地方立法研究评估与咨询服务基地	7	3	4	6	1	0	0	50	50	0
广东省雷州文化研究基地	14	10	3	9	5	0	0	220	60	0
海洋经济与管理研究中心	28	20	8	24	3	1	24	2 100	120	0
海洋文化产业研究中心	8	2	5	7	1	0	86	80	30	0
广东医科大学	6	5	0	2	4	0	0	100	20	0
生命文化研究院	6	5	0	2	4	0	0	100	20	0

续表

学校及机构名称	R&D 活动人员(人)						培养研究生人数(人)	R&D 经费支出(千元)	仪器设备原价(千元)	
	合计	其中								其中:进口(千元)
		博士毕业	硕士毕业	高级职称	中级职称	初级职称				
华南师范大学	133	99	32	0	38	14	86	8 384.2	18 130	6 030
城市休闲与旅游规划研究中心	12	0	12	0	7	2	5	440	100	0
华南市场经济研究中心	12	10	2	0	7	2	15	1 380	1 800	230
经济行为与制度研究中心	9	8	1	0	2	2	4	60	10	0
劳动法和社会保障法研究所	9	3	6	0	4	1	6	80	10	0
现代教育研究与开发中心	26	23	3	0	5	3	16	2 160	1 560	0
心理应用研究中心	20	17	2	0	4	1	30	3 680	14 500	5 800
信息传播与文化创意研究中心	25	18	6	0	6	1	8	484.2	100	0
粤港澳协同发展与地方治理研究中心	20	20	0	0	3	2	2	100	50	0
韶关学院	3	1	2	2	1	0	0	300	100	0
韶文化研究院	3	1	2	2	1	0	0	300	100	0
惠州学院	94	63	25	66	23	4	0	1 166.46	52.7	0
法治建设与公共决策研究中心	71	48	19	51	16	3	0	679.46	52.7	0
惠州科技发展研究中心	6	2	2	3	3	0	0	450	0	0
台湾研究所	6	4	2	3	3	0	0	15	0	0
小小说研究中心	11	9	2	9	1	1	0	22	0	0
韩山师范学院	10	2	6	6	3	1	0	400	580	0
潮学研究中心	10	2	6	6	3	1	0	400	580	0
岭南师范学院	37	15	18	16	15	6	0	751	241	136
广州湾研究所	3	1	2	1	2	0	0	30	10	5
雷州美术研究所	3	0	3	1	2	0	0	23	11	6
特殊儿童心理评估与康复重点实验室	15	4	7	3	8	4	0	150	90	60
吴川文化研究所	1	1	0	1	0	0	0	48	30	15
中白哲学文化研究中心	15	9	6	10	3	2	0	500	100	50
肇庆学院	51	24	25	0	35	0	0	503	362.6	0
广东省砚文化研究基地	7	3	2	0	5	0	0	58	55	0
广东实践科学发展观研究基地	17	7	10	0	12	0	0	110	93	0

续表

学校及机构名称	R&D活动人员（人）						培养研究生人数（人）	R&D经费支出（千元）	仪器设备原价（千元）	
	合计	其中								其中：进口（千元）
		博士毕业	硕士毕业	高级职称	中级职称	初级职称				
教育发展研究院	13	5	8	0	9	0	0	120	78.6	0
西江特色文化研究与传播发展基地	6	4	2	0	3	0	0	78	50	0
粤桂合作特别试验区发展战略研究院	8	5	3	0	6	0	0	137	86	0
嘉应学院	9	2	6	5	4	0	0	1 372.1	110.01	0
客家研究院	9	2	6	5	4	0	0	1 372.1	110.01	0
广州体育学院	115	55	52	0	40	17	0	35.6	224.24	0
残疾人运动与健康促进国际协同创新中心	12	4	8	0	3	1	0	3.9	3.2	0
广东省高校运动辅助器具设计工程技术研究中心	31	12	13	0	14	5	0	10	57	0
体育社会科学研究中心	22	15	7	0	8	6	0	10	20	0
运动技战术诊断与机能评定国家体育总局重点实验室	24	15	9	0	4	2	0	10	29.44	0
运动生化省重点实验室	12	3	7	0	5	1	0	0.1	104.8	0
运动与健康促进实验室	14	6	8	0	6	2	0	1.6	9.8	0
广州美术学院	258	80	91	122	44	14	203	3 089.4	28 041.69	9 777.93
当代城市文化与建筑艺术创新研究中心	8	4	4	4	4	0	11	647.7	6.4	0
广东省创意产业研发中心	3	1	2	3	0	0	0	11.52	80	0
广东省高校中华优秀传统文化传承基地(潮州木雕)	63	10	19	23	11	0	0	18	0	0
广东省工业设计创意与应用研究重点实验室	29	10	19	20	5	4	31	346.6	5 267.29	1 277.93
广东省广美玉兰软装艺术创意设计研究院	41	0	0	0	0	0	0	10	0	0
广东现代广告创意中心(国家广告产业园)	5	2	2	4	1	0	0	1 500	20 000	7 000
广美例外品牌设计研究中心	9	0	5	4	2	0	28	30	10	0
胡一川研究所	3	0	1	0	1	0	1	201	121	0

续表

学校及机构名称	R&D 活动人员(人)						培养研究生人数(人)	R&D 经费支出(千元)	仪器设备原价(千元)	
	合计	其中								其中:进口(千元)
		博士毕业	硕士毕业	高级职称	中级职称	初级职称				
岭南美术教育研究院	12	10	2	9	1	1	0	10	0	0
岭南美术遗产协同创新研究中心	12	10	2	10	2	0	40	9.1	0	0
岭南美术与文化遗产研究中心	24	21	3	20	3	0	70	11.7	8	0
岭南文化动漫创意研究基地	8	1	7	5	3	0	0	4	10	0
南粤古驿道文化研究中心	18	2	13	9	5	4	0	10	0	0
书法研究所	4	1	2	2	0	1	2	6.69	9	0
数字影像与数字工业工程中心	12	4	8	6	4	2	20	120	2 000	1 500
中国近现代美术研究所	2	2	0	1	1	0	0	133.09	30	0
珠三角品牌战略协同创新中心	5	2	2	2	1	2	0	20	500	0
星海音乐学院	4	0	2	0	0	0	0	225	0	0
岭南音乐文化研究中心	4	0	2	0	0	0	0	225	0	0
广东技术师范学院	15	8	7	5	3	2	0	80	70	20
民族研究所	15	8	7	5	3	2	0	80	70	20
深圳大学	153	92	45	40	79	34	0	17 405	818	0
传媒与文化发展研究中心	14	8	6	10	2	2	0	350	30	0
创新型城市建设与治理研究中心	8	7	1	1	5	2	0	300	10	0
当代中国政治研究所	15	6	7	2	10	3	0	255	30	0
党内法规研究中心	4	3	1	1	2	1	0	150	42	0
港澳基本法研究中心	7	5	2	2	3	2	0	620	30	0
规制与公共政策研究中心	5	4	1	1	3	1	0	100	0	0
国家文化创新研究中心	5	4	1	1	3	1	0	150	20	0
国学研究所	3	1	2	1	1	1	0	100	0	0
劳动法和社会保障法研究所	3	2	1	1	1	1	0	100	0	0
美学与文艺批评研究院	7	5	2	2	2	3	0	1 000	82	0
饶宗颐文化研究院	11	8	2	1	9	1	0	2 500	124	0
社会管理创新研究所	4	3	1	2	1	1	0	100	0	0
深圳国际化战略研究中心	5	3	2	2	2	1	0	150	0	0
深圳市特区立法研究中心	6	3	2	1	4	1	0	150	0	0

续表

学校及机构名称	R&D 活动人员(人)						培养研究生人数(人)	R&D 经费支出(千元)	仪器设备原价(千元)	
	合计	其中								其中:进口(千元)
		博士毕业	硕士毕业	高级职称	中级职称	初级职称				
深圳现代艺术与设计研究中心	15	5	5	2	13	0	0	150	0	0
体育文化研究所	8	3	3	1	3	4	0	150	0	0
文化产业研究院	12	9	2	3	7	2	0	6 110	350	0
印度研究中心	2	2	0	1	0	1	0	100	0	0
中国经济特区研究中心	13	7	3	3	6	4	0	4 520	60	0
中国知识产权司法保护理论研究基地	6	4	1	2	2	2	0	350	40	0
广东财经大学	143	105	22	87	37	6	579	2 988	1 719.08	0
大数据与教育应用统计实验室	20	18	2	16	4	0	50	400	400	0
法治与经济发展研究所	5	5	0	5	0	0	107	350	278.15	0
佛山现代服务业研究院	18	2	8	3	3	2	8	50	103	0
广东地方公共财政研究中心	24	23	0	21	3	0	18	300	148.62	0
广东经济与社会发展研究院	2	2	0	2	0	0	3	50	10	0
广州都市文学与都市文化研究基地	14	11	2	7	7	0	4	100	50	0
国民经济研究中心	6	5	1	4	1	1	118	350	332.86	0
旅游管理与规划设计研究院	8	6	1	4	2	0	4	100	41	0
商贸流通研究院	6	2	2	3	2	0	0	400	162.41	0
粤港澳大湾区资本市场与审计治理研究院	27	21	4	11	14	2	250	350	132.39	0
中国特色社会主义政治经济学研究中心	5	3	1	4	1	0	2	38	10.65	0
珠三角科技金融产业协同创新发展中心	8	7	1	7	0	1	15	500	50	0
顺德职业技术学院	6	3	2	2	4	0	0	29.5	0	0
高职教育研究所	6	3	2	2	4	0	0	29.5	0	0
广州大学	318	262	40	0	95	16	358	19 022.73	5 487.77	1 839.1
广东省地方立法研究评估与咨询服务基地	9	9	0	0	0	0	0	2 662	1 145	0
广东省中国特色社会主义理论体系研究中心广州大学研究基地	9	9	0	0	3	0	5	9.52	0	0

续表

学校及机构名称	R&D活动人员(人)						培养研究生人数(人)	R&D经费支出(千元)	仪器设备原价(千元)	
	合计	其中								其中:进口(千元)
		博士毕业	硕士毕业	高级职称	中级职称	初级职称				
广府文化研究基地	39	30	8	0	18	7	6	1 730	346	0
广州城市民族关系研究中心	3	3	0	0	0	0	0	100	0	0
中国政务研究中心	8	3	3	0	3	2	13	611	0	0
广州发展研究院	9	9	0	0	3	0	10	4 436	349	0
广州市“十三行”重点研究基地	11	11	0	0	6	0	3	400	8	0
广州市廉政建设重点研究基地	34	22	7	0	9	0	22	1 998	603	0
广州市社会工作研究中心	25	20	5	0	7	0	130	315.77	0	0
广州市智慧治理研究中心	14	14	0	0	3	0	15	162.34	349.15	59.1
广州市协同创新发展中心	3	3	0	0	0	0	0	100	0	0
国家人权教育与培训基地(人权研究院)	13	12	1	0	5	0	34	350	282.81	0
金融研究院	10	8	1	0	3	2	1	28.1	0	0
廉政研究中心	34	22	6	0	9	0	13	1 200	80	0
岭南文化艺术研究院	36	32	4	0	10	0	28	300	14	0
人权研究中心	13	12	1	0	5	0	34	350	282.81	0
台湾研究院	8	6	2	0	0	5	0	820	0	0
未成年人心理健康与教育神经科学实验室	28	26	2	0	9	0	42	3 210	2 020	1 780
文学思想研究中心(俗文化研究中心)	12	11	0	0	2	0	2	240	8	0
广东警官学院	9	6	3	5	2	2	0	300	300	100
国内安全与社会稳定研究中心	9	6	3	5	2	2	0	300	300	100
深圳职业技术学院	173	58	102	71	85	17	0	3 930.45	1 115.6	0
创新设计研究中心	30	3	24	6	20	4	0	300	45	0
党建与世界政党研究中心	8	5	2	5	2	1	0	300	54.06	0
电子商务创新实验室	13	8	4	8	4	1	0	300	120.54	0
广东省非物质文化遗产研究基地	10	3	5	3	5	2	0	620	13	0
经济与社会发展研究中心	6	3	2	3	2	1	0	528.45	105	0
农业文化创意与营销研发中心	15	6	9	6	7	2	0	300	35	0

续表

学校及机构名称	R&D 活动人员(人)						培养研究生人数(人)	R&D 经费支出(千元)	仪器设备原价(千元)	
	合计	其中								其中:进口(千元)
		博士毕业	硕士毕业	高级职称	中级职称	初级职称				
人文社会科学研究室	9	2	6	4	5	0	0	70	105	0
深圳数字创意公共技术服务中心	6	2	4	3	3	0	0	150	80	0
深圳文学研究中心	8	5	2	5	2	1	0	300	68.05	0
台湾研究室	4	3	1	2	2	0	0	300	102.05	0
现代产业研究中心	35	10	23	10	20	5	0	300	120.5	0
职业技术教育研究所	9	3	5	7	2	0	0	162	132.4	0
纸品创意设计与制作实践室	20	5	15	9	11	0	0	300	135	0
广东南华工商职业学院	15	1	14	4	4	0	0	176	0	0
广东劳动关系与工会理论研究院	6	1	5	2	4	0	0	140	0	0
清远市社情民意调研中心	9	0	9	2	0	0	0	36	0	0
五邑大学	30	14	12	20	10	0	0	860	114	32
广东侨乡文化研究中心	21	9	8	14	7	0	0	650	35	0
企业管理研究中心	9	5	4	6	3	0	0	210	79	32
广东金融学院	60	29	23	33	23	4	8	977.5	164.2	0
广东省青少年健康促进与体育发展决策咨询研究中心	10	0	5	5	5	0	0	20	0	0
广州区域金融政策研究基地	15	10	5	12	2	1	0	300	56	0
国际经济与贸易研究所	4	2	1	2	2	0	0	42	18.5	0
华南金融研究所	10	6	3	5	3	2	0	170	63	0
科技金融重点实验室	6	2	3	3	3	0	0	300	15	0
行为金融与区域实验室	10	5	5	4	5	1	8	90	0	0
知识产权研究所	5	4	1	2	3	0	0	55.5	11.7	0
广东石油化工学院	25	7	13	8	12	5	0	200	36.9	0
广东省非物质文化遗产研究基地	10	5	5	4	4	2	0	100	10.5	0
广东省冼夫人文化研究基地	15	2	8	4	8	3	0	100	26.4	0
东莞理工学院	58	28	26	24	15	2	0	291.5	562	0
城市文化发展研究中心	5	3	2	0	0	0	0	30	301	0
东莞地方立法研究评估与咨询服务基地	17	5	10	9	6	2	0	10	50	0

续表

学校及机构名称	R&D 活动人员(人) 合计	其中 博士毕业	硕士毕业	高级职称	中级职称	初级职称	培养研究生人数(人)	R&D 经费支出(千元)	仪器设备原价(千元)	其中:进口(千元)
东莞经济法律研究咨询中心	2	1	1	0	0	0	0	32	40	0
台湾研究所	10	6	3	5	5	0	0	6.5	60	0
东莞市生命教育研究中心	4	1	3	0	0	0	0	20	30	0
东莞质量与品牌发展研究院	14	9	4	10	4	0	0	15	50	0
高等教育发展研究中心	2	0	2	0	0	0	0	30	20	0
社会发展研究院	4	3	1	0	0	0	0	148	11	0
广东工业大学	228	147	81	128	99	0	117	3 880	1 090	0
创新理论与创新管理研究中心	21	14	7	13	8	0	8	400	80	0
大数据战略研究中心	29	18	11	18	11	0	16	300	100	0
工业企业大数据战略决策实验室	23	15	8	13	10	0	11	280	180	0
工业企业管理创新研究中心	25	18	7	16	9	0	18	450	90	0
广东制造业大数据创新研究中心	24	17	7	13	10	0	9	600	150	0
广州传统村落保护与利用研究基地	33	18	15	18	15	0	10	600	250	0
广州市技术创新与经济转型研究中心	22	17	5	16	6	0	13	250	60	0
设计科学与艺术研究中心	30	14	16	11	19	0	20	400	60	0
粤港澳设计文化与战略研究中心	21	16	5	10	11	0	12	600	120	0
广东外语外贸大学	253	184	45	163	90	0	214	16 720.04	4 167.25	76.33
21 世纪海上丝绸之路与区域创新国际战略研究中心	6	5	1	4	2	0	0	2 030.07	150.07	0
词典学研究中心	8	2	4	3	5	0	28	150	112	0
党内法规研究中心	8	5	3	5	3	0	0	200	118	0
东方学研究中心	6	6	0	5	1	0	0	100	0	0
翻译学研究中心	4	2	1	3	1	0	0	150	22	0
非公经济发展研究中心	10	5	2	5	5	0	0	100	48	0
非洲研究院	8	8	0	7	1	0	0	0	255	0
高等教育研究中心	2	1	1	1	1	0	0	77.63	233.2	0
广东大学生创新创业研究中心	8	4	4	4	4	0	0	1 543.26	286	0
广东国际战略研究院	16	10	3	6	10	0	41	2 849.08	800.8	0

学校及机构名称	R&D 活动人员(人)						培养研究生人数(人)	R&D 经费支出(千元)	仪器设备原价(千元)	
	合计	其中								其中:进口(千元)
		博士毕业	硕士毕业	高级职称	中级职称	初级职称				
广东省地方立法研究评估与咨询服务基地	9	8	1	8	1	0	0	473.2	125.8	0
广东省社会组织研究中心	4	4	0	2	2	0	0	200	10	0
广州国际城市创新传播研究中心	10	5	5	5	5	0	0	140	50	0
广州国际商贸中心重点研究基地	4	4	0	4	0	0	0	375.9	53.6	10
广州华南财富管理中心研究基地	10	10	0	8	2	0	3	200	188	0
广州绿色发展法治研究中心	5	5	0	3	2	0	3	150	153	0
桂诗春语言高等研究院	2	0	0	1	1	0	0	50	50	0
国际服务外包研究院	5	2	3	3	2	0	0	669.5	225	10
国际汉学研究中心	9	9	0	8	1	0	0	100	68	0
国际经济贸易研究中心	4	3	1	4	0	0	0	150	10	0
国际问题研究所	5	5	0	3	2	0	0	100	45	0
国际移民研究中心	5	5	0	5	0	0	4	250	55	0
华南国际知识产权研究院	4	2	2	2	2	0	0	950	65	0
机构话语研究中心	8	7	1	5	3	0	0	100	80	0
加拿大研究中心	4	2	0	3	1	0	0	248.9	20	0
拉丁美洲研究中心	9	6	3	6	3	0	0	25	95	0
欧洲研究中心	3	3	0	2	1	0	0	89	10	0
商务语言研究中心	9	8	1	6	3	0	0	100	0	0
双语认知与发展实验室	3	3	0	2	1	0	0	100	44	0
太平洋岛国战略研究中心	1	1	0	1	0	0	0	98.8	12	0
土地法制研究院	4	3	0	2	2	0	0	200	20	0
外国文学文化研究中心	5	4	0	5	0	0	41	247.2	80.87	20
外国语言学及应用语言学研究中心	12	9	2	11	1	0	94	665.2	114.47	36.33
外语研究与语言服务协同创新中心	6	2	0	3	3	0	0	2 961.5	255.64	0
印度尼西亚研究中心	9	4	2	5	4	0	0	25	66	0
语言工程与计算实验室	4	2	1	2	2	0	0	294.8	24.6	0
粤商研究中心、粤港澳大湾区研究院	4	3	1	2	2	0	0	256	44.2	0

续表

学校及机构名称	R&D活动人员（人）						培养研究生人数（人）	R&D经费支出（千元）	仪器设备原价（千元）	
	合计	其中								其中:进口（千元）
		博士毕业	硕士毕业	高级职称	中级职称	初级职称				
中国计量经济史研究中心	7	7	0	3	4	0	0	100	47	0
中国家庭金融与资产管理研究中心	7	7	0	3	4	0	0	100	56	0
中外品牌管理研究基地	6	3	3	3	3	0	0	100	74	0
佛山科学技术学院	220	82	132	107	96	16	26	1 520.08	958.46	0
佛山社会工作本土化研究协同创新中心	16	5	11	7	8	1	0	87	56.2	0
佛山市妇女发展研究中心	39	10	29	20	19	0	0	75	48	0
佛山市青少年发展研究中心	28	5	23	15	11	1	0	120	82	0
佛山武术文化研究中心	22	12	10	12	8	2	0	48.38	30.4	0
高等教育研究所	8	4	4	3	5	0	0	45.9	20.36	0
广东省广府文化研究基地	40	14	24	19	17	4	0	162	102.8	0
华南智能教育研究中心	47	20	24	20	21	6	26	696.8	422.7	0
酒文化研究中心	5	3	2	2	3	0	0	25	14	0
企业发展研究中心	15	9	5	9	4	2	0	260	182	0
广东培正学院	1	1	0	0	0	0	0	35	0	0
民办高等教育研究中心	1	1	0	0	0	0	0	35	0	0
南方医科大学	208	107	81	117	91	0	31	1 443.03	214.86	0
“一带一路”医药卫生合作与发展研究院	37	24	13	21	16	0	0	200	50	0
公共卫生政策研究所	5	0	3	3	2	0	3	7.1	2	0
公共卫生政策研究与评价实验室	37	24	13	21	16	0	0	97.24	6.87	0
广东省习近平新时代中国特色社会主义思想研究中心研究基地	7	7	0	6	1	0	2	200	10	0
广州市公共卫生服务体系建设研究基地	37	24	13	21	16	0	0	232.53	68.34	0
国际卫生法学研究院	7	0	4	4	3	0	4	7.1	5	0
卫生法学研究中心	4	0	1	1	3	0	1	7.1	2	0
卫生政策与医院管理研究所	37	24	13	21	16	0	0	48.35	13	0
心理健康研究所	13	1	8	6	7	0	9	565.55	36.15	0

续表

学校及机构名称	R&D 活动人员(人)						培养研究生人数(人)	R&D 经费支出(千元)	仪器设备原价(千元)	
	合计	其中								其中:进口(千元)
		博士毕业	硕士毕业	高级职称	中级职称	初级职称				
医疗仲裁研究中心暨医疗仲裁中心	4	0	1	1	3	0	1	7.1	3.5	0
医学语言与文化研究所	4	3	1	3	1	0	0	10	5	0
英语语言文学研究所	11	0	8	6	5	0	8	41.19	9	0
中国近现代史问题研究所	5	0	3	3	2	0	3	19.77	4	0
广东科学技术职业学院	7	1	1	3	2	1	0	230	34	0
高职教育研究所	1	0	0	1	0	0	0	0	12	0
广东省人才研究所	6	1	1	2	2	1	0	230	22	0
广东行政职业学院	17	2	15	6	11	0	0	50	8	0
澳门法研究所	9	0	9	4	5	0	0	20	5	0
马克思主义研究院	8	2	6	2	6	0	0	30	3	0
广州大学华软软件学院	3	0	3	1	0	2	0	300	250	0
服务外包研究院	3	0	3	1	0	2	0	300	250	0
中山大学南方学院	3	3	0	3	0	0	0	55	30	0
国家猎头研究中心	1	1	0	1	0	0	0	20	10	0
金融市场与动能预测研究中心	1	1	0	1	0	0	0	30	15	0
农村财务与会计研究中心	1	1	0	1	0	0	0	5	5	0
广东外语外贸大学南国商学院	156	60	74	81	53	9	0	1 430	42.28	0
国民健康与人口老龄化经济研究所	5	2	3	2	1	1	0	90	0	0
极地问题研究中心	16	9	7	11	5	0	0	250	42.28	0
教育科学研究所	6	1	3	1	0	3	0	90	0	0
空港经济协同创新研究中心	18	8	10	9	8	1	0	100	0	0
美学美育研究所	9	5	2	4	0	0	0	90	0	0
数据应用研究所	6	0	1	2	0	0	0	90	0	0
新经济管理研究所	7	2	5	5	2	0	0	90	0	0
心理健康教育研究所	8	2	0	1	5	2	0	90	0	0
亚洲地区汉字文化研究所	5	3	2	4	1	0	0	90	0	0
英汉翻译研究所	6	1	4	5	1	0	0	90	0	0
粤港澳大湾区经济发展研究所	31	15	16	16	14	1	0	90	0	0

续表

学校及机构名称	R&D 活动人员(人)						培养研究生人数(人)	R&D 经费支出(千元)	仪器设备原价(千元)	
	合计	其中								其中:进口(千元)
		博士毕业	硕士毕业	高级职称	中级职称	初级职称				
智能信息处理研究所	19	3	16	11	8	0	0	90	0	0
中国传统艺术研究所	14	6	2	9	4	0	0	90	0	0
中欧文化交流研究所	6	3	3	1	4	1	0	90	0	0
广东机电职业技术学院	5	0	4	2	3	0	0	5	1	0
高职研究所	5	0	4	2	3	0	0	5	1	0
罗定职业技术学院	6	0	4	3	3	0	0	30	5	0
南江文化研究中心	6	0	4	3	3	0	0	30	5	0
汕头职业技术学院	41	2	23	24	15	2	0	47.49	0	0
高等职业教育研究所	41	2	23	24	15	2	0	47.49	0	0
清远职业技术学院	20	0	17	3	14	3	0	60	60	0
清远旅游发展研究所	6	0	6	1	5	0	0	30	30	0
新媒体研究所	7	0	6	1	5	1	0	15	15	0
瑶壮文化艺术研究所	7	0	5	1	4	2	0	15	15	0
北京师范大学珠海分校	71	33	37	20	42	9	24	315.93	0	0
城市发展与环境协调重点研究基地	9	4	5	3	5	1	3	47.74	0	0
基层治理研究基地	9	5	4	2	6	1	0	36.22	0	0
教育产业重点研究基地	6	3	3	2	3	1	4	22.28	0	0
社会创新重点研究基地	6	3	3	2	3	1	3	49.2	0	0
社会治理与社会工作协同创新中心	13	6	7	4	8	1	5	26.72	0	0
文化创意产业重点研究基地	8	3	5	2	6	0	3	64.77	0	0
物流研究所	9	5	4	2	6	1	0	42.65	0	0
中华优秀传统文化传承与传播研究基地	11	4	6	3	5	3	6	26.35	0	0
广东工业大学华立学院	23	1	22	7	16	0	0	3.65	22	0
财经研究所	4	0	4	2	2	0	0	0.8	3	0
创新创业研究所	6	0	6	2	4	0	0	0.6	3	0
华美艺术研究室	4	0	4	1	3	0	0	1	5	0
企业应用情报研究中心	5	1	4	1	4	0	0	0.55	3	0

续表

学校及机构名称	R&D活动人员(人)						培养研究生人数(人)	R&D经费支出(千元)	仪器设备原价(千元)	
	合计	其中								其中:进口(千元)
		博士毕业	硕士毕业	高级职称	中级职称	初级职称				
英汉对比与翻译研究中心	4	0	4	1	3	0	0	0.7	8	0
北京理工大学珠海学院	89	38	31	47	29	2	5	90	1 197	0
东亚民商法律研究中心	18	11	7	10	8	0	0	20	12	0
珠海福祉文化设计研究基地	16	6	5	10	4	2	0	20	30	0
珠海环境会计与审计研究基地	20	11	9	12	8	0	0	10	540	0
珠海跨境物流研究基地	10	7	0	9	1	0	0	20	600	0
珠海生态文明建设研究基地暨产业生态研究中心	25	3	10	6	8	0	5	20	15	0
吉林大学珠海学院	277	67	182	73	164	28	0	1 095	170	0
大珠三角经济社会创新发展研究基地	12	4	8	4	8	0	0	100	17	0
高等教育研究所	8	2	6	2	4	2	0	100	12	0
韩国学研究中心	18	4	10	5	12	1	0	100	10	0
健康服务与管理研究中心	12	4	7	5	6	1	0	100	12	0
美学与文学评论研究基地	17	6	10	5	11	1	0	100	5	0
企业管理仿真研究基地	14	4	10	3	8	3	0	100	18	0
粤港澳物流与供应链研究基地	14	4	9	3	9	1	0	100	15	0
珠港澳电子商务协同创新重点研究基地	9	2	7	2	7	0	0	50	40	0
珠港澳旅游协同发展研究基地	17	5	12	3	12	2	0	100	8	0
珠海保税区创新发展研究基地	25	3	22	3	18	4	0	140	8	0
珠海产业发展与区域合作研究基地	23	7	15	10	13	0	0	30	6	0
珠海横琴创新发展研究基地	28	3	25	5	23	0	0	3	5	0
珠海美学与美育研究中心	15	3	12	4	11	0	0	20	2	0
珠海市健康养老研究基地	15	8	7	8	6	1	0	20	5	0
珠海温泉产业与文化研究基地	44	5	19	10	14	12	0	12	4	0
珠海文化理论研究基地	6	3	3	1	2	0	0	20	3	0
惠州经济职业技术学院	7	0	6	3	4	0	0	2	0	0
企业运营研究中心	7	0	6	3	4	0	0	2	0	0

续表

学校及机构名称	R&D活动人员(人) 合计	其中 博士毕业	硕士毕业	高级职称	中级职称	初级职称	培养研究生人数(人)	R&D经费支出(千元)	仪器设备原价(千元)	其中:进口(千元)
广东工商职业学院	36	8	27	14	14	1	7	26	250	0
广东华南健康养老产业研究院	10	2	8	3	5	0	2	5	50	0
互联网经济研究中心	10	2	8	4	4	0	3	8	80	0
肇庆市电子商务研究所	10	2	7	4	4	0	0	8	60	0
中小微企业经营风险管理研究所	6	2	4	3	1	1	2	5	60	0
广东科贸职业学院	5	0	3	3	2	0	0	100	16	0
农业经济研究所	5	0	3	3	2	0	0	100	16	0
广东南方职业学院	3	0	0	3	0	0	0	1	6.5	0
高职教育研究所	3	0	0	3	0	0	0	1	6.5	0
广州华商职业学院	2	0	2	1	1	0	0	80	0	0
教育科学研究所	2	0	2	1	1	0	0	80	0	0
广东青年职业学院	13	2	7	2	3	8	0	32.8	0	0
青少年研究所	7	2	5	1	1	5	0	15.6	0	0
志愿服务研究中心	6	0	2	1	2	3	0	17.2	0	0
广东茂名幼儿师范专科学校	35	0	0	2	20	13	0	340	2 390	0
学前教育专业教学研究基地	35	0	0	2	20	13	0	340	2 390	0
广西壮族自治区										
广西大学	207	115	48	16	2	0	0	618.2	148	0
广西大学财政金融研究中心	33	14	15	0	0	0	0	8.5	1.2	0
广西教育法制研究中心	18	12	6	16	2	0	0	200	45	0
广西经济发展战略研究院	31	16	5	0	0	0	0	200	50	0
广西民商事法律研究中心	25	17	5	0	0	0	0	3.2	0.8	0
马克思主义经济学研究中心	25	17	6	0	0	0	0	6.5	1	0
区域社会管理创新研究中心	75	39	11	0	0	0	0	200	50	0
广西科技大学	103	43	49	81	21	1	37	802.8	10 598.7	0
产业经济与西江区域经济发展研究所	16	8	8	16	0	0	8	58.2	92	0
城乡科学发展研究所	11	5	5	10	1	0	3	62.8	125	0

续表

学校及机构名称	R&D 活动人员(人) 合计	其中 博士毕业	硕士毕业	高级职称	中级职称	初级职称	培养研究生人数(人)	R&D 经费支出(千元)	仪器设备原价(千元)	其中:进口(千元)
广西非物质文化遗产民族民间文化研究所	20	0	13	11	8	1	0	86.1	652.2	0
思想政治教育话语应用研究所	8	2	4	7	1	0	0	43.6	120	0
西部地区产业与城市发展研究中心	15	8	6	15	0	0	8	102.8	282	0
战略与决策研究所	16	8	8	10	6	0	10	123.7	998.5	0
制造系统仿真与企业信息化重点实验室	17	12	5	12	5	0	8	325.6	8 329	0
桂林电子科技大学	64	28	26	38	24	0	8	1 354	70	0
广西马克思主义理论研究和建设工程研究基地	20	7	10	10	10	0	4	34	20	0
广西战略性新兴产业发展研究中心	24	9	11	10	12	0	3	75	20	0
政府数字传播与文化软实力研究中心	20	12	5	18	2	0	1	1 245	30	0
桂林理工大学	89	38	51	43	41	0	19	1 570	400	0
广西旅游产业研究院	36	15	21	17	19	0	9	750	150	0
桂林文化研究中心	6	3	3	3	3	0	0	30	50	0
技术经济及管理研究所	5	3	2	3	2	0	0	20	50	0
现代企业管理研究中心	37	15	22	20	17	0	10	750	150	0
应用经济研究所	5	2	3	0	0	0	0	20	0	0
广西医科大学	61	17	36	31	23	7	18	98	0	0
健康与经济社会发展研究中心	32	8	24	17	9	6	9	86	0	0
健康与卫生政策研究中心	13	5	0	3	10	0	9	2	0	0
马克思主义理论研究与建设工程研究基地	16	4	12	11	4	1	0	10	0	0
广西中医药大学	44	1	3	33	10	1	18	1 004.5	22	0
民族医药研究与发展中心	4	1	3	1	2	1	0	4.5	22	0
中国—东盟传统医药发展研究中心	40	0	0	32	8	0	18	1 000	0	0
桂林医学院	17	7	8	12	5	0	0	137	0	0
医学伦理与职业道德研究中心	17	7	8	12	5	0	0	137	0	0

续表

学校及机构名称	R&D活动人员(人)						培养研究生人数(人)	R&D经费支出(千元)	仪器设备原价(千元)	
	合计	其中								其中:进口(千元)
		博士毕业	硕士毕业	高级职称	中级职称	初级职称				
广西师范大学	1 007	631	307	893	110	2	374	6 853.5	8 538.71	0
八桂文化与文学研究中心	26	20	3	20	6	0	0	20	500	0
白先勇研究中心	10	8	0	10	0	0	0	31.2	50	0
成人教育研究所	7	2	3	7	0	0	0	35.06	85.69	0
池田大作思想研究所	10	3	7	9	1	0	0	50	50	0
出版传媒研究院	14	5	6	14	0	0	0	20	0	0
东盟教育研究院	40	40	0	35	5	0	0	50	87.1	0
法制与社会发展研究所	18	9	9	15	3	0	0	13.1	230.81	0
泛北部湾区域研究中心	13	7	6	13	0	0	0	50	100	0
工业设计研究所	21	0	13	18	3	0	0	14	195.61	0
公共文化服务体系研究所	19	15	2	19	0	0	0	60	90.4	0
广西大学生马克思主义思想政治教育研究中心	14	14	0	14	0	0	0	20	80	0
广西地方法制与地方治理研究中心	7	7	0	7	0	0	0	15	150	0
广西地方民族史研究所	8	8	0	8	0	0	0	7.1	98.58	0
广西廉政建设研究中心	45	23	22	35	10	0	0	45	0	0
广西绿色发展研究所	23	17	6	23	0	0	0	15.61	317.5	0
广西民族教育研究中心	9	6	3	9	0	0	30	40	61.7	0
广西人文社会科学发展研究中心	52	41	11	40	12	0	0	200	491.88	0
广西文化产业研究基地	23	15	8	19	4	0	33	19.04	335.6	0
桂台合作研究中心	7	5	2	7	0	0	20	40	57.9	0
桂学研究协同创新中心	111	66	23	102	7	0	30	100	200	0
国家体育总局体育文化发展中心研究基地	12	4	8	7	5	0	20	15	133.19	0
海上丝绸之路文化研究院	11	8	3	11	0	0	0	1.5	16	0
环境艺术设计研究所	12	2	10	7	5	0	0	412	202.8	0
基础教育研究院	21	15	6	21	0	0	60	1 733.4	456.5	0
教育部高校辅导员培训和研修基地	12	5	7	12	0	0	0	98.06	169.91	0
教育部基础教育课程研究中心	18	5	13	18	0	0	55	1 500.43	572.94	0

续表

学校及机构名称	R&D 活动人员(人)						培养研究生人数(人)	R&D 经费支出(千元)	仪器设备原价(千元)	其中:进口(千元)
	合计	其中								
		博士毕业	硕士毕业	高级职称	中级职称	初级职称				
教育评估院	20	20	0	20	0	0	0	451.1	50	0
客家文化研究所	10	6	4	10	0	0	0	130	104.4	0
旅游研究所	17	10	7	13	4	0	0	30.67	162.08	0
马克思主义理论与区域实践协同创新中心	101	65	30	82	19	0	35	50	100	0
马克思主义理论与区域实践研究中心	11	11	0	11	0	0	0	90	50	0
马克思主义研究所	14	11	3	10	4	0	0	169.99	50	0
民族音乐舞蹈研究所	13	0	7	10	3	0	0	123.55	253.8	0
女性发展研究所	17	13	4	17	0	0	0	92.33	120	0
审美人类学研究中心	8	5	0	8	0	0	0	110	71.5	0
石刻文化研究中心	15	15	0	10	5	0	0	10	20	0
体育与保健科学研究所	16	2	14	9	5	2	0	40	61	0
外国语言文学研究所	25	8	15	25	0	0	0	73.71	175.55	0
文化遗产研究中心	22	7	10	22	0	0	0	57	29.3	0
西南城市与区域发展研究中心	27	20	7	27	0	0	0	47.94	1 721.48	0
越南研究院	9	7	2	5	4	0	0	99	10	0
中国—东盟历史与现实研究中心	25	18	7	25	0	0	0	151.4	200	0
中国—东盟关系研究所	25	19	6	25	0	0	0	113.4	205.7	0
中国诗学研究中心	15	13	2	15	0	0	0	68.1	49.72	0
中国语言文学研究所	12	9	2	12	0	0	0	66.74	50	0
中华优秀传统文化传承发展中心(国学中心)	15	9	3	11	4	0	30	100	80	0
珠江—西江经济带合作发展研究院	15	5	9	14	1	0	30	97.6	100	0
壮学研究所	12	8	4	12	0	0	31	75.47	140.07	0
广西师范学院	107	52	29	75	20	2	86	128.8	0	0
广西马克思主义理论研究和建设工程广西师范学院研究基地	43	10	16	27	11	2	30	15.6	0	0

续表

学校及机构名称	R&D 活动人员(人) 合计	其中 博士毕业	硕士毕业	高级职称	中级职称	初级职称	培养研究生人数(人)	R&D 经费支出(千元)	仪器设备原价(千元)	其中:进口(千元)
马克思主义与民族地区社会管理创新研究中心	31	19	7	26	2	0	26	13.2	0	0
民族地区新型城镇化研究中心	33	23	6	22	7	0	30	100	0	0
广西民族师范学院	15	1	10	7	5	2	0	300	0	0
左江流域民族文化研究中心	15	1	10	7	5	2	0	300	0	0
河池学院	39	2	23	25	10	3	0	955	1 700	0
广西人口较少民族发展研究中心	39	2	23	25	10	3	0	955	1 700	0
玉林师范学院	12	4	7	7	4	1	0	1 000	356	0
民族地区文化安全研究中心	12	4	7	7	4	1	0	1 000	356	0
广西艺术学院	33	6	15	25	7	0	2	1 110	360	0
广西民族民间音乐文化传承与发展基地	7	0	4	3	4	0	0	20	20	0
广西少数民族传统艺术研究中心	4	1	2	3	1	0	0	20	20	0
漓江画派艺术研究中心	4	1	3	4	0	0	2	1 000	100	0
造型艺术创作研究中心	7	1	1	6	1	0	0	10	20	0
中国—东盟华语有声语言研究中心	4	2	2	4	0	0	0	10	150	0
中国—东盟音乐跨界传播与传承研究中心	5	1	2	4	0	0	0	20	20	0
中国—东盟民族艺术创作与展演研究中心	2	0	1	1	1	0	0	30	30	0
广西民族大学	856	425	259	438	205	87	464	3 621	1 330	0
边疆民族地区档案学研究中心	18	9	7	10	5	3	20	45	25	0
边境民族教育研究基地	18	1	6	3	9	0	0	0	0	0
东盟研究中心	18	9	8	10	5	3	12	540	112	0
翻译研究基地	10	4	5	6	3	1	6	10	5	0
菲律宾研究中心	19	14	5	15	4	0	4	10	2	0
广播电视传播重点研究基地	8	3	2	4	2	2	4	15	10	0
广西边疆研究所	16	11	3	13	1	0	2	10	2	0

续表

学校及机构名称	R&D 活动人员(人)						培养研究生人数(人)	R&D 经费支出(千元)	仪器设备原价(千元)	
	合计	其中								其中:进口(千元)
		博士毕业	硕士毕业	高级职称	中级职称	初级职称				
广西城市治理与发展研究院	11	9	1	9	1	0	3	12	3	0
广西非物质文化遗产保护中心	42	35	7	34	7	1	86	50	200	0
广西国际写作交流中心	12	2	0	11	1	0	4	100	0	0
广西教育科学重点研究基地	16	8	8	6	8	2	13	25	15	0
广西民族教育研究中心	10	4	6	4	3	3	6	215	80	0
广西民族教育重点研究基地	15	10	5	8	5	2	15	150	70	0
广西民族团结教育师资培训基地	28	12	9	11	9	5	18	258	120	0
广西民族文化保护与传承研究中心	40	28	10	21	15	4	26	315	50	0
广西民族艺术重点研究基地	12	6	4	5	4	3	8	30	20	0
广西民族预科教育协同创新研究基地	20	1	9	16	3	0	0	2	0	0
广西人口与新型城镇化研究中心	12	7	3	10	2	0	2	8	0	0
广西文艺评论基地	16	15	1	15	1	0	25	0	0	0
广西与东南亚民族研究人才小高地	25	18	7	15	6	4	18	310	130	0
广西振兴传统工艺研究中心	12	0	0	5	2	1	6	0	0	0
广西知识产权培训(广西民族大学)基地	35	18	10	0	0	0	0	15	5	0
广西中小企业发展与管理创新重点研究基地	10	4	3	5	3	2	5	10	8	0
汉语国际教育研究中心	10	3	6	4	4	2	5	20	10	0
红色文化研究中心	12	8	3	7	3	0	2	2	0	0
马克思主义理论研究和建设工程研究基地	43	16	21	0	0	0	0	100	3	0
马克思主义理论研究基地	22	10	8	12	6	4	7	70	2	0
民族法文化与社区治理协同创新中心	43	18	16	16	17	10	23	200	15	0
民族双团结课程建设基地(民族教育专项)	26	0	10	5	9	4	6	0	0	0

学校及机构名称	R&D活动人员(人)						培养研究生人数(人)	R&D经费支出(千元)	仪器设备原价(千元)	
	合计	其中								其中:进口(千元)
		博士毕业	硕士毕业	高级职称	中级职称	初级职称				
南方民族法学研究基地	40	25	15	23	13	4	18	105	45	0
外国语言学及应用语言学研究基地	12	6	4	7	3	2	7	20	10	0
文化遗产研究中心	9	5	3	6	2	1	4	10	8	0
文化遗产与科技文明重点研究基地	5	4	1	3	1	1	3	15	8	0
文莱研究中心	15	1	0	5	3	0	0	0	0	0
西方语言文学重点研究基地	9	4	4	5	2	2	4	10	10	0
一带一路沿线国家经贸合作国别研究基地	16	7	8	13	3	0	3	9	2	0
中国—东盟海上安全研究中心	15	14	1	11	3	0	5	10	0	0
中国—东盟信息重点研究基地	13	6	4	6	3	3	5	10	5	0
中国—东盟研究中心	25	12	9	15	8	2	53	130	100	0
中国—东盟知识产权培训试点建设基地	10	6	4	4	3	3	8	260	105	0
中国翻译文献整理研究中心	15	5	3	5	2	7	0	0	0	0
中国南方与东南亚跨境民族研究基地	45	30	15	31	10	4	20	210	55	0
中国南方与东南亚民族研究中心	20	15	5	12	6	2	8	310	95	0
中国文化对外翻译与传播研究基地	16	1	0	5	5	0	0	0	0	0
中越跨境旅游研究基地	12	1	0	7	0	0	0	0	0	0
百色学院	49	2	20	14	20	15	0	1 110	511.86	0
广西马克思主义理论研究和建设工程研究基地	25	0	0	7	12	6	0	110	81	0
老区精神与老少边地区发展研究中心	24	2	20	7	8	9	0	1 000	430.86	0
广西科技师范学院	13	3	7	11	2	0	0	194.13	41.68	0
广西金秀大瑶山瑶族文化研究基地	13	3	7	11	2	0	0	194.13	41.68	0
广西财经学院	304	129	164	105	123	68	58	5 700	719	0
广西(东盟)财经研究中心	19	6	13	8	6	5	0	700	65	0

续表

学校及机构名称	R&D 活动人员(人)						培养研究生人数(人)	R&D 经费支出(千元)	仪器设备原价(千元)	
	合计	其中								其中:进口(千元)
		博士毕业	硕士毕业	高级职称	中级职称	初级职称				
广西经济与金融财税研究院	48	18	20	16	20	4	16	1 000	140	0
广西经济预测与决策研究中心	60	28	32	14	25	21	14	500	50	0
广西跨境电商智能信息处理重点实验室培育基地	50	16	33	17	23	10	8	1 500	200	0
广西数量经济重点实验室	35	15	20	15	13	7	0	600	100	0
海陆经济一体化与海上丝绸之路建设研究协同中心	60	34	26	19	24	17	20	650	56	0
海上丝绸之路与广西区域发展研究院	32	12	20	16	12	4	0	750	108	0
南宁学院	56	3	33	5	41	10	0	220	100	0
广西第二批动漫人才培养基地	10	0	5	0	8	2	0	50	20	0
市场调查研究所	8	0	4	1	5	2	0	50	10	0
新桂商研究院	15	1	9	1	9	5	0	20	30	0
应用技术大学建设发展研究中心	10	1	5	2	8	0	0	50	10	0
应用技术类高校人文社会科学服务区域发展特色基地	13	1	10	1	11	1	0	50	30	0
钦州学院	46	8	38	27	18	1	0	1 300	1 050	0
北部湾海洋文化研究中心	34	4	30	21	12	1	0	1 000	50	0
北部湾现代港口物流重点实验室培育基地	12	4	8	6	6	0	0	300	1 000	0
桂林航天工业学院	41	5	25	26	9	6	0	300	60	0
广西航空物流研究中心	33	4	20	23	5	5	0	150	30	0
航空航天文化研究中心	8	1	5	3	4	1	0	150	30	0
桂林旅游学院	131	24	76	93	22	15	7	2 925.1	11 988.47	40
东盟旅游研究基地	5	1	3	2	1	2	0	500	200	40
广西旅游产业服务平台	41	10	20	34	3	4	0	0	36.07	0
广西旅游科学研究所	5	2	3	2	2	1	2	960	102	0
广西旅游数据中心	4	2	0	3	1	0	0	0	11 060.85	0

续表

学校及机构名称	R&D活动人员(人)						培养研究生人数(人)	R&D经费支出(千元)	仪器设备原价(千元)	
	合计	其中								其中:进口(千元)
		博士毕业	硕士毕业	高级职称	中级职称	初级职称				
桂林桂旅规划设计研究院	28	4	20	15	7	6	0	654	383.24	0
民族特色旅游工艺品研究中心	19	1	13	14	4	1	0	339.4	134.76	0
休闲养生旅游研究中心	29	4	17	23	4	1	5	471.7	71.55	0
贺州学院	17	6	5	12	4	1	0	1 462	672	252
南岭走廊族群文化研究基地	17	6	5	12	4	1	0	1 462	672	252
广西外国语学院	4	1	2	1	1	2	0	11	0	0
高等教育研究所	4	1	2	1	1	2	0	11	0	0
广西城市职业学院	9	0	3	0	7	2	0	299.79	1 349	0
花山文化研究院	9	0	3	0	7	2	0	299.79	1 349	0
广西经济职业学院	6	1	3	4	2	0	0	0	0	0
高等教育研究所	6	1	3	4	2	0	0	0	0	0
广西幼儿师范高等专科学校	31	3	15	10	15	6	0	105.2	1 721.3	0
广西幼儿教育师资培养基地	31	3	15	10	15	6	0	105.2	1 721.3	0
海南省										
海南大学	91	43	26	60	22	7	15	3 917	578	0
海南省历史文化研究基地	16	7	5	10	4	2	3	340	120	0
海南省南海法律研究中心	24	11	11	17	5	2	7	1 250	180	0
海南省全域旅游研究基地	17	12	3	13	4	0	5	400	110	0
热带农业发展研究所	18	5	4	11	3	2	0	1 195	116	0
社会科学研究中心	16	8	3	9	6	1	0	732	52	0
海南热带海洋学院	13	8	3	7	4	1	0	85	300	0
海南省国际海岛休闲度假旅游研究基地	4	3	1	2	1	0	0	30	80	0
海南省民族研究基地	6	3	1	3	2	1	0	45	120	0
海南省南海文明研究基地	3	2	1	2	1	0	0	10	100	0
海南师范大学	59	36	23	39	20	0	13	650	74	0
海南经济特区法治战略研究基地	10	5	5	6	4	0	0	15	12	0

续表

学校及机构名称	R&D活动人员(人)						培养研究生人数(人)	R&D经费支出(千元)	仪器设备原价(千元)	其中:进口(千元)
	合计	其中								
		博士毕业	硕士毕业	高级职称	中级职称	初级职称				
海南省海上丝绸之路研究基地	6	4	2	5	1	0	0	20	10	0
海南省基础教育课程与教学研究基地	8	5	3	4	4	0	2	120	6	0
海南省南海区域文化研究基地	5	3	2	3	2	0	1	20	10	0
海南省社会舆情和治理研究中心	10	5	5	6	4	0	3	25	15	0
海南省生态文明研究中心	5	4	1	3	2	0	2	200	6	0
海南省中国特色社会主义理论体系研究中心	15	10	5	12	3	0	5	250	15	0
海南职业技术学院	24	2	22	2	19	3	0	210	50	0
海南省新型城镇化与职业教育发展研究基地	24	2	22	2	19	3	0	210	50	0
海口经济学院	8	0	3	6	2	0	0	22	86	0
海南省旅游商品研究基地	8	0	3	6	2	0	0	22	86	0
海南政法职业学院	32	6	26	6	20	6	0	40	30	0
海南省社会治理创新与人才培养研究基地	32	6	26	6	20	6	0	40	30	0
海南外国语职业学院	12	0	3	7	5	0	0	70	200	0
东盟语言与文化普及示范基地	9	0	2	6	3	0	0	40	90	0
海南省应用外语研究基地	3	0	1	1	2	0	0	30	110	0
琼台师范学院	6	1	5	4	2	0	0	20	10	0
海南省小学与幼儿教育基地	6	1	5	4	2	0	0	20	10	0
海南经贸职业技术学院	7	2	5	5	2	0	0	112	142	0
海南省对外经济贸易合作研究基地	7	2	5	5	2	0	0	112	142	0
三亚学院	13	4	9	6	7	0	0	60	27	0
海南省岛屿文化生态与社会发展研究基地	6	2	4	3	3	0	0	40	12	0
海南丝路商业文明研究基地	7	2	5	3	4	0	0	20	15	0
重庆市										
重庆大学	252	221	27	203	43	6	202	6 298.15	5 203	0

续表

学校及机构名称	R&D 活动人员(人)						培养研究生人数(人)	R&D 经费支出(千元)	仪器设备原价(千元)	
	合计	其中								其中:进口(千元)
		博士毕业	硕士毕业	高级职称	中级职称	初级职称				
地方政府治理协同创新中心	26	24	2	18	8	0	10	903	250	0
工商管理与经济发展研究中心	45	42	1	45	0	0	40	1 002.1	1 990	0
公共经济与公共政策研究中心	27	25	2	18	9	0	22	906.8	350	0
建设经济与管理中心	27	21	6	26	1	0	28	1 980	150	0
区域经济与科教战略研究中心	15	15	0	10	2	3	12	95	15	0
数字影视艺术理论与技术重庆市重点实验室	15	5	10	4	11	0	6	280	296	0
西部环境资源法制建设研究中心	22	18	4	20	2	0	23	50	36	0
现代物流重庆市重点实验室	52	51	0	52	0	0	48	1 006.2	1 991	0
语言认知及语言应用研究基地	23	20	2	10	10	3	13	75.05	125	0
重庆邮电大学	432	209	221	178	254	0	139	2 021	358	0
翻译与技术传播研究中心	16	11	5	3	13	0	5	35	2	0
马克思主义基本原理与廉政教育研究中心	23	10	13	10	13	0	15	140	15	0
企业管理创新研究中心	24	17	7	7	17	0	15	280	20	0
日本研究中心	64	45	19	19	45	0	20	300	50	0
数据信息与人工智能法律研究中心	20	16	4	6	14	0	10	35	10	0
司法鉴定中心	11	4	5	6	5	0	2	20	5	0
网络法治研究中心	22	10	12	10	12	0	12	140	15	0
网络社会发展研究中心	22	10	12	10	12	0	12	50	5	0
网络社会治理与网络文化软实例研究中心	23	12	11	13	10	0	10	280	20	0
网络协同经济研究中心	27	10	17	10	17	0	12	280	30	0
新媒体环境下思想政治教育研究中心	28	15	13	18	10	0	10	35	5	0
信息产业发展研究中心	11	5	6	8	3	0	1	211	80	0
信息化时代马克思主义中国化与社会心理研究中心	26	16	10	16	10	0	10	140	60	0
影视艺术研究与创作中心	77	20	57	30	47	0	0	70	40	0

续表

学校及机构名称	R&D 活动人员(人)						培养研究生人数(人)	R&D 经费支出(千元)	仪器设备原价(千元)	
	合计	其中								其中:进口(千元)
		博士毕业	硕士毕业	高级职称	中级职称	初级职称				
运动与健康研究中心	38	8	30	12	26	0	5	5	1	0
重庆交通大学	68	41	18	41	24	2	31	1 030	639.3	22.8
口岸物流管理与航运经济研究中心	31	20	8	21	10	0	16	730	253	10.3
西部交通与经济社会发展研究中心	37	21	10	20	14	2	15	300	386.3	12.5
重庆医科大学	36	5	31	21	15	0	34	125	86.5	0
医学与社会发展研究中心	36	5	31	21	15	0	34	125	86.5	0
西南大学	495	379	115	391	104	0	523	27 772.63	24 977.86	6 262.84
俄语国家研究中心	10	8	2	8	2	0	8	483.3	212.8	0
公共文化研究中心	17	15	2	14	3	0	16	1 010.35	392.68	104.8
国家体育总局体质评价与运动机能监控重点实验室	16	11	5	13	3	0	8	321.8	430.6	80.8
汉语言文献研究所	25	17	8	18	7	0	31	2 269.54	687.8	231.6
基础教育研究中心	20	14	6	17	3	0	26	586.99	525.8	282.9
教育立法研究基地(西南大学)	11	8	3	7	4	0	9	750.6	224.6	28.5
科学教育研究中心	16	15	1	14	2	0	18	423.33	887.83	185.6
逻辑与智能研究中心	18	16	2	16	2	0	21	423.55	352.8	135.6
马克思主义理论研究中心	19	16	3	16	3	0	28	754.67	368.5	75.3
民族教育发展与高层次人才培养重点研究基地	8	6	2	6	2	0	8	735.7	321.2	0
民族理论与政策评估研究中心	9	7	2	6	3	0	12	936.6	1 235.2	122.3
农村经济与管理研究中心	19	15	4	16	3	0	19	1 333.8	468.6	195
农业教育发展研究中心	18	14	4	14	4	0	20	939.8	652.8	135.6
全国民政政策理论研究基地(西南大学)	8	5	3	6	2	0	3	123.8	35.8	0
三峡库区经济社会发展研究中心	14	11	3	9	5	0	8	298.1	252.1	82
统筹城乡教育发展研究中心	22	18	4	19	3	0	34	1 307.3	765.8	206.7
外国语言学与外语教育研究中心	22	15	7	17	5	0	19	687.6	786.45	248.9
西南历史地理研究中心	19	15	4	14	5	0	18	1 034.9	542.7	347.2

续表

学校及机构名称	R&D 活动人员（人）						培养研究生人数（人）	R&D 经费支出（千元）	仪器设备原价（千元）	
	合计	其中								其中：进口（千元）
		博士毕业	硕士毕业	高级职称	中级职称	初级职称				
西南民族教育与心理研究中心	19	16	3	17	2	0	42	2 865.3	1 698.3	856.4
希腊研究中心	8	6	2	6	2	0	6	680.5	109.6	0
心理健康教育研究中心	18	16	2	16	2	0	22	1 219.3	1 023.7	763
心理学与社会管理研究中心	18	15	3	16	2	0	20	1 078.3	8 563.2	964.2
伊朗研究中心	12	9	3	8	4	0	11	876.6	421.8	152.6
中国共产党革命精神与文化资源研究中心	18	13	5	15	3	0	19	1 021.6	735.8	120.3
中国基础教育质量监测协同创新西南大学分中心	24	16	8	19	5	0	28	2 546.2	649.3	389.04
中国抗战大后方研究协同创新中心	21	16	5	18	3	0	12	987.5	672.6	331.5
中国诗学研究中心	18	15	3	16	2	0	26	821.6	831.8	121
中国西部非公经济发展与扶贫反哺协同创新中心	25	19	6	16	9	0	22	675.5	789.6	102
重庆市文化产业研究院	12	6	5	7	5	0	6	256.9	214.6	0
重庆市运动戒毒研究中心	11	6	5	7	4	0	3	321.6	123.5	0
重庆师范大学	156	93	59	92	60	4	155	1 325	60	0
高校党建思想研究中心	17	11	6	10	7	0	18	600	50	0
公民道德与社会建设研究中心	33	19	13	18	15	0	33	150	10	0
三峡文化与社会发展研究院	15	12	3	13	2	0	26	125	0	0
重庆市抗战文史研究基地	33	23	10	23	9	1	30	150	0	0
重庆市课程与教学研究基地	30	18	12	18	11	1	24	150	0	0
重庆市小学教师教育研究基地	28	10	15	10	16	2	24	150	0	0
重庆文理学院	54	22	31	28	22	4	5	600	65	0
巴渝文化研究所	6	2	4	5	1	0	0	20	6.3	0
非物质文化遗产研究中心	14	8	6	4	8	2	5	324	37.6	0
教师发展研究所	4	0	4	2	2	0	0	18	4.8	0
教育创新研究院	12	7	5	6	5	1	0	200	7.6	0
思想政治教育研究中心	5	2	3	4	1	0	0	19	3.6	0

学校及机构名称	R&D活动人员(人)						培养研究生人数(人)	R&D经费支出(千元)	仪器设备原价(千元)	
	合计	其中								其中:进口(千元)
		博士毕业	硕士毕业	高级职称	中级职称	初级职称				
职业教育研究所	13	3	9	7	5	1	0	19	5.1	0
重庆三峡学院	40	20	18	24	16	0	6	4 225	778	0
三峡库区可持续发展研究中心	40	20	18	24	16	0	6	4 225	778	0
长江师范学院	211	107	87	127	70	7	7	30 708.25	2 286.8	0
白鹤梁石刻文化研究中心	10	5	4	5	5	0	0	182	66	0
地方政府治理研究中心	18	16	2	15	3	0	0	326	85	0
国家体育总局体育文化发展中心体育文化研究基地	34	4	20	14	19	1	0	3 450	256	0
教育科学研究院	6	4	2	3	3	0	0	456	32	0
数字媒体艺术研究中心	11	0	7	3	6	2	0	289	86	0
乌江流域民族文化研究基地	3	3	0	2	1	0	0	388	82	0
乌江流域社会经济文化研究中心	9	6	1	5	1	0	0	4 908.75	326.8	0
武陵山片区绿色发展协同创新中心	33	16	17	23	7	3	0	4 900	368	0
武陵山片区民族理论政策研究基地	20	8	12	10	6	0	0	380	49	0
武陵山区特色资源开发与利用研究中心	9	8	1	6	3	0	0	5 946.5	367	0
西南地区土司文化研究中心	10	5	5	8	2	0	0	325	10	0
中波文化研究中心	4	0	4	0	4	0	0	118	18	0
中美传媒比较研究中心	5	3	2	2	3	0	0	1 520	32	0
重庆长江经济带发展研究中心	8	5	3	4	4	0	0	1 489	86	0
重庆教育改革研究中心	7	5	2	5	2	0	0	2 370	160	0
重庆民族研究院	24	19	5	22	1	1	7	3 660	263	0
四川外国语大学	146	101	32	111	17	2	121	2 070	8 217.57	1 983.62
当代国际话语体系研究院	10	7	3	8	2	0	0	300	125	0
德国研究中心	5	4	1	5	0	0	15	150	128.62	0
国别经济与国际商务研究中心	15	15	0	15	0	0	0	150	356.5	22.7
金砖国家研究院	14	10	2	10	2	2	8	300	1 890	0
外国语文研究中心	8	6	1	8	0	0	48	410	383.21	50.16

续表

学校及机构名称	R&D活动人员(人)						培养研究生人数(人)	R&D经费支出(千元)	仪器设备原价(千元)	
	合计	其中								其中:进口(千元)
		博士毕业	硕士毕业	高级职称	中级职称	初级职称				
语言脑科学研究中心	9	6	0	6	0	0	25	100	3 020.73	1 900
中外文化比较研究中心	5	5	0	5	0	0	17	310	150.51	10.76
重庆“走出去”战略与金砖国家研究协同创新中心	20	16	0	15	3	0	8	100	1 890	0
重庆内陆开放型经济高地协同创新中心	35	22	10	24	0	0	0	100	135	0
重庆市教育法治研究中心	25	10	15	15	10	0	0	150	138	0
西南政法大学	353	260	93	216	103	34	319	2 465.7	871.8	70.18
毒品犯罪与对策研究中心	19	8	11	10	9	0	14	132	52	0
人权研究院	39	33	6	24	15	0	30	527	59	30.69
市场交易法律制度研究基地	31	21	10	20	0	11	36	51	101	0
诉讼法与司法改革研究中心	27	17	10	15	0	12	33	182	72	0
西南民族法文化研究中心	22	13	9	13	0	9	27	81	121.8	0
知识产权保护协同创新中心	36	31	5	25	11	0	32	252	52	0
智能司法研究协同创新中心	28	16	12	19	9	0	22	145	35	0
中国东盟法律研究中心	34	28	6	22	12	0	28	171.9	89	15.24
中国农村经济法制创新研究中心	27	14	13	12	15	0	29	302	202	0
中国社会稳定与危机管理研究中心	29	25	4	17	12	0	20	121.8	34	0
重庆市地方立法研究协同创新中心	40	34	6	27	12	1	34	213	42	24.25
重庆市高校维护稳定研究咨政中心	21	20	1	12	8	1	14	287	12	0
四川美术学院	76	34	9	31	6	9	26	1 985.9	256.5	0
当代视觉艺术研究中心	36	25	9	27	6	3	23	1 971	255.5	0
艺术学与水墨高等研究中心	10	2	0	1	0	1	3	3.7	1	0
中国当代艺术研究所	10	2	0	2	0	1	0	4	0	0
中国抗战美术研究所	10	3	0	0	0	3	0	2.9	0	0
中国艺术遗产研究中心	10	2	0	1	0	1	0	4.3	0	0
重庆理工大学	58	36	22	37	17	0	13	3 732.5	2 192.7	570.2
财会研究与开发中心	19	11	8	13	5	0	4	1 183.8	810.2	305

续表

学校及机构名称	R&D活动人员(人)						培养研究生人数(人)	R&D经费支出(千元)	仪器设备原价(千元)	
	合计	其中								其中:进口(千元)
		博士毕业	硕士毕业	高级职称	中级职称	初级职称				
劳动经济与人力资源研究中心	20	12	8	12	6	0	4	1 006.6	601	265.2
新视野管理咨询与企业诊断研究中心	11	7	4	6	4	0	4	1 185.6	516.3	0
重庆市金融衍生品创新与应用中心	8	6	2	6	2	0	1	356.5	265.2	0
重庆工商大学	768	410	277	471	244	46	2 498	11 540.6	5 528.68	22
巴渝文化研究所	12	3	8	2	9	1	0	25	8	0
产业经济研究院	41	34	4	39	2	0	541	500	76	0
长江上游经济研究中心	76	70	6	63	13	0	665	1 000	118.5	0
成渝经济区城市群产业发展协同创新中心	28	28	0	21	6	0	59	542.2	261.5	0
大学生发展研究中心	7	3	4	1	6	0	0	40	35	0
东南亚研究中心	24	22	2	22	2	0	7	258.4	20	0
法学研究所	10	4	6	2	8	0	0	60	50	0
高等教育研究所	6	1	4	1	4	1	0	30	15	0
金融研究所	8	4	4	3	5	0	0	25	20	0
廉政研究中心	45	23	21	37	8	0	8	450	20	0
企业管理研究中心	20	18	2	14	0	0	15	600	48.4	0
区域经济研究院	26	20	6	26	0	0	665	100	76	0
商务策划研究所	15	8	3	6	6	3	0	150	130	5
社会学西部研究基地	14	13	1	8	6	0	0	250	15	0
现代会计研究所	10	5	3	4	4	2	0	110	80	0
重庆传媒与文化发展研究中心	22	9	13	21	1	0	80	210	20	0
重庆干部教育研究中心	19	0	3	1	3	15	61	140	20	0
重庆旅游营销研究中心	45	15	20	25	18	2	0	0	0	0
重庆市高校网络舆情与思想动态研究咨政中心	49	17	32	40	8	1	80	3 100	700	0
重庆市人口理论研究与培训中心	14	14	0	7	7	0	71	350	20	0

续表

学校及机构名称	R&D 活动人员(人)						培养研究生人数(人)	R&D 经费支出(千元)	仪器设备原价(千元)	
	合计	其中								其中:进口(千元)
		博士毕业	硕士毕业	高级职称	中级职称	初级职称				
重庆市人文社会科学普及基地重庆工商大学传媒发展中心	115	14	71	35	66	14	117	300	300	17
重庆市社会科学大数据中心	20	3	15	3	15	2	0	600	100	0
重庆现代商贸物流与供应链协同创新中心	50	32	10	35	10	5	48	1 300	3 200	0
重庆知识产权营运研究中心	20	13	7	8	12	0	20	600	100	0
重庆中国特色社会主义理论研究中心	72	37	32	47	25	0	61	800	95.28	0
重庆电子工程职业学院	20	5	0	11	6	3	0	1 060	220	0
重电创新创业教育联合研究中心	10	3	0	5	3	2	0	560	120	0
重电区域产业经济发展研究中心	10	2	0	6	3	1	0	500	100	0
重庆海联职业技术学院	3	0	3	1	1	0	0	9.4	108.6	0
大学生心理健康中心	3	0	3	1	1	0	0	9.4	108.6	0
重庆信息技术职业学院	7	2	0	4	3	0	0	15.5	30	0
高职研究所	2	1	0	1	1	0	0	9.5	20	0
孔子研究所	5	1	0	3	2	0	0	6	10	0
重庆城市职业学院	19	1	9	9	7	3	0	210	100	0
传承文化研究所	6	0	3	3	2	1	0	40	20	0
高等职业教育研究所	8	1	3	4	3	1	0	100	60	0
小微企业发展研究所	5	0	3	2	2	1	0	70	20	0
重庆商务职业学院	15	3	10	10	5	0	0	200	0	0
高等职业教育研究所	8	1	5	3	5	0	0	50	0	0
现代服务业研究中心	7	2	5	7	0	0	0	150	0	0
重庆化工职业学院	15	1	14	5	9	0	0	11	0	0
高等教育研究所	2	0	2	1	1	0	0	8	0	0
思想政治课教学研究部	13	1	12	4	8	0	0	3	0	0
重庆第二师范学院	139	51	88	67	55	17	0	3 614	0	0
6—12 岁儿童发展协同创新中心	9	3	6	5	4	0	0	540	0	0

学校及机构名称	R&D活动人员(人)						培养研究生人数(人)	R&D经费支出(千元)	仪器设备原价(千元)	
	合计	其中								其中:进口(千元)
		博士毕业	硕士毕业	高级职称	中级职称	初级职称				
0—6岁儿童家庭教育研究中心	6	2	4	3	2	1	0	150	0	0
儿童外语教育协同创新中心	8	3	5	3	3	2	0	0	0	0
儿童研究院	38	13	25	10	19	9	0	1 000	0	0
重庆市儿童体适能发展研究中心	8	3	5	3	4	1	0	580	0	0
重庆市儿童语言与创造力发展研究院	10	3	7	3	5	2	0	152	0	0
重庆市人文社会科学普及基地“重庆第二师范学院文学传媒系”	11	4	7	5	4	2	0	192	0	0
重庆市统筹城乡教师教育研究中心	49	20	29	35	14	0	0	1 000	0	0
重庆幼儿师范高等专科学校	16	0	7	9	7	0	0	10	0	0
美术实训基地建设	8	0	4	4	4	0	0	6	0	0
学前教育实验室	8	0	3	5	3	0	0	4	0	0
四川省										
四川大学	211	159	42	148	42	2	236	5 240	607.19	0
道教与宗教文化研究所	27	27	0	21	6	0	35	1 080	70	0
南亚研究所	20	15	5	16	4	0	21	730	19.61	0
儒学研究中心	20	16	3	14	6	0	14	200	0	0
社会发展与社会风险控制研究中心	30	4	18	15	3	0	36	600	8.2	0
系统科学与企业发展研究中心	65	52	12	38	20	0	40	350	100	0
中国藏学研究所	20	17	3	15	3	2	15	1 780	130	0
中国俗文化研究所	29	28	1	29	0	0	75	500	279.38	0
西南交通大学	76	33	35	40	28	8	80	450	420	0
四川省中国高铁国际化发展2011协同创新中心	14	7	5	7	5	2	5	150	120	0
现代设计与文化研究中心	30	15	9	22	3	5	65	150	120	0
心理健康教育研究中心	32	11	21	11	20	1	10	150	180	0
电子科技大学	102	93	6	90	11	0	141	2 416	1 492	0
区域公共管理信息化研究中心	39	34	4	33	6	0	75	220	315	0

续表

学校及机构名称	R&D 活动人员(人)						培养研究生人数(人)	R&D 经费支出(千元)	仪器设备原价(千元)	
	合计	其中								其中:进口(千元)
		博士毕业	硕士毕业	高级职称	中级职称	初级职称				
数字文化传媒研究中心	33	32	0	27	5	0	21	1 956	761	0
四川社会事业和社会保障研究智库	30	27	2	30	0	0	45	240	416	0
西南石油大学	56	29	23	26	27	0	2	1 945	337	0
D+智慧体育与健康研究中心	5	1	3	1	2	0	0	55	30	0
川籍革命家研究中心	3	2	1	1	2	0	0	55	15	0
非物质文化遗产保护传承与纪录片创作研究中心	3	0	2	1	2	0	0	55	12	0
国际油气资源区语言文化研究中心	3	0	3	1	2	0	0	55	10	0
基层政府公共治理与服务研究中心	4	2	2	2	2	0	0	110	20	0
马克思主义与中国传统文化研究所	3	2	1	1	2	0	0	55	12	0
能源安全与文化社科普及基地	4	3	1	3	1	0	0	160	20	0
能源法学研究中心	3	1	2	1	2	0	0	55	15	0
能源战略智库	4	3	1	1	3	0	0	350	50	0
社会工作研究所	3	1	2	1	2	0	2	60	8	0
四川石油天然气发展研究中心	7	5	2	5	2	0	0	300	30	0
习近平新时代中国特色社会主义思想研究中心	5	3	1	4	0	0	0	320	50	0
校企共建数据管理研究所	3	2	1	2	1	0	0	110	25	0
新媒体与民族影视文化研究中心	3	1	1	0	3	0	0	55	10	0
中国天然气行业景气指数研究中心	3	3	0	2	1	0	0	150	30	0
成都理工大学	109	68	39	68	26	7	113	1 850	145	0
儿童权利保护研究基地	12	12	0	9	3	0	20	50	25	0
区域创新与绿色发展研究中心	7	3	4	5	2	0	20	350	30	0
四川矿产资源研究中心	38	31	5	29	9	0	25	500	50	0
现代农业发展与乡村振兴战略研究基地	15	6	9	10	3	2	18	50	5	0
资源与环境经济普及基地	37	16	21	15	9	5	30	900	35	0
西南科技大学	35	4	20	8	0	7	13	146	247	0

学校及机构名称	R&D活动人员(人)						培养研究生人数(人)	R&D经费支出(千元)	仪器设备原价(千元)	其中:进口(千元)
	合计	其中								
		博士毕业	硕士毕业	高级职称	中级职称	初级职称				
四川犯罪防控研究中心	12	1	8	5	0	7	6	45	90.4	0
四川外国语言文学研究中心	8	1	6	2	0	0	3	45	58.8	0
四川循环经济研究中心	15	2	6	1	0	0	4	56	97.8	0
成都信息工程大学	16	7	7	9	5	1	0	400	150	0
四川省电子商务与现代物流研究中心	10	6	3	5	4	1	0	280	100	0
网络文化研究中心	6	1	4	4	1	0	0	120	50	0
四川理工学院	257	75	138	123	102	28	20	2 273	22 052	7 531
川酒发展研究中心	78	29	38	45	28	2	12	300	18 102	7 531
川酒文化国际传播研究中心	49	9	36	19	22	8	0	260	3 520	0
基层司法能力研究中心	50	12	29	22	20	7	8	1 008	100	0
中国盐文化研究中心	80	25	35	37	32	11	0	705	330	0
西华大学	131	76	50	97	31	2	86	894	663	0
地方文化资源开发与保护研究中心	24	16	8	15	9	0	30	350	200	0
工业设计产业研究中心	16	4	12	7	9	0	26	16	200	0
李冰研究中心	20	14	2	16	3	1	0	300	30	0
旅游景区管理研究基地	12	8	4	11	1	0	9	55	10	0
民主与治理研究中心	18	12	6	17	1	0	0	10	15	0
四川省军民融合体制机制创新研究中心	16	12	4	11	5	0	6	3	2	0
四川新农村乡风文明建设研究中心	18	10	8	16	2	0	15	110	6	0
四川学术成果分析与应用研究中心	7	0	6	4	1	1	0	50	200	0
四川农业大学	3	3	0	2	1	0	0	78.1	22.3	0
四川省农村发展研究中心	3	3	0	2	1	0	0	78.1	22.3	0
西昌学院	13	3	7	5	7	1	0	30	23.9	0
马铃薯主粮化战略研究中心	5	0	2	2	2	1	0	5	3.1	0
四川民族山地经济发展研究中心	4	1	3	2	2	0	0	5	2.4	0
彝族文化研究中心	4	2	2	1	3	0	0	20	18.4	0

续表

学校及机构名称	R&D 活动人员(人)						培养研究生人数(人)	R&D 经费支出(千元)	仪器设备原价(千元)	
	合计	其中								其中:进口(千元)
		博士毕业	硕士毕业	高级职称	中级职称	初级职称				
西南医科大学	25	4	18	12	11	2	0	310	55	0
四川医事卫生法治研究中心	22	3	16	10	10	2	0	10	5	0
四川医院管理与发展研究中心	3	1	2	2	1	0	0	300	50	0
成都中医药大学	18	4	6	5	6	7	3	125	38	0
高教研究与评价中心	6	1	2	2	2	2	0	45	18	0
中医药文化中心古籍文献研究所	12	3	4	3	4	5	3	80	20	0
川北医学院	3	1	2	1	2	0	0	200	20	0
四川省基层卫生事业发展研究中心	3	1	2	1	2	0	0	200	20	0
四川师范大学	115	39	74	49	62	4	38	1 882	2 850	0
巴蜀文化研究中心	13	3	9	5	8	0	3	800	800	0
多元文化研究中心	16	4	12	5	11	0	8	400	500	0
教育大数据协同创新中心	12	6	6	4	8	0	0	100	200	0
经济区发展与重大生产力布局研究智库	18	8	10	8	10	0	4	150	300	0
美学与美育研究中心	14	5	8	7	5	2	5	12	200	0
四川省教师教育研究中心	18	4	14	8	10	0	16	120	400	0
四川省社会信用体系建设协同创新中心	12	4	8	4	6	2	0	100	200	0
四川省武则天研究中心	12	5	7	8	4	0	2	200	250	0
西华师范大学	363	194	113	158	118	41	58	3 915	939.8	0
埃塞俄比亚研究中心	6	2	4	2	3	0	0	120	10	0
巴基斯坦研究中心	10	5	4	4	5	1	2	200	50	0
巴蜀石窟寺研究所	7	4	3	3	3	0	0	120	10	0
川陕革命根据地研究中心	8	3	2	3	5	0	0	120	30	0
地方档案与文献研究中心	45	40	3	23	2	0	0	100	30	0
地方廉政建设研究中心	10	5	4	2	2	1	0	200	50	0
法学研究所	9	4	0	5	3	1	0	120	10	0
高等教育研究所	5	3	1	2	1	1	0	100	15	0

续表

学校及机构名称	R&D活动人员(人)						培养研究生人数(人)	R&D经费支出(千元)	仪器设备原价(千元)	
	合计	其中								其中:进口(千元)
		博士毕业	硕士毕业	高级职称	中级职称	初级职称				
革命老区“留守儿童”研究基地	10	3	5	4	5	1	0	150	20	0
公共政策与社会治理研究中心	12	5	7	4	2	0	0	120	10	0
古籍整理研究所	5	2	2	3	2	0	0	120	16.5	0
国学院	40	32	6	20	15	3	5	120	50	0
红色文化研究中心	8	3	3	4	4	0	0	120	10.5	0
基层民主与基层治理研究中心	10	6	3	2	3	1	0	120	30	0
教育现代化研究所	10	5	5	7	3	0	0	120	8	0
教育信息化研究中心	12	3	9	4	6	2	0	120	10.8	0
旅游发展规划研究中心	10	3	4	2	2	5	0	200	100	0
民族与民俗文化传播研究中心	6	2	3	2	3	1	0	100	30	0
南充历史名人研究中心	8	5	2	5	2	1	0	150	30	0
区域文化研究中心	10	5	3	5	3	2	0	35	20	0
蜀道研究院	10	5	4	3	7	0	0	120	13	0
四川古城堡文化研究中心	8	5	2	3	3	2	0	100	30	0
四川省大学生思想政治教育研究中心	10	5	3	4	2	4	0	50	35	0
四川省教育发展研究中心	10	3	3	5	4	1	35	200	100	0
四川省落下闳研究中心	5	3	2	3	1	1	6	90	5	0
四川新型农村城镇化研究中心	8	5	3	3	2	2	0	120	16	0
体育文化研究基地	10	1	5	3	5	2	0	60	35	0
文化遗产研究院	25	10	5	8	10	5	10	150	60	0
写本学研究中心	8	8	0	7	1	0	0	70	20	0
英语国家文化研究所	7	4	3	3	2	2	0	120	17	0
中国书法研究所	8	1	4	4	2	0	0	90	10	0
中国周边国家研究所	8	3	3	3	3	2	0	70	40	0
朱德研究中心	5	1	3	3	2	0	0	120	18	0
绵阳师范学院	17	5	4	9	1	3	0	2 453.4	1 156.8	0

续表

学校及机构名称	R&D活动人员(人)						培养研究生人数(人)	R&D经费支出(千元)	仪器设备原价(千元)	
	合计	其中								其中:进口(千元)
		博士毕业	硕士毕业	高级职称	中级职称	初级职称				
李白文化研究中心	5	1	2	3	1	1	0	462	100	0
民间文化研究中心	4	2	1	2	0	1	0	1 437.8	906.8	0
四川县域经济研究中心	8	2	1	4	0	1	0	553.6	150	0
内江师范学院	53	9	29	45	6	2	0	723.56	180	0
廉洁文化社科普及基地	47	8	26	43	2	2	0	152	60	0
四川张大千研究中心	6	1	3	2	4	0	0	571.56	120	0
宜宾学院	127	28	71	70	35	19	0	1 050	1 650	0
长江上游航运物流协同创新中心	14	4	10	10	4	0	0	150	150	0
高等教育研究所	21	4	8	15	3	3	0	40	100	0
农村社区治理研究中心	15	3	10	2	8	5	0	80	150	0
农村幼儿教育研究中心	12	2	7	9	2	1	0	130	200	0
社区矫正研究中心	21	3	14	8	6	7	0	130	150	0
水运经济研究中心	15	2	8	6	4	3	0	90	150	0
四川思想家研究中心	10	4	4	6	3	0	0	150	300	0
新建院校改革与发展研究中心	7	3	2	5	2	0	0	130	150	0
中国酒史研究中心	12	3	8	9	3	0	0	150	300	0
四川文理学院	14	3	9	0	8	2	0	92	70	0
巴文化研究院	8	2	6	0	5	1	0	50	50	0
四川革命老区发展研究中心	6	1	3	0	3	1	0	42	20	0
阿坝师范学院	3	1	1	1	1	1	0	25	13	0
藏羌民族文化艺术研究所	3	1	1	1	1	1	0	25	13	0
乐山师范学院	95	19	62	45	47	3	6	1 470.7	6 326	3 205
藏彝走廊音乐研究中心	8	1	5	1	6	1	0	15	17	0
跨喜马拉雅研究中心	5	2	3	2	3	0	0	194.7	60	0
乐山经济发展研究中心	12	1	11	9	3	0	0	55	320	0
旅游产品设计研发中心	13	0	6	6	7	0	0	763	5 703	3 205
思想政治教育研究中心	13	2	11	11	1	1	0	54	31	0

续表

学校及机构名称	R&D 活动人员(人)						培养研究生人数(人)	R&D 经费支出(千元)	仪器设备原价(千元)	
	合计	其中								其中:进口(千元)
		博士毕业	硕士毕业	高级职称	中级职称	初级职称				
四川郭沫若研究中心	6	3	2	5	1	0	3	150	30	0
四川基层公共文化服务研究中心	18	6	10	4	14	0	0	88	50	0
四川旅游发展研究中心	12	3	9	5	6	1	0	124	61	0
四川特殊教育发展研究中心	8	1	5	2	6	0	3	27	54	0
西南财经大学	165	137	28	121	44	0	144	3 480	404	0
公共政策创新研究中心	34	32	2	31	3	0	30	330	70	0
金融智能与金融工程四川省重点实验室	17	16	1	15	2	0	30	460	180	0
老龄化与社会保障研究中心	16	14	2	15	1	0	12	200	12	0
中国金融法研究中心	37	28	9	21	16	0	25	330	8	0
中国金融研究中心	36	30	6	25	11	0	25	1 550	120	0
中国政府审计研究中心	25	17	8	14	11	0	22	610	14	0
成都体育学院	61	12	36	27	12	9	0	160	99.9	18
体育社会科学研究中心	61	12	36	27	12	9	0	160	99.9	18
四川音乐学院	35	10	16	18	8	4	15	636	7 464	5 000
数字媒体艺术四川省重点实验室	12	3	8	11	1	0	15	150	7 400	5 000
西南音乐研究中心	13	4	4	4	3	1	0	431	58	0
音乐研究所	10	3	4	3	4	3	0	55	6	0
西南民族大学	188	56	52	60	43	9	377	1 500	5 370	0
杜甫研究中心	5	3	2	4	0	1	0	150	50	0
国家民委“一带一路”国别和区域研究中心南亚文化研究中心	18	7	11	10	1	1	100	150	100	0
羌学研究中心	33	1	1	1	1	0	20	150	50	0
青藏高原经济社会与文化发展研究中心	36	1	1	1	1	0	10	150	50	0
少数民族双语教育普及基地	20	5	15	4	16	0	0	150	50	0
少数民族哲学思想与文化传承创新研究基地	42	18	12	20	16	6	12	150	50	0

续表

学校及机构名称	R&D 活动人员(人)						培养研究生人数(人)	R&D 经费支出(千元)	仪器设备原价(千元)	
	合计	其中								其中:进口(千元)
		博士毕业	硕士毕业	高级职称	中级职称	初级职称				
四川省民族地区法治建设与法律知识普及基地	11	3	7	5	5	1	187	150	4 900	0
西南少数民族研究中心	2	1	0	1	0	0	30	150	50	0
中国西部民族经济研究中心	19	16	2	13	2	0	10	150	50	0
中国彝学研究中心	2	1	1	1	1	0	8	150	20	0
成都学院	137	45	82	25	72	33	0	1 230.5	205	0
四川动漫研究中心	25	7	18	5	12	8	0	200.5	115	0
四川景观与游憩研究中心	52	11	41	8	35	9	0	10	2	0
四川省泰国研究中心	24	6	15	3	10	6	0	50	33	0
四川休闲体育产业发展研究中心	17	7	3	2	8	7	0	75	5	0
四川学前教育发展中心	6	5	1	3	2	1	0	375	28	0
天府文化研究院	5	2	3	2	2	1	0	170	20	0
统筹城乡教育发展研究中心	8	7	1	2	3	1	0	350	2	0
成都工业学院	10	2	8	6	4	0	0	95	33	0
四川省无人机发展研究中心	6	2	4	4	2	0	0	25	10	0
四川性社会学与性教育研究中心	4	0	4	2	2	0	0	70	23	0
攀枝花学院	28	13	10	23	4	0	3	300	50	0
中国攀西康养产业研究中心	16	5	6	12	3	0	0	200	30	0
资源型城市发展研究中心	12	8	4	11	1	0	3	100	20	0
四川旅游学院	8	1	6	6	2	0	0	70	70.2	0
川菜发展研究中心	8	1	6	6	2	0	0	70	70.2	0
四川民族学院	5	0	3	3	1	1	0	68.5	213.7	0
康巴发展研究中心	5	0	3	3	1	1	0	68.5	213.7	0
四川警察学院	110	10	74	102	7	1	80	650	2 519	0
社会治理创新研究中心	24	1	17	22	2	0	20	200	1 200	0
四川反恐怖主义研究中心	23	2	18	23	0	0	0	150	390.5	0
四川警察执法研究中心	24	1	17	22	2	0	20	100	390.5	0

续表

学校及机构名称	R&D 活动人员(人) 合计	其中 博士毕业	硕士毕业	高级职称	中级职称	初级职称	培养研究生人数(人)	R&D 经费支出(千元)	仪器设备原价(千元)	其中:进口(千元)
四川社会治安与社会管理创新研究中心	20	6	11	18	2	0	20	100	338	0
四川思想政治研究中心	19	0	11	17	1	1	20	100	200	0
南充职业技术学院	11	0	9	3	7	1	0	3	1 400	0
商务英语研究所	5	0	4	1	3	1	0	1	700	0
英语教育研究所	6	0	5	2	4	0	0	2	700	0
四川交通职业技术学院	5	0	4	2	2	1	0	400	12	0
四川高等职业教育研究中心	5	0	4	2	2	1	0	400	12	0
四川工商职业技术学院	14	0	3	5	6	3	0	1 225	133	0
都江堰旅游研究中心	3	0	3	1	1	1	0	5	2	0
刘竹梅绵竹年画工作室	6	0	0	2	3	1	0	1 150	126	0
牟子亮让炯艺术工作室	5	0	0	2	2	1	0	70	5	0
达州职业技术学院	3	0	2	1	2	0	0	20	20	0
高职教育发展研究中心	3	0	2	1	2	0	0	20	20	0
四川国际标榜职业学院	1	0	0	0	1	0	0	15	20	0
中国传统文化与现代管理研究所	1	0	0	0	1	0	0	15	20	0
泸州职业技术学院	19	1	8	13	5	1	0	40	55	0
泸酒产业文化研究中心	3	0	2	2	1	0	0	10	30	0
泸州地方文化研究所	10	1	6	6	4	0	0	10	5	0
泸州市民间艺术非遗研究与传承中心	3	0	0	2	0	1	0	10	10	0
泸州职业教育研究中心	3	0	0	3	0	0	0	10	10	0
四川传媒学院	56	3	39	7	31	18	0	868	2 104	1 167
广播电视一体化实验室	8	0	6	1	4	3	0	90	490	350
国家动漫创意研发(成都)中心	8	1	6	2	4	2	0	100	80	0
经管实践创新中心	8	1	6	1	4	3	0	80	20	0
经管实验室	4	0	3	0	4	0	0	8	20	0
苹果后期工作站	4	0	2	0	2	2	0	25	580	560

续表

学校及机构名称	R&D活动人员(人)						培养研究生人数(人)	R&D经费支出(千元)	仪器设备原价(千元)	
	合计	其中								其中:进口(千元)
		博士毕业	硕士毕业	高级职称	中级职称	初级职称				
企业运营仿真实验室	6	0	4	1	3	2	0	15	10	0
小不点创意工厂	18	1	12	2	10	6	0	550	904	257
成都文理学院	42	4	26	14	17	11	0	161.47	46.5	0
民营经济研究服务中心	24	3	14	10	9	5	0	14.21	3.4	0
西部民歌研究所	10	0	5	3	4	3	0	143.36	42	0
应用心理研究中心	8	1	7	1	4	3	0	3.9	1.1	0
四川外国语大学成都学院	15	0	13	2	13	0	0	15	8	0
翻译研究中心	15	0	13	2	13	0	0	15	8	0
成都医学院	26	8	9	16	7	1	4	40	7 000	1 100
四川应用心理学研究中心	26	8	9	16	7	1	4	40	7 000	1 100
四川文化产业职业学院	6	0	5	1	2	3	0	100	20	0
文化产业发展研究中心	6	0	5	1	2	3	0	100	20	0
四川城市职业学院	4	0	4	3	1	0	0	10	2	0
四川省民办教育研究中心	4	0	4	3	1	0	0	10	2	0
四川幼儿师范高等专科学校	70	0	15	39	26	5	0	110	30	0
白马人文化艺术研究中心	4	0	1	2	2	0	0	20	5	0
川西北民俗文化研究中心	8	0	1	5	3	0	0	20	5	0
老年教育与服务研究中心	6	0	3	2	3	1	0	20	5	0
绵阳幼儿教育与发展研究中心	31	0	3	20	9	2	0	20	5	0
小学教育研究中心	14	0	2	8	6	0	0	10	5	0
幼儿发展和健康管理中心	7	0	5	2	3	2	0	20	5	0
成都师范学院	71	15	34	34	12	1	0	750	275.72	0
四川0—3岁儿童早期发展与教育研究中心	3	1	1	3	0	0	0	50	6	0
四川少年儿童组织与思想意识教育研究中心	6	4	0	3	2	0	0	300	187.72	0
四川省教育信息化应用与发展研究中心	4	0	2	3	1	0	0	200	60	0

续表

学校及机构名称	R&D活动人员(人) 合计	其中 博士毕业	硕士毕业	高级职称	中级职称	初级职称	培养研究生人数(人)	R&D经费支出(千元)	仪器设备原价(千元)	其中:进口(千元)
四川省心理与行为科学普及基地	52	8	30	20	8	1	0	100	6	0
四川中小学教师师德研究中心	4	1	1	3	1	0	0	50	8	0
四川中小学教师专业发展研究中心	2	1	0	2	0	0	0	50	8	0
川北幼儿师范高等专科学校	6	0	6	1	2	3	0	0.8	15	0
蜀道文化研究所	6	0	6	1	2	3	0	0.8	15	0
成都工业职业技术学院	57	3	23	30	17	10	0	380	1 250	0
财经职业能力发展中心	19	0	4	12	7	0	0	200	500	0
长风职业教育研究院	11	0	10	5	3	3	0	100	100	0
工业文化普及基地	8	0	2	4	2	2	0	10	500	0
工业文化研究中心	13	1	5	5	5	3	0	20	100	0
职教研究中心	6	2	2	4	0	2	0	50	50	0
贵州省										
贵州大学	62	53	9	58	4	0	78	1 550	410	0
东盟研究院	4	4	0	4	0	0	8	600	200	0
喀斯特地区发展战略研究中心	12	9	3	9	3	0	12	100	30	0
马克思主义经济学发展与应用研究中心	10	8	2	10	0	0	5	100	30	0
人口、社会、法制研究中心	10	9	1	9	1	0	18	100	30	0
中国西部发展能力研究中心	15	12	3	15	0	0	20	550	100	0
中华传统文化与贵州地域文化研究中心	11	11	0	11	0	0	15	100	20	0
遵义医学院	8	6	2	7	1	0	15	80	20	0
贵州省高校人文医学研究中心	8	6	2	7	1	0	15	80	20	0
贵州师范大学	8	5	2	2	5	1	0	225	10	0
喀斯特生态文明研究中心	8	5	2	2	5	1	0	225	10	0
遵义师范学院	88	29	50	68	14	6	0	140.5	18	0
红色文化研究中心	41	15	21	38	0	3	0	30.5	8	0
黔北文化研究中心	22	8	10	11	8	3	0	10	5	0

续表

学校及机构名称	R&D 活动人员（人）						培养研究生人数（人）	R&D 经费支出（千元）	仪器设备原价（千元）	其中：进口（千元）
	合计	其中								
		博士毕业	硕士毕业	高级职称	中级职称	初级职称				
中国共产党革命精神与文化资源研究中心	25	6	19	19	6	0	0	100	5	0
铜仁学院	55	19	29	13	24	7	10	900	20	0
地方本科院校转型发展创新团队	18	3	10	2	11	5	4	500	20	0
民族传统知识融入地方本科院校学前教育课程创新研究团队	20	7	13	5	13	2	6	100	0	0
武陵民族文化研究中心	17	9	6	6	0	0	0	300	0	0
安顺学院	4	1	0	2	2	0	0	150	400	0
贵州省屯堡文化研究中心	4	1	0	2	2	0	0	150	400	0
贵州工程应用技术学院	12	1	2	7	2	3	0	281.3	70	0
毕节试验区研究院	3	0	1	2	1	0	0	40.6	25	0
彝学研究院	9	1	1	5	1	3	0	240.7	45	0
凯里学院	9	2	5	5	4	0	0	50	0	0
贵州原生态民族文化研究中心	9	2	5	5	4	0	0	50	0	0
黔南民族师范学院	25	7	12	17	8	0	0	590	0	0
贵州少数民族文化传承发展研究中心	11	6	4	9	2	0	0	80	0	0
旅游研究中心	6	0	3	3	3	0	0	80	0	0
乡村振兴战略研究中心	4	1	2	3	1	0	0	250	0	0
牙舟陶艺重点实验室	4	0	3	2	2	0	0	180	0	0
贵州财经大学	40	20	16	19	12	8	29	950	500	0
贵州省经济系统仿真重点实验室	13	8	5	7	3	3	12	150	500	0
欠发达地区经济发展研究中心	6	4	2	4	2	0	5	500	0	0
中国西部绿色发展战略研究院	11	2	7	4	4	2	0	150	0	0
中国西部现代化发展研究中心	10	6	2	4	3	3	12	150	0	0
贵州民族大学	49	27	10	44	5	0	125	2 972.7	193	0
法制与民族地区发展研究中心	9	3	3	8	1	0	26	580	62	0
贵州世居民族研究中心	7	4	1	6	1	0	16	650	21	0

续表

学校及机构名称	R&D 活动人员(人)						培养研究生人数(人)	R&D 经费支出(千元)	仪器设备原价(千元)	
	合计	其中								其中:进口(千元)
		博士毕业	硕士毕业	高级职称	中级职称	初级职称				
贵州世居少数民族研究基地	10	6	1	10	0	0	21	200	10	0
民族地区社会治理创新研究基地	5	4	1	5	0	0	15	80	6	0
民族民间文化教育传承创新重点研究基地	6	2	2	5	1	0	15	600	29	0
西南民族地区社会建设和社会管理研究基地	12	8	2	10	2	0	32	862.7	65	0
贵阳学院	9	8	1	9	0	0	0	500	0	0
阳明学与黔学研究院	9	8	1	9	0	0	0	500	0	0
贵州师范学院	15	12	3	12	3	0	0	1 100	50	0
贵州教育发展研究中心	5	5	0	5	0	0	0	200	0	0
中国山地民族研究中心	10	7	3	7	3	0	0	900	50	0
贵州职业技术学院	26	3	8	20	2	1	0	8	7.8	0
现代远程教育研究中心	26	3	8	20	2	1	0	8	7.8	0
铜仁幼儿师范高等专科学校	38	0	12	14	16	6	0	110	0	0
百喜文化剪纸艺术工作室	7	0	2	3	2	1	0	20	0	0
贵州土家族儿歌课程资源开发与建设创新团队	4	0	1	3	0	0	0	20	0	0
民族舞蹈教育教学团	5	0	1	1	3	1	0	10	0	0
黔东女性文学研究工作室	4	0	2	2	2	0	0	10	0	0
黔东土家族山歌传承与创新教学团	4	0	1	2	2	0	0	10	0	0
黔绣大师工作室	5	0	1	1	1	3	0	10	0	0
铜仁市幼儿教师发展中心	4	0	3	1	3	0	0	10	0	0
箫笛制作技艺工作室	5	0	1	1	3	1	0	20	0	0
云南省										
云南大学	171	81	50	77	37	29	630	6 536.25	0	0
国家文化产业研究中心	16	12	4	5	3	6	70	1 254.6	0	0
西南边疆少数民族研究中心	13	10	3	7	4	1	120	411.75	0	0
国际关系研究院	54	23	17	21	12	11	190	960	0	0

续表

学校及机构名称	R&D 活动人员(人)						培养研究生人数(人)	R&D 经费支出(千元)	仪器设备原价(千元)	
	合计	其中								其中:进口(千元)
		博士毕业	硕士毕业	高级职称	中级职称	初级职称				
西南边疆少数民族研究中心	64	20	18	34	15	2	170	587.6	0	0
国家文化产业研究中心	16	12	4	5	3	6	70	1 254.6	0	0
云南省民族研究院	8	4	4	5	0	3	10	2 067.7	0	0
昆明理工大学	11	5	6	8	3	0	0	90	80	0
云南现代化管理与新型工业化研究基地	11	5	6	8	3	0	0	90	80	0
云南农业大学	127	46	73	85	36	6	0	1 143	250.9	0
电子商务研究所	10	0	4	4	3	3	0	20	120	0
科学技术史研究所	12	9	3	9	3	0	0	50	10	0
马克思主义与“三农”研究中心	4	3	1	2	2	0	0	50	40	0
农村发展政策研究中心	4	1	3	2	2	0	0	54	34.2	0
农业教育研究所	6	2	3	2	3	1	0	59	6.7	0
新农村发展研究院	6	2	4	3	2	1	0	500	0	0
云南“三农”问题与新农村建设研究基地	17	1	16	5	11	1	0	110	0	0
云南农村发展智库	35	15	20	31	4	0	0	200	30	0
云南农业发展智库	18	12	6	17	1	0	0	80	10	0
职业教育研究所	15	1	13	10	5	0	0	20	0	0
西南林业大学	54	22	30	32	19	0	0	888.72	200	0
绿色发展智库	15	9	4	9	4	0	0	120	0	0
云南林业经济研究智库	17	8	9	8	9	0	0	0	0	0
云南省森林资产管理及林权制度研究基地	22	5	17	15	6	0	0	768.72	200	0
大理大学	42	20	14	15	15	9	38	440	160	0
滇西边境山区民族教育问题研究	8	3	4	2	3	3	10	50	5	0
国家民委民族理论政策研究基地	3	2	1	2	1	0	3	40	30	0
经济研究所	5	0	0	2	2	1	5	0	0	0
民族文化研究院	8	5	2	2	2	1	8	100	45	0

学校及机构名称	R&D 活动人员(人)						培养研究生人数(人)	R&D 经费支出(千元)	仪器设备原价(千元)	
	合计	其中								其中:进口(千元)
		博士毕业	硕士毕业	高级职称	中级职称	初级职称				
南诏大理历史文化传承与发展研究基地	4	1	3	2	1	1	2	50	20	0
云南宗教治理与民族团结进步智库	8	6	2	2	4	2	6	100	20	0
中国族际政治和谐治理创新团队	6	3	2	3	2	1	4	100	40	0
云南师范大学	32	19	13	22	10	0	21	1 256	64.9	0
国家体育总局体育文化研究基地	4	2	2	2	2	0	2	100	10	0
西南边疆民族文化传承传播协同创新中心	3	2	1	3	0	0	2	100	0	0
云南教育发展与西南联大研究基地	4	2	2	2	2	0	3	100	0	0
云南旅游产业发展研究基地	3	2	1	3	0	0	3	100	10	0
云南人力资源开发与管理研究基地	5	3	2	3	2	0	3	200	0	0
云南少数民族哲学思想研究基地	2	1	1	2	0	0	2	100	6.9	0
云南省党的群众路线研究基地	3	2	1	2	1	0	1	100	0	0
云南省舆情研究基地	4	2	2	2	2	0	2	356	38	0
中国西南对外开放与边疆安全研究中心	4	3	1	3	1	0	3	100	0	0
曲靖师范学院	25	15	6	10	13	2	0	937	1 660	0
曲靖市旅游发展研究院	6	3	3	2	4	0	0	471.7	1 453	0
云南城市文化研究基地	12	6	3	6	4	2	0	152	97	0
中国铜商文化研究院	7	6	0	2	5	0	0	313.3	110	0
保山学院	25	3	13	5	9	11	0	300	133	0
云南省高校宝玉石特色产业研究与发展工程研究中心	10	0	5	2	4	4	0	200	120	0
云南杨善洲精神研究基地	15	3	8	3	5	7	0	100	13	0
红河学院	11	1	2	4	5	2	0	340	30	0
滇越合作研究基地	5	0	2	2	2	1	0	210	30	0
云南国际哈尼/阿卡社会历史与文化发展研究基地	6	1	0	2	3	1	0	130	0	0
云南财经大学	83	49	23	48	28	5	78	3 672	11 434.72	239.1

续表

学校及机构名称	R&D 活动人员(人)						培养研究生人数(人)	R&D 经费支出(千元)	仪器设备原价(千元)	
	合计	其中								其中:进口(千元)
		博士毕业	硕士毕业	高级职称	中级职称	初级职称				
财政税收研究所	4	2	2	3	1	0	19	176	246.4	0
滇商研究院	4	2	1	2	1	0	0	176	43.86	0
公共政策研究中心	5	4	1	3	2	0	5	200	139	0
金融研究院	6	5	1	3	3	0	0	264	164.74	0
经济研究院	9	4	2	8	1	0	14	396	456	0
经济制度与经济政策研究所	5	3	2	4	1	0	7	220	82.29	0
旅游文化产业研究院	6	5	1	4	2	0	6	264	260.27	0
区域发展研究所	8	5	1	5	3	0	6	352	234.73	0
社会与经济行为研究中心	5	4	0	1	3	1	0	200	328.96	0
印度洋地区研究中心	10	7	2	6	1	2	13	500	680.52	0
云南省经济社会大数据研究院	13	4	6	5	7	1	8	572	8 721.77	239.1
哲学与伦理研究所	8	4	4	4	3	1	0	352	76.18	0
云南艺术学院	53	9	14	49	2	0	17	1 155.08	1 730.53	540
民族非物质文化遗产协同创新中心	26	6	0	25	1	0	0	734.25	214.63	0
民族艺术研究所	3	0	2	2	1	0	10	42.08	121.27	0
云南非物质文化遗产研究基地	24	3	12	22	0	0	7	378.75	1 394.63	540
云南民族大学	38	23	11	24	14	0	141	265	0	0
云南省民族研究所	38	23	11	24	14	0	141	265	0	0
玉溪师范学院	10	4	3	3	4	2	0	526.87	560	0
湄公河次区域民族民间文化传习馆	10	4	3	3	4	2	0	526.87	560	0
昆明学院	20	9	5	11	8	1	0	802.93	1 636.86	0
滇池(湖泊)流域生态文化研究基地	6	2	3	4	2	0	0	270.85	1 407.49	0
昆明科学发展研究院	8	4	0	4	3	1	0	481	131.72	0
昆明南亚东南亚合作战略研究院	6	3	2	3	3	0	0	51.08	97.65	0
文山学院	5	0	2	3	1	1	0	30	180	50
民族文化传承创新研究中心	5	0	2	3	1	1	0	30	180	50
云南经济管理学院	2	0	0	1	0	1	10	15	0	0

续表

学校及机构名称	R&D活动人员(人)						培养研究生人数(人)	R&D经费支出(千元)	仪器设备原价(千元)	其中:进口(千元)
	合计	其中								
		博士毕业	硕士毕业	高级职称	中级职称	初级职称				
云南省职业教育禁毒防艾教研培训中心	2	0	0	1	0	1	10	15	0	0
云南大学旅游文化学院	8	0	5	5	3	0	0	20	0	0
丽江市发展研究中心	3	0	0	3	0	0	0	0	0	0
丽江市旅游发展研究中心	5	0	5	2	3	0	0	20	0	0
丽江师范高等专科学校	36	4	22	22	10	4	0	23.5	0	0
丽江市经济发展研究中心	33	3	21	20	10	3	0	3.5	0	0
民族文化研究中心	3	1	1	2	0	1	0	20	0	0
云南财经职业学院	2	1	1	2	0	0	0	6	0	0
经济研究所	2	1	1	2	0	0	0	6	0	0
滇西应用技术大学	4	1	3	1	1	2	0	2	0	0
滇西金融研究院	4	1	3	1	1	2	0	2	0	0
西藏自治区										
西藏大学	13	5	4	0	4	0	5	2 610.58	2 548.16	0
中国藏学研究所	13	5	4	0	4	0	5	2 610.58	2 548.16	0
西藏民族大学	176	52	110	53	85	17	72	2 799	1 302	0
藏学研究所	18	3	12	2	10	4	0	26	0	0
佛教文化交流中心	12	2	4	2	6	4	0	16	0	0
旅游研究所	11	2	8	3	6	0	5	15	0	0
南亚研究所	12	4	8	5	7	0	6	45	0	0
西藏当代文学研究中心	10	2	6	2	5	2	0	20	0	0
西藏经济发展研究中心	5	1	4	2	3	0	12	120	0	0
西藏经济社会与文化发展研究基地—西藏大学生思想政治教育研究中心	12	3	8	0	0	0	0	120	22	0
西藏经济与社会发展研究基地	12	4	8	3	6	3	0	22	0	0
西藏社会服务与公共管理研究中心	7	2	5	2	3	2	10	14	0	0
西藏社会和谐稳定于法制建设重点研究基地	16	5	11	2	14	0	14	35	0	0

续表

学校及机构名称	R&D 活动人员(人)						培养研究生人数(人)	R&D 经费支出(千元)	仪器设备原价(千元)	
	合计	其中								其中:进口(千元)
		博士毕业	硕士毕业	高级职称	中级职称	初级职称				
西藏思想道德研究中心	9	1	8	2	6	1	2	10	0	0
西藏文化传承发展协同创新中心	16	8	8	9	7	0	6	1 200	780	0
西藏文化发展研究中心	7	2	5	3	4	0	6	30	0	0
西藏新闻传播研究中心	7	3	4	3	4	0	6	30	0	0
西藏哲学社会科学重点研究基地	8	2	5	3	4	0	0	16	0	0
习近平新时代中国特色社会主义思想教学研究中心	6	5	1	6	0	0	3	800	500	0
宗教研究所	8	3	5	4	0	1	2	280	0	0
陕西省										
西北大学	322	271	51	224	79	15	115	3 040	2 500	0
边疆考古与中国文化认同协同创新中心	25	18	7	20	5	0	0	500	800	0
哈萨克研究中心	17	16	1	15	2	0	0	30	20	0
汉唐文化与陕西文学发展研究中心	29	19	10	9	18	2	7	230	90	0
陕西宏观经济与经济增长质量协同创新研究中心	21	20	1	19	2	0	13	50	30	0
陕西省重点中国特色社会主义理论体系研究中心	22	19	3	19	3	0	0	50	20	0
市场经济与企业制度研究中心	24	14	10	6	12	6	5	420	150	0
丝绸之路经济带建设协同创新中心	20	16	4	13	3	0	0	300	800	0
丝绸之路文化遗产保护与考古学研究中心	10	7	3	3	5	2	2	530	130	0
文艺理论研究(西北大学)基地	25	23	2	23	2	0	17	50	30	0
优秀中国文化传承与创新研究基地	20	20	0	18	2	0	21	40	20	0
叙利亚研究中心	20	19	1	18	2	0	0	40	20	0
中东所	28	26	2	25	3	0	18	50	30	0
中东研究所	11	9	2	3	5	3	3	170	70	0
中国社会主义文学研究中心(培育)	12	11	1	10	2	0	13	30	20	0
中国思想文化研究所	12	10	2	2	8	2	1	230	100	0

续表

学校及机构名称	R&D活动人员(人)						培养研究生人数(人)	R&D经费支出（千元）	仪器设备原价（千元）	
	合计	其中								其中:进口（千元）
		博士毕业	硕士毕业	高级职称	中级职称	初级职称				
中国文艺评论基地	23	22	1	20	3	0	14	40	20	0
中国西部经济发展研究中心	3	2	1	1	2	0	1	280	150	0
西安交通大学	156	102	33	77	30	6	98	6 698	892	0
陕西经济研究中心	10	6	4	7	3	0	8	3 148	80	0
陕西省创新驱动与产业升级研究中心	9	6	0	0	0	0	5	260	40	0
陕西省高校德育研究中心	14	10	4	8	5	1	7	100	15	0
陕西省重点中国特色社会主义理论体系研究中心	15	10	0	5	0	0	10	200	0	0
社会保障理论与政策研究中心	10	6	4	7	3	0	6	410	101	0
丝绸之路经济带法律政策协同创新中心	12	8	0	5	4	3	5	231	52	0
网络舆情科普基地	10	7	3	5	5	0	4	320	45	0
西安交大—香港中大人口迁移联合研究中心	8	6	2	6	2	0	10	534	121	0
“一带一路”自由贸易试验区研究院	30	21	0	15	0	1	27	575	160	0
西部文化创意产业协同创新中心	15	12	3	5	0	0	0	300	80	0
知识产权研究中心	13	6	7	8	5	0	8	320	78	0
中国管理问题研究中心	10	4	6	6	3	1	8	300	120	0
西北工业大学	126	117	9	27	15	4	0	688.84	594.5	0
国防特色高校文化传承与创新研究中心	15	10	5	7	5	3	0	0	0	0
军民融合发展协同创新研究中心	22	22	0	1	1	0	0	21	100	0
军民融合发展战略软科学研究基地	22	22	0	1	1	0	0	21	100	0
陕西省军民融合培训基地	22	22	0	1	1	0	0	31	100	0
陕西省军民融合评估中心	22	22	0	1	1	0	0	10	100	0
重点舆情信息研究中心	23	19	4	16	6	1	0	605.84	194.5	0
西安理工大学	88	48	40	34	52	2	112	41.7	68	0
城市经济发展战略研究所	18	10	8	6	12	0	29	8.7	0	0

学校及机构名称	R&D 活动人员(人)						培养研究生人数(人)	R&D 经费支出(千元)	仪器设备原价(千元)	
	合计	其中								其中:进口(千元)
		博士毕业	硕士毕业	高级职称	中级职称	初级职称				
城市经济与管理研究中心	18	10	8	6	12	0	25	8	0	0
陕西省大学生人文素质教育研究中心	52	28	24	22	28	2	58	25	68	0
西安电子科技大学	26	16	9	15	9	2	56	900	650	0
陕西信息资源研究中心	26	16	9	15	9	2	56	900	650	0
西安工业大学	41	27	13	25	15	1	0	80	85	0
陕西当代文学与艺术研究中心	8	3	4	3	4	1	0	30	85	0
陕西高校军民融合科技创新研究中心	33	24	9	22	11	0	0	50	0	0
西安建筑科技大学	82	66	16	63	17	2	157	1 460	286	0
陕西省房地产业发展研究中心	19	18	1	15	3	1	45	800	160	0
陕西省建筑经济与管理研究中心	38	30	8	33	4	1	105	550	76	0
陕西省养老工程研究中心	13	12	1	10	3	0	3	10	0	0
西部文化发展研究所	12	6	6	5	7	0	4	100	50	0
西安科技大学	35	27	8	24	11	0	19	980	1 500	0
能源经济与管理研究中心	35	27	8	24	11	0	19	980	1 500	0
西安石油大学	10	6	4	9	1	0	20	1 537.3	846	0
油气资源经济管理研究中心	10	6	4	9	1	0	20	1 537.3	846	0
陕西科技大学	84	1	64	4	7	2	6	48.2	2 789.5	0
陕西轻工战略研究中心	84	1	64	4	7	2	6	48.2	2 789.5	0
西安工程大学	30	21	9	17	11	2	10	300	50	0
纺织经济管理研究中心	10	5	5	5	3	2	10	300	50	0
陕西省科技政策创新与评估软科学研究基地	20	16	4	12	8	0	0	0	0	0
长安大学	279	182	94	194	77	3	198	8 599.64	4 539.95	560
长安文化产业研究中心	27	19	7	22	4	0	9	110	65	0
低碳交通发展研究中心	6	4	2	3	3	0	5	390.3	0	0
公路基础设施经济与管理研究中心	42	38	4	29	13	0	8	900	1 300	0

续表

学校及机构名称	R&D 活动人员（人） 合计	其中 博士毕业	硕士毕业	高级职称	中级职称	初级职称	培养研究生人数（人）	R&D 经费支出（千元）	仪器设备原价（千元）	其中：进口（千元）
交通经济研究所	25	23	2	20	5	0	8	380	180	0
交通投融资研究所	7	3	4	5	2	0	11	537.7	120	0
交通运输发展研究所	9	5	3	6	3	0	14	20	5.2	0
交通运输信息化研究所	9	6	2	5	3	1	5	20	20	0
交通运输战略与公共政策研究中心	14	13	1	13	1	0	4	50	0	0
旅游交通研究中心	9	3	6	6	3	0	4	105	50	0
区域与城市运输经济研究所	8	5	3	6	2	0	14	186	1 080	560
陕西省文化产业协同创新研究中心	22	12	10	17	5	0	7	100	55	0
体育科学研究所	8	1	7	2	6	0	0	50	0	0
外国语文研究所	17	6	11	10	5	2	20	9	1	0
物流与供应链研究所	11	7	4	3	4	0	7	66.64	410.75	0
中国特色社会主义理论体系研究中心	20	11	9	18	2	0	9	75	53	0
中韩物流研究中心	16	15	1	8	8	0	24	1 100	0	0
综合运输经济管理研究中心	29	11	18	21	8	0	49	4 500	1 200	0
西北农林科技大学	27	12	15	11	16	0	13	270	42	0
西部农村发展研究中心	19	7	12	6	13	0	7	150	35	0
中国农业历史文化研究所	8	5	3	5	3	0	6	120	7	0
陕西中医药大学	38	17	21	13	22	3	9	130	700	130
中医药文化传承与发展研究中心	38	17	21	13	22	3	9	130	700	130
陕西师范大学	96	65	27	58	22	2	144	1 145.4	218.9	0
阿富汗研究中心	2	2	0	2	0	0	0	55	20	0
国际长安学协同创新中心	2	2	0	1	0	1	0	20	10	0
陕西文化资源开发协同创新中心	3	3	0	1	1	1	0	20	20	0
丝绸之路人文交流研究中心	2	1	0	2	0	0	0	48	15	0
体育人文社会科学研究中心	17	8	7	14	2	0	30	0.8	0.4	0
土耳其研究中心	2	2	0	2	0	0	0	40	12	0
乌兹别克斯坦研究中心	2	2	0	2	0	0	0	50	0	0
西北国土资源研究中心	10	8	2	5	3	0	8	1	0.2	0

续表

学校及机构名称	R&D 活动人员(人)						培养研究生人数(人)	R&D 经费支出(千元)	仪器设备原价(千元)	
	合计	其中								其中:进口(千元)
		博士毕业	硕士毕业	高级职称	中级职称	初级职称				
西北历史环境与经济社会发展研究院	36	20	16	16	13	0	67	3.1	7.5	0
西北民族研究中心	13	11	2	7	2	0	32	107	32	0
中国特色社会主义理论体系研究中心	2	2	0	2	0	0	0	400	49	0
重点舆情信息研究中心	2	1	0	2	0	0	0	400	51.8	0
宗教研究中心	3	3	0	2	1	0	7	0.5	1	0
延安大学	142	56	55	75	43	24	39	888.6	171.88	0
路遥与知青文学研究中心	19	8	11	10	7	2	2	216.8	8.64	0
陕北历史文化研究中心	6	3	3	3	2	1	2	182	121	0
邓小平理论研究所	5	2	2	2	2	1	3	56	13.3	0
延安精神与红色文化传承协同创新中心	57	22	22	34	14	9	4	179.94	1.12	0
中共党史与延安学研究中心	14	6	4	10	3	1	5	136	12	0
中国共产党革命精神与文化研究基地	41	15	13	16	15	10	23	117.86	15.82	0
陕西理工大学	7	4	3	1	6	0	0	145	10.8	0
汉水文化研究中心	7	4	3	1	6	0	0	145	10.8	0
宝鸡文理学院	88	27	39	69	19	0	52	600	340	0
关陇方言与民俗研究中心	36	9	27	27	9	0	20	200	60	0
陕西中国特色社会主义研究中心	22	12	7	12	10	0	8	200	200	0
周秦伦理文化与现代道德价值研究中心	30	6	5	30	0	0	24	200	80	0
咸阳师范学院	71	14	55	11	31	29	0	69.6	79.2	0
长安画派艺术研究所	5	2	3	1	2	2	0	6	3	0
关中古代陵寝文化研究中心	19	4	14	2	8	9	0	25	23	0
汉文化研究中心	15	2	13	2	7	6	0	6	3.2	0
西部儿童文学研究中心	7	1	5	1	2	4	0	4.6	0	0
咸阳发展研究院	25	5	20	5	12	8	0	28	50	0
渭南师范学院	68	15	35	19	39	10	0	132.5	36	0

续表

学校及机构名称	R&D活动人员(人)						培养研究生人数(人)	R&D经费支出(千元)	仪器设备原价(千元)	
	合计	其中								其中:进口(千元)
		博士毕业	硕士毕业	高级职称	中级职称	初级职称				
秦东历史文化研究中心	16	6	4	4	8	4	0	56	15	0
陕西省大秦岭文化艺术研究中心	10	0	6	2	8	0	0	25	6	0
陕西省地方戏剧研究中心	16	0	8	2	10	4	0	15.5	5	0
陕西省运动与体质发展研究中心	8	1	7	1	6	1	0	16	4	0
陕西省中国钢琴与中国文化研究中心	10	5	5	6	4	0	0	0	0	0
中国史记研究院	8	3	5	4	3	1	0	20	6	0
西安外国语大学	381	232	141	226	135	18	315	2 141.03	5 211.3	0
阿拉伯文化研究中心	4	3	1	2	2	0	5	29.88	0	0
澳大利亚研究中心	7	5	2	3	4	0	5	44.48	6.9	0
比较教育研究所	17	10	6	11	6	0	15	6.08	6.9	0
波兰研究中心	6	3	2	3	2	1	0	49.99	0	0
大数据信用管理研究中心	12	11	1	6	6	0	5	33.62	27.6	0
法语国家与地区研究中心	8	7	1	1	7	0	0	32.77	0	0
翻译教学与研究中心	8	1	7	5	3	0	21	23.84	27.6	0
翻译研究所	9	4	5	5	4	0	18	15.02	6.9	0
高等教育研究所	10	8	2	5	5	0	16	31.84	6.9	0
国际传播研究所	10	6	4	4	6	0	7	49.54	13.8	0
国际会计与财务研究所	13	4	8	9	4	0	25	6.24	13.8	0
国际教育交流研究中心	8	5	3	4	3	0	6	13.86	6.9	0
汉语及汉语国际教育研究所	7	6	1	5	0	2	4	0	27.6	0
基础教育研究所	12	3	6	12	0	0	4	43.51	0	0
跨境电商创新研究院	5	4	1	2	2	1	0	35.14	0	0
拉丁美洲研究中心	11	7	4	6	5	0	0	25.27	27.6	0
旅游文化多语种译介研究中心	16	3	11	9	7	0	0	24.15	0	0
媒体伦理与法规研究所	8	2	6	6	2	0	8	50	13.8	0
欧美文学研究中心	20	17	3	18	2	0	32	98.5	176.08	0
人文地理研究所	9	3	6	4	5	0	9	45	271.06	0
人文社会科学研究中心	13	11	2	13	0	0	27	94.6	183.3	0

续表

学校及机构名称	R&D 活动人员(人)						培养研究生人数(人)	R&D 经费支出(千元)	仪器设备原价(千元)	
	合计	其中								其中:进口(千元)
		博士毕业	硕士毕业	高级职称	中级职称	初级职称				
陕西方言研究所	9	8	1	3	6	0	3	24.86	13.8	0
陕西旅游研究院	7	7	0	4	3	0	13	6.6	300	0
陕西文化和旅游发展研究所	8	6	2	3	5	0	0	6.77	0	0
丝绸之路语言服务协同创新中心	18	6	12	9	7	2	0	1 150	3 800	0
外国语言学及应用语言学研究中心	23	20	3	19	4	0	19	97.1	135.86	0
外语教育研究所	12	3	9	8	4	0	29	37.01	6.9	0
文学人类学研究中心	15	15	0	10	5	0	12	27.74	13.8	0
西安当代国际问题研究中心	13	8	5	11	2	0	6	0	27.6	0
新媒体艺术研究所	14	3	11	1	4	8	0	3.27	13.8	0
影视艺术研究所	14	3	11	3	7	4	0	3.48	13.8	0
中外能源企业研究所	10	10	0	6	4	0	9	0	27.6	0
中外企业战略管理比较研究所	17	13	4	13	4	0	16	0	13.8	0
资源环境与产业经济学研究中心	8	7	1	3	5	0	1	30.87	27.6	0
西北政法大学	115	68	43	26	21	7	20	1 100	647	0
地方政府法治建设研究中心	16	12	1	6	8	0	0	0	0	0
法治陕西建设协同创新中心	25	20	5	15	8	2	20	300	80	0
高教研究所	6	2	3	0	0	0	0	200	67	0
国际法研究中心	25	19	6	0	0	0	0	400	150	0
社会政策与社会舆情评价协同创新研究中心	15	5	10	5	5	5	0	0	300	0
刑事法律科学研究中心	28	10	18	0	0	0	0	200	50	0
西安体育学院	97	37	59	70	23	4	114	1 050	200	0
国家体育总局体育人文社科研究基地	9	6	3	8	1	0	32	200	100	0
国家体育总局体育文化发展研究基地	6	3	3	5	1	0	20	50	10	0
青少年体育与健康促进研究中心	16	4	12	9	7	0	18	50	10	0
陕西省全民健身与健康研究院	16	5	11	14	1	1	21	300	30	0
陕西省体育产业研发中心	18	10	7	12	3	3	6	300	30	0
体育法学研究中心	19	6	13	15	4	0	11	100	10	0

续表

学校及机构名称	R&D 活动人员(人)						培养研究生人数(人)	R&D 经费支出（千元）	仪器设备原价（千元）	
	合计	其中								其中:进口（千元）
		博士毕业	硕士毕业	高级职称	中级职称	初级职称				
体能训练研究中心	13	3	10	7	6	0	6	50	10	0
西安音乐学院	5	0	3	1	1	3	3	90	20	0
西北民族音乐研究中心	5	0	3	1	1	3	3	90	20	0
西安美术学院	6	2	3	1	2	3	2	48.2	2.3	0
中国传统美术与西部美术研究中心	6	2	3	1	2	3	2	48.2	2.3	0
西安文理学院	6	4	2	5	1	0	0	90	15	0
长安历史文化研究中心	6	4	2	5	1	0	0	90	15	0
榆林学院	5	2	3	3	2	0	0	30	165	0
陕北生态文化研究中心	5	2	3	3	2	0	0	30	165	0
商洛学院	58	14	27	38	15	5	0	63	18	0
商洛文化暨贾平凹研究中心	58	14	27	38	15	5	0	63	18	0
安康学院	54	9	34	36	16	0	0	956	126	0
陕南民间文化研究中心	29	3	15	19	10	0	0	100	55	0
陕南生态经济研究中心	25	6	19	17	6	0	0	856	71	0
西安财经学院	162	81	62	103	49	9	103	7 259.8	1 783.25	0
陕西能源产业与区域经济发展协同创新中心	5	2	0	2	3	0	0	105	5	0
陕西省国防科技与经济发展研究中心	6	1	3	5	1	0	4	219	10	0
陕西省统计研究中心	10	6	3	6	4	0	12	206	60	0
陕西省统一战线理论与实践研究中心	5	2	2	3	2	0	0	230.7	6	0
陕西省信用研究中心	14	6	7	8	5	1	13	261.7	50	0
文化资源与产业研究中心	4	2	1	3	1	0	0	112.9	30	0
文学创作与文体学研究中心	5	2	0	4	1	0	0	113.7	2	0
西安统计研究院	13	7	4	8	5	0	16	290.6	500	0
西部法治研究中心	15	5	10	9	6	0	8	124.9	20	0
西部能源经济与区域发展协同创新研究中心	5	4	1	4	1	0	11	104.3	24	0
西部农村公共经济研究中心	12	7	3	8	2	1	9	135.7	80	0

续表

学校及机构名称	R&D 活动人员(人)						培养研究生人数(人)	R&D 经费支出(千元)	仪器设备原价(千元)	
	合计	其中								其中:进口(千元)
		博士毕业	硕士毕业	高级职称	中级职称	初级职称				
现代管理决策与对策研究中心	4	3	0	3	1	0	0	129.4	6.6	0
现代企业管理研究中心	29	16	13	17	9	3	28	210.3	540	0
影视艺术研究中心	11	3	6	6	5	0	0	101.9	5	0
中国(西安)丝绸之路研究院	9	3	6	3	2	4	0	4 700	404.65	0
资源环境与区域经济研究中心	15	12	3	14	1	0	2	213.7	40	0
西安邮电大学	6	3	3	3	3	0	6	200	105	0
陕西信息产业知识产权研究中心	2	1	1	1	1	0	3	50	25	0
西安市互联网数据统计与分析工程实验室	2	1	1	1	1	0	1	50	25	0
信息产业发展研究中心	2	1	1	1	1	0	2	100	55	0
西安医学院	32	6	26	24	6	1	0	49.93	0	0
医学人文研究中心	8	4	4	5	1	1	0	29.93	0	0
医学语言与文化研究中心	24	2	22	19	5	0	0	20	0	0
西安思源学院	29	7	8	15	5	9	0	584.65	0	0
东南亚研究中心	16	7	3	8	4	4	0	92.7	0	0
留学生与现代中国研究中心	4	0	2	2	0	2	0	79.48	0	0
民办高等教育发展战略研究中心	4	0	2	2	1	1	0	199.3	0	0
文化创意产业研究发展中心	3	0	0	2	0	1	0	45.3	0	0
新发展理念与领导力研究中心	2	0	1	1	0	1	0	167.87	0	0
陕西国际商贸学院	11	0	0	3	7	1	0	21	0	0
健康文化研究中心	11	0	0	3	7	1	0	21	0	0
西北大学现代学院	8	1	2	3	3	2	0	0	0	0
创业学院	3	1	1	1	1	1	0	0	0	0
国学院	2	0	0	1	1	0	0	0	0	0
马儒研究院	2	0	1	1	1	0	0	0	0	0
散文研究所	1	0	0	0	0	1	0	0	0	0
陕西警官职业学院	24	0	9	18	6	0	0	300	0	0
公安法学研究会	4	0	4	2	2	0	0	160	0	0
警务法治研究中心	5	0	5	3	2	0	0	100	0	0

续表

学校及机构名称	R&D 活动人员（人）						培养研究生人数（人）	R&D 经费支出（千元）	仪器设备原价（千元）	
	合计	其中								其中：进口（千元）
		博士毕业	硕士毕业	高级职称	中级职称	初级职称				
刑事执行与监狱法学研究会	15	0	0	13	2	0	0	40	0	0
陕西学前师范学院	14	7	0	5	7	2	0	140	90	0
核心价值观培育与红色文化基因传承协同创新研究中心	8	4	0	3	3	2	0	80	60	0
学前教育发展研究中心	6	3	0	2	4	0	0	60	30	0
陕西艺术职业学院	5	0	4	1	2	2	0	520	1 500	0
陕西省视觉重构工程研究中心	5	0	4	1	2	2	0	520	1 500	0
甘肃省										
兰州大学	212	94	108	94	111	5	140	6 706	1 365.6	0
藏缅—阿尔泰民族非物质文化遗产研究所	2	1	1	1	1	0	1	10	6	0
德育研究所	8	2	6	2	6	0	2	100	9	0
东西方比较文学与比较文化研究所	1	1	0	1	0	0	1	10	3	0
敦煌学研究所	11	5	6	5	6	0	5	800	150	0
翻译研究所	2	0	2	0	2	0	1	30	10	0
妇女/性别研究中心	7	2	5	2	5	0	2	100	30	0
高等教育研究所	3	0	3	0	3	0	3	40	10	0
古籍整理研究所	3	0	2	0	2	0	0	10	3	0
国土与区域规划研究中心（院）	5	2	3	2	2	1	5	100	30	0
国学研究中心	2	2	0	1	1	0	1	10	10	0
华夏文化资源数据开发与管理研究中心	5	2	3	2	3	0	5	400	100	0
华夏文明传承创新发展研究中心	1	0	1	0	1	0	1	20	3	0
环境行政法制研究中心	3	0	0	1	1	0	1	10	10	0
近代中国人物研究中心	1	0	1	0	1	0	0	10	1	0
经学所	1	0	1	1	0	0	0	5	1	0
民族文化产业研究评价培训中心	1	1	0	1	0	0	1	6	1	0
民族心理学研究中心	2	2	0	1	1	0	0	60	40	0
民族宗教研究所	1	1	0	1	0	0	0	50	10	0
人口与可持续发展研究中心	1	0	1	0	1	0	1	50	10	0

续表

学校及机构名称	R&D 活动人员(人)						培养研究生人数(人)	R&D 经费支出(千元)	仪器设备原价(千元)	
	合计	其中								其中:进口(千元)
		博士毕业	硕士毕业	高级职称	中级职称	初级职称				
人类学研究中心	5	2	3	2	3	0	0	100	10	0
上合组织及俄语国家研究中心	5	2	3	2	3	0	3	40	10	0
社会科学调查与数据分析中心	1	1	0	1	0	0	2	50	10	0
社会舆论调查与舆情研判中心	3	1	2	1	2	0	3	50	10	0
社会与经济发展研究评价中心	4	1	3	2	2	0	4	200	80	0
社区发展与反贫困研究中心	5	2	3	2	3	0	5	50	10	0
社区与生物多样性保护研究中心	4	1	3	1	3	0	4	20	0.6	0
生态文明建设研究与评估中心	3	2	1	2	1	0	2	50	10	0
生态哲学与生态文明研究所	1	0	1	0	1	0	1	50	10	0
数量经济研究所	1	1	0	1	0	0	1	60	10	0
思想政治教育理论与实践创新研究中心	8	3	5	3	5	0	10	500	60	0
丝绸之路经济带建设研究中心	7	3	1	4	3	0	0	90	30	0
文物鉴定与修复中心	1	1	0	1	0	0	0	10	2	0
西北开发综合研究所	1	0	1	1	0	0	1	10	3	0
西北民族体育文化研究所	1	0	1	0	1	0	0	26	3	0
西北人口研究所	3	1	2	1	2	0	2	159	16	0
西北少数民族研究中心	15	10	5	10	5	0	13	800	100	0
西部地区区域经济发展与区域政策研究中心	14	7	7	7	7	0	15	500	100	0
西部基础教育研究与培训中心	2	0	2	1	1	0	0	120	20	0
西部文化发展研究中心	1	1	0	1	0	0	0	10	2	0
现代咨询策划研究所	1	1	0	1	0	0	2	50	10	0
虚拟组织与服务科学研究中心	6	2	4	2	4	0	8	50	10	0
伊斯兰文化研究所	2	2	0	2	0	0	3	500	100	0
意大利文化研究中心	5	2	3	2	3	0	5	60	10	0
印度研究中心	7	4	0	2	3	2	0	100	50	0
中国边疆安全研究中心	1	1	0	1	0	0	2	20	5	0
中国地方政府绩效评价中心	7	2	5	3	2	2	0	100	40	0

续表

学校及机构名称	R&D 活动人员(人)						培养研究生人数(人)	R&D 经费支出(千元)	仪器设备原价(千元)	其中:进口(千元)
	合计	其中								
		博士毕业	硕士毕业	高级职称	中级职称	初级职称				
中国期刊研究中心	1	0	1	0	1	0	0	10	2	0
中国区域竞争力研究中心	5	1	4	1	4	0	0	100	50	0
中国西部数据中心	4	2	2	1	3	0	5	70	30	0
中国政府绩效管理研究中心	10	5	5	5	5	0	11	50	10	0
中小企业研究中心	1	1	0	1	0	0	1	60	10	0
中亚研究所	14	10	4	8	6	0	5	800	100	0
宗教文化研究中心	3	1	2	1	2	0	2	20	5	0
兰州理工大学	46	7	31	24	16	6	48	317	800	0
甘肃生态建设与环境保护研究中心	28	2	18	14	10	4	38	150	780	0
甘肃省工业经济发展研究院	12	4	8	7	4	1	6	157	10	0
中小企业管理创新研究中心	6	1	5	3	2	1	4	10	10	0
兰州交通大学	38	8	30	18	16	4	16	590.7	840.7	0
比较文学研究所	4	2	2	1	2	1	2	23.6	32	0
敦煌彩塑制作技艺传承基地	7	0	7	3	4	0	2	210	320	0
经济管理研究所	6	2	4	3	3	0	3	42.6	79	0
农村治理与扶贫开发研究所	5	2	3	4	1	0	3	78.4	92.6	0
西北交通经济研究所	6	2	4	3	2	1	2	124.6	136.5	0
英美文字与翻译研究所	6	0	6	2	3	1	1	16.5	30.6	0
中西亚交通与经济研究所	4	0	4	2	1	1	3	95	150	0
甘肃中医药大学	14	3	10	5	8	1	0	140	0	0
甘肃省中医药发展政策研究智库	8	2	5	2	5	1	0	120	0	0
甘肃省中医药文化传承发展研究智库	6	1	5	3	3	0	0	20	0	0
西北师范大学	183	124	56	115	62	6	28	1 724.9	523.3	0
“一带一路”战略与教育发展研究中心	12	10	2	6	6	0	0	15	10	0
产业转型升级与区域经济发展研究中心	15	5	10	4	10	1	0	20	10	0
敦煌学研究所	5	2	3	3	2	0	0	10	10	0

续表

学校及机构名称	R&D 活动人员(人)						培养研究生人数(人)	R&D 经费支出(千元)	仪器设备原价(千元)	
	合计	其中								其中:进口(千元)
		博士毕业	硕士毕业	高级职称	中级职称	初级职称				
法治引领推动甘肃改革发展研究中心	14	4	8	8	5	1	0	16	10	0
甘肃省文化资源与华夏文明建设研究中心	8	7	1	4	2	2	0	14	20	0
甘肃省先秦文学与文化研究中心	5	3	2	3	2	0	2	29.4	20	0
高等教育研究所	13	9	4	7	6	0	4	45	30	0
古籍整理研究所	4	3	1	2	2	0	0	13	16	0
华夏文明传承发展协同创新中心	15	11	4	12	3	0	0	16	20	0
教育部西北师范大学基础教育课程研究中心	16	14	2	12	4	0	10	203.9	36	0
精准扶贫与区域发展研究中心	19	10	8	10	7	2	3	25	20	0
诗赋研究所	4	2	2	3	1	0	0	45	23	0
文化产业与新型文化业态发展研究中心	5	3	2	4	1	0	0	25	30	0
西北少数民族教育发展研究中心	21	18	3	17	4	0	9	748.5	213.3	0
中国特色社会主义理论体系研究中心	12	10	2	8	4	0	0	42.1	15	0
中亚研究院	15	13	2	12	3	0	0	457	40	0
兰州城市学院	31	11	19	20	9	2	0	980	3 200	500
城市社会心理研究中心	14	3	11	8	5	1	0	30	1 000	300
甘肃省民族民间音乐研究中心	3	0	2	2	1	0	0	350	200	0
西北方言中心	14	8	6	10	3	1	0	600	2 000	200
陇东学院	91	13	21	43	29	8	0	129	90	0
教育科学研究所	32	0	5	10	16	6	0	35.4	20	0
南梁精神研究中心	37	11	10	22	6	0	0	50	50	0
区域经济研究所	18	1	5	10	6	2	0	33.6	10	0
陕甘宁边区史研究中心	4	1	1	1	1	0	0	10	10	0
天水师范学院	129	25	102	67	43	19	0	556	70.4	0

续表

学校及机构名称	R&D活动人员(人)						培养研究生人数(人)	R&D经费支出(千元)	仪器设备原价(千元)	
	合计	其中								其中:进口(千元)
		博士毕业	硕士毕业	高级职称	中级职称	初级职称				
甘肃华夏文明与文化产业研究中心	25	5	20	10	10	5	0	80	7.8	0
甘肃省残疾人体育运动与康复研究中心	22	2	18	13	6	3	0	200	0	0
高加索研究中心	12	3	9	5	5	2	0	80	8	0
陇东南民间文艺研究中心	28	5	23	16	10	2	0	36	32.3	0
陇右文化研究中心	16	4	12	8	6	2	0	80	13.5	0
乡村教师发展研究中心	26	6	20	15	6	5	0	80	8.8	0
河西学院	81	9	37	16	27	14	0	284	476	0
河西曲艺传承创新基地	5	1	2	1	2	2	0	10	40	0
敦煌绘画与当代绘画研究中心	4	1	2	1	1	1	0	10	20	0
敦煌学与河西民族史研究所	5	0	3	1	1	1	0	20	30	0
河西经济发展研究所	4	1	2	1	0	1	0	10	30	0
河西民间文艺与非物质文化遗产研究中心	4	0	2	1	1	1	0	20	30	0
河西史地与文化研究中心	6	1	3	1	1	1	0	21	30	0
河西文化研究所	5	1	2	2	1	0	0	20	40	0
河西文献与文学研究中心	4	0	2	0	2	1	0	10	30	0
河西学研究所	5	1	2	0	2	0	0	20	20	0
河西走廊非物质文化遗产研究中心	4	0	2	1	0	0	0	14	30	0
河西走廊民俗民族文化研究中心	4	0	2	1	2	1	0	14	30	0
汉语言文字研究所	4	0	2	1	2	1	0	15	20	0
贾植芳研究中心	4	0	1	0	2	1	0	14	15	0
教育技术研究所	5	1	2	1	2	1	0	14	20	0
教育科学研究所	4	0	2	1	2	0	0	14	20	0
马克思主义研究所	5	1	2	1	2	1	0	20	20	0
丝绸之路经济带河西走廊智库	5	1	2	1	2	1	0	24	30	0
中国西部城乡文化调查与研究中心	4	0	2	1	2	0	0	14	21	0

续表

学校及机构名称	R&D 活动人员(人)						培养研究生人数(人)	R&D 经费支出(千元)	仪器设备原价(千元)	其中:进口(千元)
	合计	其中								
		博士毕业	硕士毕业	高级职称	中级职称	初级职称				
兰州财经大学	32	12	15	22	7	3	12	199.1	151.6	0
甘肃金融协同创新中心	2	2	0	2	0	0	0	100	89	0
甘肃经济发展数量分析研究中心	6	1	4	5	1	0	0	28.2	16.7	0
甘肃商务发展研究中心	5	3	2	4	1	0	0	35.3	19.3	0
甘肃省电子商务技术与应用重点实验室	4	1	2	2	1	1	4	0	0	0
甘肃省电子商务综合实验室	4	1	2	2	1	1	4	0	0	0
甘肃省高等学校电子商务推广与运营重点实验室	4	1	2	2	1	1	4	0	0	0
经济研究所	5	1	3	3	2	0	0	17.8	12.6	0
中国西北金融研究中心	2	2	0	2	0	0	0	17.8	14	0
西北民族大学	442	271	115	354	71	7	720	841.28	1 675.2	21
甘肃省高等学校民族信息电子商务重点实验室	20	5	15	12	6	2	0	128.6	800	0
甘肃省宗教问题研究智库	22	13	4	22	0	0	0	5	20	0
民族地区经济社会发展研究中心	16	12	3	14	2	0	80	4.38	9	0
民族地区全面建成小康社会研究中心	26	13	13	15	2	0	0	32	28	0
西北民族非物质文化遗产保护研究中心	65	49	16	51	14	0	58	100	18.7	0
西北民族教育重点研究基地	27	8	15	16	6	5	0	74.3	510	0
西北民族民间音乐“花儿”的传承与开发基地	10	0	6	9	1	0	0	10	10	0
西北民族文献研究中心	20	16	2	18	2	0	230	41.2	20	0
西北民族问题研究中心	86	69	10	69	17	0	137	64	54.5	21
西北少数民族文学研究中心	50	29	18	36	14	0	195	96.2	10	0
西北少数民族宗教研究中心	15	10	5	11	4	0	20	46.3	100	0
西亚东非研究中心	18	13	3	17	1	0	0	40	20	0

续表

学校及机构名称	R&D活动人员(人)						培养研究生人数(人)	R&D经费支出(千元)	仪器设备原价(千元)	
	合计	其中								其中:进口(千元)
		博士毕业	硕士毕业	高级职称	中级职称	初级职称				
喜马拉雅区域研究中心	6	5	0	6	0	0	0	5	10	0
中国统一战线民族宗教理论研究会甘肃基地	41	11	4	41	0	0	0	124.3	25	0
中亚与中国西北边疆研究中心	20	18	1	17	2	0	0	70	40	0
兰州石化职业技术学院	17	0	15	8	7	2	0	200	4 090	0
高等学校创新创业电子商务省级重点实验室(应用型)	17	0	15	8	7	2	0	200	4 090	0
甘肃政法学院	72	37	29	16	3	2	5	670	10 521.24	0
甘肃省经济法制研究中心	11	4	5	0	0	0	0	200	30	0
甘肃省司法科学与区域法治发展协同创新中心	20	16	4	16	2	2	5	150	10	0
甘肃省西北民族地区侦查理论与实务研究中心	6	0	4	0	0	0	0	200	40	0
甘肃省证据科学技术研究与应用重点实验室	27	10	15	0	1	0	0	100	10 421.24	0
国家司法文明协同创新中心兰州基地	8	7	1	0	0	0	0	20	20	0
甘肃民族师范学院	2	0	2	0	0	0	0	30	0	0
藏文化研究中心	2	0	2	0	0	0	0	30	0	0
兰州文理学院	6	0	0	2	2	2	0	30	20	0
甘肃旅游智库	6	0	0	2	2	2	0	30	20	0
定西师范高等专科学校	37	1	15	24	13	0	0	60	6	0
陇中文化研究所	27	1	9	19	8	0	0	50	0	0
美丽乡村发展研究所	10	0	6	5	5	0	0	10	6	0
兰州外语职业学院	4	0	4	1	2	1	0	247	0	0
高等职业教育研究所	4	0	4	1	2	1	0	247	0	0
兰州财经大学陇桥学院	11	0	9	1	9	1	0	100	30	0
甘肃省高校区域循环经济重点实验室	11	0	9	1	9	1	0	100	30	0

学校及机构名称	R&D 活动人员(人)						培养研究生人数(人)	R&D 经费支出(千元)	仪器设备原价(千元)	
	合计	其中								其中:进口(千元)
		博士毕业	硕士毕业	高级职称	中级职称	初级职称				
兰州交通大学博文学院	5	0	2	4	1	0	0	11	5	0
发展研究中心	5	0	2	4	1	0	0	11	5	0
青海省										
青海大学	6	5	1	3	3	0	1	90	20	0
青海省情研究中心	6	5	1	3	3	0	1	90	20	0
青海师范大学	57	6	32	12	6	1	0	167	2 037	0
教育科学研究所	11	1	5	3	2	0	0	50	14	0
青藏高原体育训练研究所	12	0	4	4	3	1	0	50	12	0
青藏高原文化研究所(非物质文化研究所)	15	3	8	3	1	0	0	60	11	0
青海省心理学综合实验室	13	1	11	1	0	0	0	5	1 200	0
青海省学生心理健康教育培训与咨询中心	6	1	4	1	0	0	0	2	800	0
青海民族大学	228	97	110	83	86	58	108	810	29	0
藏传佛教与喜马拉雅山地国家研究中心	16	15	1	9	6	1	0	30	0	0
藏传佛教与中蒙文化交流研究中心	10	9	1	4	2	3	0	30	0	0
藏学研究中心	23	3	20	12	9	2	0	116	5	0
大学生思想政治教育研究中心	10	1	6	3	3	4	0	25	0	0
格萨尔研究中心	2	0	2	1	1	0	0	58	3	0
国家民委民族理论政策研究青海基地	12	10	1	5	4	3	16	40	0	0
国家民委民族问题研究青海基地	12	10	1	7	5	0	18	40	0	0
民族研究所	9	7	2	3	6	0	20	40	0	0
民族艺术研究所	6	1	3	1	1	4	0	20	0	0
青藏高原民族研究基地	21	3	18	8	9	4	0	30	8	0
青海蒙古文化研究中心	7	6	1	4	1	2	0	20	0	0
青海企业管理咨询中心	3	0	3	0	3	0	12	20	0	0

续表

学校及机构名称	R&D 活动人员(人) 合计	其中 博士毕业	硕士毕业	高级职称	中级职称	初级职称	培养研究生人数(人)	R&D 经费支出(千元)	仪器设备原价(千元)	其中:进口(千元)
青海区域经济研究中心	7	2	2	2	3	2	0	20	0	0
青海省法学研究所	10	0	10	4	6	0	0	30	4	0
青海省非物质文化遗产研究所	8	1	7	3	3	2	0	96	8	0
青海省旅游文化研究所	17	5	12	1	3	13	12	30	1	0
青海省青藏高原生态环境研究所	8	5	3	1	4	3	9	20	0	0
青海省语言与民俗研究所	12	3	9	3	5	4	9	40	0	0
人力资源研究所	5	0	0	2	2	1	12	25	0	0
英语应用语言学研究中心	15	6	5	4	7	4	0	20	0	0
中亚-土库曼斯坦研究中心	8	4	2	3	2	3	0	30	0	0
宗喀巴研究院	7	6	1	3	1	3	0	30	0	0
宁夏回族自治区										
宁夏大学	73	28	42	38	35	0	20	3 751	51	0
古文献整理与地域文化研究研究基地	10	4	6	5	5	0	0	355.5	8	0
回族研究院	12	3	9	5	7	0	5	296.4	2	0
开放战略与区域经济研究基地	13	4	9	6	7	0	0	301.5	10	0
西部地区区域治理与民族发展研究基地	11	4	7	5	6	0	0	275.2	8	0
西部发展研究中心	7	1	3	2	5	0	2	252.5	5	0
西夏学研究院	15	10	5	11	4	0	10	2 134.5	10	0
中日国际联合研究所	5	2	3	4	1	0	3	135.4	8	0
北方民族大学	238	94	83	96	98	41	267	35 080	7 108	0
巴基斯坦研究中心	5	2	2	1	1	3	4	2 600	200	0
北方语言研究院	2	1	1	2	0	0	2	80	265	0
非物质文化遗产研究所	4	2	2	2	0	2	2	1 230	50	0
回族学研究院	4	3	1	2	2	0	4	1 000	50	0
回族学研究中心	25	10	7	10	10	5	47	5 800	136	0

续表

学校及机构名称	R&D 活动人员(人)						培养研究生人数(人)	R&D 经费支出(千元)	仪器设备原价(千元)	其中:进口(千元)
	合计	其中								
		博士毕业	硕士毕业	高级职称	中级职称	初级职称				
经济管理综合重点开放实验室	30	15	10	15	10	5	15	2 300	1 380	0
卡塔尔研究中心	15	5	8	7	8	0	4	1 800	200	0
宁夏经济改革与发展研究中心	25	5	15	5	15	5	10	2 500	150	0
宁夏生态移民可持续发展研究中心	20	10	8	10	5	5	20	2 800	100	0
少数民族艺术研究成果转化与应用重点实验室	20	10	5	8	3	9	8	600	200	0
社会学与民族学研究所	5	3	2	2	3	0	0	3 650	3 027	0
丝绸之路历史文化协同创新中心	10	2	8	5	5	0	25	1 800	200	0
乌兹别克斯坦研究中心	10	5	2	5	4	1	5	500	200	0
西北民族地区政府治理与社会管理研究中心	18	11	5	7	10	1	94	2 800	700	0
西北少数民族社会发展研究基地	21	3	5	8	13	0	8	3 200	150	0
西夏历史文化研究人文社科重点研究基地	20	3	2	5	7	5	15	1 300	50	0
西夏研究所	4	4	0	2	2	0	4	1 120	50	0
宁夏工商职业技术学院	4	1	2	3	1	0	0	142	12	0
高等职业教育研究所	4	1	2	3	1	0	0	142	12	0
新疆维吾尔自治区										
新疆大学	210	139	59	141	52	1	255	2 853.56	420.59	0
经济研究所	4	1	3	2	1	0	22	15	0	0
人口研究所	3	2	1	3	0	0	25	17.56	0	0
西北少数民族研究中心	10	5	5	4	6	0	19	300	50	0
西域文明发展研究基地	30	19	7	23	7	0	27	300	100	0
新疆创新管理研究中心	11	8	3	11	0	0	20	60	0	0
新疆宏观经济预警系统研究基地	15	8	7	7	4	0	19	300	100	0
新疆民汉语文翻译研究中心	12	8	4	6	5	1	12	300	50	0
新疆民俗文化研究中心	12	11	1	10	2	0	22	254	20	0

续表

学校及机构名称	R&D 活动人员(人)						培养研究生人数(人)	R&D 经费支出(千元)	仪器设备原价(千元)	
	合计	其中								其中:进口(千元)
		博士毕业	硕士毕业	高级职称	中级职称	初级职称				
新疆民族文献研究基地	23	20	3	16	7	0	34	265	38	0
新疆稳定与地区经济发展法制保障研究基地	37	26	6	31	0	0	20	300	38.09	0
中外文化比较与跨文化交际研究基地	10	6	1	5	0	0	12	592	18	0
中亚地缘政治研究中心	43	25	18	23	20	0	23	150	6.5	0
塔里木大学	13	2	7	4	6	3	11	350	600	130
非传统安全与边疆民族发展研究中心	6	1	4	2	3	1	8	200	300	80
西域文化研究院	7	1	3	2	3	2	3	150	300	50
新疆农业大学	37	16	14	19	15	3	5	355	150	0
干旱区农村发展研究中心	37	16	14	19	15	3	5	355	150	0
石河子大学	192	79	100	141	31	20	143	1 720	230	0
兵团金融发展研究中心	14	8	6	10	2	2	8	150	0	0
兵团屯垦经济研究中心	28	16	12	22	5	1	31	280	80	0
公司治理与管理创新研究中心	41	15	24	33	7	1	28	280	100	0
棉花经济研究中心	10	6	4	7	3	0	8	100	0	0
新疆非物质文化遗产研究中心	24	6	18	18	4	2	22	180	0	0
新疆少数民族教育发展与教育政策研究中心	15	7	4	10	2	3	10	280	50	0
新疆社会管理创新研究中心	20	11	9	15	2	3	12	150	0	0
心理应用研究中心	18	4	14	12	2	4	12	150	0	0
中国特色社会主义理论体系研究中心	22	6	9	14	4	4	12	150	0	0
新疆师范大学	561	165	346	270	266	23	1 133	2 833.91	362.8	0
外语及外语教育研究中心	28	9	18	14	14	0	106	25.5	3	0
西部边疆治理协同创新研究中心	25	7	18	8	17	0	60	150	9	0
西域文史研究中心	18	12	2	16	2	0	33	60	9.7	0

续表

学校及机构名称	R&D 活动人员(人)						培养研究生人数(人)	R&D 经费支出(千元)	仪器设备原价(千元)	
	合计	其中								其中:进口(千元)
		博士毕业	硕士毕业	高级职称	中级职称	初级职称				
新疆儿童教育实践创新研究中心	37	8	29	9	28	0	43	35.41	3	0
新疆各民族交往交流交融研究中心	33	11	15	28	5	0	67	300	2.4	0
新疆国家通用语言教育研究中心	49	12	34	30	19	0	98	580	24	0
新疆教师教育研究中心	74	24	37	31	37	6	59	325	22	0
新疆民间美术研究中心	18	2	16	7	11	0	42	61	4	0
新疆体育文化研究中心	35	11	18	27	6	0	54	35	8.9	0
中巴经济走廊与南亚经济研究中心	32	15	15	15	17	0	20	240	120	0
中亚汉语国际教育研究中心	67	12	51	26	34	7	187	450	100	0
中亚音乐文化研究中心	65	5	50	27	38	0	209	122	19.8	0
中亚与中国西北边疆政治经济研究中心	80	37	43	32	38	10	155	450	37	0
喀什大学	64	18	40	43	9	6	87	397	58.06	0
南疆教育发展研究中心	32	8	18	22	3	3	52	363	45.06	0
维吾尔优秀传统文化与现代化研究中心	32	10	22	21	6	3	35	34	13	0
伊犁师范学院	27	8	6	20	7	0	21	210.28	21.6	0
新疆哈萨克文化与民族现代化研究中心	27	8	6	20	7	0	21	210.28	21.6	0
新疆财经大学	30	18	12	18	12	0	57	230	313	0
新疆企业发展研究中心	10	7	3	7	3	0	30	100	98	0
新疆社会经济统计研究中心	10	3	7	3	7	0	12	80	78	0
中国(新疆)与中亚区域经济合作研究中心	10	8	2	8	2	0	15	50	137	0
新疆艺术学院	2	0	1	0	2	0	0	12	1	0
新疆少数民族音乐与舞蹈研究中心	2	0	1	0	2	0	0	12	1	0

3. 全国高等学校人文、社会科学研究与发展研究机构情况表

	编号	机构数	R&D 活动人员(人)			
			合计	其中		
				博士毕业	硕士毕业	高级职称
合计	0	5 427	88 124	49 193	29 381	49 244
管理学	1	922	16 622	10 044	5 142	9 484
马克思主义	2	265	4 948	2 933	1 562	2 857
哲学	3	114	2 126	1 463	472	1 373
逻辑学	4	3	70	59	10	48
宗教学	5	25	302	214	70	167
语言学	6	201	3 107	1 714	1 122	1 725
中国文学	7	214	3 360	2 010	895	2 130
外国文学	8	48	630	382	191	318
艺术学	9	410	6 019	1 843	2 968	2 787
历史学	10	277	4 134	2 534	1 170	2 457
考古学	11	25	395	269	93	240
经济学	12	891	14 916	9 077	4 695	8 486
政治学	13	129	2 074	1 277	593	1 112
法学	14	343	5 766	3 587	1 547	3 116
社会学	15	285	4 006	2 094	1 493	2 186
民族学与文化学	16	286	4 315	2 197	1 508	2 420
新闻学与传播学	17	118	2 060	1 059	782	1 140
图书馆、情报与文献学	18	27	330	180	106	218
教育学	19	473	7 094	3 064	2 952	3 780
体育学	20	145	2 538	1 086	1 102	1 306
统计学	21	24	474	287	131	234
港澳台研究	22	9	219	174	41	160
国际问题研究	23	143	1 897	1 284	448	1 209
心理学	24	50	722	362	288	291

		培养研究生人数（人）	R&D 经费支出（千元）	仪器设备原价（千元）	
中级职称	初级职称				其中:进口（千元）
25 013	4 699	63 210	2 259 150.71	1 542 514.66	364 510.2
4 665	806	12 570	441 228.93	303 525.5	24 966.54
1 345	212	3 204	80 119.83	27 057.97	479.93
424	94	1 485	46 729.31	27 786.08	3 710.62
21	0	53	1 494.51	2 701.8	135.6
53	30	307	9 214.86	3 449	0
930	97	2 623	76 836.25	61 958.41	12 994.67
790	144	2 059	68 273.91	21 377.76	1 117.1
159	43	588	8 050.16	6 400.57	337.82
2 100	599	2 861	150 319.36	194 482.83	77 826.57
1 105	204	3 145	116 435.19	39 794.78	4 339.12
73	9	308	20 427.8	37 602.6	18 254.4
4 276	765	11 700	497 487.89	187 231.43	15 924.18
527	77	1 201	62 871.57	16 607.12	782.8
1 426	277	4 803	132 207.45	43 057.55	3 263.75
1 228	160	2 036	80 106.88	45 600.61	5 528.3
1 321	224	2 723	107 534.64	43 963.51	2 162.5
632	97	2 060	50 034.67	31 713.43	3 431.3
78	22	578	8 248.39	6 247.63	345
2 158	491	4 686	137 563.55	57 977.52	3 352.62
772	156	1 677	43 824.69	252 234.11	144 952.8
183	43	374	8 332.06	14 328.97	239.1
51	3	102	20 741.7	15 120.27	5
463	99	1 472	67 022.43	20 840.13	44
233	47	595	24 044.68	81 455.08	40 316.48

4. 各省、市、自治区高等学校人文、社会科学研究与发展研究机构情况表

	编号	机构数	R&D 活动人员(人)			
			合计	其中		
				博士毕业	硕士毕业	高级职称
合计	0	5 427	88 124	49 193	29 381	49 244
北京市	1	306	7 223	4 731	1 648	3 658
天津市	2	93	1 453	1 148	237	950
河北省	3	150	2 933	1 311	1 288	1 759
山西省	4	50	827	411	376	437
内蒙古自治区	5	16	526	196	240	232
辽宁省	6	162	3 490	2 051	1 146	1 816
吉林省	7	242	4 325	2 260	1 736	2 352
黑龙江省	8	77	1 013	626	292	593
上海市	9	346	4 921	3 520	891	3 069
江苏省	10	409	6 502	4 238	1 699	3 823
浙江省	11	461	7 305	3 954	2 483	4 421
安徽省	12	164	2 903	1 099	1 437	1 271
福建省	13	244	4 057	2 441	1 197	2 574
江西省	14	167	1 648	806	594	727
山东省	15	306	4 295	1 987	1 735	2 338
河南省	16	57	1 156	812	268	856
湖北省	17	260	5 867	3 727	1 518	3 437
湖南省	18	390	4 777	2 289	1 975	2 462
广东省	19	394	5 478	3 331	1 717	2 582
广西壮族自治区	20	164	3 361	1 555	1 262	2 032
海南省	21	24	265	102	125	142
重庆市	22	164	3 379	2 001	1 171	2 087
四川省	23	208	2 995	1 177	1 271	1 573
贵州省	24	44	448	193	161	297
云南省	25	71	759	312	296	427
西藏自治区	26	18	189	57	114	53
陕西省	27	195	2 834	1 567	1 029	1 551
甘肃省	28	148	1 453	615	620	834
青海省	29	28	291	108	143	98
宁夏回族自治区	30	25	315	123	127	137
新疆维吾尔自治区	31	44	1 136	445	585	656

		培养研究生人数（人）	R&D 经费支出（千元）	仪器设备原价（千元）	
中级职称	初级职称				其中:进口（千元）
25 013	4 699	63 210	2 259 150.71	1 542 514.66	364 510.2
1 515	264	7 862	395 776.37	318 246.73	142 550.95
400	40	2 422	51 130.41	76 922.99	26 812.17
946	73	1 688	25 939.97	22 847.9	119
260	53	660	16 784.88	23 169.77	875.94
161	118	242	3 614.36	1 172.6	0
1 016	191	3 987	39 143.92	81 594	40 302.5
1 314	249	1 373	80 469.03	63 481.9	19 883
350	15	85	15 471.44	11 059.94	64
986	193	4 103	252 895.41	86 794.55	14 389.8
1 522	94	4 146	124 558.74	46 216.97	4 702.17
2 100	367	7 300	209 845.55	100 846.79	20 138.34
901	288	1 577	32 521.28	43 215.75	5 047.58
1 162	239	1 763	115 882.67	61 636.3	5 225
483	58	533	39 205.84	23 374.34	6 022
1 471	335	1 833	53 487.77	95 149.5	4 615.1
254	19	649	53 626.8	16 423.1	646
1 531	324	4 401	159 043.27	61 462.12	7 879.3
1 611	341	1 944	70 055.55	59 591.4	13 730.85
1 863	261	4 068	201 322.22	100 584.43	22 091.76
751	232	1 091	33 180.02	41 736.72	292
103	17	28	5 186	1 497	0
1 088	137	4 079	101 029.63	51 980.31	8 931.64
925	255	1 419	40 297.03	68 278.01	18 021
102	32	257	9 607.5	1 698.8	0
218	75	935	18 449.35	18 120.91	829.1
89	17	77	5 409.58	3 850.16	0
826	173	1 611	42 398.39	26 282.58	690
436	83	969	13 815.98	23 865.04	521
95	59	109	1 067	2 086	0
134	41	287	38 973	7 171	0
400	56	1 712	8 961.75	2 157.05	130

5. 各省、市、自治区所属高等学校人文、社会科学研究与发展研究机构情况表

	编号	机构数	R&D活动人员(人) 合计	其中 博士毕业	硕士毕业	高级职称
合计	0	3 938	61 396	29 856	23 936	33 586
北京市	1	81	1 760	1 028	472	924
天津市	2	55	797	617	139	504
河北省	3	139	2 740	1 275	1 200	1 691
山西省	4	50	827	411	376	437
内蒙古自治区	5	16	526	196	240	232
辽宁省	6	134	2 804	1 520	1 006	1 481
吉林省	7	180	2 690	1 019	1 363	1 571
黑龙江省	8	62	747	425	233	444
上海市	9	104	1 369	790	362	762
江苏省	10	267	4 080	2 502	1 178	2 303
浙江省	11	363	6 285	3 221	2 255	3 717
安徽省	12	151	2 660	947	1 348	1 122
福建省	13	144	2 629	1 140	1 129	1 526
江西省	14	167	1 648	806	594	727
山东省	15	289	3 902	1 683	1 673	2 066
河南省	16	57	1 156	812	268	856
湖北省	17	107	2 479	1 334	830	1 524
湖南省	18	330	4 127	1 953	1 692	2 226
广东省	19	313	3 836	1 953	1 472	1 565
广西壮族自治区	20	164	3 361	1 555	1 262	2 032
海南省	21	24	265	102	125	142
重庆市	22	125	2 632	1 401	1 029	1 493
四川省	23	179	2 253	699	1 108	1 114
贵州省	24	44	448	193	161	297
云南省	25	71	759	312	296	427
西藏自治区	26	18	189	57	114	53
陕西省	27	144	2 124	1 073	842	1 169
甘肃省	28	80	799	250	397	386
青海省	29	28	291	108	143	98
宁夏回族自治区	30	8	77	29	44	41
新疆维吾尔自治区	31	44	1 136	445	585	656

中级职称	初级职称	培养研究生人数（人）	R&D 经费支出（千元）	仪器设备原价（千元）	其中：进口（千元）
19 001	3 676	33 784	1 088 308.47	976 781.56	193 972.26
518	58	1 066	88 506.15	73 461.4	10 233.59
240	37	1 318	20 148.28	54 496.63	26 310.17
879	69	1 644	23 898.97	22 636.9	119
260	53	660	16 784.88	23 169.77	875.94
161	118	242	3 614.36	1 172.6	0
820	165	3 719	22 689.92	73 898.8	40 302.5
918	141	756	25 803.27	54 992.12	19 842
260	2	31	13 068.54	5 476.94	64
333	88	1 146	84 669.96	40 100.7	13 513.8
870	58	1 355	49 513.77	33 922.08	3 765.17
1 886	367	3 192	122 372.35	52 891.62	1 050.3
828	269	1 402	24 533.28	36 399.75	2 727.58
862	181	395	66 863.72	31 052.82	4 700
483	58	533	39 205.84	23 374.34	6 022
1 384	311	1 423	41 718.77	85 977.5	4 185.1
254	19	649	53 626.8	16 423.1	646
765	102	1 519	30 777.22	28 777.56	5 634.3
1 429	246	1 599	47 215.55	51 620.4	12 330.85
1 448	252	1 900	103 007.55	73 773.15	19 079.06
751	232	1 091	33 180.02	41 736.72	292
103	17	28	5 186	1 497	0
941	131	3 354	66 958.85	21 799.45	2 668.8
757	236	441	27 211.03	59 984.82	18 021
102	32	257	9 607.5	1 698.8	0
218	75	935	18 449.35	18 120.91	829.1
89	17	77	5 409.58	3 850.16	0
657	156	1 102	24 096.51	19 345.23	130
254	71	109	6 268.7	20 824.24	500
95	59	109	1 067	2 086	0
36	0	20	3 893	63	0
400	56	1 712	8 961.75	2 157.05	130

6. 国务院各部委所属高等学校人文、社会科学研究与发展研究机构情况表

	编号	机构数	R&D 活动人员(人) 合计	其中 博士毕业	硕士毕业	高级职称
合计	0	222	4 563	2 888	1 175	2 299
民政部	1	2	7	3	4	4
外交部	2	1	30	25	5	30
国防部	3	3	18	0	15	11
国家民族事务委员会	4	79	2 096	1 299	484	1 135
公安部	5	12	201	38	93	70
工业和信息化部	6	51	968	616	270	443
交通部	7	5	195	129	66	106
中国民用航空局	8	3	59	31	28	31
国家林业和草原局	9	1	4	1	1	1
国务院侨务办公室	10	30	458	389	40	202
国家体育总局	11	7	217	162	54	144
中国科学院	12	4	113	79	34	52
中华全国总工会	13	24	197	116	81	70

中级职称	初级职称	培养研究生人数（人）	R&D 经费支出（千元）	仪器设备原价（千元）	其中:进口（千元）
1 268	276	5 072	119 599.95	204 331.63	107 639.7
3	0	0	222.16	186.55	0
0	0	16	300	50	0
5	2	0	810	55	0
585	132	2 437	53 027.38	17 269.8	21
69	4	64	2 201	811	0
284	43	785	21 622.84	13 788.5	0
72	17	267	1 440	4 678	0
19	0	141	4 323.52	6 474.62	502
3	0	0	48.78	216.03	0
57	10	898	18 616.84	6 362.8	0
51	22	346	12 077.43	149 129.33	104 796.7
42	19	118	4 652	5 310	2 320
78	27	0	258	0	0

7. 本科院校人文、社会科学研究与发展研究机构情况表

	编号	机构数	R&D活动人员(人)			
			合计	其中		
				博士毕业	硕士毕业	高级职称
合计	0	5 128	85 119	48 815	27 611	47 947
管理学	1	870	16 049	9 946	4 779	9 254
马克思主义	2	254	4 846	2 916	1 491	2 809
哲学	3	111	2 108	1 456	466	1 362
逻辑学	4	3	70	59	10	48
宗教学	5	25	302	214	70	167
语言学	6	195	3 053	1 712	1 080	1 699
中国文学	7	208	3 319	2 003	869	2 109
外国文学	8	48	630	382	191	318
艺术学	9	382	5 734	1 825	2 807	2 698
历史学	10	275	4 124	2 534	1 163	2 455
考古学	11	25	395	269	93	240
经济学	12	834	14 280	8 985	4 284	8 188
政治学	13	127	2 051	1 271	591	1 102
法学	14	336	5 689	3 578	1 494	3 081
社会学	15	271	3 841	2 076	1 388	2 117
民族学与文化学	16	264	4 157	2 186	1 433	2 344
新闻学与传播学	17	116	2 047	1 057	773	1 135
图书馆、情报与文献学	18	26	320	179	101	216
教育学	19	390	6 274	2 976	2 536	3 413
体育学	20	144	2 529	1 085	1 094	1 303
统计学	21	24	474	287	131	234
港澳台研究	22	9	219	174	41	160
国际问题研究	23	142	1 889	1 283	441	1 205
心理学	24	49	719	362	285	290

		培养研究生人数（人）	R&D 经费支出（千元）	仪器设备原价（千元）	其中:进口（千元）
中级职称	初级职称				
23 762	4 326	63 203	2 226 501.97	1 508 720.03	364 440.2
4 438	726	12 570	437 019.14	298 160.3	24 966.54
1 298	206	3 204	79 194.73	27 010.42	469.93
417	94	1 485	46 603.53	27 392.71	3 710.62
21	0	53	1 494.51	2 701.8	135.6
53	30	307	9 214.86	3 449	0
905	95	2 623	76 203.17	60 136.51	12 994.67
781	135	2 059	67 884.91	21 301.71	1 117.1
159	43	588	8 050.16	6 400.57	337.82
1 974	536	2 861	144 437.07	188 156.69	77 826.57
1 101	200	3 145	116 424.39	39 773.78	4 339.12
73	9	308	20 427.8	37 602.6	18 254.4
4 019	695	11 697	487 853.83	177 093.05	15 874.18
521	76	1 201	62 561.57	16 553.06	782.8
1 392	270	4 801	131 841.2	42 962.55	3 263.75
1 154	141	2 034	79 240.95	44 547.76	5 528.3
1 256	209	2 723	105 954.64	43 731.51	2 162.5
625	96	2 060	50 014.67	31 698.43	3 431.3
73	21	578	8 238.39	6 247.63	345
1 811	396	4 686	130 006.29	50 079.99	3 342.62
766	156	1 677	43 804.69	252 134.11	144 952.8
183	43	374	8 332.06	14 328.97	239.1
51	3	102	20 741.7	15 120.27	5
459	99	1 472	66 922.43	20 790.13	44
232	47	595	24 035.28	81 346.48	40 316.48

8. 专科院校人文、社会科学研究与发展研究机构情况表

	编号	机构数	R&D 活动人员(人) 合计	其中 博士毕业	硕士毕业	高级职称
合计	0	299	3 005	378	1 770	1 297
管理学	1	52	573	98	363	230
马克思主义	2	11	102	17	71	48
哲学	3	3	18	7	6	11
逻辑学	4	0	0	0	0	0
宗教学	5	0	0	0	0	0
语言学	6	6	54	2	42	26
中国文学	7	6	41	7	26	21
外国文学	8	0	0	0	0	0
艺术学	9	28	285	18	161	89
历史学	10	2	10	0	7	2
考古学	11	0	0	0	0	0
经济学	12	57	636	92	411	298
政治学	13	2	23	6	2	10
法学	14	7	77	9	53	35
社会学	15	14	165	18	105	69
民族学与文化学	16	22	158	11	75	76
新闻学与传播学	17	2	13	2	9	5
图书馆、情报与文献学	18	1	10	1	5	2
教育学	19	83	820	88	416	367
体育学	20	1	9	1	8	3
统计学	21	0	0	0	0	0
港澳台研究	22	0	0	0	0	0
国际问题研究	23	1	8	1	7	4
心理学	24	1	3	0	3	1

		培养研究生人数（人）	R&D经费支出（千元）	仪器设备原价（千元）	
中级职称	初级职称				其中:进口（千元）
1 251	373	7	32 648.74	33 794.63	70
227	80	0	4 209.79	5 365.2	0
47	6	0	925.1	47.55	10
7	0	0	125.78	393.37	0
0	0	0	0	0	0
0	0	0	0	0	0
25	2	0	633.08	1 821.9	0
9	9	0	389	76.05	0
0	0	0	0	0	0
126	63	0	5 882.29	6 326.14	0
4	4	0	10.8	21	0
0	0	0	0	0	0
257	70	3	9 634.06	10 138.38	50
6	1	0	310	54.06	0
34	7	2	366.25	95	0
74	19	2	865.93	1 052.85	0
65	15	0	1 580	232	0
7	1	0	20	15	0
5	1	0	10	0	0
347	95	0	7 557.26	7 897.53	10
6	0	0	20	100	0
0	0	0	0	0	0
0	0	0	0	0	0
4	0	0	100	50	0
1	0	0	9.4	108.6	0

9. 教育部直属院校人文、社会科学研究与发展研究机构情况表

	编号	机构数	R&D 活动人员(人) 合计	其中 博士毕业	硕士毕业	高级职称
合计	0	1 267	22 165	16 449	4 270	13 359
管理学	1	253	4 644	3 558	827	2 795
马克思主义	2	66	1 584	1 173	312	875
哲学	3	44	831	663	129	504
逻辑学	4	3	70	59	10	48
宗教学	5	14	162	123	33	111
语言学	6	53	920	615	264	490
中国文学	7	30	546	364	109	364
外国文学	8	13	285	183	60	123
艺术学	9	36	598	284	261	216
历史学	10	76	1 228	927	213	777
考古学	11	14	265	191	49	166
经济学	12	199	3 898	3 113	591	2 466
政治学	13	40	580	458	91	368
法学	14	95	1 705	1 272	253	1 035
社会学	15	67	1 002	708	236	618
民族学与文化学	16	33	337	259	63	216
新闻学与传播学	17	34	562	420	108	377
图书馆、情报与文献学	18	10	136	104	20	116
教育学	19	73	1 165	781	299	581
体育学	20	17	290	162	104	178
统计学	21	8	153	151	2	105
港澳台研究	22	5	125	118	7	91
国际问题研究	23	73	925	656	183	645
心理学	24	11	154	107	46	94

中级职称	初级职称	培养研究生人数（人）	R&D 经费支出（千元）	仪器设备原价（千元）	其中:进口（千元）
4 744	747	24 354	1 051 242.29	361 401.47	62 898.24
978	126	5 565	229 767.82	67 861.26	11 029.05
416	70	1 255	43 935.18	15 746.82	252.6
141	35	718	26 870.94	10 535.54	562.62
21	0	53	1 494.51	2 701.8	135.6
25	8	263	7 184.96	2 425.5	0
225	19	1 311	38 701.08	19 817.79	6 918.44
115	35	727	13 472.05	5 151.18	271
53	24	335	2 717.89	913.7	256.5
154	78	685	27 582.94	30 687.82	15 459
248	37	1 620	58 018.63	13 548.52	1 478.09
36	3	269	16 322.8	18 004.6	8 434.4
849	89	4 473	226 613.91	59 776.08	4 782.9
143	14	437	37 577.02	4 303.1	105
352	87	1 623	79 464.04	9 976.96	1 006.5
196	6	969	32 881.37	8 536.99	567
77	4	309	22 574.53	6 374.39	366.5
89	8	773	20 483.78	4 318.44	1 274
16	2	279	6 519.39	4 879.63	322
242	37	1 253	69 216.1	20 040.64	2 445.84
70	22	271	5 987.36	6 132.5	1 540.8
39	0	268	2 722.9	3 470.6	0
33	0	102	18 136.7	15 013.27	5
184	37	614	51 039.38	15 248.71	44
42	6	182	11 957.01	15 935.63	5 641.4

10. 教育部直属综合大学人文、社会科学研究与发展研究机构情况表

	编号	机构数	R&D 活动人员(人)			
			合计	其中		
				博士毕业	硕士毕业	高级职称
合计	0	680	11 986	8 935	2 083	7 828
管理学	1	103	1 835	1 370	328	1 082
马克思主义	2	35	861	656	123	600
哲学	3	28	581	458	94	364
逻辑学	4	2	52	47	4	36
宗教学	5	11	130	107	21	102
语言学	6	27	555	386	139	317
中国文学	7	21	343	200	77	261
外国文学	8	9	233	140	53	87
艺术学	9	9	125	61	55	73
历史学	10	48	829	603	145	586
考古学	11	13	243	175	45	151
经济学	12	114	2 174	1 782	255	1 443
政治学	13	25	431	337	63	278
法学	14	52	972	690	169	595
社会学	15	45	697	470	178	467
民族学与文化学	16	20	184	147	35	127
新闻学与传播学	17	22	346	268	45	246
图书馆、情报与文献学	18	7	101	78	15	90
教育学	19	27	404	261	113	247
体育学	20	7	80	48	26	57
统计学	21	5	119	117	2	85
港澳台研究	22	5	125	118	7	91
国际问题研究	23	40	496	365	73	393
心理学	24	5	70	51	18	50

中级职称	初级职称	培养研究生人数（人）	R&D 经费支出（千元）	仪器设备原价（千元）	其中:进口（千元）
2 159	350	14 839	544 925.31	213 291.9	32 650.37
331	73	3 006	89 873.46	39 719.11	8 755.3
159	32	738	29 205.11	4 497.12	232.6
98	29	522	18 061.13	8 199.34	330
15	0	38	1 409.51	2 666.8	135.6
19	7	237	6 129.26	2 198	0
115	11	1 002	16 527.03	8 845.44	2 484.44
52	10	509	10 469.34	3 438.63	271
39	22	283	2 386.99	606.6	253
29	4	211	5 577.8	2 832	308
141	11	1 031	30 671.15	9 940.98	1 457.09
31	1	204	15 122.8	9 804.6	2 434.4
423	45	2 724	115 766.42	41 003.31	4 012
96	2	249	13 536.5	2 638.71	105
181	60	1 199	53 356.53	6 756.35	1 006.5
114	4	663	19 418	6 382.39	567
33	3	126	9 299.23	2 764.1	362.3
51	3	528	13 815.44	3 043.39	1 274
9	0	215	3 450.49	2 547.63	322
55	11	607	18 854	9 295.55	2 424.84
20	2	77	3 809.9	1 867.1	1 240.8
34	0	219	1 405.6	3 200	0
33	0	102	18 136.7	15 013.27	5
65	16	278	42 017.19	12 958.47	44
16	4	71	6 625.73	13 073.01	4 625.5

11. 教育部直属工科院校人文、社会科学研究与发展研究机构情况表

	编号	机构数	R&D 活动人员(人) 合计	其中 博士毕业	硕士毕业	高级职称
合计	0	283	5 406	3 837	1 255	3 136
管理学	1	122	2 340	1 775	444	1 416
马克思主义	2	18	325	254	54	225
哲学	3	11	133	100	25	64
逻辑学	4	1	18	12	6	12
宗教学	5	0	0	0	0	0
语言学	6	13	170	71	96	71
中国文学	7	2	88	57	25	53
外国文学	8	2	21	17	3	16
艺术学	9	8	200	108	71	115
历史学	10	10	171	149	18	109
考古学	11	1	22	16	4	15
经济学	12	37	804	566	202	453
政治学	13	3	42	31	11	31
法学	14	13	306	208	36	146
社会学	15	14	218	167	43	110
民族学与文化学	16	3	42	27	15	26
新闻学与传播学	17	7	177	131	45	121
图书馆、情报与文献学	18	1	16	9	3	13
教育学	19	7	137	68	65	46
体育学	20	5	78	23	39	43
统计学	21	0	0	0	0	0
港澳台研究	22	0	0	0	0	0
国际问题研究	23	3	61	35	26	40
心理学	24	2	37	13	24	11

		培养研究生人数（人）	R&D 经费支出（千元）	仪器设备原价（千元）	
中级职称	初级职称				其中:进口（千元）
1 291	101	5 602	237 224.84	85 892.28	24 161.45
522	38	2 312	88 615.86	19 300.49	1 791.45
78	2	467	8 405.77	9 325.8	20
21	1	105	4 870.7	995.2	147
6	0	15	85	35	0
0	0	0	0	0	0
47	3	132	1 896.2	574.23	190
31	3	61	254.21	81.15	0
5	0	32	205	33	0
34	9	366	7 148.17	26 044.12	15 151
45	1	333	19 364	740	0
5	2	65	1 200	8 200	6 000
196	12	888	61 775.1	8 711.9	562
11	0	38	17 307.86	381.59	0
73	4	111	5 532.41	578.8	0
58	2	197	6 940.97	1 220	0
16	0	29	350	132	0
35	3	221	5 647.4	1 088.3	0
3	0	10	1 000	2 000	0
37	12	75	4 323.83	1 849.1	0
29	6	75	1 133.36	4 251	300
0	0	0	0	0	0
0	0	0	0	0	0
19	2	60	276	27.6	0
20	1	10	893	323	0

12. 教育部直属师范院校人文、社会科学研究与发展研究机构情况表

	编号	机构数	R&D 活动人员(人)			
			合计	其中		
				博士毕业	硕士毕业	高级职称
合计	0	156	2 830	2 092	612	1 168
管理学	1	6	82	71	11	35
马克思主义	2	12	353	224	129	19
哲学	3	4	110	98	10	72
逻辑学	4	0	0	0	0	0
宗教学	5	3	32	16	12	9
语言学	6	6	97	73	18	43
中国文学	7	6	99	93	5	40
外国文学	8	0	0	0	0	0
艺术学	9	8	211	77	118	17
历史学	10	16	217	165	50	75
考古学	11	0	0	0	0	0
经济学	12	13	334	293	33	194
政治学	13	9	96	81	15	54
法学	14	3	71	61	9	27
社会学	15	8	87	71	15	41
民族学与文化学	16	7	62	42	8	28
新闻学与传播学	17	0	0	0	0	0
图书馆、情报与文献学	18	2	19	17	2	13
教育学	19	34	598	441	106	279
体育学	20	5	132	91	39	78
统计学	21	1	12	12	0	10
港澳台研究	22	0	0	0	0	0
国际问题研究	23	10	176	128	28	101
心理学	24	3	42	38	4	33

		培养研究生人数（人）	R&D 经费支出（千元）	仪器设备原价（千元）	
中级职称	初级职称				其中:进口（千元）
804	221	2 261	171 323.09	28 415.87	1 573.52
24	7	76	30 206.7	1 171.2	430
165	36	50	5 324.3	1 886.4	0
19	5	82	3 639.11	1 325	85.62
0	0	0	0	0	0
6	1	26	1 055.7	227.5	0
26	3	65	8 009.6	1 750.97	0
26	22	34	2 550.5	741.4	0
0	0	0	0	0	0
81	60	57	7 114.2	1 041.5	0
59	24	256	7 220	2 471	21
0	0	0	0	0	0
81	10	265	20 573.79	1 585.42	0
32	10	80	5 951.8	1 233.9	0
20	12	62	2 539.7	1 113.4	0
24	0	109	6 522.4	934.6	0
15	0	62	10 075.14	940.76	0
0	0	0	0	0	0
4	2	54	2 068.9	332	0
145	14	535	45 766.37	8 504.61	21
21	14	119	1 044.1	14.4	0
2	0	40	667.3	151.6	0
0	0	0	0	0	0
48	0	188	6 556.64	450.77	0
6	1	101	4 436.84	2 539.44	1 015.9

13. 教育部直属语言院校人文、社会科学研究与发展研究机构情况表

	编号	机构数	R&D 活动人员(人) 合计	其中 博士毕业	硕士毕业	高级职称
合计	0	46	470	340	116	255
管理学	1	0	0	0	0	0
马克思主义	2	0	0	0	0	0
哲学	3	0	0	0	0	0
逻辑学	4	0	0	0	0	0
宗教学	5	0	0	0	0	0
语言学	6	6	86	75	11	57
中国文学	7	1	16	14	2	10
外国文学	8	2	31	26	4	20
艺术学	9	2	23	12	8	2
历史学	10	2	11	10	0	7
考古学	11	0	0	0	0	0
经济学	12	0	0	0	0	0
政治学	13	0	0	0	0	0
法学	14	0	0	0	0	0
社会学	15	0	0	0	0	0
民族学与文化学	16	3	49	43	5	35
新闻学与传播学	17	5	39	21	18	10
图书馆、情报与文献学	18	0	0	0	0	0
教育学	19	4	18	6	12	3
体育学	20	0	0	0	0	0
统计学	21	0	0	0	0	0
港澳台研究	22	0	0	0	0	0
国际问题研究	23	20	192	128	56	111
心理学	24	1	5	5	0	0

		培养研究生人数（人）	R&D 经费支出（千元）	仪器设备原价（千元）	
中级职称	初级职称				其中:进口（千元）
121	27	468	19 627.41	14 968.4	4 251.7
0	0	0	0	0	0
0	0	0	0	0	0
0	0	0	0	0	0
0	0	0	0	0	0
0	0	0	0	0	0
27	2	112	12 218.25	8 635.15	4 244
6	0	123	198	890	0
9	2	20	125.9	274.1	3.5
5	0	3	155.19	219.9	0
3	1	0	763.48	396.54	0
0	0	0	0	0	0
0	0	0	0	0	0
0	0	0	0	0	0
0	0	0	0	0	0
0	0	0	0	0	0
13	1	92	2 850.16	2 537.53	4.2
3	2	24	1 020.94	186.75	0
0	0	0	0	0	0
3	0	6	104.5	16.38	0
0	0	0	0	0	0
0	0	0	0	0	0
0	0	0	0	0	0
52	19	88	2 189.55	1 811.87	0
0	0	0	1.44	0.18	0

14. 教育部直属财经院校人文、社会科学研究与发展研究机构情况表

	编号	机构数	R&D 活动人员(人) 合计	其中 博士毕业	其中 硕士毕业	其中 高级职称
合计	0	73	1 283	1 090	177	839
管理学	1	22	387	342	44	262
马克思主义	2	1	45	39	6	31
哲学	3	1	7	7	0	4
逻辑学	4	0	0	0	0	0
宗教学	5	0	0	0	0	0
语言学	6	1	12	10	0	2
中国文学	7	0	0	0	0	0
外国文学	8	0	0	0	0	0
艺术学	9	0	0	0	0	0
历史学	10	0	0	0	0	0
考古学	11	0	0	0	0	0
经济学	12	34	574	468	93	365
政治学	13	0	0	0	0	0
法学	14	12	236	202	34	165
社会学	15	0	0	0	0	0
民族学与文化学	16	0	0	0	0	0
新闻学与传播学	17	0	0	0	0	0
图书馆、情报与文献学	18	0	0	0	0	0
教育学	19	0	0	0	0	0
体育学	20	0	0	0	0	0
统计学	21	2	22	22	0	10
港澳台研究	22	0	0	0	0	0
国际问题研究	23	0	0	0	0	0
心理学	24	0	0	0	0	0

		培养研究生人数（人）	R&D 经费支出（千元）	仪器设备原价（千元）	
中级职称	初级职称				其中:进口（千元）
346	34	822	53 992.7	16 984.14	261.2
101	8	171	21 071.8	7 670.46	52.3
14	0	0	1 000	37.5	0
3	0	9	300	16	0
0	0	0	0	0	0
0	0	0	0	0	0
10	0	0	50	12	0
0	0	0	0	0	0
0	0	0	0	0	0
0	0	0	0	0	0
0	0	0	0	0	0
0	0	0	0	0	0
148	22	570	28 347.9	8 456.58	208.9
0	0	0	0	0	0
67	4	63	2 573	672.6	0
0	0	0	0	0	0
0	0	0	0	0	0
0	0	0	0	0	0
0	0	0	0	0	0
0	0	0	0	0	0
0	0	0	0	0	0
3	0	9	650	119	0
0	0	0	0	0	0
0	0	0	0	0	0
0	0	0	0	0	0

15. 教育部直属政法院校人文、社会科学研究与发展研究机构情况表

	编号	机构数	R&D活动人员(人) 合计	其中 博士毕业	硕士毕业	高级职称
合计	0	20	151	129	18	124
管理学	1	0	0	0	0	0
马克思主义	2	0	0	0	0	0
哲学	3	0	0	0	0	0
逻辑学	4	0	0	0	0	0
宗教学	5	0	0	0	0	0
语言学	6	0	0	0	0	0
中国文学	7	0	0	0	0	0
外国文学	8	0	0	0	0	0
艺术学	9	0	0	0	0	0
历史学	10	0	0	0	0	0
考古学	11	0	0	0	0	0
经济学	12	1	12	4	8	11
政治学	13	3	11	9	2	5
法学	14	15	120	111	5	102
社会学	15	0	0	0	0	0
民族学与文化学	16	0	0	0	0	0
新闻学与传播学	17	0	0	0	0	0
图书馆、情报与文献学	18	0	0	0	0	0
教育学	19	1	8	5	3	6
体育学	20	0	0	0	0	0
统计学	21	0	0	0	0	0
港澳台研究	22	0	0	0	0	0
国际问题研究	23	0	0	0	0	0
心理学	24	0	0	0	0	0

		培养研究生人数（人）	R&D 经费支出（千元）	仪器设备原价（千元）	
中级职称	初级职称				其中:进口（千元）
18	9	314	16 561.36	1 298.58	0
0	0	0	0	0	0
0	0	0	0	0	0
0	0	0	0	0	0
0	0	0	0	0	0
0	0	0	0	0	0
0	0	0	0	0	0
0	0	0	0	0	0
0	0	0	0	0	0
0	0	0	0	0	0
0	0	0	0	0	0
0	0	0	0	0	0
1	0	26	150.7	18.87	0
4	2	70	780.86	48.9	0
11	7	188	15 462.4	855.81	0
0	0	0	0	0	0
0	0	0	0	0	0
0	0	0	0	0	0
0	0	0	0	0	0
2	0	30	167.4	375	0
0	0	0	0	0	0
0	0	0	0	0	0
0	0	0	0	0	0
0	0	0	0	0	0
0	0	0	0	0	0

16. 教育部直属艺术院校人文、社会科学研究与发展研究机构情况表

	编号	机构数	R&D 活动人员(人)			
			合计	其中		
				博士毕业	硕士毕业	高级职称
合计	0	9	39	26	9	9
管理学	1	0	0	0	0	0
马克思主义	2	0	0	0	0	0
哲学	3	0	0	0	0	0
逻辑学	4	0	0	0	0	0
宗教学	5	0	0	0	0	0
语言学	6	0	0	0	0	0
中国文学	7	0	0	0	0	0
外国文学	8	0	0	0	0	0
艺术学	9	9	39	26	9	9
历史学	10	0	0	0	0	0
考古学	11	0	0	0	0	0
经济学	12	0	0	0	0	0
政治学	13	0	0	0	0	0
法学	14	0	0	0	0	0
社会学	15	0	0	0	0	0
民族学与文化学	16	0	0	0	0	0
新闻学与传播学	17	0	0	0	0	0
图书馆、情报与文献学	18	0	0	0	0	0
教育学	19	0	0	0	0	0
体育学	20	0	0	0	0	0
统计学	21	0	0	0	0	0
港澳台研究	22	0	0	0	0	0
国际问题研究	23	0	0	0	0	0
心理学	24	0	0	0	0	0

		培养研究生人数（人）	R&D 经费支出（千元）	仪器设备原价（千元）	
中级职称	初级职称				其中:进口（千元）
5	5	48	7 587.58	550.3	0
0	0	0	0	0	0
0	0	0	0	0	0
0	0	0	0	0	0
0	0	0	0	0	0
0	0	0	0	0	0
0	0	0	0	0	0
0	0	0	0	0	0
0	0	0	0	0	0
5	5	48	7 587.58	550.3	0
0	0	0	0	0	0
0	0	0	0	0	0
0	0	0	0	0	0
0	0	0	0	0	0
0	0	0	0	0	0
0	0	0	0	0	0
0	0	0	0	0	0
0	0	0	0	0	0
0	0	0	0	0	0
0	0	0	0	0	0
0	0	0	0	0	0
0	0	0	0	0	0
0	0	0	0	0	0
0	0	0	0	0	0
0	0	0	0	0	0

17. 其他部委院校人文、社会科学研究与发展研究机构情况表

	编号	机构数	R&D 活动人员(人) 合计	其中 博士毕业	硕士毕业	高级职称
合计	0	222	4 563	2 888	1 175	2 299
管理学	1	44	899	587	248	397
马克思主义	2	11	183	142	37	128
哲学	3	4	126	71	17	94
逻辑学	4	0	0	0	0	0
宗教学	5	3	59	39	9	34
语言学	6	8	176	94	67	107
中国文学	7	4	82	52	25	42
外国文学	8	0	0	0	0	0
艺术学	9	7	184	81	78	103
历史学	10	4	64	32	17	29
考古学	11	0	0	0	0	0
经济学	12	24	500	295	133	199
政治学	13	7	148	56	35	32
法学	14	15	230	159	58	103
社会学	15	17	137	66	56	48
民族学与文化学	16	32	986	695	203	555
新闻学与传播学	17	7	100	85	13	56
图书馆、情报与文献学	18	3	44	31	8	30
教育学	19	13	255	143	71	120
体育学	20	8	244	167	54	147
统计学	21	2	18	8	10	1
港澳台研究	22	0	0	0	0	0
国际问题研究	23	7	91	65	19	62
心理学	24	2	37	20	17	12

		培养研究生人数（人）	R&D 经费支出（千元）	仪器设备原价（千元）	
中级职称	初级职称				其中:进口（千元）
1 268	276	5 072	119 599.95	204 331.63	107 639.7
233	53	600	21 692.32	12 738.62	120
41	7	92	2 477.74	749.6	0
26	6	12	519.6	110	0
0	0	0	0	0	0
10	1	30	240.9	141	0
46	6	478	4 299.22	4 319.7	0
17	2	252	1 254.37	210	0
0	0	0	0	0	0
55	25	157	3 749	554	0
25	7	52	4 603	4 250	2 200
0	0	0	0	0	0
145	33	901	19 292.27	12 001.2	502
43	2	146	3 656.1	944.4	0
54	13	464	2 507.96	7 920.5	0
64	17	30	6 374.16	456.55	0
289	52	939	28 954	6 105.2	21
37	5	48	3 549	3 300	0
8	0	238	191.2	56	0
83	21	237	2 868.08	1 148.53	0
53	22	346	12 098.03	149 139.33	104 796.7
10	2	0	55	30	0
0	0	0	0	0	0
9	0	35	1 105	125	0
20	2	15	113	32	0

18. 地方院校人文、社会科学研究与发展研究机构情况表

	编号	机构数	R&D 活动人员(人) 合计	其中 博士毕业	硕士毕业	高级职称
合计	0	3 938	61 396	29 856	23 936	33 586
管理学	1	625	11 079	5 899	4 067	6 292
马克思主义	2	188	3 181	1 618	1 213	1 854
哲学	3	66	1 169	729	326	775
逻辑学	4	0	0	0	0	0
宗教学	5	8	81	52	28	22
语言学	6	140	2 011	1 005	791	1 128
中国文学	7	180	2 732	1 594	761	1 724
外国文学	8	35	345	199	131	195
艺术学	9	367	5 237	1 478	2 629	2 468
历史学	10	197	2 842	1 575	940	1 651
考古学	11	11	130	78	44	74
经济学	12	668	10 518	5 669	3 971	5 821
政治学	13	82	1 346	763	467	712
法学	14	233	3 831	2 156	1 236	1 978
社会学	15	201	2 867	1 320	1 201	1 520
民族学与文化学	16	221	2 992	1 243	1 242	1 649
新闻学与传播学	17	77	1 398	554	661	707
图书馆、情报与文献学	18	14	150	45	78	72
教育学	19	387	5 674	2 140	2 582	3 079
体育学	20	120	2 004	757	944	981
统计学	21	14	303	128	119	128
港澳台研究	22	4	94	56	34	69
国际问题研究	23	63	881	563	246	502
心理学	24	37	531	235	225	185

		培养研究生人数（人）	R&D 经费支出（千元）	仪器设备原价（千元）	
中级职称	初级职称				其中:进口（千元）
19 001	3 676	33 784	1 088 308.47	976 781.56	193 972.26
3 454	627	6 405	189 768.79	222 925.62	13 817.49
888	135	1 857	33 706.91	10 561.55	227.33
257	53	755	19 338.77	17 140.54	3 148
0	0	0	0	0	0
18	21	14	1 789	882.5	0
659	72	834	33 835.95	37 820.92	6 076.23
658	107	1 080	53 547.49	16 016.58	846.1
106	19	253	5 332.27	5 486.87	81.32
1 891	496	2 019	118 987.42	163 241.01	62 367.57
832	160	1 473	53 813.56	21 996.26	661.03
37	6	39	4 105	19 598	9 820
3 282	643	6 326	251 581.71	115 454.15	10 639.28
341	61	618	21 638.45	11 359.62	677.8
1 020	177	2 716	50 235.45	25 160.09	2 257.25
968	137	1 037	40 851.35	36 607.07	4 961.3
955	168	1 475	56 006.11	31 483.92	1 775
506	84	1 239	26 001.89	24 094.99	2 157.3
54	20	61	1 537.8	1 312	23
1 833	433	3 196	65 479.37	36 788.35	906.78
649	112	1 060	25 739.3	96 962.28	38 615.3
134	41	106	5 554.16	10 828.37	239.1
18	3	0	2 605	107	0
270	62	823	14 878.05	5 466.42	0
171	39	398	11 974.67	65 487.45	34 675.08

19. 综合院校人文、社会科学研究与发展研究机构情况表

	编号	机构数	R&D 活动人员(人) 合计	其中 博士毕业	硕士毕业	高级职称
合计	0	1 890	29 042	17 426	8 379	17 103
管理学	1	257	3 926	2 512	1 086	2 182
马克思主义	2	88	1 704	1 105	388	1 094
哲学	3	63	1 253	951	220	848
逻辑学	4	2	52	47	4	36
宗教学	5	16	178	143	32	121
语言学	6	75	1 176	692	373	649
中国文学	7	101	1 367	811	372	825
外国文学	8	21	335	189	100	141
艺术学	9	89	1 281	391	634	545
历史学	10	124	1 834	1 206	421	1 223
考古学	11	18	336	227	78	207
经济学	12	319	5 004	3 244	1 340	2 946
政治学	13	58	946	634	222	526
法学	14	125	2 123	1 402	540	1 259
社会学	15	107	1 553	831	516	938
民族学与文化学	16	119	1 373	624	514	759
新闻学与传播学	17	46	766	456	219	485
图书馆、情报与文献学	18	13	167	96	49	125
教育学	19	135	1 944	762	842	1 077
体育学	20	28	429	150	184	251
统计学	21	6	122	120	2	88
港澳台研究	22	6	131	122	9	94
国际问题研究	23	62	883	624	165	607
心理学	24	12	159	87	69	77

		培养研究生人数（人）	R&D 经费支出（千元）	仪器设备原价（千元）	
中级职称	初级职称				其中:进口（千元）
7 070	1 415	24 063	918 936.54	414 867.24	63 967.52
938	184	4 230	135 217.34	62 167.75	10 302.9
372	75	1 122	38 814.09	8 202.11	378.05
217	48	1 205	31 678.28	21 771.56	3 102
15	0	38	1 409.51	2 666.8	135.6
30	9	243	6 631.86	2 289	0
311	45	1 259	32 067.36	26 815.43	3 214.64
328	58	1 257	36 433.05	9 548.15	1 072.7
72	35	301	4 316.79	1 251.3	253
500	153	412	34 983.88	31 648.36	15 264.8
391	66	1 562	53 402.24	19 083.47	1 895.09
53	4	227	17 042.8	11 164.6	2 434.4
1 198	209	4 657	207 052.37	77 289.19	5 868.7
233	36	610	29 215.37	8 375.83	657.7
476	104	1 893	73 665.91	16 759.98	3 084.5
354	56	793	39 030.91	13 352.33	833
400	67	793	35 713.92	16 606.56	412.3
169	39	678	21 175.28	8 404.65	3 192
31	6	237	3 978.29	3 012.63	345
590	122	987	31 583.99	18 082.29	2 947.84
117	28	219	7 884.38	6 294.2	1 818.8
34	0	222	1 505.6	3 210	0
36	0	102	18 151.7	15 013.27	5
162	57	891	47 878.79	15 656.17	44
43	14	125	10 102.83	16 201.61	6 705.5

20. 理工农医院校人文、社会科学研究与发展研究机构情况表

	编号	机构数	R&D活动人员(人) 合计	其中 博士毕业	硕士毕业	高级职称
合计	0	1 338	23 373	12 507	8 748	13 025
管理学	1	455	9 298	5 637	2 968	5 455
马克思主义	2	94	1 492	869	525	921
哲学	3	27	420	242	143	220
逻辑学	4	1	18	12	6	12
宗教学	5	2	32	20	12	9
语言学	6	40	497	172	286	247
中国文学	7	15	244	133	90	159
外国文学	8	5	47	25	18	29
艺术学	9	101	1 838	592	1 004	900
历史学	10	31	548	325	169	308
考古学	11	2	32	20	10	18
经济学	12	200	3 528	1 868	1 405	1 943
政治学	13	15	198	123	66	132
法学	14	65	1 017	571	292	477
社会学	15	89	1 368	707	552	716
民族学与文化学	16	40	523	222	241	287
新闻学与传播学	17	25	537	301	183	280
图书馆、情报与文献学	18	6	56	24	19	23
教育学	19	83	1 075	390	484	590
体育学	20	18	233	64	122	117
统计学	21	2	20	10	10	6
港澳台研究	22	1	6	2	3	4
国际问题研究	23	11	203	124	71	104
心理学	24	10	143	54	69	68

中级职称	初级职称	培养研究生人数（人）	R&D 经费支出（千元）	仪器设备原价（千元）	其中:进口（千元）
7 502	971	14 423	482 912.7	388 458.84	60 642.73
2 733	321	6 399	196 776.09	165 120.51	9 505.05
448	52	864	18 725.97	13 191.84	88
100	21	137	7 881.23	2 951.53	473
6	0	15	85	35	0
7	15	6	1 071	802.5	0
162	16	389	4 054.85	5 237.01	320
73	10	94	1 098.94	1 332.29	22
18	0	32	249	52	0
725	112	1 097	24 635.04	67 075.93	23 952.3
185	37	443	26 785.25	6 777.4	2 200
10	4	72	1 260	9 420	7 220
1 166	139	2 027	108 158.1	48 419.12	9 072.5
58	2	88	18 450.11	740.69	25
314	56	819	13 326.7	6 119.97	5
506	43	765	19 068.48	16 609.6	4 584
206	19	229	4 997.17	8 502.6	1 150
169	19	280	11 111.43	8 567.18	102.3
16	11	25	1 845	2 808	0
342	77	358	17 282.32	8 518.85	0
100	9	108	1 868.45	5 041.17	300
9	0	0	150	43	0
2	0	0	50	20	0
85	6	112	2 173.7	159.6	0
62	2	64	1 808.87	10 913.05	1 623.58

21. 师范院校人文、社会科学研究与发展研究机构情况表

	编号	机构数	R&D 活动人员(人)			
			合计	其中		
				博士毕业	硕士毕业	高级职称
合计	0	952	16 646	8 943	5 903	8 691
管理学	1	40	662	372	261	333
马克思主义	2	66	1 357	757	497	640
哲学	3	12	220	144	51	155
逻辑学	4	0	0	0	0	0
宗教学	5	3	32	16	12	9
语言学	6	34	802	499	247	459
中国文学	7	75	1 421	879	327	950
外国文学	8	5	92	77	15	54
艺术学	9	70	1 016	246	541	396
历史学	10	117	1 705	985	567	907
考古学	11	4	22	18	4	12
经济学	12	84	1 608	963	503	865
政治学	13	34	651	394	220	322
法学	14	22	492	377	74	172
社会学	15	46	658	363	239	328
民族学与文化学	16	60	913	354	397	513
新闻学与传播学	17	18	281	119	133	157
图书馆、情报与文献学	18	3	27	19	6	16
教育学	19	180	3 240	1 599	1 273	1 718
体育学	20	35	659	251	319	276
统计学	21	1	12	12	0	10
港澳台研究	22	2	82	50	29	62
国际问题研究	23	21	337	246	68	211
心理学	24	20	357	203	120	126

		培养研究生人数（人）	R&D 经费支出（千元）	仪器设备原价（千元）	
中级职称	初级职称				其中:进口（千元）
4 749	852	9 950	401 600.6	234 781.13	50 930.9
200	43	284	36 625.62	12 404.82	430
416	60	1 090	18 792.55	5 129.94	3.88
41	10	118	5 061.51	2 281.9	135.62
0	0	0	0	0	0
6	1	26	1 055.7	227.5	0
244	8	371	19 020.45	14 297.32	3 279.7
278	61	315	28 807.3	8 865.96	22.4
18	0	69	177.5	27.4	0.4
398	114	484	18 010.1	16 681.58	4 022.54
512	93	1 100	32 381.22	13 287.37	244.03
9	0	6	2 110	17 010	8 600
447	80	623	58 796.63	17 096.95	731.38
158	29	363	10 515.6	2 695.1	100.1
80	15	248	5 589.27	4 299.37	4.07
191	20	300	12 749.29	13 840.6	111.3
270	42	255	29 197.44	7 061.29	35
97	5	215	4 856.2	5 416.45	120
9	2	54	2 118.9	352	0
967	198	2 928	82 356.45	27 863.98	404.78
202	38	403	7 356.1	10 169.29	698.3
2	0	40	667.3	151.6	0
13	3	0	2 540	87	0
94	5	252	10 939.93	1 255.47	0
97	25	406	11 875.54	54 278.24	31 987.4

22. 语言院校人文、社会科学研究与发展研究机构情况表

	编号	机构数	R&D 活动人员(人)			
			合计	其中		
				博士毕业	硕士毕业	高级职称
合计	0	246	2 581	1 409	974	1 375
管理学	1	15	205	147	45	111
马克思主义	2	0	0	0	0	0
哲学	3	3	20	11	9	11
逻辑学	4	0	0	0	0	0
宗教学	5	0	0	0	0	0
语言学	6	35	336	215	92	212
中国文学	7	8	110	78	25	65
外国文学	8	16	150	88	55	93
艺术学	9	17	260	62	165	103
历史学	10	2	11	10	0	7
考古学	11	0	0	0	0	0
经济学	12	30	332	184	132	170
政治学	13	9	70	50	10	41
法学	14	5	30	23	6	20
社会学	15	12	149	56	78	59
民族学与文化学	16	4	55	46	8	36
新闻学与传播学	17	17	226	109	105	95
图书馆、情报与文献学	18	1	19	3	16	11
教育学	19	27	219	87	103	115
体育学	20	1	4	0	3	2
统计学	21	0	0	0	0	0
港澳台研究	22	0	0	0	0	0
国际问题研究	23	40	354	229	111	218
心理学	24	4	31	11	11	6

		培养研究生人数（人）	R&D 经费支出（千元）	仪器设备原价（千元）	其中:进口（千元）
中级职称	初级职称				
894	175	1 767	64 289.37	49 257.61	6 311.65
73	21	135	6 238.95	1 977.56	0
0	0	0	0	0	0
7	2	4	449.78	373.37	0
0	0	0	0	0	0
0	0	0	0	0	0
105	8	330	18 497.35	14 839.75	6 180.33
39	1	135	704.82	1 410.36	0
46	8	186	3 218.68	5 033.87	84.42
92	38	3	4 331.53	1 238.02	0
3	1	0	763.48	396.54	0
0	0	0	0	0	0
135	15	40	7 827.88	5 116.87	42.7
22	5	16	1 243.93	3 957.6	0
10	0	3	1 973.2	481.8	0
71	19	0	852.21	423.07	0
17	2	92	2 940.16	2 537.53	4.2
96	8	606	9 191.36	7 840.15	0
8	0	0	90	0	0
58	15	78	1 693.22	707.27	0
1	1	0	1.69	27.3	0
0	0	0	0	0	0
0	0	0	0	0	0
96	27	139	4 059.69	2 866.37	0
15	4	0	211.44	30.18	0

23. 财经院校人文、社会科学研究与发展研究机构情况表

	编号	机构数	R&D活动人员(人) 合计	其中 博士毕业	硕士毕业	高级职称
合计	0	500	8 392	4 894	2 692	4 807
管理学	1	124	2 004	1 161	577	1 158
马克思主义	2	9	232	132	83	130
哲学	3	6	124	83	30	75
逻辑学	4	0	0	0	0	0
宗教学	5	0	0	0	0	0
语言学	6	7	146	60	81	77
中国文学	7	5	45	19	16	22
外国文学	8	1	6	3	3	1
艺术学	9	7	67	7	40	33
历史学	10	0	0	0	0	0
考古学	11	0	0	0	0	0
经济学	12	242	4 134	2 668	1 208	2 411
政治学	13	2	50	25	23	40
法学	14	37	672	418	197	418
社会学	15	8	90	42	41	53
民族学与文化学	16	3	25	14	7	13
新闻学与传播学	17	5	193	44	118	99
图书馆、情报与文献学	18	0	0	0	0	0
教育学	19	25	246	61	129	122
体育学	20	2	18	0	13	8
统计学	21	14	314	142	116	129
港澳台研究	22	0	0	0	0	0
国际问题研究	23	3	26	15	10	18
心理学	24	0	0	0	0	0

		培养研究生人数（人）	R&D 经费支出（千元）	仪器设备原价（千元）	
中级职称	初级职称				其中：进口（千元）
2 640	642	6 786	200 286.72	102 832.29	5 203.59
563	196	1 247	60 332.93	47 812.62	4 728.59
85	15	78	2 739.12	208.98	10
42	5	9	1 224.21	318.72	0
0	0	0	0	0	0
0	0	0	0	0	0
65	2	38	361.24	303.9	0
21	2	4	361.6	93	0
5	0	0	88.19	36	0
27	7	5	2 619.8	255.34	0
0	0	0	0	0	0
0	0	0	0	0	0
1 235	297	4 148	109 765.23	36 559.43	208.9
10	0	8	680.7	26	0
226	22	689	7 885.87	2 981.43	0
33	2	93	1 127.92	551.26	0
12	0	0	103	26	0
79	15	277	3 646.4	1 025	17
0	0	0	0	0	0
87	36	62	2 029.59	904.6	0
10	0	0	26.44	22.12	0
135	41	112	6 004.16	10 924.37	239.1
0	0	0	0	0	0
5	2	16	1 290.32	783.52	0
0	0	0	0	0	0

24. 政法院校人文、社会科学研究与发展研究机构情况表

	编号	机构数	R&D 活动人员(人)			
			合计	其中		
				博士毕业	硕士毕业	高级职称
合计	0	141	1 903	942	646	1 004
管理学	1	14	303	98	129	154
马克思主义	2	1	19	0	11	17
哲学	3	0	0	0	0	0
逻辑学	4	0	0	0	0	0
宗教学	5	0	0	0	0	0
语言学	6	0	0	0	0	0
中国文学	7	1	6	4	2	2
外国文学	8	0	0	0	0	0
艺术学	9	0	0	0	0	0
历史学	10	1	6	3	3	2
考古学	11	0	0	0	0	0
经济学	12	2	18	9	9	13
政治学	13	7	61	21	27	23
法学	14	79	1 205	689	349	686
社会学	15	16	100	53	43	41
民族学与文化学	16	0	0	0	0	0
新闻学与传播学	17	5	45	25	20	16
图书馆、情报与文献学	18	0	0	0	0	0
教育学	19	7	70	24	22	23
体育学	20	1	12	1	1	7
统计学	21	1	6	3	3	1
港澳台研究	22	0	0	0	0	0
国际问题研究	23	2	20	5	8	5
心理学	24	4	32	7	19	14

		培养研究生人数（人）	R&D 经费支出（千元）	仪器设备原价（千元）	
中级职称	初级职称				其中:进口（千元）
477	105	1 083	34 539.81	22 233.79	170.18
82	6	69	2 445	13 040.24	0
1	1	20	100	200	0
0	0	0	0	0	0
0	0	0	0	0	0
0	0	0	0	0	0
0	0	0	0	0	0
3	1	0	3	0	0
0	0	0	0	0	0
0	0	0	0	0	0
2	2	0	3	0	0
0	0	0	0	0	0
5	0	26	153.7	18.87	0
27	2	85	1 280.86	139.9	0
251	59	850	28 351.5	7 224	170.18
45	12	3	934.07	557.75	0
0	0	0	0	0	0
20	9	0	29	300	0
0	0	0	0	0	0
14	9	30	653.68	703.03	0
5	0	0	5	1	0
3	2	0	5	0	0
0	0	0	0	0	0
3	0	0	530	17	0
16	2	0	46	32	0

25. 艺术院校人文、社会科学研究与发展研究机构情况表

	编号	机构数	R&D 活动人员(人)			
			合计	其中		
				博士毕业	硕士毕业	高级职称
合计	0	126	1 538	519	584	806
管理学	1	2	13	2	8	2
马克思主义	2	0	0	0	0	0
哲学	3	1	6	3	3	3
逻辑学	4	0	0	0	0	0
宗教学	5	0	0	0	0	0
语言学	6	0	0	0	0	0
中国文学	7	0	0	0	0	0
外国文学	8	0	0	0	0	0
艺术学	9	119	1 474	506	554	770
历史学	10	0	0	0	0	0
考古学	11	0	0	0	0	0
经济学	12	0	0	0	0	0
政治学	13	0	0	0	0	0
法学	14	0	0	0	0	0
社会学	15	0	0	0	0	0
民族学与文化学	16	2	37	5	15	24
新闻学与传播学	17	1	4	2	2	4
图书馆、情报与文献学	18	0	0	0	0	0
教育学	19	1	4	1	2	3
体育学	20	0	0	0	0	0
统计学	21	0	0	0	0	0
港澳台研究	22	0	0	0	0	0
国际问题研究	23	0	0	0	0	0
心理学	24	0	0	0	0	0

中级职称	初级职称	培养研究生人数（人）	R&D 经费支出（千元）	仪器设备原价（千元）	其中:进口（千元）
353	164	844	65 638.76	79 011.23	35 126.93
7	4	4	47	55	0
0	0	0	0	0	0
1	2	0	160	14	0
0	0	0	0	0	0
0	0	0	0	0	0
0	0	0	0	0	0
0	0	0	0	0	0
0	0	0	0	0	0
337	154	830	64 683.01	77 272.6	34 586.93
0	0	0	0	0	0
0	0	0	0	0	0
0	0	0	0	0	0
0	0	0	0	0	0
0	0	0	0	0	0
0	0	0	0	0	0
7	4	10	478.75	1 494.63	540
0	0	0	10	150	0
0	0	0	0	0	0
1	0	0	260	25	0
0	0	0	0	0	0
0	0	0	0	0	0
0	0	0	0	0	0
0	0	0	0	0	0
0	0	0	0	0	0

26. 民族院校人文、社会科学研究与发展研究机构情况表

	编号	机构数	R&D 活动人员(人)			
			合计	其中		
				博士毕业	硕士毕业	高级职称
合计	0	174	3 466	1 933	995	1 788
管理学	1	15	211	115	68	89
马克思主义	2	7	144	70	58	55
哲学	3	2	83	29	16	61
逻辑学	4	0	0	0	0	0
宗教学	5	4	60	35	14	28
语言学	6	10	150	76	43	81
中国文学	7	9	167	86	63	107
外国文学	8	0	0	0	0	0
艺术学	9	7	83	39	30	40
历史学	10	2	30	5	10	10
考古学	11	1	5	4	1	3
经济学	12	14	292	141	98	138
政治学	13	4	98	30	25	28
法学	14	10	227	107	89	84
社会学	15	7	88	42	24	51
民族学与文化学	16	58	1 389	932	326	788
新闻学与传播学	17	1	8	3	2	4
图书馆、情报与文献学	18	4	61	38	16	43
教育学	19	15	296	140	97	132
体育学	20	0	0	0	0	0
统计学	21	0	0	0	0	0
港澳台研究	22	0	0	0	0	0
国际问题研究	23	4	74	41	15	46
心理学	24	0	0	0	0	0

		培养研究生人数（人）	R&D 经费支出（千元）	仪器设备原价（千元）	
中级职称	初级职称				其中:进口（千元）
991	295	3 347	64 263.58	20 393.5	21
69	31	202	3 546	947	0
23	9	30	948.1	125.1	0
16	6	12	274.3	75	0
0	0	0	0	0	0
10	5	32	456.3	130	0
43	18	236	2 835	465	0
48	11	254	865.2	128	0
0	0	0	0	0	0
21	21	30	1 056	311	0
12	5	40	3 100	250	0
1	1	3	15	8	0
90	25	179	5 733.98	2 731	0
19	3	31	1 483	672	0
69	21	301	1 415	5 191	0
28	8	82	6 344	266	0
409	90	1 344	34 104.2	7 734.9	21
2	2	4	15	10	0
14	3	262	216.2	75	0
99	34	243	1 704.3	1 172.5	0
0	0	0	0	0	0
0	0	0	0	0	0
0	0	0	0	0	0
18	2	62	150	102	0
0	0	0	0	0	0

27. 体育院校人文、社会科学研究与发展研究机构情况表

	编号	机构数	R&D 活动人员(人)			
			合计	其中		
				博士毕业	硕士毕业	高级职称
合计	0	60	1 183	620	460	645
管理学	1	0	0	0	0	0
马克思主义	2	0	0	0	0	0
哲学	3	0	0	0	0	0
逻辑学	4	0	0	0	0	0
宗教学	5	0	0	0	0	0
语言学	6	0	0	0	0	0
中国文学	7	0	0	0	0	0
外国文学	8	0	0	0	0	0
艺术学	9	0	0	0	0	0
历史学	10	0	0	0	0	0
考古学	11	0	0	0	0	0
经济学	12	0	0	0	0	0
政治学	13	0	0	0	0	0
法学	14	0	0	0	0	0
社会学	15	0	0	0	0	0
民族学与文化学	16	0	0	0	0	0
新闻学与传播学	17	0	0	0	0	0
图书馆、情报与文献学	18	0	0	0	0	0
教育学	19	0	0	0	0	0
体育学	20	60	1 183	620	460	645
统计学	21	0	0	0	0	0
港澳台研究	22	0	0	0	0	0
国际问题研究	23	0	0	0	0	0
心理学	24	0	0	0	0	0

		培养研究生人数（人）	R&D 经费支出（千元）	仪器设备原价（千元）	
中级职称	初级职称				其中:进口（千元）
337	80	947	26 682.63	230 679.03	142 135.7
0	0	0	0	0	0
0	0	0	0	0	0
0	0	0	0	0	0
0	0	0	0	0	0
0	0	0	0	0	0
0	0	0	0	0	0
0	0	0	0	0	0
0	0	0	0	0	0
0	0	0	0	0	0
0	0	0	0	0	0
0	0	0	0	0	0
0	0	0	0	0	0
0	0	0	0	0	0
0	0	0	0	0	0
0	0	0	0	0	0
0	0	0	0	0	0
0	0	0	0	0	0
0	0	0	0	0	0
0	0	0	0	0	0
337	80	947	26 682.63	230 679.03	142 135.7
0	0	0	0	0	0
0	0	0	0	0	0
0	0	0	0	0	0
0	0	0	0	0	0

六、社科研究与发展课题

1. 各类高等学校人文、社会科学研究与发展课题情况表

		课题数	当年投入人数（人年）	其中：研究生	当年拨入经费（千元）	当年支出经费（千元）
	合计	500 643	114 033.6	8 439.9	11 328 730.96	9 442 839.68
按学校隶属关系划分	教育部直属院校	108 914	20 148.6	3 945.1	4 431 574.49	3 575 144.24
	其他部委院校	17 029	4 244.4	410.6	549 500.26	465 623.96
	地方院校	374 700	89 640.6	4 084.2	6 347 656.21	5 402 071.48
按学校规格划分	本科院校	443 298	99 649.2	8 436.5	11 014 547.03	9 177 438.06
	专科院校	57 345	14 384.4	3.4	314 183.93	265 401.62
按学校类型划分	综合大学	162 191	35 487.3	2 684.5	4 350 240.03	3 659 731.83
	理工农医院校	146 510	33 923.5	2 658.3	2 953 969.93	2 430 819.96
	高等师范院校	82 281	19 854.4	1 501.6	1 879 398.32	1 621 420.3
	语言院校	16 126	3 254.8	153.5	272 506.37	168 326.54
	财经院校	56 863	13 209.2	982.6	1 046 519.53	882 710.25
	政法院校	14 033	2 489	133	290 044.9	221 979.9
	体育院校	4 840	1 346.6	174.6	93 668.37	78 287.49
	艺术院校	10 444	2 470.6	75.9	220 581.37	197 948.75
	民族院校	7 355	1 998.2	75.9	221 802.14	181 614.66

2. 各省、市、自治区高等学校人文、社会科学研究与发展课题情况表

	课题数	当年投入人数（人年）	其中：研究生	当年拨入经费（千元）	当年支出经费（千元）
合计	500 643	114 033.6	8 439.9	11 328 730.96	9 442 839.68
北京市	44 623	7 857.4	1 563.4	2 030 925.5	1 517 303.44
天津市	11 214	3 085.9	323.4	214 244.83	187 404.02
河北省	15 677	4 897.3	188.2	137 607.97	121 495.06
山西省	5 949	1 650.6	84.8	93 282.06	65 292.11
内蒙古自治区	4 660	1 129.1	52.6	167 310.69	153 267.75
辽宁省	16 551	3 782.5	310	283 087.98	214 044.94
吉林省	12 389	3 225.2	156.2	241 029.53	221 944.15
黑龙江省	5 608	3 481.1	49.5	77 563.11	65 288.23
上海市	25 098	4 751.5	383.7	956 651.49	745 250.61
江苏省	35 791	8 226.7	722.7	801 118.54	718 839.27
浙江省	39 918	8 265.2	485.9	879 081.05	735 349.29
安徽省	14 127	3 434.3	201.6	168 622.33	149 818.95
福建省	20 290	4 084.4	106.9	350 385.46	327 744.9
江西省	13 582	1 707.5	8.8	184 973.43	159 455.57
山东省	24 236	5 966	225	354 948.96	302 698.89
河南省	19 850	3 880.3	46.7	219 124	211 447.5
湖北省	23 556	5 444.1	833.4	603 200.67	538 664.56
湖南省	23 558	5 518.2	260.7	346 206.25	255 871.8
广东省	37 952	7 620.1	365.9	1 076 806.26	928 274.03
广西壮族自治区	11 760	3 275	26.8	267 504.69	230 623.62
海南省	2 430	649.8	16.8	48 041.84	42 323.49
重庆市	14 733	3 776.9	299.8	361 110.06	330 446.62
四川省	28 443	6 967.4	599.5	446 804.27	425 270.53
贵州省	7 180	1 784.9	35.1	128 342.41	109 851.84
云南省	8 016	2 934.3	395.8	209 870.38	136 329.06
西藏自治区	882	189.2	4.1	24 513.9	20 355.2
陕西省	20 341	3 057.2	418.4	426 643.6	343 479.51
甘肃省	5 694	1 719.3	230.4	129 739.3	88 187.89
青海省	585	283.8	0.1	14 563	12 437.62
宁夏回族自治区	2 127	396.6	8.8	43 812.52	36 571.75
新疆维吾尔自治区	3 823	991.8	34.9	41 614.88	47 507.48

3. 各省、市、自治区所属高等学校人文、社会科学研究与发展课题情况表

	课题数	当年投入人数（人年）	其中：研究生	当年拨入经费（千元）	当年支出经费（千元）
合计	374 700	89 640.6	4 084.2	6 347 656.21	5 402 071.48
北京市	10 608	2 517.4	357.2	323 052.73	252 942.9
天津市	7 974	2 201.1	107.5	94 969.76	84 833.42
河北省	14 851	4 699.6	185.2	134 092.42	118 106.02
山西省	5 949	1 650.6	84.8	93 282.06	65 292.11
内蒙古自治区	4 660	1 129.1	52.6	167 310.69	153 267.75
辽宁省	13 947	3 241.1	219.3	157 212.52	124 769.27
吉林省	7 691	2 444.5	51.2	106 160.4	84 659.16
黑龙江省	4 957	3 130.7	39.6	60 940.31	48 098.43
上海市	11 733	2 060.9	131.1	281 596.76	236 259.43
江苏省	27 959	6 373.8	275.3	517 369.59	473 098.58
浙江省	35 590	7 957.1	424.5	643 256.17	505 441.97
安徽省	13 221	3 186.4	108.5	149 100.53	139 194.79
福建省	15 969	3 324.3	33	213 751.63	186 694.9
江西省	13 582	1 707.5	8.8	184 973.43	159 455.57
山东省	20 453	5 448.2	191.9	255 149.73	207 950.07
河南省	19 716	3 831.7	46.7	218 645	211 169.4
湖北省	12 160	2 492.5	138.8	212 645.08	191 268.47
湖南省	20 650	4 735.5	215.8	248 401.69	178 554.18
广东省	29 068	6 307	199.5	709 218.23	643 170.25
广西壮族自治区	11 760	3 275	26.8	267 504.69	230 623.62
海南省	2 430	649.8	16.8	48 041.84	42 323.49
重庆市	10 851	2 775.7	174.3	233 997.81	226 676.15
四川省	18 215	4 522.1	214.1	223 866.4	211 797.73
贵州省	7 180	1 784.9	35.1	128 342.41	109 851.84
云南省	8 016	2 934.3	395.8	209 870.38	136 329.06
西藏自治区	882	189.2	4.1	24 513.9	20 355.2
陕西省	14 318	2 252	241.3	280 873.98	216 066.21
甘肃省	4 306	1 244.1	60.8	82 454	65 652.77
青海省	585	283.8	0.1	14 563	12 437.62
宁夏回族自治区	1 596	298.9	8.8	20 884.19	18 223.64
新疆维吾尔自治区	3 823	991.8	34.9	41 614.88	47 507.48

4. 国务院各部委所属高等学校人文、社会科学研究与发展课题情况表

	课题数	当年投入人数（人年）	其中：研究生	当年拨入经费（千元）	当年支出经费（千元）
合计	15 729	4 072.2	404.8	518 316.47	439 170.21
民政部	292	19.7	0	1 847.61	1 827.67
中央办公厅	16	13.3	0	858.76	135.29
外交部	159	53	4.6	2 826	3 447
国防部	106	55.1	0	1 712.7	1 727.5
国家民族事务委员会	4 818	1 190.2	68.5	127 194.88	107 711.41
公安部	1 489	387	38.4	66 925.14	34 783.31
司法部	178	54.7	0.4	498.2	344.98
工业和信息化部	2 660	727.4	98.5	105 815.19	105 500.27
交通部	457	219.2	64.3	6 989.54	5 474.75
国家卫生健康委员会	11	8.8	0	380	391.1
海关总署	115	15.6	0	1 729.48	1 387.98
中国民用航空局	428	244.2	34.8	11 909.22	12 115.89
中国地震局	88	24	0	1 379.05	1 326.46
国家林业和草原局	128	15.8	0	810.35	1 383.7
国务院侨务办公室	3 437	630.9	1.5	147 760.56	131 476.17
应急管理部	115	38.4	0	758.3	480.6
国家体育总局	736	208.7	41.7	18 847.09	18 767.09
中国科学院	223	104.5	39.3	10 466.43	9 397.85
中国社会科学院	273	61.7	12.8	9 607.97	1 491.19
中华全国总工会	361	79.2	0.2	18 804.8	18 761.8
共青团中央	402	35	5.3	6 374.93	4 814.11
中华全国妇女联合会	537	58	0.3	6 004.06	2 877.84

5. 全国高等学校人文、社会科学研究课题来源情况表

		合计	国家社科基金项目	国家社科基金单列学科项目	教育部人文、社科研究项目	高校古籍整理研究项目	国家自然科学基金项目	中央其他部门社科专门项目
	编号	L01	L02	L03	L04	L05	L06	L07
课题数（项）	1	500 643	30 121	2 083	22 006	516	5 604	14 752
当年投入人数（人年）	2	114 033.6	9 798.9	669.7	6 147.0	94.9	1 614.8	3 192.6
其中：研究生（人年）	3	8 439.9	1 150.4	51.4	701.7	10.3	360.3	408.9
当年拨入经费（千元）	4	11 328 730.96	1 596 568.09	109 673.04	450 433.48	7 219.76	386 784.33	613 216.89
其中：当年立项项目拨入经费（千元）	5	9 189 417.32	1 386 186.87	91 054.85	221 382.49	5 692.9	236 286.98	499 848.24
当年支出经费（千元）	6	9 442 839.68	1 329 039.41	84 412.45	380 375.48	7 117.3	354 414.87	495 611.15
当年新开课题数（项）	7	153 474	6 053	460	4 412	97	1 149	3 578
当年新开课题批准经费（千元）	8	13 068 703.26	1 640 916.21	113 128	481 022.54	6 250.7	462 776.75	756 760.68
当年完成课题数（项）	9	111 687	3 813	252	3 286	68	1 006	2 836

课题来源

省、市、自治区社科基金项目	省教育厅社科项目	地、市厅、局等政府部门项目	国际合作研究项目	与港、澳、台合作研究项目	企事业单位委托项目	学校社科项目	外资项目	其他项目
L08	L09	L10	L11	L12	L13	L14	L15	L16
68 059	75 862	83 828	777	184	93 667	96 739	441	6 004
17 286.1	18 179.7	19 132.2	129.3	32.1	17 075.4	19 363.6	61.2	1 256.1
1 141	482.6	1 029.1	31	8	2 127.9	862.9	12.5	61.9
576 344.69	490 549.96	1 264 828.86	61 163.54	11 123.44	4 976 182.5	659 130.41	26 214.68	99 297.29
428 318.23	430 632.05	1 041 039.82	35 235.02	8 481.65	4 123 939.19	574 336.56	18 769.3	88 213.17
504 403.67	410 653.13	1 130 560.83	46 312.32	8 240.16	4 093 402.93	493 837.78	29 579.58	74 878.62
17 905	20 190	30 188	152	42	36 017	31 206	79	1 946
607 791.48	510 939.72	1 353 128.48	71 290.63	10 007.12	5 972 390.03	949 427.23	24 652.96	108 220.73
12 041	14 532	23 769	155	30	25 601	23 002	72	1 224

6. 教育部直属高校人文、社会科学研究课题来源情况表

		合计	国家社科基金项目	国家社科基金单列学科项目	教育部人文、社科研究项目	高校古籍整理研究项目	国家自然科学基金项目	中央其他部门社科专门项目
	编号	L01	L02	L03	L04	L05	L06	L07
课题数(项)	1	108 914	10 755	688	9 073	170	3 188	6 618
当年投入人数(人年)	2	20 148.6	2 884.7	139.1	2 224.4	27.1	895.1	1 098.2
其中:研究生(人年)	3	3 945.1	528.7	17.1	442.4	4.5	237.6	241.3
当年拨入经费(千元)	4	4 431 574.49	626 609.17	32 986.25	230 755.95	4 788.9	248 106.18	315 090.55
其中:当年立项项目拨入经费(千元)	5	3 355 287.21	536 566.22	23 094.05	110 131.93	4 065.9	151 519.31	252 722.45
当年支出经费(千元)	6	3 575 144.24	537 487.1	25 055.91	180 084.94	5 024.54	238 098.03	248 745.47
当年新开课题数(项)	7	27 541	2 069	125	1 637	37	655	1 605
当年新开课题批准经费(千元)	8	5 455 389.75	693 657.64	29 678	220 696.24	4 335.9	303 343.17	376 516.16
当年完成课题数(项)	9	21 767	1 274	107	1 330	16	616	1 194

课题来源

省、市、自治区社科基金项目	省教育厅社科项目	地、市厅、局等政府部门项目	国际合作研究项目	与港、澳、台合作研究项目	企事业单位委托项目	学校社科项目	外资项目	其他项目
L08	L09	L10	L11	L12	L13	L14	L15	L16
11 344	4 617	12 075	655	126	31 080	17 284	295	946
2 221.5	795.8	2 216.3	94.1	21.4	4 622.7	2 777.3	33.6	97.3
354.4	83.3	378.7	25.9	6.5	1 125.5	465.5	12	21.7
138 680.48	89 843.25	503 127.44	56 592.07	9 651.7	2 031 045.89	87 808.43	20 972.48	35 515.75
92 792.58	77 966.71	390 532.15	32 705.93	7 631.73	1 557 241.73	73 563.36	14 941.18	29 811.98
135 334.26	53 737.46	442 085.88	41 834.93	7 233.19	1 563 261.77	46 133.4	25 850.86	25 176.5
2 414	957	3 092	133	33	9 686	4 867	49	182
149 808.87	87 730.48	546 281.58	68 473.59	9 049.97	2 607 700.24	297 678.37	19 200.34	41 239.2
1 701	658	2 481	130	14	7 479	4 638	52	77

7. 其他部委高校人文、社会科学研究课题来源情况表

		合计	国家社科基金项目	国家社科基金单列学科项目	教育部人文、社科研究项目	高校古籍整理研究项目	国家自然科学基金项目	中央其他部门社科专门项目
	编号	L01	L02	L03	L04	L05	L06	L07
课题数(项)	1	17 029	1 696	58	800	5	366	1 410
当年投入人数(人年)	2	4 244.4	630.7	17.8	231.6	0.5	126.6	323.8
其中:研究生(人年)	3	410.6	56.9	1.3	22.6	0	25.7	30.1
当年拨入经费(千元)	4	549 500.26	122 049.23	1 793.5	18 730.51	232.86	24 844.62	87 785.38
其中:当年立项项目拨入经费(千元)	5	413 758.06	75 470	1 229	8 035.6	0	15 080.94	72 174.89
当年支出经费(千元)	6	465 623.96	101 263.66	1 775.84	16 765.3	290.05	23 426.1	54 490.58
当年新开课题数(项)	7	4 832	339	9	162	0	101	291
当年新开课题批准经费(千元)	8	625 531.51	85 920	1 622	18 146	0	29 133.7	142 787.58
当年完成课题数(项)	9	3 370	186	5	124	0	33	316

课题来源

省、市、自治区社科基金项目	省教育厅社科项目	地、市厅、局等政府部门项目	国际合作研究项目	与港、澳、台合作研究项目	企事业单位委托项目	学校社科项目	外资项目	其他项目
L08	L09	L10	L11	L12	L13	L14	L15	L16
1 984	710	1 953	14	6	2 218	5 675	14	120
594.4	137.3	436.9	8.7	0.7	553.4	1 144.7	1.9	35.4
56.4	1.5	37.1	0.2	0	85.2	86.2	0	7.4
23 082.71	3 610.71	53 668.72	1 934.79	15	108 558.2	97 421.26	904.18	4 868.59
15 633.02	2 844.5	38 966.33	1 179.37	0	83 934.19	94 594.46	253.26	4 362.5
21 749.36	3 088.86	48 603.35	2 132.04	19.22	93 928.57	95 434.06	479.43	2 177.54
501	117	588	5	0	752	1 920	2	45
22 266.26	3 817	68 459.36	1 179.37	0	123 340.82	123 667.66	253.26	4 938.5
344	123	393	3	1	566	1 266	1	9

8. 各省、市、自治区所属高校人文、社会科学研究课题来源情况表

	编号	合计	国家社科基金项目	国家社科基金单列学科项目	教育部人文、社科研究项目	高校古籍整理研究项目	国家自然科学基金项目	中央其他部门社科专门项目
		L01	L02	L03	L04	L05	L06	L07
课题数(项)	1	374 700	17 670	1 337	12 133	341	2 050	6 724
当年投入人数(人年)	2	89 640.6	6 283.5	512.8	3 691	67.3	593.1	1 770.6
其中:研究生(人年)	3	4 084.2	564.8	33	236.7	5.8	97	137.5
当年拨入经费(千元)	4	6 347 656.21	847 909.69	74 893.29	200 947.02	2 198	113 833.53	210 340.96
其中:当年立项项目拨入经费(千元)	5	5 420 372.05	774 150.65	66 731.8	103 214.96	1 627	69 686.73	174 950.9
当年支出经费(千元)	6	5 402 071.48	690 288.65	57 580.7	183 525.24	1 802.71	92 890.74	192 375.1
当年新开课题数(项)	7	121 101	3 645	326	2 613	60	393	1 682
当年新开课题批准经费(千元)	8	6 987 782	861 338.57	81 828	242 180.3	1 914.8	130 299.88	237 456.94
当年完成课题数(项)	9	86 550	2 353	140	1 832	52	357	1 326

课题来源

省、市、自治区社科基金项目	省教育厅社科项目	地、市厅、局等政府部门项目	国际合作研究项目	与港、澳、台合作研究项目	企事业单位委托项目	学校社科项目	外资项目	其他项目
L08	L09	L10	L11	L12	L13	L14	L15	L16
54 731	70 535	69 800	108	52	60 369	73 780	132	4 938
14 470.2	17 246.6	16 479	26.5	10	11 899.3	15 441.6	25.7	1 123.4
730.2	397.8	613.3	4.9	1.5	917.2	311.2	0.5	32.8
414 581.5	397 096	708 032.7	2 636.68	1 456.74	2 836 578.41	473 900.72	4 338.02	58 912.95
319 892.63	349 820.84	611 541.34	1 349.72	849.92	2 482 763.27	406 178.74	3 574.86	54 038.69
347 320.05	353 826.81	639 871.6	2 345.35	987.75	2 436 212.59	352 270.32	3 249.29	47 524.58
14 990	19 116	26 508	14	9	25 579	24 419	28	1 719
435 716.35	419 392.24	738 387.54	1 637.67	957.15	3 241 348.97	528 081.2	5 199.36	62 043.03
9 996	13 751	20 895	22	15	17 556	17 098	19	1 138

9. 全国高等学校人文、社会科学研究课题情况表

学科门类	总数					基础研究				
	课题数	当年投入人数（人年）	其中：研究生	当年拨入经费（千元）	当年支出经费（千元）	课题数	当年投入人数（人年）	其中：研究生	当年拨入经费（千元）	当年支出经费（千元）
	L01	L02	L03	L04	L05	L06	L07	L08	L09	L10
合计	500 643	114 033.6	8 440	11 328 730.96	9 442 839.68	250 968	57 300.1	3 782	4 965 045.92	4 136 819.47
管理学	98 141	21 671.2	2 239	2 915 226.92	2 426 169.8	36 576	8 026.9	682	967 365.01	832 872
马克思主义	23 981	5 760.2	368	373 364.33	289 304.41	15 801	3 806.3	265	272 260.58	206 615.93
哲学	7 067	1 632.8	135	162 420.45	133 806.9	5 675	1 305	111	130 254.03	106 589.07
逻辑学	341	75	3	4 602.63	4 652.1	183	42.7	2	2 277.87	2 185.03
宗教学	1 195	298.3	17	35 242.79	28 448.94	946	240	12	29 089.39	23 847.9
语言学	28 629	7 117	312	437 011.38	352 025.67	18 718	4 738.6	221	299 773.11	241 550.04
中国文学	15 929	3 724.1	218	349 131.49	282 483.71	13 031	3 055.1	198	292 744.06	236 415.07
外国文学	6 918	1 670.9	80	79 919.92	65 474.16	5 322	1 282.1	55	64 126.09	50 139.01
艺术学	43 647	10 196.9	505	1 056 319.31	882 394.44	23 189	5 366.4	234	392 589.22	338 572.32
历史学	12 183	2 794.5	256	357 533.97	311 335.55	9 977	2 330.8	221	281 463.54	241 533.01
考古学	2 291	411.2	95	182 024.09	138 016.14	1 291	248.5	63	82 935.94	57 751.91
经济学	62 514	14 025.8	1 440	1 575 716.82	1 373 420.16	22 608	5 091.4	404	502 361.23	414 805.75
政治学	11 474	2 565.1	231	263 206.76	201 822.13	6 951	1 504.2	126	162 012.04	121 676.69
法学	29 569	5 812.6	588	693 803.48	557 313.14	14 101	2 822.7	243	302 563.81	228 607.27
社会学	26 448	5 997.6	496	585 627.69	499 272.5	11 735	2 600.2	201	208 301.35	176 561.61
民族学与文化学	8 390	2 141.2	91	299 454.41	260 801.94	5 072	1 276	50	125 564.27	108 533.3
新闻学与传播学	12 913	2 542.5	178	299 939.42	234 307.04	6 559	1 385.9	104	132 336.55	108 348.88
图书馆、情报与文献学	7 423	1 813.4	121	136 446.12	114 168.59	3 968	970.9	50	61 151.02	50 282.92
教育学	74 764	17 368	612	1 014 315.91	820 953.37	36 342	8 084.8	336	471 962.23	395 122.22
统计学	3 927	820	99	109 349.38	102 740.42	1 579	342.1	39	42 976.88	29 804.35
心理学	5 453	1 255.7	92	126 555.12	94 800.86	2 779	672.3	56	43 645.62	43 197.37
体育学	17 446	4 339.6	264	271 518.57	269 127.71	8 565	2 107.2	109	97 292.08	121 807.82

应用研究					实验与发展				
课题数	当年投入人数（人年）	其中：研究生	当年拨入经费（千元）	当年支出经费（千元）	课题数	当年投入人数（人年）	其中：研究生	当年拨入经费（千元）	当年支出经费（千元）
L11	L12	L13	L14	L15	L16	L17	L18	L19	L20
248 690	56 473.1	4 641	6 338 848.23	5 282 400.74	985	260.4	19	24 836.81	23 619.47
61 317	13 580.1	1 550	1 939 310.3	1 585 015.26	248	64.2	7	8 551.61	8 282.54
8 152	1 946.1	102	100 478.25	82 068.32	28	7.8	1	625.5	620.16
1 391	327.8	25	32 166.42	27 217.83	1	0	0	0	0
158	32.3	1	2 324.76	2 467.07	0	0	0	0	0
249	58.3	5	6 153.4	4 601.04	0	0	0	0	0
9 882	2 370.8	91	137 000.65	110 292.92	29	7.6	0	237.62	182.71
2 894	667.7	20	56 387.43	46 068.64	4	1.3	0	0	0
1 595	388.8	25	15 793.83	15 335.15	1	0	0	0	0
20 378	4 806.3	268	661 867.73	542 510.27	80	24.2	2	1 862.36	1 311.85
2 199	460.5	35	75 975.43	69 757.79	7	3.2	0	95	44.75
993	159.6	32	99 018.15	80 200.23	7	3.1	0	70	64
39 762	8 905.8	1 032	1 071 021.39	956 012.52	144	28.6	4	2 334.2	2 601.89
4 516	1 059.3	105	101 166.72	80 143.44	7	1.6	0	28	2
15 427	2 979.7	345	390 436.93	328 255.55	41	10.2	0	802.74	450.32
14 644	3 373.9	291	376 260.98	321 158.48	69	23.5	4	1 065.36	1 552.41
3 308	863.1	41	168 670.14	147 054.14	10	2.1	0	5 220	5 214.5
6 347	1 154.8	74	167 559.87	125 869.16	7	1.8	0	43	89
3 443	840.6	72	75 280.1	63 847.27	12	1.9	0	15	38.4
38 248	9 232.4	277	540 992.04	425 028.13	174	50.8	0	1 361.64	803.02
2 334	475.9	60	65 406.7	71 873.39	14	2	0	965.8	1 062.68
2 647	577.2	35	82 548.92	51 353.14	27	6.2	1	360.58	250.35
8 806	2 212.1	155	173 028.09	146 271	75	20.3	0	1 198.4	1 048.89

10. 本科院校人文、社会科学研究课题情况表

学科门类	总数					基础研究				
	课题数	当年投入人数（人年）	其中：研究生	当年拨入经费（千元）	当年支出经费（千元）	课题数	当年投入人数（人年）	其中：研究生	当年拨入经费（千元）	当年支出经费（千元）
	L01	L02	L03	L04	L05	L06	L07	L08	L09	L10
合计	443 298	99 649.2	8 437	11 014 547.03	9 177 438.06	232 326	52 584.6	3 781	4 892 211.41	4 077 057.45
管理学	88 984	19 444.3	2 238	2 825 843.31	2 347 440.41	34 316	7 465.7	682	955 062.02	822 760.71
马克思主义	21 638	5 120.8	367	360 373.06	280 316.95	14 822	3 526.9	265	266 553.09	202 801.61
哲学	6 800	1 567.2	135	160 889.05	132 927.76	5 560	1 276	111	129 479.13	106 116.81
逻辑学	313	64	3	4 521.63	4 587.39	176	40.8	2	2 269.87	2 179.08
宗教学	1 166	292.2	17	34 684.79	27 995.5	931	236.2	12	28 830.39	23 743.4
语言学	26 296	6 528.6	312	428 145.49	344 154.67	17 795	4 509.9	221	296 821.29	238 784
中国文学	15 158	3 518.5	218	346 010.38	279 600.94	12 603	2 938.6	198	290 958.44	234 727.53
外国文学	6 665	1 611.6	80	79 280.24	64 450.26	5 227	1 260.4	55	63 893.59	49 791.94
艺术学	39 840	9 230.1	505	1 022 308.83	852 825.4	21 974	5 042.9	234	386 955.9	333 288.97
历史学	11 909	2 730.6	256	356 195	310 303.27	9 836	2 293	221	280 766.74	241 036.93
考古学	2 269	406.4	95	181 885.09	137 960.94	1 282	245.8	63	82 902.44	57 741.11
经济学	56 891	12 718.7	1 440	1 537 163.22	1 343 919.02	21 213	4 756.6	404	496 328.5	409 409.48
政治学	10 551	2 343.4	231	260 632.91	199 856.33	6 550	1 404.8	126	161 017.14	121 014.24
法学	28 651	5 565.8	588	689 204.48	552 555.9	13 682	2 716.1	243	300 895.56	226 782.83
社会学	23 533	5 277.8	496	571 009.54	485 500.11	10 810	2 361.4	201	204 467.4	173 690.95
民族学与文化学	7 518	1 932.8	91	294 554.34	256 712.38	4 746	1 195.5	50	124 344.37	107 291.21
新闻学与传播学	12 453	2 427.4	178	296 926.23	231 302.6	6 429	1 353.1	104	132 083.45	108 078.41
图书馆、情报与文献学	6 808	1 667.7	121	134 662.93	112 636.71	3 764	927.9	50	60 623.52	49 912.98
教育学	51 491	11 418.7	611	936 045.71	757 412.73	28 530	6 135.9	335	446 838.97	375 713.35
统计学	3 700	769.3	99	106 963.9	100 841.69	1 507	321.8	39	42 405.18	29 465.94
心理学	4 584	1 035.1	92	122 308.57	91 026.43	2 469	595	56	43 094.62	42 700.65
体育学	16 080	3 978.2	264	264 938.33	263 110.67	8 104	1 980.3	109	95 619.8	120 025.32

应用研究					实验与发展				
课题数	当年投入人数（人年）	其中：研究生	当年拨入经费（千元）	当年支出经费（千元）	课题数	当年投入人数（人年）	其中：研究生	当年拨入经费（千元）	当年支出经费（千元）
L11	L12	L13	L14	L15	L16	L17	L18	L19	L20
210 107	46 838.5	4 640	6 099 176.81	5 077 925.63	865	226.1	19	23 158.81	22 454.98
54 439	11 919	1 550	1 862 405.68	1 516 538.26	229	59.6	7	8 375.61	8 141.44
6 791	1 587.5	102	93 195.97	76 896.18	25	6.4	1	624	619.16
1 239	291.2	25	31 409.92	26 810.95	1	0	0	0	0
137	23.2	1	2 251.76	2 408.31	0	0	0	0	0
235	56	5	5 854.4	4 252.1	0	0	0	0	0
8 477	2 012.5	91	131 086.58	105 190.96	24	6.2	0	237.62	179.71
2 551	578.6	20	55 051.94	44 873.41	4	1.3	0	0	0
1 437	351.2	25	15 386.65	14 658.32	1	0	0	0	0
17 792	4 164.3	268	633 700.57	518 228.08	74	22.9	2	1 652.36	1 308.35
2 066	434.4	35	75 333.26	69 221.59	7	3.2	0	95	44.75
980	157.5	32	98 912.65	80 155.83	7	3.1	0	70	64
35 546	7 935.4	1 032	1 038 532.02	931 924.15	132	26.7	4	2 302.7	2 585.39
3 995	937	105	99 587.77	78 840.09	6	1.6	0	28	2
14 936	2 842.8	345	387 611.18	325 409.35	33	6.9	0	697.74	363.72
12 661	2 895.7	291	365 506.78	310 273.44	62	20.7	4	1 035.36	1 535.72
2 763	735.4	41	164 989.97	144 206.67	9	1.9	0	5 220	5 214.5
6 017	1 072.5	74	164 799.78	123 135.19	7	1.8	0	43	89
3 032	737.9	72	74 024.41	62 685.33	12	1.9	0	15	38.4
22 839	5 247.4	276	488 127.1	380 969.96	122	35.4	0	1 079.64	729.42
2 180	445.6	60	64 412.92	71 133.07	13	1.9	0	145.8	242.68
2 091	435.5	35	78 870.37	48 077.93	24	4.6	1	343.58	247.85
7 903	1 977.9	155	168 125.13	142 036.46	73	20	0	1 193.4	1 048.89

11. 专科院校人文、社会科学研究课题情况表

学科门类	总数					基础研究				
	课题数	当年投入人数（人年）	其中：研究生	当年拨入经费（千元）	当年支出经费（千元）	课题数	当年投入人数（人年）	其中：研究生	当年拨入经费（千元）	当年支出经费（千元）
	L01	L02	L03	L04	L05	L06	L07	L08	L09	L10
合计	57 345	14 384.4	2	314 183.93	265 401.62	18 642	4 715.5	0	72 834.51	59 762.02
管理学	9 157	2 226.9	1	89 383.61	78 729.39	2 260	561.2	0	12 302.99	10 111.29
马克思主义	2 343	639.4	0	12 991.27	8 987.46	979	279.4	0	5 707.49	3 814.32
哲学	267	65.6	0	1 531.4	879.14	115	29	0	774.9	472.26
逻辑学	28	11	0	81	64.71	7	1.9	0	8	5.95
宗教学	29	6.1	0	558	453.44	15	3.8	0	259	104.5
语言学	2 333	588.4	0	8 865.89	7 871	923	228.7	0	2 951.82	2 766.04
中国文学	771	205.6	0	3 121.11	2 882.77	428	116.5	0	1 785.62	1 687.54
外国文学	253	59.3	0	639.68	1 023.9	95	21.7	0	232.5	347.07
艺术学	3 807	966.8	0	34 010.48	29 569.04	1 215	323.5	0	5 633.32	5 283.35
历史学	274	63.9	0	1 338.97	1 032.28	141	37.8	0	696.8	496.08
考古学	22	4.8	0	139	55.2	9	2.7	0	33.5	10.8
经济学	5 623	1 307.1	0	38 553.6	29 501.14	1 395	334.8	0	6 032.73	5 396.27
政治学	923	221.7	0	2 573.85	1 965.8	401	99.4	0	994.9	662.45
法学	918	246.8	0	4 599	4 757.24	419	106.6	0	1 668.25	1 824.44
社会学	2 915	719.8	0	14 618.15	13 772.39	925	238.8	0	3 833.95	2 870.66
民族学与文化学	872	208.4	0	4 900.07	4 089.56	326	80.5	0	1 219.9	1 242.09
新闻学与传播学	460	115.1	0	3 013.19	3 004.44	130	32.8	0	253.1	270.47
图书馆、情报与文献学	615	145.7	0	1 783.19	1 531.88	204	43	0	527.5	369.94
教育学	23 273	5 949.3	1	78 270.2	63 540.64	7 812	1 948.9	0	25 123.26	19 408.87
统计学	227	50.7	0	2 385.48	1 898.73	72	20.3	0	571.7	338.41
心理学	869	220.6	0	4 246.55	3 774.43	310	77.3	0	551	496.72
体育学	1 366	361.4	0	6 580.24	6 017.04	461	126.9	0	1 672.28	1 782.5

应用研究					实验与发展				
课题数	当年投入人数（人年）	其中：研究生	当年拨入经费（千元）	当年支出经费（千元）	课题数	当年投入人数（人年）	其中：研究生	当年拨入经费（千元）	当年支出经费（千元）
L11	L12	L13	L14	L15	L16	L17	L18	L19	L20
38 583	9 634.6	2	239 671.42	204 475.11	120	34.3	0	1 678	1 164.49
6 878	1 661.1	1	76 904.62	68 477	19	4.6	0	176	141.1
1 361	358.6	0	7 282.28	5 172.14	3	1.4	0	1.5	1
152	36.6	0	756.5	406.88	0	0	0	0	0
21	9.1	0	73	58.76	0	0	0	0	0
14	2.3	0	299	348.94	0	0	0	0	0
1 405	358.3	0	5 914.07	5 101.96	5	1.4	0	0	3
343	89.1	0	1 335.49	1 195.23	0	0	0	0	0
158	37.6	0	407.18	676.83	0	0	0	0	0
2 586	642	0	28 167.16	24 282.19	6	1.3	0	210	3.5
133	26.1	0	642.17	536.2	0	0	0	0	0
13	2.1	0	105.5	44.4	0	0	0	0	0
4 216	970.4	0	32 489.37	24 088.37	12	1.9	0	31.5	16.5
521	122.3	0	1 578.95	1 303.35	1	0	0	0	0
491	136.9	0	2 825.75	2 846.2	8	3.3	0	105	86.6
1 983	478.2	0	10 754.2	10 885.04	7	2.8	0	30	16.69
545	127.7	0	3 680.17	2 847.47	1	0.2	0	0	0
330	82.3	0	2 760.09	2 733.97	0	0	0	0	0
411	102.7	0	1 255.69	1 161.94	0	0	0	0	0
15 409	3 985	1	52 864.94	44 058.17	52	15.4	0	282	73.6
154	30.3	0	993.78	740.32	1	0.1	0	820	820
556	141.7	0	3 678.55	3 275.21	3	1.6	0	17	2.5
903	234.2	0	4 902.96	4 234.54	2	0.3	0	5	0

12. 教育部直属院校人文、社会科学研究课题情况表(一)

学科门类	总数					基础研究				
	课题数	当年投入人数(人年)	其中：研究生	当年拨入经费(千元)	当年支出经费(千元)	课题数	当年投入人数(人年)	其中：研究生	当年拨入经费(千元)	当年支出经费(千元)
	L01	L02	L03	L04	L05	L06	L07	L08	L09	L10
合计	108 914	20 148.6	3 945	4 431 575	3 575 145	52 736	9 865.3	1 639	1 816 346	1 494 912
管理学	26 442	5 091.2	1 134	1 359 744	1 090 637	9 486	1 849.3	314	439 299	373 286
马克思主义	5 042	1 050.8	159	134 346	94 305	3 589	748.6	111	103 343	69 351
哲学	2 679	489.4	66	85 984	74 071	2 205	397.9	53	68 860	57 957
逻辑学	64	8.2	1	524	1 240	40	7.7	1	524	526
宗教学	390	76.7	8	16 850	12 343	327	68.7	8	14 718	11 702
语言学	5 077	1 017.2	115	95 182	74 463	3 716	767.9	84	74 665	59 250
中国文学	2 844	509.8	61	83 476	66 117	2 459	449	54	70 372	55 433
外国文学	1 375	315.6	34	24 991	17 133	1 163	267.5	28	21 018	14 140
艺术学	4 710	973.3	154	227 399	148 607	2 417	468.3	64	62 424	56 458
历史学	3 909	680.7	113	155 004	138 214	3 225	594.6	101	124 386	107 660
考古学	1 339	175.4	51	104 645	79 836	733	117.4	41	57 362	42 176
经济学	15 999	3 200.1	803	705 957	618 340	5 204	977.1	208	196 227	158 170
政治学	3 689	690.4	132	145 426	108 313	2 241	400.2	76	93 389	64 893
法学	9 903	1 543.6	294	303 400	245 293	3 603	613.9	108	100 813	72 613
社会学	6 060	1 060.7	251	237 010	192 981	2 549	436.6	102	68 766	59 444
民族学与文化学	704	134.4	23	32 869	26 011	401	77.4	13	13 025	9 050
新闻学与传播学	4 471	585	83	126 275	89 068	1 782	271	40	43 052	35 211
图书馆、情报与文献学	2 029	444	84	72 788	56 709	946	211.8	33	25 489	19 041
教育学	8 093	1 341.7	238	360 876	265 762	4 642	747.9	128	187 369	141 282
统计学	1 063	204.2	55	31 900	47 357	407	89.3	26	13 380	11 213
心理学	1 230	198.3	37	82 065	54 076	594	108.7	20	24 203	24 323
体育学	1 802	357.9	49	44 864	74 269	1 007	194.5	26	13 662	51 733

应用研究					实验与发展				
课题数	当年投入人数（人年）	其中：研究生	当年拨入经费（千元）	当年支出经费（千元）	课题数	当年投入人数（人年）	其中：研究生	当年拨入经费（千元）	当年支出经费（千元）
L11	L12	L13	L14	L15	L16	L17	L18	L19	L20
55 955	10 245.4	2 301	2 609 787	2 072 568	223	37.9	8	5 441	7 666
16 867	3 227.8	818	916 760	712 977	89	14.1	2	3 685	4 375
1 442	300.4	49	30 513	24 415	11	1.8	0	490	540
473	91.5	13	17 123	16 114	1	0	0	0	0
24	0.5	0	0	714	0	0	0	0	0
63	8	1	2 132	640	0	0	0	0	0
1 358	248.8	31	20 517	15 211	3	0.5	0	0	2
385	60.8	7	13 104	10 685	0	0	0	0	0
212	48.1	6	3 974	2 993	0	0	0	0	0
2 282	504.3	90	164 693	91 936	11	0.7	0	282	213
684	86.1	12	30 618	30 554	0	0	0	0	0
604	57.8	11	47 284	37 659	2	0.2	0	0	0
10 753	2 215.6	592	509 354	459 244	42	7.4	3	376	926
1 448	290.2	56	52 037	43 420	0	0	0	0	0
6 291	928.1	187	202 586	172 615	9	1.6	0	0	65
3 489	618.4	145	167 988	132 437	22	5.7	3	256	1 100
303	57	10	19 844	16 961	0	0	0	0	0
2 685	313.6	43	83 182	53 810	4	0.4	0	40	48
1 081	231.7	51	47 299	37 646	2	0.5	0	0	22
3 433	589.9	110	173 466	124 410	18	3.9	0	41	70
651	114.5	29	18 420	35 953	5	0.4	0	100	191
633	89.3	17	57 692	29 638	3	0.3	0	171	114
794	163	23	31 201	22 536	1	0.4	0	0	0

13. 教育部直属院校人文、社会科学研究课题情况表(二)

	总数				基础研究			
	课题数	当年投入人数(人年)	当年拨入经费(千元)	当年支出经费(千元)	课题数	当年投入人数(人年)	当年拨入经费(千元)	当年支出经费(千元)
合计	108 914	20 148.6	4 431 577	3 575 142	52 736	9 865.3	1 816 349	1 494 917
北京大学	1 346	286.1	255 251	245 571	811	164.3	154 553	114 498
中国人民大学	5 418	508.8	180 538	187 437	2 037	224.8	68 313	86 554
清华大学	1 796	322.1	322 224	158 958	849	152.8	80 928	53 846
北京交通大学	1 428	257.5	61 333	65 140	680	104	17 293	22 169
北京科技大学	739	52.2	18 072	6 931	409	26.7	10 001	4 178
北京化工大学	233	78.2	5 251	6 268	129	38.4	2 558	3 471
北京邮电大学	361	89.8	6 881	10 420	81	17.6	549	918
中国农业大学	864	276.7	36 101	32 633	182	49.3	5 899	5 629
北京林业大学	562	119	24 066	22 847	106	25.1	4 562	4 341
北京中医药大学	139	50.8	2 984	2 397	54	25	1 014	861
北京师范大学	3 957	485.9	290 791	155 972	2 474	356.5	152 728	94 288
北京外国语大学	584	114.5	13 371	13 788	543	107.6	12 987	13 081
北京语言大学	557	113.5	24 984	14 773	471	88.1	20 002	12 291
中国传媒大学	2 503	61.9	45 943	13 560	666	3.9	2 401	6 689
中央财经大学	2 184	325.1	52 451	40 488	397	72.2	4 696	5 559
对外经济贸易大学	1 034	296.4	49 796	41 050	277	72.3	7 116	6 360
国际关系学院	267	72.2	8 117	3 743	182	51.5	7 087	2 816
中央音乐学院	52	45.3	1 550	3 657	45	37.5	1 350	2 600
中央美术学院	214	28.5	12 832	7 809	143	14.5	7 603	2 922
中央戏剧学院	120	42.9	106	275	99	36.4	106	207
中国政法大学	3 038	253.8	88 947	69 921	497	60.9	16 813	9 499
华北电力大学	1 154	164	33 721	20 341	366	48.6	6 529	4 669
南开大学	2 297	521	82 508	69 357	1 709	366.8	58 055	53 598
天津大学	632	183.9	25 893	22 053	124	45.7	1 745	1 495
大连理工大学	557	129.7	12 862	12 312	281	60.6	4 500	4 500

应用研究				实验与发展			
课题数	当年投入人数（人年）	当年拨入经费（千元）	当年支出经费（千元）	课题数	当年投入人数（人年）	当年拨入经费（千元）	当年支出经费（千元）
55 955	10 245.4	2 609 786	2 072 567	223	37.9	5 441	7 666
535	121.8	100 698	131 072	0	0	0	0
3 336	280.4	111 393	97 659	45	3.6	833	3 224
944	169	241 126	104 880	3	0.3	171	232
746	153.3	44 039	42 898	2	0.2	0	72
326	25.5	6 530	1 388	4	0	1 540	1 366
104	39.8	2 693	2 798	0	0	0	0
280	72.2	6 332	9 502	0	0	0	0
682	227.4	30 202	27 004	0	0	0	0
455	93.8	19 405	18 420	1	0.1	99	86
85	25.8	1 970	1 536	0	0	0	0
1 483	129.4	138 063	61 685	0	0	0	0
41	6.9	384	707	0	0	0	0
86	25.4	4 982	2 482	0	0	0	0
1 833	58	43 542	6 871	4	0	0	0
1 787	252.9	47 755	34 929	0	0	0	0
757	224.1	42 680	34 690	0	0	0	0
82	19.9	1 020	886	3	0.8	10	40
7	7.8	200	1 057	0	0	0	0
71	14	5 229	4 887	0	0	0	0
21	6.5	0	68	0	0	0	0
2 541	192.9	72 133	60 422	0	0	0	0
788	115.4	27 193	15 673	0	0	0	0
584	152.8	24 453	15 693	4	1.4	0	67
508	138.2	24 148	20 558	0	0	0	0
266	66.8	8 362	7 812	10	2.3	0	0

	总数				基础研究			
	课题数	当年投入人数（人年）	当年拨入经费（千元）	当年支出经费（千元）	课题数	当年投入人数（人年）	当年拨入经费（千元）	当年支出经费（千元）
东北大学	918	97.1	47 518	46 750	594	57.8	16 333	15 773
吉林大学	3 613	351.7	90 175	87 497	1 389	129.7	29 423	23 427
东北师范大学	1 085	429	44 694	49 788	670	314.2	22 926	30 565
东北林业大学	173	81.1	2 374	2 217	129	60.7	1 544	1 594
复旦大学	3 741	928.6	144 509	81 422	3 060	802.2	112 025	59 102
同济大学	1 559	247.7	72 963	69 373	1 488	238.4	72 665	69 075
上海交通大学	1 423	281	134 462	62 268	552	120.2	34 583	22 051
华东理工大学	843	147.8	29 627	24 706	387	84.7	13 264	9 738
东华大学	338	166.9	26 462	24 390	26	12.9	670	590
华东师范大学	3 113	338.7	169 780	151 807	2 436	265.1	133 162	114 239
上海外国语大学	1 032	166.6	10 569	8 051	824	137.1	7 729	5 356
上海财经大学	1 176	385.2	84 845	85 477	362	196.9	27 198	29 704
南京大学	1 412	167.7	87 660	66 879	853	115.1	55 761	44 951
东南大学	1 062	300.4	22 756	22 163	700	213.5	13 528	13 727
中国矿业大学	977	230.6	19 088	9 602	466	121.8	9 052	5 386
河海大学	854	326.2	56 250	53 938	401	152.8	10 816	11 465
江南大学	455	342.8	24 164	20 147	63	53.9	2 505	2 423
南京农业大学	1 804	258.7	34 396	35 276	276	35.4	808	1 248
中国药科大学	308	61.1	14 250	12 667	121	21.6	2 012	2 764
浙江大学	4 328	308.1	235 825	229 907	1 498	104.8	79 497	84 441
合肥工业大学	732	161.3	10 320	4 053	198	63.3	3 564	1 481
厦门大学	2 735	500.1	116 943	121 424	691	119.3	38 088	36 605
山东大学	2 608	299.9	76 224	69 970	1 772	197.3	46 374	43 749
中国海洋大学	415	140.3	12 763	14 458	159	51.7	3 401	4 835
中国石油大学（华东）	760	77.6	10 812	10 320	478	49.2	9 309	8 871

续表

应用研究				实验与发展			
课题数	当年投入人数（人年）	当年拨入经费（千元）	当年支出经费（千元）	课题数	当年投入人数（人年）	当年拨入经费（千元）	当年支出经费（千元）
310	36.6	31 142	30 934	14	2.7	43	43
2 222	221.7	60 702	64 020	2	0.3	50	50
412	114.2	21 338	19 065	3	0.6	430	158
44	20.4	830	624	0	0	0	0
681	126.4	32 484	22 320	0	0	0	0
71	9.3	298	298	0	0	0	0
871	160.8	99 880	40 216	0	0	0	0
456	63.1	16 364	14 968	0	0	0	0
312	154	25 791	23 801	0	0	0	0
677	73.6	36 617	37 568	0	0	0	0
208	29.5	2 840	2 695	0	0	0	0
814	188.3	57 647	55 773	0	0	0	0
559	52.6	31 899	21 928	0	0	0	0
361	86.8	9 127	8 338	1	0.1	100	97
511	108.8	10 035	4 216	0	0	0	0
429	164.2	44 878	42 027	24	9.2	556	446
392	288.9	21 659	17 725	0	0	0	0
1 528	223.3	33 587	34 028	0	0	0	0
187	39.5	12 238	9 904	0	0	0	0
2 819	202.6	156 328	145 466	11	0.7	0	0
534	98	6 756	2 573	0	0	0	0
2 043	380.6	78 584	84 618	1	0.2	270	201
836	102.6	29 850	26 221	0	0	0	0
256	88.6	9 362	9 623	0	0	0	0
282	28.4	1 504	1 449	0	0	0	0

	总数				基础研究			
	课题数	当年 投入人数 （人年）	当年 拨入经费 （千元）	当年 支出经费 （千元）	课题数	当年 投入人数 （人年）	当年 拨入经费 （千元）	当年 支出经费 （千元）
武汉大学	3 298	840.4	147 440	131 812	1 293	308.2	26 078	14 001
华中科技大学	1 206	231.4	31 619	16 981	425	80.7	9 569	4 416
中国地质大学（武汉）	588	78.7	30 093	11 962	184	17.7	4 631	1 728
武汉理工大学	1 264	176.9	22 946	21 772	553	71.9	10 349	9 117
华中农业大学	345	152.1	33 136	27 168	84	44.4	4 509	5 095
华中师范大学	1 865	696.3	62 076	62 630	1 210	449.9	33 328	32 505
中南财经政法大学	1 790	488	49 596	60 779	160	20.4	4 488	3 221
湖南大学	1 376	363.2	42 116	39 353	1 101	292.9	20 644	18 887
中南大学	1 426	364.4	53 976	36 237	426	129.5	16 630	15 279
中山大学	4 199	637.7	137 005	95 986	898	156.3	27 446	17 647
华南理工大学	2 739	250.2	101 788	76 472	1 913	166.1	42 936	40 508
四川大学	4 730	1 324.8	116 527	104 652	2 852	726.7	60 797	44 994
重庆大学	1 014	392.3	73 810	61 229	99	26.7	2 732	2 033
西南交通大学	2 067	137	24 627	28 265	1 203	63.1	20 321	19 109
电子科技大学	293	94.7	11 366	11 752	136	48.2	6 030	5 509
西南大学	2 868	608.9	53 302	42 541	1 536	364.4	17 486	8 824
西南财经大学	1 709	503.3	38 367	36 853	703	157.7	7 487	10 354
西安交通大学	2 182	238.4	56 493	42 585	1 545	169	37 750	28 981
西安电子科技大学	293	99.2	4 677	4 557	227	74.1	2 508	2 348
长安大学	773	83.6	16 510	16 520	721	83	16 410	16 380
西北农林科技大学	368	77	8 354	7 040	315	68.3	7 842	6 761
陕西师范大学	1 758	265.3	32 253	25 652	1 513	232.9	24 125	21 143
兰州大学	744	276.8	33 820	11 102	348	122.3	14 043	4 717
中国矿业大学（北京）	120	28	2 471	2 219	12	4.1	212	193
中国石油大学（北京）	220	29.8	8 399	6 072	44	6.8	928	653
中国地质大学（北京）	179	34.2	2 808	700	30	9.3	1 445	315

应用研究				实验与发展			
课题数	当年投入人数（人年）	当年拨入经费（千元）	当年支出经费（千元）	课题数	当年投入人数（人年）	当年拨入经费（千元）	当年支出经费（千元）
1 988	530.5	121 362	117 571	17	1.7	0	240
742	142.5	21 906	12 407	39	8.2	144	158
397	59.6	25 192	10 076	7	1.4	270	158
711	105	12 598	12 655	0	0	0	0
254	104.2	27 707	21 103	7	3.5	920	970
655	246.4	28 748	30 125	0	0	0	0
1 626	467.4	45 103	57 500	4	0.2	5	58
273	69.9	21 472	20 465	2	0.4	0	0
1 000	234.9	37 346	20 959	0	0	0	0
3 301	481.4	109 559	78 339	0	0	0	0
826	84.1	58 852	35 964	0	0	0	0
1 878	598.1	55 730	59 659	0	0	0	0
915	365.6	71 078	59 196	0	0	0	0
851	73.9	4 306	9 156	13	0	0	0
157	46.5	5 336	6 243	0	0	0	0
1 332	244.5	35 816	33 718	0	0	0	0
1 006	345.6	30 880	26 499	0	0	0	0
637	69.4	18 742	13 604	0	0	0	0
66	25.1	2 170	2 210	0	0	0	0
52	0.6	100	140	0	0	0	0
53	8.7	512	278	0	0	0	0
245	32.4	8 128	4 509	0	0	0	0
396	154.5	19 778	6 386	0	0	0	0
106	23.9	2 260	2 026	2	0	0	0
176	23	7 470	5 419	0	0	0	0
149	24.9	1 363	385	0	0	0	0

14. 教育部直属综合大学人文、社会科学研究课题情况表

学科门类	总数					基础研究				
	课题数	当年投入人数（人年）	其中：研究生	当年拨入经费（千元）	当年支出经费（千元）	课题数	当年投入人数（人年）	其中：研究生	当年拨入经费（千元）	当年支出经费（千元）
	L01	L02	L03	L04	L05	L06	L07	L08	L09	L10
合计	54 249	10 231.1	1 647	2 251 229	1 913 374	26 880	5 198	681	992 377	814 401
管理学	12 323	2 427.1	431	690 857	559 372	4 197	970.1	114	219 016	183 787
马克思主义	2 586	569.1	85	81 527	55 482	1 788	386	50	64 262	40 338
哲学	1 704	300.8	36	49 595	50 450	1 433	244.6	28	41 883	39 141
逻辑学	40	6.2	1	135	909	27	5.8	1	135	195
宗教学	310	57.9	5	14 007	10 192	258	51.6	4	11 897	9 629
语言学	2 184	454.6	53	38 068	32 028	1 673	353.6	38	30 554	26 063
中国文学	1 753	331.2	36	52 170	43 982	1 526	287.2	31	43 166	35 461
外国文学	810	171.2	18	18 971	11 975	677	139.8	14	15 638	9 559
艺术学	1 699	396.8	54	61 472	42 752	964	191.5	18	26 171	23 772
历史学	2 683	443.8	59	113 454	101 615	2 204	383.2	52	90 826	77 615
考古学	1 197	158.6	43	101 617	77 961	665	105.4	33	55 035	40 889
经济学	8 138	1 502.4	309	352 931	338 384	2 691	481	86	113 905	89 003
政治学	2 265	403.5	58	97 749	73 538	1 372	221.7	32	67 861	47 550
法学	4 713	842.9	152	151 995	127 937	2 057	372	53	57 563	43 267
社会学	3 613	589.7	100	131 783	100 800	1 448	239.2	38	34 564	27 497
民族学与文化学	479	93	12	26 070	19 744	234	45.1	6	9 691	5 282
新闻学与传播学	1 740	334.6	44	62 775	47 040	829	162.7	23	30 971	20 792
图书馆、情报与文献学	1 444	322.1	53	61 917	47 785	662	152.9	20	20 014	14 552
教育学	2 919	541.2	65	103 331	77 874	1 454	279	29	47 759	28 920
统计学	441	61	12	10 878	28 102	131	21.8	4	4 515	3 222
心理学	414	73.3	8	8 313	8 509	163	35.1	4	2 430	2 508
体育学	794	150.1	13	21 614	56 943	427	68.7	3	4 521	45 359

应用研究					实验与发展				
课题数	当年投入人数（人年）	其中：研究生	当年拨入经费（千元）	当年支出经费（千元）	课题数	当年投入人数（人年）	其中：研究生	当年拨入经费（千元）	当年支出经费（千元）
L11	L12	L13	L14	L15	L16	L17	L18	L19	L20
27 286	5 024.7	966	1 257 601	1 095 095	83	8.4	0	1 253	3 878
8 095	1 454.2	317	470 971	373 976	31	2.8	0	870	1 609
790	182.4	34	17 186	14 734	8	0.7	0	80	410
271	56.2	7	7 711	11 309	0	0	0	0	0
13	0.4	0	0	714	0	0	0	0	0
52	6.3	0	2 110	562	0	0	0	0	0
510	100.7	15	7 515	5 965	1	0.3	0	0	0
227	44	5	9 004	8 521	0	0	0	0	0
133	31.4	5	3 333	2 416	0	0	0	0	0
734	205.1	36	35 031	18 779	1	0.2	0	270	201
479	60.6	7	22 628	24 000	0	0	0	0	0
530	53	11	46 583	37 072	2	0.2	0	0	0
5 423	1 019	222	238 993	248 765	24	2.4	0	33	616
893	181.8	25	29 889	25 988	0	0	0	0	0
2 652	470.7	99	94 432	84 622	4	0.2	0	0	48
2 159	350	63	97 220	72 422	6	0.5	0	0	881
245	47.9	7	16 379	14 462	0	0	0	0	0
911	171.9	22	31 804	26 248	0	0	0	0	0
780	168.7	34	41 902	33 211	2	0.5	0	0	22
1 464	262.1	36	55 572	48 954	1	0.1	0	0	0
308	39.1	8	6 362	24 790	2	0.1	0	0	91
251	38.2	4	5 884	6 001	0	0	0	0	0
366	81	9	17 092	11 584	1	0.4	0	0	0

15. 教育部直属理工农医院校人文、社会科学研究课题情况表

学科门类	总数					基础研究				
	课题数	当年投入人数（人年）	其中：研究生	当年拨入经费（千元）	当年支出经费（千元）	课题数	当年投入人数（人年）	其中：研究生	当年拨入经费（千元）	当年支出经费（千元）
	L01	L02	L03	L04	L05	L06	L07	L08	L09	L10
合计	26 627	4 805.1	1 119	1 099 280	815 698	12 184	1 991.7	432	330 637	277 113
管理学	10 303	1 825.9	471	506 195	383 669	4 092	610.8	134	144 341	132 100
马克思主义	1 630	297.1	46	38 395	26 392	1 182	218.8	36	27 519	18 872
哲学	473	91.2	16	14 217	9 541	365	74.6	14	8 686	6 918
逻辑学	16	1.2	0	112	160	7	1.2	0	112	160
宗教学	29	6.4	2	587	459	27	6.2	2	587	459
语言学	1 200	212.7	19	15 402	10 803	795	138.6	13	12 291	7 991
中国文学	294	43.5	7	3 680	3 139	244	37.4	5	3 551	2 894
外国文学	198	47.4	6	1 458	1 391	148	36.5	5	1 030	957
艺术学	1 606	300.9	61	118 258	70 385	565	72.9	16	11 077	10 449
历史学	412	68.8	18	14 652	11 597	291	54.6	16	9 980	7 880
考古学	88	6.3	1	631	789	19	2	1	76	268
经济学	3 556	682.1	192	164 777	128 999	1 280	213.1	52	39 603	32 627
政治学	497	86	16	16 299	9 757	280	48	11	7 459	4 761
法学	1 428	233.5	51	37 294	27 740	613	97.7	27	14 886	12 284
社会学	1 441	285.6	88	72 741	60 931	544	99.5	35	15 439	15 190
民族学与文化学	83	13.1	4	3 715	2 624	49	7.7	2	965	929
新闻学与传播学	608	105	21	18 811	18 732	288	46	8	4 525	4 319
图书馆、情报与文献学	344	72	19	6 314	4 789	143	25.7	6	2 309	2 097
教育学	1 569	260.9	43	41 280	25 554	822	114.5	28	16 862	9 382
统计学	162	44.9	17	6 746	4 877	79	26.7	10	2 769	2 812
心理学	150	33.9	8	4 611	3 818	77	17.2	5	2 180	1 355
体育学	540	86.7	13	13 105	9 552	274	42	6	4 390	2 409

应用研究					实验与发展				
课题数	当年投入人数（人年）	其中：研究生	当年拨入经费（千元）	当年支出经费（千元）	课题数	当年投入人数（人年）	其中：研究生	当年拨入经费（千元）	当年支出经费（千元）
L11	L12	L13	L14	L15	L16	L17	L18	L19	L20
14 317	2 785.5	680	764 898	535 055	126	27.9	7	3 743	3 530
6 156	1 204	335	359 044	248 862	55	11.1	2	2 810	2 707
447	77.7	9	10 865	7 510	1	0.6	0	10	10
107	16.6	2	5 530	2 623	1	0	0	0	0
9	0	0	0	0	0	0	0	0	0
2	0.2	0	0	0	0	0	0	0	0
404	74.1	6	3 111	2 813	1	0	0	0	0
50	6.1	2	129	244	0	0	0	0	0
50	10.9	1	428	434	0	0	0	0	0
1 032	227.5	46	107 170	59 924	9	0.5	0	12	12
121	14.2	2	4 672	3 717	0	0	0	0	0
69	4.3	0	555	521	0	0	0	0	0
2 259	464	137	124 831	96 062	17	5	2	343	310
217	38	6	8 839	4 996	0	0	0	0	0
810	134.4	24	22 408	15 439	5	1.4	0	0	18
881	180.9	50	57 046	45 523	16	5.2	3	256	218
34	5.4	2	2 750	1 695	0	0	0	0	0
320	59	13	14 286	14 413	0	0	0	0	0
201	46.3	13	4 005	2 691	0	0	0	0	0
731	142.9	16	24 377	16 132	16	3.5	0	41	41
81	17.9	7	3 877	1 965	2	0.3	0	100	100
70	16.4	2	2 260	2 348	3	0.3	0	171	114
266	44.7	7	8 715	7 143	0	0	0	0	0

16. 教育部直属师范院校人文、社会科学研究课题情况表

学科门类	总数					基础研究				
	课题数	当年投入人数（人年）	其中：研究生	当年拨入经费（千元）	当年支出经费（千元）	课题数	当年投入人数（人年）	其中：研究生	当年拨入经费（千元）	当年支出经费（千元）
	L01	L02	L03	L04	L05	L06	L07	L08	L09	L10
合计	11 778	2 215.2	542	599 592	445 848	8 303	1 618.6	345	366 268	292 742
管理学	1 058	179.7	50	72 499	48 540	586	99.5	26	55 526	32 897
马克思主义	430	113.1	20	10 588	9 157	380	99.6	18	9 191	8 142
哲学	347	57	8	15 563	9 607	303	51.8	6	13 434	8 866
逻辑学	6	0.6	0	277	172	5	0.6	0	277	172
宗教学	42	10	1	2 045	1 515	38	9.6	1	2 035	1 483
语言学	565	144.9	20	18 286	14 372	457	128.5	18	13 875	11 245
中国文学	551	93.2	14	19 666	13 065	503	89.5	14	18 176	12 183
外国文学	123	50.2	6	1 376	1 755	117	48	6	1 325	1 700
艺术学	583	142.3	28	19 489	20 426	471	114.6	22	14 364	15 294
历史学	715	146.4	34	25 539	23 912	658	140.1	31	22 510	21 173
考古学	53	10.4	7	2 397	1 086	48	9.9	7	2 251	1 019
经济学	968	178.3	51	44 005	28 396	508	97.3	26	20 671	15 062
政治学	391	100.3	48	17 810	15 612	252	58.9	24	9 808	7 569
法学	509	81.9	19	14 525	9 206	335	56	11	8 425	5 238
社会学	667	123	41	26 867	26 149	425	66.9	17	17 768	16 188
民族学与文化学	97	19.8	6	2 544	2 828	79	16.4	4	1 829	2 043
新闻学与传播学	281	60.6	12	7 977	6 294	189	40.9	7	3 880	2 665
图书馆、情报与文献学	176	41.5	11	4 103	3 217	117	29.7	7	2 756	2 211
教育学	3 047	452.1	118	210 190	157 861	2 101	313.2	67	120 350	100 963
统计学	132	15.7	6	4 796	3 744	99	13	6	3 544	2 427
心理学	639	86.6	20	69 120	41 534	344	54.4	10	19 592	20 319
体育学	398	107.6	22	9 930	7 400	288	80.2	17	4 681	3 883

应用研究					实验与发展				
课题数	当年投入人数（人年）	其中：研究生	当年拨入经费（千元）	当年支出经费（千元）	课题数	当年投入人数（人年）	其中：研究生	当年拨入经费（千元）	当年支出经费（千元）
L11	L12	L13	L14	L15	L16	L17	L18	L19	L20
3 472	596	196	232 894	152 951	3	0.6	0	430	158
472	80.2	24	16 973	15 643	0	0	0	0	0
48	13	2	996	895	2	0.5	0	400	120
44	5.2	2	2 129	741	0	0	0	0	0
1	0	0	0	0	0	0	0	0	0
4	0.4	0	10	32	0	0	0	0	0
108	16.4	2	4 411	3 128	0	0	0	0	0
48	3.7	0	1 491	882	0	0	0	0	0
6	2.2	0	51	56	0	0	0	0	0
112	27.7	6	5 125	5 132	0	0	0	0	0
57	6.3	2	3 029	2 739	0	0	0	0	0
5	0.5	0	146	67	0	0	0	0	0
460	81	25	23 334	13 335	0	0	0	0	0
139	41.4	23	8 002	8 044	0	0	0	0	0
174	25.9	8	6 100	3 968	0	0	0	0	0
242	56.1	24	9 099	9 961	0	0	0	0	0
18	3.4	2	715	785	0	0	0	0	0
91	19.6	5	4 067	3 591	1	0.1	0	30	38
59	11.8	4	1 347	1 005	0	0	0	0	0
946	138.9	52	89 840	56 898	0	0	0	0	0
33	2.7	0	1 252	1 317	0	0	0	0	0
295	32.2	10	49 528	21 215	0	0	0	0	0
110	27.4	5	5 249	3 517	0	0	0	0	0

17. 教育部直属语言院校人文、社会科学研究课题情况表

学科门类	总数					基础研究				
	课题数	当年投入人数（人年）	其中：研究生	当年拨入经费（千元）	当年支出经费（千元）	课题数	当年投入人数（人年）	其中：研究生	当年拨入经费（千元）	当年支出经费（千元）
	L01	L02	L03	L04	L05	L06	L07	L08	L09	L10
合计	4 676	456.5	33	94 869	50 172	2 504	336.7	25	43 120	37 417
管理学	285	33.6	2	5 887	4 597	179	25.7	2	4 559	3 424
马克思主义	102	11.3	1	449	354	73	9.7	0	324	327
哲学	14	2	0	1 072	332	13	1.8	0	312	321
逻辑学	0	0	0	0	0	0	0	0	0	0
宗教学	3	0.4	0	21	46	1	0.2	0	9	5
语言学	859	148.9	17	20 025	14 392	669	119.4	12	16 224	12 422
中国文学	164	19	1	4 601	3 922	125	17.1	1	3 583	3 414
外国文学	191	34.3	2	1 746	1 310	182	33.1	2	1 699	1 295
艺术学	418	16.3	0	12 834	2 508	133	3.5	0	1 793	1 140
历史学	32	6.1	0	371	423	25	5.2	0	328	423
考古学	0	0	0	0	0	0	0	0	0	0
经济学	163	21.4	1	4 998	2 387	102	16.6	1	3 467	1 661
政治学	301	53.5	4	4 926	3 565	241	44.8	3	4 001	2 790
法学	68	8.1	1	1 126	510	51	6.9	0	818	471
社会学	95	12.6	1	338	148	63	10.7	1	38	63
民族学与文化学	42	8.3	0	540	813	38	8.1	0	540	794
新闻学与传播学	1 636	53.4	1	32 850	12 691	435	14.8	1	3 071	7 040
图书馆、情报与文献学	24	2.3	0	380	177	18	1.9	0	380	162
教育学	250	22.9	2	2 694	1 926	142	16.1	2	1 973	1 601
统计学	6	0.2	0	0	26	4	0.2	0	0	26
心理学	4	0.1	0	11	16	3	0.1	0	1	10
体育学	19	1.8	0	0	29	7	0.8	0	0	28

应用研究					实验与发展				
课题数	当年投入人数（人年）	其中：研究生	当年拨入经费（千元）	当年支出经费（千元）	课题数	当年投入人数（人年）	其中：研究生	当年拨入经费（千元）	当年支出经费（千元）
L11	L12	L13	L14	L15	L16	L17	L18	L19	L20
2 168	119.8	5	51 750	12 753	4	0	0	0	0
106	7.9	0	1 328	1 173	0	0	0	0	0
29	1.6	0	125	27	0	0	0	0	0
1	0.2	0	760	10	0	0	0	0	0
0	0	0	0	0	0	0	0	0	0
2	0.2	0	12	41	0	0	0	0	0
190	29.5	5	3 802	1 970	0	0	0	0	0
39	1.9	0	1 018	508	0	0	0	0	0
9	1.2	0	47	15	0	0	0	0	0
284	12.8	0	11 041	1 368	1	0	0	0	0
7	0.9	0	43	0	0	0	0	0	0
0	0	0	0	0	0	0	0	0	0
61	4.8	0	1 530	725	0	0	0	0	0
60	8.7	0	925	775	0	0	0	0	0
17	1.2	0	308	39	0	0	0	0	0
32	1.9	0	300	85	0	0	0	0	0
4	0.2	0	0	18	0	0	0	0	0
1 199	38.6	0	29 779	5 651	2	0	0	0	0
6	0.4	0	0	15	0	0	0	0	0
108	6.8	0	722	325	0	0	0	0	0
1	0	0	0	0	1	0	0	0	0
1	0	0	10	6	0	0	0	0	0
12	1	0	0	2	0	0	0	0	0

18. 教育部直属财经院校人文、社会科学研究课题情况表

学科门类	总数					基础研究				
	课题数	当年投入人数（人年）	其中：研究生	当年拨入经费（千元）	当年支出经费（千元）	课题数	当年投入人数（人年）	其中：研究生	当年拨入经费（千元）	当年支出经费（千元）
	L01	L02	L03	L04	L05	L06	L07	L08	L09	L10
合计	7 893	1 998	552	275 057	264 647	1 899	519.5	128	50 986	55 198
管理学	2 306	603.5	176	78 885	91 109	405	138.3	38	14 762	20 663
马克思主义	221	49.3	8	2 609	2 283	142	28.6	5	1 524	1 270
哲学	104	34.9	6	4 032	3 692	68	22.1	4	3 139	2 342
逻辑学	2	0.2	0	0	0	1	0.1	0	0	0
宗教学	3	1.1	0	190	126	2	1	0	190	126
语言学	149	37.5	6	1 723	2 131	82	18.5	3	1 145	1 339
中国文学	65	19.7	3	3 104	1 893	49	15.7	3	1 641	1 376
外国文学	39	9.6	1	1 044	528	28	7.4	1	932	455
艺术学	23	3.7	1	898	665	7	1.1	0	0	26
历史学	32	11.3	2	723	542	25	8.4	2	477	446
考古学	0	0	0	0	0	0	0	0	0	0
经济学	3 055	797.3	247	136 182	118 186	597	161.4	40	17 719	19 602
政治学	60	14.5	2	1 451	1 410	20	5.3	2	710	435
法学	893	194.4	46	27 922	22 407	185	39.6	11	5 428	3 354
社会学	194	44.3	18	3 230	3 483	52	17	9	276	314
民族学与文化学	3	0.2	0	0	2	1	0.1	0	0	2
新闻学与传播学	75	21.6	4	945	2 330	27	4.9	1	205	238
图书馆、情报与文献学	34	3.9	1	15	682	3	0.2	0	0	0
教育学	249	53.6	8	2 653	2 187	97	18.1	2	216	304
统计学	319	82.2	20	9 331	10 555	94	27.6	7	2 552	2 725
心理学	22	4.2	1	10	198	7	1.9	0	0	131
体育学	45	11	2	110	238	7	2.2	0	70	50

应用研究					实验与发展				
课题数	当年投入人数（人年）	其中：研究生	当年拨入经费（千元）	当年支出经费（千元）	课题数	当年投入人数（人年）	其中：研究生	当年拨入经费（千元）	当年支出经费（千元）
L11	L12	L13	L14	L15	L16	L17	L18	L19	L20
5 990	1 478.3	422	224 066	209 390	4	0.2	0	5	58
1 898	465	137	64 118	70 388	3	0.2	0	5	58
79	20.7	3	1 085	1 013	0	0	0	0	0
36	12.8	2	893	1 350	0	0	0	0	0
1	0.1	0	0	0	0	0	0	0	0
1	0.1	0	0	0	0	0	0	0	0
67	19	3	578	792	0	0	0	0	0
16	4	0	1 463	517	0	0	0	0	0
11	2.2	0	112	73	0	0	0	0	0
16	2.6	0	898	639	0	0	0	0	0
7	2.9	1	246	96	0	0	0	0	0
0	0	0	0	0	0	0	0	0	0
2 457	635.9	206	118 464	98 584	1	0	0	0	0
40	9.2	1	741	975	0	0	0	0	0
708	154.8	35	22 494	19 053	0	0	0	0	0
142	27.3	8	2 954	3 169	0	0	0	0	0
2	0.1	0	0	0	0	0	0	0	0
48	16.7	3	740	2 091	0	0	0	0	0
31	3.7	1	15	682	0	0	0	0	0
152	35.5	6	2 437	1 883	0	0	0	0	0
225	54.6	14	6 778	7 830	0	0	0	0	0
15	2.3	0	10	67	0	0	0	0	0
38	8.8	2	40	188	0	0	0	0	0

19. 教育部直属政法院校人文、社会科学研究课题情况表

学科门类	总数					基础研究				
	课题数	当年投入人数（人年）	其中：研究生	当年拨入经费（千元）	当年支出经费（千元）	课题数	当年投入人数（人年）	其中：研究生	当年拨入经费（千元）	当年支出经费（千元）
	L01	L02	L03	L04	L05	L06	L07	L08	L09	L10
合计	3 305	326	43	97 062	73 663	679	112.4	14	23 900	12 315
管理学	165	20.8	4	5 411	3 340	25	4.3	0	1 085	406
马克思主义	72	10.6	1	779	636	23	5.6	1	522	401
哲学	37	3.5	0	1 506	449	23	3	0	1 406	369
逻辑学	0	0	0	0	0	0	0	0	0	0
宗教学	3	0.9	0	0	4	1	0.1	0	0	0
语言学	118	18.2	0	1 677	736	39	9.1	0	577	190
中国文学	17	3.2	1	255	117	12	2.1	0	255	105
外国文学	14	2.9	0	396	174	11	2.7	0	394	174
艺术学	11	1.2	0	0	159	3	0.3	0	0	78
历史学	34	4.1	0	266	125	22	3.1	0	266	124
考古学	1	0.1	0	0	0	1	0.1	0	0	0
经济学	119	18.6	4	3 063	1 988	26	7.7	2	861	215
政治学	173	32	4	7 191	4 431	74	20.9	4	3 550	1 788
法学	2 292	182.8	26	70 537	57 492	362	41.7	5	13 693	7 999
社会学	50	5.5	2	2 051	1 470	17	3.3	2	681	194
民族学与文化学	0	0	0	0	0	0	0	0	0	0
新闻学与传播学	131	9.8	0	2 917	1 982	14	1.7	0	400	156
图书馆、情报与文献学	4	0.8	0	30	41	0	0	0	0	0
教育学	56	10.3	1	728	360	23	6.3	0	210	112
统计学	3	0.2	0	150	52	0	0	0	0	0
心理学	0	0	0	0	0	0	0	0	0	0
体育学	5	0.5	0	105	107	3	0.4	0	0	4

应用研究					实验与发展				
课题数	当年投入人数（人年）	其中：研究生	当年拨入经费（千元）	当年支出经费（千元）	课题数	当年投入人数（人年）	其中：研究生	当年拨入经费（千元）	当年支出经费（千元）
L11	L12	L13	L14	L15	L16	L17	L18	L19	L20
2 623	212.8	25	73 152	61 309	3	0.8	0	10	41
140	16.5	4	4 326	2 934	0	0	0	0	0
49	5	0	257	235	0	0	0	0	0
14	0.5	0	100	80	0	0	0	0	0
0	0	0	0	0	0	0	0	0	0
2	0.8	0	0	4	0	0	0	0	0
78	8.9	0	1 100	544	1	0.2	0	0	2
5	1.1	0	0	12	0	0	0	0	0
3	0.2	0	2	0	0	0	0	0	0
8	0.9	0	0	81	0	0	0	0	0
12	1	0	0	2	0	0	0	0	0
0	0	0	0	0	0	0	0	0	0
93	10.9	1	2 202	1 773	0	0	0	0	0
99	11.1	0	3 641	2 642	0	0	0	0	0
1 930	141.1	20	56 844	49 494	0	0	0	0	0
33	2.2	0	1 370	1 277	0	0	0	0	0
0	0	0	0	0	0	0	0	0	0
116	7.8	0	2 507	1 816	1	0.3	0	10	10
4	0.8	0	30	41	0	0	0	0	0
32	3.7	0	518	219	1	0.3	0	0	29
3	0.2	0	150	52	0	0	0	0	0
0	0	0	0	0	0	0	0	0	0
2	0.1	0	105	103	0	0	0	0	0

20. 教育部直属艺术院校人文、社会科学研究课题情况表

学科门类	总数					基础研究				
	课题数	当年投入人数（人年）	其中：研究生	当年拨入经费（千元）	当年支出经费（千元）	课题数	当年投入人数（人年）	其中：研究生	当年拨入经费（千元）	当年支出经费（千元）
	L01	L02	L03	L04	L05	L06	L07	L08	L09	L10
合计	386	116.7	10	14 488	11 741	287	88.4	8	9 059	5 729
管理学	2	0.6	0	10	10	2	0.6	0	10	10
马克思主义	1	0.3	0	0	1	1	0.3	0	0	1
哲学	0	0	0	0	0	0	0	0	0	0
逻辑学	0	0	0	0	0	0	0	0	0	0
宗教学	0	0	0	0	0	0	0	0	0	0
语言学	2	0.4	0	0	0	1	0.2	0	0	0
中国文学	0	0	0	0	0	0	0	0	0	0
外国文学	0	0	0	0	0	0	0	0	0	0
艺术学	370	112.1	10	14 448	11 712	274	84.4	8	9 019	5 700
历史学	1	0.2	0	0	0	0	0	0	0	0
考古学	0	0	0	0	0	0	0	0	0	0
经济学	0	0	0	0	0	0	0	0	0	0
政治学	2	0.6	0	0	0	2	0.6	0	0	0
法学	0	0	0	0	0	0	0	0	0	0
社会学	0	0	0	0	0	0	0	0	0	0
民族学与文化学	0	0	0	0	0	0	0	0	0	0
新闻学与传播学	0	0	0	0	0	0	0	0	0	0
图书馆、情报与文献学	3	1.4	0	30	18	3	1.4	0	30	18
教育学	3	0.7	0	0	0	3	0.7	0	0	0
统计学	0	0	0	0	0	0	0	0	0	0
心理学	1	0.2	0	0	0	0	0	0	0	0
体育学	1	0.2	0	0	0	1	0.2	0	0	0

应用研究					实验与发展				
课题数	当年投入人数（人年）	其中：研究生	当年拨入经费（千元）	当年支出经费（千元）	课题数	当年投入人数（人年）	其中：研究生	当年拨入经费（千元）	当年支出经费（千元）
L11	L12	L13	L14	L15	L16	L17	L18	L19	L20
99	28.3	1	5 429	6 012	0	0	0	0	0
0	0	0	0	0	0	0	0	0	0
0	0	0	0	0	0	0	0	0	0
0	0	0	0	0	0	0	0	0	0
0	0	0	0	0	0	0	0	0	0
0	0	0	0	0	0	0	0	0	0
1	0.2	0	0	0	0	0	0	0	0
0	0	0	0	0	0	0	0	0	0
0	0	0	0	0	0	0	0	0	0
96	27.7	1	5 429	6 012	0	0	0	0	0
1	0.2	0	0	0	0	0	0	0	0
0	0	0	0	0	0	0	0	0	0
0	0	0	0	0	0	0	0	0	0
0	0	0	0	0	0	0	0	0	0
0	0	0	0	0	0	0	0	0	0
0	0	0	0	0	0	0	0	0	0
0	0	0	0	0	0	0	0	0	0
0	0	0	0	0	0	0	0	0	0
0	0	0	0	0	0	0	0	0	0
0	0	0	0	0	0	0	0	0	0
0	0	0	0	0	0	0	0	0	0
1	0.2	0	0	0	0	0	0	0	0
0	0	0	0	0	0	0	0	0	0

21. 其他部委院校人文、社会科学研究课题情况表

学科门类	总数					基础研究				
	课题数	当年投入人数（人年）	其中：研究生	当年拨入经费（千元）	当年支出经费（千元）	课题数	当年投入人数（人年）	其中：研究生	当年拨入经费（千元）	当年支出经费（千元）
	L01	L02	L03	L04	L05	L06	L07	L08	L09	L10
合计	17 029	4 244.4	409	549 501	465 623	9 520	2 378.5	199	341 759	284 111
管理学	3 597	909.4	117	140 253	132 050	1 523	391	46	80 585	73 587
马克思主义	954	240.8	25	18 759	15 354	739	177.6	18	14 730	12 792
哲学	218	63	3	8 347	6 574	180	53.2	3	6 368	5 100
逻辑学	2	0.3	0	30	10	2	0.3	0	30	10
宗教学	106	36.6	3	5 639	5 255	82	28.3	2	3 514	3 834
语言学	1 057	307.6	20	23 620	19 655	785	225.7	16	18 292	15 628
中国文学	536	114.7	4	27 849	21 613	475	95.3	4	23 355	18 849
外国文学	241	58.9	8	4 493	4 474	194	40	2	4 210	3 768
艺术学	703	169.7	14	21 273	19 325	373	92.3	7	9 284	8 940
历史学	321	86.7	7	9 561	8 030	282	75.4	6	6 656	6 751
考古学	90	33.1	12	3 396	3 394	62	21.1	8	2 118	2 698
经济学	1 679	402.4	41	58 082	53 840	833	203	17	28 625	27 396
政治学	472	107.1	6	13 388	9 983	313	70.4	4	9 130	7 322
法学	2 019	503.6	42	92 480	56 685	1 128	280	22	74 601	42 189
社会学	1 089	206.2	14	27 262	23 721	506	100.2	4	13 801	13 150
民族学与文化学	758	210.4	12	26 278	23 617	472	136.1	7	14 635	14 025
新闻学与传播学	577	151.8	18	23 087	16 802	366	104	16	14 909	11 737
图书馆、情报与文献学	282	72.5	5	5 152	8 516	157	35	1	3 666	4 403
教育学	1 325	294.6	19	15 841	12 307	666	162	9	7 415	6 029
统计学	82	15.6	1	2 834	2 310	31	4.7	0	779	590
心理学	67	23.2	1	852	1 292	31	12.6	1	142	533
体育学	854	236.2	37	21 025	20 816	320	70.3	6	4 914	4 780

应用研究					实验与发展				
课题数	当年投入人数（人年）	其中：研究生	当年拨入经费（千元）	当年支出经费（千元）	课题数	当年投入人数（人年）	其中：研究生	当年拨入经费（千元）	当年支出经费（千元）
L11	L12	L13	L14	L15	L16	L17	L18	L19	L20
7 485	1 850.6	205	206 638	180 983	24	15.3	6	1 105	528
2 063	509.6	68	59 133	58 165	11	8.8	4	535	299
215	63.2	7	4 029	2 562	0	0	0	0	0
38	9.8	0	1 979	1 474	0	0	0	0	0
0	0	0	0	0	0	0	0	0	0
24	8.3	1	2 125	1 421	0	0	0	0	0
272	81.9	5	5 328	4 026	0	0	0	0	0
61	19.4	0	4 494	2 764	0	0	0	0	0
47	18.9	6	283	706	0	0	0	0	0
330	77.4	8	11 990	10 385	0	0	0	0	0
39	11.3	1	2 906	1 279	0	0	0	0	0
28	12	4	1 279	696	0	0	0	0	0
843	196.8	23	29 267	26 351	3	2.6	1	190	94
157	36.1	2	4 259	2 661	2	0.6	0	0	0
889	223	20	17 878	14 496	2	0.6	0	0	0
582	104.4	8	13 271	10 511	1	1.6	1	190	60
286	74.3	5	11 643	9 591	0	0	0	0	0
211	47.8	2	8 177	5 064	0	0	0	0	0
125	37.5	3	1 485	4 113	0	0	0	0	0
657	132	11	8 426	6 278	2	0.6	0	0	0
51	10.9	1	2 055	1 720	0	0	0	0	0
36	10.6	0	710	759	0	0	0	0	0
531	165.4	30	15 921	15 961	3	0.5	0	190	75

22. 地方院校人文、社会科学研究课题情况表

学科门类	总数					基础研究				
	课题数	当年投入人数（人年）	其中：研究生	当年拨入经费（千元）	当年支出经费（千元）	课题数	当年投入人数（人年）	其中：研究生	当年拨入经费（千元）	当年支出经费（千元）
	L01	L02	L03	L04	L05	L06	L07	L08	L09	L10
合计	374 700	89 640.6	4 087	6 347 656	5 402 071	188 712	45 056.3	1 941	2 806 942	2 357 796
管理学	68 102	15 670.6	987	1 415 230	1 203 483	25 567	5 786.6	322	447 481	386 000
马克思主义	17 985	4 468.6	183	220 259	179 645	11 473	2 880.1	136	154 188	124 473
哲学	4 170	1 080.4	66	68 090	53 162	3 290	853.9	55	55 026	43 532
逻辑学	275	66.5	2	4 049	3 402	141	34.7	0	1 724	1 649
宗教学	699	185	6	12 754	10 852	537	143	3	10 857	8 312
语言学	22 495	5 792.2	177	318 210	257 908	14 217	3 745	121	206 816	166 672
中国文学	12 549	3 099.6	153	237 807	194 753	10 097	2 510.8	140	199 018	162 133
外国文学	5 302	1 296.4	38	50 436	43 867	3 965	974.6	25	38 899	32 231
艺术学	38 234	9 053.9	337	807 647	714 463	20 399	4 805.8	164	320 882	273 175
历史学	7 953	2 027.1	136	192 968	165 092	6 470	1 660.8	114	150 422	127 122
考古学	862	202.7	32	73 982	54 787	496	110	15	23 456	12 877
经济学	44 836	10 423.3	596	811 678	701 239	16 571	3 911.3	178	277 509	229 240
政治学	7 313	1 767.6	93	104 393	83 526	4 397	1 033.6	46	59 494	49 461
法学	17 647	3 765.4	252	297 924	255 335	9 370	1 928.8	112	127 149	113 806
社会学	19 299	4 730.7	232	321 356	282 570	8 680	2 063.4	94	125 734	103 967
民族学与文化学	6 928	1 796.4	56	240 307	211 174	4 199	1 062.5	30	97 904	85 458
新闻学与传播学	7 865	1 805.7	77	150 578	128 438	4 411	1 010.9	48	74 375	61 401
图书馆、情报与文献学	5 112	1 296.9	33	58 506	48 943	2 865	724.1	16	31 995	26 839
教育学	65 346	15 731.7	355	637 599	542 884	31 034	7 174.9	198	277 178	247 811
统计学	2 782	600.2	43	74 615	53 073	1 141	248.1	13	28 818	18 002
心理学	4 156	1 034.2	55	43 638	39 433	2 154	551	35	19 301	18 341
体育学	14 790	3 745.5	178	205 630	174 042	7 238	1 842.4	76	78 716	65 294

应用研究					实验与发展				
课题数	当年投入人数（人年）	其中：研究生	当年拨入经费（千元）	当年支出经费（千元）	课题数	当年投入人数（人年）	其中：研究生	当年拨入经费（千元）	当年支出经费（千元）
L11	L12	L13	L14	L15	L16	L17	L18	L19	L20
185 250	44 377.1	2 136	3 522 423	3 028 848	738	207.2	5	18 292	15 427
42 387	9 842.7	664	963 417	813 873	148	41.3	1	4 332	3 609
6 495	1 582.5	46	65 936	55 092	17	6	0	136	80
880	226.5	11	13 064	9 630	0	0	0	0	0
134	31.8	1	2 325	1 753	0	0	0	0	0
162	42	3	1 896	2 540	0	0	0	0	0
8 252	2 040.1	56	111 156	91 055	26	7.1	0	238	181
2 448	587.5	13	38 789	32 620	4	1.3	0	0	0
1 336	321.8	13	11 537	11 636	1	0	0	0	0
17 766	4 224.6	171	485 185	440 189	69	23.5	2	1 580	1 099
1 476	363.1	22	42 451	37 925	7	3.2	0	95	45
361	89.8	17	50 456	41 845	5	2.9	0	70	64
28 166	6 493.4	416	532 401	470 417	99	18.6	1	1 768	1 582
2 911	733	47	44 871	34 063	5	1	0	28	2
8 247	1 828.6	139	169 972	141 145	30	8	0	803	385
10 573	2 651.1	138	195 002	178 210	46	16.2	0	619	393
2 719	731.8	26	137 183	120 502	10	2.1	0	5 220	5 214
3 451	793.4	29	76 200	66 995	3	1.4	0	3	42
2 237	571.4	17	26 496	22 088	10	1.4	0	15	16
34 158	8 510.5	156	359 101	294 340	154	46.3	0	1 321	733
1 632	350.5	30	44 932	34 200	9	1.6	0	866	872
1 978	477.3	19	24 147	20 956	24	5.9	1	190	136
7 481	1 883.7	102	125 906	107 774	71	19.4	0	1 008	974

23. 综合院校人文、社会科学研究课题情况表

学科门类	总数					基础研究				
	课题数	当年投入人数（人年）	其中：研究生	当年拨入经费（千元）	当年支出经费（千元）	课题数	当年投入人数（人年）	其中：研究生	当年拨入经费（千元）	当年支出经费（千元）
	L01	L02	L03	L04	L05	L06	L07	L08	L09	L10
合计	162 191	35 487.3	2 684	4 350 240	3 659 729	84 804	18 825.5	1 249	2 036 981	1 668 856
管理学	29 731	6 345.6	623	1 099 843	918 650	11 082	2 501.3	190	378 006	324 723
马克思主义	7 673	1 829.1	137	151 522	109 429	5 200	1 238.1	93	115 539	79 192
哲学	3 369	716.5	60	83 481	73 832	2 816	578.1	49	67 691	58 429
逻辑学	87	17.5	1	1 313	1 538	55	12.4	1	1 240	755
宗教学	627	127.3	8	19 366	15 312	509	105.2	7	16 759	13 486
语言学	9 173	2 257.4	100	141 448	112 920	6 334	1 605.9	68	105 611	85 024
中国文学	6 357	1 398.7	84	147 175	118 778	5 406	1 182.8	75	125 451	100 298
外国文学	2 483	572.2	29	36 601	26 951	1 993	452	22	31 375	21 952
艺术学	11 519	2 702.3	108	234 189	193 208	6 108	1 442.3	50	101 886	79 390
历史学	5 914	1 256.2	109	199 742	174 536	4 907	1 054.3	96	159 785	136 543
考古学	1 769	275.5	70	158 840	118 707	1 008	169.1	44	74 143	49 557
经济学	21 088	4 442.4	488	617 990	558 434	8 175	1 693.7	150	229 032	187 850
政治学	4 810	996	99	152 200	114 580	2 928	581	55	103 647	75 792
法学	9 696	1 931.2	232	254 972	219 481	4 918	1 003.5	101	114 556	95 536
社会学	9 278	1 914.4	148	218 604	172 698	3 971	833.5	58	69 649	52 553
民族学与文化学	3 302	780.6	36	201 864	176 903	1 862	427.6	16	64 748	54 282
新闻学与传播学	4 617	958.1	63	140 824	114 433	2 606	541.9	38	76 205	58 993
图书馆、情报与文献学	3 150	734.2	70	82 811	66 190	1 665	393	28	31 769	26 030
教育学	20 800	4 727.7	149	302 088	225 234	9 823	2 196.3	72	127 727	92 253
统计学	904	150.3	16	20 200	35 259	310	57	5	7 370	5 714
心理学	1 457	324.1	21	19 274	17 702	702	173.5	14	8 846	7 170
体育学	4 387	1 030	33	65 893	94 954	2 426	583	17	25 946	63 334

应用研究					实验与发展				
课题数	当年投入人数（人年）	其中：研究生	当年拨入经费（千元）	当年支出经费（千元）	课题数	当年投入人数（人年）	其中：研究生	当年拨入经费（千元）	当年支出经费（千元）
L11	L12	L13	L14	L15	L16	L17	L18	L19	L20
77 133	16 614.9	1 433	2 305 097	1 980 326	254	46.9	2	8 162	10 550
18 584	3 834.3	433	720 835	592 131	65	10	1	1 003	1 796
2 463	590	43	35 903	29 822	10	1	0	80	415
553	138.4	11	15 790	15 403	0	0	0	0	0
32	5.1	0	73	783	0	0	0	0	0
118	22.1	1	2 607	1 827	0	0	0	0	0
2 832	649.5	31	35 721	27 836	7	2	0	116	60
951	215.9	9	21 724	18 481	0	0	0	0	0
490	120.2	7	5 226	4 999	0	0	0	0	0
5 396	1 254.4	58	131 752	113 469	15	5.6	0	550	349
1 006	201.9	13	39 957	37 993	1	0	0	0	0
758	106.1	26	84 697	69 149	3	0.3	0	0	0
12 856	2 740.6	337	388 539	369 490	57	8.1	1	419	1 094
1 881	414.9	45	48 543	38 787	1	0.1	0	10	0
4 769	926	130	140 398	123 897	9	1.7	0	18	49
5 290	1 076.2	90	148 885	119 192	17	4.7	0	70	954
1 433	351.8	20	131 916	117 464	7	1.2	0	5 200	5 158
2 011	416.2	26	64 619	55 441	0	0	0	0	0
1 479	340.1	42	51 042	40 138	6	1.1	0	0	22
10 942	2 526.3	78	174 302	132 874	35	5.1	0	59	107
591	93.1	10	12 830	29 454	3	0.2	0	0	91
744	148.8	7	10 368	10 521	11	1.8	0	60	11
1 954	443	16	39 370	31 175	7	4	0	577	444

24. 理工农医院校人文、社会科学研究课题情况表

学科门类	总数					基础研究				
	课题数	当年投入人数（人年）	其中：研究生	当年拨入经费（千元）	当年支出经费（千元）	课题数	当年投入人数（人年）	其中：研究生	当年拨入经费（千元）	当年支出经费（千元）
	L01	L02	L03	L04	L05	L06	L07	L08	L09	L10
合计	146 510	33 923.5	2 658	2 953 973	2 430 819	63 936	14 315.2	1 004	1 023 994	893 898
管理学	39 583	8 957.2	1 087	1 148 587	923 241	14 906	3 143.3	335	359 004	319 374
马克思主义	8 642	2 088.4	137	113 627	88 029	5 377	1 302.4	94	75 524	58 702
哲学	1 686	408.6	30	30 225	21 886	1 231	308.7	25	21 607	16 573
逻辑学	138	28.6	1	1 634	1 131	59	13.5	0	322	359
宗教学	148	35.7	3	1 716	1 169	98	24.9	3	1 548	933
语言学	7 762	1 939.8	62	84 608	67 485	4 485	1 114.9	34	42 577	33 580
中国文学	2 449	529.8	23	26 599	22 462	1 622	353.5	18	17 052	14 642
外国文学	1 660	400.5	23	13 387	12 258	1 170	286.4	12	9 422	8 768
艺术学	12 716	2 866	225	407 127	330 499	4 863	1 040	65	90 374	91 252
历史学	1 615	379.2	37	33 703	28 994	1 164	284.5	31	22 803	19 802
考古学	190	45.5	11	3 209	3 552	73	22.3	6	1 220	2 086
经济学	16 376	3 779.1	408	388 545	344 665	5 578	1 213.8	110	109 071	99 583
政治学	2 350	532.1	34	34 942	24 797	1 180	264.9	17	14 875	11 078
法学	5 786	1 270.1	132	113 741	91 262	2 555	546.7	56	45 067	36 142
社会学	9 087	2 198.5	170	194 663	171 738	3 657	825.4	58	68 025	62 419
民族学与文化学	1 773	439.9	13	18 529	16 552	905	222.1	7	9 419	8 891
新闻学与传播学	2 517	513	48	60 076	47 943	1 117	226.9	25	20 576	15 821
图书馆、情报与文献学	2 133	542.8	32	22 893	20 085	1 043	260.2	11	11 344	9 281
教育学	23 659	5 483	119	171 626	146 227	9 843	2 160.8	64	69 288	55 768
统计学	802	200.3	22	25 059	17 331	355	94.7	12	7 486	6 788
心理学	1 592	409.8	20	15 784	14 254	759	203.7	12	7 885	7 120
体育学	3 846	875.6	21	43 693	35 259	1 896	401.6	9	19 505	14 936

应用研究					实验与发展				
课题数	当年投入人数（人年）	其中：研究生	当年拨入经费（千元）	当年支出经费（千元）	课题数	当年投入人数（人年）	其中：研究生	当年拨入经费（千元）	当年支出经费（千元）
L11	L12	L13	L14	L15	L16	L17	L18	L19	L20
82 146	19 489.8	1 641	1 919 978	1 528 715	428	118.5	13	10 000	8 206
24 533	5 772.4	746	784 331	599 219	144	41.5	6	5 252	4 648
3 251	780.1	43	38 018	29 270	14	5.9	0	86	57
454	99.9	5	8 618	5 314	1	0	0	0	0
79	15.1	1	1 312	772	0	0	0	0	0
50	10.8	0	167	236	0	0	0	0	0
3 264	821.5	28	41 951	33 836	13	3.4	0	80	69
827	176.3	5	9 546	7 820	0	0	0	0	0
490	114.1	11	3 965	3 490	0	0	0	0	0
7 822	1 821	160	316 327	238 890	31	5	0	425	356
449	93	6	10 874	9 180	2	1.7	0	25	12
114	20.6	5	1 919	1 405	3	2.6	0	70	61
10 738	2 552.7	295	278 298	244 209	60	12.6	3	1 176	873
1 169	267.2	16	20 067	13 719	1	0	0	0	0
3 215	719.6	75	68 229	55 015	16	3.8	0	445	105
5 393	1 360.3	108	125 903	108 835	37	12.8	4	735	484
867	217.6	6	9 110	7 661	1	0.2	0	0	0
1 397	284.7	24	39 498	32 080	3	1.4	0	3	42
1 087	282.1	21	11 534	10 792	3	0.5	0	15	12
13 742	3 300.5	56	101 916	90 100	74	21.7	0	423	359
440	104.6	10	16 613	9 588	7	1	0	960	955
824	204.5	8	7 629	6 972	9	1.6	0	271	162
1 941	471.2	12	24 153	20 312	9	2.8	0	34	11

25. 师范院校人文、社会科学研究课题情况表

学科门类	总数					基础研究				
	课题数	当年投入人数（人年）	其中：研究生	当年拨入经费（千元）	当年支出经费（千元）	课题数	当年投入人数（人年）	其中：研究生	当年拨入经费（千元）	当年支出经费（千元）
	L01	L02	L03	L04	L05	L06	L07	L08	L09	L10
合计	82 281	19 854.4	1 502	1 879 398	1 621 421	54 647	13 092.6	970	1 059 374	937 093
管理学	7 964	1 734.2	140	227 289	206 482	4 071	829.6	58	109 997	95 751
马克思主义	4 057	998.5	66	68 034	60 986	3 066	767.5	59	54 829	48 874
哲学	1 242	309.8	33	32 294	24 859	1 079	273.6	29	28 428	22 099
逻辑学	37	5.5	0	405	526	33	5.1	0	401	480
宗教学	232	68.7	4	5 130	4 518	198	57.6	2	4 475	3 987
语言学	5 309	1 414.3	84	100 583	92 089	3 914	1 084.6	76	68 476	63 684
中国文学	5 084	1 315.7	96	136 588	111 683	4 505	1 168	92	120 420	97 831
外国文学	1 464	411.4	17	17 288	16 889	1 204	350.7	14	12 636	12 907
艺术学	7 915	1 958	86	141 495	128 007	5 288	1 321.8	56	71 455	64 177
历史学	3 919	972.2	104	109 744	96 010	3 359	849.3	90	88 746	76 151
考古学	263	75	13	18 676	14 608	163	47.3	12	6 706	5 227
经济学	6 119	1 423	116	138 300	117 354	3 169	726.2	56	47 146	43 476
政治学	2 309	593.3	77	42 052	38 580	1 647	394.6	40	24 154	21 705
法学	2 515	576	58	45 813	38 854	1 591	358.3	28	23 426	19 057
社会学	4 205	1 041.9	130	91 042	84 432	2 482	585.9	64	42 996	40 358
民族学与文化学	1 694	419.1	27	24 780	23 735	1 218	290.8	18	13 334	14 435
新闻学与传播学	1 976	480.3	27	32 321	29 589	1 287	291.7	16	14 546	10 692
图书馆、情报与文献学	1 139	295.5	14	18 634	15 589	799	211.8	9	13 642	10 527
教育学	18 636	4 320	307	468 311	394 325	11 809	2 595.1	184	252 668	228 448
统计学	376	72.2	6	13 007	9 736	249	47.4	6	7 815	5 350
心理学	1 858	379.7	48	85 918	57 978	1 073	227	29	25 714	27 753
体育学	3 968	990.1	49	61 694	54 592	2 443	608.7	32	27 364	24 124

应用研究					实验与发展				
课题数	当年投入人数（人年）	其中：研究生	当年拨入经费（千元）	当年支出经费（千元）	课题数	当年投入人数（人年）	其中：研究生	当年拨入经费（千元）	当年支出经费（千元）
L11	L12	L13	L14	L15	L16	L17	L18	L19	L20
27 502	6 713.6	532	816 120	681 021	132	48.2	3	3 905	3 306
3 882	901.6	82	116 489	109 361	11	3	0	803	1 371
988	230.2	7	12 744	11 964	3	0.8	0	460	148
163	36.2	5	3 867	2 760	0	0	0	0	0
4	0.4	0	4	46	0	0	0	0	0
34	11.1	2	655	531	0	0	0	0	0
1 389	329.1	9	32 091	28 355	6	0.6	0	16	50
576	146.6	4	16 168	13 851	3	1.1	0	0	0
259	60.7	2	4 652	3 982	1	0	0	0	0
2 612	630.3	28	69 976	63 785	15	5.9	2	65	45
556	121.4	14	20 928	19 826	4	1.5	0	70	32
100	27.7	1	11 970	9 382	0	0	0	0	0
2 934	691.2	60	90 434	73 281	16	5.6	0	720	598
661	198.6	37	17 898	16 875	1	0.1	0	0	0
922	217.4	30	22 187	19 605	2	0.3	0	200	191
1 715	453.1	66	47 806	44 028	8	2.9	0	240	45
475	127.7	9	11 427	9 293	1	0.6	0	20	7
688	188.5	11	17 745	18 859	1	0.1	0	30	38
340	83.7	5	4 992	5 062	0	0	0	0	0
6 791	1 709.7	123	214 831	165 612	36	15.2	0	812	265
127	24.8	1	5 192	4 386	0	0	0	0	0
778	149.9	18	60 174	30 147	7	2.8	1	30	77
1 508	373.7	18	33 890	30 030	17	7.7	0	439	439

26. 语言院校人文、社会科学研究课题情况表

学科门类	总数					基础研究				
	课题数	当年投入人数（人年）	其中：研究生	当年拨入经费（千元）	当年支出经费（千元）	课题数	当年投入人数（人年）	其中：研究生	当年拨入经费（千元）	当年支出经费（千元）
	L01	L02	L03	L04	L05	L06	L07	L08	L09	L10
合计	16 126	3 254.8	153	272 507	168 326	9 214	2 007	94	140 711	98 035
管理学	1 850	382.8	26	32 045	20 396	947	195.4	9	13 192	9 050
马克思主义	492	111.4	2	7 380	4 144	325	69.7	2	4 721	2 972
哲学	121	28.6	0	2 224	1 274	88	20.1	0	1 454	1 152
逻辑学	5	1	0	9	4	4	0.4	0	9	4
宗教学	8	2.3	0	24	77	6	2.1	0	12	35
语言学	3 056	670.4	37	53 936	34 696	2 205	479.6	23	40 454	25 359
中国文学	670	146.5	7	12 680	8 345	518	108.3	6	10 230	6 828
外国文学	761	153.9	6	7 087	4 812	650	119.4	4	6 459	3 784
艺术学	1 059	214.5	2	29 216	12 069	549	149.4	2	17 114	9 774
历史学	120	27.7	0	2 029	1 373	84	18.4	0	1 556	1 023
考古学	3	0.5	0	0	1	3	0.5	0	0	1
经济学	1 331	297.8	25	25 222	20 741	577	125.4	10	9 735	5 159
政治学	570	126.8	10	8 521	6 331	411	90.7	7	6 745	4 851
法学	475	82.5	5	10 826	7 336	254	47	3	3 985	2 606
社会学	637	129.9	7	8 881	4 891	307	72.6	4	3 813	2 568
民族学与文化学	110	35.4	0	1 304	1 346	83	26.4	0	1 128	1 194
新闻学与传播学	2 230	240.4	19	45 926	23 273	884	169.4	18	12 994	15 614
图书馆、情报与文献学	135	26.1	0	899	626	72	14.1	0	640	471
教育学	2 172	510.3	7	23 119	15 536	1 081	264.9	6	6 024	5 046
统计学	42	6.4	0	392	359	23	3.9	0	60	158
心理学	57	9.3	0	369	228	26	4.8	0	41	56
体育学	222	50.3	0	418	468	117	24.5	0	345	330

应用研究					实验与发展				
课题数	当年投入人数（人年）	其中：研究生	当年拨入经费（千元）	当年支出经费（千元）	课题数	当年投入人数（人年）	其中：研究生	当年拨入经费（千元）	当年支出经费（千元）
L11	L12	L13	L14	L15	L16	L17	L18	L19	L20
6 899	1 246.4	59	131 798	70 290	13	1.4	0	0	1
902	187.4	17	18 853	11 346	1	0	0	0	0
167	41.7	1	2 660	1 172	0	0	0	0	0
33	8.5	0	770	121	0	0	0	0	0
1	0.6	0	0	0	0	0	0	0	0
2	0.2	0	12	41	0	0	0	0	0
851	190.8	14	13 483	9 337	0	0	0	0	0
152	38.2	1	2 451	1 517	0	0	0	0	0
111	34.5	1	628	1 029	0	0	0	0	0
509	65.1	0	12 101	2 295	1	0	0	0	0
36	9.3	0	473	350	0	0	0	0	0
0	0	0	0	0	0	0	0	0	0
754	172.4	15	15 487	15 583	0	0	0	0	0
159	36.1	2	1 776	1 481	0	0	0	0	0
221	35.5	2	6 841	4 730	0	0	0	0	0
329	56.9	3	5 068	2 324	1	0.4	0	0	0
27	9	0	177	152	0	0	0	0	0
1 344	71	2	32 932	7 659	2	0	0	0	0
63	12	0	259	154	0	0	0	0	0
1 084	244.4	1	17 095	10 489	7	1	0	0	1
18	2.5	0	332	201	1	0	0	0	0
31	4.5	0	328	171	0	0	0	0	0
105	25.8	0	72	138	0	0	0	0	0

27. 财经院校人文、社会科学研究课题情况表

学科门类	总数					基础研究				
	课题数	当年投入人数（人年）	其中：研究生	当年拨入经费（千元）	当年支出经费（千元）	课题数	当年投入人数（人年）	其中：研究生	当年拨入经费（千元）	当年支出经费（千元）
	L01	L02	L03	L04	L05	L06	L07	L08	L09	L10
合计	56 863	13 209.2	982	1 046 519	882 709	18 894	4 649.1	248	303 287	222 924
管理学	16 456	3 665.7	338	364 770	321 922	4 612	1 129.9	80	95 249	74 189
马克思主义	1 955	465.4	16	20 330	15 579	1 056	253.4	10	12 144	8 734
哲学	392	102.1	8	7 296	6 571	263	65.3	6	5 382	3 909
逻辑学	68	20.4	0	1 172	1 428	29	10.2	0	286	587
宗教学	39	9.9	0	1 212	1 046	27	7.4	0	820	520
语言学	2 028	503.5	11	14 558	12 020	901	218.1	6	7 185	5 248
中国文学	747	165.6	5	8 586	6 493	470	107.9	4	5 861	4 663
外国文学	403	101	5	3 756	3 242	206	50.8	2	2 475	1 599
艺术学	1 637	400.7	6	17 515	15 098	549	143.6	2	4 690	3 731
历史学	288	78.6	4	3 890	3 545	198	57.3	3	2 830	2 163
考古学	13	2.4	0	82	103	4	0.7	0	60	58
经济学	16 277	3 766.7	393	378 405	310 359	4 571	1 206.7	74	98 020	70 792
政治学	584	142.8	6	9 040	6 302	283	67.8	2	4 676	2 473
法学	3 355	705.2	69	64 846	49 338	1 221	263.2	20	18 858	12 404
社会学	1 779	429.7	31	44 856	41 206	609	149	12	9 299	6 314
民族学与文化学	282	77.5	1	2 921	2 565	156	42.7	0	1 178	1 356
新闻学与传播学	711	162.6	9	8 490	8 994	243	58.1	2	2 400	2 343
图书馆、情报与文献学	464	122.6	3	3 170	3 489	156	37.3	1	1 191	925
教育学	6 577	1 639.3	20	32 666	26 270	2 331	544	7	8 079	7 237
统计学	1 731	373.7	54	48 979	38 691	616	133.5	16	20 165	11 649
心理学	248	64.3	1	3 559	3 054	100	28.8	1	774	697
体育学	829	209.5	2	6 420	5 394	293	73.4	0	1 665	1 333

应用研究					实验与发展				
课题数	当年投入人数（人年）	其中：研究生	当年拨入经费（千元）	当年支出经费（千元）	课题数	当年投入人数（人年）	其中：研究生	当年拨入经费（千元）	当年支出经费（千元）
L11	L12	L13	L14	L15	L16	L17	L18	L19	L20
37 928	8 548	734	741 792	659 427	41	12.1	0	1 438	358
11 833	2 533.6	259	268 276	247 505	11	2.2	0	1 245	228
898	211.9	6	8 185	6 844	1	0.1	0	0	0
129	36.8	3	1 914	2 662	0	0	0	0	0
39	10.2	0	886	841	0	0	0	0	0
12	2.5	0	392	526	0	0	0	0	0
1 126	285	6	7 348	6 770	1	0.4	0	25	1
276	57.5	1	2 725	1 830	1	0.2	0	0	0
197	50.2	3	1 280	1 643	0	0	0	0	0
1 085	256.8	4	12 724	11 307	3	0.3	0	101	60
90	21.3	1	1 061	1 382	0	0	0	0	0
9	1.7	0	22	45	0	0	0	0	0
11 700	2 558.9	318	280 375	239 543	6	1.1	0	10	24
301	75	4	4 364	3 829	0	0	0	0	0
2 131	441.4	48	45 963	36 919	3	0.6	0	25	15
1 168	278.7	18	35 556	34 893	2	2	0	0	0
126	34.8	0	1 743	1 210	0	0	0	0	0
468	104.5	7	6 090	6 651	0	0	0	0	0
308	85.3	2	1 979	2 564	0	0	0	0	0
4 237	1 091.4	13	24 561	19 019	9	3.9	0	26	14
1 112	239.4	38	28 808	27 026	3	0.8	0	6	16
148	35.5	1	2 785	2 357	0	0	0	0	0
535	135.6	2	4 755	4 061	1	0.5	0	0	0

28. 政法院校人文、社会科学研究课题情况表

学科门类	总数					基础研究				
	课题数	当年投入人数（人年）	其中：研究生	当年拨入经费（千元）	当年支出经费（千元）	课题数	当年投入人数（人年）	其中：研究生	当年拨入经费（千元）	当年支出经费（千元）
	L01	L02	L03	L04	L05	L06	L07	L08	L09	L10
合计	14 033	2 489	132	290 046	221 979	6 715	1 245	55	136 035	96 631
管理学	1 428	318	18	21 008	17 706	544	129	9	5 141	5 562
马克思主义	448	87.8	5	4 988	4 564	294	60.5	4	3 519	3 404
哲学	142	32.7	0	3 059	2 136	97	28	0	2 865	1 954
逻辑学	2	0.6	0	30	3	1	0.1	0	20	0
宗教学	21	5.9	0	169	331	13	4.1	0	9	173
语言学	342	68.4	1	3 099	2 290	189	43.1	0	1 414	1 157
中国文学	118	26.2	1	1 191	1 281	90	18.6	1	1 101	984
外国文学	49	8	0	526	288	31	5.4	0	486	228
艺术学	65	11.3	0	825	1 298	35	7.1	0	775	1 081
历史学	85	13.8	0	658	525	62	12.1	0	554	492
考古学	2	0.3	0	0	3	1	0.1	0	0	0
经济学	481	108.4	4	10 816	8 941	237	51.2	2	4 941	4 302
政治学	638	117.8	5	12 850	8 689	359	70.9	4	6 430	4 696
法学	7 212	1 107.3	88	192 281	140 211	3 269	529.1	31	92 279	58 454
社会学	899	152.1	4	17 009	14 776	428	71.6	2	9 158	7 844
民族学与文化学	45	12.4	0	188	495	27	8.1	0	173	289
新闻学与传播学	391	57.9	2	6 960	5 318	170	27.5	1	2 574	1 821
图书馆、情报与文献学	143	31	2	5 940	5 572	55	10.3	0	541	556
教育学	1 179	248.6	2	6 079	5 258	634	126.3	1	3 189	2 787
统计学	22	4.3	0	241	118	11	1.8	0	31	27
心理学	123	30	0	824	802	60	15.7	0	294	263
体育学	198	46.2	0	1 305	1 374	108	24.4	0	541	557

应用研究					实验与发展				
课题数	当年投入人数（人年）	其中：研究生	当年拨入经费（千元）	当年支出经费（千元）	课题数	当年投入人数（人年）	其中：研究生	当年拨入经费（千元）	当年支出经费（千元）
L11	L12	L13	L14	L15	L16	L17	L18	L19	L20
7 272	1 231.6	75	153 609	124 841	46	12.4	0	400	507
873	185.4	9	15 631	11 914	11	3.6	0	235	230
154	27.3	1	1 468	1 160	0	0	0	0	0
45	4.7	0	194	182	0	0	0	0	0
1	0.5	0	10	3	0	0	0	0	0
8	1.8	0	160	157	0	0	0	0	0
152	25.1	0	1 686	1 132	1	0.2	0	0	2
28	7.6	0	90	297	0	0	0	0	0
18	2.6	0	40	60	0	0	0	0	0
30	4.2	0	50	217	0	0	0	0	0
23	1.7	0	104	33	0	0	0	0	0
0	0	0	0	0	1	0.2	0	0	3
242	56.8	2	5 875	4 637	2	0.4	0	0	2
277	46.3	1	6 420	3 993	2	0.6	0	0	0
3 932	574.4	56	99 887	81 667	11	3.8	0	115	91
468	80.3	2	7 851	6 883	3	0.2	0	0	49
17	4.2	0	15	156	1	0.1	0	0	50
220	30.1	1	4 376	3 487	1	0.3	0	10	10
85	20.4	2	5 399	5 012	3	0.3	0	0	4
537	119.9	1	2 849	2 414	8	2.4	0	40	57
11	2.5	0	210	90	0	0	0	0	0
63	14.3	0	530	539	0	0	0	0	0
88	21.5	0	764	808	2	0.3	0	0	9

29. 艺术院校人文、社会科学研究课题情况表

学科门类	总数					基础研究				
	课题数	当年投入人数（人年）	其中：研究生	当年拨入经费（千元）	当年支出经费（千元）	课题数	当年投入人数（人年）	其中：研究生	当年拨入经费（千元）	当年支出经费（千元）
	L01	L02	L03	L04	L05	L06	L07	L08	L09	L10
合计	10 444	2 470.6	74	220 582	197 949	6 693	1 463.5	58	108 888	90 933
管理学	289	78.5	0	1 668	1 169	126	33.1	0	841	472
马克思主义	239	53.9	1	1 261	962	172	36.9	1	998	795
哲学	16	4.6	1	12	14	13	4.2	1	12	14
逻辑学	2	0.4	0	40	22	0	0	0	0	0
宗教学	1	0.3	0	0	3	0	0	0	0	0
语言学	139	37.4	0	295	192	88	24.1	0	186	108
中国文学	61	16.7	0	195	189	42	10.7	0	146	143
外国文学	24	7.1	0	1	12	10	3.5	0	0	7
艺术学	8 157	1 887.6	72	210 596	188 900	5 494	1 176.9	56	102 635	86 141
历史学	33	7	0	283	292	20	4.9	0	159	181
考古学	4	0.2	0	0	0	4	0.2	0	0	0
经济学	93	21.6	0	372	338	23	3.2	0	160	146
政治学	63	18.2	0	98	96	41	9.9	0	87	89
法学	37	8.6	0	11	18	25	4.9	0	8	15
社会学	67	16.6	0	188	176	27	7.4	0	155	87
民族学与文化学	71	18	0	310	213	38	9.1	0	270	141
新闻学与传播学	134	33.4	0	1 135	1 232	68	17.3	0	962	1 130
图书馆、情报与文献学	82	18.1	0	96	166	47	10	0	79	94
教育学	826	215.3	0	3 625	2 873	404	95.5	0	2 055	1 222
统计学	5	1	0	45	37	1	0.4	0	0	0
心理学	35	9	0	25	34	15	3	0	3	8
体育学	66	17.1	0	326	1 011	35	8.3	0	132	140

应用研究					实验与发展				
课题数	当年投入人数（人年）	其中：研究生	当年拨入经费（千元）	当年支出经费（千元）	课题数	当年投入人数（人年）	其中：研究生	当年拨入经费（千元）	当年支出经费（千元）
L11	L12	L13	L14	L15	L16	L17	L18	L19	L20
3 729	994.7	16	110 969	106 523	22	12.4	0	725	491
160	42.1	0	823	696	3	3.3	0	4	0
67	17	0	264	167	0	0	0	0	0
3	0.4	0	0	0	0	0	0	0	0
2	0.4	0	40	22	0	0	0	0	0
1	0.3	0	0	3	0	0	0	0	0
51	13.3	0	108	84	0	0	0	0	0
19	6	0	48	46	0	0	0	0	0
14	3.6	0	1	4	0	0	0	0	0
2 650	703.6	16	107 250	102 268	13	7.1	0	711	491
13	2.1	0	124	110	0	0	0	0	0
0	0	0	0	0	0	0	0	0	0
69	18.2	0	212	192	1	0.2	0	0	0
21	8	0	3	7	1	0.3	0	8	0
12	3.7	0	3	3	0	0	0	0	0
40	9.2	0	33	89	0	0	0	0	0
33	8.9	0	40	72	0	0	0	0	0
66	16.1	0	173	102	0	0	0	0	0
35	8.1	0	17	72	0	0	0	0	0
418	118.3	0	1 569	1 651	4	1.5	0	2	0
4	0.6	0	45	37	0	0	0	0	0
20	6	0	22	27	0	0	0	0	0
31	8.8	0	194	871	0	0	0	0	0

30. 民族院校人文、社会科学研究课题情况表

学科门类	总数					基础研究				
	课题数	当年投入人数（人年）	其中：研究生	当年拨入经费（千元）	当年支出经费（千元）	课题数	当年投入人数（人年）	其中：研究生	当年拨入经费（千元）	当年支出经费（千元）
	L01	L02	L03	L04	L05	L06	L07	L08	L09	L10
合计	7 355	1 998.2	76	221 803	181 614	4 536	1 237.2	44	133 950	111 355
管理学	723	170.6	6	19 383	15 892	268	60.6	2	5 831	3 575
马克思主义	334	84.7	2	5 749	4 877	246	58.2	1	4 761	3 787
哲学	86	24	1	3 735	3 208	81	22.6	1	2 735	2 440
逻辑学	2	1	0	0	0	2	1	0	0	0
宗教学	119	48.2	1	7 626	5 994	95	38.7	0	5 466	4 714
语言学	745	210	16	38 288	30 101	572	162.2	14	33 785	27 242
中国文学	433	122.8	2	16 090	13 231	373	103.9	2	12 458	11 015
外国文学	68	15.2	0	1 265	1 008	55	13.2	0	1 265	883
艺术学	499	131.3	5	15 212	13 008	266	75.7	3	3 612	2 970
历史学	205	59.4	2	7 485	6 061	181	49.6	1	5 031	5 177
考古学	47	11.8	1	1 217	1 042	35	8.3	1	807	823
经济学	736	185	6	16 066	12 526	274	70.3	2	4 255	3 445
政治学	141	36.2	0	3 470	2 423	96	23.5	0	1 374	969
法学	484	129.5	5	11 289	10 743	260	67.8	2	4 361	4 324
社会学	465	105.8	6	9 873	9 140	246	52.6	2	4 996	4 410
民族学与文化学	1 105	356.7	14	49 545	38 988	781	249.1	8	35 311	27 946
新闻学与传播学	207	55.3	2	3 962	3 300	135	31.7	1	1 969	1 822
图书馆、情报与文献学	144	35.7	1	1 999	2 439	123	32.1	1	1 943	2 393
教育学	551	137.2	3	5 411	4 026	312	76.1	2	2 753	2 200
统计学	38	10.3	1	1 427	1 166	10	1.9	0	50	102
心理学	28	10.5	1	303	219	17	7.9	0	35	30
体育学	195	57	1	2 408	2 222	108	30.2	1	1 152	1 088

应用研究					实验与发展				
课题数	当年投入人数（人年）	其中：研究生	当年拨入经费（千元）	当年支出经费（千元）	课题数	当年投入人数（人年）	其中：研究生	当年拨入经费（千元）	当年支出经费（千元）
L11	L12	L13	L14	L15	L16	L17	L18	L19	L20
2 812	757.5	31	87 793	70 209	7	3.5	0	60	52
454	109.4	4	13 542	12 307	1	0.6	0	10	10
88	26.5	1	988	1 090	0	0	0	0	0
5	1.4	0	1 000	769	0	0	0	0	0
0	0	0	0	0	0	0	0	0	0
24	9.5	1	2 160	1 279	0	0	0	0	0
172	46.8	2	4 502	2 859	1	1	0	0	0
60	18.9	0	3 632	2 217	0	0	0	0	0
13	2	0	0	125	0	0	0	0	0
232	55.3	2	11 590	10 028	1	0.3	0	10	10
24	9.8	1	2 454	883	0	0	0	0	0
12	3.5	0	410	219	0	0	0	0	0
461	114.1	4	11 801	9 072	1	0.6	0	10	10
44	12.2	0	2 086	1 452	1	0.5	0	10	2
224	61.7	3	6 927	6 419	0	0	0	0	0
218	52.7	4	4 857	4 710	1	0.5	0	20	20
324	107.6	5	14 234	11 042	0	0	0	0	0
72	23.6	1	1 994	1 479	0	0	0	0	0
21	3.6	0	56	45	0	0	0	0	0
239	61.1	2	2 658	1 826	0	0	0	0	0
28	8.4	1	1 377	1 065	0	0	0	0	0
11	2.6	0	268	189	0	0	0	0	0
86	26.8	0	1 257	1 134	1	0	0	0	0

31. 体育院校人文、社会科学研究课题情况表

学科门类	总数					基础研究				
	课题数	当年投入人数（人年）	其中：研究生	当年拨入经费（千元）	当年支出经费（千元）	课题数	当年投入人数（人年）	其中：研究生	当年拨入经费（千元）	当年支出经费（千元）
	L01	L02	L03	L04	L05	L06	L07	L08	L09	L10
合计	4 840	1 346.6	175	93 668	78 286	1 529	465	58	21 829	17 100
管理学	117	18.6	1	635	712	20	4.7	0	104	176
马克思主义	141	41	1	474	734	65	19.6	1	226	156
哲学	13	5.9	0	94	26	7	4.4	0	80	20
逻辑学	0	0	0	0	0	0	0	0	0	0
宗教学	0	0	0	0	0	0	0	0	0	0
语言学	75	15.8	1	197	233	30	6.1	0	87	149
中国文学	10	2.1	0	28	20	5	1.4	0	25	12
外国文学	6	1.6	0	11	14	3	0.7	0	8	11
艺术学	80	25.2	0	145	308	37	9.6	0	48	56
历史学	4	0.4	0	0	0	2	0.4	0	0	0
考古学	0	0	0	0	0	0	0	0	0	0
经济学	13	1.8	0	0	60	4	0.9	0	0	54
政治学	9	1.9	0	35	25	6	0.9	0	25	23
法学	9	2.2	0	24	69	8	2.2	0	24	69
社会学	31	8.7	0	512	215	8	2.2	0	210	10
民族学与文化学	8	1.6	0	13	4	2	0.1	0	3	0
新闻学与传播学	130	41.5	8	245	225	49	21.4	5	112	113
图书馆、情报与文献学	33	7.4	0	4	12	8	2.1	0	2	5
教育学	364	86.6	4	1 390	1 204	105	25.8	1	179	163
统计学	7	1.5	0	0	44	4	1.5	0	0	17
心理学	55	19	2	498	528	27	7.9	0	54	100
体育学	3 735	1 063.8	158	89 363	73 853	1 139	353.1	51	20 642	15 966

应用研究					实验与发展				
课题数	当年投入人数（人年）	其中：研究生	当年拨入经费（千元）	当年支出经费（千元）	课题数	当年投入人数（人年）	其中：研究生	当年拨入经费（千元）	当年支出经费（千元）
L11	L12	L13	L14	L15	L16	L17	L18	L19	L20
3 269	876.6	116	71 695	61 041	42	5	0	148	146
96	13.9	0	532	536	1	0	0	0	0
76	21.4	0	248	578	0	0	0	0	0
6	1.5	0	14	6	0	0	0	0	0
0	0	0	0	0	0	0	0	0	0
0	0	0	0	0	0	0	0	0	0
45	9.7	1	110	84	0	0	0	0	0
5	0.7	0	3	8	0	0	0	0	0
3	0.9	0	3	3	0	0	0	0	0
42	15.6	0	97	251	1	0	0	0	0
2	0	0	0	0	0	0	0	0	0
0	0	0	0	0	0	0	0	0	0
8	0.9	0	0	7	1	0	0	0	0
3	1	0	10	2	0	0	0	0	0
1	0	0	0	0	0	0	0	0	0
23	6.5	0	302	205	0	0	0	0	0
6	1.5	0	10	4	0	0	0	0	0
81	20.1	3	134	112	0	0	0	0	0
25	5.3	0	2	7	0	0	0	0	0
258	60.8	3	1 212	1 041	1	0	0	0	0
3	0	0	0	27	0	0	0	0	0
28	11.1	2	444	429	0	0	0	0	0
2 558	705.7	107	68 574	57 741	38	5	0	148	146

1. 各类高等学校人文、社会科学学术交流情况表(一)

		国内学术会议			国际学术会议			国内受聘讲学		国外受聘讲学	
		参加人次	其中:赴境外人次	提交论文(篇)	参加人次	其中:赴境外人次	提交论文(篇)	派出人次	来校人次	派出人次	来校人次
	合计	150 811	0	79 032	39 928	12 925	23 802	26 338	43 739	4 838	12 008
按学校隶属关系划分	教育部直属院校	49 548	0	22 891	19 339	7 082	11 090	8 361	9 377	2 241	4 953
	其他部委院校	6 367	0	3 323	1 939	685	1 104	946	1 981	182	954
	地方院校	94 896	0	52 818	18 650	5 158	11 608	17 031	32 381	2 415	6 101
按学校规格划分	本科院校	138 588	0	74 682	38 367	12 702	23 525	24 479	40 349	4 739	11 780
	专科院校	12 223	0	4 350	1 561	223	277	1 859	3 390	99	228
按学校类型划分	综合大学	50 495	0	27 848	12 877	5 660	8 192	9 621	14 130	2 036	4 392
	理工农医院校	38 715	0	18 889	9 615	2 906	6 240	5 968	9 281	920	2 394
	高等师范院校	27 135	0	13 690	5 384	1 532	2 993	4 996	9 249	697	1 518
	语言院校	4 054	0	2 146	2 291	628	884	1 072	1 631	172	751
	财经院校	15 643	0	8 779	5 496	1 258	3 985	2 138	4 804	612	1 184
	政法院校	4 368	0	2 612	1 204	231	405	723	1 281	96	316
	体育院校	1 530	0	1 588	354	174	317	372	463	43	323
	艺术院校	4 800	0	1 892	2 122	364	393	920	1 512	177	907
	民族院校	4 071	0	1 588	585	172	393	528	1 388	85	223

国内社科考察		国外社科考察		国内进修学习		国外进修学习		国内合作研究		国外合作研究	
派出人次	来校人次	派出人次	来校人次	派出人次	来校人次	派出人次	来校人次	派出人次	来校人次	派出人次	来校人次
45 467	45 467	9 805	13 298	48 036	34 523	10 242	8 301	10 640	8 801	2 388	2 240
9 529	12 464	3 944	5 526	3 569	6 183	2 359	2 501	3 226	3 048	1 368	1 358
1 235	949	494	1 018	972	1 098	331	541	359	307	52	54
34 703	30 378	5 367	6 754	43 495	27 242	7 552	5 259	7 055	5 446	968	828
37 419	36 863	9 066	12 168	31 405	24 140	8 950	6 852	9 488	7 934	2 344	2 207
8 048	6 928	739	1 130	16 631	10 383	1 292	1 449	1 152	867	44	33
15 122	16 103	3 427	4 044	15 503	16 149	2 863	2 845	3 842	3 116	1 146	1 073
12 956	11 562	2 189	2 691	15 181	6 952	2 721	1 202	2 649	2 232	453	412
6 150	5 630	1 059	1 527	5 695	5 124	1 452	1 214	1 790	1 545	364	346
2 198	2 749	878	1 428	1 063	300	675	142	275	266	32	25
4 776	3 322	988	1 116	6 318	2 475	1 638	949	982	829	306	256
1 292	1 169	295	420	1 598	1 582	188	1 222	118	92	5	4
529	437	155	386	385	395	268	208	330	200	6	11
1 330	1 535	585	1 025	1 717	1 269	316	423	277	265	40	39
1 114	1 284	229	661	576	277	121	96	377	256	36	74

2. 各类高等学校人文、社会科学学术交流情况表(二)

		港澳台学术会议			港澳台受聘讲学	
		参加人次	其中:赴境外人次	提交论文(篇)	派出人次	来校人次
	合计	6 091	2 529	2 926	1 606	2 415
按学校隶属关系划分	教育部直属院校	2 777	1 338	1 281	774	1 084
	其他部委院校	624	138	149	85	184
	地方院校	2 690	1 053	1 496	747	1 147
按学校规格划分	本科院校	5 553	2 450	2 856	1 563	2 311
	专科院校	538	79	70	43	104
按学校类型划分	综合大学	2 677	1 356	1 329	908	1 136
	理工农医院校	1 214	394	508	157	477
	高等师范院校	777	236	481	251	321
	语言院校	107	72	57	27	33
	财经院校	588	244	316	106	191
	政法院校	397	64	53	79	74
	体育院校	79	63	68	20	46
	艺术院校	78	33	26	31	80
	民族院校	174	67	88	27	57

港澳台社科考察		港澳台进修学习		港澳台合作研究	
派出人次	来校人次	派出人次	来校人次	派出人次	来校人次
3 117	3 901	1 904	1 491	715	634
1 159	1 448	455	701	423	405
160	320	37	92	9	5
1 798	2 133	1 412	698	283	224
2 707	3 418	1 451	1 316	659	617
410	483	453	175	56	17
1 505	1 943	745	838	417	408
544	733	485	149	130	90
341	296	232	220	91	65
110	68	24	0	5	1
218	273	217	98	19	13
161	177	59	83	5	10
73	130	57	56	30	32
127	116	58	35	8	5
38	165	27	12	10	10

3. 各省、市、自治区高等学校人文、社会科学学术交流情况表(一)

	国内学术会议			国际学术会议			国内受聘讲学		国外受聘讲学	
	参加人次	其中:赴境外人次	提交论文(篇)	参加人次	其中:赴境外人次	提交论文(篇)	派出人次	来校人次	派出人次	来校人次
合计	150 811	0	79 032	39 928	12 925	23 802	26 338	43 739	4 838	12 008
北京市	25 144	0	8 477	8 745	2 782	2 871	3 926	4 311	738	2 017
天津市	4 227	0	1 583	1 504	351	854	655	826	156	242
河北省	2 301	0	1 430	428	93	253	543	1 321	76	140
山西省	2 029	0	1 217	226	87	142	326	926	37	123
内蒙古自治区	742	0	442	125	58	84	100	221	33	26
辽宁省	5 473	0	1 701	2 572	463	1 921	477	1 069	156	275
吉林省	5 611	0	1 716	1 122	287	371	641	1 023	178	219
黑龙江省	1 268	0	1 242	489	118	482	212	372	9	58
上海市	11 369	0	3 807	2 910	1 744	1 768	2 045	2 563	656	1 519
江苏省	11 868	0	8 765	2 913	908	1 953	1 866	3 827	402	877
浙江省	8 750	0	4 626	3 653	1 212	1 707	1 548	2 751	408	1 026
安徽省	4 543	0	2 456	670	220	265	1 213	1 625	79	184
福建省	4 233	0	3 862	791	328	682	965	1 534	123	345
江西省	4 210	0	1 706	413	148	1 131	857	1 462	132	258
山东省	7 872	0	4 833	1 548	409	838	1 442	2 213	195	426
河南省	2 668	0	2 685	477	108	483	712	1 817	60	162
湖北省	6 473	0	5 487	1 892	662	1 526	1 714	2 440	248	957
湖南省	9 255	0	4 235	993	247	760	1 092	1 741	189	372
广东省	9 014	0	5 035	2 268	959	1 574	1 837	2 823	251	1 081
广西壮族自治区	2 100	0	1 110	611	82	183	236	678	29	182
海南省	608	0	611	133	26	133	201	307	12	20
重庆市	3 147	0	2 630	641	222	555	728	1 462	165	252
四川省	7 761	0	4 150	2 585	718	1 639	1 424	2 783	185	473
贵州省	1 315	0	912	189	47	158	210	896	61	36
云南省	4 203	0	1 601	816	176	712	417	543	63	190
西藏自治区	136	0	81	2	2	1	14	141	0	0
陕西省	2 496	0	1 732	928	339	633	541	1 126	109	406
甘肃省	670	0	277	123	69	42	103	285	14	40
青海省	368	0	130	17	0	11	16	32	0	0
宁夏回族自治区	323	0	95	93	42	43	89	295	17	72
新疆维吾尔自治区	634	0	398	51	18	27	188	326	57	30

国内社科考察		国外社科考察		国内进修学习		国外进修学习		国内合作研究		国外合作研究	
派出人次	来校人次	派出人次	来校人次	派出人次	来校人次	派出人次	来校人次	派出人次	来校人次	派出人次	来校人次
45 467	43 791	9 805	13 298	48 036	34 523	10 242	8 301	10 640	8 801	2 388	2 240
5 118	6 280	1 521	2 914	1 915	2 060	953	770	1 161	1 148	331	356
776	602	258	257	1 491	1 165	326	168	263	275	49	26
938	697	144	261	870	742	157	483	99	92	3	1
466	268	79	32	1 224	196	184	39	212	116	18	11
245	77	35	37	192	8	51	2	6	0	0	0
946	877	235	314	2 342	942	195	139	237	165	31	43
717	498	201	263	951	809	132	185	294	307	86	66
450	343	57	80	586	77	54	1	45	29	3	2
2 356	3 425	1 631	1 966	1 633	1 414	1 026	997	752	583	491	360
3 117	3 045	804	830	4 217	2 700	1 276	820	1 220	1 183	191	184
3 172	3 986	586	1 286	3 473	4 753	833	989	600	439	155	200
1 935	1 566	209	192	2 102	1 338	361	96	339	296	66	52
1 650	1 383	221	484	1 450	549	251	207	322	248	144	100
1 224	987	218	196	1 617	741	325	189	315	291	54	37
2 237	2 017	378	517	2 935	1 234	467	311	528	395	91	102
1 867	1 317	198	239	1 460	419	160	85	332	271	35	21
2 417	2 319	438	392	2 575	1 646	738	523	725	462	105	140
2 789	2 276	269	343	3 126	2 414	356	691	476	386	15	18
2 938	2 842	742	563	3 407	1 137	623	208	717	520	195	113
1 025	776	63	105	834	628	75	5	192	168	9	2
491	343	56	32	387	34	37	9	1	1	0	1
1 565	1 073	371	299	1 353	1 745	295	239	242	193	58	74
3 070	2 405	404	936	3 519	2 665	538	522	1 000	678	103	129
770	439	113	99	1 045	497	115	119	70	41	13	8
1 138	2 420	256	360	879	212	249	304	172	199	79	136
168	18	0	0	37	21	0	0	18	13	0	0
1 062	891	223	204	805	728	303	74	60	81	28	24
254	55	13	89	689	3 312	34	104	88	72	21	15
46	38	35	0	119	0	4	4	17	13	0	0
175	97	25	0	198	103	65	0	19	15	2	4
345	431	22	8	605	234	59	18	118	121	12	15

4. 各省、市、自治区高等学校人文、社会科学学术交流情况表(二)

	港澳台学术会议			港澳台受聘讲学	
	参加人次	其中:赴境外人次	提交论文(篇)	派出人次	来校人次
合计	6 091	2 529	2 926	1 606	2 415
北京市	1 410	501	427	176	230
天津市	48	28	18	10	25
河北省	37	13	11	1	8
山西省	65	20	42	23	16
内蒙古自治区	20	0	10	5	0
辽宁省	123	69	102	26	58
吉林省	182	85	73	125	122
黑龙江省	14	0	13	0	0
上海市	585	190	295	148	303
江苏省	464	213	259	217	207
浙江省	239	194	66	69	77
安徽省	292	37	53	66	72
福建省	509	256	409	137	292
江西省	28	15	9	10	16
山东省	141	55	86	41	101
河南省	39	28	40	6	9
湖北省	248	126	205	67	170
湖南省	53	21	22	32	32
广东省	866	398	447	233	331
广西壮族自治区	40	9	9	4	26
海南省	25	0	25	3	6
重庆市	40	36	34	35	38
四川省	303	94	109	60	93
贵州省	19	8	11	6	10
云南省	99	33	64	43	46
西藏自治区	0	0	0	0	0
陕西省	155	86	67	48	85
甘肃省	40	14	13	4	24
青海省	0	0	0	0	0
宁夏回族自治区	1	0	1	1	3
新疆维吾尔自治区	6	0	6	10	15

港澳台社科考察		港澳台进修学习		港澳台合作研究	
派出 人次	来校 人次	派出 人次	来校 人次	派出 人次	来校 人次
3 117	3 901	1 904	1 491	715	634
388	578	104	395	40	60
21	38	3	3	16	19
14	19	12	10	0	0
8	16	11	7	0	0
10	0	1	0	0	0
50	62	25	8	17	9
78	67	84	17	23	19
1	0	4	0	0	0
356	378	216	226	137	139
257	174	248	76	50	34
149	383	126	175	52	35
86	68	97	49	31	17
366	629	244	116	73	60
27	21	7	5	1	5
175	106	115	26	15	18
26	16	54	19	3	2
86	99	64	69	37	34
49	85	44	25	1	0
575	567	190	105	95	60
8	11	2	5	21	0
17	11	17	0	0	0
17	23	44	11	5	8
124	257	54	30	35	41
55	20	6	15	10	10
106	47	59	52	40	52
0	0	0	0	0	0
61	46	43	43	10	7
2	44	3	0	1	1
0	0	0	0	0	0
0	130	24	0	0	0
5	6	3	4	2	4

5. 各省、市、自治区所属高等学校人文、社会科学学术交流情况表(一)

	国内学术会议			国际学术会议			国内受聘讲学		国外受聘讲学	
	参加人次	其中:赴境外人次	提交论文(篇)	参加人次	其中:赴境外人次	提交论文(篇)	派出人次	来校人次	派出人次	来校人次
合计	94 896	0	52 818	18 650	5 158	11 608	17 031	32 381	2 415	6 101
北京市	5 337	0	1 385	1 041	274	532	1 053	1 507	86	310
天津市	3 649	0	1 276	1 299	240	719	454	608	120	184
河北省	2 175	0	1 393	338	68	220	538	1 152	76	101
山西省	2 029	0	1 217	226	87	142	326	926	37	123
内蒙古自治区	742	0	442	125	58	84	100	221	33	26
辽宁省	3 367	0	1 446	963	177	240	316	861	55	152
吉林省	4 259	0	705	690	100	146	281	646	35	76
黑龙江省	887	0	871	109	19	104	167	355	9	10
上海市	3 186	0	1 470	1 183	651	831	754	1 131	268	612
江苏省	8 362	0	6 550	2 071	556	1 389	1 229	2 799	243	561
浙江省	6 802	0	3 684	2 088	503	746	1 356	2 425	235	779
安徽省	4 378	0	2 367	567	153	231	1 135	1 540	74	179
福建省	2 962	0	2 961	371	106	372	535	1 102	32	130
江西省	4 210	0	1 706	413	148	1 131	857	1 462	132	258
山东省	6 574	0	4 236	1 257	318	622	1 328	2 010	153	271
河南省	2 634	0	2 650	477	108	483	707	1 795	60	162
湖北省	2 750	0	1 835	373	169	315	505	1 111	70	271
湖南省	7 438	0	3 306	393	133	193	937	1 585	114	319
广东省	6 067	0	3 590	1 399	548	941	1 360	2 008	117	668
广西壮族自治区	2 100	0	1 110	611	82	183	236	678	29	182
海南省	608	0	611	133	26	133	201	307	12	20
重庆市	2 301	0	1 928	382	82	341	536	1 114	92	133
四川省	3 028	0	1 596	350	141	178	778	1 777	53	96
贵州省	1 315	0	912	189	47	158	210	896	61	36
云南省	4 203	0	1 601	816	176	712	417	543	63	190
西藏自治区	136	0	81	2	2	1	14	141	0	0
陕西省	1 625	0	1 091	574	109	362	305	853	68	183
甘肃省	497	0	205	69	20	21	103	285	14	27
青海省	368	0	130	17	0	11	16	32	0	0
宁夏回族自治区	273	0	65	73	39	40	89	185	17	12
新疆维吾尔自治区	634	0	398	51	18	27	188	326	57	30

国内社科考察		国外社科考察		国内进修学习		国外进修学习		国内合作研究		国外合作研究	
派出人次	来校人次	派出人次	来校人次	派出人次	来校人次	派出人次	来校人次	派出人次	来校人次	派出人次	来校人次
34 703	30 378	5 367	6 754	43 495	27 242	7 552	5 259	7 055	5 446	968	828
1 440	1 104	233	289	863	605	288	178	335	286	13	11
601	508	198	234	1 424	1 093	287	160	207	219	24	18
821	573	95	79	817	265	145	115	90	83	3	1
466	268	79	32	1 224	196	184	39	212	116	18	11
245	77	35	37	192	8	51	2	6	0	0	0
756	746	176	221	2 208	786	146	93	163	106	13	18
411	231	147	229	658	250	48	30	129	97	38	32
395	250	27	64	564	68	44	1	28	12	3	2
708	545	383	411	959	381	584	409	317	125	224	174
2 430	2 370	509	758	3 980	2 521	1 109	755	918	851	110	99
3 074	3 822	504	1 126	3 460	4 738	774	964	487	320	60	43
1 895	1 538	203	190	2 086	1 318	358	94	339	296	58	47
1 321	854	125	200	1 346	278	178	137	210	144	25	17
1 224	987	218	196	1 617	741	325	189	315	291	54	37
2 145	1 905	315	418	2 904	1 192	365	277	481	360	42	45
1 785	1 271	198	239	1 438	419	160	85	329	265	35	21
1 266	916	110	112	1 701	709	277	136	207	146	10	1
2 409	1 895	201	239	2 897	2 017	285	590	406	297	0	0
2 556	2 589	442	397	3 266	1 021	536	163	589	405	91	52
1 025	776	63	105	834	628	75	5	192	168	9	2
491	343	56	32	387	34	37	9	1	1	0	1
1 233	901	226	218	1 230	996	259	197	94	67	1	2
2 410	1 715	215	295	3 237	2 039	357	77	498	317	16	21
770	439	113	99	1 045	497	115	119	70	41	13	8
1 138	2 420	256	360	879	212	249	304	172	199	79	136
168	18	0	0	37	21	0	0	18	13	0	0
700	696	152	156	667	560	175	37	0	0	5	5
254	55	6	10	689	3 312	23	72	88	72	10	5
46	38	35	0	119	0	4	4	17	13	0	0
175	97	25	0	162	103	55	0	19	15	2	4
345	431	22	8	605	234	59	18	118	121	12	15

6. 各省、市、自治区所属高等学校人文、社会科学学术交流情况表(二)

	港澳台学术会议			港澳台受聘讲学	
	参加人次	其中:赴境外人次	提交论文(篇)	派出人次	来校人次
合计	2 690	1 053	1 496	747	1 147
北京市	136	61	69	25	41
天津市	35	15	1	9	16
河北省	5	0	0	1	8
山西省	65	20	42	23	16
内蒙古自治区	20	0	10	5	0
辽宁省	64	27	88	13	21
吉林省	22	18	18	8	16
黑龙江省	3	0	2	0	0
上海市	137	60	54	30	52
江苏省	354	153	189	107	143
浙江省	117	72	40	38	44
安徽省	292	37	53	66	72
福建省	294	85	294	80	180
江西省	28	15	9	10	16
山东省	83	24	46	31	81
河南省	39	28	40	6	9
湖北省	57	32	44	16	35
湖南省	53	21	22	20	11
广东省	555	271	308	130	201
广西壮族自治区	40	9	9	4	26
海南省	25	0	25	3	6
重庆市	5	5	5	12	8
四川省	14	9	10	12	17
贵州省	19	8	11	6	10
云南省	99	33	64	43	46
西藏自治区	0	0	0	0	0
陕西省	83	37	24	35	48
甘肃省	39	13	12	3	6
青海省	0	0	0	0	0
宁夏回族自治区	1	0	1	1	3
新疆维吾尔自治区	6	0	6	10	15

港澳台社科考察		港澳台进修学习		港澳台合作研究	
派出 人次	来校 人次	派出 人次	来校 人次	派出 人次	来校 人次
1 798	2 133	1 412	698	283	224
63	62	31	6	1	1
12	29	2	3	13	15
2	9	12	0	0	0
8	16	11	7	0	0
10	0	1	0	0	0
39	29	11	2	0	0
48	40	38	5	4	2
0	0	4	0	0	0
79	80	96	57	10	7
126	161	239	71	7	7
128	314	112	144	11	2
86	68	97	49	31	17
218	286	234	82	49	41
27	21	7	5	1	5
166	95	93	22	13	18
26	16	54	19	3	2
20	4	13	23	0	0
32	49	27	3	1	0
385	501	161	88	46	24
8	11	2	5	21	0
17	11	17	0	0	0
2	8	3	0	0	0
86	86	31	18	15	13
55	20	6	15	10	10
106	47	59	52	40	52
0	0	0	0	0	0
42	32	22	18	4	3
2	2	2	0	1	1
0	0	0	0	0	0
0	130	24	0	0	0
5	6	3	4	2	4

7. 国务院各部委所属高等学校人文、社会科学学术交流情况表(一)

	国内学术会议			国际学术会议			国内受聘讲学		国外受聘讲学	
	参加人次	其中:赴境外人次	提交论文(篇)	参加人次	其中:赴境外人次	提交论文(篇)	派出人次	来校人次	派出人次	来校人次
合计	6 367	0	3 323	1 939	685	1 104	946	1 981	182	954
民政部	101	0	91	335	1	0	17	0	5	12
中央办公厅	9	0	8	0	0	0	1	0	0	0
外交部	33	0	6	107	105	12	0	0	8	27
国家民族事务委员会	2 770	0	835	366	108	224	287	769	51	172
公安部	156	0	108	95	33	63	55	192	0	42
司法部	22	0	7	4	0	4	0	31	0	0
工业和信息化部	684	0	538	587	264	594	142	263	45	277
交通部	158	0	42	49	0	23	0	0	0	62
国家卫生健康委员会	200	0	0	0	0	0	0	0	0	0
海关总署	60	0	31	3	3	2	6	63	0	0
中国民用航空局	75	0	47	28	15	10	23	77	0	0
中国地震局	1	0	1	0	0	1	0	0	0	0
国家林业和草原局	7	0	5	0	0	0	0	0	0	0
国务院侨务办公室	1 382	0	570	135	44	92	182	298	49	118
应急管理部	8	0	8	0	0	0	0	10	0	0
国家体育总局	175	0	754	82	30	36	124	141	1	206
中国科学院	145	0	39	103	67	34	10	0	5	5
中国社会科学院	53	0	47	3	3	3	56	84	7	18
中华全国总工会	206	0	137	0	0	0	28	14	6	8
共青团中央	17	0	6	2	2	1	3	9	0	0
中华全国妇女联合会	105	0	43	40	10	5	12	30	5	7

国内社科考察		国外社科考察		国内进修学习		国外进修学习		国内合作研究		国外合作研究	
派出人次	来校人次	派出人次	来校人次	派出人次	来校人次	派出人次	来校人次	派出人次	来校人次	派出人次	来校人次
1 235	949	494	1 018	960	1 098	331	541	359	307	52	54
22	0	10	0	35	0	4	5	0	0	0	0
0	0	0	0	0	0	0	0	0	0	0	0
1	0	40	13	2	0	11	0	0	0	0	0
322	335	87	431	168	118	68	31	199	109	11	32
224	189	57	191	64	489	13	375	12	15	0	0
0	0	2	0	21	3	0	0	0	0	0	0
263	118	148	68	69	9	101	35	48	64	16	3
2	10	11	0	1	15	11	0	0	0	1	1
0	0	0	0	0	0	0	0	0	0	0	0
15	12	8	6	6	0	3	0	0	0	0	0
27	21	10	4	79	20	7	0	10	11	6	6
3	0	0	0	0	0	4	0	0	0	0	0
0	0	0	0	0	0	0	0	0	0	0	0
127	111	35	20	76	87	32	11	17	16	6	7
19	6	0	0	19	4	0	0	0	0	0	0
51	72	32	260	42	81	51	76	58	89	0	0
0	0	6	2	0	0	3	2	0	0	8	5
23	7	4	3	1	10	0	0	0	0	0	0
78	60	40	18	319	259	13	6	0	0	0	0
7	4	0	0	5	3	0	0	0	0	0	0
51	4	4	2	53	0	10	0	15	3	4	0

8. 国务院各部委所属高等学校人文、社会科学学术交流情况表(二)

	港澳台学术会议			港澳台受聘讲学	
	参加人次	其中:赴境外人次	提交论文(篇)	派出人次	来校人次
合计	624	138	149	85	184
民政部	237	0	0	0	0
外交部	2	2	0	1	0
国家民族事务委员会	136	50	73	20	45
公安部	32	12	12	6	17
司法部	1	1	0	0	0
工业和信息化部	56	10	31	7	34
交通部	17	17	0	0	12
中国民用航空局	10	2	2	2	3
中国地震局	1	0	1	0	0
国务院侨务办公室	95	25	14	25	45
国家体育总局	9	9	12	1	18
中国社会科学院	2	2	0	2	5
中华全国总工会	0	0	0	18	1
共青团中央	11	0	2	1	2
中华全国妇女联合会	15	8	2	2	2

港澳台社科考察		港澳台进修学习		港澳台合作研究	
派出 人次	来校 人次	派出 人次	来校 人次	派出 人次	来校 人次
160	320	37	92	9	5
26	21	0	0	0	0
3	0	0	0	0	0
21	150	14	12	1	3
15	14	1	11	0	0
0	0	0	0	0	0
9	5	8	3	0	0
0	0	1	0	0	0
0	0	0	0	0	0
0	0	0	0	0	0
22	21	8	20	6	2
16	83	3	36	0	0
1	3	0	0	0	0
35	20	0	10	0	0
0	0	0	0	0	0
12	3	2	0	2	0

9. 全国高等学校人文、社会科学学术交流情况表

学术交流类别		校办学术会议		学术会议			受聘讲学		社科考察		进修学习		合作研究		
		本校独办数	与外单位合办数	参加人次	其中:赴境外人次	提交论文(篇)	派出人次	来校人次	派出人次	来校人次	派出人次	来校人次	派出人次	来校人次	课题数(项)
	编号	L01	L02	L03	L04	L05	L06	L07	L08	L09	L10	L11	L12	L13	L14
合计	1	10 737	4 857	196 830	15 454	105 760	32 782	58 162	58 389	60 990	60 182	44 315	13 743	11 675	7 982
国际学术交流	2	1 500	1 049	39 928	12 925	23 802	4 838	12 008	9 805	13 298	10 242	8 301	2 388	2 240	1 012
国内学术交流	3	8 957	3 645	150 811	0	79 032	26 338	43 739	45 467	43 791	48 036	34 523	10 640	8 801	6 687
与港澳台地区学术交流	4	280	163	6 091	2 529	2 926	1 606	2 415	3 117	3 901	1 904	1 491	715	634	283

10. 本科院校人文、社会科学学术交流情况表

学术交流类别		校办学术会议		学术会议			受聘讲学		社科考察		进修学习		合作研究		
		本校独办数	与外单位合办数	参加人次	其中:赴境外人次	提交论文(篇)	派出人次	来校人次	派出人次	来校人次	派出人次	来校人次	派出人次	来校人次	课题数(项)
	编号	L01	L02	L03	L04	L05	L06	L07	L08	L09	L10	L11	L12	L13	L14
合计	1	9 989	4 600	182 508	15 152	101 063	30 781	54 440	49 192	52 449	41 806	32 308	12 491	10 758	7 452
国际学术交流	2	1 485	1 021	38 367	12 702	23 525	4 739	11 780	9 066	12 168	8 950	6 852	2 344	2 207	991
国内学术交流	3	8 239	3 421	138 588	0	74 682	24 479	40 349	37 419	36 863	31 405	24 140	9 488	7 934	6 182
与港澳台地区学术交流	4	265	158	5 553	2 450	2 856	1 563	2 311	2 707	3 418	1 451	1 316	659	617	279

11. 专科院校人文、社会科学学术交流情况表

学术交流类别		校办学术会议		学术会议			受聘讲学		社科考察		进修学习		合作研究		
		本校独办数	与外单位合办数	参加人次	其中：赴境外人次	提交论文（篇）	派出人次	来校人次	派出人次	来校人次	派出人次	来校人次	派出人次	来校人次	课题数（项）
	编号	L01	L02	L03	L04	L05	L06	L07	L08	L09	L10	L11	L12	L13	L14
合计	1	748	257	14 322	302	4 697	2 001	3 722	9 197	8 541	18 376	12 007	1 252	917	530
国际学术交流	2	15	28	1 561	223	277	99	228	739	1 130	1 292	1 449	44	33	21
国内学术交流	3	718	224	12 223	0	4 350	1 859	3 390	8 048	6 928	16 631	10 383	1 152	867	505
与港澳台地区学术交流	4	15	5	538	79	70	43	104	410	483	453	175	56	17	4

12. 教育部直属院校人文、社会科学学术交流情况表（一）

学术交流类别		校办学术会议		学术会议			受聘讲学		社科考察		进修学习		合作研究		
		本校独办数	与外单位合办数	参加人次	其中：赴境外人次	提交论文（篇）	派出人次	来校人次	派出人次	来校人次	派出人次	来校人次	派出人次	来校人次	课题数（项）
	编号	L01	L02	L03	L04	L05	L06	L07	L08	L09	L10	L11	L12	L13	L14
合计	1	3 704	1 692	71 664	8 420	35 262	11 376	15 414	14 632	19 438	6 383	9 385	5 017	4 811	3 279
国际学术交流	2	783	503	19 339	7 082	11 090	2 241	4 953	3 944	5 526	2 359	2 501	1 368	1 358	601
国内学术交流	3	2 777	1 113	49 548	0	22 891	8 361	9 377	9 529	12 464	3 569	6 183	3 226	3 048	2 558
与港澳台地区学术交流	4	144	76	2 777	1 338	1 281	774	1 084	1 159	1 448	455	701	423	405	120

13. 教育部直属院校人文、社会科学学术交流情况表(二)

	国内学术会议			国际学术会议			国内受聘讲学		国外受聘讲学	
	参加人次	其中:赴境外人次	提交论文(篇)	参加人次	其中:赴境外人次	提交论文(篇)	派出人次	来校人次	派出人次	来校人次
合计	49 548	0	22 891	19 339	7 082	11 090	8 361	9 377	2 241	4 953
北京大学	2 438	0	1 562	1 023	322	330	358	336	181	172
中国人民大学	6 067	0	1 900	1 004	727	530	686	828	82	270
清华大学	1 897	0	501	1 118	416	300	365	118	123	124
北京交通大学	647	0	350	159	44	20	24	47	32	39
北京科技大学	148	0	114	48	10	68	37	51	6	26
北京化工大学	70	0	24	14	2	6	0	16	0	12
北京邮电大学	78	0	57	25	19	26	10	15	6	8
中国农业大学	165	0	41	34	22	9	50	10	3	2
北京林业大学	0	0	0	0	0	0	0	0	0	0
北京中医药大学	25	0	2	2	1	1	12	4	5	0
北京师范大学	682	0	0	689	204	198	241	148	30	155
北京外国语大学	328	0	194	223	97	152	129	38	21	44
北京语言大学	333	0	170	182	40	141	133	112	14	65
中国传媒大学	111	0	0	217	0	0	130	188	5	56
中央财经大学	521	0	228	272	82	111	81	87	2	112
对外经济贸易大学	546	0	84	333	71	20	17	135	8	35
国际关系学院	961	0	10	13	10	3	33	25	9	4
中央音乐学院	938	0	6	854	0	4	0	0	0	0
中央美术学院	160	0	31	96	21	39	89	15	17	20
中央戏剧学院	100	0	0	90	25	3	26	18	4	28
中国政法大学	189	0	187	389	62	71	44	171	13	92
华北电力大学	48	0	25	35	27	21	6	13	16	22
南开大学	436	0	231	156	90	115	150	135	30	51
天津大学	100	0	53	23	8	14	30	26	6	7
大连理工大学	160	0	60	400	32	210	55	32	50	22
东北大学	1 700	0	98	1 150	249	1 419	29	71	25	28
吉林大学	930	0	911	212	132	170	240	310	89	111
东北师范大学	422	0	100	220	55	55	120	67	54	32
东北林业大学	121	0	113	1	0	1	30	17	0	3
复旦大学	950	0	470	192	148	135	470	290	46	190
同济大学	341	0	145	238	130	138	71	63	72	85
上海交通大学	879	0	0	175	175	94	185	225	20	85
华东理工大学	700	0	98	82	34	67	61	88	10	21
东华大学	148	0	125	52	52	25	85	62	10	5
华东师范大学	4 183	0	744	466	185	215	249	333	48	187
上海外国语大学	497	0	497	111	111	82	113	203	3	195
上海财经大学	425	0	227	408	255	179	51	105	179	139
南京大学	1 405	0	901	258	123	172	253	232	39	103

国内社科考察		国外社科考察		国内进修学习		国外进修学习		国内合作研究		国外合作研究	
派出人次	来校人次	派出人次	来校人次	派出人次	来校人次	派出人次	来校人次	派出人次	来校人次	派出人次	来校人次
9 529	12 464	3 944	5 526	3 569	6 183	2 359	2 501	3 226	3 048	1 368	1 358
523	1 010	87	158	43	298	71	167	152	245	39	112
995	520	171	319	29	325	28	45	190	186	103	55
570	2 432	160	442	10	85	11	11	114	156	45	76
27	45	20	48	12	95	32	69	6	10	0	0
100	49	4	58	12	0	3	0	16	0	0	3
16	0	7	0	38	0	0	0	0	0	0	0
60	19	1	6	16	0	3	1	3	1	0	0
68	20	5	2	9	0	1	0	13	0	1	1
0	0	0	0	0	0	0	0	0	0	0	0
29	8	0	0	5	5	1	0	12	5	0	0
80	96	60	173	137	1	27	30	87	54	61	41
39	130	155	375	1	0	4	0	0	0	0	0
5	0	0	0	11	0	2	1	3	0	0	0
516	200	210	370	66	58	203	100	0	0	0	0
91	60	7	15	20	15	26	1	32	27	19	32
12	0	19	3	3	9	17	0	2	0	5	3
29	20	3	10	45	0	3	0	0	0	0	0
0	0	0	0	0	0	0	0	0	0	0	0
74	300	23	180	17	70	3	15	38	12	23	18
4	0	75	92	31	0	8	0	0	0	0	0
7	7	21	1	6	73	18	14	0	6	0	1
8	9	27	9	5	9	28	7	8	6	5	3
131	70	51	20	21	52	19	0	28	32	25	8
24	10	3	3	31	15	18	8	24	18	0	0
35	50	28	70	21	36	16	23	22	20	6	10
121	51	14	20	80	92	18	21	52	39	11	14
116	97	14	13	137	219	44	52	62	79	30	21
190	170	40	21	156	340	40	103	103	131	18	13
33	51	2	0	22	8	1	0	17	17	0	0
240	275	250	248	370	286	198	80	104	180	165	84
106	98	95	79	51	51	91	76	96	86	48	31
127	136	317	408	24	20	10	89	0	0	0	0
85	65	15	15	6	3	8	0	53	54	6	16
300	305	65	250	30	15	20	6	0	0	0	0
211	212	73	30	36	395	24	197	129	62	28	33
497	1 701	321	438	56	42	42	1	53	76	15	16
67	76	104	81	95	221	46	139	0	0	5	6
159	110	53	23	33	11	32	2	76	83	41	44

	国内学术会议			国际学术会议			国内受聘讲学		国外受聘讲学	
	参加人次	其中：赴境外人次	提交论文（篇）	参加人次	其中：赴境外人次	提交论文（篇）	派出人次	来校人次	派出人次	来校人次
东南大学	403	0	228	270	44	190	119	139	22	69
中国矿业大学	280	0	270	9	9	9	40	35	0	5
河海大学	385	0	320	86	67	65	88	106	12	28
江南大学	339	0	128	28	15	20	0	229	68	21
南京农业大学	453	0	139	125	37	45	39	69	7	22
中国药科大学	50	0	50	4	4	2	33	15	0	6
浙江大学	1 948	0	942	1 565	709	961	192	326	173	247
合肥工业大学	120	0	65	0	0	0	68	85	0	0
厦门大学	939	0	569	365	203	255	359	370	61	184
山东大学	1 045	0	354	267	77	198	97	166	33	135
中国海洋大学	100	0	100	10	5	5	3	21	0	7
中国石油大学（华东）	153	0	143	14	9	13	14	16	9	13
武汉大学	1 024	0	872	348	204	255	582	315	55	228
华中科技大学	423	0	432	258	81	285	179	252	0	105
中国地质大学（武汉）	150	0	66	100	16	35	40	32	7	10
武汉理工大学	251	0	211	303	43	166	6	13	22	76
华中农业大学	377	0	328	86	38	92	78	132	35	94
华中师范大学	327	0	304	214	57	88	167	134	36	85
中南财经政法大学	950	0	1 218	130	28	210	82	328	13	58
湖南大学	1 766	0	889	574	102	555	137	114	71	45
中南大学	51	0	40	26	12	12	18	42	4	8
中山大学	1 522	0	951	537	265	434	314	471	85	289
华南理工大学	354	0	241	250	119	158	52	95	30	37
四川大学	1 406	0	573	545	272	207	284	282	42	169
重庆大学	216	0	215	82	48	78	70	160	37	60
西南交通大学	306	0	118	80	52	102	80	65	21	60
电子科技大学	65	0	60	90	18	82	11	21	9	11
西南大学	630	0	487	177	92	136	122	188	36	59
西南财经大学	2 760	0	1 656	1 445	220	1 008	181	238	57	101
西安交通大学	178	0	121	212	156	173	68	97	21	58
西安电子科技大学	128	0	110	36	12	21	29	19	3	14
长安大学	114	0	63	32	3	22	29	25	0	4
西北农林科技大学	155	0	112	3	2	0	10	15	1	2
陕西师范大学	247	0	197	35	21	23	73	91	12	63
兰州大学	0	0	0	49	49	19	0	0	0	13
中国矿业大学（北京）	23	0	20	4	0	4	7	10	0	0
中国石油大学（北京）	20	0	16	7	7	11	27	4	1	0
中国地质大学（北京）	41	0	24	9	5	7	0	23	0	17

续表

国内社科考察		国外社科考察		国内进修学习		国外进修学习		国内合作研究		国外合作研究	
派出人次	来校人次	派出人次	来校人次	派出人次	来校人次	派出人次	来校人次	派出人次	来校人次	派出人次	来校人次
53	18	3	3	13	3	12	3	11	17	9	14
60	30	1	0	13	4	43	0	0	0	0	0
115	106	18	16	60	112	11	28	82	65	18	11
28	277	150	0	28	36	25	28	46	79	0	0
110	62	36	10	17	0	23	1	24	14	10	13
25	10	3	9	20	7	3	0	15	10	0	0
98	164	82	160	13	15	59	25	113	119	95	157
40	28	0	0	16	20	0	0	0	0	0	0
300	474	87	274	43	194	54	59	106	98	116	81
55	55	35	73	17	25	70	0	12	8	10	26
18	26	0	0	3	4	10	0	0	0	0	0
19	31	28	26	11	13	22	34	35	27	39	31
224	231	27	21	229	262	82	24	213	99	36	72
193	88	16	43	32	24	47	13	78	25	31	18
58	60	20	15	7	1	9	4	20	26	7	9
35	3	60	18	27	0	50	0	26	15	0	0
126	118	26	36	131	105	35	16	0	6	0	0
251	694	124	81	358	448	202	287	59	96	16	31
169	129	40	50	64	74	16	20	47	34	5	9
284	326	62	98	203	385	63	96	35	57	15	18
96	55	6	6	14	12	8	5	35	32	0	0
249	152	256	124	24	58	37	11	65	77	95	50
25	45	14	28	40	33	32	34	46	23	0	0
346	337	68	183	139	517	48	388	349	211	35	36
69	46	46	2	8	449	12	0	15	9	0	0
55	56	29	26	30	2	50	2	12	10	7	10
26	24	7	6	9	16	12	2	15	15	0	0
263	126	99	79	115	300	24	42	133	117	57	72
100	85	40	42	35	47	68	52	68	80	45	30
63	52	23	5	48	13	28	10	21	29	18	13
15	0	0	0	17	0	3	0	0	0	0	0
98	0	1	1	17	0	4	0	0	0	0	0
75	12	0	0	25	70	14	0	0	0	0	0
72	131	26	32	26	85	52	27	39	52	5	6
0	0	7	79	0	0	0	32	0	0	0	10
16	11	3	0	9	0	9	0	5	5	0	0
5	0	1	0	18	0	0	0	1	1	0	0
0	0	0	0	5	0	6	0	5	7	0	0

14. 教育部直属院校人文、社会科学学术交流情况表(三)

	港澳台学术会议			港澳台受聘讲学	
	参加人次	其中:赴境外人次	提交论文(篇)	派出人次	来校人次
合计	2 777	1 338	1 281	774	1 084
北京大学	576	177	94	46	42
中国人民大学	100	85	41	17	13
清华大学	78	54	23	10	13
北京交通大学	0	0	0	0	0
北京科技大学	7	2	2	2	2
北京化工大学	0	0	0	0	0
北京邮电大学	8	3	6	0	0
中国农业大学	1	0	1	0	0
北京林业大学	0	0	0	0	0
北京中医药大学	1	1	0	2	0
北京师范大学	0	0	65	13	12
北京外国语大学	6	6	5	4	4
北京语言大学	13	13	13	5	7
中国传媒大学	20	0	11	0	0
中央财经大学	6	4	3	0	2
对外经济贸易大学	0	0	0	0	3
国际关系学院	1	1	1	0	0
中央音乐学院	0	0	0	0	0
中央美术学院	16	5	1	3	3
中央戏剧学院	0	0	0	0	1
中国政法大学	17	12	14	6	2
华北电力大学	9	0	8	6	4
南开大学	13	13	17	1	9
天津大学	0	0	0	0	0
大连理工大学	2	0	0	0	0
东北大学	40	25	14	7	10
吉林大学	140	67	50	110	91
东北师范大学	20	0	5	7	15
东北林业大学	0	0	0	0	0
复旦大学	64	0	50	44	55
同济大学	42	25	11	35	36
上海交通大学	33	33	33	1	6
华东理工大学	99	5	63	0	63
东华大学	0	0	0	0	0
华东师范大学	133	21	39	9	37
上海外国语大学	20	20	6	1	8
上海财经大学	57	26	39	28	46
南京大学	42	31	44	28	33

港澳台社科考察		港澳台进修学习		港澳台合作研究	
派出人次	来校人次	派出人次	来校人次	派出人次	来校人次
1 159	1 448	455	701	423	405
31	35	27	62	6	23
50	1	1	221	12	3
34	214	1	10	6	12
0	0	0	0	0	0
2	2	0	0	2	0
0	0	0	0	0	0
0	0	1	1	0	0
0	0	0	0	0	0
0	0	0	0	0	0
2	2	0	2	0	0
43	24	1	26	0	9
14	1	1	0	0	0
0	0	0	0	0	0
15	32	0	0	0	0
0	19	1	2	1	0
2	0	0	0	1	0
0	0	0	0	0	0
0	0	0	0	0	0
3	23	0	0	8	3
2	1	0	0	0	0
0	0	12	0	0	6
5	2	5	3	0	0
9	9	1	0	3	4
0	0	0	0	0	0
0	0	0	0	0	0
11	33	10	6	17	9
12	18	43	12	9	12
18	9	3	0	10	5
0	0	0	0	0	0
60	100	79	76	94	110
38	41	29	18	24	10
63	82	1	1	0	0
3	0	0	0	0	0
12	12	0	0	0	0
24	2	2	33	6	11
41	6	0	0	3	1
36	55	9	41	0	0
13	6	4	2	31	15

	港澳台学术会议			港澳台受聘讲学	
	参加人次	其中:赴境外人次	提交论文(篇)	派出人次	来校人次
东南大学	27	18	17	8	20
中国矿业大学	0	0	0	0	1
河海大学	4	2	3	2	3
江南大学	0	0	0	67	2
南京农业大学	29	3	2	2	1
中国药科大学	3	1	1	0	0
浙江大学	122	122	26	31	33
合肥工业大学	0	0	0	0	0
厦门大学	212	168	112	37	90
山东大学	39	31	21	7	18
中国海洋大学	0	0	0	0	0
中国石油大学(华东)	19	0	19	3	2
武汉大学	21	17	17	10	20
华中科技大学	32	32	24	0	46
中国地质大学(武汉)	4	0	4	0	0
武汉理工大学	0	0	0	0	0
华中农业大学	15	9	13	0	5
华中师范大学	28	18	16	16	22
中南财经政法大学	58	18	52	12	24
湖南大学	0	0	0	12	15
中南大学	0	0	0	0	6
中山大学	176	103	110	87	92
华南理工大学	33	0	16	9	12
四川大学	23	15	18	10	25
重庆大学	6	4	4	4	18
西南交通大学	19	5	12	6	7
电子科技大学	0	0	0	0	0
西南大学	29	27	25	19	12
西南财经大学	240	65	65	32	40
西安交通大学	41	41	33	5	13
西安电子科技大学	0	0	0	0	0
长安大学	3	1	1	0	2
西北农林科技大学	0	0	0	0	0
陕西师范大学	25	4	6	8	20
兰州大学	1	1	1	1	18
中国矿业大学(北京)	0	0	0	0	0
中国石油大学(北京)	4	4	4	1	0
中国地质大学(北京)	0	0	0	0	0

续表

港澳台社科考察		港澳台进修学习		港澳台合作研究	
派出人次	来校人次	派出人次	来校人次	派出人次	来校人次
2	1	0	0	5	10
0	0	0	0	0	0
4	5	4	3	3	2
111	0	0	0	0	0
1	0	0	0	4	0
0	0	0	0	0	0
21	69	14	31	41	33
0	0	0	0	0	0
138	328	5	14	20	17
6	7	19	0	2	0
0	0	0	0	0	0
3	4	3	4	0	0
6	3	7	0	8	12
10	15	2	2	18	7
2	2	1	2	0	0
0	0	0	0	0	0
3	10	3	2	0	0
22	28	26	26	8	13
21	31	12	14	3	2
9	28	17	22	0	0
8	8	0	0	0	0
178	60	21	6	32	28
0	0	5	11	15	8
11	17	6	3	1	10
0	2	30	0	0	0
7	7	12	0	12	9
0	0	0	0	0	0
15	13	11	11	5	8
20	25	5	9	7	9
8	6	6	3	6	4
0	0	0	0	0	0
0	0	0	0	0	0
0	0	0	0	0	0
10	8	13	22	0	0
0	42	0	0	0	0
0	0	0	0	0	0
0	0	2	0	0	0
0	0	0	0	0	0

15. 教育部直属综合大学人文、社会科学学术交流情况表

学术交流类别		校办学术会议		学术会议			受聘讲学		社科考察		进修学习		合作研究		
		本校独办数	与外单位合办数	参加人次	其中：赴境外人次	提交论文（篇）	派出人次	来校人次	派出人次	来校人次	派出人次	来校人次	派出人次	来校人次	课题数（项）
	编号	L01	L02	L03	L04	L05	L06	L07	L08	L09	L10	L11	L12	L13	L14
合计	1	1 913	1 001	35 033	5 078	18 495	6 625	8 665	7 321	7 906	2 951	5 251	3 098	3 046	1 848
国际学术交流	2	344	285	8 313	4 100	5 182	1 267	2 659	1 989	2 375	1 025	1 234	937	904	356
国内学术交流	3	1 495	668	25 013	0	12 589	4 778	5 339	4 543	4 655	1 605	3 535	1 862	1 843	1 426
与港澳台地区学术交流	4	74	48	1 707	978	724	580	667	789	876	321	482	299	299	66

16. 教育部直属理工农医院校人文、社会科学学术交流情况表

学术交流类别		校办学术会议		学术会议			受聘讲学		社科考察		进修学习		合作研究		
		本校独办数	与外单位合办数	参加人次	其中：赴境外人次	提交论文（篇）	派出人次	来校人次	派出人次	来校人次	派出人次	来校人次	派出人次	来校人次	课题数（项）
	编号	L01	L02	L03	L04	L05	L06	L07	L08	L09	L10	L11	L12	L13	L14
合计	1	697	251	14 904	1 585	7 971	2 123	2 596	3 285	5 263	1 383	1 096	967	837	676
国际学术交流	2	128	67	4 639	1 438	3 306	449	823	614	1 157	533	280	186	215	86
国内学术交流	3	540	174	9 855	0	4 449	1 624	1 602	2 572	3 798	801	770	704	575	560
与港澳台地区学术交流	4	29	10	410	147	216	50	171	99	308	49	46	77	47	30

17. 教育部直属师范院校人文、社会科学学术交流情况表

学术交流类别		校办学术会议		学术会议			受聘讲学		社科考察		进修学习		合作研究		
		本校独办数	与外单位合办数	参加人次	其中:赴境外人次	提交论文(篇)	派出人次	来校人次	派出人次	来校人次	派出人次	来校人次	派出人次	来校人次	课题数(项)
	编号	L01	L02	L03	L04	L05	L06	L07	L08	L09	L10	L11	L12	L13	L14
合计	1	511	170	7 691	565	2 055	1 083	1 401	1 244	1 711	1 103	2 020	569	557	450
国际学术交流	2	121	49	1 624	522	579	180	522	323	337	345	644	128	124	71
国内学术交流	3	371	114	5 861	0	1 345	850	773	804	1 303	713	1 269	417	395	364
与港澳台地区学术交流	4	19	7	206	43	131	53	106	117	71	45	107	24	38	15

18. 教育部直属语言院校人文、社会科学学术交流情况表

学术交流类别		校办学术会议		学术会议			受聘讲学		社科考察		进修学习		合作研究		
		本校独办数	与外单位合办数	参加人次	其中:赴境外人次	提交论文(篇)	派出人次	来校人次	派出人次	来校人次	派出人次	来校人次	派出人次	来校人次	课题数(项)
	编号	L01	L02	L03	L04	L05	L06	L07	L08	L09	L10	L11	L12	L13	L14
合计	1	105	76	2 061	287	1 271	558	920	1 813	3 253	386	202	74	93	53
国际学术交流	2	31	32	733	248	375	43	360	686	1 183	251	102	15	16	11
国内学术交流	3	71	44	1 269	0	861	505	541	1 057	2 031	134	100	56	76	41
与港澳台地区学术交流	4	3	0	59	39	35	10	19	70	39	1	0	3	1	1

19. 教育部直属财经院校人文、社会科学学术交流情况表

学术交流类别		校办学术会议		学术会议			受聘讲学		社科考察		进修学习		合作研究		
		本校独办数	与外单位合办数	参加人次	其中：赴境外人次	提交论文（篇）	派出人次	来校人次	派出人次	来校人次	派出人次	来校人次	派出人次	来校人次	课题数（项）
	编号	L01	L02	L03	L04	L05	L06	L07	L08	L09	L10	L11	L12	L13	L14
合计	1	385	162	8 151	769	5 100	743	1 453	728	671	417	644	240	232	193
国际学术交流	2	129	61	2 588	656	1 528	259	445	210	191	173	212	79	80	59
国内学术交流	3	238	92	5 202	0	3 413	412	893	439	350	217	366	149	141	131
与港澳台地区学术交流	4	18	9	361	113	159	72	115	79	130	27	66	12	11	3

20. 教育部直属政法院校人文、社会科学学术交流情况表

学术交流类别		校办学术会议		学术会议			受聘讲学		社科考察		进修学习		合作研究		
		本校独办数	与外单位合办数	参加人次	其中：赴境外人次	提交论文（篇）	派出人次	来校人次	派出人次	来校人次	派出人次	来校人次	派出人次	来校人次	课题数（项）
	编号	L01	L02	L03	L04	L05	L06	L07	L08	L09	L10	L11	L12	L13	L14
合计	1	56	14	1 570	85	286	105	294	60	38	84	87	0	13	12
国际学术交流	2	12	5	402	72	74	22	96	24	11	21	14	0	1	5
国内学术交流	3	43	8	1 150	0	197	77	196	36	27	51	73	0	6	3
与港澳台地区学术交流	4	1	1	18	13	15	6	2	0	0	12	0	0	6	4

21. 教育部直属艺术院校人文、社会科学学术交流情况表

学术交流类别		校办学术会议		学术会议			受聘讲学		社科考察		进修学习		合作研究		
		本校独办数	与外单位合办数	参加人次	其中：赴境外人次	提交论文(篇)	派出人次	来校人次	派出人次	来校人次	派出人次	来校人次	派出人次	来校人次	课题数(项)
	编号	L01	L02	L03	L04	L05	L06	L07	L08	L09	L10	L11	L12	L13	L14
合计	1	37	18	2 254	51	84	139	85	181	596	59	85	69	33	47
国际学术交流	2	18	4	1 040	46	46	21	48	98	272	11	15	23	18	13
国内学术交流	3	19	13	1 198	0	37	115	33	78	300	48	70	38	12	33
与港澳台地区学术交流	4	0	1	16	5	1	3	4	5	24	0	0	8	3	1

22. 其他部委院校人文、社会科学学术交流情况表

学术交流类别		校办学术会议		学术会议			受聘讲学		社科考察		进修学习		合作研究		
		本校独办数	与外单位合办数	参加人次	其中：赴境外人次	提交论文(篇)	派出人次	来校人次	派出人次	来校人次	派出人次	来校人次	派出人次	来校人次	课题数(项)
	编号	L01	L02	L03	L04	L05	L06	L07	L08	L09	L10	L11	L12	L13	L14
合计	1	346	101	8 930	823	4 576	1 213	3 119	1 889	2 287	1 340	1 731	420	366	225
国际学术交流	2	108	34	1 939	685	1 104	182	954	494	1 018	331	541	52	54	23
国内学术交流	3	231	62	6 367	0	3 323	946	1 981	1 235	949	972	1 098	359	307	197
与港澳台地区学术交流	4	7	5	624	138	149	85	184	160	320	37	92	9	5	5

23. 地方院校人文、社会科学学术交流情况表

学术交流类别		校办学术会议		学术会议			受聘讲学		社科考察		进修学习		合作研究		
		本校独办数	与外单位合办数	参加人次	其中：赴境外人次	提交论文（篇）	派出人次	来校人次	派出人次	来校人次	派出人次	来校人次	派出人次	来校人次	课题数（项）
	编号	L01	L02	L03	L04	L05	L06	L07	L08	L09	L10	L11	L12	L13	L14
合计	1	6 687	3 064	116 236	6 211	65 922	20 193	39 629	41 868	39 265	52 459	33 199	8 306	6 498	4 478
国际学术交流	2	609	512	18 650	5 158	11 608	2 415	6 101	5 367	6 754	7 552	5 259	968	828	388
国内学术交流	3	5 949	2 470	94 896	0	52 818	17 031	32 381	34 703	30 378	43 495	27 242	7 055	5 446	3 932
与港澳台地区学术交流	4	129	82	2 690	1 053	1 496	747	1 147	1 798	2 133	1 412	698	283	224	158

24. 综合院校人文、社会科学学术交流情况表

学术交流类别		校办学术会议		学术会议			受聘讲学		社科考察		进修学习		合作研究		
		本校独办数	与外单位合办数	参加人次	其中：赴境外人次	提交论文（篇）	派出人次	来校人次	派出人次	来校人次	派出人次	来校人次	派出人次	来校人次	课题数（项）
	编号	L01	L02	L03	L04	L05	L06	L07	L08	L09	L10	L11	L12	L13	L14
合计	1	3 700	2 072	66 049	7 016	37 369	12 565	19 658	20 054	22 090	19 111	19 832	5 405	4 597	3 146
国际学术交流	2	527	477	12 877	5 660	8 192	2 036	4 392	3 427	4 044	2 863	2 845	1 146	1 073	455
国内学术交流	3	3 033	1 503	50 495	0	27 848	9 621	14 130	15 122	16 103	15 503	16 149	3 842	3 116	2 526
与港澳台地区学术交流	4	140	92	2 677	1 356	1 329	908	1 136	1 505	1 943	745	838	417	408	165

25. 理工农医院校人文、社会科学学术交流情况表

学术交流类别	编号	校办学术会议		学术会议			受聘讲学		社科考察		进修学习		合作研究		
		本校独办数	与外单位合办数	参加人次	其中:赴境外人次	提交论文(篇)	派出人次	来校人次	派出人次	来校人次	派出人次	来校人次	派出人次	来校人次	课题数(项)
		L01	L02	L03	L04	L05	L06	L07	L08	L09	L10	L11	L12	L13	L14
合计	1	2 380	904	49 544	3 300	25 637	7 045	12 152	15 689	14 986	18 387	8 303	3 232	2 734	2 033
国际学术交流	2	285	156	9 615	2 906	6 240	920	2 394	2 189	2 691	2 721	1 202	453	412	207
国内学术交流	3	2 048	728	38 715	0	18 889	5 968	9 281	12 956	11 562	15 181	6 952	2 649	2 232	1 776
与港澳台地区学术交流	4	47	20	1 214	394	508	157	477	544	733	485	149	130	90	50

26. 师范院校人文、社会科学学术交流情况表

学术交流类别	编号	校办学术会议		学术会议			受聘讲学		社科考察		进修学习		合作研究		
		本校独办数	与外单位合办数	参加人次	其中:赴境外人次	提交论文(篇)	派出人次	来校人次	派出人次	来校人次	派出人次	来校人次	派出人次	来校人次	课题数(项)
		L01	L02	L03	L04	L05	L06	L07	L08	L09	L10	L11	L12	L13	L14
合计	1	1 681	688	33 296	1 768	17 164	5 944	11 088	7 550	7 453	7 379	6 558	2 245	1 956	1 352
国际学术交流	2	255	121	5 384	1 532	2 993	697	1 518	1 059	1 527	1 452	1 214	364	346	163
国内学术交流	3	1 386	542	27 135	0	13 690	4 996	9 249	6 150	5 630	5 695	5 124	1 790	1 545	1 154
与港澳台地区学术交流	4	40	25	777	236	481	251	321	341	296	232	220	91	65	35

27. 语言院校人文、社会科学学术交流情况表

学术交流类别		校办学术会议		学术会议			受聘讲学		社科考察		进修学习		合作研究		
		本校独办数	与外单位合办数	参加人次	其中:赴境外人次	提交论文(篇)	派出人次	来校人次	派出人次	来校人次	派出人次	来校人次	派出人次	来校人次	课题数(项)
	编号	L01	L02	L03	L04	L05	L06	L07	L08	L09	L10	L11	L12	L13	L14
合计	1	456	211	6 452	700	3 087	1 271	2 415	3 186	4 245	1 762	442	312	292	160
国际学术交流	2	73	64	2 291	628	884	172	751	878	1 428	675	142	32	25	17
国内学术交流	3	375	146	4 054	0	2 146	1 072	1 631	2 198	2 749	1 063	300	275	266	142
与港澳台地区学术交流	4	8	1	107	72	57	27	33	110	68	24	0	5	1	1

28. 财经院校人文、社会科学学术交流情况表

学术交流类别		校办学术会议		学术会议			受聘讲学		社科考察		进修学习		合作研究		
		本校独办数	与外单位合办数	参加人次	其中:赴境外人次	提交论文(篇)	派出人次	来校人次	派出人次	来校人次	派出人次	来校人次	派出人次	来校人次	课题数(项)
	编号	L01	L02	L03	L04	L05	L06	L07	L08	L09	L10	L11	L12	L13	L14
合计	1	1 604	635	21 727	1 502	13 080	2 856	6 179	5 982	4 711	8 173	3 522	1 307	1 098	670
国际学术交流	2	189	122	5 496	1 258	3 985	612	1 184	988	1 116	1 638	949	306	256	108
国内学术交流	3	1 387	501	15 643	0	8 779	2 138	4 804	4 776	3 322	6 318	2 475	982	829	552
与港澳台地区学术交流	4	28	12	588	244	316	106	191	218	273	217	98	19	13	10

29. 政法院校人文、社会科学学术交流情况表

学术交流类别		校办学术会议		学术会议			受聘讲学		社科考察		进修学习		合作研究		
		本校独办数	与外单位合办数	参加人次	其中:赴境外人次	提交论文(篇)	派出人次	来校人次	派出人次	来校人次	派出人次	来校人次	派出人次	来校人次	课题数(项)
	编号	L01	L02	L03	L04	L05	L06	L07	L08	L09	L10	L11	L12	L13	L14
合计	1	173	77	5 969	295	3 070	898	1 671	1 748	1 766	1 845	2 887	128	106	70
国际学术交流	2	25	18	1 204	231	405	96	316	295	420	188	1 222	5	4	5
国内学术交流	3	143	56	4 368	0	2 612	723	1 281	1 292	1 169	1 598	1 582	118	92	61
与港澳台地区学术交流	4	5	3	397	64	53	79	74	161	177	59	83	5	10	4

30. 艺术院校人文、社会科学学术交流情况表

学术交流类别		校办学术会议		学术会议			受聘讲学		社科考察		进修学习		合作研究		
		本校独办数	与外单位合办数	参加人次	其中:赴境外人次	提交论文(篇)	派出人次	来校人次	派出人次	来校人次	派出人次	来校人次	派出人次	来校人次	课题数(项)
	编号	L01	L02	L03	L04	L05	L06	L07	L08	L09	L10	L11	L12	L13	L14
合计	1	467	168	7 000	397	2 311	1 128	2 499	2 042	2 676	2 091	1 727	325	309	191
国际学术交流	2	75	62	2 122	364	393	177	907	585	1 025	316	423	40	39	34
国内学术交流	3	387	101	4 800	0	1 892	920	1 512	1 330	1 535	1 717	1 269	277	265	150
与港澳台地区学术交流	4	5	5	78	33	26	31	30	127	116	58	35	8	5	7

31. 民族院校人文、社会科学学术交流情况表

学术交流类别		校办学术会议		学术会议			受聘讲学		社科考察		进修学习		合作研究		
		本校独办数	与外单位合办数	参加人次	其中:赴境外人次	提交论文(篇)	派出人次	来校人次	派出人次	来校人次	派出人次	来校人次	派出人次	来校人次	课题数(项)
	编号	L01	L02	L03	L04	L05	L06	L07	L08	L09	L10	L11	L12	L13	L14
合计	1	182	67	4 830	239	2 069	640	1 668	1 381	2 110	724	385	423	340	230
国际学术交流	2	52	23	585	172	393	85	223	229	661	121	96	36	74	15
国内学术交流	3	129	44	4 071	0	1 588	528	1 388	1 114	1 284	576	277	377	256	211
与港澳台地区学术交流	4	1	0	174	67	88	27	57	38	165	27	12	10	10	4

32. 体育院校人文、社会科学学术交流情况表

学术交流类别		校办学术会议		学术会议			受聘讲学		社科考察		进修学习		合作研究		
		本校独办数	与外单位合办数	参加人次	其中:赴境外人次	提交论文(篇)	派出人次	来校人次	派出人次	来校人次	派出人次	来校人次	派出人次	来校人次	课题数(项)
	编号	L01	L02	L03	L04	L05	L06	L07	L08	L09	L10	L11	L12	L13	L14
合计	1	94	35	1 963	237	1 973	435	832	757	953	710	659	366	243	130
国际学术交流	2	19	6	354	174	317	43	323	155	386	268	208	6	11	8
国内学术交流	3	69	24	1 530	0	1 588	372	463	529	437	385	395	330	200	115
与港澳台地区学术交流	4	6	5	79	63	68	20	46	73	130	57	56	30	32	7

八、社科研究与发展成果

1. 各类高等学校人文、社会科学研究与发展成果情况表

		出版专著（部）	发表论文（篇）				研究与咨询报告	
			合计	国内学术刊物	国外学术刊物	港澳台刊物	合计	其中：被采纳数
	合计	17 145	363 712	348 467	14 757	488	22 086	9 474
按学校隶属关系划分	教育部直属院校	4 032	68 212	61 167	6 859	186	6 559	3 649
	其他部委院校	535	10 120	9 582	521	17	630	220
	地方院校	12 578	285 380	277 718	7 377	285	14 897	5 605
按学校规格划分	本科院校	16 169	295 526	280 686	14 365	475	19 280	8 553
	专科院校	976	68 186	67 781	392	13	2 806	921
按学校类型划分	综合大学	5 902	114 928	109 332	5 344	252	7 907	4 095
	理工农医院校	4 178	103 596	99 192	4 339	65	7 234	2 676
	高等师范院校	3 389	60 279	58 500	1 694	85	2 564	1 104
	语言院校	487	10 619	10 115	481	23	728	297
	财经院校	1 722	44 658	42 297	2 329	32	2 495	1 031
	政法院校	438	9 831	9 571	243	17	668	124
	体育院校	104	3 216	3 109	105	2	221	45
	艺术院校	530	11 838	11 725	106	7	120	31
	民族院校	395	4 747	4 626	116	5	149	71

2. 各省、市、自治区高等学校人文、社会科学研究与发展成果情况表

	出版专著（部）	发表论文（篇）				研究与咨询报告	
		合计	国内学术刊物	国外学术刊物	港澳台刊物	合计	其中：被采纳数
合计	17 145	363 712	348 467	14 757	488	22 086	9 474
北京市	1 909	31 563	29 371	2 130	62	979	361
天津市	327	8 079	7 296	773	10	280	97
河北省	578	10 343	10 176	165	2	290	129
山西省	373	6 694	6 597	91	6	54	27
内蒙古自治区	251	4 517	4 405	111	1	65	55
辽宁省	576	14 183	13 895	287	1	500	149
吉林省	456	10 272	9 942	324	6	471	399
黑龙江省	364	6 962	6 894	68	0	41	10
上海市	1 000	17 792	15 812	1 923	57	1 624	1 132
江苏省	1 041	30 288	29 186	1 074	28	2 814	1 507
浙江省	935	16 999	16 068	920	11	2 096	1 016
安徽省	383	10 632	10 388	228	16	409	122
福建省	336	11 469	10 981	407	81	973	724

续表

	出版专著（部）	发表论文（篇）				研究与咨询报告	
		合计	国内学术刊物	国外学术刊物	港澳台刊物	合计	其中：被采纳数
江西省	349	8 403	8 200	199	4	152	96
山东省	1 082	14 015	13 499	503	13	1 414	418
河南省	875	16 706	16 375	320	11	924	6
湖北省	1 097	20 174	19 145	1 007	22	984	793
湖南省	742	17 924	17 455	436	33	122	80
广东省	817	25 752	24 163	1 514	75	2 125	909
广西壮族自治区	327	8 046	7 978	66	2	117	51
海南省	121	2 590	2 550	38	2	48	30
重庆市	623	11 528	11 157	364	7	1 771	506
四川省	619	16 405	15 441	943	21	1 013	474
贵州省	327	7 407	7 338	68	1	470	83
云南省	423	8 724	8 594	126	4	185	74
西藏自治区	19	652	640	11	1	26	14
陕西省	804	15 874	15 264	599	11	1 986	112
甘肃省	246	5 327	5 300	27	0	96	85
青海省	33	348	340	8	0	5	0
宁夏回族自治区	37	1 324	1 321	3	0	24	10
新疆维吾尔自治区	75	2 720	2 696	24	0	28	5

3. 各省、市、自治区所属高等学校人文、社会科学研究与发展成果情况表

	出版专著（部）	发表论文（篇）				研究与咨询报告	
		合计	国内学术刊物	国外学术刊物	港澳台刊物	合计	其中：被采纳数
合计	12 578	285 380	277 718	7 377	285	14 897	5 605
北京市	485	7 094	6 831	250	13	171	42
天津市	191	5 414	5 006	406	2	160	24
河北省	556	9 977	9 822	153	2	262	124
山西省	373	6 694	6 597	91	6	54	27
内蒙古自治区	251	4 517	4 405	111	1	65	55
辽宁省	471	12 545	12 347	197	1	331	132
吉林省	274	7 009	6 782	223	4	134	62
黑龙江省	344	6 507	6 478	29	0	38	7
上海市	399	8 140	7 437	687	16	434	329
江苏省	759	24 411	23 795	591	25	2 256	1 068
浙江省	845	15 520	14 913	596	11	1 699	858
安徽省	371	10 156	9 987	153	16	396	110
福建省	215	9 155	8 944	158	53	739	533
江西省	349	8 403	8 200	199	4	152	96
山东省	968	12 656	12 261	382	13	1 349	370
河南省	872	16 566	16 240	315	11	898	5
湖北省	537	12 534	12 270	259	5	405	270

续表

	出版专著（部）	发表论文（篇）				研究与咨询报告	
		合计	国内学术刊物	国外学术刊物	港澳台刊物	合计	其中：被采纳数
湖南省	665	16 072	15 765	281	26	87	59
广东省	624	21 702	20 596	1 057	49	931	541
广西壮族自治区	327	8 046	7 978	66	2	117	51
海南省	121	2 590	2 550	38	2	48	30
重庆市	433	9 652	9 490	155	7	1 205	212
四川省	424	12 282	11 957	317	8	770	314
贵州省	327	7 407	7 338	68	1	470	83
云南省	423	8 724	8 594	126	4	185	74
西藏自治区	19	652	640	11	1	26	14
陕西省	624	12 976	12 578	396	2	1 425	63
甘肃省	196	3 840	3 813	27	0	48	39
青海省	33	348	340	8	0	5	0
宁夏回族自治区	27	1 071	1 068	3	0	9	8
新疆维吾尔自治区	75	2 720	2 696	24	0	28	5

4. 国务院各部委所属高等学校人文、社会科学研究与发展成果情况表

	出版专著（部）	发表论文（篇）				研究与咨询报告	
		合计	国内学术刊物	国外学术刊物	港澳台刊物	合计	其中：被采纳数
合计	535	10 120	9 582	521	17	630	220
民政部	1	115	114	1	0	0	0
中央办公厅	2	31	31	0	0	0	0
外交部	25	216	205	11	0	6	4
国防部	5	75	75	0	0	0	0
国家民族事务委员会	198	2 803	2 711	89	3	103	50
公安部	55	1 236	1 218	18	0	70	10
司法部	5	73	66	7	0	0	0
工业和信息化部	91	1 564	1 325	235	4	93	42
交通部	24	362	361	1	0	46	3
国家卫生健康委员会	1	17	13	4	0	0	0
海关总署	1	58	57	1	0	6	3
中国民用航空局	3	476	475	1	0	8	5
中国地震局	1	35	35	0	0	0	0
国家林业和草原局	0	168	156	12	0	3	2
国务院侨务办公室	75	1 356	1 262	87	7	277	100
应急管理部	7	78	78	0	0	0	0
国家体育总局	20	873	842	29	2	0	0
中国科学院	7	116	100	16	0	1	0
中国社会科学院	7	39	36	3	0	3	0
中华全国总工会	4	243	238	5	0	1	1
共青团中央	2	22	21	1	0	11	0
中华全国妇女联合会	1	164	163	0	1	2	0

5. 全国高等学校人文、社会科学研究与发展成果情况表(一)

学科门类	编号	出版著作(部) 合计	专著	被译成外文	编著教材	工具书参考书	皮书/发展报告	科普读物	古籍整理(部)	译著(部)
		L01	L02	L03	L04	L05	L06	L07	L08	L09
合计	0	30 109	17 145	363	11 951	473	303	237	468	2 353
管理学	1	4 394	2 430	49	1 835	46	61	22	3	121
马克思主义	2	1 224	795	5	399	13	5	12	3	25
哲学	3	698	505	10	168	3	17	5	22	116
逻辑学	4	22	9	0	13	0	0	0	0	2
宗教学	5	73	50	0	23	0	0	0	3	15
语言学	6	2 799	1 379	69	1 308	100	6	6	16	450
中国文学	7	2 107	1 370	26	683	23	5	26	159	168
外国文学	8	792	469	26	294	7	0	22	2	641
艺术学	9	4 277	2 341	35	1 795	109	9	23	23	120
历史学	10	1 192	817	19	338	20	8	9	107	116
考古学	11	95	77	0	16	0	0	2	30	11
经济学	12	3 045	1 660	22	1 299	14	57	15	14	92
政治学	13	605	374	11	210	4	14	3	6	55
法学	14	1 705	1 093	21	576	23	7	6	8	115
社会学	15	705	436	12	219	4	30	16	3	50
民族学与文化学	16	361	238	9	111	3	7	2	3	25
新闻学与传播学	17	634	368	7	245	3	16	2	2	37
图书馆、情报与文献学	18	344	206	3	123	9	3	3	61	10
教育学	19	3 305	1 569	24	1 579	77	43	37	2	136
统计学	20	147	71	2	69	1	5	1	1	6
心理学	21	268	95	2	161	2	1	9	0	23
体育学	22	1 317	793	11	487	12	9	16	0	19

发表译文（篇）	电子出版物（件）	发表论文（篇）				获奖成果数（项）				研究与咨询报告	
		合计	国内学术刊物	国外学术刊物	港澳台刊物	合计	国家级奖	部级奖	省级奖	合计	其中:被采纳数
L10	L11	L12	L13	L14	L15	L16	L17	L18	L19	L20	L21
899	545	363 712	348 467	14 757	488	4 935	0	338	4 597	22 086	9 474
137	59	59 465	54 220	5 153	92	766	0	50	716	6 151	2 781
14	13	18 482	18 371	106	5	276	0	7	269	758	286
32	67	6 530	6 322	178	30	227	0	2	225	100	43
0	1	245	238	7	0	3	0	0	3	30	2
3	0	612	556	41	15	17	0	0	17	19	7
168	16	26 158	24 721	1 402	35	265	0	4	261	728	171
38	11	17 691	17 385	251	55	349	0	2	347	324	61
91	5	7 588	7 127	442	19	76	0	1	75	108	16
69	151	44 598	43 953	615	30	228	0	9	219	1 384	383
32	32	8 588	8 357	192	39	304	0	14	290	224	145
3	16	948	898	44	6	23	0	3	20	21	7
98	25	37 459	34 880	2 536	43	765	0	78	687	3 890	1 777
16	28	6 991	6 787	190	14	140	0	3	137	835	533
64	16	16 352	15 880	423	49	380	0	71	309	1 592	844
18	15	9 234	8 885	338	11	274	0	41	233	1 339	606
7	1	3 122	3 042	79	1	144	0	35	109	310	106
16	18	9 738	9 502	218	18	113	0	2	111	735	444
10	16	8 716	8 523	188	5	55	0	2	53	232	75
35	39	58 889	57 913	959	17	371	0	7	364	2 365	841
3	3	1 912	1 528	383	1	24	0	3	21	175	100
4	2	3 649	3 112	537	0	51	0	0	51	145	67
41	11	16 745	16 267	475	3	84	0	4	80	621	179

6. 全国高等学校人文、社会科学研究与发展成果情况表(二)

课题来源	编号	出版著作(部) 合计	专著	被译成外文	编著教材	工具书参考书	皮书/发展报告	科普读物
		L01	L02	L03	L04	L05	L06	L07
合计	0	15 211	9 996	215	4 694	200	190	131
国家社科基金项目	1	2 281	1 856	46	363	38	16	8
国家社科基金单列学科项目	2	131	97	3	33	1	0	0
教育部人文社科研究项目	3	1 490	1 182	20	269	13	19	7
高校古籍整理研究项目	4	36	20	1	16	0	0	0
国家自然科学基金项目	5	415	333	5	68	7	3	4
中央其他部门社科专门项目	6	634	385	11	215	10	15	9
省、市、自治区社科基金项目	7	2 447	1 829	34	554	17	27	20
省教育厅社科项目	8	1 600	1 029	14	547	11	10	3
地、市、厅、局等政府部门项目	9	1 821	1 050	15	707	15	26	23
国际合作研究项目	10	33	15	2	17	1	0	0
与港、澳、台合作研究项目	11	6	4	0	2	0	0	0
企事业单位委托项目	12	1 015	435	14	489	36	26	29
学校社科项目	13	2 453	1 341	32	1 021	30	37	24
外资项目	14	13	10	4	2	0	0	1
其他项目	15	836	410	14	391	21	11	3

古籍整理（部）	译著（部）	发表译文（篇）	电子出版物（件）	发表论文（篇）				研究与咨询报告	
				合计	国内学术刊物	国外学术刊物	港澳台刊物	合计	其中:被采纳数
L08	L09	L10	L11	L12	L13	L14	L15	L16	L17
290	875	417	248	195 598	185 799	9 589	210	19 466	7 693
95	139	76	35	28 690	27 275	1 365	50	857	526
2	8	3	2	1 750	1 663	86	1	40	20
15	56	24	3	13 056	12 334	705	17	453	289
34	1	0	0	91	90	1	0	2	1
0	18	86	8	9 531	6 884	2 640	7	164	68
44	43	9	18	5 090	4 816	265	9	504	301
17	101	36	10	27 998	26 930	1 035	33	1 318	522
9	50	37	4	29 072	28 385	672	15	616	197
9	108	17	42	27 453	26 663	772	18	4 209	1 301
1	5	3	2	291	202	89	0	40	25
0	0	0	0	41	28	9	4	7	5
25	138	73	63	9 159	8 501	649	9	9 533	3 809
33	125	36	55	35 935	34 828	1 070	37	1 288	451
1	2	2	0	88	68	20	0	11	5
5	81	15	6	7 353	7 132	211	10	424	173

7. 本科院校人文、社会科学研究与发展成果情况表

学科门类		出版著作(部)							古籍整理(部)	译著(部)
		合计	专著	被译成外文	编著教材	工具书参考书	皮书/发展报告	科普读物		
	编号	L01	L02	L03	L04	L05	L06	L07	L08	L09
合计	0	26 049	16 169	345	8 997	418	264	201	466	2 267
管理学	1	3 646	2 272	48	1 272	34	51	17	3	118
马克思主义	2	1 106	763	3	314	12	5	12	3	25
哲学	3	678	496	10	158	3	17	4	22	116
逻辑学	4	16	8	0	8	0	0	0	0	2
宗教学	5	72	49	0	23	0	0	0	3	15
语言学	6	2 449	1 298	64	1 047	92	6	6	16	425
中国文学	7	1 947	1 311	25	589	21	3	23	158	156
外国文学	8	722	454	26	239	7	0	22	2	634
艺术学	9	3 791	2 206	31	1 458	104	8	15	23	111
历史学	10	1 177	806	19	334	20	8	9	107	113
考古学	11	95	77	0	16	0	0	2	30	11
经济学	12	2 505	1 587	22	841	11	55	11	14	90
政治学	13	547	360	11	168	2	14	3	6	53
法学	14	1 615	1 073	21	508	22	6	6	8	115
社会学	15	630	414	11	170	2	28	16	3	48
民族学与文化学	16	331	224	8	95	3	7	2	3	25
新闻学与传播学	17	616	363	7	232	3	16	2	2	37
图书馆、情报与文献学	18	309	192	3	103	9	2	3	61	9
教育学	19	2 308	1 314	21	879	59	23	33	1	120
统计学	20	126	69	2	50	1	5	1	1	6
心理学	21	195	87	2	99	1	1	7	0	22
体育学	22	1 168	746	11	394	12	9	7	0	16

发表译文（篇）	电子出版物（件）	发表论文（篇）				获奖成果数（项）				研究与咨询报告	
		合计	国内学术刊物	国外学术刊物	港澳台刊物	合计	国家级奖	部级奖	省级奖	合计	其中：被采纳数
L10	L11	L12	L13	L14	L15	L16	L17	L18	L19	L20	L21
860	446	295 526	280 686	14 365	475	4 894	0	336	4 558	19 280	8 553
135	52	48 710	43 575	5 045	90	756	0	49	707	5 515	2 513
13	12	16 246	16 141	100	5	274	0	7	267	707	261
31	67	6 258	6 055	173	30	226	0	2	224	95	39
0	1	206	199	7	0	3	0	0	3	28	2
3	0	599	543	41	15	16	0	0	16	19	7
163	13	22 188	20 799	1 355	34	265	0	4	261	636	139
36	10	15 905	15 609	242	54	347	0	2	345	294	57
91	4	6 841	6 384	438	19	76	0	1	75	93	16
62	104	37 219	36 614	578	27	227	0	9	218	1 172	315
32	32	8 367	8 136	192	39	303	0	14	289	212	139
3	16	936	886	44	6	23	0	3	20	21	7
93	11	30 844	28 298	2 505	41	759	0	78	681	3 482	1 633
15	25	5 899	5 699	186	14	140	0	3	137	782	518
64	16	15 178	14 711	420	47	380	0	71	309	1 538	836
17	15	7 653	7 316	327	10	270	0	40	230	1 228	566
7	1	2 661	2 590	70	1	144	0	35	109	275	99
16	18	9 230	8 994	218	18	113	0	2	111	716	438
10	15	7 569	7 377	187	5	53	0	2	51	214	73
26	22	34 514	33 618	880	16	363	0	7	356	1 436	595
3	3	1 665	1 282	382	1	24	0	3	21	166	94
4	1	2 973	2 441	532	0	50	0	0	50	111	57
36	8	13 865	13 419	443	3	82	0	4	78	540	149

8. 专科院校人文、社会科学研究与发展成果情况表

学科门类		出版著作（部）							古籍整理（部）	译著（部）
		合计	专著	被译成外文	编著教材	工具书参考书	皮书/发展报告	科普读物		
	编号	L01	L02	L03	L04	L05	L06	L07	L08	L09
合计	0	4 060	976	18	2 954	55	39	36	2	86
管理学	1	748	158	1	563	12	10	5	0	3
马克思主义	2	118	32	2	85	1	0	0	0	0
哲学	3	20	9	0	10	0	0	1	0	0
逻辑学	4	6	1	0	5	0	0	0	0	0
宗教学	5	1	1	0	0	0	0	0	0	0
语言学	6	350	81	5	261	8	0	0	0	25
中国文学	7	160	59	1	94	2	2	3	1	12
外国文学	8	70	15	0	55	0	0	0	0	7
艺术学	9	486	135	4	337	5	1	8	0	9
历史学	10	15	11	0	4	0	0	0	0	3
考古学	11	0	0	0	0	0	0	0	0	0
经济学	12	540	73	0	458	3	2	4	0	2
政治学	13	58	14	0	42	2	0	0	0	2
法学	14	90	20	0	68	1	1	0	0	0
社会学	15	75	22	1	49	2	2	0	0	2
民族学与文化学	16	30	14	1	16	0	0	0	0	0
新闻学与传播学	17	18	5	0	13	0	0	0	0	0
图书馆、情报与文献学	18	35	14	0	20	0	1	0	0	1
教育学	19	997	255	3	700	18	20	4	1	16
统计学	20	21	2	0	19	0	0	0	0	0
心理学	21	73	8	0	62	1	0	2	0	1
体育学	22	149	47	0	93	0	0	9	0	3

发表译文（篇）	电子出版物（件）	发表论文（篇）				获奖成果数（项）				研究与咨询报告	
		合计	国内学术刊物	国外学术刊物	港澳台刊物	合计	国家级奖	部级奖	省级奖	合计	其中：被采纳数
L10	L11	L12	L13	L14	L15	L16	L17	L18	L19	L20	L21
39	99	68 186	67 781	392	13	41	0	2	39	2 806	921
2	7	10 755	10 645	108	2	10	0	1	9	636	268
1	1	2 236	2 230	6	0	2	0	0	2	51	25
1	0	272	267	5	0	1	0	0	1	5	4
0	0	39	39	0	0	0	0	0	0	2	0
0	0	13	13	0	0	1	0	0	1	0	0
5	3	3 970	3 922	47	1	0	0	0	0	92	32
2	1	1 786	1 776	9	1	2	0	0	2	30	4
0	1	747	743	4	0	0	0	0	0	15	0
7	47	7 379	7 339	37	3	1	0	0	1	212	68
0	0	221	221	0	0	1	0	0	1	12	6
0	0	12	12	0	0	0	0	0	0	0	0
5	14	6 615	6 582	31	2	6	0	0	6	408	144
1	3	1 092	1 088	4	0	0	0	0	0	53	15
0	0	1 174	1 169	3	2	0	0	0	0	54	8
1	0	1 581	1 569	11	1	4	0	1	3	111	40
0	0	461	452	9	0	0	0	0	0	35	7
0	0	508	508	0	0	0	0	0	0	19	6
0	1	1 147	1 146	1	0	2	0	0	2	18	2
9	17	24 375	24 295	79	1	8	0	0	8	929	246
0	0	247	246	1	0	0	0	0	0	9	6
0	1	676	671	5	0	1	0	0	1	34	10
5	3	2 880	2 848	32	0	2	0	0	2	81	30

9. 教育部直属院校人文、社会科学研究与发展成果情况表

学科门类	编号	出版著作(部) 合计	专著	被译成外文	编著教材	工具书参考书	皮书/发展报告	科普读物	古籍整理(部)	译著(部)
		L01	L02	L03	L04	L05	L06	L07	L08	L09
合计	0	6 847	4 032	128	2 440	173	115	87	245	933
管理学	1	901	581	20	278	13	24	5	3	62
马克思主义	2	340	228	3	98	6	1	7	3	10
哲学	3	364	267	8	92	1	1	3	19	71
逻辑学	4	2	1	0	1	0	0	0	0	1
宗教学	5	27	15	0	12	0	0	0	2	8
语言学	6	659	268	18	337	50	2	2	5	98
中国文学	7	586	347	6	215	10	0	14	78	64
外国文学	8	182	94	5	76	6	0	6	1	246
艺术学	9	428	236	3	174	13	2	3	10	31
历史学	10	492	317	13	161	7	2	5	63	77
考古学	11	56	47	0	9	0	0	0	1	7
经济学	12	662	425	11	204	4	25	4	13	35
政治学	13	261	141	7	106	0	11	3	6	31
法学	14	583	361	11	203	13	2	4	7	57
社会学	15	244	148	4	76	1	13	6	3	16
民族学与文化学	16	47	19	1	23	0	4	1	0	7
新闻学与传播学	17	260	141	4	113	0	5	1	1	18
图书馆、情报与文献学	18	95	49	2	39	4	2	1	28	5
教育学	19	480	258	9	153	41	17	11	1	70
统计学	20	34	12	1	16	1	4	1	1	2
心理学	21	44	21	1	15	1	0	7	0	11
体育学	22	100	56	1	39	2	0	3	0	6

发表译文（篇）	电子出版物（件）	发表论文（篇）				获奖成果数（项）				研究与咨询报告	
		合计	国内学术刊物	国外学术刊物	港澳台刊物	合计	国家级奖	部级奖	省级奖	合计	其中：被采纳数
L10	L11	L12	L13	L14	L15	L16	L17	L18	L19	L20	L21
394	298	68 212	61 167	6 859	186	1 533	0	163	1 370	6 559	3 649
100	32	12 782	9 987	2 780	15	237	0	21	216	2 095	987
4	8	4 272	4 256	16	0	86	0	0	86	289	117
16	65	3 034	2 901	114	19	93	0	2	91	39	21
0	1	34	32	2	0	1	0	0	1	4	2
3	0	279	245	25	9	3	0	0	3	8	6
23	8	3 455	2 956	486	13	69	0	0	69	104	52
10	2	3 739	3 607	103	29	79	0	0	79	24	16
58	3	1 437	1 196	225	16	21	0	1	20	13	10
16	14	3 630	3 511	116	3	40	0	0	40	138	65
27	26	3 249	3 102	119	28	101	0	5	96	65	42
0	16	543	508	32	3	11	0	2	9	18	7
63	11	9 547	8 222	1 314	11	299	0	50	249	1 212	684
8	25	2 421	2 300	114	7	59	0	1	58	493	367
33	16	4 852	4 662	171	19	126	0	39	87	531	361
6	15	2 253	2 096	152	5	112	0	27	85	457	236
3	0	503	468	35	0	16	0	9	7	36	21
10	16	2 950	2 826	117	7	46	0	0	46	423	302
4	14	2 076	1 952	123	1	11	0	2	9	69	34
6	16	4 858	4 601	256	1	90	0	1	89	392	222
1	3	563	372	191	0	10	0	2	8	69	52
2	1	772	483	289	0	16	0	0	16	44	26
1	6	963	884	79	0	7	0	1	6	36	19

10. 教育部直属综合大学人文、社会科学研究与发展成果情况表

学科门类	编号	出版著作(部) 合计	专著	被译成外文	编著教材	工具书参考书	皮书/发展报告	科普读物	古籍整理(部)	译著(部)
		L01	L02	L03	L04	L05	L06	L07	L08	L09
合计	0	3 475	2 103	93	1 255	54	41	22	177	464
管理学	1	376	221	7	147	3	5	0	3	32
马克思主义	2	157	98	2	57	2	0	0	3	6
哲学	3	254	179	4	73	0	1	1	15	41
逻辑学	4	2	1	0	1	0	0	0	0	1
宗教学	5	21	10	0	11	0	0	0	1	8
语言学	6	292	130	14	139	21	1	1	3	34
中国文学	7	382	236	6	133	5	0	8	47	36
外国文学	8	102	57	4	40	3	0	2	1	125
艺术学	9	145	73	0	66	4	1	1	9	10
历史学	10	311	207	12	96	5	1	2	42	45
考古学	11	55	46	0	9	0	0	0	1	7
经济学	12	313	212	11	91	0	10	0	13	13
政治学	13	164	91	6	67	0	5	1	6	19
法学	14	345	213	11	122	6	0	4	7	32
社会学	15	137	93	4	37	1	6	0	2	10
民族学与文化学	16	32	15	0	16	0	0	1	0	5
新闻学与传播学	17	137	79	2	55	0	3	0	1	9
图书馆、情报与文献学	18	74	36	2	33	3	2	0	21	4
教育学	19	118	79	6	32	1	5	1	1	22
统计学	20	11	4	1	6	0	1	0	1	0
心理学	21	13	4	1	9	0	0	0	0	4
体育学	22	34	19	0	15	0	0	0	0	1

发表译文(篇)	电子出版物(件)	发表论文(篇)				获奖成果数(项)				研究与咨询报告	
		合计	国内学术刊物	国外学术刊物	港澳台刊物	合计	国家级奖	部级奖	省级奖	合计	其中:被采纳数
L10	L11	L12	L13	L14	L15	L16	L17	L18	L19	L20	L21
288	177	34 555	31 473	2 964	118	897	0	83	814	3 667	2 301
89	1	5 454	4 313	1 135	6	131	0	9	122	1 241	653
3	0	2 141	2 136	5	0	42	0	0	42	147	88
15	65	1 991	1 903	78	10	59	0	0	59	13	7
0	0	23	22	1	0	1	0	0	1	1	0
3	0	207	182	20	5	1	0	0	1	5	3
9	1	1 559	1 296	259	4	50	0	0	50	40	13
3	0	2 386	2 316	48	22	55	0	0	55	15	11
26	3	734	593	125	16	10	0	0	10	4	2
4	10	1 255	1 210	44	1	25	0	0	25	70	42
21	26	2 138	2 029	92	17	63	0	4	59	37	27
0	16	521	488	30	3	9	0	2	7	17	7
60	3	5 106	4 602	495	9	161	0	12	149	614	417
6	7	1 439	1 364	68	7	42	0	1	41	236	199
26	13	2 739	2 644	85	10	83	0	25	58	350	252
3	1	1 207	1 133	72	2	67	0	19	48	228	134
3	0	340	318	22	0	14	0	8	6	32	18
7	15	1 464	1 399	61	4	34	0	0	34	281	230
4	14	1 584	1 494	89	1	3	0	2	1	38	15
2	0	1 462	1 409	52	1	32	0	0	32	206	118
1	0	200	167	33	0	8	0	1	7	42	35
2	0	304	192	112	0	5	0	0	5	34	22
1	2	301	263	38	0	2	0	0	2	16	8

11. 教育部直属理工农医院校人文、社会科学研究与发展成果情况表

学科门类		出版著作(部)							古籍整理(部)	译著(部)
		合计	专著	被译成外文	编著教材	工具书参考书	皮书/发展报告	科普读物		
	编号	L01	L02	L03	L04	L05	L06	L07	L08	L09
合计	0	1 151	781	22	297	8	23	42	6	114
管理学	1	305	226	9	58	2	14	5	0	11
马克思主义	2	117	87	1	21	2	1	6	0	2
哲学	3	46	37	2	7	0	0	2	0	6
逻辑学	4	0	0	0	0	0	0	0	0	0
宗教学	5	1	0	0	1	0	0	0	0	0
语言学	6	95	46	2	46	2	0	1	0	15
中国文学	7	45	25	0	16	0	0	4	1	2
外国文学	8	31	16	1	11	0	0	4	0	26
艺术学	9	82	56	2	24	1	0	1	0	4
历史学	10	39	28	1	10	1	0	0	3	9
考古学	11	0	0	0	0	0	0	0	0	0
经济学	12	108	81	0	25	0	1	1	0	7
政治学	13	19	13	0	4	0	0	2	0	3
法学	14	53	41	0	12	0	0	0	0	6
社会学	15	53	32	0	10	0	5	6	1	1
民族学与文化学	16	4	1	0	3	0	0	0	0	1
新闻学与传播学	17	48	27	1	20	0	0	1	0	2
图书馆、情报与文献学	18	9	4	0	4	0	0	1	1	0
教育学	19	52	34	2	15	0	1	2	0	15
统计学	20	6	3	0	1	0	1	1	0	0
心理学	21	16	9	0	2	0	0	5	0	3
体育学	22	22	15	1	7	0	0	0	0	1

发表译文（篇）	电子出版物(件)	发表论文(篇)				获奖成果数(项)				研究与咨询报告	
		合计	国内学术刊物	国外学术刊物	港澳台刊物	合计	国家级奖	部级奖	省级奖	合计	其中:被采纳数
L10	L11	L12	L13	L14	L15	L16	L17	L18	L19	L20	L21
15	85	15 000	12 931	2 061	8	231	0	24	207	1 611	632
6	29	5 300	4 119	1 177	4	69	0	5	64	643	222
1	8	1 236	1 234	2	0	17	0	0	17	119	19
1	0	447	440	7	0	7	0	2	5	15	10
0	1	9	8	1	0	0	0	0	0	3	2
0	0	26	24	2	0	0	0	0	0	3	3
1	4	677	564	112	1	5	0	0	5	23	10
0	1	250	233	16	1	6	0	0	6	4	2
4	0	277	236	41	0	3	0	0	3	4	3
0	0	1 014	967	47	0	7	0	0	7	20	14
0	0	276	264	11	1	3	0	0	3	5	4
0	0	4	4	0	0	1	0	0	1	0	0
0	8	1 799	1 402	397	0	48	0	7	41	254	103
1	3	181	170	11	0	3	0	0	3	80	26
1	3	669	633	35	1	19	0	8	11	106	51
0	14	611	556	55	0	18	0	0	18	168	72
0	0	43	35	8	0	1	0	0	1	2	2
0	1	595	565	30	0	6	0	0	6	54	26
0	0	229	211	18	0	2	0	0	2	29	19
0	5	765	734	31	0	14	0	1	13	46	19
0	3	127	110	17	0	0	0	0	0	20	14
0	1	95	78	17	0	0	0	0	0	1	1
0	4	370	344	26	0	2	0	1	1	12	10

12. 教育部直属师范院校人文、社会科学研究与发展成果情况表

学科门类	编号	出版著作(部) 合计	专著	被译成外文	编著教材	工具书参考书	皮书/发展报告	科普读物	古籍整理(部)	译著(部)
		L01	L02	L03	L04	L05	L06	L07	L08	L09
合计	0	1 227	639	4	463	66	39	20	60	146
管理学	1	79	55	1	18	5	1	0	0	3
马克思主义	2	47	31	0	14	1	0	1	0	0
哲学	3	41	36	0	5	0	0	0	3	14
逻辑学	4	0	0	0	0	0	0	0	0	0
宗教学	5	4	4	0	0	0	0	0	1	0
语言学	6	93	30	0	59	3	1	0	1	21
中国文学	7	120	74	0	42	3	0	1	30	13
外国文学	8	12	4	0	8	0	0	0	0	21
艺术学	9	94	42	0	42	8	1	1	1	4
历史学	10	129	75	0	49	1	1	3	18	18
考古学	11	1	1	0	0	0	0	0	0	0
经济学	12	69	40	0	20	1	7	1	0	0
政治学	13	56	22	1	28	0	6	0	0	6
法学	14	44	24	0	15	3	2	0	0	5
社会学	15	50	20	0	28	0	2	0	0	3
民族学与文化学	16	9	3	1	3	0	3	0	0	0
新闻学与传播学	17	23	12	0	9	0	2	0	0	0
图书馆、情报与文献学	18	11	9	0	2	0	0	0	6	1
教育学	19	283	128	1	99	37	11	8	0	30
统计学	20	8	2	0	3	1	2	0	0	1
心理学	21	15	8	0	4	1	0	2	0	4
体育学	22	39	19	0	15	2	0	3	0	2

发表译文(篇)	电子出版物(件)	发表论文(篇)				获奖成果数(项)				研究与咨询报告	
		合计	国内学术刊物	国外学术刊物	港澳台刊物	合计	国家级奖	部级奖	省级奖	合计	其中:被采纳数
L10	L11	L12	L13	L14	L15	L16	L17	L18	L19	L20	L21
8	36	9 265	8 522	707	36	268	0	19	249	629	325
0	2	623	481	141	1	14	0	1	13	140	63
0	0	558	555	3	0	21	0	0	21	11	2
0	0	423	390	25	8	20	0	0	20	10	4
0	0	2	2	0	0	0	0	0	0	0	0
0	0	34	30	0	4	1	0	0	1	0	0
0	3	534	496	33	5	7	0	0	7	11	5
0	1	796	770	23	3	16	0	0	16	2	0
2	0	95	89	6	0	5	0	0	5	0	0
0	4	548	540	8	0	8	0	0	8	37	9
0	0	721	699	13	9	35	0	1	34	22	11
0	0	17	15	2	0	1	0	0	1	1	0
1	0	513	463	50	0	27	0	9	18	55	33
1	15	349	338	11	0	11	0	0	11	106	73
1	0	301	283	15	3	6	0	1	5	16	13
1	0	346	330	14	2	24	0	5	19	36	13
0	0	76	76	0	0	1	0	1	0	1	1
0	0	228	219	8	1	6	0	0	6	29	18
0	0	202	186	16	0	6	0	0	6	2	0
2	11	2 237	2 089	148	0	44	0	0	44	132	78
0	0	54	33	21	0	1	0	1	0	3	0
0	0	372	212	160	0	11	0	0	11	7	1
0	0	236	226	10	0	3	0	0	3	8	1

13. 教育部直属语言院校人文、社会科学研究与发展成果情况表

学科门类		出版著作(部)							古籍整理(部)	译著(部)
		合计	专著	被译成外文	编著教材	工具书参考书	皮书/发展报告	科普读物		
	编号	L01	L02	L03	L04	L05	L06	L07	L08	L09
合计	0	360	153	7	177	27	3	0	1	138
管理学	1	22	12	1	9	0	1	0	0	7
马克思主义	2	5	1	0	4	0	0	0	0	0
哲学	3	7	5	2	2	0	0	0	0	6
逻辑学	4	0	0	0	0	0	0	0	0	0
宗教学	5	1	1	0	0	0	0	0	0	0
语言学	6	134	42	2	71	21	0	0	1	24
中国文学	7	24	4	0	19	1	0	0	0	3
外国文学	8	30	15	0	12	3	0	0	0	72
艺术学	9	41	24	1	17	0	0	0	0	9
历史学	10	10	4	0	6	0	0	0	0	3
考古学	11	0	0	0	0	0	0	0	0	0
经济学	12	6	5	0	0	0	1	0	0	3
政治学	13	15	9	0	6	0	0	0	0	1
法学	14	3	3	0	0	0	0	0	0	1
社会学	15	1	0	0	1	0	0	0	0	2
民族学与文化学	16	2	0	0	1	0	1	0	0	1
新闻学与传播学	17	50	22	1	28	0	0	0	0	4
图书馆、情报与文献学	18	1	0	0	0	1	0	0	0	0
教育学	19	8	6	0	1	1	0	0	0	2
统计学	20	0	0	0	0	0	0	0	0	0
心理学	21	0	0	0	0	0	0	0	0	0
体育学	22	0	0	0	0	0	0	0	0	0

发表译文（篇）	电子出版物（件）	发表论文（篇）				获奖成果数（项）				研究与咨询报告	
		合计	国内学术刊物	国外学术刊物	港澳台刊物	合计	国家级奖	部级奖	省级奖	合计	其中：被采纳数
L10	L11	L12	L13	L14	L15	L16	L17	L18	L19	L20	L21
64	0	3 018	2 802	205	11	13	0	1	12	190	137
1	0	187	162	25	0	1	0	0	1	7	3
0	0	81	79	2	0	0	0	0	0	2	2
0	0	15	15	0	0	0	0	0	0	1	0
0	0	0	0	0	0	0	0	0	0	0	0
0	0	9	6	3	0	1	0	0	1	0	0
13	0	547	478	66	3	4	0	0	4	28	23
4	0	183	169	11	3	1	0	0	1	3	3
26	0	286	242	44	0	3	0	1	2	5	5
9	0	372	368	4	0	0	0	0	0	11	0
6	0	73	69	3	1	0	0	0	0	1	0
0	0	0	0	0	0	0	0	0	0	0	0
1	0	110	104	5	1	0	0	0	0	1	1
0	0	292	276	16	0	3	0	0	3	65	65
0	0	53	52	0	1	0	0	0	0	1	1
0	0	22	21	1	0	0	0	0	0	2	2
0	0	40	35	5	0	0	0	0	0	1	0
3	0	594	580	12	2	0	0	0	0	53	24
0	0	26	26	0	0	0	0	0	0	0	0
1	0	119	113	6	0	0	0	0	0	7	6
0	0	0	0	0	0	0	0	0	0	0	0
0	0	0	0	0	0	0	0	0	0	2	2
0	0	9	7	2	0	0	0	0	0	0	0

14. 教育部直属财经院校人文、社会科学研究与发展成果情况表

学科门类	编号	出版著作(部) 合计	专著	被译成外文	编著教材	工具书参考书	皮书/发展报告	科普读物	古籍整理(部)	译著(部)
		L01	L02	L03	L04	L05	L06	L07	L08	L09
合计	0	461	260	2	171	18	9	3	0	48
管理学	1	114	64	2	44	3	3	0	0	8
马克思主义	2	10	8	0	1	1	0	0	0	1
哲学	3	11	7	0	3	1	0	0	0	2
逻辑学	4	0	0	0	0	0	0	0	0	0
宗教学	5	0	0	0	0	0	0	0	0	0
语言学	6	37	15	0	19	3	0	0	0	3
中国文学	7	11	4	0	5	1	0	1	0	9
外国文学	8	4	2	0	2	0	0	0	0	2
艺术学	9	4	2	0	2	0	0	0	0	0
历史学	10	2	2	0	0	0	0	0	0	1
考古学	11	0	0	0	0	0	0	0	0	0
经济学	12	161	85	0	65	3	6	2	0	12
政治学	13	0	0	0	0	0	0	0	0	1
法学	14	74	53	0	17	4	0	0	0	4
社会学	15	3	3	0	0	0	0	0	0	0
民族学与文化学	16	0	0	0	0	0	0	0	0	0
新闻学与传播学	17	1	0	0	1	0	0	0	0	2
图书馆、情报与文献学	18	0	0	0	0	0	0	0	0	0
教育学	19	18	11	0	5	2	0	0	0	0
统计学	20	9	3	0	6	0	0	0	0	1
心理学	21	0	0	0	0	0	0	0	0	0
体育学	22	2	1	0	1	0	0	0	0	2

发表译文（篇）	电子出版物（件）	发表论文（篇）				获奖成果数（项）				研究与咨询报告	
		合计	国内学术刊物	国外学术刊物	港澳台刊物	合计	国家级奖	部级奖	省级奖	合计	其中:被采纳数
L10	L11	L12	L13	L14	L15	L16	L17	L18	L19	L20	L21
7	0	5 057	4 162	889	6	120	0	32	88	435	229
4	0	1 168	863	301	4	22	0	6	16	64	46
0	0	195	191	4	0	6	0	0	6	10	6
0	0	115	111	3	1	7	0	0	7	0	0
0	0	0	0	0	0	0	0	0	0	0	0
0	0	1	1	0	0	0	0	0	0	0	0
0	0	111	96	15	0	3	0	0	3	2	1
0	0	104	99	5	0	1	0	0	1	0	0
0	0	40	31	9	0	0	0	0	0	0	0
0	0	32	30	2	0	0	0	0	0	0	0
0	0	20	20	0	0	0	0	0	0	0	0
0	0	1	1	0	0	0	0	0	0	0	0
1	0	1 955	1 589	365	1	63	0	22	41	288	130
0	0	65	61	4	0	0	0	0	0	4	2
2	0	675	650	25	0	14	0	1	13	36	23
0	0	52	42	10	0	3	0	3	0	23	15
0	0	3	3	0	0	0	0	0	0	0	0
0	0	47	42	5	0	0	0	0	0	3	2
0	0	32	32	0	0	0	0	0	0	0	0
0	0	233	214	19	0	0	0	0	0	1	1
0	0	182	62	120	0	1	0	0	1	4	3
0	0	0	0	0	0	0	0	0	0	0	0
0	0	26	24	2	0	0	0	0	0	0	0

15. 教育部直属政法院校人文、社会科学研究与发展成果情况表

学科门类		出版著作(部)							古籍整理(部)	译著(部)
		合计	专著	被译成外文	编著教材	工具书参考书	皮书/发展报告	科普读物		
	编号	L01	L02	L03	L04	L05	L06	L07	L08	L09
合计	0	113	59	0	54	0	0	0	1	19
管理学	1	5	3	0	2	0	0	0	0	1
马克思主义	2	4	3	0	1	0	0	0	0	1
哲学	3	5	3	0	2	0	0	0	1	2
逻辑学	4	0	0	0	0	0	0	0	0	0
宗教学	5	0	0	0	0	0	0	0	0	0
语言学	6	8	5	0	3	0	0	0	0	1
中国文学	7	4	4	0	0	0	0	0	0	1
外国文学	8	3	0	0	3	0	0	0	0	0
艺术学	9	2	2	0	0	0	0	0	0	0
历史学	10	1	1	0	0	0	0	0	0	1
考古学	11	0	0	0	0	0	0	0	0	0
经济学	12	5	2	0	3	0	0	0	0	0
政治学	13	7	6	0	1	0	0	0	0	1
法学	14	64	27	0	37	0	0	0	0	9
社会学	15	0	0	0	0	0	0	0	0	0
民族学与文化学	16	0	0	0	0	0	0	0	0	0
新闻学与传播学	17	1	1	0	0	0	0	0	0	1
图书馆、情报与文献学	18	0	0	0	0	0	0	0	0	0
教育学	19	1	0	0	1	0	0	0	0	1
统计学	20	0	0	0	0	0	0	0	0	0
心理学	21	0	0	0	0	0	0	0	0	0
体育学	22	3	2	0	1	0	0	0	0	0

发表译文(篇)	电子出版物(件)	发表论文(篇)				获奖成果数(项)				研究与咨询报告	
		合计	国内学术刊物	国外学术刊物	港澳台刊物	合计	国家级奖	部级奖	省级奖	合计	其中:被采纳数
L10	L11	L12	L13	L14	L15	L16	L17	L18	L19	L20	L21
10	0	893	866	22	5	4	0	4	0	27	25
0	0	48	47	1	0	0	0	0	0	0	0
0	0	55	55	0	0	0	0	0	0	0	0
0	0	43	42	1	0	0	0	0	0	0	0
0	0	0	0	0	0	0	0	0	0	0	0
0	0	2	2	0	0	0	0	0	0	0	0
0	0	27	26	1	0	0	0	0	0	0	0
3	0	20	20	0	0	0	0	0	0	0	0
0	0	3	3	0	0	0	0	0	0	0	0
1	0	6	6	0	0	0	0	0	0	0	0
0	0	21	21	0	0	0	0	0	0	0	0
0	0	0	0	0	0	0	0	0	0	0	0
0	0	62	60	2	0	0	0	0	0	0	0
0	0	95	91	4	0	0	0	0	0	2	2
3	0	415	400	11	4	4	0	4	0	22	21
2	0	15	14	0	1	0	0	0	0	0	0
0	0	1	1	0	0	0	0	0	0	0	0
0	0	22	21	1	0	0	0	0	0	3	2
0	0	1	1	0	0	0	0	0	0	0	0
1	0	40	40	0	0	0	0	0	0	0	0
0	0	0	0	0	0	0	0	0	0	0	0
0	0	0	0	0	0	0	0	0	0	0	0
0	0	17	16	1	0	0	0	0	0	0	0

16. 教育部直属艺术院校人文、社会科学研究与发展成果情况表

学科门类		出版著作(部)							古籍整理(部)	译著(部)
		合计	专著	被译成外文	编著教材	工具书参考书	皮书/发展报告	科普读物		
	编号	L01	L02	L03	L04	L05	L06	L07	L08	L09
合计	0	60	37	0	23	0	0	0	0	4
管理学	1	0	0	0	0	0	0	0	0	0
马克思主义	2	0	0	0	0	0	0	0	0	0
哲学	3	0	0	0	0	0	0	0	0	0
逻辑学	4	0	0	0	0	0	0	0	0	0
宗教学	5	0	0	0	0	0	0	0	0	0
语言学	6	0	0	0	0	0	0	0	0	0
中国文学	7	0	0	0	0	0	0	0	0	0
外国文学	8	0	0	0	0	0	0	0	0	0
艺术学	9	60	37	0	23	0	0	0	0	4
历史学	10	0	0	0	0	0	0	0	0	0
考古学	11	0	0	0	0	0	0	0	0	0
经济学	12	0	0	0	0	0	0	0	0	0
政治学	13	0	0	0	0	0	0	0	0	0
法学	14	0	0	0	0	0	0	0	0	0
社会学	15	0	0	0	0	0	0	0	0	0
民族学与文化学	16	0	0	0	0	0	0	0	0	0
新闻学与传播学	17	0	0	0	0	0	0	0	0	0
图书馆、情报与文献学	18	0	0	0	0	0	0	0	0	0
教育学	19	0	0	0	0	0	0	0	0	0
统计学	20	0	0	0	0	0	0	0	0	0
心理学	21	0	0	0	0	0	0	0	0	0
体育学	22	0	0	0	0	0	0	0	0	0

发表译文（篇）	电子出版物（件）	发表论文（篇）				获奖成果数（项）				研究与咨询报告	
		合计	国内学术刊物	国外学术刊物	港澳台刊物	合计	国家级奖	部级奖	省级奖	合计	其中：被采纳数
L10	L11	L12	L13	L14	L15	L16	L17	L18	L19	L20	L21
2	0	424	411	11	2	0	0	0	0	0	0
0	0	2	2	0	0	0	0	0	0	0	0
0	0	6	6	0	0	0	0	0	0	0	0
0	0	0	0	0	0	0	0	0	0	0	0
0	0	0	0	0	0	0	0	0	0	0	0
0	0	0	0	0	0	0	0	0	0	0	0
0	0	0	0	0	0	0	0	0	0	0	0
0	0	0	0	0	0	0	0	0	0	0	0
0	0	2	2	0	0	0	0	0	0	0	0
2	0	403	390	11	2	0	0	0	0	0	0
0	0	0	0	0	0	0	0	0	0	0	0
0	0	0	0	0	0	0	0	0	0	0	0
0	0	2	2	0	0	0	0	0	0	0	0
0	0	0	0	0	0	0	0	0	0	0	0
0	0	0	0	0	0	0	0	0	0	0	0
0	0	0	0	0	0	0	0	0	0	0	0
0	0	0	0	0	0	0	0	0	0	0	0
0	0	0	0	0	0	0	0	0	0	0	0
0	0	2	2	0	0	0	0	0	0	0	0
0	0	2	2	0	0	0	0	0	0	0	0
0	0	0	0	0	0	0	0	0	0	0	0
0	0	1	1	0	0	0	0	0	0	0	0
0	0	4	4	0	0	0	0	0	0	0	0

17. 其他部委院校人文、社会科学研究与发展成果情况表

学科门类	编号	出版著作(部) 合计	专著	被译成外文	编著教材	工具书参考书	皮书/发展报告	科普读物	古籍整理(部)	译著(部)
		L01	L02	L03	L04	L05	L06	L07	L08	L09
合计	0	946	535	14	374	15	13	9	57	100
管理学	1	153	95	1	52	0	1	5	0	4
马克思主义	2	44	33	0	10	1	0	0	0	1
哲学	3	16	12	1	3	1	0	0	0	2
逻辑学	4	1	1	0	0	0	0	0	0	0
宗教学	5	11	7	0	4	0	0	0	1	0
语言学	6	109	44	2	57	8	0	0	3	19
中国文学	7	43	28	0	15	0	0	0	15	6
外国文学	8	24	12	1	12	0	0	0	1	28
艺术学	9	60	38	1	21	1	0	0	0	0
历史学	10	39	30	1	6	0	1	2	6	4
考古学	11	1	1	0	0	0	0	0	29	0
经济学	12	69	40	2	29	0	0	0	1	3
政治学	13	22	15	0	5	1	1	0	0	7
法学	14	128	66	2	59	1	1	1	0	6
社会学	15	28	17	0	8	0	2	1	0	5
民族学与文化学	16	22	18	0	2	0	2	0	0	6
新闻学与传播学	17	31	14	0	13	0	4	0	0	6
图书馆、情报与文献学	18	8	5	0	2	1	0	0	1	1
教育学	19	84	39	2	44	1	0	0	0	1
统计学	20	2	1	0	1	0	0	0	0	0
心理学	21	5	4	0	1	0	0	0	0	0
体育学	22	46	15	1	30	0	1	0	0	1

发表译文(篇)	电子出版物(件)	发表论文(篇)				获奖成果数(项)				研究与咨询报告	
		合计	国内学术刊物	国外学术刊物	港澳台刊物	合计	国家级奖	部级奖	省级奖	合计	其中:被采纳数
L10	L11	L12	L13	L14	L15	L16	L17	L18	L19	L20	L21
56	3	10 120	9 582	521	17	161	0	38	123	630	220
2	0	2 033	1 813	219	1	35	0	2	33	186	68
3	0	501	501	0	0	13	0	2	11	20	4
0	0	165	154	9	2	7	0	0	7	2	0
0	0	0	0	0	0	1	0	0	1	0	0
0	0	45	41	3	1	1	0	0	1	0	0
14	0	727	680	45	2	9	0	0	9	8	1
1	0	511	501	10	0	4	0	0	4	10	1
6	0	172	153	19	0	6	0	0	6	1	1
2	3	397	390	7	0	4	0	1	3	11	1
3	0	240	233	5	2	0	0	0	0	9	5
0	0	33	29	3	1	1	0	1	0	0	0
0	0	870	773	97	0	13	0	6	7	118	23
2	0	209	203	6	0	1	0	0	1	8	1
1	0	1 087	1 066	18	3	17	0	6	11	65	26
3	0	424	414	9	1	17	0	3	14	18	5
1	0	326	326	0	0	23	0	16	7	46	20
2	0	427	413	12	2	3	0	0	3	55	39
1	0	196	190	6	0	0	0	0	0	50	10
1	0	750	738	12	0	3	0	0	3	18	13
0	0	63	56	7	0	0	0	0	0	1	0
0	0	33	33	0	0	1	0	0	1	1	0
14	0	911	875	34	2	2	0	1	1	3	2

18. 地方院校人文、社会科学研究与发展成果情况表

学科门类	编号	出版著作(部) 合计	专著	被译成外文	编著教材	工具书参考书	皮书/发展报告	科普读物	古籍整理(部)	译著(部)
		L01	L02	L03	L04	L05	L06	L07	L08	L09
合计	0	22 316	12 578	221	9 137	285	175	141	166	1 320
管理学	1	3 340	1 754	28	1 505	33	36	12	0	55
马克思主义	2	840	534	2	291	6	4	5	0	14
哲学	3	318	226	1	73	1	16	2	3	43
逻辑学	4	19	7	0	12	0	0	0	0	1
宗教学	5	35	28	0	7	0	0	0	0	7
语言学	6	2 031	1 067	49	914	42	4	4	8	333
中国文学	7	1 478	995	20	453	13	5	12	66	98
外国文学	8	586	363	20	206	1	0	16	0	367
艺术学	9	3 789	2 067	31	1 600	95	7	20	13	89
历史学	10	661	470	5	171	13	5	2	38	35
考古学	11	38	29	0	7	0	0	2	0	4
经济学	12	2 314	1 195	9	1 066	10	32	11	0	54
政治学	13	322	218	4	99	3	2	0	0	17
法学	14	994	666	8	314	9	4	1	1	52
社会学	15	433	271	8	135	3	15	9	0	29
民族学与文化学	16	292	201	8	86	3	1	1	3	12
新闻学与传播学	17	343	213	3	119	3	7	1	1	13
图书馆、情报与文献学	18	241	152	1	82	4	1	2	32	4
教育学	19	2 741	1 272	13	1 382	35	26	26	1	65
统计学	20	111	58	1	52	0	1	0	0	4
心理学	21	219	70	1	145	1	1	2	0	12
体育学	22	1 171	722	9	418	10	8	13	0	12

发表译文（篇）	电子出版物（件）	发表论文（篇）				获奖成果数（项）				研究与咨询报告	
		合计	国内学术刊物	国外学术刊物	港澳台刊物	合计	国家级奖	部级奖	省级奖	合计	其中：被采纳数
L10	L11	L12	L13	L14	L15	L16	L17	L18	L19	L20	L21
449	244	285 380	277 718	7 377	285	3 241	0	137	3 104	14 897	5 605
35	27	44 650	42 420	2 154	76	494	0	27	467	3 870	1 726
7	5	13 709	13 614	90	5	177	0	5	172	449	165
16	2	3 331	3 267	55	9	127	0	0	127	59	22
0	0	211	206	5	0	1	0	0	1	26	0
0	0	288	270	13	5	13	0	0	13	11	1
131	8	21 976	21 085	871	20	187	0	4	183	616	118
27	9	13 441	13 277	138	26	266	0	2	264	290	44
27	2	5 979	5 778	198	3	49	0	0	49	94	5
51	134	40 571	40 052	492	27	184	0	8	176	1 235	317
2	6	5 099	5 022	68	9	203	0	9	194	150	98
3	0	372	361	9	2	11	0	0	11	3	0
35	14	27 042	25 885	1 125	32	453	0	22	431	2 560	1 070
6	3	4 361	4 284	70	7	80	0	2	78	334	165
30	0	10 413	10 152	234	27	237	0	26	211	996	457
9	0	6 557	6 375	177	5	145	0	11	134	864	365
3	1	2 293	2 248	44	1	105	0	10	95	228	65
4	2	6 361	6 263	89	9	64	0	2	62	257	103
5	2	6 444	6 381	59	4	44	0	0	44	113	31
28	23	53 281	52 574	691	16	278	0	6	272	1 955	606
2	0	1 286	1 100	185	1	14	0	1	13	105	48
2	1	2 844	2 596	248	0	34	0	0	34	100	41
26	5	14 871	14 508	362	1	75	0	2	73	582	158

19. 综合院校人文、社会科学研究与发展成果情况表

学科门类	编号	出版著作(部) 合计	专著	被译成外文	编著教材	工具书参考书	皮书/发展报告	科普读物	古籍整理(部)	译著(部)
		L01	L02	L03	L04	L05	L06	L07	L08	L09
合计	0	9 860	5 902	164	3 662	138	105	53	251	798
管理学	1	1 192	653	15	517	11	10	1	3	45
马克思主义	2	368	237	2	123	4	2	2	3	9
哲学	3	391	273	4	99	0	17	2	18	58
逻辑学	4	4	2	0	2	0	0	0	0	1
宗教学	5	33	20	0	13	0	0	0	1	10
语言学	6	831	432	24	364	27	5	3	3	92
中国文学	7	947	593	17	328	12	1	13	88	61
外国文学	8	281	186	18	90	3	0	2	1	239
艺术学	9	1 102	644	7	418	27	5	8	19	21
历史学	10	598	411	15	161	16	5	5	60	59
考古学	11	83	67	0	15	0	0	1	1	10
经济学	12	900	519	14	361	1	16	3	13	27
政治学	13	286	167	6	110	2	6	1	6	27
法学	14	611	412	12	185	9	1	4	7	44
社会学	15	278	180	9	86	1	8	3	2	19
民族学与文化学	16	162	103	4	55	3	0	1	0	10
新闻学与传播学	17	278	151	4	117	0	9	1	1	18
图书馆、情报与文献学	18	143	82	3	55	3	3	0	23	4
教育学	19	893	472	7	389	17	13	2	1	33
统计学	20	34	17	1	16	0	1	0	1	0
心理学	21	76	29	1	46	1	0	0	0	6
体育学	22	369	252	1	112	1	3	1	0	5

发表译文（篇）	电子出版物（件）	发表论文（篇）				获奖成果数（项）				研究与咨询报告	
		合计	国内学术刊物	国外学术刊物	港澳台刊物	合计	国家级奖	部级奖	省级奖	合计	其中：被采纳数
L10	L11	L12	L13	L14	L15	L16	L17	L18	L19	L20	L21
391	270	114 928	109 332	5 344	252	2 029	0	114	1 915	7 907	4 095
98	4	16 441	14 552	1 830	59	269	0	15	254	2 249	1 114
4	2	5 643	5 609	32	2	89	0	1	88	264	143
19	67	3 261	3 155	94	12	138	0	0	138	31	16
0	0	62	60	2	0	2	0	0	2	2	0
3	0	323	290	26	7	8	0	0	8	9	4
36	6	7 914	7 393	506	15	123	0	1	122	203	56
12	0	7 304	7 159	113	32	173	0	1	172	82	28
30	3	2 531	2 333	180	18	29	0	0	29	14	3
20	77	11 913	11 712	188	13	75	0	1	74	334	123
22	26	4 371	4 219	131	21	152	0	9	143	100	69
3	16	756	714	39	3	20	0	2	18	17	7
61	14	12 533	11 662	857	14	289	0	14	275	1 387	733
7	7	3 017	2 902	104	11	69	0	1	68	393	289
30	13	5 166	4 997	150	19	153	0	29	124	583	399
4	1	3 206	3 032	170	4	130	0	23	107	486	249
4	0	1 169	1 128	41	0	52	0	12	40	139	59
8	15	3 868	3 746	113	9	68	0	1	67	436	324
5	14	3 812	3 697	112	3	27	0	2	25	72	22
11	2	15 797	15 516	273	8	113	0	0	113	843	321
1	0	395	343	52	0	10	0	1	9	46	36
2	0	1 090	904	186	0	10	0	0	10	66	36
11	3	4 356	4 209	145	2	30	0	1	29	151	64

20. 理工农医院校人文、社会科学研究与发展成果情况表

学科门类		出版著作(部)							古籍整理(部)	译著(部)
		合计	专著	被译成外文	编著教材	工具书参考书	皮书/发展报告	科普读物		
	编号	L01	L02	L03	L04	L05	L06	L07	L08	L09
合计	0	7 685	4 178	76	3 289	87	55	76	43	446
管理学	1	1 545	926	19	562	15	29	13	0	30
马克思主义	2	493	317	2	159	6	2	9	0	12
哲学	3	129	95	2	31	1	0	2	0	13
逻辑学	4	11	5	0	6	0	0	0	0	1
宗教学	5	10	5	0	5	0	0	0	0	0
语言学	6	841	356	12	457	27	0	1	2	132
中国文学	7	264	172	2	86	1	1	4	5	17
外国文学	8	212	106	4	101	1	0	4	0	106
艺术学	9	1 008	541	14	450	11	1	5	1	19
历史学	10	133	96	2	35	1	1	0	4	12
考古学	11	0	0	0	0	0	0	0	1	0
经济学	12	828	431	3	387	3	4	3	0	20
政治学	13	89	51	0	35	1	0	2	0	7
法学	14	305	206	4	96	2	1	0	0	13
社会学	15	189	123	1	45	1	11	9	1	10
民族学与文化学	16	56	34	1	21	0	0	1	2	3
新闻学与传播学	17	140	79	1	55	2	3	1	1	4
图书馆、情报与文献学	18	96	47	0	46	2	0	1	25	2
教育学	19	861	378	8	468	9	1	5	1	36
统计学	20	28	9	0	17	0	1	1	0	1
心理学	21	105	30	0	68	0	0	7	0	4
体育学	22	342	171	1	159	4	0	8	0	4

发表译文（篇）	电子出版物（件）	发表论文（篇）				获奖成果数（项）				研究与咨询报告	
		合计	国内学术刊物	国外学术刊物	港澳台刊物	合计	国家级奖	部级奖	省级奖	合计	其中：被采纳数
L10	L11	L12	L13	L14	L15	L16	L17	L18	L19	L20	L21
103	151	103 596	99 192	4 339	65	924	0	43	881	7 234	2 676
21	49	23 586	21 502	2 073	11	303	0	14	289	2 376	1 000
3	11	6 335	6 310	24	1	80	0	2	78	329	92
2	0	1 309	1 279	28	2	26	0	2	24	33	18
0	1	82	81	1	0	0	0	0	0	27	2
0	0	65	61	2	2	0	0	0	0	4	3
15	7	8 030	7 596	429	5	33	0	0	33	202	44
3	9	2 419	2 378	38	3	21	0	0	21	95	17
19	0	2 021	1 921	100	0	14	0	0	14	29	5
6	10	10 758	10 522	231	5	39	0	0	39	641	182
1	6	904	878	24	2	16	0	1	15	32	16
0	0	41	38	2	1	1	0	0	1	1	0
8	11	10 237	9 518	706	13	147	0	9	138	1 151	419
2	6	1 264	1 229	33	2	17	0	0	17	162	54
3	3	2 868	2 794	62	12	54	0	8	46	310	154
2	14	3 126	3 028	98	0	69	0	3	66	508	217
0	0	627	608	19	0	8	0	0	8	54	12
0	1	1 946	1 893	50	3	14	0	0	14	104	42
1	1	2 342	2 304	37	1	10	0	0	10	111	39
11	13	19 722	19 540	181	1	50	0	2	48	808	256
1	3	484	445	38	1	3	0	0	3	56	37
0	2	912	864	48	0	7	0	0	7	57	23
5	4	4 518	4 403	115	0	12	0	2	10	144	44

21. 师范院校人文、社会科学研究与发展成果情况表

学科门类	编号	出版著作(部) 合计	专著	被译成外文	编著教材	工具书参考书	皮书/发展报告	科普读物	古籍整理(部)	译著(部)
		L01	L02	L03	L04	L05	L06	L07	L08	L09
合计	0	5 496	3 389	40	1 877	96	73	61	113	465
管理学	1	371	237	1	121	5	8	0	0	13
马克思主义	2	192	132	0	57	1	1	1	0	0
哲学	3	106	84	0	20	1	0	1	3	21
逻辑学	4	1	0	0	1	0	0	0	0	0
宗教学	5	15	15	0	0	0	0	0	1	1
语言学	6	477	277	9	184	15	1	0	7	107
中国文学	7	667	475	3	177	6	2	7	49	38
外国文学	8	153	93	2	44	0	0	16	0	126
艺术学	9	835	479	9	336	11	2	7	2	24
历史学	10	395	261	1	126	3	2	3	39	31
考古学	11	10	9	0	1	0	0	0	0	1
经济学	12	276	195	1	60	1	19	1	0	7
政治学	13	130	88	2	36	0	6	0	0	8
法学	14	151	92	0	51	5	2	1	0	7
社会学	15	125	71	1	46	0	5	3	0	9
民族学与文化学	16	69	42	2	23	0	4	0	1	4
新闻学与传播学	17	73	49	0	19	1	4	0	0	1
图书馆、情报与文献学	18	54	40	0	12	0	0	2	11	3
教育学	19	1 056	528	3	459	43	12	14	0	51
统计学	20	16	7	0	6	1	2	0	0	1
心理学	21	54	27	1	23	1	1	2	0	7
体育学	22	270	188	5	75	2	2	3	0	5

发表译文（篇）	电子出版物（件）	发表论文（篇）				获奖成果数（项）				研究与咨询报告	
		合计	国内学术刊物	国外学术刊物	港澳台刊物	合计	国家级奖	部级奖	省级奖	合计	其中：被采纳数
L10	L11	L12	L13	L14	L15	L16	L17	L18	L19	L20	L21
106	45	60 279	58 500	1 694	85	1 103	0	38	1 065	2 564	1 104
2	3	4 483	4 179	296	8	57	0	2	55	499	272
1	0	3 538	3 528	9	1	70	0	1	69	73	30
6	0	1 181	1 138	32	11	43	0	0	43	17	7
0	0	32	32	0	0	0	0	0	0	0	0
0	0	125	114	5	6	5	0	0	5	3	0
38	3	4 559	4 383	169	7	69	0	1	68	126	22
6	1	5 620	5 558	51	11	132	0	1	131	107	10
9	0	1 505	1 443	61	1	22	0	0	22	23	2
7	9	8 258	8 184	66	8	65	0	2	63	219	36
2	0	2 783	2 736	33	14	123	0	3	120	77	56
0	0	117	114	2	1	1	0	0	1	3	0
12	0	3 025	2 875	150	0	90	0	9	81	327	171
2	15	1 210	1 195	15	0	32	0	1	31	136	89
2	0	1 517	1 487	25	5	32	0	3	29	82	61
2	0	1 397	1 367	27	3	49	0	6	43	185	64
1	0	588	577	10	1	28	0	3	25	36	12
0	0	1 487	1 464	21	2	20	0	1	19	68	32
3	0	1 298	1 272	25	1	14	0	0	14	23	13
3	14	12 833	12 522	306	5	191	0	4	187	419	190
0	0	149	127	22	0	3	0	1	2	5	1
1	0	1 318	1 026	292	0	34	0	0	34	13	4
9	0	3 256	3 179	77	0	23	0	0	23	123	32

22. 语言院校人文、社会科学研究与发展成果情况表

学科门类		出版著作(部)							古籍整理(部)	译著(部)
		合计	专著	被译成外文	编著教材	工具书参考书	皮书/发展报告	科普读物		
	编号	L01	L02	L03	L04	L05	L06	L07	L08	L09
合计	0	984	487	25	449	32	13	3	3	281
管理学	1	105	60	4	39	1	5	0	0	12
马克思主义	2	22	10	0	11	1	0	0	0	2
哲学	3	17	12	3	5	0	0	0	0	10
逻辑学	4	2	1	0	1	0	0	0	0	0
宗教学	5	2	1	0	1	0	0	0	0	0
语言学	6	270	103	8	145	22	0	0	1	60
中国文学	7	52	17	0	33	1	1	0	0	18
外国文学	8	82	54	1	25	3	0	0	1	123
艺术学	9	123	66	2	57	0	0	0	1	13
历史学	10	14	7	0	7	0	0	0	0	7
考古学	11	0	0	0	0	0	0	0	0	0
经济学	12	56	32	1	22	1	1	0	0	4
政治学	13	37	21	0	14	1	1	0	0	9
法学	14	21	13	1	7	0	1	0	0	1
社会学	15	15	7	1	5	0	3	0	0	5
民族学与文化学	16	4	2	0	1	0	1	0	0	1
新闻学与传播学	17	74	41	2	33	0	0	0	0	7
图书馆、情报与文献学	18	5	1	0	3	1	0	0	0	0
教育学	19	62	31	2	27	1	0	3	0	4
统计学	20	1	1	0	0	0	0	0	0	0
心理学	21	4	1	0	3	0	0	0	0	5
体育学	22	16	6	0	10	0	0	0	0	0

发表译文（篇）	电子出版物（件）	发表论文（篇）				获奖成果数（项）				研究与咨询报告	
		合计	国内学术刊物	国外学术刊物	港澳台刊物	合计	国家级奖	部级奖	省级奖	合计	其中：被采纳数
L10	L11	L12	L13	L14	L15	L16	L17	L18	L19	L20	L21
109	7	10 619	10 115	481	23	48	0	16	32	728	297
3	0	1 034	983	51	0	8	0	5	3	110	27
0	0	418	411	7	0	1	0	0	1	16	3
3	0	74	72	1	1	0	0	0	0	4	0
0	0	2	2	0	0	0	0	0	0	0	0
0	0	13	10	3	0	1	0	0	1	1	0
27	0	2 166	2 001	158	7	14	0	1	13	120	38
11	1	517	489	23	5	2	0	0	2	15	3
28	0	798	722	76	0	6	0	1	5	27	6
10	5	1 168	1 153	15	0	1	0	0	1	35	2
6	0	111	107	3	1	0	0	0	0	4	0
0	0	0	0	0	0	0	0	0	0	0	0
2	0	732	701	28	3	6	0	6	0	66	12
4	0	487	466	21	0	3	0	0	3	72	70
2	0	293	288	4	1	2	0	2	0	88	63
4	0	163	158	3	2	1	0	1	0	11	8
2	0	71	65	6	0	0	0	0	0	2	0
5	1	963	944	17	2	1	0	0	1	79	37
1	0	109	109	0	0	0	0	0	0	0	0
1	0	1 220	1 158	61	1	2	0	0	2	74	24
0	0	28	28	0	0	0	0	0	0	1	1
0	0	52	50	2	0	0	0	0	0	2	2
0	0	200	198	2	0	0	0	0	0	1	1

23. 财经院校人文、社会科学研究与发展成果情况表

学科门类	编号	出版著作(部) 合计	专著	被译成外文	编著教材	工具书参考书	皮书/发展报告	科普读物	古籍整理(部)	译著(部)
		L01	L02	L03	L04	L05	L06	L07	L08	L09
合计	0	3 432	1 722	21	1 604	45	42	19	1	173
管理学	1	1 026	461	7	542	13	8	2	0	14
马克思主义	2	93	57	1	35	1	0	0	0	1
哲学	3	22	15	0	6	1	0	0	0	8
逻辑学	4	1	0	0	1	0	0	0	0	0
宗教学	5	0	0	0	0	0	0	0	0	0
语言学	6	239	120	5	111	6	0	2	0	25
中国文学	7	87	53	0	30	2	0	2	1	24
外国文学	8	50	22	1	28	0	0	0	0	34
艺术学	9	213	105	1	103	4	1	0	0	4
历史学	10	22	19	0	3	0	0	0	0	3
考古学	11	1	0	0	0	0	0	1	0	0
经济学	12	917	440	3	448	8	13	8	0	30
政治学	13	23	18	0	5	0	0	0	0	1
法学	14	189	136	0	48	4	1	0	0	11
社会学	15	51	29	0	19	2	1	0	0	3
民族学与文化学	16	10	7	0	3	0	0	0	0	0
新闻学与传播学	17	33	26	0	7	0	0	0	0	3
图书馆、情报与文献学	18	21	18	0	3	0	0	0	0	0
教育学	19	262	98	2	141	4	17	2	0	4
统计学	20	64	35	1	28	0	1	0	0	4
心理学	21	15	3	0	12	0	0	0	0	1
体育学	22	93	60	0	31	0	0	2	0	3

发表译文（篇）	电子出版物（件）	发表论文（篇）				获奖成果数（项）				研究与咨询报告	
		合计	国内学术刊物	国外学术刊物	港澳台刊物	合计	国家级奖	部级奖	省级奖	合计	其中:被采纳数
L10	L11	L12	L13	L14	L15	L16	L17	L18	L19	L20	L21
85	11	44 658	42 297	2 329	32	459	0	53	406	2 495	1 031
12	3	11 968	11 132	825	11	112	0	12	100	801	349
1	0	1 620	1 588	32	0	14	0	0	14	60	18
1	0	391	374	15	2	13	0	0	13	3	2
0	0	61	57	4	0	0	0	0	0	0	0
0	0	10	8	2	0	1	0	0	1	1	0
36	0	2 371	2 284	87	0	11	0	0	11	55	10
1	0	961	944	14	3	4	0	0	4	14	2
2	1	573	550	23	0	1	0	0	1	14	0
3	0	2 830	2 810	20	0	2	0	0	2	50	9
0	0	178	177	1	0	6	0	0	6	5	0
0	0	2	2	0	0	0	0	0	0	0	0
15	0	10 121	9 350	759	12	211	0	32	179	921	425
0	0	398	390	8	0	7	0	0	7	30	6
3	0	2 182	2 096	84	2	41	0	5	36	132	86
1	0	683	656	27	0	11	0	3	8	85	45
0	0	103	101	2	0	3	0	0	3	8	1
2	0	718	708	10	0	4	0	0	4	14	2
0	1	707	700	7	0	2	0	0	2	21	1
4	6	6 525	6 411	112	2	6	0	0	6	187	46
1	0	773	509	264	0	8	0	1	7	64	23
1	0	154	147	7	0	0	0	0	0	4	2
2	0	1 329	1 303	26	0	2	0	0	2	26	4

24. 政法院校人文、社会科学研究与发展成果情况表

学科门类	编号	出版著作(部) 合计	专著	被译成外文	编著教材	工具书参考书	皮书/发展报告	科普读物	古籍整理(部)	译著(部)
		L01	L02	L03	L04	L05	L06	L07	L08	L09
合计	0	810	438	2	362	5	0	5	2	93
管理学	1	89	42	0	42	1	0	4	0	7
马克思主义	2	25	20	0	5	0	0	0	0	1
哲学	3	13	10	0	3	0	0	0	1	4
逻辑学	4	1	1	0	0	0	0	0	0	0
宗教学	5	1	0	0	1	0	0	0	0	0
语言学	6	45	19	0	25	1	0	0	0	19
中国文学	7	20	12	0	8	0	0	0	0	3
外国文学	8	7	3	0	4	0	0	0	0	8
艺术学	9	15	10	0	5	0	0	0	0	0
历史学	10	4	3	0	1	0	0	0	0	1
考古学	11	0	0	0	0	0	0	0	0	0
经济学	12	24	14	0	10	0	0	0	0	4
政治学	13	25	20	0	5	0	0	0	0	2
法学	14	396	218	2	174	3	0	1	1	38
社会学	15	23	9	0	14	0	0	0	0	0
民族学与文化学	16	4	4	0	0	0	0	0	0	0
新闻学与传播学	17	16	11	0	5	0	0	0	0	4
图书馆、情报与文献学	18	9	6	0	3	0	0	0	0	1
教育学	19	55	16	0	39	0	0	0	0	1
统计学	20	3	1	0	2	0	0	0	0	0
心理学	21	9	2	0	7	0	0	0	0	0
体育学	22	26	17	0	9	0	0	0	0	0

发表译文（篇）	电子出版物（件）	发表论文（篇）				获奖成果数（项）				研究与咨询报告	
		合计	国内学术刊物	国外学术刊物	港澳台刊物	合计	国家级奖	部级奖	省级奖	合计	其中：被采纳数
L10	L11	L12	L13	L14	L15	L16	L17	L18	L19	L20	L21
46	0	9 831	9 571	243	17	118	0	17	101	668	124
0	0	1 006	950	55	1	6	0	0	6	97	10
0	0	412	410	1	1	11	0	0	11	6	0
1	0	203	199	4	0	3	0	0	3	12	0
0	0	6	6	0	0	0	0	0	0	1	0
0	0	10	10	0	0	0	0	0	0	0	0
4	0	400	374	26	0	1	0	0	1	15	1
4	0	160	158	1	1	0	0	0	0	7	0
3	0	46	46	0	0	0	0	0	0	1	0
1	0	101	100	1	0	0	0	0	0	6	1
0	0	51	51	0	0	0	0	0	0	1	0
0	0	1	1	0	0	0	0	0	0	0	0
0	0	342	328	13	1	4	0	1	3	14	5
1	0	432	423	8	1	7	0	0	7	36	24
24	0	4 056	3 952	94	10	74	0	16	58	378	71
4	0	403	397	5	1	3	0	0	3	25	7
0	0	44	44	0	0	0	0	0	0	16	0
1	0	278	273	4	1	5	0	0	5	20	4
0	0	156	151	5	0	1	0	0	1	5	0
3	0	1 189	1 186	3	0	2	0	0	2	18	1
0	0	39	37	2	0	0	0	0	0	1	0
0	0	73	73	0	0	0	0	0	0	0	0
0	0	423	402	21	0	1	0	0	1	9	0

25. 艺术院校人文、社会科学研究与发展成果情况表

学科门类		出版著作(部)							古籍整理(部)	译著(部)
		合计	专著		编著教材	工具书参考书	皮书/发展报告	科普读物		
				被译成外文						
	编号	L01	L02	L03	L04	L05	L06	L07	L08	L09
合计	0	1 069	530	1	473	59	1	6	1	48
管理学	1	13	3	0	8	0	0	2	0	0
马克思主义	2	11	6	0	5	0	0	0	0	0
哲学	3	8	6	0	2	0	0	0	0	2
逻辑学	4	2	0	0	2	0	0	0	0	0
宗教学	5	0	0	0	0	0	0	0	0	0
语言学	6	20	11	0	9	0	0	0	0	1
中国文学	7	8	8	0	0	0	0	0	1	1
外国文学	8	2	2	0	0	0	0	0	0	0
艺术学	9	932	466	1	408	55	0	3	0	38
历史学	10	2	2	0	0	0	0	0	0	2
考古学	11	0	0	0	0	0	0	0	0	0
经济学	12	2	0	0	1	0	1	0	0	0
政治学	13	2	0	0	2	0	0	0	0	0
法学	14	2	0	0	2	0	0	0	0	0
社会学	15	2	0	0	2	0	0	0	0	0
民族学与文化学	16	1	1	0	0	0	0	0	0	0
新闻学与传播学	17	5	2	0	3	0	0	0	0	0
图书馆、情报与文献学	18	6	3	0	1	2	0	0	0	0
教育学	19	41	14	0	25	2	0	0	0	4
统计学	20	0	0	0	0	0	0	0	0	0
心理学	21	1	0	0	1	0	0	0	0	0
体育学	22	9	6	0	2	0	0	1	0	0

发表译文（篇）	电子出版物（件）	发表论文（篇）				获奖成果数（项）				研究与咨询报告	
		合计	国内学术刊物	国外学术刊物	港澳台刊物	合计	国家级奖	部级奖	省级奖	合计	其中：被采纳数
L10	L11	L12	L13	L14	L15	L16	L17	L18	L19	L20	L21
25	49	11 838	11 725	106	7	51	0	5	46	120	31
0	0	388	387	0	1	0	0	0	0	2	0
1	0	198	198	0	0	1	0	0	1	2	0
0	0	29	28	1	0	0	0	0	0	0	0
0	0	0	0	0	0	0	0	0	0	0	0
0	0	1	1	0	0	0	0	0	0	0	0
3	0	196	195	1	0	1	0	0	1	0	0
0	0	124	124	0	0	0	0	0	0	1	0
0	0	42	41	1	0	0	0	0	0	0	0
20	45	9 111	9 015	92	4	45	0	5	40	97	30
0	0	22	21	0	1	0	0	0	0	0	0
0	0	5	5	0	0	0	0	0	0	0	0
0	0	100	100	0	0	1	0	0	1	1	0
0	0	72	72	0	0	0	0	0	0	2	0
0	0	12	12	0	0	0	0	0	0	0	0
0	0	52	51	1	0	0	0	0	0	2	0
0	1	37	37	0	0	3	0	0	3	1	0
0	1	186	184	1	1	0	0	0	0	6	0
0	0	102	101	1	0	0	0	0	0	0	0
1	2	940	933	7	0	0	0	0	0	6	1
0	0	15	15	0	0	0	0	0	0	0	0
0	0	18	18	0	0	0	0	0	0	0	0
0	0	188	187	1	0	0	0	0	0	0	0

26. 民族院校人文、社会科学研究与发展成果情况表

学科门类	编号	出版著作(部) 合计	专著	被译成外文	编著教材	工具书参考书	皮书/发展报告	科普读物	古籍整理(部)	译著(部)
		L01	L02	L03	L04	L05	L06	L07	L08	L09
合计	0	514	395	31	104	5	8	2	54	45
管理学	1	48	45	3	3	0	0	0	0	0
马克思主义	2	14	13	0	1	0	0	0	0	0
哲学	3	10	10	1	0	0	0	0	0	0
逻辑学	4	0	0	0	0	0	0	0	0	0
宗教学	5	12	9	0	3	0	0	0	1	4
语言学	6	68	57	11	9	2	0	0	3	14
中国文学	7	61	40	4	21	0	0	0	15	6
外国文学	8	4	2	0	2	0	0	0	0	4
艺术学	9	46	30	1	15	1	0	0	0	1
历史学	10	21	17	1	3	0	0	1	4	1
考古学	11	1	1	0	0	0	0	0	28	0
经济学	12	41	29	0	9	0	3	0	1	0
政治学	13	12	9	3	3	0	0	0	0	0
法学	14	30	16	2	13	0	1	0	0	1
社会学	15	20	16	0	1	0	2	1	0	4
民族学与文化学	16	55	45	2	8	0	2	0	0	7
新闻学与传播学	17	7	4	0	3	0	0	0	0	0
图书馆、情报与文献学	18	9	8	0	0	1	0	0	2	0
教育学	19	33	27	2	5	1	0	0	0	3
统计学	20	1	1	0	0	0	0	0	0	0
心理学	21	2	1	0	1	0	0	0	0	0
体育学	22	19	15	1	4	0	0	0	0	0

发表译文（篇）	电子出版物（件）	发表论文（篇）				获奖成果数（项）				研究与咨询报告	
		合计	国内学术刊物	国外学术刊物	港澳台刊物	合计	国家级奖	部级奖	省级奖	合计	其中：被采纳数
L10	L11	L12	L13	L14	L15	L16	L17	L18	L19	L20	L21
7	5	4 747	4 626	116	5	187	0	51	136	149	71
0	0	462	438	23	1	11	0	2	9	17	9
1	0	194	194	0	0	10	0	3	7	4	0
0	0	74	69	3	2	4	0	0	4	0	0
0	0	0	0	0	0	1	0	0	1	0	0
0	0	65	62	3	0	2	0	0	2	1	0
4	0	436	413	23	0	12	0	1	11	2	0
0	0	552	541	11	0	17	0	0	17	1	1
0	0	67	66	1	0	4	0	0	4	0	0
1	5	378	376	2	0	1	0	1	0	1	0
1	0	162	162	0	0	7	0	1	6	4	4
0	0	25	23	1	1	1	0	1	0	0	0
0	0	347	324	23	0	17	0	7	10	21	12
0	0	97	96	1	0	5	0	1	4	3	0
0	0	254	250	4	0	24	0	8	16	19	10
0	0	182	175	6	1	11	0	5	6	15	10
0	0	478	477	1	0	50	0	20	30	54	22
0	0	175	175	0	0	1	0	0	1	3	1
0	0	165	164	1	0	1	0	0	1	0	0
0	0	411	405	6	0	6	0	1	5	4	2
0	0	23	19	4	0	0	0	0	0	0	0
0	0	10	10	0	0	0	0	0	0	0	0
0	0	190	187	3	0	2	0	0	2	0	0

27. 体育院校人文、社会科学研究与发展成果情况表

学科门类		出版著作(部)							古籍整理(部)	译著(部)
		合计	专著	被译成外文	编著教材	工具书参考书	皮书/发展报告	科普读物		
	编号	L01	L02	L03	L04	L05	L06	L07	L08	L09
合计	0	259	104	3	131	6	6	12	0	4
管理学	1	5	3	0	1	0	1	0	0	0
马克思主义	2	6	3	0	3	0	0	0	0	0
哲学	3	2	0	0	2	0	0	0	0	0
逻辑学	4	0	0	0	0	0	0	0	0	0
宗教学	5	0	0	0	0	0	0	0	0	0
语言学	6	8	4	0	4	0	0	0	0	0
中国文学	7	1	0	0	0	1	0	0	0	0
外国文学	8	1	1	0	0	0	0	0	0	1
艺术学	9	3	0	0	3	0	0	0	0	0
历史学	10	3	1	0	2	0	0	0	0	0
考古学	11	0	0	0	0	0	0	0	0	0
经济学	12	1	0	0	1	0	0	0	0	0
政治学	13	1	0	0	0	0	1	0	0	1
法学	14	0	0	0	0	0	0	0	0	0
社会学	15	2	1	0	1	0	0	0	0	0
民族学与文化学	16	0	0	0	0	0	0	0	0	0
新闻学与传播学	17	8	5	0	3	0	0	0	0	0
图书馆、情报与文献学	18	1	1	0	0	0	0	0	0	0
教育学	19	42	5	0	26	0	0	11	0	0
统计学	20	0	0	0	0	0	0	0	0	0
心理学	21	2	2	0	0	0	0	0	0	0
体育学	22	173	78	3	85	5	4	1	0	2

发表译文（篇）	电子出版物（件）	发表论文（篇）				获奖成果数（项）				研究与咨询报告	
		合计	国内学术刊物	国外学术刊物	港澳台刊物	合计	国家级奖	部级奖	省级奖	合计	其中:被采纳数
L10	L11	L12	L13	L14	L15	L16	L17	L18	L19	L20	L21
27	7	3 216	3 109	105	2	16	0	1	15	221	45
1	0	97	97	0	0	0	0	0	0	0	0
3	0	124	123	1	0	0	0	0	0	4	0
0	0	8	8	0	0	0	0	0	0	0	0
0	0	0	0	0	0	0	0	0	0	0	0
0	0	0	0	0	0	0	0	0	0	0	0
5	0	86	82	3	1	1	0	0	1	5	0
1	0	34	34	0	0	0	0	0	0	2	0
0	1	5	5	0	0	0	0	0	0	0	0
1	0	81	81	0	0	0	0	0	0	1	0
0	0	6	6	0	0	0	0	0	0	1	0
0	0	1	1	0	0	0	0	0	0	0	0
0	0	22	22	0	0	0	0	0	0	2	0
0	0	14	14	0	0	0	0	0	0	1	1
0	0	4	4	0	0	0	0	0	0	0	0
1	0	22	21	1	0	0	0	0	0	22	6
0	0	5	5	0	0	0	0	0	0	0	0
0	0	117	115	2	0	0	0	0	0	5	2
0	0	25	25	0	0	0	0	0	0	0	0
1	2	252	242	10	0	1	0	0	1	6	0
0	0	6	5	1	0	0	0	0	0	2	2
0	0	22	20	2	0	0	0	0	0	3	0
14	4	2 285	2 199	85	1	14	0	1	13	167	34

28. 各类高等学校人文、社会科学研究与发展成果获奖情况表

单位：项

		合计	国家级奖	部级奖	省级奖
	合计	4 935	0	338	4 597
按学校隶属关系划分	教育部直属院校	1 533	0	163	1 370
	其他部委院校	161	0	38	123
	地方院校	3 241	0	137	3 104
按学校规格划分	本科院校	4 894	0	336	4 558
	专科院校	41	0	2	39
按学校类型划分	综合大学	2 029	0	114	1 915
	理工农医院校	924	0	43	881
	高等师范院校	1 103	0	38	1 065
	语言院校	48	0	16	32
	财经院校	459	0	53	406
	政法院校	118	0	17	101
	体育院校	16	0	1	15
	艺术院校	51	0	5	46
	民族院校	187	0	51	136

29. 各省、市、自治区高等学校人文、社会科学研究与发展成果获奖情况表

单位:项

	合计	国家级奖	部级奖	省级奖
合计	4 935	0	338	4 597
北京市	117	0	111	6
天津市	148	0	4	144
河北省	235	0	0	235
山西省	235	0	0	235
内蒙古自治区	183	0	0	183
辽宁省	131	0	4	127
吉林省	288	0	6	282
黑龙江省	379	0	0	379
上海市	561	0	30	531
江苏省	394	0	16	378
浙江省	21	0	20	1
安徽省	2	0	2	0
福建省	218	0	7	211
江西省	0	0	0	0
山东省	223	0	4	219
河南省	204	0	5	199
湖北省	304	0	31	273
湖南省	11	0	4	7
广东省	17	0	17	0
广西壮族自治区	282	0	9	273
海南省	95	0	1	94
重庆市	259	0	7	252
四川省	25	0	18	7
贵州省	156	0	9	147
云南省	143	0	13	130
西藏自治区	7	0	6	1
陕西省	264	0	3	261
甘肃省	6	0	6	0
青海省	21	0	0	21
宁夏回族自治区	3	0	3	0
新疆维吾尔自治区	3	0	2	1

30. 各省、市、自治区所属高等学校人文、社会科学研究与发展成果获奖情况表

单位:项

	合计	国家级奖	部级奖	省级奖
合计	3 241	0	137	3 104
北京市	17	0	13	4
天津市	66	0	0	66
河北省	226	0	0	226
山西省	235	0	0	235
内蒙古自治区	183	0	0	183
辽宁省	76	0	1	75
吉林省	131	0	5	126
黑龙江省	321	0	0	321
上海市	152	0	11	141
江苏省	247	0	10	237
浙江省	15	0	14	1
安徽省	2	0	2	0
福建省	112	0	0	112
江西省	0	0	0	0
山东省	171	0	4	167
河南省	204	0	5	199
湖北省	73	0	7	66
湖南省	10	0	4	6
广东省	10	0	10	0
广西壮族自治区	282	0	9	273
海南省	95	0	1	94
重庆市	143	0	6	137
四川省	2	0	1	1
贵州省	156	0	9	147
云南省	143	0	13	130
西藏自治区	7	0	6	1
陕西省	136	0	2	134
甘肃省	2	0	2	0
青海省	21	0	0	21
宁夏回族自治区	0	0	0	0
新疆维吾尔自治区	3	0	2	1

31. 国务院各部委所属高等学校人文、社会科学研究与发展成果获奖情况表

单位：项

	合计	国家级奖	部级奖	省级奖
合计	161	0	38	123
国家民族事务委员会	58	0	32	26
公安部	5	0	2	3
司法部	5	0	0	5
工业和信息化部	50	0	4	46
交通部	9	0	0	9
海关总署	1	0	0	1
中国民用航空局	3	0	0	3
中国地震局	1	0	0	1
国家林业和草原局	1	0	0	1
国务院侨务办公室	28	0	0	28

32. 教育部直属院校人文、社会科学研究与发展成果获奖情况表

单位：项

	合计	国家级奖	部级奖	省级奖
合计	1 533	0	163	1 370
北京大学	1	0	1	0
中国人民大学	34	0	33	1
清华大学	11	0	10	1
北京交通大学	0	0	0	0
北京科技大学	0	0	0	0
北京化工大学	0	0	0	0
北京邮电大学	0	0	0	0
中国农业大学	2	0	2	0
北京林业大学	0	0	0	0
北京中医药大学	0	0	0	0
北京师范大学	11	0	11	0
北京外国语大学	0	0	0	0
北京语言大学	0	0	0	0
中国传媒大学	0	0	0	0
中央财经大学	5	0	5	0

续表

	合计	国家级奖	部级奖	省级奖
对外经济贸易大学	17	0	17	0
国际关系学院	0	0	0	0
中央音乐学院	0	0	0	0
中央美术学院	0	0	0	0
中央戏剧学院	0	0	0	0
中国政法大学	4	0	4	0
华北电力大学	2	0	2	0
南开大学	54	0	2	52
天津大学	25	0	2	23
大连理工大学	33	0	0	33
东北大学	0	0	0	0
吉林大学	92	0	1	91
东北师范大学	65	0	0	65
东北林业大学	26	0	0	26
复旦大学	156	0	8	148
同济大学	16	0	0	16
上海交通大学	51	0	0	51
华东理工大学	4	0	0	4
东华大学	4	0	0	4
华东师范大学	102	0	7	95
上海外国语大学	13	0	1	12
上海财经大学	62	0	3	59
南京大学	70	0	1	69
东南大学	24	0	1	23
中国矿业大学	11	0	0	11
河海大学	10	0	0	10
江南大学	14	0	0	14
南京农业大学	11	0	0	11
中国药科大学	0	0	0	0
浙江大学	6	0	6	0
合肥工业大学	0	0	0	0

续表

	合计	国家级奖	部级奖	省级奖
厦门大学	78	0	7	71
山东大学	44	0	0	44
中国海洋大学	3	0	0	3
中国石油大学(华东)	5	0	0	5
武汉大学	78	0	7	71
华中科技大学	38	0	0	38
中国地质大学(武汉)	10	0	0	10
武汉理工大学	8	0	7	1
华中农业大学	9	0	0	9
华中师范大学	40	0	1	39
中南财经政法大学	32	0	3	29
湖南大学	1	0	0	1
中南大学	0	0	0	0
中山大学	7	0	7	0
华南理工大学	0	0	0	0
四川大学	7	0	7	0
重庆大学	43	0	1	42
西南交通大学	0	0	0	0
电子科技大学	0	0	0	0
西南大学	73	0	0	73
西南财经大学	4	0	4	0
西安交通大学	45	0	1	44
西安电子科技大学	2	0	0	2
长安大学	6	0	0	6
西北农林科技大学	13	0	0	13
陕西师范大学	50	0	0	50
兰州大学	0	0	0	0
中国矿业大学(北京)	0	0	0	0
中国石油大学(北京)	1	0	1	0
中国地质大学(北京)	0	0	0	0

33. 各省、市、自治区高等学校专利情况表

	专利申请数(件)	其中:发明专利	专利授权数(件)	其中:发明专利
合计	10 514	1 008	8 093	357
北京市	19	13	60	12
天津市	223	2	179	1
河北省	576	51	413	16
山西省	93	2	45	1
内蒙古自治区	7	0	6	1
辽宁省	337	46	298	16
吉林省	79	10	91	12
黑龙江省	5	0	3	0
上海市	335	51	164	6
江苏省	984	115	695	48
浙江省	153	0	143	0
安徽省	1 141	173	913	35
福建省	247	31	224	5
江西省	876	57	1 005	42
山东省	603	140	379	28
河南省	708	98	440	35
湖北省	130	21	109	12
湖南省	1 576	81	1 152	43
广东省	498	31	321	7
广西壮族自治区	128	19	69	13
海南省	14	0	22	0
重庆市	221	12	170	5
四川省	827	15	449	1
贵州省	46	0	29	0
云南省	260	17	267	5
西藏自治区	5	0	2	0
陕西省	14	7	28	3
甘肃省	381	7	399	2
青海省	2	1	0	0
宁夏回族自治区	10	8	8	8
新疆维吾尔自治区	16	0	10	0

有效发明专利数（件）	专利所有权转让及许可数（件）	专利所有权转让及许可收入（千元）	集成电路布图设计登记数（件）	植物新品种权授予数（项）	形成国家或行业标准数（项）
1 390	150	909	29	7	10
47	0	0	0	0	1
23	0	0	0	0	0
126	2	150	0	0	0
8	0	0	0	0	0
3	0	0	0	0	0
73	0	0	0	0	0
58	8	10	0	0	0
0	0	0	0	0	0
35	0	0	0	0	0
267	64	260	15	0	2
0	0	0	0	0	0
99	24	260	11	4	0
28	1	2	0	3	0
38	0	0	0	0	0
47	0	0	0	0	1
86	0	0	0	0	0
33	0	0	0	0	0
248	5	97	0	0	0
16	0	0	0	0	3
24	0	0	3	0	0
0	0	0	0	0	0
2	1	120	0	0	0
6	0	0	0	0	2
0	0	0	0	0	0
12	0	0	0	0	0
1	0	0	0	0	1
5	0	0	0	0	0
88	45	10	0	0	0
1	0	0	0	0	0
10	0	0	0	0	0
6	0	0	0	0	0